山高鉴为峰

中共中央总书记、国家主席、中央军委主席胡锦涛在受地震灾害严重的四川省绵阳市北川县擂鼓镇胜利村看望受灾群众

国务院总理温家宝视察唐家山堰塞湖导流工程

三峡工程输电线路

云南小湾水电站施工夜景

四川溪洛渡水电站竖井料仓洞室群全部贯通

广西龙滩水电站工程鸟瞰全景

施工中的青海拉西瓦水电站

湖北水布垭水电站全景

四川瀑布沟水电站大坝施工全貌

施工中的贵州构皮滩水电站

山东泰安抽水蓄能电站上水库

贵州乌江洪家渡水电站荣获中国建筑工程鲁班奖

汉江上台阶闸工程荣获中国建筑工程鲁班奖

全国2008年装机容量

万kW

地域 \ 项目	总装机容量	水　电	火　电	核　电	风　电
中国大陆	79 273.13	17 260.39	60 285.84	884.60	838.77
中国台湾	3970.20	454.00	(2463)	514.40	34.69
合　计	83 243.33	17 714.39	62 748.84	1399.00	873.46

注：1. 总装机容量数中还包括太阳能、潮汐、柴油等其他能源发电装机容量。
　　2. 未含香港、澳门数据。

全国2008年装机容量结构图

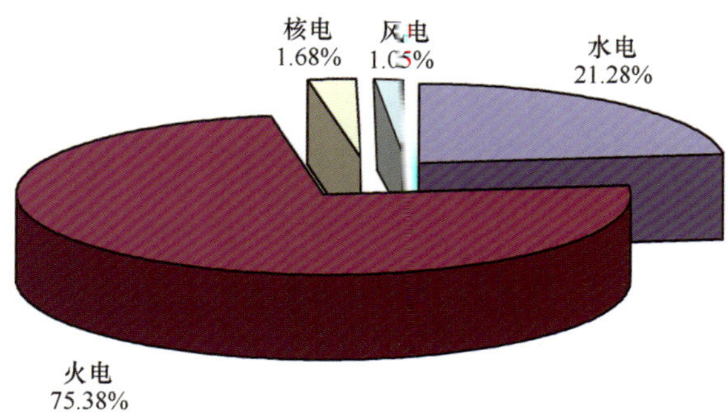

全国2008年年发电量

亿kW·h

地域 \ 项目	总发电量	水　电	火　电	核　电	风　电
中国大陆	34 510.13	5655.48	28 029.97	692.19	130.79
中国台湾	2002.00	77.41	(1307.00)	392.60	6.00
合　计	36 512.13	5732.89	29 352.97	1084.72	136.79

注：1. 总发电量数据还包括其他能源发电量。
　　2. 未含香港、澳门数据。

全国2008年年发电量结构图

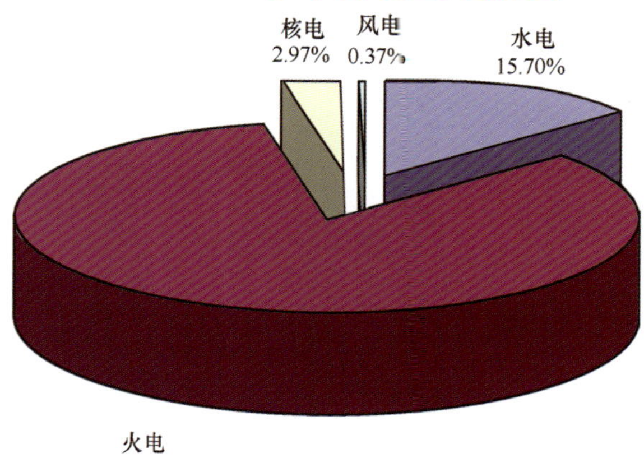

资料来源：中国大陆资料来源于中国电力企业联合会。中国台湾资料来自台湾中兴工程顾问股份有限公司，其中火电沿用2007年的数据。

全国历年水电装机容量增长情况表

万kW

年份	中国大陆	中国台湾	全国合计	新增装机容量	年份	中国大陆	中国台湾	全国合计	新增装机容量
1949	36.0	18.0	54		1979	1911.0	139.2	2050	183.3
1950	36.2	22.1	58	4.3	1980	2031.8	138.6	2170	120.2
1951	37.8	(24.0)	(62)	(3.5)	1981	2193.3	138.7	2332	161.6
1952	38.5	(27.0)	(66)	(3.7)	1982	2295.9	138.7	2435	102.6
1953	53.0	(30.0)	(83)	(17.5)	1983	2416.5	143.1	2560	125.0
1954	60.6	33.0	94	10.6	1984	2560.0	148.0	2708	148.4
1955	69.5	(34.0)	(104)	(9.9)	1985	2641.5	248.9	2890	182.4
1956	91.4	(36.0)	(127)	(23.9)	1986	2754.2	256.4	3011	120.2
1957	101.9	(38.0)	(140)	(12.5)	1987	3019.3	255.8	3275	264.5
1958	121.6	(40.0)	(162)	(21.7)	1988	3269.8	255.8	3526	250.5
1959	162.0	(42.0)	(204)	(42.4)	1989	3458.3	256.2	3715	188.9
1960	194.1	44.8	239	34.9	1990	3604.6	256.2	3861	146.3
1961	233.3	(47.0)	(280)	(41.4)	1991	3788.3	256.2	4045	183.7
1962	237.9	53.8	292	11.4	1992	4068.1	257.7	4326	281.3
1963	243.0	(56.0)	(299)	(7.3)	1993	4489.3	257.7	4747	421.2
1964	268.3	(59.0)	(327)	(28.3)	1994	4906.1	364.8	5271	523.9
1965	302.0	62.8	365	37.5	1995	5218.4	418.3	5637	365.8
1966	363.8	(65.0)	(429)	(64.0)	1996	5557.8	428.8	5987	349.9
1967	383.9	(67.0)	(451)	(22.1)	1997	5972.6	428.8	6401	414.8
1968	438.8	(70.0)	(509)	(57.9)	1998	6506.5	442.2	6949	547.3
1969	505.3	72.2	578	68.7	1999	7297.1	442.2	7739	790.6
1970	623.5	90.1	714	136.1	2000	7935.2	442.2	8377	638.1
1971	780.4	(96.0)	(876)	(162.8)	2001	8300.6	442.2	8743	365.4
1972	870.0	113.1	983	106.7	2002	8607.4	451.1	9059	315.7
1973	1029.9	113.2	1143	159.9	2003	9489.6	451.1	9941	882.2
1974	1181.7	136.5	1318	175.2	2004	10 524.2	451.0	10975	1034.5
1975	1342.8	136.5	1479	161.1	2005	11 738.8	451.0	12190	1214.6
1976	1465.5	136.5	1602	122.7	2006	13 029.2	451.2	13 480.4	1290.4
1977	1576.5	136.5	1713	111.0	2007	14 823.2	452.0	15 275.2	1794.6
1978	1727.7	139.2	1867	153.9	2008	17 260.4	454.0	17 714.4	2439.2

资料来源：2007年及以前的资料来源于《中国水力发电年鉴》第十二卷；2008年中国大陆资料来源于中国电力企业联合会；2008年中国台湾数据来源于台湾中兴工程顾问股份有限公司。

注：( )内数据表示缺当年资料，用上、下数插补得出或沿用上年数据。

全国历年水电年发电量增长情况表

亿kW·h

年份	中国大陆	中国台湾	全国合计	年增率(%)	年份	中国大陆	中国台湾	全国合计	年增率(%)
1949	12.0	6.0	18		1979	501.2	45.7	547	10.3
1950	13.2	9.7	23	27.2	1980	582.1	29.3	611	11.8
1951	14.9	(10.0)	(25)	(8.7)	1981	655.5	47.9	703	15.1
1952	18.3	(12.0)	(30)	(21.7)	1982	744.0	47.8	792	12.6
1953	25.5	(14.0)	(40)	(30.4)	1983	863.6	49.9	913	15.4
1954	32.0	15.6	48	20.5	1984	867.8	44.3	912	−0.2
1955	34.0	(16.6)	(51)	(6.3)	1985	923.7	69.3	993	8.9
1956	47.1	(17.0)	(64)	(26.7)	1986	944.8	74.2	1019	2.6
1957	48.2	(18.0)	(66)	(3.3)	1987	1002.3	71.2	1073	5.3
1958	41.1	(19.0)	(60)	(−9.2)	1988	1091.8	61.5	1153	7.4
1959	43.6	(20.0)	(64)	(5.8)	1989	1184.5	66.8	1251	8.5
1960	74.1	20.6	95	48.9	1990	1263.5	81.9	1345	7.5
1961	74.1	(21.1)	(95)	(0.5)	1991	1248.4	55.1	1303	−3.1
1962	90.4	21.6	112	17.6	1992	1314.7	83.5	1398	7.3
1963	86.9	(23.0)	(110)	(−1.9)	1993	1516.0	67.2	1583	13.2
1964	106.0	(24.0)	(130)	(18.3)	1994	1667.9	88.9	1757	11.0
1965	104.1	24.4	129	−1.2	1995	1867.7	88.8	1956	11.4
1966	126.2	(25.0)	(151)	(17.7)	1996	1869.2	90.4	1960	0.2
1967	131.4	(27.0)	(158)	(4.8)	1997	1945.6	95.7	2041	4.2
1968	115.0	(28.0)	(143)	(−9.7)	1998	2043.0	106.1	2149	5.3
1969	160.1	30.5	191	33.3	1999	2129.3	89.4	2219	3.2
1970	204.6	26.4	231	21.2	2000	2431.3	78.5	2510	13.0
1971	250.6	(30.0)	(281)	(21.5)	2001	2611.1	82.3	2693	7.3
1972	288.2	34.2	322	14.9	2002	2745.7	57.9	2804	4.1
1973	389.0	34.0	423	31.2	2003	2813.3	64.3	2878	2.6
1974	414.4	47.1	461	9.1	2004	3309.9	59.7	3370	17.1
1975	476.3	52.6	529	14.6	2005	3964.0	59.7	4024	19.4
1976	456.4	42.8	499	−5.6	2006	4147.7	80.0	4227.7	5.1
1977	476.5	40.2	517	3.5	2007	4714.0	87.0	4801.0	13.6
1978	446.3	49.7	496	−4.0	2008	5655.5	77.4	5732.9	19.4

资料来源：2007年及以前的资料来源于《中国水力发电年鉴》第十二卷；2008年中国大陆资料来源于中国电力企业联合会；2008年中国台湾数据来源于台湾中兴工程顾问股份有限公司。

注：( )内数据表示缺当年资料，用上、下数插补得出或沿用上年数据。

2008

中国水力发电年鉴

李锐

第十三卷

中国水力发电工程学会 主办
中国水力发电年鉴编辑部 编纂

中国电力出版社

二〇〇九年·北京

图书在版编目（CIP）数据

中国水力发电年鉴．第13卷，2008/中国水力发电工程学会编．—北京：中国电力出版社，2010
ISBN 978-7-5123-0011-8

Ⅰ.①中…　Ⅱ.①中…　Ⅲ.①水利电力工业-中国-2008-年鉴　Ⅳ.①F426.61-54

中国版本图书馆CIP数据核字（2010）第007861号

中国电力出版社出版、发行
（北京三里河路6号　100044　http：//www.cepp.com.cn）
北京盛通印刷股份有限公司印刷
各地新华书店经售

*

2009年12月第一版　　2009年12月北京第一次印刷
787毫米×1092毫米　16开本　49.25印张　1631千字　6插页
印数0001—2000册　　定价**298.00**元

《中国水力发电年鉴》第十三卷

编 纂 委 员 会

杨　军（中国葛洲坝集团公司）

郑桂斌（中国人民武装警察部队水电指挥部）

于　翔（水利部农村水电及电气化发展局）

（以下以姓氏笔画为序）

王　芳　王　鹏　王中礼　王阳平　卢可源

石　岑　申满斌　叶　青　刘　云　刘　淑

刘丽丽　吕槐青　乔仁贵　乔建平　孙林智

许松林　朱文秀　朱家鹏　朱斌锋　陈　星

陈　勇　陈念水　陈洪治　何启华　何琴雯

李小湄　李开海　李庆云　李向阳　苏伯林

肖向明　杨　薇　余小波　余圣刚　张　建

张　雁　张文俊　张亚力　张国良　张俊华

范志林　范建朋　单思超　郑丽英　胡耀斌

姚栓喜　钟共清　郭惠民　郭善成　秦尊丽

唐　兰　唐　勇　徐家鑫　韩　冰　程　平

蒋志青　曾　浩　檀雅华

《中国水力发电年鉴》第十三卷
编辑出版工作人员

主　　编	邴凤山
副 主 编	黄景湖　王东棣　蔡明昌　常兆堂 毛亚杰　李　新　任景怀
技术编辑	王　玉　胡丹蓉　雷定演　孙　卓 兰　钰　李　明
终　　审	杨元峰
复　　审	杨伟国
责任编辑	姜　萍　韩世韬　安小丹
美术设计	杨晓东
版式设计	张秋雁
责任校对	黄　蓓
出版印刷	蔺义舟
首页图片摄影	高志宏

编　辑　说　明

（一）《中国水力发电年鉴》属专业性行业年鉴，主要面向全国水电行业从事规划、勘测、设计、施工、科研、咨询、建设管理、设备制造、生产运行、院校教育的工程技术人员、师生和各级有关领导与专家。

（二）本卷年鉴的资料时段为2008年，按序排列为第十三卷。框架结构由篇目、栏目、条目三个层次组成，共编列19个篇目、49个栏目、436个条目。每个篇目均以隔页列出，栏目、条目名称分别用通栏、双栏并铺以不同的网底印出，以示醒目。

（三）本卷年鉴的编辑工作，以邓小平理论和"三个代表"重要思想为指导，贯彻落实科学发展观，按照国家"在保护环境和做好移民工作的前提下积极开发水电"的方针，力求全面、真实地反映2008年度我国水电行业各方面所取得的成就和技术进步，做到"大事不漏、小事不上"，更好地服务于水电行业。

（四）本卷年鉴的框架结构保持相对稳定，编列的篇目为水电专业最基本的专题内容。2008年，适值我国实施改革开放政策30周年，本卷年鉴中专门编辑了"水电改革开放30年"篇目，用以反映、展示改革开放以来中国水电建设发展的光辉历程和重大事件。2008年5月12日发生的汶川特大地震，给我国人民生命财产造成了巨大损失，对我国水电建设影响很大。为反映震区水电受损真实情况和大坝等水工建筑物承受强震能力，记录水电行业在抗震救灾中的表现及在灾后恢复重建中的努力，在"特载"篇目中单列"汶川地震与水电"栏目。鉴于风力发电在新能源开发中占有重要地位，近年来有不少水电开发、建设部门已经积极涉入，本卷年鉴中仍然在"水能及风能开发"篇目中开列"风能开发"栏目，用以反映风电建设、发展的现状和前景。由于三峡及其他一些大型水电工程相继建成投产，水电工程效益日见显现，本卷年鉴又编列了"水电工程综合效益"篇目。

（五）本年鉴实行文责自负，各条目的内容、数据、插图等均由撰稿人核对无误并由单位有关部门审定、核实。

（六）本卷年鉴编辑实行主编负责制。主编负责总体框架结构设计、征询意见、组稿与初审等工作；各篇目的编辑负责稿件的征集、修改、编排、整理。

"特载"、"水电改革开放30年"篇目由郦凤山、蔡明昌编辑；"大中型水电工程"、"水工设计"、"机构与学术团体"、"统计资料"、"大事记"篇目由黄景湖编辑；"工程勘测"、

“土建施工”、“水电建设管理”、“环境保护与水库移民”、“水电工程综合效益”篇目由王东棣编辑；“机电及金属结构”、“国际合作与技术交流”、“技术标准和科技图书”、“水电站生产运行”篇目由常兆堂编辑；“水能及风能开发”、“科学研究与技术创新”、“农村水电及电气化”篇目由蔡明昌编辑；另外，英文目录由张晶晶翻译。

（七）《中国水力发电年鉴》始终坚持政治的严肃性，资料的准确性，内容的全面性、科学性、实用性和连续性，对历史负责，对后人负责。编辑过程中力求资料翔实、语言规范、文字精练。但由于水平所限，不妥、疏漏甚至错误之处在所难免，敬请广大读者批评指正。

联系地址：北京市宣武区白广路二条1号中国水力发电工程学会《中国水力发电年鉴》编辑部，邮编：100761。

《中国水力发电年鉴》主编

郦凤山

2009.11

篇　　目

目　　录

2 水电改革开放30年

3 水能及风能开发

4 大中型水电工程

5 工程勘测

6 水工设计

7 土建施工

8 机电及金属结构

9 科学研究与技术创新

10 国际合作与技术交流

11 技术标准和科技图书

12 水电建设管理

13 水电站生产运行

14 环境保护与水库移民

15 水电工程综合效益

16 农村水电及电气化

17 机构与学术团体

18 统计资料

19 大事记

CONTENTS

Chapter 1 Specials

2) Wen Chuan Earthquake and Hydropower

3) Hydropower Forum

Chapter 2 Hydropower Reform and Opening Up for 30 Years

Chapter 3 Exploitation of Hydro and Wind Power

Chapter 4 Big and Medium-sized Hydropower Project

Chapter 5 Engineering Investigation

Chapter 6 Hydraulic Design

Chapter 7 Civil Construction

Chapter 8 Mechanical and Metal Structure

Chapter 9 Scientific Research and Technological Innovation

Chapter 10 International Cooperation and Technology Exchange

Chapter 11 Technical Standards and Science and Technology Books

Chapter 12 Hydropower Construction Management

Chapter 13 Hydropower Production

Chapter 14 Environmental Protection and Reservoir Resettlement

Chapter 15 Overall Efficiency of Hydropower Project

Chapter 16 Rural Hydropower and Electrification

Chapter 17 People, Agencies and Academic Community

Chapter 18 Statistic Materials

Chapter 19 Chronicle

彩 色 插 页 目 录

中国水力发电年鉴

1

特　　载

重 要 文 献

胡锦涛在全国抗震救灾总结表彰大会上的重要讲话

同志们，朋友们：

2008年5月12日14时28分，我国发生了震惊世界的四川汶川特大地震，受灾地区人民生命财产和经济社会发展蒙受了巨大损失。坚决战胜这场灾害，保护人民生命财产安全、保卫改革开放和社会主义现代化建设成果，是对中国人民意志、勇气、力量的严峻考验，也是对我们党执政能力和先进性的重大检验。在党中央、国务院和中央军委坚强领导下，全党全军全国各族人民众志成城、迎难而上，迅速展开气壮山河的抗震救灾工作，奋勇夺取抗震救灾斗争重大胜利，谱写了感天动地的英雄凯歌。

今天，我们隆重召开全国抗震救灾总结表彰大会，就是要全面总结抗震救灾工作，表彰抗震救灾英雄集体和抗震救灾模范，号召全党全军全国各族人民学习他们的先进思想和模范事迹，弘扬伟大抗震救灾精神，为夺取全面建设小康社会新胜利、开创中国特色社会主义事业新局面而不懈奋斗。

在这里，我代表党中央、国务院和中央军委，向受到表彰的抗震救灾英雄集体和抗震救灾模范，向在抗震救灾第一线英勇奋战的广大干部群众，人民解放军指战员、武警部队官兵、民兵预备役人员和公安民警，医疗卫生工作者、新闻工作者、科技工作者、工程建设者和志愿者，致以崇高的敬意！向大力支持抗震救灾的全国各条战线的广大干部群众，各民主党派、工商联和无党派人士、各人民团体以及社会各界，向踊跃为灾区提供援助的香港同胞、澳门同胞、台湾同胞以及海外华侨华人，表示衷心的感谢！

抗震救灾期间，许多国家的领导人、政府、政党、社会团体和驻华使馆，联合国有关组织和一些国际机构、外资企业以及国际友好人士，积极提供救援物资、捐助救灾资金、派遣救援队和医疗队，以各种方式向中国人民表达真诚同情、提供宝贵支持。在这里，我代表中国政府和中国人民，向他们致以诚挚的谢意！

此时此刻，我们特别要向为夺取抗震救灾斗争重大胜利而英勇献身的烈士们，向在地震灾害中不幸罹难的同胞们，表达深切的思念和沉痛的哀悼！

我提议，全体起立，为他们默哀。

同志们、朋友们！

四川汶川特大地震是新中国成立以来破坏性最强、波及范围最广、救灾难度最大的一次地震，震级达里氏8.0级，最大烈度达Ⅺ度，余震3万多次，涉及四川、甘肃、陕西、重庆等10个省区市417个县（市、区）、4667个乡（镇）、48 810个村庄。灾区总面积约50万平方公里、受灾群众4625万多人，其中极重灾区、重灾区面积13万平方公里，造成69 227名同胞遇难、17 923名同胞失踪，需要紧急转移安置受灾群众1518万人，房屋大量倒塌损坏，基础设施大面积损毁，工农业生产遭受重大损失，生态环境遭到严重破坏，直接经济损失8451亿多元，引发的崩塌、滑坡、泥石流、堰塞湖等次生灾害举世罕见。

灾情就是命令，时间就是生命。我们组织开展了我国历史上救援速度最快、动员范围最广、投入力量最大的抗震救灾斗争，最大限度地挽救了受灾群众生命，最大限度地减低了灾害造成的损失。我们坚持把抢救人的生命摆在第一位，只要有一线希望就尽百倍努力，84 017名群众被从废墟中抢救出来，149万名被困群众得到解救，430多万名伤病员得到及时救治，其中1万多名重伤员被快速转送全国20个省区市375家医院。我们千方百计安置受灾群众生活，1510万名紧急转移安置受灾群众基本生活得到妥善安排，881万名灾区困难群众得到救助，中小学校在新学期开始前全面复课开学，采取有效措施确保大灾之后无大疫，切切实实做到了让灾区人民有饭吃、有衣穿、有干净水喝、有住处、有病能及时得到医治。我们全力抢修交通、电力、通信、广电、水利、供水、供气等基础设施，及时处理和化解堰塞湖等次生灾害，切实做好余震监测、气象服务、科技支撑、煤电油运保障等各项工作，及时准确公布灾情，为抗震救灾和灾后恢复重建创造了有利条件。我们积极组织资金拨付和物资供应，并及时采取措施加强对管理使用情况的监督检查，确保抗震救灾资金物资及时有效用于灾区和受灾群众。我们加强政策扶持，全力抓好灾区生产恢复工作，灾区工业、农业、旅游业等恢复取得重大进展。我们科学开展评估和规划工作，及时制定有关条例、指导意见和规划，中央财政建立专项基金，组织实施对口支援，依法有序实施灾后恢复重建。目前，各项恢复重建工作全面推进，灾区人民正在勇敢地走向新生活。

中国人民以无所畏惧的英雄气概、团结一致的强大力量、可歌可泣的伟大壮举，书写了中华民族发展史上新的壮丽诗篇。

面对特大地震灾害，从中央到地方各级党委和政府坚强领导、科学指挥，始终与灾区人民心连心、同呼吸、共命运。党中央总揽全局、审时度势，在震后第一时间就把抗震救灾确定为全党全国最重要最紧迫的任务，成立国务院抗震救灾总指挥部，周密组织、科学调度，建立上下贯通、军地协调、全民动员、区域协作的工作机制，迅速组织各方救援力量赶赴灾区，紧急调集大批救灾物资运往灾区，精心部署受灾群众安置工作，及时推动灾后恢复重建，举全国之力抗震救灾。各地区各部门大力发扬全国一盘棋思想，一方有难、八方支援，一切为了灾区，全力支援灾区，在调集人员、支援物资、收治伤员、安置移民、建造临时和过渡住所等方面做了大量工作。承担对口支援任务的 19 个省市党委和政府积极落实中央部署，义不容辞地支援灾区恢复重建。这一切，充分体现了党和政府始终坚持以人为本、人民利益高于一切的理念，生动展现了危难时刻党和政府强有力的领导和指挥能力，极大地鼓舞和坚定了全国各族人民夺取抗震救灾斗争胜利的勇气和信心。

面对特大地震灾害，灾区各级党委和政府、广大干部群众紧急动员、迅速行动，充分发挥了中流砥柱作用。在山崩地裂的危急关头，灾区各级党委和政府处变不惊、指挥若定，带领群众化悲痛为力量、从废墟上勇敢站立起来，沉着冷静地开展抗震救灾工作。各级干部挺身而出、身先士卒，组织群众争分夺秒抢救被困人员，想方设法安置受灾群众，带领群众抓紧恢复生产、重建家园。广大共产党员舍生忘死、勇往直前，做到了关键时刻、危难关头豁得出来、冲得上去，展现了新时期共产党人的光辉形象。灾区人民临危不乱、守望相助，全力开展自救互救。在千钧一发的生死关头，多少人瞬间作出把生的希望留给他人、把死的威胁留给自己的抉择，多少父母用双臂为孩子撑起生命的天空，多少老师用身躯为学生挡住死神的威胁，多少干部舍小家为大家、奋不顾身地奋战在第一线。我们可爱的孩子们，有的在废墟下唱起嘹亮的歌曲，有的机智地搜救同学，表现出非凡的勇气和可贵的爱心。灾区各级党委和政府、广大干部群众凭着这样的顽强意志，在满目疮痍的土地上创造了惊天地、泣鬼神的感人业绩。

面对特大地震灾害，人民解放军指战员、武警部队官兵、民兵预备役人员和公安民警冲锋在前、勇挑重担，发挥了主力军和突击队作用。14 万 6 千名人民子弟兵，心系灾区人民安危，肩负党和人民期望，从高级将领到普通士兵，发扬英勇顽强、不怕牺牲、连续作战的战斗作风，承担起抗震救灾最紧急、最艰难、最危险的任务。英雄的人民子弟兵勇于突进震中地带，敢于跨越生死界线，克服千难万险，进入千村万户，为灾区人民带去生命的希望和生活的勇气。7 万 5 千名民兵预备役人员自觉行动，成为解救受灾群众、医疗救护、卫生防疫、公路运输、油料保障、电力抢修、恢复生产等方面的重要突击力量。广大消防特勤、特警、边防等公安救援队伍和公安民警恪尽职守，全力救助群众，全力维护社会稳定，全力保障灾后恢复重建，为金色盾牌增添了新的光彩。

面对特大地震灾害，全国人民心系灾区、情系灾区，形成了齐心协力抗击灾害的磅礴力量。在抗震抢险的日日夜夜里，全国各族人民忧心如焚、戮力同心、生死与共。灾难无情、人间有爱，汶川加油、中国加油，成为响彻中华大地的最强音。多少人自发从天南地北赶赴灾区做默默奉献的志愿者，多少人自发前往遍布全国的献血点争先恐后无偿献血，多少人自发为灾区慷慨解囊，多少共产党员自发向党组织交纳特殊党费。广大医疗卫生工作者发扬救死扶伤精神，夜以继日地抢救生命、严防疫情，完成了非战争状态下最大规模的生命抢救和伤员转运。广大新闻工作者冒着生命危险深入一线，及时传递党中央的声音，深入报道抗震救灾进展情况，生动展现广大军民的英雄事迹，为抗震救灾提供了强大舆论支持。地震、气象、交通、电力、通信、广电、水利、供水、供气以及其他战线的广大科技工作者、工程建设者密切协作，为抗震救灾提供了有力支持。广大文艺工作者热情讴歌伟大抗震救灾精神，为抗震救灾斗争提供了有力精神鼓舞。从城市到乡村、从部队到厂矿、从机关到基层、从街道到学校，规模空前的生命大营救，历经险阻的千里大驰援，处处涌动的爱心大奉献，共克时艰的社会主义大协作，汇聚成全民族风雨同舟的强大合力。

这场特大地震灾害，既是人世间的一场重大磨难，也是前进中的一场重大考验。我们的党、我们的军队、我们的人民用坚定信念、坚强意志、坚韧努力战胜了磨难、经受住了考验，向历史交出了一份合格答卷。抗震救灾斗争重大胜利，展现了全心全意为人民服务的中国共产党和中国社会主义国家政权的伟大力量，展现了人民军队的伟大力量，展现了 13 亿中国人民的伟大力量，展现了改革开放的伟大力量，展现了中国特色社会主义的伟大力量，进一步增强了全国各族人民的民族自信心和自豪感，必将激励灾区人民排除万难重建家园、创造美好生活，必将鼓舞全国各族人民满怀信心地把改革开放和社会主义现代化事业继续推向前进。

同志们、朋友们！

在波澜壮阔的抗震救灾斗争中，我们用理想凝聚力量、用信念铸就坚强、用真情凝结关爱，大力培育和弘扬了万众一心、众志成城，不畏艰险、百折不挠，以人为本、尊重科学的伟大抗震救灾精神。

在同特大地震灾害的艰苦搏斗中，我们的党、我们的军队、我们的人民万众一心、众志成城，充分展现了中华民族和衷共济、团结奋斗的民族品格。众人同心就有其利断金的力量，风雨同舟就有所向披靡的信心。在特大地震灾害面前，举国上下患难与共，前方后方同心协力，海内海外和衷共济，凝结成坚如磐石、牢不可破的生命共同体。这种团结奋进的强大力量，是我们的人民和民族在生与死、血与火的严峻考验中的本色反映，是中华民族从历史深处走来的内在力量，显示了中国人民和中华文明生生不息的旺盛生命力。

在同特大地震灾害的艰苦搏斗中，我们的党、我们的军队、我们的人民不畏艰险、百折不挠，充分展现了中华民族自强不息、敢于胜利的民族品格。坚强是战胜磨难的利器，勇气是创造奇迹的支撑。在极其惨烈的灾难突袭而来之际，广大军民泰山压顶不弯腰，生死较量不战栗，千难万险不放弃，顽强挑战体力极限、精神极限、生存极限，哪里灾情危急就向哪里冲去，哪里有生死考验就向哪里挺进，哪里有受灾群众就向哪里集结。这种压倒一切困难而不为任何困难所压倒的勇气，是中华民族历经磨难而信念愈坚、饱尝艰辛而斗志更强，勇于自立于世界民族之林的重要精神支柱。

在同特大地震灾害的艰苦搏斗中，我们的党、我们的军队、我们的人民坚持以人为本、尊重科学，充分展现了中华民族关爱生命、崇尚理性的民族品格。人的生命高于一切、先于一切、重于一切。在抗震救灾的全过程中，我们和时间赛跑、同死神抗争，充分体现了我国社会主义制度珍爱生命、保护人民的本质。在全国哀悼日里，13 亿人共同为不幸遇难的同胞默哀，体现出全民族对人的生命的尊重。我们坚持把科技的力量与顽强的抗争紧密结合起来，既充分发挥人的能动精神，又充分发挥科技的重要作用。这种对生命的高度关爱、对科学的高度尊崇，是中国人民始终与时代发展同步伐、实现人的全面发展、建设创新型国家的重要推动力量。

民族精神是一个国家综合国力的重要组成部分，其内涵总是在历史进步中不断得到丰富、在灾难考验中不断得到升华。伟大抗震救灾精神，集中体现和进一步发展了爱国主义、集体主义、社会主义精神，集中体现和进一步发展了我们党和军队的光荣传统和优良作风，集中体现和进一步发展了中华民族的伟大民族精神和当代中国人民的时代精神，是党和人民极为宝贵的精神财富。我们要在全党全社会大力弘扬伟大抗震救灾精神，使之转化为艰苦奋斗、重建家园的坚定意志，转化为推动经济社会又好又快发展的强大力量。

同志们、朋友们！

在这场波澜壮阔的抗震救灾斗争中，我们积累了应对突发事件、抗击特大自然灾害的宝贵经验，也从中收获了许多极其宝贵的启示。

——抗震救灾斗争再一次证明，社会主义中国具有强大发展活力。这场抗震救灾斗争充分显示了我国社会主义制度能够集中力量办大事的政治优势。新中国的成立和社会主义制度的建立开启了中华民族发展的历史新纪元，改革开放使社会主义在中国进一步焕发出蓬勃的生机活力，中国特色社会主义展现出美好的发展前景。只有社会主义才能救中国，只有中国特色社会主义才能发展中国，这是中国人民发自内心的真实感受和坚定信念。只要我们始终坚持中国特色社会主义道路，不断推动我国社会主义制度自我完善和发展，使社会主义制度的优越性更加充分地发挥出来，我们就一定能够继续推动中国特色社会主义事业披荆斩棘向前发展。

——抗震救灾斗争再一次证明，人民是推动中国社会发展进步的真正动力。抗震救灾斗争重大胜利，归根到底是人民的胜利。人民是历史创造者，是振兴中华最深厚的力量。在我国几千年发展的历史长河中，种种磨难都没有打断中华文明的顽强发展进程，千难万险都没有磨灭中华民族不屈不挠的奋斗意志。正是紧紧依靠人民，我们才取得了革命、建设、改革的伟大胜利。只要我们始终坚持以人为本，切实做到发展为了人民、发展依靠人民、发展成果由人民共享，充分发挥广大人民群众的积极性、主动性、创造性，我们就一定能够依靠人民团结起来的巨大力量和集中起来的无穷智慧，万众一心地实现中华民族伟大复兴。

——抗震救灾斗争再一次证明，人民军队是保卫人民的钢铁长城。在同地震灾害的搏斗中，人民子弟兵用忠诚和血肉之躯又一次在人民心中筑起了巍然屹立的不朽丰碑，又一次向世人昭示我们的人民军队不愧为人民的子弟兵。人民军队诞生 81 年来，为中国人民解放事业，为我国社会主义建设和改革开放事业，为捍卫国家主权、安全、领土完整，建立了卓越功勋。只要我们始终坚持以马克思主义军事理论为指导，大力弘扬听党指挥、服务人民、英勇善战的优良传统，全面推进革命化、现代化、正规化建设，不断提高履行新世纪新阶段军队历史使命能力，我们就一定能够使人民军队始终成为人民共和国的忠实保卫者和建设者。

——抗震救灾斗争再一次证明，中国共产党是中国特色社会主义事业的坚强领导核心。事实告诉人们，中国共产党是能够应对各种风险、驾驭各种复杂局面、具有强大战斗力的马克思主义政党，不愧为13亿中国人民的主心骨。我们党成立87年来，始终站在时代前列，始终代表中国最广大人民的根本利益，团结带领各族人民为国家独立、人民解放和国家富强、人民幸福不懈奋斗，作出了最大牺牲，赢得了全国各族人民衷心拥护。办好中国的事情，关键在党。只要我们坚持科学理论和正确的路线方针政策，牢记全心全意为人民服务的根本宗旨，不断提高党的执政能力、保持和发展党的先进性，不断提高拒腐防变和抵御风险能力，我们就一定能够团结带领全国各族人民战胜前进道路上的一切困难和挑战、不断创造中华民族发展壮大的历史基业。

抗震救灾使我们更加深切地感受到：社会主义祖国大家庭最温馨，人民群众最可敬，人民子弟兵最可爱，中国共产党人最贴心。我国社会主义制度的优越性，中华民族的优秀品质，人民军队的政治本色，中国共产党的坚强领导，是我们国家和民族的显著政治优势，我们必须倍加珍惜、永远坚持。

同志们、朋友们!

今年以来，全党全军全国各族人民团结奋斗，奋勇战胜南方部分地区严重低温雨雪冰冻灾害、四川汶川特大地震灾害，成功举办北京奥运会、残奥会，胜利实施神舟七号载人航天飞行任务，全面推进经济社会发展，为党和人民事业发展奠定了新的重要基础。在前进道路上，我们要全面贯彻党的十七大精神，高举中国特色社会主义伟大旗帜，以邓小平理论和“三个代表”重要思想为指导，深入贯彻落实科学发展观，更加自觉地把继续解放思想落实到坚持改革开放、推动科学发展、促进社会和谐上来，扎实推进社会主义经济建设、政治建设、文化建设、社会建设以及生态文明建设，奋力夺取抗震救灾斗争全面胜利，为实现党的十七大描绘的宏伟蓝图而团结奋斗。

我们要进一步推进改革发展，不断增强我国的综合国力和抵御风险能力。抗震救灾斗争以一种特殊的方式全面检阅和展示了我国改革开放30年的伟大成就。改革开放以来我国综合国力大幅跃升、社会繁荣进步，为抗震救灾提供了坚实物质保障和社会基础。改革开放是强国之路。要继续坚持解放思想、实事求是、与时俱进，坚定不移地把改革创新精神贯彻到治国理政各个环节，着力构建充满活力、富有效率、更加开放、有利于科学发展的体制机制，为发展中国特色社会主义提供强大动力和体制保障。发展是硬道理。要继续坚持不懈地抓好发展这个党执政兴国的第一要务，聚精会神搞建设、一心一意谋发展，更加自觉、更加坚定地推动科学发展，努力实现经济社会又好又快发展，为发展中国特色社会主义打下更加牢固的物质基础。

我们要进一步抓好灾后恢复重建工作，大力支持灾区人民重建美好家园。当前，灾后恢复重建任务十分繁重。要全面落实党和国家关于灾后恢复重建的方针政策和工作部署，坚持科学规划、分步实施、尊重规律，贯彻统筹兼顾、分类指导，立足当前、着眼长远的原则，一切从实际出发，争取最大效益和最好效果，努力建设人民安居乐业、城乡共同繁荣、人与自然和谐相处的幸福美好新家园，实现家家有房住、户户有就业、人人有保障、设施有提高、经济有发展、生态有改善的目标。要坚持以解决民生问题为重点，毫不松懈地安排好群众基本生活，妥善安排孤儿、孤老、孤残生活，实施多种形式的就业援助，优先恢复群众基本生活条件和公共服务设施，尽快恢复生产条件。当前，要抓紧解决好受灾群众安全过冬问题。要把灾后恢复重建与推进工业化、城镇化和社会主义新农村建设、扶贫开发紧密结合起来，与主体功能区建设和产业结构优化升级紧密结合起来，与保护民族文化遗产紧密结合起来，与促进灾区生态环境尽快恢复并不断改善紧密结合起来，努力实现可持续发展。承担对口支援任务的各个省市要积极为灾区提供各种形式的支援，受援地区干部群众要苦干实干、自立自强。要加强对抗震救灾资金和物资管理使用情况的监督检查，确保救灾款物真正用于灾后恢复重建、用于受灾群众。

我们要进一步加强防灾减灾工作，显著提高防灾减灾能力。提高防灾减灾能力，是保护人民生命财产安全、保卫改革开放和社会主义现代化建设成果的必然要求。要坚持兴利除害结合、防灾减灾并重、治标治本兼顾、政府社会协同，全面提高全社会对自然灾害的综合防范和抵御能力。要加快完善防灾减灾各项法规和综合性配套政策，强化各级政府防灾减灾意识和职责，加快构建覆盖各地区各行业各单位的防灾减灾预案体系，增强防灾减灾力量资源整合和协调配合。要强化城乡防灾能力建设，提升防灾减灾科技水平，增强灾害监测预警能力，加强防灾减灾基础设施建设，健全对各类灾害的风险监控、应急处置、灾害救助、恢复重建等防灾减灾措施。要强化对自然灾害预防、避险、自救、互救等知识普及，全面提高全社会风险防范意识、技能和灾害救助能力。要加强防灾减灾领域信息管理、宣传教育、专业培训、科技研发及国际人道主义援助等方面的国际交流合作，积极借鉴国外防灾减灾的成功做法和经验，建立健全同有关国际机构和各国政府在防灾减灾领域的合作机制，充分发挥我国在国际防灾减灾领域的重要作用。

我们要进一步加强应急管理能力建设，大力提高处置突发公共事件能力。要认真总结抗震救灾的成功经验，形成综合配套的应急管理法律法规和政策措施，建立健全集中领导、统一指挥、反应灵敏、运转高效的工作机制，提高各级党委和政府应对突发事件的能力。要大力建设专业化与社会化相结合的应急救援队伍，健全保障有力的应急物资储备和救援体系，长效规范的应急保障资金投入和拨付制度，快捷有序的防疫防护和医疗救治措施，及时准确的信息发布、舆论引导、舆情分析系统，管理完善的对口支援、社会捐赠、志愿服务等社会动员机制，符合国情的巨灾保险和再保险体系。通过全方位推进应急管理体制和方式建设，显著提高应急管理能力，最大限度地减少突发公共事件造成的危害，最大限度地保障人民生命财产安全。

我们要进一步加强社会主义核心价值体系建设，切实巩固全党全军全国各族人民团结奋斗的共同思想基础。广大军民在抗震救灾中表现出来的昂扬精神风貌，充分反映了社会主义精神文明建设特别是社会主义核心价值体系建设取得的重大成效。要坚持不懈地用马克思主义中国化最新成果武装全党、教育人民，用中国特色社会主义共同理想凝聚力量，用以爱国主义为核心的民族精神和以改革创新为核心的时代精神鼓舞斗志，用社会主义荣辱观引领风尚。要把抗震救灾斗争培育和弘扬的好思想、好作风作为社会主义核心价值体系建设的生动教材，引导人们进一步坚定对改革开放的信心、对中国特色社会主义的信念，为党和人民事业发展提供强大思想保证和精神支撑。

我们要进一步加强党的建设，不断提高党的执政能力。要继续以改革创新精神全面推进党的建设新的伟大工程，为夺取抗震救灾斗争全面胜利、推动经济社会又好又快发展提供坚强政治保证。要始终把教育全党坚定不移地为发展中国特色社会主义而奋斗作为党的建设的根本任务，教育和引导广大党员坚定理想信念，矢志不渝地为实现党的基本路线、基本纲领而奋斗，兢兢业业做好本职工作，真正做到关键时刻、危难关头豁得出来、冲得上去。要始终把实现好、维护好、发展好最广大人民的根本利益作为党的建设的出发点和落脚点，始终做到心中装着人民、工作依靠人民、一切为了人民。要始终把提高各级领导班子和领导干部的领导水平和执政能力作为党的建设的关键环节，推动各级领导班子和领导干部提高领导科学发展、促进社会和谐的能力，增强应对突发事件的能力和水平。要始终把增强基层党组织创造力、凝聚力、战斗力作为党的建设的基础工程，做到抓基层、打基础一刻不放松，把广大人民群众紧紧凝聚到党组织周围。要始终把保持和发展党员的先进性作为党的建设的永恒主题，教育引导广大党员坚定理想信念、遵守组织纪律、争当先锋模范。各级党组织要格外关心和爱护灾区基层党员、干部，理解他们的心情，体谅他们的困难，关爱他们的健康，满腔热情地帮助他们做好工作。广大党员、干部要牢记全心全意为人民服务的根本宗旨，坚持实事求是、求真务实，带头发扬艰苦奋斗精神，以人民利益为重、以人民期盼为念，千方百计为群众排忧解难，努力做出经得起实践、人民、历史检验的实绩。

同志们、朋友们！

人类是大自然的一员，大自然是人类赖以生存和发展的物质基础。在改造客观世界和主观世界的实践中不断认识自然，在顺应自然规律的基础上合理开发自然，在同自然的和谐相处中发展自己，是人类生存和进步的永恒主题。自然界运动是不以人们的意志为转移的。开发利用自然首先要认识自然、尊重自然、按自然规律办事。自然灾害给人类带来磨难，同时又促使人类更加自觉地去认识和把握自然规律、增强抵御自然灾害能力，进而推动人类文明进步。正如恩格斯所说，“没有哪一次巨大的历史灾难，不是以历史的进步为补偿的”。

一个善于从自然灾害中总结和汲取经验教训的民族，必定是日益坚强和不可战胜的。我国是世界上自然灾害最为严重的国家之一，灾害种类多、分布地域广、发生频率高、造成损失重。我们要深刻认识这一基本国情，更加自觉地处理好人与自然的关系，从而更加合理地开发利用自然为人民生活、经济建设、社会发展服务。人类对自然规律的认识和把握，是一个永不停息的过程，规律性的东西往往要通过现象的不断往复和科学技术的不断发展才能更明确地被人们认知。只要我们坚定不移地走科学发展道路，锲而不舍地探索和认识自然规律，坚持按自然规律办事，不断增强促进人与自然相和谐的能力，就一定能够不断有所发现、有所发明、有所创造、有所前进，就一定能够做到让人类更好地适应自然、让自然更好地造福人类。

同志们、朋友们！

我们以坚如磐石的团结和一往无前的拼搏夺取了抗震救灾斗争重大胜利。事实再一次告诉我们，团结就是力量，拼搏才能胜利。全党全军全国各族人民一定要更加紧密地团结起来，大力弘扬伟大抗震救灾精神，共同为我们伟大的祖国加油，共同为我们伟大的民族加油，共同为我们伟大的改革开放和社会主义现代化事业加油，万众一心地沿着中国特色社会主义道路继续奋勇前进！

（本年鉴编辑部摘编）

对中国能源问题的思考

江泽民

能源是人类生存和发展的重要物质基础，也是当今国际政治、经济、军事、外交关注的焦点。中国经济社会持续快速发展，离不开有力的能源保障。在经济全球化深入发展和中国现代化加快推进的大背景下，如何认识能源发展趋势，选择什么样的能源发展战略，采取什么样的政策措施，是一个十分重要的问题，需要认真加以思考。

一、能源问题的重要性

人类的能源利用经历了从薪柴时代到煤炭时代，再到油气时代的演变，在能源利用总量不断增长的同时，能源结构也在不断变化（见图1、图2）。每一次能源时代的变迁，都伴随着生产力的巨大飞跃，极大地推动了人类经济社会的发展。同时，随着人类使用能源特别是化石能源的数量越来越多，能源对人类经济社会发展的制约和对资源环境的影响也越来越明显。

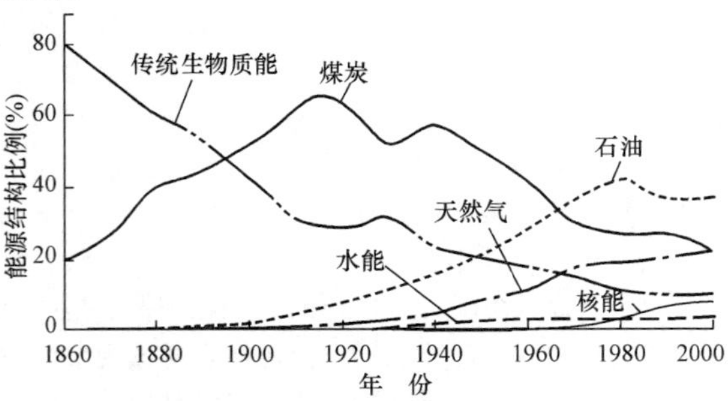

图1　过去100多年世界能源结构变化

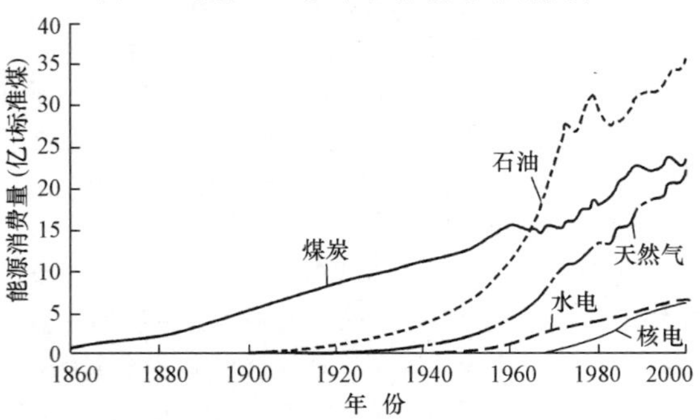

图2　过去100多年世界能源消费变化

从现代经济社会发展看，能源问题的重要性主要表现在以下4个方面。

（一）能源是现代经济社会发展的基础

现代经济社会发展建立在高水平物质文明和精神文明的基础上。要实现高水平的物质文明，就要有社会生产力的极大发展，有现代化的农业、工业和交通物流系统，以及现代化的生活设施和服务体系，这些都需要能源。在现代社会，人们维持生命的食物用能在总能耗中所占的比重显著下降，而生产、生活和交通服务已经成为耗能的主要领域。从发达国家走过的历程看，当一个国家处于工业化前期和中期时，能源消费通常经历一段快速增长期，能源消费弹性系数一般大于1。到了工业化后期或后工业化阶段，能源消费进入低增长期，能源消费弹性系数一般小于1。历史还表明，当一个国家或地区人均GDP达到一定水平后，居民衣食住用行等方面的能源消费将处于上升阶段，人均生活用能会显著增长。可以说，没有能源作为支撑，就没有现代社会和现代文明。

（二）能源是经济社会发展的重要制约因素

20世纪50年代以来，中国能源工业从小到大，不断发展。特别是改革开放以后，能源供给能力不断增强，促进了经济持续快速发展。但在经济发展过程中，能源供给不足的矛盾十分突出。往往只要固定资产投资规模扩大、经济发展加速，煤电油运就会出现紧张，成为制约经济社会发展的瓶颈。到20世纪90年代末，随着能源市场化改革不断推进、能源工业进一步对外开放和能源投入增加，煤炭、电力产能大幅度提高，油气进口增多，能源对经济社会发展的制约得到很大缓解。进入21世纪以来，能源供求形势又发生了新的变化，工业化和城市化步伐加快，一些高耗能行业发展过快，能源需求出现了前所未有的高增长态势（见图3），能源对经济社会发展的制约又开始加大。中国是一个人口众多的发展中国家，达到较高水平的现代化社会还要走相当长的路。随着经济社会持续发展和人民生活水平不断提高，能源需求还会继续增长，供需矛盾和资源环境制约将长期存在。

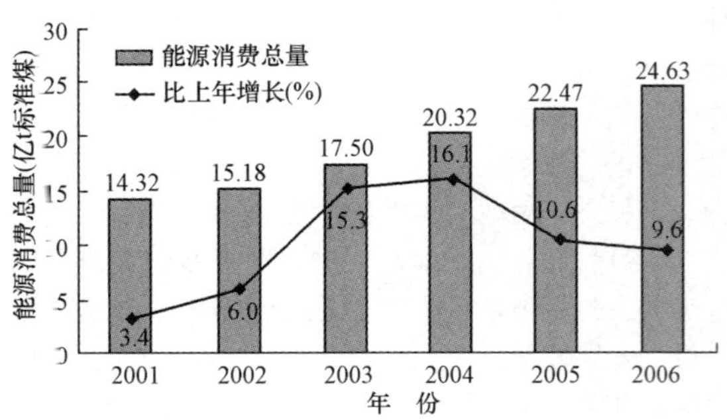

图3　“十五”以来中国能源消费增长情况

（三）能源安全事关经济安全和国家安全

能源安全中最重要的是石油安全。20世纪70年代发生的两次世界石油危机，导致主要发达国家经济减速和全球经济波动。21世纪以来，石油价格不断攀升（见图4），2008年初原油期货价格超过100美元，油价上涨对全球经济特别是石油进口国经济产生较大影响，一些国家甚至因石油涨价引发社会动荡。从历史上看，发达国家在实现工业化的过程中，除开发利用本国能源资源外，还利用了大量国际资源。至今，许多发达国家依然高度依赖国际油气资源。在经济全球化不断发展的今天，能源资源的全球化配置是大势所趋。但是，不合理的国际政治经济秩序以及能源市场规则，给发展中国家利用国际资源设置了重重障碍，一些地区冲突和局部战争，也有深刻的能源背景。由于国内资源制约等因素，中国保障能源供应特别是油气资源供应需要利用国际国内两个市场、两种资源。目前，石油对外依存度已经接近50%，今后可能还会更高一些。国际石油市场的稳定，对中国的能源安全、经济安全乃至国家安全的影响会越来越大。

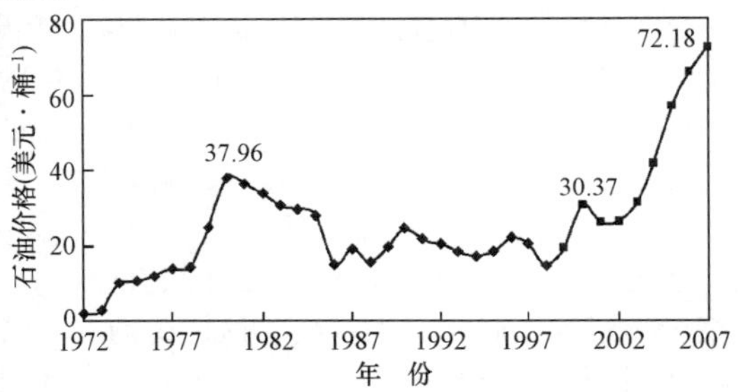

图4 国际市场石油价格增长走势

（四）能源消耗对生态环境的影响日益突出

能源资源的开发利用促进了世界的发展，同时也带来了严重的生态环境问题。化石燃料的使用是CO_2等温室气体增加的主要来源。科学观测表明，地球大气中CO_2的浓度已从工业革命前的280ppmv上升到了目前的379ppmv（见图5）；全球平均气温也在近百年内升高了0.74℃（见图6），特别是近30年来升温明显，全球变暖对地球自然生态系统和人类赖以生存环境的影响总体上是负面的，需要国际社会认真对待。从中国情况看，能源结构长期以煤炭为主，煤炭生产使用中产生的SO_2、粉尘、CO_2等是大气污染和

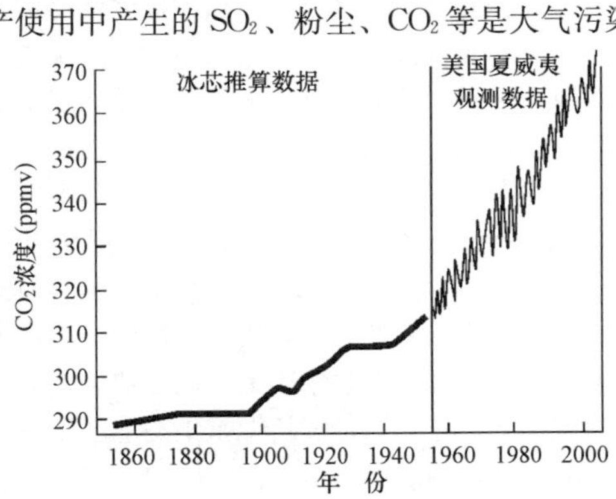

图5 150年来大气中CO_2浓度变化

温室气体的主要来源。解决好能源问题，不仅要注重供求平衡，也要关注由此带来的生态环境问题。

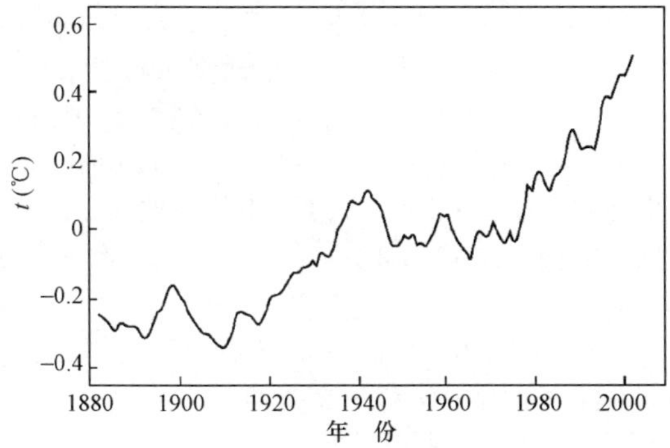

图6 近百年来全球平均气温变化

二、国内外能源形势

（一）全球能源基本状况与发展趋势

近年来，全球能源消费不断增长，石油价格持续攀升，人们越来越担心世界能源供应的可持续性。目前，世界能源供应主要依赖化石能源。世界化石能源剩余可采储量还有较长的供应保障期，尚未对能源供给形成实质性制约。未来能源供求关系和市场价格，将主要受能源开采利用技术、能源结构调整、环境与气候变化、国际政治经济秩序等多种因素影响。

（1）世界化石能源储量丰富，各国资源占有分布不均。截至2006年底，世界煤炭探明剩余可采储量9091亿t，按目前生产水平，可供开采147年。与煤炭相比，世界常规石油和天然气资源相对较少，但每年新增探明储量仍在持续增长。20年来世界石油和天然气的储采比（Reserve/Production Ratio，R/P，剩余可采储量与年采出量之比）并没有发生大的变化，始终保持在40和60左右的水平（见图7）。此外，世界非常规油气资源，即受开采技术和成本限制目前还不能大规模开发利用的油气资源，如重油（此处指密度为0.920～1.000g/cm^3的原油）、油砂油、页岩油以及天然气水合物等十分丰富，开发利用的潜力很大。但是，世界上已经发现的能源资源分布极不平衡。煤炭资源主要分布在美国、俄罗斯、中国、印

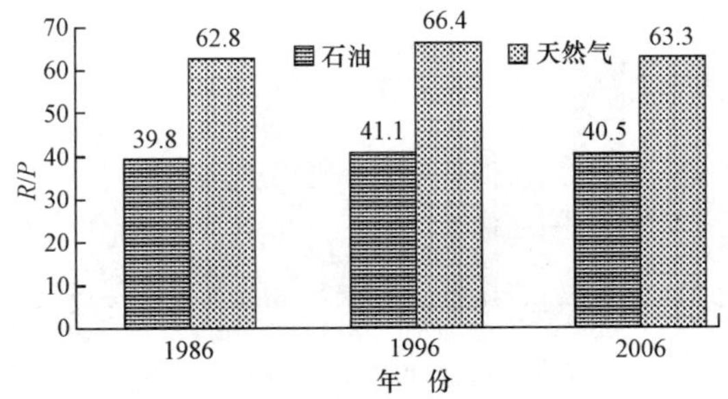

图7 世界石油、天然气资源储采比变化情况

度、澳大利亚等国家。石油资源各大洲都有分布，但主要集中在中东地区及其他少数国家。石油输出国组织（Organization of Petroleum Exporting Countries，OPEC）国家石油探明剩余可采储量占世界总量的75.7%，其中中东地区国家占60%以上。按国别看，可采储量前10位的国家占世界总量的82.6%。天然气资源主要集中在中东、俄罗斯和中亚地区，其中俄罗斯、伊朗、卡塔尔3国天然气储量占世界总量的55.7%。

（2）能源结构走向多元，化石能源仍是消费主体。2006年世界一次商品能源消费总量为108.8亿TOE（1 TOE= 1.428 6 TCE），其中石油占35.8%，居第1位；煤炭占28.4%，居第2位；天然气占23.7%，居第3位；其次为水能和核能，分别占6.3%和5.8%。在经济合作与发展组织（Organization of Economic Cooperation and Development，OECD）国家中，煤炭消费的比重不断下降，天然气消费的比重已经超过煤炭而居第2位。随着国际社会越来越关注环境问题以及能源技术不断进步，替代煤炭和石油的清洁能源增长迅速，煤炭和石油在一次能源总需求中的份额将进一步下降，天然气、核能和可再生能源的份额将不断提高。但是，核能、风能、太阳能和生物质能的发展，除受技术因素影响外，其经济性也是一个制约因素，非化石能源大规模替代化石能源的路还很长。预计在2030年前，石油、天然气和煤炭等化石能源仍将是世界的主流能源。

（3）发达国家能源消费高位徘徊，发展中国家能源需求加快增长。发达国家在工业化和后工业化过程中，形成了高消耗的产业用能、交通用能和建筑物用能体系。2006年，OECD国家能源消费占世界消费总量的51%，人均能源消费量为4.74t标准煤。人均能源消费量最高的国家是美国，达7.84t标准煤。中国人均能源消费量为1.31t标准煤，非洲国家人均能源消费量仅为0.36t标准煤（见图8）。从能源消费的增长情况看，发达国家已经处于能源消费的缓慢增长期；发展中国家为摆脱贫穷和落后，正致力于加快发展，其能源消费的增长也在加快。据统计，1996～2006年，欧美26国能源消费年均增长率为0.62%；

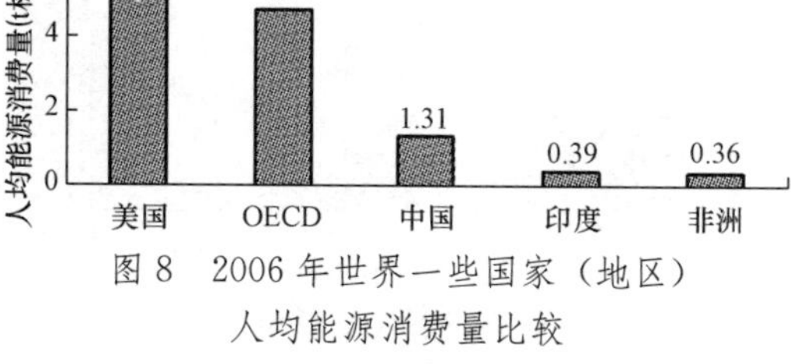

图8 2006年世界一些国家（地区）人均能源消费量比较

同期发展中国家能源消费年均增长率为4.36%。据国际能源署（International Energy Agency，IEA）预测，从2006～2030年，全球能源需求总量将以年均1.2%～1.6%的速度增长，其中70%的需求增长来自发展中国家（见图9）。

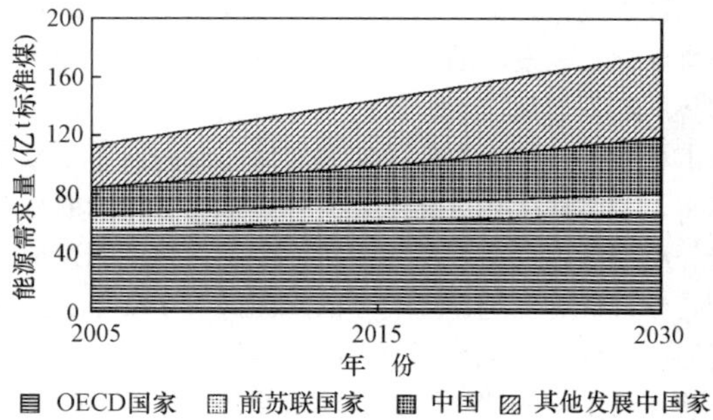

图9 世界分地区能源需求展望

（4）气候变化对能源发展影响加大，低碳和无碳能源成为新热点。随着人们对CO_2、CH_4、N_2O等温室气体排放与地球气候变化相互关系认识的不断加深，要求国际社会采取对策努力限制或减少温室气体排放的呼声越来越高。从1979年第一次世界气候大会呼吁保护气候系统开始，到1992年联合国环境与发展大会通过《联合国气候变化框架公约》，再到《京都议定书》的出台，国际社会为应对全球气候变化做了不懈努力。许多国家在调整能源战略和制定能源政策时，增加了应对气候变化的内容，重点是限制化石能源消费，鼓励能源节约和清洁能源使用。气候变化问题已成为世界能源发展新的制约因素，也是世界石油危机后推动节能和替代能源发展的主要驱动因素。各国把核能、水能、风能、太阳能、生物质能等低碳和无碳能源作为今后发展的重点。2006年，以电的形式利用的核能在世界一次能源消费中占5.8%，核电在世界电力消费中占14.8%。进入21世纪，一些国家又开始重视核电发展，提高核能在电力和一次能源中的比重。世界上已有50多个国家制定了法律、法规或行动计划，提出了推动可再生能源发展的明确目标和发展途径。可以相信，随着国际社会对温室气体减排重要性认识的不断深化，能源技术向低碳、无碳化方向发展的趋势将日益增强。

（5）国际能源问题政治化倾向明显，非供求因素影响增大。目前，全球石油贸易量占能源贸易量的70%以上。20世纪70年代以来，世界石油市场经历了几次大的波动，一些石油输出国与消费国以及多种国际势力相互博弈，非供求因素对国际油价波动的影响越来越明显。中东等油气资源富集的地区受一些重大国际政治、军事、经济事件的影响，导致正常的油气贸易和投资活动受到较大限制和干扰。全球资本市场和虚拟经济迅速发展，金融衍生产品大量增加，各种投机资金逐利流动，也作用于石油市场。这些非供求因素的影响，给一些发展中国家维护本国利益设置了障碍，同时给国际油气资源开发、管网修建和市场供应以及正常的企业并购增加了变数。近年来，国际石油价格持续震荡上行，既受到市场供求关系变化以及石油交易金融化、汇率变化等因素的影响，也受到地缘政治、大国政策、公众预期、社会舆论和各种突发事件等因素的影响。

（二）中国能源发展现状及问题

(1) 能源资源品种丰富，人均占有量较少。中国有多种能源资源，其中水能和煤炭较为丰富，蕴藏量分别居世界第1位和第3位；而优质化石能源相对不足，石油和天然气资源的探明剩余可采储量目前仅列世界第13位和第17位。由于人口众多，各种能源资源的人均占有量都低于世界平均水平（见图10）。分品种看：水能资源经济可开发总量为4.02亿kW，年发电量17 500亿kW·h，主要分布在西南地区，开发程度还比较低，但开发难度加大、成本升高。煤炭资源探明剩余可采储量为1842亿t，大多分布在干旱缺水、远离消费中心的中西部地区，总体开采条件不好。石油资源探明剩余经济可采储量仅为20.4亿t，储采比低，还有增加探明储量的潜力，但产能增幅有限。天然气资源探明剩余经济可采储量为23 900亿m^3，进一步提高探明程度的潜力很大，具备大幅增产的可能，但资源总量和开采条件难以同俄罗斯、伊朗等资源大国相比。风能、太阳能等可再生能源资源量巨大，其开发利用程度主要取决于技术和经济因素。

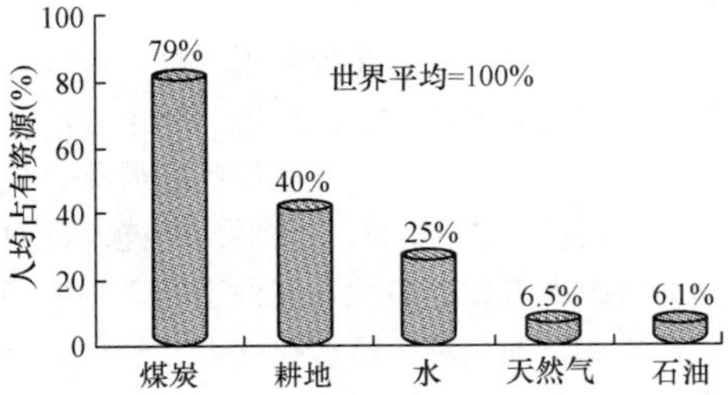

图10 我国主要资源人均占有水平与世界水平的比较

(2) 能源建设不断加强，能源效率仍然较低。20世纪90年代以来，中国一次能源生产总量翻了一番多，2007年达到23.7亿t标准煤，已成为世界第二大能源生产国。电力工业实现了跨越式发展，2007年底发电装机容量超过7亿kW，1GW超超临界火电机组、700MW水轮发电机组等先进装备实现了国产化，一批大型现代化煤矿建成投产，石油和天然气勘探开采有了新突破。节能降耗取得积极进展，20世纪最后20年，中国以能源消费翻一番，支撑了经济总量翻两番，能源消费弹性系数为0.43。但也要看到，中国能源利用效率相对较低，能源生产和使用仍然粗放。2003～2005年，单位GDP能耗上升；2006年以来加强了节能减排，单位GDP能耗有所下降，但要实现持续下降，还需要加大工作力度。

(3) 能源生产迅速增长，生态环境压力明显。在需求快速增长的驱动下，中国能源生产增长很快，煤炭增长尤为迅速。过去6年，中国原煤年产量增加了近12亿t，2007年产量达到25.4亿t，约占全球产量的40%。与此同时，煤炭大量生产和使用中存在一系列问题，如资源回采率低、浪费严重，安全事故多发、死亡率高，对地表生态和地下水系破坏大。此外，SO_2、烟尘、粉尘（见图11）、NO_x以及CO_2排放量也有所攀升，给生态环境治理带来了难度。中国作为一个发展中国家，人均CO_2排放量低于世界平均水平，但也面临着温室气体减排的压力（见图12、图13）。

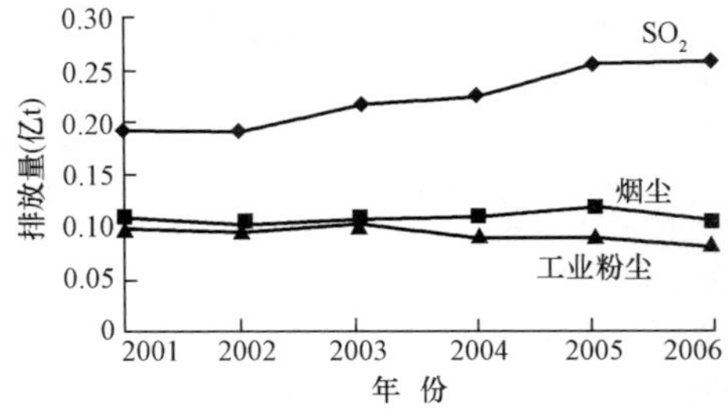

图11 中国主要污染物排放情况

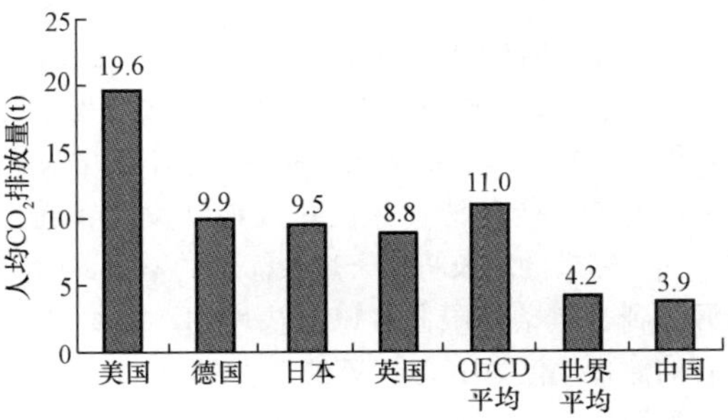

图12 人均CO_2排放量国际比较

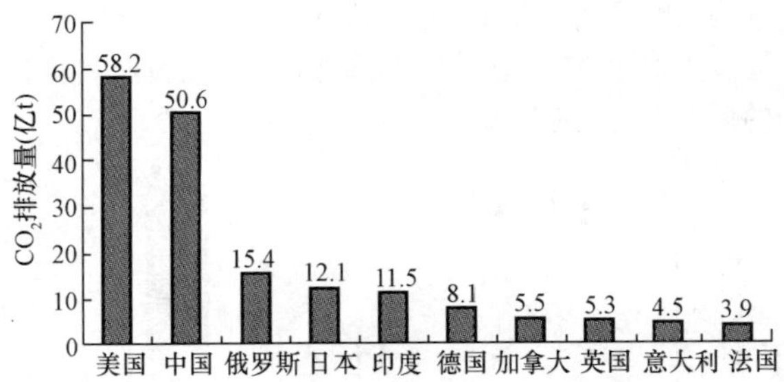

图13 主要国家燃料燃烧CO_2排放情况

(4) 能源消费以煤为主，能源结构需要优化。改革开放特别是20世纪90年代以来，中国能源结构总体上朝着优质化方向发展（见表 1）。煤炭消费占能源消费总量的比重由 1990 年的 76.2%，下降到 2002 年的 66.3%。但近年来，煤炭占能源消费的比重有所上升，2006 年达到 69.4%，而发达国家这一比重平均只有 21%左右。中国是世界上最大的煤炭生产国和消费国，在一次能源消费构成中，煤炭的份额比世界平均值高 41 个百分点，油气的比重低 36 个百分点，水电、核电的比重低 5 个百分点。目前，清洁能源、可再生能源开发利用还不充分，风能、太阳能、生物质能发展尚处于起步阶段，调整和改善能源结构的任务十分艰巨。

表 1　　中国一次能源消费结构

年份	占能源消费总量的比重（%）			
	煤炭	石油	天然气	水电、核电、风电
1980	72.2	20.7	3.1	4.0
1985	75.8	17.1	2.2	4.9
1990	76.2	16.6	2.1	5.1
1995	74.6	17.5	1.8	6.1
2000	67.8	23.2	2.4	6.7
2001	66.7	22.9	2.6	7.9
2002	66.3	23.4	2.6	7.7
2003	68.4	22.2	2.6	6.8
2004	68.0	22.3	2.6	7.1
2005	69.1	21.0	2.8	7.1
2006	69.4	20.4	3.0	7.2

（5）能源需求继续增加，可持续发展面临挑战。随着中国经济持续快速发展，工业化、城镇化进程加快，居民消费结构升级换代，能源需求不断增长，今后一段时期，能源消费弹性系数难以大幅降低。同时，油气需求的增长将快于煤炭需求的增长，而国内资源受到自然条件限制难以较快增加，2006 年，我国石油储采比仅为 11.1，远低于世界 40.5 的平均水平（见图 14），能源尤其是油气供求矛盾将进一步显现。因此，只有从现在起就加大节能力度，加快产业结构调整步伐，合理引导消费行为，才有可能在未来逐步实现能源需求增长率的降低，实现化石能源需求的低增长直至零增长。

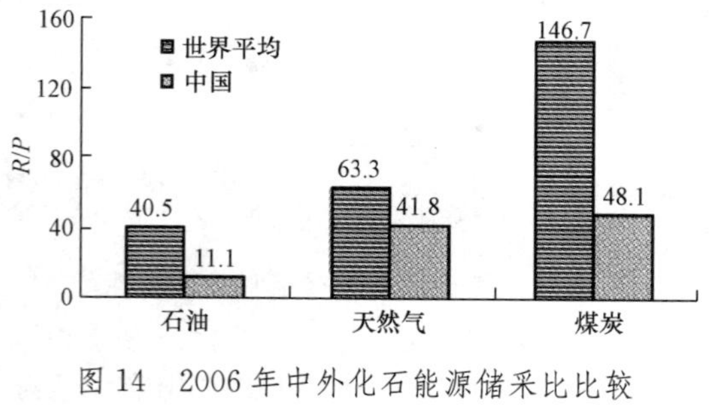

图 14　2006 年中外化石能源储采比比较

三、能源发展的战略思路

今后几十年是中国经济社会全面发展、实现中华民族伟大复兴的关键时期，能源建设任务重大。在全面建设小康社会的进程中，为满足十几亿人民日益增长的能源消费需求，我国将在今后一二十年内建成世界最大的能源消费和供应体系。为此，迫切需要走出一条中国特色新型能源发展道路，从而以较小的能源资源和环境代价，实现现代化建设的战略目标。能源系统庞大，调整周期较长，一代能源技术和基本装备的更新往往需要几十年时间，这就要求能源发展有长期的战略考虑，寻求最优或较优的发展路径。

（一）能源发展的战略方向

考虑中国的能源发展战略，有必要眼光放远一点，思路开阔一点，把能源战略置于国家发展战略的重要位置，认清能源发展的趋势，适时完善能源战略的目标、方针和任务。走中国特色的新型能源发展道路，应坚持节约高效、多元发展、清洁环保、科技先行、国际合作，努力建设一个利用效率高、技术水平先进、污染排放低、生态环境影响小、供给稳定安全的能源生产流通消费体系。

（1）节约高效。节约资源是中国的基本国策。能源战略应长期坚持节约与开发并举，把节约放在首位。坚持节能优先，开创节约型的发展方式和消费模式，提高能源普遍服务水平，合理平衡供需。提倡生态文明和节约文化，普及节能知识，推广技术成果。大幅度提高能源系统效率，尽快使重点耗能产业的能源效率达到国际先进水平；不断提高能源综合效率，以尽可能小的能源资源消耗，支撑经济社会尽可能大的发展。

（2）多元发展。只有充分利用各种可以规模利用的能源资源，才能优化能源结构，满足未来能源需求。发达国家已经完成了化石能源的优质化，现在又开始大力发展低碳能源，向更高层次的能源优质化推进。我国能源也需要走多元发展的道路，加快能源结构调整，增加石油供应，显著提高天然气、核能、可再生能源在能源生产和消费中的比重，努力做到新增能源供应以高效能源、清洁能源、新能源和可再生能源等低碳或无碳优质能源为主。

（3）清洁环保。治理污染、保护环境、缓解生态压力，是能源发展的重要前提。在新的形势下，能源战略还应考虑有效应对全球气候变化的挑战。解决好能源利用带来的环境问题，需要从提高清洁能源比重、实现环境友好的能源开发、实行煤炭高效清洁利用和推进工业、交通、建筑清洁用能等多方面采取措施，尽可能减少能源生产和消费过程的污染排放和生态破坏，兼顾能源开发利用与生态环境保护。

（4）科技先行。能源发展需要科技先行。只有通过持续的技术创新，才能不断提高能效，发展清洁能源，实现能源可持续发展，支撑现代化进程。着眼未来，需要尽量采用先进能源技术，超前部署能源科技研发，建立能源技术储备。世界能源生产和转换技术不断创新，装备的大型化、规模化趋势明显，能源产业资金密集、集中度高。中国能源产业也需要走集约发展的道路，提高科技创新能力，增强国际竞争力。

（5）国际合作。解决好中国的能源问题，对世界具有重要意义。通过加强国际能源合作，促进能源经济技术交流，拓宽能源领域对外开放的渠道。通过企业“走出去”，扩大对外投资，开发能源资源，增加石油天然气供应能力。通过开展能源对外交往，加强战略和政策对话与协调，促进全球能源安全保障机制不断完善。这不仅有利于增加中国能源供应，也有利于改善世界能源供给。

（二）节能优先的长期战略

1. 节能优先符合中国的基本国情　目前我国人均能源消费量比较低，随着经济社会发展，今后还会有所增加，总量也会继续扩大。但中国不能照搬发达国家依靠大量消耗世界资源、实行能源高消费的传统发展模式，而要努力探索新的发展道路，坚持实施节能优先战略，在节约发展中实现工业化、城镇化和现代化。

2. 节能是能源供需平衡的重要前提　节能优先是我国达到未来能源供需平衡的重要前提。加强节能，提高能源利用效率，可以有效减缓能源需求过快增长，使我国能源需求总量控制在资源环境约束范围之内，使经济社会在高效低耗中实现发展。

3. 节能是现代文明的具体体现　勤俭节约是中华民族的传统美德。珍惜资源、保护环境，是现代文明的重要标志。应引导全社会树立节约型消费理念，建立合理的消费模式，鼓励理性消费、适度消费，健全高效节能的社会公共设施，完善促进节能的资源配置体制和机制，把节约能源资源、提高能源效率切实纳入经济社会发展的各个领域和全过程。

4. 节能的重点领域　提高能效是实现节能优先的重要途径。应尽可能减少不合理的能源需求，更加有效地利用能源，以较少的资源投入，提供更多更好的能源服务。工业、交通和建筑是节能的重点领域。

（1）工业节能。工业用能在中国能源消费中比重很高，节约潜力巨大，可以充分挖掘。在工业化过程中，应利用后发优势，广泛采用先进工艺和技术，使工业能耗达到世界先进水平。当今世界，技术进步加快，新工艺、新设备不断涌现，提高能效已经从单一设备的技术改进，向系统优化、整体提效发展。目前，世界先进钢铁企业吨钢综合能耗仅为630kg标准煤，今后还可能降至570kg标准煤以下。大型先进干法水泥回转窑水泥单耗只有96kg标准煤，今后还可能降至86kg标准煤以下。

（2）交通节能。工业化国家交通用能占能源消费总量的30%～40%。中国交通用能比重目前还较低，但随着汽车进入家庭，交通能耗上升很快，必须引起重视。公共交通系统可以为大众提供方便而节能的出行服务，既能减少交通拥堵，又有利于改善环境。如日本东京都公共交通周转量占城市客运交通周转量的80%，其中轨道交通又占客运交通的70%。交通系统与交通工具能效提高和环境友好已成为国际趋势。如目前生产的油电混合动力小汽车，其油耗已经低于每百公里3～3.5L，比传统动力小汽车平均油耗低50%～70%，还有进一步降低的潜力。一些国家正在开发可一次充电行驶500km的纯电动汽车，利用氢能实现终端零碳排放的燃料电池汽车也开始示范。我国在工业化、城镇化进程中，应将节油和环保作为汽车工业发展的优先目标，使汽车能效水平逐步进入世界先进行列；同时，大力发展高速铁路和城际轨道交通系统，大幅度提高交通系统效率，减少能耗和污染。

（3）建筑节能。建筑物用能包括采暖、制冷空调和通风、照明、热水供应、电梯、办公和家用电器等方面的能源消费。工业化国家建筑物用能占能源消费总量的30%以上。中国正处在建筑业高速发展的阶段，每年新建成的建筑面积达20亿m^2左右，是世界上最大的建筑市场，用于建筑物的能源消费逐渐上升。推进建筑节能，政府办公用房、公共建筑设施应当先行，并引导居民住房和商业用房节能。积极推广应用建筑物节能技术，可以采用高效隔热材料、低散热玻璃、高效供热和空调系统、太阳能热水、水（地）源和空气源热泵、节能照明、楼宇智能化等技术，显著降低建筑物用能需求，使新建建筑物节能50%～65%，超低能耗建筑物节能90%，未来还有可能实现新建建筑的低碳乃至零碳排放；可以对集中供热系统进行综合技术改造，改善末端和管网系统调节，提高热源效率，使集中供热系统效率由目前的不到55%提高到85%左右；强化建筑节能标准，提高节能建筑设计水平，采用节能建筑材料和设备，使建筑物能源系统的运行效率不断改善。这样，可以在改善人民居住和生活条件的同时，有效地减缓建筑物能源需求的增长速度。

（三）一次能源的有效开发利用

中国能源需求总量很大，只有不断提高能源供应能力，才能使经济社会发展得到有力的能源保障；只有充分利用多种能源资源，才能满足对能源总量和品种的需求。展望未来，煤炭在一次能源中举足轻重，但其份额会有所下降，石油、天然气、核能和水能、风能、太阳能等可再生能源的份额则会提高，逐步形成多元化、优质化的能源结构。

1. *煤炭* 煤炭是中国最重要的能源，生产消费的数量大、比重高，替代有难度。实现煤炭安全、高效、清洁、环保和可持续发展，具有重要意义。煤炭的发展，应坚持以安全生产为前提，依靠科技进步和加强管理，使煤炭生产尽快达到世界先进水平（见表2）。实现煤炭可持续开采和煤炭工业现代化，需要建设一批技术领先、安全保障好、采掘机械化和生产效率高的大型煤炭基地、大型煤炭企业和现代化矿井。还需要把生态环保贯穿到煤炭资源开发的全过程，根据各地不同的生态环境条件，合理确定煤炭开采规模；发展循环经济，综合治理和利用煤矸石、矿井水和粉煤灰，治理和恢复资源枯竭矿山的生态环境，切实保护好各类矿区及其周边地区的生态环境。

表2 世界主要产煤国家有关技术经济指标比较

国 别	产量（亿t）	职工数（万人）	生产率 t/(年·人)	采煤机械化程度（%）	综合机械化程度（%）
美国	9.93	7.17	13 849	100	51.3
澳大利亚	3.50	2.12	16 509	100	100
南非	2.15	4.25	5059	97	97
德国	2.11	4.87	4333	100	100
波兰	1.62	14	1157	99.2	95.3
中国	21.9	550	398	45	30
中国国有重点煤矿	10.4	258	403	83	72

煤炭的发展，还应解决好高效清洁利用问题。不仅需要考虑提高能源转换效率，还需考虑治理和减少SO_2、NO_x等排放的问题。在发展循环流化床燃烧、大规模煤气化等洁净煤技术以及改进煤炭直接、间接液化技术的同时，需要加快研发煤炭多联产等新一代洁净煤技术。应用煤炭多联产技术（见图15），以煤炭气化为龙头，可以同时生产电力、热力蒸汽、液体燃料和化工产品等。同时，可以实现SO_2、NO_x、粉尘、微量元素和有机物的近零排放；而且，去除CO_2比煤炭直接燃烧从烟气中捕集CO_2相对容易，是未来温室气体减排一条重要途径。煤炭多联产与分别生产电力、液体燃料、化工产品等相比，其燃料综合利用效率可以提高10%～20%，还可以降低单位产品的投资额。美国、日本以及欧洲一些国家已经把煤炭多联产作为洁净煤技术新的发展方向，并制定了具体的研发计划。我国作为一个煤炭大国，研发和应用多联产技术具有重要意义。

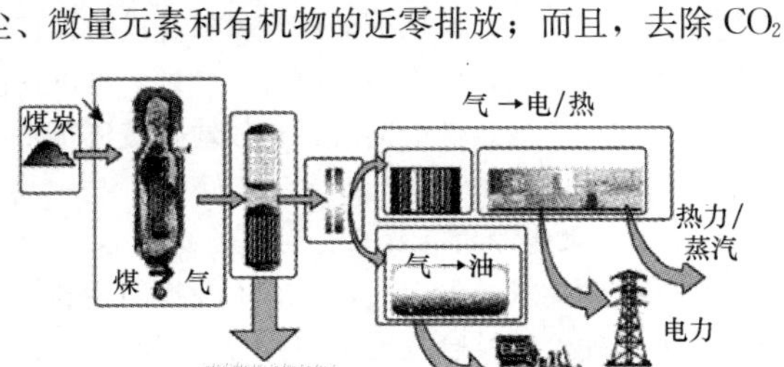

图15 煤炭多联产原理图

2. *天然气* 天然气热值高、碳排放强度低，是清洁的化石能源，也是满足城市和人口稠密地区能源需求的较佳选择，可以大规模开发利用。发展天然气能够有效地缓解环境压力，大幅度提高能源系统效率，并推动多种先进高效能源技术和应用系统的发展，包括高效发电、分布式能源系统、清洁交通燃料等。随着长距离、大规模天然气管道输送技术的日益成熟，以及液化天然气运输和利用技术的普及，世界天然气开发利用规模快速扩大。近年来我国新增天然气探明储量迅速增加，增产有很大潜力；煤层气资源十分可观，利用技术不断提高；进口境外天然气和液化天然气资源也有较好前景。中国大城市数量多，人口密集地区多，对天然气需求数量很大。因此，天然气大规模快速发展的条件已经具备，应当有效地增加天然气供应，大幅度提高天然气比重，使我国能源结构优化迈出更大步伐。

3. *石油* 石油是具有多种优良特性的优质能源，石油产品仍然是交通燃料的最佳选择。随着人均收入水平提高和工业化、城镇化步伐加快，中国汽车拥有量迅速增长，其他交通工具也大量增加，对液体燃料的需求日益增长。只有立足国内开发，扩大石油进口，才能保证石油供给。我国陆上和海域油气资源还有很大潜力，保持石油产量长期稳定并有所增加，对确保能源安全十分关键。增加国内石油产能，需要确保资金投入，加大地质勘查力度，力争在勘查技术和地质理论上取得突破。经过长期探索，以陆相成油为代表的石油地质理论体系已经形成，还需要建立和完善海相成油地质理论，完善油气资源评价系统，提高低渗油气藏、深海油气勘探开采等技术与装备水平。全球石油资源分布相对集中，应通过积极开展国际合作，更多地利用境外资源，多渠道增加石油供给能力。

4. *可再生能源* 世界可再生能源资源潜力巨大，各方寄予厚望。促进可再生能源加快发展，有助于实现能源长期战略替代，也有助于加强环境保护。中国已经通过立法，将可再生能源开发利用列为能源发展的优先领域，并制定了可再生能源中长期发展规划（见表3）。考虑到可再生能源品种较多，资源条件、技术成熟度、经济可行性差异较大，其开发利用需要因地制宜、分类指导，有区别、有重点地推动。水能是重要的可再生能源，其开发利用技术已经成熟，是近期发展的主要对象。风力资源丰富，利用技术也基本成熟，可以作为当前规模开发的一个重点，形成实际供应能力。太阳能资源潜力巨大，一旦关键技术进一步取得突破，经济性改善，就将得到广泛应用，应加大太阳能发电技术与热利用技术的开发与攻关力度，结合建筑节能，积极推广太阳能热水器产品。

表 3 可再生能源中长期发展规划的主要目标

年份	水电（GW）	生物质发电（GW）	风力发电（GW）	可再生能源占一次能源消费比例（%）
2005	117	2	1.26	7.5
2010	190	5.5	5.0	10
2020	300	30	30	15

国际上对生物质能源开发利用十分重视，一些土地资源丰富、作物生长条件优越的国家，已经把生物质能源作为替代能源的重要发展方向。如美国大量发展以玉米为原料的燃料乙醇，巴西重点发展以甘蔗为原料的燃料乙醇。大规模利用农业种植作物生产燃料，是否会导致世界性粮食供应紧张，在国际上已经引起争议。各国条件有所不同，生物质能源开发利用需要考虑具体情况。我国生物质能源资源主要是农林畜牧业、工业和城市生活废弃物，也有一些农林作物可以利用。从总体上看，具有品种多、分散性强、收集成本高的特点，宜于发展多种利用技术，开辟不同用户市场。由于土地资源稀缺、农业用地有限、生态环境脆弱，利用农业种植作物生产燃料存在较多限制因素。在我国发展生物质能源，可从现有废弃物资源的利用入手，逐步提高开发利用水平。对一些较为成熟的技术，如农村沼气、秸秆发电等，积极推广，予以扶持。对一些尚未突破的关键技术，如纤维素乙醇等，合理投入，开展研究。

5. 新型能源 发展新型能源和相关技术，对未来能源替代具有重要意义，应当充分重视，早做准备，积极跟踪，组织研发。开发利用新型能源，必须依靠先进的能源科技。虽然氢能、天然气水合物、核聚变等能源研发尚未形成现实生产力，但科技进步日新月异，已经使人们感受到新型能源带来的希望。

氢能是未来有发展前景的新型能源之一，有可能成为一种非常清洁的新型燃料。以多种方式制备的氢气，通过燃料电池直接转变为电力，可以用于汽车、火车等交通工具，实现终端污染物零排放；也可用于工业、商用和民用建筑等固定式发电供热设施（见图16）。世界上一些主要工业化国家，正在开发氢燃料电池驱动的汽车，并已取得进展。一旦非化石能源廉价制氢、安全储氢输氢、高效耐用燃料电池等关键技术得到解决，尤其是太阳能、核能、生物质能大规模制氢的技术取得突破，氢能将得到有效利用。

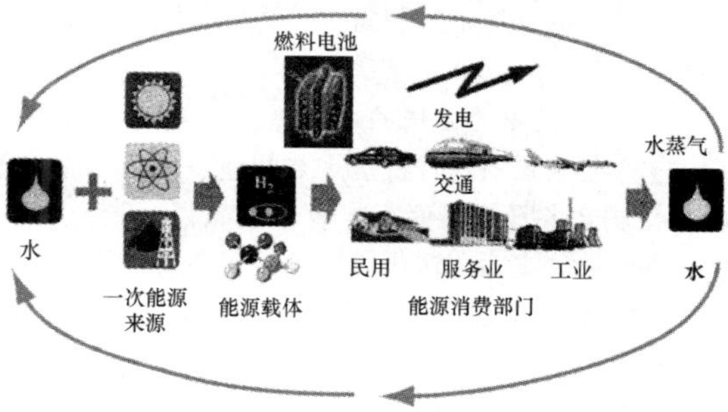

图 16 氢能利用原理图

天然气水合物被称为“21 世纪潜在新能源”，受到各国科学家和政府广泛重视。天然气水合物又称固态甲烷，主要由甲烷与水分子组成，呈固体状态，是一种特殊的非常规天然气资源。它广泛存在于大陆周边海底和陆地冻土带内，资源极为丰富。联合国政府间气候变化专门委员会的报告认为，天然气水合物可能的资源量约为其他所有化石能源资源量总和的 2 倍，预计可开发部分也与油气资源总量相当。但天然气水合物的实际开发利用还面临一些难题。目前，我国已将天然气水合物开发技术纳入中长期科技发展规划，需要深化资源调查，开展应用研究，对天然气水合物开发技术进行探索。

热核聚变能被人类寄予厚望。地球上可用的聚变材料数量巨大，受控热核聚变技术一旦成功，将会开辟人类能源应用的新篇章。国际热核聚变实验堆（International Thermonuclear Experimental Reactor，ITER）合作计划已经启动，如果进展顺利，有可能在 2050 年前后，开展商业性受控热核聚变发电的示范（见图 17）。实现受控热核聚变，除 ITER 采用的

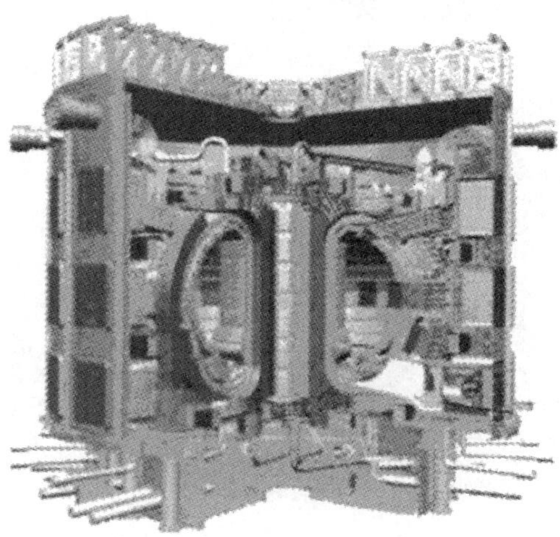

图 17 国际热核聚变实验堆装置示意图

磁约束方式外，还有惯性约束等其他方法。中国在积极参加ITER计划的同时，对这些不同的技术方法，也需进行探索和研究。此外，对核聚变材料也可以有不同选择，目前倾向于选择氘和氚（氢的同位素）反应的方案，也有选用氘和氦-3（氦的同位素）反应的方案。

（四）先进电力系统的发展

电力在能源中具有特别重要的地位。通过应用电力技术，能够把各种化石能源、核能、水能、风能、太阳能等一次能源，转化成传输使用方便、高效清洁的二次能源，可以提供优质终端服务，改进系统效率，控制环境污染。提高能源转换和输配的效率，实现高效清洁发电和安全供应，是全球电力技术长期发展的方向。

近两年，我国电力工业高速增长，每年新增装机容量1亿kW左右，基本缓解了电力短缺的矛盾。2007年，我国电力装机容量达到7.13亿kW（见图18、图19）。其中：水电装机容量达1.45亿kW，三峡电站已有21台机组投产，龙滩、向家坝、溪洛渡等一批大型水电站相继开工建设；随着田湾核电站一期工程两台机组投产，核电装机容量已达8850MW；风力发电加速发展，风电装机容量已达4030MW。发电设备技术水平不断提高，超临界、超超临界机组已开始批量制造和安装。落后发电机组加快淘汰，近两年已关停小火电机组超过20GW。装备脱硫设施的燃煤机组已达2.7亿kW，占全部火电装机容量的比重

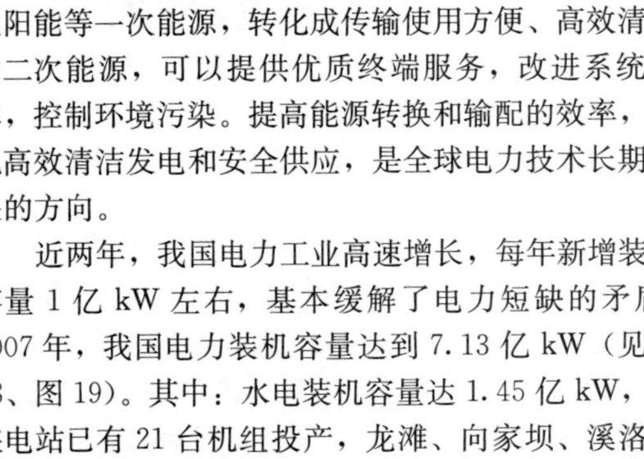

图18　2007年我国电力装机容量

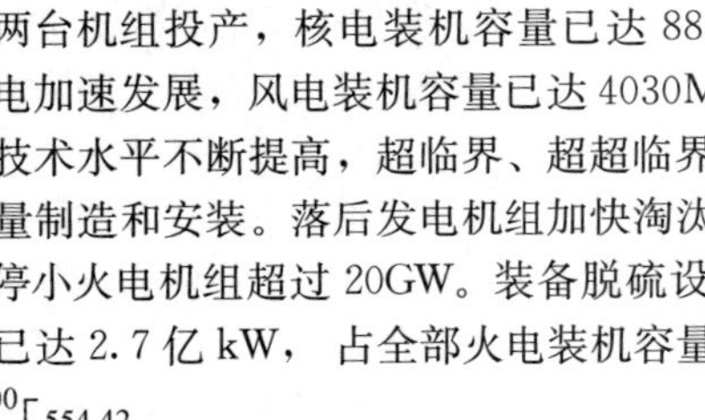

图19　2007年我国电源结构

达到45%。2007年，全国供电煤耗降为357g/(kW·h)，比2006年降低10g/(kW·h)。预计今后一段时间电力建设仍将保持较大规模，电力增长速度会超过一次能源增长速度，到2010年我国电力装机容量将达到或超过9亿kW，并有望在5年左右形成世界上最大的电力系统。在此过程中，需要促进电力工业提高水平，发展清洁高效煤电，扩大水电、核电比重，推动风力发电和太阳能发电，相应推进输变电建设，形成多元化的电源结构，构筑国际领先的电力系统。

1. 火电　中国煤炭比重高，大多通过发电转换用于终端消费。从经济社会发展的趋势看，今后煤炭转为电力的比重还将继续提高，发电装备和能源效率将进一步改善，同时燃煤排放也将向电力工业集中。加强环境保护，要求发展高效清洁煤炭发电技术，探索低碳发电技术，提高SO_2和NO_x排放控制的技术装备水平。采用超临界、超超临界机组，可以把发电的燃料利用效率分别提高到41%～43%、45%～47%。更高温度和压力参数的机组也在开发研制之中，应用整体煤气化燃气蒸汽联合循环（Integrated Gasification Combined Cycle，IGCC）技术，发电的燃料利用效率可能达到50%以上，而且可以减少污染物排放，并为CO_2碳封存提供技术基础。天然气燃气蒸汽联合循环（Combined Cycle GasTurbine，CCGT）技术，可以将发电的燃料利用效率进一步提高到58%～65%。分布式热电联供技术的燃料利用效率可达80%以上。这些先进技术应加快开发，推广应用，使我国发电效率尽快达到世界先进水平，并跟上国际电力可持续发展的新趋势。

2. 水电　水电是重要的可再生能源，发达国家大多已经实现了水电资源优先利用和充分开发。中国水电资源丰富，还有2/3的经济可开发水能资源有待利用。这是极其宝贵的资源财富，是清洁和可再生的能源，应当优先加以利用。水电资源的充分开发，对提高我国能源供应能力、改善能源结构具有重要作用。但水电建设周期长，水电站离负荷中心一般较远。在电力规划中，有必要尽早开展前期工作，早做准备，优先安排。对生态环境影响问题，需要高度重视，科学分析，系统比较，做好相关评价工作，在保护生态环境的基础上有序开发水电，充分利用水能资源。对移民问题，可利用水电成本较低、效益较好的条件，建立合理补偿与扶持的机制，采取必要措施，妥善加以解决。应尽量发挥优势，减少负面影响，把可以经济利用的水电资源尽可能利用起来。

3. 核电　人类利用核能已经取得巨大进展，第2代核电技术得到广泛应用，核电在一次能源中已占一定比重（见表4）。各有关国家正在开发新一代核电技术，以进一步提高核电的安全性和经济性。第3代

核电技术，有的朝非能动安全的方向发展，从而简化设备的复杂性，有的朝增加相关设备安全冗余度的方向发展，都大幅度提高了安全性。

表 4　2006 年部分国家和地区核电占一次能源的比重

国家或地区	比重（%）	国家或地区	比重（%）
法国	38.9	德国	11.5
瑞典	32.6	西班牙	9.3
瑞士	21.6	美国	8.1
芬兰	19.6	中国台湾地区	7.9
比利时(含卢森堡)	14.8	英国	7.5
乌克兰	14.8	加拿大	6.9
韩国	14.9	俄罗斯	5.0
日本	13.2	中国	0.8
欧盟 25 国平均	12.7	世界平均	5.8

目前，第 3 代核电技术已经进入商业性实用示范阶段。高温气冷堆（见图 20）、快堆等技术有可能成为第 4 代核电技术，也已进入开发阶段。对核废料处理的技术正在积极改进，核电作为一种清洁高效能源，是我国增加能源供应、优化能源结构、应对气候变化最重要的选择之一，把核电规模搞上去应当作为能源战略的一个重点。从长远看，中国的核电规模可能达到亿千瓦的规模，成为重要的一次能源和发电能源。经过多年实践，我国已经掌握了成熟可靠的核电技术，具备了加快核电发展的条件。应积极推动第 3 代核电技术的引进消化，促进国内先进核电技术的加快开发，掌握先进压水堆技术，实现堆型的标准化规模发展，提高核电设备的国产化水平。同时，积极推进第 4 代核电技术的自主研发，发展高温气冷堆、快堆等技术，使其及时进入商业化准备阶段。核安全是核电发展的生命线，来不得丝毫马虎。大规模发展核电，需要进一步提高安全监管水平，全面加强核电设计、制造、建设、运行等环节的安全管理和质量管理。规模发展核电，还需要配套形成铀浓缩能力，加快建设乏燃料处理工程，健全核燃料循环体系，使核电发展得到充分的资源保障。规模发展核电，更需要及早培养相关人员，形成人才队伍，为核电发展提供人才保障。

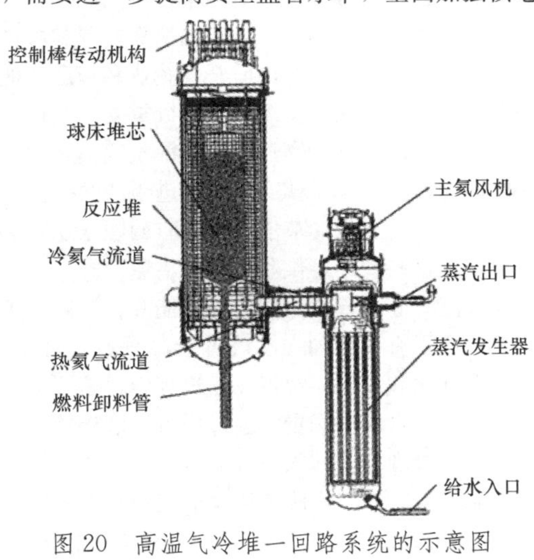

图 20　高温气冷堆一回路系统的示意图

4. 风电　世界风力发电出现规模化发展的趋势。近年来，在美国和欧洲国家新增发电装机容量中，风电装机容量已经位居第 2，仅次于天然气发电装机容量；同时，风电技术正朝着单机大型化方向发展（见表 5）。中国风能资源丰富，初步估计我国陆上风电技术可开发总量达 10 亿 kW 级，开发利用潜力很大。随着规模化发展和国产化率提高，风力发电成本将显著下降，逐渐具有经济竞争力，可以大力发展。在风电产业起步阶段，需要政策扶持和市场培育，对企业和科研单位技术创新进行支持，包括提高兆瓦级以上风电机组总体设计能力，解决轴承、变流器和控制系统等关键部件设计制造难题。经过努力，建立起一个较为完备并具有国际竞争力的风电产业体系，使我国风电发展进入世界前列。

表 5　世界最新风力发电机组发展趋势

年份	额定功率（kW）	风轮直径（m）	轮毂高度（m）	年发电量（MW·h）
1980	30	15	30	35
1985	80	20	40	95
1990	250	30	50	400
1995	600	46	78	1250
2000	1500	70	100	3500
2005	5000（海上）	115	90	17 000

5. 太阳能发电等其他电力　中国太阳能资源丰富，是最具开发潜力的可再生能源之一。在全球范围内，太阳能发电尤其是光伏发电发展较快，并开始从非并网向并网方向发展，已形成一定规模。但目前光伏发电成本还很高。人们寄希望于科技进步，显著降低光伏发电成本，使太阳能发电能够进入大规模发展时期。当前，需要继续增加对太阳能发电技术研发的投入，争取在关键技术上有所突破，为未来太阳能成为重要的电力来源打下坚实基础。

此外，中国还有多种可再生能源资源具有成为发电能源的潜力，除生物质发电（包括直接燃烧、气化发电等）可以因地制宜发展外，地热能、海洋能也都可以开发用来发电，需要不断推进技术研发和应用。

6. 输配电系统　电网建设是电力建设的重要组成部分。我国地域辽阔，西电东送距离远、数量大，对输配电技术发展提出了很高要求。从大型水电和火电基地向外输送电力，需要加强高等级、大容量输电能力建设。目前，1000kV交流和±800kV直流特高压输电技术及工程正在开发试验。1000kV交流特高压输电线路（单回路）的自然功率接近5GW，约为500kV输电线路的5倍；±800kV直流特高压输电线路（单回路）的自然功率可达6.4GW，是±500kV输电线路的2.1倍，可以显著提高输电效率和减少输电走廊用地，应做好试验示范工程和环境影响的评估工作。输电线路实际输电能力与系统动态特性密切相关。加强电网网架结构，强化受端系统，采取各种继电保护措施和电网控制技术，研发并应用先进的广域测量系统、柔性交流输电等技术，可以有效地提高系统安全稳定水平，增强输电能力。现代社会生活对电力供应高度依赖，需要进一步开发电网安全稳定控制技术，不断提高电网管理水平，形成高效安全的输配电系统。此外，随着风电、太阳能发电等间断型电源的增加，还需要提高多元化电源结构接入及输配电技术水平和能力。

与先进电力系统发展密切相关的新技术很多，如固定式燃料电池、超导材料及其应用、高参数大功率燃气发电、微燃机发电等技术，都在不断开发和进步。当今时代，发电技术不仅向高参数大型化方向发展，也向分布式微型化方向发展，需要密切跟踪，积极参与。发电和输配电技术的发展，还带动着新材料、电力电子、自动控制、先进制造工艺、高精尖装备制造等多个领域技术的发展。对新的电力技术和科学原理，应超前研究，夯实基础，努力增强自主创新能力，全面提高电力技术水平。

四、能源发展政策

能源政策是能源战略的重要保障。制定能源政策，应充分体现能源战略意图，为中国特色新型能源发展道路提供保障条件。完善我国的能源发展政策，应注意突出能源在经济社会发展中的重要地位，使能源战略目标和方针通过各方面具体政策得以贯彻落实；注意建立有利于能源可持续发展的体制机制，使市场配置能源资源的基础性作用得以充分发挥，同时加强和改善政府的引导与管理；注意体现科技是第一生产力，鼓励对能源科技增加投入，使能源科技创新得以不断推进。从中国长期发展看，完善能源发展政策并使之有效地执行，应考虑以下几个方面。

（1）把能源发展政策放到国家经济政策的重要位置。能源是工业的粮食，是国民经济的命脉。能源问题不仅是重大的经济和社会问题，而且涉及重大的外交、环境、安全问题。确保能源的稳定供应，适应和减缓气候变化，是我国长期发展面临的战略性问题，具有很强的挑战性。能源节约和能源可持续发展，需要在国家宏观调控、产业发展、财政金融、科学技术、对外经济等各项政策中得到充分重视和体现。

（2）超前部署重大能源建设和关键领域能源科技项目。许多能源建设项目规模巨大、跨地域、跨行业，需要长期谋划，超前部署，协调政策，有效实施。如全国油气管网工程、国家石油储备基地、水电流域梯级开发、大型煤炭基地、电力电网系统等，都需要从长计议，早做规划，有序建设。对重大能源技术，如新一代煤炭清洁高效利用技术、先进核能技术、太阳能利用等新型能源技术，需要未雨绸缪，早部署、早安排、早实施，组织协调攻关，形成必要的能源技术储备。

（3）多渠道增加能源开发和科技创新资金投入。能源科技创新决定未来能源发展，在国家科技创新中占有重要地位。能源科技项目规模大，基础性强，其研发、验证、示范项目和配套工程，都需要加大资金投入力度。除国家财政增加投入外，也需要调动企业投入的积极性。实施国家重点工程，应以企业为主体，广泛吸引社会资金投入，运用现代金融手段拓宽资金来源，国家在财税政策上给予必要的支持。

（4）建立合理的能源资源价格形成机制。各种常规能源特别是化石能源，大都是不可再生资源。能源价格应当充分反映资源稀缺程度，反映市场供需状况，反映生态保护和环境治理成本，这样才能向各类市场主体传递正确信号，从根本上促进能源节约和合理利用。应完善能源产品价格形成机制，逐步与国际能源市场互接互补；还应完善资源有偿使用制度、生态环境补偿机制，体现资源所有者、使用者和公共环境保护者的权利与义务，促进能源资源利用效率的提高，弥补能源资源开发带来的生态环境损失。

（5）实行有利于可持续发展的能源财税政策。财政、税收等经济手段对实施能源战略、落实能源规划具有很强的引导和支持作用，有助于推动节能，推广应用能源新技术和新产品，加快新能源和可再生能源开发利用。资源税对调节开发企业和资源产地的利益关系、促进地区可持续发展十分重要，其征收标准应当继续合理提高。燃油税、能源税等消费税种在许多欧洲国家和日本长期实施，促进了能效提高和技术开发，收到了显著的节能效果，有的国家还对CO_2排放征税。这些政策可供我们研究借鉴。

（6）完善能源管理体制机制。能源管理体制机制的完善，应当有利于加强和改善能源领域宏观调控。在经济全球化和我国能源市场化进程中，需要进一步明确政府能源管理的职责，通过履行宏观调控、市场监管、社会管理和公共服务等职能，提高能源规划和政策协调能力，组织实施能源发展战略，促进能源总量平衡、结构优化和效率提升，确保国家能源安全。

对一些实践中已经证明行之有效的制度，如节能发电调度、电力需求侧管理、能效标识、政府节能采购等，应总结完善，积极推广，健全有利于能源节约和高效利用的机制。

(7) 促进能源发展和管理步入法治化轨道。运用法律手段规范和调节能源开发利用活动，是世界各国通行的做法。改革开放以来，中国颁布实施了《煤炭法》、《电力法》、《节约能源法》、《可再生能源法》等法律，以及一系列配套法规，在实践中产生了良好效果。在此基础上，应抓紧研究制定《能源法》，健全能源领域基础性法律，完善专项法律规范，形成能源法律法规体系。加强能源领域执法，依法监督，依法管理，保障能源发展。

(8) 进一步加强能源资源国际合作。在努力增加国内能源供给的同时，应统筹国内能源发展和能源对外开放，进一步加强国际能源资源合作，把能源"引进来"和"走出去"更好地结合起来，充分利用国际国内两个市场、两种资源。在能源、资源、环境领域的对外交往中，应体现和平、发展、合作的要求，奉行互利共赢的开放战略，本着平等相待、互利互惠的原则，积极开展国际能源政策和环境政策的对话协调，促进能源生产国、消费国的沟通联系，扩大能源贸易与投资合作，增进能源技术、管理、人才交流，促进世界各国资源优势互补、能源保障供应、经济共同发展。

（本年鉴编辑部摘编）

国务院公布《地质勘查资质管理条例》

国务院总理温家宝 2008 年 3 月 3 日签署第 520 号国务院令，公布《地质勘查资质管理条例》。该条例自 2008 年 7 月 1 日起施行。

地质勘查资质管理条例

第一章　总　　则

第一条　为了加强对地质勘查活动的管理，维护地质勘查市场秩序，保证地质勘查质量，促进地质勘查业的发展，制定本条例。

第二条　从事地质勘查活动的单位，应当依照本条例的规定，取得地质勘查资质证书。

第三条　国务院国土资源主管部门和省、自治区、直辖市人民政府国土资源主管部门依照本条例的规定，负责地质勘查资质的审批颁发和监督管理工作。

市、县人民政府国土资源主管部门依照本条例的规定，负责本行政区域地质勘查资质的有关监督管理工作。

第四条　地质勘查资质分为综合地质勘查资质和专业地质勘查资质。

综合地质勘查资质包括区域地质调查资质，海洋地质调查资质，石油天然气矿产勘查资质，液体矿产勘查资质（不含石油），气体矿产勘查资质（不含天然气），煤炭等固体矿产勘查资质和水文地质、工程地质、环境地质调查资质。

专业地质勘查资质包括地球物理勘查资质、地球化学勘查资质、航空地质调查资质、遥感地质调查资质、地质钻（坑）探资质和地质实验测试资质。

第五条　区域地质调查资质、海洋地质调查资质、石油天然气矿产勘查资质、气体矿产勘查资质（不含天然气）、航空地质调查资质、遥感地质调查资质和地质实验测试资质分为甲级、乙级两级；其他地质勘查资质分为甲级、乙级、丙级三级。

第六条　任何单位和个人对违反本条例规定从事地质勘查活动的行为，都有权向国土资源主管部门进行举报。

接到举报的国土资源主管部门应当依法调查处理，并为举报人保密。

第二章　申请与受理

第七条　申请地质勘查资质的单位，应当具备下列基本条件：

（一）具有企业或者事业单位法人资格；

（二）有与所申请的地质勘查资质类别和资质等级相适应的具有资格的勘查技术人员；

（三）有与所申请的地质勘查资质类别和资质等级相适应的勘查设备、仪器；

（四）有与所申请的地质勘查资质类别和资质等级相适应的质量管理体系和安全生产管理体系。

不同地质勘查资质类别和资质等级的具体标准与条件，由国务院国土资源主管部门规定。

第八条　下列地质勘查资质，由国务院国土资源主管部门审批颁发：

（一）海洋地质调查资质、石油天然气矿产勘查资质、航空地质调查资质；

（二）其他甲级地质勘查资质。

本条第一款规定之外的地质勘查资质，由省、自治区、直辖市人民政府国土资源主管部门审批颁发。

第九条　申请地质勘查资质的单位，应当向审批机关提交下列材料：

（一）地质勘查资质申请书；

（二）法人资格证明文件；

（三）勘查技术人员名单、身份证明、资格证书和技术负责人的任职文件；

（四）勘查设备、仪器清单和相应证明文件；

（五）质量管理体系和安全生产管理体系的有关文件。

申请单位应当对申请材料的真实性负责。

第十条 地质勘查资质申请的受理，依照《中华人民共和国行政许可法》的有关规定办理。

第三章 审查与决定

第十一条 审批机关应当自受理地质勘查资质申请之日起20个工作日内完成审查。

经审查符合条件的，审批机关应当予以公示，公示期不少于10个工作日。公示期满无异议的，予以批准，并在10个工作日内颁发地质勘查资质证书；有异议的，应当在10个工作日内通知申请单位提交相关说明材料。

经审查不符合条件的，审批机关应当书面通知申请单位，并说明理由。

第十二条 审批机关应当将颁发的地质勘查资质证书及时向社会公告，并为公众查阅提供便利。

第十三条 地质勘查资质证书主要包括下列内容：

（一）单位名称、住所和法定代表人；

（二）地质勘查资质类别和资质等级；

（三）有效期限；

（四）发证机关、发证日期和证书编号。

地质勘查资质证书式样，由国务院国土资源主管部门规定。

第十四条 地质勘查单位变更单位名称、住所或者法定代表人的，应当自工商变更登记或者事业单位变更登记之日起20个工作日内，到原审批机关办理地质勘查资质证书变更手续。

地质勘查单位因合并、分立或者其他原因变更地质勘查资质证书规定的资质类别或者资质等级的，应当依照本条例的规定重新申请资质。

第十五条 地质勘查单位因解散或者其他原因终止从事地质勘查活动的，应当自终止之日起10个工作日内，到原审批机关办理地质勘查资质证书注销手续。逾期不办理的，审批机关予以注销。

第十六条 取得甲级地质勘查资质的单位，可以从事本类别所有的地质勘查活动。

取得乙级和丙级地质勘查资质的单位，可以从事的地质勘查活动的范围由国务院国土资源主管部门规定。

第十七条 地质勘查资质证书有效期为5年。

地质勘查资质证书有效期届满，地质勘查单位继续从事地质勘查活动的，应当于地质勘查资质证书有效期届满3个月前，向原审批机关提出延续申请。

审批机关应当在地质勘查资质证书有效期届满前做出是否准予延续的决定；逾期未做决定的，视为准予延续。

第四章 监督管理

第十八条 县级以上人民政府国土资源主管部门应当加强对地质勘查活动的监督检查。

县级以上人民政府国土资源主管部门进行监督检查，可以查阅或者要求地质勘查单位提供与地质勘查资质有关的材料。

地质勘查单位应当如实提供有关材料，不得拒绝和阻碍监督检查。

第十九条 监督检查人员进行监督检查，应当出示证件，为被检查单位保守技术秘密和业务秘密，并对监督检查的内容、发现的问题以及处理情况做出记录，由监督检查人员和被检查单位的有关负责人签字确认。被检查单位的有关负责人拒绝签字的，监督检查人员应当将有关情况记录在案。

第二十条 审批机关应当建立、健全地质勘查单位的执业档案管理制度。执业档案应当记录地质勘查单位的执业经历、工作业绩、职业信誉、检查评议、社会投诉和违法行为等情况。

第二十一条 审批机关在监督检查中发现地质勘查单位不再符合地质勘查资质证书规定的资质类别或者资质等级相应条件的，应当责令其限期整改。

第二十二条 有下列情形之一的，审批机关应当撤销地质勘查资质证书：

（一）审批机关工作人员滥用职权、玩忽职守颁发地质勘查资质证书的；

（二）超越法定职权颁发地质勘查资质证书的；

（三）违反法定程序颁发地质勘查资质证书的；

（四）对不符合本条例规定条件的申请单位颁发地质勘查资质证书的。

第二十三条 地质勘查单位遗失地质勘查资质证书的，应当在全国范围内公告，公告期不少于30日。公告期满后，方可到原审批机关办理补证手续。

第二十四条 地质勘查单位不得超越地质勘查资质证书规定的资质类别或者资质等级从事地质勘查活动，不得出具虚假地质勘查报告。

地质勘查单位不得转包其承担的地质勘查项目，不得允许其他单位以本单位的名义从事地质勘查活动。

地质勘查单位在委托方取得矿产资源勘查许可证、采矿许可证前，不得为其进行矿产地质勘查活动。

任何单位和个人不得伪造、变造、转让地质勘查资质证书。

第五章 法 律 责 任

第二十五条 县级以上人民政府国土资源主管部门及其工作人员违反本条例规定，有下列情形之一的，对直接负责的主管人员和其他直接责任人员依法给予处分；直接负责的主管人员和其他直接责任人员构成犯罪的，依法追究刑事责任：

（一）对不符合本条例规定条件的申请单位颁发地质勘查资质证书，或者超越法定职权颁发地质勘查资质证书的；

（二）对符合本条例规定条件的申请单位不予颁发地质勘查资质证书，或者不在法定期限内颁发地质勘查资质证书的；

（三）发现违反本条例规定的行为不予查处，或者接到举报后不依法处理的；

（四）在地质勘查资质审批颁发和监督管理中有其他违法行为的。

第二十六条 地质勘查单位在资质申请过程中隐瞒真实情况或者提供虚假材料的，审批机关不予受理或者不予颁发地质勘查资质证书，并给予警告。

地质勘查单位以欺骗、贿赂等不正当手段取得地质勘查资质证书的，由原审批机关予以撤销，处2万元以上10万元以下的罚款；构成犯罪的，依法追究刑事责任。

第二十七条 未取得地质勘查资质证书，擅自从事地质勘查活动，或者地质勘查资质证书有效期届满，未依照本条例的规定办理延续手续，继续从事地质勘查活动的，由县级以上人民政府国土资源主管部门责令限期改正，处5万元以上20万元以下的罚款；有违法所得的，没收违法所得。

第二十八条 地质勘查单位变更单位名称、住所或者法定代表人，未依照本条例规定办理地质勘查资质证书变更手续的，由原审批机关责令限期改正；逾期不改正的，暂扣或者吊销地质勘查资质证书。

第二十九条 地质勘查单位有下列行为之一的，由县级以上人民政府国土资源主管部门责令限期改正，处5万元以上20万元以下的罚款；有违法所得的，没收违法所得；逾期不改正的，由原审批机关吊销地质勘查资质证书：

（一）不按照地质勘查资质证书规定的资质类别或者资质等级从事地质勘查活动的；

（二）出具虚假地质勘查报告的；

（三）转包其承担的地质勘查项目的；

（四）允许其他单位以本单位的名义从事地质勘查活动的；

（五）在委托方取得矿产资源勘查许可证、采矿许可证前，为其进行矿产地质勘查活动的。

第三十条 地质勘查单位在接受监督检查时，不如实提供有关材料，或者拒绝、阻碍监督检查的，由县级以上人民政府国土资源主管部门责令限期改正；逾期不改正的，由原审批机关暂扣或者吊销地质勘查资质证书。

第三十一条 地质勘查单位被责令限期整改，逾期不整改或者经整改仍不符合地质勘查资质证书规定的资质类别或者资质等级相应条件的，由原审批机关暂扣或者吊销地质勘查资质证书。

第三十二条 伪造、变造、转让地质勘查资质证书的，由县级以上人民政府国土资源主管部门收缴或者由原审批机关吊销伪造、变造、转让的地质勘查资质证书，处5万元以上20万元以下的罚款；有违法所得的，没收违法所得；构成违反治安管理行为的，由公安机关依法给予治安管理处罚；构成犯罪的，依法追究刑事责任。

第三十三条 违反本条例规定被依法吊销地质勘查资质证书的单位，自吊销之日起1年内不得重新申请地质勘查资质。

第六章 附 则

第三十四条 本条例施行前，已经依法取得地质勘查资质证书的单位，应当在原地质勘查资质证书有效期届满30个工作日前，依照本条例的规定重新申请地质勘查资质。逾期不办理的，不得继续从事地质勘查活动。

第三十五条 建设工程勘察资质管理，依照《建设工程勘察设计管理条例》的有关规定执行。

第三十六条 本条例自2008年7月1日起施行。

（本年鉴编辑部摘编）

国务院关于长江流域防洪规划的批复

国务院于2008年7月21日以国函［2008］62号文对水利部《关于审批长江流域防洪规划的请示》（水规计［2008］225号）作了批复，内容如下：

一、原则同意《长江流域防洪规划》（以下简称《规划》），请你们认真组织实施。力争到2015年，荆江河段防洪标准达到100年一遇，在遭遇类似1870年特大洪水时两岸主要防洪大堤不溃决，城陵矶以下河段能防御新中国成立以来发生过的最大洪水（1954年洪水）；重要蓄滞洪区能适时适量运用，重要城市、洞庭湖和鄱阳湖区重点圩垸、主要支流堤防基本达到规定的防洪标准；上海市宝山区和浦东新区按200年一遇高潮位加12级风设防，其余海堤段按100年一遇高潮位加11级风设防。到2025年，建成比较完善的防洪减灾体系，与流域经济社会发展状况相适应。

二、《规划》的实施，要遵循“蓄泄兼筹、以泄为主”的方针，坚持“江湖两利”和“左右岸兼顾、上中下游协调”的原则，进一步完善长江流域防洪总体布局，逐步建成以堤防为基础，三峡工程为骨干，干支流水库、蓄滞洪区、河道整治相配合，平垸行洪、退田还湖、水土保持等措施与防洪非工程措施相结合的综合防洪减灾体系，全面提高长江流域防御洪水灾害的能力。

三、加强防洪骨干工程建设，不断推进长江治理。继续加强堤防、海堤达标建设和河口整治，重点加固与长江中下游形成封闭圈的连江支堤、洞庭湖和鄱阳湖重点圩堤、汉江中下游堤防等重要堤防；在对三峡工程蓄水运用后河道冲淤变化研究的基础上，加强长江中下游重点河段的河势控制；加强蓄滞洪区建设与管理，重点建设城陵矶附近有效分蓄100亿立方米超额洪水量的蓄滞洪区；加强城市防洪工程建设，不断完善重点城市防洪工程体系，制订城市防御超标准洪水预案；加强病险水库除险加固，确保水库安全运行；继续兴建对长江上游或重要支流防洪作用明显同时可减轻长江中下游防洪压力的骨干水库，提高调控洪水的能力；加大水土流失治理力度，加强山洪灾害防治，建立健全山洪灾害防灾减灾体系。

四、认真做好规划建设项目的前期工作，按照基本建设程序报批。对防洪工程建设要严格实行项目法人责任制、招标投标制、工程监理制和合同管理制，认真组织，加强监督检查，确保工程质量。

五、加强防洪管理，提高洪水风险管理水平。严格按标准建设堤防，不得超过《规划》确定的标准；依法加强河道、湖泊和蓄滞洪区的管理，河道上特别是河口处的建设项目，必须实行洪水影响评价制度，任何工程建设均不得超越规划治导线。地方各级人民政府及相关单位要加强对防洪设施的管理与维护，确保工程正常运行。长江流域管理机构要切实履行规划、管理、监督、协调、指导的职责，加强流域防汛抗旱的统一管理和调度，加快流域防汛指挥调度系统建设，全面落实防洪法的配套法规和防洪管理措施，抓紧研究制订防洪骨干水库联合调度运用方案。各类工程在汛期必须服从流域防洪调度。

长江流域地域广阔，雨量丰沛，洪水峰高量大。流域内重要防洪保护区人口密集，经济发达。《规划》的实施，对保障长江流域人民群众生命财产安全，促进经济社会又好又快发展，构建社会主义和谐社会，具有十分重要的意义。各有关地区和部门要加强领导，密切配合，精心组织实施，确保长江流域防洪安全。

（本年鉴编辑部摘编）

国务院关于黄河流域防洪规划的批复

国务院于2008年7月21日以国函［2008］63号文对水利部《关于审批黄河流域防洪规划的请示》（水规计［2008］226号）作了批复，内容如下：

一、原则同意《黄河流域防洪规划》（以下简称《规划》），请你们认真组织实施。力争到2015年，初步建成黄河防洪减淤体系，基本控制洪水，确保黄河下游防御花园口洪峰流量22 000m^3/s堤防不决口，逐步恢复主槽行洪能力，初步控制游荡性河段河势；基本控制人为产生的水土流失，减轻河道淤积；上中游干流、主要支流重点防洪河段的河防工程基本达到设计标准，重要城市达到规定的防洪标准。到2025年，建成比较完善的防洪减淤体系，基本控制洪水和泥沙。

二、《规划》的实施，要坚持“上拦下排、两岸分滞”调控洪水和“拦、排、放、调、挖”综合处理泥沙的方针，进一步完善以河防工程为基础，水沙调控体系为骨干，水土保持、干流放淤和分滞洪工程措施相结合的流域防洪减淤工程总体布局，辅以防汛抗旱指挥系统建设、防洪调度和洪水风险管理等非工程措施，构建较为完善的流域防洪减淤体系，全面提高黄河流域防御洪水灾害和治理泥沙的综合能力。

三、加强防洪骨干工程建设，不断推进黄河治理。继续加强黄河下游标准化堤防建设，大力开展河道整治，控导河势，提高主槽过流能力；加强河口整治和管理，相对稳定入海流路；加强病险水库除险加固，确保水库安全运行；抓紧做好古贤、东庄水库的前期工作和黑山峡河段开发方案的论证工作，有计划地建设黄河干流和主要支流的控制性防洪减淤水库，逐步完善黄河流域水沙调控体系，拦蓄洪水泥沙，调水调沙；搞好蓄滞洪区和滩区安全建设，完善补偿政策措施。加快黄河上中游干流及主要支流重点防洪河段的河防工程建设。加强城市防洪工程建设，不断完善重点城市防洪工程体系，制订城市防御超标准洪水预案；加大水土流失治理力度，特别是中游多沙粗沙区治理；加强山洪灾害防治，建立健全山洪灾害防灾减灾体系。

四、认真做好规划建设项目的前期工作，按照基本建设程序报批。对防洪工程建设要严格实行项目法人责任制、招标投标制、工程监理制和合同管理制，认真组织，加强监督检查，确保工程质量。

三、加强防洪管理，提高洪水风险管理水平。严格按标准建设堤防，不得超过《规划》确定的标准；河道上特别是河口处的建设项目，必须实行洪水影响评价制度，任何工程建设均不得超越规划治导线。地方各级人民政府及相关单位要加强对防洪设施的管理与维护，确保工程正常运行。黄河流域管理机构要切实履行规划、管理、监督、协调、指导的职责，加强流域防汛抗旱的统一管理和调度，加快流域防汛指挥调度系统建设，全面落实防洪法的配套法规和防洪管理措施，抓紧研究制订防洪骨干水库联合调度运用方案。各类工程在汛期必须服从流域防洪调度。

黄河水少沙多、水沙异源，水旱灾害频繁、复杂难治。黄河流域是中华民族的发祥地，是我国重要的粮棉生产基地和工业基地。《规划》的实施，对保障黄河流域人民群众生命财产安全，促进经济社会又好又快发展，构建社会主义和谐社会，具有十分重要的意义。各有关地区和部门要加强领导，密切配合，精心组织实施，确保黄河流域防洪安全。

（本年鉴编辑部摘编）

国务院批转发展改革委电监会关于加强电力系统抗灾能力建设若干意见的通知

国务院于2008年6月25日以国发［2008］20号文，转发发展改革委、电监会《关于加强电力系统抗灾能力建设的若干意见》，通知内容如下：

电力工业是国民经济的重要基础产业。在今年我国南方地区大范围低温雨雪冰冻和汶川特大地震灾害中，电力设施大面积损毁，给经济社会发展和人民群众生活造成严重影响。为保障国家能源安全和国民经济正常运行，必须采取有效措施，加强电力系统抗灾能力建设。国家电力主管部门要会同有关部门抓紧研究制订配套措施，协调推动电力系统抗灾能力建设工作。电力监管机构要严格执法，加大电力安全监管力度，督促电力企业加强安全管理，确保电力正常供应。地方各级人民政府和电力企业要高度重视这项工作，科学制订工作计划和方案，认真抓好组织实施。

关于加强电力系统抗灾能力建设的若干意见

为提高电力系统抵御自然灾害能力，最大限度地减少自然灾害造成的损失，维护正常的生产和生活秩序，保障国家能源安全和国民经济正常运行，现提出以下意见：

一、加强电力建设规划工作，优化电源和电网布局

（一）电力建设要坚持统一规划的原则，统筹考虑水源、煤炭、运输、土地、环境以及电力需求等各种因素，处理好电源与电网、输电与配电、城市与农村、电力内发与外供、一次系统与二次系统的关系，合理布局电源，科学规划电网。

（二）电力规划要充分考虑自然灾害的影响，在低温雨雪冰冻、地震、洪水、台风等自然灾害易发地区建设电力工程，要充分论证、慎重决策。要根据电力资源和需求的分布情况，优化电源电网结构布局，合理确定输电范围，实施电网分层分区运行和无功就近平衡。要科学规划发电装机规模，适度配置备用容量，坚持电网、电源协调发展。

（三）电源建设要与区域电力需求相适应，分散布局，就近供电，分级接入电网。鼓励以清洁高效为前提，因地制宜、有序开发建设小型水力、风力、太阳能、生物质能等电站，适当加强分布式电站规划建设，提高就地供电能力。结合西部地区水电开发和负荷增长，积极推进“西电东送”，根据煤炭、水资源分布情况，合理实施煤电外送。进一步优化火电、水电、核电等电源构成比例，加快核电和可再生能源发电建设，缓解煤炭生产和运输压力。

（四）受端电网和重要负荷中心要多通道、多方向输入电力，合理控制单一通道送电容量，要建设一定容量的支撑电源，形成内发外供、布局合理的电源格局。重要负荷中心电网要适当规划配置应对大面积停电的应急保安电源，具备特殊情况下“孤网运行”和“黑启动”能力。充分发挥热电联产机组对受端电网的支撑作用，鼓励在热负荷条件好的地区建设背压型机组或大型燃煤抽凝式热电联产机组，严禁建设凝汽式小火电机组。

（五）电力设施选址要尽量避开自然灾害易发区和设施维护困难地区。电网输电线路要尽可能避免跨越大江大河、湖泊、海域和重要运输通道，确实无法避开的要采取相应防范措施。同一方向的重要输电通道要尽可能分散走廊，减少同一自然灾害易发区内重要输电通道的数量。

（六）加强区域、省内主干网架和重要输电通道建设，提高相互支援能力。位于覆冰灾害较重地区的输电线路，要具备在覆冰期大负荷送电的能力。位于洪水灾害易发地区的输电线路，要对杆塔基础采取防护加固措施。必须穿越地震带等地质环境不安全地区的输电线路，要对杆塔及其基础采取抗震防护措施。

（七）加强电力规划管理，促进输电网与配电网协调发展。国家电力主管部门负责全国电力规划工作，组织编制330kV以上和重点地区电网发展规划；省级电力主管部门根据国家电力规划，组织编制220kV以下电网规划并报国家电力主管部门备案。

（八）地方各级人民政府在制订当地国民经济发

展规划、城乡总体规划和土地利用总体规划时，要为电网建设预留合适的输电通道和变电站站址，统一规划城市管线走廊，协调解决电网建设中的问题。

二、调整电网建设标准，推进电力抗灾技术创新

（九）有关部门要加强组织协调，积极推进电力抗灾技术创新，及时分析总结各种自然灾害对电力系统的影响，兼顾安全性和经济性，修订和完善适合我国国情的电力建设标准和规范。

（十）科学确定电网设施设防标准。对骨干电源送出线路、骨干网架及变电站、重要用户配电线路等重要电力设施，要在充分论证的基础上，适当提高设防标准。对跨越主干铁路、高等级公路、河流航道、其他输电线路等重要设施的局部线路，以及位于自然灾害易发区、气候条件恶劣地区和设施维护困难地区的局部线路，要适当提高设防标准。结合城市建设和经济发展，鼓励城市配电网主干线路采用入地电缆。

（十一）气象、地震、环保、国土和水利等部门要将与电网安全相关的数据纳入日常监测范围，及时调整自然灾害判定标准和划分自然灾害易发区，加强监测预报，提高灾害预测和预警能力。电网企业要会同气象等部门在自然灾害易发区的输电走廊设立观测点，统一观测标准，积累并共享相关资料。

（十二）电网企业、发电企业、电力施工企业和设备制造企业要高度重视工程建设质量管理，认真执行国家质量管理的有关规定，健全安全保障体系。有关部门要加强电力施工质量监管，确保材料、设备、工程质量和施工安全。

（十三）发展改革、科技、财政、金融等有关部门要研究制定相应政策，鼓励企业和科研机构加大电力抗灾、救灾的科研投入，加快电力抗灾新技术、新产品的开发和推广应用。

（十四）鼓励加快抵御自然灾害技术的研究，加强新型防冰雪、防污闪涂料和新型导地线、绝缘材料等新技术和新产品的研究开发与推广应用。进一步优化杆塔、金具等电网设施设计，合理匹配元器件强度，提高电网设施防强风、防冰冻、抗震减振等抗灾能力。

（十五）鼓励研究和推广输电设施在线监测、实时预警、故障测距和应急保护等技术，逐步推广应用破冰、融冰等除冰技术和专用工具，推广应用杆塔高效抢修技术和工具，提高电网设施的安全监测和应急抢修能力。

三、完善电力应急体系，做好灾害防范应对

（十六）按照统一指挥、分工负责、预防为主、保证重点的原则，建立政府领导、部门协作、电力监管机构监管、企业为主、用户积极配合的电力应急预警系统和电力抗灾体系，做好灾害防范、应急救助和灾后恢复重建工作。

（十七）国家电力监管机构是全国电力安全的监管机构，负责组织开展电力系统应急、灾害事故调查处理、信息发布等工作。地方各级人民政府是本行政区域电力应急指挥机构，负责协调指挥各有关部门、电力企业及相关单位，制订防灾预案，开展抢险救灾。电力企业是电力系统抢险救灾的责任主体，负责执行抢险救灾任务，做好灾后重建工作。

（十八）地方各级人民政府负责制订完善本地区防灾预案，研究确定当地重要用户范围和应对自然灾害的供电序位。要压缩高耗能、高排放和产能过剩行业用电，优先保证医院、矿山、学校、广播电视、通信、铁路、交通枢纽、供水供气供热、金融机构等重要用户和居民生活电力供应。

（十九）电力企业要根据本地区灾害特点，建立健全电力抗灾预警系统，形成与气象、防汛、地质灾害预防等有关部门的信息沟通和应急联动机制；要充分发挥电力设计、施工队伍在电力应急抢险中的作用，加强抢险救灾物资储备和应急抢险能力建设。

（二十）电网企业要针对灾害可能造成的电网大面积停电、电网解列、“孤网运行”等情况，制订和完善电网“黑启动”等应急处置预案。在灾害性天气多发季节，电网应急保安电源要做好应急启动和“孤网运行”的准备。

（二十一）发电企业在灾害性天气多发季节和法定长假到来之前，要提前做好燃料储备、设备维护等工作。燃煤电厂存煤要达到设计要求，调峰调频水电厂水库蓄水要满足应急需求。燃料生产、销售、运输部门要积极支持和配合发电企业做好燃料储备工作。

（二十二）电力施工企业要配备应急抢修的必要机具，加强施工人员培训，提高安全防护和应急抢修能力。

（二十三）医院、矿山、广播电视、通信、交通枢纽、供水供气供热、金融机构等重要用户，应自备应急保安电源，妥善管理和保养相关设备，储备必要燃料，保障应急需要。

（二十四）有关方面要认真贯彻落实《国家突发公共事件总体应急预案》和《国家处置电网大面积停电事件应急预案》，定期组织联合应急演练，采取多种形式加强防灾减灾的教育培训，增强抵御自然灾害的意识和能力。

四、明确分工职责，搞好抢险救灾

（二十五）地方各级人民政府在收到自然灾害预警信息后，要及时启动防灾应急预案，按照预案和供电序位通知电力企业、电力用户做好准备。一旦灾害引发严重电网事故，要组织电力企业实施应急抢修。要协调林业、交通、铁道和环保等有关部门，及时解决电力设施抢修、重建中的林木砍伐、抢险物资运输和污染防控等问题。

（二十六）电网企业在收到灾害预警后，要迅速组织有关人员和物资，进入抢险救灾的准备状态，并按照防灾预案要求，及时调整运行方式。灾害发生后，要随时监测输电线路安全运行情况，及早采取应对措施，将灾害对输电线路的影响减到最低。主干电网受灾害影响发生严重故障或出现大面积停电时，电网企业要立即按照预案确定的供电序位实施有序供电，并立即开展抢修工作。

（二十七）发电企业在收到灾害预警后，要加强设备巡检和维护，补充发电燃料等物资和相关应急机具，按照电力调度要求调整机组运行方式，做好非正常运行准备，并及时向有关单位通报设备状况。

（二十八）电力用户要服从电网企业的统一调度和指挥，确保电网安全。重要用户要做好启动自备应急保安电源的准备。

（二十九）各地区、各部门要打破区域、行业等限制，对受灾地区无条件实施紧急救助和支援，尽快恢复受灾地区的电力供应。

（本年鉴编辑部摘编）

国务院关于印发汶川地震灾后恢复重建总体规划的通知

国发［2008］31号

各省、自治区、直辖市人民政府，国务院各部委、各直属机构：

《汶川地震灾后恢复重建总体规划》已经国务院同意，现印发给你们，请认真贯彻执行。

汶川地震灾后恢复重建关系到灾区群众的切身利益和灾区的长远发展，必须全面贯彻落实科学发展观，坚持以人为本、尊重自然、统筹兼顾、科学重建。各地区、各有关部门要充分认识恢复重建任务的艰巨性、复杂性和紧迫性，树立全局意识，切实加强组织领导，全面做好恢复重建的各项工作。

国务院

二〇〇八年九月十九日

汶川地震灾后恢复重建总体规划（摘要）

前　言

2008年5月12日14时28分，四川汶川发生里氏8.0级特大地震，数万同胞在灾害中不幸遇难，数百万家庭失去世代生活的家园，数十年辛勤劳动积累的财富毁于一旦。面对突如其来的巨大灾难，在党中央、国务院和中央军委的坚强领导下，全党全军全国各族人民众志成城，灾区广大干部群众奋起自救，国内各界和国际社会积极施援，经过顽强努力，抗震救灾斗争在抢救人员、安置受灾群众等方面取得重大阶段性胜利。

汶川地震灾后恢复重建是一项十分艰巨的工作。面对受灾面积广大、受灾人口众多、自然条件复杂、基础设施损毁严重的困难局面，灾后恢复重建任务异常繁重，工作充满挑战。灾后恢复重建关系到灾区群众的切身利益和长远发展，必须全面贯彻落实科学发展观，坚持以人为本，尊重自然，统筹兼顾，科学重建。充分依靠灾区广大干部群众，弘扬中华民族自力更生、艰苦奋斗的优秀品质。充分发挥社会主义制度的政治优势，举全国之力，有效利用各种资源。通过精心规划、精心组织、精心实施，重建物质家园和精神家园，使灾区人民在恢复重建中赢得新的发展机遇，与全国人民一道全面建设小康社会。

为有力、有序、有效地做好灾后恢复重建工作，尽快恢复灾区正常的经济社会秩序，重建美好家园，夺取抗震救灾斗争的全面胜利，特制订本规划。

第一章　重建基础

第一节　灾区概况

汶川地震波及四川、甘肃、陕西、重庆、云南等10省（区、市）的417个县（市、区），总面积约50万km^2。本规划的规划范围为四川、甘肃、陕西3省处于极重灾区和重灾区的51个县（市、区），总面积132 596平方公里，乡镇1271个，行政村14 565个，2007年末总人口1986.7万人，地区生产总值2418亿元，城镇居民人均可支配收入和农村居民人均纯收入分别为13 050元、3533元。

专栏1　规 划 范 围

所在省	县（市、区）	个数
四川	汶县、北川县、绵竹市、什郁市、青川县、茂县、安县、都江堰市、平武县、彭州市、理县、江油市、广元市利州区、广元市朝天区、旺苍县、梓潼县、绵阳市游仙区、德阳市旌阳区、小金县、绵阳市涪城区、罗江县、黑水县、崇州市、剑阁县、三台县、阆中市、盐亭县、松潘县、苍溪县、芦山县、中江县、广元市元坝区、大邑县、宝兴县、南江县、广汉市、汉源县、石棉县、九寨沟县	39

规划区的主体区域地处青藏高原向四川盆地过渡地带，以龙门山山脉为界，西部与东部的地质地貌差别明显，经济社会发展水平差异较大，总体上具有以下特点：

——地形地貌复杂，平原、丘陵、高原、高山均有分布，部分地区相对高差悬殊，气候垂直变化明显，属典型高山峡谷地形。

——自然灾害频发，高山高原地区地震断裂带纵横交错，发生地震灾害的概率较高；滑坡、崩塌、泥石流等地质灾害隐患点分布多、范围广、威胁大。

——生态环境脆弱，山高沟深，高山地区耕地零碎、土层瘠薄、水土流失严重。

——生态功能重要，高山高原地区的动植物资源丰富，生态系统类型多样，属于长江上游生态屏障重要组成部分和我国珍稀濒危野生动物重要栖息地。

——资源比较富集，世界文化自然遗产和自然保护区比较集中，旅游资源丰富，水能、有色金属和非金属矿等资源蕴藏较多。

——经济基础薄弱，平原地区工业化程度相对较高，高山高原地区经济规模较小，产业结构单一，贫困人口集中。

——少数民族聚居，有我国唯一的羌族聚居区，是主要的藏族聚居区之一，多元文化并存，历史人文资源独特。

第二节　灾害损失

汶川地震是新中国成立以来破坏性最强、波及范围最广、灾害损失最大的一次地震灾害。震级达到里氏 8.0 级，最大烈度达到Ⅺ度，并带来滑坡、崩塌、泥石流、堰塞湖等严重次生灾害。

——人员伤亡惨重，截至 2008 年 8 月 25 日，遇难 69 226 人，受伤 374 643 人，失踪 17 923 人。

——城乡居民住房大量损毁，北川县城、汶川县映秀镇等部分城镇和大量村庄几乎被夷为平地。

——基础设施严重损毁，交通、电力、通信、供水、供气等系统大面积瘫痪。

——学校、医院等公共服务设施严重损毁，大量文化自然遗产遭到严重破坏。

——产业发展受到严重影响，耕地大面积损毁，主要产业、众多企业遭受重创。

——生态环境遭到严重破坏，森林大片损毁，野生动物栖息地丧失与破碎，生态功能退化。

第三节　面临挑战

——生态环境恶化，植被、水体、土壤等自然环境被破坏，次生灾害隐患增多，余震频繁，导致生存发展条件变差。

——资源环境承载能力下降，人均耕地减少，耕地质量下降，保障农民收入稳定增长难度极大。

——部分地区可供建设的空间狭小，不少地方失去基本生存条件，异地新建城镇、村庄选址及其人员安置难度很大。

——企业损毁严重，就业压力大，而许多地区并不具备通过就地发展工业解决就业问题的基本条件。

——不少灾区群众成为无宅基地、无耕地、无就业的人员，加之灾害造成的恐惧心理，医治灾区群众心理创伤需要较长过程。

——物质文化遗产和非物质文化遗产载体大量损毁，保护和传承羌族文化更加紧迫。

——依法解决灾区群众当前急迫问题与保持区域长远可持续发展面临十分复杂的矛盾和情况。

第四节　有利条件

——科学发展观的指导思想，以人为本的执政理念，为科学重建新家园提供了思想保障。

——灾区广大干部群众自力更生、艰苦奋斗的精神，自强不息、互助自救和寻求发展的积极性、主动性，是重建新家园的不竭动力。

——改革开放以来我国积累的强大物质基础和良好市场环境，为恢复重建提供了经济、技术基础和体制环境。

——各地区的支援，全社会的支持，国际社会的援助，是恢复重建的重要力量。

——国内外地震灾后恢复重建的经验教训，为科学重建新家园提供了有益借鉴。

第二章　总体要求

第一节　指导思想

深入贯彻落实科学发展观，坚持以人为本、尊重自然、统筹兼顾、科学重建。优先恢复灾区群众的基本生活条件和公共服务设施，尽快恢复生产条件，合理调整城镇乡村、基础设施和生产力的布局，逐步恢复生态环境。坚持自力更生、艰苦奋斗，以灾区各级政府为主导、广大干部群众为主体，在国家、各地区和社会各界的大力支持下，精心规划、精心组织、精心实施，又好又快地重建家园。

第二节　基本原则

——以人为本，民生优先。要把保障民生作为恢复重建的基本出发点，把修复重建城乡居民住房摆在突出和优先的位置，尽快恢复公共服务设施和基础设施，积极扩大就业，增加居民收入，切实保护灾区群众的合法权益。

——尊重自然，科学布局。要根据资源环境承载能力，考虑灾害和潜在灾害威胁，科学确定不同区域的主体功能，优化城乡布局、人口分布、产业结构和生产力布局，促进人与自然和谐。

——统筹兼顾，协调发展。要着眼长远，适应未来发展提高需要适度超前考虑，并与实施西部大开发战略、推进新型工业化、城镇化、新农村建设相结合，注重科技创新，推动结构调整和发展方式转变，努力提高灾区自我发展能力。加大对少数民族地区和贫困地区的扶持力度，增进民族团结。

——创新机制，协作共建。要坚持市场化改革方向，解放思想、开拓创新，正确区分政府职责与市场作用。充分发挥灾区广大干部群众的积极性、主动性和创造性，自力更生、艰苦奋斗。充分发挥对口支援的重要作用，建立政府、企业、社会组织和个人共同参与、责任明确、公开透明、监督有力、多渠道投资的重建机制。

——安全第一，保证质量。要严格执行抗震设防要求，提高学校、医院等人员密集的公共服务设施抗震设防标准。城乡居民点和重建项目选址，要避开重大灾害隐患点。严格执行国家建设标准及技术规范，严把设计、施工、材料质量关，做到监控有力，确保重建工程质量。

——厉行节约，保护耕地。要坚持按标准进行恢复重建，不超标准，不盲目攀比，不铺张浪费。尽量维修加固原有建筑和设施，尽量统建共用设施和用房。规划建设城镇、村庄和产业集聚区，要体现资源节约、环境友好的要求。坚持节约和集约利用土地，严格保护耕地和林地。

——传承文化，保护生态。要保护和传承优秀的民族传统文化，保护具有历史价值和少数民族特色的建筑物、构筑物和历史建筑，保持城镇和乡村传统风貌。避开自然保护区、历史文化古迹、水源保护地以及震后形成的有保留价值的新景观。同步规划建设环保设施。

——因地制宜，分步实施。要从当地实际情况出发进行恢复重建，充分考虑经济、社会、文化、自然和民族等各方面因素，合理确定重建方式、优先领域和建设时序。要统筹安排、保证重点、兼顾一般，有计划、分步骤地推进恢复重建。

第三节 重建目标

用三年左右时间完成恢复重建的主要任务，基本生活条件和经济社会发展水平达到或超过灾前水平，努力建设安居乐业、生态文明、安全和谐的新家园，为经济社会可持续发展奠定坚实基础。

——家家有房住，基本完成城镇和农村居民点恢复重建，灾区群众住上安全、经济、实用、省地的住房。

——户户有就业，有劳动人口的家庭至少有一人能稳定就业，城镇居民人均可支配收入和农村居民人均纯收入超过灾前水平。

——人人有保障，灾区群众普遍享有基本生活保障，享有义务教育、公共卫生和基本医疗、公共文化体育、社会福利等基本公共服务。

——设施有提高，交通、通信、能源、水利等基础设施的功能全面恢复，保障能力达到或超过灾前水平。

——经济有发展，特色优势产业发展壮大，产业结构和空间布局优化，科学发展能力增强。

——生态有改善，生态功能逐步修复，环境质量提高，防灾减灾能力明显增强。

第三章 空间布局

第一节 重建分区（略）

第二节 城乡布局（略）

第三节 产业布局（略）

第四节 人口安置（略）

第五节 用地安排（略）

第四章 城乡住房

城乡住房的恢复重建，要针对城乡居民住房建设和消费的不同特点，制定相应的政府补助支持政策。对经修复可确保安全的住房，要尽快查验鉴定，抓紧维修加固，一般不要推倒重建；对需要重建的住房，要科学选址、集约用地，合理确定并严格执行抗震设防标准，尽快组织实施。

第一节 农村居民住房（略）

第二节 城镇居民住房（略）

第五章 城镇建设

城镇的恢复重建，要按照恢复完善功能、统筹安排的要求，优化城镇空间布局，增强防灾能力，改善人居环境，为城镇可持续发展奠定基础。

第一节 市政公用设施（略）

第二节 历史文化名城名镇名村（略）

第六章 农村建设（略）

农村生产生活设施的恢复重建，要与统筹城乡综合配套改革、新农村建设和扶贫开发相结合，做到资源整合、分区设计、分级配置、便民利民、共建共享。

第一节 农业生产（略）

第二节 农业服务体系（略）

第三节 农村基础设施（略）

第七章 公共服务

公共服务设施的恢复重建，要根据城乡布局和人口规模，整合资源，调整布局，推进标准化建设，促进基本公共服务均等化。优先安排学校、医院等公共服务设施的恢复重建，严格执行强制性建设标准规范，将其建成最安全、最牢固、群众最放心的建筑。

第一节 教育和科研（略）

第二节 医疗卫生（略）

第三节 文化体育（略）

第四节 文化自然遗产（略）

第五节 就业和社会保障（略）

第六节 社会管理（略）

第八章 基础设施

基础设施的恢复重建，要把恢复功能放在首位，根据地质地理条件和城乡分布合理调整布局，与当地经济社会发展规划、城乡规划、土地利用规划相衔接，远近结合，优化结构，合理确定建设标准，增强安全保障能力。

第一节 交通（略）

第二节 通信（略）

第三节 能 源

——恢复重建重点输电设施，骨干电源与外送通道，以及城乡中低压配电网络和进户设施，规划建设电力结构与布局调整项目。

——加强停运水电站设施安全养护，排除隐患，安全度汛。做好水电资源开发的统一规划，根据交通和送出工程等外部条件恢复情况，积极稳妥推进受损水电站的恢复重建。

——对电力设施和水电站大坝按照新的设防标准进行设计复核，对不能满足安全运行要求的实施补强加固。

——支持受损煤矿恢复重建，尽快发挥正常生产能力。对损毁严重、剩余储量小、开采条件复杂、安全条件差的煤矿，不支持恢复重建。

——修复气井、净化厂、炼油厂、管线及其保护设施、油库和加油站等，恢复受损天然气生产和输送能力、成品油管输能力。

专栏18 能 源
电网 恢复重建35kV以上变电站324座，变电容量1809万kVA，线路7372km；10kV及以下配电容量380万kVA，线路9.24万km
电源 恢复重建江油、略阳电厂，紫坪铺、映秀湾、太平驿、福堂、杂谷脑河、碧口、汉坪咀、葫芦头、东方红等发电设施，其中大中型水电站129座、装机总容量700多万kW
煤矿 恢复重建天池、红星、大昌沟、赵家坝、荣山、坤达、西坡等164个煤矿及外部基础设施
油气 恢复重建气井1176口、中坝净化厂、南充炼油厂、兰成渝输油管道及保护设施、天然气管线100多条、油库8座、加油站922座

第四节 水 利

——对影响防洪安全的受损堤防、水库进行全面除险加固，疏浚淤堵河道，恢复防洪能力。消除堰塞湖（坝）对防洪的影响。恢复重建水文及预警预报等设施。

——结合受损水库除险加固和受损灌区重建，对受损供水设施进行全面修复，恢复供水能力。

——恢复重建农田水利基础设施和水土保持与水资源监测设施。

专栏19 水 利
防洪减灾 除险加固水库1263座、堤防1199km，整治堰塞湖（坝）105处，恢复重建水文站112个
农田水利 恢复重建大型灌区7处、中小型灌区1289处、独立微型水利设施55 498处
水资源监测 恢复重建水源地及主要河流水质监测设施4454处

第九章 产业重建

产业的恢复重建，要根据资源环境承载能力、产业政策和就业需要，以市场为导向，以企业为主体，合理引导受灾企业原地恢复重建、异地新建和关停并转，支持发展特色优势产业，推进结构调整，促进发展方式转变，扩大就业机会。

第一节 工 业

一、结构调整

——坚持高起点、高标准，发挥规划区中心城市科技资源集中、产业基础较好的优势，重点发展电子信息、重大装备、汽车及零部件、新材料新能源、石油化工、磷化工、精细化工、纺织等产业。立足特色农林资源，发展食品、饮料、中药材等农林产品加工业。应用先进适用技术改造传统产业，积极发展高技术产业。

——坚持节能减排，发展循环经济。抓好工业节能、节水、节地、节材，重点抓好高耗能企业节能减排，推广清洁生产技术和工艺。加强废旧建筑材料、建筑垃圾等废弃物的综合利用。支持利用建筑垃圾、工业固体废弃物、煤矸石等开发环保建材产品，发展新型墙体材料。

——合理确定产业重建规模和布局，防止低水平重复建设。坚决淘汰或关闭不符合国家产业政策的落后产能和企业。

二、企业重建

——恢复重建重大装备、建材、磷化工、医药等企业。依托优势资源和产业基础，优先启动服务灾区重建和有利于扩大就业的项目。

——支持东汽、二重、攀长钢、长虹、九洲、宏达、阿坝铝厂、厂坝铅锌矿、成州矿业等中央企业和地方骨干企业恢复重建。支持军工企业恢复重建。

——扶持个体私营经济，以及中小企业、劳动密集型企业、带动农民增收作用大的农业产业化经营龙头企业和少数民族特需商品定点生产企业的恢复重建。

专栏 20 工业企业恢复重建项目 单位：个

	小计	四川	甘肃	陕西
原地恢复项目	2261	2057	152	52
原地重建项目	729	564	99	66
原地新建项目	611	459	103	49
合计	3601	3080	354	167

——支持受灾企业按照产业政策和行业准入条件，通过兼并联合重组等方式，调结构、上规模、上水平、上档次。积极引导和承接产业转移，支持国内外投资者特别是对口支援地区的企业采取各种方式参与受灾企业重组、重建。

三、产业集聚区

——调整优化工业布局，发挥现有国家级、省级开发区的作用，引导企业集中布局，培育特色优势产业集群。

——结合灾区企业异地新建，撤并和迁建部分县（市、区）产业园区，适当扩大部分现有国家级、省级开发区的面积。

——新设循环经济产业集聚区，鼓励发展“飞地经济”，承接适度重建区和生态重建区企业的异地新建，和其他企业集中布局。

——支持对口支援地区与受援地区按合理布局的原则，合作建设产业园区，吸引东、中部地区产业转移。

专栏 21 产业集聚区

撤并和迁建的工业园区	阿坝水磨工业园区、平武南坝工业园、北川工业园、安县花荄工业园区、青川工业集中区、什邡鉴华工业园、什邡穿心店工业区、绵竹龙蟒河工业集中区、绵竹高尊寺化工集中发展区
扩大面积的国家级、省级开发区	绵阳高新技术产业开发区、江油工业园区、德阳经济开发区、广汉经济开发区、彭州工业园区、都江堰经济开发区、陇南西成（陇南）经济开发区等
新设立的循环经济产业集聚区	成都、德阳、绵阳、广元、天水、汉中循环经济产业集聚区

第二节 旅游（略）

第三节 商贸（略）

第四节 金融（略）

第五节 文化产业（略）

第十章 防灾减灾

防灾减灾体系的恢复重建，要坚持预防为主、合理避让、重点整治、统筹调度的原则，加强防灾减灾体系和综合减灾能力建设，提高灾害预防和紧急救援能力。

第一节 灾害防治

——加强对滑坡、崩塌、泥石流等地质灾害和堰塞湖等次生灾害隐患点的排查和监测，尽快治理险情紧迫、危险性大、危害严重的隐患点。

——加强地震、地质、气象、洪涝灾害等的专业监测系统、群测群防监测系统、信息传输发布系统和应急指挥调度系统及其配套设施建设，提高监测预测预警能力。建设监测预警示范区。

——加强基础测绘工作，恢复建设测绘基准点，建设地理信息系统。

第二节 减灾救灾

——加强紧急救援救助能力建设，充实救援救助力量，提高装备水平，健全抢险抢修和应急救援救助专业队伍。

——加强救灾指挥系统建设，建立健全综合救灾应急指挥、抢险救援和灾情管理系统。

——结合交通网建设疏散救援通道，建立应急水源、备用电源和应急移动通信系统。健全救灾物资储备体系，提高储备能力。

——完善各类防灾应急预案，加强城乡避难场所建设，普及防灾减灾知识，提高全民防灾减灾意识。

——合理确定抗震设防标准，按灾情烈度提高灾区原有设防等级。

专栏 25 防 灾 减 灾
监测预警 建设地质灾害监测点 10 301 个、地震灾害监测点 324 个，气象观测站和预警信息发布点 264 处
救援救助 建设省市县灾害救援救助应急指挥平台，救灾物资储备库 121 个
综合减灾 建设省级减灾中心 3 个、综合减灾宣传教育基地 105 个、城乡避难所 129 个
地质灾害治理 治理重大地质灾害隐患点 8693 处，其中搬迁避让 4694 处

第十一章 生 态 环 境

生态环境的恢复重建，要尊重自然、尊重规律、尊重科学，加强生态修复和环境治理，促进人口、资源、环境协调发展。

第一节 生 态 修 复

——坚持自然修复与人工治理相结合，以自然修复为主，加快推进林权制度改革。做好天然林保护、退耕还林、退牧还草、封山育林、人工造林和小流域综合治理，恢复受损植被。

——在岷江、嘉陵江、涪江上游地区和白龙江流域实施生态修复工程，逐步恢复水源涵养、水土保持等生态功能。

——恢复重建种苗生产基地、森林防火、林业有害生物及生态监测、动植物病害防控设施和林区基础设施。

——在龙门山断裂带中心区域划定特殊保护区域，以保护珍稀濒危动植物、独特地质地貌和震后新景观为主体功能，兼顾旅游业和其他不影响主体功能的产业发展。

——加强各级自然保护区、风景名胜区、森林公园和地质公园保护设施的恢复重建。具有较高知名度和较大保护价值，受损严重、安全性差的各类保护区，要以保护为主，影响保护对象的生产设施等原则上不予恢复。

——恢复重建卧龙、白水江等大熊猫自然保护区，

专栏 26 生 态 修 复
林草植被恢复 修复生态公益林 48.53 万 hm^2，退耕还林等补植补造 12.47 万 hm^2
种苗生产基地 修复种苗生产基地 1.26 万 hm^2、苗圃用房和温室大棚 43.1 万 m^2
自然保护区 修复国家和省级自然保护区 49 个、大熊猫等珍稀野生动物栖息地 12 万 hm^2、自然保护区生活生产设施 16 万 m^2
风景名胜区 修复国家级风景名胜区 9 个、省级风景名胜区 30 个
森林公园 修复国家森林公园 17 个、省级森林公园 18 个
森林防火与森林安全监测 修复防火瞭望塔 350 座、通信基站和中继台 152 座、专业营房和物资储备库 5 万 m^2
林区基础设施 修复林区道路 8202km、给水管线 2512km、供电线路 3643km、通信线路 2829km
草地恢复 修复草地 15.53 万 hm^2
水土保持 治理水土流失面积 2073km^2

异地新建卧龙大熊猫繁育研究基地，做好大熊猫及其栖息地的监测，建立大熊猫主食竹开花预警监测系统。

第二节　环境整治

——加强对污染源和环境敏感区域的监督管理，做好水源地和土壤污染治理、废墟清理、垃圾无害化处理、危险废弃物和医疗废弃物处理。

——恢复重建灾区环境监测设施，提升环境监管能力。加强生态环境跟踪监测，建立灾区中长期生态环境影响监测评估预警系统。

第三节　土地整理复垦（略）

专栏27　环境整治
饮用水源地保护　建设饮用水水源地污染防治设施323处
土壤污染治理　高风险区和重污染土壤治理22处
核与辐射环境安全保障　建设放射性废物库、辐射环境监测网点、辐射安全预警监测系统等
环境监测　恢复重建环境监测设施和设备

第十二章　精神家园

精神家园的恢复重建，要加强心理疏导，体现人文关怀，重塑积极乐观向上的精神面貌，坚定自力更生、艰苦奋斗的信心，弘扬伟大抗震救灾精神和中华民族优秀传统文化。

第一节　人文关怀（略）

第二节　民族精神（略）

第十三章　政策措施

坚持特事特办，根据恢复重建需要，制订实施针对性强的政策措施，加强协调配合，形成合力，为实现本规划确定的目标和完成重建任务提供政策支撑。

第一节　财政政策

——建立恢复重建基金。中央财政建立地震灾后恢复重建基金。灾区省级财政比照建立地震灾后恢复重建基金。

——调整财政支出结构。压缩中央和灾区各级政府行政事业支出，加大转移支付力度，保障县乡基层政权机构正常运转。调整现有专项建设规划和专项资金安排，按用途不变原则整合资金，向灾区特别是受灾贫困地区倾斜。

——支持利用国外贷款。国际金融组织和外国政府提供的灾后恢复重建优惠紧急贷款资金，与中央恢复重建基金配合使用。规划区内国际金融组织和外国政府贷款项目，因灾无法按期偿还贷款本息的，先暂由中央财政垫付偿还。

第二节　税费政策

——减轻企业税收负担。扩大规划区企业增值税抵扣范围，灾区企业享受企业所得税优惠政策。对进口国内不能满足供应并直接用于恢复重建的大宗物资、设备等给予进口税收优惠。对专项用于抗震救灾和恢复重建新购的特种车辆，免征车辆购置税。

——减轻个人税收负担。对灾区个人获得的救灾和捐赠款，以及抗震救灾一线人员按照规定标准取得的补贴收入，免征个人所得税。

——支持城乡住房建设。对灾区城镇廉租住房和经济适用住房建设给予税收优惠。对农民重建住房，在规定标准内免征耕地占用税。

——免收部分政府基金。免收规划区内的三峡工程建设基金、大中型水库移民后期扶持基金，以及属于中央收入的文化事业建设费、国家电影事业发展专项资金和水路客货运附加费。

——减免部分行政收费。免收规划区内属于中央收入的建筑企业和矿产资源开采企业有关收费，减免金融机构以及电力企业的有关监管费。

第三节　金融政策

——恢复金融服务功能。全国性金融机构对口支持受损分支机构。鼓励金融机构对灾区受损严重的地方法人金融机构兼并重组。支持适当减免金融机构交易费用、客户查询等收费。

——加大信贷支持力度。实施倾斜和优惠的信贷政策。允许符合条件的银行业金融机构开展并购贷款和跨地区贷款业务。增加扶贫贴息贷款规模投放。对城镇住房建设给予贷款优惠，鼓励发放农民自建住房贷款。拓宽农村贷款抵押担保物范围。

——增强机构贷款能力。继续执行倾斜的准备金政策，允许提前支取特种存款。增加再贷款（再贴现）额度，降低支农再贷款利率、拓宽使用范围。发展新型农村金融机构，增强农村信贷投放能力。

——发挥资本市场功能。支持符合条件的企业优先上市融资、发行债券和短期融资券以及对上市公司的并购重组。扶持符合条件的中小企业发行短期融资券、中小企业集合债券等。支持灾区符合条件的地方法人金融机构发行金融债券。

——加大保险创新力度。支持为恢复重建提供工程、财产、货物运输、农业以及建设人员意外健康等各类保险。对支持恢复重建的各类保险给予费率优惠。

——加强信用环境建设。依法保护遇难者账户资金、金融资产所有权和继承权。对因灾形成的不良债务实施有效重组。依法维护金融债权。

第四节 土地政策

——调整用地计划。调整灾区土地利用规划和年度用地计划，核定新增建设用地总规模，适当增加适宜重建区新增建设用地规模，扩大城乡建设用地增减挂钩周转指标范围。对恢复重建项目，先行安排使用土地，简化审批程序，边建设边报批，并按照有关规定办理用地手续。

——实行特殊供地。对恢复重建项目用地，按规定分别采取免收新增建设用地土地有偿使用费和土地出让收入，实行划拨供地、降低地价等特殊政策。

——节约集约用地。依法保护耕地，支持土地整理复垦。促进工业集中布局，城镇内部紧凑布局，有条件的村庄相对集中，公共服务设施共建共享，大力提高土地利用效率。

第五节 产业政策

——重振旅游经济。把旅游业作为恢复重建的先导产业，优先安排恢复重建基金和鼓励各类投资基金等用于旅游基础设施和旅游企业的恢复重建，尽快全面恢复旅游业的发展。

——促进农业生产。中央财政对受损农田、种子种苗种畜等农业生产资料生产，以及规模化种植养殖、良种繁育、农业技术推广和服务设施的恢复重建给予支持。对抛售中央储备粮统负盈亏。粮食直补、农资综合直补等资金向灾区倾斜。

——支持骨干企业。中央财政对中央国有重点骨干企业恢复重建给予注入资本金或贷款贴息支持，对中央军工企事业单位恢复重建给予投资补助或贷款贴息支持，对符合产业政策的地方骨干企业给予贷款贴息支持。

——扶持中小企业。鼓励地方政府出资引导建立中小企业贷款担保基金。对符合条件的中小企业特别是劳动密集型中小企业、带动农民增收作用大的农业产业化经营龙头企业，给予小额担保贷款和贷款贴息等支持。扶持少数民族特需商品和民族手工艺品的生产。

——推动科技创新。有效整合灾区产学研力量，尽快恢复重建高技术企业，以及科技实验基地、条件平台和配套设施。支持灾区企业、科研机构提高自主研发和配套能力，并在财税、金融政策和政府采购等方面给予扶持。

——促进商贸流通。对受损粮库抢修、重建，中央财政给予支持。对农产品批发市场、农贸市场、物流配送中心、民族贸易网点等流通基础设施以及重要商品储备设施的恢复重建，国家给予适当支持。

——调整行业准入。适度调整煤炭新建项目规模限制，鼓励国有煤矿企业整合受灾小煤矿。适当放宽水泥生产“上大压小”条件，建设一批新型干法水泥项目。实行直购电试点。

——淘汰落后产能。淘汰高耗能高污染企业和不符合国家产业政策的落后产能，关闭无法达到安全生产条件的矿山企业和重要水源保护区内污染严重企业。中央财政对地方淘汰“两高一资”落后产能给予奖励，妥善解决好淘汰和关闭企业职工的生活。

第六节 对口支援

——明确支援任务。19 个支援省（市）按每年不低于本省（市）上年地方财政一般预算收入 1% 的实物工作量，对口支援四川、甘肃、陕西省的 24 个县（市、区）。

——鼓励各界投资。鼓励各地区的企业、社会团体和个人，按照市场化运作方式，到灾区投资办厂、兴建经营性基础设施。

——提供便利条件。鼓励金融机构向对口支援企业提供优惠贷款。对恢复重建大宗货物运输，铁路部门优先列入运输计划，公路部门开辟“绿色通道”。

第七节 援助政策

——开展教育援助。鼓励各地区吸收灾区中等职业学校学生到本地就学。地方各级人民政府要尽快落实将灾区进城务工人员随迁子女义务教育纳入公共教育体系的政策。加大对中小学教师特别是特殊教育师资配置和培训的支持力度。加大对家庭经济困难学生的资助力度。扩大高校在灾区的招生计划。

——实施孤残救助。支持社会福利、社会救助、康复等设施建设。新建公共服务场所应配置残疾人专用设施。鼓励企业、社会团体和个人为孤残人员提供多种扶助。

——加大就业援助。将因灾就业困难人员纳入就业援助范围，确保每个家庭至少有一人就业。对规划区内招用因灾失业城镇职工的企业，以及因灾失业城镇职工从事个体经营的，给予税收优惠。按规定降低规划区内企业失业保险费率。采取社会保险补贴、小额担保贷款等措施促进就业。

——加强扶贫援助。加大农村低保投入力度，将因灾返贫的困难群众按规定全部纳入低保。恢复重建基金中安排资金用于贫困村恢复重建。对少数民族地区和贫困地区的恢复重建项目不要求省级以下地方政府提供配套资金。

——提供社会保障。确保参保人员工伤保险支付，通过社会捐助、救助制度扶助未参保伤亡职工。确保灾区企业离退休人员基本养老金支付，因灾停产企业可缓缴社会保险费，破产企业清偿后仍欠缴的养老保险费经批准后予以核销。按时足额发放失业保险金，实施临时生活救助，提供城乡最低生活保障。

——开展法律援助。各级法律援助机构应依法为灾区群众提供法律咨询、代理、刑事辩护等无偿法律服务。律师协会应为法律援助工作提供必要协助。司法、行政部门要做好法律援助监督工作。

第八节　其他政策

——开展社会募集。倡导社会各界继续捐赠款物。鼓励港澳台同胞和海外华人华侨在恢复重建中发挥积极作用。积极争取国际组织、外国政府和非政府组织提供技术援助和赠款。对单位、个体经营者和财产所有人无偿捐赠物资、资金、财产的，给予税收优惠。

——推进以工代赈。采取以工代赈方式组织灾区群众参与恢复重建。恢复重建基金安排以工代赈资金，用于废墟清理和农业农村小型基础设施的修复等。鼓励采取以工代赈方式组织实施对口支援项目的建设。以工代赈的恢复重建项目不要求省级以下地方政府提供配套资金，适当提高劳务报酬所占比例。

——稳妥安置人口。统筹安置规划区内需要安置的受灾农村人口。对实行农业安置的，应依法调剂安排耕地、林地和宅基地，并给予后期扶持。对实行城镇安置的，应妥善解决好居住、社会保障、创业就业以及户籍等问题。

——实行同等优先。在同等条件下，恢复重建项目的建设优先选择灾区施工单位，优先招用灾区劳动力，优先采购灾区材料和设备。

——培养引进人才。整合培训资源，加大对恢复重建急需的城乡规划设计、建设项目管理、农村住房建设技术指导、心理疏导、特殊教育、民族民间文化传承等人员的培训力度。采取更积极、更灵活的政策，大力引进各类专业人才，支持高校毕业生到灾区工作和创业。

——鼓励社会参与。支持民办非企业机构、基金会、行业协会等社会组织参与恢复重建，在资金募集、企业重建、职业技能培训和中介服务等方面发挥重要作用。鼓励国内外专家和志愿者参与恢复重建，在教育援助、孤残救助、心理疏导、技术指导、规划咨询等方面发挥积极作用。

第十四章　重建资金

坚持用改革的办法多渠道筹措恢复重建资金，充分调动各方面积极性，积极创新筹资方式和使用方式，提高资金使用效率，完善资金管理和监督机制，为实现本规划确定的目标和完成重建任务提供资金保障。

第一节　资金需求和筹措

——根据本规划确定的目标和重建任务，恢复重建资金总需求经测算约为1万亿元。

——中央财政按照恢复重建资金总需求30%左右的比例建立中央地震灾后恢复重建基金。

——通过地方政府投入、对口支援、社会募集、国内银行贷款、资本市场融资、国外优惠紧急贷款、城乡居民自有和自筹资金、企业自有和自筹资金、创新融资等，多渠道筹措恢复重建资金。

第二节　创新融资

——采取多种方式，增强省级地方政府筹措资金能力。

——拓宽住房融资渠道，发展住房融资担保业务，开展住房融资租赁业务试点，解决城乡居民住房融资困难。

——在规划区内有条件的县（市、区），建立适合农村特点的小额贷款公司和农村资金互助社等。

——鼓励设立支持中小企业和科技创新的创业投资企业。探索开展基础设施项目等资产证券化试点。通过政府引导募集社会资金，探索设立支持恢复重建的公益性基金和产业投资基金等各类基金。

第三节　资金配置

——财政性资金，主要是中央地震灾后恢复重建基金，按照统筹安排、突出重点、分类指导、包干使用的原则，主要用于城乡居民住房补助，人口安置、公共服务、公益性市政公用设施和基础设施、农业服务体系和农村基础设施、流通基础设施、防灾减灾、生态修复、环境整治、土地整理复垦和精神家园等领域的恢复重建，以及中央国有重点骨干企业资本金补充和贷款贴息。

——对口支援资金，主要用于城乡居民住房、公共服务、市政公用设施、农业和农村基础设施的恢复重建，以及规划编制、建筑设计、专家咨询、工程建设和监理等服务。

——社会募集资金，在坚持尊重捐赠者意愿的前提下，优先用于农村居民住房、学校、医院、文化、社会福利、农村道路和桥梁、地震遗址纪念地和设施、自然保护区、文化自然遗产、精神家园等的恢复重建。

——信贷资金，主要用于城乡居民住房、农业产业化、农业生产基地、交通、通信、能源、工业、旅游、商贸和文化产业等的恢复重建。

——资本市场融资，主要用于交通、通信、能源、工业、旅游、商贸和文化产业等的恢复重建。

——国外优惠紧急贷款资金，主要用于城镇和农村公益性设施、基础设施、廉租房、生态修复、环境整治等的恢复重建。

——创新融资，主要用于增强省级人民政府筹措资金能力，引导信贷和社会资金投入，支持城乡居民住房建设和中小企业融资，扶持旅游等产业的恢复重建等。

第十五章 规划实施

建立健全规划实施机制，明确目标任务，把握重建时序，落实工作责任，完善监督考核，有效推进本规划的顺利实施。

第一节 组织领导

——地方各级人民政府和国务院有关部门要充分认识恢复重建任务的艰巨性、复杂性和紧迫性，树立全局意识，切实加强组织领导，全面做好恢复重建的各项工作。

——灾区各级人民政府要建立健全恢复重建领导机构，省级人民政府对本地区的恢复重建负总责，统一领导、统筹协调、督促检查恢复重建规划的实施，市、县级人民政府具体承担和落实恢复重建的主要任务。

——国务院有关部门要按照职责分工，做好指导、协调和帮助恢复重建的各项工作。

——各地区在制订重建任务阶段性目标时，要从实际出发，因地制宜，不搞“一刀切”。

——依据本规划，建立恢复重建目标考核体系，作为考核灾区各级领导班子和领导干部政绩的重要内容。

第二节 规划管理

——本规划是制订恢复重建专项规划、政策措施和恢复重建实施规划的基本依据，是开展恢复重建工作的重要依据，任何单位和个人在恢复重建中都要遵守并执行本规划，服从规划管理。

——国务院有关部门与灾区省级人民政府应依据本规划，尽快编制完成城乡住房、城镇体系、农村建设、基础设施、公共服务设施、生产力布局和产业调整、市场服务体系、防灾减灾、生态修复、土地利用等恢复重建专项规划，并积极组织实施。

——灾区省级人民政府要根据本规划制订恢复重建年度计划，明确重建时序，落实责任主体。

——灾区市、县级人民政府要在省级人民政府指导下，编制本行政区恢复重建实施规划，具体组织实施。根据需要编制或修改相应的城乡规划。

——在本规划实施的中期阶段，由国务院发展改革部门牵头组织对本规划实施情况进行中期评估，评估报告报国务院。灾区省级人民政府也要对本省实施本规划的情况进行中期评估。在本规划实施结束后，由国务院发展改革部门牵头组织有关地区和部门对本规划实施情况进行全面总结。

——规划范围以外其他灾区的恢复重建规划由灾区省级人民政府组织编制和实施，国家通过现行体制加大财政转移支付、扶贫开发等方面力度给予支持。

第三节 分类实施

——可以分解落实到县级行政区的重建任务，由县级人民政府根据本地实际统筹组织实施。主要是农村住房、城镇住房、城镇建设、农业生产和农村基础设施、公共服务、社会管理、县域工业、商贸以及其他可以分解落实到县的防灾减灾、生态修复、环境整治和土地整理复垦等。

——交通、通信、能源、水利等基础设施，重点工业和军工项目，以及其他跨行政区的重建任务，主要由省级人民政府或国务院有关部门组织实施。

——对口支援和非定向社会捐赠资金、捐建项目，要统一纳入恢复重建年度计划和实施规划。

第四节 物资保障（略）

第五节 监督检查（略）

地震灾后恢复重建任务艰巨，时间紧迫，影响深远。在以胡锦涛同志为总书记的党中央坚强领导下，在全国各族人民的大力支持下，灾区广大干部群众一定能够用自己勤劳的双手，重建起一个安居乐业、生态文明、安全和谐的新家园！

（本年鉴编辑部摘编）

国家发展改革委、国家电监会关于2007年1～9月可再生能源电价附加补贴和配额交易方案的通知

国家发展改革委和国家电监会2008年3月10日以发改价格［2008］640号文，印发2007年1～9月可再生能源电价附加补贴和配额交易方案，通知全文如下：

根据《可再生能源发电价格和费用分摊管理试行办法》（发改价格［2006］7号）和《可再生能源电价附加收入调配暂行办法》（发改价格［2007］44号），现就2007年1～9月可再生能源电价附加调配、补贴等有关事项通知如下：

一、电价附加补贴的项目和金额

可再生能源电价附加资金补贴范围为2007年1～9月可再生能源发电项目上网电价高于当地脱硫燃煤机组标杆上网电价的部分和可再生能源发电项目接网费用。对纳入补贴范围内的秸秆直燃发电亏损项目按上网电量给予临时电价补贴，补贴标准为每千瓦时0.1元。

具体补贴项目和金额见附件一、附件二。

二、电价附加配额交易

对收取的可再生能源电价附加不足以支付本省可再生能源电价附加补贴的省级电网企业，按照短缺资金金额颁发同等额度的可再生能源电价附加配额证，以配额交易方式实现可再生能源电价附加资金调配。2007年1～9月电价附加配额交易方案见附件三。

配额卖方向买方出售配额证，配额买方应在收到配额证后10个工作日内，按额度将款项汇入卖方账户，完成交易。

三、电费结算

（一）2007年1～9月电价附加有结余的省级电网企业，应在本通知下发之日起10个工作日内，对可再生能源发电项目结清2007年1～9月电费（含接网费用补贴）。2007年1～9月电价附加存在资金缺口的黑龙江、吉林、内蒙古东部、河北北部、山东、新疆、宁夏等7个地区电网企业，应在配额交易完成10个工作日内，对可再生能源发电项目结清2007年1～9月电费（含接网费用补贴）。

（二）2007年9月后，电价附加有结余的省级电网企业，对已纳入补贴范围内的可再生能源发电项目和接网费用按月结算电费，高于当地脱硫燃煤机组标杆上网电价的部分从电价附加中支付。

（三）各省级电网企业可再生能源电价附加继续单独记账，余缺逐期滚存。

四、加强监管

各省（区、市）政府价格主管部门、各区域和城市电力监管机构要加强对可再生能源电价附加征收、配额交易、电费和补贴结算行为的监管，坚决纠正和查处违反本通知规定的电费结算行为，确保可再生能源电价附加补贴按时足额到位。

附件：一、2007年1～9月可再生能源发电项目电价补贴情况表（略）
　　　二、2007年1～9月可再生能源发电接网工程补贴情况表（略）
　　　三、2007年1～9月可再生能源电价附加配额交易方案（略）

（本年鉴编辑部摘编）

国家发展改革委、国家电监会关于2007年10月至2008年6月可再生能源电价补贴和配额交易方案的通知

国家发展改革委和国家电监会2008年11月11日以发改价格［2008］3052号文，印发2007年9月至2008年6月可再生能源电价附加补贴和配额交易方案，通知全文如下：

根据《可再生能源发电价格和费用分摊管理试行办法》（发改价格［2006］7号）和《可再生能源电价附加收入调配暂行办法》（发改价格［2007］44号），现就2007年10月至2008年6月可再生能源电价附加调配、补贴等有关事项通知如下：

一、电价附加补贴的项目和金额

可再生能源电价附加资金补贴范围为2007年10月至2008年6月可再生能源发电项目上网电价高于当地脱硫燃煤机组标杆上网电价的部分、公共可再生能源独立电力系统运行维护费用、可再生能源发电项目接网费用。对纳入补贴范围内的秸秆直燃发电亏损项目按上网电量给予临时电价补贴，补贴标准为每千瓦时0.1元。

具体补贴项目和金额见附件一至附件三。

二、电价附加配额交易

对收取的可再生能源电价附加不足以支付本省可再生能源电价附加补贴的省级电网企业，按照短缺资金金额颁发同等额度的可再生能源电价附加配额证，以配额交易方式实现可再生能源电价附加资金调配。2007年10月至2008年6月电价附加配额交易方案见附件四。

配额卖方向买方出售配额证，配额买方应在收到配额证后10个工作日内，按额度将款项汇入卖方账户，完成交易。

三、电费结算

（一）2007年10月至2008年6月电价附加有结

余的省级电网企业，应在本通知下发之日起10个工作日内，对可再生能源发电项目结清2007年10月至2008年6月电费（含接网费用补贴）。2007年10月至2008年6月电价附加存在资金缺口的山东、黑龙江等12个地区的电网企业，应在配额交易完成10个工作日内，对可再生能源发电项目结清2007年10月至2008年6月电费（含接网费用补贴）。

（二）对2007年10月至2008年6月公共可再生能源独立电力系统的电价附加补贴，按本通知附件二所列的项目和金额，由所在省（区）的价格主管部门会同省级电网企业负责组织实施。

（三）本次配额交易完成后，电价附加有结余的省级电网企业，对已纳入补贴范围内的可再生能源发电项目按月结算电费，高于当地脱硫燃煤机组标杆上网电价的部分从电价附加中支付。

（四）各省级电网企业可再生能源电价附加继续单独记账，余缺逐期滚存。

四、加强监管

各省（区、市）政府价格主管部门、各区域和城市电力监管机构要加强对可再生能源电价附加征收、配额交易、电费和补贴结算行为的监管，坚决纠正和查处违反本通知规定的电费结算行为，确保可再生能源电价附加补贴按时足额到位。

附件一：2007年10月至2008年6月可再生能源发电项目电价补贴情况表（略）

附件二：2007年10月至2008年6月公共可再生能源独立电力系统补贴情况表（略）

附件三：2007年10月至2008年6月可再生能源发电接网工程补贴情况表（略）

附件四：2007年10月至2008年6月可再生能源电价附加配额交易方案（略）

（本年鉴编辑部摘编）

国家发展改革委关于公布各省级电网2007年销售电价和输配电价标准的通知

国家发展改革委2008年11月3日公布2007年各省级电网输配电价和销售电价标准，通知全文如下：

为逐步建立科学合理的输配电价和销售电价形成机制，推进电价改革和大用户直购电试点，促进电网企业健康发展，增加电价政策透明度，根据《国务院办公厅关于印发电价改革方案的通知》（国办发[2003] 62号）和《国家发展改革委关于印发电价改革实施办法的通知》（发改价格[2005] 514号）精神，决定公布2007年各省级电网输配电价和销售电价标准。现将有关事项通知如下：

一、各省级电网2007年输配电价标准（不含输配电损耗）和销售电价标准见附件。请各省（区、市）价格主管部门以此为基础，规范电网企业电价行为，开展大用户向发电企业直接购电试点工作。

二、请各电网企业按照国家关于电力体制改革的要求，积极开展“主辅分离”工作，健全财务会计和电力负荷统计制度，为实施新的输配电价机制做好准备。

三、各省（区、市）价格主管部门应加强对电网企业价格执行情况的监管，向全社会公布省级电网企业执行分类销售电价的情况（包括基本电价、电度电价执行情况），以及对各类发电企业结算上网电价与上网电量的情况等信息，以利于社会监督。

附件：2007年各省（自治区、直辖市）电网输配电价和销售电价标准表

附件：

2007年各省（自治区、直辖市）电网输配电价和销售电价标准表

地 区	输配电价	销售电价
	元/(MW·h)	元/(MW·h)
北京	162.68	625.03
天津	136.32	543.24
河北南网	98.65	459.25
山西	126.13	421.52
内蒙古西部	83.04	342.06
山东	95.22	492.60
上海	195.14	663.12
江苏	169.90	594.86
浙江	109.52	573.26
安徽	129.50	511.92
福建	103.39	490.32
湖北	165.09	532.00
河南	80.76	431.51
湖南	155.55	510.55
江西	131.11	516.42
重庆	181.72	526.35
四川	167.56	487.43
陕西	131.98	434.72

续表

地　区	输配电价	销售电价
	元/(MW·h)	元/(MW·h)
甘肃	131.48	371.93
宁夏	128.17	381.57
青海	105.41	306.16
新疆	187.52	450.98
辽宁	153.65	522.31
吉林	161.00	527.05
黑龙江	162.28	516.91
广东	181.02	689.68
广西	118.92	457.04
云南	140.21	392.13
贵州	108.78	386.82
海南	206.82	614.69
西藏	169.68	508.53

注　1. 上述电价已剔除跨省区送电、输配电损耗等因素的影响。

2. 上述电价均含税，不含政府性基金和附加。

（本年鉴编辑部摘编）

国家发展改革委关于印发中央政府投资项目后评价管理办法（试行）的通知

国家发展改革委2008年11月7日以发改投资[2008] 2959号文，印发《中央政府投资项目后评价管理办法（试行）》，通知主要内容如下：

为加强和改进中央政府投资项目的管理，建立和完善政府投资项目后评价制度，规范项目后评价工作，提高政府投资决策水平和投资效益，根据《国务院关于投资体制改革的决定》要求，我委制定了《中央政府投资项目后评价管理办法（试行）》，现印发给你们，请遵照执行。

中央政府投资项目后评价管理办法（试行）

第一章　总　　则

第一条　为加强和改进中央政府投资项目的管理，建立和完善政府投资项目后评价制度，规范项目后评价工作，提高政府投资决策水平和投资效益，根据《国务院关于投资体制改革的决定》要求，制定本办法。

第二条　由国家发展改革委审批可行性研究报告的中央政府投资项目，适用本办法。

国际金融组织和外国政府贷款项目后评价管理办法另行制定。

第三条　中央政府投资项目后评价（以下简称项目后评价）应当在项目建设完成并投入使用或运营一定时间后，对照项目可行性研究报告及审批文件的主要内容，与项目建成后所达到的实际效果进行对比分析，找出差距及原因，总结经验教训，提出相应对策建议，以不断提高投资决策水平和投资效益。根据需要，也可以针对项目建设的某一问题进行专题评价。

第四条　项目后评价应当遵循独立、公正、客观、科学的原则，建立畅通快捷的信息反馈机制，为建立和完善政府投资监管体系和责任追究制度服务。

第五条　国家发展改革委建立项目后评价信息管理系统，负责项目后评价的组织管理工作。

第二章　后评价工作程序

第六条　国家发展改革委每年年初研究确定需要开展后评价工作的项目名单，制定项目后评价年度计划，印送有关项目主管部门和项目单位。

第七条　开展项目后评价工作应主要从以下项目中选择：

（一）对行业和地区发展、产业结构调整有重大指导意义的项目；

（二）对节约资源、保护生态环境、促进社会发展、维护国家安全有重大影响的项目；

（三）对优化资源配置、调整投资方向、优化重大布局有重要借鉴作用的项目；

（四）采用新技术、新工艺、新设备、新材料、新型投融资和运营模式，以及其他具有特殊示范意义的项目；

（五）跨地区、跨流域、工期长、投资大、建设条件复杂，以及项目建设过程中发生重大方案调整的项目；

（六）征地拆迁、移民安置规模较大，对贫困地区、贫困人口及其他弱势群体影响较大的项目；

（七）使用中央预算内投资数额较大且比例较高的项目；

（八）社会舆论普遍关注的项目。

第八条　列入项目后评价年度计划的项目单位，应当在项目后评价年度计划下达后3个月内，向国家发展改革委报送项目自我总结评价报告。项目自我总结评价报告的主要内容包括：

（一）项目概况：项目目标、建设内容、投资估算、前期审批情况、资金来源及到位情况、实施进度、批准概算及执行情况等；

（二）项目实施过程总结：前期准备、建设实施、项目运行等；

（三）项目效果评价：技术水平、财务及经济效益、社会效益、环境效益等；

（四）项目目标评价：目标实现程度、差距及原因、持续能力等；

（五）项目建设的主要经验教训和相关建议。

第九条 在项目单位完成自我总结评价报告后，国家发展改革委根据项目后评价年度计划，委托具备相应资质的甲级工程咨询机构承担项目后评价任务。

国家发展改革委不得委托参加过同一项目前期工作和建设实施工作的工程咨询机构承担该项目的后评价任务。

第十条 承担项目后评价任务的工程咨询机构，在接受委托后，应组建满足专业评价要求的工作组，在现场调查和资料收集的基础上，结合项目自我总结评价报告，对照项目可行性研究报告及审批文件的相关内容，对项目进行全面系统地分析评价。必要时应参照初步设计文件的相关内容进行对比分析。

第十一条 承担项目后评价任务的工程咨询机构，应当按照国家发展改革委的委托要求，根据业内应遵循的评价方法、工作流程、质量保证要求和执业行为规范，独立开展项目后评价工作，按时、保质地完成项目后评价任务，提出合格的项目后评价报告。

第十二条 工程咨询机构在开展项目后评价的过程中，应重视公众参与，广泛听取各方面意见，并在后评价报告中予以客观反映。

第三章 后评价管理和监督

第十三条 工程咨询机构应对项目后评价报告质量及相关结论负责，并承担对国家秘密、商业秘密等的保密责任。工程咨询机构在开展项目后评价工作中，如有弄虚作假行为或评价结论严重失实等情形的，根据情节和后果，依法追究相关单位和人员的行政和法律责任。

第十四条 列入项目后评价年度计划的项目单位，应当根据项目后评价需要，认真编写项目自我总结评价报告，积极配合承担项目后评价任务的工程咨询机构开展调查工作，准确完整地提供项目前期及实施阶段的各项正式文件、技术经济资料和数据。如有虚报瞒报有关情况和数据资料等弄虚作假行为，根据情节和后果，依法追究相关单位和人员的行政和法律责任。

第十五条 国家发展改革委将委托中国工程咨询协会，定期对承担项目后评价任务的工程咨询机构和人员进行执业检查，并将检查结果作为工程咨询单位资质和个人资质管理及工程咨询成果质量评定的重要依据。

第十六条 国家发展改革委委托的项目后评价所需经费由国家发展改革委支付，取费标准按照国家有关规定执行。承担项目后评价任务的工程咨询机构及其人员，不得收受国家发展改革委支付经费之外的其他任何费用。

第四章 后评价成果应用

第十七条 国家发展改革委通过项目后评价工作，认真总结同类项目的经验教训，将后评价成果作为规划制定、项目审批、投资决策、项目管理的重要参考依据。

第十八条 国家发展改革委将后评价成果及时提供给相关部门和机构参考，加强信息引导，确保信息反馈的畅通和快捷。

第十九条 对于通过项目后评价发现的问题，国家发展改革委会同有关部门和地方认真分析原因，提出改进意见。

第二十条 国家发展改革委会同有关部门，大力推广通过项目后评价总结出来的成功经验和做法，不断提高投资决策水平和政府投资效益。

第五章 附 则

第二十一条 各行业主管部门和各级地方政府投资主管部门可参照本办法，制定本部门、本地区的政府投资项目后评价实施办法和细则。

第二十二条 本办法由国家发展改革委负责解释。

第二十三条 本办法自2009年1月1日起施行。

（本年鉴编辑部摘编）

国资委、国家发展改革委、财政部、国家电监会关于印发《关于规范电力系统职工投资发电企业的意见》的通知

国务院国有资产监督管理委员会、国家发展和改革委员会、财政部、国家电力监管委员会于2008年1月28日以国资发改革［2008］28号文，印发《关于规范电力系统职工投资发电企业的意见》。主要内容如下：

《关于规范电力系统职工投资发电企业的意见》已经国务院同意，现印发给你们，请认真贯彻执行。

关于规范电力系统职工投资发电企业的意见

近年来，各地一些国有电力企业通过成立职工持股会等方式，组织职工在发电企业改制中持股和投资新建发电企业，对于形成企业多元股东结构、鼓励职工参与公司治理、调动生产积极性起到了一定作用，但由于操作不规范，引发了不公平竞争、国有企业利润转移和国有资产流失等问题。根据《国务院办公厅转发电力体制改革工作小组关于“十一五”深化电力体制改革实施意见的通知》（国办发［2007］19号）精神，经国务院同意，现就规范电力系统职工投资发电企业行为提出以下意见：

一、指导思想和基本原则

规范电力系统职工投资发电企业的指导思想是：以邓小平理论和“三个代表”重要思想为指导，深入贯彻落实科学发展观，按照深化电力体制改革的要求，妥善解决电网企业职工持有发电企业股权问题，理顺发电企业产权关系，优化资源配置，维护公平竞争，防止国有资产流失，促进电力工业又好又快发展。

规范电力系统职工投资发电企业的基本原则：一是尊重历史，实事求是；二是区别对待，分类指导；三是稳妥操作，确保稳定；四是加强领导，强化监督。

二、规范电力系统职工投资发电企业行为

电力系统职工投资发电企业应当遵循自愿、公平和诚实守信、风险自担的原则，依法享有投资者权益。国有电力企业不得以企业名义组织各类职工投资活动。

规范电网企业职工持有发电企业股权的行为。地（市）级电网企业的领导班子成员和省级以上电网企业的电力调度人员、财务人员、中层以上管理人员，不得直接或间接持有本省（区、市）电网覆盖范围内发电企业的股权，已持有本省（区、市）电网覆盖范围内发电企业股权的，应自本意见印发之日起1年内全部予以清退或转让，发电企业可以优先回购。电网企业其他职工自本意见印发之日起不得增持本省（区、市）电网覆盖范围内发电企业的股权，自愿清退或转让已持有股权的，发电企业可以优先回购。存在电网企业职工持股行为的发电企业应依照有关法规规定披露电力交易信息，自觉接受电力监管等机构的监督检查。

规范发电企业职工投资发电企业的行为。发电企业职工不得直接投资于共用同一基础设施或同一生产经营管理系统的发电机组，不得在水坝溢流洞、泄洪洞投资安装发电机组。已持有共用同一基础设施、同一生产经营管理系统的不同发电机组股权的，应自本意见印发后逐步予以清退或转让，发电企业可以优先回购。国有发电企业应当针对共用同一基础设施或同一生产经营管理系统的不同发电机组，制定合理分摊各项费用和合理分配对外供热比例的具体办法并严格执行，严禁侵占和损害国有权益。

三、加强组织领导，强化监督管理

国有电力企业是规范电力系统职工投资发电企业工作的责任主体。要认真贯彻执行本意见各项要求，加强领导，认真组织，周密部署，强化企业内部管理，规范企业投资和改制行为，避免国有资产流失。同时，要加强政治思想工作，强化宣传教育和舆论引导，切实维护电力系统安全稳定运行和职工队伍稳定。

各级国有资产监督管理、发展改革、财政、电力监管等部门要加强协调配合，强化监督管理，进一步规范电力调度秩序和交易行为，维护公平竞争的市场秩序，确保规范电力系统职工投资发电企业的各项工作落到实处。国有资产监督管理机构、电力监管机构具体负责本意见贯彻执行情况的督促检查，对违反国家有关法律法规及本意见要求并造成国有资产流失的，要予以严肃查处并追究有关人员责任，涉嫌犯罪的，依法移送司法机关处理。

（本年鉴编辑部摘编）

国家能源局关于印发汶川地震灾区水电站恢复重建导则的通知

国能局综字［2008］23号

四川、甘肃、陕西省发展改革委：

根据《汶川地震灾后恢复重建条例》（国务院令第526号）、《国务院关于做好汶川地震灾后恢复重建工作的指导意见》（国发［2008］22号）和《汶川地震灾后能源基础设施恢复重建规划》要求，为明确汶川地震灾区水电站恢复重建的原则和标准，规范恢复重建的工作程序，指导汶川地震灾区水电站恢复重建工作，国家能源局组织制定了《汶川地震灾区水电站恢复重建导则》，现印发给你们，请遵照执行。

附件：汶川地震灾区水电站恢复重建导则

国家能源局

二〇〇八年八月二十六日

附件：

汶川地震灾区水电站恢复重建导则

一、总则

第一条 根据《汶川地震灾后恢复重建条例》（国务院令第526号）、《国务院关于做好汶川地震灾后恢复重建工作的指导意见》（国发［2008］22号）、《国务院批转发展改革委、电监会关于加强电力系统抗灾能力建设若干意见的通知》（国发［2008］20号）和《汶川地震灾后能源基础设施恢复重建规划》要求，为明确汶川地震灾区水电站恢复重建的原则和标准，规范恢复重建的工作程序，指导汶川地震灾区水电站恢复重建工作，制定本导则。

第二条 本导则适用于汶川地震灾后水电站的修复、加固、改造和重建工作。

第三条 汶川地震灾区水电站恢复重建要执行国家有关法律法规，坚持“以人为本、尊重自然、统筹兼顾、科学重建”的原则，与节约资源、保护环境相结合，符合工程建设标准和行业规程规范、技术标准，鼓励采用新技术、新工艺、新设备和新材料。

第四条 震损水电站的恢复重建工作，应按照震损情况调查、制定恢复重建方案、实施恢复重建工作、恢复重建工程验收的程序进行。恢复重建方案应按要求进行防震抗震研究设计，并满足流域生态环境保护要求。

已损毁水电站的重建工作，参照新建水电站建设的有关程序执行，也可根据实际情况适当简化程序。

第五条 对于位于自然保护区、风景名胜区、森林公园、地质公园、世界遗产地等国家和地方禁止开发区域内的水电站，已经损毁报废的，原则上不再恢复重建。项目法人应研究提出避免发生次生灾害等的安全措施及善后处理方案，并将善后处理情况报原核准（审批）机关备案。

第六条 震损水电站的恢复重建工作要服从流域防汛调度，积极采取措施，确保恢复重建期工程安全度汛，保障工程及上下游人民生命财产的安全。

二、震损调查和应急修复

第七条 项目法人应组织技术力量对水电站地震损坏情况进行全面调查（震损调查的主要内容和要求详见附件一），对水电站的主要建筑物、地基及其边坡、重要设施外观形态、功能完整性和修复难易程度等进行综合评价。震损程度分为未震损、震损轻微、震损较重、震损严重和损毁五个等级（震损等级划分详见附件二）。

第八条 震损调查报告是编制恢复重建方案的重要依据，并作为其附件。震损调查要依据原设计文件，对震前状态、震损情况、相关观测资料进行调查和分析，必要时可采取现场仪器检测和数值分析等手段，确定震损等级，并综合形成震损调查报告。

第九条 根据震损调查报告，对不同震损程度的水电站，采取适当措施恢复重建。对于震损轻微的水电站，在确认不存在或已经排除安全隐患的前提下，可在应急抢修基础上直接进行加固和修复，经调度同意先行恢复发电。此类水电站应在恢复发电后报省级发展改革委备案，并进行地震安全性评价和抗震设计复核。

对震损较重、震损严重的水电站，要进行地震安全性评价和抗震设计复核，编制恢复重建方案并按有关要求审查后，按规定程序实施恢复重建工作。

三、地震安全性评价与抗震设计复核

第十条 除损毁报废的以外，灾区其他震损水电站的项目法人应委托有资质单位（原则上应委托原勘测设计单位），根据国务院有关部门修订后的电站所在区域地震动参数，进行水电站场址地震安全性评价复核。经地震工作主管部门批准的场地地震安全性评价成果是抗震设计的基础和依据。

第十一条 汶川地震灾区震损水电站，应按照《水电工程防震抗震研究设计及专题报告编制暂行规定》（水电规计［2008］24号）的有关要求，编制恢复重建防震抗震复核（或研究设计）专题报告，原则上报原审批（核准）部门审查或核备。对于由省级以上部门审批（或核准）的重要水电站，其恢复重建防震抗震复核（或研究设计）专题报告应报水电水利规划设计总院组织技术审查，具体范围由省级发展改革委商水电水利规划设计总院确定。

第十二条 震损轻微和震损较重的水电站，根据审定的防震抗震复核（或研究设计）成果，需进行抗震加固改造的，可以结合震损修复进行加固改造；或在修复后另行组织设计施工。震损严重的水电站，应统筹考虑震损修复与抗震加固改建，编制恢复重建方案，并经审查同意后实施。

四、恢复重建方案制定

第十三条 汶川地震灾区水电站，经震损调查需修复的、或经抗震复核评价需加固的以及为满足流域生态环境保护要求等需改造的，均需委托有资质单位（原则上为原勘测设计单位）制定详细的恢复重建方案专题报告。

第十四条 震损水电站恢复重建方案，应遵循安全可靠、经济合理、环境友好的原则，满足水电工程设计、建设有关技术规程规范，以及资源开发和环境保护有关法规的要求，并制定相应的环境保护和生态恢复措施。

第十五条 引水式水电站的恢复重建，要根据流域特点，从河流生态保护和景观需要设置合理的生态流量。生态流量应满足下游各类用水需要，枯水期泄放流量不小于同期多年平均流量的20%。同时，要逐步建立下泄流量实时监测系统，采取切实有效措施加强运行监督管理。

第十六条 恢复重建方案，要重视工程的防震抗震能力建设，配置应急电源、通信、照明等设备，设置避难场地和安全通道，储备应急物资。泄水建筑物金属结构设备，应设置专用应急电源。

第十七条 电站防震抗震应急预案是震损电站灾后恢复重建方案的重要内容。应急预案制定要按照“统一指挥、分工负责、预防为主、保证重点”的原则，提出地震灾害预防控制措施，特别是防止次生灾害发生的措施以及次生灾害发生后的预警、控制方案和措施。要建立运转高效、处置灵活的应急组织机构，制定应急培训、演练和提高应急救援能力的具体方案和措施。

第十八条 恢复重建方案应进行详细施工组织设计，合理安排施工进度计划。水电站震损轻微的，可在应急修复后根据防震抗震及下泄生态流量要求进行改造；震损较重的，可以统筹考虑震损修复、防震抗震改建及下泄生态流量要求，分期实施或一并实施；震损严重的，应严格按审查同意的恢复重建方案实施。

第十九条 水电站恢复重建方案，原则上由原审查单位审查。对于由省级以上部门审批（或核准）的重要水电站，其恢复重建方案应报水电水利规划设计总院组织审查，具体审查范围由省级发展改革委商水电水利规划设计总院确定。

恢复重建方案由水电水利规划设计总院会同省级发展改革委审查的，应报国家发展改革委和国家能源局备案。其他震损水电站的恢复重建方案，均应报省级发展改革委备案。

五、恢复重建实施与验收

第二十条 水电站恢复重建方案审查后，项目法人应委托有相应资质单位开展震损电站恢复重建的施工、监理和质量监督等工作，做到精心组织、精心设计、精心施工，确保加固、改建和重建工作质量。

第二十一条 水电站在恢复重建过程中，对拆除损毁设施、清理坍塌边坡和恢复重建中产生的弃渣，应设置渣场集中堆放，并采取有效的防护和水土保持措施，避免引起水土流失和产生次生灾害。

第二十二条 在机电设备清理、拆除、修复过程中，要避免油污和其他有毒有害物质对水体和环境的污染，保证下游水环境安全。

第二十三条 恢复重建过程中，要加强对施工人员的管理，加强对当地野生动植物的保护。位于自然保护区、风景名胜区、森林公园、地质公园和世界遗产地周边的水电站，修复重建工作应尽量避免进入保护区域，减少产生的不利影响。

第二十四条 已损毁水电站的复建、重建竣工验收按项目核准权限，由项目核准机关组织验收。其他电站的恢复重建由省级发展改革委牵头组织验收。对于震损轻微的水电站，如抗震复核满足要求且不需改造下泄生态流量设施，仅需简单修复，施工完成后可由项目法人组织验收并报省级发展改革委备案。

六、附则

第二十五条 地方各级政府及有关部门要建立健全地震应急救援体系，负责辖区内防震抗灾事故应急救援，及时应对地震灾害可能引发的水电站各种事故，最大限度地降低事故影响程度。

第二十六条 本导则由国家能源局负责解释。自颁布之日起施行。

附件一：

震损调查主要内容和要求

一、坝基

大坝基础检查应注意其稳定性、渗漏、管涌和变形等。主要检查项目如下：

（1）两岸坝肩区：绕渗、管涌、裂缝，滑坡和崩塌堆积。

（2）下游坝脚：集中渗流、渗漏水水质、管涌、沉陷、坝基淘刷。

（3）坝体与岸坡交接处：坝体与岩体接合处错动、脱离。

（4）灌浆及基础排水廊道：排水量变化，浑浊度、水质。

（5）其他异常现象。

二、坝体

（一）混凝土坝

混凝土坝检查应注意沉陷、坝体渗漏、渗透和扬压力等。主要检查项目如下：

（1）坝顶：坝面及防浪墙裂缝、错动、坝体位移、相邻两坝段之间不均匀位移、沉陷变形、伸缩缝开合情况、止水破坏或失效。

（2）上游面：裂缝、膨胀、伸缩缝开合。

（3）下游面：松软、脱落、裂缝、露筋。

（4）廊道：裂缝、漏水、伸缩缝开合情况。

(5) 排水系统：排水通畅情况、排水量变化。

(6) 观测设备：仪器工作状况。

(7) 其他异常现象。

(二) 土石坝

土石坝检查应注意其振动液化、坝坡不稳定、过量渗流，固体材料与可溶性物质的流失和坝坡冲刷等。主要检查项目如下：

(1) 坝顶：位移、沉降、裂缝。

(2) 上游面：护面破坏、滑坡、裂缝、鼓胀或凹凸、沉陷、冲刷、堆积。

(3) 下游面及坝趾区：位移、滑坡、裂缝、泉水、渗水坑、水点、湿斑、下陷区、渗水颜色、管涌。

(4) 土石坝与混凝土结构物或其他建筑物接头、界面工作状况与缺陷。

(5) 观测设备、仪器工作状况。

(6) 其他异常现象。

三、泄洪设施

应对进水口，闸门及控制设备、过水部分和下游消能设施等各组成部分分项进行检查。主要检查项目如下：

(一) 开敞式溢洪道

(1) 进水渠：进口附近库岸塌方、滑坡，渠道边坡稳定，护坡混凝土裂缝、沉陷。

(2) 消能设施（包括消力池、鼻坎、护坦）：堆积物、裂缝、沉陷、位移、接缝破坏、下游基础淘蚀。

(3) 下游河床及岸坡：冲刷、变形；危及坝基的淘刷。

(4) 其他异常现象。

(二) 泄洪隧洞或管道

(1) 进水口结构：钢筋混凝土框架结构、闸门门槽和通气孔破损情况。

(2) 隧洞、竖井：混凝土衬砌剥落、裂缝、漏水；围岩崩塌、掉块、淤积。

(3) 混凝土管道：裂缝、鼓胀、扭变；漏水及混凝土破坏情况。

(4) 其他异常现象。

(三) 闸门及控制设备

(1) 闸门、阀门：变形、裂纹、螺（铆）钉松动，焊缝开裂；钢丝绳断裂。

(2) 控制设备：变形、裂纹、螺（铆）钉松动、焊缝开裂；电、油、气、水系统故障；操作运行情况。

(3) 备用电源：容量、燃料油量；防火、排气及保卫措施；自动化系统故障。

(4) 其他异常现象。

四、引水发电系统

(1) 进水口：进水塔钢筋混凝土结构受损情况和其他异常现象。

(2) 引水系统：混凝土隧洞、竖井、管道：混凝土衬砌剥落、裂缝、漏水；围岩崩塌、掉块、淤积；排水孔堵塞。调压井混凝土衬砌裂缝和剥落、漏水以及围岩崩塌、掉块。压力钢管：裂缝、鼓胀、扭变；漏水及钢衬损坏。其他异常现象。

(3) 发电厂房：厂房基础裂缝、滑坡、沉陷、集中渗流；基础冲刷、淘刷和岩石挤压错动情况。混凝土裂缝、漏水；厂房与岩体接合处错动、脱离；其他异常现象。

五、边坡

工程边坡和近坝区堆积体边坡：坡体开裂、松动、错台、滑移、塌方、脱离、滚石，涌水、渗水。

其他异常现象。

六、道路交通

道路交通系指坝区为观测大坝和事故处理所必需的主要交通干道。主要检查项目如下：

(1) 公路：路面情况；路基及上方边坡稳定情况；排水沟破损情况。

(2) 桥梁：地基情况；支承结构情况；桥墩冲刷；混凝土破坏；桥面情况。

(3) 其他异常情况。

七、水库

水库包括库区和库盆。水库检查应注意水库渗漏、塌方、库边冲刷、断层活动以及冲击引起的水面波动等现象，尤应注意近坝库区的这些现象。主要检查项目如下：

(1) 水库：库水流失和新的泉水。

(2) 库区：附近地区渗水坑；公路及建筑物的沉陷；煤，油、气、地下水开采情况；与大坝在同一地质构造上的其他建筑物的反应。

(3) 库盆（有条件时，在水库低水位时检查）：表面塌陷；渗水坑；原地面剥蚀；淤积。

(4) 塌方与滑坡：库区滑坡体规模，方位及对水库的影响和发展情况；坝区及上坝公路附近的塌方，滑坡体。

八、地震地质调查

(1) 调查水库及枢纽区因地震形成的滑坡、崩塌、泥石流等物理地质现象，重点关注工程边坡和自然边坡在地震作用下的不同反应，对典型边坡进行深度剖析。

(2) 开展水电工程附近地震地表破裂带的调查，调查其破裂长度、宽度、错动方向及位移量，影响范围以及对电站的直接或间接影响。

附件二：

水电站震损等级划分表

序号	震损等级	外观形态	运行功能	修复难易程度
1	未震损	完好	正常	直接可用
2	震损轻微	基本完好	基本正常，仅需简单维修、维护，就可投入使用	短时间内即可修复使用
3	震损较重	局部震损	需限制使用条件	1年之内可修复使用
4	震损严重	损坏严重	基本丧失，但具备修复的可能	3年之内可修复使用
5	损毁	毁坏	功能完全丧失，不具备修复可能	无法修复，需要重建

（本年鉴编辑部摘编）

国家能源局关于印发汶川地震灾区电网恢复重建导则的通知

四川、甘肃、陕西省发展改革委：

为明确汶川地震灾区电网恢复重建的原则和标准，指导和规范电网恢复重建工作，国家能源局组织制定了《汶川地震灾区电网恢复重建导则》，现印发给你们，请遵照执行。

附件：汶川地震灾区电网恢复重建导则

国家能源局

二〇〇八年十月十日

附件：

汶川地震灾区电网恢复重建导则

一、总则

第一条 根据《汶川地震灾后恢复重建条例》（国务院令第526号）、《国务院批转发展改革委、电监会关于加强电力系统抗灾能力建设若干意见的通知》（国发［2008］20号）、《国务院关于做好汶川地震灾后恢复重建工作的指导意见》（国发［2008］22号）、《国家发展改革委关于做好地震灾区电网抢修和恢复重建工作的通知》（发改能源［2008］1500号）和《汶川地震灾后能源基础设施恢复重建规划》的要求，为明确汶川地震灾区电网恢复重建的原则、标准，指导和规范恢复重建工作，制定本导则。

第二条 电网恢复重建要在各级政府统一领导下，以科学发展观为指导，坚持统筹协调、突出重点、分步实施、适度超前，按照重在恢复重建、兼顾规划发展的原则，尽快恢复电网正常运行，满足灾后重建和灾区经济社会发展用电需要。

第三条 电网恢复重建的范围包括对汶川地震中受损的电网设施进行抢修恢复、原地和异地恢复重建，受损的营销、生产用房等恢复重建，以及为灾区群众安置、新建城镇和受损企业搬迁等配套新建的电网设施。

第四条 按照适度超前的原则，灾区在建和原规划建设项目，在进行地震复核和地质灾害评估的基础上，纳入电网恢复重建范围。为改善灾区电网结构，提高电网供电可靠性，部分新规划电网项目可纳入恢复重建范围。

第五条 地处国家自然保护区核心区域内的电网设施，已经损毁报废的，原则上不再恢复重建。项目法人应研究提出安全措施及善后处理方案，并将处理情况报原核准（审批）机关备案。报废电网原承担的负荷，由电网企业另行研究供电方案，相应电网项目纳入恢复重建范围。

二、深入调查，科学设防

第六条 电网企业应查清受损电网设施的数量、地点、性质和受损程度，进行工程质量和抗震性能鉴定，保存有关资料和样本，为改进电网建设工程抗震设计规范和工程建设标准，采取抗震设防措施提供科学依据。

第七条 电网企业和相关设计单位要在认真研究的基础上，提出修订电网抗震设计规程规范的建议。在相关标准正式出台前，灾区电网恢复重建，应依据所处地震带烈度分级，适当提高抗震标准，增强电网抗灾能力。

第八条 变电站站址选择应在无不良地质地带、地质构造相对稳定的区域，避免在地震断裂带附近建站，原则上不宜在Ⅸ度抗震设防烈度地区建站。确需在地震活动区建站的，应严格按照现行国家标准《建筑抗震设计规范》（GB 50011—2001）的要求，掌握地震活动情况、工程地质和地震地质的有关资料，并提出抗震措施。抗震设防烈度要采用新的中国地震动参数区划图规定的地震基本烈度。

第九条 变电站内建筑物的设计应严格按照《建筑工程抗震设防分类标准》的要求。330kV及以上变电站和220kV及以下枢纽变电站的主控通信楼、配电装置楼、就地继电器室的抗震设防类别为乙类。对必须在发生地震较频繁且地震强度较大的区域建设变电站，变电站规模应尽可能小型化，站内建筑最好采用单层建筑，分散布置。

第十条 变电站屋外构（支）架的抗震措施。地震烈度Ⅶ度及以上地区屋外配电装置构（支）架结构，要在满足结构受力和设备变形要求的前提下，具有适当的地震变形的延性特征；如有必要可采用钢结构。组合电气设备和有硬连接的设备基础，应采用整体钢筋混凝土基础或加强基础之间联系梁，以抵抗不均匀变形造成设备损坏。

第十一条 变电站内电气设施的抗震设计应符合本地区抗震设防烈度的要求。一般情况下，当抗震设防烈度为Ⅵ～Ⅷ度时，应符合本地区抗震设防烈度提高一度的要求。抗震设防烈度Ⅶ度及以上时，电压等级为330kV及以上的电气设施、安装在屋内二层及以上和屋外高架平台上的电气设施应进行抗震设计；抗震设防烈度为Ⅷ度及以上时，所有电压等级的电气设施都应进行抗震设计。

第十二条 输电线路路径选择应避开易出现滑坡、泥石流、崩塌、地基液化等不良地质地带；当无法避让时，应适当提高抗 震设防标准或采取局部加强等措施。地质灾害易发区多回输电线路，宜多通道架设，以降低灾害风险。大跨越工程应进行地震安全评估。

第十三条 输电线路杆塔及基础的抗震设计。对位于地震烈度为Ⅶ度及以上地区的混凝土高塔和位于地震烈度为Ⅸ度及以上地区的各类杆塔均应进行抗震验算；对大跨越杆塔及特殊重要的杆塔基础，当位于地震烈度为Ⅶ度及以上的地区且场地为饱和沙土和粉土时，均应考虑地基液化的可能，并采取必要的稳定地基或基础的抗震措施；对220kV及以上的耐张转角塔基础，当位于地震烈度为Ⅷ度以上地区时，均应考虑地基液化的可能，并采取必要的稳定地基或基础的抗震措施。

三、统筹安排，分步实施

第十四条 电网恢复重建工作要分阶段、分重点实施，优先保证骨干网架和受损严重地区电网恢复，保障地震灾区居民生活和灾后重建工作的电力供应。

对于受损较轻的电网设施和直接影响居民生活、基础设施建设的电网设施，应就地抓紧实施抢修。以后再逐步改造加固，提高抗灾能力。

对于受损较重、可在原址恢复重建的电网设施，应在抗震复核和地质灾害评估的基础上，尽早提出恢复重建方案，尽快开工建设。加快岷江水电外送输电通道恢复工作。

对于破坏严重、无法原址恢复的电网设施，应科学选址，异地重新建设；对于满足灾后重建城镇、企业用电需求的新增规划项目，应科学设计，兼顾长远。

第十五条 各电网企业原则上应在2008年内恢复受损较轻电网设施和部分受损较重、但供电急需的电网设施；2009年进一步恢复受损较严重电网，丰水期前恢复岷江水电外送输电通道；2010年全面恢复受损较为严重电网供电能力，完成原地重建或异地重建工作。同步恢复生产用房、营销系统等生产辅助设施。

第十六条 电网设施恢复重建工作应严格遵守规程规范，确保工程质量。设计单位应严格按照电力设计抗震设防要求、工程建设强制性标准和电力行业设计规范进行设计；施工单位应严格按照施工图、设计文件和电力行业施工标准进行施工；工程监理单位应严格执行电力工程施工监理相关规定。项目业主应加强安全生产管理，防止抢修和重建过程中发生事故。

第十七条 电网企业应加强恢复重建工程建设概预算管理，积极配合相关部门审定建设工程量，严格资金和费用核算。按照国家要求，救灾专项资金等各种渠道的恢复重建款项要做到专款专用。

第十八条 恢复重建过程中，要加强对施工人员的管理，加强对当地野生动植物的保护。位于自然保护区、风景名胜区、森林公园、地质公园和世界遗产地周边的电网设施，恢复重建工作应尽量减少不利影响。

四、加大协调，支持重建

第十九条 对于抢修恢复和原地恢复重建的输变电设施，原则上按照电网项目投资管理权限，由项目业主上报主管部门备案；异地重建的输变电设施，应按照电力项目基本建设程序，上报相应主管部门核准。有关部门应按照投资体制规定，尽可能简化程序，特事特办，急事急办，加快办理。

第二十条 地方政府应协调规划、林业、交通、铁道和环保等有关部门，及时解决电网设施抢修、重建中的工程选址选线、通道清理、抢险物资运输和污染防控等问题，确保电网恢复重建工作顺利开展。

第二十一条 相关制造企业应抓紧生产，保障电网设施恢复重建所需设备、材料的供应；交通运输部门要提供必要的运输保障，确保恢复重建物资及时运达施工现场。

第二十二条 各级政府应组织有关部门加强对电网设施恢复重建资金使用的监督检查。

五、附则

第二十三条 本导则由国家能源局负责解释。自颁布之日起施行。

（本年鉴编辑部摘编）

国家电力监管委员会关于印发《发电权交易监管暂行办法》的通知

国家电力监管委员会2008年3月17日以电监市场［2008］15号文，印发《发电权交易监管暂行办法》。通知全文如下：

为贯彻落实国家节能减排有关政策，保护电力企业合法权益，促进和规范发电权交易，我会制定了《发电权交易监管暂行办法》，现印发给你们。执行中有何问题和建议，请及时向国家电力监管委员会报告。

发电权交易监管暂行办法

第一条 为贯彻落实国家节能减排有关政策，保护电力企业合法权益，促进和规范发电权交易，制定本办法。

第二条 开展发电权交易，应当遵循电网安全、节能减排、平等自愿、公开透明、效益共享的原则。

第三条 开展发电权交易，应与电力市场建设工作统筹考虑，纳入市场建设规划，做好发电权交易与其他电力交易品种之间的协调与衔接。

第四条 发电权交易是指以市场方式实现发电机组、发电厂之间电量替代的交易行为，也称替代发电交易。

发电权交易的电量包括各类合约电量，目前主要参照省级人民政府下达的发电量指标。

第五条 发电权交易原则上由高效环保机组替代低效、高污染火电机组发电，由水电、核电等清洁能源发电机组替代火电机组发电。

纳入国家小火电机组关停规划并按期或提前关停的机组在规定期限内可依据国家有关规定享受发电量指标并进行发电权交易。

第六条 发电权交易可以在省级人民政府当年发电量指标的基础上进行。在小水电比例较高的省份，原则上以多年平均发电量为基础进行。

第七条 发电权交易一般在省级电网范围内进行，并创造条件跨省、跨区进行。

第八条 发电权交易可以通过双边交易方式或集中交易方式进行交易。

双边交易是指发电企业交易双方自主协商确定交易电量和交易价格；集中交易是指电力交易机构通过统一的交易平台进行集中撮合交易。

第九条 发电权交易应在满足电网安全校核有关条件后实施。电网安全校核的相关参数条件应向市场主体公布并向电力监管机构备案。

第十条 交易周期内，发电企业被替代的电量不得超过其所拥有的发电量指标或合约电量的分解电量，替代电量不得超过满足安全约束的发电能力。

第十一条 交易双方按照电力交易机构确认后的成交结果签订发电权交易合同（或发电权交易确认单），明确交易周期、成交电量、成交价格、结算方式等。

第十二条 发电权交易引起网损变化时，应当按照核定的网损率或交易各方协商的网损补偿方式进行有关网损补偿。

第十三条 国家电力监管委员会及其派出机构依法对发电权交易实施监管。

第十四条 发电权交易结果应报所在地电力监管机构和当地政府有关部门备案。

第十五条 电力交易机构应按月、季、年汇总分析发电企业由于开展发电权交易产生的能耗和污染物排放变化情况，结合交易电量和价格、电费结算、网损补偿等信息，及时报所在地电力监管机构，并定期向相关交易主体披露。

第十六条 各区域电监局对本地区发电权交易进行综合指导，各省（区、市）电力监管机构定期对辖区内发电权交易的开展情况进行检查，并向社会公布。

第十七条 本办法自颁布之日起施行。

（本年鉴编辑部摘编）

民政部、国家发展改革委、财政部、国土资源部、中国地震局关于印发《汶川地震灾害范围评估结果》的通知

民政部、国家发展改革委、财政部、国土资源部、国家地震局2008年7月22日以民发［2008］105号文，印发《汶川地震灾害范围评估结果》。全文如下：

根据《汶川地震灾后恢复重建条例》及《国务院办公厅关于印发国家汶川地震灾后重建规划工作方案的通知》（国办函［2008］54号）要求，民政部、国家发展改革委、财政部、国土资源部、中国地震局、国家统计局、国家汶川地震专家委员会会同四川、甘肃、陕西三省人民政府，在实地调查核定和综合分析评估汶川特大地震致灾强度、灾情严重程度和地质灾害影响等因素的基础上，对汶川地震灾害范围进行了全面客观的评估，《汶川地震灾害范围评估结果》已经国务院抗震救灾总指挥部第23次会议讨论通过，现予印发。

汶川地震灾害范围评估结果

一、极重灾区

共10个县（市），分别是四川省汶川县、北川县、绵竹市、什邡市、青川县、茂县、安县、都江堰市、平武县、彭州市。

二、重灾区

共41个县（市、区），其中：

四川省（29个）：理县、江油市、广元市利州区、广元市朝天区、旺苍县、梓潼县、绵阳市游仙区、德阳市旌阳区、小金县、绵阳市涪城区、罗江县、黑水县、崇州市、剑阁县、三台县、阆中市、盐亭县、松潘县、苍溪县、芦山县、中江县、广元市元坝区、大邑县、宝兴县、南江县、广汉市、汉源县、石棉县、九寨沟县。

甘肃省（8个）：文县、陇南市武都区、康县、成县、徽县、西和县、两当县、舟曲县。

陕西省（4个）：宁强县、略阳县、勉县、宝鸡市陈仓区。

三、一般灾区

共186个县（市、区），其中：

四川省（100个）：郫县、成都市金牛区、成都市青白江区、成都市新都区、成都市成华区、成都市锦江区、成都市青羊区、成都市温江区、成都市武侯区、名山县、邛崃市、金堂县、南部县、蒲江县、成都市龙泉驿区、射洪县、乐山市金口河区、巴中市巴州区、新津县、丹巴县、南充市顺庆区、夹江县、天全县、丹棱县、金川县、通江县、雅安市雨城区、洪雅县、双流县、仁寿县、乐山市沙湾区、峨边彝族自治县、康定县、沐川县、仪陇县、马边彝族自治县、井研县、南充市高坪区、彭山县、犍为县、荥经县、荣县、西充县、泸定县、乐山市五通桥区、峨眉山市、简阳市、马尔康县、青神县、南充市嘉陵区、蓬安县、资阳市雁江区、眉山市东坡区、华蓥市、平昌县、乐山市市中区、营山县、安岳县、达州市通川区、乐至县、大英县、遂宁市船山区、万源市、甘洛县、威远县、遂宁市安居区、红原县、岳池县、达县、武胜县、广安市广安区、自贡市大安区、资中县、越西县、渠县、蓬溪县、自贡市自流井区、自贡市沿滩区、富顺县、内江市东兴区、自贡市贡井区、内江市市中区、隆昌县、屏山县、宜宾县、南溪县、大竹县、宜宾市翠屏区、若尔盖县、宣汉县、美姑县、雷波县、泸县、邻水县、开江县、阿坝县、道孚县、冕宁县、九龙县、高县。

甘肃省（32个）：礼县、宕昌县、清水县、崇信县、天水市秦州区、临潭县、武山县、甘谷县、灵台县、平凉市崆峒区、天水市麦积区、秦安县、迭部县、张家川县、通渭县、岷县、漳县、庄浪县、渭源县、泾川县、华亭县、静宁县、陇西县、镇原县、卓尼县、定西市安定区、庆阳市西峰区、会宁县、宁县、临洮县、碌曲县、康乐县。

陕西省（36个）：宝鸡市金台区、南郑县、留坝县、凤县、汉中市汉台区、陇县、麟游县、太白县、宝鸡市渭滨区、眉县、西乡县、岐山县、千阳县、城固县、扶风县、凤翔县、佛坪县、镇巴县、永寿县、洋县、石泉县、周至县、武功县、乾县、彬县、长武县、咸阳市杨陵区、兴平市、西安市碑林区、汉阴县、宁陕县、紫阳县、礼泉县、西安市雁塔区、户县、西安市莲湖区。

重庆市（10个）：合川区、荣昌县、潼南县、大足县、双桥区、铜梁县、北碚区、璧山县、永川区、梁平县。

云南省（3个）：绥江县、水富县、永善县。

宁夏回族自治区（5个）：隆德县、泾源县、西吉县、彭阳县、固原市原州区。

（本年鉴编辑部摘编）

国家测绘局、中国地震局公告

2008年第4号

根据《汶川地震灾后恢复重建条例》，为准确掌握汶川地震对震区及周边地区和青藏板块地形变化的影响，国家测绘局和中国地震局组织利用全球导航卫星定位等技术，对震区及周边地区和青藏高原珠峰地区进行了地形变化的监测与分析。经国务院同意，现将监测分析结果公告如下：

一、汶川地震引起震中区域监测点的水平位移量达238cm，沉降量达到70cm，隆起量达30cm。

二、龙门山断裂带西侧块体向东偏南运动，位移达20～70cm；东侧块体向西偏北运动，位移达20～238cm。东侧块体下沉达30～70cm。

三、陕西南部区域向西北方向运动，最大位移量达4cm；甘肃陇南区域向东北运动，最大位移量达5cm。

四、青藏高原珠峰地区的监测点向西偏南运动，水平和垂直方向位移量均为2～3cm。

特此公告

国家测绘局

中国地震局

二〇〇八年九月二日

（本年鉴编辑部摘编）

财政部关于进一步加强中央基本建设项目竣工财务决算工作的通知

财政部2008年7月22日以财办建［2008］91号文，印发《关于进一步加强中央基本建设项目竣工财务决算工作的通知》，全文如下：

为进一步加强基本建设项目竣工财务决算管理，根据《财政部关于印发〈基本建设财务管理规定〉的通知》（财建［2002］394号）等规定，经研究，现就中央基本建设项目竣工财务决算编报及审核工作有关问题进一步明确如下：

一、基本建设项目竣工财务决算编制依据

（一）国家有关法律法规及制度；

（二）经批准的可行性研究报告、初步设计、概算及调整文件；

（三）历年下达的年度投资计划、项目支出预算；

（四）会计核算及财务管理资料；

（五）招投标文件，项目合同（协议）、工程结算等有关资料；

（六）其他有关资料等。

二、基本建设项目竣工财务决算编报要求

（一）时限要求

项目建设单位应在项目竣工后3个月内完成竣工财务决算的编制工作，并报主管部门审核。主管部门收到竣工财务决算报告后，对于按规定由主管部门审批的项目，应及时审核批复，并报财政部备案；对于按规定报财政部审批的项目，一般应在收到决算报告后一个月内完成审核工作，并将经其审核后的决算报告报财政部（经济建设司）审批。

以前年度已竣工尚未编报竣工财务决算的基建项目，主管部门应督促项目建设单位抓紧编报。

（二）组织管理要求

主管部门应督促项目建设单位加强对基本建设项目竣工财务决算的组织领导，组织专门人员，及时编制竣工财务决算。设计、施工、监理等单位应积极配合建设单位做好竣工财务决算编制工作。在竣工财务决算未经批复之前，原机构不得撤销，项目负责人及财务主管人员不得调离。

（三）编报内容要求

1. 基本建设项目竣工财务决算报表

主要有以下报表（表式见附件1）：

（1）封面；

（2）基本建设项目概况表（建竣决01表）；

（3）基本建设项目竣工财务决算表（建竣决02表）；

（4）基本建设项目交付使用资产总表（建竣决03表）；

（5）基本建设项目交付使用资产明细表（建竣决04表）。

2. 竣工财务决算说明书，主要包括以下内容：

（1）基本建设项目概况；

（2）会计账务处理、财产物资清理及债权债务的清偿情况；

（3）基本建设支出预算、投资计划和资金到位情况；

（4）基建结余资金形成等情况；

（5）概算、项目预算执行情况及分析，主要分析决算与概算的差异及原因；

（6）尾工及预留费用情况；

（7）历次审计、核查、稽察及整改情况；

（8）主要技术经济指标的分析、计算情况；

（9）基本建设项目管理经验、问题和建议；

（10）预备费动用情况；

（11）招投标情况、工程政府采购情况、合同（协议）履行情况；

（12）征地拆迁补偿情况、移民安置情况；

（13）需说明的其他事项；

（14）编表说明。

3. 项目立项、可研及初步设计批复文件（复印件）。

4. 项目历年投资计划及中央财政预算文件（复印件）。

5. 经有关部门或单位进行决（结）算审计或审核的，需附完整的审计审核报告，报告内容应翔实，其主要内容应包括：工程概况、资金来源、审核说明、审核依据、审核结果、意见和建议，并附有项目竣工决（结）算审核汇总表（见附件2）、待摊投资明细表（见附件3）、转出投资明细表（参考）（见附件4）、待摊投资分配明细表（参考）（见附件5）。

6. 其他与项目决算相关的资料。

三、加强项目竣工财务决算审核管理

主管部门应对项目建设单位报送的项目竣工财务决算认真审核，严格把关。审核的重点内容：项目是否按规定程序和权限进行立项、可研和初步设计报批工作；项目建设超标准、超规模、超概算投资等问题审核；项目竣工财务决算金额的正确性审核；项目竣

工财务决算资料的完整性审核；项目建设过程中存在主要问题的整改情况审核等。

对于报财政部审批的项目竣工财务决算需附主管部门对项目竣工财务决算的审核意见及项目建设过程中存在主要问题的处理意见。

财政部按规定对中央级大中型项目、国家确定的重点小型项目竣工财务决算的审批实行“先审核、后审批”的办法，即对需先审核后审批的项目，先委托财政投资评审机构或经财政部认可的有资质的中介机构对项目单位编制的竣工财务决算进行审核，再按规定批复项目竣工财务决算。

附件1至附件5（略）

（本年鉴编辑部摘编）

财政部关于跨省区水电项目税收分配的指导意见

财政部于2008年6月12日以财预［2008］84号文，印发《关于跨省区水电项目税收分配的指导意见》。全文如下：

为保障水电建设的顺利进行，妥善处理地区间利益分配关系，促进经济社会协调发展，根据国务院批准的《财政部关于龙滩水电站税收分配问题的请示》（财预［2007］471号）中明确的有关原则，以及现行财政管理体制的有关规定，现就处理跨省区水电项目税收分配问题提出如下意见：

一、主要原则

跨省区水电项目是指淹没区域和坝址跨越两个或两个以上省（包括省、自治区、直辖市，下同）的水电项目。处理跨省区水电站税收分配问题，应遵循以下原则：一是以地区间平等协商为主，经协商难以达成一致意见的，经有关省申请，由财政部参照本意见研究办理；二是兼顾各省区在项目建设和运营阶段作出的贡献，适当考虑项目建成后坝址所在省为项目维护运转承担的公共支出成本；三是为企业创造良好的经营环境，妥善处理地区间财政利益，避免增加企业负担，保障水电项目平稳运行；四是坚持以人为本，帮助解决移民安置等重点和难点问题，促进库区经济社会稳定协调发展。

二、纳入分配范围的主要收入项目

根据现行财政管理体制，将以下税收纳入跨省区分配范围：水电项目发电环节产生的增值税、企业所得税以及随增值税附征的城市维护建设税和教育费附加收入。其中，增值税为地方分成部分，企业所得税指纳税地点为坝址所在省缴纳的企业所得税地方分成部分。

三、收入分配比例的确定

对纳入跨省区分配范围的税收，按照因素法测算省区间分配比例。

（一）对坝址不跨省区的水电项目，按照移民人口（含坝区）淹没土地（含坝区）面积和坝址所在地为项目维护运转承担的公共支出成本三个因素测算，权重分别为49.5%、40.5%和10%。

（二）对坝址跨省区的水电项目，按照移民人口（含坝区）和淹没土地（含坝区）面积两个因素测算，权重分别为55%和45%。

上述因素中，移民人口和淹没土地面积按照国家批复的项目施工企业补偿投资中有关数据确定。由于各类土地对群众生产生活的影响程度不同，核定淹没土地面积时将耕地、林地与其他类型土地按1∶0.5∶0.2的系数折算为当量面积。

在本意见印发前，已经达成税收分配协议或已有明确分配办法的跨省区水电项目，继续按原有分配协议和办法的规定办理。省级人民政府可参照本意见制订省以下跨市（地、州）、县（市、区）水电项目税收分配办法。

以上意见，请遵照执行。

（本年鉴编辑部摘编）

财政部、国家发展改革委、水利部关于印发《水资源费征收使用管理办法》的通知

财政部、国家发展改革委、水利部于2008年11月10日以财综［2008］79号，印发《水资源费征收使用管理办法》，通知全文如下：

根据《中华人民共和国水法》和《取水许可和水资源费征收管理条例》（国务院令第460号）的规定，我们制定了《水资源费征收使用管理办法》，现印发给你们，请遵照执行。

水资源费征收使用管理办法

第一章 总 则

第一条 为加强水资源费征收使用管理，促进水资源节约、保护和合理利用，根据《中华人民共和国水法》和《取水许可和水资源费征收管理条例》（国

务院令第 460 号以下简称《条例》）的规定，制定本办法。

第二条　水资源费属于政府非税收入，全额纳入财政预算管理。

第三条　水资源费征收、使用和管理应当接受财政、价格、审计部门和上级水行政主管部门的监督检查。

第二章　征　　收

第四条　直接从江河、湖泊或者地下取用水资源的单位（包括中央直属水电厂和火电厂）和个人，除按《条例》第四条规定不需要申请领取水许可证的情形外，均应按照本办法规定缴纳水资源费。

对从事农业生产取水征收水资源费，按照《条例》有关规定执行。

第五条　水资源费由县级以上的地方水行政主管部门按照取水审批权限负责征收。其中，由流域管理机构审批取水的，水资源费由取水口所在地省、自治区、直辖市水行政主管部门代为征收。

第六条　按照国务院或其授权部门批准的跨省、自治区、直辖市水量分配方案调度的水资源，由调入区域水行政主管部门按照取水审批权限负责征收水资源费。

其他跨省、自治区、直辖市实施的调水，水资源费的征收机关和资金分配，由相关省、自治区、直辖市人民政府协商确定，并报财政部、国家发展改革委、水利部审核同意后执行。相关省、自治区、直辖市不能协商一致的，由流域管理机构提出意见，报财政部、国家发展改革委、水利部审批确定。

第七条　上级水行政主管部门可以委托下级水行政主管部门征收水资源费。委托征收应当以书面形式授权。

流域管理机构审批取水并由省、自治区、直辖市水行政主管部门代为征收水资源费的，不得再委托下级水行政主管部门征收。

第八条　水资源费征收标准，由各省、自治区、直辖市价格主管部门会同同级财政部门、水行政主管部门制定，报本级人民政府批准，并报国家发展改革委、财政部和水利部备案。其中，由流域管理机构审批取水的中央直属和跨省、自治区、直辖市水利工程的水资源费征收标准，由国家发展改革委员会同财政部、水利部制定。

第九条　水资源费缴纳数额根据取水口所在地水资源费征收标准和实际取水量确定。

水力发电用水和火力发电贯流式冷却用水的水资源费缴纳数额，可以根据取水口所在地水资源费征收标准和实际发电量确定。

对开采矿产资源用水，不得按矿产品开采量计征水资源费。

第十条　所有取水单位和个人均应安装取水计量设施。因取水单位和个人原因未安装取水计量设施或者计量设施不能准确计量取水量的，由水行政主管部门按照其最大取水能力核定取水量，并按核定的取水量确定水资源费征收数额。

第十一条　本办法第五条、第九条规定的取水口跨省、自治区、直辖市界的，其取水口所在地由流域管理机构与相关省、自治区、直辖市水行政主管部门协商确定，并报水利部备案；不能协商一致的，由流域管理机构提出意见报水利部审批确定。

第十二条　水资源费按月征收。

取水单位和个人应按月向负责征收水资源费的水行政主管部门报送取水量（或发电量）。

负责征收水资源费的水行政主管部门按照核定的取水量（或发电量）和规定的征收标准，确定水资源费征收数额，并按月向取水单位和个人送达水资源费缴纳通知单。缴纳通知单应载明缴费标准、取水量（或发电量）、缴费数额、缴费时间和地点等事项。其中，流域管理机构审批取水的，取水量（或发电量）由取水口所在地省、自治区、直辖市水行政主管部门商流域管理机构核定。

取水单位和个人应当自收到缴纳通知单之日起 7 日内办理缴款手续。

第十三条　取水单位和个人申请缓缴水资源费，按照《条例》第三十四条的规定执行。

第十四条　县级以上地方水行政主管部门征收水资源费，应到指定的价格主管部门申领《收费许可证》，并使用省、自治区、直辖市财政部门统一印制的财政票据。

第三章　缴　　库

第十五条　除南水北调受水区外，县级以上地方水行政主管部门征收的水资源费，按照 1∶9 的比例分别上缴中央和地方国库。

南水北调受水区的北京市、天津市、河北省、江苏省、山东省、河南省因筹集南水北调工程基金，其水资源费在中央与地方之间的划分，按照《国务院办公厅关于印发的通知》（国办发〔2004〕86 号）的规定执行。

省、自治区、直辖市以下各级之间水资源费的分配比例，由各省、自治区、直辖市财政部门确定。

第十六条　对跨省、自治区、直辖市水利水电工程，水资源费在相关省、自治区、直辖市之间的分配比例，由相关省、自治区、直辖市人民政府协商确定，并报财政部、水利部审核同意后执行。相关省、自治区、直辖市不能协商一致的，由流域管理机构综合考虑水利水电工程上下游、左右岸关系等情况，商相关省、自治区、直辖市人民政府提出分配比例的意见，报财政部、水利部审批确定。

对三峡电站水资源费的资金解缴和分配，由财政部会同水利部提出意见，报请国务院确定。

第十七条 水资源费实行就地缴库。

负责征收水资源费的水行政主管部门填写“一般缴款书”，随水资源费缴纳通知单一并送达取水单位或个人，由取水单位或个人持“一般缴款书”在规定时限内到商业银行办理缴款。在填写“一般缴款书”时，上缴中央国库收入部分，“财政机关”栏填写“财政部”，“预算级次”栏填写“中央级”，“收款国库”栏填写实际收纳款项的国库名称；上缴地方国库收入部分，按照各省，自治区、直辖市确定的地方各级水资源费分配比例，分别填写相应的财政机关、预算级次和国库名称。

第十八条 水资源费收入在“政府收支分类科目”列第103类“非税收入”02款“专项收入”02项“水资源费收入”，作为中央和地方共用收入科目。

第十九条 各省、自治区、直辖市财政部门和水行政主管部门要确保将中央分成的水资源费及时足额上缴中央国库。

财政部驻各省、自治区、直辖市财政监察专员办事处负责监缴上缴中央国库的水资源费。

第四章 使用管理

第二十条 水资源费全额纳入财政预算管理，由财政部门按照批准的部门预算统筹安排。其中，中央分成的水资源费纳入中央财政预算管理，省、自治区、直辖市以下各级分成的水资源费纳入地方同级财政预算管理。

第二十一条 水资源费专项用于水资源的节约、保护和管理，也可以用于水资源的合理开发。任何单位和个人不得平调、截留或挪作他用。使用范围包括：

（一）水资源调查评价、规划、分配及相关标准制定；

（二）取水许可的监督实施和水资源调度；

（三）江河湖库及水源地保护和管理；

（四）水资源管理信息系统建设和水资源信息采集与发布；

（五）节约用水的政策法规、标准体系建设以及科研、新技术和产品开发推广；

（六）节水示范项目和推广应用试点工程的拨款补助和贷款贴息；

（七）水资源应急事件处置工作补助；

（八）节约、保护水资源的宣传和奖励；

（九）水资源的合理开发。

第二十二条 县级以上水行政主管部门会同有关部门按规定编制水资源费收支预算，并纳入部门预算报同级财政部门审核。

财政部门按照县级以上水行政主管部门会同有关部门履行水资源节约、保护、管理职能以及水资源合理开发等需要，核定预算支出。其中，用于水资源开发涉及固定资产投资的，要纳入固定资产投资计划统筹安排使用。

资金支付按照财政国库管理制度有关规定执行。

第二十三条 水资源费支出在“政府收支分类科目”列第213类“农林水事务”03款“水利”31项“水资源费支出”。

第五章 违规处理

第二十四条 取水单位和个人违反本办法规定，拒不缴纳、拖延缴纳或者拖欠水资源费的，依照《中华人民共和国水法》第七十条规定处罚。取水单位和个人对处罚决定不服的，可以依法申请行政复议或提起行政诉讼。

第二十五条 水资源费的征收、使用及管理部门和单位违反本办法规定，多征、减征、缓征、停征，或者侵占、截留、挪用、坐收坐支水资源费的，由财政部门、价格主管部门和审计部门按照各自职责依照相关法律、法规进行处罚，对直接负责的主管人员和其他直接责任人员依照《违反行政事业性收费和罚没收入收支两条线管理规定行政处分暂行规定》（国务院令第281号），给予行政处分。构成犯罪的，依法追究刑事责任。

第六章 附则

第二十六条 各省、自治区、直辖市根据本办法制定具体实施办法，并报财政部、国家发展改革委、水利部备案。

第二十七条 本办法由财政部、国家发展改革委、水利部负责解释。

第二十八条 本办法自2009年1月1日起执行。

（本年鉴编辑部摘编）

水利部关于现行有效规章目录以及已经废止失效的规章和部分文件目录的公告

为全面推进水利依法行政，根据《国务院办公厅关于开展行政法规规章清理工作的通知》（国办发

［2007］12号），水利部对现行规章进行了全面清理。现将水利部现行有效规章目录以及截至2007年底已经废止、失效的规章和部分文件目录予以公告。

一、水利部现行有效规章目录（51件，含水利部参与制定的部门联合规章）

1. 河道采砂收费管理办法（1990年6月20日水利部、财政部、国家物价局水财［1990］160号发布）

2. 黄河下游浮桥建设管理办法（1990年8月31日水利部水政［1990］17号发布，1997年12月25日水利部水政资［1997］537号修正）

3. 河道管理范围内建设项目管理的有关规定（1992年4月3日水利部、国家计委水政［1992］7号发布）

4. 全民所有制水利企业转换经营机制实施办法（1994年4月14日水利部、国家体改委、国家经贸委水人劳［1994］166号发布）

5. 取水许可申请审批程序规定（1994年6月9日水利部令第4号发布）

6. 水文专业有偿服务收费管理试行办法（1994年6月27日水利部水财［1994］292号发布）

7. 黄河小浪底水利枢纽工程移民安置实施管理办法（1994年10月27日水利部水移［1994］468号发布）

8. 开发建设项目水土保持方案管理办法（1994年11月22日水利部、国家计委、国家环境保护局水保［1994］513号发布）

9. 黄河下游引黄灌溉管理规定（1994年12月1日水利部水农水［1994］516号发布）

10. 水利工程建设项目管理规定（试行）（1995年4月21日水利部水建［1995］128号发布）

11. 开发建设项目水土保持方案编报审批管理规定（1995年5月30日水利部令第5号发布，2005年7月8日经水利部令第24号修正）

12. 占用农业灌溉水源、灌排工程设施补偿办法（1995年11月13日水利部、财政部、国家计委水政资［1995］457号发布）

13. 取水许可水质管理规定（1995年12月23日水利部水政资［1995］485号发布，1997年12月23日水利部水政资［1997］525号修正）

14. 水库大坝注册登记办法（1995年12月28日水利部水管［1995］290号发布，1997年12月25日水利部水政资［1997］538号修正）

15. 取水许可监督管理办法（1996年7月29日水利部令第6号发布）

16. 水利工程质量监督管理规定（1997年8月25日水利部水建［1997］339号发布）

17. 水利工程质量管理规定（1997年12月21日水利部令第7号发布）

18. 水行政处罚实施办法（1997年12月26日水利部令第8号发布）

19. 水利工程建设程序管理暂行规定（1998年1月7日水利部水建［1998］16号发布）

20. 治理开发农村“四荒”资源管理办法（1998年12月15日水利部水保［1998］546号发布）

21. 水利工程质量事故处理暂行规定（1999年3月4日水利部令第9号发布）

22. 水利水电建设工程蓄水安全鉴定暂行办法（1999年4月16日水利部水建管［1999］177号发布）

23. 珠江河口管理办法（1999年9月24日水利部令第10号发布）

24. 水利部行政复议工作暂行规定（1999年10月18日水利部水政法［1999］552号发布）

25. 水利基本建设项目稽查暂行办法（1999年12月7日水利部令第11号发布）

26. 水利工程质量检测管理规定（2000年1月4日水利部水建管［2000］2号发布）

27. 水土保持生态环境监测网络管理办法（2000年1月31日水利部令第12号发布）

28. 水政监察工作章程（2000年5月15日水利部令第13号发布，2004年10月21日水利部令第20号修正）

29. 水利工程建设项目招标投标管理规定（2001年10月29日水利部令第14号发布）

30. 建设项目水资源论证管理办法（2002年3月24日水利部、国家发展计划委员会令第15号发布）

31. 开发建设项目水土保持设施验收管理办法（2002年10月14日水利部令第16号发布，2005年7月8日水利部令第24号修正）

32. 水文水资源调查评价资质和建设项目水资源论证资质管理办法（试行）（2003年2月21日水利部令第17号发布，2005年7月8日水利部令第24号修正）

33. 水库降等与报废管理办法（试行）（2003年5月26日水利部令第18号发布）

34. 长江河道采砂管理条例实施办法（2003年6月2日水利部令第19号发布）

35. 黄河河口管理办法（2004年11月30日水利部令第21号发布）

36. 入河排污口监督管理办法（2004年11月30日水利部令第22号发布）

37. 水行政许可实施办法（2005年7月8日水利部令第23号发布）

38. 水利工程建设安全生产管理规定（2005年7月22日水利部令第26号发布）

39. 水行政许可听证规定（2006年5月24日水利部令第27号发布）

40. 水利工程建设监理规定（2006年12月18日水利部令第28号发布）

41. 水利工程建设监理单位资质管理办法（2006年12月18日水利部令第29号发布）

42. 水利工程建设项目验收管理规定（2006年12月18日水利部令第30号发布）

43. 水工程建设规划同意书制度管理办法（试行）（2007年11月29日水利部令第31号发布）

44. 水量分配暂行办法（2007年12月5日水利部令第32号发布）

45. 饮用水水源保护区污染防治管理规定（1989年7月10日国家环境保护局、卫生部、建设部、水利部、地质矿产部［89］环管字第201号发布）

46. 评标委员会和评标方法暂行规定（2001年7月5日国家计委、国家经贸委、建设部、铁道部、交通部、信息产业部、水利部令第12号发布）

47. 工程建设项目施工招标投标办法（2003年3月8日国家计委、建设部、铁道部、交通部、信息产业部、水利部、民航总局令第30号发布）

48. 工程建设项目勘察设计招标投标办法（2003年6月12日国家发展改革委、建设部、铁道部、交通部、信息产业部、水利部、民航总局、广电总局令第2号发布）

49. 水利工程供水价格管理办法（2003年7月3日国家发展改革委、水利部令第4号发布）

50. 工程建设项目招标投标活动投诉处理办法（2004年6月21日国家发展改革委、建设部、铁道部、交通部、信息产业部、水利部、民航总局令第11号发布）

51. 工程建设项目货物招标投标办法（2005年1月18日国家发展改革委、建设部、铁道部、交通部、信息产业部、水利部、民航总局令第27号发布）

二、截至2007年底已经废止、失效的规章和部分文件目录（32件）

1. 水利基本建设工程质量监督暂行规定（1989年4月3日水利部［89］水建1号发布，已经1997年8月25日水利部水建［1997］339号发布的《水利工程质量监督管理规定》废止）

2. 水利工程施工招标投标工作管理规定（试行）（1989年4月29日水利部［89］水建7号发布，已经1995年4月21日水利部水建［1995］130号发布的《水利工程建设项目施工招标投标管理规定》废止）

3. 水政监察组织暨工作章程（试行）（1990年8月15日 水利部令第1号发布，已经2000年5月15日水利部令第13号发布的《水政监察工作章程》废止）

4. 违反水法规行政处罚暂行规定（1990年8月15日水利部令第2号发布，已经1997年12月26日水利部令第8号发布的《水行政处罚实施办法》废止）

5. 违反水法规行政处罚程序暂行规定（1990年8月15日水利部令第3号发布，已经1997年12月26日水利部令第8号发布的《水行政处罚实施办法》废止）

6. 水利工程建设监理规定（试行）（1990年11月12日水利部水建［1990］9号发布，已经1996年8月23日水利部水建［1996］396号发布的《水利工程建设监理规定》废止）

7. 水利工程建设监理单位管理办法（试行）（1990年11月12日水利部水建［1990］9号发布，已经1996年8月23日水利部水建［1996］396号发布的《水利工程建设监理单位管理办法》废止）

8. 关于征收农村水电供电地区电力建设基金的通知（1991年12月23日水利部、国家计委、财政部、国家物价局水财［1991］70号发布，规定适用期至1999年底，已经失效）

9. 水库移民专项资金管理办法（水利部水移［1992］3号发布，已经2003年3月24日水利部水移［2003］113号发布的《中央直属水库移民遗留问题处理规划实施管理办法》废止）

10. 水文水资源调查评价资格认证管理暂行办法（1992年3月14日水利部水文［1992］4号发布，已经2003年2月21日水利部令17号发布的《水文水资源调查评价资质和建设项目水资源论证资质管理办法（试行）》废止）

11. 水利工程建设监理工程师管理办法（试行）（1992年5月14日水利部水建［1992］15号发布，已经1996年8月23日水利部水建［1996］396号发布的《水利工程建设监理工程师管理办法》废止）

12. 水利前期工作项目计划管理办法（1994年12月7日水利部水规计［1994］544号发布，已经2006年2月14日水利部水规计［2006］47号发布的《水利前期工作投资计划管理办法》废止）

13. 特大防汛抗旱补助费使用管理暂行办法（1994年12月19日［94］财政部、水利部财农字第345号发布，已经1999年5月25日财政部、水利部财农字［1999］238号发布的《特大防汛抗旱补助费使用管理办法》废止）

14. 水库大坝安全鉴定办法（1995年3月20日水利部水管［1995］86号发布，已经2003年6月24

日水利部水建管［2003］271号发布的《水库大坝安全鉴定办法》废止）

15. 水利工程建设项目施工招标投标管理规定（1995年4月21日水利部水建［1995］130号发布，1998年2月9日水利部水政资［1998］5号修正，已经2001年10月29日水利部令第14号发布的《水利工程建设项目招标投标管理规定》废止）

16. 编制开发建设项目水土保持方案资格证书管理办法（1995年6月9日水利部水保［1995］155号发布，已经2005年7月8日水利部令第25号发布的《水利部关于修改或者废止部分水利行政许可规范性文件的决定》废止）

17. 引进国际先进农业科学技术资金管理办法（1996年4月4日财政部、农业部、林业部、水利部财农字［1996］51号发布，水利部执行的相关内容已经水利部水国科［2006］542号发布的《引进国际先进水利科学技术计划项目管理办法》废止）

18. 水利工程建设监理规定（1996年8月23日水利部水建［1996］396号发布，已经1999年11月9日水利部水建［1999］637号发布的《水利工程建设监理规定》废止）

19. 水利工程建设监理单位管理办法（1996年8月23日水利部水建［1996］396号发布，已经1999年11月9日水利部水建［1999］637号发布的《水利工程建设监理单位管理办法》废止）

20. 水利工程建设监理工程师管理办法（1996年8月23日水利部水建［1996］396号发布，已经1999年11月9日水利部水建［1999］637号发布的《水利工程建设监理人员管理办法》废止）

21. 水政监察证件、标志管理办法（1997年2月12日水利部水政资［1997］45号发布，已经2004年9月15日水利部水政法［2004］398号发布的《水政监察证件管理办法》废止）

22. 水利旅游区管理办法（试行）（1997年8月31日水利部水管［1997］349号发布，已经2004年5月8日水利部水综合［2004］143号发布的《水利风景区管理办法》废止）

23. 水土保持方案编制资格证单位考核办法（1997年10月30日水利部水保［1997］410号发布，已经2005年7月8日水利部令第25号发布的《水利部关于修改或者废止部分水利行政许可规范性文件的决定》废止）

24. 水利工程建设项目报建管理办法（1998年7月8日 水利部水建［1998］275号发布，已经2005年7月8日水利部令第25号发布的《水利部关于修改或者废止部分水利行政许可规范性文件的决定》废止）

25. 水利工程建设项目施工分包管理暂行规定（1998年11月10日水利部水建管［1998］481号发布，已经2005年7月22日水利部水建管［2005］304号发布的《水利建设工程施工分包管理规定》废止）

26. 库区建设基金项目管理办法（1999年3月19日水利部水移［1999］133号发布，已经2003年3月24日水利部水移［2003］113号发布的《中央直属水库移民遗留问题处理规划实施管理办法》废止）

27. 水利前期工作投资计划管理办法（1999年6月24日水利部水规计［1999］333号发布，已经2006年2月14日水利部水规计［2006］47号发布的《水利前期工作投资计划管理办法》废止）

28. 部直属单位基础设施建设投资计划管理暂行办法（1999年7月4日水利部水规计［1999］353号发布，已经2004年3月4日水利部水规计［2004］29号《水利部直属单位基础设施建设投资计划的管理暂行办法》废止）

29. 水利工程造价工程师资格管理暂行办法（1999年10月29日水利部水建管［1999］590号发布，已经2005年7月8日水利部令第25号发布的《水利部关于修改或者废止部分水利行政许可规范性文件的决定》废止）

30. 水利工程建设监理规定（1999年11月9日水利部水建［1999］637号发布，已经2006年12月18日水利部令第28号发布的《水利工程建设监理规定》废止）

31. 水利工程建设监理单位管理办法（1999年11月9日水利部水建［1999］637号发布，已经2006年12月18日水利部令第29号发布的《水利工程建设监理单位资质管理办法》废止）

32. 水利工程建设监理人员管理办法（1999年11月9日水利部水建［1999］637号发布，已经2005年7月8日水利部令第25号发布的《水利部关于修改或者废止部分水利行政许可规范性文件的决定》废止）

2008年3月19日

（本年鉴编辑部摘编）

国家文物局、国务院南水北调办关于印发《南水北调东、中线一期工程文物保护管理办法》的通知

国家文物局、国务院南水北调办于2008年2月4日以文物保发［2008］8号文，印发了《南水北调东、中线一期工程文物保护管理办法》。管理办法如下：

南水北调东、中线一期工程文物保护管理办法

第一条 南水北调东、中线一期工程（以下简称“南水北调工程”）文物保护工作是南水北调工程建设的重要组成部分。为了进一步加强南水北调工程文物保护工作的管理，保护我国历史文化遗产，确保工程建设和文物保护工作顺利进行，根据《中华人民共和国文物保护法》等法律、法规，结合南水北调工程的实际情况，制定本办法。

第二条 本办法适用于南水北调工程永久占地范围内的文物保护与管理工作。

第三条 国家文物局负责对南水北调工程文物保护工作进行协调、指导和监督。

国务院南水北调工程建设委员会办公室（以下简称“国务院南水北调办”）参与指导、协调、监督南水北调工程文物保护工作。

国家文物局会同国务院南水北调办等有关部门共同组成工作协调小组，就南水北调工程文物保护工作中出现的重大问题进行研究协商。工程涉及的有关省市可参照建立相应的协调机制。

第四条 省级文物行政部门是本辖区南水北调工程文物保护工作的责任主体，具体负责文物保护工作的组织实施和管理。

省级征地移民主管部门和项目法人等配合做好南水北调工程的文物保护工作。

第五条 南水北调工程考古发掘工作应严格遵守《考古发掘管理办法》和国家文物局《关于加强基本建设工程中考古发掘工作的指导意见》的相关规定。

承担考古发掘项目的考古发掘资质单位应与省级文物行政部门签订工作协议，并严格按照协议规定开展工作，不得转让所承担的发掘项目，同一考古发掘领队每年负责的考古发掘项目不得超过两项。

第六条 省级文物行政部门在组织实施考古发掘项目的过程中，可根据项目实际情况，对少数项目的工作量予以调整，调整结果需报省级征地移民主管部门、项目法人和国家文物局备案。

第七条 南水北调工程中的地面文物保护工作应严格遵守《文物保护工程管理办法》等有关规定。对迁移保护的地面文物应依法办理相关手续。

第八条 对列入迁移保护的民居类文物建筑，应按照国家有关法规政策，由地方文物部门同产权人签订有关协议，划清产权归属，做好价值登记及补偿工作。

第九条 为确保文物保护工作质量，南水北调工程文物保护项目实行监理制度，应根据实际情况和需要开展综合监理或单项文物保护项目监理。具体监理办法由各省级文物行政部门组织制定。

监理工作要严格依照《中华人民共和国文物保护法》和《考古发掘管理办法》、《田野考古工作规程》以及其他相关法律、法规进行。

第十条 省级文物行政部门应组织对本辖区内南水北调文物保护项目进行检查和统计，并接受省级人民政府和国家有关部门组织的检查。

检查和统计过程中，要加强对文物保护工作进展情况、各项规程执行情况、工作计划执行情况、经费使用情况以及文物与人员安全情况等的检查和统计，确保文物保护工作符合有关法规和规范的要求。检查和统计情况应定期报送国家文物局，同时抄送省级征地移民主管部门和项目法人。

第十一条 省级文物行政部门应会同省级征地移民主管部门对本辖区内的南水北调工程文物保护项目进行验收。验收工作应包括项目完成情况、经费使用情况等。

第十二条 在工程建设期间，省级文物行政部门应会同省级征地移民主管部门制订文物保护应急预案，确保工程施工中的文物安全。

第十三条 在工程建设过程中发现文物，施工单位应按照《文物保护法》的规定，做好现场保护工作，相关责任人要及时将有关情况分别向省文物行政部门和项目法人报告，协商文物保护措施。发现重要文物时，省级文物行政部门应及时向国家文物局报告。

第十四条 省级文物行政部门应制定办法，采取措施，加强对辖区内南水北调工程涉及的出土文物标本、文物建筑构件及相关文物资料的管理，并按有关规定建立科学档案。

第十五条 考古发掘资料及出土文物标本，在发掘单位按规定编写出版发掘报告后，由省级文物行政部门统一指定文物收藏单位保管。需作鉴定或测试的文物标本，应按相关规定办理。

第十六条 南水北调工程文物保护资金的使用和管理应严格遵守有关规定。

第十七条 在南水北调工程文物保护工作过程中，有下列情形之一的单位或个人，国家文物局会同国务院南水北调办给予表彰和奖励：

（一）认真执行文物法律、法规，保护文物成绩显著的；

（二）取得重要发现和重要研究成果的；

（三）在文物安全保卫方面有突出贡献，抢救文物有功的；

（四）在工程建设过程中，发现文物及时报告的；

（五）考古工地和地面文物设计、施工项目质量优秀的；

（六）为保护文物与破坏、盗窃文物的违法犯罪行为作斗争事迹显著的。

第十八条　有下列行为之一的，将分别视情况给予相应的处罚；构成犯罪的，移交司法机关追究刑事责任。

（一）盗掘古遗址、古墓葬、偷盗文物及故意拆除、破坏地面文物的；

（二）在工程建设施工或移民搬迁中发现文物隐匿不报，或不听劝阻，强行施工，造成文物损坏或丢失的；

（三）工作中严重失职，给文物造成较大损失的；

（四）贪污、挪用南水北调工程文物保护专项经费的。

第十九条　南水北调地方配套工程涉及的文物保护工作由省级文物行政部门参照此办法制订相关管理办法。

第二十条　本办法由国家文物局和国务院南水北调办负责解释。

第二十一条　本办法自公布之日起施行。

（本年鉴编辑部摘编）

汶川地震与水电

汶川地震灾区水电工程震损调查及分析概述

汶川特大地震震惊世界，受灾地区人民生命财产和社会经济发展蒙受了巨大损失。受灾地区范围约45万km^2，涉及四川、甘肃、陕西、重庆等10个省区市417个县。地震烈度Ⅶ度及以上的重灾区、极重灾区面积为13万km^2。汶川地震造成交通、能源、通信、市政、房屋等基础设施大面积损毁，直接经济损失超过8500亿元，地质灾害多达12 000多处，堰塞坝30多处。汶川地震无疑是中华民族所经受到的又一次刻骨铭心的深重灾难。

一、地震灾区大中型水电站分布概况

据统计资料，汶川地震灾区有大中小型水利水电工程2380余座，分布在四川、甘肃、陕西、重庆、湖北、云南等6个省市。初步调查表明，约860座水电站受到不同程度的损坏，其中，95%以上的是小型水电站，大中型水电工程不足5%。汶川地震影响烈度和大中型水电站分布情况见图1。

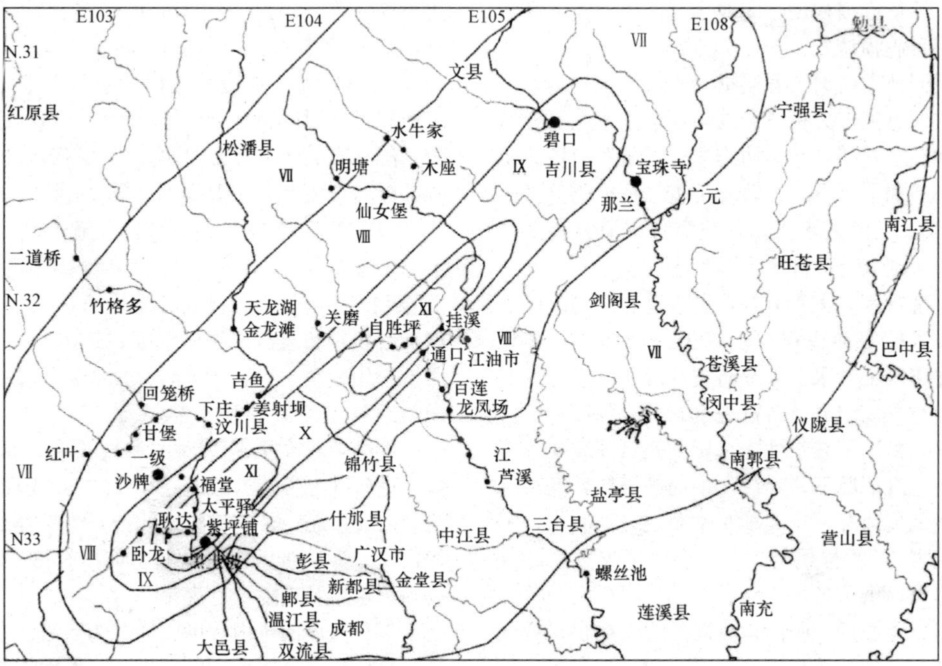

图1　汶川地震灾区大中型水电工程分布示意图

龙门山断层带及其附近区域水系发育，水能资源丰富，尤其是岷江上游流域，水电开发较早、开发利用程度较高，各类水利水电工程星罗棋布，这些工程在地方社会经济发展中起到了重要作用。汶川地震中，一些水电工程也遭受了较为严重甚至严重的破坏。初步估算，汶川地震造成水电工程的财产损失约180亿元。

二、地震之后开展的和正在进行的有关工作

汶川地震之后，水电水利规划设计总院（以下简称“水电总院”）紧急印发了《关于开展水电工程震后隐患排查和工程安全评估的通知》。根据国家有关部门的要求，即刻组织大批工程技术人员深入地震灾区，对已建、在建水电工程进行隐患排查和安全评估，协助建设单位开展应急抢险处理，确保震后水电工程安全度汛。

在抢险救灾应急调查的基础上，水电总院与有关方面共同研究恢复重建计划和地质灾害防治方案，协助国家能源局制定了《汶川地震灾区水电工程恢复重建规划大纲》和《汶川地震灾区水电站恢复重建导则》等指导性文件。

在国家发展改革委、国家能源局的部署和具体指导下，水电总院积极组织项目业主、设计院、高等院校、科研院所等单位的有关工程技术人员和科研人员，开展了系统性、权威性的大规模地震灾区水电工程震损调查工作，收集震情、震损、震害资料，分析成害机制，评估震损程度，完成了《汶川地震灾区大中型水电工程震损调查及初步分析报告》。

多次召开技术研讨会和震损调查成果报告会，广泛听取各方面意见，分析研究汶川地震中水电工程的震损机制和震害特征，总结防震抗震经验和教训，提出了《进一步加强水电工程防震抗震工程措施的若干建议》，编制了《西南水电工程防震抗震研究科研规划》并提供给国家有关部门决策参考。

对我国现行水电工程防震抗震设计建设的有关法规制度、技术标准和规程规范等进行清理和补充完善，制定并印发了《水电工程防震抗震研究设计及专题报告编制暂行规定》，《暂行规定》针对强地震地区的高坝工程，提出了基于性能目标的两级地震设防要求，即设计地震情况下，容许大坝局部损坏，但需易修复；校核地震情况下，大坝基本稳定，不溃坝，不产生次生灾害。《暂行规定》的出台，为灾区恢复重建和高坝建设提供了技术支持。

按照国家能源局、中国地震局的新的要求，吸取汶川地震经验教训，认真组织开展已建、在建大型水电工程的防震抗震安全复核、水电工程可行性研究阶段防震抗震研究设计专题工作。新的要求中，特别强调了水电工程场地地震安全性评价复核及工程应急管理设计要求。

水电总院还准备组织国内优势力量开展多学科、多专业的联合攻关，研究区域地震构造背景和区域构造稳定性；研究地震动基础理论和地震动输入关系；研究建筑物地震动响应规律和抗震安全性能；研究提高防震抗震能力的工程措施及应急管理体系；启动《水电工程防震抗震设计规范》及《水工建筑物抗震设计规范》等技术标准的编制、修订工作。

水电工程勘察设计认真贯彻落实新形势下的新要求，不仅为高坝工程建设安全提供了有力的技术保障，也为汶川地震灾区水电工程尽早恢复投产提供了及时的技术支持。灾区水电工程修复工作正有条不紊地进行，一座座水电站陆续恢复发电。

三、水电工程震损调查及其分析评价

（一）水电工程震损调查

在抢险救灾应急调查分析的基础上，水电总院组织编制了《汶川地震灾区水电工程震损调查及工程抗震复核工作大纲》，明确了工作思路、调查范围、工作方法和计划安排等。中国水电顾问集团成都勘测设计研究院、西北勘测设计研究院，水利部四川省水利水电设计研究院，具体承担了大中型水电工程在损调查及初步分析等有关工作，并于2008年12月底分别提出了各个工程的震损调查报告。调查报告图文并茂地描述了被调查工程各个建筑物、设施没备、地基与边坡等的震损情况，初步分析了震损性质和成害机制，给出了震损程度的评价意见。

《工作大纲》明确的震损调查范围主要集中在汶川地震影响烈度Ⅷ度及以上范围内，包括岷江流域上游、涪江流域中上游、白龙江流域下游，还有汉江上游部分典型工程；电站装机容量均在30 MW以上，共26座工程，其中，高坝枢纽工程有紫坪铺（混凝土面板堆石坝）、沙牌（碾压混凝土拱坝）、宝珠寺（混凝土重力坝）、碧口（心墙堆石坝）、水牛家（心墙堆石坝）和通口（碾压混凝土重力坝）；闸坝引水式枢纽代表性工程有映秀湾、太平驿、渔子溪、福堂和耿达等。

水电工程主要建筑物、设施设备、地基及其边坡、进厂（上坝）道路、近坝岸坡等的震损程度，依据其外现形态、功能完整性和修复难易程度三方面的指标，分为5级，即未震损、震损轻微、震损较重、震损严重以及震毁（见表1）。

工程整体的震损程度同样分为5级。在上述分部分项震损程度分析评价的基础上，根据主要建筑物主体结构、重要设施设备以及重大地质灾害危害性情

况，通过综合分析判断加以确定。

表1 水电工程主要建筑物、设施设备展损程度分级

序号	震损等级	外观形态	运行功能	修复难易程度
1	未震损	完好	正常	直接可用
2	震损轻微	保持完好	基本正常，仅需简单维修、维护，就可投入使用	短时间内即可修复使用
3	震损较重	局部震损	需限制使用条件	1年之内可修复使用
4	震损严重	损坏严重	基本丧失，但具备修复的可能	3年之内可修复使用
5	震毁	完全毁坏	功能完全丧失，不具备修复可能	无法修复，需要重建

（二）震损分析评价

按照上述标准，灾区大中型水电工程中，没有一个工程震毁，也没有一个工程的主要建筑物整体震毁。工程整体震损程度严重或较重的工程均处于影响烈度为Ⅺ、Ⅹ度区域，如映秀湾、太平驿、渔子溪、耿达、紫坪铺等工程。Ⅸ、Ⅷ度影响区有个别建筑物也受到了严重或较严重的破坏，如沙牌工程的地面压力管道和厂房，碧口工程的坝顶启闭机房等。汶川地震中，地震地质灾害的破坏力大于地震动的破坏力。地震地质灾害是最严重的次生灾害，飞石、滚石、崩塌、滑坡及其形成的堰塞等是水电站建筑物、设施设备遭受破坏的主要原因。高坝枢纽工程震损程度评价见表2，低闸枢纽工程震损程度评价见表3。

表2 高坝枢纽工程震损程度评价

工程名称	坝 型	坝高（m）	抗震设防烈度	地震影响烈度	震损分级
紫坪铺	面板堆石坝	156	8	Ⅺ	震损轻微～震损较重
沙牌	碾压混凝土拱坝	130	7	Ⅸ	震损轻微～震损较重
碧口	心墙堆石坝	101.8	8	Ⅸ	震损轻微
宝珠寺	混凝土重力坝	132	7	Ⅷ	震损轻微
水牛家	心墙堆石坝	108	8	Ⅷ	震损轻微
通口	碾压混凝土重力坝	71.5	7	Ⅹ	震损轻微

表3 低闸枢纽工程震损程度评价

工程名称	坝高（m）	抗震设防烈度	地震影响烈度	震损分级
铜钟	26.7	8	Ⅷ～Ⅸ	未震损
姜射坝	21.5	8	Ⅸ	未震损～震损轻微
福堂	31	8	Ⅸ	震损轻微
太平驿	29.1	7	Ⅺ	一度漫顶，震损轻微～震损较重
映秀湾	21.4	7	Ⅺ	震损较重～震损严重
红叶二级	11.5	7	Ⅷ	未震损～震损轻微
薛城	23.5	7	Ⅷ	未震损～震损轻微
桑坪	11.5	7	Ⅷ	震损轻微
草坡	17.3	7	Ⅸ	震损轻微
渔子溪	27.8	8	Ⅺ	震损较重～震损严重
耿达	31.5	8	Ⅹ	震损较重～震损严重
自一里	20	7	Ⅷ	震损轻微
木座	20	7	Ⅷ	震损轻微

（三）汶川地震对水电工程的影响及震害特征

根据调查及分析，汶川地震对水电工程的影响和震害特征可以归纳如下：

（1）汶川地震中，所有大中型水电工程无一溃坝，没有造成次生灾害，也没有构成对下游地区的威胁。岷江上游的一些闸坝虽一度出现漫坝，但因闸坝不高、洪水也不大，没有造成新的损失。

（2）调查工程中，岷江上游水电工程受震损影响最大，其次是涪江中上游和白龙江下游。其他河流上的水电工程，基本没有受到汶川地震的影响，也没有造成直接损失。

（3）地震灾害调查中，没有发现水工建筑物发生同震位错现象；没有发现坝基震动液化现象；也没有发现坝基和坝坡震动失稳情况。高坝坝基渗漏量变化不大，震后不久即恢复正常。

（4）紫坪铺工程除因大坝混凝土面板局部震损较重，修复难度较大外，总体上属震损轻微，其他5座高坝枢纽工程（沙牌、通口、宝珠寺、碧口和水牛家）整体震损轻微，均未发生威胁大坝安全的震损破坏。

(5) 混凝土坝的震损特征表现为坝体横缝张开或挤压。堆石坝的震损特征表现为坝体震陷；堆石体与混凝土结构或基岩岸坡结合部位的接触变形。面板堆石坝的震损还表现在混凝土面板接缝的挤压破坏；施工缝的剪切破坏，面板下的脱空和周边缝止水局部破坏等。

(6) 泄水建筑物主体结构未震损或震损轻微，闸门启闭机排架柱部分因地震动作用发生剪切破坏，部分因滚石、崩塌堆积、滑坡堆积而损坏，闸坝进水口闸门、启闭设备及其电源系统也主要因地震地质灾害而损坏，受地震动作用损坏的较少。

(7) 输水建筑物的隧洞、埋管等地下建筑未震损或震损轻微，进、出口部位及渡槽、明管等地面建筑震损较重或震损严重。没有发现引水隧洞、尾水隧洞内出现塌方或衬砌结构损坏的情况。地面附属建筑及其设备的损坏也主要是地震地质灾害所致。

(8) 地下厂房结构基本未震损；地面厂房结构总体上震损轻微，个别震损较重，如薛城、沙牌、草坡等工程。因尾水出口堵塞、排水系统断电、滑坡堆积形成堰塞等原因，映秀湾、太平驿、渔子溪等工程的地下厂房和沙牌、红叶二级等工程的地面厂房均发生了水淹厂房事故。

(9) 水电工程人工边坡在地震中均没有发生垮塌和滑动失稳的情况；沙牌、碧口和宝珠寺等工程库区一些古滑坡在汶川地震中也没有复活的迹象；库岸崩塌、滑坡没有形成滑坡涌浪威胁大坝安全。

(10) 水电工程在抗震救灾中发挥了重要作用。例如，紫坪铺水库开辟了水上救生通道；库区复建道路成为重要的救灾补给线；一些枢纽工程区成为当地群众的避险场所；部分水电站震后迅速恢复运行，为抗震救灾提供了可靠电源；紫坪铺水库移民外迁安置也避免了重大人员伤亡和财产损失。

四、从地震灾害中汲取经验和教训

根据汶川地震灾区水电工程调查，结合对国内外强地震地区高坝建设的分析，可以得到以下经验和教训：

(1) 汶川地震灾区，没有一座大中型水电工程因为同震错断而造成建筑物的损毁。这说明灾区大中型水电工程选址均避开了活动断层，离断层破裂带越远，震损破坏越轻。河流水电开发规划和水电工程预可行性研究，要高度重视对区域构造地质条件和地震地质背景的研究，大库高坝的场址选择要避免放在活动断层上，并尽量远离活动断层。

(2) 汶川地震破坏性强，但处于震中及其周边地区的高坝都经受住了超出设防标准的强震考验，无一溃坝。这说明只要选址恰当，设计合理，施工质量得到保证，大坝具备抵御设计地震的能力，并有一定的抗震潜力；同时也说明我国现行水电工程抗震设计标准和建设管理体制是基本合适的，按照现代理论和方法，设计建设的高土石坝和高混凝土坝是安全的。

(3) 主要建筑和地下建筑的抗震性能都较好，而次要建筑及地面附属建筑容易受到强震或地震地质灾害的损坏。这说明，建筑结构静力条件下的安全储备也是抗震潜力；在高山峡谷地区修建水电站，具备条件的情况下，要优选地下布置方案。对处于高烈度地区、特别重要的、失事后可能产生严重次生灾害的泄水建筑物，要研究降低库水位的专门措施，设置专用的应急电源，并确保具备应急使用条件。

(4) 汶川地震次生灾害中，地质灾害居首位，由此造成的对建筑物及设备的破坏远大于地震动的破坏，地震地质灾害是某些水电工程震损严重的主要原因。汶川地震造成大范围山体表面松动，形成大量临界稳定边坡、不稳定边坡和滑坡，发育大量崩塌堆积、滑坡堆积、堰塞、泥石流、危岩体等物理地质现象，成为水电工程的安全隐患。水电工程设计建设要高度重视防治地震地质灾害，加强地质灾害调查、研究和防治工作，适当扩大调查和治理的范围，开展必要的预警预防和综合治理等。

(5) 地震过后，电站电源中断、通信中断、交通中断，给抗震救灾造成极大困难；临震处置不当，应急电源、应急通信设施缺乏，信息不通，也反映了我国水电工程运行管理方面存在薄弱环节。水电工程设计，要进一步加强对特大地震灾害、特大洪水灾害及其各类次生灾害的评估，研究提出电站运行应急管理要求；要充分考虑通信、交通、电源、避险场地、安全通道等应急设施的配置。运行管理中，要研究制订应急预案，完善应急管理机制，落实应急管理制度和各项要求。

(6) 水电工程中的大坝安全，关系到下游广大地区、下游梯级电站及沿岸人民群众生命财产的安全，水电开发必须确保在极端不利的情况下，大坝基本稳定不溃坝。为此，在水电开发规划、设计、建设和运行管理的各个环节，要进一步增强工程风险意识，树立系统安全观念。要按照流域安全要求，合理规划布置梯级电站；要按照确保大坝安全要求，对可能影响大坝安全的各种因素研究采取相应的对策措施；要针对可能遭遇的和不可预见的极端危险有害因素，研究制订确保大坝基本稳定的预警预防和应急管理措施。

五、提高认识，坚定西南水电开发的信心

汶川地震的经验和国内外工程实践证明，高混凝土坝和高土石坝均具有良好的抗震性能。在我国现有技术水平和管理体制下，强地震地区可以修建高坝，

地震风险性不应成为决策水电开发的障碍。

我国水电工程建设，特别是大中型水电工程，一直以来遵循“确保安全、留有余地”的指导思想，严格设计审查和建设管理，因而水电工程的可靠性是令人放心的，有保障的。

我国西南地区水电资源丰富，高坝大库较多，但同时也是地震地质条件复杂、地震烈度高而且地震频发的地区，西南水电开发建设对水电工程防震抗震提出了新的更高的要求。我们有充分理由相信，汶川地震后，水电工程设计建设的标准、方法和管理制度将更加健全完善，工程安全将得到更好的保障。

水电工程不仅是节能工程、扶贫工程、环保工程，而且还是安全保障工程。高坝大库建设能够提供抢险救援条件和避难场所，起到规避和防治地质灾害、防范堰塞坝溃决导致次生灾害的作用。汶川地震的经验同时还告诉我们，水电工程设计、建设、管理中，都要进一步增强工程风险意识，树立系统安全思想，研究并增加水电工程的容错功能，从而可以进一步提高水电工程大坝抵御各种极端风险的能力。

客观上，由于地震的诸多工程因素存在不确定性，主观上，工程决策存在认识误区和盲区，因此任何工程都具有一定的风险。有人认为，水电工程是高风险工程，也有人认为水电工程的可靠性最高，其实，这正是水电工程风险性的辩证法。如果工程师认识到水电工程高风险的危害性，认真研究加以规避或采取措施加以防范，则高坝工程就具有足够的可靠性：没有风险意识，对风险不加防范，就会造成更大的风险，酿成更大的危害。这也说明，增强对水电工程风险性的认识是十分重要的。

水电工程的最大风险（这里指可能造成重大社会影响和严重灾难的风险）莫过于来自特大洪水、特大地震和特大地质灾害的作用。为了防范洪水风险，一些大库高坝采用千年一遇洪水设计，万年一遇洪水校核，甚至采用可能最大洪水（PMF）校核，并预留足够的安全超高，保证绝不出现洪水漫坝的情况。为了防范地震风险，水电工程大坝抗震采用100年基准期、超越概率2%的设防水准（相应重现期约为5000年），在此基础上还进一步提高地震标准进行抗震复核，甚至研究采用极限地震复核。通过采取工程措施，能够保证大坝在设计地震作用下虽可能出现局部损坏，但经修复能够继续正常运行；在校核地震作用下，维持大坝基本稳定，不发生溃坝，不造成对下游地区的洪水威胁。

目前世界上尚缺少200m以上高坝经受强地震检验的实例。由于地震的不确定性和复杂性，对地震动传播、地震动响应以及建筑物抗震特性值得深入地开展研究，汶川地震给防震抗震研究提供了难得的条件。我们呼吁，要进一步加强防震减灾基础性研究和针对工程建设条件的专题研究；将西南地区水电工程抗震安全课题纳入国家科技重点，在国家发改委、国家能源局统一组织下，联合国内一切优势力量，依托重点工程，开展多学科、多专业，产、学、研相结合的科研攻关，解决工程实际问题；在总结经验的基础上，进一步改进水电工程建设安全管理办法，完善水电工程防震抗震标准化体系和设计规范，从而为西南水电开发建设和运行管理提供科学指导和技术支撑。

（水电水利规划设计总院　王　斌　周建平）

汶川地震灾区大中型水电工程震损特征初步分析

2008年5月12日14时28分四川汶川发生里氏8.0级地震，震中烈度高达Ⅺ度，对地表斜坡和建筑、设施产生巨大破坏。距离震中和发震断裂较近的岷江、涪江和白龙江上游已建的20多座大中型水电站，也受到一定程度的影响，水电工程界十分关注。

地震后中国水电水利规划设计总院组织相关设计单位开展了灾区大中型水电工程的震损调查工作。本文依据各大中型水电工程震损调查成果，按照挡水建筑物、泄洪建筑物及启闭设施设备、地下厂房及隧洞工程、地面厂房等建筑物类型对震损情况分别进行归类整理，并对直接震害和次生灾害的破坏影响进行了初步对比分析。

一、概况

受灾地区共建成26座大中型水电站，分布在岷江上游（20座）、涪江（4座）和白龙江（2座）三大流域。岷江上游干流自上而下依次有天龙湖、金龙潭、吉鱼、铜钟、姜射坝、福堂、太平驿、映秀湾、紫坪铺水电站；支流黑水河上有二道桥、竹格多水电站；支流杂谷脑河上有红叶二级、理县、甘堡、薛城、桑坪水电站；支流草坡河上有沙牌、草坡水电站；支流渔子溪上有耿达、渔子溪水电站，总装机容量约3500MW，总库容约11.76亿m^3。涪江流域已建成大中型电站主要包括支流通口河的通口电站和支流火溪河的水牛家、自一里和木座水电站。白龙江流域已建成的大中型电站主要为碧口和宝珠寺水电站。灾区各大中型水电站工程特性见表1。

表1 汶川地震灾区已建大中型水电站工程特性一览表

河流	工　程	坝　型	坝(闸)高(m)	厂房型式	库　容(万 m^3)	挡水建筑物设防烈度(度)	坝(闸)与震中距离(km)	坝(闸)距发震断裂最短距离/位置(km)	汶川地震实际影响烈度(度)
岷江干流	天龙湖			地下	3120		121	65，上盘	Ⅷ
	金龙潭			地面			113	58，上盘	Ⅷ
	吉鱼	闸坝	20.65	地面	164	Ⅷ	86	27，上盘	Ⅷ～Ⅸ
	铜钟	闸坝	26.7	地面	330	Ⅷ	73	29，上盘	Ⅷ～Ⅸ
	姜射坝	闸坝	21.5	地面	53	Ⅷ	69	31，上盘	Ⅸ
	福堂	闸坝	31	地面	297	Ⅷ	44	29，上盘	Ⅸ
	太平驿	闸坝	29.1	地下	96	Ⅶ	27	16，上盘	Ⅺ
	映秀湾	闸坝	约20	地下	40	Ⅶ	16	5.5，上盘	Ⅺ
	紫坪铺	面板堆石坝	156	地面	11×10^4	Ⅷ	17	6，下盘	Ⅸ
黑水河	二道桥	闸坝	17.5	地下	28.9	Ⅶ	142	134，上盘	Ⅵ
	竹格多	闸坝	19.5	地面	78.4	Ⅶ		上盘	Ⅶ
杂谷脑河	红叶二级	闸坝	11.5	地面	2	Ⅶ	60	59，上盘	Ⅷ
	理县		19	地面	100	Ⅶ	53	51，上盘	Ⅷ
	甘堡	闸坝	～10	地面	～1	Ⅶ	58	55，上盘	Ⅷ
	薛城	闸坝	23.5	地面	115	Ⅶ	59	56，上盘	Ⅷ
	桑坪	闸坝	11.5	地面	1	Ⅶ	60	38，上盘	Ⅷ
草坡河	沙牌	RCC拱坝	130	地面	1800	Ⅶ	36	30，上盘	Ⅷ～Ⅸ
	草坡	闸坝	17.3	地面	14	Ⅶ	35	28，上盘	Ⅸ
渔子溪	渔子溪	闸坝	27.8	地下	40	Ⅷ	7	5，上盘	Ⅺ
	耿达	闸坝	31.5	地下	70	Ⅷ	12	13，上盘	Ⅹ
通口河	通口	重力坝	71.5	地面	3610	Ⅶ	146	8，下盘	Ⅸ
火溪河	水牛家	土石坝	108	地下	1.4×10^4	Ⅷ	213	80，上盘	Ⅶ
	自一里	闸坝	22	地下	50.87	Ⅷ	211	71，上盘	Ⅶ
	木座	闸坝	20	地下	34.4	Ⅶ	210	66，上盘	Ⅶ
白龙江	碧口	土心墙堆石坝	101.8	地面	5.2×10^4	Ⅷ	263	34，上盘	Ⅸ
	宝珠寺	重力坝	132	坝后	2.55×10^5	Ⅶ	275	6，下盘	Ⅷ

二、各类水工建筑物受损情况

总体而言，灾区大中型水电工程经受住了远超工程设防标准的强震考验，无一大坝溃决，结构整体安全、稳定，其他水工建筑物的直接震损有限，但部分建筑设施受地震滑坡、崩塌、飞石等次生灾害影响突出。

（一）挡水建筑物

地震灾区水电工程坝型主要有五类，分别为紫坪铺面板堆石坝、沙牌碾压混凝土拱坝、以碧口为代表的土心墙堆石坝、以宝珠寺为代表的混凝土重力坝以及以映秀湾、太平驿等为代表的混凝土闸坝。汶川地震影响烈度远超各挡水建筑物抗震设防标准，虽都不同程度受损，部分闸坝还发生了漫顶，但都整体安全稳定。无一发生溃坝。

1. 紫坪铺面板堆石坝　紫坪铺面板堆石坝最大坝高156m，为地震灾区最高坝，水库总库容11.12

亿 m^3，电站装机容量 760MW。工程距离汶川大地震震中约 17km，距离发震断裂约 6km，原工程场地地震基本烈度为Ⅶ度，大坝抗震设防烈度为Ⅷ度，相应基岩水平峰值加速度为 0.26g，汶川地震影响烈度为Ⅸ～Ⅹ度。地震时水库处于运行水位 830m，相应库容约 3 亿 m^3。地震后经检查，大坝堆石体震陷明显，实测最大沉降量约 81cm，坝顶沉陷约 20cm，最大可能沉降量达 100cm；向坝下游最大位移约 30cm；混凝土面板周边缝发生较大位移，部分面板间的结构缝发生错台，并出现挤压破坏；845m 高程二、三期混凝土面板施工缝错开，最大错位 17cm；部分混凝土面板与垫层间有脱空现象，最大脱空 23cm；坝顶防浪墙基本完好，个别部位发生挤压破坏和拉开现象，坝顶下游侧护栏大部分损坏；靠近坝顶附近的下游坡面干砌石块出现松动；因水库处于低水位运行，渗漏量较震前增加较小，总渗量约 20L/s 左右。总体而言，大坝产生了明显的局部震损，但整体安全稳定，经应急修复处理，已经开始蓄水。

2. *沙牌碾压混凝土拱坝* 沙牌碾压混凝土拱坝最大坝高 132m，是 20 世纪建成挡水的世界上最高的碾压混凝土拱坝，也是汶川地震灾区唯一一座高拱坝。电站总装机容量为 36MW，水库总库容为 0.18 亿 m^3。大坝距汶川大地震震中约 36km，距离龙门山发震断裂约 30km；坝址原地震基本烈度为Ⅶ度，抗震按Ⅶ度设防，相应基岩水平峰值加速度为 0.141g，这次地震遭遇烈度达Ⅷ～Ⅸ度，且地震发生前水库处于正常蓄水位。经现场外观初步检查，大坝整体完好，坝体结构、坝基（坝肩）未发现异常现象，仅抗力体上部岩石边坡浅表岩体局部有掉块现象。坝顶电梯井操作房的填充墙与混凝土框架间出现震缝，局部装饰材料脱落。汶川地震对沙牌大坝震损轻微，总体安全稳定。

3. *碧口土心墙堆石坝* 碧口土心墙堆石坝最大坝高为 101.8m，距离发震断裂 34km，位于发震断裂上盘，原地震基本烈度为Ⅶ度，地震设防烈度为Ⅷ度，汶川地震影响烈度为Ⅸ度，地震发生前，水库水位为 691.4m，较死水位 685m 高约 6.4m，电站正常运行。地震后大坝表部沉降总体规律为：河床中部和坝体上部沉降较大，最大沉降量 24.2cm；心墙沉降变化比大坝表部沉降变化小；大部分地下水位孔震后测得的地下水位较震前降低 10m 左右；坝基渗透压力测值正常。防浪墙底部与上下游混凝土护坡之间产生裂缝；坝体顶部与两岸的衔接处出现贯穿上下游的裂缝。大坝上下游坝面无隆起和渗漏现象，坡面整体平整。受汶川地震影响，工程局部受损，但总体安全稳定。

4. *宝珠寺混凝土重力坝* 宝珠寺混凝土重力坝最大坝高 132m，原地震基本烈度为Ⅵ度，地震设防烈度为Ⅶ度，受汶川地震影响烈度为Ⅷ度，地震发生时水库库水位为 558.5m，电站正常运行。震损调查表明，大坝上下游坝面未发现裂缝、剥落和隆起等震损现象，大坝结构完整，坝顶表面有横向挤压现象，出现了轻微裂缝，下游栏杆有局部损坏，上游防浪墙有局部挤压变形现象。坝内廊道有少量水泥砂浆抹面脱落，隧洞衬砌结构完好，部分横缝有轻微挤压痕迹，大坝整体结构未受明显损坏。监测数据表明，大坝基础未发生变位，少数坝段地基岩体受地震影响，透水性增强，基础扬压力没有明显变化。汶川地震对宝珠寺大坝震损轻微，整体稳定安全。

5. *映秀湾、太平驿等混凝土闸坝* 岷江流域闸坝工程较多，闸坝高度为 10～31m，水库库容都较小，最大为 330 万 m^3。汶川地震前，各闸坝场地地震基本烈度多为Ⅶ度，仅干流福堂及以上闸坝和支流鱼子溪上的闸坝为Ⅷ度，并以此作为各闸坝设防烈度。根据地震后所标定的汶川地震影响烈度区划，汶川地震对各闸坝的影响烈度为：映秀湾、太平驿、渔子溪靠近汶川地震震中，影响烈度高达Ⅺ度；耿达约为Ⅹ度；其次为福堂、姜射坝、草坡闸坝，约为Ⅸ度；铜钟、吉鱼约为Ⅷ～Ⅸ度；接近上游的天龙湖、金龙潭、支流杂谷脑河电站的影响烈度也达到Ⅷ度。总体而言，各闸坝遭遇汶川地震影响烈度远高于设防烈度。汶川地震发生前，各闸坝电站正常运行，多以一孔泄洪闸门局部开启下泄生态流量，其余闸门处于关闭状态。各闸坝由于距震中的距离不同，震损程度差别较大。概括起来，岷江干流吉鱼电站及以上梯级以及支流黑水河和杂谷脑河上的各梯级电站受损相对较轻；岷江干流铜钟电站及以下梯级电站的闸坝、支流草坡河和渔子溪上的各梯级电站受损较重。因地震导致电站解列，机组停运，大量江水积蓄水库，泄洪闸门又不能及时开启，导致铜钟及以下大部分闸坝库水很快漫顶。当时干流闸址河道流量约为 130m^3/s，漫顶水深 30～60cm 不等。虽然库水漫顶，余震不断，但各闸坝无一溃决，且闸坝结构未发生严重破坏。多数泄洪闸启闭机房震损较重，山体滑坡堆积闸端（如太平驿、福堂、姜射坝、耿达等）；或巨大滚石砸坏岸边闸墙；岸边挡水堆石坝段震陷（如映秀湾）。震后不久，启用未震坏的备用电源或重新提供电力开启各闸坝泄洪闸门后，江水过闸通畅，消除了汛期防洪的风险。

（二）泄洪建筑物及其启闭设施、设备

泄洪建筑物及其启闭设施设备的正常运行，对于在地震、非常洪水、战争等紧急状态下大坝工程的安全至关重要。地震灾区大中型水电工程的泄洪建筑物包括溢洪道、泄洪洞、坝（闸）身泄洪建筑物等，各

泄洪建筑物主体结构除部分工程出现裂缝外，基本都未发生整体破坏，但多个工程泄洪相关附属设施、启闭设备遭受破坏或出现险情。

紫坪铺电站两条泄洪洞及冲沙放空洞衬砌部分结构缝受损，泄洪洞在断层通过处沿结构缝出现约5cm错位，泄洪洞进水塔启闭机室、液压启闭机控制系统等出现不同程度受损，导致1号泄洪闸及冲砂闸一度无法开启。

岷江干流上的铜钟、姜射坝、福堂、太平驿、映秀湾等电站的泄洪闸或由于缺乏应急电源、或由于应急电源及启闭设备受损、或由于闸门及闸门槽变形，或由于操作人员难以尽快到达现场等原因，导致震后泄洪闸门未能及时开启，闸顶一度出现漫流。太平驿电站5号泄洪闸左右活塞连杆变形严重，支铰牛腿损坏，门体被洪水冲走。映秀湾电站2号和4号泄洪冲沙闸弧形工作闸门支臂有较明显的扭曲变形，闸门底缘钢板有明显变形。渔子溪电站1～3号泄洪闸弧型工作门被震掉冲走，支铰及支铰后尾墩受损严重，启闭机机架均有构件弯折，闸墩出现裂缝。

（三）地面厂房及相关建筑物

前述地震灾区26个已建大中型水电工程中，采用地面厂房的有17个，占总数的65%，这些地面厂房无一发生倒塌，其中，除沙牌、草坡电站厂房因次生地质灾害而受损严重外，其他地面厂房主体结构受损相对较轻，主要表现为填充墙开裂、排架柱剪切裂缝、基础沉陷等。开关站、出线场、发电机房、值班室等附属建筑物受地震特别是次生地质灾害的影响而受损严重。

（四）地下厂房及隧洞工程

地下厂房及隧洞工程总体受损轻微，无一发生围岩整体失稳、垮塌，受损主要表现为衬砌裂缝。相比较而言，映秀湾电站地下厂房及过水隧洞受损较其他电站明显，地下厂房衬砌混凝土出现较多非贯穿性裂缝，在洞室交叉口处出现贯穿性裂缝；引水隧洞钢筋混凝土结构边墙、顶拱出现较多裂缝，且有渗水现象，底板有冒水现象。

电站隧洞进出口受滑坡、崩塌等次生地质灾害影响较大，如渔子溪、映秀湾电站进厂交通洞洞口以及映秀湾、太平驿电站尾水洞出口被滑坡体掩埋。由于失去厂用电等原因，多个电站厂房的抽排水系统停运，设备设施被淹。

（五）边坡工程

震损调查结果表明，凡经过处理的工程边坡基本都未发生整体失稳、垮塌，受损主要表现为喷混凝土发生裂缝、沿施工缝出现局部错台等现象，而未经处理的天然边坡发生失稳的情况比比皆是，工程边坡支护范围以外一般都有大量危石和松动岩体分布。

（六）交通、通信及输出工程

汶川地震导致大量山体滑坡、崩塌和滚石等地质灾害。道路、桥梁、通信基站、送变电设施等受地震直接震损或受次生地质灾害而毁坏，导致交通、通信、电力中断。都—汶公路虽已全线抢通，但雨天受滑坡、泥石流影响较大。

（七）地震次生灾害

根据以上大中型水电工程震损调查结果，除地震直接震害外，水电工程还遭受多种形式的地震次生灾害影响。地震次生灾害最主要的表现形式为次生地质灾害，包括滑坡、崩塌、飞石、泥石流、堰塞湖等，其造成的破坏和损失远超地震直接震害。

此外，地震次生灾害还表现为水淹、冲刷、火灾等形式。例如，姜射坝、福堂、耿达、渔子溪等多个电站厂房由于失去厂用电，抽排水设施停运，导致设备设施被淹；映秀湾电站由于尾水出口被滑坡掩埋而致厂房被淹，沙牌电站因小型堰塞体以及引水钢管震裂影响，而使地面厂房受淹；太平驿电站洪水漫坝时，左岸上坝公路被溢流洪水冲刷形成宽约30m、深6～7m的冲沟。渔子溪电站厂房发现有起火燃烧的痕迹。

汶川地震各大中型水电工程未造成地震次生洪水，但洪灾却是地震次生灾害的表现形式之一，一旦发生，后果严重。

上述受损情况参见图1～图24。

图1 震后紫坪铺工程整体面貌图

图2 紫坪铺坝845m高程混凝土面板错台

图 3　紫坪铺坝顶交通护栏及下游坝坡震损

图 4　紫坪铺坝顶防浪墙震损

图 5　地震后沙牌拱坝下游面

图 6　地震后沙牌拱坝上游面

图 7　太平驿闸坝右端被滑坡掩埋、库水漫顶

图 8　映秀湾闸首副坝（堆石坝段）震陷

图 9　紫坪铺泄洪洞进水塔启闭机房震损

图 10　太平驿 5 号泄洪闸门被洪水冲走

图 11　映秀湾 2 号泄洪闸门构件的震损变形

图 12　渔子溪进水闸闸墩裂缝

图 13　沙牌电站厂房山墙被飞石击穿

图 14　渔子溪电站闸首值班楼被滑坡掩埋

图 15　映秀湾引水隧洞顶拱裂缝及渗水

图 16　映秀湾引水隧洞底板冒水

图 17　渔子溪进厂交通洞洞口被滑坡掩埋

图 18　映秀湾厂房尾水出口被滑坡掩埋

图 19　紫坪铺冲沙放空洞出口内侧边坡开裂

图 20　福堂厂房后坡支护范围外的垮塌

图 21　映秀至汶川交通严重中断

图 22　震后输电线路破坏情况

图 23　沙牌电站厂房被淹

图 24　太平驿电站左岸坝肩溢流冲沟

三、水电工程震害特征分析

(1) 水电工程受损程度与其距地震震中或发震断裂的远近密切相关。调查成果表明，在距发震断裂15km范围内工程震损严重，如岷江干流的映秀湾、支流渔子溪河的渔子溪和耿达3座水电站，其闸坝距发震断裂最近距离只有5～13km；距发震断裂15～30km范围的工程震损相对较重，如岷江干流的太平驿、福堂、姜射坝等和草坡河草坡、沙牌等水电站；距发震断裂30～60km范围的工程震损轻微，如支流杂谷脑河的红叶二级、理县、甘堡、薛城和桑坪等水电站；距发震断裂60km以外的电站基本没受影响。

(2) 水电工程震损程度与其所处发震断裂相对位置有关，在与发震断裂距离相同的情况下，位于发震断裂上盘的工程震损较为严重，即具有明显的上盘效应。例如，距离发震断裂10km范围内、位于发震断裂上盘的映秀湾、渔子溪和耿达水电站震损较位于下盘的紫坪铺、通口和宝珠寺水电站严重得多。

(3) 水电工程闸坝建筑物较其他建筑物震害相对较轻。无论混凝土坝还是堆石坝经受了超设防标准地震，有的闸坝还经历了库水漫坝情况，都没有发生溃坝事件；经过震后调查发现，即使损失最重的工程，其闸坝震损也比较轻微，整体稳定。

(4) 地面建筑物较地下建筑物震害严重。地面的开关站、交通工程、厂房、附属建筑物破坏一般较为严重，隧洞进、出口工程破坏相对较重，而引水隧道、地下厂房等建筑物震损相对较轻。

(5) 自然边坡较工程边坡破坏严重。

(6) 水电工程震害多由次生地质灾害所致。地震滑坡、崩塌以及泥石流是造成水电工程地面建筑破坏的主要原因。滑坡堵塞电站岸边取水和出水口，崩塌滚石砸坏地面厂房建筑、管道、电气设备和附属设施。

四、初步结论

(1) 大坝工程整体完好，震损轻微。四座高坝没有受到大的影响，紫坪铺面板堆石体整体稳定，受损混凝土面板很快修复；沙牌碾压混凝土拱坝安全稳定，震后一直正常挡水；碧口土心墙堆石坝、宝珠寺混凝土重力坝安全稳定。各闸坝工程因地震直接震损较轻，都整体稳定，部分闸坝虽一度漫顶，但无一溃坝；离震中最近、震损相对较重的映秀湾闸坝也很快修复，挡水发电。

(2) 地下工程抗震能力强，震损轻微。本次地震地下厂房工程和隧洞工程震损轻微，围岩整体稳定，仅少数距地震震中较近的地下工程出现喷混凝土或钢筋混凝土衬砌裂缝、渗水现象。

(3) 泄洪设施及设备的抗震安全和应急能力不足。汶川大地震造成部分闸坝工程的闸门结构、启闭设备、排架结构变形或破坏，应急电源无法应急使用，震后闸门无法及时开启泄洪，导致库水一度漫坝。

(4) 次生地质灾害对地面建筑物和设施的破坏较大。汶川地震产生的滑坡、崩塌、飞石、泥石流等次生地质现象十分发育，是水电工程震害的主要因素。地质灾害以砸击、掩埋、阻塞等形式对各种地面建筑物、设施和设备如地面厂房、进水塔、引水明钢管及其镇支墩、引水明渠、闸门启闭机房、各类排架、隧洞进出口工程、交通工程及电气设备等造成了严重破坏。

(5) 工程边坡整体稳定。水电工程开挖支护边坡，地震后大都保持整体稳定，基本完好。

（中国水电顾问集团成都勘测设计研究院
宋胜武 蒋 峰 陈万涛）

紫坪铺水库大坝震损及应急修复综述

四川岷江紫坪铺水利枢纽是一座以灌溉和供水为主，兼发电、防洪、环境保护等综合效益的大型水利工程，是都江堰灌区和成都市的调节水源工程。列为我国实施西部开发的标志性工程之一，是四川省“十五”期间基础设施建设重点项目。

2008年5月12日汶川发生的里氏8.0级特大地震，其震中距紫坪铺枢纽仅有17km，地震给大坝造成了一定程度的破坏。由于紫坪铺大坝距离下游都江堰、成都较近，大坝的安危至关重要，因此备受关注。本文就紫坪铺大坝在“5·12”大地震中受损情况，震后应急修复及大坝安全监测情况作简要介绍。

（一）工程简介

1. 等级和规模　紫坪铺水利枢纽为一等大（1）型工程，水库正常蓄水位877.00m，总库容11.12亿m^3，调节库容7.74m^3。主要挡水建筑物均为1级建筑物，按1000年一遇洪水设计（洪峰流量8300m^3/s），可能最大洪水校核（洪峰流量12 700m^3/s），水库具有不完全年调节能力。电站装机容量760MW，保证出力168MW，多年平均发电量34.17亿kW·h。

2. 地质条件　坝址位于四川盆地西北侧，坝址以上水库回水长度为24.6km。水库以北出露地层为元古界澄江～晋宁期岩江岩、震旦系喷出岩，水库和坝址区及以南由泥盆～二叠系碳酸盐岩（飞来峰）和三叠系上统砂叶岩组成，这些地层多数被断层所切割。

区域构造部位处于北东向龙门山构造带的中南段，基本构造格架主要由平武—茂汶断裂、北川—映秀断裂、安县—灌县断裂、彭灌复背斜和懒板凳—白石飞来峰构造所组成。坝址区即位于北川—映秀断裂和安县—灌县断裂所挟持的断块上，三条主干断裂的地震活动均具有分段性，但历史上在不同地段所发生的中强地震对坝址区最大影响烈度均未超过Ⅵ度。经中国地震局分析预报中心复核鉴定确认，坝址场地地震基本烈度为Ⅶ度，50年超越频率0.10和100年超越频率0.02时的基岩水平峰值加速度分别为120.2cm/s^2、259.6cm/s^2。

工程区地震基本烈度Ⅶ度；挡水建筑物（大坝）地震设计烈度Ⅷ度；其余永久性建筑物地震设计烈度Ⅶ度。

3. 布置及结构　紫坪铺大坝为钢筋混凝土面板堆石坝，大坝坝顶高程为884.00m，防浪墙高程885.40m，趾板建基高程728.00m，最大坝高156m，坝长663.77m，坝顶宽12.00m，最大坝底宽417.79m。坝基防渗在趾板上设置防渗帷幕两排，下游排主帷幕最大深度102m，为挡水高度的0.7倍，大部分地段深入基岩相对隔水层以下5m；上游排次帷幕为下游排主帷幕深度的0.6倍左右，最大深度62m。

大坝上游坝坡1∶1.4，下游坝坡在840.00m马道以上为1∶1.5，其下和796.00m马道以下为1∶1.4，两级马道宽5m。面板法线厚度顶部0.3m，往下按0.003 5H（H为挡水高度）增量计算，底部最大厚度0.83m，即面板表面坡度1∶1.4，底面坡度1∶1.394。

（二）震损情况

（1）水平施工缝错台。5～23号、35～38号混凝土面板，在二、三期施工缝高程845.0m出现剪切错台，最大错台达17cm，该部位混凝土被剪断。

（2）垂直缝及周边缝挤压破坏。地震导致5～6号、23～24号等面板间垂直缝挤压破坏。经专业队伍检查，23、24号面板间垂直缝挤压破坏的水下部分为819～790m高程处，宽1.0～1.5m，长48m。周边缝及止水损坏严重。

（3）面板脱空及开裂。高程845.00m以上，面板1～23号均有脱空，面板24～49号在面板顶部有部分面板脱空；高程845.00m以上面板表面均出现大小不一的表面裂缝。

（4）防浪墙与面板结合处变形破坏。地震导致坝顶防浪墙基础下陷，使防浪墙与面板结合处发生较大变形，造成该部位水平止水破坏。

（5）坝顶及防浪墙深陷。4～25号坝段防浪墙与人行道之间有拉开现象，最大宽度为3cm。防浪墙结构缝受到不同程度的挤压破坏。防浪墙顶原绝对高程震前为885.40m，震后为884.38m，最大沉降量约为102cm。

（6）坝后坡干砌石护坡大面积隆起。

（7）坝体沉降造成大坝内观仪器和强震仪部分损坏。

（8）大坝地震台网损毁严重。

（9）枢纽测量水平位移控制网和垂直位移控制网的严重破坏，影响到大坝安全监测的正常进行。

（三）应急修复

“5·12”地震发生后，水利部组织专家组立即赶赴现场，对紫坪铺工程进行详细检查，提出了面板堆石坝震损修复方案。设计单位根据专家组咨询意见提交了震后大坝面板修复设计报告，并经水利水电规划设计总院审查后，由紫坪铺开发有限责任公司组织实施了应急修复。主要修复情况如下：

1. 水平错台　受损的面板施工缝错台部位，按照设计要求对每块面板损坏部位进行凿除，将变形钢筋割除后，补用ϕ16mm钢筋错缝焊接，恢复为原设计配筋型形式，再将上下层钢筋用ϕ16mm竖向钢筋进行连接，形成钢筋网后浇筑。混凝土凿除时，为防止上方混凝土块下滑，采用了增加钢支撑、隔块凿除等措施，以保证施工中上方面板的稳定。

2. 面板纵缝　5～6号面板板间及23～24号面板板间挤压破坏的纵缝处理，先打开表面止水设施，在面板纵缝两边各开40cm口，按1∶0.1坡比凿除混凝土，恢复钢筋后，浇筑R28天C25混凝土（原面板混凝土标准），最后用三元乙丙复合橡胶板嵌填恢复止水设施。

3. 面板脱空的修复　面板脱空区（845～880m高程）采用水泥粉煤灰浆液注浆处理。每块脱空面板沿坡向布置钻孔10排，每排4个孔，从面板下部开始往上逐级注浆。为防止注浆时面板变形抬起，灌浆采用从孔口自流注入，不起压。浆液配比采用重量比，水泥∶粉煤灰∶水为1∶9∶5（或10）。

4. 面板裂缝的处理

（1）对于缝宽小于0.2mm，直接在表面涂刷增韧环氧涂料。

（2）对于缝宽大于0.2mm、小于0.5mm的非贯穿性裂缝，先对裂缝化灌处理，后进行表面处理。

（3）对于缝宽大于0.5mm，首先化灌处理，然后沿缝面凿槽，嵌填柔性止水材料，最后进行缝面封闭处理。

5. 面板与防浪墙间的顶水平缝　打开表面止水设施，面板顶部凿除50cm宽的面板混凝土，凿除防浪墙混凝土保护层并露出钢筋，修复底层紫铜片止水，浇筑R28天C25混凝土（原面板混凝土标准），表面止水按原设计恢复。

6. 水下部位面板纵缝的修补

（1）由潜水员潜入水中，采用液压镐、液压锯、水下风镐等水下作业设备，对破损的混凝土进行凿（切）除，将面板表层翘起和剥落的混凝土凿除，凿除深度至面板第二层钢筋层以下3cm（约25～35cm深）。在凿除完成后，由潜水员水下将隆起变形的第一层钢筋，采用水下割刀切除，重新绑扎钢筋形成钢筋网。

（2）为了确保新老水下混凝土结合密实，使修复后的面板整体性能良好，必须对基面进行清理。清理采用8MPa高压水枪。

（3）模板采用竹胶板。以修复部位面层为基准面，由潜水员将陆上拼装好的模板覆盖在浇筑面上，周边采用膨胀螺栓固定模板，模板上口预留浇筑混凝土导管位置。每块模板尺寸为2.4m×1.2m不等，大于修复部位宽度10cm为准。浇筑仓高度控制在一块模板（1.2m高），即立一块模板，浇筑一仓PBM混凝土。

（4）采用PBM混凝土对面板受损水下部位进行处理。PBM混凝土是一种新型的水下材料，主要以HK-PBM-3树脂为黏结剂，将其与骨料（石子、砂、水泥）固结而成的混凝土。PBM混凝土可对水下混凝土缺陷进行薄层、厚层和快速的修补。施工时采用桶装法将拌合物传递给潜水员，潜水员在水下根据需要定点倾倒，让其自流密实。新浇 PBM 聚合物混凝土在水下养护 24h 后，由潜水员进行拆模板和修补表面处理，成型后由潜水员使用水下摄像机进行检查。

（四）安全监测情况

紫坪铺水利枢纽大坝安全监测系统设置的监测项目有：坝体外观变形监测、内部变形监测、坝体堆石体应力监测、坝体渗流量监测、坝体渗流压力监测、绕坝渗流压力监测、坝体强震监测、面板周边缝三向测缝计变形监测、面板二向脱空测缝计变形监测、面板板间缝测缝计开度监测、面板接触土压力监测、面板钢筋混凝土应力应变监测、上游水位监测、灌浆抬动变形临时监测。布置监测仪器共 270 套，地震后有部分仪器受损，经修复后，目前有 228 套仪器完好，42 套仪器异常，见表 1。

表 1 混凝土面板坝重点监测仪器的完好情况统计表

名 称	部位	单位	总量	受损量	完好量
观测房	下游坝坡	座	7	0	7
临时位移测点	面板	个	15	0	15
外观工作基点	边坡	个	15	1	14
永久位移测点	下游坝坡	个	16	0	16
永久位移测点	坝顶防浪墙	个	16	0	16
渗压计	坝内	支	20	3	17
堤土压力计	坝内	支	2	0	2
接触土压力计	面板下	支	4	0	4
水管式沉降仪	坝内	套	56	3	53
铟钢丝水平位移计	坝内	套	37	0	37
单向测缝计	板间缝	套	15	4	11
两向脱空计	面板下	套	20	10	10
三向测缝计	周边缝	套	15	6	9
应力应变观测	面板	套	15	9	6
多点位移计	趾板、边坡	套	8	5	3
绕渗孔	边坡	个	9	1	8
总 计			270	42	228

各项目监测情况如下：

1. 外观变形 大坝的外观变形观测共布置坝顶 16 个、下游坝坡 16 永久位移点。震前，部分点位随水位的上升、下降发生变形。所有点位 X 轴方向（左右岸方向）变形较小，一年的变形值都保持在 30mm 以下，且都是由两岸向中部最大坝高断面变形，与坝体内部受力情况相符。Y 方向（上下游方向）相对变形较大，一年的变形值在 100mm 以下，且都是向大坝下游变形，符合大坝受力变形的一般规律。

震后，坝顶平面观测数据表明：坝顶测点“桩号 DAM 0+300”为界，左岸测点向右岸位移，右岸测点向左岸位移。位移最大部位“桩号 DAM 0+20～50”和桩号“桩号 DAM 0+580～600”，其代表测点 Y3 和 Y14。坝顶中部测点即“桩号 DAM 120～520”变形主要向下游为主，其最大向下游位移 199mm，代表测点 Y8。观测房顶测点及各马道测点水平变形主要以向下游和向右岸为主，向下游位移最大点为 Y20，该测点震前震后比较位移量为 270.8mm；向右岸位移最大测点为 Y17，该测点 17 日数据与震前变化了－158.4mm。坝顶沉降成果表明坝顶中部沉降大于两边，桩号为坝左 50～580m，与震前相比此部位不均匀沉降均达到 100mm 以上，其中以坝左 250 附近的 Y7 沉降量最大，为 744.3mm。观测房顶测点与各马道测点均有不同程度的沉降，主要表现为高部位沉降量大于低部位，坝体中部位沉降量大于两边部位。

截至 2008 年底，所有外观测点相对变形已随余震和时间而慢慢收敛，无较大的突变，坝体中间部位变化大，两坝肩变化小，符合坝体变形一般规律。

2. 内部变形 坝体内部水平位移和竖向位移观测选择两个观测断面，分四个高程埋设电测引张线水平位移计和电测水管式沉降仪。水管式沉降仪布置沿坝轴线上下游方向间隔 30m 布置一测点，在垫层料和过渡料内分别布置一测点；引张线水平位移计布置沿坝轴线上下游方向间隔 60m 布置一测点，在垫层料和过渡料内分别布置一测点。

（1）坝体内部竖向位移监测：地震之前，各测点月沉降量基本在 5mm 左右。“5·12”汶川大地震及之后不断余震，造成坝体出现 100～800mm 的明显沉降，坝轴线下游坝体沉降量大于上游，高高程的坝体沉降量大于低高程的。2008 年度各测点最大沉降值为 857.05mm。截至 2008 年 12 月底，累计最大沉降值为 1486.4mm（包括施工期、运行期及汶川大地震期）。

（2）坝体内部水平位移监测：地震之前，820.0m 高程以下各测点月沉降量基本在 1mm 左右，850.0m 高程各测点月沉降量基本在 2mm 左右。“5·12”汶川大地震造成 790.0m 以上测点水平位移测点的位移值大于仪器量程，均没有准确的测值数据。根据预留的量程分析，水平位移值约 200～350mm 范围内。760m 高程实测水平位移值 145～180mm。

3. 坝体渗压 坝前河床趾板下部渗压计 K2 和 K3（帷幕前），实测渗压水位随坝前水位的升降而变化，“5·12”大地震后损坏，损坏前渗压水位达到

828.66m 高程。坝体基础部位有 15 支渗压计，编号 K4～K19；K4 在震后损坏，损坏前坝内渗压水位维持在 752.40m 高程；K5、K18、K19 在震前低水位时，坝内渗压水位维持 746.9m 高程左右；K12 坝内渗压水位维持在 731.5m 高程，K6～K11、K13～K17 坝内渗压水位维持在 748.8m 高程左右。随着后期修复工作的完成，开始蓄水加上连续暴雨使水位达到高水位后，K5、K18、K19 坝内渗压水位维持在 748.6m 高程左右，K12 坝内渗压水位保持在 731.6m 高程左右，K6～K11、K13～K17 坝内渗压水位维持在 750.3m 高程左右。

4. 绕坝渗流　2008 年 1 月初左岸坝肩 U2 孔水位下降约 3m、3 月下旬上升 8m 左右，其他各孔水位保持稳定。随着雨季的到来右岸 U2、U7 孔水位从 9 月 22 日至 9 月 25 日变化在 8～12m 左右，U5、U8 孔水位从 9 月 22 日至 9 月 25 日变化在 3m 左右；10 月初右岸 U2 孔水位在月初保持 4m 水位升幅，到月中水位开始回落。截至 2008 年 12 月底，各测点水位变化不大。水位变化与降雨等情况有关，与坝前水位变化没有明显关联。

5. 坝后渗流　震前的 5 月 10 日，量水堰渗流量为 10.38L/s、水位为 826.00m，震后 5 月 21 日量水堰渗流量为 17.38 L/s、水位为 825.72m，5 月 24 日量水堰渗流量 18.34 L/s、水位为 821.97m，震后与震前渗流量比较，同水位情况下渗流量增加 60%以上。坝后渗流量稳定，同水位情况下基本不变。震后库水位未超过 860m，随着库水位回蓄至正常库水位 877m，渗流量是否增加有待进一步观察。

6. 面板压应力　截至 2008 年 12 月，底面板与垫层料之间的 4 支压应力计震后观测值，相对 2008 年 5 月 12 日观测值比较，接触压应力增加值均在 0.22MPa 以下，变化不大。

7. 抬动观测　ZB-16 及 ZB-13 多点位移计震后损坏，趾板 2 套多点位移计也已损坏。从溢洪道四套多点位移计各测点位移值中可以看出：地震前后 YHD-1多点位移计 25m 到孔口位置测点下沉 2.5～3.5mm；YHD-2 多点位移计锚固点到 5m 测点压缩 1.5mm 左右；YHD-3 多点位移计较深处有 1mm 的变化、YHD-4 四套多点位移计近孔口位置有 1～3mm 的抬伸。地震之后，观测至今，4 套仪器测值变化不大。

8. 面板缝　2008 年初各个测点仪器测值变化很小，基本保持在 1mm 以内；"5·12" 汶川大地震后，截至 2008 年 12 月底面板测缝计观测值变化不大。其值变化与库水位变化有密切关系，如：2008 年 8 月底日均水位上升达 2m 左右，部分测缝计有 2mm 左右的变化。

9. 周边缝　混凝土面板周边缝的河床段布置了 3 套，岸坡段各布置了 6 套三向测缝计。震后有 8 套仪器损坏。截至 2008 年 12 月底已完成 2 套三向测缝计的埋设安装修复工作，并已取得初始值进入正常观测。震前，大部分测值月变化都保持在 0.5mm 以内，稍微有所变化的也都保持在 1mm 以内。震后，部分仪器测值变化较大，但基本都在 6mm 以内。

10. 面板脱空　混凝土面板设三个断面进行面板与垫层料间的脱空观测，分四个高程布置，共计 16 套脱空测缝计；每套由两支 TSJⅢ型位移计组装而成。震前，各个测点脱空计测值变化较小。地震之后，因变形过大，有 18 支传感器被损坏，影响 10 套两向脱空计。截至 2008 年 12 月 26 日，已完成 4 套两向脱空计的埋设安装工作，并取得初始值进入正常观测。

11. 板间缝　在板间缝（垂直缝）共布置了 15 支单向测缝计，左岸面板受拉缝布置了 7 支，右岸面板受拉缝布置了 8 支。2008 年初 15 支测缝计累计测值表现为微小闭合量，测值变化量都保持在 2.5mm 以下，其中 B1 测缝计开度量变化较突出，开度量为 14.2mm，各个测点成果保持稳定。震后，有部分仪器损坏和外部损伤。震后监测成果表明左岸及右岸靠近坝肩面板板间缝（垂直缝）呈小量拉伸，面板靠中间段板间缝呈微量压缩，基本符合面板变形规律。

12. 面板应力应变　面板钢筋计震后与震前应力有明显变化。震后钢筋应力变化与温度变化紧密相关，温度上升，钢筋的压应力增加，处于线弹性状态，无突变，无异常。面板混凝土应力震后与震前应力有明显变化。震后混凝土应力变化不大，震后应力变化无突变，无异常。

（五）应急修复及加固复核进展

1. 应急修复　2008 年 5 月 29 日坝体防渗结构（包括面板、周边缝、观测仪器、灌浆、防浪墙等）修复开始实施，至 2008 年 11 月，大坝挡水建筑物的修复工作全面结束。

2. 紫坪铺工程场地地震安全性复核　《四川省岷江紫坪铺水利枢纽工程场地地震安全性评价复核报告》已得到中国地震局批复。复核报告中指出，由于区域地震多为中上地壳内的浅源地震，本次汶川大地震对紫坪铺水利枢纽工程造成了Ⅸ度的地震烈度影响。新的紫坪铺工程设计地震动参数与《四川省岷江灌县紫坪铺工程地震基本烈度复核报告》（1989 年）中的结果相比，有明显提高。地震基本烈度由原来的Ⅶ度提高到Ⅷ度，其提高的根本原因是汶川地震后对龙门山断裂带地震危险性认识的改变，其直接因素是对相应潜在震源区及地震活动性参数的重新估计。复核报告结果作为紫坪铺工程的抗震设防要求，供建设工程抗震性能鉴定和加固使用。

（六）结语

2008年5月12日汶川发生的里氏8.0级大地震给工程造成了严重的损坏。地震发生后，组织了专业技术人员对大坝受损混凝土面板进行重点抢修，已具备2009年度汛挡水要求。

监测成果表明，虽然坝体在地震前后的变形明显，但地震之后没有明显的变化，已经趋于稳定；地震前后的坝体和坝岸坡渗流渗压值变化较小。紫坪铺大坝经受住了严峻的考验。

（四川紫坪铺开发有限责任公司
宋彦刚 邓良胜 王 昆 龙选明）

沙牌水电站的具体震损调查

一、工程简介和调查情况

（一）工程简介

沙牌水电站位于四川省阿坝藏族羌族自治州汶川县境内，是岷江支流草坡河上游的一个梯级龙头电站。电站采用蓄、引相结合的开发方式，坝址位于草坡河上沙牌村牛厂沟附近，厂址在其下游约5km的克充台地，电站尾水汇入已建成的草坡电站水库。坝址距草坡河口约19km，距汶川县城约47km，距成都约136km。

沙牌水电站水库正常蓄水位为1866.0m，死水位为1825.0m，总库容0.18亿m^3，电站总装机容量36MW，年发电量1.79亿kW·h，年利用小时数为4791h。工程为三等工程，主要建筑物为3级建筑物，设计洪水标准按50年一遇，校核洪水标准按500年一遇，地震基本烈度为Ⅶ度。枢纽工程主要由碾压混凝土拱坝、右岸两条泄洪洞及右岸发电引水隧洞、发电厂房等建筑物组成。碾压混凝土拱坝高130m，是目前国内外最高的碾压混凝土拱坝。

拱坝体形设计采用三心圆单曲拱坝，拱坝坝身不布置泄洪建筑物，碾压混凝土90天龄期的设计抗压强度为20MPa。在拱坝右岸布置两条泄洪隧洞。发电引水系统布置在拱坝右岸，进水口底板高程为1818m，引水隧洞全长3500.92m，洞径3m，引用流量15.6m^3/s。调主井布置在下厂址草坡右岸的山体中，为圆筒阻抗式，直径4.5m，高99.36m。调压井后为埋藏式压力管道，两台机共用一根总管，管径2m，支管直径1.2m。厂房布置在草坡河左岸的克充阶地上，主厂房长26m、宽18.5、高31.55m，安装2台单机容量为1.8万kW的混流式机组。

（二）调查情况

2008年5月12日四川省汶川发生8.0级强烈地震，灾害损失十分严重。强烈的地震也给该地区及广大周边地区造成严重影响，位于四川省汶川县草坡河的沙牌水电工程遭受到不同程度破坏。

沙牌电站离震中36km，离后山断裂8km，离中央断裂29km。根据震后一系列情况调查，依靠照片资料和与目观了解的情况对受损项目进行评估。

二、基本资料和运行情况

（一）流域概况

草坡河是岷江上游右岸的一级支流，发源于海拔5260m的海子塘，与杂古脑河相邻，自西向东流至两河口，左岸有支流长河坝沟汇入，后折向东南流，在两岔口与右岸的金波河汇合，再经6.5km于下索桥注入岷江。草坡河全长33.95km，流域面积364.8km^2，平均坡降57.7‰。草坡河流域内高山连绵，河谷深切，谷坡陡峻，水流湍急，水力资源丰富。域内出露岩层多为花岗岩及变质岩，中上游有茂密的原始森林，坝址两岸多为灌木丛及杂草。在草坡河的干流上已建有草坡水电站，原装有2台15MW的发电机组，考虑到沙牌水电站建成后增加了调节流量，已扩装1台15MW的发电机组，使电站总装机容量达到45MW。

（二）水文气象

草坡河流域地处四川盆地西北部边缘，渔子溪暴雨区与杂谷脑河少雨区的过渡地带。

草坡河的径流主要由降雨形成，也有一定的融雪水补给，枯期由地下水补给，水源丰富，从不断流。根据沙牌电站坝址径流系列统计，多年平均流量为8.72m^3/s，丰水期（5～10月）多年平均流量为12.3m^3/s，枯水期（11月～翌年4月）多年平均流量为5.05m^3/s。

（三）泥沙

沙牌水电站悬移质资料系根据岷江干流七盘沟站到中滩铺站区间悬移质输沙量推求，计算得坝址处多年平均输沙量10.2万t，多年平均含沙量375g/m^3，汛期（5～10月）输沙量为10.1万t，占全年的99%。

（四）工程地质

沙牌电站位于龙门山断裂带、近南北向岷江断裂带、北西向鲜水河断裂带、近东西向秦岭纬向断裂带所围限的色达—松潘断块的南西侧。

经四川省地震局1998年鉴定，沙牌坝址地震基本烈度为Ⅶ度，1999年月10月，省地震局工程地震研究所在《四川沙牌水电站工程场地地震危险性概率分析及场地地震动参数确定报告》中确认，该工程场地地震烈度再次被确定为Ⅶ度。此外，概率分析结果表明，50年超越概率为10％的地震烈度值坝址区为7.4度，工程区地震峰值加速度为0.141g，根据2001年国家地震烈度区划图，工程区地震峰值加速度为0.1g，动反应谱特征周期为0.4s。

库区地层主要为灰色板状千枚岩夹泥质灰岩，水库两岸基本由岩质边坡构成，地层走向与坡向呈大角度相交，稳定性好。水库与邻谷山体浑厚，灰岩的岩溶现象不发育，无切断分水岭的透水结构面，水库无大的渗漏问题。

坝区工程地质以F1断层（沙牌断层）为界，上盘为志留系茂县群千枚岩，下盘为晋宁—澄江期花岗闪长岩、花岗岩及后期侵入的闪长岩脉。河床冲积层厚度一般30～40m。沙牌水电站坝址选择在F1断层以下的花岗闪长岩河段，坝基主要为块状花岗（闪长）岩夹绿帘石、黑云母、石英角岩及少量绿泥石片岩，坝基左岸高程1800m、右岸高程1795m分布有Sc片岩带。坝基岩体卸荷不明显，风化微弱，岩体质量主要为Ⅱ级，局部为Ⅲ-1级。

（五）动能指标

装机容量3.6万kW，最大引用流量15.7m^3/s，最大水头303.8m，最小水头252m，多年平均发电量1.799亿kW·h，装机年利用小时4971h。

三、建筑物控制性工况及其稳定性

（一）工程设计标准

1. 工程等级　沙牌水电站总库容0.18亿m^3，最大坝高130m，电站装机容量36MW。根据《水利水电枢纽工程等级划分及设计标准（山区、丘陵区部分）SDJ 12—78（试行）》规定及初步设计审查意见，本工程为三等工程，主要建筑物按3级标准设计，次要建筑物按4级标准设计，临时建筑物按5级标准设计。

2. 防洪标准　根据《水利水电枢纽工程等级划分及设计标准（山区、丘陵区部分）SDJ 12—78（试行）》规定及初步设计审查意见，拱坝及泄洪建筑物设计洪水标准按50年一遇，校核洪水标准按500年一遇设计。

3. 地震设防标准　初设阶段，根据四川省地震局《汶川县沙牌水电站工程地震基本烈度鉴定意见书》及查《中国地震烈度区划图》，确定工程区地震基本烈度为Ⅶ度。施工阶段，根据新的《水工建筑物抗震设计规范》，挡水建筑物抗震设防标准以50年为基准期，超越概率为10％确定设计概率水准，相应的地震水平加速度为0.1375g。

（二）拱坝

1. 拱坝应力及控制工况　沙牌拱坝设计混凝土强度采用90天龄期的200号碾压混凝土。应力控制标准和混凝土抗压强度安全系数见表1。大量试验资料表明：大坝混凝土的抗拉强度达到2.0MPa，实际抗裂安全系数K_f达到1.64，抗裂安全是有保障的。在特殊荷载组合作用下，坝体位移、应力均满足应力控制标准。

表1　优化设计阶段坝体应力控制指标

荷载组合	部位	容许应力（MPa）		混凝土抗压强度安全系数
		主压应力	主拉应力	
基本组合	上游	5.0	1.0	4.0
	下游		1.3	
特殊组合	上游	5.7	1.3	3.5
	下游		1.5	

2. 拱坝拱座稳定性　拱座稳定采用三维刚体极限平衡法，分析中基本荷载组合为：滑移块自重＋拱坝推力（正常蓄水位＋温降）＋渗透压力。通过分析计算，沙牌两岸坝肩稳定满足设计要求。对坝肩抗力体单薄部位，进行了预应力锚索加固。

3. 大坝坝体抗震安全及拱座岩体抗震稳定安全评价　按《水工建筑物抗震设计规范（DL5073—2000）》（以下简称现行《规范》）的规定和要求，进行大坝坝体抗震安全及拱座岩体抗震稳定安全评价。

（1）坝体动力特性：大坝基本振型呈正对称振型，自振频率较高，正常蓄水位时正对称第一模态自振频率约为2.79～2.84Hz，反对称第一模态自振频率约为3.07～3.10Hz左右。两种不同坝前水位相比，由于水位降低导致上游坝面水体附加质量的减小，运行低水位的自振频率比正常蓄水位的自振频率有所提高，基频约提高15％（试载法）～17％（有限元）。

（2）大坝地震动力反应：正常蓄水位地震反应，试载法计算得出的径向最大静位移、最大动位移分别为3.82cm、1.74cm；而有限元法得到的顺河向最大位移值分别为2.31cm、1.76cm；反应谱法计算大坝静动叠加坝面主应力，试载法得到的最大主拉、主压应力分别为2.76MPa和5.07MPa；有限元法得到最大主拉、主压应力分别为2.94MPa和6.39MPa。运行低水位地震反应，与正常蓄水位情况相比，试载法计算的运行低水位时大坝最大静位移反应明显减小，发生位置也从顶拱拱冠移至中部高程拱冠。按反应谱法计算大坝静动叠加坝面主应力，试载法得到的最大主拉、压应力分别为1.76MPa和4.51MPa；有限元法得到最大主拉、压应力分别为3.26MPa和5.09MPa。

（3）坝肩动力稳定分析：在地震作用下，坝肩稳定安全系数明显下降。地震作用下，所选取的左、右岸坝肩各滑裂体的动力抗滑稳定安全系数最小为2.14，大于规范要求的1.20，满足抗震稳定安全要求。

四、现场调查情况及分析

（一）拱坝

大坝主体建筑物完好；坝肩抗力体稳定，仅见局部浅表塌滑；近坝库岸及可见库区、的两岸边坡地形完整、植被葱郁、未见有规模的滑坡体。

大坝主要受损的项目有：

(1) 1810m高程以下坝体廊道及深井泵房被淹。由于缺电，深井泵无法排除坝内积水，另外，由于下游河道因山体塌落掉石堵塞，形成局部的堰塞。1750m、1810m两层灌浆和排水廊道及深进泵房均受淹。

(2) 左、右岸抗力体边坡局部垮塌。左坝顶高程以上约20m高度范围内，右岸抗力体外侧坡坝顶以上约20m高度范围内发生了局部坡面表层破碎岩体及覆盖层滑塌。

(3) 左岸上游侧观礼台垮塌。地震使左岸上游侧观礼台内侧公路垭口部位局部塌方，建议清理表面的危岩体及浮渣，进行局部的锚固及挂网支护。

(4) 左岸坝肩通往上坝隧洞出口段的内侧山体局部塌方。

(5) 部分大坝的监测仪器受损。1810m高程廊道以下的监测仪器被水淹没，估计部分受损。

（二）泄洪洞

1、2号泄洪洞主体建筑物正常，机电设备正常，震后已经开启并运行。出口边坡附近浅表有少量垮塌，轻微震损。

（三）发电引水隧洞

初步检查及震损程度见表2。

（四）电站厂房

1. 发电厂房　沙牌厂房为地面式，长×宽×高为：42m × 18.5m × 31.55m，其中地面以上高18.85m，厂房发电机层高程为1565.65m。2008年9月1日到厂房现场观察到的情景如下：厂区的淹没水位从发电机层以上1m左右，已经降到发电机层以下2m左右，基本与现河床水位一致（1563m）。厂房屋面球绞网架轻型顶棚被山坡上的飞石砸烂几乎全部损坏，发电机层上散落着断裂的桥机。主厂房与副厂房之间的结构缝扩大。出线场、开关站中的机电设备被水浸泡多日，多处有被块石砸损痕迹，通信全部中断。

2. 厂房边坡　左右岸山体大面积滑坡，约6000m^3，需清理及做喷护处理。无涌水渗水现象。

以上情况为外部观察估计所得。厂房震损程度见表3。

3. 震损初步分析与成因研判　地震未对水工建筑物造成直接明显破坏，而是由于地震引起厂房附近边坡发生崩塌，形成山体大面积滑坡，山上的巨石、块石滚落，造成靠近厂房左端墙中的砖墙被山石砸出若干孔洞，机电设备中的桥机被砸掉。厂房范围内包括开关站出现场中的机电设备也不同程度的被飞石击中破坏。因此，沙牌电站厂房破坏主要是由地震引发的次生灾害引起的。

表2　发电引水隧洞震损程度分级表

序号	工程部位	检查项目	位置	震损状况描述	震损等级
1	引水隧洞	排架	取水口	排架立柱底部以上80～120cm出现裂缝，裂缝宽度0.03～0.5mm	震损轻微
2	引水隧洞	闸门槽	取水口	闸门不能完全放下密封，还需精确检查	震损轻微
3	引水隧洞	衬砌结构	洞身段	局部掉块，总体稳定	震损轻微
4	调压井			情况不明	震损轻微
5	压力管道	边坡	埋管出口	边坡有小范围的垮塌，无明显的滑坡现象	震损轻微
6	压力管道	管桥基础	管桥	局部混凝土破坏，程度较轻	震损轻微
7	压力管道	波纹管	管桥	完全破坏	震损轻微

表3　沙牌水电站厂房震损情况表

范围	检查项目	震损状况描述	震损等级
发电厂房	厂房基础	厂房四周地面被淹，受洪水冲刷；未见其他异常	震损轻微
	混凝土	左侧端部墙体及构造柱被垮塌山体击中，墙体破坏严重；构造柱有一定程度的损坏，其他未见明显异常	未震损
	屋面	屋面钢网架大部分被飞石砸坏，需进行重新安装	震损较重
	边坡	左、右岸边坡垮塌、飞石严重；治理难度较大	震损较重
	开关站	开关站被水淹没，设备毁坏严重	震损较重
	其他异常现象	厂房内桥机被飞石击中、掉落，毁坏严重；发电机层被水淹没，大量辅助设备损坏；厂房墙壁出现裂纹，门窗严重受损；尾水管出口被块石堵住，造成闸门不能关闭	震损较重

（五）金属结构震损情况及分析

1. 设计情况　本电站金属结构由泄洪、引水、尾水、导流等部位的闸门（拦污栅）及启闭机组成，总重量306t。

2. 现场调查情况

（1）泄洪部位，事故闸门锁定在坝顶平台上，工作弧门呈开启状态，外观无损失；固定卷扬式启闭机、液压启闭机外观均无损伤。

（2）引水部位，由坝顶沿工作门槽下到隧洞底部，从下游看工作闸门，外观无损伤。检修闸门和工作闸门外观均为关闭状态，但两套闸门都仅一侧落入底部，另一侧悬空，因此不能止水。

（3）尾水部位，闸门锁定在尾水平台上，外观无损伤。

（六）电器设备及通信

大坝内的电器设备、主副厂房内的电器设备部分被水淹没。大坝、主副厂房、开关站的电器及通信设备尚待供电恢复后作进一步的检查。

（七）观测设施

大坝、泄洪洞、厂房内的观测设施尚待供电恢复后进一步的检查与鉴定。震后大坝变形监测网的基准点及控制点坐标尚需重新复核。

五、震后地质调查及分析

2008年5月12日汶川大地震，沙牌电站离震中36km，离龙门山后山断裂8km，离中央断裂29km。震损检查及震损等级见表4。

表4　沙牌水电站工程震后现场检查项目表

范围	检查项目	位置	震损状况描述	震损等级
水库	左右岸坡	环境边坡	局部产生垮塌和掉块	震损轻微
	堆积体	火烧坡	堆积体未发现异常情况，但堆积体上游侧环境边坡局部有垮塌和掉块	震损轻微
大坝	左岸边坡	环境边坡	开口线以外的部分覆盖层及局部基岩边坡发生垮塌和掉块，主要集中于坝顶以上及抗力体下游侧	震损较重
		工程边坡	未发现异常情况	震损轻微
	右岸边坡	环境边坡	开口线以外边坡有局部掉块	震损轻微
		工程边坡	未发现异常情况	震损轻微
	地基	主体工程及附属建筑	主体工程未见异常	震损轻微
厂房	边坡	环境边坡	掉块滚石严重，危及厂房安全	震损较重
	地基	主体工程及附属建筑	总体稳定	震损轻微
引水隧洞及调压井	边坡	后坡及下游侧坡	情况不明	情况不明
		上游侧坡及山脊环境边坡		

六、结论和建议

总体上分析，挡水建筑物、泄洪建筑物、引水建筑物震损轻微，主、副厂房及厂区震损较重，目前电站处于停发状态。其主要的结论与建议有：

1. 大坝　大坝主体建筑物完好，坝肩抗力体稳定，仅见局部浅表塌滑；建议应进行抽水排淤后，补充对1750m、1810m两层廊道及深进泵房、大坝防渗系统的检查；组织力量，排除长河坝隧洞流向坝顶的水流。

大坝左岸开口线以外的环境边坡，在余震及暴雨下仍有可能产生垮坍。

2. 泄洪洞　两条泄洪洞进水口、启闭机排架洞身完好，出口边坡有局部垮塌，有待进一步调查。

3. 引水系统　总体震损轻微，短期可恢复施工，其复建分类为Ⅰ类。

经边坡抗震复核，在设计地震烈度工况下，引水系统进出口边坡总体稳定，经局部处理后是安全的。

从震损的部位和程度来看，引水系统恢复施工难度不大。应尽快安排恢复施工，完成进出口边坡支护，以避免雨季带来的度汛风险和边坡风险。

压力管道出口边坡地震造成震损较重，建议清除破碎危石，根据地质实际地质情况，局部增加锚杆束、灌浆或锚索。

引水隧洞洞身及调压井有待进一步调查，根据目前了解的情况初步判断，地震造成震损轻微，建议复核地震后的围岩类别，对局部掉块或渗水较大的部位，考虑采取局部增加钢筋或固结灌浆等措施。

4. 电站厂房　震损较重，电站厂房破坏主要是由地震引发的次生灾害（滑坡、堰塞、水淹等）引起的。

厂房的左岸环境边坡，在余震及暴雨下仍有可能产生垮坍及掉下飞石，并有可能再次产生堰塞湖。

5. 建筑结构　大坝的附属建筑结构震损轻微，电站副厂房及厂区建筑震损较重。

6. 金属结构　地震对金属结构部分影响不严重。进水口事故检修闸门和工作闸门不能全关闭，建议先将闸门提起检查，看闸门的零部件是否有损伤变形，然后再将闸门关闭，观察止水效果。尾水闸门电源断开，建议将电源接通后试运行电动葫芦，看其能否正常工作。

7. 建议供电恢复后，安排对大坝、主副厂房、开关站的电器及通信设备作进一步的检查与鉴定。

8. 建议供电恢复后，对安全监测设备检查与测试；尽快启动大坝变形监测网的基准点及控制点坐标复核。

9. 泥石流的危害　由于厂房以上至长河坝交通洞之间及大坝以下河段的环境边坡有多处发生了塌滑，规模较大，在草坡河内堆积了较多的块碎石土，在暴雨及洪水季节，易形成泥石流，将对沙牌电站厂房及草坡电站闸址产生影响，建议治理。

10. 尽快对库尾火烧坪堆积体进行监测，该堆积体上有大量的安置房及居民，为防范该堆积体产生突然失稳，需制定相应的应急预案：并建议尽快对该堆积体进行相应的勘探及勘察工作，以评价在蓄水后是否会产生进一步下滑的可能性。

11. 对大坝的重要部位（诱导缝、横缝、灌浆帷幕等）及其工程震损严重的部位，建议开展物探检测。

12. 尽快开展相应的地震安评复核工作。

（中国水电顾问集团成都勘测设计研究院）

映秀湾水力发电总厂抗震有关情况

映秀湾水力发电总厂管有映秀湾、渔子溪和耿达3座水电站，共有11台机组，总容量45.5万kW，年均发电量20亿kW·h，是四川电力系统的骨干发电厂。三个电站当初投入的7亿多元的建设资金早已收回，30多年来，每年每月都在源源不断地为四川城乡输送无环境污染的、可再生的清洁能源，创造了显著的社会效益和经济效益，为四川的经济发展作出了贡献。映秀湾也建成了繁荣的阿坝州第一镇。

2008年5月12日14时28分，映秀湾水力发电总厂（以下简称映电总厂）的生产纪录在这一刻突然中断。历史上震动持续时间最长、破坏力最强、破坏范围最广、救援难度最大、震级达到8.0级的特大地震在这里发生。

“5·12”汶川特大地震发生之时，映电总厂三个水电站正在正常运行。刹那间，地声隆隆、山摇地动、山崩地裂，桥垮楼塌，江水断流。巍峨的山峰摇晃起伏，房屋大的巨石凌空飞出砸在路面，山上的碎石如雨点般落下，砸在地面溅起漫天灰尘，就像战争时的地毯式轰炸。一时间，天昏地暗，对面不见人影。映秀镇一瞬间被夷为平地。电厂二台山220kV开关站构件倒塌，设备损坏，全部报废。电厂办公楼大楼、宿舍楼、映电宾馆，整体垮塌。100多名员工被埋入废墟。映秀湾电站闸坝受损，闸门不能启动，厂房被水淹没。渔子溪电站闸坝右岸山体崩塌，坝的右段大部分被掩埋，三扇闸门全部冲掉，启闭设施和门机全部损毁，厂房进水被淹。耿达电站山体垮塌，厂房外部被垮塌山体掩埋，副厂房、中控室、两台主变压器全部被毁，12名值班员工失踪。经全力搜救，遇难员工达95人。

在完成人员搜救、临时安置后，映电总厂在国家电网公司和四川省电力公司的统一部署和具体安排下，立即开始了灾后恢复重建工作。2008年6月20日映电总厂召开全厂恢复生产动员大会。从此，全厂员工在异常艰难困苦的条件下进行恢复重建，谱写出一曲迎难而上、顽强奋战、无私奉献的壮丽凯歌。

7月5日，映秀湾电站厂房照明全面恢复；7月9日，厂房行车恢复运行，来自成都勘测设计院的专家对该站水工建筑物进行现场勘测和安全评估；7月22日，厂房积水全部排除；7月24日，风机和检修排水泵恢复使用；7月28日，二次盘柜拆除和中控室清理完毕；7月29日，发电机坑清洗处理完毕；8月1日，尾水洞疏通工程开工；8月4日，尾水桥墩混凝土开始浇筑；8月18日，3号发电机转子成功吊出；8月28日临时通风系统投入运行；10月14日，3号发电机转子成功吊入机坑；11月初，二次设备电缆敷设工作全面展开；12月6日，3号机组进入72h试运行，首台机组恢复并网发电进入倒计时。

映电总厂的恢复重建得到了上上下下各个方面的支持和帮助。来自国家电网公司和兄弟单位援助的手温暖了映电职工受伤的心。在灾后艰难的时刻，四川省电力公司在最短的时间里建成了映秀春天坪变电站，而通向映秀湾电站的10kV线路是由乐山供电局援建的，三台箱式变压器也由兄弟单位无偿捐赠。国家电网公司、四川省电力公司对映电总厂的恢复重建统一筹划，优先安排，确保恢复重建工作按期完成。

映秀湾发电总厂地处大山峡谷，员工富有不怕困难、吃苦耐劳、坚忍不拔的精神。正是这种精神，在地震中出现了马元江被埋179h成功获救；虞锦华被埋150h，双脚高位截肢、仍然笑对生活的生命奇迹；黄丽在废墟上为丈夫唱歌鼓励、等待救援的感人故事。正是这种抗震救灾的伟大精神，激励着映电人在160多天后，取得了映电首台机组恢复发电的阶段性胜利。

2008年12月12日15时46分，映秀湾水电站3号机组正式并网投入运行。12月19日上午，映电总厂在映秀隆重举行恢复生产首台机组发电庆祝仪式。

按照四川省电力公司的要求：2009年6月，映秀湾电站3台机组全部并网发电；2009年12月31日前渔子溪电站首台机组并网发电；2010年底，渔子溪电站3台机组和耿达电站4台机组全部恢复发电。这是一个三步走战略，也是一场硬仗。

映电员工在首台机组发电的鼓舞下，马不停蹄，在加紧映秀电站其余机组修复的同时，开始渔子溪水电站的抢修。8月4日，渔子溪水电站被垮塌山体掩埋厂房洞口就清理完毕；9月4～5日，完成了水电站闸首现场踏勘。12月12日，进入厂房进行实地踏勘，并对需先期恢复的设备进行仔细检查。厂房内积水已经消退至发电机层以下，从墙壁上的痕迹可以看出积水最高时约有1.7m左右；发电机层一片凌乱，地面湿滑不堪，油污遍地；2号机组+X方向有明显的燃烧痕迹，励磁电缆只剩裸露的铜芯，厂房墙面全被燃烧的油烟熏黑。从检查情况来看，该站6台主通风机均未被水泡过，各相关设备也没有受到地震损坏，只需对电机绝缘进行处理，重新接上电源即可投入运行；发电机层照明系统在地震中损坏不严重，各分电控箱都良好，只需进行重新维护一下，接上电源就可投运。而发电机、水泵电机及控制箱均被水浸泡，恢复时必须更换新的。

12月16日，渔子溪水电站恢复重建正式开工。

（《四川水力发电》杂志社　姚国寿　龙　灿）

映秀湾水电站闸首导墙修复工程

“5·12”汶川地震，使映秀湾水电站闸首重力导墙各段间出现相对位移及沉陷。该导墙已满足不了设计洪水流量（百年一遇洪水流量3700m³/s）要求，需对其背水面进行混凝土浇筑及固结灌浆处理。映秀湾闸首导墙修复工程分为取水口上游导墙及漂木道上游导墙两部分，由武警水电第三总队承担。修复情况简介如下：

（一）修复准备

1. 形成施工围堰　为防止岷江河水对导墙的冲击，提供导墙在无侧压力的情况下仔细进行受损情况检查条件，并为导墙加固工作提供无水施工环境，首先要在该导墙外围形成围堰体。根据业主提供的岷江水位（946.00m）及流量值（710m³/s），确定了外围围堰方案。考虑该围堰体使用时间较长，按照15%的富余值进行设计，抗洪流量为817m³/s，高程为940.50m。围堰体采用土石料进行填筑，底部宽度25m，顶部宽度6m。

2. 地质情况检查　据有关资料，导墙基础为砂砾层。这次地震映秀地处震中，地质情况极易发生改变。为做好修复工作，在围堰施工的同时，对导墙处地质进行了钻探，以了解“5·12”地震后导墙地质变化情况。经地质钻探发现，现导墙地质情况与该电站修建时地质评估及竣工资料反映情况有了明显的变化，砂卵层密实度明显降低，局部区段出现了砂层。

3. 受损情况勘查与分析　在围堰施工完成后，针对导墙倾斜度及墙体受损情况进行了现场勘查与分析。通过混凝土试压实验、声波检测实验，认为原导墙体内部无受损，只是3块墙体在沉降缝处发生了位移及倾斜。经对原导墙进行受力分析（抗倾覆、稳定性分析）计算，按照500年一遇洪水流量(5240m³/s)并加15%进行了复核，认为可满足要求。

（二）处理方案

对原导墙受损部位进行加固处理，按发电正常水位945.00m、校核水位948.60m、墙顶高950.00m计算，确定方案。

1. 取水口上游导墙处理方案　取水口上游导墙地震后墙体整体下沉58.3cm；沉降缝前后两段高低相差15cm，前后错位约38cm；导墙体向背水面倾斜7°。加固处理方案为：

（1）保留墙后原趾板和肋板，在趾板后回填C15混凝土约1370m³，再在趾板下进行固结灌浆。

（2）回填混凝土分缝与导墙分缝对齐，与墙后趾板分缝处采用沥青麻片填缝，浇筑混凝土前必须将基础的沙层清除干净，使回填混凝土置于砂卵石层上。

（3）浇筑混凝土后进行固结灌浆，灌浆范围顺河方向向上游到导墙弧形段末端为止。灌浆孔排距2m；采用水泥浆，水泥标号为P.O.42.5，灌浆压力初拟为0.2MPa，可根据实际灌浆情况调整。灌浆时先灌四周，由外至内进行。灌浆满足《水工建筑物水泥灌浆施工技术规范》（DL/T 5148—2001）要求。

(4) 墙后砂卵石回填并夯实，回填顶高程为944m，砂卵石干容重不小于2.1t/m³。

2. 漂木道上游导墙处理方案 漂木道上游导墙地震后主体向背水面倾斜约4.5°；中部原施工缝处出现13cm宽贯穿性裂缝，前后错缝23cm；导墙体下沉28cm。该段加固采用混凝土浇筑与锚杆施工的方式进行，使新旧混凝土形成整体，保证原导墙稳定性。

3. 工程量 映秀湾水电站闸首左岸取水口上游导墙分为直线段和弧形段两部分，其中直线段堤长18.5m，弧形堤长39.28m；修复高程为933.5～950m，计16.5m高；主要工程量为基础开挖约8000m³，C15混凝土浇筑1370m³，砂卵石回填夯实6800m³以及趾板下砂卵石区固结灌浆等。漂木道上游弧形导墙加固工程，需浇筑C20混凝土约1100m³，ϕ32锚杆制作安装4.7t，土石方开挖约6000m³，土石方回填5000m³。

(三) 施工措施

1. 基础开挖及基坑清理

(1) 左岸取水口上游导墙修复工程、漂木道导墙加固工程均采用机械开挖基础，共投入挖掘机3台，运输车4台。采用就近堆放或利用运输车进行外运，共计外运土石方5000m³。

(2) 漂木道导墙原基础下部为沙砾层，加固时开挖深度低于现水位高度，原漂木道、1号泄洪闸等底板在地震中遭受损坏，因此造成基坑渗水较严重。共投入5台离心泵（150m³/h），进行24h抽水作业；当水位降到936m高程时采用开挖集水坑的方式进行抽水，与此同时进行上部钻孔、锚杆制作安装和原混凝土墙面凿毛工作。

(3) 基坑开挖至936m高程后由成都勘测设计研究院进行基坑承载力试验，确认是否满足设计要求。为保证混凝土浇筑质量，在基坑清理时首先将基坑的泥沙层清除干净，使回填混凝土置于净砂卵石层上，保证其整体稳定性。

2. 混凝土浇筑

(1) 由于混凝土浇筑量大，厚度又分别达6m、10.5m，一次性浇筑无法完成，故采取每3m高为一浇筑仓面，分层（0.5m）浇筑、振捣作业。由于施工场地狭窄，取水口上游导墙加固还采用了分段施工，在弧形与直线段之间沿左右两沉降缝位置一分为三，先对直线及弧形段进行浇筑，最后再对连接过渡段进行浇筑。混凝土浇筑时分缝按照与导墙的分缝对齐的原则进行，与原趾板混凝土分缝采用沥青麻片填缝的方式。每3m高度平面插ϕ18钢筋，间距1m，通过ϕ14钢筋拉固辅助钢模、钢管、蝴蝶卡扣、增加斜撑等进行模板加固。

(2) 左岸取水口上游导墙修复工程混凝土浇筑标号为C15，总方量为1370m³，浇筑前经监理工程师验仓合格后进行分层（3m）浇筑。漂木道导墙加固工程混凝土浇筑标号为C20，总方量约为800m³。采用分层分区段的方式进行浇筑施工，浇筑前对原导墙混凝土面进行凿毛处理。

(3) 由于市场上的水泥多为农用普通水泥，水工用P.O.水泥生产量小，无法满足现场搅拌的需要，且现场砂石料也无法足量提供，为保证施工进度，采用了商品混凝土，泵车浇筑的方式进行。混凝土浇筑、预埋灌浆管等严格按照（坝工）004号文件相关要求执行。

3. 锚杆施工 锚杆施工时采用空压机风钻钻孔。锚杆布置分为两种形式：936.5～939m高程采用ϕ32@100cm×100cm，$L=2$m；939.00～947.00m高程采用ϕ32@100cm×100cm，$L=1.6$m。

4. 固结灌浆及回填夯实 左岸上游导墙修复工程固结灌浆时，首先按照原混凝土浇筑时预埋灌浆管进行再次钻设，当深度达到933m高程时进行灌浆工作。灌浆范围为顺河流方向上游至导墙弧形段末端为止，灌浆方法为由外向内的方式进行。灌浆采用水泥浆，水泥标号为P.O.42.5，灌浆压力为0.2～1MPa。砂卵石回填时实行分层回填碾压，厚度为0.5m。采用装载机回填、压路机进行碾压夯实。

(四) 完成情况

2008年10月20日接到修复通知及设计图纸，要在40天内完成任务，工期紧、任务重。为此，立即进行施工协调，分析任务，安排进度，调集设备及人员，采用24h三班倒工作制。后勤组成临时物质保障小组，保证施工的需求。商品混凝土需从都江堰市区采购后运输至施工现场，考虑运输路程远、路况差、交通事故频发、有交通管制，采取专车、专人负责采购及运输，并提前与各地方政府、气象部门以及其他单位进行沟通协调。成立安全小组（共12人），负责现场安全监管和治安维护工作。在武警水电第三总队的努力和有关单位的支持下，11月25日导墙修复完成，11月28日围堰顺利拆除，保证了映秀湾水电站12月1日引水隧洞充水目标。

（武警水电第三总队
王淑建 邓生荣 王振全 杨 建）

太平驿水电站抗震有关情况

太平驿水电站是20世纪90年代华能四川水电公司在岷江上建成的最大水电站，工程于1996年5月完工，装机容量26万kW，年发电量16.87亿kW·h。电站的建成取得了明显的经济效益和社会效益，为四川的经济发展作出了重大贡献。“5·12”汶川大地震，四川华能太平驿水电有限责任公司经受了严峻考验，有关抗震救灾情况如下。

一、地震发生及自救情况

2008年5月12日14时，在办公大楼召开生产现场会。当各个部门负责人刚发言完毕，时钟走至14时28分，突然间楼房开始剧烈摇晃。在剧烈抖动十几秒后，整个电站的照明系统全部中断。地震稍一停顿，会场内所有人员和在楼内的其余办公人员迅速撤离至楼外空地。

此时，山体垮塌，倾斜而下的沙石遮天蔽日，沙尘瞬间湮没了整个电站厂区。当沙尘散去，堆积在地面的尘土竟然厚达5cm。强震刚过，一波强烈的余震又突然袭来，两岸的山体继续垮塌。电站的道路、房屋、设施严重受损，通信全部中断，外界音讯全无。幸运的是地下厂房进口并未被掩埋，仅外墙有轻微损坏。但垮塌的山体还是掩埋了电站的尾水洞，导致4台发电机组全被倒灌的岷江尾水淹没。

在此危急时刻，厂领导组织全体员工迅速展开自救工作：搭建帐篷、抢运食品、粮食、登记员工人数。经过统计，水电站有102名员工受困现场，其中有14名被困闸坝，情况不明。为做好自救工作，决定成立两支突击队，兵分两路，第一队去闸坝寻找14名员工的下落，并想方设法救出；第二队冒险徒步向映秀镇进发，寻找脱离“死亡之谷”的道路，并向外界通报电站的情况。

5月13日一早，两支突击队便朝着各自的目标进发。第一突击队由于道路已经在滑坡滚石下荡然无存，第一天以失败告终；5月14日再次从水电站厂房出发向闸坝挺进，也没能成功抵达闸坝。但闸坝值班人员历尽艰辛于5月15日17时步行回到开关站；14人中除1人死亡、3人失踪，其他包括2名受伤人员在内的10名职工平安归来。而第二突击队的“突围行动”也异常艰险，有4名队员因过度劳累，中途不能继续前行；另7名队员经过不懈努力，成功翻越老虎嘴，于5月14日晚抵达映秀镇。

为了尽快使被困员工脱离险境，5月15日19时起组织员工分批往映秀镇撤，然后再向都江堰市撤离。5月17日20时，电站剩余被困人员全部安全走出了“死亡峡谷”，抵达映秀镇。5月21日，电站98名包括重伤员和孕妇在内的受困职工全部转移到都江堰市，太平驿电站受困人员的自救工作取得了圆满胜利。

二、闸坝排险情况

地震发生前，水电站的4台机组均满负荷运行，五孔泄洪闸门除一孔闸门开启25cm外，其余闸门均处于关闭状态。地震发生后，现场值班人员试图启动柴油机备用电源提起闸门，因设备受损未获成功。因没有发电用水，又持续降雨，坝前水位迅速上升，江水翻坝，在左岸形成一条冲沟，形成险情。如果不能在最短时间内提起闸门，就可能发生突然溃坝，对下游人民群众生命财产和抗震救援部队构成严重威胁。5月20日，闸坝排险的艰巨任务再一次摆在面前。

为赶在岷江大汛到来之前，打开闸坝泄洪闸门，保证防洪安全，华能集团公司领导高度重视，坚决执行中央领导关于排除岷江上游受损电站险情的批示，要求电站不管采用什么办法必须尽快提起闸门。在接到上级下达的任务后，华能四川公司紧急制定了闸坝排险方案，组织成立了29人的闸坝排险突击队，准备乘坐成都军区陆航团的直升飞机携带柴油发电机等设备，赶赴闸坝现场展开排险工作。

5月26日上午9时40分，搭载华能太平驿闸坝排险突击队的两架直升机起飞，朝着位于“死亡峡谷”深处的太平驿水电站进发。当时由于余震不断，两岸山体不断垮塌，20多千米的死亡峡谷，直升机每次起降都冒着巨大的风险，每一位抢险突击队员也都冒着极大的生命危险在执行抢险任务。10时51分，直升机安全降落坝区。突击队迅速对周边状况进行了观察，并安排布置7个小组迅速展开排险工作。经目测坝体完好，由于5号闸门被水冲掉，冲沟险情也基本解除。道桥专家勘测通道，安装人员装卸物资，设备维护人员快速组装柴油发电机，拿电缆的，检查盘柜的，各项工作有序展开。14时50分，5架次直升飞机运送的人员、物资全部到位，柴油发电机也组装成功并顺利通电，闸门排险工作顺利展开。20时50分，1、3、4号闸门提起，加上被水冲开的5号闸，四孔泄洪闸最大泄洪能力达到4500m^3/s，太平驿闸坝险情终于排除。

三、恢复重建情况

抗震救灾工作刚告一段落，华能四川水电公司就按照“以人为本、尊重自然、统筹兼顾、科学重建”的原则，安排落实太平驿水电站恢复重建工作：2008年主要是制定方案，进行准备工作；2009年的目标就是保证4台机组全部恢复发电能力；2010年主要是将电站恢复到震前青山绿水的风貌。

经组织各方面专家，克服余震不断、山体滑坡、道路不通等诸多困难，对生产设备设施及闸坝现场进行了检查评估，确定了生产恢复方案。包括设计、订货、人员组织、现场施工招投标等准备工作均已经完成。2008年9月2日都汶公路通车后，所有施工设备便开始源源不断拉进厂房。被水淹没的地下厂房，

9月上旬开始抽排积水，随后把损毁的设备全部撤除，进行清洗、检查、再安装。同时对闸坝、引水隧洞、尾水洞等进行清理、检查、修复。雨季过后，展开边坡的治理工作。经过努力，到2008年底，修复工作取得很大进展，3号机组可在2009年1月中旬开始试运行。

震后，从二台山到电厂段的线塔基本毁坏，恢复重建工程量巨大。预计将在2009年5月底前恢复输电送出线路。届时，太平驿水电厂就可恢复向电网供电。

在太平驿电站的恢复重建工作中，中国水利水电第七工程局有限公司负责了闸坝和发电厂房机电设备的修复工作，中国水利水电第十工程局负责引水隧洞的维修加固。

水电七局有限公司从2008年7月就开始编制恢复生产施工方案；8月28日，施工人员进入都江堰开始进行前期准备工作；9月2日，都汶公路恢复通车后，立马赶赴电站闸坝进行生活设施的准备工作，并展开闸坝水处理系统的修复工作。当时，生活用电还必须依靠柴油发电机提供，生活用水依靠从山里接水维持，一旦发生余震水质就会变得非常浑浊。就在如此艰难的生活和工作环境下，他们依然加班加点准备好了生活和工作设施。从10月1日起，大规模恢复重建工作便正式展开。第一步是进行闸坝右岸处理工作。地震导致山体大量垮塌，闸坝和附近道路都被滚石掩埋。据估算，闸坝被掩埋达到50m左右，而最高埋深达到160m，要挖掉9万多立方米的土石。第二步是进行闸坝左岸处理工作，要对江水翻坝冲刷出条冲沟进行土石填筑，并恢复交通。

当时最为艰苦和危险的便是清理堆石工作。由于开挖时间正值10～11月，加上闸坝两岸的边坡较高，频繁发生的余震随时都有可能导致滚石坠落，所有的施工机械和施工人员在进行开挖工作时都冒了极大的风险。但为了保证电站的恢复重建工作能够尽快完成，所有的施工机械和人员不得不冒着山体滚石的威胁加紧施工。

通过全体施工人员的共同努力，仅用了1个半月时间，闸坝便被挖掘出来。闸坝被挖出后毁坏并不严重，除被冲走的5号闸门，只有坝上的围栏有轻微损坏。由于5号闸门备用的平板门又被滚石堆埋，需先清理滚石，把备用平板门吊出并进行了安装。经两天努力，修复了备用闸门，库坝恢复挡水功能。

四、惠民帮扶行动

在地震前，华能四川公司便开展了“哺农惠民工程行动计划”等一系列回报社会的行动。太平驿水电站于2007年展开行动，计划使用200多万元专项基金，通过三年时间对电站周边的村民进行帮扶。截止到2008年，已经使用了150多万元，完成了村村通电视、村村通公路工程，并扩大了种植业，帮助建成了人畜引水工程，当地村民也因此开始走上致富之路。地震发生后，在各项物资急缺等困难的情况接连出现的时候，当地乡长在5月16日带领10名村民背着腊肉、香肠、大米翻山越岭来帮助电厂，为水电站解决了极缺生活物资这一难题。被困的职工都非常感动，大灾发生后众志成城、团结一心、相互救济的精神在此淋漓尽致地体现出来。

地震使电站紧邻213国道旁三户村民的房屋全部垮塌，电站义不容辞地将三户村民接来，与职工同吃同住、共度难关。不仅如此，水电站还把当时正行驶至电站正门处的几部幸免于难的车辆上的幸存者也接至电站，与所有职工同吃同住。在如此大的灾难面前，电厂必须履行好社会责任，把所有被困的百姓都当成了一家人，在危难时刻，大家共同自救、共度难关。

正当电站进入恢复重建紧张阶段的时候，2008年9月竣工通车的国道213线汶川彻底关临时钢便桥因为交通流量大、重车多，已达到钢桥理论疲劳寿命的65%，不能适应后期重载交通量，也难以坚持到2009年4月彻底关永久大桥恢复通车。都江堰往返汶川的救援工作受到极大的影响，都汶生命线随时面临着阻断的危险。在这紧急关头，四川华能太平驿水电有限责任公司为支持阿坝州灾后恢复重建工作，确保都汶公路交通生命线的安全畅通，积极实施阿坝州人民政府开通跨岷江第二通道的方案。从2008年12月起将太平驿电站闸坝作为都汶公路跨岷江的临时主要通道，让都汶生命线再次畅通无阻。

（《四川水力发电》杂志社
龙 灿 姚国寿 李燕辉）

唐家山堰塞湖成功排险评析

（一）概况

“5·12”汶川地震形成的唐家山滑坡堰塞体，将湔江拦腰截断形成了堰塞湖，上游集水面积约3550km^2，其最大蓄水量约3.2亿m^3。距北川县城上游6km。

截至5月21日，堰塞湖的水位为711.0m高程，蓄水量约7250万m^3，上下游水头差为42.0m。蓄水位还在不断地上升，随着汛期的到来，来水流量正在逐渐加大，堰塞体的安全隐患越来越严重，下游数百万人的生命、财产安全受到极大的威胁。

（二）地质条件

堰塞体是右岸山体在地震力的作用下，沿构造发育的特定结构面，自右岸向左岸整体发生滑坡坍塌形成的。其物质组成主要是强风化和弱风化寒武系下统清平组灰黑色硅质岩、砂质灰岩以及碎石土、壤土覆盖层等。

堰塞体长 803.4m、宽 611.8m、高 82.6～124.4m、方量约 2037.0 万 m^3。其表面的起伏差较大，最低点为右侧水塘部位，塘底高程为 743.0m；最高点为左侧高包部位，高程为 791.9m；下游坡脚部位河床高程为 669.0m。总体上左高右低，中线偏右部位为一较连续的低洼槽，其自然泄流控制高程为 752.0m。低洼槽两侧较平缓开阔，右侧为形成堰塞体的滑坡台地，左侧为滑坡堆积体，低洼槽中间及上游段的表层大都为碎石土和壤土，水塘部位为淤泥，下游段为结构较致密的解体状、层状结构的硅质岩。

（三）排险方案的制定

该堰塞湖虽与北川县城近在咫尺，但因地震造成的多处桥梁垮塌、路段被毁和沿河规模不等的堰塞体，致使陆路、水路不通，又加之地处深山峡谷、气候多变，直升机飞行难度大。

国务院抗震救灾前方指挥部（简称前指）根据气象短期预报，作出了“开辟空中通道”、实施“工程排险和转移避险相结合”的果断决策，要求 6 月 5 日前完成排险。

武警水电部队会同前指水利组专家，按照“安全、科学、快速”的原则，制定了“采用工程措施开槽引流，利用过流冲刷逐渐降低扩槽，以降低水位、减少库容、避免瞬间溃坝”的排险方案，即根据堰塞体的地形、地质特点，决定沿右侧低洼槽的走势，开挖一条泄流槽。按照槽底泄流的控制高程，制定了“高、中、低”（即：747.0m、745.0m、742.0m）三个方案。

开槽以“机械法”为主攻方案，如果因气候条件影响，设备不能实施空运，则以“爆破法”做为备用方案。

（四）开槽泄流机理分析

1. 泄流能力　从公式 $Q=\frac{B}{n}R^{5/3}J^{1/2}$ 不难看出，在糙率系数 n、水面宽 B 和槽底坡降 J 不变的情况下，流量 Q 与水力半径 R 是高次方的关系，也就是说，水深的增加对泄流槽的泄流能力影响最大。

2. 泄流槽冲刷　按照冲刷的部位和性质可分为槽底刷深、槽体展宽、槽体淘蚀。

（1）槽底刷深。泄流时，槽底刷深是必然的。由于在泄流槽部位（下游出口段除外），大都为碎石土和壤土，其结构较松散，根据窄深河槽的泄洪机理分析，在洪水演进过程中，随着水位的上涨、水深的增加，作用在槽底的水流功率增大，槽底推移质的输送强度增加，槽底被不断刷深，在最大洪峰时，水深达到最大，作用在槽底的水流功率最大，槽底推移质的输送强度也最大。还应注意到泄流槽的纵向比降对水流动能的影响，比降大，推移质运动强度就提高，对槽底的刷深速度就快。

（2）槽体展宽。泄流槽两侧边坡受水流的冲刷作用，会发生坍塌导致横向展宽，这与两侧边坡材料的休止角有关。

（3）槽体淘蚀。由于泄流槽的组成物质是不均匀的，其下游坡脚在过流后不久，就会因局部的冲蚀而随即发生淘蚀坍塌，随着下泄流量的逐渐加大，淘蚀的规模和速度，也会逐渐地加大且向上游方向发展。

（五）泄流槽的设计

根据以上分析，为确保排险施工期安全和泄流安全，在断面体形和纵向比降的设计上，重点要把握：①充分利用泄流的槽底刷深作用，进一步降低扩槽，提高泄流的能力；②控制泄流槽的刷深速度，并注意避免因泄流槽两侧边坡的“横向展宽”效应，产生瞬时大体积的边坡坍塌，可能造成槽体堵塞发生漫顶；③控制坡脚淘蚀坍塌的发展速度，避免因淘蚀坍塌速度过快、规模过大，导致瞬间决口或溃坝；④泄流槽下游出口段解体状、较致密结构的岩体，对泄流槽的刷深和淘蚀速度起着关键的控制作用。

1. 断面形式　泄流槽采用梯形断面，边坡坡度按 1：1.5 控制，低方案的槽底宽度为 13.0m（“高、中”方案据此反推）。

2. 走向及比降　为尽量减少工程量并确保泄流通畅，泄流槽的走向原则上沿低洼槽的走势布置，进口引渠段应开阔、引流顺畅，中间泄槽段应平直，利用较开阔的水塘，调整流态后与出口泄槽段转弯连接，主槽底纵向比降采用 0.006。出口连接段，由推土机出渣形成顺坡与原河道自然连接，根据设备的爬坡性能，该段纵向比降可陡于 0.15。

（六）排险的实施

1. 排险目标　在确保安全的前提下，以最短的时间，尽量实现泄流槽的“低”方案，尽快过水泄流，降低蓄水位，减少蓄水量。

2. 现场布置　营地及施工附属设施布置在堰塞体顶的左侧台地上。从现场踏勘的情况分析，尽管两岸山体不同程度的存在裂缝、岩石滑落等现象，但堰塞体已经对两岸山体形成了护脚支撑，起到了一定的保护作用，认为再次出现大规模滑坡、坍塌的可能性不大。

3. 工作面规划　规划原则：工作面尽量最多，设备能力配置最强，在最短的时间内，以最高的开挖强度，实现最“低”方案的目标。工作面布置：根据现场的地形、地貌和地质条件特点，工作面沿槽纵向分为 5 段：进口引渠段、中间泄槽段（分两段：山包段、水塘段）、出口泄槽段和出口连接段。

4. 施工方案　由于堰塞体表面起伏差较大，滑坡松散体、水塘淤泥陷车严重，不适合自卸车出渣，因此，开挖出渣主要采用反铲组合倒渣与推土机组合铲运为主，局部辅助自卸车出渣的方式。进口引渠段，主要采用推土机组合铲运；中间泄槽的山包段采用反铲组合立体倒渣贴右侧边坡与推土机组合铲运相结合，水塘段主要为反铲组合立体倒渣贴右侧边坡；出口泄槽段，反铲平面组合倒渣、推土机组合铲运与自卸车出渣相结合；出口连接段，结合挖槽出渣，由推土机顺势修坡。

5. 主要设备和人员、物资进场

（1）设备配置及进场。考虑到米格－26 直升机的吊运能力为 17t，以及山区安全飞行等因素，设备选型均不大于 15t。主要设备投入：斗容为 0.5～0.6m^3 的反铲 14 台，功率为 60～100kW 的推土机 26 台，载重为 15t 的自卸车 4 台。在距离堰塞体最近的北川县擂鼓镇，设置直升机集中吊运的转运场。

（2）人员、物资进场。现场的专家、指挥人员及排险官兵多达千余人，另有若干名官兵做为保障预备队，在绵阳待命。人员、物资主要采用军用（黑鹰及米格－17）直升机运输，因天气原因停飞时，则采用人工背运徒步进场，累计转运物资约 100t。

6. 安全保障措施

（1）对堰塞体两岸山体的稳定性、下游渗流情况、堰前蓄水位等实施人工不间断地观察、监测，并制定相应的应急避险预案。

（2）利用卫星遥感影像技术、航拍数字遥感影像地图技术等，及时地提供直观分析的地理信息，实时监控险情。

（3）利用 MWAVE 宽带无线监控系统和自动水情测报系统，实时地将堰塞体及上下游的监控数据和视频传送到绵阳指挥中心，为及时掌握堰塞湖的险情并作出科学判断，提供可靠的依据。

（4）利用海事卫星电话、短波自适应电台、小型无线通信基站等通信手段，综合保障排险的联络畅通。

7. 主要技术指标

（1）完工面貌及主要工程量：泄流槽全长 475m，进口引渠段槽底高程为 738.5m，槽底宽度 35m，综合边坡 1∶2；中间泄槽段槽底控制高程为 739～740m，槽底宽度 7～12m，综合边坡 1∶1.5；出口泄槽段槽底控制高程为 739m，槽底宽 10m，边坡为 1∶1.35。共完成土石方开挖 16.85 万 m^3。

（2）工程历时及主要强度指标：自 5 月 26 日开始到 5 月 31 日止，6 天的时间完成了泄流槽的开挖，并将过水控制高程，在计划“低”方案的基础上又降低了 2m。土石方开挖日均强度为 1.7 万 m^3/d，最大日强度为 3.25 万 m^3/d。

（七）泄流情况分析

泄流槽于 6 月 7 日 7 时 08 分开始过流，随着 6 月 10 日 15 时 15 分最大泄流洪峰安全通过绵阳城区，标志着唐家山堰塞湖的排险取得了决定性的胜利。

图 1～图 3 是实测泄流参数过程变化曲线。

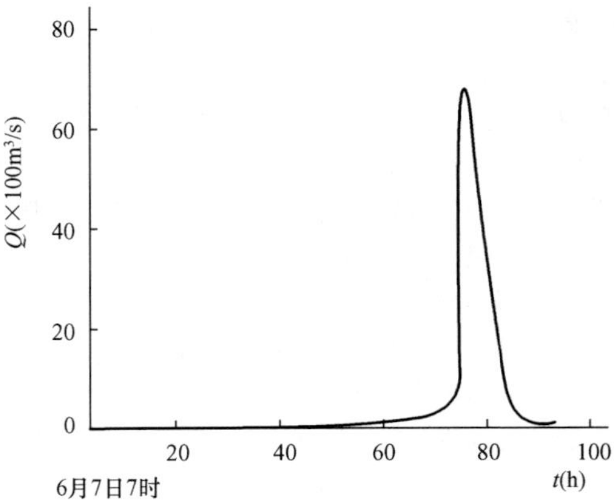

图 1　泄流流量过程曲线

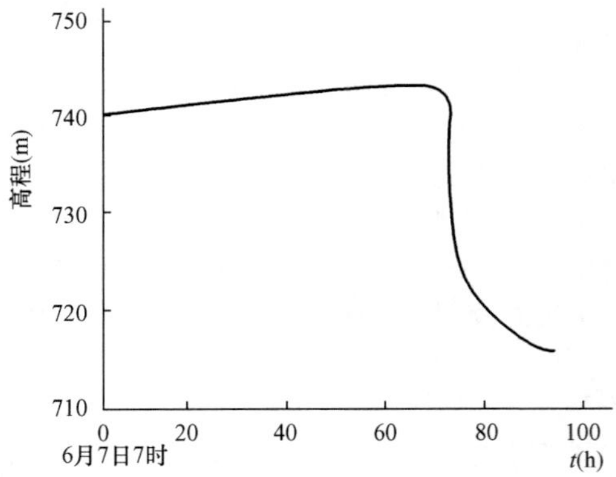

图 2　堰前水位过程曲线

（1）从泄流量过程曲线看：6 月 7 日 7 时～10 日

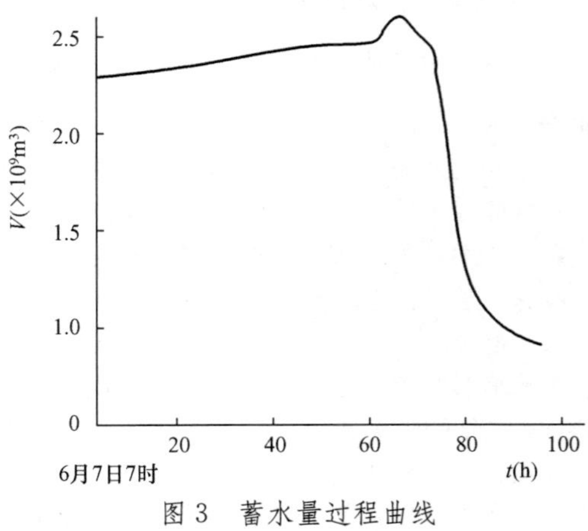

图 3　蓄水量过程曲线

1时30分，历时66.5h，泄流量由0增大到100 m^3/s，时段长，变幅小，泄流平缓；10日1时30分～11时，泄流量就从100m^3/s陡升到最大泄流量6680m^3/s，共历时9.5h，在此时段内没有出现决口现象，更没有发生溃坝，这足以说明整个泄流过程是安全的；最大泄流洪峰在4h后（当日15时15分）安全地通过了绵阳城区，标志着排险是成功的、方案是得当的。

(2) 从堰前水位及蓄水量曲线看：6月7日7时～10日1时30分，堰前水位及蓄水量逐渐达到了峰值，是堰塞湖涨水过程，说明下泄流量小于入库流量；10日1时30分后，堰前水位及蓄水量陡降，是堰塞湖泄水过程，说明下泄流量大于入库流量。这与泄流量的变化过程是相吻合的。

(3) 泄流槽过流冲刷，从现场观察，以及实测的泄流流速、槽内水深等参数的变化过程来看：6月10日的泄流过程变化幅度最大，特征最明显，自堰前水位回落时（10日1时30分）开始，下泄流量在加大，流速在提高，槽内水深在增加，泄流槽被刷深、展宽和淘蚀得最快，几乎都是在同一时间（10日11时）达到了峰值。泄流量达到峰值时，流速达到4.7m/s以上，槽内水深11m，槽底被刷深了15m，槽宽由几十米急剧增加到145m。此后，泄流量马上消减，流速、水深也随即降低，槽底继续被刷深，只是刷深的速度在减弱。这也与泄流槽的泄流机理是一致的。

（中国人民武装警察部队水电第一总队　李虎章）

汶川地震电网受灾情况调查与初步分析

2008年5月12日四川汶川发生的里氏8.0级地震对电网设备、设施造成重大损失。国网北京经济技术研究院调查组于2008年5月21～24日赴四川灾区进行实地考察、调研，以掌握地震灾害对电网造成损害情况及其受损原因，为今后电网设施抗震能力设计提供依据。

一、电网受灾情况综述

（一）本次地震的特点和范围

2008年5月12日下午14时28分，四川省发生里氏8.0级强烈地震，震中位于阿坝州汶川县，重灾面积达10万km^2。截至25日12时，发生余震8200多次，其中4级以上余震180次，5级以上28次，6级以上5次，最大为6.4级，余震区分布在龙门山断裂带长约300 km的狭长区域，主要是理县—汶川—茂县—北川—平武—青川一带。

（二）主网受灾情况

汶川大地震导致四川电网茂县500kV变电站停运1座，绵阳大康、安县、天明、百胜、永兴，巴中兴文，德阳新市、云西，广元洪江、袁家坝、白石岩，阿坝银杏，成都聚源等13座220kV变电站停运，新广兴、圣音寺等2座220kV用户站停运；阿坝、绵阳、德阳、广元、内江等地区的500kV线路3条、220kV线路56条故障跳闸。余震导致500kV线路1条、220 kV线路3条停运，累计事故停运500kV线路4条、220kV线路59条。并入四川电网的江油、金堂、嘉陵、宝珠寺等电厂，茂具水电群，达州东岳电厂与系统解列。此次地震共造成429.3万kW的21座水电厂、134.2万kW的4座火电厂与系统解列，共涉及装机容量563.5万kW。

此外还有68座110kV变电站、91座35kV变电站，122条110kV线路、110条35kV线路、795条10kV线路停运。累计停电用户246万户，其中106个重点用户；无法恢复的用户有84万户，包括德阳什邡市蓥峰公司和宏达磷化工总厂、广元剑阁县青林沟煤矿和五房沟煤矿、绵阳安县高川乡煤矿等5个重点用户，合计负荷约6万kW。

（三）输变电设施受损情况

1. 变电站受损情况　本次地震灾害中，变电设施损毁情况较线路严重，约有57座110kV及以上变电站的电气设备受不同程度破坏，17座主控楼和15座开关室受损，2个变电站构架倒塌。位于震中的二台山、银杏220kV变电站因人员无法到达，损失情况不详。

从地理分布上看，龙门山断裂带附近变电站损毁严重，如安县220kV变电站和穿心店、大旺等110kV变电站；一定距离以外的变电站损毁情况相对较轻，如潭家湾500kV变电站。

2. 线路受损情况　根据目前统计的110kV以上9100多基杆塔中，倒塔20多基，局部受损约16基。但由于阿坝地区的交通不畅，靠近震中汶川和茂县的输电线路的损坏情况无法统计具体数量，目前已确认500kV茂谭线8基、220kV茂永线2基铁塔因为滑坡损毁，另有一通过茂县山区的220kV线路，所经地形发生了巨大变化，16基铁塔全部损毁。

二、输变电设施受损原因分析

本次调研因为汶川、茂县的交通不畅，未能进入震中灾区进行实地考查，所经地区主要以平地和丘陵地形为主，所见线路总体情况较好，基本未见损坏；据运行和设计单位反映，靠近震中的山区线路损坏主要是因为杆塔受到地震引发的滑坡、泥石流、滚石、地面塌陷等直接破坏造成的。变电站的损坏情况和原因初步分析如下：

（一）电气设备

1. 主变压器　本次地震中变压器受损较为严重，主要表现在出现移位、套管损坏、套管底部以及器身接缝处出现漏油等。对10个220kV变电站被损毁的10台主变压器初步统计发现，漏油占40%，移位占30%，套管断裂占30%。

主变压器移位的原因在于，变压器本身质量较大，通常用螺栓固定或采用卡具固定在导轨上，在地震的剧烈晃动中，变压器受自身质量的作用，螺栓受剪发生断裂，或在导轨上滑动。

2. 断路器　对10个220kV变电站情况初步统计，共损毁断路器31台，其中，28%是由于瓷柱发生断裂，72%因为折断倒伏受损。220kV双断口羊角式（LW6型）断路器，因上部质量较大在地震中瓷柱受地震冲击而断裂。例如，安县220kV变电站内所有LW6型断路器均断裂损坏，而同站单断口单柱式的220kV断路器大都是支架顶板断裂导致倾斜，直接折断的较少。

3. 电流互感器　多为底座和套管连接的部位出现漏油现象，直接倾覆的较少。油浸式电流互感器的套管一般较粗，直接折断的较少，多因晃动导致密封损坏而漏油。

4. 隔离开关　有少量的瓷柱断裂，大部分为瓷柱受到损伤，部分垂直伸缩式隔离开关伸缩臂损坏，还有部分隔离开关是因为断路器倾倒时被连接的导线扯拽损坏。

5. 母线支柱绝缘子、避雷器　靠近震中的变电站采用支持管母型式的母线支柱绝缘子，多有折断，220kV避雷器受损也以折断居多。初步分析认为，原因是上部安装管型母线较重。220kV避雷器损毁的原因是头部均压环较大，瓷柱断面较小，且引线为单侧，受力不平衡。

6. 电压互感器、耦合电容器等设备　在此次地震灾害中受损较少，原因是设备本身较轻，震动中受力较小。

7. 二次设备　二次设备质量小，安装在屏柜中，本次地震中只有个别屏柜因固定不好倾倒，或因为建筑物损坏将设备砸坏，设备本身未发现因地震晃动造成损坏。

（二）建、构筑物

20世纪90年代及以后设计建设的变电站建筑物均受损较小或不受损坏；1990年之前设计建设的变电站建筑物绝大部分受损严重甚至倒塌；构支架仅发现个别严重损伤。

1. 建筑物　500kV变电站建筑物：距离震中最近的3座500kV变电站抗震设防基本情况如表1，汶川8.0级地震影响烈度基本在3个变电站抗震设防烈度范围内，500kV茂县变电站220kV GIS楼墙体出现裂缝，其余两站的主控制楼、继电器室和辅助生产建筑等建筑物主体结构均完好无损，只有围墙出现裂缝。

表1　离震中最近的3座500kV变电站抗震设防基本情况

变电站名称	站址位置	建设年代	《中国地震动对数区划图》GB 18306—2001		汶川8.0级地震影响烈度范围
			地震基本烈度	峰值加速度	
500kV茂县变电站	阿坝州茂县	2007年	Ⅶ	0.15g	8
500kV丹景变电站	成都彭州市	2008年	Ⅶ	1.10g	8～10
500kV潭家湾变电站	德阳罗江县	2005年	Ⅵ	0.05g	7～8

220kV、110kV变电站的建筑物：调研组从本次地震灾害中选取了10座受灾破坏的220kV、110kV变电站进行实地踏勘、现场调查。变电站建筑物的损伤情况基本反映了国内抗震标准的提高过程。我国的建筑抗震规范从1974年的TJ 11—74《工业与民建筑抗震设计规范（试行）》到1989年的GBJ 11—89《建筑抗震设计规范》直至现行规范（GB 50011—2001）《建筑抗震设计规范》，抗震标准经历了一个逐步提高、完善的过程，建筑工程的抗震性能逐步改善。以下从工程建造3个时期来分析：

20世纪90年代后采用钢筋混凝土框架结构建设的生产用房，遵循1989年或2001年抗震规范设计建设，绝大部分建筑物结构基本完好，仅在非承重墙、女儿墙等非结构构件出现裂缝，不影响建筑物的正常使用功能，经修补即可。

20世纪80年代的建筑物遵循1974年抗震规范，多为砖混结构，并采用构造柱、圈梁及其他拉结等抗震措施。本次地震灾害中，绝大部分结构受损后经鉴定和修复可继续使用，也有部分严重受损，无法修复。

20世纪60、70年代的建筑物，均为砌体结构。本次地震灾害中，受到严重破坏，乃至坍塌，无法修复。

2. 构支架及设备基础　变电站构支架绝大部分

完好无损，仅少数构件受损伤。个别变电站由于滑坡等次生灾害使构支架损毁，如 220kV 银杏变电站 110kV 场地构架由于山体塌方受到严重损坏。设备基础均未见明显破坏情况。综合国内前几次强烈地震中变电构架、设备支架、设备基础的表现，我们认为构支架及设备基础均具备一定的抗震能力。

三、调查结论及相关建议

（一）初步结论

（1）符合现行国家抗震标准的变电站建构筑物在本次灾害中表现尚可；20 世纪 90 年代之后遵循 1989 年或 2001 年规范设计的建筑物均受损较小或不受损坏，在遭遇罕遇烈度时基本能表现“大震不倒”的特征；20 世纪 90 年代之前设计建设的建筑物绝大部分受损严重甚至倒塌；构支架及设备基础表现出很好的抗震能力。

（2）对于缺乏抗震设计的电气设备来说，损伤极为严重。变压器由于质量大，当与基座连接强度不够时，地震中易发生移位，导致变压器本身或套管损坏，或出现漏油现象。高压电气设备形体细高，固有频率低，易与地震波产生共振；设备本体的承重结构为瓷套管，上部荷载较大（如双端口断路器）或瓷套管断面较小（如避雷器），地震时易折断；设备之间引线过紧，也会因引线拉力过大折断或损坏。

（二）对电网规划设计提高防震能力的具体建议

关于技术标准。本次地震灾害后，估计国家抗震标准会根据实践检验结果进行补充和修订，建议行业规范及企业标准应根据国家抗震标准的变化及时进行调整。

关于电网抢修。建议结合电网供电情况，安排对震区变电站外观无损的瓷套管进行超声波探伤检查，尤其是站内出现过瓷套管损坏的变电站应尽快安排；采用带电探伤、在线检测技术，缩短主变压器移位后的恢复运行时间。

关于电网重建规划。建议结合四川省恢复重建规划，充分考虑抗震设防标准修订对电网建设的影响，提出针对不同市（州）的电网重建规划和发展规划。灾后初期的恢复、改造和建设可暂按四川省地震局《关于灾后恢复重建估算烈度值建议的函》中的基本设防参数建议值进行抗震设防。

恢复、重建过程中应充分考虑站址、走廊条件。较为重要的变电站站址有条件时尽量选择在地震烈度较低地区，必须在高烈度地区建站时，应采取必要抗震措施，并考虑地震引发次生灾害对变电站的影响。输电线路应避免通过不良地质带，尤其是可能产生滑坡和泥石流等直接引起地貌变化的地区。

应严格要求设备制造厂家保证设备抗震能力，在技术规范书中明确提出要求，并在出厂时抽检部分产品的抗震能力，做抗震实验，杜绝厂家因侥幸心理提供不满足抗震要求的产品。

电气安装方面。在高地震烈度地区（Ⅷ度及以上）应采用重心较低的设备，如罐式断路器、GIS、HGIS；加强设备安装抗震减震措施研究；宜将变压器直接安装在基础台上，采用焊接固定以防位移，基础台面应适当加宽；高压电气设备在设备底座和支架之间加装减震器或阻尼器。

变电建构筑物。应根据地震灾害和工程经验所形成的基本设计原则和设计思想，进行建筑和结构总体布置的概念设计，选择有利于抗震的地基和基础、建筑平面和立面布置以及合理的抗震结构体系。

（国网北京经济技术研究院
张子引　赵　彪　曹伟炜　李　勇　葛正翔）

四川水电生产受“5·12”特大地震影响简况

2008 年 5 月 12 日 14 时 28 分，四川汶川发生里氏 8.0 级特大地震；此后又不断发生余震，多次 4 级以上，最大达 6.4 级。这场地震，使人民群众生命财产和国民经济遭受巨大损失。灾区电力设施遭到严重破坏，大量输电线路及杆塔断线或倒塌，变电站主变压器烧毁或构架倾覆。地震使位于主震区的岷江流域水电站群，包括紫坪铺、映秀湾、渔子溪、耿达、福堂、太平驿等（共计 301 万 kW）及涪江流域水牛家、自一里等水电站全部与系统解列，四川省电力公司统一调度的水电站震损总计达 376 万 kW。其中映秀湾、渔子溪、耿达等电站主体建筑和机电设备损毁严重，人员伤亡很大；涪江流域上游的通口河上形成了巨大的唐家山堰塞湖，为防止堰塞湖溃坝形成特大洪水或泥石流带来的巨大灾害，下游通口电站水库被迫全部放空，停止发电，生产人员转移至高地。

这场地震是四川省电力公司成立以来遭受损失最严重的一次灾难。大量城镇居民撤离至安全地点，供电和用电形势均发生了很大变化。面对这场突如其来的自然灾害，在各级政府机构和国家电网公司统一指挥和坚强领导下，四川省电力公司全力组织员工自救。在兄弟网省无私援助下，克服余震和堰塞湖、滑坡等次生地质灾害威胁，以最短时间完成了灾区电力供应恢复任务。2008 年 5 月 17 日，紫坪铺水电厂和涪江等流域水电首先恢复并网发电；11 月底，茂县水电群全部恢复并网；12 月，受损严重的映秀湾首台机组并网发电，标志着四川电网灾后水电重建工作取得重大突破。

（四川省电力公司　赵永龙）

灾区水电工程能确保社会经济发展与人民生命财产安全

——国家发改委副主任、国家能源局局长张国宝

在2009年中国水电新春联谊会上的讲话（摘要）

过去的2008年，是极不平凡的一年，我国面临了历史上罕见的特大自然灾害的严峻考验。但是我们水电战线上的广大职工，站在国家和人民利益的高度上，以昂扬的锐意进取、攻坚克难的精神，胜利完成了2008年建设、生产任务。2008年度水电新增装机容量超过2000万kW，创历史最高水平，全国水电装机容量累计超过1.7亿kW。三峡工程在过去的一年，完成了余下5台70万kW的装机任务。至此，三峡工程的建设者们提前一年完成了国家规定设计容量26台70万kW的建设任务。龙滩水电站已完成一期7台70万kW装机任务，并创造了一年完成4台70万kW大型机组的投产新成绩。

水电建设形势空前大好，形势喜人，如溪洛渡、向家坝、锦屏、小湾、糯扎渡、拉西瓦等一批特大型水电站进展顺利；向家坝和锦屏二级水电站在2008年底胜利实现截流。

我从电力快报上看到了，2008年水电年运行小时为3621h，同比增加102h；全国火电年运行小时为4911h，同比减少421h。这说明我国电力结构优化建设中，可再生能源的比重在国家宏观控制下成绩显现。水电站作为绿色能源，它不仅是可再生能源的重头，而且它在抵御特大自然灾害中，显示出特殊的功能和作用。

2008年“5·12”四川汶川特大灾害性地震发生后，当天下午，我就连续打了许多电话，向华能、二滩、华电等几个重要能源建设公司和四川成都有关水电设计部门及地质、地震等单位的领导询问灾区内的水电工程及安全情况。尤其是在重震区内的几座高坝、大水库和大电站（紫坪铺、沙牌、映秀湾、渔子溪和太平驿）灾害情况和工程的管理运行情况。他们异口同声的回答，工程基本情况良好，没有出现大的险情。紧接着我就赶赴汶川重灾区，乘直升飞机从空中察看大大小小的水电工程状况，从地面步行勘察重点大坝、大水库和大电站，初步掌握了第一手资料，通过仔细核对、系统分析了震情和工程现状，形成一些基本认识。在国务院抗震抢险指挥部决策会商会上，我提出灾区内现有的水电工程，运行情况尚好，只要再精心管理，加强应对措施，是可以确保工程安全和灾区人民生命、财产安全的。我不同意炸坝、炸水库和炸电站的方案。我这个意见是基于我的现场勘察和调查的资料和经严格的数据分析得出的结论，最后国务院领导作出了不炸水电工程的英明决策，挽回不少损失。

从四川大地震的实践看，水电工程和将来在我国西部强地震地区水电基地开发的战略规划和建设大型水电站、高坝、大库的技术经济性和工程的可行性等一系列问题。汶川的事实，回答了那些在高地震烈度区建设水电工程有疑虑的人士的担忧，使我们对水电工程的抗灾能力有了新的认识，对西部高地震烈度区的水电建设有了信心。说明我国水电科学和水电开发的规划、设计、建设和运行管理者具有相当高的水平。他们有一套成功的理论和建设经验，他们所采用的设计理论和技术参数是可靠的、是正确的。当然，在强地震区兴建大型和超大型的水电工程时，有些问题还要继续开展研究，做到万无一失。

另一个问题是水电建设的移民和生态环境的保护问题。水电人有一句名言，就是建设一座电站，振兴一方经济，致富一批移民，改善一片环境。这个口号很好，关键是把它落实到每一个工程上。我曾经到一些中小河流水电开发现场，发现有不少中小水电站下游河道有干涸现象，造成很大的弊端。对于今后中小河流梯级水电建设时，应尽量少采用引水式开发方式，如果一定要搞，必须考虑放生态流量，以利河流生命健康地发展。

关于移民，一定要有一个保证移民致富的长效机制和措施。今后建设水电工程，在程序上，先移民，后建设。先做好移民工程让广大移民能看到希望，看到美好的生活前景，这样广大的移民自然会变成水电开发的积极支持者和建设者。这个问题，难度不大，只要水电的电价提高一两分钱，就可迎刃而解。为什么水电电价这么低？我们水电站在电价上，要争取与火电站有平等的公平待遇。

这次新春联谊会，是中国水力发电工程学会为全国水电界有志之士搭建的一个交流平台，我们一定要高奏大力开发绿色能源和可再生能源的凯歌，抓住机遇迎接水电建设的新高潮。

（中国水力发电工程学会秘书处
孙 卓 记录整理 未经本人审阅）

水电为抗震救灾作出不可磨灭的贡献

——中国工程院、中国科学院院士潘家铮

在2009年中国水电新春联谊会上的讲话

不平凡的2008年已经过去，今天我们又在这里

举行一年一度的水电迎春联谊会。一年来，水电界同志们战胜了冰雪灾害、汶川地震，艰苦奋斗，取得卓越成绩，作出巨大贡献，谨向大家表示祝贺，愿在座同志和全体水电战友在新的一年中身体健康、合家幸福，在工作中取得更大成就。

下面我说几点想法：

1. 2008年水电建设成绩巨大　经过一年奋战，现在全国水电装机容量已超过1.7亿kW，发电量超过5000亿kW·h，高居全球之冠。形势一片大好，令人欢欣鼓舞。

2. 水坝是抗震能力最强的建筑物　汶川大地震是千百年不遇的特大自然灾害，无数座房屋倒塌、桥隧破坏、道路中断、人民伤亡巨大，而灾区几百座、上千座大、小水坝无一溃决，尤其是位在极震区的两座高坝大库——紫坪铺面板坝和沙牌碾压混凝土拱坝巍然无恙，各水电站很快恢复供电，为抗震救灾作出不可磨灭的贡献。铁的事实说明水坝抗震能力之强和水利水电工程设计、施工、管理体系的成熟和完善。但有些人和媒体对此视而不见，拼命挑水电、水坝的毛病，真是咄咄怪事。我们希望这些人和媒体能丢掉有色眼镜，不要再靠妖魔化水电来混日子。

3. 减免西南地区大地震灾害的出路是加速开发水电　现在社会上有股歪风，一些媒体和人士为了赶时髦、快出名，把歪曲水电和水坝当作热点炒作。汶川大地震后，更掀起一股反对开发西南水电之风。我们要问一问：汶川大地震中垮了一座坝吗？淹死一个人吗？那个唐家山堰塞湖是天然滑坡造成的坝。在大西南深山峡谷区，如果发生特大地震，不知会造成多少个更大的堰塞湖，在交通阻塞、信息不通、生产落后的地区，政府怎么去警告和组织居民撤退？怎么输送救援人员和设备进去？出路只有一条，抓紧搞流域开发，建成一些有巨大调节库容、震不垮的“铁铸”大坝。通过开发，打通交通、设置地震台网、发展经济、搞生态移民，彻底改变落后面貌，为抗震救灾奠定基础。停滞和回避不是出路，是死路。

4. 抓紧有利时机，尽快多开发水电　随着经济发展、社会进步和库区人口的不断增加，今后开发水电的困难只会越来越大，阻力越来越多，所以我们要抓住当前有利形势，尽一切努力加快开发水电，使更多的清洁水能能尽早进入我国能源市场，为民造福。建议定个规划，先达到2亿kW，再奔向4亿kW！

5. 把安置移民和保护生态环境摆到首要位置上去　现在制约水电开发的最大因素是移民的安置致富和生态环境保护问题。建议今后把这两大问题放在压倒性的位置上，认真处理好。一定要做到移民、库区也和下游、受电区一样成为水电开发的受益方，使电力生产和生态环境保护取得双赢。今后大水电的单位移民数量并不多，移民大都处于贫困、落后状态，水电一经开发，可以永久提供低成本的能源，只要我们能跳出“后靠务农为主”的框框，妥善安排，并通过水电开发来改变库区的产业结构和移民的就业方向，采取多种有效措施，把水电开发和生态移民、经济转轨结合起来，移民和生态环境问题是可以解决的。

国家制定很多开发可再生能源的政策，但把当前最大的再生能源——大水电排除在外，不知是什么道理。我们呼吁尊重水电是再生清洁能源这一客观事实，水电电价至少应等同于平均电价，把部分效益用到移民、库区和生态环境上去。

6. 坚持改革创新，依靠科技进步，使中国成为一流水电强国　中国现在已是世界上第一水电大国，但不是一流的水电强国，反映在水工技术上、设备制造上、管理水平上都还有不如人的地方。今后我们不仅要继续做大，更要做强。我呼吁各级领导抓科技创新、增加科技投入，也呼吁所有同志行动起来，为做强水电作贡献。我们的创新主要结合生产进行，科技成果一定要转化为生产力，哪怕是小的改革创新也好，不求转化为SCI或EI上的论文。我还呼吁全国一盘棋，科研资源大整合，不要人自为战，要加强沟通交流，以利迅速提高。能否办个水电科技网，所有的创新、技改、论文都能一索而得。当然也要尊重市场规则，尊重别人成果，但不能因此而互相封锁。

7. 高瞻远瞩，广开门路，多种经营　我们除了继续大搞水电和蓄能电站外，要进入水利、火电、核电、变电、输电领域，要向风电、太阳能等新能源领域大进军，要在公路、铁路、建筑、市政、环境保护等一切领域中开拓市场。水电人应该具有孙悟空一样的本领。我呼吁各单位各企业的领导能高瞻远瞩，不要把当前效益吃光分完，要建立经济基础，培养各种人才，立于不败之地。我们不仅要有一流的工程师和科学家，还要有一流的市场、公关、法律等方面的人才。

8. 把中国的水电成就带到全世界，为全球人民造福　开发水电是造福全球的事，我们要大踏步走向世界。现在中国水利水电建设集团公司和中国水电工程顾问集团公司已经开拓了国际市场，取得很好效果，希望加强这方面的努力，培养更多的“国际专家”，从东南亚、非洲走向全球，占领更广阔的市场，把中国的水电成就带到全世界，为全球人民造福！

汶川大地震与水电建设
——地震百日潘家铮访谈录

潘家铮，一位年逾八十的老人，一位因患结肠癌刚刚接受了手术的病人，一位中外著名的水电专家。“5·12”四川汶川大地震当天住进医院的他，最关注的不是自己的病情，而是地震灾情，是灾区的水电站，是他为之奋斗一生的水电事业。在四川汶川大地震百日之际，记者来到他的病房进行采访，潘老深入阐述了他对汶川大地震与水电建设问题的思考。潘老的思考与社会上某些议论颇不相同，现整理刊载于下，以供讨论。

“水电建设对抗震救灾作出了重大贡献”。

记者：汶川大地震发生时，您刚刚住进医院接受治疗。现在大地震已过去3个多月了，您对这场灾难有什么感受?

潘家铮：汶川大地震是历史上罕见的地震巨灾。伤亡之重、损失之大，震惊世界。非身临其境者很难想象人间竟会发生这样的灾难。在30多年时间内，中国连续遭受唐山和汶川两次特大地震灾害，这是国家的不幸，是“国难”。

但是，“多难兴邦”，在大灾难中，我们看到了灾区人民不屈不挠、可歌可泣的战斗精神，看到党和政府作出并采取了果断、正确、有效、透明的决策和措施，看到全国军民紧密团结，一方有难，八方支援，争先恐后投入抗震救灾的感人事迹。种种催人泪下感人肺腑的现实使我坚信，灾区必将重新建起更加美好的家园。我更坚信，任何灾害摧毁不了历经千磨百劫、已经崛起于世界的中国人民，任何灾害阻挡不了中华民族伟大复兴的步伐。

同时，我还看到境外骨肉同胞、友好邻邦和各国政府与人民对灾区表现出来的深切关怀，他们伸出援助之手，为我们的抗震救灾提供了大量、及时、真诚和可贵的援助。这使我深深感受到“血浓于水”的骨肉同胞情谊，感受到世界人民对中国的真诚友谊。我深信在民族大义的旗帜下，祖国最终必会走向和平统一，全世界必会走向和平、和谐的发展道路。

记者：听说您在病床上还关心着灾区水电站和大坝的损毁情况和复建、续建问题，并且进行了深入的思考。我们非常感动。

潘家铮：我是2008年5月12日因患结肠癌住院接受手术的。躺在病床上不久就发生了地震巨灾。震区内的许多水电工程，有些是20世纪60、70年代修建的，有些是近期修建的。我对其中部分工程多少参与过一点工作，或在审查、鉴定意见书上签过名。水坝如在地震中出事，将引发严重的次生灾害，因此我无法不关心。老部长钱正英同志也来电话、送资料，鼓励我做些调研工作，因此，我请求有关单位能给我一些信息，以便分析研究大坝和水电站损毁情况，并为今后修复与续建提出一些建议。我已无法亲去现场，这也是一位年逾八十，躺在病床上的老工程师所唯一能做的一点努力了。

记者：据水利部领导透露，这次地震中有2380座水库出现险情，其中有69座存在溃坝风险，许多人听到这组数字后都大吃一惊。您对此有什么看法?

潘家铮：我当然相信水利部发布的数据。但是必须指出，这是包括8个省市的极广大地区的数据，更重要的是信息中没有说明这几千座水库中有几座是高坝大库，也没说明“险情”是什么性质的“险情”，会产生什么后果。这就容易误导人民。

水库有巨型、大型、中型、小一型、小二型种种等级，水坝有混凝土坝、堆石坝、土坝、高坝、低坝种种情况，有的“险情”非常危险，极难排除，有的并非如此。水利部统管全国水库，必须把所有水库都统计进去，哪怕是地方上甚或农民堆筑的小土坝形成的小水库都算数，有些本来就是病库、险库。我估计这2380座水库中，绝大部分是小水库，称得上高坝大库、大中型水电站的只有几座、十几座。所谓出现的“险情”也不大，只要当地适当处理就可解决。请设想一下，这些水库如果都很重要和危险，每座水库得派两位专家去研究指导，水利部就得派出4760位专家，如果每座水库派出100个人去抢险，就得派出23.8万人的抢险大军。只要这样想一下，就可以“思过半矣”。我们要真正了解和分析问题，必须弄清问题的要害，不能只看个“统计总数”。

这2380座水库与正规的水电建设能拉上关系的恐怕极少，但由于受这组数字的影响，而且人们一提到水库就想到水电站，以致一些媒体和文章中出现许多极端的、指责水电的话：“水电开发达到疯狂的程度”、“脑海中浮现的只有两个字‘贪婪’”……似乎没有人问一问这2380座水库有几座是高坝大库、大电站?没有人问一问这2380座水库几十年中在供水、灌溉、发电、发展经济中起了多少作用?没有人问一问地震后究竟垮了几座水库，死了多少人?我觉得这样的报道和评论是有失公正的。

记者：无论如何，地震区内修建了那么多水坝、水库是许多人过去不知道的。地震中，这些工程也确实受损或出险，因此有人认为在地震区内不应修这么多水坝和水电站，应该反思，在复建和续建中也应慎重。您怎么看这些问题?

潘家铮：首先，你仍然把那2380座水库都称为在“地震区”内是不妥当的。汶川地震北京也有震感，你能把北京也算作汶川地震区吗？实际上，震害最严重的是都江堰上游的岷江流域（及邻近地区），这里算得上高坝、大库和大中型水电站的只有4～5座，把万把千瓦的小水电也算进去，不过20多座；在强烈的地震下，灾区的各个领域：铁路公路、房屋建筑、水利水电、工矿企业、生态环境、文物古迹……都发生了重大的甚至致命的破坏，或产生严重的次生灾害。

复建中当然应该吸取教训，但若因此认为在震区不应修公路铁路，不应盖房子住人，那就是荒谬的了。除非你打算放弃这块国土。更何况比之其他领域，水电工程所受损失十分轻微，更没有造成次生灾害。所谓险情，多为闸门破坏，以至水位逼近坝顶或溢顶，很快就能够解决了。如果“反思”的结论是这个地区不应开发水电，震后也不应修复，那么，这个“反思”就值得再“反思”一下了。

记者：地震中，灾区的水坝和水电站究竟损毁情况如何？对上下游有何影响？

潘家铮：我这里有一份中国水电工程顾问集团公司的“岷江流域上游各水电工程震后现场检查项目情况”，对大小21座水电站及水坝的震害做了详细的调查。从材料可知，人员伤亡是非常少的，主要的破坏是变电、输电架构和送出线路的倒塌、送电中断；机电设备、仪表、通信、备用电源的损坏；其次是边坡崩塌，交通中断；泄洪设施的闸门、启闭机或结构的破坏，导致不能正常启闭泄洪；引水系统的露天部分，如进水口塔架、压水管道也有个别淹埋、损毁情况；厂房围墙和生活设施倒塌。至于至关重要的大坝，我们举离震中最近的两座高坝——沙牌碾压混凝土拱坝和紫坪铺面板堆石坝为例，前者未出现明显破坏，后者坝体有些沉陷，面板脱空错位，坝顶、坝后防护设施有所破坏，完全不影响大坝整体安全，而且容易修复。对水电站来说，这些当然都是重大损失，但和其他系统相比，就微不足道了。

更重要的，这些损失全是系统内部损失，对上下游没有产生次生灾害，相反，水电对抗震救灾作出重大贡献。有些水电站在地震中一直维持供电，许多水电站在震后很快恢复对灾区供电，水库形成的深水航道是震不垮的生命补给线。强大的主电网也迅速修复供电，为灾区送去光明、希望和动力（电力系统的恢复是最快的，得到国家发展改革委和国家领导人的肯定）。许多媒体对电力部门的贡献只字不提，一味质询为什么要在灾区修那么多水电站，我认为是非常不公正的。

记者：我还要问一下，现在震区水电站都在复建和续建，有人认为是“疮疤未好就忘了疼”。不进行反思，不遵照国家的复建规划，仓促复建水电站是否合适？

潘家铮：各行各业的复建都应遵照国家的复建计划进行，但水电站有它的特殊性，它的站址不是可以任意挪动的。目前检查说明，没有一座水电站已无法修复，需要放弃、拆除或另建。主要是一些轻微震害，完全可以视具体条件修复，实际上也称不上“复建”。

震区自然资源较少，水电是该区的可贵资源。水电又是可再生的清洁能源，开发和修复水电枢纽，既符合当地利益，更符合国家利益。现有这些水电枢纽都经过多年艰苦努力得以建成，未损害生态环境，已安置好移民，修复各水电站是理所当然之举，怎能称为“盲目复建”，更不是“疮疤未好就忘了疼”，而是符合地方和国家利益的正确措施，应尽早全部修复发电。我相信国家的复建计划中一定会考虑水电的这些特点的。事实上，8月13日公布的《国家汶川地震灾后恢复重建总体规划》（公开征求意见稿）中就明确要恢复重建紫坪铺等大中型水电站129座，装机总容量700多万千瓦。

记者：震区水电站的复建是否应考虑提高设防烈度呢？在复建中应吸取什么教训呢？

潘家铮：在发生汶川大地震后，震区的地震基本烈度是否要调整，这是要由国家地震权威部门考虑决策的事，我不便置喙。

但对于震区水电站的修复，我觉得没必要去提高设防等级。理由很简单，他们都已经过了远超设防烈度的强震考验，未曾破坏，容易修复，何必画蛇添足地再去提高设防烈度。更何况一次大地震爆发后，积蓄的地下能量消散殆尽，再次积累需要很长时期，一般也不会在原地发生。这道理是明显的。

应该吸取的教训和改进的地方，是对那些在强震中最易破坏的部分进行改进，或加强结构，或改变型式，大大提高其抗震能力，如变电站的构架、送出线路的杆塔、设备仪表的保护、闸门的启闭系统、坝顶坝面防护结构、进出交通道、坝肩上下游的边坡、地下厂房结构、开敞式的引水结构等等。

记者：近来社会上对“水库地震”议论纷纷，您对此有何看法？

潘家铮：顾名思义，水库地震是由于修建水库引发的地震。水库不可能在地层内“制造”地震，只能对已具备发震条件的部位施加影响，使之提前发生。所以很多人称之为水库诱发地震，地震界似更倾向于用“水库触发地震”一词。

水库触发地震是并不罕见的现象，虽其机理还不能完全阐明，现在较公认的看法是水库及大坝的重量在地层内产生附加应力，以及库水沿断裂下渗，降低了断层的强度为主要因素。这些因素对深部地层的影响是极小的，所以绝大多数触发地震都是浅层微震，一般要用仪器才能测到。水库触发较大（6～6.5级）构造地震的实例极少，全球也只有4例（包括我国新丰江水库）。

水库触发地震的特性，一般可包括：①多为浅层微震，有些是溶洞、矿井的塌落产生；②震区范围很小，衰减很快；③在蓄水初期发生较多，随时间而逐渐减少。

在建设高坝时，对水库会不会触发地震、触发地震可能出现的地段、最大震级以及影响，都要作深入调研评估，提出结论。多年的实践经验说明，这类评估的结论是可信的，一般偏于保守，可以作为设计依据。

记者：但有人认为汶川大地震的发生“不能排除紫坪铺水库的诱发影响”，您是否同意？

潘家铮：汶川大地震是由于巨大的地壳活动，在断层带内产生极高的地应力和能量，经过千百年的积累，达到临界状态而最终瞬时爆发释放的一场特大天灾，是人力难以防止阻挡的，这应该是国际、国内地震界的一致看法。紫坪铺水库对它起的影响（如果说有影响的话），实在是太微不足道了。世界上也从未发生过水库能触发8.0级构造地震的前例。即使是最想把紫坪铺和汶川地震拉在一起的人，也只能含糊地讲一句“不能排除”而已。我们应该信任专业地震专家们的意见。我不认为紫坪铺水库与汶川大地震的发生有什么联系。

记者：但是也有“一根稻草压死一头骆驼”的说法啊。

潘家铮：任何比喻都有失当之处。“一根稻草压死一头骆驼”，这是把断层带比作骆驼，把断层带所受地应力和积累的能量比作骆驼所受的负重，而把水库的影响比作稻草。这个比喻认为，骆驼虽然很累，但还能扛住，加上根稻草就压垮了。应该知道，断层带内承受的应力和积累的能量是在不断增长的，而且增长的速度越来越快，不论加不加稻草，这只骆驼是必然要被压垮的。所谓“逃得了初一逃不过十五”，而且越到后来，压垮得越惨。

记者：也有人把大地震比作一枚定时炸弹，水库的修建起了触发作用。

潘家铮：这个比方尤其不妥，定时炸弹不仅所含炸药是一定的，不会不断增加；而且不触发其定时机构是不会爆炸的，这和构造地震的形成和爆发无任何相似之处，否则，紫坪铺大坝要对几十万死伤同胞负责了。绝对不能接受这种荒谬的比喻。

如果一定要打个比方的话，我觉得不如把整个断层带视作一个巨大的高压锅炉，正在不断加热（地壳活动），炉内压力不断增高。锅炉壁上布满大小裂纹（断层）。炉内压力达极限时，最薄弱的一条大裂纹先开裂，高压蒸气喷发而出（主震），然后其他裂纹也陆续裂开，释放能量（余震），直至炉内压力全部消除，复归于平静。

修建水库好比在炉壁外压一点水，如果说这也有影响的话，也只是起了个提前释放的作用。所以退一步讲，即使“不能排除紫坪铺水库对汶川地震的影响”，从总体上看也减少了主震释放的能量。否则，汶川地震的震级就不是8.0级，而是8.1级，甚至8.5级了。释放的能量不是1070颗美国投向广岛的原子弹，而是1500～6000颗了。不仅灾区人民将蒙受更加惨烈的灾难，整个“成都市夷为平地”的可能性也“不能排除”了。

记者：您认为大地震能预测预报吗？有人说地震的中长期预报还是可信的，您怎么看？

潘家铮：目前学术界较公认的看法，构造地震是由于地壳的活动，在一些大断层及附近地区产生了地应力和能量，经过长期的积累，达到断层能承受的极限时，断层突然错动、撕裂、扩展，使积蓄的能量瞬时、集中释放的现象，这是一个从缓慢变化到突然爆发的长期过程。一场大的构造地震释放的能量是惊人的（如汶川主震释放的能量相当于1070枚广岛原子弹）。这个过程是人类难以阻挡的，只能尽量减少损失。

从理论上讲，我们如能在可能发生地震的断层带内探测到地层深处（数十千米下）的地应力变化和能量积累的过程，探测到断层不断变形和其强度不断削弱的过程，探测到断层逐渐被撕裂、错动时发出的信息，观测到在这一过程中地表地形出现的细微变化，加以综合研究分析，再结合从实践获悉的各种临震异常现象，我们就有可能在数日前（哪怕数小时也好）发布临震预报（通告大致的震中位置、震级和时间）。不幸，目前的科技水平离上述要求太远，在可预见的时期内，人们恐怕还做不到，我们只能期望这一天早些来临，而不应苛求或斥责地震界。

当然，专家们可以根据对断层带的历史发震情况和地质的研究，就今后可能的震中位置及震级提出些看法，有人称之为“中期预报”。应该欢迎这种意见的发表，总是一家之言，可供参考嘛。但实质上这只是个别专家的一种“推断”和“见解”，缺乏有力的根据。严格讲，是不能称为“预报”的，也谈不上“可信”与“正确”的问题。

至于说“长期预报”，地震是地应力不断积累、释放、再积累、再释放的过程。作为一种概率性的预测，预测的时段越长，发生大地震的可能性也越高，这是不言自明的道理。如果一位专家预测“某地震带在今后一千年内有发生8.5级强震的可能”，这能算是预报吗？对实际工作有任何意义吗？所以我一般不去理会那些所谓的长期预报。

记者：紫坪铺大坝设防烈度是Ⅷ度，实际发生的烈度达Ⅹ度以上，有人对此曾提出过不同意见，未被重视。您觉得设计及地震部门有无失职之嫌？

潘家铮：紫坪铺大坝是严格按照国家法律法规、基建程序和行业规程规范建设的。在抗震设计方面，场地烈度和地震动参数都以国家颁布和修订的“区划图”为基础，并针对工程的重要性和具体条件进行更深入的分区研究评估，最后确定在基本烈度上提高一度，按Ⅷ度设防。这些都经过逐级审查批准。

至于说有的专家曾提出过紫坪铺坝址可能是未来大地震中心的意见，这是个别专家的看法。专家们写论文发表是自由的，不负法律责任的。而地震部门如要采纳这种意见牵涉面极广，需要更多的依据，设计部门要采纳则需付出巨大的代价，这和写论文性质完全不同。没有采纳个别专家的意见，不存在“失误”问题，只能说紫坪铺大坝建成后遭遇了超过设防标准的强震。否则，如果采纳了个别专家的意见，大大提高设防烈度，而未发生这种强震，难道能追究专家“谎报军情，造成巨大投资积压”的责任吗？

我不理解有些同志总是揪住“紫坪铺大坝设防烈度低于实际发生的烈度”这一点不放，而不考虑另外一个事实，即：由于精心的设计、施工和管理，紧邻震中的大坝在遭到千年不遇的特大天灾下巍然无恙，出现的一些破坏是轻微的、容易修复的（实际上已经修复了），而且震后迅速恢复发电，为防止上游堰塞湖溃决提供巨大调蓄库容，保证从都江堰到成都市数百万人民安全，也为今年成都大平原的丰收提供保证！紫坪铺大坝的建设者们为抗震救灾立下了巨大功勋，创造了中国奇迹，在中国和世界坝工史上写下光辉的一页。温家宝总理在紫坪铺工地对这座大坝的过硬质量和发挥的巨大作用作了充分肯定，就是对您所提问题的最好回答。

“汶川地震后我对西南地区建设高坝的信心更强”。

记者：据网上消息，有46位专家联名提出一个建议书，《建议对西南地质不稳定地区大型水坝安全性进行重新评估》，在此前呼吁暂停在西南地质不稳定区批建大型水坝。对此您有什么看法？

潘家铮：我充分理解专家们的忧国忧民心情。在汶川大地震后，对西南地区在建高坝的抗震问题补充做些研究也很必要，但不赞同“吁请暂停在西南地质不稳定区批建大型水坝”的提法。

首先，地震是一种罕遇的、不确定的、无法预测的事件。抗震设计其实是一种风险设计，是在投入和风险间做个合理选择。不要指望通过评估能对“安全性”得出个“绝对”和“唯一”的结论。“再评估”只能按国际通行的、目前常规的方式进行，这类评估实际已进行多次了，再次评估，即使提高了个别工程的设防烈度，也不会使某些专家安心。如果根据个别人的推测、判断、“预报”来评估，又缺乏科学依据。这种事争论30年、50年也不会有结果。这就不是“暂停”，而只能是“长期停止”西南地区的水利水电开发，这对西南和全国的建设与发展来讲是不可接受的。

其次，即使停止了水坝建设，也解决不了、甚至加重了地震灾害。看一看汶川大地震的实际，紧贴震中的两座高坝都安然无恙，真正发生险情的是山坡崩塌形成的天然坝和堰塞湖。只一座“唐家山”，国家投入了多少人力物力抢险，要动迁下游近百万人民。西南其他河流情况不比岷江上游好。1967年雅砻江中游发生的唐古栋大滑坡（当时并无地震），完全堵塞了大江中下游断流，形成罕见的天然坝和大水库。这座天然坝溃决时，洪水以几十米的水头和每秒几十米的高速横扫下游数百千米。可以设想，在这些流域上发生汶川式甚或更大地震时，将形成多少座十倍百倍于唐家山的堰塞湖，国家、政府将如何去抢险救灾，如何疏散动迁人民？

办法只有一个，抓紧大力开发水电，修建震不垮的能调控水资源和洪水的高坝大库（目前雅砻江上正在修建300多米高的锦屏大坝），迅速发展流域经济，动迁必要的移民，全面改变流域面貌，全面提高人民素质，这才能为应付突发性灾难提供条件和基础。采取回避政策，停止发展，绝对不是出路。

记者：有人说，现在各单位到处跑马圈水，西南水电开发无序，已经过“度”了，您同意这个说法吗？

潘家铮：国家早已明确，流域的开发应该遵循河流的综合规划和相应的专业规划有序进行。过去一段时期确实有些“乱”，现在基本上尘埃落定了，我希望同一流域的各开发方，能在政府的指导下，通过协商协调，组成共同管理机构，进行有序和优化的开发运行，使各工程能发挥最大最优的整体效益。

批评水电开发“过度”，也是当前的时髦提法，孔子说过“过犹不及”，凡事有个“度”嘛。问题是：这个“度”定在哪里，又由哪家权威根据什么原则来定呢？美国田纳西河梯级一个接一个，开发堪称过度，而就是这过度的开发带动了全州的经济大腾飞、大转型，使美国最贫穷落后的州一跃成为最发达的州之一。

挪威、瑞典、瑞士这些国家水电开发接近100%，阿尔卑斯山区的水几乎每一滴都集中起来利用，挪威全国的电力几乎全由水电供应，也没听说谁指责他们开发过度。中国西南水电开发度恐怕不过

10%左右吧，现在就指责过度开发，似乎早了一点。

我的想法，还是从每个流域每条河段的实际情况出发，该开发就开发，不该开发或弊大于利的就不开发，这比简单地反对“过度开发”也许更合适些。

记者：接受汶川地震的教训，目前在西南修建的高坝大库的设防烈度是否应提高一些为妥？

潘家铮：根据国家法律，制定全国地震基本烈度区划图和地震动参数区划图，并及时修订，是国家地震权威部门——国家地震局的职责。这些参数是大坝抗震设计的基础性依据，在此基础上，通过进一步的评估，来确定大坝的设防烈度，后者也要得到权力部门的批准。

在汶川大地震后，如何对区划图进行修订，相信地震局会有全面的考虑和安排。我们要相信地震局，这里不仅集中了全国最权威、最专业的专家，也拥有最完整的历史地震资料。几十年来，他们为制定科学合理的区划图进行着不懈的努力。如果问我这个外行人的看法，我不认为在某一地质单元发生特大地震后，全国各区的基本烈度都有全面提高之必要。

但鉴于西南正在建设一批高坝大库，影响巨大，为吸取汶川大地震的教训，我也完全赞同对这些高坝的抗震安全性作进一步评估。实际上，有关领导部门和单位都在开始工作了，一些新的规定也在拟订和审批发布中。

不过，我的考虑重点不在提高某些工程的设防烈度（经评估认为应调整的当然应该调整），而应放在对少数关键性高坝作些“极限分析”，即设想这些高坝如果遭遇意想不到的超标准大地震（所谓最大可信地震、极限地震）会是什么后果？这不是常规的设计情况，不要求满足常规要求，允许出现不同程度破坏，唯一要求是不垮。其次是能迅速脱离险情（例如能迅速放低水位），以利修复，保证安全。地震虽可怕，只是十几秒钟的过程，我们如能探索大坝在这短短瞬间中的表现，弄清它的薄弱环节，针对性地予以加固、优化，采取有效的抗震除险措施，建成一座震不垮的水坝，这比提高一点设防烈度也许会令人们更放心一些。

记者：最后一个问题，在西南地震带上修建这么多高坝大库，您是不是感到有些担心和不安？

潘家铮：做任何事情都有风险，何况是修建高坝。尤其目前世界上真正经受过强震考验的高坝实例太少。我们只能尽当前科技水平，尽量把工作做深做透，多向坏处想，多留余地，使出事风险率减到最低。这也是汶川大地震后我特别关心紧邻震中的紫坪铺、沙牌两坝安全的原因。

当科技水平不断提高，实践经验不断积累，风险度不断降低，担心的成分也就愈少。汶川大地震中两座坝的实践，使我深切体会到按现代理论研究、设计、施工、管理所建成的大坝，具有惊人的抗震潜力，当然还需要作进一步研究，但确实使我信心倍增。

西南地区一些在建的大坝，其坝高、库容确实比紫坪铺、沙牌更大，但相应的研究、分析、优化工作也要深入得多。就澜沧江上292m高的小湾拱坝来说，我们已不知多少次建议或要求业主、设计院和科研单位做过深的研究，进行反复的分析和优化，也不记得开过多少次咨询会议。每次分析的“单元数”都是几十万个，连震动中拱坝施工缝的开合影响都要考虑在内，至于抗震措施、施工质量、工程管理更达到一流水平。人们如果看到那汗牛充栋的研究试验报告、计算设计文件和会议研究讨论成果，会难以相信建设一座坝竟然要做如此多的工作。小湾如此，其他工程也莫不如此！因此，汶川大地震后，我对西南地区建设高坝的信心更强，担心更少。我深信，在西南的高山深谷中即将涌现出一大批高与天齐，冲不倒、震不垮的大坝，千秋万代为民造福。

（《中国电力报》记者 韩 健）

关于高坝大库与水库地震的问题

汶川大地震后，水库地震问题，深为国内外所关注，特别是汶川大地震是否和邻近震中的紫坪铺水库蓄水有关？甚至是否和三峡工程蓄水有关？在这些问题上社会各界多有不同看法。笔者认为：国内外各界对高坝大库的抗震安全的关注持不同观点进行探讨，对促进高坝大库抗震安全的重视和加强深化研究是有利的。当然，学术争鸣是需要基于实事求是的科学依据的。这些分歧涉及对水库地震的理解。为此，在对汶川大地震是否与水库蓄水有关之前，首先需要从水库地震的概述出发。

一、水库地震概述

水库地震是指由于水库蓄水导致环境物理状态的改变，从而在库区和坝址引发地震的现象。库区系指水库正常蓄水位淹没的范围。自从1931年希腊60m高的马拉松（Marathon）大坝水库在1929年蓄水后发生一系列地震，以及1935年美国米德湖（Lake Mead）高220m的胡佛（Hoover）大坝蓄水后发生地震以来，世界上已有30多个国家先后报道了100多个地震与水库蓄水有关的事例，但其中一些事例是否真与水库蓄水有关尚存有争议，普遍得到确认的不到一半。在最近国际大坝委员会（ICOLD）颁布的公报《水库触发地震——知识概述》中，列出了39个水库地震震例。但无论怎样统计，在全球为数众多的水库中，因水库蓄水引发水库地震的事例所占比率很小，高坝中的比率虽略高，但被确认的也不多。且在所有的这些震例中，震级达到对工程抗震有意义的5级以上的，为数更少。迄今震级超过的，仅有4例，即印度103m高的柯依那（Koyna）大坝（$M_s=6.5$）、希腊120m高的克雷玛斯特（Kremasta）大坝（$M_s=6.3$）、我国高105m的新丰江大坝（$M_s=6.1$）和赞比亚边境高122m的卡里巴（Kariba）大坝（$M_s=6.0$）。最高震级均在6.5级以下。

水库地震的成因机制很复杂，至今并未解决，这主要是由于目前对水库地震源处岩层深部高温高压条件下，岩体性态和水体运动规律的认识还很不足。因此，还很难建立一个物理模型对这一复杂的过程进行描述，只能以统计和类比方法探讨其本质规律。笔者认为对水库地震按其成因大致可划分为两类：

一类是与岩溶、矿洞、地表岩体应力调整有关的非构造型的浅层微震，一般在水库蓄水和水位变动不久发生，与水位有较明显相关性。这类水库地震一般都在水库蓄水或水位变动较大后不久发生，常与水位有一定的相关性。其最大震级不超过4级，对工程和库区不致造成危害。全球已有水库地震的震例绝大多数都属于此类。

另一类是由库水触发穿过或邻近库区的、已处于临界状态的发震断层的构造型水库地震。其在水库蓄水后的微震震中常逐渐呈现出与发震构造有一定关联的较连续的条带状，震级强度随之增大，直至发生主震，在其后的岩层应力余震将持续一段时间。由于库水向岩层深部渗透过程较缓慢，主震发生的时间一般都要滞后于水库蓄至最高水位或发生显著变化的时刻。主震的最大震级可能较高，是工程抗震所重点关注的。迄今全球震级超过6级的4例水库触发地震都属此类前震—主震—余震型，为社会和工程界所关心的主要是这类水库触发的地震。文献中又把这两类水库地震分别称为外成因和内成因的。

水库地震以往被称作“水库诱发地震（Reservoir Induced Earthquake）”。笔者认为，由于绝大多数水库地震属于非构造型，所以以往称作水库诱发地震也未尝不可。但对于大坝工程界所关心的对工程和库区可能有损害的构造型水库地震，则国际大坝委员会称之为“水库触发地震（Reservoir Triggered Earthquake）”是合理的。因为这类地震能量的孕育源于发震构造本身，不建水库也是潜在的震源，与其发震时释放的巨大能量相比，水库蓄水对断层应变能的影响是很微弱的，只能在沿发震层面应变能的积累在建库前已接近临界状态时，水库蓄水的影响才能起到触发作用。地震震源释放的总能量包括破裂能、地震波辐射能和摩擦产生的热能。地震的强度取决于通过地震波辐射的那部分能量，主要是根据在设定条件下，以地震仪记录的地震波中某个频率的幅值来衡量地震的相对大小的，并据以划分为不同的震级。所以，震级是衡量地震波能量大小的。因此，构造型水库地震的最大震级是由发震断层自身的震级上限所确定的，是不可能超过被触发构造孕育的天然地震震级的。至于震级上限的确定，目前在我国地震界，主要根据历史地震—构造法、古地震—活断层参数统计法和综合构造类比法归纳的规则确定的。由于地震预测属于尚未完全解决的世界性难题，震级上限的确定有一定的局限性，此次汶川大地震发生在龙门山断裂带上，历史上该地区地震活动相对较弱，是块体运动的缩短变形和应力集中最为显著的段落。由于龙门山断裂带属青藏高原，诸断裂带中长期以来变形速率最低的，且历史上记录到的最大震级为6.5级，导致对其属于活动频度虽低但长期积累能量、具有发生超强地震危险性断裂的特殊性认识不足。据了解，震后有关部门经过重新研究确定，对龙门山的映秀—北川断裂的震级上限由原定的7级提高至8级。所以，尽管我国地震部门多年来在编制全国地震区划图过程中，做了大量工作，认真确定了全国的潜在震源及其震级上限，也并不排除有的发震断层的震级可能超过其历史地震记录。但这是对发震断层本身的评估问题，与有无水库无关。至于水库地震是“诱发”还是“触发”，笔者认为并非仅是文字之争，而是与水库地震的不同成因类别有关；更不能把“诱发”认为是可能产生比天然地震震级上限更高的地震，引起概念上的混淆。所以，笔者建议统称之为“水库地震”，目前国际大坝委员会把对影响大坝安全的构造型水库地震称之为“水库触发地震”。

虽然对库水在水库地震中的作用尚待更多研究和论证，但目前较为普遍的共识是认为库水的渗透及其重量是主要因素。

对构造型水库地震，已有不少对库水自重影响的研究，但这些计算水体自重对地壳岩体应力场的计算模型大多较为粗略，对地下深处岩性参数的取值和断层形态变化的了解也很困难。因而也难以较精确定量。但定性上这些研究都表明，即使是百米以上高坝的库水自重，对地表以下十余千米深处、作为初始破裂点的震源附近的岩体应力场影响，与岩体自重影响相比，是可以被忽略的。诚然，也曾有学者认为，在一定条件下，即使微小的应力变化也足以影响地震的发生。但问题是在过于简化的模型和参数假定下，给出的微量结果的精度可能在误差范围内难以取信；而且库区的重力荷载无助于断层两侧的相对错动。更何况被触发的发震断层的应力状态是否确已处于与其临界值仅差这个微量的问题，更只能是一个难以验证的猜测。此外，一般认为：与库水自重有关的构造型水库地震应在蓄水至最高水位后不久就发生。

因此可以认为，库水对构造型水库地震主要的触发作用，应是其向深部渗透的孔隙压力减少断层面的法向应力，并减弱其抗剪强度参数，导致总体抗剪强度降低而引发断层构造面失稳。目前这个概念在大坝工程界是被较普遍接受的，虽然我们对处于地下十余公里处高温、高压的水体渗透和岩体力学性态并不太了解，但基于库水渗透是引发水库地震的主要作用的概念，可以探讨对构造型水库地震的一系列认知：

（1）由于水库蓄水后库水作用对震源处岩层应力状态的附加影响，与发震断层接近临界状态的应力场比较是较为微弱的，因此，只是起到了触发作用。

（2）库水触发水库地震需要有一定的地震地质和水文地质背景条件，即在库区内及其邻近地区有发震构造；该发震构造在建库前已接近临界状态；库区存在蓄水后库水由库盆向岩层深部渗透的水文地质条件。显然，具备这些背景条件的高坝大库并不多，因此在各国已建的众多高坝大库中，发生较强的构造型水库地震的震例极少。

（3）构造型水库地震与其所触发的天然地震实际并无本质差异，其主震震级不会超过被触发断层的可能发生的天然地震的震级上限。

（4）库水渗透过程使其主震发生时间滞后，震源深度相对较浅。

（5）在无区域性活动断裂的情况下，库水渗透影响范围一般不会超过库区的第一分水岭，从而确定了水库地震归属的空间范围。

（6）就断层性状而言，按照摩尔—库仑理论，从库水作用对断层面应力状态影响的分析看，库区的重力荷载无助于各类断层两侧的相对错动，而在库水渗压作用下的走滑断层和正倾断层较之逆冲断层更易于被触发，迄今全球已有的 4 个震级为 6.0～6.5 级的构造型水库地震，其发震断层都是正断层或走滑断层，而非逆冲断层。

基于以上分析及对已有水库地震震例的统计结果，从水库蓄水后库区发生的地震中判断其是否与蓄水有关的判别标志大致可归纳为以下几点：

（1）从时间相关性看，一般在水库蓄水或水位有较大变动的初期，微震活动的频度和强度与该地区建库前的本底地震比较会有显著增加，且常与水位变化有一定的相关性。对于构造型水库地震，主震发生的时间上往往会较水位变化滞后。在水库蓄至最高水位后，或主震发生以后，随着库区岩体应力的逐渐调整，库区地震活动性也逐渐回复至该地区的本底状态。

（2）从空间相关性看，受库水沿断裂带渗透范围所限，一般认为震中应位于水库边缘 5～10km 左右的范围以内。对非构造型水库地震，其震中一般呈团状散布。一般都可在空间位置上找到对应的岩溶或矿洞等对应地段。对构造型水库地震，除了从震中位置分布及强度变化趋势判别外，往往要作更多的监测分析。

（3）从地震地质环境看，水库蓄水引发地震需要有特定的地震地质环境条件。库区内要存在引发构造型水库地震的发震断裂构造和库水向深部渗透的水文地质条件；或者存在引发非构造型地震的裂隙岩体、岩溶或矿洞等地段。需要指出的是，断层本身也并非都是透水通道，有的老断层可能是阻水的，需要分析鉴别。

（4）从地震本身的特征看，与天然地震相比较，水库触发地震的震源较浅，一般在 5km 左右；其地震动随震中距衰减较快；非构造型水库地震多为微震群型；构造型水库地震与天然的构造型地震并无本质差异，但前者一般都为前震—主震—余震型，迄今全球已有的 4 个震级为 6.1～6.5 级的构造型水库地震都属此类型；主震与最大余震的比值高；在震级—频度关系（$\lg N=a-bM$）中的 b 值也较高；地震动加速度的主频及垂直和水平分量的比值都较高；同样震级下的地面震感稍强。

对与水库蓄水有关的地震安全性的评价，首先要根据库区内断层的活动性及其性状和规模、库盆向岩体深部的渗透条件、坝高、库容、岩性及结构面和岩溶的发育程度等主要影响因素，确定可能发生水库触发地震的库段；各库段可能的最大震级，则主要基于国内外已有的水库触发地震事例和工程类比原则，根据主要影响因素，采用确定性方法进行综合评定，或者以各种聚类分析方法给出不同震级段的发生频率。

自 20 世纪 60 年代新丰江工程发生水库地震以来，我国大坝工程界对水库地震问题一直都非常重视。对水库地震的研究和判断，目前判断的主要依据是蓄水前后库区地震活动性的监测和对比，并基于统计学理化从监测结果中探讨并加深对其一般规律性的认识。为此，我国现行《水工建筑物抗震设计规范》（DL 5073—2000）要求，对坝高大于 100m、库容大于 5 亿 m^3 的水库，如有可能发生大于 6 级的水库诱发地震时，应在水库蓄水前就设置专门的高精度地震监测台网进行地震前期监测，以便可取得本地区建库蓄水前的本底地震活动规律，与蓄水后进行比较。小浪底、紫坪铺等工程都按规范要求在水库蓄水前设立了台网。特别是对三峡工程，在其蓄水前，建立了我国第一个专门监测水库地震数字遥测台网，包括 24 个固定台、3 个中继站、1 个台网中心、8 个流动台站和 2 个非遥测台站。最近，在金沙江下游 4 个梯级电站库区，正建立由 62 个固定台站和 8 个流动台站所组成的空前规模的水库地震监测台网。

二、汶川大地震与紫坪铺和三峡工程水库蓄水无关

（一）紫坪铺水库蓄水是否能触发仪川地展的问题

首先，从水文地质条件判断。紫坪铺水库位于龙门山断裂带北川—映秀、江油—灌县断裂带之间，从其库尾一个分支的库岸边，距映秀镇的最近距离虽仅 4.5km，但是紫坪铺水库的最高运行水位为 875.4m 没有超过该处河道天然水位 877m，更低于其洪水位 884m。汶川地震时的库水位 826m 接近死水位 817m（见图 1）。同时，紫坪铺位于汶川地震发震的逆冲断层下盘的构造相对稳定区。所以，紫坪铺水库蓄水后，北川—映秀断裂带的原有水文地质条件不会受到影响。

其次，从蓄水前后库区地震活动性变化看。紫坪铺工程在 2004 年 8 月，即蓄水前 13 个月，就设立了有 7 个固定的子台组成的水库地震专用测震台网。紫坪铺水库在 2004 年 9 月 27 日 1 号导流洞下闸，仅留 2 号导流洞过水，水位从 752m 至 775m 仅上升了 23m。至 2005 年 9 月 30 日 2 号导流洞下闸，水库开始正式蓄水，水位快速升高，至 2006 年 10 月最高升至 875.4m，低于正常蓄水位 1.6m，相应的库容为 9 亿多立方米；在 2006 年 7 月及 2007 年 5 月水位都曾降低至约 820m 左右。汶川大地震前的 2008 年 4 月 30 日，库水位为 828.95m，相应的库容约 3 亿 m^3。从四川省地震局水库地震研究所统计的紫坪铺库区多年地震活动性（见图 2）可以看到，蓄水前后地震活动的频度和强度变化都在建库前的正常随机变动范围内，水库蓄水前后对比地震活动性无规律性变化，与库水位变动也不存在相关性。水库蓄水后并没有出现大量的微震。因此，在紫坪铺水库并没有监测到发生水库地震的现象。

（二）三峡水库蓄水能否触发汶川地震的问题

至于三峡水库的蓄水不可能触发汶川地震的依据则更为明显。首先，龙门山断裂带与三峡工程库区分属于青藏地震区、龙门山地震带和华南地震区、长江中游地震带，两者在区域构造上并无联系。其次，汶川地震震中距三峡水库的库尾重庆市 300km 以上，距坝址则更在 700km 以远。三峡水库早在 2003 年第一期开始蓄水至 135m 水位前 2 年的 2001 年 10 月，

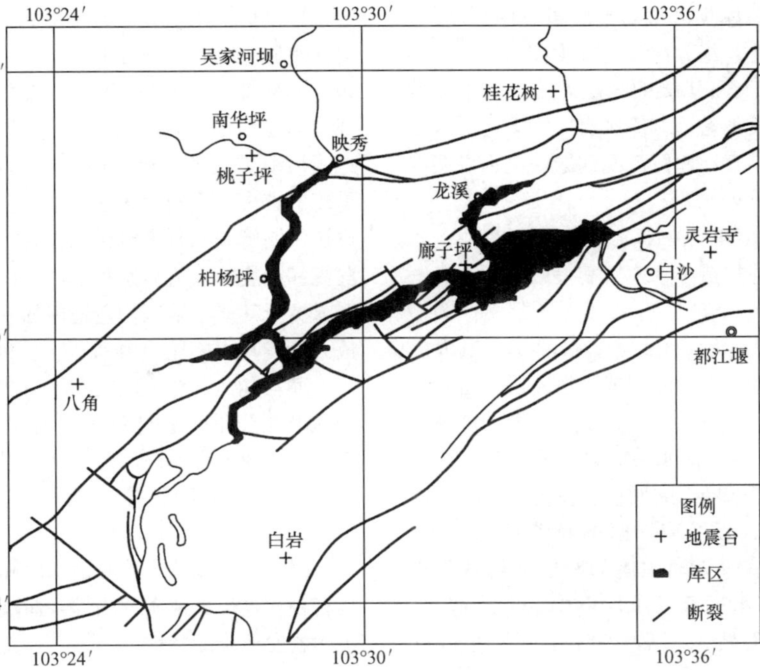

图 1　紫坪铺水库与汶川地震发震断裂相对位置图

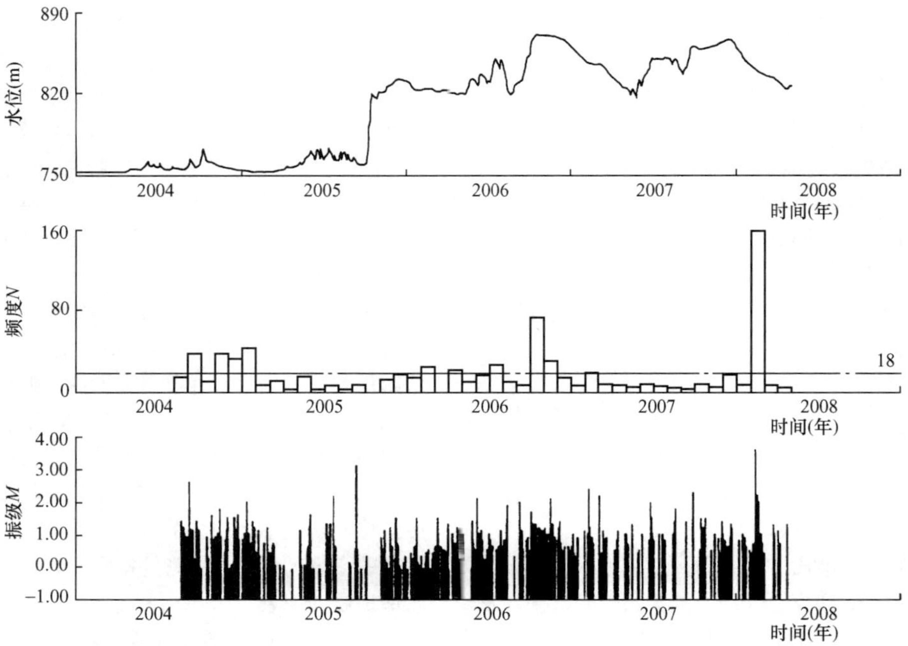

图 2 紫坪铺库区多年地震活动图

就建成了以 26 个子台组成的数字遥测台网为主体的三峡工程水库地震监测系统。此外，在库区由坝址至巴东库段的两岸 10km 范围内的重点地段，还布设了 18 个人工值守的流动地震观测台。在水库蓄水前后，完整有效地控制了整个峡江段，特别是从坝区到奉节县城两侧各 20～30km 地区内的地震活动性。多年监测结果表明：蓄水后库坝区微震频度虽有明显增加，但经查证，迄今为止，绝大部分是发生在岩溶、矿洞分布地区、震级小于 3～4 级的浅层微震。基本显示了非构造型水库地震的特征。库区有厚度大的隔水岩层，封闭条件好，不存在库区渗漏问题，更不可能渗透到几百公里以外远处。

（三）汶川大地震不具备水库地震特征

此外，如前所述构造型水库地震一般都为前震—主震—余震型，迄今全球已有的 4 个震级为 6.0～6.3 级的构造型水库地震都属此类型（图 3），其发震断层都属易被库水触发的正断层或走滑断层。希腊克雷马斯塔地区 1700～1965 年间没有任何值得重视的地震，1965 年 7 月水库蓄水后，从 1965 年 8 月到 1966 年 2 月，在约 100km^2 的面积上发生了 740 次地震，随即发生了 6.3 级主震。据古普塔（1972 年）和斯坦因（1982 年）等人对主震的断层面解认为正断层。印度柯依那水库于 1962 年雨季开始蓄水，1963 年中，地震频度显著增高，1964 年水深达 100m 时，坝址区发生了 5 级地震，1967 年 9 月在连续发生两次 5 级地震后，约 3 个月后发生 6.5 级主震。对其主震的震源机制解，多数学者认为是走滑断层。赞比亚的卡里巴是世界最大水库，库容 1530m^3，最大水深超过 80m。该地区蓄水前附近没有地震观测台，被认为是无震区。1958 年 12 月蓄水后不久，地震异乎寻常地增加了。1963 年 9 月发生了 6 次 5 级的地震，随后发生 6.0 级主震。斯诺（1974 年）调查认为，地区似处于临界应力状态的正断层背景。我国新丰江水库 1959 年 10 月下闸蓄水，1 个月后出现 2～3 级有感地震，9 个月后随水位急剧上升，地展频度和强度明显增加，1961 年 9 月水位接近满库时，库区地震活动更强烈，至 1962 年 3 月发生 6.1 级主震。呈现前震多、余震衰减慢的前震—主震—余震序列。震源机制解表明是走滑错动。这 4 个水库触发地震的前震和余震的 b 值分别为 1.0～1.87 和 0.94～1.28，明显高于其所在地区构造地展的 b 值（0.47～0.84）；最大余震和主震比值为 0.86～0.98。

而汶川大地震的主震发生在具有右旋性质的仰冲型断层带上。通过对我国大陆地区地震资料的多方分析，基本上仍确认“5・12”汶川大地震偏于是主震—余震型，最大余震 6.4 级和主震比值为 0.8。

因此，可以认为紫坪铺水库和三峡工程的蓄水不具有触发汶川大地震的条件，而汶川大地震也不具备水库触发地震的特征。

（中国水利水电科学研究院
陈厚群 徐泽平 李 敏）

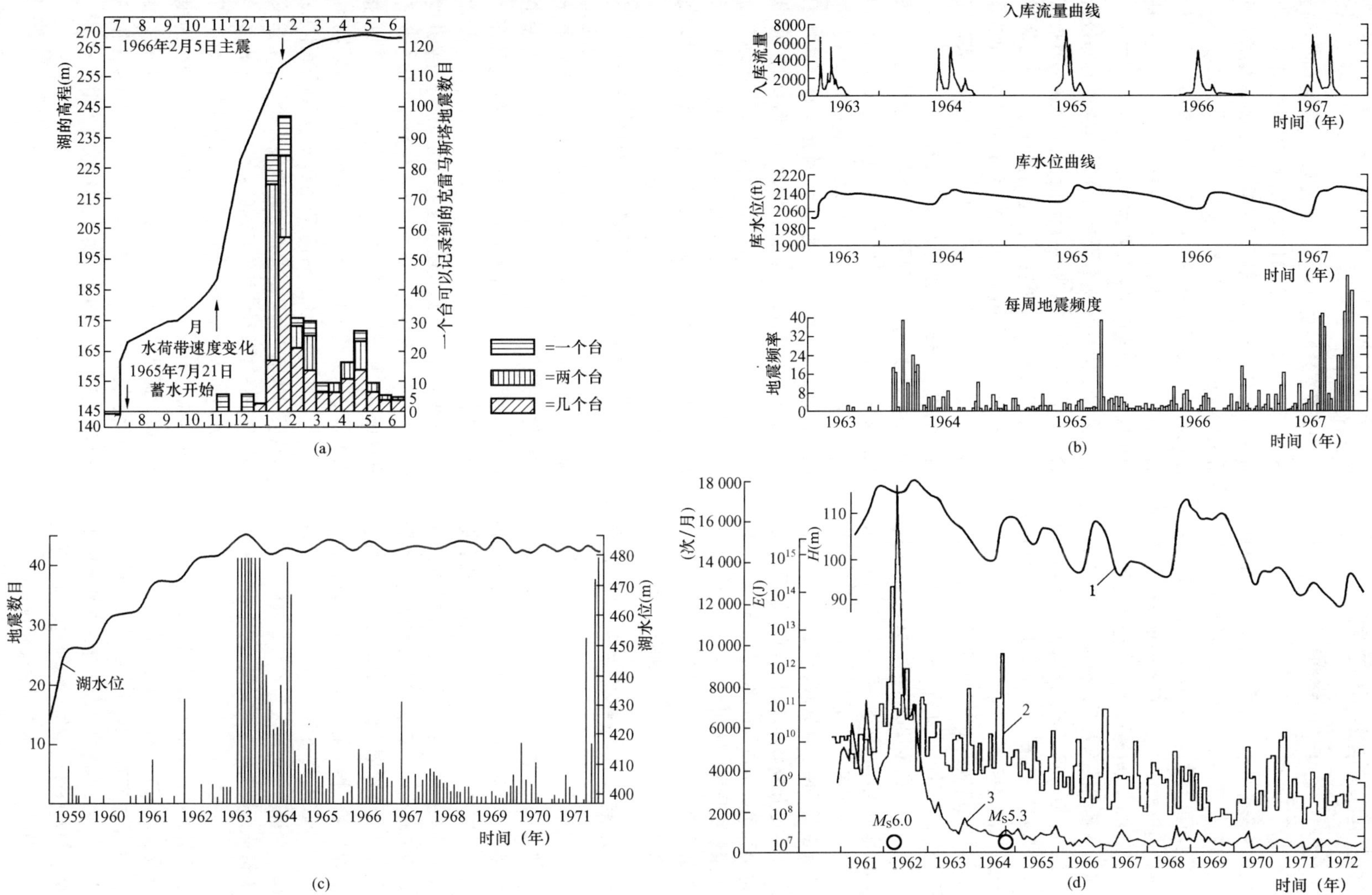

图 3　全球已有的 4 个震级为 6.1～6.5 级的构造型水库地震与库水位的相关性

(a) 希腊 120m 高的克雷玛斯特（Kremasta）大坝（M_S=6.3）；(b) 印度 103m 高的柯依那（Koyna）大坝（M_S=6.5）；(c) 赞比亚边境高 122m 的卡里巴（Kariba）大坝（M_S=6.0）；(d) 我国高 105m 的新丰江大坝（M_S=6.1）

汶川地震给水电工程防震抗震工作的启示

汶川特大地震震惊世界，受灾地区人民生命财产和社会经济发展蒙受了巨大损失。受灾地区范围约45万km^2，涉及四川、甘肃、陕西、重庆等10个省区市417个县；地震烈度Ⅶ度及以上的重灾区、极重灾区面积13万km^2。汶川地震造成交通、能源、通信、市政、房屋等基础设施大面积损毁，直接经济损失超过8500亿元，地质灾害多达12 000多处，堰塞坝30多处。汶川地震，无疑是中华民族所经受到的又一次刻骨铭心的深重灾难。

有统计资料，汶川地震灾区大中小型水利水电工程2380余座，分布在四川、甘肃、陕西、重庆、湖北、云南等6个省市。初步调查表明，有约860座水电站受到不同程度的损坏，其中，95%以上的是小型水电站，大中型水电工程不足5%。

龙门山断层带及其附近区域水能资源丰富，尤其岷江上游流域，水电开发较早、开发利用程度较高，各类水利水电工程星罗棋布，这些工程在地方社会经济发展中起到了重要作用。汶川地震中，一些水电工程也遭受了较为严重、甚至严重的破坏。初步估算，汶川地震造成水电工程的财产损失约180亿元。

一、地震之后开展的和正在进行的有关工作

在“5·12”汶川地震发生的那一刻，我们和全国人民一样，经历了地动山摇、天崩地裂、失去同胞的悲痛；在抗震救灾中，我们舍生忘死驰援，热心慷慨捐助，让受灾群众感受社会主义大家庭的温暖；在排险除险中，我们冒余震、穿乱石，沉着镇定、大胆心细、不惧危险地战斗在堰塞湖排险最前线，一次次化解了堰塞湖和水电工程可能出现的次生灾害。这一切彰显了中华民族在灾难面前，万众一心、众志成城，不畏艰险、百折不挠，以人为本、尊重科学的伟大的抗震救灾精神，最大限度地减少了地震灾害所造成的损失。

汶川地震之后，中国水电工程顾问集团公司紧急印发了《关于开展水电工程震后隐患排查和工程安全评估的通知》。根据国家有关部门的要求，即刻组织大批工程技术人员深入地震灾区对已建、在建水电工程进行隐患排查和安全评估工作，协助建设单位开展应急抢险处理，确保了震后水电工程安全度汛。

在抢险救灾应急调查的基础上，与有关方面共同研究恢复重建计划和地质灾害防治方案，协助国家能源局制定了《汶川地震灾区水电工程恢复重建规划大纲》和《汶川地震灾区水电站恢复重建导则》等指导性文件。

在国家发展改革委、国家能源局的部署和具体指导下，水电水利规划设计总院积极组织项目业主、设计院、高等学校、科研院所等单位有关工程技术人员和科研人员开展了系统性、权威性的大规模地震灾区水电工程震损调查工作，收集震情、震损、震害资料，分析成害机制，评估震损程度，完成了《汶川地震灾区大中型水电工程震损调查及初步分析报告》。

多次主持召开技术研讨会和震损调查成果报告会，广泛听取各方意见，分析研究汶川地震对水电工程的震损机制和震害特征，总结防震抗震经验和教训，提出了《进一步加强水电工程防震抗震工程措施的若干建议》，编制了《西南水电工程防震抗震研究科研规划》并提供国家有关部门决策参考。

对我国现行水电工程防震抗震设计建设的有关法规制度、技术标准和规程规范等进行清理和补充完善，制定并印发了《水电工程防震抗震研究设计及专题报告编制暂行规定》，规定针对强地震地区高坝工程，提出了基于性能目标的两级地震设防要求，即设计地震情况下，容许局部损坏，易修复；校核地震情况下，大坝基本稳定，不溃坝，不产生次生灾害。暂行规定的出台为恢复重建和高坝建设提供了必要的技术支持。

按照国家能源局、中国地震局的新的要求，吸取汶川地震经验，认真组织开展已建、在建大型水电工程的防震抗震安全复核、水电工程可行性研究阶段防震抗震研究设计专题工作。新的要求中，特别强调了水电工程场地地震安全性评价复核及工程应急管理设计要求。

水电规划设计总院还准备组织国内优势力量开展多学科、多专业的联合攻关，研究区域地震构造背景和区域构造稳定性；研究地震动基础理论和地震动输入关系；研究建筑物地震动响应规律和抗震安全性；研究提高防震抗震能力的工程措施及应急管理体系；启动了《水电工程防震抗震设计规范》及《水工建筑物抗震设计规范》等技术标准的编制、修订工作。

水电工程勘察设计工作认真贯彻落实新形势下的新的要求，不仅为高坝工程建设安全提供了有力的技术保障，而且也为汶川地震灾区水电工程尽早恢复投产提供了及时的技术支持。灾区水电工程修复工作有条不紊地进行，一座座水电站陆续恢复发电。

二、水电工程震损调查及分析评价意见

在抢险救灾应急调查分析的基础上，水电水利规划设计总院组织编制了《汶川地震灾区水电工程震损

调查及工程抗震复核工作大纲》，明确了工作思路、调查范围、工作方法和计划安排等。中国水电顾问集团成都院、西北院，水利部四川省水利院具体承担了大中型水电工程震损调查及初步分析等有关工作，并于2008年12月底前分别提出了各个工程的震损调查报告。调查报告图文并茂地描述了调查工程各个建筑物、设施设备、地基与边坡等的震损现象，初步分析了震损性质和成害机制，给出了震损程度的评价意见。

大纲明确的震损调查范围主要集中在汶川地震影响烈度Ⅷ度及以上范围内，包括岷江流域上游，涪江流域中上游、白龙江流域下游，还有汉江上游部分典型工程；水电站装机容量均在30WM以上，共有26座工程，其中，高坝枢纽工程有紫坪铺（混凝土面板堆石坝）、沙牌（碾压混凝土拱坝）、宝珠寺（混凝土重力坝）、碧口（心墙堆石坝）、水牛家（心墙堆石坝）和通口（碾压混凝土重力坝）；闸坝引水式枢纽代表性工程有映秀湾、太平驿、渔子溪、福堂和耿达等。

水电工程主要建筑物、设施设备、地基及其边坡、进厂（上坝）道路、近坝岸坡等的震损程度，依据其外观形态、功能完整性和修复难易程度三方面的指标，分为5级，即未震损、震损轻微、震损较重、震损严重以及震毁，见表1。

工程整体的震损程度同样分为5级。在上述分项震损程度分析评价的基础上，根据主要建筑物主体结构、重要设施设备以及重大地质灾害情况，通过综合分析判断加以确定。

表1 水电工程主要建筑物、设施设备震损程度分级表

序号	震损等级	外观形态	运行功能	修复难易程度
1	未震损	完好	正常	直接可用
2	震损轻微	保持完好	基本正常，仅需简单维修、维护，就可投入使用	短时间内即可修复使用
3	震损较重	局部震损	需限制使用条件	1年之内可修复使用
4	震损严重	损坏严重	基本丧失，但具备修复的可能	3年之内可修复使用
5	震毁	完全毁坏	功能完全丧失，不具备修复可能	无法修复，需要重建

按照表1中的标准，灾区大中型水电工程中，没有一座工程震毁，也没有一个工程的主要建筑物整体震毁。工程整体震损程度严重和较重的工程均处于震中附近，烈度Ⅺ、Ⅹ度影响区，有映秀湾、太平驿、渔子溪、耿达、福堂、紫坪铺等；处于Ⅸ度、Ⅷ度影响区的工程，有个别建筑物也受到了严重或较严重的破坏，如沙牌的地面压力管道和厂房，碧口的坝顶启闭机房等，见表2、表3。汶川地震中，地震地质灾害的破坏力大于地震动的破坏力，地震地质灾害是最严重的次生灾害，飞石、滚石、崩塌、滑坡及其形成的堰塞等是水电站建筑物、设施设备遭受破坏的主要原因。

表2 震区高坝枢纽工程震损程度评价

名称	坝型	坝高(m)	抗震设防烈度	地震影响烈度	震损分级
紫坪铺	面板堆石坝	156	8	Ⅺ	震损轻微～震损较重
沙牌	碾压混凝土拱坝	130	7	Ⅸ	未震损～震损轻微
碧口	心墙堆石坝	101.8	8	Ⅸ	震损轻微
宝珠寺	混凝土重力坝	132	7	Ⅷ	震损轻微
水牛家	心墙堆石坝	108	8	Ⅷ	震损轻微
通口	碾压混凝土重力坝	71.5	7	Ⅹ	震损轻微

表3 震区低闸枢纽工程震损程度评价

闸名	闸高(m)	抗震设计烈度	地震影响烈度	震损分级
铜钟	26.7	8	Ⅷ～Ⅸ	一度漫顶，未震损
姜射坝	21.5	8	Ⅸ	未震损～震损轻微
福堂	31	8	Ⅹ～Ⅸ	震损轻微
太平驿	29.1	7	Ⅺ	一度漫顶，震损轻微～震损较重
映秀湾	21.4	7	Ⅺ	震损较重～震损严重
红叶二级	11.5	7	Ⅷ	未震损～震损轻微
薛城	23.5	7	Ⅷ	未震损～震损轻微
桑坪	11.5	7	Ⅷ	震损轻微
草坡	17.3	7	Ⅸ	震损轻微
渔子溪	27.8	8	Ⅺ	震损轻微～震损严重
耿达	31.5	8	Ⅹ	震损轻微～震损严重
自一里	20	7	Ⅷ	震损轻微
木座	20	7	Ⅷ	震损轻微

根据调查及分析，汶川地震对水电工程的影响和震害特征，可以归纳如下：

（1）汶川地震中，所有大中型水电工程，无一溃坝，没有造成次生灾害，也没有构成对下游地区的威

胁。岷江上游的一些闸坝，虽一度出现漫坝，但因闸坝不高、洪水也不大，没有造成新的损失。

（2）调查工程中，岷江上游水电受震损影响最大，其次是涪江中上游和白龙江下游。其他河流上的水电工程，基本不受汶川地震的影响，也没有造成直接损失。

（3）地震灾害调查中，没有发现水工建筑物发生同震位错现象；没有发现坝基震动液化现象；也没有发现坝基和坝坡震动失稳情况。高坝坝基渗漏量变化不大，震后不久即恢复正常。

（4）紫坪铺工程除因大坝混凝土面板局部震损较重，修复难度较大外，总体上属震损轻微，其他5座高坝枢纽工程——沙牌、通口、宝珠寺、碧口和水牛家——整体属震损轻微，均未发生威胁大坝安全的震损破坏。

（5）混凝土坝的震损特征表现为坝体横缝的张开或挤压；坝体刚度突变部位的裂缝；大坝接头部位的不协调变形。堆石坝的震损特征表现为坝体震陷；堆石体与混凝土结构或基岩岸坡结合部位的接触变形；坝基轮廓突变部位的坝体裂缝。面板堆石坝的震损还表现在混凝土面板接缝的挤压破坏；施工缝的剪切破坏，面板下的脱空和周边缝止水局部破坏等。

（6）坝身、岸边泄水建筑物主体结构未震损或震损轻微，闸门启闭机排架柱部分因地震动作用发生剪切破坏，部分因滚石、崩塌堆积、滑坡堆积而损坏。闸坝进水口闸门、启闭设备及其电源系统也主要因为地震地质灾害而损坏，受地震动作用损坏的较少。

（7）输水建筑物的隧洞、埋管等地下建筑未震损或震损轻微，进口、出口部位及渡槽、明管等地面建筑，震损较重或震损严重。没有发现引水隧洞、尾水隧洞内出现塌方或衬砌结构损坏的情况。地面建筑及其设备的损坏也主要因为地震地质灾害所致。

（8）水电站地下厂房结构基本未震损；地面厂房结构总体上震损轻微，个别震损较重，如薛城、沙牌、草坡等。因尾水出口堵塞、排水系统断电、滑坡堆积形成堰塞等原因，映秀湾、太平驿、渔子溪地下厂房和沙牌、红叶二级地面厂房均发生了水淹厂房事故。

（9）震损调查表明，水电工程人工边坡，地震中均没有发生垮塌和滑动失稳的情况；沙牌、碧口和宝珠寺等库区一些古滑坡，在汶川地震中也没有复活的迹象；库岸崩塌、滑坡没有形成滑坡涌浪，威胁大坝安全。

（10）调查中发现，水电工程在抗震救灾中发挥了重要作用。例如，紫坪铺水库开辟了水上救生通道；库区复建道路成为重要的救灾补给线；一些枢纽工程区成为当地群众的避险场所；部分水电站震后迅速恢复运行，为抗震救灾提供了可靠电源；紫坪铺水库移民外迁安置也避免了重大人员伤亡和财产损失。

三、从汶川地震灾害中汲取经验和教训

根据汶川地震灾区水电工程调查，结合国内外强地震地区高坝建设的分析，我们可以得到一下经验和教训：

（1）汶川地震灾区，没有一座大中型水电工程，因为同震错断而造成建筑物的损毁。这说明，灾区大中型水电工程的选择均避开了活动断层。离断层破裂带愈远，震损破坏愈轻。河流水电开发规划和水电工程预可行性研究阶段，要高度重视区域构造地质条件和地震地质背景的研究，高坝大库选择要避免放在活动断层上，并尽量远离活动断层。

（2）汶川地震破坏性强，而处于震中及其周边地区的高坝，都经受住了超出设防标准的强震的考验，无一溃坝。这说明，只要选址恰当、设计合理、施工质量得到保证，大坝具备抵御设计地震的能力，并有相当的抗震潜力。同时也说明我国现行水电工程抗震设计标准、建设管理体制是基本合适的，按照现代理论和方法，设计建设的高土石坝和高混凝土坝是安全可靠的。

（3）根据对建筑物震损程度的分析，主要建筑和地下建筑的抗震性能都较好，而次要建筑及地面附属建筑容易受到强震或地震地质灾害的损坏。因此，在高山峡谷区修建电站，具备条件的情况下，要优选地下布置方案。

泄水建筑物闸门启闭机排架结构及其启闭设备的损坏对大坝安全的危害性最大。因此，必须加强对泄洪建筑物闸门、启闭设备、排架结构、应急电源等的防震抗震安全设计和运行管理。

对处于高烈度地区、特别重要的、失事后可能产生严重次生灾害的泄水建筑物，要研究设置降低库水位的专门措施，专用的应急电源，并确保具备应急使用条件。

（4）在地震次生灾害中，地质灾害居首位。由此所造成的对建筑物的破坏力远大于地震动的破坏力，地震地质灾害是水电工程震损严重的重要原因。

汶川地震造成了大范围山体表面松动，形成了大量临界稳定边坡、不稳定边坡和滑坡，发育大量崩塌堆积、滑坡堆积、堰塞、泥石流、危岩体等物理地质现象。地震地质灾害是导致交通中断，救援难度增大，水电工程修复困难的主要原因，而且还严重威胁水电站运行安全。水电工程设计建设要高度重视防治地震地质灾害，加强地质灾害调查、研究和治理设计工作、适当扩大调查和治理的范围，开展必要的预警预防和综合治理等。

（5）在地震过后，水电站电源中断、通信中断、交通中断，给抗震救灾造成极大困难。临震处置不当，应急电源、应急通讯设施缺乏，信息不通反映了我国水电工程建设运行管理的薄弱环节。

水电工程设计中要进一步加强对特大地震灾害、特大洪水灾害及其各类次生灾害的评估、研究提出电站运行应急管理要求；要充分考虑通信、交通、电源、避险场地、安全通道等应急设施的配置。运行管理中，要研究制定应急预案，完善应急管理机制，落实应急管理制度和各项要求；要加强对大坝及其他水工建筑物、重要设施设备以及应急设施的日常维护，确保始终处于正常状况，以不断增强抵御地震和洪水风险灾害的能力。

（6）水电工程防震抗震具有复杂巨系统特征，尤其是大坝安全问题。水电工程中的大坝安全，关系到下游广大地区、下游梯级电站及沿岸人民群众生命财产的安全，水电开发必须确保在极端不利的情况下，大坝基本稳定而不溃坝。

为此，在水电开发规划、设计、建设和运行管理的各个环节，都要进一步增强工程风险意识，树立系统安全观念。要按照流域安全要求，合理规划布置梯级电站；要按照确保大坝安全要求，对可能影响大坝安全的各种因素，研究采取相应的对策措施；要针对可能遭遇的和不可预见的危险有害因素，研究制定确保大坝基本稳定的预警预防和应急管理措施。

四、提高认识，坚定西南水电开发的信心

汶川地震的经验和国内外工程实践证明，高混凝土和高土石坝均具有良好的抗震性能。在现有技术水平和管理体制的情况下，强地震地区可以修建高坝，地震风险性不应成为决策水电开发的障碍。

我国水电工程建设，特别是大中型水电工程，一直以来，遵循“确保安全、留有余地”的指导思想，严格设计审查和建设管理，因而水电工程的可靠性是完全令人放心的。

我国西南地区水电资源丰富，高坝大库较多，但同时，也是地震地质条件复杂、地震烈度高而且频发地区，西南水电开发建设对水电工程防震抗震提出了新的更高的要求。我们有充分理由相信，汶川地震后，水电工程设计建设的标准、方法和管理制度将更加健全完善，工程安全将更好地得到保障。

水电工程不仅是节能工程、扶贫工程、环保工程，而且还是安全保障工程。高坝大库建设，能够提供抢险救援条件和避难场所，起到规避和防治地质灾害，防范堰塞坝溃决可能导致的次生灾害的作用。

工程活动的目的是创造价值，造福社会，但是，如果违背了科学的原理和客观规律，则工程活动不仅不能给社会带来福祉，还有可能造成社会危害，甚至带来灾难性的后果。汶川地震的经验，同时还告诉我们，水电工程设计、建设、管理中，都要进一步增强工程风险意识，树立系统安全思想，研究并增加水电工程的容错功能，进一步提高水电工程大坝的抵御各种极端风险的能力。

客观上，由于诸多工程因素存在许多不确定性，主观上，工程决策存在认识误区和盲区，因此任何工程都具有一定程度的风险。有人认为，水电工程是高风险工程，也有人认为水电工程的可靠性最高，其实，这正是水电工程风险性的辩证法。如果工程师认识到水电工程高风险危害性，认真研究加以规避或采取措施加以防范，则高坝就具有足够的可靠性。没有风险意识、风险不加防范，就会造成更大的风险，酿成更大的危害。这也说明，增强水电工程风险性的认识是十分重要的。

水电工程的最大风险（这里指可能造成重大社会影响和严重灾难的风险）莫过于来自特大洪水、特大地震和特大地质灾害的作用。为了防范洪水风险，大库高坝工程采用千年一遇洪水设计，万年一遇洪水校核，甚至有的采用可能最大洪水（PMF）校核，并预留足够的安全超高，保证绝不出现洪水漫坝的情况。为了防范地震风险，水电工程大坝抗震采用100年基准期、超越概率2%的设防水准（相应重现期约为5000年），在此基础上还进一步提高地震标准进行抗震复核，甚至研究大坝极限抗震能力。通过采取工程措施，能够保证大坝在设计地震作用下，虽可能出现局部损坏，但经修复能够继续正常运用；在校核地震作用下，维持大坝基本稳定，不发生溃坝，不造成对下游地区的洪水威胁。

在工程设计、建设和运行管理中，客观上都会存在不确定性、不可知性、认识上的误差甚至设计和施工的错误、运行管理的疏忽，对此，工程决策者、工程师以及管理者必须保持清醒的认识。不容许失败与不可避免的错误构成一个矛盾体，正确认识和解决这一矛盾成为推动工程建设各方面进一步完善的重要动因。我们必须研究合理的工程安全储备，增加工程的容错功能，增强水电工程抵御风险的能力。

汶川地震给防震抗震研究提供了难得的机会和条件。应该呼吁，要进一步加强防震减灾基础性研究和针对工程建设条件的专题研究工作；将“西南地区水电工程抗震安全课题”纳入国家科技重点，在国家发展改革委、国家能源局统一组织下，联合国内一切优势力量，开展多学科、多专业，产、学、研相结合的科研攻关；在总结经验的基础上，进一步完善水电工程安全评价标准和管理办法，修订完善相应技术标

准，以便为西南水电开发建设提供科学指导和技术支撑。

古语云，多难兴邦。如果我们能够从灾难中汲取力量，总结经验，正视教训，就可以避免重蹈覆辙；如果我们自觉坚持正确的道路、尽快弥补不足，及时改正错误，就可以不断有所收获、有所创造、有所前进。灾难是一个民族进步的契机，在科学认识上的进步，法规制度上的进步，工程实践上的进步，是更加卓越的进步，这种进步就是灾难之后应有的补偿。

（水电水利规划设计总院 周建平）

紫坪铺面板坝汶川地震震害及高土石坝抗震减灾研究设想

2008年5月12日汶川大地震8.0级，具有强度大、持续时间长、影响范围广的特点，破坏力巨大。汶川地震是由于青藏高原东面向四川盆地过度区的龙门山断裂带中映秀—北川断裂突然错动引发，从震中汶川县开始破裂以平均3km/s的破裂速度向北偏东方向传播，破裂长度约300km，破裂过程总持续时间长达120s。同时，由于汶川地震是上盘往上升的逆冲为主，加剧了地震的破坏程度。

四川地区水资源丰富，水利水电工程众多，这次汶川大地震中震损的水利水电工程数量多，分布广。其中量大面广的中小型水库的挡水坝多为土石坝，且多数坝高小于30m，10m以下的均质土坝最多，这类坝的震损有许多共性，值得总结。在这次地震中也有一些高坝经受了强震的考验，包括紫坪铺面板堆石坝（坝高156m）、沙牌碾压混凝土拱坝（坝高131m）、碧口土质心墙堆石坝（坝高105m）、宝珠寺混凝土重力坝（坝高132m）等。特别是接近震中的紫坪铺面板堆石坝，堪称目前世界上唯一一座遭遇强震的坝高大于150m的高混凝土面板堆石坝，其抗震安全性和加固措施令世人瞩目。

为了满足国家国民经济建设发展对能源的需求，加快西部大开发，水电开发成为国家重要的能源战略。我国的水电资源80%以上都分布在西部地区，在我国西部高坝大库的建设也必将越来越多。在这些高坝大库中，土石坝占了相当比例。如正在建设的大渡河瀑布沟心墙堆石坝（182m）和长河坝心墙堆石坝（240m）及澜沧江糯扎渡心墙堆石坝（262m），计划建设的有金沙江乌东德心墙堆石坝（225m）、雅砻江上两河口心墙堆石坝（293m）和坝高为314m的大渡河双江口心墙土石坝（为该坝型目前世界最高）等。目前中国的土石坝（无论是混凝土面板堆石坝还是土质心墙土石坝）的数量、规模、技术难度都居世界前列。西部地区地质条件复杂，地震频繁、强度大。在西部建设的这些高土石坝多位于强震区，抗震问题是控制因素。因此，对本次汶川大地震震害进行系统调查，并对土石坝典型震害和破坏机理进行深入研究，对保证后续受损土石坝工程加固处理工作的顺利实施，以及提高我国土石坝工程抗震设计水平，确保水利工程的抗震安全都有重要的现实意义。

一、紫坪铺面板堆石坝主要震害及分析

（一）工程基本情况

紫坪铺水利枢纽工程位于四川省成都市西北60余公里的都江堰市麻溪乡境内的岷江上游，下游距都江堰市9km。坝址以上控制流域面积22 662km^2，多年平均流量46m^3/s，年径流量148亿m^3，水库正常蓄水位877.00m，水库总库容11.12亿m^3，是一座以灌溉和供水为主，兼有发电、防洪、环境保护、旅游等综合效益的大（1）型水利工程，也是都江堰和成都市的水源工程。工程于2005年蓄水并开始发电。

拦河大坝为钢筋混凝土面板堆石坝。最大坝高156m，坝顶高程884.00m，坝顶全长663.77m，坝顶宽度12.0m，上游坝面坡度为1：1.4，下游坝面坡度为1：1.5和1：1.4。紫坪铺大坝当时按地震烈度Ⅷ度设防，原设计采用100年超越概率2%的峰值加速度为0.26g。紫坪铺工程距离震中仅17km，根据目前的地震资料，此次遭受的地震在Ⅸ度以上。大坝经受住了这次超常地震的考验，但大坝还是产生了明显的震害。

（二）大坝地震变形

“5·12”汶川大地震使大坝产生了明显地震变形。地震产生的最大沉降量达90cm，位于大坝最大断面坝顶附近；坝坡向下游方向发生水平位移约30cm。图1为大坝坝顶中部震后变形情况。图2为震后坝体与右坝肩溢洪道沉降差及破坏情况。

坝顶中部防浪墙测点（Y7）最大沉降值为683.9mm，由于余震和大坝应力变形重分布，5月17日沉降量增大到744.3mm，45天后沉降变形最大值760.0mm，现已趋于稳定。坝体内部水管式沉降仪观

图1 大坝坝顶中部震后变形

图 2　坝体与右坝肩溢洪道沉降差

测到的震陷量随坝高而增大，5 月 17 日测得高程 850.00m 处坝体中部最大沉降量为 810.3mm，余震影响略有波动，现已趋于稳定。由于中坝段坝顶与路面存在约 150～200mm 脱空现象，按对应部位坝顶沉降量推算堆石填筑体顶部最大沉降量可达 900mm。右岸坝顶路面与岸坡（开敞式溢洪道边墙）出现150～200mm 错台沉降。图 3 为大坝坝顶震陷分布情况。图 4 为坝 0+251.0 断面地震后坝体内部沉降量沿高程分布。

地震产生的坝体河流向水平位移总体上是指向下游侧。从防浪墙顶变形标点测得坝中部地震水平位移最大值为 200.0mm。由于河谷形状的影响，左右坝段 840.0m 高程以上的坝轴向位移均指向河床坝段，岸坡较陡的左坝段位移较右坝段大，最大值为 264.0mm。坝内水平位移计测得下游坝坡水平位移较上游防浪墙顶大，并随坝高增加而增大；下游坝坡 854.00m 高程处的水平位移为 270.8mm；后期余震坝顶水平变位增加约 100mm，后趋于稳定。图 5 为大坝下游坡水平位移的矢量分布情况。

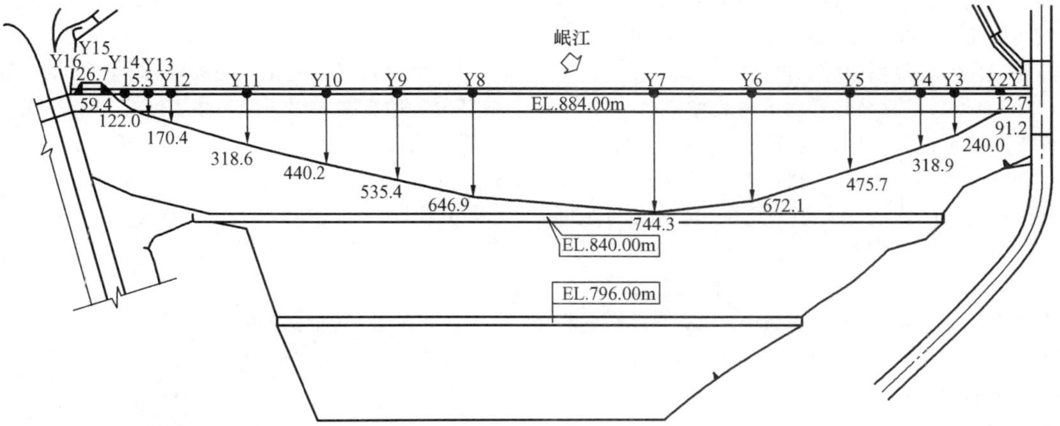

图 3　大坝坝顶震陷分布（单位：mm）

·—永久位移标点；↑—位移方向；箭头旁的数字—位移大小

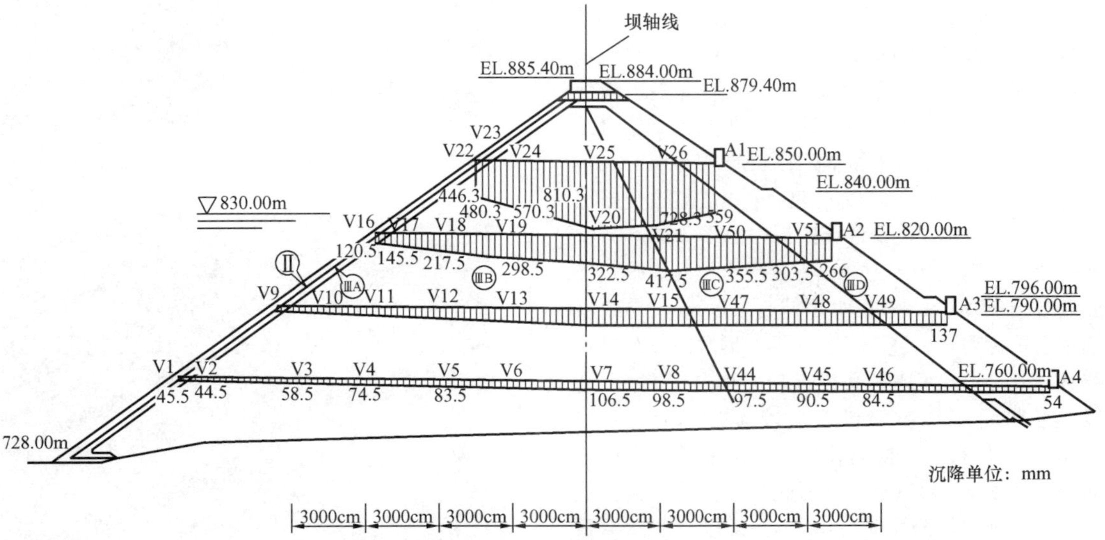

图 4　大坝 0+251.0 断面地震后坝体内部沉降量沿高程分布（沉降单位：mm）

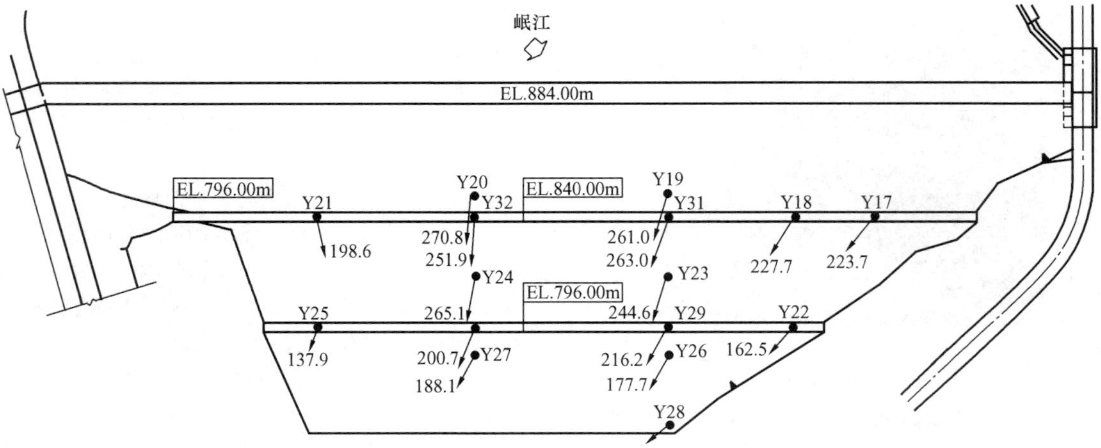

图 5　大坝下游坡水平位移的矢量分布（单位：mm）

·—永久位移标点；↑—位移方向；箭头旁的数字—位移大小

现有观测结果表明，地震使得坝体断面缩小，坝体边坡向内部收缩，尤以最大断面附近收缩较为明显，随着坝体高程降低收缩量减小。

（三）面板的挤压破坏和错台与脱空

面板间的垂直缝发生挤压破坏。其中，面板23～24 号之间垂直缝两侧混凝土挤碎，5～6 号面板间接缝也有挤碎。具体表现为：坝中部的 23～24 号板间结构面挤压破坏，自坝顶延伸至 791.0m 高程，低于死水位 26.0m；位于左坝端 5 、6 号面板挤压隆起破坏较为严重，板间最大错位 350mm；23 号板横向挤压破坏范围为 0.5～1.7m，取芯检查 843.0m 高程混凝土破坏影响深度达 320mm，破裂面架空约 50mm。板间保角钢筋网与混凝土保护层分离，板中部受力筋折曲变形，比常规挤压破坏严重。图 6 为 23～24 号面板之间挤压破坏现象。

845m 高程二、三期混凝土面板施工缝错开，最大错台达 17cm。部分混凝土面板与垫层间有脱空现象，最大脱空 23cm。具体为：二、三期混凝土面板间施工缝发生明显错台：5～12 号面板施工缝错台差为 150～170mm，14～23 号面板为 120～150mm，30～42 号面板为 20～90mm；总长度 340m；凿除受损坏混凝土后发现：8 号板错台导致板中部受力筋呈 S 型拉伸折曲，三期面板受力筋以下混凝土拉裂脱落，接触面混凝土破碎；10 号板水平错台 230mm，导致板间缝止水铜片剪断，缝面钢筋外露。据脱空计观测资料和补打 75 个坝面取芯孔成果，大坝左岸 845m 高程以上三期面板与垫层料发生较大范围脱空，但 870.0m 高程仅有一个检测孔约 20mm 脱空；右岸三期面板 880.0m 高程以上也全部脱空，检测最大值达 230mm；大坝左坝肩附近 843.00m 高程二期面板顶部局部脱空，法向检测最大值为 70mm。三期面板脱空约占其总面积 55%。图 7 为 845m 高程二、三期混凝土面板施工缝错开现象。图 8 为施工缝间钢筋的扭曲情况。

面板周边缝是混凝土面板堆石坝防渗系统重要组成部分，地震造成周边缝产生了明显变位。现有监测结果表明，部分周边缝三向测缝计变位较大，有的已超出周边缝可承受的范围。其中，Z2 测点（左坝肩 833m 高程）周边缝沉降量达到 92.85mm、张开 57.85mm、剪切位移为 13.42mm；Z9 测点（右坝肩

图 6　23～24 号面板之间挤压破坏

图 7　二、三期面板施工缝错台与脱空

(a)

(b)

图 8　施工缝间钢筋的扭曲情况

745m 高程）周边缝沉降量达到 53.65mm、张开 26.97mm、剪切位移为 103.77mm。图 9 为坝中部防浪墙下的周边缝的局部破坏情况。

图 9　坝中部防浪墙下周边缝破坏

（四）下游坝坡

强震下坝坡整体是稳定的。靠近坝顶附近的下游坡面砌石松动、翻起，并伴有向下的滑移，仅个别滚落；靠近坝顶浆砌石护坡完好。图 10 为下游坡面砌石松动和翻起现象。

图 10　下游坡面砌石松动和翻起

（五）坝顶防浪墙等结构震损

坝顶防浪墙基本完好，个别部位发生挤压破坏和拉开现象；坝顶下游侧交通护栏大部分遭到破坏；坝顶下游路缘与坝上交通道路最大脱开超过 60cm，坝顶路面与下游堆石脱开严重；防浪墙与上游面板间的水平周边缝有破坏，其他周边缝也有震损，部分周边缝三向测缝计变位较大。图 11 为防浪墙局部挤压破坏情况，图 12 为坝顶下游路缘与坝顶道路的脱开现象。

图 11　防浪墙局部挤压破坏

图 12　坝顶下游路缘与坝顶道路脱开

（六）渗漏量有所增大

渗漏量也较地震前有所增加，但总量不大。渗流水质在震后的 1～2 天较震前混浊，并夹带泥沙，以后水质变清，至今未出现再次混浊。震后 2 条泄洪洞、1 条排沙洞闸门井结构尚完整，启闭机房等上部结构损坏，泄洪洞闸门震后不能启闭，经过数天的紧急抢修已修复；排沙洞能开启泄水。电站厂房受损不严重，震后停机，但很快恢复发电泄水。

（七）分析与小结

紫坪铺面板坝经受了超设计标准的地震考验，表明大坝设计和施工质量较好，使坝具有较强的抗震能力。大坝基岩原设计地震加速度 0.26g，本次实际遭遇地震加速度峰值估计在 0.5g 以上。从坝体震陷看，如此强烈地震作用震陷仅 70～80cm，占坝高的 0.5%，也表明紫坪铺坝料选择和坝料分区合理，碾压质量得到有效控制。从坝坡稳定看，除了坝中上部下游坝面部分区域块石松动、沿坡面向下稍有滑移外，没有发生明显的块石滚落现象，坝体整体是稳定的。从面板防渗功能看，尽管出现有面板周边缝拉开、水平施工缝错台、面板挤压破坏现象，但渗流量监测结果来看，地震中面板所承担的防渗功能并没有被明显破坏。从现有大坝抗震设防原则看，在遭遇设计地震时，要求大坝不发生严重破坏导致次生灾害；在强震时允许有局部损坏，可修复使用。本次汶川地震大坝的表现符合这一原则。

这次紫坪铺大坝的震害体现了很多高面板坝地震反应的一般规律。包括：河床中部（最大坝高附近）以及坝顶附近动力反应最为强烈；坝体垂直震陷和水平变位矢量叠加后均指向坝内，说明坝体在强震作用下整体是收缩的，沿高程上是高程越高，震陷量越大，水平变形具有从上游向下游、两岸向中间的趋势；整体上河床部分受压而近岸坡部分受拉趋势明显；下游坡上部坡面堆石易于松动及滑塌；混凝土面板主要是挤压和剪切破损等。相关规律在之前的研究中已得到一定的总结和体现。

同时，这次震害有其自身的一些特点，也提出了一些原先未予充分注意的问题，如地震作用方向的影响、上游水位的影响及其与面板脱空的关系、地震永久变形与面板各种震害间的规律与关系等，应在今后的研究工作中应予深入研究和足够重视。场地地震危险性评价及地震动参数的确定工作也非常关键。

二、高土石坝的抗震减灾设计研究的工作设想

经过几十年的努力，目前已经在土石坝料动力特性、土石坝地震反应分析等方面积累了较丰富的资料，取得了一系列成果。然而，由于缺乏系统性的震害资料，尤其遭受强震的高土石坝震害资料的缺乏，使得土石坝尤其是高土石坝的震害机理尚未完全阐明，目前不能够很好地对强震作用下土石坝的抗震安全性进行准确评价，我国现行的抗震安全评价仍以拟静力法为主，局限性明显；抗震措施的作用机理和可靠性也有待深入研究；这些都严重影响了抗震设计的可靠性和科学性。在本次汶川大地震中多座高坝经受了强震的考验，特别是接近震中的紫坪铺面板堆石坝，堪称目前世界上唯一一座遭遇强震的坝高大于 150m 的高混凝土面板堆石坝，因此，对本次汶川大地震震害进行系统调查，并对土石坝典型震害和破坏机理进行深入研究，对提高我国土石坝工程抗震设计水平具有重要意义。需重点开展以下工作：

1. 国内外土石坝震害及地震资料的调研与获取　对国内外土石坝的震害情况进行调研，分析土石坝地震破坏形式和破坏机理，特别是重点对本次汶川地震区的紫坪铺面板坝震害情况进行分析。对不同震区工程的抗震措施及其有效性进行调研和分析。另一方面，进一步加强强震区高土石坝实际震害资料和地震反应记录的获取工作，在我国已有水工建筑物强震台阵基础上，完善数据收集和分析监测系统，并选择强震区的高土石坝，布置新的强震观测台阵，以获取相应的地震动数据及震害资料。

2. 高土石坝多耦合非线性动力分析理论和方法研究　通过多种试验和理论分析，重点研究复杂应力条件下的非线性本构模型，地震残余变形计算模式，接触面模拟及边界条件处理，地震动输入，库水—坝体—地基等的动力相互作用及多耦合效应，高精度数值模拟和非线性计算方法等，建立高土石坝多耦合三维非线性地震反应分析的理论和方法，并通过紫坪铺等震害实例分析对分析方法进行验证和改进。

3. 高土石坝动力破损特征与地震灾害机理研究　在对紫坪铺等典型震害进行深入分析和研究的基础上，通过室内试验（包括动力模型试验）和现场测试等，重点研究堆石料的非线性动力特性和结构的非线性地震反应及动力损伤、破坏特征。研究不同场地类别、地震动参数、坝型、坝料特性等基本控制参数与土石坝地震反应和抗震安全性的各主要指标的相互关系，以及上述基本控制参数和地震反应指标与坝体主要震害形式之间的内在联系，研究和揭示高土石坝在地震作用下的灾害机理。

4. 高土石坝地震安全评价与震害评估方法研究　结合最新研究成果，在完善和发展坝体抗震稳定分析的动力法基础上，重点探索和建立基于坝体残余变形的安全评价理论和方法；在揭示土石坝地震破坏机理的基础上，完善和建立安全评价准则，建立高土石坝地震安全评价与震害预测理论和方法。

5. 高土石坝抗震加固及应急处置措施研究　总结工程经验，利用相关的堆石料动力特性资料和地震反应分析，系统地归纳总结各种抗震方法和工程抗震措施，研究其针对性、可靠性、经济性和作用机理，提出合理的土石坝抗震减灾方法和加固措施及应急处置措施。

6. 高土石坝抗震技术的原型—模型—数值分析的联合验证　在已有的工作基础上，结合紫坪铺工程，开展土石坝的大型动力模型试验，研究土石坝的动力反应、地震残余变形、动力破坏特征和工程的破坏机理，在定性和定量两方面对模型试验方法、数值分析方法、高土石坝动力变形和抗震安全评价方法以及抗震加固措施等进行验证。

三、结语

紫坪铺大坝为混凝土面板堆石坝，按Ⅷ度设计，设计基岩地震加速度为0.26g。"5·12"汶川地震震级为8级，震中烈度为Ⅺ度。紫坪铺大坝离震中仅17km，地震烈度达到Ⅸ度，远超过原设计标准。大坝经受住了这次超常地震的考验，说明当时的抗震分析和抗震设计是成功的，也说明在强震区建设高面板坝工程是可行的。作为经受强震考验的高面板坝工程，紫坪铺工程世界瞩目，以之为依托，发展和完善高面板坝抗震理论和分析方法，分析和评价高面板坝震害现象，深入分析震害机理，完善抗震安全评价理论，深入研究抗震措施和防灾对策，总结紫坪铺的抗震设计和建设管理经验，对推动面板坝工程的抗震和建设具有重要意义。

（中国水利水电科学研究院
赵剑明　刘小生　温彦锋　陈　宁　刘启旺）

汶川特大地震与大型水电抗震安全性（摘要）

2008年5月12日14时28分，四川汶川发生8.0级特大地震，给我国人民生命财产造成巨大损失。对汶川特大地震的发生及触发机理，一些反水电的"专家学者"提出的观点，在相当程度上影响了部分民众视听。为提高全民族防灾抗灾减灾能力，推进清洁可再生能源建设，有必要对"5·12"汶川特大地震原因、水库触发地震问题和水工建筑物抗震安全性作进一步探讨。

一、汶川大地震的元因

据国家地震局公布的资料，"5·12"汶川特大地震震中位置发生在（北纬31.0°、东经103.4°）龙门山中央断裂带上。要了解汶川大地震发生的原因和触发的最主要因素（称为元因），首先需要认识龙门山断裂带。

龙门山断裂构造带主要由茂汶—汶川、北川—映秀和彭县—灌县三条大断裂带组成。其中，茂汶—汶川断裂带的茂汶—草坡段、北川—映秀断裂带的北中段和彭县—灌县断裂带的都江堰—天全段以及茶坝—林庵寺断裂带石坎子以西段为全新世活动段；平武—青川、茶坝—林庵寺的石坎子—茶坝段为晚更新世活动段，自古以来，就是地震的多发区。尤其处于敏感地带的耿达—汶川—茂县段的"茂汶韧性断裂带"区，是龙门山系发育最早、规模最大的断裂之一；韧性形变特征十分明显，属于多条断层组成的一个构造应变化带，也是一个具有多期活动性的破裂带；在龙门山主干断裂带中具有重要地位，历史上发生的地震震级大都在6级左右。

龙门山断裂带中段，即耿达—汶川—茂县—松潘中央断裂带，历史上曾发生几次大地震，情况如下：

（1）1657年4月21日，汶川爆发过有记录以来最大为6.2级的地震，其后300年这里再未发生超过6级的强震。

（2）1995年8月，龙门山断裂带又发生6级地震5次、5级地震13次，频发强震让许多地震专家始料未及。

（3）1933年8月25日15时50分，距汶川威州以北约100km、距映秀以北约140km的蚕陵古镇叠溪，曾发生7.5级强烈地震；这座千年古城随着轰天巨响，瞬间消逝于地下深处，震区21个羌寨6800多人死亡，惨重的损失给人类史上留下极为恐怖的记忆。

这次汶川大地震发生的触发因素，有地壳运动及板块挤压、空洞塌陷、构造变形与逆冲走滑三种说法。

二、地震的有关知识

天然地震主要是构造地震，它是地应力积累、释放、再积累、再释放的过程，约占地震总数的90%以上，"5·12"汶川特大地震就属于构造地震。地震经常在发生，全球年均发生约1500万次地震，但绝大多数都很小，能够致灾的地震，每年不到1000次，强、大地震，每年最多十几次。

地震发生时以地震波（横波和纵波）的形式传向四面八方；在初次强震之后，伴随着大大小小的余震，能量在相当长的时期里逐步衰减直至稳定。地震按一次释放的能量的大小划分震级，一次地震释放的能量是固定的，所以一次地震只有一个震级。3级以上习惯上称为有感地震、5级以上称为破坏性地震、6级以上地震称为强震、7级以上称为大地震、8级以上称为特大震。一次地震对地面和建筑物的破坏和影响强烈程度称为地震烈度，我国采用Ⅻ度划分法。它随震源距离、地质、地形等条件而异。一场大的构造地震释放的能量十分惊人！一场6级地震释放的能量相当于一枚2万t级原子弹的爆炸当量。直到目前，全球有记录以来测到的最高地震为1960年智利特大地震，震级8.9级。这次汶川主震释放的能量相当于1070枚广岛原子弹爆炸。

构造地震，就当前的科技水平，还不能完全、准确预测预报其发生的时间及强度。

三、关于水库触发地震问题

对构造地震的诱发机制及因素，目前尚处于探索阶段。当“5·12”汶川特大地震发生后，一些“专家”从不同角度分析地震发生的原因，个别“专家”却将汶川大地震归责于紫坪铺水利水电工程，显然是误导了民众。应当说，水库蓄水可能触发已在高能态的地震带，但没有一位专家能说清楚哪种因素导致某次构造地震的发生。

大型水库，在一年内蓄水和放水，库水对地壳的重力荷载作用和孔隙压力有一定影响，但在缺少实例和观测数据的情况下，只是属于一种猜测。

水库触发地震，是水库蓄水后引起库坝区及周围邻近的空间范围内地震活动性的显著改变的现象。这种地震震中仅分布于库坝区及周围邻近地区，一般在库水边界周围3～5km范围内，部分出现在库水边界周围5～10km范围内，很少扩展到库水边界周围10～25km范围。水库触发地震的震源深度较浅，一般在几百米至数千米范围内。而天然地震的分布多与构造有关，空间范围大，震源深度多大于10km。

水库的诱震机理主要是水库的荷载、库水的孔隙水压效应，渗水的软化、泥化作用，小震串裂、应力腐蚀、溶蚀作用，动水水压作用，膨胀作用等，可以概括的总结为水的重力荷载作用和库水的物理化学作用两类。库水的重力作用于库基岩体，产生一个附加应力场及触发地震的效应。但附加应力场主要作用在库岸附近的浅表地带，向深部和远处迅速减弱；重力荷载作用对库基岩体产生的剪切应力不会超过0.5MPa，最大剪切应力通常出现在最大水深部位之下约1000m处。因此，一般情况下不会诱发地震，除非库基岩体已处于临界破碎状态，又有足够的水量。水对库基岩体产生的物理化学作用以孔隙水压效应最为显著；水沿库基岩体中的裂隙、破碎带等导水结构面向库基及远处渗透，在渗透过程中孔隙中水的压力可以因随深度和温度的增大而增大，也可以对岩体产生应力腐蚀，以此降低结构面上的正应力，促使岩体发生破裂。孔隙中水的压力能否使岩体发生破裂，取决于岩体的特性及所在的构造应力场环境。

水库的水体对岩体产生的物理化学作用，但并不是地震的动力源。任何水库，只要蓄水就不同程度地存在水体对岩体产生物理化学作用，也就是说，诱震机制始终是存在的。事实上并不是每一座水库都会诱发地震（只是极少数水库可能诱发地震）。当今世界约有大小水库9万座，报道出现水库触发地震的只有130座。这说明水库地震的发生，水的诱震作用比例很低，还取决于前面所述的一些因素。

水库触发地震因素十分复杂，尽管全世界有关的地震、工程专家和科学家进行了艰苦的努力，仍然不能完全了解其机理和因素。目前，要对水库触发地震作出准确判断还相当困难，有关研究尚处于探索阶段。

我国科学界、工程界曾总结出可能触发水库地震的一些定性指标：即坝高大于100m、库容大于10亿m^3；库坝区有新构造、活断裂呈张扭性或张扭、压扭性；库坝区为中、新生代断陷盆地或其他边缘，近代升降活动明显；深部存在重力梯度异常，岩体深部张裂隙发育、透水性强；库坝区有温泉，历史上曾发生地震。条件符合越多、越典型，水库蓄水后触发地震的可能性越大。

四、大型水电的抗震安全性

根据汶川大地震灾后调查，除震中大量的山体滑坡、部分房屋倒塌、道路桥梁及未进行正规抗震设计的微小水电站严重损坏外，大部分的重要建筑、基础设施和大中型水利水电工程基本上没有受到规模性破坏。

岷江流域处在汶川特大地震震中。该流域已投产的水电站共29座，其中干流上10座、支流上19座；基本上都是引水式水电站，坝低、库容小，且大多为混凝土闸坝结构。紫坪铺水利枢纽及水库属于大型工程并且都在震中，震后监测发现其坝体有少量沉降、坝面局部开裂，整个大坝和厂房没有出现破坏；沙牌电站位于汶川县境内岷江支流草坡河上，曾被视为21世纪碾压混凝土高拱坝范例，地震后坝肩基本稳定，坝体完整，总体上没有破坏。

按照地震学家的说法，这次汶川地震有两个突出特点：其一，汶川地震是“板内地震”，即板块内部发生的地震，具有震源浅、频度高、强度大、分布广的特征；其二，此次地震中大量滑坡造成堰塞湖等次生灾害，使地震损失严重。其实，地震并不可怕，可怕的是人类不讲科学、不按法律法规和技术标准及规程规范建设。事实证明，地震中垮塌的山体、建筑物和房屋（相当一部分是医院、学校），一定程度上带有人为不当活动的痕迹。换句话说，那些严格按标准、规范设计和施工的建筑物、房屋大多没有倒塌。尽管汶川特大地震的地震烈度远高于一些建筑物抗震设计标准，震区许多大中型电站、水库安然无恙，这充分印证了大型水电和水库的安全可靠性。当然，没有震垮大中型电站水库并不表示水利水电行业设计和建造工作尽善尽美，可以高枕无忧；恰恰相反，水利水电行业设计和建造商应该以汶川地震为契机，提高设计和施工标准和质量水平。工程建设，百年大计。震后，国家发展改革委、水利部等主管部门修改了《水工建筑物抗震设计规范》，抗震设防标准原采用基本烈度Ⅶ度修改为Ⅷ度。

但标准不是越高越好。因为，高的标准意味着必须付出高的成本。对于小概率事件来说，标准应科学、合理、适当。但是，在施工质量问题上，则不能有半点的马虎、造假和偷工减料。近年媒体曝光的公路、桥梁、尾矿垮塌事件，多数与施工质量有关，这方面国人已有惨痛教训。

（中国华电四川公司　赵鑫钰）

沙牌水电站工程震损特点分析

一、工程简况

沙牌水电站位于四川省阿坝藏族羌族自治州汶川县境内，是岷江支流草坡河上游的一个梯级龙头电站。电站采用蓄、引相结合的开发方式，坝址位于草坡河上沙牌村牛厂沟附近，厂址在其下游约5km的克充台地，电站尾水汇入已建成的草坡电站水库。坝址距草坡河口约19km，距汶川县城约47km，距成都约136km。

沙牌水电站水库正常蓄水位为1866.0m，死水位为1825.0m，总库容0.18亿m^3，电站总装机容量36MW，年发电量1.79亿kW·h，年利用小时数为4791h。工程为三等工程，主要建筑物为3级建筑物，设计洪水标准按50年一遇，校核洪水标准按500年一遇，地震基本烈度为Ⅶ度。枢纽工程主要由碾压混凝土拱坝、右岸两条泄洪洞及右岸发电引水隧洞、发电厂房等建筑物组成。

拱坝体形为三心圆单曲拱坝，坝身无泄洪建筑物，碾压混凝土90天龄期的设计抗压强度为20MPa。在拱坝右岸布置两条泄洪隧洞：①1号泄洪洞进水口底高程在1846.0m处，结合导流洞的利用，洞身采用涡漩式内消能竖井泄洪洞，最大泄流量为242m^3/s；②2号泄洪洞进水口底高程在1805.0m高程，洞身采用长陡坡，坡度为10%，最大泄流量为211m^3/s。发电引水系统布置在拱坝右岸，进水口底板高程为1818m，引水隧洞全长3500.92m，洞径3m，引用流量15.6m^3/s。调压井布置在下厂址草坡河右岸的山体中，为圆筒阻抗式，直径4.5m，高99.36m。调压井后为埋藏式压力管道，两台机共用一根总管，管径2m，支管直径1.2m。厂房布置在草坡河左岸的克充阶地上，主厂房长26m、宽18.5m、高31.55m，安装2台单机容量为1.8万kW的混流式机组。

沙牌水电站一期工程（低闸临时取水）1997年5月发电；二期工程（拱坝工程）于2003年5月8日下闸蓄水，2003年12月全面竣工。

关于沙牌水电站的地震设防标准，初设阶段根据四川省地震局《汶川县沙牌水电站工程地震基本烈度鉴定意见书》及查《中国地震烈度区划图》，确定工程区地震基本烈度为Ⅶ度。施工阶段，1999年，四川省地震局在《四川沙牌水电站工程场地地震危险性概率分析及场地地震动参数确定报告》中确认，该工程场地地震烈度再次被确定为Ⅶ度。此外，概率分析结果表明，50年超越概率为10%的地震烈度值坝址区为7.4度，工程区地震峰值加速度为0.141g，根据2001年国家地震烈度区划图，工程区地震峰值加速度为0.1g，动反应谱特征周期为0.4s。这次“5·12”大地震已完全超过上述标准。

二、震损情况

沙牌水电站工程距离震中36km，离龙门山后山断裂8km，离龙门山中央断裂29km。

地震发生前，大坝运行水位在正常蓄水位1866.0m附近，电站2台机组处于发电状态，1、2号泄洪洞的闸门处于关闭状态。地震发生后，机组发电中断，电网电力完全中断，通信完全中断，跨河管桥的波纹管破裂，喷水高度达到约80m，厂区周围的边坡垮塌，厂房很快被淹。非常幸运，电厂快速组织人员撤退，从乱石砸出的墙洞中撤出，无一人伤亡。留守在大坝上值班的几名工作人员，极其高度负责，在艰难的环境下，靠仅存的少量柴油以及到附近老乡家收集的柴油，在地震一天后将1号泄洪洞闸门打开约50cm高度（因缺油无法再开启），宣泄库水，有效地避免了库水翻坝。图1为5月18日航拍的沙牌大坝及水库实情，水库水位已下降到1860m附近；图2为5月18日航拍的沙牌厂区实情，当时引水隧洞进水口闸门还未关闭（原因：柴油发电机缺油、启闭机排架6根柱出现地震裂缝）。

震后进入沙牌水电站的交通严重损毁，运送救援物资及开展调查工作十分困难。在震后的40天内陆续分批将柴油等救援物资人工运入，将泄洪洞闸门完全打开度汛，将电站进水口的闸门关闭，止住了厂区的喷水。

经多次现场调查，基本上摸清了沙牌水电站工程的震损情况，参见表1。

图 1 沙牌大坝及水库震后实情
（2008 年 5 月 18 日航拍）

图 2 沙牌震后厂区实情
（2008 年 5 月 18 日航拍）

表 1 沙牌水电站主要建筑物、设施设备震损程度分级表

范围	检查项目	震损状况描述	震损等级
挡水建筑物	大坝主体建筑物	完好，右岸横缝上部有张开迹象，但顶部未见	震损轻微
	坝体廊道及深井泵房	电力中断，泵房排水终止，下游河道山体塌落，形成局部堰塞。1810m 以下廊道及深井泵房受淹	震损轻微
	拱坝电梯井控制房	控制楼墙面有竖向和横向裂缝，一根横梁裂缝，屋面、雨棚女儿墙部分坍塌	震损轻微
	大坝监测仪器	高程 1810m 廊道以下监测仪器受淹，部分受损	震损不详
	左、右岸坝肩抗力体	左坝顶高程以上约 20m 高度范围内，右岸抗力体外侧坡坝顶以上约 20m 高度范围内发生了局部坡面表层破碎岩体及覆盖层滑塌	震损轻微
	左岸上游侧观礼台	左岸上游侧观礼台内侧公路垭口部位局部塌方	震损轻微
	上坝隧洞出口段	左岸坝肩通往上坝隧洞出口段的内侧山体局部塌方	震损轻微
泄水建筑物	泄洪洞主体建筑物	1～2 号泄洪洞主体建筑物正常，机电设备正常，震后已经开启并运行	震损轻微
	泄洪洞边坡	出口边坡附近浅表有少量垮塌	震损轻微
引水发电建筑物	引水隧洞取水口排架	排架立柱底部以上 60～120cm 出现裂缝，裂缝宽度 0.03～0.5 mm	震损轻微
	引水隧洞取水口闸门槽	闸门不能完全放下密封	震损轻微
	引水隧洞衬砌结构	局部掉块，总体稳定	震损轻微
	调压室	未见异常	震损轻微
	压力管道管桥基础	局部混凝土破坏	震损轻微
	压力管道管桥波纹管	完全破坏，需更换	震损较重
	厂房基础	厂房四周地面被淹，受洪水冲刷；未见异常	震损轻微
	厂房混凝土	左侧端部墙体及构造柱被垮塌山体击中，墙体破坏严重；构造柱有一定程度损坏	震损轻微
	厂房屋面	屋面钢网架大部分被飞石砸坏，需重新安装	震损较重
	开关站	开关站被水淹没，设备毁坏严重	震损较重
	厂房其他异常现象	桥机被飞石击中、掉落，毁坏严重；发电机层被水淹没，部分设备损坏；厂房墙壁出现裂纹、门窗严重受损；尾水管出口被块石堵住，尾闸不能关闭	震损较重
	副厂房	墙体破坏，屋面板、梁被滚石严重破坏	震损较重
	厂区建筑	电厂办公及生活区建筑物震损严重	震损较重

续表

范围	检 查 项 目	震损状况描述	震损等级
工程边坡	大坝左岸环境边坡	开口线以外的部分覆盖层及局部基岩边坡发生垮塌和掉块，主要集中于坝顶以上及抗力体下游侧	震损较重
	大坝左岸工程边坡	未发现异常情况	震损轻微
	大坝右岸环境边坡	开口线以外边坡有局部掉块	震损轻微
	大坝右岸工程边坡	未发现异常情况	震损轻微
	大坝及附属建筑地基	主体工程未见异常	震损轻微
	厂房边坡	左、右岸边坡垮塌、飞石严重；危及厂房安全	震损较重
	厂房及附属建筑地基	总体稳定	震损轻微
	调压井及压力管道边坡	山体浅表垮塌，无明显的滑坡现象	震损较重
	水库左右岸坡	局部产生垮塌和掉块	震损轻微
	水库火烧坡堆积体	堆积体未发现异常情况，但堆积体上游侧环境边坡局部有垮塌和掉块	震损轻微

从调查的总体上来看，挡水建筑物、泄洪建筑物、引水建筑物等主体建筑物震损轻微；主、副厂房及厂区震损较重，主要是由地震引发的次生灾害（滑坡、堰塞、水淹等）引起的；工程区附近的自然边坡震后有所恶化，特别是厂区附近的边坡，已危及到工程的安全。

三、震损特点及分析

通过沙牌水电站工程的震损调查，对震损的特点和规律有以下认识：

（1）大体积混凝土结构的震损现象很少。沙牌大坝、电站进水口闸体、泄洪洞进水口闸体等部位的大体积混凝土结构均未发现震损情况。这说明大体积混凝土结构具有较好的抗震能力，在高地震区修建以大体积混凝土结构为主体的混凝土拱坝或其他水工建筑物，有较好的抗震安全性。

（2）地震发生时，沙牌大坝水库基本上接近满库状态，震后大坝主体建筑物完好，坝基未发现渗漏，坝与基础连接完整；大坝仅见右岸横缝上部有张开现象，但坝顶横缝部位没有发现张开现象，因此地震并未造成横缝贯通。这些情况表明，在“满库＋强震”的条件下，拱坝表现出了较强的超载能力和抗震能力，即使是较弱的横缝部位，仍然有一定的安全储备，这可能受益于拱坝横缝都要进行接缝灌浆处理。

（3）经喷锚及预锚处理后的坝肩抗力体及工程边坡震损较少。沙牌拱坝两岸坝肩抗力体上部单薄，设计时进行了预应力锚索加固，工程边坡进行了系统喷锚支护，均未震损。而工程边坡附近的自然边坡，出现了多处垮塌。坝肩稳定及边坡稳定，有效的保证了大坝的安全。这些情况启示我们，在地震区修建高拱坝，需重视大坝的坝肩稳定及边坡稳定，对重要建筑物的边坡，进行一定的加固是必要的。

（4）地下建筑物的震损轻微。沙牌的泄洪洞、引水发电洞、上坝公路洞等地下建筑物未发现明显的震损，震损较重的部位为地下建筑物的进出口部位，且多为边坡垮塌造成。这些情况启示我们，在地震区建设水电站，应将地下建筑物作为重要的比选方案，同时还应特别重视地下建筑物进出口的加固及边坡处理。

（5）地震次生灾害对建筑物的破坏有较大影响。地震后引起的山体塌滑、堰塞、泥石流、水淹等灾害，对建筑物或设备的破坏情况较多。沙牌震损较重的厂房，主要是由于山体垮塌造成受损。地震未对水工建筑物造成直接明显破坏，而是由于地震引起厂房附近边坡发生崩塌，形成山体大面积滑坡，山上滚落的巨石、块石滚落，造成靠近厂房左端墙中的砖墙被山石砸出若干孔洞，机电设备中的桥机被砸掉。厂房范围内包括开关站出现场中的机电设备也不同程度的被飞石击中破坏。另外厂区上、下游山体垮塌形成的堰塞，造成厂区受淹。这些情况启示我们，在深山峡谷修建重要的水电站建筑物，要重视对环境次生灾害的评估，要重视防范地震引起的次生灾害对建筑物或设备的破坏。

（6）以梁、柱、墙结构为主的附属建筑物，震损较多。这些情况启示我们，在地震区建设水电站，对泄洪、发电等关系到工程安全十分重要的附属结构，今后应重视抗震设计，特别是泄洪建筑物启闭机排架等重要结构，必要时提高设计安全标准，以确保在紧急状态下能够顺利开启闸门。

四、结语

地震对沙牌水电站工程的挡水建筑物、泄洪建筑物、引水建筑物震损轻微，而对厂区建筑物震损较重，总体评价沙牌水电站工程为震损较重。

建议对在地震中已出现过塌滑、变形的工程边坡及水库边坡要加强进行监测，对处在震区的工程，其工程边坡已发生垮塌的，应尽快安排恢复施工，要尽快治理，以避免雨季带来的渡汛风险和边坡风险。

通过分析认为，大体积混凝土结构的震损现象很少，拱坝表现出了较强的超载能力和抗震能力，经处理后的坝肩抗力体及工程边坡震损较少，地下建筑物的震损轻微，地震次生灾害对建筑物的破坏有较大影响，以梁、柱、墙结构为主的附属建筑物，震损较多。这些震损特点和经验将对地震区水电站工程及高拱坝工程的建设带来有益的启示。

（中国水电顾问集团成都勘测设计研究院　陈秋华）

映秀湾水电站大型地下洞室群三维非线性损伤地震响应数值分析

映秀湾水电站位于岷江上游右岸四川省汶川县映秀镇境内，于1971年建成投产发电。地下厂房埋深约150～200m，洞室群由主副厂房、主变压器洞、尾水闸室、引水隧洞、尾水隧洞及母线洞组成。主厂房断面形式为城门洞型，开挖尺寸52.82m×17.00m×37.17m（长×宽×高），副厂房及安装间开挖尺寸29.50m×17.00m×18.40m，主变压器及尾闸室开挖尺寸59.36m×7.20m×27.90m。厂区基岩为花岗闪长岩，裂隙、断层较发育，F_{568}断层沿厂房纵轴线上游边墙纵贯而过，F_{115}断层斜切厂房下部，E_{229}断层通过厂房洞顶上部，破碎带宽度较小，带内物质结合较紧密。

2008年5月12日，四川汶川发生了8.0级的特大地震，位于震中的映秀湾水电站是这次大地震中受地震影响最严重的水电工程之一，整个水利枢纽及地下厂房在地震中受到很大影响，地下厂房洞室围岩向内变形严重，衬砌开裂，底板错动，吊车无法正常运行，造成了重大的经济损失。如何正确评价地震对岩土体的影响一直是岩土工程界所关注的问题。分析方法从拟静力法发展到动力法，其中动力法中应用最广泛的是反应谱法，但此法不能反映岩土体在地震持时作用下的反应过程。随着理论研究的深入以及一些重大工程的建设，这种方法已无法满足设计要求，在各种主要工程设计规范中已明确规定必须使用时程法进行动力反应分析。

近十多年来，随着地下工程数量的增多和地下结构震害的频繁出现，尤其是受到1995年神户大地震的启示，人们对地下结构的抗震能力和破坏机制有了新的认识，国内外学者已开展了一系列的相关研究。但这些研究多集中在浅埋隧道及城市地铁等方面，对于深埋大型复杂洞室群的抗震性能研究成果则不多见，现有成果仅限于2004年之前，如张建海等进行了地震荷载作用下天龙湖水电站地下厂房围岩动力放大区及动拉力区的三维有限元分析；陈健云等采用阻尼影响抽取法研究了溪洛渡超大型地下洞室群准三维地震响应。研究成果非常有限，说明地下厂房的地震安全评估没有受到应有的重视，但是“5·12”特大地震中的映秀湾水电站地下厂房的震害应该予以了足够警示。

本文结合工程区的地形地貌及地质条件，建立三维数值模型，考虑了包括岩土体、锚杆等对象在内的非线性因素及岩石材料的损伤特性，结合显式算法，在快速拉格朗日有限差分程序FLAC^{3D}基础上进行二次开发，对地下厂房洞室群围岩进行非线性损伤地震动力数值分析，揭示围岩及支护结构在地震波激励下的应力及变形特征，合理地分析评价地下厂房受地震影响的破坏规律和破坏程度，为同类厂房抗震设计提供依据。

（一）计算原理与方法

显式计算方法不需要迭代求解高阶非线性方程组、占用内存少、易于处理复杂边界条件，也可以避免隐式计算中的不收敛现象，因此适合进行大规模地下洞室群三维地震响应的模拟计算。

快速拉格朗日分析以节点为计算对象，在时域内求解，节点运动方程可表示为

$$\frac{\partial \sigma_{ij}}{\partial x_i} + \rho g_i = \rho \ddot{u}_i \tag{1}$$

式中：$\ddot{u}_i$为总加速度；g_i为重力加速度；ρ为质量密度；t为时间；x_i为坐标分量；σ_{ij}为应力矩阵分量。

将连续介质离散为四面体单元，作用力和质量均集中于结点上。由高斯积分，式（1）可写为

$$\rho \ddot{u}_i = \frac{1}{V} \sum < \sigma_{ij} > n_j \Delta S_i + \rho g_i \tag{2}$$

其中，$\sum < \sigma_{ij} > n_j \Delta S_i$为某结点周围单元作用在该结点的集中力$F$，可记为

$$\ddot{u}_i = \frac{1}{m} F + g_i \tag{3}$$

利用中心差分，得某结点加速度、速度、位移和单元应变增量表达式为

$$\ddot{u}_i(t) = \frac{\dot{u}_i\,(t + \Delta t/2) - \dot{u}_i\,(t - \Delta t/2)}{\Delta t} \tag{4}$$

$$\dot{u}_i(t + \Delta t/2) = \dot{u}_i(t - \Delta t/2) + \ddot{u}_i(t)\Delta t \tag{5}$$

$$u_i\,(t + \Delta t) = u(t) + \dot{u}_i(t + \Delta t)\Delta t \tag{6}$$

$$< \Delta e_{ij} > = \frac{1}{2}\left[< \frac{\partial \dot{u}_i}{\partial x_j} > + < \frac{\partial \dot{u}_j}{\partial x_i} > \right]\Delta t \tag{7}$$

根据应变增量，即可由本构方程求出应力增量，进而得到总应力。

（二）围岩及锚固体的非线性损伤特性

1. 岩体材料非线性　映秀湾水电站厂房区地质构造较发育，洞室围岩呈现出明显的非线性。数值模拟中，采用理想弹塑性模型，屈服准则采用岩石类材料广泛适用的 Mohr-Coulomb 强度准则，屈服函数为

$$\begin{cases} f_s = \sigma_1 - \sigma_3 N_\phi + 2c\sqrt{N_\phi}\,N_\phi = \dfrac{1+\sin\phi}{1-\sin\phi} \\ f_t = \sigma_3 - \sigma^t \end{cases} \tag{8}$$

式中：σ_1、σ_3 分别为最大、最小主应力；ϕ 为内摩擦角；c 为黏聚力，σ^t 为岩石抗拉强度。

当岩体内某一点应力状态满足 $f_s<0$ 时，发生剪切破坏；当满足 $f_t>0$ 时，发生拉伸破坏。

2. 损伤演化

（1）Frantziskt 和 Desai 在描述岩石和混凝土结构材料出现微裂隙时，曾经提出由于结构受力后产生微裂隙，在微裂隙区应力将被释放而减小，从而形成应力损伤区，应力损伤程度可用一个材料损伤系数 D 来表示。岩体产生损伤后的应力状态同弹塑性计算的应力状态之间存在的关系为

$$\sigma_{ij}^D = (1-D)\sigma_{ij} + \frac{D}{3}\sigma_{kk}\delta_{ij} \tag{9}$$

式中：σ_{ij} 是符合弹塑性本构关系的应力值，δ_{ij} 由式（10）确定

$$\delta_{ij} = \begin{cases} 0 & i \neq j \\ 1 & i = j \end{cases} \tag{10}$$

围岩的损伤破坏是围岩微裂隙产生和发展的过程，实际上也是围岩的塑性应变的累积过程。根据围岩的破坏特性，围岩大量的张性破坏是围岩实际应变超过极限张应变所致，即损伤系数 D 是应变的函数：

$$D = \begin{cases} 0 & \varepsilon_1 \leqslant [\varepsilon] \\ f(\varepsilon_{ij}) & \varepsilon_1 > [\varepsilon] \end{cases} \tag{11}$$

式中：$f(\varepsilon_{ij})$ 为三维损伤的演化方程；ε_1 为围岩第一主拉应变；$[\varepsilon]$ 为围岩的极限拉应变。

目前测定围岩的极限张应变是十分困难的任务，因此在三维有限元分析中可以用岩石轴抗压强度 R_a 和结构材料弹模 E 的比值代替，即

$$[\varepsilon] = \frac{R_a}{KE} \tag{12}$$

式中：K 为安全系数，当围岩的第一主拉应变 $\varepsilon_1 > [\varepsilon]$ 时，则认为围岩进入损伤破坏阶段。

由于结构的弹性变形不产生损伤，受静水压力时，对结构不产生破坏，结构的损伤破坏主要取决于塑性应变的偏张量 ε_{ij}^p，同时在结构材料达到强度极限前的相邻领域内微裂损伤增加是非常迅速的，对于这种损伤破坏的变化速率通常可以用指数函数来描述。因此三维损伤破坏的演化方程可以用式（13）来表示

$$D = D_n[1-\exp(-Ke_D)] \tag{13}$$

$$e_D = \sqrt{\varepsilon_{ij}^p \cdot \varepsilon_{ij}^p}$$

式中：D_n，K 为材料损伤实验曲线拟合常数；e_D 为岩体塑性应变偏张量第二不变量。

（2）损伤应力是通过损伤系数修正得到的，而损伤系数 D 与各时刻积累的塑性应变及第一主应变有关，因此各应力分量的损伤系数 D_i 要通过坐标转换计算，假定第一主应变与三个坐标轴之间的夹角分别为 α，β，γ，则损伤系数各分量 D_i 为

$$D_{xx} = D\cos^2\alpha \quad D_{yy} = D\cos^2\beta \quad D_{zz} = D\cos^2\gamma$$
$$D_{xy} = D\cos\alpha\cos\beta \quad D_{yz} = D\cos\beta\cos\gamma$$
$$D_{xz} = D\cos\alpha\cos\gamma \tag{14}$$

（三）计算模型

1. 数值计算模型及动力边界条件　整体模型网格和各机组段开挖单元网格及锚杆分别见图 1、2。模型底部采用黏性边界来吸收边界上的入射波，各侧面设置成自由场边界，即在边界上强加自由场运动，使它保留非反射特性以吸收在模型内传播的波。

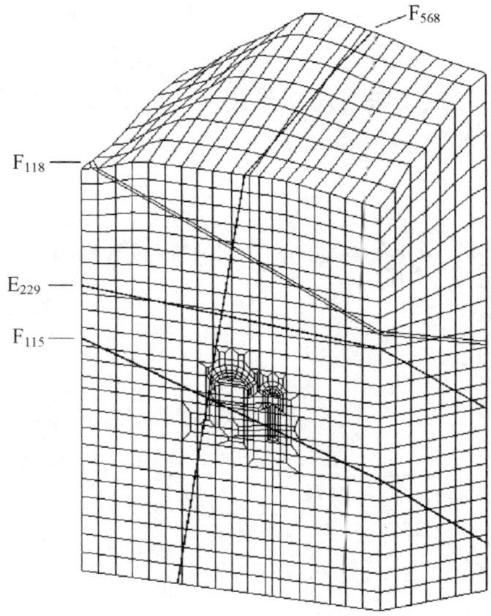

图 1　三维数值分析模型

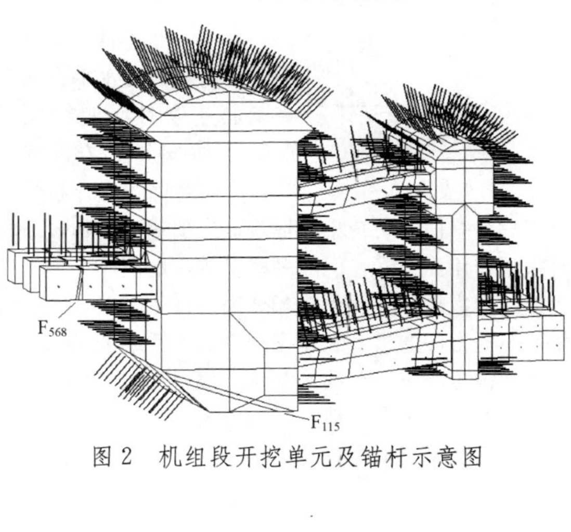

图 2　机组段开挖单元及锚杆示意图

2. 岩体及锚固结构模拟 岩体单元采用 8 结点六面体实体单元模拟；构造裂隙发育及断层切割的岩体采用隐含断层复合单元等效法模拟，将材料参数进行等效处理；锚杆采用杆单元模拟，可以很好地反映锚杆和周围岩体的接触关系和相互作用，各种材料参数见表 1。

表 1 围岩物理力学参数

材料	容重 (g/cm^3)	变形模量 (GPa)	泊松比	黏结力 (MPa)	内摩擦角 (°)	抗拉强度 (MPa)
岩石	2.76	10	0.25	2.18	41.6	1.97
断层	2.14	0.08	0.35	0.20	12.5	0.12

3. 地震波输入 要进行动力法计算必须具备场地的地震加速度时程曲线，但是由于本场地位于震中位置，在短时间内得不到地震局的监测资料，为了研究的顺利进行，地震荷载采用的是 1940 年美国强震记录 El-Centro 波（相当于 50 年超越概率 5%峰值），同时考虑三个方向的运动，三个方向的加速度幅值比为 $a_x : a_y : a_z = 1 : 0.85 : 0.65$，地震持续时间 30s，X 方向加速度时程曲线见图 3。采用瑞利阻尼模型，岩体阻尼比为 0.05。

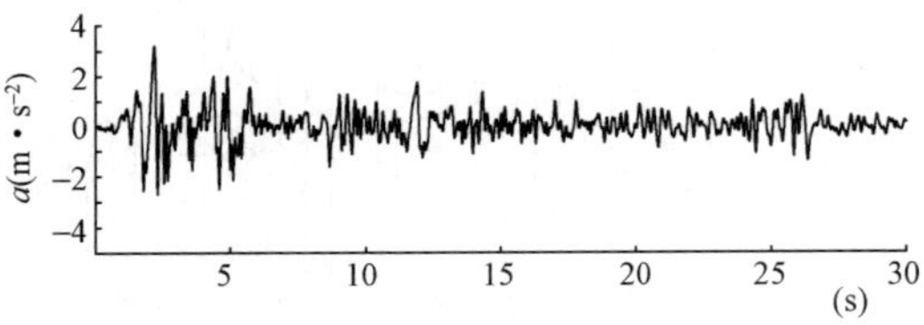

图 3 X 方向输入加速度时程曲线

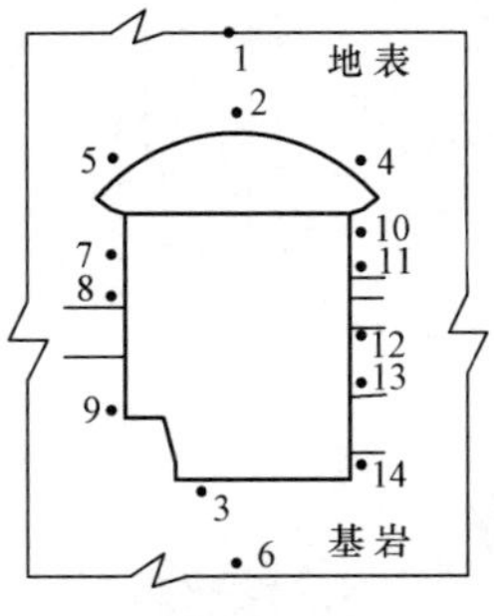

图 4 各监测点位置示意图

（四）三维动力计算成果与分析

结果分析以 1 号机组段为例，各监测点的位置如图 4 所示。

1. 加速度特征分析 在 $y=0$ 剖面，基岩和主厂房顶拱处水平方向振动加速度时程曲线见图 5，Y 方向和 Z 方向的加速度时程曲线变化趋势相近，只是峰值有所减小。地基输入加速度受到岩石材料阻尼作用而下降，但随高程上升，地震波出现不同程度的放大现象，在无锚和加锚两种工况下，不同部位、不同方向的最大加速度动力放大系数见表 2。可见，两种工况下，X 方向的放大系数较 Z 方向的稍大，说明水平方向的地震影响较大，但竖直方向也不容忽视。在无锚情况下地表面、主厂房顶拱、边墙及

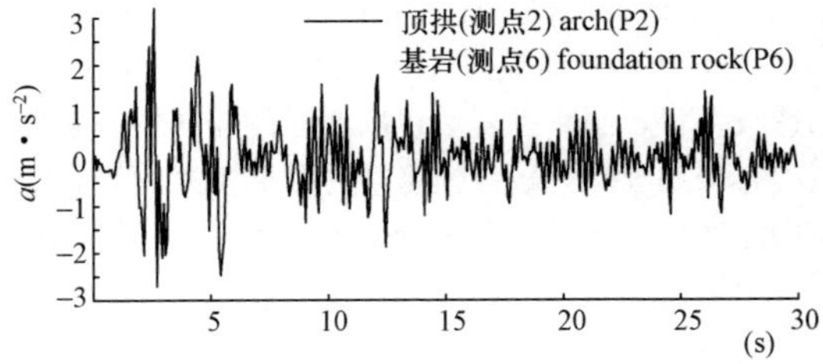

图 5 基岩和主厂房顶拱 X 方向加速度时程曲线

底板处 X 方向的最大加速度分别为 6.05、3.83、3.70、3.64m/s²，放大系数分别为 1.96、1.24、1.20、1.18。支护比不支护方案的动力放大系数稍小，说明采用支护方案可以减小地震对围岩稳定性的影响。

表 2 各部位加速度最大时刻动力放大系数

方案	方向	地表	顶拱	边墙	底板
无锚	X 方向	1.96	1.24	1.20	1.18
	Z 方向	1.80	1.21	1.18	1.14
加锚	X 方向	1.90	1.20	1.17	1.15
	Z 方向	1.80	1.17	1.13	1.12

2. 位移特性 无锚和加锚情况下不同部位测点 X 方向和 Z 方向的位移时程曲线分别见图 6～图 9。总体上，两个方向的位移变化趋势是相同的，X 方向

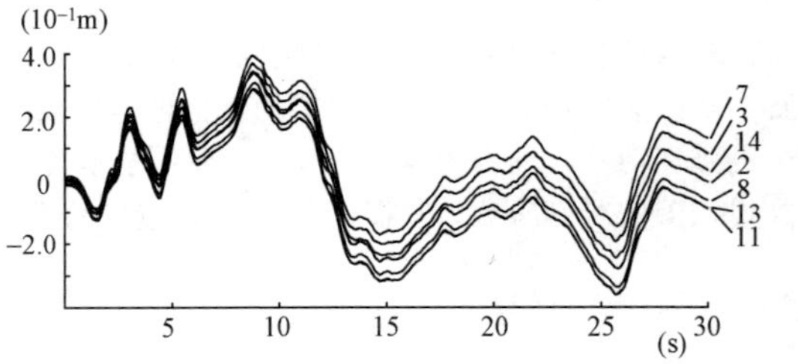

图 6 无锚方案 X 方向洞周各点位移时程曲线

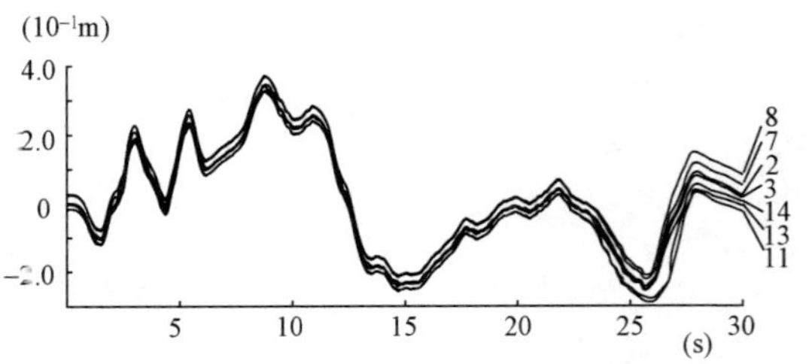

图 7 加锚方案 X 方向洞周各点位移时程曲线

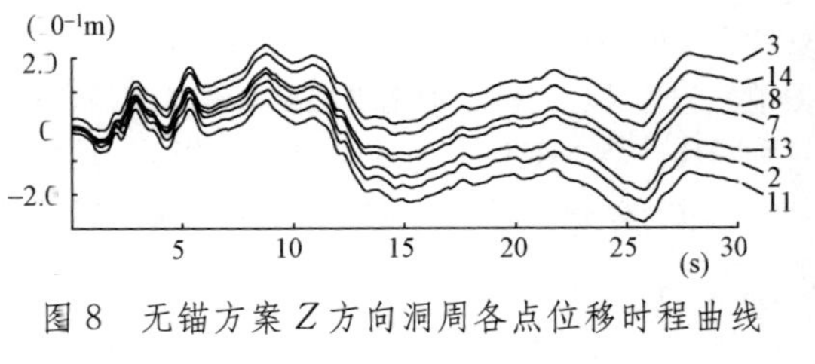

图 8 无锚方案 Z 方向洞周各点位移时程曲线

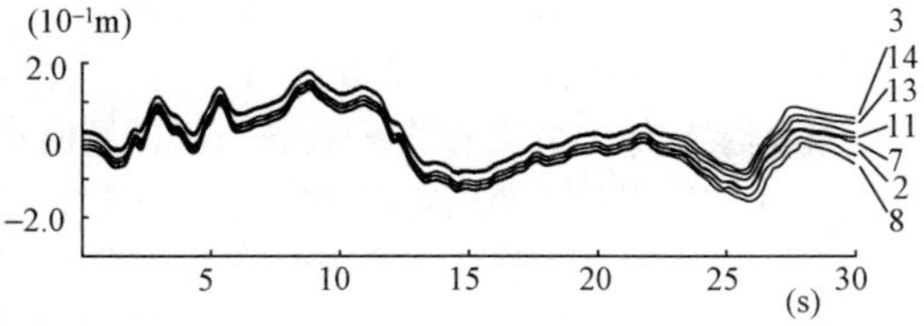

图 9　加锚方案 Z 方向洞周各点位移时程曲线

变化幅度较 Z 方向的大，在激震加速度最大时，洞周往复变形剧烈，主要表现在地震持时前 10s，但是位移最大值并不是发生在加速度最大时刻，而是受到介质阻尼及地震波低频长周期成分影响有所滞后。位移最大正幅值一般发生在 8.86s，最大负幅值发生在 25.78s 附近。加锚方案比无锚方案效果有明显改善，加锚方案洞周各点位移值相差不大，残余位移较小，一般为 3～6cm，无锚方案受洞室开挖应力释放、围岩松弛的影响，随着地震荷载时间的增长，各点位移出现明显发散现象，残余位移相差较大，一般为15～27cm。两种情况下各点初始静位移、地震残余位移、动位移（动位移为地震动残余位移与初始静位移之差）及加锚改善效果见表 3，无锚方案主厂房下游边墙变形最大，特别是尾水洞与厂房交叉处，主要原因是尾水洞形状为宽扁型的（宽度为 10.9m，高度 3.8m），尾水洞之间的岩壁厚度很小，仅有 5m，导致此部位围岩受力状态较差，变形达到 29.30cm，加锚后变形为 5.65cm，两种方案下的底板回弹变形都较大。加锚方案较无锚方案洞周位移一般都减小了 70%～80%，可见加锚之后整个洞室围岩的抗震性能有极大提高，但是由于上下游边墙相对位移达到了 10cm 左右，吊车梁变形较大，可能导致吊车无法正常运行。

表 3　洞周各点静、动位移对比

位移	静位移		残余位移		地震动位移		
测点	无锚 (cm)	加锚 (cm)	无锚 (cm)	加锚 (cm)	无锚 (cm)	加锚 (cm)	减小率 (%)
2	2.35	0.99	16.99	4.84	14.65	3.85	74
3	2.42	1.26	21.66	6.12	19.24	4.86	75
4	2.05	1.06	17.04	3.80	14.99	2.74	82
5	1.65	0.94	12.57	5.33	10.92	4.38	60
7	2.41	1.59	19.50	6.40	17.10	4.80	72
8	2.72	1.74	25.84	6.82	23.12	5.08	78
9	2.54	1.22	22.28	6.67	19.74	5.45	72
10	1.96	1.12	20.75	4.54	18.79	3.42	82
11	2.07	1.28	22.71	5.45	20.64	4.17	80
12	1.87	1.27	21.26	4.82	19.39	3.54	82
13	1.65	1.11	26.95	6.22	25.30	5.11	80
14	1.79	1.35	15.76	5.36	13.98	4.01	71

3. 应力重分布特征　无锚和加锚情况下洞周不同部位测点 X 方向和 Z 方向的最大和最小主应力时程曲线分别见图 10～图 13。总体上，两个方向的位移变化趋势相近，无锚方案比加锚方案应力变化剧烈，加锚方案应力时程相对平稳，仅在围岩扰动较大的尾水洞与主厂房交叉部位变化起伏较大，并产生了较大的动应力增量。母线洞与主厂房交叉处应力变化不大，主要是因为母线洞尺寸较小，开挖后围岩扰动较小，上游边墙和顶拱应力变化幅度不大。应力变化最剧烈的时刻与加速度保持一致，约在 2.14s，之后有 2 次较大峰值出现在 12.4s 和 26.56s。无锚和加锚两种工况下洞周各区域静动应力比较见表 4（表中动应力等于地震残余应力与初始静应力之差），整体上加锚较无锚方案动应力小，无锚方案因为洞周围岩松弛较多，应力释放较大，地震残余应力普遍减小；加锚方案围岩较均匀并且刚度有所提高，地震残余应力略微增大，最大增量为 1.31MPa。

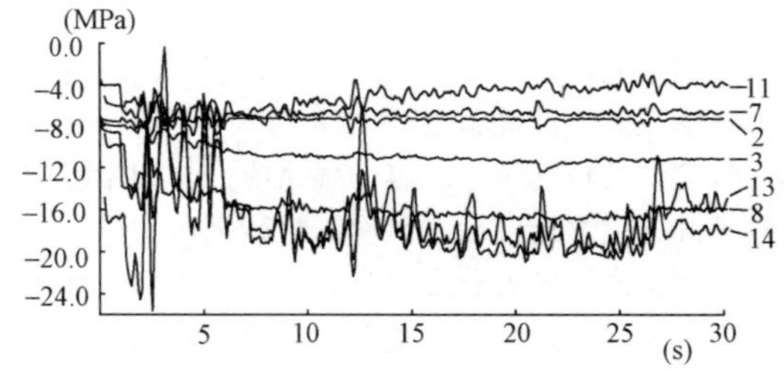

图 10　无锚方案洞周各点第一主应力时程曲线

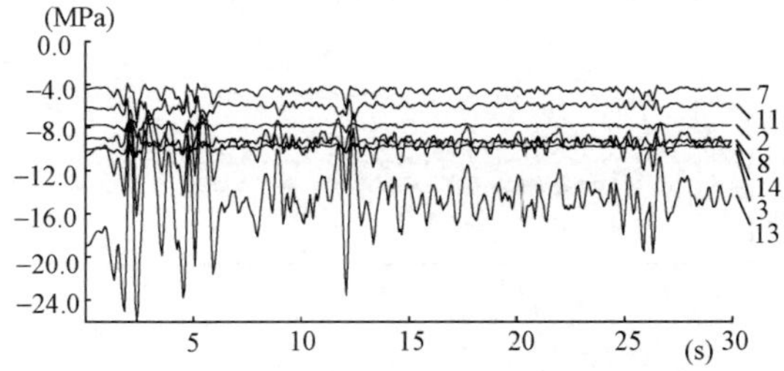

图 11　加锚方案洞周各点第一主应力时程曲线

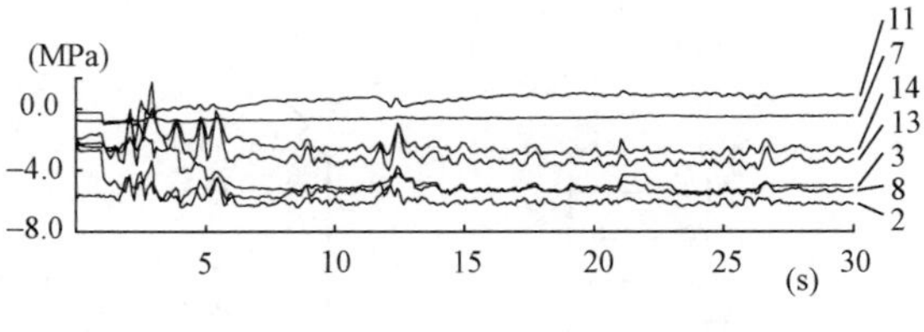

图 12　无锚方案洞周各点第三主应力时程曲线

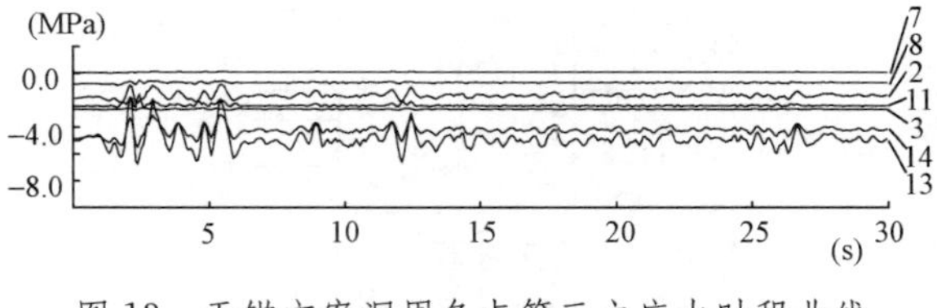

图 13　无锚方案洞周各点第三主应力时程曲线

表 4　洞周各部位静、动应力对比

测点	应力	静应力(MPa)		残余应力(MPa)		动应力(MPa)	
		无锚	加锚	无锚	加锚	无锚	加锚
2	σ_1	−7.25	−7.80	−7.17	−7.74	0.08	0.06
	σ_3	−5.78	−1.84	−6.1	−1.62	−0.40	0.22
3	σ_1	−7.15	−9.75	−11.11	−10.04	−3.96	−0.29
	σ_3	−2.23	−2.70	−4.99	−2.67	−2.76	0.03
7	σ_1	−3.49	−4.41	−6.5	−4.39	−3.04	0.03
	σ_3	−0.72	0.05	−0.46	0.11	0.25	0.07
8	σ_1	−7.51	−10.53	−15.96	−9.22	−8.45	1.31
	σ_3	−2.42	0.05	−5.30	0.68	−2.87	0.63
11	σ_1	−3.49	−6.13	−3.93	−5.80	−0.45	0.33
	σ_3	−0.24	−2.45	0.91	−2.40	1.15	0.05
13	σ_1	−14.91	−14.17	−14.96	−18.92	−0.05	−4.75
	σ_3	−1.91	−5.06	−3.29	−4.88	−1.37	0.18
14	σ_1	−8.83	−10.53	−17.75	−9.22	−8.92	1.31
	σ_3	−2.02	−4.87	−2.62	−4.16	−0.6	0.71

洞周不同区域锚杆应力时程曲线见图 14，锚杆应力只是在地震波曲线变化较大时刻产生较大波动，其他时刻波动较均匀，地震动残余应力与初始静应力相差不大。地震结束后主厂房锚杆残余应力分布见图 15，各部位锚杆应力分布正常，只是在主厂房和尾水洞交叉口处应力状态比较复杂，产生了较大的锚杆应力，同时底板上游侧受断层影响，局部变形方向发生改变，出现了挤压应力，但量值不大。

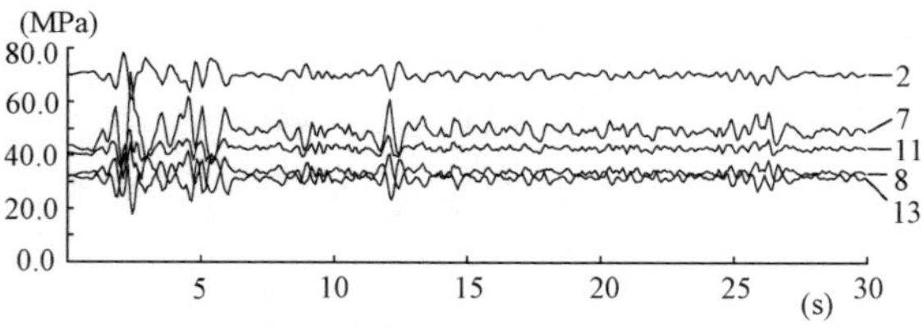

图 14　锚杆应力时程曲线

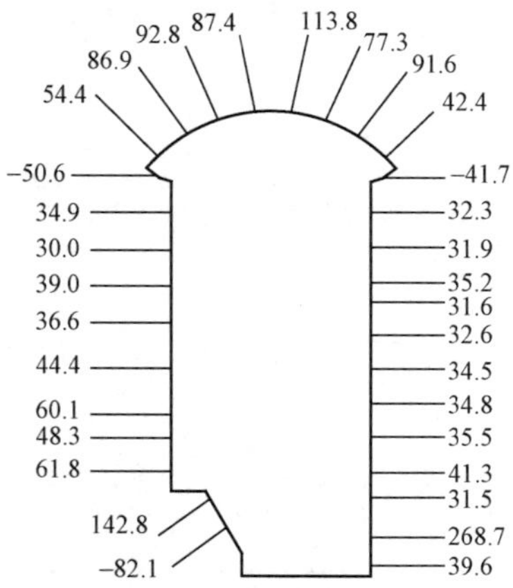

图 15　主厂房锚杆残余应力分布
（单位：MPa）

4. 损伤区分布　图 16～图 17 为地震后无锚、加锚两种情况下洞室围岩损伤系数分布云图。由图可见，无锚方案比加锚方案损伤区域分布广、量值大。无锚时，在主厂房和主变压器洞顶拱及尾水洞与厂房交叉口处损伤显著，损伤域从洞周向外逐步扩展，损伤值逐步减弱，最大损伤值为 0.282，尾闸室与主厂房下游边墙之间的岩墙基本都受到损伤破坏；加锚后，主厂房和主变压器洞顶拱加固形成了自承拱圈效应，损伤减弱，尾闸室与主厂房下游边墙之间岩墙没有被损伤区贯穿，尾水洞口损伤系数也有所减小，最大值为 0.240。损伤范围一般为 2.5～4.0m，洞室交叉口处有所增大，断层穿过的区域在底板及其上游侧，受影响范围为 3.5～5.8m，损伤系数不大。

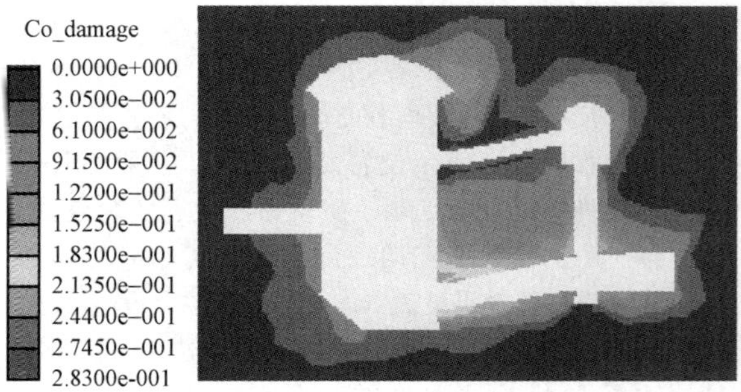

图 16　无锚情况损伤系数分布图

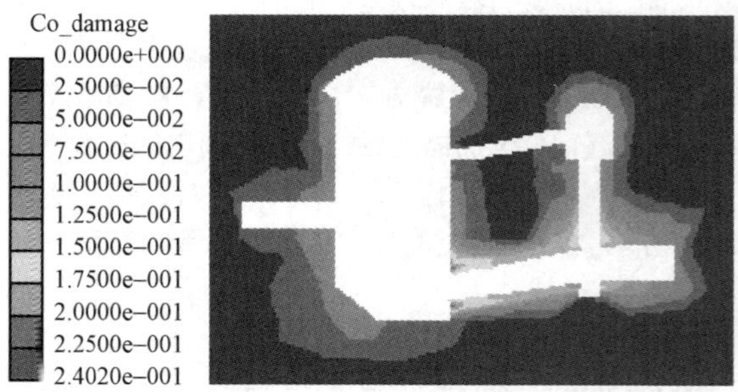

图 17　加锚情况损伤系数分布图

综上所述，在地震荷载作用下，无锚洞室受地震影响很大，整个洞室围岩受力状态波动较大，产生的动应力、动位移及损伤区明显偏大，施加了系统锚杆后，围岩稳定性受地震影响小得多，除了在底板及尾水洞与主厂房交叉口处受尾水洞体型的影响受力较差，位移、应力随地震波波动较大外，整个洞室的围岩损伤、洞周位移、应力分布状态和锚杆受力条件都较为合理，说明支护系统基本保证了洞室的抗震稳定性。

（五）结语

（1）由于山体的阻尼作用以及厂房埋深较深，厂房区属于加速度平缓放大区。加锚后 1 号机组段洞周水平向加速度峰值为 3.05～3.47m/s^2，放大系数为

1.15～1.20；铅直向加速度峰值在 1.48～1.96m/s^{2}之间，放大系数为 1.12～1.17。

（2）受介质阻尼及地震波低频长周期成分影响，位移最大值发生时刻有所滞后，正幅值一般发生在 8.86s，最大负幅值发生在 25.78s 附近，加锚方案比无锚方案效果有明显改善。

（3）无锚方案因为洞周围岩松弛较多，应力释放较大，地震残余应力普遍减小；加锚方案围岩较均匀并且刚度有所提高，地震残余应力略微增大，锚杆应力受地震影响较小，受力较均匀。

（4）加锚后围岩损伤区较均匀地分布在各洞周，损伤范围一般为 2.5～4.0m，洞室交叉口处有所增大，尾水洞与厂房交叉口处损伤最严重。

（5）在地震荷载作用下，除了因尾水洞体型及断层影响厂房底板及尾水洞交口处受力较差外，锚固条件下整个洞室的围岩损伤、洞周位移、应力分布和锚杆受力条件都较为合理，说明支护系统基本保证了洞室的抗震稳定性。但是由于上下游边墙相对位移达到了 10cm 左右，吊车梁变形较大，导致吊车无法正常运行，与实际观测资料相符。

（武汉大学水资源与
水电工程科学国家重点实验室　左双英
贵州大学资源与环境工程学院　肖　明）

汶川地震后震区水电站险情排查及应急处置工作概述

（一）震区水电站受损情况

“5·12”汶川地震受损水电站分布区域内，建有 2359 座水电站，总装机容量 2490 万 kW（其中大中型水电站 41 座，总装机容量 1557 万 kW）。据初步统计，灾害共造成 822 座水电站受损，总装机容量 691 万 kW（其中大中型水电站 14 座，总装机容量 342 万 kW）。其中，四川省受损水电站 481 座，总装机容量 555 万 kW（其中大中型水电站 11 座，总装机容量 225.6 万 kW）。

（二）险情处置情况

“5·12”汶川地震发生后，国家防汛抗旱总指挥部（以下简称国家防总）、水利部和国家电监会高度重视，迅速响应党中央、国务院的号召，立即启动应急机制，进入应急状态。主要领导及抗震救灾工作组迅速赶赴灾区，调集全国水利和坝工专家对水电站大坝险情进行分析评估和综合研判。通过加强部门之间的会商与协作，充分利用现场信息、直升飞机的空中探察和对航拍影像材料、大坝基础资料分析研究等手段，与当地人民政府和各水电站大坝业主单位共同开展水电站大坝的抗震救灾保安全工作，圆满完成了严防水电站大坝溃决产生次生灾害的艰巨任务。

1. 紫坪铺以上岷江干支流水电站险情处理　在紫坪铺以上的岷江干支流上，建有百余座水电站，业主多元，管理体制复杂。这些水电站均位于紫坪铺水库上游。

2008 年 5 月 12～16 日，国家电监会通过多次空中勘察、派工作组冒险深入现场、千方百计联络幸存职工和当地撤离的群众等所有可能手段和方式，全力排查、摸清各类水电站受损情况，通过水利部门与电力监管机构联合会商，国家防总和国家电监会于 16 日最终锁定映秀湾、太平驿等 15 座有较大库容的水电站可能对下游构成威胁。

2008 年 5 月 17～19 日，水利部、国家电监会前方指挥部对锁定的 15 座水电站逐站采取措施，陆续查明有 9 座水电站受到严重震损，其中位于震中附近岷江干流上的太平驿、映秀湾水电站和岷江支流渔子溪河上的耿达、渔子溪一级水电站等 4 座大坝的震损最为严重。15 座水电站中有 9 座水库已基本放空或在较低水位运行，未发生高危险情；而映秀湾、太平驿等 6 座水电站出现漫坝、漫闸或者泄洪闸门基本关闭、水位较高等险情。此后经陆续采取有效措施，缓解或者排除了铜钟、渔子溪一级等 3 座水电站险情，但因现场条件限制，太平驿、映秀湾、耿达 3 座水电站的险情仍未能排除。

针对存在险情的水电站大坝，水利部、国家电监会前方指挥部迅速组织水电站业主单位和设计单位制定排险的详细方案，国家电监会组织有关单位的专家对方案进行了审查，并积极组织协调、监督业主单位的排险工作。5 月 20 日凌晨，国家防总向太平驿水电站业主单位——中国华能集团公司和映秀湾、福堂、耿达水电站业主单位——国家电网公司发出紧急通知，要求立即采取措施排险。当日，国家电网公司进一步确认，福堂水电站险情已排除。5 月 20～21 日，国家电监会四川抗震救灾保电指挥部与四川水利抗震救灾指挥部对太平驿、映秀湾水电站排险方案进行了会商。5 月 23 日，国家电监会大坝安全监察中心组织 30 余位专家审查了太平驿、映秀湾水电站业主单位上报的排险方案，提出了排险处理的原则和意见。5 月 24 日，国家电监会上报了通过空降排险人员和物质对太平驿、映秀湾水电站实施排险的具体方案及审查意见，国家防总随即下达排险指令，启动排险作业。在空军支援下，经过排险人员的艰苦努力，太平驿、耿达水电站泄洪闸门分别于 5 月 28 日、31 日全部开启，险情解除。5 月 31 日，映秀湾水电站大部分闸门开启，6 月 4 日经设计单位复核确认，其泄洪能力可满足度讯要求。

2. 其他水电站的排险工作 在处理岷江上游干支流水电站险情的同时，对灾区水电站展开了拉网式排查，累计查出各类受损水电站764座；对四川灾区存在高危险情的铜钟、下庄、龙王潭、黄公坪、凤鸣桥等电站进行了紧急处置，对位于唐家山堰塞湖下游3km处的苦竹坝电站提出了处理意见，对另外85座次高危以下险情的水电站采取了降低水位、放空水库等紧急处理措施。

“5·12”汶川地震后，国家电监会大坝安全监察中心派出坝工专家组成现场应急检查组对嘉陵江流域受到震损的四川省境内的宝珠寺、紫兰坝水电站大坝和甘肃省境内的碧口、汉坪嘴水电站大坝进行了特种应急检查。2008年5月27日，4座水电站大坝的特种应急检查已经完成，检查组认为大坝现状是安全的，如余震不再产生大的破坏，具备2008年安全度汛条件。

（三）结论与建议

截止到2008年5月31日，全国因震受损水电站排查除险工作已经全面完成，因震受损水电站造成次生灾害的隐患基本消除。但受灾地区仍处于主汛期，灾区防洪度汛任务艰巨，下一步应高度重视水电站防洪度汛工作。不少受损水电站现处于敞泄或者死库容状态，无法进行发电运行，因此灾后修复工作也应尽快开展，特别是岷江干流上的几座中型引水式水电站，坝不高，库容不大，但河道流量大，应尽快进行大坝安全性评估，提出处理修复意见，设法尽快恢复生产，既可发挥发电效益，又可减轻河道的防洪压力。

地震对四川等地水电站造成巨大破坏和经济损失。建议认真总结这次抗震救灾中水电站排险的经验和教训，结合灾后恢复重建，建立科学的水能开发和管理模式，把水能开发与防汛管理、应急管理、安全监管、生态环境保护以及兼顾当地农民的利益更好地统一起来。

（国家电力监管委员会 池建军
国家电力监管委员会大坝安全监察中心 张秀丽）

碧口水电站大坝“5·12”地震后的应急检查概况

四川汶川“5·12”特大地震发生后，国家电力监管委员会大坝安全监察中心及时跟踪了解和分析碧口水电站大坝的安全状况，并按照国家电力监管委员会的统一部署，于2008年5月19～25日派检查组赴现场开展大坝安全应急检查，检查大坝的震损情况、水库运行情况和分析大坝安全监测资料，初步评价大坝的安全现状，提出检查结论和下一阶段工作意见。

（一）现场检查

1. 心墙土石坝 坝顶下游砖砌挡墙，从左岸至河床部位倒塌。右岸坝顶与溢洪道引桥有开裂迹象，左岸交通洞与左坝肩接触处混凝土少量破损。防浪墙有向上游的位移，但防浪墙结构和坝顶路面完好。上游坝面右侧混凝土护板沿溢洪道边墙处有下沉现象，左侧护板（原破损去年修复）部位局部开裂，上游坝面混凝土护板总体平整，无大面积破损。左侧防浪门与坝体接触处开裂。坝下0+007.8、高程708m，混凝土护板与坝顶下游边墙接触处下沉和脱开，护板局部开裂。大坝下游坝面总体平顺，无明显坍塌。左岸坝脚排水沟上游挡墙错位。左、右岸灌浆廊道衬砌和围岩未见异常。坝上0+010、坝下0+007.8、坝下691m高程马道、坝下670m高程马道的4条引张线损坏。水准工作基点震后尚未校核。大坝下游左岸观测房损坏。坝体混凝土面板与两岸接触部位开裂、下沉，坝顶防浪墙、坝顶路面完好。坝体上、下游坝坡未见较大变形或滑动，坝坡整体稳定。

2. 泄水建筑物 溢洪道启闭机房墙体出现裂缝，溢流堰、闸墩、泄槽完好。于5月17日进行提门试验，闸门、启闭机运行正常。左、右岸泄洪洞进水口启闭机房墙体破裂，主体结构破坏，均成危房。于5月21日进行提门试验，闸门、启闭机运行正常。启闭机房墙体出现裂缝，闸门、启闭机运行正常。上述泄洪排沙建筑物均能正常运行，并备有柴油发电机，电源可靠。

3. 引水发电建筑物 进水口启闭机房墙体出现裂缝。引水系统运行正常。主厂房与副厂房接触部位发生错位。主厂房下游墙出现两条水平裂缝。主厂房靠中控室侧出现一条裂缝。水轮机层上游侧靠1号机水车室门口出现一条纵向裂缝。厂房运行正常。

（二）地震后水库运行情况

5月12日碧口水库水位691.41m（上午8时，下同），地震发生后，由于送出原因，机组停机，库水位逐步上升，5月13日达693.53m。5月13日22时19～14日8时30分，开启左岸排沙洞泄水，库水位控制在694.00m以下。至5月18日，库水位在693.02～693.88m运行。之后库水位逐步下降，5月21日达到最低690.53m。为保证抗震救灾供电，控制库水位在690.5m以上，5月25日库水位在691m附近运行。

（三）大坝安全监测

通过地震前后监测成果分析本次地震坝体位移主要发生在河床部位的坝顶，下部变化量较小，震后位移变化趋势稳定；坝体708m高程相对最大沉降量24.9cm，向上游相对最大位移量15.9cm，坝后坡

691m高程以上向上游位移，以下向下游位移；震后坝体浸润线无明显变化且均低于设计值，左、右岸灌浆检查廊道渗漏量变化不大。

（四）检查结论

本次地震，碧口大坝位移主要发生在河床部位的坝体上部，下部变化量较小，震后位移变化趋势稳定；坝体708m高程相对最大沉降量24.9cm，向上游相对最大位移量15.9cm；坝体691m高程以上向上游位移，以下向下游位移；至2008年5月19日，坝体最大实测累计沉降量68.60cm，为坝高的0.65%，小于设计预留沉降量1%，坝顶高程满足防洪要求；坝体上、下游坝坡未见较大变形或滑动，坝坡整体稳定，但右岸坝顶混凝土结构存在向上游的错动。震后坝体浸润线无明显变化且均低于设计值，左、右岸灌浆检查廊道渗漏量变化不大，说明坝体防渗、排水系统工作正常。溢洪道结构完好，并备用柴油发电机，电源可靠，但左、右泄洪洞启闭机房破坏严重。两岸坝肩边坡基本正常；近坝库岸青崖岭滑坡体因水库淤积至688m高程以上而不会产生深层快速滑动，不会影响大坝安全。因此，检查组认为碧口大坝现状目前是安全的，如余震未再产生大的破坏，具备2008年安全度汛条件。

（五）结语

（1）碧口水电站大坝主体结构在本次地震中未遭受破坏，仅坝体上部变形相对较大，坝体渗流未见异常，大坝运行正常。

（2）左、右泄洪洞启闭机房在本次地震中主体结构破坏，从震后裸露的墙体看，不是框架结构，全是砖砌结构，显然不符合8度地震的抗震要求。目前在闸门、启闭机运行的情况下，重建工作难度较大。今后在高震区的大坝设计、施工中应吸取上述教训。

（3）碧口大坝建成以后，已遭遇1976年松潘、平武7.2级地震和本次地震，可见遭遇地震之频繁，但工程区未设地震监测台站，应增设。

（4）建议复核工程区的地震动参数，若超过设防标准，应进行抗震复核，必要时采取抗震加固措施。

（国家电力监管委员会大坝安全监察中心
聂广明　何雷霆　谢霄易　姜新忠）

汉坪嘴水电站大坝“5·12”地震后的应急检查概况

汉坪嘴水电站位于甘肃省陇南市文县境内，毗邻四川省青川县。四川汶川“5·12”特大地震（以下简称“本次地震”）发生后，国家电力监管委员会大坝安全监察中心按照国家电力监管委员会的统一部署，于2008年5月25～27日派检查组赴汉坪嘴水电站现场开展大坝安全应急检查，检查大坝的震损情况、水库运行情况和分析大坝安全监测资料，初步评价大坝的安全现状，提出检查结论和下一阶段工作意见。

（一）现场检查

1. 面板堆石坝　坝顶结构靠左岸侧防浪墙伸缩缝张开，但无明显的错动。坝顶下游侧栏杆在河床偏左岸（桩号坝右0+60～0+110）下坠倾斜。坝顶路面完好。上游混凝土面板、趾板水上部分大坝混凝土面板、趾板及其止水系统完好，水下未检查，情况不详。下游坝面在河床偏左岸桩号约坝右0+60～0+110、高程738～758.5m（坝顶），下游浆砌块石框格内块石护坡由于上坝公路排水沟挡墙倒塌而向下滑移，面积约1000m²。738m高程以下坝坡有2处块石护坡局部变形，面积较小。上坝公路外侧挡墙下沉，且与路面分缝开度有所增大。下游坝坡整体无滑动。两岸边坡和坝趾无异常。坝坡、坝趾未见湿润或渗水点。两坝肩边坡无塌滑，整体稳定。右岸灌浆廊道衬砌混凝土完好，洞室干燥。坝右0+60～0+110、坝下0+005.5、高程755m范围的3个表面变形监测墩，因坝坡下滑而损坏。

2. 泄水排沙建筑物　进水口启闭机室钢筋混凝土框架结构完好，但墙体出现裂缝；溢洪洞进、出水口结构完好。经提门试验，运行正常。进水口启闭机室完好。出口工作闸门启闭机房墙面被山顶滚石砸了2个洞，液压启闭机完好，能正常启闭。排沙洞运行正常。由于左岸山体滚石，上述建筑物进水口围墙局部砸坏或砸塌，溢洪洞安全防护栏杆局部砸坏。泄洪排沙建筑物均能正常运行，并备有柴油发电机，电源可靠。

3. 引水发电建筑物　进水口启闭机房完好，但一块滚石掉入检修门通气孔，尚未去除。引水系统运行正常。厂房结构完好，仅上下游墙体对称的一条伸缩缝略有张开。厂房轻钢屋面由山顶飞石砸了一个直径约30cm的洞。厂房运行正常。左岸坝前约500m处的汉坪坝滑坡体无明显变化。左岸溢洪洞上游堆积体库岸局部崩塌；右岸坝前约250m山坡一处崩塌体下滑，方量不大，对大坝及泄水建筑物安全无影响。

（二）地震后水库运行情况

5月12日汉坪嘴水库水位752.70m，地震发生后，由于送出原因，机组被迫停机，电厂局部开启排沙洞泄水。5月13～21日，根据甘肃省防汛办、省电力调度中心和明珠集团公司的要求，库水位由752.25m降至748.41m运行，库水位控制在汛限水位运行。

（三）大坝安全监测

1. 监测项目　监测了水平位移、沉降、接缝、渗流等项目。

（1）坝体表面位移共布置坝上0－005.6、坝下0＋005.5、坝下0＋034.35和坝下0＋071四个观测纵断面，22个测点，采用视准线法监测。地震后，除坝下0＋005.5纵断面部分测点发生整体位移、倾斜、倒塌不能监测外，其余3个观测纵断面，共15个测点可监测。

（2）坝体水平位移观测墩附近设铜标点作为表面沉降测点，采用水准法测量。目前未进行表面沉降观测。共埋设5支测斜、沉降管进行坝体内部沉降监测。目前仅对位于坝下0＋028.73、坝右0＋097.25的ES04沉降管进行观测。

（3）在坝右0+031.14、坝右0+055.14、坝右0+091.14、坝右0＋103.14、坝右0＋15114和坝右0＋175.14六条面板垂直缝上布置了12支单向测缝计，面板与防浪墙之间布置了3支单向测缝计。河床段面板与趾板、趾板与连接板、连接板与防渗墙接缝处各布置4支二向测缝计，共计12支。两岸面板与趾板周边缝共布置11支三向测缝计。

（4）在坝右0+152.59、坝右0+097.25、坝右0+057.45三个断面的垫层、特殊垫层、坝基反滤、砂卵石坝基、主堆石及次堆石区共布置18支渗压计，监测坝体及坝基渗流。左、右坝肩分别布置9只绕坝渗流孔，下游坝脚布置2个地下水位孔。

2. 地震前后监测成果分析　地震前后上游坝面757.5m高程相对最大水平位移发生在TP3测点，向下游6.6cm；最小水平位移发生在TP7测点，向下游0.7cm。坝下0＋005.5纵断面、757.62m高程的部分测点，地震后发生整体位移、倾斜、倒塌，不能监测。地震前后下游坝面742.61m高程最大水平位移发生在TP17测点，向下游7.9cm；最小水平位移发生在TP15测点，为1.8cm。下游坝面720.57m高程最大水平位移发生在TP21测点，向下游1.6cm；最小水平位移发生在TP23测点，为0.4cm。

大坝表面沉降目前没有进行监测。下游坝坡ES04沉降管孔口高程741.8m，其测点5（高程715.08m）地震后沉降了8.2cm。

地震前后面板与防浪墙接缝张开9mm；面板张性垂直缝、防渗墙与连接板接缝、连接板与趾板接缝均变化很小；面板与趾板周边缝最大沉降13.9mm，最大闭合2.3mm，最大剪切变形2.7mm。

地震前后特殊垫层区、坝基反滤层渗透压力无异常变化，测值平稳。绕坝渗流孔、坝趾地下水位孔地震前最后一次观测时间为2006年2月14日。下游坝脚UP01测孔地震后5月13日开始每天观测，水位较平稳，最大变幅0.11m；绕坝渗流孔5月16日开始观测，至25日，右岸U02测孔水位下降2.12m，左岸U10测孔水位下降5.16m，与库水位下降有关，其他测孔水位变化较小，最大变幅0.43m。

（四）检查结论

本次地震，汉坪嘴面板堆石坝向下游位移，上部位移较大，下部位移小，下游坝坡742.61m高程测点水平位移最大，为7.9cm；下游坝坡高程715.08m测点地震后沉降最大，为8.2cm；面板与防浪墙接缝张开9mm，面板张性垂直缝、防渗墙与连接板接缝、连接板与趾板接缝以及周边缝均变化不大；震后位移变化趋势稳定，坝体变形规律符合地震特点。现场检查混凝土面板、趾板结构完好，下游坝坡整体稳定，仅坝体上部局部护坡向下滑移。震后坝体渗流监测无异常，两岸地下水位与库水位相关，测值无异常，坝体防渗系统正常。溢洪洞、排沙洞结构完好，均能正常运行，并备用柴油发电机，电源可靠。两岸坝肩边坡稳定。近坝库岸局部塌滑，但方量较小，对大坝、泄水建筑物安全无影响。因此，检查组认为汉坪嘴大坝现状目前是安全的，如余震未再产生大的破坏，具备2008年安全度汛条件。

（五）结语

（1）汉坪嘴大坝主体结构在本次地震中未遭受破坏，仅坝顶结构和坝体上部表面局部破坏，坝体上部变形相对较大，坝体渗流未见异常，大坝运行正常。

（2）汉坪嘴大坝下游坝面布置8m宽“之”形上坝道路，道路之间坝坡1∶1.3，综合坝坡1∶1.77。坝体采用砂卵石填筑，坝坡使用浆砌块石护坡。本次地震坝体上部局部坝坡表层下滑，其原因一方面坝坡较陡，另一方面未采用抗震材料。

（3）建议复核工程区的地震动参数，若超过设防标准，应进行抗震复核，必要时采取抗震加固措施。

（4）汉坪嘴大坝安全监测工作不规范，许多监测项目未监测，给判断大坝运行性态带来困难，电厂应及时纠正，并配备专职监测人员，按规范和设计要求开展监测和资料分析工作。

（国家电力监管委员会
大坝安全监察中心　聂广明　何雷霆）

汶川地震后对大坝安全监控管理系统及其网络方案的思考

“5·12”汶川大地震后，震区各水电站大坝安全监测自动化系统也处于瘫痪状态，无法发挥其“在地震等特殊情况下监视大坝安全状态”的作用。汶川地震对我国大坝安全监控管理系统及其网络通信方案提出了新的挑战，不得不重新审视在地震等特殊情况下现有大坝安全监测自动化系统、水情自动测报系统、闸门自动监控系统、视频监视系统的可靠性和有效性，以及系统供电、远程监控、信息远程传输的应急处理方案。

（一）大坝安全监测自动化系统现状

多种数据采集运行方式，主要有中央控制方式、自动控制方式、特殊条件下自动控制方式。多种显示形式，能显示枢纽建筑物及监测系统的全貌、测点布置平面和剖面图，各种监测数据过程线、分布线、多种监测数据的相关线及其他图形，显示报警状态，显示所有监测数据、监测成果、各种报表及分析计算成果，显示有关工程安全的技术资料和巡视检查信息。数据二级存储，测控单元可暂存所测数据；监控主机接受所有测控单元的监测数据，自动检验，对超差数据自动报警，检验后的数据存入采集数据库中。数据通信包括现场级和管理级的通信。监控主机具有对监测数据的一般管理能力，能存储系统所有监测数据，对测控单元传输来的原始测值进行数据初步处理，供运行人员浏览、检查、绘图、打印等，具有数据越限报警功能。系统自检能够自动检查和诊断各部位运行状态，将状态信息传输到监测管理中心站的数据采集网络管理计算机或便携式计算机显示，以便维修。具有异常测值报警功能，提醒用户进一步检查或采取相应措施。系统采用220V交流电源或太阳能电源，测控装置具有备用蓄电池，在系统供电中断的情况下，能保证现场测控单元至少能连续工作一周。系统具有防雷、抗电磁干扰技术措施，在设备的电源、通信和传感器入口均采取独立的防雷、抗电磁干扰保护措施。

（二）水情自动测报系统现状

目前，水情自动测报系统遥测站设备由遥测终端机、电台、天馈线、蓄电池、太阳能电池、遥测雨量计、遥测水位计及避雷器等组成。中心站接收各个遥测站发送来的实时采集的各种水情参数，前置机将接收到的数据先进行识别判错、分类整理，形成数据文件存入服务器数据库。通信方式可采用通信电缆、电台、卫星、无线短信等方式，保证了通道通畅。典型的系统具有以下主要性能特点：

(1) 多种数据输入接口，支持多种通信方式组网，可使用VHF/UHF、海事卫星（Inmarsat-C）、VSAT卫星、全球通卫星（Omnistracs）、北斗卫星、公用通信网（GSM、GPRS、CDMA等）、扩频通信和微波等多种通信方式，也可以由以上任意种通信方式组成主备双信道等组合工作方式，工作方式可现场（通过便携式计算机或掌上电脑PDA）设置和远方（中心站）设置。

(2) 多种传感器接入，可接入脉冲数字量、电压量、电流量、频率量、RS232、RS485、SDI-12、1-wire总线及各类非标准协议转换。

(3) 支持多种组网方式，可支持单信道及多种信道混合组网方式；多种信道互为备份及双热备份组网方式。

(4) 控制软件模块化设计，应用灵活方便，现场遥测站的参数可现场或远程设置，并提供用户可编程界面及远程程序下载。

(5) 设备微功耗、高可靠性，以及可靠的设备、信号接口及系统防雷抗干扰。

（三）闸门自动监控系统现状

系统由闸位传感器、现场控制单元（LCU）、信号传送线及中心控制站组成，可进行闸门的单控、群控。系统一般采用分布控制，信号传输采用光缆或其他避雷性能良好的传输方式，有的系统同时具有现场视频监视功能，使用安全可靠。典型的系统具有以下主要性能特点：

(1) 实现闸门的开启或关闭控制、各参数（开度、荷重、水位、渗压等）测量、闸门的各类控制（流量控制、开度控制、成组控制等）等，通过闸门测控终端机和闸门自动控制柜实现闸门的远程自动控制，配合中心站调度软件可实现闸群联调等。

(2) 系统采用信号光电隔离，软硬件滤波、防雷击、屏蔽接地等一系列的抗干扰技术。

(3) 实现监控调度与查询统计。在中心站可对下属监控站集中调度、统一管理，通过GIS、仿真图形、表格等多种方式显示闸门数据；查询统计生成多种图表报表并可进行打印操作。

(4) 多种通信组网方式。可采用扩频微波、光纤、专线、短波、超短波、GPRS/CDMA、GSM、卫星等方式混合组网。

(5) 故障保护与急停控制。闸门运行过程中，当系统发生故障时，系统立即报警，并根据需要和实际情况自动终止当前闸门运行；若遇到紧急、意外情况，能够实施急停控制。

（四）远程视频监视系统现状

水利水电行业视频监视系统的应用相当普及，主要用于电站厂区安全视频监控以及闸门等重要部位运行工况的实时宏观监控。

流域梯级电站闸门群远程监控系统的研究、设计也进入了应用阶段，该系统涉及多参数数据采集、远程数据库的访问、基于Web的远方设备控制等技术，实现了监控采集数据和Web系统之间数据共享和交互，同时采用ASP、WEB数据库访问等技术，实现了远程客户对实时数据的可视化查询和监视，为及时了解闸门运行信息提供了重要途径，实现了跨平台、跨地域的信息发布和共享。

（五）汶川地震后的思考

水电站大坝安全监控管理系统应包括四大子系

统：一是大坝安全监测自动化系统，二是水情自动测报系统，三是闸门自动监控系统，四是视频监视系统。为发挥四大子系统组成的“大坝安全监控管理系统”综合效应，在系统的建设中应着重探讨、研究解决下列技术问题的可行性。

（1）系统供电。系统供电应配备备用电源，并应具有电源自动切换功能。

（2）系统通信组网方式。要求大坝安全监控管理系统具有可靠的信息传输保障，能够支持各种有线、无线、卫星、移动通信等通信组网方式和主备信道自动切换的功能。

在大坝安全监控管理系统中引入现代网络远程监控系统将是一种趋势。随着数字音视频压缩技术的不断完善和发展，远程无线视频监视系统图像传输的瓶颈将得到解决。

（3）监控对象和手段。这里探讨的监控对象和手段，是针对在地震等特殊情况下，为获得有关大坝安全运行信息所需的基本要求，且要配备当常规电源、通信网络失效情况下，自动启动的备用电源（如太阳能电池）、备用通信手段（如卫星通信）等。

对于大坝安全监测自动化系统，主要目的是为了提高监测精度，增强对大坝的实时在线监测能力，特别是在发生暴雨、大洪水等特殊情况下，能快速、准确地获取大坝重要部位或对结构起控制作用的部位有价值的监测资料，为科学决策提供依据。变形、渗流、库水位监测是世界各国公认的最重要的监测项目，在《混凝土坝安全监测技术规范》和《土石坝安全监测技术规范》中都明确规定为必测项目，不仅因其观测值直观可靠，还因为其测值基本上反映了各种荷载作用下大坝的工作状态，是综合效应量。考虑引张线、真空激光准直系统、静力水准系统各测点之间设施的关联关系，在大坝遭受较大损害时往往起不了作用，因此，变形监测方法推荐采用垂线法，同时各测点在地震等特殊情况下，启动的数据采集单元、备用电源、通信信道尽量单独运行，提高监测的可靠性。

对于水情自动测报系统，若大坝安全监测自动化系统已包含了上下游水位、气温、降雨量监测项目，则可不再考虑。

对于闸门自动监控系统，宜对各闸门的开度进行监控，配置机械式闸位计或光电式闸位计，水位监测可与大坝安全监测自动化系统共用。

对于视频监视系统，其在地震等特殊情况下的作用是相当显著的，其与大坝安全监测自动化系统共同组成了对大坝运行状况进行实时监控的“宏观监控”和“微观监控”相结合的立体全方位监控系统。随着数字视频编码技术以及网络技术的发展，网络视频监控系统正迅速从传统的基于有线电视技术的模拟视频监视系统向无线网络数字视频监视系统的方向发展，该系统采用数字编码压缩技术实现视频数据的传输。在监控点的布置上，要满足监视大坝上、下游以及闸门启闭运行情况的要求。系统采用专用的无线网络视频服务器，集成视频捕捉、视频分割、网络传输及报警触发等功能。前端采用三可变夜视级摄像机，并配备红外聚光灯，解决大雾、暴雨等恶劣环境下的照明问题。无线视频服务器进行视频采集、编码、发送和控制，组成一套监视前端系统。各监视前端通过无线信道连接监控中心的监视系统服务器，由视频监视系统软件进行集中显示和统一管理。

（国家电力监管委员会大坝安全监察中心　赵花城）

紫坪铺水利枢纽工程应急监测的实施和分析

（一）震前监测仪器布置

1. 大坝外观变形监测　大坝外观变形监测分为水平位移（顺上、下游方向）、垂直位移（沉降）监测。平面监测网主要用来作为大坝外部变形监测的基准点。平面监测网由 8 个基准点组成大地四边形，编号为Ⅰ01～Ⅰ08，共计 34 个观测方向，21 条对向观测边，专用平面控制网一等网精度，采用完全边角网观测。

垂直位移基准网由 12 组基准点构成，即 BMI01～BMI12，其中 BMI01 和 BMI12 有 3 个标志，其他基准点 2 个标志，共计 26 个水准标志。垂直位移基准网使用 NI002 自动安平水准仪，按一等水准技术要求和精度观测，执行《国家一、二等水准测量规范》。

设计在坝体上游正常水位以下混凝土防浪墙上布置了 1 条视准线，下游坝坡布置了 3 条视准线，共计 27 个永久位移标点。视准线上各测点位置分别布置水平与垂直位移测点标志。

2. 大坝内观变形监测　坝体内部设置了水平位移和沉降变形观测项目。紫坪铺面板堆石坝设 2 个内部沉降监测断面，其桩号为 DAM0＋251.0m 和 DAM0＋371.0m。DAM0＋251.0m 断面沿 4 个高程面布置测点，4 个高程面分别为：760.0m、790.0m、820.0m 和 850.0m。各高程面沿坝轴线上下游方向间隔布置变形监测测点。DAM0＋371.0m 断面测点布置与 DAM0＋251.0m 断面相似。两断面总计布置 93 个测点。分高程埋设引张线水平位移计和水管式沉降仪监测水平位移和沉降，测量基点均由大坝外部变形测量网实施监测，以换算成绝对位移量。

（二）地震中受损情况

坝前面板845.0m（Ⅱ期面板施工和Ⅲ期面板施工结合部）横向开裂，中间部分裂缝宽约1cm，左岸错抬缝高差大概15～17cm，右岸错抬缝高差大概2～9cm；5～6号面板、23～24号面板、38号面板出现纵向裂缝。坝顶混凝土出现开裂和挤压错抬缝。坝后贴坡石块部分隆起滚落。

大坝重要的变形和渗流渗压仪器270套，其中223套仪器完好，47套仪器异常。

经维修，24个水平测点已恢复观测，目前完好率83%（震前大坝仪器完好率100%）。

2008年5月，组织仪器厂家对56套水管式沉降仪和37套引张线式水平位移计进行了检修，修复了其中绝大多数仪器。目前，只有3个水管式沉降仪测点（V6、V9、V34）无法修复。

（三）开展应急监测措施

汶川大地震后，发生多次余震。中国水电顾问集团成都勘测设计研究院工程安全监测中心受工程业主——四川省紫坪铺开发有限责任公司的委托，对紫坪铺水利枢纽混凝土面板坝工程的安全监测设施进行了外观检查和读数检查，并组织仪器厂家共同对部分受损监测仪器进行维修。同时，根据有关规定和要求，监测中心让混凝土面板坝工程具备观测条件的监测仪器进行了观测，并及时提交监测数据。

1. 大坝外部变形监测原则　经现场监测基准点查勘，利用监测基准网中某一基准点为基准，建立临时独立坐标系统，平面采用极坐标法进行观测。垂直位移起测高程为相对稳定的原工作基点已知高程，每条水准线路为独立支线水准。

2. 大坝外部变形监测的应急方案　使用瑞士徕卡公司生产的TCA2003自动跟踪全站仪。TCA2003自动跟踪全站仪以棱镜中心反射成像，形成精确照准目标，自动记录的观测数据。平面坐标系统采用大坝坐标系统。平面起测工作基点：利用监测控制网点I03。起测坐标：X方向为698.866 0m，Y方向为－379.540 0m。后视施工控制网点III09。起测方向角为162.431 295°。高程坐标系统采用独立高程系统，挂靠1956年黄海高程系统。水准起测工作基点有：BMI08、BMI08-1、CBM1、CBM2、CBM3和CBM4，起测高程分别为865.563 5m、863.944 65m、796.597 72m、797.479 44m、840.910 23m和841.220 17m。根据地震后现场实际情况，基准网点受地震影响，可能发生较大变化，平面监测采用极坐标法。起测工作基点为I03，选择地震影响相对较小的III09点作为后视点，取一点一方向为起测条件，极坐标法进行观测。按二等边角测量精度要求执行，采用极坐标法进行数据处理，边长归算到820m黄海高程面上。

水准起测高程为相对稳定的原工作基点已知高程，每条水准线路为独立支线水准。按二等水准技术要求和精度观测，执行《国家一、二等水准测量规范》。

（四）震后监测成果及分析

1. 坝体表面水平位移

（1）坝顶水平位移。震后坝顶向下游方向突变的最大水平合位移为206.3mm，于Y8测点。

（2）观测房水平位移。震后坝顶向下游方向突变的最大水平合位移为271.7mm，于Y20测点。

（3）下游马道坝体变形。震后坝顶向下游方向突变的最大水平合位移为251.7mm，于Y32测点。

（4）坝体外部变形分布。地震后坝体外部沿河谷下游方向变形突变量在高程分布上表现为坝体中部相对较大，坝顶和坝体下部相对较小的抛物线型。

沿坝轴线方向也发生了较大变形，总体规律是两岸向河谷方向位移，位于左岸的Y3测点位移值最大，为－234.3mm指向右岸。坝体外部水平位移受河谷地形和地震震源方向影响明显。沿坝轴线方向左岸向右岸的位移大于右岸向左岸的位移。

2. 坝体表面沉降　震后坝体外部沉降以坝顶沉降最大，最大值位于坝顶河床中部Y7测点，截至2008年6月底，沉降量为760.1mm。整体趋势为坝中部沉降较大，向两侧坝肩递减。地震发生后沉降速率迅速减小。

3. 平面监测部分成果　大坝下游观测房受地震影响较大，震后表现为向下游方向变形明显。大坝基础相对位移较小，位移量随高程逐渐增加，Y28高程约760.0m，为最低高程测点，相对位移量最小，且趋势平稳。经分析，大坝基础相对受地震影响较小。坝下游沿两条马道共布置9个测点，在同一高程中坝体中部测点（Y31、Y32）相对位移量明显大于坝肩测点（Y17、Y18、Y22），高高程同桩号测点相对位移量大于低高程同桩号测点。大坝整体变形规律明显。

4. 绕坝渗流　地震前后各测点地下水位变化不大。地震前后的坝肩渗流渗压值变化较小。

（五）结语

大坝坝体受“5·12”地震影响较大，坝体地震前后的变形明显，绝大部分点位都有明显的沉降或抬升和向下游移动的现象。大坝整体主要变形趋势为坝体上部沉降较大，坝体下部沉降较小；受右岸山体挤压，部分测点也有抬升。大坝平面变形以向下游为主。

地震前后的坝肩渗流渗压值变化较小。地震前后大坝面板有明显的变形。大坝坝顶防浪墙、观测房、马道大部分监测点平面、高程位移量值随余震强度和频率的减弱而相对变化平稳，相对稳定无突变。

目前，所有观测数据呈稳定趋势，变形规律为坝体中间部位变化大，两坝肩变化小，符合坝体变形一般规律。

（中国水电顾问集团成都勘测设计研究院 何 涛 吴常栋 孙 璇）

“5·12”地震对冯家山水库大坝的影响

（一）工程概况

冯家山水库位于陕西省宝鸡市陈仓区、凤翔县、千阳县3县（区）交界地带的千河下游，总库容4.27亿m^3，是一座以灌溉、供水为主，兼作防洪、发电、养殖、旅游等综合利用的大（2）型水利工程。水库枢纽由拦河大坝、泄洪洞、溢洪洞、非常溢洪道、输水洞、坝后一、二级电站、宝鸡第二火力发电厂取水口、鱼场等建筑物组成。拦河大坝、泄洪洞、溢洪洞和输水洞为二级建筑物，非常溢洪道为三级建筑物。地震设防烈度为Ⅷ度。

拦河大坝位于陈仓区桥镇镇冯家山村南的千河峡谷，距千河入渭口约27 km，为碾压式均质土坝，坝高75m，坝顶宽10m，坝顶长300m。

（二）地震前后观测资料对比分析

1. 坝区渗流压力分析 从管水位变化趋势看，与库水位的变化基本同步，总的变化规律与库水位有明显的相关性，呈平缓下降趋势。库水位地震后一直持续平稳下降，符合渗流压变化的一般规律。坝基渗压观测孔水位与震前比较有升有降，最大升幅10cm，最大降幅4cm。

2. 渗流水质、渗流量及渗流水温分析 5月12日地震后15时，进行震后工程检查时，发现坝右泄洪洞出口水潭内水体稍微混浊，而出洞水体清澈。经进洞检查，没有发现裂缝、坍塌现象，洞内渗流水体清澈。直至5月13日早8时30分，渗流潭内水体清澈。经分析，原因是地震时山体土块掉落入水潭造成潭内积水混浊，经沉淀恢复清澈。从渗流量自动监测接收到的Q2、Q3数据看，地震前后渗流量无明显突变，保持在22 L/s左右，渗流量正常。地震前后的渗流水体温度稳定，温度变化值保持在0.1℃左右，温度变化正常。

3. 大坝变形分析 通过对比地震前后坝体竖向位移量，坝顶716m高程、背水坡700m平台和背水坡687m高程平台上所有测点均出现竖直向下的位移，但其值不大。

通过对地震前后实测的输水洞和泄洪洞进水塔竖向位移量进行对比，两个进水塔8个测点均产生了同向位移，且位移量基本相等。泄洪洞进水塔位于坝右而输水洞进水塔位于坝左，说明泄洪洞、输水洞放水塔沉降基本是均匀、稳定的。

通过对地震前后坝体纵向水平位移量进行对比，各测点位移变化量正常，具有明显的同向性。

通过对地震前后坝体横向水平位移量进行对比，坝顶716m高程、背水坡700m高程平台、背水坡687m高程平台以及背水坡靠近坝基670m高程平台的测点基本均出现负值，即发生了同向移动，说明坝体整体性较好，不会产生明显裂缝。

（三）大坝安全综合分析评价

从冯家山水库震后工程检查情况看，坝前水面无异常反映；上、下游坝坡稳定，坝体无裂缝，无塌坑；输水洞、泄洪洞和溢洪洞进水塔主体结构稳定，未出现裂缝，闸门启闭正常；近坝山体和护坡没有出现塌方和滑坡现象。坝右泄洪洞出口下游水潭内水体稍微发浑，是由于地震时山体土块掉落入水潭造成，经过沉淀恢复清澈，且渗流量正常。

从自动采集到的坝体渗流压力各项数据看，坝体渗流压力的各个监测孔水位在地震前后均有小幅波动，但在震后均逐渐恢复正常，且管水位均未超过震前值。从长期管水位变化趋势看，与库水位有明显的相关性，符合渗流压力变化的一般规律。

从人工观测大坝表面变形的各项数据看，坝体各项位移变化量具有明显的同向性，这说明坝体结构紧密，整体性良好，且坝体位移量变化趋势正常，符合大坝表面变形规律。

（冯家山水库管理局 苏新军 李宝妮）

紫坪铺混凝土面板堆石坝抗震安全评估

2009年3月30日～4月3日，由国际大坝委员会和中国大坝协会组织的地震与大坝安全国际专题研讨会在中国四川省举行。此次研讨会的重点是2008年“5·12”汶川地震中的大坝安全问题。除来自中国的坝工专家外，共有来自6个国家的专家出席了此次会议，其中包括国际大坝委员会的副主席Norihisa Matsumoto先生、国际大坝委员会大坝抗震专委会主席Martin Wieland先生、国际大坝委员会混凝土坝专委会主席Robin Charlwood先生等。专家组参观了紫坪铺混凝土面板堆石坝和沙牌碾压混凝土拱坝的坝址以及位于震中汶川县的三个径流式水电站，并与中国的大坝专家开展了技术讨论。中国专家坦诚地向专家组提供了相关工程的技术资料和观测资料。此次讨论和技术考察非常成功。

紫坪铺混凝土面板堆石坝在汶川地震中的表现给专家组留下了深刻的印象。国际大坝委员会大坝专家对紫坪铺混凝土面板堆石坝抗震性能的总体意见归纳如下：

(1) 距汶川震中17km的紫坪铺混凝土面板堆石坝，设计地震烈度为Ⅷ度，设计地面峰值加速度为0.26g。"5·12"汶川地震的震级为8.0级。震中地区的烈度为Ⅺ度，坝址处的烈度在Ⅸ到Ⅹ度之间，远远超出了原来的设计标准。虽然紫坪铺大坝遭受了一定程度的损坏，但还是经受住了此次强烈地震的考验。紫坪铺混凝土面板堆石坝良好的抗震性能归功于大坝及其附属建筑物的合理设计、高质量的施工以及高效的运行管理和对紧急情况的及时处理。作为一个遭受如此强烈地震的混凝土面板堆石坝，紫坪铺大坝对混凝土面板堆石坝建设的发展具有里程碑的意义。该工程的经验和教训将会为全世界地震区的大坝工程师提供很好的参考。

(2) 地震发生后，紫坪铺工程的大坝安全与管理部迅速采取了行动，采取的多项应急措施，如控制蓄水位、加强安全监测、观测防渗系统等被证明是正确的、有效的。在很短的时间内，水库就恢复了泄流能力，供水、供电功能也恢复正常。此外，紫坪铺水库在救援行动中发挥了关键性的作用，通过控制水库水位，使得水库成为通往震中地区的水上通道。这些成就为发生严重灾难时大坝安全管理的应急措施提供了很好的借鉴。

(3) 在紫坪铺混凝土面板堆石坝的设计和施工中，开展了系统的研究工作，包括堆石料的工程特性、数值模拟、分区优化、变形控制措施和止水系统等。这些研究成果的应用对紫坪铺混凝土面板堆石坝在强震中的良好性能功不可没。

作为一个遭受强震的典型的高混凝土面板堆石坝，紫坪铺混凝土面板堆石坝工程为大坝工程师研究混凝土面板堆石坝的抗震性能提供了很好的机会。但要从紫坪铺混凝土面板堆石坝中吸取教训并进行进一步研究，还需要更多有关设计、施工和运行的资料。因此国际大坝委员会和中国大坝委员会将在大坝抗震安全的各个领域进一步加强合作。

松本德久
国际大坝委员会副主席
Martin Wieland
国际大坝委员会大坝抗震设计专委会主席
Robin Charlwood
国际大坝委员会混凝土坝专委会主席
2009年4月

紫坪铺水库与汶川地震的关系评估

2008年"5·12"汶川地震发生后不久，就有报道提出此次灾难性的地震是由紫坪铺水库的蓄水和运行引起的。这一观点的主要理由如下：第一，大型水库可能诱发地震；第二，汶川地震的震中距离紫坪铺大坝仅17km；第三，水库分支的一小部分与断层相交，并且该断层在地震时发生了断裂。但是，当一个构造断层已经接近破坏时，欲确切地确定诱发大地震的因素则几乎是不可能的。

事实上，紫坪铺水库的最高水位（875.4m）并没有超过岷江与北川—映秀断裂带相交处的自然水位（877m），因此，紫坪铺水库蓄水不会影响北川—映秀断裂带原来的水文地质条件。

2004年8月，也就是水库开始蓄水前13个月，库区设立了由7个固定观测站组成的地震监测网。2006年10月，水库的水位达到875.4m，比正常蓄水位低1.6m，相应的库容为9亿m^3。2006年7月和2007年5月，水库水位降到了820m。汶川地震前（2008年4月30日），水库的水位为828.95m，相应的库容为3亿m^3。从四川省地震局水库地震研究所统计的紫坪铺库区每年的地震活动记录可以看出，紫坪铺水库蓄水后地震活动的频率和强度在水库蓄水前后几乎没有发生变化，所记录的地震活动也与水库水位的变化不相关。

由水库蓄水而触发的地震现象被称之为"水库触发地震"(RTS)。"水库触发地震"的主要机理是因水库蓄水而引起区域地质构造断裂面应力和强度特性发生变化，从而导致构造应力的释放而发生地震。发生这种地震的前提条件是可能引发地震的构造断层已接近破坏强度，这样水库蓄水时增加的重量和孔隙压力的积累才会触发地震。矿区地下洞室的塌陷或液体的注入也可能引发地震。

自从1935年米德湖（美国220m高的胡佛大坝水库）触发地震的案例被首次纪录后，大坝工程界就开始了对水库触发地震的研究。自那时之后，印度、中国、希腊和赞比亚发生了几次强烈地震，都被怀疑是由水库蓄水触发的。迄今为止，水库触发地震的最大震级为6.3级，而水库触发地震案例的确切数字尚不清楚，但国际大坝委员会认为目前已被承认的水库触发地震案例数目在40～100之间。关于水库蓄水与地震活动之间的关系目前科学界也存在着争论。

高坝大库可能会增加触发地震的可能性。国际大坝委员会建议百米以上的大坝需要考虑水库触发地震的问题。国际大坝委员会还出版了一份技术公报，其中介绍了有关水库和地震活动的最新知识。

根据国际大坝委员会的建议，对于高风险的大坝，其设计应能够安全抵御最大可信地震引起的地面运动。因此，水库触发地震对于设计良好的大坝来说不会导致直接的安全问题，因为水库触发地震的最大强度不可能超过最大可信地震的强度。但是，水库诱发地震对于其他建筑，如大楼、附属工程而言仍然是一个问题，因为它们的抗震能力远比大坝要弱。

对水库蓄水前、蓄水时和蓄水后水库触发地震的大量监测提供了水库蓄水是否触发地震的确凿证据。为了帮助区分背景地震活动性和水库触发地震，地震监测应开始于水库蓄水前的一段时间。

从观测工程的角度看，水库触发地震主要具有以下特征，它们可用于确定是否发生了水库触发地震。

（1）蓄水时和蓄水后监测到的地震活动明显地比蓄水前的背景地震活动频繁。

（2）随着蓄水位的升高和蓄水位振荡幅度的加大，水库触发地震现象的频率和规模也随之增加。

（3）在多数情况下，触发地震的规模在到达高峰后减小为背景地震活动。

（4）在很多触发地震的案例中，观测到的地震振动强度随着离震中越来越远而急剧下降，震中通常群集在水库周围。在绝大多数情况下，地震活动在开始蓄水后不久就开始并随着水位的上升而增强，在水库水位发生急剧变化后一般又重新开始。

（5）随着越来越多的小地震也显示出诱发地震的迹象，建议将地震活动的频率和规模之间的关系作为一种诊断工具，尽管这个指标是有争议的。

（6）通常认为，触发地震一般与走滑断裂有关，较少与逆冲断裂相关。

（7）相对而言，浅层地震最有可能是水库触发地震导致的，但这仅仅是一种一般性的趋势。阿斯旺水库就是一个显著的例外，它的水库触发地震的深度记录为25km。

根据以上水库触发地震的主要特征，紫坪铺水库不具有触发汶川地震的可能性。

贾金生
中国大坝委员会副主席
松本德久
国际大坝委员会副主席
Martin Wieland
国际大坝委员会大坝抗震设计专委会主席
Robin Charlwood
国际大坝委员会混凝土坝专委会主席
2009年4月3日

地震与大坝安全
国际研讨会收获与建议

1. 参观和个人印象

（1）参观的大坝工程：

1）紫坪铺混凝土面板堆石坝

2）沙牌碾压混凝土拱坝

3）福堂径流式水电站

4）映秀湾径流式水电站

（2）研讨会（3月30日在北京召开，4月3日在成都召开）上介绍过的大坝工程：

1）沙牌碾压混凝土拱坝

2）紫坪铺混凝土面板堆石坝

3）宝珠寺大坝

4）碧口大坝

5）唐家山堰塞湖

（3）个人印象：

对大坝工程师来说，对汶川地震的研究具有非常重要的意义，因为地震影响了2666座大坝，其中有4座大坝位于震感强烈的震中区，包括高达156m的紫坪铺混凝土面板堆石坝和132m的沙牌碾压混凝土拱坝。对这种新坝型还缺少必要的观测数据，虽然它们的数量在全球范围内正在持续不断地增加。

印象最深的是对大坝以及这场灾难性地震震中的参观。瑞士同样位于山地地区，从这场地震得到的经验教训同样适用于瑞士。岩石崩落和山体滑坡的规模巨大，这种场景之前从未见过。到目前为止，边坡在地震时的稳定性还未得到应有的重视，有些研究对此表示了关注，但其描述完全是定性的。

在汶川大地震中，岩石崩落对电站厂房造成了严重的破坏。这表明，在电站厂房选址时需仔细考虑当地的地质条件和所处的地形因素。

来自中国和国际的专家组成的团队人数不多，这使得相互之间的讨论、交流和私人接触十分方便。

我相信，大部分与会者对于在地震发生10个月后能看到和学到的都感到非常满意。同时我们很满意中国大坝委员会（CHINCOLD）、紫坪铺大坝的业主和成都勘测设计研究院（CHIDI）的热情招待。在此表示感谢！

2. 汶川大地震的特点以及从中学到的经验

（1）地震的危害和技术问题：

1）岩石崩落和塌方的规模和数量非常之大，随处可见滚落的巨大砾石和岩石（目前，缺少巨石造成水库内冲击波或与浊流相关的数据）。

2）岩石崩落能对电站厂房中的地表建筑造成极

大的破坏。

3）岩石崩落能对溢洪道闸门和机电设备造成极大的破坏。

4）岩石和滑坡能对厚重的混凝土建筑造成破坏(径流式电站)。

5）滑坡会形成巨型堰塞坝和堰塞湖，也会形成许多大小不一的堰塞坝。

6）通往大坝和偏僻村庄的道路存在的问题。

7）大坝闸门缺少应急电力供应。

8）数个径流式水电站发生了水流漫顶。

9）大坝的监视设备要么干脆没有，要么在地震中被破坏。

10）碾压混凝土拱坝的抗震性能很好（沙牌碾压混凝土拱坝)。

11）紫坪铺混凝土面板堆石坝的抗震性能让人满意。

（2）体制和具体实施的问题：

1）对紫坪铺大坝的迅速修复。

2）大坝及进水塔处缺少强震仪。

3）修复遭到严重破坏的电站厂房、设备和相关工程建筑。

3. 建议合作主题

1）对现有大坝的加固和对地震造成破坏的修复技术。

2）大坝的地震风险分类（震动、出现滑坡、出现断层效应)。

3）专业知识技能的培训。

4）重新审视并修正中国的抗震设计标准和抗震设计规范。

如果中国大坝委员会能将地震中有关大坝的个案研究（包括对有关大坝或电站的描述、修复以及采取的加固措施）编撰出版的话，我们将非常感激。这本书还应该发行英文版，以便所有的大坝工程师都能分享中国同行们在汶川大地震中获得的经验。

Martin Wieland

国际大坝委员会大坝抗震专委会主席

2009 年 4 月

离震中最近的两座水电站经受了考验

汶川大地震发生后，国家发展改革委立即组织了水电水利规划设计总院及相关业主单位，对灾区水电站，特别是岷江流域水电的地震问题进行了研究和摸排。结果表明，岷江上游距震中最近的两座高坝紫坪铺和沙牌水电站经受住了这次地震的考验，承受住了超过设防标准的强烈地震，说明按现代理论设计修建的面板堆石坝和碾压混凝土拱坝具有很强的抗震潜力，水电建设一贯遵循的留有裕度的安全设计理念是正确的。

汶川大地震对岷江流域的已建水电站都有不同程度的影响，主要表现为，震区所有水电站都因地震导致发电设备和送出工程受损等原因停止了运行。目前，紫坪铺水电站已恢复发电。其他水电站均为低坝引水式电站，挡水建筑物为混凝土闸坝，具有更强的抗震能力，虽然各电站不同强度受到了地震影响，但都没有出现大的损坏。从目前情况看，这些电站受地震影响主要是闸坝变形和被滑坡体淹没，没有发生垮坝的问题。因此，已建水电站总体是稳定的，电站不会带来次生灾害。

据悉，汶川大地震发生后，国家发展改革委密切关注地震对水电站的影响，并及时下发了《关于加强水电工程防震抗震工作有关要求的通知》，要求各发电集团公司对震区范围内所属电站逐一进行检查，全面客观评价地震对各电站造成的影响，加强备用电源和通信等应急救灾能力建设；要求水电水利规划设计总院、中国水利水电科学研究院认真分析和总结这次地震对水电站的影响，进一步完善水电工程防震抗震设计规范和工程建设标准，进一步严格对水电工程防震抗震设计和安全评价的审核，提高水电工程防震抗震能力。

（摘自 2008 年 10 月 5 日《人民日报》）

中国水电经受了大地震考验

2008 年 5 月 12 日，四川汶川发生 8 级大地震，山摇地动中，一间间房屋塌陷，一座座桥梁崩塌，数以万计的生命在刹那间消失……

灾情就是命令，时间就是生命。人们在急切关注抗震救灾、挽救生命的同时，又把眼光投向了中国巨型水电站的安危。

三峡水电站是世界上最大的水电站，水电站的安全与否受到世界的关注。地震发生后，中国长江三峡工程开发总公司枢纽管理局即刻通知三峡水利枢纽相关运行管理单位，对枢纽运行情况进行检查，并加强值班和监测。为预防后续余震对大坝可能产生的影响，运行管理单位对枢纽有关部位及设备设施进行了检查和处理。初步检查情况表明，三峡大坝、三峡电厂、三峡双线五级船闸、茅坪副坝没有发生建筑物破损现象，设备运行正常。另据了解，三峡库区地质灾害治理、码头运行等均未受影响，水库运行正常。

世界水电在中国，中国水电在西南，西南水电在四川。四川是水电开发大省，已建和在建水电站数量众多。作为此次地震的发生地，其境内巨型水电站安全与否格外引人关注。

在地震重灾区都江堰的上游，有一座设计库容达11.2亿m^3的大型水库——紫坪铺水库。该水库距汶川震中约有17km，如果因地震发生垮塌，将给下游带来严重后果。

5月14日，国家水利部副部长矫勇及时率专家组赶到紫坪铺水利枢纽指导抗震救灾。水利部专家组对紫坪铺工程各重要部位进行了全面详细检查，对各种监测数据进行了科学分析评估，认定紫坪铺水库大坝结构稳定、安全。此前，紫坪铺水电站出现“危险”的谣言不攻自破，而且库区更是成为一条运送汶川映秀镇伤员的交通生命线。

5月16日上午，国家电力监管委员会副主席史玉波乘直升飞机专程前往四川地震灾区，查看了位于岷江上游紫坪铺、太平驿、渔子溪、铜钟、耿达、姜射坝等八个电站大坝。他表示，个别大坝有些毁损，但从飞机上看并无大碍。这些电站水库大坝虽受地震影响，但安全让人放心，不会有问题。

向家坝水电站总装机容量为600万kW，位于四川宜宾与云南水富交界。地震发生的当天下午3点钟，中国长江三峡工程开发总公司向家坝工程建设部随即组织各参建单位对马延坡人工砂石系统、尾渣坝水库、右岸地下厂房等关键工程部位进行了安全检查，同时公司安全监测中心组织开展专项安全检查，均未发现异常情况。

二滩是20世纪中国建成投运的最大水电站，水电站的安危成为人们又一关注的焦点。记者5月15日采访得知，二滩水电站大坝及发电设备运行正常，这天的发电量为1861万kW·h，最大负荷1819MW，最小负荷150MW，平均入库流量897m^3/s。

凉山，是“中国水电第一州”，在建的巨型水电站颇多，被誉为21世纪之初中国水电站建设的主战场。汶川大地震发生时，全州6万多平方公里的土地均有震感。5月15～17日，记者对凉山境内建设中的巨型水电站进行了采访。

位于四川雷波县与云南永善交界的溪洛渡水电站，总装机容量达1260万kW，是世界第三、中国第二大水电站。5月12日，发生大地震时，溪洛渡水电站工程施工区虽有明显震感，但工程建设未受到影响，各项目施工照常进行。地震发生后，溪洛渡水电站迅速启动地质灾害应急预案，通过金沙江地震监测系统溪洛渡地震台网分中心及时与地方地震部门保持联系，要求各参建单位明确通信联络人员，安排监测承包人对易发生边坡失稳、泥石流等灾害的部位进行了巡视检查和监测，监测情况显示震后未出现异常情况。

锦屏水电站总装机容量为800万kW，分为一、二级，是雅袭江大拐湾上的“双子星座”。大地震发生时，电站施工现场有明显震感，但是项目建设中均未发生人员伤亡、设备损坏和其他异常事件。锦屏水电站建设者一方面履行职责，积极搞好工程建设，另一方面向灾区伸出援助之手，捐款捐物奉献爱心。

瀑布沟水电站装机容量360万kW，是大渡河已建和在建最大的水电站，也是全州在建巨型水电站距离汶川震中最近的。地震发生时，瀑布沟水电站施工区震感明显，但是项目未发生异常情况，工程建设未受到影响……

地震发生时，一些中小水电站虽然受到了一定程度的影响，但全国已建和在建的巨型水电站都经受住了这次汶川大地震的考验。

（摘自《凉山日报》）

水 电 论 坛

认真贯彻落实科学发展观 促进水电又好又快发展（摘要）

国家发展和改革委员会副主任、
国家能源局局长 张国宝

能源是当今国际社会一个热门话题，关系国际政治、经济、军事、外交关系。我国经济社会持续快速发展，离不开有力的能源保障；同时，国际社会空前关注气候变暖问题，加快能源结构调整，发展低碳或无碳能源是一个迫切课题。构建稳定、经济、清洁、可靠、安全的能源供应体系，不断满足日益增长的能源需求和妥善应对复杂的国际能源形势是我们面对的重要问题。

最近，江泽民同志发表了《对中国能源问题思考》，阐明了能源问题的重要性，分析了世界能源的基本状况和发展趋势，探讨了我国能源发展面临的机遇和挑战，提出了走中国特色新型能源发展道路的要求。新一届政府高度重视能源问题，新组建了国家能源局，还将组建国家能源委员会。我们将按照党中央、国务院的要求，认真履行职责，努力做好我国能源的规划、建设和管理工作。

一、水能资源是可持续利用的清洁能源

在我国能源结构当中，水能资源占有重要地位，应当合理开发利用好水能资源。改革开放30年来，我国经济持续快速发展，能源需求持续增长，2007年我国能源消费量已经达到26.5亿t标准煤，是世界第二大能源生产和消费国。但相对来说，我国人均能源消费水平还不高，不仅大大低于发达国家水平，而且低于世界平均水平。随着我国经济持续快速发展，到本世纪中期，要达到中等发达国家水平，我国能源需求必将持续增长。

2007年底，我国装机容量达到7.13亿kW。2008年，估计新投产机组也达9000万kW，就是说，到年底装机容量可达到8亿kW。现在在建的有1.9亿kW，绝大部分在两三年之内建成，到2009年很可能达到9亿kW，2010年达到10亿kW也是完全可能的。由于我国能源消费以煤为主，由此产生环境污染、生态破坏、地表塌陷、酸雨等问题日益严重，减排温室气体、应对气候变化压力也越来越大。

在不断提高能源效率、节约能源的同时，大力开发利用可再生能源，加快调整能源结构，逐步降低煤炭等化石能源在能源消费结构中的比重，是解决我国能源问题的重要措施。

水电是技术成熟的可再生能源发电方式，一直受到世界各国的高度重视。20世纪30～70年代是发达国家水电建设的高峰期，目前发达国家的水能资源已基本得到开发。

由于经济发展阶段差异，发展中国家正在陆续进入水电建设高峰时期。我国具有丰富的水能资源，理论蕴藏量6.9亿kW，年发电量可达6万亿kW·h；技术可开发装机容量5.4亿kW，年发电量2.47万亿kW·h；经济可开发装机容量约4亿kW，年发电量1.75万亿kW·h。如果按重复使用100年计算，经济可开发水能资源量约为600亿t标准煤，占我国常规能源资源剩余可开采总量的40%，是仅次于煤炭资源的我国第二大能源资源。我国水能资源相对集中在长江、金沙江、雅砻江、大渡河、乌江、红水河、黄河、怒江等大江大河干流，可开发装机容量约占全国可开发量的60%。这些河流大都为高山峡谷，有利于建成大型水电基地。

经过多年努力，我国水电建设取得了很大的成绩，水电装机容量持续增长，2007年底全国水电装机容量达到1.45亿kW，占全国发电装机总容量20%，年发电量4867亿kW·h，占全国发电量15%。

目前，除三峡工程外，龙滩、小湾、瀑布沟、拉西瓦、溪洛渡等一批大型水电站正在建设中；特别是通过长期工程建设，我国已形成完整水电设计、施工、设备制造和运行管理体制，具备了独立设计、施工和管理任何规模水电站的能力。

虽然近年来我国水电开发进程明显加快，但是总体来说，我国水能资源利用率比较低，开发利用潜力很大，继续加强水电建设和管理工作，合理开发利用水能资源是保障我国能源供应的重要措施。

二、我国水电建设面临的问题

进入新世纪，水电发展在突破技术和资金约束之后，迎来了前所未有的发展机遇。但是，随着环保意识和法律意识的提高，水电建设也面临着很多新问题。

一是移民安置问题。水电建设不可避免会产生移民问题。做好移民安置工作，是确保水电顺利建设的条件，在有的时候甚至是决定性因素。在计划经济时期，普遍存在着重工程、轻移民的倾向，水利水电建设留下了不少移民问题，移民搬迁之后，生产生活条件长期得不到改善，随着政策和社会环境变化，移民问题不断出现。虽然新建水电站移民补偿标准不断提高，但是由于移民对安置的预期值也在增加，移民安置工作难度反而增加，移民问题已经成为制约水电建设的重要制约因素。

二是生态环境问题。由于水电建设必然要截断河流，用水存库，会淹没一些生物资源，会改变一些水生生物生存环境，不可避免会改变局部地区生态环境。评价水电建设对生态环境的影响，不同人有不同的认识。支持水电建设的人认为，水电建设有利于生态环境保护，因为水库可以形成水面，增加湿地，改善周围生物的生存条件。反对水电建设的人认为，水电建设淹没了陆生生物，改变了生物生存环境，是在破坏生态。但无论如何这对水电建设提出了更高的要求，这就是如何处理好水电建设与生态环境的问题。

三是社会舆论问题。20世纪末，国际上曾经出现过否定大型水电开发倾向。经过世界各国专家反复调查研究和争论，特别是全球减排温室气体新形势之下，2002年的国际可持续发展高层会议，一致通过了支持在发展中国家开发水电的行动计划。2004年10月，“北京水电与可持续发展国际会议”强调，水电是重要可再生能源，在实现可持续发展当中具有重要作用。但是，由于种种原因，国内外反对水电建设的舆论仍很强大，给社会上一些人认识水电造成负面

影响。如何做好舆论宣传工作，营造良好的社会环境，是新形势之下水电建设一项重要任务。

三、贯彻落实科学发展观，促进水电又好又快发展

国民经济和社会发展“十一五”规划纲要提出了在保护生态基础上，有序开发水电的要求。为实现水电又好又快发展，应该认真做好以下几个方面工作：

（一）进一步提高认识，高度重视水电开发，转变水电发展理念

水能资源是我国重要能源资源。开发利用好水能资源是增加能源供给、调整能源结构、保障能源安全、减排温室气体、保护生态环境、应对气候变化、实现可持续发展的重要措施。优先发展水电，是我国能源发展的重要方针。

“可再生能源中长期发展规划”明确提出到2020年建成3亿kW装机容量的目标，因此，水电建设的任务仍十分艰巨，各有关部门和单位要统一认识，高度重视和积极推进我国水电建设。根据水电建设面临新形势和新要求，水电开发必须以科学发展观为指导，切实转变发展理念，从单纯工程水电转变生态水电，从纯粹技术工程转变到社会工程，更加重视移民利益和生态环境保护，把水电开发与水资源综合利用、生态工程建设和地区经济发展有机结合起来，促进区域经济社会可持续发展。

针对目前一些地区水电开发从干流到支流，再到支流的支流遍地开花的现象，水利水电规划设计总院、中国水力发电工程学会要认真调查和总结水电建设，特别是小水电建设存在的问题，提出水电合理有序开发的意见。

从保护生态和维系河流健康生命角度，对于一些支流上对增加能源供给作用不大的中小水电开发，除电网无法延伸的地区需要建设必要小水电以满足当地用电的外，今后要严格控制。对于大江大河干流，除现有已规划的项目外，原则上不再调整规划新增水电站，也不应调整各类保护区以实现个别梯级电站开发。

（二）要切实加强移民工作，使水电建设和移民利益更好结合

移民工作是水电建设工作重中之重，移民稳则建设顺，移民富则水电兴。近年来，国家相继出台新的移民条例和后期扶持政策，为做好水电建设移民工作，解决移民遗留问题创造条件。但从目前情况来看，新老移民问题仍然比较突出，各有关方面应该高度重视移民工作，重点做好以下几方面工作。

（1）充分利用好现有移民后期扶持政策，因地制宜，多渠道解决移民遗留问题，确保移民生活水平不断提高和保持库区稳定。

（2）加强新建电站移民前期工作。移民相关工作要与主体工程同步开展，工作深度不低于主体工程要求，切实落实好国家有关移民政策。对于移民人数较多的水电站，可以考虑提前搬迁一部分移民，为电站建设创造条件。

（3）加强移民研究。在现有移民政策框架之下，根据各库区实际情况创新移民工作思路，切实解决好移民问题，实现移民的长治久安。

（三）高度重视环境保护工作，促进人与自然协调发展

实践证明，已建水电站在促进生态建设方面，发挥了重要作用，但也有部分地方存在不顾生态环境、无序开发、过度开发的问题，特别是过去为了节约投资建设引水式水电站，造成部分河段长期脱水，河床裸露。为更好地做好水电建设的环保工作，促进人与自然和谐发展，要根据各个流域环境承载力、水电开发现状和开发潜力，结合全国主题功能区规划，开展水电重点开发、优化开发、限制开发和禁止开发河流区划工作。完善水电环境保护的技术规范，建立健全环境友好水电的评价指标体系，严格水电项目的环境评价制度，加强水电站环境保护措施的落实和监管。考虑引水式发电环境影响问题，今后要严格控制引水式电站建设。

（四）要客观公正做好水电宣传，为水电发展创造良好外部环境

最近有一些报刊刊登一些文章，对水电建设当中存在的问题提出批评，有些批评还很尖锐。我们应该欢迎媒体对水电进行宣传和报道，包括善意的和实事求是的批评，以便公众全面客观地了解水电开发和开发带来的利益。请有关部门和单位更好地接受监督，进一步做好水电开发工作。

水电建设要切实加强舆论宣传，既要宣传水电基本知识，又要宣传水电最新进展和发展趋势；既要宣传水电建设成就和对环境有益方面，也要客观报道水电建设当中存在的问题和不足，形成促进水电和谐、有序发展的良好氛围。

当前我国正处于全面建设小康社会的重要战略机遇期，水电开发迎来了前所未有的发展机遇，但也面临着新的问题和挑战。我们要认真学习和贯彻落实党的十七大精神，以科学发展观统领各项工作，正确认识水电发展面临的新问题、新形势，切实转变水电发展观念，创新水电开发模式，提高水电开发质量，实现水电的有序开发，为改善我国能源结构、促进节能减排、保障能源安全和国民经济发展发挥更大作用。

（摘自中国电力报“中国水电发展论坛”特刊）

千方百计加快开发利用水电（摘要）

中国工程院、中国科学院院士　潘家铮

根据我国水力资源复查成果，我国水力资源理论蕴藏量、技术可开发量、经济可开发量都居世界第一，具有举世无双的优势条件，而水电又是可再生能源，属绿色能源，但我国目前开发利用程度还不高，今后应该千方百计加快开发利用水电。

一、水电开发“利”是主要的

我国水力资源理论蕴藏量虽然巨大，但水能资源利用也有不利的地方，即变幅很大，包括一年之内的变幅、洪枯之间的变幅以及多年的变幅都很大。在开发水能的时候，既要看到得天独厚的一面，又要看到不利的一面。一方面，要建设一些必要的、有调节能力的大水电站，特别是龙头水库；另一方面，又要建设强大的电网，把水电消纳在强大的电网内，通过电网统一调配，使每座水电站、火电、核电站和其他电站都能优化配置运行。

从我国国情出发，哪一种能源都不能独挑“大梁”。虽然我国煤炭资源丰富，但毕竟是有限的，且火力发电环保压力大；可再生能源将来会占较大比重，但短期内难以形成规模；核电发展也有一定限制。因此，一定要将多种能源综合配置、优化配置。

我国电力分布格局非常显著：北方煤电，西南水电，沿海一带为核电及一定数量的油电、气电和风电。要解决这种不均衡问题，就必须在强大的电网统一调度下进行资源的优化配置，再加上“遍地开花”的分散性能源，就能比较理想地解决中国的电力问题，也有利于国家开发西南丰富的水电资源。

当然，任何开发都是有利有弊的，水电开发的“利”，也包括环保的“利”，是主要的、第一位的。我认为有些同志一味批评水电，甚至提出把坝都拆掉，是非常片面的说法，不符合国家的最高利益。另一方面，我们对开发水电产生的移民、环保等某些副作用应给予最大的关注，尽可能把这些问题解决好。我相信，只要认真处理，我们是能够实现多赢的。

二、正确认识水电开发对生态环境的影响

任何能源的开发利用都会或多或少影响生态环境，这一点不能否认，但同时也要辩证地看待问题，不要以偏概全。对于水电，同样也应该是这样的态度，其对生态环境的影响，既有负面的，也有正面的。既有对自然环境的影响，也有对社会环境（移民）的影响。我想分几个方面来阐述。

第一、淹没问题。建设水电站特别是大水电站，总是要淹没一些耕地，迁移一些居民。中国的耕地非常宝贵，在开发水电的时候，要千方百计减少耕地损失。比如水位不必那么高的，就不要定得那么高；可以分级开发的，就不要弄个大水库。但也要看到，水电建设往往对下游的农业生产起到非常好的作用，可以促进稳产、高产、增产。下游的许多荒地、荒滩，本来是不能利用的，因为水库把洪水控制住了，可以开发成良田。在许多水电站开发的过程中，同时也造就了很多耕地。所以它在淹没的同时，对农业、对耕地也有好的一面。

第二、水资源的问题。目前我国水资源存在两大问题：短缺和污染。现在很多人将其归咎于水电开发，我认为是很不公平的。水库建成后，水位抬高，为地方创造了引水的条件。地方多用水了，是地方发展、库区经济振兴的需求，由此减少了下游水资源的数量，这跟水电开发是没有关系的。关于污染问题也是一样。水从水轮机里通过，根本没有受到任何污染。问题在于，几千年来，人们都把江河当成天然的下水道，污水脏水直接排向江河。水库修成后，水深了，流速慢了，污染物不容易稀释，会富集，污染问题就这么形成了。水污染的问题不在于建不建水电，关键在于必须要治污，不能再把天然的河道当成天然的下水道。另外，科学地调度水库运行，也可以有助于解决库水污染问题。

第三、会引发某些灾害，包括地质灾害、滑坡、卫生问题、气候问题，淹没自然景观、文物古迹……水电开发对这些方面都会或多或少造成影响。有些是正面的，比如气候，一个水库建成后，局部地区雨量增加，气温下降。又如地震，建设水库，施加压力，产生小震，使地震能量早点释放出来，不让它产生破坏性大地震。也有负面影响，比如淹没文物古迹等问题，但对多数水电工程来说，这些负面影响是有限的，还不至于否定水电开发。

第四、河流的生态问题，包括泥沙淤积和物种尤其是珍稀物种保护问题。关于泥沙淤积，在多沙河流上开发水电、建设水库要特别慎重，应该采取多种措施减少进库泥沙，延长水库寿命。比如在上游搞水土保持，尽可能利用洪水时间冲沙排沙。各方面采取措施减少泥沙淤积，减轻对下游的冲刷。如果泥沙问题严重，而又未找到解决措施，那就暂缓开发。

关于物种的问题，特别是珍稀物种保护，我想这是水电最直接影响的一个因素。陆地的物种还好办一些，无非是一些珍稀植物，可以迁移。水里的物种，

比如鱼类，有些有洄游习性，大坝切断了河流，就可能导致物种消失或者影响生态。这里面要分清楚，有些是比较常规的物种，如一般的鱼类，我们可以补偿；真正非常珍稀的物种，就应该采取特殊的人工哺育办法，把物种保护下来。

三、妥善处理移民问题

移民问题是水电开发面临的重要问题，也是关键问题。以后制约水电开发的主要因素恐怕还是移民问题。单纯的一次性补偿是无法彻底解决问题的。因为无论给多少钱，总有用完的时候，而且一次性补偿的标准提得太高，又有很多副作用。

开始建水电站的时候，要把移民迁移的费用打足，尽量把移民、城镇、工矿企业迁移出来，使其生产生活条件要比过去好。同时，要利用水电开发带来的效益，对移民进行长期扶持，对库区经济发展长期扶持。不一定是给钱，主要是创造条件。比如说，对年轻移民进行培训，因地制宜开发新的经济增长点，开发一些新的企业，把移民吸收过去。一家人如果有一个人能找到稳定工作，问题基本就解决了。对于一些鳏寡孤独、老弱病残的人，就应该负责到底，用社会保险等各种手段给予赡养。

对于移民，千万不要老是后靠安置，可以把他们成建制地迁出来，想办法安排好。另外，中国水电大部分都在西南地区，虽然移民数量相对较少，但存在少数民族和宗教问题，也不容忽视。一个几百万千瓦的水电站，移民大概几万人，只要真正想把移民工作做好，是没有问题的。

水电开发得好，是一本万利的，但怎么更好地分配开发利益，是个问题。水电资源是国家的，不是哪个地区和部门的，但是开发水电因为牵涉到征地、移民，影响到当地的种种条件，所以应尽可能照顾到当地的利益。无论是税收也好，帮助当地经济发展也好，都应该有个正确的政策。过去有个说法，富了电厂，穷了库区；富了下游，穷了上游，这不对。这方面应该详细地研究，使水电开发效益能够公平地分配，不仅仅是双赢，而是多赢。

四、进一步提高水电开发水平

经过修建那么多的大水电站，我国水电技术已经进入国际先进领域，但还不能讲达到了世界领先水平，我们在创新、效率、管理等方面尚有差距。

我们的工程师很善于按照规程规范来做事情，很善于复制人家的设计，但原创性的东西比较少，比如水工方面的碾压混凝土坝、钢筋混凝土面板堆石坝等技术，都是外国人先搞出来的。希望我们以后有更多的原创性突破。

随着水电的快速发展，确实有一些具体的技术问题比较棘手，比如，特别长的隧洞的开挖、特别高的大坝的抗震等问题。因为我国许多大坝都修在西南，地处强震区，抗震、消能都成为技术难题。还有些坝址条件特别差，大坝建在深厚的覆盖层上，由此带来了地基处理问题。设备制造水平仍较低，部分施工机械设备、抽水蓄能设备还需进口。我希望今后这些问题能够有所突破。

培养和加强工程师的创新意识，第一要解放思想。中国工程师不要受太多规程规范的约束，即使表面看来是确定不疑的事，你都可以怀疑。第二要有科学的态度，随便去冒险、拿工程做试验是绝对不行的。要把创新精神和科学态度很好地结合起来。第三要不排斥引进。不是任何东西都要自己首创，要大力引进人家好的东西，但绝不能照抄照搬，要在了解消化的基础上加以集成、改进和提高。永远照抄照搬，就会永远跟在人家后面。

水电科技创新跟其他行业比起来有一定困难，因为水电是修水坝、建水库、修电厂，需要非常高的安全性。对此，第一要思想明确。水电技术是不断进步、不断变化的，所以绝不能思想落后。要以爱护的态度对待新生事物，不要看到新生的东西就百般挑剔。第二要做艰苦细致的科研工作，为新生事物提供强大的技术支撑。第三要分情况区别对待和处理。如果某些技术的机制机理都搞得很清楚，不会产生严重的后果，就可以在工程上大胆使用。有些尚不明晰的，则可以先在小的工程上试验，没有问题后，再拿到中型工程上使用，最后拿到大的工程上使用。如果采取这种方法的话，我认为水电的科技创新还是大有可为的。

五、进一步加大政策支持力度

到2020年，我国全面建成小康社会，估计每人需要1kW电力装机容量，总计会到10多亿kW电力装机容量。按我国国情，燃煤电厂将占绝大部分，但引起的资源危机、污染危机将非常严重。

减少燃煤产生的污染，特别是碳排放量，已成为国际共识和各国不可回避的义务，这对一次能源以煤为主的我国来说，形成头号压力。除了厉行节能减排外，尽量开发清洁的再可生能源是唯一出路。而在目前条件下，只有水电是可以大规模开发利用的可再生能源。尽管我国的风电、太阳能和核能都将大力开发，但受多种条件制约，在一定时期内总量有限。只有水电的开发利用弹性较大，能替代相当部分燃煤。

现在，我国的水电装机容量为世界第一，水电开发的速度和力度更是世界第一。但我个人感觉水电并没有获得什么特别的优惠政策支持，甚至有些地方对水电开发还是不利的。比如过去的税收政策，最明显的是《可再生能源法》把大水电排除在外，经过水电界据理力争，虽然承认大水电是可再生能源，但仍把大水电作为另类。我觉得这不大合适，应该明确水电，尤其是大水电是可再生能源。西方国家规定发电企业开发电源，必须有一定份额的可再生能源，我们希望中国也有这样的规定。

我们希望国家能够对水电采取更积极、更促进的政策。到 2020 年，在我国电力装机中，水电占 25%，核电、风电等占 25%，撑起半壁江山，让煤电只占到一半，这是我的希望。大家共同努力，应该能达到这样的目标。

（摘自中国电力报“中国水电发展论坛”特刊）

建设能源生态体系 形成能源生态文明（摘要）

国家能源领导小组办公室副主任、
国家能源专家咨询委员会主任 徐锭明

当前的水电发展存在很多问题，要下决心整改，否则我们提出的绿色能源、节能减排等构想将无法实现。

如果我们只是单纯地就水电谈水电，很多问题谈不清楚，也看不明白，必须从全局的角度来看待，即从能源生态体系的建立来看水电开发的问题。这个原则在任何能源开发问题上都适用。

2008 年的能源工作，主要是学习党的十七大精神，全面落实科学发展观，站在新的历史起点上谋划能源发展，建设能源生态体系，促进能源生态文明建设。党的十七大关于能源工作的基本要求，总结起来就是六句话：加快发展能源产业，建立科学合理的资源利用体系，提高能源资源利用效率，发展清洁和可再生能源，提升可再生能源比例，积极开展国际能源、资源合作。在 2007 年 9 月 8 日 APEC 第 15 次领导人非正式会议上，胡锦涛总书记提到了四个碳的概念，即要发展低碳经济，发展低碳能源技术，增加碳汇，促进碳吸收技术的发展。我认为，党的十七大提出的六句话加上胡总书记说的这四个“碳”，就是中国未来能源的发展方向。

一、重视生态文明

我们搞能源的人必须了解生态学，明白什么叫生态规律、生态文明。一个很有名的英国历史学家写了一本著名的书，研究人和自然的关系，他讲到了三个文明。我们党在十六大纳入了物质文明、精神文明、政治文明这三个文明的概念，到党的十七大时，又增加了生态文明这个概念。从现实来看，生态文明是前三个文明的基础。历史上很多文明的衰亡都是由于人和自然的不和谐发展造成的，所以，我们一定要在这个范围之内发展。这个范围是什么？就是一个地球的概念。一个地球是我们现在所有发展行为的最根本界限。

70 年前，印度独立的时候，有人问圣雄甘地：“印度会走英国工业模式吗？”在甘地看来，英国实现繁荣消耗了近半个地球的资源，印度要发展，需要多少个地球的能源呢？当时这个问题无法解答，不过，今天可以回答。按照当前世界平均能源消耗水平，需要 2 个地球来支撑；按照美国的水平，需要 9 个地球；按照澳大利亚的标准，需要 7 个地球；按照英国、德国的要求需要 4 个地球；按照世界发达国家平均水平则需要 6 个地球。

20 世纪 90 年代，加拿大生态学家创立了生态足迹的概念，进一步阐述了一个地球的理念。生态足迹是指为了维持某个地区人口现有生活水平所需要的一定面积生产土地和水域。即一个人、一个城市、一个国家或者全人类需要多少具备生物生产能力的土地和水域来生产所需的资源和吸纳所衍生的废物。

2004 年，全世界算过一本关于生态足迹的账——《2004 年地球生态报告》。这个报告告诉我们，全球平均的生态水平达 2.2hm^2。根据这个水平，如果按照美国人生活方式，需要 5 个地球的资源来支撑。而我们有几个地球呢？答案很明显。

现在世界提倡一个地球的生活，其实就是能源安全的概念。能源安全背后的最根本保证就是一个地球。人类的任何形式的发展要求都要以此为前提，超过这个底线，人类就无法生存。

我们要开奥运会了，现在讲的是绿色奥运、人文奥运、科技奥运。什么是绿色奥运？什么是绿色理念？什么是低碳经济？如果我们不理解这些概念，就无法彻底执行。这些都是能源工作者需要研究和理解的。搞能源的人要主动学习气候变化常识，积极应对地球变化，努力保护人类家园，建设人类宜居体系。

保护环境节约资源，这是我们的基本国策。三大国策的基本目的是可持续发展，人和自然相和谐。中央为什么提科学发展观？因为这是我们的经济发展的方向。

未来能源发展方向是清洁、高效、多元、持续。将这个概念拆分开就是五个方面：因人制宜，各尽其用；因需制宜，各得其所；因地制宜，多元开发；因时制宜，梯级利用；和而不同，美美与共。这些说起来容易，但是我们做不到，具体执行过程中存在太多的问题。

两次能源革命结束了，第三次能源革命又要开始了，这是能源发展规律。从高碳到低碳希望走向无碳，从低效到高效，从不清洁到清洁。我认为，能源发展地从分散到集中，今后是集中加分散，不是越大越好。2008年初南方的冰雪灾害告诉我们，一定要发展分布式能源，要尊重能源发展规律。

二、重视能源安全

水、电、油、气、路、通信是现代生活的基本设施，同时也是现代社会的生命线。现代的人类社会是高风险社会，随着经济全球化和高科技的不断运用，风险越来越高。纽约的“8·14”大停电就是个例子，20万人受影响。如果这种情况发生在我们中国怎么办？上海高楼那么多，一旦停电，电梯里要困住多少人？地铁要困住多少人？所以我提出个全面安全、整体安全、综合安全、立体安全的概念。一年前，一位外国同行和我讲，中国电网和现有管网要配套。这个问题我们没有研究，外国人帮我们研究了。我们在干些什么？电网只研究电网，天气预报只研究天气预报，这样不行，要有整体能源、整体安全、综合安全的概念。

安全问题是长期问题。现在的社会是高风险社会，各种突发事件都有可能发生。要应付这些突发事件，关键是将非常态管理置于常态管理之中。这点很难做到，我们只是把这些理念挂在墙上，并没有去落实。古人云：止之于未萌，绝之于未形。防备灾害，要做到这点。

我个人认为，水电开发很重要，要能确保2020年建成3亿kW装机。要从绿色能源抓起，不但要考虑脱硫、脱硝，还要考虑CCS。科技必须领先，要往前走，要研究，不研究的话在世界能源工业中我们会走在后面，在世界发展道路当中我们没有发言权。

希望大家能谨记胡总书记的四句话：发展低碳经济，发展低碳能源技术，增加碳汇，研究和发展碳吸收技术。

（摘自中国电力报“中国水电发展论坛”特刊）

引领水电持续发展（摘要）

国家能源局可再生能源和农电处处长
史立山

如何进一步加快我国水电事业发展，我认为，当前主要从以下四个方面进一步做好水电建设和管理工作：

第一，充分认识水力资源对我国社会和经济发展的重要作用。水力资源是我国重要的能源资源，在我国能源结构中占有举足轻重的作用。继续加强水电建设和管理工作，合理开发利用我国丰富的水能资源，是保障我国能源供应的一个重要措施。特别是在目前减排温室气体、应对气候变化的情况下，做好水电建设的意义就显得更加突出。所有水电工作者一定要更加地坚定信心，更加努力地把水电建设的各项工作做得更好。

第二，对水电建设面临的新形势应有充分认识。和火电能够通过超临界机组再利用从而提高发电效率不同，水电作为技术最成熟的发电技术，经过一百多年的发展，其本身的效率提高空间和发电效率技术提高的空间已经比较有限。在跨越了技术的制约和资金制约之后，不论是我国水电还是世界水电，都已经进入一个环境制约的新的发展阶段。

大家都知道，制约水电事业发展的因素主要有两个方面，一是硬性的生产技术方面的制约，另一个就是软性的环境因素方面的制约。技术制约应该说是生产力层面上的制约，环境方面则是生产关系的制约。解决环境的制约，可能比解决技术的制约难度更大。对于水电发展进入新的阶段和面临的新的形势有一个充分的认识，是我们做好水电建设工作的一个重要基础，也是我们解决两个制约问题的力量和决心所在。

第三，进一步完善水电建设管理的制度，建设环境友好型水电。过去，由于环境和认识不到位，有些水电建设没有充分考虑保护生态环境，造成了一些生态影响。要认真总结在过去水电建设中的一些经验和教训，尽快建立绿色水电的认证的体系，区分出什么是环境友好型的水电。有关科研单位应当建立相关评价中心，把中国水电和环境更好结合的机制能够建立起来，从而推动中国水电真正走向环境友好型的轨道上来。

第四，充分认识发展水电事业对于节约能源和改善能源结构的重要意义。能源对于现在的人类来说是不可或缺的一个重要支撑，无论是从过去还是到现在，能源都是人类发展的最重要的基础。130年前，人类还主要是依靠生物质能源支持自身的发展，经过100多年的变化，我们现在已经从过去的以可再生能源就是生物质能为主转到现在的以化石能源为主的这样一个时代。从能源资源的储量来看，我们正面临着能源短缺的危机。按照现在的资源量和使用量来看，石油大概还可以使用40多年，煤炭可以使用140多年，天然气可以使用60多年。虽然能源资源还在不断地开采出来，我们利用能源的效率也会不断地提高，但是从现在的技术来看，能源特别是化石能源，都会有消耗殆尽的一天。从这个意义来说，开发好利用好可再生能源资源，对于保障人类的可持续发展、对于解决能源问题是非常重要的。而目前具备大规模开发条件的可再生能源就是水电。这几年来，在国家大力推动和积极扶持下，我国风电事业的发展已经取得了很大进步，每年可以投产300多万千瓦，但是即便如此，在可再生能源中的作用和比例也远远不能和水电相提并论。从当前来看，解决我们能源问题还是要从煤的运用，提高煤的效率入手；而从可再生能源来说，就是尽一切力量把水电开发利用好。

（摘自中国电力报“中国水电发展论坛”特刊）

能源紧缺呼唤水电开发（摘要）

中国工程院院士、中国水利水电科学研究院水资源所所长 王 浩

一、社会发展迫切需要可再生能源利用

从1978年改革开放到今天，我国能源增长相当迅速，但主要是依靠一次性能源。能源的消耗和GDP增长之间的比例始终降不下来，不是用有限的能源生产越来越多的东西，而是越多生产东西消耗一次性能源，特别是含碳量大的能源。我国煤炭储量居世界第三位，石油是第十位，天然气是第十五位，一次性常规能源总量虽然尚算丰富，但由于人口众多，人均能源占有比较少。我国煤炭人均占有量是世界人均水平的55%，石油11%，天然气更少，只有4%。我国水能资源比较丰富，占世界第一位。即便如此，我国人均水能占有量和世界平均水平也有差距，是世界人均水能的67%左右。能源短缺使我国的能源形势面临以下挑战：

一是从2003年开始，刚刚消失没几年的缺电现象又卷土重来。电力不足的问题没有根本的消除，随之而来的还有燃油短缺、石油价格飙升等问题，国内外能源资源的价格近年来大幅度上扬。

二是整个能源结构仍然存在比较不合理现象。含碳能源在整个能源比例当中很大，从而带来一些生态环境和社会问题：煤炭开采造成一些事故，煤炭燃烧后排放大量有毒有害气体已经影响经济可持续发展和人民身体健康等。

三是能源污染。现在世界上许多地方都在搞核电，核电废水排放成为了全世界面临的大问题。而煤炭、石油和天然气的开采也存在一定环境污染，相比较而言，水能的优越性应该说是很大的。

二、水能资源分布和开采情况

我国水能资源比较丰富，理论蕴藏量、技术可开发量和经济可开发量均处于世界首位，但水能资源的时空分布不均匀，需要通过“西电东送”和修建水库进行调节。我国水能资源比较集中地分布在大江大河上，便于建立水电基地，实行战略性集中开发。

截至2007年底，我国水电装机容量是1.45亿kW，占技术可装机总量的28%，年发电总量4800亿kW·h，约占全国发电量的16%。这个水平在节能减排大形势下是严重不足的，因此，对水电的开发利用力度还是要进一步加大。从开发潜力来看，到2020年我国电力总装机容量将达到11.5亿kW，届时水电装机容量比2007年增加2亿kW，达到3.5亿kW。按照发达国加70%的水电开发程度计算，我国水电最终可开发容量约有3.8亿kW，那么从目前开发和经济开发量之间开发潜力来说，还有2.35亿kW。开发潜力较大区域是西南的云、贵、川、藏、渝，当然黄河上游龙羊峡以上还有一些空间。

三、水能资源开发的利与弊

水能资源开发的“利”主要表现在以下几个方面：

一是发电直接经济效益。2007年我国水电的发电总量4800亿kW·h，直接经济效益是1776亿元。在目前这个水电很低的价格水平下，我国水能资源技术可开发量经济价值按照宏观经济方法进行计算的话，可以达到9千亿元。

二是节省的资源效益。从1978～2007年，全国水电累计发电量占到5.5亿kW·h，相当于19.17亿t标准煤的发电量。若按2000年现状运行100年，能够节约煤炭资源将近300亿t。

三是环境效应。和煤电相比，水电减少二氧化碳、二氧化硫，减少碳化物，减少煤渣排放效果非常明显。

四是社会效应。可以减少煤炭开采的时候死亡人数，避免土地塌陷，节约煤炭生产当中所耗费的水资源。

五是利用我国水资源时空分布高度地不均匀的特点产生效益。空间上不均匀可以通过龙头水库调节，时间不均匀可以一面发电，一面防洪，一面供水，从而获得防洪、供水、航运、旅游景观这些综合效应。

当然，水资源开发也存在弊端。首先是在生态环境方面有局部负面影响，比如施工的弃渣、弃土，施工造成水土流失，另外河道形成水库以后，流速减缓，水动力条件改变，有时候水环境容量有所下降等。其次是水电由于受水资源天然周期性的峰谷变化影响，有时候影响电力系统供电可靠性。最后是移民的问题。这是开发水利水电工程所存在的老问题，但相信随着国家相关法

律法规和补偿政策的不断完善，这个问题一定会最终得到解决。因此，总的来说，开发利用水资源存在弊端，但是其利远大于弊。

四、对水能开发一些建议

(1) 要加快水资源开发速度。按照科学发展的理念通过科学合理综合规划，先进的施工手段，高标准的生态环境保护，妥善的移民政策以及严格的质量保证进行水能资源开发。要把专业的水能开发规划和综合的水资源的规划紧密地结合起来，做到有序开发。

(2) 切实做好流域综合规划。坚持水电开发服从流域综合规划，协调流域开发目标与河段开发目标之间的关系，明确水电开发的利益分配和水资源保护的义务。

(3) 协调好水电开发经济目标和生态目标关系，实行生态补偿机制。既不能单纯追求经济效益，也不能单纯地搞环保主义，而是要在以人为本的前提之下，追求区域和流域的经济效益和生态效益之和的最大化。

(4) 正确妥善处理好移民和少数民族的区域发展问题。一方面要在水资源项目的开发中加强对移民、少数民族地区发展问题的考虑，照顾少数民族地区的发展。另一方面要增加对移民费用的投入，施行开发性、支持性移民政策，比如办学校，真正提高移民素质。

(5) 提高水电上网的价格，加大能源政策里面对水电倾斜的力度。我个人认为，现在国家对水电的支持力度还是不够的。比如说同样是清洁能源，风能、太阳能这些新能源国家现在定的电价大约是 0.55 元/(kW·h) 左右，但是对水电却是只有 0.22 元/(kW·h) 左右，国家能否像支持新能源一样支持水电呢？水电也是清洁能源，也属于国家优先鼓励发展的产业，能促进西南地区的经济发展，能促进整个节能减排事业，同时还能促进移民真正安定。希望国家在水电方面的能源政策能有所改善，提高水电的上网价格。

(6) 充分重视水电开发带来的环境效益，协调好环境效益和经济效益之间的关系。

(7) 加大科技投入，搞好流域综合调度。一个流域的综合优化调度发挥的效益至少能比各自为政的发电效率大 10%。比如长江，它既有发电调度，又有防洪、供水、泥沙、生态调度，要把这些调度综合起来，发挥一加一大于二的总体系统效应。再过 20 年，电站建设就差不多了，调度运行问题，越来越突出了。综合调度当中，有很多问题值得研究，有很多问题有待解决。

(摘自中国电力报“中国水电发展论坛”特刊)

水电发展应加快步伐（摘要）

中国水利水电科学研究院副院长、
国际大坝委员会副主席 贾金生

近年，随着石油的涨价以及火电发展问题的不断出现，水电开发在我们周边国家以及在南美、非洲越来越受到关注。目前，马来西亚对于加快水电建设需求很大，往往是边设计边施工；越南的水电发展速度也非常快，当前的水电装机容量达到了 400 多万 kW，并计划在 2020 年以前达到 1900 万 kW。与此同时，俄罗斯、印度、土耳其、伊朗等许多国家也都加快了水电建设。

从国际国内发展动态来看，中国需要加快水电发展步伐。我国过去 20 多年水电建设，取得了建设周期短、质量好、投资小、效益比较好的成就；未来水电行业应该从更高的层次谋求发展，在国际上形成影响力。

一、应加快建设大坝和水库

中国水电资源和开发量在国际上排在前列，但水库的库容非常有限，最大水库的库容为 393 亿 m^3，与国际相比有很大距离。据美国大坝委员会讲，美国的水库总库容达到 136 700 亿 m^3，水资源量调节能力巨大。为什么他们库容这么大？值得认真研究。

全世界水库大坝数量，共有 51 000 多座。其中超过 15m 的大坝有 15 000 多座，中国是 1600 多座；30m 以上的，全世界大概是 12 800 座，中国约 1500 座。从在建的大坝情况来看，60m 以上的，全世界是 342 座，中国有 70 座，比较多的是中国、伊朗、日本、土耳其、西班牙。日本有很多在建的大坝，但并不是为了发电，而是为了防洪。因此，从国家发展需求和我们未来在防洪、保障供水安全等方面来看，水库建设的步伐还要加快。

国际大坝委员会专门列了一个“大坝与发展”的表，根据全世界各国发展情况，列出人均水库库容和发展参数关系。在这个表里，我国的排名比较靠后。这就是说，从人均库容来说，我国和发达国家相比差距很大。因此，我国仍然要加紧建设大坝，建设水库。

水电开发与环境保护并不是一对不可调和的矛盾，像巴西、挪威这两个国家的环境就非常优美，而巴西 90%的能源来自水电，挪威 99%的能源来自水电。所以，只要合理开发水电，是可以与自然环境实现和谐共处的。

二、水电技术为世界所借鉴

通过 20 多年的努力，中国水电工程技术在世界上很有影响。我国水电工程工期短、质量好、投资低、效益好，在国际上得到很大的认可。目前，周边的国家以及非洲一些国家，还有一些发达国家，包括加拿大等都提出希望与中国进行技术交流，而且很多国家在使用中国水电工程技术标准，如越南。

这些成就主要得益于：一是连续多年的科技攻关，包括“六五”、“七五”、“八五”攻关；二是技术上，我们在引进消化吸收的基础上进行再创新。

我国水电建设起步很晚，但进步很快。如 1985 年到现在，世界已建大坝总数量只有 270 座，中国就占了 160 座。从质量来看，高于 140m 以上的面板堆石坝，在南美、非洲都出现了质量问题，而我们最近建的一些高面板堆石坝，质量得到国际认可。三峡工程创造多个世界第一；二滩拱坝是世界第三；小浪底工程保障黄河不断流、泥沙淤积不提高、污染不超标，……这些工程取得了巨大成就，赢得了很好的声誉。龙滩工程在 2007 年国际会议上，获得国际里程碑工程奖，那是我国唯一代表性工程，也是国际代表性工程。

在大坝和水库参与区域水资源调配、区域水生态问题方面，我国也做了大量工作，取得了巨大成就。在生态保护、移民方面，我们也做得不错，虽然还需要进一步提高。

三、应关注的问题

在取得成绩的同时，我国在水电开发过程中也出现了一些问题，如有的河段因引水发电而干涸。水电界要联手把过去遗留的问题解决好，也完全可以解决好。展望未来，在水电发展方面，应主要关注以下几方面问题：

一是要加强新技术创新。我国水电技术已从以前的追赶进入现在的引领阶段，新技术创新力度必须加大。

二是要加快环境友好型水电监管技术标准体系建设。

三是要谋求进一步发展。如做好国际河流开发，参与国际水电市场竞争等。

四是要组织水电开发体系研究，包括技术攻关、科学管理、科普宣传和推广体系。

五是要开展大坝风险管理模式探讨。目前西方已经走在我们前列，我国也应该加快研究步伐。

（摘自中国电力报“中国水电发展论坛”特刊）

传播水利工程伦理
努力建设生态文明（摘要）

中国社会科学院研究员、
中国环境伦理学会理事长　余谋昌

胡锦涛同志在党的十七大报告中，把建设生态文明作为全面建设小康社会的奋斗目标。生态文明首次作为社会主义建设目标写入中央文件，它表明生态文明研究已经从理论走向实践。学习、领会和贯彻这一精神，将促进我国水利水电事业又好又快发展。

中国古代水利工程是工程水利、资源水利和生态水利统一的工程。“水利”是一种文化，它作为人类的生存手段之一，是为人类利益服务的，主要是通过建设水利工程设施，兴水之“利”，避水之“害”，实现人类的利益。它在古代就有了，例如，远古时代城邦的输水排水的管道工程。2000 多年前我国秦代都江堰和灵渠水利工程、公元 7 世纪隋代京杭大运河工程是我国古代水利工程的三个杰出代表，是古代工程水利、资源水利和生态水利统一的典范性工程。

虽然那时没有使用这样的名词，但是“天人合一”的哲学思想，人与自然和谐的思想，“兴利避害”的思想，在这些工程中起了重要作用。

都江堰、灵渠和京杭大运河三大水利工程，作为古代工程水利、资源水利和生态水利统一的典范工程，现在成为我国宝贵的自然文化遗产，至今仍具有重大的理论和实践意义。

水利工程伦理是现代社会后期提出的。依据经典哲学主客二分的理论模型，人与自然、思维与存在、价值与事实是分离和对立的。它在科学领域形成一种传统，科学精神与人文精神分离、科学与道德分离的传统。长期以来人们认为，科学涉及事实，道德涉及价值，两者分离和对立，科学家“为科学而科学”，没有提出科学道德的问题。

第二次世界大战，特别是原子弹爆炸，对人、社会和自然造成严重破坏，爱因斯坦等科学家意识到，科学和学者应当为此承担责任，从而提出“科学伦理”的问题。20 世纪中叶，环境污染、生态破坏和资源短缺成为威胁人类生存的全球性问题，在探讨环境问题的根源时，学术界提出科学技术的负面影响或负面作用的问题，认为科学技术的发展需要受人文精神的约束，需要受一定的伦理道德约束，以尽量避免它的负面作用。科学伦理学、环境伦理学和工程伦理学就是在这样的背景下产生的。

水利工程伦理是科学伦理学和工程伦理学的一部

分，又称为水利水电工程师伦理。它的主要特点是：水利水电工作者是它的道德主体和道德对象，主要道德目标是规范水利水电工作者的思想和行为，要求他们的思想和行为符合社会伦理标准、道德原则和规范。

世界全球化进程的发展使人们意识到，工程技术活动，特别是大型工程技术活动，不仅涉及工程技术人员和业者的利益，而且涉及全社会和全体人民的利益；不仅涉及现代人的利益，而且涉及子孙后代的利益；不仅涉及人和社会的利益，而且对自然环境产生巨大的影响，它影响自然生态系统，破坏森林植被，导致水土流失、环境污染和生物栖息地破坏，涉及生命和自然界的利益。这样，工程活动就不仅仅是工程和工程师的问题，它有许多复杂的利益关系。为了调整和协调这些利益关系，提出“工程生态伦理”概念，这是自然的。

“工程生态伦理”的产生，表示工程伦理从社会伦理扩展到生态伦理。1986年，美国《工程师环境伦理学》杂志创刊，表示了这种进展。

这种进展表现在水利水电工程领域，产生了水利工程生态伦理。水利工程生态伦理的主要特点是：道德主体、道德对象和道德共同体的扩大，从水利工程师和技术人员扩大到全社会和所有的人；从现代人扩展到子孙后代；从人和社会扩展到生命和自然界，并从而需要道德标准、道德原则和规范的扩大。

水利水电工程生态伦理才刚刚提出，期待它马上有一个完善的道德标准、道德原则和规范体系是不现实的。鉴于它在水利水电发展生态文明建设中的作用，加紧这一领域的研究和实践又是完全必要的。

我们提出如下看法：

公平原则。水利水电工程利益公正平等分配，社会公平和环境公平的原则。大型水利水电工程建设有重大的利益和风险，权利和义务关系，正确处理这种利益和风险，权利和义务的关系，实行利益和风险，权利和义务的公平分配原则，这是工程建设成功的关键。

责任承担原则。大型水利水电工程有巨大利益，又有重大风险。它的兴建必须符合国家、人民和环境的需要，必须对国家利益承担责任，对人民利益承担责任，对后代的利益承担责任，对生命和自然界的利益承担责任，这是对水利水电工作的最起码的道德要求。

安全保证与避免风险原则。保证安全和避免风险，这是水利水电建设及其设施运行的重要道德原则。水利水电工程决策、实施和管理安全第一，避免风险，这是重要的道德要求。

利益补偿原则。大型水利水电工程有巨大的利益，又有重要利益损害，利害关系错综复杂。工程决策，首先需要权衡利害得失，必须“利”大于“害”，“得”大于“失”；其次，工程建设及运行必须正确处理利害得失关系，用所“得”弥补所“失”，实施生态伦理补偿原则。

总之，这些问题在我们水利水电发展的研究和实践中也曾经受到过关注和讨论。按照科学发展观，落实中央关于生态文明建设的指示，为了生态文明观念在全社会牢固树立，水利水电工作实现工程水利、资源水利和生态水利的统一，并把它提到伦理道德的高度，以科学与道德统一、科学精神与人文精神统一的思想，提高我们水利水电工作的道德水平和道德素质，这是完全必要的。

（摘自中国电力报“中国水电发展论坛”特刊）

注重生态环境
大力发展水电（摘要）

中国水利水电建设集团公司总经理
范集湘

我国水电的开发进入一个历史过程，应该唯物地辩证地认识水电的发展，不能矫枉过正，也不能片面地极端夸大水电，而影响决策人的导向。举一个例子：马来西亚是一个比较发达的国家，我们集团公司跟当地一家最大的公司一起承建的一个电站，该电站位于一个原生态森林当中，坝高205m，装机8×30万kW，造价250亿美元左右，建设期5年。世界银行、世界环保组织、马来西亚环境保护组织多次到这个项目检查，但是他们评价是辩证的，更多的是建议尽量减少对这个热带原始森林影响，而不是提出不应该建。现在电站发电了，第二座电站也正在筹建。马来西亚的政治体制、经济体制与西方模式相近，但是其对水电的看法是辩证的，是全面的。从这个角度来说，我们觉得应该在坚持树立环境意识和生态意识的条件之下，积极地大力发展水电。我国在电源结构调整时，水电也不能少。

在新时期新阶段，面对新的发展观，我们的确需要解放思想、更新观念，用新的视觉看待现在的水电。这是一个不容质疑的问题。一个水电后发展阶段在中国已经出现。移民的问题、环保的制约、生态的制约，资源压力上涨，开发难度的增加，决定了水电开发的低成本时代已经成为历史。面对着未来的水电开发，我提出三点建议：

第一，水电项目可行性研究的评价、指标体系，应该立足于现实和面向未来进行系统性调整。为什么国外水电发展那么快？水电生命周期是40年，还本付息40年。美国有句行话，所有项目有现金流就可以做成证券。如果我国也有这个能力的话，我们水电开发的经济基础是多大？现在经济评价体系对水电的整个价值曲线、整个收益曲线，是什么样的？前15年，还本付息，后25年净收益。这一经济模型应该在新的时期做理性调整，否则缺乏经济基础。

第二，水电电价决定机制。环保、生态、移民要做到以人为本、和谐，需要一个经济基础。在所有的水电开发上，金融商，包括投资商最关心的一个问题是用什么方式消纳移民、环保、生态保护的成本增加，也就是电价问题。电价的决定机理应该包含新时期水电开发这方面所增加的成本。目前，火电和水电的价差，也有空间来应对由于生态环境引起的成本上涨。

第三，水电发展产业链上各个主体的经济社会责任，权利义务关系，应该通过法律、条例进一步理顺和明确，强化水电发展过程中各个主体的自律和他律。

第四，大力推动中国水电在施工、制造、运行方面的中国标准国际化。这个标准的推动，有利于国际业界和国际舆论界正确、理性地认识中国水电发展，认识中国水电业界的生态环境保护标准和能力。

中国水利水电建设集团公司的国际商标是“中国水电”。“中国水电”已经在国际上成为一个知名的行业品牌。目前世界上在建的有影响的水电水利项目，大多数是中国水利水电建设集团公司承建的，有116个项目。在承担水电建设的同时，中国水利水电建设集团公司自身也在投资水电项目。现在，在做前期的发电项目，大概有接近600万kW。我们是理性的，在注重环保生态前提下，要大力推动水电建设。

（摘自中国电力报“中国水电发展论坛”特刊）

和谐兴水利（摘要）

中国长江三峡工程开发总公司
副总经理　毕亚雄

水资源的开发利用是一个既古老又现代的话题，尤其考虑到我国人口、资源、环境等现实因素，充分开发利用水资源，改善能源结构是大势所趋。因此，如何最大限度地发挥水资源的积极因素，实现其保护生态环境、节约能源、抗灾减害的功效，达到可持续发展的目的和要求，是我们当前必须解决的问题。简单来说就是要处理好兴利减害与和谐发展的关系。

我们要充分认识水资源在生态环境和能源战略中的重要地位。《联合国世界水资源开发报告》指出：水资源的可适用性和承受力正越来越成为政治和经济关注的焦点。我国水资源总量为2.8万亿m^3，居世界第6位，但人均水资源仅为世界平均水平的1/4。全国600多个城市中有2/3供水不足，其中1/6的城市严重缺水。随着人口的增加，人均可利用资源必然更为紧缺。保证水资源的充足和安全，不仅是人们生活与生存的需要，更是全方位长期持续稳定发展的战略需要。保证生态环境用水和饮用水，以及产业、行业用水的压力与日俱增。

水资源与农业、工业、环境及能源有着高度的正相关性。水资源保护的目的和开发利用不仅包括对水能利用所产生的电能产品，其防洪、饮水、灌溉、航运、养殖、生态、旅游、替代能源减排等间接和隐性“产品”效益远远大于电力产品效益。特别是针对我国水资源总量大、人均少，而且分布不均、开发利用不足的现实，水资源利用更应该注重优化和高效。

充分利用水资源，可以节约能源，改善能源结构。我国大陆水电的理论蕴藏容量为6.944亿kW，其中，技术可开发容量为5.416亿kW，年发电量为2.474万亿kW·h，经济可开发容量为4.02亿kW，年发电量为1.735万亿kW·h，均列世界之冠。但截至2007年底，我国水电装机容量为1.45亿kW，仅占总容量的20.3%，占全国水电经济可开发和技术可开发总量的36%和26%，远低于工业发达国家开发水平。

兴修水利与综合开发利用，不仅关乎当地，对区域和流域影响也极其深远。我国的地理和人文特征决定了其社会经济发展文明与水文化息息相关。从大禹治水到李冰父子与都江堰，从新安江到葛洲坝和三峡等，都是人类不断认识自然、改造自然，最终实现人与自然相和谐的实践。拦河筑坝、堵疏结合，兴修水利是为了治水、利水，抵御自然灾害，而现代水利工程就更是综合开发利用水资源为人类造福。

这种造福体现在以下几个方面：首先水利水电枢纽的有序建设对流域生态环境的改善起到了积极作用，能够体现生态效益，增加湿地面积，形成“库区效应”，改善局部小气候；此外还可以通过自由调节下泄流量，保证下游水量平衡，减轻自然灾害造成的危害，减少环境污染。其次大型水利水电枢纽工程可以促进当地基础设施和公共环境条件的改善，实现社会效益，例如，在水电站施工期间和运行期间提供直接岗位就业的同时，也带动了电站工程所在地的商业、流通业、服务业的发展，间接增加许多就业岗位和机会，还可以使周边交通、通信、供电、供水等基础设施，以及当地居民卫生、绿化、文化、教育等公共环境条件得到极大改善。再次，大型水利水电枢纽的科学协调运行，可以发挥巨大的经济效益，利用水能提供电力电量，每年可节约大量矿产资源，可以带动和促进大型机电设备制造和装备产业链的整体快速发展，为沿江河地区的农业发展提供重要保证，还可拉动区域经济，带动旅游产业，促进结构调整。

我们开发利用水资源，还需要遵循可持续发展的方针。新中国成立以来，水资源开发利用和水利水电建设取得了巨大成就，积累了丰富的经验，同时也有不少教训。但总的来说，保护和改善的作用是主要的。水电对环境的负面影响可以通过控制而大规模减少，甚至消除。关键看开发利用水资源是否按照科学、全面和可持续发展的要求，充分论证，科学规划，统筹兼顾，和谐有序建设。

水利水电开发，尤其是大型水利水电建设和运用是一项跨区域、全流域性的系统工程，必须贯彻科学发展观和以人为本的思想，坚持可持续发展的道路，兼顾人与自然和谐、人与社会和谐、人与环境和谐。

水利水电在开发、建设和运用的过程中应当贯彻科学环保的理念。水利水电工程的建设体现了防洪、航运、发电、供水等综合功能效益，不仅要求规划设计的科学性，而且需要建设和运行的准确性。事实证明，除了规划、设计和建设的因素外，一些水利水电工程往往因为长期运行中缺乏科学性和合理性，或统筹协调不当，致使其功能发挥失常，甚至走向功能目标的反面。

水利水电开发的相关体制建设需要不断完善健全。多年来，我国从国家战略利益出发，大力实施退耕还林、植树造林，退田还湖、筑坝蓄水等政策，综合治理、开发利用，调蓄洪水、防害减灾，取得了巨大的成效。但是，随之而来的“退耕还林”、“筑坝蓄水”与土地承载能力之间的矛盾，以及移民搬迁与安置的长期稳定等问题已初步显现。需要我们不断完善相关体制建设，正确处理矛盾，解决问题，保持生态环境，促进社会发展。

（摘自中国电力报“中国水电发展论坛”特刊）

辩证看待水电建设中的环境问题（摘要）

中国水力发电工程学会副秘书长 张博庭

水利水电开发会造成一定程度的生态环境破坏，这是一个不容否认的客观现实。别的工程建设，比如修高速公路、开挖矿山，也都会对生态环境造成破坏。但是，人们为什么偏要强调水电开发的生态环境破坏呢？我认为主要是由于过去我们对水电开发的认识有些片面，大家只看到了水电开发的环境作用，而忽视了它也会有生态环境的不利影响。人们在看到这些问题后，当然需要特别提醒我们。对此，我们水电工作者应该予以充分的理解。

但是，我们也不难看到，现在社会上也产生了一些不适当的偏见，认为水电开发是对环境的巨大破坏。以至于一些科学素养不够高的同志，经常喜欢以盲目反对水电开发来显示自己的环保觉悟，甚至包括我们一些高级知识分子和部分行业内专家，也不免会在这方面迷失方向。为了消除人们的偏见，我认为有必要从以下三个方面来理清思路。

一、用“以人为本”的态度鉴别河流生态

如何实现人与自然中河流的和谐？我们认为考虑河流生态不能脱离以人为本的前提，否则，我们就无从谈起鉴别河流生态的好坏。例如，自由流淌的河流、任意泛滥的洪水在史前的远古时代和人烟稀少的无人区、生态保护区完全是应该提倡的，但是，对于现代人类活动密集的地区来说，完全就是一种灾难，一种极大的生态破坏。堤防、水坝就是人们在几千年的实践中摸索出来的抵御洪水、保护社会生态环境的具体措施。

所以，对于我们今天的社会，必要的水坝建设就是保护生态，而盲目地提倡让河流自由流淌、让洪水自由泛滥，绝不是什么生态保护，而是十足的生态保守、生态愚昧。大家可以亲自去看看，没有开发水电的怒江沿岸的原始状态和已经开发的新安江到底哪里的生态环境更好些？大家也可以去比比，水资源、水电开发程度极低的我国和得到充分开发的欧美发达国家，哪里的生态环境更好些？全世界发展的现实都证明了水资源、水电开发程度与生态环境成正比这样一个基本的事实。证实了在现代社会里人与河流的和谐，必须要通过人工控制河流的工程来实现。

然而，由于受到错误的人与河流和谐观念的影响，很多人至今还认为我国目前的很多河流生态环境问题，不是由于水利工程建设严重不足，而是开发过度引起来的。例如，最近有些人士担心未来长江上游61%的水资源开发会造成开发过度，错误地认为“流域水文循环和生态系统的维持需要自然的长江”。这种说法存在着明显的逻辑漏洞，难道我们建设了水坝，人造水库存储了61%的长江水量以后，长江流域的水文就会不循环了吗？生态系统就不能维持了吗？这道理又何在呢？如果大家有怀疑，可以去美国的科罗拉多河去看看，众多巨型水库足以存储科罗拉多河年径流量4倍的水资源。然而，几十年来不仅科罗拉多河的水文还是循环、生态系统照样维持，而

且，情况比我们很多开发不足的河流还要好得多。由于梯级水库储备了4倍于河流年径流量的水资源，科罗拉多河利用水库汛期大量地拦蓄洪水，不仅大大缓解了洪水对周围地区的威胁，而且可以通过一系列调水措施，为干旱少水的美国西部常年提供充足的水资源，从而使得美国西部成为移民崛起的新大陆。

无论是从理论还是从实践上看，合理的水利水电工程建设对于创造人与河流的和谐都是非常必要的。我们水电工作者应该在工作中不断提高自己的理论水平，用科学的理念和方法指导我们改造自然的活动，理直气壮地去开发建设我们的现代化国家。

二、水电开发有助于河流水资源调节

近年来，很多不赞同水电开发的误导宣传都把水电站说成是引发水资源问题的根源之一。一些人不能区分水资源开发与水资源应用的区别，认为水资源开发也不能超过河流年径流量的40%；有的甚至把水电站说成是吞噬水资源的恶魔。极个别水电站管理不善出现的暂时的断流、枯竭等现象被无限扩大化，好像水电开发一定会破坏河流水资源，影响河流的其他功能似的。事实上，情况正好相反，我们认为水电开发的最重要意义，恰恰在于通过对河流水资源的人工调节，增加水资源，保证发挥河流的生态环境等功能。

目前，很多人认为解决水少问题的重要办法就是节约水资源，解决水多问题的主要方式就是防洪。但是，如果我们注意到我国的水资源问题是水多和水少同时存在，我们就会发现解决这一矛盾最有效的方式是利用蓄水调水工程解决水资源的时空分布不均。因为，单纯地提倡节约用水，完全可能会在洪水期加大洪水的威胁；修堤坝行洪解决了洪水的威胁之后，在现代水资源普遍短缺的情况下，一定会造成枯水期水资源的严重短缺。因而，用水库蓄水调节水资源的时空分布矛盾，才是解决我国水资源问题的最重要措施。蓄水水库是大型水电建设的重要组成部分，因此，当前我国水电开发的最重要意义首先在于调节水资源的需要。

一些认为我国过去的水电开发规划只注意水能资源的应用最大化，而忽视了河流水资源其他功能的看法是极不准确的。例如，目前我国13大水电基地中怒江的水电开发条件名列前茅，但却是最晚进行水电开发规划的流域。其原因就是因为怒江的下游不在我国境内，水资源矛盾不是十分突出。而我国的三峡、小浪底等已经开发的大型水利水电工程，其最主要的目的恰恰是需要它们调节水资源。这充分说明我国过去的水电开发规划，也一直是把水资源的调节放在首位来考虑的。

目前很多社会上的宣传都认为水电开发会造成河流的断流、枯竭，这是一种极大的误解。水电开发的水库蓄水是为了调节控制水资源，从理论上说水仅仅被储蓄起来（水库新建成的初期蓄水例外），总量是不会减少的，除了让河水听从我们的调遣，根本就不会把水资源损失掉。个别水电站由于管理的不善出现的暂时的、局部的水量减少和断流，不能作为水电开发本身的缺点。水电开发之后上游地区水资源使用过量，更不能算成水电开发的罪状。水库蓄水只是为人们提供了一种管理控制河流水资源的手段，至于管理的效果如何还要取决于我们的管理者。

一些人过分强调水电开发淹没土地造成的生态损失，因此对我国长江上游的水电开发规划忧心忡忡，认为水资源开发程度超过了61%可能会带来严重的生态问题。实际上水电开发不过就是要把下游的自然湿地搬到上游，把过去被动的靠天吃饭，变成主动地靠水库吃饭，把不可控的水资源变成可控的水资源。只要我们的河流上游能够找到合适的位置，能把更多的水资源存储在上游又有什么不好呢？我觉得61%的比例不仅不算高，而且还有些偏低。即将修订的长江流域综合规划，应该根据我国社会对水资源需求的增长，加大长江上游的水资源开发程度，这样才能更有力地解决好我国的水资源矛盾。

现在一些偏激的环保人士反对在中国建设高坝大库，认为大型水库的淹没损失巨大。实际上他们不知道，中国当前很多严重的环境问题，很大程度上就是因为缺乏必要的龙头水库建设。龙头水库存储水资源的生态环境效益是非常显著的。例如，美国目前建有大小水坝8万多座，水库总库容是我国的很多倍。目前中国虽然水坝数量名义上比美国还多，但是水库总库容仅为六千多亿立方米。由于缺乏龙头水库的调节能力，我国的水资源时空分布不均的矛盾十分突出，社会生态环境遭到自然灾害的冲击极大。一方面洪涝灾害频发，另一方面又是干旱严重，水资源严重短缺、水污染严重。从本质上说，这些都是由于可控制的水资源总量不足造成的。解决这些问题的根本途径只能通过建立具有调蓄功能的龙头水库，增加可控制的水资源总量。

三、水电站的水库也具有重要的生态功能

水库本质上是人工构造出来的湿地，应该具有天然湿地一样重要的生态保护功能。我们现在的一些宣传，过分渲染水库形成初期的一些生态环境变化。事实上经过一段时间的适应，人工湿地完全可以和天然湿地一样发挥出生态环境保护作用。我国著名的高山湖泊木格措、仁宗海就是若干年前天然河流被阻挡之

后形成的高山湿地，谁又能说它会破坏了生态环境呢？所谓水电开发对生物多样性的冲击，事实上主要是水电开发后周围区域内的社会化、城市化、现代化对生物多样性造成的伤害。如果人造水库的周围没有人口居住的社会需求，其生态环境作用与那些天然的湖泊决不会有什么太大的差别。

水库对于水生物的影响也是有利有弊的，水库建成之后，由于部分水流动的减慢不利于一些激流中鱼类的生存，同时由于水坝的阻挡也会对洄游性鱼类产生不利的影响。但是，绝不像一些人渲染的那样，河流会完全变成一串不流动的湖泊。国外很多发达国家早就对河流进行了梯级开发，为什么也没见到一串不流动的湖泊呢？首先梯级水电站群绝不可能是所有的电站都是满库运行，而且即使满库以后河水也还必须要流动。其次，任何电站水轮机出水口的下方一定会形成一片激流浅滩的区域，可以为喜欢激流的鱼类提供生存空间。此外，因为水库蓄水后水环境容量的大幅度增加，也会有利于喜欢在静水中生存的鱼类数量大幅增长。

从整个地球来看，水库湿地和天然湿地一样具有地球之肾的重要生态功能。人类社会的现代化发展所造成的生态环境问题，往往都是湿地数量不断减少造成的。1998 年大洪水之后，我们还曾经为了恢复湿地和防洪采取了一系列的退耕还湖措施。如果我们能正确认识水库湿地的生态作用，并且有意识地把大量的水库湿地建在河流的上游，我们同样也可以增加湿地，同样也可以帮助解决防洪和生态问题。从全流域来看，大型水电建设难道不就是一种更有效的退耕还湖生态保护措施吗？

2006 年联合国《世界水资源报告》明确指出："水资源的管理、制度建设、基础设施建设均不足，地球淡水资源尽管分布不均，也还说得上充足。"很显然，报告明确地提出了目前世界严峻的水资源问题，是由于设施不足、管理不善造成的。其中所谓基础设施投入不足，应该就是指发展中国家还缺乏必要的水利基础设施建设。我国黄河上最重要的小浪底水库建成以后，为水利部加强全流域的统一管理提供了可能，通过统一调度就杜绝了断流的现象。我国长江等河流目前的开发程度还很低，根本就不具备统一调度的条件。只有加速我国长江上游一系列大型水电站开发，具有一定的水库蓄水量，我们才有可能实现我们国家水利部门对长江水资源统一的科学管理和生态调度。从这个意义上看，大型水电建设恰恰是我们当前一种重要的生态基础设施建设，非常需要得到全社会的理解和水利行政管理部门的大力支持。

（摘自中国电力报"中国水电发展论坛"特刊）

央 企 工 作

国家电网公司 2008 年工作概况

2008 年是国家电网公司（以下简称公司）成立以来困难最多、挑战最大、任务最艰巨的一年。年初，历史罕见的持续低温雨雪冰冻灾害，使受灾地区电网大面积损毁，公司遭受了巨大损失。5 月，汶川特大地震灾害使电网遭受重创，造成公司重大人员伤亡。这两次灾害破坏性强、影响范围广，抢险救灾环境恶劣，电网恢复重建极其艰难。迎峰度夏期间，电煤供应紧张，电厂缺煤停机严重，公司在全力保证安全有序供电的同时，又承担了时间长、范围广、规模大、要求高的奥运会保电任务。8 月，全国火电上网电价单边上调，电网电价矛盾进一步积累。进入四季度，国际金融危机快速蔓延，国内经济形势发生重大变化，公司经营发展受到严重影响，各种困难和不确定因素进一步增多。

面对前所未有的考验，我们坚决贯彻党中央、国务院的决策部署，以最短的时间恢复电力供应，以最快的速度抢救人民的生命财产，以最大的努力减少灾害损失，以最周密的部署确保奥运安全供电；面对复杂严峻的形势，我们深入落实科学发展观，坚持"三抓一创"的工作思路，坚持以"四化"工作推进"两个转变"，加快发展，强化管理，勇于创新，努力提高发展质量和经济效益，各方面都取得了显著成绩。2008 年，公司完成固定资产投资 2579 亿元，同比增长 14.2%，其中电网投资 2475 亿元，增长 15.9%；110（66）kV 及以上输电线路开工 6.3 万 km，投产 5.7 万 km；变电开工 2.9 亿 kVA，投产 2.7 亿 kVA。完成售电量 21 235 亿 kW·h，增长 7.5%；营业收入 11 556 亿元，增长 14.3%。受自然灾害、电价调整等因素影响，完成利润 96.6 亿元，下降 79.5%；利税 855.5 亿元，下降 25%。资产总额16 462 亿元，增长 18.6%；资产负债率 62.8%，比上年提高 2.64 个百分点；净资产收益率 0.68%，下降 6.18 个百分点。全员劳动生产率 29.6 万元/（人·年）。公司在2008年《财富》世界500强排名中名列第24位，比2007年上升了5位。

（一）全力抗击历史罕见的自然灾害，夺取了抗灾救灾斗争的全面胜利

面对突如其来的冰灾和震灾，公司反应迅速、行动果断、组织有力，充分发挥集团化优势和大电网优势，展开了规模空前的抗灾救灾斗争，为抢险救灾和恢复重建提供了电力保障，发挥了中央企业的骨干和表率作用。

抗冰抢险中，公司紧急调集3500多台发电设备支援灾区，保障了居民生活和重要用户供电；组织8000余人昼夜奋战，及时恢复了京广、京九等铁路大动脉的供电；迅速集结27万余人、调配57亿元的设备物资，投入电网抢修重建大会战，修复变电站884座、线路1.5万条、杆塔70万基。在国家有关部委、灾区各级党委政府、解放军、武警部队和社会各界的大力帮助下，仅用6个星期就完成了需要6个月时间的电网恢复重建任务。抗震救灾中，公司快速展开救援，累计救治员工和群众2081人、安置受灾员工和家属7000多人。全力以赴抢修抢建电网设施，及时恢复和重建变电站245座、线路3322条。跨地区组织电力支援灾区，统筹制定和实施灾后电网重建规划，保障灾区电力供应。积极开展对口支援，圆满完成了汶川等6个地方电网抢修恢复任务。四川公司等15家单位获得国资委授予的“抗震救灾先进集体”称号。

（二）圆满完成艰巨的奥运会保电任务，保证了电网安全度夏和电力有序供应

为服务奥运，公司投资109亿元完成了228项奥运配套电网工程，全面提高了涉奥城市的供电保障能力。奥运会期间，公司精心组织、周密部署，从各地调集3000多名骨干、250多辆抢修车和发电车支援北京，共投入17万余人开展保电工作，在武警公安和群众力量的支持下，建立了组织严密的防控体系。对重要输变电设施、电网调度机构、重要办公场所采取严格的安全措施；对比赛场馆和重要用户全面开展隐患整治；对信息系统实行内外网隔离；反复进行应急演练，全方位做好安全和保卫工作，在奥运会历史上创造了供电“零事故”的纪录，得到国际奥委会的高度评价。北京公司荣获中央授予的“北京奥运会残奥会先进集体”称号。

公司认真落实国务院关于“隐患治理年”的要求，深化“百问百查”，开展安全日活动和隐患排查治理专项行动，消除重大事故风险。适应大电网发展需要，优化调整了调度管理方式。加强应急能力建设，初步形成了以总部和网省公司应急指挥中心为核心，由物资储备管理中心、电网备用调度和应急队伍组成的应急体系。积极应对电煤紧张等不利影响，强化“六防措施”，严防“八类事故”，强化需求侧管理，确保了安全有序供电。全年未发生重大及以上安全事故，一般电网和设备事故同比分别下降14.8%和57.3%。

（三）特高压工程建设实现重大突破，国家电网发展取得新进展

从2006年通过国家核准，用2年零4个月时间，经过艰苦奋斗，攻克重重难关，我们建成了代表国际输变电技术最高水平的晋东南—南阳—荆门1000kV特高压交流试验示范工程，顺利完成系统调试和试运行，于2009年1月6日22时投入正式运行，标志着我国电网技术水平步入世界领先行列，这是我国乃至世界电力发展史上都具有里程碑意义；四川向家坝—上海奉贤±800kV特高压直流示范工程全线开工，6英寸晶闸管、换流变压器等重大技术和主设备研制全面突破；建立特高压企业标准72项，特高压技术标准体系基本形成；国际电工委员会和国际大电网组织将公司特高压交流电压标准推荐为国际标准，国际电工委员会成立了高压直流输电新技术委员会，并将秘书处设在国家电网公司。这些成就标志着我国在特高压领域实现了从理论到实践的跨越，标志着我国在远距离、大容量、低损耗的特高压核心技术和设备国产化上取得重大突破，对保障国家能源安全和电力可靠供应具有重要意义。

公司进一步加强电网规划，加大前期工作力度。国家电网总体规划深入开展，特高压电网规划、“十二五”电网规划、2030年电网规划以及大型煤电、水电、风电基地输电规划研究取得重要成果。各网省公司以电力为中心的能源中长期发展规划正在加紧进行。电网项目核准取得重要进展，锦屏—苏南直流等127项330kV及以上工程获得核准。

跨区跨省电网和省级主网建设继续加强。东北、华北电网实现直流联网。德宝、呼辽直流工程快速推进，宁东—山东±660kV直流和三沪二回直流工程开工建设。西北750kV主网架建设全面加快。完成提高电网输送能力工程356项，增加各级电网输送能力3410万kW。落实国家扩内需、保增长工作部署，投资120亿元用于第一批中西部城乡电网建设与改造。深入研究冰灾对电网的影响，实施新的电网建设标准，电网抵御自然灾害的能力明显增强。大力提高建设质量。三沪直流、河南南阳500kV变电站等9项工程获得国家优质工程奖，安徽500kV淮宿变电站获得中国建筑工程鲁班奖。

（四）积极应对严峻的经营形势，“四化”工作深入推进

公司继续加强资源优化配置和统一运作，重组整

合科研、通信、传媒、能源等直属单位，提高产业集中度和竞争力。加大东西帮扶力度，促进集团协调发展。扩大跨区跨省电力交易规模，国家电力市场完成交易电量2639亿kW·h，同比增长23.9%。

合理安排投资，优化投资方向，严格控制小型基建等非生产项目。加强资金集约管理，网省公司资金归集率达到98%，比年初提高8个百分点。扩大直接融资规模，通过发行电网建设专项债券、短期融资券等方式引入低成本资金，减少利息支出21亿元。管理费用和财务费用比计划压缩了5%，消耗性指标持续降低。扩大集中招标规模和范围，全年集中招标金额1879亿元，增长15%；组织集中采购金额191亿元。注重节能降耗，线损率同比降低0.2个百分点。

努力巩固和开拓用电市场，市场占有率达到90%，同比提高1.8个百分点。强化电费预警和回收，陈欠电费比年初下降68.5%，当年电费回收率达到99.97%。积极争取国家财税和电价政策支持。

全面推进资产全寿命周期管理，初步建立了有关组织体系和工作机制。标准化建设深入开展。基建“三通一标”管理体系基本建立，“两型一化”变电站全面推广，“两型三新”输电线路开始试点。人力资源管理标准化建设取得突破，劳动定员标准和生产技能人员34个职业种类的培训规范发布实施。以现场标准化作业为重点的生产标准化建设加快推进。计量装置通用设计全面推广应用。同业对标继续深化。

积极开展国际能源合作。公司于1月15日正式接管菲律宾国家电网，实施“走出去”战略实现了重大突破。与俄罗斯和蒙古等国电力合作积极推进。克服金融危机影响，加强金融企业经营管理，金融平台建设和股权重组整合进展顺利，英大财险开业营运，英大人寿签署了引进战略投资者协议。

（五）坚持依法从严治企，进一步加强企业规范管理

贯彻落实国资委等四部委《关于规范电力系统职工投资发电企业行为的意见》和国资委《关于规范国有企业职工持股、投资的意见》，稳妥推进主多分开。全面清退了各级领导干部在有关多经企业的股权和调度、交易、财务人员持有的发电企业股权，逐步规范了职工持股、投资行为。网省公司层面多经资产处置整合取得重要进展。深入开展主辅分离改革研究，积极提出改革建议。

积极配合审计署开展审计调查，主动查找薄弱环节，认真进行整改。规范清理社团组织工作取得阶段性成效，清理退出社团组织1458个，相关费用压缩了30%以上。加强出国管理，出国团组比计划减少了20%。重点加强《物权法》、《劳动合同法》和《反垄断法》等法律法规的学习贯彻，提高了依法治企水平。

（六）全面贯彻“一流四大”科技发展战略，自主创新取得丰硕成果

优化完善了公司科技发展规划。“四基地二中心”建设加快推进。特高压交流、直流、杆塔、西藏高海拔试验基地和国家电网仿真中心投入应用，基本建成，我国特高压试验研究能力步入世界领先行列。计量中心建设进展顺利。特高压交、直流试验基地成为国家工程实验室。公司成为国家首批“创新型企业”。

2008年，公司取得一批重大科技创新成果。在特高压交直流技术实现全面突破的同时，500kV融冰装置等防灾减灾科技攻关项目取得成功并投入应用；“三华”同步电网安全性深化研究、配电电压序列研究取得阶段性成果；灵活交流输电关键技术和应用获得国家科技进步一等奖。加强知识产权保护，申请专利2362项，获授权专利567项，同比分别增长245%和70%。大力推广新技术、新成果，同塔双回、紧凑型线路、大截面耐热导线、大容量变压器、钢管塔等得到广泛应用。

SG186一体化平台初步建成，八大业务应用进入全面推广阶段。信息安全管理得到重点加强。公司在中央企业信息化评比中被评为A级企业。

（七）拓展优质服务广度和深度，公司品牌价值和社会形象显著提升

落实国家宏观调控措施，深入推进节能减排。发电权交易取得明显成效，完成交易电量994亿kW·h，同比增长85.4%，节约标准煤914万t，减少二氧化碳、二氧化硫排放3300万t和26.6万t。稳步开展节能发电调度试点工作。大力推广蓄能、绿色照明等节能措施，节电54亿kW·h。

实施“新农村、新电力、新服务”战略，自2006年以来，累计解决了119万户、439万人的通电问题，改善了通电地区的生产生活条件。目前，公司供电区域除西藏外全部实现“户户通电”。加快新农村电气化建设，累计建成电气化县170个、电气化乡（镇）2019个、电气化村34 570个，促进了农村经济发展。

开展“金牌服务迎奥运”活动，全面做好奥运合作伙伴工作。推出奥运供电服务新举措，实现了奥运期间服务质量零投诉。开展业扩报装全过程监督和回访，加强信息公开，采取有力措施解决“三指定”问题。认真落实“三个十条”，服务规范化、专业化水平进一步提高。

积极履行社会责任。支持公益事业，首批百所国家电网希望小学全面竣工，第一阶段爱心助学、助老

项目基本完成。开展爱心捐赠，公司和广大员工、离退休老同志累计捐赠救灾款物超过4.4亿元，党员缴纳“特殊党费”1.05亿元。加强对外沟通交流，加大媒体宣传力度，公司的品牌价值和社会形象进一步提升。荣获改革开放30年中国品牌成就奖等荣誉，获得中国企业在《财富》全球社会责任百强企业的历史最好排名。

（八）坚持不懈加强党的建设和队伍建设，员工队伍素质进一步提高

认真学习贯彻党的十七大精神，开展“电网先锋党支部”创建活动，加强基层党组织和党员队伍建设。深入推进“四好”领导班子创建活动。开展“解放思想、科学发展”主题调研，增强了干部员工创新发展的主动性和紧迫感。加强反腐倡廉建设，贯彻国有企业领导人员廉洁从业“七项要求”，领导干部的拒腐防变意识进一步增强。

加大干部员工教育培训和实践锻炼力度。采取多种形式开展各级管理人员和青年干部培训。选拔47名青年干部到总部挂职锻炼。选派24名优秀干部赴西藏、新疆任（挂）职，为西部电力企业培养选送了100多名青年骨干。整合培训资源，国家电网技术学院正式成立，管理学院正在加紧筹建。加大优秀人才选拔培养力度，面向一线加强技能人才培训，人才结构得到优化。

公司民主管理进一步加强。认真落实职代会提案，开展职工代表巡视检查和调查研究，完成了全部127项提案和17条意见的处理和答复。大力加强诚信建设，开展“人人讲诚信”主题教育活动，企业文化建设不断加强。

回顾难忘的2008年，可以说是大事多、困难多、关口多、成绩大、感受深。面对一次次重大考验，在一个个关键时刻，公司党组坚决贯彻党中央、国务院的决策部署，公司广大干部员工始终坚持以党和人民利益为重，以国家电网的事业为重，发扬“努力超越、追求卓越”的企业精神，团结一心、众志成城、不畏艰险、挑战极限，以必胜的决心、钢铁般的意志和顽强的作风，战冰雪、抗震灾、保奥运，奋力迎峰度夏，应对金融危机，推动特高压发展，历尽千辛万苦，完成了公司一届三次职代会暨2008年工作会议确定的主要任务，在“两个转变”上取得了突破性进展，在建设“一强三优”现代公司的进程中迈出了关键的一步，为公司发展再上新台阶打下了坚实的基础。

通过一年来的实践，我们更加真切感受到，党中央、国务院的坚强领导，是我们正确把握前进方向、实现公司持续健康发展的根本保证。社会各方面的大力支持，是我们战胜各种困难的坚强后盾。我们更加深切体会到，只有建设坚强的国家电网，才能切实增强资源优化配置能力和抵御自然灾害的能力，为经济社会发展提供安全、可靠、经济的电力保障。我们更加深刻认识到，只有发挥集团优势，才能统一思想和行动，把全公司的力量凝聚起来，战胜各种困难和挑战，不断取得新成绩、实现新突破。我们非常自豪地看到，我们的干部员工队伍是一支特别负责任、特别能战斗、特别能吃苦、特别能奉献的队伍，大家用自己的艰苦努力和辛勤付出，诠释了电网员工的责任与忠诚，实践了“四个服务”的宗旨，塑造了国家电网的崭新形象。在这过程中，涌现出许许多多的先进集体和先进个人，他们的事迹感人至深、可歌可泣，是广大干部员工学习的楷模。

（摘自国家电网公司总经理刘振亚在公司2009年工作会议上的报告）

中国长江三峡工程开发总公司 2008年工作概况

（一）概况

2008年，中国长江三峡工程开发总公司（以下简称中国三峡总公司）深入贯彻落实科学发展观，精心组织工程建设和电力生产，全面实施企业发展战略规划，稳步推进整体改制和合并重组，积极应对自然灾害和金融危机的挑战，生产经营保持平稳较快发展。

全年实现主营业务收入210.17亿元，同比增长25.80%；完成发电量979.03亿kW·h（含风电），同比增长26.98%；实现利润总额114.70亿元，同比下降9.98%，主要原因是投资收益大幅减少，就电力主业经营利润而言，同比增长23.47%；按考核口径计算的净资产收益率11.55%；成本费用总额占主营业务收入比重56.15%。全面完成国资委下达的2008年业绩考核指标。

（二）三峡枢纽主体工程建设任务提前完成

2008年，三峡工程建设取得具有里程碑意义的重大进展。右岸电站机组全面投产；三峡工程具备175m蓄水条件并实现试验性蓄水目标；初步设计中的工程建设项目除升船机续建项目外提前一年全部完工，工程质量总体优良。右岸电站机组总体性能优于左岸电站机组，国产机组运行情况良好，能量特性和稳定性能等方面都达到国际同等水平，70万kW级大型水轮发电机全空冷技术达到国际先进水平，标志着机组国产化战略取得成功。在建工程项目建设进展顺利，右岸地下电站开挖完成，施工质量优良，混凝土浇筑与金属结构安装进入高峰；升船机船厢室段底

板混凝土浇筑完成，土建与部分设备安装合同签订。汛后试验性蓄水完成并积累初步经验，蓄水过程总体安全平稳，枢纽建筑物和机电设备经受高水头的考验，水库岸稳定好于预期，泥沙淤积对重庆港的影响较小，库区水质无明显类别变化，蓄水后库区地震频率增加，但震级都较小，对枢纽和库区没有危害性影响。

2008年，三峡工程完成投资107.37亿元。截至2008年12月底，三峡工程累计完成动态投资1483亿元，其中枢纽工程静态投资完成473亿元，占枢纽工程概算500.9亿元的94.43%；移民工程静态投资完成402亿元，占库区移民复核概算479.5亿元的84%；价差326.5亿元；贷款利息151.4亿元；库区移民概算外补偿费129.67亿元。预计到工程全部完工，静态投资可控制在国家批准的概算之内，动态投资可控制在初期预测的范围之中。

三峡水库试验性蓄水至172m水位后，防洪库容基本形成，三峡工程具备发挥正常防洪功能的条件，荆江河段的防洪标准由十年一遇提高到百年一遇。水位抬升改善川江的航运条件，长江航运事业发展迅猛。2008年，三峡船闸通过货物5370万t，翻坝转运货物1477万t，合计通过货物6847万t，再创历史新高。据统计，自2003年6月船闸通航以来，通过三峡坝区的货运总量累计达到2.8亿t，超过三峡工程蓄水前葛洲坝船闸通航22年过闸货运量的总和。在进入枯水期后，三峡工程实施补水调度，增加水库下泄流量，为长江中下游补水，满足葛洲坝下游通航条件，同时改善长江中下游供水。三峡工程的社会效益和生态效益日益显著。

（三）电力生产与经营超额完成年度目标

面对冰雪灾害、地震灾害、奥运保电等多重考验，长江电力股份有限公司积极采取应对措施，按照精益生产的理念，精心运行和调度，强化应急管理，确保电力供应。2008年，三峡和葛洲坝梯级电站发电978.6亿kW·h，完成年度计划的106%，其中，三峡电站发电808.1亿kW·h，葛洲坝电站发电170.5亿kW·h。通过水库优化调度，节水增发电量48.7亿kW·h，水能利用提高率为5.28%。

随着三峡右岸电站投产机组的增加和运行水位的抬高，电站运行管理的风险和难度加大。为确保电力安全生产，长江电力股份有限公司坚持以防范系统性事故为目标，积极推进本质安全型企业建设。强化设备值守和维护，加强对重点设备的在线监测与诊断运行；优化设备检修方式，提高设备检修的质量和效率；切实开展隐患排查和整治，及时消除设备缺陷。电力安全生产形势继续保持良好，实现零设备事故、零人身伤亡的目标，为三峡电站全面长期稳定运行奠定良好基础。

适应市场形势的变化，电力营销工作进一步加强。抓住国家提高上网电价的机遇，争取国家发展和改革委员会的支持，从2008年7月1日起，提高三峡上网电价0.8分/（kW·h），在一定程度上缓减电价差距。2007年四季度，电力供需形势急转而下，在用电量大幅下降的情况下，长江电力股份有限公司认真落实长期购售电合同，坚持“以水定电”的原则，完成全年的售电任务。针对用电企业经营困难欠费严重、电网企业电费资金回收压力增大的状况，千方百计加强电费催收，实现电费的足额及时回收。

（四）金沙江水电开发取得重大进展

在金沙江水电开发中，面对复杂的水电建设环境，全体建设者团结协作，克难攻坚，不但解决一系列工程技术方面的难题，还克服移民规划滞后、汶川大地震等诸多不利因素对工程建设的影响，妥善处理多起移民群众聚集事件，工程建设有序推进。

向家坝水电站建设围绕年内截流目标，抓紧不良地质体的处理，确保工程形象满足截流的设计条件；编制截流围堰移民特殊措施方案，积极稳妥地做好围堰移民搬迁；落实翻坝转运设施建设和断航经济补偿方案；全面履行安全鉴定、枢纽验收、移民验收、档案验收、环境保护专项检查等各项手续。2008年12月28日，向家坝水电站成功实现大江截流，标志着工程建设全面进入主体工程施工阶段。

溪洛渡水电站建设按计划全面推进，主要项目实现年度计划目标，大坝基础开挖基本完成，地下厂房将由土建向金属结构及机电安装转移，质量管理、安全管理、合同管理等各项管理工作逐步规范。

2008年8月，在北京签订溪洛渡和向家坝水电站26台水轮发电机组的招标采购合同，机电安装前期准备工作开始启动。

为加快推进水电开发项目前期工作，中国三峡总公司成立白鹤滩、小南海工程建设筹备组，重点就施工总布置规划等前期工作中的重大技术问题开展专题研究。乌东德、白鹤滩、小南海水电项目的前期工作有序展开。

（五）积极应对金融危机的挑战

金融危机发生后，中国三峡总公司认真贯彻国有资产监督和管理委员会（以下简称国资委）会议精神，冷静分析形势，每月进行一次预测，每季度召开一次财务分析会，及时采取综合应对措施，积极化解各种潜在风险。中国三峡总公司长期以来始终坚持差异化的发展战略和稳健的经营策略，生产经营没有受到大的影响，持续发展的基本态势没有改变。

一是科学合理安排投融资计划，增强抵御宏观经济周期波动和外部经济环境影响的能力。在三峡工程开工之初，就对三峡工程总体筹资方案进行策划，根据项目不同阶段的风险特性，规划、指导项目筹融资活动，始终保持安全、合理的资本结构，使资产负债率保持在较低水平；加强债务融资过程中的风险控制，在较低的利率水平下锁定部分债务融资成本，保持较合理的债务期限结构，提高公司长、短期偿债能力。二是坚持差异化的发展战略，注重发展的质量和效益，强调规模与效益同步增长。早在2004年的工作会议上，针对当时的外部环境和公司自身特点，中国三峡总公司提出，要与其他电力企业比较，但不能盲目攀比；要加快发展，但不能浮躁；要扩大规模，但不能不顾效益。三是高度重视风险管控，有效防范投资风险。严格控制对外投资和担保，不从事期货、金融衍生工具的投资，股票、基金、债券等财务性投资仅限定在一级市场申购、战略配售、定向增发等范围内。虽然2008年末持有的金融资产市值较2007年下降，但与投资成本相比，仍然有较好的盈利。

（六）企业重组和业务开拓取得重要成果

根据中国三峡总公司“十一五”发展战略，贯彻国资委《关于推进国有资本调整和国有企业重组指导意见》精神，初步完成与中国水利投资集团（以下简称国水投）的合并重组。国水投是国资委管理的国有大型水利投资企业，在风电开发和国际水电工程承包等业务方面初具规模，与中国三峡总公司业务可以形成很好的互补关系。中国三峡总公司与国水投在充分协商的基础上，就合并重组事宜达成高度共识，双方联合向国资委上报合并重组的请示。2008年12月，国资委报经国务院批准后正式批复中国三峡总公司与国水投合并重组实施方案。合并重组已进入实施阶段，国水投派出以领导班子、中层干部为主的三批学习考察团，赴三峡开展以“了解三峡、认同三峡、融入三峡”为主题的学习考察活动，增进双方之间的了解和共识。中国三峡总公司领导也到国水投就下一步发展问题进行座谈，对下一步合并重组的具体工作作出安排。中国三峡总公司与国水投的重组，满足双方战略发展的需要，可以实现优势互补，发挥协同效应，在风电、国际化经营等业务领域增强总公司的整体实力和竞争能力，同时必将加快国水投的发展步伐。

中国三峡总公司以长江电力为平台战略投资湖北能源，经过两年多的资产重组和运作，湖北能源整体改制为股份公司，初步按照上市公司要求建立较为健全的公司治理结构和基本管理制度，经济效益显著提升。能达电气公司与武汉事达电气公司进行战略重组，这是国有企业与民营企业的一次重组，是推进体制创新的积极探索。中国三峡总公司还组织编制专业化公司的发展规划，并结合整体上市对部分专业化公司的定位进行调整。

风电、煤化工和核电等新业务也取得新的进展。中国三峡总公司控股的慈溪5万kW风电场全部投产发电；江苏响水20万kW风电场开工建设；在江苏和浙江的海上测风工作取得初步成果，开展两个10万kW海上风电示范工程的预可行性研究工作；与上海电气签订风电设备研发与制造的战略合作框架协议。参与陕西煤业股份公司的发起，参股的第一个煤化工项目开工建设。参股投资的湖南桃花江核电项目已开始前期施工准备。

“走出去”战略实现突破性进展。中国三峡总公司与马来西亚沙捞越能源公司签订战略合作协议，由三峡发展公司全面负责沐若水电站的设计、采购和施工。这是中国三峡总公司凭借自身实力、品牌和技术优势在海外承包的第一个项目，对于积累海外项目经验、培养国际化的人才具有重要的意义。

（七）主营业务整体上市工作稳步推进

为做好三峡工程公益性资产运行管理的制度安排和政策衔接，逐步理顺中国三峡总公司水电业务产业链条，构造集团化的管控模式，经国资委、证监会同意，中国三峡总公司5月正式启动主营业务整体上市工作，8月上旬向国务院办公厅报送关于主营业务整体上市总体方案的请示。

长江电力股票停牌以来，受金融危机的影响，国际国内资本市场发生重大变化，中国三峡总公司及时组织力量对整体上市方案进行进一步深入研究，对原上报方案作适当的调整和优化。调整的主要思路为：调减本次整体上市注入上市公司资产规模，金沙江下游梯级电站建设项目暂不纳入本次交易资产范围，待条件成熟时再注入上市公司；调整交易对价支付结构，采用少股多债方式，以承债为主，大幅减少定向发行股票数量。调整后的方案与2003年长江电力上市时国务院批准的三峡机组注入上市公司的安排是一致的，较好地维护国有资本权益，保护中国三峡总公司的利益，也兼顾其他投资者的诉求。

中国三峡总公司就整体上市方案向国家相关部委作汇报并进行深入沟通。财政部在反馈意见中，原则同意比照长江电力改制上市的做法，利用三峡基金解决三峡公益性资产运行维护费用在成本中列支的问题。国资委充分肯定中国三峡总公司以2008年9月30日作为资产评估基准日的做法，并已将调整后的方案上报国务院办公厅。整体上市的其他各项工作正在抓紧推进。

（八）积极履行企业社会责任

中国三峡总公司高度重视履行企业社会责任，认真落实“四个一”的水电开发理念，全面做好水电开发中的生态环保、节能降耗、对口扶贫等工作，特别是在战胜特大自然灾害和支持举办北京奥运会中，发挥中央企业的骨干作用。汶川特大地震发生后，中国三峡总公司迅速作出反应，对三峡工程和金沙江在建工程进行全面安全检查，加强应急值班，全力做好三峡和葛洲坝梯级电站的电力供应工作；同时积极支援灾区抢险救灾和灾后重建，累计向地震灾区捐款4300万元。5月底，中国三峡总公司主动致函各扶贫县人民政府，并组织干部协助地方政府对中国三峡总公司出资援建的18所学校、幼儿园进行安全隐患排查和加固，所有费用由中国三峡总公司承担，受到地方政府和人民群众的赞誉。金沙江筹建处干部职工还深入地震灾区慰问受灾群众。受北京市国资公司委托，奥运项目部圆满完成“水立方”建设管理任务，受到北京奥组委等有关方面的表扬；全面加强奥运会期间三峡和葛洲坝枢纽的安全保卫工作，完成奥运圣火在三峡坝区的传递。

加强水电开发中的环境保护，积极开展生态与环境保护研究，在项目前期规划、工程施工和运行管理的各个阶段，全面落实环境保护措施。宜宾增殖放流站建成并首次实施长江上游珍稀鱼类放流，葛洲坝集团的中华鲟研究所正式移交中国三峡总公司，为大型水电开发中的水生生物保护提供重要技术支撑。加强与国际水电协会、大自然保护协会、世界自然基金会等国际行业组织、环保组织的合作和交流，成功举办“三峡工程与长江水资源开发利用及保护”国际研讨会，来自美国、俄罗斯、法国、巴西、德国、日本等18个国家的政府管理部门、流域管理机构、水电开发商、水电设备制造商、科研学术团体及相关国际组织的200多名国际水电精英参加会议，就水电可持续开发的理念及实践等进行交流，展示和宣传三峡工程建设成就，在国际水电界产生良好影响。

积极探索扶贫工作新思路和新方法，把扶贫工作与干部挂职锻炼结合起来，把扶贫工作与构建和谐坝区、和谐库区结合起来，把扶贫开发与移民致富结合起来，把扶贫开发与环境保护结合起来，从教育、卫生、饮水、基础设施建设等项目入手，认真做好扶贫项目的遴选，加强项目实施过程的跟踪和控制，促进受援地区的产业结构调整和经济社会发展。2008年12月，中国三峡总公司被国务院扶贫开发领导小组授予定点扶贫先进单位称号。

（九）固定资产投资完成情况

2008年，中国三峡总公司固定资产投资完成情况见表1。

表1 中国三峡总公司固定资产投资完成情况汇总表 万元

项　目	本年计划	本年完成	占年计划（%）	自开工累计完成
总投资	2 709 756	1 960 242.88	72.34	17 961 156.42
一、水电项目投资	2 597 610	1 884 238.42	72.54	17 860 946.09
1. 在建项目	2 478 610	1 827 860.63	73.75	17 741 389.36
三峡工程总投资	1 117 582	1 073 725.38	96.08	14 828 520.55
三峡地下电站工程	95 243	96 215.96	101.02	255 791.32
溪洛渡水电站项目	546 231	337 923.94	61.86	1 702 267.46
向家坝水电站项目	719 555	319 995.34	44.47	954 810.03
2. 筹建项目	118 999	56 377.79	47.38	119 556.73
乌东德水电站项目	33 132	18 098.10	54.62	39 860.47
白鹤滩水电站项目	51 400	33 860.23	65.88	65 389.07
天荒坪抽水蓄能电站	16 867	2835.00	16.81	4007.00
小南海工程	17 600	1584.46	9.00	10 300.19
二、风力发电工程	112 146	76 004.46	67.77	100 210.33
在建项目	112 146	76 004.46	67.77	100 210.33
慈溪风力风电	38 729	36 948.07	95.40	59 478.86
响水风力风电	73 417	39 056.39	53.20	40 731.47

（中国长江三峡工程开发总公司　乔仁贵）

中国水利水电建设集团公司2008年工作概况

2008年，中国水利水电建设集团公司（以下简称集团公司）面对国际金融危机不断蔓延的严峻形势，在遭受严重的特大地震灾害的情况下，坚决贯彻落实国资委的一系列工作部署，理性应对外部冲击、内在压力，一手抓抗震救灾，一手抓生产经营，负重自强，努力奋进，总体上保持了平稳发展的态势。

（一）生产经营平稳较快发展，经营业绩再上新台阶

营业收入稳步增长。实现营业收入 601.31 亿元，同比增长 19.3%。总资产达到 733.72 亿元，同比增长 44.93%。新签合同总额 965.8 亿元，同比增长 56.5%。累计合同存量 1455 亿元，其中国内存量 883 亿，国外存量 572 亿元。

经济效益相对提高。实现利润总额 16.1 亿元，在受到地震灾害损失影响的情况下基本与去年持平。营业收入利润率 2.67%。成本费用利润率 2.76%。净资产收益率 13.81%。国有资产保值增值率 127.91%。全员劳动生产率 48.21 万元/（人·年），同比增长 22.92%，在岗员工人均工资 33 481.08 元，同比增长 14.97%。

从上述经营数据可以看出，集团公司的收入结构、资产结构发生了很大变化。2008 年，由于产业结构的调整，使营业收入结构得到调整，发生了有利于抵御或者对冲金融危机风险的良好的变化。通过产业结构调整战略的实施，资产结构从单一的水电施工资产，发展成已有 25%的资产是可以产生比较稳定的未来收益的资产，集团公司的安全性、可持续性发展有了质的变化，集团公司已经成为主业相关多元的综合性的企业集团。但是，集团公司总的盈利水平低于中央建筑企业的盈利水平。

（二）经受特大地震灾害的重大考验，抗震救灾及灾后恢复重建取得阶段性成果

在“5·12”汶川特大地震中，集团公司遭受了重大人员生命和财产损失，是受灾严重的中央企业之一。震灾造成 144 人死亡，大量房屋倒塌、受损，近 13 000 人无家可归。集团公司在川子公司损失尤为严重，位于震区的在建项目工程受到不同程度的破坏和影响，经确认的地震专项资产损失达 13.7 亿元。

面对这场突如其来的特大地震灾难，集团公司积极组织，聚集团之力、全力以赴抗震救灾。集团领导亲赴一线指挥，不惜一切代价抢救生命，从垮塌楼房和废墟中抢救出 38 人。全集团发扬“一方有难、八方支援”的精神，累计向灾区捐款捐物达 5200 余万元。同时积极履行中央企业为国分忧、为民解难、为社会担责的社会责任，大力支援地方救灾，参与灾区的清墟救人、道路抢修、水库排险、医疗卫生防疫等各方面的抗震救灾工作。特别是在打通茂县至汶川等三条“生命通道”和保障紫坪铺、太平驿水电站大坝安全等抢险任务中，不怕牺牲，顽强拼搏，圆满完成任务，得到了温家宝总理、国务院国资委领导的充分肯定以及灾区地方政府和人民的赞誉。经过顽强奋战，集团公司的抗震救灾工作取得了重大胜利，被住房与城乡建设部授予“抗震救灾先进集体”荣誉称号，水电十局医院被中共中央、国务院、中央军委授予“全国抗震救灾英雄集体”荣誉称号。

按照党中央、国务院和国资委有关灾后恢复重建的重大部署，集团公司及时成立了恢复重建工作领导小组和工作机构，根据统筹规划、科学合理、分步实施的原则制定了灾后恢复重建方案。受灾子企业积极组织，狠抓落实，灾后恢复重建工作取得了阶段性成果。水电十局在都江堰灾区已完成四万多平方米的过渡性房屋建筑，共安置 4000 多户受灾职工，过渡区成为都江堰灾区的和谐示范小区。水电十局医院的重建工作在国资委的关心支持和中国建材集团公司的援建下已经顺利完成，于 11 月 12 日恢复营运。各受灾企业的生产经营得到较快恢复，生产经营已正常进行。

（三）积极应对国际金融危机，集团风险管控能力进一步提升

针对国际金融危机和国内外复杂多变的经济环境的影响，集团公司及时提出并大力实施“三控三强一确保”的综合性风险防控措施。即“严控资产负债率上升，严控规模超能力无效增长，严控现金流异常现象；强化集团风险管控，强化精益化项目管理，强化非水利水电基础设施项目承包业务的市场营销，努力勇抓机遇、扩展市场需求及发展空间；确保集团持续稳步发展。”

一是加强了对国际经营风险的系统性防范。集团公司成立了国际业务应对金融危机领导小组，启动了应急预案。认真排查国外项目风险源，制定相应的防范措施。加大资金集中力度，严防资金断链，规避外币贬值造成的汇率风险。调整国际经营策略和市场布局，做到有所为有所不为。二是加强了经营结构的战略性调整。在巩固水利水电建筑核心主业及行业领先地位的基础上，加大力度全方位开拓非水电基础设施承包市场，加快培育集团新的经济增长点，保证集团在高风险期转移固定成本、转移富余产能、对冲风险损失。三是加强了在建项目的精益化管理。把对在建项目的履约管理与项目的精益管理放在更加突出的位置，强化激励与约束机制，防控项目经营风险。四是加强了财务资金风险管控。将应收款项周转率、主营业务资金回收率作为子公司负责人业绩考核基本指标，加大考核力度，确保资金链安全。五是加强了投资管理。坚决不投资不符合主业方向、还本时间长、利润不高的项目，严控办公楼等非直接经营性资产的投资。加快在建的投资项目建设步伐，加强对已投产项目的管理，有效降低运行成本，提高投资收益。

（四）继续推进国际业务优先发展战略，国际经营取得显著成绩

强化国际经营战略管控，加强制度建设和支持体

系建设，国际经营战略引领作用进一步发挥。集团海外事业部/国际公司认真贯彻落实集团公司的国际业务发展战略，引领子公司做强做大国际业务，在充分发挥集团化的引领管控作用方面作出了重大贡献。国际项目执行能力有较大提升。

国际经营成绩显著，集团品牌影响力进一步增强，经济贡献率进一步提升。国际经营实现营业收入146.57亿元，约占集团公司总收入的24%。实现利润9.71亿元，占集团公司利润总额的60.31%。新中标合同额299.3亿元，约占总中标额的31%。目前，在42个国家有在建项目168个。集团公司在全球最大225家国际承包商中的排名升至50位，中国水利水电集团在国际上作为中国水电建设行业的一流品牌和行业代表的形象得到进一步彰显，对支持国家对外交往发挥了积极作用。

（五）水电施工行业主导地位进一步巩固，非水电建筑业务实现战略性重大突破

进一步巩固了水电建筑传统主业市场的龙头地位。各子公司积极开拓水电市场，实现了年度计划目标。国内水电建筑业营业收入327.81亿元，占总营业额的54.5%。国内水电工程新签合同额338.8亿元，占总签约额的35%。年实现水电装机容量1124.48万kW，再创历史新高，使集团公司承建的水电装机总容量突破1亿kW。集团公司获得了“电力行业首批AAA级信用企业”、“2008年度最具社会责任感企业”等荣誉称号。

工程承包业务结构战略调整成效显著。集团公司建筑业务的经营结构已初步呈现国内水电、国内非水电、国际业务“三足鼎立”的新格局，扩大了集团公司未来生存和可持续发展的空间。集团公司按照“大集团、大土木、大市场”的战略思路，坚定不移地推进非水电建筑主业发展战略，在战略导向、经营业绩考核、内部产业分工、管理模式转型上采取强势引领措施，领导推动子企业大力开拓铁路、公路等非水电主业市场。各子公司普遍成立了基础设施事业部，合理配置资源，充分发挥整体资源优势，聚集团公司合力，全力打造国内非水电建筑业务集团品牌。2008年，国内非水电建筑中标合同额达到327.7亿元，同比增长264.6%，占集团公司总签约额的34%。实现国内非水电收入126.93亿元，创历史新高。

铁路建筑市场开拓取得重大成果。年初中标了142.73亿元的举世瞩目的京沪高速铁路第三标，这在集团公司发展史上具有重大的历史性的里程碑意义。12月中标贵广铁路两个标段，中标额44.53亿元，在建铁路施工合同超过200亿元，迈出了集团公司持续拓展铁路建筑业务的可喜一步。京沪高速铁路项目部和各参建子企业面对京沪高铁技术标准高、工期紧、施工难度大、外部干扰多，挑战严峻的形势，虚心学习、求真务实，主动与铁路建设市场进行适应性、开放性、全面性的强力对接，全力打造“中国水电铁建”品牌，积极推行标准化管理，狠抓工程质量、安全环保、生产进度、推动了各项工作有序整体推进，超额完成了年度计划，质量、安全总体受控，得到了业主等相关方的认同。在2008年度铁路建设施工单位信用评价中，集团公司与全线9家铁路主力施工单位同场竞技排名第五，在铁路外单位中名列第一，为集团公司赢得良好的声誉。

在大力发展建筑承包业务的同时，投资开发与经营等其他业务也取得新进展。集团四川电力公司等能源投资企业，积极应对地震灾害和一度从紧的贷币政策的影响，创造条件，克服困难，努力推进投资项目的建设。电力投资在建项目总装机容量667万kW，权益装机容量402万kW，已完成和投产电力项目权益装机146万kW，全年实现发电销售收入11亿元，业绩良好。房地产新开工面积18.65万m^2，竣工面积11.2万m^2，“中国水电地产”品牌建设已进入正常发展阶段。武邵高速公路BOT项目及邛崃至名山高速公路BOT项目等按计划全面建设推进，邛名公路BOT项目受到四川省政府好评。港航业务依托天津滨海新区大开发契机，向国内国外港口航道、疏浚吹填业务拓展开局良好。租赁业务在发展中调整、创新、拓展，经营质量效益有新的提升。

（六）加强集团战略管控，企业经营管理能力进一步提升

进一步加强集团财务资金管控。从2008年开始全面执行《企业会计准则》，财务监控力明显增强，经营业绩考核、预算管理、产权管理、资产管理制度不断完善。强化资金集中管理，资金集约化管理效益更加显现。加强银企高端合作，共获得1217亿元的授信额度，启动了短期融资券和企业债券发行工作，为集团公司发展创造了较好的资金保障环境，确保了在转型期的资金安全。担保管控进一步规范，在营业收入、投融资规模均增加的情况下，资产负债率、担保规模得到有效控制。密切关注困难子公司资金状况，强化风险预警，与子公司共度时艰。

进一步加强市场营销等重大经营活动的管控。完善创新经营业绩考核体系，充分发挥经营业绩考核的导向和杠杆作用。加大力度选拔、引进、调整、交流企业领导人员和高端适用型人才，进一步规范了绩效考核和薪酬管理。加强企业法律风险防范工作，建立了集团公司总法律顾问制度，发布了法制工作三年规划，规范决策、合法经营的水平明显提升。

集团公司和子公司两级总部的管控能力进一步增强，较好地发挥了引领、服务、控制、评价、奖惩功

能，两级总部在集团改革发展中发挥了重要的领导作用。

（七）积极推进现代企业制度建设，“跨越工程”取得重要进展

集团公司及各子公司加强对“跨越工程”的组织领导，“跨越工程”办公室精心组织，协同集团各子公司和各中介机构全力以赴，规范、有序地按照节点工作目标积极推进各项工作，取得了富有成效的阶段性成果，为推进集团现代企业制度建设作出了突出贡献。

（八）加强安全生产管理，安全生产形势明显好转

认真贯彻落实党中央、国务院关于加强安全生产的精神和国家安全监管部门、国资委的工作部署和要求，以项目安全管理为重点，强化各级主要领导提高落实安全生产责任的履责意识和履职能力，着力推进安全生产责任制的健全完善和安全总监制的落实。与2007年相比，事故起数下降70%，较大以上事故下降33%，死亡人数下降58%。

（九）推进行业科技领先型企业的建设，科技兴企工作取得新成果

强化集团公司国家级企业技术中心的战略功能，集团公司科技创新体系作用得到进一步发挥，科技创新投入加大，科技创新能力进一步增强，取得了一批先进科技成果。有2项工程荣获“鲁班奖”，有3项工程荣获“土木工程詹天佑奖”，有3项工程荣获2008年度国家优质工程银质奖，集团公司获得了21项中国企业新纪录和4项中国企业纪录，有17项一级工法、25项二级工法荣获“国家级工法”称号，获得发明专利4项、实用新型专利22项，体现了集团公司科技创新、技术进步风貌。

（十）企业党的建设、精神文明建设和企业文化建设取得新成绩，为企业和谐稳定发展提供了有力支持和可靠保证

各级党委建立健全企业党组织发挥政治核心作用、参与企业重大问题决策、履行保证监督职能的机制，形成了在法人治理条件下，党组织发挥政治核心作用的程序、机制、规则。“四好”班子建设成效明显。切实加强基层党组织和党员队伍建设，党组织战斗堡垒作用和党员先锋模范作用进一步显现。全面推进党风廉政和反腐倡廉建设，加强惩防体系建设。各级工会组织在企业民主管理、维护职工合法权益、活跃职工文化生活等方面的作用进一步发挥。以“三创建”活动为内容的精神文明建设深入开展，为推进集团公司战略发展和促进和谐企业的构建创造了重要条件。

（摘自中国水利水电建设集团公司总经理范集湘在2009年工作会议上的报告）

中国水电工程顾问集团公司2008年工作概况

2008年在我国发展历史上是极不寻常、极不平凡的一年。在党中央、国务院的坚强领导下，通过全国人民的奋发努力，我国经受住了历史罕见的低温雨雪冰冻灾害、汶川特大地震等自然灾害的严峻考验，有效应对了世界金融危机，取得了成功举办举世瞩目的北京奥运会、圆满完成神舟七号载人航天飞行和国民经济继续保持平稳较快发展等举世瞩目的骄人成就。在这极不寻常、极不平凡的一年，中国水电工程顾问集团公司在国资委的正确领导和监事会的有效监督指导下，通过广大干部职工团结一心，沉着应对各种挑战，积极把握各种发展机遇，努力奋斗、扎实工作，在各方面都取得了新的成绩。

（一）克服困难扎实工作，生产经营保持了平稳较快发展

（1）新签合同和实现营业收入继续增长。全年共新签经营合同总额164.1亿元，比上年增长74%；实现经营收入77.4亿元，比上年增长26%。

（2）经营效益继续提高。全年共实现利润总额8亿元，比上年增长48%（大于收入增幅22个百分点），其中净利润6.7亿元，比上年增长60%。

（3）企业运行质量继续改进。到2008年底，资产总额突破百亿元达到112.9亿元、比上年增长27%，所有者权益20.1亿元、比上年增长50%。

（4）国际经营有了新的发展并取得实效。全年共新签国际经营合同35项、总额65亿元，比上年增加49.7亿元；实现营业收入8.2亿元，首次超过了全集团总营业收入的10%。

（5）投资业务继续稳步发展。全年共完成固定资产投资118 949万元，其中新开工项目41 353万元、续建项目77 596万元；全年实现投资收益4344万元，较上年增加16%。截至2008年底，控股或参股的已建成水电站权益容量约46万kW（较上年增加24万kW）；控股或参股的在建项电站权益容约166万kW（较上年增加80万kW）。控股水电站销售电量约11.85亿kW·h，按股比计实现销售收入约15 054万元，比上年均有大幅增加。

（二）较好完成了各项生产任务，保证了国家水电风电的发展需要

2008年，全国新投产水电发电装机容量2010万kW、风电发电装机容量600万kW，均是我国水电、风电发展历史上新投产容量最多的一年。同时，因为移民、环境和地震等问题，这一年又是近十年来国家

核准新开工建设水电项目最少的一年，除三峡地下厂房电站外，全年没有核准新开工一座百万千瓦以上的常规水电站。中国水电工程顾问集团公司各单位规划、勘测、设计、咨询、审查等业务面临了严峻考验。但是，通过共同努力，克服了时间紧、任务重、要求高、新问题不断出现、人力资源紧张等方面诸多的困难，科学组织、严格管理、精心设计、努力工作，从规划、勘测、设计、咨询、审查、监理、安全鉴定、验收等方面有效地保证了在建项目的顺利建设、前期项目论证的积极推进，从而保证了国家水电风电的发展需要。

(1) 根据国家风电发展战略的需要，克服了许多困难，完成了世界上我国独有的2个千万千瓦级风电能源基地规划、5个百万千瓦级风电能源基地规划，并通过了国家主管部门的审查批准、开始组织实施。同时，还在开展4个千万千瓦级风电能源基地规划、3个百万千瓦级风电能源基地规划的编制工作。

(2) 按计划完成了在建116项水电、10项抽水蓄能电站、57项风电场工程的年度勘测设计工作，为这些项目顺利建设、投产等提供了必需的保证；完成了28项水电、2项抽水蓄能电站、7项风电场工程的预可行性研究和13项水电、3项抽水蓄能电站、29项风电场工程的可行性研究；总体顺利地继续开展着54项水电、4项抽水蓄能电站、15项风电场工程的预可行性研究和69项水电、5项抽水蓄能电站、57项风电场工程的可行性研究。此外，还完成了审查265项、评估6项、安全鉴定17项、验收61项和大量的咨询工作，承担着工程监理148项、移民综合监理22项。

(3) 受国家有关部门的委托，完成了《"十一五"可再生能源发展规划》修编工作、《2008中国风电发展报告》编制工作和《水电建设促进地方经济社会发展政策研究》的研究工作，按计划开展《在保护生态基础上有序开发水电政策措施研究》、《藏东南水电能源基地开发战略规划研究》和《中国水电中长期(2030、2050)战略规划研究》等重大课题研究。

(4) 汶川特大地震发生后，根据国家有关部门的要求，组织大批工程技术人员，对震区构造活动情况进行分析，对震区流域和支流在建和已建水电项目技术参数进行研究，认真开展水电工程震损情况调查、抗震复核和防震抗震研究设计，完成了《关于水电工程抗震复核工作的报告》及《西南地区水电工程防震抗震研究课题规划》和《关于汶川地震灾区水电工程震损调查和工程抗震复核工作中间成果检查情况的报告》，为国家决策西南地区水电建设提供有力支持。

(5) 受国家有关部门的委托，进一步加强了水电、风电等可再生能源行业管理工作。根据国家发展改革委和国家能源局的要求，加强了水电工程的各类技术审查、建设项目的各阶段验收和相关的管理工作，组建了可再生能源（水电、风电、潮汐发电）定额站并很快推动了水电、风电、潮汐发电等可再生能源工程的定额和造价有效管理；经国家审计署同意，开始负责组织开展水电工程竣工决算审计和验收工作；受国家档案局委托，承担了水电工程档案验收工作。

（三）经受住了特大地震考验，为抗震救灾作出了重要贡献

2008年5月12日，四川汶川发生了8.0级特大地震。面对突如其来的特大地震灾害，中国水电工程顾问集团公司及各子公司牢记责任、沉着镇定、反应迅速、应对得当，认真贯彻落实党中央、国务院、国资委的部署，在奋力做好自救并取得很好成效的同时，不讲价钱、不惜代价，认真履行中央企业的社会责任，积极主动承担起震区水电工程和堰塞湖的安全评估和排险除险方案的研制工作。在第一时间组建了灾区第一支水电技术专家队伍奔赴现场开展工作，在第一时间提出了第一份岷江上游水电站安全评估报告和除险方案，在第一时间空降第一个专业技术人员到唐家山堰塞湖堰塞体，在第一时间提出了第一份唐家山堰塞湖除险技术方案报告，承担了大量的水电工程和堰塞湖的除险工作，灾后水电工程震损调查、恢复重建规划等工作，为抗震救灾和灾后恢复重建作出了重要贡献，受到国家发展改革委、水利部、国家电监会、国家能源局以及四川省各级政府的高度赞扬，先进单位和个人受到了国资委和国资委党委的表彰，成都勘测设计研究院郑声安同志被中共中央、国务院、中央军委授予"全国抗震救灾模范"称号。

（四）进一步加强内部管理，不断夯实企业持续发展基础

(1) 进一步加强财务和资金管理。为进一步完善和规范收入和成本的确认，制定了《中国水电工程顾问集团公司收入确认管理办法》；为满足水电顾问财务管理和监控的需要，制定了《中国水电工程顾问集团公司会计核算办法补充规定》。针对持续蔓延的金融危机，为了防范风险，召开专门会议，进行专题部署，加大资金催收力度，通过各子公司和总部的共同努力，确保了决算收入资金的全额到账，还增收了部分预收账款，增加了资金储备，同时还进一步加强了资金集中管理并取得了实效。

(2) 加强资质管理，保证经营基础。为了适应多元化经营发展的需要，不断加强资质细化管理，根据国家的有关要求，及时采取有效措施创造和提升有关条件和实力，以尽可能地获得国家有关顶级资质。继2007年组织完成了中南、西北勘测设计研究院综合

资质（甲级）的申报工作并获准后，2008年又组织完成了昆明、华东、成都勘测设计研究院设计综合资质（甲级）的申报工作并获准。

（3）质量管理取得新进展。组织召开了中国水电工程顾问集团公司质量工作会议，颁布了《中国水电工程顾问集团公司水电工程勘察设计报告质量评价办法（试行）》，进一步加强质量管理；完成了水电顾问工程四优奖的评审和推荐，共评选出优秀工程勘察奖8项，优秀工程设计奖15项，优秀计算机软件奖4项，并推荐申报国家级奖共20项；组织各子公司开展了“质量月”活动；完成了QC成果的评审和推荐，有2个QC小组获国家级优秀QC小组奖，4个QC小组获建设部优秀QC小组奖；12个QC小组被评为全国电力行业优秀QC小组。

（4）持续加强安全生产管理。按照国家有关要求，认真组织全面开展“安全生产隐患排查治理工作”，对排查出的隐患全部建档立案并采取措施进行治理，切实将隐患始终置于监控状态。为了切实加强安全生产事故应急预案的管理、不断提高应急预案的有效性，中国水电工程顾问集团公司制定实施了《2008年安全生产事故应急预案演练实施方案》，要求子公司有针对性地开展了安全生产事故应急预案演练，并组织各子公司进行观摩交流，取得了很好的效果。不断健全安全生产管理制度，进一步严格了责任事故处理，对“4.10”较大责任性人员伤亡事故、“4.10”重要物品失盗事件和因违反企业内部规定驾驶车辆发生人员伤亡事故及有关单位领导和责任人，按照“四不放过”的原则进行严肃处理。

（5）严格开展内部监督管理工作。中国水电工程顾问集团公司及各子公司进一步健全内部审计监督体系，不断改进审计监督方法、提高审计监督成果质量，切实加强审计监督意见的执行力度。根据集团生产经营的实际情况，不断加强效能监察，共选题立项24项，提出监察建议34条，节约资金117.95万元，挽回经济损失192.5万元。根据国资委的统一部署和要求，认真开展国有企业职工持股、投资情况的自查工作，子公司领导班子成员辞去了在除个别主辅分离改制企业外的其他非国有投资者投资的非国有企业所兼任的职务。

（6）稳步推进企业改革。根据国资委关于推进中央企业整体改制上市的要求，制定了有关工作计划和目标。2008年，根据工作计划，通过努力，平稳完成了非国有股的清退工作，基本解决了历史遗留的土地和房产变更登记及取证问题，完成了资产的清理及经营与非经营资产的界定工作；基本落实了改制的战略合作伙伴，组建有限公司和整体上市的方案也已重新上报国资委。由于受国际金融危机的影响，国内资本市场发生了很大的变化，国家有关部门对有关政策也做了重大调整，中国水电工程顾问集团公司及时审慎调整了在2008年初确定的年内完成整体上市工作的目标，下一步将根据国资委新的总体部署进行重新安排。上述工作一方面较好地解决了按照现在有关政策必须解决的问题，另一方面更是为再次推进整体改制上市打下很好的基础，同时也进一步地摸清了家底，有利今后的有关工作和决策。

（五）持续推进，科技创新取得新进展

（1）有20项新科技成果荣获省部级科技进步奖，22项（其中发明专利2项）专利获得授权。到2008年底，中国水电工程顾问集团公司拥有专利85项，其中：发明专利10项；累计获得软件著作权数量11项。

（2）不断完善科技管理制度，增加科技投入，促进科技进步和技术创新。组织评选出2007年度集团科技进步奖30项，其中：一等奖10项，二等奖10项、三等奖10项。推荐了《高拱坝建基岩体工程地质、岩体力学综合研究与成果应用》等11项成果参加中国电力科技进步奖的评选。“水电站过渡过程关键技术与工程实践”和“重大泄流结构耦合动力安全理论及工程应用”两个项目荣获国家科技进步二等奖。“西南地区水电工程高边坡稳定性和支护设计研究”等20个项目荣获省部级科技进步奖。

（3）根据行业技术标准制修订计划要求，在编技术标准42项，完成《中小型水电水利工程地质勘察规范》等12项标准审查和报批稿。此外，还完成5项技术标准英文版审查，颁布水电顾问企业技术标准2项。

（4）结合实际，采取不同措施，进一步加强技术人才队伍的建设，并取得了新的实效。昆明勘测设计研究院张宗亮同志被评选为全国勘测设计大师。

（中国水电工程顾问集团公司）

中国葛洲坝集团公司 2008年工作概况

2008年，中国葛洲坝集团公司（以下简称集团公司）经受住一系列难以预料、历史罕见的巨大压力和考验，实现新突破新发展。投标签约再次突破300亿元，继续保持了良好的发展势头；完成企业总产值185亿元，继续保持了快速增长态势；资产总额突破300亿元，企业经济实力进一步壮大；集团利润总额近9亿元，创历史最好水平；成功发行6年期分离交易可转债，募集资金13.9亿元，上市公司融资功能进一步增强；国际市场签约116亿元，完成产值33

亿元，实现利润超过2亿元，国际经营能力全面提升；完成投资75亿元，新的经济增长点进一步扩展；土石方挖填1.06亿m^3、混凝土浇筑1356万m^3、水电机组装机容量突破800万kW，主要建筑安装实物工程量均创历史最好水平；企业核心竞争力进一步增强。集团公司被确定为水电施工企业中唯一的国家创新型试点企业；独立承建的三峡三期碾压混凝土围堰工程施工与拆除获得2008年度国家科学技术进步二等奖；参建的贵州洪家渡水电站被评为“鲁班奖”；并再次整体荣获“全国五一劳动奖状”。

这些成绩，切实来之不易，非常难能可贵，葛洲坝人用智慧和汗水谱写了建设大强富集团伟大事业的新篇章。

（一）奋力开拓，建筑市场再创新业绩

2008年，集团公司突出重点市场领域，全力支持子分公司独立闯市场，积极探索投资开发、兼并重组等开发市场的新途径新方式，大力实施国际化战略，国际国内投标签约继续保持了良好的发展势头。

一是进一步巩固了水电领域的优势地位。全年水电领域签约104.9亿元，同比增长25%。中标向家坝水电站二期工程、三峡升船机主体工程等一批大型重点项目，彰显了集团公司在水电施工领域的雄厚实力。

二是非水电市场实现重大突破。中标的汉宜高速铁路第六合同段，总价达到21.79亿元。这是集团公司迄今在铁路领域签约的最大项目，是集团公司向铁路建筑市场迈出的最重要一步，为集团公司抢占铁路建筑市场份额，提供了平台，奠定了基础，具有里程碑意义。国际市场签约的赤道几内亚马拉博城市污水雨水管网和污水处理厂项目，合同金额33.27亿元，利比亚房建项目，合同金额58.44亿元，分别创造了公司在市政与房建领域签约额的新纪录。

三是子分公司全部超额完成了年度签约计划。全年子分公司累计签约162.3亿元，同比增长24.6%，其中自有资质签约60.3亿元。六公司、机船公司、五公司、机电公司、易普力公司等五家单位自有资质签约额均超过5亿元，其中机船公司、机电公司、易普力公司三家单位所有签约项目均为自有资质。基础公司、六公司两家单位人均签约额突破100万元。

（二）迎难而上，投资兴业再获新进展

2008年初，国家实施从紧货币政策对集团公司实施二次创业、加快转轨变型带来了巨大的压力和考验。集团公司从企业投资兴业的实际出发，召开了企业发展史上的首次投资工作会，适时确立了“控制规模、控制节奏”和“量入为出、有保有压”的对策，采取分门别类、区别对待的不同措施，有效防范了投资风险。

在高速公路板块，湖北大广北高速公路全线建成，即将进入收益期，四川内遂公路项目正积极筹备。在民爆板块，通过投资并购、技术创新，产能达到17.5万t，位居全国第二；炸药年产量首次突破10万t，混装炸药突破2.5万t，均创历史新高。在水泥板块，抓住国家等量淘汰落后水泥生产线的机遇，加快新型干法生产线建设，兴山、嘉鱼、宜城等项目先后开工，荆门子陵项目顺利投产，水泥板块总产能突破800万t。在房地产板块，宜昌“锦绣天下”一期楼盘如期竣工交房；武汉“葛洲坝国际广场”奠基，进入全面建设期；上海“葛洲坝大厦”顺利封顶。按照“投资换资源”战略，完成了葛洲坝新疆工程局（有限公司）组建工作；阿克牙孜河和克孜河流域开发工作稳步推进，争取水电、煤炭重要资源取得了积极进展。

（三）诚信守约，项目管理再创新局面

2008年，是集团公司项目履约任务最为繁重的一年，承包施工合同多达569个，金额近1000亿元，分布在国内28个省、市、自治区和国外16个国家。各单位、各项目部面对特大自然灾害和年初建筑材料价格飞涨、盈利空间紧缩的不利形势，承受了巨大压力和考验，积极应对，全面推进“程序化、标准化、规范化”管理，化解不利因素，确保了项目履约，实现了经济与社会效益双丰收。

三峡右岸地下电站土建开挖创造了样板工程；向家坝圆满完成一期工程施工，顺利实现截流；小湾左岸大坝多次在业主组织的评比中综合指标名列第一。水布垭、溪洛渡、拉西瓦、锦屏一级、锦屏二级等一批大型项目均出色地实现了年度履约目标；金安桥、丹江口大坝加高等21个项目，受到业主或监理来函表彰；瀑布沟等位于地震灾区的项目部，在积极支持地方抗震救灾同时，全力恢复生产，确保了履约。30多个国际项目总体履约良好。缅甸耶涯电站大坝全线达到设计高程，主体工程比合同工期提前半年完工；赤道几内亚马拉博项目、利比亚房建项目、巴基斯坦尼鲁姆·杰卢姆项目等均有序推进。

2008年，共完成单元工程65 049个，合格率100%，优良率94.66%，承建的海南大隆工程获得中国水利工程大禹奖；参建的上海东海大桥获得国家优质工程金质奖，公伯峡水电站、三峡至上海500kV直流输电工程两个项目被评为“国家环境友好工程”，漫湾二期、四川小天都、贵州洪家渡、黄河苏只、肇花博500kV输变电工程等5个项目被评为中国电力优质工程，云南思小公路被评为“云南省优质工程一等奖”。葛洲坝品牌形象进一步提升。

（四）规范运作，管理水平再上新台阶

2008年是集团公司主业资产整体上市后，按照上市公司要求，全过程、全透明、全方位规范运作的第一年，是集团公司以较好业绩回报股东并保持上市公司良好形象取得积极成果的一年。一年来，健全的法人治理结构，规范运作的管理体系，提升了集团公司在证券市场的形象。集团公司一直保持沪深300指数、沪深300成长指数和上证180治理指数样本股地位，经营业绩和发展潜力得到广大投资者充分认可。

一是集团公司治理不断健全和完善。完成了集团公司新一届董事会、监事会换届工作。全年股东大会、董事会、监事会、经理层各司其职，运作规范而高效。新一届董事会9名董事中，独立董事就占了5名，决策更加民主、透明、科学。全年调整配备子公司董事会、监事会成员219人次，按照法定程序，通过委派到各子公司的董事、监事，全面加强了对控股公司的管理。

二是内控制度得到全面清理修订。新制定了独立董事制度、关联交易管理办法、担保管理办法、募集资金管理办法等20项制度，修订管理制度100多项，进一步健全了内控制度体系。

三是审计、监察与法律事务工作全面加强。全年完成审计项目365项，通过审计促进增收节支7418万元。扎实开展了投资项目管理等专项监察，加强对管理关键环节的监督，促进了企业规范运作。不断加大法律风险防范力度，审查合同、协议、招投标文件等1600多件；处理各类经济纠纷116起，运用法律手段避免或挽回经济损失5490万元。

四是财务与资金管理工作进一步加强。全年新增银行授信290亿元，年底授信总额超过600亿元。全面加强预算管理，积极争取政策性银行优惠贷款，确保了企业的资金需求。继续从严控制贷款规模，所属单位借款和担保均控制在计划额度内。不断加大资金集中管理力度，集团公司整体资金归集率同比提高7.3个百分点；持续开展资金账户检查，严把账户审批关，撤销账户335个，销户回流资金1080万元。

五是安全质量环保管理工作不断加强。全年质量、环境与职业健康安全管理体系顺利运行，促进了企业规范管理水平的提升。安全生产监控体系不断完善，总体形势稳定、趋于好转，各项指标均在年度控制指标范围内。扎实开展“安全生产月”、“质量月”等活动，成效显著。集团公司被评为全国质量管理小组活动优秀企业，这是我们30年来在同类评比中获得的最高殊荣。

六是人才和科技工作管理力度不断加大。全年引进大专及以上学历毕业生近两千人。全面实施新一轮职工素质工程，采取与高等院校联合办班等方式，完成各级各类职工培训37143人·次，逐步解决了企业快速发展对人才的应急需求。全年获得省部级及以上科技奖励9项，获得专利授权8项，组织编写工法36项，技术创新与科技实力进一步增强。

七是信息化建设强力推进。对集团公司已有的内部网路技术架构进行了改进，改善了网络状况；大力推行了OA办公系统，已有24家子分公司使用，提高了办公效率；分步推行了软件正版化建设，规避了法律风险。以申报特级资质为契机，集团公司信息化项目全面启动。

（五）克难攻坚，企业改革再获新突破

一年来，集团公司加大资产资源重组整合力度，理顺规范产权关系，深化三项制度改革，推进中小企业改制，不断清除制约企业又好又快发展的体制和机制性障碍。

一是以减少管理幅度，打造一批综合实力较强、核心竞争力突出的优势企业为目标，加快了子分公司重组整合步伐。将原一公司、四公司重组，成立了新的一公司；将原六公司、八公司、建筑公司重组为新的六公司；将溪洛渡施工局、向家坝施工局、四川施工局与三峡指挥部重组为三峡分公司；合并房地产公司与佳鸿公司，中葛项目公司与监理公司；组建水电分公司、水泥分公司、西南分公司。一系列重组为切实发挥内部资源最大效益，为提高子分公司竞争力创造了条件。涌现了一批签约、产值超过20亿元，利润总额超亿元的单位。

二是以调动全员积极性和创造性为目标，深化了薪酬制度改革。出台所属企业负责人任期经营业绩考核兑现办法，建立了所属企业负责人的中长期激励约束机制。调整分配结构，突出各单位工资分配向专业技术人员和一线员工倾斜。

三是以突出主业为目标，进一步推进了中小企业和辅业改制。全年完成了7家集体企业改制和关闭，至年底，所属集体企业改制全部完成。同时，完成了化工公司改制收尾和鲟科所移交工作。

（六）围绕中心，党建与思想政治工作再添新成果

一年来，我们着力加强“四好”领导班子和“五有”干部队伍建设，进一步完善领导班子和领导人员的考核评价等管理制度，加大了干部考核调整、轮岗交流和公开选拔力度，各级领导人员和干部队伍工作作风进一步改善，防范风险和应对复杂局面等方面的能力明显增强。着力“抓基层、打基础”，加强基层党组织建设，开展了“五好”党支部创建活动，召开了基层党建工作经验交流会，党的先进性建设不断深化，党的政治优势和组织优势充分发挥。着力构建教育、制度、监督“三位一体”的惩治和预防腐败体系，坚决查处各类侵害企业利益的违规违纪违法行为，反腐倡廉建设取得明显成效。

集团公司巩固提高文明建设成果，深入开展文明创建活动，推进了以“创世界品牌，铸世纪丰碑”企业精神为核心的企业文化建设，发布了丰碑文化视觉识别系统、理念识别系统和价值观管理丛书，具有葛洲坝特色的丰碑文化体系得到完善，企业文化在精神文明和物质文明建设中的促进作用显著增强。

正确处理企业利益与职工利益的关系。充分发挥工会、共青团等群众组织的优势，推进职工素质工程，发挥了青年的生力军作用。保障职工合法权益，全面实施了职工工伤保险、调增了职工企业年金，完善了职工健康保健制度；集体合同、企务公开等民主管理制度得到落实，职工人均收入继续稳步增长，一些历史遗留问题得到解决，困难职工家庭得到救助，年初承诺的十件实事好事全面兑现。继续加大葛洲坝城区城市化建设，投入3600余万元实施石子岭路改造等公用项目和设施建设，职工生活环境进一步改善。

城区管理与建设、离退休、信访、医疗卫生、教育、人武、保卫、计划生育、消防、社会治安综合治理等各项工作普遍加强，共同为公司的改革发展和稳定作出了积极贡献，企业继续呈现出和谐发展的良好局面。

（七）积极主动，履行央企社会责任再作新贡献

集团公司始终把履行社会责任作为一项重要政治任务来对待。面对特大雨雪冰冻灾害，我们迅速组织人力物力，全力支持抗灾救灾，电力公司、大广北公路公司等单位，襄荆公路公司第二党支部等集体受到了国务院国资委表彰。“5.12”汶川大地震后，在自身遭受重大损失的情况下，集团公司以央企的高度使命感和责任感，迅速行动，在搞好自身救灾和恢复重建的同时，发扬“一方有难，八方支援”精神，全力支持地方抗震救灾工作，全面参与救灾援建项目建设，投入救援设备人员以及捐款捐物等总计支出达6000多万元，承担了中央下达给湖北省对口援建的繁重任务。继续履行了对宁夏西吉县的对口帮扶工作；继续负担了葛洲坝城区市政建设维护、社区管理、疾病防控、人武、消防等社会职能，以实际行动履行了央企的社会责任，树立了企业良好形象。2008年，葛洲坝集团名列国有上市企业社会责任排行榜前茅。

（中国葛洲坝集团公司）

中國水力發電年鉴

2

水电改革开放30年

综　　论

改革开放30年中国水电事业进展

中国水力发电工程学会

水是维系生命的源泉，电是社会发展的命脉。化水患为水利，变水流为电流，这是全球经济可持续发展的重要课题，是实现资源优化配置的必由之路，也是科学发展的必然选择。中国水能资源理论蕴藏量占世界第一，然而如此丰富的清洁可再生能源，在改革开放前，全国水电资源开发量还不到10%，人均用电量仅相当于世界平均水平的1/3，洪灾和电荒成了当时制约国民经济发展和人民生活水平提高的两大因素。1978年12月党的十一届三中全会胜利召开，标志着我国全面进入了改革开放的历史新时期，同时也唤醒了水电开发的春天。短短30年间，中国水电人创造了人类水电发展史上的奇迹，实现了一个民族发展的历史跨越。一个个水电基地划分确立，一条条河流实现合理规划建设，一座座电站屹立在中华大地。中国水电人踏实苦干、智慧勤劳、开拓创新，为我国水电事业的跨越式大发展构筑起座座丰碑。

一、改革开放30年中国水电事业的突出成就

改革开放的30年是中国水电事业发展道路不断探索、不断前进的30年。30年来，在党中央、国务院的正确领导下，我国水电事业日新月异，成就斐然。特别是三峡工程的开工建设，举世瞩目，成为改革开放30年来最具影响力的30件大事之一，通过15年的建设，突破了五大工程领域关键技术，攻克了十大工程难题，创造了百余项工程技术世界之最，谱写了中国乃至世界水电史上的新篇章。

1. 水电开发规模不断迈上新台阶

水电作为清洁可再生能源，在世界能源布局中占有极其重要的地位，建国以来党和国家就十分关心和重视水电的规划建设，但由于历史的种种原因以及建国初期生产力水平比较落后，改革开放前我国的水电建设相对较慢。党的十一届三中全会后，国家重新调整了水电资源开发战略，不断加大水电基本建设力度，一项项国家重点工程相继开工建设，一座座大中型和巨型电站大坝耸立在大江大河之上，为如火如荼的社会主义经济大发展源源不断地贡献着清洁能源。

改革开放后，我国水电建设步伐明显加快，平均年投产量逐年上升，特别是1993年后，年投产均超过300万kW，至1999年底我国水电总装机容量已达7297万kW。进入新世纪，水电建设也进入新的发展阶段，在继续加大开发力度的同时，中国水电人坚持在党和国家的方针政策指导下，实现水电健康有序开发。2004年9月，一个划时代的标志性跨越到来，我国水电总装机容量突破1亿kW大关，一跃成为世界上最大的水力发电国家。截至2007年底，我国水电总装机容量已达到1.45亿kW，稳居世界第一。从2000～2007年短短8年时间，实现了水电总装机容量比新中国成立50年的总和翻一番的超越。我国水电能源开发利用率也从改革开放前的技术可开发量不足10%提高到27%，水电事业的快速发展为国民经济和社会发展作出了重要的贡献。

2. 水电坝工技术进入国际先进行列

科学技术是第一生产力。改革开放的我国水电科技工作，以科学技术为引领，以电力建设为主战场，以国家重大工程为依托，以科技成果工程化为基点，掀起了水电建设的热潮和高潮，走出了技术、资金和环保的约束困境，在坝工技术上全面突破：

(1) 200m级特高碾压混凝土重力坝筑坝技术。从1986年在福建坑口建成的世界第一座高碾压混凝土重力坝（75m）到现在，我国已建成高碾压混凝土重力坝66座，在建35座，其中龙滩水电站最大坝高216.5m，是当今世界最大最高的重力坝。

(2) 200m级特高混凝土面板堆石坝技术。目前我国已建成高于30m及以上的混凝土面板堆石坝160座，高于200m及以上的有40余座，如水布垭电站大坝高达233m，属世界最高的混凝土面板堆石坝。

(3) 300m级特高拱坝及100m级特高碾压混凝土拱坝技术。在设计理论和施工技术均达世界最高水平，如二滩240m、小湾292m和锦屏一级305m等电站的拱坝建设，把我国高拱坝建设技术推向到世界坝工的巅峰。

(4) 坝工基础工程技术。随着水电工程规模不断扩大和高坝、大库、大电站的相继出现，对地基处理的技术要求也越来越高，特别是水力资源富集的西南水电基地的建设遇到世界少有的复杂和不良地质条

件，对地基处理提出了一系列挑战性技术难题，需要一一解决。当前在复杂特殊地质条件下，我国已掌握深度达150m的防渗墙基础处理技术，灌浆基础处理技术的灌浆孔最大深度已达206m，高边坡开挖、加固技术已达到700m级。

（5）高速水流的消能工技术创新。在我国水电建设中，大流量、高水头、大功率的泄洪、消能防冲、防空化、空蚀、工程抗震等众多工程技术难题摆在水电建设者面前，经过不断的经验积累和自主创新，我国在水工建筑物枢组布置开展消能工形式和结构的系统研究上取得了特色的创新成果，保障了水电工程的运行安全。

（6）氧化镁微膨胀混凝土筑坝技术。这是具有我国自主知识产权的首创技术，此技术用于混凝土大坝建设上，可以有效防止裂缝，简化施工工序，加快建设速度，效益显著，被誉为国际筑坝技术重大创新和突破。正是这些顶尖的坝工技术把我国的水电事业跃升到现代科学技术成就的最高峰，我国的坝工建设水平在数量规模、技术难度和技术创新等方面都已进入世界先进行列，为我国电力科技作出了卓著的贡献。

3. 水力发电设备国产化水平显著提高

改革开放以来，我国的科技事业蓬勃发展，科技实力持续增强，创新型国家建设进展良好，自主创新能力稳步提高，取得了一系列举世瞩目的科研成果，有力地推进了高技术产业的发展和国际竞争力的提高。30年来，我国水电机电装备有了显著的进步，前后经历了白山、龙羊峡、岩滩等一批单机容量30万kW级大型机组投入运行后，单机容量40万kW的李家峡，单机容量55万kW的二滩，特别是30多台单机容量70万kW的三峡、龙滩机组顺利投产；正在建设中的溪洛渡、向家坝、拉西瓦、白鹤滩、乌东德等电站，单机容量从70万kW向着80万kW机组发展，在遵循自主创新的战略方针下，我国大型水电机组的制造能力和水平正逐步达到世界先进水平。三峡工程左右岸共26台发电机组中有8台是拥有自主知识产权的全国产化机组，正是通过“技术转让、消化吸收、自主创新”这三步实现的。通过三峡工程建设，我国大型水电机电装备制造业仅用了短短7年的时间，实现了30年的大跨越，标志着我国自主设计、制造、安装特大型水轮发电机组的时代开始到来。目前，我国已建单机容量50万kW及以上机组32台，在建109台，已建在建数量均居世界前列。

经过30多年的努力，大型混流、轴流和冲击式水轮机关键技术开发和国产化进程上，已经取得了单机最大容量840MVA、推力轴承负荷达5500tf、转轮直径10.6m的三峡混流式机组；最大水头109.2m、单机最大出力61万kW、空冷每极容量达14.57MVA、转轮直径6.247m的二滩混流机组；最大水头57.8m、单机容量20万kW、转轮直径8m、推力负荷4100tf，世界最大、水头最高的水口轴流机组；最大水头637.2m、额定容量12万kW、转轮直径2.6m的冶勒冲击式机组；采用具有我国自主知识产权蒸发冷却方式、单机容量40万kW的李家峡机组等水电机组国产化的巨大成就。在贯流灯泡水电机组的国产化开发方面，实现了水头3～16m、单机容量4～6万kW的制造水平。

抽水蓄能机组的国产化历程，我国抽水蓄能电站起步于20世纪60年代末，改革开放后的80年代末开始进入大规模建设阶段，截至2007年底已建成抽水蓄能电站17座，装机容量894.5万kW，在建11座，装机容量1216万kW。已建成投产的广蓄一、二期共240万kW装机容量、535m水头为世界第一抽水蓄能电站，在建的西龙池抽蓄总装机容量120万kW、额定水头640m，惠州抽蓄总装机容量240万kW、额定水头517.4m，我国抽水蓄能电站建设已进入大容量、高水头、高扬程的时代。国家有关部门对抽水蓄能机组国产化问题给予了高度重视，决定走“三峡大机组国产化模式”，依托宝泉、惠州、白莲河三座电站16台30万kW可逆水泵水轮机组捆绑一起引进、合作设计和制造，通过专利转让来实现我国机组的国产化。为了巩固技术和促进创新潜力的发挥，国家还以蒲石河、深圳、呼和浩特、仙游和黑麋峰等抽水蓄能电站为装备国产化机组的后续依托工程，以保障大型抽水蓄能机组和主辅机设备国产化任务的顺利完成。

4. 大型水电站的建设推动大容量、远距离、高电压输电技术屡攀新高峰

新中国成立以后随着国民经济的不断发展，为满足大容量、长距离的送电需求，我国电网系统运行电压等级也在不断提高。大型水电站的建设促进了大电网和高电压的发展，继丰满水电站220kV、刘家峡水电站330kV输电后，改革开放30年来，又有葛洲坝水电站500kV、公伯峡水电站750kV输电工程相继建成投产，现又在建设向家坝水电站800kV直流输电工程，我国电网建设技术达到了世界领先水平。为了确保三峡电力外送，推动以三峡水电站为中心的全国联网，围绕着三峡输变电工程全面展开，从1997年长寿至万县第一回500kV输变电工程开工，到2007年湖北荆州换流站扩建完成，历时10年已有44项线路工程、55项变电工程、3项大容量远距离超高压直流输电工程全部建成，创造了多项世界之最，实施了150余项重大技术改造和20余项重大技术创新，有力地促进了全国联网和实现能源资源的优化配置。目前，为了进一步推进西部大开发和西电东送，满足

我国西部水电开发输电需要，国家已启动建设的1000kV交流和±800kV直流输电示范工程顺利进行，作为国家电网的骨干网架，跨接各大区域电网，是实现跨大区跨流域输电、水火电互济调解和全国能源资源优化配置的主要能源通道。

5. 水电开发给国民经济和社会发展带来了巨大的综合效益

改革开放30年来，党中央、国务院团结带领全国各族人民，坚定不移地推进体制改革，毫不动摇地促进对外开放，取得了社会主义现代化建设的巨大辉煌成就，国民经济蓬勃发展，综合国力和国际影响力由弱变强，人民生活水平由温饱不足向总体小康迈进，社会主义事业空前繁荣。秉承改革开放的春风，我国水电事业也结出了累累硕果，除发电带来巨大的直接经济效益外，其在建设社会主义新农村、发展区域经济、改善大气环境、减少河道泥沙淤积、改善水质、保障电网安全经济运行，以及灌溉、供水、防洪、交通、旅游、养殖等方面的综合效益同样不可估量。

发电和环保效益。2007年底我国水电总装机容量达到1.45亿kW，年发电量4867亿kW·h，发出的电量可替代2.43亿t原煤的火力发电，向大气少排放4.87亿t的CO_2。由此可见，水电的发电和环保效益相当显著。

防洪效益。以三峡工程为例，三峡巨大的水库将可以有效调控长江上游洪水，使中游荆江河段防洪标准由十年一遇提高到百年一遇，大大降低了洪灾对人民生命财产的威胁，让江汉平原和洞庭湖区1500万人口得到安全保护。

交通效益。三峡蓄水后，库区航行条件得到极大改善，2007年三峡的航运量由历史最高的1800万t激增到6000多万t。水路交通的改善大大降低了水路货运业成本，水上交通大动脉的形成迎来了航运的黄金时代。

移民效益。作为水电移民典型，乌江开发公司按照“政府负责、投资包干、业主参与、移民监理”的水电工程移民管理体制，积极配合电站设计单位和地方政府编制移民安置规划和补偿投资概算，对移民的损失进行科学的判断和合理计算移民补偿，正确处理局部利益和全局利益的关系，尽可能调动和发挥地方政府和移民群众的积极性，确保移民安置工作“移得出、稳得住、逐步能致富”和库区长治久安的目标的全面实现。截至2006年底，乌江公司建设的洪家渡、索风营、构皮滩、思林、大花水电站共搬迁移民68 785人，拨付移民资金24.38亿元，移民搬迁安置工作进展顺利，保证了各电站按计划正常施工。

减少河道泥沙淤积，改善水质。如三峡水库的巨大的调蓄作用，通过季节性的调水调沙，使电站下游河道很好地达到冲淤平衡，减缓了泥沙淤积，改善了水质。

保障电网安全经济运行。水电具有启动迅速、调峰调频、运行经济、紧急事故急用和黑启动（抽水蓄能）等特点，对优化电源结构、保证供电质量，促进资源节约、实现绿色环保，保障电力系统安全、提高电力系统运行的经济性，达到电力系统总体节能降耗、提高总体经济效益等方面发挥着巨大的作用。

推进社会主义新农村建设。大力发展水电事业，推动水电产业发展，对促进地方经济发展、推进工业化和城镇化、促进经济结构调整，加快农村脱贫步伐、促进民族团结、维护社会稳定，具有不可替代的作用。目前我国小水电装机容量已逾5000万kW，通过大力发展农村小水电，以电代柴，不仅可以改善广大农村的生态环境，快速实现村村通电的发展目标，而且可以增强电网的覆盖面积，降低广大农民群众的生产生活成本，提高经济收入水平，加快社会主义新农村建设步伐。

二、改革开放30年中国水电事业发展的成功经验

1. 与时俱进，水电开发遵循了国家能源战略发展方向

电力能源是国民经济和社会发展的重要支柱之一。石油、煤炭等一次性化石燃料可探明储量有限，加之燃烧煤产生的CO_2等温室气体排放导致全球气候变暖问题越来越严峻，水电作为清洁的绿色的可再生能源，在电力能源中的地位更加突出。改革开放后，国家不断加大对电源结构的调整力度，在水电开发上始终给予高度重视，不同时期的水电开发方针也作了相应调整，但始终围绕提高电力能源生产力水平以满足日益增长的社会主义大发展所必须的能源需求这一中心。进入21世纪，我国进入了全面建设小康社会，加快社会主义现代化建设的新的发展阶段，但随着世界能源消耗的不断增加，我国的电力能源消费也在快速增长。党的十七大报告指出，必须把建设资源节约型、环境友好型社会放在工业化、现代化发展战略的突出位置。在国家“十一五”规划提出“在保护生态基础上有序开发水电”的基础上，2007年12月《中国的能源状况与政策》白皮书进一步明确要求，要在保护生态、妥善解决移民问题的条件下，大力发展水电。从2000～2007年短短8年间，我国GDP由9.9万亿元增长到24.95万亿元，全国发电装机容量也由3.19亿kW增加到7.13亿kW，其中水电装机容量由7935万kW增加到1.45亿kW。电力工业的发展速度与经济发展的速度相一致，对国民经济的发展起到了重要的支撑作用。

改革开放30年来，我国水电开发坚持贯彻落实科学发展观，在党中央、国务院的能源战略发展思想指导下，水电发展与国民经济发展同步，水力发电与国家电力能源需求比肩，为加快全面建设小康社会进程作出了重要贡献。

2. 不断改革，水电开发呈现了多元化发展格局

在国家改革开放的总方针和以市场经济为取向的改革思路指引下，我国的水电体制改革也在70年代末启动，近30年大体经历了四个阶段，走的路子循序渐进：第一阶段是1979～1983年，主要是水电设计、施工管理体制由“文革”期间下放至地方政府管理向重新上划至中央管理变化，以及各水电企业的整顿，明确了各水电项目由施工企业实施承包制；第二阶段是1984～1993年，是水电体制改革实质性启动和稳定的一段，由云南鲁布革引入世界银行贷款并实施国际招投标而引发的“鲁布革冲击”，引发了水电建筑市场竞争机制的实施，随后全国各大型水电项目都在实行市场化改革，都在实践并不断提高以项目法人负责制为核心的招投标制、合同管理制和建设监理制的“四制”，其代表性水电项目即相继出现的老、新“五朵金花”，如广蓄、岩滩、漫湾、隔河岩、水口为代表的老“五朵金花”和二滩、五强溪、天荒坪、李家峡、棉花滩为代表的新“五朵金花”，这十个项目由于实行新的体制和运行机制，都取得了工期、质量、造价得以控制的好成果，水电体制改革也从此在全国水电领域全面展开。与项目开发同时，各相关河流的流域公司建设也进入了一个重要阶段；第三阶段是1993～2002年，水电体制改革进入了深化期，水电发展也进入了调整期。一方面，三峡工程全面启动，二滩、小浪底等大项目仍在建设，这些重大项目的管理者和设计、施工、设备制造单位密切合作，使以市场机制为核心的项目管理模式更为充实和丰满，极大地促进了中国在大江河、大项目上的改革和管理能力。另一方面，由于固定资产投资过热，国家采取了调控的方针，一批水电项目处于调整之中，水电发展进入了一个调整期。同时中小水电和抽水蓄能电站也在进一步发展。第四阶段是2003年至现在，随着电力体制改革的启动和推进，以及党中央关于科学发展观的提出和贯彻，水电体制改革和发展进入了一个新的机遇和挑战并存的新阶段。一方面，电力体制改革焕发的活力，加上全国较大范围缺电而对电力的旺盛需求，各个电力企业在快速建设火电厂的同时，都力求在水电发展上有所建树，在较短的时段，随着电力总装机的增加，水电的规模也在增加，一些大项目相继投产，为增加水电实力和电力结构的调整作出了贡献。另一方面，水电从资金和技术的制约转向了资源和环境的约束，在科学发展观指导下，如何迎接新的挑战，中国水电改革和发展进入了新的实践。

经过30多年的发展，中国水电从改革开放前单一的国家财政拨款办电，到改革开放后的集资办电、多渠道办电，水电开发由单一走向了多元化发展格局，使水电开发更加灵活和有序，进一步加快了我国水电开发的进程。

3. 科学规划，促进了水电开发的可持续发展

能源安全是国家安全的基础之一，能源资源的储量和评估，涉及国民经济和社会发展的规划和总目标，而我国可开发的水力发电资源总量是多少，能替代一次化石能源多少份额，一直备受国家规划部门所关注。中国对水力资源的普查工作在20世纪进行过三次，第一次和第二次分别在20世纪40年代和50年代，这两次普查工作的深度和广度都非常有限，普查成果的准确性和可靠性也不高。真正大规模的全国水力资源普查是1979～1980年由原电力部组织的第三次普查，这一次基本摸清了中国水力资源的状况。但随着国家的发展和市场经济体系的确立，水电建设的一些经济与社会及生产条件均发生了一定变化。为进一步摸清家底，更好地开发和利用中国的水力资源，促进西部大开发和“西电东送”战略的顺利实施，2000～2003年间国家组织了1000余工程技术人员，历时3年多，对我国大陆境内理论蕴藏量在10MW及以上的河流3886条进行了水力资源复查。复查结果：大陆水力发电资源理论蕴藏量6.944亿kW，技术可开发装机容量为5.416亿kW，经济可开发装机容量为4.0179亿kW，均居世界第一。同时，对台湾省的水力发电资源进行了考察，台湾省水力发电资源理论蕴藏量为1165.2万kW，技术可开发装机容量为504.8万kW，经济可开发装机容量为383.5万kW。本次复核查可信度高，可供我国能源发展长期规划之用。

改革开放30年，中国水电开发在党中央、国务院的高度重视和关切关怀下，科学规划和布局，精心设计和施工，严格质量和管理，优先发展大江大河水电建设，形成了金沙江、雅砻江、大渡河、乌江、长江上游、南盘江红水河、澜沧江、黄河下游、黄河中游、湘西、怒江、东北、闽浙赣等十三大水电基地，实行资源优化配置，对带动西部大开发和实施“西电东送”起到了极大的促进作用。十三大水电基地资源量超过全国的一半，水电装机容量占全国水电装机容量的60%以上，汇集了诸如三峡、葛洲坝、龙滩、溪洛渡、白鹤滩、乌东德、向家坝、小湾、拉西瓦、龙羊峡、李家峡、小浪底、白山、水口、糯扎渡、锦屏一二级、双江口、水布垭等一大批国家重点大工程大项目，基地的建设在中国水电建设中居重要地位，有序推进了我国水力资源的合理开发和利用，促进了水电事业可持续发展。

4. 组建流域开发公司，促进了各大流域的有序开发

改革开放后进入20世纪80年代，针对我国水能资源分布呈现流域性强的特点，以及通过流域调度使水能资源充分发挥其最大经济和社会效益的需要，国家提出了水电开发的“流域、梯级、滚动”发展方针。根据这个方针，本着先试点后推广，并结合国家水电开发规划和十三大水电基地建设，在水电丰富的地区和流域，陆续组建了若干个流域开发公司，有些已逐步发展为多主体共同投资的多元化公司。不少流域公司已取得了较好的发展成果，如贵州乌江、云南澜沧江、广西红水河、湖南沅江、黄河上游、四川雅砻江、湖北清江以及近几年新建的金沙江中游和四川大渡河等。流域开发公司在项目开发上走的是市场机制的路子，通过招投标优选设计、施工、设备供应单位，保证项目在质量、造价、工期的可控和优化。在流域开发和运营上实行一体化管理，便于投资的滚动和放大。有的流域公司与电网达成一致，对流域梯级的水情和电力实行统一的梯级调度，力求使水能资源得到优化配置而得到最合理的效益。多数流域开发公司的结构中，代表着地方政府和利益的地方公司参与其中，便于将开发过程的移民安置及流域开发中涉及的环保以及地方经济发展很好的进行结合，力求将各方面的矛盾关系得以合理解决和协调，促进了水电开发与区域经济和社会发展的和谐统一。

5. 重视环保和移民，实现了水电开发的人与自然和谐共处

在保护生态、妥善解决移民问题的前提下大力发展水电，是当前我国推进水电合理、有序开发的科学理念，得到了社会各界的广泛响应，更为中国水电人所共识并在项目实施过程中认真加以贯彻和落实。

移民搬迁和安置工作是水电开发建设中一个十分艰巨的任务，在水电体制改革的过程中，移民问题一直为地方政府、业主单位乃至国家规划部门、决策部门所关注。近30年来，水电开发移民工作在不断摸索中前进，移民举措也在作相应的调整，主要体现在两个方面：一是移民方针由过去的安置性移民向开发性移民调整，即不仅仅是对移民进行金钱上的赔偿，更重要的是通过有效的途径和政策，也就是移民后期扶持政策，使移民的长期生产和生活得到科学合理的保障，并使其条件和前景能不断完善和提高，实现移民工作“移得出、稳得住、逐步能致富”的目标。二是将移民的开发性安置与社会主义新农村建设结合起来，党的十六大提出了建设社会主义新农村的目标要求，水电建设移民大多涉及农村，把移民的安置同建设社会主义新农村有机结合起来十分必要，也是水电开发在移民工作上必由之路。不少项目都在努力实施，在库区小城镇规划、基础设施建设、移民就业和区域经济社会发展等方面取得了较好的成效。特别是进入新世纪，在搞好移民搬迁的基础上，水电开发更加重视实施移民安置的后期扶持政策，各开发业主单位在充分理解和贯彻国家关于水电开发中的移民安置政策条例的前提下，根据区域特性和当地经济发展优势等特点，发扬自主创新精神，创出富有区域特点和地方特色的移民后期扶持政策，帮助移民走上勤劳致富的道路，推动电站所在区域的经济社会发展。

在水电开发过程中，必须遵循自然规律，科学合理的开发，人类的开发行为和保护自然的行为必须相辅相成，方能构建人和自然的和谐，否则水能资源的不合理开发，河流形态未经论证的变动，都可能造成新的自然灾害。改革开放30年间，水电工作者进一步强化了环境保护的理念，无论在规划设计阶段，还是施工建设期间，以及竣工撤场后场地清理和植被恢复，都十分重视环保。党的十七大报告提出了建设生态文明的理念，新时期水电建设对环保提出了更高要求，力求做到党中央、国务院要求的“在保护环境的基础上，有序开发水电”，力求实现在开发中保护，在保护中开发，实现开发和环保的双赢，真正达到水电开发的人与自然和谐共处的境界。

6. 自主创新，加速了水电机组国产化进程

我国水电机组的国产化历程，选择了一条引进先进设备和引进核心技术并举的方针，充分发挥了国家重大工程对水电科技创新和重大技术装备创新的带动作用，引进、消化、吸收、再创新，依托举世闻名的三峡工程建设，创立了“中国特色水电机电设备国产化的模式”，指导着我国水电设备制造业顺利发展，走出了一条装备国产化的成功道路。这一切归功于改革开放，特别是在水电建设和水电设备制造企业中，发挥了科学技术是第一生产力的作用，坚持以科技引领制造业发展和创新的战略决策方针。

回顾历史，我国单纯的水电设备引进工作，虽然买进了设备，但技术引进特别是核心制造技术的软硬件却从来没能掌握。而在国际合作制造上，中国企业只能作为分包商按照国外的图纸生产一些粗笨件，中方对产品的设计根本没有发言权，出现了“引进、落后，再引进、再落后”的尴尬局面。改革开放后，作为能源电力工业先行官的水电事业，在国民经济和社会发展重大需求的大环境中，迎来了新发展，在大型水电基地的开发、众多大型水电站的建设、市场需求大量水电设备的形势下，我国逐渐掌握了运用市场法则，依托国家重大工程项目，以强大的市场需求吸引国际一流制造商，在采购先进设备的同时，引进关键技术加以消化、吸收和再创新，使我国水电装备的设计、制造、安装和运行技术水平有了明显进步，实现

了较大的飞跃。通过实施自主创新，一方面加大老机组的技术改造力度，实现老机组向现代化新机组的技术过渡和创新，继续发挥和提高老机组的经济效益；另一方面，汲取国外先进的设备制造技术，加速大机组国产化的升级换代，提高大机组的自动化控制水平，先后重点研发了一批30万kW、40万kW、55万kW到70万kW的机组，当前又向80万kW乃至100万kW的更高级别机组进军，我国巨型水电机组的制造加工安装能力达到了世界领先水平。同时加紧实现大型抽水蓄能机组的国产化，生产更加优质可靠的电量，使电网调度更加灵活快捷，使电网运行更加经济安全可靠，更好地为国家经济和社会发展服务。

7. 科技先行，提高了水电施工装备现代化水平

改革开放30年中，中国水电科技伴随着电力建设的发展和所取得的累累硕果，实现了水电科技史上的重大创举，取得的成就和科技进步吸引了全球同行的眼光，赢得了他们的认可和盛赞。正是依靠科技进步，推动了我国水电事业的健康快速发展。

如前所述，我国的大型水电机组国产化水平达到国际一流，各种坝工技术进入国际领先行列。三峡工程自行设计建造的垂直升船机，是目前世界上已建的提升吨位最大、提升高度最高、技术难度最大的升船机，代表了全球制造升船机技术的最高水平。三峡双线五级船闸是世界上水头最大、连续级数最多的大型船闸，开挖高边坡度、衬砌结构高度均为世界最高，人字门高度和单扇门重均居世界之最……正是在党中央、国务院提出的“建设创新型国家”的战略目标引领下，依托重大工程大项目，我国的水电设备制造技术和建设施工装备现代化水平突飞猛进，达到了国际先进水平，使我国水电建设的设计、施工、制造、安装、运行、管理等水平大幅提升。水电建设周期大大缩短，百万千瓦级的水电站由过去7年左右建设周期缩短到4～5年，大大降低了工程建设成本，提高了水电的经济效益，增强了水电的市场竞争力。水电建设质量大幅提高，2008年爆发的四川汶川“5·12”特大地震，很多城市建筑物在地震中倒塌，而震区内所有水电站没有一座出现重大险情和垮坝事故，也没有造成一起次生灾害，地处震中的沙牌电站高、薄的碾压混凝土拱坝安全无恙，紫坪铺水电站在震后第五天就恢复了发电。我国的电站大坝建设质量经受住了最严峻的考验。

8. 积极发展小水电，大力推进了社会主义新农村建设

改革开放，为推进农村电气化建设注入了生机。1982年，邓小平同志在基层调研中，充分肯定了由基层政府和农民群众创造的“自力更生兴办小水电，解决当地用电问题”的做法，开创了我国通过开发小水电实现农村电气化的道路。1983年国务院批转了水电部“关于积极发展小水电建设中国式农村电气化试点县的报告”，作出了建设100个中国式农村电气化试点县，繁荣农村经济，加速农村物质文明和精神文明建设的指示，从此农村小水电进入了快速增长阶段。经过近30年的建设，我国在小水电开发方面已经取得了巨大的成就，改革开放前全国小水电装机规模不足700万kW，到2000年底已达2485万kW，占全国水电装机的32.4%；至目前已建成小水电站45 000多座，总装机容量超过了5000万kW，约占全国水电装机的38%。由于农村小水电的数量多、分布广，基础供电作用远远大于其所占全国5%发电量的比例，目前全国大约1/2的国土、1/3的县、1/4的人口，依靠农村小水电提供电源。我国的小水电建设走出了一条有中国特色的农村电气化道路，成为名副其实的小水电王国。

农村小水电的迅速发展，提高了农村电气化水平，带动了农村经济社会发展，改善了农民生产生活条件，在解决农村用电、促进农民脱贫致富和农村经济社会发展等方面发挥了重要作用，得到了党中央、国务院的高度肯定，得到了地方各级党委和政府的充分认可，得到了农村广大群众的大力拥护，为全面推进社会主义新农村建设作出了重大贡献。进入新时期，以小水电为主体的农村水电在山区生态建设和环境保护、节能减排工作中的独特作用得到了社会各界广泛好评。特别是在2008年上半年南方的低温雨雪冰冻灾害和“5·12”汶川大地震中，农村水电充分发挥分布式能源的优势，在保障电网安全和抗灾减灾工作中发挥了巨大的作用。

三、改革开放30年对中国水电事业发展的展望

改革开放30年来，在成功地进行了电力体制的改革，引进竞争机制之后，我国的电力事业得到了突飞猛进的发展。然而，在我们引进电力发展的市场竞争机制的过程中，国内外的一些极端环保思潮和势力，利用各大电力企业之间的激烈竞争，无心、也无力及时回应社会上的各种不实宣传，形成了一股股诬蔑水电开发的社会风潮，使得最应该在竞争中发展的水电严重受阻，可以说我国所有的水电开发项目，都在不同程度上严重受阻，使得我国的水电开发严重滞后，水火比例严重失调，能源结构不断严重恶化。电力工业的发展遭遇到前所未有的困难。

我国的水能理论蕴藏量达到6万亿kW·h，根据目前的勘测设计水平，就有2.47万亿kW·h的技术可开发量。如果开发充分，至少每年可以提供相当于10亿到13亿t原煤的能源。但截至2007年底，

我国水电的年发电量4870亿kW·h，大约只相当于2.5亿t原煤。在我国水电开发程度远远低于国外发达国家的情况下，国内批评我国水电开发已经过度的声音此起彼伏。在我国目前年新增电力装机容量超过1亿kW的情况下，2007年被国家核准的大中型水电总共才270万kW，其比例还不足整个电力增长总量的3%。我国大力提倡的优先发展水电的能源发展政策已无法实现。

处在不同发展阶段的国家，具有不同的发展优势。对于所有水电开发还处在技术制约、资金制约、环境制约的发展中国家来说，水电开发仍然是机遇与挑战同在。我国的水电能源世界第一，资源特性就决定了，我国核电的作用不可能超过水电。目前的风力发电、太阳能发电等方式，相对于我国巨大的能源增长需求，象征意义远远大于实际意义。我们现在只有下决心尽快开发利用水电，才能从根本上改善我国的能源结构，实现国民经济社会的可持续发展。

1. 贯彻落实科学发展观，以水电和谐推动构建和谐社会进程

党的十六大提出构建社会主义和谐社会。水电科技工作者要进一步学习落实科学发展观，提高认识，高度重视水电开发，保证我国经济建设和能源的可持续发展，以水电和谐推动构建社会主义和谐社会进程。水资源是社会发展的基础，水电开发是水资源开发的重要形式和载体，是解决我国水资源时空分布矛盾的根本措施之一。同时水能还是我国重要的能源资源，开发利用水能资源是增加能源供给、改善能源结构、保障能源安全、减排温室气体、保护生态环境、应对气候变化、实现可持续发展的重要措施。

优先发展水电是我国能源发展的重要方针。《可再生能源中长期发展规划》明确提出了到2020年建成3亿kW水电装机容量的发展目标，因此，水电建设的任务仍十分艰巨。根据水电建设面临的新形势和新要求，水电开发必须以科学发展观为指导，切实转变发展理念，从单纯的工程水电转变到生态水电，从纯粹的技术工程转变到社会工程，更加重视移民利益和生态环境保护，把水电开发与水资源综合利用、生态工程建设和地区经济发展有机结合起来，促进流域经济社会的可持续发展。

2. 贯彻国家建设生态文明理念，构建水电开发的生态工程

合理有序开发水电、保障电力供应，实现国家确定的“十一五”和2020年水电发展目标，必须紧紧围绕党的十七大报告提出的“建设生态文明”新理念新目标，全面贯彻落实科学发展观，遵循“开发中保护、保护中开发”这一根本原则，不断加强水电开发的前期研究和论证工作，在规划阶段就充分考虑环保因素，进一步加大电站建设施工中的环境保护力度，完善各项环境保护措施，真正把水电开发与水资源综合利用、生态工程建设和地区经济发展相结合，实现流域水资源的综合开发，使水电建设有利于环境保护，形成更加优美的生态环境，用科学有序的开发促进人与自然的协调发展。

实践证明，已建水电站在促进生态建设方面发挥了重要作用。根据国内外的经验，科学的加大水电开发力度才会更有利于生态环境的保护。例如，我国以往的梯级水电开发没有形成规模，开发的径流式水电站比较多，缺乏龙头水库的调节，不仅发电质量没有保证，也无法有效的应对于洪涝和枯水断流。最典型的如我国黄河小浪底水库建成以前，我们几乎难以避免黄河的断流，而只有在小浪底建成，能够实现全流域统一调度之后，才能彻底的解决黄河断流问题。由于我国的水资源时空分布矛盾突出，因而在很多地方开发不足，必然会导致保护不力。科学有序地加大水电开发力度，也是进行生态保护的重要手段。

3. 做好移民和稳定工作，构建水电开发的民生工程

着力解决民生问题是党的十七大报告的重要内容之一，上到党中央、国务院，下至地方各级党委和政府都把解决民生问题摆在了发展的突出位置。水电建设不可避免需要迁移人口，移民问题已成为制约水电建设的重要因素。要进一步坚持以人为本、构建和谐，在做好环保和移民的基础上有序开发水电的方针，切实加强水电建设中的移民工作和稳定工作，使水电建设与移民利益更好地结合，促进社会主义新农村建设，推动地方经济社会的发展，着力构建水电开发的民生工程。

移民工作是水电建设工作的重中之重，移民稳则建设顺，移民富则水电兴。近年来，国家相继出台了新《移民条例》和后期扶持政策，为做好水电建设移民工作、解决移民遗留问题创造了条件。但从目前情况看，新老移民问题仍比较突出，各有关方面应高度重视移民问题，重点做好以下工作：一是充分利用好现有移民后期扶持政策，因地制宜、多渠道解决移民遗留问题，确保移民生活水平不断提高和保持库区稳定；二是加强新建电站移民前期工作，移民相关工作要与主体工程同步开展，工作深度不低于主体工程的要求，切实落实好国家有关移民政策。对于移民人数较多的水电站，可以考虑提前搬迁一部分移民，为电站建设创造条件；三是加强移民工作研究，在现有移民政策框架下，根据各库区实际情况，创新移民工作思路，切实解决好移民问题，实现移民长治久安；四是结合地方经济发展的需要，支持地方经济发展，充分发挥地方的资源优势，合理分配水电开发效益。让

水电建设成为经济发展的助推器。只要让地方经济发展了、强大了，才能从根本上解决包括移民在内的所有群众的生产生活问题。

4. 完善流域开发主体的现代企业制度建设，实现流域电站效益最大化

针对水电开发中一条流域存在多个投资开发主体的现状，在电站运行调度上无法达到默契配合，也就不能最大限度发挥各梯级电站的能力和效益。而要提高流域水电站的综合效益，重要的一点就是实施全流域的联合调度，统一调度，优化调度。为了实现水电建设效益的最大化，同一流域上存在多个投资开发主体时，可以按照现代企业制度的理念，多投资主体通过协商重组，建立和完善投资多元、股份合作、运作规范的法人治理结构，组成流域开发股份合作的现代企业，实现全流域梯级联合调度，使同一条河流上的梯级电站发挥更好的效益，达到多赢的局面。

5. 重视前期工作和规划工作，把电站质量安全提升到更高水平

经过几十年的发展，我国的电站大坝建设无论是施工建设质量还是运行安全上，都达到了国际领先水平。随着水电开发不断引向深入，电站建设逐渐向水力资源富集的西南边远地区转移，摆在我们面前的是地质条件越来越复杂，大坝建设高度不断走向新的突破，技术难度也越来越大，电站建设质量和安全问题迈向更高层次。要以科学的态度和严谨的工作作风，进一步做细项目前期设计工作，进一步做好河流的综合规划和专业规划，在项目论证阶段就要保证选址的正确，这是确保大坝基础牢固百年的前提。

6. 加强地震高发区的电站抗震能力，促进水电的可持续发展

“5·12”汶川大地震后，社会各界对西南地区的水电建设的安全性极为关注，质疑西南地震带上能否建设水电站。在地震带上建水库、大坝，一旦遭遇特大地震，如何能保证不会对周围的群众造成次生灾难。此外，社会公众对于水库诱发地震的担心，也对我们在一些地区的水电开发构成阻力。如何充分利用现代科学技术手段，保证水库大坝建设的抗震安全，消除公众的顾虑，是今后水电开发中首先要面对的问题。一方面依靠国家相关部门加强地震科普的宣传和普及，提高公众对地震发生的客观认识，另一方面只有人类的科学发展，建造能够抗震的建筑物，才是抵御和战胜地震灾害的最有效手段。

7. 加大水电舆论宣传力度，为水电开发营造良好的社会环境

20世纪末，国际上曾出现过否定大型水电开发的倾向，经过世界各国专家的反复调查研究和争论，特别是在全球减排温室气体的新形势下，2002年的国际可持续发展高峰会议，一致通过了支持在发展中国家开发水电的行动计划，2004年10月，北京水电与可持续发展国际会议，强调水电是重要的可再生能源，在实现可持续发展中具有重要作用。但由于种种原因，国内外反对水电建设的舆论仍很强，给社会公众对水电的认识造成了负面影响。如何做好水电开发舆论宣传工作，营造良好的社会环境，是新形势下水电建设一项重要任务。水电建设要切实加强舆论宣传，既宣传水电基本知识，也宣传水电最新进展和发展趋势；既要宣传水电建设成就和对环境有益方面，也要客观报道水电建设当中存在的问题和不足，形成促进水电和谐、有序发展的良好氛围。

30年的改革发展历程，我国的水电事业与社会主义现代化建设一起走向繁荣昌盛。站在新的历史起点上，水电开发前景光明，任重道远。我们将更加紧密团结在以胡锦涛为总书记的党中央周围，以科学发展观为指导，认真贯彻落实国家的水电发展政策，以电力工业发展“黄金期”为契机，开拓进取，奋发有为，为建设社会主义创新型国家奉献源源不断的清洁能源，为全面建设小康社会和构建社会主义和谐社会作出新的更大的贡献。

（摘自中国水力发电工程学会《改革开放三十年的中国水电》）

水电体制改革的历史回顾

贺 恭

在中国改革开放30年之际，回顾水电体制改革的历史过程，进行必要的总结，是十分必要的。笔者亲身经历了这一过程，并深入其中进行了实践，愿同大家进行讨论。

一、改革走过的路子

在国家改革开放的总方针和以市场经济为取向的改革思路的指引下，中国的水电体制改革也在20世纪70年代末期启动了。如同其他领域的改革进程一样，改革与开放交错，生产关系和生产力相互促进，走的路子循序渐进，近30年大体经过了四个阶段。

第一阶段是1979～1983年的五年间。

这一阶段主要是两方面的工作，一是水电设计、施工管理体制的变化，即由“文革”期间下放至地方政府管理，重新上划至中央管理；二是各水电企业的整顿，对于“文革”期间被搞乱了的规章制度进行必要的调整，同时明确了各水电项目由施工企业实施承

包制。可以看出，这个阶段的改革工作大体是对“文革”的拨乱反正和调整整顿，也可以说是水电体制改革的准备期和酝酿期。

第二阶段是1984～1993年的十年间。

这一阶段是水电体制改革实质性启动和稳定的一段。其启动可以说是从云南鲁布革引入世界银行贷款并实施国际招投标而引发的“鲁布革冲击”，其冲击的直接作用即引发了水电建筑市场竞争机制的实施。随后，1985年至90年代初期，全国大型水电项目均实行了市场化的改革，都在实践并不断提高以项目法人负责制为核心的招投标制、合同管理制和建设监理制的“四制”。其代表性水电项目即相继出现的老、新“五朵金花”，如广蓄、岩滩、漫湾、隔河岩、水口的老“五朵金花”和二滩、五强溪、天荒坪、李家峡、棉花滩为代表的新“五朵金花”。这十个项目由于实行新的体制和运行机制，都取得了工期、质量、造价得以控制的好成果，水电体制改革也从此在全国水电领域全面展开。而且，广蓄、二滩和随后开工的小浪底吸引外资建设，成功地进行了国内外资金、技术和管理的合作和对接，为水电领域开放方针的实施摸索了经验，奠定了基础。与项目开发同时，各相关河流的流域公司建设也进入了一个重要阶段。

第三阶段是1993～2002年的十年间。

这一阶段可以说是水电体制改革的深化期，但也同时是水电发展的调整期。一方面，三峡工程全面启动，二滩、小浪底等大项目仍在建，这些重大项目的管理者和设计、施工、设备制造单位密切合作，使以市场机制为核心的项目管理模式更为充实和丰满，极大地促进了中国在大江河、大项目上的改革和管理能力。另一方面，由于固定资产投资过热，国家采取了调控的方针，一批水电项目处于调整之中，水电发展进入了一个调整期。进入20世纪末，一些大型水电项目逐步进入启动阶段，如龙滩、小湾、三板溪、拉西瓦和构皮滩，同时中小水电和抽水蓄能电站也在进一步发展。

第四阶段是2003年至目前的五年间。

随着电力体制改革的启动和推进，以及党中央关于科学发展观的提出和贯彻，水电体制改革和发展进入了一个新的机遇和挑战并存的新阶段。一方面，电力体制改革焕发的活力，加上全国较大范围缺电而对电力的旺盛需求，各个电力企业在快速建设火电厂的同时，都力求在水电发展上有所建树，在较短的时段，随着电力总装机的增加，水电的规模也在增加，前述的几个大项目亦相继投产，为增加水电实力和电力结构的调整作出了贡献。另一方面，水电从资金和技术的制约转向了资源和环境的约束，在科学发展观指导下，如何迎接新的挑战，中国水电改革和发展进入了新的实践。

二、改革的主要内容和成果

（一）管理体制的调整

1979年，中央下决心将在“文革”中于1969年下方地方管理的水电设计、施工单位成建制上划由电力部直接管理。客观地说，水电队伍“下放”的10年间，在地方各级政府和电力系统的双重管理下，在“文革”期间，还是对中国水电的发展作出了贡献的，特别是水电资源富集的地区，在规划、设计、施工等方面起到了应有的推动作用。但是，江河溪流毕竟是国家重要的自然资源、能源资源和水力资源，而且不少是跨地区的流域，如长期下放，对规划的系统和科学以及全国一盘棋的资源合理摆布显然是不利的，特别是大江大河。这一领导关系的调整，为从20世纪80年代以来我国水电的大发展、水能资源的合理规划和利用，起到了重要的作用。随着电力体制改革的启动和深化，这一管理体制又注入了新的活力。

（二）生产关系的变革

改革开放的核心在于建立和健全社会主义市场经济体制，而市场机制的建立，必须有市场运作的主体。从20世纪80年代起，水电开发项目大都产生了代表投资者或本身（即投资人）对项目进行建管结合管理的项目法人，而且逐步形成了一整套完整的以项目法人负责制为中心的项目管理体制和在市场机制运作下的生产关系。

在这个生产关系的框架下，纵向，项目法人承接投资者的委托，并执行其决策指令，进行具体的运营，这个运营包括项目的规划设计、前期筹备、组织建设、生产运营以及资金的筹集、归还和资本增值的全过程；横向，项目法人将设计、施工、设备、运营及金融机构等相关单位、企业链接在一起，以完成项目的建设和运营。对于水电建设来说，相对于其他能源项目较为复杂的是移民，因此，不论纵、横两方面的组织管理，都离不开地方政府的协调和配合，这也是生产关系中重要的组成部分。

（三）竞争机制的实施

竞争是市场经济体制运作的主要方式或称基本特征。在水电建设中引入竞争机制在电力体制改革中是率先启动的。可以追溯到20世纪80年代初，云南鲁布革水电站由于引入世界银行贷款，必须进行国际招标，此前已确定为项目承包施工队伍的水电某施工企业，在招标中失利，而日本的一家公司以较低的价格中标，中标后聘该水电施工队伍作劳务。从当初的工程主承包者一下子降至给别人“打工”，从观念到实践都经受了冲击，这也被水电界称之出名的“鲁布革冲击”。这个冲击为水电建筑市场化改革奠定了基础，并且不断建立和完善相关的竞争规则，即力求在“公开、公平、公正”，上做好文章。竞争规则的核心是招标投标机制。在各个业主单位制定招投标制度的基础上，国家于1999年经全国人大通过，制定了招投标法，对建筑市场的采购行为的甲、乙方均作了规范，有效地推动了竞争机制的健康运行。从20世纪80年代起，水电施工、设备采购并进一步发展到科研、设计等均实行了招投标制，对水电体制改革，对水电建设项目在质量、安全、造价和工期的控制上起到良好的作用，也使得市场经济体制的改革朝着法制方向大大地跨了一步。

这里要特别强调的是，在水电体制改革的进程中，吸引外资，引进先进设备也是重要的内容。一方面是我国的开放政策和良好的投资环境，国际投资者，如世界银行等，看好中国的大型基础设施项目，愿意向水电大项目投资或贷款，如20世纪80年代的鲁布革项目、二滩水电站和20世纪90年代的小浪底工程等。另一方面是通过市场换技术，经过严密的国际招投标程序，成功地引入了当时国内尚未完全掌握的大型水电机电设备和施工装备，如三峡工程的70万kW的水轮发电机组和大型施工装备，就是市场换技术的典型例证，使得先进装备的设计和制造技术依托大型项目得以转移至我国，目前，这一技术已基本掌握，这也完全符合中央提出的引进消化再创新的国策。

（四）流域公司的建设

从20世纪80年代开始，针对我国水能资源分布呈现流域性强的特点，以及通过流域调度使水能资源充分发挥其最大效益（包括经济效益和社会效益）的需要，国家提出了水电开发的“流域、梯级、滚动”的发展方针。根据这个方针，本着先试点后推开，并结合国家关于水电开发的规划，在水电丰富的地区和流域，陆续组建了若干个流域开发公司，并逐步发展为股份合作的多元化公司。有不少流域公司已取得了好的成果，如贵州乌江、云南澜沧江、广西红水河、湖南沅江、黄河上游、四川雅砻江、湖北清江以及近几年新建的金沙江下游、金沙江中游和四川大渡河等。

这些流域公司有一些共同的特点：第一，他们都是经法律批准的具有流域梯级开发权的业主单位，而且多是几个投资者合作的股份公司；第二，在项目开发上走的是市场机制的路子，通过招投标优选设计、施工、设备供应单位，保证项目在质量、造价、工期的可控和优化；第三，流域开发和运营的一体化，便于投资的滚动和放大。有的流域公司与电网达成一致，对流域梯级的水情和电力实行统一的梯级调度，力求使水能资源得到优化配置而得到最合理的效益；第四，多数公司的结构，地方公司（代表着地方政府的利益）拥有股权，也就便于将开发过程的移民安置及流域开发中涉及的环保、地方经济发展很好的进行结合，力求将各方面的矛盾关系得以合理解决和协调。

（五）移民举措的改进

水电开发建设中一个十分艰巨的题目就是移民搬迁工作。曾有领导讲：水电站建设成败的关键在于移民。在水电体制改革的过程中，移民问题一直为地方政府、业主单位乃至国家规划部门、决策部门所关注。20多年来，移民举措的调整，笔者以为主要集中在两个方面：一是移民方针的调整，从过去的安置性移民调整为开发性的移民。所谓开发性移民，即不仅仅是对移民者的土地、房屋以及其他相关受影响的地方产业等进行赔偿，更重要的是，通过有效的途径和政策，要使移民的长远生产、生活得到科学合理的保障，并使其条件和前景能不断完善和提高，即所谓的“移得出、稳得住、能致富”。二是将移民的开发性安置与社会主义新农村建设结合起来。建设社会主义新农村是党的十六大所提出的。内容充实，意义重大，其贯彻落实既对“三农”重大问题的解决有其现实的作用，更在于对我国社会经济和民生的可持续发展及构建和谐社会起到长远的作用。水电建设大多在农村，把移民的安置同建设社会主义新农村结合起来是十分必要的，也是水电建设在移民工作上的必走之路。不少项目都是在努力实践，在库区小城镇规划、基础设施建设、移民就业和电站所在区域的经济社会发展等方面都取得了较好的成效。

（六）环保观念的强化

水电开发是人与自然的互动行为，一方面，人们为了获取更多的水资源和能源资源而对河流进行必要的改造，筑坝建库，安装机组，从而使原始河流的自然资源转化为可为社会经济和人们服务的经济资源。这也是人们向自然索取的一面。另一方面，人改造自然，必须不仅遵从经济规律，更要遵从自然规律，水能资源的不合理开发，河流形态未经论证的变动，都将可能造成新的自然灾害，这也是不讲科学合理开发，自然将对人类的活动予以惩罚的另一面。这也是水电开发过程中，人类的开发行为和保护自然的行为必须相辅相成，方能构建人和自然的和谐；这也是千百年来我们祖先治水历史的经验教训，从而也形成了党中央十七大报告所提出的生态文明建设的新的理念。改革开放的近30年间，水电工作者进一步强化了环境保护的理念，无论在规划设计阶段，还是施工建设期间，都十分重视环保。这一理念的核心是将流域或独立项目作为一个系统工程来对待，将其放在更大区域和领域内进行规划和设计，力求做到中央要求的“在保护环境的基础上有序开发水电”，力求实现在开发中保护，在保护中开发，形成开发和环保的双赢。

（七）技术素质的提升

水电体制改革焕发了水电工作者的技术创新能力，近二、三十年间，不仅水电开发的规模水平上了新的台阶，从20世纪70年代末期的全国总装机容量2000万kW到2007年底的1.2亿kW，更在于这些新建水电站和新增容量的技术含量达到了新的水平。可以自豪地说，中国水电的技术水平已达到世界一流。

规划方面，全国的水力资源的普查在国家发展改革委的主持和水规总院的主办下，各方协作，完成了全国的资源普查工作，进一步较准确的弄清了家底，以此为依据，编制开发利用的规划，并纳入了全国中长期规划，从宏观上引导水能资源的合理有序开发。设计上，由于大量采用新的设计技术，广泛应用高效的电脑模块和制图，电站的设计质量和速度有空前的提高。在20世纪50、60年代一个项目的设计工作约需15～20年，从20世纪90年代起，这一时间已缩短至7～10年，而且，特别需要指出的是：我国电站各种坝型和各种复杂地形地质条件下的水工建筑物的设计和施工都已趋成熟。如双曲拱混凝土坝、面板堆石坝以及碾压混凝土重力坝和大洞室地下厂房等都有在世界上出名的成功实例。机电设备、施工准备的制造和安装技术也在改革开放中通过引进消化再创新有了长足的进步。所有这些技术进步都是在水电体制改革的30年中实现的。

（八）科学发展观的落实

进入21世纪，面临新的形势和机遇，党中央在十六大提出了科学发展观的新理论，它是在邓小平理论和“三个代表”重要思想的基础上，马克思主义在中国最新的继承和发展，也是在中国改革开放和社会主义市场经济进入新的阶段，在指导思想上的总结和提高。水电改革和发展的进程也充分说明了贯彻和落实科学发展观的必要和必须。

科学发展观对于水电建设来说，主要是要把握住以人为本、环境保护和有序开发。近几年来，在这几方面，水电工作者做了大量的工作，移民和环保，前已作了叙述，这里着重议论一下有序开发问题。应该看到，改革开放之后，特别是电力体制改革之后，由于缺电和竞争机制的实施，中国水电发展的规模和建设达到了空前的程度。特别是在主要江河上一批大型项目的建设和投运，对改善水电自身结构和电力结构以及进一步加强“西电东送”起了重大作用，同时这些项目的综合功能，如防洪、通航及流域的治理，也发挥了很好的作用，对国民经济和社会的发展，对所在区域的经济带动作用是十分显著的。但与之同时，如同经济过热一样，水电开发的无序和过热倾向也是明显的。一些项目，特别在一些中小河流上的项目，在未经专家充分论证和有权部门严密审批的情况下，一拥而上；有一些没有水电资历的投资者和施工队伍也在承建项目，这些情况给项目的质量、安全控制和河流生态保护以及有序开发的宏观调控带来了负面影响。

近几年来，根据存在的问题，从宏观到微观的不同层面采取了一系列措施。一是进一步强调水电项目在审批程序上的严肃性，国家权威部门和有权部门加大了对水电开发的宏观调控及所负责的各个环节（如环保、水土保持、土地使用及银行贷款）的把关。二是进一步做好河流的综合规划和专业规划，进一步做细项目前期设计工作。三是加强项目实施过程中的监管和项目的后评估工作，等等。这些工作对水电开发中贯彻落实科学发展观起到了重要作用，但还需要我们进一步从理念和实践上全面贯彻落实科学发展观。

30年来水电显现了快速的发展，水电装机已列世界第一，而且水电结构中，大江河、大容量的机组增加较快，结构渐趋合理。但也可看到，电力结构中，水电比重不增反降，水电的增长速度慢于火电；水电的开发率还是不高的。

三、改革的启示和展望

30年来的水电体制改革和水电的发展取得巨大的成就，有着很多的启示，在贯彻落实科学发展观的过程中，在国民经济和社会发展的过程中，水电还有大量工作要做。仅个人体会，略谈以下六个方面的启示和展望。

（1）要进一步服从和服务于国家改革开放方针和建立社会主义市场经济体制的大局，坚持水电体制改革的方向不动摇。30年过去了，我们难以设想，如果不实施水电体制的改革，怎能焕发出巨大的生产力，实现中国水电的巨大变化和跨越式的发展。水能资源的开发利用是国土资源为经济发展提供资源基础的重要组成部分，水力发电则更是国家能源、电力的重要一环，而水电体制改革的路子也是同国家改革开放的总格局相一致的，因此，要使水电能作出更科学有效的贡献，必须服从和服务于国民经济、社会发展和改革开放的大局，继续坚持市场经济体制改革之路，把二、三十年行之有效的改革举措继续坚持实施，并在进一步的实施中不断完善。

（2）要进一步贯彻落实科学发展观，坚持“在保护环境的基础上有序开发水电”的方针。中央在水电开发上为贯彻落实科学发展观而提出的这个方针，是数十年进行实践而总结出来的。它符合我国既是一个水电资源丰富需要积极开发的国家，也是一个必须在发展中搞好环境保护，以免在建设生态文明过程中走弯路的国家。我国在水电发展的道路上面临的这样两个并存的现实，决定了应该有这样一个方针。在进一步的实践中，笔者认为，要处理好积极发展和保护环境以及开发的时效性和有序的科学性的关系，既要反对不按规划和计划，不顾环境的制约和保护，不遵循应走的程序而盲目的开发；也要防止以一些不恰当的提法，如“敬畏自然”、“保护原生态”等口号及对水电项目开发的过度环保要求而阻碍水电的积极发展。总之，发展和环保，积极和有序，这两者“度”的协调，是需要我们很好把握的。笔者以为，也是能够把握的。黄河、长江的水利枢纽工程所初步发挥的经济、社会和生态效益，足以说明。在黄河上，由于众多水利枢纽的作用发挥，多年来科学合理的调水调沙，已极大地扭转了黄河下游断流的状况，也初步的缓解了“悬河”的情况。我们也有理由相信，经专家多年论证即将建成的三峡枢纽和长江上游有序的开发，将不仅对经济、社会作出贡献，也将极大地发挥生态效益。当然，好的前景还需要我们在实践中不断地努力。

（3）要进一步坚持走有中国特色的市场经济之路，搞好宏观调控和微观搞活的有机结合。水能资源是国家重要的国土资源，其开发涉及国计民生和生态保护的诸多领域，应在坚持改革开放的前提下，把市场经济的宏观调控和微观搞活的两个方面很好地结合起来。近30年的水电体制改革已说明了市场运行的主体——各类企业的积极性十分重要，否则，快速开发水电所需资金的筹集、技术的进步以及规模的增加和质量的提高，在计划体制下是难以做到的。同时，国家的宏观调控，包括指导思想的确定、流域规划的统一、经济政策的导引，以及重大项目的审批及重要管理标准和重大技术标准的制定，都对水电的健康、有序的发展起着重要作用。

结合这二、三十年宏观调控的经验教训，笔者认为水电开发的宏观调控应进一步做好以下几点：一是要使水电开发与国家能源发展、水利建设和生态保护协调发展，尽力避免忽快忽慢、忽左忽右、大起大落的状况。尤其是水电建设的周期较长，更应从长远战略的角度进行协调平衡。二是进一步加强流域规划，不仅要重视大江大河的规划的深化，更要重视中小河流（大江大河的二、三级支流）的规划以及规划的科学性和严肃性，未经规划的流域和项目是不能上马的。三是在电力结构中，要抓住时机，发挥水电在结构调整中的重要和优先作用以及整个国家各相关区域电力的平衡，“西电东送”应继续坚持走下去。

（4）要进一步坚持以人为本、构建和谐的方针，做好水电建设中的移民工作和稳定工作。水电开发的成功、改革的深化都离不开地方政府和移民的支持。从更广的意义来讲，移民群众也是水电开发的参与者，应当享受改革发展的成果。这是几十年水电改革发展中一条非常重要的启示，也是我们必须树立的一个观念。应该说，大多数流域公司或项目的组织者都是十分重视移民工作的，并结合各地实际，认真落实国务院确定的移民政策，不少还结合新农村建设和城镇化的进程有所创新，实践效果也是好的。但确有少量的项目在开发中或政策不落实、不到位，使移民不满意，或在规划设计过程中不够周到，也有个别领导干部腐败以致引发不稳定的情况，而这些问题，都是应该也能够纠正或调整的。下一步，我们要进一步做好这方面的工作。

（5）要进一步搞好项目管理，完善水电企业的现代企业制度建设。在水电开发的市场经济运作中，“项目管理”是成熟的项目管理模式。经过多年来的实践，在项目的组织实施过程中，项目的组织者将各相关单位有机地结合在一起，为着共同的项目目标迈进，体现了一种和谐的生产关系；将各生产要素，如人力、财力、物力、设备等，按合理的建设流程，进行有序的组合，使得生产力的水平得以保证和提升；将管理的各要素，如安全、质量、工期、造价以及资源、环境和人群的健康等进行综合的协调平衡，保证了项目健康发展和设计指标的实现。上述三个方面，在项目的微观管理上既体现了生产关系和生产力的有机统一，也体现了人、环境和物的协调和谐。这样的项目管理需要我们进一步的总结，并在今后的项目管理上新的台阶，因为，项目管理是项目成败的关键，而项目的成败又是水电发展的基础，是水电体制改革的重要体现。在项目管理完善的基础上，更应进一步推动水电企业（业主、规划设计单位、施工企业、设备制造和科研单位）建立和完善投资多元、股份合作、运作规范的法人治理结构，向现代企业制度的方向迈进。这是水电体制改革深化的关键一环，值得我们为之努力。

（6）要进一步坚持“引进来、走出去”的战略，努力使中国的水电改革和发展与国际接轨。如前所述，在改革开放方针实施中，国际上先进的管理模式、先进的技术和先进的设备以至于资金的引入对中国水电的改革和发展起了重要作用。同时，特别是在近10年中，随着经济实力的增强和技术水平的提高，中国的水电企业（设计、施工、装备制造等）也走向了国际，不少发展中国家的水电项目都是由中国企业参与投标而中标承建的。这是中国水电改革开放的一个很了不起的成果，也启示在经济全球化的过程中，我们能与国际接轨，能够为全球经济的发展，特别是为发展中国家的水电开发作出中国人的努力和贡献。

有了信心和实力，有了初步的实践，可以展望，中国的水电企业、电力企业和投资者将以更开阔的视野，更科学有效的力度“走出去”，使中国的水电品牌在国际上打响。

水电体制改革是国家改革开放大潮中的一朵浪花，后浪还将继续推前浪，相信经过历史的总结和提炼，在建设有中国特色社会主义的进程中，水电的改革和发展将继续向前推进。

（摘自中国水力发电工程学会《改革开放三十年的中国水电》）

弘扬鲁布革精神　开创中国施工企业新局面

张基尧

回想起20年前在鲁布革曾经经历的困惑、碰撞、奋争和喜悦，回想起中国水电建设管理体制改革十月怀胎的艰辛，回想起一代人为寻求市场经济之路的苦苦求索和无私奉献，我的心情久久难以平静，由衷地为中国工人的爱国激情和博大胸怀感到无比骄傲，为我们伟大祖国改革开放取得的辉煌成绩而感到无比自豪。

鲁布革工程建设的场景，已经被尘封在历史的长河中。但是，工程建设者的开拓精神和辉煌业绩，以及几经辗转、奋争、感悟所得到的婴儿——鲁布革经验，已经被建筑业的同志们认可、传承、丰富和发展。今天，各自为战的专业化队伍已组建成航空母舰式的建设集团，不少企业已走向国际市场，并占有了相当份额，企业管理已经或正在与国际接轨，企业的科技水平和经济、社会效益得到极大提高。追根溯源，抚今追昔，我们不应忘记那些感人肺腑的历史，那场传统与进步的抗争，那些为此付出身心甚至生命的同志。

我们纪念推广鲁布革经验20周年，就是要弘扬鲁布革人的创新精神。在改革春风刚刚吹拂，建筑企业还处于传统禁锢的情况下，是鲁布革人以及全国建筑业的同志们利用鲁布革工程这个舞台，面对面与国际工程管理进行碰撞、摩擦、借鉴、融合，以炎黄子孙的刚毅和智慧，以中国人的执著和勤奋，勇于追求真理，敢于否定自己，进行了无怨无悔的心路搏击，创新探索。众所周知，创新是民族振兴的灵魂，是国家强盛的根基，是企业发展的动力。当前，世界多极化和经济全球化深入发展，科技进步日新月异，综合国力竞争激烈，国内经济体制深刻变革，社会结构深刻变动，利益格局深刻调整，企业发展面临诸多新矛盾、新问题。解决这些矛盾和问题，就必须进行体制创新、机制创新、科技创新、管理创新，而这些创新都来自于思想和理念的创新。我们学习鲁布革经验，就是要学习这种创新精神，面对纷至沓来的各种挑战，振奋精神，更新观念，探索规律，勇于实践。

我们纪念推广鲁布革经验20周年，就是要强化鲁布革人的市场意识。鲁布革人是从失败中逐步认识无情的市场法则的，经过几年辛勤准备的工程一夜间鸠占鹊巢，人们怨天尤人、哭天喊地都毫无作用，因为市场不同情弱者，市场也不屈从谩骂，市场是靠竞争获得的，而竞争是靠企业的实力，即以质量、信誉、成本为基础的。在当前社会主义市场经济不断完善的今天，已没有人否定市场的威力和竞争的作用。面对风云变幻的市场和日趋激烈的竞争，权钱交易、暗箱操作已越来越被社会所唾弃。在建筑市场日益规范的情况下，唯有增强科技实力，提高产品质量，发展企业信誉，降低工程成本，尊重业主意愿，和睦兄弟企业，才能不断拓展市场份额，创新企业形象。然后，以工程项目为平台，不断创新治理结构，加强企业管理，提高队伍素质，改善职工生活，实现企业发展与项目管理的良性互动，企业信誉与企业效益的同步提高，最终才能真正实现国家利益、企业利益、职工利益的统一。

我们纪念推广鲁布革经验20周年，就是要发展鲁布革人的经营理念。时间就是金钱，效益就是目的。大成公司员工从东京到鲁布革工地只要一天的行程，而那时候我们走这段路要五天！大成公司鲁布革指挥所开挖隧洞时宁欠毋超，我们是宁超毋欠。差距在那里，就在企业经营的目的是完成任务还是实现效益。在与大成公司的接触与磨合中，鲁布革人开始认识到没有效益的工作难以为继，他们开始转变观念，调整组合，设置效益目标，研究各种措施，并取得了初步效果。当前，企业效益的重要性已成为不争的事实，但对作为效益中心的项目管理仍有不少缺憾，点多面广，管理人员缺乏；分包转包、施工质量下降；生产要素组合不当、资源浪费；合同管理粗放、企业利益受损，还有企业管理层面上的机构重叠、效率低下、抚养人员多、管理成本高等问题，其结果是企业效益的增长远低于产值的增长，职工生活的改善仍低于社会人均生活水平的提高。管理是企业经营永恒的课题，是企业效益的源泉，我们要在集团化、集约化管理的基础上，调整产业结构，改革管理体制，减少管理层次，提高办事效率；要强化项目管理，优化资源配置，修改施工定额，建立奖惩制度；要加强合同管理力量，提高合同执行能力，完整施工记录资料，合理进行合同索赔及反索赔，通过企业及项目管理水平的提高，实现项目成本下降，企业及项目的综合效益不断提高。

我们纪念推广鲁布革经验20周年，就是要传承鲁布革人的求实态度。实事求是是马克思主义活的灵魂。想问题、办事情必须结合自己的实际。鲁布革人经历了组建学习外国经验指挥所、分离富余人员、实行差别工资的历程，结果是施工效率极大提高，但富余人员安置的困难，造成了单位掣肘、夫妻失和、所长辞职、指挥所夭折，事实教训了鲁布革人。中国的施工企业沿承着历史的沉积，肩负着政府的责任，承担着社会的负担，受制于体制、制度上的障碍。当前，随着经济体制改革的深化，政府已在为企业解枷锁、放包袱、给政策、添动力，但是，这些工作都不可能一步到位，企业的发展也不可能一蹴而就。针对我国建筑企业特点，我们在规划未来、拓展市场、发展企业、管好项目的同时，还要处理好企业与项目、在职与离职、前方与后方、发展与稳定的关系，在企业内部努力构建职工关心企业发展、发展成果职工共享的和谐氛围，弘扬企业精神，建设企业文化，提高职工素质，吸纳八方人才，逐渐提高企业的软实力，把企业间的竞争体现为科技竞争、人才竞争、管理竞争上，落实到社会效益、环境效益、企业效益中。

鲁布革经验的推广已经走过了20个年头。20年来，中国建筑业已发生了翻天覆地的变化。当时的鲁布革经验早已融入现代企业管理理念之中，并且不断丰富和发展。在几经奋争和阵痛之后，我们也已开始品尝体制改革的成果。然而，路漫漫其修远兮，吾将上下而求索。改革和发展没有尽头，企业及项目管理没有终点。我们要把学习鲁布革经验深化为学习鲁布革精神，面对国际国内建筑市场的诸多挑战，开拓进取，务实奉献，打造新型的企业集团，在国际建筑市场中再创中国施工企业的辉煌。

（摘自中国水力发电工程学会《改革开放三十年的中国水电》）

水电与中国

潘家铮

一、中国的水电资源

中国地势西高东低。主要河流发源于世界屋脊的青藏高原，奔流入海，蕴藏着得天独厚的水能资源。中国到底有多少水电资源可以开发，随着普查的深入，数据不断更新。过去有两个数据经常为人引用，即全国技术可开发的容量为3.78亿kW，年发电量为1.92万亿kW·h。经过最近的大复查，较可靠的数字是：我国内地部分水电的理论蕴藏容量为6.94亿kW（按8760运行小时计），年电量6.08万亿kW·h，其中技术可开发装机容量为5.42亿kW，年发电量为2.47万亿kW·h，名列世界之冠。

这次调查统计工作做得很仔细。首先查清13个“水电基地”的资源。所谓“水电基地”是指在水电资源富集的流域或地区内，划出开发条件最现实的干流河段（一般为中、下游河段）和部分支流段，根据查勘规划资料，布置梯级，确定各枢纽的容量和电量，加以统计。这是我国水电资源中最主要的组成部分。第二部分是上述流域、地区在“基地”范围以外的上游、支流中所蕴藏的资源，以及其他流域、地区内的资源。第三则是遍布全国的小水电。三者合计得到全国总数。水电资源暴露在地表，可以眼见耳闻，流量和落差的测定比较简单准确，因此数值可信度高。这和煤、天然气、石油等矿产资源不同，后者深埋地下，勘探工作量大而困难，地质储量和精查后能采出的储量有巨大区别，风险性当然较大。

还有一组数字称为“经济可开发量”（装机容量为4.02亿kW，电量为1.753万亿kW·h）。鉴于“经济可开发”的范畴取决于很多条件，随着形势的发展、科技的进步和油、气、煤价的不断攀升，会有所改变，因此不建议以此作为衡量标准。

在最新普查成果经国家正式公布后，建议以此作为统一口径。

二、中国水电开发的重要里程碑

2004年9月，随着黄河公伯峡水电站首台30万kW机组的投产，中国水电装机总容量突破了1亿kW，稳居世界第一位。这是一个具有历史意义的里程碑。9月26日，水电工程各领域老中青代表云集在母亲河畔公伯峡工地，举行了隆重的庆典。黄菊、曾培炎副总理亲笔写下热情洋溢的批语。尤其是许多白发苍苍、为水电事业作出终生奉献的老战士们更是心潮起伏、热泪盈眶。情景异常感人，将载入水电史册。

但即使是1亿kW，扣除抽水蓄能后，也只占可开发容量的17%。按电量计，其值更低（2003年水电发电量2830亿kW·h，占可开发量的11.4%）。可见今后开发任务之艰巨。可喜的是，在国家“大力发展水电”和“西电东送、南北互供、全国联网”的电力发展政策指导下，当前我国水电开发面临从未有过的大好形势。世界上最大的三峡水电站已有26台机组发电，不久将竣工。现在在建的水电中，20万kW以上的有4640万kW，大型抽水蓄能有720万kW。金沙江、大渡河、雅砻江、乌江、红水河、澜沧江、黄河等12个大水电基地正在全面开发建设。

在东部和沿海水能资源较少的地区，仍有不少中小型、低水头水能可以利用，还需兴建一大批高水头大容量的抽水蓄能电站，以解决调峰填谷问题。这样的开发规模不仅在我国是史无前例的，在全球也是史无前例的。预期到2010年和2020年全国水电装机容量将达到1.5亿kW和2.5亿kW，出现第二、第三个里程碑。届时，中国将建成无数称冠世界的高坝、长隧洞、巨型电厂和制造相应的机电设备，解决泥沙、消能、环保各种问题。中国无疑将成为世界头号水电大国和水电技术强国。中国的水电勘测、设计、施工、运行、管理、制造、更新改造等，都将跃居国际领先水平，为国家的经济发展和民族振兴大业作出重大贡献。这是不可阻挡的历史潮流。

但是，现在有人指出，开发水电也带来许多不利后果，要求停建大坝，重新考虑水电开发问题。那么，中国究竟要不要发展水电？这是一个必须分析清楚的问题。

三、中国面临的能源挑战

21世纪前叶，是我国经济腾飞和民族振兴的关键时期，尤其是前20年，我国国民经济总产值将再翻两番，全面建成小康社会，为今后的更大发展奠定基础。国内和国际上无数专家都在深入分析形势和各种可能。总的看法是：中国的和平崛起不可抗拒，但确实存在许多严重的制约因素。能否妥善解决这些问题，将决定中国的前途。当前的形势可以用国歌中的一句话来形容“中华民族到了最危险的时候”！

在诸多因素中，能源和电源的供应无疑是关键问题之一。预测到2010年，全国电力装机容量将达9.5亿kW左右，年发电量达4.3万亿kW·h左右，2050年装机容量可能达16亿kW。众所周知，我国一次能源以煤为主体，在近期内这一局面难以改变。试设想如果4.3万亿kW·h的电能全赖燃煤供应，则年需燃原煤约21.5亿t，不仅在资源、采掘运输上将遇到难以克服的困难，引起的环境污染也将无法想象。可以说，中国在21世纪中面临的能源挑战是世界各国中独一无二的。解决能源瓶颈是关系到我国能否健康、快速、可持续发展的重大问题。

在资源、采掘、运输和污染诸问题中，尤以污染问题值得注意。因为污染环境引起的后果是在不知不觉中积累而恶化的，不仅影响中国人民赖以生存的环境，也影响全球。燃煤产生的各项污染，包括排放废渣、烟尘、硫的氧化物、氮的氧化物及二氧化碳。对前面的几项，还可以增加投入、装置先进设备加以处理或减排，对二氧化碳则显得无能为力。因为常规燃煤就是通过碳的氧化取得能量的。姑且不说中国已面临的严峻的酸雨局面，二氧化碳无节制的排放导致的温室效应，究竟将产生什么恶果，已引起人们的无限忧虑，最近中美科学家发现青藏高原冰川的加速消亡，更敲起了警钟。总之，如何千方百计减少燃煤数量，以缓解资源短缺和减少相应的环境污染，实在已是当务之急。在讨论研究水电开发问题时，希望不要忽略掉这个大前提。

四、开发水电是中国必然的选择

了解中国面临资源短缺和环境污染两大难题的严重程度后，就能较好地理解大力开发水电的必要性。

水电的突出特点就是再生与清洁。虽然有些人士反对这一提法，但事实就在面前：只要太阳不熄灭，水能就能年年重生。水电不排放废气、废渣、废水，不排放二氧化碳。在国际权威性会议或论坛上，不论是1992年里约热内卢各国首脑会议通过的可持续发展全球行动计划（《21世纪议程》），或是2002年约翰内斯堡峰会上关于可持续发展的文件，或是2003年京都全球水论坛上都明确地把水电对入可再生能源之列。不仅如此，水电实际上是目前人类唯一能够大规模商业化开发利用的可再生清洁能源。当然我们应该不遗余力地研究发展太阳能、风能、地热等其他可再生清洁能源，但在可见的时期内其成本毕竟较高，数量毕竟有限，而中国恰恰拥有举世无双的水电资源，不考虑利用，就难以为人理解了。

有人觉得水电只占电力的20%，比例不够大。要看到20%不是个不足道的比例，而且不要忘记水电的再生性。如果2.474万亿kW·h的水能真能全部利用（实际上当然做不到），相当于每年可替代12.4亿t原煤或6.2亿t原油。利用100年就是1240亿t原煤或620亿t原油，利用200年就是2480亿t原煤或1240亿t原油，远远超过我国目前已精确查明的剩余可采矿藏，何况水电还有提高电能质量、安全和大量综合利用效益。

也有人认为反正还得烧煤，水电利用并不能彻底解决二氧化碳间题。其实二氧化碳排放量只要控制在一定数量下，是可以接受的。今后燃煤量不可能无限制增长，用水电及其他清洁能源替代了一部分燃煤后，就能达到这一目标。而且今后人们终能研究出不排放二氧化碳的煤能利用方法，只是需要时日，开发水电正可补这段时间的需要。

从以上分析可知，国家制定的电力发展政策：“大力发展水电，优化发展火电，适当发展核电，积极发展新能源”把水电排在第一位是深思熟虑后制定的一贯政策，是十分正确的。对中国来说，开发水电是不以人们主观意志为转移的必然的选择。

五、水电开发面临的制约条件

中国水电资源虽然丰富，但开发中也面临许多制约条件，有些具有共性，有些则由中国的具体情况产生。

在新中国成立初期，主要的限制条件是技术水平和装备水平。那时我们只修过几座几百千瓦到几千千瓦的小水电，施工机械极缺，甚至连混凝土的振捣器都没有，加上经济实力薄弱，要修建大水电站简直近于做梦。经过半个多世纪的奋斗，这一困难可以说已经过去，许多外国权威都认为中国工程师“能够在任何江河上修建他们认为需要的大坝和水电站”。当然，我们在创新、质量和管理上和国际先进水平还有差距，仍须继续努力。

其次是投入问题，尤其在计划经济时代，一切基建都由国家投入。水电开发集一次、二次能源建设于一体，要和江河打交道，与单纯为发电而修的火电厂比，投入较多、工期较长。尽管人们都明白这个道理，但在电力需求迅速增长的压力下，有限的资金总是先建火电厂，形成所谓“水火之争”。当年要上一个大水电，不知要经历多少次折腾啊！

这个困难在国家经济迅猛增长、综合国力极大提高、特别是电力体制深化改革后，业已成为过去。相反，出现了各大发电集团公司、独立发电企业和众多民营企业“跑马圈地”争相开发水电的局面，银行也踊跃投资，大中型水电开发出现了前所未有的势头。“跑马圈地”固然会导致人为划分势力范围和无序开发的后果，有待规范，但另一方面也极大地促进了水电开发，这是许多人当初难以想象的。

第三个制约因素是中国的降水在时空上极为不均，这对开发利用水电是不利的。降水在时间上的不均，不仅使河流在汛期和枯水期的流量有巨大差别，而且还会出现连续枯水年或丰水年的情况。当然可以修建水库进行调节，但所需库容巨大，投入和移民问题都较难解决。降水在空间上分布不均，水能集中在西部，和各地区经济发展不协调，需长距离超高压送电，导致投入增加、成本提高和其他许多问题。

第四个制约因素是淹没移民问题和对环境产生某些负影响。除低水头径流电站外，开发水电离不开修坝建库，总要淹没一些耕地，动迁一些居民，还会对生态环境带来某些影响。中国人多地少，生态环境脆弱，移民工作困难，这无疑要增加水电开发的难度，今后也许会成为水电开发中最大的制约因素。

下面拟对后面两个因素做些简单探讨。

六、电网离不开水电，水电离不开电网

为了解决我国降水量在时空分布上的不均匀问题，除了需修建必要的调节水库特别是龙头水库和尽量向附近地区供电外，主要的措施是将水电站纳入大电网统一调度运行。只有这样，水电及火、气、核各种电源才能都在最佳位置上发挥作用，取得最大综合效益；水电能量才能最大程度地被吸纳利用，从而最大限度地降低燃煤量。为此，设置一些重复容量也是合理的。

汛期水电量大，此时适值迎峰度夏，正可充分利用，而由火电、气电、抽水蓄能等承担峰荷。火电机组可安排检修、储煤。枯水期水电出力少，可以担任峰荷和安全备用，并安排维修，由火电、核电等任基荷。通过电网的优化调度，可使各种电源各得其所，水火互补，还可取得错峰效益。电网越大，越有利于灵活科学调度。地理上的分布不均问题，也可通过电网的加强、扩大直到全国联网得到解决。原能源部黄毅诚部长有一句名言：“电网离不开水电，水电离不开电网。”道出了此中真理。

显然，如果由各发电集团自由无序地各建电站，就很难使各种电源合理配置、优化电源结构并与电网建设结合、实施优化调度，所以全国的电源和电网建设必须在国家的统筹规划和宏观调控下有序进行，以实现国家意志和全局最高利益。当前，“西电东送、南北互供、全国联网、水火互济”的政策，正是国家意志的体现。

七、关于淹没和移民问题

开发水电需付出淹地和移民的代价，成为一大制约因素，也是许多人反对修水电的主要理由之一。土地当然是可贵的，尤其中国人多地少，更宜珍惜。但许多水电工程在淹地的同时，可以开垦出新的耕地，使下游荒滩变成良田，还可使大量低产田成为旱涝保收的高产田，在负面影响中仍有正面作用。再放开来想，几千年来，随着人口猛增，人与水争地愈演愈烈。如湖北本为云梦泽，千湖之省，现在所余无几，连洞庭湖都变成一条盲肠，后果严重。所以国家才要平垸、退田、还湖，那么不妨把建库视作另一种形式的还湖，是人对水的一些退让。水库的调节性能可远胜于湖泊或蓄洪区。

总之，有付出才有收入，为了取得水能，确要淹一些地，正如城市为了建立高新技术开发区需要拨出一定土地，甚至是单价极高的郊区良田（其代价不是淹没些峡谷中的土地可比的）。我们要从战略目光分析这个问题，不要简单地扣上“不可逆转的损失”而了事。当然，这绝不是说可以不重视淹地问题，应该尽一切努力减少淹地数量，可防护的尽量防护，临时用地要尽量恢复，要尽量造地和增产农业，争取以最少的土地代价取得最多的能源。今后主要水电资源在西

南山区，与取得的巨大能源相比，单位淹地量还是较少的。

与淹地伴生且更难处理的问题是移民，而且不应否认过去在左的思潮干扰和“改造自然、人定胜天”思想指导下，做过许多傻事，侵犯移民利益。这要引以为戒，坚决纠正，所以国家推行“开发性移民”政策。

移民工作十分复杂困难，哪怕只有百分之几的人未安排好，也会引起他们的痛苦和社会的不安定。但事在人为，就怕不认真。真正认真负责做事，问题是可以解决的。像二滩、水口等利用世界银行资金的工程，其移民工作就得到以严峻闻名的世界银行的肯定。关键：一是要有妥善而切实可行的安置计划，使移民确能迁得出、稳得住、逐步能致富，要结合大农业和城镇化改造妥善安置，不要总是走后靠、务农的一条路；二是要有合理和充足的费用，在严格监督下使用，确实要100%用到移民上；三是要负责到底，工程投产后继续关心支持库区经济发展，使移民在工程建设中受益而不是受害。今后主要水电站位于西南峡谷中，移民量相对较少，当地经济落后，人民贫困，正要借水电开发改变面貌，所以政府、人民都支持开发，我们不能辜负他们的支持，一定要做好移民工作。当然，我们也要反对脱离国情和现实的过高要求，投资几乎成为无底洞，使水电开发在经济上无利可图，在实施上困难重重，企业最后只能放弃，结果一害国家、二害地方、三害自己，这是极端近视和错误的做法。

八、水库淤积问题

我国许多河流输沙量较多，在自然条件下，冲淤平衡。建库蓄水后，水深增加，流速减缓，泥沙必然要沉积在库里。因此，很多同志认为水库寿命有限，迟早会淤满，后果极坏。例子就是三门峡水库。

在多沙河流上建坝，运行初期总是入库泥沙多于下泄泥沙，水库逐渐淤积，从库尾开始，逐步向坝前推进。经过若干年后，达到冲淤平衡，水库就不再淤积。这一段历时之长短，取决于河流的输沙量、水库条件和运行方式。我国经数十年的研究和实践证实，许多水库可采取“蓄清排浑”的运行方式，即在汛期流量和沙量较大时，利用低高程的排沙泄洪孔洞尽量泄洪排沙，到枯水期再把清水蓄起来，可以大大减少水库淤积量，像三峡水库要运行百年后才达到冲淤平衡。科学的运行方式不仅可减少水库淤积量，更重要的是，在达到冲淤平衡后水库仍能保持一定的有效库容。如三峡水库在冲淤平衡后仍有80%～90%的有效库容能长期发挥作用。从这个意义上说，三峡水库的“寿命”是永久的。当然，如果水库条件和运行方式不利，淤积期可能较短，能保留的有效库容可能不多，水库的调节作用将削弱甚至丧失，但抬高水位的功能仍在。上游库底已淤高，在靠近大坝处出现一个大漏斗，仿佛自然河道中有一个集中落差。此时，无非水电站变成径流式，仍可运行，如上游尚有调节水库，其功效并无大减。黄河上的盐锅峡、八盘峡、青铜峡不是仍在正常发挥发电、灌溉和供水作用吗？具体问题具体分析，水库淤积并不总等于水库死亡。

九、全面客观地评价水电对环境的影响

开发水电对环境会产生正负影响，过去对负面影响重视不够，解决不力，也是事实。所以成为一些人反对水电的重要理由。但把话说过头，有理也变成荒谬。一段时间内，报刊上发表了一系列的文章：《水坝惹是非》、《反水坝运动在世界》、《大坝时代已经结束》、《水坝热的冷思考》、《修建水坝带来的困惑》等以反建坝、反水电为时髦。我认为，不提或不愿提水电的巨大正面贡献，不看中国的国情，完全跟西方国家某些人的调子，在一顶笼统的大帽子下，罗列一些负面影响和反对意见，从而否定建坝和水电开发，既不客观全面，也是违反国家整体和长远利益的。

客观地看问题，就应该既看到建坝和开发水电的正面贡献，包括对生态环境的巨大贡献，也看到其负面影响。对于后者，具体工程各不相同，总的来讲，最大的问题是淹地、移民和淤积，这些在上面已简单讨论过。其次是对生态环境的一些具体影响，如：对鱼类、景观、文物、珍稀物种、卫生、地质灾害、局地气候等可以列出百余项。其中有些可以减免，有些可以补偿，有些可以拆迁保护，有的影响极为微弱或十分遥远，都需认真分析，下一个公正的结论，再采取有效的措施，不要笼统地宣称影响面广大深远，予以否定。当然，如果该工程确实弊大于利，相信也没有人要坚持做这种遗臭万年的事。

十、水电需要国家政策扶植

水电对国家有如此巨大的效益，其开发又受到众多条件的制约，因此要大力和有效开发水电、特别要开发大型、巨型水电，必须得到国家的扶植，不能完全寄希望于企业的逐利行为，研究世界各大国的水电开发史，都会得出这一结论。

所谓国家扶植，就是国家把开发水电作为能源政策的一个基础，在一定时期内，甚至是最重要的国策之一，像巴西就是这样做的。我国历届政府都确定“大力开发水电，优化发展火电，适当发展核电”以及“西电东送，南北互供，全国联网，水火互济”的电力政策，对水电开发起了

不可估量的支持作用。

但还需要更多的具体政策的支持，包括税收政策、融资政策、电价政策、移民政策等。中心意思是请国家各部委和各级政府认识到水电开发对国家的重大作用，在各方面予以支持，而不是把它作为利税大户，尽量从中取得好处，否则，大家视之为唐僧肉，都来“雁过拔毛”，这只雁肯定胎死腹中。

其实水电也并不要求国家给予特殊优惠，只要求给予公正的对待。例如，水电既是一次能源开发，那么给予其他一次能源开发行业的政策也应同样给予水电。水电既是清洁能源，那么不应违反常识地把水电排除在清洁能源之外，拒绝给予相应优惠。大水电的作用远远高于小水电，目前给予小水电的政策没有理由不同样适用于大水电。水电用水发电，无采煤等上游行业，这对国家是大好事，其增值税自应相应降低。水电既为清洁能源，就不能和严重污染环境的电能在同一个标准上“竞价上网”，否则就显失公平。水电是电力系统的重要调峰和保安手段，利用小时较低，就必须给以适当的容量电价和峰荷电价。水电的充分利用，能大大降低煤耗和污染，但水情又难预知，因此对洪水期水电和“计划外水电”应扶植收购，不应拒之门外或以极低价收购。水电开发实际上也是给库区人民和经济的发展创造条件，所以应该充分理解相互支持，这就需要一部翔实可行的移民法……这些道理不是非常清楚的吗?

不幸的是，实际情况往往难以尽如人意，有的甚至是背道而驰，为开发水电制造种种阻碍。如果说中国的水电开发最后并不理想，这恐怕是最大原因之一了。例如说向水电征税的问题，听说有关部门要征收“水资源使用税”，而水力发电仅仅让水从水轮机中流过，利用了其能量，既未耗用一滴水，更未污染半滴水，却要征收资源税，来抬高水电成本，这合理吗?按此而论，什么风电、太阳能、生物能不是更应上资源税吗?更难想象的是，为开发水电，在山里挖了几个地下洞室来安装水轮机，听说也有人动脑筋要征收“房产税”，这真让人啼笑皆非。希望有关部门以大局为重，莫使人民有“而今只剩屁无捐”之叹!

十一、结论与展望

中国人民具有克服任何困难的传统和能力，我们对中国能解决能源问题具有信心。中国的水电开发更是前程似锦。中国会妥善解决开发中出现的一切问题，2010年和2020年中国水电装机总容量将登上1.5亿kW和2.5亿kW的新高峰，到2050年前后，中国境内技术可开发的水电资源绝大部分将得到利用，为中国的经济发展和全球的环境保护作出巨大贡献。

中国将同样努力地利用核能，开发风能、太阳能、生物能和一切清洁能源，连同水能，成为支撑中国能源的半边天。煤仍然是中国的主要一次能源，但中国将实施煤的清洁利用、高效利用、转化利用，直到实施包括二氧化碳在内的近零排放。

其后，我们可以向大海、月球取得能源和实现可控核聚变，最终解决能源供应问题。但我相信，到那时，中国的水电站仍将欢快地运行，中国仍将是一个清洁、高效、节俭、文明的社会，因为中国实行的是有中国特色的社会主义。

（摘自中国水力发电工程学会《改革开放三十年的中国水电》）

以三峡工程为载体　坚持技术引进消化吸收再创新

李永安

三峡工程以“高峡出平湖”的宏伟气势令全世界瞩目，不仅工程总量和装机容量位居世界第一位，而且是当今世界技术水平最高的水电工程。更为重要的是三峡工程充分发挥国家重大工程对技术创新的带动作用，走出了一条有三峡特色的引进消化吸收再创新的成功路子，实现了我国水电装备技术水平和自主创新能力的新跨越。

一、通过引进消化吸收形成自主创新能力

首先，充分发挥业主统筹协调的主导作用，以市场为导向，搭建了国际化的竞争平台。三峡工程设计安装26台70万kW特大型水轮发电机组，机组尺寸和容量大，水头变幅宽，设计和制造难度居世界之最。当时，我国只有自主设计制造32万kW水轮发电机组的能力，远远落后于世界先进水平。按照国家的部署和安排，在认真分析国际水电市场供求关系的基础上，于1996年6月宣布三峡左岸电站14台70万kW机组一次性进行国际招标采购。巨大的市场需求吸引了掌握世界水电装备前沿技术的多家制造商竞相投标。三峡机组国际招标成为世界水电装备技术最高水平的展示和较量，被誉为全球的“水电奥运”，达到了对世界最先进技术和装备比选的目的。

其次，坚持以我为主，把引进技术摆在比引进装备更重要的位置，从引进之初就重视消化吸收再创新。在招标文件中明确提出了“三个必须”：投标者必须同意与中国制造企业联合设计、合作制造，并对供货设备的技术和经济负全部责任；投标者必须向中

国制造企业全面转让核心技术，培训中方技术人员；中国制造企业分包份额不低于合同总价的25%，14台机组中的最后2台必须以中国企业为主制造。三峡总公司支付了1635万美元的技术转让费，并在合同执行过程中，通过合同中的经济约束条款，根据技术转让的进程和执行情况分期支付，确保核心技术转让完全到位。

最后，对国内制造企业实现引进技术的消化吸收再创新提出明确要求和具体措施，避免走“引进、落后、再引进、再落后”的老路。瞄准世界一流技术水平，站在更高的技术起点上，全面提升自主创新能力，为未来参与国际市场竞争打下坚实的基础。哈尔滨电机厂有限责任公司和东方电机股份有限公司作为技术受让方，全力做好关键技术、制造工艺、质量管理的引进和消化吸收。三峡左岸14台机组合同执行结果为：国内制造份额达到50%以上，后4台机组由哈电和东电为主制造，投产后各项运行指标均达到设计要求。

二、坚持以自主创新提升我国水电产业整体技术水平

在国外先进技术的高起点上，三峡工程相关企业在较短的时间内形成了自主创新能力。哈电和东电紧紧抓住历史发展机遇，把参与三峡左岸电站机组设计制造作为步入世界一流的契机，向国外合作伙伴派出了最强的技术力量，全过程参加机组的设计、制造、安装和调试，培养和凝聚了一批素质高、业务精的技术骨干；建立了国际一流的高精度水轮机模型试验台；配置了一批配套齐全的国际精尖加工设备，使加工检测达到数控化、精密化和集成化。哈电、东电完全掌握了特大型机组整体设计与制造的核心技术和关键工艺，在此基础上，向更高技术水平冲刺，形成了水轮机水力设计、定子绕组绝缘、发电机蒸发冷却等具有自主知识产权的核心技术，在水轮机高水头稳定性上有了较大的技术突破。

2003年，三峡右岸电站12台机组招标给哈电和东电创造了第一次与国际水电巨头同台竞争的机会。哈电、东电凭借自主创新形成的核心竞争能力，各自承担了4台（套）水轮发电机组的设计制造任务，用7年的时间顺利完成了从左岸机组分包商到右岸机组独立承包商的重大角色转变，标志着我国自主设计、制造、安装特大型水轮发电机组的时代已经开始，水电重大装备实现了30年的跨越。

除水轮发电机组外，在直流输电设备、主变压器、电站及梯调计算机监控系统等重大装备的国际招标中，三峡工程同样通过技术转让和引进，使大批国内企业在引进消化的同时提高了自主创新能力。

三、政府的政策引导和企业自主精神是实现三峡自主创新的有效保障

国家作出重大决策并给予政策上保障，从根本上奠定了三峡工程特大型机组走引进技术与自主创新相结合的路子。在三峡工程建设初期，国务院三峡工程建设委员会从全局和战略高度出发，作出了“技贸结合，技术转让，联合设计，合作生产”的重大决策，明确提出依托三峡工程，在引进技术和装备的基础上消化吸收实现自主创新，全面提升我国机电装备制造业自主发展能力和水平。

国家对自主研发的长期支持和技术积累，为引进技术的消化吸收再创新奠定了坚实基础。在研发能力方面，从“六五”到“十五”，国家在重大科技攻关计划、重大技术引进项目中，连续安排了三峡工程的重大装备项目，组织国内制造厂、科研院所和高等院校对三峡机组的关键技术进行科技攻关。在制造能力方面，国家通过技改计划，投入近8亿元资金，支持哈电和东电进行技术改造。

三峡建设者始终抱有振兴民族产业的强烈责任感和跻身世界一流的创新魄力，形成了以企业为主体，科研、设计和制造相结合的技术创新体系；培养和锻炼了一支勇于创新的队伍和一批创新型人才；具备了研究设计制造特大型水轮发电机组的自主创新能力；我国水电建设和产业发展跃居世界先进行列。

三峡工程引进消化吸收再创新的实践表明：国家重大工程是自主创新的载体，也是自主创新的主战场，推进行业科技进步和产业发展是国家重大工程的社会责任；企业是自主创新的主体，企业首先要具有自主创新的意识；必须处理好引进技术和自主创新的关系，坚持在消化吸收中提高自主创新能力和核心竞争能力。

（摘自中国水力发电工程学会
《改革开放三十年的中国水电》）

对我国水电发展的思考

晏志勇

能源是现代经济社会发展不可或缺的重要保障。水电是世界公认的目前最具备规模发展条件的清洁可再生能源，也是我国相对并不丰富的能源资源的重要组成部分。我国的水电发展经历了由小到大、由弱到强的历程，特别是改革开放30年来，随着国家经济社会的快速发展，水电也以令世人瞩目的速度发展，从2004年起我国水电装机容量就居世界第一位。但

是，我国水电目前面临了一些问题，使其发展几乎处于原地踏步的局面。因此，需要以科学发展观为指导，对有关问题进行认真的思考。

一、水电资源及其战略地位

（一）资源概况

我国的水电资源丰富，总量居世界第一位。根据国家发展改革委2005年发布的全国水力资源复查成果，我国水电资源理论蕴藏量装机容量6.94亿kW（按平均功率计），理论蕴藏量年电量6.08万亿kW·h；技术可开发装机容量5.42亿kW，技术可开发年电量2.47万亿kW·h；经济可开发装机容量4.02亿kW，经济可开发年电量1.75万亿kW·h。

我国的水电资源具有区域分布不均并富集于数条大江大河、江河径流季节分配极不均衡的特点。

在区域分布上，我国的东部地区（13个省、市）拥有的水电资源占全国总量的8%，中部地区（6个省）占11%，而西部地区（12个省、市、自治区）高达81%，并且在西部地区的金沙江干流中下游、澜沧江干流云南段、雅砻江干流中下游、大渡河干流、怒江干流中下游、黄河干流上游及中游北干流、南盘江红水河干流、乌江干流就富集了经济可开发容量2.05亿kW，占全国总量的51%，易于开发建设大型水电能源基地。这样的水电资源区域分布，加之东部地区其他能源资源也短缺，决定了我国的水电开发需要按“西电东送”的格局进行。

我国因受季风气候影响，江河的径流在季节分配上极不均衡，汛期半年的水量占全年水量的70%～80%，而枯期半年仅占20%～30%，从而导致汛期洪水频发、枯期水又难以满足需要，并使得水电汛期出力大、枯期出力小。这就需要兴建水库，通过水库的调节，一方面提高水电的发电质量，另一方面可提高进行防洪、枯期供水和灌溉能力及改善航运条件等。

（二）战略地位

我国的常规能源资源由煤炭、水电、石油、天然气等组成。根据有关资料，到2007年底，我国常规能源资源剩余探明储量为：煤炭1145亿t，石油21亿t，天然气1.88万亿m^3，水电（按经济可开发量、使用100年计）175万亿kW·h。折合成标准煤分别为817.87亿t，30.0亿t，25.0亿t，581亿t（水电按2007年全国火电平均发电标准煤耗折算）。由此可以看出，我国的常规能源资源是以煤炭资源为主，占总能源的56.2%，水电资源仅次于煤炭居第二位，占40.0%，而石油和天然气相对较少，分别仅占2.1%和1.7%。因此，水电资源是我国常规能源资源中十分重要的组成部分。

2007年我国的常规能源生产和消费中，煤炭所占的比重分别为77.7%和70.4%，远远高于世界平均水平，居于世界各国前列。这一方面是由我国的能源资源结构所决定的，另一方面我国能源发展面临的环境压力，特别是应对气候变暖的压力十分巨大。然而，到2007年底，我国丰富的水电资源的开发利用程度，按技术可开发量计仅为27.3%，按经济可开发量计为36.9%，远低于发达国家水平（平均为60%以上，美国、日本、法国、挪威、瑞士等国均在80%以上），具有很大的开发潜力。煤炭、石油、天然气等化石能源资源是不可再生的，开发利用一些就会少一些，而我国人均化石能源资源仅约为世界人均的3/4，更显宝贵。水电是清洁可再生能源资源，但不开发利用它就随着江河之水白白流失。因此，尽早大力开发利用水电，在像我们这样人口众多、化石能源资源相对较少、又处于快速发展且环境资源压力较大的国家实现能源可持续发展中具有十分重要的战略地位，也是在相当长的时期内无法替代的选择。

我国的电力生产主要依靠燃煤发电，2007年全国发电量32 644亿kW·h，其中燃煤发电为27 207亿kW·h，占83.3%，水电为4714亿kW·h，占14.4%。如果不利用水电，主要或只能用燃煤发电替代，那么就得多消耗煤炭1.57亿t（占当年全国煤炭生产总量的6.2%），进而多产生CO_2 2.69亿t。因此，大力发展水电对减轻我国能源和电力发展的环境压力、应对大气变暖，有着十分重要的作用。

此外，随着水电的发展，修建的水库为我国的防洪、灌溉、供水、航运等作出了十分重要的贡献。

二、水电发展概况及其发展规划

（一）发展概况

我国大陆的水电发展起步于20世纪初，在外国技术人员的帮助下，1912年在云南建成了第一座水电站——石龙坝水电站，装机容量仅480kW。之后的几十年，由于旧中国的贫穷落后，我国的水电几乎没有得到发展，至1949年，包括由日本人为了进一步掠夺中国而建设但未建完且留有众多质量隐患的丰满水电站在内，全国的水电装机容量仅为16.3万kW，水电开发水平十分低下。

新中国成立后，我国的水电事业得到了较好的发展。新中国成立初期，水电建设者在旧中国一无技术能力、二无施工能力、三无制造能力的基础上，经过艰苦卓绝的努力，于20世纪50年代末60年代初就自行设计、自行施工、自行制造成功建成了我国第一座大型水电站——新安江水电站。之后，虽然也经历了不少的曲折，但我国的水电仍然得到了一定的发展，到1978年底，全国水电装机容量达到了1728

万 kW。

改革开放 30 年来，随着国家经济社会的快速发展和改革的不断深入，我国在水电发展中先后较好地解决了技术、资金、市场和体制等制约问题，以超过每 10 年翻一番的速度发展，取得了令世人瞩目的成就，到 2007 年底，全国水电装机容量达到了 14 823 万 kW。从 2004 年起，我国水电装机容量就一直位居世界第一位。在快速发展的过程中，我国水电建设者通过不懈的努力，认真吸取世界上水电建设的先进经验和技术，并结合工程实践不断地开展科技攻关，成功地解决了水电工程中一系列世界级技术难题，在高坝工程技术、泄洪消能技术、地下工程技术、高边坡工程技术、现代施工技术、大型机组制造安装技术、水电站运行管理技术、远距离大容量超高压输电技术等方面，取得了创新性的突破，已建成和正在建设一批大型和世界级特大型水电站，使我国水电发展的技术水平达到了世界先进水平，并在不少方面处于领先地位。

改革开放 30 年来，在水电快速发展的同时，我国越来越高度重视水电开发的环境影响和移民问题，制定了一系列政策法规，采取了许多有效措施，不断减小水电开发产生的负面影响和解决移民安置中存在的问题，取得了较好的成效。

（二）发展规划

根据国家可再生能源中长期发展规划，水电的发展目标为 2010 年装机容量达到 1.9 亿 kW，2020 年装机容量达到 3 亿 kW。按照这一规划目标，13 年需新增装机容量 1.52 亿 kW，平均每年约需新增 1200 万 kW。应该说，继续按照规划，通过重点开发金沙江、雅砻江、大渡河、澜沧江、黄河上游和怒江的水电资源，这个规划目标是完全能够实现的。

三、水电发展面临的问题及分析

我国的水电经过了近 30 年的快速发展，但目前却处于几乎是原地踏步的局面，时至 2008 年末，国家仍未核准一个大中型常规水电站新开工建设。为了应对当前的世界金融风暴，国家采取了许多重大措施拉动内需保发展。水电站建设的产业链很长，对拉动内需作用很大，但却不在其列，据说是因环保、移民、地震等问题所致。笔者认为，环保、移民、地震是水电发展面临的问题，但不应该成为制约水电发展的因素。

（一）关于环保

水电在提供清洁能源的同时，的确也造成一定的局部的环境影响问题，正如人类的任何一个活动都会对自然环境产生不同程度的影响一样。关键在于如何认识、如何权衡。正确的认识必须源于准确、全面的信息，有了正确的认识，才能有正确的权衡和正确的决策。

准确、全面的信息只能来源于科学的分析、评价。目前，对水电发展的环境影响的分析与评价存在一些偏颇。一方面，少利用 1kW·h 水电，就需多燃烧约 0.5kg 的煤炭、多产生 0.8kg 的 CO_2；少 $1m^3$ 的水库库容，就会少 $1m^3$ 的防洪库容或少 $1m^3$ 的枯水期供水能力，这些都直接关系到经济社会的发展和人民群众的生活；另一方面，水电开发对鱼类、物种和当地文化等产生一定的影响是客观存在的，但是这些影响究竟会对人类社会可持续发展产生什么后果却连专业人士都还不得而知。随着时间的推移、环境的变迁，已有的物种（包括鱼类）在消失，新的物种（包括鱼类）在产生，这是大自然的规律。在历史的长河里，人类的文化也遵循着优胜劣汰的自然规律在发展。不是任何自然的、原始的都必须保护，因为保护也是要付出代价的。怒江水电开发因环保的争论一放就是 5 年，因此而付出的经济社会包括环境的代价又应如何评价。因此，不能简单地因水电开发可能要对鱼类、物种和当地文化等产生一定的影响，就制约水电的发展。

近年来，水电的环境问题在我国引起了广泛的议论，并已直接影响到政府的决策。环境问题容易引起社会公众的关注，容易引人遐想，因此，社会公众所拥有信息的准确、全面至关重要。这场持久并影响到政府决策的议论是由一些媒体和一些 NGO 组织引起的。想一想在此之前和在此期间，我们的社会公众有多少人了解我国的能源状况和发展面临的压力，有多少人了解水电在我国能源的地位和在经济社会环境中发挥的作用，有多少人了解三峡除发电之外还具有更为重要防洪作用和显著的航运效益，有多少人了解我国一直在为解决好水电开发造成的环境问题采取了许多有效措施，有多少人了解西部深山峡谷地区的环境社会经济的实情，有多少人了解世界水电发展的真实情况。正是因为信息的不准确、不全面，才会出现认为重庆干旱和洪水都是三峡工程对降雨的影响所致这种荒谬的推论，才会出现一些原本反对开发怒江的人到怒江看过之后就改变了看法的事实。只有把准确、全面的信息告诉大家，才可能形成科学的议论，进而达成科学的共识。

应该说，过去我国在水电开发中确实存在一些对环境影响不够重视的问题。但是，近 20 多年来，国家和水电开发者都越来越重视水电开发中的环境保护，采取了许多有效措施解决环境影响问题已取得实效，二滩、公伯峡等水电站近两年先后被评选为“环境友好型工程”就是实证。笔者认为，水电开发的环境保护还能做得更好，我国实现可持续发展需要大力开发水电，统筹兼顾的环境保护应该是促进而不是制约水电发展的因素。

（二）关于移民

水电站建设不可避免要占用（淹没）一些土地并要移民，但因数量较大而使得水电工程移民较其他工程难度更大。首先应该指出，水电站占用（淹没）土地不像其他工程只是单一的占用土地，水库淹没土地后，因水库的调节作用可以提高下游灌溉面积、提高作物产量，水库的防洪作用能够保护下游的土地和城镇、设施等，而这种综合的投入产出功效在各种评价中往往被忽略，或未被人认知。

我国的水电工程移民的确存在一些问题，不少工程时有移民事件发生，让人望而生畏。近年来，为做好移民安置，投资成倍增加（水电工程移民投资与其他工程相比已够高了），措施不断加强，但问题还是越来越严重，根本原因究竟在哪里，众说纷纭不得其解，最后只能怪“都是水电惹的祸”。如果是水电开发企业的原因，这好办，制定法规，企业可以照办。但笔者认为，要从根本上解决好移民问题，关键在于相关法规的进一步建立健全和政府工作的进一步到位。具体需要按照“以人为本”的要求，以“移得出、稳得住、逐步能致富”为目标，切实编制并实施好移民规划；正确处理好移民、水电企业、地方发展的利益关系；尽快建立移民、水电企业、工程所在地区、工程受益地区之间合理的利益共享机制。我国有非常优越的社会主义制度，相信一定能够解决好移民问题。

（三）关于地震

“5·12”汶川特大地震，震区的水电工程经受住了举世罕见的强震考验，包括距震中很近的紫坪铺面板堆石坝（坝高156m）和沙牌混凝土拱坝（坝高131m）。虽然震区水电工程受到了不同程度的震损，主要是变电、输电架构和送出线路的倒塌、送电中断；机电设备、仪表、通信、备用电源的损坏；边坡崩塌，交通中断；泄洪设施的闸门、启闭机或结构破坏，导致不能正常启闭泄洪；引水系统的露天部分，如进水口塔架、压水管道也有个别遭掩埋、损毁情况，可是没有一座水电站因其受到震损而产生次生灾害，一些电站震后很快就恢复了发电，这证明了我国水电工程设计和建设具有世界先进水平。应该做的就是根据国家有关部门的要求，认真总结经验教训，进一步提高水电建设的技术水平，把我国水电工程的防震抗震能力提得更高，使工程更加安全可靠。因此笔者认为，地震问题不应该成为制约水电发展的因素。

四、促进水电科学发展的措施建议

（1）从国家能源可持续发展战略层面上研究水电开发问题，明确水电在我国能源中的地位，即水电需不需要开发，需要怎样开发。有关部门应该将水电的环境影响问题纳入国家整个经济、社会、环境整体系统进行研究，以保证按“两利相权取其重、两害相权取其轻”进行科学评价，避免片面。同时，应及时将有关信息准确、全面地告之公众，以正确引导社会舆论。

（2）进一步转变水电发展的观念。第一，水电开发的规划设计应从根本上由“充分开发利用”转变为“合理开发利用”，对于经综合论证应保护或不能淹没的河段应放弃开发。第二，在工程规模确定、枢纽方案选择、施工及建设工期安排等方面，不能单纯追求经济效益，应充分考虑尽量避免或减少对环境的不利影响、减少移民搬迁和保证移民安置所需要的必要时间。第三，电站运行期不能单纯追求发电效益最大，应该充分考虑尽量避免或减少电站运行对下游的不利影响，考虑水库和水资源的综合利用。

（3）进一步研究明确水电开发程序，以规范开发行为，真正实现有序开发，保证工程建设的顺利进行和工程质量。

（4）进一步系统研究移民和环保存在的问题，完善政策法规和技术标准，明确各方责任和工作机制，以保证做好移民安置和环境保护工作。特别是移民安置，必须将“以人为本、构建和谐社会”的理念贯彻始终。

（5）尽快理顺电价，实现国家早已提出的同网同质同价。当前，全国水电平均上网电价与燃煤火电相比约低0.1元/（kW·h），实为不合理，应该实现同网同质同价，将水电增加的收入有效用于进一步做好移民安置、环境保护和促进所在地的经济社会发展上。按2007年全国水电发电量和燃煤火电平均上网电价计，水电每年可增加收入470亿元，对全国总的平均电价影响仅为0.014元/（kW·h）。

（6）水电资源是国家所有，是否实行有偿使用应由国家统一研究决定。水电资源是我国多种重要资源之一，并分布在全国各地，资源是否征收有偿使用费应该从国家层面根据国家发展战略、资源的珍稀程度和使用价值来系统研究确定。如果由哪一个地区来确定对哪一种资源征收有偿使用费，容易引起全国各地区、各种资源的平衡问题，也会影响国家对资源合理开发的掌控。如果征收水电有偿使用费也是用于做好移民安置、环境保护和促进所在地的经济社会发展（此方法是非常值得研究的），加之政府确定的征收费用本也应反映为资源开发成本并最终体现在产品的价格，那么，在征收资源有偿使用费涉及的众多问题未能系统解决之前，应先利用现有的电价空间，通过实现同网同质同价方式来反映水电开发为进一步承担好移民安置、环境保护和促进所在地的经济社会发展应增加支付的成本，并对由此增加的水电收入制定合理的使用方向。

（摘自中国水力发电工程学会《改革开放三十年的中国水电》）

水电专业技术发展情况

改革开放30年我国水力发电科技进步

郦凤山　李　新　杨伟国

新中国成立以来，尤其是20世纪60年代后，我国为了国家安全、能源安全、防洪安全和经济安全，本着治水安邦平天下的思路，精心规划了十二大水电基地，着手建设20座大型水电站，进而打造了全国水电发展的战略新布局。根据国际国内形势需要，加快“三线”建设任务，要求全国水电工作者们快建工程多献电能。在此形势下，一个个基地，一个个流域，一个个电站，一个个丰碑耸立在中华大地。一道道科技难关，一项项重大突破，一批批优秀成果，形成了巨大的生产力，星罗棋布的水电站，展示在世人的面前。这就是光荣水电人的历程，也是改革开放30年水电大发展的基础，人们的智慧，科技的创新，为水电跨越式发展和前进保驾护航。

一、改革开放——迎来了我国电力科学第二个春天

我们伟大的祖国在20世纪70年代末，又迎来了科学的第二个春天。在1978年5月党中央召开了“全国科学大会”，标志着科学春天的来临。时任国务院副总理的邓小平在全国科学大会上强调“要实现农业、工业、国防和科学技术现代化，关键在于实现科学技术现代化”，作出“科学技术是第一生产力和中国科技队伍是工人阶级的一部分”的英明论断。时任中国科学院院长的郭沫若在大会闭幕式上讲话提出“这是革命的春天，是人民的春天，是科学的春天，只有社会主义才能解放科学，也只有社会主义才能建设中国，科学需要社会主义，社会主义需要科学”。邓小平和郭沫若的讲话鼓励了广大科技界在科学春天里奋勇献身，勇攀世界科学高峰。1978年12月具有伟大历史意义的中国共产党第十一届三中全会召开了，从此，我国进入了改革开放的新时代，踏上探索发展科技的新道路，酝酿发展科技的新体制。1985年初，中央发布了《中共中央关于科技技术体制改革的决定》，从此，我国科学技术体制的改革进入了有领导、有组织的全面改革。在改革的大潮下，开始对我国现有科技发展目标和任务进行一系列重大调整，在中央决定的指导下又先后制定了“星火计划”、“863计划”、“火炬计划”、“攀登计划”、“重大项目科技攻关计划”和“重大科技成果推广计划”等一系列重要计划，形成了新时期科技工作的大格局。电力行业，也先后制定了“六五”、“七五”、“八五”、“九五”电力科技发展规划和计划，并把电力科技的重点项目和内容，诸如三峡工程、大型水力发电工程、超高压输电工程等和新能源发展等关键工程和关键技术的科技攻关项目纳入了国家科技发展计划之中。

电力行业的科技改革和发展，是在国家科技体制改革方针，全国科技大格局和全国科技大规划、大计划的指导下，研究和部署科技新体制、新格局、新任务和新课题。着手整合科技资源，调整科研布局，结合电力工业的特点和远景发展要求，把“文革”期间失散、过度分散的科研力量进行重组。在全国布局、专业配套，大分散小集中的原则下，规划布局了电源和电网若干个科学研究中心，建立几个重点研究基地，分别在北京、西安、南京、武汉及苏州建立起国家级研究中心。

此外，为了开展长江三峡工程重大技术研究，分别在宜昌、武汉、南京和北京建设五个综合性研究基地和试验中心。通过新一轮的科研资源整合和重组，建立起专业齐全、结构合理、分布适度、运行顺畅的新的科研组织体系。通过这些科研基地的建立，为我国电力科学技术发展和振兴提供了强有力的支持，保障了我国电力工业科技事业的健康发展，优化了科技资源，为电力科技事业可持续发展，为21世纪科技腾飞奠定了基础，为建设创新型国家作出了贡献。

二、水力发电工程技术攀登世界科技的最高峰

“中国水电甲天下，电力排头搞四化”这是一代伟人对我国水电事业诗景般的评价。改革开放30年

中，中国水电科技伴随着电力建设的发展和所取得的累累硕果，充分体现了“世界水电在中国，中国水电冠全球”。我们的成就和科技进步吸引全球同行的目光，得到了他们的认可和好评。中国水电在改革开放的大潮中，走出了技术、资金约束的困境，今天我国工程技术人员和建设者有能力、有思想、有丰富智慧及想象力，可以在中国境内任何一条河流上建成他们认为有必要的任何工程。这既是科学技术的创举也是科学技术和创新的展示。我国超高压输变电技术的快速发展，把我国的输电事业跃升到现代科学技术成就的最高峰，为我国电力科技作出了前所未有的贡献，更为水电建设事业和科学技术发展提供了广阔的市场需求，为技术开发搭建了平台。中国水电人，感谢这个改革开放的伟大时代，感谢这片土地，感谢电网事业跨时代的发展。

水力发电科学技术的发展，主要是依托国家重大工程建设，在面向依靠、攀高峰思想指导下，本着有所为有所不为，重点突出，急工程所急，全面服务于工程建设和运行的原则，以求使水电工程能够立足于安全、高效的基础之上。以下简介改革开放30年来几件重点科技进步大事。

（一）完成了我国水力发电资源的复查和资源量新评估

我国水力发电资源总量的新复查和新评估，是在2000～2003年期间。全国组织1000余工程技术人员，历时3年，对我国大陆境内源理论蕴藏量10MW及以上的河流3886条进行复查工作。复查结果：大陆水力资源理论蕴藏量6.944亿kW，技术可开发装机容量为5.416亿kW，经济可开发装机容量为4.0179亿kW。同时，对台湾省的水力发电资源进行了考察，台湾省水力资源理论蕴藏量为1165.2万kW，技术可开发装机容量为504.8万kW，经济可开发装机容量为383.5kW。这次的复查成果是基于大量室内外测量调整和卫星遥感技术精确分析和计算得出的。

本次复查较前次增加了867条河流的资料，其理论蕴藏量增加了6.7%，技术可开发装机容量增46.4%，成果可信度高，可供我国能源发展长期规划之用。

我国沿海海岸曲折漫长，北起鸭绿江口南至北仑河口全长18 000多km，如果把沿海5000多座岛屿的海岸线计算在内，则海岸线总长32 000多km，蕴藏着丰富的潮汐能。1978年开始进行第二次普查工作，着重于可开发装机容量500kW以上的站点，进行研究和评估。截至1983年，对我国沿海156个海湾和33个河口，选出了可装500kW及以上的潮汐站站址共191座，年发电619亿kW·h，相应可开发装机容量2158万kW。

我国地域辽阔，山川众多，地形起伏大，不仅常规水能资源丰富，而且抽水蓄能发电资源也相当多。据全国23个省市区初步研究和普查，已查明的优良抽水蓄能电站站址250余处，总装机容量可达3.1亿kW。其中都是工程技术经济指标优越，开发价值高，能满足我国能源发展和优化结构及电网运行需要的站址。

（二）高混凝土面板堆石坝（CFRD）

混凝土面板堆石坝（CFRD）是一种年轻而富有竞争力的坝型，具有安全性、经济性和适应性良好的特点，深受坝工界的好评。该坝型对筑坝坝址地形、地质、恶劣自然条件和筑坝材料的适应性大，同时还具有投资省、工期短、运行安全等优点。自1980年我国开始学习国外先进技术和经验，同时重视自主开发，并将此项新技术列入国家科技攻关项目和国家自然科学基金项目进行研究。30多年来，我国CFRD的发展起步虽难，但起点高，发展快，创新力度大，成绩显著。现在，我国已具备强地震区、深覆盖层、深风化层、岩溶地区、窄谷峡谷高边坡、河道拐弯不对称地形及严寒地区建CFRD坝的技术；在坝体材料的采用上，突破了不少规范，在软岩坝料的采用上也有不少突破。截至2007年底，我国已建成高于30m及以上有160座，高于200m及以上有40余座。已建成的天生桥一级CFRD坝高178m，面板总面积17.27万m^2，坝体体积1780万m^3。不久前建成的水布垭CFRD坝高233m，属世界最高的CFRD。可以说，我国的CFRD在数量的规模、技术难度和技术创新等方面都已进入世界最前列，主要技术进步体现在如下几方面：

1. 理论创新、技术创新和高难度的科学试验方面　进行了坝体粗料大尺度效应、应力应变、土工离心机模拟、抗震防震技术、坝体与坝基动力研究；揭示了超高CFRD坝体变形规律和破坏机理；CFRD面板接缝止水结构上，提出了超高CFRD设计参数及控制指标准则；坝体筑坝材料提出了坝体填筑分区、程序标准及制定了超高CFRD坝设计和施工规范。这些研究成果都是特高CFRD建设所急需的可工程化理论技术。

2. 恶劣自然条件下修建超高CFRD方面　已能在高寒山区和高纬度严寒地区（最低温度－44℃，年温差70℃）、高地震裂度区、深度覆盖层、窄深峡谷和不规划地形地质条件下建设超高CFRD工程，成功研发了面板与趾墙、周边缝止水新结构，以满足工程需要。

3. 防止面板结构性裂缝技术方面　在CFRD设计和建设中，提出了大坝主堆石体与下游堆石的科学分区，面板混凝土的改性工艺，面板混凝土掺加粉煤灰、掺加复合外加剂，采用补偿收缩混凝土、纤维混凝土及高性能混凝土等技术，实现混凝土面板的防裂问题。

4. CFRD坝施工工艺方面　实现了软岩筑坝、无轨滑模、围坡防护和挤压边墙等施工新技术、新工艺，确保了CFRD坝又好又快施工和建设。

改革开放以来，我国CFRD的建设历程表明，在工程的数量、规模和高度上都居世界前列，技术上也日趋成熟，它的合理性、经济性和工程的适应性及创新成果，已得到国内外、业内外同行的认可和共识。CFRD在水电工程上，不失为一种优选的坝型。

（三）超高碾压混凝土筑坝技术（RCC）

碾压混凝土筑坝技术（RCC）是采用类似土石坝填筑施工技术和工艺，将干硬性混凝土振动压实的一种新施工技术。此技术的高机械化程度、工期短、投资省等优点，备受世界坝工界青睐。

1979年我国开始对RCC筑坝技术进行探索研究，1986年在福建坑口建成当时世界第一座高RCC（高75m）重力坝，取得了令人瞩目的技术成就。20世纪90年代，结合岩滩百米级RCC技术的开发和技术推广工作，提供一些工程项目作为RCC科学试验实践工程，先后把坑口、普定、沙牌及龙滩工程建设中的关键技术列入国家重点攻关项目，创新硕果累累。其中福建坑口RCC重力坝和普定RCC重力拱坝的科技成果荣获了国家科技进步一等奖。近年来，我国RCC筑坝技术全面提升，许多重大技术系统突破：1996年建成的福建溪柄溪RCC拱坝是世界上第一座薄拱坝（高63m），厚高比仅0.19；2001年建成的四川沙牌三心RCC重力拱坝（高132m）及甘肃龙首RCC双曲拱坝（高80m）；三峡工程三期RCC围堰高121m，仅用4个月就浇筑了总方量110万m^3，其月、日最高填筑强度分别为47.5万m^3和2.1万m^3的世界纪录；随后建成的龙滩RCC重力坝（高216.5m，前期192m），体积446万m^3，是当今世界最大最高的坝；贵州光照RCC坝（高200.5m）是我国第二座RCC高坝，也是世界上第二座最高坝。它们的胜利建成标志着我国的RCC筑坝技术已达到200m级的世界最高水平。

我国已经建成的RCC高坝有66座，在建的35座，最近要兴建的24座，已建RCC围堰工程21座。已建超过100m的16座，其中龙滩超过200m。从统计上看，我国的RCC在坝型上、数量上及成套施工技术水平均居国际领先。我国现已成为RCC技术创新的大国，坝工理论和筑坝的新技术、新工艺、新材料不断创新、不断提高，并突破在高温多雨的夏季和高海拔严寒低温冬季筑坝的禁区，形成了具有自主知识产权的不同类型、不同坝型的特色技术和国际先进的筑坝工法。最突出的有两方面，一是特色的设计理论；二是先进的施工工艺。

（1）特色的设计理论：主要体现在坝型种类、坝体结构、体形优化、防渗结构、变态混凝土及恶劣自然条件筑RCC高薄拱坝设计等成就上。在坝型及结构上，体形结构及优化、先进应力应变参数指标的选用、坝体泄流段台阶式消能结构，以及变态混凝土的配置和应用都是我国RCC独有的技术，在防渗结构上也有许多创新，成功解决了沥青砂浆护面、预制混凝土模块及嵌缝、预应力补偿收缩钢筋混凝土、PVC膜等防渗结构型式，在恶劣自然条件下兴建高RCC薄拱坝的设计理论和计算方法。高掺粉煤灰等胶凝材料，优选水泥，优选砂石料、RCC混凝土配比，优化最佳混凝土稠度值VC的控制范围，借以实现节约水泥用量而又能达到高质RCC工程的目标。以上都是我国自主创新的知识产权。

（2）先进的施工工艺：在RCC筑坝施工工艺上，能在高温、多雨、恶劣气候条件下实现大仓面高升程、全年连续浇筑。

RCC混凝土生产运输全面一条龙作业工序，实现了RCC浇筑通仓薄层摊铺和碾压，突破了浇筑仓面2000～6000m^2的先进纪录和通仓连续上升3～6m的最好成绩。在浇筑中还创造了斜坡碾压施工、高落差负压、溜槽浇筑、大仓面群机浇筑、低温条件下浇筑技术；坝体诱导缝的设置，半干法人工骨料的制备；在坝体防渗施工上，沥青混凝土制备、高分子防渗材料的涂刷，钢丝网喷水泥浆及粘贴防渗膜和二级配混凝土及“金包银”等新技术、新工艺、施工工法，均有我国特色浇筑技术和自主知识产权的专利技术。第一座特高RCC坝的龙滩工程，坝高220m，地处高温、高湿、多雨地区，工程量大，工期紧迫，全年全天候高强度施工，创造了4～6h快速浇筑覆盖技术，达到工程RCC混凝土高质量的创举。目前来看，我国的RCC坝，无论在数量上、坝型上、技术难度上和技术创新上均处国际领先水平。筑坝的低水泥用量、中胶凝材料、掺粉煤灰技术、薄层排铺、大仓面全断面连续上升的浇筑工艺，均是我国自主知识产权，属原创新技术，有效地支撑着我国RCC向更高、更新、更快的方向发展。

（四）特高拱坝设计理论的突破

经过“七五”、“八五”和“九五”国家科技攻关计划中的水电项目的研究，基本解决了300m级的设计和施工的有关技术问题，诸如：特高拱坝的设计理论、试验和模拟分析计算方法，坝体结构和体形优化，抗震结构和设计标准，温度控制及温度应力计算方法，坝体线型优化组合，应力设计标准，温度控制标准等，从理论到设计都有较大的进展和系统的自主创新。具有中国特色的拱坝设计理论和施工工艺，既为我国的高拱坝建设又为坝工科学作出了重大贡献。这些创新的理论和设计方法指导着我国乃至世界数一数二的二滩（高240m）、小湾（高292m）和锦屏一级（高305m）特高拱坝建设，并把高拱坝建设技术推向世界坝工的巅峰。

（五）坝工基础工程技术

进入21世纪，水电开发步伐显著加快，一些巨型工程相继建设。顶级工程有超凡的技术难点，在众多高难度技术问题中，地基处理与地基工程极为重要。它们是地下隐蔽工程，不少是在水下、洞内等恶劣和危险的环境中建设和施工，需要特殊技术和手段。

地基处理的主要任务是增强工程的整体性，改善建筑物地基的物理和力学性能，提高防渗能力，以满足工程需要。

20世纪90年代以来，我国水电工程的地基处理技术得到了快速发展，这是由于大规模水电建设而出现的新的工程问题。水电工程规模不断扩大，其高坝、大库和大电站的相继出现，对地基处理的技术要求更高，特别是西南水电基地的建设遇到世界少有的复杂和不良的地质条件，对地基处理提出了一些挑战性技术问题，要一一解决。例如，四川南桠河冶勒水电站右岸台地处，坝基覆盖层最大厚度超过420m的胶结卵石层，是世界上罕见的，该覆盖层的处理采用两层防渗墙加墙下帷幕灌浆处理，总深度达200多m；贵州乌江渡水电站的坝基溶洞甚多，采用了孔口封闭灌浆法防止坝基渗漏；三峡永久船闸开挖岩质高壁陡坡，采用了预应力锚索技术解决稳定问题。

水电工程的地基处理不同于其他工程，它的处理工作必须与工程建设同步，而且要求质量高、施工速度要快。

地基处理与基础工程技术，大体可分为防渗墙、灌浆、振冲和预应力锚固等四大类。

1. 防渗墙

防渗墙是工程体（坝、堤、堰）基础和工程体的主要防渗结构。目前我国已建成的防渗墙最深100m，最大厚度1.5m，单项工程最大截水面积为27.15万m^2。

构筑防渗墙，首先要因地制宜地应用实用的成孔和成槽机械（冲击钻机、抓斗和液压铣槽机）；其次是选用成孔成槽工艺（钻抓法、钻铣法、铣削法、铣抓法及铣钻法等工艺）。在三峡水电站上曾采用过高压旋喷技术和液压铣槽机等。

其三是选择固壁材料和墙体材料。在20世纪80年代开始采用膨润土作为固壁材料，最近有的工程上采用高分子材料（聚丙烯酰胺）。有关墙体材料，主要采用固化灰浆、塑性混凝土、高等级混凝土和自凝灰浆等。其中固化灰浆28d龄期抗压强度可达0.5MPa左右，在铜街子、王甫洲工程上应用过。塑性混凝土（柔性材料）28d抗压强度可达1～5MPa左右，弹模在500～2000MPa之间，应用到水口水电站和三峡围堰工程上。高等级混凝土，其28d抗压强度可达35MPa，既能防渗，又能承受大坝和高水头的压力，在小浪底水电站及冶勒水电站防渗墙上成功采用。自凝灰浆，28d抗压强度在0.1～0.5MPa之间，为柔性材料，曾应用在三峡工程工期下游围堰上。实践证明各有优劣和特点，可视工程要求选用。

其四是墙段连接。墙段之间的接头，分柔性及刚性接头两种。柔性接头有钻凿法、接头管法、双反弧法等接头型式。目前接头管的起拔力可达3000kN以上，在四川狮子坪水电站的防渗墙（厚度1.2m，墙深100m）全部采用拔管法，最大深度达94m；铣接法（用液压铣槽机铣削接头）在小浪底工程上用过，效果良好。

2. 灌浆

灌浆技术广泛用于大坝基础、隧洞围岩等加固处理以及地下洞室和水工混凝土结构的裂缝、接缝的修补上。我国灌浆孔的最大深度已达206m。

灌浆技术类型分坝基帷幕灌浆和坝基隧洞灌浆，20世纪80年代在乌江渡水电站帷幕灌浆中采用了孔口封闭灌浆工艺，成功实现防渗要求，以后又在二滩、小浪底等工程中采用了更为先进的自下而上的纯压式灌浆和GIN灌浆技术工艺，其灌浆压力达到5～6MPa。坝基和隧洞灌浆多数是采用无盖重灌浆工艺，在三峡及二滩工程上的固结灌浆均采用此种灌浆方法，其中隧洞固结灌浆中的浆液压力已达9MPa，在天荒坪抽水蓄能电站成功使用。高喷灌浆的成孔，是使用回旋钻机、冲击式钻机等方法钻进。在20世纪70年代，水电系统施工企业对此技术不断改进，并创立了二重管法和三重管法，前者是提高压缩空气压力，后者是以高压水和高压浆液两次切割地层，其防渗墙的结构用旋喷桩搭接构成的防渗体。在三峡工程上采用了二管法和新三管法。在二滩工程中是应用国外高喷设备，它既能钻孔，又能喷浆和取芯，效果甚为理想。

灌浆材料，近几年在我国有长足的进步，特别是在稳定浆液和细水泥浆液方面的研究进展很大，一般是在浆液内掺加稳定剂，以达到稳定浆液的目的，使浆液在2h析水率不大于5%。此法在小浪底工程上得到应用。另外，在三峡二期工程的固结灌浆和帷幕灌浆还使用了湿磨水泥浆液，取得了良好的效果。在灌浆设备包括钻孔、灌浆和制浆方面，我国自主研制了灌浆自动记录和监测系统，应用在工程上可实现一台监测设备控制监测8～16个灌浆机械的作业情况。

3. 振冲

振冲技术主要应用于软土地基液化工程处理中，目前国内已超过深度30m左右的振冲加密地基水平。20世纪70年代以后，在引进技术基础上，不断改进，采用了大功率振冲器，采用了强迫填料法，基本可以解决深度更大的振冲手工需求。近年来研制了150kW振冲器，广泛用到三峡工程和飞来峡工程中的振冲作业上，效果良好。

振冲技术应用到坝体和坝基的加固和防地震液化上，也是一种有效的工程措施之一。

4. 预应力锚固

预应力锚固主要应用于边坡稳定、混凝土结构加固及混凝土裂缝处理上，目前我国单索锚固吨位已达10MN。要进行工程边坡稳定锚固，必须选择先进机械（潜孔冲击—回转钻孔设备）进行钻孔（湿式成孔、干式成孔）。以往我国采用黏结式锚索，后来在二滩、小浪底等工程中采用了无黏结锚索。在锚索结构上，研究了全长防腐锚索、拉力分散型锚索等，在漫湾和潘家口及十三陵抽水蓄能电站工程上成功使用。拉力复合型锚索，在大桥水库成功实现。目前的预锚抗拉强度可达1860MPa。预锚边坡加固最多的是漫湾水电站，一次采用2600余根1～6MN锚索来稳定山体滑坡；三峡永久船闸加固边坡中使用近4000根水平锚索。另外预应力锚索锚固技术与抗滑桩结合加固山体，在李家峡水电站使用了3000多根6MN、8MN和10MN吨位的锚索加固坝肩高陡边坡。隧洞混凝土衬砌内设预应力环锚，可以改善结构受力状态，增加围岩稳定，以满足高水头、高流速运行要求。在隔河岩水电站4条引水隧洞、小浪底3条排沙洞、天生桥一级引水洞都成功应用。实践证明我国水电工程地基处理与基础工程技术，在工艺、材料、设备等方面，已取得很大的进展。今后水电工程中一定还会面临一些新的难题，地基处理工程技术前景和空间潜力很大，尚需依靠科技进步来解决。

（六）氧化镁混凝土筑坝技术（MgO混凝土）

在大坝坝工大体积混凝土中，存在着水泥水化放热问题，一般情况下混凝土的热量又不易散发，遇冷收缩产生温度应力，引起大坝坝体产生裂缝，严重影响工程安全，而处理起来难点很多。经研究和试验发现MgO具有延迟膨胀特性，可以对大坝混凝土进行补偿温度收缩，是一种理想的膨胀剂。氧化镁(MgO)微膨胀混凝土筑坝技术是我国首创，具有我国自主知识产权，在20世纪70年代初就开展研究，所取得的成果首先在吉林白山水电站大坝上得以实现，效果良好，至今已30余年了，工程运行正常，没有任何质量事故出现。1987年原能源部时期，决定采用MgO混凝土技术筑坝。此技术用于混凝土大坝建设上，既可以防止裂缝，又可以简化施工程序，加快建设速度，效益显著，已被誉为国际筑坝技术重大创新和突破。此后，采用MgO混凝土筑坝技术建成的大坝有5～6座，不用温控的整体混凝土累计300余万m^3，在此期间（1987～1989年），在浙江石塘水电站大坝下游混凝土护面上，对MgO进行了一系列现场工艺试验和MgO补偿应力的实测及理论研究。1990～1993年间，又在广东青溪大坝、福建水口大坝的5个坝成功采用MgO混凝土浇筑大坝，效果良好，实践证明MgO混凝土筑坝技术是一种有发展前景的技术。

（七）高速水流与消能工

在我国水电建设中，常会遇到大流量、高水头、大功率的泄洪、消能防冲、防空蚀、防振动等工程问题。众多的技术难题摆在水电建设者的面前，成为工程技术人员研究的课题。结合工程建设，在水工建筑物枢纽布置开展消能工型式和结构的系统研究，取得了特色的创新技术。

消能防冲是泄水建筑物中最重要的水力学问题之一，改革开放以来围绕着消除水工建筑物的防冲蚀、防空化、防自激振动、防雾化等问题，研究创新出许多新型的消能工型式，以减少对建筑物的破坏，保障了工程的运行安全。具有我国特色消能工类型主要有：窄缝式挑坎消能工［贵州东风电站大坝，单宽流量可达600m^3/（s·m）］；高低坎碰撞消能工（吉林白山大坝）；挑射水流平面碰撞消能工（广东泉水大坝）；表孔、中孔对撞加水垫塘联合消能工（四川二滩水电站大坝）；宽尾墩联合消能工［“宽尾墩＋台式坝面＋消力池”，云南大朝山大坝，单宽流量193.6m^3/（s·m）］；洞内消能工（孔塞式泄洪洞，运行水头达140m）；孔板式泄洪洞（河南小浪底工程）；旋流式消能式泄流洞（青海公伯峡工程，消能率达85%左右）。以上是我国创新的几种适用有效的消能工结构和类型，在不同工程条件下，满足了工程安全运行要求。

（八）大型水电机组国产化

改革开放后，我国水电机组国产化道路，选择了一条引进先进设备和引进核心技术并举的方针，依托国家重大工程，引进、消化、吸收、再创新。30多年来，我国水电装备有了显著的进步，前后经历了白山、龙羊峡、岩滩等一批单机容量30万kW级机组投入运行后，单机容量40万kW的李家峡，单机容量55万kW的二滩，特别是30多台单机容量70万kW的三峡、小湾、龙滩机组顺利投产；正在建设中的溪洛渡、向家坝、拉西瓦、白鹤滩、乌东德等电站，单机容量从70万kW向着80万kW乃至100万kW机组发展。在遵循自主创新的战略方针下，我国大型水电机组的制造能力和水平正逐步达到世界先进水平。

经过30多年的努力，大型混流轴流和冲击式水轮机关键技术开发和国产化进程上，已经有了单机最大容量840MVA、推力轴承负荷达55 000kN，转轮直径10.6m的三峡混流式机组；有了最大水头109.2m、单机最大出力61万kW、空冷每极容量达14.57MVA、转轮直径6.247m的二滩混流机组；有了最大水头57.8m、单机容量20万kW、转轮直径为8m、推力负荷41 000kN，世界最大、水头最高的水口轴流机组；有了最大水头637.2m、额定容量12万kW、转轮直径2.6m的冶勒冲击式机组；有了具有我国自主知识产权的蒸发冷却方式、单机容量40万kW的李家峡机组；采用双排机组布置电站厂房结构也在李家峡实现。

在贯流灯泡水电机组的国产化开发方面，通过近十多年的国内外合作开发研制，实现了单机容量达水头3～16m，单机容量4万～6万kW的制造水平。正在建设的广西长洲水电站装有16台4万kW，运行水头3～16m、转轮直径7.5m的国产化机组，电站的规模居世界第一位。广西桥巩电站安装8台5.7万kW、额定水头13.8m、转轮直径27.5m的机组，单机容量位居第二位。

抽水蓄能机组的国产化历程：双向可逆水泵水轮组，在20世纪70年代，我国开始起步，研制成功单机容量1.1万kW机组，并安装在北京密云水电站上，在运行情况不佳之后，研制工作停止。到80年代末又启动大规模的抽水蓄能电站建设，1992年河北潘家口首台单机容量9万kW抽水蓄能机组并网发电，1993年6月29日广州抽水蓄能电站首台单机30万kW机组并网发电，从此我国抽水蓄能电站又掀起了新的高潮。机组的供货问题，不能继续依靠国外，故国产化问题引起了有关部门的高度关注。机组的国产化道路同样是走“三峡大机组国产化模式”。国家决定，依托宝泉、惠州、白莲河三座电站16台30万kW可逆水泵水轮机组捆绑一起引进、合作设计和制造、专利转让来实现我国机组的国产化。为了巩固技术和发挥创新潜力，国家还以蒲石河、深圳、呼和浩特、仙游和黑麋峰等抽水蓄能电站为装备国产化机组的后续依托工程，以保障大型抽水蓄能机组和主辅机设备国产化任务的顺利完成。

（九）三峡工程取得了一系列重大技术突破

三峡工程既是一座巨型电站，又是一项技术工程和智慧工程。三峡工程规模巨大，涉及学科众多，技术复杂，许多内容都是世界独一无二的，技术难题也是世界顶级的。在工程建设中所采用的新理论、新技术、新工艺举不胜举，先后创造了150余项世界水电工程技术世界之最。三峡是一个科技工程，在建设中所突破世界级的技术比比皆是，它既是中国水电工程技术创新的成就展示，也是水电工程技术的缩影。三峡工程开工以来，建设者们坚持科技是第一生产力。以科技引领建设全过程，刷新了水电工程多项世界纪录，取得了一系列重大技术的突破。

1. 截流和围堰技术

三峡工程截流包括大江截流和导流明渠截流，其技术难度为世界截流史上所罕见。1997年11月8日的大江截流和2000年11月6日的导流明渠截流成功，标志着我国河道截流技术已跻身世界领先水平。

（1）大江截流和混凝土防渗墙施工技术。大江截流，关键是在长江主河床上建造一座最大水深82.5m、土石方量1220万m^3、防渗体石积9.6万m^3的围堰工程。这一工程具有截流水深大、流量大、强度高、时间短，截流期间河道不断航及戗堤基础覆盖层深厚等技术难点。截流时河道最大水深60m，约有2/3堰高在水下施工，难度极大。根据现场条件，只能采用风化砂为主要填料，水下抛填时，结构松散难以压实，工程要求必须在一个枯水期，在深水中抛填风化砂和砾石堰体中建造双排深达70m混凝土防渗墙。三峡的建设者们如期完成了，其工程质量之优良，为同类大型工程土石围堰中所罕见。

（2）导流明渠截流技术。导流明渠截流是在人工浇筑的混凝土底板所形成的光滑河床上进行，抛物不易稳定，江水流量大（10 300m^3/s），落差大（4m多），流速高（7m/s）。截流时采用钢架石笼和合金钢网兜垫底加糙技术，成功实现了截流，其综合难度高于大江截流。

2. 大坝混凝土快速施工技术

（1）大坝大体积混凝土快速施工技术。三峡工程混凝土总方量高达2800万m^3，质量要求高，施工难度大。为了保证工期要求，混凝土浇筑采用了一套先进设备和施工新技术。在1999～2001年，连续3年浇筑量均在400万m^3以上，其中2000年创年浇筑强度548万m^3，月浇筑量均在55.35万m^3以上，日浇筑2.2万m^3的3个世界最高纪录。技术上有5方面创新：以塔带机连续浇筑混凝土为主的综合施工技术；建立了一套快速施工工艺和管理体系；大坝混凝土原材料和配比的优化；二次风冷骨料技术及混凝土综合温控技术。在国内大型水电工程中，实现了全过程、全方位、高标准、大容量、大体积混凝土制作和浇筑综合温控技术，创造了大坝大体积混凝土快速施工的新路。

（2）三期RCC围堰浇筑技术。三峡工程三期RCC混凝土围堰为重力式坝型，堰顶长580m，堰高115m，RCC混凝土总方量为168万m^3。在不到5个月内完成了堰体长度380m，最大堰高90m，混凝土方量 110 万 m^3 的浇筑任务。实现最大仓面为 19 012m^2，最大月强度 47.6 万 m^3，最大日强度 2.1066 万 m^3。创造了强度之高，工期之短，难度之大，质量之严，堪称世界水电工程之最。也创造了 RCC 筑坝多项技术之最。

3. 双线五级船闸高边坡和金属结构技术

三峡双线五级船闸系世界上水头最高，连续级数最多的大型船闸，开挖高边坡度、衬砌结构高度均为世界最高，人字门高度和单扇门重量均居世界之最。

(1) 双线五级船闸高边坡施工技术。五级船闸纵贯枢纽左岸山体，上下游引航道与长江主河道相连，全长 6442m，主体建筑物段长 1607m，两侧均为连续高边坡，最大边坡高达 170m。针对高边坡的地质特点和重要性，采用了山体内排水、地表水堵截排除、安装预应力锚索、锚杆喷混凝土支护等综合措施。施工控制岩体变位不能超过 0.5mm，完全满足了船闸及人字门运行要求。

(2) 船闸金属结构技术。双线五级船闸共安装了金属结构和机电设备总量 4 万多吨，投入各类启闭机 134 台套，第一级闸室的人字门高达 37m，最大淹没水深 35m，为世界淹没最深的船闸人字门。船闸特大金属结构制作安装工程中，金属结构种类繁多，规模之大居世界之最，总安装量达 25.65 万 t，年安装强度达 5 万～6 万 t；闸门及启闭机大型化、种类多，规格杂、数量多，各类闸门 282 扇，启闭机 135 台套，制作精度达到国际先进水平。发电厂压力引水钢管共 26 条，每条长 122.2m，内径 12.4m，由坝体内埋管和坝面背管和厂内明管三管组成，其压力水头 113m，HD 值 1730m^2，都属世界先进水平。

4. 水轮发电机组设计制造与安装技术

三峡水力发电机组台数多，容量大，水头变幅大，运行水头从 61m（初期）到 113m（额定水头 80.6m，出力 71 万 kW），水头变幅 52m，最大水头/最小水头＝1.85，在电力系统中的地位极为重要，既要保障水轮机在高水头运行工况的稳定性和高效率，同时也要兼顾低水头运行性能。三峡机组单机容量 70 万 kW，最大容量为 84 万 kVA，机组的综合指标为世界之最。在机电安装中，针对巨型机组的技术特点——机组容量大，定子大型化，机组设备大型化，必须在现场进行组装和制作，大尺寸机组定子叠片组装，转子圆盘式支架焊接，磁扼、磁极不圆度现场矫修等一系列现场加工和校正工序。2003 年三峡工程安装投运了 6 台 70 万 kW 机组，2007 年三峡工程安装投运了 7 台 70 万 kW 和 2 台 5 万 kW 机组，一次又一次刷新了单个工程项目年装机投产容量的世界纪录。我国水电装备业在引进、消化、吸收、再创新方针指导下，哈电、东电公司分别引进核心技术，通过联合设计、联合生产和自主创新的机制，加快了大型水电机组国产化进程，在短短的 5 年内实现了我国机电制造业跨越了 30 年的奇迹。

（十）水电厂内经济运行与流域梯级水电站群调度技术

水电厂内经济运行，也称为水电站优化运行，包括空间最优化和时间最优化两方面的内容。空间和时间最优化，都有以水定电和以电定水的优化准则。以水定电，是在水电站的来水量已确定前提下，水电站运行以出力最大为目标；以电定水的优化，即水电站运行出力预先给定的前提下，以水电站总工作流量最小为目标。时间最优化是在空间优化的基础上进行的，即当水电站运行各时段的可耗水量是已给定的，电站运行以总发电量最大为目标；电站某时段内发电量已给定，电站运行的耗水量最小为目标。

1. 厂内经济运行

主要是研究在给定水电厂日负荷过轻的条件下，如何确定厂内最优工作机组台数、最优工作机组组合、最优机组启停次序和机组间负荷的最优分配，以实际水电厂耗水量最小的策略进行。实际上也是研究日内逐小时及瞬时经济运行问题。鉴于水电是清洁可再生的优质灵活能源，水电厂内经济运行能带来显著的效益，人们一直都在积极探索和研究。在 20 世纪 60～70 年代初，华中工学院、华东水利学院、中国水利水电科学研究院等一大批科研单位、高等院校和电力部门采用产、学、研方式进行联合攻关，在理论上和工程实践上均取得较大的突破，为改革开放 30 年的研究打下了坚实基础。

在经济运行方式上，先厂内，次短期，后长期，实现机组间最优负荷分配与最优开停机优化程序。

2. 关于流域梯级水电站群联合优化运行

梯级水电站群联合运行，首先要统筹兼顾上下游水量、水头和科学利用水能资源的原则，以发挥电站群的整体综合效益最大化功能。流域梯级水电站群联合运行与电站群的监测监控系统、水情自动测报系统、水调自动化系统、通信系统及流域梯级水电站群联合优化运行决策支持系统有关联，也是联合优化运行的基础。我国改革开放后，水电站的建设、投资、管理多元化，厂网分开、竞价上网、市场化、节能调度最优化问题日益凸显，故研究基于节能调度的竞价市场厂网合作策略是水电开发和管理运行的企业家们的使命。数字化水电、数字化流域、市场化水电的研究项目开展，使古老的水能科学焕发了现代科学的新颜，大系统理论、优化理论在水库调度上的应用，数字化水电等论文和专著相继问世，指导着水电厂站群最优化运行向着竞价上网最优化和节能调度竞价市场厂网合作优化策略研究方向前进。华中科技大学水电与数字化工程学院、中国水力发电工程学会和四川大学水电学院、武汉大学水资源与水电工程科学国家重点实验室、河海大学水资源与水利工程科学国家重点实验室开展了多方面研究，取得了可喜的成果，在理论上和技术上都有新的突破，指导着本学科工程化的发展。

近二、三十年来，水电站厂内与梯级水电站群联合调度运行在理论上和方法算法方面有许多突破，诸如大系统理论、多目标决策理论、近代控制理论和算法等引入了水电厂与梯级水电站群的运行管理领域，更新和创新了传统运行综合调度理论方法，走过了微增率法、启发式法、优化顺序法、动态规则法、混合整数规划法、专家系统法、博弈论技术、人工神经网络法、模拟退火算法、遗传算法和节能调度竞价市场厂网合作法等。

近几年在理论方法的应用上，国内对遗传进化算法、进化规划法、免疫规划法、模拟退火算法和小生境遗传法做了大量探索，效果各有优劣。方法或模型的采用上，要根据梯级水电站群的特性和运营商的期望值来选定，具体在电站进行实时负荷分配方面，免疫规划法适应性较强，模拟退火算法具有很强局部搜索能力，小生境遗传法将模拟对象置入特定的生存环境，使遗传算法进化，提高了算法的局部搜索能力。要指出的是，各种遗传算法对各系列资料计算收敛性都差，作为方法研究还可以继续下去。在电力系统推行节能调度的背景下研究独立发电商和电网企业的运营动机，竞价市场厂网合作模型其理论基础是建立在多人博弈的思路上，有较大的优势。

由于近代数字理论和算法技术进入水电厂厂内和流域梯级多个电站的组合优化运行与管理，最早采用和工程化探索是在20世纪70年代末和80年代初在浙江新安江和福建古田溪起步，最后在湖南、江西两个电网的电站群优化运行实践中结出硕果。它们的研究水平公认先进，开创了水电站群经济优化运行的崭新局面，催生了“水电能源研究所”与“水电与数字化工程学院”建立；系统反映水电调度运行管理最优技术进展的载体——《水电能源科学》学报正式出版发行，一大批学术专著如《水电站运行最优化理论和方法》、《大系统理论在水库调度应用》、《水电站运行的数字化基础》和《数字水电学》相继问世，水电与数字化工程学科日臻完善。

随着我国大型水电基地的开发和大型水电站群梯级的形成，电站运行管理系统（对各电站进行统一运行管理）、生产体系（以调度为龙头，以效益为核心）、集中监控方式（梯级运行业务系统）的科学规划和协调成为当务之急的管理问题。在探索新型管理模式的过程中，我国首个流域滚动开发水电项目——清江公司，率先成立了“清江梯级调度管理中心”。梯调可以从全面整体最优、效益最大原则运行梯级中的各个电站。在这种模式指导下，“三峡梯级调度中心”、“乌江流域梯级水电站群集中控制管理中心”、“黄河上游梯级水电站群集中控制管理中心”及“雅砻江流域水电梯级调度管理中心”相继建立。另外，国家电网公司设立了“全国水电调度管理中心”，采用现代的通信技术、数据库技术、专家咨询决策技术，有效地控制着全国电网骨干水电电源最优化运行。

无论是电站厂内运行或是流域梯级水电站群联合最优化运行，水情信息是基础。电站来水、径流预测成为电站经营者最关心的问题。目前在我国正致力于马尔柯夫预测模型、径流时间序列分析模型、最近邻抽样回归预测模型、灰色拓扑预测模型、人工神经网络预测模型及水波人工神经网络耦合模型等方法的研究和应用。其中，马尔柯夫预测模型是一种定性的方法，它是建立在有历史资料基础上，当然资料越多越可靠；时间序列分析法是通过历史资料数据处理，来寻求预测未来；最近邻抽样回归预测模型，其概念清晰、结构简单，不需要对数据作处理便可使用，但未来轨迹超出资料本身时便失效；灰色拓扑预测模型，事实上是GM（1.1）模型群的预测改进和提高，对于超过历史纪录情况就无法预测；人工神经网络模型具有很强的非线性的逼近能力，而且能拟合和逼近复杂的输入和输出映射关系，可用于复杂的非线性水文系统，唯一的缺点就是模型参数的物理意义，不能表述。故该模型属于一种黑箱方法。

在水电站和梯级水电站群的最优化联合调度中，第一个重要问题就是日径流的预报。通过数据分析可发现日径流的时序规律一般为高维、非线性、非平稳和非正态型的。在日径流的预报方面，多采用平稳自回归模型，该模型是把自相关结构近似地看成平稳。分期平稳自回归模型兼顾了现行平稳和非平稳自回归模型的优点，又能消除两者的缺点，是一种值得推广的模型；多阶季节性自回归模型，能较好地描述日径流自相关结构的非平稳性，一般效果较好，但计算复杂；最近邻抽样回归模型，概念清晰，结构简单，不需要对数据进行处理，对预报来说优点较多；人工神经网络模型，有很强的非线性逼近功能，能拟合和逼近复杂的输入和输出之间的映射关系，是日径流预测中最有优势的模型和方法。

第二个重要问题就是日径流的中长期预测。近年来我们采取的有纯理论性，又有纯经验数据处理性，也有半经验和半理论性的，其方法大都是在数字计算方法上的处理。日径流预测模型有退水曲线模型，即传统的预测统计方法；门限自回归模型是利用门限值把非线性模型按状态空间极值逐步线性化处理非线性问题；均生函数模型开辟了时间序列分析的新途径，只把动态时序转化为静态数据分析。

第三个重要问题就是在处理梯级水电站群联合优化运行时，水库的中长期运行调度在时段上要分季、年和多年等时段内的优化运行，在优化中要处理全面整体优化、多目标优化和多维变量优化问题。采用大系统理论的数学方法及最优化技术，寻求达到极值最优化运行及相应的运行决策。近年来，由于水电站运行市场化要求，因而水电竞价上网理论与方法备受重视，但各方面尚处研究阶段，尚未成熟可行，被社会上所认可的极少。因为电力市场与定价理论，在我国研究的甚少，四川大学和华中科技大学等单位有些初步研究成果，如能被社会认可还要有一个过程，有待实践去检验。

总之，水电站优化是一种以数字为基础的工程运行过程和生产过程最优化解和效果，实用的途径按径流过程分确定性模型方法和随机性模型方法；按目标分为单目标最优和多目标最优。单电站中长期优化和梯级水电站群中长期优化及梯级水电站群调节效益的经济补偿等关键问题，常用枚举法（即举出可行解空间内的所有可行，以求出精确最优或寻求一种能产生可行解的启发规则以达到一个最优解或近似解）。有的在可行解空间的一个子空间内进行搜索，以找出工程运行调度最优解或近似解，算法不少，模型很多，要根据具体情况选择合适的模型和算法；从实践看，竞价市场厂网合作模型，有实用性和现实性。

（十一）水电站厂内经济运行—与梯级调度自动化装备

从 20 世纪 70 年代以后，我国开始水电站计算机控制的研究工作，国家下了很大力量，探索走自己的技术道路，从 20 世纪 70 年代初我国电站装备落后国外 20～30 年，一跃而赶超世界先进水平，现在我国的水电控制自动化技术已初步形成了自主创新的电站控制模式，并已居世界先进行列。

1978 年，借“全国科学大会”召开之机，电力工业部在福建古田水电站召开了“全国水电站自动化技术经验交流会”，并制订“水电站自动化科技发展 7 年规划”，明确了技术发展目标。组织全国力量联合对水电站的计算机监控技术和水电站运行值班方式进行研究和开发。在水电站运行值班方式上，经历了机旁监视控制、全厂集中和机旁两级值班、机电合一、“无人值班”（少人值守）和调度远方监控等四个阶段的开发，使电站的管理控制水平由低到高做了大量研究，取得了不少成果，在水电站计算监控技术的研究和开发上，曾进行过“巡回检测”、“成组调节”、“四遥”装置研制和计算机控制技术的研究探索；根据《水电站自动化科技发展 7 年规划（1979～1985)》任务，所安排示范工程（葛洲坝、富春江、浑江梯级和永定河梯级）胜利完成后，积累了丰富经验和技术成果，为开创水电站自动化新局面奠定了基础。1987 年又在南京召开了“全国水电站计算机应用规划”，在规划中安排了 14 个在建水电站和已建成的 12 个水电站实施计算机控制系统工程化。到 2000 年底，全国大型水电站全部实现了水电站群集中管理和运行控制自动化。进入 21 世纪，全国大中型水电站装机容量的 70％实现了计算机控制自动化运行。目前已有 350 余座水电站全部实现了计算机控制和管理运行。1994 年在太平湾水电站召开了“水电厂无人值班专题研讨会”，部署水电站无人值班技术的推广工作。1996 年电力行业以“水电站无人值班”作为电力行业一流水电厂考核标志，推动了“水电厂无人值班”技术全面开展。现在全国已有几十家水电站实现“无人值班”和远程控制调度管理。30 多年来，全国水电系统在电厂和流域梯级水电站群运行控制的研究开发工作，走过了微型计算机局部或单项功能控制，计算机全厂监控，全厂、全梯级水电站群集中控制几个历程，采用国际最先进技术装备对电厂进行技术改造和升级，实现了我国水电厂与世界先进技术接轨。举世瞩目的三峡水电站，左岸电站的计算机控制装置系统，采用与国际先进制造商共同开发产品，在右岸电站完全采用国产化计算机监控系统，标志着我国的水电站自动化、信息化达到了甚至超过了国际先进水平，并跨入了世界技术的先进行列。

水电站（厂）黑启动技术，是近几年我国探索的新技术措施，已经在华北、华东、东北电网的北京十三陵抽水蓄能电站、福建水口水电站和辽宁的桓仁梯级水电站进行示范试验，非常成功。在电网大面积停电事故发生后，如何保证机组正确快速地启动，是电网恢复的重要环节。电厂在黑启动时，是在没有厂用交流电源情况下仅用厂内蓄电池组储存的直流电源和液压系统所储存的液压能完成启动，对内恢复电厂运行，对外配合电网恢复电网运行。经过试验和示范后，证明水电厂是实现黑启动敏捷、快速、有效的措施，是一种可靠的电源。

未来我国水力发电发展又迎来了新的黄金时期，电厂的安全可靠运行直接关系到电网的安全稳定运行，尤其是一大批大型、巨型水电厂站正在建设中，电厂站群和流域梯级水电站的监控技术要求更高，对智能化、人性化、可选择性、用户二次开发技术的需求，电厂设备运行中状态监测、事故诊断以及状态检修技术的需求，成为今后电厂运行中的热点技术。

进入 21 世纪以来，国际经济科技发展环境发生了深刻变化，国家间的竞争越来越体现为科技实力和综合国力的竞争。只有把科技摆在国家发展的战略地位上，才能把握国家发展的命运；只有掌握先进科技并及时转化为现实生产力，才能在国际竞争中赢得主动；只有把经济社会发展切实转入依靠科学技术和创新的轨道上，才能形成可持续发展的内在动力。《国家中长期科学和技术发展纲要（2006～2020）》明确提出深化科技体制改革的目标是推进和完善国家科技创新体系建设。站在历史的高度上，党的十七大把“提高自主创新能力，建设创新型国家”作为国家发展的战略核心和提高综合国力的关键，摆在促进又好又快发展的首要地位，明确走坚持中国特色的自主创新道路，把增强自主创新能力贯彻到现代化建设的各个方面，科技界、企业界和社会各阶层都要积极探索。电力工业尤其是水力发电，在我国是唯一可大规模商业化的可开发能源，是国民经济的“先行官”，是国民经济的支柱产业，是国家安全的基础。水电行业的科技体制改革在历次改革中都是走在经济体制改革的前列。目前国家水电建设体制的多元化、企业化，必然导致科研体制的多元化和企业化。科技主体的转移，国家骨干科研单位的分散，科技攻关任务的低水平重复现象历历在目，集中优势力量联合机制难以形成。行业科技统一规划无处归口，事关全局性、长远性、前瞻性的课题无法深入开展。尽管这种现象是暂时的，但影响是深远的。在实施国家创新体系建设时首先要强化科技资源的整合，制订水电行业科技中长期发展规划，以有限的资金、最少的人力物力，办成几件大事。在贯彻《科技进步法》的同时营造有利水电行业技术创新的社会氛围，使水电科技事业沿着创新轨道健康发展，完善配套制度，形成良好科研环境，凝聚各方力量，形成全行业共同推进科技进步的大好局面。中国人民具有克服任何困难的传统和能力，我们对中国解决能源问题具有信心，中国的水电开发更是前程似锦。中国会妥善解决开发中出现的一切问题，2020年中国水电装机总容量将登上2.5亿kW的新高峰，到2050年前后，中国境内技术可开发的水电资源绝大部分将得到利用，为中国的经济发展和全球的环境保护作出巨大贡献。相信水电行业的广大科学技术人员，将以水电发展“黄金期”为契机，开拓前进，奋发有为，切实推进创新型国家电力事业，为全面建设小康社会作出新贡献。

（摘自中国水力发电工程学会《改革开放三十年的中国水电》）

我国十三大水电基地及其开发状况分析

周建平

1912年，中国建成了第一座水电站——云南石龙坝水电站，装机容量仅480kW。1949年，包括尚未完建且有众多质量隐患的丰满水电站在内，全国拥有水电装机容量也仅163MW，发展十分落后。新中国成立后，我国水电建设事业，不断有所发展，到1978年底，全国水电装机容量达到17 280MW，较1949年增长了100倍。

改革开放、市场经济和电力体制的改革，更加促进了水电的开发建设。虽经历坎坷和曲折，但在中央政府的支持下，通过水电开发建设者的努力，成功地解决了水电开发建设中的技术难题、资金难题和制约性的建设管理体制问题。改革开放30年，水电建设速度前所未有，成就辉煌，2004年9月，我国水电装机容量突破1亿kW，水电装机规模和年发电量超过美国，居世界第一位。预计到2008年底，将达到1.6亿kW，较改革开放之初的1978年，再增10倍。

可以自豪地说，中国水电开发世界第一。改革开放30年，我国逐步建立健全了水电开发规划、勘察、设计、科研、施工、制造、安装、监管的一整套生产组织管理体系；建立并逐步完善了社会主义市场经济条件下的以“业主负责制、建设监理制、招标投标制和资本金制度”为主要内容的建设管理体制；建立并逐步完善了勘察设计、科学研究、建设管理、安全运行的一系列法律法规、规程和技术标准。目前，我国不仅是真正意义的水电大国，而且还是水电强国。这是我国几代水电人励精图治、艰苦奋斗，为国奉献的丰硕成果。

一、我国水能资源概况

我国幅员辽阔，国土面积960万km^2，特殊的地理环境，蕴藏着丰富的水能资源。根据2005年12月国家发布的水能资源复查结果，我国大陆水能资源理论蕴藏量在10MW及以上的河流共有3886条，水能资源理论蕴藏量年电量60 829亿kW·h，平均功率为694 400MW；水电技术可开发装机容量541 640MW，年发电量24 740亿kW·h。我国水电资源总量居世界首位，理论蕴藏量和技术可开发量约占全球的15%，超过其他水电大国，如俄罗斯、巴西、美国、加拿大、印度等。

我国水能资源分布存在以下两个特征：即地域分布不均、时间分布不均和富集程度高。从地域分布来看，西部云、贵、川、渝、陕、甘、宁、青、新、藏、桂、蒙等12个省（区、市）水能资源约占全国总量的81.5%，特别是西南地区云、贵、川、渝、藏就占66.7%；其次是中部的黑、吉、晋、豫、鄂、湘、皖、赣等8个省占13.7%；其他东部11个省（市）仅占4.8%。我国经济东部相对发达、西部相对落后，因此西部水能资源开发除了西部电力市场自身需求以外，还能部分满足东部经济发展对电力的需求，因此需要“西电东送”。从时间分布来看，受季风气候影响，我国大多数河流年内径流分配极不均衡，丰、枯季节流量相差悬殊，汛期半年的水量占全年的70%～80%，而枯期半年水量仅占20%～30%。为了发挥水库调节径流的作用，更好地满足水资源调配、防洪、灌溉、供水以及改善航运条件和水电质量，必须建设高坝大库。

水能资源在我国常规能源资源中占有十分重要的地位。常规能源资源包括煤炭、石油、天然气和水能(其中水能为可再生能源，按使用100年计算)，我国探明常规能源（技术可开发）总储量约8900亿t标准煤，剩余可开采总储量约为2400亿t标准煤，分别约占世界总量的2.6%和11.5%。能源探明总储量的构成为原煤82.5%，原油3.4%，天然气3.3%，水能10.8%；能源剩余可开采总储量的构成为原煤56.8%，原油1.5%，天然气1.5%，水能40.2%。我国常规能源资源以煤炭和水能为主，水能资源仅次于煤炭，居非常重要的战略地位。能源节约、立足国内、资源综合利用是我国经济和社会发展的一项长远战略方针。因此，从长远发展考虑，可持续发展战略应该放在更加突出的位置。从优化结构、提高效益、降低消耗和保护环境的要求出发，水能资源应该优先开发，应该大力开发，应该加快开发。正如2008年10月6日《人民日报》评论文章所述，不尽江河滚滚流，流的都是煤和油——水电开发，能给经济发展注入动力。

二、十三大水电基地规划

我国水能资源分布另外还有一个特点就是水能资源集中在大江大河和大型水电工程。水能资源富集于金沙江、雅砻江、大渡河、澜沧江、乌江、长江上游、南盘江红水河、黄河上游、湘西、闽浙赣诸河、东北诸河、黄河北干流以及怒江等河流（河段），总装机容量超过全国技术可开发量的51.0%。特别是西部的金沙江中下游干流，总装机规模62 250MW，长江上游干流28 840MW，雅砻江、大渡河以及黄河上游、澜沧江、怒江的水电开发装机规模都超过20 000MW，乌江、南盘江红水河的规模也超过10 000MW。全国大、中、小型水电站约有13 300座(在理论蕴藏量10MW及以上河流上单站装机容量0.5MW及以上)，其中大型水电站268座，电站数目仅占2%而装机容量3.88亿kW，占技术可开发量的71.5%。装机容量在1000MW及以上的大型水电站仅116座，但装机容量达315 600MW，年发电量达14 579亿kW·h，装机容量及年发电量的比重均超过50%。这些大型水电站绝大多数分布于西南诸河，西南水能资源富集程度高，便于建立水电开发基地，实行战略性地流域、梯级、综合开发，充分发挥水能资源的规模效益。

我国十三大水电基地通常是指：金沙江干流水电基地、长江上游水电基地、澜沧江干流水电基地、雅砻江干流水电基地、大渡河干流水电基地、怒江、黄河上游、南盘江红水河水电基地、东北水电基地、湘西水电基地、乌江水电基地、闽浙赣水电基地和黄河北干流水电基地，如图1所示。十三大水电基地技术可开发总规模约2.78亿kW，年发电量12 030亿kW·h，分别占全国技术可开发的51.3%和48.6%，见表1。

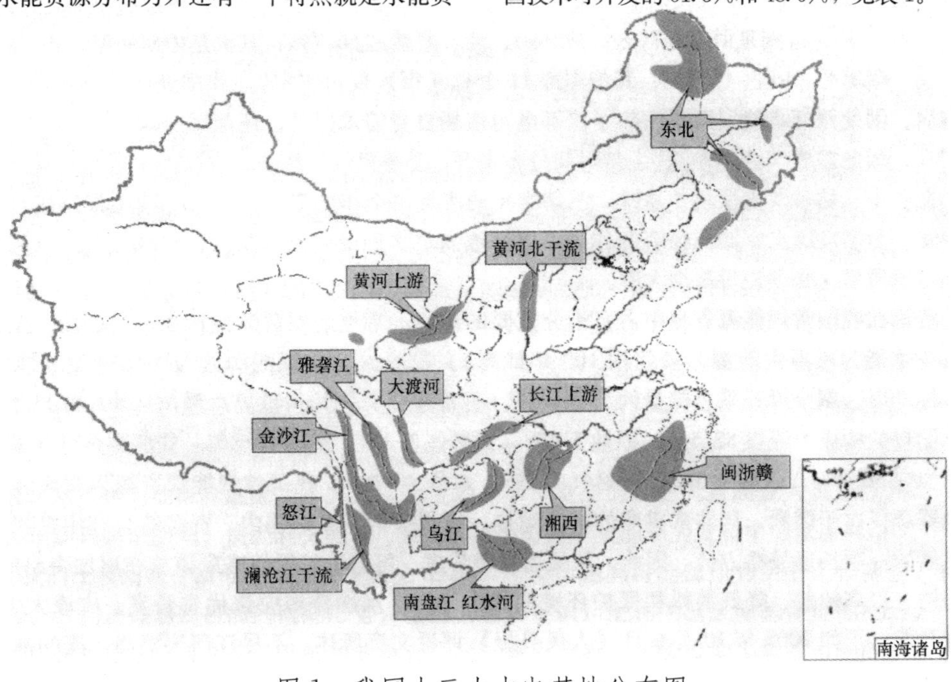

图1 我国十三大水电基地分布图

表1 十三大水电基地规划装机容量（按照规模排序）

序号	基地名称	河流范围	装机容量（MW）	年发电量（亿 kW·h）
1	金沙江干流水电基地	石鼓—宜宾	62 250	2920
2	长江上游水电基地	宜宾—宜昌，清江干流	28 840	1280
3	雅砻江干流水电基地	两河口—江口	25 700	1250
4	澜沧江干流水电基地	云南省境内	25 110	1400
5	大渡河干流水电基地	下尔呷—铜街子	24 920	1136
6	怒江干流水电基地	干流松塔以下至边界	21 990	1037
7	黄河上游水电基地	干流茨哈—青铜峡	20 930	750
8	南盘江红水河水电基地	黄泥河，天生桥—长洲	14 300	635
9	东北水电基地	黑、吉、辽三省	13 260	355
10	闽浙赣水电基地	闽、浙、赣三省诸河	12 200	315
11	乌江水电基地	干流+洪家渡	11 220	396
12	湘西水电基地	湘、资、沅、澧水及支流	10 810	378
13	黄河北干流水电基地	干流托克托县—潼关	6430	178
合计			277 960	12 030

1. 金沙江干流水电基地　金沙江干流，径流丰沛且较稳定、河道落差大、水能资源丰富、开发条件较好，是全国最大的水电能源基地。自川、藏、滇三省（区）交界至宜宾河段可开发水电总装机容量63 380MW，宜宾控制流域面积47.3万km^2，占长江流域面积的27%；多年平均流量为4920m^3/s，年径流量1550亿m^3，为长江总水量的16%，为黄河的2.5倍。金沙江在云南石鼓以上称金沙江上游，石鼓至四川攀枝花为金沙江中游，攀枝花以下至宜宾为金沙江下游。石鼓至雅若江口为中游段，长约564km，落差838m；雅砻江口至宜宾为下游段，长约768km，落差719m。金沙江下游河段推荐4级开发方案，即乌东德、白鹤滩、溪洛渡和向家坝，4座电站装机容量超40 000MW。金沙江中游河段推荐一库8级开发方案，即虎跳峡、两家人、梨园、阿海、金安桥、龙开口、鲁地拉和观音岩，总装机容量21 900MW。

2. 长江上游水电基地　长江上游水电基地由长江干流宜宾至宜昌段和支流清江组成。长江干流梯级规划（2006年）为朱杨溪、小南海、三峡、葛洲坝4级；清江干流规划有水布娅、隔河岩、高坝洲3级。长江上游水电基地装机容量28 840MW，年发电量1280亿kW·h。

3. 雅砻江干流水电基地　雅著江为金沙江一级支流，发源于青海巴颜喀拉山南麓，自西北向东南流至呷衣寺进入四川。干流由北向南流经四川甘孜、凉山和攀枝花。河源至河口海拔高程自5400m降至980m，落差4420m，其中呷衣寺至河口，河长约1360km，落差3180m，平均比降2.34‰。雅砻江水量丰沛、落差大，干支流蕴藏了丰富的水力资源。从河源至河口，干流全长1571km，流域面积约13.6万km^2，天然落差3830m，其中四川境内12.5万km^2，天然落差3180m。河口多年平均流量1910m^3/s,，年径流量600亿m^3。雅砻江干流两河口至江口段的梯级开发方案为两河口、牙根、楞古、孟底沟、杨房沟、卡拉、锦屏一级、锦屏二级，官地、二滩、桐子林共11级，总装机容量25 700MW，年发电量1250亿kW·h。其中，两河口梯级为中游控制性“龙头”水库，锦屏一级为下游河段控制性水库。

4. 澜沧江干流水电基地　澜沧江是国际河流，在云南西双版纳州流出国境后称湄公河，下游经老挝、缅甸、泰国、柬埔寨和越南五国，注入南海。在我国境内，澜沧江河道长约2150km，落差约4580m，流域面积约16.7万km^2。其中云南境内长约1240km，落差1780m，流域面积9万km^2；可开发水电装机容量25 110MW，年发电量1400亿kW·h。云南省境内澜沧江河段被分为上游河段和中下游河段。滇藏省界至苗尾为上游段，河长约440km，落差约938m；苗尾至中缅国界为中下游河段，河长约800km，落差约842m。澜沧江中下游河段规划推荐二库八级开发方案，即功果桥、小湾、漫湾、大朝山、糯扎渡、景洪、橄榄坝和勐松8座水电站，其中小湾和糯扎渡2座大型水库均具多年调节能力。澜沧江上游河段规划推荐开发7级，即古水、乌弄龙、里底、托巴、黄登、大华桥、苗尾。古水作为龙头梯级水库电站，具有年调节能力。

5. 大渡河干流水电基地　大渡河为岷江最大支流，发源于青海省境内的果洛山东南麓。足木足河与绰斯甲河汇合后称大金川，是大渡河主流，南流至丹巴同来自东北的小金川汇合后称大渡河。在石棉县折向东流，到乐山市草鞋渡纳青衣江后入岷江。河长1062km，流域面积7.77万km^2，河口处多年平均流量1490m^3/s，其中干流别格尔至乐山市长584km，天然落差2788m，是水能资源比较集中的河段。大渡河干流双江口至铜街子河段梯级开发方案为：下马呷、巴拉、达维、卜寺沟、双江口、金川、巴底、丹巴、猴子岩、长河坝、黄金坪、泸定、硬梁包、大岗山、龙头石、老鹰岩、瀑布沟、深溪沟、枕头坝、龚嘴（高坝）、铜街子等22级。梯级总装机容量为24 920MW,年发电量1136亿kW·h。

6. 怒江干流水电基地　怒江也是一条国际河流，发源于西藏唐古拉山南麓，流经云南省，在云南德宏州流出国境后改称萨尔温江，流经缅甸、泰国，在缅甸毛淡棉附近注入安达曼海，总长2100km，流域面积13.5万km^2。在我国境内，怒江干流河道长约2018km，落差约4840m，流域面积约12.5万km^2。其中，在西藏境内河道长1410km，落差3717m、流域面积9.5万km^2；在云南境内河道长617km，落差1116m，流域面积3万km^2，国境处多年平均流量1805m^3/s。怒江干流水流充沛、流量稳定，水能资源丰富，理论蕴藏量约36 400MW,其中西藏境内约19 300MW，云南境内约17 100MW。怒江中下游水电规划推荐两库13级开发方案，自上游至下游分别为松塔(西藏境内)、丙中洛、马吉、鹿马登、福贡、碧江、亚碧罗、泸水、六库、石头寨、赛格、岩桑树和光坡，总装机容量21 990MW,年发电量1037亿kW·h。

7. 黄河上游水电基地　黄河流域发源于巴颜喀拉山的毛诺岗西北麓。黄河干流在内蒙古托克托县河口镇以上称为黄河上游，河口镇至河南郑州桃花峪为中游，桃花峪以下为下游。黄河龙羊峡至青铜峡段位于黄河上游，全长918km，落差1324m，区间流域面积14.36万km^2，青铜峡水文站天然多年平均流量为1060m^3/s，年径流量为334亿m^3，占黄河全流域年径流量580亿m^3的57.6%。黄河上游龙羊峡至青铜峡段梯级开发规划和工程建设已历经半个世纪的历程，总体上已经定局，唯黑山峡河段开发方式尚未定案，其梯级布置规划为龙羊峡、拉西瓦、尼那、山坪、李家峡、直岗拉卡、康扬、公伯峡、苏只、黄丰、积石峡、大河家、寺沟峡、刘家峡、盐锅峡、八盘峡、河口、柴家峡、小峡、大峡、乌金峡、小观音、大柳树、沙坡头、青铜峡等25级，总装机容量17 382MW，年发电量607亿kW·h。加上龙羊峡上游规划的三级电站茨哈、班多、羊曲，总装机容量20 930MW，年发电量750亿kW·h。

8. 南盘江红水河水电基地　红水河是西江的干流，发源于云南省沾益县马雄山，流经广西西林、隆林、田林与贵州的兴义、安隆、册亨等，至蔗香（双江口）与北盘江汇合后称红水河。红水河干流自清水江口至梧州全长1227.1km，天然落差720.8m。干流上游清水河口至双江口称南盘江，双江口至三江口称红水河，三江口至桂平段称黔江，黔江在桂平市与郁江汇合后称浔江。红水河干流出口控制站梧州站多年平均流量6760m^3/s，年径流约2132亿m^3。《红水河综合利用规划报告》及《西江干流大藤峡至高要河段综合利用规划报告》推荐南盘江红水河开发方案为天生桥一级、天生桥二级、平班、龙滩、岩滩、大化、百龙滩、乐滩、桥巩、大藤峡和长洲共11级，加上黄泥河上的鲁布革，总装机容量14 300MW，年发电量635亿kW·h。

9. 东北水电基地　东北水电基地指黑、吉、辽三省诸河，共规划有大中型水电站62个，总装机容量13 258.5MW，年发电量355亿kW·h。

10. 闽浙赣水电基地　闽浙赣水电基地规划建设大中型水电站65个，总装机容量12 200MW，年发电量315亿kW·h。

11. 乌江水电基地　乌江是长江上游右岸最大的一条支流，也是贵州的第一大河流，发源于贵州省西北部乌蒙山东麓，有南、北两源，南源三岔河、北源六冲河。两源在贵州黔西、清镇、织金三县交界的化屋基汇合后，由西南向东北、横贯贵州省中部，流经黑獭堡至思毛坝黔渝界河段进入重庆境内，至涪陵市注入长江。乌江流域面积87 920km^2，干流全长1037km，天然落差2124m。乌江干流在化屋基以上为上游，化屋基至思南为中游，思南至涪陵为下游。乌江河口多年平均流量1690m^3/s，年径流量533亿m^3。乌江开发梯级规划为12级，即北源六冲河洪家渡，南源三岔河普定、引子渡，两源汇口以下有东风、索风营、乌江渡、构皮滩、思林、沙陀、彭水、银盘、白马，总装机容量为11 220MW,年发电量396亿kW·h。

12. 湘西水电基地　湘西水电基地包括湖南省湘江、沅水、资水、澧水干流及其主要支流。湘西水电基地共有大中型水电站51个，总装机容量10 815.5MW,年发电量378亿kW·h。

13. 黄河中游北干流水电基地　黄河中游北干流即河口镇至禹门口段，梯级开发为：万家寨、龙口、天桥、碛口、古贤、甘泽波等6级。总装机容量6428MW，年发电量177.94亿kW·h。

三、十三大水电基地开发状况

按照已建（按已投产容量计）、在建和前期三类，对十三大水电基地的装机容量进行分类统计的情况列于表2。

表2　　十三大水电基地开发建设状况

序　号	基地名称	装机容量（MW）	已建比重（%）	在建比重（%）	前期比重（%）
1	金沙江干流水电基地	62 250	0	30.0	70.0
2	长江上游水电基地	28 840	84.2	14.6	1.2
3	雅砻江干流水电基地	25 700	12.8	42.0	45.2
4	澜沧江干流水电基地	25 110	16.0	43.0	41.0
5	大渡河干流水电基地	24 920	6.6	28.9	64.5
6	怒江干流水电基地	21 990	0	0	100
7	黄河上游水电基地	20 930	45.3	27.5	27.2
8	南盘江红水河水电基地	14 300	71.5	15.8	12.7
9	东北水电基地	13 260	43.0	4.1	52.9
10	闽浙赣水电基地	12 200	68.0	3.0	29.0
11	乌江水电基地	11 220	47.0	50.0	3.0
12	湘西水电基地	10 810	67.3	10.0	22.7
13	黄河北干流水电基地	6430	25.0	28.0	47.0

从表2可见，截至目前（推算到2008年底），十三大水电基地中，长江上游水电基地、南盘江红水河水电基地、闽浙赣水电基地和湘西水电，开发利用程度较高，分别达到84.2%、71.5%、68.0%和67.3%；乌江水电基地、黄河上游、东北水电基地的开发利用程度超过43%，接近一半；大渡河干流、雅砻江干流以及澜沧江干流水电基地水电开发程度很低，分别仅为6.6%、12.8%和16%；金沙江干流水电基地的建设刚刚拉开序幕，而怒江水电建设还没有正式启动。十三大水电基地中，已建工程规模81 095MW，在建规模69 095MW，分别占规划装机容量29.2%和24.8%。

1. 金沙江水电基地　作为我国最大的水电基地，金沙江一期工程溪洛渡水电站、向家坝水电站已经国家核准开工建设，金沙江水电开发建设自此拉开序幕。“十一五”、“十二五”将逐渐进入金沙江大规模梯级开发阶段，计划2010年前开工建设的电站还有金安桥、观音岩、阿海等。

2. 长江上游水电基地　长江上游水电基地由长江干流宜宾至宜昌段和支流清江组成。该基地已建成葛洲坝、隔河岩、高坝洲、三峡、水布垭。其中，三峡和水布垭水电站，在2008年底前均可全部投产。三峡水利枢纽右岸地下电站，安装6台单机容量700MW机组，尚在建设之中。

3. 雅砻江水电基地　雅砻江干流两河口至江口河段，二滩水电站已建成投产，锦屏一级、锦屏二级水电站已经国家核准，开工建设。官地和桐子林等水电站已通过可行性研究报告审查，正在开展施工准备；两河口及其他水电站正在开展预可行性研究或可行性研究设计工作。

4. 澜沧江水电基地　澜沧江水电基地的第一期工程为漫湾、大朝山水电站，均已建成投产；2008年底前，景洪水电站将投产3台机组，小湾、糯扎渡水电站已进入施工高峰期，其他水电项目正在开展前期勘测设计工作。

5. 大渡河干流水电基地　大渡河干流已建成龚嘴水电站（700MW）、铜街子水电站（600MW）。瀑布沟水电站（3600MW）正处在施工高峰期，计划2009年下半年首台机组投产发电；深溪沟水电站已经国家核准开工建设，2007年11月成功截流，估计能够与瀑布沟水电站同期投产。龙头石水电站首台机组已于2008年10月并网发电，2009年全部机组可以投产。大岗山、长河坝、泸定已经完成可行性研究报告并通过审查，正在进行施工准备。双江口、金川、黄金坪等水电站正在抓紧开展前期工作。

6. 怒江水电基地　怒江中下游水电开发规划已于2003年8月通过了由国家发展和改革委员会组织的审查，尚待国家正式批准。怒江水电开发争议较多，规划未批，严重制约了怒江水电开发前期工作的进程。六库水电站工程规模小、建设条件好，可行性研究报告已经审查通过，正在开展施工准备。调整后的一库四级方案，即马吉、亚碧罗、六库、赛格等水电站正在开展预可行性研究勘察设计工作。

7. 黄河上游水电基地　黄河上游龙羊峡至青铜峡河段已建成龙羊峡、李家峡、直岗拉卡、刘家峡、盐锅峡、八盘峡、大峡、小峡、青铜峡、尼那、公伯峡、苏只、康扬、黄丰等。拉西瓦水电站2008年底具备蓄水条件，2009年上半年首台机组可以投产。积石峡、乌金峡已经开工建设。黑三峡河段水电开发条件较好，但开发任务和开发方式存在争议，开工建设尚待时日。

8. 南盘江红水河水电基地　南盘江红水河水电基地已建成鲁布革、天生桥一级、天生桥二级、平班、岩滩、大化、百龙滩、乐滩，在建电站有龙滩、长洲、桥巩、岩滩扩机。在建的龙滩、长洲、桥巩，部分机组已经投产，2009年均能全部建成。下游大藤峡水电站正在开展前期工作，由于水库淹没损失大，有关方面在开发任务与综合利用上存在争议，协调困难，恐怕也难以动工建设。

9. 东北水电基地　东北水电基地已建成和正在建设的大中型水电站有莲花、白山、红石、丰满、小山、双沟、两江、云峰、渭源、水丰、太平湾、桓仁、回龙山、太平哨、金哨、双岭、尼尔基等。东北水电基地开发程度已经较高，尚待开发的大型电站基本主要集中在黑龙江干流界河上，远离负荷中心，近期开发困难。

10. 闽浙赣水电基地　闽浙赣水电基地已建成和在建大中型水电装机容量达7064.7MW。福建省已建和在建水电站有水口、沙溪口、高砂、竹洲、安砂、棉花滩、古田、龙亭、周宁、芹山、牛头山、池潭、水东、雍口、华安、山美等；浙江省已建和在建的有新安江、富春江、湖南镇、紧水滩、珊溪、黄坛口、滩坑、华光潭一级、石塘等；江西省已建的有万安、柘林、东津、上犹江等。因涉及保护区或水库淹没影响问题，其他尚未建设的项目，都难以推动前期工作。

11. 乌江水电基地　乌江水电基地先后已建成乌江渡、东风、引子渡、洪家渡、索风营、乌江渡扩机、东风扩机等。彭水水电站首台机组已经投产。构皮滩水电站计划2009年首台机组投产发电。银盘、思林、沙沱也已进入紧张施工阶段。

12. 湘西水电基地　湘西水电基地已建成柘溪、柘溪扩机、凤滩、凤滩扩机、五强溪、凌津滩、江垭、洪江、碗米坡等一批大中型水电站及一批中小型水电站。沅水干流上游河段清水江上的三板溪水电站已于2007年12月全部投产发电，三板溪虽建在贵州境内却供电湖南电网，对下游起到重要的补偿调节作用。湖南由于水能资源开发程度较高，根据电力系统需要，扩建工程已成为该地区电源建设的重要内容。

13. 黄河北干流水电基地　黄河北干流即河口镇至禹门口段，已建成天桥、万家寨。龙口水利枢纽正在建设之中。碛口正在开展前期工作。

四、当前水电开发的任务和问题

我国是发展中国家并有13亿人口，人均一次能源消费量仅为世界人均水平的3/4。能源是经济社会发展的物质基础，经济、社会、环境的可持续发展必须依靠可持续发展的能源。我国以煤为主的能源消费结构，一定时期内还无法改变，因而温室气体减排的社会责任和国际责任必将日益增大。水电作为可再生清洁的能源，开发1kW·h水电可节约0.5kg燃煤。如果我国技术可开发水能资源全部得到开发，则每年可节约12亿t标准煤。我国水能资源丰富，开发利用程度低，因此加快水电开发刻不容缓。

2004年9月，我国水电装机容量1亿kW，占水能技术可开发量的18.5%。2006年底达到1.287亿kW，占水能技术可开发量的24%。2007年底达1.45亿kW，占水能技术可开发量的27%。估计到2008年底，1.60亿kW，占水能技术可开发量的29.5%。根据2007年8月国家颁布的《可再生能源发展规划》，到2010年，我国水电装机容量将达到1.9亿kW，占技术可开发量的35%；2020年水电装机容量将达到3.0亿kW，占技术可开发量的55.3%。水电开发主要集中在金沙江干流、雅砻江干流、大渡河干流、澜沧江干流、怒江干流、黄河上游等水电基地，每年需新增水电装机在12 000MW以上，建设任务十分艰巨。

开发水电首先需要统一认识。水电是清洁、可再生、可大规模开发的、经济可承受的、可靠的能源。开发水电服务于国民经济社会发展需要对能源动力的需求，可减少煤炭、石油等化石能源的开采和使用。开发水电符合科学发展观和国家可持续发展战略的要求。西部水电资源富集，开发水电符合国家西部大开发和西电东送战略的发展要求。水电工程往往是综合利用水资源的重要一环，与防洪、航运、养殖、灌溉、供水、旅游、生态环境保护关系密切。

应该看到，生态环境问题、征地移民问题是当前水电开发中迫切需要研究解决的问题。要加强协调水电开发与环境保护的关系，在开发中保护，在保护中开发。要将有利于环境保护的方法、工艺和措施应用到水电开发之中，不断改进各项措施，强化环境监测与管理，把施工和运行期的环境保护提高到更高水平。在征地移民工作中，要树立以人为本的发展概念，保护移民合理利益，充分尊重移民的意愿，结合当地民族、宗教等习惯和特点，认真做好移民安置规划，妥善解决移民安置问题，安排好移民生产生活。要加强安置区土地资源、生物资源、水环境资源的保护和人群健康保护，为移民安置创建良好的生活环境和生态环境，使水库移民走向生活安定、生产发展、生态环境不断改善的可持续发展之路。

水电开发的核心问题是利益分配问题。要建立利益共享或合理分配的开发权管理制度、水电电价制度和金融财税制度，使水电开发企业、电网企业、国家、地方、移民和其他有关的经济组织都能长期共享水电开发的成果。另外，目前我国水电的上网电价平均比燃煤火电低约0.1元/(kW·h)，要研究实行同网同质同价，水电电价增加部分的收入可用于进一步做好征地移民和生态环境保护工作。只有这样，水电开发才能得到地方政府的支持，得到库区民众的支持，得到开发企业的支持；也只有这样，水电开发才能进一步促进地方经济社会发展，统筹城乡发展，促进和谐社会建设。

我们提倡，在做好移民安置工作和保护生态的基础上，有序加快水电开发，满足国民经济可持续发展对能源的需求，促进地方经济社会发展，造福全人类。

（摘自中国水力发电工程学会《改革开放三十年的中国水电》）

混凝土重力坝工程技术发展水平（摘要）

周建平

一、我国混凝土重力坝建设成就

潘家铮院士历时7年、几易其稿编著完成的《重力坝设计》一书，于1987年12月出版。该书成为坝工界一部经典著作，对指导我国水利水电坝工设计建设起到了重要作用。20年过去了，我国水利水电工程建设取得了新的可喜成就，坝工技术，包括混凝土重力坝技术得到了长足发展。据统计，已建和在建的坝高100m以上的大中型水电站中，混凝土重力坝约占50%。碾压混凝土（RCC）筑坝技术因其水泥用量少、施工速度快、工期短、造价低，在近20年得到了迅速推广并有所创新，普遍用于重力坝枢纽工程建设。据统计，我国已建RCC重力坝52座，在建30座，我国的RCC筑坝技术达到了世界先进水平。

表1列出了我国已建和在建坝高100m及以上的混凝土重力坝和RCC重力坝。我国混凝土重力坝筑坝高度从20世纪80年代的100m级，到20世纪90年代的150m级，目前突破了200m级；坝体混凝土工程量从几十万立方米，到百万立方米、数百万立方米、上千万立方米；筑坝材料由浆砌石，到常规混凝土以及大规模使用RCC。重力坝施工工期短则一年半载，长则数年，十多年，由于施工机械化程度和管理水平的提高，混凝土浇筑施工强度也不断刷新纪录，水电工期日益缩短。在建的6座坝高160m以上的重力坝中，4座为RCC重力坝，包括坝高200m级的龙滩和光照。

表1　我国已建、在建坝高100m及以上混凝土重力坝

序号	工程名称	所在省（区、市）	所在河流	坝型	坝高（m）	总库容（亿m^3）	装机容量（MW）	建成时间（年）
1	龙滩	广西	红水河	RCC重力坝	216.50/192.00	272.70/162.10	6300/4900	2009
2	光照	贵州	北盘江	RCC重力坝	200.50	32.45	1040	2008
3	三峡	湖北	长江	混凝土重力坝	181.00	393.00	22 500	2006
4	龙羊峡	青海	黄河	混凝土重力拱坝	178.00	276.30	1280	1989
5	官地	四川	雅砻江	RCC重力坝	168.00	7.83	1800	在建
6	乌江渡	贵州	乌江	混凝土重力拱坝	165.00	21.40	1230	2003扩
7	向家坝	滇/川	金沙江	混凝土重力坝	161.00	54.10	6400	在建
8	金安桥	云南	金沙江	RCC重力坝	160.00	8.47	2400	在建
9	隔河岩	湖北	清江	混凝土重力拱坝	151.00	34.00	1200	1995
10	白山	吉林	松花江	混凝土重力拱坝	149.50	64.31	1800	2006扩
11	刘家峡	甘肃	黄河	混凝土重力坝	147.00	61.20	1350	1974
12	宝珠寺	四川	白龙江	混凝土重力坝	132.00	25.50	700	1996

续表

序号	工程名称	所在省（区、市）	所在河流	坝型	坝高（m）	总库容（亿 m^3）	装机容量（MW）	建成时间（年）
13	漫湾	云南	澜沧江	混凝土重力坝	132.00	10.60	1500	1995
14	江垭	湖南	溇水	RCC重力坝	131.00	15.75	300	2002
15	百色	广西	右江	RCC重力坝	130.00	56.60	540	2006
16	洪口	福建	霍童溪	RCC重力坝	130.00	4.50	200	在建
17	安康	陕西	汉江	混凝土重力坝	128.00	32.00	852.5	1995
18	武都	四川	涪江	RCC重力坝	119.10	5.70	1500	在建
19	思林	贵州	乌江	RCC重力坝	117.00	16.54	1000	在建
20	彭水	重庆	乌江	RCC重力坝	116.50	15.09	1750	2008
21	索风营	贵州	六广河	RCC重力坝	115.80	2.01	600	2005
22	棉花滩	福建	汀江	RCC重力坝	113.00	20.35	600	2001
23	戈兰滩	云南	李仙江	RCC重力坝	113.00	4.09	240	在建
24	凤滩	湖南	沅水	空腹重力坝	112.50	13.90	800	2005扩
25	大朝山	云南	澜沧江	RCC重力坝	111.00	9.40	1350	2002
26	岩滩	广西	红水河	RCC重力坝	110.00	33.50	1210	1995
27	景洪	云南	澜沧江	RCC重力坝	110.00	11.50	1750	2009
28	沙陀	贵州	乌江	RCC重力坝	106.00	9.10	1120	在建
29	万家寨	山西/内蒙	黄河	混凝土重力坝	105.00	8.96	1080	2000
30	柘溪	湖南	资水	支墩重力坝	104.00	35.70	1000	2006扩
31	水口	福建	闽江	混凝土重力坝	101.00	26.00	1400	1996
32	五强溪	湖南	沅水	混凝土重力坝	87.50	42.00	1200	1997

二、混凝土重力坝的枢纽布置

（一）枢纽布置的典型方案

重力坝枢纽工程的典型特征是利用坝体布置泄水建筑物。根据大坝、泄水建筑物和引水发电系统的相对关系，重力坝枢纽布置大体可归纳为以下六种典型方案：①主河床泄洪，岸边布置地下厂房或地面厂房；②河床一侧泄洪，一侧布置坝后厂房；③主河床泄洪并与坝后厂房重叠布置；④河床坝后厂房，两侧或两岸布置泄水建筑物；⑤河床泄洪，两岸（侧）布置坝后厂房；⑥重力式闸坝、河床式厂房布置。

1. 主河床泄洪，岸边布置地下厂房或地面厂房

已建的大朝山、棉花滩、江垭、索风营和在建的龙滩、光照等水电站是这类典型布置的代表工程。其枢纽布置特点为坝体仅布置泄水建筑物，结构简单；主河槽泄洪，下游水垫消能，有利于水流衔接；发电厂房远离大坝，大坝和厂房施工不干扰，便于发挥大坝RCC快速施工的优势，泄洪对发电运行影响较小；对于规模较大的工程，可以分期施工，有利于工程提前发挥效益和减少初期工程投资。

龙滩水电站枢纽建筑物由RCC重力坝、泄洪建筑物、通航建筑物及引水发电系统组成。水电站分两期建设，初期建设正常蓄水位375.00m，最大坝高192.00m，装机7台，总容量4900MW；后期正常蓄水位400.00m，最大坝高216.50m，增加2台机组，总容量达到6300MW。河床坝段布置7孔溢洪道，两侧对称布置放空底孔，底孔还用于大坝后期施工导流。表孔初期最大泄量达27 690m^3/s，泄水孔出口均采用鼻坎挑流、天然水垫塘消能。引水发电系统布置在左岸山体内，采用坝式进水口，全部机组安装在地下厂房内。右岸布置通航建筑物，采用两级垂直升船机。工程于2003年11月截流，2007年5月首批机组发电，2009年竣工。

2. 河床一侧泄洪，一侧布置坝后厂房

20世纪80年代建成的安康，20世纪90年代建成的岩滩、五强溪，20世纪末期建成的万家寨水电

站的枢纽工程都采用了河床一侧泄洪、另一侧坝后厂房的典型布置。这种枢纽布置适合较宽河谷，布置紧凑，坝体结构较简单；坝身设置表孔、中孔或底孔泄水、排沙，可以较好地实现机组进水口“门前清”；下游利用导水墙将厂房尾水与泄洪消能建筑物分开。此外，因其工程量较少，投资造价较低，建设周期较短，有利于工程提前发挥效益。

安康水电站的混凝土重力坝，坝高128.00m，总库容25.85亿m^3，枢纽最大泄洪量35 700m^3/s，泄洪建筑物采用宽尾墩、消力池联合消能，单宽流量250$m^3/(s\cdot m)$以上，比同类枢纽布置具有较高的单宽流量。坝轴线由5条折线组成，以增加泄洪、引水发电的前沿长度。右岸坝后厂房，装有4台200MW机组，厂房下游为墙体结构，以抵御下游高达厂顶的尾水位。坝内左右两侧底孔的泄量约占枢纽总泄量的1/7，可以有效地控制库水位，有利于河道型水库泄洪排沙、长期保持水库调节库容。

3. 主河床泄洪并与坝后厂房重叠布置

大坝坝身泄洪和坝后厂房重叠布置并占据整个河床的枢纽布置格局以20世纪60年代建成的新安江、80年代初建成的乌江渡和90年代初建成的漫湾水电站为典型代表。它们的共同特点是：河谷地形狭窄，建筑物布置非常集中；坝体结构较复杂，大坝坝身泄洪和坝后厂房重叠布置；坝身泄洪从厂房顶部溢流或厂前挑流进入下游河床；电站厂房的进水口设在表孔闸墩内。这种枢纽布置方案可以减少对两岸边坡的开挖，降低高边坡，大坝整体安全性能好，工程量较省。由于建筑物布置集中，大坝和厂房施工相互干扰较大，坝内埋管、孔洞较多，施工条件复杂，另外大坝泄洪时对电站运行环境造成不利影响，因而这种布置方案在近期的大中型工程中已较少采用。

乌江渡水电站大坝枢纽，是我国在岩溶地层建成的最高的拱形重力坝，坝高165.00m，河谷狭窄，坝体平面布置呈拱形，有明显的拱作用效应，整体稳定性好。坝顶溢洪道、主副厂房、开关站等建筑物，均重叠布置在下游坝面，最大重叠高度达98.00m。发电引水、泄洪等进水口均布设在弧形坝轴线的挡水前沿；发电厂房内装有3台单机容量210MW机组，内径6.50m的引水钢管设在表孔闸墩内；采用厂顶滑雪道泄流和厂前挑流两种泄洪型式。枢纽最大泄量20 500m^3/s，厂房顶单宽流量为201$m^3/(s\cdot m)$，泄洪落差达100.80m。1982年两次泄洪观测时，库水位达500年一遇设计标准，最大单宽流量164$m^3/(s\cdot m)$，流速39.5m/s，各建筑物运行情况良好。

4. 河床坝后厂房，两侧或两岸布置泄水建筑物

河床布置坝后厂房，两岸根据地形条件布置滑雪道、泄洪隧洞或者溢洪道的枢纽布置格局以20世纪70年代初建成的黄河刘家峡水电站、90年代建成的白龙江宝珠寺水电站和在建的金沙江金安桥水电站为代表。这类枢纽布置方案可以适用于河谷不对称、河谷相对较宽的情况，通过利用合适的地形条件，协调处理发电和泄洪的关系，工程量较小，技术经济指标较优越。如果泄洪排沙建筑物布置比较分散，还有利于出口消能和下游水流衔接。

金安桥水电站RCC重力坝，坝高160.00m，主河床位置布置坝后厂房，安装4台600MW机组，压力钢管为坝后背管。利用右岸基岩台地布置溢洪道，最大泄量14 980m^3/s，消力池底流消能，右侧坝段布置泄洪排沙底孔，兼顾泄洪及排沙，最大泄量2675m^3/s，左侧坝段布置冲沙底孔，保证电站进水口“门前清”。

5. 主河床泄洪，两岸（侧）布置坝后厂房

主河床布置泄洪建筑物，两岸（侧）布置坝后厂房的枢纽布置格局以葛洲坝、水口和在建的三峡工程为代表。它们的共同特点是：坝址河谷开阔，泄洪流量较大；泄洪建筑物是重力坝枢纽的主体，占据河床中部；电站机组台数多；将厂房布设在河床两侧或一侧；高坝采用坝后式电站，中、低坝采用河床式电站。河流通常都有通航要求，需要根据地形条件布置通航建筑物，并需结合施工导流解决施工期通航问题。

三峡枢纽包括大坝、水电站厂房、通航建筑物和茅坪溪大坝等建筑物。泄洪坝段位于河床中部，两侧为厂房坝段和非溢流坝段。水电站厂房分设在左、右岸厂房坝段后，右岸山体预留地下厂房位置；双线五级船闸和垂直升船机分别布置在左岸山体和左岸非溢流坝段。为保证施工期长江通航，枯水期由导流明渠通航；另在左岸非溢流坝段布设垂直升船机和临时船闸，汛期通航。永久船闸建成通航后，临时船闸改建为泄洪冲沙闸。

6. 重力式闸坝、河床式厂房布置

河流中下游或平原河流上，坝址河谷开阔，泄洪流量大，有时还有通航要求，为减少水库淹没影响，有效利用水能，改善航运条件，常设计中低水头闸坝，泄水建筑物、发电厂房和通航建筑物沿坝轴线一字排列。正在建设和设计的这类水利水电枢纽工程数量不少，在一些地方又称之为航电枢纽。如嘉陵江东西关、湘江大源渡、株洲航电等工程。

由于布置集中，需要妥善处理泄洪、发电、航运三大建筑物的关系。如果有条件利用河流弯道裁弯取直，可将闸坝与电厂、船闸分散布置，互不干扰，如嘉陵江上的东西关水电站就是一例。

重力式闸坝、河床式厂房布置工程，有如下特点：①由于一般位于河流的中下游，工程修建后可能

引起河势变化，多沙河流更是如此；②库区两岸地势平坦，水库淹没影响较大，要求严格控制上游洪水的壅高，因此泄水建筑物必须有足够泄流能力，为顺应河势，常常将泄水建筑物布置在主河道深槽部位；③由于水头低、流量大，水流佛氏数低，因此消能率低，消能问题突出；④低水头闸坝常建于软基上，工程的防渗排水应给予足够的重视，以确保工程运行安全。

当然，还有一些工程的枢纽布置，不属上述典型之列。它们根据自身的地形条件和枢纽功能而采用了独特的枢纽布置型式。例如，在建的向家坝水电站，最大坝高 161.00m，坝体布设泄洪表孔、中孔及冲沙底孔，最大泄量 48 680m^3/s；电站装机容量 6400MW，机组台数 8 台，左岸坝后厂房和右岸地下厂房各安装 4 台单机 800MW 的机组；由于有通航要求，在左岸坝后厂房左侧还布置了升船机。

一些混合式开发的水电站，首部采用混凝土重力坝，利用长引水隧洞增加发电水头，例如雅砻江锦屏二级水电站，首部重力坝，坝高 39.00m，通过 4 条深埋的长引水隧洞（长度 16.70km），获得约 310.00m 水头，装机达到 4800MW，年发电量 242.3 亿 kW·h。

（二）重力坝枢纽布置基本原则

枢纽布置是枢纽工程的总体设计，需要在认识把握坝址地形、地质、水文等自然条件与工程开发任务及枢纽功能要求的基础上，通过多方案技术经济环境综合研究论证，确定枢纽泄洪、发电、航运、供水、过鱼、过木、导流和交通等各建筑物的布置和结构型式。公正权衡利弊，客观科学决策，选择与坝址自然条件相适应、综合效益较优的枢纽布置方案。

通常情况下，枢纽布置研究的首要任务是解决好枢纽的泄洪消能问题。当枢纽建筑物分散布置时，水电站厂房距坝址较远，坝区建筑物较少，泄洪消能问题相对容易解决。当建筑物布置集中时，泄水建筑物、厂房和挡水建筑物之间的矛盾就比较突出，处理起来也比较困难。处理好这三者的关系，使其协调紧凑，又互不干扰十分重要。总结枢纽布置方案比选经验，可以归纳出以下基本原则和要求。

（1）枢纽功能应满足开发任务和安全运行要求；建筑物布置要与坝址地形、地质条件相适应。在地质条件基本相同的情况下，要选择河谷宽度与枢纽布置适应性较好的坝址。

（2）重力坝是枢纽中最重要的建筑物，坝区工程地质条件要优先考虑满足大坝建基要求；尽量避开不良地质体，避免出现大坝深层抗滑稳定问题；要在查明工程地质条件和详细分析地质资料的基础上，按照坝基开挖及地基处理投资省、工期短的原则比选坝轴线。

（3）研究确定大坝、泄水建筑物、引水发电系统和其他主要建筑物的相对位置关系，要在首先确定大坝布置的基础上，按照建筑物重要性和对地形地质条件的要求，结合考虑建筑物型式、施工条件和运行管理等，遵循既协调紧凑，又互不干扰且节省工程量的原则合理布置各建筑物。

（4）水头高、泄量大的重力坝枢纽，泄水建筑物的布置要优先考虑主河床坝身泄洪，或以坝身泄洪为主，辅以泄洪洞或岸边溢洪道。扩大表孔规模、增大单宽泄量是重力坝枢纽泄水建筑物布置的发展趋势。

（5）当下游水垫较深，岩体抗冲刷能力较强时，泄水建筑物出口采用挑流往往是最经济的消能方式，但应复核下游消能区的冲刷不致危及大坝和两岸边坡的稳定，下游淤积不会影响电站正常运行。当消能区岩体抗冲刷能力较弱或存在边坡稳定以及因水流雾化引起的其他问题难以解决时，则应研究采取底流和戽流消能方式。

（6）电站输水系统进出水口布置要避免受到岸边泄洪洞和坝身泄洪的影响，尤其尾水出口要避开下游的冲刷和淤积的不利影响。若高坝枢纽采用坝后厂房布置方案，厂房尾水与泄洪消能区通常用导墙隔开，以避免水流相互影响。

（7）重力坝枢纽的厂房布置通常以厂房可先期施工且对其他建筑物施工干扰小的方案为佳；窄河谷高坝枢纽，在具备地下洞室工程地质条件的情况下，要优先选用地下厂房布置方案。选用大容量机组，减少机组台数可以减少厂房土建工程量；当机组台数较多或有向两岸出线要求时，厂房还可分两岸布置。

（8）枢纽各建筑物布置都要尽量避开滑坡体影响，避免出现高边坡。当近坝区存在滑坡体时，要研究非常情况下滑坡涌浪对大坝的影响。对消能区和雾化影响区的滑坡体，要根据其对建筑物的危害程度，研究确定必要的处理措施。

（9）施工工期是枢纽布置方案比选的主要影响因素之一，有利于缩短工期、提前发挥效益的枢纽布置方案具有较大的比选优势。在枢纽布置、建筑物设计和施工进度计划中要研究提前蓄水发电的可能性。但要特别重视研究施工期防洪度汛方案，确保工程施工安全。

（10）通航河流或规划通航河流上，要研究通航建筑物的布置和型式。通航建筑物应尽量远离枢纽泄洪消能区而靠岸边布置，并尽量与施工期通航和工程导流统筹规划。

（11）施工布置是枢纽布置的重要组成部分。导流建筑物、缆机平台、施工道路、施工期通航等施工设施和施工场地布置对枢纽布置也有较大影响，要与主体水工建筑物布置协调统筹规划、合理布置、避免相互干扰。

(12) 多泥沙河道上，要充分研究水库淤积对有效库容的影响问题，研究采取必要的防沙排沙措施，特别要重视电站进水口建筑物的防淤问题。水库运行调度要采取排沙运行方式，机组进水口附近设置排沙底孔，可以保持有效库容和进水口“门前清”。

(13) 航运建筑物的水流条件和泥沙淤积问题关系到船舶的安全运行，要特别重视上下游引航道口门部位的水流条件和泥沙淤积，并采取相应的措施，尽量减少上下游引航道的泥沙淤积，必要时设置冲沙排沙设施。

(14) RCC重力坝枢纽布置趋向于泄洪、发电、航运等建筑物分散布置，以减小相互干扰，简化坝体结构，方便RCC快速施工。RCC重力坝、地下厂房，围堰一次拦断河床、隧洞导流、坝体缺口度汛成为高山峡谷地区高坝枢纽的经典布置。

三、混凝土重力坝消能防冲（略）

四、中国特色RCC筑坝技术（略）

五、混凝土重力坝地基处理（略）

六、混凝土重力坝技术创新的课题

（一）我国规划中的重力坝工程

为适应我国21世纪国民经济社会可持续发展的需要，水利水电工程建设在做好水库移民安置工作和保护生态环境的基础上必将继续积极有序地向前推进。水电开发将主要集中在水能资源富集的西南地区。随着“西电东送”工程的深入和“藏电外送”前期工作的展开，金沙江中、上游，澜沧江中、上游，雅砻江中、上游，大渡河中、上游以及怒江水电开发前期工作已拉开序幕。这些位于西南地区的水利水电工程，因地处偏远，交通不便，坝址地形、地质条件和水文条件复杂，混凝土重力坝在与混凝土拱坝、当地材料坝的比较中不具有竞争优势。上述河段中，工程规模大起控制性作用的水库，拦河大坝基本上都是以拱坝和当地材料坝为主，尤其当地材料坝具有明显竞争优势。例如，澜沧江上游的古水、小湾、糯扎渡，雅砻江上锦屏一级、两河口，金沙江中游的虎跳峡、下游的白鹤滩和乌东德，大渡河上的双江口、瀑布沟等均不是混凝土重力坝。由此可见，混凝土重力坝技术在继续发展中面临着新的挑战，只有不断创新才能获得更高的发展。

表2列出了规划中的高混凝土重力坝工程。从该表可见，规划设计中的重力坝高度在100～150m级，其中澜沧江黄登水电站，混凝土重力拱坝最高，为187.00m，但均没有超过在建的龙滩和光照的水平；另一方面，这些工程都处于大江大河高山峡谷，面临复杂的地质条件、强震区抗震设防、大体积混凝土温度控制和防裂、大流量泄洪消能和高边坡加固处理等工程技术难题。安全、高效地设计建设这些水电枢纽工程，进一步创新混凝土重力坝工程技术，成为当前面临的新挑战。

表2　我国水电规划中的高混凝土重力坝工程

序号	名称	所在河流	坝型	坝高（m）	库容（亿m^3）	装机容量（MW）
1	观音岩	金沙江中游	RCC重力坝	168.00	21.75	3000
2	鲁地拉	金沙江中游	RCC重力坝	140.00	16.92	2100
3	阿海	金沙江中游	混凝土重力坝	138.00	8.06	2000
4	龙开口	金沙江中游	混凝土重力坝	133.00	4.85	1800
5	乌弄龙	澜沧江中下游	混凝土重力坝	162.00	6.46	1200
6	托巴	澜沧江中下游	混凝土重力坝	138.00	5.74	900
7	黄登	澜沧江中下游	混凝土重力拱坝	197.00	15.07	1600
8	功果树	澜沧江中下游	混凝土重力坝	90.00	3.48	750
9	鹿马登	怒江中下游	混凝土重力坝	165.00	7.35	2000
10	碧江	怒江中下游	混凝土重力坝	118.00	2.80	1500
11	亚碧罗	怒江中下游	混凝土重力坝	134.00	3.44	1800
12	泸水	怒江中下游	混凝土重力坝	165.00	9.81	2400

（二）重力坝重点研究课题

1. RCC筑坝技术

重力坝筑坝技术要解决水泥用量、温控防裂和快速施工的问题，有赖于碾压混凝土筑坝技术的进一步创新和发展。

为充分发挥RCC快速施工和造价低的优势，宜改变传统的以减少重力坝混凝土体积为目标的设计思路，而应根据材料性能和坝体功能要求来设计重力坝体型，放宽对温度控制、放宽对骨料质量和地基条件的要求，达到工程造价和工期综合最优的目标，并将工程建设对自然环境的不利影响减至最低限度，达到工程建设与自然环境协调的更高境界。贫胶凝材料碾压混凝土坝借助堆石坝施工工艺具有较好的施工特性，能够快速施工，减少水泥用量，简化温度控制，因而具有较强经济性和竞争优势。笔者认为大坝上游面设置专门的防渗体与贫胶凝材料（或胶凝砂砾石）碾压混凝土坝体构成的重力式结构，可能成为高度100m级重力坝的代表性体型。

根据坝址自然条件和工程功能要求设计断面和进行材料分区，可能的趋势：一是坝体断面仍采用传统的三角形断面，坝体混凝土采用贫混凝土，调整坝体断面满足稳定应力要求，在坝体上游迎水面设置专门的防渗混凝土满足坝体防渗要求；二是在地质条件较差和地震烈度较高的坝址区，坝体断面设计成梯形断面，采用硬填料或胶凝砂砾石筑坝（CSG)，在上游面设置专门的防渗结构；三是采用重力拱坝、拱形重力坝或整体式重力坝，既有利于坝体布置泄水建筑物或其他建筑物，又可以减少大坝混凝土工程量，降低造价。

2. 超高混凝土重力坝关键技术研究

目前规划的超高坝、特高坝大多是堆石坝和混凝土拱坝，基本没有混凝土重力坝，国外超高、特高混凝土重力坝也是屈指可数。鉴于混凝土重力坝建设安全风险小，抵御超标准洪水能力强，便于维护维修管理，超高、特高混凝土重力坝仍然是坝型选择的比选方案。因此，我们需要针对超高混凝土重力坝的关键技术问题开展新材料、新结构、新工艺的攻关研究，将研究成果应用于设计及建设中，以确保工程建设安全可靠、经济合理，并进一步促进我国混凝土重力坝工程技术的发展。

超高混凝土重力坝关键技术问题有：①基础处理设计与施工技术研究；②大坝体型、材料分区和构造设计研究；③大坝应力、变形和稳定安全性研究；④高速水流及泄洪消能技术研究，包括研究泄洪组合方式、泄洪建筑物体型、联合消能工、空化空蚀和掺气减蚀、水流压力脉动及诱发振动、抗冲耐磨、泄洪雾化等问题；⑤施工技术和工艺措施研究，包括大体积混凝土温度控制和防裂措施研究；⑥大型施工机械和施工配套装备技术研究等。

3. 高重力坝抗震设防关键技术研究

西部地区是我国地震频发区，水资源和水能资源的综合利用，尤其是高坝大库综合性工程的建设，将不可避免地遇到地震安全问题。

随着我国国民经济和社会的持续、稳定、健康发展，自然灾害造成的损失越来越大，对于高坝大库等综合性水电工程，若发生垮坝事故，对下游将是灾难性的，因此必须杜绝垮坝事故，同时，需要针对可能的地震及其对建筑物的破坏，研究应急预案和对策措施，确保下游地区人民生命财产安全。高坝抗震设防技术研究的课题包括：①场地地震危险性评价和场址选择；②设防标准和地震输入研究；③高坝地震动响应研究；④高坝筑坝材料及动力性能研究；⑤地震监测研究；⑥风险评估、预警技术和应急方案研究。

4. 水电工程新材料关键技术研究

材料是结构抗力的关键。采用性能优良的材料，不仅有助于保证结构的安全，还有利于缩短建设工期、降低工程投资。不同坝址、不同坝型和不同的坝体应力状态，对材料的要求也不尽相同。除积极研究采用新型水泥、钢材和高分子有机材料外，水电工程新材料关键技术研究的课题主要有：①新型混凝土材料及其性能研究；②新型抗冲耐磨材料的开发和应用；③筑坝材料的耐久性性能研究，包括流变、蠕变特性及长期强度特性；④其他材料研究，包括贫胶凝材料RCC、胶凝砂砾石或堆石混凝土等新型筑坝材料，新型高效灌浆材料、高性能混凝土外加剂、硅粉混凝土、氧化镁混凝土、纤维混凝土等。

5. 混凝土重力坝应力分析和极限承载力研究

重力坝混凝土体积大，水泥用量多，材料强度不能得到有效发挥，因此现行重力坝体型设计思路值得反思，分析计算方法也有待改进和完善。

重力坝优化设计，需要采用非线性优化程序，目标函数为考虑坝体泄洪和地基处理后整个大坝的造价，约束函数要考虑建基面、各坝体层面的抗滑稳定和特征部位的应力强度条件，采用更多变量的组合，进行坝体结构优化计算，找到满足稳定应力要求和大坝造价最省的大坝设计参数，包括坝体体型参数、材料分区和材料特性参数等。

除了传统的材料力学法和刚体极限平衡法外，采用有限元法分析坝体与坝基应力状态，考虑坝基变形对于坝体应力的影响，确定大坝可能滑动面和最薄弱的部位进行大坝安全复核已司空见惯。但需要再进一步，根据弹塑性力学和非线性断裂力学的新进展，采用非线性弹性理论、弹塑性增量理论和非线性断裂理论研究重力坝的应力状态、破坏机理和极限承载能力。

含有缓倾角软弱夹层的坝基在重力坝建设中并非少见，这种地质缺陷直接造成了坝基安全性评判和地基处理措施的难度，因此深层坝基抗滑稳定问题仍然是坝工设计中特别需要重视的研究课题。现行设计规范中，尚缺少基于重力坝深层滑动破坏机理和非线性有限元法的抗滑稳定评价标准，因此有必要深入加以研究，并提出与现行设计标准相适应的实用的深层抗滑稳定极限状态表达式或安全系数计算公式，并建立与之配套的分项系数或设计安全系数。

我国高坝建设关键技术研究和水电工程设计施工，一直以来都得到了潘家铮院士的关心、指导和帮助，一些工程技术的创新，还出自潘家铮院士本人，他为我国水电建设事业作出了杰出贡献。潘家铮院士博识洽闻、不懈钻研、敢于创新、勇于实践的精神深深教导着我们，也激励着我们，我们有信心发扬潘家铮院士的精神，为我国水电和新能源建设事业作出应有贡献。

（摘自中国水力发电工程学会《改革开放三十年的中国水电》）

中国碾压混凝土技术30年

郑桂斌

一、碾压混凝土筑坝技术的发展

碾压混凝土技术是干硬性混凝土利用土石坝施工工艺，以振动碾压实的一种新的混凝土施工技术。它突破了传统的混凝土大坝柱状浇筑法，具有机械化程度高，简化施工程序，缩短工期，节省投资等特点。碾压混凝土大坝成为水利水电工程首选坝型之一。

我国于20世纪70年代末，开始研究碾压混凝土筑坝技术，1986年建成了第一座碾压混凝土重力坝——福建省坑口大坝。在推广初期，部分学者对层间结合、坝体防渗等产生疑虑和争论，曾一度减缓了碾压混凝土坝的应用进程。随着深入的试验研究，原材料、混凝土配合比及施工机械、施工工艺的改进，先进科学的设计理论和实践，碾压混凝土筑坝技术不断提高，日趋完善，解决了各类问题：采用高掺粉煤灰等外掺料，选用适宜的水泥、砂石骨料、优质复合型外加剂，针对具体工程特点确定优化的混凝土配合比；对碾压混凝土拌和、运输、摊铺、压实的机械设备不断改进；不断调整混凝土稠度 *VC* 值的控制范围；在混凝土摊铺、浇筑、分缝处理、分层碾压、模板工程等施工工艺不断改进和提高；研究了变态混凝土、斜层平摊铺筑、诱导缝施工及恶劣环境下的施工技术等新工艺；进一步提高了碾压混凝土大坝的质量，其各项物理力学指标均可达到设计要求，对垂直、水平及其他方向的混凝土芯检查，芯样已超过10m（若不受钻孔机具限制，可能会更长），压水试验的透水率平均小于1Lu，抗剪断试验的破坏面一般不在层间结合面，观测仪器的数值均证实大坝运行正常，大坝渗漏、变形值与常态混凝土相同。在大坝设计方面也有很大突破，除重力坝外，还设计采用了拱坝、包括设计指标很先进的双曲拱坝。

中国碾压混凝土筑坝技术近几年得到了飞速发展，2001年建成目前世界上最高的（坝高132m）沙牌碾压混凝土三心重力拱坝和厚高比最小的（0.17）甘肃省龙首碾压混凝土双曲拱坝（坝高80m）；在建的龙滩大坝（坝高初期196m，终期216.5m）是世界上最高的碾压混凝土重力坝。坑口碾压混凝土重力坝、普定碾压混凝土拱坝两个项目均获国家科学技术进步一等奖，并在拱坝设计、分缝、并缝、温控及防渗等方面都取得了宝贵经验。

随着我国碾压混凝土筑坝技术的发展，建坝数量多、坝型多，发展速度快，已建成龙滩、光照等200m级碾压混凝土坝。我国碾压混凝土筑坝技术从引进到推广应用，经近200座的工程实践和新技术、新材料、新工艺等不断创新，施工条件制约因素越来越少，使亚热带高温季节、严寒地区冬季碾压混凝土坝施工都成为可能。创建了施工工法、作业指导书和成套的质量管理文件等，在施工中发挥了重要作用。

二、混凝土原材料及配合比

（一）原材料及外加剂

碾压混凝土原材料与常态混凝土相同，胶凝材料由水泥及高掺量的粉煤灰或其他掺合料组成。宜用低热并有微膨胀性质的水泥，以减小水化热提高抗裂性能，加强层间结合。由于外掺料量大，宜选用优质粉煤灰以满足性能指标，改善施工性能增加耐久性。粗骨料常采用人工骨料或天然骨料，很多工程采用灰岩人工骨料，其极限拉伸值较高，线膨胀系数较小，利于改善混凝土性能。砂子可人工轧制或采用天然河砂，以细度模数适宜的中砂为好。

碾压混凝土的外加剂主要目的为节约材料，改善施工条件，提高混凝土性能，适应特殊环境施工需要等。外加剂有减水、提高抗冻性能和延长混凝土凝结时间等作用，近年研制的高温缓凝剂解决了碾压混凝土高温条件下的施工问题。实际施工中一般采用性能优越的复合型外加剂，兼具减水、缓凝、引气等特点，满足碾压混凝土设计及施工的要求。

（二）混凝土配合比

由于碾压混凝土的快速施工特点，既要满足温控防裂和混凝土物理力学指标的要求，又要确保良好的施工性能，混凝土配合比设计中尽量减少水泥用量，外掺性能优越的粉煤灰和外加剂，以充分利用其后期强度指标，水胶比一般为0.50～0.60，粉煤灰掺量为55%～70%，砂率为25%～40%。

（三）石粉含量及 *VC* 值

人工砂石粉允许含量的提高和 *VC* 值的减小是经过试验研究和工程实践得出的结果，适当增大石粉的含量，由于粉颗粒增加有利于摊铺碾压，提高密实度，减小VC值，改善了工作度，有利于增加层间结合；初期施工阶段为了防止施工中因VC值较小时出现“弹簧土”的现象，而增大VC值，这一做法有片面性，对层间结合产生不利影响，是层间结合不良的主要原因之一，实践证明，施工中局部出现“弹簧土”，只要不影响施工即可，及时覆盖就能确保层间胶结的质量。

三、填筑工艺

（一）入仓方法

碾压混凝土常用的运输设备有自卸汽车、机车、门塔机、缆机、吊机、塔带机、胎带机、皮带机、胶带机、溜槽、溜管、斜面滑道等。相比较而言，自卸汽车运输适应性强、机动灵活、直接入仓，可减少分离等，是最基本的入仓工具。其他运输工具常采取组合运输方式。自卸汽车、胶带机、负压溜槽等已成为碾压混凝土运输的主要手段。

（二）铺筑与碾压

通仓薄层铺筑：碾压混凝土坝按全断面通仓薄层铺筑或分区依次薄层铺筑上升。

斜层平推铺筑：从江垭工程开始，开创出以整个坝面为一个工作仓面，碾压层面呈1∶10～1∶20的坡面，沿坝轴线方向从岸坡一端向另一端全断面持续浇筑，使层间间隔时间控制在2～4h，一次上升高度也是3m左右，有利于碾压混凝土层面初凝时间的控制，解决了特大仓面的填筑难题。

（三）模板工程

碾压混凝土坝施工中模板工程型式主要有：悬臂模板、滑动模板、混凝土预制块模板、钢丝网模板及在悬臂模板基础上发展起来的悬臂翻升钢模板。

模板工程是碾压混凝土坝施工的重要环节，早期碾压混凝土工程曾因安装模板而中断施工，有时因拆模板导致2～3d的长时间间歇，其影响是相当突出。模板安装对施工速度的影响已经受到工程界越来越多的重视，模板型式不断改进、优化，悬臂翻升钢模板已在国内得以广泛应用。招徕河双曲拱坝采用双曲悬臂翻升模板。

（四）分缝型式

碾压混凝土坝一般不设纵缝，横缝的设置视地质、地形、坝体构造、施工条件、温度控制、坝体应力等因素而定。为利于施工以尽量少设横缝为原则。

1. 重力坝分缝结构

（1）不设横缝。我国坑口、龙门滩碾压混凝土坝轴线长度分别为123m、149m，坝长较短、坝高较低，采用不设横缝整体式施工形式。

（2）设置横缝。短间距横缝，有利于防止大坝裂缝，我国早期工程有采用这种型式的，如铜街子坝70.8m长分为4个坝段。横缝过多，影响进度，不利于快速施工，已较少采用。长间距横缝，一般指30m以上的分缝。横缝间距过大，或不设横缝，则可能产生贯穿性裂缝，工程实践与理论计算证实了这一点，因此，横缝间距宜控制在合式范围内，百色大坝在分缝较长的坝块上游面增设一短缝，深入坝内约5m，有助于防裂。

（3）缝面处理。一般碾压混凝土重力坝采用切缝、钻孔、预埋分缝板等成缝方式。目前，高坝工程趋向使用切缝机。例如江垭工程采用MPKHPQ13型切缝机（由EX120型液压挖掘机改装），棉花滩大坝采用MPFQ—1型切缝机（由快速冲击机改装，刀片宽25cm，操作简便）。施工中成缝主要有以下几种方法：①切缝机造缝：在平仓后，碾压前或碾压后，用切缝机在混凝土内切出一条缝，横缝材料（铁皮、PVC等）随切缝机刀片振动压入；②诱导缝：在碾压混凝土初凝前有一定强度时，人工或机械成孔；③预埋分缝板：平仓后埋设分缝板，通仓碾压。分缝板用预制混凝土板、铁皮、沥青木板等；④模板成缝：仓面分区浇筑或个别坝段提前升高时，在横缝位置立模，拆模后成缝。

2. 拱坝分缝结构

碾压混凝土拱坝是一个整体结构，缝的存在会削弱拱坝的整体性，因此它要求在分缝结构中预埋灌浆系统，在缝面张开度达到可灌要求时进行接缝灌浆。

普定拱坝设置了三条可以重复灌浆的诱导缝，坝体分缝距离为30m、55m、80m、31m，诱导缝采用两块对接的多孔预制混凝土板，板长1.0m，高度0.30m，厚度0.04～0.05m，按双向间断形式布置，沿水平方向间距2.0m，沿高程方向间距0.60m（每隔二个碾压层），在埋设层的碾压混凝土施工完成后挖沟槽埋设多孔预制混凝土板。使其在坝内同一断面上形成若干人造小缝，在诱导缝中预埋灌浆管。温泉堡拱坝在坝体设置五条横缝（2条常规缝，2条诱导缝，1条混合缝），间距30～34m。沙牌是首座超过百米级的碾压混凝土拱坝，温度应力问题突出，设2条诱导缝2条横缝，②和③缝为诱导缝，而①和④缝为横缝。从左岸到右岸沿坝轴线各缝距分别为35m、50m、59m、70m和44m，两边坝块缝距略小。

四、大坝防渗

在防渗结构选择上，呈现多元化趋势，有二级配碾压混凝土防渗、变态混凝土防渗、钢筋混凝土面板防渗以及沥青混合料防渗、PVC薄膜防渗等。

（一）坝面防渗结构

上游坝面防渗层曾采用以下几种形式：沥青混凝土面板于坑口重力坝采用，涂刷高分子防渗材料于溪柄溪坝采用（XYPEX），另有钢丝网喷水泥砂浆（膨胀）、粘贴防渗薄膜等方法。

（二）上游坝体防渗结构

（1）常态混凝土“金包银”：日本碾压混凝土筑坝模式，我国早期碾压混凝土工程中有采用过。如天生桥二级大坝、观音阁等。

（2）二级配碾压混凝土：坝体采用碾压混凝土自身防渗，普定工程在坝体迎水面使用二级配碾压混凝土作为坝体阻水防渗层，与坝体三级配碾压混凝土同时填筑，同层碾压。经坝体多年挡水运行实践证明，防渗效果不亚于常态混凝土。

（3）变态混凝土：碾压混凝土应用初期，“金包银”方案、基础混凝土等，都存在碾压混凝土与常态混凝土交叉施工及结合问题，随着碾压混凝土筑坝技术的发展，我国基本不采用“金包银”方案，基础混凝土、岸坡坝肩常态混凝土也逐渐改用变态混凝土施工。变态混凝土指在碾压混凝土中加入水泥粉煤灰净浆并经振捣密实的混凝土。变态混凝土与碾压混凝土可同步或交叉浇筑，并应在两种混凝土规定时间内振捣或碾压完毕。

（4）坝面排水孔：上游坝面排水孔作为上游坝体防渗结构的一部分，一般布置在距上游面2m左右。采用钻孔法、埋管法和拔管法造孔。通常重力坝在浇筑完成后于坝顶或廊道内钻孔。双曲拱坝等体型复杂，只能采用埋管或拔管法，由于管道高于填筑面，局部摊铺碾压困难，影响施工进度。招徕河双曲拱坝采用了封口钢管随层拔管工艺，每次拔管与碾压层相同，拔管顶与混凝土平齐，可直接碾压，确保了施工质量和速度。

（三）层间结合面

层间结合面也是大坝防渗的重要环节，初期碾压混凝土坝施工中部分工程的层间结合面平整，随着石粉含量的增加、复合外加剂的使用、施工工艺的改进，如斜层碾压施工等，现已较好地解决了这一问题。据近年多个工程的芯样检查及一些工程的抗剪试验证实层间结合良好。

五、温控与防裂

碾压混凝土重力坝的温控工作虽较常态混凝土相对较简化，但在施工过程中同样要采取相应的温控措施。碾压混凝土虽水泥用量少，大量使用掺合料，但连续快速施工，难以通过浇筑层面散发热量。因此，应根据不同的施工条件、气候、环境温度等选择合适的温控手段。

碾压混凝土拱坝尽管在薄层碾压过程中可利用层间间隙散掉一部分热量，但在拱作用形成以后，仍有部分水化热储存在坝体内。在坝体冷却降温过程中，混凝土收缩产生温度应力，超过混凝土自身抗拉应力时，将引起拱坝开裂，特别是对狭长的长条形仓面的坝体更为不利。可通过合理分缝（如诱导缝），采用微膨胀混凝土材料等减少自身收缩，避免或减少裂缝的发生。

碾压混凝土施工宜在日平均气温3～25℃之间进行，否则，须采取有效的温控措施。主要温控方法有：采用低热或中热水泥，高效复合外加剂、高掺粉煤灰或其他活性材料等，降低水泥水化热；合理分层、分块，薄层浇筑；降低碾压混凝土入仓温度和浇筑温度；加强仓面、坝体表面防护措施，喷雾降温、采用保温模板、覆盖保温材料等，石门子拱坝采用坝面永久保温覆盖，效果良好。坝体内埋设冷却水管如PVC管等，及时通水冷却。

六、冬季施工

我国已在高寒地区建成龙首等碾压混凝土坝，积累了低温季节碾压混凝土施工经验。龙首水电站碾压混凝土拱坝最大坝高80m，碾压混凝土18.71万m^3。

冬季施工主要措施有：①适当调整混凝土配合比，外掺防冻剂，调整出机口VC值；②仓面摊铺和碾压紧密衔接，快铺快碾，加快碾压速度，碾压后，尽快覆盖保温被；③仓面采用蓄热法施工。如采用保温模板、混凝土表面覆盖保温材料，适当延长拆模时间，坝面拆模后立即贴挂保温被保护或喷涂保温材料，如聚氨酯保温材料；④骨料预热、热水拌和，满足碾压混凝土出机口温度要求。

七、碾压混凝土拱坝优势

常态混凝土拱坝是在封拱接缝灌浆，将各独立坝块连成整体后，才形成拱坝结构，混凝土早期水化热产生的温升，对拱坝整体应力不产生影响。碾压混凝土拱坝采用通仓薄层铺筑、全断面碾压、连续上升，一经凝结就形成了拱的作用。碾压混凝土筑坝技术的发展初期，受到传统的结构型式和设计方法的限制，例如针对当时碾压混凝土的层间结合问题，采用加大断面以满足重力式结构稳定安全，加大了工程投入，影响建造工期。通过改进设计方法和结构型式，保留拱坝在结构上超载能力大、工程量少，充分利用碾压混凝土拱坝平面拱传力和整体性强的特点，发挥碾压混凝土优势。招徕河双曲拱坝即直接采用了原常态混凝土拱坝设计断面，改为碾压混凝土。从已有的工程实践来看，碾压混凝土拱坝减少了分缝及灌浆工程量，其施工期约为常态混凝土拱坝1/2。

八、工程实践

（一）龙滩碾压混凝土大坝

龙滩水电工程位于红水河上游的广西天峨县境

内，距天峨县 15km。坝址以上流域面积 98 500km²，占红水河流域面积的 71%，其装机容量约占红水河可开发容量的 40%。龙滩水电站终期设计装机容量为 6300MW，安装 9 台 700MW 水轮发电机组，年发电量 187 亿 kW·h，相应正常蓄水位 400m，总库容 273 亿 m³，防洪库容 70 亿 m³。

大坝坝顶高程 406.5m，最大坝高 216.5m，是目前世界上最高的碾压混凝土重力坝。坝顶长 849.44m，由溢流坝、底孔坝、进水口、挡水坝段等组成。坝体除结构和布置上要求采用常态混凝土的部位外，凡具备碾压混凝土施工条件的部位均为碾压混凝土。大坝混凝土总量 750 万 m³，其中碾压混凝土 495 万 m³，约占坝体混凝土总量的 66%。

（二）光照碾压混凝土大坝

光照水电站位于贵州省关岭县和晴隆县交界的北盘江中游，是北盘江干流的龙头梯级电站，工程以发电为主，其次航运，兼顾灌溉、供水等任务。工程枢纽由碾压混凝土重力坝、坝身泄洪表孔、放空底孔、右岸引水系统及地面厂房等组成。电站装机容量 1040MW(4×260MW)，保证出力 180.2MW，多年平均发电量 27.54 亿 kW·h。水库正常蓄水位 745m，死水位 691m，总库容 32.45 亿 m³，死库容 10.98 亿 m³，为不完全多年调节水库。

主坝为全断面碾压混凝土重力坝，坝顶全长 410m，坝顶高程 750.50m，最大坝高 200.5m，是目前世界上已建成的最高碾压混凝土重力坝，大坝混凝土总量约 280 万 m³，其中碾压混凝土约 240 万 m³，常态混凝土约 40 万 m³。工程仅用两年时间完成了碾压混凝土主体大坝的施工，真正体现了碾压混凝土坝快速、经济的优点。

（三）三峡三期碾压混凝土围堰

三峡三期碾压混凝土围堰是影响三峡工程 2003 年蓄水、通航、发电三大目标能否按期实现的关键项目，堰高 115m，碾压混凝土总方量 110.52 万 m³，其强度之高在世界水电建设史上是没有先例的。

在整个碾压混凝土围堰工程建设过程中，从技术设计到施工组织等方面围绕快速施工进行了科学管理、全面优化，保证了碾压混凝土围堰施工的连续、高强度，仅用 4 个月便全部完成围堰浇筑，比合同工期提前 55 天，其中最大月浇筑强度 47.5 万 m³，最大日浇筑强度 21 066 m³，最大小时强度 1278 m³，均创世界纪录，工程施工质量达到优良等级，部分指标在同类工程中处于领先水平。

九、展望

深入研究如何进一步发挥碾压混凝土筑坝技术的特点和优势具有重要的意义。在设计中，研究以三级配变态混凝土作坝体上游的防渗体；研究不同品质粉煤灰及其他掺合料掺量对碾压混凝土性能的影响以及进一步增大掺量的可能性；充分利用碾压混凝土后期强度，如 360d 或更长龄期作为设计强度指标；研究碾压混凝土拱坝分缝少、整体性好、利于发挥拱坝受力作用的特点，在地质、地形条件较好时优先选用拱坝方案的可行性；研究对中、低碾压混凝土坝简化温控标准和措施，采用全断面通仓铺筑连续上升，分数次浇筑完成的方案。在施工中研究灰岩、花岗岩、辉绿岩等不同骨料的特性及与水泥、外加剂、掺合料的组合配合性能；在极端恶劣气温条件下的施工方法，尤其对低温地区负温状态下的施工措施；进一步研究变态混凝土的砂浆掺量及施工工艺；推广使用连续式搅拌站生产三级配碾压混凝土等。通过试验研究和工程实践，不断创新，保持我国碾压混凝土筑坝技术的领先地位。

（摘自中国水力发电工程学会《改革开放三十年的中国水电》）

混凝土面板堆石坝的回顾与展望

蒋国澄

一、概述

混凝土面板堆石坝始于 19 世纪末的美国，经过 20 世纪 30～50 年代的停滞之后，以引入振动碾薄层碾压堆石为契机，于 20 世纪 60 年代后期重新兴起，并得到迅速发展，成为富有竞争力的土石坝型之一，技术上也日趋成熟。中国自 1985 年开始用现代技术修建混凝土面板堆石坝，已经过 20 年历程，起步虽晚，但起点高，发展快。截至 2006 年的不完全统计，已建成和在建的坝高大于 30m 的有 177 座以上，其中坝高大于等于 100m 的有 43 座，详细如表 1 所示。已建成最高的是三板溪水电站大坝，高 185.50m；在建最高的是水布垭水电站大坝，高 233.00m，为目前世界第一高度。还有一些坝高 250～300m 级的混凝土面板堆石坝正在设计和研究中。中国的混凝土面板堆石坝的数量、规模、技术难度和施工速度都已居于世界前列。

中国在混凝土面板堆石坝建设过程中，一方面紧跟世界先进潮流；另一方面也十分重视自主的科学研究和技术开发，大量科学研究成果应用于工程实践，推动了科技进步。现在混凝土面板堆石坝安全性、经济性和适应性都好的特点已为坝工界同仁所共识，常成为坝型比选中的主要比较方案，在很多情况下成为首选坝型。中国的混凝土面板堆石坝已遍布全国，在地震、严寒、深覆盖层、不良地形等恶劣自然条件下也成功地修建了不少高面板坝。同时在实践中成长起来的设计、施工、监理、科研、管理队伍，已能独立地担当起各种规模的混凝土面板堆石坝的建设任务，包括一些国外的重要工程，如马来西亚的巴贡坝（高205.00m）等。

表1 中国已建、在建混凝土面板堆石坝（坝高≥100m，2006年）

序号	坝名	地点	河流	坝高（m）	坝体积（万 m^3）	面板面积（m^2）	库容（亿 m^3）	装机容量（MW）	完成时间（年）
1	水布垭	湖北巴东	清江	233.00	1526	137 000	45.8	1600	在建
2	江坪河	湖北恩施	溇水	221.00	718		14.2	450	在建
3	三板溪	贵州锦屏	清水江	185.50	828	84 000	40.95	1000	2006
4	洪家渡	贵州黔西	六冲河	179.50	920	75 100	49.47	600	2005
5	天生桥	贵州、广西	南盘江	178.00	1800	177 000	102.6	1200	2000
6	滩坑	浙江青田	小溪	162.00	980	95 000	41.9	600	在建
7	紫坪铺	四川都江堰	岷江	158.00	1117	108 800	11.12	760	2006
8	吉林台	新疆尼勒克	喀什河	157.00	836	74 000	24.4	460	2005
9	巴山	重庆城口	任河	155.00			3.2	140	在建
10	马鹿塘	云南麻粟坡	盘龙江	154.00	800			300	在建
11	董菁	贵州贞丰、镇宁	北盘江	149.50	950		9.55	880	在建
12	龙首二级	甘肃张掖	黑河	146.50	253	26 400	0.86	157	2004
13	瓦屋山	四川洪雅	周公河	140.00	350	20 000	5.5	240	在建
14	九甸峡	甘肃	洮河	136.50	385	41 300	9.72	300	在建
15	珊溪	浙江文成	飞云江	132.50	580	70 000	18.24	200	2001
16	公伯峡	青海循化	黄河	132.20	476	57 500	6.2	1500	2004
17	乌鲁瓦提	新疆和田	喀拉喀什	133.00	649	75 800	3.47	60	2000
18	龙马	云南墨江	把边江	130.00				280	在建
19	引子渡	贵州平坝	三岔河	129.50	310	37 500	5.31	360	2002
20	街面	福建尤溪	尤溪	129.00	340	30 000	18.2	300	2006
21	白溪	浙江宁海	白溪	124.40	403	48 400	1.68	18	2001
22	鄂坪	湖北竹溪	汇湾河	124.30	298	43 000	2.96	114	2006
23	黑泉	青海大通	宝库河	123.50	540	79 000	1.82	12	2000
24	芹山	福建周宁	穆阳溪	122.00	248	42 000	2.65	70	1999
25	白云	湖南城步	巫水	120.00	170	14 500	3.6	54	1998
26	古洞口	湖北兴山	古夫河	117.60	190	28 100	1.48	45	1999
27	芭蕉河	湖北鹤峰	芭蕉河	115.00	192	36 000	0.99	34	2006
28	泗南江	云南墨江	泗南江	115.00	297		2.63	200	在建
29	高塘	广东怀集	白水河	111.30	195	26 400	0.96	36	2000
30	金造桥	福建屏南	金造溪	111.30	175		0.95	60	在建
31	双沟	吉林抚松	松江河	109.70	258	37 300	3.9	280	2003
32	那兰	云南金平	藤条江	108.70	259	40 800	2.86	150	2005
33	察尔乌苏	新疆	开都河	107.60	410		1.25	300	在建
34	鱼跳	重庆南川	大溪河	106.00	195	18 800	0.95	48	2001
35	鲤鱼塘	重庆开县	桃溪河	106.00	180	25 300	1.02	15	在建
36	洞巴	广西田林	西洋江	105.00	316	52 700	3.15	72	在建
37	茄子山	云南龙陵	苏帕河	103.60	129	22 000	1.26	16	2000
38	思安江	广西桂林	思安江	103.40	210	41 200	0.94	12	2003
39	盘石头	河南鹤壁	淇河	102.20	548	73 500	6.08	10	2003

续表

序号	坝名	地点	河流	坝高(m)	坝体积(万 m^3)	面板面积(m^2)	库容(亿 m^3)	装机容量(MW)	完成时间(年)
40	柴石滩	云南宜良	南盘江	101.80	235	38 200	4.37	60	2000
41	洮水	湖南茶陵		101.50		28 700	5.19	69	在建
42	白水坑	浙江江山	江山港	101.30	150		2.46	40	2003
43	积石峡	青海循化	黄河	100.00			2.64	1000	在建
44	泰安上库	山东泰安	樱桃园沟	99.80	386		0.12	1000	2005
45	双河口	贵州	北盘江	99.50	250		1.95		在建

中国混凝土面板堆石坝的建设经验和研究成果，丰富了混凝土面板堆石坝的知识宝库。混凝土面板堆石坝对当地自然条件的适应性是很强的，根据地形地质条件的不同可以有多种布置形式，而且因地制宜地不断推出适应当地条件的新的结构形式和新技术、新材料。对此以前曾有过多次总结和介绍，本文将对最新情况作一简要回顾和展望。

二、抗震问题

中国位于Ⅷ度强地震区的100m级高混凝土面板堆石坝有黑泉、茄子山、吉林台、大桥等工程。于2005年建成的新疆吉林台混凝土面板堆石坝，高157.00m，按Ⅸ度地震设计，相应峰值地面加速度0.462g，经动力分析和试验验证，确定上游边坡1∶1.7，下游坡“之”字形上坝道路间坡度为1∶1.5，最大断面处平均坡度为1∶1.96，坝顶宽度为12m。坝顶结构将上游防浪墙、路面、下游侧墙连接成钢筋混凝土整体槽形结构，下游坡面从坝顶1421.00m高程到1396.00m高程范围用300.00mm厚的钢筋混凝土板覆盖，并通过钢筋与预埋入坝内的锚筋桩连接，以增加坝顶的刚度，对上部堆石体起加筋作用，增强其抗震能力。对仅放缓近坝顶的局部坝坡的设计方式，理论上都能接受，而实际应用却较少。

三、坝面溢洪道（略）

四、抽水蓄能电站上库的混凝土面板堆石坝（略）

五、高混凝土面板堆石坝面板混凝土的挤压破坏

以前对混凝土面板的温度干缩裂缝和结构性裂缝有过系统研究和讨论，并提出相应措施，但对面板接缝两侧混凝土的挤压破坏则注意不够。较早发生此项问题的是天生桥一级混凝土面板堆石坝，坝高178.00m，坝顶长1104.00m，于1998年8月正式蓄水，2000年10月蓄水到接近正常蓄水位780.00m。此后于2003年和2004年夏季先后两次在河床最大坝高部位的同一垂直缝（L3/L4面板间）两侧发生挤压破坏现象。破坏范围由面板顶部的783.30m高程直至水下的710.00m高程，最大破损宽度达5.35m，最大破损深度达30～35cm。破损处混凝土碎裂，水平钢筋向上弯曲凸起，局部有止水铜片出露。观测资料表明大坝变形偏大，2005年6月最大实测沉降为351.20cm，约为坝高的1.97%，虽已趋缓，但未完全稳定，表明坝体的压实程度是不够的。坝顶坝轴线方向位移是由两岸向河床方向变化，大致以桩号0+702m为界，其右侧的10号测点向左移动，最大值28.24mm，而其左侧的11号测点向右移动，最大值31.70mm。破损的L3/L4面板接缝的桩号为0+686m，正在分界线附近，此处面板混凝土内实测压应变也很高。在面板两次挤压破损后，这两点的相对距离分别缩短了27.40mm和2.50mm，混凝土压应变也有突降。说明在分界线附近面板混凝土受到挤压，在应变能积累到一定程度，即发生挤压破损。破损时为夏季，高温引起的混凝土膨胀变形，则加剧了这一过程。处理措施是将受压区面板间的接缝切开5条，填入可压缩材料，以适应坝轴线方向的变形。处理后已正常运行。此后建设的坝，如三板溪、崖羊山等，都在面板受压区设置了可压缩缝，以预防挤压破坏。但有的工程在受压区的面板接缝每条都加可压缩材料，也是不必要的。国外如巴西的巴拉格兰德（高185.00m）、坎泼斯诺沃斯（高202.00m）、莱索托墨赫尔（高145.00m）等坝，也于2005年、2006年初次蓄水时发生过面板挤压破坏问题，破损情况和处理措施与天生桥一级极为相似。

六、高混凝土面板堆石坝的特点和应考虑的问题

对于常用的面板坝断面和分区设计，坝体稳定和渗流控制是没有问题的，主要是变形控制。因变形是与坝高平方成比例的，故高坝变形控制问题更为突出。对200m级的面板坝需要采取与100m级面板坝不同的设计理念和施工措施。目前还在研究250～300m量级的高面板坝，其建设是可能的，但更需慎重对待。

以前认为土石坝坝体沉降不超过1.0%是可以接受的，这是100m级高土石坝的经验数据。混凝土面

板堆石坝的经验，对100m级的坝，除采用软岩的可能超过1.0%以外，采用中硬岩及较好压实的坝都能不超过1.0%，且大部分可控制在0.5%左右。而200m级的坝，要达到1.0%以内则需要加大压实功能加水碾压，如三板溪、洪家渡等工程，而采用100m级坝相似施工工艺的，常常要比1.0%大得多。

（1）筑坝材料和坝料分区。①尽量使用中硬岩、砂砾石等较好材料；②扩大主堆石区，主次堆石区界线应倾向下游；③如主次堆石区所用材料相似，仅为填筑参数不同，也可以采用不分区的措施；④如因料源限制而要采用部分较次材料时，也要在坝体上游过渡层后和坝底设排水层，排除可能渗水，保持坝体大部分处于干燥状态，以减少长期变形；⑤要重视垫层和过渡层料的级配设计，其层间过渡要满足反滤要求，以保证渗透稳定。

（2）填筑标准。①采用重型碾压机具（现已有自重25t左右的振动碾）以提高压实密度和变形模量，尽量减少坝体变形；②堆石区的孔隙率应不大于20%，并尽量减小；③次堆石区也应有严格的填筑标准；④加水碾压可以使块石边角软化，在碾压过程中破碎而减少其后期变形；⑤近期有的面板坝试用冲击碾压实堆石，以提高其压实密度和效率，可以继续试用，积累经验，以资借鉴。

（3）施工安排。①施工安排上使坝体变形更多地在施工期完成，并尽量均化，如坝体尽量平衡上升，上下游堆石体高差不宜过大；②堆石体填筑到面板浇筑高程后，要有一定预沉降期使堆石体变形基本稳定后再浇筑面板，以减少混凝土面板浇筑后的有害沉降；③坝基混凝土防渗墙与趾板间的连接板要在施工期变形基本完成后再浇筑等。

七、几个施工技术问题（略）

八、理论分析和试验研究（略）

九、展望

（1）近年来世界各国修建了多座200m级的特高混凝土面板堆石坝，有成功的经验，也有各种影响安全和正常运行的问题和教训。中国还在设计或研究一批250～300m级的更高的面板坝。目前100m级的面板坝已有成熟经验和成套技术，其设计和施工都有规范和常规可循。200m级的已建成和在建的面板坝约在10座左右，成功的经验不多，受到破坏的情况也不少，现有经验尚不足以覆盖更高的坝，不能以100m级坝的经验直接引申到200m级或更高的坝，而要采用不同的设计理念，更加重视理论分析和试验研究以及原型观测成果的作用，以试验研究与经验相结合作为决策的依据，且一切都应从严。修建250～300m级的混凝土面板堆石坝是可能的。

（2）中国已建成和基本建成的200m级面板坝有水布垭、三板溪、洪家渡、天生桥一级等工程，还有紫坪铺、吉林台等150m以上的高坝，各有特色，都做过大量和系统的理论分析、试验研究及原型观测，各有值得总结的经验和教训，积累了大量资料和数据，值得认真总结，对今后建设更高的坝是很好的指导和参考。国外也有坎普斯诺沃斯、巴拉格兰德、卡拉纽卡等200m级面板坝，也各有其相应的问题和经验教训，可收集资料，以为借鉴。

（3）高面板坝的主要问题仍是变形和渗流控制，因过量变形引起混凝土面板的断裂和挤压破坏，导致防渗系统失效而大量渗水，危及大坝安全的事故是首先要考虑的问题。混凝土面板、接缝止水、趾板、地基防渗设施作为第一道防渗线，尽量减少渗入的水量；自身稳定的半透水垫层、能起反滤作用而又排水通畅的过渡层、能自由排水的堆石坝体或与过渡层连接的通向下游的底部排水层，形成第二道防渗线，在第一道防渗线渗水时可以限制入渗流量，并将渗水顺利排除而不发生渗流破坏。变形控制主要是提高堆石体的压实密度和变形模量，以减少坝体变形，并采用施工期加水碾压、坝体平衡上升、浇筑混凝土面板前使坝体有一段预沉降期等措施，使沉降尽量在施工期完成，尽量减少面板浇筑后的后期变形和不均匀变形，使其不致影响大坝防渗系统的效率。对于坝坡稳定，一般正常设计的断面都是可以满足的。

（4）对混凝土面板的尺寸、分缝、配筋等都是经验性的，没有做过深入的试验研究和设计计算。对单层钢筋放在混凝土面板中部、混凝土面板分段浇筑而仅设水平施工缝、面板厚度及配筋率可进一步减小等传统做法有很多质疑。对面板混凝土的耐久性也研究得不够，在面板上做一层防渗、防裂、保温涂料以提高其耐久性的有效性和经济性是值得研究的途径。

（摘自中国水力发电工程学会《改革开放三十年的中国水电》）

水工混凝土结构抗震研究的回顾和展望

陈厚群

一、研究的工程背景

我国人均水资源极为短缺且时空分布又很不均匀，通过水库大坝等水工程建设，尽可能调节利用汛期洪水，对抗旱防洪都有重大意义。我国的水能资源位居世界之首，水电作为可再生清洁能源，在进入全面小康社会过程中，对改善以煤电为主的二次能源结构、减轻煤电造成的巨大环境影响及资源和运输紧张，起到无可替代的重要作用。因此，在充分重视生态和环境影响的前提下，积极有序的进行水库大坝建设是切合国情和经济社会发展所急需的，特别是我国大江大河的源头和水能资源集中在西部高山崇岭的陡峻河谷中，地形地质条件适宜于修建移民淹地相对较少而调节性能好的高坝大库。在高坝建设中，目前以混凝土坝为多，特别是我国西部在建和近期拟建的200～300m级的高坝，绝大部分取拱坝方案。

我国大陆位于世界两大地震活动带之间，是一个多地震国家，是世界上地震灾害最为严重的国家。而西部地区是我国主要地震区，地震的强度和发震频度都很高，近代我国82%的强震都发生在该地区。修建于该地区的大坝设计地震加速度（a_g）都很高，地震往往成为设计中的控制工况，诸如：锦屏（$H=305m$，$a_g=0.197g$），二滩（$H=240m$，$a_g=0.20g$），龙羊峡（$H=178m$，$a_g=0.23g$），小湾（$H=292m$，$a_g=0.308g$），溪洛渡（$H=273m$，$a_g=0.321g$），白鹤滩（$H=275m$，$a_g=0.325g$），龙盘（$H=278m$，$a_g=0.408g$），大岗山（$H=210m$，$a_g=0.557g$）等，这些工程都是高拱坝。因此，水工混凝土结构中的大坝的抗震安全一直是我国水利水电建设中的一个必须面对和亟须解决的关键技术问题，当前特别是对高拱坝的抗震安全，尤为迫切。

二、研究的历程

在新中国成立初期，水工混凝土结构抗震设计主要沿袭美国和前苏联采用的拟静力法。1959年广东新丰江大坝蓄水后频发地震，需要进行抗震加固。当时，水利水电科学研究院（以下简称水科院）在结构材料研究所组建了抗震研究组，开始了水工混凝土结构抗震的研究工作。“文化大革命”后，1978年与土工研究所有关抗震和爆破专业合并成立抗震防护研究所，1997年该所解散，成立了专门从事水工混凝土结构抗震研究的工程抗震研究中心，研究队伍由当时抗震组的不足10人发展至今的20人左右。

近50年来，从新丰江大坝抗震加固开始，水科院先后承担了我国各个重大工程的水工混凝土结构，特别是大坝的抗震科研任务，主持和负责了国家科技攻关项目、国家自然科学基金委员会重大计划项目及部级的重点项目。主动积极地在我国邢台、海城、唐山等各次大地震中及时赶赴现场，对水工建筑物的震害进行考察调研。在对工程抗震的研究实践中，逐步形成了包括水库地震和场址地震动输入、各类水工混凝土结构主要是大坝的动力分析和模型试验、现场测振和强震观测、混凝土材料动态特性等一整套系统、全面的研究体系；负责主编及修订我国《水工建筑物抗震设计规范》；建立了包括国内首台大型三向六自由度地震模拟振动台、微机群高性能并行计算平台和筹建中的大型全级配混凝土动态试验机等设备的较先进完整的研究基地；培育了众多硕士、博士研究生和博士后研究人员和成长了一个以中青年为中坚的较稳定团结的科研群体。研究成果在工程中被普遍应用。先后获得国家级和省部级科技进步奖30余项，以及第一次全国科技大会先进集体、建设部颁发的全国抗震工作先进单位，近期由中国地震局、中国科学院、国防科工委、科技部、国家自然科学基金委联合颁发的全国地震科技工作先进单位。具有中国地震局颁发的甲级“建设工程地震安全性评价许可证书”。广泛开展了国际学术交流和协作活动，包括由美国自然科学基金委连续支持的、与国际知名学者 Ray W. Clouch 共同就拱坝抗震进行的长达20年的中美合作研究。积极参加国际学术会议，笔者在这些会上多次作特邀和主题报告，连续作为国际大坝委员会有关抗震的专委会成员近30年，近年来被选为专委会副主席迄今，参与主持和组织了首次在我国举办的第14届“世界地震工程大会”中为期一天的“大坝抗震”专门分会的工作。所有这些使水科院抗震研究在国内外同行中具有一定影响。

三、研究工作的主要创新性思路及进展

水工混凝土结构抗震是涉及多种学科交叉的应用性边际学科，其分析依据的理论和求解方法，试验采用的仪器设备和测试方法，大多是在借鉴、吸收和消化相关领域成果的基础上，进行集成再创新的。因此，首先力求对基本概念上深入理解和理清，并紧密结合本专业特点和要求，提出解决问题的开拓性思路，这是引领研究成果取得突破性进展的关键。当然，在思路付诸实践的过程中，总需要作艰辛的探索和在实践检验中不断完善。

鉴于工程结构的地震安全性评价都必须包括地震动输入、结构地震响应、结构抗力这三个不可或缺且相互配套的方面，现就水科院在近50年来在水工混凝土结构，特别是大坝抗震研究工作中在这三个方面主要的创新性思路及其进展，分别简述如下。

（一）在地震动输入方面

工程的场址地震动输入是抗震安全评价的前提。多年来，在地震动输入方面的工作主要包括以下三个相互关联的内容，即：大坝抗震设防水准框架的制定、场址相关地震动参数的确定、坝址地震动输入机制。

1. 大坝抗震设防水准框架的制定

在深入了解地震部门有关规定基础上，自行研发

基于概率理论的地震危险性分析软件；经分析比较国内外有关规定导则后，结合我国国情和水工建筑物的特点和要求，建立和逐步改进了与功能目标相匹配的水工建筑物抗震设防标准的框架体系，先后被列入由水科院主编在1978年颁布的我国第一本《水工建筑物抗震设计规范》和1997年颁布的其修编版中。

鉴于近期在强震区修建的众多高坝大库，国内外都尚缺乏先例，为防止其发生溃坝的严重地震灾变，建议在准备修订的水工抗震规范中，对重要的高坝大库，应增加对坝址预期可能发生的最大可信地震、按不溃坝的性能目标进行校核的规定。

我国西部重大工程存在近断裂大震的问题。基于概率法确定的最大可信地震，由于其所依据的基础资料中少有近场大震记录，外延至属于很小概率事件的最大可信地震，具有较大的不确定性。因此宜采用确定性方法求得设定地震。但现行确定性方法中将近断裂大震的最大可信地震作为点源处理有本质性缺陷。为此，目前正与地震部门合作研究，采用目前在国内外工程地震界属于前沿性课题的有限断层法，直接生成最大可信地震（MCE）的地震动。其要点是将关键潜在震源的空间主干断层面划分为一系列可作为点源的子断裂面，其破裂具有一定的模态、速率和时间序列。顺序叠加各点源对坝址的作用，直接给出近场强震的坝址地震动。其中所有断层参数，诸如：发震断层的走向、倾向、倾角、破裂面积、长度和宽度，以及沿整个断层面的平均滑动量等参数，都通过理论或半经验关系式求得。目前已初步应用于实际工程。

大坝工程的抗震设防框架体系还涉及水库地震问题。水科院的抗震研究工作是从新丰江大坝蓄水触发地震后开始的，从来重视对水库地震的研究，尤其着重于从地震地质构造上对其成因的分析。但水库地震的成因机制十分复杂，目前国际上尚无共识和定论。我们在参与诸多工程实践基础上，提出了区分基于地壳上部区域地应力场改变的内成因和由局部岩体恶化的外成因的概念，即构造型和崩坍型或岩溶型两种不同的类型。提出了不同性质的水库地震从与水库蓄水的时空相关性、库区地震地质环境和地震动特征对水库地震的识别标志；对与水库蓄水有关的地震安全性的评价，首先要根据库区内断层的活动性及其性状和规模、库盆向岩体深部的渗透条件、坝高、库容、岩性及结构面和岩溶的发育程度等主要影响因素，确定可能发生水库触发地震的库段；各库段的最大震级，则主要基于国内外已有的水库触发地震事例和工程类比原则，根据主要影响因素，采用确定性方法进行综合评定，或者以各种聚类分析方法给出不同震级段的发生概率。在研究过程中，首次应用了GIS技术平台，并通过科技部国际合作项目和希腊地矿部门研究所进行了交流和协作。

1975年我们作为我国地震局组团成员，参加了在加拿大召开的首届国际诱发地震会议，1995年组织了在水科院召开的水库诱发地震国际研讨会。此外，还参与了三峡工程、金沙江下游梯级水库地震监测台网的分析、监理等工作。

根据已有研究成果，我们认为：就与大坝抗震安全有关的断裂活动型水库触发地震而言，与天然的构造型地震并无本质差异，水库蓄水仅起到对已接近破裂状态的发震断层的触发作用。因此，其最大震级不可能超过已在场地地震危险性分析中考虑过的天然地震，不应再另外将其列入大坝抗震设防水准的一框架内。

2. 场址相关地震动参数的合理确定

场址相关地震动参数的合理确定是地震动输入的核心。峰值加速度和反应谱是主要的地震动参数，且迄今在国内外主要都以峰值加速度（PGA）作为标志抗震设防水准的地震动参数。众所周知，在近场地震中，对强震区高坝十分重要的峰值加速度的影响有较大的不确定性，而高频脉冲形峰值对高坝地震响应的影响并不大。国内外发展趋势是以与反应谱相关联的有效峰值加速度(EPA)替代峰值加速度（PGA)。为此，我们基于与我国地震地质条件较接近的美国西部145个基岩上实测的强震加速度记录进行的反应谱分析结果，发现对不同的震级 M 和距离 R 范围，其峰值周期和放大系数，都分别相对稳定于0.2s和2.5的均值。据此建议以0.2s处反应谱峰值除以2.5定义基岩的有效峰值加速度。

目前在抗震设计中，国内外多采用由不同地震加速度记录求得的统计平均反应谱或所谓的一致概率反应谱作为设计反应谱。但前者与工程场地不相关，而后者并不能反映一定震级和距离的实际地震反应谱的物理特性。因此，提出了一个确定大坝场地相关设计反应谱的新途径，即：在实际可能在坝址引发设计有效加速度（EPA）的少量关键潜在震源区中，沿其主干断裂，按发生概率最大的原则，选定一个通常是离坝址最近的设定地震，按选定的反应谱衰减关系确定场地相关设计反应谱。

在强震作用下的水工混凝土结构，特别是高坝，其地震反应大多具有强非线性特征，通常的反应谱理论已不再适用，需要进行时程分析。而迄今大坝抗震设计中采用的人工拟合设计反应谱的随机地震动时程，都仅计入其幅值的非平稳性而取平稳的频率特性。实际地震动过程中，反映其频率组成的反应谱是随其所含不同波型的先后到达而时变的，应当以Priestley提出的时变的渐进功率谱表征。

近年来，地震动时程所固有的幅值和频率的非平稳特性对结构非线性动力响应分析的影响，已日益受到关注。因此，针对现有方法在渐进谱计算和人工时程生成方法中存在的缺陷和问题，首先依据美国西部80个震级大于6.4级、震中距小于45 km的基岩强震记录，按Nakayama的方法和Kameda等的回归方程拟合了渐进功率谱的目标谱；再进一步提出了拟合该目标渐进谱以生成幅值和频率以至相位都非平稳的人工拟合随机地震动时程的新方法。目前正结合实际混凝土坝工程地震响应的非线性分析，进一步研究频率非平稳地震动输入对各类水工混凝土结构非线性地震响应的影响。

此外，鉴于我国的强地震大多属于主震—余震型，余震发生的时间离主震不会太远。而混凝土坝在设计地震的主震作用下的响应都已超出线弹性范畴，必然有一定损伤，对尚不及修复的受损坝体在余震作用下的抗震安全评估，有十分重要的现实意义。因此，正结合实际工程与地震部门协作，开展余震发生的强度、时间和空间的研究。

3. 坝址地震动输入机制的理解

鉴于长期以来在水工建筑物抗震设计和研究中，对设计地震动输入机制中有关设计地震峰值加速度的基本概念及其输入方式中，存在某些概念上的混淆，直接影响到对抗震安全的评价，对此进行了较深入探讨，以期得到澄清和共识。

工程场区地震危险性分析结果是：工程场地所在地区，在作为理想弹性介质的均质岩体半无限空间中传播的，满足标准波动方程的平面定型波，在平坦自由地表的最大水平向地震动峰值加速度。它只是一个表征既未考虑工程场地实际的地形条件和岩体具体的地质条件，也不涉及在该场址要建造的工程结构类型的、整个工程场区地震作用强度的工程抗震设计指标。

大坝坝址地震动的输入及其方式，与坝体结构体系地震响应分析的方法及其数学模型直接相关。在传统的不计结构与地基的相互作用，或仅计入地基弹性影响的无质量地基的水工结构抗震设计中，都作为封闭系统振动问题求解，把场区设计地面地震动峰值加速度，直接输入到作为所谓刚性盘体的地基面上。对于重要的大坝工程，坝体结构和地基动态相互作用的重要性已愈益被认识到。需要把坝体结构和地基作为整个体系来分析其地震响应，同时计入地基的质量和阻尼，特别是地震波能量向远域地基逸散的所谓“辐射阻尼”。这样的体系需作为开放系统的波动问题求解。其地震动输入取决于地基模型及其边界条件的选取。

我们在模拟辐射阻尼影响的研发中，采取在体系设置人工透射边界或在将其作为子结构的边界设置阻尼和弹簧元件的方法，分别采用在体系边界输入入射地震动位移场或边界自由场地震动速度、位移和应力场的地震动输入机制。澄清了目前在设计地震峰值加速度的基本概念及其输入方式中较普遍存在的某些概念上的混淆。

综上所述，在地震动输入方面，我们对我国高拱坝抗震设计中的地震动输入中存在的一系列共性和基础性的关键技术问题，就合理确定设防水准框架、正确选择地震动参数和理解输入机制等方面，进行了全面系统的研究并提出了建议。分析和澄清了工程应用中存在的诸多基本概念上的混淆，提出和探讨了解决的途径及其理论依据，为坝址地震动输入提供了一整套紧密结合我国国情和大坝工程特点的、更合理和可操作的新的思路、方法和自主研发的确定地震动参数的软件。成果已经在我国许多高拱坝工程抗震实际中被应用和被水工抗震设计规范所采纳，或为水工抗震规范的进一步修订提供了科学依据。

（二）在结构地震响应方面

结构地震响应是抗震安全评价中的关键，通常理论和计算分析是其求解的主要技术途径。但由于地震和水工结构的复杂性，应尽可能通过室内外的试验和现场实测进行验证，以及震害实例和强震观测记录的检验。我们也始终重视和坚持同时开展这些方面的研究。

1. 结构抗震的动力分析

在水工混凝土结构地震响应的动力分析中，关注的重点是大坝。在20世纪70年代，结合新丰江大坝的抗震加固，我们在和北京大学力学系和中科院计算所协作下，在国内首次研发了重力坝地震响应的有限元法动力分析程序，为大坝震害分析和加固提供了参考依据。

20世纪80年代初，在国内外首次研发成功基于拱梁分载法的、能适用于各种形态拱坝动力性能和地震响应分析的程序，也研发了基于结构力学和有限元法的重力坝动力性能和地震响应分析程序。迄今这些程序仍在我国众多混凝土坝抗震设计中被广泛应用，其计算结果被作为按规范要求的设计基本依据。

其后又结合二滩拱坝工程的抗震设计，通过中美科研协作，较早在我国引进美国的基于无质量地基的ADAP拱坝有限元法动力分析程序，并在消化、吸收的基础上，改正了其中一些差错，并对其网格生成仅适用于V形河谷和三心圆坝型的局限性进行了改进和扩展，使之适用于多种河谷和坝型。其后又进一步拓展至能考虑沿坝基的不均匀地震动输入。成为当时我国拱坝抗震设计中有限元法动力分析的有力工具。我国混凝土坝的抗震设计从传统的、不计地震动和结构动态性能的拟静力法分析，进入了更符合实际的动力分析的阶段。

拱坝历来被作为不规则壳体的整体结构，但随着我国在地震区众多高拱坝建设的发展，地震工况下的高拱向应力值，愈益成为设计中的难题。当时国外已开始注意到拱坝坝体中的横缝，在强震时会因不能承受拉力而反复开合，使之不再成为整体结构，从而高拱向应力将被显著释放。我们结合拉西瓦拱坝工程，在国内首次引进可考虑横缝张开的美国拱坝有限元法动力分析程序ADAP—88，并对其中的因考虑横缝设有键槽而不能滑移的假定，作了可按摩尔—库仑准则滑移的改进，使之更符合有键槽横缝在张开时仍可能滑移的实际情况，在修正了其中一些差错后，首次实际应用于我国拱坝工程抗震设计中。应当说，这对高拱坝抗震设计是具有突破意义的进展。拱坝抗震设计也更进一步从线性发展到非线性的动力分析。但该方法中采用边界弹簧处理横缝接触问题，不能完全满足接触条件，且以动态子结构法迭代求解的工作量也较大。

无论是采用取伏格特（Vogt）地基系数的试载法或取无质量地基的有限元法求解，都只能计入地基的弹性影响并作为封闭的振动体系求解。而对于大体积的混凝土坝，随着坝高的增大，坝体—地基—库水间的动力相互作用已愈显重要，不能被忽略。大坝的结构与地基相互作用主要体现在振动能量向远域地基逸散和沿坝基地震动输入的不均匀性以及与之相应的地基边界条件和地震动输入机制的确定。为此，在20世纪90年代，我们和我国学者廖振鹏院士协作，有效应用其提出的人工透射边界体现大坝地基辐射阻尼的影响。同时，为避免ADAP—88程序存在的诸多问题，在和刘晶波教授协作下，应用其提出的基于Lagrangian乘子的动接触理论处理接缝边界问题。在此基础上，自主研发了能同时计入各项更切合实际状况的因素的、在时域内作为波动问题显式求解的、完整有效的拱坝非线性动态分析的方法，其中同时考虑的因素包括：坝体—地基—库水间的动力相互作用、坝体和地基内接缝开合、近域地基内各类地质构造和远域地基辐射阻尼影响，以及沿坝基地震动的不均匀影响等。由于不需要形成总刚矩阵和可以递推求解，并解决了收敛和稳定性问题，显著地简化了计算并提高了其效率。此外，为了考虑在拱坝应力集中的薄弱部位的开裂，在这些部位设置了计入材料抗拉和抗剪的强度的接触缝面。这个方法和程序已在我国众多高混凝土坝，特别是高拱坝，实际工程的抗震设计研究中被广泛应用，并受到国际同行的关注。此外，为进行比较检验，还开发了国外采用的、以设置弹簧—阻尼器的边界模拟辐射阻尼、需输入包括边界应力、速度和位移的自由场地震动的相应程序。

库水对混凝土坝动态性能有重要影响。坝体—库水流固耦合问题的关键在于对库水可压缩性的考虑。已有研究表明，只有当坝体的自振频率（f_d）、库水的共振频率（f_r）以及地震动加速度的卓越频率（f_a）三者相互接近时，库水可压缩性导致的共振才有实质性的意义。当$f_a>f_r$时，由动水压力中的虚数分量所体现的能量逸散会导致反应减小。库水的第1阶共振频率可由$f_r=C/4H$求得，其中C是水中音速，H则是水库平均深度，一般可取为最大水深的0.7倍。岩基的卓越频率约为5 Hz。因此，我们的研究认为：对高度超过100m的拱坝，f_a将大于f_d、f_r，加上并非刚性平坦的库底吸能和散射效应，使库水共振难以发生，特别对中国众多的多泥沙河流更是如此。实际上，在现场测振试验和大坝地震震例中，也还从未见库水共振的报道。所以，从工程观点看，库水可压缩性是可以忽略的，从而库水地震动水压力可以以坝面的附加质量形式体现。在库水不可压缩的前提下，我们通过白山拱坝模型试验，实测坝面动水压力和坝体满库频率，验证了坝体和库水流固耦合有限元模型求解的坝面动水压力值。进而发现并提出：将按Westergaard对刚性平面坝面公式换算得的附加质量折半，作为拱坝坝面附加质量进行计算的结果，无论是坝体前几阶满库频率和振型或坝面动水压力值都能和实测及用有限元模拟库水的结果较好符合。这就使拱坝地震响应的动力分析简化了很多。这个建议已在我们为很多拱坝进行的动力分析和试验中得到应用和验证。

拱坝坝肩抗滑稳定的校核是对其抗震安全评价的首要问题。目前都仍把坝肩潜在滑动岩块作为刚体，将其与坝体分割开来，采用传统的刚体极限平衡法进行。这实际是一种不计坝体和地基动态变形耦合以及岩块动态响应的静力方法，因而并不能反映整个坝体与地基系统实际的地震动态稳定性状。鉴于地震时，由于坝体和坝肩岩块的动态变形耦合，作用于坝肩潜在滑动岩块的拱座推力和岩块本身的地震响应都是随时间变化的。为此，我们首先应用上述模型和求解方法，对坝体、地基和库水作为整个体系进行时程分析，将每一时刻作用于整个块体而非仅计滑移面上的合力，分解为沿滑移方向的滑动力和各滑移面法向阻滑力，用刚体极限平衡法求解抗滑稳定安全系数，从而得出岩块抗滑稳定安全系数时间历程，取其最小值进行设计校核。但仍未能摆脱刚体滑动的假定，实际岩块并作为非刚体滑动，任何突发的失稳都是局部开裂、滑移过程的累积结果。为此，我们提出了一个地震失稳判断准则的新概念，即以在强震作用下产生的，包括坝体和地基接触面局部开裂和滑移在内的位移响应的突变，作为失稳的极限状态。导致坝体和地基位移响应发生突变的极限状态的地震作用和最大可信地震（MCE）作用的比值可作为地震超载安全系数。最大可信地震的性能目标要求是其地震超载安全系数不小于1.0。

尽量切近实际的完整有效的拱坝—地基—库水体系非线性动态分析软件的自主研发，以及坝肩岩体地震失稳判断准则新概念的提出，标志了拱坝抗震安全评价中对传统分析方法的又一个重要突破。

应用所研发的软件不仅对结构本身进行抗震校核，而且对所建议的工程抗震措施的效果做了检验。指出通常作为主要工程措施的布设拱坝横向跨缝钢筋方案，不能阻止横缝张开而仅能限制其张开度，其效果为横缝灌浆前温降抵消近40%，且随布筋量增加渐趋减退，再考虑到其对施工进度的严重干扰和对坝面混凝土浇筑质量的影响，建议采用阻尼器取代，并对阻尼器类型、制造厂家、安装要求和布设效果做了研究，得到工程设计部门的重视和肯定。

鉴于复杂的大坝坝体—地基—库水体系的非线性动力分析导致十分庞大的计算机时和计算机内的存储量，因而采用基于并行计算的高性能计算技术就势在必行。为此，我们建置了有5个节点的联想LENOVO 1800双芯微机群并行计算平台。工程抗震研究中应用并行计算技术的主要困难在于相应并行软件的开发。我们与中科院计算所梁国平教授协作并应用其提出的有限元语言，首先对高拱坝抗震动力分析研发了相应的并行计算程序，并为实际拱坝工程进行了计算分析，取得了十分显著的效果，为水工混凝土结构动力分析的深化开拓了新途径。

2. 结构抗震的动力模型试验

由于对像大坝这类复杂系统，其动力分析中不可避免地会引入不少简化和假定以及在参数选择上的一些不确定性。因此，特别需要通过动力模型试验对分析进行改进和验证。为此，我们在20世纪60年代就在我国首次建置了分别进行水平和竖向地震模拟的电磁振动台，为新丰江等大坝工程和其他重要项目进行了振动试验。至20世纪80年代又建置了我国第一个大型三向六自由度模拟地震振动台，被国际著名专家确认为是当时世界最好的混凝土坝试验设备，多年来在试验技术和测试手段方面不断改进，至今，已不仅主要在水利水电部门，而且在我国建筑、核电、石化等许多部门的抗震试验中发挥了重要作用。

大坝的体积庞大，加上要考虑地基和库水的相互作用，其动力试验验证受场地和加载设备条件的限制，只能在缩尺的物理模型上进行。在缩尺模型的结构抗震试验中，关键是模型设计必须满足相似律的要求。我们基于量纲分析和相似理论，结合水工结构特点，系统总结了考虑自重影响与否及大、小变形情况下的各变量间的相似要求。特别是根据水工混凝土属脆性材料，结构校核都为小变形的情况，强调了可以把由变形产生的位移u作为独立的物理量，从而给特别是高坝小比尺试验中模型比例和材料的选择，带来了很大的方便。

满足相似律和量测精度要求的模型材料选择是动力模型试验的重要环节。对于水工结构，首先是在满库试验中，由于库水很难用天然水以外的液体模拟，其容重相似比必须为1，从而要求满足量测精度要求的低弹模水工混凝土结构模型材料也必须与混凝土的容重相同。为此，在非破坏性动力试验中，我们早在20世纪60年代初，结合刘家峡大坝抗震试验，就首先与北京橡胶六厂共同研制成功加重橡胶材料，并在对其力学性能测定基础上，提出了需对其应变片测值以刚化系数作校正的要求和方法。这种材料已在其后涉及流固耦合的水弹性问题的模型试验中被广泛应用。

另一个问题是，强调指出在高混凝土坝的小比尺模型的破坏试验中，材料的抗拉强度常因其难以满足相似要求而被忽视，直接影响到试验结论的正确性。我们在参照国内外已有经验的基础上，在起裂破坏试验中研制成功基本满足混凝土抗拉强度相似要求的模型材料。但也指出，由于迄今结构模型材料仍难以满足混凝土达到峰值强度后的本构特性，模型起裂后由开裂发展导致的破坏形态和超载值，已不再能反映实际情况，以避免引起概念上的混淆和误导。

我们在混凝土坝动力模型试验技术上不断进行了探索。结合拉西瓦拱坝工程，首次在振动台进行了模拟横缝的拱坝动力模型试验，研发了测定横缝开合的传感器，对用ADAP—88程序计算的拱坝强震时横缝开合的整个时间历程作了试验验证，试验得到了美国垦务局、Harza工程公司等单位的资助，并派专家会同加州大学研发ADAP—88程序的Fenves教授到试验现场考察。

为在试验中计入拱坝抗震安全中关键的坝肩稳定影响，需要解决有限地基的边界辐射阻尼和渗透压力影响的难题。我们首次提出了解决这些难题的新思路：采用黏滞边界近似模拟了地基的辐射阻尼影响及对地基中可能失稳岩块滑动面以集中推力模拟了渗透压力影响，并在对坝体—地基体系动力分析基础上，近似确定模型地基底面的振动台地震动输入。这些思路都在实际拱坝工程的动力模型试验中初步成功实施，标志了对长期来大坝动力模型试验中无法模拟地基这一关键性难题的突破。

此外，还先后解决了大型工程动力模型试验中其他一系列试验技术问题。诸如：重力坝坝段动力模型试验中动水压力的施加、拱坝破坏试验中上游坝面的防渗，以及南水北调工程的渡槽、长江三峡工程的升船机塔柱、黄河小浪底工程的进水塔的模拟和测试等。

所有上述从基地建设、相似律运用、模型的材料制备和设计，到试验和测试技术等一系列的创新思路的提出和实现，较系统和完整地形成了水工混凝土结构先进的试验体系，使动力模型试验跃上了一个新的台阶，成为抗震安全评价中与迅速发展的计算分析相辅相成的组成部分，受到了国内外同行的重视。

3. 现场测振试验和地震监测

结构的动力模型试验仍然受到材料、制作和设备条件的限制，主要用以在特定条件下对数学模型求解结果的验证，尚难以全面和完全反映如地基和坝体实际环境和条件的影响。在震害实例又十分缺失的情况下，现场测振和地震监测自然就备受关注。我们早在20世纪60年代就在新丰江大坝、在邢台地震时对邻近水库的进水塔及以后对丰满大坝等先后开展了强震观测和利用脉动、小火箭、小药量爆破和微震记录等手段测定大坝的动力特性。

至20世纪70年代末，为大坝现场测振需要，水科院试验工厂研究成功了四台同步的偏心轮起振机设备，受到美国加州大学Clough教授的重视，开创了持续近20年的、以现场测振为主的中美拱坝抗震科研协作。

在20世纪80年代，先后在我国响洪甸、泉水和美国Monticello拱坝现场，以起振机激振、测定了不同类型拱坝的动态特性，以验证基于无质量地基假定的拱坝有限元计算程序。

至20世纪90年代，先后在我国东江和龙羊峡拱坝，前者以下游基岩中深钻充排水孔以形成可重复使用的爆破方式，后者以上游水库中浅层岩体表面水下爆破方式，产生经由坝基基岩传播，能同时激发坝体、近坝地基和坝前库水的振动波。除验证了考虑坝基不均匀输入振动波的分析方法和程序外，着重研究库水可压缩性的影响。揭示了以反射波和入射波名义幅值比表征的所谓库底吸能系数不仅与频率相关，且在库底各部位也都不相同。目前在考虑库水可压缩性时普遍采用规则库底地形和均一反射系数并不符合实际。试验并未发现明显的库水共振现象。如此长期系统的以现场试验为主的国际合作研究，其成果对拱坝动力分析中一些关键问题提供了重要验证，也有力提升了大坝现场测振技术，在国内外都有重要影响。

我们先后在不少大坝开展强震观测工作。尽管在市场经济条件下，纯属社会公益性的强震观测工作面临众多困难，但鉴于这项基础性工作的重要意义，虽步履维艰，我们始终坚持不懈。21世纪初，会同中国地震局工程力学研究所，在收集迄今为数仍不多的实测记录基础上，共同编写出版了“中国水工结构重要强震数据及分析”。此外，我们积极参与了水库地震监测工作。参加了长江三峡工程、金沙江下游梯级等大规模水库地震监测台网的评审、咨询、协作和监理等工作。

4. 水工抗震设计规范的编制和修订

震害实例表明，抗震设计规范在工程抗震减灾中发挥了很重要的作用。早在20世纪70年代，水科院主编的中国第一本《水工建筑物抗震设计规范》(SDJ 10—1978) 于1978年颁布实施。根据当时的国情和水工抗震设计现状，该规范的抗震校核中采取的是拟静力分析方法和基于工程经验的安全系数。因而在确定与之配套的地震作用时，引入了一个所谓综合影响系数$C_Z=0.25$，以求整合与对应于不同烈度的真实峰值加速度统计平均值的差异。首次根据对结构动态响应的初步分析和少量震例记录，归纳了地震作用沿高度分布规律。

鉴于拟静力法不能充分反映结构和地震动的动态特性，难以对震害作合理解释和有效防止，随着水工抗震研究的进展，水科院在20世纪90年代负责重新修编该规范时，对水工混凝土结构都采用了动力分析方法及与之相应的真实地震动输入。对甲类抗震设防的重大工程，要求进行专门的工程场址地震危险性分析，并给出了相应基准期内的超越概率值。

为遵照当时颁布的国家标准《水利水电工程结构可靠度设计统一标准》(GB 50119—1994) 的要求，以及鉴于地震作用是具有的最大随机性，我们首次对混凝土大坝进行了较系统的抗震可靠度分析研究。

首先，将峰值加速度和规一化设计反应谱作为随机变量，基于对一系列大坝工程场地所作的地震危险性分析资料，通过检验确定了其概率分布函数。在此基础上，采用一次二阶矩方法，编制了混凝土坝的抗震可靠度分析程序并对各类重力坝和拱坝进行了较系统分析。

其后，考虑到地震作用实际上是随时间变化的随机过程。因此，又基于首次超越概念和随机振动的均值反应谱方法，对由22个重力坝系列，在地震加速度作为平稳随机过程的假定下，采用Wen Y K和Chen H C提出的扩展一次二阶矩法，进行了抗震的动态可靠度分析。在其最大反应首次超越概率的公式中，计入了地震动持时、包括初始静态反应在内的门槛值等参数的不确定性，还按照Vanmark E H提出的方法，考虑随机过程带宽影响对结果的修正。

最后，在对工程地震学中地震动输入功率谱密度函数改进的基础上，考虑了沿拱坝坝址河谷地震动不均匀分布影响，建立了沿河谷地震动场的输入功率谱密度函数。首先采用在频域内对其进行分解后可以得出一组虚拟激励谐波 $X(\omega)$，用多点输入技术可以求出在虚拟谐波激励下的一组虚拟坝体反应。将虚拟反应自乘后可给出反应的功率谱函数。由此可按基于首次超越概念的公式求得坝体拉应力的可靠概率。其次，还在时域内通过拟合给定的功率谱密度函数，直接生成河谷地表各点随机加速度时程后，再按上述同样步骤求解可靠概率。此外，还首次研究了地震动输入的频率非平稳性对重力坝抗震可靠概率的影响。这些对混凝土坝抗震可靠度分析的基础性系统研究，为规范修编提供了依据，也深化和推动了学科发展，在所参加的国家自然科学基金委员会的重大项目中获得好评。

通过采用上述方法对重力坝和拱坝工程的实例分析比较表明，近似将地震作用作为随机变量分析的结果在规范中采用是可行的。但也发现，目前要确定与基于传统安全系数概念的原规范保持连续性的目标可靠指标，仍存在相当困难。主要由于地震作用和水工建筑物抗震的复杂性，其分析中的不确定性，除随机性外，还包含在很大程度上仍依赖工程经验的未认知性。因此，单纯考虑随机性的可靠度分析目前还难以取代传统的安全系数方法，需要按潘家铮院士提出的“积极慎重，转轨套改”的指导思想和《水利水电工程结构可靠度设计统一标准》（GB 50119—1994）的要求，从主要基于工程经验的笼统的安全系数概念向考虑作用和抗力随机性的、以分项系数表达的极限状态可靠性设计转轨。但要在其中引入所有未认知性的结构分项系数，其取值则通过与原规范中相应安全系数的套改确定。在修编的水工抗震设计规范中，按此原则确定了各类水工混凝土结构在各种极限状态中的结构分项系数值。此外，修编的规范扩大了建筑物类型，并在总结国内外震害实例和工程实践的基础上，增加了各类建筑物的工程抗震措施。由水科院主编和修编的水工抗震设计规范在我国工程抗震设计中发挥了重要作用。

（三）*在大坝混凝土动态抗力方面*

对大坝混凝土动态抗力的研究很少，迄今工程设计中依据的主要还是国外20世纪50年代前的试验资料，是当前混凝土大坝抗震安全评价中的薄弱环节。近年来，配合我国在西部强震区修筑一系列高拱坝工程的需要，我们对此主要进行了以下几个方面的开创性研究。

1. *大坝混凝土全级配大试件动态抗折试验*

首先提炼出的目前迫切要解决的主要工程问题是：①传统的湿筛小试件改变了混凝土的结构组成，需了解它与实际全级配混凝土动态抗力的差异；②大坝都是对正常运行水下遭受设计地震的工况进行抗震校核，而目前都是根据单纯分别施加静、动荷载试验结果的比较确定动态抗力的增长，需研究静态预载对大坝混凝土动态抗力的影响。

鉴于大坝混凝土的弯拉强度，反映其在受弯、剪扭作用下开裂破坏的特点，更接近大体积混凝土实际受力状况，为此，早在20世纪末，与水科院结构材料研究所和铁道科学研究院协作，针对小湾高拱坝工程实际混凝土，在不同静态预载下，以与大坝基频相应的冲击加载，进行了混凝土全级配大试件动态抗折试验。首次获得结果：全级配试件动态抗力的增长比湿筛试件的小；在静态预载不超过80%强度时，动态抗力随静态预载有所增长。为进一步验证，又与河海大学协作，采用不同的加载设备，对不同配合比的小湾工程实际全级配混凝土，在不同静态预载下，分别以上述冲击型和更接近地震波的变幅往复波形加载，再次验证了上述试验结果。目前，正在建置1500t级的、适用于大坝混凝土全级配试件的大型静、动态试验机，并逐步向三向加载和配置专用的工业CT设备发展。

2. *大坝混凝土动态损伤机理探讨*

我们提出以下对试验结果的解释：①作为不均质复合材料的大坝混凝土具有较强的应变率效应，在与地震作用相应的应变率情况下，率效应的体现主要由于动载时材料内部损伤不能如静载时追踪最薄弱部位拓展，从而形成多个开裂途径，使材料抗力发挥更为充分，以及由于混凝土内毛细水层抗力随应变率增长的Stefan效应。②初始静载形成混凝土内部损伤，使强度和弹模有所降低，但损伤也增大了在动载作用下的应变率，当率效应对动态抗力的增长超过损伤对其的降低时，可能导致其随静态预载而有所增长。但当静态预载超过约80%强度时，由于裂纹的交叉、合并，损伤在外载不变时将自行加速拓展而导致抗力剧减。这已从我们首次对混凝土进行的动态声发射试验中测到的所谓“Kaiser”和“Felicity”效应所验证。

3. *大坝混凝土三维动态细观力学分析*

为验证试验结果及其解释，并进一步探讨混凝土的损伤破坏机理，我们建立了由各级配骨料、砂浆和两者界面等复合介质组成的数字混凝土细观力学模型。首次开展了三维的动态细观力学分析研究，并编制了相应的串行和并行的计算程序，解决了一系列关键性技术难题。诸如：骨料空间分布位置及各介质抗拉强度的空间随机投放；提出被占区域剔除法，使随机投放能满足实际配合比的要求；包括不规则多面体在内的各类形状骨料的生成；界面介质的有限元网格剖分；借鉴复合材料多尺度算法理论，研发求解最细骨料和砂浆作为双相复合材料的等效力学参数；基于已有试验资料，引入混凝土强度和弹性模量的应变率效应系数和损伤变量演化模型；在时域中对试件的抗折强度进行了有静态预载的非线性静动态分析方法，以及高性能并行计算技术的应用等。分析与试验结果取得了很好的相互印证。

4.CT技术在混凝土动态抗力研究中的应用

为进一步验证大坝混凝土在动载作用下，内部结构破损发展过程，开展了应用X射线计算机扫描（CT）技术探索混凝土内部损伤破坏机理的试验，对其一系列关键问题进行了研究。首次研发成功适用于医用CT设备的，混凝土动态拉、压加载的，便携式实时试验加载装置，进行了混凝土静、动态拉、压破裂过程的CT试验，探索了混凝土细观裂缝的CT图像分析技术和计算机数字分析方法；应用可视化理论与技术，重建基于CT图像的混凝土内部裂缝三维图像及动画显示。CT试验结果和三维细观力学分析结果得到了相互印证。

三维细观力学分析和CT技术的应用，为今后大坝混凝土损伤动态破坏机理的深化研究开创了新的有效途径。

回顾以往近50年的历程，标志着我国水工混凝土结构，主要是大坝的抗震设计和研究，紧随我国高坝建设抗震安全的需要，不断追踪学科发展前沿，挑战传统概念和方法，跨越新的台阶，进行集成再创新的崎岖征途。主要可概括如下。

从只注重结构地震响应到研究场址相关地震动输入和材料动态特性以综合评价工程抗震安全；从着重理论分析计算到同建立先进试验基地、进行室内模型和现场动力试验、坚持大坝强震观测的系统研究；从仅引用地震部门给定的地震动参数到研发结合水工结构特点的场址相关地震动参数；从结构地震响应采用拟静力法确定到按动力分析进行抗震设计；从将坝体作为线弹性整体结构封闭的振动体系求解到研发能同时计入诸多更切合实际状况的非线性波动体系及其有效求解方法，同时计入了坝体、地基和库水的动力相互作用、坝体横纵缝在强震时开合、近域地基各类地质构造和远域地基辐射阻尼及沿坝基地震动非均匀输入等关键因素；从将控制坝体整体安全的坝肩（基）稳定和坝体强度分隔、按传统刚体极限平衡法作静态校核到提出以坝体—地基体系位移响应突变标志整体失稳的新的安全准则；从只对结构本身进行抗震校核到建议多种相应的工程措施及对其效果的检验；从沿用确定性抗震分析到向抗震可靠性分析“转轨套改”；从应用常规串行分析途径到探索高性能并行计算技术的应用；从传统的大坝混凝土湿筛试件宏观强度的动力试验到计及静态预载影响的全级配试件的强度试验、应用三维细观力学数字混凝土模型及CT高新技术和动态声发射技术对大坝混凝土动态强度增长及破坏机理的研究；从沿袭美、苏等国外水工抗震设计规范到主编和修编适合我国国情和工程实践的我国水工建筑物抗震设计规范等等。

在水工抗震的各个环节，进行全方位持续研究的进展和成果的积累，为我国地震区重大水利水电工程的水工混凝土结构抗震设计提供了科学依据，是工程抗震安全的有力技术支撑。促进了水工抗震学科的发展，也在混凝土大坝抗震方面，成为将水科院建成国际一流科研机构的基础性条件的一个具有特色的组成部分。

四、研究群体遵循的工作理念

所有上述研究成果都是在各级领导的支持下，经研究群体共同努力下取得的，并且研究团队也是随研究工作的不断深入而成长壮大的。团队的形成和成长总是基于相应的共同理念，多年来水科院水工混凝土结构抗震的研究群体在工作中逐步形成的传统和始终坚持贯彻的理念可概括如下。

（一）突出工程观点

作为水利水电工程部门的专业研究单位，为工程服务是研究工作的出发点和落脚点。研究工作始终紧密结合实际工程需要并以此为动力，以研究成果能在工程实际中被采纳应用并在实践中得到提升作为最终的检验目标。工程的抗震安全评价，一般都较静态作用下要复杂得多，问题涉及水工结构、岩土工程、水力学、材料学、力学、地震学、地质学等多学科的交叉，需要围绕中心目标，跟踪有关学科发展前沿，注意对其吸收、消化，并集成应用于大坝抗震研究的再创新。但大坝抗震在工程设计中属特殊工况，又必须与其基本工况的设计方法、参数、标准和精度要求相协调并受其制约。因此，要求研究的内容和目标，既要在概念上力求严格明确、有科学依据、尽可能切近实际，但又必须强调工程观点，考虑到地震作用本身的不确定性和工程实际的复杂性，抓住本质性关键因素，尽量简化次要因素，在计算精度上和基本工况适配，便于在设计中推广应用。

（二）强调全面综合评价

任何工程结构的地震安全性评价都包括地震动输入、结构地震响应、结构抗力这三个要素。它们是不可或缺且相互配套的组成部分。对于大坝等这类重大工程，尤为重要。长期以来混凝土大坝抗震研究的现状是，对结构地震响应的研究日益精细，而对地震动输入和结构抗力研究相当粗放的“两头大、中间小”的局面。在深入研究过程中，逐步认识到地震动输入和大坝混凝土动态抗力对工程抗震安全性评价是有重要影响的。目前实际上是由“两头”控制了工程抗震安全性评价的精度和水平。这“两头”都涉及更多的学科交叉问题，难度较大，研究较少。因此，始终关注并在近期着重加强了这两方面的研究，力求对工程抗震安全作出更全面合理的综合评价。

（三）重视实践检验

迄今为止国外在强震区修建高坝的工程实践经验不多，世界上遭受过强震作用的高坝很少，震害实例更少。特别是近20年来，我国的大坝建设发展迅速，大坝抗震安全评价面临严重挑战，基于以往经验的传统概念和方法，有些已难以全盘沿用。为确保工程抗震安全，必须以创新精神，在关注本学科发展前沿和借鉴吸收交叉学科及高新技术成果的基础上，有所突破，提出新的概念、采用新的材料和计算方法。但尽管目前的计算工具和方法有很大进展，在大坝抗震的动力分析中，无论是新概念的提出、更复杂和合理的数学模型的建立及其参数的确定，毕竟仍不得不引入一定的有待检验的假定和简化。因此，始终坚持在可能条件下，都力求通过室内外的试验和现场实测进行验证，并接受震害实例和强震观测记录的检验。

（四）发扬团队协作精神

鉴于所研究的内容涉及学科多、范围广且难度高，而队伍规模有限，首先更需要团队的相互协作和共同努力，注意发挥群体优势，营造良好工作氛围，以凝聚合力，发扬团队精神已逐步形成共识。因此，始终坚持发扬学术民主，总结完善规章制度，执行以研究室为单位的统一核算体制，以期增强团队凝聚力。同时十分重视和有关单位的协作和国际交流，不断进行了扩大协作面的探索和努力，1990年成功争取为中国科学院系统内唯一的一个院外开放实验室。认真贯彻了“开放、流动、协作、联合”的指导方针，评估结论中被建议列入国家重点试验室建设系列。近年来，进一步遵循胡锦涛同志“产、学、研相结合形成科技创新整体合力”的要求，通过国家级支撑项目、部级创新项目和国家自然科学基金委员会的重点项目，紧密配合实际工程设计单位，联合河海大学和西安理工大学的有关单位，初步形成了相对固定的“产、学、研”相结合的创新团队，取得了统一规划、有机协作、资源共享、优势互补的明显效果。可以说，所有重大研究成果都体现了集体劳动和智慧的结晶，各类优秀人才也都是从团队中脱颖而出的。

五、展望和结语

近期我国将在强地震区建设一系列具有300m级高拱坝的重大水电工程。对这些高拱坝工程，国内外都既缺乏工程实践的先例，又无遭受震害的实例。而高坝大库一旦遭受强震发生严重破坏将导致不堪设想的次生灾害。在当前科研进展赶不上工程建设规模发展的情况下，必然存在一定风险。为此，设计人员、业主及社会都更加高度关注重大工程的抗震安全保障及严重地震灾变的应对。因此，在我们回顾和认真总结近50年来在水工混凝土结构抗震方面所取得成果的同时，也深感正面临严重挑战，要使科研进展适应工程发展需要，还存在着较大差距，任重道远，需警钟长鸣。

首先，为应对严重地震灾变，在地震动输入方面要解决近断层大震的最大可信地震估计及其地震动参数的合理确定。需要基于能反映我国板内地震特点的强地震资料，进一步深入研究：沿发震断层断裂面的破裂拓展模式、震源地震动特性及其传播规律、回归位错、应力降等断裂参数与地震矩的关系式；合理考虑场址地形、地质条件的影响；探求主、余震的时空和强度规律，以及确定对不同发震断裂的最小避让距离。

其次，在结构地震响应方面，需要深化研究：各类结构控制地震灾变的溃坝机理及其可定量化的性能目标；继续改进更能反映工程实况、损伤发展过程和率效应的非线性动力分析模型及其有效求解方法；大力推进高性能并行计算技术的应用及有自主知识产权的软件的研发和推广；突出解决混凝土坝体系动力模型破坏试验中的关键技术；加强对工程抗震措施及抗震设计规范修编的研究；逐步成为全国混凝土高坝强震资料观测分析研究中心。

最后，在大坝混凝土动态抗力方面，为揭示大坝混凝土损伤演化规律及为改进模型和确定相应力学参数提供依据，需要对全级配大坝混凝土及其组成介质、进行本构曲线全过程的试验研究；继续改进大坝“数字混凝土”三维细观力学动态分析方法；深化CT图像分析和三维动态显示技术的研发；完善三向加载大型材料试验装置和其试验技术，建立与之配套的专用工业CT装置，以期对大坝混凝土内部结构及其动态损伤破坏机理和性能的研究能有新的提升和跨越。

相信在领导支持和团队共同努力下，一定能再接再厉迎接挑战，克服障碍，为重大工程的抗震安全保障及严重地震灾变的防止、为水科院争取建立国家试验室和建成国际一流科研机构作出应有贡献。

（摘自中国水力发电工程学会《改革开放三十年的中国水电》）

水电机电安装技术回顾与展望

傅元初

一、我国水电机电安装发展回顾

1951年，新中国成立初期，东北丰满水电站修复并开始安装原苏联制造的新机组，水力发电建设局安装大队成立，水电机电安装行业由此诞生。我国水电机电安装行业经历了从无到有、从小到大、从弱到强的发展壮大过程。水电机电安装施工企业（以下简称安装企业）作为一种专业性和技术性较强的安装工程建设实体，从计划经济时代开始创业直到现在，50年来，尤其是改革开放30年来，取得了显著的工程业绩和跨时代的技术进步，并造就了一批有代表性的综合实力较强的企业单位，掌握了具有世界水平的施工技术和施工工艺。截止到2004年底，全国水电装机容量达到1亿kW，其中70%为大中型水电机组。最近十几年来，投产的大中型水电机组，97%由中央直属水电施工企业安装。近7000万kW的大中型水电机组的投产和运行，充分体现了我国水力发电业的综合实力和世界先进的技术水平。

20世纪50年代初，以江西上犹、东北大伙房、安徽梅山及佛子岭、四川狮子滩、浙江黄坛口、广东流溪河为代表的水电站的建设开创了我国水电机电安装的早期历史，安装机组的容量大多在1.5万kW左右。在此之后的50年，机组安装容量等级上了若干个台阶，它们是：

（1）新安江、拓溪、新丰江水电站为代表的7.25万～8.5万kW的机组安装；

（2）云峰、龚嘴水电站为代表的10万kW机组的安装；

（3）刘家峡、丹江口水电站为代表的15万～22.5万kW机组的安装；

（4）葛洲坝、水口水电站为代表的12.5万kW及以上的大型轴流转桨式水轮发电机组的安装，其中水口电站20万kW轴流转桨式机组为世界上该类型容量最大的机组；

（5）白山、龙羊峡、隔河岩、漫湾、天生桥、岩滩、小浪底水电站为代表的25万～30万kW级机组的安装；

（6）李家峡、二滩水电站为代表的40万～55万kW级大型水电机组的安装；

（7）三峡、龙滩、小湾、拉西瓦水电站为代表的70万kW级超大型水电机组的安装。

通过以上各时段水电机组设备安装工程的实践和锻炼，一代又一代的水电机电安装建设者，已经掌握了极丰富的水电站成套机电设备的安装、调试和试运行试验技术。可归纳如下：

（1）能组装、焊接直径大于8m的混流式水轮机偏心或对称分瓣的转轮，其工艺技术已达到世界先进水平。首次在国内实现在现场散件组装焊接直径超过6m的全不锈钢（马氏体）混流式水轮机的转轮，完成组焊、加工和抗磨层喷涂的全部工艺过程，质量完全符合国际标准要求。

（2）用先进的CO_2气体保护焊接机具成功地组焊了近60台直径超过10m的水轮发电机转子圆盘式支架，其变形被控制在允许的范围内。

（3）能安装目前世界上单机容量最大的水口水电站轴流转桨式水轮机组，并实现了一年三投的工程业绩。

（4）能安装的大型混流式水轮发电机组的单机容量已达40万～55万kW，并创造了一年投产4台55万kW机组的工程业绩。

（5）能安装调整各种型式的大型机组推力轴承，其中包括由日立公司专利技术设计、制造的轴向负荷为41000kN的世界上第三大推力轴承。

（6）在世界上首次安装了40万kW蒸发冷却的水轮发电机，其安装工艺水平和调试技术在内冷电机的技术领域里又有重大的创新。

（7）能制造和安装直径达12.4m的目前世界上最大的压力钢管，水头达500～600m的高压力水钢管，三峡永久船闸的超大型金属结构；适应抗拉强度达600～800MPa级钢材的各种加工、焊接和安装要求。

（8）能安装容量在36万kVA及以上、电压等级达500kV的整体式或三相组合式电力变压器、油浸电抗器、高压电缆以及500kV封闭组合电器（GIS）。

（9）能安装大容量、高扬程的可逆式抽水蓄能水泵—水轮机组及其启动设备，其中包括世界上最先进的能带负荷和使机组变速运行的晶闸管静止或变频装置（SFC）。

（10）能实现由计算机监控系统管理和操作的水电站各种自动装置和计算机设备的安装和调试，包括安装、调整和操作世界上一流的电器制造商生产的各种机电一体化控制设备，如微机调速器、励磁系统、智能化监测装置等。

（11）如果在建工程规模和电力设备供应能得以保证，全行业具有完成年安装投产大中型水电机组700万kW以上的能力；单个工程项目点年装机投产强度可达每间隔3～4个月左右投产一台机组，均衡生产和保持持续装机强度的概念和实践已被总结为编制网络计划的原则，并形成优秀实用的计算机施工管理软件。

上述施工技术的形成和逐步完善无可争议地显示出中国机电安装企业的实力和经验。世界上没有任何一个国家的水电专业施工队伍或工程公司能像中国水电机电安装企业一样在50年的时间内经历过这么多的工程，完成过这么多台机组设备的安装，处理和解决过这么多复杂的技术难题。无论是初期三门峡、刘家峡、丹江、龚嘴机组分瓣水轮机转轮的焊接，还是小浪底整体转轮的现场组焊；无论是刘家峡特殊定子整体吊装，新安江、刘家峡双水内冷机组安装的初步体验，葛洲坝17万kW超大型轮流式机组的安装，还是600MPa级高强钢蜗壳或压力钢管的焊接、组装；无论是330kV及500kV GIS高压电器设备的安装，还是55万kVA以上三相分离式或组装式壳式变压器的安装；无论是机电一体化的电站监控装置，还是梯级调度计算机监控系统的安装调试等，中国的水电施工企业都实践和掌握了，我们已经具有年装机700万～800万kW，年金属结构制作安装10万t的能力。可以说中国的水电机电安装企业的技术实力和施工能力，在世界上没有任何一个国家可以与之相匹敌。

二、当前我国水电机电安装的形势

三年来我国水电年装机容量均超过1200万kW，投产强度世界第一，其中92%（约1100万kW）的工程由中国水利水电建设集团公司与中国葛洲坝集团公司承担。

2007年以三峡、龙滩为代表的700MW机组安装投产将我国水电机电安装技术进一步推向世界一流的水平。当年我国投产10台700万kW水轮发电机组，其中三峡右岸电站7台，龙滩3台。

一批新的抽水蓄能电站——桐柏、泰安、琅琊山、宜兴、张河湾相继投产，调整了华东、华北地区的电力结构，但蓄能机组在电力系统中所占比重不大，仅占大中型水电机组的9.5%。

低水头灯泡贯流式机组在中小容量机组中占主要比重，灯泡贯流式机组单机容量已达5.7万kW，转轮直径达7.1m。

正在安装的主要大中型常规水电机组见表1。

表1 正在安装的主要大中型常规水电机组

序号	水电站（水利枢纽）名称	台数×单机容量（MW）	第一台机组发电时间	全部机组投产时间	机组安装单位
1	龙滩	7×700	2007年5月	预计2009年12月	水电七局、水电十四局、葛洲坝集团
2	三峡右岸	12×700	2007年5月	预计2008年底	葛洲坝集团、水电四局、水电八局
3	小湾	6×700	预计2009年10月	预计2011年5月	水电十四局
4	景洪	5×350	2008年5月	预计2009年10月	水电八局
5	水布垭	4×400	2007年7月	2008年12月	葛洲坝集团
6	彭水	5×350	2007年10月	2008年12月	水电八局
7	光照	4×260	2007年10月	2008年12月	水电七局
8	龙头石	4×175	2007年12月	2008年	水电七局
9	构皮滩	5×600	预计2009年5月	预计2010年4月	水电八局
10	拉西瓦	5×700	2008年10月	预计2010年4月	水电四局、葛洲坝集团
11	乌金峡	4×35	2008年12月	预计2009年12月	水电三局
12	积石峡	3×340	预计2010年7月		水电四局、水电十局
13	寺沟峡	5×48			水电三局
14	柴家峡	4×24			水电三局
15	九甸峡	4×60			水电十一局
16	长洲	15×41.42	2007年7月	预计2009年底	水电四局、水电七局
17	桥巩	8×57	2008年4月	预计2009年底	水电七局
18	金安桥	4×600	2008年		葛洲坝集团
19	瀑布沟	6×550	预计2009年7月	预计2010年12月	水电七局4台、葛洲坝集团2台
20	沙湾	4×120			水电七局主包，水电五局2台
21	董菁	4×220	2008年7月		武警水电第二总队
22	草街	4×125	2008年		葛洲坝集团
23	思林	4×250			水电六局
24	龙口	4×100	2008年		水电六局、水电十一局
25	仁宗海	2×120	2007年		水电三局
26	大发	2×120	2006年12月		水电十局
27	金窝	2×140	2007年12月		水电五局
28	滩坑	3×200	2008年5月	预计2009年6月	水电十二局
29	街面	2×150	2007年7月		闽江局
30	洪口	2×100			闽江局
31	白市	3×140			水电八局

正在安装的主要抽水蓄能机组见表2。

表2 当前正在安装的主要抽水蓄能水电机组

序号	电站名称	台数×单机容量(MW)	第一台机投产时间	全部机组投产时间	机组安装单位
1	宜兴	4×250	2007年	预计2009年6月	葛洲坝集团
2	张河湾	4×250	2007年12月	2008年10月	水电四局
3	西龙池	4×300	2008年8月	预计2009年12月	水电三局
4	宝泉	4×300	2008年	预计2009年12月	安能集团
5	惠州	8×300	2008年12月	预计2011年6月	水电十四局
6	黑麋峰	4×300	2008年12月	预计2009年9月	水电八局
7	白莲河	4×300	2007年	预计2009年	葛洲坝集团

说明：

(1) 当前正在安装的单机容量为700MW级机组的有三峡右岸、龙滩、小湾、拉西瓦4座电站，总装机容量为2100万kW（30台），均是“十一五”的重点水电安装工程项目，其中小湾机组安装难度最大。而构皮滩、瀑布沟、金安桥电站为单机容量600MW级的机组，总装机容量为900万kW（15台）。以上安装单位集中在葛洲坝集团、水电四局、水电七局、水电十四局和水电八局，总装机容量为3000万kW（45台）。

(2) 400MW以下机组安装的市场基本上由中国水利水电建设集团公司与中国葛洲坝集团公司下属企业分别承担，今后按总装机容量计算的这部分大中型水电机组市场比例仅占全部市场的40%左右。

(3) 表1中机组全部安装完毕投产时间计划在2010年底，目前已完成近30%～40%投产容量；而表2中蓄能电站机组安装除惠州外将陆续提前至2009年底完成。

三、近年来水电机电安装的十大技术进步

（一）700MW全空冷水轮发电机的安装与顺利投运

从对发电机结构设计原理和通风冷却过程中热交换机理的理解和工艺措施保证上，提升安装技术与相应操作水平：研究制定了高定子铁心叠装压紧工艺和高磁轭转子组装工艺，编制了详细的行业标准和工法；电机通风流道和风路中各结构元件的安装精度，以及涉及影响结构热膨胀的各部位间隙调整精度大大提高；进一步改进了定、转子线圈接头，汇流母线的接头工艺和焊接质量，使国产700MW全空冷水轮发电机的运行指标全面达到国际先进水平，并可与进口水内冷水轮发电机的温升指标相媲美。

（二）700MW水内冷水轮发电机组安装技术已经完全成熟

依托三峡工程，水内冷水轮发电机组整体安装工艺、施工进度、安装质量与运行指标已达国际领先水平，在导水机构安装、调整，定、转子组装，定子水冷系统安装，机组中心与轴线调整，推力轴承受力调整等安装工艺方面已达到尽善尽美的程度。中国水利水电建设集团公司的安装成果和机组连续投产的高速度，为国家和业主创造了巨大的经济财富，为集团公司创造了无愧于国际精品的良好信誉。

（三）超大型伞式水轮发电机组轴系现场调整技术的创新

超大型二段轴结构的伞式水轮发电机组轴系现场组合调整，现场对中镗孔工艺技术已经成熟，可使机组整体盘车中免去轴线处理，并做到一次盘车成功。该工艺从安装环节上保证了机组良好的轴线状态和最佳的稳定运行效果，弥补了因制造厂镗模加工或其他失误可能引起的尺寸偏差造成现场轴线处理的尴尬局面和工期损失。此工艺得到了用户和业内人士的一致好评，可因地制宜地推广纳入设计招标文件和机组安装规范之中。

（四）散件转轮现场制造技术

掌握了大型混流式水轮机不锈钢散件转轮现场组焊制造的新工艺，现场组焊车间结构及布置设计不断优化，装配、焊接工艺措施进一步完善，过程质量控制不断完善、严格，转轮制造质量优良，流水生产率有明显提高，总体施工技术达到国际领先水平。与此同时，正在认真地研究解决大直径转轮上冠能否分瓣运至现场组焊的技术难题。此项大型水轮机转轮制造方式与制造技术，对中国西南交通不便地区的水电站建设具有重大现实意义，已经为绝大多数水电工程所采用。

（五）可逆式抽水蓄能机组启动试运行试验技术

可逆式抽水蓄能机组启动试运行试验技术，在新投产的大型蓄能电站如泰安、桐柏、琅琊山等启动试验的实践中取得成功。对上库已充蓄水的电站和上库未充蓄水电站两种条件下首台蓄能机组的启动方式分别进行了成功的试验。完成了水泵工况直接启动时机组系统各机电设备和保护装置最苛刻的考核和试验。并以规范的形式在我国第一次明晰了可逆式抽水蓄能机组投入商业运行前应完成的试验项目和考核试运行

时间。

（六）大型及超大型水轮机埋设部件制造

水轮机埋设部件制造已经形成了中国水利水电建设集团公司安装企业的一项新兴产业。独特的生产方式、强大的生产能力、高质量的产品，必将在中国今后的水电建设（尤其是西南地区的大型水电站建设）和走向国际市场的竞争中发挥重大的作用和获得一定的经济效益。这一产业的形成解决了由水轮机设备制造商生产埋设件而产生的运输困难和制造成本高的双重问题，迎合了市场的需要。国内新一轮近 7000 万 kW 常规装机容量约 112 000t 水轮机埋件是一个有可延伸性的金属结构的规模市场。

（七）推力轴承安装调整工艺水平极大提高

通过对轴承结构原理及受力状态的分析，研究并实施相应的装配调整工艺，解决了各种型式的高速、重载推力轴承，高速可逆式推力轴承和重载推力导轴承（支承方式包括：刚性支柱式、液压支柱式、单支点多弹性销支承式、小弹簧多支点支承式、双支点单弹性梁支承式以及弹性圆盘支承式等）的高质量安装问题。其中包括由世界上最先进的专利技术设计、制造的三峡轴向负荷为 50 000kN 级单支点多弹性销支承的推力轴承和小弹簧多支点支承的推力轴承，其推力轴瓦运行温度差最佳可调整控制在 2.2K 以内。

（八）超大型金属结构钢闸门制造技术

超大型金属结构钢闸门制造技术在小湾放空底孔事故检修平板链轮门的制造中得到充分考验和检验，160m 的设计挡水水头和远高于国标制造精度的技术条件将中国水电施工企业的闸门制造技术提升到了世界领先水平。在这一阶段，振动时效技术和智能超声检测（TOFT 探伤）技术在大型钢闸门制造中应用成功，使我们又具备了一种高效、环保、节能和健康的消应手段，使金属结构件的残余应力得以改善，尺寸精度得以保证，焊缝无损检测效率提高，并具有环保、健康和节能的综合效果。

（九）大型灯泡贯流式水轮发电机组安装工艺

大型灯泡贯流式水轮发电机组安装工艺进一步成熟，长洲、乌金峡、寺沟峡、桥巩、铜湾等一大批贯流式机组的安装和投产，标志着中国水利水电建设集团公司已成为我国该类机组安装的主力军和引导力量，其中桥巩电站贯流机组单机容量已达 5.7 万 kW，湖南铜湾水电站贯流机组转轮直径已达 7.1m。中国水利水电建设集团公司成熟的安装工艺已形成了行业的技术标准和相应的工艺规范。

（十）水电机电安装标准化技术进一步成熟

在中国水利水电建设集团公司牵头领导和组织下，我国大量机电安装技术标准的制定和颁发以中国多年成熟的施工经验为依据，提供了当今世界上最丰富、最全面、最合理的机电安装应遵守的工艺导则、技术规范、质量标准和启动试验规程，成为中国机电安装工程最重要的技术保证和质量依据，为世界所瞩目。

以上十项最新安装技术与成果是近年来中国水电建设行业全体员工和广大工程技术人员不断实践和创新的结果，它不但把中国水电机电安装的施工技术全面地推进到了世界领先水平，实现了与国际先进工业技术体系接轨的目标，同时也初步开创了我国水电机电安装技术由工艺性安装转变为研究性安装、由从动操作转变为主动操作、由粗放型转变为集约型的转型过程。

根据初步统计资料，2008 年及以后三年我国主要大中型常规水电机组的市场规模为共 25 座电站 137 台机组，总装机容量 7115kW（见表 3）；2008 年及以后我国主要抽水蓄能机组的市场规模为共 11 座蓄能电站 61 台机组，总装机容量 1730 万 kW（见表 4）。

以上共计 36 座电站 198 台机组，总装机容量为 8845 万 kW，安装工程建安费约 60 亿元。

表 3　2008 年及以后三年我国主要大中型常规水电机组

序号	水电站（水利枢纽）名称	台数×单机容量（MW）	第一台机组发电时间
1	三峡地下电站	6×700	预计 2010 年
2	溪洛渡	9×760 9×760	预计 2012 年
3	向家坝	8×800	预计 2011 年
4	锦屏一级	6×600	预计 2012 年
5	锦屏二级	8×600	预计 2012 年
6	官地	4×600	预计 2011 年
7	糯扎渡	9×650	预计 2012 年
8	长河坝	4×650	预计 2012 年
9	大岗山	4×650	预计 2013 年
10	猴子岩	4×460	预计 2013 年
11	双江口	4×500	预计 2014 年
12	梨园	4×600	预计 2013 年
13	阿海	5×400	预计 2012 年
14	鲁地拉	6×360	
15	观音岩	5×600	
16	积石峡	3×340	预计 2010 年 7 月
17	沙陀	4×280	
18	亭子口	4×275	
19	功果树	4×225	
20	龙开口	5×360	
21	托口	4×200	预计 2008 年底
22	深溪沟	4×165	预计 2010 年 7 月
23	银盘	4×150	
24	两河口	6×450	
25	泸定	4×230	

表4　2008年及以后我国主要抽水蓄能机组

序号	电站名称	台数×单机容量（MW）
1	蒲石河	4×300
2	呼和浩特	4×300
3	天荒坪二期	8×300
4	仙居	5×300
5	响水涧	4×250
6	仙游	4×300
7	泰安二期徂徕	6×300
8	深圳	4×300
9	溧阳	6×250
10	马山	4×175
11	丰宁	（6+6）×300

（摘自中国水力发电工程学会《改革开放三十年的中国水电》）

水利水电基础工程与地基处理技术的现状和展望

张志良

进入21世纪，国家加快了水利水电建设的步伐，以满足国民经济的快速发展对水利和电力的需求。以溪洛渡、小湾、锦屏一级为代表的一大批特大型、大型水电项目开始兴建，天荒坪、张河湾、西龙池等大型抽水蓄能电站的建设，世界级调水工程南水北调工程在东线和中线正紧张地施工，举世瞩目的三峡工程即将如期建成，这一切构成了我国水利水电建设宏伟壮观的场面。

一、地基处理与基础工程技术在水利水电工程中的作用

地基处理与基础工程在水利水电工程中的作用，主要是由其本身的功能、在项目中占投资的比重及其重要性所决定的。

地基处理的主要功能是改善建筑地基的物理和力学性能，增强整体性，提高防渗能力，从而满足工程的需要，确保建筑物的安全运行。大坝、水闸、堤防、隧洞等建筑物和构筑物的地基，一般都需要用这些技术进行加固和处理。

地基处理与基础工程的投入十分巨大：它们是地下隐蔽工程，需要采用专用技术和机械进行施工；地基工程施工时，现场条件较差，经常在露天、洞内、边坡、水下等恶劣和危险的环境中作业，需要配置特殊的安全和环保设施；有时还会受到洪水等的侵袭，不可避免地造成巨大的损失；地质条件的复杂性，使实施时难度较大。有鉴于此，地基处理与基础工程具有风险大、投入多、成本高的特点。

质量好的基础工程能充分发挥其功能，使电站、水库等水工建筑物能够安全、有效、持续地运行。相反，一旦基础工程质量存在严重缺陷或其功能失效，轻则降低水工建筑物的运行效率，影响使用寿命；重则造成破坏和失事。据20世纪90年代的不完全统计，土石坝失事原因中，坝体或坝基漏水管涌失事占30%左右。由此可见，地基处理与基础工程在水利水电建设中占有相当重要的地位。

二、我国地基处理与基础工程技术的现状

（一）地基处理与基础工程技术快速发展

20世纪90年代以来，尤其进入21世纪后，我国水利水电地基处理与基础工程技术得到快速发展。其原因是：

（1）复杂、不良的地质条件对地基处理与基础工程技术提出了新的要求。几十年来，我国水利水电的开发，使得良好的地基越来越少；许多水电站本身就建在狭窄的山区河谷上，工程技术人员不得不面对复杂和不良的地质水文条件。为使建筑物能安全有效地运行，针对复杂地基，必然要求采用新的处理技术。四川南桠河冶勒水电站，右岸台地处坝基覆盖层为最大厚度超过420m的胶结卵石层，这在世界上是罕见的，目前水平很难在全深度上进行完全处理。因此，该覆盖层采用两层防渗墙加墙下帷幕灌浆处理，总深度达200m。贵州乌江渡水电站，坝基溶洞多，采用孔口封闭灌浆法，防止坝基渗漏。三峡五级船闸在山体内凿开而建，采用预锚技术解决高耸岩壁的不稳定问题。

（2）水电建设工程的功能和规模的不断扩大，对地基处理与基础工程技术提出了更高的要求。近年来建设的超高大坝和大容量水电站，要求地基处理有更高的标准、更完善的功能和更大的工程量。小浪底水利枢纽主坝防渗墙，既要防正渗漏，又要承受大的压力。在主坝内建成的深81.9m，厚1.2m，混凝土强度为35MPa的防渗墙，就兼有两种功能。天生桥二级水电站引水隧洞中，采用6MPa高压固结灌浆技术，处理了隧洞围岩中的断层破碎带和溶洞，使引水隧洞具有能承受高水头压力的功能。已建和在建的项目中，一些大坝的坝基帷幕灌浆工程量超过20万m；在水电站建筑物边坡预锚加固中，常使用数千束大吨位锚索。

（3）水利水电工程的特点，要求地基处理与基础工程采用快速施工技术。水电工程修建时，常在江河上填筑围堰截流，然后在围堰内进行干作业施工，这就要求快速形成防渗体系。二滩水电站，采用高压旋

喷技术，在很短的时间内，迅速形成了垂直防渗体系，为大坝在规定的时限内完成施工赢得了时间。冶勒水电站下层防渗墙，采用传统施工机械在规定工期内很难完成，为此采用低净空液压铣槽机，在 6m×6.5m 廊道内顺利地完成了防渗墙施工。

（二）地基处理与基础工程技术的现状

1. 防渗墙　防渗墙主要用作坝（堤）基或坝（堤）体、围堰堰基或堰体的垂直防渗结构。目前，我国建成的防渗墙最大深度达 100m，最大厚度为 1.5m，单项工程最大截水面积为 27.15 万 m^2。

(1) 成槽（孔）机械：主要有冲击钻机、抓斗和液压铣槽机。冲击钻机的优点是能适应各种地层，但效率较低。冲击反循环钻机具有反循环出渣功能，效率高得多。抓斗的施工效率高。液压铣槽机成孔孔形好，接头好，效率高。三峡工程二期上游围堰防渗墙施工采用了国内第一台液压铣槽机。薄防渗墙的成槽机械有薄抓斗、射水造墙机、锯槽机、多头深层搅拌机、链式挖槽机、振动沉模机、振动切槽机、H 形振动板桩造墙机等，它们基本上是我国自主研制生产的。

(2) 成槽工艺：在地基中形成连续的槽形孔有许多工艺可选择，主要取决于成槽的机械和地层情况。传统的成槽工艺是使用冲击钻的钻劈法。随着抓斗、液压铣槽机等的应用，针对不同地质条件，采用几种机械的组合，形成不同的成槽方法。常用的工艺有钻抓法、钻铣法、纯抓法、铣削法、铣抓法和铣抓钻法等。地层中的特硬岩石和孤石，可用 8～12t 重凿加以破碎，再采用上述工艺成槽。堤防垂直防渗施工中，主要采用薄抓斗法、射水法、锯槽法、深层搅拌法、振动沉模法、振动切槽法和振动沉型钢法等。

(3) 固壁材料：最早成孔的固壁材料基本上采用黏土，20 世纪 80 年代后期开始使用膨润土。用膨润土制成的浆液性能优良，固壁效果好，墙体质量高，能适应抓斗和液压铣槽机等新设备的使用，经处理后可回收利用。最近国外有一种以聚丙烯酰铵为主材的高分子聚合物材料，用它制成的泥浆无毒，不产生废浆，被称为环保泥浆。目前国内还没有生产，价格也较高，只有少量工程中试验应用。

(4) 墙体材料：防渗墙墙体材料主要有固化灰浆、塑性混凝土、高等级混凝土和自凝灰浆等。固化灰浆是在槽孔内的固壁泥浆中加入胶凝材料搅拌固化而成，其 28d 抗压强度为 0.5MPa 左右。它是一种柔性材料，优点是施工简便，造价低廉，适用于低水头闸坝和临时围堰等的防渗墙；曾在铜街子和王甫州等水利水电工程中应用。塑性混凝土比普通混凝土的水泥用量少，其中膨润土等混合材料用得多；28d 抗压强度在 1～5MPa 之间，28d 弹模在 500～2000MPa 之间。它是一种柔性材料，优点是水泥用量少、防渗性能好、适应地基变形能力强，适用于中低水头大坝和临时围堰等的防渗墙；曾在水口和三峡围堰以及长江堤防垂直防渗等工程中应用。高等级混凝土是强度等级高的普通混凝土，其抗压强度可达到 35MPa；既能防渗又能承受大坝和高水头的压力；但如不控制混凝土前期强度，一般造孔机械很难施工；适用于高坝深墙，小浪底主坝和冶勒防渗墙中曾使用过。自凝灰浆是由水泥、膨润土、缓凝剂和水配制而成的浆液。槽孔开挖过程中，作为固壁泥浆，开挖完成后自行凝固成墙，其 28d 抗压强度为 0.1～0.5MPa。它是一种柔性材料，施工效率高，造价低，防渗性能好，曾在三峡三期下游围堰和长江堤防中得到成功应用。

(5) 墙段连接：墙段间的接头分柔性接头和刚性接头两种。柔性接头有钻凿法、接头管法、铣接法、双反弧法等。钻凿法效率低，浪费混凝土，已逐步被其他方法代替。接头管法可节省混凝土，加快施工进度。目前接头管的起拔力可达 3000kN 以上。四川狮子坪水电站防渗墙，防渗墙厚度 1.2m，墙深 100m，全部采用拔管法，最大深度达到 94m。铣接法是利用液压铣槽机铣削接头，精度高，效率高，接头可靠，在小浪底主坝防渗墙左岸段施工中得到应用。

2. 灌浆　灌浆技术主要应用于大坝坝基、隧洞围岩、堤防地基的防渗和加固处理中，也应用于水工混凝土结构的裂缝修补。我国灌浆孔的最大深度已达 206m。

(1) 坝基帷幕灌浆：20 世纪 80 年代在乌江渡水电站帷幕灌浆中，采用了孔口封闭灌浆法，随后该法广泛用于大坝坝基帷幕灌浆。在二滩、小浪底项目中，实施了国际先进的自下而上纯压式灌浆法、GIN 灌浆法等。在非岩溶地区高坝坝基帷幕灌浆中，高压灌浆技术得到应用，灌浆压力达到 5～6MPa。除采用孔口封闭灌浆法外，在岩溶地区还应用模袋灌浆技术堵塞岩溶通道。

(2) 坝基和隧洞灌浆：坝基采用无盖重灌浆，可在一定程度上解决坝基固结灌浆与大坝混凝土浇筑在工期方面存在的矛盾。这一技术在三峡和二滩部分坝块下的固结灌浆中得到应用。隧洞固结灌浆中灌浆压力已达到 9.0MPa，曾在天荒坪抽水蓄能电站灌浆中使用。20 世纪 90 年代以来，隧洞开挖采用 TBM 法。隧洞衬砌是混凝土管片，管片与洞壁间的灌浆方法，在引大入秦和引黄入晋等隧洞中较早得到应用。

(3) 灌浆材料：水泥灌浆材料中，稳定浆液和细水泥浆液等新型灌浆材料的使用有了许多进展。稳定浆液是掺有稳定剂的水泥浆液，浆液 2h 析水率不大于 5%，在小浪底坝基固结灌浆和帷幕灌浆中得到采用。三峡二期工程固结灌浆和帷幕灌浆中使用了湿磨水泥浆液。大黑汀水库灌浆使用了干磨改性细水泥，它是以42.5级普通硅酸盐水泥为基料，加入适量灌浆剂干磨而成，比表面积为5000～6000cm²/g，效果优于普通水泥灌浆。沙牌碾压混凝土拱坝中，使用的超细水泥的比表面积达8733cm²/g。灌浆材料还有膏状浆液，它是高稳定性浆液，贵州红枫水电站和云南小湾水电站曾使用过。

(4) 灌浆设备和监测仪器：灌浆设备包括钻孔、灌浆和制浆等方面的设备。小浪底工程中使用了意大利、瑞典等国钻机，钻进效率高，还有计量泵和自动化程度高的集中制浆系统，钻孔的孔向测量采用国产DUZ—D型深井照相测斜仪。我国自行研制的高压灌浆塞、高速搅拌机、高压阀门等灌浆机具也得到应用。洞内灌浆的灌浆台车，可进行全方位钻孔和灌浆。我国自主研制的灌浆自动记录和监测系统，可自动监测和记录灌浆压力、注入率、浆液密度和岩体抬动等，了解灌浆的历史情况，并整理和生成符合规范的灌浆成果资料。一套监测系统可同时监测8～16台灌浆机的作业情况，系统能适应露天或洞内作业条件。

3. 高喷灌浆　高喷灌浆技术主要应用于坝（堤）基覆盖层和围堰的防渗工程中，也可在地基加固中应用。目前国内最深的高喷灌浆孔达83m。

20世纪70年代引进高喷灌浆后，高喷工艺在实践中得到不断改进。在单管法、二重管法和三重管法的基础上，开发了新二管法和新三管法。前者提高了压缩空气的压力，后者以高压水和高压浆两次切割地层。防渗结构有用旋喷桩搭接构成防渗体，也有定向喷射或摆动喷射形成板状折线形搭接防渗墙。三峡工程使用了二管法和新三管法。

高喷孔使用常规回转钻机、冲击式钻机跟管等钻进方法，工程中还开发了钻孔与喷射灌浆两个工序直接衔接的“钻喷一体化”新的施工方法。在二滩水电站使用的国外设备有高喷机械，既能钻孔，也可喷浆和取芯，还有带电子称量和自动控制系统的配料搅浆设备等。高喷灌浆自动记录和监测装置也开始得到应用。

4. 振冲　振冲技术主要应用于软土地基加固和防地基液化工程中。目前，国内振冲加密的深度已超过30m。20世纪70年代末引进振冲技术后，工艺得到不断改进。以往填料包括在黏土中的间断填料法和在砂土中的连续填料法。振冲处理的深度增加，使得两种方法都无法保证孔壁不坍塌。用大功率振冲器，采用强迫填料法，可解决深度大的振冲工程中软黏土缩孔、砂土塌孔等问题。加密的标准，由按填料或加密电流控制发展到同时控制加密电流、留振时间和加密段长三个指标。

振冲技术的发展与振冲器有极大的关系。最早国内只生产电动的30kW振冲器，后来也能生产55kW和75kW振冲器，近年又有150kW振冲器。引进的150kW液压振冲器能根据地质情况调频和调速，具有极强的穿透粗颗粒地层的能力和制桩能力。在三峡和飞来峡水库振冲工程中，这种大功率振冲器发挥了重要作用。振冲工程中的自动记录系统也得到使用。

振冲技术在水利水电领域中，主要用于新建或已建坝坝基和坝体的加固和防地震液化。近年来，用振冲技术振密填筑体也得到广泛的应用，如飞来峡水利枢纽坝基水中回填中粗砂振冲加密处理，小浪底围堰和三峡二期围堰填筑料的振冲加密处理等。

5. 预应力锚固　预应力锚固技术主要应用于边坡稳定、混凝土结构加固，以及混凝土裂缝处理等工程中。我国单索锚固吨位已达10MN。

水利水电工程中，各类锚索发展相当快。以往我国基本上采用黏结式锚索。后来在二滩、小浪底、大朝山、潘家口等工程中，使用无黏结锚索。三峡永久船闸边坡试验中，使用全长防腐措施的锚索。拉力分散型锚索在漫湾、潘家口、十三陵抽水蓄能电站得到应用。压力分散型锚索、拉压复合型锚索在大桥水库等得到应用。

预锚的索体使用高强度、低松弛、耐腐蚀的钢绞线，抗拉强度可达1860MPa。锚具常使用群锚夹片式锚具，其夹持性能好，适应性强，操作简单。黏结式锚索的内锚段，常使用流动性好、早强高强、微膨胀、无腐蚀性的水泥基浆液。止浆装置通常有胶囊式止浆环和布袋式止浆环。

锚索孔可用湿式成孔和干式成孔钻进，干式成孔在工程中用得多。钻孔机械有潜孔冲击一回转钻孔设备，回转式地质钻机用得也较多。在松软破碎或含砂卵石的地层中，采用套管钻进。锚孔注浆用柱塞式灰浆泵、挤压式灰浆泵和螺旋式灰浆泵。预应力张拉使用的千斤顶有YCQ、YDC、YCW三种系列，高压油泵用得最多的是ZB4—500和ZB3—630。搅拌设备常用普通混凝土搅拌机或小型轻便搅拌机。

预锚技术用在边坡加固中最多，漫湾一次采用2600余根1～6MN锚索治理大面积山体滑坡；三峡永久船闸边坡加固中使用近4000根水平锚索。大坝加固是预应力锚固技术又一重要的应用，石泉水电站使用30根6～8MN级锚索；潘家口水电站用3MN级锚索加固40号坝段和41号坝段的水平裂缝。预应力锚固技术可与抗滑桩结合加固山体，李家峡水电站使用3000多根6MN、8MN和10MN吨位锚索加固拱坝坝肩高陡边坡。

隧洞混凝土衬砌内设置预应力环锚，可缩小洞室开挖断面，改善结构受力状况和抗渗性能，增强结构及围岩稳定性，满足隧洞高水头、高流速的运行要求。它已在隔河岩电站4条引水隧洞、小浪底3号排沙洞和天生桥一级引水隧洞等工程中应用。

三、地基处理与基础工程技术发展展望

我国水利水电地基处理与基础工程技术，在工艺、材料、设备等方面，已取得了很大进展。然而，今后在工程中还会面临一些难以解决的问题，我们与国外水平较高的专业承包商在技术、设备等方面有一定的差距。因此，地基处理技术的发展存在很大的空间。

地基处理与基础工程中产生的新问题，将主要依靠技术进步来解决，并进一步推动技术的发展。

（一）技术发展的趋势是开拓新的应用领域

目前，地基处理技术在环境工程、采矿和采油工业中的应用应引起高度重视。国外填埋垃圾的围封早就采用防渗墙和高喷灌浆等技术解决。另外，水利水电建设中的环境问题十分突出，近年来得到重视。国外常用充填灌浆方法，将地下坑道和采空地层用固体材料填满，再进行充填灌浆，从而确保采矿区和采油区的安全。

（二）重视对传统技术的发展，进一步开发新工艺、新材料和新设备

近年来，国外在岩土工程中出现许多新技术和新材料、新工艺：在软土地基中，原位连续搅拌水泥成墙的TRD防渗墙技术；一种遇水可膨胀橡胶的插接式新型防渗墙接头；灌浆工程中采用的计算机辅助设计和灌浆控制系统；地下空间回填灌浆中使用的泡沫浆液；利用振冲器造孔制成混凝土灌注桩技术等。这些都是对传统技术的发展，应该得到重现。

（三）适应新的需求特征，发展地基处理与基础工程技术

当前工程建设的规模空前扩大，地基处理技术应更能适应新的情况，能解决更复杂的问题。超高大坝要求坝基具有更高的整体性、防渗性能和承载能力；特大跨桥梁施工需采用地下连续墙，用作锚锭结构的支撑和防渗的围护体系；特大跨海大桥桥墩基础将是钢管桩和大型钻孔灌注桩的用武之地；超高速铁路的桥墩在侧向变形、承重等方面，对基础将有更高的特殊要求；高速公路的软土地基处理、已建路面裂缝处理、桥面和路面错台处理等，有着广阔的市场。

此外，随着城市化、工业化发展进程加快，人们不得不在极其困难的工程环境中开发建设工程项目，而大大缩小了对环境的选择空间。过多抽取地下水造成的地面沉降，工业垃圾，环境污染等人类自身活动产生的不利因素，这些都要求地基处理技术有突破性的进展。

宏大的工程、特殊的要求、复杂的技术、多元的变化，这就是地基处理与基础工程技术所面临的挑战，同时也是发展的机遇。可以预见，在21世纪中，地基处理与基础工程技术将得到空前的发展。

（摘自中国水力发电工程学会《改革开放三十年的中国水电》）

我国小水电开发的成就和发展战略

程回洲

一、小水电资源分布及特点

（一）我国小水电资源丰富

我国是世界上小水电资源最丰富的国家，据最新复查结果，全国经济可开发总量达1.28亿kW，广泛分布在全国30个省（自治区、直辖市）的1600多个县（市），大部分集中在西部地区，占全国的67%，中部、东部地区分别占17%、16%。小水电资源按区域、流域分布见图1、图2。

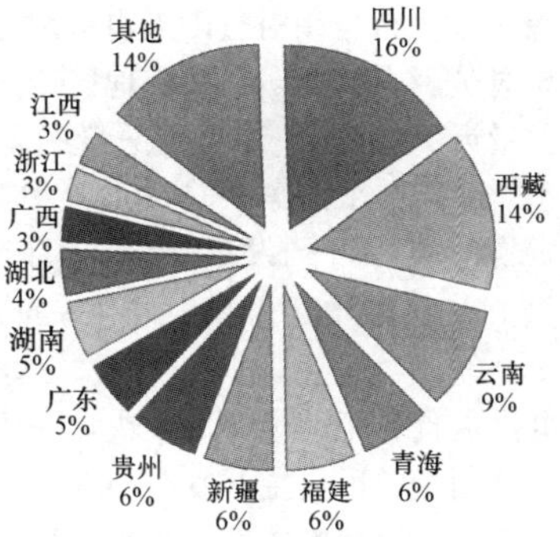

图1　农村水电资源技术可开发量重点省份分布示意图

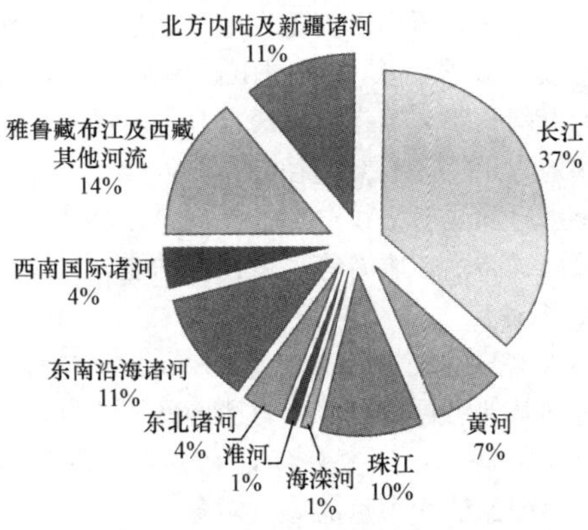

图2　小水电资源技术可开发量按流域分布示意图

（二）小水电具有显著的生态、社会、经济性特点

1. 生态性

小水电是国际公认的清洁、可再生能源。小水电开发基本对生态环境不产生影响。与大水电相比，小水电没有大量水体集中，不产生地质灾害、水体污染等。与火电等矿石能源相比，小水电发电不产生二氧化碳等温室气体和有害气体，对缓解全球温室效应具有直接效用。小水电与矿石燃料各项生态指标对比，见表1。

小水电资源与我国生态建设、环境保护区位分布具有高度的一致性。小水电资源基本上都分布在广大的山区农村，这些地区是我国生态破坏严重、保护任务艰巨的地方，发展小水电替代砍柴，是杜绝乱砍滥伐、培育山林、提高森林覆盖率的直接有效的途径。

表1 小水电与矿石燃料各项生态指标对比

类别	空气污染	气候改变	水质污染	野生动物	辐射
煤	极高：PM，SO_2，NO_X 中等：有毒金属及有机空气污染	极高：燃烧生成CO_2，CH_4，开矿、制造设备以及运输需能源	高：煤矿中等：氮化沉淀物 非常高：冷却系统后不用	高：空气污染	低：铀
油	极高：SO_2，NO_X，PM 中等：有毒金属及有机空气污染	高：燃烧生成CO_2，CH_4，制造设备需能源	中等：蒸汽机可能 高：漏油	中等：油管及钻探 高：漏油	近乎零
天然气	视成分而定：非常低至极低 高：NO_X，PM	中等：燃烧 低：制造设备需能源	低至极低	低：油管及钻探	近乎零
小水电	近乎零	近乎零	低	近乎零	近乎零

2. 社会性

小水电资源分布与我国贫困人口分布基本一致。小水电资源区位分布与相对贫困人口区位分布基本一致。全国相对贫困人口大多在西部地区。这些地区小水电可开发量近1亿kW，占全国总量的70.8%，开发率仅为12%。592个国家扶贫重点县中，385个县中小水电资源丰富，可开发量达5477万kW，开发率为15.5%，是贫困山区经济社会发展的一大资源优势。

小水电投资省、工期短、见效快，一般一年即可投产发电，有利于农民自主开发。小水电开发技术和设备先进、成熟，运行成本低。小水电规模适中，没有移民，总投资一般在几百万元到几千万元，适合于农民组织起来股份制开发。

小水电适合于山区就地发电、就地供电，满足山区农村发展要求。广大贫困山区地域辽阔，负荷分散，大电网长距离输送供电成本高，发展小水电是解决这些地方用电的有效途径。

小水电除具有提供电力、扶贫等社会功能外，还具有灌溉、防洪、旅游等多重社会功能。

3. 经济性

小水电开发成本一般在6000元/kW左右，相比大水电和其他可再生能源具有造价低的特点。小水电是可再生能源，可年复一年地利用，开发利用小水电，可为国家节约大量的矿石能源。

小水电运行不消耗燃料，运行成本比火电等电力能源低，在电力市场中具有十分显著的竞争优势。小水电发电效益显著。按年均利用小时3500h、上网电价0.25元/（kW·h）计，一座1万kW的电站每年可产生875万元的发电效益。

二、我国小水电发展现状及成就

（一）发展历程

我国境内第一座水电站是位于台湾的龟山水电站，装机容量500kW，建于1904年。1912年，内地兴建了第一座水电站——石龙坝水电站，位于云南昆明附近，装机容量480kW。1942年，刘伯承、邓小平领导的八路军第一二九师就在河北省涉县建成了赤岸水电站，这是中国共产党领导下建立的第一座水电站，为刘邓首长指挥各战场战斗取得胜利发挥了重要作用。1947年朱德同志领导边区军民在河北省平山县建成了沕沕水水电站，为解放军三个军工厂生产和毛主席、党中央、中央军委指挥“三大战役”夺取全国胜利作出了巨大贡献，被誉为“红色电站”、“边区创举”。到1949年，全国共建成小水电站360MW，年发电量12亿kW·h。新中国成立后，小水电发展先后经历了三个阶段：

第一个阶段：新中国成立初期至20世纪80年代前。新中国成立时，全国广大农村地区都没有电，城市发电装机仅为185万kW，规模相当于一座小浪底电站，全国缺电十分严重。为此，中央采取两条腿走路的方针，广大山区农村地区的照明和生活生产用电问题由地方群众结合大规模水利建设、江河治理，通过大力发展水电来解决。新中国成立以后很长一段时

间，直到20世纪80年代末，全国还有一半以上的县主要是靠小水电发电供电。这一阶段以建设1万kW以下的小型水电站为主，通过发展小水电，累计解决了3亿多无电人口的用电问题。

第二个阶段：从改革开放以后到20世纪末。十一届三中全会以后，在邓小平同志的倡导下，国务院在全国选择100个县开展小水电初级电气化县建设试点，取得了成功。“八五”、“九五”国务院继续部署开展了第二批200个、第三批300个小水电初级电气化县建设工作，到20世纪末，全国一共建成了653个小水电初级电气化县，在国民经济和社会发展中发挥了非常重要的作用。此阶段主要以建设电气化县为主，解决农村用电，推动地方经济社会发展。

第三阶段：从21世纪开始。中央十分重视“三农”问题和生态环境问题。自2002年以来，中央文件把小水电列为“建设周期短、见效快、覆盖千家万户、促进农民增收效果更显著的农村中小型基础设施和公共设施”，要求“放在更加重要的位置，增加投资规模，充实建设内容，扩大建设范围”。2004年、2005年、2006年连续三年的中央1号文件要求启动小水电代燃料试点，并扩大“小水电代燃料”工程建设规模和实施范围。中央领导多次要求，大力发展小水电，解决农民燃料和农村能源问题，改善生态，解决农民当前生计和长远致富问题，促进地方经济发展。按照中央领导的要求，促进我国生态建设、环境保护和解决“三农”问题成为新时期小水电工作的重要内容。概括起来，新时期小水电的主要任务将主要围绕地方发展、农民利益、生态建设、环境保护等四个方面开展。

（二）发展现状

1. 小水电为我国经济社会发展发挥了重要作用

新中国成立时，全国农村都没有电，中央采取两条腿走路的方针，在农村主要靠结合江河治理，兴修水利，开发小水电，解决农村照明和生产用电。到20世纪80年代，全国一半以上的农村主要靠小水电供电。目前，全国1/2的地域、1/3的县市、1/4的人口仍主要靠小水电供电。50多年来，开发小水电累计解决了6亿多无电人口的用电问题。

截至2005年底，全国已建成小水电站4.7万座，装机容量达到3850多万kW，年发电量1200亿kW·h。“十五”期间小水电发电量相当于累计增加1.8亿t标准煤供应量，累计减排4亿多tCO_2、320万t SO_2。小水电在增加能源供应，改善能源结构，保护生态环境，减少温室气体排放国际舆论压力，促进我国经济社会可持续发展等方面发挥了重要作用。

治水办电相结合，建设了一大批综合利用水利枢纽，累计增加库容1000多亿m^3，数千条中小河流得到治理开发，提高了防洪能力。15年电气化建设，净增灌溉面积168万hm^2，增加粮食300多亿kg，解决了6400多万人、4700多万头牲畜的饮水困难。

我国开发小水电，建设有中国特色的农村电气化，消除贫困，保护环境，改善生态，实施可持续发展的做法，得到了国际社会的高度评价和广泛赞扬。现在世界各国都在发展小水电，很多国家都到中国考察、了解我们发展小水电的情况。我国小水电研究部门已经为数十个发展中国家提供了小水电项目的可行性研究、工程设计、设备成套等。

2. 小水电电气化县建设取得重大成就

“七五”～“九五”连续三个五年计划建成了653个小水电初级电气化县。这些县82%以上位于中西部地区，80%以上属“八七”扶贫攻坚县、省级重点扶贫县、少数民族聚居县、革命老区县，涉及人口2.52亿，面积274万km^2。这些县基本上都实现了国内生产总值、财政收入、人均用电量5年翻一番、10年翻两番，发展速度明显高于全国平均水平。第一批建成的电气化县，农民人均纯收入从203元增加到2303元，增长了10.3倍，增长速度比全国平均增速快一倍；第二批建成电气化县，农民人民纯收入是1990年的3.7倍，年均增长约10%，比4.8%的全国平均增速快一倍多；第三批建成电气化县，农民年人均纯收入由1082元增加到1914元，同比年均增长速度8.1%，是4.7%的全国平均增速的1.7倍，与全国平均水平的差距从500元缩小到296元。600多个小水电初级电气化县工业产值占工农业总产值的比重基本上都是5年提高10个百分点，大大促进了贫困农村经济社会的全面进步。

“十五”期间，超额完成了400个水电农村电气化县建设任务。这些县80%分布在中西部地区，85%属于老少边穷地区，涉及25个省（区、市）和新疆生产建设兵团，近2亿人口，200万km^2。400个县中有164个国家扶贫开发重点县，有162个少数民族县，有103个县位于祖国边陲。五年来，累计完成小水电投资1200亿元，约占全国总量的80%，新增装机容量1200万kW，约占全国总量的75%，每个电气化县平均增加有效资产3万kW、年发电量1亿kW·h，大大加强了这400个县的基础设施，提高了这些县的综合生产能力。人均年用电量650kW·h,比2000年增长76.6%，比全国平均增长率高10个百分点。户均年生活用电量560kW·h，比2000年增长69.2%，比全国平均增长率高18个百分点。400个县国内生产总值年均增长率达到15%，是全国平均水平的1.5倍，电气化县建设的旗帜有效发挥了政府调控的导向作用，有力促进了城乡协调发展和区域协调发展，促进了和谐社会建设，深受广大农民和地方政府的拥护和欢迎。

3. 小水电代燃料试点圆满成功

2003年，国家启动小水电代燃料试点。经过两年多的努力，试点取得圆满成功。试点项目区有20多万农民实现了小水电代燃料，巩固退耕还林面积30万亩，保护森林面积156万亩，国家投资75元长期稳定地保护一亩山林，有效保护了生态环境，投资效果显著。小水电代燃料电价为0.17～0.25元/(kW·h)，农民非常高兴。小水电代燃料解除了农民砍柴烧柴的辛苦，减轻了农民负担，解放了被砍柴烧柴长期束缚的农村劳动力，特别是妇女从烟熏火燎中解放出来更是溢于言表；增加了农民收入，带动了改厨、改厕、改电、改水、改路等农村基础设施建设，大大改善了农民的生产生活条件；促进了农民思想观念的转变，激发了农民奔小康的热情，调动了农民自己动手建设美好家园的积极性，改善了村风村容村貌。试点表明小水电代燃料不仅是解决农民烧柴，保护生态环境的重要举措，也是解决山区农业、农村、农民问题的有效途径，是建设社会主义新农村的一个有效措施，实现了国家得生态、农民得实惠、企业得效益的三赢效果。

（三）小水电成就

(1) 小水电是中国可再生能源发电的主体。目前小水电发电量占中国可再生能源发电量比重在94%以上。我国以小水电为主的可再生能源结构在若干年内将不会改变。

(2) 小水电是中国农村能源的重要组成部分。2005年，小水电装机占我国县及县以下发电设备装机容量的55%。

(3) 小水电是中国电力工业的重要组成部分。2005年，中国小水电装机容量、年发电量占全国水电总装机容量和总发电量的33%、31%，占全国电力总装机容量的7.6%、5%。有7个省小水电装机容量占全省水电装机容量的50%以上，另有9个省小水电装机容量占全省水电装机容量的30%以上，有7个省小水电装机容量占全省总装机容量的20%以上。

(4) 中国小水电市场是世界小水电的主战场。中国小水电装机容量占世界小水电总装机容量的58%。由于中国小水电在国际上的广泛影响，由60多个国家和地区、150多个政府和国际组织组成的国际小水电网总部就设在我国杭州，2000年联合国工发组织在杭州成立了联合国工发组织国际小水电中心。1981年以来，我国为发展中国家举办了36期国际小水电培训班，来自70个国家的615位学员参加了培训。

三、小水电发展战略

（一）用科学发展观统领环境友好、社会和谐水电建设

1. 小水电发展与以人为本

广大山区农民可以直接用来发展生产的资源有土地、山林和水。除此之外，能被山区农民广泛用来发展生产的资源极少，小水电资源是其中之一。

小水电不仅有资源总量大的优势，其区位分布还与我国相对贫困人口区位分布基本一致。它没有大量水体集中和移民，规模适中，技术成熟，投资省、工期短、见效快，一般1～2年即可投产发电，适合于农民组织起来集体搞股份制开发。而且可就地发电、就地供电，比大电网长距离输送供电经济，是我国中、西部地区广大贫困山区解决农民增收、农村发展、环境保护、生态改善的珍贵资源。将其利用在刀刃上，将极大地促进贫困山区的新农村建设和协调发展。

各地创造了很多宝贵经验，政府投资、集体投资建电站，所形成的股权量化给农民，农民按股分红，增收致富。

2. 小水电发展与自然和谐共处

树立保护优先意识，正确处理开发与保护的关系。转变传统的规划观念，调整传统开发思路。

加强小水电资源规划，对水能重点开发区、限制开发区、禁止开发区作出规划，并严格按规划实施。

采取工程和非工程措施确保河流环境流量和自净水头，解决好非季节性河流断流和梯级开发的河流水库化的问题，维护河流健康生命，保证下游生产生活和生态用水，加强小水电站建设的环境保护和管理。

（二）树立水能开发利用的新理念

1. 河流健康生命

河流有其生长发育演变的过程和规律，从一定意义上讲，河流是有生命的。只有尊重河流运行的自然规律，才能维持河流健康的生命。

人与河流唇齿相依、唇亡齿寒，河流健康生命与人类发展息息相关、休戚与共。必须建立河流健康生命的观念，维护河流健康，实现人与河流和谐共处。

2. 水能是河流生命的动力

水能和水电是两个完全不同的概念，两种不同的能源。但长期以来，水能管理被严重忽视。水能是河流生命的动力，没有水能，河水流动就要停止，河流生命也就停止了。

水能可以转变成动能、热能、机械能，也可以转变成电能，但水能同样严格遵循能量守恒定律。一部分水能变成其他能以后，原始的水能配置发生了变化，河流的生态环境随之要发生变化，造成对河流及

其水生物的影响。这种变化达到一定程度，河流健康生命就会被破坏，生态和环境就难以承受，直至威胁人类的生存和发展。

3. 水能管理不同于水电管理

不同的能源有不同的外部特征和内在规律，其存在形式和作用方式也不一样。因此，人类对它们管理必然不一样。对水电的管理主要是对发电工程的建设管理、发电管理和电网管理。水能管理是河流管理的重要内容。主要是水能资源基础调查、信息收集，水能资源的定期评价，水能资源配置与流域环境、河流健康生命规律的研究，水能有偿使用和反哺河流机制的建立，水能开发与保护的良性循环机制的建立，水能资源的配置规划（生态水能配置和开发利用规划）、节约和保护管理等。

水能是不能全部被转换成水电的，尤其是环境保护和生态建设越来越被人们重视的今天，一些地方的水能是要禁止开发的，一些地方的水能是要限制开发的。现在全国水能有25%左右转变成电能，20年以后也只能转变60%左右，剩余的应当继续用于生态环境保护和维护河流健康生命。60%左右转成电能前的水能同样必须严格管理。维持黄河不断流，黄河调水、调沙，都是水能管理运用的例子，它是水能而不是水电。因此，水能管理不同于水电管理，对水能进行管理是河流管理的重要内容，是水行政主管部门的重要职责。

4. 在保护生态基础上开发水电

水能可以开发成水电，但必须首先保证河流健康生命的水能和水量。要转变只强调充分利用水能，过度开发水能，忽视河流保护的观念和做法。不仅要留足生态水量和生态水能总量，而且要科学规划其运用的时空曲线。

5. 有偿使用水能资源

水能资源与土地、矿产等资源一样都是我国重要的自然资源和稀缺资源，属于国家所有，是全民的资源性资产。

全民资源长期由少数人或部分人无偿占有和收益，势必造成资源分配不公和社会分配不公。同时也带来跑马圈河、抢占资源等问题。

树立有偿使用水能资源的新观念，维护社会公平。同时，促进水能资源的节约和保护。

（三）加强水能资源管理的基础工作

1. 加强水能资源开发和保护的理论研究

研究水能开发与河流健康生命的规律，建立良性循环机制。研究和制定河流健康生命标准，为开发和保护提供依据。研究制定河流生态水能和生态水量的调度方法。

2. 加强水能资源规划

加强对河流水能资源的基础调查、信息收集和专题研究。建立水能资源信息系统和水能资源定期评价制度。

以科学发展观为指导，加快河流综合规划和水能开发利用规划的编修，为科学有序开发利用水能提供条件。

提出适应新时期新要求的水能开发规划的编制大纲，对已有技术标准进行修订。

（四）建立环境友好、社会和谐型水电的发展机制

通过制定有效机制，实现小水电开发与环境友好、社会和谐。主要包括以下机制或措施：

1. 建立水能资源开发与保护的良性循环机制

尊重自然规律，正确处理水能开发和河流保护的关系，建立相应机制，促进良性循环。

2. 建立水能资源开发使用权有偿出让制度，以国家水能资源股，形成水电反哺当地农民、环境的机制

建立水能资源开发使用权制度，通过招标、拍卖等市场竞争方式确定开发使用权及其价值。

各地在建立水能资源开发使用权制度方面取得了重要的经验，重庆、贵州、福建、湖北、湖南、浙江、广西等多个省（市、区）出台了行政法规和具体办法。

水能资源使用权的价值以水能资源股形式计入工程总资产。水能资源股收益用于河流治理、保护，反哺河流，用于补偿移民和库区，支持移民增收解困和库区发展，形成长效机制。

3. 规范小水电管理制度，促进环境友好、社会和谐

严格项目基本建设程序。完善项目审批和核准制度，完善项目规划意见书、建设方案同意书、水土保持方案审批、环境影响评价报告审批等许可制度。

加强小水电建设和运行期间的法律法规、行政许可、规程规范、制度资质等要求落实情况的监管，保证水能资源按照规划和许可要求开发利用，防止发生工程质量和人身安全事故，防止不适当的开发造成环境和生态的破坏，防止产生因分配不公而引起的社会不稳定因素。

按照合理分工、简化程序、保证安全的原则，提出统一的小水电开发建设的程序，明确各有关部门职责分工，规范当前小水电项目审批或核准及相关许可、审查手续各地不一的问题，供有关部门借鉴参考。

（摘自中国水力发电工程学会《改革开放三十年的中国水电》）

我国抽水蓄能电站发展历程

张克诚

一、国内外抽水蓄能电站发展概况

根据有关资料统计，截至2004年全世界已有38个国家和地区修建了317座抽水蓄能电站，总装机容量约122 078.81MW。其中日本23 682.78MW，名列第一位；美国20 010.00MW，名列第二位；俄罗斯12 283.00MW，名列第三位；我国5727.00MW（未包括台湾省）名列第七位。

我国开发抽水蓄能电站始于20世纪60年代。

1968年在冀南电网的岗南水电站安装了一台可逆式机组，建成我国第一座混合式抽水蓄能电站。1973年和1975年又在北京密云水电站相继安装了两台可逆式机组。电站投入运行后调峰填谷作用明显，在改善系统火电运行条件及缓和发电与其他用水矛盾方面取得了良好的效果。

1978年以后，随着国民经济的快速发展，在电力负荷急剧增长的同时，负荷特性也因用电结构的改变而发生很大变化，总的趋势是负荷水平迅速提高，负荷率下降，峰谷差逐渐加大。在严重缺电的形势下，各地加快了电源建设，特别是火电上得快，一些地区随着火电投产容量不断增加水电比重迅速下降，调峰问题日益严重，拉闸限电频繁，影响各项事业快速发展，并且出现了白天低周波、夜间高周波运行，电网安全受到威胁。这种情况在京津唐、华东和广东等电网表现尤为突出。为了解决电网调峰问题，上述地区加快了对建设抽水蓄能电站的必要性、可能性和经济性的调查研究，开展了抽水蓄能电站的站址选择和规划工作，于1980～1985年相继选出了一批大型抽水蓄能站址，并深入开展了各个阶段的勘测设计工作。随后，国家陆续批准华南电网的“广州”，华北电网的“十三陵”、“潘家口”，华东电网的“天荒坪”及西藏的“羊卓雍湖”等大中型抽水蓄能电站为上述地区第一期开发工程，并相继开工建设。

1991年潘家口混合式抽水蓄能电站第一台机组建成投产。1993年3台蓄能机组全部建成发电。

1993年6月广州抽水蓄能站第一期4×300MW中的第一台机组建成投产，1994年3月四台机组全部建成投入商业运行。接着于1994年9月开工建设第二期4×300MW工程，并于2000年3月全部建成投产。

1995年12月十三陵抽水蓄能电站第一台机组投产发电，1996年6月、1996年12月、1997年6月另外3台机组陆续建成投产。

1998年羊卓雍湖抽水蓄能电站第一台机组建成投产。该电站利用羊卓雍湖作为上水库、雅鲁藏布江作为下水库，为季调节抽水蓄能电站。

1998年9月华东电网的天荒坪抽水蓄能电站第一台机组建成投产，其余5台机组分别于1998年12月、1999年9月、1999年12月、2000年3月及2000年12月陆续建成，2000年底全部并网发电。

上述几座大型纯抽水蓄能电站的建成投产，标志着我国抽水蓄能电站建设由初期的低水头、小容量、混合式开发，进入高水头、大容量、纯抽水蓄能开发的新阶段。在进行上述电站建设的同时，还建成了一批中小型抽水蓄能电站，如浙江省装机容量为80MW的溪口抽水蓄能电站、江苏省装机容量为100MW的沙河抽水蓄能电站及安徽省装机容量为80MW的响洪甸抽水蓄能电站。与此同时，北京、天津、河北、河南、浙江、江苏、安徽、山东、福建、江西、广东、广西、湖南、湖北、山西、新疆、黑龙江、辽宁、吉林、内蒙古、海南、重庆等省（自治区、直辖市）都开展了抽水蓄能电站选点规划工作，选出了大批建设条件优越的抽水蓄能站址。其中相当一部分站址开展了预可行性或可行性研究。在此期间又有一批大型抽水蓄能电站开工建设，如浙江的桐柏（1200MW）、江苏的宜兴（1000MW）、安徽的琅琊山（600MW）、山东的泰安（1000MW）、河南的宝泉（1200MW）、河北的张河湾（1000MW）、山西的西龙池（1200MW）、湖北的白莲河（1200MW）、湖南的黑麋峰（1200MW）、广东的惠州（2400MW）等。正在立项和勘测设计的站址还有许多。上述开工项目目前已有部分机组建成投产，其余大部分将在2010年前后陆续建成投产，届时我国投入运行的抽水蓄能电站装机规模将达到19 523MW，可能超过俄罗斯跃居世界第三位。表1列出了我国部分抽水蓄能电站的主要工程技术指标。

国内外抽水蓄能电站迅速发展的主要原因归纳起来有以下几点：

（1）电力负荷迅速增长，特别是用电结构的变化，使负荷率下降，高峰负荷与低谷负荷差距加大，要求有更多的运行灵活的电站来承担调峰任务。而一些国家和地区可供经济开发的常规水电已开发殆尽，不能满足电力系统安全、经济运行的需要。

（2）普通火电机组参加调峰运行，技术上难以完全适应电力负荷急剧而频繁的变化，频繁大幅度变出力运行容易引起故障，增加检修维护费用，同时机组效率降低，能耗增加，也加大了运行费用。而专门设计的用来担任调峰运行的所谓尖峰火电机组制造技术复杂，价格昂贵，运行成本高。

表 1　我国部分抽水蓄能电站主要工程技术指标

序号	电站名称	建设地点	开发方式	蓄能运用库容（万 m^3）	最大水头（m）	装机容量（MW）
1	岗南	河北平山	混合式	250.00	47.00	1×11
2	密云	北京密云	混合式		70.00	2×13
3	广州一期	广东从化	纯抽水蓄能	850.00	552.00	4×300
	广州二期	广东从化	纯抽水蓄能	850.00	552.00	4×300
4	十三陵	北京昌平	纯抽水蓄能	422.00	476.00	4×200
5	天荒坪	浙江安吉	纯抽水蓄能	885.00	614.00	6×300
6	潘家口	河北迁西	混合式	700.00	86.00	3×90
7	羊卓雍湖	西藏贡嘎	纯抽水蓄能	—	842.00	4×22.5
8	溪口	浙江奉化	纯抽水蓄能	67.00	276.00	2×40
9	响洪甸	安徽金寨	混合式	440.00	64.00	2×40
10	沙河	江苏溧阳	纯抽水蓄能	230.00	123.00	2×50
11	明湖	台湾	纯抽水蓄能	790.00	309.00	4×250
12	明潭	台湾	纯抽水蓄能	1220.00	380.00	6×267
13	天堂	湖北	混合式	291.00	52.00	2×35
14	回龙	河南南召	纯抽水蓄能	129.00	379.00	2×60
15	桐柏	浙江天台	纯抽水蓄能	1062.73	285.70	4×300
16	宜兴	江苏宜兴	纯抽水蓄能	507.30	410.70	4×250
17	琅琊山	安徽滁县	纯抽水蓄能	1480.00	136.00	4×150
18	泰安	山东泰安	纯抽水蓄能	890.00	253.00	4×250
19	宝泉	河南新乡	纯抽水蓄能	620.00	562.48	4×300
20	西龙池	山西五台	纯抽水蓄能	413.15	687.80	4×300
21	张河湾	河北井陉	纯抽水蓄能	715.00	342.00	4×250
22	白山	吉林桦甸	混合式	—	123.90	2×150
23	白莲河	湖北罗田	纯抽水蓄能	413.15	212.84	4×300
24	惠州	广东博罗	纯抽水蓄能	2739.70	554.30	8×300
25	天荒坪二	浙江安吉	纯抽水蓄能	856.00	775.00	2400
26	仙居	浙江仙居	纯抽水蓄能	878.00	490.00	4×375
27	乌龙山	浙江建德	纯抽水蓄能	380.00	273.00	400
28	双峰	浙江宁海	纯抽水蓄能	223.00	271.90	160
29	风香岭	浙江新昌	纯抽水蓄能	200.00	339.00	300
30	高峰	福建邵武	季调节	14725.00	319.00	200
31	响水涧	安徽繁昌	纯抽水蓄能	1922.00	217.00	4×250
32	洪屏	江西靖安	纯抽水蓄能	2918.00	566.00	2×4×300
33	仙游	福建仙游	纯抽水蓄能	988.00	459.00	4×300
34	板桥峪	北京密云	纯抽水蓄能	620.00	388.00	1000
35	遥桥峪	北京密云	纯抽水蓄能	390.00	578.00	1000
36	蒲石河	辽宁宽甸	纯抽水蓄能	—	—	1200
37	荒沟	黑龙江林口	纯抽水蓄能	1200.00	451.00	1200
38	深圳	广东深圳	纯抽水蓄能	750.00	441.00	1000
39	天地	新疆阜康	纯抽水蓄能	17000.00	500.00	600
40	马山	江苏无锡	纯抽水蓄能	992.00	149.10	700

（3）新型高参数大容量火电机组大量投入，核电站日益增多，从安全和经济的角度出发都要求这些机组尽可能在高效率区稳定运行。抽水蓄能电站正好能配合这些电站联合运行，既可提高电力系统的运行可靠性，又能降低电力系统运行成本，经济效益和社会效益明显。

（4）随着科学技术的进步，机组制造水平不断提高，高扬程大容量可逆式机组得到广泛应用。而电站水头大，相应的调节库容、输水道直径、机组和厂房尺寸都可以大为减小，工程造价随之降低，单位千瓦投资接近或低于火电。同时与常规水电相比，抽水蓄能电站具有发电调节水量少、水库规模小、淹没损失小、外协问题较易处理、施工导流不复杂等优点。并且可供选择的站址较多，有可能找到建设条件优越的站址。

（5）由于实行分时电价，高峰、低谷电价差距逐步拉大，抽水蓄能电站可以做到低价进（指抽水购电）高价出（指发电售电），经济上有优势。特别是从电网公司整体利益出发，抽水蓄能电站可以为电力系统获得数量可观的静态效益和动态效益，足可抵偿电站建设及运行资金，支付和弥补抽水蓄能在能量转换过程中造成的损耗。

（6）有的国家和地区所处地理位置优越，有丰富的建设条件优良的抽水蓄能站址，建设抽水蓄能电站吸收邻国或地区低谷廉价电力，向国外或区外出售高峰电力，提供调频、调相、旋转备用等服务，从中获得可观利润。

二、国内部分抽水蓄能电站的运行方式

（一）广州抽水蓄能电站运行情况

（1）调峰运行。随机抽出2000年8月13～19日一周运行数据，如表2所示。

（2）机组运行实绩。广州抽水蓄能电站一期4×300MW机组运行情况如表3所示。

表2　广东电网调峰实绩举例

时间（年．月）	2000.8						
日期	13	14	15	16	17	18	19
星期	日	一	二	三	四	五	六
电网最高负荷（MW）	12 081	14 134	13 667	14 248	13 734	13 973	14 023
出现时间（时：分）	20：00	12：00	12：00	16：00	12：00	16：00	21：00
电网最低负荷（MW）	8071	8092	7934	7935	7505	7634	8028
出现时间（时：分）	8：00	8：00	7：00	8：00	8：00	8：00	8：00
峰谷差（MW）	4010 （100%）	6042 （100%）	5733 （100%）	6241 （100%）	6229 （100%）	9339 （100%）	5995 （100%）
核电调峰（MW）	0	0	0	0	0	0	0
火电调峰（MW）	490 （12.22%）	2734 （45.25%）	2218 （38.69%）	3012 （48.26%）	2844 （45.66%）	3233 （51.00%）	2923 （48.76%）
西电调峰（MW）	186 （4.64%）	274 （4.53%）	－25 （－0.44%）	112 （1.79%）	112 （1.80%）	－21 （－0.33%）	－67 （－1.12%）
水电调峰（MW）	153 （3.82%）	255 （4.22%）	157 （2.74%）	158 （2.54%）	126 （2.02%）	293 （4.62%）	275 （4.59%）
蓄能调峰（MW）	3073 （76.63%）	2967 （49.11%）	2852 （49.75%）	2995 （47.99%）	2698 （43.31%）	2349 （37.06%）	2939 （49.02%）
中电调峰（MW）	108 （2.69%）	－188 （－3.11%）	531 （9.26%）	－36 （－0.58%）	449 （7.21%）	485 （7.65%）	－75 （－1.25%）

表3　广州抽水蓄能电站一期4×300MW机组运行情况

年份	1994	1995	1996	1997	1998	1999	2000
发电量（亿kW·h）	91.0	106.1	111.3	126.0	93.4	119.7	113.4
抽水电量（亿kW·h）	119.2	138.7	146.0	162.7	120.3	155.9	115.6
发电运行小时（h）	4169	4942	5267	5793	4096	3807	4962
抽水运行小时（h）	3582	4163	4413	4918	3619	3417	4680
调相运行小时（h）	72	89	488	103	125	57	90
拖动运行小时（h）	26.5	7.8	24.4	12.0	4.5	10.8	84.7
合计运行小时（h）	7852	9202	10 192	10 826	7843	7292	9811
发电启动次数	1631	1951	2037	2142	1704	1726	1959
抽水启动次数	1108	1342	1467	1404	1187	1120	1148
调相启动次数	47	50	217	41	65	41	104
拖动启动次数	42	56	162	76	28	65	462
合计启动次数	2828	3399	3883	3663	2984	2952	3673
紧急启动次数	—	12	39	19	14	15	6

续表

年份	1994	1995	1996	1997	1998	1999	2000
发电成功率（%）	96.6	98.6	98.7	99.3	99.6	99.8	99.6
抽水成功率（%）	89.4	92.7	94.3	96.9	97.2	97.7	99.4
等效可用系数（%）	74.7	83.5	93.6	85.3	66.4	81.7	99.5
非计划停运次数	170	189	86	55	44	41	59
其中：强迫停运次数	124	153	62	27	33	30	54
等效强迫停运率（%）	24.0	12.7	6.1	7.8	1.7	3.7	2.1

(3) 顶事故运行实例。图 1、图 2 所示为广州抽水蓄能电站顶事故运行实例。

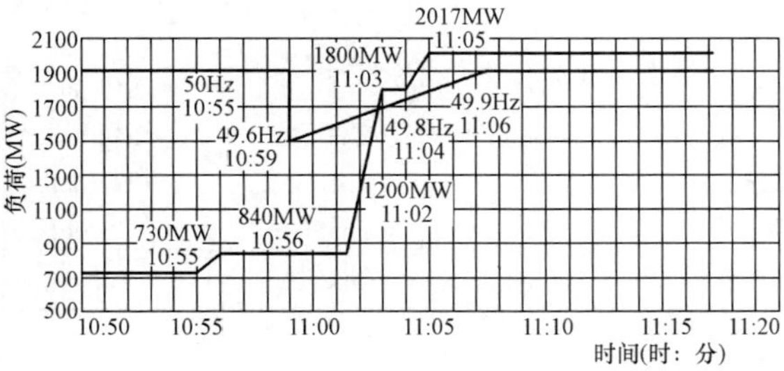

图 1　2001 年 3 月 22 日大亚湾核电机组跳机广州抽水蓄能电站迅速反应

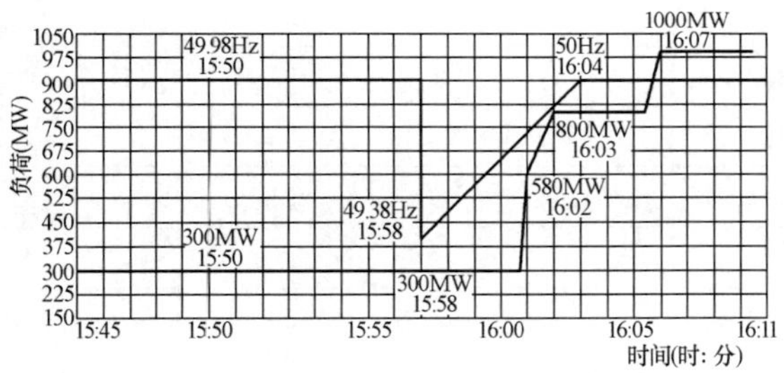

图 2　2001 年 3 月 8 日西电跳闸广州抽水蓄能电站迅速反应

(4) 特殊运行方式。大亚湾核电站 900MW 机组、沙角 C 厂煤电 660MW 机组做甩负荷试验时，广州抽水蓄能电站机组进行配合，迅速转变工况，确保电网稳定，使上述试验顺利进行。

(5) 香港中华电力有限公司（可简称香港中电）电网 2×300MW 运行情况。香港中华电力有限公司电网拥有发电装机容量 5722MW，其中 70%为燃煤机组，其余为燃油机组和燃气轮机。另从广东大亚湾核电站购进该厂 70%核电出力，并拥有广州抽水蓄能电站一期 50%发电容重（2×300MW）及相应的库容（发电调节库容 350 万 m^3，备用库容 75 万 m^3）。作调峰运行时，通常带 180MW（发电工况最低负荷）运行，以避免因提升蓄能机组出力，而降低煤电机组出力，造成整体发电成本增加。当高峰过后，电网负荷下降时，利用蓄能机组发电，使煤电机组或其他火力机组的停机时间提前，以便节省这些机组的空载消耗。同样，在负荷上升时，也可根据需要利用蓄能机组推迟火力机组上网时间。

当电网需要强迫发电时，如无须抑制用水速度，会让蓄能机组在 260MW 最高效率区运行。当需要加速用水，以便在火电机组到达最低出力前，上水库有足够的抽水空间，也会带 300MW 出力运行。

一般在以下情况安排蓄能机组发电：①替代发电成本较高机组发电时；②强迫发电来腾出上水库的库容，以储存下半夜的抽水量。在以下情况安排蓄能机组抽水：①利用低谷剩余出力，增加上水库的储水量，留作紧急事故备用及用作替代成本较高的机组发电；②当电网全部火电机组技术最小出力与吸收核电的份额之和高于电网最低负荷时，需启动蓄能机组以吸收过剩的电力。

从以上运行情况看，香港中电电网完全按照经济原则来安排蓄能机组的运行方式。

（二）十三陵抽水蓄能电站

(1) 经常性调度运行。通常发电单机带负荷 100MW 左右，其余容量随电网运行实际需要及时调整，跟踪负荷运行，满足电网调峰、调频需求。

(2) 紧急事故备用运行。北京是我国首都，确保首都用电安全是电网重要的政治任务，为此，十三陵抽水蓄能电站承担了繁重的紧急事故备用任务，电站处于备用运行时间较长。特别是在重要的节庆日，如香港回归期间，为了加大电网某一时段的事故备用容量，有时安排高峰时间抽水运行 400MW，使电站具备 1200MW 事故备用容量（800MW 发电容量＋400MW 抽水容量），如表 4 所示。1997～1999 年运行小时数和备用小时数如表 5 所示。

(3) 黑启动功能试验。为了确保电网在发生重大事故造成全网停电时能及时恢复运行，确保本电厂在遇到重大事故失去厂用电源时能进行自救，及时恢复厂用电、照明、排水，防止厂房被淹，设计要求本电站具备黑启动功能，并于 1999 年 5 月 4 日进行了黑启动试验。当时 4 台机组都处于停机状态，昌平 500kV 变电站侧停陵昌二线，4 号机厂用电全失。

11：36：26按黑启动开机过程启动，于11：38：38并网，仅需2′12″。经测试监控系统、励磁系统、调速系统性能稳定，满足黑启动要求。证明本电站具有黑启动功能。

表4　香港回归期间十三陵抽水蓄能电站运行实绩

项目	1号机		2号机		3号机	
	发电	抽水	发电	抽水	发电	抽水
6月29日（时：分～时：分）	21：44～23：30	—	8：25～13：26 21：34～1：07	0：00～7：57 18：20～21：16	8：45～12：00 21：22～23：44	0：30～5：13
6月30日（时：分～时：分）	14：09～18：46	—	11：45～18：57	19：27～22：32	15：30～17：49	1：30～11：12 19：35～5：06
7月1日（时：分～时：分）	16：25～19：03	—	14：52～19：08	19：33～21：33	7：15～14：54	19：56～5：11
运行时间	1h46min 4h37min 2h38min	—	5h1min 3h33min 7h12min 4h16min	7h57min 2h56min 3h5min 2h	3h15min 2h22min 2h19min 7h39min	4h43min 9h42min 9h31min 9h15min
三天合计	9h1min	—	20h2min	15h58min	15h35min	33h11min

表5　1997～1999年十三陵抽水蓄能电站运行情况统计表

年份	机组	发电量（万kW·h）	抽水电量（万kW·h）	装机利用小时（h）	运行小时数（h）	备用小时数（h）	等效可用系数（%）	启动成功率（%）	备注（月．日）
1997		59549.7	79138.6						
	1号			754.39	1297.43	4968.42	91.11	91.66	1.1～12.31
	2号			1979.17	2332.53	3948.97	93.16	95.80	
	3号			3153.93	3732.56	3537.40	89.43	98.55	
	4号			1052.14	1298.94	2714.44	88.84	94.50	6.25～12.31
1998		70335.0	93933.0						
	1号			408.50	1549.21	5502.50	87.97	99.41	1.1～12.31
	2号			657.17	2082.05	3621.30	71.15	100.00	
	3号			1090.00	2665.44	4422.30	88.42	99.48	
	4号			1361.20	3678.37	3459.90	89.05	100.00	6.25～12.31
1999		70081.0	94845.0						
	1号			580.50	1706.00	6143.71	89.77	99.67	1.1～12.31
	2号			806.05	2379.00	6156.43	97.73	99.78	
	3号			1043.10	2794.00	5428.69	94.08	100.00	
	4号			1074.40	2923.00	5398.17	95.23	99.78	6.25～12.31

（三）天荒坪抽水蓄能电站的运行情况

（1）初期运行方式。初期运行较典型的方式为：每天早、晚两次发电顶峰，夜间抽水填谷。每台机组平均每天运行9～10h，起停3、4次。根据系统负荷调节需要，并避免对系统造成过大冲击，抽水或发电启动时，6台机组每隔15min启动一台。同时为了避免因机组启动失败对电网产生不利影响，经常将机组先启动进入抽水调相工况，当接到网调指令，即由抽水调相工况转为抽水工况。典型的日运行方式如图3所示，天荒坪抽水蓄能电站在典型日负荷曲线上的位置如图4所示。

（2）初期运行实绩。天荒坪抽水蓄能电站初期机组运行情况如表6、表7所示。

（3）紧急调频及顶事故运行实例。天荒坪抽水蓄能电站在初期运行期间为系统调频及顶替事故运行多次，详细如表8所示。

天荒坪抽水蓄能电站可以利用事故备用库容，顶替600MW事故容量运行3h或顶替300MW事故容量

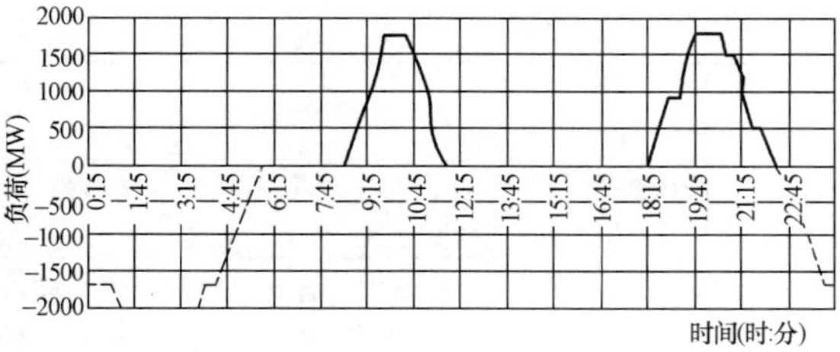

图 3　典型日运行方式

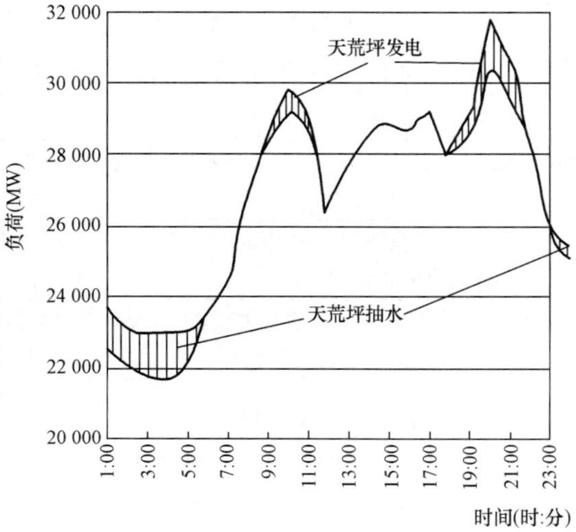

图 4　天荒坪抽水蓄能电站在典型日负荷曲线上的位置

运行 6h。在紧急情况下，可在 5min 内将满载抽水工况转为满载发电工况，调整系统负荷能力很强。另外还具有黑启动功能，在全网停电的情况下，能够协助电网恢复运行。

表 6　天荒坪抽水蓄能电站机组运行情况表

年份	机组	各工况运行小时数（h）				累计运行小时（h）
		发电	发电调相	抽水	抽水调相	
1999	1 号	1385.76	1.51	1436.56	64.64	2888.47
	2 号	1283.56	1.79	1314.51	57.47	2657.33
	3 号					
	4 号	279.79	0	312.11	10.92	602.82
	5 号	49.70	0	36.55	1.55	87.80
	6 号					
	小计	2998.81	3.30	3099.73	134.58	6236.42
2000	1 号	431.83	0	476.21	16.85	924.89
	2 号	1171.32	0	1274.58	44.35	2490.25
	3 号	1270.40	0	1349.41	44.87	2664.68
	4 号	1244.12	0	1300.95	62.53	2607.60
	5 号	1109.15	0	1153.13	38.39	2300.67
	6 号	18.93	0	0	10.14	29.07
	小计	5245.75	0	5554.28	217.13	110 17.16

续表

年份	机组	各工况运行小时数（h）				累计运行小时（h）
		发电	发电调相	抽水	抽水调相	
2001	1 号	948.92	0	1129.34	61.43	2139.69
	2 号	1429.09	0	1460.67	73.95	2963.71
	3 号	1539.35	0	1752.52	123.77	3415.64
	4 号	1590.33	0	1747.15	157.83	3495.31
	5 号	912.75	0	1054.36	52.46	2019.57
	6 号	1394.40	0	1505.53	68.35	2968.28
	小计	7814.81	0	8649.57	537.79	170 02.20

表 7　天荒坪抽水蓄能电站机组开启次数

机组	各工况开启次数				累计开启次数
	发电	发电调相	抽水	抽水调相	
1 号	334	0	167	168	669
2 号	340	0	153	154	647
3 号	315	0	154	155	624
4 号	350	0	169	170	689
5 号	288	0	140	143	571
6 号	297	0	131	136	564
小计次数	1924	0	914	926	3764
平均次数	321	0	152	154	627

（四）潘家口混合式抽水蓄能电站的运行情况

（1）运行方式。1993～1994 年主要担任电网调峰任务，基本运行方式为满负荷发电和满负荷抽水。1995 年以后主要担任电网调频任务，其运行方式是从 8～22 时随日负荷曲线变化而从零至满做变出力运行，其余时间做抽水运行。在电网特殊需要时，如北京有重大活动或电网内其他大型机组并网试验，3 台蓄能机组常做事故备用运行，或停机备用，或带部分负荷备用，或抽水工况备用。在洪水期，为了减少上水库弃水，利用洪水多发电，蓄能机组常处于连续满负荷发电运行。

（2）运行实绩。潘家口抽水蓄能电站建成初期的 1993 年实行蓄能机组与常规水电机组分开运行管理（3 台蓄能机组按照纯蓄能方式运行，发电水量与抽水量平衡，而常规水电机组按天然来水经水库调节及结合向下游供水发电），限制了混合式蓄能电站的综合运行效益和在电网中的作用。后来进行改进，自 1994 年以后按照蓄能机组与常规水电机组联合调度运行，发挥了混合式抽水蓄能电站的优越性。部分运行时段运行实绩如表 9 所示。

表8 天荒坪抽水蓄能电站紧急调频及顶事故运行实例

序号	时间（年.月.日 时：分）	系统异常情况	电站操作及成效
1	1998.11.29	500kV电网频率突然下降0.16Hz	1号机在2min内由水泵工况转为水泵调相工况，使电网频率回至49.96Hz
2	1999.05.02 10：27	电网频率降至49.86Hz	10：28，1号机出力升至300MW；10：30，2号机并网出力为150MW，电网频率回至50.04Hz
3	1999.08.04	1台600MW机组故障跳闸，周波下降0.14 Hz	迅速增大机组出力，减轻系统压力
4	2000.08.30	因台风影响，系统频率降至49.86Hz	紧急开启3号机，出力300MW，3min内系统频率回至49.98Hz
5	2001.02.10 16：23	北仑港1号联变和3台600MW机组跳闸，系统频率降至49.65Hz	电站于16：26、28、29分别开启3台机组，恢复了系统周波
6	2001.07.30 9：35	扬州二厂600MW机组跳机	当时电站4台机发电，9：38又开启5号机带负荷300MW
7	2001.08.22 13：13	南桥变500kV直流线路故障，系统频率降至49.78Hz	2号机紧急开启，带负荷200MW，13：23停机
8	2001.10.23 18：35	扬州二厂600MW机组跳机，系统频率降至49.86Hz	2号机出力由200MW升至300MW
9	2001.11.03 15：11～53	配合华东电网与福建电网联网试验	4号机开机抽水，平衡负荷
10	2001.11.04～05	配合华东电网与福建电网联网试验	全厂旋转备用300～450MW
11	2001.12.21	安徽、江苏电网调频联调试验	2台机组参加试验运行

表9 潘家口混合式抽水蓄能电站运行实绩

年份	项目	单位	常规水电机组	蓄能机组	合计
1993（纯蓄能运行）	年发电量	亿kW·h	3.46	3.50	6.96
	年抽水电量	亿kW·h	—	4.60	4.60
	发电小时	H	2307	1296	—
	抽水小时	h	—	1704	—
1994（联合运行）	年发电量	亿kW·h	3.60	4.90	8.51
	年抽水电量	亿kW·h	—	4.60	4.60
	发电小时	H	2400	1850	—
	抽水小时	h	—	1704	—
1995（联合运行）	年发电量	亿kW·h	1.66	5.70	7.36
	年抽水电量	亿kW·h	—	4.90	4.90
	发电小时	H	1107	2111	—
	抽水小时	h	—	1815	—
1996（联合运行）	年发电量	亿kW·h	0.91	6.34	7.25
	年抽水电量	亿kW·h	—	4.00	4.00
	发电小时	H	—	2348	—
	抽水小时	h	—	1481	—

三、我国已建抽水蓄能电站运行情况

我国已建抽水蓄能电站运行情况如表10所示。

表10 我国已建抽水蓄能电站运行情况统计汇总表

电站	调峰	调频	紧急事故备用	调相	黑启动	配合核电运行	为特殊负荷服务
潘家口		√	√				
十三陵	√	√	√	√	√		
广州一期	√	√	√	√		√	√
广州二期	√	√	√	√		√	√
天荒坪	√	√	√				
台湾明湖	√	√	√	√			
台湾明潭	√	√	√	√			

（摘自中国水力发电工程学会《改革开放三十年的中国水电》）

科研设计单位发展情况

中国水利水电科学研究院改革开放30年

根据国务院规划委员会1957年的决定，1958年6月把中国科学院水工研究室、电力工业部水电科学院和水利部水利科学研究院合并为中国科学院、水利电力部水利水电科学研究院（以下简称水科院）。从1969年到1978年初，水利水电科学研究院经历了10年动荡时期。当时85%的人员被下放，机构被撤销，实验室及仪器设备被破坏，房屋被挤占，使20世纪60年代中期已经接近国际先进水平的科研工作被迫中断。

1978年4月，在全国科学大会精神鼓舞下，水科院恢复重建。恢复重建后的30年，也就是中国水利水电科学研究院改革开放30年。

一、恢复重建（1978～1984年）

恢复重建工作是在原水利调度所的基础上进行的。首先集中力量抓了科技人员的调配工作，1978年调进科技干部192名，到1979年底全院职工总数达1026人。同时把试验室和仪器设备的整修作为重点，在购进新仪器设备时，也注意组织力量进行研制。全院人员发扬了自力更生、艰苦奋斗的精神，本着边筹建、边整顿、边科研的方针，1978年当年就出了一批科研成果。到1984年12月已建起11个研究所（室）、3个中心、1个工厂，人员达到1462人，新建办公室、实验室1.4万m^2，建立健全了各种规章制度，保证科研工作顺利进行。

这一时期主要承担《1978～1985年全国技术科学发展规划纲要》中有关水利水电的重点项目及《1978～1985年水利电力部水利水电科学技术发展规划纲要》中重点项目的研究任务。

水科院被下放的大批科研人员于1978年底从各水电工地调回来。经过“文革”动乱和下放劳动，回来的人多已是两鬓霜白了。但是人们都攥着一股劲，决心要把损失的时间找回来。无论是恢复工作的领导层还是科研技术干部，不仅要把国内的实际情况尽快熟悉起来，还要把握改革开放的精神，对几十年被隔绝的国际上与水有关的科技进展情况进行较深入地了解，以便迎头赶上去。

当时水科院正值恢复重建之初，百废待兴，院里的有识之士基于对全院人才队伍长远发展的考虑，克服重重困难，下决心恢复了对研究生的培养。

1978年水科院恢复重建后招收研究生，前3届绝大多数都是“文革”前毕业的大学生。他们带着全国科技大会春风激发起的对祖国水利水电科技事业发展的深深期盼，怀着既兴奋又多少对水科院这个国家级水利水电科学研究殿堂忐忑的心情来到水科院，开始了新的学习历程。

二、改革发展（1984～1994年）

从1984年12月～1994年9月，水利水电科学研究院经历了由计划经济逐步过渡到社会主义市场经济的改革发展阶段，科技人员的观念发生了深刻的变化，树立了以市场为导向、以科技为基础、注重科技成果的社会效益和经济效益的指导思想。

1984年9月，水利电力部批准水利水电科学研究院为科技体制改革试点单位，在全院开始了由国家事业费开支变为有偿合同制和科学基金制的改革。对于科技开发型研究所，试行上交递增包干经济责任制，对内实行课题承包制，对外实行有偿合同制。社会公益型研究所，则实行科学事业费包干使用制度。职能部门实行管理和服务分开，管理部门逐步建立健全定岗定员制度和岗位目标责任制，后勤服务部门推行全额承包制。1988年水电部分开后，水科院更名为：中国科学院、水利部、能源部水利水电科学研究院。

我国科技体制改革没有现成的经验，需要摸着石头过河，走一步看一步，在改革中学习，在改革中完善。

水科院领导十分重视科技体制改革政策的学习。当时的院长张泽祯在院务会议上及时向所、处领导讲解科技体制改革主要内容、技术合同和科研成本等问题。院领导很重视兄弟科研单位改革的经验，积极参加水利电力行业在北京的三个科研院定期组织召开的科技体制改革信息和经验交流会议。为了适应科技体制改革的需要，水科院在改革的初期，还举办了科技改革经济管理培训班，当时陈炳新院长亲自到班上讲话，要求大家积极配合，把科技体制改革工作做好，把商品经济、技术合同、科研成本、经济效益等概念引入科研管理，运用科学规律和经济规律管理科研工作。

水科院科技体制改革起步后，给全院带来了很大压力，也带来了很大的动力。改革进一步调动了全院职工的积极性，从领导到科技人员的观念发生了变化，经济观念和竞争意识进一步增强了。不仅要努力出成果、出人才，而且要出效益，注意降低科研成本，面向科技市场，多揽科研项目。每年国家下达的科研任务和横向科技合同都按计划完成，科研后劲不断增强，院、所经济实力提高，职工收入不断增加，科研条件和职工生活有所改善。

在激烈的市场竞争面前，全院发挥了科研力量雄厚、学科门类齐全的综合优势，努力开拓外向型科技合作。为了实现科工贸一体化，成立了北京科禹水工程技术总公司和爱德服务总公司，各所也相继成立了分公司。10年中，水科院结合葛洲坝、乌江渡、安康、龙羊峡、东江、二滩、三峡、五强溪等水电站，广东大亚湾和秦山核电站，陡河、湛江、分宜火电厂等国内数百项水利、水电、火电、核电工程和黄淮海平原中低产田改造等，提供了科技成果和技术服务，解决了生产建设中的实际问题，在取得社会效益的同时，也取得了相应的经济效益。

科技体制改革10年，全院共出科研成果3332项，其中获国家科技进步奖39项，省部级科技进步奖191项，院级优秀成果奖730项。

三、再创辉煌（1994～2008年）

由于结构调整、领域扩展和在国内和国际上的地位日益提高，1994年9月，院名更改为中国水利水电科学研究院。

随着科技体制改革的深入进行，淡化取消了课题承包制，形成以研究室为基本核算单位，加强各研究所的经济调控能力，大中型项目实行首席专家负责制，重点项目实行所（中心）联合攻关，优势互补，建立起开放、流动、竞争、联合的运行机制。以公益型为主的研究所，紧紧围绕水利行业基础性、前瞻性、全局性和战略性任务开展研究，并配合流域前期工作，水电、核电建设中的水工工作，开展综合咨询业务，向事业型转化。以产品开发为主的研究所，走“产品开发—生产经销”一体化的路子。以工程型为主的研究所开展承包中小型工程，开辟现场测试、监测和原型观测等业务；努力扩大信息渠道，加强内联外合，增强参与市场竞争的能力。管理部门则实施“减人增效，竞争上岗”。后勤服务部门则向社会化管理过渡。

近年来，中国水利水电科学研究院逐步调整以往的研究领域，开辟了工程设计、工程监理、工程安全自动化监测、工程安全鉴定、中小水电站的技术改造和增容扩容、高新技术在水情测报和电站自动化管理中的应用等新领域。拓展了国际合作项目和科技产品的出口创汇业务，与联合国开发计划署、联合国教科文组织、亚洲开发银行等国际组织以及欧盟、日本、德国、法国、美国、英国、伊朗、马来西亚、印度尼西亚、苏丹、韩国、越南等国家建立了国际合作关系。加强了科技成果的推广应用和生产力转化工作，1997年全院新增合同额突破亿元大关，并呈逐年递增趋势。2007年科研合同额达到6.18亿元。

经过改革开放30年的发展，中国水利水电科学研究院已成为全国水利水电科学研究和技术开发的中心，解决了水利水电建设中许多关键性和带普遍性的重大科学技术问题，为我国水利水电建设及科研事业的发展作出了显著的贡献，在国内外同行中享有较高的声誉。

（摘自中国水力发电工程学会
《改革开放三十年的中国水电》）

南京水利科学研究院
改革发展30年

一、概况

南京水利科学研究院（以下简称南京水科院）是我国成立最早的专业覆盖水利、水运、水电的综合性水利科研机构，前身是于1935年在南京成立的中央水工实验处，到2008年已有73年历史。

2008年，全院共有在职职工887人，离退休职工638人；科技人员中，有300余名高级职称以上人员。南京水科院是1981年国务院学位委员会恢复学位制后首批相关学科博士、硕士学位授予权单位，现设有水利工程一级学科博士点，以及水利水电工程、岩土工程、水文学及水资源、水工结构工程、水力学及河流动力学、港口海岸及近海工程6个二级学科博士点和岩土工程等9个硕士学科点，并设有水利工程博士后流动站；院下设水文水资源、水工水力学、河流海岸、岩土工程、材料结构、大坝安全与管理、农村电气化7个研究所和科技信息研究中心、设计院、4个独立法人公司及水科学培训中心等，共14个研究、开发部门。水利部大坝安全管理中心、水利部应对气候变化研究中心、水利部基本建设质量检测中心、水利部计量检定中心设在该院。该院是中国海洋工程学会、中国水利学会岩土工程专业委员会、中国水力发电工程学会高坝通航专业委员会和中国水力发电工程学会小水电专业委员会挂靠单位。

南京水科院十分重视国际合作与交流，承担过多项国际工程科研项目和国际合作项目，与80多个国家或地区的有关科研单位、高等院校建立了双边合作、互访和资料交流关系。

近年来，南京水科院加强科技基础条件平台建设，取得显著成效。经过多年努力，先后获准建设水文水资源与水利工程科学国家重点实验室和港口航道泥沙工程交通行业重点实验室、水利部“水科学与水工程”重点实验室，为科技创新强化了支撑平台。

从1984年到2007年，共提出科研成果报告6241篇，在国内外公开刊物发表和参加国外学术交流的文章4113篇，公开出版学术专著274部。自1978年全国科技大会以来，科研成果获国家、省部级以上科技进步奖407项，其中国家奖励69项。全院已发展到40多个专业方向，其中为电力行业建设服务的专业方向主要有：河流动力学及水电枢纽泥沙问题（包括电站进水口防沙问题）、河口海岸动力学及环境工程、海岸港口和近海工程、水工水力学和工业水力学、水工建筑物渗流、水电站枢纽的通航建筑物水力学、软土力学及建筑物相互作用、地基加固及基础工程、土石坝筑坝技术、大坝安全监测技术、电力灰渣的储放和综合利用技术、土工聚合物在工程中的应用、核电和火电厂温排放及环境工程、防浪掩护与防浪建筑物的研究、环境工程研究、结构静力分析的研究、结构震动与抗震问题的研究、钢筋混凝土及预应力钢筋混凝土结构受力与强度问题的研究、混凝土与钢筋混凝土耐久性以及新材料的开发研究、钢材钢结构的腐蚀与防腐新技术的研究、施工工艺技术的研究、建筑物质量检测、安全评价、修补、改建技术的研究、核技术在电力工程中的应用、试验设备与测试技术的研究、工程分析与工程管理应用软件开发的研究、施工质量监测技术研究等。基本覆盖了水利、交通、水电行业的科技需求，每年承担科研任务近900项。定期公开出版《水利水运科学研究》、《岩土工程学报》、《海洋工程》、《China Ocean Engineering》、《水科学进展》、《小水电》、《SHP News》等7个学术刊物。

南京水科院1991年被国家科协授予“金牛奖”；1994年经国家计委批准，被授予为“水利、水电、水运甲级工程咨询单位”（同时授予的在江苏省的单位仅2家）；1995～2007年连续7次被江苏省评为两年一度的省级“文明单位”，1995～1997年连续3年获得水利部先进单位，1999年被水利部命名为水利系统文明单位，2001～2007年被水利部连续确认为“水利部文明单位”；2005年被中央授予“全国精神文明建设工作先进单位”。

二、完成科研任务

南京水科院是我国最早参加国家能源建设的单位之一，在水电、火电、核电建设中参与大量的电厂选址、建设过程和运营过程中的关键技术问题的科研工作。近年来，每年进行的科研项目800余项，2007年实际进行的科研项目共869项，其中和电力行业建设有关的各类科研项目约占项目总数的30%。通过全院职工的努力，科研工作取得了丰硕成果。据2000～2007年的统计，在这8年中全院共取得电力方面科研成果488项，获得了一批国家和省部级科技进步奖励。其中，2003年“高混凝土面板砂砾石坝关键技术研究”获得国家科技进步二等奖；2004年“长江三峡水利枢纽二期工程蓄水、通航、发电技术研究与实践”获湖北省科技进步特等奖；2005年，“长江三峡二期工程船闸关键技术研究与实践”获国家科技进步二等奖；“福建水口水电站2×500吨级垂直升船机建设及运行”项目获国家科技进步二等奖。这些科研成果解决了水电工程建设中的关键技术问题，为工程的规划、设计、施工、运行提供了科学依据。

南京水科院承担的国家“八五”攻关项目有关电力的有：长江三峡工程坝区泥沙模型，长江三峡工程回水变动区泥沙模型，三峡工程多级船闸水力学模型研究，高混凝土坝及高土石坝关键技术研究。上述项目经部级鉴定，其成果均达到国际先进或国际领先水平。“九五”国家攻关专题“碾压混凝土材料性能和耐久性研究”，获得了多项创新成果，并已直接应用于龙滩水电工程设计和大朝山水电工程建设，取得了7800万元的直接经济效益，并已安全度汛12次，成果总体处于国际先进水平，其中临界水力梯度及渗透溶蚀耐久性研究，碾压混凝土配合比数据库及其计算机辅助设计达到国际领先水平。“高面板坝的新型监测设备及资料反馈分析”专题，研制了N2000型遥测遥控水平垂直位移计，位移测量范围达520m，超过世界上其他类似工程使用的仪器，并在世界上率先实现了遥测遥控的功能；研制的高精度双向固定测斜仪，填补了国内空白，样机性能优于天生桥一级面板坝使用的国外同类产品；成果总体处于国际先进水平，两项监测仪器样机性能均达到国际领先水平。2005年，自然科学基金重大项目《突出骨料因素和温湿度历史的高性能大坝混凝土》完成原计划规定的内容，并提前进行了后续部分研究内容；所提出的采用粉煤灰化学成分综合因子评价粉煤灰品质对碱骨料反应的抑制效果的建议，被成都勘测设计研究院科研所并列入平行试验方案，并为二滩公司筛选备选粉煤灰提供了技术依据。

（一）水电站、火电、核电电厂的选址和方案论证研究

水电、火电、核电建设中对自然条件的要求比较独特，南京水科院几十年的科研工作中，参与了大量水电站的选址、建设和运营中的水动力学及河道、航道、海岸的研究工作。如苗尾、橄榄坝、大岗山、箱子岩、乌江渡、三峡、龙溪、二滩、龙滩、瀑布沟、大朝山、乌鲁瓦提、小湾、公伯峡、洪家渡、紫坪铺、梅溪、鲁布革、岩滩、吉林台、东风、五强溪、水口、天生桥、小浪底、向家坝、溪洛渡、瓦屋山、迭部多儿、溪仔口、滩坑、长河坝、琅琊山抽水蓄能、宜兴抽水蓄能、泰安抽水蓄能、呼和浩特抽水蓄能、洪屏抽水蓄能、江西洪屏抽水蓄能、浙江仙居抽水蓄能等大型水利水电工程。国家西部大开发项目“锦屏一级水电站水力学综合优化整体模型试验研究”，其工程规模巨大，大坝为世界第一高坝，枢纽整体模型也为世界同类模型之最。项目研究从施工导流、截流开始，对工程设计、施工和运行过程中的相关水力学问题进行全过程和全方位的系统模拟和预测分析；全面论证枢纽整体布置和泄洪消能设计方案的合理性和安全性；试验研究成果为设计审查提供了科学依据，受到了广泛的好评。承担的电力重点项目“高水头电站水力学综合优化试验研究”、“乌江渡发电能量指标复核及考核软件技术开发”、“新疆大山口水力发电厂水情自动测报系统预报及调度软件”等一批西部建设项目研究工作。解决了西部建设项目工程设计中存在的问题，确保了工程运行安全，其社会效益和经济效益十分显著。

（二）火电、核电电厂温排水、低放废液对环境的影响研究（略）

（三）火电、核电电厂取排水口泥沙问题研究（略）

（四）火电、核电电厂建设中的海岸防护研究（略）

（五）能源建设中的海岸工程问题

南京水科院利用自己的优势和特点，在沿海风能开发与利用，潮汐能开发、波浪能开发等研究中，进行了一定的探索工作，在下一步的研究中，将加大力度进行相关的研究，为我国新能源的建设作出一定的贡献。

在天然气发电、海洋石油的建设中，进行了包括渤海湾南堡油田人工岛和江苏天然气电厂洋口太阳沙人工岛的岸滩稳定性、冲刷防护，上海洋山天然气管道过海安全及泥沙冲淤，海南天然气码头选址、深圳天然气码头建设的关键技术问题等研究。对中石油、中海油辽宁绥中基地、南堡油田人工岛工程，江苏天然气电厂太阳沙人工岛工程、福建天然气上岸工程、上海洋山天然气管道工程、海南天然气工程、深圳天然气接收站工程等工程的选址和建设进行了大量的研究工作。

（六）电力行业基础研究工作

为加强电力行业科技创新，南京水科院积极承担行业基础性、应用基础性研究项目，为行业科技进步作出了贡献。

国家电力公司项目“水电工程金属结构防腐蚀及安全检测技术研究”，经过3年的努力，系统地研究了水电工程金属结构的安全状况，提供了江河水环境下水工金属结构牺牲阳极阴极保护电流密度等有关参数和成套技术，开发研制了适合水电工程金属结构使用的三类新型防腐蚀涂料，完善了水电工程结构的安全检测和评估方法，成果总体达国际先进水平，其中防微生物腐蚀涂料的研制达国际领先水平。国家电力公司重点项目“防渗材料及配合比研究”，已于2003年9月通过了项目管理部门组织的专家验收。

国家科技推广项目“高混凝土面板砂砾石坝关键技术推广应用”成果已在贵州洪家渡电站混凝土面板堆石坝、四川紫坪铺水利枢纽混凝土面板堆石坝、湖北水布垭水电站混凝土面板堆石坝、四川硗碛水电站堆石坝上应用成功。成果应用情况良好，获得了较好的社会和经济效益。

南京水科院还完成了一批电力行业的标准、规范、规程编制。电力行业技术标准《钢弦式孔隙水压力计》、《水管式沉降仪》、《引张线水平位移计》三项标准制定已完成；《电位器式位移计标准》完成了报批稿编写；《水电水利工程金属结构设备防腐蚀技术规程》（DL/T 5358—2006）已发布实施。参编的建筑行业规程《混凝土耐久性修复与防护技术规程》即将发布。

（摘自中国水力发电工程学会《改革开放三十年的中国水电》）

国网电力科学研究院勇攀水电自动化建设新高峰

国网电力科学研究院（以下简称国网电科院）创立于1974年（前称南京自动化研究所），是国家电网公司直属的专业从事电力系统自动化、交直流高电压技术、水利水电工程测控、通信与信息工程、一次设备及其智能化、电力电子、轨道交通及工业控制技术的研制生产、软件开发、系统集成和工程应用的综合性重点研究开发机构。

国网电科院在国家各级政府部门的关心、支持和领导下，坚持和完善科技创新、市场营销、质量保

证、资本运营和企业文化五大支撑体系，建立了科研和产业协调发展的运行机制，科研开发和产业经营取得优良业绩，成为全国运行绩效最好和综合实力最强的科研院所之一。国网电科院是一个有5000多员工、工业产值超50亿元的大型科技企业集团，总部设在南京，下属有17个研究所、8个产业分公司和9个子公司，在北京、上海、武汉、深圳等地建有科研和产业基地。国网电科院的改革举措得到国务院、国家科技部和国家电网公司领导的充分肯定，也是我国改革开放30年电力自动化建设和科技进步的标志。

国网电科院是国家科技部“国家电力自动化工程技术研究中心”、国家发展和改革委员会“电力系统自动化—系统控制和经济运行国家工程研究中心”、“国家高电压计量站”和“国家电网公司特高压交流试验基地”的依托单位，拥有一批电力行业重点实验室及重大装备，设有“电力工业电力系统自动化设备质量检测中心”、“电力工业电气设备质量检测中心”和“电力工业通信设备质量检测中心”，保存有高电压、大电流国家标准，担负着标准量值的溯源和传递工作。

国网电科院实施科研与产业统筹运行、协调发展。其全资企业南京南瑞集团公司是第二批国家创新型试点企业，具有“计算机信息系统集成一级资质”，是“中国软件100强企业”、“中国独立软件开发30强企业”、“江苏省文明单位标兵”企业和“联合国采购供应商”，被信息产业部评为“全国优秀计算机信息系统集成企业”，被科技部评为“优秀软件企业”，被科技部、国家发展和改革委员会等部委评定为“国家认定企业技术中心”，2006年和2007年连续被中国软件行业协会评为“中国十大创新软件企业”，2007年被信息产业部评定为“中国自主品牌软件产品前十家企业”；电力自动化产业化基地建设被国家发展和改革委员会评为“国家高技术产业化示范工程”。1997年通过ISO 9001质量体系认证，2002年、2005年认证复评，2007年通过质量、环境和职业健康安全三标合一的管理体系认证。2007年通过CMMI 3级认证。“南瑞NARI”牌产品是江苏省和南京市名牌产品，2007年被评为“中国名牌产品”列“电力自动化监控设备”首位；“南瑞NARI”商标是江苏省和南京市著名商标，2007年2月，注册商标“NARI”被认定为中国驰名商标。

科技创新是国网电科院动力之源、发展之本。国网电科院以国际先进水平为目标，以电力系统发展需求为导向，致力于研究和开发具有自主知识产权的高新技术产品，不断加大研究开发力度，确保研发经费达到年销售收入的5%以上。通过持续自主创新，取得大量高水平、具有自主知识产权的科技成果：迄今完成重大研究开发项目500余项，527项科研成果通过部、省级技术鉴定；63项科研成果获得国家级科技奖励，其中国家科技进步一等奖4项，国家技术发明二等奖3项，国家科技进步二等奖17项；432项科研成果获得省、部级科技奖励，其中特等奖1项，一等奖56项，二等奖124项；获得专利授权117项；登记软件产品71项；取得计算机软件著作权88项；62项产品获得高新技术产品证书。目前，国网电科院已成为集科研开发、技术咨询、设备研制、产品销售、工程服务、质量检测为一体的科技型企业，在电网交直流控制与自动化、继电保护、网络和信息化技术、电力系统通信、水电站及梯级电站自动化、水情水调及环境监测、发电厂电气控制、大坝及工程监测、高电压技术与电磁兼容等高新技术的研究与应用方面，正与国际先进水平同步发展。

30多年来，国网电科院及其产业公司积极参与我国的水力发电的科研及重大工程建设，从引进、消化吸收到再创新，从与国外技术合作到自主知识产权全面创新，从局部的中小型水电站市场试点到全面的市场占有率超过50%并且取得大型巨型水电站的技术制高点，在水电自动化领域取得的科研成果和经营业绩达到了与国际先进技术同步发展的水平，取得了良好的经济效益和社会效益。

国网电科院承担的水力发电领域重大工程项目主要有：

（1）水情测报及水调自动化。三峡水利枢纽梯级、黄河上游梯级、乌江梯级、湖南沅水、云南澜沧江、金沙江下游等水情自动测报及水库调度自动化系统，国网公司、西北、华东、华中电网等水调自动化系统。

（2）水电站励磁系统。三峡右岸电站及地下厂房、云南小湾电站、重庆彭水电站、黄河龙羊峡电站、安徽响水涧蓄能电站发电机组励磁系统。

（3）水电站调速系统。云南小湾电站、云南漫湾电站、广西长洲电站、广西桥巩电站、贵州天生桥电站、安徽响水涧水轮发电机组调速系统。

（4）水电站及抽水蓄能电站计算机监控系统。广西龙滩、黄河拉西瓦、黄河李家峡、云南小湾、云南漫湾、贵州构皮滩、贵州天生桥、湖北水布垭、湖北葛洲坝、福建水口、叙利亚迪什林等水电站计算机监控系统，辽宁蒲石河、北京十三陵、潘家口等抽水蓄能电站计算机监控系统。

（5）梯级水电站及远程集控中心计算机监控系统。乌江梯级、澜沧江梯级、大渡河梯级、清江流域等梯级集控中心以及大唐云南、四川田湾河等远程集控中心计算机监控系统。

（6）大坝安全监测及其自动化系统。四川锦屏、四川二滩、云南小湾、云南大朝山、云南金安桥、黄河拉西瓦、四川瀑布沟、广西岩滩、湖南三板溪、惠州蓄能、广州蓄能、黑麋峰蓄能等工程安全监测仪器和自动化监测系统。

(7) 其他水电站技术。三峡电站500kV输电线路跨越永久船闸时对过闸船舶的通信干扰和工频电场安全问题的研究，三峡（左岸）工程550kV GIS、（右岸）工程GIS、CVT、电抗器及避雷器等设备的现场调试，三峡电力系统安全稳定控制系统。

面对经济全球化的发展机遇和挑战，国网电科院将以科学发展观为指导，以“建设一流人才队伍，实施大科研、创出大成果、培育大产业，实现大推广”为目标，发扬“努力超越、追求卓越”的精神，坚持面向经济发展重点领域，面向生产服务第一线，面向世界电力科技前沿，着力提高自主创新能力、支撑服务能力和市场竞争能力，推进科研和产业全面、协调、可持续发展，向着国际一流的高新技术企业迈进。国网电科院将继续坚持以支撑行业科技进步为己任，以“诚信经营，成为广大用户值得信赖的事业合作者”为方针，提供一流的技术、高品质的产品和精细化的服务，为我国电力、水利水电事业的发展作出应有的贡献。

（摘自中国水力发电工程学会
《改革开放三十年的中国水电》）

中国水电工程顾问集团公司

中国水电工程顾问集团公司（HYDROCHINA）于2002年12月经国务院批准成立，其前身为政府主管水利水电规划、开发、建设的机构——水利水电规划设计总局（院），已有50余年的发展历史。中国水电工程顾问集团公司由国务院国有资产监督管理委员会管理，从事水电和新能源等发电项目的勘测、设计、咨询、监理、审查、评估、安全鉴定、竣工验收、施工、项目管理、总承包及相关技术和中介业务，以及河流（河段）水电规划；水电工程、新能源及相关产业的开发、投资、经营和管理等业务。同时，担负为政府主管水电水利规划、开发、建设的重任，是中国唯一提供水电水利建设和风电开发综合性技术服务的大型企业集团。现有国家工程勘察设计大师8人，教授级高级工程师792人，高级工程师2631人，工程师2112人，具有坚实的综合管理能力和丰富的实践经验，拥有先进的生产设备及专有的技术工艺和覆盖广泛的信息资源。参加2003～2007年度美国《工程新闻纪录》（ENR）杂志和中国《建筑时报》“中国承包商和工程设计企业双60强”评比，名列前茅。

中国水电工程顾问集团公司完成了中国长江水系、黄河水系、淮河水系、珠江水系及其他内陆水系水电规划，查明中国的水电技术可开发容量5.42亿kW，与缅甸等国合作开展了边境河流的水电规划。

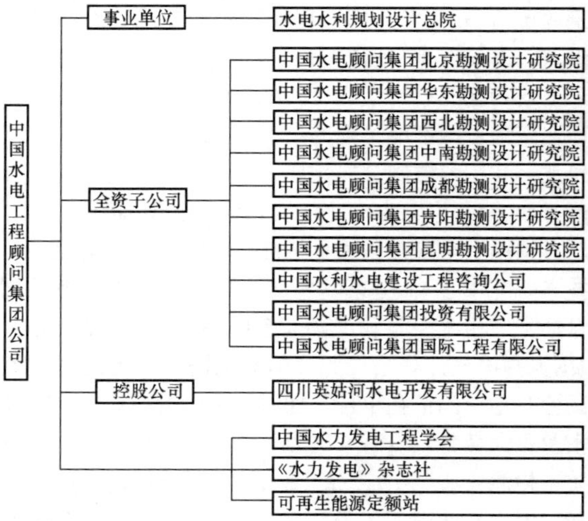

中国水电工程顾问集团公司是中国水电和风电建设技术标准和规程规范的主要编制修订单位，承担了水电建设工程等级、勘测、规划、水库、环保、水工、施工、造价、机电、安全监测、运行管理等一整套国家和行业规程规范的编制，承担了风电开发的规划、勘测、设计和运行管理等标准的编制工作。截至2007年底，编制了近160项水电建设和风电开发的国家和行业技术标准，这些技术标准对规范中国水电工程建设和风电开发起到重要作用，有力地保证了工程建设的科学性、经济性和安全性。还承担了中国70%的水电站安全鉴定工作，其中包括举世闻名的三峡工程的安全鉴定工作。

中国已投产水电项目装机容量约1.45亿kW、正在建设的水电项目装机容量约8908万kW、正在开展前期工作的水电项目装机容量15 722万kW，其中由中国水电工程顾问集团公司承担的分别占65%、83.8%和91.4%。另外，中国水电工程顾问集团公司在世界各地承担规划勘测设计的水电项目装机容量达1607万kW。

中国已投产风电项目装机容量约602万kW、正在建设的风电项目装机容量约425万kW、正在开展前期工作的风电项目装机容量281万kW，其中由中国水电工程顾问集团公司承担的分别占40%、35.3%和46.3%。

中国水电工程顾问集团公司投资开发的水电站和风力发电场装机容量达300万kW，计划增加至500万kW。

（摘自中国水力发电工程学会
《改革开放三十年的中国水电》）

改革开放30年的中国水电顾问集团北京勘测设计研究院

一、综述

北京勘测设计研究院（以下简称北京院）始建于20世纪50年代初，是中国水利水电行业最早成立的部直属大型勘测设计研究院，是中国勘察设计综合实力百强单位；现为国资委下属的中国水电工程顾问集团公司的全资子公司。

50多年来，特别是改革开放以来，伴随着国家的发展壮大，北京院人艰苦奋斗、团结求实、开拓创新，为祖国的水利水电事业和国家的经济发展作出了贡献。

（一）主要资质

北京院拥有近20项国家甲级资质证书，具有对外经营资格证书、进出口资格证书、中国农业银行AAA级信用、北京市工商局“守信企业”，以及CMA计量证书和ISO 9001：2000标准质量管理体系认证证书等，目前正在开展质量、职业健康安全、环境三标整合管理体系认证工作。业务范围涵盖水电、水利、工民建、新能源（风电）、市政等领域的规划、测绘、勘察、设计、科研、咨询、监理、环保、水保、监测、岩土治理、工程总承包。

（二）技术能力

北京院先后完成了黄河、永定河、拒马河、汉江、怒江中下游等若干条江河的水资源普查、开发规划和华北、山东、辽宁、江苏等地区的抽水蓄能电站规划选点工作。承担了官厅水库、三门峡、刘家峡、安康、大朝山、喜河水电站，十三陵、西龙池、张河湾、琅琊山抽水蓄能电站等60余座大中型水利水电工程的勘测设计工作。承担了桃林口水库、山西引黄工程、公伯峡水电站，北京十三陵、山东泰安、江苏宜兴、河南宝泉、河北张河湾抽水蓄能电站等多项大型水利水电工程的监理任务。完成了千余项涉及工民建、交通、石化、城市改造与美化、环境治理、新能源开发与利用等领域的勘察、设计、科研、监理、咨询、监测和岩土工程任务。20世纪70年代开始进行振冲法加固及处理建筑物基础的试验研究，目前已形成振冲施工技术及工艺、TBM施工技术及工艺两项核心技术优势，拥有自主开发的多项专有技术，先后完成了火电厂、三峡围堰、港口、水库大坝、长江堤防等几十项大型工程的基础处理和水库输水工程TBM、水电站大型隧洞TBM施工等任务。

50多年的工程实践，北京院积累了丰富的工程经验，培养了一支800余人复合型的专业技术骨干队伍，其中中国工程设计大师1人、教授级高级工程师80余人、高级工程师近300人、工程师200余人、其他专业技术人员240余人。近20年先后获得上百项科技成果奖，其中国家级20项，部级50项，专利技术16项；编写了30多项国家和行业规程规范，形成了一整套抽水蓄能电站的专有技术。

（三）科技创新与资源投入

北京院十分重视技术创新和研发能力的提高。2003年获中国技术市场协会“金桥奖”。近年来，投资1000余万元建立了先进的计算机局域网络，形成了以计算机网络为基础的信息技术体系。拥有GPS卫星定位系统、GTS－601AF全站仪、DINT12电子水准仪、RS－1616桩基监测仪等一大批较先进的仪器和设备。15万册馆藏图书和8万卷册科技档案的日常管理全面实现现代化。员工在职教育和岗位培训力度不断加大，与清华大学等高校建立了广泛的合作，为北京院实施“人才发展战略”和提升“核心竞争力”迈出跨越性的一步。

（四）科学管理与企业发展

北京院以现代企业机制为依托，建立了以项目管理为中心、专业管理为基础的矩阵式生产管理模式，全面推行项目管理。业务模式由过去单一的设计咨询，转变为从勘测设计到建设管理和投资开发等为业主提供工程建设全过程服务。内部管理，以目标管理为中心，以企业综合管理体系文件和质量、职业健康安全、环境三标整合管理体系文件为保障，科学管理水平不断提高。

北京院以创建“学习型组织”、“科技型企业”和“国际型工程公司”为战略发展目标，以“为顾客创造价值、为企业创造利润、为社会作出贡献”为价值观，积极倡导“以人为本”的管理理念，始终坚持“技术为先，诚信为本”的经营理念，努力营造和谐愉悦的工作氛围，大力培育“团队协作”精神，遵循“以人为本、科学管理；精心设计、优质服务；健康安全、环境友好；持续满足顾客、员工和社会发展要求”的管理方针，稳步向“学习型、科技型、国际型”国际一流咨询公司的战略目标迈进。

二、水电工程勘测设计

（一）典型常规水电工程

1．安康水电站　安康水电站位于陕西省安康市的汉江干流上，是一座以发电为主，兼有防洪、航运、养殖、旅游等综合效益的工程。大坝采用折线形整体重力坝，泄洪建筑物包括五个表孔、五个中孔和四个底孔。正常水位330m，相应库容25.8亿m^3。厂房布置在右岸坝后，安装4台200MW水轮发电机组，总装机容量800MW。通航设施采用垂直升船机，布置在左岸的中孔坝段，最大过船吨位为100t。

安康水电站工程于1996年获国家第七届优秀工程设计金奖。该工程首次采用的宽尾墩消力池联合消能工技术，于1991年获国家发明奖。

2. 查龙水电站　查龙水电站位于怒江上游那曲河上，地处西藏自治区那曲县境内。工程区平均海拔高度在4350m以上。主要任务是发电，总库容1.38亿m^3，总装机容量10.8MW，多年平均发电量4363万kW·h。1993年开工兴建，1996年竣工。它的建成结束了那曲地区行署所在地无常规电源的历史，被誉为“藏北高原上的第一颗明珠”。

查龙水电站工程于1999年获国家第八届优秀工程设计银奖。

3. 大朝山水电站　大朝山水电站位于云南省临沧地区云县和思茅地区景东彝族自治县交界的澜沧江上。电站以发电为主，正常蓄水位899.0m，总库容9.4亿m^3，总装机容量1350MW。电站为一等大(1)型工程，枢纽建筑物中拦河坝、泄洪建筑物、排沙建筑物、引水、发电厂房及开关站等主要建筑物为1级建筑物。

大朝山水电站工程设计项目于2008年荣获全国优秀工程设计金奖，工程设计的多项成果荣获中国电机工程学会、云南省、中国水电工程顾问集团公司等授予的省部级和集团公司级科技进步奖。

4. 喜河水电站　喜河水电站位于汉江上游陕西省石泉县喜河镇，是汉江上游干流河段规划中的第三个梯级电站，上、下游分别为已建成的石泉水电站和安康水电站。电站正常蓄水位362m，总库容2.29亿m^3，总装机容量为180MW，多年平均发电量4.92亿kW·h。枢纽采用右岸河床式厂房、左岸泄流建筑物及左岸升船机坝段的布置型式，通航设施采用垂直升船机，最大过船吨位为50t。

喜河水电站溢流表孔弧形工作闸门，孔口尺寸14m×22.9m，面板内半径25m，采用三支臂球型铰座支承，是目前国内已建水利水电工程中为数不多的超大型闸门之一；导流封堵闸门的孔口尺寸为8.5m×36.2m，为目前国内外最大的导流封堵闸门；泄洪排沙中孔工作闸门采用平面滚动支承钢闸门，门槽采用大错距、高门楣的Ⅱ型门槽，是目前国内外大孔口、大泄量并可作局部开启运行的创新性门型。

（二）典型抽水蓄能电站工程

北京院是国内最早从事抽水蓄能电站技术研究的勘测设计单位。早在20世纪60年代初，就成功地设计建成了我国第一座抽水蓄能电站——河北岗南混合式抽水蓄能电站，填补了国内抽水蓄能电站建设的空白。20世纪70年代以来，根据世界抽水蓄能电站高水头、大容量等发展趋势进行了相关技术的研发，所取得的科研成果对我国抽水蓄能设计技术的发展和工程建设起到了重要的推动作用。与此同时，结合我国水资源分布状况，相继开展了华北、辽宁、山东、江苏等省区的抽水蓄能电站选点规划工作，优先进行了十三陵、西龙池、张河湾、琅琊山、丰宁、板桥峪、文登、泰安、呼和浩特等大型抽水蓄能电站的勘测设计工作，并承担了十三陵、宜兴、泰安、宝泉等抽水蓄能电站的施工监理、设计监理等工作。其中，北京十三陵抽水蓄能电站已于1997年竣工投产，在京津唐电网调峰填谷、事故备用、跟踪负荷变化、提高供电质量等方面发挥了重要的作用。十三陵抽水蓄能电站工程于2002年获国家第十届优秀工程设计银奖，2004年获国家第九届优秀工程勘察银奖。

在“设计思想要与时俱进、技术产品要精益求精”的思想指导下，经过30余年的研究和探索，北京院现已形成一整套解决抽水蓄能电站设计中关键技术问题的理论和方法，培养了一大批专业技术骨干人才，编制完成了电力行业标准《抽水蓄能电站设计导则》。这些技术的沉淀和经验的积累将会为我国抽水蓄能电站建设迈向新台阶奠定基础。

三、新能源开发与利用

北京院新能源开发与利用业务涉及风电场规划、风能资源测量与评估、风机微观选址、风电场施工等风电场工程的勘察设计工作。曾先后承接并完成内蒙古、吉林、黑龙江、江苏、河北等地区20余个风电场工程项目，见表1。

表1　承接的主要风电场工程项目

序号	风电场项目名称	设计阶段	完成情况
1	黑龙江大箐山16.15MW风电场	施工详图	竣工发电
2	内蒙古巴音200MW风电项目	可行性研究	完成
3	张家口坝上百万千瓦级风电基地	规划	完成
4	锡盟灰腾梁300MW风电项目	规划、可行性研究	完成
5	江苏东台200MW风电项目	可行性研究	完成
6	内蒙古翁旗49.5MW风电项目	预可行性研究、可行性研究	完成
7	张北单晶河200MW风电项目	预可行性研究、可行性研究	完成
8	内蒙古辉腾锡勒100MW风电项目	可行性研究、施工详图	在建
9	吉林长岭49.5MW风电项目	可行性研究、施工详图	在建
10	吉林通榆100MW风电项目	施工详图	在建

四、工业与民用建筑设计

北京院下属的建筑设计工程分院，主要从事工业与民用建筑的规划、设计、咨询等项业务。近几年来，面对日益国际化的设计市场，建筑分院以积极开放的态度，先后与美国、加拿大、新加坡等多家知名国际设计事务所，建立了长期合作关系，并汇集了一批设计理念新、思维严谨、目光敏锐、经验丰富的专业技术人才。目前拥有员工 97 人，其中一级注册建筑师 21 人，一级注册结构师 23 人，高级工程师 35 人。实践证明这是一支勇于创新，注重细节，优质服务，追求卓越的团队。

近几年来，承担的项目范围涉及办公、商业、住宅区、医院、学校、厂房、高级别墅区、旅游度假中心、中国驻外使馆商务处的设计及规划等。典型项目有：北京银网中心嘉轩综合楼、中水电办公楼、中弘兴业望京风情商业街、泛海国际居住区、康斯丹郡住宅区、玫瑰园别墅区、狮岛索龙电子有限公司厂房、黄河水利学院教学综合楼、四川宜宾中坝规划，中国驻智利、肯尼亚、毛里求斯、以色列、马里、埃塞俄比亚使馆商务处等。

五、工程建设监理

中国水利水电建设工程咨询北京公司（以下简称北京公司）是北京院的全资子公司，具有水利水电、房屋建筑、市政、电力工程甲级监理资质和公路工程乙级监理资质，是 1992 年建设部公布的全国首批甲级监理单位。

多年来，北京公司先后承担了河北桃林口水利枢纽；黄河流域的公伯峡、拉西瓦、积石峡，大渡河流域的大岗山，汉江流域的喜河等大中型常规水电站；北京十三陵、山东泰安、江苏宜兴、河北张河湾、河南宝泉、安徽响水涧等抽水蓄能电站；长江重要堤防隐蔽工程；山西引黄工程国际标段；北京市工民建和市政工程；京昌和八达岭高速公路工程等多项、多行业的工程建设监理任务。

北京公司本着“走向市场、开拓市场、服务于业主”的指导思想，积极开展监理业务，在工程建设过程中始终贯穿“业主、设计、监理、施工”四位一体的建设思想，对业主方“精诚服务”，对施工方“一监二帮”，取得了促进工程建设的良好效果，得到了业主和社会认可。2002～2004 年被评为北京市监理行业先进单位；2005 年荣获北京市“质量信得过单位”。所监理的工程曾获得建设部和北京市颁发的“工程建设鲁班奖”和“长城杯工程奖”等多种奖项。

六、环境保护与水土保持

（一）环境影响评价与环境监理

北京院拥有环境影响评价甲级资质证书，评价业务范围：环境要素包括地表水、地下水、气、声、固体废物、生态、水土保持、社会经济等，行业包括水利、水电、区域开发，农、林、牧、渔业，交通运输、社会服务等。

北京院先后完成了几十个大中型水电水利工程的环境影响评价、环境保护设计和其他行业中小型项目的环评工作。

1999 年完成设计的山西省太原市“汾河环境改造工程”获 2001 年“中国人居环境范例奖”和联合国 2002 年“迪拜国际改善人居环境最佳范例奖”。

1999 年，国内较早按照非污染生态导则完成的《板桥峪抽水蓄能电站环境影响报告》的生态评价内容，入选“环境影响评价上岗培训教材”。

2000 年，编制完成的《安徽琅琊山抽水蓄能电站环境影响报告书》，入选全国环境影响评价工程师职业资格考试参考教材《案例分析》。

2004 年 11 月，完成的《怒江中下游水电规划环境影响评价报告书》，是国内首次完成的水电规划环境影响报告书。

2003 年，参与了首批 13 个国家重点工程之一的重庆芙蓉江江口水电站工程的环境监理试点工作，圆满完成了各项监理任务，为工程环境监理工作奠定了良好的基础。

（二）水土保持方案设计与水土保持监理

北京院于 1996 年获得水利部首批颁发的《编制开发建设项目水土保持方案资格证书》。近年来，编制完成了云南省澜沧江大朝山水电站、河北省张河湾抽水蓄能电站等多项大中型工程的水土保持方案报告书，积累了丰富的水土保持方案编制经验，多次获得优秀设计奖；参编完成了《电力建设项目水土保持方案技术规范》，参加了《水土保持制图标准》、《开发建设项目水土保持工程设计概（估）算定额》、《开发建设项目水土保持工程设计概（估）算编制规定》和《水土保持监测技术规程》等水保规范的审查工作。

七、工程监测

北京院工程监测业务范围，覆盖了土石坝、面板坝、混凝土坝等水工建筑物的监测、边坡稳定监测、地下洞室围岩监测、机组振动监测、高速水流及雾化原型监测、工业与民用建筑物沉降及变形监测等。

北京院工程监测专业，先后承担北京官厅水库、河南三门峡水库、甘肃刘家峡水电站、陕西石泉水电站、陕西安康水电站、陕西喜河水电站、西藏查龙水电站、云南大朝山水电站、三峡茅坪溪大坝、北京十三陵抽水蓄能电站、安徽琅琊山抽水蓄能电站、河北张河湾抽水蓄能电站、山西西龙池抽水蓄能电站、江苏宜兴抽水蓄能电站、云南土卡河水电站等工程的各类监测项目，积累了丰富的工程监测经验，尤其是对大型地下洞室、大坝、边坡等工程的监测，形成了一套完整的监测技术体系。

八、岩土工程

北京院岩土工程专业以技术为依托，开展岩土工程勘察、地基处理、建筑物病害治理、施工降水、边坡支护、工程测量（侧重北京城市建设规划监督测量）、岩土技术咨询、地质灾害防治等岩土治理工作，以严谨的工作作风及扎实的技术工作，为顾客提供优质的服务。

近年来，岩土工程专业先后完成各类项目300余项，取得了良好的业绩和经济效益，并为首都北京这座历史文化名城的文化遗产保护和住宅区建设等作出了积极的贡献。

九、其他

（一）北京市政府投资项目评估

北京院充分发挥自身的专业、技术、人才资源优势，积极服务于首都经济建设，通过北京市发改委组织的社会公开选聘，于2005年2月顺利入选为北京市政府投资咨询机构库的社会咨询中介机构。

北京市政府投资项目咨询服务内容分为项目建议书和可行性研究报告评估、项目投资审核两大类，主要咨询服务专业范围为水利、水电、市政给排水、岩土、建筑、水环境治理、水土保持、环境影响评价等。涉及规划、水工、施工、造价、水保环评、机电、地质等主要专业。

北京院自2004年开展北京市政府投资项目的咨询评估工作以来，先后承接北京市咨询项目60多项。在咨询评估过程中，咨询专家组严格遵守国家规程规范，本着科学、客观、公正的原则，求真务实、实事求是地提供咨询评估意见，多次受到北京国际投资有限公司的赞扬，在北京市咨询服务业赢得了良好的声誉。

（二）工程造价咨询

北京院是建设部首批批准的甲级工程造价咨询单位。主要从事：

（1）水利、水电、工业与民用建筑、公路交通、市政公用、水运、风电开发、城市美化治理等领域大中型建设项目建议书与可行性研究及投资估算的编制、评估审核及项目经济评价。

（2）工程概算、预算、结算、竣工结（决）算、工程招标标底、投标报价的编制和审核。

（3）提供建设项目各阶段工程造价监控及工程索赔业务服务。

（4）提供工程造价信息服务，接受司法机关与仲裁机构委托对工程经济纠纷进行鉴定。

（5）与工程造价业务相关的其他业务等。

多年来，工程造价咨询专业积蓄了较为雄厚的技术力量，参与了《水电建筑工程预算定额》、《水电建筑工程概算定额》、《水电设备安装工程概算定额》、《水力发电设备检修工程预算定额（东北地区）》、水电行业设计概（估）算编制办法等行业定额标准的编制。本着“技术为先，诚信为本”的经营理念和“公平、公正、客观、求实”的原则，先后承担和参与过津巴布韦瓦利水坝灌溉工程、老挝南立水电站、长江三峡水利枢纽、十三陵抽水蓄能电站、大朝山水电站、西龙池抽水蓄能电站等大中型水利水电工程及项目的造价咨询、评估和审核，以及多项公路交通工程的造价咨询业务。

（摘自中国水力发电工程学会
《改革开放三十年的中国水电》）

改革开放30年中国水电顾问集团华东勘测设计研究院的发展进步

2008年是我国改革开放30周年，也是中国水电顾问集团华东勘测设计研究院（以下简称华东院）在杭州恢复重建30周年。胡锦涛总书记在党的十七大报告中指出：“改革开放是决定当代中国命运的关键抉择，是发展中国特色社会主义、实现中华民族伟大复兴的必由之路。”华东勘测设计研究院前身为上海勘测设计院，是我国最早一批成立的水利水电勘测设计究，“文革”中被撤销下放。粉碎“四人帮”以后，为了加快华东地区水口等一批水电站的建设，1978年5月在杭州恢复重建。改革开放以前，华东院是一个单纯从事水利水电规划、勘测、设计的传统设计院。经过改革开放以来30年的不断变革创新和建设发展，如今华东院已从传统设计院转变成为一个多专业、跨领域、综合性的现代勘测设计研究院。整体面貌发生了根本性的变化。

一、服务工程，奉献社会

改革开放以来，我国进入了社会主义现代化建设的新时期，各项事业都得到了蓬勃的发展，水电建设迎来了快速发展的春天，华东院在其中也作出了历史性的贡献。

20世纪80年代以后，华东院设计建设了紧水滩、沙溪口、水口、东津等水电站。其中紧水滩（300MW）成功设计了国内首创混凝土三心双曲变厚高拱坝，获全国优秀设计金奖。水口（1400MW）是华东地区最大水电站，是我国水电行业第一座全面利用世界银行贷款进行国际招标，实行项目法人制、招标合同制和建设监理制，具有众多技术创新和设计优化，被誉为全国同期在建百万千瓦级水电站的“五朵金花”之一，分别获全国优秀设计金奖和勘测银奖。20世纪90年代和21世纪，华东院设计建设了浙江温州珊溪（200MW）、宁波白溪、福建棉花滩（600MW，我院承担工程勘测）、沙溪流域的高砂、斑竹、竹洲，涌溪梯级、浙江青山殿、滩坑（600MW）等水电站或水利枢纽，不仅具有发电效益，而且还有供水、灌溉、航运、防洪、旅游等显著的经济、社会和生态综合效益；其中棉花滩、珊溪、白溪分别获国家鲁班奖、国家优质工程银奖和国家优秀设计银奖。最近投产的浙江滩坑电站，将为当地贫困地区人民脱贫创造十分有利条件。

华东院是国内最早开展抽水蓄能电站开发研究的单位之一，20世纪70年代初即参与华东电网抽水蓄能电站建设必要性研究。改革开放以后，20世纪80年代全面开展了华东地区抽水蓄能电站站址普查及选点规划，开展了天荒坪、小乌龙山、舜皇山、枫香岭、双峰、桐柏、响水涧（勘测部分）、宜兴、东阳等一大批抽水蓄能电站的前期工作。20世纪90年代，承担设计和监理的天荒坪抽水蓄能电站，其单站装机容量1800MW，为亚洲和中国最大。天荒坪抽水蓄能电站的成功设计和建成发电，对华东地区各省乃至全国起到了示范和启迪作用，也为当地的经济社会发展，特别是旅游事业起到了有力的推动作用。天荒坪蓄能电站获全国优秀工程设计和勘测双金奖。至今华东院承担勘测设计的已建和在建百万千瓦级大型抽水蓄能电站有7座，包括浙江桐柏（1200MW）、山东泰安（1000MW）、江苏宜兴（1000MW）、河南宝泉（1200MW）、安徽响水涧（1000MW）、福建仙游（1200MW），其中前4座均已投产发电，浙江桐柏获中国电力优质工程一等奖。抽水蓄能电站勘测设计和监理已经成为华东院重要的核心技术和知名品牌。

早在20世纪60年代，华东院的前身上海勘测设计院，就积极投入了祖国西部水电开发，承担了中国西部不可多得的水电富矿——雅砻江大河湾开发方案和锦屏电站的勘测设计，后因“文革”而中断。改革开放以后，20世纪80年代末到90年代，华东院第二代锦屏人，再次进入锦屏山和雅砻江，开展了锦屏二级电站预可行性研究设计，通过大量的水文、地质测绘以及5km长探硐掘进和研究，基本上查清了锦屏二级电站设计中涉及的岩溶与地下水、岩爆、地温、有害气体、主要断裂构造等五大问题，并培育形成了“艰苦创业，无私奉献”的锦屏精神。进入21世纪，为响应党中央提出的西部大开发、西电东送的重大战略，华东院人以先辈们不畏艰险、百折不挠的精神，继续积极推进锦屏二级（4800MW）这个具有深埋长隧洞世界级难题项目的勘测设计。现在锦屏工程正在抓紧施工建设。创造多项世界纪录的两条锦屏山交通隧道（长度17.5km，最大埋深2375m）于2008年8月8日胜利贯通，标志着华东院人的“锦屏梦”终于变成了现实。20世纪90年代，华东院就开展了白鹤滩的前期工作。21世纪初，华东院自筹资金，垫资开展白鹤滩预可行性研究。2002年初，华东院再次中标金沙江白鹤滩水电站（14000MW）勘测设计，它是我国装机规模仅次于三峡的千万千瓦级巨型水电工程，是我国实施西电东送战略的重大骨干工程，目前正在抓紧进行可行性研究设计。承担锦屏二级和白鹤滩水电站的勘测设计，标志着华东院在水电水利领域开始向世界领先水平冲击。

改革开放30年来，华东院先后承担了国内外共100余项大中型水电水利工程的规划、勘测和设计，已建成投产与在建的有54座，总装机规模1862.43余万千瓦，为社会与经济发展作出了巨大贡献。

改革开放以后，随着国家基本建设体制改革的深入，华东院明确提出，设计院不仅要做工程勘测设计，出图纸，而且一要向前延伸为政府和业主当好参谋，搞好技术咨询，为政府和业主项目决策服务；二要向后延伸发挥设计在基本建设中的主导作用，开展工程建设监理、设计监理、设备成套、工程总承包和项目管理，向国际工程公司方向逐步迈进。

20世纪80年代，作为全国首批12家具有甲级工程咨询资格的试点单位，华东院与美国MKE咨询公司合作，承担了水口水电站的工程咨询及部分建设监理工作，得到世界银行的肯定和好评。1986年10月，世界银行中国局电函华东院，正式确认华东院在其贷款项目上的设计、咨询和建设监理的能力、资格和权力。20多年来，华东院先后承担了内蒙古河套总排干工程、引大入秦、湖南江垭等20多个利用世界银行或亚洲开发银行贷款、日本海外协力基金、奥地利政府贷款、科威特政府贷款项目的部分或全部勘测设计、工程咨询和建设监理工作。这些项目工程投资外资部分已超过20亿美元。

20世纪80年代，华东院承担了国内第一个以设计为龙头的水电工程总承包项目——浙江石塘水电站主体工程总承包（78MW），有效控制了投资，保证了质量，得到了国家计委的好评（获全国优秀设计铜奖）；承担了福建沙溪口水库青州纸厂防护堤工程总承包；90年代末又承担了华东院华科楼三幢分别为21、25、29层的住宅楼（总建筑面积为4.2万m^2，总投资8300万元）总承包，三墩综合楼（总建筑面积3046m^2）总承包。在工程建设管理领域，华东院已完成与正在进行的建设监理、项目代理及总承包项目达100余项，其中包括三峡、龙滩、小湾、水布垭等著名工程与天荒坪、桐柏、宜兴、琅琊山、西龙池等多座百万千瓦级抽水蓄能电站的建设监理。华东院还是系统内最早承担设计监理的单位之一，先后承担了太湖太浦河泵站工程设计监理、广西百色水利枢纽工程设计监理和安徽琅琊山抽水蓄能电站设计监理等。近10年来，华东院成功开展了设备成套业务，涉及水电站、输变电所、城市防洪、电站计算机监控和远程管理系统、大坝监测等领域。

华东院涉足海外设计较早。改革开放后，华东院努力开拓国外水电市场，积极开展国际交流与合作。20世纪80年代承担并圆满完成了援建赤道几内亚毕科莫（3.2MW）和塞拉里昂哥马水电站（4MW）等勘测设计。20世纪90年代，承担并圆满完成了伊朗亚苏兹（20MW）水电站的勘测设计任务。21世纪，华东院成功抓住了越南水电大开发的机遇，初步在越南打开了局面，继赢得宣光咨询合同后，又签订了广治和邦古等多个项目的勘测设计咨询合同。中标了越南广治水电站与Se San4水电站机电设备成套、越南最大的山罗水电站金属结构设备成套业务。华东院的海外业务已涉足亚洲、欧洲、非洲、南美洲等十几个国家。

早在20世纪50～60年代，华东院前身原上海院就开始潮汐能利用的研究。改革开放以后，1980年初建成的由华东院设计的浙江江厦潮汐试验电站（3.2MW），获国家“六五”科技攻关奖、国家科技进步二等奖，其技术水平和规模在当今世界上仍位居前茅。作为20世纪的大事，已载入北京中华世纪坛。华东院还对我国东南沿海潮汐能进行了资源普查，其中浙江健跳港、福建百尺门两座潮汐电站开展了前期工作。2003年华东院承接并完成了韩国首尔Sihwa Lake潮汐电站的开发权投标设计。

华东院于20世纪90年代开始从事风力发电的研究，1995年获国家计委批准的甲级风力发电工程设计咨询资格证书；1997年开始，相继设计建成了浙江括苍山、鹤顶山、慈溪、衢山、华能长岛、江苏如东一期（单机容量2.0MW）、二期（总装机容量100MW）、东凌、东台、湖北九宫山、三门峡黄河等一批风电场，总装机容量达743MW；目前在建风电场940MW，承担的前期勘测设计风电场总装机容量超过5000MW；足迹涉及华东、华中、华北、华南等九个省区市的风电场设计，还开展了浙江岱山、江苏如东、响水等近海风电的开发研究。这标志着华东院的风电开发已步入了快速发展阶段。

经过改革开放30年的努力，华东院已成为在水电水利和可再生新能源工程、城市和环境工程、大坝与基础设施安全工程等领域，为工程项目提供规划、勘测、设计、咨询、监理、设备成套、工程总承包和建设项目管理全过程技术和管理服务的综合勘测设计研究院，并正在向国际工程公司方向迈进。2007年，华东院完成营业收入7.9亿元（改革开放前，华东院的事业费每年大约1000万元），实现利润2835万元。充分说明改革开放让华东院在为社会作出奉献、取得显著社会效益的同时，自身的经济效益也有了显著增强，整体功能和综合实力有了很大提高。

二、科技进步和信息化技术

改革开放以来，邓小平同志多次指出，科学技术是生产力，而且是第一生产力。推进科技进步，不断进行科技创新，是提高企业技术水平，创建企业品牌，赢得市场，实现持续发展的根本保证。

为了更好承担起水电开发重任，开展高质量高水平勘测设计，华东院把科技进步与技术创新提到了新的高度，相继制定了一系列科技发展规划。进入21世纪，华东院把科技创新列为六大发展战略之一，制定了《华东院科技发展规划》，召开了两次科技工作会议，进一步明确了院科技发展的目标、指导思想、发展规划和主要措施。

经过坚持不懈的艰苦努力与工程实践，改革开放30年来，华东院在推进科技进步与技术创新方面，做了大量工作，取得了丰硕成果。1984年，为贯彻中央领导同志关于电力建设一定要降低造价，选择最优方案，缩短建设周期，做好第二篇文章的重要批示，华东院制定和提出了《贯彻胡耀邦同志批示精神，提高勘测设计水平，保证质量、降低造价、缩短工期的措施和意见》，先后对石塘、紧水滩、沙溪口、东津、水口等工程进行了降低造价、缩短工期、优化设计方案的论证修改工作。在保证质量的前提下，通过设计优化，石塘、紧水滩、东津三工程的设计概算总共降低1.4亿元。

紧水滩作为我国第一座百米以上三心双曲变厚高薄拱坝，其勘测设计有许多特点：枢纽布置紧凑、合理；坝型新颖、经济，为国内高拱坝中首次采用，节约混凝土4万m^3、开挖3.2万m^3；坝后引水管布置6条钢管采用不同空间转角进厂，下弯管均设有适应轴向位移又能转动的套管伸缩节，国内尚无先例；坝肩稳定分析首次提出失稳滑型分析和计算方法，并用三维非线性有限元与整体地质力学模型进行验证补充，研究了变形稳定与坝体基础共同作用下的破坏机理，计算方法独特，处理设计巧妙；通过坝轴线下移和枢纽布置、泄洪建筑物布置和永久航运过坝等设计优化，扩大装机容量 10 万 kW，节约投资，增容调峰，设计相当成功。

水口勘测设计，积极采用新技术、新材料、新工艺、新设备，进行了大量技术创新和设计优化。工程的初步设计获 1983 年水电部创优设计奖。电站开工后，为了提高建设速度和效益，对技施设计进一步优化，如在预应力闸墩设计中采用正交优化；二期导流主围堰应用土工膜防渗；压力钢管设置弹性垫层；采用纵缝不灌浆技术；溢流坝弧形闸门采用接力式液压启闭机；坝体和纵向围堰采用碾压混凝土技术，坝体基础块混凝土外掺 MgO 技术；水轮机是当时世界单机容量最大的高水头轴流转桨式水轮机；安装有世界第三，国内第一的推力负荷为41 000kN的大型推力轴承等。二期导流工程设计获 1991 年国家优秀设计银质奖。其 2×500t 一线三级高水头船闸和 2×500t 大型垂直升船机设计，在技术上国内领先，为三峡积累了经验，升船机设计获国家科技进步二等奖。

天荒坪抽水蓄能电站勘测设计，瞄准世界同类工程先进水平，取得了一系列科技进步成果。如，上水库主副坝充分利用高含水量、低天然容重的全风化土筑坝，解决了上水库筑坝材料短缺的问题；下水库选择面板堆石坝，利用开挖渣料筑坝，使弃渣变废为宝，还节约了弃渣场地，一举两得；利用围岩工程地质条件好、地应力高等有利因素，上游输水系统（斜井和岔管）选择钢筋混凝土衬砌，岔管承受的最大静水压力为 680m 水头，动水压力为 887m 水头，居全国首位；攻克了高水头、大容量抽水蓄能机组参数与结构选择难关，保证了电站的安全经济运行，也为国家“八五”重大科研攻关项目“大型抽水蓄能机组参数选择”作出了贡献；在满足可靠性和运行灵活性的前提下，500kV 电压侧选用了不完全的单母线三分段接线，优化了主接线设计，进一步降低了机电设备的投资。其他蓄能电站如桐柏坝身溢流设施设计、泰安上库土工膜防渗设计、宜兴地下厂房柔性支护设计等在技术上都是相当成功的。

锦屏二级勘测设计，经过华东院几代人前后 40 年的奋斗，尤其是通过 5km 长隧洞的掘进及相应的地勘和测试，特别近 5 年两条单洞长 17.5km 交通隧洞的勘测设计和施工现场服务，在锦屏山大断层的鉴别，岩溶水文地质研究及超前预报，隧洞快速施工及超高压大流量地下水、岩爆问题的研究等方面均取得重大进展，取得了在引水隧洞埋藏深、洞径大、洞线长、地应力高、外水压力大、施工期有突发涌水等具有世界级技术难题水电站的工程勘测设计经验。

华东院从 1985 年就开始混凝土面板堆石坝的设计与研究。截至目前，华东院设计的已建和在建的面板坝共有 8 座，其中 100m 以上高坝 4 座，在解决关键技术问题上取得了丰硕的成果。近年设计建成的珊溪水库工程（坝高 132.5m）、白溪水库工程（坝高 124.4m）和滩坑水电站（坝高 162m），其面板坝均建在河床深覆盖层上。珊溪面板坝在深厚覆盖层处理、面板防裂、坝体、坝基、厂房和溢洪设施设计方面采用了多项优化措施。结合珊溪、滩坑工程实践，获得了两项专利。白溪面板坝首次将聚丙烯纤维混凝土成功应用于大坝二期面板，填补了国内此项技术应用方面的空白；采用“坝体临时断面挡水渡汛”，缩短了工期。招标设计阶段，调整坝轴线及溢洪道轴线，减少坝体填筑 20 万 m^3 和溢洪道开挖 50 万 m^3；将“引水钢岔管改为钢筋混凝土岔管”；三项设计优化减少工程投资 1000 多万元。

改革开放以来，华东院还在灯泡贯流式机组和厂房设计；过坝船闸和升船机设计；液压启闭机设备、浮动式检修闸门、大型翻板闸门设计；大型地下工程设计；环境保护和水电站移民设计；沥青混凝土防渗技术；土工膜防渗技术；高边坡防护处理；Hw、Lw、Sr 等工程防水材料、补强加固材料、HK 水下材料、PBM 聚合物混凝土和 SXM 水下快速密封剂等新材料的研制、开发和生产及工程应用等方面，开展了深入研究，取得了丰硕的技术成果和工程经验。改革开放以来先后获国家和省部级科技成果奖 244 项，其中国家级科技进步和全国优秀勘测设计奖 24 项，省部级 220 项；发明和实用专利 43 项。

改革开放以来，华东院十分注重技术设备更新和信息化技术应用，以信息化带动技术现代化，以先进的技术装备推进科技创新。早在 20 世纪 80 年代，就从美国引进了 VAX-11/750 型计算机和 APOLLO-CAD 工作站，购买了一大批微机和 CAD 外部设备。1995 年，引进大型 Alpha8200 和 2100 超级小型服务器后，院内网络系统建设开始起步，首先开通了内部局域网，建立了公文交换系统和拨号访问服务器。2001 年，院内网络系统全面改造，与有关软件公司合作开发了 OA/CIMS 系统，形成计算机网络设计管理、图档管理、办公自动化三大应用系统，基本实现了企业管理信息化。华东院还利用网络和通信技术为项目管理、现场设代和出差员工建立了远程应用平台，使院设计和管理人员在任何地方都可以双向查询各种信息，实现了数据共享和远程管理，实时、同步、优质、高效地完成工作任务。2008 年，华东院综合管理信息系统获全国优秀计算机软件银质奖。全院 CAD 出图率达到 100%，近几年三维 CAD 开发设计也取得了丰硕成果。

三、人才培养和职工队伍建设

20世纪80～90年代，积极开展青工“双补”、技术等级培训和学历教育，紧密结合生产工作实际开展继续教育，不断加强岗位培训工作。进入21世纪，华东院进一步加大了人才培养和职工队伍建设的力度，把人力资源开发、骨干人才培养和先进团队建设提到了新的战略高度；开展了一系列的培训工作，举办现代企业管理理论的学习讲座463期，参加人次达7683人·次；结合科技创新和工程实际需求，举办各类技术业务培养讲座610期，参加人次达11 164人·次。特别是近几年，通过实施绩效管理，完善体制机制，落实技术带头人、青年岗位能手评选，青年员工职业生涯导航制度，提出培养“百名青年技术带头人和百名青年岗位能手”三年目标，开展“定标达优、对标超越”，建设优秀团队活动等，人才培养和职工队伍建设有了进一步落实和提高。2006年，建立了博士后工作站。

改革开放以来，员工队伍素质不断提高，结构日趋合理。目前拥有2000多名职工，其中国家级设计大师1名，享受国务院特殊津贴专家17名，高级技术人员520名，持有国家注册一、二级注册建筑师、结构工程师，城市规划师、监理工程师，造价工程师和会计师等各类执业资格的有660人·次。各类技术和管理带头人84名，青年岗位能手76名。全院被评为全国和省部级先进模范人物达147人·次。

四、根本动力和主要经验体会（略）

改革开放以来，经过华东院人的集体奋斗和不懈努力，华东院取得了不少荣誉。自20世纪90年代起，华东院一直是全国勘察设计单位综合实力百强单位、省市文明单位。2002年被评为全国电力系统双文明单位标兵。2003年起一直是国家和省市AAA“守合同重信用”单位。2006年以后获全国电力行业质量管理奖，浙江省、全国电力行业和全国实施卓越绩效模式先进企业，全国模范职工之家，“十五”全国建筑业技术创新先进企业、全国国有企业创建“四好”领导班子先进集体等荣誉。

（摘自中国水力发电工程学会
《改革开放三十年的中国水电》）

中国水电顾问集团西北勘测设计研究院在改革中发展在实践中提高

中国水电顾问集团西北勘测设计研究院（以下简称西北院）的建制始于1950年，主要任务是开展西北地区水利资源勘查工作。随着国家经济建设和水电水资源开发工作的需要，水利水电行业各部门随之发展变革，到1968年西北院各类人员2031人，拥有固定资产850万元。具备承担水电工程勘测设计任务的能力，形成了“艰苦创业、团结协作、无私奉献”的时代精神。由于历史原因，1969年11月12日西北院被撤销，人员下放。尽管如此，西北院人仍然在不同岗位上为国家水电事业发展的努力工作。从建院到改革开放前，先后完成了西北地区黄河流域开发规划基础资料的收集及大小10余条河流水资源普查工作；完成了盐锅峡、青铜峡、刘家峡、八盘峡、碧口、石泉、石门等大中型水电站工程建设的勘测设计任务，累计装机容量2505MW；完成小型水电站工程9座，累计容量48.08MW。约占中国当时已建水电装机容量19 110MW的13.36%，创造了水电建设的时代辉煌，代表着当时行业重力坝、土石坝、薄拱坝勘测设计技术前沿水平。党的十一届三中全会后，为适应国家建设需要，1979年1月恢复建院，西北院人迎来了第二个春天。

一、事业发展概况

重建后的西北院在改革开放30年来，通过企业建制、完善机构、改革调整、整顿提高，由服从国家指令计划的事业型生产单位逐步成为自主经营、自负盈亏的生产经营型企业，从探索、适应、开拓市场转轨变形为工程建设市场的法人主体。通过借鉴学习、相互交流、实践探索、潜心研究、不断创新，勘测设计科研技术逐步走向成熟，跻身于国家百强设计企业行列。生产组织管理在计划管理的基础上探索技术经济承包责任制，逐步向以项目为中心的现代管理模式转变。在生产生活设施建设方面，从设施简陋、人员分散、条件艰苦到重建家园、安居乐业，生产生活设施不断扩大、劳动手段逐步现代化、科学化、信息化，劳动生产率大幅度提高。遵循“一业为主、两头延伸、多种经营”原则拓展业务功能，在水电工程勘测设计科研基础上，在土木工程、岩土工程施工、工程建设管理、工程总承包、风力发电等业务领域拓展，逐步发展成为综合型甲级设计企业，连续多年居国家百强勘测设计企业之列，2007年获国家级文明单位。通过各种形式招贤纳士、选调人员，减员增效等措施优化职工队伍结构，员工从重建初期3088人减少到目前的2060人，干部员工年龄、文化、知识结构不断优化，为优质高效完成各时期承担的生产任务提供了人力资源保障。遵循“立足西北，面向全国，开拓海外”的方针，业务市场从西北拓展到全国，逐步走向国际市场。在水电工程建设中，先后完成了黄河上游等20条河流水电开发规划补充规划设计，完成已建水电工程项目（装机容量50MW以上）18项，累计装机容量8004MW。企业生产力得到空前发展，全院年营业收入从1979年870万元增加到2007年9.1亿元；劳动生产率大幅度提升，人均劳动生产率从1985年4270元达到44万元。通过增收节支，逐步积累，更新技术装备、扩大生产规模，经济实力不断壮大，资产规模从1979年的1583万元增加到8.45亿元，固定资产由1979年701.6万元增加到目前2.76亿元，市场经营成效显著，业务范围逐步拓展，年营业收入持续增长，企业抵御市场经济风险的能力日益增强。本着物质文明和精神文明全面发展的原则，奉行“拼搏奉献，争创一流、信誉为本、院兴我荣”的企业精神，以“真诚、精心、规范、守信”为职业道德规范，塑造企业文化，得到市场认可，赢得了社会的赞誉。总之企业在以工程建设为依托的发展历程中，对社会和行业作出贡献的同时，企业自身在工程技术、组织管理、经济效益诸方面取得了辉煌的成就。

二、企业要素全面发展

（一）管理体制不断改革

1983年以前，生产任务由上级下达，经济上实行预算包干、节余分成。1984年，推行事业单位企业管理制，逐步向自主经营、自负盈亏的生产经营型企业实体过渡。1992年以后，拥有自主经营管理权，按照市场规则运营并承担相应的社会职责。1996年以后，以独立法人实体地位依法自主经营，全面接受市场洗礼。

（二）组织机构适时调整

在恢复建院初期，组织机构主要包括党、政、工管理，生产经营、人事财务、行政后勤、技术业务职能管理，专业生产部门三大块。生产部门按业务分工设勘测、设计、科研机构。其中设计业务按规划、水工、机电、施工四大专业设置；勘测机构包括测量、地质勘探、物探、水文队四大业务室；科研机构主要设水工、材料、岩土三个专业室。

随着业务功能和市场范围的拓展，现行的组织关系为设在西安的企业总部（含设计业务）、科研试验研究分院和西北水电咨询公司，兰州的工程勘察分院、水电公司（主要承担勘探、岩土施工）。专业生产单元不断扩展：原规划专业逐步变为规划、水库环保、风电与新能源等三个单元，水工按专业分为坝工、泄水、厂房、海外等四个生产单元，施工发展为施工、建筑、造价、路桥四个生产单元，工程勘察划分为专司水电或其他土木工程的两个专业机构，组建了专业的工程建设管理中心。

（三）管理模式持续改进

生产管理的主要变化是：1981年实行预算包干，按项目管理，节余留成的办法运作。1983年实行内部经济承包。1984年国家提出设计改革的方向是走企业化、社会化的道路，西北院开始试行技术经济责任制，经营管理按院部、勘测总队和科研所三大块，实行“自主经营、独立核准、自负盈亏”。这一管理模式在较长时间执行，调动了职工的积极性，一定程度上缓解了生产的紧张程度。随着市场经济的活跃，2002年推行以项目管理为中心、质量管理为核心，以专业管理为基础，按矩阵式管理模式组织生产；并制定了“设计工作工日定额”，“勘测设计项目管理办法”及各项管理办法和规定，促进生产计划管理规范化操作。2005年之后，以进度、质量和技术水平三大要素作为生产管理的重点，在对项目部、专业分院之间分工职责明确的基础上，强调彼此之间的相互协作，同时加强专业基础建设，启动并实施生产信息管理系统，运用先进技术手段辅助生产，强化质量管理，以全面提高生产组织管理的水平和效率。

（四）生产设施及技术装备逐步改善

1985年在西安市建成了自己的设计科研生产生活基地，设计办公场所建筑面积13 127m^2，科研办公场所建筑面积4004m^2，初步解决了西北院设计科研机构散布西安各地，人员住旅馆租民宅的问题。1985年以后，又先后在兰州、刘家峡建设勘测基地，同时扩大西安基地规模，截至1996年，全院共建成西安基地各类建筑、构筑建筑面积86 918m^2，兰州、刘家峡勘测基地各类生活建筑构筑面积74 078m^2，员工教育基地建筑面积2686m^2。基本结束了企业基地遍布西北五省各地的历史。1996年以后，在西安、兰州等基地，陆续建设设计、科研勘测办公大楼，设计办公楼建筑面积20 000m^2，勘测基地建筑面积12 000m^2。2008年动工扩建设计办公大楼，建筑面积约26 000m^2。

改革开放30年来，企业生产设施持续改善，技术装备水平不断提高。设计逐步实现了计算机辅助设计，测绘用上全站仪、GPS全球定位系统、录摄仪等设备；钻探设备、运输装备数量增加性能提高；通信设施不断完善。

（五）计算机应用及信息化建设

20世纪80年代，根据工程设计需要配置VAX机，逐步引进了10多个大型通用程序，并开发了一些在工程分析计算中小型专用程序。1987年购入CALMA—Apollo图形工作站，逐渐深入到包括方案设计、解析计算、优化评估与施工详图设计的CAD领域。20世纪90年代，先后引进了一批具有前后处理功能的微机版通用及专用软件，通过开发应用，

2000年全院设计图纸CAD出图率达到100%，2006年底，全院计算机数值计算率基本达到100%。

信息系统的建设取得了突飞猛进的发展，至今已基本形成了以大型数据库为基础、以计算机网络为支撑、以工程信息管理为核心，使行政管理、设计管理初步实现一体化的集成应用系统，并逐步向决策支持系统发展。截至目前，综合办公管理、计划经营管理、技术质量管理管理信息系统投入全面运行。

（六）队伍结构不断优化

30年来，职工队伍建设和人才培养取得了显著的成效。建院初期到1984年，人员数量到达3529人，专业人员比例较低，人员知识结构与承担的任务不相适应。为使员工素质与企业生产活动相适应，采取了源头控制、工程实践锻炼、在职专业培训、招收大中专毕业生等方式增加新生力量，通过各种途径减员增效，不断调整人员结构。从20世纪90年代，随着劳动工具改善，人员数量迅速下降，目前企业员工数量2060人，管理人员387人，技术人员1125人，其中：教授级高级工程师132人，高级职称543人，中级职称402人，初级职称318人，技术工人603人。具有各类注册执业资格人员337人，岗位资格462人。

（七）市场开拓成效显著

改革开放以后，在业务市场开拓方面遵循下列基本宗旨。以工程勘测设计为基础，向工程咨询、工程施工、工程总承包方向发展；在工程勘测设计业务上立足水电，向其他能源行业、土木工程建设行业发展；在市场范围上立足西北，面向西南，开拓海外。按照上述原则，先后在开拓水电工程建设监理，风力发电设计市场，土木建筑工程勘测设计市场，工程总承包市场，国际水电工程建设市场放面作出了巨大的努力。

1992年开始，承揽工程建设监理业务，截至目前，以完成全国大中型水电建设工程监理25项，正在承担的大中型水电工程项目23项，其中以长江三峡，澜沧江小湾，岷江紫平铺等项目监理，代表了我院监理工作的现代水平。

1994年开始，探索风力发电勘测设计业务，1997年开始承担甘肃玉门风电场勘测设计，2003年承担宁夏贺兰山风电场设计工作，截至目前，风电设计业务遍及西北、华中西南、东北等12个省区，承担的各个阶段的风电场勘测设计咨询项目100余项，装机容量6000MW；在建项目10余项，装机容量800MW；投产发电的项目10余项，装机容量600MW。名列全国风电勘测设计行业前列。

1987年开始涉足国际工程市场，先后承担了叙利亚迪什林、伊朗塔里干、马来西亚巴贡、巴基斯坦阿莱瓦等10余项水利电力工程项目勘测设计任务，截至2008年6月，已签约项目达21个，累计承担的国际水电工程装机容量达432.5万kW，项目的合同总额达4.429亿元人民币。

三、企业综合实力增强

西北院通过改革开放30年的不断发展，企业规模、技术实力、经济实力、社会信誉、技术装备、管理水平及技术创新等方面竞争实力不断增强，企业年“勘察设计收入”或“营业税金及附加”两项经营指标近5年连续在全国勘察设计企业名列100名之内，完成多项已建水利水电大型工程项目，具有专利或专有技术，获奖工程，主编、参编国家或行业工程建设标准规范，具备完善的管理体系和制度。在工程建设方中创造了辉煌的业绩，履行了企业的社会职责，作出了相应的贡献。

（一）技术水平不断提高

30年来，在工程勘测设计技术方面本着“探索、实践、积累、提高”的宗旨，在不同的发展时期，采用最新的科研成果和新技术完成工程勘测设计，以技术创新带动设计优化，不断积累工程勘测设计经验，提高企业技术水平，更好地为工程建设事业服务。

在水电工程建设中，完成了黄河上游青铜峡以上河段、汉江上游、白龙江流域以及新疆、西藏等地区20多条河流的查勘、水电开发规划和勘测设计工作。参与和组织完成了西北地区水资源第二次、第三次全面普查。先后完成了黄河上游、白龙江、嘉陵江、西藏尼洋河等20条河流水电开发规划补充规划设计，累计装机容量30 236MW。正在进行规划项目3项，累计装机容量36 551MW；正在进行（前期）勘测设计的30项水电工程项目，累计装机容量23 118MW；已经完成（前期）勘测设计的项水电工程项目4项，累计装机容量652MW。在建水电工程26项，勘测设计装机容量10 899MW；已建水电工程项目（装机容量50MW以上）18项，累计装机容量8004MW；已建水电工程项目（装机容量50MW以下）18项，累计装机容量284MW。从新中国成立以来，截至2007年完成已建水电工程累计装机容量10 841MW，占全国总装机容量的8.3%。

在水电资源开发方面成效显著，首先是对国家十三大水电基地之一的黄河上游水电资源的开发规划和工程建设勘测设计，为工程建设提供了技术保障。30年来，黄河龙羊峡至青铜峡河段，除黑山峡河段开发宕延外，其余梯级电站按照规划方案，基本得到开发利用。黄河上游水电资源开发利用，不仅对治理黄河，发挥水利资源的发电、防洪、灌溉、拦沙、供水等综合利用效益起到巨大的作用，同时给青海、甘肃地区经济发展及西电东送工程提供了电力容量和能量保障，而且对改善西北电网能源结构、保证供电质量创造了良好条件。宝珠寺、紫兰坝、察汗乌苏等水电站的建设，满足了四川川北、新疆阿尔泰地区经济发展对电力能源的需求。

在极其复杂的地质环境下，设计建成了当时国内库容最大、坝高最大、单机容量最大的龙羊峡水电站，共取得了20多项工程设计和科研成果，积累了丰富的工程经验。受到了国内外同行专家的称赞。

结合李家峡水电站工程，在双排机枢纽布置、拱坝坝基处理、高边坡处理等方面的研究取得重大突破，设计建成了我国第一座双排机厂房布置型式的水电站，单机容量和总装机容量均居世界第一，也使我国在大型水电站厂房双排机布置、狭窄河谷高边坡处理、拱坝坝基处理等方面的技术水平走在了世界前列，设计和科研成果获得各类奖项19项。结合宝珠寺水电站工程，在重力坝厂坝联合结构型式、大流量泄洪布置与消能等方面创新，采用新技术、新材料、新工艺，代表着当时我国混凝土重力坝的设计水平，为我国水电建设提供了宝贵经验。

公伯峡、拉西瓦工程勘测设计积累了高水平的研究成果，在高混凝土面板坝、高拱坝设计方面走在了世界前列。《水平漩流消能关键技术研究》成果应用于公伯峡水电站工程，极大地减小了施工风险和改善运行工况；《高混凝土拱坝建基岩体力学综合研究》成果应用于拉西瓦工程坝基和高边坡岩体开挖；《拉西瓦新型水垫塘结构设计关键技术研究》提出了一种新型的水利水电工程水垫塘结构型式；《深覆盖层地基上混凝土面板堆石坝关键技术研究》成果解决了察汗乌苏、汉坪嘴等工程的关键技术问题。上述技术成果的研究与应用，为降低工程造价、缩短工期、保证质量提供了技术保障。《高强抗冲耐磨材料关键技术研究》、《750kV超高压技术在工程中的研究与应用》、《西北院工程造价管理系统》等成果填补了行业空白，是西北院拥有自主知识产权的技术创新成果；结合坝高205m的马来西亚巴贡面板坝开展的200m级高边坡处理、岸边溢洪道大流量泄洪研究成果，为工程设计提供了有利的支撑。

从1978年以来，共主编、参编规程规范、技术标准73项，其中主编42项，“十五”以来主编的规范约占50%。结合规范编制任务，在充分调研的基础上，与国内知名大专院校紧密合作，开展了大量的专题研究工作，大部分研究成果创新点突出，成果水平较高，为行业规范编制奠定了基础，使不同时期参与编制的技术标准都能代表国家、行业的技术发展水平，同时培养了一大批高精尖人才。作为主编单位完成的规程规范主要有《碾压式土石坝设计规范》、《水电站进水口设计规范》、《水工混凝土结构设计规范》、《水电站压力钢管设计规范》、《水电水利工程边坡设计规范》等。

30年来，共有252项水电勘测设计科研成果荣获国家及行业主管部门的奖励。其中国家勘测设计金奖4项，银奖5项，铜奖4项，龙羊峡、李家峡、刘家峡等水电站获国家金奖，宝珠寺、大峡、石泉等水电站的勘测、设计分别获国家银奖，韩城电厂边坡蠕滑应急治理等获国家铜奖。科技进步一等奖31项，二等奖60项。

通过工程勘测设计工作的实践，在工程勘测、规划、水工、机电、施工科研等专业积累了丰富的经验，为增强企业技术实力奠定了基础，为开拓国际水电市场赢得了声誉。

（二）经济实力迅速增强

1979年，通过清产核资，全院拥有资产总额1583万元，其中固定资产701.6万元。1985年，开始实行技术经济责任制，国家停止事业性拨款，资产总量3466.62万元，固定资产2457.04万元，其中房屋建筑物905.49万元，职工有了一定的办公和居住条件。1996年国家对企业开始实行资本金制度，1995年核定资产总量2.03亿元，固定资产原值10 387.9万元，其中国家资本8692.74万元，资产负债率57.1%，资产与资本的比率2.335。

2007年资产总额达84 486.35万元，是建院初期1979年的53倍，是1985年的24.5倍。固定资产原值27 568.37万元，是建院初期的10倍，其中房屋建筑物16 591.87万元。国有资本对放大约10倍。企业资金积累增加，抵御市场经济风险能力明显增强。

1985年推行技术经济责任制，企业自主经营，自负盈亏以来，企业累计营业收入48.2亿元，其中2000～2007年收入36亿元。1996～2007年，实现利润总额1.78亿元，其中2005～2007年3年期间实现利润累计1.46亿元。1979年全院工资总额321.7万元，人均年收入1137元，到1996年开始实行技术经济责任制时，工资总额2223.6万元，人均年收入8526元，每年工资年增长率10%。在1996年到2007年期间，累计工资总额10.02亿元，员工收入迅速提高，平均每年以24%的速度增长，尤其从2000～2005年期间，职工收入增速最快，每年以38%速度增长。收入增加，职工劳动积极性提高，队伍稳定，对社会和谐作出了贡献。

（三）社会价值充分体现

企业不断发展对社会的贡献主要体现在维护社会稳定、国有资产保值增值、水电资源开发等三个方面：

在企业持续发展的同时，正确处理国家、企业、职工三者的利益关系，认真履行企业的社会职责，生产经营活动中强调安全，注重工程设施安全、生产安全、职工职业健康安全和环境保护，教育员工树立安全、环保意识，多方面体现企业的价值。随着企业的兴旺发达，企业对劳动力资源需求上升，为社会劳动力创造了良好的就业机会和就业条件。30年来，企业在保证在职工安居乐业的基础上，平均每年向社会提供约50个就业岗位，既满足了企业对人才的需求，又解决了社会就业压力。目前企业外聘社会劳动力人员达1000余人。考虑离退职工曾为企业发展付出了无私的奉献，先后对3000多名离退休职工在精神、物质两个方面给予关照，安排部分职工家属子弟就业等。在实行社保政策后，企业对离退职工在医疗、生活等方面采取经济扶持，使大家都家都能体验到改革开放的成果，保证了一方平安，对维护社会稳定、构建和谐社会履行了企业的社会职责。

改革开放30年，全院累计实现营业收入48.2亿元，上缴国家利税2.85亿元，职工分配11.67亿元，资产增加8.29亿元，补偿离退休人员1.61亿元，上缴职工社保基金3.26亿元，科技投入2.55亿元。

企业通过依法经营发展经济，在维护国家利益，保证国有资产的保值增值，向国家缴纳各类税费的前提下，实现了企业在经济上的发展。30年来，通过员工拼搏奉献、企业逐步积累，扩大再生产等方式，使企业固定资产从1979年的701.6万元增长到2008年27 568万元。资产总量从1583万元增加到84 486.35万元。1996年国家对实行资本制度，通过清产核资核定资本总额8692.74万元，通过企业的发展，国家资本实现了放大。从1996年以来，累计向国家上缴各种利税26 562万元。

四、结语

回顾30年来的企业各阶段的发展过程，企业从组织治理结构、管理体制、业务发展、队伍建设、人才培养、经济效益、社会信誉、工程建设业绩、技术水平等方面取得了显著的成就。企业生产力水平在不断提升，企业功能不断拓展，综合实力不断增强。

企业发展壮大主要得益于经济体制的改革和内部经营机制的转换。改革开放后，国家提出“有计划的商品经济”、“建立现代企业制度”、“建立间接调控为主的宏观调控体系”、“建立以按劳分配为主体的分配体制”、“建立社会保障体制”、“科学发展观”、“以人为本”等一系列经济体制改革的政策。水电勘测设计行业的体制就是遵循这条主线逐步开展而不断取得进展的。

国家政治经济政策导向给水电产业迅速发展创造了良好的外部市场环境，企业生产关系尤其是劳动分配关系的不断调整对生产力发展产生强大促进作用；企业生产力要素尤其是技术装备的极大改善对提高勘测设计业生产效率，提高业务技术水平，保证产品质量的奠定了良好的条件；企业管理水平不断提高，带好人、理好财、管好物是企业持续发展的基础，是企业兴盛的直接动力。

几十年探索实践，几代人努力拼搏，铸造了“西北水电”技术品牌。西北院将奉行“真诚、精心、规范、守信”的职业道德规范，全面履行“让业主满意、让政府放心、让社会称赞”的服务承诺，努力打造技术领先、质量优良、管理先进的现代化工程咨询企业。

（摘自中国水力发电工程学会《改革开放三十年的中国水电》）

改革开放30年的中国水电顾问集团中南勘测设计研究院

一、概述

中国水电顾问集团中南勘测设计研究院（以下简称中南院）成立于1949年5月，其前身为原国民政府资源委员会全国水力发电工程总处华中勘测处，迄今已走过了近60年的历程。在近60年的风雨历程中，中南院一直坚持走水电勘测设计的主业发展之路，现已成为我国综合甲级资质的大中型水电水利和风电工程的骨干勘测设计企业，是国资委下属的中国水电工程顾问集团公司的全资子公司。

改革开放的30年，是我国水电改革开放发展的30年，也是中南院企业改革和生产经营获得很大发展的30年。

20世纪80年代初期，中南院还属于水电部直属事业单位，1981～1983年的收入分别为793万、788万、870万元。从1984年开始，试行事业单位企业化管理的改革，1984～1988年的年生产经营收入分别为1100万、1350万、1667万、1877万、1846万元。经过改革开放发展，2007年中南院的经营收入和资产总量均超过了10亿元，新签合同金额超过了15亿元。

（一）人员、机构、技术能力

中南院现有职工1818人，其中教授级高级工程师187人，高级工程师617人，工程师310人。拥有各类注册执业资格证书人员1200人·次。此外，外聘员工约1280人。

中南院培养出了王三一、罗绍基两位中国工程院院士，在国内水电科技界有着较大的影响力。中南院拥有一批国内外知名的专家和教授，有享受政府特殊津贴的专家14人。

1978年以来，中南院先后荣获省、部级以上奖励110项，其中国家奖29项。如乌江渡水电站荣获首届国家科技进步一等奖，乌江渡、东江和五强溪水电站均荣获国家优秀工程勘察金奖和优秀工程设计金奖，东风水电站获国家优秀工程设计金奖，云南五里冲水库荣获国家优秀工程勘察银奖和国家优秀工程设计银奖，井冈山水电站获国家优秀工程设计银奖。

中南院重视科技投入和人才培养，现在，每年科技投入数千万元，占营业收入的6%～7%；2007年中南院博士后流动工作站挂牌建立。

（二）企业发展目标

中南院根据中国水电工程顾问集团的发展战略和中南院企业实际，研究制定了企业的中长期发展战略，确定了“两型两化”的企业发展战略目标，两型即为“科技型、国际型”，两化为“现代化、多元化”。即再经过十年的奋斗，把中南院建设成为国内一流、国际知名的现代化、多元化、科技型、国际型的工程公司。

根据发展需要、国内水能资源、风能资源的分布特点和国际业务开发的格局，中南院制定了“西进、走出去、转型”的经营战略，经过努力和实践探索，目前已初见成效。

（三）主要资质

中南院专业门类齐全，技术力量雄厚，工程经验丰富，设备配置精良，拥有建设部首批颁发的包括工程设计、工程勘察、工程总承包、工程咨询、工程监理、工程造价咨询、环境影响评价等在内的综合性甲级资质证书。具有商务部对外承包工程经营资格证书，享有工程建设经济技术合作的直接对外经营权。通过了ISO 9001：2000标准质量体系认证和世界银行DACON信息中心的资格认证。目前正在开展质量环境职业健康安全整合管理体系认证工作。

（四）主要业务

中南院主要从事水电、风电工程规划与勘测设计，工程咨询、监理与监测，工程总承包与岩土工程施工，工民建和市政工程，投资开发等业务，有着良好的发展势头，并在国外承担了一些工程项目。

1. 水电、风电工程规划与勘测设计　中南院先后对国内18条河流进行了梯级开发规划，水电工程涉及国内十余个省区，总装机容量达6000万kW。其中装机容量大于30万kW的工程25座，水库库容大于1亿m^3的工程46座，坝高大于100m的工程23座。中南院承担勘测设计的水电站中，已建成30余座，总装机容量达700万kW；在建的有近20座，总装机容量超过2000万kW；待建的有近20座水电站，总装机容量超过1500万kW。中南院所承担抽水蓄能电站规划、设计和监理项目的总装机容量已超过1000万kW，主要有湖南黑麋峰、湖北白莲河、江苏溧阳等十余座抽水蓄能电站。风电设计是中南院近期开拓和发展的新业务领域。中南院已承担风电场规划装机容量超过300万kW，承担风电项目勘测设计装机容量约190万kW，主要分布在新疆、内蒙古、湖南、海南、江苏、山西等地。中标承担了目前国内最大的风电场内蒙古锡林郭勒盟辉腾梁风电场（30万kW）的勘测设计。

2. 工程咨询、监理与监测　中南院近20年来先后承担了监理项目近200项，监理项目遍及湖南、广东、广西、四川、云南等18个省（市）。包括三峡工程永久船闸、龙滩水电站和溪洛渡水电站的地下厂房、水布垭水电站和锦屏二级水电站的地下引水系统、广州和惠州抽水蓄能电站，以及长沙第二长途电信枢纽大厦、广州和深圳地铁工程等监理任务。中南院分别于1995年、2000年、2005年连续三次被建设部授予“全国先进监理单位”称号，多个项目监理部获得省、市先进荣誉。中南院派出专家为多个业主提供了70多项技术咨询服务，其中有23项获得国家和省级优秀工程咨询奖，包括越南的松春水电站设计咨询、班玮水电站监理咨询及重庆银盘水电站、深圳抽水蓄能水电站、湖北崔家营航电枢纽等工程咨询项目。

3. 工程总承包与岩土工程施工　中南院工程总承包业务开展得比较早，20世纪90年代初期就以总承包方式建成了湖南水凉塘水电站。近年来先后承担了湖南浦市防洪工程、里耶防洪工程、西风湖水库工程，重庆西酬水电站，山西神池风电场、江苏如东风电场等总承包工程，具备丰富的大型工程总承包的经验。此外，中南院在水库移民安置规划、环境工程、市政工程及工民建设计、水资源规划、水情自动测报和工程检测监测等业务领域得到了长足的发展，形成了自身的工程技术特色。

4. 工民建和市政工程　改革开放后，中南院在工民建和市政工程领域也有了大的突破，先后承担了泸溪新县城规划、市工人文化宫、郴州女排训练馆、田汉大剧院、地方的电力和水利防汛调度中心、湘江防洪堤、湘江景观带等近百项建筑工程设计和市政工程设计。

5. 投资发展　中南院依托水电、风电主业作了一些项目投资参股探索。现有湖南洪江和托口水电站、重庆西酬水电站、江苏溧阳抽水蓄能电站、江苏东凌风力发电场等项目，累计投资参股权益装机容量近30万kW。此外，中南院还自主投资兴建了中南博远大厦，总建筑面积超过6万m^2。

6. 国际工程 20世纪90年代后，中南院先后承担了土耳其卡拉乔伦B水电站机电成套设计供货及现场技术服务和管理、伊朗上哥特凡水电站可研和招标设计、伊朗卡尔赫水电站施工详图设计、伊朗马姆罗水电站和阿斯塔那水库工程招标设计、尼泊尔波迪科西水电站勘测设计工作。近几年，中南院加大了国际市场的开拓力度，承担并完成了埃塞俄比亚5所变电站的设计，尼泊尔西赛提水电站、柬埔寨基里隆1水电站、老挝芭莱水电站、老挝XEPONE水电站、缅甸哈吉水电站等的勘测设计，越南松春2水电站设计咨询，越南班伟水电站监理咨询等项目。2007年海外市场不断传来新的喜讯，新签合同2.99亿元，收入3875万元；相继签订了缅甸漂亮水电站机电设备成套设计合同、埃塞俄比亚FAN水电站设计合同、越南SREPOK 3水电站机电设备成套供货和技术服务项目合同、柬埔寨基里隆1水电站总承包合同、越南山萝水电站机电设备供货分包合同等。2008年元旦前后，中南院签订了合同金额达近60亿元的利比亚房建总承包合同和伊朗RUDBAR电站设计及技术服务合同。

（五）企业形象

中南院高度重视精神文明建设和质量信誉建设，建立了优良的社会形象和市场信誉。历年均入选“全国勘察设计综合实力百强”单位，获得或保持了“全国文明单位”、全国“守合同重信用”、“全国用户满意企业”、全国“实施卓越绩效模式先进企业”、中华全国总工会“模范职工之家”、“全国电力行业质量效益型先进企业”、“全国工程建设百强监理单位”、湖南省和原国家电力公司“文明单位”等荣誉称号。企业信用等级为AAA级，是湖南省纳税先进单位。2008年中南院荣获“全国五一劳动奖状”称号。

二、人才培养和职工队伍建设

中南院在激烈的市场竞争中求生存、求发展，坚持推行贯彻“以人为本，人才强院”的人才发展战略，把员工视为企业发展最重要的资源，把员工队伍建设放在企业内部建设的重要位置，把员工的特性作为企业管理的基础出发点，把满足员工的需求和发展愿景作为企业人力资源管理的价值和归宿。

紧密围绕院发展战略，制定了中南院教育培训“十五”规划。每年根据院各用人单位的需求计划，坚持公开、公平、择优录用的原则，制定人才引进的管理办法，通过多种途径和多形式吸纳优秀人才，并确保引进人才的质量。近三年来，共接收各类高校毕业生118人，其中研究生占43.2%。随着内培外引、政策保障的到位，员工结构发生了较大变化，在职员工总数不断下降，专业技术人员占员工总数的比例在70%以上。

为了引进高素质科技人才，进一步改善全院的人才结构，经国家人事部国人部发［2006］53号和湖南省人事厅湘人发［2006］82号文批准，先后与武汉大学和天津大学联合招收二名博士进站。中南院博士后科研工作站于2007年7月正式揭牌。

注重岗位人才培养，开展多种形式的培训，结合重点工程和重点科技开发项目与高校开展学历的继续教育。每年自行组织举办各类培训班均在12期左右，每年组织员工参加各类培训达1500人·次，每年保证教育经费按全院工资总额的1.5%提取，2006年、2007年教育培训经费达全院工资总额的1.9%和2%。

为加强各类执业资格的考试、考核、培训、注册的管理工作，规范执业人员的从业行为，确保各类资质能满足国家和上级规定的要求，鼓励员工参加全国各类执业资格的考试和考核认定，2007年出台了《中南院各类执业资格管理暂行办法》，对于取得院资质所需的全国各类（15类）个人执业资格人员，根据单位资质的需要，给予一次性奖励并实行执业资格月津贴。截至2007年12月底，中南院现拥有全国各类注册、水利部、电力工业部（国电公司）等各类个人执业资质人员约人1017人·次，2008年3月26日首批取得了住房和城乡建设部核发的工程设计综合资质甲级资质证书。

三、科技开发与应用

（一）科技进步

在近60年的奋斗与发展历程中，中南院科技实力不断增强，取得了辉煌的科技成就，荣获了11项国家科技进步奖、7项国家勘测设计金奖、3项银奖，100余项省部级以上科技奖。

1. 乌江渡水电站

建成于1982年的乌江渡水电站是国内在岩溶地区兴建的大型水电站（坝高165m的拱形重力坝、全封闭坝后厂房装机容量63万kW）。该电站的建成，从实践上证明，勘测设计成功地解决了在岩溶地区兴建水电站，特别是建设高坝大库的岩溶地区勘探、水库防渗处理、高深峡谷的枢纽布置、高水头大流量[单宽流量达240m^3/(s·m)]泄洪消能等一系列技术难题；勘察、设计均获国家“金奖”，首届国家科技进步一等奖。

2. 东江水电站

建成于1991年的东江水电站装机容量50万kW，其双曲薄拱坝高157m，首次在国内采用的坝后背管以及滑雪式溢洪道窄缝挑流消能工都具有特色；勘察、设计均获国家“金奖”。湖南东江水电站双曲拱坝坝后背管的设计与施工荣获1992年度国家科技进步三等奖。

3. 五强溪水电站

建成于1996年的五强溪水电站装机容量120万kW，以通仓薄层浇筑的混凝土重力坝（高87.5m）、大直径下游坝面背管、大单宽流量［大于200 m^3/(s·m)］“宽尾墩—底孔—消力池”的新型联合消能工以及单线三级船闸（总跨越水头60.9m，单级输水水头42.5m）著称于国内；勘察、设计均获国家金奖。五强溪水电站新设计、新工艺的应用，获得多项省部级科技进步奖。

4. 拱坝计算机辅助设计系统的研制

在我国的水工设计领域，拱坝计算机辅助设计（ADCAD）系统，是首先研制成功的大型通用型CAD系统，能够满意地用于实际工程设计，主要功能具有国际先进水平。该系统在实际拱坝设计中，极大地缩短了设计周期，提高了设计质量，能够降低工程造价，具有明显的经济效益，被能源部列为“八五”期间新技术重点推广项目。荣获1991年度国家科技进步二等奖。

（二）科学技术成果创新及应用情况

近年来，中南院积极加大科技投入，重视科技创新，在勘察设计过程中，结合勘测设计生产的需要，通过不断进行技术研发和参与国家“八五”、“九五”科技攻关、原国家电力公司、集团公司等科技项目攻关，承担上级下达的一批技术标准的编制和修订任务，技术水平得到了长足的发展，取得了一批高水平的研究成果，在某些方面占据水电科技制高点，形成了独具特色的专有技术，树立了中南院的技术优势和品牌形象，拥有多项国内外领先或先进的技术。如，高碾压混凝土重力坝设计技术，大型地下厂房设计技术，复杂地质条件下高边坡处理设计技术，高面板堆石坝设计技术，高水头泄洪消能设计技术，单机容量75万kW的水轮发电机组的应用设计技术，大型抽水蓄能电站设计技术，大型水情自动测报系统设计与建造技术，大型水电工程原型监测系统设计与建造技术，大型水电工程锚杆、锚索加固处理效果无损检测技术等。通过促进研究成果的转化和应用，解决了工程建设中的关键技术问题，保证了工程建设的顺利进行，全面提升了中南院市场竞争力，取得了巨大的社会和技术经济效益。

1. 龙滩高碾压混凝土坝设计关键技术研究

龙滩碾压混凝土大坝是目前世界上在建的坝高最高、工程量最大的碾压混凝土坝，在国家“八五”、“九五”科技攻关期间，中南院与有关院校、科研单位等就高碾压混凝土重力坝的体型优化及应力稳定分析、应力计算方法和承载能力研究、筑坝材料及混凝土性能研究、高温多雨环境对碾压混凝土施工影响研究、防渗结构及技术研究、碾压混凝土坝温控研究、施工仿真研究等方面进行了较深入的研究。2000年工程开工建设后，高碾压混凝土坝防渗技术研究及快速施工技术研究又被列为原国家电力公司的重大科研攻关项目，结合招标设计和现场施工进行深化研究，直接指导工程建设。研究成果已成功应用于龙滩工程，大坝工程较计划工期提前1年完工，工程可提前1年全面发挥效益，增加发电量57亿kW·h。在第五届碾压混凝土坝国际研讨会上，龙滩碾压混凝土坝被评为“碾压混凝土筑坝里程碑工程”。

2. 向家坝底流消能关键技术研究

在充分研究工程布置和泄洪消能特点的基础上，提出了中、表孔间隔布置的方案，较好地解决了泄洪与排沙问题，减小了中、表孔尺寸，降低了闸门制造难度，使泄洪调度灵活，泄量分配均匀，下游水流归槽条件较好。在对国内外已建工程底流消能技术及运行经验广泛调研的基础上，提出了在溢流面反弧末端采用跌坎的新型消能建筑物体型方案，提高了消力池的消能效果和消力池底板的安全度。在初拟带跌坎消力池方案的基础上，通过大量水工单体和整体模型试验研究，提出了中、表孔微收缩—连续跌坎和高低坎两种新型底流消能工，并对坎高、跌坎俯角和侧壁收缩角进行了优选，使两种消能工的各项水力学指标大大低于经典底流消能工，临底流速小于15～20m/s，底板脉动荷载均方根值小于50kPa，消能充分，流态稳定，高低坎方案对下游水位的变幅适应性更强；同时，对两种方案都进行了三维数值计算与分析，较好地揭示了消力池内的水流特性，弥补了物理模拟的不足。通过水弹性模型试验，研究了连续坎和高低坎方案的底板和导墙的水动力荷载，为消力池底板分缝提供设计参数，并对导墙体型进行了优化。其成果不仅解决了向家坝水电站泄洪消能难题，而且对高水头、大单宽流量泄洪消能设计拓宽了新思路，具有广阔的推广价值。向家坝水电站可行性研究报告获2007年度国家优秀工程咨询成果一等奖，并被选定为“第八届全国优秀工程咨询成果报告会”6个交流项目中的1项。

3. 基于分布式实时数据库技术的水调自动化软件平台研究

该项研究通过采用多线程技术，实现了多测站、多类型、多信道数据采集的高效实时通信；通过对数据类型的封装，实现了通过配置即可动态识别新的物理数据类型的能力；系统采用可自由分层的树形结构资源管理和配置，较好地解决了多水库电站管理的复杂性；系统具有实时数据分析和动态告警功能，开发了配套的图形设计器、报表设计器和数据库管理器，提供了数据通信、数据监视、图表查询、实时计算、水务综合管理、数据整编、统计等功能。系统具有良好的可视化界面，操作简便、配置灵活，为水库调度业务管理、模型分析和决策提供了良好的平台。其成果已成功应用于广西龙滩水电工程水文气象保障服务系统，湖南株洲航电枢纽水情自动测报系统，重庆中梁、湖南竹园等水电站水库调度自动化系统，重庆阿蓬江流域梯级水库调度自动化系统，湖南双牌县山洪预警系统等。实际应用表明：该软件平台技术先进，结构合理，使用方便。系统提供的综合管理能力和应用支持能全面满足水库调度自动化的要求。其不但有利于流域的防洪减灾和水资源管理与利用，有利于提高水库/电站的管理水平和应用技术。利用该系统，水情水调自动化工程应用和部署的成本可以大幅度降低，工程建设的效率和速度可以大大提高，经济效益非常显著。对软件进行了著作权登记并取得了中华人民共和国国家版权局颁发的版权证书。

4. 施工地质快速编录技术与方法研究

针对传统的施工地质编录方法所存在的不足，以施工地质素描和摄影测量理论为基础，联合应用近景摄影测量技术、图像处理技术、数据库技术和地理信息系统（GIS）技术，开发完成了基于数字相机成像、图形矢量化处理和数据信息管理的施工地质快速编录技术与方法；对获取的边坡、洞室、基坑等影像进行处理，快速、准确提取地质编录要素，生成规范的施工地质编录成果图，并实现编录要素的有效管理与查询检索、提供外部数据接口和功能扩展接口。该成果已成功地应用于龙滩和向家坝水电站部分边坡和大坝基坑施工地质编录。已申请专利6项，其中发明专利3项，实用新型专利3项。目前已授权专利3项，其中发明专利1项。

（三）标准化建设

中南院积极推荐专家参与全国水利水电及相关行业的标准化技术委员会工作，参加了全国旋转电机标准化技术委员会发电机分技术委员会、全国水轮机标准化技术委员会、电力系统大坝安全监测技术标准化委员会、风力发电标准化技术委员会、电力行业水电规划设计标准化技术、中国电力企业联合会标准化协作网、湖南省标准化委员会、水利水电勘测设计标准化信息网等行业组织。

积极承担上级下达的技术标准主（参）编任务，每年还要组织专家对技术标准征求意见稿提出反馈意见，派出专家参加上级主管部门组织的技术标准送审稿、报批稿的审查工作，为我国水电建设标准化事业作出了积极的贡献。

一贯重视标准的宣贯和标准的信息管理工作，标准宣贯形式多种多样，如集中举办宣贯会、派专家外出参加培训、组织员工通过院网多媒体学习等。

标准的信息管理是确保标准化工作顺利开展的不可缺少的环节，在标准化工作中占有重要的地位，为此，充分利用现代信息技术和网络资源优势，及时、准确地收集国内外标准化信息，利用企业局域网建立了标准管理网站，宣传标准化知识，及时发布相关行业标准的最新进展情况，同时还提供法律法规、国内外技术标准全文订阅、查询等服务，以确保技术人员在任何场所使用标准的有效性。

为了适应我国加入WTO新形势的要求，满足水电发展和业务结构调整的需要，为开展海外业务提供良好的标准化服务，积极组织专家参与水电行业标准的中译英和校审工作，并积极收集、引进国外标准，与高校等单位联合对国外规范进行专题研究。

（四）技术引进、知识产权创造和保护

2006年，中南院获人事部批准设立博士后科研工作站，2007年博士后工作站正式揭牌，2007年5月，博士后科研工作站分别与武汉大学和天津大学博士后科研流动站各联合招收1名博士后研究人员进站开展科研工作。2007年7月博士后科研工作站与湖南大学博士后科研流动站联合招收1名博士后研究人员进站开展科研工作，目前工作站共有3名博士后，工作站将以中南院雄厚的综合实力为依托，以培养中南院的核心竞争力为宗旨，并为中南院吸引高层次科技人才和管理人才搭建平台，提高科技创新和科技开发能力。

近年来，中南院非常重视自主创新，保护知识产权的意识越来越强，到目前为止，中南院持有发明专利2项、实用新型专利12项，已受理进入审查阶段的有18项。此外，有3个软件进行了著作权登记并取得了中华人民共和国国家版权局颁发的版权证书。

（摘自中国水力发电工程学会《改革开放三十年的中国水电》）

改革开放30年中国水电顾问集团成都勘测设计研究院水电勘测设计工作的发展与技术进步

一、综述

中国水电顾问集团成都勘测设计研究院（以下简称成都院）创建于1955年。至今，几代成都院人，承担超过百座大中型水电勘测设计项目，为四川和西藏等省区（市）的电力发展作出重要贡献。尤其是自1978年以来的改革开放30年，成都院水电工程勘测设计成就和技术进步、创新成果是建院50多年来发展最快、成就最显著、最值得回顾和进行经验总结的重要历史阶段。通过对改革开发30年水电工程勘测设计总结，有利于设计院站在新的高度，以科学发展观的新理念，更好、更快地开展和完成当前承担设计的30余项大中型在建和正在筹建的水电工程设计和新开展的水电前期勘测设计项目，尤其有利于精心勘测设计坝高在200m以上，装机容量在3000MW以上大型（如溪洛渡、锦屏一级、瀑布沟、两河口、双江口等）水电工程，也更有利于依托大型水电工程开展水电工程重大技术问题科技攻关及专题研究等新技术开发和应用，使综合技术实力有新的发展。

1978年后，成都院的勘测设计队伍迅速得到恢复和增强，承担的水电勘测设计任务逐年增加，工程设计规模亦有很大发展，设计技术水平有了明显的提高，以二滩水电工程为重点，全院在水电工程勘测设计中呈现出尊重科学、精心勘测、精心设计的大好局面。

从1955～1978年前，成都院设计建成的大中型水电站10余座，总装容量1200MW。其中最大的水电站是龚嘴水电站，装机容量700MW；到1978年，承担的大中型水电工程前期阶段设计总计约650MW，在建工程设计880MW；到2000年底设计建成的大中型水电站新增11座，总装机容量增加5000MW。新承担的大中型水电工程前期设计项目超过30项，雅砻江、岷江、大渡河、嘉陵江、南桠河等流域水电建设先后全面实行了建设单位（业主）负责制，水电设计进入了流域梯级电站滚动开发的格局，成都院承担的勘测设计水电项目逐年增加，金沙江溪洛渡等大型水电站也开始进行预可行性、可行性研究，2000年后成都院承担的水电站工程的勘测设计全部进入了市场竞争的快速发展时期。

进入21世纪后，成都院全面加入金沙江、岷江、大渡河、雅砻江、嘉陵江等流域的各梯级水电站勘测设计市场竞争。在勘测设计市场竞争中以技术总体实力和质量信誉，得到建设单位的信任，在四川的大江大河主要流域梯级水电站勘测设计诸多项目，先后中标。到2005年之前，由成都院承担的水电工程勘测设计项目多达90余项，总装机容量52 000MW，目前正在进行的施工设计项目和招标设计项目占60%（约30项），总装机容量32 000MW，其中继三峡之后我国又一座巨大型水电工程—金沙江溪洛渡水电站，和雅砻江锦屏一级水电站、大渡河瀑布沟等一批大型水电站先后在2005年底前正式开工建设。成都院承担水电站设计进入历史高峰期，除承担多项大型水电站施工图设计，还承担着38项大中型水电站前期阶段设计，总装机容量23940MW。由1978年底到2008年的30年间，由成都院设计建成的大中型水电站装机容量达8000MW，与建院前23年成都院设计建成的水电站相比，增加了6800MW，是1978年前23年设计建成水电站的6.5倍。改革开放30年来，成都院负责完成了金沙江、雅砻江、大渡河、岷江等四川主要流域干支流（或主要河段）的水电规划及西藏拉萨河等流域的水电规划，已规划完成的四川西藏两省区的主要河流河段的水电梯级水电站项目也先后完成了或正在进行预可行性、可行性研究，并有大量工程项目在此期间设计建成或开工建设（或筹建），为四川、西藏两省区的水电勘测设计和工程建设作出重大贡献。当前成都院已成为具有雄厚技术优势以水电为主的国家大型设计院，在高拱坝、高土石坝、大型地下厂房洞群和岩土工程设计，环境保护设计等方面拥有强大技术实力。

二、典型工程（略）

三、勘测设计水平

（一）依靠科技不断提高勘测设计水平

改革开放30年，成都院依托工程建设项目，对水电工程重大技术难题，结合实际工程进行科技攻关，不断提高了勘测设计技术水平。

1. 测绘技术

（1）随着测绘技术发展，不断更新测绘仪器设备，提高对深山峡谷复杂地形、地物等的测绘精度，利用光电测距仪、精密测距仪、电子经纬仪、全站仪、电子水准仪、数字水准仪、激光准直仪、激光扫平仪等先进仪器开展测绘工作，改变了传统的工程控制网布网、地形测量、道路测量和施工测量等作业方法。

（2）GPS定位技术在水电工程的流域规划、工程控制测量等方面已得到普遍应用。全数字摄影测量系统Virtuo—Zo、JX—4A技术等先后在溪洛渡、锦屏一级、瀑布沟等大型水电工程的测绘应用，为工程设计依据提供高精度的测绘成果。

（3）较早地将电子经纬仪、全站仪和GEOMAP系统应用到地形图、工程图的测绘中，将采集野外地形地物的数据的先进设备与微机及数控绘图仪三者结合起来，形成了一个从野外数据采集、数据处理到图形编辑和绘图的自动测图系统，有效的提高了水电工程地形测绘成果进度和质量。

（4）航空摄影测量是进行大型工程勘测的重要手段与方法，它可以提供数字的、影像的、线划的等多种形式的地图成果。测绘专业一直重视摄影测量在水电工程测量中的应用，从采用高精度的模拟测图仪和解析测图仪成图方法，到全数字摄影测量系统Virtuo—Zo、JX—4A等技术先后在溪洛渡、锦屏一级、瀑布沟等大型水电工程都得到了良好的应用，并为成都院多个专业提供了大量的基础地理信息。

(5) 2006年引进的地面三维激光扫描测量技术已应用于深溪沟等工程，经对测量数据信息的加工，初步制作成深溪沟水电站三维地形信息查询系统，目前正其他工程测绘中推广应用，取得的效果良好。

2. 工程物探技术

改革开放至今，成都院物探勘测技术不断更新，现已拥有100余台物探测试设备，60%的测试仪器为进口设备，如美国进口探地雷达、加拿大进口钻孔弹模仪等，设备资产总值约800万元以上。多年以来，物探专业先后圆满地完成了国家“七五”、“八五”物探科技攻关项目及院自立科研项目研究任务，取得丰硕的研究成果，并成功地推广应用于工程勘探及检测，从传统的前期水电勘探及研究，拓展到水电施工检测及非水电工程检测三大主要测试业务。

(1) 地震勘探是水电系统早期开展的物探方法之一，最初采用地震折射法探测覆盖层厚度，当时使用光点地震仪，爆炸震源，相遇观测系统、数法构制界面。在探测深厚覆盖层及基岩起伏形态方面发挥了不小的作用。1978年在铜街子电站首次采用相遇与追逐多重观测系统进行折射分层的工作方法，取得良好的地质效果。

浅层反射试验始于20世纪70年代中叶，80年代初期引进美国生产的信号增强地震仪后，成都院、西北院和东北院组成联合试验组，在龙羊峡、镇西和松江河进行试验，取得初步效果。“七五”期间，成都院、北京院和东北院共同承担了“浅层地震反射方法及数据处理研究”国家科技攻关课题，全面系统地研究了浅层反射法的野外观测系统和数据采集，研制出模块、功能较齐全的“浅层反射数据处理系统”，并对镇西、十三陵、三斗坪工程地质等反射资料进行处理，使浅层反射法在水电工程中推广使用。此后，成都院工程物探测试研究中心利用二滩水电站坝基岩体地震波穿透资料，开展了地震波速层析图像分析研究，使物探技术在水电工程上得到了新的突破。

“八五”期间，成都院物探队承担了“高分辨率工程地震勘探技术研究”国家科技攻关项目，该项目包括浅层折射、浅层反射、地震透射层析成像（CT）和岩体弹性波测试技术。通过试验研究，进一步提高了浅层折射、浅层反射的勘探精度。1992年在锦屏一级电站水文站滑坡体勘探中，采用浅层折射与浅层反射相结合的勘探手段，在无钻孔资料的条件下，准确的查明了滑动面空间位置和形态，经第二年的钻孔验证，物探浅层折射与浅层反射的勘探成果与钻孔勘探滑动面的深度误差仅2m。并实现了由直线向弯线追踪过渡。1991～1993年在桐子林水电站坝区开展了钻孔间地震CT，成功采用弯曲射线追踪反演方法，大大提高了地震CT的分辨率，该项勘探成果经水规总院组织的首批物探成果审查，予以高度评价。1993～1994年又在锦屏一级普斯罗坝址开展了平硐间地震CT，CT成果全面反映了被测区域内岩体质量及结构特征，并发现了具有一定规模的软弱岩带分布位置。“高分辨率工程地震勘技术研究”科研成果经鉴定居国内领先；部分成果达到国际先进水平，并分别获得国家优秀设计软件二等奖，电力工业部科技进步二等奖，四川省优秀软件一等奖，规划总院科技进步一等奖。

(2) 声波质量检测是一种简便、快捷、有效的地球物理测绘方法，也是工程监理对工程质量检测的有效技术手段，具有推广应用价值。在二滩水电站施工阶段，结合现场施工及灌浆工艺流程，系统地开展了坝基岩体固结灌浆质量检测技术研究。率先将声波检测技术大量应用于坝基固结灌浆质量检测中。工程实践证明：坝基岩体固结灌浆前、无盖重灌后检查及有盖重灌后终检三个阶段的质量检测，很好的控制和保证了基础的质量要求，检测成果作为大坝蓄水前和竣工安全鉴定的重要依据。

2000年，在溪洛渡水电站坝基软弱岩带固结灌浆试验中，对灌浆效果检测除了采用钻孔单孔声波、对穿声波、综合测井、钻孔电视外，还引进加拿大生产的PROBEX—1钻孔变模仪进行钻孔变模测试，并将钻孔变模值与声波速度建立相关关系，可定量得出固结灌浆后变形模量指标，为坝基灌浆处理提供设计参数。2002年在锦屏一级水电站坝基固结灌浆试验和坝区勘探中，进行系统的钻孔变模测试，并分别对大理岩和砂板岩进行统计分析，建立波速与钻孔变模的相关关系，建立各岩性、岩级的物理力学指标，为地质和设计提供了准确可靠的参数。

(3) “八五”期间，成都院物探中心又开展了“3000系列测井仪改造和原位密度测试研究”科技攻关项目，并通过国家鉴定。在溪洛渡水电站可行性研究工作中，结合坝区钻孔，完成了大量综合测井，对原始资料进行了系统整理，按工程部位、地质单元分类统计，用量化指标绘制相应的图表，为地层岩性划分及风化卸荷分带，层间、层内错动带和裂隙密集带的性状及展布形态，物理力学性质及岩体质量分级提供了定量依据。

3. 地质勘测与地质钻探技术

(1) 20世纪80年代初成都院在中科院的支持下率先应用卫星和航空遥感技术对二滩工程进行区域地质、地震的小比例尺测绘，对区域大断裂（特别是活动断裂）、滑坡、泥石流等地质灾害进行室内地质判译，有力地提高了现场勘测工作效率和可靠性。在二滩、锦屏一级等大型工程得良好应用。

(2) 应用钻孔彩色电视技术观察钻孔中结构面产状及性状等地质现象，有如身临其境的感觉。定向取芯钻探技术，用于确定岩体中结构面（特别是坝基中软弱结构面）的分布和产状，为地质分析研究提供了可靠的原始资料。

(3) 研制SD（金刚石）钻具及SM（植物胶）冲洗液对于深厚砂卵石层及岩体软弱带钻进，钻孔取样率达80%～100%。该项钻探技术使用到冶勒工程覆盖层钻探最大钻探深度达420m，对查清覆盖层和岩体软弱夹层构造性状提供了可靠的原始依据。针对勘探软弱（松散）地基，钻具回次少，岩芯易堵塞问题，开发研制了具有五大机构普通内管磨光钻具和半合管钻具、取沙钻具等三级口径、九个品种的SD系列钻具。SD系列钻具不仅适用软弱地基钻探也适用岩石复杂地基钻探，岩芯采取率可达90%～100%，钻孔70%的岩芯可保持原状结构。该项钻探技术获得国家专利。应用“八五”科技攻关成果—YDX—1型岩芯定向器不仅可以确定相邻孔间同一岩层产状变化，而且可以确定同一钻孔中不同层位岩层产状变化。

(4) 应用ZS—1000钻孔水文地质综合测试仪，能在钻孔中同时自动采取水文地质压水试验四个主要参数：流量、压力、长度、时间，并能进行数据处理，取得计算结果和函数图形。应用自振法抽水试验代替常规抽水试验测定岩体渗透系数，保证了抽试验成果质量。应用井孔水位长期观测研究地表水与地下水动态变化规律，并能对地下水位埋深较大地质钻孔中自动测试水位变化，野外长观孔水位自动测试系统可对钻孔水位自动采集数据、自动传送、数据集中处理，保证了水文地质观测资料的可靠性。

(5)“九五”期间，针对溪洛渡、锦屏一级大型（巨大型）水电站地质勘探的关键技术问题，依托溪洛渡工程，成都院进行《钻探新技术开发和应用》专题研究，开发出适应大型、巨大型水电工程的钻探新技术、新工艺及地勘资料网络化管理技术，进一步提高了钻探速度和地质勘探质量，对缩短勘测周期提高勘测质量有显著效果。

(6) 针对西南地区兴建大型水电工程常遇100m以上深厚覆盖层常有架空层钻探技术难题，“十五”期间，成都院开展了部级深厚覆盖层架空层钻探取芯技术研究，研究成果并通过中国水电顾问集团公司组织的专家组验收，鉴定意见认为深厚覆盖层“架空层钻进取芯技术研究”是地质勘探新技术的一项新的突破。该项勘探技术为保证大中型水电工程坝基深厚覆盖层地质勘探的精度和正确性提供新的勘探手段，也为水工建筑物基础处理提供了更为合理的地质依据，为深厚覆基础处理采取有效处理措施提供了可靠的原始地质资料。

(7) 近年来成都院已在锦屏一级、溪洛渡水电站、瀑布沟等大型、巨大型水电站设计建立地质勘察CAD系统和三维可视化系统的专家查询系统，为提供大型水电工程地质图和进行地质构造条件评价提供了有利技术手段，对保证地质勘察成果质量起到了重要作用。

（二）依靠科技提高勘测设计实力

1978年国家改革开放后，成都院广大职工解放思想，拓宽工程设计思路，依靠科技进步，技术创新，解决二滩、溪洛渡、锦屏一级等大型等水电工程重大工程设计技术问题，以科技攻关成果为基础优化设计方案对保证工程设计质量，节约工程投资起到关键作用。

1. 二滩水电站科技攻关　二滩水电站双曲拱坝坝高240m，居世界同类型拱坝第三，是我国20世纪建成的第一座高拱坝；地下厂房居世界第四，总装机容量3300MW。二滩工程重大和关键技术问题对设计人员是严重挑战，为解决设计中的重大技术问题，在初步设计期间进行了80余项专题科研工作，在当时勘测设计经费紧张的情况下投入上百万元，进行科研试验对最终确定二滩枢纽布置方案、拱坝拱型和地下厂房布置起到了重要依据作用。初设以后，为进一步降低二滩工程投资，缩短工期，根据国家“七五”重点科技攻关任务要求积极主动承担完成三项“七五”国家重点科技攻关专题研究，即《高混凝土坝设计方法和设计准则（17—2—2）》、《高混凝土土坝泄洪消能的研究（17—2—5）》、《高坝坝基岩体稳定性评价及可利用岩体质量的研究（17—3—3）》。历时4年的专题攻关研究，取得了丰硕成果并且将各成果应用于二滩水电站设计方案的优化和招标设计中，进一步改进二滩工程设计方案。据统计，二滩水电站投标设计前，有关专业组织技术力量在双曲拱坝体形优化设计研究，地下洞室群支护与监测分析、建筑材料选择、机电设备选型等诸多方面进行了197项科研任务，投入科研费达1083.4万元。“七五”科技攻关成果应用到二滩工程招标设计中，拱坝体型设计得到了进一步优化，建基面开挖减少了80万m^3，双曲拱坝最大厚度由70.34m减少到55.74m，混凝土从474.23万m^3减少到408.2万m^3，与此同时，电站单机容量由500MW提高到550MW，年发电量由162亿kW·h提高到170亿kW·h，为国家节约工程投资15亿元，缩短工期一年。

国家“七五”重点科技攻关《高坝坝基岩体稳定性评价及可利用岩体质量的研究（17—3—3）》专题科研成果荣获1992年国家科技进步一等奖。《高拱坝体型优化及结构设计的研究（17—2—2）》、《二滩枢纽工程泄洪消能研究（17—2—5）》专题成果分别荣获能源部1992年电力科学技术进步一、二等奖。

2. 溪洛渡水电站科技攻关　溪洛渡水电站是继三峡工程之后，在长江上游兴建的一座巨大型水电站。它的特点之一：工程规模巨大，电站装机规模仅次于三峡工程，为12 600MW，年发电量571.2亿kW·h，水库总库容115.7亿m^3。特点之二：技术难度高，要在Ⅷ度地震区修建278m的混凝土双曲拱坝和坝址左右岸地下厂房各装置9台单机容量700MW水轮发电机组，金沙江两岸（川滇境内）各建装机规模为6300MW的大型地下厂房洞室群；枢纽泄洪流量达50 000m^3/s，在狭窄河谷上要解决约1亿kW功率的泄洪和消能问题。这些关键技术问题是否能妥善解决，关系到溪洛渡工程技术经济是否可行。为此成都院在溪洛渡可行性研究的三年中，投入6500万元资金进行了160余项的专题研究，并联合国内外高水平的科研机构及大专院校进行协作，依托国家“九五”科技攻关，有针对性地对“高拱坝抗震技术”、“高拱坝枢纽布置”等专题进行科技攻关，在钻探新技术的开发和应用、工程地质综合分析技术的开发和应用、高拱坝大流量泄洪消能关键技术研究、超大型地下洞室群合理布置及围岩稳定研究等多方面取得了重要成果。

（1）在勘测工作中，通过开发应用钻探新技术，提高了勘测工作的进度，保证在溪洛狭窄河谷进行1.5万m的钻孔任务在两年不到的时间内顺利完成，取得大量、可靠的勘测资料，为溪洛渡工程可行性研究的工程地质评价提供了可靠依据。

（2）“工程地质综合分析技术的开发和应用”专题研究。对坝址区岩体结构、质量分类与参数选取，特别是应用计算机网络技术，建立地质探测资料库，实现了资料共享，对提高工作效率，保证地质勘察质量起到极大的作用。

（3）“高拱坝泄洪消能研究”专题成果。基本上解决了溪洛渡工程泄洪消能布置和结构设计中的关键技术问题，国家组织鉴定认为在坝身宣泄30 000m^3/s流量的研究、坝后设反拱型水垫塘研究及采用高水头、大流量、旋流竖井式泄洪洞改建大型导流隧洞的试验研究等方面有新的技术突破和创新，达到国际领先水平。

溪洛渡混凝土拱坝可行性设计和优化设计对我国继续开展金沙江后续梯级开发的百鹤滩、大渡河大岗山等大型水电站混凝土拱坝设计具有十分重要的指导作用。溪洛渡水电站混凝土双曲拱坝设计，把我国的巨大型水电站和高拱坝设计和科研成果，又提高到了一个新水平。

3. 瀑布沟水电站科技攻关　瀑布沟水电站位于大渡河上游河段，汉源县和甘洛县境内，电站装机容量3300MW；心墙堆石坝最大坝高186m，坝基覆盖层深达70m，是我国西南地区开工兴建最高的心墙堆石坝，心墙防渗材料和混凝土防渗墙墙体材料及心墙与防渗墙接头型式的选择是该工程的重大关键技术问题。成都院针对这些关键技术，专门进行了“宽级配砾石料作高堆石防渗体研究”、“混凝土防渗墙体材料及接头型式研究”等“八五”科技攻关和有关技术专题研究与试验，在国内首次选择了压缩性小，抗剪强度高，施工方便的砾质土做心墙防渗料。同时通过对廊道式、插入式、软接头和空接头多种方案的研究比较后，选择混凝土防渗墙直接插入心墙方式连接。这种方式连接结构简单，施工方便，防渗墙内应力较小，适应变形能力强，防渗效果好。另外还开发研制出高强度低弹模复合混凝土墙体材料，技术指标满足瀑布沟堆石坝防渗墙设计要求。瀑布沟堆石坝采用砾质土做心墙材料使我国高堆石坝的心墙防渗技术向前迈了一大步，也是我国堆石坝心墙设计的创新。《宽级配砾石料作高堆石坝防渗体研究》和《混凝土防渗墙体材料及接头型式研究》两专题研究成果1997年分别荣获电力工业部科技进步二、三等奖。

4. 锦屏一级水电站科技攻关　锦屏一级水电站是雅砻江干流下游河段控制性水库梯级电站，是继二滩水电站之后在雅砻江上兴建的又一座大型水电站。锦屏一级水电站枢纽由挡水、泄水及消能、引水发电等永久性建筑物组成。电站地处雅砻江深山峡谷地区，地质条件较复杂，工程规模巨大，技术难度高，尤其是双曲拱坝，最大坝高达305m，其设计技术水平处于世界前列，其中复杂地质条件的勘探评价、300级高拱坝的结构设计及基础处理设计，以及高山峡谷复杂地形条件的高拱坝，大型地下厂房等施工组织设计，均是国内外高坝大库、大型地下厂房工程技术研究罕见的技术难题。为了解决锦屏一级水电站复杂的工程地质问题、超300m量级混凝土高拱坝抗震问题和高水头、大流量泄洪消能问题，成都院集院内技术骨干、专家并和国内知名的科研机构和高等院校合作，进行了地震基本裂度复核及地震安全性评价专题报告、近坝库岸及坝址区边坡稳定性研究、坝区河段水文地质研究报告、普斯罗沟坝段岩石及构造研究、岩体物理力学特性及参数取值研究、拱坝结构设计专题研究、拱坝抗震设计专题研究、枢纽布置专题研究、拱坝基础处理设计研究、泄洪消能专题研究、地下厂房洞室群布置和围岩稳定分析专题研究、拱坝混凝土及温控设计专题报告、拱坝基础软弱岩体固结灌浆试验研究、拱坝坝线及建基面研究、水轮机参数选择与运行稳定性研究、混凝土双典拱坝施工专题研究、导流标准选择及风险度分析、环境影响专题研究、大型人工骨料加工费用专题研究等36项勘测、设计专题研究和60多项试验研究项目，初步统计投入科研费用几千万元，取得近百项研究、试验成果，经有关专家评审，鉴定，得到了专家充分肯定。锦屏一级水电站的科研试验成果为完成可行性研究报告提供了充分设计依据和技术基础资料。

5. 引水式水电站调压井设计科技攻关　四川省高山峡谷中的大渡河、雅砻江、金沙江等大江河支流的中型水电资源极为丰沛，峡谷河道坡降大（一般在25%～45%），水流急湍，水电规划梯级开发电站的水头高（一般在300～600m），需设置调压室。常规调压室地下开挖工程量大，且需设有复杂的混凝土结构，调压室一般高达100m以上，不但地下开挖工程量大，施工开挖难度大，往往因地下开挖出渣，破坏植被，对自然环境保护带来不利影响。因此，依托自一里、小天都高水头引水式水电站工程，在水电水利规划设计总院支持下，开展了“引水式水电站气垫式调压室关键技术研究”课题。

气垫式调压室作为替代传统（常规）开敞式调压室方案，其原理是在坚硬质密的岩体内由岩壁和水幕围成封闭式气室，并利用气室内高压空气形成“气垫”抑制室内水位高度和水位波动幅值的变化。气垫式调压室作为减小水锤和涌波控制性能优越的设施，国外在20世纪70年代已开始应用于引水式水电站。成都院将挪威在引水式水电站采用气垫式调压室技术运用于自一里水电站，并结合自一里、小天都水电站地下引水系统的实际条件，对引水式水电站气垫式调压室的设计理论和经验进行了吸收消化和发展，2004年12月完成了《引水式气垫式调压室关键技术项目研究报告》，并通过水电水利规划设计总院组织有关专家评审鉴定和验收。引水式水电站气垫或调压室研究成果除了直接应用于自一里、小天都水电站，还推广应用到了木座、金康等高水头引水式水电站。气垫式调压室技术在我国深山峡谷高水头水电站建设中有广泛的应用前景和推广价值，定会为我国高水头引水式水电站建设增添新光辉的篇章。

（摘自中国水力发电工程学会《改革开放三十年的中国水电》）

改革开放30年的中国水电顾问集团贵阳勘测设计研究院

一、概况

改革开放之初，国民经济经“文革”十年动乱后，百废待兴，电力发展提到国民经济的重要议事日程。全国迎来了新中国成立后水电建设的又一高潮，刚从贵州猫跳河水电梯级开发建设中成长起来的中国水电顾问集团贵阳勘测设计研究院（以下简称贵阳院），抓住机遇，大步迈向大江大河，转战南盘江、乌江。成立于1958年的贵阳院在条件艰苦，物资匮乏，设备简陋的条件下，艰苦创业，经20余年的拼搏奋斗，创造性地在高岩溶地区完成了猫跳河梯级各水电站的开发任务，造就了一支过硬的技术骨干队伍，积累了丰富的工程经验，形成了自己的技术优势。于1982年由原水电部第九工程局勘测设计院升格为水利电力部贵阳勘测设计研究院，以适应开发西南丰富水力资源的需要。贵阳院由此得到了事业发展的更大空间，增加了迅速发展壮大的活力。

（一）机制的改革创新

30年来，随着计划经济体制向市场经济体制的变革，贵阳院从吃“人头费”、“大锅饭”的事业单位体制开始不断深化改革，完成了“事改企”的变革，经历了“预算包干、差额拨款”、技术经济责任制到最后完全市场化运作，自收自支，自主经营，自负盈亏，自我发展，实现了企业化。

与此相适应，贵阳院逐步深入推进“劳动、工资、人事”三项制度改革，至2001年，实现了全员劳动合同制，彻底打破了“铁饭碗”，在实行定员定岗、岗位责任制和竞聘上岗的基础上，2003年实行了企业岗位工资制，做到了干部能上能下，岗变薪变，专业技术任职资格与专业技术职务评聘分开，实现了员工个人养老保险、医疗保险、失业保险、安全保险的社会化统筹，建立企业个人储蓄养老保险制度。这一系列的改革创新，提高了贵阳院在市场经济条件下的管理水平，促进了贵阳院现代化企业管理制度的建立，形成了工作讲能力、分配讲贡献的企业机制，提高了员工的责任意识、竞争意识和创新进取精神。

（二）一业为主，多种经营综合发展

改革开放30年，中国水电贵阳院从改革、创新、开拓、进取的精神立足贵州、面向全国、放眼世界，一业为主，多种经营，足迹遍布全国25个省区，并延伸至东南亚，逐步实现了一专多能的综合发展，并取得了可喜的成绩。

30年来，贵阳院承担和完成了乌江干流、南盘江、北盘江干流、澜沧江上游西藏段等众多河流的水电开发规划。承担了乌江流域及南盘江流域抽水蓄能电站的规划选点，同时还主要完成了天生桥二级、东风、索风营、普定、引子渡、洪家渡、大花水、光照、龙首、柘林（扩机）、越南西山等大中型水电站的勘测设计任务。承担了思林、沙沱、董箐、马马崖

等在建大型水电站的勘测设计，承担了大渡河枕头坝、金沙江上游昌波、西藏澜沧江如美、金沙江中游两家人等大型水电站的前期勘测设计任务。30年的发展，贵阳院从猫跳河最大设计装机容量仅10万kW的技术水平提升到100万kW级，乃至300万kW级装机容量的超大型水电站的设计水平；并且在工程实践中，走科研与工程实践相结合的道路，坚持科技创新，诸多水电站勘测设计技术达到了国际先进和国内领先水平，形成了较强的市场竞争力。

与此同时，随着改革开放的深入，为实现发展成为一专多能的国际工程公司的愿景，贵阳院走一业为主，多元发展的道路，充分利用已有的技术和人才优势，开拓进取，多方位开拓市场，开展水电工程总承包、工程监理、岩土工程、工程原型监测、小城镇规划及工民建设计、环保工程、道桥工程设计和风能开发规划和风电设计，并加强资本运营，投资水电开发建设。通过深化改革，调整经营结构，多元化发展，贵阳院主业外多元发展的经营收入逐年递增。市场的拓展扩大了永续发展的空间，贵阳院正呈现出一业为主、多种经营、全方位、多功能综合发展的良好态势。目前，已成为拥有工程勘察、工程设计、工程总承包、工程造价咨询、工程监理、环境评价、水土保持、建材试验等18个国家甲级资质证书的大型综合甲级勘测设计企业。

（三）人力资源的发展

改革开放之初，贵阳院职工总人数649人，其中工程技术人员仅30%，工人约占43%，管理和后勤服务人员约占27%，管理机构臃肿，人员结构不合理的矛盾突出。随着改革的深入，贵阳院从企业发展的需要出发，坚持以人为本，人才是第一资源的理念，实施人才工程，注重在工程实践中培养和选择人才，同时加大人才引入工作的力度，加大职工教育培训投入，采取多种管理措施，逐步调整和改革人员结构不合理的状况。30年来，员工队伍结构已经发生巨大的变化，已形成了一支以工程技术人员为主体的专业门类齐全的员工队伍，全院在册员工1009人，本科以上毕业人员占55.6%，其中博士、硕士毕业生占11.3%，中高级专业职称人员479人，国家勘测设计大师1人，省级勘测设计大师3人，具有各类国家注册资质人员368人，整个队伍平均年龄不到40岁，年轻化特点突出，朝气蓬勃，充满生机。

（四）主要成效

30年来，贵阳院坚持科技为先、持续创新，走科研与工程实践相结合的道路，坚持把科研成果应用于工程实际，形成了自己具有市场竞争力技术优势。先后获得各级各类科技奖142项，其中国家科技进步奖、省部级奖59项，全国科技大会奖3项，国家科技进步一等奖3项、二等奖4项，国家优秀工程勘察和设计金奖3项。

改革开放30年，贵阳院共完成总装机容量27 750MW的大中型水电站的勘测设计任务，其中已建和在建的大中型水电站的总装机容量9000MW，为我国水力资源的开发、特别是为我国“西电东送”作出了应有的贡献。

1981年，贵阳院全院完成货币工作量401.08万元，年人均完成货币工作量4240元。2007年，全院实现营业收入4.5亿元，人均完成产值44.6万元。30年全院营业收入和员工个人完成产值的增长均超过100倍。与此同时，员工个人收入也大幅度增长，办公条件、勘测设计科研装备也发生了巨大的变化。现已拥有数万平方米的现代化水电科技园，拥有现代化的勘测、设计、科研设备。通过资本经营，投资水电开发，已拥有300MW的水电权益装机，为今后的可持续发展奠定了一定的基础。

二、科技成果

贵阳院在改革开放30年来，倡导科技创新、设计创优，始终坚持技术进步，依托承担的勘测设计工程，实施科技攻关，加大科技成果转化和推广应用，解决工程关键技术难题，为工程建设提供技术支持，确保工程在保证质量的前提下，简化施工难度、节约工期、节省投资，推进工程建设，促进水电科技进步，提高水电建设水平，为地方和国家的社会经济建设与发展作出了重要贡献。

结合乌江的东风水电站、普定水电站、洪家渡水电站、引子渡水电站，南盘江天生桥一级水电站和清水河大花水水电站等工程，积极开展研究成果推广应用。

（一）高混凝土坝的裂缝及其防治

“高混凝土坝的裂缝及其防治研究”是国家“七五”重点攻关项目“水电工程筑坝技术”项目中的一个专题。混凝土坝的裂缝及防治问题是高混凝土坝筑坝技术中的重大难题。混凝土坝的裂缝，尤其是贯穿裂缝，严重地影响着建筑物的安全经济运行，大大缩短其寿命，处理十分复杂，直接间接损失巨大。通过“七五”攻关，结合东风水电站高混凝土坝对裂缝的形成、发展及影响因素，混凝土内在因素，外部环境和施工条件等方面，分析了裂缝产生的原因和过程，从改善混凝土性能，改进混凝土温控防裂设计和施工工艺及表面保护入手，研究提高混凝土抗裂性的途径和经济措施；应用断裂力学的理论，探讨了混凝土裂缝评定标准和裂缝危害性的预测方法，研究了混凝土裂缝的检测方法，并进行了裂缝检测仪器的研制。

通过一系列的深入研究，在防止高混凝土坝出现危害性裂缝和表面裂缝方面取得了大量科研成果，并提出了若干新见解。所提供的新技术和新工艺对高混凝土坝的设计和施工有广泛的意义，并对有关试验规程和设计规范的修订有重要的参考价值。1990 年 12 月，该项专题成果经能源部组织专家鉴定，成果水平达“国际先进”。1991 年获能源部科技进步一等奖，1992 年获国家科技进步“二等奖”。

（二）普定碾压混凝土材料优选研究

该课题主要对提高普定碾压混凝土拱坝的防渗、防裂、层面结合性能进行了研究。对粉煤灰、水泥、外加剂等碾压混凝土拱坝原材料进行了优化，利用了石粉，为配制出良好的碾压混凝土配合比创造了条件。各项性能指标达到了国内领先水平。碾压混凝土二级配合比设计合理，所提供的碾压混凝土具有优良的物理学性能、绝热温升低、抗裂性好，密实度和可碾性好。有足够浆体，改善了层面结合，为大坝依靠二级配混凝土防渗提供了保证。三级配碾压混凝土利用了高掺粉煤灰节约大量水泥，减少了绝热温升，同时利用水泥中 MgO 的微膨胀补偿收缩作用简化了温控。在垫层混凝土中采用了外掺 MgO 技术，取得了较好效果。本成果应用于整个普定水电站工程，取得明显的经济效益。以二级配高胶凝材料的碾压混凝土取代通常的常态混凝土防渗，是碾压混凝土筑坝技术上重大突破，在国内尚属首次，达到国际先进水平。

（三）普定碾压混凝土拱坝结构设计研究

科技攻关与设计、施工相结合，在“八五”期间，优质快速地建成了坝高 75m 的普定碾压混凝土拱坝。从结构设计入手，解决了普定碾压混凝土拱坝既能发挥碾压混凝土快速连续施工的优势，又能控制裂缝的发生发展，保证拱坝的整体性和用碾压混凝土自身防渗的关键技术问题，为碾压混凝土用于普定拱坝提供了科学依据。满足了碾压混凝土拱坝建设的需要，并为 100m 级高碾压混凝土拱坝的探索设计方法积累了实践经验。

（四）普定碾压混凝土拱坝筑坝新技术研究

“普定碾压混凝土拱坝筑坝新技术研究”是“八五”国家科技攻关项目“高坝建设关键技术研究”中“碾压混凝土筑坝技术研究”课题中的第一项专题。该专题结合普定碾压混凝土拱坝的建设进行，取得了多项研究成果。如，整体式碾压混凝土拱坝结构设计方法、坝体温度应力分析与防裂技术、二级配富胶凝碾压混凝土自身防渗技术、碾压混凝土层面结合综合处理技术、狭窄河床碾压混凝土入仓工艺、碾压混凝土通仓连续施工工艺、碾压混凝土施工质量控制等。研究成果的 80％被及时用于普定碾压混凝土拱坝的建设。1993 年 5 月底建成了我国首座坝高 75m 的普定碾压混凝土拱坝。

1995 年 10 月完成了成果鉴定工作，经专家组鉴定，该专题成果达“国际领先水平”。并且，该成果还被推广运用于多个水电工程。1996 年该工程获全国第七届优秀工程设计金奖，1998 年获国家科技进步一等奖。

（五）乌江三岔河普定水电站钢筋混凝土岔管设计研究

该项目系结合普定水电站主管直径 7m 的埋藏式钢筋混凝土岔管，采用二维、三维有限元进行分析计算，并进行三维光弹性应力分析，其设计成果先进、合理，技术可行，具有明显的经济效益和社会效益。

钢筋混凝土岔管是一种新型技术，国内近年已成功的运用于高水头、大容量抽水蓄能电站，贵州省内将此新技术运用于岩溶区的大直径岔管尚属首例。随着水资源开发利用及地下开挖技术的发展，钢筋混凝土岔管这项新技术在我国高水头、大直径地下埋藏式电站中推广应用有着广阔的前景，必将带来显著的经济效益。

（六）天生桥一级面板堆石坝安全监测新技术

天生桥一级面板堆石坝安全监测新技术，与国内外已建的混凝土面板堆石坝的安全监测系统相比，具有系统性强、完整性好的特点，并在以下 5 个方面具有突破和创新：①进行了超大体积（1780 万 m^3）人工堆石体内部垂直、水平位移监测技术，实现了监测 200m 级面板堆石坝内部变形的监测；②进行了国内外首次面板一垫层料脱空监测；③进行了垫层料裂缝监测；④进行了面板结构应力监测；⑤进行了长 300m 的面板挠度曲变形监测。

该项目监测技术达到了指导施工、反馈设计、节约投资的目的，所取得的成果丰富和发展了我国 200m 级面板堆石坝的筑坝技术和筑坝理论。从经济效益上讲，该新技术的监测成果在大坝填筑施工方案及工艺的确定、评价大坝填筑施工质量、大坝防浪墙及最合适的开工时间等方面起到了不可替代的作用；在工程薄弱环节的控制、消除或减小施工期内的工程安全隐患、缩短电站建设工期、延长电厂检修周期，增加电站使用期内出力时间等方面起到了积极的作用，有显著的经济效益和社会效益，具有推广的技术前景。经技术鉴定，该项目整体达到国内领先、国际先进水平，其中面板脱空监测技术达到国际领先水平。

（七）高寒地区碾压混凝土拱坝筑坝技术研究

该课题研究成果成功地解决了碾压混凝土筑坝技术在高双曲拱坝的运用问题，其中龙首拱坝高 80m、底宽 13.5m，厚高比 0.17，是迄今为止世界最薄的碾压混凝土双曲拱坝，也是经过多年运行考验的目前世界最高的碾压混凝土双曲薄拱坝。课题研究成果证明，碾压混凝土筑坝技术运用到100m级双曲薄拱坝，是完全可行的。

龙首拱坝坝体结构复杂，开设双层多个孔口，并宣泄大洪水流量，坝肩分别设置重力坝和推力墩，边界条件复杂。坝体开设诱导缝和周边缝，较好地解决了结构应力和施工期温度应力问题，设计思路新颖，为碾压混凝土筑坝技术向复杂结构拱坝的推广运用作出了贡献。

该课题研究对高寒地区天然砂石骨料的运用，氧化镁、膨胀剂的运用、粉煤灰的改造技术，均作了有益的尝试和探讨，并初步总结了碾压混凝土的抗渗、抗冻、耐久性、层间结合、强度等与各影响因素的关系，成功地配制了分别适用于新疆石门子和甘肃龙首工程的碾压混凝土施工混凝土配合比，满足了工程建设的要求。

课题两个依托工程均属气候条件恶劣的高寒、高蒸发、高地震地区，年温差变幅70℃，是迄今为止我国碾压混凝土施工外界条件最恶劣的地区。通过本课题研究，成功地解决了负温（最低－13℃）和高温（最高37℃）碾压混凝土施工问题，并对高蒸发条件下的碾压混凝土施工以及碾压混凝土的保温、保湿、抗冻、防裂等采取了一系列有效的措施，对温控优化作了有益的探讨。

综上所述，并结合两个工程的实际运用效果，本课题研究出色地完成了研究任务，其研究成果总体达到国际先进水平，多项达到国际领先水平，其研究成果拓宽了碾压混凝土拱坝筑坝技术在地域上的运用范围，对复杂结构拱坝的运用也开创了新路。

（八）引子渡水电站大型月牙肋钢岔管研究

引子渡水电站大型月牙肋钢岔管研究，依托引子渡水电站引水系统钢岔管工程，紧密结合地下埋藏式钢岔管的工作原理及受力特性，通过对钢岔管的材质、分瓣方案、焊接工艺的系统研究，提出了大型月牙肋钢岔管钢材合理选择的原则、施工制作方法、焊接工艺以及合理的施工组织设计，为引子渡水电站钢岔管施工过程进行预测和控制、指导钢岔管施工提供了科学依据和良好的研究成果，保证了引子渡水电站工程顺利并网发电，取得显著的工程经济效益和社会效益。同时，研究成果与工程实践将大型月牙肋钢岔管的设计与施工技术水平提升到了一个新的高度。通过研究，提出了技术合理、经济效益明显以及保证工程安全的相关技术经济指标，其研究攻关成果的总结与提炼，可在类似工程中推广应用，前景广阔。

引子渡埋藏式月牙肋钢岔管属国内外最大尺寸，填补国内空白，也开创了高难度月牙肋钢岔管建设的新纪录，其研究成果还将有利于提高我国大HD_2值钢岔管的设计、施工及其制作安装技术水平，为类似工程建设提供可推广应用的经验，将更好地推进我国压力钢管技术的进步与发展。

（九）引子渡水电站狭窄河谷面板堆石坝快速施工研究

面板堆石坝是目前国内发展速度较快的一种极具竞争力的坝型，该项目以引子渡水电站混凝土面板堆石坝为依托工程，是国家下达的科研任务之一。引子渡混凝土面板堆石坝最大坝高129.5m，其坝址为典型的不对称V形狭窄河谷。受地形条件限制，坝址无天然垭口可供利用，依靠左岸进行大开挖形成溢洪道，解决大流量（8386m^3/s）泄洪问题，开挖石渣用来筑坝，要进行快速施工，有许多技术难题需要研究解决。

该项目课题研究结合设计优化，以一枯抢大坝度汛和解决溢洪道开挖与坝体填筑的矛盾为主线，合理布置上坝通道，巧妙地解决了狭窄河谷高强度运料难题。通过对下闸蓄水及度汛措施研究，成功地解决了本工程的后期导流及大坝初期蓄水阶段的安全度汛问题。通过料场优化和土石方平衡研究，使大坝、溢洪道等建筑物的基础开挖石渣利用率达到80%以上，省去了大坝填筑料场和混凝土骨料场，不仅节省了工程投资，还保护了现场施工环境。研究成果用于引子渡水电站，使电站提前一年发电，创造直接经济效益1.7亿元以上，并为“西电东送”、缓解2003年和2004年供电紧张局面作出了贡献，社会经济效益显著。

研究成果紧密结合工程实际，使引子渡水电站以最短的工期（截流后19个月投入商业运行）和最省的投资（4425元/kW）高质量建成发电，达到了快速施工的目的，各项技术经济指标达到国内领先水平。

研究成果和设计理念已供其他同类工程借鉴，推广应用前景广阔。

（十）洪家渡高面板堆石坝筑坝技术研究及应用

洪家渡坝高179.5m，为200m级高坝，在建坝条件上也很不利，河谷宽高比为2.38，且两岸极不对称，左陡右缓，本项目针对其狭窄河谷且不对称的特点，较好解决了设计、施工中一系列筑坝技术问题，特别是避免了目前国内外已建的200m级高坝均不同程度出现的变形过大、面板裂缝多和坝体渗漏量过大等问题，体现了高面板堆石坝坝体结构、筑坝材料、施工技术、高边坡、复杂地基处理和安全监测等研究技术的集成成果，形成了洪家流水电站一整套高面板堆石坝筑坝技术体系。

（1）等宽连续窄趾板技术，拓展了面板堆石坝趾板设计内涵，创新性地应用设计规程规范，达到了大幅度减少坝肩开挖，简化施工难度、缩短工期的目的；率先在铜止水片上复合GB板，止水更可靠；率先在面板中采用“聚丙烯纤维收缩补偿混凝土＋双层配筋＋保温保湿养护”措施，防裂抗裂效果好；率先在混凝土结构缝中将垂直受压缝设计成有一定宽度和富有弹性的缝面；首次对钢纤维面板的采用作了探索。

(2) 率先在坝体施工中提出了沉降控制标准，在各分期面板浇筑前，采用预留沉降期，达到了控制坝体变形的目的；率先在次堆石区引入冲碾压实技术，减小了大坝沉降和水平位移；首次引入附加质量法用于坝料干密度辅助检测，加快了施工进度，确保了施工质量；首次成功应用改性乳化沥青对垫层料坡面保护；首次采用线性规划理论对料场进行规划，经济效益显著。

(3) 首次对岩质高边坡，采用分台阶垂直开挖、锚索锁头方式，有效的减小了开挖及加固处理量；首次对坝内陡边坡采用干贫混凝土处理，适应了堆石体的变形，加快了施工进度；首次系统的提出岩溶地区复杂坝基的处理方法，为其他工程提供了宝贵的借鉴经验。

(4) 首次特设了纵向变形监测线；首次在两岸坝基设了两条渗流截水沟，对坝体及坝基的渗漏量实施分测。

通过筑坝技术研究成果在洪家渡工程中的应用，最大沉降132.2cm，占坝高的0.74%，最大渗漏量约58.78L/s，坝体运行状态良好，取得了5.62亿元经济效益，为我国200m级高面板堆石坝设计和建设提供了宝贵的经验，极具推广价值。

（十一）洪家渡水电站厂房新型结构研究及应用

“洪家渡水电站厂房新型结构研究及应用”属于应用科学技术领域，依托国家首批“西电东送”工程之一的洪家渡水电站，为了加快施工进度、缩短建设工期，结合工程实际开展了大跨度墙板式新型机墩结构、大吨位矩形钢管混凝土排架柱及“π”形悬臂钢吊车梁结构等研究及应用，创造性采用了大跨度墙板式新型机墩结构，解决了支承大型机组荷载和结构振动问题，取消了蜗壳上部外包混凝土，规范了机电管网布置，减少机电设备安装和土建结构施工干扰；率先将矩形钢管混凝土组合结构应用于水电站厂房排架柱，并创造性采用了“π”形悬臂钢吊车梁与之组成排架体系，研究解决了组合结构的力学性能、动静力特性分析、材料选择、施工工艺等关键技术问题，减少了排架工程量和简化了施工程序，还配套采用了拱形屋顶和玻璃幕墙结构，取得了厂房新型结构设计、施工系列成果，促进了厂房结构设计技术的发展和水平的提高，为洪家渡水电站的顺利建成并实现一年三投提供了技术支持，创造了工程技术进步的成功经验，取得了显著的工程经济效益和社会效益，其研究成果可在其他工程中推广应用，前景广阔。

（十二）大花水狭窄河谷高碾压混凝土拱坝筑坝技术研究

大花水水电站是贵州省的重点建设项目之一，坝址区工程地质及岩溶水文地质条件极为复杂，但也极具特点。在地形先天不足、岩性组合及构造特征不利、岩溶极发育的情况下，如何充分利用地形地质条件，建成一流的大坝，具有较高的指导价值，值得借鉴及总结。拦河大坝采用河床拱坝＋左岸重力坝的组合坝型，充分考虑了坝址区的地形地貌特征和地质特点，利用了左岸古河槽800m高程以下较为完整坚硬的茅口灰岩作为重力坝的基础，回避了左岸岸坡岩体强度偏低的吴家坪组地层作为要求较高的拱坝坝肩带来的一系列处理问题。其布置型式，弥补了工程坝址区存在的地形地质缺陷。优化后的碾压混凝土拱坝＋重力坝方案与可行性研究阶段推荐采用的方案相比，减少混凝土量约4万m^3，相应的开挖、基础处理量也大为减少，节约概算投资约1200万元。拦河大坝混凝土总量为65万m^3，由于在结构布置上采取了一系列措施，全部碾压混凝土实际施工时间不到13个月，并且取得了一个月混凝土最大碾压上升33.5m的最新纪录。大花水碾压混凝土双曲拱坝最大坝高134.5m，厚高比0.171，布置了3个溢流表孔和2个泄洪中孔，下泄流量大，结构复杂，技术含量高。在此前建成和在建的全碾压混凝土拱坝中还不多见，实现了在高、薄碾压混凝土拱坝多层开孔口的结构条件下，全碾压混凝土双曲拱坝快速施工目的。为在复杂地形、地质条件和复杂结构情况下修建高、薄碾压混凝土拱坝积累了成功的经验，在我国已经建成的高、薄碾压混凝土拱坝的基础上又取得了新的发展和进步，可为其他类似工程提供借鉴和参考，具有进一步推广的社会效益。

（摘自中国水力发电工程学会《改革开放三十年的中国水电》）

改革开放30年的中国水电顾问集团昆明勘测设计研究院

中国水电顾问集团昆明勘测设计研究院（以下简称昆明院）为国家大型综合甲级勘察设计科研单位。自1957年1月成立至今，几代昆明院人发扬“敬业、负责、拼搏”的优良传统，立足云南，服务全国，面向东南亚及欧、非等洲，为水电建设和国民经济发展作出了杰出贡献。50多年来，几代昆明院人在祖国西南默默耕耘，忠实履行水电建设先行者的职责，先后三次大规模开展了云南水力资源的“普查”和“复查”工作，基本查清了云南省水力资源的“家底”，完成了云南省境内澜沧江、金沙江中游河段等主要江河的水电规划工作，勘测设计了国内外水电站300余座，装机容量超过60000 MW，其中已建成200余座，总装机容量16400 MW；充分发挥人才专业技术优势，为地方建设服务，为工程建设服务，作出了不平凡的业绩；为政府和业主出谋划策，不遗余力地宣传促进水电前期工作和工程上马，为加速水电建设发挥了积极作用。早在20世纪50年代，在全国率先提出了“云电外送”设想，并于20世纪80年代做了大量研究论证工作，为国家实施“西电东送”工程和云南省确立以水电为主的电力支柱产业政策作出了重要贡献；确立了云南水电开发主力军的地位和作用。

改革开放以来的30年，是昆明院发生根本性巨大变化的30年。昆明院以邓小平理论、“三个代表”重要思想为指导，贯彻落实科学发展观，认真贯彻中央和省、部、主管机关的改革部署和各项指标，紧紧抓住机遇，敢于应对挑战，加快发展自己，各项工作连续登上新的台阶，综合实力加速攀升。昆明院在经营管理、专业技术、科学研究等方面形成了自己的特色，职工素质、硬件设施、对外形象等方面已今非昔比。经过了多年的改革和发展，昆明院已由过去靠国家财政拨款的事业单位发展为能靠市场竞争自负盈亏的企业单位；由过去只能承担勘测设计，发展为业务范围覆盖建筑、市政、公路、电子通信等行业，具有30多项各类咨询证书的综合性勘测设计单位。近年来综合实力已上升为全国勘察设计单位百强前列，在水电行业中处于领先地位，多年稳居云南省勘察设计单位综合实力50强第一名。

一、勘察设计科研能力全面提升，全面掌握一批核心技术

30年前，昆明院完成的技施设计项目，仅限于在支流上建设中、小型水电站。党的十一届三中全会以后，水电行业与全国一样，迎来了改革开放的春天。素有“水电王国”之称的云南省，则在水电开发的理念和行动上，走在全国的前列。昆明院因此而成为水电改革开放的率先参与者和得益者。

1982年开工建设的鲁布革水电站，是我国第一个引进外资和采用国际招标兴建的水电工程，是水电建设对外开放的“窗口”，创造了席卷全国建设行业的“鲁布革冲击波”，拉开了全国水电建设新管理体制和利用外资建设水电的序幕。昆明院在勘测设计中全面引进和消化吸收国外先进经验，尤其首次全面掌握了编制国际招标文件的经验，并在工程技术方面进行了一系列创新，取得了巨大的社会效益。1986年开工建设的漫湾水电站是我国第一个座由部（原水利电力部）和省（云南人民政府）合资建设、全面实行项目招标承包的国家重点水电工程，是云南省和澜沧江上首座百米混凝土高坝和百万千瓦以上的大型水电站，是“九五”期间全国水电“五朵金花”中璀璨的一朵。昆明院在承担电站勘测设计任务的同时，在同行中率先承担了电站的监理工作，积累了宝贵经验。1996年开工建设的天生桥一级水电站，形成了西电东送（南线）的构架，开辟了“云电外送”通道，开创了超高面板堆石坝设计的先河，建成时坝高居全国同类型第一，世界第二，成为了我国超高混凝土面板堆石坝建设的里程碑。

2001年以后，随着国家“西部大开发”战略和“西电东送”战略的实施，电力体制改革和投融资体制改革不断深入，水电投资和市场主体实现多元化，昆明院承担的澜沧江景洪、小湾、糯扎渡等工程的相继开工兴建和金沙江中游河段、澜沧江上游河段水电站前期工作全面启动，与此同时，云南省也积极筹资开工建设了一批大、中、小型水电工程。水电开发呈现出欣欣向荣、蓬勃发展的良好态势，进入了水电事业发展的黄金时期。

昆明院不失时机地承担了这一系列在技术难度和电站规模方面都具有世界级水平的工程的勘测设计和科研工作，较好地满足了工程建设需要。在此过程中，昆明院经受住了多方面困难和技术难题的锻炼和考验，由过去只能承担坝高几十米的中型工程，迅速成长为现在能承担起世界第一高拱坝和特高土石坝的勘测设计、科研任务；由过去以设计当地材料坝为主，发展为已全面具备各种坝型的实践经验。掌握了一批处于国内外领先地位的核心技术：300m级混凝土拱坝勘察设计技术；300m级心墙堆石坝勘察设计技术；200m级碾压混凝土重力坝勘察设计技术；200m级混凝土面板堆石坝勘察设计技术；复杂地基下高拱坝地基处理设计；高土石坝深厚覆盖层地基处理设计；大型滑坡体及人工高边坡加固处理设计；窄河谷高水头大流量泄洪消能防冲技术；复杂地质条件下地下洞室群勘察设计技术；单机容量700MW水轮发电机组应用技术；大型金属结构、钢闸门设计；风能资源评估及风电场勘察设计；先进勘测、钻探、物探和岩土测试技术。

这一系列丰富工程经验和高端核心技术，牢固地奠定了昆明院继续向前发展的坚实基础。

昆明院以诚信拓市场、以改革促发展、以管理增效益，创新工作思路，以市场为导向，以生产经营和财务管理为核心，培育了以设计为龙头的工程总承包业务、工程监理业务、国际工程设计咨询业务，放开搞活了辅业业务，经营收入不断创造历史最高水平，

企业形象面貌发生了翻天覆地的变化。在认真分析形势，正确预测了国民经济快速发展必将对电力供应有越来越大的需求，以垫资那兰电站预可研为先导，垫资开展了小湾、糯扎渡、云鹏、威远江、泗南江等项目以及李仙江干流规划等前期工作。垫资开展前期工作的项目总装机容量超过 13000 MW，这在当时昆明院经济十分困难的条件下是冒有极大风险的。当好政府参谋，做好服务，抓好项目储备，促成了一大批大中型水电工程的开工建设，在严酷的市场竞争中把握了先机；与此同时，积极扩大工程总承包业务规模，形成了昆明院发展的又一支柱业务；随着形势的变化，适时转变经营理念，明确了以投资拓市场、打基础、求发展的经营工作思路，大力推进实体化经营战略，对外投资初具规模，有力带动了勘测设计、工程总承包、工程监理等相关业务的发展，初步建立了确保昆明院长期稳健可持续发展的产业基础，并培养造就了一批懂企业经营、熟悉项目运作、精通现代企业制度的未来企业家队伍。

30 年来，昆明院在上级的正确领导和社会各界的鼎力支持下，全院职工上下一心，开拓进取，努力拼搏，实现了又好又快的发展，不断为国家、为中国水电事业、为云南的经济建设和社会进步作出新的更大的贡献。

30 年来，昆明院勘测设计的代表性及特色水电工程有：鲁布革水电站（获国家优秀工程勘察金质奖和获国家优秀工程设计金质奖）、漫湾水电站（获国家工程设计银质奖、国家工程勘察金质奖）、天生桥一级水电站（获 2002 年度全国优秀工程勘察金质奖和 2006 年度全国优秀工程设计银质奖）、小湾水电站（已有 11 项研究成果获部省级奖励）、糯扎渡水电站（其心墙堆石坝最大坝高属同类坝型世界第三、中国第一，溢洪道最大泄流量居世界岸边式溢洪道之首）、景洪水电站、金安桥水电站等。

二、新业务范围不断扩大，新的生产经营格局基本形成

昆明院 30 年来的快速发展，得益于上级一系列改革措施的深入贯彻和执行。改革开放初期，昆明院以勘测设计水电站为主，生产任务由上级下达，业务范围比较单一。1984 年，根据上级统一安排，实行事业单位企业化管理，单位在保证完成国家指令性任务的前提下，开始面向市场承揽少量计划外任务，并获得相应计划外收入，成为单位自有资金。为了调动部门和个人对外承揽计划外项目的积极性，增强内部活力，昆明院制定了《技术经济责任制》，以规范内部分配和管理，此后，上级下达的指令性任务逐年减少，昆明院进入市场，承揽计划外任务的压力不断增大，直至 1998 年指令性计划任务全部被取消，昆明院完全成为自收自支自负盈亏的单位。

面对上级管理体制的改革，水电前期项目招投标制度的建立和复杂多变的市场形势，昆明院历届领导班子和全院职工，不断转变观念，采取应对措施，探索新的经济增长点，以求得生存和发展。在 21 世纪初，已逐步形成了“以投资带市场，打基础，求发展”的经营思路，构建了比较对路的新的生产经营格局，在主业延伸上取得可喜进展，有效增强了发展后劲。

（一）工程总承包路子越走越宽

昆明院发展该项业务，有起步早、步子稳、发展快的特点，自 20 世纪 80 年代中期开始，进行了有益的探索，是全国最早开展建设工程总承包业务的单位之一。1987 年 3 月～1988 年 10 月，实施了对会泽大隔障公路双线隧道的工程总承包。1988 年 8 月～1990 年 2 月，实施了对勐腊团结桥电站厂房改造工程的总承包。1989 年 1 月～1991 年 5 月，实施了澄江罗碧电站（装机容量 16.8MW）引水隧洞的工程总承包。1996 年 1 月～1999 年 7 月，进行了对维西板栗园电站（装机容量 7.5MW）厂区枢纽的工程总承包。这些工程总承包的顺利实施，开创了昆明院进行水电总承包的先河，为后续的工程总承包积累了经验。

文山格雷二级水电站（装机容量 16MW）和昆明滇池西大堤加固工程（总投资 3737.3 万元、堤长 2396.8m）两个项目总承包严格按合同要求进行，质量、进度、投资控制良好，已经相继建成投产，运行良好，效益显著。格雷二级水电站 1996 年 12 月开工，1999 年 6 月实现两台机组发电，是昆明院首次进行的项目较为完整、装机容量超万千瓦的工程总承包水电项目。在经验不足的情况下，调集骨干力量，加强组织管理，在实践中不断探索总结，实现了工期提前、投资节约、质量优良的目标，获中国工程咨询协会、中国勘察设计协会“工程总承包优秀奖”。受到了当地政府和电力公司的高度好评，赢得了良好的社会信誉。同时也为昆明院发展总承包业务积累了宝贵经验。推动工程总承包业务向前迈出了坚实的一步。

2001 年 11 月～2008 年 7 月，昆明院又进行了文山马鹿塘水电站一期（装机容量 100MW）、南盘江雷打滩水电站（装机容量 108MW）、德宏大盈江三级水电站（装机容量 200MW）、德宏大盈江二级水电站（装机容量 70MW）、南盘江糯租水电站（装机容量 75MW）、南盘江凤凰谷水电站（装机容量 100MW）、文山马鹿塘水电站二期（装机容量 300MW）等电站的工程总承包，这些电站工程进展良好。马鹿塘水电

站总装机容量400MW（二期工程装机容量300MW）为大型电站，标志着昆明院的工程总承包规模和水平上了新的台阶。

20多年来，通过对10多个工程的实践，昆明院在工程总承包方面，积累了丰富的实践经验，培养了各方面人才，赢得了良好社会信誉。工程总承包已经成为昆明院在本系统内独具特色的核心业务之一。

（二）项目投资与管理初具规模

进入21世纪之初，在“西部大开发”和“西电东送”战略的推动下，水电资源开发市场行情明显看好，各方面争相投资水电的局面很快形成。昆明院着眼未来的长远发展，抓住千载难逢的机遇，充分利用了解行情、熟悉资源的优势，运用多年积累，精心选择项目，发挥技术专长，按照“以投资带市场、打基础、求发展”的经营工作思路，参与水电投资。至2005年底，共参与投资电力开发项目6项。其中，水电项目5项，参股包括水电、火电、新能源及相关产业的综合性投资公司3个。涉及电力开发工程项目20余个，总装机容量约4300MW，其中，昆明院权益容量约为600MW，项目资本金投入约3.7亿元。随着这些投资项目陆续投产，实业资本收入将成为支撑昆明院发展的重要力量。

（三）国外工程迈开步伐

昆明院在国内水电建设市场竞争异常激烈、水能资源开发比例迅速增高、远期开发项目越来越少的情况下，以靠近云南、水能资源开发尚处于起步阶段的东南亚国家为突破口，向国际水电开发建设市场进军。10年来，先后承担了缅甸、越南、老挝、柬埔寨、巴基斯坦、阿尔巴尼亚等国家的十多个水电工程的勘测设计、监理、咨询等业务，创造了一定的经济效益。其中，邦朗水电站装机容量280MW，瑞丽江一级水电站装机容量600MW，分别为缅甸已建和在建的最大水电站之一；宣光水电站装机容量342MW，为越南在建的最大水电站。在这些工程中，昆明院展示了国际一流的技术和良好的服务水平，赢得了广泛的国际信誉。通过工程实践，培养了一大批既熟悉国际工程运作规则和技术规范、又能熟练运用外语交流的人才，提升了与国际接轨的能力，为进一步扩大国际市场打下了良好基础。

以上三项业务与传统的勘测设计科研主业一起，形成了“四个轮子一起转”的生产经营格局。带动了工程监理、咨询、岩土工程、建筑、工程检测等多项业务的发展。

值得一提的是，工程监理是昆明院起步最早，发展平稳的一项主业延伸业务。

早在1982年，昆明院就参与了中国第一个利用世界银行贷款、实行国际招标的水电工程——鲁布革水电站的招标文件编制，派出人员参与了工程的招标、建设管理、投资控制、进度控制、质量控制、合同管理等工作。当时，我国尚未实行建设监理制度，昆明院派出的8位技术干部参加管理局工作，按国际惯例履行“工程师”职能，这是我国水电建设监理的雏形。此项工作在国内外产生了较大影响，培养了一批建设监理人才，积累了一定的建设监理经验，为开展建设监理业务奠定了基础。此后，相继承担了云南、四川、贵州、河南、西藏等省区和缅甸、越南等国的数十个水利水电项目的监理业务。同时，还承担了20余个房屋建筑工程、公路工程、电力工程、市政工程、水库移民综合监理项目的监理业务。

2005年，全院产值收入76 054万元，人均产值56.8万元，分别为1996年的9.2倍和12.2倍。与此同时，院的内部素质也相应得到全面提升。经建设部等对全国勘察设计单位综合实力百强排名，昆明院由1992年的第59名，上升到1998年的第10名，居本行业之首。此后，名次均保持在较好水平。

截至2008年11月，全院共有1467名在职职工，其中专业技术人员达到1171人，拥有全国工程设计大师1名，云南省工程勘察大师2名，云南省工程设计大师1名，教授级高工110名，各类注册工程师321人。

三、技术创新成效显著，科技成果大量涌现

30年来，昆明院从所承担的工程实际需要出发，科学求实，勇于探索和创新，结合工程项目的特点，把提高自主创新能力摆在自身科技工作的突出位置。坚持“科技创新来源于实际工程，最终服务于实际工程，紧密结合工程需要”的理念，有力地推动了科技进步工作，并取得了良好的经济和社会效益。共获得国家、省部级科技奖励259项，其中国家科技进步12项，国家优秀工程勘测、设计金奖4项；拥有国家授权专利7项，主持制定或修订了1项国家标准、10项行业标准。

装机容量600MW的鲁布革水电站工程勘察和设计分别获国家金质奖；装机容量1250MW的漫湾水电站工程勘察获国家金奖，设计获国家银奖；装机容量1200MW天生桥一级水电站工程勘察获国家金奖，设计获国家银奖；大朝山水电站工程勘察获国家银奖。

丰硕的科技成果有力地促进了昆明院勘测设计水平的提高。30年来，昆明院勘测设计的工程项目，从支流到干流，装机从几十万千瓦到几百万千瓦；库容从几亿立方米到数百亿立方米；坝高从几十米到近300m，实现了跨越式的发展。

主要的科技创新成果和应用如下。

1. 水资源工程及动能经济科学研究　充分掌握了云南省水力资源的情况，对全省的水电工程，特别是“三江干流”的大型项目，积累和储备大量的技术资料和研究成果，对于水能资源开发工作具有得天独厚优势。云南省水力资源复查成果对云南省六大水系分别就流域概况、勘测设计工作、开发任务和开发方案、开发条件和存在问题及今后工作意见进行了详细阐述，是我省水力资源普查的最新和比较可靠的成果。为上级领导部门安排好我省国土规划、能源布局及制定长远规划，为勘测设计部门进行规划、设计工作提供了基础资料，因而具有重要的价值。研究成果包括：①设计洪水地区组成专题研究；②工程开发任务与投资分摊研究；③可能最大降水（PMP）、可能最大洪水（PMF）研究；④水库泥沙调度运行方式专题研究。

2. 环境工程科学研究　研究成果包括：①流域水电规划环境影响评价；②澜沧江糯扎渡水电站环境影响评价，在环评报告中提出分层取水措施的，在全国范围的大型水电站工程中属第一个；③水电站鱼类增殖站研究。

3. 工程测绘技术研究　TCA2003 测量机器人及变形监测数据处理软件的开发利用：项目成果完整、实用，应用效果好，系统在水电控制网的建立与监测应用方面，处于国内先进水平。

4. 工程勘察技术研究　工程勘察是工程设计的基础，工程勘察技术研究包括工程地质勘察、岩土工程勘察、工程物探及检测与试验技术、工程勘探、水文勘测等。研究成果包括：①大坝面板脱空无损探测研究与应用；②采用 EH4 进行深厚堆积体厚度探测应用研究。

5. 工程地质研究　研究成果包括：①大型水电工程库岸稳定性地质勘察研究；②糯扎渡右岸软弱岩带的工程地质特性及处理措施；③地质编录斜面摄影成像技术；④云南红层软岩工程地质特性研究。

6. 水电工程建设征地移民安置规划研究　研究成果包括：①水电工程移民后期扶持基金和库区维护基金分配研究，为全国首份有关界河水电站水库移民后期扶持基金的提取和库区维护基金分配比例研究成果，已成为国内类似工程的处理模式和范本；②水库库岸不稳定区处理和水库诱发地震处理措施研究，对国内处理水库蓄水诱发地震影响处理起到了示范作用；③移民安置实施规划，小湾水电站的移民安置实施规划设计是国内第一份大型水利水电工程完整的移民安置实施规划报告，具有开创性和领先性。

7. 地质灾害防治技术研究　研究成果包括：①大型水电工程库岸稳定性地质勘察研究；②小湾工程水库地震监测预警系统台网选址和设计。

8. 土石坝工程研究　土石坝工程是昆明院的优势学科，已建的毛家村水库心墙坝、鲁布革水电站心墙堆石坝、天生桥一级水电站混凝土面板堆石坝，在建的糯扎渡水电站的心墙堆石坝，分别代表了我国 20 世纪 70、80、90 年代和 21 世纪初期的土石坝勘测设计方面的领先水平。“十五”期间，在完成天生桥一级水电站、茄子山水电站的面板坝工程设计的基础上，承担了大量的土石坝工程设计任务，坝高 100m 以上堆石坝有 14 座。结合所承担的工程项目，在土石坝工程研究领域进行了大量的工作，取得了丰硕的成果，除了依托糯扎渡工程开展的国家电力公司攻关项目《糯扎渡水电站高心墙堆石坝关键技术研究》的成果外，那兰、云鹏、泗南江等项目的设计研究与实践成果也极具特色，那兰最大坝高 109m，为我国趾板建在覆盖层上最高的混凝土面板堆石坝。

9. 混凝土坝工程研究　昆明院成功实践了漫湾水电站 132m 的混凝土重力坝；正在承担设计建设中的小湾水电站 292m 的混凝土双曲拱坝代表我国拱坝勘测设计方面的领先水平；景洪水电站 107m、金安桥水电站 160m、观音岩水电站 159m 高的碾压混凝土重力坝，丰富了我国碾压混凝土重力坝勘测设计内涵，极具设计特点与技术创新。结合所承担的工程项目，在混凝土坝工程研究领域进行了大量的工作，取得了丰硕的成果，除了依托小湾水电站工程开展的国家电力公司攻关项目《小湾水电站拱坝关键技术问题研究》的成果外，金安桥、景洪、观音岩等碾压混凝土重力坝的研究成果也极具特色。

10. 结构工程研究　对新型的水工混凝土结构、水电站厂房结构、升船机及船闸结构、桥梁结构工程、新型钢结构等开展了针对性强的研究工作。研究成果包括：①老挝南梦新型回填式压力钢管、乌泥河等水电站外包混凝土压力钢管研究；②大直径高水头坝后背管与蜗壳衬砌结构体系研究；③新型混凝土预应力闸墩结构体系研究；④导流隧洞新型封堵结构体系研究；⑤压力背管抗震与变形研究；⑥邦郎主厂房异型机墩结构研究；⑦小湾缆机基础设计。

11. 地下工程研究　研究成果包括：①缅甸邦朗水电站引水发电建筑深化布置研究；②大型地下厂房洞室群围岩稳定分析与支护措施深化研究；大型导流隧洞复合衬砌设计。

12. 工程水力学研究　水工水力学的研究直接影响到水电枢纽的布置、建筑物体型、工程安全等，是水电设计行业的核心学科之一。研究成果包括：①阿鸠田水电站沉沙池设计试验研究；②崖羊山水电站上游式大断面地下矩形长廊式调压室水力及结构特性研究；③糯扎渡大泄量高流速溢洪道掺气减蚀研究；④

糯扎渡大泄量高水头泄洪隧洞有压流至无压流水力过渡研究；⑤新型水力浮动式升船机水力系统研究；⑥金安桥大流量高水头底流消能设计；⑦景洪电站大单宽流量溢流表孔底流消能设计；⑧观音岩泄水建筑物布置研究；⑨小湾水垫塘研究；⑩糯扎渡消力塘研究；糯扎渡进水口分层取水水力设计研究。

13. 基础处理及边坡工程研究　研究成果包括：①小湾工程700m高边坡稳定性及工程处理措施研究；②小湾高拱坝坝基开挖及坝基处理；③金安桥裂面绿泥石化岩体坝基处理研究；④观音岩溶蚀岩体地基枢纽渗控处理研究；⑤居甫渡坝基处理处理研究。

14. 施工规划技术研究　研究成果包括：①施工规划设计；②围堰结构设计研究；③截流水力学研究。

15. 施工仿真科学研究　研究成果包括：①混凝土坝施工仿真研究；②堆石坝施工仿真研究；③地下厂房施工仿真研究。

16. 工程安全监测研究　通过天生桥一级水电站、小湾水电站等安全监测的设计研究工作，工程安全监测设计方面我院积累的丰富的经验，取得了许多创新性的研究成果。

17. 机电及金属结构工程研究　在机电设计方面，在国内率先在大型机组上采用了筒形阀和顶盖取水技术，并取得了成功；率先在国内实现了闭环自动控制，普遍采用了全厂计算机监控；最早提出了地下厂房利用自然通风的设计思想，并在许多电站的实践中取得了成功；率先采用国际招标方式采购设备，最早编制了国际招标文件并负责国际招标。在金属结构设计方面，处于国内领先水平，在闸门尺寸和型式、水封结构、启闭装置容量和型式等方面取得大量创新性的研究成果，取得了国家专利6项，还有一批成果在积极申请国家专利。

18. 工程建设管理及信息工程科学研究　开展工程资料数字化研究、工程信息网络化研究；信息技术在水电工程中转化应用研究；企业管理集成设计与网络规划研究。引进吸收其他行业成熟应用的信息化技术，消化吸收，根据水电勘测设计行业的特点，进行整合集成，再创新。

（摘自中国水力发电工程学会
《改革开放三十年的中国水电》）

3

水能及风能开发

流域规划与开发

白鹤滩水电站正常蓄水位选择

白鹤滩水电站位于四川省宁南县和云南省巧家县交界的金沙江干流上，是金沙江下游河段四个梯级电站（乌东德、白鹤滩、溪洛渡、向家坝）中的第二个梯级，是我国继长江三峡和金沙江溪洛渡水电站之后的第三座千万级巨型电站，是“西电东送”的主要电源点之一，工程经济和社会效益十分显著。

白鹤滩水电站目前正在进行可行性研究工作，正常蓄水位已经选定并经过审查。由于正常蓄水位是水电站的主要特征值，直接影响整个工程的规模，而且也影响水工建筑物的尺寸、其他特征参数及库区淹没范围的大小，正常蓄水位的选择是一项重要的设计工作，必须慎重对待，为此，有必要对白鹤滩水电站的正常蓄水位选择进行回顾。

（一）选择情况

1960年12月长江流域规划办公室提出《金沙江流域规划意见书》，推荐白鹤滩水电站正常蓄水位为800m。

1958年至20世纪60年代初昆明勘测设计院编制的《金沙江龙街—白鹤滩河段水能规划初步意见》，推荐白鹤滩水电站正常蓄水位为800m。

1981年，成都勘测设计研究院提出的《金沙江渡口宜宾段规划报告》，推荐白鹤滩梯级正常蓄水位由800m提高到820m。

1990年通过审查并经国务院以国发［1990］56号文批准的《长江流域综合利用规划简要报告（1990年修订）》推荐白鹤滩梯级的正常蓄水位从原规划的800m抬高到820m。

2003年1月，长江水利委员会完成的《金沙江干流综合规划报告》，推荐白鹤滩梯级的正常蓄水位为820m。

2005年4月华东勘测设计研究院完成的《金沙江白鹤滩水电站预可行性研究报告》，在以往规划成果的基础上，拟定方案进行综合技术经济比较，初选白鹤滩水电站正常蓄水位为820m。受国家发展和改革委员会的委托，2006年5月29日至6月1日，水电水利规划设计总院会同四川、云南两省发展和改革委员会在北京主持召开了《金沙江白鹤滩水电站预可行性研究报告》审查会议。对于白鹤滩水电站的正常蓄水位，预可审查意见：“原则同意水库正常蓄水位为820m。下阶段应进一步分析水库淹没影响（特别是对巧家县城的影响）和环境保护要求，考虑工程建设难度及与乌东德水电站的合理衔接等，从有利于白鹤滩水电站能尽早投产、合理利用水力资源的角度出发，选定正常蓄水位。”

2006年11月华东勘测设计研究院编制完成的《金沙江白鹤滩水电站可行性研究阶段正常蓄水位选择专题报告》，选择白鹤滩水电站正常蓄水位为825m。2007年3月20～21日，水电水利规划设计总院会同四川、云南两省发展和改革委员会在杭州主持召开了该专题的审查会议，同意报告选择白鹤滩水电站正常蓄水位为825m。

（二）影响因素

影响水库正常蓄水位选择的因素众多，但关键因素取决于工程的特点。对于白鹤滩水电站而言，首先白鹤滩水电站坝址上游约41km有一巧家县城，对淹没较敏感；其次白鹤滩水电站地处强震区，地形地质条件相对复杂，对坝高有所要求；再次，白鹤滩水电站上游规划有乌东德水电站，为合理利用水能资源，白鹤滩水电站的水位应与乌东德水电站的尾水合理衔接。为此，影响白鹤滩水电站正常蓄水位选择的主要因素为水库淹没（尤其对巧家县城的淹没影响）、工程建设条件、与上游梯级乌东德水电站的合理衔接、电站本身的发电效益。

从与上游乌东德梯级电站的衔接和水能资源合理利用考虑，则白鹤滩正常蓄水位不宜低于815m，从地形地质条件、枢纽建筑物布置、减少水库淹没、并为巧家县城的发展留有余地等方面考虑，则正常蓄水位以不超过830m为宜。因此，以815m为下限、830m为上限，拟定815m、820m、825m、830m四个正常蓄水位方案进行综合比较。

（三）选择的原则

白鹤滩水电站正常蓄水位选择的原则为：贯彻国家“西部大开发”的战略决策；充分重视白鹤滩水电站在金沙江水电基地建设和国家“西电东送”能源战略中的重要地位；妥善处理工程效益与水库淹没、移民安置及工程建设之间的关系；协调好工程建设与环境保护之间的关系、工程本身效益与上下游梯级电站整体效益的关系。

（四）正常蓄水位选择

白鹤滩水电站是金沙江下游的主要梯级电站，为一具有年调节性能的巨型水电工程，是金沙江梯级开发和“西电东送”的主要电源点之一。电站正常蓄水位应从金沙江水电基地建设和贯彻国家“西电东送”能源战略出发，综合分析工程效益、水库淹没及移民安置条件、环境保护、工程建设条件和梯级电站整体效益等各方面因素，合理选择。

白鹤滩水电站发电效益显著，从动能经济指标和经济比较分析，选择较高的正常蓄水位是有利的；从水库淹没分析，虽然白鹤滩水库的淹没实物及移民人口主要分布在815m以下水库淹没区域，但从减小移民安置难度和为巧家县城远景发展留有必要的余地考虑，正常蓄水位不宜过高；从工程建设条件分析，白鹤滩水电站坝址区为强震区，地震烈度较高，而且地形地质条件比较复杂，泄洪消能的难度也很大，为适当控制工程建设难度，加快工程建设进程，正常蓄水位以825m比较合适；从白鹤滩水电站与上游乌东德水电站的梯级合理衔接分析，正常蓄水位以高方案较为有利。

白鹤滩水电站是金沙江下游的主要梯级电站，建设条件优越，综合效益显著，在妥善处理水库淹没和移民安置的基础上，适当选择较高的正常蓄水位方案是有利的。本着“落实科学发展观，以人为本，构建和谐社会”的要求，从“建设一座电站，带动一方经济，改善一片环境，造福一批移民”的理念出发，综合白鹤滩水电站发电效益、合理利用水能资源、适当控制工程建设难度、尽量减少水库淹没损失、降低移民安置难度并有利于巧家县城的发展等各方面因素，选择白鹤滩水电站正常蓄水位为825m。

白鹤滩水电站工程规模巨大，开发白鹤滩水电站符合国家“西电东送”的能源战略，工程建成后具有发电、防洪、拦沙、改善航运等综合效益，工程经济和社会效益显著，工程建设条件优越，没有制约工程建设的重大环境问题，工程的建设对促进西部开发，实现“西电东送”，促进西部资源和东部、中部经济的优势互补和西部地区经济发展具有深远的意义。建议尽快推进水库淹没调查、移民安置规划等工程前期工作，争取工程早日开工建设，发挥作用。

（中国水电顾问集团华东勘测设计研究院　吴世东）

雅砻江中游水电开发新进展

雅砻江是金沙江最大支流，发源于青海省玉树县境内的巴颜喀拉山南麓，于攀枝花市下游的倮果汇入金沙江。中游河段上起新龙县和平乡，下至木里县卡拉乡，流经四川省甘孜的新龙、道孚、雅江、理塘、康定、九龙和凉山州的木里县共7个县，长385km，天然落差980m，河道平均比降2.55‰。

根据四川省人民政府批复的《四川省雅砻江中游（两河口至卡拉河段）水电规划报告》，中游河段规划两河口（300万kW）、牙根（150万kW）、楞古（271.8万kW）、孟底沟（184万kW）、杨房沟（150万kW）、卡拉（100万kW）等6级开发，总装机容量1155.8万kW。其中两河口梯级为雅砻江干流中下游河段“龙头”水库，具有多年调节能力。

2008年度中游各项目前期工作进展情况如下。

1. 两河口水电站　该电站是雅砻江中下游的“龙头”水库电站，位于四川省甘孜州雅江县境内。电站的开发任务为发电，结合汛期蓄水兼有减轻长江中下游防洪负担的作用。电站采用坝式开发，砾石土心墙堆石坝最大坝高295m，是世界最高的土石坝之一。水库总库容约107亿m^3，调节库容约65.6亿m^3，具有多年调节能力。电站装机容量300万kW，多年平均年发电量115亿kW·h，项目总投资约271亿元。2005年启动了两河口水电站前期筹建准备工作，主要进行“三通一平”、施工供电、营地系统等工作。2008年12月四川省人民政府正式下达了《关于两河口水电站水库淹没区及施工区停止基本建设控制人口增长的通知》，移民安置规划工作正式启动。截至2008年底，两河口电站可行性研究设计的技术论证工作已基本完成，累计完成投资18.32亿元。

2. 牙根水电站　该电站是雅砻江中游第二个梯级电站，位于四川省甘孜州雅江县境内。电站坝址位于两河口水电站下游约73km处；混凝土面板堆石坝，最大坝高158m；装机容量150万kW，多年平均发电量64.6亿kW·h；项目总投资约172亿元。牙根水电站已于2007年7月完成预可行性研究报告并通过审查，2008年正全力推进可行性研究阶段工作，完成了正常蓄水位选择、死水位及装机容量选择、坝区拉裂松动体处理研究、地震安评报告等重大专题，开展了对外交通专用公路勘测设计，完成交通工程可行性研究报告并通过评估。

3. 楞古水电站　该电站是雅砻江中游第三个梯级电站，位于甘孜州康定县、雅江县交界处。中游河段水电规划报告推荐的代表方案坝址位于力丘河河口下游约1km处，初拟开发方式为混合式，混凝土重力坝坝高约134m，引水发电线路长约14km。规划阶段电站装机容量271.8万kW，多年平均发电量112.8亿kW·h，项目总投资约289亿元。2008年完成了勘测设计进场道路及预可行性研究阶段部分钻探外业工作和坝址初选中间成果。

4. 孟底沟水电站　该电站是雅砻江中游第四个

梯级电站，位于甘孜州九龙县与凉山州木里县交界处；中游河段水电规划推荐的代表方案坝址位于孟底沟沟口下游约0.5km处；初拟开发方式为坝式开发，混凝土拱坝最大坝高229m；装机容量184万kW，多年平均发电量80.05亿kW·h，项目总投资约183亿元。2008年主要进行部分勘测设计进场道路的建设，为全面开展预可行性研究工作做准备。

5. *杨房沟水电站*　该电站是雅砻江中游第五个梯级电站，位于四川省凉山彝族自治州木里县境内；混凝土双曲拱坝，最大坝高158m；装机容量150万kW，多年平均发电量65亿kW·h，项目总投资约170亿元。杨房沟水电站已于2007年12月完成预可研报告并通过审查，2008年全面进入可行性研究阶段，完成了可行性研究阶段勘测设计科研大纲、正常蓄水位选择等专题研究工作。

6. *卡拉水电站*　该电站是雅砻江中游的最后一级水电站，位于四川省凉山彝族自治州木里县境内。预可阶段推荐坝型为碾压混凝土重力坝，最大坝高128m，电站装机容量100万kW，多年平均年发电量45亿kW·h，项目总投资约127.5亿元。2008年是卡拉水电站预可行性研究阶段收尾、全面启动可行性研究阶段勘测设计关键的一年，主要围绕预可行性研究收口以及库区滑坡体研究重点开展工作，完成了可行性研究勘测设计科研大纲、滑坡体专项工程勘测设计研究大纲、工程区滑坡体安全监测专项报告等重大专题研究。

（二滩水电开发有限责任公司　高　鹏）

福建省尤溪流域水电开发情况

（一）福建省尤溪流域水电开发有限公司简介

福建省尤溪流域水电开发有限公司是经福建省人民政府批复同意，由福建水口发电有限公司、福建华电投资有限公司、国投电力公司、福建中闽能源开发有限公司以及三明市、尤溪县国有资产投资有限公司依照《中华人民共和国公司法》组建的大二型水电流域开发公司。公司于2002年12月27日正式成立。2008年12月，经福建省人民政府和国家电网公司批准，水口发电公司出资吸收合并其他股东股权，全资控股尤溪流域水电开发有限公司。

公司主要任务是：遵照国家的产业政策，本着“流域、梯级、滚动、综合”开发的原则，开发建设和经营管理以街面水电站为龙头电站的尤溪流域梯级水电站；统一流域规划和前期工作，按国家有关规定上报相关项目核准申请报告；统一负责流域内各投产电站的运行调度。

（二）尤溪流域水电开发规划情况

尤溪是闽江流域中游右岸的一级支流，地理位置居于福建省中心部位，与闽江汇合口（称尤溪口）在南平市下游约40km处，在水口水电站坝址上游约55km处。尤溪上游由主流均溪和支流文江溪组成，文江溪于街面以下约2km处与均溪汇合，以下称尤溪干流。干流流经尤溪的坂面、城关、梅仙、西滨等乡镇，于尤溪口汇入闽江，总流域面积5436km^2，河道长度202km，平均坡降2.0‰。

1960年，尤溪流域梯级开发曾由原水电部上海勘测设计院进行规划，分街面、水东、雍口三级开发。1978年福建省水利水电勘测设计研究院根据国民经济发展需要和电网需求，特别是下游水口水电站即将兴建等情况，对尤溪流域进行复核规划，编制了福建省尤溪开发规划报告。1981年，经水电部建设总局审查，通过了街面、坂面、水东、汶潭、雍口五级开发方案。尤溪梯级规划总装机容量522MW，即：一级街面水电站装机容量300MW，二级坂面水电站装机容量60MW，三级水东水电站装机容量80MW，四级汶潭水电站装机容量32MW，五级雍口水电站装机容量50MW。其中，水东、雍口水电站分别于1994年、1998年建成投产；街面电站于2008年5月全面建成投产。流域五级电站全部建成后，年发电量可达11亿kW·h。

（三）尤溪流域五级水电站情况

1. *街面水电站*　该水电站位于尤溪县坂面乡街面村，距离尤溪县城关51km，是福建省5大水电站之一，也是福建省唯一具有多年调节的大型龙头水库水电站；具有发电、防洪、梯级补偿等综合效益，是福建省内少有的具有战略意义的控制工程。工程概算总投资为263 944万元，于2008年5月全面建成投产发电。电站装机2台，每台容量150MW，共300MW，年发电量3.60亿kW·h。

2. *坂面水电站*　该水电站位于尤溪县坂面乡，是尤溪流域水电规划开发的第二级梯级电站。工程可行性研究报告已通过审查，目前待核准；项目设计装机2台，每台容量30MW，共60MW，设计年发电量1.61亿kW·h。

3. *水东水电站*　该水电站距尤溪县城关约500m处，是尤溪流域梯级开发的第三个梯级。坝址以上流域面积3784.5km^2。电站以发电为主，装机4台，每台容量20MW，共80MW，多年平均发电量2.52亿kW·h。水库总库容1.076 2亿m^3，调节库容0.334 8亿m^3，为周调节水库。工程于1991年4月正式动工，1995年12月底工程通过竣工验收，工程总投资30 356万元。

4. *汶潭水电站*　该水电站位于尤溪县梅仙镇汶

潭村上游 0.9km 处，是尤溪流域水电开发的第四个梯级电站。目前正在进行可行性研究设计工作，项目设计装机 2 台，每台容量 16MW，共 32MW，年发电量 0.92 亿 kW·h。

5. 雍口水电站　该水电站是尤溪流域五级梯级开发的最后一级水电站。电站位于尤溪县城关下游 27km 处，电站为低水头河床式电站，以发电为主，装机 2 台，每台容量 25MW，共 50MW，多年平均发电量 1.43 亿 kW·h。水库总库容 3535 万 m^3，调节库容 504 万 m^3，为日调节水库。工程于 1996 年 11 月正式开工，2001 年 11 月工程通过竣工验收，工程总投资 30 600 万元。

（福建省尤溪流域水电开发有限公司　曾庆彪）

浙闽边界交溪流域水资源综合规划

交溪流域位于福建省与浙江省交界地区，全流域面积 5635km^2，干流河长 175km，河床平均坡降 3.7‰。上游主要支流有东溪（流域面积 2092km^2）和西溪（1178km^2）。东溪在交溪渡以上又分为东、西两支，皆为浙闽两省界河：东支柘泰溪（818km^2），为福建省柘荣县与浙江省泰顺县界河，主要由福建境内的管阳溪、五浦溪、龙溪和浙江境内的仕阳溪等支流汇集而成；西支寿泰溪（677km^2），为福建省福安市、寿宁县和与浙江省泰顺县界河；东、西两支在浙江省泰顺县、福建省福安市、柘荣县交界处的交溪渡汇合成东溪干流，然后向南流经福建省上白石、潭头，纳入棠溪支流，于福安市城阳乡东口村与西溪汇合成为交溪干流。

交溪流域的水资源开发利用水平较低，流域性大规模的开发尚未进行。浙、闽两省为适应地方经济发展，分别提出了水资源开发利用要求，但对开发和利用方案有较大分歧，水事矛盾时有发生。随着流域经济的发展，迫切需要一个统一、科学、能兼顾各方利益的流域综合规划。中国水电顾问集团华东勘测设计研究院受水利部太湖流域管理局委托，承担了《浙闽边界交溪流域水资源综合规划》的编制工作。

规划报告于 2007 年 10 月完成，2007 年 12 月水利部水利水电规划设计总院对报告进行了审查，2008 年 12 月水利部、浙江省和福建省人民政府以水规计［2008］586 号对《浙闽边界交溪流域水资源综合规划》进行了批复。

（一）规划范围

规划以交溪流域（福安市城关江家渡以上）以及福鼎市为研究范围；规划的工程范围主要是交溪东溪（东口以上）流域，行政区划涉及福建省福安、福鼎、柘荣、寿宁和浙江省泰顺等县市的交溪流域部分。

（二）规划的主要任务

规划的主要任务是根据交溪流域浙闽两省国民经济发展需要，协调防洪、供水、发电等方面的关系，兼顾浙闽两省之间的利益，充分发挥该流域水资源的综合利用效益。

（三）规划主要成果

1. 防洪规划　本次规划研究的主要防洪问题为福安市城关防洪。交溪中下游福安盆地河面开阔，地势较平坦，福安市城关河道安全过洪能力仅有 5000m^3/s，赛岐镇至赛江入海口沿岸乡镇，防洪堤等设施标准低，防洪能力差，不到 5 年一遇标准。福安市城关已建的防洪堤标准为 20 年一遇，堤高在 4～6m，最大堤高达 14m。

根据有关规划，福安市城市规划建成区实际居住人口规模（包括非农业人口、农业人口和暂住一年以上的暂住人口）到 2005 年控制在 20 万人左右，到 2020 年控制在 31 万人左右。根据国家颁布的《防洪标准》的规定，以及地方有关部门提出的防洪要求，规划推荐福安市城区防洪标准按重现期 50 年的洪水进行设防。

如单纯依靠加高加固现有防洪堤，使福安市城关抗洪能力由现状的 20 年一遇洪水标准提高到 50 年一遇洪水标准，城区控制断面洪水位还需抬高 1.55～1.80m。从保护环境的角度看，单纯加高堤防与周围环境也极不协调，将影响该地区的经济发展。因此，通过在上游东溪设置专用防洪库容对洪水进行调蓄来进一步提高抗洪能力，是比较科学合理措施。规划通过多方案比较分析，从安全可靠考虑，在东溪上白石水库设置专用防洪库容对洪水进行调蓄，使福安市城区的抗洪能力从 20 年一遇提高到 50 年一遇，可较好的解决福安市的防洪问题。

2. 供水规划　本规划河段涉及浙江省泰顺县、福建省福鼎市、柘荣县、寿宁县和福安市等 5 个县市。规划通过对本流域水资源供需平衡分析，认为规划河段部分分区在部分规划水平年存在工程性缺水问题，但各区在各规划水平年的水资源可利用量均大于预测需水量，即能满足本流域各区在各规划水平年的用水需求。

国家“十一五”规划纲要把福建省沿海地区列为重点发展区域之一。福鼎市以天然良港沙埕港为依托，面临良好的经济发展机遇。但东南沿海地区随着经济的发展，水资源利用趋于紧张，将制约其经济的发展。鉴于福鼎市东南沿海一带水资源短缺。福鼎市规划在省际界河柘泰溪上游支流管阳溪兴建溪头水库，进行跨流域引水，以满足东南沿海地区中远期居民生活及工农业生产的用水需求。

规划通过分析论证认为，管阳溪跨流域引水是必要和可行的，引水方式为：在保证枯水期（10 月～次年 3 月）各月按平均流量 0.80m^3/s、丰水期（4～9 月）各月按平均流量 2.6m^3/s 泄放生态环保和生产生活基流的条件下实施引水，多年平均引水量为 1 亿m^3。管阳溪跨流域引水工程应尽快实施，以满足福鼎沿海片 2010 年城镇居民生活及工农业生产用水。

3. 水力发电规划 浙闽两省在交溪流域已建和在建的水利水电工程均为中小型，大都为径流式开发，调节性能差。实行兴利与除害相结合的原则，充分利用东溪的水力资源，以促进地区经济的发展。考虑水资源和生态环境保护，适当开发具有较好调节性能的水电站，提高电能质量和电站效益，更好的满足区域用电需求。

规划推荐水电开发采用龟湖高坝＋垟溪低坝的开发方案，初拟总装机容量 357.5MW，多年平均发电量 10.021 3 亿 kW·h，枯水期（10～3 月）发电量 4.333 亿 kW·h。水电梯级开发坝址布局为柘泰溪：龟湖；寿泰溪：友谊、甲家渡、垟溪；东溪及其下游干流为：上白石、财洪、东湖和东口等共 8 个梯级坝址。所推荐的方案一方面工程技术上具有充分的合理性，另一方面较好地平衡了浙闽两省水能资源的分配。

浙闽边界交溪流域水资源综合规划主要特点有：界河水资源开发以分段开发方式进行，福建开发上白石梯级，正常蓄水位 180.5m，浙江开发甲家渡、垟溪和龟湖等 3 个梯级，较好地平衡了浙闽两省的水能资源。规划较好地解决了防洪、供水、发电等功能的协调问题。

（中国水电顾问集团华东勘测设计研究院 计金华）

四川省西溪河干流水电开发规划

西溪河主源昭觉河发源于越西县南部的磨姑山，由北向南流经昭觉县的羊毛组、库依、昭觉、洛古（光明），在昭觉县城新城镇以下 6km 汇入最大支流三湾河，在达洛下游 3km 处汇入较大支流布拖河后称西溪河。西溪河过昭觉县的洛古为昭觉县与布拖县的界河。过金阳县的土沟为金阳县与布拖县的界河。在金阳县的石门坎汇入金沙江。河长 173km，落差 2810m，流域面积 2858km^2。

主要支流有三湾河、布拖河等，其中以三湾河最大，河道长 51km，流域面积 642km^2。

流域地势北高南低，河源海拔 3260m，河口 547m。羊毛组至河口，河道长 138km，天然落差 1780m，河道平均比降 12.9‰，水能资源蕴藏量 680MW。境内地形以中山和山原为主，平坝多在山原和河谷沿岸。三湾河、昭觉河沿岸分布有规模不等的河谷滩地，以四开、昭觉城附近及比尔上下游等地较大。其余多为高山峡谷区，交通困难。

（一）规划范围

规划范围为西溪河干流从比尔区羊毛组以下至金沙江溪洛渡库尾，河道长 138km，落差 1780m。

（二）开发任务

规划的主要开发任务是根据流域社会经济发展情况和国民经济各部门要求，结合河流的自然条件和建设条件研究确定。

西溪河梯级电站多属中型，除库依和洛古水库外水库淹没损失和占地相对较少，离西昌负荷中心近，交通方便，是解决西昌地区和凉山州近远期用电理想的电源点。

洛古坝址以上河段较为开阔外，沿河有一些农田、旱地等耕地需从西溪河取水灌溉，洛古坝址以下河段为峡谷，两岸农田较少，无城镇分布，没有防洪要求。另外西溪河属山区中型河流，不能通航。

综上开发条件和综合利用要求，西溪河干流的开发任务主要是发电，适当兼顾少量灌溉。

（三）规划主要成果

2004 年 5 月中国水电顾问集团华东勘测设计研究院编制完成了《四川省西溪河干流水电开发规划报告》，同月通过了四川省发改委组织的审查。

规划主要成果为西溪河干流按“两库五级”开发方案开发：库依 2270m（正常蓄水位，下同）、洛古 2045m、联补 1663m、地洛 1217m、青松 890m 等五级开发方案，初拟总装机容量 453MW，多年平均发电量 26.255 亿 kW·h。

1. 库依 库依水库控制集水面积 550km^2，初拟正常蓄水位 2270m，死水位 2230m，调节库容 21 920 万m^3，装机容量 33MW，多年平均发电量 1.55 亿 kW·h。坝后式开发。库依为西溪河干流的龙头水库、具有多年调节性能，通过其调节可获得可观的梯级开发效益，能有效地提高西溪河梯级电站的电能质量。但由于其淹没土地多，迁移人口多，还涉及昭觉和库依两个小水电站的处理，需要协调解决的问题较多，开发难度相对较大。

2. 洛古 洛古水库控制集水面积 1838km^2，初拟正常蓄水位 2045m，死水位 2030m，调节库容 3666 万m^3，装机容量 110MW，多年平均发电量 6.148 亿 kW·h。混合式开发。洛古为西溪河干流的控制性水库、具有不完全年调节性能，库依水库投入前，通过其调节可获得较好的梯级开发效益，能提高下游梯级电站的电能质量，同时也可带动下游各梯级电站的开发，是西溪河流域开发的关键性工程。

3. 联补　联补水库控制集水面积 1997km²，初拟正常蓄水位 1663m，死水位 1658m，调节库容 92 万 m³，具日调节性能，装机容量 115MW，多年平均发电量 7.031 亿 kW·h。引水式开发。

4. 地洛　地洛水库控制集水面积 2337km²，初拟正常蓄水位 1217m，死水位 1212m，调节库容 78 万 m³，具日调节性能，装机容量 95MW，多年平均发电量 5.745 亿 kW·h。引水式开发。

5. 青松　青松水库控制集水面积 2714km²，初拟正常蓄水位 890m，死水位 885m，调节库容 45 万 m³，具日调节性能，装机容量 100MW，多年平均发电量 5.781 亿 kW·h。引水式开发。

（四）建设现状

联补水电站已于 2005 年 3 月开工、2008 年 6 月下闸蓄水，计划 2009 年 6 月竣工投产；洛古水电站已于 2006 年 8 月开工，计划 2009 年 5 月下闸蓄水、2009 年 12 月竣工投产；地洛水电站已于 2006 年 8 月开工，计划 2009 年 8 月下闸蓄水、2010 年 6 月竣工投产；青松水电站已于 2008 年 12 月获四川省发改委核准，目前正在建设进场公路，计划于 2010 年主体工程开工、2016 年竣工投产；库依水电站，规划报告完成后，目前尚未开展下阶段的勘测设计工作。

（中国水电顾问集团华东勘测设计研究院　王新进）

大渡河沙坪河段水电开发方式研究

大渡河是长江上游岷江水系最大支流，干流全长约 1062km，全流域面积 77 400km²（不包括青衣江），其中四川省境内 70 821km²，占全流域面积的 91.5%，河口多年平均流量 1500m³/s，年径流量 470 亿 m³。大渡河干流水力资源技术可开发容量为 24 656MW，占四川省的 20.5%，是四川省的三大水电“富矿”区（金沙江、雅砻江、大渡河）之一。

2003 年中国水电顾问集团成都勘测设计研究院完成了《大渡河干流水电规划调整报告》，并通过有关部门的审查。规划调整报告提出以下尔呷、双江口、猴子岩、长河坝、大岗山、瀑布沟等形成主要梯级格局的 22 级开发方案，其开发任务为以发电为主，兼顾防洪、航运和供水。在 22 个梯级中，以下尔呷为干流“龙头”水库，以双江口为上游控制性水库，以瀑布沟为中游控制水库。调整后规划梯级总装机容量 23 400MW，总发电量 1123.6 亿 kW·h，枯期电量 413.4 亿 kW·h。

根据《大渡河干流水电规划调整报告》，沙坪水电站是大渡河规划 22 个梯级电站中的第 20 级水电站，位于四川省乐山市峨边县境内的大渡河中游河段，利用河段水头落差 45m，总装机容量约 860MW。规划阶段以不淹没库区内的乐山市金口河区城区以及红华实业公司生活区为原则。规划的沙坪梯级由于水库淹没损失较大，利用水头较小，规划调整报告认为沙坪梯级是大渡河梯级开发中条件较差的河段。由于水库淹没成昆铁路 11km，规划调整报告审查意见认为沙坪梯级开发价值有待今后进一步研究。

沙坪河段下邻龚嘴水电站，上接规划建设的枕头坝水电站，靠近正在建设中的瀑布沟、深溪沟等电站，具有地理位置较好，距离四川省负荷中心近，对外交通条件极其方便的特点。为了合理开发大渡河水能资源、促进少数民族地区经济和谐发展，并根据规划调整报告审查意见，四川省发展和改革委员会委托水电水利规划设计总院组织开展大渡河沙坪梯级开发方式研究工作，水电水利规划设计总院以水电规计［2006］0024 号文下发了《关于请尽快组织开展大渡河枕头坝、沙坪河段水电开发方式研究的通知》，要求中国水电顾问集团华东勘测设计研究院（以下简称华东院）开展沙坪河段水电开发方式研究工作。华东院于 2007 年 4 月提出了《大渡河沙坪河段水电开发方式研究报告》。

沙坪河段水电开发方式研究在分析调查开发条件与各种敏感因素的基础上，以主要敏感对象为基本控制条件，针对沙坪河段的沙坪、官料河、盐板溪、金口河四个坝址，就一级、两级两种开发方式，共拟定了四个组合方案进行技术经济比较。

（1）方案一：一级开发方式，沙坪坝址方案。坝址位于峨边县城上游约 2km，正常蓄水位 575m，利用落差 46.0m，装机容量 860MW。

（2）方案二：一级开发方式，官料河坝址方案。坝址位于官料河口上游约 300m，正常蓄水位 575m，利用落差 43.0m，装机容量 750MW。

（3）方案三：两级开发方式，沙坪一级盐板溪坝址＋沙坪二级官料河坝址，总利用落差 46.0m，装机容量 780MW。沙坪一级坝址（盐板溪）位于金口河口下游约 3km，正常蓄水位 578m，利用落差 25.0m，装机容量 480MW；沙坪二级坝址（官料河）位于官料河口上游约 300m，正常蓄水位 553m，利用落差 21.0m，装机容量 300MW。

（4）方案四：两级开发方式，沙坪一级金口河坝址＋沙坪二级官料河坝址，总利用落差 39.0m，装机容量 580MW。沙坪一级坝址（金口河）位于金口河口上游约 1km，正常蓄水位 578m，利用落差 18.0m，装机容量 280MW；沙坪二级坝址（官料河）位于官料河口上游约 300m，正常蓄水位 553m，利用落差 21.0m，装机容量 300MW。

开发方式研究报告从水能资源合理利用、水库淹没损失、对成昆铁路的影响、工程投资和工程效益等方面考虑，经综合技术经济比较后提出：沙坪河段采用沙坪一级、沙坪二级两级开发，其中沙坪一级电站以盐板溪坝址为代表性方案，初拟正常蓄水位578m，装机容量480MW；沙坪二级电站以官料河坝址为代表性方案，初拟正常蓄水位553m，装机容量300MW。

2007年5月水电水利规划设计总院会同四川省发展和改革委员会在成都市主持召开了四川省大渡河沙坪河段水电开发方式研究报告审查会议。审查意见同意沙坪河段采用两级开发方式；同意沙坪二级水电站以官料河坝址为代表性方案；基本同意沙坪一级以盐板溪坝址为代表性方案，并提出下阶段应专题研究沙坪一级对金口河工业区的影响及其方案，对盐板溪坝址和金口河坝址方案做进一步论证。

（中国水电顾问集团华东勘测设计研究院　计金华）

北盘江马马崖一级水电站正常蓄水位选择专题报告通过审查

2008年4月16～17日，由中国水电顾问集团贵阳勘测设计研究院编制的《北盘江马马崖一级水电站可行性研究阶段正常蓄水位选择专题报告》通过了由水电水利规划设计总院会同贵州省发展和改革委员会在贵阳市主持召开的审查。

马马崖一级水电站为北盘江干流（茅口以下）第二个梯级；坝址位于贵州省安顺市关岭县与黔西南布依族苗族自治州兴仁县交界河段，控制流域面积16 068km^2，占全流域的60.5%；多年平均流量309m^3/s，多年平均径流量98.18亿m^3。工程的开发任务以发电为主，航运次之。枢纽由碾压混凝土重力坝、坝身溢流表孔、左岸引水坝段、左岸地面厂房等建筑物组成。预留的通航建筑物拟按五级航道设计，过坝船舶吨位300t级。

马马崖一级水电站是北盘江光照龙头水库的下游衔接梯级，正常蓄水位的主要影响因素是梯级水位衔接，需着重考虑水能资源利用与航运要求。报告经过多方案技术经济比较，推荐正常蓄水位585m。该方案的水能资源利用比较充分，对航运要求的适应性较好。审查意见同意报告推荐的马马崖一级水电站正常蓄水位585m。

（中国水电顾问集团贵阳勘测设计研究院　龚兰强）

风 能 开 发

我国风电发展相关问题分析

风能是一种清洁、可再生、无污染的绿色能源，资源十分丰富，也是目前最具规模化开发和商业化发展前景的新能源。2005年欧盟风电装机容量达到了4000多万千瓦，提前5年实现了发展目标。据统计，2006年在欧盟新增发电装机容量中，风电的增长量超过核电、水电和煤电等，仅次于天然气发电，占全部新增发电装机容量的30%。中国可利用风力资源约250GW，居世界首位，但风电开发进展却相对较慢，近几年，才有所加快。风电发展对于调整国内电力装机构成，促进能源的可持续发展具有深远意义。

以我国目前风电发展速度，将提前2年即2008年实现建成5000MW风力发电机组的“十一五”发展目标。

（一）我国风力发电装机情况

1. 装机情况及风能资源　为了加快我国风电的发展，2003年以来，国家大力推行大型风电场建设运营特许权方式，即选择100MW级及以上大型风电场，由政府负责落实风电场资源、土地、环保、交通、电网接人和按中标电价收购风电可发电量等建设条件，通过公开招标选择投资者的方式。特许权招标方式的推行，不仅加大了风电建设规模，而且大大降低了上网电价，增强了风电的市场竞争力，我国风电建设进入了新的规模化发展阶段。

2000年以来，我国风电装机容量占总装机容量比重逐年上升，2003年开始呈快速增长态势，2007年达到0.57%。截至2007年底，全国风电装机容量将达到403万kW，是2000年全国风电装机容量的11.9倍，年均增长率42.4%。我国风电装机容量发展情况详见图1和图2。

据中国气象科学研究院的估算，我国的风能资源10m高度层的总资源量为3226GW。假设其中1/10在技术上可供开发，并考虑风轮扫掠面积系数为0.785，其技术可开发资源量为253GW，主要分布在西北、东北和华北的部分地区，以及东部和东南沿海

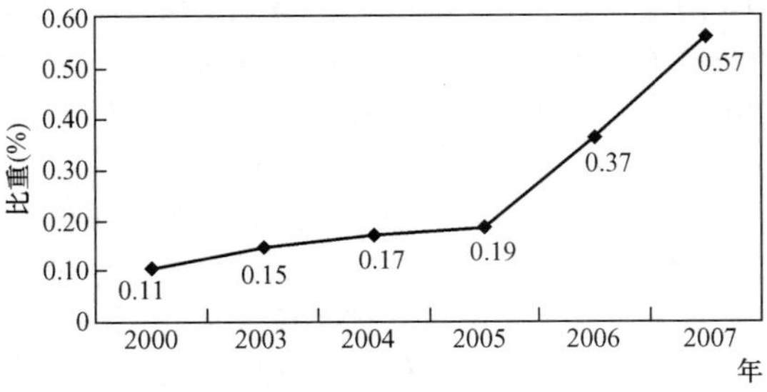

图 1 中国风电装机容量占总发电装机容量的比重

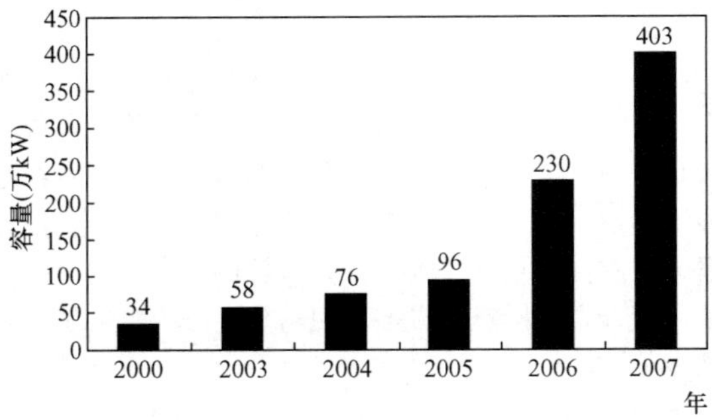

图 2 全国风力发电装机情况

地区及岛屿上。我国东部沿海水深 2～15m 的近海海域，风能资源也十分丰富，据专家的初步估计，约为陆上风能资源的 3 倍，即 750GW，风电发展潜力巨大。

2. *发展趋势* 风能是可再生能源的重要组成部分，是未来我国可再生能源发展的重点领域。我国将发挥沿海地区的经济优势和“三北”（西北、华北北部和东北）地区旳资源优势，建设大型和特大型风电场，在其他地区因地制宜地发展小型风电场，充分利用各地的风能资源。2020 年我国风电装机容量将达到30 000MW,风电装机容量占总装机容量的比例将从 2007 年的 0.57%上升到 2020 年的 2.1%，风电占可再生能源发电总装机容量的 8.33%，详见图 3。风电的大规模开发利用对我国电力工业的可持续发展和

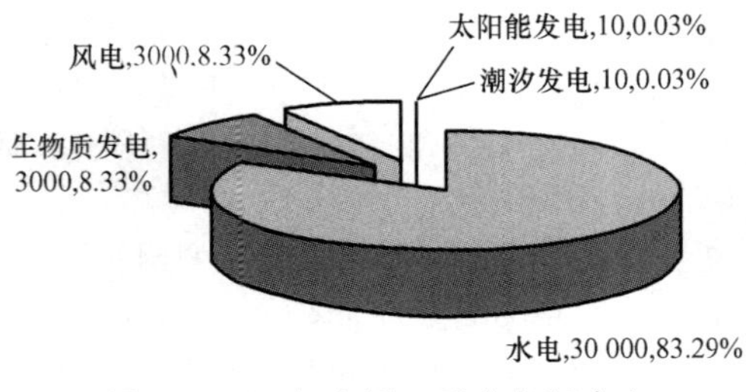

图 3 2020 年全国可再生能源发电装机情况（单位：万 kW）

能源结构的优化起到重要作用，能够有效减少化石能源的使用、减少温室气体的排放、保护环境，加速风电产业发展，促进风电技术进步和自主创新，实现风电设备制造自主化，加快使风电具有市场竞争力的进程。

（二）我国风电技术现状

近年来，世界风电发展技术日益成熟，单机容量不断扩大，兆瓦级及以上机组渐成为主力机型。风力发电技术主要包括风能资源评估与预测、风力发电装备制造技术、风电机组测试、近海风电技术、风电对公共电网的影响等几个方面。我国风电装机虽然以较高的速度在发展，但风电产业基础薄弱，面临着诸多方面的制约。

1. *风能资源的评估与预测技术* 国外关于风能资源的测试与评估，已开发出很多先进的测试设备和评估软件，在风电场选址，特别是微观选址方面已经开发了商业化的软件。目前我国风能资源的评估与预测主要是利用国外技术软件来开展相关工作，我国自主研发的技术还处于起步阶段。

2. *风力发电装备制造技术* 2007 年，国际上已商业运行的最大的风电机组单机容量为 5MW，叶轮直径达 130m，安装在 120m 高的塔架上，预计 2010 年将开发出 10MW 的风电机组。我国风电发展始于 20 世纪 80 年代，经过 20 多年的发展，风电产业已形成了一定规模。通过“九五”、“十五”的技术攻关、产业化和引进消化吸收再创新，我国风电技术和装备水平有了显著提高，具备了齿轮箱、叶片、电机等关键零部件制造能力。截至 2007 年，我国风电产业已掌握 600kW、750kW、1.2MW 和 1.5MW 风电机组制造技术，2007 年 11 月 2MW 直驱式风力发电机组的并网发电，2MW 永磁同步风力发电机的下线，标志着我国风力发电装备研制技术取得重大突破。我国拥有 2MW 永磁同步风力发电机的完全自主知识产权。

3. *近海风电技术* 海上的大型风电机组，由于对噪声的要求较低，可采用较高的叶尖速度降低机舱的重量和成本。但与陆上风电场相比，近海风电场建设的技术难度较大。与国外相比，我国近海风电技术研究起步较晚，2006 年，国家科技支撑计划提出了如表 1 所示的 4 个近海风电课题，开展科技攻关，开展检测平台和技术标准的研究工作。

（三）我国风电发展面临的问题

虽然我国风电发展取得了很大的成绩，但风电产业发展仍面临一些问题，如风电技术研发和设备制造能力不强、风电技术研发和引进没有形成合力、风电发展缺乏专业及复合型人才等。研究认为，我国风电发展除上述问题之外，还有以下问题：

表1　国家科技支撑计划近海风电课题

项目名称	主要研究内容
近海风电场建设关键技术	围绕近海风电机组基础结构，环境载荷对基础作用力计算、基础强度设计、基础损伤检测与评价技术，近海风电场选址，近海风电场电力输送技术，近海风电机组选型、安装、运行和维护技术等开展研究
近海风电机组安装及维护专用设备的研制	围绕近海风电场建设的专用安装及维护设备和专用工具的研制，近海风电场建设所需设备的运输、安装及维护技术开展研究
近海风电场技术、经济分析及对环境的影响评估	针对近海风电场建设做技术、经济分析，对近海风电场对当地生态环境的影响进行评估
近海风电场建设技术手册	针对近海风电场选址，近海风电场基础施工方法，近海风电场典型机组设计技术、选型原则、安装方法，近海风电场电力传输方法开展研究

（1）风电产业服务体系有待加强。目前，我国风电产业服务体系尚不完善。风电技术标准、产品认证、系统设计、工程管理等基础都比较薄弱，风能资源评价体系、宏观选址和微观选点技术深入研究不足，实践经验少，都是影响风电发展的重要因素。

（2）风电发展政策落实难度大。由于风能资源具有间歇性，在我国风电尚处于发展初期阶段，投资建设成本还比较高。因此，现阶段必须有国家政策的引导与支持，包括支持风电技术研发的资金政策，鼓励风电发展的税收政策，风电运营的成本分摊政策等。虽然《可再生能源法》提出国家设立专项资金支持可再生能源发展，还明确可再生能源发电高于当地电网平均上网电价的部分在全国范围的销售电价中进行分摊，但这些政策有待落到实处。

（3）大型风电场接入技术尚待研究。由于风轮从空气中吸收的功率和风机发出的功率有直接关系，因此风电功率具有间歇性和随机性。风资源的不确定性和风电机组本身的运行特性决定了大规模风电接入电网后，会影响电网的电能质量，如电压波动和闪变、谐波，对系统的功角、频率以及电压稳定性产生不利影响等，需要电网为其随时提供备用容量以平衡风电出力的变化。因此，电源结构和调节能力以及电网结构和负荷特性的不同，一个既定的电力系统在不同的发展阶段可承受的风电容量是有限的。电网承受风电的能力一般应考虑电网的调频能力、调峰能力、线路输电能力以及接入点电能质量等方面。今后，应就接电网风电机组容量的比例进行更深入研究，实现大规模开发可再生能源发电与电网安全稳定运行的协调发展。

（四）开发风电的保障措施

尽快建立包括设备制造、技术服务和人才培养在内的风电产业体系，是促进风电持续健康发展的重要条件。为了实现风电的快速发展，发挥其在我国能源结构中的作用，风电的建设要与培育和发展风电产业体系相结合，加大政府引导和支持力度，充分发挥市场机制的作用，加快关键技术和大型装备的研究开发，全面提升我国风电产业的技术水平，尽快建立起自主研发、设计、制造、运营和管理的产业体系。针对我国风电发展存在的问题，认为促进我国风电发展的保障措施主要有：

（1）加快风电建设促进设备制造国产化。制约我国风电发展的重要因素是技术研发和设备制造能力弱，实现风电设备国产化是加快我国风电发展的重要基础。因此，风电建设必须要与促进其技术研发和设备制造国产化相结合，通过风电的规模化建设，为国内风电设备制造提供发展机遇和需求市场，促进国内风电设备制造业的尽快发展，不能简单地为了扩大风电规模而从国外大规模引进风电设备。目前，我国已采取的将风电投资者与设备制造企业联合投标建设大型风电场的方式，旨在加速促进风电设备制造的国产化。要加强对引进大型风电机组技术的消化吸收，开发具有自主知识产权的兆瓦级变桨距变速风电机组技术的研究，在风电机组的总体设计、整机轻量化、主要部件制造等方面提高自主开发和制造能力。

（2）加快近海风电技术的研发。我国海上风电资源丰富，开发近海风电是未来风电的重要方向。对近海风能资源的测试与评估、海上风电场的场址选择、海上风力机载荷计算、海上风电机组基础建设、海上风电机组的安装与运行维护、海上风电机组的并网与电能输送、部件耐腐蚀性能等研究，是今后大规模发展近海风电需要解决的重要技术课题。

（3）研究大型风电场对接入电网的影响。风力发电能够顺利并入国家或地区电网的容量，主要取决于电力系统对风力发电输出功率波动的反应能力。大规模的风电并入电网后，风电与电网之间的相互影响及相互作用规律需要进一步研究。电网接纳风电的能力已经成为风电未来快速发展的又一瓶颈。为保障风力发电系统和电网安全稳定以及提高运行可靠性，研究风力发电系统与公共电网相互影响与制约规律是当务之急。

（4）加强电网、电源建设，为风电的大规模接入创造条件。我国风电场的开发规模都比较大，且布点较集中，对所在电网的电能质量、稳定运行、无功平衡等会造成一定的冲击。我国东部沿海负荷中心为典型的受端电网，依靠大量区外送电完成电力平衡，电网自身装机小于区域负荷，大规模的风电并网，势必以增加机组容量或区外送电作为风电备用。因此，需要加大输电网建设的力度，强化电网结构，为风电的大规模开发和接入创造条件。

(5) 加快建立和完善风电产业体系。目前，制约我国风电发展的另一方面的因素是缺乏风电技术人才，风能资源评价、风电场设计、并网及运行管理等产业服务体系不健全，风电场建设的技术仍主要依靠国外提供等。因此，加快风电人才培养，健全风电产业服务体系迫在眉睫。目前，华北电力大学已经设立风电专业，开始培养风电技术人才。进一步认真研究整合国内现有资源，尽快建立国家风能资源评价和设计研究机构、风电并网技术研究机构，加强风能资源评价、风电场设计和风电并网技术的研究和技术服务能力，尽快建立健全风电产业服务体系，是为今后风电的大规模发展创造条件的重要措施。

(6) 落实促进风电发展的政策。《可再生能源法》规定，可再生能源发电价格高出当地平均上网电价的部分，要在全国范围内的销售电价中分摊，以实现可再生能源发展的公平分摊原则。另外，为了促进风电的发展，《可再生能源法》要求国家有关部门要制定支持风电发展的投资税收和信贷优惠政策。由于多方面的原因，目前这些宏观政策还没有得到实施。因此，必须尽快落实促进风电发展的宏观政策，否则风电很难实现持续大规模的发展。

（五）结语

风能的大规模开发利用，将会有效减少化石能源的利用、减少温室气体的排放、保护环境。从发展速度上看，我国已进入风电快速发展时期，未来风电在电源中的比重将逐步提高，将对我国发电能源结构的优化起到重要作用，对实现能源的可持续发展具有深远的意义。

大规模的风电并入电网以后，风电与电网之间的相互影响及相互作用规律需要进一步研究。研究风力发电系统与公共电网相互影响与制约规律，对保障风力发电系统和公共电网安全稳定以及提高运行可靠性具有重要意义。应加大输电网的建设力度，强化电网结构，为风电的大规模开发和接入电网创造条件。对风力发电领域有关的先进技术进行跟踪，开展近海风电开发技术、大型风电机组技术、储能技术的研究，是促进我国风电大规模发展的重要措施。

（国网北京经济技术研究院
仇卫东　王智冬　李　隽）

风电场选址及容量估算

（一）风电场选址

风电场选址是一项综合程度较高的工作，需要同时考虑风能资源、电网状况、建设用地、环境保护、交通道路、地形地质条件、现场安装条件等多方面因素，其中风能资源、电网状况、用地和环境等属于决定性因素。

大型风电基地规划首先选择风能资源丰富的场址，“三北”地区和东南沿海风能资源最丰富，是建设大型风电场的理想区域。在规划场址内，应有70m高的测风塔实测资料，年平均风速宜在6.0m/s以上，近海风电场安装单机容量较大的风机，测风塔宜在80～100m，应根据测风塔周边环境分析测风塔代表范围。风电场场址选择应在风能资源分布的指导下进行，场址风能资源的开发条件是该场址是否可行的首要条件。

电网状况也是决定风电场宏观选址的重要因素之一，风电场建成后能否将所发电量送出，风电场建设规模的大小都受到电网现状及规划的制约，例如东南沿海部分岛屿、“三北”地区电网薄弱的个别区域，虽然风能资源比较丰富，但风电场建设受到电网的制约。在“建设大基地，融入大电网”的发展思路指导下，风电场送出由电网全面统筹、统一规划。

风电场规划时，应明确规划场址内土地类别。风电场场址不能占用基本农田，占耕地、农用地需要办理土地置换、规划调整等相关手续，应在选址时说明，便于风电规划和土地规划之间衔接。对于近海风电场选址，必须结合海洋功能区划开展，避开规划范围内的港口、航线、锚地等已规划用海区域。

环境保护要求也是风电场宏观选址必须考虑的决定性因素，风电属于清洁无污染的可再生能源，是保护环境、节能减排和可持续发展的有效措施之一，但是由于风力发电自身的特点，需要避开有环境保护要求的区域，尤其是鸟类保护区。选址时应考虑噪声、电磁辐射、“光影”效应等影响，并符合相关的规定。

另外，在涉及军事，矿产资源的区域规划风电场，也应征的有关部门的同意，最好能取得相关文件。

（二）风机布置方式

风机布置是根据风能资源特点和场址的各限制条件，确定合适的风机排布方式，在满足风机安全运行的条件下，使风能资源的利用程度和风电场的经济性最高。风机之间因安全运行的要求，最小距离不能低于限值，最小距离限值的大小与风机结构强度、风资源特点及风机的空间排布有关。风机布置时，满足最小距离的条件下，尽量连片集中布置在风能资源较好的区域，以相对较低的配套投资获得较高的产出。风电场不同布置方式风机之间相互影响可以通过 WAsP 等风能软件计算，一般风机布置越紧凑，尾流损失越大，通常尾流损失控制在 8%以内。

风电场类型不同，受地形条件的影响和限制，布置方式差别也较大。按照地形地貌条件，可以将风电场分为陆地风电场和海上风电场，陆地风电场可划分为山地风电场、丘陵风电场和平原风电场三类。山地风电场的地形复杂，一般坡度较陡，风机只能布置在山脊线上；平原风电场地形平坦或以较小的坡度向某一方向倾斜，风机可以按一定的行列距离布置多行多列；丘陵风电场介于山地风电场与平原风电场之间，由于受地形的影响，风机成片布置，局部区域按一定的行列距布置，但行列概念并不明显。海上风电场风机布置和平原风电场相似。

山地风电场一般分布在东南沿海及内地，主要包括近海岛屿、沿海山地和内陆高山。我国属于季风气候，风向随季节变化，山地风电场为了充分利用风能资源，风机多布置于山脊线上，山脊线的走向与主导风向的关系决定风机沿山脊线的间距，布置见图 1（粗实线为山脊线）。山地风电场由于地形条件复杂，为充分利用场内道路建设和节省集电线路，风机一般连片布置，不宜在孤立的山头布置风机。山地风电场近地面湍流强度较大，在布置风机时还应注意避开湍流较大的区域。

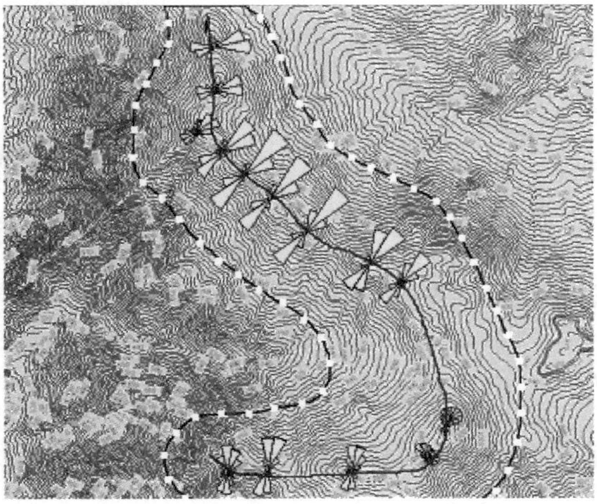

图 1　山地风电场风机布置示意图

平原风电场主要分布在甘肃、新疆、内蒙古和江苏沿海滩涂等区域。由于风电场地形平坦，风力资源分布均匀，风机布置在风电场各个区域对风能资源的利用程度基本相同。因此，平原风电场风机布置可以按照行列关系布置，布置见图 2，根据行列走向与风能在各象限的分布确定采用行列形或梅花形的方式。行列布置方式关键在于确定行、列之间的距离以及相邻行、列最近风机间的连线与行、列的夹角，在有限的场地范围内通过有效的组合方式，提高场地的利用率，并尽量减少尾流损失。

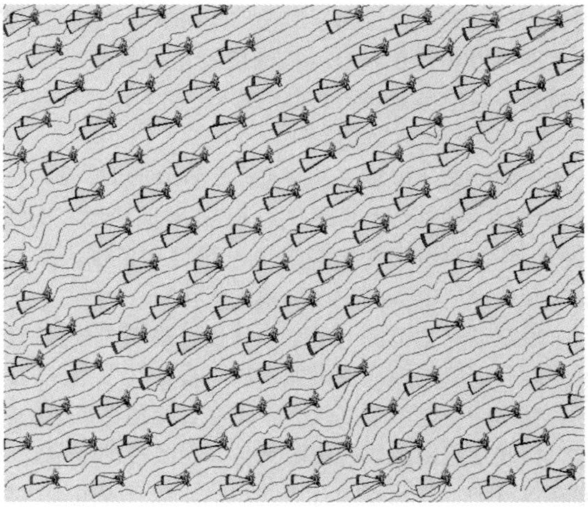

图 2　平原风电场风机布置示意图

丘陵风电场地形复杂程度介于山地和平原风电场之间，地势有明显起伏，但坡度不大，风能资源分布趋势和地形基本一致。丘陵风电场风机的布置方式也介于山地和平原风电场之间，首先确定风电场风能资源分布状况，根据区域的形状和风能资源在各象限的分布，分区域按照行列距或山脊线进行布置，当布置风机的山脊线有多条时，应注意各条山脊线之间的关系，尤其是各条山脊线中距离最近的风机之间的关系，布置见图 3。

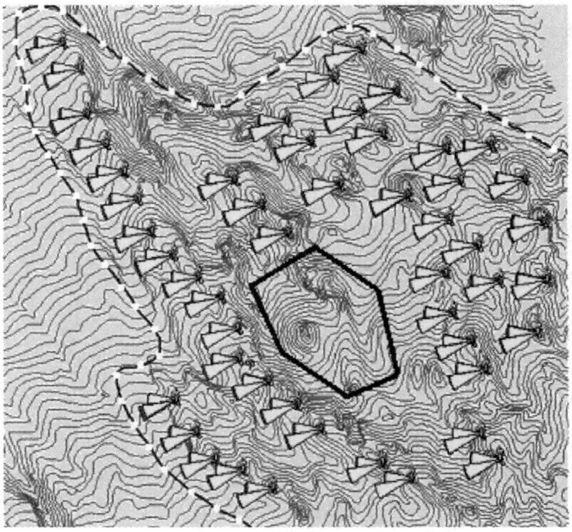

图 3　丘陵风电场风机布置示意图

海上风电场风机布置一般根据海岸线走势和周边限制条件按照行列式进行布置，不同的是水面粗糙度很小，风机之间的相互影响较大，布置时行、列间距也更大。

风机布置包括两个方面，一是风机间的相互布置原则，二是风机与周边环境之间的相互关系。风电场范围较大，属于开放式布置，每台风机都与周边环境之间有相互影响，风电场选址时对周边各种因素的考虑是宏观性的，风机布置时偏向于微观，比如北方草原上的风电场，在风电场范围内零星分布牧民住所，风机布置时应考虑噪声对其的影响。

（三）风电场容量估算

一般陆地风电场采用1∶5万的地形图，海上风电场采用1∶25万的海图，根据风能资源、用地(海)、环保等因素初步确定风电场规划范围。然后，要初步估算风电场的建设规模。

风电场规划范围一般是形状比较规则或按照行政区划划分，范围内存在风能资源不具备开发条件的区域，且不同风电场差别较大，无法直接估算风电场容量。将规划范围内风能资源具备开发条件的范围定义为有效范围，其面积为有效面积，如果有效范围内涉及其他限制因素，也应扣除，如图3中粗实线标示的范围。对于平原风电场，场址内风能资源分布均匀，有效面积（长度）等于风电场范围的面积（长度）。山地和丘陵风电场风能资源分布差异较大，有效面积（长度）等于风能资源可利用区域的面积，如图1、图3所示虚线标示的范围。在地形平缓、等高线平顺的风电场，可以按某高程对应等高线为界估算有效面积（长度）。

一般风电场的有效范围可分为矩形、条形和不规则形，矩形可以按多行多列布置，沿直线或曲线只能布置一行风机的场址可划分为条形，这两种形状较为规则，不规则形可根据资源分布和地形情况划分为若干个条形和矩形。矩形场址的装机规模可以按（1）式估算，条形场址的装机规模可按（2）式估算

$$装机容量(万\ kW)=有效面积(km^2)/k \tag{1}$$

$$装机容量(万\ kW)=有效长度(km)/k \tag{2}$$

式中：k取值为①对于矩形场址，一般取2～3；②对于条形场址，一般取3～4。

如果备选场址主要风能方向越集中，k值越小；如果备选场址主要风能方向分散、越接近垂直，k值越大。

规划时，尽量将风能资源不具备开发条件的区域划在风电场范围之外，减少规划协调工作量。山地和丘陵风电场一般应控制在60%以上。

为了便于开发，避免风机多行布置引起的风速衰减，成片布置的容量在50～100万kW以上的风电场，应划分为若干个20万～30万kW的风电场。在风电场划分时，在各风电场之间留出一个区域，区域的宽度根据风电场的建设高度判断。如果把周边的风电场看作是密实的障碍物，根据障碍物下风向风速衰减情况，一般在其高度35倍的距离以外，1～1.5倍高度的区域，风速基本完全恢复，详见图4。假定风电场风机高度为100～120m，留出的区域宽度应在4km左右，可以按4～5km估算。对于主要风能方向，间距应尽量大一些，减少风电场之间的相互影响。

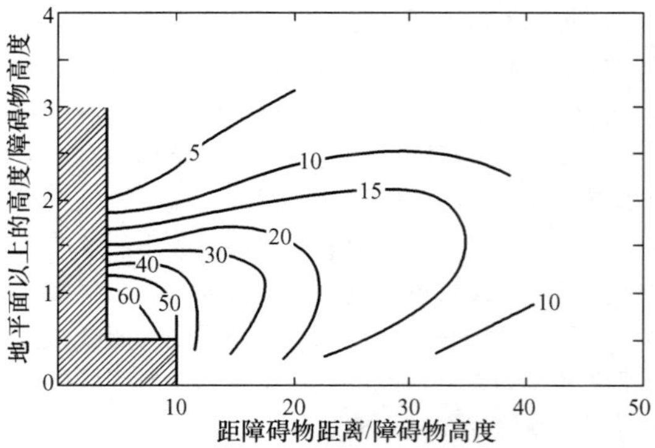

图4　障碍物下风向风速衰减示意图

（中国水电顾问集团华东勘测设计研究院　李睿元）

中广核锡盟灰腾梁300MW风电特许权项目简介

（一）概况

中广核锡盟灰腾梁300MW风电特许权项目是国家发展和改革委员会2006年8月组织的第四批公开招标风电特许权项目。本项目场址位于内蒙古自治区锡林郭勒盟锡林浩特市南部与阿巴嘎旗东南部交界地域。中心地理坐标约为东经116°10′，北纬43°32′，总面积约68.88km²，海拔高度1250～1462m。西南到内蒙古自治区首府呼和浩特市直线距离470km，北距锡林浩特市50km。

2007年2月，受中广核能源开发有限责任公司委托，中国水电顾问集团北京勘测设计研究院（北京国电水利电力工程有限公司）承担了中广核灰腾梁风电场300MW风电特许权项目的施工详图设计工作。

本风电场2007年5月开工建设，2008年12月首批机组并网发电，预计2009年底全部投产。

（二）工程设计

中广核锡盟灰腾梁300MW风电特许权项目占地面积约68.88km²，测风塔70m高度代表年平均风速为8.90m/s，代表年平均风功率密度620W/m²（标准空气密度下705W/m²）。推算到65m高度，代表年平均风速为8.80m/s，平均风功率密度为595W/m²，有效风速小时数为7983h。风电场风功率密度达到5级风场标准。风电场主风向为西风。

风电场内共安装200台FD70B－1500低温型风力发电机组，轮毂高度为65m，叶轮直径70m，总装机容量为300MW。风电场年理论发电量为11.625亿kW·h。经对理论发电量进行综合折减30.9%后，预计本风电场工程年上网电量8.031亿kW·h，年可利用小时数为2677h，平均容量系数均为0.306。

风电场新建1座220kV升压变电站，以一回220kV线路接至灰腾梁500kV变电站，并入内蒙古西部电网。

风电场风力发电机—变压器组接线方式采用一机一变单元接线方式。出口电压为0.69kV，采用5根并联敷设的YJV22-3×185+1×95mm^{2}1kV低压电力电缆接至箱式变电站低压侧。箱式变电站为美式箱式变电站，选用的变压器容量为1600kVA，箱式变电站高压侧均采用并联接线方式，分20回35kV出线电缆直埋进入风电场220kV升压变电站35kV母线，再经3台容量为120MVA，电压等级为220/35kV的升压变压器升压至220kV后送出。

风电场的运行方式由内蒙古自治区中调和锡林郭勒盟区调实施二级调度管理，可实现遥测和遥信。预留远程接口，可在投资方总部对本风电场实现遥测和遥信。运行人员可以在中控室下达控制指令，通过风机计算机监控及升压变电站计算机监控系统实现自动运行，运行人员也可以在风机旁和开关设备旁进行现场控制。

（中国水电顾问集团北京勘测设计研究 王 斌）

江苏东台风电场

江苏东台风电场业主单位为国华（东台）风电有限公司，工程位于东台市南约70km处弶港镇以东沿海地区，风电场自方塘河闸闸口以北至梁垛河闸闸口以南，南北长约20.1km，东西宽约1.5～5.0km的沿海滩涂区域。

本项目为国家发展改革委第三批特许权项目，建设单位为国华能源投资有限公司。装机规模为单机容量1.5MW、134台，合计装机容量201MW，计划2008年全部投运。

本风电场新建一座220kV变电站，采用一回220kV输电线路接入金东变电所，输电距离32km。

拟选场地内现有4座测风塔（70m、40m、40m、40m），均具备完整一年的测风资料。风资源等级2～3级，具有建设风电场的地形、地质条件。

场址边现有海堤路通过，路宽7～9m，满足一般运输要求。海堤路与对外主干道相通，交通便利。

本工程资本金按占总投资的35%计，其余资金由商业银行贷款。

本项目主要投资指标：

工程静态总投资：175 534.87万元；

工程总投资：181 177.79万元；

单位千瓦动态投资：9014.00元/kW。

江苏东台风电场建设在东台市沿海滩涂，利用廉价的滩涂资源，开发宝贵的风能资源具有显著的社会效益。东台风电场的建设，对于可再生能源的利用、减少温室气体的排放、缓解电力供需矛盾和改善电源结构有重要的意义。该项目贯彻落实国家的可持续发展战略和大力开发风力资源，提高风电机本地化率的政策，是对我国风电事业的发展和推动。

（中国水电顾问集团华东勘测设计研究院 黄春林）

浙江慈溪风电场设计

浙江慈溪风电场位于浙江省慈溪市附海镇的水云浦-半掘浦-徐家浦一带的沿海滩涂地区。风电场由慈溪长江风力发电有限公司出资建设，中国水电顾问集团华东勘测设计研究院承担全部勘察、设计工作，中国水利水电第七工程局承担主体工程土建施工和安装工作。

风电场共安装33台单机容量1.5MW的风力发电机组，风电机组轮毂高度60m，转轮直径77m。风电场配套建设一座110kV变电站，作为风电场控制中心和运行管理人员生活办公基地。风电场主体工程于2007年5月开工建设，2007年底首台机组并网发电，2008年10月全部机组并网发电。

（一）风能资源

慈溪地处北亚热带南缘，属季风气候区。受冷暖气团交替控制和杭州湾海水调节，气候温暖湿润、雨量充沛、四季分明。根据现场实测风资源数据分析，风电场轮毂高度处年平均风速6.82m/s，全年平均有效风功率密度为355.9W/m^2，风功率密度等级达到3级，有效利用小时数达到7625h，具有较好的风能资源。

（二）风力发电机选型和布置

风电场场址位于沿海滩涂地区，场区地形平坦，交通运输条件较好，具备安装大型风电机组的条件。项目建设前期进行了风电机组设备招标，根据各投标单位报价及设备性能，最终选定风电机组采用南通航天万源安迅能风电设备制造有限公司生产的EHN-IT77机型，该机型为变桨变速恒频机组，风机轮毂高度60m，轮转直径77m，单机容量1.5MW，切入风速4.0m/s，额定风速15m/s，切出风速25m/s，极限风速70m/s。该机型能较好的适应当地自然条件，综合性价比较高。

风电机组的布置根据风电场的风向、风速等参数进行分析，结合风电场地形条件，并采用 WAsP 软件对各种风机布置方案进行发电量、尾流影响系数的计算，最终确定慈溪风电场布置 33 台 1500kW 的风电机组。风电机组沿滩涂呈三列布置，列间距约 560～600m,列内间距约 650m。

（三）电气设计

根据风电场的规模和当地电网条件，本工程以 110kV 电压等级接入系统，风电场所发电能通过一回 110kV 架空输电线路接入 220kV 水云变电所。风电机组单机容量 1500kW，发电机出口电压 12kV。风电场输变电系统升压方式采用一级升压，风电机组出口 12kV 侧为联合单元接线，风电场共设 6 个联合单元组。联合单元电能经 12kV 集电线路接入 110kV 升压站，经升压变电站主变压器升压至 110kV 接入系统。

风电场配套建设一座 110kV 升压变电站，110kV 升压变电站由变压器、35kV 屋内配电装置、110kV 屋内配电装置和中控继保室等组成。35kV 屋内配电装置选用 35kV 金属封闭型移开式高压开关柜，110kV 配电装置采用 SF_6 全封闭电器（GIS）设备。主变压器、35kV 开关柜和 110kVGIS 均布置在室内。本工程场用电设一主一备两个场用电源，主供场用电源引自风电场升压站 12kV 母线，备用场用电利用施工变压器，电源引自地区 10kV 电网。

（四）土建设计

本工程上部土层属淤泥质土，土的力学性质差，承载力低，压缩模量大，稳定性差，不具备天然地基条件，故本工程采用桩基础。由于预应力管桩为标准化产品，工厂制造，蒸汽养护，其成本较低，质量有保证，外径 600mm 的管桩，在当地较为普遍，普通 D80 及以上的打桩机均可以施打，打桩技术较为成熟，施工质量有保证，混凝土密实性较好，较好的适应了沿海腐蚀性环境，所以本工程风电机基础采用预应力管桩基础，管桩外径 600mm，壁厚 130mm。

本工程风电机组基础根据风机制造厂提供的荷载、基础设计限制条件及工程区地质资料进行设计，桩基计算采用考虑承台、桩协同工作的弹性抗力计算方法（即 m 法），承台计算包括承台结构强度、变形及刚度等计算。经计算确定，桩基承台采用圆盘形，圆盘直径 17m，埋深 2.4m，共布置 34 根桩径 600mm 的 PHC 桩，分三圈布置，外圈布置 16 根长桩，中圈布置 12 根短桩，内圈布置 6 根长桩。根据每台风机的地质情况不同，长桩约 45～58m。

（五）风电机组安装

本工程最大件机舱重约 55t，安装高度 60m。考虑主起重机采用 400t 履带式起重机或 500t 汽车式起重机，负责塔筒、机舱和转轮的起重吊装。除主起重机外，另配备 3 台辅起重机，分别为一台 120t 全液压汽车起重机、一台 70t 全液压汽车式起重机和一台 25t 全液压汽车式起重机。

慈溪风电场于 2006 年 11 月 18 日举行开工典礼，主体工程于 2007 年 5 月开工建设，首先开展 110kV 升压变电站生产辅助楼、生产综合楼等的施工，8 月开始场内施工道路和风机基础施工，10 月开始风电机组安装，12 月底首批四台风电机组顺利并网发电。2008 年 10 月，全部 33 台风电机组并网发电。

（中国水电顾问集团华东勘测设计研究院　赵生校）

大理大风坝风电场投产发电

2008 年 12 月 6 日，目前国内海拔最高的风电场、云南省首座并网风力发电项目——华能港灯大理大风坝风电场历时 1 年建设正式投产。

大风坝风电场位于以“风、花、雪、月”著称的云南省大理州大理市，场址在大理市南面的者摩山上，海拔高程 2400～2800m，正好位于著名的“下关风”所在地带，为规划的下关风电场东段。大风坝风电场总装机容量为 48MW，安装主机型号为 WD50/750 的定桨失速风力发电机 64 台，新建的大理下关至巍山公路从场址中部穿过，将风电场分为东、西区，东区布置 29 台，西区 35 台，总投资为 4.8 亿元。大风坝风电场的主体工程分为土建工程和机电安装工程，工程于 2007 年 10 月 12 日正式开工，2008 年 5 月 11 日第一台风机吊装成功，7 月 31 日升压站带电运行，8 月 2 日 64 台风机全部吊装完毕，8 月 9 日第一台机组并网调试成功正式带电，12 月 6 日风电场全部机组正式投产发电，并网运行正常。设计年发电量 8262 万 kW·h，风电场投产后，每年可为国家节约标准煤约 2.7 万 t，减少碳排放量 8.9 万 t。

作为“下关风”与高科技的完美结合，大理风电场是云南省第一个利用风力发电的可再生能源项目，是我国西南地区第一座高海拔风电场，也是目前国内已建成的海拔最高的风电场。大理风电场将利用大理冬、春盛行的西南风发电，填补大理市冬、春季的电力缺口，改善滇西地区以单一小水电为主的能源结构，对云南省发展风力发电具有示范作用，还开创了云南省建设风力发电并网型电站的先河，同时还为高原地区建设风电场发挥带动和辐射作用积累了宝贵经验，对实施国家西部大开发战略和加快发展清洁可再生能源具有重大意义。风电场建成后，云南省将摘掉“没有风电场”的帽子，跨入规模化利用新能源的时代。此外，大理风电场的建设，也为“下关风”赋予了新的含义，为以“风、花、雪、月”闻名于世的大理市增添了一道独特的风景，成为大理旅游新亮点。

大理大风坝风电场的建设、经营单位为华能港灯大理风力发电有限公司，风电场的勘测设计单位为中国水电顾问集团昆明勘测设计研究院。

（中国水电顾问集团昆明勘测设计研究院　张云杰）

甘肃酒泉风电基地“十一五”380万kW风电场项目可研报告评审会在北京召开

2008年12月19日，水电水利规划设计总院在北京主持召开了甘肃酒泉风电基地“十一五”380万kW风电场项目可研报告评审会议，参加会议的有国家能源局，国家电网公司，西北电网公司，甘肃省电力公司，中国气象科学研究院，酒泉市委、酒泉市发展改革委，瓜州县政府、发展改革委，玉门市政府、发展改革委，中国水电顾问集团西北勘测设计研究院及20家项目开发公司等单位的专家、代表。

会议听取了中国水电顾问集团西北勘测设计研究院对甘肃酒泉风电基地“十一五”380万kW风电场项目可行性研究报告的汇报，并进行了认真的讨论和审议，会议认为该基地首批开发项目的可行性研究报告基本满足风电场工程可行性研究阶段的内容和深度要求，形成了审查组初步意见。

酒泉风电基地“十一五”期间规划共计20个项目，总装机容量380万kW。风电场位于酒泉地区昌马县和瓜州市境内，场区均为较平坦的沙漠戈壁，风能资源丰富。根据现场测风评估成果，风电场风功率密度等级均为3级及以上，具备较好的开发价值。风电场工程地质、接入电力系统、交通运输、施工安装等建设条件较好，不存在环境保护等方面的制约性因素，各级地方政府及电网公司均大力支持各项目的建设。该大型风电基地的建设不仅对改善地区能源结构、环境保护起到积极的作用，同时也将推动该地区的经济可持续发展，并为我国风电的大规模开发探索经验。

（摘自中国水电工程顾问集团公司网站）

中国水利水电第三工程局有限公司加强风能开发

在可再生能源中，风电已经成为人们普遍欢迎的清洁能源。我国风能资源丰富，开发潜力巨大，风电将成为我国火电、水电之后的第3大发电电源。近两年来，中国水利水电第三工程局有限公司（以下简称水电三局）不断拓展风电市场。鉴于风电具有起点高、技术性强、投入大等特点，水电三局在施工技术方面大手笔、高投入，努力开发风电施工技术前沿阵地，取得了丰硕的成果。

2008年12月24日上午，由水电三局承建的装机容量45MW捡财塘风电场投产发电。捡财塘风电场是国投华靖电力控股股份有限公司投资建设，全部机组建成投产后，将成为甘肃省中部首个年输送1亿kW·h的风力发电项目。2007年11月，根据工程需要，水电三局白银风电设备制造厂开始建厂，2008年4月底正式投产，克服“5·12”汶川大地震对生产的影响，8月份捡财塘风电场首套塔筒按期顺利出厂。该产品按德国、欧盟以及国际ISO标准制造，现场又高于这些标准进行生产。为此，针对本项目材料的焊接工艺进行了试验，提出了焊接工艺评定报告，编制了焊接工艺规程，同时编制了检验试验计划和塔架装焊、制造、防腐等工序的作业指导书。由于技术上做了大量的研究准备工作，确保了塔筒的顺利施工。

2008年7月10日，水电三局中标国投瓜洲北大桥东风电场道路建设工程和北大桥东风电场集控中心工程。该工程为甘肃国投白银风电有限公司投资建设，7月28日正式开工，建设工期为2年，现在正按目标要求顺利进展，计划于2009年底竣工。北大桥东风电场工程，位于甘肃省酒泉市瓜洲县城东北约10km处的戈壁滩，装机容量2×49.5MW，安装2×33台1500kW的风电机组，新建一座110kV升压变电所，共分两期建设。

利用取得的技术优势，水电三局又先后成功中标国投张家口康保牧场100MW风电场的土建工程和变电站土建工程。该风电场位于河北省康保县东北部，由国投张家口风电有限公司投资建设，拟安装67台单机容量1500kW的风电机组。风电场土建工程主要包括风机基础、箱式变电站基础，各有67座，风机地基基础均采用天然地基扩大基础。风电场变电站土建工程包括：1017m^2中控楼，4708m^2宿舍楼；场地平整开挖64 596m^3，填方42 522m^3；四周挡土墙3994m^3，四周锚喷护坡4368m^3。以上两工程，按计划将在2009年竣工。

（中国水利水电第三工程局有限公司
王再明　杨小兵）

中國水力發電年鉴

4

大中型水电工程

常规水电工程

2008年三峡工程建设情况

(一) 概况

2008年，中国长江三峡工程开发总公司深入贯彻科学发展观，践行“四个一”理念，不断加强精细化管理，不断克服工程收尾和枢纽运行中出现的新矛盾、新困难，圆满完成工程建设任务。10月29日，三峡电站26台机组全部投产发电，三峡—葛洲坝梯级枢纽综合效益得到进一步发挥，电力生产和船闸运行安全稳定。三峡库区移民、地质灾害治理在汛末蓄水前通过验收，汛后175m试验性蓄水工作顺利完成，三峡枢纽创建国际一流管理工作迈出坚实的一步。

全年三峡工程完成固定资产投资107.37亿元，占计划111.76亿元的96.08%。截至2008年底，三峡工程累计完成投资1483亿元。其中：枢纽工程静态投资完成473亿元，占枢纽工程概算500.9亿元的94.43%；库区移民完成静态投资402亿元，占库区移民复核概算479.5亿元的84%；价差326.5亿元；贷款利息151.4亿元；库区移民概算外补偿费129.67亿元。静态、动态投资均控制在国家批准的概算及预计的投资范围内。2008年三峡工程固定资产投资完成情况详见表1。

表1 三峡工程固定资产投资完成情况汇总表

万元

项 目	本年计划	本年完成	占年计划(%)	自开工累计完成
三峡工程投资	1 117 582	1 073 725.38	96.08	14 828 520.55
建安工程：	32 776	22 432.44	68.44	3 112 650.68
建筑	26 354	14 987.02	56.87	2 960 285.70
安装	6422	7445.42	115.94	152 364.98
机电设备费	45 139	83 881.63	185.83	933 869.46
金结设备费	4697	1874.99	39.92	190 067.00
其他费用	14 666	10 619.46	72.41	418 005.51
基本预备费	6273	5580.37	88.95	76 139.91
水库淹没处理补偿费	125 500	257 653.35	205.30	4 021 637.99
价差预备费：	253 230	344 564.24	136.07	3 265 092.83
枢纽工程	155 930	109 582.22	70.28	1 727 761.90
水库淹没处理补偿费	97 300	234 982.02	241.50	1 537 330.93
贷款利息	18 000	−245.73	−1.37	1 514 363.13
库区移民包干外补偿费	617 300	347 364.63	56.27	1 296 694.04

(二) 完成工程量及主要工程形象进度

2008年，三峡主体工程完成工程量详见表2。

表2 三峡工程主要工程量完成情况汇总表

项目	单位	本年计划	本年完成	占年计划(%)	自开工累计完成
土石方开挖	万 m^3	16.27	16.40	100.82	13 970.36
土石方填筑	万 m^3		0.51		5351.98
混凝土浇筑	万 m^3	3.99	5.92	148.25	2828.71
固结灌浆	万m		0.29		49.22
帷幕灌浆	万m				33.31
接缝灌浆	万 m^2				50.11
钢筋制安	万t	0.48	0.24	50.82	59.24
锚杆	万根	0.12	0.30	256.17	56.16
混凝土防渗墙	万 m^2				28.35
机电安装	万t	2.10	2.10	100.00	18.84
金结安装	万t		0.02		21.90

2008年，三峡工程共完成主体工程土建和金结安装单元工程质量评定970个，全部合格，其中优良919个，优良率为94.7%，地下电站压力钢管中心偏差基本达到“精品”标准，环缝装配间隙持续减小并达到“精品”标准，安装焊缝一检合格率高于99.7%。机电设备安装质量持续受控，全年安装完成的右岸电站3台机组全部达到“精品”标准。

2008年，三峡工程主要工程形象进度如下：右岸电站机组10月29日全部投产发电。地下电站工程的主厂房肘管安装除27号机组第1～4节外，其余已全部完成。29～32号机组肘管二期混凝土浇筑完成，28、27号机组分别完成第3层、第1层肘管二期混凝土浇筑。引水系统正在进行压力钢管安装及混凝土浇筑。尾水系统的尾水洞渐变段衬砌混凝土浇筑全部完成。临时船闸改建冲沙闸，下游消能建筑物施工6月全部完工。导流底孔封堵及泄洪表孔墩墙恢复工程的泄洪坝段表孔及2号排漂孔下半幅墩墙6月恢复完成。三期下游土石围堰拆除剩余水下开挖6月底完成。升船机续建工程船厢室段底板混凝土浇筑2月19日完成，底板宽槽回填3月20日完成。船厢室段左右侧边坡扩挖及支护完成。

(三) 三峡工程建设管理

坚持“双零”目标管理。加强常规性质量管理工作，继续坚持各项例会制度，对重点部位和关键环节施工质量实施严格控制，各专业质量总监作用得到充分发挥，质量信息沟通与反馈机制运转正常。采取新举措强化质量管理，针对2008年工程项目具有点多面广、所处阶段各不相同等特点以及施工队伍波动的实际情况，加大对施工和监理单位质量管理体系运转检查力度；制定右岸地下电站混凝土和压力钢管安装"精品"标准，启动"精品"单元工程考核，"消灭顽症　誓创一流"劳动竞赛考评进一步引向深入；积极推动地下电站压力钢管安装质量"亮点"创建工作。

坚持"企业本质安全"理念。签订年度《安全生产责任书》，推行"一岗双责"，安全责任得到有效落实；在重点施工和高危作业上树立"安全文明施工样板工作面"，起到以点带面的示范作用；开展隐患排查治理，全年共排查一般安全隐患395项、较大隐患31项，并全部整改到位；加大对升船机续建、台车运行、压力钢管下滑、肘管安装、表孔墩墙恢复等高危作业专项整治力度；强化应急管理工作，全面梳理、修订应急预案体系文件，全年组织11次应急预案演练，提高应急响应能力。全年安全生产总体受控，安全管理水平整体稳步提高。

加强技术供应。加强工程建设中的技术供应和保障。针对2008年建设运行专业面广、新开工项目多等难题，枢纽管理局提前研究并采取一系列有效措施。加强右岸地下电站、右岸厂房装修、临时船闸改建冲沙闸、表孔墩墙施工等主要工程技术支持和保障，超前、充分做好各项技术准备，积极配合做好升船机后续施工有关技术工作，有效缓解技术准备滞后的矛盾；对坝区总体规划项目全面推行施工详图审核制度，对漂浮物处理厂等重大项目开展前期设计工作；对三期下游土石围堰开挖断面进行优化，在保证发电效益的同时尽量降低工程成本；继续对泄洪坝段上游面裂缝、左厂1～5号坝段深段抗滑稳定等进行专题研究。开展枢纽运行管理优化设计和科研。完成船闸设计通过能力措施研究，理论计算船闸单向通过能力可达1亿t；船闸闸（阀）门运行工艺不断改进，运行闸次比上年增长7%；启动"十一五"三峡工程泥沙7个研究专题；"5·12"汶川大地震后，启动三峡大坝强震监测快速分析及安全评价系统等科研项目。

加强招投标管理。加强招投标管理工作，成立枢纽管理局招标领导小组及评标委员会，招标管理机构逐步健全，招标管理体系逐渐完善；认真贯彻执行《招标投标法》及其配套法规、中国三峡总公司招标管理的有关规定，坚持"公开、公平、公正"和诚实信用的原则，坚持公开招标或邀请招标的方式招标，不具备招标的项目采用多家询价采购的方式，充分引入竞争机制。全年完成公开招标22项，金额1.4亿元，邀请招标16项，金额为3.7亿元，共签订合同422项，总金额约18.5亿元。招标程序规范，过程透明，方法科学。

加强设备物资供应。2008年，完成物资供应钢材15 183t、止水铜片45t、油料641t、炸药220t、水泥61 896t、粉煤灰1.1万t，原材料质量稳定，满足国家及行业标准；加强施工设备及仓储管理，签订配件采购合同6个，保证施工设备正常运行。

（四）水库管理

开展水文泥沙监测，启动2008年三峡工程水文泥沙原型观测工作，试验性蓄水期间，制定并实施重庆港至下游湖口长河段全过程监测和分析，观测表明泥沙淤积对重庆港的影响很小。

加大清漂工作力度，委托湖北省和重庆市环卫局、巴东和秭归县政府开展库区干流清漂，全年全库共出动清漂船2.9万多艘（次），共投入清漂人员11万人（次），库区干流拦截打捞约7万m^3漂浮物，坝前处理漂浮物总量约18万m^3，水库水环境得到有效保护，没有出现漂浮物大面积聚集碍航，没有出现打捞上岸的漂浮物二次污染，没有发生安全事故，没有出现负面新闻宣传。

开展三峡水库水污染应急预案研究，完成水库危险源和敏感水域、漂浮物和支流水华等调查及资料收集基础工作，建立一维水质模型，启动应急预案编写；开展机械搅动对三峡水华藻类去除效果的试验研究、生物操纵技术控制三峡水库藻类水华的试验研究和应急生物抑藻技术应用研究等"水华"项目预防与控制研究；对坝前至重庆范围内的干、支流水质进行往返动态巡测，库区干流水体水质状况总体保持平稳。

加强近坝区地震和地质灾害监测与研究。组织开展地震趋势分析；组织对监测台网进行检查与维护，确保系统连续可靠运行；加强应急值班和震情值班，地震发生后及时协调并组织队伍赶赴现场开展流动监测、灾害调查与宏观考察；启动三峡工程库首段野猫面滑坡体安全监测，监测结果显示该滑坡体处于稳定状态。

（五）支援坝库区经济发展

中国三峡总公司拟定支援坝区周边经济发展3～5年工作规划；成立由中国三峡总公司枢纽管理局、宜昌市三峡坝区工作委员会和区政府共同组成的工作专班，建立项目建设协调机制和决策机制；加强对坝区周边群众的宣传教育和正面引导，加强对项目运行的参与和监控，保证每一个项目的质量和惠及面。

2008年实施的项目包括：援建的400万元下岸溪村和中堡村供水改造项目于12月底实现供水，援建的300万元乐天溪镇和太平溪镇的生态茶园工程建设进展顺利，援建200万元的中堡村环形路建设已于12月29日举行通车仪式。援建地方建设的江峡三道、冯家湾匝道工作、移民就业工业园区等项目，全部按计划顺利进展。出资360万元支援社会主义新农村建设，茅坪镇建东村文化旅游中心于11月28日开工。另外，支持奉节县金盆希望小学30万元用于抗震加固工程项目。改善民生、扩大就业的方针得到贯彻，支持周边地方经济发展初见成效。

（中国长江三峡工程开发总公司　乔仁贵）

溪洛渡工程2008年建设情况

（一）概况

2008年是溪洛渡工程正式开工的第三年，年内转为以主体工程施工为主，主要计划完成：对外交通工程、导流工程全部完工；大坝基坑开挖基本完成，年内开始大坝地质缺陷置换混凝土浇筑；地下厂房主厂房开挖支护完成，主变压器室开挖支护完成，尾水调压室开挖至Ⅶ层，达到高程376m。

全年投资计划54.62亿元，截至年底完成投资33.79亿元，占全年投资计划61.86%；其中：建安工程投资计划19.74亿元，截至年底完成投资19.92亿元，占投资计划100.88%；永久设备投资计划14亿元，截至年底完成投资4.13亿元，占投资计划29.4%；移民投资计划完成9.41亿元，到年底完成投资1.43亿元，占投资计划14.6%。溪洛渡工程自开始建设至2008年底累计完成投资170亿元。

溪洛渡工程2008年固定资产投资完成情况详见表1，主要工程量完成情况详见表2。

表1　溪洛渡固定资产投资完成情况汇总表

万元

项　目	本年计划	本年完成	占年计划（%）	自开工累计完成
总投资	546 231	337 923.94	61.86	1 702 267.46
一、枢纽工程	337 690	240 471.91	71.21	1 115 721.07
1. 建安工程	197 452	199 183.78	100.88	1 074 432.94
建筑工程	197 452	199 065.44	100.82	1 072 560.42
施工辅助工程	63 113	77 719.76	123.14	431 401.75
建筑工程	133 852	115 727.83	86.46	615 386.50
环保工程	487	5617.85	1153.56	25 772.17
安装工程		118.34		1872.52
2. 永久设备	140 238	41 288.13	29.44	41 288.13
二、征地和移民安置费	97 960	14 325.25	14.62	229 748.63
三、独立费用	53 394	37 910.43	71.00	184 135.44
四、价差预备费	19 187	29 350.98	152.97	118 771.52
五、贷款利息	38 000	15 865.37	41.75	53 890.80

表2　溪洛渡工程主要工程量完成情况汇总表

项　目	单位	本年计划	本年完成	占年计划（%）	自开工累计完成
土石方明挖	万m^3	306.40	557.54	181.96	5135.10
石方洞挖	万m^3	368.79	374.63	101.58	1775.94
土石方填筑	万m^3	165.51	177.86	107.46	1315.82
混凝土浇筑	万m^3	20.13	43.52	216.19	379.02
锚杆（锚筋）	万根	24.42	41.27	169.00	277.77

2008年溪洛渡水电站共评定12 633个单元工程，合格12 633个，优良11 862个，合格率100%，优良率93.9%。

（二）主要工程形象进度

对外交通工程：辅助道路Ⅶ-1标、Ⅶ-2标于8月底完成，9月9日辅助道路全线通车；普洱渡转运站Ⅰ标、Ⅱ标于12月完工。

导流工程：6号导流洞4月施工完成。

大坝工程：左、右岸坝肩槽开挖至高程330m，河床最低开挖至高程324.5m；左岸地质缺陷置换混凝土浇筑完成8仓；上、下游围堰填筑完成。

水垫塘及二道坝工程：水垫塘基础最低开挖至高程336m；水垫塘边坡高程412m以上支护完成；河道边坡整治开挖至高程391m。

地下厂房工程：进水系统的左岸电站进水口闸门竖井全断面开挖完成392m；压力管道上、下平段开挖完成；右岸进水塔底板混凝土浇筑完成两层；左岸、右岸上弯段及竖井段全断面开挖分别完成106、199m；主厂房及主变压器室工程主厂房第Ⅷ层开挖完成，Ⅹ-1层导洞开挖基本完成，主变压器室及母线洞开挖全部完成，左岸1、2号及右岸3、4号出线竖井开挖分别完成143、181、171、201m；尾水系统的左岸1、2、3号及右岸4、5、6号尾水调压室分别开挖至高程371、374.7、374.7、382、372、378m，尾水洞正在开挖。

泄洪洞工程：左岸1、2号及右岸3、4号泄洪洞除龙落尾段外上层开挖完成，中层开挖分别完成2035、1152m，底板开挖分别完成210、604m。泄洪洞出口开挖分别至高程430、392m。

（中国长江三峡工程开发总公司　乔仁贵）

向家坝水电站工程2008年建设情况

2008年是向家坝工程正式开工的第二年，按照年度计划，工程建设稳步推进。大坝混凝土浇筑全面展开，月高峰强度达 25.11 万 m^3；右岸地下电站，岩锚梁混凝土 3 月按计划完成浇筑，主厂房第Ⅶ层开挖完成，超额完成年度计划；引水系统、尾水系统施工基本完成年度计划；12 月 25 日正式启动翻坝转运；12 月 28 日顺利实现大江截流。

（一）固定资产投资及工程量完成情况

2008 年投资计划 71.96 亿元，实际完成投资 32 亿元，占全年投资计划的 44.5%；其中：建安工程投资计划 14.35 亿元，截至年底完成投资 14.13 亿元；机电设备投资计划 8.4 亿元，截至年底完成投资 2.67 亿元；移民投资计划 41 亿元，截至年底完成投资 7.3 亿元。向家坝工程自开工建设至 2008 年底累计完成投资 95.48 亿元。详见表 1。

表 1　向家坝固定资产投资完成情况汇总表

万元

项　目	本年计划	本年完成	占年计划（%）	自开工累计完成
向家坝总投资	719 555	319 995.34	44.47	954 810.02
一、枢纽工程	227 344	168 024.90	73.91	467 657.22
1. 建安工程	143 472	141 281.11	98.47	440 913.44
建筑工程	143 472	140 914.67	98.22	440 547.00
施工辅助工程	46 934	47 920.02	102.10	207 834.92
建筑工程	95 092	89 706.49	94.34	220 363.36
环保工程	1445	3288.17	227.50	12 348.72
安装工程	0	366.44		366.44
2. 永久设备	83873	26 743.80	31.89	26 743.80
二、建设征地和移民安置费	410 557	72 624.60	17.69	276 666.03
三、独立费用	48 054	36 873.94	76.73	136 873.48
四、基本预备费	1200	1978.89	164.9	16 609.51
五、价差预备费	12 400	31 291.17	252.35	34 988.10
六、贷款利息	20 000	9201.83	46.01	22 015.68

2008 年向家坝工程主要工程量完成情况见表 2。

表 2　向家坝工程主要工程量完成情况汇总表

项 目	单位	本年计划	本年完成	占年计划（%）	自开工累计完成
土石方明挖	万 m^3	217.00	384.41	177.15	3529.64
石方洞挖	万 m^3	60.00	79.99	133.32	269.61
土石方填筑	万 m^3	132.55	187.07	141.13	1028.41
混凝土浇筑	万 m^3	200.51	215.99	107.72	391.74
固结灌浆	万 m	7.00	8.63	123.29	12.73
帷幕灌浆	万 m	7.00	8.04	114.86	10.50
回填灌浆	万 m^2		6.85		11.39
钢筋	万 t	1.94	2.85	146.91	9.37
锚杆（锚筋）	万根	4.28	11.37	265.65	80.07

2008 年向家坝工程共验收单元工程 9553 个，合格率 100%，主体工程优良率在 86%以上。

（二）主要工程项目施工形象

1. “四通一平”工程项目

（1）交通工程方面，左岸对外交通专用公路一季度正式通车；右岸重件路及护岸工程，完成护坡混凝土及路面混凝土施工，锚索施工完成 140 束，还剩余 100 束；重大件码头选用桅杆吊方案，11 月完成招标工作，施工单位已进场，进行施工准备；二狮岩码头扩建工程 12 月上旬全部完成。

（2）场平及房建工程方面，永久营地 6 月下旬陆续投入使用；消防站全部建设完成；右岸施工区公安分局营地四季度投入使用；运动健身区建成投入使用；左岸永久营地和左右岸施工区绿化工程已完成。

2. 辅助工程项目

（1）太平料场和马延坡砂石系统，马延坡蠕滑变形体治理已完工；完成采场覆盖层剥离 52 万 m^3，毛料生产 180 万 m^3，半成品料输送 483 万 t，成品料供应 385 万 t。凉水井砂石系统，完成成品料供应 133 万 t。

（2）右岸高程 300m 混凝土生产系统，完成 4 座拌和楼及高程 303m 平台胶凝材料罐、细骨料罐、粗骨料罐、制冰楼基础施工，完成 1 条场外骨料输送线的安装；完成 2 座 $4\times3m^3$、1 座 $4\times4.5m^3$ 拌和楼的招标采购；开始 CIFA 拌和楼（$4\times4.5m^3$）的设备检修工作。

3. 左岸主体及导流工程

（1）土石方工程：引水渠堰外段基本开挖到设计高程 260m，局部淤沙未清理完，堰内段开挖、回填全部完成。泄水渠堰内段开挖全部完成；堰外段汛期回淤共 35 万 m^3，已清淤 25 万 m^3，还剩余 10 万 m^3；堰外口门段预留石埂共 15 万 m^3，年底开挖至高程 260～265m，已清挖 10 万 m^3，还剩余 5 万 m^3。一期土石围堰上横段全部拆除完毕；一期土石围堰下横段全部拆除完毕。

（2）基础处理工程：固结灌浆，基本完成冲沙孔坝段～左非⑦坝段固结灌浆施工，剩余左非⑥乙、丙块和左非⑦乙块少量固结灌浆。帷幕灌浆，完成冲沙孔坝段～左非⑤坝段上游主帷幕上、下游排帷幕灌浆、下游封闭帷幕、左非⑥～⑦甲块固结兼辅助帷幕灌浆；完成纵向围堰上游段全部帷幕灌浆及部分排水孔；完成纵向围堰与永久建筑物结合段全部帷幕灌浆及排水孔。施工形象满足一期基坑进水要求。高压旋喷灌浆，完成柔性结构段基础部位高压旋喷灌浆 722m。沉井井间锁口及回填混凝土，全部完成。左非⑦坝段下伏挤压破碎带混凝土回填和灌浆全部完成。

（3）混凝土工程：引水渠，完成堰内段高程280m以下边坡及底板混凝土衬砌施工。泄水渠，完成底板混凝土浇筑和高程279m以下护坡混凝土浇筑。二纵柔性结构段，12月底施工到高程275.0m。二纵上游段（沉井段），1～4号堰块RCC浇筑至设计高程305m，5号堰块浇筑至高程285m。二纵结合段，③－2坝块浇筑至高程286m，其余坝块均已浇筑至设计高程292.5m。冲沙孔坝段，甲～戊块分别浇筑至高程280、277、277、279、280m。左非①～⑦坝段甲块均上升至高程280m；乙块最高上升至高程277.5m，最低至高程272m；丙块最高上升至高程277.5m，最低至高程271m。左非①延长段，10月浇筑至设计高程280m。升船机上游引航道浮堤连系墩，浇筑至高程279m。接缝灌浆，完成纵缝Ⅰ高程241m以下、纵缝Ⅱ高程231m以下及部分横缝灌浆，共完成9472m^2。

（4）金属结构及机电工程，1～5号导流底孔进口封堵闸门埋件安装至高程272m，6号导流底孔事故挡水门及工作门埋件安装至高程272m；导流底孔顶拱钢衬安装全部完成；冲沙孔钢衬制安，除凑合节和进口段外，其余管节均已制作；大坝集水泵站，一期埋件全部安装完成，泵房内电动起重葫芦安装完毕。

（5）金属结构设备采购，完成左岸进厂交通洞及上围堰支洞挡水闸门及门槽招标采购（共4套，248t），于2009年1月全部到货。

4. 二期工程　12月28日实现大江截流。主要施工形象如下：

（1）二期围堰填筑，完成截流备料250万m^3（含一期纵向围堰拆除）；上游横向围堰戗堤12月28日合龙，2009年1月10日形成防渗墙施工平台（高程275m）；下游横向围堰已完成戗堤合龙，防渗墙平台正在填筑。

（2）围堰防渗墙工程，上游围堰防渗墙已成槽1500m^2，完成左上接头墙下帷幕灌浆440m；下游围堰防渗墙，完成现浇防渗墙1562m^2，塑性防渗墙400m^2；完成左下接头墙下帷幕灌浆300m，右下接头墙下帷幕灌浆2700m。

（3）右非坝段坝基开挖，右非坝段11月下旬开始高程288～268m的开挖，完成石方开挖11万m^3。

5. 右岸地下电站

（1）主厂房，完成第Ⅳ～Ⅶ层开挖支护；完成第Ⅷ-1保护层开挖；完成岩锚梁和岩壁梁混凝土浇筑，启动安装间底板混凝土浇筑。电梯及排烟竖井，完成高程273m以上井身扩挖。

（2）主变压器室、主变压器洞完成全部开挖支护；主变压器运输洞完成全部开挖支护；母线洞完成全部开挖支护，正在进行母线洞与尾水扩散段之间的对穿锚索施工，并启动3号母线洞混凝土衬砌施工；电缆竖井全断面开挖至高程492m（完成17m，共221m）。

（3）进水口边坡，10月开挖至高程314m，开始底板混凝土浇筑；除侧面坡高程345～314m少量支护外，全部完成；灌溉洞开挖支护完成100m；高程420m排水洞，洞挖、喷混凝土、排水孔和底板混凝土施工全部完成。

（4）进厂交通洞，除洞室交叉段外，边顶拱衬砌均已完成。

（5）引水洞，上平段完成1～4号洞上平段开挖支护；斜井段，完成1、2、4号洞ϕ5m导井扩挖，3号洞导井扩挖完成25m，4号洞斜井全断面开挖完成35m；下平段，完成1～4号洞开挖支护，完成1～3号洞帷幕灌浆、固结灌浆。

（6）尾水洞，尾水扩散段和尾水支洞，完成1～4号尾扩、尾支全部施工通道开挖；完成1号尾扩Ⅱ层开挖；完成2～4号尾扩Ⅲ-1层全断面开挖和尾扩Ⅲ-2层段中导洞开挖，完成尾支尾扩Ⅰ层、尾扩Ⅱ-1层中导洞开挖。尾水主洞，完成1、2号洞第Ⅰ层开挖支护，10月开始1号洞挂顶混凝土衬砌施工，12月底完成12仓，计144m（1号洞长263m，2号洞长200m）。

（7）灌排廊道，第一层至第三层灌浆廊道，开挖支护和底板混凝土浇筑全部完成；第四层，完成排水廊道开挖；帷幕灌浆：累计完成5.46万m。

（8）右坝基和尾水出口边坡，右坝基开挖支护至高程288m，尾水出口边坡正在进行高程296m以下梯段开挖。

（9）地面开关站，完成高程509.5m以上边坡支护，完成进场道路施工。

（10）金属结构及机电工程，完成地下电站所有闸门及埋件、坝后厂房尾水闸门及埋件等的招标采购，共67套，9447t；压力钢管11月开始制作；桥机轨道（安Ⅰ段）开始安装。

6. 翻坝转运　完成上游翻坝转运码头和上游锚地的建设，签订下游翻坝转运码头（小岸坝）的租赁协议，制定了翻坝转运管理方案，坝址河段于2008年12月21日凌晨零时正式断航，12月25日正式启动翻坝转运。

7. 机电工程

（1）水轮发电机组，完成机组模型复核试验，8月底完成右岸地下电站和左岸坝后电站机组供货的合同签订，10月下旬完成右岸地下电站尾水管、蜗壳、机坑里衬、安装间埋件等设计图纸审查。

（2）1200/125t桥机，1月签订采购合同，10月桥机轨道交货至现场。

(3) 重大件码头桅杆式起重机，8 月 11 日签订了采购合同。

(4) 机电仓库规划，11 月完成机电仓库规划审查，开始设计工作。

8. 环境保护、水土保持工作

(1) 2008 年 5 月增殖放流站建成，6 月 21 日开始试养珍稀鱼类，12 月 7 日三峡总公司会同国家环境保护部、农业部进行了金沙江溪洛渡、向家坝水电站珍稀特有鱼类增殖放流站首次放流活动，共放流特有珍稀鱼类 2 万余尾，满足截流前完成增殖放流站建设的要求。

(2) 2008 年 12 月 6 日，国家环境保护部组织有关单位和部门进行了向家坝水电站工程截流前的环境保护执行情况专项检查。检查意见认为，三峡总公司在有序开展工程建设的同时，高度重视环境保护工作，环境管理体系健全且运行有效，严格执行“三同时”制度，在工程截流前完成了《金沙江向家坝水电站环境影响报告书》及其批复意见要求的各项环保工作。

(3) 完成了田坝生产废水处理（试验）工程建设并投入使用，高程 380m、310m 混凝土拌和系统的废水处理取得了初步成效。

(4) 启动了田坝施工区 200m 声屏障（试验）工程建设。

(5) 开展施工区生态恢复工程建设，栽植乔木 2.9 万株，灌木 38.9 万株，绿色草坪 23.3 万 m^2；开展了古大树移栽工作，施工区已移栽古大树 12 株。

（中国长江三峡工程开发总公司　乔仁贵
中国水电顾问集团中南勘测设计研究院　潘江洋）

向家坝工程大江截流技术特点

（一）工程概况

向家坝水电站是金沙江下游河段规划的最末一个梯级，位于四川省宜宾县与云南省水富县交界处，工程开发任务以发电为主，同时改善航运条件，兼顾防洪、灌溉、拦沙等综合作用，装机容量 600 万 kW，工程规模位居全国第三。

向家坝水电站采用分期导流方式施工：一期围左岸，进行左岸主体建筑物的施工，修建 6 个底高程 260m、尺寸 10m×14m 的导流底孔和高程 280m、宽 115m 的缺口；二期围右岸，进行右岸主体建筑物的施工。本次截流为向家坝水电站二期工程截流，即大江截流。向家坝大江截流采用“六条导流底孔泄流、上游单戗立堵双向进占”的截流方式，截流戗堤堤顶高程为 274m 时，上游截流戗堤轴线总长 193m（高程降低至 273m 后为 187.9m），总工程量 10.9 万 m^3。

（二）截流施工过程

向家坝大江截流施工分为三个阶段：第一阶段为截流预进占，即岸坡段戗堤填筑，将航道外、岸坡上的戗堤填筑完毕；第二阶段为截流阶段性进占，即封航令下达后，在主河槽进占施工，形成合龙龙口，这一阶段是截流施工的最关键阶段；第三阶段为截流龙口合龙。在截流进占前，左右岸截流道路均已修建完成。

戗堤预进占于 2008 年 12 月 1 日正式开始，截至 12 月 20 日，左岸戗堤共完成岸坡段进占 108.8m，完成工程量 5.1 万 m^3。

截流阶段性进占阶段前，龙口宽度为 79.1m，水面宽度为 67m。2008 年 12 月 21 日 00 时断航令生效，截流阶段性进占于 12 月 21 日上午 9 时正式开始，至 22 日上午 9 时，共持续 24h，形成合龙龙口。进占期间最大截流流量 2350m^3/s，最大水深 20m，最大流速 6.1m/s，最大水位落差 2.34m、最大单宽功率 74.48t·m/(s·m)、最大小时抛投强度每小时 3225m^3，共抛投材料 5.6 万 m^3，使用特大石特种截流材料 2.9 万 m^3。

龙口合龙施工前，合龙龙口宽度近 10m。2008 年 12 月 28 日上午 10 时 58 分合龙进占正式开始，经过 28 分钟的奋战，至 11 时 26 分胜利完成截流，抛投物料 1200m^3。其中使用特大石、钢筋石笼、混凝土四面体等特种截流材料约 500m^3。

（三）截流主要特点

(1) 河床覆盖层深厚，抗冲能力低。向家坝工程坝址区域河床覆盖层层次结构复杂，地基覆盖层深厚，最深达 61m，自上而下依次为砂卵砾石层、砂层、含崩（块）石的砂卵砾石层。截流河段河床覆盖层未进行护底，河床虽经多年汛期冲刷而板结粗化，但砂卵石覆盖层的含砂量大、卵石粒径偏细，在高于 3m/s 的流速下，仍易启动。21 日 16 时，龙口表面流速增至 3.8m/s。现场观察和地形测量结果综合分析表明，龙口处河床覆盖层受水流冲刷，部分河底形成局部冲坑，导致截流戗堤堤头小范围坍塌，截流难度增大。

(2) 分流比增长缓慢。截流阶段性进占前导流明渠分流比达到 30%～34%，初始分流状况较好。但在进占过程中直至 21 日 21 时，进占 12h，分流比仅增至 49.1%，导流明渠分流比增长缓慢。其原因主要是向家坝导流明渠和导流底孔泄流特性决定了分流比的上升主要依赖于水位差的增加，受本段河流河势条件影响，进占过程中上游水位壅高缓慢，导致分流比上升缓慢；另外导流明渠进、出口段淤沙侵占过流断面，且截流阶段性进占初期水流流速较缓，导流明渠进出口段成为初期分流的控制断面，也影响了阶段性进占初期分流比的提升。随着截流工作的持续进行以及对导流明渠进出口段淤沙的清挖，至21日21时以后，导流底孔逐渐成为分流控制的断面，至22日凌晨5时，分流比增加至82%。

(3) 截流困难时段持续时间长。2008年12月21日9时截流阶段性进占正式开始，22日9时形成合龙龙口，持续24h，其中21日16时～22日5时为截流相对困难时段，尤其21日19时～22日2时是截流最困难段，最困难段历时长达7h。具体情况为：截流进占至21日16时，口门水面宽50m，明渠分流比近40%，龙口最大流速3.8m/s，龙口落差0.45m，截流抛投料流失增大，堤头开始出现小范围坍塌后退现象，此时开始进入截流相对困难时段。至21日19时，口门水面宽48.4m，明渠分流量约42.9%，龙口最大流速4.2m/s，龙口落差0.62m，截流进入最困难区段。主要表现为截流抛投料流失明显加大，进占困难；21日19时，左右堤头分别出现1.3、1.2m坍塌后退现象，现场会商判断此时河底覆盖层已处于较大范围启动状态；到22日2时，口门水面宽31.6m，明渠分流比约66.7%，龙口最大流速达每秒6.1m，龙口落差1.58m；此后，明渠分流比明显增长，龙口流速开始下降，标志着最困难段已经结束。至22日5时，口门水面宽23.4m，明渠分流比增至82%，龙口最大流速5.6m/s，龙口落差1.98m；此后龙口截流水力学指标显著降低，标志着截流相对困难时段已经度过。造成困难时段持续时间较长的主要原因为：①导流明渠分流比增长较慢，明渠分流流量较少，龙口流量、流速较大；②截流河段河床覆盖层抗冲刷能力低，河床未进行护底，截流过程中部分河床覆盖层流失等。

(4) 截流遭遇流量标准高。向家坝工程实际最大截流流量为2350m³/s，虽没有超过设计截流流量2350m³/s，但略超出12月下旬10年一遇旬平均流量2330m³/s。突破了《水利水电工程施工组织设计规范》规定的重现期5～10年月或旬平均流量的截流标准。

(5) 与河段通航关系密切。向家坝工程坝址区域金沙江河段是国家V类航道，截流关系四川、云南两省交通运输及地方经济发展。中国三峡总公司本着“建好一座电站，带动一方经济，改善一片环境，造福一批移民”的水电开发理念，积极采取翻坝转运等有效措施，方案最终通过国家交通运输部和四川、云南两省验收。做到了航运与工程建设的双赢。

(四) 结语

向家坝水电站截流工程施工在金沙江干流上进行，遭遇流量标准高、截流流速大、困难段持续时间长、技术问题复杂、与通航关系密切，截流难度较大。在所有参建单位的精心组织下，从管理、设计、科研到现场施工道路、截流备料、设备准备、组织机构、人员配置等各个方面都做了充分准备，各项工作有序进行，达到了安全、高效、文明的施工要求，保证了截流进占的顺利进行，取得了向家坝水电站二期截流决定性的胜利。

(摘自《中国三峡工程报》)

龙滩水电工程2008年建设情况

2008年，龙滩大坝提前8个月全线浇筑至382m高程，水库提前一年蓄水至375m正常蓄水位运行，整个工程提前一年发挥效益。4～7号机组分别于2008年4月13日、8月24日、12月7日、12月23日相继投产发电，比计划工期提前了14～18个月，开创了特大容量水轮发电机组“一年四投”、“一月双投”的好成绩，超额完成了年度投产计划，并为中国大唐集团公司年内总装机规模突破8000万kW作出了重大贡献，得到了中国大唐集团公司和社会各界的高度赞扬。龙滩工程投资良好受控，工程建设质量优良，安全施工已连续六年实现“双零”目标。龙滩电厂自2007年5月21日投产至2008年12月31日，累计发电191.91亿kW·h(含调试电量3.69亿kW·h),实现连续安全生产590天，创造了大型水轮发电机组投运后安全运行新纪录，实现了机组“即投产、即稳定、即盈利”的各项目标。

(一) 主要工程形象进度

1. 土建工程　龙滩大坝于2008年1月31日提前8个月全线浇筑至382m高程，坝基帷幕灌浆及排水孔施工全面结束，标志着主体土建工程的基本完成。5月31日7孔表孔弧门安装调试完毕并投入运行，确保了工程安全度汛，大坝提前一年蓄水至375m正常蓄水位运行。纳福岛水情测报及航运管理中心及管理用房、综合楼、绿化景观工程通过单位工程验收，并全部投入使用。下游河道整治工程(尾水出口以上部分)全部完成。地下引水发电系统工程混凝土施工提前完成，装修工程跟进。各类安全监测仪器按照设计要求与土建同步施工，已全部埋设完毕，并按照相关技术要求对大坝、厂房、边坡等关键部位进行监测和相关数据收集整理与分析。

2. 机组安装　4号机组于2008年2月3日完成转子吊装工作，3月31日首次开机，4月13日19时试运行结束，投入商业运行；5号机组转子于2008年6月26日吊入机坑，8月13日进行首次开机，8

月24日12时57分试运行结束，投入商业运行；6号机组转子于2008年10月12日吊入机坑，11月22日进行首次开机，2008年12月7日18时10分试运行结束，投入商业运行；7号机组转子于2008年11月17日吊入机坑，12月10日进行首次开机，2008年12月23日23时试运行结束，投入商业运行。4～7号机组比国家批准的计划工期分别提前14、16、16、18个月发电。

3. 金属结构安装　完成尾水调压井3台5000kN门机及9台套尾水管检修闸门的安装调试工作；完成进水口4～7号机液压启闭机安装调试工作；完成溢流坝段2×2000kN/1000kN坝顶门机、7扇弧形工作闸门及液压启闭机安装调试工作；完成1套底孔检修闸门、2套底孔事故闸门安装工作。

（二）工程质量管理

2008年主体土建工程完成单元工程质量评定885个，优良单元工程851个，质量事故为0，合格率100%，优良率96.1%；分部工程验收61个，优良率98%。已完成的机电安装单元，经评定全部合格，优良率100%。工程经过两年的发电、蓄水考验，大坝没有发生危害性裂缝，渗漏量极微小（创同类电站渗漏最小、质量最好记录），相关监测数据表明，工程两岸岸坡、大坝、地下厂房运行安全稳定，工程建设质量良好。电力建设工程质量监督总站专家巡视组和国家发改委重大项目稽查办在进行了现场巡视稽查后，对龙滩工程质量给予了高度评价。

（三）安全文明施工

2008年，龙滩水电开发有限公司没有发生电力生产人身死亡事故；没有发生人身重伤事故；没有发生重大及以上的设备事故；没有发生其他电力生产事故。安全生产形势稳定，全面实现了公司本年度安全生产目标。已连续五年荣获中国大唐集团公司安全文明施工样板工地称号。

龙滩水电开发有限公司通过组织开展“春、秋季安全大检查”、“安全生产隐患排查治理”、“安全生产月”、“安全活动日”、“安全生产百日督查”、“迎奥运，保供电”、“第二次安全生产百日督查”专项监督检查、“拉网式”安全大检查等一系列的安全活动，进一步落实了公司各级人员安全生产责任制。发电生产严格执行“两票三制”，加强生产现场安全监督管理和检查力度，杜绝违章及无票作业，及时控制和消除重大设备隐患，防止各种安全生产责任事故的发生，确保了2008年在抗击南方雨雪冰冻灾害、春节、“两会”、抗震救灾、奥运会、残奥会、国庆和第五届中国—东盟博览会期间安全生产和保电工作的圆满完成。尤其是在抗击南方雨雪冰冻灾害和抗震救灾的整个抗灾保电过程中，龙滩水电开发有限公司系统未发生任何因电网故障造成的重大设备损坏事故，始终保证了按照调度要求安全开停机。在2008年开展的安全生产隐患排查治理专项行动中，龙滩水电开发有限公司共检查处理了各种安全隐患1556项，公司全年投入发电安全生产的专项费用达1600万元以上。

（四）合同管理

2008年完成永久生活供水系统土建及安装工程等63个项目的招标及合同签订工作，合同金额达12 517万元。完成审计施工项目11项，合同金额1902万元。

（五）移民工作

龙滩工程于2008年汛期前完成了375m水位以下移民搬迁任务。12月29日，广西库区355～375m高程水库淹没处理及移民搬迁工作顺利通过验收。截至2008年12月底，龙滩库区累计完成移民搬迁总人数75 921人，龙滩水电开发有限公司已向广西、贵州两省（区）累计支付淹没处理及移民安置补偿费79.04亿元。

（六）环境保护

龙滩水电开发有限公司重视工程的环境保护工作，始终坚持环境建设与工程建设同步进行，不断强化工程环保水保建设，开展创建“绿色龙滩”活动。龙滩工程如今已是湖光山色，风景如画。为此，龙滩工程荣获“广西生产建设项目水土保持示范工程”、“广西绿色工程建设先进单位”称号，并获得“中国能源绿色企业五十佳”称号。

（龙滩水电开发有限公司　曾　浩　张峰玉
中国水电顾问集团中南勘测设计研究院　肖　峰）

拉西瓦水电站2008年建设情况

（一）工程进展情况

2008年，拉西瓦水电站工程完成投资292 803.56万元，为年计划的100.12%；完成主要工程量：石方明挖3.08万m^3、石方洞挖7.48万m^3，出渣4.33万m^3，混凝土浇筑121.41万m^3，钢筋制安2.06万t。

2008年拉西瓦水电站主要工程形象：大坝最高坝段达到186m高度，平均浇筑达到2379.9m高程，最高坝段高程为2396m；主坝接缝灌浆平均高程为2334m，最高坝段达到2339.5m高程。主厂房5、6号机土建工程项目完成，副厂房土建完成；进水口拦污栅墩及进水塔完成；闸门拼装、启闭机安装调试完成；尾水系统混凝土浇筑、金属结构安装全部完成；5、6号机无水调试完成，升压变电工程实现了年内目标。

（二）工程管理情况

2008年，拉西瓦工程建设遇到了资源短缺、工程地质条件复杂、施工难度大等困难和人工与原材料费用上涨、物资材料及设备供货延期等不利因素。为保证工程建设的顺利进行，实现2009年工程下闸蓄水和首批机组投产发电目标，进一步加强了工程管理。

（1）以安全促进度。加强了两岸高边坡等重大危险源点和新增危险源的监控与排查，制定了危险源点预控和消除办法，加大了起重机械设备的安全管理力度，各项事故预防关口前移，使工地全年未发生一起安全事故，打造了工程建设稳步推进的“绿色通道”，被评为中国电力投资集团公司“安全管理先进项目”。

（2）积极协调解决施工单位经济问题，提高了施工单位的积极性，保证了施工进度和工期。

（3）采取多种措施解决设备供货滞后、缆机故障等问题，积极赶工，保证了节点工期的按期实现。

（三）安全生产情况

（1）完善了安全生产组织体系和工作体系，建立健全了安全生产组织机构和规章制度。

（2）抓好安全生产责任制的落实，加强了动态控制和闭环管理，开展了各类专项安全检查，进行了安全监督和安全专项评估。

（3）深入开展了“隐患治理年”和百日安全督察专项活动，落实“四不放过”原则，加强了对安全事件的管理。

（4）全面落实了2008年安全度汛目标，确保了各在建工程安全度汛。

（5）以安全专项活动为载体，深入进行安全教育和安全培训。

（6）制定应急预案，确保了北京奥运会和残奥会期间的施工安全。

多项措施并举，使安全管理又上新台阶，三个在建工程项目全年未发生安全事故，拉西瓦工程建设分公司被青海省总工会推荐为“安康杯”竞赛全国优胜企业，被黄河上游水电开发有限责任公司评为“安全生产先进单位”。

（四）质量控制情况

拉西瓦工程建设分公司十分重视质量工作，目标明确，管理体系健全，各项责任制执行有力，工程质量始终处于受控状态。电站大坝进水口、地下厂房及主变压器开关室等部位混凝土外观质量良好，处于国内同类工程先进水平；电站金属结构及机电安装工艺良好，厂房内电缆桥架排列整齐，圆弧、转角美观大方，管路焊缝平整均匀，管路支架整齐规范，为电站建设期高质量施工做出了范例。

经质量验收评定，拉西瓦开挖工程已验收单元全部合格，单元工程优良率为92.1%；混凝土工程已验收单元工程优良率为94.0%；机电设备安装工程已验收单元工程优良率均为100%；金属结构已验收单元工程优良率为100%。

（五）投资控制情况

（1）加强了招标管理。制订了招标的年度、月度计划，明确招标项目范围、概况、主要工程量、估计合同金额、审查时间、开标时间、评标方法、评标权重等主要内容。详审招标文件，对招标项目的图纸、设计方案、工程建设进度、技术参数的可行性进行了审查，在招标范围确定时重点考虑相邻标段之间的干扰、交叉作业；按照招标文件要求对工程质量、安全文明施工、进度目标提出了具体的措施，制定了有针对性的临时设施承包方式。

（2）统一了设计变更和经济问题处理原则与程序。根据三个在建项目的实际情况，工程建设分公司每月召开经济协调会，集中讨论处理设计变更和经济问题。集中处理了水泥、火工材料和设备涨价等问题，处理变更与索赔188项。

（3）坚持经济活动分析制度，加强预算管理，全面掌握资金动态，使工程造价可控在控。

（4）加强工程审计，严格工程结算审核程序，通过审计完善修正了管理制度程序，减少了漏洞。

（5）加强设计审查和设计监理工作。对各合同项目方案及设计图纸在实施前组织相关单位的专业技术人员进行审查、优化，避免了损失和浪费。

（6）积极争取税收优惠政策，进一步降低了企业税负，2008年完成进口设备退税6500万元。

（7）加大了安全管理力度，杜绝了因安全事故造成的停工、窝工，有效地控制了投资。

（六）移民安置情况

2008年，拉西瓦水电站贵南县移民安置区（过马营镇）移民房完工，基础设施大部分已建成；库区贵德县多隆沟村村民搬迁至夏什尕地区，夏什尕移民安置区生产安置方式初步确定，场地平整工作已经开始。

（黄河上游水电开发有限责任公司　胡耀斌　张文俊）

锦屏水电工程2008年建设进展情况

2008年，锦屏水电站工程建设经历了年初罕见的低温雨雪冰冻灾害、“5·12”汶川特大地震等严重的自然灾害对工程建设带来的一系列严峻考验，各参建单位精诚团结，一起奋力攻坚克难，实现了年度关键里程碑目标，工程建设全面进入主体新阶段。

（一）投资与工程量完成情况

全年完成固定资产投资 591 104 万元（锦屏一级 261 692 万元，锦屏二级 329 411 万元），其中建安投资 323 172 万元，机电设备及安装58 212万元，建设征地和移民安置 17 023 万元，其他投资 192 696 万元（含建设期贷款利息约 84 887 万元）。

2008 年完成主要工程量为：土石方明挖 461.6 万 m^3，石方洞挖 344.6 万 m^3，混凝土浇筑 23.79 万 m^3，喷混凝土 14.66 万 m^3，各类锚杆 52.3 万根，锚索 4672 束，钢筋制安 7911t。

（二）主要工程形象进度

1. 锦屏一级水电站

（1）1885m 高程以上开挖工程，除因其他主体工程影响的局部尾工外，合同内项目及新增项目均已全部完工，并于 11 月 14～15 日通过了公司组织的合同工程完工验收。

（2）大坝工程，左岸边坡开挖至 1648～1670m 高程，垫座回填混凝土于 11 月 29 日实现开仓浇筑；右岸坝基开挖至 1630m 高程，高线混凝土系统已于 11 月 29 日正式投运；2、3、4 号缆机安装完成并投入运行，满足垫座混凝土浇筑。

（3）引水发电系统及泄洪洞工程，主厂房 1643.5m 高程以上开挖支护完成，岩锚梁混凝土浇筑完成；主变室开挖完成；高压管道斜井二次扩挖完成 25%，其余洞段开挖全部完成；1、2 号尾水洞开挖支护完成，开始混凝土施工。

（4）左岸基础处理工程，所有帷幕灌浆洞、固结灌浆洞、传力洞、置换平洞及施工次通道开挖支护结束，抗力体范围内的洞室混凝土衬砌结束。F_5 断层化学灌浆试验、煌斑岩脉化学灌浆试验第一阶段结束，1785m 高程层固结灌浆生产性试验完成、开始 1670m 高程控制灌浆。

（5）砂石料加工系统，印把子砂石系统于 6 月 22 日开始试运行，三滩砂石系统于 10 月份开始试运行，均满足 11 月 29 日浇筑大坝垫座混凝土人工骨料要求。

（6）雾化区及高位危岩体处理工程，A、B 标均已完成临建工程建设、施工便道修建，开始主体工程施工。

2. 锦屏二级水电站

（1）导流洞工程，施工合同要求 11 月 15 日具备过流条件，实际于 11 月 14 日实现破堰分流。

（2）闸坝工程，11 月 30 日大江截流成功；用于围堰防渗墙施工的上游 22 台、下游 14 台 CZ-30 钻机全部就位，分别于 12 月 15 日和 17 日启动钻孔施工；围堰填筑和坝肩开挖已启动。

（3）东端 1 号引水隧洞，TBM 掘进 231m，加钻爆法开工累计掘进 796m，全年全断面掘进 448m；2 号引水隧洞上半断面开工累计开挖 3069m，下半断面开工累计开挖 1197m。全年全断面掘进折合约 1700m。

（4）东端 3 号引水隧洞，TBM 组装完成并掘进 107m，加钻爆法开工累计开挖 744m，全年全断面掘进 312m；4 号引水隧洞上半断面开工累计开挖 2633m，下半断面开工累计开挖 1040m，全年全断面掘进折合约 1400m。

（5）西端 1 号引水洞，累计上半断面开挖 1776m，下半断面开挖 1207m；2 号引水洞，累计上半断面开挖 1594m，累计下半断面开挖 1252m；全年全断面掘进折合都约 1050m。

（6）西端 3 号引水隧洞，累计上半断面开挖 1732m，下半断面开挖 947m；4 号引水隧洞，累计上半断面开挖 1937m，下半断面开挖 1444.3m；全年全断面掘进折合都约 1200m。

（7）地下厂房第Ⅳ层开挖完成，岩锚梁浇筑提前 25 天完成；尾闸室、尾水调压室、尾水洞进度受控，高压管道竖井施工受导井钻孔偏移影响，工期有所滞后。

（8）进水口边坡石方开挖至 1658.7m 高程，累计开挖量约 24 万 m^3。西端混凝土拌和系统提前 1 个月投产，全年供应成品混凝土约 5 万 m^3。4 条引水隧洞进口端开挖至 0+15m 岩塞段。

（9）施工排水洞工程，TBM 于 2008 年 6 月 18 日开始掘进，已完成掘进 1908m，加上钻爆法施工部分，排水洞累计掘进 2648m。

（10）辅助系统工程：东端砂石料系统于 2007 年 11 月 15 日投运；高线混凝土系统于 2008 年 4 月 5 日基本具备生产条件，三个胶凝材料罐体安装完成。带式输送系统土建项目完成合同总量 98%；钢结构加工完成合同总量 98.2%；钢结构安装完成合同总量的 71%；进口设备到货占合同总量的 85%，国产设备全部到货。设备安装完成总量 35%。

（三）主要项目建设情况

（1）实现锦屏辅助洞双洞贯通。锦屏山辅助洞的贯通是几代水电工作者孜孜以求的梦想，也是打开锦屏水电工程建设和管理新格局的关键所在。自 2003 年底开工以来，经过参建单位近 5 年艰苦卓绝的努力，2008 年 6 月 28 日，B 洞贯通，2008 年 8 月 8 日，A 洞贯通。至此，锦屏山辅助洞全线双洞贯通。

（2）提前实现锦屏二级水电站大江截流。锦屏二级只有一条导流洞分流，截留参数高，现场施工场地狭窄，地质条件差，施工干扰突出，截留难度超出预期。在截流攻坚的最后几天，龙口流量超过 700m^3/s，最大流速 4.6m/s，2m^3 的钢筋石笼成串推进龙口瞬间不见踪影，各参建单位通宵在戗堤施工，业主动员全场资源制作串石、钢筋笼等材料，突击进占，连续奋战三昼夜，终于再次驯服了湍急的雅砻江。

（3）完成锦屏二级水电站引水隧洞TBM组装并开始掘进。锦屏二级水电站的关键项目之一是引水隧洞群的施工，而引水隧洞施工的关键又在于TBM。引水隧洞TBM直径为12.4m，系国内直径最大的硬岩掘进机。两台TBM分别于2008年4月和5月开始现场组装，于2008年9月18日完成安装开始试车，分别于2008年11月16日和18日通过安装验收正式开始试掘进。从采购合同签订至设备正式投入试掘进共历时21个月。

（4）开始锦屏一级水电站大坝垫座混凝土浇筑。锦屏一级水电站左岸边坡地质条件差，尤其是F_5等断层部位岩石十分破碎，为了保证施工安全，设计提出了按7.5m高小梯段爆破、浅层支护只允许滞后一个梯段、深层支护只允许滞后两个梯段的严格要求，且边坡布置了大量的锚索、锚杆、挂网和喷混凝土，在断层部位还要求进行刻槽和回填混凝土，边坡开挖、支护施工难度大，工期十分紧张。同时，围绕第四季度垫座混凝土浇筑这一重要节点目标的其他配套项目，砂石系统建设及料场开采、骨料输送系统等项目受到市场影响和锦屏特有的不利地形、地质条件限制，进度压力大；受料场条件限制，砂石料质量不稳定；垫座基础开挖设计方案变更、垫座混凝土分缝设计变更等对第四季度浇筑垫座混凝土产生了较大影响。面对错综复杂的局面和诸多困难，各参建单位始终坚持既定目标不放松，保证了首仓混凝土按时开仓并顺利浇筑。

（5）完成锦屏一级水电站地下厂房岩锚梁混凝土浇筑。锦屏一级水电站地下厂房地质条件复杂，地应力高，岩石强度偏软，F_{13}、F_{14}、F_{18}等多条断层及煌斑岩脉穿过，导致开挖后洞室持续变形较大，给安全支护和岩锚梁浇筑带来极大的困难。为确保工程安全，锦屏建设管理局多次召开地下厂房围岩变形、拱脚裂缝成因及对策分析专题会议，并作为两次院士特咨团会议的重要议题，对主厂房洞室开挖爆破控制、加强支护方案、岩锚梁浇筑程序等进行了深入研究。经过各相关单位的共同努力，完成了发电机层以上开挖及岩锚梁混凝土浇筑目标。

（6）完成锦屏二级水电站地下厂房岩锚梁混凝土浇筑。锦屏二级地下厂房岩层为薄层状、陡倾角，与边墙夹角很小，地应力高，受F_{65}断层等影响，岩石大部分为Ⅲ类围岩，地质条件很差，不利于岩锚梁开挖成型。为了确保岩锚梁开挖质量，管理局组织监理、施工单位到其他项目学习岩锚梁开挖施工的先进经验，多次召开专题会议研究岩锚梁混凝土施工、混凝土温度控制等方案和措施，确保岩锚梁开挖质量。通过各单位的精心组织，狠抓资源到位、严控过程等管理手段，锦屏二级地下厂房于2008年8月6日提前25天完成了岩锚梁混凝土浇筑，同时提前两个月完成开挖至1334.5m高程的目标。

（二滩水电开发有限责任公司　陆　山）

锦屏二级水电站成功实现大江截流

2008年11月30日上午10时16分，“西电东送”战略性项目、雅砻江上装机规模最大的巨型水电站——锦屏二级水电站成功实现大江截流。

中共四川省委常委、四川省国有资产监督管理委员会党委书记王少雄，四川省人民政府副省长李成云，国家开发投资公司总裁、二滩水电开发有限责任公司董事长王会生，国家能源局专职副书记姚新国等领导和四川省人民政府有关部门，凉山州各级党委、政府，长江水利委员会，中国水电工程顾问集团公司、中国水利水电工程建设集团公司、华中电网公司、四川省电力公司等单位，以及参与锦屏二级水电站建设、监理、设计、施工等单位的领导同志和700多名建设者代表与来宾观看了截流盛况。

截流仪式由二滩公司党委书记、总经理陈云华同志主持。按照仪式的议程安排，陈云华同志简要汇报了锦屏二级水电站工程建设及大江截流的准备情况；姚新国同志宣读了国家能源局的贺信；吴靖平、黄顺福同志分别作了热情洋溢的致辞；李成云、王会生同志分别在仪式上讲话。10时整，王少雄同志宣布雅砻江锦屏二级水电站工程大江截流龙口合龙开始。一辆辆满载着大块石的大型自卸车一字排开，以排山倒海之势向龙口发起最后冲击，大量抛填料被抛入江中。10时16分，龙口胜利实现合龙。这是二滩水电开发有限责任公司继二滩、锦屏一级电站大江截流之后，第三次成功地截断滚滚雅砻江。

锦屏二级水电站大江截流，戗堤布置在上游围堰轴线上游，采用左岸单戗立堵单向进占方式，施工任务由中国水利水电第五工程局承担。11月21日开始预进占。由于导流洞破堰后分流条件不好，龙口单宽功率从原来的103t·m(/s·m)增加到150t·m(/s·m)，因此，将戗堤基础上向上加宽10m左右。11月26日10时，开始截流进占。由于龙口流量大、流速高，20余个单重2.88t的钢筋石笼进入江中，瞬间向下游游走，直至下午3时，只向前推进了2m，再无进展，原根据模型试验分析采用的5t大粒径特殊材料无法满足施工要求。经紧急商量对策，必须准备

15t吨以上特殊材料倒入江中才能稳定。经研究，采用将大石钻孔打眼用粗钢丝串联成一组的经济实惠办法。在业主的协调下，各兄弟单位紧急支援，连夜赶制加工了60t以上大石串。11月27日，采用大块石、特大块石、块石串和加长加重块石串上挑角凸抛进占和下压角平抛压石，中部采用掺合料跟进填筑的措施，于下午3时形成龙口。本次截流流量746m^3/s，落差大（4.6m），流速高（7.4m/s），施工交通条件差，施工场地狭窄，交叉影响大，窄戗堤单戗单向立堵进占，高水力学指标及施工难度国内罕见；共投入大型挖装及运输设备132台套，抛投土石料3.8万m^3，最大抛投强度每小时800m^3/h。

由锦屏一级、二级水电站组成的锦屏“双子星座”电站，是国家“十一五”计划中的重点工程，是落实国家“西电东送”战略和四川省“加快建设灾后美好新家园、加快建设西部经济发展高地”、打造全国最大“三江”水电基地的标志性工程，是加速开发雅砻江的关键工程。锦屏二级水电站工程截流，是雅砻江开发史上的一件大事，也是锦屏二级水电站建设的一个重要里程碑。锦屏二级水电站与装机容量360万kW的锦屏一级水电站同期投产发电后，将成为打通“川电东送”中部输电通道的骨干工程。电站建成投产对优化四川电网电源结构，增强四川电网外送能力，推动民族地区经济发展，将川内丰富的水能资源优势转化为经济优势，促进四川灾后重建和打造西部经济发展高地都具有深远意义。

（二滩水电开发有限责任公司　张蕴华）

官地水电站2008年工程进展情况

官地水电站位于四川省凉山彝族自治州西昌市和盐源县交界的打罗村境内，系雅砻江卡拉至江口河段水电规划五级开发方案的第三个梯级电站，上游与已开工的锦屏二级水电站衔接，下游与已建成的二滩水电站库尾相衔接。坝址距西昌市的直线距离约30km，公路里程约80km，电站主要任务是发电，水库正常蓄水位1330.0Cm，总库容7.6亿m^3，水库回水长58km，安装4台单机600MW水轮发电机组，装机容量2400MW，多年平均发电量110亿kW·h。

官地水电站枢纽建筑物主要由左右岸挡水坝、中孔坝段和溢流坝段、消力池、右岸引水系统及地下厂房发电系统组成。拦河大坝为碾压混凝土重力坝，大坝坝顶高程1334.00m，最大坝高168m，坝顶长516m。溢流坝段布置5孔溢流表孔，堰顶高程1311m，孔口尺寸15m×19m；在左岸10号挡水坝段和右岸16号挡水坝段各设有放空中孔，孔口底高程1240.0m，孔口尺寸5m×9m；溢流坝段下游接消力池，消力池底高程为1188m，池长145m，宽95m，消能采用底流消能形式。右岸引水发电系统为岸塔式进水口布置，压力管道单机单管供水，内径11.8m。水电站厂房为首部式地下厂房，长243.4m，宽31.1（岩锚梁以下29.0m），高76.3m；主变压器室长197.3m，宽18.8m，高25.2m；尾水调压室长221.0m，上室宽21.5m，下室宽18.0m，高76.5m。采用“两机一室一洞”的尾水布置格局，两条尾水洞长度分别为736.4m和915.5m，城门洞形，断面尺寸16.0m×18.0m。

2008年，官地水电站工程，完成固定资产投资167407万元，为年计划的107.6%，其中建筑安装投资完成104 368万元，为年计划的112.6%；单元工程验收合格率100%，单元验收评定优良率93.8%；无质量事故发生，无大的质量缺陷；未发生人身死亡事故。主要在建工程进展如下：

1. 围堰工程　2008年5月31日上、下游围堰施工完成。

2. 左、右岸缆机平台开挖与支护工程　左岸缆机平台开挖支护于2008年10月完成，右岸缆机平台开挖支护于2008年4月完成。

3. 大坝工程　左岸坝肩开挖至1259m高程，右岸坝基开挖至1196m高程。消力池开挖至1180m高程。大坝高线混凝土拌和系统4×3m^3拌和楼基本安装完成。大坝低线混凝土拌和系统两座拌和楼安装完成。缆机系统，已有一台缆机主、副塔安装完成。

4. 引水发电系统工程　主、副厂房第Ⅳ层开挖支护完成；岩壁吊车梁混凝土浇筑全部完成。主变压器室开挖支护全部完成，母线洞上层开挖完成。尾水调压室第Ⅱ层开挖支护完成。1、2号尾水洞上层开挖支护完成。压力管道，1、3号上平段上层开挖支护完成50%，下平段上层开挖完成；2、4号上平段上层开挖支护完成20%，下平段上层开挖完成20m。

5. 竹子坝人工骨料生产系统工程　于2008年5月28日顺利通过了试运行，目前，人工骨料系统已具备全面生产条件。料场覆盖层剥离完成约100万m^3，已具备毛料开采条件。

6. 南线公路工程

（1）A合同段，改建段与新建段路基工程全部完成；新建段路面混凝土完成70%；安宁河大桥改造加固工程2008年4月30日全面完成，实现全幅通车目标。

（2）B合同段，磨盘山隧道进口累计完成开挖及初期支护757m（总长1738m）；明线段路基工程全部完成，路面工程完成10%。

（3）C合同段，磨盘山隧洞出口累计完成开挖及初期支护 970m（总长 1690m）；明线路基工程完成约 60%，路面工程完成 20%。

（4）D合同段工程完工。

（5）E合同段，煤炭沟隧道累计完成开挖及初期支护 1222m（总长 1322m）；明线路基工程完成约 80%。

（6）F合同段工程完工。

7. 漫水湾转运站扩建工程　截至 2008 年底，扩建工程永久机电设备封闭仓库已整体完工；专 8 线一期工程段完成施工；扩建场平回填、衡重式挡墙、场外排水沟以及围墙施工完成；8 个散装物料罐基础人工挖孔及桩基钢筋制作完成，具备桩身混凝土浇筑条件。

（二滩水电开发有限责任公司　何长青）

黄河小浪底水利枢纽工程通过竣工技术预验收

2008 年 12 月 14～18 日，国家发展和改革委员会、水利部在黄河小浪底水利枢纽工程现场主持召开了黄河小浪底水利枢纽工程竣工技术预验收会议。技术预验收专家组专家察看了工程现场，观看了工程建设声像资料，听取了建设管理、设计、移民、质量监督、运行管理、竣工初步验收、竣工财务决算审计及整改、竣工验收技术鉴定等工作报告。竣工技术预验收专家组查阅了有关资料，进行了充分讨论，形成了《黄河小浪底水利枢纽工程竣工技术预验收工作报告》，专家组同意通过竣工技术预验收，建议进行竣工验收。具体情况如下：

一、工程概况

（一）工程位置及开发目标

黄河小浪底水利枢纽工程（以下简称小浪底工程）位于河南省洛阳市以北黄河干流上，坝址上距三门峡水利枢纽 130km，下距黄河花园口水文站 128km，控制流域面积 69.4 万 km²，占黄河全流域面积的 92.3%。

小浪底工程开发目标是“以防洪（包括防凌）、减淤为主，兼顾供水、灌溉和发电，蓄清排浑，除害兴利，综合利用”。工程建成后，与三门峡、陆浑、故县水库联合运用，遇百年一遇洪水，控制花园口站洪峰流量 15 700m³/s；遇千年一遇洪水，控制花园口站洪峰流量 22 600m³/s；与三门峡水库联合运用，可基本解除下游凌汛威胁；通过水库拦沙和调水调沙运用，可使下游河床 20～25 年基本不淤积抬高；多年平均增加年调节水量 20 亿 m³，可提高 4000 万亩耕地的灌溉保证率，改善下游灌溉、供水条件；安装 6 台 300MW 水轮发电机组，总装机容量 1800MW，设计多年平均年发电量前 10 年为 45.99 亿 kW·h，10 年后为 58.51 亿 kW·h，可缓解河南电网供电紧张局面。

（二）设计标准、规模及主要技术指标

小浪底工程为一等工程，枢纽主要建筑物为 1 级建筑物。枢纽按千年一遇洪水设计，可能最大洪水（同万年一遇洪水）校核。

坝址区地震基本烈度Ⅶ度，设防烈度为Ⅷ度，地震动峰值最大水平加速度为 0.313g，大坝按 0.5g 复核。

主要技术指标如下：

实测多年平均年径流量（1919～1986 年）：423.2 亿 m³；

设计水平年入库年径流量：277.2 亿 m³；

实测多年平均年输沙量（1919～1986 年）：13.51 亿 t；

设计多年平均年输沙量：13.23 亿 t；

正常蓄水位：275.00m；

正常死水位：230.00m；

水库总库容：126.5 亿 m³；

其中，防洪库容：40.5 亿 m³；

调水调沙库容：10.5 亿 m³；

淤沙库容：75.5 亿 m³；

设计洪水位（P=0.1%）：274.00m；

校核洪水位（P=0.01%）：275.00m；

枢纽总泄流能力（275m 水位）：17 327m³/s；

设计洪水位时最大泄流量：13 480m³/s；

校核洪水位时最大泄流量：13 990m³/s；

正常死水位时最大泄流量：8048m³/s；

总装机容量：6×300MW；

设计多年平均年发电量：45.99 亿/58.51 亿 kW·h（前 10 年/10 年后）。

（三）主要建设内容

小浪底工程主要由大坝、泄洪排沙系统和引水发电系统组成。大坝为壤土斜心墙堆石坝，最大坝高 160m，坝顶长 1667m，副坝为壤土心墙坝，最大坝高 45m，坝顶长 170m；泄洪排沙系统包括进水塔群，由导流洞改建的 3 条直径为 14.5m 的孔板消能泄洪洞，3 条断面尺寸为（10.0～10.5m）×（11.5～13.0m）的明流泄洪洞，3 条直径为 6.5m 的排沙洞，一条正常溢洪道和一条非常溢洪道（缓建），一座两级消能的消力塘；引水发电系统包括 6 条直径为 7.8m 的引水发电洞，一座长 251.5m、跨度 26.2m、最大开挖高度 61.4m 的地下厂房，一座主变压器室，

一座尾水闸门室和三条断面为12.0m×19.0m的尾水洞，一座6孔防淤闸，一座228.5m×153.0m的220kV地面式开关站。

电站安装6×300MW混流式水轮发电机组，总装机容量1800MW。电站主接线采用双母线双分段带旁路接线方式，电压等级为220kV，出线6回。

金属结构设备集中布置在进水塔群、孔板洞中闸室、排沙洞出口闸室、溢洪道、地下厂房尾水闸门室和电站尾水出口等部位。共有124个孔口，各种闸门72扇，拦污栅26扇，启闭机74台套。

（四）建设过程

小浪底工程总工期为11年，其中前期准备工程工期3年，主体工程工期8年。

前期准备工程于1991年9月1日开工，1994年4月21日通过水利部主持的前期准备工程验收。主体工程于1994年9月12日开工，1997年10月28日截流，1999年10月25日下闸蓄水，2000年1月9日首台机组并网发电，2001年12月31日最后一台机组并网发电。

主体土建工程采用国际招标，由意大利英波吉诺公司（ImpregiloS. P. A）为责任方的黄河承包商中标承建大坝标（Ⅰ标）；德国旭普林公司（Zublin）为责任方的中德意联营体中标承建泄洪排沙工程标（Ⅱ标）；法国杜美思公司（Dumez）为责任方的小浪底联营体中标承建引水发电工程标（Ⅲ标）。水轮机、发电机出口断路器、计算机监控系统、220kV干式电缆等也通过国际招标采购，其余土建工程、机电设备制造及安装等通过国内招标进行施工和采购。

二、工程阶段验收和鉴定

（一）阶段验收

1997年10月18日，通过了国家计委会同水利部组织的截流阶段验收。

1999年9月26日，通过了水利部会同河南、山西两省人民政府组织的水库下闸蓄水阶段验收。

1999年12月26日，通过了水利部会同河南、山西两省人民政府组织的首台（6号）机组启动验收。受水利部委托，小浪底建管局于2000年9月至2001年12月先后对5、4、3、2号和1号机组组织了启动验收。

根据《水利水电建设工程验收规程》（SL 223—1999），2002年12月5日通过了水利部主持的小浪底水利枢纽（工程部分）竣工初步验收。

（二）初期运用技术评估

2006年5月～2007年4月，受小浪底建管局委托，水利部水利水电规划设计总院和中国水利水电科学研究院对小浪底工程进行了初期运用技术评估，重点对工程初期运用中出现的可能影响工程安全的有关技术问题，以及历次安全鉴定和竣工初步验收中提出涉及工程安全运用有关问题的落实情况进行了评估。主要结论为：小浪底工程初期运用以来，拦河主坝及泄水、引水发电等主要建筑物经受了较长时间和较高水位运行的考验，主要建筑物运行基本正常。对拦河主坝上、下游坝坡发生的局部不均匀变形问题，已经处理；坝顶下游侧发生的纵向裂缝是坝体不均匀变形导致的张性裂缝，复核计算结果表明大坝整体稳定满足安全运用要求；心墙内有效小主应力均为正值，不具备产生水力劈裂的应力条件。对历次安全鉴定及竣工初验中提出的其他涉及工程安全的问题，根据现场调查和监测资料分析，没有发现影响枢纽安全运用的异常现象。因此，小浪底工程竣工验收的技术条件已经具备。

（三）竣工验收技术鉴定

2007年7～9月，受小浪底建管局委托，水利部水利水电规划设计总院和中国水利水电科学研究院对小浪底工程进行了竣工验收技术鉴定。主要结论为：

小浪底工程1999年10月25日下闸蓄水开始初期运用，截至2007年7月中旬，水库最高蓄水位曾达到265.69m，较设计正常蓄水位低9.31m。初期运用中，通过对水库的精心调度，工程发挥了很大的效益，初步显示了小浪底工程在治黄中的战略地位和作用。

工程等别、建筑物级别、洪水标准及地震设防烈度符合现行规范要求。

枢纽初期运用近8年来的实践证明，枢纽工程布置合理，各土建工程设计、施工质量基本符合国家现行有关技术标准要求；拦河主坝、副坝及泄水、引水发电等主要水工建筑物已经受较长时间和较高水位运行的考验，运行基本正常。机电工程及各类闸门、启闭机设计、制造、安装和调试基本满足国家现行有关标准要求，运用状况正常。

征地与移民安置、环境保护、水土保持、工程消防、劳动安全卫生和工程档案等各专项验收中提出的遗留问题已经处理或已作安排。对历次安全鉴定、工程部分竣工初步验收和初期运用技术评估中提出的涉及工程安全的问题，根据现场调查和监测资料分析，没有发现影响枢纽安全运用的异常现象。

三、工程初期运行及效益

（一）工程初期运行情况

自1999年10月25日下闸蓄水以来，至2008年8月31日，枢纽已安全度过了9个汛期。水库最高蓄水位达265.69m（2003年10月15日），离设计正常蓄水位（275m）仅差9.31m；水库在较高库水位

260m以上累计运行192天，在库水位250m以上累计运行952天；库水位日最大升幅3.26m（2001年8月22日），日最大降幅3.47m（2007年7月1日）。

（二）工程初期运行效益

1. 防洪(防凌)　自小浪底水库下闸蓄水即投入防洪（防凌）初期运用，已连续9年安全度汛。特别是2003年，黄河流域遭遇几十年来最为严重的“华西秋雨”，渭河下游河段（华县水文站）发生1983年以来的最大洪水，黄河潼关河段发生4次较大洪水过程，小浪底水库按照黄河防总的调度指令，与有关水库联合水沙调度，减灾效益显著。小浪底工程投入运行后，基本解除了黄河下游凌汛威胁。

2. 减淤　自1999年10月开始下闸蓄水至2007年10月，小浪底水库泥沙总淤积量约24亿m^3，水库拦沙和调水调沙使坝下游河道由建库前的淤积抬高转变为冲刷下切，总冲刷量约12亿m^3，主河槽过流能力由不足2000m^3/s（局部河段）提高到约3720m^3/s。2002年起，小浪底水库与其他水库联合调度，进行了8次调水调沙，提高了冲刷效果并积累了优化调度的经验。

3. 供水与灌溉　截至2008年8月底，小浪底水库总计下泄水量1816亿m^3，水库增强了水量调度的调节能力，为4次引黄济津、8次引黄济青、2次引黄济淀提供了水源，为实现黄河下游不断流发挥了重要作用，并提高了下游引黄灌区的灌溉保证率，缓解了工农业生产和生活用水的紧张局面。

4. 发电　小浪底水电站作为河南电网的主要调峰、调频和事故备用电站，提高了电网的安全性和供电质量，有效缓解了河南电网供电紧张局面，促进了地方经济发展；提供了清洁能源，有利于节能减排和生态文明建设。对特殊水沙条件下的机组选型和“以水定电”前提下的机组运行，探索并积累了宝贵的经验。截至2008年11月30日，累计发电367.36亿kW·h。

5. 生态环境效益　小浪底工程的建成投运，为黄河下游不断流、支持区域经济社会发展和维持黄河健康生命作出了重要贡献，特别是改善了小浪底库区和下游河口地区的生态环境。工程建设中高度重视生态环境，狠抓水土保持和环境保护工程建设，改善了库区生态环境。大片湿地的形成，为各种水生生物提供了良好的栖息地。小浪底工程先后被国家主管部门命名为“国家环境保护百佳工程”、“开发建设项目水土保持示范工程”、“国家水利风景区”和“河南省十大旅游热点景区”。

四、结语

小浪底工程已按照批准的设计内容建设完成，工程质量合格；投资控制有效，财务管理制度健全，会计核算规范，竣工财务决算已通过审计；征地补偿及移民安置、水土保持、环境保护、工程档案、消防设施、劳动安全卫生等已通过专项验收；运行管理单位落实，制度完善，具备工程运行管理的条件。工程经受了初期运行的考验，运行正常，初步发挥了防洪(防凌)、减淤、供水、灌溉、发电等显著的综合利用效益。

（水利部小浪底水利枢纽建设管理局
屈章彬　孔德铭）

积石峡水电站2008年建设情况

（一）工程进展情况

2008年，积石峡水电站工程完成投资100 618.80万元，为年计划的88.90%；完成主要工程量：混凝土浇筑33.4万m^3（大坝填筑10万m^3）金属结构制作和安装200t，右坝肩及基坑开挖75万m^3。

完成主要工程形象：大坝右岸坝肩开挖完成，大坝填筑至1776m高程；电站进水口，1号机浇筑至1833.0m高程，2号机浇筑至1818.0m高程，3号机浇筑至1822.0m高程；压力钢管累计就位152节；溢洪道堰闸段混凝土浇筑至1828.0m高程；厂房工程，安装间B、C块混凝土浇筑至1795.3m高程，1号机肘管及锥管安装完成，座环具备安装条件，2、3号机肘管安装完成；中孔进水塔浇筑至1807m高程，弧形闸门拼装完成。

（二）工程管理情况

积石峡工程建设部紧紧围绕工程建设中心任务开展工作。

（1）赶工成效显著，大坝基坑开挖完成，顺利转入大坝填筑阶段。

（2）大力开展技术创新活动，在右岸坝肩开挖中，减少了开挖量一万多立方米和锚固支护量，并且用工程开挖料代替沙砾石主堆料，使坝体的坝料分区和排水料的生产难度大大降低，减少了工程量和坝体填筑量；改进了超大型压力钢管自动化整体卷制设备，使其功效提高2倍以上。

（3）大力开展危险源辨识与控制工作，建立了危险源（点）快速反应机制，电站中孔进水口按计划完成了危险源重大治理。

（三）安全生产情况

（1）完善了安全生产组织体系和工作体系，建立健全了安全生产组织机构和规章制度。

（2）抓好安全生产责任制的落实，加强了动态控制和闭环管理，开展了各类专项安全检查，进行了安全监督和安全专项评估。

(3) 深入开展了“隐患治理年”和百日安全督察专项活动，落实“四不放过”原则，加强了对安全事件的管理。

(4) 全面落实了2008年安全度汛目标，确保了各在建工程安全度汛。

(5) 以安全专项活动为载体，深入进行安全教育和安全培训。

(6) 制定应急预案，确保了北京奥运会和残奥会期间的施工安全。

多项措施并举，使安全管理又上新台阶，全年未发生安全事故。

(四) 质量控制情况

积石峡工程建设部十分重视质量工作，目标明确，管理体系健全，各项质量责任制执行有力，工程质量始终处于受控状态。电站进水口、溢洪道和厂房混凝土外观质量良好，处于国内同类工程先进水平；引水压力钢管制作采用了整体卷制一次成圆工艺技术，制作工艺先进，质量控制良好，成为水电工程的亮点。

经质量验收评定，积石峡开挖工程已验收单元全部合格，单元工程优良率为91.2%；混凝土工程已验收单元工程优良率为95.5%；机电设备安装工程已验收单元工程优良率均为100%；金属结构已验收单元工程优良率为92.2%。

(五) 投资控制情况

(1) 加强了招标管理。制定了招标的年度、月度计划，明确招标项目范围、概况、主要工程量、估计合同金额、审查时间、开标时间、评标方法、评标权重等主要内容。详审招标文件，对招标项目的图纸、设计方案、工程建设进度、技术参数的可行性进行了审查，在招标范围确定时重点考虑相邻标段之间的干扰、交叉作业；按照招标文件要求对工程质量、安全文明施工、进度目标提出了具体的措施，制定了有针对性的临时设施承包方式。

(2) 统一了设计变更和经济问题处理原则与程序，共处理变更与索赔163项。

(3) 坚持经济活动分析制度，加强预算管理，全面掌握资金动态，使工程造价可控在控。

(4) 加强工程审计，严格工程结算审核程序，通过审计完善修正了管理制度程序，减少了漏洞。

(5) 加强设计审查和设计监理工作。对各合同项目方案及设计图纸在实施前组织相关单位的专业技术人员进行审查、优化，避免了损失和浪费。水电站对右坝肩开挖方案进行了调整，对坝料分区进行试验研究，充分利用了开挖料，节省了工程投资。

(6) 加大了安全管理力度，杜绝了因安全事故造成的停工、窝工，有效地控制了投资。

(六) 移民安置情况

积石峡水电站右岸坝肩征地工作已顺利完成，并成功处理了左岸坝肩遗留问题；村民阻工现象基本缓解，右岸坝肩开挖和大坝施工进展顺利。

(黄河上游水电开发有限责任公司 胡耀斌 张文俊)

班多水电站2008年建设情况

(一) 工程进展情况

2008年，班多水电站工程完成投资60 320.67万元，为年计划的99.23%；完成主要工程量：土石方开挖88万m^3，混凝土浇筑28万m^3，钢筋制安5505t，锚杆安装1.15万根。

完成主要工程形象：2008年3月29日按期实现截流，实现工程安全度汛；主厂房土石方开挖完成，厂房混凝土开始浇筑；泄洪闸引渠段底板、边墙及消力池浇筑基本完成；对外公路完工并通车。

(二) 工程管理情况

在班多工程获准建设和项目可行性研究设计顺利进展的基础上，一是围绕主河流截流、泄洪闸混凝土浇筑、厂房开挖等工程重要节点进行工作部署，动员各参建单位协同作战，确保了汛前截流及泄洪闸具备过水条件等目标的实现；二是提早部署，狠抓应急预案的落实，保证了主汛期平稳度汛，并在特大暴雨造成交通瘫痪之际，积极组织力量在最短的时间内恢复了交通，确保了工程节点的按期实现。

(三) 安全生产情况

(1) 完善了安全生产组织体系和工作体系，建立健全了安全生产组织机构和规章制度。

(2) 抓好安全生产责任制的落实，加强了动态控制和闭环管理，开展了各类专项安全检查，进行了安全监督和安全专项评估。

(3) 深入开展了“隐患治理年”和百日安全督察专项活动，落实“四不放过”原则，加强了对安全事件的管理。

(4) 全面落实了2008年安全度汛目标，确保了在建工程安全度汛。

(5) 以安全专项活动为载体，深入进行安全教育和安全培训。

(6) 制定应急预案，确保了北京奥运会和残奥会期间的施工安全。

多项措施并举，使安全管理又上新台阶，全年未发生安全事故。

（四）质量控制情况

班多工程建设部十分重视质量工作，目标明确，管理体系健全，各项质量责任制执行有力，工程质量始终处于受控状态。经质量验收评定，班多开挖工程已验收单元全部合格，单元工程优良率为91.0%，混凝土工程已验收单元工程优良率为93.4%。

（五）投资控制情况

(1) 加强了招标管理。制定了招标的年度、月度计划，明确招标项目范围、概况、主要工程量、估计合同金额、审查时间、开标时间、评标方法、评标权重等主要内容。详审招标文件，对招标项目的图纸、设计方案、工程建设进度、技术参数的可行性进行了审查，在招标范围确定时重点考虑相邻标段之间的干扰、交叉作业；按照招标文件要求对工程质量、安全文明施工、进度目标提出了具体的措施，制定了有针对性的临时设施承包方式。

(2) 统一了设计变更和经济问题处理原则与程序，批复变更53项。

(3) 坚持经济活动分析制度，加强预算管理，全面掌握资金动态，使工程造价可控在控。

(4) 加强工程审计，严格工程结算审核程序，通过审计完善修正了管理制度程序，减少了漏洞。

(5) 加强设计审查和设计监理工作。对各合同项目方案及设计图纸在实施前组织相关单位的专业技术人员进行审查、优化，避免了损失和浪费。对开关站布置进行了优化调整，确保了施工进度。

(6) 加大了安全管理力度，杜绝了因安全事故造成的停工、窝工，有效地控制了投资。

（黄河上游水电开发有限责任公司　胡耀斌　张文俊）

街面水电站工程建设情况

街面水电站位于福建尤溪县尤溪上游，距离尤溪县城关51km；坝址以上流域面积1604km^2，多年平均流量45.2m^3/s；最大坝高126m，正常蓄水位290.00m，总库容18.24亿m^3；装机容量300MW，保证出力69.2MW，年发电量3.60亿kW·h，年利用小时1200h；是福建省5大水电站之一，也是福建省唯一具有多年调节的大型龙头水库水电站。电站以发电为主，建成后年可增加下游梯级水电站发电1.1亿kW·h，增加下游梯级保证出力79.8MW，在电网中具有梯级补偿、电力补偿、调峰和事故备用作用，同时对下游具有防洪效益。

枢纽由混凝土面板堆石坝、左岸溢洪道、右岸引水系统、地下厂房及开关站等组成。混凝土面板堆石坝最大坝高126m，坝顶高程294.50m，坝顶长度500.5m、宽8m。泄洪建筑物布置在左岸，采用岸边溢洪道，2孔泄洪，由引水渠、闸室段、渐变段、陡槽段和反弧段组成。引水系统位于右岸，采用“一洞一机”的布置形式，包括进水口工程和引水隧洞工程；进水口为竖井式结构，由拦污栅、喇叭段、闸室和渐变段组成。地下厂房由主副厂房、安装场、主变压器室、尾水闸门室、母线洞及竖井、出线洞、电梯电缆井、排水洞、安全排风洞、交通洞等组成，安装2台单机150MW水轮发电机组。110kV、220kV地面开关站采用户内式，位于坝顶右坝肩下游侧上坝公路外侧。

街面水电站库区涉淹三明、泉州2市3县16个村，淹没土地总面积56 293亩，总搬迁人口11 848人，移民以自主外迁、库周后靠、集中安置等形式安置。

2001年2月，街面水电站项目建议书经国务院批准，国家发展计划委员会以计基础［2001］227号文批复。2003年3月10日，国家发展计划委员会以计基础［2003］350号文批复了《福建尤溪街面水电站可行性研究报告》。2007年11月29日，国家发展改革委以发改能源［2007］3276号文批准了街面水电建设征地移民补偿投资及工程概算调整，调整后工程静态投资238 308.53万元，其中枢纽工程122 384.85万元，水库淹没处理补偿115 923.68万元；总投资263 944万元，其中枢纽工程134 120万元，水库淹没处理补偿129 824万元。

街面水电站由福建省尤溪流域水电开发有限公司建设，设计单位是福建省水利水电勘测设计研究院。前期工程于2002年12月26日动工，2004年4月17日主体工程正式开工。2004年9月28日实现河床截流。2006年12月22日库区通过省政府水电站库区移民开发局组织的验收。2007年2月14日实现导流洞下闸蓄水。2007年11月28日首台机组投产发电，2008年5月30日第二台机组投产发电，工程全面建成投产。

（福建省尤溪流域水电开发有限公司　曾庆彪）

龙口水利枢纽工程建设情况

（一）工程概况

黄河龙口水利枢纽位于黄河北干流托克托—龙口河段尾部，左岸是山西省忻州市的偏关县和河曲县，右岸为内蒙古自治区鄂尔多斯市的准格尔旗；距上游已建的万家寨水利枢纽26km，距下游已建的天桥水电站约70km。工程的主要任务是对万家寨水利枢纽发电下泄流量反调节，参与晋蒙电网调峰发电，确保黄河万家寨—天桥区间不断流。枢纽控制流域面积 39.74 万 km^2，多年平均径流量 178.1 亿 m^3，多年平均输沙量 0.18 亿 m^3。枢纽水库总库容 1.96 亿 m^3，调节库容 0.71 亿 m^3，正常蓄水位 898m；左右岸各布置一处工、农业取水口，其中设在左岸取水口引水流量 7.4m^3/s，以农业灌溉为主、工业用水为辅，输水主要建筑物包括涵闸、隧洞、箱涵等；电站装机容量 420MW，平均年发电量 13 亿 kW·h。

龙口水利枢纽为二等大（2）型工程，主要建筑物为 2 级建筑物；按百年一遇设计（洪水泄量 7561m^3/s），千年一遇校核（洪水泄量 8276m^3/s）。

枢纽工程由拦河坝、河床式电站厂房、排沙洞、泄水建筑物和开关站组成。大坝为混凝土重力坝，坝顶高程 900m，最大坝高 51.0m；坝顶全长 408m，从左至右共分 19 个坝段。设 10 个底孔（4.5m×6.5m），2 个表孔（12m×11m），9 个排沙洞。河床式电站，主厂房布置在枢纽左岸，长 187m，装有 4 台单机 100MW 轴流转浆式水轮发电机组和 1 台 20MW 混流式水轮发电机组。采用 GIS 开关站，布置在副厂房上游侧，长度 60.5m，跨度 12.74m，高度 12.05m。

工程主要工程量为：土石方开挖 124.5 万 m^3，混凝土浇筑 97 万 m^3，钢筋制安 24 693t，帷幕灌浆 27 822m，固结灌浆 54 545m。初步设计概算总投资 27.15 亿元，其中建筑工程 7.28 亿元，机电设备及安装工程 7.49 亿元，金属结构设备安装工程 1.22 亿元，施工临时工程 1.66 亿元，独立费用 2.93 亿元，黄河公路桥 0.50 亿元，水库淹没处理补偿费 1.61 亿元，环境保护工程投资 0.11 亿元，水土保持工程投资 0.16 亿元。

（二）工程建设管理体制

2002 年，水利部、山西省和内蒙古自治区三方政府代表在黄河万家寨水利枢纽建设领导协调组第七次会议上共同决定，由黄河万家寨水利枢纽有限公司负责龙口水利枢纽的开发建设管理工作。2003 年 3 月～2006 年 11 月，黄河万家寨水利枢纽有限公司组建龙口筹备组，代表公司具体负责龙口工程的前期设计管理、承担立项具体工作，负责前期施工准备工程的建设管理。2006 年 11 月 13 日，根据龙口工程进展和建设管理实际，黄河万家寨水利枢纽有限公司成立了龙口工程建设管理局，负责龙口水利枢纽工程建设管理工作。

（三）工程规划设计及立项审批过程

2003 年 1 月水利部水利水电规划设计总院对《黄河万家寨水利枢纽配套工程龙口水利枢纽项目建议书》进行了技术审查，“基本同意该项目建议书”，并获水利部批准上报国家发展改革委。

国家发展改革委委托中国国际工程咨询公司对龙口水利枢纽项目建议书进行评估，2003 年 9 月中国国际工程咨询公司《关于龙口水利枢纽工程项目建议书的评估报告》（咨农水［2003］1310 号文）中认为“建设该项目是必要的，也是可行的”。

2004 年 4 月 13 日，黄河龙口水利枢纽被列为国家“十五”期间全国大型水库建设规划。

2005 年 9 月国家发展改革委以发改农经［2005］1700 号文《国家发展改革委关于黄河万家寨水利枢纽配套工程龙口水利枢纽项目核准的批复》中批示“核准建设黄河万家寨水利枢纽配套工程龙口水利枢纽项目”。

2005 年 12 月水利部审查批复了龙口水利枢纽工程初步设计。2006 年 6 月黄河水利委员会签发了龙口水利枢纽工程施工许可证。

（四）工程建设情况

龙口水利枢纽工程建设主要执行业主负责制，由中水北方勘测设计研究有限责任公司作为设计代表；中水东北勘测设计研究有限责任公司作为主体工程监理；机电及金属结构设备监理分别由浙江新华工程监理咨询有限公司、河南黄河水电工程建设有限公司、水利部郑州水工金属结构质检中心承担；水土保持、环境保护、征地移民工程项目监理由北京中水科工程总公司内蒙古分公司承担。参与龙口工程建设的施工承包商主要有：中国水利水电第四工程局、中国水利水电第十一工程局、中国水利水电第六工程局、广西水电工程局、中国人民武装警察水电第二总队、北京木联能工程科技有限公司等。参与龙口工程建设的机电设备制造商主要有：南平水电设备制造有限公司、郑州水工厂、三门峡水工厂、武进液压启闭机有限公司等。

2004 年 8 月开始前期准备工作，2006 年 6 月 30 日主体工程正式开工建设。

施工采用分期导流，导流洪水标准为 20 年一遇，洪峰流量为 5500m^3/s，枯水期洪峰流量 2316m^3/s。一期导流利用束窄后的左岸河床过水，进行右岸 11～19号坝段施工。二期导流利用已建成的永久底孔及表孔坝段预留的缺口过水，进行左岸1～10号坝段施工。右岸一期导流工程于 2006 年 3 月 26 开始填筑土石围堰，于 7 月 15 日完成。2007 年 4 月一期围堰拆除工作结束。左岸二期上游横向围堰戗堤于 2007 年 4 月 14 日合龙，二期围堰填筑于 2007 年 6 月底全部完成。

主体工程：2006 年 5 月 2 日右岸基坑开始开挖，8 月 15 日基坑开挖基本结束。共完成覆盖层开挖 1.06 万 m^3，石方开挖 25.87 万 m^3；2007 年 5 月 6 日开始左岸基坑开挖，7 月 20 日左岸基坑开挖完成，完成石方开挖 46 万 m^3。截至 2008 年底，龙口水利枢纽工程共完成混凝土浇筑 86.9 万 m^3，主体工程土石方开挖 115 万 m^3，钢筋制安 18 600t；1～6 号坝段、11～16 号坝段和 19 号坝段 A 块均达到 900m 设计顶高程，发电厂房 3～7 号坝段已经封顶；金属结构部分 A 标部分完成了 12～16 号坝段全部 10 台套弧门和液压启闭机的安装及调试、试运行；完成了桥机安装、调试和负荷试验；河曲 220kV 输变电工程正式开工建设；1 号机组主机已安装完成，进行相关调试工作；2 号机组定子已吊装就位，进行转子叠片和水轮机组装工作；3、4 号机组座环安装就位，进行定子组装工作。

2009 年底将实现 5 台机组全部并网发电。

（五）库区征地移民安置情况

龙口水利枢纽工程库区淹没影响面积为 6679 亩，涉及山西省偏关县、河曲县和内蒙古自治区的 16 个自然村。全库区直接淹没人口 628 人，各类耕园地 2250.8 亩，房屋 3.57 万 m^2，零星树木 12.25 万株，还淹没了部分电力、交通、通信、水利设施和工矿企业等专业项目。

根据水库淹没处理设计报告，龙口水利枢纽库区规划生产安置人口 1186 人，规划搬迁人口 925 人。

（六）工程的社会经济效益

（1）枢纽总装机容量 420MW，可向电网提供调峰容量 400MW，多年平均发电量 13.02 亿 kW·h，具有显著的电力电量效益，可改善电网电源结构，增强调峰能力，优化运行条件。

（2）工程在左、右岸分别布置工、农业取水口，保证地方工农业、生活用水。其中山西侧（左岸）取水口引水量为 7.4m^3/s，将原来提水灌溉的 5.4 万亩水浇地变为自流灌溉地，并可新增水浇地 1.55 万亩，使河曲县沿黄农业灌溉面积提高到 7 万亩，同时还可保证沿黄 18 个厂矿的工业用水，经济效益和社会效益十分显著。

（3）对万家寨水电站发电流量进行反调节，均化下泄流量过程，减少流量波动幅度，可满足龙口—天桥河道瞬时流量不小于 50m^3/s 的要求，改善下游河道水流条件，减少万家寨水电站调峰不稳定流对下游农业灌溉泵站取水口和天桥水电站的不利影响，提高梯级电站的综合效益。

（4）通过工程开发，在工程建设期，可向地方政府缴纳税收约 3000 万元；工程建成发电后，每年也可向地方政府纳税约 3000 万元，切实促进地方经济发展。

（黄河万家寨水利枢纽有限公司　隋　立）

莲麓一级水电站工程建设情况

（一）工程概况

莲麓一级水电站位于甘肃省西南部渭源、康乐交界处的洮河干流九（甸峡）—海（甸峡）河段上，距上游在建的九甸峡水电站厂房约 6.0km，下游距在建的莲麓二级（峡城）水电站约 5.1km；距兰州市约 178km。该电站为河床式，装机 3 台，总容量 66MW，属三等中型工程。混凝土闸坝，坝顶总长 230.31m，左副坝段长 29.7m，电站厂房挡水段长 71.46m，泄冲闸段长 45.03m，右副坝段长 30.03m，右岸防渗墙 54m；最大坝高 51.5m，坝顶高程 2069.5m（上游侧防浪墙顶高程 2070.7m）；正常蓄水位 2067.0m，总库容 852.6 万 m^3。

（二）主要标段进展情况

该工程分土建与金属结构标、机电安装标和大坝安全监测系统标三个标段。中国水利水电第三工程局有限公司中标工程的主要标段，承担电站大坝及厂房的土建施工（含施工导流及建筑装修）和金属结构安装。这一主要标段的进展情况如下：

1. 工程量完成情况　本标段合同额为16 781.94 万元，主要工程量为：土石方开挖 75.22 万 m^3（其中：土方开挖 60.25 万 m^3，石方明挖 14.90 万 m^3，石方洞挖 0.07 万 m^3）；喷混凝土 1628m^3，各种锚杆 1195 根，帷幕灌浆 4882.7m，固结灌浆 12 999m，接触灌浆 10 978m^2，各种砌体 10 357m^3，各种混凝土浇筑 3667 万 m^3，钢筋制安 7811.9t，钢结构制造和安装 83.7t，闸门及启闭机安装 1775.2t。截至 2008 年底累计完成产值 9087.73 万元，完成合同额 54.2%；完成土石方开挖 72.22 万 m^3，混凝土浇筑 21.66 万 m^3，钢筋制安 3251.52t，砂砾石回填 20.79 万 m^3，金属结构制安 332.35t，帷幕灌浆 1462m，固结灌浆 4949.3m，高喷灌浆 7341.7m，锚索支架安装 16.7t，锚索穿索和张拉 60.94t。

2. 施工进展情况　该工程分两期两段施工，一期在左岸河漫滩上的修建临时导流明渠，由该明渠导流在右岸进行永久泄冲闸和右副坝施工；二期由右岸永久泄冲闸导流，进行厂房及左副坝工程施工。导流明渠施工，按合同节点工期于 2007 年 2 月 28 日实现了一期导截流目标。泄冲闸施工，在开挖至建基面高程后，虽未出现前期地质勘探中所反映大的断层，但地质专家认为坝基坐落于构造破碎带上。为进一步提供断层处理方案，经几方研究确定，在有代表性的部位布设了 29 个勘探孔，其中声波试验孔 23 个，断层带基岩取芯孔 6 个。经试验，最终确定将断层带软弱夹层全部挖除，采取与坝体同标号的混凝土填筑。因岩石较破碎，岩石裂隙水发育，且具有承压性，基坑渗水量较大，尤其是左岸山体裂隙水相当丰富，大量水通过导流明渠底板和纵向渠堤渗向一期基坑，给建基面清理和混凝土浇筑带来极大的难度。另外，在施工过程中，设计把普通闸墩改成了300t级和150t级预应力闸墩，5个闸墩共布置了170束预应力锚索，大大增加了闸墩混凝土施工难度。为确保二期厂房工程尽早开工，在确保泄冲闸安全度汛的条件下，项目部领导经与业主、设计、监理积极沟通，同意闸墩混凝土浇筑至2054.2m高程（距坝顶设计高程2069.5m还有15.3m），在过流前将左孔和中孔弧门安装调试完成，采用卷扬机的办法将弧门提起，右孔弧门安装放在枯水期再进行。经各方的共同努力，于2008年6月9日实现了二期导截流。泄冲闸过流后，二期基坑的渗水量过大，无法施工。经各方商定，结合导流明渠纵向渠堤开挖，将石渣料填筑成高喷施工平台，于2008年6月21日回填完成，回填量约为4万m^3。基础采取高压旋喷灌浆，增加高喷钻孔量2259m，高喷灌浆994m，于2008年8月3日完成高喷灌浆施工。二期基坑共安装了7台水泵，总功率500kW，同时24小时不间断排水，才保证了水位有明显下降。截至2008年底，二期基坑已全部开挖至设计高程，厂房混凝土浇筑9000m^3，但建基面还没有全部覆盖。

（中国水利水电第三工程局有限公司　徐晓峰）

滩坑水电站工程

滩坑水电站位于浙江省青田县境内的瓯江支流小溪中游河段，是瓯江流域水电梯级开发中的一座骨干电站。工程于2004年10月31日正式开工；2008年4月29日下闸蓄水，8月16日电站首台机组并网发电。

（一）工程规模及综合利用效益

滩坑水电站水库具有多年调节性能，校核洪水位169.15m，总库容41.9亿m^3；正常蓄水位160m，相应库容35.2亿m^3；防洪高水位161.5m，汛期限制水位156.5m，防洪库容3.5亿m^3；死水位120m，调节库容21.26亿m^3。电站装机容量3×200MW，保证出力87.75MW，年发电量10.23亿kW·h，装机年利用小时1705h。200MW的单机容量为浙江省常规水电机组之最，电站建成后将担负浙江省电力系统调峰、调频、调相及事故备用任务，同时兼顾防洪，并具有其他综合利用效益。

滩坑水电站下游的青田县城地势低洼，目前正兴起城镇现代化建设，人口不断增加，县城防洪标准急需提高，以确保人民生命财产的安全。电站建成后，结合河道整治可以使青田县城的防洪标准从目前的3年一遇提高到20年一遇。

滩坑电站库区群众已经等待数十年，盼望该电站早日兴建。由于一直等待电站上马，库区基本建设投入很小，工程久拖不决，严重影响了库区经济发展，无法脱贫致富。通过该工程建设和移民工程，库区移民可下山加快脱贫，可以扩大地方的内需，带动当地建筑业、建材业、工商业等全面发展，为大批农村劳动力创造就业机会。

（二）工程布置及主要建筑物

该工程枢纽由拦河坝、溢洪道、泄洪洞、引水系统、发电厂房、升压开关站等组成。

主要建筑物拦河坝、溢洪道、泄洪洞和引水进水口等按1级建筑物设计；引水隧洞、引水式发电厂房、下游出口消能等按2级建筑物设计。

按照国家《防洪标准》（GB 50201—1994）规定，洪水标准为：混凝土面板堆石坝、溢洪道、泄洪洞和引水进水口按1000年一遇设计，可能最大洪水（PMF）校核；发电厂房、引水隧洞、泄水建筑物下游出口消能工按100年一遇设计，500年一遇校核。

坝址区地震基本烈度小于Ⅵ度，考虑到该工程库大坝高，以及下游有青田县城和温州市，拦河坝设计按Ⅶ度设防。

拦河坝为钢筋混凝土面板堆石坝，最大坝高162m，坝顶高程171.0m，坝顶宽12m，坝顶长度为507.0m，上游坝坡1∶1.40，下游平均坝坡1∶1.58。混凝土面板厚度0.30～0.85m。上游面高程80m以下设置粉土、石渣填筑区。混凝土趾板置于弱风化基岩上，基岩采用水泥灌浆固结，基础防渗采用灌浆帷幕。坝壳基础，河床部位除趾板部位及下游30m范围内开挖至基岩外，其余置于清理后的砂砾石覆盖层上，两岸置于经清理后的基岩上。坝体填筑量约960万m^3，填筑材料主要采用溢洪道、厂房、引水系统等开挖料及天然河床砂砾石料。

溢洪道利用左岸垭口地形开挖而成，为开敞式溢洪道，由进水渠、控制段、泄槽段、挑流鼻坎和出水渠组成，总长约1500m。溢流堰堰顶高程148.00m，设有6孔溢流堰，闸孔尺寸为12m×14m（宽×高），最大泄流量（PMF）14 335m^3/s，相应的挑流鼻坎单宽流量183.8m^3/s，最大流速35.4m/s（模型试验测值）。

泄洪洞布置在左岸，为泄洪、导流、放空“三结合”洞，洞长823.58m，进水口底板高程65m，闸门井内设有事故闸门，孔口尺寸为7m×8.3m（宽×高），泄洪洞中部设有一扇弧形工作闸门，闸门孔口尺寸为宽7m、高7m。工作闸门室后为城门洞形无压隧洞（7.1m × 12.25m），最大泄流量（PMF）1729m^3/s，最大流速为39m/s（模型试验测值）。

引水系统和发电厂房布置在右岸，进水渠高程为95.0m。引水隧洞共3条，单管单机布置，隧洞直径均为8m，分别向厂房内三台机组供水。厂房位于右岸坝脚处，属岸边引水式地面厂房，厂内安装3台混流式水轮发电机组。厂房尺寸：长114.5m，宽56.5m，高60.9m；装配场设在主厂房右端，副厂房由机组段下游副厂房和装配场下游副厂房组成，主变压器布置在机组段下游副厂房顶部即尾水平台上，220kV开关站布置在左岸坝脚处的岸边上。

工程施工导流采用围堰过水、隧洞导流方式。导流隧洞共两条，均布置在左岸，其中2号导流隧洞与永久泄洪洞相结合，承担施工期导流及大坝度汛任务。

（三）主要机电及金属结构设备

电站安装3台单机容量为200MW的混流式水轮发电机组，以2回220kV一级电压接入电力系统，2回出线分别接入鞋都变电站和骄霞变电站，预留1回220kV出线间隔。在鞋都变电站投产以前的过渡方式为：1回220kV出线接入江北变电站，1回220kV出线接入城西各变电站。机—变组合方式为一机一变的单元接线，设3台升压变压器，220kV侧采用双母线接线方式。

电站按“无人值班（少人值守）”原则设计，由浙江省电力调度中心统一调度。

1. 水轮机及圆筒阀　水轮机运行最大水头127.0m，最小水头81.0m，加权平均水头115.81m，额定水头107.0m，初期运行最小水头74.7m。水轮机型式为立轴混流式，型号为HLD333C-LJ-485，转轮公称直径（D_1）4.85m，金属蜗壳包角345°，与发电机直接连接。额定转速150r/min，额定流量211.3m^3/s，额定输出功率204.1MW。在全部运行范围内，原型水轮机最高效率不小于96.01%，额定效率≥93.29%，加权平均效率不小于93.90%。

该电站设置圆筒阀作为机组防飞逸后备保护措施，安装在固定导叶与活动导叶之间，筒体为分2瓣运输现场组装结构，在固定导叶和筒体上分别设置导向块和导轨，在水轮机顶盖上设置5个接力器。1、2号机组圆筒阀采用机械同步，3号机组圆筒阀改为液压同步。筒体外径ϕ6628mm，筒体厚度120mm，筒体高度1203mm。

2. 发电机及励磁设备　发电机型式为三相、竖轴、空冷、半伞式，型号为SF200-40/10800。发电机额定功率200MW、额定容量222.2MVA、额定电压13.8kV、额定功率因数0.9（滞后）、额定电流9297.1A，额定转速150r/min。定子、转子绕组绝缘等级为F级。推力轴承瓦采用弹性金属塑料瓦，导轴承瓦采用巴氏合金瓦。发电机励磁装置型式为三相全控自并激静止晶闸管整流。额定励磁电压405V，额定励磁电流1370A，额定空负荷励磁电流760A，强励最大励磁电流2740A，正向顶值电压810V。

3. 变压器及断路器　220kV主变压器布置在尾水平台，为户外、三相、强迫油循环风冷却油浸式无励磁调压型，型号为SFP-240000/220，接线组别YNd11，额定容量240MVA，额定电压242±2×2.5%/13.8kV，阻抗电压14%，空负荷损耗小于118kW，负荷损耗小于532kW。

220kV断路器选用三相单断口户外瓷柱式SF_6气体绝缘断路器，配弹簧操作机构。4套主变压器进线间隔和母联间隔断路器型号为3AP1-FG，三相机械联动；2套线路间隔断路器型号3AP1-FI，分相操作，额定电压/最高工作电压252kV，额定电流4000A，额定短路开断电流50kA。

4. 计算机监控系统　滩坑水电站采用计算机系统为基础的全厂监控方式。计算机监控系统采用分层分布式结构，由3套机组现地控制单元（LCU1、LCU2、LCU3）、1套开关站现地控制单元（LCU4）、1套公用设备现地控制单元（LCU5）、1套溢洪门现地控制单元（LCU6）、1套进水口闸门现地控制单元（LCU7）、2套主计算机（服务器）、2套操作员工作站、1套工程师及培训工作站、1套网络通信工作站、2套数据处理及通信装置、1套语言报警及信息站组成。中控室设置值班员控制台，通过计算机监控系统彩色屏幕显示器及鼠标、键盘等实现对全厂的水轮发电机组、主变压器、厂用变压器、220kV开关设备、13.8kV和10kV开关设备、400V进线和分段开关、中压和低压压气机、机组检修排水泵、厂内渗漏排水泵等公用设备以及进水口闸门、溢洪道弧形闸门进行集中监控。

电站控制层的主要功能有：数据采集和处理，实时控制和调节，安全运行和监视，屏幕显示，事故处理指导和恢复操作指导，数据通信，电站设备运行维护管理，系统自诊断，软件开发及培训等。现地控制单元的主要功能有：数据采集和处理，实时控制和调节，安全运行监视，事件顺序检测，数据通信，系统自诊断等。

通过计算机人机接口设备可实现机组开、停机，自动准同期并列，发电、调相或进相运行及运行工况的转换，增减负荷，电压调整的控制和操作，圆筒阀、10kV及以上断路器与隔离开关的控制和操作。

5. 金属结构　引水隧洞进口设有一道事故闸门，3条隧洞共设3扇事故闸门，其主要功能是在引水隧洞和圆筒阀偶然性事故情况下，闸门可以动水关闭，截断水流，以防事故扩大；在正常情况下为机组或隧洞检修时下闸挡水。闸门的孔口尺寸为 6.8m×8.0m（宽×高），底槛高程 95.00m，设计水头 72.0m，总水压力 37 427kN。闸门型式为平面滑动式钢闸门，闸门面板设在上游侧，顶水封和侧水封设于下游侧，利用部分水柱闭门。闸门采用滑块支撑，门槽型式为Ⅰ形门槽，闸门侧、顶止水采用常规 P 形水封。

为了满足分层取水需要，在事故闸门前、拦污栅后设置叠梁闸门，按 5m 水位差设计，每扇闸门由 8 节组成，每节高度 5.0m，闸门采用滑动支承，滑块材料尼龙，由布置在进水口平台的双向门式启闭机通过自动抓梁进行操作，采用分节吊运，叠梁闸门的检修维护在 171.0m 高程平台进行检修。

引水发电进水口拦污栅为通仓式布置，共设置 6 孔拦污栅，拦污栅强度按 4m 水位差设计，每扇栅叶由 25 节组成，每节高度 3.0m，拦污栅采用滑动支承。由布置在进水口平台的双向门式启闭机通过自动抓梁进行操作，采用分节吊运。拦污栅通仓布置，需要进行检修维护时，叠梁门槽可兼作拦污栅的备用栅槽，将拦污栅放置在叠梁门顶部临时拦污。

（中国水电顾问集团华东勘测设计研究院
陈振文　赵士正）

苗尾水电站

苗尾水电站位于云南省云龙县澜沧江河段上，是澜沧江上游河段一库七级开发梯级电站中的最下游一个梯级，上接大华桥水电站，下邻功果桥水电站，距昆明和大理分别为 544km 和 207km。工程以发电为主，兼有旅游和库区航运等综合利用效益。坝址以上集水面积 9.39 万 km^2，多年平均流量 956m^3/s。水库总库容 7.227 亿 m^3，正常蓄水位 1408.00m，具有周调节能力。电站总装机容量为 1400MW，多年平均发电量为 64.45 亿 kW·h，保证出力 346.6MW，装机利用小时 4603h。电站供电范围初步考虑为云南省和广东省，投产后，除满足云南电网用电需求外，可通过云南电网外送广东。

工程为一等工程，挡水、泄洪、引水、发电等主要建筑物按 1 级建筑物设计，次要建筑物按 3 级建筑物设计。坝址区基岩由绢云板岩及变质石英砂岩组成，场址地震基本烈度为Ⅶ度。工程枢纽主要由砾质土心墙堆石坝、左岸溢洪道、冲沙兼放空洞、引水系统及地面厂房等组成。

砾质土心墙堆石坝坝顶长 576.68m，最大坝高 139.80m，坝顶宽度 12.0m，上、下游坝坡均为 1∶2.0。溢洪道位于坝址左岸，紧靠引水发电进水口布置，由进水渠段、闸室控制段、泄槽段、挑流鼻坎段、预挖冲刷坑等组成。溢洪道与引水发电系统共用同一个进水渠，进水渠段长 296.0m；闸室控制段设 5 孔单宽 13.0m 的溢流表孔，泄槽及挑流鼻坎段总长 332.54m。

冲沙兼放空洞布置于坝址左岸回石山梁山体内，由引水明渠、沉沙池、冲沙廊道、事故检修闸门、冲沙洞、泄槽及挑流鼻坎等组成。沉沙池位于进水明渠内，冲沙廊道位于沉沙池底部，与引水进水口前缘平行，其后接冲沙洞，冲沙洞长 423.44m，洞径 8.0m。

引水系统布置于坝址左岸回石山梁山体内，采用单洞单机竖井布置方案，主要由进水口、引水隧洞、排水廊道等建筑物组成。引水进水口采用直立岸塔式；引水隧洞全长约 380m，衬后洞径 10.20m，引水隧洞全洞段采用钢板衬砌。

发电厂房由主厂房、副厂房、安装场、开关站等建筑物组成。主厂房尺寸 126.00m × 32.50m × 74.80m（长 × 宽 × 高），共安装 4 台单机容量 350MW 的混流式水轮发电机组，机组间距 30.0m。副厂房位于主厂房的上、下游侧及安装场端部；升压站布置在上游副厂房的上游侧，550kV 出线场布置在上游副厂房屋顶。

该工程施工导流采用全年围堰、隧洞导流的方式。导流隧洞共两条，布置在坝址左岸，1 号导流隧洞全长 1174.50m，2 号导流隧洞全长 1069.82m，2 条导流隧洞均采用城门洞形断面，净断面尺寸 13.0m×15.0m（宽×高）；上游围堰与坝体结合，采用土石结构，堰顶轴线长 342.26m，最大堰高 64.00m。

导流隧洞工程及厂房工程是控制该工程发电工期及总工期的关键项目。控制工期的关键线路为：导流隧洞施工→河床截流→厂房基础开挖→厂房一期混凝土浇筑→厂房二期混凝土浇筑及机组埋件安装→机组安装调试→第一台机组发电→全部机组发电→工程完工，发电工期 5 年 7 个月，总工期 6 年 5 个月。预可行性研究阶段审定的工程静态投资（不含送出工程）为 117.37 亿元，总投资为 145.51 亿元。

预可行性研究阶段审定的调查年水库淹没人口 1662 人，淹没各类房屋 120 810.7m^2、各类土地 24 540亩；枢纽工程建设区影响人口 523 人，需拆迁各类房屋建筑面积 30 781.1m^2，征收各类土地 2981 亩。规划水平年移民总人口为 5324 人。

工程建设单位为华能澜沧江水电有限公司，设计单位为中国水电顾问集团华东勘测设计研究院。2008 年 4 月水利水电规划总院会同云南省发改委审查通过了该工程预可行性研究报，可行性研究报告（咨询稿）计划于2009年底前完成。工程已于2008年4月开始筹建，目前坝址下游交通桥已经开工，场内道路即将开工。工程计划于2009年11月初导流隧洞工程承包商进点；2011年11月初河床截流；2012年7月初厂房基础混凝土开始浇筑，2014年4月初机组开始安装；2015年4月底导流隧洞下闸封堵，水库开始蓄水，同年5月底第一台机组投产发电；2016年3月底全部机组投产发电，工程竣工。

（中国水电顾问集团华东勘测设计研究院　郑子祥）

卡拉水电站

卡拉水电站位于四川省凉山彝族自治州木里藏族自治县境内的雅砻江干流中游河段上，为雅砻江干流中游两河口—卡拉河段水电规划一库六级开发（即两河口、牙根、楞古、孟底沟、杨房沟、卡拉）之第6个梯级水电站，其上接杨房沟水电站，下临锦屏一级水电站，坝址距锦屏一级库尾约17km。卡拉水电站坝址控制集水面积81762km²，坝址多年平均流量为912m³/s，初选水库正常蓄水位1986m，额定水头64m。水库库容2.336亿m³，电站装机1000MW，多年平均发电量45亿kW·h。

工程区位于松潘—甘孜地槽褶皱系之雅江褶皱带的南部，属于间歇性整体隆升的区域。场区内未发现活动断裂，也无中强地震记录，场址地震危险性主要来自外围地震带强震活动及近场中强震的影响，工程场地地震基本烈度为Ⅶ度。

电站水库两岸山体雄厚，地形地质封闭条件良好，不存在水库永久渗漏问题。水库淹没区人口稀少，也无重要的专项设施，所涉及的土地80%为河流沙滩和荒草地。规划水平年涉及的移民安置人口仅1115人，影响耕地1298亩（含施工临时用地）。按平均指标计算，每兆瓦仅安置人口1.1人、征用耕地1.3亩，低于全国水电站工程平均水平。

卡拉水电站河段工程地质环境复杂，动力地质作用明显，物理地质现象发育。其突出的地质条件特点是：右岸受地形地貌（雅砻江深切、形成临空面）、地层岩性（顺坡、软硬相间岩层）、地质构造、水文地质条件、地震等其他因素影响，巨型、特大型、大型滑坡体以及大型崩坡积体发育，从上游至下游分布有一江、周家、八通、上田镇、下田镇、田三、岗尖、下马鸡店、草坪等9个滑坡体。同时还发育有多个大型、特大型崩塌堆积体，为国内外水电工程所罕见。

根据滑坡体的分布位置特征，以及其对工程影响程度的差别，经预可研阶段大量的勘测设计研究工作，选择避开下田镇—草坪滑坡体密集分布河段建坝开发。坝址本身地形地质条件较好，坝址河谷狭窄，山体雄厚，坝基岩体为变质砂岩、砂质板岩夹含炭质板岩及大理岩，含炭质板岩为中硬岩，其他为坚硬岩。坝基主要利用弱风化下段或微新岩体。

卡拉水电站为二等大（2）型工程，枢纽主要由拦河坝、电站进水口、引水隧洞、压力钢管、地下厂房、主变压器洞、尾水调压室、尾水隧洞、尾水检修闸门室、尾水出口及开关站等建筑物组成。拦河坝为碾压混凝土重力坝，坝长245m，最大坝高128.0m；泄洪建筑物由3个开敞式溢洪表孔和2个泄洪中孔组成，消能防冲设施初选宽尾墩＋中孔扭曲式鼻坎挑流＋底流消力池的联合消能型式。引水发电系统位于微风化～新鲜砂板岩内，岩体较完整，具备建设大跨度地下洞室群条件。地下厂房为首部开发方式，引水压力管道采用单机单管竖井布置，尾水系统按四机两洞布置。由于尾水隧洞较长，为满足电站运行水力条件，设置下游尾水调压室。

电站施工组织设计初选全年断流围堰、隧洞导流方案，2条导流隧洞衬后断面尺寸为15m×17m。电站施工总工期为6年2个月，其中施工准备期22个月，主体工程施工期3年4个月，完建期1年，第一台机组发电工期5年2个月。

卡拉水电站建设不涉及各类自然保护区、风景名胜区、饮用水源保护区、重点文物保护单位和陆生、水生珍稀动植物集中分布区等环境敏感目标。

根据2008年1季度价格水平计算，电站工程静态总投资为103.17亿元，单位千瓦静态投资10317元，单位电能静态投资2.29元/(kW·h)。

中国水电顾问集团华东勘测设计研究院受二滩水电开发有限责任公司委托，于2005年7月开始预可行性研究勘测设计工作，2008年5月完成预可行性研究报告。同年6月11～13日该电站预可行性研究报告通过了水电水利规划设计总院会同四川省发展和改革委员会主持的审查。

（中国水电顾问集团华东勘测设计研究院　何世海）

沙坪二级水电站

（一）沙坪河段水电开发方式研究

1977年，有关单位正式开展大渡河干流规划工作，于1989年提出《大渡河干流规划报告》，在通过有关部门的审查后于1990年修改完成《大渡河干流规划报告》。2003年又完成了《大渡河干流水电规划调整报告》，并通过有关部门的审查。报告提出大渡河以22级梯级开发的方案，其开发任务以发电为主，兼顾防洪、航运和供水。沙坪水电站位于四川省乐山市峨边彝族自治县境内的大渡河干流中游河段，为大渡河干流22个梯级中的第20级，上接枕头坝水电站，下邻龚嘴水电站。

为合理开发大渡河水电资源，中国水电顾问集团华东勘测设计研究院自2006年开始对沙坪河段水电开发方式进行了研究。在分析调查开发条件与各种敏感因素的基础上，以主要敏感对象为基本控制条件，针对沙坪河段的沙坪、官料河、盐板溪、金口河四个坝址进行了深入的技术经济综合比较，于2007年提出了《沙坪河段水电开发方式研究报告》并通过有关单位的审查。报告推荐沙坪河段采用沙坪一级、沙坪二级两级的开发方式，其中沙坪一级水电站以盐板溪坝址为代表性方案；沙坪二级水电站以官料河坝址为代表性方案。

（二）工程概况

沙坪二级水电站位于四川省乐山市峨边彝族自治县和金口河区境内，是大渡河规划的22个梯级水电站中的第20级沙坪梯级水电站的第二级，上接沙坪一级水电站，下邻已建龚嘴水电站。电站距成都和乐山市直线距离分别约176km和60km，交通里程分别约224km和98km，现有S306省道直达坝址右岸，对外交通便利。

水库正常蓄水位554.00m，相应库容为2084万m^3；死水位550.00m，死库容为1499万m^3；调节库容585万m^3，为日调节水库。坝址控制流域面积为73 632km^3，多年平均流量1400m^3/s；100年一遇设计洪峰流量9900m^3/s，1000年一遇校核洪峰流量12 100m^3/s。

沙坪二级水电站大坝为混凝土闸坝，最大坝高63.00m，河床式厂房布置在左岸台地，泄洪闸坝位于右岸河床。电站选用灯泡贯流式机组，总装机容量345MW。与双江口、瀑布沟联合运行，保证出力124.5MW，多年平均发电量为16.50亿kW·h；考虑参加调峰运行后，保证出力108.8MW，多年平均发电量为15.19亿kW·h。供电范围为四川电网。

（三）地形地质条件

工程区地震基本烈度为Ⅶ度，50年超越概率10%和100年超越概率2%的基岩水平地震动峰值加速度分别为1.079m/s^2和2.072m/s^2。

坝址位于官料河河口上游约230m处，大渡河自北西流向南东，两岸地形陡峻，岭谷高差在1000m以上，阶地、漫滩不发育，冲沟与河流近于直交，为典型的高山峡谷型地貌。成（都）昆（明）铁路从左岸傍山穿行，S306省道沿右岸坡脚通过。坝址区河谷相对较宽，其中左岸高程575m以下为平缓的台地（Ⅰ级阶地），右岸地形陡峻，部分为悬崖。

坝基主要为二叠系下统生物碎屑灰岩夹粉砂质钙质页岩，以弱风化为主，岩体总体性状较好；NE向断裂构造较发育，但规模小，多以大角度穿过河谷。岩溶不发育，以溶孔为主，溶蚀裂隙少见，未见溶洞、落水洞等大型岩溶管道。崩坡积体主要分布在左岸上游侧，由碎、块石夹粉质黏土层等组成，多分布于山坡和崖脚，呈松散～稍密状态，厚5～60m不等。冲洪积的漂卵砾石层主要分布于河床、漫滩和阶地，厚度一般在5～30m，呈稍密～中密状态。水库区未发现大的滑坡、崩塌、泥石流等不良地质灾害，坝址无控制闸坝抗滑稳定的不利结构面分布，具备修建混凝土闸坝的地质条件。

（四）枢纽建筑物布置

枢纽主要由泄洪闸、排漂闸、右岸挡水坝段、河床式厂房等建筑物组成，坝顶全长319.4m，挡水建筑物最大坝高63.00m。

泄洪闸布置在右岸主河道上，段长99.0m，最大闸高63.00m，共设5孔，孔口尺寸13.0m×16.0m（宽×高），孔顶设厚胸墙至闸顶，堰顶高程528.00m，闸顶高程557.00m。闸室顺水流向长49.0m，底板采用平底板，厚4.0m；基础大部分坐落在置换后的C15堆石混凝土上，少部分坐落在弱风化基岩上。闸室设一道弧形工作闸门，上、下游各设一道平板检修闸门。闸室下游设80.0m长的混凝土护坦，厚度为3.0m，顺水流向护坦纵坡2%。闸室下游护坦上设隔墙，以改善护坦及下游水流流态。护坦末端设长分别为30.0m、50.0m，厚度分别为5.0m、3.0m的大块石海漫，海漫末端设置一道防冲槽。

排漂闸位于泄洪闸与厂房之间，紧邻泄洪闸左侧布置。排漂闸段长10.0m，最大闸高33.00m，顺水流方向长49.0m。堰顶高程549.00m，孔口尺寸5.0m×8.0m（宽×高），设一道平板工作门和一道检修闸门，漂浮物以跌落形式顺直进入下游护坦。

右岸挡水坝段长31.0m，采用混凝土重力坝，坝顶高程557.00m，坝顶宽14.5m，最大坝高62.00m。在右岸挡水坝段内布置有泄洪闸检修闸门储门槽。

厂坝间导墙分上、下游两段，总长度147.6m，均采用混凝土重力式断面型式，施工期兼作挡水围堰。

河床式厂房布置在左岸台地上，厂内布置6台单机容量为57.5MW灯泡贯流式机组。主厂房总长为173.3m，上部宽28.0m。机组安装高程523.00m，厂房建基面高程507.00m，厂房最大高度62.0m。装卸间布置在主机间左端，地面高程为550.00m。副厂房布置在厂房下游侧尾水管上部的空腔内、安装间底部及安装间下游侧。主变压器及GIS室布置在主机间下游侧尾水平台上，GIS室顶部布置出线场。进厂公路通过下游交通桥连接到右岸S306省道。

（中国水电顾问集团华东勘测设计研究院
叶建群　黄　维）

中国水利水电建设集团公司投资的几个水电站建设情况

一、沙湾水电站

沙湾水电站位于四川省乐山市境内，是大渡河干流下游河段（铜街子以下）的一个梯级电站，四川省重点工程，乐山市能源开发骨干项目，由中国水利水电建设集团公司投资建设。

该电站坝址位于大渡河乐山市沙湾区葫芦镇河段，上游11.5km为已建的铜街子水电站，下游为规划的安谷水电站。坝址距乐山市城区44.5km，有省道103线通过，成昆铁路在其下游约7.0km处的轸溪车站通过，交通方便，地理位置优越。

沙湾水电站以发电为主，兼顾灌溉；采用混合开发方式，建坝壅水高15.5m，河床式厂房接长9015m的尾水渠，尾水渠利用落差14.5m。水库总库容4867万m^3，正常蓄水位432.0m，相应库容4554万m^3。电站选用120MW轴流转浆式水轮发电机组，总装机容量480MW，额定水头24.5m，设计引用流量2203.2m^3/s，保证出力151MW，年利用小时数5015h，年发电量24.07亿kW·h。

枢纽由面板堆石坝、闸坝储门槽段、泄洪冲沙闸、发电厂房、厂房储门槽段、右岸接头坝、尾水渠及库区防洪堤等构筑物组成。坝轴线长699.82m。枢纽工程分二期导流组织实施，一期采用束窄河床全年导流，安排右岸五孔冲沙闸、主副厂房、安装间及右岸接头坝的施工。二期采用枯期导流，右岸已建的五孔冲沙闸为导流构筑物，安排左岸五孔泄洪闸、储门槽坝段及面板堆石坝的施工。坝址河床宽阔，覆盖层厚，水文、地质情况复杂，厂房基坑开挖深，尾水渠施工战线长，基础防渗工程量大，工程建设有一定难度。

2004年9月28日，国家发展改革委以发改能源［2004］2092号文正式核准了大渡河沙湾水电站的建设。2005年12月26日，沙湾水电站主体工程正式开工。2008年12月8日，成功实现二期截流。

截至2008年12月31日，沙湾水电站累计完成投资32.9857亿元；完成厂房混凝土浇筑144万m^3；完成金属结构安装5353.15t；尾水渠混凝土浇筑28.59万m^3。

二、毛尔盖水电站

毛尔盖水电站位于四川省阿坝藏族羌族自治州黑水县境内，是黑水河流域水电规划“二库五级”中的第三级，由中国水利水电建设集团公司投资建设。

毛尔盖电站采用引水式开发，开发任务为发电，兼顾有与紫坪铺水利枢纽一道向成都、都江堰灌区供水的作用。坝址位于黑水河干流毛尔盖河汇口下游，集水面积为5317km^2；左岸引水至黑水河干流龙坝沟沟口上游的俄石坝附近，建地面厂房。首部枢纽距茂县县城约90km，厂区距茂县县城约75km。

毛尔盖电站工程枢纽由砾石土心墙坝、岸边溢洪道、放空洞、压力隧洞、调压井、埋藏式压力管道、地面厂房等建筑物组成。电站引用流量219m^3/s，额定水头220m，装机容量42万kW，年发电量17.17亿kW·h。砾石土心墙坝坝高147m。水库正常蓄水位2133m，相应库容5.35亿m^3，具有年调节性能。隧洞全长16.15km。工程总投资约68亿元。

2007年10月，国家发展改革委委托中国国际工程咨询公司在成都主持召开会议，对毛尔盖水电站项目申请报告进行评估。2008年2月13日获得国家发展改革委的核准，之后正式开工。

2008年11月28日，通过截流验收委员会验收，并顺利实现大江截流。

三、柳坪水电站

柳坪水电站位于四川省阿坝藏族羌族自治州茂县境内，是黑水河水电梯级开发的最末一级低闸引水式电站。电站由中国水电建设集团四川电力开发有限公司控股的阿水公司投资建设。工程由首部枢纽、引水系统和厂区枢纽等建筑物组成；坝高17m，总库容108.77万m^3，正常蓄水位高程1780m；电站引水隧洞全长10.67km，装机容量12万kW，年发电量为5.28亿kW·h；总投资12.82亿元。

柳坪水电站主体工程于2005年9月正式开工。2008年，在“5·12”汶川大地震中，工程遭受重创，电站建设者克服了余震频繁、次生灾害多、交通受阻等重重困难，6月底开始正常施工，并随即进入了建设高峰期；12月12日正式下闸蓄水，15日机组第一次启动成功，19日13时进入72h试运行；12月22日1号机组经72h试运行后投入商业运行。

四、色尔古水电站

色尔古水电站位于四川省阿坝藏族羌族自治州黑水县境内，是黑水河水电梯级开发的第四级电站；由中国水电建设集团四川电力开发有限公司控股的阿水公司投资建设。工程由首部枢纽、引水系统和厂区

（地下厂房）枢纽等建筑物组成；坝高 34.5m，总库容 404.5 万 m^3，正常蓄水位高程 1873m；引水隧洞全长 10.10km；装机容量 15 万 kW，年发电量为 5.94 亿 kW·h；总投资 18.29 亿元。

色尔古水电站主体工程于 2005 年 12 月正式开工。截至 2008 年底，首部枢纽工程土建工作及闸门、启闭机等设备调试完成，已经具备进行大坝安全鉴定的条件；1 号机组已完成无水调试工作，预计 2009 年投产发电。

五、洪一水电站

洪一水电站是松林河支流洪坝河最下游的一级水电站，位于四川省雅安地区石棉县与甘孜州九龙县交界的松林河次源洪坝河上，首部枢纽位于九龙县境内，发电厂房位于石棉县境内。洪一水电站正常蓄水位 1533.00m，无压自动调节渠道，调节库容 11.7 万 m^3，具日调节能力，设计水头 315.00m。电站装机容量 8 万 kW，年发电量 4.09 亿 kW·h，年利用 5027h。工程动态总投资 3.97 亿元。

截至 2008 年底，洪一水电站引水隧道已贯通，压力管道竖井、首部枢纽、机组安装已完成，计划于 2009 年投产发电。

六、五一桥水电站

五一桥水电站位于甘孜州九龙县九龙河上，是九龙河"一库五级"中的第二个梯级，装机容量 13.2 万 kW，年利用小时 4730/4980h（单独/联合），多年平均发电量 6.247 亿/6.576 亿 kW·h（单独/联合）。

五一桥水电站于 2005 年底开工，2008 年 10 月 8 日首台机组发电，2008 年 11 月 20 日最后一台机组发电。截至 2008 年底，全年累计发电量 10 248 万kW·h。

（中国水电建设集团四川电力开发有限公司　游　珂）

大唐国际发电股份有限公司几个水电站建设情况

一、彭水水电站

彭水水电站位于乌江下游河段，地处重庆市彭水县，是乌江干流水电开发规划第十梯级，电站以发电为主，兼顾航运，枢纽工程等别为二等，工程规模为大（1）型工程，总装机容量 1750MW，安装 5 台单机容量 350MW 的水轮发电机组，保证出力 371MW，年发电量 63.51 亿 kW·h，建成投产后主要承担重庆电网调峰能力。4、3、2、1、5 号机组分别于 2008 年 2 月 22 日、2 月 28 日、5 月 15 日、9 月 14 日和 12 月 16 日完成 72h 试运行，进入商业发电运行，创造一年 5 台大型水电机组全部投产的记录。截至 2008 年底，工程完成情况如下：大坝、厂房、引水系统、尾水隧洞工程、500kV 变电所工程均已完工。通航建筑物 500t 级船闸及 500t 级垂直升船机在建，其中：

（1）土建工程：上游引航道、船闸、中间渠道明渠段、下游引航道、升船机高程 235m 平台等已完成。升船机混凝土筒体全部完成（至高程 290m），筒体上部排架柱和中间渡槽箱梁正在施工。

（2）金属结构：船闸下闸首输水廊道检修门、工作门及启闭机、下闸首人字门启闭机安装已完成，下闸首检修门安装及无水调试完成。船闸上闸首集控楼电气设备安装完成。升船机主机房 100t 桥机、下闸首启闭机房 50t 桥机安装完成，升船机下闸首检修桥机安装完成，升船机下闸首检修门安装完成。承船厢夹紧轨道安装至 212m 高程，平衡重轨道 235m 高程以上安装完成。

二、银盘水电站

银盘水电站位于乌江下游河段，地处重庆市武隆县，是乌江干流水电开发规划第十一梯级，是其上游彭水水电站的反调节电站。电站以发电为主，兼顾航运，枢纽工程等别为二等，工程规模为大（2）型，通航建筑物为单级 500t 船闸。装机容量 600MW，保证出力 161.7MW，多年平均年发电量 27.08 亿 kW·h，以 2 回 220kV 输电线路接入重庆市电网。2008 年 4 月 12 日，水电水利规划设计总院以水电规水工［2008］13 号文下发了银盘水电站可行性研究报告的审查意见。2008 年 9 月 28 日，水电水利规划设计总院以水电规水工［2008］41 号文下发了银盘水电站防震抗震研究设计专题报告的审查意见。中国国际工程咨询公司以咨能源［2008］1130 号文下发了银盘水电站核准评估报告的审查意见。2008 年 12 月 29 日，国家发展和改革委员会以发改能源［2008］3635 号文下发了银盘水电站项目核准意见。

2008 年全年累计完成开挖 166.7 万 m^3，土石方回填 222.78 万 m^3，混凝土喷护 20 961m^2，锚索 195 束，混凝土浇筑 310 823m^3。其主要形象面貌如下：

（1）厂房及二期围堰工程：二期土石围堰填筑于 2008 年 4 月底全部完成，大坝、厂房、尾水已开挖于 2008 年 8 月 13 日全部完成、边坡喷锚支护全部完成，厂房于 2008 年 6 月 13 日开始第一仓混凝土浇筑，厂房标段共完成混凝土浇筑 129 242m^3。

（2）纵堰围堰：纵向围堰加高于 2008 年 4 月 12 日开始恢复浇筑，共完成混凝土浇筑 21 843m^3，于 2008 年 6 月底全部达到设计高程。

(3) 大坝工程：2008 年 5 月 8 日开始第一仓混凝土浇筑，共计完成混凝土浇筑 159 738m^3（包含护坦 21 616m^3）。

三、居甫渡水电站

居甫渡水电站装机容量 285MW，工程规模为大(2) 型。1、2、3 号机组分别于 2008 年 12 月 22 日、12 月 23 日、12 月 25 日完成 72h 试运行，进入商业发电运行。

截至 2008 年底，工程完成情况如下：大坝混凝土工程、引水洞、厂房已完工。大坝表孔弧形工作闸门，1、2 号投入运行，3 号正在进行调试，4 号正在进行门叶安装，5 号已完成 3 节门叶安装；大坝 3～5 号表孔 514.2m 高程以下检修闸门安装完成，并投入初期挡水运行。坝顶单向门机安装调试完成。

四、戈兰滩水电站

戈兰滩水电站位于云南省普洱市（原思茅地区）江城县和红河洲绿春县的界河—李仙江干流上，是李仙江流域七个梯级电站的第六级，也是李仙江上规模最大的一级。总装机容量 450MW。1、2、3 号机组分别于 2008 年 12 月 21 日、12 月 23 日、12 月 24 日完成 72h 试运行，进入商业发电运行。

截至 2008 年底，工程完成情况如下：大坝所有坝段均已达到坝顶设计高程 458m；表孔 9～12 号坝段堰面混凝土已全部完成，1～6 号闸墩全部浇筑至坝顶高程 458m。进水口快速门及启闭机安装、调试完成、拦污栅安装完成，坝顶进水口双向门机安装、调试完成；底孔弧门及启闭机安装、调试完成，底孔事故检修门门槽安装已完成，1、4、5 号表孔弧门已安装完成。消力池、下游防冲板工程已全部施工完成。厂房土建工程及引水洞工程已全部完成，厂房装修工程大部分完成，电梯安装正在进行。

（大唐国际发电股份有限公司　余圣刚）

四川几个水电站建设情况简介

（一）龙头石水电站

2008 年 10 月 4 日，龙头石水电站首台机组顺利完成 72h 试运行，正式并网发电。这是四川地震灾区实后首座发电的水电站。龙头石水电站是大渡河干流规划 22 级方案的第 15 级电站，位于四川省石棉县安顺场上游 10km；采用堤坝式开发，由拦河大坝、导流及泄洪隧洞、引水发电系统等组成。拦河大坝为沥青混凝土心墙堆石坝，最大坝高 72.5m；水库正常蓄水位 955m，总库容 1.39 亿 m^3；安装 4 台 17.5 万 kW 的混流式机组，总装机容量 70 万 kW，多年平均发电量 31.21 亿 kW·h；以 500kV 一级电压并入四川电网，担负电网调峰、调频和事故负荷备用任务。中国水利水电第五工程局有限公司承担的大坝工程施工；中国水利水电第七工程局有限公司承担引水发电系统、导流及泄洪隧洞和全部机电设备安装工程。3 年来，各参建单位紧盯节点目标精心优化施工方案，狠抓组织落实，加强相互间协调与协作，提前实现了大江截流、安全度汛、下闸蓄水等里程碑目标。特别是 6 月进入机电安装高峰以来，水电七局有限公司机电安装项目部克服“5·12”汶川大地震影响，在设备到货滞后、设计深度不够、阴雨气候等诸多不利因素影响下，进一步优化网络进度，加大必要的资源投入，在保证质量安全的前提下努力拼抢。8 月 21 日，电站正式下闸蓄水；9 月 30 日国庆前夕成功进入 72h 试运行，并一次性顺利完成。

（二）金窝水电站

2008 年 12 月 21 日，四川田湾河流域金窝水电站 2 号机组顺利通过 72h 试运行投入商业运行。金窝水电站位于四川省雅安市石棉县境内，大渡河中游右岸的一级支流——田湾河中段界碑石－喇嘛沟河段上，是田湾河流域梯级开发三级规划中的第二级（第一级为仁宗海水库电站，第三级为大发水电站），为引水式电站。该电站装设 2 台单机容量为 14 万 kW 水斗式水轮发电机组，最大运行水头 619m，总装机容量为 28 万 kW，多年平均发电量 12.87 亿 kW·h。该电站采用的水斗式水轮发电机组为目前亚洲该水头段已投入运行的单机容量最大的水轮发电机组。

（三）瓦屋山水电站

2008 年 2 月 7 日，四川洪雅瓦屋山水电站 2 号机组顺利完成 72h 试运行，成功并网发电。瓦屋山水电站位于四川省洪雅县瓦屋山镇境内青衣江一级支流周公河上游河段，装机容量 24 万 kW，是全国民营企业投资的第一座龙头水库电站。该电站 1 号机组已于 2 月 3 日并网发电。按计划 2 号机春节后发电，但自 1 月以来，四川局部地区发生冰雪灾害，电力缺口高达 300 多万千瓦。建设者克服困难，采取一切措施在春节前使 2 号机组提前发电，为抗击冰雪灾害、保障春节期间电力供应发挥了重要作用。

（四）小龙门航电枢纽工程

2008 年 8 月 6 日，小龙门航电枢纽工程首台机组（4 号机）完成 72h 试运行，正式并网发电。该工程位于嘉陵江中游南充市顺庆区和高坪区河段上，是嘉陵江干流苍溪县至合川县河段 16 级开发中的第 11 个梯级；以发电和航运为主，兼有美化城市环境、旅游等综合效益；主要由拦河闸坝、厂房、船闸、接头坝、交通桥等建筑物组成，安装 4 台单机容量为 1.3

万 kW 的灯泡贯流式水轮发电机组，总装机容量 5.2 万 kW，年发电量 2.5 亿 kW·h；2003 年 10 月开工建设，由中国水利水电第五工程局有限公司承建。

（五）偏桥水电站

偏桥水电站位于四川省九龙县境内的九龙河上，安装 3 台 7.6 万 kW 混流式水轮发电机组，多年平均发电量 10.92 亿 kW·h；2005 年 12 月开工建设，由中国水利水电第七工程局有限公司承担安装任务。该电站 1、2、3 号机组分别在 2008 年 6、7 月和 8 月完成 72h 试运行，并网发电，3 台机组已全部投产。

（六）江边水电站

位于四川省甘孜州九龙河的江边水电站，2008 年 1 月 10 日正式开工。江边水电站为二等大（2）型工程，引水式；混凝土闸坝，坝高 27.5m，引水隧洞洞径 8.4m，长 8568m，额定水头 272.0m；地下厂房，安装 3 台单机容量 11 万 kW 的水轮发电机组，总容量 33 万 kW，年发电量 15.48 亿 kW·h（单独运行）/16.20 亿 kW·h（与溪谷电站联合运行）。计划 2011 年 2 月底第一台机组投产发电。

（七）龙凤水电站

作为江油市灾后重建第一个重大项目，江油市龙凤水电站于 2008 年 9 月 19 日正式开工建设。龙凤水电站项目总投资 5 亿元，计划施工时间为 30 个月，装机容量 5.4 万 kW，多年平均发电量近期可达 2.54 亿 kW·h，远期可达 2.75 亿 kW·h。

（八）长河坝水电站

2008 年 3 月 15 日至 17 日，受国家发展和改革委员会的委托，中国国际工程咨询公司组织专家在成都市主持召开了《四川省大渡河长河坝水电站项目申请报告》核准评估会议。专家组一致认为：长河坝水电站的建设符合国家相关产业政策，其经济效益和社会效益显著，前期准备工作充分，建议国家尽快核准开工建设。

（九）泸定水电站

2008 年 3 月 17～20 日，受国家发展和改革委员会委托，中国国际工程咨询公司组织专家组在四川省成都市主持召开《四川省大渡河泸定水电站项目申请报告》评估会议。专家组一致认为：泸定水电站各项外部条件和工作已趋成熟，建设资金落实，经济评价可行，达到国家核准该项目的要求。

（本年鉴编辑部摘编）

云南几个水电站建设情况简介

（一）小湾水电站

2008 年 12 月 16 日，小湾水电站下闸蓄水。这标志着小湾工程建设取得了重要阶段性成果，是电站建设的重要里程碑，为实现电站提前一年发电目标奠定了坚实基础。

小湾水电站位于云南省西部南涧县与凤庆县交界的澜沧江中游河段，系澜沧江中下游河段梯级开发的第二级，为澜沧江中下游河段的龙头电站，是以发电为主，兼具防洪、灌溉、拦沙及库区航运等综合利用效益的工程。电站装机 6×70 万 kW；水库正常蓄水位 1240m，坝顶高程 1245m，总库容 149 亿 m^3，具有多年不完全调节能力。

（二）景洪水电站

2008 年 6 月 17 日，景洪水电站首台机组（5 号机）顺利完成 72h 试运行。该电站位于云南省西双版纳傣族自治州首府景洪市北郊约 5km 处，为澜沧江中下游河段梯级开发的第六级；开发任务是以发电为主，兼有航运、防洪、旅游等综合利用效益；装机 5×35 万 kW；水库正常蓄水位 602m，坝顶高程 612m，总库容 11.39 亿 m^3，具有周调节能力。该机组由中国水利水电第八工程局机电制造安装分局承担安装。

（三）戈兰滩水电站

2008 年 12 月 21 日，戈兰滩水电站首台机组在顺利通过 72h 试运行后，正式投产发电开始产生效益。戈兰滩电站位于云南省普洱市江城县与红河洲绿春县交界的李仙江上，3 台机组总装机容量 45 万 kW，工程总投资 30 亿元。戈兰滩水电站大坝为碾压混凝土重力坝，最大坝高 113m，混凝土浇筑全部采用掺合料（50%铁矿渣，50%石粉）替代粉煤灰新工艺；7 月 5 日，大坝顺利实现下闸蓄水。

（四）龙江水电站

2008 年 2 月 8 日，龙江水电站顺利实现工程截流。龙江水电站枢纽工程位于云南省德宏州境内的龙江干流上，电站最大坝高 115m，坝长 472m；装机 3 台，总容量 24 万 kW。

（五）大盈江三级水电站

云南大盈江三级水电站最后一台机组于 2008 年 5 月发电。该电站位于云南省盈江县境内，电站总装机容量 20 万 kW；2005 年 1 月一期工程正式开工，2006 年 8 月二期工程正式开工；首台机组于 2006 年 12 月发电；2008 年 9 月全部竣工。

（六）弄另水电站

弄另水电站首台机组于 2008 年 10 月初正式投产发电。该电站位于云南德洪州梁河县勐养镇龙江—瑞丽江的干流上，大坝为碾压混凝土重力坝，最大坝高 90.50m，水库总库容 2.32 亿 m^3；安装 2 台单机 9 万 kW 水轮发电机组，总装机容量 18 万 kW，年发电量

8.12亿kW·h；总投资约11亿元，是浙江大华集团在云南省投资建设最大的项目之一。主体工程于2006年3月开工建设。

（七）腊寨水电站

2008年7月1日，腊寨水电站第一台机组正式并网发电。该电站位于云南保山市龙陵县龙江干流下游，是以发电为主的水电枢纽工程；混凝土重力坝，坝高68m，安装3台单机4万kW水轮发电机组，总装机容量12万kW；2005年9月开工建设。

（八）泗南江水电站

2008年4月27日，泗南江水电站1号机组顺利并网发电。该水电站位于云南省普洱市墨江哈尼族自治县泗南江乡境内，以发电为主，采用跨流域、混合式开发；混凝土面板堆石坝，坝高115m，总库容2.71亿m^3，具有年调节性能；引水隧洞长10 310m，洞径5.3m；额定水头320m；安装3台单机6.7万kW水轮发电机组，总装机容量20.1万kW，年发电量9.08亿kW·h；2003年10月开工建设，由中国水利水电第十四工程局有限公司承建。

（本年鉴编辑部摘编）

湖南几个水电站建设情况简介

（一）皂市水利枢纽

2008年5月3日，皂市水利枢纽2号机组在结束72h满负荷试运行后，正式投产发电。皂市水利枢纽位于湖南省石门县境内澧水一级支流溇水下游，是一项以防洪为主，结合发电、兼顾航运、城市供水、农田灌溉、旅游等综合利用的大（1）型水利枢纽工程，总投资32.5亿元。枢纽由碾压混凝土重力坝、右岸坝后式厂房、左右岸灌溉渠道、右岸斜面升船机（预留）等建筑物组成；坝顶高程148m，最大坝高88m，坝顶长度351m；水库总库容14.4亿m^3，其中防洪库容7.8m^3；正常蓄水位140m，防洪高水位143.5m。电站安装2台单机容量6万kW的水轮发电机组，总容量12万kW。该工程是国家重点工程，由武警水电二总队承担施工。

（二）托口水电站

2008年4月23日，国家发展改革委以发改能源［2008］1023号文，正式批复核准托口水电站项目。托口水电站为湖南沅水流域梯级开发项目，总装机容量83万kW，安装4台20万kW混流式水轮发电机组和2台1.5万kW生态基流小机组，年发电量21.31亿kW·h；水库正常蓄水位250m，汛期限制水位246m，死水位235m，总库容13.84亿m^3。电站以500kV一级电压接入湖南电网。该电站由中国电力投资集团公司五凌电力有限公司建设。

（三）柘溪水电站

2008年7月8日，柘溪水电站扩建工程第二台机组完成72h试运行，正式并网发电。柘溪水电站位于湖南省资江中游，安化县城上游12.5km处，于1976年6月建成。扩建工程区位于现电站枢纽区范围内，采用右岸地面厂房方案，建筑物由进水口、引水隧洞、地面厂房、尾水隧洞、出水口、主变压器室、GIS开关站等组成；装机2台，总装机容量50万kW。

（四）筱溪水电站

筱溪水电站位于资水干流中游湖南省邵阳市新邵县坪上镇境内，是资水干流柘溪上游段的第四个梯级。电站总装机容量135MW，安装3台4.0万kW和1台1.5万kW的轴流转桨式机组，年发电量5.035亿kW·h，保证出力1.63万kW，年利用小时3730h；航道等级Ⅵ级。2008年1月28日，该电站首台机组（4万kW）投产发电。1月中下旬，全国大范围降温，筱溪遭受50年一遇的特大寒流，气候条件十分恶劣，电站输电线路故障近一周未得到修复，取暖设施全部瘫痪。此时，首台机发电对抗击冰冻灾害很有意义。2008年10月8日，筱溪水电站最后一台1.5万kW机组顺利完成72h试运行并网发电，至此该电站4台机组全部投产，湖南电网又添电源点。

（五）东坪水电站

2008年1月中旬，东坪水电站第4台机组发电，该电站全部建成投产。东坪水电站位于资水中游、湖南省益阳市安化县城关东坪镇闵家湾附近，上距柘溪水电站约10km，下距安化县城0.5km。该水电站为资水流域规划柘溪—马迹塘河段拟定的4个梯级开发方案的第一级，开发目标以发电为主，并为柘溪水电站进行反调节，兼有航运、供水、交通等综合效益。电站总装机容量7.96万kW，采用4×1.99万kW灯泡贯流式机组，保证出力1.638万kW，多年平均发电量2.912亿kW·h，装机年利用小时4044h。

（六）茶林河水电站

2008年8月18日，湖南澧水茶林河水电站复工仪式在工地举行。茶林河水电站位于湖南慈利县境内的澧水上，属于低水头闸坝工程，厂房布置形式为河床式，电站装机容量5.4万kW，安装3台1.8万kW的灯泡贯流式机组。该工程于2003年9月开工建设以来，由于资金问题，工程建设处于时断时续状态，2008年6月被新华水利水电投资公司并购。

（本年鉴编辑部摘编）

甘肃几个水电站建设情况简介

（一）九甸峡水利枢纽

九甸峡水利枢纽位于甘肃省卓尼、临潭两县交界处的黄河支流洮河中游，是以供水为主，兼有发电、防洪、环保、旅游等综合效益的枢纽工程，是引洮工程的龙头项目；最大坝高133m，总库容9.43亿m^3；电站安装3台单机10万kW的水轮发电机组，总装机容量30万kW，年发电量9.94亿kW·h。工程总投资26.65亿元；

2008年，参建单位克服了“5·12”汶川特大地震影响设备出厂、到货滞后等重重困难，积极协调，有效组织，科学、精细、快捷控制各节点工期，不分昼夜，连续拼搏，7月28日，电站首台机组发电投产；9月投产第2台机组；12月23日，九甸峡水电站最后一台机组顺利投产发电，实现一年内3台10万kW机组全部投产目标。

（二）炳灵水电站

2008年7月15日，炳灵水电站首台机组正式并网发电。炳灵水电站位于甘肃永靖县与积石山县交界处的黄河干流上；设计安装5台单机容量为4.8万kW的灯泡贯流式机组，总装机容量24万kW，年发电量9.74亿kW·h。枢纽采用厂顶溢流式布置，为国内首创。工程于2004年11月开工建设。

（三）乌金峡水电站

2008年11月2日，乌金峡水电站首台机组经过72h的试运行，并入甘肃省电网，提前两个月投产发电。乌金峡水电站位于甘肃省白银市及靖远县境内，为黄河小三峡最下一级电站；安装4台单机容量为3.5万kW的灯泡贯流式机组，总装机容量14万kW，年发电量6.83亿kW·h。

（四）柴家峡水电站

2008年12月17日，柴家峡水电站投产发电。该电站位于甘肃省兰州市的黄河干流上，安装4台单机容量为2.4万kW的贯流式水轮发电机组，总装机容量9.6万kW，年发电量4.91亿kW·h。2004年11月23日工程正式开工，2007年1月首台机组投产发电。

（五）麒麟寺水电站

麒麟寺水电站位于甘肃省文县境内的白龙江干流上，安装3台单机容量为3.7万kW的轴流转桨式水轮发电机组，总装机容量11.1万kW，年发电量为4.477亿kW·h。2008年12月，麒麟寺水电站1号机组正式并网发电。

（六）铁城水电站

铁城水电站位于甘肃省永登县境内的大通河上，重力坝坝高43m，坝顶高程2075m，总库容4.43亿m^3；安装3台1.45万kW和1台0.8万kW机组，总装机容量5.15万kW；2005年5月开工建设，由中国水电三局制造安装分局承担机电安装工程。2008年4月3日和4月7日，铁城水电站1号机组和4号机组分别通过72h试运行顺利并网发电，实现双机同时投产的节点目标。

（本年鉴编辑部摘编）

几个获准建设或开展前期工作的水电工程

（1）为了开发红河丰富的水能资源，增加云南及南方电网电力供应，满足电网用电增长需要，变资源优势为经济优势，促进民族地区经济和社会的发展，国家发展改革委对云南红河马堵山水电站项目的核准请示进行了批复（发改能源［2008］3682号），同意建设红河马堵山水电站工程。电站安装3台9.6万kW混流式水轮发电机组，总装机容量28.8万kW，年均发电量13.14亿kW·h。该项目由广东水利水电第二工程局、广东顺浚工程有限公司、红河广源水电开发有限公司共同组建的红河广源马堵山水电开发有限公司负责建设和管理。

（2）为了合理开发利用乌江干流水能资源，增加重庆电网电力供应，满足电网用电增长需要，改善乌江干流游航运条件，变资源优势为经济优势，促进地方经济和社会发展，国家发展改革委对重庆乌江银盘水电站项目的核准请示进行了批复（发改能源［2008］3635号），同意建设重庆乌江银盘水电站工程。电站安装4台15万kW轴流转浆式水轮发电机组，总装机容量60万kW，年均发电量27.08亿kW·h。该项目由大唐国际发电股份有限公司、重庆航运建设发展有限公司、重庆鼎泰能源（集团）有限公司共同出资组建的重庆大唐国际武隆水电开发有限公司负责建设和管理。

（3）国家发展改革委发出《国家发展改革委办公厅关于同意澜沧江里底、黄登和苗尾水电站开展前期工作的复函》（发改办能源［2008］2668号）。澜沧江水能资源丰富，是我国规划建设的重要水电能源基地。为了合理开发澜沧江丰富的水能资源，满足经济社会发展对能源的需求，促进流域地区经济和社会的发展，国家发展改革委同意里底、黄登和苗尾水电站开展前期工作。里底水电站初拟装机容量38万kW，黄登水电站初拟装机容量160万kW，苗尾水电站初拟装机容量130万kW，均由云南华能澜沧江水电有限公司负责建设和管理。

(4) 2008年12月4日，国家发展改革委以发改办能源［2008］2662号文复函四川省发展改革委和中国华电集团公司，同意四川木里河卡基娃和立洲水电站开展前期工作。卡基娃水电站初拟装机容量44万kW，立洲水电站初拟装机容量34.5万kW，由四川华电木里河水电开发有限公司负责建设和管理，卡基娃水电站由中国水电顾问集团成都勘测设计研究院负责勘测设计工作，立洲水电站由中国水电顾问集团贵阳勘测设计研究院负责勘测设计工作。

(5) 2008年12月7日，国家发展改革委以发改办能源［2008］2709号文复函青海、甘肃省发展改革委，同意黄河大河家水电站开展前期工作。大河家水电站初拟装机容量12万kW，由青海三江水电开发股份有限公司负责建设和管理，由中国水电顾问集团西北勘测设计研究院负责勘测设计工作。

(6) 2008年12月19日，国家发展改革委以发改办能源［2008］2819号文复函湖北省发展改革委、中国大唐集团公司，同意汉江新集水电站开展前期工作。新集水电站初拟装机容量12万kW，由大唐襄樊水电有限公司负责建设和管理。

(7) 2008年12月22日，国家发展改革委以发改办能源［2008］2830号文复函湖北省发展改革委，同意堵河小漩水电站开展前期工作。小漩水电站初拟装机容量5万kW，由汉江水电开发公司负责建设和管理。

（摘自中国水电工程顾问集团网）

抽 水 蓄 能 工 程

西龙池抽水蓄能电站2008年工程进展情况

(一) 土建工程进展情况

上水库工程于2003年8月正式开工，2007年7月通过水电水利规划设计总院主持进行的上水库蓄水验收。到2008年9月14日首台机组调试前，上水库库水位已达1471.6m，116.98万m^3。

下水库工程于2003年8月正式开工，2008年2月通过水电水利规划设计总院主持进行的下水库蓄水验收。截至2008年9月14日首台机组调试前，下水库库水位已达815m，215万m^3。

引水系统于2004年8月正式开工，2007年10月基本完成2号洞钢管安装。截至2008年9月10日首台机组调试前，2号水道系统已经完成初期充水。

地下厂房系统于2004年1月正式开工，2005年12月完成地下洞室开挖与支护。截至2008年6月21日，地下厂房顶拱最大变位18.46mm，处于稳定状态。地下厂房系统混凝土工程计划于2009年3月全部结束。

地面副厂房及开关站大楼2005年11月开始开挖，主体工程于2007年10月完成。

(二) 机电设备安装与调试情况

电站主要机电设备水泵水轮机/发电电动机及其附属设备和配套设备、GIS、高压电缆均采用日本协力银行（简称JBIC）的官方开发援助（ODA）贷款进行国际竞争性招标采购，分别由日本三菱联营体（三菱、东芝、日立）、日本AEPOWER公司和日本VISCAS公司中标，并分别于2004年9月、2006年6月和8月完成合同签订。主变压器为保定天威保变电气股份有限公司中标，2006年7月签订合同。其他辅机或公用系统机械和电气设备、消防设备等均为国内公开招标采购，并于2007年底前全部招标完毕。

机电安装标由中国水利水电第三工程局中标，并于2006年3月完成合同签订。

主机设备安装于2006年8月全面开始。首台机组（4号机）水泵水轮机部分安装于2007年6月基本完成；发电电动机定子采用在现场安装间组装后整体吊入机坑的方式，于2007年8月1日开始组装；发电电动机转子于2007年9月6日开始组装。由于转子磁轭为单环板式型式，组装周期短，且综合转子组装周期、安装间布置、工期控制及厂家经验等各种因素，该工程采用先吊入转子再吊入定子的安装方式。转子和定子分别于2008年1月17日和1月28日顺利吊入机坑。2008年3月开始进入首台机组的无水调试。

2008年1月11日首台（4号）主变压器进厂，厂内采用无轨道运输方式由运输公司卸车就位。2008年2月24日地下第二套联合单元GIS开始安装（与4号机组相关），4月中旬安装完成，5月21日顺利通过耐压试验；2008年4月1日开始地上四角形GIS的安装，5月底安装完成，6月5日通过耐压试验。2007年10月即开始500kV电缆的支架安装，历时约3个月；随后进行了电缆敷设工具（敷设专用工具由电缆厂家提供）的安装；2008年4月11日开始第二回（与4号机组相关）500kV电缆的敷设，5～6天完成一根电缆（全长约800m）的成形、就位和固定，2008年6月26日该回500kV电缆与地下、地上GIS连接后顺利通过整个回路的耐压试验。上述高压试验均由山东电力研究院完成。

经过充分的各项准备，4号机组于2008年9月30日发电工况首次成功启动，进入有水调试阶段；2008年10月17日凌晨500kV系统倒送电成功；2008年11月9日首次水泵工况成功抽水；2008年11月16日顺利完成甩负荷试验；2008年11月28日进入30天试运行，12月28日结束。首台机组的无水调试和有水调试主要由日本三菱联营体完成，机电安装标（08标）进行辅助性工作。

首台机组30天试运行期间，同时完成了7项并网安全性评价试验：即4号机进相运行试验、AGC（自动发电控制）试验、电力系统稳定器（PSS）试验、励磁系统参数测试、自动电压控制（AVC）试验、水轮机组调节系统模型参数测试、水轮发电机组一次调频性能试验，以上7项试验由山西电力科学研究院负责测试，测试已于2008年12月14日全部顺利完成。随后，4号机组通过了在山西电力咨询中心和山西省电机工程学会的协调下由山西和谐电力技术有限公司对其并网安全性评价的各项审查。

该工程计划于2009年10月全部机组具备投产条件。

（中国水电顾问集团北京勘测设计研究院　杨　梅）

宜兴抽水蓄能电站建成投产

江苏宜兴抽水蓄能电站，装机容量为4×250MW，是江苏省第一座百万装机大型水电项目，设计日均发电量408.5万kW·h，年发电量14.9亿kW·h，年抽水耗电量19.6亿kW·h，综合效率76%。2008年，四台机组分别于5月1日、7月21日、9月19日、12月1日相继正式投入商业运行，刷新了一年四台机组全部投产的抽水蓄能建设纪录。

电站枢纽静态总投资为39.87亿元人民币，总投资47.63亿元人民币。由国网新源控股有限公司、华东电网有限公司、江苏省国信资产管理集团有限公司、江苏省电力公司、宜兴市资产经营公司分别按照40%、20%、20%、15%、5%出资比例共同投资兴建，组建华东宜兴抽水蓄能有限公司，负责电站的建设和经营。公司注册资本金9.53亿元人民币，项目总投资的另80%利用世界银行贷款（1.45亿美元，用于电站机电设备国际采购）和国内银行贷款解决。

华东宜兴抽水蓄能有限公司作为电站工程建设管理和经营单位，以“建一座电站，树一座丰碑”的信念，艰苦奋战，努力实现“确保达标投产，争创精品工程”的总体建设目标。电站主体工程2003年8月开工，2005年5月29日开始机电设备安装，工程建设总体质量优良，得到行业内专家一致肯定，荣获了国网新源系统“2008年抽水蓄能工程建设基建质量标杆单位”称号；进度超前，较国家批准的可行性研究报告建设工期提前9个月建成投产，荣获了国网新源系统“2008年抽水蓄能工程建设基建进度标杆单位”称号；安全在控，自电站工程开工建设以来，没有发生一起人员死亡事故；投资在控，2008年完成投资26 700万元，占本年度投资计划26 000万元的102.7%，工程累计完成投资386 007万元，占总投资476 300万元的81%，到工程竣工总投资可以控制在国家批准的可行性研究概算范围内；移民平稳，电站征地拆迁移民安置工作2008年3月7日顺利通过江苏省发改委组织的验收；环保同步，做到了工程完工，环保、绿化完成，现场绿荫葱葱的环保、绿化成效，得到了地方政府和世界银行项目督查团的高度赞赏。

自电站第一台机组正式投入商业运行，承担了江苏电网调峰、填谷、紧急事故备用、调频、调相等多项任务，为江苏电网安全稳定运行提供了强有力的保障，在2008年迎峰度夏、奥运保电、节日保电期间发挥了重要的作用。电站典型运行方式为两发一抽（每日在早峰、晚峰两次发电、每日凌晨负荷低谷一次抽水）。在江苏电网负荷紧张时，电站运行方式调整为每日三发一抽；在迎峰度夏负荷高峰期，电站最多出现过每日三发三抽的运行方式。截至2008年12月31日，电站投运机组累计发电启动534次、成功率99.8%，抽水启动312次、成功率99.7%；完成总上网电量4.26亿kW·h，受网电量5.34亿kW·h，发电运行1346h，抽水运行1515h，综合效率79.72%，等效可用系数93.1%；上、下水库运行安全、正常，机组投运以来安全运行无事故245天，实现了当年投产机组一年两个“百日安全生产无事故”的目标。

电站电价工作在电站第一台机组正式投入商业运行前全部完成。2008年1月8日获得国家发展改革委电站电价批复；及时与华东电网公司、江苏省电力公司有关部门联系，落实电站容量分配、运行调度、考核办法和结算方式，2008年4月15日江苏省电力公司与华东宜兴抽水蓄能有限公司顺利签订了购售电协议；抓住2008年国家调整电价的契机，7月完成了电站电价25%由用户承担部分的电价疏导工作。

（华东宜兴抽水蓄能有限公司　向邦发）

蒲石河抽水蓄能电站 2008 年工程进展情况

（一）电站概况

辽宁蒲石河抽水蓄能电站位于辽宁省宽甸县境内的鸭绿江支流蒲石河下游河段上，距丹东市约 40km。电站共安装 4 台单机容量为 300MW 的立轴可逆混流式抽水蓄能机组，总装机容量 1200MW；年平均发电量 18.6 亿 kW·h，年发电小时数 1550h；年均抽水用电量 24.09 亿 kW·h，抽水小时数 2008h，综合效率 77.2%。建成后在东北电网中担任调峰、填谷、调频和事故备用。

电站为一等大（1）型工程。工程枢纽主要由上水库、下水库、地下引水发电系统及地面开关站等建筑物组成。上水库挡水建筑物为钢筋混凝土面板堆石坝，坝顶长 714m，最大坝高 78.5m；正常蓄水位 392m，死水位：360m；总库容为 1351 万 m^3，有效库容为 1029 万 m^3，死库容 227 万 m^3。下水库大坝为混凝土重力坝，最大坝高 34.1m；由挡水坝段、泄洪排沙闸坝段、消力池、引水坝段组成，共有 19 个坝段，坝长 336m；正常蓄水位 66m，死水位 62m；水库总库容 2905 万 m^3，调节库容 1284 万 m^3，死库容 1621 万 m^3。上、下水库最短平面距离约 2.5km。地下厂房洞室系统布置以厂房、主变压器室、尾水闸门室为核心。主副厂房洞室开挖尺寸为 161.8m×22.7m×54.1m（长×宽×高），主变压器洞室开挖尺寸为 131.45m×20m×23.6m（长×宽×高）。发电最大水头为 327.5m，最小水头为 287.7m，抽水最大扬程 333.9m，最小扬程 296.9m，正常最优扬程为 309m。发电引水系统采用二洞四机布置，发电尾水系统采用一洞四机布置，发电引水主洞长约 770m，内径为 8.1m，压力管道、发电尾水支洞内径为 5m，发电尾水隧洞主洞约 1169m，内径 11.5m。

电站辅助工程于 2004 年 4 月开始施工。主体工程的地下厂房及输水系统于 2006 年 8 月开工，上水库及下水库坝工程于 2007 年 1 月开工。下水库工程于 2007 年 11 月 16 日截流成功。计划于 2010 年底第一台机组投产发电。

（二）工程建设进展情况

2008 年是蒲石河抽水蓄能电站工程建设主体开工建设的第二个年头，经过各参建单位的共同努力，年度安全、质量、投资、进度目标均已完成。全年共完成土方开挖 30 万 m^3，石方明挖 11 万 m^3，石方洞挖 13 万 m^3，混凝土浇筑 18 万 m^3，土石方填筑 143 万 m^3，钢筋制安 3800t，库岸干砌石完成 4 万 m^3，金属结构安装完成 2678t。全年完成固定资产投资 5.52 亿元。工程主要形象为：

1. 上水库工程　上水库混凝土面板堆石坝填筑到高程 392.5m（防浪墙底高程）；趾板混凝土浇筑完成，上水库进/出水口 1 号闸门井施工到高程 380m，2 号闸门井施工到高程 349.5m，1 号引水上平洞混凝土衬砌完成，2 号引水上平洞混凝土衬砌成 62.5m。

2. 地下厂房及输水系统土建工程　主厂房、主变压器室、尾水闸门室开挖完成。4、3 号机尾水廊道混凝土浇筑完成，4 号机组肘管一层混凝土浇筑完成；1 号引水斜井上半洞开挖完成 160m，2 号引水斜井开挖完成 130m；尾水调压井开挖支护完成，尾水主洞混凝土衬砌完成 539m；下库进/出水口混凝土浇筑到高程 67m（尾水平台层）。

3. 下水库土建及金属结构安装工程　右岸 12～19 号挡水坝段混凝土浇筑到顶高程 69.9m（坝顶）；左岸 1～4 号挡水坝段混凝土浇筑到高程 69.9～55.47m；5～11 号溢流坝段混凝土浇筑到高程 52～66.1m；7 孔溢流坝溢流面混凝土浇筑完成 2 孔，消力池混凝土底板已完成 35 块。

4. 金属结构及机电设备安装工程　2008 年召开了主机设备第三次设计联络会议；完成 500kV 电缆、18kV 发电电动机断路器、主变压器、GIS、监控系统、发电机变压器组保护、状态监测系统、直流电源、高压开关柜、离相封闭母线、尾水闸门室高压闸阀、闸门弧门、拦污栅、液压启闭机等设备招标、评标、竞争性谈判、合同签订等工作；完成水轮机转轮模型试验验收；4 号机组引水压力钢管安装验收完成；机电设备安装及厂房二期混凝土施工合同已签订；主厂房大桥机安装和调试完成，并投入使用。

（三）工程安全管理情况

公司坚持“安全第一、预防为主、综合治理”的方针，以人员、设备安全管理为重点，以奥运安全管理为中心，严把进场人员三级安全教育和机械设备资质审查；认真落实各级安全生产责任，指导和督促参建单位落实工程各项安全措施。组织开展“安全生产月”、安全生产“百问百查”、安全生产百日督察专项行动、“安全日”、安全隐患排查治理专项行动和创建“无违章”工地活动。狠抓安全隐患排查治理工作，开展工程冬季、春季及秋季安全大检查；明确工作职责、工作程序、应急措施；组织参建单位严格落实防汛各项措施；组织施工用电、爆破作业、大中型机械设备、消防、交通管理和安全文明施工等专项检查；加强施工区域封闭管理，落实道路、车辆管理，建立进场人员暂住证管理办法；提升了施工现场安全管理水平，实现了安全生产的“可控、能控、在控”。

（四）工程质量情况

全年共评定单元工程2472个，合格率100%，优良单元2323个，优良率94.0%，其中土建工程评定工程2304个，优良2163个单元，优良率93.9%；金属结构评定168个单元，优良率95.2%。评定主体分部工程2个、外围交通辅助单位工程6个，优良率均为100%。

（五）移民安置情况

移民安置工作全年完成投资4087.19万元。已建设完工四个集中移民动迁安置点的房屋59栋房屋，部分已经装修完成入住；库区移民安置的专业项目复建和防护工程建设正在加速进行。库周交通恢复改建项目已有7项开始施工，现已完成70%；库周防护工程建设已完成了规划设计的25%。移民生产开发工作正在协调，设计、监理和县移民指挥部，逐户落实发展项目并督促实施。

（辽宁蒲石河抽水蓄能有限公司　赵忠文）

宝泉抽水蓄能电站工程2008年建设情况

宝泉抽水蓄能电站工程（以下简称宝泉工程）位于河南省新乡市辉县境内，为国家重点建设项目，总装机容量为4×30万kW共120万kW。工程静态总投资37.32亿元，动态总投资43.27亿元，于2003年3月28日开工建设，计划2009年机组全部发电。

宝泉工程由国网新源控股有限公司（以下简称新源公司）控股建设。河南国网宝泉抽水蓄能有限公司作为业主单位，负责宝泉工程的建设及运行管理工作。

2008年，宝泉工程较好地完成了各项年度建设任务，土建施工基本完工，机电安装进展顺利，安全生产继续取得优异成绩，1号机组完成并网发电任务，主要情况如下：

（1）土建施工基本结束。截至2008年底，宝泉工程土建施工基本结束，下水库工程于2008年7月8日顺利通过完工验收，上水库于2008年7月17日顺利通过完工验收。

（2）提前完成首台（1号机组）机组并网发电任务。2008年8月16日，该机成功实现并网；8月29日，水泵工况启动抽水试验成功；9月18日，发电工况并网发电成功，提前实现机组并网发电。宝泉工程以水泵工况成功实现首机首次启动，在国内处于领先地位，有效节省工期，降低造价。

（3）安全和质量工作继续保持良好态势。2008年，公司顺利通过新源公司安全隐患排查治理专项行动检查等，安全生产形势良好。截至2008年12月31日，宝泉工程实现了连续安全生产2106天的优良成绩。截至2008年底，宝泉工程土建项目质量合格率达到100%，综合优良率达到90%以上，机电安装项目综合优良率达到100%，没有发生质量事故和较大质量缺陷，各项质量评定指数均符合质量目标要求。

（4）及时深入开展达标投产和工程创优工作。2008年，宝泉公司根据工程建设实际进展情况，及时深入开展了达标投产和工程创优工作。宝泉公司制定了详细的《宝泉电站达标投产工作规划及实施细则》，邀请有关专家进行了达标投产和工程创优工作讲座，对各标段工作提出了具体、细致、严格的要求，并进行了严格的检查。

（5）生产准备工作就绪，基本具备生产运行条件。2008年，根据生产准备工作要求，宝泉公司积极开展了系统、规范的生产准备和人员技术培训工作，进行了电站系统及设备的命名和编码工作，编制了运行管理制度、检修管理制度、技术监督管理制度、运行规程、检修规程等制度和规程，收集整理了运行图册，运行人员已实行24小时值班制度，检修人员已开始进行设备维修和缺陷处理工作，各项生产准备工作就绪，已基本具备生产运行条件。

（河南国网宝泉抽水蓄能有限公司　王志刚）

黑麋峰抽水蓄能电站2008年工程建设进展情况

黑麋峰抽水蓄能电站位于湖南省长沙市望城县桥驿镇境内，距离长沙市区公路里程30km。电站枢纽由上水库、下水库、输水发电系统等建筑物组成，电站安装4台单机容量300MW的可逆式机组。主体土建工程于2005年4月28日开工，机电设备安装于2006年5月进场开始施工。工程计划2009年5月首台机组并网发电，2010年工程完建。2008年，黑麋峰抽水蓄能电站工程建设进展情况如下：

（一）投资与工程量完成情况

2008年黑麋峰工程主要施工项目有：地下输水发电系统混凝土浇筑，输水隧洞灌浆，输水隧洞钢管安装和厂房系统机电设备安装施工。主体土建工程计划完成投资12 083万元，实际完成12 791万元，年度计划投资完成率为106%。主体工程土建及安装累计完成投资78 320万元，占完成合同金额的90%。截至2008年底，工程开工以来累计完成投资222 834万元。

2008年主体土建及金属结构主要项目完成工程

量为：钢筋混凝土及混凝土浇筑完成6.58万m^3，水泥固结灌浆完成5.62万m，化学固结灌浆完成0.39万m，帷幕灌浆0.17万m，钢管安装2914t。

2008年为输水发电系统及机组安装高峰年，共计完成投资5.44亿元。主要工程量完成情况见表1。

表1　黑麋峰抽水蓄能电站主要工程量完成情况表

主要项目	单位	2008年完成工程量	开工累计完成工程量
混凝土浇筑	m^3	59 077	175 061
固结灌浆	m	53 323	61 729
化学灌浆	m	3945	3945
回填灌浆	m^2	14 223	19 268
帷幕灌浆	m	1620	1620

（二）主要项目工程形象进度

2008年6月9日，首台机组转轮吊装就位，10月3日，首台机转子吊装就位。主要完成项目工程形象如下：

1. 上、下水库工程　完成上水库环库公路（含主、副坝坝顶公路）及安全防护90%以上工作，完成上水库进/出水口启闭机房全部土建工作及70%的装修工作。完成下水库进/出水口启闭机房全部土建工作及50%的装修工作；完成泄洪洞启闭机房全部土建工作及装修工作。电站二期绿化完成65%的工作。上、下水库于2007年8月1日正式下闸蓄水。截至2008年底，已蓄水337万m^3；上水库已蓄水194万m^3，上、下水库总蓄水量531万m^3。上、下水库总有效蓄水369万m^3，占水库设计调节库容的43.5%。

2. 输水系统工程　完成1号引水洞钢筋混凝土全部衬砌，灌浆（含回填灌浆、高压超细水泥分段循环固结灌浆、高压化学固结灌浆和普通水泥固结灌浆）基本完成；完成1、2号高压引水支管钢衬回填混凝土及灌浆（含回填灌浆、接触灌浆、帷幕灌浆和固结灌浆）；完成2号引水斜井剩余扩挖，基本完成2号引水洞衬砌，灌浆完成40%；完成3、4号高压引水支管钢衬回填混凝土。完成1、2号尾水洞钢筋混凝土衬砌、钢管安装及所有灌浆。3、4号尾水洞完成钢管安装和25%混凝土浇筑。1号输水系统计划2009年3月进行充水试验。

3. 厂房系统　完成1号机组、2号机组混凝土浇筑，3号机组混凝土浇至发电机层楼板下，4号机组混凝土浇至水轮机层。完成电梯井混凝土浇筑；主变压器洞、母线洞、设备洞等土建工程全部完成。厂房吊顶、1号机组段、1号母线洞和主变压器洞粗装修基本完成。地面副厂房及开关站的混凝土结构施工、建筑与装修全部完成。

4. 机电安装部分

（1）主机设备，1号机组2008年6月9日转轮吊装就位，7月29日定子吊装就位，10月3日转子吊装就位，10月15日大件全部吊装就位，年底设备安装基本完成；2～4号机组的座环、蜗壳安装完成。

（2）电气一次设备，1号机组的管母线及GCB、主变压器、启动母线及开关设备、SFC输入及输出变压器、10kV厂用系统设备、400V厂用系统设备、500kV高压电缆第一回路、500kVGIS设备及出线平台设备等安装完成；500kV高压电缆第一回及相连的地下GIS整体耐压试验完成。黑麋峰工程已经具备接受系统倒送电条件。

（3）全厂油、气、水系统与1号机组投产相关部分安装完成。

（4）电气二次设备，1号发电机变压器组保护、1号机组励磁系统、公用LCU、开关站LCU、1号机组LCU、1号机组调速器系统、500kV母线保护装置、短线保护装置、出线保护装置等与1号机组投产相关的电气二次设备安装基本完成。

5. 安全监测系统　安全监测仪器安装埋设基本完成，转入仪器自动化集成工作阶段。

（三）工程建设质量情况

至2008年底，主体工程已进行质量评定单元6061个，合格率100%，优良率90.65%。

（五凌电力有限公司　唐建国　唐振华
中国水电顾问集团中南勘测设计研究院　张孝松）

张河湾抽水蓄能电站工程建设和进展情况

张河湾抽水蓄能电站位于河北省石家庄市井陉县测鱼镇附近的甘陶河上，距石家庄市公路里程77km，距井陉县城45km。电站总装机容量为1000MW，安装4台单机容量250MW的竖轴单级混流可逆式水泵水轮机组，年发电量16.75亿kW·h，年抽水电量22.04亿kW·h。电站建成后，并入河北省南部电网，在系统中承担调峰填谷、调频调相和紧急事故备用等任务，具有快速跟踪负荷、提高系统供电可靠性等多种作用和效益。

主体工程主要工程量为土石方明挖1100万m^3，石方洞挖49万m^3，石方填筑460万m^3，混凝土42万m^3，沥青混凝土11万m^3，钢筋及钢材15 800t，金属结构9000t。

电站主要建筑物由上水库、水道系统、地下厂房、下水库拦沙坝和垭口明渠及下水库拦河坝续建工程等组成，该工程为一等工程，主要建筑物按1级建筑物设计。

该电站的项目建议书在1998年3月国家计委以计交能［1998］304号文批复国务院的批准意见。利用外资可研报告于1999年5月由中国国际工程咨询公司进行了评估，2002年3月通过了中国水电顾问有限公司对该报告的审查，2002年4月由国家电力公司报送国家计委，2002年7月国家计委批复了该报告由国务院批准的意见。

2002年2月亚洲开发银行完成了该项目的“技术援助”工作，5月亚洲开发银行通过了项目的预评估报告，8月项目公司完成了与亚洲开发银行的贷款谈判。

2002年8月8日，河北张河湾蓄能发电有限责任公司成立，项目建设工作全面启动。

2002年7月电站正式进入筹建和准备期，施工征地移民、对外交通、场内交通、施工供水、供电、污水处理等临建工程陆续完成招标并进行施工。2003年开始主体工程的招标和施工。2003年12月6日该工程的开工典礼在上水库施工现场举行，标志着该工程在建设各方的共同努力下进入主体工程施工期。

2006年10月8日下水库通过了蓄水验收并开始下闸蓄水；2007年9月11日上水库通过了蓄水验收并下闸蓄水，于2008年10月20日蓄至正常蓄水位；2007年12月30日首台机组实现了发电工况并网。2008年7月6日完成了首台机组30天试运行，具备了投入商业运行的条件；2008年8月20日第二台机组完成了30天试运行，2008年12月28日第三台机组完成了30天试运行。截至2008年底，张河湾抽水蓄能电站三台机组已投入商业运行。按计划，第四台机组将于2009年2月完成30天试运行。

（中国水电顾问集团北京勘测设计研究院　李　冰）

溧阳抽水蓄能电站正式开工建设

溧阳抽水蓄能电站经国家发展和改革委员会核准，2008年12月13日，在工程现场举行了隆重的开工庆典，正式开工建设。

（一）概况

溧阳抽水蓄能电站位于江苏省溧阳市，地处苏南地区负荷中心，距江苏省工业基础好、经济发达的南京、苏州、无锡、常州和镇江等城市的距离80～120km，地理位置优越。电站装机容量150万kW（6×25万kW），设计年发电量20.07亿kW·h，年抽水电量26.76亿kW·h；电站发电最大水头290.00m，最小水头227.30m，额定水头259.00m；洞长水头比为7.9。电站供电范围为江苏省电力系统，通过2回500kV线路接入拟建的500kV溧阳变电站，接入江苏电网。

溧阳抽水蓄能电站作为江苏电网主力调峰电源之一，其开发任务主要是为江苏电力系统提供调峰、填谷和紧急事故备用，同时可承担系统的调频、调相等任务，以缓解系统严重的调峰压力，改善火电机组运行条件，提高系统的供电质量和运行安全稳定性及经济性。

（二）水源条件

电站上水库集雨面积0.388km^2，下水库集雨面积0.706km^2，天然来水量小，电站初期蓄水和正常运行期补水水源为沙河水库。沙河水库为大（2）型水库，以防洪、供水为主，兼顾灌溉和旅游等综合利用，水库集水面积148.5km^2，多年平均年径流量8238.6万m^3，总库容1.09亿m^3，水库正常蓄水位19.00m，汛期限制水位18.00m，死水位13.00m，调节库容4870万m^3。目前沙河水库承担溧阳市约20万人的供水任务，日供水量约5万t，灌溉农田约3.5万亩。沙河水库还是已建沙河抽水蓄能电站的下水库，该电站运行时，水位日变幅为0.2～0.55m。

（三）工程地质条件

工程区位于扬子准地台下扬子拗陷区，区域构造形迹以断裂为主。地震安全性评价表明：工程区按设防标准100年超越概率2%考虑，基岩水平峰值加速度上水库为0.172g，下水库为0.184g。

工程区地貌形态属构造剥蚀地貌类型，总体上地形西高东低，区内地表最大高差达420m。上水库由志留系上统茅山组上段（S_{3m}^{3}）砂岩组成的低山，尾水洞及下水库一带为侏罗系上统龙王山组（J_{3l}）和大王山组（J_{3d}）火山岩构成，局部分布有泥盆系五通组下段（D_{3w}^{1}）岩石组成的残丘地貌，山丘高程为25～100m,至沙河水库岸边地面高程为17.0m左右。

上水库位于沙河水库西侧，地形封闭条件较好，仅南、北库岸的垭口地形略低于正常蓄水位，东侧冲沟处需筑坝挡水。基岩为志留系茅山组石英砂岩及泥质粉砂岩，小断裂构造较发育，岩层产状变化较大，岩体完整性较差。库岸主要为岩质边坡，整体稳定，但局部地段岩层缓倾坡外，岩体风化较深，且右坝头和垭口地形分水岭较单薄，存在局部库岸稳定问题；库周地下水位与相对隔水层顶板高程低于正常蓄水位60～150m，水库防渗问题突出。上水库主、副坝坝基岩体风化强烈，小断层与节理裂隙发育，岩体完整性差，透水性较强，岩体质量以Ⅲ～Ⅳ类为主。

输水发电系统除尾水洞出口段分布侏罗系地层外，其余地段分布志留系地层，岩层产状变化较大，断层、层间错动、节理裂隙十分发育；地下厂房及主变压器洞埋深180～240m，围岩大部分位于弱风化带内，岩体多属于镶嵌结构或镶嵌碎裂结构，洞室围岩质量以Ⅲ$_2$～Ⅳ$_1$类为主。围岩稳定性主要受由小断层、层间弱面及节理裂隙组合而成的可能失稳块体控制。

下水库地形平缓，覆盖层厚2～12m，基岩主要为凝灰岩，岩体风化相对较浅，边坡整体稳定性较好，但受断层和蚀变带影响，局部需加强支护；挡水坝覆盖层厚3～8m，坝基岩石坚硬，风化浅，工程地质条件良好。

上水库混凝土面板堆石坝堆石料主要考虑采用下水库开挖料和洞室开挖料，并利用上水库部分开挖料，混凝土骨料采用人工骨料，可行性研究阶段推荐西庄料场，经前期研究确定考虑采用距上水库4.5km的树管料场灰岩人工轧制。下水库地表分布的河流阶地冲积土及残坡积土，可作为上水库防渗土料。

（四）枢纽总布置

枢纽建筑物主要由上水库、输水系统、发电厂房及下水库等四部分组成。

上水库利用龙潭林场伍员山工区2条较平缓的冲沟在东面筑坝成库，主要建筑物包括1座主坝、2座副坝、库岸及库底防渗体系统。上水库正常蓄水位291.00m，死水位254.00m，调节库容1195万m^3，库口面积0.388km^2。主坝为钢筋混凝土面板堆石坝，坝顶高程295.00m，最大坝高161.00m（坝轴线处），坝顶长度64.55m，上游面坡比为1∶1.4，下游面综合坡比为1∶1.45；2座副坝分处水库南北两侧垭口处，均为钢筋混凝土面板堆石坝，最大坝高分别为25.00m和33.00m。上水库采用大坝和库岸钢筋混凝土面板防渗、库底采用石渣回填后黏土土工膜复合防渗；环库轴线总长（含坝顶部分）2387.55m。

下水库与沙河水库为邻，在河流堆积阶地、宽缓浅冲沟和残丘处开挖而成，与沙河水库相邻侧布置挡水建筑物，水库正常蓄水位19.00m，死水位0.00m，调节库容1195万m^3，库口面积0.706km^2。挡水建筑物为均质土坝，坝顶高程为24.40m，坝轴线长864.60m，坝顶宽为7.00m，最大坝高11.90m，内外侧坡比均为1∶2.5；环库轴线总长（含坝顶部分）4050.00m。

输水发电系统布置在上水库北侧和下水库西侧之间，采用首部式布置方案。输水系统中引水及尾水洞均采用1洞3机的供水方式，引水主洞洞径9.2m，分岔前洞径渐变为7.0m，采用对称Y形钢岔管与引水支洞相连，支洞洞径4.0m。尾水支洞洞径6.0m，采用非对称Y形钢筋混凝土岔管和尾水主洞连接，主洞洞径10.00m。尾水调压室为圆形阻抗式，大井直径20.0m，总高度约107.35m。上水库进/出水口型式为竖井式，下水库出/进水口型式为侧式，输水隧洞长度2250.5～2363.1m。

地下厂房洞室群布置于上水库主坝左坝头下游山体内，主厂房轴线为SN向，开挖尺寸179.90m×21.30m×53.41m（长×宽×高）；主变压器洞室平行布置在主厂房洞室下游，与主厂房之间的岩体厚度为35m，开挖尺寸为172.10m×19.70m×21.16m（长×宽×高）；主厂房上游侧布置单独的球阀室，开挖尺寸为149.40m×9.70m×24.00m（长×宽×高），进厂交通洞从安装间下游侧进厂；开关站和地面副厂房布置厂房下游山脚，地面高程为125.00m，平面尺寸为110.00m×33.00m（长×宽）。

施工对外交通采用公路为主、铁路与水路为辅的运输方式。工程筹建期20个月，首台机组发电工期为63个月，总工期为80个月（不含筹建期），工程静态总投资60.96亿元（2005年二季度价格水平）。

（五）前期工作概况

溧阳抽水蓄能电站设计工作始于2002年7月。

根据江苏省对抽水蓄能电站的需求，中国水电顾问集团中南勘测设计研究院（以下简称中南院）在《江苏省苏南地区大型抽水蓄能电站选点规划》的基础上，对苏南地区的抽水蓄能电站资源做了进一步的工作，于2003年3月完成《江苏省苏南地区大型抽水蓄能电站补充选点（伍员山站点）规划报告》，水电水利规划设计总院与江苏省发展计划委员会于2003年4月共同主持召开了该报告的审查会，审查意见认为：伍员山站点（现名：溧阳抽水蓄能电站）综合技术经济指标较优，推荐为江苏省苏南地区继宜兴抽水蓄能电站的后续开发工程。水电水利规划设计总院以水电规规［2003］0025号文下发了审查意见。

2003年7月，中南院完成了《江苏溧阳抽水蓄能电站预可行性研究报告》，并于2003年8月通过了水电水利规划设计总院会同江苏省发展计划委员会的联合审查。水电水利规划设计总院以水电规规［2003］0077号文下发了审查意见。2005年7月，中南院完成了《江苏溧阳抽水蓄能电站可行性研究报告》，并于2005年8月通过了水电水利规划设计总院会同江苏省发展和改革委员会的联合审查。水电水利规划设计总院以水电规水工［2006］0001号文下发了审查意见。

2007年4月，编制完成《项目申请报告》，7月通过中国国际工程咨询公司的核准评估。2008年11月26日，国家发展改革委以发改能源［2008］3181号文核准同意溧阳项目开工建设。2008年12月13日，在工程现场举行了隆重的开工庆典。

（中国水电顾问集团中南勘测设计研究院 胡育林）

惠州抽水蓄能电站工程建设情况

在建工程惠州抽水蓄能电站（简称惠蓄电站）位于广东省惠州市博罗县城郊，距广州市112km、惠州市20km。惠蓄电站总装机容量2400MW（8×300MW）。电站枢纽工程由上水库、下水库、水道系统、地下厂房系统、地面开关站、永久公路及附属建筑物组成。

惠蓄电站的建设管理单位为广东蓄能发电有限公司，设计单位为广东省水利电力勘测设计研究院，监理单位为中国水电顾问集团中南勘测设计研究院，主体工程施工单位为中国水利水电第十四工程局有限公司承建水道和厂房系统工程；中国水利水电第八工程局有限公司，承建上库大坝系统工程；广东省水电二局股份有限公司承建下库大坝系统工程。主机机电设备供货商是法国ALSTOM公司。

惠蓄电站前期准备工程于2003年9月动工，至2004年末基本完成。2004年12月国家发展改革委核准了本工程开工。

2008年，惠蓄电站工程建设者们通过强化管理，开拓创新，克服了台风、暴雨等不利因素的影响，工程建设在质量、进度、投资、安全等方面均处于良好的受控状态。惠蓄电站在工程建设中率先推行NOSA五星安健环管理系统并通过三星认证。已验收单元工程优良率达到90.74%。

截至2008年底，A厂厂房累计完成混凝土浇筑26 000m^3，占设计总量的100%，主厂房装修已经完成。B厂厂房2008年共浇筑混凝土939m^3，累计完成混凝土浇筑17 059m^3，占总量的63.1%，并开始进行主副厂房装修。A厂水道已全部完成施工，2008年5月31日，上游水道开始充水；6月12日发现较大渗漏，进行渗漏处理；9月27日，完成第二次充水试验，水道渗漏处理成功。上水库于2007年5月16日下闸蓄水，下水库于2007年10月23日下闸蓄水，上、下库大坝于2008年10月15日顺利通过验收。

机电安装工程：截至2008年12月，A厂主厂房200t和50t桥机、尾水闸门室32t桥机已安装；1～2号主变压器完成充电，2回500kV高压电缆敷设完成并充电；厂用电系统投入运行；500kV能博线完成充电；3号水轮机转轮顺利吊入机坑和转子吊装就位；2号机组整体盘车成功；1号机组已进行试运行，但10月10日在进行100%负荷发电工况热运行试验时，转子10号磁极崩溃，造成发电电动机损毁。经调查，此次事件的根本原因是法国供货商ALSTOM的磁极设计缺陷。

（中国南方电网有限责任公司
调峰调频发电公司　刘　淑）

仙游抽水蓄能电站

（一）概况

仙游抽水蓄能电站为福建省第一座在建大型抽水蓄能，位于福建省东南部的仙游县西苑乡境内，距福州市、泉州市、厦门市公路里程分别为180、110、210km，324国道、福厦高速公路在电站附近通过，对外交通十分便利。

该电站额定水头430m，总装机容量4×300MW，具有周调节性能，年平均发电量18.96亿kW·h，年平均抽水耗电量25.28亿kW·h，综合效率75%。电站建成后以2回500kV线路接入泉州北500kV变电站。主要任务是为福建电网提供调峰填谷容量，承担系统的调频、调相、紧急事故备用和黑启动等任务。

电站总投资44.45亿元人民币，静态投资为38.46亿人民币。由国家电网公司、福建省莆田市综合国有资产投资运营有限公司、福建省仙游县国有资产投资运营中心组建的福建仙游抽水蓄能有限公司负责建设和经营。项目资本金8.8亿元人民币，占项目总投资的20%，其余利用国内银行贷款解决。

仙游抽水蓄能电站可行性研究报告于2006年完成并通过了水电水利规划设计总院审查；项目申请报告于2008年3月获国家发展和改革委员会核准。计划2009年5月主体工程开工，2013年4月首台机组投产发电，2014年4月四台机组全部投入商业运行。

（二）主要建筑物

电站枢纽由上水库、下水库、输水系统、地下发电厂房和地面开关站等建筑物组成。

1. 上水库　上水库位于西苑乡广桥村大济溪源头，为狭长带状的山间溪源谷地；控制流域面积仅为4km^2，通过设置蓄洪库容解决洪水问题，不设溢洪道。上水库库容为1735万m^3，有效库容1187万m^3，正常蓄水位741.0m，死水位715.0m。

上水库建筑物主要包括一座主坝和两座副坝及一座拦渣坝。主坝坝型为混凝土面板堆石坝，最大坝高72.6m，坝顶长度337.2m，坝顶高程为747.6m。坝体上游面坡比1∶1.4，下游堆石区由于采用强风化料，下游面坡比1∶1∶8。虎歧隔副坝位于虎岐隔垭口，采用分区土石坝坝型，最大坝高14m，坝顶长度70m，坝顶高程与主坝坝顶高程同为747.6m，坝体上游面坡比1∶3，下游面坡比1∶2，上游面及两侧一定范围内设置浆砌块石护坡，下游面设置干砌块石护坡。湾尾副坝位于湾尾垭口，采用分区土石坝坝型，最大坝高3m，坝顶长度27m，坝顶高程747.6m。坝体上游面坡比1∶3，下游面坡比1∶2；坝体结构与虎歧隔副坝基本相同。

2. 下水库　下库位于西苑乡半岭村上游1km处溪口溪峡谷中，坝址控制集水面积17.4km²。下水库库容为1798万m³，有效库容1204万m³，正常蓄水位294.0m，死水位266.0m。主要建筑物包括大坝、溢洪道和导流放水洞。

下水库大坝为混凝土面板堆石坝，最大坝高74.9m，坝顶长度277.0m，坝顶高程299.9m，大坝上游坝坡1∶1.4，下游坝坡1∶1.35。溢洪道位于右坝肩，利用右岸山坡开挖而成，堰顶高程288.0m，比正常蓄水位低6m，分两孔溢洪孔，每孔设6m×6m（宽×高）工作闸门一扇，在工作闸门前设一道检修闸门，2孔共用1扇检修门。堰面曲线为WES型，闸墩厚度为2.0m。泄槽末端接挑流鼻坎，鼻坎为连续式挑坎，坎顶高程258.473m，闸门控制最大下泄流量为465.0m³/s。导流放水洞由布置在左坝头山体内的导流洞后期改建而成，用于泄放多余水量和供水库检修时放空水库，枯水期向下游提供一定的生态用水。导流放水洞管径1.0m，泄水流量2.91～11.65m³/s。

3. 输水系统　输水系统采用两洞四机布置，分两个水力单元，引水隧洞采用斜井布置，上、下库进出水口均采用岸坡竖井式。输水系统主要建筑物包括：上库进/出水口、上库事故检修闸门井、引水隧洞上平段、上斜井段、中平段、下斜井段、下平段、引水岔管、高压钢支管、尾水支管、尾水岔管、尾水调压室、尾水隧洞、下库事故检修闸门井、下库进/出水口等。上、下库进/出水口之间输水管道总长度为2253.59m（指1号输水系统长度，下同），其中引水隧洞长1149.09m，尾水隧洞长1104.50m。

引水隧洞主管段洞径6.5m，发电工况最大流速为4.83m/s，抽水工况最大流速为4.38m/s，采用钢筋混凝土衬砌结构，衬砌厚度为0.5m。岔管后的支管采用钢板衬砌，钢板厚30～40mm，压力钢管长110～135m，管径3.8～2.3m。尾水隧洞尾水主管段洞径7.0m，采用钢筋混凝土衬砌结构，衬砌厚度为0.5m，尾水支管段长108m，洞径4.8m，采用钢板衬砌，钢衬厚度22mm。尾水闸门室布置在厂房下游93m处，设4扇事故闸门。

尾水调压室设置在尾水岔管下游41.8m处，采用阻抗＋上室式，调压室大井直径14m，小井直径4.8m，采用钢筋混凝土结构，大井衬砌厚度为0.8m，小井衬砌厚度为0.5m，上室断面为7.0m×10.0m的城门洞形，长度为50m。

4. 地下厂房及开关站　地下厂房位于输水系统中部，距离上库进/出水口约0.9km，距离下库进/出水口约1.1km，厂房纵轴线方向N12°W。地下厂房由三大主洞室——主副厂房洞、主变压器洞、尾水闸门洞，以及交通洞、母线洞等附属洞室组成。主副厂房洞开挖尺寸为166×23×53m（长×宽×高），厂房拱顶高程241.5m，机组安装高程201.0m。主变压器洞位于主副厂房洞下游，两洞纵轴线相距约61m，开挖尺寸为133.3m×19.5m×20.5m（长×宽×高），底板底高程约215.5m，拱顶高程236.0m。尾水闸门洞位于主变压器洞下游，两洞纵轴线相距约43m，开挖尺寸为100m×7m×17m（长×宽×高），底板底高程204.0m，拱顶高程221.0m。

主副厂房全长163.5m，其中机组段长99.0m，安装场段长46.5m；副厂房18.0m。机组段分4层布置，自下而上依次为：蜗壳层（196.6m高程）、水轮机层（204.2m高程）、母线层（210.5m高程）和发电机层（216.5m高程）。安装场地面高程216.5m，与发电机层同高，与进厂交通洞连接；副厂房共分8层布置。

500kV开关站布置在下水库右侧山坡上，与上坝公路连接，其地面高程350.0m，场地尺寸为130m×32.3m（长×宽），开关站场地中央布置GIS室，端部布置继电保护楼。电缆自主变压器洞经500kV电缆出线洞引入GIS室，GIS室两侧各布置一回出线。

（三）参建单位

项目业主：国网新源控股有限公司，福建仙游抽水蓄能有限公司。

设计单位：中国水电顾问集团华东勘测设计研究院。

监理单位：中国水利水电工程咨询中南公司。

主要施工单位：中国葛洲坝集团股份有限公司承建上水库工程（C1标）、中国水利水电第一工程局承建引水系统工程（C2标）、中国水利水电第十二工程局承建地下厂房及部分尾水系统工程（C3标）、中国安能建设总公司承建下水库及部分尾水系统工程（C4标）。

（中国水电顾问集团华东勘测设计研究院　郑全春）

国网新源控股有限公司的可再生能源建设与经营情况

（一）概况

国网新源控股有限公司（以下简称新源公司）是国家电网公司按照集团化运作、集约化发展、精益化管理、标准化建设的要求，依据《公司法》投资设立的国有独资公司，于2005年3月31日注册成立，注册资本金22亿元人民币。作为国家电网公司系统内以调峰调频电源为主营业务的专业化公司，主要负责开发建设和经营管理国家电网公司范围内的抽水蓄能电站及开发建设风电等可再生能源项目。截至2008年底，新源公司总资产达437亿元，所属全资、控股企业28家，其中抽水蓄能电站和常规水电站19家，风电项目3个，可控容量1537.55万kW。已投产运行抽水蓄能电站10个，装机容量717万kW；在建抽水蓄能电站7个，装机容量800万kW；常规水电站2个，装机容量5.7万kW；风电项目运行4.95万kW，在建9.9万kW。

（二）发展规划

积极转变发展方式，结合电网发展规划，完善公司战略规划体系。编制完成《国家电网公司抽水蓄能发展策略分析报告》和《新源公司2008～2012年发展规划》。加强抽水蓄能选点规划，稳步推进抽水蓄能项目前期工作。福建仙游蓄能电站项目已经核准开工，江西洪屏、浙江仙居蓄能电站项目2009年将核准开工建设，吉林敦化、山东文登、河南天池、河北丰宁蓄能电站项目前期工作正在加快推进。内蒙古伊和乌素二期、乌吉尔一期风电场已核准开工建设，内蒙古赤峰元宝山10万kW、甘肃酒泉20万kW两个风电示范项目工作正积极推进。

（三）工程建设

2008年，新源公司完成在建工程固定资产投资52.74亿元，完成计划的100.59%。完成投产装机容量205万kW，其中宜兴蓄能电站4台25万kW机组，张河湾蓄能电站3台25万kW机组，西龙池蓄能电站1台30万kW机组。宜兴蓄能电站11月18日实现一年4台机组全部投产并网发电目标。

内蒙古伊和乌素二期风电项目4.95万kW工程于9月15日开工，乌吉尔一期风电项目4.95万kW工程于11月20日开工。

响水涧蓄能电站于2008年4月15日与哈尔滨电机厂有限责任公司在北京签署该电站机组设备采购合同，将成为我国第一个机组设备采用国产化的大型抽水蓄能电站。

桐柏蓄能电站获得2008年中国电力优质工程奖和国家优质工程银奖。

2008年，新源公司加大基建质量管理工作力度，组织开展土建施工工艺、安装施工工艺标准化研究应用，推行样板墙制度，组织安全质量专家巡视检查，加强主要技术方案的审查、工程关键点的质量控制，各项工程质量指标均稳步提高。各在建工程项目未发生质量事故及重大质量缺陷，各项质量指标控制较好。全年在建项目完成单元工程质量验评6980个，合格率100%，平均优良率94.44%，比2007年提高2.39个百分点，其中土建施工单元工程验收优良率达到93.76%，机电及金属结构安装单元工程验收优良率达到98.50%，保持较高水平。

（四）资产整合

按照国家电网公司产业重组整合的要求，公司管理的火电业务整体划出，完成647万kW火电资产出售的主体工作，同时接收国能生物发电集团有限公司、国能惠远生物质能发展有限公司25%股权，顺利完成产业整合，公司的定位和发展方向更加明晰。

（五）经营管理

大力推进公司发展方式和经营方式的转变，公司发展取得良好业绩，集团化运作、集约化发展、精益化管理、标准化建设管理水平明显提升。初步建立集团化运作体系，实现公司集团整体效益最大化。重组新源建设公司，组建检修分公司，明确业务定位及管控模式，着力打造基建和检修专业化服务平台。

加强公司系统人、财、物等资源集约化管理，从条块分割向协同运作转变、从资源分散向优化配置转变。集约化配置公司人力资源，建立人才流动良性机制，实现跨专业、跨地域人力资源优化配置。实施资金集中管理和集中招标管理，建立规范的资金运行平台。

以强化综合计划和预算执行的刚性和调控力为抓手，不断细化和量化管理，将成本控制贯穿于工程的规划、设计、采购、建设、运行等全过程。建立安全风险管控体系，加大设备治理力度，实行资产全寿命周期管理。

大力推进标准化建设工作，公司标准化建设框架初步形成。积极开展抽水蓄能行业标准的制定工作。

（国网新源控股有限公司　韩　冰）

南方电网调峰调频发电公司水电建设情况

（一）水电能源规划情况

中国南方电网有限责任公司调峰调频发电公司（以下简称调峰调频发电公司），是中国南方电网有限责任公司（简称南方电网公司）的分公司，按照南方电网公司授权，统一运营、统一管理、统一建设南方电网区域调峰调频电厂。目前所属已投运的电厂有鲁布革水力发电厂（简称鲁布革电厂）、天生桥水力发电总厂（简称天生桥电厂）和广州蓄能水电厂（简称广蓄电厂），在建电厂为惠州蓄能水电厂（简称惠蓄电厂）。

天生桥电厂、鲁布革电厂、广蓄电厂、惠蓄电厂分别分布在贵州、云南、广东省境内。已投运电厂装机容量432万kW，在建电厂装机容量240万kW，规划装机容量600万kW。

2008年，按照南方电网公司发展规划和统一部署，调峰调频发电公司积极推动清远抽水蓄能电站项目、深圳抽水蓄能电站项目、阳江抽水蓄能电站项目、梅州五华抽水蓄能电站项目前期工作的开展，主要情况如下：

1. 清远抽水蓄能电站　该电站位于珠江三角洲西北部清远市清新县太平镇境内，距广州和清远市直线距离分别为75km和32km，总装机容量128万kW，计划于2015年建成投产。按2008年第一季度价格水平测算，工程静态总投资42.94亿元，动态总投资49.85亿元。该电站建成后，将主要承担广东电网调峰调频和紧急事故备用等任务，有利于优化广东电源结构和电源布局，进一步为西电东送、核电建设、地区平衡创造更好的条件，保障电网安全、稳定、经济运行，促进广东省经济和社会可持续发展。清远抽水蓄能电站项目于2006年开展前期工作，2007年底得到国家发展改革委下发的开展前期工程的“路条”。2008年初，调峰调频发电公司成立了清远抽水蓄能电站项目建设部，作为公司的派出机构，开展征地等前期准备工作。2008年6月，中国国际工程咨询公司受国家发展改革委委托在广东清远召开清远抽水蓄能电站项目核准会议，与会专家一致认为清远抽水蓄能电站的建设是可行的、必要的。2008年11月，分别与中国水利水电第十四工程局有限公司、中国水利水电第五工程局有限公司等六家中标单位代表签订清远抽水蓄能电站进场公路、施工自流排水系统、业主临时生活营地房建工程等前期工程项目合同。2008年12月16日，清远抽水蓄能电站自流排水洞、进场公路、业主临时生活营地等项目正式开工。同年12月29日，与广东省水利厅及广东省水利电力勘测设计研究院签订清远抽水蓄能电站招标、施工图阶段勘测设计合同。截至2008年12月底，清远抽水蓄能电站工程共征地3070亩。

2. 深圳抽水蓄能电站　2008年11月，深圳市发改局主持召开的深圳抽水蓄能电站项目协调会议，明确了“深圳能源集团同意将蓄能电站项目转让给中国南方电网有限责任公司”，南方电网调峰调频发电公司独资建设深蓄电站的方案初步落实。

3. 阳江抽水蓄能电站　与阳江市政府、中国广东核电集团有限公司进行了多轮会谈，做好项目接收准备工作。

4. 梅州五华抽水蓄能电站　按照力争2010年底最迟不超过2011年开工建设的总体目标，先后参与了“广东电网2020年抽水蓄能选点规划及2030年抽水蓄能电站规划研究报告修编和五华抽水蓄能电站项目前期工作”专题会议和《广东电网2020年抽水蓄能电站选点规划报告》修编等工作。

（二）水电科技发展方面

2008年调峰调频发电公司进行科技制度的完善，先后制定了《科技项目立项管理办法》、《科技项目实施和验收管理办法》、《科技成果和技术改进贡献奖励管理办法》等三项科技管理制度。2008年底，成立了科技评审委员会。

在2008年科技工作中，调峰调频发电公司主要是大力推行水电站无人值班工作。2008年6月鲁布革电厂通过了无人值班（少人值守）验收，12月天生桥电厂通过了无人值班（少人值守）验收。鲁布革电厂在2008年11月实施了黑启动电源改造并成功进行了机组黑启动试验，试验表明鲁布革电厂已具备黑启动功能。至此，调峰调频发电公司各电厂均已实现无人值班，并在电网瓦解情况下，可全部实现黑启动功能。

为进一步提高核心竞争力，围绕南方电网科技发展规划，2007年10月，委托武汉大学编制调峰调频发电公司中长期科技发展规划，2008年1月完成了规划初稿，10月完成了规划的内审。

组织了信息规划编制，开展了公司系统信息安全管理现状的评估工作，将根据评估报告完善信息安全管理；启动了电厂业务规范和信息规范编制工作，启动了电厂EAM系统建设工作，根据电厂业务规范和信息规范成果搭建电厂统一的信息化管理平台；完成了计算机网络中心建设并投入运行，提供良好的基础平台；建设完成生产实时信息系统，实现公司系统生产信息的实时收集、监视、统计和分析，实现各单位信息的有效整合。

调峰调频发电公司2008年科技工作投入901万元，科技项目立项5项，已全部实施完成。

调峰调频发电公司积极参加各类技术协会和学会，2008年被评为全国大中型水电厂技术协作网副理事长单位。

（三）生态水电建设方面

调峰调频发电公司环境保护主要围绕水电厂节能降耗来开展，按照《调峰调频发电公司“十一五”节能降耗工作综合性方案和实施计划》，坚持生产节能降耗与日常工作节油节电结合开展的原则，强化节能节电意识，节能降耗成效显著。2009年公司常规水电厂累计综合厂用电率0.83%，同比下降了0.101个百分点，厂用电率消耗降低1119万kW·h；鲁布革电厂拦蓄洪尾增发电量8540万kW·h，两项合计9659万kW·h，折算共计节省标煤3.16万t，减少二氧化碳排放 7.87 万 t，节能减排水平明显提高。

广蓄电厂进行了机组技术供水泵控制改造，取得明显的成效，每年可节电 12.4 万 kW·h。夜间 22 时至早上 8 时期间办公电脑无人使用时软件远程关机的功能，每年可节省电量约 6.8 万 kW·h。

天生桥电厂公共区域照明均采用声光控制开关和定时开关节能。鲁布革开展生产区域场所照明灯具更换为节能灯。广蓄电厂对厂区路灯、交通洞等进行了节能改造，厂房照明进行时控改造，综合节电率达到 15%，每年可以节约电能 13.7 万 kW·h。

从 1995 年开始，广蓄电厂引进南非 NOSA 安全健康环境体系以来，以及通过贯彻 ISO 9001 和 ISO 14001标准，广大员工已经形成了安全生产、保护环境的意识。为了生产废料的综合利用以及减少对环境的污染，电厂进行了分类回收，近几年已回收废油 54 704L。

2006 年底开始，广蓄电厂便开始购买电瓶车，目前电厂厂区内共有电瓶车 15 辆，代替了燃油用车。据统计，年节省燃油 26 000L，同时还减少了尾气的排放。

2008 年调峰调频发电公司积极开展建设工程的绿化工作，加大环境保护的投入，全年公司共植草 30 万 m^2，植树造林 21 万棵。

（中国南方电网有限责任公司调峰调频发电公司　刘　淑）

南水北调工程

2008 年南水北调工程建设情况

一、概况

2008 年是南水北调工作取得重大进展的关键一年。10 月，国务院第 32 次常务会议和国务院南水北调工程建设委员会第三次全体会议相继召开，审议批准了南水北调东、中线一期工程可行性研究总报告，调整明确了东、中线一期工程总体建设目标，强调要在保证质量、安全和控制投资的前提下，全面加快南水北调工程建设步伐，优质高效、廉洁节俭地建设南水北调工程。

2008 年，在党中央、国务院的亲切关怀和国务院南水北调工程建设委员会的正确领导下，国务院南水北调建委办公室深入贯彻落实科学发展观，落实国务院南水北调建委的各项部署，精诚团结，密切协作，攻坚克难，扎实工作，取得了显著的成绩：中线京石段工程建成并实现从河北向北京应急供水，东线三阳河潼河宝应站工程和济平干渠工程进一步发挥效益；中线穿黄、丹江口大坝加高等在建工程进展顺利；中线天津干线、河南境内黄羑段、东线济南市区段和全部截污导流工程等一大批项目开工建设；东线治污取得成效，水质改善明显；中线水源地保护工作全面展开，库区移民试点工作全面启动。在加强工程建设的同时，全面加强工程质量和安全管理，强化资金监管和工程监督检查，党的建设和精神文明建设不断深化，学习实践科学发展观活动深入开展。

二、投资进展情况

截至 2008 年 12 月底，南水北调东、中线一期工程累计下达投资 456.7 亿元（含初步设计工作投资 11.7 亿元），其中中央预算内投资 122.7 亿元，中央预算内专项资金（国债）106.5 亿元，基金（地方）74.5 亿元，贷款 153.0 亿元。

工程建设项目累计完成投资 241.6 亿元，占在建设计单元工程总投资 376.9 亿元的 64%；其中东、中线一期工程分别累计完成投资 53.3 亿元和 188.3 亿元，分别占东、中线在建设计单元工程总投资的 65%和 64%。

工程建设项目累计完成土石方 29 052 万 m^3，占在建设计单元工程设计总土石方量的 85%；累计完成混凝土浇筑 733.7 万 m^3，占在建设计单元工程混凝土总量的 71%。

三、东线新开工工程情况

（一）徐州市截污导流工程

2008 年 10 月 25 日，南水北调东线江苏徐州市截污导流工程开工建设。这标志江苏省实现东线截污导流工程全部开工建设的目标，也标志着江苏省控制单元治污方案确定的五类 102 项治污项目全面开工建设。

南水北调东线地处经济较发达的东部地区，是在江苏省现有江水北调基础上扩大规模、向北延伸，线路总长 1467km（其中长江至东平湖 1045km，黄河以北 173km，胶东输水干线 240km，穿黄河段 8km)，工程主要利用现有的京杭运河输水和湖泊调蓄。长期以来，这些河道和湖泊水污染相当严重，水污染防治工作关系到南水北调东线工程的成败。早在总体规划阶段，国务院就要求南水北调工程要始终坚持“先节水后调水，先治污后通水，先环保后用水”的原则。中央领导也曾指出，要把治污和生态环境保护放在突出位置，发挥南水北调工程带动重点流域水污染防治的辐射作用，将南水北调工程水源及沿线水污染防治和生态建设工作提到新的高度。

为了在通水之前使东线工程输水全线水质达到国家地表水环境质量Ⅲ类标准，国家发展改革委会同有关部门编制了《南水北调东线工程治污规划》，并经国务院批准实施。江苏、山东两省按照《南水北调东线工程治污规划》和《南水北调东线工程治污规划实施意见》的要求，根据“水质、总量、项目、投资和责任”五位一体的治污要求，制定了控制单元治污实施方案，最终确定东线一期治污项目 426 项（其中工业点源治理 214 项，污水处理及再生利用 155 项，流域综合整治 31 项，截污导流 26 项），总投资 153 亿元。江苏省南水北调东线治污控制单元实施方案确定了扬州、淮安、宿迁、徐州、泰州五项截污导流工程，除泰州市截污导流工程已利用地方自筹资金和银行贷款建成外，扬州、淮安、宿迁三项截污导流工程均已于 2007 年开工，目前正在抓紧建设。

徐州市截污导流工程是南水北调东线一期工程的重要组成部分，是向北方地区输送清洁水源的重要工程保障措施。工程的任务是在徐州市实施产业结构调整、工业综合治理、城市污水处理等综合整治工程的同时，利用现有的河渠和新开部分渠道等，建立运河沿线区域尾水“蓄存、导流、回用”体系，将京杭运河不牢河段、中运河邳州段、房亭河等对南水北调东线工程有影响的区域尾水通过工程性措施，进行收集、处理、回用、导流，剩余尾水经新沂河北偏泓入海，使南水北调输水干线徐州段水质达到地表水Ⅲ类标准，并保证导流工程沿线尾水受水区域的水环境安全。兴建徐州市截污导流工程，不仅是确保南水北调东线干线水质持续稳定达标的关键工程措施，也是改善徐州市区水生态环境、实现供水安全、促进区域经济社会与资源环境协调发展的重要保障。

根据江苏省发展改革委对徐州市截污导流工程可行性研究报告的批复，徐州市尾水输送工程总设计规模为 80.91 万 t/d，沿线相应设计流量为 1.16～9.37m^3/s，至新沂河大马庄涵洞的设计流量为 41.96m^3/s。该工程建设内容包括河（渠）道工程、干渠建筑物工程和沿线配套工程。河（渠）道工程总长 172.7km，其中新开尾水渠道（涵管）31.1km，利用现状河渠 141.6km；干渠建筑物工程包括控制涵闸 151 座；沿线配套工程需按照恢复原功能原则建设配套建筑物 122 座。工程静态总投资为 69 979 万元。

徐州市截污导流工程的开工建设，将对南水北调东线治污工作起到重要的促进作用。

（二）济南市区段输水工程

2008 年 11 月 12 日，南水北调东线一期济南市区段工程正式开工，这是南水北调东线一期工程山东段落实国务院南水北调建委第三次会议精神，加快工程建设步伐的重要举措，标志着南水北调东线山东段工程进入了新的建设阶段。

济南市区段输水工程是南水北调东线一期工程济南—引黄济青段工程的重要组成部分，是南水北调工程穿越省会城市的重要项目。工程西起睦里庄，东至小清河洪家园桥，全长 27.914km。其中睦里庄跌水至京福高速下节制闸利用小清河河道输水，长 4.645km；京福高速节制闸至济南市东的小清河洪家园桥，新辟输水暗涵，长 23.269km。济南市区段输水干线设计输水时间为非汛期的 10 月至次年 5 月，设计流量为 50m^3/s，加大流量为 60m^3/s。工程批复投资 27.320 2 亿元，建设工期 2.5 年。

（三）济宁市截污导流工程

2008 年 12 月 31 日，南水北调东线济宁市截污导流工程开工建设，标志着南水北调东线治污规划截污导流工程已全面开工。

列入南水北调东线治污规划的截污导流工程共有 26 项，其中山东省 21 项，江苏省 5 项。山东省截污导流工程总投资约 12.3 亿元，工程建成后每年调水期共拦蓄中水 3.06 亿 m^3、径流 1.39 亿 m^3。在保证调水水质的同时，为区域内近 185.3 万亩农田提供灌溉水源。首个项目宁阳县洸河截污导流工程于 2007 年 12 月开工建设。

南水北调东线截污导流工程的全面开工建设，对早日将东线输水干线建成清水廊道、确保输水水质达到地表水Ⅲ类标准具有重要意义。

四、中线新开工工程情况

（一）南阳膨胀土试验段工程

2008 年 9 月 26 日，南水北调中线总干渠膨胀土试验段工程（南阳段）开工建设。

南水北调中线工程从加坝扩容后的丹江口水库引水，沿线开挖渠道，经唐白河流域西部过长江流域与淮河流域的分水岭方城垭口，沿黄淮海平原西部边缘，在郑州以西孤柏嘴处穿过黄河，沿京广铁路西侧北上，全线自流到北京、天津。输水干线全长 1421km（其中天津输水干线 154km）。规划分两期实施。

南水北调中线总干渠穿越膨胀土（岩）渠段累计近400km。膨胀（岩）土是一种具有特殊性质的（岩）土，其处理技术难度、处理工程量和投资都比较大，是南水北调中线工程面临的关键技术问题之一。为了验证可行性研究阶段提出的处理方案，进一步研究膨胀土的处理措施，尽可能控制工程投资，减少占地及环境影响，在中线总干渠典型膨胀土渠段选择适当渠段，建设试验段工程，提前开展现场试验，提出既经济可靠又便于实施的膨胀土处理措施，为其他膨胀土渠段设计和建设提供依据。试验的主要目的是寻找替代换土方案的其他工程措施，最大限度节约土地资源和降低工程成本。

南阳市位于南水北调中线工程的源头，既是水源地又是受水区，是河南省渠道最长、移民最多、占地最多的省辖市。南阳膨胀土试验段工程，是南水北调中线干线工程黄河南的首开项目，是实现中线河南段“黄河北连线、黄河南布点”建设目标的关键一环。该工程的开工建设，标志着黄河以南南水北调中线工程建设进入新的阶段，对促进当地经济发展、改善群众生产生活、构建和谐社会具有重大的意义。

南水北调中线一期工程为一等工程，该试验段总干渠渠道及公路交叉建筑物为1级建筑物，附属建筑物为3级建筑物，临时工程为4级建筑物。渠线总长2.05km，跨渠公路桥1座，生产桥1座。设计洪水标准为50年一遇，校核洪水标准为200年一遇。该渠段膨胀土渠道及公路交叉建筑物地震设计烈度采用Ⅶ度。工程总工期24个月。

（二）天津干线工程

2008年11月17日，随着天津市西青区杨柳青镇大柳滩村西北工程现场施工机械平地挖起第一铲土，南水北调中线一期天津干线工程开工建设，这标志着南水北调中线工程进入全面开工建设的新阶段。

天津干线工程是中线总干渠的一部分，主要任务是向天津市、河北省保定市及廊坊市部分城镇供水。工程全长约155km，始于河北省保定市徐水县西黑山村西北，总体走向由西向东，沿线经过河北省保定、廊坊8个县市和天津市武清、北辰、西青3区，采用无压接有压地下钢筋混凝土箱涵输水，设计流量50m³/s，加大流量60m³/s。按可行性研究阶段估算，工程投资约85亿元，建设工期约为3年。

此次开工的天津境内工程从武清区王庆坨镇西南位置开始，至西青区曹庄北出口闸，是天津干线工程最末端，担负南水北调中线一期工程贯通后向天津市供水的任务。工程与沿线河流、公路、铁路交叉均采用立交布置，全长23.945km，总投资14.77亿元。

（三）黄河北—美河北工程

2008年12月26日，河南省召开南水北调中线工程黄河北连线建设誓师动员大会，动员全省各级地方政府和社会各界关心支持南水北调工程建设，激励广大工程建设者在南水北调工程建设中建功立业。中线黄河北—美河北工程（简称黄美段工程）同日开工建设，标志着河南省南水北调黄河以北干线工程已进入全面实施阶段。

此次开工建设的黄美段工程担负着向黄河以北地区的输供水任务。工程起点为黄河北岸穿黄工程出口，终点为汤阴县驸马营村美河交叉建筑物出口，线路全长195.252km（不含璐王坟膨胀岩土试验段1.5km，其中渠道总长179.612km，建筑物总长15.640km），各类交叉建筑物279座。工程由全挖、全填、半挖半填土质渠道、岩质及土岩结合渠道和河渠交叉工程、左岸排水工程、渠渠交叉工程、公路和铁路交叉工程、控制工程等建筑物组成，所有交叉工程均采用立交布置型式。该渠段起点设计水位为108m，设计流量为265m³/s，加大流量为320m³/s；终点设计水位94.045m，设计流量为245m³/s，加大流量为280m³/s。黄美段工程设计总工期为36个月，静态总投资为1 621 861万元，总投资为1 711 213万元。该段除承担向黄河以北的输水任务外，还可以向河南省焦作、新乡、濮阳、鹤壁4个省辖市和辉县、卫辉2个县级市及温县、修武等县供水。

（国务院南水北调工程建设委员会办公室）

南水北调中线京石段应急供水工程通过临时通水验收

2008年5月20日，南水北调中线京石段应急供水工程通过国务院南水北调办组织的临时通水验收。至此，中线先期开工建设的京石段应急供水工程具备临时通水条件。国务院南水北调办主任张基尧出席验收总结会，并作重要讲话；副主任张野出席作为验收工作领导小组组长主持验收工作。

南水北调中线京石段应急供水工程南起河北省石家庄，北至北京团城湖，是结合向北京应急供水优先安排的工程，除担负向北京应急供水任务外，还担负南水北调中线一期工程全线贯通后的输水任务。工程建成后，可联合调度河北省岗南、黄壁庄、王快、西大洋4座水库，具备应急向北京应急供水的能力。

京石段工程自2003年12月30日开工建设以来，全面实行项目法人责任制、招标投标制、建设监理制、合同管理制，在国务院南水北调工程建设委员会的正确领导下，在北京市、河北省政府的大力支持下，经过广大建设者四年多来的艰苦奋斗，全长307.442km的主体工程建设已基本完成，具备临时通水条件。

截至目前，京石段工程累计完成土石方开挖12 150.8万 m^3，土石方回填5079.4万 m^3，混凝土浇筑429.3万 m^3；完成单元工程82 258个，其中合格率100%，优良率91.9%；完成永久征地5万亩，临时用地4.9万亩，拆迁房屋44.8万 m^2，拆迁工业企业402个，拆建专项设施1793处，文物挖掘11.5万 m^2，搬迁安置人口4.9万人。

在经过分部工程验收、项目法人验收和临时通水技术性初步验收等验收程序后，5月16～20日，国务院南水北调办组织对中线京石段工程进行了临时通水验收。经过验收组认真、细致的工作，形成并通过了中线京石段工程临时通水验收鉴定书。验收专家组认为，本次验收项目中，与临时通水有关的工程已完成或采取临时措施，满足临时通水要求。中线干线京石段应急供水工程已经具备临时通水条件，予以验收。

5月20日，随着验收组成员和被验收单位代表在临时通水验收鉴定书上签字，中线京石段工程完成临时通水前各项建设任务，实现2008年4月基本完成工程建设、5月具备临时通水条件的工程建设目标。

（国务院南水北调工程建设委员会办公室）

南水北调中线京石段应急供水工程顺利建成并成功通水

2008年9月28日，南水北调中线京石段应急供水工程（以下简称京石段工程）建成通水仪式在河北省和北京市交界的北拒马河暗渠工程现场举行。河北省岗南、黄壁庄两水库的水，经南水北调中线京石段工程抵达北京，这标志着南水北调工程建设取得阶段性成果，中线京石段工程开始运行并发挥效益。

国务院南水北调工程建设委员会办公室主任张基尧，副主任李津成、张野，中共北京市委常委牛有成、河北省人民政府副秘书长赵金平，以及国家发展和改革委员会、公安部、财政部、环境保护部、水利部等部门代表出席会议。

我国北方水资源短缺，海河流域多年来持续干旱。北京市地处海河流域北部地区，从1997年以来连续干旱。由于缺水，不得不长期超采地下水，地下水位持续下降。中央对北京缺水十分重视。国务院在决定开工建设南水北调工程时，就考虑到北京可能面临的缺水形势。为保证北京供水安全，国务院南水北调工程建设委员会第一、二次会议决定先期开工建设京石段工程。国家有关部门对此组织开展了深入的研究论证，经多方案比选并报经国务院同意，决定2008年利用优先安排、率先建成的京石段工程从河北岗南、黄壁庄、王快3座水库向北京调水。

京石段工程除近期担负向北京应急供水任务，还将担负南水北调中线一期工程全线贯通后的输水任务。工程起点位于石家庄市古运河，途径石家庄市的新华、正定、新乐和保定市的曲阳、定州、涞水、涿州等12个市（县、区），穿北拒马河中支后进入北京市，途经房山区、丰台区、海淀区，最后到达颐和园团城湖。

该工程线路长度307.5km，其中明渠渠道长201.047km，建筑物长度106.395km（含PCCP管道56.199km，低压暗涵17.911km，其他建筑物32.285km）。工程按立交输水布置，在河北境内以明渠输水为主，在北京境内以暗涵输水为主。工程由滹沱河倒虹吸工程、永定河倒虹吸工程、漕河段工程、釜山隧洞工程、唐河倒虹吸工程、古运河枢纽工程、北京市西四环暗涵工程、惠南庄泵站工程、北拒马河暗渠工程等18个设计单元组成。沿线主要建筑物478座，其中，河北段442座，北京段36座，包括隧洞、管道、泵站等工程以及河渠、渠渠、铁路、公路等交叉建筑物。京石段工程总干渠起点——石家庄古运河处设计流量为220m^3/s、加大流量240m^3/s；冀京交界设计流量50m^3/s、加大流量60m^3/s；北京团城湖末端设计流量30m^3/s、加大流量35m^3/s。

该工程2003年12月30日开工建设，率先开工的是北京市永定河倒虹吸工程和河北省滹沱河倒虹吸工程。在国务院南水北调工程建委会的正确领导下，在国务院有关部门、北京市和河北省各级政府的大力支持和帮助下，国务院南水北调办全面落实科学发展观，认真实行项目法人责任制、招标投标制、建设监理制、合同管理制，大力推行项目法人直接管理、委托管理和代建制相结合的建设管理体制，积极倡导体制创新、技术创新和管理创新，建立和完善了项目法人负责、建管单位现场管理、监理单位控制、设计施工及其他参建单位保证、政府监督相结合的质量管理体系，为工程建设顺利推进提供了保障。2008年经过分部工程验收、项目法人验收、临时通水验收程序后，工程于2008年5月具备通水条件。工程累计完成土石方开挖12 346万 m^3，土石方回填5163万 m^3，混凝土浇筑466万 m^3；评定单元数97 457个，合格率100%，优良率91.9%。

此次调水从岗南水库、黄壁庄水库和王快水库放水，分别经石津干渠、沙河灌区总干渠、连接渠进入京石段工程总干渠，然后由京石段工程总干渠输水至北京，通水线路总长305.9km，其中河北省225.5km，北京市80.4km。京石段工程总干渠与黄壁庄的连接渠长18km；与王快水库的连接渠长31km。此次调水从2008年9月18日开始放水，28

日进入北京，至2009年3月中下旬放水结束，历时6个月。河北三水库放水3亿m^3，抵达北京水质要求达到国家地表水Ⅲ类以上标准。

京石段工程建成并通水是贯彻落实科学发展观的重要举措，是南水北调工程建设的阶段性成果。在中线全线通水前先期形成华北地区水资源配置新的通道和能力，将缓解北京水资源短缺状况，提高首都北京供水安全保障水平，有利于优化配置水资源，抵御严重自然灾害。作为整个南水北调工程率先开工的试验段，京石段工程建成通水，积累了丰富的建设和管理经验，为下一步南水北调工程及国家同类基础设施建设提供了借鉴。同时，通过工程建成通水，展示南水北调工程建设成就及工程效益，充分调动参建单位和工程建设者的积极性，调动社会各界支持和参与南水北调工程建设，为南水北调工程营造良好社会氛围，促进南水北调工程又好又快建设。

国务院南水北调办总工程师沈凤生和机关各司、直属单位，北京市、河北省南水北调办及有关部门、区（市、县）政府，南水北调工程沿线各省（市）办事机构、各项目法人，南水北调工程设计、施工、监理等单位负责人参加建成通水仪式。

（国务院南水北调工程建设委员会办公室）

中國水力發電年鉴

5

工 程 勘 测

工程地质勘察与评价

锦屏水电枢纽辅助洞工程地质勘察与评价

锦屏水电枢纽工程位于四川省冕宁、盐源、木里县境内，由一级、二级两个梯级水电站组成。为满足锦屏一、二级水电站对外交通及锦屏二级水电站长引水隧洞地质勘探、科研试验、施工和运行管理的需要，拟从大水沟至景峰桥修建两条长约17.50km的辅助洞，通过辅助洞可缩短运距约100多公里，提高锦屏一、二级水电站外来物资和永久设备运输的保证程度，并可作为锦屏二级水电站引水隧洞的施工辅助洞，也起到进一步查明锦屏二级水电站引水隧洞工程地质条件的作用，同时为引水隧洞施工积累经验。锦屏辅助洞的尽早建设和贯通对促进大锦屏建设，实现雅砻江流域丰富的水力资源滚动开发具有十分重要的意义。

(一)辅助洞工程概况

辅助洞位于拟建的锦屏二级水电站引水隧洞线以南80m处，A线辅助洞全长17 482.7m，B线辅助洞全长17 504.3m，一般埋深为1500～2000m，最大埋深达2375m，由两条相互平行、中心距为35m、洞断面尺寸分别为5.5m×5.7m(宽×高)、6m×6.25m的单车道隧道组成，纵断面呈“人”字坡，最大纵坡为2.5%，最小纵坡为0.12%；隧道西端进口设于西雅砻江的二级电站进水口上游约800m处，高程1658.4m；隧道东端出口设于二级电站大水沟厂址以南约1000m处，高程1588.1m。

辅助洞东端承包商于2003年12月开始进场，辅助洞西端承包商于2003年10月进场，A、B两洞分别于2004年1月1日和2004年2月18日开始掘进。经过近5年的努力，克服了高压涌（突）水、高地应力及岩爆等不良地质条件的影响，B洞于2008年5月16日贯通，贯通点桩号BK9＋643，A洞于2008年8月8日贯通，贯通点桩号AK9＋715。

由于锦屏工程区处于高山峡谷地区，最高山峰4488m，最大相对高差达3150m，常规的勘察方法难以适应，因此在锦屏辅助洞前期勘察中采用了多层次的综合勘探方法，包括宏观地质勘察、长探洞（长4168m）勘探试验、岩溶水文地质勘察和室内试验研究等。

为进一步查明锦屏二级水电站引水隧洞的工程地质条件，在辅助洞施工过程中又进行了大量的勘探试验研究工作，主要有：①现场试验：弹性波测试、声波测试、点荷载试验、地应力、收敛变形试验、高压压水试验、高压变形试验、松动圈测试、地温监测、有害气体测试等；②室内试验：常规物理力学性质试验、单轴加卸载试验、室内声发射试验、三轴试验、Hoek-Brown材质参数 m_i 确定试验、AE法、岩爆指数、岩石超声波试验、岩石化学全分析、水质分析等；③地质超前预报：地质分析法、TSP法、地面雷达法、孔内雷达法、陆地声纳法、德国BEAM法等。

(二）辅助洞主要工程地质问题评价及开挖验证

通过大量的超常规勘探、试验和地质分析，在锦屏辅助洞前期勘察中，对隧洞沿线的地层岩性、地质构造、岩溶水文地质条件、地应力及岩爆、围岩类别、地温、有害气体及水文地质影响等主要工程地质问题作出了预测评价，并经开挖验证表明，勘察分析的宏观结论与实际开挖的结果总体吻合（见表1），

表1　锦屏辅助洞工程地质条件前期评价与开挖结果验证

	前期预测评价	开挖结果	对比分析
地层岩性	隧洞自西向东出露：T_3^1 中～厚层中细砂岩夹薄层砂质板岩；T_{2z}纯大理岩偶夹绿片岩透镜体、薄层砂岩、板岩、云母片岩等；T_1 绿帘石、绿泥石岩、绿泥石片岩；T_{2z}；T_3 砂岩和板岩。T_{2b}杂色大理岩、结晶灰岩、致密厚层块状臭大理岩；盐塘组三个岩组，T_{2y}^4：带状云母大理岩；T_{2y}^5：灰～灰黑色大理岩、灰～褐色条带状或角砾状中厚层大理岩、粉红色大理岩、灰白～白色粗晶大理岩；T_{2y}^6：灰～灰黑色泥质灰岩夹深灰色大理岩。Q：角砾岩	T_3^1 中厚层钙质粉砂岩夹薄层板岩；T_{2z}灰～灰白色大理岩局部夹绿砂岩条带或透镜体；T_1 绿砂岩、绿泥石片岩夹大理岩组成；T_{2z}；T_3^1：中厚层钙质粉砂岩夹薄层板岩；T_{2b}杂色大理岩、粉红色厚层状大理岩、灰～灰白色致密厚层块状臭大理岩；盐塘组 T_{2y}^4 带状云母大理岩；T_{2y}^5 灰～灰黑色大理岩、灰～褐色条带状或角砾状中厚层大理岩、粉红色大理岩、灰白～白色粗晶大理岩；T_{2y}^6 灰～灰黑色泥质灰岩夹深灰色大理岩	岩性与前期预测相同；分布洞段上有出入，一般误差在30～300m，最大700m。原因是埋深大、褶皱发育，产状变化大

续表

	前期预测评价	开 挖 结 果	对比分析续表
褶皱	落水洞背斜：轴向NNE向，轴面近直立，背斜总体向南倾伏。核部由下三叠统（T_1）组成，两翼地层为西部中三叠统杂谷脑组（T_{2z}）和砂、板岩（T_3）地层，因受断层影响，两翼地层不对称 解放沟复型向斜：轴向北北东，向南倾伏，核部为三叠系上统的砂、板岩组成，向北至大药山湮没，其中次一级褶皱较发育 大水沟复型背斜：由一系列次一级的褶皱组成，其核部及两翼地层均为盐塘组大理岩和泥质灰岩等	落水洞背斜：核部由下三叠统（T_1）组成，两翼地层为西部中三叠统杂谷脑组（T_{2z}）和砂、板岩（T_3）地层，两翼地层不对称 解放沟复型向斜：核部为三叠系上统的砂、板岩组成，其中次一级褶皱较发育 大水沟复型背斜：三个向斜和三个背斜组成，其核部及两翼地层均为盐塘组大理岩和泥质灰岩等	预测评价正确
主要断层	F_4断层（青纳断层）：未通过辅助洞洞线	辅助洞内未揭露F_4断层	预测评价正确
	F_5断层：B洞4285～4300将揭露该断层，施工期修正推测桩号BK4＋353～BK4＋754洞段内将揭露F_5断层，断层产状为：N10°～30°E，NW∠70°，压扭性，主带为断层角砾岩，影响带宽5～10m左右，且岩石呈片理化和千枚岩化	BK4＋460～BK4＋469为F_5断层：SN～N20°E W ～NW∠70°～75°，主带宽3.5～5m，充填以碎裂岩、挤压片岩为主，局部岩屑夹泥，岩石千枚岩化、碳化；上盘影响带约30～35m；下盘影响带宽约16m	断层产状、规模、性状基本一致；前期推测桩号有较大出入，施工期推测桩号较准确
	F_6断层（锦屏山断层）：产状N20°～50°E，NW或SE∠60°～87°，断层带宽1～4.2m，影响带宽6～37m，断层往北表现清楚，往南有收敛趋势；前期推测B洞2625～2665将揭露该断层	BK2＋771～BK2＋773.5为F_6断层：N45°E NW∠80°～85°，主带宽1.6～4m，压扭性，主要为断层泥、风化岩、片岩、岩屑等，下盘影响带宽21.4m，上盘影响带宽度达100m	断层产状、规模、性状基本一致；推测桩号误差100m左右
	F_{27}：产状N30°～40°W倾向NE或NEE，挤压破碎，性状不明。前期推测B洞7903～7980左右将揭露该断层	BK8＋096～BK8＋119为F_{27}断层：N38°W，NE∠80°，主带宽1.5～2m，充填碎块岩、岩屑、泥，沿面铁锰质渲染	产状、规模、性状基本一致；桩号误差200m
岩溶水文地质	岩溶发育程度：工程区岩溶发育总体微弱，不存在层状的岩溶系统；在高程2000m以下，岩溶发育较弱并以垂直系统为主；在辅助洞高程（1600m）附近的岩溶形态以溶蚀裂隙为主，溶洞很少，且规模不大	岩溶总体发育微弱，以垂直系统为主。岩溶形态以小溶孔、小溶洞为主，直径一般小于0.6m，偶见沿断层破碎带发育1.2m×2m的溶蚀管道；西端T_{2z}大理岩局部发育串珠状溶蚀管道，最大的溶洞宽约5m，最大高度达15m	总体与预测情况基本一致，岸坡地带比预测发育
	稳定涌水量：前期预测单条辅助洞在不设防渗条件下，稳定涌水量为5.90～7.29m^3/s（枯季～雨季），年平均为6.47m^3/s；施工期预测两条辅助洞的总稳定涌水量约为13m^3/s，其中A洞9.18m^3/s，B洞3.75m^3/s	辅助洞最大稳定总涌水量为11.50m^3/s，其中东端为8.35m^3/s，西端为3.15m^3/s	在预测范围之内
	突发性大涌水量：5～6m^3/s	5～7.3m^3/s	基本在预测范围之内，最大量级偏小
	突发性涌水点数量(单条)：预测单条隧洞涌水量为0.5～20L/s、20～100L/s、100～1000L/s、＞1000L/s的涌水点分别为203点、39点、22点、3点，发生在盐塘组内的涌泥3点	A辅助洞0.5～20L/s、20～100L/s、100～1000L/s、＞1000L/s的总涌水点分别为301点、35点、11点、3点；B辅助洞为394点、38点、12点、2点；盐塘组内的涌泥2点，白山组内的涌泥3点	0.5～20L/s的涌水点超出预测范围，白山组内的涌泥未预测到。基本在预测范围之内
	外水压力水头：900m左右	集中涌水段外水压力5～6MPa，一般为3～4MPa及以下	未超出预测值

续表

	前期预测评价	开挖结果	对比分析
地应力	弹性理论预测：在埋深2375m条件下的自重主应力值为65.8MPa（采用 $\gamma=2.77kN/m^3$） 第一次反演回归分析：最大主应力为54MPa，最小主应力为32MPa 施工期回归分析：最大主应力（σ_1）的最大值约70.1MPa，中间主应力（σ_2）最大值约38MPa，最小主应力（σ_3）最大值约31MPa	实测（埋深1305m）：最大主应力（σ_1）的最大值约44.18MPa，中间主应力（σ_2）最大值约27.98MPa，最小主应力（σ_3）最大值约20.72MPa	在预测评价范围之内
岩爆	0～325m：洞段不会发生岩爆 325～12 925m（325～12 856m）：埋深在于350m左右将发生岩爆，本段岩爆发生的等级以弱～中等为主，局部地段为强岩爆，并伴有岩射现象 12 925～17 603m（12 856～17 534m）：埋深大于350m左右将发生岩爆，岩爆等级以弱～中等偏弱为主，局部地段为强岩爆，并伴有岩射现象	0～325：无岩爆 325～12 925m（325～12 856m）：轻微岩爆占开挖洞段的14.0%；中等岩爆占开挖洞段的5.6%；强烈岩爆占开挖洞段的2.4%；极强岩爆占0.1% 12 925～17 603m（12 856～17 534m）：轻微岩爆占开挖洞段的9.2%；中等岩爆占开挖洞段的0.3%	与预测评价基本一致
围岩分类	全洞Ⅱ类为主，约占64.4%；其次为Ⅲ类，约占27.0%，Ⅳ类约占8.3%；Ⅴ类约占0.3%，成洞条件较好	辅助洞围岩以Ⅲ类（Ⅲ+Ⅲb）为主，约占58.8%；Ⅱ类（Ⅱ+Ⅱb）约占36.8%；Ⅳ类（Ⅳ+Ⅳb）约占5.7%；Ⅴ（为Ⅴb）约占0.13%	Ⅲ有所增加、Ⅱ类有所减少，但两者的总量基本一致；Ⅳ、Ⅴ类在预测范围内
地温	在岩性为大理岩的洞段的最大地温应在20℃左右，而岩性为砂质板岩、砂岩等非大理岩洞段，地温将有所提高，其地温最高值约为30℃左右	辅助洞实测地温最高值为17.08℃（非大理岩洞段），大理岩洞段地温在9～12℃之间	在预测范围内，地温值比前期预测值低
有害气体	在 T_{2y}^5、T_{2b}地层中的大理岩，存在 H_2S气体；出现在掌子面上的 H_2S气体浓度一般为1～3ppm，均低于标准值6ppm，需加强通风加以解决	实际开挖中，在 T_{2y}^5、T_{2b}地层中出现了 H_2S气体，但未对人员造成伤害	与预测评价一致

尤其是在前期工作中争论较大的 F_4（青纳断裂）的延伸、F_6（锦屏山断裂）的性质与规模以及岩溶发育程度等问题，均在辅助洞开挖后得到了验证。由于工程区地形地质条件复杂，且辅助洞超深埋，地层、断层的准确位置，涌水点、岩爆的位置和规模等，难以在前期中准确查明，施工期的地质超前预报起到了指导施工的重要作用。

（中国水电顾问集团华东勘测设计研究院　单治钢）

福建仙游抽水蓄能电站勘察与评价

仙游抽水蓄能电站位于福建省仙游县西苑乡，装机容量1200MW；20世纪80年代末开始选点规划，地质勘察工作从1993年9月开始，2001年5月完成《福建省抽水蓄能电站选点规划报告》，2002年9月完成《福建省抽水蓄能电站预可行性研究报告》并通过中国水电工程顾问集团公司组织的审查；2003年10月中国水电顾问集团华东勘测设计研究院与福建水利水电勘测设计研究院正式联合开展仙游抽水蓄能电站可行性研究阶段勘测设计工作，并于2005年8月完成了《福建仙游抽水蓄能电站可行性研究报告》，2006年5月通过水电水利规划设计总院的审查。

该工程除按照规程规范进行大量的常规勘探、试验外，还结合建筑物特点和要求，对主要工程问题做了专题勘探、试验研究，如上水库渗漏问题研究、下水库主坝河床 F_{38}断层性状研究、上下库主坝坝型和坝线的比选、地下水动态规律研究、上水库主坝左岸趾板强风化岩体的利用、岔管部位的高压压水试验、地应力测试、现场和室内大型的压缩及抗剪、收敛变形等专题试验研究等。全阶段共完成震探4174.5m、钻探9836.02m、洞探3239m、现场岩体剪切试验4组、围岩收敛变形测试6个断面、断层带渗透变形试验1组、室内土工试验139组、坝体填筑料试验40组、水质分析20组等，查明了工程区及建筑物的主要工程地质问题。

（一）枢纽区地质概况

1. 上水库库区及坝址 位于西苑乡广桥村大济溪源头，为狭长带状的山间溪源谷地，库区集雨面积约 4.0km^2，大济溪四季流水。库周山体总体雄厚，山峰高程在 760～1000m 之间，库底高程 680～705m 左右，仅右库岸部分山体比较单薄，库岸山坡坡度多为 25°～35°，库周分布有三个垭口，其中虎歧隔垭口和湾尾垭口需要建副坝。库周及坝址区基岩岩性为侏罗系上统南园组第二段流纹质晶屑凝灰熔岩和后期侵入的花岗斑岩；库周坡残积层覆盖广泛，岩石风化较强烈，坡残积土及全风化层较厚达 15～25m；库区内以断裂构造为主，规模较大的断层有 F_2、F_{15}、F_{19}、F_{20} 和 F_{2511}，均为高倾角，破碎带宽度 2～4m 为主，均分布于库区主要冲沟及垭口。

根据长期地下水位观测和钻孔压水试验资料，除三个垭口地段以外，库周山体地下水位、相对隔水层和弱风化基岩面均高于设计蓄水位，不存在渗漏问题；库周山体整体稳定，三个垭口和近主坝左库岸等局部地段断层、岩脉发育，风化强烈，山体单薄，地下水位和相对隔水层顶板埋深均低于正常蓄水位，是水库主要集中渗漏地带，须进行防渗处理。由于库区岸坡地形较陡，坡残积土及全风化层厚度较大，粉粒含量较高，遇水易软化产生坍岸，因此上库库盆主要工程地质问题是库岸稳定问题。

主坝坝址，右岸山体比较雄厚，左岸山体比较单薄；小规模高倾角断层和节理比较发育，右岸发育有顺坡缓倾角断层，对坝基稳定不利；左岸岩体风化强烈，风化程度普遍较右岸严重，风化深度较右岸大，全～强风化岩厚度较右岸厚，其强风化下限深度达 29.8～38.5m，且差异性较大，存在风化不均匀问题，全风化夹层发育，左岸山体地质条件总体比较复杂，因此坝址工程地质条件适宜当地材料坝型。左岸中高程以上趾板利用弱风化岩石作为趾板建基面开挖深度大，边坡稳定问题比较突出，构成坝址主要的工程地质问题，因此中高程以上趾板利用强风化岩石作为趾板建基面，优化和抬高开挖深度的可行性，是坝址地质勘察工作的研究重点。主坝坝址左岸山体地下水位和相对隔水层低于设计正常蓄水位较多，坝基渗漏和绕坝渗漏问题比较突出，需要工程处理。

2. 下水库库区及坝址 下水库库区位于木兰溪另一源流——溪口溪上，库盆为一狭长的山间峡谷，集雨面积约 17.4km^2，库周山体雄厚，无单薄的山体和低矮的垭口，地下水位远高于设计蓄水位，岩体为侏罗系上统南园组晶屑凝灰熔岩和燕山晚期侵入的细粒花岗岩，水库不存在渗漏问题。

坝址位于西苑乡半岭村上游 1km 处，河谷呈 V 形，两岸山体雄厚，比较对称，河床宽度 16～32m，河道平直，两岸有冲沟发育，弱风化基岩露头比较发育。

坝址区基岩为侏罗系上统南园组晶屑凝灰熔岩和燕山晚期侵入的细粒花岗岩，覆盖层总体比较薄，局部比较厚，坝址岩石风化总体比较浅，局部由于断层和节理的作用全、强风化深。坝址断层共 11 条，以中高倾角为主，破碎带宽一般 0.5～2.5m；节理总体较不发育，岩体比较完整为主。

坝址顺河发育 F_{38} 断层宽 20～25m，倾角 75°～85°，顺河床延伸长约 7km，断层带内辉绿岩脉与细粒花岗岩交替出现，岩石蚀变硅化强烈，辉绿岩脉占 45%～50%，表层全～强风化，下部大部分呈弱风化，岩体较破碎，属Ⅲ～Ⅳ类。岩脉与花岗岩为裂隙接触，断层带中发育 2 条破碎带，宽 2～4m，充填碎裂岩，角砾岩，断层泥等，工程性能差，F_{38} 断层带对坝基渗漏和趾板地基稳定不利，需进行工程处理。其他无不良工程地质问题。

3. 输水与发电系统 输水系统洞线沿线山体雄厚，地面高程自上水库 780m 逐降到下水库 240m 高程，冲沟发育，洞线地形陡峻，岩石风化比较浅，地表径流条件好。洞身沿线地层主要为侏罗系上统晶屑凝灰熔岩和燕山晚期侵入的花岗斑岩，弱风化～新鲜，岩体完整，透水性微弱，断裂规模稍大且与工程有关的有 F_{20}、F_{21}、F_{22}、F_{26}、F_{37}、F_{50}、F_{51} 断层，以高倾角为主，破碎带宽一般 2～4m，地形上多形成为深切冲沟；引水隧洞围岩类别以Ⅱ类为主，进出口段及局部断层破碎带为Ⅲ～Ⅳ类围岩，成洞工程地质条件良好。

地下厂房洞室群位于输水系统中部，上覆岩体厚度为 370～380m，洞室群围岩为晶屑凝灰熔岩与花岗斑岩，微风化～新鲜，两者混熔或断层接触，接触带蚀变较弱，洞室岩体弹性纵波速 v_p 高，一般在 5000～5700m/s 之间，Ⅱ类围岩为主，总体较完整，未见大的断层结构面通过，厂房围岩整体稳定；但由于高倾角和中缓倾角节理同时存在，节理间的局部不利组合，可能随机形成一些不稳定的小块体，估计体积 5～15m^3。地下厂房三维地应力测试成果表明：最大主应力值为 13.67～16.6MPa，中间主应力值为 9.49～11.68 MPa，最小主应力值为 7.20～7.85MPa，最大主应力方向为 N35°～40°W，基本与区域构造应力场方向一致。从地应力量值上看，厂房部位属于中等地应力区，水平分量比较均匀，地应力对洞室稳定不构成明显的危害，未发生岩爆现象，地下厂房岩体水文地质条件简单，岩体透水性弱，估算渗漏量小。

4. 枢纽区水文地质条件 枢纽区气候温和湿润，

雨量充沛，降雨是地下水的主要补给来源，主要为裂隙性含水层，水文地质条件较简单，基岩透水性弱，透水程度主要受断层和裂隙发育程度控制，局部见承压水。

（二）主要工程地质条件评价

（1）区域构造相对稳定，工程区的地震动加速度峰值为0.05g（相应的地震基本烈度为Ⅵ度）。据取样光年龄测试成果，下水库沿河床发育断层F_{38}属非活动性断层。

（2）上水库封闭条件比较好，存在局部集中渗漏、总渗漏量小的特点，需对渗漏地带采取垂直防渗工程措施；上水库岸坡坡残积及全风化土层较厚，岸坡地形比较陡，存在岸坡稳定问题，是上水库主要工程地质问题，须采取库岸防护工程处理措施。库区无其他不良工程地质问题。

（3）上水库主坝坝址左岸山体比较单薄，岩石风化深，岩体比较破碎，地下水位埋藏深，存在渗漏问题，坝址工程地质条件比较复杂。经地质勘察工作论证，左岸中高程以上趾板利用强风化岩层作为建基面是可行的，需注意对下卧全风化夹层进行地基处理。

（4）下水库无渗漏问题，库岸基本稳定。坝基岩体为Ⅲ类，以花岗岩为主，岩体完整坚硬，两岸利用弱风化上部岩体为趾板基础。库区和坝基工程地质条件总体较好。地质条件相对薄弱的位置有：近坝库岸和进水口附近岸坡覆盖层比较厚，稳定性较差，应采取防护措施；坝址河床F_{38}断层，工程地质条件较差，应进行专门地基处理；左岸导流泄放洞出口段岩体风化较深，上覆岩体较薄，其进洞条件较差，其明挖段边坡较高，稳定性较差，需工程处理。

（5）输水系统和地下厂房洞室群工程地质条件好，围岩完整性总体较好，围岩类别以Ⅱ类块状岩体为主，构造简单，地应力中等，无大的不利结构面组合，成洞条件良好，洞室整体稳定。地质条件相对薄弱的部位有：局部断层破碎带及岩脉接触带为Ⅲ～Ⅵ类围岩，须工程处理，如尾水段F_{37}断层带宽度较大，倾角较缓，对围岩稳定影响较大，须工程处理；岔管段局部存在富水的节理发育带对岔管渗透稳定不利，应加强高压灌浆等专门处理措施；局部因节理的不利组合，可能随机产生不稳定的小块体，需及时加固处理。

（中国水电顾问集团华东勘测设计研究院
林健　张秋金）

江坪河坝址深层风化及红色夹泥工程地质研究

（一）坝址深层风化及红色夹泥的概念

1. 深层风化的概念　江坪河坝址两岸尤其是右岸谷坡岩体在进入弱风化下限或微风化岩体后，又出现范围较大的深层强风化、强卸荷岩体，构成了完全不同于正常河谷岸坡的风化分带。

2. 红色夹泥的概念　溶蚀、溶滤及溶洞顶板坍塌后淀积的黏粒含量高、液限高的红色泥质物。

（二）坝址深层风化及红色夹泥工程地质研究

1. 深层风化类型及特征

（1）沿早期构造破碎带形成的深层风化带，其特征是：风化作用均顺结构面发生且仅限于破碎带及邻近小范围的岩体；在断层、夹层两侧的岩体大多没有因风化作用而发生松弛、拉裂现象，邻近岩体的卸荷现象不明显，围岩总体完整性好。

（2）由灰岩溶蚀、泥质物充填引起的岩体风化，其特征是：左岸沿高角度断裂形成大的溶洞，风化作用顺溶洞发生，而右岸以顺层风化为主；顺软弱夹层在深部发育风化岩体；在软弱夹层多的薄层～互层状岩体中顺层岩溶较发育，如$\in_{1L}^{2-2}$、$\in_{2g}$、$\in_{2K}^{1-2}$、$\in_{2K}^{1-4}$层中小型岩溶较发育。

（3）由溶洞顶板岩体变形破坏造成上部岩体风化，其特征是：岩体呈砌块状，早期层状结构已呈砌块状，次生裂隙十分发育；无固定分布方位的大量次生红泥充填于各种类型裂隙间；风化岩体的范围与溶洞及其顶部岩体坍塌、松弛、拉裂波及的范围关系密切，且分布范围大。

2. 红色夹泥特征　勘探揭露，岸坡较深部位发育大量次生红泥，其特征是：红泥无固定的分布方位，既不平行层面，也不与大的断层相连；含水量普遍为40%左右，高于塑限，低于液限，基本为塑态；液限普遍较高，大多为70%左右，具有高分散性；干密度为1.50g/cm^{3}左右，孔隙比大多在1.0～1.5以上，与淤泥质软土的孔隙比一致；黏粒含量为60%～80%；建议红色夹泥强度参数：$f'=0.16$，$C'=20$kPa。

3. 深层风化的成因

（1）沿早期构造破碎带形成。深部岩体中发育的断层和软弱夹层虽然为地下水渗流和风化营力进入岩体提供了通道，但因岩体应力高、岩体完整性好，断层和夹层处于相对封闭状态，顺层风化作用不明显。

（2）由灰岩溶蚀、泥质物充填引起。薄层岩体如$\in_{1L}^{2-2}$、$\in_{2g}$、$\in_{2K}^{1-2}$、$\in_{2K}^{1-4}$层中顺层分布的小型岩溶洞穴和软层夹层多，较深部的灰岩由于形成溶洞，围岩发生松弛，流水及风化营力，引起松弛围岩风化。

（3）由溶洞顶板岩体变形破坏造成。薄层灰岩中形成的软弱夹层，因地下水沿夹层渗流，溶蚀形成溶洞，顶部薄层状稳定性差的岩体，长期变形发生拉裂，甚至坍塌，造成岩体严重风化形成深部强风化岩体。

4. 红色夹泥的成因　由于坝址深部岩体中存在溶洞顶板坍塌，引起围岩变形、下沉、层间脱开、拉裂破坏，使地下水携带上部灰岩中风化、溶蚀形成的红泥充填其间成为可能。从河流阶地对比、红色夹泥分布高度、平洞深部的砂体、溶洞堆积物、测龄结果多方面分析，历时几十万年后，形成于Q_2晚期或Q_3早期的红色夹泥由于岩体自重压密，已有较高密度，呈现固态。

5. 深层风化岩体和红色夹泥的分布特征

（1）平面分布，据钻孔、平洞揭露，平面上呈长条状，方位为S50°～70°E，这一方向与PD_{12}平洞150～160m段的砂体分布方向大致相同；长度在300m以上，分布宽度约100m左右。

（2）铅直分布：①主要集中在两个高程段：高程375～435m段，厚度50m左右，此带正是PD_{14}、PD_{12}、PD_2、ZK_{38}揭露的坝肩第一深层强风化卸荷带；高程315～340m段，厚度6～8m，此带正是PD_{10}出现的强风化松弛带。②上述两带中间有25～30m的相对较好的岩体，彼此不连通。③第一层发育在$\in_{2K}^{1-2}$中，波及的高度较大。

6. 深层风化及红色夹泥对工程的影响　坝址地形条件适宜修建高拱坝。但坝址深层风化岩体和红色夹泥的分布范围涉及坝肩上部的绝大部分地段，是影响江坪河建设的主要工程地质问题之一。统计结果表明，建基面以下，两岸岩体条件差异大，右岸性状差的岩体占的比例很大；坝基范围内深层风化和红色夹泥分布高程较低，无法予以全部挖除；平缓地层中岩性软硬不均，造成两岸坝肩刚度不协调，存在强度、变形和抗滑稳定问题。若建219m高的拱坝，地基条件要求高，以上重大地质缺陷须采用特殊的工程处理措施予以解决，措施可实施性及实施效果还有待论证研究。

（三）结语

深层风化岩体和红色夹泥等难以避开的不利地质条件对修建拱坝的适宜性差，拟推荐混凝土面板堆石坝。经综合比较，比拱坝方案节省投资约3亿元。

（中国水电顾问集团中南勘测设计研究院
罗崇宏　李学政　夏宏良）

阿海水电站复杂层状岩体工程地质特性及坝基适应性研究

（一）工程概况

阿海水电站坝址位于云南省丽江市境内的金沙江中游河段，为该河段的第四个梯级水电站，采用碾压混凝土重力坝坝后厂房方案，最大坝高138m，正常蓄水位1504m，总库容8.82亿m^3，装机容量2000MW。

坝址区为高山峡谷，两岸地形高陡，分布基岩为泥盆系下统中厚层～薄层状、相间分布的砂岩、板岩和后期顺层侵入的辉绿岩。辉绿岩较为破碎且单条厚度难以满足坝基底宽要求，互层状的砂板岩地层的工程地质特性是否适应大坝建基要求直接关系到坝型及枢纽布置格局选择，是阿海水电站的重要工程地质问题之一。

（二）复杂层状岩体工程地质特性

1. 工程地质岩组划分及岩性特征研究　坝址部位岩层为横河向中陡倾向上游的单斜构造，主要地层为泥盆系下统阿冷初组（D_{1a}）和其间顺层侵入的厚约80m的辉绿岩。D_{1a}岩性为钙质长石石英砂岩、粉砂岩、粉砂质板岩、含炭质钙质板岩以及含砾砂岩等，总体上从下游至上游砂砾岩逐渐增多且单层厚度增大，在辉绿岩两侧有硅化变质现象。根据岩性岩相特征，从下游至上游划分为D_{1a}^{1}～D_{1a}^{5}五个工程地质岩组：D_{1a}^{1}岩层板岩类含量相对较高；D_{1a}^{5}岩层以砂砾岩为主；D_{1a}^{2}和D_{1a}^{4}主要为砂岩夹板岩或砂岩与板岩互层；D_{1a}^{3}为辉绿岩两侧的硅化变质岩。相比较而言，辉绿岩及两侧的D_{1a}^{3}属硬岩，对坝基适应性较好，但地形对枢纽布置制约较大，而下游D_{1a}^{2}分布地段地形相对开阔，枢纽布置较灵活，该岩层能否满足建坝要求，尤其是其中相对软弱的板岩类分布特征、工程特性及建坝适应性是决定枢纽布置技术可行性和工程经济合理性的关键。

通过对D_{1a}^{2}进行的大量岩性精细剖面量测和系统的岩石薄片鉴定及SiO_2含量测定，将其岩性组合划分为三类：①砂岩夹板岩，即中厚层砂岩含量＞70％；②砂岩与板岩均匀相间分布，砂岩含量为30％～70％，板岩单层厚度一般小于0.5m；③板岩夹砂岩，板岩含量＞70％，砂岩较均匀地分布于板岩中，局部板岩富集（或称集中带）。地质测绘及精细量测统计表明，D_{1a}^{2}以互层状砂板岩居多，约占岩层的50％，其次为板岩夹砂岩，约占30％，而砂岩夹板岩主要分布于坝踵部位。图1为河床部位在岩性精细量测剖面基础上按三类岩石组合分类情况。

2. 岩体结构特征研究　坝址区分布有两大类结构岩体，即具块状结构特征的辉绿岩和具层状结构特征的浅变质岩及硅化变质岩。辉绿岩由于柱状节理及隐微裂隙发育，完整性差，弱风化以上岩体基本上为碎裂～镶嵌碎裂结构，RQD（岩石质量指标）一般为12％～22％，按规范属碎裂结构岩体，但原始状况下表现为被裂隙切割的岩块嵌合紧密、钻孔岩芯呈似完整柱状（裂隙切割的碎块能保持柱状）、岩体透

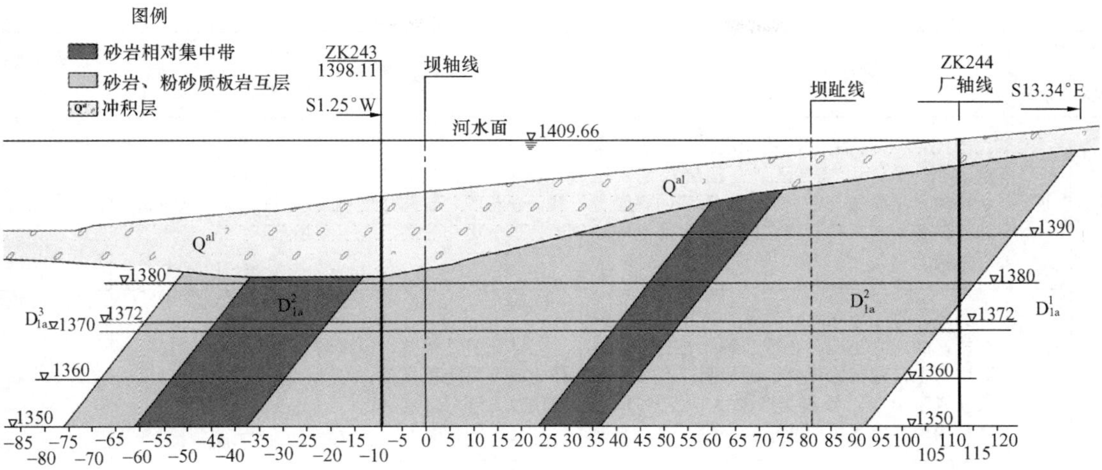

图1 坝基河床部位岩石组合分布图

水率低以及声波较高（弱风化下部一般在4500m/s以上）等特征，说明辉绿岩体为嵌合紧密、具较高整体强度的碎裂结构岩体。层状岩体以层面为主要结构面，其余方向裂隙较少，岩层单层厚度多小于30cm，以薄层～互层状结构为主，但勘探成果反映弱风化下部以下岩体层理黏结良好，多数层面仅表现为纹理构造，钻孔岩芯刚取出时保持较完整的柱状，在钻进扰动下多数层面不能分开，RQD一般在40%～60%，部分达70%，平洞内岩体能保持其良好的完整性，弱风化下部以下岩体声波多在3500m/s以上，完整性系数在0.35以上，以上均说明层状岩体在原始状态下岩层之间结合十分紧密，层面效应基本消失，完整性大大提高。因此，在岩体结构划分时充分考虑了辉绿岩岩块嵌合紧密和层状岩体的层间结合良好这一特征。

3. 岩体物理力学特性研究 通过大量试验研究，辉绿岩、砂岩属硬岩类，而互层状岩石各向异性明显，斜交层面和平行层面加压情况下单轴抗压强度多小于30MPa，垂直层面一般30～60MPa，且与板岩所占比例关系较大，大致呈反比关系，该类岩石虽强度偏低，但考虑到坝基岩石处于一定围压状态，是受侧限约束的，岩石原位强度应较实验值高。大量声波测试成果表明弱风化以下层状岩体 v_p（纵波速）值一般4600～5500m/s，平均5200m/s，各向异性不明显。针对 D_{1a}^2 岩层进行了大量的原位试验，以砂岩为主或互层状砂板岩虽变形模量具有各向异性，但总体上变形模量较高，多数在15GPa以上。以薄层状板岩类为主的层状岩体垂直底板加压变形模量为6GPa左右，平行层面情况下在10GPa以上，垂直层面方向为4GPa左右。根据试验成果对波速和变形模量进行了相关关系研究，建立了二者间的相关关系，同时对 D_{1a}^2 岩层中的板岩相对集中部位载荷试验，微新岩体的承载力平均值为7.53MPa，弱风化下部岩体为3.7 MPa～4.0 MPa。抗剪试验成果表明层状岩体抗剪强度小值 f' 为1.84，C' 为1.03MPa，混凝土与岩体的抗剪强度小值 f' 为1.45，C' 为2.28MPa。

4. 岩体质量分级 阿海水电站坝基岩体质量分级以 D_{1a}^2 岩层为主线，岩性及其组合分布特征对岩体质量起控制性作用，因此岩体质量划分主要考虑岩性及岩体结构（包括块度大小、层面之间黏结情况和岩块嵌合力等）因素，岩体质量分级见表1。

表1 阿海水电站坝基岩体质量分级

质量分级		岩体主要地质特征	工程地质评价	岩石质量指标RQD(%)	岩体纵波速 v_p(m/s)
大类	亚类				
Ⅱ		微新的厚层状砂岩、砂砾岩或集中的中厚层砂岩、层间胶结良好的硅化变质岩以及完整的辉绿岩；岩体结构为厚层块状结构或嵌合紧密的次块状、块状结构	岩体完整，强度高，均一性好，抗滑和抗变形性能高，属良好高混凝土坝地基	>80	>4500
Ⅲ	Ⅲ1	主要为微风化～新鲜砂岩相对集中带（板岩类含量小于30%）、硅化变质岩或较完整的辉绿岩；岩体结构为层间结合紧密的似完整层状结构或次块状结构	岩体完整，强度高，软弱结构面不控制岩体稳定，属较好高混凝土坝坝基	60～80	4000～4500

续表

<table>
<tr><th colspan="2">质量分级</th><th rowspan="2">岩体主要地质特征</th><th rowspan="2">工程地质评价</th><th rowspan="2">岩石质量指标 RQD(%)</th><th rowspan="2">岩体纵波速 v_p(m/s)</th></tr>
<tr><th>大类</th><th>亚类</th></tr>
<tr><td>Ⅲ</td><td>Ⅲ2</td><td>微风化～新鲜的互层状砂板岩，板岩类含量30%～70%，岩层呈似完整层状或互层状结构，层面结合好；弱风化下部的辉绿岩和硅化变质岩，辉绿岩以嵌合紧密的镶嵌碎裂结构为主</td><td>岩体完整或较完整，以硬岩居多或软、硬相间，整体强度仍较高，作适当处理后可作为高混凝土坝坝基</td><td>40～60</td><td>3000～4000</td></tr>
<tr><td rowspan="2">Ⅳ</td><td>Ⅳ1</td><td>弱风化辉绿岩和层状岩体，挤压紧密且胶结较好的层间挤压破碎带；辉绿岩为以碎裂结构为主；层状岩体软、硬相间或有集中的较软岩带分布，板岩类含量大于70%，岩体结构为互层状，层间结合一般</td><td>岩体完整性较差，强度较低，不宜作为高混凝土坝坝基，局部存在需作专门性处理</td><td>20～40</td><td>2000～3000</td></tr>
<tr><td>Ⅳ2</td><td>强风化岩体和少量弱风化层状岩体</td><td rowspan="2">岩体破碎，强度较低，不能作为高混凝土坝坝基，局部存在该类岩体需作专门性处理</td><td><20</td><td><2000</td></tr>
<tr><td colspan="2">Ⅴ</td><td>全、强风化及构造破碎带岩体</td><td></td><td></td></tr>
</table>

（三）建坝适应性评价

经过大量的勘探、试验以及计算分析等，对 D_{1a}^2 岩层为主的复杂层状岩体从岩性及组合分布特征、岩体的工程特性等方面获得了丰富而翔实的资料。该类岩体虽单层厚度小，但从勘探、声波测试等成果反映出岩体层间结合紧密，岩体相对完整；岩体以砂岩类、板岩类间次出现呈互层状分布，且以属坚硬岩、较坚硬岩的砂岩类（约占总厚度的70%）为主。从宏观上看，坝基具一定的整体均一性，近岸边部位弱风化岩体厚度较小，坝基能置于微新岩体之上，坝基岩体质量以Ⅲ类为主。根据大量的岩石及岩体力学试验成果，从岩石强度、岩体变形模量、承载力等分析均能满足重力坝坝基要求；从抗滑稳定分析，坝基分布的主要结构面为横河向的层面，虽倾向上游，但倾角较陡（45°～60°），且多为胶结较好的硬性结构面。其他反层面节理和顺河向节理零星发育且延伸短、影响小，这些结构面的产状、性状都不足以控制大坝的抗滑稳定。因此以 D_{1a}^2 岩层为主的坝基岩体虽岩性复杂、强度不均，但从岩体整体强度、抗变形能力以及抗滑稳定等方面均满足修建140m级混凝土重力坝的要求。

针对复杂的坝基岩体工程地质特性，为保证建基面岩体质量能满足建坝要求，提出以下坝基地质缺陷处理建议：

（1）考虑到岩体层厚薄、块度小，处于压密状态下的岩体极易在围压解除后产生松弛现象，因此对坝基开挖应尽量降低因爆破开挖方式不当引起岩体质量的恶化，采用小梯段预裂爆破或光面爆破，减小爆破孔间距，爆破孔方向宜垂直层面布置，并预留保护层，对板岩类岩体避免长时间暴露地表，同时对表部已松弛岩体进行必要的工程加固处理。

（2）对于挤压破碎带及宽度不大（小于2m）的板岩集中带采取槽挖及置换混凝土，而对于规模较大的板岩集中带，需采取专门的处理措施，必要时铺设底筋。

（中国水电顾问集团昆明勘测设计研究院　张　瑞）

贵州地质灾害形成条件与分布

一、地质背景

贵州地处中国西南，属云贵高原，平均海拔高度约1000m，总体地势西部较高，自中部经北、东、南三面下降，坡度较陡，是青藏高原向东部平原的过渡地带，处于我国地势第二台阶东部边缘的一部分。区内河谷发育，黔东南的雷公山为长江与珠江流域的分水岭，主要河流有乌江、南盘江、北盘江、赤水河、清水江、锦江和都柳江，均为中型的峡谷河流。这些河流中上游河谷深切，岸壁陡峭，多瀑布、暗礁和险滩，水流急湍；河流中下游河床相对平坦，可以通航。地形切割强烈，西部有乌蒙山，东部有梵净山，北面有大娄山，南面有雷公山，地势起伏较大。地处北纬25°～29°之间，主要为亚热带气候，雨量充沛，湿润温和，无严寒和酷暑，但气候差异明显，生态环境复杂，在海拔较高的构造侵蚀山地出现植物垂直分带现象。

按大地构造，贵州处于扬子准地台东南缘与华南褶皱带之过渡带，沉积了中元古界至第四系地层，地层发育齐全，古生物化石丰富，素有"地层古生物宝库"之称。中、晚元古界以海相陆源碎屑沉积为主，主要分布于黔东梵净山、雷公山地区及黔中一带，尤其在黔东地区大面积出露，古生代至晚三叠世中期则以海相碳酸盐岩沉积占优势，分布广泛，占贵州国土面积60%以上；晚三叠世晚期以后，则全为山间盆地陆源碎屑沉积。由于贵州在地史演化长河中已经历多次构造变动，不仅使区内地质构造极其复杂多样，褶皱、断裂发育，而且具有多期性、叠加性和继承性的特点，地层岩石受构造影响较破碎，导致地区地貌类型复杂，大部分山体坡面陡峻。

贵州矿产资源较丰富，开采历史悠久，优势矿种有煤、磷、汞、铝、锰、金、铅、锌、大理石等。为了抓住西部大开发的历史机遇，除矿产开发外，贵州省在水利工程、公路、铁路及城市建设方面正方兴未艾，也是我国工程活动对自然地质环境扰动、影响比较强烈的地区。

二、贵州地质灾害类型及其分布规律

（一）地质灾害的主要类型及其分布规律

根据中国大陆地质灾害发育情况分区，贵州处于中国中部山地崩滑区。由于影响地质灾害发育的自然地质环境条件复杂，人为工程活动的性质及强度因地而异，归纳起来，贵州地质灾害的主要类型有：崩塌、滑坡、泥石流、地面塌陷、地面沉降、地裂缝等。

地质灾害的发生、发展进程，有的是逐渐形成的，有的则具有很强的突发性。如地面沉降属于渐进性的地质灾害，而崩塌、滑坡、泥石流、地面塌陷等则属于突发性地质灾害。贵州地质灾害中，突发性地质灾害占主导地位，后果严重，不仅造成经济损失，还造成人员伤亡。据不完全统计，1993 年有统计以来，贵州共发生地质灾害近 2000 处，死亡人数 895 人，造成经济损失 20 多亿元，其中，2002 年造成人员伤亡的地质灾害有 13 处，导致 29 人死亡，2003 年 5 月工程活动诱发的三穗县台烈大滑坡夺去 35 人生命。截至 2006 年底，贵州境内已查明的地质灾害及其隐患点 8207 处，共造成直接经济损失 24.33 亿元，其中，对人和财产构成威胁的地质灾害隐患点 6172 处，66.38 万人、119 所学校、4.6 万师生及 33.18 亿元财产受到威胁，因矿山开采引发的地质灾害有 481 处。

1. 崩塌　崩塌一般都发生在地形坡度大于 50°、高度大于 30m 以上的高陡边坡上，如河谷两岸、施工边坡、山体陡坡及悬崖上。主要受岩体节理裂隙及地形坡度所控制，多分布于二叠系灰岩和泥盆系砂岩等硬质岩分布区，属于突发性地质灾害，占贵州省内已知地质灾害的 19%。

2. 滑坡　滑坡一般发生在地形坡度大于 25°、小于 50°的斜坡上。按滑坡体物质组分，可分为岩质滑坡和土质滑坡，前者在贵州规模较大，危害性较大。根据滑动面性质，岩质滑坡又可分为基岩顺层滑坡（如贵州省松桃县马鞍山特大型滑坡）、沿外倾构造面产生的滑坡（如麻凯高速公路鹅山冲特大型滑坡）及沿外陡倾构造面产生的斜向滑坡（如贵州省印江县岩口特大型滑坡）。

滑坡在贵州分布很广，属于突发性地质灾害，占贵州省内已知地质灾害的 60%。其形成主要受地形地貌、地层岩性及地质构造的控制，往往分布于硬质岩夹软质岩地区（砂岩、页岩、泥岩夹层或互层、煤系地层、碳酸盐岩、页岩或泥灰岩互层或夹层），尤其是有外倾结构面（层面、断层面、节理面、片理面、地层不整合面和松散覆盖层与基岩界而等）的软硬夹层物质组构的斜坡，易形成滑坡。

3. 泥石流　泥石流是在松散的固体物质来源丰富和地形条件有利的前提下，由暴雨或水库溃决等因素的激发而产生，可分成沟谷型泥石流和坡面型泥石流。坡面型泥石流在贵州点多面广，是产生水土流失的主要方式，常为沟谷型泥石流输送物源；沟谷型泥石流规模大、破坏性和危害程度均大，常吞没良田，毁坏交通设施、水利工程等，如 1998 年 6 月锦屏县固本泥石流就吞没了固本乡政府所在地 100 余栋居民住宅、毁坏公路、大桥、两座小型水电站和数百亩良田。在贵州，泥石流主要发育于碎屑岩分布的梵净山、雷公山及煤系地层以及人类工程活动（如矿业开发、工程建设）强烈的地区，属于突发性地质灾害，占贵州省内已知地质灾害的 15%。

4. 地面塌陷　地面塌陷是指地表岩、土体在自然或人为因素作用下向下陷落，并在地面形成塌陷坑（洞）的一种动力地质现象，可分为岩溶塌陷及采空塌陷。贵州的岩溶塌陷分布广、数量多、发生频率高、诱发因素多，且具有较强的隐蔽性和突发性特点；贵州矿产资源丰富、开采历史悠久，一些浅层煤矿及金属矿山的地下采空区顶板易产生落顶塌陷，如六盘水及毕节地区。属于缓发性地质灾害，占贵州省内已知地质灾害的 6%。

5. 地面沉降及地裂缝　若岩溶洞隙或采空区上覆厚度较大、性质松软的土层时，黏土层脱水压密和砂砾石层疏干压密，隐伏于建筑物下方的土洞扩展将引起地面局部下沉形成不均匀沉降，进而发展成缓发性塌陷。地面沉降时伴随有地面裂缝发生，其后缘常呈平直或弧形断续展布，是地面塌陷和滑坡的前兆。

三、地质灾害防治建议

贵州的地质环境条件易发生地质灾害，造成人员伤亡和经济损失，不同程度地阻碍和影响了贵州经济发展，地质灾害的防灾减灾工作势在必行。因此建议：

（1）贵州地质灾害的防治工作应以“变事后监督

为事前监督、事后救灾为事前防灾”为原则。

（2）编制贵州省各级地质灾害防治规划。

（3）建立健全各级各部门地质灾害防治责任制，加强地质灾害防治工作管理，加强地质灾害监测和预警系统建设。

（4）加大宣传教育力度，提高全民防灾意识，参与地质灾害防灾减灾工作。各级政府应加大防灾经费的投入，确保防治措施落实。

（5）对地质灾害易发区或可能地质灾害隐患点加强监测、预报工作。

（6）将地质灾害治理工程的设计、施工、验收与主体工程的设计、施工、验收同时进行，从源头上避免地质灾害的发生。

（7）工程设计和施工（包括矿山开发）中注意避免因开挖弃渣、堆填、排水而诱发或加剧地质灾害。

（8）加强城镇地下水开采管理工作，避免或减少因抽汲地下水而产生的地质灾害。

（9）加强生态环境保护，避免或减少因生态环境破坏而诱发的地质灾害。

（贵州地质工程勘察院 李宗发）

工程地质问题处理

光照水电站枢纽区主要工程地质问题及处理

（一）工程概况

光照水电站是一个以发电为主、结合航运、兼顾其他的大型水利枢纽。坝址控制流域面积13 548km^2，水库正常蓄水位745m，相应水库回水长69km，总库容32.45亿m^3；大坝为碾压混凝土重力坝，建基面高程550m，最大坝高200.5m；装机容量1040 MW。

工程枢纽区主要为三叠系永宁镇组（T_{1yn}）灰岩构成的V形横向河谷，枢纽区各建筑物开挖后，揭露的地质条件及可能存在的地质问题与前期预测基本一致。本文在分析枢纽区基本地质条件的基础上，重点对坝基抗滑稳定、坝基防渗、坝肩边坡稳定、引水隧洞进口边坡稳定问题、厂房地基不均匀变形及基坑涌水问题等主要工程地质问题及其处理情况进行介绍，供读者参考。

（二）基本地质条件

光照水电站枢纽区枯期河水位580～582m，水面宽50～70m，水深0.5～2m。属喀斯特中高山及侵蚀中低山混合类型地貌。总体上，坝址河段河谷狭窄高陡，山体较雄厚，地形完整，两岸地形基本对称，为典型的V形河谷。

坝址区出露地层由老至新从上游至下游依次出露飞仙关组（T_{1f}）、永宁镇组（T_{1yn}）、关岭组（T_{2g}）地层。其中飞仙关组第1段（$T_{1f}{}^1$）、飞仙关组第2段第2层（$T_{1f}{}^{2-2}$）及永宁镇组第2段（$T_{1yn}{}^2$）泥页岩、永宁镇组第4段（$T_{1yn}{}^4$）角砾状、泥质白云岩属软岩；飞仙关组第2段第1层（$T_{1f}{}^{2-1}$）、关岭组第1段（$T_{2g}{}^1$）为灰岩、泥灰岩及泥页岩软硬互层类岩体；飞仙关组第2段第3层（$T_{1f}{}^{2-3}$）、永宁镇组第1段第1层（$T_{1yn}{}^{1-1}$）、永宁镇组第3段第1层（$T_{1yn}{}^{3-1}$）为过渡岩类的软岩及中硬岩；永宁镇组第1段第2层（$T_{1yn}{}^{1-2}$）、永宁镇组第1段第3层（$T_{1yn}{}^{1-3}$）、永宁镇组第3段第2层（$T_{1yn}{}^{3-2}$）均为坚硬灰岩。河床冲积砂卵砾石层厚度为4.7～26.8m。

坝址区构造形态沿东西向分布，呈单斜地层，岩层总体产状走向近EW，倾S（下游）、倾角50°～60°。枢纽区内规模较大的断层主要为F_1、F_2。F_1断层规模较大，该断层主要发育于永宁镇组第1段（$T_{1yn}{}^1$）厚层灰岩中，产状N70°～83°W，SW∠68°～74°，破碎带宽2～5m，断距3～5m，延伸长达2 km，为逆断层。F_2断层发育于永宁镇组第1段（$T_{1yn}{}^1$）至第3段（$T_{1yn}{}^3$）地层中，总体产状走向EW、倾向S、倾角72°，断距12m，延伸长度小于1.5 km，为逆断层。裂隙主要发育以下4组：（Ⅰ）：N10°W～N10°E，NE或SE∠40°～60°；（Ⅱ）：N40°～60°E，NW∠20°～30°；（Ⅲ）：N10°～20°E，NW∠60°～80°；（Ⅳ）：N20°～30° W，NE∠25°～35°。

坝区喀斯特水文地质结构为间互状，永宁镇组第1段（$T_{1yn}{}^1$）和永宁镇组第3段（$T_{1yn}{}^3$）二大可溶岩层分布在宽约200m的狭窄范围内，形成高耸的山体，汇水条件差，岸坡喀斯特发育程度属中等。坝址区主要发育1～5号近代喀斯特管道，其中1、2号喀斯特管道沿F_1断层分别发育于坝址左右岸，3号喀斯特管道沿F_2断层发育于坝址右岸，4、5号喀斯特管道沿$T_{1yn}{}^4$与$T_{1yn}{}^3$分界线分别发育于厂房区左、右岸。坝址区为地下水补给河水，属补给型河谷。

坝址区物理地质现象主要有重力作用引起的倾倒变形破坏、卸荷切割和物理化学综合作用引起的不同程度风化。倾倒变形体零星分布、方量不大，卸荷带水平深度一般5～10m。泥页岩两岸强风化水平深度为5～10m，弱风化水平深度为30～50m，河床铅直弱风化深度约10m。另外，下游永宁镇组第4段（T_{1yn}^{4}）地层中，横穿厂房发育有由钙质泥页岩挤压破碎而成的P_1挤压破碎带。

（三）光照水电站大坝主要工程地质问题

1. 坝基抗滑稳定问题　光照水电站碾压混凝土大坝高200.5m，为目前国内已建最高碾压混凝土坝，其坝基抗滑稳定问题是该工程最需关注的问题。根据可研阶段地表及平洞调查获得的结构面发育特征，永宁镇组第1段（T_{1yn}^{1}）岩体中主要发育前述4组裂隙，其中缓倾上游的Ⅱ、Ⅳ组裂隙相对Ⅰ、Ⅲ组裂隙发育少，但前期调查资料揭示，2组缓倾角裂隙在600m高程以下较发育，其间距一般1.0～2.5m、长度一般3～10m，少量裂隙延伸达15m以上，充填物以方解石为主，胶结良好，连通率为40%～55%；600m高程以上缓倾角裂隙发育较少。

根据坝基地质条件，在前期勘测工作中分析认为：坝基可能存在浅层和深层抗滑稳定的边界为F_1断层面与缓倾上游的裂隙面。光照水电站坝基浅层和深层滑动形式见图1。

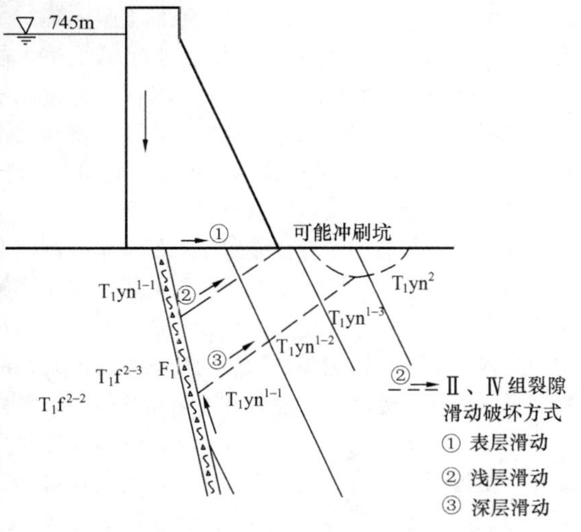

图1　光照水电站坝基抗滑稳定分析地质示意剖面图

由图1可以看出，光照水电站坝基抗滑稳定可能存在的破坏模式为：

（1）缓倾上游的不连续结构面（Ⅱ、Ⅳ组裂隙）与F_1断层构成的滑移面剪切破坏，Ⅰ、Ⅲ组裂隙为侧向切割面，临空点为坝后坝脚处。

（2）永宁镇组第2段（T_{1yn}^{2}）可能冲刷区或F_1断层压缩变形造成坝基岩体滑移破坏，其抗滑稳定主要受F_1断层控制。F_1断层抗剪断强度$f'=0.6$，$C'=0.5$MPa；缓倾角裂隙抗剪断强度$f'=0.6$，$C'=0.16$MPa。

根据上述边界条件及相关力学参数进行验算后，认为坝基抗滑稳定问题不存在。施工过程中，要求结合坝基开挖情况，对可能发育的缓倾结构的空间分布及力学特性进行复核，以进一步分析坝基的抗滑稳定性。本工程大坝坝基开挖后，经详细地质调查，可能构成坝基抗滑稳定底滑面的缓倾裂隙面未见发育，坝基抗滑稳定问题较原预计情况为好。

2. 对F_1断层带的处理　F_1断层是光照水电站坝区规模最大的断层。该断层由左岸610m高程进入坝基后，穿过齿槽地基至右岸702m高程并延伸出坝基外。断层产状N80°～90°W，SW∠80°～90°，破碎带宽0.3～1.0m，影响带宽约30m，断层带由角砾岩、碎裂岩组成，泥钙质胶结较好，局部沿断层线岩层见挤压褶皱现象。右岸702m高程沿F_1断层破碎带发育一个半充填型溶洞，溶洞高5m、宽1.5m，可见深度5m。坝基左侧610m高程以下的斜坡段及齿槽建基面靠左侧一带，沿F_1断层下盘影响带见涌水现象，断层上盘影响带沿裂隙见多处渗水现象。

F_1断层带波速为2000～3000m/s。电磁波CT及超声波CT测试显示，F_1断层主要表现为断层带起伏不规则，1500～3000m/s的低速带宽度和深度影响范围均为20～30m，而且沿断层带见不连续的裂隙密集区或溶蚀区。开挖后地质雷达、声波CT及地震勘探、钻孔等坝基检测资料表明，沿F_1断层带有溶洞破碎带及异常区发育，但规模多较小，以溶蚀破碎带为主。

F_1断层带由左岸至右岸横穿坝基而过，断层破碎带及沿其发育的1、2号喀斯特管道对6～14号坝段地基的力学性质影响较大，而沿该断层带岩体破碎，地下水相对活跃，坝基可能存在局部压缩变形问题，尤其是坝踵受力相对集中部位断层破碎带对变形影响更大。因此，应考虑对坝基范围内的F_1断层进行置换及加固处理。

坝基开挖后齿槽和断层槽连成宽约65m的大坝建基面。大坝建基面高程为550m，挖槽深5m左右，采用在槽内布筋、回填C25微膨胀混凝土进行处理；并将该部位固结灌浆孔加深加密，加密孔间排距为3m×3m、孔深25m、孔向铅直，灌浆压力为0.5～2.0MPa。两岸亦对F_1断层带进行挖槽处理，槽深按1.5倍断层宽度控制，局部溶洞部位进行清除后回填混凝土。

固结灌浆结束后，对坝基岩体进行了单孔声波、跨孔声波测试，F_1断层破碎带85%的测点$v_p=4000$m/s，$v_p\leqslant 3500$m/s的测点数不大于3%且不集中，坝基声波测试结果满足设计要求。

3. 大坝基坑涌水问题　光照水电站在上下游围

堰之间的大坝基坑开挖范围内共发育 S_{05}、S_{06}、S_{07}、S_{08} 四个泉水点，其中 S_{05} 号泉对应于左岸 1 号喀斯特管道水，S_{06} 和 S_{08} 号泉对应于右岸 3 号和 2 号喀斯特管道水，S_{07} 号泉对应于 8 号喀斯特管道水。其中流量最大者为左岸 1 号喀斯特管道水（约 20L/s），其余各管道水枯期流量均较小，一般为 2～5L/s，有的甚至断流。如右岸 7 号喀斯特管道水，导流洞在枯期开挖时，管道无水流现象。沿 F_1 断层发育的 2 号喀斯特管道长度在坝区范围大于 300m，但坡降小，为 2%～2.6%，枯期流量为 2L/s 左右。

根据地表汇水面积及地下水径流模数原理推算，上述泉水的总流量应在 40L/s 左右，大坝施工开挖时，此部分泉水将排向大坝基坑。因此分析认为基坑开挖时存在涌水问题，设计采取设排水洞或防渗措施进行防渗处理，以及采取集中强力抽排方式进行排水。

光照水电站大坝基坑开挖后，除 8 号喀斯特管道水外，其余管道水在大坝基坑范围内均见出露。1 号喀斯特管道水主要沿 F_1 断层影响带发育于坝轴线上游，施工开挖时，沿 F_1 断层影响带及原推测的出口位置多处出现涌水、渗水现象，出口位置由原河水面至大坝建基面高程均有出露；在 F_1 断层带附近的上游靠左岸边见涌水量达 10L/s 的涌水点；在大坝齿槽建基面上，沿 F_1 断层的上盘（下游盘）影响带内见有多处渗水现象，大坝开挖期间估计其涌水总流量在 15L/s 左右。2 号喀斯特管道水主要沿 F_1 断层发育于右岸，出口高程约 604.6m，仅在汛期见有 3L/s 左右的涌水，枯季断流。3 号喀斯特管道水沿 F_2 出露于大坝下游右岸，汛期见有 15L/s 左右的泉水出露，该泉出口随大坝基坑开挖而逐渐下移，枯季基本断流（可能隐伏于松渣底部而未被发现）。下游左岸 8 号喀斯特管道水在坝基开挖前见有清水出露，但坝基开挖后未见明显的泉水出口。另外，齿槽上游侧开挖面上沿小断层见有较大涌水，推测该涌水可能与上游河道渗水有关。坝纵 0＋140m 桩号一带 F_{11} 断层横穿坝基，沿断层带喀斯特稍发育，在靠近右岸附近见10～20 cm 宽的狭缝状溶洞，涌水流量约 1L/s。

光照水电站在大坝基坑开挖期间（主要在枯季）源于各泉水点的地下水涌水总流量约 30L/s（2 600 m^3/d），由两岸地下水入渗大坝基坑的涌水量并不大。实际上，光照水电站在大坝基坑开挖期间主要来水量并不是地下水，而是以上下游围堰渗（漏）水为主，通过围堰及下伏基岩表层溶蚀带入渗的地表水约占基坑总涌水量的 70%。本工程在施工期间针对大坝基坑涌水主要通过加强抽排措施予以解决。

4. 坝基渗漏及防渗　如前所述，光照水电站坝址区左岸发育有 1 号喀斯特管道系统，管道现出口 S_{05} 号泉位于坝轴线上游 45m，该管道构成左岸横向地下水径流凹槽带；该喀斯特管道仅部分拦截在库内，其与大坝下游的透水地层同属一个喀斯特水文地质单元，因此库水沿 F_1 断层可能存在管道形式的渗漏，也可能存在沿结构面向下游的绕渗问题，总体上坝址区左岸喀斯特水文地质条件较为复杂。坝址区右岸 2、3 号喀斯特管道系统出口分别位于坝轴线下游 22m、160m 处，该 2 条管道水构成右岸横向地下水径流带，地下水径流带内喀斯特发育、地下水活动强烈，可能成为右坝肩地基绕坝渗漏的通道。河床坝基喀斯特发育微弱，构成坝基的主要持力层 ${T_{1yn}}^1$ 灰岩中，12 个河心钻孔均未遇到溶洞，沿 F_1 断层带也未发现大溶洞；根据物探 CT 图像显示，河床基岩面以下无明显异常反映，仅见局部溶蚀带（或小型溶蚀孔穴）及裂隙密集带且范围不大。因此，坝址河床主要是沿裂隙、溶蚀裂隙的分散渗漏。

根据光照水电站坝基可能发生的绕坝渗漏形式，综合考虑坝址区地层结构及其隔水性能，左岸防渗帷幕选择向下游接永宁镇组第 2 段（${T_{1yn}}^2$）隔水层，帷幕在坝基穿越 F_1 断层，但防渗线短，防渗面积小。右岸采用接触式帷幕接上游飞仙关组第 2 段第 2 层（${T_{1f}}^{2-2}$）粉砂质泥页岩隔水地层。河床采用悬挂式帷幕，防渗帷幕下限至 460m 高程。帷幕下限的确定主要是根据 F_1 断层的溶蚀特征，结合永宁镇组第 1 段（${T_{1yn}}^1$）岩体的透水率、F_1 断层发育情况，并按规范及有关经验以 0.5 倍坝高综合而定。由于坝基开挖不可能完全清除 F_1，断层带及风化带，因此对坝基 F_1 断层结合防渗与稳定要求须进行专门处理。

该工程于坝肩两岸分别设置了 5 层灌浆隧洞及在坝体内 560m 高程灌浆廊道进行帷幕灌浆。从灌浆施工的情况来看，灌浆孔施工未遇较大的溶洞，灌浆过程中除极少数沿溶蚀裂隙、断层及溶洞部位灌浆孔的吸浆量稍大外，绝大多数灌浆孔吸浆量均较小，平均为 20～40 kg/m 左右。另外，左岸 612m 高程灌浆廊道在开挖过程中揭露了较大的 K_1、K_2 溶洞，对此二溶洞做洞内清渣后回填 C10 混凝土进行了封堵，并于溶洞发育段（0＋250m～0＋280m 桩号）帷幕上游排的上游增加了 1 排计 18 个辅助帷幕孔进行处理，辅助帷幕孔孔深 8～20m。从已完成的各层灌浆隧洞帷幕灌浆检查孔压水试验情况看，各段透水率均小于 1Lu，满足设计防渗要求。

5. 坝肩边坡稳定问题　光照水电站坝址区两岸地形陡峻，自然坡角 40°～75°。边坡由永宁镇组第 1 段（${T_{1yn}}^{1-1}$、${T_{1yn}}^{1-2}$、${T_{1yn}}^{1-3}$）地层构成，岩性主要为灰色中厚层、少量厚层及薄层状灰岩、泥灰岩，岩层产状为 N80°～85°W，SW∠60°。两岸水平卸荷深度 5～20m，弱风化水平深度约 20～25m。现代河谷自然边坡呈稳定状态，大坝坝肩开挖后，其下游侧边坡形成逆向坡，上游侧边坡形成顺向岩质边坡。

大坝坝肩下游侧岩质逆向边坡坡面爆破裂隙、卸荷裂隙较发育，坡面局部形成倒悬状，边坡主要呈倾倒变形，以及反倾向裂隙与顺河裂隙切割形成的块体塌落、掉块，但规模较小。坝肩开挖后及时采用 ϕ25@4m×2m 长 9m 和 4.5m 间隔布设的系统砂浆锚杆、辅以 ϕ6@ 20cm×20cm 坡面挂网钢筋加喷 10cm 厚的 C20 混凝土进行支护处理，并布设排水孔进行排水。经过上述措施进行支护处理后坝肩下游侧边坡处于稳定状态。

大坝坝肩上游侧顺向边坡地层岩性主要为永宁镇组第 1 段第 1 层（$T_{1yn}{}^{1\text{-}1}$）紫红色夹灰白色中厚层、厚层泥质灰岩夹少量薄层灰岩，岩层产状为 N80°～85°W，SW∠60°，该岩层含泥较高。上游侧边坡卸荷裂隙发育、稳定性较差，坝肩开挖后多沿层面顺层塌落。一般对此边坡采取 ϕ32、L=12m 和 ϕ25L=6m 间排距 4m×2m 间隔布设的系统砂浆锚杆、辅以 ϕ6@20cm×20cm 坡面挂网钢筋加喷 10cm 厚的 C20 混凝土进行支护处理。但右坝肩上游侧边坡 600～680m 高程段由于施工开挖时未形成马道，顺层面形成高达 80m 的顺向岩质高边坡，边坡上部为进水口底板基础，下部为大坝施工场地，受顺河向陡倾裂隙切割，边坡开挖时坡面岩体曾发生顺层塌滑现象。为保证边坡下部施工安全，除进行常规的支护外，对该边坡另增设了 9 根 1500kN 级的预应力锚索进行处理。处理后上游侧边坡在大坝基坑施工及混凝土浇筑期间稳定，确保了施工安全。

（四）光照水电站引水隧洞主要工程地质问题

1. 进水口闸门井地基稳定问题　光照水电站引水隧洞进水口闸门井段自然边坡坡角为 35°～45°，地基岩体主要为永宁镇组第 1 段第 1 层（$T_{1yn}{}^{1\text{-}1}$）薄层、中厚层灰岩夹厚层、极薄层灰岩、泥质灰岩，下部夹少量钙质泥岩；其次为飞仙关组第 2 段第 3 层（$T_{1f}{}^{2\text{-}3}$）薄层、极薄层泥灰岩、泥质灰岩夹钙质粉砂岩。该段为单斜岩层，岩层产状为 N80°～90°W，SW∠55°～60°，卸荷裂隙较发育，裂隙及层间普遍夹泥，夹泥水平发育深度 15～45m，裂隙及层面多为铁泥质浸染并有 2～5cm 宽的蚀变现象。另外，建基面上还发育 2 条张扭性小断层 F_1 和 F_2，F_1 断层破碎带宽 5～30cm，断层带物质成分为糜棱岩、角砾岩，铁钙质及少量泥质胶结，断面起伏稍光滑，沿断层带偶见小溶洞、溶隙发育；F_2 断层破碎带宽 30～180cm，断层带物质成分为角砾岩及方解石条带。

闸门井地基处于弱风化带内，风化及卸荷裂隙较发育，岩体较破碎。尽管弱风化岩体的承载力能满足闸门井基础承载要求，但倾向坡外的卸荷裂隙及岩体变形特性的不均匀性对闸门井地基的稳定及不均匀变形影响较大，且实际开挖后地基超挖较大，地基面平整度较差。为确保闸门井地基的稳定性，消除不均匀变形的影响，以及保护开挖面泥质灰岩、钙质泥岩不致受浸泡软化而影响其力学强度，对闸门井底板除按设计文件要求浇筑 2～5m 厚度不等的钢筋混凝土外，还实施锚杆（间排距 2m×3m，L=4.5m）加固，并与上部结构混凝土形成一体；最后对底板地基进行固结灌浆补强处理。

2. 进水口上游侧顺向边坡稳定问题　光照水电站引水隧洞进水口上游侧为飞仙关组第 2 段第 3 层（$T_{1f}{}^{2\text{-}3}$）薄层、极薄层泥灰岩、泥质灰岩夹钙质粉砂岩构成的顺向坡，岩层产状 N80°～90°W，SW∠55°～60°。进水口开挖边坡宽约 40m、高约 50m，由自然坡面至引水洞进口，岩体由强风化渐变为弱风化。进水口表层卸荷带宽约 25m，卸荷风化带内岩体多风化严重，垂直切割层面的裂隙密集发育，最密处裂隙发育率可达 20 条/m；该组裂隙延伸较长，单条裂隙可由坡脚一直延伸切穿坡顶，至引水洞进口处仍见有该组裂隙发育；受该组裂隙切割，该顺向边坡岩体呈碎裂结构。另外，由于该边坡区主要为强风化至弱风化岩体，沿层面多风化夹泥，夹泥层物理力学性质较差。

该边坡主要破坏模式为顺层塌滑，只要边坡开挖切穿层面，顺层塌滑即可能发生。开挖期间，由于分层取水设计的需要，在边坡区局部坡段自 690m 高程以下进行了切层垂直开挖，据边坡埋设的多点位移计监测结果显示，边坡位移曲线呈现出缓慢上升的趋势，表明边坡稳定状态随下部切脚临空面的增大而呈加剧变形的趋势。

为确保该边坡的稳定，维护施工及运行期的安全，对该边坡采取了大量的加固处理措施。处理措施主要有：砂浆锚杆（ϕ25@2m×2m，L=15.0m、9.0m、6.0m，梅花形布置）、3 排钢筋桩（6ϕ28，L=15.0m，@2m×3m 梅花形布置，钢筋外露 1.0m）、挂钢筋网（ϕ6@ 10cm×10cm）、喷混凝土 10cm。另外，在坡面上布置 18 根 1000kN 预应力锚索，在垂直切脚坡段 668～690m 高程采用浇筑钢筋混凝土挡墙及预应力锚索联合支挡。

在进水口边坡处理过程中，在坡面上布置多点位移计（共 2 套，其高程分别为 711m、691m）对边坡进行监测，监测结果表明，多点位移计各测点已处于稳定状态。经过上述加固处理后，引水隧洞进水口边坡整体稳定。

（五）光照水电站厂房主要工程地质问题

1. 厂房地基不均匀变形问题　光照水电站厂房基础绝大部分置于 $T_{1yn}{}^{4}$ 地层上，该地层风化剧烈、岩体破碎、喀斯特较发育，泥质白云岩与下伏 $T_{1yn}{}^{3-2}$ 中厚层灰岩的接触带上发育有 5 号喀斯特管道水；厂区中部尚有 P_1 挤压破碎带（厚 6～15m，为灰黑色、紫红色泥岩夹角砾，由白云岩、泥质白云岩、灰岩及硬石膏等组成）横穿而过。天然状态下，$T_{1yn}{}^4$ 地层新鲜岩体的承载力为 1.0～1.5MPa。但厂房基础大部分置于弱风化上部岩体中，部分置于强风化岩体中，除 P_1 挤压破碎带外，$T_{1yn}{}^4$ 弱风化岩体变形模量为 1.2GPa，允许承载力仅 1.1MPa 左右，强风化岩体允许承载力约 0.4MPa；设计厂基最大压力为 0.64MPa，弱风化岩体基本能满足基础承载力要求，但强风化岩体不能满足要求。$T_{1yn}{}^{3-2}$ 硬质岩与 $T_{1yn}{}^4$ 软岩相接部位由于岩体的力学强度相差较大，尚存在不均匀变形问题。此外，水对厂房地基泥质白云岩的力学性状影响较大，厂房基坑施工初期由于排水能力不足，基坑岩体受水浸泡后短期内即在岩体表层形成了一层厚0.3～1m 的黏泥层，据声波测试资料，在基坑下部 1～3m 范围内，其物理力学指标均大幅度下降。

在天然状态下，光照水电站厂房建基面 T_{1yn}^{3-2} 灰岩区弱风化岩体波速在 4500m/s 左右，相应变模为 4.72GPa；受 5 号喀斯特管道溶蚀影响的 T_{1yn}^{3-2} 灰岩溶蚀区岩体波速在 2400m/s 左右，相应变模为 0.38GPa；T_{1yn}^{4} 泥质白云岩区弱风化岩体波速在 2700m/s 左右，相应变模约 0.75GPa；P_1 挤压破碎带岩体波速在 2050m/s 左右，相应变模仅 0.24GPa。因此，光照水电站厂房地基变形问题较为突出。

光照水电站厂房基坑开挖到位后，为提高地基软弱岩体的力学强度，设计采用固结灌浆对地基岩体进行处理。灌浆孔深度分为 4m、6m、8m、12m 4 类，其中 12m 深灌浆孔主要针对 P_1 挤压破碎带及钻进过程中遇到溶洞等异常部位布置；固结灌浆孔间排距为 4m×2m。为确保厂房基础沉降稳定、运行安全，在地基固结灌浆完成后，又对厂房下游闸墩区域基础进行了补强灌浆，灌浆孔设置 1 排，补充灌浆孔在 1 号机组部位孔间距为 4m，在 2～4 号机组部位孔间距为 2m，灌浆孔深度为 29m，其中灌浆深度为 20m。

厂房地基经灌浆处理后，$T_{1yn}{}^4$ 泥质白云岩、角砾状白云岩的声波平均波速为 2916m/s，其中波速值大于 2800m/s 者占 70%，平均变形模量为 0.97GPa。根据上述测试成果，经灌浆处理后该地层岩体力学强度基本能满足设计压应力要求，平均波速值亦满足设计要求的 2800m/s 的要求。但在 5 号喀斯特管道及 P_1 挤压破碎带附近仍有少数检测点达不到规定指标要求，推测主要是受局部发育的充填黏土的小溶洞影响所致。在对该地层进行补充灌浆后，其平均声波波速可达到 3039m/s 左右，其中波速值大于 2800m/s 者可达 96%，声波波速值未达标者主要集中在底板上部的零星点上。除此之外，全部检测孔的声波波速值均满足大于 2800m/s 的设计要求，与此相应的平均变形模量亦在 1.2GPa 左右。

上述测试成果表明，采用灌浆方式对厂房地基溶蚀风化的泥质白云岩、角砾状白云岩及挤压破碎带的处理能达到设计要求，效果较好。

2. 厂房基坑涌水问题　光照水电站地面厂房位于坝址下游右岸Ⅱ号冲沟口的平缓地带，地形开阔。出露地层主要为 $T_{1yn}{}^4$ 中厚层、薄层角砾状白云岩、泥质白云岩夹少量黏土岩及 $T_{1yn}{}^{3-2}$ 灰岩夹少量泥质灰岩、泥质白云岩。枯期河水位 581m，汛期河水位 590～600m，厂房基础（557.80m）低于河水位 23～42m，自然条件下，地表水流汇集于Ⅱ号冲沟，经厂房区排向河流。厂址跨越Ⅱ号冲沟，冲沟内常年有水，枯季流量为 10～20L/s，一般流量为 25～80L/s，汛期最大流量达 $13m^3/s$。

厂区沿 $T_{1yn}{}^3$ 与 $T_{1yn}{}^4$ 地层分界面发育有 5 号喀斯特管道。该喀斯特管道发源于右岸大寨、冰雾一带，基本上沿Ⅱ号冲沟垂直于北盘江发育，长约 4.2km，汇水面积约 $3.6km^2$。该喀斯特管道系统主要表现形式为狭缝状溶洞及相互连通的溶洞系统。根据厂房基础、压力管道及Ⅱ号冲沟截水坝等开挖揭露情况，该管道并不是一条单一的喀斯特管道，而是由 2～3 条管道组成的喀斯特管道系统。另外，除 5 号喀斯特管道系统外，$T_{1yn}{}^4$ 地层中溶蚀孔穴等喀斯特形态较发育，建基面上多见孔径 0.1～2cm 的小溶洞以及溶蚀扩展的裂隙，沿溶蚀裂隙及小溶洞多见渗水、脉状涌水现象。

厂房基坑涌水主要来自三个方面：①河水沿 5 号喀斯特管道倒灌，该涌水流量较大约 20L/s；②由尾水渠一带沿裂隙于建基面上渗出及部分沿围堰入渗的河水，该部分涌水流量约 10L/s；③由 5 号喀斯特管道涌出的地下水，流量约 5L/s，暴雨后略有增大，但一般不超过 10L/s：一般情况下厂房基坑总涌水流量在 40L/s 左右。

光照水电站厂房基坑涌水的处理方法主要采用抽排法、帷幕灌浆法及封堵法进行。抽排法主要是针对尾水渠一带沿裂隙渗出及部分沿围堰入渗的河水，以及由 5 号喀斯特管道涌出的地下水，将各处涌水汇集到厂房中部的集水井内之后集中抽出基坑。帷幕灌浆主要封堵沿 5 号喀斯特管道倒灌的河水；由于 5 号喀斯特管道在北盘江岸边未发现集中出水口，开始进行的帷幕灌浆封堵效果不是很好，经物探测试、钻孔探测、投放试剂进行查找，终于查找到该通道，之后采用模袋灌浆方法将该涌水点进行了有效封堵。

（六）结语

光照水电站存在的主要工程地质问题包括坝基抗

滑稳定问题、坝肩开挖边坡稳定问题、坝基沿 F_1 的不均匀变形问题、基坑涌水问题、引水洞进口边坡稳定问题、闸门井地基稳定及变形问题、引水隧洞围岩稳定问题、洞室喀斯特涌水问题、厂房及调压井顺向边坡稳定问题、厂房地基变形问题、厂房基坑喀斯特涌水问题等。根据开挖揭露后的地质条件，坝基抗滑稳定问题较原预计的好；坝肩边坡稳定问题由于处理方法得当且较及时，未对施工造成不良影响；引水发电隧洞围岩多以Ⅱ、Ⅲ类为主，围岩稳定问题不突出；隧洞喀斯特涌水问题也主要集中在Ⅰ号引水隧洞0+310m桩号段，涌水量不大，且后期已于隧洞顶部设置了排水洞进行排水消压处理；厂房及调压井后部顺向边坡在施工开挖过程中严格控制不切脚，且开挖后及时进行了系统锚固处理，问题也不突出。总体上，光照水电站枢纽区地质条件较好，工程地质问题不突出；对现有可能存在的工程地质问题都及时有效地进行了处理，从施工期监测资料及目前运行情况来看，工程处理效果较好。可以说，该工程枢纽的选择及施工处理，以及前期勘察工作思路的准确定位、高精度的勘测效果等，对喀斯特地区水电水利工程的选址、勘测及评价均具有借鉴意义。

（中国水电顾问集团贵阳勘测设计研究院　余　波）

长甸水电站两次水工隧洞大断层的处理

（一）概况

长甸水电站改造时，在开挖到0＋455桩号处，又遇到造成长甸电站隧洞第一次施工时大塌方的断层，两者水平相距约160m，高程相差53m。

该部位上覆岩体厚130～200m，围岩为前震旦系黑云母斜长片麻岩，微风化，抗压强度50MPa，岩体中断层发育，节理裂隙密集，地下水活跃，滴水现象严重。该部位围岩为Ⅲ类，主要地质构造形态为走向NW275°～300°倾向SW或NE，倾角50°～70°，和走向NW320°～340°倾向SW，倾角60°～80°的两组断层，其中 F_{34}、F_{35}、F_{36}（长甸电站改造工程编号为 F_{67}、F_{68}、F_{14}）规模较大，破碎带宽1～2m，由断层泥、靡棱岩、破裂岩组成，均为压性断层，带内具石墨化挤压碎片。

（二）第一次断层塌方及处理情况

1985年长甸电站工程施工时，隧洞施工到桩号0+826处，已经开挖完成并进行了支护的0＋803到掌子面发生了大塌方。大塌方沿 F_{34} 断层发生，越塌越大，最终 F_{33} 到 F_{36} 之间全部塌落，塌方桩号为0＋809～0＋830，最大长度23m，宽26m，高约30m，塌落总方量达1.1568万 m^3。

断层处理按以下步骤进行：当堆渣达到稳定坡度，上部岩块互相卡住后，在堆渣上做钢结构挡渣墙，墙的上部做钢木棚架，之后穿混凝土导管，安装堵板，预埋灌浆管，回填混凝土并进行灌浆。为防止塌方扩大，在桩号0＋826～0＋830处支立模板，浇筑第一块顶拱混凝土，锁住塌方的下游口。在此基础上进行了出渣→腾出空间（堆渣自然稳定）→安装钢结构挑梁→安装封堵板→安装混凝土导管→回填混凝土→永久顶拱衬砌的循环施工方法，称之为挑梁递进法。

挑梁结构型式：在渣堆上放置20号工字钢做梁端基础，以此做挑梁前端支撑点，梁后端搭焊在顶拱混凝土预埋的探头钢或穿吊在前次的挑梁上。“搭焊”即在探头钢上横向搭工字钢，上置挑梁然后焊牢；“穿吊”即在前段回填混凝土的两侧将一工字钢横向吊焊好，然后将挑梁工字钢直接穿入，再用电焊加固，挑梁跨度较大时，用型钢三角支撑加固。

施工中挑梁的递进长度根据塌方规律、堆渣稳定性和出渣后得到的稳定空间现场确定，长度为1～4m不等，在施工中要保证上部永久支护的衬砌厚度，浇筑混凝土（不振捣）时速度不宜过快，防止渣堆和挑梁变形。

（三）第二次断层处理情况

长甸电站改造工程，当确定遇到的是造成20年前大塌方的同组断层时，紧急召开了现场会议。借鉴20年前的大塌方处理经验和教训，提出并确定了“安全第一、快速喷护、及时跟进”的支护、处理原则，随后和监理、施工、设计单位共同制定了详细的支护施工方案和安全措施。

断层处理按以下步骤进行：首先进行快速的喷浆支护，防止小块掉落伤人，前部放置间距0.6～0.8m预先制作好的格栅钢架进行支护，施工作业人员在其后部用槽钢和钢管焊接成的开挖作业平台上进行格栅钢架固定和锚喷支护。锚杆长度分为6m和8m两种，布置原则为锚杆垂直于裂隙面，行距和间距根据现场实际情况调整，间隔1～3m，外挂钢筋网后进行喷混凝土处理，完成后进行下一循环。此次处理的总原则是：固定格栅钢架和锚喷支护必须快速进行，必须赶在隧洞顶拱遭到破坏前完成支护施工。

处理完毕后的测量结果显示，隧洞拱顶最大塌落高度已达2.8m，洞室顶拱已经遭到完全破坏，处于大塌方的临界状态。

（四）结语

1985年大塌方发生的原因有：①洞顶岩石受断层节理切割存在不稳定岩体，断层发育，岩石破碎，地下水影响；②由于只采取了常规支护方式就继续进行隧洞掘进开挖施工，最终导致开挖面后部发生了大塌方。这次大塌方，由于有关人员对地质条件的认识不足、不够重视，未及时采取有效的支护防止塌方，是值得吸取的教训。另外，大塌方发生后处理措施不果断，处理时间拖延16个月，塌方不断扩大，是第二个需要吸取的教训。

（太平湾发电厂 周 华）

勘测技术与设备

抽水蓄能电站上水库岩溶探测研究及应用

抽水蓄能电站一般是在一个孤立的山头上修建一个水库作为上水库，库水渗漏是重点考虑的问题；渗漏主要是断层、裂隙、岩溶等地质不良体导致的。与其他地质构造相比，岩溶的规模和走向更无规律可循。

一、物探方法

目前，探测岩溶的主要物探方法有：高密度电法、电磁波CT、大地电磁及地质雷达。

高密度电法、地震反射法、地质雷达探测由于受方法和仪器设备的限制，主要解决地表浅部异常，常用来进行地表探测。而在地表探测的大地电磁法受场源及方法的限制，浅表部异常可能会在探测盲区内，常用于中深部异常探测。电磁波CT在孔中进行，可解决孔间异常，解释深度较精确，常用来进行钻孔间剖面探测。

二、工程实例

（一）安徽琅琊山抽水蓄能电站

该抽水蓄能电站上水库库区防渗采用以垂直灌浆帷幕为主，库区、防渗线上溶洞掏挖、回填混凝土，库区局部水平黏土铺盖为辅的综合处理措施。

库区主要出露的地层为上寒武统琅琊山组及车水桶组灰岩，紧密褶皱和断裂构成了工程区的主要构造骨架。质纯、无夹层的厚层块状灰岩，岩溶发育强度最剧，个体岩溶的规模、岩溶率都大大超过其附近的泥质条带状薄层灰岩。查明上水库厚层灰岩地层岩溶发育程度及发育规模成为物探的主要任务。

1. *库区岩溶探测* 在上水库库区开展的岩溶探测，共布置了7条物探测线，对各测线均进行高密度电法与地震映像两种物探方法。高密度电法勘测工作采用温纳尔装置，测试工作时共用60根电极，点距2m，电极布设一次完成，最大探测深度约为30m。此次工作采用的地震反射是单点发射接收的等偏移观测方法。对每条测线的反射剖面，进行处理获得时间剖面，再对每条时间剖面进行分析与解释。两种方法的综合应用很好地揭露了地表附近的岩溶、溶蚀裂隙群及断层情况。

2. *龙华寺分水岭地下岩溶探测* 为查明上水库龙华寺左岸分水岭地带的地下岩溶，布设了5条控制性大地电磁剖面，查明深度200m范围内较大渗漏岩溶通道的分布情况，为该地段水库防渗必要性及灌浆防渗范围的进一步论证提供依据。大地电磁测深得出的视电阻率数值表示一条测线上一定深度内岩层的视电阻率值；异常是指图像上某处高于或低于背景的异常视电阻率数值，异常与该处岩体的风化、溶蚀、破碎、裂隙、构造等情况有关。从探测成果中可以看到，对于断层破碎带、中深部异常反映较好。

3. *龙华寺分水岭电磁波CT测试* 在灌浆平洞内布置了7对电磁波CT。从成果剖面中可以看出，没有明显的岩溶反应，喀斯特渗漏基本以小规模溶洞或溶蚀裂隙为主。电磁波CT应用的最大收获是彻底查清了F_{11}断层的规模和走向（图1）。由于F_{11}断层内充填有不透水的蚀变花岗闪长岩脉，因此为帷幕灌浆提供了以F_{11}作为边界条件的依据。

（二）山西西龙池抽水蓄能电站

在上水库库盆基础开挖到设计高程时，其建基面以下的岩体内存在溶洞、溶蚀宽缝等不良地质现象，面板地基不均一。因此，必须详尽地查明上水库建基面以下一定范围内的岩溶分布情况及范围。通过分析后认为：采用地质雷达探测方法较为适宜。

上水库溶洞、溶蚀探测工作区域为库盆库底和部分库岸，测线长度46km。雷达探测岩溶、溶蚀构造工作共探测出溶洞异常51个、溶蚀宽缝异常94条，合计145处之多。按探测的异常总数的40%，性质不同的异常来进行开挖验证，验证结果表明：溶洞、溶蚀裂隙分布位置、发育规模、充填物均与探测的结果吻合。在后期的库盆地基处理过程中，对探测到的异常进行了全部的开挖并进行了处理。

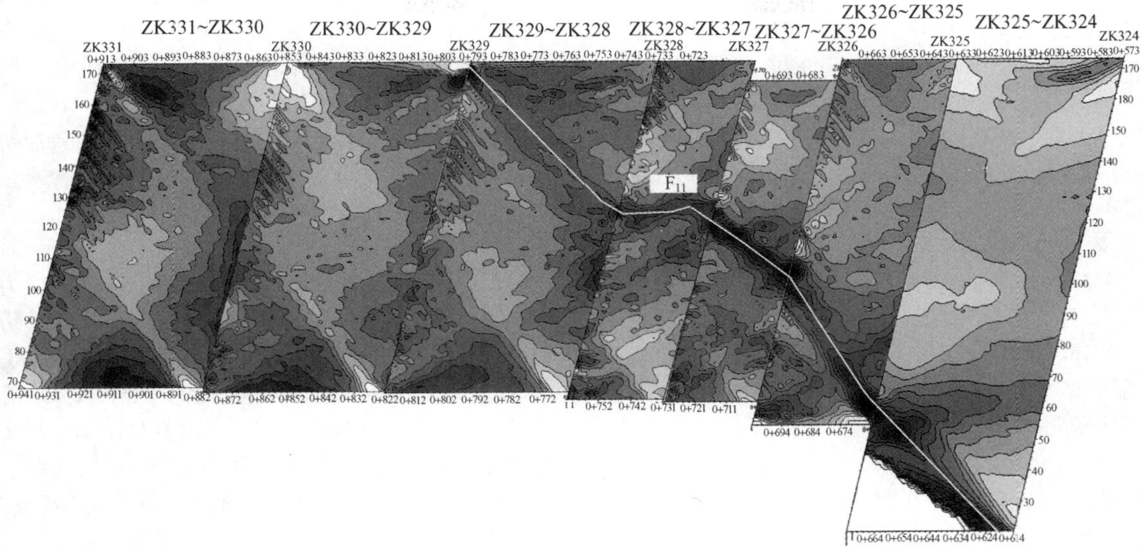

图1 龙华寺二期防渗电磁波CT成果剖面图

三、探测方法分析总结

任何一种物探方法都依据一定的物理前提，并具有一定的条件性和局限性。

高密度电法获得信息量丰富，能较详尽了解水平和垂直方向上的电性变化；但它的探测深度相对较小（相比测线长度），且解释深度与实际情况有一定的误差。

电磁波CT在孔中进行，可解决孔间异常，解释深度较精确；常用来进行钻孔间剖面探测。缺点是：必须有一对（或几对）钻孔，且距离不能太远，工作效率低。

大地电磁法要求测区现场满足所选用的场源布设要求、被探测目的层或地质体位于探测盲区以下，常用于中深部异常探测。

雷达波的频率极高，因此在地层中其能量的衰减也很大，勘探深度较浅。其次雷达图像一般不能确定地下目标体的横向尺寸。由于地层岩性的不均匀性及其组成的复杂性，使得雷达波速的测试、计算有一定困难。

在实际工作中对不同的探测任务、不同的探测目标体，有针对性地选择工作方法是达到最佳探测效果的前提。应用综合物探手段是克服单一物探方法产生假异常的最好途径，能够更好地解决实际工程地质问题。只有正确认识和使用这些物探技术，充分发挥其有效作用，才能够更好地为工程建设服务。

（中国水电顾问集团北京勘测设计研究院
常　伟　赵党军）

338m超深滑坡体松散堆积层钻探技术

丹巴水电站是大渡河22个梯级电站上的第八级，坝址区位于四川省甘孜州丹巴县上游17km处。坝址区下游约7km处发育有干海子滑坡体群，该滑坡体群分布于大渡河的左右两岸，呈东西向发育。其中右岸堆积体分布面积和方量较大，面积约124万m^2，估计方量近2亿m^3；左岸堆积体面积约64万m^2，估计方量约3840万m^3。左岸干海子滑坡堆积残体的稳定性略差，其前缘崩塌堆积物质结构较松散，后壁临空面坡度极陡。

为查明干海子左岸滑坡体的工程地质条件，在滑坡体上布置了勘探剖面。勘探表明，该滑坡体堆积层深厚，其中GK11钻孔所揭穿的滑坡体堆积层深达338.05m。该钻孔终孔孔径为ϕ75mm、孔深为350.81m，全孔岩心采取率为92%，历时51天完成。338m超深滑坡体堆积层钻孔的顺利完成，为查明干海子滑坡堆积体的厚度、结构、物质组成，分析评价其成因和稳定性提供了可靠的资料，同时，为钻探专业钻进超深松散堆积层工艺技术水平积累了经验。

（一）深孔揭露的物质组成

GK11钻孔共揭露四大层，主要为：

第一层：0～202.10m为洪积物及泥石流堆积物，具多期性、碎块石含量高、磨圆度和分选性差、物质成分和结构复杂、力学性质差异大等特点，上部局部存在架空现象。

第二层：202.10～258.40m为滑坡堆积物，碎块石含量高，磨圆度和分选性差，物质成分和结构单一，在长期固结压缩作用下密实性好。

第三层：258.40～338.05m为河床冲积物，碎块石、漂石含量高，并随深度增大呈增高趋势，磨圆度和分选性差，物质成分和结构较为复杂，孔深302.50m以下漂石间堆积密实，仅接触面见少量砂粒充填。

第四层：338.05～350.81m为青灰色二云母片岩。

(二)钻探工艺及方法

1. 钻探设备及钻具　钻机为XY-4型钻机，水泵为BW150泵。根据孔内地层情况及取芯要求，该孔分别用双管单动钻具，SDB110、SDB94型半合管钻具进行钻进。

2. 钻孔结构　自孔口至终孔依次为ϕ221mm（4.5m）；ϕ150mm（40.28m）；ϕ130mm（72.89m）；ϕ110mm（200.22m）；ϕ91mm（337.60m）；ϕ75mm（350.81m）。所下套管规格依次为：ϕ221mm套管4.75m；ϕ146mm套管41.58m；ϕ127mm套管72.22m，以下孔段采用植物胶护壁，裸孔钻进。

3. 钻进参数选择　根据滑坡体不同孔深的地层性状采用低钻压、低转速和合适的冲液量进行钻进。同时为确保岩芯的采取率在90%以上，采用半合管钻具进行取芯，并严格控制回次进尺在1m之内。

4. 冲洗液的选择　钻孔所采用的循环液为SH型植物胶。根据要求配比，先将清水加到桶的一半，再加入一定比例的植物胶，高速搅拌5min后继续加满水，再采用低转速搅拌10～20min，因为施工期间遇寒冷天气，搅拌时间相应延长5～10min，以确保植物胶充分絮状化并无结块。

(三) 钻进过程主要注意事项

(1) 操作人员应严格按钻孔施工组织设计的要求进行操作，随时随地注意钻进过程中的变化，发现问题及处理。

(2) 孔深超过100m左右时，孔内没有回水或回水不多时，起钻后应及时回灌浆液，以防孔壁坍塌。

(3) 钻孔的钻进过程当中，密切注意泵压变化情况，一旦出现蹩泵等现象，应立即采取相应措施，以免由于钻压骤变，造成坍孔。

(4) 钻孔结束后及时起拔各层套管，以利测斜管的顺利下入。

（中国水电顾问集团华东勘测设计研究院　周光辉）

GPS相对定位在水电测绘工程中应用的基本思路

GPS卫星定位技术已广泛应用于水利水电工程测量。它不仅具有定位精度高、测站间不需要通视、可全天候作业、携带轻便、操作简单、自动化程度高等技术特点，而且野外作业时间短、经济效益显著。随着GPS作业方法和技术手段的不断成熟与完善，GPS测量在水电测绘工程中作用和技术优势愈加明显，在很大程度上取代了传统作业模式而被普遍采用。但应用中坐标转换问题需要解决。

（一）存在问题

1. 坐标系　目前GPS所采用的坐标系统为WGS-84坐标系，即GPS卫星广播星历和精密星历使用的参考系。WGS-84坐标系统全称为World-Geodical System-84（世界大地坐标系-84）。该系统的坐标原点位于地球质心，Z轴指向BIH1984.0定义的协议地球极方向，X轴指向BIH1984.0的起始子午面和赤道的交点，Y轴与X轴和Z轴构成右手系。采用椭球参数为：长半径$a=6\ 378\ 137$m，扁率$f=1/298.257\ 223\ 563$。然而在水电工程规划、设计、施工、运营过程中，所收集的各类测绘成果其坐标系统一般为：1954年北京坐标系、1980年西安大地坐标系、新1954年北京坐标系或地方独立坐标系其中的一种，它们与WGS-84坐标系在原点位置、椭球参数等方面均存在差异。因此GPS测量成果需转换到地面坐标系，以保持测区控制系统的一致性。

2. GPS平差与系统转换　GPS平差计算大多是以GPS基线向量在WGS-84坐标系中的坐标差（dX，dY，dZ）为原始观测值的平差。通过无约束平差对基线向量是否含有粗差、系统误差、GPS控制的内符合精度以及方差因子合理性等进行检查，消除原始观测值之间的矛盾，发现并剔除粗差，解算出各GPS点在WGS-84坐标系下的坐标成果。目前GPS观测成果的WGS-84坐标与工程区原有控制系统的坐标转换大多采用联测约束平差的方式进行，即联测3个以上的原有控制点，在对已知点的可靠性、正确性做出分析筛选的基础上，利用已知点作为起算数据对GPS测量加以约束或计算系统间转换参数，来确定GPS成果在地方坐标系的坐标。然而受原有控制点数量、位置分布、精度等级差别以及点位变化等因素影响，选用不同的起算数据，会使GPS约束平差结果或得出的转换参数以及精度信息相应产生变化，具有随机性，甚至会被扭曲，造成GPS观测成果的精度损失，而不能满足水电建设工程对测绘控制的精度要求。

（二）解决的基本思路

为了避免起算数据对GPS控制或转换参数计算带来的影响，近年来中国水电顾问集团北京勘测设计研究院通过多项水电工程的具体实践，对GPS解算逐步摸索出一套完整解决思路，对WGS-84椭球长半径进行调整，方法简便实用，处理结果经验证可行。具体内容如下：

(1) 导入 GPS 原数观测数据，依据观测记录和设备类型完成属性编辑，进行 GPS 基线解算和优化处理，作平差预处理，按观测等级对重复基线、同步环和异步环进行检验，剔除观测中可能存在的粗差，对不合格观测数据进行重测、补测，以确保 GPS 外业观测、基线解算精度满足设计限差要求。

(2) 选择独立基线，在 WGS-84 坐标系统下进行无约束平差，依据平差结果，调整先验单位权中误差重新平差直至验后的单位权中误差为 1，方可认为平差合理，评定点位精度。

(3) 依据工程项目编辑建立工程椭球、基准和工程平面坐标系统，使之彼此对应相互关联，并选定测量单位。

1) 建立工程椭球：工程椭球参数除椭球长半径外其他与 WGS-84 椭球保持一致，按工程投影面高程、测区平均高程异常值和 WGS-84 椭球长半径的相对关系计算工程椭球的长半径参数，使 GPS 平差成果投影在所选定的工程投影面（如图 1 所示）。

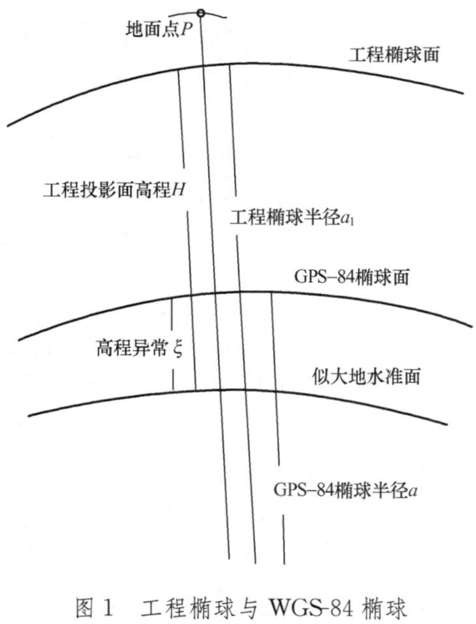

图 1 工程椭球与 WGS-84 椭球

2) 工程椭球长轴半径的计算公式

$$a_1 = a + H - \xi$$

式中 a_1——工程椭球长轴半径；

a——WGS-84 椭球长轴半径；

H——工程投影面高程；

ξ——测区平均高程异常（通过联测高程和 WGS-84 下的 GPS 高程计算求定）。

3) 建立基准：由于新建工程椭球参数除椭球长半径外其他均与 WGS-84 椭球保持一致，其位置基准、方向基准和尺度基准保持不变，且基准与工程椭球相对应。

4) 工程平面坐标系统：选择测区任一 GPS 点作为参考点，并以该点在 GPS 三维无约束平差下所求得的大地经纬度，作为中央子午线和纬度参数，依据 GPS 基线与常规测距边弦长的比值确定尺度比，输入参考点与原控制系统的联测坐标，完成投影参数的编辑，为平面坐标系统选定基准名称、投影方式及长度单位。将 GPS 无约束平差的 WGS-84 坐标，选择新建工程平面坐标系统，输出报表获得 GPS 在该工程平面坐标系统的坐标成果。

(4) 为保持 GPS 成果与测区原有测绘控制系统的一致性，在测区范围内选择已有平面控制点对邻近的 GPS 点进行联测；联测点数量应在 3 个以上，且要求联测位置分布均匀；采用相似变换的方法，对 GPS 的坐标进行旋转和平移，以最小范数解使两者坐标残差分量的平方和极小，运用多点方式对工程椭球定位，进而推算出 GPS 控制的最终坐标成果。这样既保证了 GPS 测量自身的相对精度不受损失，又使工程椭球得到了合理的坐标定位，同时也便于原有各类大比例尺地形图的使用。

（中国水电顾问集团北京勘测设计研究院
张高明　刘东庆）

水利水电三维地质 CAD 和可视化分析系统

水利水电三维地质 CAD 和可视化分析系统由北京勘测设计研究院开发，在 Windos 和 Vista 操作系统下，是以通用 CAD 平台 Auto CAD 作为三维建模的基础平台（2005～2009 年版本），具有软件覆盖面广、成本低、操作简便和易于推广等优点。

该项目充分利用二维制图的数据和图件，可以构造出各类复杂的地质界面，包括变化的地层界面，波状起伏的断层面、褶皱，不规则的岩体风化界面等，以及各类不规则空间曲面的交汇和切错等。综合利用直接生成法、直接点面法、等值线法和剖面法等方法分别建立三维地质数据模型、线框模型、表面模型和实体模型，用户可以根据自己的需要进行多种选择，完成构建适用于水电水利工程的三维地质模型。

该项目为地质工程师进行工程地质分析提供了多种手段：包括三维地质模型的可视化；三维地质模型的各类剖切。

该项目在开发过程中，依托中国水电顾问集团北京勘测设计研究院承担的常规水电站、抽水蓄能电站工程，在多个工程中进行了应用，对工程建筑物区域进行了三维地质建模，取得了比较好的应用效果。这些工程及区域地质条件均有各自不同的特点，从不同侧面验证了本系统的合理性和可行性。在应用推广过程中，对改变传统的水利水电工程地质制图和地质分析方法，提高工程设计水平与效率，起到了积极的推进作用，大大提高了工程地质勘察资料整理的效率和质量。

该项目可以分别建立三维地质数据模型、线框模型、表面模型和实体模型，使用户在建立三维地质模型上根据自己的需要有多种选择，并且实现了在三维地质模型上切制任意方向、任意角度、任意高程部位的各类图件，最终解决了在二维制图中无论是采用手工或计算机都很难解决的技术难题。

该项目实现了对三维地质模型的多种方式的浏览，以满足工程人员直观多方位的观察与分析需要。地质人员可以通过三维浏览为设计师们讲解地质构造，什么地方是地质不良体，什么部位需要工程建筑物回避，设计师们会在三维实体地质模型上看得一清二楚。

三维地质模型的建立为设计专业提供了一个三维设计基础平台，设计师们在三维地质模型上可以直接完成设计构思，进行工程建筑物布置，根据地层岩性及地质构造空间环境，可以任意调整设计方案使之获得最佳布置效果，特别是地下建筑物的空间布置、调整、平移和旋转。对于那些用语言和文字都不易表达清楚的工程地质问题，通过三维地质模型各方位的可视化，可以非常直观的表达清楚，达到一目了然的效果。

CIVIL 3d 是 AUTO DESK 公司最新推出的基于 AUTO CAD 的土木工程软件，可以构造复杂的三维曲面，实现了基础数据与曲面、曲面与剖面的动态关联。用户可以在 Civil 3D 下建立三维地质模型；设计专业使用 Civil 3D 的三维地质模型进行三维设计不会有任何障碍，有非常好的应用前景。

水利水电三维地质 CAD 和可视化分析系统是列入中国水电工程顾问集团公司的科技研发项目，于 2008 年 1 月通过了专家组的验收，并获得了中国水电顾问集团公司科技进步一等奖，中国电力科学技术奖三等奖。

（中国水电顾问集团北京勘测设计研究院　徐春才）

水电水利工程地质三维信息系统

水电水利工程三维地质信息系统（GeoEngine）由中国水电顾问集团华东勘测设计研究院和武汉地大坤迪公司共同自主研发。该系统是基于 Geoview 3D 软件平台，按照软件工程标准和行业技术规范要求，采用 IDL、VC. NET、SQL 等计算机编程语言，融合地理信息系统（GIS）、数据库（DB）、辅助绘图（CAD）、网络通信（WEB）、地质三维建模与空间分析（3DGM）等信息化处理与专业分析技术，自主研发的三维信息化软件。系统包括数据库与数据管理、三维建模与模型分析、二维辅助编图、网络数据查询与统计四个子系统和一个外部软件接口模块（见图 1），具有工程应用范围广、三维建模精度高、电脑硬件配置要求低、运行稳定性好、功能界面专业、操作简便、易学易用等特点，适合向广大地质工程师普及。该系统已经在白鹤滩、龙开口、苗尾、杨房沟、锦屏二级和白云抽水蓄能等水电工程中得到成功应用。

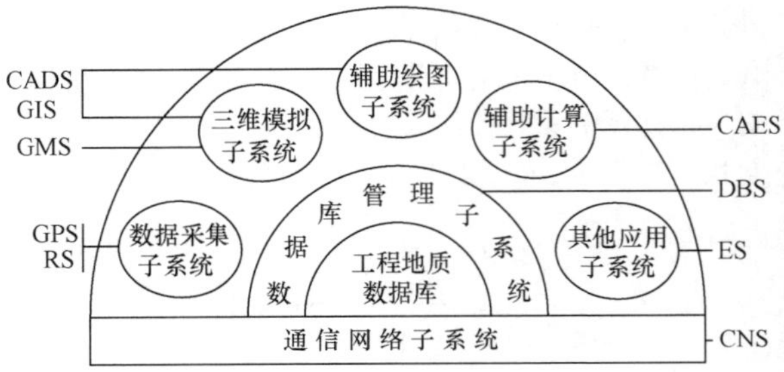

图 1　工程地质三维信息系统的组成

（一）工程地质数据库系统

工程地质数据库系统是按照数据库方式，存储、维护工程地质数据，且向工程地质应用系统提供数据支持的数据库系统。工程地质数据库系统主要由计算机硬件与软件（含数据库管理系统）、工程地质数据库、工程地质应用系统和用户组成，如图 2 所示。

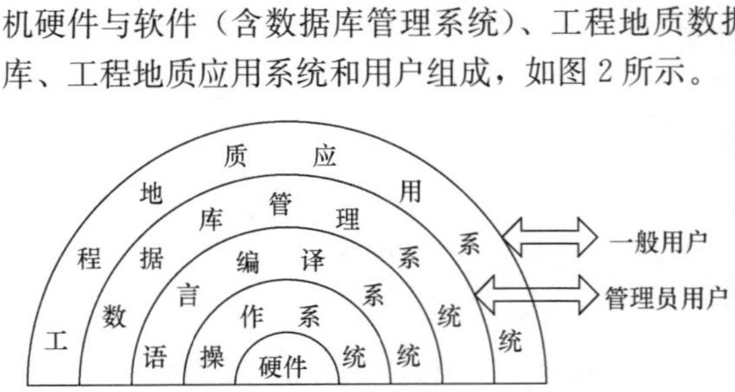

图 2　工程地质数据库系统组成

数据库管理系统软件是数据库系统的数据资料管理机构，又是数据操作行为的执行机构，具有数据库定义、数据操作、数据库运行与控制、数据安全性保护、并发控制、数据库恢复、数据库建立与维护、数据字典、数据通信等功能。从工程地质数据处理的角度，这些功能大致可概括为数据采集、数据传输、数据管理、数据维护、数据加工和数据利用等数据处理过程。

（二）工程地质计算机制图

1. 电脑硬件配置　良好的计算机整体配置，满足主流计算机操作系统和计算机绘图软件的安装运行；配置足够大的内存，以适应比较大的电子图件在计算机绘图软件中的浏览和编辑；配置较高分辨率的屏幕和较好的图形显卡，以适合图形的显示和刷新速度；基于数据库服务器的工程地质绘图系统，必须建立计算机网络；根据工程需要和出图量的大小，选配扫描仪和绘图仪，尺寸不宜小于 A0 图幅。

2. 电脑软件配置　宜选择主流的操作系统和绘图软件，如 WINDOWS XP/NT/2000/VISTA、UNIX、LINUX 等操作系统和 AUTO CAD、MICROSTATION 等 CAD 软件，以方便电子图件的交流与共享；支撑绘图软件的工程图形信息数据库管理软件宜选择支持关系模型的大型网络数据库管理系统，例如 ORACLE、SQL Server；引进或自主开发工程地质计算机制图软件，必须从绘图功能、用户习惯、数据接口、推广应用、使用成本等方面进行比选。

3. 绘图软件设置　绘图软件的基本设置符合国内用户的操作习惯和工程地质绘图环境的要求；地质符号制作成可反复调用的图块文件；地质常用线型在文本格式的 LIN 文件中定义，自定义的 LIN 线型文件应指定为绘图软件的支持文件；地质花纹在文本格式的 PAT 文件中描述，绘图软件应指定所有地质花纹支持文件的路径；绘图字体在工具菜单中指定 SHX 格式的字体支持文件路径，然后新建多个需要的文字样式。

（三）工程地质三维建模及分析

1. 工程地质三维建模　工程地质实体对象在虚拟空间中可以采用三种模型结构来表示，分别为线框模型、表面模型和实体模型。工程地质三维模型中的每个图形对象都不是孤立存在的，而是受到其他一些图形对象的约束，这种约束是地质对象之间客观存在的地质联系，例如地质构造间的交切关系。三维地质建模步骤见图 3。

2. 工程地质三维模型的空间分析

（1）剖切分析。三维地质模型的剖切分析可以选用折线、单面、多面和体对象进行，按照分析的结果可分为剖切体分析、剖切面分析和剖切线分析，按照剖切的方向可以分为垂直剖面分析、水平剖面分析和任意剖面分析。工程地质上常用于分析地质情况的栅

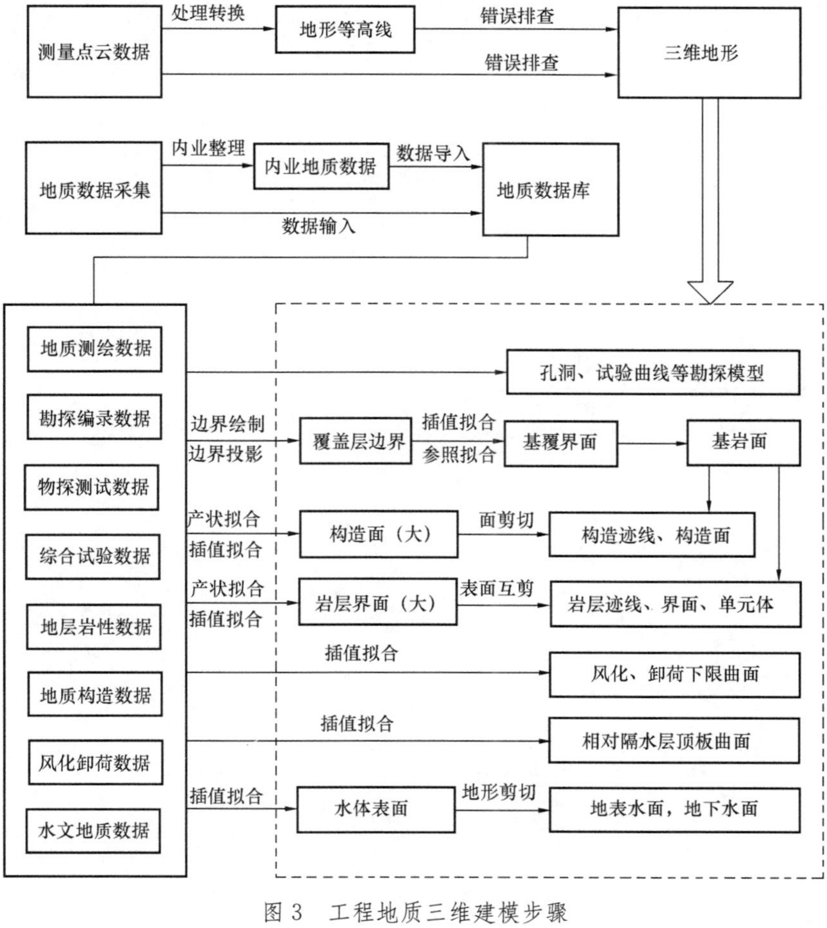

图 3　工程地质三维建模步骤

格模型，就是以多面同时进行剖切面分析得到的。

(2) 等值线分析。根据计算的内容分为等高线分析、等深线分析和等厚线分析，其中等高线分析和等深线分析是针对地质曲面的面对象进行的空间分析，等厚线分析是针对地层单元的体对象进行的空间分析。

(3) 挖洞分析。挖洞分析是以封闭或半封闭的三维表面剖切三维地质模型，将模型分割成内外两个部分，继而分析工程地质情况的过程。根据挖洞分析的应用，可开发不同的三维地质模型空间分析工具，包括虚拟孔洞分析、基坑开挖分析和地下洞室开挖分析。

(中国水电顾问集团华东勘测设计研究院
单治钢 王国光)

中國水力發電年鑒

6

水 工 设 计

大坝与泄水建筑物设计

糯扎渡心墙堆石坝设计

（一）概况

糯扎渡心墙堆石坝坝顶高程 821.5m，心墙基础最低建基面高程 560.0m，最大坝高 261.5m，在国内外已建和在建的同类坝型中居世界第三、国内第一。坝顶长 630.06m，坝顶宽度为 18m，上游坝坡坡度为 1∶1.9，下游坝坡坡度为 1∶1.8。

坝体基本剖面为中央直立心墙形式，即中央为砾质土直心墙，心墙两侧为反滤层，反滤层以外为堆石体坝壳。心墙顶部高程为 820.5m，顶宽为 10m，上、下游坡度均为 1∶0.2。上游Ⅰ、Ⅱ两反滤层的宽度均为 4m，下游Ⅰ、Ⅱ两反滤层的宽度均为 6m。在反滤层与堆石料间设置 10m 宽的细堆石过渡料区，细堆石过渡料区以外为堆石体坝壳。其中上游堆石坝壳将 615～750.0m 高程范围靠心墙侧内部区域设置为堆石料Ⅱ区，其外部为堆石料Ⅰ区；下游堆石坝壳将 631.0～760.0m 高程范围靠心墙侧内部区域设置为堆石料Ⅱ区，其外部为水平宽度 22.6m 的堆石料Ⅰ区。心墙分为两个区，以 720m 高程为界，以下采用掺砾土料，以上则采用不掺砾的混合土料。在上游坝坡高程 750m 以上采用新鲜花岗岩块石护坡。

（二）心墙防渗土料设计

糯扎渡天然土料的特点是：颗粒明显偏细，黏粒含量偏大，土料的防渗性能很好，但力学性能特别是压缩性能难以满足 260m 级高坝的要求。分层总和法心墙沉降计算成果表明，当采用 2690kg/m^3 时，心墙最终沉降量为 13.62m，占坝高的 5.2%，竣工后沉降量为 2.957m，占坝高的 1.13%。规范规定竣工后沉降量不宜大于坝高的 1%，因此，天然土料不能满足要求。

经研究，认为往天然土料中掺加一定量的人工碎石，可以改善心墙防渗土料的力学性能。为确定合适的掺加量，使土料性能既满足 260m 级高坝的要求又尽量节省工程投资，开展了从掺 10%到掺 90%的不同掺量土料的物理力学试验研究，并重点研究了掺 35%和掺 45%两个方案。

不同掺量土料的试验成果表明，掺砾量宜为 30%～40%，掺砾量在 20%以下效果不明显，极限掺砾量不超过 50%。

掺 45%土料与掺 35%土料相比，最大干密度、击后砾石含量、抗剪强度指标、变形指标等有不同程度的提高，土料力学性能优于掺 35%土料。但各项试验表明，掺 35%土料的击后砾石含量为 30.5%～44.6%，平均达 36.4%，已超过砾石能起作用一般所要求的 30%，其他如压缩性能、防渗及抗渗稳定性能、抗剪强度指标、变形指标以及动力指标等，经心墙沉降计算、坝坡稳定计算、渗流计算、应力应变分析及动力反应分析等，表明均能满足要求。因此，确定选择掺 35%的方案。

糯扎渡心墙采用人工掺砾土料的方案，解决了天然土料性能不能满足要求的难题，从而使大坝修建可行。

（三）坝坡坡度优化及其论证

上、下游坝坡坡度是大坝的重要技术经济指标，其关系到大坝的安全性和经济性的协调。目前国外已建 200m 以上心墙堆石坝坝坡坡度一般上游为 1∶2.2、下游为 1∶2.0。糯扎渡心墙堆石坝结合坝料的合理分区，在坝体关键部位采用了优质堆石料，同时在坝顶等抗震薄弱部位采取适当的抗震加固措施，从而使坝坡坡度优化为上游 1∶1.9、下游为 1∶1.8。通过从坝坡稳定、坝体应力和变形、坝体动力反应和抗震性能等方面的大量计算分析和研究，论证了其是可行的。

（四）坝料分区设计

对防渗心墙和上、下游堆石坝壳均进行了分区设计研究。

防渗心墙分区设计原则为：以某一高程为界，以下采用掺砾料，以上则采用不掺砾的混合土料。共拟定了 720、700m 和 680m 三个分界高程进行比较。无论以哪一个分界高程，坝顶后期沉降与坝高之比均小于 1%，满足规范要求，且从坝体变形、应力及抗震性能方面也均满足要求并没有大的差别。但从偏于保守考虑，最终推荐以 720m 高程分界的方案。

上、下游坝壳堆石料分区设计原则为：坝顶部位、坝壳外部及下游坝壳底部，是坝体抗震和坝坡稳定的关键部位，设置为堆石料Ⅰ区，采用具有较高强度指标、透水性好的弱风化以下花岗岩开挖料或从白莫箐石料场开采的角砾岩和花岗岩石料；坝壳内部对石料强度指标要求可适当降低，设置为堆石料Ⅱ区，采用强度指标稍低的强风化花岗岩和弱风化以下 T_{2m}^1 岩层的开挖料；堆石料Ⅱ区的范围尽可能扩大，以充分利用开挖料，但以满足坝坡稳定、坝壳透水及坝体应力应变等要求为准。

Ⅱ区堆石料为 T_{2m} 岩层开挖料非常复杂，包括砂岩、角砾岩、泥质粉砂岩、粉砂质泥岩、泥岩等，其中泥岩、粉砂质泥岩属软岩，泥质粉砂岩属中硬岩，粉砂岩、细砂岩、砂砾岩属硬岩。通过大量的试验研究表明，只要软岩（泥岩和粉砂质泥岩）的含量不超过 30%，其在堆石料中仅起填充作用，其他硬岩、中硬岩则起骨架作用，对整体堆石料的力学性能影响不大，可以突破现行规范的规定，用于上游坝壳内部。

为了进行比较研究，先后共拟定了 14 个分区设计方案。对各分区方案从坝坡稳定、坝体应力应变、坝体动力反应和抗震性能、坝体填筑施工规划及坝体填筑投资估算等方面进行了详细的计算分析和比较，最终推荐分区方案 14，详见图 1。

（五）基础处理设计

为满足坝基对强度、防渗、渗透稳定等要求，心墙及反滤层基础要求开挖至弱风化基岩。右岸中、上部高程因风化较深，仅开挖至强风化岩层中部，采取加强帷幕灌浆和固结灌浆以及预应力锚固等措施进行加固处理。

坝壳基础要求清除全风化岩层上部较松散的部分（厚度约 5m），并清除表面松动石块和突出的岩石。

在心墙防渗料、反滤Ⅰ、Ⅱ与基岩接触带设置钢筋混凝土垫层，以满足心墙与岸坡连接的平顺，并作为固结及帷幕灌浆的盖重。为确保心墙砾质土料与混凝土垫层紧密结合，防止接触渗流破坏，要求先在垫层面上刷一层厚 5mm 的黏土浆并填筑一层厚 2m 的高塑性黏土层，然后再填筑砾质土心墙。

坝基沿心墙轴线布置防渗帷幕，左岸与引水发电系统及溢洪道防渗帷幕相接，右岸延伸至相对隔水（$q \leqslant 1$Lu）岩体。共设 2 排帷幕，第一排深入相对不透水层不小于 5.0m，右岸风化蚀变软弱岩带部位加深至微新岩体；第二排一般为第一排深度的 2/3，右岸风化蚀变软弱岩带部位加深。两排帷幕的孔距一般均为 2.0m，右岸风化蚀变软弱带及强风化部位坝基加密至 1.5m，排距为 1.5m，并采用超细水泥进行灌浆。

坝基固结灌浆布置范围为心墙混凝土垫层范围，垂直基础面呈梅花形布孔，孔距一般为 3.0m，孔深一般为 5.0～10m。右岸风化蚀变软弱带部位孔深加深至 30m，孔距加密至 1.5m。

（六）抗震措施设计

振动台动力模型试验及土石坝的震害实例表明，坝顶区是抗震的重点部位。尽管各方面的计算分析表明，糯扎渡心墙堆石坝在设防地震作用下是稳定安全的，但仍采取了以下抗震措施：

（1）坝顶宽度适当加大，以避免堆石不断滚落而造成坝体局部失稳；

（2）在确定坝顶高程时考虑地震涌浪及地震沉陷量，预留足够的坝顶超高；

（3）坝顶 1/5 坝高范围内采用块度大、强度高的优质堆石料（Ⅰ区堆石料）；

（4）坝顶 1/5 坝高范围内的上、下游坝壳堆石中埋入 ϕ20 钢筋，间距为 1.0m，每隔 5m 高程布置一层；

（5）在 820.5m 高程的心墙顶面上布设贯通上、下游的 ϕ20mm 间距为 1.0m 的钢筋，并分别嵌入上游的防浪墙及下游的混凝土路沿石中，以使坝顶部位成为整体；

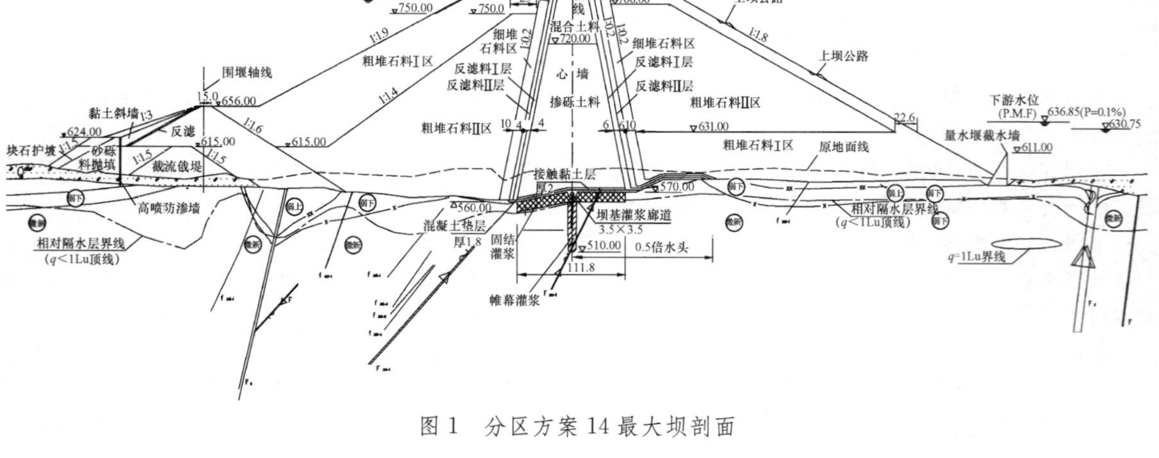

图 1　分区方案 14 最大坝剖面

(6) 坝顶1/5坝高范围内的上、下游坝面布设扁钢网，间距为1.0m×1.0m，并与埋入坝壳内的钢筋焊接。

（中国水电顾问集团昆明勘测设计研究院
袁友仁　刘兴宁）

锦屏二级水电站首部拦河闸坝布置及消能设计

锦屏二级水电站利用雅砻江卡拉至江口下游河段150km长大河湾的天然落差，通过长约17km的引水隧洞，截弯取直，获得水头约310m。电站总装机容量4800MW，单机容量600MW，额定水头288m，多年平均发电量242.3亿kW·h。

工程枢纽主要由首部拦河闸、引水系统、尾部地下厂房三大部分组成，为一低闸、长隧洞、大容量引水式电站。闸址以上流域面积10.3万km^2，多年平均流量1220m^3/s。水库正常蓄水位1646m、死水位1640m，日调节库容为496万m^3。

（一）拦河闸坝枢纽布置

首部枢纽位于雅砻江大河湾西侧景峰桥至猫猫滩河段上，电站进水口位于景峰桥以下右岸800m处，闸址位于猫猫滩，两者相距2.9km。首部枢纽的主要任务是挡水、取水、泄洪、排泄区间泥沙。为了使河床水流顺畅、减少对下游基础及岸边冲刷等，在枢纽布置上采用侧向取水，正向泄洪的设计型式。主要建筑物有拦河闸、永久泄放洞、电站进水口等。

拦河闸主要由泄洪闸和两岸重力式挡水坝段组成，全长165m。泄洪闸段长100m，最大闸高34m，共设5孔闸孔，每孔净宽13m，堰顶高程1626m，闸顶高程1654m，闸室沿河流向长47m，底板厚6m。闸室上游设30m长的防冲铺盖，下游设60m长的混凝土护坦，护坦后设100m长的块石护坦进行消能防冲，块石护坦末端利用下游围堰的混凝土防渗墙防回流淘刷。闸基覆盖层防渗采用上游铺盖面板下设全封闭式混凝土防渗墙，两岸坝接头及绕坝防渗采用水泥帷幕灌浆。

永久泄放洞兼作生态流量泄放洞，利用右岸施工导流洞改建，进口设置2孔闸室，每孔宽5m，总长26m。闸室主要由闸底板、闸墩、工作闸门、检修闸门、启闭机架等建筑物组成；堰体采用实用堰，堰顶高程为1635m，为减少闸门高度，上设胸墙，胸墙底高程1640m，顶高程1654m。

（二）拦河闸整体水工模型试验

为了验证设计所拟定的首部拦河闸坝枢纽布置方案及消能防冲措施是否合理，进行了水工水力学模型试验。根据锦屏二级水电站的水文、地质资料，按照重力相似准则，结合首部枢纽拦河闸尺寸和场地条件，按1∶50的正态模型进行水工水力学模型试验。试验按上游各种不同库水位下进行5孔闸门局部开启和全开的连续放水试验，对闸坝上游300m到下游500m范围内的水流运动形态及护坦末端覆盖层河床冲刷进行模拟。

通过首部拦河闸水工水力学模型试验，测量拦河闸的泄流能力，确定拦河闸闸孔开启方式；测量过闸流速及压力分布、护坦末端水面衔接流态以及下游消能防冲效果推荐泄洪消能方式和下游防冲措施，从而验证猫猫滩闸址首部枢纽布置的合理性并进行优化。

1. 泄流能力　模型试验对5孔泄洪闸在不同库水位下闸门全开时的泄流能力进行实测，从试验和设计情况看两者吻合得相当好。在设计和校核洪水位情况下，试验库水位均比设计值低0.1m左右，说明5孔13m宽闸孔方案满足设计泄流能力要求。其值见表1。

表1　闸门全开时设计库水位与试验库水位比较

流　量 (m^3/s)	设计库水位 (m)	试验库水位 (m)	差　值 (m)
12 109 (P=0.2%)	1649.35	1649.25	0.10
13 980 (P=0.05%)	1651.70	1651.60	0.10

2. 消能防冲及下游河道冲刷　模型试验，在闸门局部开启情况下，进口水面平稳，出流顺畅，呈急流状态，出闸水流在混凝土护坦末端附近发生水跃，河道下游无回流等不良流态发生；在闸门全开情况下，出闸水流在混凝土护坦扩散段起始处附近即自由发生水跃，护坦扩散段后成淹没出流。水流在水跃段较为紊乱，此后变成平稳，在下游靠两岸侧有强度不大的回流区。

对于出闸水流的冲刷影响，模型试验分别比较了闸室下游设置60m长的混凝土护坦和无护坦状况下正常蓄水位闸门各种开度时下游河床无保护时的冲刷情况。试验结果表明：加设混凝土护坦后，冲坑下移，冲坑形态更趋规律和均匀，冲坑坑深比不加护坦时为浅，冲坑反坡变缓。同时，为保证泄洪时闸室的安全，有必要在闸下游设置60m长的混凝土护坦，进一步调整出闸水流，减轻出闸水流对下游河床的冲刷影响。

3. 泄流流态　原结构模型在局部开启情况下，库区水面及闸室进口流态均较平稳，但进口处有轻微侧收缩现象；在全开情况下，进口侧收缩明显，右边孔有折冲水流现象。经改进采用尖圆形闸墩头部及右岸上游增设50m左右导墙后，全开情况下闸室进流条件明显得到改进，右边孔出流流态变好，闸孔侧收缩程度明显减弱，但由于流速较大，进口仍有轻微侧收缩现象。

闸门全开泄洪时，出闸水流在护坦扩散段起始处附近发生水跃，护坦扩散段后形成淹没出流；水流在水跃段较为紊乱，在下游河道两岸扩散段处有强度不大的回流区。从水面线分布、压力和空化特性试验结果看，泄洪闸各流段没有不良流态发生，压力和空化特性良好。

综合理论计算和水工水力学模型试验成果，5孔13m宽闸孔方案泄流能力满足设计要求；泄洪消能区水流平顺，扩散充分，能顺利与下游水面衔接；进口流态较平稳，出闸水流呈急流流态，在护坦扩散段起始处附近发生水跃，泄洪闸各段没有不良流态发生。首部拦河闸坝枢纽总体布置、体型尺寸设计及消能防措方案合理可行。

（三）消能方式选择

消能方式的选择，是深厚覆盖层基础设计的又一个关键。正确的选择消能形式，可以减少坝的冲刷，坝体末端的基础得到有效的保护，从而保证坝基处理的有效性。

根据SL 265—2001《水闸设计规范》并结合工程特点，锦屏二级水电站拦河闸闸下消能宜采用底流式消能。底流水跃消能具有机理明确、消能效果好、出池水流稳定的特性。结合本工程实际，设计采用了“混凝土护坦衔接大块石护坦”方案，利用混凝土护坦起引导水流作用，利用大块石护坦的糙率，通过水流和边界之间的摩擦，使下泄水流流速变缓，水深增加，形成水跃消能，同时保护混凝土护坦末端免受回流淘刷。

为此，拟定了混凝土护坦80m＋无块石护坦、混凝土护坦80m＋块石护坦60m、混凝土护坦80m＋块石护坦40m、混凝土护坦60m＋块石护坦20m、混凝土护坦60m＋块石护坦30m几种情况进行试验比较。在正常库水位下，泄洪闸闸门分别开启1m、3m、5m及7m泄洪时，坝段水面平稳，出流顺畅，在混凝土护坦尾部附近产生水跃，河道下游无回流等不良流态发生。水流出闸后水面线沿程减小，在混凝土护坦后段则变为壅水曲线，各工况下水流在混凝土护坦末端附近发生水跃。试验结果如下：

（1）混凝土护坦80m＋无块石护坦：闸门局部开启，中部河床冲坑坑深稍小，冲坑的最小反坡坡度约为1：5.3，对坝脚稳定危害有限；但两岸冲坑较中部冲坑为深，对两岸应采取保护措施；各种开度下冲坑堆丘不高，对壅高下游水位的影响较小。闸门全开宣泄大洪水，冲坑坑深约为18.0～20.0m，河床冲刷地形规整，坡度均匀，尽管冲坑坑深较深，但其反坡坡度约为1：4.5左右，远小于该河床覆盖层水下休止角，对混凝土护坦威胁不大。

（2）混凝土护坦（不同长度）＋块石护坦（不同长度）：闸门开启1孔或2孔时下游冲坑距混凝土护坦尾部较近，冲坑反坡坡度在1：2.5左右，对混凝土护坦威胁较大；闸门开启3孔时下游冲坑距护坦尾部约80m，冲坑反坡坡度在1：5.5左右，安全性相对较好。下游冲坑最深点变化不明显，中部坑深约为12.0～15.0m；但成坑起始位置变化显著，保护范围随块石粒径大小和铺设长度而变化：铺设长度为20m时，与不加设块石时冲坑形态基本一致；铺设长度为40m时，成坑起始位置约在离护坦末端35m处，块石有少许塌落；铺设长度为60m时，成坑起始位置明显下移，约在离混凝土护坦末端55m处，块石有少许塌落，此前大块石没有被冲动痕迹，说明选用粒径约为1.0～1.5m块石作为消能防冲材料是合适的。冲坑反坡试验结果表明，加设块石后，冲坑反坡约为1：5.0～1：7.0，比该河床覆盖层的水下自然休止坡度（约30°）缓得多，不会危及冲坑稳定。由此可见，混凝土护坦下游加设一定长度的块石护坦方案作为下游河道消能防冲形式是可行的。

（3）块石护坦长60m、深5m、粒径1.5m方案与长60m、深10m、粒径1.5m方案在冲坑深度、冲坑反坡坡度上基本相当，防冲保护效果基本无区别，冲坑起始位置约在离混凝土护坦末端55m处，此前大块石没有被冲动痕迹，可以有效地起到防冲保护作用。

（4）块石护坦下游消能区水流较急，且河床两侧均有10m左右冲坑。为防止水流淘刷两岸坡角，引起岸坡顺层滑动，拟在下游一定范围内，高程1660m以下采用随机锚杆＋挂网喷混凝土＋排水孔支护。

综合上述，锦屏二级拦河闸坝工程消能防冲措施采用混凝土护坦后铺设大块石护坦方案是合适的。根据试验成果，结合工程具体条件，设计最终选择60m长混凝土护坦后铺设100m长、5m深大块石护坦为实施方案。

（四）结语

（1）锦屏二级河谷狭窄，汛期泄流量大，有效库容小，通过水工模型试验后证明闸坝枢纽方案遵循平面上“正向排沙、侧向引水”，立面上采取“表层排污，底层冲沙”的原则进行布置是合适的。

（2）该工程河床及两岸岸坡抗冲能力较强，采用将下泄水流平顺送入下游河道的消能手段，即通过闸室后接60m长的混凝土护坦将推移质顺利导入下游河床，然后利用护坦末端大块石护坦进行消能防冲符合水流运动的基本规律。

（3）采用“混凝土护坦衔接大块石护坦”组合形

式的消能工，混凝土护坦仅起引导水流作用，利用大块石的糙率通过水流和边界之间的摩擦，使下泄水流流速变缓，水深增加，形成水跃消能，同时保护混凝土护坦末端免受回流淘刷，是对水工水力学底流消能理念的创新与发展。

(4) 水工水力学模型试验揭示了闸坝运行过程中泄洪、消能、防冲等水力学现象，验证首部拦河闸建筑物总体布置合理，拟定的闸孔尺寸满足泄流能力要求；泄洪消能区水流平顺，扩散充分并能顺利与下游水面衔接；混凝土护坦下游衔接大块石护坦满足消能防冲要求。

(中国水电顾问集团华东勘测设计研究院　扈晓雯)

黄登水电站碾压混凝土重力坝设计

(一) 工程概况

黄登水电站位于云南省兰坪县境内，采用堤坝式开发，是澜沧江上游古水至苗尾河段水电梯级开发方案的第五级水电站，上游与托巴水电站，下游与大华桥水电站相衔接，以发电为主。

坝址控制流域面积 9.19 万 km^2，多年平均流量 $901m^3/s$。水库正常蓄水位 1619m，相应库容 14.18 亿 m^3；校核洪水位 1621.97m，总库容 15.00 亿 m^3。枢纽主要由碾压混凝土重力坝、坝身泄洪表孔、左、右岸泄洪放空底孔、左岸折线坝身进水口及地下引水发电系统组成。电站装机容量 1900MW，保证出力 507.95MW，年发电量 86.29 亿 kW·h。拦河大坝初拟为混凝土重力坝，最大坝高 202m。

(二) 坝基工程地质条件

碾压混凝土重力坝布置地段河段水流方向 S76°W，枯水期江水面高程 1471m，宽约 48～85m，水深 7～11m。河谷为横向谷，两岸地形陡峻，左岸Ⅲ勘线上游高程 1690m 以下、Ⅲ勘线下游高程 1530m 以下和右岸高程 1830m 以下地形陡峻，多陡壁，以上地形相对较缓。分布的地层主要为三叠系小定西组八层 ($T_{3x}{}^{d8}$) 变质火山角砾岩、变质火山细砾岩夹变质凝灰岩、三叠系小定西组七层 ($T_{3x}{}^{d7}$) 变质火山细砾岩及变质凝灰岩及第四系覆盖层。未发现属Ⅰ、Ⅱ结构面的断层分布。

河床部位建基面位于基岩面以下 8～10m，岩体为微风化、微卸荷或未卸荷岩体，岩体完整，岩石强度高，以Ⅱ类岩体为主，局部为Ⅲa 类岩体，厚度较大劈理发育的变质凝灰岩夹层为Ⅲb 类岩体；无规模较大的断层分布，中缓倾角结构面不发育，下游无深槽，坝基抗变形能力及抗滑稳定条件好，不存在坝基的深层滑动问题。左岸坝段建基面水平埋深 40～60m，岩体主要以弱风化、微卸荷岩体为主，局部为微风化、未卸荷岩体，弱风化、微卸荷岩体为Ⅲa 类岩体，微风化、未卸荷岩体为Ⅱ类岩体，岩体较完整，岩石强度高，相对完整的变质凝灰岩夹层为Ⅲa 类岩体，劈理发育的变质凝灰岩夹层为Ⅲb 类岩体；中缓倾角结构面零星发育，延伸较短，下游侧无深切冲沟，坝基抗变形能力和抗滑稳定条件较好。右岸坝段建基面水平埋深 30～55m，岩体主要以弱风化、微卸荷岩体为主，主要为Ⅲa 类岩体，微风化、未卸荷岩体为Ⅱ类岩体，岩体较完整，岩石强度高，劈理发育的变质凝灰岩夹层为Ⅲb 类岩体；中缓倾角结构面零星发育，延伸较短，下游侧无深切冲沟，坝基抗变形能力和抗滑稳定条件较好。对坝基部位出露的Ⅲ级结构面、顺层挤压面发育或劈理发育的变质凝灰岩夹层等需进行适当的工程处理。

(三) 碾压混凝土重力坝枢纽布置

碾压混凝土重力坝轴线右坝头基本位于Ⅲ勘线部位 7 号冲沟下游侧，以Ⅲ勘线向上游偏转约 10.5°，坝轴线方位角为 SE152°，左岸折线轴线方位角为 SE117°。重力坝坝轴线长 454m，最低建基面高程 1422.0m，坝顶高程 1624m，最大坝高 202m。下游坝面坡度为 1∶0.75，上游坝面 1500.0m 高程以上为沿直面，以下坡度为 1∶0.2。

坝身泄洪坝段共布置了 4 孔 13m×20m 表孔，堰面为 WES 曲线，堰顶高程为 1599m，最大泄量为 $11668m^3/s$。堰顶分别设有弧形工作闸门及平板检修闸门，闸墩厚度为 5m。黄登水电站坝后水垫深度 47～62m，为充分利用水垫消能，2、3 号溢流表孔采用射流消能，入射角－30°，1、4 号表孔采用对称窄缝坎挑流消能。溢流中心线方位角为 SW242°，在坝轴线 346m 处开始转向，方位角为 SW219°，通过扩挖下游河床形成消力池，水流自然归入下游河道。

在溢流表孔两侧布置泄洪放空底孔。底孔进口底槛高程为 1552.00m，尺寸为 5m×10.5m (宽×高)，设置检修平板闸门；坝后出口处设置 5m×8m 弧形工作闸门，工作门后接底坡为 1∶8.5 的无压泄槽；泄槽从表孔外边墙侧通过，泄槽末端采用扭曲斜切坎挑流消能。

水垫塘采用梯形断面开挖，底板高程 1435m，底宽 85m，下游校核洪水位 1497.68m 水面宽度约 143m。表孔最大挑距 155m，底孔最大挑距 140m，水垫塘总长 (转弯前长度) 约 220m。

(四) 混凝土重力坝稳定及应力分析

根据坝基岩体条件和坝高，选取典型坝段进行坝体抗滑稳定及应力计算分析。计算采用地质力学参数的低限值，通过典型坝段建基面抗滑稳定分析及建基面应力计算可得出：

(1) 所有典型坝段抗滑稳定均受地震工况控制，但均能满足规范要求。

(2) 在承载能力极限状态下，对于各种组合工况下坝趾处均为压应力，小于混凝土抗压强度，也小于坝基容许承载力。

(3) 在正常使用极限状态下，各典型坝段坝踵均未出现拉应力；在竣工工况中，仅局部坝段的坝踵出现了小拉应力，但超控制标准（≤0.1MPa）不多，经基础处理后可满足要求。

（五）坝体结构设计

1. 坝体分区设计　在分区设计时主要考虑以下几个方面的因素：

(1) 坝体强度要求。各分区混凝土的强度指标必须满足坝体承载力极限状态的要求。根据材料力学法计算的坝体应力，坝内碾压混凝土下部按 C_{90}25、中部按 C_{90}20、上部 C_{90}15 考虑分区设计。闸墩、栅墩混凝土类比已建工程，按 C_{28}30 进行分区设计。

(2) 坝体防渗要求。坝体抗渗等级为 W12，参考国内工程主要防渗措施为：坝面喷涂水泥基渗透结晶防水材料、上游止水附近 1m 厚变态混凝土、下游根据不同的作用水头采用不同厚度的二级配碾压混凝土。坝体上游面防渗二级配碾压混凝土厚度分为四个区，1580m 以上为 4m；1580～1540m 高程为 6m；1540～1490m 高程为 8m；1490m 高程以下为 8～15m。下游面分水位以下和以上两个区，1495m 以下抗渗等级为 W12，1495m 以上抗渗等级为 W8。

(3) 防冻及耐久性要求。黄登水电站坝址区混凝土无抗冻要求，考虑耐久性，坝体各分区混凝土抗冻指标根据规范要求确定：闸墩、表孔溢流面、底孔过流面混凝土采用 F150，其余部位混凝土均采用 F100。

(4) 抗冲磨要求。闸墩、表孔溢流面、底孔过流面等与高速水流有关的部位，对抗冲、耐磨、平整度、密实度等有较高要求，因此，采用较高强度等级的 C_{28}50 混凝土，并要求水灰比不大于 0.45。

(5) 抗裂要求。大坝基础混凝土、上游面抗渗混凝土层及下游坝面防渗层部分有抗裂要求，极限抗拉伸值指标需通过混凝土材料特性试验研究并进行相应的计算分析后确定。

2. 防渗及排水设计　由于岩性差异较大，地下水及微透水岩体顶界埋深变化也较大（15～150m），为了减少坝基及绕坝渗漏，使坝基面渗透压力和坝基渗漏量降至允许值以内，防止渗流对坝基及两岸边坡稳定产生不利影响，根据黄登水电站坝轴线水文地质条件，帷幕延伸长度按延至正常蓄水位与地下水位相交处设置。上游帷幕的底线按深入 1Lu 线以下 5m 及 0.3 倍正常水位水深进行双控制，下游帷幕的底线按深入 3～5Lu 线以下 5m 或按下游校核水深的 0.5 倍控制进行双控制。帷幕底界线最低高程 1345m。

坝高大于 70m 的坝段上游设双排帷幕，坝基下游校核洪水位以下部位设单排帷幕，帷幕孔间距均为 2m。

黄登下游水位较高，当建基面低于 1495.00m 时，坝基排水按封闭式抽排设计，除设置上游主帷幕及主排水孔外，还设置了下游帷幕、副排水孔及抽排系统。河床坝段在帷幕后设置 3 道排水幕，主排水幕孔深按帷幕深的 0.5 倍考虑，孔距为 3m。在坝基最低部位设集水井，进行集中抽排。

3. 基础处理设计　为了加强坝基岩石的均一性和完整性，提高其强度并降低透水性，对坝基需要进行固结灌浆加固处理。坝基轮廓线上游 5m、下游 5m 范围也作为扩大的固结灌浆区；河床坝段以及坝高超过 100m 岸坡坝段孔深均按 10～15m 考虑，其余坝段孔深均按 7m 考虑；另外上游灌浆帷幕处 2～3 排固结灌浆孔孔深暂按 20m 考虑，以加强帷幕幕厚的作用，灌浆孔间排距按 3m×3m 布置。另外，对坝基部位出露的Ⅲ级结构面、顺层挤压面发育或劈理发育的变质凝灰岩夹层等采用开挖后混凝土回填，并加强固结灌浆进行处理。

4. 坝体分缝设计　在坝体温度应力场、坝体坝段整体稳定分析等专项研究完成前，按类似工程进行坝体分缝设计。暂按坝段 25m 左右设计坝体横缝，碾压混凝土不设纵缝。个别坝段受结构布置控制，其坝段宽度为 30m，参考类似工程，在下阶段考虑设短缝。

因河床狭窄，坝轴线部位开挖后的河谷宽高比为 2.25，两岸坝基坡度较陡，对重力坝的侧稳较为不利。对陡峻岸坡坝段的侧稳初步考虑采用底部不分缝、通仓浇筑的方式解决重力坝岸坡坝段的侧稳问题。

（中国水电顾问集团昆明勘测设计研究院
杨宜文　戈莉琼）

桐柏抽水蓄能电站面板堆石坝坝身溢洪道

桐柏抽水蓄能电站位于浙江省天台县，装机容量 1200MW。下水库挡水坝为钢筋混凝土面板堆石坝，泄水建筑物为坝身溢洪道和泄放洞，挡水坝和泄水建筑物均属于 1 级水工建筑物，按 200 年一遇洪水设计，1000 年一遇洪水校核。

泄放洞布置在右岸山体内，由导流洞后期改建而成，出流孔口尺寸为 2m×3m，正常蓄水位 141.17m 时的泄流能力为 $172m^3/s$，50 年一遇洪水洪峰流量为 $256m^3/s$，小流量时由底孔泄洪，遇设计洪水时与溢洪道联合泄洪，确保工程安全。

坝身溢洪道布置于河床中心部位的坝体上。溢洪道由溢流堰、泄槽、挑流鼻坎、冲刷坑及出水渠组成，全长约 200 多米。堰型为驼峰堰，净宽 26m，堰顶高程 141.90m，堰上不设闸门，设计洪水位 145.6m，相应总泄流流量 $361m^3/s$，单宽流量 $13.88m^3/(s \cdot m)$；校核洪水位 146.6m，相应总泄流流量 $496m^3/s$，单宽流量 $19.08m^3/(s \cdot m)$，最大水头约 60m，最大流速约 25.748m/s。溢洪道泄槽净宽 27m，设在堆石坝下游坝坡上，坡比 1∶1.5；底板混凝土厚 60cm，下设碎石垫层和过渡层，水平宽分别为 2.0m 和 4.0m。泄槽混凝土底板通过钢筋混凝土锚固板和锚筋与坝体堆石连成一体。泄槽下游接挑流鼻坎，鼻坎反弧半径 8.0m，坎顶高程 90.0m，挑射角 25°，鼻坎基础高程 80.0m，冲刷坑底部高程 73.5m，其下游与出水渠衔接，流入原河床。

桐柏坝身溢洪道具有以下工程特点：

(1) 为减少坝体沉降，溢洪道中心线左右各 30m 范围内的基础覆盖层全部清除，使坝体坐落在基岩上，坝体填筑采用较好的堆石料、大功率振动碾薄层碾压；并且溢洪道施工安排在坝体填筑完成半年后进行，以使坝体具有足够的预沉降时间。

(2) 为使溢洪道具有良好的适应变形能力，泄槽底板横缝与掺气槽结合设置，各段间采用叠瓦形构造连接；掺气槽结构通过模型试验合理选择，减少动水荷载的不利影响，防止结构失稳。溢洪道边墙分缝与底板横缝保持一致，缝宽 5cm，缝内充填具有压缩性的 SR 填料，防止因坝体变形而产生的结构破坏；同时在边墙分缝处布置了小贴角，使水流沿侧向偏离接缝，避免水流对接缝的空蚀破坏。

(3) 泄槽与坝体之间采用水平锚固板与锚筋相结合的布置方案，保证溢洪道局部和整体稳定。溢洪道边墙与底板联成一体，依靠底板布置的锚固板和锚筋所提供的阻滑力，满足底板和侧墙整体稳定的要求。锚固板长 4.4m，厚 0.4m，设有排水孔，以利于底板下的层间排水；锚筋埋在堆石体内的长度 10m，锚筋端部设置混凝土梁。为防止锚筋锈蚀，采用套钢管内注水泥浆保护，方便施工。

(4) 加强基础排水，使底板下碎石垫层的渗透系数控制在 10^{-3} cm/s 以上，以提高基础层的透水性，提高溢洪道的稳定性。

(5) 选择合适的混凝土标号，严格控制泄槽混凝土表面不平整度，提高泄槽自身抗空蚀破坏能力；为提高混凝土韧性和抗冲刷能力，在流速相对较大的下部泄槽及挑流鼻坎表面采用钢纤维混凝土。

桐柏工程坝身溢洪道的设计，进行了水力学模型试验、坝体与溢洪道结构动力分析、现场锚固筋拉拔力试验，并对结构缝型式及止水结构、冲刷问题进行了研究，取得了初步设计成果。2008 年进行了原型泄流观测，溢洪道运行正常。

目前，世界上已建成的采用坝身溢洪道的面板堆石坝仅有几座，且泄洪运行资料较少，有待实践的进一步验证。坝身溢洪道的研究，在国内外均处于起步阶段。桐柏工程下库坝坝高 70.6m，高度适中，国内类似高度的面板坝数量较多，桐柏工程的实践对以后的面板堆石坝工程泄流方案的选择有较大的指导意义。

（中国水电顾问集团华东勘测设计研究院　郎玲芳）

糯扎渡水电站溢洪道设计

（一）工程布置

糯扎渡水电站主要建筑物由最大坝高 261.5m 心墙堆石坝，左岸溢洪道和左、右岸泄洪隧洞和装机容量 5850MW 的地下引水发电系统组成。枢纽总泄量（PMF 工况）37 $532m^3/s$，其中溢洪道承担总泄量的 83%左右，为 31 $318m^3/s$，为主要泄洪建筑物，泄洪隧洞为辅助泄洪建筑物。

坝址左岸高程 825～850m 范围内有一宽约 700m 的天然平缓台地，具备布置大型溢洪道的地形地质条件。通过综合研究，将溢洪道布置于左岸平台靠岸边侧（电站进水口左侧）部位，水库洪水经岸边溢洪道下泄后挑流进入预挖消力塘消能。该方式能够较好地解决泄洪消能与下游河道水流衔接的问题，主要泄洪建筑物溢洪道远离坝脚约 1km，对坝体安全较为有利；而且左、右岸均有合适的位置布置泄洪隧洞。经过整体水工模型试验研究，泄洪建筑物布置方案合理，水流衔接平顺，泄洪水流归槽较好。

（二）体型设计

溢洪道水平总长 1445.18m。进口底板高程 775.0m，宽 151.5m；溢流堰顶高程为 792m，堰高 17m，闸体共分为 8 孔，孔口尺寸 15m×20m；泄槽设两道中隔墙，按“3—2—3”孔分为 3 槽，最大单宽流量 $220m^3/(s \cdot m)$，闸墩结构型式采用新型预应力混凝土闸墩。为适应地形地质条件，降低泄槽开挖边坡高度，泄槽底坡分三段：溢 0+050.81m～溢0+230.87m 为泄槽平缓段，其底坡为 1.33%；溢 0+230.87m～溢 0+785.40m 为泄槽陡坡段，其底坡为 23%；溢 0+785.40m 至挑流鼻坎起点为泄槽平缓段，其底坡为2.6%。三个泄槽挑流鼻坎在平面上呈渐退型布置（左槽最长），相互错开10m，鼻坎段长21.82m，反弧半径46.9m，起挑角25°，左、中、右槽坎顶高程分别为645.04m、645.30m、645.56m。出口消力塘为梯形断面，底板高程575.00m。

（三）溢洪道泄槽掺气减蚀设计研究

溢洪道泄洪水头182m，泄槽最大流速达52m/s。由于水头高，泄洪流量大，在溢洪道设计时，除进行水力学计算外，还分别进行掺气减蚀水工模型试验，研究泄槽高速水流在不同泄流条件下掺气坎槽的结构型式、空腔长度、掺气效果、掺气浓度的变化、掺气设施的保护长度和水流的空化特性等。通过不同掺气坎槽数量、体型的设计优化和模型试验研究，泄槽段共设置5道掺气设施，保护长度100～150m，可以避免高速水流空化空蚀问题。

（四）消力塘护岸不护底设计研究

糯扎渡溢洪道出口挑流鼻坎为正向连续鼻坎，左、中、右三槽挑流鼻坎在平面布置上相互错开10m，水流经过鼻坎挑入预挖的消力塘进行消能。水工模型试验表明，常年洪水到校核洪水各运行工况，左槽水舌挑距为101～262m，经综合比选后选定消力塘底板高程为575m。该高程消力塘宽176.5～191.05m，长311～331m。消力塘出口底板高程608m，该高程以下消力塘深33m。设计洪水及校核洪水情况下，消力塘单位水体消能率分别为8.7kW/m^3、12.6kW/m^3，说明消力塘规模适中，较好地解决了泄洪消能问题。

针对消力塘的布置特点和运行特性，对消力塘护岸不护底方案进行了优化研究。由于溢洪道出口消力塘段地质条件较好，岩性主要为微风化～新鲜的花岗岩，开挖后可直接用于坝体填筑，因此，对消力塘的尺寸进行了局部扩大。试验研究了消力塘护岸不护底、护岸加L形护板以及护岸加防淘齿墙等方案，同时测量了消力塘边坡和底板的上举力。研究后认为，消力塘扩宽后水流对岸坡和底板的冲击减小，消力塘内水流的流速与抗冲流速相当，不会产生大的危害，且消力塘远离大坝，在采取加防淘齿墙和锚筋桩等措施后，护岸不护底的消力塘设计方案是可行的。

（五）结语

糯扎渡溢洪道规模巨大，由于河道狭窄、泄洪流量大，泄洪水头高，溢洪道的泄洪消能设计成为该电站的关键技术问题之一。经过多方案比选和设计研究，优选掺气坎槽的数量和体型，较好地解决了溢洪道泄槽50m/s级高速水流的掺气减蚀设计问题；通过预挖消力塘的型式，解决下游河道的泄洪消能和水力衔接设计，在此基础上经过深入的设计研究，采用了消力塘护岸不护底的设计方案，可节省工程量、缩短了工期，并取消了常规消力塘底板的抽排水系统，简化了消力塘的运行方式。

（中国水电顾问集团昆明勘测设计研究院
刘兴宁 董绍尧）

厂房与引水建筑物设计

糯扎渡水电站地下厂房设计

（一）工程概况

糯扎渡水电站位于云南省普洱市和澜沧县交界处的澜沧江下游干流上，由心墙堆石坝、左岸开敞式溢洪道、左岸泄洪洞、右岸泄洪洞、左岸地下引水发电系统及下游护岸等建筑物组成。坝顶高程821.5m，最大坝高261.5m；水库总库容237.03亿m^3，具有多年调节特性。电站装机容量5850MW（9×650MW），多年平均发电量239.12亿kW·h。

地下厂房工程地质条件较好，岩体多为块状和次块状结构花岗岩，多属Ⅱ、Ⅲ类围岩，仅尾水洞后段地质条件较差，属Ⅳ、Ⅴ类围岩。地下厂房洞室群区无Ⅱ级结构面，仅分布有Ⅲ级以上断层。

（二）地下厂房布置

糯扎渡水电站地下厂房布置在左岸，位于溢洪道和坝之间。厂区主副厂房、主变压器室、尾水闸门室及尾水调压室等主要洞室采用平行布置，山体覆盖厚度约为180～220m，水平埋深大于265m。尾水建筑物包括尾闸室、尾水调压室、尾水隧洞、尾水检修闸及尾水渠等。厂房纵轴线方向为NE76°，与主要结构面的夹角较大，避开了大断层的影响；与最大主应力方向夹角20.2°～25.9°（最大主应力8.27MPa，方位角N50.1°～55.8°E）；同时使得引水和尾水相对顺畅，洞线较短。厂顶821.5m高程平台布置地面副厂房及出线场。

主厂房与主变压器室间的净间距44.75m，主变压器室与尾水闸门室的净间距28.5m，尾水闸门室与圆筒式调压室的净间距 19.5m。

主厂房开挖，上部顶拱跨度 31m，下部边墙跨度 29m，最大高度 84.6m，长度 396.0m。地下副厂房布置在主安装场侧，开挖跨度 29m、高度 43.1m、长度 22.0m。主变压器室开挖跨度 19m、高度 23.6m、长度 348.0m；局部加高为 GIS 室，开挖跨度 19m、高度 38.6m、长度 215.9m。尾水闸门室上部开挖跨度 11m，下部开挖跨度 9m，开挖高度 34.5m、长度 314.0m。尾水调压室为三个圆筒竖井，上部开挖直径 31.3（29.3）m，下部开挖直径 32.3（30.3）m，开挖高度 92m。

（三）厂区主要洞室支护设计

参照糯扎渡水电站《地下洞室围岩分类》表中的 Q 值及地质描述，进行选择参数计算，查巴顿 Q 系统分类支护措施表确定支护分类，得出系统支护型式；同时收集了国内已建和在建地下厂房跨度在 20.0m 以上洞室支护参数资料进行工程类比。经综合比较按巴顿 Q 系统法选择的支护参数，类比其他工程的支护设计，以及围岩稳定分析计算成果，拟定支护参数。

主厂房主要以Ⅱ、Ⅲ类围岩为主，局部Ⅳ类围岩，主要支护参数见表 1。

主变压器室主要以Ⅱ、Ⅲ类围岩为主，局部Ⅳ类围岩，主要支护参数见表 2。

尾水调压室主要以Ⅱ、Ⅲ类围岩为主，局部Ⅳ类围岩，主要支护参数见表 3。

表 1 主厂房主要支护参数表

部 位	系统锚杆	喷混凝土(挂网)	预应力锚索	备 注
顶 拱	ϕ25(32)@1.5m×1.5m, L=4.5(9)m	C30 钢纤维混凝土 0.2m		破碎带挂钢筋网片 ϕ25@0.25m×0.25m
上下游边墙	ϕ25(28)(32)@2m×2m, L=4.5(6)(9)m	C20 混凝土 0.15m（挂网 ϕ6.5@20cm×20cm)	1000～2500kN @5m×5m	
基坑间岩柱	ϕ25(28)@2m×2m, L=4.5(6)m	C20 混凝土 0.15m	1000kN @5m×5m	对穿预应力锚索

表 2 主变压器室主要支护参数表

部 位	系统锚杆	喷混凝土(挂网)	预应力锚索	备 注
顶拱	ϕ25(32)@1.5m×1.5m, L=4.5(9)m	C30 钢纤维混凝土 0.2m		破碎带挂钢筋网片 ϕ25@0.25m×0.25m
上下游边墙	ϕ25(28)(32)@2m×2m, L=4.5(6)(9)m	C20 混凝土 0.15m（挂网 ϕ6.5@20cm×20cm)	1000～2500kN @5m×5m	下游边墙与尾水闸门室对穿预应力锚索

表 3 尾水调压室主要支护参数表

部 位	系统锚杆	喷混凝土(挂网)	预应力锚索	备 注
顶拱	ϕ28(36)@2m×2m, L=6(9)m	C30 钢纤维混凝土 0.2m	局部断层带 1000kN	
井筒边墙	ϕ25(32)@2m×2m, L=4.5(9)m	C20 混凝土 0.15m（挂网 ϕ6.5@20cm×20cm)	1000kN@高差 5m×环向 20°	井筒中上部设预应力锚索

（四）厂区主要洞室围岩稳分析

为了研究验证洞室群布置的合理性，了解主要洞室在施工开挖过程中围岩的应力变化、洞周位移及塑性区的分布情况，采用三维非线性弹塑性损伤有限元方法对地下洞室群进行围岩稳定计算分析，支护前后洞室围岩计算成果见表 4、表 5。

表 4 有、无支护情况各大洞室塑性区开裂区特征

部 位	无支护	有支护
主厂房	上游边墙塑性区深度 32m，开裂区深度 8.5m，下游边墙塑性区深度 25m，开裂区深度 4m	洞室塑性区深度减小，上游边墙开裂区深度 2～6m，下游边墙开裂区深度 1.5m

续表

部位	无支护	有支护
主变压器室	上游边墙塑性区深度7.5m，下游边墙塑性区深度4m；与母洞交叉处开裂区深度5m	上下游边墙塑性区深度2m，与母洞交叉处开裂区深度和范围较无支护明显减少
调压室	顶拱及边墙局部开裂区深度2m	调压井上部的塑性开裂区回弹，与尾水支洞、尾水洞交叉部位的塑性开裂区分布较无支护情况明显改善

表5 有、无支护情况各大洞室洞周位移 cm

部位	顶拱		上游边墙		下游边墙		底板	
	无支护	有支护	无支护	有支护	无支护	有支护	无支护	有支护
主厂房	3.89	2.22	5.20	2.98	2.45	2.33	4.61	2.10
主变压器室	2.60	2.36	1.96	1.91	2.31	1.71	4.12	4.20
尾水调压室	1.34	1.37	3.38	3.18	3.00	2.94	2.28	2.02

洞室围岩稳定分析计算成果表明，洞室的围岩稳定性总体较好，洞室群的总体布置和开挖顺序基本合理，支护后洞室塑性区、开裂区深度及洞室洞周位移明显减小，锚固支护参数适宜，洞室围岩稳定安全有保证。

（五）结语

（1）根据糯扎渡水电站的地质地形条件，充分利用左岸地形地势布置引水发电系统，使得枢纽布置从进口布置到尾水出口都较为平顺，引水发电系统布置在左岸地下是合适的。

（2）地下厂房洞室群所处工程地质区，避开了Ⅱ级结构面 F_1 和 F_3 断层的影响，厂房部位的岩体完整性好、强度高，为微风化～新鲜花岗岩体，满足布置大型地下洞室的成洞条件。

（3）地下厂房洞室纵轴线方位 N76°E，与厂区分布的主要节理、断层走向交角较大，与厂区实测的最大主应力主力方向夹角较小，对洞室高边墙的围岩稳定影响较小。地下厂房洞室纵轴线方位选择合理。

（4）通风、交通等辅助洞室布置紧凑合理，基本可以满足洞室群围岩稳定的要求，同时也使通风、交通比较顺畅。

（5）出线场布置充分利用了厂顶的天然平台，人工开挖的厂顶平地，为施工期和以后运行期使用预留了充足的场地。

（6）尾水调压室采用三个尾水调压竖井，比常规的长廊式调压室能更好地适应地质条件，有利于洞室边墙的围岩稳定，降低工程的支护代价和建设难度。

（7）洞室围岩稳定分析计算中，除个别应力集中处的锚杆应力较大外，大部分的锚杆、锚索应力约为设计强度的60%左右，留有适量的应力余地是必要的。

（中国水电顾问集团昆明勘测设计研究院
洪振伟 刘兴宁）

宜兴抽水蓄能电站地下厂房关键技术问题

宜兴抽水蓄能电站位于江苏省宜兴市西南郊，安装4台单机250MW的可逆式机组，总装机容量1000MW。地下厂房采用中偏首部开发方式，主副厂房洞、主变压器洞、尾水闸门洞三大洞室平行布置；主副厂房洞开挖尺寸为155.3m×22.0m×52.4m（长×宽×高），岩梁以上开挖跨度23.5m。由于地质条件总体较差，研究洞室支护型式和施工技术措施、选择合适的吊车梁结构型式成为厂房设计的关键问题。

一、地下厂房洞室地质条件

地下厂房洞室群位于茅山组中段（D_{1-2ms}^{2}）地层中，围岩为中厚层岩屑砂岩夹泥质粉砂岩或粉砂质泥岩，产状为N50°～70°W，NE∠15°～30°。厂房部位最大主应力值为16.01MPa，方向为N66.13°E；顶拱以上（高程75～37.1m）分布有约10层泥质粉砂岩夹层，单层厚度一般0.2～0.9m，其中有5层为岩屑夹泥型的缓倾角软弱夹层。

地下厂房位于 F_{220} 与 F_{204} 断层之间。F_{204} 断层位于厂房北端，与北端墙最小距离为6.4～9.6m，产状为N65°～75°W，SW∠50°～55°，断层宽度3～8m；F_{220} 断层位于厂房南端，与南端墙距离为24.0m，产状为N70°～85°W，SW∠45°～58°，断层宽度0.8～5.0m，并且在主厂房、主变压器洞外围南端墙附近形成宽达30m左右的节理密集及破碎区。厂房区外围除 F_{204}、F_{220} 断层外，区内还揭露有小断层34条。受断层影响，厂房北端岩体完整性以差～较破碎为主，局部较完整；南端岩体以较破碎～破碎为主。厂区围岩岩体为层状或碎裂结构，力学指标低，节理发育，地下水丰富，围岩以Ⅳ～Ⅲ类为主，局部为Ⅴ类。

二、地下厂房洞室支护型式及施工技术措施

（一）支护型式及支护参数

1. 支护型式　与国内外已建或在建地下工程相

比，宜兴工程地质条件较差，围岩稳定问题突出。可行性研究阶段，厂房洞室采用钢筋混凝土衬砌的刚性支护型式。由于该支护型式需要增大洞室开挖跨度，难以及时提供支护力，不利于围岩稳定，在招标及施工图设计阶段，对支护设计又进行了深入研究和优化设计。经研究，决定采用系统锚杆和喷钢纤维混凝土为主的柔性支护型式，局部较差部位增设预应力锚索和喷混凝土钢筋肋拱。采用这种支护手段，可以达到及时支护的目的，同时允许围岩适度变形，充分利用围岩自稳能力。

2. 支护参数

（1）顶拱采用 ϕ32 长度 6/8m 的普通砂浆锚杆，间排距为 1.5m×1.5m；在拱座应力集中部位，设置 2 排长度 8m、间距 1.5m 的长锚杆进行加强支护；除采用 20cm 厚的钢纤维混凝土喷层外，设置断面为 50cm×40cm，间距 3.0m 的钢筋拱肋。对于南端较差部位顶拱，ϕ32 长度 6/8m 普通砂浆锚杆的间排距为 1.5m×1.2m；对岩石破碎成孔困难的部位，采用自进式锚杆；在拱座应力集中部位，设置 3 排长度 12m、间距 2.4m 的 300kN 高强预应力锚杆，与 8m 长普通砂浆锚杆相间布置；顶拱除采用 20cm 厚的钢纤维混凝土喷层外，设置断面为 50cm×40cm，间距 2.4m 的钢筋拱肋，并增设吨位 1000kN、间距 6m×6m 的预应力锚索。

（2）边墙采用 ϕ32 长度 10/6m，间距 1.5m 的普通砂浆锚杆支护，喷钢纤维混凝土厚 15cm。考虑主副厂房洞和主变压器洞之间岩柱塑性区较大，布置 1000kN 对穿预应力锚索，间距 6m×6m；对于南端岩体较破碎的安装间段，除采用上述喷锚支护外，岩壁吊车梁以下采用 85cm 钢筋混凝土衬砌。对北端墙附近的断层 F_{204}，进行混凝土置换处理；南端墙，除采用喷层、锚杆、锚索支护外，还增加 1m 厚的混凝土衬砌作为永久支护。

（二）施工技术措施

1. 开挖前的预处理　包括预固结灌浆、超前排水和观测仪器预埋。

（1）厂房南端顶拱岩体破碎，在距厂房顶拱上部约 13m 处平行厂房轴线布置 2 条顶拱灌浆兼排水廊道，对该区顶拱进行预固结灌浆，固结灌浆完成后才可进行顶拱的开挖。

（2）在厂房上方高高程区域，利用地质探洞及其支洞自流排水；顶拱上部的 2 条灌浆兼排水廊道，在厂房洞室开挖前完成，可起到前排水作用；此外，厂房外围还设置了三层排水廊道，要求开挖该高程厂房洞室之前，先完成该层排水廊道施工工作。

（3）为了全过程监测顶拱变形情况，保证施工期的安全，修正开挖支护程序及支护参数，利用厂房顶拱上方的 2 条顶拱灌浆兼排水廊道预埋多点变位计。

2. 地下厂房开挖程序

（1）分七层进行开挖。第一、二层利用厂顶施工支洞，第三、四层利用进厂交通洞，第五、六层利用 3 号施工支洞，第七层利用尾水支洞作为其通道。

（2）顶拱采用“边导先进”的开挖措施，即先打厂房两侧导洞，中间预留岩柱，边导洞支护完成后才可进行中岩柱的开挖。开挖中严格控制每循环进尺，每循环进尺一般小于 2.5m，使钻孔、出渣及支护能在围岩保持自稳时间内完成。

（3）边墙采用中间拉槽、两侧预留保护层的开挖方法。中间拉槽开挖时先进行预裂爆破，减少振动对边墙的影响，两侧保护层开挖时采用光面爆破，提高边墙成型质量和减少爆破振动。

（4）南端墙有 F_{220} 断层下盘的节理密集带分布，开挖时要求预留台阶，边开挖边进行支护处理。北端墙靠近断层 F_{204}，要求在完成断层置换后，再进行副厂房下部的开挖。

（三）观测资料和围岩稳定评价

厂房于 2003 年 8 月开始顶拱开挖，2005 年 7 月开挖结束。开挖完成时顶拱最大位移为 17.39mm，边墙最大位移为 34.79mm，月变形平均小于 0.15mm；厂房锚杆应力计，除断层局部部位读数较大外，其他部位的应力基本在正常范围内。2005 年 10 月，以两院院士潘家铮先生为团长的世界银行特别咨询团对地下厂房围岩稳定性进行了评价，认为宜兴抽水蓄能电站地下厂房围岩在现有支护条件下是稳定的。

三、地下厂房吊车梁设计

宜兴地下主厂房内安装 2 台 250t/50t 单小车桥机，轨距 20.5m，最大吊装件为转子 420t，桥机最大轮压为 450kN。

在地质条件许可时，地下厂房一般采用岩壁吊车梁结构，以便使桥机提早投入使用。宜兴工程地质条件较差，难以完全采用常规的岩壁吊车梁结构。设计的思路是针对宜兴工程地质条件，在常规岩梁设计基础上采取合适的结构构造措施，在保证工程安全、满足运行要求的情况下，尽量使桥机提前投入使用，缩短工期。

安装场段位于 F_{220} 断层影响带范围内，整体属Ⅳ类围岩，地质条件差，岩体力学指标较低，不适合采用岩壁吊车梁结构。考虑安装场边墙低，该段采用下部有支撑的吊车梁结构，不会对桥机提前投入运行产生影响，因此安装场段整体采用连续壁式牛腿结构。

对于主机段，经分析研究，若采用下部有支撑柱的吊车梁结构，支撑柱的浇筑施工严重影响发电工期。因此，设计考虑主机段采用岩壁吊车梁结构，并采取以下措施保证岩壁吊车梁的可行性和安全性：

(1) 在第Ⅰ层开挖结束后，对岩梁部位岩体进行预固结灌浆，提高岩体力学参数和完整性，保证开挖成型率。

(2) 在岩梁部位上下边墙设置了3排系统300kN级高强预应力锚杆，增加主动支护力，达到减小岩梁部位边墙变形的目的。

(3) 后期设置支撑柱。考虑：①围岩节理发育，节理的错动可能会造成岩梁锚杆局部点应力超出设计值；②开挖完成后，边墙在较长时间内产生蠕变，也会造成岩梁锚杆应力在机电安装、运行期持续增长；③地下水丰富且有一定的腐蚀性，为了增加岩梁的安全裕度及耐久性，后期在岩梁下部设置支撑柱，支撑柱坐落在上下游混凝土墙上。

(4) 施工期限制桥机运行范围，尽量降低轮压。根据工期安排，安装期支撑柱尚不能施工，需要岩壁吊车梁单独承受吊运转子荷载。为了降低吊运转子时的轮压，限制桥机在机组中心线附近运行。

采取以上措施以后，宜兴抽水蓄能电站地下厂房吊车梁在主机段未浇筑支撑柱的情况下，2007年5月6日成功进行了1号机转子吊运，达到缩短安装工期的目的。在上下游混凝土墙浇筑后，支撑柱也浇筑完毕，吊车梁满足永久安全运行的要求。

（中国水电顾问集团华东勘测设计研究院
江亚丽　戚海峰　徐文仙）

金安桥水电站引水发电系统设计

金安桥水电站位于云南省丽江市境内的金沙江中游河段上，是金沙江中游河段规划的第五级电站。电站距昆明市公路里程589.5km，距攀枝花市公路里程225.5km。

电站属一等大（1）型工程；由碾压混凝土重力坝、右岸溢洪道、右岸泄洪冲沙底孔、左岸冲沙底孔、坝后厂房及进厂交通洞等组成；坝顶高程1424.000m，最大坝高160m，水库正常蓄水位1418.000m，具有周调节性能；装机容量2400MW（4×600MW）。

（一）引水发电建筑物总体布置

引水发电建筑物包括电站进水口、坝后背管、坝后主厂房及安装间、厂房上游电气副厂房、下游水机副厂房及尾水闸门室、尾水渠等。大坝与上游副厂房间用素混凝土回填至1320.00m高程，形成一宽28m的平台，布置主变压器、电抗器、柴油发电机房等。

1. 电站进水口　坝式进水口布置在河中7～10号坝段，坝段宽34m；单机单管引水，进水口高程1370m。拦污栅平台高程1366.00m，悬出坝面10m，布置5－45m×30m拦污栅。栅墩厚2.2m，长5m，高58m，设检修拦污栅槽和拦污栅槽；栅墩间，1396m高程以下每6m设一层联系梁，形成框架并与坝体相连；1396m至坝顶，设拦污胸墙板，用联系梁与坝体相连。四个进水口各设9m×14m检修门和9m×12m事故门。进口上唇为$R=3$m圆弧，压坡段长4.8m，坡比1∶3.5；下唇为$R=2$m的1/4圆弧，闸室段为水平。检修门前胸墙厚1.4m，门槽宽为1.8m，采用后止水平板门。事故门门槽胸墙厚4.6m，门槽宽度为1.8m，亦采用后止水平板门。四台机共用一扇检修门，检修储门槽布置在8～9号坝段之间。

2. 压力钢管　引水钢管出坝面后，接钢衬钢筋混凝土联合受力的压力背管；管径10.50m，设计工况最大净水头133m，校核工况最大净水头136.07m，最大(水击作用下)$HD=1715$(m·m)。采用1/2背布置形式和外包混凝土厚度为1.5m的结构设计方案。管壁厚度24～36mm，压力背管设间距2.0m、环高0.15m、厚24mm的加劲环。

3. 主厂房　主厂房为坝后式，布置于河中主河道区，属1级建筑物；设计防洪标准为200年一遇，相应下游尾水位1316.608m，校核洪水标准为1000年一遇，相应下游尾水位1319.30m，一台机正常发电尾水位1293.889m。主厂房长215m，宽34m，高73.3m，安装4台600MW水轮发电机组。其中，机组间距34m，厂房净宽29m，安装间长66.5m，机组中心线上游净宽11.5m、下游净宽17.5m，上下游墙厚2.5m；主厂房右端加长8.5m，上部作为吊车梁加长段，下部布置厂区渗漏集水井和检修集水井。主厂房吊车梁以下为钢筋混凝土墙式结构、吊车梁以上为框架结构。机组安装高程为1285.00m，在尾水肘管下布置渗漏排水廊道和检修排水廊道，底板厚4.5m，厂房建基面高程为1256.00m。水轮机层不设闸阀，高程为1292.00m，交通通道布置在下游侧，各机组单元布置楼梯与上层相通。中间层高程1298.30m，风罩为“半岛式”布置，交通通道布置在下游侧。发电机层高程1303.30m，吊车梁顶高程1319.83m，安装1000/160t单小车吊两台，控制吊顶高程1329.30m。屋顶采用轻型网架结构，金属屋面铝板，单坡排水。

4. 上游副厂房及GIS厅　上游电气副厂房布置在坝与厂房之间的压力钢管上方，分五层，层高4.5～7.0m，为框架结构。最低层楼面高层为

1297.00m，以下为压力管及坝体实体结构，1297.00m以上副厂房与主厂房间设100mm的永久缝。电气副厂房在1297.00m层及1303.30m层与主厂房相通，副厂房各层间每机组段设楼梯、两端设电梯交通至楼顶。GIS楼布置在上游电气副厂房顶，GIS厅高程1327.10m，层高14.90m，GIS厅长156m，宽19m，室内净宽16m。屋顶布置500kV出线场。副厂房与坝间采用混凝土回填至1320.00m高程，形成宽28m的平台，布置主变压器、电抗器、柴油发电机房等。中控楼布置在上游副厂房左端、安装间上游侧，与上游副厂房齐宽；共三层，布置电站控制设施、通信设施及其他运行辅助房间。

5. 下游副厂房　在下游尾水管上方布置水机副厂房。副厂房长136m，共分六层，分别布置供水设备、电缆层、辅助设备、机组自用电及通风设备，屋顶高程1320.0m，与尾水平台齐平。每个机组段布置一副楼梯作垂直交通。

6. 尾水闸门室及尾水渠　尾水检修闸门为一机两门布置，闸门尺寸2－11.64m×10.0m。8扇检修闸门共用一台门机启闭。闸底板高程1362.850m，建基高程与主厂房同高，为1256m，尾水闸墩高64m，平台高程1320m。尾水渠长80m，底宽134m，纵向坡度为1∶6。尾水渠两岸为1∶0.25的混凝土贴坡，与左右岸底孔边墙结合。

7. 进厂交通　从左岸交通洞进入安装间，交通洞长1479.9m，断面为10m×12m，城门洞型，路面高程为1328.0～1303.3m。在厂交1＋005.178m处分岔出8m×9m的尾水交通洞至尾水平台及主变压器平台。

（二）工程主要技术问题

1. 电站进水口结构设计　金安桥电站进水口拦污栅栅墩布置在悬出上游坝面10m的平台上，平台高程1366m，平台底面的倾斜角为45°。为与大坝间设置横缝相适应，拦污栅栅墩及其平台亦设有沉降缝。因此，将每个进水口拦污栅结构简化为九层五跨的框架，相邻进水口拦污栅结构之间由宽10.0m、厚1.35m的隔墙分开。每个拦污栅结构由4根立柱和两侧隔墙形成5个栅孔，每孔净宽4.5m，立柱为2.2m×5m的方圆形截面。计算分析表明，电站进水口喇叭段、闸门段及渐变段等各部位应力都可以通过配筋满足强度要求。

2. 压力背管形式研究　金安桥电站压力钢管，研究比较了压力管全外背、2/3外背及1/2外背三种情况。考虑到金安桥水电站大坝100年超越概率2%的地震水平加速度峰值高达0.399g，地震对外背的压力管影响较大，重点研究2/3外背及1/2外背的布置形式。经研究认为，金安桥水电站坝下游面管道采用2/3背布置形式和管壁厚度1.5m，虽可以满足结构设计要求，但在综合考虑技术和经济等方面的因素后，推荐采用1/2背、外包混凝土厚度1.5m的布置形式。计算分析表明，金安桥水电站坝下游面管道采用1/2外背布置形式和管壁厚度1.5m，管坝接缝面应力、管道轴向应力均可以满足结构设计要求，管道环向拉应力可通过配筋来解决。

3. 钢管过缝措施研究　在典型的坝后式水电站中，由于大坝和电站主厂房高度各不相同，两部分地基的沉陷也不同，在厂坝分缝处，因坝体施工期与运行期其位移方向相反，此处钢管轴向变位较大。另外在温度等荷载作用下，很容易在厂坝连接处出现应力集中和破坏，一般在主副厂房之间设有永久纵向缝，并设置伸缩节，以适应地基不均匀沉陷和温度变化。但金安桥电站运输条件较差，超大尺寸件（直径10.5m）的伸缩节难以运到工地，为此，研究采取适当措施，取消伸缩节。一般采用一段垫层管代替伸缩节，以适应基础不均匀沉陷和温度变化。

通过对几种过缝措施的研究，金安桥水电站压力钢管过缝方案为：厂坝间压力钢管不设伸缩节，在缝上游10m、下游3m范围内设弹性垫层，设弹性垫层的管段按明管设计，厂坝间分缝灌浆至1278m高程。在压力管与外包钢筋混凝土联合受力时，管下方120°范围进行接触灌浆，灌浆压力为0.2MPa，管道上方不再进行灌浆处理。在厂坝分缝处的压力管环焊缝预留在大坝蓄水后焊接。

分析计算研究表明，厂坝分缝处不设伸缩节，厂坝间分缝灌浆至1278m高程，在温升组合工况下，分缝两侧顺河向（管轴向）相对位移最大，为6.8mm；正常运行工况次之，为5.9mm。在同一断面，位移按90°（管顶）、0°和180°（管侧）、270°（管底）逐渐减小；由于本结构方案分缝处已灌浆至1278.0m高程，接近钢管底部高程，因此钢管底部的相对位移最小。分缝两侧混凝土顺河向的相对位移都是相互靠拢的趋势，相应的顺河向（管轴向）应力都为压应力，分缝处的混凝土灌浆不会沿缝面开裂，可以很好地传递分缝两侧的相互作用力，达到减小垫层管轴向变形和压应力的目的。相应工况下的钢衬应力，在1278.0m高程以下的分缝灌浆以后，垫层管段的钢衬应力大大减小。

4. 蜗壳外围混凝土结构设计　金安桥水电站单机容量600MW，设计引用流量605m^3/s，额定水头111m，机组间距34m，蜗壳尺寸较大，而蜗壳外围混凝土结构形状较复杂、厚度较小，最小混凝土厚度仅为2.0m。结合工程的实际情况和施工特点，在比较了直埋和垫层两种蜗壳结构型式后，按垫层方案进行蜗壳外包混凝土结构设计。蜗壳弹性垫层材料采用EPS发泡板（高压聚乙烯发泡板），厚度分别为

10、20、30mm，根据不同部位的变形情况分别设置。

（中国水电顾问集团昆明勘测设计研究院 赵 谨）

宜兴抽水蓄能电站柔性聚合物砂浆防渗衬砌结构应用

宜兴抽水蓄能电站位于江苏省宜兴市西南郊约10km的铜官山区，电站装机容量为1000MW，安装4台单机容量250MW可逆式的抽水蓄能机组。上库闸门井兼调压室，位于引水上平洞（见图1），井口平台高程496m；井筒深94m，开挖直径11.6m，采用钢筋混凝土衬砌，衬砌后直径为10.0m；所处岩性为灰白色弱风化中厚层状岩屑石英砂岩夹薄层状泥质粉砂岩，陡倾角断层、破碎带及节理密集带发育，上部围岩为Ⅳ～Ⅴ类，下部围岩为Ⅲ类；岩体透水性强，地下水位较深，防渗问题突出。上库闸门井兼调压室最大静水压力约75.3m，放空时最大外水压力约为50m；如发生大量的内水外渗，将导致水量损失和山体地下水位升高，在引水钢管放空工况下，将可能导致钢管失稳，发生事故。因此，选择上库闸门井兼调压室的结构衬砌型式至关重要。

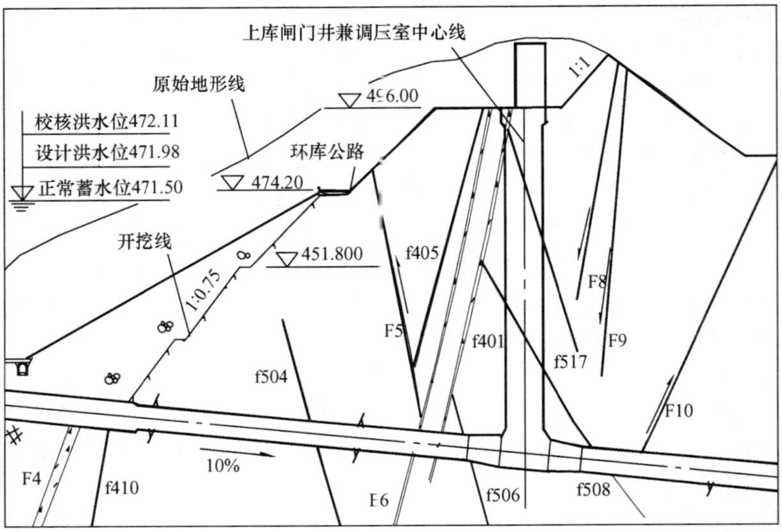

图1 上库闸门井兼调压室剖面图

在可行性研究设计阶段，防渗设计方案为在混凝土衬砌设钢衬夹层防止内水外渗。由于洞径大，夹层钢衬施工困难，该方案工期长、投资高。经设计优化，提出了柔性聚合物砂浆防渗衬砌结构（见图2），在围岩喷混凝土层与钢筋混凝土衬砌之间设置一层柔性聚合物砂浆防渗层达到防渗的目的。为此，进行了专题试验研究，制定了可行的施工工艺。应用实践证明效果较好。

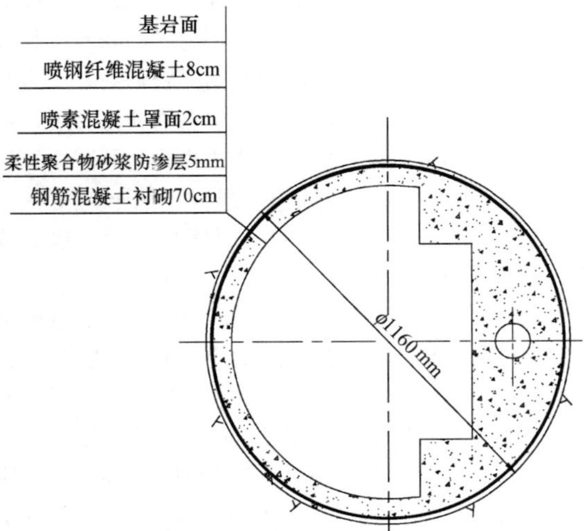

图2 柔性聚合物砂浆防渗衬砌结构示意图

（一）配比试验

柔性聚合物砂浆是一种新型的防渗材料，能与喷射混凝土形成良好黏结，防渗性能好，具有较高弹性模量、较强抗背水压力和适应变形能力，且有良好的施工工艺性能。根据宜兴抽蓄电站上库闸门井兼调压室的受力机理和运行特点，对柔性聚合物砂浆防渗层材料提出如下几个指标：

（1）承受内水压力1.0MPa，渗透系数小于1.0×10^{-7}cm/s；

（2）承受背水压力0.7MPa，渗透系数小于1.0×10^{-7}cm/s；

（3）背水侧（与喷混凝土黏结面）的黏结强度大于0.7MPa；

（4）具有1%以上的变形能力。

为了研制能达到上述要求的防水材料，选择了多种不同材料配置的砂浆进行性能对比试验。进行了稠度、抗压强度、抗折强度、抗裂强度、抗渗性能、干缩性能、黏结强度和抗压弹模等一系列性能测试，推荐采用柔韧型（R 型）和普通型（P 型）DG 聚合物砂浆防水胶按 2∶1 的配比配制而成的一种柔性聚合物砂浆新型防渗材料。并分别进行了室内和现场喷涂、刮抹、刷抹施工试验，检验施工工艺水平及材料的可喷可抹可刷性，确定 DG 柔性聚合物砂浆的最佳工艺配方。研制后的 DG 柔性聚合物砂浆防渗层主要性能如下：

(1) 迎水面在 1.2MPa 内水压力作用下，不出现渗漏；

(2) 背水面在 0.7MPa 外水压力作用下，不出现渗漏；

(3) 与水泥砂浆黏结强度接近 3.0MPa；

(4) 抗变形量大于 4%；

(5) 干缩率小于 5×10^{-4}；

(6) 28d 弹性模量为 4700MPa；

(7) 稠度比较合适，易于喷涂和刮抹施工。

考虑到 DG 柔性聚合物砂浆防渗材料作为一种新型防渗材料应用于抽水蓄能电站上库闸门井兼调压室防渗层，在国内水电工程上尚属首次，为了对该材料更进一步地认识了解，还进行了防渗材料的耐久性试验，证明在长时间浸水条件下，材料各种性能仍可以得到很好的保证。

(二) 施工工艺

柔性聚合物砂浆防渗衬砌结构施工在上库闸门井兼调压室开挖喷锚支护完成后进行，其施工顺序如下：喷面处理→基面清理与润湿→喷涂第一层 DGP 聚合物找平连接层→喷涂第二层 DGP 聚合物砂浆找平连接层→喷涂 DG 柔性聚合物砂浆防渗层→厚度检测→养护→混凝土衬砌。

(1) 喷混凝土面处理：清除喷混凝土面的岩渣、堆积物、回弹物料和注浆浆液等影响砂浆黏结强度的杂质，用高压水冲洗受喷面，使受喷面保持潮湿干净状态方可进行 DGP 聚合物喷涂施工。

(2) DGP 聚合物砂浆配制：按配比要求先将乳液倒入搅拌器中，然后再将粉料倒入乳液之中，充分搅拌至无沉淀的乳胶状。

(3) DGP 聚合物砂浆找平连接层喷涂：将拌制好的 DGP 聚合物砂浆装入手提式喷枪，自上而下进行喷涂，喷涂面需保持潮湿（可通过预先冲水湿润），喷枪和基面的距离保持 30～50cm，工作压力保持 0.5～0.6MPa。每一层的厚度控制在 1mm 左右，喷涂完成后的 DGP 聚合物砂浆最小总厚度不小于2mm。

(4) DG 柔性聚合物砂浆配置：按要求采用“DGP∶DGR＝2∶1”的配比拌制 DG 柔性聚合物砂浆。拌制时要求将乳液倒入搅拌器中，然后再将粉料倒入乳液之中，充分搅拌至无生粉团的、均匀的胶浆，同时需保证纤维搅拌均匀、不团聚。

(5) DG 柔性聚合物砂浆防渗层喷涂：将拌制好的 DG 柔性聚合物砂浆装入手提式喷枪，自上而下进行喷涂，喷涂面需保持潮湿（可通过预先冲水湿润），喷枪和基面的距离保持 30～50cm，工作压力保持 0.5～0.6MPa。要求喷涂 DG 柔性聚合物砂浆 1～2 层，喷涂后的 DG 柔性聚合物砂浆最小总厚度不小于 3mm。

(6) 厚度检测：喷层厚度检查采用钻孔法。每隔 10m 布置一个检查断面，每个断面每间隔 2～3m 设一个检查点。合格标准：每个断面上，全部检查孔处的喷层厚度 80%以上不应小于设计厚度；最小值不应小于设计厚度的 80%；同时，检查孔处厚度的平均值不应小于设计厚度。

(7) 养护：喷涂施工完成后 24h 之内，需采取保护措施以防止雨淋、霜冻、烈日暴晒等对砂浆层造成损坏。喷涂施工完成后第 2 天起，要求用细雾喷水 2～3d。

(三) 应用效果

宜兴抽蓄工程 1、2 号上库闸门井兼调压室采用柔性聚合物砂浆防渗层进行防渗处理，防渗处理面积约 5100m^2，施工作业从 2005 年 9 月 8 日开始，2005 年 11 月 20 日结束。施工完毕后对防渗层进行全面检查，在 1 号闸门井内发现 3 处渗漏点，对渗漏点用柔性聚合物砂浆修补后，井壁干燥，无渗水现象。

为了验证防渗层的防渗效果，在 1、2 号闸门井高程 410、440m 埋设了渗压计对防渗层后的地下水进行监测，在运行过程中，渗压计读数显示远低于井内水位，闸门井周围山体无地下水出露现象，综合判断柔性聚合物砂浆防渗层工作状态良好。

柔性聚合物砂浆防渗衬砌结构在江苏宜兴抽蓄电站上库闸门井兼调压室中得到了成功的应用，开挖时较多地下渗水点在喷涂 DG 柔性聚合物砂浆防渗层后得到了很好控制，监测资料表明防渗效果较好。该种衬砌结构与常规的钢板衬砌（包括夹层钢板衬砌）和预应力钢筋混凝土衬砌结构相比，具有综合性能优越、成本低、施工工艺简单、施工机具简单、施工效率高、施工质量好、适用于大面积施工等优点，可推广用于 120m 以下内水压力的水利水电工程输水隧洞（竖井）、市政供水隧洞和交通隧洞的防渗结构。

（中国水电顾问集团华东勘测设计研究院　姜长飞）

其 他

糯扎渡水电站导截流工程关键技术

（一）概况

糯扎渡水电站施工导流采用隧洞导流、围堰一次断流的全年导流方式，导流建筑物由左岸1、2、5号导流洞、右岸3、4号导流洞及上下游土石围堰组成。

1、2、5号导流洞断面16m×21m(宽×高)，1号导流洞洞长1067.868m，2号导流洞洞长1142.045m(含与1号尾水隧洞结合段长304.020m)，3号导流洞洞长1529.765m；4号导流洞断面尺寸为7m×8m（宽×高），洞长1925.00m；5号导流洞断面尺寸为7m×9m（宽×高），后段与左岸泄洪隧洞结合。

上游围堰为与坝体结合的土工膜斜墙土石围堰，堰顶高程656m、宽15m、长265m，最大堰高约74m。624m高程以下上游面坡度为1∶1.5，624m高程以上上游面坡度为1∶3，下游面坡度为1∶2。围堰上部采用土工膜斜墙防渗，下部及堰基防渗采用混凝土防渗墙，厚度0.80m。

下游围堰为与坝体结合的土工膜心墙土石围堰，堰顶高程625.00m、宽12m、长191m，下游坡度为1∶1.8，上游为1∶1.8，最大堰高42m。围堰上部采用土工膜心墙防渗，下部及堰基采用混凝土防渗墙防渗，防渗墙厚度0.80m。

（二）导截流工程关键技术

糯扎渡水电站施工导截流的特点是“导流隧洞尺寸较大、导流洞地质条件复杂、围堰规模大、截流水力条件复杂”。为保证导截流工程安全、快速、经济的施工，主要对以下导截流工程设计、施工的关键技术进行研究。

(1) 1、2号导流洞后段过F_3断层。该断层及影响带长约40m，断层充填物为糜棱岩、断层泥带，中间以碎裂岩、碎块岩等为主，断层带潮湿，多有滴水、渗水，局部有集中渗水。洞段隧洞开挖断面尺寸为19.4m×24.2m（宽×高)，如此大断面导流洞通过该类断层，其结构及施工程序设计为关键技术之一。

(2) 1号导流洞进口段上覆岩体厚仅32.2m，2号导流洞进口段上覆岩体厚仅27.2m；1、2号导流洞进口渐变段过F_5、F_6断层，地质条件复杂，洞周为完整性较差的Ⅲ类花岗岩围岩；3号导流洞进口渐变段受F_{12}断层带影响，节理发育，其稳定性差，主要为Ⅳ、Ⅴ类岩体。1、2号和3号导流洞进口渐变段长均为30m，进口最大开挖尺寸27.6m×26.3m（宽×高)，进口渐变段浅埋深、大跨度隧洞结构的开挖支护及施工程序设计也为关键技术之一。

(3) 上、下游围堰均与大坝坝体结合，上游围堰高度达74m（最高82m)，下游土石围堰后期改造成坝体量水堰。鉴于围堰布置、结构的特殊要求及围堰施工工期的紧迫性，对围堰布置及结构型式进行技术研究，以确定技术和经济上较优，实现工期有保障的围堰布置及结构型式也为关键技术之一。

(4) 上游围堰设计最大堰高74m，围堰基础处理、堰体填筑工程量均较大，为保证截流后围堰施工工期，科学的选择截流时间、截流流量，准确的、具有较强指导作用的截流规划设计是截流工程顺利实施的关键技术之一。

（三）1、2号导流隧洞过F_3洞段开挖程序与支护设计

针对1、2号导流洞F_3断层的地质情况，首先根据现场采集地质资料、水文地质资料进行区域初始地应力场及工程区渗流场分析，采用ANSYS有限元法对隧洞分层、分块开挖程序进行模拟，分析模拟开挖过程围岩的塑性区发展情况及应力、变形情况，并类比类似工程经验进行开挖分层、分块程序设计和支护设计；其次在开挖过程中利用F_3洞段埋设收敛观测仪收集变形成果，以监测数据为依据，利用“反演分析法”的分析结果调整隧洞开挖施工的程序、分层分块方案、一次支护设计方案，保证了导流隧洞开挖顺利通过F_3断层。开挖、一次支护完成后再利用“反演分析法”分析的围岩力学参数进行混凝土衬砌设计。

由于以现场实际监测成果为依据进行“反演”分析，设计考虑了围岩一次支护“加固”后的作用，隧洞的一次支护、衬砌结构得到优化，节约了工程投资。此种动态的充分考虑“一次支护加固后围岩作用”的隧洞一次支护及混凝土衬砌设计方法为不良地质条件下大型水工隧洞的开挖、支护和衬砌设计提供了新的设计理念和实践验证成果。

（四）1、2、3号导流洞进口渐变段开挖程序与支护设计

根据1、2、3号导流洞进口渐变段区域初始地应力场及渗流场回归分析，结合进口渐变段开挖方法建立三维有限元计算模型，采用ANSYS对开挖分层、分块程序进行模拟，模拟分层开挖时围岩塑性区发展情况及应力、变形情况进行围岩稳定分析和一次支护设计。各进口渐变段洞顶岩体均先采用悬吊锚筋桩，后预应力锚索及超前锚杆锚固，再进行隧洞进口开挖、支撑（钢支撑、预应力锚杆）的施工开挖程序。其中，1号导流洞进口渐变段采用城门洞型一次开挖成型，2号导流洞进口渐变段为矩形断面一次开挖成型，3号导流洞进口渐变段采用城门洞形中隔墩先挖的分幅开挖方式。在渐变段开挖、支护施工过程中依据收敛观测得到的变形成果，利用“反演”分析法对进口渐变段重新复核、调整一次支护措施，有效保证了各进口渐变段的顺利施工。尤其2号导流洞大跨度进口渐变段（宽27.6m，高26.3m），上覆岩体厚仅27.2m，进口为矩形断面，平顶一次开挖支护成型，国内、外均属首次，节约工期4个月。

（五）上、下游围堰设计

鉴于工程施工导流的综合要求，上游围堰设计堰高达74m（实际最大堰高82m），围堰级别高、填筑量大。在广泛收集类似工程实践经验的基础上，通过多种围堰结构型式的技术和经济的对比分析研究，确定了上游围堰为与坝体结合的土工膜斜墙土石围堰，设计堰高74m，堰体防渗采用两布一膜的复合土工膜（350g/0.8mmPE/350g）斜墙结构，堰基防渗采用0.8m厚的混凝土防渗墙；下游围堰为与坝体结合的土工膜心墙土石围堰，最大堰高42m，堰体防渗采用两布一膜的复合土工膜（350g/0.8mmPE/350g）心墙结构，堰基防渗采用0.8m厚的混凝土防渗墙。后期利用下游土石围堰改造成量水堰，取消了原设计的混凝土量水堰挡水坝，减少混凝土量约3.7万m^3。经工程实践检验，上、下游围堰设计技术、经济效益良好。

（六）截流规划设计

工程采用1、2号导流洞截流，困难区段水力学计算指标为流速5.4～7.1m/s，落差1.1～9.16m，单宽流量27.4～73.4m^3/(s·m)，单宽功率66.7～290.1t·m/(s·m)，与国内类似工程比较，其龙口流速和落差等截流指标均较高，截流难度大。通过准确的水力学计算分析、截流模型实验验证，以及对工程区料源、渣场、施工道路布置，施工现场人力、物力、施工机械配置等情况的分析，参照国内已建类似工程的成功经验，对工程截流进行了科学合理的规划设计。2007年11月4日，糯扎渡水电站成功实现大江截流。在截流实施过程中，龙口最大流速为7.52m/s，最大落差6.7m。龙口各分区水力学指标与设计结果基本吻合，截流时段、设计流量选取合理，龙口分区及龙口保护措施得当，说明截流规划设计成功地指导了截流施工。

（中国水电顾问集团昆明勘测设计研究院　李仕奇）

锦屏二级水电站闸坝施工导截流设计

锦屏二级水电站位于四川省凉山彝族自治州木里、盐源、冕宁三县交界处的雅砻江干流锦屏大河湾上，是雅砻江干流规划建设的21座梯级电站中装机规模最大的水电站，总装机容量4800MW。

闸址区河道顺直，河谷狭窄，呈V形，平常水位宽仅100m左右。本流域径流洪水由暴雨形成，最大洪水多发生在7～8月，具有峰高、量大、历时长、水位变幅大的特点。6～10月为汛期，11月～次年5月为枯水期。闸址处多年平均流量1220m^3/s，全年10年一遇洪峰流量为7920m^3/s，全年20年一遇洪峰流量为8850m^3/s。

（一）导流方案及程序

闸坝施工导流采用枯水期挡水围堰、右岸导流隧洞方案，上、下围堰采用土石过流围堰。其导流程序如下：

该工程于2008年12月上旬河床截流后，至2011年11月初围堰拆除，共需经历三个枯水期，每年枯水期由围堰挡水，来水由导流隧洞下泄。围堰挡水标准：第一个枯水期按枯水期12月～次年5月10年一遇流量$Q=1690m^3/s$设计，第二个和第三个枯水期按枯水期11月～次年4月10年一遇流量$Q=1450m^3/s$设计；汛期围堰过水，基坑淹没，来水由导流隧洞与围堰联合下泄，围堰过水标准按全年20年一遇洪水，$Q=8850m^3/s$设计。至2011年4月底，闸坝施工基本结束，汛后开始拆除上、下游围堰，修建导流隧洞进出口围堰，进行导流隧洞改建成生态流量泄放洞工作；改建期来水由已修建好的闸坝5孔泄洪闸下泄，至2012年4月底改建工作结束；工程于2012年11月初关闭闸坝5孔泄洪闸，水库开始蓄水，同年12月底第一台机组发电。

（二）导流建筑物设计

1. 导流隧洞　导流隧洞布置在右岸，洞线呈双弯道布置，进口高程为1625.00m，出口高程为1624.00m，断面尺采用14m×15m城门洞形，过水面积为193.53m^2，隧洞全长592.93m，设计底坡$i=0.169\%$，为缓坡隧洞。导流隧洞完成导流任务后，

需改建成生态流量泄放洞。该隧洞沿线主要为Ⅲ～Ⅳ类围岩，成洞条件一般，导流洞洞身结构采用喷锚支护与钢筋混凝土衬砌相结合的复合支护型式，喷钢纤维混凝土厚15cm，混凝土衬砌厚0.50～0.85m，全洞周围岩进行固结灌浆。

2. 上、下游过水围堰　上、下游围堰为过水围堰，根据河床覆盖层较深条件，选择采用混凝土面板护面土石过水围堰结构型式。

（1）上游土石过水围堰堰轴线长150.40m，最大堰高21.00m，堰顶高程1641.00m，堰顶宽10.00m，上游堰坡1∶1.5～1∶5，下游堰坡1∶3.5～1∶2，在1626.00m处设置宽35m的消能平台，堰体及基础采用厚0.80m的塑性混凝土防渗墙。围堰保护，根据过水最大堰顶设计单宽流量47.0m³/(s·m)、堰面最大流速约12.7m/s、过水时最大水位差约6m等水力特性，堰顶及下游坡面采用混凝土护面保护，混凝土护面厚1.2m，面板设置排水孔和拉筋。

（2）下游土石过水围堰堰轴线长107.00m，最大堰高19.00m，堰顶高程1633.80m，堰顶宽6.0m，上游边坡为1∶2，下游边坡为1∶5～1∶1.5，在1631.0m处设置宽45m的消能平台，堰体及基础也采用厚0.80m的塑性混凝土防渗墙。围堰保护，根据过水最大堰顶设计单宽流量65.0m³/(s·m)、堰坡最大流速9.7m/s、过水时最大水位差约3m等水力特性，堰顶、下游坡面及消能平台采用混凝土和钢筋石笼上浇20cm厚混凝土护面保护，混凝土面板厚1.2m，面板设置排水孔，堰脚采用不小3m³的合金钢网石兜保护。

（三）截流设计

根据水文特性，截流设计时间选择在12月上旬，截流设计标准为12月上旬5年一遇旬平均流量，Q=637m³/s。本工程采用单戗立堵截流方式，截流戗堤挡水设计标准采用12月上旬5年一遇平均流量，Q=637 m³/s，设计上游水位1634.10m，堤顶高程取1636.00m，截流戗堤顶宽18.00m，戗堤轴线长约110.00m，预留龙口宽50.00m。龙口布置在偏右岸方案（右岸预占进20m），采用左岸单向进占立堵方式。设计龙口截流最大平均流速为4.98m/s，最大落差3.53m，最大单宽功率为55.00t·m/(s·m)，最大抛投材料拟采用大石及串石。

（四）实际截流情况

实际截流流量为746.00m³/s，龙口最大截流落差4.60m，最大流速7.40m/s，最大单宽功率135.00t·m/(s·m)，最大抛填强度800m³/h。

在截流过程中，由于截流指标较高，根据实际情况采用长块石串进行上挑角凸抛进占、块石串下压角，中部跟进块石和大块石填筑，加大抛填强度等措施，加之由于截流抛投材料准备充分，截流顺利。

截流备料：石渣50 000m³，块石25 000m³，大块石、特大块石15 000m³，20t块石串4 000m³，2m×1.2m×1.2m钢筋石笼1000个，单重6.25t四面体21个。

实际抛投总量38 000m³，其中大块石4798m³，特大块石4297m³，块石串2900m³，钢筋石笼600个，右堤头钢筋石笼裹头127个，共用钢筋石笼2093m³，块石9865m³，石渣14 047m³。投入大型机械设备132台套。

（中国水电顾问集团华东勘测设计研究院
蔡建国　李　军）

龙开口水电站施工导流及截流设计

龙开口水电站是金沙江中游河段规划8个梯级电站中的第6级，上接金安桥水电站，下邻鲁地拉水电站。工程开发任务以发电为主，兼顾灌溉和供水，电站建成后可发展旅游和库区航运，促进地区经济、社会与环境协调发展。电站装机容量1800MW，主要建筑物有碾压混凝土重力式挡水坝、河床泄洪建筑物、右岸坝后式厂房及冲沙底孔、左右岸灌溉取水口等。大坝坝顶高程1303.00m，最大坝高119.00m，坝顶长768.00m。

坝址区河道顺直，河谷为不对称的U形谷。坝址河段径流量主要来自降雨，并有融雪补给。洪枯流量相差悬殊，6～10月为汛期，11月至次年5月为枯水期。坝址处多年平均流量1690m³/s，全年5年一遇洪峰流量为8360m³/s，全年10年一遇洪峰流量为9640m³/s，全年20年一遇洪峰流量为10 800m³/s。

（一）导流方式及程序

从坝址处水文气象、地形地质条件分析，结合枢纽布置情况，工程采用全年挡水围堰、左岸明渠导流的方式。

导流程序分三期。一期导流在左岸导流明渠进、出口设置围堰，进行导流明渠和左岸挡水坝段（含导流底孔）的施工；同时在右岸台地布置厂房临时围堰，进行厂房及厂房坝段的施工，来水由束窄的河床泄流。二期导流在大坝上、下游填筑主围堰，进行河床和右岸大基坑内的大坝和厂房施工，来水由左岸导流明渠经导流底孔及其顶部缺口联合泄流；三期导流大坝浇筑高度已超过上、下游主围堰，拆除上、下游主围堰，由大坝临时断面挡水，上游来水由导流底孔、冲沙底孔、泄洪中孔及溢流表孔联合泄流；导流底孔封堵时，上游来水由永久泄洪建筑物泄流。

（二）导流标准

该工程为一等大（1）型工程，主要永久建筑物为1级建筑物。根据《水电工程施工组织设计规范》（DL/T 5397—2007）规定，主要导流建筑物（厂房临时围堰、上下游主围堰、导流明渠）为4级临时建筑物，次要导流建筑物（导流明渠施工围堰、导流底孔封堵围堰等）为5级临时建筑物。

一期导流中厂房临时围堰的上、下游土石围堰段和导流明渠施工围堰标准采用全年10年一遇洪水，厂房临时围堰的纵向混凝土围堰标准采用全年5年一遇洪水；二期导流采用全年20年一遇洪水；三期导流大坝临时挡水度汛标准选用100年一遇洪水。

（三）导流建筑物设计

1. 厂房临时围堰　厂房临时围堰布置在坝址右岸台地上，分上游土石围堰、纵向混凝土围堰和下游土石围堰三段。上游土石围堰堰顶高程1236.50m，堰顶轴线长314.29m，坡度1∶1.5，1222.00m高程以上堰体采用土工膜防渗，1222.00m高程以下堰体及堰基采用塑性混凝土防渗墙防渗。下游土石围堰堰顶高程1235.00～1235.50m，堰顶轴线长516.31m，坡度1∶1.5～1∶1.8，1220.00m高程以上堰体采用土工膜防渗，1220.00m高程以下堰体及堰基采用塑性混凝土防渗墙防渗。混凝土防渗墙厚度0.80m。厂房临时围堰的岸坡段防渗结合二期主围堰布置，采用帷幕灌浆防渗。纵向混凝土围堰堰顶高程1236.50～1234.00m，堰顶宽度3.00m，堰顶轴线长268.97m，迎水面坡直立，背水面坡度为1∶0.5。

2. 上、下游主围堰　上、下游主围堰均采用土石结构型式。上游主围堰堰顶高程1260.00m，最大堰高55.00m，堰顶轴线长512.79m，堰顶宽10.00m，围堰在1229.00m高程设置马道，上游马道宽8.00m，下游马道宽10.00m。围堰坡度1∶1.8～1∶2.0。下游围堰顶高程1235.50～1240.00m，最大堰高29.57m，堰顶轴线长527.94m，宽10.00m。围堰在1222.00m高程设置马道，上下游马道宽度均为8.00m，围堰坡度1∶1.8～1∶2.0。上下游围堰防渗均采用土工膜心墙加混凝土防渗墙，局部进行帷幕灌浆，上游防渗墙厚0.80m，下游防渗墙厚0.60m。

3. 导流明渠设计

（1）导流明渠布置在左岸台地上，底宽40.00m，明渠全长952.94m，其中上游引水渠段长385.03m，与坝体结合段长75.63m，下游泄水渠段长492.28m。上游段设计底坡为0.75%，下游段设计底坡为0.31%。明渠进口高程1216.00m，与坝体结合段高程1214.50m，出口高程1213.50m。

（2）导流明渠底板建基面为弱风化～微风化基岩，底板采用混凝土衬护，衬护范围为导流底孔进口附近30m范围及整个下游底板。上游段底板砌厚度0.35m，与坝体结合段衬砌厚度4.00m（导流底孔），下游段底板衬砌厚度1.00～1.50m。导流明渠左侧开挖边坡设计水位以下采用系统锚杆和混凝土衬砌，设计水位以上采用喷锚支护。

（3）明渠导墙坐落在靠河床侧不同高程的开挖基岩上，导墙建基面为弱风化～微风化基岩。导墙采用重力式混凝土结构，全长643.00m，内侧坡直立，外侧坡1∶0.5。上游引水渠段导墙长273.00m，桩号坝上0-273.00～坝上0-226.00段导墙顶高程1237.00m，墙顶宽3.00m；桩号坝上0-226.00～坝上0-182.00段导墙顶高程1245.00m，墙顶宽3.00m；桩号坝上0-182.00～坝上0-0.00段导墙顶高程1260.00m，墙顶宽3.00～4.00m，局部宽9.00m。导墙与坝体结合段长89.50m，导墙顶高程1257.50～1260.00m，顶宽20.00m。下游泄水渠段导墙长280.50m，导墙顶高程1237.00～1242.00m，墙顶宽3.00m，内侧坡直立，外侧坡1∶0.6。

（4）导流底孔共设2个，布置在左岸6、7号挡水坝段，高程1235.00m以下为导流底孔结构，断面形状为矩形，尺寸为10m×14m（宽×高），底孔底高程1214.50m，进口为矩形断面三面收缩的喇叭口形。高程1235.00m以上预留缺口，缺口宽40.00m。

（四）截流设计

大江截流时段选择2009年1月中旬，设计标准为该时段10年一遇旬平均流量，相应流量为707m^3/s；采用单戗单向立堵截流的方式，戗堤预进占以右岸为主，左岸戗堤在最终合拢时适当辅助，龙口位置靠近左岸的明渠导墙。

截流备料主要有石渣、中石、大石及特大石，重点是大石和特大石的储备。备料所需石料料源主要为前期基坑开挖石料，大石和特大石不足部分采用3m^3钢筋石笼补充。实际备料情况如下：石渣38 000m^3，中石18 500m^3，大石和特大石约9800m^3（包括设置吊环的特大石400个，约1000m^3），混凝土四面体12个（10、15t各6个），钢筋石笼1380个（4140m^3）。截流戗堤堤头抛投材料主要采用6～12个钢筋石笼串，ϕ16钢绳长3000m，绳扣1000个。

截流的机械设备有：挖掘机23台（斗容1.2～4.3m^3），推土机5台，装载机6台，汽车吊6台，20t自卸汽车50辆，32t自卸汽车13辆，洒水车2辆。

截流合龙抛投材料用量如下：大石及特大石400车次，石渣914车次，钢筋石笼385车（约800个，3m^3/个）。合龙最大抛投强度98车次/h。

实际截流流量为592m^3，龙口平均流速约5.5m/s，龙口最大流速约7.0m/s，截流最大落差4.88m。

（中国水电顾问集团华东勘测设计研究院　陈义军）

向家坝水电站大型沉井群设计及施工关键技术问题

（一）概述

向家坝水电站沉井工程作为二期纵向围堰地基覆盖层的处理方案，前期作为二期纵向混凝土围堰堰基及大坝地基开挖的临时挡土墙，后期作为纵向围堰结构的一部分，由10个17.00m×23.00m的沉井组成，沉井群平面布置见图1。沉井外壁设计为阶梯式，壁厚2.00～2.10m，内隔墙厚1.60m，取土井尺寸为6—5.20m×5.60m，设计下沉高度43.00～60.00m，实际最大下沉高度56.06m，其规模在国内外水电行业前所未有。

（二）沉井部位的地质条件

由于沉积环境和季节性水流条件的差别，沉井范围内河床覆盖层层次结构复杂，单层连续性差，物质组成极不均一，其组成按从上到下的顺序大致可以归并为三个大层。第一大层为砂卵砾石层，厚8.00～15.70m，总体以卵砾石为主，不均匀系数大，为不良级配砾，卵砾石粒径主要在2.00～15.00cm之间，部分达15.00～20.00cm；第二大层为砂层，厚11.10～23.30m，总体以中细砂为主，局部含淤泥质土，具较好的分选性，部分含有5%～10%的黏粒及少量砾石，属不良级配砂，横河向砂层一般呈透镜状展布，顺河向砂层分布基本连续；第三大层为含崩（块）石的砂卵砾石层，厚14.50～27.80m，该层一般分布在覆盖层的中下部，物质组成与第一层相似，其突出特点是较普遍地含有块径不等的崩（块）石。

沉井范围内基岩面高程大致为211.03～231.41m，出露岩石为T_3^{2-2}～T_3^{2-5}，砂岩中含少量薄至极薄层煤线，岩层总体倾向下游，产状变化较大，走向330°～350°，倾向NE，倾角20°～30°，局部达40°，其中砂岩坚硬，泥质类岩石相对较弱。沉井段出露的断层有F_{27}，除断层破碎带及影响带附近为中等至强风化外，基本为微风化～新鲜岩体。岩体中主要存在3组（NEE、NWW和NW向）构造节理，主要软弱夹层有2条1级软弱夹层和3条2级软弱夹层。

（三）沉井设计

1. 沉井下沉计算　沉井能否顺利下沉并准确就位，井壁的摩擦阻力恰当取值是关键。实际摩阻力比设计值大，沉井不能或难以下沉；实际摩阻力比设计值小，沉井下沉太快，沉井的位置控制将十分困难。为此设计时仔细分析了地质条件，以多种井壁摩擦阻力计算方法（①按井壁单位面积综合摩擦阻力计算；②按主动土压力对井壁的作用及各地层与混凝土的摩擦系数来计算摩擦阻力）综合进行分析，并由此计算出井壁厚度和沉井重量。

沉井下沉所穿过地层的设计参数直接影响沉井的下沉系数，因此，应根据实际分节高度及沉井周面设置的摩阻计所测定的摩阻力值，复核各节沉井的下沉系数，并确定相应的阻、助沉措施。当下沉系数较大时，需进行下沉稳定验算，以防止突沉。

2. 沉井结构计算　沉井结构计算包括施工及使用阶段的沉井结构内力分析和截面强度配筋计算，按

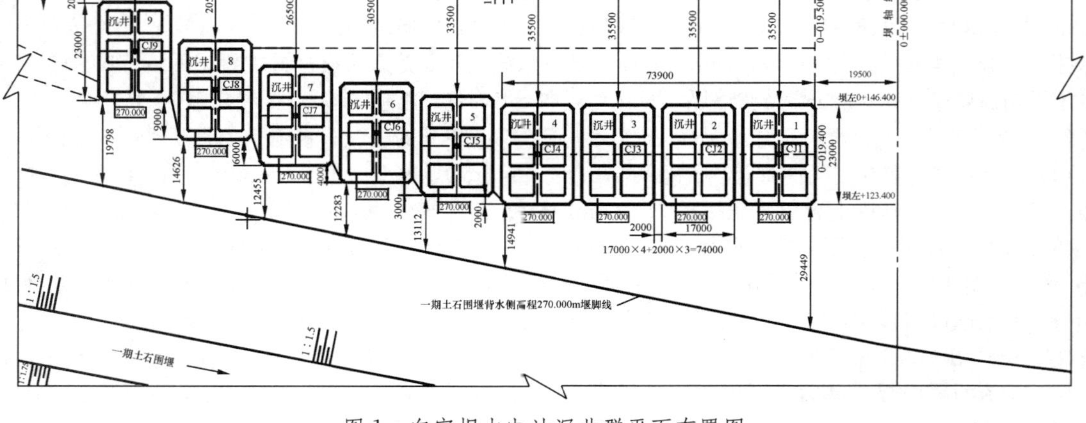

图1　向家坝水电站沉井群平面布置图

挡土墙结构和沉井结构分别进行计算。

（1）挡土墙结构

1）建基面结构计算，采用平面刚体极限平衡法计算沉井挡土时建基面稳定和应力，采用空间刚体极限平衡法计算沉井挡土时建基面的抗倾覆稳定。

2）浅层滑动面抗滑稳定计算，对可能存在的浅层滑动面，选择的计算条件为：① 连通率为100%；② 根据提供的地质资料，从偏于安全的角度考虑，对浅层滑动面进行抗滑稳定分析时，采用强度参数相对较低的破碎夹泥层的强度参数计算；③抗力体滑裂面抗剪断强度参数根据各类岩体所占的百分比计算。对与沉井浅层滑动面抗滑稳定问题，主要通过ANSYS软件建立三维模型、采用空间刚体极限平衡法进行计算分析。

（2）沉井结构，根据在向家坝水电站中的应用部位和受力特点，其井身结构计算包括刃脚计算、井壁挠曲验算、井壁竖向拉断计算、井壁结构强度计算、隔墙悬空时的计算等。沉井在抵岩及下沉嵌岩时，刃脚所受自重及井外荷载最大，这时对刃脚进行了局部承压校核。

3. 沉井构造设计

（1）刃脚衬护。沉井刃脚既是井体下沉的先导，也是井壁的支托。由于沉井所穿过的地层含崩（块）石，并且每个沉井须在基岩中下沉，因沉井自重大，为使井体减少阻力易于下沉，并防止大块石顶住刃脚使刃脚破坏，作为沉井关键部位的刃脚，本工程设计为直角梯形。其高度为2.00m，踏面宽0.30m，直角梯形斜面与水平面夹角为48.013°，采用C30～C40钢筋混凝土，刃脚底部3.00m高度范围采用钢板衬护。

（2）沉井井间锁口。沉井与沉井之间因下沉需要，留有2.00～2.20m的间隙，待相邻两沉井下沉到设计高程并回填混凝土后，在靠近一期围堰侧采用1个桩径2.50m的钻孔灌注桩进行锁口，锁口灌注桩设计最大高度53.50m。

（3）沉井底部回填混凝土与基岩的连结。沉井作为二期纵向围堰大坝上游段堰基开挖的挡土墙时，沉井7及沉井8底部挡土侧均产生了较大的拉应力，经计算，沉井底部一期围堰侧需配置1～2排锚杆ϕ36，单根长度9m。

（4）沉井与堰体混凝土的连接。大坝上游二期纵向围堰由后浇碾压混凝土和沉井联合体组成，由于两者的施工有先后，后浇碾压混凝土与沉井结合面将是一个软弱结构面，对联合体的整体性和安全性不利。鉴于沉井左侧面与后浇碾压混凝土之间结合情况的不确定性，经与武汉大学联合攻关，通过建立二维有限元模型，采用摩擦型接触来模拟结合面，从而研究结合面的摩擦系数对沉井左侧面脚点的应力影响，为结合面的处理方式提供参考。据分析，对结合面作如下处理：待堰基开挖完毕将沉井与混凝土结合面凿毛，并加设连结筋，以提高结合面的传剪能力，保证联合体的安全稳定。

（四）沉井群施工关键技术问题

1. 施工过程中可能存在的主要问题　沉井是一个在动态状况下施工的基础工程，且比其他基础工程要复杂，施工过程中往往会出现各种各样的问题。除复杂的地质因素外，在整个施工过程中，施工经验和施工措施对施工影响很大，处理不好对沉井的使用功能也会带来很大的影响。据向家坝工程覆盖层钻孔资料分析，沉井施工过程中可能存在的主要问题有：沉井下沉遇流沙、沉井下沉过快、沉井下沉过慢、沉井偏移或扭位、沉井悬挂、沉井周围地面塌陷、土体出现裂缝或倾斜等，针对这些问题事先进行了应对措施的研究，为沉井安全、快速、可靠准确地下沉到位打下了良好的基础。

2. 沉井群下沉对一期围堰的影响问题　由于沉井右侧为一期土石围堰，从沉井开工进场至2006年5月需进行一期围堰加高，与沉井施工有一定干扰。根据沉井结构计算及堰体结构计算确定沉井尺寸及堰体尺寸后，经布置，沉井右边线离一期围堰背水侧高程270.00m坡脚线的水平距离约为12.08～29.65m。一期围堰局部堰段背水侧处于沉井下沉对周围土体的影响范围区内，设计重点分析了沉井群下沉对一期围堰的影响，在沉井施工过程中针对塌陷影响区的具体情况及时进行处理，确保了一期围堰的稳定。

3. 降水井布设问题　沉井群合理的下沉方式为“排水下沉”，因此，一期基坑能否实现大面积降水是下沉成败的关键。根据抽水试验，围堰内的水文地质边界条件复杂，水源补给非常丰富，且随着沉井下沉的深度不断加深，井内水量不断增加，在施工过程中陆续布设了30口降水深井。为保证工程顺利进行，结合井外降水，分别在1、5、8、9号沉井内各布置1口，10号井沉井内布置了2口井内降水井。整个排水系统抽水泵额定流量为6325m^3/h，实际最大排水强度约6万m^3/d。

4. 沉井接高施工问题　各沉井按照总高度的不同分6～7节进行浇筑，第1节浇筑高度7.00m，顶节高度作为调整值，中间各节浇筑高度均为9.00m。根据沉井的结构特点，采用大型整体组合模板比较适宜。考虑到一次性接高达9.00～10.00m，最少需要配备2套模板才能保证沉井接高时连续浇筑混凝土，这样既不经济又增加了在沉井接高过程中对下部结构的荷载，对沉井的稳定不利。经分析比较，沉井接高采用滑升模板施工工艺，模板高度0.90m，每个沉井配一套滑模系统，一套滑模系统设置90个千斤顶，通过油路与液压控制台相连，每次浇筑混凝土高度按0.30m控制。

5. 填芯混凝土施工问题 向家坝工程沉井群施工特点之一就是工期要求紧，为加快施工速度，沉井井孔回填采用自密实抛石混凝土。自密实混凝土是抛石混凝土的主要胶结材料，具有流动性能好且不离析的特点，无需振捣，绝热温升低而不用通水冷却，可通仓浇筑，可使用更大粒径的骨料、节省水泥、降低成本。同时由于工艺简单，减少了施工环节，大大地缩短了工期，达到了快速施工的目的。施工时，根据抛石高度的不同在抛石前浇筑2.00～5.00m厚自密实混凝土缓冲层，再抛入一定体积的石料使自密实混凝土上升1.00m后，继续浇筑自密实混凝土使其上升1.00m，然后再抛石循环施工。填芯混凝土采取间隔施工法施工顺序，六个格仓间隔浇筑。从自密实混凝土取芯检测结果分析，抗压强度、抗拉强度、劈裂强度、密实度、声波物探试验、混凝土温度监测等均满足设计技术指标要求。

（五）结语

向家坝工程沉井群项目于2006年3月15日正式开始现场施工，2006年4月15日开始首仓井壁混凝土浇筑，5月5日开始首次下沉，2007年2月16日，5号沉井确定终沉，沉井群首个沉井下沉到位，下沉深度41.512m。由于种种原因延误了一些工期，至2007年9月28日，10个沉井全部施工完成。目前，沉井群作为挡土墙的使用功能已经通过实际检验，但在向家坝水电站二期工程施工期间，大坝上游二期纵向围堰后浇碾压混凝土将与沉井联合挡水，联合体的安全直接影响工程的成败，2009年汛期即将经受洪水的考验。

（中国水电顾问集团中南勘测设计研究院 李建军）

泰安抽水蓄能电站上水库土工膜防渗结构设计

泰安抽水蓄能电站上水库位于泰山西南麓樱桃园沟内，沟谷开阔，三面环山，经开挖并在沟口筑坝后形成上水库。水库正常蓄水位为410.0m，死水位386.0m。正常蓄水位以下库容约1127万m^3，死库容为237万m^3。挡水坝采用钢筋混凝土面板堆石坝，最大坝高99.8m。

上水库右岸横岭山体单薄，NNE～NEE向裂隙及裂隙密集带、断层破碎带发育，地下水位低于正常蓄水位，库水易外渗。库底F_1断裂沿樱桃园沟展布，F_1下盘岩体相对透水性较弱，左库岸山体地下水位高于正常蓄水位。经多方案比较后，库盆防渗选择右岸混凝土面板、库底土工膜及周边垂直防渗帷幕相结合的综合防渗方案。土工膜水平铺盖面积约16万m^2，承受最大工作水头约37m。

泰安工程上水库于2004年11月开始土工膜铺设，2005年5月初期蓄水，电站第一台机组于2006年7月发电，运行后经历了高水头和水位反复升降的考验，成功实现了土工膜防渗技术在大型水电工程中的应用。

（一）土工膜防渗体下部填渣区设计

为减少弃渣、降低环境影响，减少水库死库容以减小初期蓄水工作量，本工程利用上水库开挖弃渣料填于库底。弃渣料主要为全、强风化混合料，并混有一定量的大孤石和耕植土，弃料组成不均匀。施工中库底仅清除腐殖土和部分覆盖层，填渣厚度0～43m不等，填渣顶高程372.40m。因库底总填筑厚度变化较大，为避免库底填渣区产生较大的不均匀沉降，结合现场碾压试验确定填筑控制参数为：干密度不小于2.0g/cm^3、孔隙率不大于23%，碾压后层厚80cm，每层碾压8遍，洒水量为10%。碾压后实测渗透系数为$5\times10^{-2}\sim1\times10^{-3}$cm/s。

（二）土工膜防渗体结构设计

泰安上水库土工膜防渗体结构由下部支持层、土工膜防渗层、上部保护层组成。

1. 下部支持层 根据泰安工程上水库的运用条件，设置土工膜下部支持层，自下而上依次为：120cm厚过渡层、60cm厚垫层、6mm厚土工席垫。

过渡料采用上库区弱、微风化的开挖爆破料，要求级配良好，最大粒径30cm，设计干密度2.11g/cm^3，孔隙率20%，渗透系数为$8\times10^{-3}\sim2\times10^{-1}$cm/s。垫层料采用砂、小石、中石掺配而成，下部40cm厚最大粒径4cm，上部20cm厚最大粒径2cm，设计干密度2.2g/cm^3，设计孔隙率18%，渗透系数为$5\times10^{-4}\sim5\times10^{-2}$cm/s。土工席垫为在热熔状态下塑料丝条自行黏结成的三维网状材料，它具有平整的表面，较高的抗压强度和耐久性，在土工膜和碎石垫层间设置土工席垫，可以明显改善土工膜的受力情况，有效防止下垫层料中的尖角碎石或异物刺破损伤土工膜。

2. 土工膜防渗层 通过对HDPE、LDPE、PVC、CSPE等多种土工膜在技术、经济、可靠性等方面的综合比较分析，研究认为：HDPE土工膜具有优异的物理力学性能、耐久性、可焊接性，产品幅宽大，工程经验多，能较好地适应泰安工程区的气候条件，设计选用压延法生产的高密度聚乙烯（HDPE）土工膜作为泰安上水库防渗膜。采用膜布分离式的一布一膜，土工膜选用1.5mm厚HDPE土工膜，膜下铺设 500g/m² 的涤纶针刺无纺土工布。

泰安工程通过现场大量的比较试验研究，取得了较理想的针对 1.5mm 厚 HDPE 土工膜的焊接、修补、检测的施工工艺和方法。土工膜幅宽 5.1m，膜幅之间采用双焊缝连接，采用电热楔式自动焊机，并配套采用手持式半自动爬行热合熔焊接机、手持挤出式焊机对直焊缝和 T 形接头部位进行焊接施工和缺陷修补，并用真空检测法和充气检测法对土工膜焊接质量进行检测。

3. 上部保护层　由于该工程土工膜位于不小于 11.80m 深水下，设计采用膜上铺设土工布（500g/m²）的方案，以加强施工期保护。土工布上用单重 30 kg/只左右的土工布沙袋（间距 1.4m×1.4m）进行压覆，避免土工膜及土工布在施工期被风掀动以及在运行期受水浮力的影响漂动。

（三）土工膜周边锚固设计

泰安上水库土工膜周边锚固主要包括土工膜与大坝面板的连接、与右岸面板的连接、与库底观测廊道的连接三种类型。

1. 土工膜与大坝、右岸面板的连接　大坝和右岸面板底部设置混凝土连接板与土工膜连接。右岸面板底部的连接板布置于基岩上，即相当于常规面板堆石坝的趾板，不设横缝。大坝面板底部连接板的基础条件与面板相当（下部为垫层料、过渡料、主堆石），所承受的水荷载均匀，为简化土工膜与连接板的连接型式，混凝土连接板不设结构缝，仅设施工缝。施工缝间距不超过 15m，布设钢筋，采用后浇带施工。土工膜和连接板之间的止水连接，与混凝土面板周边缝止水结构分开布置，土工膜与连接板采用机械连接，连接方案见图 1。

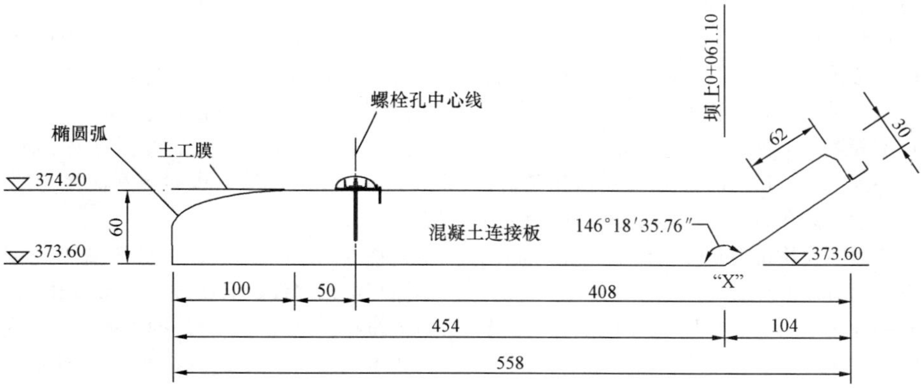

图 1　土工膜与混凝土连接板连接方案

2. 土工膜与库底观测廊道的连接　先将土工膜采用机械连接的方式锚固在廊道混凝土上，锚固后浇筑二期混凝土压覆形成封闭防渗体。

3. 土工膜与混凝土的机械连接　土工膜与混凝土通过机械锚固压紧进行止水。土工膜与连接板、廊道混凝土的机械连接，采用先浇筑混凝土，后期在混凝土中钻设锚固孔，在孔内放置锚固剂固定螺栓的设计方案。使用一组包含不锈钢螺栓、弹簧垫片和不锈钢螺母的紧固组件，通过紧固螺栓、不锈钢角钢压覆实现土工膜与混凝土连接板的机械连接。连接方案见图 2。

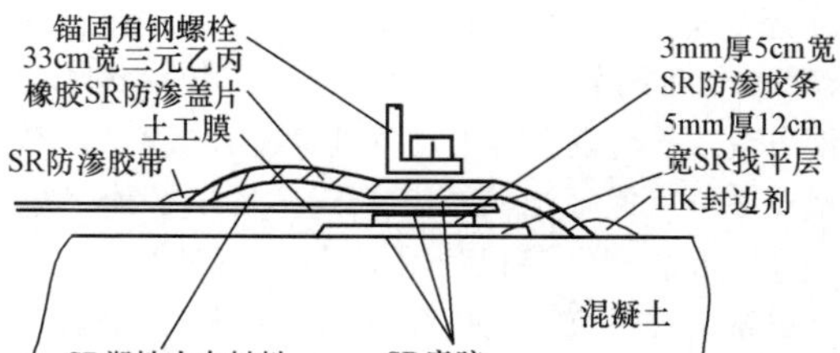

图 2　土工膜与混凝土的机械锚固连接方案

泰安工程是我国抽水蓄能电站第一个在上水库采用土工膜防渗的大型水电工程，设计对上水库土工膜防渗体系的下部填渣区设计、土工膜选择、防渗体结构设计、周边锚固和施工工艺等进行了深入研究，并在工程中得到了成功应用。土工膜防渗技术具有适应面广、经济性好、施工速度快等优点，泰安工程土工膜的成功应用是抽水蓄能电站防渗技术的重大创新。目前国内正在进行前期工作的江苏溧阳、无锡马山、内蒙古呼和浩特抽水蓄能电站等多个工程也选用了土工膜防渗方案，土工膜防渗技术的发展前景将更加广阔。

（中国水电顾问集团华东勘测设计研究院　徐建军）

福建永安西门水电站创新设计

西门水电站位于福建永安市区沙溪干流上，坝址以上集水面积 6797km²，占沙溪总流域面积的 58%。该电站是一座以发电为主的中型工程，兼有综合治理、养殖、发展旅游观光及改善小气候等综合利用效益。中国水电顾问集团华东勘测设计研究院在该项目设计中，积极拓展思路，融合先进设计理念，采用技术创新成果，大大提升了电站的品质品位。由于工程经济效益及社会环境效益显著，西门水电站建设项目被评为 2007 年度国家优质工程。

（一）电站枢纽总布置

坝址位于沙溪和巴溪汇合口上游约 80m 处，两岸地形基本对称，河谷宽 250m，枯水期河面宽 110m；左岸河滩大片基岩裸露，主河道紧靠右岸，为一 NNE 向深槽。坝址两岸覆盖层厚度不大，风化层较浅薄，右岸主河道河床覆盖层厚 0.5～4.5m。坝址地层主要为流纹斑岩，岩石致密坚硬，断层不发育，地质构造简单，右岸河床深槽覆盖层挖清后，对其下伏的弱风化基岩作撬挖处理后可作闸坝基础。左岸接头较雄厚，覆盖层厚 1.3m，基岩全～弱风化层厚度约 2m，下伏弱风化基岩完整坚硬，左坝肩可直接到基岩上，工程地质条件良好。右岸地形平缓且高程较低，覆盖层厚 0.5～4.5m，下伏为弱风化基岩，因与巴溪相距较近，需在右岸坝肩地段设置纵向混凝土挡水结构，与西门大桥桥台相接，以解决绕坝渗流等问题。右岸主河道深槽地段，在闸坝之后出露有沙县组红色钙质粉沙岩，岩石破碎呈全风化状，抗冲刷能力差，需要采取保护等工程处理措施。

为了充分发挥西门水电站的发电效益，尽量满足城市建设、交通畅通和环境改善等综合利用要求，允许西门水电站与上游鸭姆潭水电站有少量水头重叠，最终经比较选定正常蓄水位 166.00m，消落水位 165.20m，日调节库容 156.5 万 m³。电站共装两台灯泡贯流式水轮发电机组，单机容量 15MW，总装机容量 30MW，保证出力 6.01MW，多年平均发电量 10 669 万 kW·h，装机利用小时数 3556h。

枢纽主要建筑物包括溢流坝、河床式发电厂房、左右岸挡水坝等。西门水电站的下游是大河湾，为了保证安全宣泄各级洪水，将溢流坝布置在河床中间。

溢流坝段全长 136m，共设 7 个溢流孔，每孔净宽 16m，闸墩厚 3m，溢流堰采用实用堰型，堰顶高程为 159.00m，下游采用戽流消能。设计单宽流量 57.68m³/(s·m)，校核单宽流量为 73.63m³/(s·m)，每个溢流孔各设一扇 16m×7.5m(宽×高)弧形闸门，用卷扬式启闭机操作。7 个溢流孔共用一套平板检修门，尺寸为 17m×8.9m(宽×高)，用坝顶门机启闭。上游坝顶设交通桥，桥面宽 6.5m，桥面高程同坝顶高程，均为 173.5m。

左岸混凝土重力坝段长 50m，储门槽坝段顶宽 11.1m，其他坝段坝顶宽 6.0m，坝顶高程 173.50m。坝体上游面垂直，下游坝坡为 1∶0.7。左岸坝接头长 12.0m，顶宽 6.0m，为墩式结构。右岸采用顺河向的衡重力式混凝土挡墙，结构长度 49.46m，与上游西门大桥桥台附近完整岩体相连，挡墙后回填石渣，并设有排水设施。

河床式厂房为挡水建筑物的一部分，布置在河床右岸，厂区主要建筑物有主厂房、装配场、上下游副厂房、升压站、开关站、进水建筑物、尾水建筑物、厂区排水系统、进厂公路、电站办公楼与辅助用房等。

（二）工程特点及设计创新

针对西门水电站具有的特殊性和工程建设难点，设计做了大量的方案比较和研究工作，在工程实施工中，又不断优化设计并有所突破。

1. 建设征地和移民安置补偿处理创新　西门水电站是一座低水头水电站，又位于城区，建设征地和移民安置补偿的费用很高，工程经济指标较差。电站迟迟不能立项建设，水库淹没区各乡（镇）及受影响城区部分的建设几乎处于停滞状态，影响了永安市的旧城改造，也影响到征地范围内人民生活水平提高。

在西门水电站设计时，拓展眼界、创新思维，提出了将电站建设、旧城改造和市政建设结合的设想。对枢纽建筑物进行了专门的景观设计，建筑艺术处理与城市规划、旧城改造融为一体，使水电站建设与周围环境和谐统一。市政建设和电站建设同步进行，减少总费用。建设场地的拆迁补偿费用由工程和市政分摊，枢纽工程仅承担水库和坝址右岸的移民拆迁安置费用，坝址左岸的移民拆迁安置费用均由市政承担，优化了电站的技术经济指标，促成了电站的开工建设及永安市旧城改造的实施。

2. 工程枢纽布置创新

（1）受到各方面条件限制，选定坝址位于西门大桥下游 60m 处，枢纽和大桥靠得很近。枢纽布置在妥善考虑大桥的影响，解决好发电、泄洪消能和施工导流等问题的同时，将右岸的防渗体系与大桥有机地结合起来，利用桥台作为防渗体系的一部分。

（2）将发电厂房布置在右岸深槽部位，放在一期基坑施工，减少了开挖量，缩短了工期，为提前发电创造了条件。由于溢流坝布置在左岸，减轻了泄洪水流对下游右岸的冲刷，保证了沿江堤坝稳定及城市防洪安全。

（3）对工程建设区场地进行了全面的加高、平整，利用工程开挖弃渣作为回填料，减少土料场开采、城市污染和工程弃料占地。不仅开辟了一片居民休闲养身场所，而且基本实现了工程建设“零弃料”。

3. 坝下消能设计先进

（1）坝址以下河流往左拐弯，河道为砂卵石基础，砾径仅2.5～3.25cm。为尽量减少对江滨公园河堤的冲刷，要求枢纽下泄水流靠近左岸，采用右岸厂房方案。在枢纽布置中，通过适当调整坝轴线方向，使溢流坝下泄水流偏向左岸，进一步减轻了对江滨公园河堤冲刷影响，保证了永安市城市防洪堤的安全。

（2）采用数学模型全面、深入地研究了各级泄量的坝下水流流态及对河床冲刷情况，吸取类似工程经验教训，通过严格规范溢洪道闸门运行方式，采用较先进的戽流消能方式，坝下消能充分，减轻了对下游河道冲刷，节省了工程投资，缩短了施工工期，取得了满意效果。

（3）工程投产至今，经历了2006年汛期洪水的考验，共有13次泄洪流量超过1000m^3/s以上，最大泄洪量4020m^3/s；运行情况表明，大坝下游消能充分，江滨公园河堤稳定安全，设计选择的泄洪消能方案合适。

4. 进水口清排污方法独特　坝址上游有清流县城等，汛期漂浮物较多，对进水口拦污栅危害较大。设计采用在电站进水口前安装一道拦污浮筒，下端悬挂细栅，把漂浮物尽量挡在浮栅外，不直接进入进水口，再利用1号溢流孔检修门进行排污；对进入进水口的漂浮物，由自动清污机进行清污。该布置紧凑简洁、水头损失少，清污效果好，方案投资省。

5. 工程施工进度优化　该工程原安排施工总工期为3年，初期发电工期为2年7个月，这在同类工程中已经很先进了。2004年初，根据工程建设的实际情况，设计提出研究提前发电的可能性，得到业主单位的积极支持。设计不但克服了由于周期缩短供图紧张的困难，还通过设计优化方便施工。参建单位齐心协力、奋力拼搏，工程围堰截流提前11个月，二期基坑工程提前1年完工，减轻了度汛压力，降低了工程建设风险；1号机组提前4.5个月投产发电，2号机组提前1.5个月投产发电，取得了高质量、高速度的建设成果，工程提前获得了经济效益。

西门水电站建成后，不仅建筑景观园林化，成为城市的一道亮丽风景，而且由于水库的调节，改善了城市水质条件及地区小气候。电站年发电量10 669万kW·h，每年实现上缴利税600万元，增加了就业率，并成为当地水电专业学校学习的教学基地。西门水电站设计创新，为永安市经济发展注入了新的活力，取得了良好的社会经济效益。

（中国水电顾问集团华东勘测设计研究院　扈晓雯）

中國水力發電年鑒

7

土 建 施 工

大 坝 施 工

水布垭混凝土面板堆石坝施工新技术

水布垭混凝土面板堆石坝是当今世界上最高的面板坝，最大坝高233m，最大坝前作用水头200m，坝顶高程409m，坝轴线长675m，坝顶宽度12m，最大坝底宽660m，大坝上游坝坡1∶1.4，下游平均坝坡1∶1.4，坝体填筑工程总量为1568万m^3，填筑工期为52.5个月。

水布垭面板坝位于不对称开阔V形峡谷，坝基岩体以碳酸盐岩为主，结构面发育，岩溶化程度高，工程地质条件复杂。施工难度大、质量要求高，除要解决填筑强度问题外，还要解决超高坝施工中的沉降变形、面板防裂、坝体渗控等重大技术难题。从筑坝材料、坝体填筑、面板施工、接缝止水、基础处理、工程管理等6个方面，进行了13项施工技术专题研究，取得了《清江水布垭混凝土面板堆石坝施工技术方案论证》研究成果。

通过积极引进和推广应用新技术、新工艺、新材料、新机具（即“四新”成果），面板堆石坝比预定工期提前完工。工程质量得到建设各方、有关专家和电力建设工程质量监督总站巡视检查组的充分肯定，取得了较好的社会效益和经济效益。截至2007年12月，大坝分部工程已验收5524个单元，优良率90.0%以上，坝后量水堰观测到的最大流量仅为40L/s。

水布垭混凝土面板堆石坝施工的主要新技术简介如下：

（一）高边坡趾板开挖技术

水布垭大坝趾板分10段，长1109m，开挖高程从175.8～405m，两侧岸坡呈不对称V形，高峻陡峭。趾板地层主要为二叠系茅口组和栖霞组灰岩地层，茅口组厚层至巨厚层灰岩坚硬完整，栖霞组岩层软硬相间，中厚层灰岩与炭质生物碎屑不等厚互层，其间多层面、多剪切带。且右趾板347～415m高程经过由松散的灰岩大块石、块石夹黏土组成的庙包滑移体，地质条件十分复杂。

在开挖施工中，结合趾板地质特点，分析趾板开挖面的倾向、坡度以及基建面要求特性，通过现场爆破试验，创新利用水平光爆和边坡预裂爆破施工技术组合的爆破方式，进行三向或两侧预裂，通过“多循环、小药量、弱爆破”的控制爆破施工工艺进行斜坡、扭面、台阶等基建面的开挖，使边坡开挖质量得到了有效的控制。

开挖完成后，预裂面成缝好、无径向裂隙、壁面平整、半孔率达到95%以上；边坡梯段爆破效果好，无挂边、拉伤裂隙现象，马道平台水平、整齐，平整度±10cm。利用声波对趾板建基岩体完整性进行检测，满足完整性要求的岩体占86.6%，施工过程中较好地保护了基建面的完整性。

（二）大坝基础砂卵石覆盖层强夯技术

大坝基础覆盖层基本组成为砂砾石，为将压缩模量大于主堆石料、抗剪强度接近主堆石料的砂卵石层作为坝体的一部分，以减少基础开挖回填量，需对砂砾石覆盖层进行处理，以满足堆石坝基础要求。

为此，经研究论证，首次将海港工程中的强夯技术引入水工建筑物堆石坝大坝基础覆盖层处理，并通过现场试验，确定了用于面板堆石坝覆盖层强夯施工的夯击机具、夯击形式、夯击工艺及参数。强夯施工采取夯击点距4.0m×4.0m，梅花形布置，强夯夯击能为：点夯300t·m，夯锤重20.8t，落距15m；满夯160t·m，夯锤重16t，落距10m。点夯采用跳夯方式，分2序施工。点夯后整平夯坑，满夯一遍，锤印相互搭接1/3锤径。通过超重型动力触探、面波测试和采用开缝钢管、黏土固壁等工艺改进后的预钻式旁压试验等多种检测方法取得的参数对比分析，砂卵石层干密度由2.1g/cm^3提高到2.18g/cm^3，超过了设计指标2.15g/cm^3的要求；渗透系数降低了一个量级；在坝基表层4～5m范围内，承载能力由300kPa提高到600kPa以上。

强夯处理后砂卵石覆盖层成为合格坝基，大大降低了覆盖层变形对坝体后期变形的影响，有效减少了大坝基础开挖量，减少了坝体填筑量，削减了坝体填筑强度，为堆石坝基础处理探索出一条新途径。

（三）多维动态高强度土石方调配技术

水布垭面板坝坝体填方总计约1568万m^3，填料料源分别来自溢洪道、公山包、马崖、庙包滑移体等多处建筑物开挖利用料、2处开采料场和3处回采料场，坝料运输利用现场布置的11条道路上坝，分别将10种料型填筑到7个填筑分区中，如此交错复杂的土石方调配问题是工程施工规划的关键环节之一，直接关系到工程的进度、质量和成本。优化的土石方调配方案不仅利于提高工程质量、加快施工进度、降低施工成本，而且通过提高土石方的直接上坝率，减少弃料，减少料场开采量，减少土石方转运量，均衡施工强度等途径，减少对了地表、植被等的破坏，减少了水土流失量，以及资源的消耗（如汽车尾气），最终有利于保护施工区的生态环境。因此，土石方调配问题是水布垭工程的规划、设计、施工过程中的一项十分关键的技术难题。

通过对水布垭面板坝土石方调配系统的详尽分析，建立了多维的、动态的土石方优化调配模型，开发了土石方优化调配与管理系统（Earthwork Allocation Optimization andManagement System，EOAMS)，用于施工现场管理与决策，实现了多维动态的土石方优化调配。在大坝填筑过程中，应用EOAMS进行了大坝土石方填料的动态跟踪调配，确保了坝体填筑施工高强度均衡连续地顺利实施。

通过多维动态土石方调配技术的应用，溢洪道、马崖三期、庙包滑移体及电站引水渠等建筑物开挖利用料全部用于坝体填筑；长淌河、邹家沟、桥沟存料场的储存料全部回采；桥沟、公山包、猴子包料场的开采缩小到最小规模，并优选溢洪道高程350m以下的建筑物开采利用料。通过现场调节，将407m高程平台、7号公路开挖等部位的开挖与坝体填筑结合起来，挑选合格料上坝。建筑物开挖料直接上坝1208万m^3，直接上坝率为82.88%。建筑物开挖及开采料场内的合格料全部利用上坝，达到了物尽其用、“颗粒归仓”的物料平衡目标。

（四）堆石坝体均衡连续高强度填筑技术

作为世界最大坝高的水布垭面板堆石坝，堆石体沉降量的大小，直接关系到面板强度标准、止水要求以及坝体的稳定。如何控制大坝沉降量是坝体填筑的一大难点，尤其是如何防范、杜绝坝体不均匀沉降对混凝土面板、止水、坝体内部应力分布的不利影响。因此从施工的角度提高管理水平，做到均衡连续高强度填筑上升是减少坝体沉降的重点。

为保障坝体填筑均衡连续高强度上升，除了结合现场实际进行布置优化，设备配置优化、土石方调配优化以及现场指挥优化等之外，根据坝体设计分区，在料型、料场布置、填筑施工程序等方面实践中，研制发明了堆石体均衡连续高强度的后区超前区的“坝体预压反台填筑法”。该方法均衡各种类型坝料的上坝强度，使坝体7个分区、10种料型均衡填筑，梯次同步上升，填筑顺序由后向前，后区超前区的填筑施工方式，有效的减少了坝体不均衡沉降，大大改善了坝体蓄水期的位移分布，减小了堆石料和垫层料中产生的差异变形，对改善面板的支撑条件、减少堆石体沉降变形对面板的不利影响发挥了有效作用。

在为期45个月的坝体填筑期内，平均月强度38.6万m^3，最高月强度75.11万m^3。其中，大坝二期填筑平均月强度47.89万m^3，最高月强度70.62万m^3，不均衡系数1.47；大坝三期填筑平均月强度60.89万m^3，最高月强度75.11万m^3，不均衡系数1.23；大坝四期填筑平均月强度41.51万m^3，最高月强度57.4万m^3，不均衡系数1.38。坝体填筑不均衡系数均在1.5以下，施工强度均衡，没有出现抢工赶工现象，坝体填筑质量得到保障。

（五）超高面板堆石坝挤压边墙技术

挤压边墙技术虽然在许多面板坝中已成功应用，但要用于类似于水布垭工程这样的超高坝却尚无先例，需要开展许多的计算分析研究，并需要在应用中加以改进和完善。

为此，对挤压边墙施工的挤压机械、边墙材料、生产工艺、质量控制标准等进行了大量的理论研究，包括挤压边墙材料的破损本构模型、超高挤压边墙与面板相互作用分析等，提出了科学的理论依据。在此基础上，进行室内、现场试验研究，分别采用锤击法、静力挤压法、振动法和碾压法等对挤压混凝土试件的成型方法进行了探讨，并结合挤压边墙工作机理，分析其对面板的应力和变形可能造成的不利影响，最后经过复核论证，使挤压边墙技术成功在水布垭工程应用。

水布垭大坝上游垫层料施工引入挤压边墙施工技术，加快了上游面施工进度，简化了坡面防护和度汛措施。同时，为使挤压边墙与垫层料特性相近，适应高坝变形特点，采取了用小于4cm的混合料代替干贫混凝土的砂石骨料。并从技术层面出发，首次提出将挤压边墙作为上游护坡和垫层区的施工过程工艺的理念。施工完成后改变其形态，创造提出在挤压边墙表面、面板同缝处，人工凿断成槽，再用小于4cm的小区料夯实回填，消除了挤压边墙作为结构体对面板的影响因素，适应面板的变形。通过边墙表面变形观测和应力变形理论计算复核，改进后的挤压边墙结构更能适应超高面板坝的坝体变形特点，取得了挤压边墙技术在超高面板堆石坝工程中应用的突破。

（六）长铜止水现场连续滚压成型技术

水布垭面板堆石坝的止水结构是目前多数高坝采用的新型止水结构，其施工复杂，安装难度较高，同时，由于铜止水片焊接工艺复杂，且在上游坡面进行焊接，施工质量和安全问题尤为突出。

为此，研制发明了超长止水铜片整体连续滚压成型机。利用超长止水铜片整体连续滚压成型机在施工现场压制成型，是将滚压机放置在稳定地基上，并与面板坡度基本一致，同时用预制块和钢丝绳对机体进行加固。再将滚压成型机出料口正对面板垂直缝方向，现场滚压制作出的止水铜片即可方便地安装到位。

该技术根据止水片需要的长度连续整体加工铜止水，实现了连续无焊点止水最大长度达 141m，减少和避免了中间焊点的薄弱环节。一台滚压机完成了面板垂直缝 10 800m 铜止水加工，加工后的结构尺寸偏差±2mm，小于规范要求 5mm，一次性全部验收合格。通过采用T形、十字形、L形接头形式的整体接头连接新工艺，有效的解决了长止水整体接头成型的技术难点，提高了止水铜片系统在高水头下运行的可靠性。

（七）混凝土面板施工防裂技术

水布垭作为目前世界最高的 CFRD，其面板也是世界上最长的混凝土面板，面板的结构体型长而薄，加之运行过程中承受的作用水头高，故而较易于产生裂缝，混凝土面板温控防裂备受坝工界关注。为消除和预防超高面板混凝土面板产生裂缝，有效控制面板混凝土裂缝，通过集成创新，实施一系列防止面板混凝土裂缝的综合技术措施，取得了十分显著的成效。

在坝体填筑过程中，通过合理确定大坝填筑参数、控制上坝料级配、分期填筑等多项有效措施，有效减少坝体变形量；通过挤压边墙原材料、结构形式的改进，新工艺的采用，有效降低坝体变形对面板的影响；在面板混凝土施工中通过优选外掺第 3 代聚羧酸类外加剂和第 4 代聚丙烯腈纤维掺合料为特色的面板混凝土配合比，大大增强了混凝土抗裂性能、抗渗性能和耐久性；在此基础上，通过多次配合比试验和优化调整，逐步选出了最优的混凝土配合比；通过混凝土面板滑模设计、边模设计以及模板支撑结构等细节方面的改进，严格施工过程中的质量控制，精细操作，杜绝了混凝土面板抗拉薄弱面在施工环节中的产生；在面板 270m 高程以下混凝土表面涂刷渗透结晶型的新型防护材料，以增强混凝土表面抗裂防裂性能。同时在面板浇筑施工的全过程中，不断加强施工工艺的改进和提高，保障混凝土施工质量，混凝土面板单元工程质量合格率 100%，优良率 93.65%；通过有力的调度管理，充分抓住低温浇筑有利时机施工等，非常有效地防止和减少了混凝土面板裂缝的产生。

（八）混凝土面板堆石坝施工工法制定

由于水布垭超高混凝土面板堆石坝的施工没有可供遵循的施工规范和可资借鉴的成熟施工经验，为保障筑坝施工程序化、标准化，施工中制定并推行了《水布垭混凝土面板堆石坝施工工艺导则》。在此基础上，将水布垭面板堆石坝施工工艺导则进一步总结和提升，首次制定了《混凝土面板堆石坝面板施工工法》、《混凝土面板堆石坝坝体填筑工法》、《混凝土面板堆石坝挤压式边墙固坡施工工法》等三部国家级工法，并于 2008 年 1 月由国家建设部颁布实施。

（中国葛洲坝集团公司　周厚贵）

巴贡 200m 级超高面板堆石坝变形控制

（一）概况

巴贡水电站位于马来西亚沙捞越州境内的 BALUI 河上，该工程控制流域面积 14 750km^2，枢纽工程包括面板堆石坝、进水口、引水隧洞、地面厂房、开敞式溢洪道等，总装机容量 2400MW。面板堆石坝最大坝高 203.5m，水库正常蓄水为 228.0m，总库容 440 亿 m^3。大坝上游坡面为 1∶1.4，下游实际坡面 1∶1.3，坝顶宽度为 12m，坝顶长度为 748.85m。大坝填筑工程量为 1672 万 m^3，面板面积 13 万 m^2。大坝典型剖面见图 1。大坝于 2003 年 6 月开始进行开挖，2008 年 7 月面板浇筑完成。

（二）大坝开挖及坝基处理

高面板堆石坝的基础处理要求比中低坝严格很多，因其沉降变形较大，受到不良地质区段、反坡或陡边坡、坝体内突出的山脊等影响。故控制大坝沉降变形，严格的坝基处理是至为重要。

1. 坝基开挖　巴贡面板堆石坝坝址为砂岩和杂砂岩、页岩、泥岩及砂岩和页岩互层组成。地形为 V 形河谷，坡度在 25°～60°之间，脊谷高差约 400m，开挖区分布有 4 个山脊。开挖边坡最大高度约 290m，宽度约 1000m，顺水流方向长度约 660m。开挖工程量约 480 万 m^3。实施过程中，针对坝基开挖面积大，将大坝分为 10 个区域开挖，从平面上和空间上错开，在道路满足的条件下，充分组织资源进行大规模开挖。通过分区，围绕趾板开挖进行组织，坝轴线下游底部是次堆石区的基础，开挖交面早，优先填筑下游。

2. 坝基处理

（1）趾板下游 20m 处至 0.5H 范围内的堆石体基础，岩体为中等风化岩石，不得存在倒悬和高度大于 0.5m 的陡坡（坡度陡于 1∶0.5），否则，应削坡或回填 C10 混凝土。

（2）趾板下游坝基约 0.5H（不小于 5m）至整个 3B 堆石区基础范围内，不得存在倒悬和高度大于 0.5m 的陡坡（坡度陡于 1∶0.5），否则，应削坡或用 3A 料回填。

（3）3C 和 3D 堆石区基础，基础为高度风化岩石或坚硬的原状土，不得存在倒悬和高度大于 0.5m 的陡坡（坡度陡于 1∶0.5），否则，应削坡或用 3A 料回填。

（4）2 号山脊将被削坡，使其坡度不陡于

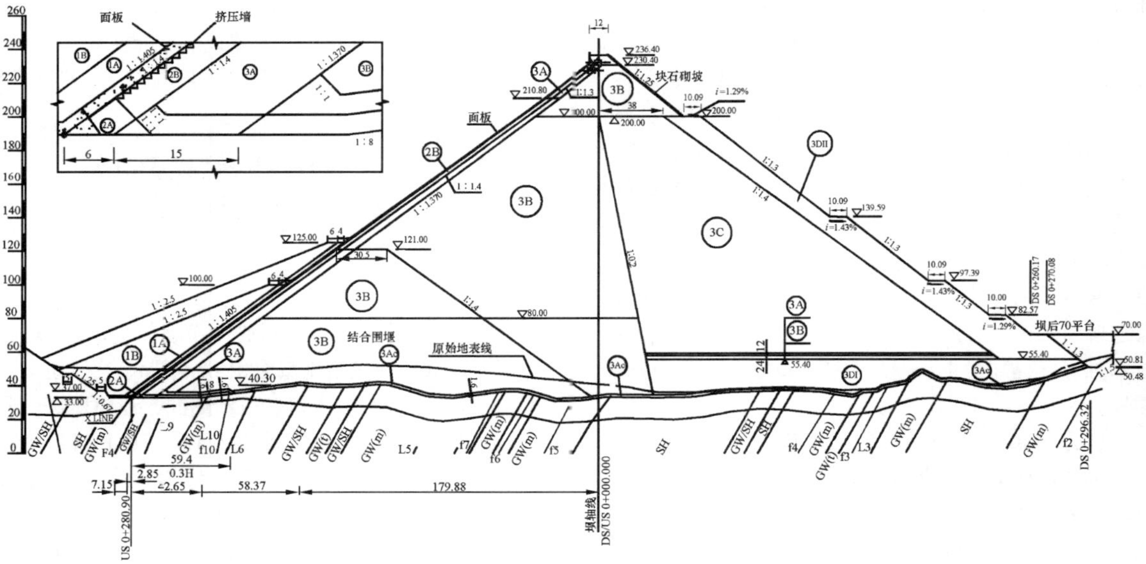

图1　大坝典型剖面图

1A、1B—上游盖重区；2A—特殊垫层区；2B—垫层区；3A—过渡区；
3B—主堆石区；3C—次堆石区；3D—大块石体

1∶2.5。对趾板下游槽内的3B堆石区进行碾压，其碾压遍数应多于其他区。

3. 坝基开挖处理与坝体变形关系分析

（1）通过坝基开挖分区，优先填筑次堆石区，可以有效降低后期高峰填筑强度，增加坝轴线下游填筑体沉降时间和施工期间坝体的沉降比例。

（2）充分认识高面板堆石坝二次定线的重要意义，在趾板开挖期间，加强资源组织，加快设计对趾板 X 线的确定，为浇筑趾板、填筑防洪度汛坝体赢得较多工期，保证度汛坝体有较高的压缩模量，减少度汛坝体在面板浇筑后的沉降变形。

（3）趾板下游的坝基处理，主要是保证岸坡部分的坝体均匀沉降，防止岸坡堆石体、挤压墙出现拉裂现象。巴贡在大坝填筑期间，左岸中部出现了挤压墙顺坡向开裂的现象。分析其中原因，主要是左岸地形较陡，岸坡附近的填筑体沉降不均匀引起的。其他高面板堆石坝也出现过类似情况。

（三）筑坝材料要求及坝体压实标准控制

坝料分区设计要求见表1。料源为结构开挖和W9料场，W9料场为砂岩和杂砂岩、页岩、泥岩及砂岩和页岩互层组成，其中新鲜页岩饱和抗压强度超过30MPa，砂岩（中等风化）饱和抗压强度一般在70～150MPa，强度高。从表1可以看出，巴贡面板堆石坝采用的是以中等风化以上的砂岩为主，新鲜页岩比例很小。

巴贡与其他高面板坝填筑压实标准比较见表2。从表2可以看出，巴贡主堆石料设计压实标准紧次于水布垭，而次堆石料压实标准和三板溪、洪家渡处于同一水平。

巴贡面板堆石坝从布置在坝体内部的水管式沉降监测资料计算出坝体内部堆石体变形模量在60～100MPa。从巴贡坝设计施工经验来看，对于超过200m以上的面板堆石坝，除了坝料要有良好的级配要求外，主次堆石料最好选用70MPa以上的母岩作为填筑料源，设计压实后的孔隙率不大于20%（如果有充分的填筑工期、先进的大激振力碾压设备，孔隙率可以控制到不大于19.5%），坝体沉降率就可达到不大于1%的水平。

表1　　巴贡面板堆石坝设计分区特性表

设计分区	坝料要求	最大粒径（mm）	小于0.075mm的含量（%）	碾压厚度（mm）	洒水量（L/m³）	设计孔隙率（%）
2A特殊垫层料	新鲜、微风化砂岩100%	40	5	400	最优含水量±1%	17
2B垫层料	新鲜、微风化砂岩100%	80	5	400	最优含水量±1%	17

续表

设计分区	坝料要求	最大粒径（mm）	小于 0.075mm 的含量（%）	碾压厚度（mm）	洒水量（L/m³）	设计孔隙率（%）
3A 过渡料	新鲜、微风化砂岩 100%	300	5	400	150	18
3B 主堆石料高程 80m 以下	新鲜、微风化砂岩 100%，允许 10%新鲜页岩	800	5	800	150	20
3B 主堆石料高程 80m 以上	新鲜、微风化砂岩 50%，中风化砂岩 40%～50%，新鲜页岩 10%	800	10	800	150	20
3C 次堆石料	（1）新鲜、微风化砂岩 50%，中风化砂岩 40%～50%，新鲜页岩 10%；（2）微风化砂岩 70%，新鲜页岩 30%	800	5	800	150～300	20
3D 大块石料	新鲜、微风化砂岩 100%	1600	5	1600	150	22.5

表 2　　巴贡堆石料与其他高面板堆石坝压实标准对比表

序号	工程名称	所在国家	坝　高（m）	主堆石料孔隙率(%)	次堆石料孔隙率	主堆石压缩模量(MPa)	沉降与坝高比值(%)
1	BAKUN（巴贡）	马来西亚	203.5	20	20	60～100	≥1.15
2	水布垭	中国	233	19.6	20.7		1
3	三板溪	中国	186	20	20		0.84
4	洪家渡	中国	179	20	20		0.74
5	天生桥	中国	178	22	22	47.5	2
6	肯柏诺沃	巴西				60	
7	阿里亚	巴西	160				2.24
8	巴拉格兰德	巴西	185			60	
9	阿瓜密尔巴	墨西哥	186			260	≥0.91
10	莫霍尔	莱索托	145			40	

（四）坝体填筑分区与工期控制

巴贡大坝填筑施工根据施工强度、坝体沉降控制、面板施工分期及度汛等要求，将大坝填筑施工分五期进行：①第一期，在趾板一线还没有开挖完成的情况下，先填筑大坝下游 70.00m 以下区段，工期为 6 个月；②第二期，下游填筑至 90.00m 高程，上游填至 125.60m 高程，超出一期面板设计高程 5m，工期为 16 个月，具备一期面板施工条件，同时满足 500 年一遇的防洪要求；③第三期，坝前初期进行一期面板的施工，完成后填筑，与下游连续填筑高差缩小，至 190m 高程以后齐平，大坝整体填筑至 229.00～230.40m 高程，工期为 18 个月；④第四期，填筑坝前 1A、1B 料；⑤第五期，填筑防浪墙内侧至坝顶。

三期大面平层填筑后，坝体沉降速率通过水管式沉降仪测出，见表 3 和表 4。

表 3　　大坝坝轴线附近沉降速率对比表

断面	高程（m）	测点	布置位置	沉降速率（mm/d）				
				2007 年 6 月	2007 年 8 月	2007 年 12 月	2008 年 3 月	2008 年 6 月
DR0+350	150	TC2-3	3B	0.78	0.80	0.15	0.16	0.04
DR0+350	150	TC2-4	3C	0.59	0.80	0.15	0.08	0.04
DR0+550	150	TC6-3	3B	0.47	0.60	0.12	0.16	0.00

续表

断面	高程（m）	测点	布置位置	沉降速率（mm/d）				
				2007年6月	2007年8月	2007年12月	2008年3月	2008年6月
DR0+550	150	TC6-4	3C	0.47	0.20	0.12	0.16	0.00
DR0+175	190	TC7-2	3B	1.31	0.57	0.24	0.24	0.04
DR0+175	190	TC7-3	3C	0.84	0.40	0.15	0.20	0.07
DR0+350	190	TC1-2	3B	1.69	1.07	0.39	0.24	0.07
DR0+350	190	TC1-3	3C	2.00	1.23	0.36	0.24	0.07
DR0+550	190	TC5-2	3B	1.28	0.57	0.24	0.24	0.04
DR0+550	190	TC5-3	3C	1.13	0.57	0.30	0.20	0.07

表4 大坝河床中部上下游方向沉降速率对比表

断面	高程（m）	测点	布置位置	沉降速率（mm/d）				
				2007年6月	2007年8月	2007年12月	2008年3月	2008年6月
DR0+350	150	TC2-1	垫层	0.75	0.80	0.15	0.12	0.07
DR0+350	150	TC2-2	3B	0.69	0.80	0.18	0.08	0.04
DR0+350	150	TC2-3	3B	0.78	0.80	0.15	0.16	0.04
DR0+350	150	TC2-4	3C	0.59	0.80	0.15	0.08	0.04
DR0+350	150	TC2-5	3C	0.88	0.63	0.12	0.16	0.07
DR0+350	190	TC1-1	垫层	0.91	1.90	0.33	0.24	0.11
DR0+350	190	TC1-2	3B	1.69	1.07	0.39	0.24	0.07
DR0+350	190	TC1-3	3C	2.00	1.23	0.36	0.24	0.07

通过分析可以得出：

（1）在150.00m高程，坝轴线下游3C料的沉降速率要低于上游的3B料的沉降速率，这是由于在高程190m以下，一直是下游3C料填筑领先，即采用“后抬头”，坝轴线下游较上游提前进行了沉降。

（2）190.00m高程，在坝轴线附近，河床中部DR0+350的沉降速率稍大，左岸的DR0+175和右岸的DR0+550的沉降速率几乎相同。大坝于2007年5月填筑完成后，到填筑完成后10个月左右，坝轴线附近的沉降速率趋于相同，并稳定。

（3）对于河床中部DR0+350断面，无论是150.00m高程，还是190.00m高程，3B料和3C料的沉降速率差别不大，说明一方面从工期安排来说，填筑时段接近或相同，另一方面，说明3B和3C料的填筑堆石体料源质量相近，压缩模量差别不大。

巴贡大坝的施工为200m甚至更高级别的面板堆石坝提供了一个经验，那就是在度汛坝体完成后，为剩余坝体填筑，尽量创造条件，平层上升填筑到顶，提高次堆石料的标准，主次堆石料料源差别尽量减小，让大坝均匀沉降，对称沉降、保证大坝上游面和设计体形尽量接近，减小面板结构性开裂几率，从而保证面板质量。

（五）面板浇筑时段控制

在施工组织设计中，考虑巴贡最低发电水位库容有180亿m^3，蓄水时间超过10个月，面板施工分三期。后来实施过程中，研究后认为面板分两期施工，对大坝沉降变形控制有利，于是改为两期施工。一期面板浇筑，为度汛，没有预留沉降期；用了4个月，此时坝体下游面在继续填筑。二期面板浇筑，主体填筑至229～230.4m，浇筑11个月，控制要点如下：

（1）利用挤压墙处理、乳化沥青施工及二期面板浇筑前期准备等，预留了3个月的沉降期。

（2）面板总共有50块，浇筑顺序是从两岸向中间浇筑，即先浇筑张性缝的面板，后浇筑压性缝的面板。

（3）中间压性缝面板浇筑预留沉降期有10个月。

(4) 除大坝左岸 1～10 块，右岸 38～50 块浇筑期间坝体沉降率较大，最大为 0.46mm/d，其余面板浇筑期间，坝体的沉降率小于 0.24mm/d。

二期面板浇筑时段选择与坝体沉降速率见表 5。

表 5 大坝面板浇筑时段与坝体沉降速率表

面板块号	部位	面板施工时段	施工时段内坝体最大沉降率（mm/d）	水管式沉降仪布置高程（m）
1～10	左岸	2007 年 9 月～2007 年 12 月	≤0.46	190
11～16，18	左岸	2008 年 1 月～2008 年 3 月	≤0.15	150
			≤0.24	190
17，19～31，33	河床中部	2008 年 4 月～2008 年 7 月	≤0.13	150
			≤0.22	190
32，34～37	右岸	2008 年 1 月～2008 年 3 月	≤0.15	150
			≤0.24	190
38～50	右岸	2007 年 9 月～2007 年 12 月	≤0.40	190

（六）面板挤压变形破坏预防措施

目前，已建的几个高面板堆石坝都在蓄水后面板发生挤压破坏，包括中国的天生桥，巴西的肯柏诺沃、巴拉格兰德，莱索托的莫霍尔等工程。主要原因就是大坝蓄水以后，坝体发生变形，中间的压性面板向河床中间位移，压性缝两侧受到挤压，发生剪切破坏。表现为压性缝两侧面板 1m 左右范围内开裂起拱，钢筋发生弯曲变形，止水结构遭到破坏。

巴贡一期面板浇筑完成后不久就出现了巴西肯柏诺沃坝发生面板挤压破坏的现象。通过特别咨询团、设计研究，最后采取了如下的措施：

(1) 一期面板中间 6 条垂直缝加宽。在一期面板浇筑与止水结构已经完成的情况下，对 23～27 块面板之间的 6 条垂直缝，采用电锯切缝，将缝的宽度由 12mm 增加到不小于 50mm。缝中间填塞软木，该软木在 10MPa 的压强情况下，压缩约 90%。在软木填塞完成后，恢复表面止水结构。

(2) 二期面板中间厚度增加。原面板厚度按 $T=300+3\times(229-H)$ 计算(式中，T 为面板厚度，单位为 mm；H 为高程，单位为 m) 确定，实际上就是顶部面板厚度为 300mm，到面板底部递增。改进后，中间 20～29 块面板，高程 125.00m 以上厚度按 $T=500+3\times(229-H)$ 控制，即：高程 121.00m，面板厚度维持不变；高程 121.00～125.00m，面板厚度由 624mm 渐变到 812mm；高程 125.00～210.80m，面板厚度由 812mm 渐变到 554.6mm；高程 210.80～229.00m，面板厚度由 554.6mm 渐变到 500mm。19 和 30 块面板厚度向两岸渐变。

(3) 20～29 块面板，钢筋布置型式改变，在保持双向配筋率为 0.4%的情况下，由单层钢筋变为双层钢筋。

(4) 21～27 块压性缝宽度由 12mm 增加到 50mm，缝内填塞软木。

（七）结语

巴贡 200m 级高面板堆石坝坝体变形是一个复杂的系统工程。通过坝体变形控制分析，采取如下措施对控制 200m 级坝体变形较为有效：

(1) 严格的坝基处理。

(2) 主次堆石料的饱和抗压强度大于 70MPa，压实后孔隙率低于 20%。

(3) 最好采取大面平层填筑碾压，尽量让坝体均匀沉降。

(4) 面板浇筑之前，要预留一定沉降期，具体时间选择可以通过坝体沉降观测资料来控制，最好控制在 5mm/月左右。

(5) 中间的压性面板厚度加大，布置双层钢筋和增加垂直缝两侧抗剪钢筋、增加垂直压缩缝的宽度，并回填软木等材料，以防蓄水后挤压破坏。

（中国水利水电建设集团公司 侯晓暾
中国水利水电第七工程局有限公司 刘经彪）

龙滩水电站进水口施工

（一）工程简介

龙滩水电站位于广西壮族自治区天峨县境内的红水河上，是红水河梯级开发中的骨干工程。该工程为一等大（1）型工程。工程枢纽为：碾压混凝土重力坝；泄洪建筑物布置在河床坝段，由 7 个表孔和 2 个底孔组成；左岸布置地下引水发电系统，装机 9 台；右岸布置通航建筑物，采用二级垂直提升式升船机。工程按正常蓄水位 400m 设计，初期按 375m 建设，电站装机容量分别为 6300MW 与 5400MW。

进水口坝段宽 25m，坝顶宽 40.0m，1～7 号机进水口底槛高程 305.00m，8、9 号机进水口底槛高程 315.00m。进水口坝段内布置引水隧洞的事故闸门和检修闸门，闸门孔口尺寸为 8m×12m。进水口前缘布置直立的屏幕式拦污栅。筑坝材料包括常态混凝土和碾压混凝土，1～4 号坝段高程 249.0～303.0m 范围坝体为碾压混凝土，其余部位均为常态混凝土。

（二）牛腿施工

1～4 号机进水口牛腿，起点高程 291.00m，高度 12.00m，悬挑 10.00m；内布置 4 层 ϕ36@140mm 主筋，分布筋 ϕ25@200mm。高程 290.00～303.00m 范围结构混凝土包括常态混凝土和碾压混凝土，牛腿结构尺寸和材料分布如图 1 所示。

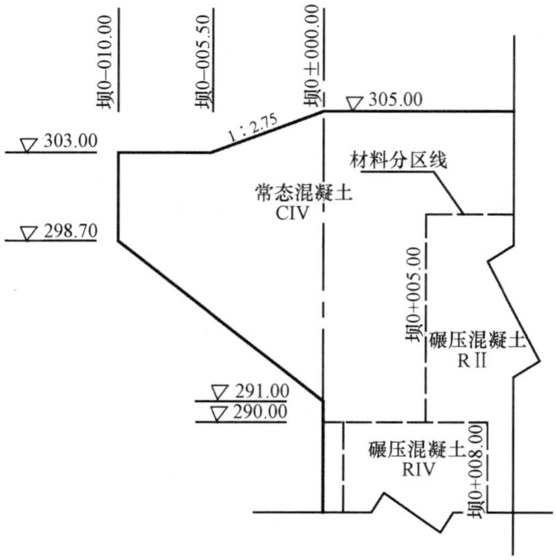

图 1　牛腿结构图

牛腿部位采用立柱内拉式模板，承重立柱采用型钢柱按 75cm/根间距埋设，面板为组合钢模板，拉筋为 ϕ14 或 ϕ16 圆钢，[80 槽钢和 ϕ48 钢管作模板围楞。牛腿部位下方临空高度达 70m，搭设施工脚手架费工费料。为解决施工期间的安全防护，施工单位在设计模板的同时设计了安全防护设施，且防护设施先于模板施工。防护设施由圆钢拉杆、ϕ48 钢管、标准扣件和阻燃安全网组成，安全简单实用。牛腿模板与安全防护结构如图 2 所示。

进水口牛腿混凝土与坝体同期上升，在 290～300m 高程内，牛腿的结构材料为常态混凝土，而坝体为碾压混凝土，决定了牛腿结构高程范围内的常态混凝土与坝体碾压混凝土同仓浇筑。由于常态混凝土与碾压混凝土的施工参数、施工方法、施工工艺区别较大，同仓浇筑也带来一系列问题：①常态混凝土浇筑面积随高程的增加，仓面面积剧增，对现场常态混凝土入仓设备的性能提出挑战；②常态混凝土与碾压混凝土的施工方法不同，如何保证材料分界面处两种混凝土的结合质量；③常态混凝土与碾压混凝土的初凝时间不同，如何保证常态混凝土与碾压混凝土的协调同步。为此，采取以下措施：

（1）牛腿常态混凝土采用平浇法施工，并将铺浇厚度从 50cm 减小至 30cm，使常态混凝土的浇筑层厚、上升速度、覆盖时间与快速施工的碾压混凝土相匹配。

（2）对每一铺筑层面，碾压混凝土从下游向上游方向铺筑到材料分界面后，回头从下游向上游方向铺筑上一层碾压料。与此同时，采用人工小心清除碾压混凝土铺筑端面的松散碾压料，接着从分界线向上游浇筑常态混凝土，加强材料分界面处的振捣，确保结合面的质量。

（3）随着浇筑高程的上升，常态混凝土浇筑面积也急剧加大，原有塔机、门机、胎带机等的浇筑能力已经完全发挥，仍不能满足常态混凝土浇筑需要。在此特殊情况下，分界面上游侧的部分常态混凝土采用汽车入仓，摊铺机平仓，解决了常态混凝土入仓强度的不足问题。

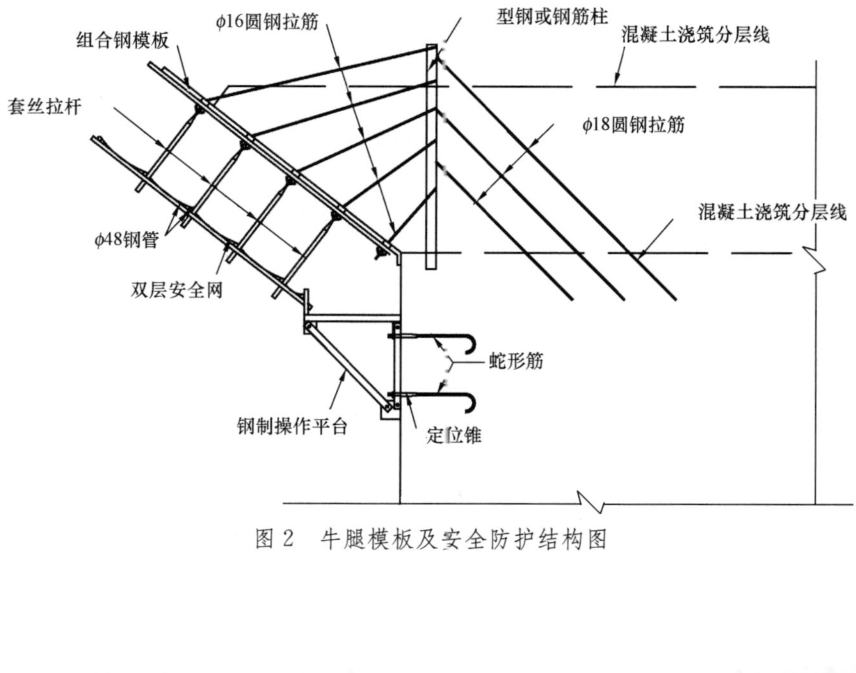

图 2　牛腿模板及安全防护结构图

（三）进水口施工

1. 结构特点　龙滩水电站地下发电厂房装机 9 台，1～7 号机进水口底坎高程 305.0m，8、9 号机进水口底坎高程 315.0m。进水口呈喇叭形，两侧边墙为 1/4 椭圆柱面（长轴 9.4m，短轴 3.6m），胸墙为 1/4 的圆柱面（半径 9.4m）。事故闸门和检修闸门孔口尺寸均为 8m×12m（宽×高），检修闸门后部为钢衬渐变段。

2. 异形模板设计与施工　进水口两侧边墙和胸墙均采用钢制异形大模板，喇叭口侧墙、胸墙模板的面板、围楞和后支架按坝体结构轮廓线设计，由专业厂家精确加工成形后现场组装，侧墙模板支撑形式为内拉内撑式，即以 ϕ14 圆钢为拉筋，ϕ28 螺纹钢为内模板支撑。胸墙模板则采用满堂脚手架或“四管柱＋螺杆千斤顶”支撑。事故闸门和检修闸门之间的流道直墙采用悬臂钢模板（类似于多卡模板），流道顶部采用定位锥、钢牛腿、四管柱、螺杆千斤顶、型钢梁等作为支撑系统，通过螺杆千斤顶调平主梁、次梁后，在其顶部安装组合钢模板。

龙滩水电站进水口喇叭口和流道顶部施工时也曾采用满堂脚手架作为模板的支撑系统，由于搭设满堂脚手架所需材料用量巨大，搭、拆速度慢，劳动强度大，材料无法周转等原因，改成了“四管柱＋螺杆千斤顶”组成的支撑系统。实践证明，由四管柱和螺杆千斤顶构成的支撑系统，与满堂脚手架相比更适合大尺寸孔口施工。

3. 周边混凝土施工　进水口周边结构具有孔洞多、埋件多、异形结构面多、钢筋布置密集、结构复杂、施工质量要求高的特点。因此，进水口周边 2～3m 范围内多采用二级配混凝土，其余部位则采用三级配混凝土。渐变段钢衬流道底部甚至采用了致密性较高的一级配细石混凝土。

从浇筑分层厚度来看，进水口流道和渐变段钢衬底板 303～305m 高程范围按 50cm 间距布置有 4 层钢筋，因此底板浇筑厚度设计为 2m，一次性将钢衬底板浇筑满，钢衬周边 2～3m 范围内采用一级配混凝土，其他部位采用三级混凝土；孔口两侧按层厚按 3m 控制，钢筋布置密集部位浇筑二级配混凝土，其他部位浇筑三级配混凝土；流道顶部 317～323m 高程范围内布置有 8 层钢筋，下部钢筋层高 50～70cm 尤其密集，考虑到流道顶部模板支撑系统、渐变段钢衬承受荷载的能力有限，流道顶部浇筑层厚自下而上逐层加大，第一层厚 1.5m，第二层厚 2.0m，从第三层起按正常厚度 3.0m 浇筑。

（四）拦污栅施工

1. 拦污栅结构特点　按初期建设方案，1～7 号机拦污栅排架高 79.0m，8、9 号机拦污栅排架高 69.0m。每个进水口坝段拦污栅包括 5 个中墩和两个边墩，顺水流方向设有纵向联系梁与坝体相接，拦污栅墩间设有横向联系梁。坝体施工时为拦污栅联系梁预留了梁窝，因此每个进水口坝段的拦污栅排架均可单独上升。

2. 拦污栅排架模板设计与施工　拦污栅排架柱分为一期和二期混凝土，中墩和边墩一期混凝土均采用大型整体式异形钢模板施工，制作时中墩模板从中线处一分为二，便于脱模和提升。边墩模板则以相邻坝段的两个边墩为一组进行优化设计，横缝处用沥青杉木板隔断。拦污栅槽和清污机槽两侧与墩头直角连接处采用小角度倒角模板，便于大型模板从槽内拉出和提升。各墩柱模板间用可调丝杆支撑固定，确保墩柱模板整体铅直，图 3、图 4 所示为墩柱模板及其支撑结构。大型模板上开有定位孔，拉筋两端均车丝，通过定位锥将墩身两侧模板拉紧固定，折模取出定位锥后，将拉筋孔内的杂物清理干净，用预缩砂浆回填修平。

纵、横向联系梁采用钢桁架做承重底梁，上铺方木龙骨和 P6015 组合钢模板、四管柱支撑。大坝上游面在每一层横向联系梁预留梁窝下方、拦污栅墩柱在每层纵向联系梁下方 50cm 处均预埋有定位拉筋，联系梁模板施工时，在墩身和坝面定位拉筋上安装钢制承重牛腿，再用起重机械将钢桁架吊装就位并固定在钢牛腿上，桁架下方采用四管柱支撑系统。联系梁底模安装结束后利用支撑系统上的可调千斤顶将底模精确调平，最后完成联系梁钢筋和侧模安装。联系梁高程范围墩身模板采用半幅提升、墩头连接处模板降半幅的方法处理，确保联系梁与墩身模板的顺畅连接。

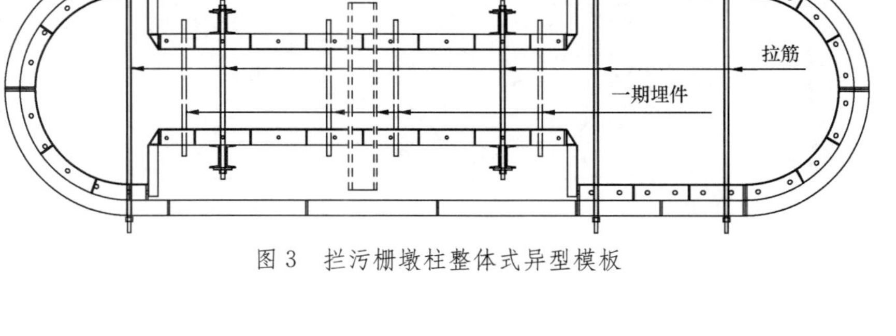

图 3　拦污栅墩柱整体式异型模板

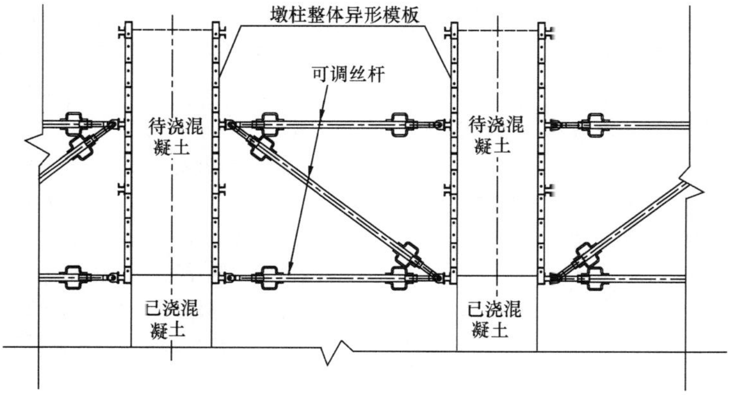

图 4 墩柱间模板整体支撑

3. 拦污栅排架钢筋与混凝土施工 受模板施工方法和混凝土浇筑工艺的限制，拦污栅墩柱上升时每层均有数量可观的竖向钢筋接头。通过现场比对，电渣压力焊、滚轧直螺纹套筒连接技术较现场手工焊接具有更快的速度、更稳定的焊接质量，因此，该工程拦污栅墩柱竖向钢筋接头大部分采用了前两项连接技术，少量采用手工帮条焊。

拦污栅墩柱、联系梁均采用二级配混凝土浇筑，拌和物由混凝土搅拌罐车运输，分批卸入 $1m^3$ 吊罐后由门、塔机吊运入仓，人工持 $\phi 50$ 软轴振捣棒振捣密实。二期混凝土由于断面较小，通常按 20～30m 高一段进行模板安装和混凝土浇筑，混凝土通常经直径 120mm 的橡胶软管缓降入仓。

（五）结语

龙滩水电站大坝工程是继三峡工程之后第二个提出“内实外光”质量标准的大型工程，“内实”即指已经浇筑的混凝土各项力学指标满足合同文件中结构设计所确定的力学指标参数。“外光”即混凝土结构外观工艺良好，表面无错台、麻面、挂帘、气泡等质量通病。为此，施工单位首先从混凝土浇筑质量入手，通过对原材料抽样检测、拌和物生产工艺、运输入仓时间控制、混凝土的入仓温度、碾压混凝土的铺层厚度、碾压混凝土的碾压遍数和压实度、变态混凝土的加浆量、常态混凝土振捣合格标准、仓内仓外保温保湿措施等各个主要施工环节狠抓混凝土过程质量控制，确保了“内实”目标的实现；从模板施工工艺入手，用大型钢模板代替组合模板或木模板，对进水口、拦污栅等曲面特殊部位设计了专用异型钢模板和支撑系统，在模板与混凝土接头部位使用了止浆、止水材料，从而有力地保证了“外光”目标的实现。

（中国人民武装警察部队水电第一总队 余晓东）

糯扎渡水电站大坝围堰工程施工

（一）工程简况

糯扎渡水电站大坝为砾质土心墙堆石坝，最大坝高为 261.5m，上下游围堰是与坝体结合的土石围堰。上游围堰顶高程 656m，围堰顶宽 15m，最大堰高 84m（断面结构见图 1）；下游围堰顶高程 625.00m，堰顶宽 12m，最大堰高 52m。堰体下部采用 0.8m 厚的柔性混凝土防渗墙防渗，堰体上部采用土工膜防渗。

围堰设计挡水标准为 50 年一遇洪水，设计流量 17 400m^3/s，1～4 号导流洞下泄流量 16 828.37m^3/s，

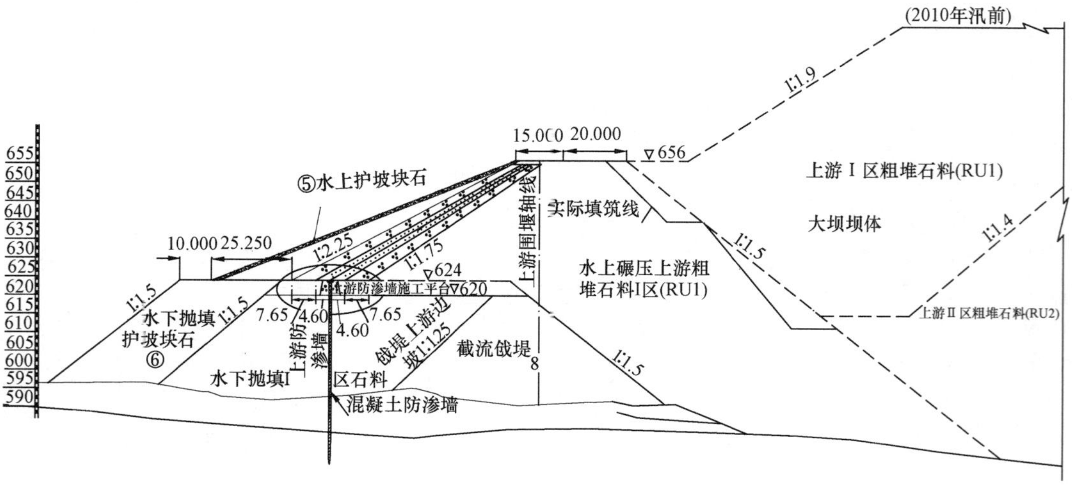

图 1 上游围堰结构断面图

相应水库水位653.661m，挡水时段为2008年6月～2010年5月。

围堰防渗墙于2007年11月22日施工，上游围堰混凝土防渗墙轴线长165.54m，桩号0+102.97～0+268.51，最大深度48.50m，防渗墙成墙面积4561.14m²。下游围堰混凝土防渗墙轴线长128.34m，桩号0+30.36～0+158.7，最大深度43m，防渗墙成墙面积3102.02m²。至2008年1月31日完成，施工工期70d，共完成防渗墙面积7663.16m²，平均每天完成109.5m²。

（二）防渗墙施工技术及工艺

防渗墙主要采用冲击钻机“钻劈法”和“钻抓法”成槽，黏土及膨润土混合泥浆护壁，“气举法”结合“抽筒法”清孔换浆，接头拔管法实施墙段连接，泥浆下直升导管法浇筑混凝土墙的施工方案。

1. 槽孔段划分　结合该工程实际和成槽工艺，岸坡段深度小于25m的槽孔长度Ⅰ、Ⅱ期全部划分为6.8m，河床段考虑到槽孔稳定，Ⅰ期槽长划分为3.8m，Ⅱ期槽长为6.8m，槽段划分如图2所示。

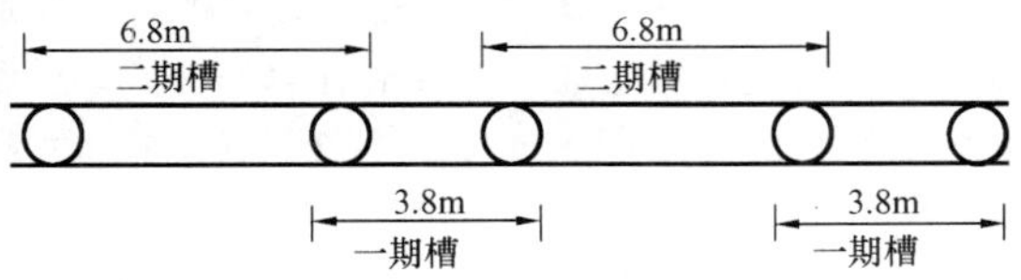

图2　槽段划分示意图

2. 成槽工艺　采用CZ-30型冲击钻机和抓斗配合造孔成槽，先用冲击钻机钻凿主孔，当相邻的两个主孔终孔后，再用抓斗抓取中间副孔；遇大块石或漏浆后，停止抓取，再换冲击钻机钻凿成槽。

3. 护壁泥浆　综合考虑本工程的地质条件，护壁泥浆采用黏土和膨润土混合泥浆。原材料选用湖南澧县产优质Ⅱ级钙基膨润土和糯扎渡电站施工区农场土料场的黏土。为提高泥浆的胶体率和稳定性，制浆时适量加入分散剂（Na_2CO_3）或CMC增黏剂。混合泥浆配比及其性能指标见表1、表2。

表1　新制泥浆配合比

材料名称	水（L）	膨润土（kg）	黏土（kg）	分散剂（kg）	备注
膨润土浆	960	50～120	—	3～4	
混合泥浆	839～841	15～20	346～340	2～3	

表2　现场泥浆性能指标控制标准

使用部位	密度（g/cm³）	马氏漏斗黏度（s）	含砂量（%）	备注
新制泥浆	1.05～1.20	>28		
槽内泥浆	≤1.3	30～50		

4. 基岩鉴定　由于围堰地质结构比较复杂，结合防渗墙造孔特点，孔底基岩鉴定以抽筒抽砂取样和地质钻孔取芯相结合的方法进行。

5. 混凝土墙浇筑

（1）上游、下游围堰各配备2台6.0m³混凝土搅拌车运送混凝土进槽口储料罐，再分流到各溜槽进入导管，保证浇筑连续进行。

（2）混凝土开浇时采用压球法开浇，每个导管均下入隔离塞球。开始浇筑混凝土前，先在导管内注入适量的水泥砂浆，并准备好足够数量的混凝土，以使隔离的球塞被挤出后，能将导管底端埋入混凝土内。

（3）混凝土必须连续浇筑，槽孔内混凝土上升速度不小于4～6m/h，并连续上升至施工平台高程顶面以下0.5m。

（4）混凝土浇筑过程的控制：①导管埋入混凝土内的深度保持在1～6m之间，以免泥浆进入导管内。②槽孔内混凝土面均匀上升，其高差控制在0.5m以内。每30min测量一次混凝土面，每2h测定一次导管内混凝土面，在开浇和结尾时适当增加测量次数。③严禁不合格的混凝土进入槽孔内。④浇筑混凝土时，孔口设置盖板，防止混凝土散落槽孔内。槽孔底部高低不平时，从低处浇起。

6. 预灌浓浆　根据生产性试验结果，为减少防渗墙造孔过程中泥浆的大量漏失、槽孔坍塌和保证抓斗有效抓槽，整体提高施工进度，保证工期要求，须对堰体填筑层等大孔隙地层进行预灌浓浆处理，堵塞渗漏通道。

（1）预灌浓浆孔位布置示意图见图3，其中：导墙净间距1m，预灌孔孔距1.5m，排距1.5m，以防渗墙轴线对称布置。

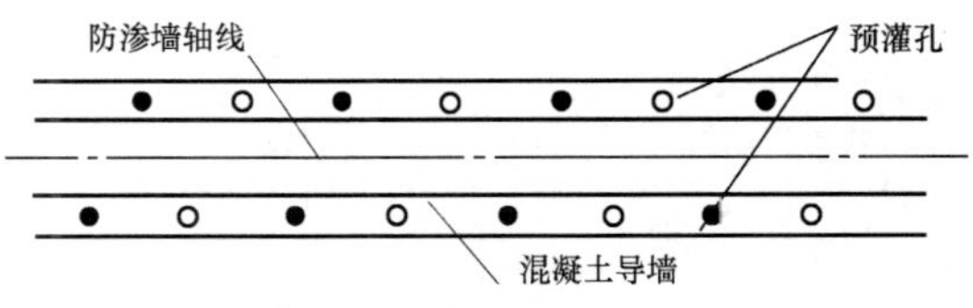

图3　预灌浓浆孔位布置示意图

（2）根据防渗墙结构设计图纸及地质资料确定预灌处理深度，大于30m的深槽部位预灌处理深度为25m，20～30m槽段部位进行预灌处理深度为20m，浅槽部位预灌处理深度为地下水位以下或强风化基岩面表层。

（3）采用潜孔钻机跟管钻进钻孔，孔径ϕ146～ϕ168，钻至预定深度后，采用自下而上孔口封闭纯压灌浆法分段灌浆。钻孔护壁套管作为注浆管，结束一段起拔1～3根，再次封闭孔口灌注下一段，直至全孔结束。灌浆压力采用0～1.0MPa，段长以套管长度为单位，1.5、3m和4.5m。当孔内浆液灌注量达到1000kg/m时，或灌浆压力达到1.0MPa时，结束灌浆。

(4) 灌注浆液选用水泥膨润土浓浆，配比见表3。

表3　预灌浓浆浆液配比表（$1m^3$）

浆液类型	水泥(kg)	膨润土(kg)	水(kg)	外加剂(kg)	密 度(g/cm^3)
水泥膨润土浆	357.3	357.3	714.6	0～5	1.40～1.42

7. 混凝土防渗墙墙体质量情况

(1) 利用取芯孔分段作常水头注水试验并计算渗透系数，共注水试验32段，最大渗透系数为5.52×10^{-7}cm/s，最小渗透系数为4.88×10^{-9}cm/s，平均渗透系数为9.09×10^{-8}cm/s，全部达到设计标准要求。

(2) 单元工程验收评定，共验收55个单元，其中优良52个单元，单元工程优良率为94.5%。

(三) 围堰填筑

1. 施工参数的确定　堰体水上部分由Ⅰ区粗堆石料、过渡料Ⅰ、过渡料Ⅱ、土工膜和块石护坡等组成。经七场次的生产性碾压试验，确定了施工参数和生产工艺（见表4）。

表4　各填筑品种料施工工艺参数表

序号	料品种	铺料方式	铺料厚度(cm)	加水量	碾压设备	行走速度	碾压遍数	备 注
1	坝Ⅰ料	进占法铺料	100	10%	26t自行式振动碾	2～3km/h	8遍	振碾
2	过渡料Ⅰ	后退法铺料	35	自然		2～3km/h	4遍	静碾
3	过渡料Ⅱ	后退法铺料	35	自然		2～3km/h	4遍	静碾

2. 主要施工工艺流程

(1) 填筑施工程序为：测量放样→基础面(填筑面)验收合格→铺料→洒水→碾压→取样→下一循环。

(2) 上游围堰624m高程以上各品种料填筑施工顺序为：Ⅰ区粗堆石料→过渡料Ⅱ(下游侧)→过渡料Ⅰ(下游侧)→土工膜→过渡料Ⅰ(上游侧)→过渡料Ⅱ(上游侧)→Ⅰ区粗堆石料(上游侧)→上游块石护坡。

3. 主要施工方法

(1) 按设计施工图纸在填筑基础面逐层放样出各填筑料区的分界线，确保填筑料区和填筑体型满足设计要求；通过测量检测铺料厚度，按20m×20m网格定点测量碾压层面，以检测填筑层厚以及平整度。

(2) 铺料平仓：①坝Ⅰ区粗堆石料主要采用进占法铺料，有利于保证铺筑层面的厚度、平整度，确保填筑坝料的良好级配；铺筑层厚为100cm，层厚误差不超过层厚的±10%，超厚的部位，由推土机进行减薄处理。②靠近左右岸坡面2.0～3.0m范围采用粒径小于30cm的细料铺筑，防止岸坡部位出现架空；大块石集中的部位，采用装载机配合反铲将其分散铺筑，防止填筑体出现架空。③过渡料Ⅰ、过渡料Ⅱ采用后退法铺料，前期按碾压试验确定的参数铺厚35cm，施工过程中，为了更好的与坝Ⅰ料填筑匹配，采用铺厚50cm，增加碾压遍数，并经现场碾压取样验证。过渡料Ⅱ采用推土机平料，过渡料Ⅰ采用小型反铲、人工配合平料，防止土工膜被损伤。④土工膜两侧过渡料填筑平起上升，先铺筑下游侧再铺筑上游侧，上、下游两侧填料高差不超过1.0m。运输车辆跨过土工膜的部位，搭设简易桥，对土工膜做好保护。

(3) 围堰Ⅰ区粗堆石料在铺料过程和碾压前要洒水，洒水量按10%（体积比）控制，其中在坝外加水占50%左右，填筑面补充洒水占50%左右。过渡料由于是新加工生产的成品料，自然含水约6%左右，填筑时不洒水。

(4) 围堰Ⅰ区粗堆石料采用26t自行式振动碾。碾压8遍，采用进退错距法碾压，错距宽为25cm，行走方向平行于围堰轴线，行走速度控制在2.0～3.0km/h范围。岸坡局部碾压不到的边角部位采用液压振动板压实。过渡料采用26t自行式振动碾静碾6遍，碾压采用搭接法，搭接宽度不小于15cm，行走方向平行于围堰轴线，行走速度控制在2.0～3.0km/h。

4. 岸坡及搭接界面的处理

(1) 上游围堰603m高程以下左、右岸坡的倒悬体在填筑前采用光面爆破爆除，形成不陡于1∶0.3边坡；局部倒悬的坑槽采用C15混凝土回填，形成整体不陡于1∶0.3边坡。

(2) 围堰Ⅰ区粗堆石料与岸坡接触部位采用铺填粒径小于30cm的细料过渡，利用反铲铺料和修边。与岸坡接触部位的填筑料，振动碾碾压不到的部位采用液压振动板压实。

(3) 先填筑体的临时边坡采用反铲将临时边坡的松散体挖除，与同层的后填筑体一起碾压。

5. 超径石的处理　超径石的处理主要在回采料场进行，在不影响挖装料以及车辆交通的部位，利用空闲时间采用手风钻钻爆解小，或采用液压破碎锤解小的方法处理。填筑作业面上的超径石可运至上游面作护坡块石。

6. 围堰填筑质量评价

(1) 上游围堰坝Ⅰ区堆石料填筑共计取样检测122组，孔隙率平均值18.0%，干密度标准差0.060g/cm³，干密度变异系数0.028，合格率100%，满足规范及设计要求。

(2) 上游围堰过渡料Ⅰ共计取样检测62组，相对密度平均值1.04，最大值1.21，最小值0.81，干密度标准差0.060g/cm³，干密度变异系数0.030，合格率100%，满足规范及设计要求。

(3) 上游围堰过渡料Ⅱ共计取样检测60组，干密度平均值2.10g/cm³，最大值2.40g/cm³，最小值1.91g/cm³，干密度标准差0.092g/cm³，干密度变异系数0.044，合格率100%，满足规范及设计要求。

(4) 上游围堰填筑共验收评定单元工程497个，其中优良439个，优良率88.3%。

(四) 结语

(1) 糯扎渡水电站大坝围堰堰基防渗墙施工主要采用“两钻一抓”工艺，同时采用预灌浓浆对填筑层处理大大提高了抓斗的工效，70天工期顺利完成防渗墙7663m²，平均每天完成墙体面积109.5m²。该施工强度国内少有，施工技术和经验值得推广。

(2) 糯扎渡水电站大坝围堰是坝体的一部分，上游围堰填筑总量达135万m³，最大堰高84m，堰基冲积层最大开挖深度达32m。堰体体形结构复杂、工期紧、施工强度大，填筑料品种多，质量要求高。在截流后的第一个枯期施工完成。创高土石围堰施工之最，是高土石围堰施工的典型。其快速施工技术可为同类型高土石坝围堰的设计和施工提供参考。

(中国人民武装警察部队水电第一总队　黄宗营)

构皮滩水电站碾压混凝土围堰可利用性爆破拆除

(一) 工程概况

构皮滩水电站位于贵州省余庆县构皮滩镇的乌江上，装机容量3000MW。下游围堰为碾压混凝土围堰，堰体上下游2.0m范围为C30常态混凝土，内部为R15碾压混凝土，堰体最大高度为47.0m。该围堰结合永久工程综合设计，经改造后作为大坝水垫塘的二道坝，用于2007年的安全度汛。

设计要求拆除围堰顶部22.6m范围，下部保留，混凝土拆除方量约为4.75万m³。围堰爆破拆除范围示意见图1。根据现场情况，如果采用常规的分层拆除，工期不能满足2007年安全度汛的要求。因此，为加快施工进度，通过爆破试验验证，确定采用可利用性一次爆破拆除的方案，并于2006年12月10日成功实施爆破。

构皮滩围堰拆除属保护性爆破拆除，为了对保留堰体、大坝帷幕灌浆、新浇混凝土、右岸不稳定边坡以及附近隧洞等部位形成有效监控，爆破施工中进行了振动效应监测和反映爆破振动对保留混凝土及帷幕灌浆区影响的声波检测。拆除部分尽量抛向下游，尽量做到不抛向上游。

(二) 爆破拆除方案及参数

围堰爆破拆除的方案为：围堰底部和周边采用光面爆破；主体采用深孔加浅孔，垂直加斜孔；在爆破炸药单耗选取中，围堰下游面以抛掷为主，围堰上游面以松动为主，一次爆破至拆除高程。

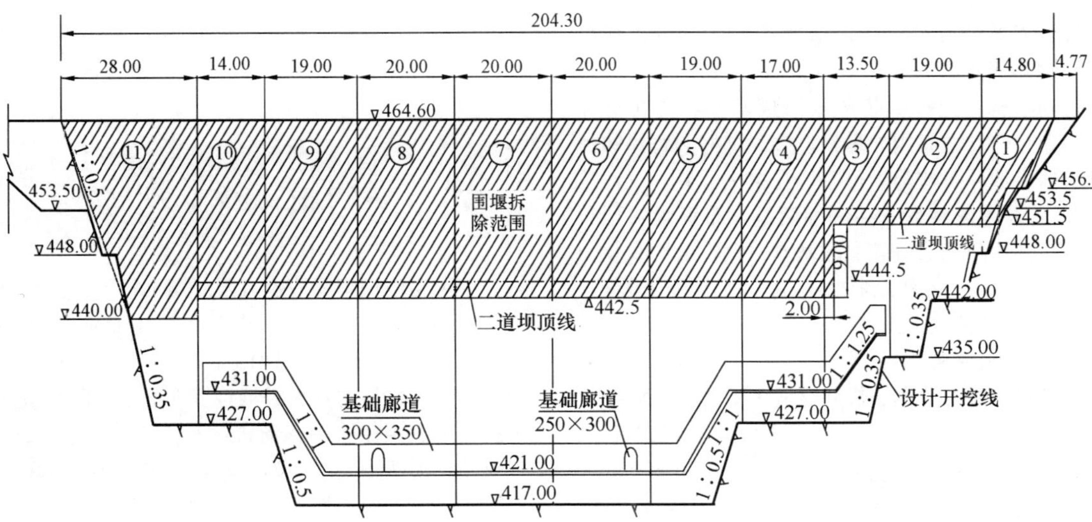

图1　下游围堰碾压混凝土围堰爆破拆除范围示意图（单位：m）

1. 主要爆破参数

(1) 堰顶钻孔直径 $D=90\sim100$mm，最后两排炮孔较浅，钻头直径 $D=38\sim42$mm。

(2) 最小抵抗线 W，按前抛后松设计要求，取 $W=2.5$m，其炮孔承担爆破面积为 $S=2.5\times3=7.5\text{m}^2$。

(3) 孔距 a，根据炮孔不同爆破目的及钻孔深度、最小抵抗线进行调整。第一排孔孔距取 3.0m，第二排孔孔距取 3.5m，第三排孔孔距取 2.0m，第四排孔孔距取 3.5m，第五、六排孔孔距取 3.0m，第七排孔孔距取 2.5m；为改善爆破效果，第五、六各排间隔一个孔又加了一个辅助装药孔；其余第八～十排孔采用手风钻浅孔，孔径 $D=42\sim45$mm，故取孔距 $a=1.5$m。

(4) 排距 b，排距实际就是该排孔的最小抵抗线。

(5) 超钻 ρ_1：抛掷孔取 $\rho_1=-1.5$m，松动孔取 $\rho_1=-1.0$m，浅孔取 $\rho_1=-0.5$m。

(6) 孔深 L：垂直孔孔深 $L=H+\rho_1$，其中 L 为孔深，H 为拆除高度，ρ_1 为超钻高度。倾斜孔根据钻孔角度和梯段高度及超钻深度确定。

(7) 炸药单耗 K'：炸药单耗在 0.5kg/m^3 左右，考虑到围堰拆除特殊性和前抛后松的要求，故对不同炮孔选择了不同的单耗，第一排取 $K'=0.6\text{kg/m}^3$，第二排取 $K'=0.7\text{kg/m}^3$，第三排顶部 8.0m 不允许后抛，故取平均单耗 $K'=0.35\text{kg/m}^3$，下部取 $K'=0.6\sim0.8\text{kg/m}^3$，第四排取 $K'=0.8\text{kg/m}^3$，第五、六排取 $K'=0.7\text{kg/m}^3$，第七排取 $K'=0.6\text{kg/m}^3$，第八、九、十排为减少后翻爆渣量，取 $K'=0.3\text{kg/m}^3$。

2. 光面爆破参数　钻孔直径：ϕ90mm；钻孔间距：0.8～1.0m，深孔部位取大值，浅孔部位取小值；线装药密度：$q_1=500$g/m；炸药：药径 ϕ32mm 的 2 号岩石乳化炸药；孔口堵塞长度：1.0m；孔口 1m 处减弱装药。

装药结构：把每米装药量形成药卷，绑在竹片上，药卷与药卷之间用导爆索连接。绑好的竹片和药卷一起插入炮孔，使药卷位于炮孔中央位置。

3. 预裂爆破参数　在围堰两端，布置倾斜预裂孔，布孔参数与光面爆破参数基本一致，平均线装药密度取 350g/m。装药结构为：孔口 1m 减弱装药，底部 1m 加强装药。

(三) 爆破的实施

此次爆破进行了爆破拆除试验。下游碾压混凝土围堰爆破拆除试验选在 10、11 号堰段，于 2006 年 11 月 30 日成功实施，试验拆除混凝土量约为 6900m^3，炸药用量为 4730kg，非电毫秒雷管 994 发，炸药单耗平均值为：0.686kg/m^3。围堰爆破拆除于 2006 年 12 月 10 日成功实施，拆除混凝土量约为 4.06 万 m^3，炸药用量 15 624kg，非电毫秒雷管 3225 发，炸药单耗平均值为 0.385kg/m^3。

(四) 爆破监测结果

1. 爆破振动监测

(1) 试验坝段（9～10 号坝段）：距离爆区比较近的质点振速为 6.49cm/s、6.69cm/s，相对较大，但并没有超出相应控制标准。而距离爆区最近的质点振速为 22.9cm/s，是本次爆破振动最大值，但由于测点位于待拆除围堰堰块的堰顶上，对保留的围堰部分没有造成破坏性影响。

(2) 1～9 号坝段：距离爆区比较近的质点振速为 6.84cm/s，相对较大，但是并没有超出相应的安全控制标准；其他质点检测数据均小于 1.52cm/s。

(3) 两次爆破经爆后巡查未发现测点附近混凝土结构、喷混凝土及岩石有明显破坏现象。综合试验坝段及爆破坝段监测结果认为，下游围堰拆除爆破这种多排孔、大药量的拆除爆破中采用毫秒微差深孔爆破，优化微差起爆时间及顺序来控制爆破振动效应是可行的。

2. 爆破声波检测　围堰拆除爆破前声波测孔，每组呈正三角形布置 3 孔，相邻孔距 1.2m 左右，孔径 ϕ90mm，孔深至 442.5m 高程保留面以下 5m，爆前进行同孔声波检测，爆后采用了同孔及跨孔两种测试方法。

通过对爆破前后同孔声波波速对比分析以及爆后跨孔声波波速变化趋势分析，并结合测控注水观测结果，跨孔声波测试结果表明爆破对测试断面上保留混凝土体影响深度一般控制在 0.3～0.7m 以内，同孔声波测试结果表明爆破对测控部位保留混凝土体影响深度一般控制在 0.5～0.9m 以内，基本达到了设计的预期要求。

(中国人民武装警察部队水电第一总队
李虎章　邓有富)

中国葛洲坝集团的堆石坝施工技术发展

中国葛洲坝集团股份有限公司（以下简称葛洲坝集团）是国内大型水利水电工程施工企业。30 多年来，承建了 30 余项堆石坝工程项目（详见表 1），其中有：全国最早的百米级试验坝——湖北西北口混凝土面板堆石坝；第一座沥青混凝土心墙堆石坝——三峡茅坪溪防护大坝；第一座高寒多雨地区采用沥青混凝土心墙的堆石坝——冶勒大坝；第一座 200m 级的砾石土心墙堆石坝——瀑布沟大坝；世界上完建的最高面板堆石坝——水布垭大坝。在承建的众多堆石坝工程中，通过广泛引进、吸收、改进、集成以及自主创新方式，攻克了许多施工中的关键技术，不断地推动我国堆石坝施工技术发展。

表1　葛洲坝集团承建的主要堆石坝工程

序号	工程名称	主坝坝型	最大坝高（m）	坝顶长度（m）	坝体积（万 m^3）	坝坡		完建时间（年．月）
						上游	下游	
1	湖北水布垭	混凝土面板堆石坝	233	660	1568	1.4	1.4	2008.4
2	四川瀑布沟	砾石土心墙堆石坝	186	574	2274	2.0～2.25	2	2009.7
3	四川卡基娃	混凝土面板堆石坝	171	371	598	1.4	1.4	在建
4	四川瓦屋山	混凝土面板堆石坝	138.8	277	316.8	1.4	1.3	2007.7
5	四川冶勒	沥青混凝土心墙堆土石坝	125.5	411	700			2005.11
6	重庆中梁一级	混凝土面板堆石坝	123.5	255	250	1.4	1.4	在建
7	湖北古洞口	混凝土面板砂砾堆石坝	117.6	194	188	1.5	1.4	2000
8	重庆鱼跳	混凝土面板堆石坝	110	257.8	195	1.4	1.4	2002
9	三峡茅坪溪	沥青混凝土心墙土石坝	104		1180	2.5	2.25	2003.5
10	重庆鲤鱼塘	混凝土面板堆石坝	103.8	243	186	1.4	1.4	2009.2
11	湖北老渡口	混凝土面板堆石坝	96.5	172.5	121.53	1.4	1.3	2009.6
12	湖北西北口	混凝土面板堆石坝	95m	222m	181.2	1.4	1.4	1990.9
13	湖北寺坪	混凝土面板砂砾堆石坝	90.5	376	212	1.6	1.7	2006.9
14	江西东津	混凝土面板堆石坝	85.5	326	157.2	1.4	1.4	1995.12
15	广东花山	混凝土面板堆石坝	80.8	170.7	69.9	1.4	1.4	1995
16	湖南黑麋峰	混凝土面板堆石坝（下库）	79.5	378	137.08	1.4	1.3～1.4	2007.11
17	浙江泽雅	混凝土面板堆石坝	78.8	313.5	142	1.4	1.4	1998.8
18	湖南株树桥	混凝土面板堆石坝	78	245	82	1.4	1.4	1990
19	云南三江口	混凝土面板堆石坝	77	330	117.3	1.4	1.4	在建
20	湖北鱼泉	混凝土面板堆石坝	76.5	130	45	1.3	1.3	2008
21	江苏宜兴	混凝土面板堆石坝	75.2	494.9	278	1.3	1.48	2008
22	长调	混凝土面板堆石坝	73.7	275.2	66.33	1.4	1.4	2002.8
23	湖北小溪口	混凝土面板堆石坝	67.3	239.5	77.33	1.4	1.3	1999.9
24	重庆酉阳小坝二级	混凝土面板堆石坝	65	181.08	70.6	1.4	1.4	2000
25	巴东坪堑	混凝土面板堆石坝	64.3	147	33	1.3	1.4	2006.9
26	云南三锅庄	混凝土面板堆石坝	62.8	293	83.6	1.4	1.4	2001
27	重庆弹子台	混凝土面板堆石坝	61.8	245	83.12	1.4	1.4	2000
28	广东小梅沙	混凝土面板堆石坝	57.6	188	23.3	1.4	1.4	1995.9
29	河北张河湾	沥青面板堆石坝	57	1935	356	1.75	1.5	2008.1
30	青海沟后	混凝土面板堆石坝	55.3	211	38			
31	山西西龙池	沥青面板堆石坝	50	401.16	73.23	2	1.7	
32	浙江梁辉	混凝土面板堆石坝	37.4	402	68.52	1.4	1.4	1997

（一）湖北西北口混凝土面板堆石坝

湖北西北口水库大坝，是我国以现代技术建设的第一座百米级面板堆石坝，为“七五”科技攻关重点项目的试验坝。该工程位于长江支流黄柏河，控制流域面积 862km^2，水库库容 2.1 亿 m^3，电厂装机容量 16MW，堆石坝坝高 95m，坝顶长度 222m，坝顶宽 8m，混凝土面板面积 2.95 万 m^2，总填筑体积 181 万 m^3，1990 年完工。西北口混凝土面板堆石坝的建成，为研究和推广这项新型的筑坝技术积累了丰富的设计与施工经验。

（二）三峡茅坪溪防护大坝沥青混凝土心墙堆石坝

三峡茅坪溪防护大坝为我国第一座采用沥青混凝土作为防渗心墙的土石坝，主坝坝顶长 1070m，副坝坝顶长 80m，坝顶高程为 185m，顶宽为 12m，最大坝高 104m。河床坝段长 230m 范围为混凝土基座上接沥青混凝土防渗心墙，墙体厚 0.5～1.2m，两岸岸坡段为混凝土垫座或混凝土防渗墙上接沥青混凝土心墙，两坝肩防渗体采用混凝土防渗墙（墙厚 0.8～1.0m），防渗轴线总长为 1840m，其中沥青混凝土心墙段的长度为 901.20m，主要工程量：沥青混凝土 4.48 万 m^3，沥青马蹄脂 153.4m^3，过渡料 27.6 万 m^3。

沥青混凝土由于具有极佳的防渗性能（渗透系数小于 10^{-7}）、较佳的适应变形能力，且在发生裂缝后有一定自愈能力，是做堆石坝防渗心墙的较好材料。但采用碾压施工工艺修建百米级的垂直沥青混凝土心墙，在我国尚属首次，缺少可供借鉴的成功经验。在施工过程中，通过原材料选择、施工设备选择、配合比复核试验、施工布置优化、施工工艺优化等五个方面进行了创新，创造了中国水利水电沥青混凝土心墙施工中的五个第一：沥青混凝土心墙最大高度 93m，最大长度 901.2m，年最大施工强度为 14 092.4m^3（2002 年），月最大施工强度 1894m^3（2002 年 1 月），最大日施工强度 125m^3（2001 年 10 月 30 日）。该纪录已收录至中国企业新纪录（第九批）目录。

（三）冶勒电站沥青混凝土心墙堆石坝

冶勒大坝为碾压沥青混凝土心墙堆石坝，坝顶宽度 14m，高程 2654.5m，最大坝高 124.5m，坝顶长 710m，坝体填筑量 700 万 m^3。心墙位于坝轴线上游 3.7m，墙体净高 120m，心墙底部厚 2.28m，顶部 1.2m，心墙高度为国内最高。

冶勒电站地处高寒多雨地区，坝址高程超过 2500m，年平均气温 6.5℃，极端最低气温－19.5℃，最低月平均气温－2.0℃，全年无夏季，冬季长达 6～7 个月，年平均降雨量为 1872mm，降雨天数每年近 215d，年纯施工天数仅为 162d。该地区高寒多雨的自然环境严重制约着沥青混凝土心墙的施工进度。

通过对一系列关键技术研究和突破，葛洲坝集团成功解决了高寒多雨地区沥青混凝土心墙施工的技术难题，积累了丰富的施工经验。创造了大坝月填筑强度 42 万 m^3，心墙月上升 10.5m 的施工纪录。突破了沥青混凝土心墙在－5℃以下施工、铺筑层厚达 30cm 两项施工规范，施工质量仍然合格稳定。

（四）水布垭混凝土面板堆石坝

水布垭混凝土面板堆石坝为当今世界上已建和在建的最高混凝土面板堆石坝，最大坝高 233m，最大坝前作用水头 200m。通过技术创新，研究探索了“采用强夯加固基础覆盖层技术、薄趾板基础大压力灌浆抬动自动报警装置、多维动态高强度坝料优化调配技术、高密实度堆石坝体施工技术、超高堆石坝体间隔分期填筑法、超高堆石坝体连续均衡高强度反台填筑法、超高混凝土面板堆石坝挤压边墙施工技术、长铜止水现场连续整体滚压成型技术、长面板混凝土抗裂施工技术、施工信息化控制与管理”等十大技术成果。

通过上述一系列施工技术、方法、工艺的创新性研究、试验与实施，成功地攻克了水布垭超高混凝土面板堆石坝施工技术难题，确保了工程建设目标的实现。

大坝 2006 年 10 月开始挡水，2007 年 7 月首台机组发电，2008 年电站全部投产，水库最高蓄水位达到 397.6m 高程，实测最大沉降 2.47m，仅为坝高的 1.06%，最大渗漏量仅有 40L/s，大坝各项指标均在设计控制范围之内，运行状态良好。

在 2008 年 4 月，中国大坝委员会主持召开的“水布垭面板堆石坝筑坝技术成果国际交流会议”上，对已经建成的水布垭面板堆石坝评价为：“形成了高面板堆石坝的设计与施工新理念。取得了一系列高面板堆石坝关键技术成果，有效地解决了一系列技术难题。成功建成了里程碑式的工程，成为中国面板堆石坝领先于世界各国的标志性工程，为世界面板堆石坝的建设作出了重大的贡献。”

电力工程建设质量监督总站专家巡视组认为：水布垭大坝工程质量始终处于受控状态，大坝填筑质量达到国内最好、国际一流的施工水平。为 300m 级特高面板堆石坝的施工探明了方向。

“水布垭超高面板堆石坝筑坝技术”成果已获得湖北省 2008 年科技进步特等奖。

（五）瀑布沟砾石土心墙堆石坝

瀑布沟水电站大坝是我国第一座 200m 级的砾石土心墙堆石坝。坝顶高程 856.00m，坝顶宽 14m，坝顶长 540.50m，最大坝高 186m。大坝心墙部分主要是由砾石土防渗体和人工反滤体系组成，土料以宽级配砾石土为主，心墙底部、心墙与岸坡接触带、防渗墙顶和混凝土廊道周围设高塑性黏土。瀑布沟大坝心墙砾石土料从 2007 年 4 月开始填筑，平均每月填筑 7m 左右。大坝整体填筑质量满足设计和规范要求，进度能满足合同要求并略有提前。

根据统计资料分析：

(1) 采取第一次条筛、第二次方格网筛的二次筛分法，筛分后含超径的弃料不到 10%，与仅用条筛的 20%相比，避免 30 万 m^3 的浪费，节约了费用，确保了质量，社会效益和经济效益显著。

(2) 开采区“井”字形布置、雨季分块覆盖，有利于排水和保水，雨后可迅速复工；多点立采、厚薄同采，使细粒含量通过筛分运输系统进行了充分的掺混，上坝时细粒含量变化不大，充分利用有限的有效料源，确保了施工质量。

(3) 瀑布沟工程在国内心墙碾压施工中首次引进了 25t 的振动凸块碾，加大了击实功，对砾石土料有一定的破碎作用，有利于提高土料的防渗性能，还可增加碾压层厚即减少了填筑层数。

(4) 瀑布沟砾石土料，对含水量非常敏感，设计要求细料含水率 w_f 宜控制在 $w_{op}-1\%\leqslant w_f\leqslant w_{op}+1.5\%$之间，实际施工过程中，只要处于范围外就难以压实或重载陷车；碾压参数必须控制，否则会造成剪切破坏。而硗碛水电站砾石土料在其他参数一样的前提下碾压 20 遍土料不破坏，且细料含水率范围较瀑布沟大，雨季料场不须覆盖，雨后立即可组织开采，坝面雨后挖除一层，并不陷车。因此，针对瀑布沟砾石土料的施工特性，采取钢板铺设卸料平台、推土机摊铺的方式，有效地解决了限制施工的瓶颈，保证了施工进度，不具有普遍的适用性。

(5) 瀑布沟工程重载设备经过心墙砾石土料，使运距大幅度减少，经济效益明显。

(六) 寺坪砂砾石面板堆石坝

寺坪砂砾石面板坝，最大坝高 90.5m，坝基覆盖 13m 松散的砂砾石，坝体填料主要采用砂砾石和灰岩，施工工期 12 个月。

针对寺坪面板砂砾石坝的工程特性和技术难点，与长江勘测规划设计研究院共同开展了砂砾石坝体断面优化设计、新型排水体—反滤结构优化设计、砂砾石快速筑坝技术、砂砾石坝基强夯处理施工技术等试验、研究工作，取得了系统的研究成果，并成功地运用于工程建设施工中：在保证大坝安全的前提下，砂砾石坝体断面设计充分利用了砂砾石料和页岩软岩料，以尽可能减少堆石料的开采；经渗流计算分析论证，首次采用天然砂砾石作为过渡料直接上坝的填筑方案，改变了传统筑坝技术中对过渡料的级配要求和过渡料的加工制备工艺。并在原排水体上游侧增设垂直厚度为 1.5m 的反滤层—小粒径排水体的优化设计，形成了新型的垫层—砂砾石过渡层—小粒径排水体—排水体的渗控结构；在砂砾石料场规划、施工交通规划、施工程序、坝体填筑工艺、大坝度汛、施工配套机具等方面，已形成了较先进的系统的综合应用施工技术，在 10 个月内完成了大坝填筑，并保证了砂砾石面板坝的施工质量；通过“预沉”法（河床砂砾石覆盖层的强夯加固处理）减少大坝坝基的沉降量；通过生产性碾压试验确定大坝填筑参数，并结合施工实际控制填筑料的干密度等技术指标，使坝体沉降变形得到了有效控制。

工程运行以来的监测数据表明：寺坪大坝工程的总沉降量为 0.32m、沉降率为 0.35%，均小于设计计算值的 0.46m、0.51%，总体沉降水平低于国内外同类型工程。蓄水以来平均渗漏量仅 18L/s。

（中国葛洲坝集团公司　丁焰章）

水布垭面板堆石坝多维动态高强度土石方调配

水布垭面板堆石坝坝高 233m，是当前世界最高的面板堆石。挖方约 2500 万 m^3，填计约 1570 万 m^3，土石方调配系统占整个工程投资比重很大，是水布垭面板堆石坝工程施工中的关键环节之一。解决好该问题具有显著的技术、经济和社会价值，直接关系到工程的进度、质量和投资。

鉴此，利用系统的观点和优化决策方法分析了水布垭面板堆石坝施工中土石方调配系统的系统组成、各要素之间的相互关系和系统目标，建立了考虑土石方空间与时间关系、物理性质匹配关系、并与施工进度结合的土石方多维动态调配线性规划优化模型，有效地解决了土石方调配问题，实现了优化调配。并以多维动态优化调配模型为核心，开发了土石方优化调配与管理系统，优化调配模型与管理系统在水布垭面板堆石坝的施工管理与决策中得到应用并取得良好效果。

（一）水布垭面板堆石坝土石方调配的特点与要求

土石方调配问题是水布垭面板堆石坝施工中关系全局的重要问题，牵涉到施工装备的配置、道路系统的布置、施工场地的征用、施工进度的协调、工区环境影响等诸多方面，直接影响工程施工进度、投资、施工质量、及其施工区生态环境保护等目标的实现。调配系统优化的目的在于，在保证工程施工进度和工程质量的前提下，通过开挖、填筑、转运、弃渣、开采等环节的协调处理，使整个系统总费用最低，达到快速经济施工的目的。同时，将施工引起的地表、植被破坏、水土流失等环境因素控制在合理的、良好的范围内。

水布垭面板堆石坝土石方工程施工的特点有：

(1) 土石方二程量大。开挖、填筑、调配运输量庞大，总量超过 500 万 m^3。

(2) 施工强度高。施工各期的强度均达到较高强度，其中第二期、第三期的月平均填筑强度都在 40 万 m^3 以上。

(3) 土石方施工点多、面广：开挖区、料场、中转场数量多、分布广、不集中，开挖区、料场、中转场占地面积大。共有 6 个开挖大区、13 个开挖分区，3 个存料场，2 个料场。

(4) 坝体分区多、料型多。共分为 7 个区，共有 10 种料型。施工过程中，对每一种料型的物理、化学、力学性质都有严格的规定。

(5) 可变因素多。土石方工程施工中的不确定性因素多。如，实际地质条件与勘测设计阶段未必一致，施工进度有调整，料场储量可能与设计有出入。

因此，在水布垭面板堆石坝施工中对土石方调配提出了严格的要求，即保证挖填施工进度、均衡填筑施工强度、确保填筑施工质量。如上所述，现有决策与管理模式已不能很好实现这些要求。多维动态优化调配模型和管理系统的建立势在必行。

（二）多维动态土石方优化调配模型（略）

（三）调配模型分析

通过对水布垭面板堆石坝施工过程中土石方调配问题的系统分析，建立了土石方的多维动态优化调配模型。该模型在保证工程进度和填筑质量的前提下，实现了开挖料的最大限度利用、中转料的合理调运、料场料的最小化开采，使土石方调配系统的费用最小化，同时也实现了对施工区地表、植被的保护，水土流失量的有效控制。该模型的建立对于水布垭面板堆石坝土石方调配施工的进度目标、质量目标、经济目标、生态目标的实现提供了可靠的理论基础与保障。

由于模型综合考虑了土石方调配中的开挖、填筑、中转、开采、弃渣各项工作之间的空间关系、时间关系、料物的物理性质匹配关系，并与挖填等施工进度相结合，实现了多维的动态的土石方优化调配，具有如下特点：

(1) 复杂性：优化模型考虑了水布垭面板堆石坝施工中土石方调配的各项要素，各类相关关系，施工各个环节及其约束与边界，是对水布垭面板堆石坝土石方调配复杂施工过程的系统描述。

(2) 多维性：优化调配模型考虑了土石方调配的空间关系、时间关系，实现了水布垭面板坝土石方调配的时空综合优化，即多维优化。

(3) 动态性：优化调配模型的决策变量、各要素的属性值都设立了时间维度，实现了与工程施工进度的有机结合，当工程施工活动向前推进时，优化模型的相关要素也随之更新，是一种动态的优化过程。

通过对模型目标、约束条件等的分析可以看出，以上多维动态优化调配模型实现了土石方调配的进度目标、质量目标、费用目标，以及一定程度上的工区环境保护等工程建设目标。

(1) 进度目标的实现：在模型的约束中，将坝体的填筑进度、开挖区的开挖进度作为约束，模型所产生的土石方调配方案必须满足坝体填筑进度要求，否则模型无解。反映在土石方优化调配与管理系统中即为系统报警，提示用户料物不足。因此，本优化调配模型从管理角度保证了坝体填筑进度目标的实现。

(2) 质量目标的实现：在模型的约束中，将面板坝坝体的各个分区对料物的要求反映在约束中，即物理性质的匹配关系。当物理性质不满足时，其调配费用系数为无穷大，这样就有效地保证了坝体各填筑分区所用料物的质量要求。

(3) 费用目标的实现：优化模型的目标函数即为土石方调配系统的费用最小化，在满足各项调配施工约束与限制的情况下，所产生的土石方调配方案即为施工成本最小的土石方调配方案。

(4) 环境保护目标的实现：为实现土石方调配费用目标的最小化，模型所产生的土石方调配方案必将是最大限度利用开挖料，提高直接上坝率，减少中转料的调运量（减小了中转场的容量和占地面积），尽量少利用料场料，尽量均衡施工强度。因此，在实现费用目标、质量目标、进度目标的同时，减少对了地表、植被等的破坏，减少了水土流失量，以及资源的消耗，最终有利于保护施工区的生态环境。

（四）土石方调配实施

根据水布垭面板堆石坝施工中土石方调配工作的设计方案以及现有施工技术水平，以上述多维动态优化调配模型以及土石方优化调配与管理系统为基础，在水布垭面板堆石坝施工期间对土石方调配工作进行了优化调配与管理，取得了理想的效果。

1. 土石方调配概况　经过优化调配以后的左右岸开挖料利用情况分别如表 1 和表 2 所示，料场料的利用情况如表 3 所示。

表 1 水布垭面板堆石坝左岸建筑物开挖料利用情况 m^3

开挖部位	一期（2003.1.31～2003.5.25）	二期（2003.9.17～2004.5.18）	三期（2004.5.19～2004.9.16）	四期（2004.9.17～2005.11.18）	五期（2005.11.19～2006.10.12）	坝前盖重区	合 计
三友坪砂石系统	20791.80	131 444.70	17 568.30	138 317.30	112 344.50	16 013.80	436 480.40
溢洪道	134 407.80	1 692 786.60	925 770.00	1 400 185.20	1 043 124.28	442 941.70	5 639 215.58
长淌河存料场	15 406.90	512 143.90	606 399.60	364 057.30	0.00	0.00	1 498 007.70
邹家沟存料场	0.00	0.00	0.00	486 467.80	0.00	0.00	486 467.80
河床及左坝肩	0.00	33 735.60	466.20	0.00	0.00	0.00	34 201.80
5 号路延长段	0.00	1800.10	0.00	0.00	0.00	0.00	1800.10
7 号路延长段	0.00	0.00	25 959.30	0.00	0.00	0.00	25 959.30
导流洞进口左侧上游河床	0.00	0.00	0.00	0.00	0.00	44 573.50	44 573.50
溢洪道左侧高程 407m 以上	0.00	0.00	0.00	10 711.00	6447.40	12 009.90	29 168.30
溢洪道右侧高程 422m 以上滑移体	0.00	0.00	0.00	0.00	0.00	24 486.00	24 486.00
桥沟料场	0.00	0.00	0.00	0.00	13 590.35	0.00	13 590.35
合计	543 615.80	2 994 773.50	1 621 559.60	2 803 531.40	1 178 531.83	540 024.90	9 682 037.03

表 2 水布垭面板堆石坝右岸建筑物开挖料利用情况 m^3

开挖部位	一期（2003.1.31～2003.5.25）	二期（2003.9.17～2004.5.18）	三期（2004.5.19～2004.9.16）	四期（2004.9.17～2005.11.18）	五期（2005.11.19～2006.10.12）	合 计
桥沟存料场	0.00	0.00	166 232.60	414 984.30	0.00	581 216.90
马崖三期	0.00	205 544.30	50.20	0.00	0.00	205 594.50
庙包及电站引水渠	6070.60	58 554.10	41 662.90	262 968.80	2690.10	371 946.50
猴子包	0.00	38 174.20	7294.50	43 913.90	0.00	89 382.60
响水河	0.00	0.00	0.00	0.00	0.00	0.00
合计	359 064.20	1 273 051.70	889 420.40	2 493 845.00	875 696.47	5 891 077.77

表 3 水布垭面板堆石坝料场料利用情况 m^3

料场名称	一期（2003.1.31～2003.5.25）	二期（2003.9.17～2004.5.18）	三期（2004.5.19～2004.9.16）	四期（2004.9.17～2005.11.18）	五期（2005.11.19～2006.10.12）	合 计
桥沟料场	352 993.60	970 779.10	674 180.20	1 771 978.00	873 006.37	4 642 937.27
公山包料场	373 009.30	622 862.60	45 396.20	403 792.80	3025.30	1 448 086.20
合计	726 002.90	1 593 641.70	719 576.40	2 175 770.80	876 031.67	6 091 023.50

2. 土石方调配分析　在水布垭面板堆石坝施工过程中，依据优化原则，尽量将符合上坝料质量要求的开挖料作为料源充分利用，根据大坝填筑进度的要求，采取多种途径，获得更多料源，确保大坝填筑进度和填筑强度，保证坝体的填筑质量和足够的沉降时间，主要体现在以下几个方面。

（1）利用溢洪道引水渠龙潭Ⅱ组料直接上坝。充分利用溢洪道的可用料，并与溢洪道引水渠龙潭Ⅱ组开挖料作ⅢC料直接上坝互层填筑，增加溢洪道开挖施工部位上坝填筑量 154 682.20m^3。

（2）利用长淌河存料场多备存的存料上坝。采用电铲、反铲、装载机等多种手段配合，经过精心挑选，确保有用料充分利用，较投标规划实际多上坝 218 308.00m³，详见表 4。

表 4 长淌河存料场上坝填筑量规划与实际对照 m³

料型	ⅢA	ⅢB	ⅢC	ⅢD	小计
投标阶段	0.00	0.00	1 249 700.00	0.00	1 249 700.00
施工阶段	7659.50	14 398.20	1 367 302.80	108 647.20	1 498 007.70

注 表中投标阶段长淌河存料含段家沟 300 000.00m³ ⅢC料。

(3) 利用邹家沟存料场的存料上坝。将邹家沟存料场的存料作ⅢC料上坝，其上坝填筑共计 486 467.80m³，详见表 5。

表 5 邹家沟存料场上坝填筑量统计表 m³

部 位	ⅢC	ⅢD	合 计
邹家沟存料场	486 467.80	0.00	486 467.80

(4) 溢洪道左侧 407m 高程平台以上开挖上坝。在增加溢洪道左侧 407m 高程平台开挖施工部位后，为充分利用该部位开挖利用料，修改常规爆破开采的爆破系数为坝料开采爆破系数，已获取合格的上坝料，直接获得上坝利用料为 17 158.40m³。料型分布见表 6。

表 6 溢洪道左侧高程 407m 平台开挖料利用量 m³

部位	ⅢA	ⅢB	ⅢC	ⅢD	小 计
407m 高程平台上坝量	0.00	10 040.60	5431.20	1686.60	17 158.40

(5) 增加溢洪道引水渠 350m 高程以下开挖上坝。增加溢洪道引水渠 350m 高程以下开挖上坝，共计上坝量 41.535 1 万 m³。截至 2006 年 6 月 15 日，溢洪道引水渠 350m 高程以下茅口组灰岩实际开挖工程量总计 69.077 1 万 m³。在优先满足骨料开采的前提下，用于三友坪砂石系统加工骨料的开采量为 24.510 1 万 m³，除去爆破料中认定为弃料的 4.216 8 万 m³，其余 40.350 2 万 m³ 开挖料用于大坝ⅢB料和ⅢA填筑，共计上坝 392 404m³。2006 年 9 月～10 月 12 日，由于左趾板高程 407m 平台与大坝贯通，溢洪道引水渠高程 350m 以下又增加上坝，作为ⅢB料和ⅢA填筑，共计上坝 22 946.58m³。溢洪道引水渠 350m 高程以下开挖上坝量详见表 7。

(6) 利用其他部位有用料补充上坝。在施工过程中，按充分利用有用料的原则，将坝肩开挖、5 号路延长段、7 号路延长段等部位的开挖有用料直接挖运上坝填筑，共计 61 961.2m³。各部位具体上坝量统计见表 8。

表 7 溢洪道引水渠高程 350m 以下开挖利用量 m³

时 间	ⅢA	ⅢB	ⅢC	ⅢD	小 计
2006 年 6 月 15 日前	38 161.60	354 242.40	0.00	0.00	392 404.00
2006 年 6 月 15 日后	7766.37	15 180.21	0.00	0.00	22 946.58
合计	45 927.97	369 422.61	0.00	0.00	415 350.58

表 8 其他施工部位有用料上坝量 m³

部 位	ⅢA	ⅢB	ⅢC	ⅢD	小 计
左坝肩	0.00	466.20	0.00	33 735.60	34 201.80
5 号路延长段	0.00	225.10	1575.00	0.00	1800.10
7 号路延长段	0.00	0.00	23 198.30	2761.00	25 959.30
小计	0.00	691.30	24 773.30	36 496.60	61 961.20

3. 土石方调配效果 经过上述的多维动态土石方优化调配工作，实现了水布垭面板堆石坝高强度、均衡的施工过程，确保了面板坝填筑质量、填筑进度的实现。开挖过程中产生的有用料的直接上坝率达到了 86.23%，最终上坝率（直接上坝＋中转上坝）接近 100%，最大限度减少了料场开采量，减少了弃料和料场占地面积。现实的调配效果保证了施工费用目标和环保目标的有效实现。

（中国葛洲坝集团公司 周厚贵 王亚文
武汉大学水资源与水电工程科学国家重点实验室
曹生荣）

巴贡工程面板堆石坝填筑的加载次序及其影响

巴贡水电站位于马来西亚沙捞越州中部的拉让江上，总装机容量 2400MW；电站大坝为混凝土面板堆石坝，最大坝高 203.5m，坝顶长度 740m，宽度 12m；大坝上游坡比 1∶1.4，下游局部坡比 1∶1.3，在下游坝坡上设“之”字形上坝道路，下游坡综合比 1∶1.52。大坝主体为堆石填筑体，总填筑方量 1672 万 m³。

（一）坝体分区及设计要求

1. 大坝坝体分区 巴贡电站面板堆石坝分 7 区，由 8 种料型组成，分别是盖重区 1B 料，粉细砂盖重区 1A 料，垫层区 2A 料和 2B 料，过渡区 3A 料，主堆石区 3B 料，次堆石区 3C 料，下游堆石区 3D 料。

大坝坝体分区工程量见表1。

表1　大坝坝体分区工程量表

大坝分区	填筑方量(m^3)	所占比例	备　注
垫层区(细料区)2A	4284	0.03%	趾板下游特殊垫层料
垫层区(粗骨料区)2B	311 959	1.87%	
过渡区3A	940 921	5.63%	
主堆石区3B	7 678 158	48.92%	
次堆石区3C	5 641 730	33.74%	
下游堆石区3D	1 683 418	10.07%	护坡块石
粉细沙盖重区1A	41 134	0.25%	
盖重区1B	420 867	2.5%	
合计	16 722 471	100%	

2. 筑坝材料　料源分别来自厂房、溢洪道、进水塔结构的边坡及基础开挖和W9料场，主要由砂岩和杂砂岩、页岩、泥岩及砂岩和页岩互层组成。根据设计要求，大坝主要采用砂岩，亦有一定比例的新鲜页岩。该新鲜页岩饱和抗压强度超过30MPa，砂岩（中等风化以上）饱和抗压强度一般在70～150MPa，强度高。

（二）大坝填筑过程的约束因素及加载次序规划

1. 约束全断面均匀填筑的影响因素

（1）坝基、坝肩开挖面的交面次序的影响。巴贡面板堆石坝坝址为砂岩和杂砂岩、页岩、泥岩及砂岩和页岩互层组成。地形为V形河谷，坡度在25°～60°之间，脊谷高差约400m，开挖区分布有4个山脊。开挖边坡最大高度约290m，宽度约1000m，顺水流方向长度约660m。开挖工程量约480万m^3。施工过程中，因坝基开挖面积大，将大坝分为10个区域开挖，从平面上和空间上错开，组织施工，以趾板开挖为主线进行。由于上游趾板基础开挖难度大，且存在趾板的二次定线问题，因此，下游部分的坝基开挖工作往往先于上游部分完成。在上游面的坝基、坝肩开挖工作尚未完成时，先行组织下游部分坝基的填筑，可以削减后期填筑强度，优化资源配置。只是会却造成下游区域的填筑在某一时段内先于上游面的上升，使上下游形成高差，造成坝体内上下游区域间被分割成不同期变形的两个区域。

（2）坝体内施工道路的影响。除坝体结构设计所布置的后坝坡“之”字形道路作为主要运输道路外，还需要在两岸布置一些供料的施工道路。由于高坝施工中，布置在两岸坝肩部分的道路间的高差较大，为消除高差带来的不便，适当地在坝肩适宜的部份，利用坝体填料堆筑出一条坝内的道路，对快速施工有利。但这些先堆体，使全断面均匀填筑的原则受到影响。

（3）结合围堰施工对全断面均匀填筑的影响。为尽早形成大坝度汛坝体，往往在坝体内上游部分，设计结合围堰。结合围堰属于坝体上游的一部分，要求在较短的时间内填筑到度汛标准要求的高程，其填筑上升在某一时段内会先于其下游部分坝体上升。由此，在坝体内形成了高差。结合围堰与下游坝体间被分割成不同期变形的两个区域。巴贡工程的结合围堰高程为126m，一期面板顶部高程为121m。

（4）面板面板分期施工对全断面均匀填筑的影响。巴贡大坝的面板分为两期施工，第一期为从底部到121m高程，第二期再到229m高程（防浪墙底部）。在结合围堰填筑到顶（126m高程）时，根据设计要求应当先将一期混凝土面板施工完毕，以形成结合围堰的防渗功能。在面板施工前尚需经过一段时期的沉陷，且施工一期面板需要使用结合围堰顶部作为施工平台，因此，坝体上游部分（结合围堰）在面板施工完毕后才可继续填筑。在一期面板施工期间，只能填筑坝体的下游部分。由于面板施工期长于下游坝体填筑至结合围堰堰顶的施工期，为了不中止填筑，下游坝体会继续上升。由此与上游坝体间被分割成不同期变形的两个区域。

（5）填料的不均匀性影响。坝体填筑与料源开采的联系十分紧密。获得填料的数量、性质对坝体填筑的速度、方式有较大的影响。一般来说，较新鲜、风化程度较低的岩石分布在岩体的深层部分。巴贡工程处在热带雨林地区，其覆盖层较厚，岩石风化的深度较大，先期开采的新鲜岩石相对较少，且开挖过程中遇有岩石互层的现象时，获得的新鲜岩石亦相对较少。为了减少二次倒运，先期获得的填料适合于填筑到3C区。故3C区填筑上升快于3D区。

（6）坝内设施施工对填筑的影响。水管式沉降仪的埋设及观测房、反渗井的施工会影响到相应部分坝体的上升，将形成局部的后填坝体。

2. 填筑次序或分区的规划　根据上述的限制条件，即道路布置、开挖交面的时间、渡汛对结合围堰的要求、面板施工分期及总工期的要求等因素，将大坝填筑施工划分成七期（见图1）。

（1）第一期，大坝下游70.00m高程以下区域的填筑。当大坝上游河床部位仍在进行开挖时，为降低后期施工强度，减少有用料的二次倒运，首先对下游已经开挖到位并通过验收的河床部位进行填筑。

（2）第二期，大坝上游河床及坝肩部分的基础开挖完成后，立即进行结合围堰的填筑。快速填筑结合围堰的同时，继续下游坝体部分的填筑。当结合围堰填到顶部高程时，下游坝体也达到了90.00m高程。

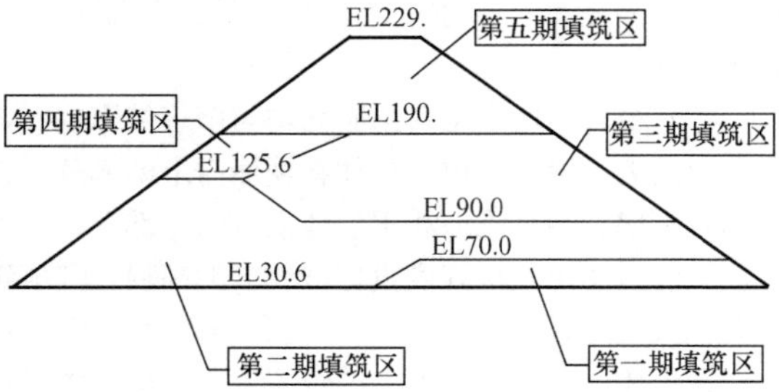

图 1　坝体填筑分区示意图

结合围堰顶部宽 40m，作为一期面板施工的工作平台。

（3）第三期，在上游坝体 125.60m 高程工作平台上，进行一期面板施工，同时进行下游 90.00m 以上的坝体填筑。当填筑至 125.60m 与一期面板施工平台齐平时，因一期面板正在施工中，结合围堰顶部 40m 宽的平台被占用不能填筑上升，下游部分的坝体将继续填筑上升。

（4）第四期，在一期面板施工完毕后，开始进行上游 40m 宽度范围内 125.60m 高程以上区域的填筑。此时下游区域已填至 149m 高程，由于上游填筑宽度较小，上升速度较快，该区域并不停止填筑上升。

（5）第五期，上游区域填至 190m 高程时，与下游坝体交汇，整个大坝的填筑面平起上升，直到填筑至中部区域 230.40m 高程、左右与岸坡接触部位的 229.00m 高程，此后开始进行二期面板施工准备工作。

（6）第六期，坝前 1A 和 1B 料的填筑。当一期面板上的表面止水、观测仪器以及缺陷处理施工全部完成，相关的大坝上下游的反渗排水设施已经完成封堵后，即可进行坝前 1A、1B 料的填筑，填筑至设计高程 125.00m。

（7）第七期，防浪墙内侧填筑至坝顶。大坝防浪墙混凝土施工完成后，即进行防浪墙内侧部分 229.00m 高程以上的 3A 料的填筑施工，大坝中部区域填至 236.40m 高程，大坝左右岸与岸坡接触部位填筑至 235.00m 高程。

（三）坝体出现过大差异变形的处理方法

（1）不同填筑区域的填筑高差应控制在 30m 以内。

（2）坝体内预填筑的临时道路与后填筑区间的台阶搭接处，应使用反铲挖除松散料，形成台阶。然后，再进行铺料及碾压，新老碾压区必须有搭结碾压带，并增加碾压遍数以保证质量。

（3）坝肩部位填筑 1.6m 宽的 3A 料，应按照规范要求的铺料厚度进行铺料、碾压，尽量将较大的颗粒移到外面，靠坝肩处采用平板振捣器振捣密实。

（4）上游坡面采用挤压式混凝土边墙，每填筑一层垫层料前，用挤压式边墙机制做一个半透水的混凝土边墙。施工中做好定位标志线，控制好挤压机的运行路线和速度。

（5）面板混凝土浇筑前，坝体应预留一定时间的沉陷期，以垂直沉陷速率是否达到≤5mm/月的经验值为标准。

（四）实测坝体位移与加载过程间的某些关系分析

1. 观测仪器　观测仪器的埋设位置见表 2。

表 2　水管式沉降仪及水平位移计埋设位置表

仪器名称	埋设部位	监测断面	高程（m）	测点名称
水管式沉降仪	坝体	DR0+175	190	TC5-1～TC5-3
		DR0+350	73	TC4-1～TC4-9
			110	TC3-1～TC3-7
			150	TC2-1～TC2-5
			190	TC1-1～TC1-3
		DR0+550	150	TC6-1～TC6-5
			190	TC7-1～TC7-3
水平位移计	坝体	DR0+175	190	EX5-1～EX5-3
		DR0+350	73	EX4-1～EX4-9
			110	EX3-1～EX3-7
			150	EX2-1～EX2-5
			190	EX1-1～EX1-3
		DR0+550	150	EX6-1～EX6-5
			190	EX7-1～EX7-3

2. 坝体沉降分析　沉降截至 2008 年 6 月 23 日，各沉降测点的特征值及坝体填筑基本完成后各月沉降速率见表 3。

表 3　2008 年 6 月测点最大沉降及相近 3 个月沉降速率表

断面	高程（m）	测点	最大沉降（cm）	沉降速率（mm/d）		
				2008 年 4 月	2008 年 5 月	2008 年 6 月
DR0+350	73	TC4-1	88.1	0.03	0.03	0.04
		TC4-2	119.0	0.03	0.03	0.00
		TC4-3	135.3	0.00	0.00	0.00
		TC4-4	156.4	0.00	0.03	0.00
		TC4-5	167.4	0.00	0.03	0.00
		TC4-6	155.1	0.03	0.03	0.00
		TC4-7	147.8	0.00	0.03	0.00
		TC4-8	150.4	0.03	0.00	0.00
		TC4-9	148.8	0.00	0.03	0.04

续表

断面	高程（m）	测点	最大沉降（cm）	沉降速率（mm/d）		
				2008 年 4 月	2008 年 5 月	2008 年 6 月
DR0＋350	110	TC3-1	144.4	0.06	0.07	0.04
		TC3-2	173.3	0.03	0.07	0.00
		TC3-3	191.7	0.06	0.03	0.00
		TC3-4	227.5	0.03	0.07	0.00
		TC3-5	224.0	0.03	0.10	0.00
		TC3-6	158.7	0.06	0.07	0.04
		TC3-7	126.4	0.06	0.07	0.04
DR0＋350	150	TC2-1	82.4	0.06	0.13	0.07
		TC2-2	98.8	0.03	0.03	0.04
		TC2-3	172.5	0.06	0.10	0.04
		TC2-4	147.1	0.03	0.07	0.04
		TC2-5	120.4	0.03	0.13	0.07
DR0＋550		TC6-1	66.6	0.09	0.07	0.04
		TC6-2	112.7	0.03	0.07	0.00
		TC6-3	124.3	0.12	0.07	0.00
		TC6-4	98.7	0.03	0.13	0.00
		TC6-5	84.5	0.06	0.07	0.04
DR0＋350	190	TC1-1	161.2	0.22	0.16	0.11
		TC1-2	192.1	0.19	0.13	0.07
		TC1-3	175.5	0.16	0.16	0.07
DR0＋550		TC5-1	72.5	0.16	0.13	0.07
		TC5-2	109.6	0.16	0.10	0.04
		TC5-3	113.9	0.16	0.13	0.07
DR0＋175		TC7-1	108.7	0.09	0.06	0.00
		TC7-2	126.0	0.09	0.06	0.04
		TC7-3	124.0	0.09	0.10	0.07

从表 3 中可知：总体上，沉降速率已稳定，基本达到稳定状态。根据 2008 年 6 月实测沉降资料绘制 DR0＋350 断面分层沉降示意图，如图 2 所示。

从同一观测层水管式沉降仪测点资料来看，靠近坝轴线附近测点沉降一般比两侧的测点沉降大，符合一般规律。从同一断面来看，110m 高程测点沉降最大。其测点沉降速率最大值为 0.3mm/月，可认为坝体沉降已经稳定。

根据实测沉降资料绘制 DR0＋350 断面沉降等值线图，如图 3 所示；有限元数值计算得到的坝体填筑完成后的沉降示意图如图 4 所示。

由图 3 及图 4 中可以看出，由有限元数值计算得到的蓄水前坝体最大沉降为 231.95cm，2008 年 6 月 23 日实测坝体最大沉降为 227.2cm，与计算结果相差不大。有限元计算最大沉降发生在 150m 高程左右的坝轴线附近，大约在坝高的 1/2 处；实测的最大沉降发生在 110m 高程左右的坝轴线附近，大约在坝高的 1/3 处，与计算结果相比，最大沉降点相对较低。

另外，实测的 190m 高程沉降大于 150m 高程沉降，与有限元计算不符。实测的靠近上游面测点和坝顶附近测点沉降值明显大于有限元计算值。这是因为有限元法本身边界部位结构刚度矩阵出现奇异性，导致无法准确地模拟边界部位结构的实际状况，可能的原因还有：有限元计算未能真实地模拟坝体填筑的实际加载过程。

表 4 为各层间堆石体压缩量表，从表中可以看出，大多数测点的堆石体压缩率基本上是靠近坝轴线附近堆石体压缩率较大，靠近上下游边坡堆石体压缩率较小，沿高程方向，高程越高压缩率越小，符合一般规律。

有一点值得注意：下游压缩率大于上游压缩率。这是因为不同区域填筑料的变形模量差异和在 190m 高程以下，下游坝体先于上游坝体的填筑。

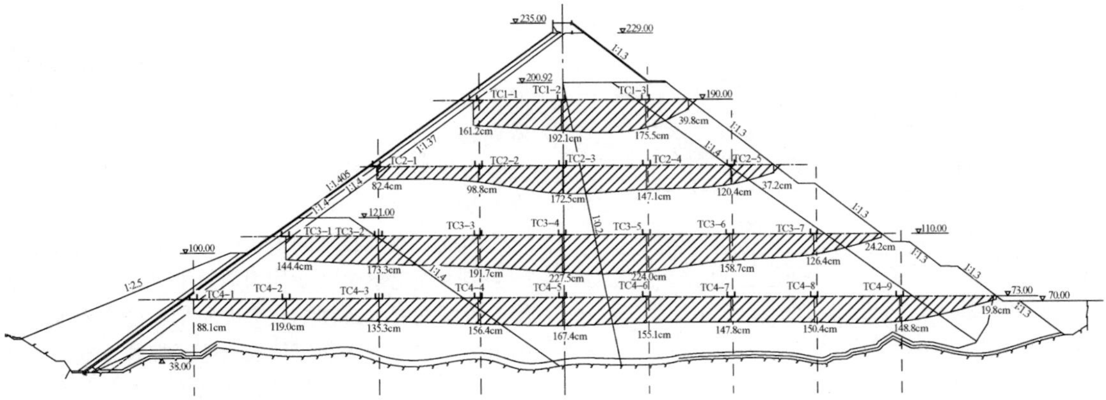

图 2　实测坝体分层沉降示意图（2008 年 6 月）

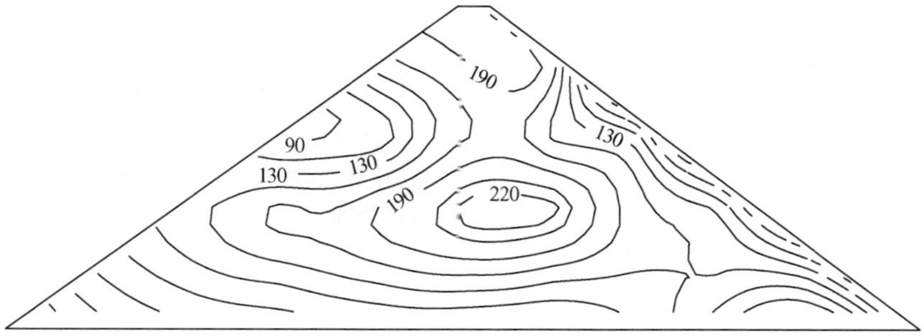

图 3 实测坝体沉降等值线图（2008 年 6 月 23 日）

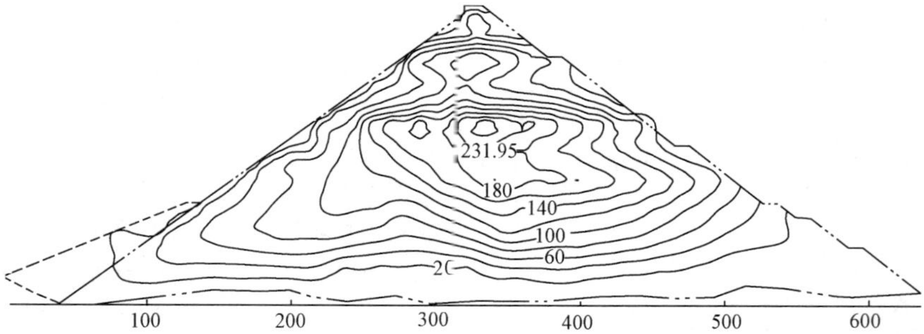

图 4 有限元计算大坝填筑完成后沉降示意图

表 4 堆石体压缩率表

堆石体层	测 点	压缩量	压缩率（%）
建基面～73m 高程	TC4-1	88.1	2.38
	TC4-2	119.0	3.22
	TC4-3	135.3	3.66
	TC4-4	156.4	4.23
	TC4-5	167.4	4.52
	TC4-6	155.1	4.19
	TC4-7	147.8	3.99
	TC4-8	150.4	4.06
	TC4-9	148.8	4.02
73～110m 高程	TC3-1	70.6	1.91
	TC3-2	103.1	2.79
	TC3-3	121.5	3.28
	TC3-4	145.6	3.94
	TC3-5	158.7	4.29
	TC3-6	109.4	2.96
	TC3-7	85.5	2.31
110～150m 高程	TC2-1	29.8	0.75
	TC2-2	7.1	0.18
	TC2-3	63.7	1.59
	TC2-4	44.8	1.12
	TC2-5	62.2	1.56
150～190m 高程	TC1-1	100.2	2.51
	TC1-2	102.5	2.56
	TC1-3	104.0	2.60

3. 坝体水平位移监测资料分析

73m 高程有 9 个测点，编号为：EX4-1～EX4-9；110m 高程有 7 个测点，编号为：EX3-1～EX3-7；150m 高程有 10 个测点，编号为：EX2-1～EX2-5、EX6-1～EX6-5；190m 高程有 9 个测点，编号为：EX1-1～EX1-3、EX5-1～EX5-3、EX7-1～EX7-3。安装位置如表 3 所示。

2008 年 3 月 25 日所测得的坝体水平位移为：73m 高程、150m 高程和 190m 高程各测点相对于坝轴线测点一般向上游位移，向上游最大位移分别为 97.02mm、16.82mm 和 16.66mm。

值得注意的是：110m 高程测点相对于坝轴线测点都向下游位移，向下游最大位移为 97.35mm；水平位移测点变位规律似有异常。由此，可以解释为：由于结合围堰先于下游坝体上升，在下游坝体尚未升上来时预先发生的向下游方向的位移。从测值上看，测值变化不大，基本趋于稳定。

（五）结语

尽管大坝均匀填筑上升对大坝的均匀沉陷有利，但在面板堆石坝实际填筑中，全断面均匀上升是很难做到的。巴贡大坝未做到均匀上升，观测数据显示：沉降过程中变形速率虽有差异，但随着时间的延续，大坝变形终会趋于稳定。

因此，在堆石坝的填筑中，不能单一地考虑沉陷的均匀性而追求全断面均匀填筑上升，不考虑经济的施工资源配置。必须综合考虑质量、进度要求、经济的施工资源配置来制定填筑程序或加载方式。

（中国水利水电第七工程局有限公司
向 建 但 东）

开 挖 工 程 施 工

宽孔距深孔梯段爆破在鲁地拉水电站工程中的应用

（一）概况

鲁地拉水电站位于云南省丽江地区永胜县与大理白族自治州宾川县交界处的金沙江干流上，为金沙江中游水电规划 8 个梯级电站中的第 7 个梯级电站，上、下游分别与龙开口和观音岩两个梯级电站相衔接。该工程属一等大（1）型工程，枢纽建筑物由拦河坝、泄水表孔、底孔及地下厂房等组成。拦河坝为碾压混凝土重力坝，顶高程 1228.00m，最大坝高 140m，坝顶长 622m（含进水口坝段），共分 29 个坝段。电站安装 6 台机组，总装机容量 2160MW。该工程采用枯水期隧洞导流、汛期基坑过水的导流方式，导流标准采用 20 年一遇洪水，相应导流流量为 $2170m^3/s$。导流洞布置在右岸，洞径为 14.5m×17.0m，导流洞进口高程 1131.0m，出口高程 1126.0m，洞身长 865.0m。上游围堰为碾压混凝土过水围堰，堰顶高程为 1153.0m，下游围堰采用土石过水围堰，堰顶高程为 1137.5m。

右岸 1135m 高程以上开挖工程主要包括：右岸缆机平台及边坡；右岸 1135m 高程以上坝基及坝肩边坡；右岸进水口基础及边坡；右岸 GIS 开关站平台、高位水池及边坡；右岸下游 1135m 高程以上岸坡的开挖；右岸中线道路（Y6）明线段路基及边坡；GIS 开关站公路路基及边坡的开挖；开挖边坡最大垂直高差 245m，一般边坡每 20m 设一马道，马道宽度 2～3m，岩石边坡设计坡比 1∶0.3～1∶0.75 之间，土质边坡开挖坡比 1∶1～1∶1.5。

右岸进水口边坡及坝肩边坡、缆机及出线平台后边坡地层岩性主要有：侏罗系中统蛇店组上部（$J_2{}^s$）青灰色变质砂岩 J_2^s-S_1 和灰黑色泥质粉砂岩 J_2^s-S_2，主要分布在进水口边坡的下部和中部。侏罗系上统妥甸组上部（J_3^t）：以紫红色砂质页岩夹中厚层中～细粒石英砂岩为主，层间夹有不稳定的粉砂岩，主要分布在进水口边坡的中上部。燕山期侵入岩以岩脉、岩株状侵入于侏罗系变质砂岩中。岩体中裂隙较发育，强风化厚度一般 5～10m，弱风化厚度一般 15～20m，卸荷带深度 10～15m。

（二）宽孔距深孔梯段爆破参数确定

该标段参照相关地质资料及以往常规梯段爆破开挖经验，根据现场地形地质条件，结合生产现场进行了常规深孔梯段爆破与宽孔距深孔梯段爆破的设计参数比较，并进行了试验爆破。设计面进行预裂爆破，预裂孔与主爆孔之间布置缓冲孔，所有钻孔采用 CM351 钻机造孔，钻孔直径 105mm，采用岩石乳化炸药，药卷直径 70mm，药卷长 30mm，每节药卷重 1.5kg。由于梯段高、装药量大，通过现场实际爆破试验后选定装药方式为：底部 10m 采用 ϕ32mm 硝铵炸药剖开后散装密实，上部采用 ϕ70mm 岩石乳化炸药连续装药，单孔装药量分别为 125kg，现场实测线装药密度平均值底部 10m 为 8.0kg/m，上部为 4.28kg/m。采用 V 形起爆，孔内导爆索入孔，孔外非电管连接，采用有序微差爆破。1～5 段非电管跳段使用，6～11 段连续使用，12～15 段根据一次爆破量使用，每次爆破 4～6 排孔。钻爆参数比较见表 1。

表 1　　钻爆参数统计表

爆破方式	孔间距 (m)	最小抵抗线 (m)	梯段高度 (m)	堵塞长度 (m)	钻孔角度 (度)	装药密度 (kg/m)	单孔装药量 (kg/m^3)	炸药单耗 (kg/m^3)
常规梯段爆破	5.0	3.5	10	2.0	53～73	上部 4.28	57.1	0.33
						下部 8.0		
宽孔距深孔梯段爆破	6.5	3.0	20	3.0		上部 4.28	123.3	0.32
						下部 8.0		

根据该标段开挖情况，边坡开挖梯段高度 20m，相关参数取值标准如下：

（1）钻孔超钻深度 $h=(8～12)D=72～108$cm，取 $h=75$cm，式中 D 为钻孔直径。

（2）钻孔深度 $L=(H+h)/\sin\alpha$，式中 α 为钻孔的倾斜角度。

（3）最小抵抗线按 $W=KD$ 计算（式中：K 为系数，一般取 $K=25～45$），本方案选 $K=28$，$W=3.0$。

（4）孔距 $a=mW$，采用 2～8 倍抵抗线的宽孔距，$m=2～8$，本方案选 $m=2.16$，$a=6.5$m。

（5）排距 b，该标段取 $b=W$。

（6）堵塞长度 L_d，根据现场实际结合施工经验，堵塞长度 L_d 和最小抵抗线的关系经验公式为 $L_d=(1.0\sim1.2)W$，$L_d=3.0$。

（7）单位耗药量 q，影响因素很多，主要有岩石的爆破性、炸药种类、自由面条件、起爆方式和块度要求等。合理的单位耗药量 q 值往往通过经验和现场实验确定。单纯地增加炸药单耗，对爆破质量不一定有很大改善，该标段爆破单耗根据现场爆破实验确定 $q=0.32kg/m^3$，采用2号岩石乳化炸药。

根据爆破试验的结果，宽孔距深孔梯段爆破能够有效控制爆破飞石，爆后石渣块度均匀，满足挖装要求，而且节约钻孔进尺，经综合比较分析采用宽孔距深孔梯段爆破方式炸药单耗低、钻孔成本较低，并能满足施工要求。

（三）爆破效果

鲁地拉水电站右岸设计边坡全部采取预裂控制爆破，结果表明，宽孔距深孔梯段爆破石渣块度均匀，便于装运。由于采取孔内导爆索入孔，孔口非电管连接并采用微差网络进行控制爆破，提高传爆可靠性，安全性好，瞎炮率大大降低，爆破质量良好，爆后声波检测结果满足设计规范要求。宽孔距深孔梯段爆破有效减少了单位面积钻孔量，工序循环次数少，降低了成本，施工进度极大提高。

（中国水利水电第三工程局有限公司 钱运东 张 英）

锦屏二级水电站西端引水隧洞主要施工技术

（一）工程概况

锦屏二级水电站位于雅砻江干流锦屏大河湾上，利用150km长大河湾的天然落差，通过长约16.67km的引水隧洞，获得水头约310m，电站总装机容量4800MW，是雅砻江干流上重要的梯级电站。工程枢纽主要由首部拦河闸、引水系统、尾部地下厂房等三大部分组成，为一低闸、长隧洞、大容量引水式电站。

锦屏二级水电站引水系统采用4洞8机布置，从进水口到上游调压室的平均洞线长度约16.67km，中心距60m，引水隧洞纵断面为缓坡，底坡3.65‰，由进口底板高程1618.00m降至高程1564.70m与上游调压室相接。引水隧洞洞群沿线上覆岩体一般埋深1500～2000m，最大埋深约2525m，具有埋深大、洞线长、洞径大的特点。

四条引水隧洞采用钻爆法和TMB相结合的施工方案，西端引水隧洞和东端2、4号引水隧洞采取钻爆法施工，东端1、3号引水隧洞采用TBM施工。钻爆法施工洞段为马蹄形断面，开挖洞径13.0m，混凝土衬砌段衬后洞径11.8m，衬砌厚度40～60cm，喷锚支护洞段洞径12.6m，底拱80°范围内采用混凝土衬砌。TBM施工洞段为圆形断面，开挖直径12.40m，混凝土衬砌厚度60cm，衬后洞径11.2m，喷锚支护洞段洞径12.0m，底拱90°范围内采用混凝土衬砌。

（二）隧洞沿线地质情况

引水隧洞线以Ⅲ、Ⅱ类围岩为主，分别占54.1%和36.7%，Ⅳ、Ⅴ类围岩分别占8.3%和0.9%；其中因岩爆引起围岩类别降级Ⅱb、Ⅲb、Ⅳb、Ⅴb所占的比例分别为18.3%、6.9%、5.4%和0.9%，引水隧洞的总体成洞条件较好。由于引水隧洞埋深大、地应力高、岩石坚硬，且岩体结构完整，因此存在高地应力环境下的岩爆问题，并存在高外水压力问题。在各类岩体中，均由两部分组成，即正常的不良地质段和岩爆段，各类岩体中岩爆段占了很大的比重，Ⅳ、Ⅴ类围岩主要分布在高地应力区，是强（Ⅲ级）及极强（Ⅳ）岩爆产生的围岩，正常的断层破碎带所占比例较少。

（三）隧洞的开挖与初期支护

西端4条引水隧洞均采用钻爆法开挖，手风钻钻孔，分上、下两层开挖，上层开挖高度8.5m，下层4.5m，上层采用楔形掏槽，为保证钻爆质量和减小对围岩的扰动，周边全部采用光面爆破。Ⅱ、Ⅲ类围岩光爆孔间距50～55cm，光爆层厚度50～60cm，线装药密度110～140g/m，Ⅳ类围岩光爆孔间距35～45cm，光爆层厚度60～70cm，线装药密度70～90g/m。爆破后开挖面平整，无明显爆破裂隙，平均超挖控制在18cm以内。开挖循环进尺Ⅱ、Ⅲ类一般控制在3～3.3m内，Ⅳ类围岩控制在1～1.5m内。

对Ⅱ、Ⅲ类正常围岩开挖洞段，支护形式主要有“中空注浆锚杆或水泥砂浆锚杆＋钢纤维硅粉喷射混凝土”，局部增加随机锚杆和钢筋挂网；Ⅳ类围岩洞段则以“超前锚杆＋中空注浆锚杆或水泥砂浆锚杆＋钢纤维硅粉喷射混凝土”进行支护，部分洞段增加随机锚杆、钢筋挂网和格栅拱架或型钢拱架等加强支护。锚杆孔采用锚杆台车或三臂凿岩台车钻孔，杆体安装和注浆采用机械辅以人工施工。喷射混凝土采用湿喷法施工，喷射料由洞外拌和系统生产，搅拌罐车运至工作面，喷射台车施喷，液态无碱速凝剂在喷嘴出口处加入到喷射料中，无碱速凝剂的掺用量一般为6%～8%。部分岩爆频发洞段还采用了喷射掺纳米材料的钢纤维硅粉混凝土进行快速封闭，纳米材料的掺用量一般为水泥用量的8%～10%。

（四）隧洞混凝土衬砌工艺

引水隧洞混凝土衬砌采取“先仰拱后边顶拱”的

方法进行，沿洞轴方向浇筑分缝长度15.0m。仰拱（约1/4圆）采用液压滑模浇筑，滑模全长约4.5m，由下料段、振捣段、成形段、收光段等组成，行走部分采用液压驱动，滑移速度为21mm/min，平均每天可滑浇20m左右。为了使断面两侧弧线顺利成形，采用5～7cm坍落度的二级配混凝土，罐车运输，皮带机入仓，ϕ60mm振捣棒人工振捣，初凝前人工表面收光。边顶拱采用有轨自行式钢模台车浇筑，台车长15.1m，混凝土为14～16cm坍落度的二级配混凝土，罐车运输，电动拖泵入仓，ϕ80～100mm振捣棒人工振捣，仓外由附着式振捣器振捣。

（中国人民武装警察部队水电第一总队　余晓东）

糯扎渡水电站右岸3号导流隧洞施工关键技术

（一）概况

2008年5月29日，糯扎渡水电站右岸3号导流隧洞按期分流过水，确保了糯扎渡水电站工程2008年的安全度汛。工程于2006年1月15日开工，由云南华能澜沧江水电有限公司投资，中国水电顾问集团昆明勘测设计研究院设计、中国安能建设总公司承建，历时29个月。右岸3号导流隧洞全长1529.765m，进口高程为600.00m，隧洞底坡为i=0.50%，出口高程592.35m，洞身断面为方圆形，衬砌后断面16m×21m，衬砌厚0.6～1.5m，最大开挖断面27.4m×26.2m（进口渐变段）。洞身穿越地层为华力西晚期～印支期的花岗岩，地质构造发育，有F_3、F_5、F_{14}等多条断层穿过，其中F_3为Ⅱ级结构面，洞身上覆岩体厚度为140～190m。

（二）进口高边坡开挖支护技术

1. 概况　3号导流隧洞进口边坡顶部高程765.00m，底板高程597.00m，最大开挖高度158m，原始地形平均坡度40°，实际开挖量68.52万m^3。石质边坡坡比为1∶0.75，设6级马道，马道高差为15m，马道宽3m。

2. 开挖爆破　边坡开挖须为施工项目提供10.00万m^3骨料和35.00万m^3大坝填筑料，同时要求边坡开挖质量好，为此，采用预裂爆破和毫秒微差挤压爆破技术开挖。预裂爆破孔采用低钻压的宣化钻（YQ100B型）钻机造孔，搭设控制样架控制钻孔方向，钻机开钻角度一般陡于设计边坡0.5°左右，以避免钻压过大造成钻杆变形；主爆孔采用液压钻机（CM351型）造孔，造孔间排距3.00m×3.00m。爆破采取人工装药，主爆破孔以2号岩石铵梯炸药为主，采取全耦合柱状连续装药；缓冲及预裂孔采用条形乳化炸药，采取柱状分段不耦合装药，非电毫秒雷管连网，非电起爆。

3. 控制石渣下河　开挖过程中采取“顶部控制、多级挡护、分级清理”的方式控制石渣下河，减少水土流失。顶部控制主要控制爆破方向，避免临空面面向河道，并控制单响药量；多级挡护主要在开挖前，在边坡中底部形成二级接渣平台，平台外侧设置高1.5m的钢筋石笼拦渣坎，挡渣坎总用量3200m^3。分级清理主要对每级集渣平台及时清理出渣，保证足够的空间集渣。

4. 控制爆破　由于边坡的下部导流洞已基本开挖完成，为减小对特大洞室的振动影响，边坡开挖距洞顶50m范围内必须进行控制爆破，一般控制单响药量30kg，单次药量不大于2t。

（三）导流洞闸门井开挖技术

1. 概况　导流洞闸门井开挖断面水平尺寸为12.3m×9.3m，底高程638m，地面高程656m，开挖高度为18m，开挖量2052.02m^3。

2. 开挖方式　井身先开挖3m直径的导洞，而后周边预裂爆破开挖成型。导洞开挖自上而下一次造孔，自下而上分层爆破，中间爆破漏斗法掏槽，按4、6、7.5m的分层爆破。周边预裂爆破自上而下一次造孔，分两次起爆。

3. 爆破参数　周边预裂爆破，炮孔间距0.80m，主爆爆破孔间距2.50m，缓冲孔间距2.00m，距预裂面1.50m。爆破孔以液压履带式风动钻机（阿特拉斯CM351）造孔，钻孔直径90～115mm，钻孔角度90°，钻孔深度17.5m。爆破采取人工装药，主爆破孔以2号岩石铵梯炸药为主，采取全耦合柱状连续装药；光爆孔和预裂孔采用条形乳化炸药，采取柱状分段不耦合装药。光面和预裂爆破选用ϕ32mm的乳化炸药，线装药密度拟采用250～300g/m，主爆孔采用ϕ70mm的乳化炸药进行耦合柱状装药，缓冲孔采用ϕ50mm的乳化炸药进行耦合柱状装药。岩石爆破单位耗药量0.7kg/m^3。

（四）进口渐变段加固及开挖支护技术

1. 概况　3号导流隧洞进口渐变段开挖断面尺寸由27.4m×26.2m（矩形，宽×高）渐变至21.4m×26.2m（城门洞形，中心角120°），底板高程597.5，顶部为656m高程公路平台，最大埋深32.5m，最小埋深11.3m。

2. 洞身加固

（1）洞身加固采用水泥浆固结灌浆和3ϕ28悬吊锚筋桩（L=11.5～32.5m），间排距2.5m×1.0m，利用656m高程公路及洞脸边坡向下加固（见图1）。

（2）在洞口轮廓线外侧部布设两排125kN预应力锚杆（ϕ32，L=9m），间距1m×1m。

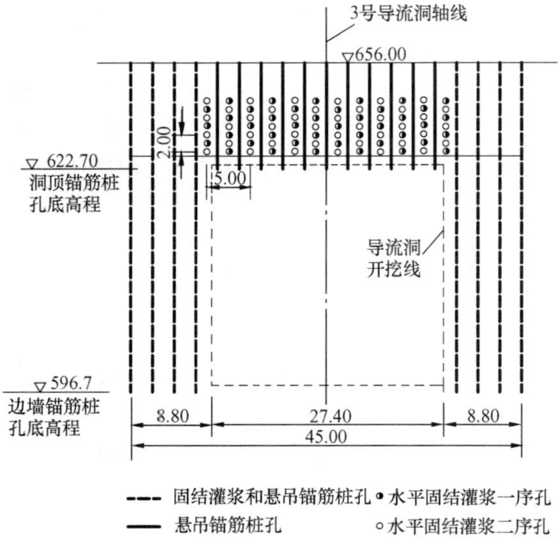

图1 进口渐变段加固图

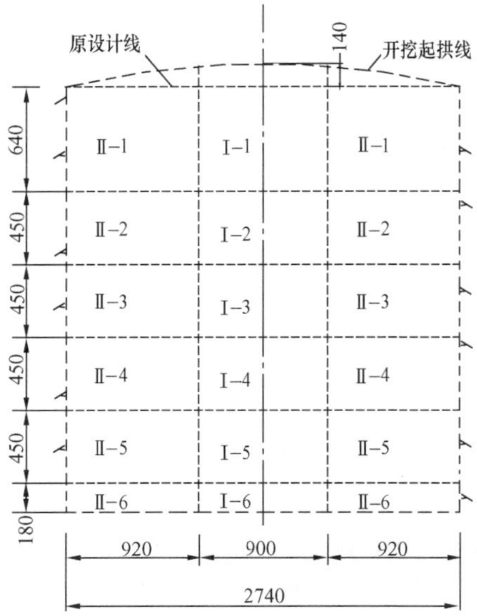

图2 进口渐变段开挖分层分区图

(3) 在洞脸边坡布设布置四排 2000kN、$L=35$m、倾角 10°预预应力锚索。

(4) 洞顶以上 20m 高程范围内边坡布置 3ϕ28mm 锚筋桩。

3. 开挖方法 渐变段 0+030～0+021 段开挖采用全断面开挖方式，0+021～0+000 段开挖采用中墩法开挖方式，即中部先开挖完成，然后利用中墩结构混凝土将洞身顶拱支撑，再进行两侧的扩挖，开挖分层分区见图2；渐变段由洞内向洞外掘进，为改善围岩受力状况，开挖时洞顶整体起拱 1.40m。

4. 支护型式

(1) 中墩临时边墙支护：①临时边墙腰线以上采用锚杆 ϕ25，$L=4.5$m，间排距 3m×1m；腰线以下采用锚杆 ϕ25，$L=6$m，间排距 3m×1m。②临时边墙喷 C20 混凝土厚 15cm，挂 ϕ6.5@20cm×20cm 钢筋网。③中槽高程 608m 上、下部位各打两排 125kN 预应力锚杆（ϕ32，$L=9$m 和 6m 交错布置）和锚筋桩（3ϕ32，$L=9$m 和 6m 交错布置）。④增设钢支撑 I20b，间距 0.75m，采用 ϕ25@0.4m 钢筋连接，两临时边墙间间隔 5～6m 高差设纵、横向支撑，支撑利用斜撑和连接钢筋形成稳定整体，支撑脚部设 ϕ28，$L=6$m 的锁脚锚杆。

(2) 系统支护：①系统锚杆采用普通砂浆锚杆 ϕ28，$L=9$m，@4m×0.75m，外露 0.5m，梅花形布置；中下层采用 125kN 预应力锚杆（ϕ32，$L=9$m 和 6m 交错布置）和锚筋桩（3ϕ32，$L=9$m 和 6m 交错布置）加固。②顶层采用 I20b 钢支撑支护，间距 0.75m，采用 ϕ25@0.4m 钢筋连接，拱角部位采用双排 ϕ28，$L=6.0$m，间距 1.0m 锁脚锚杆加固拱角。③喷 30cm 厚 C20 钢纤维混凝土，挂钢筋网。

（五）进水塔施工技术

1. 概况 进水塔长 21m，宽 30m，设两孔 8m×21.5m 的闸门，塔身高 49m，628m 高程以下为过流孔，塔身底板高程 600m，混凝土共计 17 940m^3。

2. 施工安排 由于进口渐变段施工周期较长，进水塔工期十分紧张。为确保工期目标实现：①设置安全防护设置封堵门槽上口，确保门槽及其保护装置安装与混凝土施工平行作业；②胸墙模板排架底部设置 4.5mm×4.5m 的交通洞，确保底部其他作业与上部混凝土同时施工。

3. 模板技术

(1) 采用套筒螺栓固定模板，仅在混凝土表面预留 5mm 孔洞，最后采用预缩砂浆补平。

(2) 采用定制整体钢模板轻便、灵活，模板拼缝较少，拼缝中预设双面胶带，避免漏浆。

(3) 胸墙曲线模板采用小钢模和木模组立，模板表面粘贴装修材料铝塑板，平整美观。

(4) 模板支撑排架采用普通钢管搭设，间排距 0.75m×0.75m，横杆步距 1.2m，排架两侧充分利用侧墙加固，确保快速、安全。

（六）特大断层开挖支护技术

1. 概况 F_3 断层是糯扎渡水电站最大的断层，穿越澜沧江左、右岸导流洞，属特大断层，主要为破碎岩、角砾岩、糜棱岩、石英脉、普遍夹高岭石粉土充填物，基本无胶结，围岩稳定性及完整性很差，主断层宽约 8～17m。主断层位于 3 号导流洞 1+489.11m～1+506.06m 之间，其影响带在 1+481.2m～1+512m 之间。断层设计开挖断面尺寸 19.6m×24.3m（宽×高），断层上方为 645m 高程公路，公路路基宽 13.5m，断层拱顶与路面最薄处只有

30m，为导流洞跨度的1.23倍。

2. 断层加固　断层开挖前先通过公路垂直对 F_3 断层进行地表水泥浆固结灌浆和悬吊锚杆加固，固结灌浆范围纵向在1+476～1+512桩号之间，横向延伸出两边边墙10m。

3. 开挖方法

(1) 开挖前先沿拱线间隔3m设置超前排水孔(L=4.5m，ϕ50cm，与水平面交角为5°～10°，排距1.5m)。

(2) 开挖采用分层法施工，共分为上、中、下三层施工。上层开挖采用"核心留台法"施工，中、下层采用中间拉槽法施工。

(3) 上层采用0.5m～1.0m的短进尺、手风钻钻孔，层高8.5m，崩落孔间排距1.0×0.8m，周边采用光面爆破，孔距0.5m，线装药密度0.10kg/m；中层分三小层施工，每小层中部采用潜孔钻造孔爆破拉槽，梯段高度4.5m左右，边墙预留保护层，厚度5m，轮廓线水平光爆，下层采用全断面水平开挖，2～3m一个循环，轮廓线光爆。

4. 洞身支护

(1) 开挖前先进行超前支护，采用注浆小导管(ϕ42（壁厚4mm），L=4.5m@0.3m×1.5m）注浆支护，注浆压力为0.3～0.5MPa，注浆后在小导管内插ϕ25，L=4.5m的钢筋。

(2) 开挖完成后立即对开挖面和掌子面喷5～8cmC20钢纤维混凝土保护。

(3) 采用I20b钢支撑支护，间距0.75m，采用ϕ25@0.4m钢筋连接，拱角部位I20b工字钢纵梁加固拱角。

(4) 顶拱部位采用自进式中空注浆锚杆（ϕ25，L=6m@1.5m×0.75m)，并使用ϕ28@3m×0.75m，L=6m普通砂浆锚杆二次加密。

(5) 边墙锚杆采用ϕ28，L=9m@3m×0.75m普通砂浆锚杆。

(6) 喷30cm厚的钢纤维混凝土。

(7) 开挖支护后，沿径向布置系统排水孔，孔径50mm，间距3m，排距2m。

（中国人民武装警察部队水电第一总队
柴喜洲　郭　超　姚自友）

洞室爆破开采上坝料的应用

盘石头水库工程位于河南省鹤壁市境内，大坝为混凝土面板堆石坝，最大坝高102.2m，总填筑量约为548.0万m^3。

根据施工总进度安排，需开采上坝料200.0万m^3，月开采强度约40.0万m^3。受条件的限制，花尖脑东料场实际的上坝料月开采强度不足15.0万m^3。备用料场——花尖脑西料场条件较好，石料质量优于东料场，开采范围宽约100.0m，高程自270.0～420.0m，储量达300.0万m^3，可以满足大坝的填筑要求。但其地形条件复杂，修筑施工道路困难，短时间内形成梯段开采条件十分困难。鉴此，决定采用洞室爆破技术开采上坝料。

（一）料场地形地质条件

花尖脑西料场距离坝址1.0～2.0km。料场区属低山侵蚀地貌，南低北高。最高处为500.0m高程，而沟底则为185.0～250.0m高程。场区内地形坡度一般为20°～35°，地表基岩裸露，局部有坡、崩积物覆盖，平均厚3.0～5.0m。

料场两侧山体地质构造简单，岩层近水平，分布稳定。主要出露的地层为寒武系中统（$\in_2^{18}\sim\in_2^{26}$）浅灰、灰及深灰色厚层及中厚层灰岩、鲕状灰岩及豹皮状灰岩。料场区断裂及褶曲不甚发育；岩层倾角平缓，其产状为：N20°E/SE∠5°～10°，岩层走向与开挖边坡交角较大，属横向坡。

区内以石灰岩为主，基岩裸露，但岩溶不甚发育，仅见少量溶沟、溶槽及小的溶孔及溶缝等微弱岩溶现象。场区内山高沟深，地表水来源仅为大气降雨，其补充量较小，其排泄条件又十分畅通，临时汇水能迅速排入淇河，故地下水位埋藏较深。

洞爆区设在较为安全的地段，距离公路桥为480.3m，距离工农渠渡槽529.6m，距离施工营地521.6m，距民房552.0m，距拌和系统525.3m。

（二）设计依据及技术要求

1. 设计依据　实测地形图、《爆破安全规程》（GB6722—1986)、《大爆破安全规程》（GB13349—1992)。

2. 技术要求

(1) 爆破范围约长100.0m、宽100.0m、高100.0m，设计方量约70.0万m^3，一次爆破完成。

(2) 洞爆料全部作为大坝的主堆石料和次堆石料，物料的级配应满足设计级配，块度要求小于80.0cm，大块率应控制在8%以内。

(3) 严格控制洞室爆破对周围建筑物及设施的影响，确保施工安全。

(4) 提高爆破效率，降低工程成本。

（三）爆破设计

由于条形药包爆破具有能量分布均衡、利用率高、破碎均匀、松动效果好的特点，故采用加强松动爆破条形药包洞室布置方案。同时，为降低大块率，使爆破料级配合理，在合理的W/H（W为药包最小抵抗线，H为铅直埋置深度）值范围内，尽量采用较小的抵抗线。

1. 一般爆破参数

(1) 最小抵抗线 W，根据类似工程的石料开采经验，按 20.0m 左右控制，W/H 值为 0.65～0.9。

(2) 标准抛掷单位耗药量 K 值取 1.5kg/m³。

(3) 爆破作用指数 n 取 0.60～0.85，前排取小值，后排取大值；上层取小值，下层取大值。

2. 爆破漏斗几何要素

(1) 条形药包压缩圈半径 R_r (m)

$$R_r=0.56\ (\mu q/\Delta)^{1/2}$$

式中 Δ——装药密度，取 850.0kg/m³；

μ——压缩系数，本工程 μ 取 12.0；

q——线装药密度，kg/m。

(2) 下破裂半径 R (m)

$$R=W\ (1+n^2)^{1/2}$$

式中 W——最小抵抗线，m；

n——爆破作用指数。

(3) 上破裂线半径 R' (m)

$$R'=W\ (1+\beta n^2)^{1/2}$$

式中 β——崩塌范围系数，对中硬岩石按 $\beta=1+0.04(\alpha/10)^3$ 计算，当原地形坡度 α 为 30°～65° 时，取为 2.1～12.0。根据地形条件及岩石性质，上破裂线坡度约为 70°。

3. 装药量计算 条形药包量 Q (kg)：

$$Q=KW^2eL\ (0.4+0.6n^3)$$

式中 K——单位耗药量系数，kg/m³；

e——炸药品种换算系数，对 2 号岩石铵梯炸药和铵油炸药，分别取 1.0、1.05；

L——装药长度，m。

经计算，总药量为 498 503.0kg。

4. 药室的布置

(1) 条形药室的布置与爆区地形等高线基本平行，呈“开”字形布置，确保条形药包各部位的最小抵抗线基本相同。

(2) 由于开采高度大于 100.0m，药室需分层布置，根据地形高差及最小抵抗线要求，确定药室层间高程差为 25m，自上而下布置高程为：385.0、360.0、335.0、310.0m，另在 270.0m 和 290.0m 布置两层药室，以爆除底部鼓包。

(3) 药室及导洞采用城门洞拱形平洞，断面尺寸 1.2m×1.7m，洞底按 0.3%放顺坡。

5. 药室装药

(1) 装药前对药室全面检查，清除危岩，采取防水防潮措施。

(2) 条形药室采用不耦合装药，沿药室最小抵抗线一侧均匀排列，堆放稳定。

(3) 端部药室的线装药密度将根据实际情况增减，但最大不得超过原线装药密度的 3 倍。

(4) 每个起爆体装药 20.0～25.0kg，放 5.0m 导爆索及 6～8 发非电塑料导爆管起爆雷管。

(5) 每个药室置一正起爆体，每隔 5.0～8.0m，置一副起爆体，两者用 2 根导爆索相连接，务必安放平稳。

6. 药室堵塞

(1) 导爆洞口堵塞长度 8.0m，药室与导洞交叉段横向堵塞 6.0m（主洞中心每侧 3.0m），纵向堵塞 6.0m，前排药室与主导洞交叉部位沿导洞出口方向堵塞 6.0m。

(2) 采用袋装石渣或表层土堵塞，保护好起爆网路。

7. 起爆网路

(1) 采用塑料导爆管非电微差起爆网路，使先爆药室为后爆药室创造出良好的临空面，通过控制分段时间，使先爆与后爆的爆渣相互碰撞，改善石料的破碎质量，避免各种杂散电流对起爆网路的影响。

(2) 起爆网路共分 76 段，总起爆延时约 1s。

(3) 同一药室内部分段时差为 50ms，同一层排间药室以 Ms7 段间隔，上下层相邻药室用两个 Ms5 段间隔。

（四）爆破安全校核

1. 爆破地震波 对爆破区附近的引水渡槽、公路桥、业主、施工营地及民房等建（构）筑物验算爆破地震影响。爆破产生的质点振动速度：

$$v=K\ (Q^{1/3}/R)^{\alpha}$$

式中 v——爆破质点振速，cm/s；

Q——最大单响药量，kg；

K、α——与爆破点地形、地质条件有关的系数和衰减指数，取 $K=150$，$\alpha=1.60$。

分别取爆破最大单响药量 Q_{max} 为 20 000.0、10 000.0、5000.0kg，计算得各建筑物的爆破振动速度，见表 1。

表 1 爆破振动控制表

部 位	渡槽	大桥	业主、承包商营地	居民房	砂石料场
距 离(m)	529.6	480.3	521.6	552.0	525.3
允许振速(cm/s)	3.0	5.0	3.0	2.0	3.0
20 000.0kg 振速 (cm/s)	1.29	1.51	1.33	1.21	1.31
10 000.0kg 振速 (cm/s)	0.89	1.04	0.91	0.84	0.91
5 000.0kg 振速 (cm/s)	0.26	0.72	0.63	0.58	0.63

由表 1 可见，单响药量为 20 000.0kg 时爆破振动也未超过《爆破安全规程》（GB 6722—1986）规定的标准值，但为尽量减小爆破对周围建筑物及设施造成的影响，确保安全，本次爆破最大单响药量按

10 000.0kg设计。

2. 个别飞石安全距离　$R_f=20k_f n^2 W$

式中　k_f——与岩土性质和被保护物有关的系数，对人取 1.5，其他取 1.0；

n——最大一个药包的爆破作用指数；

W——最大一个药包的最小抵抗线，m。

本次爆破最顶层前排 $n=0.60$，$W=22.0$m，个别飞石的安全距离分别为：279.0m（对人）和 186.0m（对建筑物）。

3. 空气冲击波　条形药室端部抵抗线约束较大，爆生气体不会从局部突破逸出，不会对周围建筑物造成空气冲击波危害。

4. 爆破警戒范围　为确保安全，确定对人员的安全警戒半径控制为 800.0m，机械设备的安全警戒半径为 400.0m。

（五）爆破效果评价

1. 安全评价　爆破实际个别飞石距离小于 100.0m，没有伤及人员、损坏设备及建筑物。通过五个不同关键部位监测，实测最大质点振动速度为 0.3cm/s，小于设计校核值，更小于规范允许值。洞室爆破的振动、飞石对人员、设备和附近的民房以及其他建筑物均无影响，是安全的。经调查附近建筑物未受爆破振动影响。

2. 质量评价

从上坝碾压后的颗分检测试验成果可见（见图 1），颗分曲线均在设计包络线内。

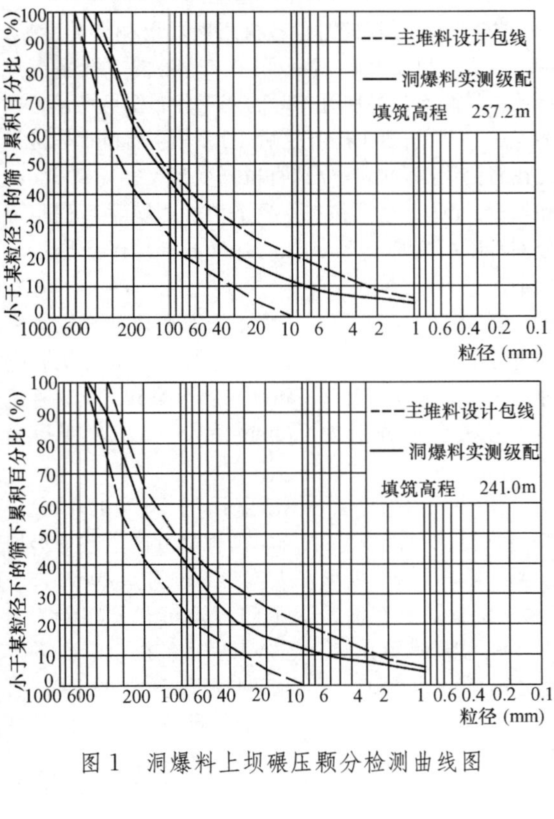

图 1　洞爆料上坝碾压颗分检测曲线图

由于裂隙较发育，爆后表层大块石较多，对超过 80.0cm 以上的超径石进行二次解爆。将药室中心部位及附近区域的石料用于大坝的主堆石区的填筑；距药室中心部位较远部位的石料用于次堆石区的填筑。

3. 进度评价　洞室爆破开采上坝料经论证，是梯段爆破施工方法不可比拟的，可与花尖脑原料场调节补充，满足了上坝料的供应。

本次洞室爆破总方量约 70.0 万 m^3，洞室的开挖总长度为 2034.2m（导洞长度 1390.5m，药室长度为 643.7m），每米洞室爆破方量为 344.0m^3。总装药量 498 503.0kg，平均炸药单耗 0.71kg/m^3。

（中国人民武装警察部队水电第一总队　李虎章）

三峡地下电站主厂房施工期围岩变形性态分析

（一）主厂房开挖施工及监测设施布置情况

三峡地下电站主厂房高度 87.24m，共分 9 层进行开挖，每层高度 8～10m。

根据三峡工程监测部位（断面）层次划分总原则，结合地下厂房特点，设计将地下厂房监测部位（断面）划分为两个层次：重要部位（断面）和一般部位（断面）。根据地下厂房地质情况、结构、施工特点以及存在的主要安全技术问题，选择 1 号和 4 号机为重要监测部位（断面），全断面布设监测设施。为了在宏观上全面掌握地下洞室的工作性态，选择 2、3、5、6 号及安装场共计 5 个部位作为一般监测部位（断面）。

（二）主厂房围岩施工期实测变形资料分析

主厂房围岩深部变形监测设施为多点位移计和测斜孔。根据施工支洞和排水洞的布置情况，在主厂房围岩各层排水洞分别安装了超前多点位移计和测斜孔，监测主厂房边墙围岩随开挖的全变形过程，其余块体部位均是随开挖逐步埋设多点位移计，监测其在开挖过程中的变形过程，监控施工安全。以下仅对主厂房多点位移计的实测资料做一初步分析。

1. 位移量的统计分析

（1）2007 年 9 月中旬第Ⅵ层开挖结束后，上、下游边墙最大变形均发生在 4 号机。上游边墙最大累计变形量为 14.08mm（高程 76.1 m 处 M11DC04），下游边墙最大变形量为 17.59mm（高程 85.5m 处 M13DC04）。最大累计位移大于 10mm 的多点位移计共 4 套，约占多点位移计总量的 13.8%；最大累计位移大于 5mm 的多点位移计共 12 套，约占多点位移计总量的 41.4%；最大累计位移小于 1 mm 的多点位移计共 8 套，约占多点位移计总量的 27.6%。

（2）主厂房第Ⅵ层开挖结束后，拱顶位移非常小且呈回缩变形。顶拱两侧的变形表现为：顶拱的上游侧大于下游侧，大部分测点上游侧呈张开变形，下游侧呈回缩变形。其中顶拱上游侧岩体最大张拉变形发生在5号机（7.01mm），下游侧岩体最大回缩变形发生在安装场，最大张开变形发生在3号机（1.76mm）；所有顶拱多点位移测点中，除顶拱上游侧的5号机（7.01mm）、6号机（5.11mm）位移较大外，其余的测点均小于2mm。

（3）累计位移大于5mm的多点位移计分布高程主要集中在主厂房上下游边墙高程60～100m之间，其中埋设高程在岩锚梁高程以下的多点位移计占所统计量的比例约为60%，这表明主厂房边墙变形主要集中在岩锚梁高程以下。

（4）在所统计的多点位移计中，1号测点占总变形量百分比最大，位移沿孔深衰减，3号测点以内较小。这表明主厂房围岩位移主要产生于孔深6.5～10m与主厂房临空面之间，即靠主厂房临空面一边约10m范围内的变形（单位长度范围内的变形）明显比深部的变形大，这也是较为明显的岩体卸荷松弛带。实测数据表明，受岩体卸荷及地应力释放影响，岩体产生松弛变形由外向内减弱。

2. 围岩变形过程分析

（1）主厂房各监测断面在第Ⅵ层开挖结束后，绝大部分测孔历时过程线已趋于平缓，说明第Ⅵ层开挖结束后岩体变形已逐渐趋于稳定。

（2）单次开挖爆破对岩体整体变形影响最大的是第Ⅳ层，第Ⅳ层以后位移增长速率逐渐变缓。第Ⅰ层开挖期间变形速率最大为0.25mm/d，发生在1号机上游拱端（M08DC01）；第Ⅱ层、Ⅲ-1层、Ⅲ-2层最大开挖位移速率均发生在1号机下游边墙（M09DC01），最大变形速率分别为0.31mm/d、0.51mm/d、0.83mm/d；第Ⅳ层最大开挖位移速率发生4号机上游边墙（孔口高程：76.15m），最大变形速率为2.56mm/d；第Ⅴ层最大开挖位移速率发生4号机下游边墙（M13DC04），最大变形速率为1.05mm/d；第Ⅵ层最大开挖位移速率为0.19mm/d（M13DC04）。

（3）主厂房到第Ⅳ层开挖爆破后，位移增长速率大于0.2mm/d的共有4套，分别发生在3、4、5号机监测断面的下游边墙，说明第Ⅳ层以后的开挖爆破对下游边墙的变形影响最大。

（4）主厂房第Ⅵ层开挖结束后，4号机典型监测断面部分多点位移计位移有不断增大的趋势，且相邻洞室如尾水管道的开挖爆破仍将在未来一段时间内持续扰动下游边墙，4号机下游边墙的变形有待进一步跟踪观测。

3. 位移在空间的变化规律

（1）围岩变形与开挖高度的变形规律为：

1）随着主厂房的逐层下挖，多点位移计的近边墙测点位移逐渐增加，多点位移计各测点变形呈台阶状逐步增加，表明主厂房边墙的位移主要是由开挖引起的直立高边墙朝临空面变形所致。

2）多点位移计实测位移增长与厂房开挖高程的降低存在较好的对应关系。当开挖高程由第Ⅱ层下降到第Ⅴ层以后，位于拱座的多点位移计位移明显趋于平缓；位于厂房中下部高程的多点位移计在Ⅱ～Ⅳ层开挖期间位移增长速度较快，在第Ⅴ层开挖以来位移增长趋势减缓。由此表明，边墙变形在空间上主要受其下三层开挖影响，随着开挖的逐步远离，对其影响逐渐减弱。

3）由于顶拱采取上中导洞开挖，且仪器埋设时间滞后很长，岩体条件总体较好，顶拱部位实测总变形量较小。主厂房第Ⅵ层开挖爆破后，各断面顶拱所有测点最大变形均小于2mm，且变形已基本趋于稳定。

4）各断面洞周围岩的变形呈上部小，中下部变形大的“凸肚”特点，与有限元计算和国内已建的大型地下洞室的实测成果规律基本吻合。

5）超前多点位移计靠近边墙的三个测点间的6～8m岩体变形约占总变形的65%～90%，说明此部位边墙变形主要为浅层受开挖爆破影响，其扰动对上游边墙围岩深度约6m，对下游边墙约8～9m。

（2）同一层开挖时，各机组断面监测点的变形，由以上5个机组断面高程86.0m附近的5孔多点位移计1号测点在各层开挖时的变形分布图可见：

1）主厂房第Ⅰ层开挖后，1、3号机和5号机下游在岩锚梁高程附近分别有拉开变形0.38、0.32mm和0.15mm；2号机和4号机下游在岩锚梁高程附近分别有压缩变形0.3mm和0.06mm，总体变形量均很小。

2）主厂房第Ⅱ层开挖后，下游边墙在岩锚梁高程附近均呈拉开变形，其中1、3号机和5号机分别为4.48、2.77mm和2.55mm，变形量较大；2号机和4号机变形分别为0.3mm和0.06mm，变形量较小。

3）主厂房第Ⅲ层开挖结束后，除5号机外，1～4号各机组断面下游在岩锚梁高程附近产生的变形均较大，其中1号机变形最大，变形量为5.2mm；2～5号变形分别为1.81、1.81、1.73mm和2.24mm。

4）主厂房第Ⅳ层开挖结束后，各机组断面下游在岩锚梁高程附近产生的变形分别为1.44、0.93、1.34、1.45mm和1.17mm，变形量较Ⅱ层和Ⅲ层有所下降。

5）主厂房第Ⅴ层开挖结束后，各机组断面下游在岩锚梁高程附近产生的变形分别为 0.97、1.48、1.16、1.47mm 和 0.72mm，其中 1、3 号机和 5 号机变形量较Ⅱ层、Ⅲ层和Ⅳ层均有所下降，2 号机和 4 号机变形较Ⅳ层略有增加。

6）主厂房第Ⅵ层开挖结束后，主厂房变形分布出现中间大两边小的趋势，位于主厂房中间部位的 3、4 号机变形量较大，1 号机变形最小。

（三）结语

三峡工程地下电站主厂房施工期围岩变形监测成果表明，主厂房在分层开挖期间，岩体总体变形量均不大，但位移的变化量仍有一定的规律：相对位移随开挖深度的增大而增大，位移速率随开挖强度的增大而增大，接近开挖面的测点变形相对较大，远离开挖面的测点变形较小；主厂房顶拱两侧的变形总体略大于拱顶的变形；下游边墙的变形大于上游边墙的变形。至主厂房第Ⅵ层开挖结束，主厂房Ⅵ层以上围岩变形渐趋稳定，说明施工爆破开挖控制恰当，锚固支护时机合理，主厂房洞室围岩目前是稳定安全的。施工期安全监测对保证主厂房洞室围岩在施工期的安全、及时反馈设计和指导施工发挥了重要的作用。随着主厂房下一层的继续爆破开挖，围岩变形还有可能增加，必须进一步加强施工期的安全监测工作。

（中国长江电力股份有限公司检修厂　周　扬）

瀑布沟水电站放空洞施工期监测及围岩变形特征

（一）工程概况

瀑布沟水电站位于四川省西部大渡河中游汉源县和甘洛县接壤处，距成都 200km，距上游汉源、石棉两县城分别约 30、80km。最大坝高 186m，库容约 50.6 亿 m^3，装机容量 330 万 kW，工程以发电为主、兼顾防洪拦沙，经济效益显著。

放空洞布置在右岸条形山体内，上覆岩体厚度一般 80～230m，薄者仅 30～35m。进水口底板高程 730m，出口坎顶高程 681.341m，洞线由进口的 N4°11′52.35″E转为 N75°24′48.52″E，出口至尼日河口，洞长 1312.92m。在桩号 0＋117.359m 处设置竖井，井前断面为方形，井后渐变成圆形；在桩号 0＋574.506m 设置工作闸门，闸门前断面为圆形，洞径 9m，其后断面为圆拱直墙形，断面宽 7m，高 11m。

放空洞洞身通过的岩性自上游向下游依次为浅变质玄武岩、凝灰岩和花岗岩，围岩以Ⅱ、Ⅲ类为主，Ⅳ、Ⅴ类次之。于 2005 年 9 月 5 日开工，2007 年 2 月 20 完成上半洞开挖，2007 年 9 月 20 日完成下半洞开挖。

（二）监测仪器布置

放空洞共布置了 4 个监测断面和一个工作闸门室。开挖过程中，4 个监测断面实际埋设桩号分别为：0＋109、0＋321、0＋386 和 0＋942。共布置了 16 套多点位移计、16 支锚杆应力计、26 支钢筋计、11 支测缝计。

钢筋计和测缝计主要是用于二衬后期以及运行期的监测。本文主要对施工期的多点位移计和锚杆应力计成果进行分析，进而深入分析围岩的变形特征。

（三）监测成果分析

0＋109 断面的围岩变形最大，主要集中在拱顶和右边墙处。其中位于右边墙的多点位移计 M408 表面点位移达到 26.958mm，顶拱的 M407 表面点位移为 22.467mm，说明开挖卸荷引起的应力调整主要集中在拱顶和右边墙 4。结合施工过程看，位移变形主要发生在底部开挖和竖井开挖过程中，该断面锚杆应力最大的是顶拱的 Rr7，轴力值为 169.742kN；其次是左边墙的 Rr6，轴力值为 159.868kN。两支锚杆应力计轴力均超过了仪器的设计量程，但在超量程范围内，目前轴力均呈下降趋势。

0＋321 断面围岩变形主要集中在右边墙，位于右边墙的 M411 表面点位移达到 15.168mm。其他两套多点位移计位移相对较小，且围岩变形同样集中在底部开挖过程中。锚杆应力计监测成果显示：轴力最大的是 Rr9，轴力值为 140.607kN；位于顶拱的 Rr10 呈微小的压应力状态。锚杆应力计埋深均为 4.5m，位于左边墙的 M49 在 4～5m 范围内的位移最大，而右边墙的 M411 在 4～5m 范围内的位移相对较小，这就是锚杆计 Rr9 的轴力之所以最大的原因，进而也证明了围岩变形与锚杆应力变化非常一致。

0＋386 断面与工作闸门室的围岩变形和支护锚杆的轴力均比较小，主要是由于仪器安装比较晚，前期应力释放引起的围岩变形没有被监测到。该断面围岩变形主要集中在右边墙，位于右边墙的 M420 的多点位移计表面点位移为 10.791mm。围岩变形同样大部分发生在底部开挖过程中，主要是由于开挖卸荷引起的应力调整所致，并且围岩变形与锚杆应力变化比较一致。

综合各断面的监测成果来看：多点位移计处的围岩变形主要集中在洞壁 0～5m 深度的范围内，并且沿洞径向围岩内，变形量越来越小，说明开挖卸荷引起的应力调整对洞壁周围的围岩影响比较大，而对深部围岩的影响较小。

（四）围岩变形特征

1. 施工过程中的异常变形　2006 年 11 月初，桩号 0＋380 附近在上部开挖过程中发生了数次规模不等的塌方。放空洞洞轴线在该断面桩号附近发生偏转，开挖引起的应力调整过程比较复杂，在拱顶部位出现了应力集中。其次，该拱顶部位围岩在起控制作用的断层面 F_4 的影响范围内，当其阻滑力小于岩块自重时，便会发生塌方失稳现象。

2. 围岩变形特征及稳定性　由于地应力的存在，洞室开挖势必会打破原来岩体的平衡状态，引起洞室周围一定范围内的岩体应力重新分布，产生变形、位移，甚至破坏，直至出现新的应力平衡为止。围岩变形主要发生在底部开挖过程中，变形呈现台阶式，并且台阶幅度与开挖进度密切相关，开挖速度越快，应力调整的幅度越大，变形也越明显。此外，围岩变形还与地质构造有一定关系，在开挖过程中出现的塌方现象很大程度上是受结构面的影响。从整个施工期监测过程来看：放空洞围岩的流变特性不明显，在断面开挖一段距离以后，围岩变形便趋于收敛。

目前，二次衬砌已经完毕。多点位移计监测成果显示：所有监测断面围岩变形得到控制，并且位移速率大部分呈微小负值，说明围岩变形已趋稳定。锚杆应力计监测成果显示：锚杆轴力呈下降趋势，说明二衬支护已经承担了一部分荷载。

（五）结论

（1）瀑布沟水电站放空洞围岩变形已趋于收敛，目前围岩是稳定的。从整个施工期监测过程来看：围岩的流变特性不明显。

（2）监测设计应该做到动态设计，尤其是水工地下洞室。放空洞的 4 个监测断面就是根据开挖过程中揭示的岩体地质条件在原有设计基础上做了相应调整。

（3）对深埋隧洞的监测一般采用的是开挖到掌子面现埋仪器，而实际上开挖到掌子面时围岩已经产生了部分位移。因此，监测仪器的埋设必须及时，尽可能捕捉到围岩变形信息。

（4）监测信息应及时反馈，为确保工程安全、指导施工、优化设计提供技术支持。

（5）地下隧道围岩变形主要是开挖卸荷引起的应力调整所致，开挖过程中的台阶式变形主要是应力突然释放的结果，并且变形一定程度上还要受围岩附近结构面的影响。

（6）地下隧道在开挖过程中应尽量做到及时支护，尤其是地质条件较差的地段。

（国电大渡河流域检修安装分公司　文　豪　李先能）

其　他

糯扎渡水电站大江截流施工

（一）工程简介

糯扎渡水电站位于云南省思茅市和澜沧县交界处的澜沧江下游干流上，是澜沧江中下游河段八个梯级规划中的第五级；属一等大（1）型工程，以发电为主，兼有防洪、灌溉、养殖和旅游等综合利用效益，水库具有多年调节性能。工程由心墙堆石坝、左岸溢洪道、左岸及右岸泄洪隧洞、左岸地下式引水发电系统及导流工程等建筑物组成。水库库容为 237.03 亿 m^3，电站装机容量 5850MW（9×650MW）。

糯扎渡水电站大坝工程由中国安能建设总公司（中国人民武装警察部队水电部队）中标承建。

（二）截流施工特点及难点

（1）糯扎渡水电站心墙堆石坝坝高 261.5m，属亚洲第一、世界第三的高坝，工程建设及截流施工具有较大难度。

（2）为确保工程 2008 年度汛安全，大江截流安排在 2007 年 10 月底至 11 月初，该时段属汛末期，大流量截流的几率很大。

（3）根据水力学模型试验，左岸 1、2 号导流洞进口底板设计高程相差 5m，必须把上游水位抬高，两条导流洞同时过水，分流才比较充分。

（4）设计截流流量选取 1120、1442m^3/s 和 1815m^3/s 三种工况，无论从理论计算还是模型试验成果都反映出高流速、大落差截流，抛投强度大、流失量大，特别在模型试验过程中，戗堤堤头坍塌现象严重。施工安全隐患大。每种工况下龙口合龙时，其下游侧均形成石舌，且高出下游水面。

（5）上游围堰两岸地形陡峭狭窄，截流施工场地布置受限，道路布置困难，截流料源运距远（最近 3km、最远达 6km）、特殊材料量大、运输设备多，加大了截流施工的难度。

（6）导流洞进、出口围堰拆除过程中由于受汛后期洪水冲刷影响，残留有 5m 以上的岩埂，分流效果差，增加了截流施工难度。

（7）截流大块石料少，特种材料置备要求高。糯扎渡岩性主要为花岗岩，前期开挖料整体性较差，大、中块石料较少，以粒径小于600mm的石渣料为主。因此，备料规划中需准备混凝土四面体和钢筋石笼代替特大石，并考虑备用量作为安全储备。

(8) 由于受上游大朝山水电站发电的影响，设计截流戗堤顶面高程为613m，合龙后必须在24小时内将戗堤加宽加高至620m高程，具备拦挡流量3205m^3/s，相应水位619m高程的洪水。延长了高强度施工的时段，对设备运行和现场组织管理要求高。

(三) 截流施工的主要方法及相关参数

(1) 糯扎渡水电站大江截流采用单戗立堵、双向进占的方式，以右岸进占为主，左岸进占为辅。

(2) 大江截流于11月3日早8时开始，戗堤实测轴线长度111m，截流开始时，龙口宽度66.6m，龙口水面宽度50.1m，上游水位607.9m，水位落差2.2m，总流量2480m^3/s，导流洞分流量816m^3/s。

(3) 戗堤进占施工中左右两岸主要采用上挑角超前突进的抛投方式，同时根据实际情况进行堤头下游侧和中部的抛投保护。右岸堤头由于工作面较好，平均小时抛投强度接近左岸抛投强度的1.6倍，在进占过程中戗堤实际进占平面形状近似为梯形状，与模型试验吻合，即：随着戗堤进占，龙口宽度缩窄，上游水位抬高，导流洞分流才充分；水流总是冲刷左岸下堤头，且左下角容易出现漩涡；龙口下游形成石舌才能合龙。合龙后，经测量石舌长约145m，宽约66m，石舌面高程为604.0m。

(4) 设计截流流量为1120m^3/s，实际截流最大流量为2890m^3/s，实测龙口最大流速10.1m/s，最大落差8.15m，龙口最大单宽功率528t·m/(s·m)，最大抛投强度为3216m^3/h。

(5) 截流过程中，上游来流量大于2200m^3/s，进占14h，抛投42 213.5m^3（块石18 190m^3），占总抛投量的近61%；上游来流量大于1120m^3/s、小于2200m^3/s，进占12h，抛投25 813m^3，占总抛投量的近37%；上游来流量小于1120m^3/s，进占1h，抛投1650m^3，占总抛投量的近2%。

(6) 截流施工共计投入现场推、挖、吊、运等主要施工机械设备215台套；人员1000余人；特殊材料11 724m^3，3337个钢筋石笼和混凝土四面体。截流施工包括戗堤加高高强度抛投持续近40h，充分体现了水电部队承担突击性任务集团化作战的优势。

(7) 在高流速（10.1m/s）、大落差（8.15m）条件下，按照理论计算结果和截流模型试验成果，采用预备的特大块石和混凝土四面体抛投，都受到水流冲刷流失量较大，堤头进占困难，局部还出现垮塌现象；采用混凝土四面体串容易出现带动堤头的块石料，经水力推动容易出现垮塌，而且，每个混凝土四面体下滑的时间、部位和速度相差较大，不能形成集体力量。因此在大流量、高流速情况下，采用特大块石和混凝土四面体进占困难。采用钢筋石笼串（6、8个或12个一组）后，不仅有效控制了堤头垮塌现象，而且能保证堤头安全、稳定进占。成功实现了单戗立堵、双向进占截流，促进了单戗立堵截流技术发展。

(8) 截流龙口合龙历时27h，最大流量为2890m^3/s，实测龙口最大流速10.1m/s，最大落差8.15m，其龙口水力学指标处于世界前列。

（中国人民武装警察部队水电第一总队　黄宗营）

乌金峡水电站二期围堰高喷防渗墙施工难点及对策

(一) 概况

乌金峡水电站位于甘肃省靖远县境内黄河干流乌金峡峡谷出口段，总库容0.237亿m^3，装机容量140MW。

乌金峡水电站二期围堰为土石围堰，防渗轴线附近填筑约15.0m宽细粒砂砾石料，上游围堰施工面宽45.0m，下游围堰施工面宽30.0m。

二期围堰轴线河谷形态为宽缓U形，河床部位为冲积砂卵砾石层所覆盖，最大厚度约50m，含深厚粉细沙层及大量孤石（最大直径达3m）；上游围堰砂卵石层中孤石含量约为40%，河床砂卵砾石层渗透系数$K=20\sim50$m/d，属强透水层。河床基岩为斜长花岗岩，下游围堰局部为砂岩、泥岩，属弱～微风化的Ⅱ、Ⅲ类岩体。

(二) 高喷施工

1. 施工特点　主要施工特点：覆盖层深厚（高喷钻孔最深达48.0m），施工设备要求高，参数不易掌控，钻孔垂直度要求高；覆盖层含大量超大径孤石，基岩判断难，钻杆、套管等钻材易断裂，钻孔困难，喷灌时易发生漏浆现象；覆盖层含深厚粉细沙层，钻孔时易发生淹钻和埋钻现象、成孔后易产生涌沙现象，灌浆时易于抱管。该围堰高喷防渗墙施工难度国内少见。

2. 施工设备　根据上述特点，对高喷设备进行了改进。德国KRS401D/XW全液压平台式钻机原为岩锚钻孔，动力组与钻机主体分离，用于高喷施工工效较低，为此，在该钻机上安装了一个日立挖机底盘，改为履带行走；将动力组安装在钻机主体上，钻机重量增加到20t，但平稳灵活，行走方便，定向准确，能有效降低钻孔偏斜率，提高工效；同时安装了操作室，改善了操作手的工作环境。新购的德国KR805-1钻机，对冲洗头轴接头进行了改装，使原先的左旋螺纹接头变为右旋螺纹接头，与现有钻具配套。由于覆盖层深厚且夹含大量孤石，不适合液动锤钻进，将4台德国KLEMM钻机全部改为潜孔锤钻进，重新配制了 ϕ75 钻杆、ϕ146 套管、DHD340 潜孔锤（风动冲击器）、ϕ146 三偏心钻头，同时由于 KRS401D/XW 和 KR805-1 两台钻机的扭矩很大，钻进冲击功大，钻杆和套管接头丝扣极难拆卸，经过试验降低了液压系统压力后，基本解决了“卸扣”难的问题。另外，在钻头唇部边缘增加了合金块，提高了钻头寿命，且在钻孔时不易发生缩径现象。

为适应深厚覆盖层高喷灌浆及冬季施工的特点，将高喷台车由单导流器配制成双导流器，并加长喷杆，改进了接头工艺，增强了喷杆的强度和刚度，为解决抱管问题在台车提升装置上安装了振动装置。为满足施工需要，使用了 XL-50 旋喷机、ZJB/BP90 变频高压注浆泵等深孔高喷灌浆设备。XL-50 旋喷机因扭矩大，下入喷杆时可在松软地层中钻进数十米深。ZJB/BP90 变频高压注浆泵采用变频电动机作为动力，通过调整电机转速可方便地调控灌浆泵的流量。

3. 高喷施工　二期上游围堰高喷防渗轴线长 162.4m，下游围堰高喷防渗轴线长 163.7m。孔深在 20m 以内的区段为单排孔，孔深在 20m 以上的区段为双排孔，孔距 0.8m，排距 0.7m，钻孔深入基岩 0.8m，上游围堰第二排孔喷灌至孔深 2.0m 处，下游围堰第二排孔喷灌至孔深 20.0m 处。上游围堰采用三管法高压旋喷工艺成墙，平均水泥单耗 846.83kg/m，下游围堰采用两管法高压旋喷工艺成墙，平均水泥单耗 921.22kg/m。灌浆采用纯水泥浆液，三管法施工对回浆进行了回收利用。该工程共计完成高喷孔 664 个，高喷钻孔 19 219.8m，高喷灌浆 16 495.1m，孔深情况见表1。

表1　孔深情况统计表

分　项	20m 以下	20～30m	30～40m	40m 以上	最大孔深 (m)	平均孔深 (m)
上游围堰(孔)	110	80	108	21	42.4	26.7
下游围堰(孔)	29	104	174	38	48.0	30.9
合计(孔)	139	184	282	59	48.0	28.8
占总孔数的百分比	20.9%	27.7%	42.5%	8.9%	—	—

注　1. 每个分区范围中不含上限值所界定的钻孔。
2. 30m 以上的钻孔达 341 个，占高喷孔总数的 51.4%。

（三）施工难点及对策

1. 孔斜率要求高　为保证高喷防渗墙的有效搭接，深孔高喷对钻孔精度要求很高，孔深小于 20m 的孔，孔斜率不应大于 0.5%；大于 20m 的孔，孔斜率不应大于 1%。为此，必须对孔斜严格控制，主要措施有：采用重底盘钻机，底架采用液压调平油缸支撑，运转过程中始终处于平稳状态；先定向后再利用自装的钻机滑架垂直自动测试系统判定垂直度，达到精确定位；采用合理的钻进方法和工艺技术参数，包括采用高强度钻材、加长钻具、控制钻速、不使用弯曲、变形的钻杆等；对于 30m 以上的钻孔，每 5～10m 进行一次孔斜测量，发现钻孔超偏，尽快采取措施处理，不能纠偏的钻孔需重新开孔，施工中报废钻孔 5 个，钻孔偏斜率一般控制在 0～0.89%。

2. 灌浆设备要求高　深孔高喷要求高喷台车的提升能力和扭矩及喷杆的刚度必须能够满足施工要求。为增加对地层的适应性，采用 XL-50 旋喷机喷灌，额定提升能力为 35kN，最大扭矩为 2000N·m，另外还使用了 7 台装配有大功率提升电机的无级调速高喷台车。高喷灌浆使用的喷杆全部采用高强度管材加工，制作成型后采用专用校验平台校验喷杆的垂直度和刚度。

3. 施工参数必须依据施工情况灵活调控　地层深度增加，地下水压力亦增加，喷杆长度要增加，高压水、气、浆压力损失在增大，孔内气、水、浆混合液返流阻力增大，喷杆的卡塞阻力增大，挠度增加，高压介质（水或浆液）及压缩气流能量衰减很大。旋喷灌浆时不能采用固定的工艺参数，以免形成上粗下细的旋喷凝结体，下部防渗墙体的搭接质量问题影响旋喷凝结体的抗渗能力。因此，随着深度增加，逐步增大压力和流量或适当降低旋转和提升速度来获得均匀密实的桩柱体，以保证底部防渗墙的搭接质量。

4. 覆盖层内存在大量孤石及深厚粉细沙层　德国 KLEMM 钻机自带液动锤系统，施工方便、经济，但由于夹含大量超大径孤石，需要的冲击功大，拧卸钻具难度大，事故率高，效率低，钻孔工效仅为 40m/(d·台)。改为潜孔锤钻进后，钻进速度提高，工效可高达 90～110m/(d·台)，钻孔事故也明显减少。且潜孔锤钻孔径较大，有利于预防抱管，有利于提高灌浆质量。

由于大量超大径孤石，基岩判断难，可先根据地质勘探资料，初步判断孔底基岩高程。施工时沿防渗墙轴线每隔 8m 钻设 1 个先导孔（兼作高喷灌浆孔），如果先导孔钻进时在接近初步确定的基岩高程遇到岩石，跟管钻进又较慢时，可根据岩粉特性和钻进情况判断，或下入孔内电视观察，从而判断是否进入基岩。若仍难以判断时，继续钻进 4～5m，直至确定进入基岩。依据先导孔孔底高程绘出钻孔剖面图，再根据钻孔剖面图确定的基岩高程指导高喷钻孔施工。

由于覆盖层中粉细沙层厚度很大，钻孔完成后极易出现“涌沙”现象而报废，前期因涌沙报废钻孔多达 13 个，严重影响了施工进度。后采用把最先下入的一根 PVC 管下端加工成圆锥状并用胶带缠绕密封，避免地下水带沙涌入 PVC 管内，还避免了下管时失手造成 PVC 管脱落而坠入孔底，依据孔深下完 PVC 管，拔管前在钻孔与管壁环状间隙内注满水以平衡地下水的压力并防止塌孔。

用同样办法解决了潜孔锤钻进时易于淹钻（粉细沙颗粒进入潜孔锤内而无法冲击）及埋钻（粉细沙包裹住钻头而无法钻进）的问题。XL-50 旋喷机扭矩大，下设喷杆时在松软的涌沙层中可以向下钻进，可有效地解决因涌沙喷杆不能下到孔底的问题，且在抱管时可利用 KLEMM 钻机的液动锤振动提拔喷杆，基本避免了因抱管报废钻孔的情况，从而加快了进度，保证了质量。另外，适当增大了 PVC 管的直径，也有效减少了用高喷台车喷灌时易发生的抱管现象。

由于砂卵石层的级配差，又夹含大量的超径块石，一序孔喷灌时有严重的串浆、漏浆现象。对于串浆现象主要采用了增加孔序（由两序变为四序）及封堵的办法来预防。对于漏浆主要处理措施有：喷杆下入孔底不返浆时，静喷水泥量需达到 5t 以上才能缓慢提升，提升速度控制在 5cm/min 以内，待返浆后，将喷杆下放至不返浆部位复喷，直至返浆正常。若喷杆无法下放至不返浆部位时，进行扫孔复喷。

5. 高喷防渗墙的强度和耐久性要求高　乌金峡水电站二期基坑开挖深度达 40 多米，围堰高喷防渗墙需运行 20 个月，期间承受的水头大，为保证强度和耐久性要求，灌注浆液采用纯水泥浆液，使用 P. O. 32.5 等级水泥，三管法施工浆液水灰比为 0.7∶1（密度≥1.65g/cm^3），两管法施工浆液水灰比为1∶1（密度≥1.50g/cm^3），并且在施工中严格控制喷射压力、浆液流量、提升速度、返浆密度，确保施工质量。经对高喷凝结体取样试验，抗压强度为 8.2～13.6MPa。经开挖检测，高喷防渗墙厚度为 1.3～1.5m。

6. 必须做好防冻保温工作　高喷灌浆开工正值冬季，坝区最低气温可达－20.0℃，必须做好浆管、水管、气管防冻保温工作，并保证施工设备的正常运转。采取了：搭设封闭式制浆站，使室内温度保持在 5℃以上；给输浆、输水、输气管路覆盖、棉布包裹，并在地面设置加热器；配制双导流器、长喷杆（15m），缩短拆卸喷杆时间，减少拆卸次数，拆卸下来的浆管迅速冲洗干净，并用压缩空气吹干备用。

（四）结语

乌金峡水电站二期围堰高喷灌浆完工后，黄河已临近汛期，围堰急需加高至防汛高程，故未钻检查孔取芯及做压水试验。基坑开挖后，经抽水测试，渗透系数 $K \approx 5.07 \times 10^{-5}$ cm/s，满足施工防渗要求，节省了抽排水费用，保证了围堰的安全有效运行。

（中国水利水电第三工程局有限公司
陈进心　廖　勇　贠双基　陈传军）

洛古水电站施工新技术

（一）概况

洛古水电站位于四川省凉山彝族自治州境内的金沙江支流西溪河上，地处欧亚大陆内部的高海拔山区，按气候分区属川西高原雅江温带气候区。5 月中旬至 10 月中旬为雨季，6～9 月为主汛期，大洪水多发生在 6、7 月。

电站大坝为碾压混凝土重力坝，坝顶高程 2046.00m，最大坝高 85m，坝顶宽 8m，坝顶长 221.0m。共分 9 个坝段，其中 5、6 号为溢流坝段，其余为挡水坝段。溢流坝共设 3 个表孔和 2 个冲沙底孔，表孔每孔净宽 8m，堰顶高程 2031.00m。底孔孔口尺寸 3m×5.2m，孔底高程 1992.40m，消力池长 60m，宽 43m。

坝体主要材料为三级配碾压混凝土，上游设二级配碾压混凝土防渗层，防渗层厚 2～3m，河床部位基础垫层为厚 1m 的常态混凝土，两岸基础与岸坡交接部位及上下游表面采用厚 0.5m 的变态混凝土。溢流堰体、闸墩及导墙为常态混凝土，其中溢流表面为抗冲耐磨混凝土，底孔周边采用钢板衬护。

施工设计为坝体左岸布置一条导流洞，围堰为枯期围堰，挡水标准为枯水期 5 年一遇洪水标准，相应洪峰流量为 320m^3/s。

工程于 2006 年 7 月 12 日进点，2009 年 3 月 31 日完工。土石方开挖约 51 万 m^3，大坝混凝土浇筑 37 万 m^3。原设计坝址右岸存在大规模的崩坡积体，如果挖除则会增加工程投资，不挖又会对工程施工期安全构成严重威胁。有鉴于此，2006 年 10 月 24 日，业主提出“暂停施工，重新勘测，修改坝轴线”的决定。坝址上移 40m 后的设计图纸于 2006 年 12 月 2 日下发到项目部。大坝基础开挖重新开始，直接损失工期 4 个月。

由于前期开挖滞后，至“一枯”末，左岸 4 号坝段浇筑至 1980m 高程，5 号坝段浇筑至 1975m 高程，均没有出水面；右岸边坡开挖 65m，还剩 64m。2007 年 5 月 16 日首场超标洪水造成重大损失，汛期五次下基坑抢浇左岸坝体混凝土，但收效甚微，工期再次延误约 5 个月。汛后，一边进行坝体浇筑一边穿插进行坝基固结灌浆施工。截至 2007 年底，大坝基坑开挖完成，消力池开挖一半，共计开挖土石方 48 万 m^3；3～4 号坝段浇筑至 2005m 高程，5 号坝段浇筑至1984m高程，6号坝段浇筑至1974m高程，共浇筑坝体混凝土6.3万m^3。

2008年是洛古电站大坝施工的关键年，工期紧迫，任务繁重。年初冰冻雪灾致使水管、风管、闸阀全部冻裂，导致停工1个月。汛期内受昭觉县至大坝改建公路施工影响和“5·12”地震后建材供应紧张，工程不能满负荷运行。“二枯”末，大坝填筑形象为：3～4号坝段浇筑至2005m高程，5、6号坝段浇筑至2000m高程，7号坝段浇筑至1985m高程，8～9号坝段浇筑至1995m高程，汛期内预留7号坝段参与泄洪，左右两岸坝体继续上升。截至2008年底，1号坝段浇筑至2046m高程，5、6号坝段浇筑至2026m高程，其余各坝段浇筑至2031m高程，共浇筑坝体混凝土24.3万m^3。

（二）施工中采取的主要技术措施

1. 大坝碾压混凝土快速施工措施　大坝碾压混凝土主要采用向坝面修路自卸汽车直接入仓和在左岸坝肩架设负压溜槽入仓相结合的方法。原河床以下部分坝体由于与坝基固结灌浆之间互相穿插施工，按单个坝段上升，坝体浇筑出河床以后，为减少混凝土入仓道路的填筑工程量，采用沿左右岸边坡向大坝修路，每两个坝段合仓填筑。中间坝段则在坝体分缝位置浇筑混凝土入仓道路。为减少立模工作量，采用把相邻两个坝段先填筑到高差3m，然后继续填筑低的仓号，单个坝段连续上升6m，从而形成另外一个浇筑层的高差（3m），接着在结构缝上反向立模填筑剩余的那个仓号，也连续上升6m，坝段之间填筑混凝土道路，如此反复交替上升。由于按单个坝段进行浇筑，仓面面积适中，混凝土采用平铺法填筑，既能提高机械的使用工效，又能保证混凝土碾压质量，收到了良好的效果。

在浇筑5、6号坝段排沙底孔部位时，先甩开两个排沙底孔部位的常态区域，直接合仓填筑两个排沙底孔之间的碾压混凝土，然后再安装排沙底孔钢衬，既避免了混凝土浇筑与钢衬安装之间的干扰，减少了排沙底孔周边常态混凝土与两坝段中间部分碾压混凝土同步填筑时两种混凝土终凝时间不一致的麻烦，又改善了排沙底孔周边常态混凝土的入仓条件。

2008年汛后，在浇筑7号坝段缺口过程中，首先采取从河床利用右岸边坡向大坝修路，汽车直接入仓的方法，除第一仓按2m填筑外，其余各仓均按6m一个升层，从1988m高程一直填筑到2008m高程。然后改从9号坝段挂负压溜槽，仓内关设备，采用不拆模连续不间断立模填筑混凝土至高程2029m。节约了时间，促成了工程总进度计划的实现。

2. 安全度汛　洛古水电站右岸边坡存在大规模的崩坡积体，对工程施工期安全造成严重威胁。为保证安全，又利用汛中有枯的短暂时机进行坝体混凝土浇筑，项目部研究讨论决定：①首先在消力池右边坡坡脚浇筑混凝土贴坡挡土墙保证坡积体的稳定；②在7号坝段下游与消力池衔接的转角处，砌钢筋石笼进行柔性保护，增强坡积体的抗冲刷能力；③消力池尾部导流洞对面也砌钢筋石笼进行防冲保护；④消力池下游河道采用疏浚方法改善水流条件。事后，消力池右边坡的坡积体没有发生坍塌失稳，安全度汛。

汛期施工，在上游围堰以下河道内架设了一座钢桥联接左右岸交通，并沿6号坝段修筑一条纵向土石围堰，双层彩条布防渗，在纵向围堰保护下进行左岸坝段的混凝土浇筑。右岸大坝边坡先进行边坡治理，根据设计要求把已开挖成型的边坡采用锚索、锚杆、挂网喷护等方法进行支护，预防边坡卸荷失稳。在右坝肩锚索张拉完成以后开始剩余右边坡的开挖，支护工作紧跟开挖，支护工作面只允许落后于开挖一级马道。

2008年汛前，7号坝段浇筑至1985m高程，左岸坝段浇筑至2000m高程以上，右岸坝段浇筑至1995m高程。离年计划目标差距很大，必须在汛期内浇筑大坝混凝土，才能满足总工期要求。为此，项目部研究决定：利用7号坝段当前混凝土面略高于下游围堰，暂停施工，参与汛期泄洪；汛期内坝体以7号坝段为界分为两大区域施工，分别从左右岸边坡修筑中、高线公路，继续浇筑左右岸坝段至2031m高程；汛后再抢浇7号坝段缺口的汛期施工方案。度汛安全方面，除大坝施工人员、机械设备安全外，消力池右岸崩坡积体的安全仍是防护重点。采用的措施是：将消力池左侧已开挖的底板立即覆盖混凝土，再在消力池右侧坡脚新浇的抗滑桩上进行混凝土压顶处理，将“一枯”浇筑的消力池右侧混凝土贴坡进行加高，并向上游转角处延伸处理，以增强7号坝段下游开挖边坡的抗冲刷能力。虽然2008年汛期洛古大坝经历了多次超设防标准的洪水，但大坝和消力池右边坡均安然无恙，汛期混凝土填筑正常进行。挽回了工期损失，对电站总目标的实现具有重大意义。

3. 抗滑桩施工　为防止消力池开挖后右边坡崩坡积体发生滑移，设计在消力池右侧坡脚布置了8根3m×5m和3根2m×3m的抗滑桩，入岩7m，总长20m。安排在2007年11月开始施工。抗滑桩施工的关键问题是要解决好挖桩时的人员、机械安全，可采用预制混凝土井圈护壁，木板、枕木支护，现浇混凝土护壁、锚喷支护等支护方案。根据洛古电站消力池情况，经方案比选，最终确定人工挖桩，现浇钢筋混凝土护壁支护方案。首先对抗滑桩锁口和护壁现浇钢筋混凝土进行了设计，人工挖桩时，每个井口布置一台简易三角架卷扬机配两个吊篮，吊重1.5t，用于出渣。每下挖1.0～1.5m立即支护一次。为加快施工进度，护壁采用高标号混凝土，内掺早强剂，浇筑完成后，井口覆盖保温。施工安全、圆满完成预期目标。

4. 导流洞封堵　导流洞封堵由两部分组成，即导流洞进口临时封堵和坝轴线位置的永久性封堵。导流洞进口临时封堵可采用围堰、钢闸门、钢筋混凝土闸门等形式，该工程中导流洞进口底板低于大坝排沙底孔底板6m，且河床窄，若采用围堰形式，则围堰要做得很高，且防渗要求也较高，安全性差。钢闸门费用高。经过方案比选后，项目部自主设计了一套钢筋混凝土叠梁门，单块叠梁门最大自重为15.1t，提前预制后采用项目部自有设备40t汽车吊吊装。每块叠梁门上均安装了P形止水带，减少闸门渗漏。在进口叠梁门的保护下，洞内永久封堵安全得以有效保证。

5. 其他施工措施　洛古电站施工中，还采取了冬季混凝土保温措施，专家提出拌和楼用热水拌和，保证混凝土出机口6℃以上温度。仓号四周加防风围幔，仓内加热形成正温，混凝土填筑完成后立即用3cm厚高效发泡聚乙烯泡沫卷材进行覆盖。延长拆模时间，拆模后再用聚乙烯泡沫卷材进行粘贴覆盖保温。溢流面采用安装钢筋刮面轨翻模技术，ϕ25mm以上钢筋采用镦粗直螺纹连接技术等一系列措施，保证了施工质量，加快了进度。

通过采用上述综合技术措施和各种配套的经济措施，取得了缩短建设周期约10个月的巨大成绩。

（中国水利水电第三工程局有限公司
陈厚才　侯仁军）

自制固定式缆机的应用

缆索起重机（缆机）是水电施工的常用施工设备，不同的地形地质条件、各异的混凝土施工方案，决定着选用缆机的机型和种类。缆机的设计基本上也都为非标设计。自制固定式缆机与通常意义上的固定式缆索起重机相比显得“土气”，但其经济、实用、安装方便，仍不失为水电工程混凝土施、设备吊运、安装的重要设备。

（一）自制固定式缆机的组成及特点

本文介绍的自制固定式缆机，是主索两端固定在地锚上，小车在一条直线上运动的缆机。该缆机主要由主索、起重索、牵引索、小车、承马、大钩、导向轮、地辊、左岸地锚、左岸卷扬机平台、卷扬机系统、机房、操作室、右岸地锚等组成。

该缆机两端固定在地锚上、没有行走大车、地锚部分和动力系统及操作系统可以异地布置，工作平台、运行平台、地辊基础工程量小，另一个显著特点就是所有配置实用，功能和性能与“洋”的固定式缆机基本相似，且安装运输方便，更具灵活性，适用于大峡谷和高边坡。即在大设备无法安装和使用时，自制固定式缆机则能承担起重和区段运输设备。

（二）自制固定式缆机的主要技术参数

包括：额定起重量、起升高度、跨度、主索垂度、安装高程、视坡角、地锚承载力、非工作区限定、工作速度、生产率等。

1. 额定起重量　根据主要用途确定，如拆装吊运设备或用于浇筑混凝土。

2. 起升高度　最大、最小起升高度设计时需考虑主索的垂度，以免被吊物件不能脱离地面或不能达到吊高要求。大峡谷高边坡作业中，卷扬机卷筒可能出现多层缠绕，需增加排绳机构。

3. 跨度与垂度　缆机的跨度主索两端锚固点在水平方向的距离。垂度指主索上某点与主索两支点连线之间的垂直距离，但通常用来专指满载时的跨中垂度，即缆机的最大垂度，通常用跨距L的百分比来表示。自制缆机为减小主索直径和基础受力，垂度可取值相对小些，如取7.5%L左右。

4. 安装高程和视坡角　自制固定式缆机主索两锚固点的安装高程应满足缆机吊钩的最大控制高程。以混凝土吊罐为例，最大控制高程等于主索两锚固点弦线中点高程减去最大垂度、主索至吊罐底部的最小距离及吊罐底面至最大浇筑高程间的安全距离三者之和。视坡角是指自制缆机主索两岸锚固点弦线和水平面间的夹角。视坡角对主索及牵引索有明显影响，应加以控制，两岸锚固点高差不要超过设计规定值。

5. 非正常工作区　自制缆机主索采用国产通用钢丝绳，小车的设计须满足钢丝绳弯曲应力的要求，从主索的适用情况分析，小车的工作区域要比其他缆机宽［其他缆机“非正常工作区”多取（1/10～1/7）L，两端可对称也可不对称，只准轻载小车进入］，但考虑小车上坡升角受牵引能力的限制，考虑两端地形、特制承马、特殊设置的影响，所以小车一般运行也多在“正常工作区”运行。

6. 工作速度　自制缆机所用主索及其他钢丝绳均为国产通用钢丝绳，主索垂度较大，刹车后的冲击力易产生不稳定，所以缆机的起升速度、牵引速度都不宜过大，一般小车牵引速度小于20m/min，提升速度小于46m/min，满载下降速度小于10m/min，空载下降速度小于46m/min为好。

7. 生产率　自制固定式缆机覆盖范围为一条直线或较窄的矩形，浇筑混凝土需要布料机、传送皮带、溜槽等辅助设施来配合。其生产率，需从一个工作循环所需时间，推导出理论小时生产率和理论月生产率，再乘以一系列的工作时间利用系数和浇筑利用系数求得实际生产率。

（三）设计、制造与使用

(1) 自制固定式缆机的设计为非标设计，但它的设计、制造、安装、检验一般依据通用的起重机设计、制造、检验标准、规范，如 GB 3811—1983《起重机设计规范》、GB 6067—1985《起重机安全规范》、SL/T 241—1999《水利水电建设用起重机技术条件》、DL/T 946—2005《水利电力建设用起重机》等国家标准，原机械部、水利部、电力部行业标准。地锚设计按照载荷大小和性质遵循水利水电土建施工规范进行校核计算，因此有安全基础。自制固定式缆机的管理使用按照国家关于特种设备管理使用的有关法律、法规来执行，只要实现了规范化管理使用，它的安全性就能得到保证。

(2) 按照国家关于特种设备的监察条例，特种设备必须由有设计制造资质的设计制造单位进行设计制造；由有安装资质的安装单位进行安装；安装前一月告知设备所在地地级以上特种设备检验部门，安装并检验完后取得使用许可证书；安排持有操作证书的操作人员进行操作。但自制固定式缆机有其特殊性，它主要为自主设计，其地锚部分、大部分零部件及大部分材料，主要由安装、使用单位进行施工或配置，有设计制造资质的设计制造单位只进行审核、过程监督，仅提供部分自己有资质和能力制造的部分零部件并认可设计制造结果（因此才叫自制固定式缆机），再经过国家质量监督检验部门的检验并许可，具有安全可靠的前提。同时，制定严格的管理制度、岗位责任制、事故应急预案，这种特种设备的安全使用是可以做到的。

（四）应注意的主要问题

(1) 自制固定式缆机运行过程中，主索的张力，起重导向轮、牵引导向轮的受力都要通过地锚来承受，所以设计计算时务必对地锚所在位置的地质条件进行分析、分类，正确计算抗拔力。

(2) 锚杆布置既要考虑抗拔力，又要考虑岩石的边距及大体积塌方。

(3) 要考虑卷扬机的安装位置，尽量使吊装、运行方便。

(4) 要考虑主索垂度对最大和最小起升高度的影响。

(5) 要考虑钢绳的抗弯要求。

(6) 自制固定缆机作为一种起重手段和特种设备可以被运用，但其设计、制造、安装、运行过程必须严格执行国家关于特种设备管理的有关法律、法规、规范。

（中国水利水电第三工程局有限公司
张徐章　沈　钧）

苗家坝水电站在施工中的方案优化

（一）工程简介

苗家坝水电站位于甘肃省文县境内白龙江中游，距下游已建成的碧口水电站 31.5km；主要任务是发电。枢纽建筑物主要由混凝土面板堆石坝、溢流洞、泄洪排沙洞、引水发电洞及岸边厂房等组成。电站正常蓄水位 800m，相应库容 2.68 亿 m^3；死水位 798m，汛期排沙限制水位 795m；总装机容量 240MW（3×80MW），保证出力 42MW，设计年发电量 9.07 亿 kW·h，装机年利用小时 3779h。工程规模属二等大（2）型。大坝级别为 1 级，其他主要建筑物级别为 2 级，次要建筑物级别为 3 级。

左岸导流洞和溢洪洞采用“龙抬头”的方式结合，导流洞全长 860.299m，进口底板高程 704.90m，出口底板高程 700.20m，纵坡约为 4‰～6‰，在导 0+210.299m处采用“龙抬头”的方式与溢洪洞结合；溢洪洞非结合段长约 155.609m。隧洞衬砌后的典型过水断面尺寸为 12m×14m（宽×高），衬砌厚度为 1.0～2.0m。主要包括进、出口明渠及洞身段的开挖、喷锚支护、混凝土浇筑、灌浆、闸门及启闭机埋件、闸门及启闭机设备安装、出口下游左右岸消能冲刷区防护工程；土石方开挖总量 143.88 万 m^3，土石方明挖 117.39 万 m^3，石方洞挖 26.48 万 m^3，混凝土总量 23.16 万 m^3，其中洞衬混凝土 8.67 万 m^3。

（二）施工过程中的方案优化

施工过程中不断进行方案优化、技术创新和挖潜，为企业争取效益，提出以下方案优化及改动。

1. 钢模台车顺利通过弯曲段　整个导流洞施工布置 2 台钢模台车，分别自导流洞上下游向中间靠拢完成各自承担的任务。导流洞共分 57 段，标准段长为 15.8m，各段轴线分布为：上游 6 段直线段，中部 4 段弯曲段，下游 47 段直线段。施工过程中，4 段弯曲段混凝土没浇筑前，钢模台车可顺开挖断面通过弯曲段，出于任务安排，需提前浇筑一段弯曲段，致使钢模台车不能按原计划方案通过。通过对钢模台车整体结构及细部结构的研究，因液压缸回收空间有限，确定外侧面模板需做部分割断，侧面模板各有 9 块组成，上下游各三块进行割断处理，通过弯曲段后再进行补焊，满足施工要求。在具体操作中，侧面模板内侧保持不变，只靠铰接点内收 10cm，外侧 9 块模板中上下游各3块割断，下部和侧面模板保持整体，上部拉回框架，回收后的空间40cm满足了钢模台车通过弯拐段，轨道同时来回调整，一边大前进一边小后退，基本行走轨迹为S形或之字形。钢模台车最终顺利通过，为洞衬混凝土满足过流要求提供了保障。

2. 溢洪洞出口防冲槽石方槽挖方案优化　溢洪洞出口防冲槽石方槽挖原设计结构为：出口防冲槽15m一段共15段，1～8段下挖7m、宽2m。9～12段下挖11m、宽2m。13～15段下挖7m、宽2m。现优化为：开挖深度调整为完整Ⅲ类岩石下挖2m；对于靠近下游三段土质基础，原设计开挖7m，考虑到此处为淤积段，按照5m开挖。这相当于取消了深窄槽的开挖，降低了难度，缩短了工期，减少了安全风险；工期由原方案施工一段30天缩短为施工一段12天，防冲槽每5段化为一个工作面，总共分为三个工作面同时进行施工，共节约了工期90天。

3. 导流洞进水塔承重架方案优化　导流洞进水塔顶板由满堂红承重架方案优化为部分承重架结合仓内预埋型钢内拉模板形式。优化后可在第5混凝土浇筑完成等强后，拆除承重架，为导流洞提前过流创造条件；原方案需要在第6段混凝土浇筑完成等强后，拆除承重架。优化后工期提前15天满足过流要求。

4. 导流洞弯拐段顶拱承重架方案优化　导流洞弯拐段顶拱承重架由固定式满堂红承重架方案优化为行走式满堂红承重架方案。借鉴钢筋台车的成功经验，导流洞弯拐段顶拱承重架方案由原固定形式调整为可行走形式，减少了承重架安装和拆除次数。承重架总重42t，按原方案需要安装和拆除3次，优化后只需安拆1次，按实际市场价格，安装和拆除1t钢架管需要360元，节省费用3万余元。

5. 对接焊机的使用　通过对接焊机的使用，减少了钢筋搭接与帮条焊的浪费；节约了电焊条和钢筋加工的成本。经分析，采用对接焊机焊接一根ϕ25钢筋可节省9.778元；导流洞内，平均每个仓号约500个接头，共57个仓号，合计可节约费用27.87万元。

6. 上游高线路基段整体向山体内侧偏移　将上游高线挡土墙路基段整体向山体内侧偏移，大量减少了挡土墙，节约费用，同时克服了浆砌石运石等困难；上游高线路基段整体向山体内侧偏移，便于修建施工便道，相应增加的开挖量得到立项认可。经分析，可节省费用32.8万元。

7. 左岸上游高线部分路段由明挖改为洞挖　根据实际地形情况，上游高线明挖改为洞挖段桩号为：K0+25～K0+65，位于进水塔正上方，改为洞挖可大大减少对进水塔施工的干扰；按当前物价及按投标单价，通过修改，减少施工工程量可可节省费用3.3万元。

8. 左岸溢洪洞出口桥梁架设　解决问题：受现场实际地形条件限制，溢洪洞出口七榀桥梁无法采用大吨位吊车吊装。初期采用走板法进行桥梁架设，即在桥墩上架设一条由6根40a工字钢组成的导梁架，中间部位搭设承重能力为40t支撑架。后根据溢洪洞出口段体型及现场条件，经研究决定取消导梁架架梁法，将溢洪洞出口41段K0＋844.2～K0＋847.2m段明拱部分浇筑至与桥台齐平（高程717.00m），在明拱上进行走板架梁。

优化后减少对挑流段施工的干扰，节省架桥材料，减少起吊设备租赁费用，降低安全风险，缩减桥梁架设工期。在费用方面，节省制作导梁架型钢约12t及其制作和拆除费用75 200元，节省搭设费用9000元，合计84 200元。在工期方面，节省导梁架制作及承重架搭设工期约为7天；每榀梁架设时可节约工期1天，七榀梁架设节约7天，共节约工期14天。在质量安全方面，从明拱上进行走板法架梁，因明拱挠度变形微小，架设可保证薄壁箱梁的体型结构及物理力学特性；明拱部分跟设计商议后将其级配从C25提高至C30，满足桥梁架设受力要求，且架设时变形较小，安全稳定；明拱架梁时，因明拱宽度3m，满足走板所需宽度，能保证施工人员生命安全。

以上方案优化节约投资42.6万元，节约直线工期105天。

（中国水利水电第三工程局有限公司　符学鑫）

加强方案优化和四新推广
筱溪水电站按期发电

（一）概况

筱溪水电站是以发电为主，兼顾航运等综合利用的水电枢纽工程，由大坝、发电厂房和升船机三部分组成。其中大坝包括左、右岸挡水坝段和河床溢流坝段。枢纽主体工程混凝土工程量约43万m^3，土石方开挖约92万m^3，土石方回填约8.7万m^3，钢筋制安约7000t，浆砌石约1.8万m^3，固结灌浆约4.5万m，帷幕灌浆约7330m，排水孔约1.1万m。

由于在一期、二期基坑开挖后揭露的地质情况与招标文件、勘探结果有较大出入，开挖揭露的地质条件很差，大坝以及厂房、右岸边坡坐落在以较软弱的砂岩、泥质粉砂岩和炭泥质、炭质板状页岩为主的基础上，破碎、软化较严重。导致工程开工后，一直处于边施工、边设计的状态，基础处理方案一变再变，主体混凝土建筑物受基础处理的影响施工不连续造成窝工，而基础处理告一段落后又出现赶工，给工程施工带来了极大的困难。造成工程进度一直滞后于合同工期，必须采取有效的措施才能确保2008年1月28日发电目标的实现。

（二）主要施工方案优化

1. 导流方案优化　原定一期导流方案为：先在水下施工混凝土纵向围堰，然后右岸截流，抽水后形成右岸一期基坑，在上下游低围堰的围护下干地填筑一期上下游土石围堰。厂房混凝土纵向围堰伸入一期上下游土石围堰中，厂房混凝土纵向围堰左侧的一期土石围堰拆除后，将其剩余部分加高形成厂房围堰。

由于右岸进场公路没有贯通，无法按投标时的导流方案进行施工，为确保2005年安全度汛，实现节点工期，对一期导流方案进行优化。

（1）纵向混凝土低堰施工方案优化：一期纵向围堰设计为混凝土围堰，长310m，分两次施工。采取在左岸施工临时土石围堰，抽水后形成左岸临时基坑，干地施工低堰混凝土，根据水文资料和度汛标准确定低堰高程，低堰部分约有混凝土0.78万m^3；低堰施工完成后拆除临时土石围堰，然后右岸进行截流，形成一期基坑后加高加厚纵向围堰，加高加厚部分约有混凝土1.9万m^3。

（2）纵向混凝土围堰结构设计优化：原定纵向混凝土围堰布置在中导墙左侧，分上、中、下三段，分别在低堰混凝土上部加高加厚形成。为减少低堰加高加厚混凝土浇筑与基坑开挖之间的干扰，加快主体工程施工进度，经优化将上、下游两段围堰按原设计方案加高加厚（即中间段只浇筑低堰混凝土），加快施工中导墙混凝土，在2005年汛前将中导墙浇筑至度汛高程，并采用混凝土连接段将其与上、下游段连接，使中导墙作为纵向围堰的一部分。采用此优化方案不仅节省工程量，加快施工进度，还可减少混凝土纵向围堰爆破拆除时爆破振动对主体结构的不利影响。

（3）一期横向围堰施工优化方案：根据左岸临时围堰的施工经验，根据现场情况和结构计算，经优化取消原设计的上、下游临时低堰，一期截流后即对截流戗堤进行高喷防渗处理，闭气后基坑开始抽水，抽干后即进行基坑开挖作业，基坑开挖料直接作为堰体填筑料上堰施工，将上、下游横向围堰加高加厚，形成一期过水土石围堰。减少了一期围堰工程量，又加快了一期横向围堰填筑施工进度。

（4）厂房围堰施工优化方案：原定厂房纵向混凝土围堰与一期土石横向围堰同步平行施工作业，相互之间影响很大，并且工程前期砂石骨料料源不足，道路狭窄，运输困难等因素将极大影响施工正常进度。保证施工计划和安全度汛目标条件下，根据工程实际情况、施工布置，厂房横向围堰利用现有横向围堰加固，与厂房纵堰相接部位利用圆弧连接，裹头部位采用混凝土及铅丝笼护坡，厂房纵向围堰上游段与右导墙相接，下游段与尾水渠左边墙相接。纵向围堰采用混凝土结构+浆砌石结构方案，经优化取消一部分土石围堰内的厂房纵向混凝土围堰。减少了工程量，大大加快了施工进度。

2. 施工布置优化　整个施工期间，筱溪水电站土建工程设计变更不断，仅坝基开挖和枢纽建筑物结构尺寸就进行了3次大的调整。针对复杂多变的情况，施工局进行左右岸施工道路改线达4次，大型施工机械先后拆装22次之多，导截流工程相应进行变化，同时积极沟通，配合设计进行施工优化和施工变更，并通过精心组织和科学管理，确保了工程的顺利进展。

3. 二期基坑开挖　针对二期基坑岩性异常复杂的基础开挖情况，为了保质量尽量争抢工期的目的，结合左岸前期的主体开挖以及边坡保护层试验性开挖现场效果，在施工中边实施边优化调整。最终确定了各岩性不同的区段采用不同方法进行施工。

（1）岩石较软弱部位，尽量采用机械开挖，配合采用手风钻成孔，不超钻，间排距1.0～1.2m，孔径ϕ38～42mm，倾角75°～85°单耗0.22～0.28kg/m^3，最大单响≤5～8kg，按排间微差梯段爆破法施工。

（2）岩石较硬较完整区段采用液压钻成孔，不超钻，间排距2～3m，孔径ϕ76，倾角75°～90°，单耗0.25～0.30kg/m^3，最大单响≤12～15kg，排间距微差爆破法施工。

（3）溢流坝开挖大面高程在164.5～165.5m左右，预留1.5～2m作为保护层开挖，上部2～3.5m二次开挖分类进行。

（4）针对齿槽形状及宽度首先采用反铲或长臂铲进行掏槽开挖，如机械开挖不动区段采用掏槽钻爆法施工。为保证爆破效果又减少对坡面的影响，预留80～100cm保护层，采用从临空面处开始沿轴线方向逐段推进毫秒梯段爆破的方法掏槽，机械清除后再利用手风钻光爆法结合机械修整成型。若掏槽段岩性较好，掏槽深度在3.0m以上，则采取液压钻钻爆，否则采取手风钻钻爆。

（5）对砂岩、灰岩等中硬岩保护层开挖，采用孔底设柔性垫层一次爆破保护层的施工方法。采用手风钻造ϕ（38～42）mm孔，钻孔钻入设计面高程（设计面以下20cm需撬挖后回填垫层保护基面），底部柔性垫层回填20cm后再用ϕ32mm乳化炸药连续装药回填炮孔，顶部黏土或钻孔屑封孔。采用毫秒微差排间爆破，一次爆破。

4. 导流底孔封堵　筱溪工程二期施工期间，主要由右侧3孔溢流坝内预留的6个导流底孔和坝体缺口进行导流。待左岸溢流坝工程基本完成，具备泄流条件后，6个导流底孔下闸，采用混凝土对底孔部分进行封堵。根据业主以及监理指示导流底孔封堵按抢险的要求重新调整施工布置。因此为加快导流底孔封堵施工进度采取底孔回填混凝土采取不分层、连续快速的完成混凝土回填，并按此要求保证混凝土施工强度。并缝灌浆和老混凝土面凿毛施工同时进行，提前进行前期准备工作。混凝土的浇筑和入仓方案经分析，需保证不小于每班200m^3，每天400m^{3}的入仓强度。入仓采用坝顶挂设的BOX管为主，护坦上布置的混凝土泵为辅的方案，两种方法同时进行。每个底孔顶部挂设一套BOX管，共6套，混凝土泵布置2台。下游侧堰面台阶模板采用标准小钢模拼装，根据混凝土浇筑上升情况边浇筑边立模，大大减少了备仓时间。

5. 消力池连接廊道施工优化　二期基坑开挖揭露后，因地质条件异常复杂，根据专家建议，设计院重新调整方案，二期基坑增设排水廊道。为了达到尽量争抢工期，减少工程量与二期基坑内施工干扰，设计结合右岸3孔溢流坝及消力池灌浆排水廊道布置，采取从中导墙底部进行混凝土和岩石洞挖形成廊道，用以连接左右岸灌浆排水系统。通过上述方案的优化加快了进度，缩短了工期，确保了二期主体工程的顺利进行。

（三）四新推广运用

1. 基础加固　参考国内许多复杂地基的灌浆措施，采取了一系列的工程措施。首先进行了大量的灌浆试验，对灌浆方法、工艺进行了研究；在厂房基础主要采用了常规的水泥固结灌浆，在断层泥局部采用了改性环氧化学灌浆；在区域断层内大坝基础的深层固结灌浆中，采用了多次重复灌浆来提高灌浆压力的先进工艺；是将各机组段及0号机与右岸接头挡水坝段间的永久横向伸缩缝下部改为缩缝，进行灌浆并缝处理，以充分利用厂房箱形结构的刚度，约束机组间的不均匀沉降；施工过程中，采取了预留键槽、预埋灌浆管路的灌浆处理方式。

2. 锚筋桩　筱溪水电站大坝基础直接坐落于F_1断层破碎带上，该断层规模大，破碎带内断层泥及碎裂岩成分差异性大，岩性及节理裂隙极具不均一性，岩体完整性极差，采用浅层固结灌浆＋锚筋桩＋深层固结灌浆的施工方案对大坝基础进行处理。借鉴了欧洲锚筋桩施工技术，通过现场锚筋桩试验和有限元分析论证，在一期基坑溢流坝基础采用了600根抗剪锚筋桩，解决了大坝稳定抗剪断强度问题。

3. 格宾、雷诺护垫的应用　针对工程特性，在边坡支护、坝后海漫防护、重力式挡土墙结构等工程部位采用新型材料格宾垫、雷诺护垫。格宾垫是指由机编双绞合六边形钢丝网构成箱形结构，雷诺护垫指由机编双绞合六边形金属网面构成的扁平形结构，其结构设计寿命超过60年。具有较好的柔韧性能够适应一定程度的不均匀沉降，以及水流局部冲刷导致的局部沉陷；其结构可以自然透水，使结构背后的土中的水压力不至于积累，有利于结构背后土的排水固结，从而利于边坡的长期稳定；在施工过程中施工方法简单，施工功效高，填充所用石料来源广泛，以及具有的透水性可以省却结构上的排水设施及反滤层。格宾、雷诺护垫的应用不仅加快施工进度，减少人工投入，而且有效的降低了施工成本。

4. 环保型护坡　在边坡防护方面，筱溪坝区地层岩性软弱，构造发育，边坡稳定性差，采用常规的喷混凝土或浆砌石护坡，工程量大，外观质量差，进度得不到保证。因此边坡防护除采用格宾垫、雷诺护垫外，主要采用了一种在西方国家流行、在国内刚刚兴起的环保型护坡措施，对土质边坡和强风化岩坡采用土工格栅＋三维植被网草皮护坡，对弱风化岩坡采用改性混凝土挂网喷植，既保证了边坡稳定，加快了施工进度，又绿化了环境。

（中国水利水电第三工程局有限公司
王　鹏　王再明）

丹江口大坝加高工程的技术创新

（一）工程简介

丹江口大坝加高工程是南水北调中线水源工程的渠首大坝改造工程，枢纽由两岸土石坝、混凝土坝、升船机、电站厂房等建筑物组成。原工程建成于1973年，大坝加高后，坝顶高程由162m抬高至176.6m，正常蓄水位由157m抬高至170m，相应库容由174.5亿m^{3}增加至290.5亿m^3，总库容339亿m^3。大坝加高后水库主要任务是为华北跨流域供水提供水源。

大坝加高主要是在原混凝土坝的基础上加高14.6m，贴坡厚度一般为8～14m，最厚达40m左右。大坝加高施工前需对大坝前期工程的缺陷进行处理；右岸土石坝改线新建；左岸土石坝墙厚加高延长；右岸垂直升船机改造加固；金属结构及机电设备需拆除更新改造。

大坝加高施工期间度汛洪水标准为千年一遇，电站全年处于运行工作状态。

主要工程量为：土石方开挖77.31万m^3，土石方填筑542.39万m^3，混凝土浇筑125.45万m^3，工程总投资24.25亿元人民币。

（二）主要施工难点及措施

丹江口大坝加高工程是在原枢纽工程正常运行情

况下进行坝体加厚加高施工，施工期间必须确保大坝的防洪、度汛功能，兼顾发电、灌溉、航运和养殖。坝体混凝土浇筑主要受度汛制约，工程施工与枢纽运行相互干扰。该工程施工技术难题较多，其中最大的难题就是新老混凝土结合技术复杂、处理工序多且相互干扰，施工难度大。通过方案比较，最终选取直接浇筑为主，宽槽回填为辅的总体施工方案，主要技术措施为：

1. 混凝土碳化层凿除　老混凝土表面的碳化层，对新老混凝土结合不利，必须凿除。经过酚酞乙醇溶液法检测，老混凝土垂直面凿除深度一般为 30～50mm，斜坡面及水平面凿除深度一般为 20～30mm。碳化层采用风镐人工凿除并冲洗干净。

2. 新增键槽施工　老混凝土面设置键槽是保证新老混凝土完整性和良好传力的措施之一，新增键槽水平布置，断面为不等边三角形。键槽切割采用液压盘锯切割加静态爆破分离的新工艺，施工效果良好。

3. 锚杆施工　新老混凝土结合面锚筋分为普通砂浆锚杆和锁口锚杆。锚杆采用 ϕ25mm 的Ⅱ级螺纹钢筋。砂浆锚杆注浆浆材为水泥砂浆，砂浆强度等级为 C20。锚杆施工采用“先注浆后安装锚杆”的程序施工。

施工后通过监测发现混凝土的碳化层凿除、新增键槽、增加锚杆对大坝的整体受力效果明显。

（三）工程完成情况

丹江口大坝加高工程于 2005 年 9 月 26 日开工，截至 2009 年 2 月，深孔及右联共 23 个坝段的贴坡和加高混凝土施工已全部完成，共计浇筑混凝土约 33 万 m^3，金属结构制造安装约 800t，混凝土拆除约 1.2 万 m^3，键槽切割约 2600m，裂缝处理约 7000m，碳化层凿除约 43 000m^2，植筋约 6000 根，固结、帷幕灌浆约 2 万 m。经全体员工的努力，克服了工期紧、干扰大、各工序相互制约、混凝土施工强度不均衡、技术难题较多等困难，完成了大坝加高工程的目标任务。按照原定计划，将于 2010 年 4 月 30 日完成剩余的溢流 14、15 号坝段、升船机系统土建和金属结构制造安装施工，保证按时、保质、保量的完成工程任务。

（四）科技成果

中国水利水电第三工程局丹江口工程施工局 2007 年被评为陕西省重点工程建设立功竞赛先进集体。

1. 创企业新纪录

(1) 2005 年 9 月 26 日至 2007 年 4 月 30 日承建的丹江口大坝加高工程，在 1973 年建成的高程 162m 大坝正常运行情况下加高大坝，高程为 176.6m，创水工混凝土建筑物整体加厚加高世界新纪录。

(2) 2006 年 12 月 6 日至 2007 年 1 月 21 日，在丹江口水利枢纽右岸混凝土重力坝大面积横缝锯缝施工中，成缝宽度为 8～12mm，最大单元切割面积为 209m^2，切割工程量总计为 710m^2，创国内同类施工新纪录。

(3) 在丹江口大坝加高工程中，采用处理大坝碳化层新工艺，处理深度 5～40mm，处理面积达 4.8 万 m^2，创国内处理大坝碳化层面积最大新纪录。

(4) 在丹江口大坝加高工程中，对老混凝土坝体高程 150.0m 启闭机室新增通风孔钻孔施工，改善了初期工程启闭机室的通风条件，使启闭机室电气设备的安全运行得到了保障；采用套孔切割新工艺，在老坝体混凝土中一次性取整芯，打出直径 800mm、长度 7500mm 的水平通风孔 6 个，创国内同类工程施工新纪录。

2. 国家级工法　2008 年《新老混凝土结合面新增人工键槽施工工法》被评为国家二级工法。

3. 科技进步奖　《丹江口混凝土大坝加高施工技术》荣获 2008 年度中国水利水电建设集团公司科技进步二等奖。

4. 国家专利　2008 年 1 月申请了《混凝土重力坝横缝大面积锯缝切割施工方法》专利，并于 2008 年 9 月公示。

（中国水利水电第三工程局有限公司
田　艳　姬脉兴　王再明）

中国水利水电第三工程局有限公司步入核电领域

2008 年 8 月，中国水利水电第三工程局有限公司（以下简称水电三局有限公司）中标“山东海阳核电厂一期工程土建试验室设备采购、安装及运行管理”项目，成为山东海阳核电厂一期土建工程唯一的试验室，主要承担常规岛、核岛和 BOP 厂房工程在内的所有检验试验工作。

在三峡等国内特大型水利水电工程使用花岗岩人工骨料的经验基础上，编制标书时，根据相关资料对海阳核电混凝土骨料采用花岗岩原料质量进行了充分分析，并对该工程的重点和难点问题进行了透彻的研究。当山东海阳核电工程确定采用 AP1000 后，水电三局有限公司积极跟踪相关动向，通过各种渠道对本工程使用的 ASTM 标准进行了收集，并组织人员进行了翻译工作。投标时，水电三局有限公司在标书中列出了中国标准与美国 ASTM 标准在检测上的对照分析表，确保在标准使用上不会出现问题；同时，利用科研上的优势，针对该工程大量使用自密实混凝土的问题，采用了在景洪等工程已实际应用过的自密实混凝土填充能力、抗分散能力和钢筋通过能力的试验研究技术和成果，打消了评价委员会的人员在自密实混凝土试验和评价方面的顾虑。由于水电三局有限公司年初在京沪高铁仅用了11天时间，在冰天雪地季节组建完成了京沪全线检测项目最全的样板中心试验室，为评价委员会提供了齐全的检测项目资料，赢得了评委们的一致好评。山东海阳核电有限公司对水电三局有限公司三峡试验中心和京沪高铁中心试验室进行了原地调查，确认了水电三局有限公司在试验、科研创新和跨行业组建试验室和完成试验检测工作的能力，彻底打消了对没有核电试验经验的担心，最终由主管部门——中国电力投资集团公司批准水电三局有限公司中标。

水电三局有限公司中标山东海阳核电试验室后，成立了山东海阳核电站试验室项目部，并迅速调配骨干人员前往海阳核电站。2008年10月27日，试验室88类仪器、186类工器具和77类药品已陆续全部到货。在完成安装后，10月29日山东省计量科学研究院到现场进行了仪器设备的检定工作，10月30日仪器设备采购和安装工作全部完成。

目前山东海阳核电试验室已完成适合《核电厂质量保证安全规定》（HAF003）及其有关导则的《质保大纲》、《试验工作大纲》和《检测试验程序》和相关的试验作业指导书的编制工作，这些工作是实现由土建工程试验室向核电工程试验室转变的重要步骤，也是为核电工程提供良好服务的保障。

电站一期工程共有23种配合比，其中核岛（NI）有9种配合比，常规岛（CI）有6种配合比，附属工程（BOP）有8种配合比。由于成品骨料加工时间较晚等原因，给海阳核电混凝土配合比的设计工作带来了较大的困难。针对该问题，水电三局有限公司勘测设计研究院抽调了承担过三峡、向家坝等工程混凝土配合比设计和性能试验的骨干人员，并且聘请了核电试验方面的老专家做技术支持，提前进行好各项试验准备工作。

（中国水利水电第三工程局有限公司
谢凯军　田　艳）

泰安抽蓄电站岩壁吊车梁桥机载荷试验安全监测成果分析

泰安抽水蓄能电站地下主厂房岩壁吊车梁上布置大、小两台桥式起重机（简称桥机）。大桥机型号为QE250+250/50/10t-23.2A4，小桥机型号为QD50/10/5t-23.2A5。为了检查桥机是否能承受规范要求的负荷，检验桥机的工作性能和岩壁吊车梁的承载能力，进行了桥机载荷试验，并在有限超载情况下检查结构的安全运行情况，验证设计假定和结构措施的正确性和合理性。

桥机载荷试验时，岩壁吊车梁和附近岩体的主要安全监测项目有：梁内钢筋应力、结构缝开合度、压应力，梁外表面裂缝开合度、表面变形监测及岩体内部位移、锚杆应力监测。

（一）试验工况及检验标准

为了使桥机和吊车梁逐步达到正常工作状态、内部应力重新分配、协调一致，桥机载荷试验设定如下的试验工况和检验标准。

1. 主要试验工况

（1）小桥机试验工况有：20t(40%)、40t(80%)、50t(100%)、62.5t(125%)静载和50t(100%)动载。

（2）大桥机单小车试验工况有：100t(40%)、200t(80%)、250t(100%)、312.5t(125%)静载和250t(100%)动载。

（3）大桥机双小车试验工况有：425t(85%)静载、425t(85%)动载、500t(100%)静载、625t(125%)静载、500t(100%)动载、550t(110%)动载。

（4）静载试验方法为：桥机吊起配重后，起重小车沿桥机本身轨道上、下游行走3次，并在中间悬停10min，静载试验在安装场内(厂左0+130.37)完成。

（5）动载试验方法为：桥机吊起配重后，沿下游侧吊车梁行走到1号机部位，然后小车行走到上游侧，沿上游侧吊车梁返回安装场。其中大桥机双小车500t动载，桥机行走到厂左0+20桩号返回。550t动载在安装场内完成。

2. 岩壁吊车梁应力、位移警戒值

（1）当大于等于100%总额定荷载试验时，正常锚杆最大应力增值应小于30MPa，相应岩壁吊车梁本身以及岩壁吊车梁与岩壁之间的最大裂缝增值应小于0.3mm，紧邻岩壁吊车梁上下排多点位移计的最大位移增值应小于0.5mm。

（2）当85%总额定荷载试验时，正常锚杆最大应力增值应小于20MPa，相应岩壁吊车梁本身以及岩壁吊车梁与岩壁之间的最大裂缝增值应小于0.2mm，紧邻岩壁吊车梁上下排多点位移计的最大位移增值应小于0.4mm。

（3）当小于85%总额定荷载试验时，岩壁吊车梁上的锚杆应力值、多点位移计值及最大裂缝宽度控制要求与85%总额定荷载试验时相同。

（二）监测仪器布置和监测自动化

桥机载荷试验时，为监测钢筋混凝土岩壁吊车梁的工作状态和附近岩体的性状，选取吊车梁内和围岩系统观测断面的部分观测仪器进行自动化监测。为了监测吊车梁外部变形，在梁表面设置了17只表面裂缝计（编号JYz、JA、JD）和10个变位测点（编号TYa、TYb）。

为保证本次试验的顺利进行，厂房所有系统断面观测仪器汇总到临时观测站，采用人工观测，以获取更多数据。

为取得尽量全面实时的监测数据，将安装场的锚杆测力计Ky8-1和表面裂缝计JYz3接入FLUKE自动化实时监测系统，进行实时动态观测，其监测结果代表了锚杆应力和吊车梁与岩壁之间的变形。

（三）岩壁吊车梁监测成果及分析

1. 锚杆应力监测　本次监测以应力监测为重点，现以安装场上游侧锚杆测力计Ky8-1（Ky8为上层拉锚杆，有4个测点，Ky8-1为最外面的一个测点）为例，分析锚杆应力随荷载变化的总体规律。

观测得出，锚杆应力随荷载的增加而增加，符合普遍规律。每种工况结束后，残余应力值大于试验开始的初始值，表明应力的释放是一个比较缓慢的过程，不是瞬间完成的，这与其他工程试验结果相符。在相邻两次试验间如果没有外界干扰，下次试验初始值小于上次试验残余值，进一步表明应力释放的过程性。

其他部位锚杆测力计测值的增量随荷载的增加也在增加，个别工况下由于动载停车的位置不同，应力增量与荷载的规律性不明显，但应力增值都远远小于规定的警戒值。

综合所有锚杆应力观测成果，当荷载加到85%总额定荷载试验时，应力增量最大为4.52MPa，正常锚杆最大应力增值远远小于20MPa；当荷载加到625t等于125%总额定荷载试验时，锚杆应力增量最大为8.20MPa，小于30MPa，满足锚杆应力增值的规定标准，并表明岩壁吊车梁还有很大的安全余量。

2. 钢筋应力观测　从观测成果看，钢筋应力也随荷载的增加而增加。钢筋计的安装位置靠近岩壁梁顶面，所以钢筋应力对荷载增加反应较快。当试验工况荷载为550t（110%总额定荷载）时，钢筋应力最大增量为16.09MPa，小于30MPa。参照锚杆应力规定标准，反映岩壁梁在此种工况下钢筋应力增量满足要求。

3. 缝隙开合度观测　为观测岩壁梁裂缝，在岩壁梁顶面梁与岩壁间安装了6只弦式表面裂缝计，梁侧面安装了12只弦式表面裂缝计，岩壁梁浇注时在岩壁梁与岩壁间安装了12只差阻式测缝计（也称“梁—岩测缝计”）。从所有表面裂缝计和岩壁梁内部梁—岩测缝计观测成果看，在所有试验工况下，缝隙开合度增量都在0.01mm级，表明缝隙的变化很微小，远远小于0.2、0.3mm开合度增量警戒值。

4. 表面变形观测　在厂房通风兼安全洞设置观测站，在岩壁梁顶面设变位测点，用TCA2003数字式全站仪（俗称“测量机器人”）进行各试验工况下的表面变形观测。数字式全站仪的检验固定测量精度为≤1mm。变位测点处均有测缝计，两者互相校核。由于受到厂房光线差、能见度低等影响，其测量精度有所降低，而岩壁梁变形在0.01mm级，其变形值远远低于全站仪的测量精度，因此表面变形观测无法测量岩壁梁的位移。

5. 压应力观测　通过观测埋设在岩壁梁底部的4只压应力计，监测在不同工况下岩壁梁底部压应力的变化。可以比较直观地看到，随着桥机荷载的增加，岩壁梁底部的压应力是增加的。所观测到压应力增加量是桥机、荷载及岩梁综合作用的结果，压应力增加量在0～1MPa范围内。

6. 岩体内部位移与锚杆应力观测　为了解试验时岩壁梁附近岩体的稳定性，在对岩壁梁内部仪器进行观测的同时，采用人工测读的方法测读岩壁吊梁附近多点位移计和锚杆测力计。由测得数据可以看出，厂房下游边墙岩体位移大于上游边墙，这是由于下游侧洞室较上游侧复杂且岩体条件较差所致。岩壁吊车梁附近岩体内部位移小于0.1mm，变化量小于测缝计的警戒值，表明厂房岩壁吊车梁附近岩体是稳定的。

主变压器上游侧两套多点位移计M10和M22，变形结果表明：厂房与主变压器之间的岩体仍有位移迹象。延续以前的变化趋势，变化量虽大，为0.37、0.10mm，主要与下部开挖和附近放炮振动有关。

经系统观测，岩体内部锚杆应力（每支锚杆上设三个测点，编号从外向里排）在增加，量值在1.0MPa左右。说明围岩受厂房底部坑槽开挖和附近爆破影响，应力和位移在继续调整，故岩体内部位移增加量不全是由桥机荷载引起的。

（四）结语

综上所述，通过对桥机各种工况下岩壁吊车梁内部、附近及厂房系统断面观测仪器的全方位、全过程系统观测，总结如下：

（1）当小于等于85%总额定荷载试验时，正常锚杆最大应力增值小于20MPa；当大于等于100%总额定荷载试验时，正常锚杆最大应力增值小于30MPa。

（2）当小于等于85%总额定荷载试验时，岩壁吊车梁本身以及岩壁吊车梁与岩壁之间的最大裂缝增值小于0.2mm；当大于等于100%总额定荷载试验时，岩壁吊车梁本身以及岩壁吊车梁与岩壁之间的最大裂缝增值小于0.3mm。

（3）当小于等于85%总额定荷载试验时，紧邻岩壁吊车梁上下排多点位移计的最大位移增值小于0.4mm；当大于等于100%总额定荷载试验时，紧邻岩壁吊车梁上下排多点位移计的最大位移增值小于0.5mm。

（4）依照观测结果，吊车梁试验过程中所有观测数值均在设计允许范围之内且有较大安全余量。

桥机载荷试验在进行静载、动载、超载各种工况下，岩壁吊车梁的应力、应变、结构缝开合度和岩体内部位移等指标均在设计给定的警戒值范围内，而且还有很大的富余度。

（河海大学土木工程学院　汪北华
长江治理工程管理处　浦新龙
北京木联能工程科技有限公司
贡保臣　尚　宏　卢瑞章）

中國水力發電年鑒

8

机电及金属结构

水电机组及辅机

白莲河抽水蓄能电站水泵水轮机

白莲河抽水蓄能电站装机容量为1200MW，位于湖北省黄冈市白莲河乡境内；上水库调节性能为日调节，正常蓄水位308.00m；下水库为20世纪60年代初建成的白莲河大型水库，具有多年调节性能，正常蓄水位为104.00m。4台可逆式机组，整体设计由法国ALSTOM公司负责；前三台机组由法国ALSTOM公司供货，第四台机组的电动—发电机由东方电机股份有限公司制造供货，水泵—水轮机由哈尔滨电机厂有限责任公司制造供货。

白莲河抽水蓄能电站的水泵—水轮机，2006年5月完成模型验收试验，其主要参数、性能保证和结构特点如下。

（一）主要参数及性能保证

1. 主要参数　白莲河抽水蓄能电站水泵—水轮机主要参数见表1。

表1　白莲河抽水蓄能电站水泵—水轮机主要参数表

参　数	水轮机工况	水泵工况
最大水头(扬程)(m)/相应流量(m^3/s)	213.7/156.5	222.7/125.7
最小水头(扬程)(m)/相应流量(m^3/s)	178.3/168.7	191.02/151.3
额定水头(最优扬程)(m)/相应流量(m^3/s)	195/176.7	218.13/129.95
额定出力/最大入力(MW)	306/306	314.5(合同保证值不大于325)
零流量扬程(m)/入力(MW)		224～294.2/10(合同保证值为≤330/≤105)
额定转速(r/min)	250	250
稳态飞逸转速(r/min)	348.2(合同保证值不大于405)	
暂态飞逸转速(r/min)	不大于430	
加权平均效率	92.453%(合同保证值为≥92.58%)	93.85%(合同保证值为≥93.83%)
转轮直径(m)	5.259(高压侧)、3.570(低压侧)	
转轮中心最小淹没深度(m)	−50	
转轮叶片数(个)	9个	

2. 性能保证

(1) 出力、入力、流量和效率保证。

1) 水轮机效率和出力，卖方应保证在额定转速下，各工况不低于表2给定的值（其中，N_n为额定出力306MW，效率数值应精确到小数点后2位）；模型水轮机加权平均效率不低于90.68%，原型水轮机加权平均效率不低于92.58%；在电站全部运行水头和出力范围内，原型水轮机最高效率不低于94.58%，模型水轮机最高效率不低于92.68%。

表2　水轮机效率和出力各工况的保证值

净水头（m）		189	193	197	201	205	209	213	215	合计
$100\%N_n$	加权因子	0	0	2.9	4.24	2.18	1.3	1.08	0.95	12.65
	模型效率（%）	87.26%	88.20%	89.01%	89.53%	89.98%	90.92%	91.73%	91.94%	
	原型效率（%）	89.16%	90.10%	90.91%	91.43%	91.88%	92.83%	93.63%	93.85%	
	出力（MW）	306	306	306	306	306	306	306	306	
	流量（m^3/s）	186.0	180.3	175.0	174.2	166.4	161.6	157.2	155.4	
	导叶相对开度	111.8%	103.6%	96.6%	91.0%	85.9%	80.0%	74.7%	72.6%	

续表

净水头（m）		189	193	197	201	205	209	213	215	合计
90%N_n	加权因子	3.13	6.13	9.89	10.25	6.95	4.2	2.28	0.2	43.03
	模型效率（%）	89.77%	90.40%	91.01%	91.80%	92.42%	92.67%	92.68%	92.61%	
	原型效率（%）	91.67%	92.30%	92.91%	93.70%	94.33%	94.58%	94.58%	94.51%	
	出力（MW）	275.4	275.4	275.4	275.4	275.4	275.4	275.4	275.4	
	流量（m^3/s）	162.8	158.4	154.1	149.8	145.9	142.7	140.0	138.8	
	导叶相对开度	89.4%	83.8%	78.5%	73.1%	68.6%	65.2%	62.6%	61.4%	
80%N_n	加权因子	0	0.49	3.71	4.75	6	2.85	2.01	0.31	20.12
	模型效率（%）	91.19%	91.41%	91.55%	91.63%	91.61%	91.53%	91.42%	91.35%	
	原型效率（%）	93.09%	93.31%	93.45%	93.53%	93.51%	93.43%	93.32%	93.25%	
	出力（MW）	244.8	244.8	244.8	244.8	244.8	244.8	244.8	244.8	
	流量（m^3/s）	142.5	139.2	136.2	133.4	130.8	128.4	126.2	125.1	
	导叶相对开度	72.0%	68.1%	64.8%	62.0%	59.4%	57.1%	54.9%	54.0%	
70%N_n	加权因子	0	1.19	0.22	2.65	3.91	2.47	1.35	0.56	12.35
	模型效率（%）	90.16%	89.98%	89.88%	89.79%	89.71%	89.70%	89.79%	89.85%	
	原型效率（%）	92.06%	91.88%	91.78%	91.69%	91.61%	91.61%	91.69%	91.75%	
	出力（MW）	213.2	214.2	214.2	214.2	214.2	214.2	214.2	214.2	
	流量（m^3/s）	125.5	123.7	121.4	119.1	116.8	114.6	112.3	111.2	
	导叶相对开度	61.1%	58.7%	56.3%	54.1%	52.1%	50.2%	48.4%	47.5%	
60%N_n	加权因子	0	0	0.59	2.52	3.14	1.63	1.06	0.35	9.29
	模型效率（%）	87.99%	88.09%	88.23%	88.48%	88.61%	88.52%	88.32%	88.23%	
	原型效率（%）	89.89%	89.99%	90.13%	90.38%	90.51%	90.42%	90.22%	90.13%	
	出力（MW）	181.6	182.6	183.6	183.6	183.6	183.6	183.6	183.6	
	流量（m^3/s）	109.5	107.7	105.9	103.5	101.4	99.5	97.9	97.1	
	导叶相对开度	52.3%	50.2%	48.2%	46.3%	44.6%	43.1%	41.7%	41.0%	
50%N_n	加权因子	0	0	0	0.66	0.45	0.91	0.46	0.08	2.56
	模型效率（%）	86.64%	85.91%	85.87%	86.05%	85.76%	85.20%	84.73%	84.62%	
	原型效率（%）	88.54%	87.81%	87.77%	87.95%	87.66%	87.10%	86.63%	86.52%	
	出力（MW）	150	151	152	153	153	153	153	153	
	流量（m^3/s）	91.8	91.3	90.0	88.7	87.2	86.1	84.9	84.2	
	导叶相对开度	43.6%	42.4%	40.8%	39.3%	38.1%	37.0%	35.9%	35.4%	

2）水泵流量和效率，卖方应保证在额定转速下，各工况不低于表3给定的值；模型水泵加权平均效率不低于92.10%；原型水泵加权平均效率不低于93.83%；在电站全部运行扬程和入力范围内，模型水泵最高效率不低于92.41%（相应扬程67.6m，流量不小于0.571m^3/s），原型水泵最高效率不低于94.14%（相应扬程222.7m，流量不小于126.7m^3/s）；水泵最大入力，按最低扬程191.0m（对应静扬程为187.0m，一台机运行时）运行条件得出，对应流量不小于151.3m^3/s，效率不小于93.34%，其保证值不大于325MW；水泵最小流量126.7m^3/s是按最高扬程222.7m（对应静扬程为217.0m，两台机运行时）运行条件得出，对应入力不大于292.7MW，效率不小于94.14%。

表 3 水泵流量和效率各工况的保证值

净扬程（m）	194	198	202	206	210	214	217
加权因子	4.08	7.22	13.0	30.37	23.91	12.89	8.53
模型效率（%）	91.71%	91.84%	91.96%	92.08%	92.18%	92.28%	92.34%
原型效率（%）	93.44%	93.57%	93.69%	93.80%	93.91%	94.00%	94.06%
流量（m^3/s）	149.0	146.0	142.9	139.8	136.7	133.6	131.2
入力（MW）	302.1	301.5	300.7	299.7	298.4	296.9	295.6
导叶相对开度	74%	74%	63%	63%	63%	63%	63%
所需淹没深度（m）	36.5	25.3	19.9	18.8	19.8	21.4	23.2

（2）空蚀磨损损坏量保证，自投入商业运行之日算起，水泵运行3000h（不包括启动、停机过程、空载运行和在空气中旋转时间）或投入商业运行2年，二者中以先到为准，水泵水轮机转轮和过流部件（导叶、座环、顶盖、泄流环、底环和尾水管）因空蚀磨损破坏引起的金属总失重量不超过5.0kg；转轮和过流部件任何空蚀面积上允许最大剥落深度不超过5.0mm。

（3）压力脉动保证，在下库水位范围内的各种运行工况下，包括各种过渡工况，顶盖、主轴和轴承的设计要防止有害的振动或摆动；尾水管、导叶与转轮间不产生有害的压力脉动，其压力脉动（混频、峰—峰值）$\Delta H/H$（H为水泵水轮机相应工况下运行水头/扬程）保证值如下：

1）尾水管进口下游侧压力脉动：①水轮机额定负荷运行时，模型不大于5%，原型不大于5%；②水泵工况运行时，模型不大于2%，原型不大于2%；③水轮机工况甩负荷时，模型不考核，原型不大于25%；④水泵工况断电时，模型不考核，原型不大于25%。

2）导叶与转轮之间的压力脉动：①水泵工况在最优效率扬程运行时，模型不大于10%，原型不大于10%；②水泵工况在整个运行扬程范围内运行时，模型不大于10%，原型不大于10%；③水轮机额定负荷运行时，模型不大于7%，原型不大于7%；④水泵工况断电时，模型不考核，原型不大于25%；⑤水轮机工况甩负荷时，模型不考核，原型不大于30%。

（4）其他性能保证：

1）漏水量，在最大水头217m下，导叶全关闭后的最大漏水量，在刚投入商业运行初期不大于30 000L/min，在保证期内不大于40 000L/min。

2）水推力，正常运行工况时，最大水推力不大于625kN；过渡工况时，最大向上水推力不大于4000kN，最大向下水推力不大于5200kN；所有工况下，最大向下推力（包括主轴、转轮和所有转动部分的重量）不大于11370kN。

3）水泵工况零流量扬程为330m，零流量时输入功率不大于105MW。

4）利用水泵水轮机向上水库充水所需最小扬程不低于165m。在此扬程以上启动水泵水轮机向上水库充水，将不产生有害的振动。充水运行时，水泵最大入力不大于325MW；顶盖垂直振动（混频、峰—峰值，绝对值）不大于0.5mm；水导轴承处主轴摆度（混频、峰—峰值、绝对值）不大于0.5mm；尾水管压力脉动（混频、峰—峰值）$\Delta H/H$不大于20%；导叶与转轮之间压力脉动值（混频、峰—峰值）$\Delta H/H$不大于25%。卖方保证机组长时间安全运行（包括上库充水期间）。

（二）结构特点

该水泵水轮机采用上拆方式。转轮名义直径高、低压侧分别为5.259m、3.570m，总高约1910mm，总重51.288t；有9个叶片，为铸焊结构，止漏环分别与上冠、下环一同整体铸造；泄水锥采用与转轮相同的不锈钢材料，在工厂直接焊接到转轮上冠上。

主轴采用优质钢锻制成，两端带有法兰，上端法兰与发电机轴法兰连接，下端法兰与转轮连接；主轴中心开有直径300mm的通孔，以便检查内部质量。主轴工作密封采用端面轴向密封，检修密封布置在工作密封以下，为橡胶围带式结构。

水泵水轮机导轴承为稀油润滑导轴承，分块瓦式（10块）；外循环冷却，油冷却器布置在机坑内。

座环上下环板采用A537Cl1钢板制成，固定导叶采用S500Q高强钢板制成，共有20个固定导叶；分2瓣运输；其安装水平调整采用抗重螺栓。底环与泄流环为整体结构，采用钢板焊接而成，最大直径为6860mm。

蜗壳采用S500Q高强钢板制作，分21块，其中鼻端5块与座环在工厂内焊接，与座环一起运输，剩余16块在工地现场焊接。蜗壳进口段直径3750mm，设置直径为600mm的进人孔。

顶盖为钢板焊接结构，最大直径7325mm，分2瓣运输，安装时在机坑内用螺栓把合（在下机架牛腿上预埋4根DN100mm钢管用以固定顶盖机坑内组装起吊工具）。顶盖与导叶相对应部分的过流面设置了至少30mm厚的抗磨板，抗磨板的硬度比导叶硬度高。每台机设置2套自动控制的电动潜水排水泵，顶盖内设2套水位报警信号器。

泄流环在靠近转轮出口侧对应转轮下止漏环位置设有固定止漏环。活动导叶由抗磨损、抗空蚀性能好的镍铬不锈钢铸造而成，共有20个；其轴承为自润滑，不需要设润滑系统。导叶操作机构由导叶转臂、导叶操作连杆、控制环和偏心销及配件组成。

尾水管用钢板焊接而成，底板到导叶中心线高13.2m，长29.42m；锥管上部不小于1.5m段采用不锈钢板材料制作，设有一个800mm×600mm进人门。

（三）结语

白莲河抽水蓄能电站水泵水轮机最大毛水头$H=217$m，正常情况下的水头变幅$\Delta H=28$m，在已建蓄能电站中属于中低水头（扬程）范围。最优点水泵比速系数$K=2849.9$；水轮机工况（最高水头及最大出力）比速系数$K=2445.3$，在已建蓄能电站统计中，白莲河水泵水轮机的比速系数K值属于中高水平范围。ALSTOM公司先后为白莲河抽水蓄能电站研究开发了11个转轮，最终选定的模型转轮在模型验收试验中主要性能指标基本达到合同要求，且各种性能指标在近期投产相近水头（扬程）水泵水轮机中属于较高水平。

（中国水电顾问集团中南勘测设计研究院　张　强）

柘溪水电站扩建工程水轮发电机主要参数及结构特点

（一）概况

柘溪水电站位于湖南中部安化县境内的资水中游，原装机6台，总容量447.5MW，多年平均发电量为21.74亿kW·h，年利用小时数4858h，保证出力113.1MW。柘溪水电站扩建工程装设2台单机容量为250MW的混流式水轮发电机组。扩建后电站总装机容量为947.5MW，多年平均发电量为27.22亿kW·h，年利用小时数2873h，保证出力113.1MW；汛期主要在腰、基荷运行，枯水期主要在尖峰、腰荷区运行；扩建工程首台机组于2008年5月投产。

柘溪水电站扩建工程水轮发电机型式为三相、立轴半伞式、密闭自循环空气冷却同步发电机，由天津阿尔斯通水电设备有限公司制造。

（二）主要技术参数

型号：SF250-64/13700；

额定容量：250MW/277.8MVA；

额定电压：15.75kV；

额定电流：10 183A；

额定转速：93.75r/min；

飞逸转速：190r/min；

额定效率：98.62%；

额定功率因数：0.9（滞后）；

额定频率：50Hz；

额定励磁电压：391V；

额定励磁电流：1701A；

短路比：≥1.0；

飞轮力矩：≥90 000t·m^2；

定子铁心内/外径：12 900mm/13 700mm；

定子铁心长度：2340mm；

推力负荷：1730t；

励磁方式：自并激静止晶闸管励磁；

通风冷却方式：密闭自循环无风扇空气冷却；

发电机最大起吊重量：807t；

发电机总重量：1597t。

（三）水轮发电机的结构特点

1. 整体布置　水轮发电机采用具有两个导轴承的立轴半伞式结构，推导组合轴承布置在下机架上，上导轴承布置在上机架上。发电机采用密闭自循环、无风扇、单路径向通风方式。

2. 定子

（1）定子机座尺寸为ϕ15 700mm，高度4600mm，分4瓣运输，在工地组焊成整圆。机座上、下端的支撑采用斜立筋结构。斜立筋具有弹性，能同时承受径向力与切向力，当铁心发热向径向膨胀时，使机座向斜支臂阻力最小的方向扭转，不但改善了机座的热应力，而且使定子在径向方向能自由、同心地均匀热膨胀，提高了发电机的同心度，保证了水轮发电机安全稳定运行。

（2）定子铁心外径ϕ13 700mm，内径ϕ12 900mm，高度2340mm；采用0.5mm厚的磁导率高、单位损耗低、无取向、优质冷轧硅钢片（硅钢片牌号：50W250）冲制的扇形片叠成。冲片经严格去毛刺后，两面均匀地涂覆F级硅钢片绝缘漆。铁心冲片与定子机座采用双鸽尾筋充分固定，铁心两端用定子齿压板拉紧螺杆和穿芯螺杆把铁心冲片牢固地压紧，可有效防止发电机长时间运行后铁心松动。铁心端部叠成小阶梯状以减少因端部漏磁而产生的涡流和发热。

（3）定子绕组采用条形线棒，叠绕组，4Y形连接。线棒在槽内部分经罗贝尔编织换位而成，制造工艺采用VPI真空压力浸渍成形。线棒接头采用银焊，确保运行安全可靠。

3. 转子

(1) 转子支架由中心体和4个扇形体组成，在工地采用特殊的工艺进行组焊。支架中心体与磁轭之间采用斜支臂连接，当转子受热径向膨胀时，斜支臂受均匀拉力作用，使磁轭相对中心体产生一个偏角，能改善定、转子之间气隙均匀度，提高了发电机的同心度，保证了发电机组安全、稳定运行。磁轭采用浮动式结构，斜支臂结构可防止磁轭在热膨胀力和离心力的作用下产生椭圆变形，避免因此而产生铁心振动，保证了机组运行的稳定性和可靠性。

(2) 磁极铁心由2mm厚的磁性钢板R345叠压而成，采用鸽尾与磁轭连接，并用磁极键楔紧。磁极线圈为铜排焊接，整体热压成型结构。阻尼绕组包括纵向的阻尼条、横向的阻尼环。阻尼环之间采用防松动柔性连接，便于分接和拆卸，并能防止因振动和热位移而引起的故障。

(3) 磁轭由3mm厚高强度磁性钢板R450冲制叠压而成；叠装后，自然形成径向通风沟，与转子一起作为径向通风回路。冲片上下端设上下压板，下压板下面设置有便于拆卸的制动环。

4. 上机架和上导轴承　上机架由中心体和12个支臂组成，支臂与中心体在工地组焊。上机架的结构形式为斜支臂结构，当发电机满负荷运行时，一旦定子发生短路，斜支臂对短路扭矩有很高的稳定作用，能提高定子和转子的同心度，保证机组稳定运行。机架的斜支臂与基础相接触的一端与基础直接连接，有很好的刚度和运行机械特性。上导轴承装设于上机架上，采用润滑油在油槽内部自循环的冷却和润滑方式，导瓦采用钨金瓦，导瓦内装设有铂热电阻测温装置。

5. 下机架和推导组合轴承　下机架由中心体和12个支臂组成，支臂与中心体在工地组焊。下机架为负荷机架，设计最大挠度小于3mm；可通过定子内腔直接吊出。推导组合轴承位于发电机下机架油槽内，由推力头、镜板、推力瓦、弹性油箱支撑、下导瓦、导瓦支撑、接触式油挡、密封盖、密封座、稳油板、挡油筒、轴承外循环油和水管路组成。推力瓦共16块，采用弹性金属塑料瓦；导瓦采用16块巴氏合金瓦。推力头与转子中心体把合为一体，镜板用螺栓和圆柱销固定在推力头上。外循环冷却系统由8个冷却器和油水管路组成，热油由导瓦加压后送至冷却器，经冷却器冷却后再回到油槽。

（中国水电顾问集团中南勘测设计研究院
周大方　邓双学）

龙开口水电站水轮发电机

（一）电站概况

龙开口水电站位于云南大理州鹤庆县境内，是金沙江中游河段规划的第六级电站，上距金安桥水电站41.4km，下距鲁地拉水电站99.5km。水库正常蓄水位为1298.00m，水库总库容5.58亿m^3，调节库容1.13亿m^3，水库具有日调节性能。电站装机容量1800MW，装设5台单机容量360MW水轮发电机组，保证出力710.6MW，年利用小时数4594h，年发电量82.70亿kW·h，为“西电东送”的重要电源。电站枢纽采用河床式布置，引水道采用单机单管（ϕ10m），进水口设置快速闸门。采用坝后式主厂房，机组安装高程1214.00m，发电机层高程1231.60m，机组间距33.0m。水轮机供货方为哈尔滨电机厂有限公司，发电机供货方为上海福伊特水电设备有限公司（VHS）。首台机计划于2011年11月发电。

（二）发电机主要技术特性及电磁参数

发电机容量：360MW/400MVA；

型式：立轴半伞式；

额定电压：18kV；

额定电流：12 830A；

额定功率因数：0.9（滞后）；

额定频率：50Hz；

额定转速：83.3r/min；

飞逸转速：170r/min；

直轴同步电抗X_d：1.024（不饱和值）、0.903（饱和值）；

直轴瞬变电抗X'_d：0.33（不饱和值）、0.302（饱和值）；

直轴超瞬变电抗X''_d：0.304（不饱和值）、0.226（饱和值）；

交轴同步电抗$X_q/X'_q/X''_q$：0.724/0.724/0.307（不饱和值）；

负序电抗X_2：0.296（不饱和值）；

零序电抗X_0：0.143（不饱和值）；

短路比：≥1.11；

额定转矩：45 836.6kN·m。

（三）主要部件结构

1. 总体结构　发电机总体结构为立式、两导半伞式结构。发电机主轴与水轮机主轴采用分段轴结构，并通过法兰连接。发电机的结构设计使其下机架在安装和检修时能通过定子铁心内径吊出，并允许在不抽出转子和不拆除上机架的情况下更换定子绕组线棒和转子磁极，以及对定子绕组端部和定子铁心进行预防性检查。

2. 定子　机座为正24边形，分成6瓣，对边最小距离为18 720mm，高度为3650mm；机座与基础板通过偏心销钉、螺栓使二者结合定位，通过调整螺钉调整定子机座的高程。

定子铁心外径为16 970mm，内径为16 000mm，高2065mm；采用厚度0.5mm的M250-50A冷轧无取向的优质硅钢片，在工地叠装成整圆；下端采用大齿压板结构，上下两端台阶处（每台阶高6mm）用硅钢片胶粘剂粘成整体，以提高铁心的整体刚度。定子铁心有68层5mm高的通风沟；上、下端采用无磁性高强度合金钢压指材料，通风槽钢为工字型截面无磁性不锈钢。定子铁心叠片后用活动的双鸽尾筋定位，采用具有齿压板、恒压蝶形弹簧、拉紧螺杆的固紧结构。

定子绕组采用双层条式波绕组，Y形4支路连接，合成节距15（$Y_1=7$，$Y_2=8$），定子槽距$t_2=93.1$mm。每个线棒用双玻璃丝包线经360°完全换位编织而成，线棒在包扎主绝缘前用复合材料经热压工艺将股线绝缘填充固化，采用云母带连续包扎主绝缘，经真空浸渍而成。槽部采用滑动垫条、半导体层等材料，槽楔采用径向压紧玻璃布补强树脂材料制成，槽口下采用波纹板将槽楔压紧。端箍为环氧纤维压制而成，其固定结构允许其上下自由移动，以适应线棒在热态时的膨胀。线棒的所有焊接采用银铜焊。铜环引线的绝缘采用VPI方式制造，线棒的端部绝缘盒为敞开式，以利于散热。

3. 转子　为三段轴结构（顶轴、转子支架、主轴）。发电机主轴采用20SiMn锻钢制成，上端与发电机转子中心体通过螺栓连接，下端法兰与水轮机主轴连接。为便于机组安装时发电机轴与水轮机轴轴线找正，连轴螺栓孔采取在制造厂内车间数控加工，要求位置度不大于0.2mm，与法兰的垂直度不大于0.1mm，并由水轮机供货商负责在电站工地现场同镗，取消常规镗模方式。发电机轴法兰厚340mm，连轴螺栓直径留1mm加工裕量，根据工地镗孔情况配车。

顶轴采用20SiMn锻钢制成，下端法兰与发电机转子中心体通过螺栓连接。滑转子由内外两圈组成，在两圈之间设置轴绝缘以阻断轴电流产生，与顶轴之间通过键连接。

转子支架为圆盘式焊接结构，中心体与4个外环组件在工地组焊而成。中心体高度约2400mm，直径约4200mm，运输重量约52t。如转子支架采用常规斜支臂支撑结构，72个磁极需配置24个斜支臂及大头筋，两相邻大头筋间距达1848mm，导致磁轭在飞逸转速时可能产生移位及变形，另转子中心体处相邻斜支臂间距仅367mm，现场焊接困难。经综合比较，龙开口转子支架采用V形斜支臂支撑结构，即设置18个斜支臂，端部开叉，配36个大头筋，两相邻大头筋间距可控制在1234mm，转子中心体处相邻斜支臂间距507mm。

转子磁轭由4.75mm厚低合金高强度结构钢板经激光切割而成，在工地叠压成整体。采用1/4极距交错相叠和正反向叠片的方法，用高强度拉紧螺栓固紧。磁轭在冲片接缝处留通风间隙。

转子磁极铁心采用1.06mm厚的Q235薄钢板冲片，并用拉杆紧固成一体，通过冲片上的T尾槽将磁极挂装在磁轭相对应的键槽上。

转子绕组由铜母线制成，匝间采用F级NOMEX绝缘。磁极线圈的上、下端采用F级的整体绝缘托板，下端用铁托板固定。转子设有纵横阻尼绕组，阻尼环连接片采用电阻压焊工艺，阻尼绕组每极条数为3条（ϕ24mm），阻尼条节距$t_1=83.79$mm。极间连接线采用柔性连接结构。

磁轭与转子支架采用切、径向复合键连接结构，其分离转速为额定转速的1.4倍，可保证正常运行时的磁轭圆度，并能有效地传递扭矩。

所有转动部件能安全地承受最大飞逸转速运行5min而不产生任何有害变形，且材料的计算应力不超过屈服点的2/3。

4. 轴承　发电机设上、下两个导轴承和一个推力轴承。上导轴承置于上机架中心体油槽内。下导轴承和推力轴承采用组合轴承，置于下机架上圆板上部的推力油槽内。

上、下导轴承均采用分块扇形瓦自调式结构。上导轴承瓦数为12块，下导轴承瓦数为16块。导瓦间隙通过斜楔来调整固定。在不干扰转子、推力轴承和集电环的情况下，可装拆、更换、调整和检修导轴承。上导轴承为油浸式自循环、巴氏合金结构，由装在油槽内的油冷却器冷却。

推力轴瓦采用进口巴氏合金瓦，瓦数为16块，设有高压油顶起装置。推力轴承采用外加泵外循环冷却系统，循环泵及冷却器均布置于下机架内。推力轴瓦采用弹性垫的支撑结构。推力轴承总负荷约为3000t，比压4.22MPa，平均周速15.9m/s，最小油膜厚度43.5μm。

5. 机架　上机架采用辐射结构，由中心体和12个支臂在工地焊接而成。中心体兼作上导轴承油槽，为钢板焊接结构。在取出上导轴承瓦和油冷却器时不必拆卸集电环，并满足不拆除上机架可以吊出磁极的要求。上机架支臂端板与风罩墙采用弹性支撑结构。

下机架为负荷机架，由中心体和8个支臂组成，中心体运输重量约 84t（外形尺寸 ϕ6.0m × 3.545m）。下机架采用盒型支臂结构，其支臂在现场与中心体通过合缝板把合成一体。下机架刚度和强度满足运行工况下的工作应力和下沉量（≤2.5mm）的要求。

6. 制动装置　发电机采用电气制动和机械制动联合制动方式，机组转速下降至 50%额定转速时，投入电气制动，30%额定转速投入机械制动。制动器共 12 个，具有气压复位功能。制动块采用不含石棉的材料压制而成。制动器可兼作千斤顶用，顶转子的油压约为 9MPa，顶起高度 15mm。

7. 通风冷却系统和灭火系统　发电机冷却采用密闭循环双路径向无风扇端部回风空气冷却系统。发电机内的空气由转子支架、磁轭和磁极旋转而形成压头，使气流经过气隙、铁心、机座进入空气冷却器（穿片式、共 12 只）；由空气冷却器冷却后的气流又经上、下定子绕组端部流回转子。为有利于定子铜环冷却，采用非驱动端（上端）风量分配系数大于驱动端（下端）分配系数，即上端 67.4%、下端 32.6%。为提高下端通风风速，定子机座底部采用间隙通风（间隙高度 87.5mm），取消常规混凝土通风道。发电机采用水喷雾灭火方式，共设 4 条灭火环管，喷雾头分别布置在定子绕组的上、下方和转子圆盘进气孔上、下方的灭火环管上。

（中国水电顾问集团华东勘测设计研究院　危贤光）

阿海水电站水轮机主要参数和结构型式

阿海水电站水轮机最大水头 88m，额定水头 77m，最小水头 63m，额定功率 408.2MW，额定转速 88.2r/min。

（一）主要参数选择

1. 比转速 n_s 和比速系数 K　在各设计阶段和水轮机招标过程中对衡量水轮机能量特性、经济性和先进性的综合性能指标比转速 n_s 和比速系数 K 进行了详细的分析论证。结合阿海电站工程实际情况、电站和机组的作用和规模，已建电站的成功经验以及国内外水轮机制造业的发展，阿海水轮机比转速 n_s 选为 227.9～250.7（m—kW 制），相应的比速系数 K 值为 2000～2200 较为合适。

2. 单位转速和单位流量　国内外水电站的实际运行经验表明，水轮机的综合性能的优劣，与模型水轮机的单位转速和单位流量的匹配关系极大。结合阿海电站水轮机特点，为了改善阿海电站水轮机运行的稳定性，并使水轮机具有良好的防空蚀、磨损和运行稳定性能，阿海电站模型水轮机单位转速 n'_1 取值为 72～79r/min，相应的阿海电站模型水轮机最大（限制工况）单位流量 Q'_1 为 1.0～1.1m^3/s。

3. 水轮机效率　国外已生产的大型混流式水轮机模型最高效率已超过 94%，甚至有的已达到 95%，真机最高效率已达到 96%左右。对阿海电站这样的大型水轮机，其效率水平的高低对经济效益影响很大，至少应达到或超过当今世界上已具有的水平，但也要充分考虑阿海电站的具体特定条件。经综合分析，阿海电站水轮机效率推荐为模型转轮最优工况效率不低于 94.0%。

4. 空化系数　空化系数的大小关系到水轮机的安装高程和水轮机的运行稳定性以及水轮机的使用寿命。由于阿海水电站是地面厂房，水轮机转轮空化系数对厂房土建开挖工程量的影响较大，在保证有利于转轮的水力设计和水轮机稳定运行的前提下，应尽量减小空化系数 σ_M 值，以免增加过多的厂房投资。经分析选择模型转轮额定工况空化系数 σ_M 不大于 0.12。

5. 稳定性指标　水轮机尾水管压力脉动值的大小，直接影响机组的安全稳定运行。经对国内外大型电站水轮机压力脉动相对值（$\Delta H/H$）和其实际运行情况的统计分析，结合阿海电站的实际运行特点规定：阿海电站水轮机尾水管压力脉动值，在电站整个运行范围内最大值不大于 8%，在电站主要运行工况范围内最大值不大于 5%。

6. 额定转速　经综合分析，结合阿海电站水轮机运行的实际条件，当额定转速为 88.2r/min 时，其水轮机的各项性能和技术指标均较优，参数匹配合理，经济指标也较好，发电机额定电压、并联支路数、槽电流、冷却方式等都较为合理。因此阿海电站水轮机的额定转速选取为 88.2r/min。

（二）水轮机参数和模型水轮机验收试验结果

1. 水轮机模型目标参数　比转速 n_s 为 227.9～250.7（m—kW 制），相应的比速系数 K 值为 2000～2200；最优单位转速为 72～79r/min；限制工况单位流量 Q'_1 为 1.0～1.1m^3/s；模型转轮最优工况效率不低于 94.0%；模型转轮额定工况空化系数 σ_M 不大于 0.12；在电站整个运行范围内，水轮机最大压力脉动值不大于 8%，在电站主要运行工况范围内水轮机最大压力脉动值不大于 5%。

通过模型验收试验结果，阿海水轮机主要技术参数选择是先进合理的。其主要模型试验结果是：最优单位转速为 73r/min；限制工况单位流量 Q'_1 为 1.1m^3/s；模型转轮最优工况效率 94.75%；模型转轮额定工况临界空化系数 σ_M 不大于 0.117；在电站整个运行范围内水轮机最大压力脉动值不大于 7%，在电站主要运行工况范围内水轮机最大压力脉动值也没有大于4%。

2. 原型水轮机参数　额定功率408.2MW，额定水头77m，额定转速88.2r/min；转轮直径（喉径）为7.65m，飞逸转速不大于170r/min；吸出高度－5.9m；比转速n_s为247（m—kW制），相应的比速系数K值为2168。

（三）水轮机结构设计特点

1. 转轮结构及其现场加工　水轮机转轮喉部直径为7.65m，进口直径D_1为7.750 8m，出口直径D_2为7.648m，13个叶片，最大外径为7.964m，高4.63m，总重204t。叶片、上冠、下环均采用ZG0Cr13Ni4Mo不锈钢铸造。上冠不开泄水孔，设置一长泄水锥，泄水锥与上冠焊接为一个整体。转轮上、下迷宫均采用间隙式，上、下转动止漏环均在上冠、下环上直接加工。这样的特殊结构有效地提高了水轮机运行稳定性。

由于电站大件运输条件的限制，转轮制造采用现场装配加工的工艺，即转轮上冠、下环、叶片铸造成型后，在制造厂内完成所需的检验与加工，其中叶片（包括焊接坡口）经过数控加工及抛光，上冠下环过流面及上冠与主轴连接的法兰也完成加工。各部件以散件方式运往工地，在工地转轮加工车间完成组焊、退火、铲磨、无损检测、精加工、静平衡等工序。制造厂在转轮加工车间车板交货，然后运往主厂房安装场进行安装。

2. 座环结构　座环由上下环板和24个固定导叶组成，分6瓣运输。上下环板用厚180mm的S355J2G3-Z35钢板制造。在每间隔一个（共12个）固定导叶及相应位置的座环筋板上设置圆筒阀的导轨，上环板以上的相应位置设有1/3圆筒阀高度的导轨，导轨为不锈钢材料。

分瓣座环在工地用预应力螺栓把合后，进行立面和上下环板焊接。为了校正座环在现场组装焊接、浇筑混凝土后的变形，制造厂提供一套现场加工的专用工具，对座环上下环板内圆、圆筒阀导轨进行加工以及对基础环平面、座环与顶盖连接的平面螺孔位置进行锪平和加工螺孔。座环上下环板与蜗壳之间设有300mm长的过渡板。

3. 蜗壳　蜗壳尺寸与模型完全相似，包括延伸段共分27节，采用国产B610CF调质钢板，在工地制作。蜗壳进口段上开设2个DN450的取水口。在偏－Y轴15°处设置一直径650mm的外开铰接式进人门。在蜗壳进口段最低高程处设有1个直径500mm的排水阀用于排出压力钢管和蜗壳内的积水。在蜗壳上游圆周段设置4个不锈钢测压计接头，以测量水轮机的净水头；在蜗壳末端设置2个不锈钢测压计接头，以测量蜗壳末端水压力；在蜗壳进口设置2个不锈钢测压计接头，以测量蜗壳进口压力脉动。

蜗壳采用上部外包弹性垫层的方式浇注混凝土。

4. 水轮机导轴承及冷却方式　水轮机导轴承为稀油自润滑，巴氏合金分块瓦楔子板支承的型式。设有10块轴瓦，轴承径向间隙0.3mm。在各种运行工况下轴瓦温度不超过65℃，油温不超过60℃；轴瓦能在90℃下长期运行，不烧瓦。导轴承油冷却器布置在轴承箱外的顶盖上。设置内置式油冷却器。

5. 圆筒阀　为了保护水轮机导水机构，减轻导水机构的空蚀和泥沙磨损，水轮机设置了圆筒阀。圆筒阀具有自关闭性能和动水关闭能力，可作为机组防飞逸的设施。圆筒阀外径10 004mm，内径9684mm，阀体厚160mm，阀体高2638.5mm，采用进口材料S355J0N制成，在上下密封区域，均堆焊有不锈钢层；阀体采用分半结构，分半面用螺栓连接表面封焊。在12个固定导叶上设有不锈钢导轨，在筒体相应处设有铜镍合金的不锈钢导向板。筒体与接力器采用M80超级螺栓连接。圆筒阀上下密封采用特殊形状的橡胶密封环，密封件用不锈钢压板固定在底环和顶盖上。筒体下部形状由模型试验确定，具有较强的自关闭能力。

圆筒阀采用6个直缸接力器操作，额定油压为6.3MPa，关闭时间60～90s可调。接力器采用电液同步装置，将同步传感器植入接力器中，使6个同步传感器协联，采用数字控制原理，将6个接力器的垂直相对位置传输给控制系统，再由控制系统根据早已设定的范围要求，通过调整各个接力器油液流速来调整各个接力器的相对移动速度，进而防止筒阀垂直开闭过程中的卡阻现象发生。

（中国水电顾问集团昆明勘测设计研究院　曾镇铃）

董箐水电站水轮机选型及辅助设备的设计与选用

（一）概况

董箐水电站位于贵州省镇宁县与贞丰县交界的北盘江中下游河段，为北盘江干流梯级的第三个电站。电站下游尾水与龙滩电站水库衔接，尾水水位变幅较大，变化范围为366.5～402.5m。电站开发的任务“以发电为主，航运次之，兼顾其他”，建成后在系统中主要担任发电、调峰、调频和事故备用。

电站基本参数见表1。水轮发电机组及辅助设备于2008年6月全部完成招标，于2008年12月底完成大部分施工详图设计。

表 1 董箐水电站基本参数

序号	项 目	单位	近期接龙滩 375m	远景接龙滩 400m
1	正常蓄水位	m	490	490
2	死水位	m	483	483
3	装机容量	MW	4×220	4×180
4	最大水头	m	124.5	124.5
5	最小水头	m	106	81
6	加权水头	m	117.3	95.6
7	额定水头	m	108	94
8	多年平均发电量	亿 kW·h	30.26	24.76
9	装机年利用小时	h	3439	2814
10	保证出力	MW	172	140
11	厂房校核洪水尾水位	m	387.50	402.53
12	厂房设计洪水尾水位	m	386.75	401.86
13	正常尾水位	m	369.06	369.0

（二）水轮机选型

1. 水轮机选型方案 水轮机选型设计拟定以龙滩近期库水位 375m 为依据，同时兼顾龙滩远景库水位 400m 运行。针对董箐电站的高尾水变幅特点，考虑以下 3 个方案的机组选型：①方案 1：近期、远景机组采用同一转轮同一转速；②方案 2：近期、远景机组采用同一转速，远景更换转轮；③方案 3：近期、远景机组采用同一转轮，远景改变转速。

2. 各方案设想的原型水轮机参数分析 各方案的原型水轮机主要参数见表 2。经分析比较，最终选定方案一“近期、远景机组采用同一转轮同一转速”作为董箐电站机组选型首选方案，水轮机型号为 HL227-LJ-500，额定水头为 108m，转速为 n_r = 166.7r/min。

表 2 各方案的原型水轮机主要参数比较表

序号	项 目	方案 1		方案 2		方案 3	
		近期、远景机组采用同一转轮同一转速		近期、远景机组采用同一转速，远景更换转轮		近期、远景机组采用同一转轮，远景改变转速	
		近期	远景	近期	远景	近期	远景
1	水轮机型号	HL204(227)-LJ-500		HL199-LJ-510	HL210-LJ-510	HL218-LJ-515	
2	转轮进口直径 D_1(mm)	5000		5100	5100	5150	
3	转轮出口直径 D_2(mm)	4996		4857	4857	5045	
4	额定水头(m)	108.0	94.0	108.0	94.0	108.0	94.0
5	额定转速(r/min)	150(166.7)		150		166.7	150
6	额定出力(MW)	224.5	183.7	224.5	193.9	224.5	193.9
7	额定效率(%)	90.7(91.6)	90.9(91.5)	94.0	94.0	92.1	87.6
8	最高效率(%)	95.9	95.9	95.79	95.86	95.83	95.85
9	额定流量(m^3/s)	233.6(231.3)	219.1(217.7)	225.36	233.43	230.01	245.19
10	额定点单位流量(L/s)(对应 D_2)	899(890)	904(898)	834	936	870	1004
11	额定水头、额定出力时的比转速(m—kW 制)	204.1(226.9)	219.6(244.1)	204.1	231.8	226.9	231.8
12	额定水头、额定出力时的比速系数 K	2121(2358)	2129(2367)	2121	2247	2358	2247
13	最高效率点对应的水轮机出力(MW)	216.2	157.5	205.6	165.2	230.1	164.7
14	允许的吸出高度(m)	−6.0	−6.0	−5.5	−6.0	−5.5	−5.5
15	预计加权平均效率	较高	较高	较高	较高	较高	较高
16	运行范围	较好	较好	好	较好	好	好
17	预期的稳定性	好	好	好	好	好	好
18	预计机组投资(相对值)	100%		120%		135%	
19	叶道涡情况	高水头约 50%额定负荷以下存在叶道涡		高水头约 85%额定负荷以下存在叶道涡		高水头约 55%额定负荷以下存在叶道涡	

注 方案 1 括号内数值为 166.7r/min 转速方案参数。

3. 水头变幅的分析及运行区域的选取

(1) 电站的水头比值如下：

近期：$H_{max}/H_{min}=1.175$；$H_{max}/H_p=1.061$；$H_{max}/H_r=1.153$；$H_{min}/H_p=0.904$。

远景：$H_{max}/H_{min}=1.537$；$H_{max}/H_p=1.302$；$H_{max}/H_r=1.324$；$H_{min}/H_p=0.847$。

可以看出，电站近期水头变幅较小，四项比值指标均远小于统计值；远景水头总体 H_{max}/H_{min} 并不算很大，但 H_{max}/H_p、H_{max}/H_r 两项比值指标超过统计值。

(2) 根据水头变幅和运行工况，可将混流式水轮机的综合特性曲线分为最佳、可以运行和不宜运行三个区：①最佳运行区：$n'_{Hmax}\geqslant 0.95n'_{10}$，$n'_{Hmin}\geqslant 1.15n'_{10}$，$a_{0min}\geqslant 50\%a_{0max}$。②可以运行区：$n'_{Hmax}\geqslant 0.90n'_{10}$，$n'_{Hmin}\leqslant 1.25n'_{10}$，$a_{0min}\geqslant 40\%a_{0max}$，需采取补气和稳流措施。③不宜运行区域的范围为超出上述可以运行范围以外的区域，因效率低、空蚀严重及稳定性能差，为不宜运行区域。其中：n'_{Hmax}为最大水头对应的模型单位转速；n'_{10}为模型最优单位转速；n'_{Hmin}为最小水头对应的模型单位转速。

4. 高尾水变幅对水轮机稳定运行的影响　水轮机吸出高度对空化的影响可以用装置空化系数与水轮机模型临界空化系数的比值 K 来表示。研究发现，在 $K=1$ 时、在靠近下环处叶片进水边后的破坏最严重，随着 K 的增加，空化破坏逐渐减弱，当 $K=2.0\sim2.5$ 时，空蚀基本上完全消失。另外，较大的 K 值，还可以减小尾水管压力脉动值。

因此，当水轮机在大负荷且尾水位较低时，吸出高度足够，就不会对水轮机的稳定运行产生影响。随着吸出高度的减小（K 值的增加），尾水管压力脉动会有所减小。但当吸出高度减小到一定程度（一般为−8.0m以下）时，水轮机自然补气将受到明显的影响。

董箐电站在远景运行时，尾水位变幅约36m，此时在按近期选择水轮机安装高程的条件下，最小吸出高度约为−42m。虽然如此小的吸出高度在常规混流式水轮机中并没有遇到，但在抽水蓄能式机组中很常见。另外，吸出高度的大小可能影响水轮机的水推力和主轴密封及检修密封。为保证水轮机主轴密封及检修密封的安全、可靠性，在水轮机结构设计中按吸出高度的大小采取措施，并适当提高主轴密封及检修密封的备压。

综上所述，当选择了合理的安装高程后，高尾水变幅不会影响董箐水电站水轮机的稳定运行。

(三) 辅助设备的设计与选用

1. 水轮机进水阀　通过对筒形阀、事故快速门与蝴蝶阀三个方案的技术、经济比较，最终采用水轮机前安装筒形阀、引水系统进水口安装事故检修门方案。

2. 主厂房起重设备　根据机组台数和机电设备起吊最重件重量，主厂房选用1台2×300t/50t跨度为19.5m的大桥机。另外，考虑到卸货需要，在装卸场设置1台100t/20t跨度为19.5m的小桥机。

3. 油、气、水及量测系统

(1) 透平油系统：董箐电站单台机组总用油量约为41.95m^3，透平油系统选用2个25m^{3}净油罐、2个25m^{3}运行油罐，配置3台2CY-9/3.3-1型齿轮油泵、1台ZJCQ-6型透平油过滤机、1台LY-100型压力滤油机。

(2) 绝缘油系统：董箐电站单台主变用油量约为51m^3，绝缘油系统配置2台CY-8/3.3-1型齿轮油泵、1台ZJB9KF高真空净油机、1台LY-150型压力滤油机。

(3) 中压气系统：董箐电站调速器及筒形阀油压装置额定油压为6.3MPa，根据油压装置用气量并保证压缩空气质量，降低压缩空气的相对湿度，采用8.0MPa空压机经冷冻干燥后，向贮气罐供气，贮气罐后配置1个气水分离器，选用2台排气压力为8.0MPa、排气量为2.0m^3/min的中压空压机，2个工作压力为6.4MPa、容积为3.0m^{3}的贮气罐。

(4) 低压气系统：董箐电站一台机组一次制动用气量为50L，结合检修时机组吹扫用气量，制动系统选用排气压力为0.7MPa、排气量为3.0m^3/min的2台低压空压机（1台工作，1台备用），以及2个6m^{3}的贮气罐；吹扫系统选用排气压力为0.8MPa、排气量为3.0m^3/min的2台低压空压机（1台工作，1台备用）。

(5) 技术供水系统：董箐电站机组运行水头范围为81～124.5m，机组技术供水系统经过对自流减压供水、水泵供水、射流泵供水和水轮机顶盖取水四种供水方式的技术和经济比较，最终确定采用可靠的自流减压供水方式。每台机组（含主变压器）技术供水系统从压力钢管取水，经过1台DN400（DN250）滤水器和1台DN400（DN250）减压阀减压后，向机组各部位冷却器及主变压器空冷器提供冷却用水。

(6) 检修、渗漏排水系统：按龙滩库水位400m考虑，董箐电站检修排水系统设置3台$Q\geqslant680$m^3/h、$H\geqslant74$m的排水泵，机组大修时3台泵同时工作；渗漏排水系统设置3台$Q\geqslant450$m^3/h、$H\geqslant74$m的排水泵，2台工作，1台备用。

（中国水电顾问集团贵阳勘测设计研究院　赵明琴）

桐柏、泰安、宜兴、宝泉抽水蓄能电站发电电动机主要性能参数与结构特点

（一）桐柏发电电动机主要性能参数与结构特点

桐柏抽水蓄能电站位于浙江省天台县境内，电站装机容量1200MW。利用世界银行贷款，4台单机容量300MW的水泵水轮机—发电电动机组采用国际招标方式进行采购，合同授予VA TECH联营体。2006年5月第一台机组投入商业运行，2006年12月最后一台机组投入商业运行。其发电电动机主要参数见表1。

表1　发电电动机的主要性能参数

项　目	技术参数	
	发电工况	电动工况
额定容量	334MVA	336MW
额定功率因数	0.9（滞后）	0.975（超前）
额定转速（r/min）	300	
额定效率（%）	不小于98.57	不小于98.70
额定电压（kV）	18（1±5%）	
短路比	0.93	
飞轮力矩(GD^2)(t・m²)	不小于11 100	
绝缘等级	定、转子绕组均为F级	

该发电电动机的主要结构特点：

1. 定子　定子机座、铁心及绕组采用在现场安装场组装叠片、下线的整圆叠装结构，然后整体吊入机坑。铁心采用厚0.5mm，单位铁损为小于1.1W/kg（50Hz，磁通密度$B=1$T时）的优质冷硅钢片。铁心内径6500mm，高2630mm。定子绕组采用双层、叠绕，每相为4分支绕组构成，定子槽数为300槽。

2. 推力轴承和导轴承　机组为半伞式结构。推力轴承及下导轴承为组合轴承，布置在下机架中心体内。推力轴承推力轴瓦共16块，采用弹性支撑结构。推力轴承油冷却系统采用镜板泵外循环方式。下导轴承16块瓦，采用油浸式、自循环、分块瓦可调式结构。

3. 发电电动机通风冷却方式　发电电动机通风冷却系统采用无外加电动风机的双路径向通风方式，每台机组转子上下端部设置固定风扇叶片。设计风量为110m³/s。设计冷却容量3704kW。

4. 制动停机系统　发电电动机采用机械制动和电气制动两套制动系统。正常制动停机时，两套装置联合使用，并允许单独使用电制动或机械制动。

5. 灭火系统　发电电动机采用水喷雾灭火方式。

（二）泰安发电电动机主要性能参数与结构特点

泰安抽水蓄能电站位于山东省泰安市，电站装机容量1000MW。利用日本协力银行贷款，4台单机容量250MW的水泵水轮机—发电电动机组采用国际招标方式进行采购，合同授予Voith-Siemens-Fuji联营体。Siemens-Fuji提供发电电动机及其附属设备。2006年7月第一台机组投入商业运行，2007年6月最后一台机组投入商业运行。其发电电动机主要参数见表2。

表2　发电电动机的主要性能参数

项　目	技术参数	
	发电工况	电动工况
额定容量	278MVA	274MW
额定功率因数	0.9（滞后）	0.975（超前）
额定转速（r/min）	300	
额定效率（%）	不小于98.59	不小于98.73
额定电压（kV）	15.75（1±6%）	
短路比	0.90	
飞轮力矩（GD^2）（t・m²）	7745	
绝缘等级	定、转子绕组均为F级	

该发电电动机的主要结构特点：

1. 定子　定子机座、铁心及绕组采用在现场安装场组装叠片、下线的整圆叠装结构，然后整体吊入机坑。铁心采用厚0.5mm的优质冷硅钢片。铁心内径6000mm，高2400mm。定子绕组采用单匝叠绕，每相为4分支绕组构成。

2. 推力轴承和导轴承　机组为半伞式结构。推力轴承及下导轴承为组合轴承，布置在下机架中心体内。推力轴承推力轴瓦共10块，采用蝶形弹簧支撑结构。推力轴承油冷却系统采用镜板泵外循环方式。上导轴承16块瓦，采用油浸式、自循环、分块瓦可调式结构。

3. 发电电动机通风冷却方式　发电电动机通风冷却系统采用无外加电动风机的径向通风方式。每台机组转子上下端部设置固定导风叶片。设计风量为72.8m³/s。

4. 制动停机系统　发电电动机采用机械制动和电气制动两套制动系统。正常制动停机时，两套装置

联合使用，并允许单独使用电制动或机械制动。

5. 灭火系统　发电电动机采用水喷雾灭火方式。

(三) 宜兴发电电动机主要性能参数与结构特点

宜兴抽水蓄能电站位于江苏省宜兴市，电站装机容量1000MW。利用世界银行贷款，4台单机容量250MW的水泵水轮机—发电电动机组采用国际招标方式进行采购，合同授予GEHydro联营体。2008年4月第一台机组投入商业运行，2008年12月最后一台机组投入商业运行。其发电电动机主要参数见表3。

表3　发电电动机的主要性能参数

项　目	技术参数	
	发电工况	电动工况
额定容量	278MVA	275MW
额定功率因数	0.9(滞后)	0.98(超前)
额定转速(r/min)	375	
额定效率(%)	不小于98.8	不小于98.94
额定电压(kV)	15.75(1±7.5%)	
短路比	0.95	
飞轮力矩(GD^2)(t·m²)	5500	
绝缘等级	定、转子绕组均为F级	

发电电动机的主要结构特点：

(1)定子：定子机座、铁心及绕组采用在现场安装场组装叠片、下线的整圆叠装结构，然后整体吊入机坑。铁心采用厚0.35mm的优质冷硅钢片。铁心内径5400mm，高2600mm。定子绕组采用双层、叠绕，每相为4分支绕组构成，定子槽数为264槽。

(2)推力轴承和导轴承：机组为悬式结构。推力轴承及上导轴承为组合轴承，布置在上机架中心体内。推力轴承推力轴瓦共10块，采用预压应力多弹簧支撑结构。推力轴承油冷却系统采用镜板泵内循环方式。下导轴承10块瓦，采用油浸式、自循环、分块瓦可调式结构。

(3)发电电动机通风冷却方式：发电电动机通风冷却系统采用无外加电动风机的径、轴向混合通风方式。每台机组转子上下端部设置固定导风叶片。设计风量为82.8m³/s。

(4)制动停机系统：发电电动机采用机械制动和电气制动两套制动系统。正常制动停机时，两套装置联合使用，并允许单独使用电制动或机械制动。

(5)灭火系统：发电电动机采用水喷雾灭火方式。

(四)宝泉发电电动机主要性能参数与结构特点

宝泉抽水蓄能电站位于河南省辉县市，电站装机容量1200MW，装设4台单机容量为300MW的立轴单级混流可逆式抽水蓄能机组。主机及主要附属设备通过国家发展改革委的捆绑招标、技术引进方式确定由法国ALSTOM联营体供货和调试。1号机组计划于2009年6月正式投入商业运行。其发电电动机主要参数见表4。

表4　发电电动机的主要性能参数

项　目	技术参数	
	发电工况	电动工况
额定容量	334MVA	315.4MW
额定功率因数	0.9(滞后)	0.975(超前)
额定转速(r/min)	500	
额定效率(%)	98.72	不小于98.82
额定电压(kV)	18(1±5%)	
短路比	1.02	
飞轮力矩(GD^2)(t·m²)	3750	
绝缘等级	定、转子绕组均为F级	

该发电电动机的主要结构特点：

1. 定子　定子机座采用3分瓣结构，现场组圆；铁心及绕组采用在安装场叠片、下线的结构，然后整体吊入机坑。铁心采用厚0.35mm，单位铁损为2.1W/kg（50Hz，$B=1.5$T时）的优质冷硅钢片。铁心内径4670mm，高2930mm。定子绕组采用双层、叠绕，每相为3分支绕组构成，定子槽数为171槽。

2. 推力轴承和导轴承　机组为悬式结构。推力轴承设置在转子上方的上机架内，推力轴瓦共12块，采用纺锤式的单点支撑结构。导轴承为自润滑、油浸式、分块瓦可调结构。上导轴瓦为12块，下导为8块。推力及导瓦均采用巴氏合金瓦。推力及上导轴承油冷却系统采用外加泵外循环方式；下导轴承采用内循环冷却方式。

3. 发电电动机通风冷却方式　发电电动机采用无外加电动风机的径向通风方式。每台机组转子上、下端设置固定导风叶片。定子铁心及转子磁轭中均设计有径向通风槽。

4. 制动停机系统　发电电动机采用机械制动和电气制动两套制动系统。正常制动停机时，两套装置联合使用，并允许单独使用电制动或机械制动。

5. 灭火系统　发电电动机采用水喷雾灭火方式。

（中国水电顾问集团华东勘测设计研究院　赵政　时雷鸣）

龙滩机电设备的新技术、新工艺及国产化

2008年，龙滩4～7号机组分别比国家批准工期提前14～18个月投产发电，创造了700MW机组“一年四投”、“一月双投”的新纪录，全面实现了“即投产、即稳定、即盈利”的目标。龙滩375m方案建设工程提前竣工，工程提前一年发挥整体效益。龙滩机电设备在国内开创了700MW巨型机组采用全空冷冷却方式、700MW全空冷机组设备国产化、巨型转轮工地制造的先河，500kV高压电缆部分国内制造打破了由国外垄断的局面。

（一）大件设备工地制造或组装

（1）龙滩水电站地处边远高山地区，转轮这样的超重超大件（转轮最大直径8051mm，总高度4250mm，重量259t），整体运输不仅费用十分昂贵，而且运输环节繁复，制约因素多，工期难以保证；采用分半组焊转轮又存在很多弊端，不宜采用。经过反复考察、论证，最终决定龙滩转轮采用工地整体制造的模式。工地制造转轮既解决了转轮的运输难题，节省了成本，又可更直接控制转轮制造的质量和工期。为达到工厂制造转轮的质量控制标准，龙滩工程开展了相关技术研究，实现了700MW级转轮工地制造。龙滩成为世界上首个700MW级转轮工地制造的巨型水电站。广西壮族自治区科技厅在北京组织召开了“巨型水轮机转轮工地制造”项目科技成果鉴定会。鉴定委员会由包括中国科学院、中国工程院院士的来自全国的15名专家组成。鉴定委员会听取了研究成果汇报，认真审查了课题组提供的有关技术资料，认为龙滩巨型转轮工地制造的研究成果对巨型、大型混流式水轮机转轮工地制造技术的发展起着重大的推动作用，尤其对我国西南地区水电的开发有着特殊的技术经济意义，鉴定委员会一致认为，该项研究成果总体上达到国际领先水平。

（2）龙滩水电站蜗壳、压力钢管、尾水管的直径大、数量多，主机厂离工地距离远，运输条件差，如果这些结构件按传统习惯在制造厂加工成瓦片后供货到现场组拼，根据目前龙滩工程的运输能力和制造厂任务情况，不但需要花费大量的运费和进行工厂催交，而且，瓦片运到工地后仍要进行现场组拼。为此，龙滩工程把蜗壳、尾水管、钢管等大尺寸金属结构件全部安排在工地进行生产，这样既节省了运费，又保证了交货进度和产品质量，并且在工地还可以进行扩大单元制作，减少现场安装的工作量，有利于加快施工进度。

（3）对于容量达788MVA的主变压器，考虑到地下厂房开挖布置的难度和解决整体三相变压器无法运输的难题，龙滩工程采用分相运输在安装现场进行整体组合，节省了运输成本，直接降低了设备价格。

（二）设备本身的新技术、新工艺

1. 700MW水轮发电机首次采用全空冷冷却方式

由于龙滩700MW级水轮发电机组是世界上该级别机组首次采用全空冷冷却方式，这给水轮发电机组制造提出了一道很难的课题。为此，在发电机的设计制造中各方密切协作，建立了大比尺模型并进行多次多项反复试验，不断为合理选取发电机参数创造条件。通过不断的实验和优化，最终成功地将定子铁心高度降为3.3m，从而减小了发电机的制造难度。而在发电机电磁设计和结构设计以及推力轴承设计中，也均采用当今世界最先进的技术成果，使得龙滩电站发电机设计制造技术在哈电已有成功经验的基础上，又迈上了一个新的台阶。龙滩全空冷机组投运已两年多，水库蓄水位也已达到375m方案建设工程设计高程，所有机组发电容量均达到700MW，发电机组运行良好。

2. 500kV主变压器技术创新与突破点　龙滩水电站的厂房为全地下式厂房，空间狭小，选择了SSP-H-780000/500型三相组合式变压器。该变压器布置紧凑，并在关键技术与工艺方面有创新与突破：

（1）三相之间的连接。三个单相变压器组合成一台三相变压器，高压套管在单相变压器引出，三个单相变压器的中性点通过低压通道连接成一个中性点，这样可以将三相的中性点简化为一个中性点，相应地可节约产品成本。

（2）现场安装精度。高压出线与GIS相连，低压通过一个共用的低压通道与封闭母线连接，设计采用每个单相的GIS套管与变压器之间通过波纹管连接，这样三相组合的变压器在高度方向及长度方向上尺寸都可以进行调整，解决了现场安装的精度问题。

（3）防止局部过热。因主变压器容量达780MVA，低压电流达到25 000A以上，为控制低压大电流引线所产生的交变磁场在变压器金属结构件上产生局部过热，在设计、制造和后期处理方面，采取了一系列措施：运用先进的技术手段，进行计算机的仿真和模拟，以优化设计；主变压器低压通道所有钢质结构件均采用低磁钢，紧固件采用不锈钢材质；在通道内部加装了电磁屏蔽，有效地控制了漏磁，消除了局部过热现象；低压通道安装了冷却油管，直接与冷却器的进出油管路相连，起到很好的冷却效果；在主变压器低压通道翼板部位焊接厚20mm、宽200mm的低电阻率铜板，以旁路钢材质翼板的发热电流、降低功耗、改善散热效果等。

500kV/780MW三相组合式强迫油循环水冷变压器是迄今为止国内外首次投产容量最大、电压等级最高的三相组合变压器。该型变压器在龙滩水电站的成功应用，验证了国内企业在变压器领域的自主创新能力，同时对国内后续水电项目的变压器设计、制造及应用有一定的推广意义。

3. 龙滩水电站封闭母线特点

（1）三相导体分别密封在独立的铝外壳内，在两端把三相外壳用铝板焊接起来，形成全连式离相封闭母线；三相外壳由于电磁感应产生环流，其电流值约等于导体电流但方向相反，这就使壳外磁场大部分消失，稳定地解决了附近钢构件发热并大大减轻了导体及外壳的电动力。

（2）发电机接口首次采用通风屏蔽罩结构，同时在屏蔽罩外侧和离相封闭母线本体跨接铜编织线，成功地解决发电机接口周围钢构件发热与散热的问题。

4. 龙滩水电站500kV XLPE绝缘电缆特点　龙滩水电站500kV高压电缆生产厂家为法国雪力克及国内保丰电缆集团。其中1～5号机组为法国雪力克生产，6、7号机组为国内保丰电缆集团生产。

（1）龙滩水电站的竖井落差高度为100m，雪力克据此采用特别的设计，保证电缆不产生滑落，使其安全地在高落差竖井运行。

（2）电缆外护套采用有专利的凹槽型，为挤压成型，双层PE加低烟阻燃材料，能有效阻燃，满足防火要求。

（3）竖井电缆的金属屏蔽由铝线及平滑铝构成，此结构能减轻电缆重量，更适合用于电缆竖井，同时平滑铝金属护套亦能减低电缆损耗，散热性能高。

（4）雪力克采用的全干式终端头，具有更高的介电强度，没有火灾、爆炸危险，不需任何维护，而且安装方式可采用水平、垂直或倒装。

（5）龙滩工程GIS终端的平洞竖井位置比较窄，电缆安装空间较小，雪力克采用的平滑铝金属护套有较小的弯曲半径，满足了现场安装条件的要求。

（6）随着龙滩水电站6号机组的正式投产，第一回国产的500kV等级高压电缆也相应正式带电投运。这标志着国产500kV电缆制造技术实现了重大突破，是中国电力史上的一个重要里程碑，实现了依托大型骨干工程，引进、消化、吸收国外先进技术，推动我国重要装备技术创新及国产化的国家战略目标。

5. 龙滩水电站计算机监控系统技术特点

（1）开出重漏选技术。龙滩电厂计算机监控系统每套LCU内均配置了南瑞公司的专利产品：DOP-1型开出保护技术。采用该技术后，在任意时刻，所有参加开出保护的开出点只可以有一点动作，不参加保护的输出点可以有多点同时动作；当参加保护的开出点未经允许有2点或2点以上同时动作时，重漏选保护动作，参加开出保护的所有继电器均不能动作，从而起到了开出保护作用。在经过DOP-1型输出保护的硬闭锁和PLC控制程序中的控制使能软闭锁的双重保护闭锁下，一切非正常的输出都无法启动监控系统的控制输出中间继电器，使龙滩电厂现地控制单元的可靠性得到了真正的提高。

（2）PLC与上位机通信连接技术。龙滩电站监控系统全厂测点共43902点，机组LCU与上位机通信的信箱的长度达到了817字，远远超过普通电站单台机组上送信息的长度。为保证通信正常可靠，监控系统采用Client/Server模式和媒体流相结合的方式，协同事件驱动机制，实现了特大型厂站/集控中心监控系统实时性和可靠性的完美统一。具体采用的技术有：数据分组技术、媒体流处理技术、事件驱动技术、通信请求批量处理技术。

（3）独立的测温LCU配置。龙滩电站测温系统由原有的远程I/O模式改进为一套完全独立的LCU系统模式，拥有独立的CPU、网络设备及触摸屏，与上位机系统通过网络直接通信，温度保护出口通过输出节点送至主、备PLC。此配置具有数据传送速率快、本体PLC的CPU负荷率低等优点，提高了机组运行的安全性。

（4）数据采集和处理中的可靠性措施。为加强龙滩电站计算机集控系统数据采集和处理的可靠性，采取以下措施：①所有的控制开出动作均有事件记录和硬件输入变位记录；②水机保护PLC通过MB＋网络接入主PLC；③实发功率测量采用变送器和交采两路输入，互为冗余备用；④有功/无功具备三种调节功能，均可以通过脉冲、通信和模出方式进行调节。

6. 龙滩水电站机组保护技术创新与突破点　基于RCS-985系列保护高性能硬件平台，实现了不受机组运行工况影响的高性能发电机注入式定子和转子接地保护。RCS-985新型注入式定子接地保护首次采用了安全电流限制技术、精确回路补偿技术以及辅助电源一体化设计等多项关键技术，实现了高灵敏的100%定子接地保护。该保护在龙滩水电站的成功运用，打破了国外保护在这一领域的技术垄断，为国产大型水电机组的安全稳定运行提供了可靠保障。RCS-985新型注入式转子接地保护首次采用了自适应有源切换技术、注入式原理接地故障定位技术等多项关键技术，克服了进口保护受RC轴电压专用吸收回路影响可能引起误动的缺陷，实现了高灵敏的100%转子接地保护。在龙滩水电站转子励磁负极接地时曾正确报警，并指示接地位置，与设计完全相符，满足了龙滩水电站机组的安全、稳定运行。

（三）机电设备安装调试实现了高质量、高速度

1. 依靠科学，采取多项优化措施

(1) 龙滩1～3号机组进水口压力钢管为全段钢衬，4～9号机组压力管道的上下两段钢衬，中间段是混凝土衬砌的；原设计每台机组压力管道均设有伸缩节，经优化后保留前三台机组伸缩节，后六台伸缩节取消。这两项优化不仅每台机节省三千多万元投资，且节省了伸缩节制造安装工期，为大坝提前浇筑至坝顶创造了条件。

(2) 在姚里沟建设了转轮加工厂，布置转轮组装、焊接、翻身、加工、热处理五个工位，配置退火炉、焊接设备、300t桥机、立车等设备，现场加工转轮不仅解决了运输困难，并且业主可对质量进度进行更直接的管理。

(3) 在姚里沟建设了大型金属结构制造车间，后期在雷公滩增设一个钢管制造车间，解决了钢管运输的瓶颈及钢管安装与大坝混凝土浇筑的矛盾。同时机组蜗壳、肘管、机坑里衬等埋件利用姚里沟金属结构制造厂进行现场制造，节省了运输费用，保证了现场拼装质量及进度。

(4) 在厂房工位的布置上，除安装间场地外，在400m建设方案的9号机坑搭设施工平台，作为定子组装场地，混凝土浇筑至定子基础的，定子组装可在本机坑进行，这样几台定子可同时组装；制造两套封闭洁净的定子组装下线工棚，订购两套组装下线工具，确保定子组装下线的质量及进度；这些措施极大地缓解了安装工位的紧张，解决了多台机组多个施工单位同时施工的场地矛盾，为龙滩工程“一年三投”、“一年四投”创造了条件。

(5) 在蜗壳探伤因射线作业与土建混凝土浇筑出现干扰时，投入资金制造铅屏蔽，防止射线对施工人员身体造成伤害，保证了工程进度。

(6) 在机电预埋阶段，为解决土建与机电桥机的使用矛盾，在主厂房两台2×500t桥机基础上，新安装一台30t桥机，机电安装监理负责协调各承包商对桥机的使用时段。

(7) 为确保水轮机与发电机大轴连接垂直度，提前在其他工位对水发大轴试连，发现问题及早进行处理，避免转轮连轴吊入机坑后，水发大轴连轴缺陷处理困难及对工期的影响。

2. 机组安装调试实现了高质量高速度

由于哈尔滨电气集团公司和中国东方电气集团公司（包括上海福依特西门子）首次承担700MW机组的制造和供货，在设计和工艺上均存在诸多困难。为了解决这些困难，确保龙滩机组设备的高品质，龙滩公司发挥业主强有力的领导核心作用，组织各方加强沟通、密切配合，解决工作中遇到的每一个难题。龙滩机组的定子安装难度大，定子铁心高度居国内之最，从定位筋、齿压板安装，到冲片叠装、压紧、磁化试验以及下线、接头焊接等，经过认真研究，创造了一套有效的安装方法，龙滩机组设备的安装质量达到很高水平。龙滩机电安装成果《700MW全空冷式水轮发电机组安装技术研究》获2008年中国电力科技进步二等奖。

龙滩电站的机组在启动试运行过程中严格按规程规范规定的项目进行调试，尽管试验项目多、实验程序复杂，但由于设备制造和安装质量较高、安装试验单位经验丰富，机组从首次启动到完成72h试运行后正式投产发电比较顺利，用时较短，最快的一台机组只用了10天时间就完成了从启动到正式商业运行的全部工作。在始终只有一个工作面、一个垂直供货商的情况下，龙滩工程2007年投产3台机，2008年投产4台机组，实现了机组安装的高速度。

（龙滩水电开发有限公司　杨振先　戴金芬　杜晓彬）

龙滩水电站700MW全空冷式水轮发电机组安装综述

龙滩水电站是红水河上一个具有防洪、发电、航运等作用的特大型水电工程。电站设计安装9台700MW全空冷式水轮发电机组，首期安装7台。机组均安装于世界最大的地下厂房内，单机容量同三峡电站水冷式发电机组并列全国第一，同时也是世界上最大容量的全空冷式水轮发电机组。其主要制造商均为国内厂家，发电机为哈尔滨电机厂生产，水轮机由东方电机和VSS联合制造。

（一）结构特点

龙滩水电站水轮机为立轴混流式，转轮名义直径7.90m；最大水头179m，最小水头97m，额定水头140m；额定转速107.1r/min，飞逸转速214r/min，比转速188.0（m-kW制）；额定出力714MW，最大出力790MW；额定流量531m^3/s，旋转方向为俯视逆时针，单台总重约2255t。

龙滩水电站发电机为立轴半伞式，额定容量777.8MAV，额定出率700MW；额定电压18kV，额定转速107.1r/min，额定功率因数0.9；飞轮力矩220 000t·m^2，推力轴承负荷约31 000kN，采用全密闭循环空气冷却，单台总重约3028t。

龙滩机组的主要结构特点如下：

1. 蜗壳　平面尺寸为25.4m×22.45m，进口尺寸ϕ8700mm。每台套重约523t(不含内支撑)，共36节，单节最大尺寸：8700mm×3161mm，单节最大重量40t(不含内支撑)。蜗壳材质为SUMITEN 610F

高强度低合金调质钢，母材最大厚度为74mm，最小厚度为31mm。蜗壳设计为在不考虑与混凝土联合受力的条件下，单独承受最大内压（含水锤压力），蜗壳上半部外表面设置弹性垫层，同时设置排水的设施。

2. 座环　共分4瓣到货，在工地进行组装、安装。座环最重一瓣带大舌板和蜗壳鼻端，总重约为68t，其他各瓣重约55t，组焊后总重量约为235t。座环本体最小内径为ϕ8010mm，最大外径为ϕ11 920mm，总高约3400mm，分别由上下环板、固定导叶、上下过渡板、底环基础板、上下基础环桶、大舌板、蜗壳鼻端、座环钢支墩和导流板等部件组成。上、下环板厚200mm，材质为HITEN610-Z35。

3. 转轮　总重260t，转轮D_{1a}为7906mm，最大直径8082mm，总高5278mm。转轮采用X形叶片，共13张，单张叶片重量为10 265kg。转轮上冠、下环及叶片均采用马氏体不锈钢ASTM A743 CA6 NM。由于运输条件限制，合同规定龙滩700MW水轮机的转轮在现场建设车间进行制造，上冠、下环及叶片分件运至工地转轮车间进行组焊、热处理、精加工、静平衡等工序后运至厂房安装。

4. 导水机构　包括底环、顶盖、导叶、导叶传动机构、导叶端面密封、抗磨板等部件。底环、顶盖各分两瓣到货，底环组装后总重约45.5t，最大直径为9790mm，沿圆周布置24个导叶下轴套；顶盖组装后总重约198t，最大直径为10 200mm。顶盖内设有导叶安装的上轴套和中轴套。导叶高度为1798.8mm，不锈钢整体铸造结构，同时采用剪刀形立面间隙设计，有助于导叶开启。导叶设三个支撑轴颈，轴承为自润滑材料，分别置于底环和顶盖上的导叶轴孔内。

5. 定子　机座主要由16个斜立筋、8层环板组成，机座在圆周方向分为6瓣运至工地进行组圆焊接；机座外径18 441mm，高6205mm，总重约120t。定子冲片由0.5mm厚的V250-50无取向硅钢片冲制而成，铁心叠装高度为3300mm，内径15 000mm，外径16 090mm，重约492t。定子铁心沿轴向共分布70个径向通风沟，通风沟高度6mm，每段铁心高40.5mm；上、下齿压板均采用非磁性压指，下齿压板留10mm工地配加工余量，到工地根据机座下环板的实际情况配加工余量，然后焊在机座下环板上。定子槽数为624，8并连支路，Y形连接，槽节距1-14-23。定子绕组采用双层条形波绕组，F级绝缘，绕组在整个定子铁心长度上采用333°换位，以减小股线在槽部漏磁场中不同位置产生循环电流而引起的附加损耗和股线间温差。定子嵌线时，定子线棒包半导体无纺带，电气自粘带和半导体硅橡胶，使线棒与槽配合紧密，消除电晕对绕组绝缘的腐蚀。槽楔下垫0.1～1.5mm不同厚度垫条，槽楔包括主槽楔和副槽楔，在主槽楔和副槽楔之间垫波纹板，在工地打紧副槽楔。定子线棒上端有一道端箍，下端有两道端箍，端箍无支架支撑，用ϕ50mm玻璃丝绳注复合树脂固化而成。

6. 转子　转子支架为斜立筋圆盘式焊接结构，分为1个中心体和7个外环组件在工地组焊成整体。在工地组焊成整体时没有环焊缝。转子支架共有28个主立筋和副立筋，副立筋有10mm的工地配加工余量，根据转子支架在工地焊接的实际情况加工副立筋，然后装焊在主立筋上，从而保证副立筋上的键槽与磁轭键槽对应精确。磁轭由上下压板、冲片和拉紧螺杆、螺母等组成。磁轭与转子支架采用径向、切向复合键连接结构，径向键为凸键，用垫片调节热打键紧量，磁轭的分离转速为1.4倍额定转速。切向键为两个小键，它可以补偿支架立筋键槽与磁轭之间的公差。发电机采用无风扇结构。为保证磁轭的通风，在磁轭叠片时沿圆周方向每层形成19个12mm×230mm的径向通风隙，通风隙沿整个磁轭表面均匀分布。磁极键采用成对的锯齿形结构，由2mm厚的NKHA780钢板冲制而成，用螺栓把合成整体，这种磁极键斜率大，适合长铁心磁极，打键容易。发电机采用旋转挡风板，挡风板的材料是环氧酚醛玻璃布板，分别挡在极间和极靴处，这种挡风板结构安装简单，调整气隙方便。

7. 轴承　推力轴承布置在下机架中心体上部，共有18块推力瓦。推力瓦由薄瓦和厚瓦组成；薄瓦有4mm厚的钨金层，通过一些不同直径和不同弹性的垂直销钉支撑在厚瓦上。发电机组推力负荷为36 000kN。每块推力瓦的平均压力4.52MPa，最小油膜厚度45μm。推力轴承支撑包括托盘、压缩柱及锥形支座等部件。托盘位于厚瓦与压缩柱之间，压缩柱顶面是球面，中间通过一段M120的螺纹与锥形支座相连。压缩柱中心加工有ϕ7.5mm的通孔，里面装有测量杆。推力轴承采用外加泵外循环润滑冷却系统。在下机架支臂处布置6个油冷却器，润滑冷却系统有2个油泵，一个运行，一个备用。推力轴承设高压油顶起系统。

导轴承由导轴承瓦、滑转子、油冷却器及油密封系统等部件组成。上导轴承布置在上机架中心体内，下导轴承布置在下机架中心体内。上导轴承有16块巴氏合金瓦，下导轴承有12块巴氏合金瓦。导轴承为自润滑内循环系统，采用半环式油冷却。导轴承瓦的支撑为键支撑结构，键留有加工余量，导瓦与滑转子的间隙通过测量并配加工键的厚度来保证。

8. 通风冷却方式　发电机采用密闭自循环径向

双路端部回风无风扇的通风系统，即定子铁心、定子绕组及转子绕组均为空气冷却。在定子机座外壁均匀地分布 16 个空气冷却器。每个空气冷却器的容量是 720kW。

9. 轴线结构　发电机主轴采用锻钢 20SiMn，下法兰与水轮机轴连接，利用 22 个销钉螺栓连接，法兰分界面高程为 221.7m。上部与转子支架连接。转子支架与主轴在工地连轴检查后同镗，用 21 个连轴螺栓和定位套筒连接。顶轴由锻钢 20SiMn 制成，下法兰与转子支架连接，在顶轴的上部安装集电环。上导滑转子热套在顶轴上，在上导滑转子和顶轴之间设有绝缘，防止轴电流。

（二）机组安装主要技术方案

1. 水轮机安装　水轮机安装主要包括埋件安装、座环工地加工、导水机构预装、转轮连轴吊装、导水机构安装调整、密封安装、水导轴承安装等步骤，安装过程中主要控制以下几个要点：

（1）埋件安装：为减少安装与混凝土施工的干扰，改善座环组装焊接条件，座环到货后根据现场条件安排在安装间进行组装、焊接，整体吊入机坑安装。蜗壳无损检测采用 100%超声波探伤后进行射线探伤的方式，射线探伤比例最初按照设计要求环缝 20%纵缝 100%进行，完成了 1 号机 2/3 以上射线探伤。因板材较厚，探伤采用的 γ 射线具有较强的辐射，对其他工作面施工影响较大，结合已完成射线检查结果，对射线探伤比例按照 GB 8564 进行了修正，将射线探伤比例改为环缝不少于 10%，纵缝不少于 20%，主要检查丁字、十字接头部位。在满足了施工质量的情况下，减少了地下厂房施工干扰。

（2）座环加工：主要控制点在于各法兰面的平面度和开裆尺寸，平面度主要通过调整工地加工铣床转臂的水平，在加工前回转一圈检查其轴向跳动不超过 0.10mm。在座环上下法兰之间开档尺寸控制上，综合考虑了导水机构各设备实际加工尺寸、设计端面总间隙、温度变化对部件尺寸的影响、水轮机设备安装后顶盖可能产生的下沉等综合因素，计算出现场所需加工尺寸。

（3）导水机构安装：根据龙滩导水机构设计特点，导叶立面间隙下部为 0，上部为 0.70mm；在安装过程中导叶立面存在较小的楔形间隙，最终通过压紧行程和充水后形变促使导叶立面完全密合；在间隙调整过程中，首先调整 24 片导叶底部间隙密合，再按斜率分段检查以上部位的间隙值，对不符合要求的部位进行精磨，以达到设计要求。通过施工过程中的精心调整，首台机组在充水过程中进行了导叶漏水量检查：在额定水头的一半时，导叶漏水量只有 37L/s，达到了理想的密封效果。

2. 定子组装

（1）根据龙滩电站地下厂房安装间场地狭窄、桥机起吊高度不足等特点，前两台机组定子组装均选择在二期建设的 9 号机尾水管高程搭设平台进行组装叠片，铁损试验完成后整体吊装至机坑安装就位下线。

（2）定子在组装时，9 号机坑叠片和本机坑下线均搭设了全密闭防护棚，在地下厂房湿度大、粉尘多的外部环境下，营造了有利的组装环境，保证了组装、下线时的温度、湿度和清洁度要求，提高了定子组装下线的最终质量。

（3）重视定子机座组焊质量，如各环板水平度、波浪度、圆度等；细致安装定位筋，托板焊接完成后，定位筋安装质量均优于设计要求。

（4）叠片过程中，将每箱冲片在周向均匀叠放，较好地解决了铁心的周向波浪度；在检查到冲片普遍存在齿部薄、轭部厚的情况下，与各方共同商定了在齿部添加绝缘片并保证总体铁心有效高度的措施，保证径向高差满足要求。同时控制其他质量标准如槽形控制、各小段高度控制等，最终质量均优于厂家技术要求。

（5）定子下线时充分注意环境清洁和温湿度控制，在密闭的下线棚内布置了空调、除湿机和通风机，营造较好的局部环境。

（6）安装所有测温电阻前，进行电阻和绝缘检测，槽内测温计对地电压 2500V 耐压 1min 合格，用 2500V 绝缘电阻表 1min 绝缘电阻≥10 000MΩ，测各测温计直流电阻，相互偏差不大于 1.5%。

（7）槽楔安装时，在铁心叠压小段高度严格控制的前提下，通风沟与铁心通风沟严格一致，保证了风路畅通。

（8）下线时在保证上下层线棒嵌装高程满足要求的前提下，尽量保证其端部上下的高差均匀，线棒并头块焊接前对对接质量进行细致的检查调整，通过调整斜边垫块使线棒之间端部及斜边的间隙均匀，通过两方面的定位保证并头块在焊接时有最大的接触面积，并严格控制焊接质量，减小接头的接触电阻。

3. 转子组装

（1）设计采用现场配刨副立筋结构，对于转子支架的焊接尺寸控制要求不高，但相应增加了副立筋测量配刨精度要求，加工也需要采用精度较高的大型龙门刨床。

（2）磁轭加热采用电热板进行加热，考虑磁轭尺寸较大，结合对流与传导加热相结合的方式，并加强磁轭与转子支架的隔热措施，保证磁轭膨胀间隙均匀。

（3）磁极挂装时自行设计了磁极吊装及翻身工具，保证大尺寸磁极的吊装安全，有效提高了挂装速度与质量。

4. 通风冷却系统安装

(1) 定子空冷器吊运、清扫、试压、安装时做到严密保护，安装就位后制作防护板对冷却翅片进行封闭，防止碰撞损伤。

(2) 固定和转动挡风板均进行预装，严格控制安装尺寸，对固定挡风板与上机架、下机架上盖板与下机架、混凝土壁之间进行了完善的密封，避免冷却风量的损失，保证通风效果。

(3) 冷却管路安装时严格控制走向，尽量减少弯头、接头，优化安装位置，尽量避免在冷却风路上布置管路。

5. 机组轴线调整　根据龙滩机组轴线布置的特点，虽然设计上没有考虑在现场进行水、发轴折线调整的结构，但在制造精度不能保证轴线质量的情况下，通过现场对轴线的检查和处理，首台机组轴线质量达到了设计和规范要求，2号机组轴线通过在现场检查后对法兰进行了打磨处理，并在盘车过程中对各接合面进行了匹配调整，确定了最佳的连接位置，达到了该结构下较优的轴线质量。

6. 机组整体调试

(1) 龙滩水电站机组在超低水头下（设计死水位330m，实际运行上游水位321m，运行毛水头仅98m）完成了机组启动试运行，主辅机设备、过流部件均一切正常。

(2) 根据调试过程中的运行工况对各部导瓦间隙和冷却系统进行了调整，保证了各部轴承瓦温控制在较优的范围内运行。

(3) 机组在试运行过程中根据负荷工况，对发电机的温升进行了控制，调整空冷器冷却水量，在满足发电机运行温度的前提下减小冷却水量，达到了较好的运行效果。

(三) 施工组织优化

根据地下厂房施工情况，厂内烟尘较大，通风状况不良，在永久通风系统无法提前完成的情况下，布置了较强的临时通风系统，满足了埋件施工、混凝土浇筑及机组安装阶段对施工环境的要求。

由于设备组装场地紧张，充分利用了各机组段特别是后期安装的两台机组的尾水管高程平台用于设备的组装及存放，满足了高强度施工的需要。

和土建单位进行了充分的协调，在起重吊装设备紧张、只有两个进出场通道的情况下，顺利解决了机组安装与土建施工同步快速进行的问题。

根据设备到货与现场施工进度差异较大的情况，对下机架预装时机进行了相应的调整，首台机组在底环定位后采用了下止漏环中心对下机架的预装定位，而2号机则在发电机轴吊入机坑调整定位后依据主轴中心对下机架进行定位；主轴联轴检查，将原计划在机坑外进行调整为在盘车时检查（1号机）和机坑内联轴检查轴线（2号机）。

(四) 机组运行情况

龙滩水电站首台机组2007年5月21日完成72h试运行，较国家批复工期提前8个月投产发电；2号机组于2007年7月20日完成了72h试运行，较国家批复工期提前11个月投产发电。在当前水头只有118m左右的情况下，机组运行稳定，振动、摆度值均优于国家标准要求，发电机温升裕量较大（见表1）。从运行状况分析，能够满足机组在额定水头下带额定负荷的需要。

表1　1、2号机组运行温度情况表

℃

项　目	1号机(528.7MW，8月16日)			2号机(541.4MW，8月28日)		
	最大	最小	平均	最大	最小	平均
定子线棒温度	64.5	60.8	62.23	65.7	61.1	62.03
定子铁心温度	62	56.8	57.38	58.5	56.1	57.23
定子上齿压板温度	61.4	54.1	58.53	65.1	58.5	61.04
定子下齿压板温度	64.4	56.8	60.98	65.6	62	64.08
推力轴承温度	72.2	68.5	69.9	70.4	67	69.26
上导轴承温度	44.1	40.4	42.29	44.6	40	41.29
下导轴承温度	40.2	33.1	38.25	43.1	38	39.47

注　1. 实测1号发电机空冷器进水温度为24.5℃，出水温度27.7℃；冷、热风平均温度分别为32.96℃和52.33℃。

2. 实测2号发电机空冷器进水温度为25.8℃，出水温度28.4℃；冷、热风平均温度分别为34.02℃和52.98℃。

（中国水利水电第七工程局有限公司
赵显忠　曾洪富）

光照水电站发电机转子装配技术特点及工艺改进

光照水电站位于贵州北盘江中游，安装4台水轮发电机组。发电机为半伞式，型号为SF260-32/10540。其转子由转子支架、磁轭、磁极和转子引线组成，外径9544mm，高度2610mm；在现场进行磁轭叠片及磁极挂装，装配后总重为545t。

(一) 转子结构特点

光照电站转子采用无轴的整体圆盘式结构，由中心体、扇形体及大立筋等组成。这种结构刚度大、传递力矩大，径向通风效果好。中心体与磁轭之间采用12个斜支臂连接。这种结构可防止磁轭在热膨胀力和离心力的作用下，产生椭圆变形，避免因此产生铁心振动，改善定、转子之间的气隙均匀度，提高发电机的同心度。同时，运转时相当于一个巨型风扇，能够促进风的流动，能更好地实现机组的空气冷却作用。

转子磁轭采用浮动式磁轭结构，由4mm厚高强度磁轭钢板（R600）冲片叠压而成，整圆12拼。磁轭开有足够的通风沟，与转子一起作为径向通风回路。冲片上下端设上、下压板，下压板下面设置有18块便于拆卸的制动环板。磁轭内圆通过12对切向键与转子支架连接，以传递切向扭矩。每三片为一基本层，层间以1/3搭接方式进行叠装，并用拉紧螺杆紧固。磁轭通过磁轭压板、磁轭键、锁定板和大立筋楔紧在转子中心体上。磁轭外缘加工有鸽尾槽用于固定磁极。磁轭压紧安装完毕后，焊接磁轭大立筋。

转子磁极由磁极铁心、磁极线圈、阻尼绕组等组成，约重4.265t。磁极铁心由2mm厚的磁极钢板（R450）叠压而成，采用T尾与磁轭连接，并用磁极楔块楔紧。

（二）转子装配主要技术特点

（1）转子圆盘支架的尺寸控制靠焊接保证，焊前没有预变形，对接焊缝采用约束焊。

（2）磁轭铁片为数控激光切割成型，制造精度高，外形尺寸好，无毛刺，叠片后不需铣螺孔、键槽；在磁轭组装之前铁片不需称重和配重；无须计算磁轭的叠压系数，也无须测量压紧螺杆的伸长值，只需控制堆叠层数及标准力矩下的磁轭设计高度值。磁轭全部用永久穿心螺杆进行叠片，分段压紧（400～600mm）。这种磁轭铁片与二滩电站及三峡VGS机组相同，对其安装工艺的要求也相同，优质的磁轭铁片加工质量为磁轭组装大大节省了人力与工期。但在磁轭组装的实际过程中，由于到货的铁片表面有一层油性防腐材料，叠片之前必须对铁片进行简单的清扫，同时抽检每箱到货铁片的厚度和重量并记录，作为控制转子组装质量的辅助手段。

（3）由于转子为浮动式磁轭，铁片叠装堆积完成后，无须进行热套键。

（三）转子装配工艺改进

转子组装如图1所示。

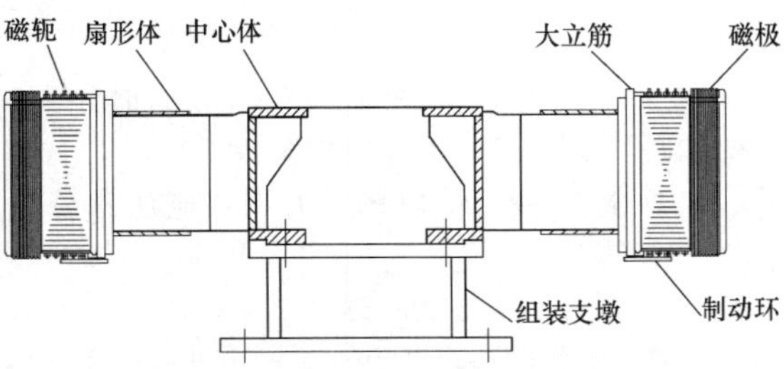

图1　转子组装图

1. 转子中心体的组装

（1）打磨清除转子安装基础板高点，清洗转子组装支墩上下法兰面和孔内污物；将组装支墩安装在基础板上，调整其上法兰面水平度达到要求。

（2）清扫中心体上下法兰面和孔内污物，打磨高点；用桥机将转子中心体吊至中心体支墩上，调整其水平不大于0.03mm/m；挂钢琴线，测量上、下法兰同心度，止口半径和上、下法兰面高差；在转子中心体上装转子测圆架，调整测圆架与转子的同心度；旋转测圆架，调整其水平在0.03mm/m内，并控制基准点的测量读数差别不超过0.02mm。

（3）扇形支臂，按预装编号交叉、对称进行吊装，挂上后拧紧所有组合螺栓。检查焊缝坡口尺寸、错牙，测量支架半径、支架上下平面水平度，应达到图纸设计要求。

（4）中心体筋板与扇形体筋板的焊接及支架扇形体腹板径向对接焊缝焊接均按照厂家提供的焊接工艺进行。在焊接过程中要对焊接变形监测，焊前在焊口两端做出相应的标记，焊接时记录数据，用以检查焊接过程中收缩量的变化，监测内容为焊缝收缩量、水平变形。

2. 大立筋安装的工艺改进

大立筋装配如图2所示，其安装是转子组装的关键工艺。传统的大立筋安装方法是在每一个大立筋的半径、垂直度、向心度、高度以及弦距等尺寸全部调整合格后，才能进入下一道工序即磁轭铁片的叠装。然而，采用这种工艺调整效率太低，需要准备大量的加固、调整工装，以便大立筋的某一项数据调整合格后对其临时固定。由于后续尺寸的调整往往会引起已调尺寸的变化，必须对已调整合格的尺寸进行测量复核，如果出现变化，必须解除临时固定，对先前的尺寸重新进行测量调整，如此反复，大量的工作就花费在了测量及尺寸复核过程中，因为测量误差、铁片加工质量等因素的影响，磁轭铁片最终的堆叠效果也往往不尽人意。这种费时费力的重复工作对工期的影响是显而易见的。

光照电站在机组安装时，充分研究了转子的结构特点和设备的制造加工质量，对传统的大立筋调整工艺进行了改进。考虑到大立筋在磁轭结构中的约束、承重作用大于定位作用，确定了以磁轭的尺寸要求作为磁轭组装最终质量目标的原则，制定了磁轭“自然码圆，后调立筋”的组装方案。根据磁轭最终的验收数据，证明按照这种方案进行大立筋的调整，不但保证了磁轭组装的质量，并大大节省了工期和人力资源。具体组装方法如下：

（1）安装大立筋支撑后，吊装1号大立筋，分别调整其垂直度不超过0.15mm，绝对半径尺寸

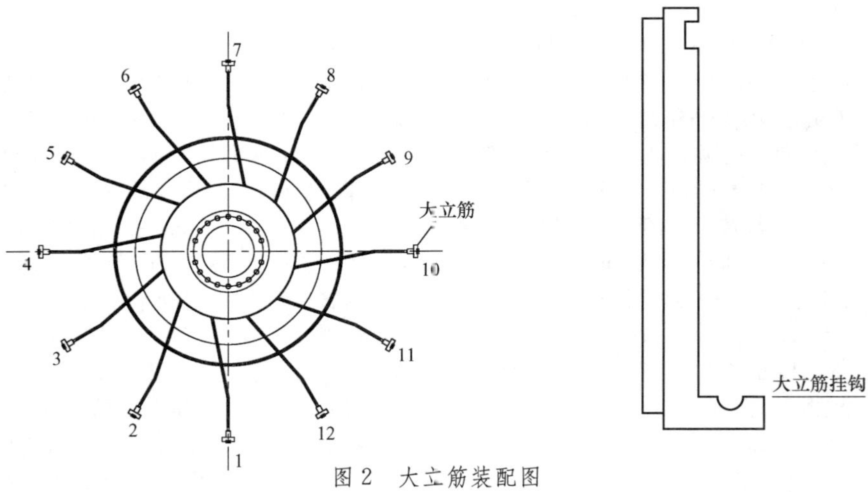

图2 大立筋装配图

R3646mm 偏差在 0～+0.50mm 内，中心高程偏差不大于 1mm，挂钩距中心体下法兰面距离应满足设计要求，并逐一记录。调整合格后，加以固定作为大立筋安装的基准筋。

(2) 陆续将其他 11 个大立筋吊装就位，除精调高程达到设计高程外，初步粗调其半径、垂直度、向心度、弦距，并加以临时固定。

(3) 安装下压板，用测圆架、水准仪调整第一块下压板的内圆半径满足设计要求、下平面与中心体下法兰面的高程差满足设计要求（应考虑磁轭叠装后的挠度)、径向水平至合格。

(4) 下压板安装调整完毕后，从基准筋开始逐层堆叠磁轭铁片，辅以叠片销、拉紧螺杆“自然码圆”磁轭铁片，随着叠片高度的不断增加，磁轭整形后，测量磁轭圆度、同心度、半径（实际上，如果磁轭铁片质量较好，利月叠片销、拉紧螺杆叠片已经基本能够保证叠片过程中磁轭的圆度、同心度、半径等尺寸）等尺寸，利用工具调整其他立筋的半径、垂直度、向心度，直至堆叠高度达到 400mm 后，其余大立筋的安装尺寸即可达到设计要求，随后对调整合格的大立筋固定牢靠，待磁轭组装完毕后实施焊接。

采用上述安装工艺进行大立筋的安装，可以将大立筋调整与铁片堆叠本应属紧前一后续作业关系的直线作业穿插进行。由于预叠铁片对大立筋的约束作用，可以在一定程度上减少加固工具的数量，避免大立筋不同尺寸调整过程中相互干扰的现象，通过磁轭整形工作，保证磁轭尺寸的同时校核大立筋的安装尺寸，以保证磁轭组装质量来保证大立筋的安装。由于改进后的工艺抛开了传统调筋工艺中“调整一尺寸复核一再调整”的烦琐环节，在很大程度上提高了机组安装的效率。

3. 磁轭叠装

(1) 下齿压板摆放调整好后，在每块下压板的孔中插入叠片销，长销钉用于导向，随着铁心高度的增加，相应地将其往上提。叠片开始时插入铁片孔，插入前检查叠片销光洁度，叠片销下部用木方或铁管支撑。

(2) 叠片应参照磁轭叠片图进行。磁轭铁片每层 12 拼，3 层冲片作为一个基本层，每基本层错一极，7 个基本层为一个循环，一个循环层的结束层为另一个循环的起始层。第二基本层的冲片与第一基本层错开一个极距，按顺时针方向叠放。

(3) 叠片高度到 100mm 左右时，调整磁轭外圆周上的支撑满足水平要求。检查一次铁心中部的圆度，并用橡皮锤或木锤整形，测量调整磁轭半径应符合图纸尺寸，调整磁轭主键在切向紧靠磁轭。根据磁轭数据调整大立筋的垂直度、半径合格后加固，保证大立筋与立筋之间间隙均匀且满足焊接间隙要求。在副键上涂润滑油，插入副键，应保证该键与磁轭间有 0.50mm 间隙，最后用夹具将其夹紧在磁轭主键上。

(4) 在叠片过程中，随时向上提起长销，但露出磁轭的高度应不超过 200mm。

(5) 叠片高度到 630mm 时，进行第一段压紧。对称 8 个方向上同时压紧两遍，压紧力矩为最终压紧力矩的 80%。第一遍顺时针或逆时针由里向外压紧，第二遍则反过来。压紧后测量铁心内外圆的高度。

(6) 叠片高度的调整：预压紧后，继续叠片时，根据测量的铁心波浪度，在相应的位置叠入补偿片，调整叠片高度。

(7) 叠片高度到 1130mm 及 1760mm 时分别进行第二和第三段压紧，压紧要求同上。

(8) 进行最后一段的叠片时，应注意总高度 2260mm 的控制。

(9) 最终压紧完后，铁心总高度为（2260+10）mm，铁心波浪度不超过 2mm；测量铁心上下端部各 150mm 及中部的圆度，圆度偏差在±1.03mm（各半径与设计半径之差不大于设计空气间隙的 3.5%)。

(10) 用大锤打紧副键，割掉副键多余长度，将其上端与主键焊焊接牢固。

磁轭组装后的尺寸见表 2。

表 2 转子磁轭组装测量数据

项　目	允许偏差 (mm)	实测偏差 (mm)
铁心高度	0～+10	+2
铁心波浪度	2	2
铁心圆度	±1.03	0.68
铁心同心度	0.3	0.29

4. 大立筋与支架焊接

大立筋与支架焊接时，特别需要注意焊接对大立筋角向变形的影响，否则将使磁轭整体产生旋转变形，对磁轭的圆度和同心度产生影响。

(1) 立筋焊接前，在磁轭外侧上、中、下位置各放置一个百分表，在磁轭内侧相应位置的转子支架上固定 3 个液压千斤顶，用其往外顶立筋，当 3 个百分表指针都有较为微小的变化时，停止往外顶。将焊接垫片均匀塞入立筋与转子支架间的缝隙内，然后沿焊缝安装焊接 5 块骑马板，以保证该焊缝间隙。

(2) 在立筋与转子支架间垫有焊接垫片的位置做上记号，因为在进行超声波探伤时该处可能显示有缺陷。

(3) 立筋与支架间的焊接坡口中心应对齐，错牙如超过 2mm 的话，应校正。

5. 制动环安装

(1) 在下压板下方安装制动环的上螺母，用专用扳手拧紧。检查制动环安装部位其他螺栓头部是否超出该螺母的下表面，保证螺栓应凹进摩擦面 2mm 以上。

(2) 制动环共有 18 块，每块重 290kg，制动环板按编号装配。安装时将定位销钉预先装在制动环上，在制动环每个螺孔的上方安装调整垫片，再用套筒扳手拧紧压紧螺母。

(3) 待所有的制动环安装就位后，通过增减调整垫片，来调整制动环径向及周向上的水平在 2.5mm 以内。在机组旋转方向上，应保证在接缝处后一块制动环不应凸出前一块。

6. 磁极及转子附件安装

(1) 检查磁轭上所有的鸽尾槽，确认干净无铁屑、无异物，用风吹扫磁轭。检查磁极 T 形键的垂直度、磁极铁心的平直度及有无高点。

(2) 按照图纸，先将磁极下部的调整螺栓、背帽和止动垫片安装到磁轭下压板上，根据磁轭下侧的高度和磁极中心标高来调整调整螺栓的拧入高度以初步确定磁极的安装位置；然后将磁极顶块和磁极下端楔块放入磁轭 T 形键槽底部，注意在放置磁极顶块时，应根据磁极中心线的高度调整配制。

(3) 单个磁极的电气试验合格后，根据磁轭圆度测量结果，确定在磁极 T 尾两侧的磁极垫条的厚度，将磁极垫条紧靠磁极 T 形键尾。从下面折弯安装至磁极压板上，上下面均与压板焊接止动。

(4) 用厂房桥机和磁极的吊装工具吊起磁极，并根据磁极的编号将其吊到对应的挂装位置，慢慢地放入磁轭的 T 形键槽中。将磁极上端楔块楔入磁极顶部，用顶部调整螺栓将磁极楔紧。

(5) 用水准仪根据磁轭的中心高度数据记录配合调整磁极的挂装高度，控制磁极的挂装高度与磁轭的中心高度偏差不应大于±1.5mm。

(6) 利用转子中心测圆架，旋转其支臂，测量每个磁极上、中、下侧的外径，并做好数据记录。确认中心体法兰面的水平为 0.05～0.10mm/m 以内；用直尺靠于磁极铁心外侧的中心，用内径千分尺测磁极外径，并做好数据记录；圆度偏差在±1.18mm 内。磁极外径调整时，利用磁极上下端调整螺栓，调整磁极上下端的楔铁的顶入深度，使得磁极外径达到设计要求值。

(7) 安装阻尼环连接片，与阻尼环配钻安装。

(8) 安装转子引线以及其他附件后，转子进行整体烘干，做绕组耐压试验，试验电压为 10V。

(9) 电气试验合格后，除制动环表面、支架配合面外，转子上喷 9130 漆一遍。

转子组装测量尺寸见表 3。

表 3 转子组装测量数据

项　目	允许偏差 (mm)	实测偏差 (mm)
磁极安装高度	±1.5	+1.4
铁心圆度	±1.18	0.7

(四) 转子装配的改进想法

光照电站转子的各部件总体上来说加工精度高，质量较好，为机组的安装质量提供了基本保证。但是，在安装过程中也遇到了一些问题，总结下来，主要包括以下几点：

(1) 转子测圆架组装的精度需改善。转子测圆架为推力轴承支撑型式，旋转臂与中心柱为间隙配合，由于间隙过大，并且周围没有设计顶丝限制旋转臂的径向窜动，导致测量磁轭圆度时出现基准点不归零的情况。如果测圆架能够调整轴孔配合公差，并在外圆均匀布置一定数量的顶丝，可能将大大提高测量精度，保证安装质量。

(2) 设备起吊专用工具需配足。由于转子零部件比较多，大多较重，形状不规则，所以制作加工一定数量的专用工具是非常必要的。在光照电站转子安装过程中，针对大立筋、磁极的吊装，工地现场专门制作了3种以上的特殊吊具，如果厂家能够在设计制造时考虑到这些特殊吊具的必要性合理设计，将大大提高装配的工作效率。

（3）专用量具不足，特别是量测大立筋的半径、弦距时没有专门的量具、量块，导致开始按照传统办法安装、调整大立筋时费时耗力，且测量误差较大，这也是施工方改变传统办法而采用“自然码圆，后调立筋”进行调筋的一个原因。

（中国水利水电第七工程局有限公司　刘鹏让）

抽水蓄能电站机组压水供气系统研究试验

机组压水供气系统由空压机、储气罐、管路系统和控制装置等组成。目前国内对压水供气系统的计算按照DL/T 5066—1996《水力发电厂水力机械辅助设备系统设计技术规定》（以下简称《规定》）进行，建议设计时气体多变指数取1.2。

据有关报导，英国克鲁埃琴和福耶斯等蓄能电站后期增加了压气机和储气罐。天荒坪、泰安电站在水泵工况启动和调相运行压水过程中，出现过压水供气容量不足的问题。有的电站已经进行了压水供气系统局部改造。因此对压气系统有必要进行实测和探讨。

（一）部分电站实测情况和分析

目前，已投运和在建大型蓄能工程的压水供气系统按主机招标文件的规定配置，设置原则基本类似。

表1为部分电站实测情况，大部分为水泵工况启动或水泵方向调相工况（SCP）的实测结果，仅F电站有二次发电方向调相工况（SCT）实测结果。

1. 储气罐容量计算对比　根据机组完成一次压水前后的实测数据，多变指数取$n=1.2$，各电站储气罐和转轮室实际空气体积均换算到自由空气的体积，实测与计算值见表1。

表1　电站压水供气系统一次压水实测与计算值对比（$n=1.2$计算）

电站名称（运行工况）	测试日期（年-月-日）	转轮室内气体压力（表压）（MPa）	单元气罐压水前后压力（MPa）	公用气罐压水前后压力（MPa）	气罐内气体折算至大气压下气体体积		压水后气罐提供自由空气体积（m³）	压水后转轮室内自由空气体积（m³）	气罐提供气体与转轮室内气体体积偏差
					压水前（m³）	压水后（m³）			
A（SCP）	2006-10-25	0.75	7.5/4.9	7.5/4.9	443	312.6	130.4	110.1	18.4%
B（SCP）	2006-10-26	0.77	7.5/4.9	7.5/4.9	443	312.6	130.4	115.3	13.1%
C（SCP）	2006-6-15～16	0.65	7.21/4.84	7.21/4.84	804.3	580.3	224.0	195.4	14.6%
D（SCP）	2006-4-10	0.87	8.04/5.76	无公用气罐	938.4	713.6	224.8	275.6	−18.4%
E（SCP）	2006-9-8	1.11	5.865/5.464	无公用气罐	2897	2733.7	163.3	147.7	10.56%
F（1）（SCP）	2008-2-16	0.88	6.68/4.88	6.524/4.77	769	594.7	174.3	170.2	2.4%
F（2）（SCT）	2008-9-13	0.79	6.8/5.04	6.8/4.985	783.61	611.91	171.7	155.6	10.3%
F（3）（SCT）	2008-10-7	0.79	6.76/4.54	5.12/4.6	745.31	564.34	181	156	16%
G（SCP）	2008-9-2	1.14	7.2/5.25	7.43/5.25	576.01	440.98	135.03	110.18	22.6%

除D电站外，多数电站按压水前后压力实测值和 $n=1.2$ 核算储气罐提供的自由空气量均大于转轮室的自由空气量，并且偏差基本在10%～20%之间（由于时间很短，忽略空压机的补气量）。按照实际储气罐提供的自由空气量和转轮室的自由空气量相等来复核 n 值，除 D 电站 n 为1.11外，大多数电站气体多变指数 n 基本在1.25～1.28。

2. 实测温度对比分析　在几个电站供气压水系统过程中，压水供气管路上都曾出现结霜现象。如宝泉电站，1号机组一次压水时，按绝热状态计算储气罐内气体温度为－10.1℃，尾水管进气阀连接管路实测温度为－5℃，证实了供气过程中气体温度下降理论计算与实际间的差异，原因是气体与外界的热交换和管路吸收热量。储气罐壁实测温度17.6℃与连接管路实测温度相差甚远，原因是储气罐钢材比重远大于空气。

3. 漏气因素　漏气量的大小主要取决于水泵水轮机主轴密封型式和有效性，以及与流道设计、压水投入时间等有一定关系。

4. 漏气量及空压机容量选择　调相压水运行时，通过尾水管水位变化推算的漏气量见表2。

表2　调相压水运行时推算的漏气量（自由空气）统计表

电站	A	B	C	D	E	F
转轮室充气体积（m^3）	19	18.5	36.45	41.5	18.5	30
尾水管内压力（表压，MPa）	0.77	0.75	0.65	0.77	1.1	0.92
总漏气量（m^3/min）（大气压下）	2.3	2.69	5.3	5.95	2.11	2.9
实测漏气系数（%）	1.57	1.9	2.24	1.86	1.04	1.05

实测数据推算出来的漏气系数基本在2%～3%以下，比较接近盘根箱主轴密封经验数据。

5. 充、排气时间　实测水泵方向旋转的压水充气、排气和补气时间统计见表3。

表3　压水充气、排气和补气时间统计表（水泵方向旋转）

电站	A	B	C	D	E	F	H
压水时间(s)	17	11	9～18	16～18	25	20	22
补气时间(s)	46	21～25	46	60～120	29～44	3	50
排气时间(s)	62	29		134		58	76

一次压水操作时间基本不超过30s，需要特别注意所选择阀门的快速响应性。排气时间和补气时间统计结果比较散乱。若条件允许，应适当加大排气能力，以缩短工况转换时间。

6. 尾水管压水和补气水位　部分电站压水供气水泵方向旋转后尾水管压水和补气水位统计见表4。

表4　尾水管压水和补气水位统计表

电站	距离转轮出口压水高度（m）	转轮出口直径 D_2（m）	压水高度与转轮出口直径之比	补气液面水位变化（mm）
A	2.5	2.259	1.1	200
B	1.25	2.09	0.6	500
C	2.0	3.153	0.63	500
D	1.95	3.012	0.65	200
E	1.84	2.045	0.9	100
F	2.55	2.6	0.98	500
H	1.5			300

液面位置距离转轮底部的距离与转轮出口直径的比值在0.6～1.1之间，变化范围比较大。设计时，为保证一定的余量，建议取大值。

补气液面变化也不相同，基本处于200～500mm。一般来说若布置条件允许，该数值应适当放大，以减少补气阀的动作次数，延长补气阀寿命。

（二）建议

（1）压水供气系统设计宜采用组合方式设置，将压水单元储气罐连接起来，用阀隔离。这样可根据现场需要，将阀门打开，调整为公用方式。其优点是减少空气压缩机的启动次数，延长其寿命；若电站实际启动不频繁，还可提高成功率。

（2）鉴于以上电站压水时储气罐提供给转轮室的气体体积大于转轮室压水后的空腔体积的核算值（按多变指数 $n=1.2$ 和实测气压核算），今后设计时气体多变指数 n 适当放大。

（3）压水供气过程中，气体温度下降剧烈，设计应充分重视二次压水供气过程中急剧低温对储气罐、供气管路、阀门材料选择的影响。

（4）按《规定》一般压水时间为1min，实测时间基本在30s以内。若条件允许，压水排气宜适当快速，有利于缩短机组工况转换时间，也有利于避开振动区。

（5）压水管路管径和布置影响储气罐的供气压力和速度，应适当加大管径，并将储气罐尽量布置在靠近压水接口处（尾水管）。转轮室排气口设置应考虑转轮体内水体特点，尽量靠近中部。

（中国水电顾问集团华东勘测设计研究院
王小军　方　杰）

电 气

景洪水电站主要电气设计

(一) 工程概况

景洪水电站是澜沧江中下游河段水电开发规划两库八级中的第六级电站，位于云南省西双版纳傣族自治州首府景洪市上游。电站坝址距昆明市公路里程约545km，交通条件方便，地理位置优越。

景洪水电站的开发任务以发电为主，并兼有航运、防洪、旅游、库区水产养殖等综合利用效益。电站采用堤坝式开发，主要建筑物包括拦河坝、泄洪冲沙建筑物、引水钢管及发电厂房、300t级垂直升船机等。

大坝为碾压混凝土重力坝，最大坝高108m，坝顶长704.5m。厂房为坝后式地面厂房。

电站装设5台单机容量为350MW的混流式水轮发电机组，总装机容量为1750MW。电站单独运行时保证出力273.5MW，多年平均年发电量63.62亿kW·h，装机年利用小时数3635h；与小湾联合运行时保证出力648.6MW，多年平均年发电量68.38亿kW·h，装机年利用小时数3907h；与小湾和糯扎渡联合运行时保证出力771.9MW，多年平均年发电量78.58亿kW·h，装机年利用小时数4490h。电站发出的电能以500kV和220kV两级电压向南方电网输送。

景洪水电站于2003年7月18日开工，首台机组于2008年6月17日并网发电。

(二) 电气主接线

电站以500kV和220kV两级电压接入电力系统，5台机组通过双绕组变压器接至500kV母线。500kV和220kV两级电压母线间设置容量为360MVA的自耦联络变压器。电站本期引出2回500kV线路，接入500kV墨江变电站，出线路径兼顾糯扎渡外送的500kV思茅变电站；引出1回220kV线路接入景洪220kV变电站。开关站500kV、220kV侧分别预留扩建1回出线的场地，为邻近水电接入系统和向地方供电创造条件。

电站发电机与主变压器的连接采用发—变组单元接线，每组550/18kV主变压器由3台容量为130MVA的单相变压器组成。每台发电机出口装设1台SF_6发电机断路器，发电机与变压器之间采用全连式离相封闭母线连接。发电机中性点经接地变压器接地。

500kV侧共有9回进出线：5回主变压器进线、1回至500/220kV联络变压器高压侧、3回500kV出线。出线中的2回接入墨江500kV变电站，1回备用。电站500kV侧采用3/2接线方案。

电站500kV与220kV母线之间采用1组容量为3×120MVA的自耦联络变压器连接。220kV侧共有3回进出线：1回至500/220kV联络变压器中压侧、2回220kV出线。出线中的1回接入景洪220kV变电站，另1回备用。电站220kV侧按单母线接线设计。由于本期只有1回220kV出线，联络变压器220kV侧的断路器暂不安装，联络变压器与220kV出线本期暂采用“变压器－线路”组接线方式。

(三) 500kV变压器

主变压器额定容量为390MVA，由3台130MVA容量的单相双绕组变压器组成，5组主变压器共设置1台备用相。联络变压器额定容量为360MVA，由3台120MVA容量的单相自耦变压器组成，联络变压器未设置备用相。主变压器和自耦联络变压器高压侧电压等级均为500kV，布置于厂坝间的露天变压器平台上。由于电站地处亚热带，气候炎热且日照时间长，故变压器冷却采用水冷却方式。主变压器和自耦联络变压器均由特变电工衡阳变压器有限公司生产。

(四) 500kV和220kV GIS

500kV和220kV GIS的供货方为新东北电气(沈阳)高压开关有限公司，500kV GIS中的断路器、隔离开关、接地开关及其操动机构等主要部件由瑞士ABB制造。断路器的主要参数如下：

1. 500kV断路器主要参数　额定电压550kV，额定电流4000A，额定短时耐受电流/持续时间63kA/3s，额定峰值耐受电流170kA，开断时间小于40ms。

2. 220kV断路器主要参数　额定电压252kV，额定电流2500A，额定短时耐受电流/持续时间40kA/3s，额定峰值耐受电流100kA，开断时间小于50ms。

(五) 主要设备布置及出线

电站的500kV和220kV开关站在设备选型和布置设计方面主要考虑了以下因素：

(1) 景洪电站装机容量大，又是“西电东送”的主力电站之一，减小事故发生率、保证供电的可靠性是设计选型的首要因素。

(2) 地处西双版纳州府景洪市郊，布置上应尽量节约土地资源，最大限度地减少占地面积和对自然环境及林木资源的破坏。

(3) 应尽量靠近厂房，以便统一管理和维护，并避免附属生产和生活设施的重复建设，减少投资和运营成本。

通过对敞开式开关站（AIS）方案和 SF_6 气体绝缘全封闭组合电器开关站（GIS）方案进行全面技术经济比较后，采用GIS设计方案。

电站的主副厂房、GIS大厅、主变压器平台和控制楼等发电建筑物均布置于坝后非溢流坝段。主厂房全长245.78m，宽32.5m，高75.2m（尾水管底板至厂房顶），机组间距34.3m，安装场长68m。主厂房上、下游侧分别布置电气副厂房和机械副厂房。

上游电气副厂房长195.5m，宽16.9m，高31.45m，电气设备、母线、电缆、通风设备等共分6层布置在其中。GIS大厅布置于上游电气副厂房顶部的地面高程以上，GIS大厅屋顶上面布置出线设备。GIS大厅左端布置控制楼。

电站的500kV及220kV出线经GIS大厅屋顶出线构架、坝顶出线塔向下游左岸引出。

GIS大厅高15.5m，宽18m，500kV及220kV GIS按一列式布置于其中。GIS大厅的地面高程比其上游侧厂坝间的主变压器平台高150mm。5组主变压器对应于5个机组段沿GIS大厅上游边墙外侧一字排列，自耦联络变压器布置在主变压器搬运通道的上游。主变压器低压侧通过穿越上游电气副厂房各层的离相封闭母线与发电机连接，主变压器高压侧和自耦联络变压器高、中压侧经 SF_6 气管母线水平穿入GIS大厅上游边墙与GIS进线间隔连接，而GIS出线间隔则通过 SF_6 气管母线垂直引上穿出GIS大厅的屋顶与布置在屋顶出线场的出线设备连接。

屋顶出线场布置有2个500kV出线间隔和1个220kV出线间隔，并分别预留了1个500kV出线和1个220kV出线间隔的场地。500kV出线间隔宽34.3m，布置有500kV SF_6/空气出线套管、线路阻波器、电容式电压互感器及避雷器等。220kV出线间隔宽16.69m，布置有220kV SF_6/空气出线套管、线路阻波器、电容式电压互感器及避雷器等。由于所有500kV及220kV线路的第一基出线塔与屋顶出线构架距离均过大（约为800～1000m），若由屋顶出线构架直接出线，线路对构架的拉力和偏角太大，上游副厂房和GIS大厅的建筑结构将难以承受，而坝顶又没有足以立出线塔的位置。研究后采用了在坝后坡面上分别挑出15个牛腿形成15个单相出线塔基座，在基座上分别树立直径为1m、高度约21m的钢管出线塔方案。全部500kV出线和220kV出线均由屋顶出线场的出线构架反跳至坝顶出线塔，再由坝顶出线塔沿下游方向引至左岸线路铁塔，由此解决了大坝高度不够时坝后式电站大跨距出线的难题。

（中国水电顾问集团昆明勘测设计研究院　张静芳）

董箐水电站高压电气设备型式及配置

董箐水电站位于贵州省北盘江下游贞丰县与镇宁县交界处，总装机容量4×220MW。电站以发电为主，在系统中担任发电、调峰、调频和事故备用；采用500kV电压等级接入系统，电气主接线为发电机电压侧采用发电机一变压器组联合单元接线，500kV侧采用三角形接线，出线一回至八河开关站。电站的高压电气设备型式及配置如下。

（一）发电机及其附属设备

发电机型号为SF220-36/10450，额定电压为15.75kV，额定电流为8959A，功率因数为0.9（滞后）；采用自并激静止整流励磁方式；不做调相运行。

发电机中性点采用消弧线圈接地，消弧线圈型号XDG-110/15.75，按欠补偿方式运行，补偿电流范围9～13A。

发电机与主变压器之间设置断路器，断路器采用ABB公司产品，型号为HECS-100M，电动机构操动。

发电机与主变压器之间采用自冷式离相封闭母线进行连接，离相封闭母线型号为QLFM-20/10000。

（二）厂用电系统

电站厂用电采用二级降压供电方式。

(1) 一级降压为15.75/10.5kV，设置4路厂用分支回路，分别引接自4台主变压器低压侧。每回厂用分支回路带1组高压厂用变压器，经高压厂用变压器将电压由15.75kV降至10.5kV。厂用分支回路采用限流熔断器组合保护装置柜，正常投切与过载电流切除由负荷开关完成，短路电流由限流熔断器切断。每组高压厂用变压器均由3台单相干式变压器构成，容量为3×800kVA。

(2) 二级降压为10.5/0.4kV，按负荷类别分别设置4台机组自用变压器、3台公用变压器、2台照明变压器、2台溢洪道变压器、2台进水口变压器，总计13台低压厂用变压器。每台低压厂用变压器均采用三相干式变压器，容量分别为：机组自用变压器315kVA，公用变压器1250kVA，照明变压器315kVA，溢洪道变压器800kVA，进水口变压器315kVA。

(3) 厂用电10kV系统配电装置采用8BK88型铠装移开式金属封闭中置式高压开关柜。

（三）升压站输变电设备

升压站主变压器采用三相双绕组强迫导向油循环水冷变压器，型号SSP-250000/500kV，额定电压550-2×2.5%/15.75kV，连接组别Ynd11，阻抗电压14%，中性点为直接接地。

500kV配电装置采用SF_6全封闭组合电器（即GIS），户内地面布置，型号ZF15-550，额定电压550kV，额定电流4000A，额定短时耐受电流63kA，额定峰值耐受电流171kA。

GIS一端通过油/SF_6套管与主变压器连接，另一端通过SF_6/空气套管与500kV出线设备连接。

（四）过电压保护

防侵入雷电波过电压保护，采用在500kV出线侧装设一组敞开式氧化锌避雷器及GIS中靠近主变压器侧装设二组封闭式氧化锌避雷器。主变压器低压侧过电压保护，采用在低压侧装设一组氧化锌避雷器。厂用电回路过电压保护装设有避雷器。对真空开关的操作过电压，装设三相复合式过电压保护装置。

（中国水电顾问集团贵阳勘测设计研究院　贯　欣）

董箐水电站控制及保护系统配置

（一）概况

董箐电站位于贵州省北盘江下游贞丰县与镇宁县交界处，总装机容量4×220MW，采用500kV电压等级接入系统，在系统中主要担任发电、调峰、调频和事故备用。电站由南方电网电力调度中心调度管理，并参与电网的自动发电控制；采用计算机监控系统进行集中监控，实行“无人值班”（少人值守）。电站控制及保护系统设备于2008年7月全部完成招标，于2008年12月底完成大部分施工详图设计。

（二）控制系统配置

电站计算机监控系统采用全分布开放式系统网络结构，设置负责全厂集中监控任务的主控级，以及完成1～4号机组、500kV开关站、公用系统设备、坝区设备等监控任务的七个现地控制级（即LCU）。

主控级按功能分散设置不同的工作站，主要设备配置包括：2台套系统数据库服务器、2台套操作员工作站、1台套工程师工作站、2台套网关计算机、1台套厂内通信服务器、1台套保护通信机、1台套生产管理工作站、1套网络安全隔离设备及Web服务器、1台套培训工作站、1台套调度生产管理计算机、1台套语音报警及短信寻呼计算机、2套冗余配置的网络设备、1套GPS设备、2套冗余配置的UPS电源设备及配电柜等。

现地控制级按对象分散设置1～4号机组LCU、500kV开关站LCU、公用系统LCU及坝区LCU（含远程I/O），各LCU基本硬件配置包括：冗余主备PLC及其I/O设备、触摸式液晶显示器、双微机同期装置、电量采集装置、交直流双路电源装置等。

计算机监控系统网络拓扑结构采用100Mbit/s冗余双星型总线网络，各节点上的计算机通过双星型总线网络相互连接，主控级与各现地控制级之间采用冗余双光缆进行连接。

除计算机监控系统外，对相关辅机设备（含励磁系统、调速器、筒形阀、油压装置、顶盖排水泵、中压及低压空压机、渗漏及检修排水泵、通风空调设备、溢洪道闸门启闭机、生活及消防水泵等），还设置有PLC或微机型现地控制设备，以独立完成相关设备的现地闭环自动控制，并受控于电站计算机监控系统。

（三）保护系统配置

（1）每台发电机保护均按双重化原则配置，保护装置采用微机型，每套保护装置构成包括：发电机纵差保护、发电机横差保护、发电机对称过负荷保护、发电机负序过负荷保护、发电机低压过流保护、发电机低压记忆过流保护、发电机过电压保护、发电机失磁及失步保护、发电机定子一点接地保护（$3U_0+3\omega_0$）、发电机过激磁保护、发电机转子一点接地保护、发电机启停机保护、发电机断路器断口闪络保护、发电机断路器失灵保护、发电机非电量保护、励磁变压器差动保护、励磁变压器过流保护、励磁回路过负荷保护、励磁变压器非电量保护。

（2）每台主变压器保护均按双重化原则配置，保护装置采用微机型，每套保护装置构成包括：主变压器差动保护、主变压器阻抗保护、主变压器方向过流保护、主变压器零序保护、主变压器过激磁保护、高厂变压器限时速断保护、高厂变压器过流保护、高厂变压器过负荷保护、主变压器低压侧单相接地保护、主变压器冷却器故障保护、主变压器非电量保护。

（3）500kV线路保护按双重化原则配置，保护装置采用微机型，每套保护装置构成包括：光纤分相电流差动保护、过电压保护及远方跳闸。

（4）每条500kV短引线保护按双重化配置，保护装置采用微机型，每套保护装置构成包括两套短引线差动保护。

（5）每台500kV断路器保护设置1套，保护装置采用微机型，保护装置构成包括断路器非全相保护、断路器失灵保护、断路器操作箱等，对线路侧断路器还设置有综合重合闸装置。

（6）10kV厂用电系统保护按馈线单元设置，每条馈线单元（含变压器馈线、坝区及生活区馈线、母联等）均分别设置1套微机综合保护装置，保护装置构成包括电流速断保护（或限时电流速断保护）、过电流保护（或复合电压启动过电流保护）、过负荷保护、零序过电流保护（仅对变压器馈线回路）。

（7）每台发电机配置1套微机型故障录波装置，500kV系统配置1套微机型故障录波装置，500kV线路配置1套行波测距装置，500kV系统配置1套功角测量装置。

（8）500kV系统配置2套微机型系统安全稳定装置。

（中国水电顾问集团贵阳勘测设计研究院　陈　君）

锦屏二级水电站高压并联电抗器布置设计

锦屏二级水电站位于四川省凉山彝族自治州木里、盐源、冕宁三县交界处的雅砻江干流锦屏大河湾上，系雅砻江下游梯级开发中的骨干水电站。电站利用雅砻江卡拉至江口下游河段150km长大河湾的天然落差，通过长约17km的引水隧洞，截弯取直，获得水头约310m。工程枢纽由首部低闸、引水系统、尾部地下厂房三大部分组成，为一低闸、长隧洞、大容量引水式电站。电站装设8台600MW机组，多年平均发电量242.3亿kW·h，保证出力1972MW，年利用小时5048h。电站首台机组计划2012年发电。

电站部分电能采用±800kV直流输送至华东地区，部分电能留川渝电网。电站以4回交流500kV出线接入系统，其中2回接到500kV乐山变电站；另2回出线接到规划建设的西昌换流站。

电站地处高山峡谷，河床狭窄，两岸山体地势陡峭。由于受地形限制，该电站厂区枢纽布置较为紧凑。根据枢纽布置和地形条件，地下厂房设在雅砻江东端的大水沟。地下主厂房洞、主变压器洞平行布置，500kV开关站和出线场位置选择十分困难。

（一）电气主接线及高压配电装置布置

该电站电气主接线为：发电机—变压器组合采用2台机联合单元接线，共组成4个联合单元；500kV高压侧为4进4出，采用4串3/2接线。

电站500kV主变压器选用单相变压器，高压配电装置采用GIS。为保证电站的安全可靠运行，采用500kV GIS地下布置方案。500kV GIS布置在主变压器洞内主变压器上方。

电站出线场布置在雅砻江边地下厂房进厂交通洞口上游地面。地下GIS与地面出线场之间采用4回SF_6气体绝缘金属封闭输电线路（GIL），GIL布置在两个出线洞内。

（二）电站高压并联电抗器配置

锦屏二级水电站以4回交流500kV出线接入系统，其中2回接到500kV乐山变电站的线路长度300多公里，根据系统计算，为满足工频过电压水平，在该2回线路的电站侧须分别装设150kvar并联电抗器。

根据计算研究，锦屏二级—乐山500kV双回线路锦屏二级侧容量为150Mvar高抗的中性点须装设550Ω接地小电抗。

（三）电站高压并联电抗器布置设计

高压并联电抗器布置在地面出线场，有利于电抗器的散热，是装设高压并联电抗器电站的通常布置设计。但该电站出线场位置山体地势陡峭，边坡较高，高压并联电抗器布置在地面出线场，边坡高度将从80m左右增加到120m左右，土建工程量大大增加，并且局部地方进入悬崖，支护设计难度大，高处滚石防护难度大，不可预见性安全隐患增大。

该工程结合500kV主变压器和GIS布置在地下主变压器洞的具体情况，将主变压器洞延长，高压并联电抗器布置在主变压器洞的延长段上。

高压并联电抗器选用常规的单相油浸式、并联、间隙铁心、户内型，冷却方式为ONAN。高压侧采用油/SF_6套管与SF_6管道母线相连；中性点采用油/空气套管引出，电抗器中性点经小电抗接地。中性点小电抗器选用户内、空芯油浸式并带磁屏蔽，冷却方式为ONAN。

高压并联电抗器与主变压器布置在同一高程，共用搬运道、水喷雾消防系统、事故油池。高压并联电抗器上层布置出线GIL（与GIS同一高程），在搬运道上方布置有通风散热设施。

单相高压并联电抗器、中性点小电抗器均布置在独立隔室内。每个单相高压并联电抗器布置面积约8m×11m（宽×深），中性点小电抗器布置面积约5m×11m（宽×深），电抗器室层高14m。

（四）电站高压并联电抗器采取的通风散热措施

锦屏二级水电站高压并联电抗器因地面布置困难而布置在地下主变压器洞延长段上，电抗器采用常规的自然油循环自然空气冷却方式。单相高压并联电抗器损耗的合同保证值为：额定损耗（75℃）≤95kW，并联电抗器组的损耗不允许正偏差。中性点小电抗器损耗的合同保证值为：额定持续电流下的损耗10kW，允许偏差+10%。由于高压并联电抗器需随线路长期带电运行，通风散热是设计的难点。

高压并联电抗器一旦因故停运，所在线路就要停运。考虑电抗器在电力系统的重要性，必须采取可靠的通风冷却措施。按通风排热计算，每个电抗器室需风量约40 000m^3/h，总风量为24万m^3/h。该工程采用以空调降温为备用的可靠的双系统设计，每个电抗器室配置2套风机，每套风量为42 000m^3/h，一用一备，每个电抗器另设置2套空调箱，1套用水库水进行冷却，另一套机械风冷空调作为备用。

（中国水电顾问集团华东勘测设计研究院　冯真秋）

宜兴抽水蓄能电站通风空调监控系统

宜兴抽水蓄能电站位于江苏省宜兴市西南郊的铜官山，处于江苏省用电负荷中心附近，是一座日调节的纯抽水蓄能电站。电站总装机容量为1000MW，单机容量为250MW，共四台水泵水轮机组。通风空调监控系统涉及的范围是地面中控楼，500kV开关站，地下主、副厂房，主变压器洞，母线洞，通风兼安全洞，500kV出线洞等。

（一）通风空调监控系统的功能

通风空调监控系统的主要功能是根据季节气候的交替、电站主要设备层及排风、送风主通道的温度和湿度变化，以及电站各主要机电设备的运行工况，对电站的水冷空调系统、排风系统、送风系统、除湿系统等进行优化控制，并监视通风空调设备的运行，使空气的温度、湿度、流速及新鲜度、洁净度等指标符合电站使用的要求。

（二）通风空调监控系统的组成

宜兴通风空调监控系统采用Invensys楼宇系统公司的成套产品。根据通风空调设备分布情况，该系统采用分层分散控制模式，以集中监测、分区控制为原则。对各被控设备组设置相应的现地控制单元，共25套现地控制单元以LonWorks现场总线联网通信，组成两组现地控制网络——地下厂房控制网络和地面开关站控制网络。两组现地控制网络分别连接至网络控制器UNC520，最终与系统管理上位机组成电站通风空调监控网。各现地控制单元作为总线网的1个节点，能通过温、湿度传感器采集数据，独立进行数据处理及根据预先设定好的程序进行顺序控制。各现地控制单元能通过网络总线进行数据交换，实现网络资源共享。系统管理上位机通过10Mbps以太网连接通用网络控制器UNC520，集中监控现场控制设备，提供网络级实时控制方案。

系统管理上位机布置在地面中控楼计算机室内，采用Invensys-I/A系列企业服务器，内置WorkPlace Pro系统协议管理软件和WorkPlace Tech控制器组态工具软件。现地控制单元布置在主厂房(6只)、副厂房(3只)、进风平洞(1只)、母线洞(4只)、主变压器洞(7只)、开关站(2只)、排风排烟竖井(1只)和中控楼(1只)，内置Invensys-LonMark MN100、150和200系列控制器，既可独立运行，也可接入LonWorks-FTT-10自由拓扑通信网络。MN控制器可单独设定比例控制(P)、比例积分控制(PI)、比例积分微分控制(PID)。控制器均带有S-Link接口，可与S-Link温湿度传感器搭配使用，不占用控制器硬件点。

通风空调监控系统自成体系，管理全厂通风空调系统设备的安全运行。通风空调监控系统通过I/O接口以无源接点方式与全厂计算机监控系统联系。上传计算机监控系统的信息包括通风空调系统主要设备（主要是指重要地点的制冷系统的水泵、除湿机、空调机及通风机等）的故障报警信息及运行信息，并及时上传通风空调监控系统装置的故障报警信息。在发生火灾时，由火灾报警系统以无源接点方式提供风机和空调电源的切除信号，通风空调监控系统不参与火灾时的防排烟设备控制。

（三）通风空调监控系统的应用

通风空调系统是抽水蓄能电站正常运行不可缺少的一个重要组成部分，它的优化运行、集中监控对电站的“无人值班”（少人值守）管理模式、节能降耗等都具有积极意义。宜兴抽水蓄能电站的组网模式是通风空调监控系统全面解决方案的典型案例，在以后兴建的抽水蓄能电站中可以参考借鉴，不断完善。

（中国水电顾问集团华东勘测设计研究院
郑　波　黄　锐）

金　属　结　构

彭水电站超大型压力钢管制造安装技术

（一）概况

彭水电站引水隧洞采用一洞一机布置型式，5条引水隧洞平行布置，隧洞中心间距35m。隧洞的压力钢管均布置在下平段；管内径自接蜗壳的ϕ9.74m通过锥管渐变过渡到接下弯的ϕ14m。一条断面为6m×8m城门洞形的施工支洞，在锥管渐变段处与5条洞的下平段呈79°斜交相连，只能满足运输瓦片的要求。5条引水隧洞共有2～2.4m长压力钢管单节143节，总长328.47m，总重4259t；其中，最重单节成品为

46t。管壁主材选用武钢生产的低裂纹敏感性钢WDL610D，板厚40～45mm；加劲环选用16MnR钢，板厚24mm，高300mm。

（二）施工总体方案

为尽量节约开挖成本，减少工程投资，设计开挖的施工支洞无法满足成品钢管运输要求，只能运送未组成整圆的钢管瓦片。这是彭水电站压力钢管安装与国内其他电站差别最大的地方。在支洞开挖断面减小节约了大笔投资的情况下，不得不采用瓦片进洞组焊成整圆后再安装的反常规施工办法。

该工程压力钢管最大直径14m，为目前国内最大，属于超大型。其直径已经超过现有的压力钢管制作安装规范范围，最大单节加上内支撑后约50t。钢管直径大、重量重，施工通道不具备钢管整节运输进洞的条件，吊装、就位、调整均较一般钢管安装困难。

根据实际施工条件拟订主要施工程序为：压力钢管一期制作（厂内瓦片制作）→瓦片运输进洞→洞内组圆及纵缝焊接→管节翻身、运输就位→安装调整对缝→环缝焊接。

（三）钢管厂内瓦片制作

1. 瓦片制作场地布置　瓦片制作场地布置在洞外，总占地面积约12 000m^2，场内设两条平行作业的流水线：原材料存放区、下料切割区和卷板区构成第一条线，配1台跨度为22m的16t龙门吊和1台程控水平下调式三辊卷板机（EZW11S -120×3500）；瓦片存放区、对圆平台（2个瓦片预组装对圆及加劲环拼装平台）、加劲环焊接区和防腐车间构成第二条线，配1台跨度22m的20t龙门吊；再与四面围墙结合配备机加工车间、仓库、办公及住宿区等。

钢板运至现场加工厂后，采用数控切割机和半自动切割机下料；用三辊卷板机卷制；在对圆平台上进行瓦片预组装对圆，焊接定位板，组装加强环；监理验收完毕后拆开焊接加强环与管壁间贴角焊缝，采用CO_2气体保护焊焊接；在防腐车间进行喷砂涂料防腐和涂刷水泥砂浆，防腐时在焊缝侧预留150mm。由于流水线布置紧凑合理，仅用三个5m高、16m宽、长度12～20m不等的可移动轻钢结构厂房就将下料切割、卷板和组圆焊接三道关键工序全部覆盖，使生产工厂化、正规化，有效解决了重庆地区多雨天气对施工的影响。

2. 管节长度制定及瓦片变形控制　综合考虑各方面因素，拟订出最适合彭水钢管40mm壁厚的管节长为2.4m，45mm壁厚的管节长为2m，加劲环间距1.2m、高300mm。这样的瓦片曲梁，其变形中性层刚好经过焊缝位置。据焊接变形中性层理论，焊完之后不会导致结构弧度变形。因此，就可以不留反变形，不加刚性支撑固定，对瓦片加劲环焊缝进行自由状态焊接。经对头几节焊完的瓦片进行回装组圆检查，均验证了变形控制理论的合理性。瓦片弧度控制好，使后期洞内对圆、调圆、环缝压缝均相对轻松，配套的调圆架、内支撑等也可设计得简单。同时减少原设计管节数45节，显著降低了制造安装的工程量。

该工程瓦片制造仅用了5个月，又在1年内完成92节钢管安装，并确保首先投产发电的5号管道按期贯通，赢得了业主的肯定。

（四）钢管运输及洞内制作

1. 洞内制作场地布置　根据压力钢管安装施工进度及规模，在1、2号引水洞下平段上游侧分别布置1个组圆平台，平台位于3—2号施工支洞与下弯段之间，可以满足钢管制造与土建竖弯段混凝土浇筑平行作业的工期要求。对平台位置洞腰线以下部位进行切线垂直向下扩挖，保证顺流向长度18m；在洞中心高程对两侧洞壁扩挖桥机轨道梁槽，布置一台16t桥机用于瓦片卸车吊运；组圆平台由布置于底板的发射状分布条墩组成；在距平台中心点2m处的上下游两侧洞顶各布置天锚2组（每组由4根ϕ36mm圆钢打入洞壁5m深再加焊钢板吊耳组成）；在支洞下游侧的主洞合适位置布置2台10t卷扬机配合导向地锚和2组天锚进行钢管整节翻身。根据主洞马蹄形断面特点制作2台钢管运输台车；将连通下平段的3—2号施工支洞顶部开槽，槽顶高度满足最大压力钢管运输通行要求，宽度根据压力钢管分节长度（2～2.4m）并考虑一定的安全距离后定为3.5m；在主支洞底部敷设台车运输轨道。组圆平台及3—2号施工支洞剖面图见图1。

2. 洞内组圆和成品管节吊装翻身　成品瓦片用15t东风货车运输进洞，行至桥机工作范围卸车、组圆，完成后进行纵缝加温焊接，焊接及缺陷处理完后整节翻身。钢管的翻身主要利用布置在平台上、下游两侧的天锚进行（上下游各布置两组天锚，共四组），16t桥机配合辅助空翻。当钢管要运输到平台下游安装位置时：桥机行驶至平台上游侧，然后配合下游的两组天锚进行空翻，两组天锚吊点设置在距钢管中心2m处的管壁与加劲环相交位置，桥机吊点设在钢管底部中心位置的管壁上（三点吊装），翻身过程中80%的吊重由天锚承担，辅助将钢管吊离地面的桥机承担低于10t重量。2台10t卷扬机和桥机联动，整体提升钢管离地面大约150mm桥机停止，天锚继续起升，桥机随钢管的重心向天锚方向缓慢移动，移动过程中桥机要适当提升，保证钢管管口不接触地面。如果钢管要运输至上游的安装位置：桥机行驶至平台

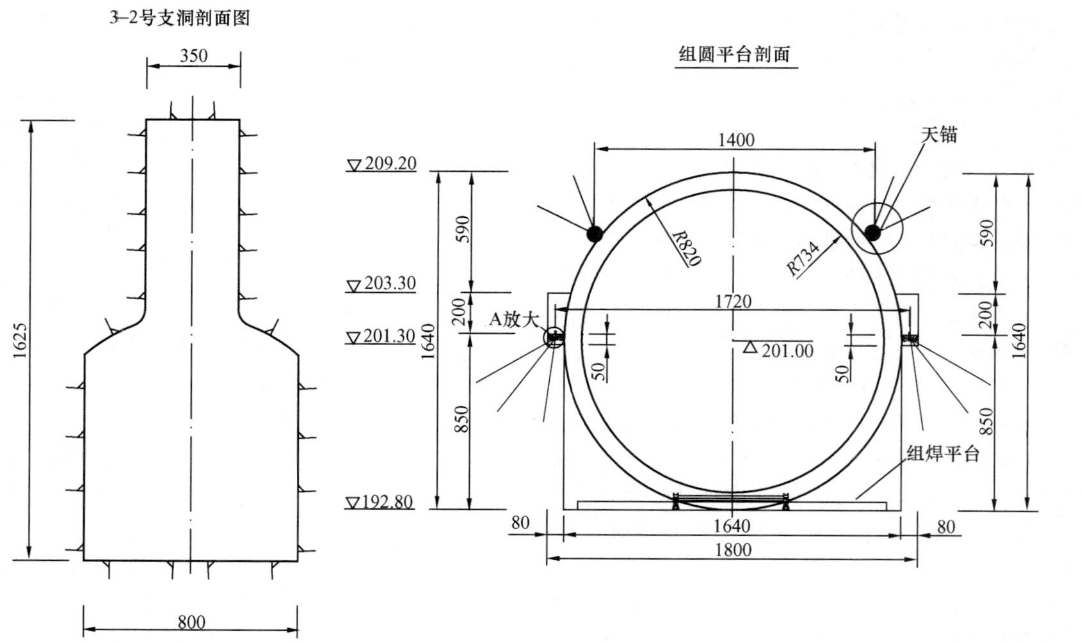

图 1 组圆平台及 3-2 号施工支洞剖面图（单位：cm）

下游侧，然后配合上游的两组天锚重复上述过程进行空翻，使钢管在空中翻转 90°后，呈安装状态垂直落放于台车上。翻身过程示意图见图 2。

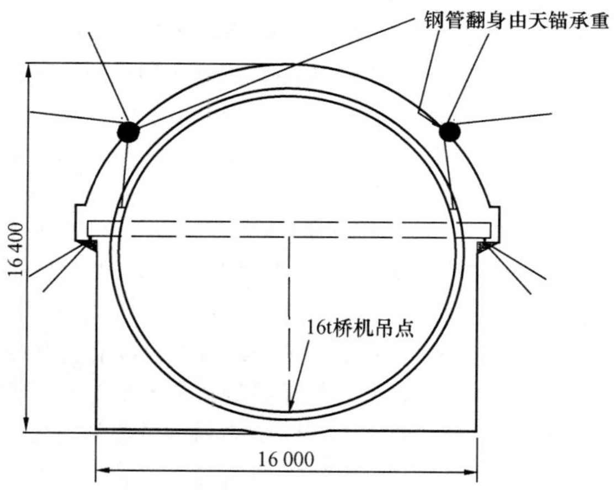

图 2 天锚与桥机配合翻身示意图（单位：mm）

3. 主支洞交叉口的斜交运输转向 设计的运输台车车轮可以做 360°任意转向，并且在台车上配重使钢管直立后重心下降到距轨道踏面 4m 内。钢管与台车加固焊接后，利用 5t 卷扬机牵引到达主洞与支洞交叉转弯处。因支洞轨道和主洞轨道呈 79°夹角斜线相交，为便于台车转向，用 1m×0.5m 的钢板 3 块垫在 3 个轨道交叉口上，以一个车轮固定在未放钢板的交叉口上作为旋转中心，其余 3 个轮子在钢垫板上绕着该中心由主洞轨道旋转到支洞轨道上，完成台车的不垂直转向，再用千斤顶将台车顶起，抽出钢板并把车轮转向固定后开始支洞运输，钢管从平台起要经过两次转向才能到达安装位置。

4. 内支撑设计 为尽量节约内支撑材料，特制可拆卸、组装、接长的内支撑，方便周转利用。其半径可根据钢管的半径进行组装变化。内支撑用 ϕ108mm 和 ϕ159mm 无缝钢管制作，以圆周方向 12 等分，每个等分系杆分为 5 个不同长度的杆件，从 14.0m 变径至 9.74m，中间使用法兰和螺栓连接。内支撑在钢管厂内下料及预组装，由四榀结构采用法兰连接成整圆，拆卸成 4 件运输进洞，最大外形宽度尺寸小于 3.5m。所有连接法兰都采用模板配钻，可以互换。

（五）钢管安装

运输台车设计时保证运输高程略低于安装高程，钢管运至安装位置后，利用导链（用于钢管对接及里程控制）、千斤顶（用于高程调整）等工具将钢管管节中心、高程、里程调整至安装位置，利用拉紧器、压缝器、楔子板等调整压缝，控制焊缝间隙的均匀性及管壁错牙。钢管的中心、高程、里程调整合格后加固定位焊接。通过洞壁上的锚杆，顺钢管安装轴线方向每间隔 2.4m 用型材加固 1 圈，加固材料只允许焊在加劲环上。定位节钢管的两端管口均要求加固。

在引水洞下平段与施工支洞交叉处设置钢管凑合节，待上、下游钢管均安装完成后进行凑合节安装（为避免过大的焊接应力影响安装质量，凑合节安装前尽量做到只进行一端钢衬混凝土回填）。凑合节根据现场实际长度进行瓦片二次下料切割，直接用汽车将瓦片运输到洞内凑合节安装位置，在上下游已经安装完成并加固的管节上部焊接工字钢梁，利用卷扬机和导链将瓦片吊装就位。

（六）焊接

结合国内大量应用调质高强钢的焊接实践，建议取消对这种钢管的焊后消应力处理要求，后经专家论证并取得设计同意后只做焊后消氢。钢管纵环缝一律采用1/3不对称X形坡口，纵缝内大外小；环缝上大下小，在腰部转向后大坡口始终位于平焊位置，便于操作。采用手工电弧焊接，严格控制线能量在25～35kJ，并严格执行焊前预热（80～120℃）、焊中保温（大于80℃）和焊后消氢（150～200℃，保温时间1h）的配套热处理工艺，有效避免了高强钢焊接裂纹产生。

（中国水利水电第七工程局有限公司　姚秀全）

景洪水电站表孔弧形闸门设计

（一）概况

景洪水电站位于云南省西双版纳傣族自治州首府景洪市北郊约5.0km处，是澜沧江中下游河段规划的两库八级开发方案的第六级，上、下游分别与糯扎渡水电站和橄榄坝水电站衔接。电站的开发以发电为主，兼有航运、防洪、旅游及库区水产养殖等综合利用效益。

景洪水电站水库正常蓄水位602.00m，死水位591.00m，校核洪水位609.40m，总库容11.39亿m^3，其中调节库容为3.09亿m^3，具有周调节能力。电站总装机容量1750MW（5台单机容量为350MW的混流式水轮发电机组）。

景洪电站在升船机坝段和溢流坝段共设了7扇表孔弧形闸门作为主要泄洪通道，表孔弧形闸门的孔口尺寸为15m×21m（净宽×净高），这7扇弧形闸门于2008年正式投入使用。

（二）表孔弧形闸门的主要技术参数

景洪溢流表孔布置在大坝的右边，1号表孔布置在5～6号坝段分缝处，2～7号表孔布置在7～13号坝段分缝处，承担了电站的主要泄洪任务。溢流表孔弧形工作闸门采用双缸液压启闭机操作，主要技术参数如下：

孔口型式：露顶式；

结构型式：弧形、斜支臂、圆柱铰；

孔口尺寸：15.00m×21.00m（宽×高）；

荷载尺寸：15.00m×22.50m（宽×高）；

面板曲率半径：25.00m；

支承跨度：12.20m；

门槽底槛高程：580.262m；

支铰中心高程：593.062m；

设计水头：21.70m；

操作水头：21.70m；

总水压力：38 216 kN；

门叶材料：Q345；

弧门支铰轴套型号：自润滑轴套（FZ-8）；

支臂夹角：26.12686°；

主梁最大弯曲应力：156.90MPa；允许应力：$[\sigma]$ =184.5MPa；

主梁最大剪应力：88.2MPa；$[\tau]$ =108MPa；

支臂平面内稳定验算应力：178.6MPa；　$[\sigma]$ =198MPa；

支臂平面外稳定验算应力：160.2MPa；　$[\sigma]$ =198MPa；

吊点型式：双吊点；

启闭条件：动水启闭、局部开启；

计算启门力：6538kN；

启闭机型式：2×4000kN液压启闭机。

闸门侧止水采用L形橡塑水封，底止水采用I130-20型橡胶，布置在闸门面板上。

门槽由侧轨、底槛、支铰埋件、锁定装置等构成，侧轨、底槛、支铰埋件、锁定装置采用焊接结构，结构的主要材料是Q345。在侧轨水封装置所在位置镶嵌了一条1Cr18Ni9Ti的水封座板。

闸门采用两主横梁、斜支臂结构，门叶分8节制作，现场安装时闸门通过节间焊接成整体。门叶两侧各设置6套筒支式侧轮。与液压启闭机连接的吊耳布置在门叶下主横梁的端部。支铰布置于闸墩牛腿上，支铰的后面设置支铰座便于安装时的调整。侧轮与门叶、门叶与支臂、支臂与支铰、支铰与支铰座均采用螺栓连接。该闸门运行方式为动水启闭，允许局部开启。

（三）溢流表孔工作闸门液压启闭机

该机为双缸液压启闭机，用于溢流表孔弧形工作闸门的操作。7扇闸门分别采用液压启闭机，1号闸门的液压泵站布置在溢流表孔左侧闸墩启闭机室内，2～7号闸门的液压泵站布置在相应溢流表孔右侧闸墩启闭机室内，各启闭机的液压油管通过位于溢流表孔交通桥引至另一侧的油缸。启闭机室的地面高程为607.00m。油缸分别安装于闸墩两侧，一端与弧门吊耳连接，另一端通过油缸支铰安装在闸墩上，油缸支铰中心高程为602.203m。溢流表孔工作闸门液压启闭机主要技术参数如下：

启门力：2×4000kN；

工作行程：10.00m；

最大行程：10.20m；

油泵额定压力：35MPa；
有杆腔启门计算压力：17.3MPa；
油缸内径：ϕ620mm；
活塞杆直径：ϕ320mm；
电动机功率：3×65kW（2用1备）；
启闭速度：0.8m/min；
启门时间：12.5min；
数量：7套。

（四）使用情况

这7扇弧形闸门于2008年正式投入使用，据电站集控中心统计，在2008年的汛期中，该闸门共启闭500多次，运行情况良好。

（中国水电顾问集团昆明勘测设计研究院 马仁超）

董箐水电站金属结构简介

董箐水电站金属结构设备分别布置在泄洪系统、引水发电系统、临时导流建筑物的相关部位，共有各种闸门（拦污栅）36扇，门（栅）槽39道，启闭设备13台套。

2007年11月完成金属结构设备招标，2008年10月完成金属结构施工图设计。

（一）泄洪系统金属结构

1. 溢洪道弧形工作闸门及液压启闭机　溢洪道为开敞式布置，堰顶高程468.00m，设4扇弧形工作闸门，孔口宽度13.00m，设计水头23.94m。闸门为双吊点，支铰高度17.00m，弧面半径28.00m，采用三主横梁、斜支臂结构，球铰支承。闸门采用4台双缸液压启闭机操作；4套液压机泵站安装在494.50m平台，每套设有两套电动机组，两者互为备用。启闭机油缸支铰悬挂在闸墩侧墙上，安装高程496.462m。启闭机容量2×4500kN，最大工作行程14.0m，启闭速度0.6m/min。溢洪道弧形工作闸门开启的基本原则是“均匀、同步、间隔”。小流量泄水时，单孔或局部开启；大流量泄水时，间隔开启闸门；平时，弧门为全闭状态。

2. 溢洪道事故检修闸门及单向门式启闭机　由于溢洪道孔口尺寸较大，堰顶高程较低，位于死水位以下15m，故工作闸门前设置1扇事故检修闸门。门型为平板定轮闸门，孔口宽度13.0m，底槛高程467.30m，设计水头22.7m。操作方式为动水闭门，小开度节间充水平压，启门水压差5m。闸门面板和止水均设在上游侧，共设30个ϕ940mm向心关节轴承定轮，定轮材料ZG35CrMo，轨道材料ZG50Mn2。为降低门机高度，门叶分为两大节，节间采用销轴连接，可拆卸分节起吊，平时事故检修门存放在门库中。闸门启闭设备为单向门式启闭机，配有回转吊和液压自动抓梁。门机装设于溢洪道顶部494.50m高程平台上，主钩用于溢洪道事故检修闸门的起吊，回转吊用于液压启闭机的检修和安装。启闭机容量2×2500kN，轨上扬程16m，总扬程32m，轨距9m；回转吊容量500kN，起升高度32m，幅度17m。

（二）放空洞闸门及固定卷扬机

放空洞为多用途隧洞，主要用于水库放空、施工后期度汛及生态流量泄放。

1. 工作闸门　放空洞设有弧形工作闸门1扇，孔口尺寸5m×5m，底槛高程430.00m，设计水头60.7m。闸门为单吊点，支铰高度8.00m，弧面半径10.00m，采用主横梁、直支臂结构，球铰支承；门叶分两个运输单元，现场螺栓连接。顶水封采用一道Ω形水封和一道压盖式水封。闸门采用固定卷扬机接拉杆操作，启闭机容量3200kN，扬程10m。钢丝绳为单层缠绕，滑轮组倍率为8。

2. 事故检修闸门　放空洞工作闸门前设事故检修闸门1扇，为平面滑动门型，孔口尺寸5m×6m，底槛高程430.00m，设计水头60.7m。操作方式为动闭静启，启门水压差5m。面板设在上游，止水设在下游侧，利用水柱闭门。主支承采用NL150AH滑道，门上设ϕ400充水阀。门叶分为两节，节间采用钢板焊接连接。门槽下部采用全钢板衬砌，门楣下游处设有通气孔。启闭设备为回收利用的导流洞启闭机，启闭机容量4000kN，扬程67m，钢丝绳为折线三层缠绕，滑轮组倍率为6。

（三）引水发电系统闸门及启闭机

1. 进水口拦污栅及清污门机　进水口拦污栅为直立连通式布置，共16孔。孔口尺寸3.75m×30m，底槛高程455.00m，设计水压差5m。整栅分为9节，节与节之间采用铰轴连接。在进水口顶494.5m平台上设有全液压式清污门机一台，容量2×400kN，清污总扬程49m；起栅扬程轨上9m，总扬程24.5m；耙斗容积2.5m^3，轨距3.5m。

2. 进水口事故检修闸门及固定卷扬机　进水口设有事故检修闸门4扇，为平面滑动门型，孔口尺寸7m×9.25m，设计水头35.7m。操作方式为动闭静启，设计启门水压差5m。面板设在上游侧、止水设在下游侧，利用水柱闭门。门上设一个ϕ400充水阀，主支承采用NL150AH滑道。门叶分为三大节，节间钢板焊接连接。门楣下游处设通气孔，门槽孔口下部采用全钢板衬砌，钢衬材料为321+Q345B（4+16）复合钢板。采用固定卷扬式启闭机操作闸门，启闭机容量3200kN，扬程42m。钢丝绳为折线三层缠绕，滑轮组倍率为8。

3. 尾水检修闸门及单向门式启闭机　尾水出口8

孔，设置尾水检修闸门 4 扇，堵头 2 个。孔口尺寸 6.25m×6.612m，底槛高程 345.38m，设计水头 56.48m。闸门为平面滑动门型，双吊点，主滑块采用自润滑滑块，机组侧止水。操作方式为静水启闭，启门水压差 2m，采用尾水旁通阀充水平压。闸门选用门式启闭机配自动抓梁操作，启闭机布置于尾水平台上。启闭容量 2×500kN，总扬程 64m，轨距 5m。

（四）施工导流系统封堵闸门及固定卷扬机

左岸导流洞进口设有 1 扇封堵闸门。闸门孔口尺寸 15m×17.172m，底槛高程 366.00m。闸门主支承采用滑道，反向支承采用钢滑块。闸门共分 9 节，采用下游止水，双肢 Ω 形水封，水封内腔与库水相通。门槽底槛 4.7m 高范围采用全钢板衬砌。

启闭机布置在 414.00m 高程工作平台上，启闭机容量 2×4000kN，扬程 67m。钢丝绳为折线三层缠绕，滑轮组倍率为 6。

（中国水电顾问集团贵阳勘测设计研究院　陆一婷）

一种水电站平面闸门液压滑道

在水利水电工程中，闸门作为一种活动的挡水设备，既要求启闭自如，又要求密封不漏水。其中平面闸门是应用最广泛的门型，其支承形式主要有滚动支承和滑动支承两种。滚动支承的摩擦系数较小，但承载能力小，结构较滑动支承复杂；滑动支承的结构简单可靠，承载能力大，但摩擦系数也最大。近年来，随着一批巨型、大型工程的陆续开工建设，闸门的孔口尺寸和水头有很大增加，相应的对闸门支承的承载力要求有大幅度的提高，传统的支承形式，尤其是滚动支承在提高闸门承载力方面，逐渐显得力不从心，进一步减小摩擦系数的潜力已不大；而滑动支承虽有承载能力大的优势，但目前普遍采用的滑动支承形式属于摩擦学中的干摩擦范围，要大幅度减小摩擦系数十分困难，由此导致的闸门启闭容量的增加和工程造价增加是难以接受的。以上问题一定程度上已成为阻碍平面闸门设计的主要瓶颈。如何在提高闸门支承能力的同时，减小摩擦系数，已成为亟待解决的重大技术问题。

该设计提出了一种全新润滑方式的滑道，即液压滑道（见图 1 和图 2）。其原理是：在闸门启闭时，通过液压系统在门槽轨道和闸门滑道之间加入压力油，使得门槽轨道和闸门滑道这两个相对运动的工作面之间形成一层极薄的油膜，以保证两工作面之间处于液体摩擦状态下工作。此时，液压滑道与门槽轨道之间的摩擦力理论上仅仅决定于润滑油的黏度，从而大大降低摩擦系数。由于动、静摩擦系数的差值极小，故闸门的启动摩擦系数极小，从而大幅度地减少平面闸门的启门力，达到大幅度减小启闭机的容量，节约大量工程投资的目的。

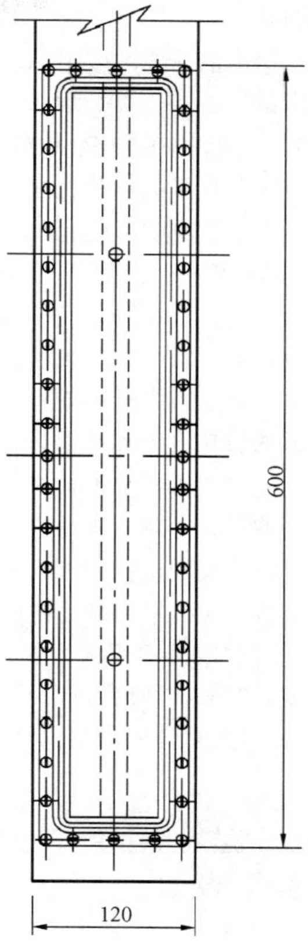

图 1　液压滑道平面图

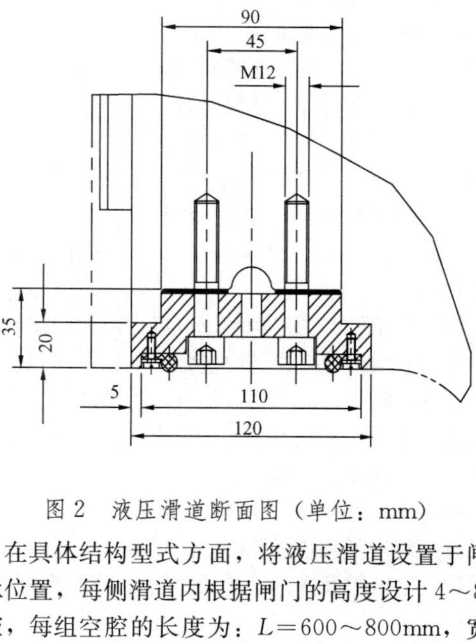

图 2　液压滑道断面图（单位：mm）

在具体结构型式方面，将液压滑道设置于闸门支承位置，每侧滑道内根据闸门的高度设计 4～8 组空腔，每组空腔的长度为：$L=600\sim800$mm，宽度为：$B=110\sim250$mm（根据门槽体形确定）。闸门开启或关闭前，由液压系统向滑道空腔内注入高压润滑油，润滑油在空腔内建立压力 P_1，当压力达到一定值时，空腔内的有压润滑油通过空腔四周的细小缝壁泄漏，缝壁即为节流边（图1中的节流边宽度设计为5mm）。

位于节流边内的薄膜厚度很小，其压力为线性分布，节流边内侧设有密封圈，以保证空腔内的压力，尽量减少泄漏。空腔内压力 P_1 与节流边内的压力 P_2 之和为液压滑道可提供的承载力 P。根据闸门实际操作水头不同，空腔内的压力也随闸门荷载变化而变化。当承载力 P 值等于或略大于闸门总水压力时，液压滑道与门槽主轨支承面之间形成液膜，从而改变滑道的干摩擦性质，减小摩擦系数，能够较理想地解决低摩擦系数与高承载力这一矛盾。

液压滑道的成功设计和运用，需要对节流边和门槽轨道进行高精度的机械加工，对空腔密封圈材料和形状进行合理的设计，对液压滑道的供油系统结构进行合理设计。目前我国机械加工水平和液压密封技术取得了长足进步，液压滑道结构简单、承载力大、摩擦系数极小，具有巨大实用潜力的优势。无论如何，这是一个值得研究和实践的方向。

（中国水电顾问集团昆明勘测设计研究院 崔 稚）

水电工程金属结构设备三维可视化设计的研究与应用

（一）概述

水电工程金属结构设备的设计属于产品设计，工程图的绘制工作量非常大。随着在建水电站项目逐渐增多，在人员有限的情况下，每位工作人员的设计、制图工作量也在增大；如果项目工期较紧，则工程图很容易发生错误。为设计出更加优质的产品，中国水电顾问集团北京勘测设计研究院（以下简称北京院）把关注的目光投向三维可视化设计。

当前，大部分三维可视化设计软件具有以下特点：

（1）基于模型的建构系统可以方便地创建一个智能的产品三维模型，模型中包含施工详图甚至加工制造以及安装时所需的大部分信息，借助这个模型，可以快速地生成详图及各类材料报表，显著地提高工作效率及设计精度，大幅度提高生产力。

（2）干涉（碰撞）自查功能可以让设计人员及时、直观地发现和校正装配中的错误，有效避免产品在设计及安装过程中由于产品之间干涉所带来的不必要的麻烦。

（3）尺寸与图形自动相互关联，工程图与模型之间关联设计，基本不会出现以往在二维设计手段下修改工程图过程中常常出现的顾此失彼的错误。

（二）应用情况

北京院的部分设计人员对目前市场上几款比较有影响力的三维可视化设计软件进行了细致的考察、试用，最终选择了 Autodesk 公司出品的 Inventor 三维可视化设计软件。

在使用三维可视化设计软件进行模型设计的时候，设计者会比二维软件环境中拥有更强烈的“设计感”；同时，在模型构建的过程中，可以更直观地根据已建的部分及时调整设计思路。Inventor 的标准零件库中附带了大量金属结构设备常用的标准件（包括GB标准），这为设计工作带来了很大的便利，而且这些标准件可以根据实际需要进行修改、补充，以便日后调用。在整个产品实体模型构建完成之后，设计者可以使用“干涉检查”来查看设计产品是否有碰撞情况。

在由模型生成工程图纸时，Inventor 可以在由模型生成的各视图基础上，添加必要的尺寸标注、焊缝标注、粗糙度标注、剖视图（包括局部剖、折线剖等）、局部放大视图等，而这些操作相对二维设计软件来说也是更加智能且便利的。特别是在 Inventor 的工程图工作环境中，由于在构建模型时，零部件都附加了尺寸及材料属性，使得明细表可以自动生成。Inventor 的明细表定制功能可以方便设计者以各自公司标准定制明细表的栏目及布局。

（三）优势和作用

1. 产品设计质量的提高　毫无疑问，在构建模型的同时，已经在正式产品制造完毕之前将产品在计算机里“预制造”了一次。当然这里模型的建立是看似跟真实产品相像的零部件简单的堆砌，而是跟真实产品严格1∶1对应的反映零件尺寸及零件间真实配合关系的实体组合。同时，由于产品实体模型所带来的直观性，可以很容易激发对产品进行优化设计的灵感，这无形之中增加了产品设计质量。由正确的、优化的产品模型生成的工程图产品，其质量一定要比直接在二维软件中设计出来的产品质量高出许多。

2. 设计效率的提高

（1）初次使用三维可视化设计软件设计第一套产品的时候，所用的时间不一定会比在有许多二维工程图参考的情况下用二维软件进行产品设计的时间短，但是，当掌握了一定的技巧及规律之后，尤其是积攒了一些三维可视化设计成果之后，产品设计效率一定会比二维软件环境中提高很多。

（2）实体模型与工程图的严格一一对应关系及软件中的干涉检查功能可以大幅度减轻校核人员的工作强度；实体模型与实际产品的严格一一对应关系可以

在很大程度上减轻审查人员的工作强度。

按照北京院的经验，对三维可视化设计软件熟练掌握的工程师，采用三维可视化设计，可以将水电工程金属结构设备的设计效率提高至少100%，设计质量提高至少50%以上。

（四）结语

北京院利用近三年时间对三维可视化设计软件在启闭机、钢闸门的设计应用进行了探索，并取得了一定的成果。就像20世纪90年代初期使用计算机二维绘图软件的设计手段代替绘图板进行产品工程图设计一样，三维可视化设计代替二维设计的设计手段革新已经到来。

（中国水电顾问集团北京勘测设计研究院　何玉新）

水电站引水压力钢管空间平面弯管计算

引水压力钢管是水电站引水道的重要组成部分，其空间平面弯管（以下简称弯管）安装计算往往是施工单位不可回避且比较复杂的施工难点之一。计算不正确，将会使其后的测量放点、安装出现错误，使弯管出现偏移、非设计折线等，导致不必要的水头损失，恶化弯管的受力条件，甚至使弯管报废返工，浪费施工成本，影响施工工期。为确保弯管的施工安装质量，对弯管转折角和安装转角的计算方法进行研究，现介绍如下。

（一）弯管转折角

1. 计算方法之一　弯管如图1所示，其中：AB、BE'均为弯管轴线的切线，且设$AB=BE'=a$，α、β分别为AB、BE'与水平面的倾角，Ω为弯管的水平投影AD、DE的水平夹角，ε为弯管在B点的转折角。则有：$\cos\varepsilon=\sin\alpha\sin\beta+\cos\alpha\cos\beta\cos\Omega$。由此，可计算出弯管转折角$\varepsilon$。

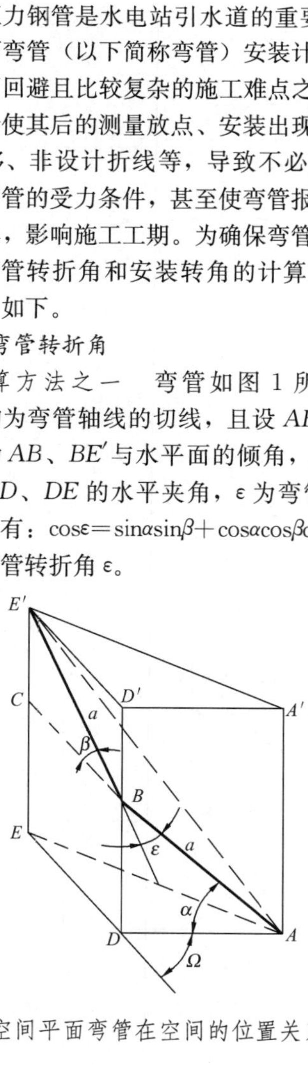

图1　空间平面弯管在空间的位置关系（一）

2. 计算方法之二　如图2所示，已知：A点的高程Z_A，坐标为（x_A、y_A、z_A）；B点的高程Z_B，坐标为（x_B、y_B、z_B）；C点的高程Z_C，坐标为（x_C、y_C、z_C）。则B点管轴线的空间转折角ε可按$\cos\varepsilon=\cos\alpha_B\cos\alpha_C+\cos\beta_B\cos\beta_C+\cos\gamma_B\cos\gamma_C$计算得到。式中：$\cos\alpha_B=\dfrac{x_B-x_A}{L_{AB}}$，$\cos\alpha_C=\dfrac{x_C-x_B}{L_{BC}}$；$\cos\beta_B=\dfrac{y_B-y_A}{L_{AB}}$，$\cos\beta_C=\dfrac{y_C-y_B}{L_{BC}}$；$\cos\gamma_B=\dfrac{z_B-z_A}{L_{AB}}$，$\cos\gamma_C=\dfrac{z_C-z_B}{L_{BC}}$；且为了及时地校对计算结果，可以用$\cos^2\alpha_B+\cos^2\beta_B+\cos^2\gamma_B=1$和$\cos^2\alpha_C+\cos^2\beta_C+\cos^2\gamma_C=1$加以校对。

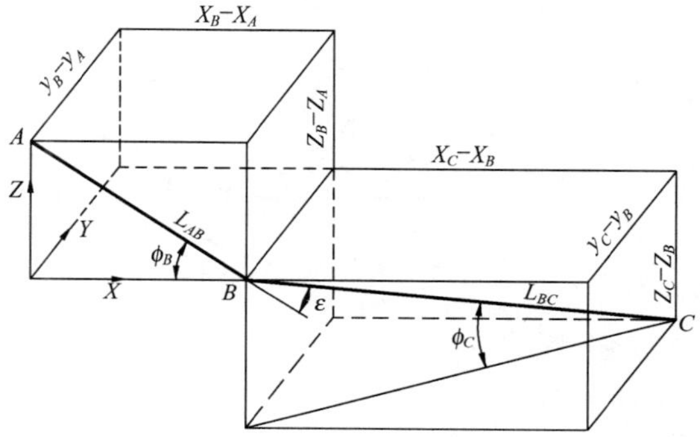

图2　空间平面弯管在空间的位置关系（二）

（二）弯管的安装转角

上述已计算出管轴线在B点的转折角ε，角度ε就是弯管的转折角。但是按照角ε制造成的弯管，安装到空间位置时弯管自身的平面和它的中心轴线（水平轴线和垂直轴线）与管轴线上的坐标轴Z和Y是不重合的，它们之间相差一个ω角度，这个转角ω称为空间平面弯管的安装转角。由投影几何中知道：转角ω在弯管的上游端管口和下游端管口的数值是不同的。为了安装方便和检查，计算时应该同时把弯管上游端管口和下游端管口的安装转角ω数值算出。设ω_s为上游端弯管管口的安装转角，ω_x为下游端弯管管口的安装转角。安装转角ω_s和ω_x的计算，按照投影几何的方法进行。下面列出两种基本的管轴线转折情况的安装转角计算方法。

1. 弯管向上弯的情况　即在XZ立面上，管轴线的转折点是向上的情况，如图3所示。弯管在B点的转折角为ε。

弯管上游端管口的安装转角ω_s按下列公式计算，见图3：

$$\tan\omega_s=\frac{\sin\Omega}{\tan\phi_C\cos\phi_B-\sin\phi_B\cos\Omega}$$

下游端管口的安装转角ω_x按下列公式计算，见图4：

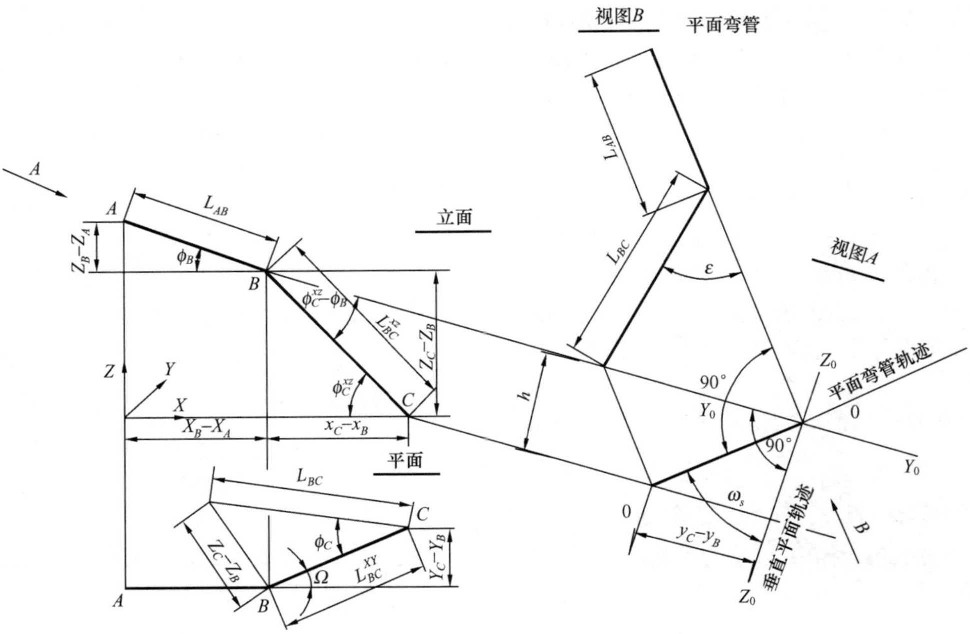

图 3 上游端管口安装转角 ω_s 计算图

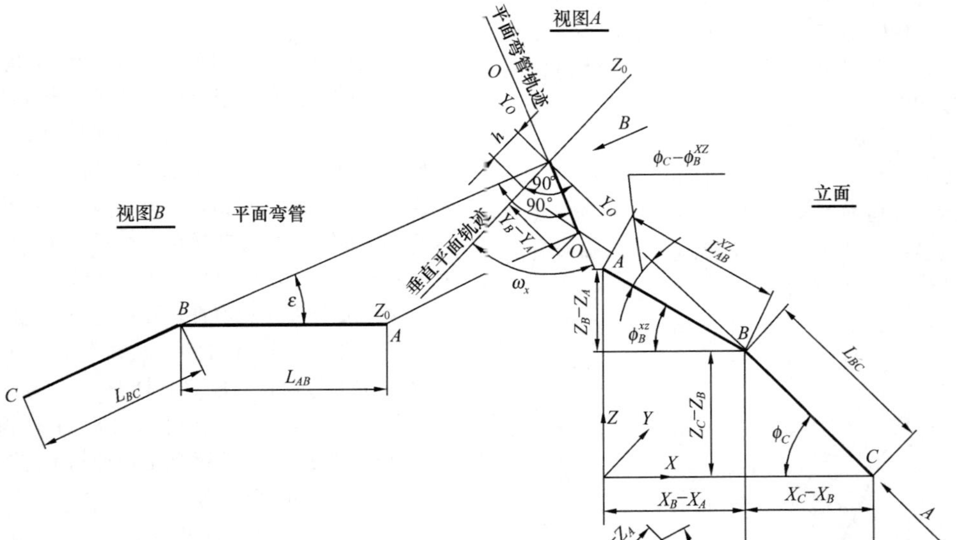

图 4 下游端管口安装转角 ω_x 计算图

$$\tan\omega_x=\frac{\sin\Omega}{\sin\phi_C\cos\Omega-\tan\phi_B\cos\phi_c}$$

安装转角 ω_s 和 ω_x 亦可由三角函数关系的公式进行计算，在图 3 中可以得到：

$$\tan\omega_s=\frac{y_C-y_B}{h}$$

式中：$h=\sqrt{(x_C-x_B)^2+(Z_C-Z_B)^2}\sin(\phi_C^{xz}-\phi_B)$

同样在图 4 中可得：

$$\tan\omega_x=\frac{y_B-y_A}{h}$$

式中：$h=\sqrt{(x_B-x_A)^2+(Z_B-Z_A)^2}\sin(\phi_C-\phi_B^{xz})$

2. 弯管向下弯的情况　即在 XZ 立面上，管轴线的转折点是向下的情况，如图 4 所示。弯管在 B 点的转折角为ε。

弯管上游端管口的安装转角 ω_s 按下列公式计算，见图 5：

$$\tan\omega_s=\frac{\sin\Omega}{\sin\phi_B\cos\Omega-\tan\phi_C\cos\phi_B}$$

下游端管口的安装转角 ω_x 按下列公式计算，见图 6：

$$\tan\omega_x=\frac{\sin\Omega}{\tan\phi_B\cos\phi_C-\sin\phi_C\cos\Omega}$$

安装转角 ω_s 和 ω_x 亦可由三角函数关系的公式进行计算，在图 5 中可以得到：

$$\tan\omega_s=\frac{y_C-y_B}{h}$$

式中：$h=\sqrt{(x_C-x_B)^2+(Z_C-Z_B)^2}\sin(\phi_B-\phi_C^{xz})$

同样在图 6 中可得：

$$\tan\omega_x=\frac{y_B-y_A}{h}$$

式中：$h=\sqrt{(x_B-x_A)^2+(Z_B-Z_A)^2}\sin(\phi_B^{xz}-\phi_C)$

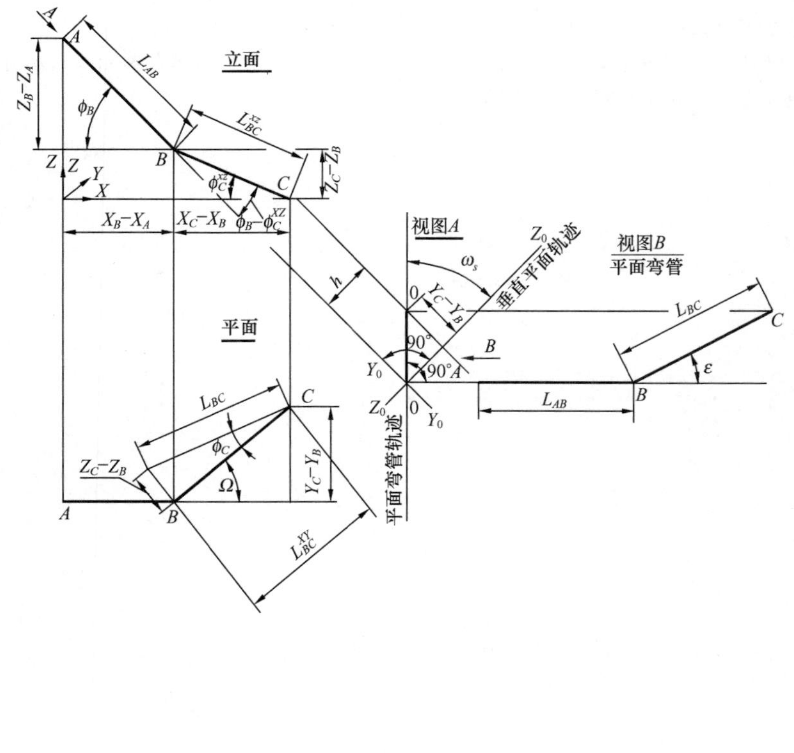

图 5　上游端管口安装转角 ω_s 计算图

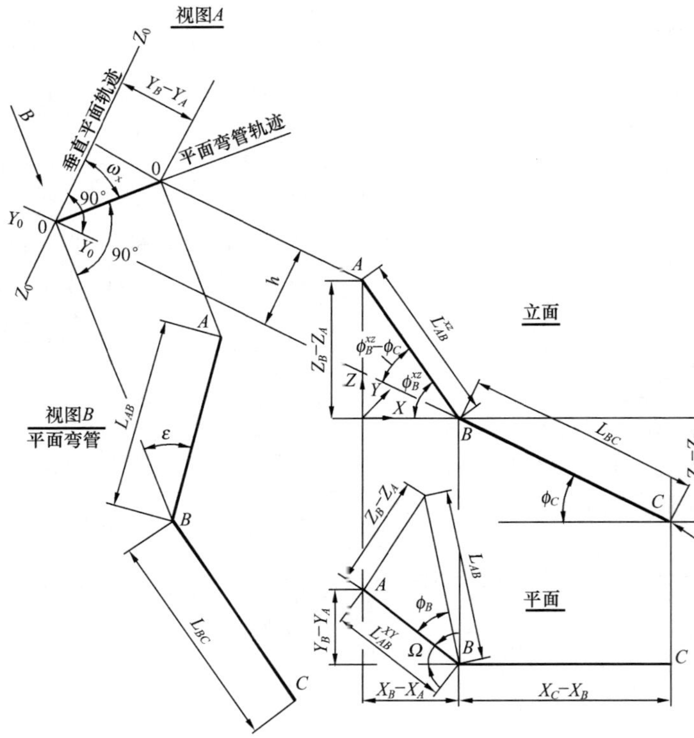

图6 下游端管口安装转角 ω_x 计算图

（三）结束语

空间平面弯管在水电站引水压力钢管施工安装中常常遇到，通过弯管转折角和安装转角的计算公式，极大地方便了施工技术人员的对空间平面弯管的安装计算，具有一定的参考实用价值，可以防止施工质量事故的发生。

（中国水利水电第七工程局有限公司 万天明）

中國水力發電年鑒

9

科学研究与技术创新

水电科学研究

200m级碾压混凝土重力坝关键技术研究及在龙滩工程中的应用

龙滩水电站大坝设计最大坝高为216.5m，碾压混凝土方量457万m^3，水库库容273亿m^3，设计装机容量6300MW，工程规模大、技术难度高。大坝的坝体结构设计、防渗技术和温控防裂及快速施工技术等是龙滩大坝设计中的关键技术问题。经过“八五”、“九五”国家重点科技攻关和国家电力公司科技攻关以及设计特殊专题研究的长期研究，提出了200m级碾压混凝土重力坝的经济断面设计理念、碾压混凝土自防渗结构型式、大坝碾压混凝土全年施工的温控标准和温控措施以及以带式输送为主体的大坝混凝土快速施工技术，系统解决了200m级碾压混凝土重力坝的坝体断面设计、坝体渗控设计、温控防裂设计和碾压混凝土全年连续施工配套技术等关键技术问题。

主要研究内容和成果有：

(1) 通过室内和现场试验，系统研究了碾压混凝土层面的抗剪断性能；应用稳定性理论和其他多种方法研究揭示了高碾压混凝土重力坝的渐近破坏过程、破坏机理和承载能力，完善、发展了高碾压混凝土重力坝结构设计理论和方法，论证了龙滩200m级高碾压混凝土重力坝坝体断面可按同高度常态混凝土坝经济断面设计。

(2) 系统研究了变态混凝土和二级配碾压混凝土的渗流特性，揭示了其渗流特性参数的统计分布规律；研究提出了精细模拟碾压混凝土层面渗流特性和排水孔功能的渗流分析方法，对碾压混凝土坝的防渗排水设施的渗控机理及效果进行了全面分析研究；提出了200m级碾压混凝土重力坝采用碾压混凝土自防渗结构的防渗设计方案和坝体渗控设计方案，解决了200m级碾压混凝土重力坝防渗问题。

(3) 在大规模室内模拟试验和现场试验的基础上，确定了高温多雨气候环境下连续施工的质量控制标准；通过大型仿真模拟计算，论证、确定了大坝全年连续施工的温控标准及温控措施；提出了以带式输送为主体的（长距离带式输送机+大容量强制式搅拌楼+高速皮带机配塔式布料机）连续、高效的大坝混凝土施工技术综合配套方案，成功突破了碾压混凝土坝夏季施工的瓶颈。

研究成果已应用于龙滩大坝工程建设，龙滩大坝成功地按常态混凝土经济断面，全断面、全高度采用碾压混凝土、利用碾压混凝土自防渗并在高温多雨气候环境下实现全年连续施工，快速、优质地建成。大坝工程较计划工期提前1年完工，工程提前1年全面发挥效益，创造了巨大的经济社会效益。

（中国水电顾问集团中南勘测设计研究院　冯树荣　肖　峰）

水文计算、勘测、自动测报研究

中国水电顾问集团中南勘测设计研究院（以下简称中南院）水情水调工程公司，主要承担水电水利工程水文专业的勘测设计工作和院资质范围内的水文水资源调查评价、水资源分析论证和水调综合自动化系统及流域防洪指挥调度系统的科研与技术开发工作。

（一）水电工程总体水文情势

2008年，中南院勘测设计的主要水电工程总体水文情势平稳，汛期没有发生流域性大洪水，这为在建水电工程施工防洪度汛和已建工程的运行安全度汛创造了有利的水文条件，而枯水期水量比常年略偏多，无大的流域性旱灾发生，有利于工程发电、灌溉等综合效益的提高。

2008年11月上旬，江南、西南东部等地区降水偏多，受此影响，湖南、贵州、广西等地区的大型水库蓄水充足，对增加发电量奠定了良好的基础。

红水河龙滩水电站11月上旬平均入库流量达4200m^3/s，最大入库流量6400m^3/s，超过1959年有实测资料以来的最大值（1965年11月上旬平均流量达4120m^3/s，最大流量5450m^3/s）。

（二）水文勘测

为满足工程设计需要，进行了向家坝、龙滩等13个在建水电工程和龙盘等15个预可研、可研阶段水电工程共5个专用水文站、92个水位站、6个地面气象站、3个雨量站的测验工作，测验项目主要包括坝区水位、流量、泥沙、雨量等水文要素和气温、雨量、蒸发、风速风向、气压、地温、日照等地面气象要素，各工程水文测验根据水文资料实际情况和工程设计要求设置的项目各有不同。另外，还进行了老挝芭莱、缅甸景栋2个国外项目的水位监测。

2008年12月，完成了向家坝水电站截流水力学原型观测，为顺利截流提供了重要的技术支持。

(三) 水文设计

为满足工程规划、预可研、可研、施工详图等设计阶段的设计需要，进行了向家坝、龙滩、龙盘等35个水电工程、流域梯级开发项目的水文设计工作，主要完成的产品包括坝址径流计算、水位流量关系曲线、设计洪水、施工洪水、泥沙分析和各设计阶段水文专题报告等。另外，还进行了2个核电工程、1个污水处理工程的水文设计工作和13个国外水电工程的水文设计咨询工作。

(四) 水文测报

受业主委托，承担了龙滩、西酬、石堤、白市、托口、鸭嘴河等6个水电工程施工水文保障服务，其主要工作是进行水情自动测报系统的运行维护管理，并依托系统，进行坝区水文测报，为工程施工提供及时、准确、可靠的水文信息和预报信息，为工程施工防洪度汛工作提供技术支持和保障。

完成了硕曲河与定曲河、铁川桥水电站等2个水情自动测报系统总体设计工作和江垭、牛路岭水电站水情自动测报系统更新改造工作，完成了龙滩、西酬水电站水调自动化系统及WEB信息平台。

受湖南省水文总局委托，完成了怀化、湘西、张家界水情分中心及湘江流域省级报汛站水情信息采集系统及WEB信息平台的设计与建设工作，标志着中南院水文业务已全面拓展到水利行业。

(五) 遥测水文设备

中南院拥有水文遥测设备核心技术，YCZ-2000 (LINGQU-1) 多功能遥测终端在龙滩、五强溪等30多个水利水电工程水情自动测报系统和流域防洪指挥系统中得到应用。

为适应市场需要，2008年水情公司成立了设备研发与成套室，主要进行水文遥测设备的开发、生产、检验和水文遥测设备集成、安装调试、运行维护管理、售后服务工作，并进行水文、环境、水质等监测设备的技术开发。

2008年为湖南省怀化、湘西、张家界及湘江流域省级报汛站水情信息采集系统提供了300余套遥测设备，并负责龙滩、西酬、石堤、白市、托口、鸭嘴河、重庆乌江电力等水情自动测报系统的运行维护管理工作，为五强溪等20多个水情自动测报系统提供售后服务。

(六) 技术开发

为增强创新意识和自主创新能力，坚持科学发展观，大力抓好科技开发工作，承担的4个（集团公司1个、中南院3个）技术开发项目进展顺利。

集团公司科研项目“梯级水库群设计洪水研究”，梯级水库群设计洪水计算方法研究全部工作现已基本完成，编制了项目研究总报告、成果咨询报告和《同频率地区组成法》、《典型洪水地区组成法》、《频率组合法》、《随机模拟法》等专题报告。2008年9月1～2日，中国水利水电建设工程咨询公司在长沙主持召开“梯级水库设计洪水研究”成果咨询会议。现正在按咨询会议形成的意见进行完善修改，预计2009年上半年进行项目验收。

《水文高级应用及GIS系统》、《水文数据固态存储收集系统》、《H-ADCP在工程水文中的开发与应用》等3个院技术开发项目均已取得预期成果，并进行了旱情自动监测系统、污水处理自动监测系统等技术开发的准备工作。

(七) 获奖成果

2007年完成的《基于分布式实时数据库技术的水调自动化软件平台研究》分别获得湖南省政府科技进步三等奖、中国水电工程顾问集团公司、集团公司“四优工程”优秀软件一等奖、中国电力科学技术奖三等奖。

2007年《水温自动监测QC小组》分别获得2008年度中电联全国电力行业优秀QC小组奖和国家勘察设计协会国家优秀QC小组奖。

（中国水电顾问集团中南勘测设计研究院　晏忠林）

大型水电站进水口分层取水研究

(一) 项目研究概况

大型水电工程的建设形成了高坝大库，大型水库的形成将使水库水温会呈现分层状况，一般而言，水库表面的水温较底层高，水电站分层取水方式就是考虑库区水体温度随水深的变化的条件而采取的一项环保措施，目的是在电站运行时选择性地引取水库表层水，以便有效地减轻电站取水对下游水环境造成的影响。本课题研究依托正在进行筹建的糯扎渡水电站工程，该工程心墙堆石坝最大坝高261.5m，水库总库容$237\times10^8m^3$，装机容量5850MW，进水塔采用岸塔式，正向进水，引水道中心间距25m，进口前缘宽度225m，正常蓄水位812m，死水位765m，进水口总高度88.5m，单机引用流量$389m^3/s$。

糯扎渡水电站分层取水设计研究开始于2004年4月的环境保护专题咨询会，2006年课题经过云南省科技厅评审列为云南省科技计划项目（项目编号：2006GG19）。经过联合高等院校和科研单位进行系统研究，提出适合大型水电站工程安全、经济和合理的分层取水进水口形式，同时下泄的发电水流也能够基本满足下游水生生物的要求，处理好工程建设与环境保护的关系，对未来大型水电站的设计具有重要意义。

（二）主要研究内容

（1）糯扎渡水电站进水口分层取水形式研究。糯扎渡水电站可行性研究阶段推荐单层进水口布置形式；随着国家对环境保护工作的重视，工程的建设必须满足环境保护的要求，设置分层取水可有效减免下泄低温水对下游水生生物的影响，招标设计阶段开始电站分层取水研究，推荐双层进水口布置形式。随着研究工作的开展，从水温分布预测、水力学、水工结构布置、水库运行特性、工程投资、闸门流激振动、分层取水效果等进行综合分析，最终确定采用叠梁门多层取水进水口布置形式，最高的取水高程为774m。

（2）分层取水水温预测数值研究。水库水温预测的数值分析方法较多，但各种模型的预测结果与参数取值关系很大，计算结果差别可能较大。本项目主要采用三维数学模型进行计算研究，并且充分考虑水下地形、库区弯曲度以及主要支流的影响。因此，模拟复杂条件下的水库水温结构更接近真实，数值分析成果表明，设置分层取水后下泄水温更接近天然河道水温。

（3）分层取水进水口水力特性研究。对大型水电站的进水口利用三维数值模拟，进行水力特性系统研究，为类似大型水电站进水口的设计提供了理论依据。同时对糯扎渡水电站不同方案分层取水进水口做水工模型试验，从水头损失、流速分布、进水口压强、上下层取水口切换运行时水流现象、事故闸门快速关闭引起的水流现象、机组突甩或突增负荷引起的水力要素变化等方面进行研究，论证分层取水的可行性，优化分层取水口的体型。并对糯扎渡水电站多层进水口叠梁门进行了流激振动模型试验，研究了叠梁门的流激振动响应，分析了叠梁门过流的安全性。

（4）分层取水温分布模型试验研究。国内进行水工模型试验，特别是对水温物理模型试验的研究未见有关报到，试验的比尺效应、热效应及流量、闸门开启和温度的自动控制、量测等技术属于领先技术，研究难度较大。在采用三维数学模型计算糯扎渡水库水温资料的基础上，利用物理模型试验，直接模拟水库水温分布，量测下泄水温，物理模型试验结果与数学模型的计算结果吻合较好。

（5）分层取水进水口三维设计及结构数值仿真分析。工程区地震烈度较高，分层取水进水口结构计算复杂，控制标准的确定存在一定的不确定性。对糯扎渡进水口进行三维设计，探索其在水电工程中的运用；通过糯扎渡单层取水方案的进水口动静力数值计算。对照糯扎渡水电站多层取水的叠梁门方案，在考虑水工模型试验中的水流的流激振动等水力边界条件时，对进水口结构进行仿真分析，并对大型水电站进水口的结构设计进行总结和分析。根据水弹性模型试验结果，利用随机振动功率谱法进行闸门结构的流激振动分析，求解闸门在水流脉动压强下的随机动力响应。为正确评价闸门的安全性和优化设计提供依据。

（三）经济效益及应用前景

经过综合比较，糯扎渡进水口分层取水选择叠梁门多层取水方案。该方案与原双层取水方案相比可以节省投资约1.4亿元，同时可以减免高坝大库中应用常规进水口设计后下泄低温水对下游的生态影响，实现水电开发和环境保护同时兼顾的目标，经济、社会和环境效益显著，具有广阔的推广应用前景。

（中国水电顾问集团昆明勘测设计研究院　董绍尧）

河海大学水电科研项目简介

（一）金沙江白鹤滩水电站可行性研究阶段玄武岩缓倾角错动带及岩体风化研究

本课题是中国水电顾问集团华东勘测设计研究院在金沙江白鹤滩水电站可行性研究阶段设立的专题之一，主要研究坝址区玄武岩缓倾角错动带和岩体风化特征；2007年8月开始，2008年8月结束。

白鹤滩水电站坝址区主要分布二叠系上统峨眉山组玄武岩层，受岩浆间隙性喷溢及后期构造作用，在玄武岩岩流层层间和层内，产生了较多较大的缓倾角错动带。经初步查明坝址区共分布层间错动带10条，层内错动带300余条。这些缓倾角层间、层内错动带是坝基、坝肩抗力体、边坡及地下洞室围岩稳定的重要影响因素和边界条件。

通过大量现场调查和室内分析测试，从调查缓倾角错动带基本特征出发，对主要层间、层内错动带进行了剖面测量，采用岩组结构分析、X射线衍射测试、扫描电镜、红外光谱、ESR测年等多种先进测试手段，对白鹤滩坝址区玄武岩缓倾角错动带的物质组成、结构、规模以及错动特征等进行了详细的研究。按地质力学性质将缓倾角错动带划分为压扭性结构面、张扭性结构面、扭（剪）性结构面三类。压扭性结构面属Ⅰ级结构面（如层间错动带以及LS321、LS331等），其特征是：延伸长，两岸均有分布，形成于燕山运动早期，燕山运动晚期还继续活动。张扭性结构面（如LS337、LS3319、LS324等）和扭（剪）性结构面均属Ⅱ级结构面，形成于燕山运动晚期，延伸短，仅在岩流层内发育，具不穿层性。

采用岩石薄片鉴定和现代测试技术，分别对地表玄武岩体风化和深部错动带层状风化进行了研究。地表浅部的面状风化岩体特征，由于河谷深切，山坡陡峻，地表浅部的面状岩体风化特征具明显的不均匀性。全强风化仅在一些平缓地形上发育，多数地表岩体发育弱、微风化岩体的特征；在地下不同深部，由于近层状分布岩体，如层间错动带的存在，裂隙发育特征和透水性的不同，在地下水的作用下，层间错动带部位，常形成近层状风化的岩体。近层状风化岩体原岩为凝灰岩、角砾熔岩以及杏仁玄武岩，经水岩间相互作用，风化蚀变为紫红色风化岩体，即变玄武质玻屑凝灰岩或变玄武质角砾熔岩、变余杏仁玄武岩，共10层，与中坝址大坝稳定有关的有5层，为C2、C3-1、C3、C4、C5。依据风化蚀变程度可划分为4类，即全风化蚀变岩（带）、强风化蚀变岩带（带）、弱风化蚀变岩（带）和微风化带。其分布是不均匀的，随深度而减弱。

（二）金沙江白鹤滩水电站坝线选择阶段上下坝线双曲拱坝左坝肩三维非线性数值分析

本项目于2008年1月开始，主要是系统研究白鹤滩拱坝坝体—坝肩岩体系统在各种荷载组合下的应力变形状态、左坝肩下游边坡中由断层切割形成的楔形体的可能失稳模式和稳定安全度、坝肩层间错动带的变形、柱状节理岩层的应力扩散能力、拱坝应力对地基变形模量因素的敏感性，同时分析主要地质缺陷对坝体和坝肩岩体的影响，指出坝体结构和坝肩稳定存在的问题，评价工程处理措施（设置柱状节理扩大基础垫座）对拱座及坝肩岩体的抗剪、传力等方面的改善效果。

通过采用三维非线性数值分析方法，模拟白鹤滩中坝址主要的断层、错动带、柱状节理等地质现象，研究上下坝线主要地质缺陷对坝线选择的影响以及工程处理措施的效果，合理评价上下坝线拱坝方案的整体安全度，为白鹤滩水电站建设提供技术依据和科研成果支撑。

主要研究内容包括：

（1）根据地质情况建立了上下坝线的三维可视化地质模型和三维数值计算模型，模拟了工程措施（柱状节理扩大基础垫座）。

（2）按照拱坝设计规范要求，对不同的荷载组合下坝体及坝肩岩体的应力、变形状态进行非线性三维数值分析，对柱状节理扩大基础垫座设置前后进行对比分析，给出相应工况下大坝的位移应力状态、拱坝坝肩抗力体稳定性以及基岩内应力扩散的规律，分析坝肩及拱座分布的断层和错动带对大坝变形和稳定的影响，评价坝体坝肩系统的强度和稳定安全性及工程措施的可行性。

（3）采用降强和水容重超载方式，对上下坝线拱坝加垫座方案进行拱坝一地基的整体分析，研究坝体和基岩的位移应力和塑性区分布、坝肩岩体的稳定性，评价拱坝一地基整体安全度。

（4）采用点安全系数法研究上下坝线拱坝加垫座方案设计工况（基本组合和特殊组合）下坝肩抗力体的安全度。

（5）对比两坝线分析成果，对上、下坝线拱坝方案进行比选。

（三）三峡水利枢纽右岸电站直埋式蜗壳配筋技术研究

该项目为横向科研，委托单位为长江水利委员会长江勘测规划设计研究院。2006年6月开始，2008年8月结束。

1. 合同要求的主要研究任务

（1）研究开发轴对称问题混凝土等效单轴应变本构模型及相应的非线性钢筋混凝土有限元程序，满足三峡右岸电站直埋式蜗壳配筋技术研究的需要。

（2）按轴对称问题，研究钢衬与混凝土冷缝间隙对结构受力的影响。

（3）按轴对称问题，研究相同 *HD* 值条件下不同蜗壳直径对钢衬与混凝土联合受力结构承载比的影响。

（4）按线弹性轴对称问题，研究承载能力极限状态蜗壳钢筋用量。

（5）按非线性轴对称问题，研究正常使用极限状态钢筋用量、配筋形式对裂缝分布和宽度的影响，确定配筋方案。

（6）工程措施方案计算研究。

（7）施工期温度应力及变形计算研究。

2. 实际达到的研究目标

（1）研究开发了轴对称问题混凝土等效单轴应变本构模型及相应的非线性钢筋混凝土有限元程序，成功应用于三峡右岸电站直埋式蜗壳配筋技术的研究。

（2）按轴对称问题，研究了钢衬与混凝土冷缝间隙对结构受力的影响。

（3）按轴对称问题，研究了相同 *HD* 值条件下不同蜗壳直径对钢衬与混凝土联合受力结构承载比的影响。

（4）按线弹性轴对称问题，给出了满足承载力要求的钢筋用量。

（5）按非线性轴对称问题，研究了正常使用极限状态钢筋用量、配筋形式对裂缝分布和宽度的影响，给出了满足裂缝控制要求的配筋建议。

（6）加强层效果（工程措施方案）研究，包括局部提高混凝土强度等级与采用钢纤维混凝土。

（7）给出了施工期温度应力对蜗壳受力的影响，包括首次冲水时间对蜗壳应力的影响。

3. 创新点

(1) 采用项目完成人提出的平面带黏结滑移埋置式钢筋单元模拟钢筋，使得在可以考虑钢筋与混凝土之间的黏结滑移条件下模拟蜗壳中的斜钢筋，并能沿裂缝的走向来划分网格，比较真实地计算出裂缝分布与裂缝宽度。

(2) 在蜗壳与外包混凝土之间设置了界面单元，考虑蜗壳与外包混凝土之间的缝隙。

本项目的成果可供三峡右岸电站直埋式蜗壳配筋设计参考采用。同时，本项目的配筋形式与用量可为类似工程参考采用。

(四) 龙滩水电站水平薄弱面对碾压混凝土大坝安全影响计算分析评价

龙滩水电站位于广西壮族自治区天峨县境内，距天峨县城15km，是红水河梯级开发的龙头，具有发电、防洪、航运等综合效益。龙滩水电站主要挡水坝体为成层的碾压混凝土结构，层面的特性对坝体的结构安全的影响至关重要。大坝施工过程中由于受大坝碾压仓面大、强度高、高温多雨季节连续施工等特性，以及施工组织措施、设备能力、气候条件等各种因素的影响，个别坝段的水平层面存在形成局部范围薄弱面的可能。这些薄弱面的存在，不可避免地对龙滩大坝产生不利影响。受中国水电顾问集团中南勘测设计研究院委托，本课题主要就碾压混凝土坝中可能存在的薄弱面对坝体的影响进行分析与评价。

本课题选取龙滩水电站挡水结构中的溢流坝段和挡水坝段两个典型断面建立平面有限元网格，并在两个典型断面中沿高程随机设置九个薄弱面，对薄弱层采用薄层单元进行模拟，选用低抗拉摩尔一库仑屈服准则作为薄弱面的屈服准则。静力分析考虑结构自重、上下游水荷载、泥沙压力、风浪压力及坝基面扬压力，并考虑坝体分层施工和分期蓄水过程。静力分析中对于薄弱层面分别按照高、中、低三种不同的强度参数进行计算，计算了9种不同薄弱面传力或不传力时的坝体应力和位移，分析了不同高程存在薄弱层面对坝体的影响和考虑薄弱层面强度降低时对坝体的影响。通过静力分析得出以下成果：

(1) 溢流坝段层面在9种薄弱面情况下均没有发生屈服，挡水坝段只在薄弱面位置为挡1、挡2和挡3时，221.0m高程层面上游部位发生局部剪切破坏，原因在于溢流坝段薄弱层面的相对高程高于挡水坝段薄弱面，故挡水坝段中高程最低的薄弱层面处剪应力较大，容易产生剪切破坏。

(2) 当不考虑薄弱面时，廊道的存在会延长建基面竖向应力出现拉应力的范围；当坝体为弹性时，是否存在薄弱面和薄弱面的位置对坝体位移和影响不明显，薄弱面的弹性模量的变化仅对薄弱面附近坝体位移和应力有影响，对其他地方影响不大。

(3) 薄弱层面位置对层面上法向拉应力范围有影响，薄弱层面高程较低时层面拉应力范围较大；建基面的最大法向应力和最大切向应力都较大，但不受薄弱面的影响，即和无薄弱面情况相同。

(4) 廊道应力在有无薄弱面时差别不大，只有上游灌浆廊道顶拱出现较大拉应力，一般在4MPa左右，其余廊道基本上没有出现拉应力，薄弱面的存在对廊道应力影响不大。

(5) 分别按照新、旧规范中的规定，并考虑强度是否折减的情况，计算了薄弱层面抗剪强度指标为低、中、高时的各层面的抗滑稳定系数。两个坝段在不同薄弱面高程时指定层面上的安全系数均满足规范要求。相比之下，建基面上安全系数较低，随薄弱面高程位置升高，指定层面上安全系数有所增大，薄弱面的存在对其所在层面和相邻层面的抗滑稳定具有不利影响，其中溢9和挡9薄弱面所在层面安全系数最低，强度指标低的情况下，考虑折减时分别为0.84和0.81。

(6) 可靠度分析的结果表明可靠度数值变化规律与安全系数是一致的，安全系数较小的层面上的可靠度值也比较小。无论是挡水坝段还是溢流坝段，无薄弱面存在时的可靠性指标均高于特点薄弱面和随机薄弱面时的可靠性指标，说明薄弱面的存在对层面上的可靠性指标有不利影响。

(7) 用直接降强法对薄弱层面上进行非线性分析，结果表明当薄弱面传力时，薄弱面位置首先屈服，然后向两侧发展直至整条滑动面贯通；当薄弱面不传力时，由于原来由薄弱面承担的应力向两侧转移，产生应力集中，故一般是薄弱面两端首先屈服，然后分别向两侧延伸直至全部贯通。

在静力分析的基础上，本课题还对所建立的模型进行了地震荷载作用下的动力时程分析。动力分析考虑坝体与库水相互作用，用黏弹性边界考虑无限地基辐射阻尼，选取一条按规范谱生成的人工地震波和两条实测的柯依那（Kynoa）地震波进行时程分析。动力分析的结果表明，没有薄弱面时的坝体位移和应力及层面应力分布和静力情况类似，三条地震波情况下的差别也不大。溢流坝段坝顶顺河向最大位移在10cm左右，垂直向最大位移在5cm左右，坝踵最大主拉应力在15MPa左右，坝趾最大主压应力在22MPa左右，挡水坝段的上述各值稍低。当坝踵出现最大拉应力时，建基面有最大层面应力出现，溢流坝段和挡水坝段最大法向应力分别在12MPa左右和6MPa左右，最大切向应力分别在11MPa左右和7MPa左右，存在薄弱面时坝体位移和应力不受影响。

计算得出的各种情况下静、动力荷载作用下的坝体位移、应力、稳定安全度等各个反应指标符合一般性的规律，能够满足设计要求。其中坝踵拉应力较大，虽然薄弱面对坝体的位移和应力影响不大，但对坝体的稳定安全还是会产生一定不利的影响，薄弱面所在层面的抗滑稳定安全系数和可靠度都比没有薄弱面时低，其他层面影响不大，故在可能出现的薄弱面位置需要引起重视。其中溢 9 和挡 9 薄弱面长度很大且刚好经过一个廊道，故该层面安全系数最低，需特别注意。薄弱面不传力时，坝体应力和稳定受到的影响都较大，坝体内部压应力集中，局部超过了抗压强度。虽然这种情况在实际工程中不太可能出现，为保险起见，建议对可能出现薄弱面的位置进行必要的加固处理。

（五）黄河万家寨水利枢纽工程大坝静动力三维有限元分析研究

该项目 2007 年 8 月开始，2008 年 9 月结束；根据委托单位的要求，主要研究内容如下：

（1）根据相关资料，针对四个典型坝段，即 4 号表孔坝段、7 号底孔坝段、9 号中孔坝段和 13 号机组坝段建立有限元模型，进行有限元静动力分析。主要是：①根据重力坝受力特点，用有限元法对不同荷载组合下四个坝段结构进行稳定性分析，求解静力条件下的稳定安全系数，论述四个坝段的静力工况下的稳定性；②对各计算工况下坝体位移、应力进行分析，选取各坝段具有代表性的坝顶、坝踵和坝趾位移和应力控制点，用以比较不同荷载组合下的坝体应力和位移；③计算各工况下上述四个坝段孔口应力，并进行分析比较。

（2）对四个典型坝段进行抗震分析计算，分析坝体和厂房在地震作用下的动力响应。动力计算方法采用振型分解反应谱法，通过分析地震作用下坝体变形和应力，对各坝段在地震作用下的安全运行作出评价。

通过对万家寨水电站四个模型抗滑稳定性和坝体控制点处应力位移的计算和分析可以得到如下结论：

（1）四个模型的抗滑稳定安全系数均大于 3.0；特殊荷载组合下，抗滑稳定安全系数均大于 2.5。说明四个模型在不同荷载组合下的抗滑稳定安全系数满足规范要求。其中，模型四机组坝段的厂房和坝体采用了平缝灌浆半连接，增强了厂坝的整体性，提高了抗滑稳定性，相同工况下模型四抗滑稳定安全系数最大。另外，水位的升高对坝体的抗滑稳定产生不利的影响。同一模型在静力工况下，水位越高，抗滑稳定安全系数越小。

（2）由坝体的位移值可见，最大位移发生在模型四 13 号机组坝段在校核洪水位工况下的坝顶控制点的顺河向位移，位移大小为 18.7mm。坝体在各种静力荷载作用下产生的整体位移和相对位移都较小，说明各方案都具有足够的刚度和整体性。

（3）从计算结果可知，模型一在荷载基本组合③、基本组合④和特殊组合①作用下坝踵竖向应力出现较小的拉应力；模型二在荷载基本组合④和特殊组合①下坝踵竖向应力出现较小的拉应力，拉应力数值均小于 0.2MPa。各模型在其他荷载组合作用下坝踵处竖向应力均没有出现拉应力。四个模型在各种荷载组合作用下坝趾竖向应力均为压应力。四个模型所有控制点中最大的压应力数值为 2.56 MPa，出现在模型二 7 号底孔坝段校核工况下的坝趾处，数值小于坝基容许压应力 8.0MPa，满足要求。

（4）从单个模型来看，随着水位的上升，孔口控制点的应力变化规律为：竖直方向的压应力和横河向的拉应力均随着水位的上升而逐渐减小。

（5）通过对四个典型坝段模型进行振型分析，四种模型的频率相差不大，这是由于所研究的坝段地基相似，只是各坝段坐落的位置有所差异。模型四的厂坝结构由于采用平缝灌浆半连接，增强了二者的整体性，因此相同阶次下，模型四厂坝联合体的自振频率相对其他三种模型较小。

（6）用振型分解反应谱法对四个模型进行动力分析，并与静力结果进行叠加得到地震作用下四个模型的响应。分析得到四个模型中最大位移发生在模型四厂房坝段的顺河向位移，最大位移值为 25.2mm；在地震荷载作用下，坝踵最大拉应力出现在模型四厂房坝段，最大拉应力值为 0.655MPa，坝趾最大压应力出现在模型二底孔坝段坝趾处，数值为 3.361MPa，坝踵坝趾应力均在容许范围之内；在地震荷载作用下，孔口控制点处拉压应力均有明显提高，但从数值来看，仍处于容许范围之内。

（六）四川省田湾河仁宗海水库电站堆石坝土工膜应力应变计算及选型研究

本项目受中国水电顾问集团成都勘测设计研究院委托，2007 年 3 月开始，2008 年 12 月结束。

仁宗海水库电站位于四川省康定县境内的大渡河支流田湾河上游，是田湾河流域梯级开发的龙头水库电站。坝区枢纽、引水系统、厂区枢纽、“引田入环”输水枢纽和干沟泥石流防治建筑物等组成。主要开发任务为发电，无供水、灌溉、防洪等综合利用要求。水库校核洪水位 2930.94m，库容为 1.12 亿 m^3，电站装机容量 240MW。堆石坝坝顶高程为 2934.00m，防浪墙顶高程为 2935.20m，坝顶宽 8.00m。坝顶长 830.85m，最大坝高约 56m。在上游坝坡 2890m 高程处设一 10m 宽的马道，马道以上堆石体采用表面复合土工膜防渗，坝坡为 1∶1.8，马道以下堆石体采用混凝土防渗墙防渗，坝坡为1∶2。大坝下游坝坡为1：2.0，在2904m高程处设一宽度为4.00m的马道，采用干砌大块石护坡。复合土工膜之下设水平宽度为3.00m的垫层区，其后为堆石体主堆区。堆石体底部防渗墙下游区域的坝基范围均铺设厚度1m的反滤层，主堆区与反滤层之间设置厚度1m的过渡层。委托研究的内容主要包括：

(1) 考虑堆石体、坝基（含防渗墙）和土工膜联合作用的全坝段三维非线性有限元分析。计算施工期、蓄水运行期、库水位骤降等工况下复合土工膜（或土工膜）的变形及应力状况，在此基础上确定适合本工程条件的（复合）土工膜的材料、类型和规格，提出相应的技术指标要求。

(2) 根据复合土工膜（或土工膜）的应力及变形情况，建议复合土工膜适应变形需采取的结构措施。

(3) 大坝工程施工完建后，根据堆石体施工实际填筑料的参数复核堆石体、坝基和复合土工膜（或土工膜）的应力及变形。

(4) 提出复合土工膜（或土工膜）适应变形的构造建议。① 根据复合土工膜（或土工膜）的应力及变形情况，建议复合土工膜适应变形需采取的结构或构造措施。② 根据复合土工膜（或土工膜）与其他防渗体连接部位的应力及变形情况，提出需采取的构造措施建议。连接部位主要包括复合土工膜（或土工膜）与左右岸岸坡趾板、防渗墙及防浪墙的连接。

研究内容和要求完全符合合同要求，研究采用的技术路线和方法科学合理。计算成果规律性好，合理可靠。研究得出的结论和建议为委托方进行大坝抗震的合理经济的设计提供了理论依据，同时对类似工程也有较大的参考应用价值。

(七) 井冈山（仙口）水电站导流洞进口顶板破坏成因分析

该项目研究于2007年11月开始，2008年3月结束。

项目针对井冈山（仙口）水电站导流洞进口顶板混凝土的坍塌破坏，采用结构力学和有限元的方法分别对结构进行结构验算，对采用两种方法计算所的结果作对比，同时，充分分析了原设计资料、现场施工记录以及结构破坏情况描述等相关资料，对结构破坏影响因素进行了研究，得出了导流洞进口顶板混凝土的坍塌破坏的原因：①设计原因：配筋量不足，顶板混凝土厚度过小是结构破坏的主要原因；②施工原因：施工质量不达标，顶板厚度、保护层厚度、钢筋间距等主要控制指标与原设计存在较大差距，另外，回填灌浆质量也不过关，这些因素都加快了导流洞进口顶板混凝土的坍塌破坏。成果报告科学、可靠地为业主、设计以及施工等单位提供了井冈山（仙口）水电站导流洞进口顶板混凝土的坍塌破坏原因，并为其善后处理工作提供了必要的依据。

成果报告主要有两个创新点：①用结构力学方法进行结构计算时，采用不同的结构简化，对比分析在不同结构简化条件下原设计是否满足要求；②采用有限元计算软件ansys对结构进行结构验算，并与结构力学方法计算的结果进行对比，得出采用两种方法计算的结果基本一致。

(八) 福建电网负荷在线综合建模研究

该项目2005年5月开始，2007年8月完成，已通过福建省电力公司组织的鉴定，主要成果如下：

(1) 提出了以“分类—在线—综合”为特点的负荷建模新策略，构建了福建电网负荷在线综合建模系统。充分利用电网现有的各种数据资源，综合应用各种方法，在线进行负荷建模，实现负荷参数的定期刷新。

(2) 提出了基于变电站日负荷曲线进行负荷节点动态分类的方法。该方法工作量小，实用性强。

(3) 提出了基于实测用户负荷功率和实际网络拓扑的在线统计综合建模方法，克服了传统离线统计综合法无法考虑负荷实际功率、负荷同时性和无法跟踪负荷变化的问题。提出了基于多数据源的改进在线总体测辨建模方法，改善了辨识参数的平稳性。

(4) 提出了包含小水电的广义负荷建模方法。给出了广义负荷模型结构，通过理论等值得到同步发电机参数，通过辨识得到感应电动机和静态负荷参数。

(5) 提出了包含空调的综合负荷建模方法。通过试验和分析获得单台空调和空调群负荷的特性和模型；通过分析历史气象数据对变电站负荷量的影响，获得空调负荷比例；然后获得综合负荷的全过程模型。

(6) 福建电网负荷在线综合建模系统运行正常，获得了一批宝贵的实测负荷参数，将所得实测模型及参数应用于福建电网稳定计算分析，满足实用化要求。

（河海大学）

黄河水利科学研究院 水利水电科研项目简介

(一) 多沙河流洪水演进与冲淤演变数学模型研究及应用

该项目研究成果创新点主要有：

(1) 经过理论分析，提出了多沙河流床沙与悬沙级配分布的计算公式，为反映非均匀沙的影响提供了新的途径，实用性强。

（2）以异质粒子与紊流场的相互作用关系为理论基础，提出了泥沙非饱和系数 f_1 与附加系数 K_1 计算公式，改进了河床变形方程，提高了数学模型的实用性。

（3）针对黄河河道冲淤特点，研究了多沙河流动床阻力变化规律，建立了河道糙率计算公式，提高了计算结果的可靠性。

（4）建立了非均匀沙清水混合沉速以及挟沙水流流速、含沙量、悬沙平均粒径、中值粒径沿垂线分布计算公式；提出了新的床沙与悬沙交换计算模式和判别河型的河床综合稳定性指标计算公式。这些成果对于丰富模型功能，提高模型长系列预报精度起到了重要作用。

（5）在上述研究成果的基础上，开发了多沙河流准二维水沙数学模型，进行了多场典型洪水和不同水沙系列的验证，以及大量黄河下游洪水演进过程的模拟与预测预报，为多沙河流洪水演进与冲淤演变的模拟打下了坚实基础。

成果在小浪底水库不同运用方案、黄河调水调沙、黄河下游滩区治理、宁蒙河段治理、东庄水库运用对渭河下游及三门峡库区影响等生产实际中得到了广泛应用，取得了显著的社会经济效益。2008 年 6 月 21 日，受河南省科学技术厅的委托，黄河水利委员会在郑州召开了该项目研究成果鉴定会。成果在多沙河流数值模拟技术方面总体上达到国际领先水平。

（二）小浪底水库拦沙初期水库泥沙研究

该项目研究成果创新点主要有：

（1）提出了多沙河流水库模型相似律，进行了模型设计和验证，同时满足了异重流与明流运动相似，推动了异重流运动相似模拟技术的进步；

（2）提出了不同输沙流态下库区干支流异重流倒灌机理及物理模式，预测了小浪底水库拦沙初期不同条件下的输沙流态、淤积形态，为确定水库运用方式提供了重要的科学依据；

（3）首次提出在小浪底初期运用条件下异重流形成及排沙的临界指标，提出了小浪底水库异重流运动规律的计算式，研发了多沙河流水库准二维水沙数学模型，制订了调水调沙实施过程中人工塑造异重流的预案，为成功塑造异重流奠定了基础；

（4）对小浪底水库运用以来进行了全面系统的跟踪研究，利用水库拦沙初期的实测资料，检验了小浪底水库施工期实体模型试验及数学模型计算预报结果的正确性与合理性，为优化水库调度提供了重要的技术参考依据。

成果在小浪底水库初期运用，尤其是调水调沙方案和异重流排沙预案制定中得到了应用，取得了显著的社会经济效益。2008 年 6 月 21 日，受河南省科学技术厅的委托，黄河水利委员会在郑州召开了该项目研究成果鉴定会。成果在多沙河流水库异重流运动与模拟技术方面总体上达到国际领先水平。

（三）黄河多沙粗沙区分布式土壤流失评价预测模型及支持系统

该项目研究成果创新点主要有：

（1）采用野外和室内试验相结合的方法，揭示了坡沟系统耦合侵蚀产沙关系和草被措施对坡沟系统侵蚀产沙的影响机理，为坡沟泥沙输移过程模块建立提供了理论基础。

（2）构建了黄河多沙粗沙区小流域分布式土壤流失评价预测模型，实现了产汇流模型与产输沙模型的紧密耦合，反映了流域侵蚀产沙的水动力学过程，为建立分布式侵蚀预报模型提供了新的思路和方法。

（3）提出了当量糙率系数的概念，解决了定量表达水土保持工程对产汇流影响的问题，使模型具备了预测评价不同水土保持治理方案效益的功能。

（4）提出并实现了虚拟现实环境参照下分类模板定义的方法，提高了遥感影像的分类精度，有效地解决了“同物异谱、异物同谱”现象的辨识问题。

（5）开发了基于 COMGIS 的分布式土壤流失评价模拟系统，实现了模型与 GIS 的紧密耦合，达到了两者之间时空概念表达的兼容，在参数提取过程中做到了模型与 GIS 信息双向交换与修改，实现了系统数据的灵活、高效管理。

（6）利用 GLUE 方法分析了模型的不确定性，确定了模型的敏感参数，分析了模型参数的灵敏度分布空间和模拟结果的置信水平，验证了模型预测结果的合理性。

该成果在黄河流域水土保持规划、“数字黄河”工程建设中得到应用，产生了明显的社会效益和经济效益，推广应用前景广阔。2008 年 7 月 6 日，水利部国际合作与科技司在郑州召开了该项目研究成果鉴定会。成果总体上达到国际先进水平，其中在坡沟系统耦合侵蚀产沙关系和草被措施对坡沟系统侵蚀产沙的影响机理、产汇流模型与产输沙模型的耦合、当量糙率系数概念的提出和应用等方面达到国际领先水平。

（四）黄河下游滩区新农村建设生态建筑材料关键技术研究

该项目研究成果创新点主要有：

（1）针对黄河泥沙特点，首次成功研制了一种适应于生态建筑材料的新型激发剂，为利用黄河泥沙制作免烧砖等绿色节能建筑材料奠定了基础；

（2）在深入分析黄河泥沙级配组成的基础上，提出了一套适合于黄河不同河段泥沙组成的免烧免蒸砖的配合比，使成品性价比更优；

(3) 结合液压振动成型工艺和黄河泥沙免烧免蒸砖配合比，提出了一套免烧免蒸砖的生产技术，在一定程度上降低了生产成本。

该成果为黄河泥沙利用提供了新的途径，具有良好的社会、生态、经济效益和推广应用前景。2008年11月8日，受河南省科学技术厅委托，黄河水利委员会在郑州召开了该项目研究成果鉴定会。成果达到了国内领先水平。

(五) 水沙变异条件下黄河下游河道再造床机理及调控对策研究

该项目研究成果创新点主要有：

(1) 系统研究了1986～1999年和小浪底水库投入运用后黄河下游水沙特性的变化、水沙变异条件下黄河下游河道再造床过程；初步揭示了水沙变异条件下黄河下游河道再造床机理。

(2) 通过概化物理模型试验和实测资料分析，首次揭示了黄河下游河道平滩面积、主槽宽度等与水沙条件及河道纵比降的响应关系。

(3) 基于河流最小可用能耗率原理和统计熵理论，构建了河流输水输沙均衡数学模型，并初步分析了稳定河宽、均衡宽深比和输沙平衡比降随来水含沙量、来沙级配等的变化趋势。

(4) 从水流动量方程、水流挟沙能力、床沙级配等方面改进并验证了黄河下游水动力学河道冲淤数学模型，研究了黄河下游河道中水河槽塑造与小浪底水库运用方式之间的关系。

(5) 提出了黄河下游低含沙量洪水冲刷效率（单位水量冲刷量）与床沙中细泥沙补给能力密切相关，现阶段流量大于4000m^3/s以后，冲刷效率不再明显增加。

该成果已经在黄河流域综合规划修编、黄河流域水资源综合规划、下游河道治理、调水调沙等方面得到应用，取得了显著的社会效益，具有广阔的应用前景。2008年9月28日，黄河水利委员会在郑州组织召开了该项目成果评审会。成果总体达到国际领先水平。

(六) 黄河高含沙洪水“揭河底”机理研究

该项目是水利部“948”技术创新与转化项目，研究成果创新点主要有：

(1) 正确揭示了“揭河底”冲刷的物理现象及动态过程，归纳了“揭河底”现象的三种主要表现形式，阐明了“揭河底冲刷”与普通河床冲刷的本质区别。

(2) 运用极细颗粒泥沙的絮凝沉降规律，揭示了黄河中游特殊的来水来沙条件是形成河床局部胶泥层层理淤积结构的机理，为“揭河底”发生提供了必要的河床边界条件。

(3) 深入分析了胶泥块表面、底面脉动压力波传播速度特征，基于瞬变流模型，建立了“揭河底”临界力学关系，并利用实测资料初步验证了临界指标的合理性。

(4) 首次通过模型试验模拟了“揭河底”现象，直观、近距离观察“揭河底”发生前、中、后动态过程，印证了“揭河底”冲刷物理图形的正确性，确定了“揭河底”现象发生的临界力学指标中系数k值。

该成果在黄河河床演变、河道整治及高校研究生教学工作中得到应用，也为黄河“揭河底”冲刷预测提供了技术与理论支撑，社会效益显著，应用前景广阔。2008年7月6日，黄河水利委员会在郑州召开了该项目研究成果评审会。成果总体达到国际先进水平，其中在“揭河底”机理研究和物理模拟方面达到国际领先水平。

(七) 黄河流域主要用水区用水规律及高效用水管理技术研究

该项目研究成果创新点主要有：

(1) 建立了黄河流域主要用水区用水水平评价指标体系，给出了各用水评价指标的计算方法；首次运用属性识别理论建立了用水区用水水平的属性识别模型，对黄河流域主要用水区用水水平进行了定量评价。

(2) 采用单因子相关分析和多因子逐步回归分析的方法，初步建立了引黄灌区用水与各影响因素的定量关系。

(3) 综合考虑各引黄灌区用水组成和用水类型，以引黄用水为重点，详细地分析了其年际变化和年内分配特性。

(4) 提出了符合黄河流域实际的主要用水区农业灌溉高效用水管理的法律、经济、技术和诱导等手段。

该成果在黄河流域水量调度、河南省人民胜利渠灌区等管理和生产实践中得到应用，取得了较好的社会经济效益。2008年5月30日，黄河水利委员会在郑州组织召开了该项目研究成果评审会。成果达到国内领先水平。

（黄河水利科学研究院）

南京水利科学研究院水电科研情况

南京水利科学研究院（以下简称南科院）是我国历史最悠久的综合性水利水电科研机构，在近40个专业方向中有3/4涉及水电建设。

南科院是我国最早参加国家水电能源建设的单位之一，在水电、火电、核电建设中参与大量的电厂选址、建设过程和运营过程中的关键技术问题的科研工作。近5年来，南科院每年进行的科研项目850余项，2008年科研项目达969项。2000年以来获国家和省部级科技进步奖励114项，其中国家科技进步奖9项，这些科研成果解决了工程建设中的关键技术问题，为工程的规划、设计、施工、运行提供了科学依据。

（一）水电行业基础研究工作

为加强水电行业科技创新，南科院积极承担行业基础性、应用基础性研究项目，为行业科技进步作出了贡献。"八五"、"九五"期间完成多项国家科技攻关项目，如"碾压混凝土材料性能和耐久性研究"，获得了多项创新成果，并已直接应用于龙滩水电工程设计和大朝山水电工程建设，其中临界水力梯度及渗透溶蚀耐久性研究，碾压混凝土配合比数据库及其计算机辅助设计达到国际领先水平。

承担的国家电力公司项目"水电工程金属结构防腐蚀及安全检测技术研究"，开发研制了适合水电工程金属结构使用的三类新型防腐蚀涂料，完善了水电工程结构的安全检测和评估方法；完成一批电力行业的标准、规范、规程编制，如电力行业技术标准《电位器式测缝（位移）计标准制定》、《钢弦式孔隙水压力计》、《水管式沉降仪》、《引张线水平位移计》、《水电水利工程金属结构设备防腐蚀技术规程》（DL/T 5358—2006）等。

完成的科技部项目"大坝水力学长期动态安全监测预警技术研究"，于2008年12月16日通过了水利部国科司组织召开的项目成果验收会。验收组专家一致认为该项目研发了适应复杂环境条件的传感器，引入了PROFIBUS现场总线技术，研制开发了数据采集、动态监测和预警系统，成果已在南京三汊河河口闸、广东北江大堤西南水闸及缅甸邦朗水电站等水力学观测中得到了应用，为同类工程的维护管理提供了水力参数长期实时动态监测和预警的技术手段。

国家科技推广项目"高混凝土面板砂砾石坝筑坝关键技术"，在紫坪铺混凝土面板堆石坝地震震害评价中发挥了重要作用。四川紫坪铺水利枢纽工程建设期间采用了南科院的国家科技进步奖获奖成果，其中紫坪铺大坝采用的安全监测系统由南科院研制。地震后南科院迅速派出技术人员抢修恢复了受损的部分设备，使监测系统处于正常运行状态，并迅速向有关部门提交了紫坪铺大坝变形、应力和渗流等评价大坝安全的关键资料，为上级主管部门采取正确决策提供了技术支撑。

（二）水电站、火电、核电电厂的选址和方案论证研究

水电、火电、核电建设中对自然条件的要求比较独特，南科院几十年的科研工作中，参与了大量水电站的选址、建设和运营中的水动力学及河道、航道、海岸的研究工作，几乎参加了我国所有的已建和在建的大型水电工程研究和论证工作。如三峡、二滩、龙滩、瀑布沟、大朝山、乌鲁瓦提、小湾、公伯峡、洪家渡、紫坪铺、鲁布革、岩滩、吉林台、东风、五强溪、水口、天生桥、小浪底、向家坝、溪洛渡、白鹤滩、锦屏一级、琅琊山抽水蓄能电站、宜兴抽水蓄能电站、泰安抽水蓄能电站等大型水利水电工程。南科院承担的国家西部大开发项目"锦屏一级水电站水力学综合优化整体模型试验研究"，其工程规模巨大，大坝为世界第一高坝，枢纽整体模型也为世界同类模型之最。项目研究从施工导流、截流开始，对工程设计、施工和运行过程中的相关水力学问题进行全过程和全方位的系统模拟和预测分析；全面论证枢纽整体布置和泄洪消能设计方案的合理性和安全性；试验研究成果为设计审查提供了科学依据，受到了广泛的好评。承担的电力重点项目"高水头电站水力学综合优化试验研究"、"乌江渡发电能量指标复核及考核软件技术开发"、"新疆大山口水力发电厂水情自动测报系统预报及调度软件"等一批西部建设项目研究工作。解决了西部建设项目工程设计中存在的问题，确保了工程运行安全，其社会效益和经济效益十分显著。

（三）电厂取排水口泥沙和海岸防护问题研究

电厂的取排水口的安全运营问题是电厂建设的关键。利用南科院海岸工程泥沙与海岸工程建设中传统优势，在大多泥沙淤积问题较为严重的电厂建设中，南科院进行了大量的取排水口的选择论证，对泥沙淤积、取水安全等问题进行了大量研究，其中以北仑电厂、外高桥电厂、连云港核电、江苏第二核电的取水口问题较为典型，通过大量研究对电厂取水口的复杂流态、泥沙回淤和减淤措施，取得了大量的研究成果，并对排水口的冲刷与防护问题进行了大量的实验，较好解决了海岸取排水口选择的关键技术问题。

海滨电厂都是大型的海岸工程，其海岸防护是电厂建设中的又一关键技术，结合南科院的传统优势，进行了大量电厂海堤设计高程确定、海堤防护，取水口、排水口海岸防护等海堤的防浪及设计高度进行了大量计算和模型试验工作，为电厂的安全运营进行了大量的研究工作。如江苏第二核电站工程岸滩稳定性研究、华能汕头海门电厂海岸稳定性与建港条件研究和波浪泥沙物理模型试验研究、深圳LNG项目潮流数学模型及海流、泥沙淤积的专题研究，为工程建设决策提供了科学依据。

（四）新能源建设中的海岸工程问题

新能源和可替代能源的研究已经成为今后30～50年的重大问题，南科院利用自己的优势和特点，

在沿海风能开发与利用，潮汐能开发、波浪能开发等研究中，进行了一定的探索工作，今后要加大力度进行相关的研究，为我国新能源的建设作出一定的贡献。

此外，水利部农村电气化研究所（亚太地区小水电研究培训中心）是南科院7大研究所之一。农电所在小水电技术输出和引进、中小水电站设计和技术改造、中型抽水蓄能电站设计、水利水电工程建设监理、电站无人值班自动控制技术、设备成套和出口等方面开展了大量研究工作，是我国重要的农村电气化与再生能源研发基地。

（南京水利科学研究院　毛凤莲）

黄河水利科学研究院2008年科研工作情况

2008年，黄河水利科学研究院（以下简称黄科院）获得黄河水利委员会目标管理一等奖，获得黄河水利委员会创新工作先进集体，被水利部、黄河水利委员会分别评为抗震救灾工作先进集体，被中华全国总工会评为“2008年全国亿万职工迎奥运健身活动月”先进单位。与清华大学合作完成的“游荡性河流的演变规律及在黄河与塔里木河整治工程中的应用”项目，获国家科技进步二等奖；主持的“黄河干流水轮机磨蚀与防护技术”项目，获大禹水利科学技术二等奖；主持的“多沙河流洪水演进与冲淤演变数学模型研究及应用”等4项获黄委科技进步一等奖。

（一）重大治黄科学试验研究

（1）认真做好治黄重大科学试验与治黄实践的后评估工作。完成了2008年黄河调水调沙生产运行中承担了预案编制、实时调度跟踪等多项任务；完成了编写2008年试验预案，开展利用并优化桃汛洪水降低冲刷潼关高程试验三年总结工作；开展了四年小北干流放淤试验“淤粗排细”系统地总结和评估；开展了黄河水利委员会水管体制改革后评估工作。

（2）完成了“十一五”国家科技支撑计划项目“黄河流域水沙变化情势评价研究”、“基于GIS的黄河水沙输移模拟系统研发”、“黄河中下游水沙调控关键技术研究”、“黄河健康修复目标和对策研究”等4个课题及其他课题的7个专题的研究工作。

（3）“模型黄河”建设取得新进展。“黄土高原模型试验厅”正式开工建设；“HHZM—1型制模机”研制开发成功；模型进口和尾门量测控制技术在模型试验中发挥了较大的作用。开展了高含沙水流多参数测试仪、流场河势测试分析系统、激光三维地形量测系统、含沙量量测仪器、非接触免维护式水位计、激光地形仪、自动制模技术等研发；完成了小浪底水库拦沙后期方案放水试验，黄河下游河道模型水库运用方式放水试验，并进行了资料整理和分析。

（4）完成了《“数字黄河”工程数学模拟系统规划报告》；开展了黄土高原水土流失数学模型系统研发工作；基于GIS的黄河下游二维水沙演进数学模型经过几次调水调沙的锤炼，模型构架、参数等日臻完善。

（5）完成了黄河流域综合规划修编2008年工作计划中的“模型黄河”工程规划、“数学模型”规划、“宽河固堤”与“窄河固堤”方案比较、干流河道排沙分析、流域综合管理规划等共计14项相关项目的修编工作。

（6）认真做好水利部行业公益性专项“黄河中下游中常洪水水沙风险调控关键技术研究”、“黄河河口数学模拟系统关键技术研究”、“利用桃汛洪水冲刷降低潼关高程的试验研究”、“小浪底库区泥沙起动、输移方案比较研究”、“中国堤防工程管理信息系统开发与关键技术研究”、“黄土高原多沙粗沙区产水产沙数学模型研究与应用”、“堤防工程病害诊断关键技术研究”等工作。

（7）启动了第二个五年咨询跟踪研究计划，按照“需求牵引、应用至上”的原则，紧扣治黄生产运行的难点和疑惑及影响生产运行的障碍，完成总报告一份和相应六个分报告。

（8）组织编制了《黄河水利科学研究院近期科学和技术发展计划（2008～2012年）》，遴选了92项课题进行了重点安排；编制了《黄科院科研发展规划（2008～2020年）》，结合科研实际，优选了研究课题65项，确立了重大专项研究6项，明确了基础研究的任务31项；编制了《黄科院科研能力建设规划（2008—2015年）》，明确了科研能力建设定位，进一步强化和突出治黄公益性基础研究与应用基础研究。

（9）组织建立“黄河讲坛”，制订了“黄河讲坛”实施方案和工作计划，并先后成功举办了四期，邀请国内外知名学者和专家介绍引进当代前沿科技最新动态。

（二）科研、经济、管理运行态势良好

（1）2008年实现经济总收入10 292万元，其中财政补助收入3483万元，科研收入5978万元，经营及其他收入831万元；经济总收入在2008年纵向项目支持力度有较大下降的情况下仍然较2007年有所增加。

（2）社会保障制度健全，确保了离退休“两费”的发放，职工公积金、医疗保险、失业保险等按时缴纳和发放。

（3）积极筹措和落实建设资金，加快科技中心楼、黄土高原厅、基础试验厅、水工试验厅等基础设施建设，积极推进堤防安全与病害防治研究中心实验室的立项。根据《黄科院科研能力建设规划（2008～2015年）》，建设郑州沙门、东营河口、新乡原阳三个模型基地。

（4）加快人才队伍建设。制定了《黄河水利科学研究院加强人才队伍建设实施意见》等一系列的办法，与中科大博士后科研流动站签订了联合培养博士后研究人员协议，博士后科研工作站正式启动。

（5）进一步完善水利部黄河泥沙重点实验室、水利部堤防安全与病害防治工程技术研究中心运行机制，开展重点实验室计量认证的前期申报工作。

（6）坚持“安全第一、预防为主、综合治理”的方针，通过签订安全生产目标管理责任书、制定安全生产委员会工作规则等措施，不断完善各项安全生产制度，全面落实安全生产责任制，杜绝责任事故的发生。

（7）做好院所基金资助项目的管理，加强创新工作。2008年黄科院拿出100万元的经费建立创新专项资金，积极开展激励创新活动。

（黄河水利科学研究院）

中国水利水电建设集团公司的科技创新工作

2008年，中国水利水电建设集团公司进一步强化集团公司国家级企业技术中心的战略功能，集团科技创新体系作用得到进一步发挥，科技创新投入加大，科技创新能力进一步增强，取得了一批先进科技成果。

（一）科技立项工作

2008年，集团公司坚持企业开展科研立项工作，共批准科技立项项目42项，科研经费2780万元，其中，非水电业务项目共14项。

（二）科技攻关项目

2008年，集团公司继续以科技课题带动科技创新工作，不断加大总部的指导与监管力度，在研科研项目进展良好。累计结题并完成鉴定28个项目，被专家鉴定为国际领先水平的4项，国际先进水平13项，国内领先水平7项。从这些科技成果来看，攻克了一批高难度行业技术难题；进一步提高了生产效率，降低了施工成本，促进了质量安全管理水平，使集团公司不断占领技术制高点，实现了较好的经济效益和社会效益。

（三）科技获奖情况

2008年，中国水利水电建设集团公司科技奖励工作再获丰收，获中国电力科学技术奖9项（见表1），其中，一等奖1项、二等奖3项；“大型水利水电工程可视化仿真技术及其工程应用”和“峡谷地区200m级高面板堆石坝筑坝技术研究及其洪家渡坝工程”项目获国家科技进步二等奖。

表1 中国水利水电建设集团公司2008年度获中国电力科学技术奖情况表

序号	项目名称	集团公司获奖单位	获奖等级
1	溪洛渡水电站截流设计与施工关键技术研究	项目获奖单位四个，其中有中国水利水电第八工程局有限公司，且为申报单位	一等奖
2	三峡地下电站主厂房开挖及岩壁梁混凝土防裂控制施工技术	项目获奖单位为中国水利水电第十四工程局有限公司	二等奖
3	700MW全空冷式水轮发电机组安装调试技术研究与应用	项目获奖单位两个，其中有中国水利水电第七工程局有限公司	二等奖
4	冶勒水电站碾压沥青混凝土心墙堆石坝防渗工程施工技术研究与应用	项目获奖单位四个，其中有中国水电基础局有限公司	二等奖
5	砾石土心墙堆石坝施工技术研究与应用	项目获奖单位两个，其中有中国水利水电第七工程局有限公司，且为申报单位	三等奖
6	现场“密度桶法”确定大粒径砂砾料压实标准的研究与应用	项目获奖单位为中国水电建设集团十五工程局有限公司	三等奖
7	复杂地层围堰快速防渗施工技术研究与应用	项目获奖单位为中国水利水电第九工程局有限公司、中国水利水电第八工程局有限公司	三等奖
8	深厚混凝土防渗墙（地连墙）拔管设备、机理、技术研究与应用	项目获奖单位为中国水电基础局有限公司	三等奖
9	黄河拉西瓦水电站拱坝施工测量计算软件	项目获奖单位为中国水利水电第四工程局有限公司	三等奖

（四）工法与专利

2008年，中国水利水电建设集团公司积极推动科技成果的推广应用，保护知识产权，提升企业形象，集团公司工法的申报和推广工作取得了新的进展。2008年集团公司获得国家级工法45项（见表2），获国家发明专利1项，实用新型专利16项，正在接受国家受理审查的发明专利项目40项。

表2　中国水利水电建设集团公司2008年被评为国家级的工法汇总表

编号	工法名称	完成单位	备注
SDJTGF001—2007	液压盘锯切割混凝土键槽施工工法	中国水利水电第三工程局	国家二级工法
SDJTGF006—2007	大坝混凝土大直径长芯取芯施工工法	中国水利水电第三工程局 中国水利水电第四工程局 中国水利水电第八工程局	国家二级工法
SDJTGF007—2007	斜井开挖激光导向施工工法	中国水利水电第三工程局 中国水利水电第一工程局	国家二级工法
SDJTGF008—2007	混凝土坝塑料拔管法接缝灌浆系统施工工法	中国水利水电第四工程局	国家二级工法
SDJTGF009—2007	碾压混凝土拱坝诱导缝重复灌浆施工工法	中国水利水电第八工程局	国家二级工法
SDJTGF010—2007	混凝土拱坝接缝灌浆施工工法	中国水利水电第八工程局	
SDJTGF011—2007	碾压混凝土筑坝中变态混凝土施工工法	中国水利水电第十一工程局 中国水利水电第八工程局 中国水利水电第四工程局	国家一级工法
SDJTGF012—2007	水工混凝土配合比试验工法	中国水利水电第四工程局	国家二级工法
SDJTGF015—2007	碾压混凝土连续翻升模板施工工法	中国水利水电第八工程局	国家一级工法
SDJTGF016—2007	厂房尾水墩滑模施工工法	中国水利水电第三工程局	
SDJTGF017—2007	大直径调压井混凝土衬砌滑模施工工法	中国水利水电第五工程局	国家二级工法
SDJTGF018—2007	大型环保人工砂石系统半干式制砂工艺施工工法	中国水利水电第九工程局	国家二级工法
SDJTGF019—2007	特大PCCP安装施工工法	中国水利水电第三工程局 中国水利水电第十一工程局	国家一级工法
SDJTGF021—2007	半圆形预应力混凝土渠槽离心-振动成型工法	中国水利水电第十三工程局	国家二级工法
SDJTGF023—2007	水工建筑物流道抗磨蚀层环氧砂浆施工工法	中国水利水电第十一工程局	国家二级工法
SDJTGF039—2007	上置式针梁钢模衬砌施工工法	中国水利水电第十四工程局	国家二级工法
SDJTGF041—2007	拱坝坝肩槽开挖施工工法	中国水利水电第四工程局 中国水利水电第八工程局	国家一级工法
SDJTGF042—2007	单向单戗体立堵截流工法	中国水利水电第四工程局	国家二级工法
SDJTGF044—2007	双聚能预裂与光面爆破技术施工工法	中国水利水电第八工程局	国家一级工法
SDJTGF047—2007	超高面板堆石坝坝体填筑施工工法	中国水利水电第十二工程局	国家二级工法
SDJTGF049—2007	连续拉伸式液压千斤顶—钢绞线斜井滑模系统施工工法	中国水利水电第一工程局	国家二级工法
SDJTGF051—2007	岩壁吊车梁岩台（双向控爆法）开挖施工工法	中国水利水电第十四工程局 中国水利水电第六工程局 中国水利水电第十二工程局	国家一级工法
SDJTGF052—2007	岩壁吊车梁混凝土施工工法	中国水利水电第十四工程局 中国水利水电第六工程局 中国水利水电第十二工程局	国家一级工法

续表

编　　号	工　法　名　称	完　成　单　位	备　　注
SDJTGF053—2007	面板堆石坝坝身溢洪道施工工法	中国水利水电第十二工程局 中国水电建设集团十五工程局有限公司	国家二级工法
SDJTGF054—2007	(100m级)宽级配砾石土心墙 堆石坝填筑施工工法	中国水利水电第七工程局	国家一级工法
SDJTGF055—2007	面板堆石坝挤压式边墙施工工法	中国水电建设集团十五工程局有限公司 中国水利水电第五工程局	国家一级工法
SDJTGF056—2007	不良地质条件下开敞式大型 调压井开挖施工工法	中国水利水电第五工程局	国家一级工法
SDJTGF057—2007	面板堆石坝混凝土面板防裂施工工法	中国水利水电第十二工程局	国家一级工法
SDJTGF058—2007	浇筑式沥青混凝土防渗墙冬季施工工法	中国水利水电第一工程局	国家一级工法
SDJTGF060—2007	碾压式沥青混凝土防渗墙施工工法	中国水利水电第一工程局 中国水利水电第七工程局 中国水电建设集团十五工程局有限公司	国家二级工法
SDJTGF061—2007	混凝土面板堆石坝冬季施工工法	中国水利水电第一工程局	国家二级工法
SDJTGF062—2007	斜井导井阿力马克爬罐施工工法	中国水利水电第三工程局 中国水利水电第一工程局	国家一级工法
SDJTGF064—2007	混凝土防渗墙槽孔爆破辅助成槽工法	中国水利水电建设集团公司 中国水电基础局有限公司	国家二级工法
SDJTGF065—2007	混凝土防渗墙墙下帷幕灌浆预埋灌浆管二法	中国水利水电建设集团公司 中国水电基础局有限公司	国家一级工法
SDJTGF066—2007	混凝土防渗墙(地连墙)"铣削法" 槽孔建造工法	中国水利水电建设集团公司 中国水电基础局有限公司	国家一级工法
SDJTGF067—2007	混凝土防渗墙(地连墙)"上抓下钻法" 槽孔建造工法	中国水利水电建设集团公司 中国水电基础局有限公司	国家二级工法
SDJTGF070—2007	无衬砌气垫式调压室施工工法	中国水利水电第十工程局 中国水利水电第十一工程局	国家二级工法
SDJTGF075—2007	抓取法混凝土防渗墙(地下连续墙) 成槽施工工法	中国水利水电建设集团公司 中国水电基础局有限公司	国家二级工法
SDJTGF076—2007	水库库底 HDPE 膜施工工法	中国水利水电第十二工程局 中国水利水电第十三工程局	国家二级工法
SDJTGF078—2007	水泥药卷张拉锚杆施工工法	中国水利水电第十四工程局	国家二级工法
SDJTGF081—2007	无盖重高压固结灌浆施工工法	中国水利水电第十工程局	国家二级工法
SDJTGF083—2007	孔口封闭水泥灌浆施工工法	中国水电基础局有限公司 中国水利水电第八工程局	国家一级工法
SDJTGF084—2007	接头管(板)法混凝土防渗墙(地下连续墙) 墙段连接施工工法	中国水利水电建设集团公司 中国水电基础局有限公司	国家二级工法
SDJTGF100—2007	斜井变径滑模工法	中国水利水电第十四工程局	国家一级工法
SDJTGF104—2007	大型水内冷机组定子下线及试验工法	中国水利水电第八工程局	国家二级工法
SDJTGF105—2007	立轴多喷嘴冲击式水轮机喷嘴安装工法	中国水利水电第七工程局	国家二级工法
SDJTGF107—2007	大直径引水压力钢管整体卷制工法	中国水利水电第四工程局	国家一级工法

(五)优质工程

2008年,中国水利水电建设集团公司工程创优工作取得新突破。中国水利水电第十五工程局有限公司承建的陕西汉中城市桥闸工程,中国水利水电第八、九工程局有限公司承建、中国水利水电第十四工程局有限公司参建的贵州洪家渡水电站工程双获2008年度中国建筑工程鲁班奖。中国水利水电第十二、五、一工程局有限公司承建的浙江桐柏抽水蓄能电站,中国水利水电第十六、十四工程局有限公司承建的福建周宁水电站,中国水利水电第十、七工程局有限公司承建的四川小天都水电站等3项工程获2008年国家优质工程银质奖。集团公司承建的贵州洪家渡水电站、浙江桐柏抽水蓄能电站、福建周宁水电站、四川小天都水电站、青海苏只水电站等5个工程获2008年度中国电力优质工程奖。

(中国水利水电建设集团公司)

岩石力学及地基基础研究

“岩石力学及地基基础研究”为国家杰出青年科学基金项目，项目编号 50725931，研究期限为 2008 年 1 月～2011 年 12 月，主持人周创兵。2008 年度进展如下：

(1) 针对中、高地应力条件下的岩体爆破开挖，通过岩体开挖荷载释放过程的力学分析及卸荷持续时间的计算，提出并论证岩体开挖荷载的释放为瞬态卸荷的观点，采用动力有限元方法，通过分析爆破过程中开挖边界上初始地应力的高速（动态）卸载过程，研究了初始地应力场对围岩振动的影响。

(2) 系统总结了复杂岩体多场广义耦合理论框架，归纳和提炼了岩体结构面 HM 耦合分析的界面层模型。

(3) 开展了结构面三轴荷载条件下的水力耦合试验，分析结构面在复杂应力条件下的水力耦合机理；进行结构面水力耦合模型研究，通过试验数据及数值模拟手段与已有模型进行了对比分析。

(4) 通过建立有限元数值计算格式，开发了三维自由度多相流 THM 耦合有限元程序 THYME3D，并采用 FEBEX 现场试验对数值模型和计算程序进行了验证，揭示了试验过程涉及的主要耦合机制，深化了对控制方程、本构关系及计算参数特性的理解，从而为今后开展更深入的 THM 及 THMC 耦合研究奠定了基础。

(5) 采用考虑尖端破裂作用的随机散粒体不连续变形模型 SGDD（Stochastic Granule Discontinuous Deformation model with tip rupture），对三轴数值试样进行了细观仿真计算，探讨不同围压、轴压对心墙掺砾料的孔隙率的影响。

(6) 基于工程岩体不同监测断面的多点监测位移，运用功率谱分析方法，改进 G—P 方法提取关联维数 D，综合分析 G—P 法、C—C 法和复自相关法得到合适的 m 值，重构相空间，计算最大 Lyapunov 指数，研究地下厂房围岩位移的混沌动力学特征。

（武汉大学水利水电学院）

二滩水电开发有限责任公司 2008 年科研工作情况

（一）选拔员工赴美参加项目管理培训

根据二滩水电开发有限责任公司（以下简称二滩公司）与美国美华国际有限公司（以下简称美华公司）签订的《中国锦屏水电工程项目合作协议》有关培训的规定，2008 年 3 月 3～23 日，二滩公司选派了 15 名员工到美国参加项目管理培训。

本次培训分为课堂学习和项目考察两个阶段。课堂学习为期 10 天，前 4 天安排理论学习，由美国 SpringBOK 培训公司遵循《项目管理知识体系指南(第三版)》进行有关 PMP 基础理论培训；后 6 天由美国美华公司（MWH）的 15 名资深高级专家从不同角度和不同业务面传授水电站建设与运行过程中的管理经验。在项目考察阶段，学员们在美华公司专家的带领下，分别参观了 Rocky Mountain 抽水蓄能电站、Hoover Dam 电站和 Lake Mead 3 号取水口建设项目。通过与美华专家和参观单位的交流与沟通，学员们充分挖掘国外项目建设与管理的先进经验，对比实际工作，寻找差异和差距，思考改进的措施。

此次培训显著提高了二滩公司员工项目管理水平，实现了预期效果，并为公司今后开展国外培训积累了宝贵的经验。随着二滩公司“流域化、集团化、科学化”发展与管理的推进，公司将继续立足于培养员工终身就业的能力，针对不同专业、不同层次的员工开展全方位的培训，持续提高员工综合素质，促进公司与员工的共赢发展。

（二）成立雅砻江锦屏水电工程特别咨询团

2008 年 1 月 7 日，雅砻江锦屏水电工程特别咨询团成立仪式在成都举行。受二滩公司聘请，一批国内顶尖水电专家组成特别咨询团，为锦屏水电站工程建设中重大技术问题决策提供支持，现场解决锦屏水电站工程高坝设计与施工、高边坡安全、深埋长引水隧洞地下水处理和结构安全等一系列世界级重大技术难题。

锦屏水电工程（含锦屏一、二级）是二滩公司实施雅砻江流域水能资源开发第二阶段战略的关键工程，工程规模宏大，一系列世界级重大技术难题给工程设计、施工和管理带来巨大挑战。锦屏水电站工程具有“五高一深”的特点，即世界最高混凝土拱坝、高山峡谷、高边坡、高地应力、高压大流量地下水、深部卸荷裂隙，被国内外水电界公认为巨型电站中建设管理难度最大、施工布置难度最大、工程技术难度最大、施工环境危险大的巨型水电站之一。305m 高的世界第一高拱坝工程、大型地下厂房工程、大型地下洞室群工程、大规模地下基础处理工程以及 4 条长度各约 16.67km 长的引水隧洞和两条 17.5km 长的交通隧洞的设计、施工和建成后的运行管理都是世界级难题。成立由国内顶尖专家组成的雅砻江锦屏水电工程特别咨询团，进行工程建设重大技术问题咨询和决策支持十分必要。

锦屏水电工程特别咨询团由国内长期从事水电工

程设计、施工等领域工作，具有丰富理论和实践经验的顶级专家组成。专家组组长由中国工程院院士马洪琪担任，专家组顾问由两院院士潘家铮、中国工程院院士谭靖夷担任，专家组成员包括中国工程院院士王思敬、张超然，设计大师王柏乐、曹克明，勘察大师李文纲，水工专家程志华，地质专家庆祖荫。

成立雅砻江锦屏水电工程特别咨询团是二滩公司借鉴二滩水电站建设经验进行科技创新、自主创新的又一项重要举措。特别咨询团作为技术辅助决策的权威机构，将为雅砻江锦屏水电站工程建设的顺利推进切实发挥保障作用，同时也为二滩公司落实"自主创新、重点跨越、支撑发展、引领未来"的科技发展指导方针和实施雅砻江流域水能资源开发"四阶段发展战略"提供强有力的支撑。

（三）召开首届"中—韩工程地质论坛"

2008年10月15日到18日，由二滩公司和国际工程地质与环境协会（IAEG）中国国家小组、韩国国家小组共同主办的首届"中一韩工程地质论坛"暨"高地应力环境下大型工程开挖中的地质问题国际研讨会"在西昌市召开，来自中国、韩国、英国的20多位专家和代表参加了会议。二滩公司副总经理吴世勇应邀出席会议并作了题为"锦屏水电站主要工程地质与岩石力学问题及研究进展"的特邀报告。

高地应力是目前我国西南地区大型水电工程建设普遍面临的工程地质问题，锦屏水电工程也面临着高地应力环境下岩爆、岩体变形、失效破坏等技术问题。此次会议期间，与会专家和代表到锦屏一级和锦屏二级水电工程施工现场进行了技术考察，并重点针对锦屏水电工程的工程地质与岩石力学问题进行了研讨。这次会议的召开，将有助于锦屏水电工程建设中相关工程地质问题的解决。

（二滩水电开发有限责任公司　申满斌）

水电技术创新

狭窄河谷深覆盖层上建设面板堆石坝的关键技术研究

（一）项目研究内容

本项目为水利部创新指导项目，主要研究内容包括了以下几个方面：

（1）坝基砂砾石和筑坝堆石材料静、动力特性的室内试验研究。

（2）筑坝材料的长期变形特性试验研究。

（3）坝基覆盖层的现场旁压试验研究。

（4）坝基覆盖层的现场载荷试验。

（5）坝基覆盖层及坝体结构的静、动力数值计算分析研究。

（6）坝体结构的长期变形分析。

（7）坝基覆盖层及坝体结构的大型土工离心模型试验研究。

（8）接缝止水系统的结构形式与止水材料研究。

（9）面板混凝土材料特性研究。

（二）项目创新点

（1）通过综合采用室内试验、现场试验、数值分析和模型试验的方法，深入研究了坝基深覆盖层的工程特性，分析、论证了九甸峡水利枢纽工程在狭窄河谷、高地震烈度和深厚覆盖层条件下修建混凝土面板堆石坝的可行性，为工程顺利实施提供了可靠的依据。

（2）通过室内静、动力大型三轴试验、激光微小应变测试等，对坝基覆盖层砂砾石材料和筑坝堆石材料进行了系统的室内静、动力工程特性试验。研究了筑坝材料的压缩性、静力剪切及强度、动力变形、动力残余体应变、残余剪应变、动孔压及动强度等特性，综合确定了筑坝土料的静、动力特性参数，为坝体的静力分析、地震动力反应分析和抗震安全性评价提供了可靠的依据。

（3）针对复杂的坝基深覆盖层工程特性课题，提出了联合室内试验、现场试验和反演分析进行综合研究的思路，在室内试验的基础上，通过现场旁压试验、载荷试验，结合反演计算分析，确定了坝基覆盖层的参数。

（4）利用数值计算分析方法，全面研究了坝体结构在施工期、蓄水期的应力变形特性。其中，重点分析了坝基防渗墙与混凝土面板的连接结构的应力、变形特性，通过计算分析，论证、优化了坝基防渗结构与坝体防渗结构的连接结构形式，并对结构的薄弱环节提出了相应的工程处理措施。

（5）开发、研制了大型三轴流变试验设备，对筑坝堆石料进行了系统地流变试验研究。在坝料流变试验和总结堆石坝长期变形资料的基础上，提出了对数模式的三参数流变分析模型，分析、研究了九甸峡面板堆石坝坝体结构的长期变形特性，论证了时效因素对坝体、面板应力、变形特性的影响。

（6）针对深覆盖层上混凝土面板堆石坝的特点，构建了三维真非线性动力本构模型，建立了坝壳—地基—防渗体等动力相互作用的非线性有效应力地震反应分析方法。以动力试验为基础，建立了实用的土石料残余剪应变和残余体应变的计算模式以及残余变形（包括残余体应变和剪应变）的计算方法。在此基础上，改进和完善了坝体及地基单元抗震安全性的评价方法以及坝坡抗震稳定性的动力时程线法和动力等效值法。利用上述分析方法，对九甸峡面板堆石坝工程进行了全面的动力计算分析。

（7）结合九甸峡工程，通过大比尺的离心模型试验，在原型应力水平下，再现了坝体在施工期和蓄水期的应力变形特征，以及坝基防渗墙、连接板和面板的相互作用关系。通过模型试验，不仅验证了数值分析方法和计算结果的合理性，而且进一步说明了根据本项目研究所提出的依托工程整体设计方案在技术上的可行性。

（8）针对九甸峡工程坝体结构的变形特点，提出了较为合理的接缝止水结构形式，开发、应用了新型止水材料。

（9）深入研究了面板混凝土的合理配比关系，通过对面板混凝土的改性试验研究，提出并分析、论证了混凝土面板的抗冻、抗裂措施。

（三）应用前景及社会经济效益

本项研究通过对九甸峡工程坝基覆盖层材料和筑坝堆石材料工程力学特性、坝体静、动力应力变形特性与结构优化方案、坝体长期变形特性等方面的系统研究，较好地解决了九甸峡水利枢纽工程在狭窄河谷地形、坝基深厚覆盖层和高地震烈度条件下修建高混凝土面板堆石坝所面临的相关技术难题。有关成果均已分阶段逐步提交给设计单位，并且在工程的施工中得到了应用。与原设计的混凝土重力坝方案相比，面板堆石坝方案缩短了工期 9 个月，节约工程直接投资 1.78 亿元。目前九甸峡面板堆石坝的土建工程基本结束，并通过了蓄水安全鉴定，第一台机组已于 2008 年 8 月并网发电。本项目的研究成果为工程设计方案的选取和优化提供了强有力的技术支撑。

项目的研究工作和工程实践，为我国在高烈度地震区、复杂地形、地质条件下修建高面板堆石坝工程积累了宝贵经验，并可为今后类似的工程项目提供指导和借鉴。其研究成果具有广泛的应用前景。

（中国水利水电科学研究院）

竖井旋流新型消能工理论与应用

（一）项目研究内容

该项目是黄河上游开发公司建设分公司委托任务，主要研究内容如下：

1. 结构体型　竖井—旋流泄洪洞是由溢流堰、竖井、起旋室—旋流洞、水垫塘—阻水墩和出水洞（原导流洞）组成的洞内消能泄水结构物。其中起旋室—旋流洞、水垫塘—阻水墩都设在导流洞内，充分利用了导流洞的空间。竖井—旋流泄洪洞的运行程序是：水流从溢流堰进入竖井，经下部起旋室旋转（从通气井吸气），在旋流洞形成空腔螺旋流运动，然后在水垫塘内进行旋转扩散，使水气强力掺混紊动作用，总消能率达 85%以上，对于公伯峡工程总水头 110m 的洞内流速只有 14m/s。

2. 竖井—旋流泄洪洞关键技术问题

（1）竖井同旋流洞连接升坎的负压问题。本工程主要采用洞内旋流＋掺气消能的研究思路，旋流离心力使壁面压力升高再加上掺气的保护，整体泄洪洞可以完全避免发生空蚀。但是，水流从竖向转向水平方向时，在竖井与旋流洞连接坎处，发生水流分离产生负压，容易引起局部空蚀。消除连接坎负压最有效的措施是：在靠近起旋室进口的竖井一壁面上浇筑折流坎，增加起旋室水流的旋转动量矩，使旋流穿过低压区，可完全消除负压，此法工程量小，施工简单，这一新技术曾发表在 2003 年 4 月的《水力发电》和 2006 年 5 月的《水利水电技术》期刊上。但设计方根据公伯峡工程的特殊条件选定了我们的另一方案，并且补充研究出在竖井上设置环形掺气坎，向低压区补气防止空蚀。

（2）水垫塘技术问题。水垫塘是利用阻水墩壅水形成的一种压力消能工。在水垫塘试验中发现，由侧墩和中墩组成的开敞式过流孔口，较全封闭孔板或洞塞消能效果好，下游流态平稳。但要求收缩墩过流面积 $A \approx 0.85\pi D^2/4$（D 为旋流洞直径），否则，A 太大消能效果差；A 太小会产生不稳定涡带引起振动，同时泄流能力降低。阻水墩不管是三角体型或流线型，虽然其背坡面出现的负压不同，但都不会发生空蚀，因为该区域掺气浓度较大。

（3）竖井环形掺气坎问题。在有压流竖井上设置环形掺气坎，要想不影响泄流量，并能形成射流空腔掺入大量空气，在技术上要求：孔径比 $d/D \approx 0.8$，坎坡 3∶1 和坎的棱角角度要小于 120°。环形掺气坎的射流空腔掺气可增加竖井消能作用，同时对连接坎低压区掺入少量的空气，起到一定的减免空蚀作用。

3. 掺气相似律　根据气水二相流连续方程、运动方程和气体状态方程推导出原、模型掺气浓度相似比尺的理论计算公式。此算式表明，当原、模型按几何相似和弗劳德数相等设计时，掺气浓度的比尺换算同测点处的压力有关，正压区测得的掺气浓度，原型比模型小；相反负压区测得的掺气浓度，原型要比模型大。公伯峡模型旋流洞进口段测得压力＋11m（原型），模型掺气浓度2.7%，原型实测约1%，表明掺气浓度相似公式是合理的。

（二）项目创新点

竖井—旋流泄洪洞结构体型满足了运行安全、生态环保和经济实惠的要求，是国内自主创新的科研成果，也是世界上唯一通过原型观测检验的新型泄洪洞。

1. 结构体型创新方面

（1）旋流洞＋水垫塘联合消能工，结构简单，消能率高，出口可免去挑流坎或其他任何消能工程，彻底消除雾化现象。这是竖井—旋流泄洪洞区别于传统泄洪洞，也不同于小浪底多级孔板泄洪洞的主要创新点。

（2）竖井下部采用椭圆曲线同起旋室连接，施工简化（很容易用三条折线代替椭圆曲线），流态好，在任何库水位下都能形成稳定的空腔旋转流。

（3）根据旋流的动量矩原理，在起旋室进口前增设折流坎，可以彻底消除竖井与旋流洞连接段的负压，避免发生空蚀，对今后推广竖井—旋流式泄洪洞的设计和应用极为重要。

（4）在有压流竖井上，不开槽也不扩大竖井直径，设置环形掺气坎，使竖井内能形成射流空腔和掺入大量空气，尚属首次。此成果对常规的竖井式泄洪洞防止空蚀和提高消能率也具有较大的适用价值。

（5）起旋室、旋流洞、水垫塘和阻水墩全设置在导流洞内，充分利用导流洞的空间，施工简易，造价少。不像传统泄洪洞必须另外开挖一条斜井或在洞底下开挖消力井，施工难，增加工程投资。

2. 理论研究方面

（1）提出了竖井—旋流泄洪洞系统的设计原理和计算方法。

（2）结合竖井—旋流泄洪洞模型掺气试验，首次推导出掺气模型相似律流理论公式，并通过原型观测验证。

（三）应用前景及社会经济效益

公伯峡竖井—旋流泄洪洞通过理论探索和三年的试验研究，达到了运行可靠、消能率高、投资少的目的，经设计和施工单位最终经济概算结果，比原“龙抬头”式泄洪洞节省投资5000余万元，具有重大的经济效益和良好的环境效益。采用新型竖井—旋流泄洪洞不仅解决了公伯峡水电站施工中的燃眉之急，挽回了失去的工期，节省了投资，更重要的是为今后泄水建筑物的设计开创了新出路。广东和新疆等设计院纷纷来京搜集有关资料，可见具有广泛的应用前景。

（中国水利水电科学研究院）

白山梯级水力发电厂监控系统硬件改造、软件升级及三期抽水蓄能机组接入工程

（一）项目研究内容

该项目为横向合同。监控系统结构是根据白山发电厂的具体情况，采用北京中水科自动化工程公司H9000V3.0分布开放式计算机控制系统，结合当前计算机技术的最新发展，设计的一个全新的、分布开放式高速网络型冗余梯级计算机监控系统。系统具有良好的可靠性、可扩充性、可移植性，支持异型机网络互联。

白山发电厂计算机监控系统由三个子系统组成：桦甸梯调中心计算机监控系统（简称桦甸系统）、白山电站计算机监控系统（简称白山系统）、红石电站计算机监控系统（简称红石系统）。整个系统采用分层分布的系统结构共分三层：桦甸调度中心层、白山（红石）站级监控层和现地控制单元层。桦甸梯调中心层构成桦甸系统、白山站级监控层与其现地控制单元层（包括白山右岸电站和左岸电站）构成白山系统，红石站级监控层与其现地控制单元层构成红石系统。监控系统改造后，网络连接情况为：白山、红石分布通过光纤与桦甸子系统连接，组成实时冗余的以太网络。白山一期5套LCU单元、二期4套LCU单元和三期2套抽水蓄能LCU单元分布通过光纤与白山厂站层连接，红石6套LCU单元分布通过光纤与红石厂站层连接。

本次对监控系统进行技术改造的重点包括以下四部分：

（1）更换厂站层所有主机设备和网络设备，采用主流的成熟产品；

（2）LCU采用GE公司的PAC系列PLC，取消工控机，保留绝大部分输入输出模块，增加以太网通信模块，采用PLC直接上网技术，使系统可靠性大大提高，采用PAC系统RX7i系列硬件，提高系统运行的稳定性，同时将网络传输速率从10MB提高到100MB；

（3）监控系统软件升级为H9000系统V3.0版本，丰富完善数据采集与处理、实时数据库管理、人机联系、安全运行监视、故障报警、事故追忆、机组

和设备的控制与调节、生产统计、综合计算、报表和打印等功能，此次改造在维护平台方面有质的飞跃，给维护人员提供一个便捷的操作方法；

（4）将新建的抽水蓄能机组接入H9000计算机监控系统，实现监视和控制功能，将新建的抽水蓄能机组加入大厂AGC控制，实现自动开停机、负荷自动分配和低频自启动功能。

（二）项目创新点

（1）白山发电厂计算机监控系统结构分布于相距几十公里的桦甸、白山、红石三地，其中白山又由一期右岸、二期左岸常规机组和三期抽水蓄能机组组成，位置分散，距离远，系统结构复杂。我们自主研发的H9000系统解决了长距离条件下的分布式通信和控制难点，实现了同时监视和控制常规机组和抽水蓄能机组的功能，并且满足了桦甸梯调中心可以控制白山和红石各地生产设备，H9000系统完全满足了混合型梯级水电站的监视和控制要求。

（2）抽水蓄能机组与常规机组在机组特性方面差别较大，在发电工况、抽水工况、调相工况等不同工况条件下，对躲避振动区、优化运行效率等方面提出了更高的要求。对H9000系统AGC模块进行了功能扩充和优化升级，将抽水蓄能机组加入进来，在国内第一次实现了常规机组和抽水蓄能机组混合调度控制的功能。

（三）应用前景及社会经济效益

1. 应用情况

（1）机组有功、无功控制调节方面：对机组的有功调节，在满足水力约束条件下做到了快速准确。对机组的无功调节也很好地满足了现场实际的要求，完全达到东北电网50±0.1Hz的频率要求和功率调节的标准，且调节过程相当平稳，机组负荷分配比较均匀。

（2）机组的开停机控制方面：开机速度快、平稳，停机时间短，开停机过程中出现问题时，发现和处理都非常方便，现地单元触摸屏可直接显示开关量的状态和模拟量的实时值，加快故障处理过程。

（3）数据采集处理方面：数据采集全面；上位机信息量准确，数据更新速度快。

（4）安全运行监视方面：能较全面反映现场信息，故障、事故报警、光字牌的反映准确；随机报警信息量大、详细；画面比较直观的反映了现场各机组的实时状态。

2. 社会效益　在硬件改造、软件升级的同时，尽量采用和保留了原系统的模块，节省投资400万元；将三期抽水蓄能机组接入H9000系统，如设立另外一套监控系统，需要投资200万元；新系统大大提高了系统可靠性，减少了维护费用，提高了备用时间。综上所述，白山水电厂计算机监控系统更新改造和抽水蓄能机组接入工程实施后，为稳定东北电网作出了很大贡献，社会效益和经济效益巨大。

（中国水利水电科学研究院）

黄河上游梯级水电站电调自动化系统

（一）项目研究内容

1. 系统总体结构　系统主要包括以下几个部分：数据通信/采集子系统、数据管理子系统、人机联系子系统、安全防护子系统、WEB子系统和SCADA/应用子系统等。

2. 系统网络结构　该系统网络结构以100M/1000M快速以太网（千兆为主），由四个局域网区组成，分别是电调自动化系统主干网络区、水调自动化系统网络区、调度生产管理系统网络区及站级/上级调度接入二级网络区。在梯调系统与WEB系统、厂站接入系统、水调系统的接入点，均采取了安全防御措施。根据电力系统二次安全防护的要求，系统划分为三个安全分区：安全Ⅰ区、安全Ⅱ区和安全Ⅲ区。

3. 系统软件结构

（1）黄河上游梯级水电站集控中心电调自动化系统的体系由硬件平台、支撑平台、应用软件三层构架构成。其中支撑平台由通用支撑平台、数据支撑平台、应用支撑平台构成。

（2）系统硬件平台采用HP alpha 64位服务器，辅助工作站选用HP 32位服务器或工作站。支撑平台采用True64 Unix及Windows 2000系统，历史数据库支撑系统采用Oracle 9i企业版，应用软件采用中国水利水电科学研究院研制开发的H9000CAS系统。

（3）监控系统软件包括三大部分，即基础软件、应用软件以及工具软件。

4. 系统主要功能

（1）系统主要功能为实现黄河上游梯级所属梯级水电站数据的采集、监视和控制（SCADA）、人机接口、控制闭锁库、综合计算、经济调度（ED）、梯级自动发电控制（AGC）、自动电压调整（AVC）、远方维护和诊断、历史数据存储、分析、报表和WEB等功能，实现梯级水电站的集中监控。近期实现水电站的“无人值班”（少人值守），最终实现黄河上游梯级水电站的统一联合优化调度。

（2）本系统的控制层次包括调度远方、集控、站调、现地。控制权限按现地优先的原则设计。目前集控中心的控制功能主要有：机组启/停，机组有功、无功功率调整，断路器投/切和其他设备的有关控制等。

（二）项目创新点

（1）在国内首次实现特大型长距离分布梯级水电站群的集中实时监控。

（2）系统信息量大，实时性好，通信可靠。

（3）首次实现大型梯级水电站电调自动化系统与水电站首台机组发电同步投入运行，黄河上游梯级水电站电调自动化系统2004年8月底与公伯峡水电站首台机组发电同步投入运行。

（4）高效的历史数据存储系统，保证了生产数据的可靠性、实时性、完整性。

（5）系统设计最大限度地体现了可靠、安全、高效和充分利用网络资源。

（6）交互式图形开发支持技术，全鼠标驱动，面向目标操作，所见即所得，简洁直观的人机界面设计，使系统的人机界面大大地简化，简单易学，安全可靠。

（7）系统中集成了专门为黄河上游梯级电站而开发的自动发电控制（AGC）、自动电压控制（AVC）以及经济调度（ED）软件。

（8）配备了国内独具特色操作控制闭锁数据库功能及联锁操作指导工具软件，确保了监控系统的控制安全可靠性，防止误操作。

（9）本系统根据梯级水电厂运行管理的特点，提供了完善的控制权和操作授权管理功能，解决了大型梯级水电厂计算机监控系统的安全管理问题。

（三）应用前景及社会经济效益

该系统的技术已成功推广应用到其他梯级水电站电调自动化系统工程中。

（1）直接经济效益。实现集中控制，减少现场值班人员，按每电站减少现场值班人员10人计算，可减少开支350万元。同时，梯级集控中心调度自动化系统提高了梯级电站经济运行水平，每年增发电量约0.5%，约合人民币1600万元。

（2）社会效益。梯级集控中心调度自动化系统提高了梯级防洪调度水平，进一步保证下游防洪安全，同时通过提高发电调度水平，对提高电能质量，保证电网安全也发挥了积极作用。

（中国水利水电科学研究院）

四方区码头建设及青岛港原过驳基地扩建工程对电厂取排水影响的物理模型试验研究

（一）项目研究内容

该项目为华电青岛发电有限公司委托的试验研究。

1. 码头建设前的物理模型试验

（1）针对一、二期取排水流量进行典型潮下的泥沙、温排水试验，了解取水口海域不同电厂运行工况下取排水口附近海域含沙量的变化及温排水输移规律，给出不同潮流条件下取水口水域温升分布及取水温升随潮变化过程的现状评价。

（2）针对电厂三期工程建设后的情况，根据一、二、三期取排水总流量进行典型潮下的泥沙、温排水物理模型试验，了解取水口附近的含沙量变化、海床冲淤以及水体温度分布、热力扩散特征等。

2. 码头建设后的物理模型试验

（1）现有一、二期取排水流量下的试验。分别按照原过驳基地扩建、四方区码头建设和以上两个码头共同建设三个方案，进行典型潮下的泥沙、温排水物理模型试验，了解取水口附近流场的变化、含沙量变化、地形冲淤以及取水口附近水体的温度分布、温升影响等。

（2）一、二、三期取排水流量下的试验。分别按照原过驳基地扩建、四方区码头建设和以上两个码头共同建设三个方案，在一、二、三期取排水总流量下进行典型潮下泥沙、温排水物理模型试验，了解取水口附近的流场变化、含沙量变化、地形冲淤以及取水口附近海域不同潮流条件下的温度分布、温升影响等，根据试验结果分析码头建成后30年的海床冲淤幅度。

（二）项目创新点

（1）深入研究了在沿岸高密度、高强度人类工农业活动影响下的胶州湾水动力、泥沙输移与岸滩演变，特别是华电青岛发电有限公司电厂取水口所在的沧口水道岸滩演变的短期变化特征与长期演化趋势，纠正了此前国内一些单位对这一重要问题的不正确认识，例如，国内某单位于1997年曾做出预测“预计2002年以后，沧口水道轴线以东，北至鲁能码头的范围不再出现－2.0m等高线，取而代之的全是－5.0m以下等高线”，这一“预计”随后为国内众多单位引用。但是本项研究认为沧口水道东岸的－2m等深线不仅不会在短期内消亡，而且将长期存在并向深水区缓慢淤进。2008年3月，由国家海洋局第一海洋研究所进行的1：10 000水下地形测量结果证明上述认识正确，这必将为合理开发与利用胶州湾东岸的岸线资源提供可靠的科学依据。

（2）与通常的仅针对某一工程建设局部、单一的环境影响效应进行评价的做法不同，本项目深入研究了近几十年来胶州湾自然演变基础上人类高密度、高强度工程活动对华电青岛发电有限公司电厂取水口所在的沧口水道水动力、温排水扩散、泥沙输移与岸滩演变的联合累积效应，探讨了累积效应评价的时空尺度因素、作用机理等方面，为该地区人类工程活动的优化布局提供了有力的科技支撑。

（三）应用前景及社会经济效益

本项目研究成果对华电青岛发电有限公司电厂三期扩建工程的取、排水口布置坚持采用“深取浅排”的方案，取水口位置和一、二期基本一致，布置在自然海床面－9m左右高程（国家85高程）提供了可靠的科学依据，已应用于三期取排水扩建工程的优化设计工作中，这一布置方案将充分利用华电青岛发电有限公司现有的厂区格局和生产流程，可节省工程投资1000余万元。

本项目研究成果充分揭示了不同的四方区码头建设以及青岛港原过驳基地扩建工程方案均会对华电青岛发电有限公司现有的一、二期及三期扩建工程的温排水输移与扩散、取水口附近泥沙运动与海床淤积产生不利的影响，研究成果为华电青岛发电有限公司与有关码头建设方沟通、交流提供了有力的科学依据，得到了有关各方的认可，对于实现胶州湾沧口水道沿岸地区发电、航运、化工、旅游休闲等方面的“有序、和谐、高效”发展产生了良好的社会经济效益。

（中国水利水电科学研究院）

山东海阳核电厂工程温排水及低放废液数模计算物模试验研究

（一）项目研究内容

1. 工程温排水及低放废液物模试验研究　本研究为温排水、低放废液物理模型试验，模型平面比尺为$L_r=340$，$H_r=140$，模型变态率为2.4。利用物模试验方法研究各期工程温排水及低放废液在近区水域的分布特性及取水温升、取水相对浓度的随潮变化过程；研究取、排水口近区水域中电厂温排水及低放废液输移特性，论证核电厂规划容量的可行性，为核电厂水工构筑物布置方案的设计和环境影响评价提供科学依据；对委托方提出的取、排水口布置方案做出优选和必要的改进，提出优化方案的主要设计参数。

2. 工程温排水及低放废液数模计算　大范围海域潮流场、温排水输移数值模拟计算，采用已成功应用于多项电厂温排水计算的二维数学模型。采用数模计算手段对工程海域大范围流场特性进行模拟研究，以便为取排水工程布置提供参考，同时可为近区物理模型试验提供必要的水力边界条件；通过大范围模拟计算研究温排水、低放废液在环境水域中的输移扩散规律及其对环境水域温升的影响，为环保评价提供依据。

（二）项目创新点

(1) 首先采用由局部到整体的研究方法，在充分利用工程海区潮流特点的基础上，提出了可兼顾电厂取水安全、环保要求以及运行经济性要求的优化取排水方案，同时，方案的确定不仅限于本项研究成果，同时也主动地充分考虑了泥沙、波浪等方面的研究成果，使得该方案更加切实可行，受到业主方的高度肯定与赞扬。

(2) 本项研究低放废水试验模拟示踪物浓度场模拟检测首次采用了自行研制的新型的多点高精度浓度采集系统。该仪器具有响应时间短（128个测点巡检时间不超过2s）、可靠性强、性能稳定、精度高等特点，大幅度提高了放射性废水试验研究成果质量。

（三）应用前景及社会经济效益

研究成果已被业主方及工程设计单位采用，取得了良好的经济效益与社会效益。

（中国水利水电科学研究院）

上海漕泾电厂（2×1000MW）工程循环水泵房流道物理模型试验研究

（一）项目研究内容

项目研究依据包括泵房流道试验规程等有关规程、规范的规定以及本项研究“任务书”要求，本项试验依照“自前（流道入口）而后（流道出口）”、“自上（水体表层）而下（水体底层）”的原则进行，研究成果最终落实于水泵运行的安全、平稳。为此，本项试验研究工作比选优化依据的先后原则为：首先保证水泵进水口（喇叭口）以及泵房吸水室进流均匀平顺，吸水室内不出现进气漩涡以及水内涡，保证水泵安全运行；其次是保证流道滤网间以及拦污栅段水流的均匀平顺性，尽量减少其水头损失，提高泵的工作效率；最后是尽量减弱泵房前池段水流的波动，减小其回流强度、范围，尽量创造其有利于水泵正常运行的水流条件。通过各种方案的对比研究，最终提出了进水前池增设消能整流横梁的流道设计改进方案，试验结果显示其可较好解决各流道入流的均匀、平顺性问题，能够保证电厂循环水泵的安全经济运行。

（二）项目创新点

结合本项工程的特点，采用大比尺物理模型试验的研究手段，模拟研究循环水泵房进水流道前池、泵房流道（含滤网间、泵吸水室）的水力特性（流速、流态），给出自前池至泵房吸水口之间流道设计方案的可行性，提出优化的进水流道导流、整流措施，使水泵房进水流道及前池的水流在设计水位条件下具有顺直、稳定、均衡的流态，保证循环水泵取水安全、经济运行。与一般工程相比，本项研究成果的创新之处在于：

(1) 针对火电厂大机组单泵取水流量大、工程场地有限等特点，突破传统的设计要求，所提出泵房流道改进技术方案，在保证循环水泵安全运行的基础上可大幅度减小项目投资。

(2) 本项试验将理论与实践经验密切结合，较好地解决了工程实际中所出现的具体问题，所提出的技术方案可为同类工程借鉴。

(三) 应用前景及社会经济效益

研究成果已被业主方及工程设计单位采用，推荐工程方案具有良好的经济效益与社会效益。

(中国水利水电科学研究院)

龙羊峡水电厂计算机监控系统现地控制单元改造和系统功能升级

(一) 项目研究内容

针对老系统存在的问题，在1996年系统上位机改造的基础上，重点进行现地控制单元和网络的升级改进。龙羊峡电站现地控制层由LCU组成，按单元分布，全厂共设7套LCU，即四台发电机变压器组各设一个LCU，开关站、厂用电及全厂公用设备各设一个LCU。

现地控制单元采用当时应用广泛的施耐德公司的Quantum系列可编程控制器及Contec一体化工控机工程，使全厂设备一致，应用成熟，互换性好，性能指标较高，可带电拔插。Quantum PLC构成完整的数据采集与控制系统，具有完整的采集和机组顺序控制功能。Quantum PLC同时完成温度信号的采集和温度保护功能。

CONTEC M430一体化工控机，配置包括10.4 TFT一体化液晶显示器，内置式功能键盘及游标，Windows NT操作系统，汉化人机界面。该系列工控机由于后续质量难以保证，部分更换成美国倍弗工控机。

网络部分更换或增加少量网络硬件设备，采用Cisco网络设备，形成100MB的双网结构，使监控系统的可靠性和实时性提高一个数量级。美国Cisco公司是目前国际上最大的网络设备制造商，网络设备性价比好，产品系列全，在国内水电站应用较多，如新安江、东风等。

(二) 项目创新点

(1) 在系统的各个部分采用双回路冗余电源供电方式，特别是现地控制单元部分环节采用了双路电源自动切换回路，保证系统电源的可靠工作，大大提高了监控系统的可靠性。

(2) 根据大机组对控制系统控制可靠性的要求，机组和开关站现地控制单元采用了可编程控制器双CPU热备冗余方式，双远程IO总线，保证控制系统的可靠。

(3) 采用多参数增强AGC/AVC应用软件，充分考虑从网调通道安全校和命令下发数值合理性检查、时间有效性检查、LCU状态监视、关键数据通道安全监视、关键数据数值合理性分析等安全策略，保证AGC/AVC安全可靠运行。AGC/AVC基于等量负荷分配模型，可以有效减少机组负荷调整幅度，有利于提高机组安全性。

(4) On-Call功能子系统的实现使生产管理人员通过传呼短信的方式随时掌握电厂设备的运行状况，可进一步扩展通过手机短信方式发布电站运行信息。

(5) 应用软件的安全及可靠性措施，采用了数据库冗余、备份技术，完善的软件防错纠错功能，数据采集具有有效性、合理性判断和相关量检测等防错措施；通信具有CRC校验、多重冗余通信和通道检测功能，防止错误信息进入数据库；完善的命令分析和出错处理功能，每一功能和操作都提供检查和校核，防止不合理或非法的命令输入，命令有误时能自动闭锁并产生报警；系统具有自动重新启动的功能。

(三) 应用前景及社会经济效益

从计算机监控系统升级改造完成后，整套系统运行平稳可靠，取得了显著的经济和社会效益。

龙羊峡水电厂计算机监控系统升级改造工程实施后，计算机监控系统本身的可靠性得到大幅提高，减少了维护时间，提高了系统备用时间。计算机监控系统设备信号正确，大大减轻了运行人员的劳动强度，增加生活区上位机控制系统，为实现生产前方“无人值班”(少人值守) 创造了条件。

(中国水利水电科学研究院)

株洲航电枢纽安全监测自动化系统

(一) 项目研究内容

株洲航电枢纽安全监测自动化系统主要内容包括：

(1) 外部变形监测(水平位移和垂直位移)。

(2) 渗透压力、扬压力监测。

(3) 土压力、应力、应变及基础变位监测。

(4) 水位监测。

(5) 内部监测数据自动化采集系统。

共计安装埋设内外观监测仪器424支(座、点)，成活416支，失效8支，仪器完好率为98%。各项监测项目仪埋工作完成后即进行正常观测，对观测资料进行分析后，在主体土建工程阶段验收时分别提交了安全监测工作报告，对施工监测情况及时向设计、业主和监理报告。

在施工中研究应用了预制块法埋设应变计组及土压力盒等新方法，保证了仪器成活，采集到了连续、准确、可靠的监测数据，取得了良好的社会效益和经济效益。在安全监测自动化系统实施中，成功地实现了由光纤代替通信电缆传输信号，大大避免了自动化系统信号衰减、传输需要中继、容易遭到雷击破坏的影响，是典型的自动化系统样板案例。

（二）项目创新点

与当前国内同类技术相比，株洲航电枢纽安全监测自动化系统在预制块法埋设应变计组及土压力盒、由光纤代替通信电缆传输信号等方面有了新的突破，更好地确保了监测数据的可靠性和稳定性，为工程安全提供保障。

（三）应用前景及社会经济效益

本项目成果在施工中能起到指导的作用，在枢纽竣工后对鉴定验收提供了完整、详实、可靠的数据资料，为枢纽早日发挥作用造福三湘人民取得了较好的社会效益。直接经济效益 360 万元，间接经济效益 600 万元。

（中国水利水电科学研究院）

龙滩工程建设技术创新成果

龙滩工程依靠科技创新，借助水电行业集体智慧，成功解决了一系列技术难题，促进工程又好又快建设，推动水电建设技术进步发展。主要技术创新有下列十个方面：

（1）采用最优化理论进行整体枢纽及坝体和厂房的设计，节省了造价，加快了进度。

（2）利用变态混凝土与二级配碾压混凝土组合防渗，实现了真正意义的全碾压混凝土筑坝技术。

（3）突破碾压混凝土高温多雨季节施工的瓶颈，开创了碾压混凝土高坝全年连续、快速施工的先河。

（4）在国内首次实现运用大型施工设备连续、高强度浇筑碾压混凝土。

（5）攻克世界跨度最大的厂房顶拱、岩锚梁施工、直立高边墙稳定三大地下工程难题。

（6）首次实现了水轮机转轮现场制造的新工艺。

（7）立足国内，实现 700MW 水轮发电机组制造核心技术的自主创新。

（8）世界最大容量 778MVA 三相组合式变压器制造运行。

（9）国产首条 500kV 干式电缆的挂网运行。

（10）开展对大型水轮发电机组运行管理模式研究。

经过初步整理和成果申报，“200m 级碾压混凝土重力坝关键技术研究及在龙滩工程中的应用”获得 2008 年度中国电力科技进步一等奖，“700MW 全空冷式水轮发电机组安装调试技术研究与应用”获得 2008 年度中国电力科技进步二等奖。“龙滩大坝建设精细化管理方法与创新实践”、“龙滩水电工程信息化管理系统”两个项目获得 2008 年度全国电力行业企业管理创新成果三等奖。

（龙滩水电开发有限公司　程纲为）

基于分布式实时数据库技术的水调自动化软件平台研究

基于分布式实时数据库技术的水调自动化软件平台研究（简称软件平台）是中国水电工程顾问集团公司 2004 年立项，由中南勘测设计研究院 2006 年完成，2007 年通过专家验收的科技开发项目。项目通过对软件平台架构、数据库表结构、数据采集与通信控制技术、实时数据库及软总线技术、数据访问与服务技术、组态技术、图形设计器技术、报表设计器技术、GIS 应用技术、Web 应用等技术的研究，开发了支持水电水利行业水库（群）调度自动化系统、水情自动测报系统、水库流域防洪系统等相关应用的通用水调自动化基础软件平台。

（一）主要技术特点

软件平台开发基于微软的、Net，全面采用面向对象设计技术进行设计。在结构上可划分为数据库层、数据访问与服务层、业务逻辑层、界面层，通过将数据存储、数据访问、业务逻辑和应用表示分开，具有很强的伸缩性，能适应复杂的运行环境、复杂的系统结构和不同用户的特殊应用和配置要求。

采用多线程技术，实现了多信道数据采集的高效通信，满足系统对水情、闸门、机组运行等各类信息的自动采集实时性要求。

通过对数据类型的封装，实现了通过配置即可动态识别新的物理数据类型的能力，极大地提高了软件的通用性。

利用树形结构对各类资源进行有效管理，通过自由的树形分层设置、灵活的 XML 技术应用和可自由增删的资源配置，使系统的管理、查询、维护都十分方便，并且较好地解决了复杂系统在信息组织和管理上的难题。

设计了行业领先的数据智能分析和动态告警组

件，对于通信信道、测站、传感器以及指定的数据项，能够进行实时状态跟踪、数据分析和动态告警。

采用Web Services技术提供统一的数据访问控制，使C/S与B/S结构、本地与远程处理在数据访问上实现了统一，并且对于数据应用屏蔽了具体的数据库结构，进一步优化了数据存取和调用的灵活性、通用性。

设计的报表设计器具有类似Excel的界面和功能，可以进行类似Excel的操作，除了兼容Excel所具有的常量、字符串、单元格及系统预定义公式外，还进行了功能扩展，支持自定义公式、多步计算和数据库访问。

通过控件技术、组态技术以及数据表样式定制技术的组合使用，充分发挥了常规图表查询监视与专用图表定制方式的各自优势。

利用数据库管理技术进行数据管理，开发了简单易用的数据库管理器。

支持GIS方式信息查询和管理，支持Web方式信息查询和发布。

具有良好的二次开发能力，支持组态应用。

管理方便、扩充扩展能力强，具有良好的适应性、通用性、可伸缩性和可移植性。

结构合理、功能强大、界面友好，操作方便，技术先进，功能实用，运行稳定，实时性好。

（二）主要功能

(1) 数据采集与通信。包括与水情遥测设备之间的水雨情信息采集通信及与机组监控系统、闸门控制系统及其他系统之间的数据交换和共享。

(2) 数据处理与计算。包括实时数据入库、常规数据处理、水务计算、历史数据提取、水情应用数据处理等。

(3) 数据监视。提供的数据监视可分为图形方式和表格方式，监视可针对单一参数、多参数的图形和报表的组合，画面根据应用的需要生成。

(4) 信息查询。采用表格、图形、GIS方式对包括历史数据、实时数据、特性数据等信息的查询。

(5) 事件告警与记录。具有画面、声音、GSM短消息等告警的方式，并进行事件记录。

(6) 数据服务。通过Web Services方式提供统一的数据服务。

(7) 图形与报表设计工具，提供专业图形设计器以及兼容Excel的报表设计器支持用户进行界面定制、自定义报表。

(8) Web应用。Web系统采用ASP.Net开发，用户不需要安装程序或插件，即可通过Web浏览器进行信息查询。

(9) 其他功能，包括短信信息发布、网络时钟同步、水调值班管理等。

（三）技术突破和创新

(1) 采用分布式实时数据库（软总线）技术，为软件各部分提供通用的跨机器进程间通信机制，为实现在分布式环境下软件系统各个部分的互联、互通、互操作提供了支持，并为系统各模块和各进程提供了统一的通信和协调机制。

(2) 通过对水调系统资源对象在系统、流域、水库、电站、溢洪道、机组、闸门、测站、数据点等的不同类型划分和属性集定义，成功构建了水调系统信息资源分层结构模型；率先建立了资源标识、属性、数据关系、数据值的纵向信息管理体系，妥善解决了复杂信息管理与简单数据记录之间的关系衔接；具有的弹性结构和动态扩充能力，成功地解决了流域、多电站需要动态扩充的电网公司和流域机构在水调自动化系统建设、管理、应用、维护和扩展难题。

(3) 创造性地实现了数据类型的抽象和封装。通过对数据类型的标识、特性、单位、精度等要素的抽象，使系统的数据识别不再限定于初建时的数据类型，实现了通过配置即可动态识别新的物理数据类型的能力，使系统数据采集、数据处理的应用范围得到了的扩充，提高了软件的通用性。

(4) 基于树形分层结构和XML技术，在水调系统中率先实现了应用环境的个性化定制，为复杂系统在配置、管理、查询、维护、扩展等方面提供了圆满的解决方案，提高了系统对不同环境和应用要求的适应能力。

(5) 针对应用系统需要显示的数据集合，系统设计了以数据列描述为基础的表格样式定制技术。

(6) 针对不同数据类型及特性设计了一套先进的水调数据存储控制规则，实现了应用层面的数据存储空间高效利用，节约了大量的存储空间。

（四）应用与推广

该软件平台已在广西龙滩、重庆中梁、湖南竹园、海南牛路岭等水库电站及重庆阿蓬江流域、四川鸭嘴河流域、硕曲定曲河流域等梯级电站水调自动化系统以及湖南湘江、怀化、湘西、张家界防洪系统及水环境监测等工程中得到成功应用，取得了良好的效果。

（中国水电顾问集团中南勘测设计研究院　刘志云）

大坝水力学长期动态安全监测预警技术研究

“大坝水力学长期动态安全监测预警技术研究”是南京水利科学研究院承担的科技部科研院所社会公

益研究专项项目（项目编号：2004DIB3J127）。大坝水力学安全监测和预警技术研究问题国内提出较早，研究也较多，但并没有得到真正解决，主要体现在：

（1）已有的大坝水力学监测功能比较单一，不能满足综合监测需要，更没有一个具有广泛适应性的长期动态综合监测技术体系。

（2）由于大坝水力学监测环境条件的复杂性，研究成果中涉及长期动态监测与预警的尚未见报道。

（3）预警模式多数是计算仿真模式，由于未采用测量警示与计算判断相结合的方法，故有所涉及的其成果也稍显初浅。

（4）以往研究中离实现大坝水力学长期动态安全监测和预警目标尚远。

（5）国外这一问题研究不多，但与该类问题相关的研究成果较多，可供借鉴。

该项目的研究目标是开发一套可以对水库大坝及泄水建筑物各种水力参数进行长期跟踪监测和预警技术。该套技术基于现代测量技术、数据信号传输技术、数据处理和超值预警技术，形成国内首创、国际一流的水力学实时动态监测和预警系统。

该项目通过研究取得多项创新性成果，其中防水、防干扰、防腐蚀、耐久性好的振动、应力应变传感器可适用于水下长期工作，在国内外多个水电工程水力学和振动观测方面得到成功应用；首次引入的PROFIBUS现场总线技术，建立了一条高可靠性的现场数据通信链路，彻底改变了传统监测模式中现场与监控中心之间连线多、伴有各种电磁干扰，安装调试困难等；根据大坝水力学长期动态监测系统网络布线复杂、监测指标多、相应硬件设备类型多、数据采集、传输、分析过程复杂等实际情况，提出了基于系统组态的大坝水力学安全监测与预警系统开发设计方案。

主要创新点有：

（1）在分析了水库大坝长期运行过程中泄洪冲刷、掺气、空化、振动、雾化、渗漏等因素对大坝安全影响的基础上，参照国内外相关研究成果和现行标准、规范规程之规定，选取冲坑深度、通气量、空化数、频率与振幅、噪声频率、降雨量及可见度作为水库大坝长期水力学安全监测指标是可行的，确定的预警指标阈值大小是合理的。

（2）在对大坝水力学安全监测指标与预警对象分析的基础上，提出了大坝水力学动态监测和预警系统开发采用面向对象的设计思路，并对监测和预警对象进行了抽象描述和划分，并分析了其合理性和可操作性。

（3）根据大坝水力学长期动态监测系统网络布线复杂、监测指标多、相应硬件设备类型多、数据采集、传输、分析过程复杂等实际情况，提出了基于系统组态的大坝水力学安全监测与预警系统开发设计方案。

（4）针对不同传感器类型、性能和驱动，分别采用MODBUS与PROFIBUS总线技术解决了大坝水力学长期监测设备类型和数量多、布线困难、数据容量大、远距离数据传输信号失真等难题。

（5）针对不同监测量的特点，采用OPC与DDE两种数据交换机制，解决了实时数据库和数据采集、数据传输、频谱分析、概率统计等数据处理过程中数据共享和交换的难题。

“大坝水力学长期动态安全监测预警技术研究”成果，于2008年12月16日通过了水利部国科司组织召开的项目成果验收会。验收组专家充分肯定了项目实施情况，认为该项目全面完成了任务书规定的内容，达到了任务书所要求的技术指标。该项目成果已在南京三汊河河口闸、广东北江大堤西南水闸及缅甸邦朗水电站等水力学观测中得到了应用，为同类工程的维护管理提供了水力参数长期实时动态监测和预警的技术手段。

（南京水利科学研究院）

高混凝土面板堆石坝关键技术研究

与混凝土坝相比，砂砾石坝在经济上具有明显的优势，特别是在我国广袤的西部地区，这种材料更是随处可见。新疆乌鲁瓦提（131.8m）和青海黑泉（123.5m）两座水库采用砂砾石面板坝，是目前我国最高的砂砾石面板坝。为确保两座大坝的顺利建设和安全运行，水利部建设与管理司和国际合作与科技司组织新疆乌鲁瓦提水利枢纽建设管理局、青海黑泉水库建设管理局、南京水利科学研究院、新疆水利水电勘测设计研究院、青海水利水电勘测设计研究院、新疆农业大学、新疆水利水电科学研究院、青海水利水电科学研究院、中国水利水电科学研究院、河海大学等14家工程建设及科研院所、大学、施工单位就砂砾石面板坝的主要关键技术进行了较为深入系统的研究。

（一）主要研究内容

（1）对原级配砂砾石料的工程特性，特别是渗透和渗透稳定性开展了全面系统的试验和研究，以期更为准确地揭示砂砾石料的渗流和渗流破坏特性，从而采取相应的防渗和排水工程措施，确保大坝安全。

（2）面板周边缝是面板堆石坝，特别是面板砂砾石坝的生命线。为此，重点对面板周边缝止水结构和形式进行了研究。

（3）较为深入系统地研究和优化了垫层料的级配、垫层的结构和坝内排水体结构形式。

（4）对在寒冷、干旱、多风地区填筑高混凝土面板砂砾石坝的施工技术进行了研究。

（5）对混凝土原材料优选、配合比优化和改性、养护工艺、施工工艺和质量控制等方面进行了大量试验，以研究在寒冷、干旱、多风地区如何有效减少混凝土面板裂缝的相关技术和工程措施。

（6）采用离心模型试验以及有限元数值方法，研究了两座依托工程（新疆乌鲁瓦提水库和青海黑泉水库）大坝的应力变形特性和渗透稳定特性，对处于Ⅷ度强地震区的黑泉水库大坝进行了动力反应和稳定分析。

（7）进行了寒冷地区高混凝土面板砂砾石坝原型观测，分析研究了乌鲁瓦提和黑泉两座砂砾石坝的原型观测成果，揭示了依托工程的工作特性。

（8）研制带有电测功能的DSP—1型电测引张线式水平位移计以及DCJ—1型电测水管式沉降计，以期实现堆石坝坝体内部变形的原型监测自动化。

（二）成果创新点

（1）在国内外首次研制成功了大型高压固结渗透仪（$H=2400\text{mm}$，$H_e=1200\text{mm}$，$D=1000\text{mm}$，$P=1.0\text{MPa}$），解决了试验过程中连续稳定地供应高压水这一技术难题，并提出了一套完整的实验操作程序和安全评价方法。在两个依托工程中的成功应用表明，该仪器可克服试样的缩尺效应，使试验结果更为符合实际，可广泛应用于面板堆石坝。特别是对砂砾石面板坝坝体的原级配砂砾石料的渗透和渗透稳定性试验和研究，更加准确地揭示了砂砾石料的渗流和渗流破坏特性。

（2）在国内外首次研制成功了结构简单、对大变形适应能力强、止水效果好、检修方便的混凝土面板周边缝波纹双金属止水片结构。

（3）开发研制成功了带有电测功能的DSP—1型电测引张线式水平位移计以及DCJ—1型电测水管式沉降计，获得国家实用新型专利，在国内外首次实现了面板坝坝体内部变形的监测自动化。

（4）提出了一套寒冷、干旱、多风地区填筑高砂砾石面板坝先进、实用的施工技术。

（5）提出了一套寒冷、干旱、多风地区有效减少混凝土面板裂缝的成套工程措施。

（三）推广应用

该研究成果具有良好的推广价值，已分别应用于在建的青海公伯峡、新疆吉林台、贵州洪家渡、湖北水布垭和拟建的新疆察汗乌苏等高面板坝工程，推广应用前景广阔。2008年汶川地震中，对在紫坪铺混凝土面板堆石坝地震震害评价中发挥了重要作用。紫坪铺水利枢纽工程建设期间采用了南京水利科学研究院的国家科技进步奖获奖成果，其中紫坪铺大坝采用的安全监测系统由该院研制。地震后南京水利科学研究院迅速派出技术人员抢修恢复了受损的部分设备，使监测系统处于正常运行状态，并迅速向有关部门提交了紫坪铺大坝变形、应力和渗流等评价大坝安全的关键资料，为上级主管部门采取正确决策提供了技术支撑。

（南京水利科学研究院）

中国水利水电第三工程局有限公司2008年科技工作情况

（一）组织体系建设

中国水利水电第三工程局有限公司（以下简称水电三局）科技管理建立二个系统三个层次组织体系，经过近年来的运行，责任明确、层次分明，取得了较好的成效。

2008年围绕省级企业技术中心的申报工作，进行二级单位的专业化的整合，把分散到各二级单位的测量队伍，全部组合到技术中心的测量大队；并加大了科技体系社会化、规范化、高效化、实用化的建设。经陕西省政府部门和中国水利水电建设集团公司的认可，于12月12日被正式批准为省级技术中心。

2008年，水电三局试验室凭借其业绩和实力在水电行业的施工队伍中第一个进入了核电和铁路的领域中，为水电三局争得了荣誉，在向非水电行业拓展的过程中走到了中国水利水电建设集团公司下属单位的前列。

（二）科技经费

科技经费投入逐年快速增长，2008年的科技投入是2007年的1.68倍。建立数据库，对科技经费的投入跟踪检查。按国家科技经费投入的统计要求，全成本列支科研项目费用，全面真实反映了水电三局的科研投入。

（三）科技计划

2008年下发了《水电三局2008年局管项目科技经费专向支出计划》，《水电三局2008年科研项目验收计划》，这些计划对2008年的科技工作项目分别提出了要求，明确了责任单位、责任人和费用，规定了完成任务的时间。年终对项目进行了认真的考核评审。

2008年10月，水电三局召开了技术委员会二届三次会议暨2008年科技工作研讨会，传达集团公司科技会议精神，总结水电三局科技工作，交流经验，表彰先进集体和优秀科技人员。同时召开了水电三局

2008年科研项目立项评审会、优秀科技论文评审会、优秀科研项目评审会、优秀施工组织设计评审会。

（四）项目控制管理

（1）工程科技部组织了50余人，对向家坝水电站八大施工技术难题进行了超前研究；又组织40余人，编制了潘口水电站的施工规划设计。向家坝项目研究的成果受到业主高度评价，使业主原定的二个标段改成了三个标段；潘口项目的施工设计业主非常满意，给予了高度评价。2008年这两个工程中标额近10亿元。

（2）新成立了国际工程部、事业部、路桥分局、铁路分局、海阳核电站项目部、2个风电项目部和1个风电设备加工厂，从组织机构上保证了扩张的需要。

（3）对新中标的项目进行技术评估，为项目的经营目标、风险预防、大方案制定、资源配备、盈利水平提高制订了科学的依据。

（4）对原中标的项目进行滚动施工组织设计优化效益评审，确保施工过程方案的优化、效益的提高。

（5）针对安全事故较多的情况，对在建工程重点项目进行了防汛风险等级评估、地质危险源风险评估、围堰防渗墙质量问题的评估和截流专家会诊咨询和软件使用推广培训。水电三局有关生产、经营、技术、安全、设备的部门对在建的84个项目，组织了189次检查、指导和咨询。水电三局工程科技部2008年共审批各类施工组织设计31份，去现场检查工作38次，产生经济效益1763万元。

（五）科技信息工作

2008年，投入14万元定期出版发行《水电施工技术》杂志内部赠阅刊物四期；勘测设计院举办了优秀论文交流会，并编辑了优秀论文集；举办了优秀论文评比活动，对评出的优秀论文进行了表彰奖励；准备在中国水利水电建设集团公司主管的《水利水电施工》期刊上出一期专辑；对其中好的论文我们还推荐到《中国水力发电年鉴》和国家核心杂志《水力发电》上发表。

2008年，应各学会、政府监控部门的邀请，参加了交流、验收、咨询、评审会共计16次；参加中国水利水电建设集团公司、设计院和业主组织的各类科学技术交流、评审、鉴定、咨询会共计9次；参加行业规程、规范征求意见反馈稿12次；对现执行的国家、行业标准、规程、规范进行了识别、汇总和发布。10月与中国水利水电十五工程局有限公司利用学会的平台联合举办了一次技术交流会，12位代表在会上进行了交流发言。

（六）科技攻关活动

2008年，水电三局验收2007年立项的科研项目10项，其中中国水利水电建设集团公司立项验收的2项，水电三局立项中国水利水电建设集团公司上档次验收的2项，水电三局自己立项验收的6项。2008年水电三局新立项的13项，在研的中国水利水电建设集团公司立项的科研项目6项。

（七）技术革新和合理化建议活动

由于水电三局在“四新”推广，技术革新改造和合理化建议的群众性活动中组织得力，开展得较好，2008年水电三局职工技术协会被陕西省职工技术协会评为先进集体；水电三局下属的景洪工程施工局被评为陕西省职工经济技术创新优胜单位；液压盘锯切割混凝土键槽施工项目获陕西省职工经济创新科技成果三等奖。同时水电三局还获陕西省职工经济技术创新标兵1名，技术状元2名，技术能手6名。

2008年，水电三局积极开展节能减排活动和职工技能大赛活动，被评为全国节能减排工作优秀组织单位，节能减排合理化建议先进单位，夺取了陕西省职工技能大赛团体奖。

（八）人才管理与培训

（1）投入10万元建立了人才网络管理系统，做到了人员资料的动态管理。

（2）制订下达了全年17项202万元2739人培训费用计划，突出了项目管理、技术人才、高管人员、特殊工种、国际工程和班组骨干的培训。

（3）对技术带头人（专业总工）的实施方案、管理办法，组织人员进行了重新修订。

（4）与西安理工大学合作进行水工混凝土温控软件的开发推广。

（5）连续两年对项目总工和总工后备干部进行培训，针对公司的实际情况，结合案例进行讲课，并请大专院校老师进行系统授课。

（6）举办了3期国际工程技术人员的培训。

（九）主要成果

（1）获得国家和省部级优秀工程奖6项。

（2）获得行业科技进步三等奖1项，陕西省优秀工程咨询三等奖1项，中国水利水电建设集团公司科技进步二等奖3项、三等奖2项。

（3）编制了12个行业工法，其中9个已被纳入中国水利水电建设集团公司工法的编写计划中。

（4）承担了9个行业规范的编制任务，其中主编4个，协编5个。

（5）创全国企业新纪录7项，创全国纪录1项。

（6）在各种杂志上发表论文130余篇，其中获陕西省自然科学优秀论文二等奖1篇，陕西省水利学会第五届陕西省水利科技优秀论文奖6篇，陕西省水力发电工程学会青年优秀学术论文奖5篇。

（7）完成科研项目10项，其中中国水利水电建设集团公司立项验收的2项。

(8) 完成技术革新改造、四新推广、合理化建议38项，取得经济效益4765.75万元。

(9) 申报专利13个，其中获得专利证书的1个，公告的2个，被受理的9个。

(中国水利水电第三工程局有限公司　姬脉兴
王再明　田　艳　范志林　毛予兰)

中国水利水电第十四工程局有限公司科技工作情况

2008年，中国水利水电第十四工程局有限公司(以下简称水电十四局) 完成总产值60多亿元，生产产值和利润又创历史新高，科技工作作为水电十四局系统工程极其重要的一环，更得到高度重视。一年来，水电十四局进一步加大投入，科技工作取得新成绩。

(一) 加强科技管理体系建设

(1) 水电十四局实行以总工程师为首的技术责任制，对水电十四局直管项目部形成了总工程师领导下的水电十四局和项目点两级技术管理体系；对水电十四局所属各二级单位形成了总工程师领导下的水电十四局、水电十四局下属各二级单位和项目点三级技术管理体系。形成了以水电十四局专家、外聘专家及水电十四局专业技术带头人为主的二级技术咨询体系。

(2) 结合水电十四局科技管理目标及薪酬岗位制调整改革，2008年对科技目标管理责任制进行了修订，对水电十四局实施多年的一系列各项科技管理办法进行了修订和补充，制定并完善了《中国水利水电第十四工程局有限公司企业技术中心管理条例》、《中国水利水电第十四工程局有限公司专利管理办法》和《中国水利水电第十四工程局有限公司对外学术交流管理办法》。

(3)《中国水利水电第十四工程局有限公司科技发展规划》已于2005年5月形成。2008年根据中国水利水电建设集团公司(以下简称集团公司) 中长期科技发展规划及水电十四局新制定的发展战略与规划又对水电十四局科技发展规划进行了补充和修改。

(二) 进一步加大科技投入

2008年，向集团公司申请立项课题共5项，水电十四局内部立项课题15项；另外，2007年度以前立项的课题项目均按计划在执行中。2008年集团公司拨付公司科研经费96万元，水电十四局自筹资金投入课题研究约计800多万元，投入试验设备采购及研究约1000多万元，共计1900多万元；另外，2008年水电十四局加强了各项教育培训，举办技能大赛，进行各项技术推广交流活动，组织课题鉴定、评奖等共投入资金200多万元。以上科技经费的投入总计为2100多万元。科技经费的投入，保障了科研项目的顺利实施，促进了水电十四局技术创新的进一步发展。

(三) 多方位开展科研及学术活动

(1) 2008年6月，召开了2008年度科研课题立项评审会，评审出《高采空率条件下的地下厂房开挖支护技术研究》等5个项目上报集团公司申请立项，《大型混凝土拌和系统技术总结》等15个项目作为水电十四局内科研课题立项。以上科研项目预计将投入经费达800多万元。

(2) 2008年2月和4月，在集团公司内组织、完成了《特大型混流式水轮机转轮工地现场制造》、《三峡地下电站主厂房开挖及岩壁梁混凝土防裂控制施工技术》、《大跨度浅埋深隧洞洞口平顶开挖施工技术研究及应用》、《上置式针梁钢模研究与应用》四个课题的成果申请鉴定和进步奖申报工作，8月向云南省科技厅申请《巨型水轮机埋件制造安装工艺研究和创新》项目科技鉴定，经鉴定，结果为“国际先进水平”。

(3) 2008年1月，配合云南省水力发电工程学会施工专业委员会在曲靖组织举办了《云南省水电工程模板设计施工技术专题研讨会》，会议共有约50人参加，并出版了论文集。2008年11月配合云南省水力发电工程学会施工专业委员会在昭通组织举办了《云南省水电工程砂石料系统设计施工技术专题研讨会》，会议共有约80人参加，并出版了论文集。

(4) 2008年，组织了6项科技项目进行专利申请工作，其中申请发明专利3项。

(5) 组织编撰的《水利水电地下工程施工》一书的下册(上册已在内部发行)，已完成初稿、核稿工作，准备在2009年下半年完稿公开发行。

(6) 向中国电力企业联合会标准化中心申报了两项标准的修订、制定任务，其中对《水工建筑物地下开挖工程施工技术规范》申报修订，对《金属结构及机电设备焊缝TOFD检验规程》申报制定。

(7) 积极参加已加入的各个学会、协会组织的有关活动，2008年共组织、参加各种会议共计30多次。

(8) 水电十四局科技信息处通过《云南水电》、《科技简报》、《期刊题录》等平台，积极进行对外宣传和对内技术推广交流，2008年完成《云南水电》四期，对水电十四局内和水电十四局外发行交流2200份；完成《科技发展简报》二期、《期刊题录》四期，收集交流及订购期刊89种500多份，及时向水电十四局各单位部门介绍了国内外最新技术动态。

（四）一批新的科技成果获奖

2008年度有四个科研项目获得集团公司科技进步奖。其中，《三峡地下电站主厂房开挖及岩壁梁混凝土防裂控制施工技术》荣获科技进步特等奖，《大跨度浅埋深隧洞洞口平顶开挖施工技术研究及应用》荣获科技进步一等奖，《特大型混流式水轮机转轮工地现场制造》和《上置式针梁钢模研究与应用》二项荣获科技进步二等奖。

《特大地下洞室群施工技术研究与应用》项目荣获中国电力科学技术二等奖，《大型地下洞室群施工通风技术研究与应用》和《300m级长斜井反井钻导井施工技术研究 》两项目荣获中国电力科学技术三等奖。《高水头大容量抽水蓄能机组安装技术及技术创新》、《特大地下洞室群施工技术研究与应用》两项目荣获中国施工企业管理协会的技术创新成果特等奖，《振弦式传感器同轴激振磁芯技术研究与应用》荣获技术创新成果一等奖。《高水头大容量抽水蓄能机组安装技术及技术创新》荣获中国电力建设企业协会的科学技术成果一等奖。《大型地下洞室群施工通风技术研究与应用》荣获国家安全生产总局第四届安全生产科技成果二等奖。《强岩溶地区大型地下洞室群施工技术研究及应用》和《特大软岩洞室群施工技术研究及应用》两项目荣获中国华电集团公司科学技术进步二等奖。

水电十四局参建的洪家渡水电站被评为中国建设工程鲁班奖（国家优质工程）和中国电力优质工程奖；参建的周宁水电站被评为国家优质工程银质奖和中国电力优质工程奖。

水电十四局被集团公司评为“科技进步先进企业”，荣获中国施工企业管理协会“技术创新先进企业”、中国建筑业协会“全国建筑业科技进步与技术创新先进企业”、云南省电力行业协会“安全生产先进企业”和“科技创新先进企业”、中国企业联合会和中国企业家协会“中国优秀诚信企业”、中国施工企业管理协会“全国优秀施工企业”称号。

（中国水利水电第十四工程局有限公司　杨炳发）

昆明电机厂有限公司新品开发情况

昆明电机厂有限公司（以下简称昆电公司）是全国水力发电成套设备和电动机制造主要专业厂家之一，属云南省大型重点骨干企业，2008年注册资本已达到3884万元，资产总额60 546万元；已具备年产中小型水力发电设备100万kW及单机10万kW能力，产品遍及全国，并出口到越南、缅甸、柬埔寨、俄罗斯、美国、加拿大、印度、土耳其、塞拉利昂等国家和地区。近几年，昆电公司的水轮发电机组在全国水电制造行业排序中，工业总产值、主营业务收入、产量、销量均位居前列；连续十余年评为“重信用、守合同”单位；“KEM”电工牌商标及产品荣获云南省著名商标和名牌产品称号；产品多次荣获国家、省、部级科技进步奖及其他奖项。昆电公司早已通过了ISO 9001：2000版质量管理体系认证和Y2系列三相异步电动机CE认证、Y系列产品CQC认证、出口加拿大水轮发电机CSA认证；2008年又通过Y2系列电机和高压电机CE认证和水轮机球阀、蝶阀CE认证。企业于建立了“技术中心”，并于2005年通过了省、市两级“企业技术中心”认定，2007年底被认定为“云南省第二批创新型试点企业”，2008年被认定为第一批“云南省高新技术企业”。2008年度水电机组技术创新和主要新产品开发情况如下：

（一）水轮发电机组方面

（1）弄另水电站水轮发电机机组研制。该电站HLA616-LJ-400水轮机和SF90-36/9200发电机机组是昆电公司目前生产单机容量最大的机组，也是云南省自行研发生产水轮发电机组中最大的机组。电站最大水头76.5mm、额定水头68m、最小水头54m，单机容量90MW。定子电压13.8kV，整个生产制造采用了许多新工艺、新材料、新装备，如大体积、特型面的车铣镗磨，大面积、高强度板材的冲压铆焊，高等级绝缘、大型线棒的热压成形等技术，并因此获得了拥有自主知识产权的专有核心技术。机组已于2008年9月并网发电。

（2）拉浪水电站水轮发电机组研制。广西拉浪水电站机组为轴流式，单机容量21 MW，额定水头为25.2m，是昆电公司为目前研发的最大轴流式机组，其设计开发及加工制造难度均较大。

（3）吉沙水电站水轮发电机组研制。云南省香格里拉吉沙水电站采用6喷嘴冲击水轮机，最高水头为540m，额定出力6.15MW，是我国目前自制的容量最大的6喷嘴冲击水轮机。发电机采用了一种国内独有的转子浮动磁轭结构，解决了运输重量受限问题。与同内产品相比，磁轭可解体运输，可减少运输成本20%以上。而且喷管与转轮设计构思新颖，制作精良，轮箍采用锻造整体加工，杜绝了飞斗之患。

（4）越南小中河水轮发电机组研制。越南小中河水轮发电机组，是目前国产单转轮冲击式最大容量卧轴机组，水头高，技术上有相当难度，特别是座式径向轴承研制和机组运行中的振动噪声控制等是关键技术。

（5）五一桥水电站水轮发电机组研制。四川五一桥水电站水电机组属高水头、大容量混流式水轮机组。该机组以有限元分析技术为辅助设计手段，一定程度上解决了电机组结构件的精确计算问题。利用三维有限元分析，得到了蜗壳座环在水压试验工况下、发电机上机架在实际运行工况下的应力和结构位移，使高飞逸转速发电机上首次采用叠片磁轭和端部回风冷却系统获得成功。另外，额定工况时发电机定子槽电流达5498.6A，发电机定子绕组采用小于360°的不完全换位技术，都是昆电公司在高参数机组上首次应用。

（二）水轮发电机组配套辅机方面

（1）FWL-2000型微机励磁装置。该微机励磁调节装置是昆电公司研制开发的一种新型双微机控制励磁调节器，抗干扰能力强、可靠性高，可实现多种限制、保护功能，硬件结构简单精炼；配置了专用单片机用于调节器故障检测，彻底摒弃故障自我诊断方式，专门开发了调试、监控软件，极大地方便了调试和维护工作；技术指标均满足（部分优于）国家标准。

（2）YWTF系列数字阀微机调速器。该系列数字阀微机调速器，调节器采用日本三菱MITSUBISHI公司生产的FX_{2N}可编程控制器及转换、扩展等模块；电液转换器件采用脉冲数字电磁球阀。产品应用了集成化模块式单元设计、无明管及杠杆，使调速系统具有良好的静、动态品质。该系列产品从3000N·m至50 000N·m均可选配2.5～16MPa的操作油压。产品除常规功能外，还可以根据用户的特殊要求增设水位和功率调节功能、接力器分段关闭功能，并配备了RS422/RS485通信接口等。具有多种自动功能，良好的静、动态品质，性能指标均满足（部分优于）国家标准。

（3）GFWK-4-16蓄能罐式高油压阀门微机控制装置的研制。此项目采用德国SIEMENS公司的S7系列CPU以及相关模块为核心控制器件，通过编制软件控制程序，对水电站主进水阀门的所有工作流程，实现全自动、高智能的微机控制。产品应用了先进的模块式液压集成设计，电液转换采用标准的电磁阀，结构简单，通用性强，可靠性高。采用16MPa高油压蓄能罐作为蓄能元件，压力罐外形尺寸大幅减小，降低装置成本。

（三）兆瓦级双馈异步风力发电机（单机）研制

2008年1月成立风电研发中心，与清华大学联合开展了对电磁设计、结构材料等方面的合作攻关，包括空—空冷却通风冷却技术、轴承耐冲击技术、轴承耐频繁起停技术、轴承耐低高温（－40～150℃）技术、定转子绝缘技术、转子四波绕组接线技术、集电环耐磨技术、集电环防污染技术等多项内容，并取得重要进展。目前产品样机已完成总装即将设入试验。

通过兆瓦级双馈异步风力发电机（单机）研制，昆电公司掌握了双馈异步风力发电机的设计制造技术，实现产业化生产后，将有较好的经济效益、社会效益。

（昆明电机厂有限公司　田莉萍）

自动盘车装置的特点及其应用

盘车是机组安装或大修时进行轴线调整的一项工序。青岛正利电力装备有限公司研制的自动盘车装置，具有专利（发明号：ZL021357048）技术，是对水电机组盘车工艺的创新。

（一）主要创新点

该自动盘车装置主要由机架、驱动电机、减速机构、联轴机构和止推轴承组成，以主设备有限的可利用空间与接口内容为几何条件，通过合理的减速增矩和有效的联轴离合，构成实用与美观的统一。使用时，联轴机构安装在发电机顶轴上面，机架固定在发电机上机架中心体上；由低压小功率电机提供动力，通过减速增矩与有效的力学过渡，使额定的驱动力以力偶的形式正切向作用于主轴，带动机组主轴转动；停点测量时，离合机构及时使装置与主轴分离。其特点如下：

（1）力的作用点合理。驱动的两个分力以力偶的形式正切向作用于主轴，而不是作用在其他别的不应承受外力的结构上，为实施盘车创造了充分的安全条件。

（2）力的大小量化。即以机组转动部件总重量、平均摩擦半径、摩擦系数为依据，准确地核准驱动力，合理有效地实施配匹，排除与避免盲目冒险驱动的隐患，从根本上杜绝对人员与设备的伤害。

（3）驱动力始终围绕轴心，无须再在径向施加强制约束，避免因此而产生的反抗应力和径向干扰。

（4）在采集数据时，转子是完全处于充分自由状态的，径向、轴向无干扰，使采集的数据客观准确有效，避免反复无效劳动，为缩短工期创造了先决条件。

（5）驱动转速可充分控制，停点准，避免失控的惰转问题。

（二）对盘车工艺的改进

机组盘车大多用人力驱动和吊车牵引驱动。人力直接驱动，用人多，作业面干扰大；转速时快时慢，停点难控制，工作效率低；无高压油顶起润滑的大中型机组无法采用。吊车牵引驱动，将钢丝绳缠绕在环形盘车架上，或绕挂在特设的转子盘车柱上，通过地锚定滑轮改变方向，在吊车牵引下驱动转子；其力的作用点、大小与方向都不合理，有盲目性，易拉坏设备和拉断牵引绳发生事故。

我国的水电建设进入了大机组时代。据不完全统计，我国已投产大中型各类水力发电机组464台，近期投产单机容量为700～800MW的特大型机组120台，2020年前再将投产单机容量为700～800MW混流式机组150台、单机容量为300～400MW的抽水蓄能机组150台、单机容量为30～60MW的贯流机组150台。传统的盘车工艺与发展形势不相适应的矛盾日益突出，应该改变这种现状。

“自动盘车装置”的研制成功，使水电机组有了较为理想的专用盘车工具。实践证明：“自动盘车装置”的设计合理、性能可靠、结构美观，可优化工作环境、改善劳动条件、降低劳动强度、提高工作质量和工作效率，其高效、安全、适用是传统盘车工艺所无法比拟的。

“工欲善其事，必先利其器”，传统盘车工艺是出于无奈，而在大型机组大量采用的今天，应该也有条件使用“自动盘车装置”改进盘车工艺。

（三）主要应用情况

1999年，天生桥水力发电总厂1号机大修采用“自动盘车装置”驱动成功。该厂6台发电机组，由哈尔滨电机厂有限责任公司制造，单机容量220MW。该厂采用“自动盘车装置”驱动，实现了盘车安全、快捷、高效。

2002年，小浪底水力发电厂首台机组大修采用“自动盘车装置”驱动成功。该厂共6台发电机组，均由哈尔滨电机厂有限责任公司制造，单机容量为300MW。承接首台机组大修任务的工程承包商——黄上水电检修公司采用“自动盘车装置”驱动，仅用一人操作，盘车三圈，即测得准确数据，半天就把机组轴线调整好，得到业主与施工方的赞扬。

2006年4月，甘肃刘家峡水力发电厂5号机组改造后首次大修应用“自动盘车装置”驱动成功。5号机为混流式机组，由法国ALSTOM公司与加拿大GE公司联合制造，机组额定功率328.5MW，推力轴承配有高压油顶起装置，在当初安装阶段就发现人力盘车存在转速不均匀、停点不准确、可控性差、操作人员劳动强度大（需80个人驱动）等问题，且工作质量和效率低，经常出现反复无效劳动的缺点。2006年为保证5号机扩修的轴线调整质量和安全，应用了“自动盘车装置”，驱动平稳，转速均匀，控制灵活，停点准确，提高了盘车效率、精度和安全性。

2006年5月，吉林丰满水力发电厂2号机大修采用“自动盘车装置”驱动成功。机组由前苏联引进，单机容量70MW。该厂历年来都是用吊车牵引驱动，顺利时三五天，反之则半个月甚至时间更长。2006年5月该机组大修采用“自动盘车装置”驱动，仅投入功率4.4kW，一人操作，盘车三圈，便获得准确数据，半天就完成轴线调整任务。

2007年度在李家峡、公伯峡、龙羊峡三座水电站的大修中均采用“自动盘车装置”驱动，并获得成功。三站机组分别由哈电与东电制造，单机容量分别为420、300、300MW，机组转动部件重量分别为1600、1400、1200t，以往都采用起重机牵引驱动的盘车工艺。在2007年度大修中改用“自动盘车装置”驱动，都实现了安全、精确、省时、省力、高效。

2008年3月10日，在华能澜沧江景洪水力发电厂机组安装现场“自动盘车装置”应用成功。该厂机组单机容量350MW，机组转动部件总质量1570t，采用“自动盘车装置”驱动，仅一人操作，用380V、小于25A电流，顺利通过机组盘车，为确保机组按期投产赢得了宝贵的时间，得到施工、监理、业主、制造各方面的充分肯定。

另外，还为哈尔滨电机厂有限责任公司等制造商实现装备配套。

（青岛正利电力装备有限公司　庞子敬）

获 奖 项 目 介 绍

中国水资源及其开发利用调查评价

由水利部水利水电规划设计总院，中国水利水电科学研究院，水利部交通部电力工业部南京水利科学研究院完成的“中国水资源及其开发利用调查评价”成果获得了2008年国家科技进步二等奖。

中国水资源及其开发利用调查评价是新时期水资源领域的重大基础性科研成果，是水资源规划的基础、水资源配置和开发利用的基础平台，是水资源管理和保护的基本依据。项目对变化环境下我国水资源的数量、质量、可利用量、开发利用、水污染、与水相关的生态环境以及水资源安全状况、存在的问题与演变规律等进行了全面系统的调查评价。

该项目特点是：

(1) 基础工作翔实，按照全国统一的分区和标准，收集、处理和集成了与水资源相关的长系列海量数据，开展了大量调查和补充监测。

(2) 理论方法先进，在变化环境下基于人类活动影响的水资源及开发利用和生态环境评价理论、方法和技术方面取得一系列突破。

(3) 机理研究深入，揭示了水资源及开发利用与生态环境演变机理和规律，取得了对我国水资源情势的许多新事实和新认识。

(4) 成果系统、全面、权威，涉及与水相关的所有方面，通过多领域、跨学科联合攻关，经全国、流域、省级行政区三级反复协调、平衡和综合集成而得。

根据对长期历史和现状资料的调查分析，识别和诊断人类活动对长系列水文水资源系列影响；分析水资源系统、社会经济系统和生态环境系统各要素间的动态交互关系；基于流域和区域水量平衡、供用耗排水平衡、污染负荷平衡和生态平衡关系，对水资源形成、转换和演变规律及其影响因素，水资源开发、利用、消耗特点和规律，污染物产生、迁移和入河规律及其水质响应关系，与水相关的生态环境状况演变规律、成因和影响因素进行深入分析；面向规划和管理工作需要，系统全面地进行水资源及开发利用与生态环境状况的综合评价。

研究的创新点主要有：

(1) 提出了基于水量平衡、取供用耗排水平衡、污染负荷平衡和生态平衡等四大平衡的水资源及开发利用与生态环境综合评价理论与技术方法。

(2) 揭示了变化环境下基于人类活动影响的水资源及开发利用和生态环境间的动态响应关系。

(3) 系统分析了气候变化、人类活动和下垫面改变对水资源演变情势的影响，提出了变化环境下，基于近期下垫面一致性的长系列评价成果。

(4) 首次提出河湖生态环境需水与水资源可利用计算方法与成果。

(5) 首次对全国点源和非点源污染状况进行了全面系统的调查评价。

(6) 基于污染物与水体功能间响应关系，对天然和人类活动影响下的地表水和地下水水质进行了系统的调查评价。

(7) 首次系统地对全国供水水质和饮用水水源地水质安全状况进行了水量水质联合评价。

(8) 全面分析了水资源开发利用对水资源情势演变的影响，分析了供用耗排关系，对我国水资源开发利用程度、水平、用水效率进行了综合评价。

(9) 基于生态环境需水量和水资源可利用量，系统评价了我国各流域和区域水资源承载状况及水资源开发利用的潜力。

(10) 首次全面系统地评价了与水相关的生态环境状况，提出了河流生态与环境亏缺水量计算方法与成果。

调查评价成果已在全国及流域和区域水资源综合规划、“十一五”规划水利发展及节水型社会建设等规划编制，南水北调等重大工程建设，流域和区域水资源调度和管理中得到了广泛应用。为新时期水资源规划、工程规划设计、科学研究、水资源保护与管理提供了重要依据，对加快水利发展、改革与技术进步具有重大作用；也是资源节约环境友好型社会建设，国民经济发展与产业布局，区域经济社会发展，新农村建设，城市建设等领域的重要依据。

（南京水利科学研究院）

水电站过渡过程关键技术与工程实践

“水电站过渡过程关键技术与工程实践”获得国家科技进步二等奖。

20 世纪 90 年代以来，我国西南地区建设了一批 200 万 kW 以上大型水电站，其突出特点是地下厂房、长引水道、建筑物布置复杂，从而加重了过渡过程对水电站安全运行的危害，直接影响水电站建设及工程的经济性。而国外很少建设大型地下式水电站，现有设计规范也无法涵盖。

水电站过渡过程成为了大型地下式水电站设计的关键技术难题，急需研究解决。产生水电站过渡过程危害的根本原因在于长引水道巨大的水流惯性，而减小水流惯性只能依靠水电站建筑物的布置和建筑物体型的优化。因此，本项目主要研究内容是：从流体力学、水轮机调节的基本原理出发，完善调压室水力设计理论，创建变顶高尾水洞水力设计理论，为水电站建筑物的设计提供理论基础；集成测试、自动控制和计算机等技术，在国内首次开展带模型机组的水机电过渡过程试验，为解决变顶高尾水洞和阻抗式尾水调压室的关键科技问题提供物理模拟支撑。融合水电站过渡过程理论、水机电控制策略和数值计算方法，开发了水电站过渡过程数值模拟技术，为水电站引水发电系统设计提供了数值仿真支撑。

本成果构成的水电站过渡过程实用理论与技术，在三峡地下电站、向家坝、小湾、溪洛渡等大型地下式水电站及广州、惠州抽水蓄能电站设计中得到了推广应用，使这些水电工程得以顺利开工建设，其中大朝山、龙滩、水布垭、彭水等水电站和广州抽水蓄能电站已经发电，共节省工程投资约人民币5.8亿元，且保障了大型水电站安全运行，其社会效益巨大。

本成果使得相关的设计规范得以修编，并开发了水电站过渡过程计算软件和水轮机模型特性曲线数据库。满足了我国大型水电站设计的需求，对促进水电行业科技进步、使我国大型水电站设计建设技术总体上处于国际领先水平起到了推动作用。

主要参加单位为武汉大学、长江水利委员会长江勘测规划设计研究院、中国水电顾问集团中南勘测设计研究院等。

主要参加人员为杨建东、钮新强、刘宁等。

（武汉大学水利水电学院）

南水北调东线济平干渠工程关键技术研究与应用

由山东省水利勘测设计院，山东省调水工程技术研究中心，水利部交通部电力工业部南京水利科学研究院，山东省水业发展研究院，山东省胶东调水局，吉林市绿龙防沙治水工程有限责任公司共同完成的“南水北调东线济平干渠工程关键技术研究与应用”课题获得2007年度山东省科技进步一等奖，2008年国家科技进步二等奖。

2002年9月，国务院批准南水北调东线一期工程年内开工建设，12月济平干渠在山东省境内率先开工；南水北调东、中线一期工程渠道全长近3000km，输水线路长、区域跨度大、地形地质复杂、水文气象及运行条件差异非常大，设计、施工和运行中存在许多技术难题；我国尚没有大型调水工程的技术标准和成熟经验；党中央国务院要求将南水北调工程建成精品工程、一流工程。

“南水北调东线济平干渠工程关键技术研究与应用”课题旨在研究解决长距离调水工程设计、施工和运行管理技术难题，为南水北调等长距离调水渠道工程优化设计、施工和安全运行提供技术支撑。成功解决了大型调水工程输水渠道中涉及的多项关键技术难题，填补了该领域多项空白；形成了大型渠道优化设计、施工、生态防护和安全运行的成套技术体系；取得发明专利1项，实用新型专利5项，发表论文28篇；为南水北调工程建设提供了有力的技术支撑，推动了我国大型调水工程的科技进步。

主要研究内容包括：

(1) 三维动态优化设计与土石方调配研究。

(2) 防渗衬砌新型结构与防冻胀、防扬压、防湿陷综合研究。

(3) 高性能混凝土新技术研究。

(4) 基于“等容量”控制的调度自动化系统研究。

(5) 渠道高边坡稳定分析和加固技术研究。

(6) 生态修复技术的创新与集成。

其中，输水渠自东平湖渠首引水闸到小清河睦里庄跌水，全长90.055km，途经东平、平阴、长清、(济南市)槐阴区等4个县、区。输水渠采用梯形明渠全断面防渗衬砌型式，设计渠底比降为1/5 000～1/20 000，设计水深2.5～3.5m，岩基渠床段衬砌边坡1：1.5，土基渠床段衬砌边坡1：2.0～1：2.25，设计底宽9.0～15.0m。根据地质勘探的结果，输水渠道沿线存在的主要工程地质问题是渠道渗漏。根据对渠道沿线水文地质资料分析计算，输水初期自然状态下渠道输水损失率达的72.4%，故必须采取防渗措施。结合输水渠断面设计成果及挖填方情况，同时考虑渠床地质条件，地下排水方案、施工方法、行政区划、渠道走向等因素，将输水渠划分为机械化衬砌和人工衬砌两大类，共7种衬砌型式。

就输水渠道工程而言，由于混凝土的开裂造成水资源的损失将会大大降低输水工程的社会效益和经济效益，对于南水北调这样规模巨大的调水工程尤其如此。南水北调济平干渠渠道衬砌工程路线长，混凝土方量大，工程中大量运用了混凝土机械化连续衬砌工艺，研究解决这种大面积薄板混凝土结构的防裂抗裂性能是非常必要的。南京水科院结合南水北调济平干渠工程的结构与环境特点开展混凝土配合比优化试验、混凝土抗裂性能及其施工工艺研究，对从根本上提高输水建筑物的耐久性，保证建筑物的长期安全正常运行，充分发挥工程的社会、经济效益，有着重要的意义。

（南京水利科学研究院）

游荡性河流的演变规律及在黄河与塔里木河整治工程中的应用

由黄河水利科学研究院与清华大学合作完成的“游荡性河流的演变规律及在黄河与塔里木河整治工程中的应用”成果，荣获2008年国家科学技术进步奖二等奖。

游荡河型是天然河流中常见的河型之一，在我国分布较广，如黄河小北干流河段及孟津至高村河段、汉江丹江口至皇庄河段、滹沱河黄壁庄至藁城河段、塔里木河干流阿拉尔至新其满河段等均为典型的游荡型河道。游荡型河流不仅地貌特征独特，如断面宽浅、滩槽高差较小，洲滩密布、汊道交织，而且演变特点复杂，如洪水暴涨暴落，同流量下的含沙量变化大；水流散乱，主流摆动不定，河势变化急剧；河床易冲易淤，且冲淤幅度较大；河岸抗冲性差，极易发生坍塌。游荡型河流的这些特征常常对两岸的防洪、工农业生产等带来不利影响。

该成果采用现场调研、实测资料分析、泥沙数学模型计算及理论研究等多种手段，尤其是数值模拟与动床模型试验，研究内容包括游荡型河流演变的基本规律，水沙变化与河道整治对典型游荡型河段演变的影响，游荡型河流演变的数值模拟与动床模型试验技术的研究，游荡型河流演变的数值模拟技术的工程应用，游荡型河流演变模型试验技术的工程应用。同时，对黄河与塔里木河干流河道演变规律、输水输沙能力、河道冲淤与生态环境、综合治理与工程措施、治理工程对河道的影响、河道整治效果的数学模型计算等问题进行了系统的研究。揭示了干流河道演变的基本规律，建立了适用于干流河道不同形态河槽的输水输沙计算模式，开发了干流河道整治效果的泥沙数学模型，提出和论证了河道生态整治的工程方案与措施。在理论与实践上都有十分重要意义。

（黄河水利科学研究院）

水布垭世界最高面板堆石坝筑坝技术

由湖北清江水电开发有限责任公司、长江水利委员会长江勘测规划设计研究院、南京水利科学研究院等单位共同完成的“水布垭世界最高面板堆石坝筑坝技术”成果获得了2008年湖北省科技进步特等奖。

针对水布垭工程建设需要，在湖北清江水电开发公司的支持下，集中人力、物力，在南京水利科学研究院铁心桥试验基地专门建设长达600m的原型样机调试实验室，自主研制开发了测量范围达到520m，技术性能达到国际领先水平的遥控遥测水平垂直位移计，获得国家发明专利。

组织生产遥控遥测水平垂直位移计，在湖北清江水布垭工程建设公司和中国葛洲坝集团的支持下，将此仪器设备埋设安装在水布垭面板堆石坝中，指导施工、优化设计并指导工程安全运行，使水布垭水电站获得了巨大的社会经济效益。

针对水布垭水电站工程建设需要，自主研制开发了N2000型遥控遥测水平垂直位移计，用于监测世界上最高的（233m）面板堆石坝施工期和运行期坝体内部变形，达到指导施工、优化设计和安全运行的目的，该仪器主要技术性能居国际领先水平，量测范围达到520m，水平位移和垂直位移分辨率分别达到0.1mm和0.04mm，并实现了遥测遥控自动化监测，获国家发明专利，并负责将此仪器设备埋设安装在水布垭面板堆石坝内，指导施工，用于施工质量评价；优化设计，指导200m以上超高面板堆石坝的设计；指导工程安全运行，使水布垭水电站取得了巨大的社会经济效益。

作为水布垭工程可行性研究以及高面板堆石坝应力与变形分析的评审专家，为工程建设提出了建设性意见，被采纳。

南京水利科学研究院完成的成果包括如下内容：

（1）遥测遥控水平垂直位移计可以观测520m范围内的坝体变形，水平位移与垂直位移测量分辨率分别达到0.1mm与0.04mm，准确度分别达到10mm与0.5mm，并且已实现全过程遥控遥测，亦能观测分期填筑断面或度汛断面的变形，满足了230～240m高面板堆石坝原型观测需要。其测量范围居世界第一，也是世界上唯一已经实现遥测遥控的水平垂直位移计。

（2）高精度双向固定测斜仪，其测量范围居世界第一，并且具有高精度旋转基座与定位系统，不仅实现双向观测（坝轴线方向与上下游方向），而且可以正反向复测，从而消除传感器零点飘移与温度飘移的影响，减少了测量系统误差，保证了面板挠度观测的高精度。采用整体密封结构，耐水压3.5MPa，实现遥测遥控，满足了350m级高面板堆石坝原型观测的需要。

这两项研究成果可以直接应用于依托工程——水布垭面板堆石坝，而且可以推广应用于已经开工建设或将要开工建设的公伯峡、吉林台、三板溪、洪家渡、紫坪铺和察汗乌苏等高面板堆石坝工程以及需要实现原型观测自动化的已建面板堆石坝工程，产生数以亿计的经济效益与巨大的社会效益。

（3）研究成果提出的堆石坝体变形统计模型、面板应力统计模型、面板挠度统计模型、堆石坝体变形的灰色状态模型和灰色预测模型、堆石坝体变形的模糊推理预测模型和坝体堆石流变特性新模型等7个新模型在国内外都是首次提出，具有显著的创新性。

研究成果提出了完整的高面板堆石坝原型观测资料分析方法和反馈分析方法，并且应用于天生桥一级、万安溪、株树桥、成屏等面板堆石坝，提出了有关高面板堆石坝筑坝技术的新观点：应该考虑堆石等筑坝材料的缩尺效应和流变特性；宜利用已建工程原型观测资料反馈分析来验证或确定面板堆石坝筑坝材料的计算参数，包括堆石等筑坝材料的缩尺效应修正系数和流变参数，以及面板与垫层之间接触面计算参数。在国内外也是首次提出，具有显著的创新性。

研究成果提出的高面板堆石坝原型观测资料分析方法和反馈分析方法已经应用于天生桥一级、万安溪、株树桥、成屏等工程，对于这些工程的鉴定验收或安全运行提供了技术依据，产生了显著的经济效益和社会效益。

研究成果包括统计分析、灰色理论分析、模糊信息分析、流变分析和反馈分析在内的完整的高面板堆石坝原型观测资料分析方法和反馈分析方法，不仅对于已建的天生桥、乌鲁瓦提、珊溪、白溪、大桥等面板堆石坝工程有直接推广应用价值，充分发挥这些工程的原型观测的作用，指导安全运行，提高运行水平，获得巨大的经济效益；而且对于新建或拟建的水布垭、公伯峡、吉林台、三板溪、洪家渡、紫坪铺和察汗乌苏等面板堆石坝工程而言，可以提高这些工程的设计、施工水平，达到确保安全、节省投资的目的，具有重要的经济与社会意义。

（南京水利科学研究院）

膨胀土地区公路修筑成套技术研究

由长沙理工大学、南京水利科学研究院、中交第二公路勘察设计研究院、云南省公路科学技术研究所等多个单位共同完成的“膨胀土地区公路修筑成套技术研究”获得了2008年度中国公路学会科学技术特等奖。其中，南京水利科学研究院、广西区交通规划勘察设计院、中交第一公路勘察设计院、四川省交通厅公路规划勘察设计研究院、广西区交通基建管理局、河海大学共同开展的工作是：

（一）总体思路

针对西部地区公路建设中遇到的膨胀土路基与构造物地基设计和施工技术问题进行了深入系统的研究，通过现场调查，了解西部膨胀土地区公路路基与构造物的工作性状，总结路基与构造物地基设计、施工中成功的经验和失败的教训，为提高膨胀土路基与构造物地基的设计、施工技术提供资料，通过室内试验、理论研究、现场研究和工程验证等手段，提出膨胀土路基与构造物地基的设计计算理论，完善膨胀土路基与构造物地基的设计方法，研究开发膨胀土路基与构造物地基经济合理的处理方法，以及施工工艺和质量检测标准，提出膨胀土路基与构造物地基设计和施工技术指南，为相关技术规范的编制、修订提供科学依据，从而提高了我国膨胀土工程的研究与工程的技术水平。

（二）技术方案与研究内容

项目研究围绕膨胀土地区公路构造物地基与基础设计和施工技术研究的总目标，主要开展了4个方面的课题研究：膨胀土地基的强度和变形特性研究；膨胀土地区公路构造物与地基基础相互作用的研究；膨胀土地区公路构造物地基与基础设计方法；膨胀土地基处理方法与施工技术研究。

（三）技术路线与研究手段

（1）室内试验部分主要进行了膨胀土物理特性试验、膨胀土水稳定性试验、膨胀土干湿循环试验、膨胀土胀缩变形试验、膨胀力试验、膨胀土非饱和试验、膨胀土强度试验等全部的试验内容。具体为：颗粒分析试验、界限含水率试验、比重、自由膨胀率试验、矿物组成试验、水稳定性试验、湿化试验、干湿循环的影响试验、膨胀土的承载比试验、常规CBR试验、特殊CBR试验、膨胀土改良试验、浸水无侧限强度试验、干湿循环与无侧限强度试验、膨胀土吸力试验（SWCC）、膨胀土滤纸法测吸力试验、膨胀土浸水变形试验、膨胀土干缩变形试验、膨胀土膨胀力试验、膨胀土有荷载膨胀量试验、膨胀土不同饱和度直剪强度试验、膨胀土干湿循环的直剪强度试验、膨胀土常规三轴强度试验、膨胀土不同应力路径的三轴强度试验、膨胀土固结试验等几百组次试验。

（2）离心模型试验和大型膨胀土模型试验（10m×4m×2.5m），进行了膨胀土地基基础承载力、膨胀土挡墙、膨胀土中桩基础等大型模型试验。研究挡土墙、桥台、涵洞等主要构造物地基和基础的承载力与变形特性。其中离心模型试验和大型膨胀土模型试验均为目前国际上规模最大的试验。

（3）膨胀土变形特性与非饱和土理论研究。采用非饱和土简化固结理论与有效应力原理与折减吸力，研究了构造物与膨胀土地基的相互作用特性，分析构造物地基与基础的变形、应力状态以及构造物地基基础的稳定特性。

（4）项目结合广西、江苏、四川、陕西、内蒙古等省区的膨胀土实际工程进行了膨胀土构造物地基和基础的设计与施工技术研究，分别在南宁至友谊关公路、宁淮高速公路、内蒙古呼集高速公路等，进行了构造物地基基础处治现场试验与工程示范。

（四）主要技术成果

（1）通过几百组次的室内试验研究。研究了膨胀土吸水膨胀、失水收缩诱发的力学行为特征，研究了膨胀土的膨胀含水量、收缩含水量及膨胀土的胀缩机理，提出了膨胀土的膨胀模型，研究了膨胀土地基的强度特性，以及膨胀土强度的多种影响因素，揭示了膨胀土在干、湿循环过程中的强度规律。

（2）通过国际上规模最大的大型膨胀土模型试验（10m×4m×2.5m）和离心模型试验，进行了膨胀土地基基础、膨胀土挡墙、膨胀土中桩基础等大型模型试验。研究了挡土墙、桥台、桩基础、涵洞等主要构造物地基和基础的承载力与变形，试验成果揭示了膨胀土含水量的变化规律、膨胀土表面和深层隆起规律、膨胀土地基承载力变化规律、膨胀土挡墙土压力变化规律、膨胀土中桩基础的受力机理等。

(3) 膨胀土变形特性与非饱和土理论研究。采用非饱和土简化固结理论与有效应力原理与折减吸力理论，研究了构造物与膨胀土地基的相互作用特性，分析构造物地基与基础的变形、应力状态以及构造物地基基础的稳定特性。提出了非饱和土压力的变化规律。运用非饱和吸力原理研究了膨胀土构造物地基的承载力与地基破坏规律。

(4) 项目结合广西、江苏、四川、陕西、内蒙古等省区的膨胀土实际工程进行了膨胀土构造物地基和基础的设计与施工技术研究，分别在南宁至友谊关公路、宁淮高速公路、常德至张家界高速公路进行了构造物地基基础处治现场试验与工程示范。进行了桥台、灌注桩、涵洞、挡土结构等多种构造物地基基础的处治现场试验，进行了应力、变形、含水量、吸力、温度等包括多项内容的较为全面的现场测试，提出考虑膨胀性影响的承载力、土压力及变形计算新方法，完善了现有设计方法。

(5) 在大量试验、理论研究、模型试验和工程实施验证的基础上，提出了我国《膨胀土地区公路构造物地基与基础设计和施工技术指南》，为今后膨胀土地区的工程的建设提供了重要的宝贵经验，也为编制我国膨胀土地基的设计规范，打下了重要的基础。

(南京水利科学研究院)

200m级碾压混凝土重力坝关键技术研究及在龙滩工程中的应用

“200m级碾压混凝土重力坝关键技术研究及在龙滩工程中的应用”获2008年度中国电力科学技术奖一等奖。

本项目属于水利水电工程技术领域。碾压混凝土重力坝兼具碾压混凝土施工速度快、单价低和重力坝对地质条件的适应性好、泄洪布置和结构布置简单的优点，是目前最有竞争力的坝型之一。项目依托设计最大坝高216.5m的龙滩碾压混凝土重力坝，系统研究了200m级碾压混凝土重力坝的碾压混凝土抗剪断性能、坝体断面、坝体防渗结构、温控防裂和碾压混凝土全年连续施工配套技术等关键技术问题；提出了200m级碾压混凝土重力坝的经济断面设计理念、碾压混凝土自防渗结构型式、大坝碾压混凝土全年施工的温控标准和温控措施以及以带式输送为主体的大坝混凝土快速施工技术，并成功地在目前世界上高度最高、规模最大的龙滩大坝中实践。

主要技术创新点：

(1) 系统研究了高碾压混凝土重力坝层面的抗剪断性能。将稳定性理论应用于高碾压混凝土重力坝渐进破坏过程、破坏机理和承载能力分析；首次将常态混凝土坝经济断面的设计理念成功应用于200m级碾压混凝土重力坝设计中，发展了高碾压混凝土重力坝设计理论和方法。

(2) 研究了碾压混凝土坝的渗控机理、二级配碾压混凝土的渗流规律、变态混凝土的渗流特性；研究提出了精细模拟碾压混凝土层面渗流特性和排水孔功能的渗流分析方法；首次在200m级碾压混凝土重力坝上采用碾压混凝土自防渗结构，效果良好。

(3) 首次综合集成提出了200m级碾压混凝土大坝在高温多雨地区全年施工的温控标准、温控措施和质量控制要求，采用以带式输送为主体的大坝混凝土快速施工技术，成功解决了碾压混凝土坝夏季大仓面施工的难题，创造了最高日浇筑2万m^3、月浇筑31.6万m^3的高强度浇筑纪录。

研究成果已在龙滩大坝工程中应用，解决了设计和施工中的关键技术问题，使大坝工期缩短1年，提前蓄水发电，取得了显著的经济和社会效益。相关成果已在光照等高碾压混凝土坝工程中推广应用，部分研究成果已被纳入规范。研究成果在碾压混凝土筑坝技术领域有广泛的推广应用前景。

获奖单位为中国水电顾问集团中南勘测设计研究院、龙滩水电开发有限公司、中国水利水电科学研究院、河南大学、武汉大学、清华大学。

获奖人为冯树荣、戴波、肖峰、朱岳明、张国新、孙君森、孙恭尧、周宜红、龙先进、金峰、石青春、潘罗生、周建平、王红斌、欧红光。

(摘自《中国电力科学技术奖获奖项目汇编》)

溪洛渡水电站截流设计与施工关键技术研究

“溪洛渡水电站截流设计与施工关键技术研究”获2008年度中国电力科学技术奖一等奖。

溪洛渡水电站位于四川省雷波县与云南省永善县接壤的金沙江溪洛渡峡谷中，下游距宜宾市到184km，左岸距四川省雷波县城约15km，右岸距云南省永善县城约8km。工程规模巨大，大江截流是工程施工的制约性和控制性项目之一。

主要技术创新点：

施工导流采用土石围堰全年挡水、左右岸各3条导流洞分流，导流隧洞按“五洞截流，六洞导流”方案进行布置，1～5号导流洞分流。工程截流采用单戗立堵、双向进占方式，具有截流流量大、龙口水力学指标高、截流规模大、抛投强度高、截流施工道路布置困难等特点。

根据本工程截流特点和难点，经详细的理论计算、专题风险分析和多次模型试验，比选研究了单戗堤、宽戗堤、双戗堤立堵截流等不同截流方案，在不同设计流量和不同堆渣高度下的各工况截流设计及其相关施工关键技术研究，并进行了适时跟踪截流模型试验分析。通过18个方面主要课题研究，科学果敢地采用了单戗立诸、双向进占截流方式。

针对截流工程特点，研究运用了“上游挑脚、下游压脚、交叉挑压、中间跟进”的进占方法，首次大规模采用“钢筋石笼群连续串联推进”技术，有效地减少了抛投流失，克服了高水力学指标条件下的截流困难，也为今后以钢筋石笼取代混凝土四面体等截流特殊材料提供了实践依据。通过导流隧洞闸门调节和调度等手段，在短时间内尽量降低了导流洞进出口围堰爆破渣堆高度，适当提高了导流洞的分流能力，从而提高了截流施工的初始分流比（实测初始分流比为53.7%）；通过在左岸设置利用施工支洞形成堤头环线运输道路，大大提高了运输能力和抛投强度。

溪洛渡截流工程为深水截流（水深20m），具有高落差（4.5m）、大流速（9.50m/s）、高强度（2 300m^3/h)等特点，综合水力学指标居世界前列。相关研究成果的应用，确保了溪洛渡水电站截流成功，经济和社会效益显著，具有广阔的推广应用前景，同时为以后类似工程提供了宝贵的实践经验。

获奖单位为中国长江三峡工程开发总公司、中国水利水电第八工程局、中国水电顾问集团成都勘测设计研究院、四川二滩国际工程咨询有限责任公司。

获奖人为樊启祥、朱素华、王仁坤、吴质斌、吴海涛、杨秀国、彭吉银、宁金华、周绍武、涂怀健、郑家祥、汪志林、刘刚、谢卫东、徐茂华、任季恩、黄巍、于永军、黎昀、郭峰。

（摘自《中国电力科学技术奖获奖项目汇编》）

中国分区域生态用水标准研究

由南京水利科学研究院、中国水利水电科学研究院共同完成的“中国分区生态用水标准研究”获得2008年度大禹水利科技一等奖。

该成果是国家十五科技攻关计划重大项目“水安全保障技术”的第一课题。与水有关的生态安全是水安全的重要内容，关系到国家的资源环境安全。我国复杂的自然条件造成了水循环的区域特征；经济用水严重挤占生态用水，造成了严重的生态安全问题。迫切需要攻克一系列与人工干扰下生态退化相关的生态需水关键科学技术难题，保障生态用水安全。

国外较早开展生态需水研究，形成了河道生态需水计算为主的理论与方法。但是国外的研究成果与我国的需求有巨大不同，其生态保护采取预防性管理思想，定位于维护正常状态以上，将生态用水优先考虑；研究理念基于维持生态系统正常状态的水分条件，不涉及正常以下的破坏退化过程；方法上采取在最敏感的季节外包线思路，集中于偏安全的单参数确定。因此国外现有的理论与方法不可直接引用。

根据我国自然条件复杂、区域水问题多样、与水有关的生态深度破坏、恢复管理目标分阶段多元、经济用水与生态用水竞争权衡等需求特点，需要开辟生态危机管理的技术途径、立足于自主创新，研究解决一系列深层次重大科技问题：需要深入研究生态退化过程及其相应的生态需水定义，需要多参数研究生态需水脉动过程，需要解决经济生态用水合理配置和生态危机管理。

成果主要研究内容包括：①流域生态水文特点研究；②水循环生态效应与区域生态需水类型研究；③分区域生态用水标准技术体系研究；④河流生态需水理论与计算方法研究；⑤湿地生态需水理论和计算方法研究；⑥区域生态需水计算模型研究；⑦流域经济—生态用水配置与河流生态调度管理研究；⑧全国各主要流域生态需水分析与计算。

该成果针对我国与水资源相关的生态深度破坏情景，研究水土资源开发利用的生态安全及其包含的深层次重大科技问题，根据生态危机管理的国家需求，区别于生态正常管理的国外技术路线，立足于原始创新研究中国生态需水问题。注重理论研究与实践应用紧密结合，在基础理论、关键技术和管理决策等方面，获得重大突破，对我国生态需水理论与技术有开拓性作用，原创性突出。

该成果创新点体现在：

（1）建立全国分区域生态用水标准技术体系，从基础理论、应用技术、管理决策三个层面，解决了一系列关键技术问题，形成了符合我国实际的生态需水理论与计算方法体系。

（2）提出水循环生态效应理论和区域生态需水类型划分的三大准则，确定内陆河干旱区、半湿润半干旱区、湿润区生态需水基本类型。

（3）建立分区域生态需水分析计算模型：内陆河干旱区生态圈层结构需水计算模型，半湿润半干旱区地表地下径流相互转化生态需水计算模型，湿润区河流生态流量计算模型。

（4）建立多参数全过程河道生态需水理论与计算

方法：提出生态水文季节概念，定义分季节生态需水特征值，包括枯水期最小生态需水、汛前期适宜生态需水、洪水期生态需水。

（5）建立湿地生态水文结构理论与计算方法：提出湿地径流场与生物多样性场概念并建立湿地生态水文模型，相应提出中心区和活动区计算方法。

（6）建立生态用水分析机制，提出处理经济用水与生态用水关系的准则；以生态河流的标准为基础，建立河流生态危机管理机制。

该研究成果受到专家高度评价。认为“在基础理论、关键技术和实践应用等方面，获得重大突破，对我国生态需水理论与技术有开拓性作用，原创性突出。研究成果总体处于国际领先水平。”成果在全国水资源综合规划、取水许可管理、水功能区划管理、生态水文监测、湿地生态补水，流域生态保护规划、生物多样性保护，湿地修复、湿地自然保护区管理等各个领域工作中获得广泛应用。应用周期3～6年，效果显著。

（南京水利科学研究院）

海河流域洪水资源安全利用关键技术研究

由南京水利科学研究院、中国水利水电科学研究院、清华大学、水利部海河水利委员会共同完成的“海河流域洪水资源安全利用关键技术研究”获得2008年大禹水利科技一等奖。

海河流域作为我国政治文化中心，随着社会经济的发展，资源型缺水造成水资源供需矛盾日益尖锐，生态环境日趋恶化，水资源短缺已成为制约流域社会经济可持续发展的主要因素，充分利用洪水资源有助于缓解流域水危机。

目前国外洪水管理大多停留在以减少洪水损失为目的阶段，洪水资源利用多集中在恢复湿地、改善生态环境和美化景观等方面，鲜见为解决水资源短缺的洪水资源利用实例研究。在我国，由于水资源总量不足和时空分布不均，洪水资源利用研究总体处于国际前列，如近年国家防办开展的12个试点水库专题研究等。但目前以水库为代表的洪水资源利用多侧重于单项技术研究，从流域层面系统研究洪水资源的安全利用问题尚属首次。

长期以来，人们总是把洪水与防治水害联系在一起，很少从资源利用的角度来考虑利用洪水缓解水资源短缺的问题。由于海河流域水资源匮乏的严峻形势，尽可能利用洪水增加流域蓄供水量，是实现流域水资源可持续利用的重要措施和现实选择。为此，科技部在“十五”国家科技攻关重大项目“水安全保障关键技术研究”中设立本课题进行研究。课题分两阶段完成：第一阶段，2001年1月～2003年12月，设三个专题；第二阶段，滚动研究，2004年1月～2005年12月，设五个专题。

课题围绕海河流域水资源严重短缺的问题，将以往作为弃水入海的洪水适时适度地转化为可供利用的水资源作为研究目标，系统收集了流域水文、气象和下垫面等基本资料，针对水库汛限水位调控洪水、蓄滞洪区滞蓄洪水、河渠互济调蓄洪水等一系列关键技术开展攻关研究。采用统计分析与风险设计相结合、单项模拟与集成调控紧密耦合等先进技术，系统提出了水库汛限水位风险设计和综合论证的方法，建立了蓄滞洪区洪水资源利用分析模型，开发了河渠互济洪水资源调控模型，提出了洪水资源利用潜力评价体系，实现了水库调度、河渠互济和蓄滞洪区运用等多种调控措施的综合集成，形成了集资源评价、工程调控以及风险管理于一体较完整的流域洪水资源安全利用的理论框架和技术体系。

研究成果在岳城、潘家口和密云水库汛限水位调整、跨区域生态调水等方面得到成功应用，取得了显著的经济效益、社会效益和环境效益；为编制海河流域洪水资源利用应急方案、防洪规划、水资源综合规划、生态环境恢复水资源保障规划、蓄滞洪区规划等提供了重要的技术支撑；对于缓解我国水资源危机、改善生态环境具有重要的理论意义和推广价值。

主要创新点包括：

（1）系统梳理了洪水资源利用潜力概念，首次建立了相应评价体系和估算方法，综合评价了海河流域洪水资源利用现状和潜力，对洪水资源利用具有理论支撑作用。

（2）系统提出了水库汛限水位风险设计和综合论证的技术与方法，为利用汛限水位调控洪水资源提供了技术支撑，提出潘家口、密云水库汛限水位调整和运行方案，在不增加防洪风险的前提下显著提高了蓄水效益。

（3）建立了集区间产汇流、河网洪水演进、闸坝群联合调度为一体的河渠互济洪水资源利用分析模型，实现了跨河系洪水资源利用的联合调控。

（4）全面评价了流域蓄滞洪区洪水资源利用特点，建立了蓄滞洪区洪水资源利用评价指标体系，开发了情景分析模型和信息系统，为蓄滞洪区洪水资源利用提供了先进的支撑工具。

（5）提出了面向流域系统的洪水资源利用集成技术体系，建立了耦合水库调度、河渠互济、蓄滞洪区运用等多种调控措施的联合调度系统，为流域层面洪水资源安全利用提供了有效的科学决策平台。

研究成果在试点水库汛限水位调整、跨区域生态调水等方面得到成功应用，取得了显著的经济和社会效益，为编制海河流域洪水资源利用应急方案、防洪规划、水资源综合规划、生态环境恢复水资源保障规划、蓄滞洪区建设与管理规划等提供了重要的技术支撑。研究成果对于我国解决流域水资源危机、改善生态环境具有重要的理论意义和推广应用前景。

（南京水利科学研究院）

水利水电工程爆破振动控制理论与应用

“水利水电工程爆破振动控制理论与应用”课题成果获教育部高校科技进步一等奖。

爆破振动控制是水利水电工程建设过程中亟待解决的重要课题。课题以三峡、龙滩及李家峡等一大批国家重点建设工程为依托，结合多项国家重点科技攻关、国家自然科学基金和其他部委基金项目，针对大规模岩体开挖过程爆破振动控制这一关键技术问题，采用理论分析、计算仿真及现场试验等综合手段，对爆炸荷载的计算理论与方法、爆破地震波的传播与衰减规律、岩石高边坡和地下洞室围岩爆破振动动力稳定性评价方法及控制标准、建（构）筑物爆破振动破坏机理和安全判据以及爆破振动控制工程措施等系列问题开展深入研究。

主要理论研究成果包括：建立了岩石爆破过程爆炸荷载及诱发振动的计算模型，推导了适用于爆源近中区质点峰值振动速度衰减的公式，提出了基于时程分析的岩石高边坡及地下洞室围岩爆破振动动力稳定性计算理论与评价方法，建立了反映爆破振动频率影响的爆破振动损伤安全判据和基于等效峰值能量的建筑物爆破振动安全标准，提出了基于围岩爆破振动损伤控制的岩石开挖爆破程序优化方法，发展了临近岩石边坡开挖轮廓面的爆破开挖设计理论与方法，形成了一套科学合理的水利水电工程大规模岩体开挖爆破振动量化评价和精细控制的理论与技术体系。

主要参加单位为武汉大学。

主要参加人员为卢文波、舒大强、朱传云、陈明等。

（武汉大学水利水电学院）

三峡地下电站主厂房开挖及岩壁梁混凝土防裂控制施工技术

“三峡地下电站主厂房开挖及岩壁梁混凝土防裂控制施工技术”获2008年度中国电力科学技术奖二等奖。

随着科学技术的发展，我国目前在建及将建水利水电工程逐年增加，地下洞室的规模在逐渐扩大，且数量也越来越多。地下洞室常规开挖技术易受管理、技能、责任等因素影响，开挖质量不稳定。随着跨度及边墙的增加，锚杆设计长度不断加大，注浆密实度控制难度加大，注浆效率降低，对传统注浆工艺提出了新的挑战。大跨度、高边墙导致的围岩变形及稳定问题突出。厂房岩锚梁混凝土裂缝缝问题普遍存在，对岩锚梁的耐久性提出了挑战。

本项目依托于三峡右岸地下电站主厂房及已施工完成的一些同等规模的地下电站主厂房进行研究，主要研究了地下电站主厂房施工中大断面地下主厂房的顶拱、边墙及吊车梁开挖质量控制、深长锚杆注浆密实度控制、高边墙围岩稳定的施工技术控制及岩壁梁混凝土防裂的一些新技术应用等4方面的问题。

主要技术创新点：

（1）大断面地下洞室开挖施工中，首次采用顶拱尾线定位导向技术、边墙导向管定位技术，使用自行改进的轻型潜孔钻机进行边墙深孔预裂，减少了施工工序，提高了施工效率，极大地提升了开挖成型质量。

（2）对深孔锚杆注浆技术进行了工艺改进，采用挤压注浆自动退管技术，显著提高了注浆密实度和锚杆施工工效。

（3）首次以数值分析为手段，引入人工神经网络和遗传算法，对围岩岩体力学参数进行智能反演分析，实时预测厂房开挖变形及围岩稳定性，有效地指导了开挖支护施工。

（4）通过起重机梁混凝土裂缝成因的研究，根据岩体变形状况选择混凝土浇筑时机，针对地质条件合理分缝，采用微纤维混凝土，采取预冷、通水冷却等综合温控措施，控制开挖爆破振动影响，有效控制了混凝土裂缝。

通过研究应用后，主厂房施工质量得到极大的提升，整个主厂房开挖结束后，顶拱平均超挖为8.5cm，岩壁梁开挖平均超挖控制在5cm以内，边墙平均超挖控制在9cm以内，边顶拱爆破半孔率在95%以上，主厂房锚杆密实度优良率在92%以上，主厂房边顶最大变形控制在25mm以内，爆破松动圈控制在40～80cm以内。主厂房施工质量优良，围岩稳定。通过三峡地下电站主厂房施工应用后，施工质量较好，得到国务院三峡工程质量检查专家组的高度评价。

本项目属于水利水电建筑工程施工技术，已在后期施工的溪洛渡水电站、糯扎渡水电站、锦屏一级水电站地下厂房施工中进行了全面应用及推广。

获奖单位为中国水利水电第十四工程局有限公司。

获奖人为尹俊宏、史雁飞、付勇、谢勇兵、代绍华、常二广、虎永辉、毛雪岩、唐奇、晏红运。

（摘自《中国电力科学技术奖获奖项目汇编》）

700MW 全空冷式水轮发电机组安装调试技术研究与应用

“700MW 全空冷式水轮发电机组安装调试技术研究与应用”获 2008 年度中国电力科学技术奖二等奖。

国内外对 700MW 全空冷水轮发电机的设计、制造、安装技术作了较多的研究，尤其在特大型机组设计过程中，为了避免发电机组的发热导致机组定子变形而造成机组运行事故，通常采用复合冷却的方式，也相应增加了建设成本并降低了运行安全系数。本项目通过对龙滩水电站 700MW 全空冷式水轮发电机组安装技术的研究，为特大型水轮发电机的设计选型提供了强有力的支持。

主要技术创新点：

（1）高定子铁芯、转子磁扼叠装工艺研究，降低定子铁损的工艺措施。

（2）发电机通风流道结构及安装工艺技术、散热措施、挡风板安装技术工艺。

（3）定子接头、转子接头焊接（联接）工艺、汇流铜排焊接工艺、穿墙主引线。

（4）冷却水系统安装工艺、减少冷却水流道阻力的措施。

（5）空气冷却器热交换能力及安装、试验项目。

（6）测温系统安装工艺研究。

（7）发电机的温升试验技术研究。

本项目研究成果已成功应用于三峡右岸电站国产 700MW（840MVA）水轮发电机组（其中 4 台是世界上首创最大的空冷水轮发电机组）的安装与调试，其关键技术解决了施工中的多项技术难题，创造了年投产 7 台 700MW 巨型水轮发电机组安装的世界纪录。三峡右岸电站水轮发电机组是我国首批容量最大、拥有自主知识产权的巨型水轮发电机组，其设计结构复杂，安装技术难度大，机组安装调试主要质量指标达到国际领先，代表着目前国际上大型水轮发电机组制造、安装的最高水平，为三峡三期工程提前 1 年竣工作出了重大贡献，取得了巨大的经济效益和社会效益。

本项目研究成果奠定了我国巨型水轮发电机组安装调试技术的基础，推进了巨型水轮发电机组国产化和相关自主知识产权的确立，建立了完善的巨型水轮发电机组安装调试技术、施工程序、施工工艺和质量检测标准，使我国的巨型水轮发电机组安装调试技术成为国际首创，达到了国际领先水平，为国内即将开始的大规模巨型水轮发电机组设计、制造、安装调试提供了极具价值的实用理论和经验，具有广阔的推广应用前景。

获奖单位为葛洲坝集团机电建设有限公司、中国水利水电第七工程局有限公司、龙滩水电开发有限公司。

获奖人为江小兵、曾洪富、陈强、赵显忠、刘灿学、张桥、周晖、初曰亭、刘兴文、范方武、苏大、杨振先。

（摘自《中国电力科学技术奖获奖项目汇编》）

大跨度底轴驱动翻板闸门技术研究和应用

“大跨度底轴驱动翻板闸门技术研究和应用”获 2008 年度中国电力科学技术奖二等奖。

大跨度底轴驱动翻板闸门作为水闸工程的主要挡水结构物，运用于防洪、挡潮、调节水位和综合调水等场合。对建造在经济发达、人口稠密、景观要求较高的城市和地区的工程，该闸门技术具有施工占地小，几乎不破坏原有周边环境等优势。

大跨度底轴驱动翻板闸门是一种能够实现双向挡水、灵活启闭、闸门开度无级可调、方便调度、工程隐蔽、无碍防汛和通航，改善河道景观的新型闸门；闸门门叶受力结构采用纵向悬臂梁结构，由启闭机直接驱动底轴旋转；是对大跨度孔口闸门设计的重大突破。

主要技术创新点：

百米跨度底轴驱动闸门的成功应用在国内外尚属首例。对大跨度底轴驱动翻板闸门双向挡水工况，启闭机操作设备采用 2 个独立液压系统方案，实现闸门在各运行工况下的同步控制、超长重载驱动轴的支撑和连接、制造和安装工艺、水下金属结构设备长效防腐、恶劣水质环境下的轴承材料和轴承结构形式、大跨度翻板闸门启闭过程的补排气方式、闸门振动、具有自动补偿功能的双向止水结构、底轴穿墙密封等关键技术进行了专项研究并成功应用。该成果已在上海市苏州河河口水闸工程中得到应用，单扇翻板闸门尺寸为 100.0m/8.75m（孔口宽度/底轴中心至门顶高度），投运多年来，运行正常。

上海市苏州河河口水闸工程的成功建成，使苏州河的防御水平达到新的标准，确保了苏州河两岸数百万人民的生命、财产安全，提高了上海市中心城市的城市防御能力，经济效益显著；工程的实施使苏州河东引西排和西引北排综合调水成为现实，并有效改善了苏州河及其下游支流水质，同时能够按需要维持一定的苏州河水位以满足城市景观和两岸亲水要求，并在一定的时段内通过门顶溢流在苏州河上产生一个人工瀑布的景观，环境效益十分显著。本技术特别适用于建闸挡潮、控制内河水位、灵活启闭、并有景观功能要求的城市潮汐河。

获奖单位为中国水电顾问集团华东勘测设计研究院、浙江大学。

获奖人为陈文伟、汪云祥、卞建、卢新杰、孙美玲、张春生、郑永明、徐涵、沙滨、吕永宁。

（摘自《中国电力科学技术奖获奖项目汇编》）

冶勒水电站碾压沥青混凝土心墙堆石坝防渗工程施工技术研究与应用

“冶勒水电站碾压沥青混凝土心墙堆石坝防渗工程施工技术研究与应用”获 2008 年度中国电力科学技术奖二等奖。

四川南桠河冶勒碾压沥青混凝土心墙堆石坝坝高 124.5m，水电站总装机容量 240MW，为二等大（2）型工程，堆石坝高度达亚洲同类最高、世界第二。坝区的气候恶劣，基础覆盖层超过 420m，基础覆盖层防渗深度处理 220m（分洞内、洞上和顶层明浇等 3 层施工）。项目设立之初，220m 深的覆盖层防渗处理，单孔最深 84.8m 防渗墙、隧洞内覆盖层超深防渗墙和洞上防渗墙与隧洞之间的防渗施工，以及深厚覆盖层内墙下超深帷幕灌浆施工的技术、设备、钻具和防渗墙接头亟需研究；碾压沥青混凝土施工技术落后于国际水平，需要赶上国际先进水平，加快高海拔严寒多雨地区的施工进度；国际上只有少数几家能够制造大型的沥青心墙联合摊铺机，亟须打破国家技术壁垒并获得自主知识产权；碾压沥青混凝土心墙施工现场获取芯样的 K 值检测值偏低，沥青心墙混凝土基座是条梁结构，不仅处于地震带，而且基础左硬右软，必须全断面连续地进行裂缝监测，常规的点式监测技术无法满足要求。

主要技术创新点：

该成果总体技术达到了国际先进水平，深厚覆盖层、隧洞内覆盖层超深防渗墙的施工技术以及覆盖层墙下帷幕和“墙一廊”连接帷幕灌浆施工技术达到国际领先水平，其基础防渗处理深度为“国内第一，国际少有”；高海拔、严寒、多雨地区碾压式沥青混凝土心墙快速施工技术研究成果总体达到了国际先进水平，其中沥青混合料摊铺层厚 30cm（压实厚度为 25.7cm）和在－5℃条件下施工的全套新技术达到国际领先水平；研制的大型水工碾压沥青混凝土心墙联合摊铺机填补了国内空白，该机的制造和整机性能达到国际领先水平，并获得了国家发明专利；用传感光纤进行碾压沥青混凝土心墙基座裂缝监测，实现了全断面连续、长久的裂缝监测，为国际首创。

冶勒水电站碾压沥青混凝土心墙堆石坝防渗工程施工技术研究与应用成果获得了专家的高度评价，认为具有开创性，具有很好的推广前景和较好的应用价值，主要应用于水利水电工程建设施工领域。

获奖单位为中国葛洲坝集团股份有限公司、中国水电基础局有限公司、国电四川南桠河流域水电开发有限公司、中国水电顾问集团成都勘测设计研究院。

获奖人为向永忠、何仲辉、赵存厚、陈五一、何开明、朱志坚、石峰、何顺宾、陈建春、马家燕 、宋玉才、胡永胜。

（摘自《中国电力科学技术奖获奖项目汇编》）

黄河干流水轮机磨蚀与防护技术研究

黄河水利科学研究院主持完成的水利部科技创新项目“黄河干流水轮机磨蚀与防护技术”研究成果荣获 2008 年度大禹水利科学技术奖二等奖。

该成果系统地总结了黄河干流上四个典型水电站（刘家峡、盐锅峡、青铜峡、三门峡）不同机型水轮机磨蚀的部位、强度等基本规律，并对我国多泥沙河流水轮机磨蚀防护 40 多年的各种方法、成功的经验和失败的教训进行了分析，从几十种金属与非金属材料中筛选出适合不同水头电站、不同类型机组磨蚀防护的方法与施工工艺。获得了黄河水电站在减少过机泥沙、水轮机磨蚀修复、多泥沙电站机组改造、检修策略等方面的经验。总结了多泥沙电站水轮机的磨蚀规律，提出了不同类型机组的防护方法和减少过机泥沙及机组抗磨改造综合措施，对黄河干流老电站及新建电站的水轮机磨蚀防护都具有实用意义。

（黄河水利科学研究院）

乌江流域大型复杂水电站群联合优化调控关键技术及其应用研究

“乌江流域大型复杂水电站群联合优化调控关键

技术及其应用研究”2008年12月获贵州省科技进步奖二等奖。

随着我国“西电东送”宏伟计划的提出，乌江流域水电开发步伐加快。在这样的背景下，贵州乌江水电开发有限责任公司提出了“以节能增效为目的、以优化调度为核心、以集中控制为手段”的流域梯级水电站群集中生产调度管理思路，并于2000年3月提出建设乌江流域大型复杂水电站群联合优化调控系统的整体构想，同时明确要依托高等院校的理论优势和科研优势，以理论指导实践。

在乌江水电开发有限责任公司和河海大学及其他参与单位的共同努力下，乌江流域大型复杂水电站群联合优化调控系统于2005年5月正式投入运行。该系统自运行以来，系统可用度达100%，功能全面、运行稳定，节能增效成绩突出，在降低耗水率的同时，极大地提高了水能资源的利用率，发电优化调度每年可增发电量4.65亿kW·h，洪水资源优化利用每年可增发电量4.92kW·h。而随之形成的乌江水电开发有限责任公司水电站远程管控模式，较原来减少了运行管理人员、降低了管理成本、提高了管理效率。

项目成果整体达到国际先进水平，且在大型水电站群水库调度与发电控制联合优化的理论研究及应用领域有创新和发展，是产、学、研三位一体机制应用的成功典范。

获奖单位为贵州乌江水电开发有限责任公司、河海大学、西安理工大学、南京南瑞集团公司、四川安迪科技实业有限公司。

获奖人员为罗小黔、邹建国、戴建炜、陈守伦、张双虎、戴绍良、刘春志。

（河海大学）

大型堆石坝枢纽工程泄洪建筑物水力设计研究

“大型堆石坝枢纽工程泄洪建筑物水力设计研究”获2008年度云南省科技进步二等奖。

堆石坝枢纽由于具有能够充分利用当地材料和建筑物的开挖料、对地基的适应性较好、施工工艺较为简单等优点从而得到广泛的应用。但对于高堆石坝和大泄洪流量的工程在泄洪消能方面问题十分突出，其共同特点是“水头高、流量大、泄洪功率大、河谷狭窄、地质条件复杂”，因此对高堆石坝而言，高水头、大流量的水力设计问题就成了枢纽布置的关键技术问题之一。

已建成的南盘江天生桥一级水电站枢纽由混凝土面板堆石坝（最大坝高178m）、开敞式岸边溢洪道（最大泄流量21 750m^3/s）、放空（最大泄流量为1766m^3/s）隧洞和引水发电系统等组成。在建的澜沧江糯扎渡水电站枢纽由坝高261.5m的心墙堆石坝、最大泄流量31 318m^3/s的开敞式岸边溢洪道、最大泄流量3200m^3/s和3023m^3/s的左、右岸泄洪隧洞及引水发电系统组成。两个典型工程主要研究内容如下：

（1）充分运用了当地的地形地质条件进行枢纽布置，可作为类似工程借鉴。

（2）进行了溢洪道掺气减蚀的常压和减压试验研究。

（3）进行溢洪道预挖消力塘设计并进行了护岸不护底研究。

（4）进行了泄洪隧洞突扩突跌常压和减压试验研究。

研究成果在已建的天生桥一级水电站进行了成功的运用，目前运行良好，且通过了国家有关部门组织的专项竣工验收，糯扎渡水电站充分吸收了已有的工程经验，同时进行了更加深入的设计研究，其成果已经应用于工程建设中，设计研究成果属于国内领先水平。随着我国大型水电工程的持续开发，研究成果具有广泛的推广运用前景。

获奖单位为中国水电顾问集团昆明勘测设计研究院、云南华能澜沧江水电有限公司、天津大学、四川大学和中国水利水电科学研究院。

获奖人员为张宗亮、刘兴宁、董绍尧、杨再宏、刘兴国、赵洪明、栗国忱、李文炘、肖海斌、陈维霞、冯家和、练继建、高学平、刘善均、张东、杨敏、张效先、孙怀昆、顾亚敏。

（中国水电顾问集团昆明勘测设计研究院　赵洪明）

砾石土心墙堆石坝施工技术研究与应用

“砾石土心墙堆石坝施工技术研究与应用”获2008年度中国电力科学技术奖三等奖。

由于工程地质、筑坝材料分布以及交通运输条件等约束，当地材料坝成为主选坝型之一。我国水能资源分布比较集中的西南地区山高谷深，黏土分布较少且层薄，难于高强度开采，而砾石土料分布广泛、储量较大、模量较高、变形较小、价格低廉，为修建砾石土心墙堆石坝提供了丰富的资源；随着筑坝技术的发展及大型施工机械的应用，砾石土心墙堆石坝坝型在综合经济指标上体现出优势，并由100m级向200m级甚至300m级发展。如在建的大渡河瀑布沟大坝高 186m，待建的澜沧江糯扎渡大坝高 262m，雅砻江两河口大坝高 293.7m，大渡河长河坝大坝高 240m，双江口大坝高 314m，金沙江中游其宗大坝高 360m。已建大坝中，堆石坝型最常见，但其防渗体系多为黏土或混凝土或沥青混凝土，防渗体系采用砾石土料的堆石坝型始于 20 世纪 90 年代，国内外未见超过 100m 的同类坝型。

本项目对影响大坝土石料填筑的各因素进行分析研究，针对砾石土坝施工关键项目及需要解决的问题提出对策和措施，取得了 100m 级砾石土心墙坝成套的施工关键技术（堆石坝工程施工全过程三维可视化仿真技术、宽级配砾石土心墙防渗料碾压技术、高塑性黏土料“厚层重碾”新工艺、重车过心墙技术、土料防冻结技术、含千枚岩的河滩料直接上坝填筑技术）；通过施工全过程系统仿真分析，优化过程和资源配置，实现高强度连续施工，减少资源浪费，加快施工进度；加强料场开采、运输、大坝填筑、试验监测的一体化管理，强化现场组织管理，实现土石坝全年连续施工；深入探索高塑性黏土料的快速施工工艺；系统研究特殊气候条件对土料施工的影响和应对措施及质量保证措施，解决了在多雨、高寒高原气候下的连续施工技术。

主要技术创新点：

（1）建立料场三维数值模型，为优化料场方案提供量化的技术支持。

（2）研发三维可视化仿真分析系统，实现料场规划与开采、坝料运输、坝面填筑的全过程系统仿真。

（3）采用目前国内最重的 20.5t 凸块振动碾碾压砾石土料。

（4）多雨季节、50t 级重车高频率通过心墙的施工技术。

（5）高塑性低液限土料“厚层重碾”的创新施工工艺，开创了土料含水率大于最优含水率 10%以上直接上坝填筑的国内先例。

（6）国内首次采用含千枚岩的河滩料做反滤料直接上坝填筑。

（7）总结形成“宽级配砾石土心墙堆石坝施工”国家级工法。

该成果已在四川狮子坪、瀑布沟水电站等工程中推广应用。其中，硗碛大坝单元工程质量合格率 100%，整体质量优良，大坝工程施工质量全部满足设计要求，硗碛大坝蓄水目标工期比原规划缩短 8 个月，项目成果取得的经济效益超过 1.5 亿元，其中节约施工成本 480 余万元。

获奖单位为中国水利水电第七工程局有限公司、四川大学。

获奖人为莫永彪 、何福江、首联万、张彬、徐成中、黄建国、赵海洋。

（摘自《中国电力科学技术奖获奖项目汇编》）

深厚混凝土防渗墙（地连墙）拔管设备、机理、技术研究与应用

“深厚混凝土防渗墙（地连墙）拔管设备、机理、技术研究与应用”获 2008 年度中国电力科学技术奖三等奖。

随着我国水利水电工程建设的快速发展，深、厚和高强度混凝土防渗墙越来越多，其墙段的可靠连接是工程建设的关键技术之一。传统的防渗墙接头施工工艺的优点是工艺简便，但施工工期长。视地层情况不同，对于 40m 深的接头孔，采取上述方法需要 10～30天，而且浪费大量混凝土等墙体材料（接头孔中的混凝土要被打掉）。因此，利用接头拔管技术进行混凝土防渗墙接头孔施工是一种先进而经济的施工手段，但接头管的起拔往往需要数百吨的起拔力。曾经研制的抱紧式拔管机利用摩擦力获得起拔力，这种办法无法适应大深度的墙体所需的大吨位的起拔力。由于前期未对拔管工艺的起拔机理进行深入的研究和探讨，拔管工艺无法正确掌握起拔时机。过早的起拔会造成接头孔坍塌，起拔时间过晚会发生铸管事故。因此，该技术一直未在混凝土防渗墙（地连墙）施工项目上得到大面积的使用和推广。

2001 年 10 月，中国水电基础局有限公司中标尼尔基水电站大坝主体防渗墙工程。该墙厚度 80cm，总面积 4 万 m^2，最大深度 40m，混凝土设计强度 40MPa，但是施工期仅有 4 个月。由于较大的工程量和较短的施工工期，接头的施工工期对整个防渗墙工程施工工期的影响很大，如不采用先进的施工手段进行接头孔的施工，仍以传统的套打接头孔方法施工，工程肯定不能按期完工。

中国水电基础局有限公司总结了以往拔管施工成功和失败的经验教训，以尼尔基工程项目为依托，进行了拔管机具和工艺的课题立项和攻关，研制和研究新型的大口径拔管机——BG350/80 型卡键式拔管机及相应的拔管工艺，并首先应用于尼尔基工程项目。

主要技术创新点：

（1）BG350/80 型卡键式拔管机的起拔力是在接头管上开设卡键槽，起拔作用力直接，工作可靠，管体重量比抱紧式接头管的重量减少 60%。并且卡键式拔管机所使用的接头管为单销轴连接，增加了工作时的可靠性，使用方便。

（2）设置了接头管微动装置，使混凝土中的接头管始终处于运动状态，防止了铸管事故的发生，显著

提高了拔管施工的安全可靠性。

（3）对接头管起拔阻力的影响因素和接头孔孔壁混凝土稳定性进行了深入研究，保证了接头管的顺利拔出和接头孔不坍塌。

（4）首次总结形成了混凝土防渗墙（地下连续墙）墙段连接接头管拔管施工的成套技术及拔管工法。

尼尔基水电站大坝防渗墙总面积4万m^2，工期仅4个月。采用拔管工艺，工程按期完工。黄壁庄工程中创造了拔管深度64m的当时国内纪录。2006年在当时我国最深（101.8m）的狮子坪水电站大坝基础防渗墙施工中，创造了墙厚1.2m、拔管深度93.5m的国内国际纪录。2008年5月18日，泸定水电站主防渗墙再次创造了墙厚1.0m拔管深度113.6m的国内国际纪录。卡键式拔管机2003年获国家专利（专利号：ZL 02 2 43684.7）。

该项目技术可推广到水利水电、工业与民用建筑、核电、民航、铁路等适用于混凝土防渗墙或地下连续墙的施工项目中。

获奖单位为中国水电基础局有限公司。

获奖人为肖恩尚、潘三行、韩伟、龚木金、解同芬、陈航、宋伟。

（摘自《中国电力科学技术奖获奖项目汇编》）

《混凝土拱坝设计规范》（DL/T 5346—2006）

《混凝土拱坝设计规范》（DL/T 5346—2006）获2008年度中国电力科学技术奖三等奖。

本项目属于水电水利工程设计领域，是在原规范（SD 145—85）的基础上修编的。修订组搜集整理并分析了约百余座国内外拱坝科研、设计、施工等方面的资料，对拟增补的内容开展了大量有针对性的专题研究工作，为规范修编打下了坚实的理论基础。修订后的规范完善，补充和修改了原规范条文，使规范内容更加全面；条文清晰，技术要求明确，量化控制增多，可操作性强；同时，将近年来拱坝建设的成熟技术纳入了规范，体现了现代拱坝建设技术的发展。

主要技术创新点：

（1）首次在混凝土拱坝设计规范中提出拱坝强度按概率极限状态设计，采用分项系数极限状态表达式，制定了与拱梁分载法、弹性有限元法配套的各分项系数及控制标准，使拱坝强度设计从单一的经验安全系数设计法向今后全概率设计法过渡创造了条件，为有限元法在拱坝设计中的实际运用开创了有利条件。

（2）首次在混凝土拱坝设计规范中提出拱坝拱座稳定按概率极限状态设计，采用分项系数极限状态表达式，制定了与刚体极限平衡法配套的各分项系数及控制标准。初步考虑了地基材料强度参数的离散性对抗力条件的影响，使坝肩稳定设计从单一的经验安全系数设计法向今后全概率设计法过渡迈出了重要的一步。

（3）通过总结工程经验，首次在混凝土拱坝设计规范中对拱坝坝身泄洪雾化分区及分区防护要求进行了量化规定，对工程安全运行和投资控制意义重大。

本规范已由中华人民共和国国家发展和改革委员会发布，于2007年3月1日正式实施，作为全国电力行业的设计标准，应用范围广泛。

获奖单位为中国水电顾问集团成都勘测设计研究院、中国水电顾问集团贵阳勘测设计研究院、中国水电顾问集团西北勘测设计研究院、清华大学、河海大学。

获奖人为王仁坤、饶宏玲、计家荣、程志华、肖富、尹大芳、赵文光。

（摘自《中国电力科学技术奖获奖项目汇编》）

雅砻江锦屏深埋长隧洞岩溶水文地质研究及应用

“雅砻江锦屏深埋长隧洞岩溶水文地质研究及应用”获2008年度中国电力科学技术奖三等奖。

本项目依托锦屏二级水电站，针对锦屏大河湾处于高海拔、高山峡谷区的特点，传统的岩溶水文地质勘察研究方法难以适应，采用了大范围、多层次、多手段、长时段综合和系统的勘探研究方法，论证工程区的岩溶水文地质特征。主要研究内容有：①雅砻江大河湾工程区基本地质条件和岩溶发育规律研究；②长时段的岩溶水动态、岩溶水化学、岩溶同位素等的系统研究；③岩溶水示踪、大理岩高压低温的溶蚀试验研究；④大河湾工程区岩溶发育程度分区、岩溶水文地质单元划分和各单元地下水补迳排关系分析研究；⑤岩溶水均衡计算分析；⑥三维渗流场模拟分析；⑦岩溶发育深度研究和预测；⑧引水隧洞的瞬时最大涌水量、稳定涌水量和外水压力分析预测；⑨工程建设的环境水文地质问题评价。

主要技术创新点：

（1）采用大范围岩溶调查定性、长时段岩溶水动态观测、人工法和天然法岩溶水示踪、水均衡研究半定量、少量钻孔、深平洞勘探定量的勘察研究技术，开创了高海拔、高山峡谷区岩溶水文地质勘察深入、系统和全面研究的先例，首创了高山峡谷岩溶区工程勘察研究技术方法，首次提出了“一个地区存在双重排泄基准”的概念。

(2) 进行了规模最大、分析方法领先的示踪试验，其综合指标超过了世界上最大的岩溶水示踪试验，示踪试验分析采用地下水质运移理论、稀疏裂隙网络统计模型等理论与方法，大幅度提高示踪信息提取程度和解释精度。

(3) 首次进行高压低温条件下的溶蚀试验，填补了低温高压状态碳酸盐岩溶蚀研究的空白。

(4) 渗流场分析中采用耦合理论，运用子模型技术，分析隧洞开挖后的地下水渗流场分布规律以及渗流梯度、渗流速度规律。水均衡的分析改进了雨水补给量计算方法，并应水化学、水同位素高山效应确定岩溶水补给区。

(5) 运用勘探成果、水化学、水同位素、衰减分析和示踪试验综合分析岩溶发育深度和程度，其分析方法合理先进，研究结论符合实际情况。

本研究成果为解决锦屏二级水电站建设的重大问题提供了科学依据，已成功应用于雅砻江锦屏大河湾河段水电开发方式的确定、锦屏辅助洞和引水隧洞的设计和施工。

本项目研究的方法、技术分析和相关研究结论在高山峡谷岩溶区的水电工程建设中具有广阔的应用前景。

获奖单位为中国水电顾问集团华东勘测设计研究院、中国地质科学院岩溶地质研究所、浙江华东建设工程有限公司。

获奖人为单治钢、周春宏、王惠明、鲁源祥、王珽、龚自珍、张之淦。

（摘自《中国电力科学技术奖获奖项目汇编》）

复杂地层围堰快速防渗施工技术研究与应用

“复杂地层围堰快速防渗施工技术研究与应用”获2008年度中国电力科学技术奖三等奖。

随着各种规模和类型的水利水电枢纽工程项目相继开工建设，围堰防渗作为主体工程开挖建造之前的必须程序具有不可替代的作用，为围堰防渗施工提出了新的课题。长期以来，一直没有成功解决复杂地层围堰高效、快速防渗这一技术难题。

“复杂地层围堰高效快速防渗灌浆技术”是高效快速成孔技术与高效快速防渗灌浆技术的有机统一体。

主要技术创新点：

(1) 高效快速成孔技术：采用风动潜孔钻高强度钢套管护壁钻进工艺，一次性钻到设计孔深，成孔率100%，成孔速度10～15m/h，革命性地解决了地质回转钻机在覆盖层及围堰堆石体防渗灌浆造孔中钻进速度慢、易坍孔、成孔率极低、频繁重复钻孔的难题。

(2) 高效快速灌浆技术：针对不同地层和动水条件下灌浆的技术难点，采用专有设备和机具，选用全孔灌浆法或套管灌浆法，选择灌注水泥浆、水泥砂浆、水泥膏浆、速凝浆材、化学浆材等不同特性的聚合物浆液，快速形成防渗体，满足了防渗要求，大大缩短了工期。每2台套设备月完成钻灌3500m。

(3) 采用该项技术，一般单排孔形成的防渗体可承受25m水头，双排孔可承受37m水头，渗透系数可达$K<1\times10^{-4}$cm/s，防渗效果良好。

(4) 在围堰防渗处理施工中，复杂地层围堰高效快速防渗灌浆技术与其他防渗闭气方案相比，具有施工速度快、造价较合理的优点，同时，由于形成的围堰防渗体可靠性高，使得基坑排水易于实施，费用合理，并能保证基坑的连续施工，在同类工程中，适用性和可操作性较强。

(5)（速凝）水泥膏浆灌浆技术是在大块石架空、大漏量的土石围堰中进行防渗的一种有效手段；水泥膏浆用于堵漏灌浆时，应根据不同的漏水特征选择不同浆液；在水流较快的地层可考虑多台泵联合集中灌注或增加膏浆中速凝材料的比例；挤压式螺杆泵是一种适于膏浆灌注的机械泵；采用“套管法”灌注，既简化了施工工艺，又提高了灌浆效果；在灌入量较大的孔段，采用纤维灌浆具有简单、有效、经济实用的优点；泵送混凝土灌注是在特大块石架空、大漏量、高流速条件下土石围堰地层中进行防渗的一种有效手段；在河流落差大、河床中沉积的块石较多、架空严重的土石围堰防渗施工中，必须多种防渗工法综合运用。

本项目研究成果在多个大型围堰防渗施工中成功应用，彭水水电站围堰运行过程中，基本实现了滴水不漏；思林水电站围堰防渗施工历经60天，完成防渗面积7000m^2，基坑一定量的渗水主要来自两岸发育的岩溶系统；银盘水电站围堰防渗施工历经50天，完成防渗面积近11 000m^2，运行期间基坑渗水量约200m^3/h；重庆开县水位调节坝二期围堰防渗工程施工历经55天，完成防渗面积约27 000m^2，目前基坑正在顺利开挖施工中。

本项目研究解决了在大块石架空、大流量、高流速等复杂地质条件下进行围堰防渗处理施工的技术难题，并在工期上能满足围堰快速闭气的要求，对工程的安全运行和度汛、节省工程投资十分有利，在水电站建设工期越来越短的今天，有着广泛的应用价值。

获奖单位为中国水利水电第九工程局、中国水利水电第八工程局。

获奖人为张建军、邓文明、罗朝文、林修建、李定忠、何培章、曾凡顺、姜命强。

（摘自《中国电力科学技术奖获奖项目汇编》）

现场"密度桶法"确定大粒径砂砾石料压实标准的研究与应用

"现场'密度桶法'确定大粒径砂砾石料压实标准的研究与应用"获 2008 年度中国电力科学技术奖三等奖。

砂砾石料作为筑坝材料，具有易开采、好施工、经济、方便等优越性，被广泛地应用于碾压式土石坝和面板堆石坝建设中。但大粒径砂砾石料填筑施工中的压实质量控制标准一直没有一种科学成熟的确定方法。旧版和现行的土工试验规程都只规定了粒径小于 60mm 砂砾料的相对密度试验方法，对粒径大于 60mm 的砂砾石料，目前国内外规程规范都没有试验方法，属于技术空白。

陕西黑河金盆水利枢纽工程大坝坝壳料和黄河公伯峡面板堆石坝 3BⅡ区砂砾石料的相对密度试验采用了"密度桶法"，其方法是结合砂砾石料的碾压试验，按照径比大于等于 3～5、径高比大于 2 的原则，制作壁厚 14mm 的带底铁桶，埋置在碾压试验场地内，桶内用工程实际使用的原型级配料人工配料，用实际施工机械平整、碾压，机械振动碾压 24 遍，然后在桶顶定点振压 15min（小距离运动），达到振压表面不再下沉。其桶内料的干密度即为最大干密度。最小干密度用原型级配料在试验桶内采用人工松填法求得。做出不同砾石含量的最大、最小干密度，用相对密度公式计算不同相对密度情况下的 ρd 数值，绘制 Dr—ρd—P53 因素相关图，在施工中作为质量控制标准。

主要技术创新点：

大粒径砂砾料采用现场"密度桶法"振动碾压确定最大干密度，研究解决了粒径 60～450mm 砂砾料的相对密度试验方法，从而确定大粒径砂砾料的填筑压实质量标准，试验方法操作简单、准确可靠。

经黑河金盆水利枢纽工程、黄河公伯峡面板堆石坝、陕西渭南涧峪水库、吉林老龙口大坝工程等的实际应用，效果良好。

该成果填补了大粒径砂砾料相对密度试验领域的技术空白，达到了国际先进水平，具有很好的推广使用价值。

获奖单位为中国水电建设集团十五工程局有限公司。

获奖人为王星照、赵继成、李晨、马明功、梁艳萍、易永军、乔勇。

（摘自《中国电力科学技术奖获奖项目汇编》）

高地应力、高外水压力条件下地下洞室 JPF 围岩分类体系研究

"高地应力、高外水压力条件下地下洞室 JPF 围岩分类体系研究"获 2008 年度中国电力科学技术奖三等奖。

现有的常用围岩分类方法水电围岩分类（HC 分类）、Q 系统、RMR 分类、RQ 分级等，只考虑了中低地应力（Q 系统 1993 年对 SRF 进行了修正）和低外水压力，未考虑高地应力和高外水压力的情况，不适用于深埋隧洞的围岩分类。针对这一情况，通过对锦屏长探洞和辅助洞的现场对比和分析研究，在 HC 法（水电围岩分类）和 RMR 法中引入地应力折减系数 K；在 Q 系统中提出了岩爆烈度与围岩类别的对应关系，弥补了常用分类系统对高地应力区围岩考虑不足的缺陷和采用单一指标判断岩爆烈度等级不准确的缺陷；同时，对高地应力修正下的 HC 分类、Q 系统和 RMR 分类在外水压力 1～10MPa 条件下的地下水修正系数进行了修正，并提出了相应的支护措施，从而建立高地应力、高外水压力条件下地下洞室 JPF 围岩分类体系。

主要技术创新点：

（1）提出了岩爆烈度与岩类别的对应关系，提出了高地应力条件下岩爆烈度对围岩类别影响的判定指标及参数取值方法；

（2）引入岩爆烈度/地应力修正系数 K 和水压致裂临界水头压力 p_c，提出了适用高地应力、高外水压条件下的锦屏围岩分类 JPF 体系。

研究提出的地应力修正系数、地下水修正（水压致裂临界水头压力 p_c）、围岩等级的评分、岩爆烈度及其与围岩类别的关系等主要技术指标合理先进，提出的围岩分类符合实际情况。根据该分类体系所进行的围岩支护可确保深埋隧洞围岩的长期安全，使工程的经济效益最大化。该围岩分类体系弥补了国内外同类研究中对高地应力和高外水压力考虑的不足，促进了行业的科技进步。

该研究成果已应用于锦屏辅助洞工程的围岩分类、锦屏二级引水隧洞工程的围岩分类、江边水电站引水隧洞围岩分类。西南地区水电建设中的地下工程大多具有较高的地应力和外水压力，JPF 分类在这些工程中具有很高的推广价值和广阔的应用前景。

获奖单位为中国水电顾问集团华东勘测设计研究院、成都理工大学。

获奖人为单治钢、周春宏、石豫川、王广德、姜方龙、贾海波、寇佳伟。

（摘自《中国电力科学技术奖获奖项目汇编》）

高拱坝建基岩体工程地质、岩体力学综合研究与成果应用

“高拱坝建基岩体工程地质、岩体力学综合研究与成果应用”获 2008 年度中国电力科学技术奖三等奖。

本项目研究范围跨地质普查和勘探业、科学研究和综合技术服务业 2 个应用行业，依托拉西瓦水电站 250m 高双曲拱坝，对水利水电工程高混凝土拱坝建基岩体工程地质、岩体力学进行了综合研究。

本项目主要研究内容：岩体风化、卸荷的定量划分；岩体结构量化描述；岩体质量综合分级；建立不同质量级别岩体的力学参数体系；确定拱坝各高程部位可利用岩体标准及可利用岩体界线；确定拱端轮廓线，进行建基面岩体力学参数论证选择及拱坝应力、位移计算；坝肩结构面空间组合计算机检索分析；开发带宽裂隙连通率分析程序，确定各侧滑方位的综合抗剪指标；河床岩饼形成机理及坝基开挖过程中岩体应力变化、岩体损伤和力学参数研究；开挖后坝基（肩）岩体的综合复核验证。

主要技术创新点：

（1）从区域构造应力场入手深入研究了坝址河谷应力场特征，首次进行了岸坡应力分带。

（2）进行了风化、卸荷、岩体结构、岩体质量分级的定量划分指标的选择和实际应用。

（3）首次在岩体质量分级中纳入岸坡应力分带因素。

（4）创立了以拱坝拱端应力为基点的高拱坝可利用岩体标准体系。

（5）首次提出了围压比、松弛度等新的概念，并成功应用于拉西瓦工程实践中。

（6）首次提出了开挖后建基岩体“松弛带”、“过渡带”、“原岩带”的 3 带划分，首次进行了 3 个带岩体变模和强度参数的复核，证明了前期预测评价的正确性。

（7）首次进行了开挖后不同建基高程部位岩体的应力应变分析计算，预测了变形破坏方式和岩体力学参数的变化幅度，开挖后的编录和检测证明基本正确。

（8）开发了裂隙带宽模拟程序和断裂结构面空间自动切割组合程序，成功应用于拉西瓦工程的裂隙连通率研究和坝肩抗滑稳定块体组合分析。

研究成果成功应用于拉西瓦水电工程设计，并在岩基开挖施工中得到了验证，效果良好，经济效益显著。对其他类似高拱坝工程具有较大的参考和借鉴意义，对学科和技术进步具有积极的推动作用。

获奖单位为中国水电顾问集团西北勘测设计研究院、中国水电工程顾问集团公司、成都理工大学。

获奖人为万宗礼、聂德新、杨天俊、韩爱果、巨广宏、陈永福、张应海、杨永明、刘昌、卢金、王连福、曹洪波。

（摘自《中国电力科学技术奖获奖项目汇编》）

混凝土高拱坝震害预警与决策系统研究

“混凝土高拱坝震害预警与决策系统研究”获 2008 年度中国电力科学技术奖三等奖。

针对水电工程领域大坝强震安全监测工作和强震远程监控与自动警报技术发展中的关键技术问题进行研究，开发研制出了大坝震害预警与决策系统的软、硬件子系统。系统主要包括：

（1）基于 GIS 全国重要水电站场址区域的地震危险性分析和信息管理系统，依托小湾水电工程，建立了小湾水电工程的区域地震基础信息库，能够随时查询浏览及分析小湾库区地震地质信息及地震构造背景，查询与小湾大坝地震安全相关的基础信息。

（2）开发了适用于水电工程地震安全监测的数字化多通道固态存储强震仪及软件采集分析系统，解决了我国现有大坝强震监测仪所存在的技术问题；系统监测到强震信号后可自动进行安全评估，快速划分安全等级，发出警报，并通过系统的远程传输功能向远程控制中心发送警报信息。

（3）混凝土高拱坝强震监测分析评价预警系统，对高拱坝伸缩横缝在强震作用下的开合影响坝体强度的再分配进行了研究；开发了针对混凝土高拱坝强震安全监测分析评价的动力有限元分专用分析软件系统。

（4）混凝土高拱坝强震监测信号分析处理系统，可以简洁快速地对大坝监测到的强震响应信号进行本地及远程在线及离线显示浏览，对地震信息进行操作、处理及分析。

主要技术创新点：

（1）首次对混凝土高拱坝强震安全监测工作提出了一个将场址区域地震信息查询、大坝强震监测、地震信号分析处理、坝体结构地震反应分析相结合的完

整的大坝地震安全分析的技术思想和方法。通过本项目进行了系统的开发研究，并应用于小湾、二滩等大型混凝土高拱坝及三峡、潘家口混凝土重力大坝工程的地震安全监测与分析中。

(2) 首次研发出适用于水电工程的具有远程传输监控功能的大坝结构专用地震安全监测的数字化多通道 24bit 固态存储强震仪。

(3) 首次研制和开发了一个针对于水电工程大坝安全监测的强震监测与分析处理系统及安全评估警报系统，实现了对大坝地震信息的远程实时监控和震害快速评估以及远程警报接收。

(4) 首次建立了以小湾工程为示范的中国水工建筑物基本参数数据库、中国大坝地震地质纲要及全国水系分布图等专题图层，对坝址区域的地质构造及坝区地震危险性预测，并实现其空间图形数据的查询、浏览、缩放、漫游等管理。

(5) 开发了针对混凝土高拱坝强震安全监测分析评价的动力有限元分专用分析软件。对混凝土高拱坝强震安全的分析评估方法和准则等关键问题和技术进行了研究。

(6) 开发了专用的大坝强震监测信号分析处理系统，建立了国内外强震信息数据库，对现行信号处理中的分析方法有所突破。

研究成果已经直接应用于小湾高拱坝工程强震信息建设、结构抗震分析与评估以及三峡、二滩、潘家口等水电大坝工程的强震安全监测中，取得了很好的工程应用及社会效益。

针对我国大坝结构现状与地震高烈度区水电大坝建设发展的需要，开发出的大坝强震安全监测及分析评估预警系统一旦推广应用到强震区诸水电工程，可避免重复开发，大大促进大坝强震安全监测与安全评估系统的建置及其作用的发挥，从而可以及时掌握大坝的震后和运行时的实际振动状态，确保大坝结构的地震安全，充分发挥水电工程效益。并可反馈指导大坝的抗震设计、施工，提高设计、施工、运行水平，具有显著的经济效益与社会效益。

获奖单位为中国水利水电科学研究院。

获奖人为郭永刚、胡晓、常廷改、邢国良、许亮华、苏克忠、崔亦昊。

（摘自《中国电力科学技术奖获奖项目汇编》）

四川岷江紫坪铺水利枢纽工程重大地质工程关键技术系统研究

“四川岷江紫坪铺水利枢纽工程重大地质工程关键技术系统研究”获 2008 年度中国电力科学技术奖三等奖。

重大地质工程关键技术关系到工程建设的成败，也涉及工程建设的技术可行性和经济合理性。四川岷江紫坪铺水利枢纽工程位于成都市西北约 60km 的岷江干流、著名的都江堰水利枢纽工程的上游，是一座以灌溉和供水为主，兼有发电、防洪、环境保护、旅游等综合效益的大型水利枢纽工程。挡水建筑物为混凝土面板堆石坝，最大坝高 156m。上游为四川西部中高山区，下游为成都平原之千里沃野。枢纽区地处龙门山断褶带内，工程地质条件极其复杂，工程枢纽区地层为含煤软弱地层，各种工程地质问题非常突出。工程规模巨大，所处的地理位置十分敏感和特别重要。项目开展了紫坪铺水利枢纽工程存在的重大地质工程关键技术系统研究。

主要技术创新点：

(1) 通过工程勘察和理论分析与计算，国内外首次实施了在高地震烈度区保留主堆石区 70% 的覆盖层上建成高达 156m 高面板堆石坝，并经过蓄水检验。

(2) 国内外首次对水利水电工程枢纽区废旧煤洞进行了系统勘察、危害性评价并提出了相关的工程处理技术措施，提出了在相应复杂地质条件下的洞室围岩及 260m 工程高边坡稳定性分析思路和评价方法。在含煤地层（14 层）且有众多废旧煤洞分布（134 处）的地段成功修建了 156m 级高坝，进行了多层次复杂地下水动力场研究，解决了坝基渗漏问题和瓦斯危害。

(3) 创新采用数学模型和异常特征点相结合的“滑坡监控预报方法”，多次成功预报导流洞出口边坡土体滑坡，保证了 213 国道的正常通行，获得了良好的经济和社会效益。

(4) 采用离心机模型试验等多种技术方法，系统分析了坝前左岸巨型堆积体（方量约 3500～4500 万 m^3）的稳定性，提出了有效的防护与监测措施，保证了大坝的安全。

该成果整体达到国际先进水平，多项成果国际领先。

该成果在紫坪铺水利枢纽工程中得到成功应用，直接节约工程投资 1.23 亿元以上。紫坪铺工程自 2005 年 9 月 30 日蓄水发电以来，一直安全运行。在“5·12”四川汶川地震中经受了超设计标准的地震考验，是世界上第 1 座经受住地震强度 9 级考验的高面板堆石坝。为复杂地质条件下的工程勘察、科研、设计、施工等提供了可资借鉴的经验。其相关理论和关键技术具有广阔的推广前景和应用价值。

获奖单位为中国水电顾问集团成都勘测设计研究院、四川省紫坪铺开发有限责任公司、成都理工大学、河海大学、中国地质大学（武汉）。

获奖人为杨建、彭仕雄、李文纲、宋胜武、李洪、宋彦刚、邓良胜。

（摘自《中国电力科学技术奖获奖项目汇编》）

黄河拉西瓦水电站拱坝施工测量计算软件

“黄河拉西瓦水电站拱坝施工测量计算软件”获2008年度中国电力科学技术奖三等奖。

本项目在有关单位没有提供拱坝设计体型数学方程和国内外尚无专用的综合性拱坝施工体型控制计算软件情况下，结合拉西瓦水电站大坝浇筑工程施工任务紧、浇筑强度大、施工测量精度要求高的具体情况，研究开发了该软件。软件具有体形控制点数据文件格式设计、放样点偏距计算、模板检查点偏距计算、混凝土浇筑变形点偏距计算、成果输出、任意高程指定坝段拱圈体型控制点计算、拱坝混凝土设计浇筑量计算、拱坝施工测量计算软件的兼容和推广性等功能。

主要技术创新点：

本项目研发的软件具有多种功能，涵盖了拱坝施工测量的全部内容和要求，具有良好的移植性和兼容性，解决了在没有拱坝体形数学模型方程条件下体形控制计算的难题。

“黄河拉西瓦水电站拱坝施工测量计算软件”于2007年4月开发设计完成，2007年4～7月对软件进行了测试和验证，经不断完善和改进，于2007年7月正式投入黄河拉西瓦水电站拱坝浇筑施工测量工作中，软件应用1年多来，得到满意的应用效果和用户好评。

获奖单位为中国水利水电第四工程局。

获奖人为乔世雄、权录年、汪文生、雷永红、陈光龙、王勋丰、王裕彪。

（摘自《中国电力科学技术奖获奖项目汇编》）

基于分布式实时数据库技术的水调自动化软件平台研究

“基于分布式实时数据库技术的水调自动化软件平台研究”获2008年度中国电力科学技术奖三等奖。

本项目属于自动测报和水库调度自动化领域，汲取了软件技术领域的最新成果和先进的技术理念，全面采用面向对象技术、组件技术、软总线技术和.NET技术，打造具有架构完整、技术先进、易于配置、扩展方便、操作简单、运行可靠的新一代大型水调自动化软件平台。

主要技术创新点：

本项目首次提出并建立了水调系统信息资源模型，从系统架构上彻底改变了传统水调系统平台的结构，促进了水调系统平台建设走上模型化、结构化、规范化的轨道。

资源对象模型的建立、数据类型的抽象和封装、树形分层结构和YML技术在配置及个性化界面定制方面的灵活应用，以及多项创新技术的成功应用，圆满地解决了大流域、多电站、系统规模需要动态扩充的流域机构和电网公司在水调自动化系统建设、管理、应用、维护和扩展时的难题。

通过采用多线程技术，实现了多测站、多信道数据采集和多用户访问的高效实时通信和数据并行处理；通过对数据类型的封装，实现了通过配置即可动态识别和处理新的物理数据类型的能力；设计优化了数据存储规则，实现了应用层的数据压缩存储；开发了配套的图形设计器、报表设计器和数据库管理器，提供了数据通信、数据监视、实时告警、图表查询、实时计算、水务综合管理、数据整编、统计等功能；具有良好的可视化界面，操作简便、配置灵活，为水库调度业务管理、模型分析和决策提供了良好的平台。

本项目成果已经取得国家版权局计算机软件著作权登记证书，具有完全自主知识产权，已通过了湖南省软件评测中心的测试，并获得了湖南省软件产品进入市场必备的鉴定测试证书。

项目成果已在广西龙滩、湖南株洲航电、重庆阿蓬江流域、重庆中梁、湖南竹园、湖南双牌县、湖南湘江防洪系统、湖南湘西防洪系统等工程中得到应用，取得了显著的经济效益和社会效益。

软件平台成功在许多工程的水情自动测报及水调自动化系统、山洪地质灾害预警系统、防汛指挥系统、水温监测及环境监测等系统中得到应用，为水电工程施工防洪、流域防洪减灾和水库电站运行调度发挥了重要作用。

获奖单位为中国水电顾问集团中南勘测设计研究院。

获奖人为狄立勋、刘志云、卢毓伟、曾佑聪、彭才德、陈好军、易刚。

（摘自《中国电力科学技术奖获奖项目汇编》）

水利水电三维CAD地质模型及可视化辅助设计信息系统开发和工程应用研究

“水利水电三维CAD地质模型及可视化辅助设计

信息系统开发和工程应用研究”获2008年度中国电力科学技术奖三等奖。

在工程勘察界，水利水电工程地质勘察是最为复杂的，既不同于石油、矿产资源地质勘探，也有别于一般工民建地基勘察：一是水利水电工程在国民经济中都承担着重要任务，一旦失事，将会造成政治经济等方面的重大损失；二是由于水利水电工程大多建于高山峡谷，所处地区区域地形地质构造极为复杂；三是水工建筑物的规模宏大，所承受的荷载在地基内产生的应力和变形等都很大。仅仅依靠传统的二维、静态的表达方式，无法满足需求，进行三维地质建模与可视化分析，有着广泛且迫切的需求和必要性。

本项目在国内率先以Auto CAD作为平台，综合使用了直接生成法、直接点面法、等值线法和剖面法构建三维地质模型，构造出适合各类复杂的地质体和结构面，以及各类不规则空间曲面的交汇和切错等，成功地解决了以往以平面无法表达复杂空间地层问题。可以分别建立三维地质数据模型、线框模型、表面模型和实体模型，完成构建适用于水利水电工程的复杂的三维地质模型。

主要技术创新点：

本项目为水利水电工程地质分析提供了多种手段，包括三维地质模型的可视化；大型地下洞室群的三维工程地质分析；三维地质模型的各类剖切。通过三维可视化分析，解决了在一二维视图中无法解决的空间技术难题，为地质工程师有效利用勘察资料和工程经验分析、判断，不断完善三维实体地质模型，以逼近实际工程地质条件等提供了有效手段。一个水电工程的勘测设计周期少则几年多则10年以上，在不同的勘察阶段，根据现有勘探资料建立三维地质模型，当最初基本的三维模型建好以后，随着勘测工作的不断深入，可随时在模型上进行补充和修改，并按照新的三维地质模型进行工程地质分析，其效益是显而易见的。

本项目在12个大中型水电工程中进行了广泛应用，对工程建筑物区域进行了三维地质建模，取得了很好的应用效果。改变了传统的水利水电工程地质勘察资料综合分析方法和手段，显著提高了工程地质勘察资料的分析技术水平与效率，率先在国内水利水电工程地质领域全面形成生产力。

获奖单位为中国水电顾问集团北京勘测设计研究院。

获奖人为徐春才、齐俊修、吴干城、黄一和、张晓今、李进敏、王涛。

（摘自《中国电力科学技术奖获奖项目汇编》）

超硬岩筑坝关键技术研究

“超硬岩筑坝关键技术研究”获2008年度中国电力科学技术奖三等奖。

项目成果依托三板溪水电站混凝土面板堆石坝工程，对超硬岩筑坝关键技术进行系统攻关，为三板溪面板坝建设提出技术先进、经济合理的建议。主要研究内容为：超硬岩筑坝材料爆破开采与碾压试验研究，超硬岩筑坝材料工程特性研究，超硬岩筑坝坝体分区、分期与变形分析研究和超硬岩筑坝面板接缝止水结构型式研究与应用。

主要技术创新点：

通过本项目研究，深化了对面板坝筑坝材料特性的认识，解决了200m级面板坝超硬岩筑坝关键技术。在拓宽筑坝材料的应用范围、强风化岩的掺混利用、大坝变形分析方法、周边缝拐弯段接缝止水研究、面板坝快速施工等方面都有新的突破与创新，积累了我国尚无超硬岩筑高面板堆石坝建设的经验。研究成果具有重要的理论和实用意义，已应用于三板溪面板坝工程，经济效益显著。

三板溪水电站是国家“十五”重点建设项目，装机规模1000MW，2006年12月已全部投产发电。研究成果直接应用于三板溪面板坝工程，取得了以下技术经济效益：利用超硬岩堆石料和强风化堆石料筑坝，节约直接投资约2.5亿元；大坝沉降变形控制在坝高的1%以内；仅用5个月将坝体临时拦洪断面填筑97m高，填筑量达230万m^3，最高月强度达到73万m^3，实现了“一枯拦洪”度汛目标，且连续18个月填筑强度达40万m^3以上，大坝填筑总工期仅21.5个月，缩短发电工期14个月，实现了大坝快速施工。三板溪堆石坝已经过高水位的考验，安全度过2个汛期。大坝蓄水水头已达175m，离正常蓄水位只差3m。从坝体监测成果分析，截至2008年6月，大坝总最大变形为174.60cm，约为坝高的0.94%，后期变形26.10cm，占总变形量的14.95%。蓄水引起的大坝沉降变形已经基本收敛，预计总沉降量可控制在1%以内。周边缝三向位移也小于设计拟定值，大坝渗流量小。经检查，面板裂缝较少，面板与垫层脱空很小，面板结构缝没有发生挤压变形破坏，两岸没有发生斜向裂缝，证明了采用超硬岩等堆石料填筑的三板溪面板坝设计方案的合理性和可行性。

该研究成果可在类似混凝土面板堆石坝工程中推广应用。

获奖单位为五凌电力有限公司、中国水电顾问集团中南勘测设计研究院。

获奖人为蔡昌光、黄启平、陈伟、陈克锐、潘江洋、赵贱清、钟平、欧阳海宁、曾雪艳、夏建平、赵海斌、周中心、钟谷良、江新强。

（摘自《中国电力科学技术奖获奖项目汇编》）

应用于水动风机冷却塔的高效节能水轮机开发研究与应用

“应用于水动风机冷却塔的高效节能水轮机开发研究与应用”2008年12月获江苏省科技进步奖三等奖。

本项目属于节能减排领域。冷却塔广泛地应用于国民经济的诸多部门，是利用水和空气的接触，通过蒸发作用来散去工业流程中或空调制冷过程中产生废热的一种设备。过去冷却塔冷却时所用的风机主要由电动机拖动，这些电动机一年所耗电能是十分巨大的，据初步统计，仅江苏省一年消耗电能就达30多亿千瓦时。另一方面，冷却塔冷却用循环水，其出口均具有一定压力（4～15m），这部分压力通常因使用节流阀而损失掉了。本项目研究开发系列高效水轮机，利用冷却塔循环水出口的富裕能量，推动水轮机转轮，由此替代原电动机来驱动风机旋转，达到制冷的目的，从而实现废能利用与节能减排。主要科技内容：

（1）建立与完善应用于冷却塔行业的小水轮机设计理论，解决小水轮机需高效率且体积小等关键与难点问题。

（2）融合先进的设计理论、数值计算模拟方法、模型试验及真机测试等手段，开发高效节能的15个系列水轮机。

（3）小水轮机的结构优化设计。根据产品尺寸最小化原则，确定各部件的大小、厚度等数值，并进行强度校核，并为混流式水轮机设计了转速匹配器，改变输出轴转速，保证水轮机、风机效率最高。

（4）将开发的小水轮机应用于冷却塔工程实际，解决其关键技术问题。

项目特色：

（1）本项目的特色是走基本理论、数值计算、模型试验相结合的技术路线，进行学科交叉，将水、机、电联系在一起。

（2）将高耗能企业的废弃能量巧妙地转化为旋转机械能，带动冷却塔风扇，达到制冷目的，并取代了原电动机，节约了电能。

（3）代替电动机的新型水轮机，无污染，运行噪声小，效率高。最高效率达到89.5%，并具有良好的运行稳定性，及抗空蚀、抗腐蚀能力。

（4）可用于有相应富裕水能的机械通风式冷却塔的需求场所。

应用推广：

本系列产品推广应用两年多来，先后已完成了包括江苏省在内的12万t的冷却塔改造，每年节约电能超过3110万kW·h。产生的不仅是经济效益，而且是巨大的社会效益。依托该技术，诞生了高新技术企业南京星飞冷却设备有限公司。

本项技术在国内是空白，国外也未见相关报道，因此，本项目的开发研究具有巨大的理论意义和实用价值。

获奖单位为河海大学、南京星飞冷却设备有限公司。

获奖人员为郑源、顾星康、屈波、周大庆、唐伟民、吴文桑、徐峰、陈新方、刘飞、张丽敏。

（河海大学）

南京水利科学研究院2008年度获奖及专利项目

南京水利科学研究院2008年度获奖情况见表1，获得专利情况见表2。

表1 南京水利科学研究院2008年度获奖情况表

序号	项 目 名 称	获 奖 情 况
1	南水北调东线济平干渠工程关键技术研究与应用	国家科技进步二等奖
2	中国水资源及其开发利用调查评价	国家科技进步二等奖
3	膨胀土地区公路修筑成套技术研究	中国公路科技特等奖
4	水布垭世界最高面板堆石坝筑坝技术	湖北省科技进步特等奖
5	海河流域洪水资源安全利用关键技术研究	大禹水利科技一等奖
6	中国分区域生态用水标准研究	大禹水利科技一等奖

续表

序号	项目名称	获奖情况
7	大型渠道衬砌高性能混凝土研究与应用	山东省科技进步一等奖
8	平原河流水动力理论及防洪安全技术创新与实践	江苏省科技进步二等奖
9	引江济太调水试验关键技术研究	大禹水利科技二等奖
10	温州浅滩工程波浪潮流泥沙及监测试验研究	大禹水利科技二等奖
11	水布垭高水头放空洞关键技术研究与实践	大禹水利科技二等奖
12	粉沙质海岸京唐港航道风暴潮骤淤及整治关键技术研究	港口协会科技二等奖
13	海港工程混凝土结构防腐蚀技术规范	港口协会科技二等奖
14	黄河小浪底水利枢纽安全监测系统鉴定技术研究	大禹水利科技三等奖
15	加筋土挡墙技术研究	大禹水利科技三等奖
16	中国小水电可持续发展研究	大禹水利科技三等奖
17	苏通大桥超大型钻孔桩群桩基础承载性能研究	江苏省科技进步三等奖
18	农业干旱风险管理及干旱预警模式研究	湖南省科技进步三等奖
19	内河航道通航条件关键技术研究（二期）	四川省科技进步三等奖

表2 南京水利科学研究院2008年度专利授权情况表

序号	专利名称	授权日期	授权公告号	专利类别
1	一种适应围岩后期大变形的复合衬砌	2008.10.15	CN100425803C	发明
2	电测水平位移计	2008.12.17	100443857	发明
3	利用透水模板衬垫预制混凝土防渗U型槽的设备	2008.2.27	CN201026643Y	实用新型
4	核子频域水分—密度联用测试仪	2008.3.12	CN201035151Y	实用新型
5	波高测量系统	2008.7.9	CN201083518	实用新型
6	压强和总力测量系统	2008.8.27	CN201107150	实用新型
7	一种扇形布置的分流墩群	2008.10.22	CN201137055	实用新型
8	可减免船闸阀门突扩廊道跌坎空化的自然通气体型	2008.12.10	201162212	实用新型

（南京水利科学研究院 毛凤莲）

中国水电顾问集团昆明勘测设计研究院2008年科技成果获奖情况

中国水电顾问集团昆明勘测设计研究院2008年科技成果获奖情况见表1。

表1 中国水电顾问集团昆明勘测设计研究院2008年科技成果获奖情况表

序号	项目名称	获奖情况
1	重大泄流结构耦合动力安全理论及工程应用	国家科学技术进步奖二等奖
2	水电站过渡过程关键技术与工程实践	国家科学技术进步奖二等奖
3	澜沧江古水（含库区）至苗尾河段水电规划报告	全国优秀工程咨询成果奖一等奖
4	阿海水电站可行性研究阶段坝址、坝型及枢纽布置格局选择咨询报告	全国优秀工程咨询成果奖三等奖

续表

序号	项 目 名 称	获 奖 情 况
5	古水水电站预可行性研究阶段坝址初步选择及基本枢纽布置格局专题报告	全国优秀工程咨询成果奖三等奖
6	漫湾水电站二期工程地质勘察	云南省优秀工程勘察奖一等奖
7	藤条江那兰水电站工程地质勘察	云南省优秀工程勘察奖一等奖
8	南盘江雷打滩水电站工程地质勘察	云南省优秀工程勘察奖一等奖
9	苏帕河朝阳水电开发项目工程地质勘察	云南省优秀工程勘察奖二等奖
10	槟榔江猴桥水电站工程地质勘察	云南省优秀工程勘察奖三等奖
11	澜沧江小湾边坡工程设计	云南省优秀工程设计奖一等奖
12	藤条江那兰水电站工程设计	云南省优秀工程设计奖一等奖
13	澜沧江古水至苗尾河段水电规划报告	云南省优秀工程设计奖一等奖
14	泗南江水电站面板堆石坝工程设计	云南省优秀工程设计奖一等奖
15	澜沧江漫湾水电站二期工程设计	云南省优秀工程设计奖二等奖
16	朝阳变电站—保山变电站 220kV 送电线路工程设计	云南省优秀工程设计奖二等奖
17	巴基斯坦巴罗塔机电设计	云南省优秀工程设计奖二等奖
18	大盈江二级水电站工程设计	云南省优秀工程设计奖二等奖
19	苏帕河三江口水电站扩建工程设计	云南省优秀工程设计奖二等奖
20	槟榔江猴桥水电站工程设计	云南省优秀工程设计奖三等奖
21	堆积体综合物探方法解释软件	云南省优秀工程勘察设计计算机软件奖一等奖
22	水电站群径流补偿调节通用软件系统	云南省优秀工程勘察设计计算机软件奖二等奖
23	集团公司智能化财务分析系统开发与应用	云南省优秀工程勘察设计计算机软件奖三等奖
24	大型堆石坝枢纽工程泄洪建筑物水力设计研究	云南省科技进步奖二等奖
25	深厚覆盖层上的混凝土面板砂砾石坝研究	云南省科技进步奖三等奖
26	水电水利工程新型预应力闸墩结构体系研究与实践	云南省科技进步奖三等奖
27	小湾水电站枢纽区边坡危险源防治标准及防治体系研究	云南省科技进步奖三等奖

（中国水电顾问集团昆明勘测设计研究院　刘一萍）

中国水利水电第七工程局有限公司 2008 年获得专利情况

中国水利水电第七工程局有限公司 2008 年获得专利情况见表 1。

表 1　　中国水利水电第七工程局有限公司 2008 年获得专利情况表

序号	专利类别	名　称	专 利 号	授权公告日
1	实用新型	压力钢管灌浆孔补强板螺纹保护套	ZL 2007 2 0081907.0	2008.8.27
2	实用新型	压力钢管加劲环与瓦片焊接时不会产生弧度变形的瓦块	ZL 2007 2 0082493.3	2008.10.01
3	实用新型	大型构件液压翻转装置	ZL 2007 2 0080674.2	2008.7.23
4	实用新型	拌和楼回转斗	ZL 2007 2 0080672.3	2008.7.23

续表

序号	专利类别	名　称	专利号	授权公告日
5	实用新型	一种带式输送机	ZL 2007 2 0080673.8	2008.7.23
6	实用新型	化学灌浆修补混凝土裂缝用的灌浆塞	ZL 2007 2 0080676.1	2008.7.23
7	实用新型	化学灌浆修补混凝土裂缝用的储浆罐	ZL 2007 2 0080677.6	2008.9.24
8	实用新型	组装式起重机吊具	ZL 2007 2 0080775.X	2008.7.23
9	实用新型	一种混凝土布料器	ZL 2008 2 0062280.9	2008.12.3

（中国水利水电第七工程局有限公司）

黄河水利科学研究院 2008 年度获奖情况

黄河水利科学研究院 2008 年度获奖情况见表 1。

表 1　黄河水利科学研究院 2008 年度获奖情况见表

序号	项目名称	获奖情况
1	多沙河流洪水演进与冲淤演变数学模型研究及应用	黄河水利委员会科技进步奖一等奖
2	黄河多沙粗沙区分布式土壤流失评价预测模型及支持系统研究	黄河水利委员会科技进步奖一等奖
3	小浪底水库拦沙初期水库泥沙研究	黄河水利委员会科技进步奖一等奖
4	水沙变异条件下黄河下游河道再造床机理及调控对策研究	黄河水利委员会科技进步奖一等奖
5	黄河流域主要用水区用水规律及高效用水管理技术研究	黄河水利委员会科技进步奖二等奖
6	黄河下游堤防暴雨径流侵蚀机理及防治措施研究	黄河水利委员会科技进步奖二等奖
7	黄河小北干流河段“揭河底”规律分析研究	黄河水利委员会科技进步奖三等奖

（黄河水利科学研究院）

实用新型专利“高水头弧形闸门水封装置”简介

弧形闸门由于其开启后流态稳定、操作方便、布置紧凑，而广泛用于水库防洪、泄水的主要设备。小湾、糯扎渡等一系列大型高坝水电站的开工建设，使高水头弧形工作闸门正走向普遍，设计水头也超过百米，向 200m 逼近。但随着闸门水头和尺寸的增大，水封止水问题也越来越突出。水封止水问题处理不好，不仅会造成水库水量的损失，更为严重的是，水封的失效会引起闸门振动、启闭力增加及门槽的空蚀，造成泄水建筑物的破坏，进而危及电站的安全运行。

实用新型专利“高水头弧形闸门水封装置”（专利号：ZL 2007 2 0105124.1；授权日期：2008 年 5 月 7 日）可系统地、经济地、可靠地解决 70～200m 高水头弧形闸门的封水问题。

（一）专利发明内容

本实用新型的高水头弧形闸门水封装置，共设置两套止水，即一套主止水，一套辅助止水。主止水采用充压水封，布置在突扩突跌门槽上，形成全封闭口形；利用设置于门槽内部的充泄压管路对水封橡皮背后的充压腔进行加压、泄压操作，控制水封橡皮外伸和后退。充泄压管路从门槽埋件内引出后通至液压启闭机室内的充压水封操作控制系统，由相应的设备控制充压、泄压及充压压力大小等级。

主止水充压水封由两边的内压板和外压板通过螺栓固定，压板采用齿形肢头迷宫型来防止内外压泄漏。主止水充压水封采用橡胶制造，呈“山”字形。在水封充压腔内布有充、泄水孔，充、泄水管与充压管相连，充压管进口布置在门顶，泄压管进口布置在门底最低位置，同时泄压管出口低于泄压管进口，以利排空充压腔内充压介质。充压管连接自动化充压控制系统。

辅助止水由设置于门楣埋件上的防射水水封装置和设置于闸门上的常规 P 形水封与刀形底水封构成

一全封闭的结构辅助水封装置。常规水封的顶、侧、底也构成一个全封闭的口形。P形水封封水侧面设有齿形槽，以增强封水效果。

本实用新型的高水头弧形闸门水封装置优点为：①水封装置原理简单、可靠；②减少闸门启闭力；③适用水头范围广（70～200m），适应闸门高压大缝隙的要求；④闸门可局部开启泄水。

（二）专利运用情况

经小湾水电站、糯扎渡水电站、金安桥水电站、马鹿塘二期水电站等电站的实际使用，表明本实用新型的高水头弧形闸门水封装置可系统地、经济地、可靠地解决70～200m高水头弧形闸门的封水问题，具有很好的推广价值，应用前景广阔。

（中国水电顾问集团昆明勘测设计研究院　余俊阳）

10

国际合作与技术交流

对外经营与国外工程

中国水利水电建设集团公司 2008年国际经营情况

2008年，面对国际金融危机的巨大挑战和考验，中国水利水电建设集团公司在大力实施国际业务优先发展战略的同时，不断加强内部建设和管理，集团国际化事业保持健康快速的发展，国际业务规模和效益继续增长。

（一）营业收入保持快速增长

2008年，中国水利水电建设集团公司国际业务营业收入146.57亿元，同比增长33.25%，约占中国水利水电建设集团公司总收入的24%。

在2008年商务部统计中，中国水利水电建设集团公司海外营业额列中国企业50强第4位，与2007年持平；在美国新闻实录（ENR）全球最大225家国际承包商排名中，列50位，上升一位。

（二）经营效益得到有效提高

2008年，中国水利水电建设集团公司国际业务实现利润9.71亿元，同比增8.73%，约占集团公司利润总额的60.31%。

（三）市场空间不断拓展

2008年，中国水利水电建设集团公司在巩固亚洲传统市场、进一步深度开发中东市场、全力开拓非洲市场的同时，积极尝试开发美洲市场，并成功开辟了斐济、博茨瓦纳、文莱和南非等国市场。此外，中国水利水电建设集团公司在安哥拉、卡塔尔、利比亚、埃塞俄比亚、老挝、苏丹和东非则正逐渐形成规模化的国际市场。

中国水利水电建设集团公司2008年新签海外合同51个，合同额36.32亿美元，同比增长28%，约占集团总签约额的31%。集团国际业务分布在亚洲、非洲、美洲和大洋洲等43个国家，其中亚洲22国、非洲19国、美洲1国、大洋洲1国。在建项目合同168个，在建项目合同额达到116.27亿美元，在建项目合同余额约70亿美元。

与此同时，中国水利水电建设集团公司进一步开拓EPC总承包、出口信贷融资承包领域，同时多元化扩展建筑产业链条，在火电、燃气发电等产业领域有所突破。其中：水电站项目31个，路桥项目27个，投资项目2个，水处理和灌溉项目26个，矿产项目2个，房建及市政项目68个、其他项目14个。总的来说，2008年中国水利水电建设集团公司新签非水电合同额18.38亿美元，占年度新签合同额的50.59%。

（四）风险及重点项目得到有效控制

2008年，中国水利水电建设集团公司对承建的巴基斯坦高摩赞项目、马来西亚巴贡项目、埃塞俄比亚泰可泽项目、埃塞俄比亚安保公路项目、阿曼污水处理项目等2007年确定的5个风险项目进行有效风险控制，目前均已扭亏或减亏。

同时，集团公司确定的孟加拉石卡巴哈燃气电站、印尼亚齐火电站、博茨瓦纳迪克戈洪大坝、缅甸耶瓦和卡塔尔路赛CP1标段等五个重点项目的实施良好。中国水利水电建设集团公司承建的苏丹麦洛维、缅甸耶瓦、巴基斯坦汗华、斯里兰卡公路、刚果（布）英布鲁等5个重点风险项目的危机也得到较好化解。主要项目的进展情况如下：

（1）阿曼污水处理项目：至2008年12月31日，阿曼项目部全面完成年度生产计划任务，顺利实现年度管网施工、顶管顶进和中心泵站试运行三大节点目标。全年共完成管网铺设120多公里，顶管顶进4700m，实现中心泵站机电永久设备试运行。

（2）埃塞俄比亚泰可泽大坝项目：至2008年底，泰可泽项目全面进入扫尾阶段，引水道和厂房已全部验收合格并移交业主，各项发电条件都已具备，2009年雨季将可开始发电。除中孔4个坝块外，所有坝块已基本到顶。目前，项目部已制定详细计划，将项目机械设备及剩余材料进行安置处理。

（3）马来西亚巴贡水电站项目：2008年12月5日，马来西亚巴贡水电站引水系统8条总长约1966m，重11877t的隧洞钢衬段压力钢管制作安装工作全部完成。目前，项目正抓紧压力钢管底部防腐、导流洞改建、钢屋架制安、厂房三大系统工程等任务施工。

（4）加纳布维水电站项目：2008年12月2日，集团公司承建加纳布维水电站提前合同工期一年实现截流，工程进度获得加纳总统库福尔及当地人民的称赞。

（5）苏丹麦洛维大坝项目：截至2008年12月底，麦洛维大坝项目完成“三期导流”及与首期两台机组发电相关的 GIS 楼、中控楼、500kV 开关站、220kV 开关站、厂房主机 1～6 号机组的移交，水库具备 300m 高程最高水位的蓄水条件及尾水充水。同时，麦洛维大坝土建工程即 2 标（包括 2A、2B 和 2C 合同段土建工程）已完成工程量的 99%，大坝主体基本成型。此外，麦洛维大坝金属结构制造安装工程即 3D 标，国内制造部分已完成，安装工作已完成 8415t，占全部工程量的 53%。

（五）融资项目稳步推进

2008 年，中国水利水电建设集团公司海外在建投资项目（BOT）情况如下：

（1）柬埔寨甘再水电站 BOT 项目：2007 年 8 月主体工程开始施工，2008 年 11 月 18 日顺利实现主河道截流。截至 2008 年 10 月中旬，该项目完成投资 8500 万美元。

（2）老挝南俄 5 水电站 BOT 项目：2008 年 10 月 1 日，主体工程正式开工。截至 2008 年底，南俄 5 水电站 BOT 项目完成投资 1250 万美元。

此外，中国水利水电建设集团公司投资的老挝水泥厂 2008 年全年生产水泥 36.5 万 t；实现销售额 2434 万美元，实现现金流 730 万美元，经营情况正常，完成了 2008 年度目标和任务。

2008 年，中国水利水电建设集团公司还继续推进投融资条件较为成熟的缅泰哈吉及塔山、印尼佳迪格德、尼泊尔上马相迪等水电融资项目的进程，与当地相关主管部门进行了多回合具有推动性意义的会谈；在矿产类开发项目上也取得了长足进步：刚果（金）铜钴矿项目的洽谈稳步向前，中方企业集团与刚果（金）政府的合作协议已商签，矿权已转入正式成立的华刚矿业公司；老挝钾盐矿项目前期勘探及预可研工作正在进行。

（六）中国水利水电建设集团公司驻外机构（见表 1）

表 1 中国水利水电建设集团公司驻外机构

序号	机构中文名称	国 家
1	中国水电尼泊尔代表处	尼泊尔
2	中国水电马来西亚代表处	马来西亚
3	中国水电巴基斯坦代表处	巴基斯坦
4	中国水电孟加拉代表处	孟加拉
5	中国水电乌兹别克斯坦代表处	乌兹别克斯坦
6	中国水电津巴布韦代表处	津巴布韦
7	中国水电（新加坡）有限公司	新加坡
8	中国水电泰国代表处	泰国

续表

序号	机构中文名称	国 家
9	中国水电印度尼西亚代表处	印度尼西亚
10	中国水电缅甸代表处	缅甸
11	中国水电伊朗代表处	伊朗
12	中国水电吉尔吉斯斯坦代表处	吉尔吉斯斯坦
13	中国水电老挝代表处	老挝
14	中国水电埃塞俄比亚代表处	埃塞俄比亚
15	中国水电伯里兹代表处	伯里兹
16	中国水电（马来西亚）有限公司	马来西亚
17	中国水电阿尔及利亚代表处	阿尔及利亚
18	中国水电苏丹代表处	苏丹
19	中国水电印度代表处	印度
20	中国水电利比亚代表处	利比亚
21	中国水电也门代表处	也门
22	中国水电约旦代表处	约旦
23	中国水电安哥拉代表处	安哥拉
24	中国水电坦桑尼亚代表处	坦桑尼亚
25	中国水电阿富汗代表处	阿富汗
26	中国水电斯里兰卡代表处	斯里兰卡
27	中国水电卡塔尔代表处	卡塔尔
28	老挝水泥工业有限责任公司	老挝
29	中国水电蒙古国代表处	蒙古国
30	中国水电柬埔寨代表处	柬埔寨
31	中国水电塔吉克斯坦代表处	塔吉克斯坦
32	中国水电菲律宾代表处	菲律宾
33	中国水电刚果民主共和国代表处	刚果民主共和国（金）
34	中国水电刚果共和国代表处	刚果共和国（布）
35	中国水电越南代表处	越南
36	中国水电赤道几内亚代表处	赤道几内亚
37	中国水电甘再项目公司	柬埔寨
38	中国水电南非有限责任公司	南非
39	中国水电（阿联酋）分公司	阿联酋
40	中国水电（利比亚）分公司	利比亚
41	中国水电（安哥拉）有限责任公司	安哥拉
42	中国水电（博茨瓦纳）有限责任公司	博茨瓦纳

续表

序号	机构中文名称	国　家
43	中国水电矿业（老挝）钾盐有限公司	老挝
44	中国水电加纳代表处	加纳
45	中国水电（俄罗斯）有限责任公司	俄罗斯
46	南俄5发电有限公司	老挝
47	中国水电（泰国）有限公司	泰国

（中国水电建设集团国际工程有限公司　任　敏）

中国水利水电第三工程局有限公司国际业务快速发展

2008年，中国水利水电第三工程局有限公司（以下简称水电三局有限公司）在中国水利水电建设集团公司（以下简称集团公司）的大力支持下，坚持“稳健发展国际业务”的指导思想，把2008年确定为国际环境年，将国际工程部由职能部门定位调整为生产经营单位，充实力量、引进人才，给予政策倾斜和扶持，建立和完善各项管理制度，国际业务取得了较大成绩。当年新中标签约项目4个，在建项目由1个发展到6个（其中1个项目为2007年中标，2008年开工），合同存量由年初2.99亿元增加到年末34.69亿元，为公司的持续和跨越式发展夯实了基础。

2008年水电三局有限公司国外在建的6个项目，分布在阿尔及利亚、卡塔尔、阿联酋和越南4个国家，分别是阿尔及利亚苏夫河谷水净化项目第一期工程、德拉迪斯水坝施工和试运行项目（SETIF省）、玛乌阿纳工程项目，卡塔尔路赛CP1项目，阿联酋诺富特—艾比斯宾馆项目和越南小中河水电站工程项目。

（一）阿尔及利亚苏夫河谷水净化项目第一期工程

水电三局有限公司承建的苏夫河谷水净化项目第一期工程位于阿尔及利亚瓦德省，由以集团公司为主组建的SINOHYDRO-COSIDER联营体于2005年7月中标，合同工期34个月，2005年10月8日开工。由集团公司国际公司和水电三局有限公司组建联营体，承担施工任务。项目包括Lot1、Lot2、Lot3、Lot5共4个批次管网，Lot1为南北排水主管路（PRV管），Lot2为瓦德城区的收集管网（PVC管），Lot3为瓦德城区的疏导管网（打井及PVC管网），Lot5为罗巴、巴亚达和库伊宁的收集管网（PVC管网）；主要工程量为：PVC管道安装263.6km，PRV（玻璃钢管）管道安装47.6km，检查井6413个，新建泵站21个，旧泵站改造5个，抽水泵房及降水井58个；土方开挖123.24万m^3，土方回填119.96万m^3，混凝土浇筑2.26万m^3，钢筋制安1104t。

（二）阿尔及利亚德拉迪斯水坝施工和试运行项目

德拉迪斯水坝施工和试运行项目工期34个月，2008年5月27日开工。该项目由水电三局有限公司和兄弟单位组成的联营体，以分包形式承担施工任务。德拉迪斯水坝位于塔抽达区东部迈德杰子河流上，为黏土心墙堆石坝，坝顶长956m、宽10m，最大坝高67m，库容1.37亿m^3；主要工程项目包括堆石坝、临时导流洞和放水洞、交通竖井和交通廊道、取水塔、饮用水建筑物、水机设备等；主要工程量有：土石方开挖：67.65万m^3，土石方回填510万m^3，混凝土浇筑2.91万m^3，钻孔及灌浆10.4万m，钢筋制安2015t。

（三）阿尔及利亚玛乌阿纳工程项目

玛乌阿纳工程项目由中国水利电力对外公司于2008年4月22日中标，工期36个月。该项目由水电三局有限公司和兄弟单位组成的联营体，以分包形式承担施工任务，水电三局有限公司合为责任方。该工程主要施工项目为：黏土心墙土石坝，坝长884m、坝顶宽7m，最大坝高88m，马蹄形断面导流洞（高5.6m、直径4.2m、底宽3.25m），洞长824m等；主要工程量为：土石方开挖340万m^3，坝体填筑700万m^3，灌浆3.2万m，混凝土浇筑2.1万m^3。

（四）卡塔尔路赛CP1项目

卡塔尔路赛CP1项目由集团公司中标，总工期700d，2008年4月1日开工。项目由水电三局有限公司与兄弟单位组成联营体承担施工任务，水电三局有限公司为责任方。主要合同内容包括交通道路、给排水、排污、通信、供电、照明、灌溉、绿化等基础设施项目。

（五）阿联酋诺富特-艾比斯宾馆项目

诺富特-艾比斯宾馆项目工期28个月，2008年7月24日开工。该项目由水电三局有限公司和浙江海天建设集团公司组成联营体承担施工任务，水电三局有限公司合为责任方。该项目位于阿联酋首都阿布扎比市，北面临水，建筑物地上二十三层，地下四层，框架剪力墙结构，建筑总高度87.85m，总面积约6.67万m^2，其中地下建筑2.04万m^2，地上建筑4.63万m^2。

（六）越南小中河水电站项目

小中河水电站项目由水电三局有限公司于2008年2月签订合同，工期20个月，2008年3月25日开工。该工程位于老街省 Sapa 地区 Ngòi Bo 的一条主要支流上，包括上游围堰、引水隧洞、混凝土面板堆石坝、拦河坝型泄洪道、进水口、压力隧道、调压井、水力机械设备、引水闸门、电力线路等工程；主要工程量有，混凝土浇筑 2.2 万 m^3，灌浆 4000m。

（中国水利水电第三工程局有限公司 秦 明 姜慧云 谭淑芳）

中国水电顾问集团华东勘测设计研究院海外设备成套业务

（一）概况

从 2002 年开始，中国水电顾问集团华东勘测设计研究院以水电站技术咨询服务为切入点，宣传中国水电技术及设备制造业的发展情况，并逐步开展以设计为龙头的海外设备成套项目工作。经过几年的不懈的努力，已成功实现了海外水电站设备成套业务从无到有的转变。自 2004 年起，先后承揽了越南广治项目机电设备供货（2×32MW）、越南西山 4 项目机电设备供货（3×120MW）、越南松拉底孔金属结构设备供货（6×400MW）、越南松真 2 水电项目机电设备供货（2×95MW）、土耳其 FEKE Ⅰ水电站机电设备供货安装项目（2×15MW）、土耳其 FEKE Ⅱ水电站机电设备供货安装项目（2×35MW）、土耳其 BURC BEND Ⅰ水电站机电设备供货安装项目（3×9MW）以及新加坡石龙岗水道闸门及启闭机设备供货。合同规模约 11 亿元人民币。华东勘测设计研究院设备成套业务的特点是：利用其所拥有的工程和设备技术与工程管理的综合优势为客户提供一流服务，不仅能提供最佳的成套设备，还能较好地解决设备成套与工程其他方面的接口，为业主当好参谋，促使整个工程质量、进度、费用，以及工程风险得到有效的控制。

（二）主要项目情况

1. 越南广治项目 广治电站位于越南 Quang Tri 省 Huong Hoa 区 Rao Quan 河上，装机容量 2×32MW，额定水头 334m，最大水头 376m。这是一个集灌溉、供水、防洪和发电为一体的综合水电项目。华东勘测设计研究院独立中标，于 2004 年 12 月 28 日签订合同，承担该项目水轮机和调速器、发电机和励磁、进水球阀、进水蝶阀、灌溉针阀、桥机、通风空调、厂内机械辅助设备、控制和保护、发电机电压设备、110kV 开关站设备、辅助厂用电系统、柴油机、照明系统、消防和火灾报警系统、电缆和桥架等成套设备的供货，以及相关的设计、安装指导、培训等技术服务。该项目已完工。

2. 越南西山 4 项目 该项目位于越南 Gia Lai 省 Pleiku 市西 70km 处的 SeSan 河上，电站总装机容量 3×120MW，装有 3 台混流式水轮发电机组，是一个兼灌溉、防洪、供水、发电的水电综合利用项目。华东勘测设计研究院为牵头方，联合天津阿尔斯通有限公司组成联营体中标，于 2006 年 11 月 21 日签订合同，承担该项目水轮机、发电机、进水阀、计算机监控系统、发电机电压设备、开关站设备、通信系统、压力钢管进水阀、灌溉阀及其他机组辅助系统等设备供货，以及相关的设计、安装指导、培训、调试指导等技术服务。该项目在建，合同还在履行中。

3. 越南松拉项目 越南松拉水电站位于大（Da）河流域，其下游比邻 Hoa Binh 梯级电站，在松拉（Son La）省的蒙拉（Muong La）区的依特翁（It Ong）公社内，距松拉（Son La）县东约 43km；装机 6 台，单机容量 400MW，总装机容量 2400MW。该电站以发电为主，兼顾防洪、灌溉、供水以及航运、养殖，其建设对促进越南的西北地区的经济发展有重大意义。松拉水电站枢纽建筑物主要包括混凝土重力坝、发电厂房、表孔溢洪道、底孔泄水道、开关站等。华东勘测设计研究院为牵头方，联合中国水电建设集团夹江水工机械有限公司组成联营体中标，于 2006 年 12 月 23 日签订合同，承担该项目底孔泄水道有关的机电及金属结构设备供货，以及相关的设计、安装指导、培训、调试指导等技术服务，金属结构设备总重约 7000t。该项目在建，合同还在履行中。

4. 越南松真 2 项目 Song Tranh 2 电站位于越南南部 Quang Nam 省 Bac Tra My 区的 Song Tranh 2 河上，距离越南第三大城市岘港约 120km；装机 2 台，单机容量 95MW，总装机容量 190MW。该电站集发电、防洪、灌溉、促进当地经济发展为一体，建成后将直接连入越南国家电网，是广南省 2006～2010 年阶段电力发展规划中的重点项目。华东勘测设计研究院为牵头方，联合天津阿尔斯通有限公司组成联营体中标，于 2007 年 10 月 18 日签订合同，承担该项目水轮机、发电机、进水阀、计算机监控系统、发电机电压设备、开关站设备、通信系统及其他机组辅助系统设备供货，以及相关的设计、安装指导、培训、调试指导等技术服务。该项目在建，合同还在履行中。

5. 新加坡石龙岗水闸项目 新加坡石龙岗水闸工程是将部分海域建堤筑坝，海水淡化处理，以解决新加坡用水问题。华东勘测设计研究院独立中标，于 2007 年 5 月 30 日签订合同，承担该项目 9 套泄水道主闸门、门槽及其启闭机，4 套泄水道主闸门的检修闸门（叠梁门），18 套检修闸门门槽，1 套自动挂脱梁的设计、制作、供货及安装指导、调试等服务。该项目在建，合同还在履行中。

6. 土耳其FEKEⅠ水电站项目　土耳其FEKEⅠ水电站位于土耳其南部城市ADANA附近，毗邻地中海，距FEKE镇西南8.7km，在FEKE Ⅱ水库上游；总装机容量为2×16.2MW。华东勘测设计研究院独立中标，2008年3月签订合同，承担该电站机电设备设计、制造、供货、试验、运输、安装和调试全过程工作。供货范围具体包括：水轮机、调速器、进水阀、厂内机械辅助设备、发电机、励磁系统、发电机电压设备、主变压器、34.5kV开关设备、厂用电系统、柴油机、继电保护系统、监控系统、直流系统、通信设备、接地系统（设计）、电缆和桥架等。该项目在建，合同还在履行中。

7. 土耳其FEKE Ⅱ水电站项目　土耳其FEKE Ⅱ水电站位于土耳其ADANA市，毗邻地中海，在FEKE镇西南12km；装机容量70MW。华东勘测设计研究院独立中标，2007年11月30日签订合同，承担该电站机电设备设计、制造、供货、试验、运输、安装和调试全过程工作。供货范围具体包括：水轮机和调速器、发电机和励磁、进水蝶阀、厂内机械辅助设备、主变压器、控制和保护、发电机电压设备、154kV开关站设备、通信设备、辅助厂用电系统、柴油机、发电机消防和火灾报警系统、接地系统、电缆和桥架等。该项目在建，合同还在履行中。

8. 土耳其BURC BEND Ⅰ水电站项目　土耳其BURC BEND Ⅰ水电站位于土耳其Adiyaman市的西南部，距离Adiyaman城市中心约为35km；装机容量27MW。华东勘测设计研究院独立中标，签订合同，承担该电站机电设备设计、制造、供货、试验、运输、安装和调试全过程工作。供货范围具体包括：水轮机和调速器、发电机和励磁、进水蝶阀、厂内机械辅助设备、主变压器、控制和保护、发电机电压设备、35kV开关站设备、通信设备、辅助厂用电系统、柴油机、发电机消防和火灾报警系统、接地系统、电缆和桥架等。该项目在建，合同还在履行中。

（中国水电顾问集团华东勘测设计研究院　王小军）

国际项目施工特点和规则

有些国外项目，前期工作进展往往不顺利，初期开展工作时处处碰壁，处在被动状态，走了很多弯路和回头路，付出很大代价。究其原因，主要的还是对国外项目施工的认识问题，用国内的思维和习惯看待和对待国外项目，用我们固有的规则和潜规则处理国外项目。国外项目施工同国内的存在差别。中国改革开放和“走出去”战略不会改变。为发展国际业务，必须提高对国外项目施工特点和规则要求的认识。

（一）施工组织特点

在国外进行项目施工的第一个特点是资源组织难度大、周期长。无论设备、材料和人员的组织都远不如国内方便。海湾国家尽管很富有，但是生产资料却非常匮乏，基本都是进口来的，而且当地储备量很少。这就要求我们在资源方面的预见性和计划性要很强才行，尤其在工程开始前就必须早一点决策，否则到达现场的资源会锣齐鼓不齐，迟迟不能进入正常工作状态。要解决这个问题不外乎是两个办法，一是施工方案和施工组织的关键岗位人员及时到位，在现场及时拍板定案；还有一个办法就是在国内专题会议研究，编制一个完整的施工组织设计，确定主要的资源和组织方式。

（二）规则方面的要求深度和差异

我国工程施工，在技术方面、质量标准方面和施工方面的规则，现在比较完善。但是我们的规则最早是来源于前苏联，虽然经过了不断修订完善，与欧美系列还是有很多的不同，规则要求的深度和差异简要归纳如下。

1. 施工图纸设计　国外项目的施工设计深度与国内不同。国内设计单位所提供的图纸是施工图设计，是可以直接进行施工的。但是国外设计单位只进行功能设计或概念设计，拿到图纸后还必须进行施工图设计，当然是要按照国外的规程规范进行设计，经过工程师批准后才可以开始施工。

2. 施工资质要求　国外项目施工对施工资质要求比较严，也比较细。不具备施工资质要求的单位当然是拿不到合同的。但是具备了总体施工资质还不够，很多具体专业的施工都必须取得当地政府主管部门认可的资质。而且西方发达国家一般并不认可我们国内的资质，也不认可我们国内个人的证照、职称。有很多专业施工我们在国内从事了几十年，在施工上不存在任何问题，但是没有取得当地的认可是不能施工的。一定要了解所在国在施工资质方面的要求，否则，看似简单的施工，因为不具备资质而眼睁睁不能施工。而要取得资质又是很漫长的过程，一般在本标段是来不及的；办法只有两个，一是分包出去，二是借牌联合。这两个办法也带来两个问题，一是让利于外，加大自己的成本；二是施工不在自己控制范围之内，信誉风险大。当然，除施工方面的资质外，也包括设计的资质、检验试验的资质等。

3. 上岗人员要求　项目关键岗位人员和特种作业人员的要求与国内相当，但是要在当地取证和获得批准。项目经理、项目总工、设计和试验等关键岗位的人员，必须报送详细的资料获得工程师的批准，否则就会不承认你的工作。特种作业人员的上岗也必须取证并获得批准，如安全员、司机、起重指挥、电工、机械操作、试验、检验等；有些在当地取证的时间很长，也比较繁琐，更主要是很多要经过当地考试，如果外语不好就无法通过考试。

4. 设备方面的限制和要求　起重设备、检验试验设备、机动车辆在取证和使用要求方面与国内差别不大。但是有些国家对进入本国的设备有限制，比如海湾国家对进入本国的机动车辆和轮胎产品就有明确的 GCC 认证限制，一方面是安全和环保方面的考虑，另一方面也是限制一些低端产品的流入。如果不掌握 GCC 的认证限制，从国内或外国购置的设备将无法通过海关，或者无法投入使用。

5. 施工计划　在国内项目上，施工计划是包含在施工组织设计当中的。承包商进场后，要在规定的时间内提交施工组织设计。但是在国外，施工计划、施工技术和施工方案一般是分开进行的。施工计划安排涉及施工图设计、材料设备订货和相邻标段交面的进程，而国外材料设备的订货周期又很长，因此施工计划是首先应该获得批准。在卡塔尔施工计划要求用合同约定的软件编制基线计划，并定期更新，施工计划中要包含施工图设计、设备材料计划和对工作面的要求。

6. 施工方案和措施　在国外任何单项工程开始施工都必须首先要报施工方案和措施，经过工程师批准后才能够进行施工。所以施工方案和措施必须及早进行，否则各项准备都完成了，会因为方案和措施没有批复而不能开工。在施工方案编制方面也有几个要点：一是依据要说清楚，包括引用的规范、标准；二是必须有切实可行的安全环保内容；三是报批的方案和实际实施必须一致。因此方案必须和施工图设计很好结合，必须和选择的施工工艺很好结合，必须和使用的材料设备很好结合，否则方案一经批准，而实际上又做不到，那就会自讨苦吃；四是方案必须有各个环节的实施责任人。在不同的国家，方案和措施也有一些规定的格式和规定的内容。

7. 材料设备采购和验收　进入工程的所有材料、设备在采购前必须先报批产地和生产厂家，这也是容易发生变更索赔的一个很主要方面。有些在合同中对产地是有约定的，但是相当一大部分没有约定，由工程师掌握。有时我们感觉合同价格很好，这是我们用国内的标准得出的结论，如果采用西方国家的材料设备，其结果差异就会很大。所以我们一定要注意合同或招标文件中在这方面的约定。生产厂家获得批准后，承包商才可以进行采购，而且每批次的货物都要进行检验。这里，一是时间问题，要提早进行；二是品种问题，不能漏项；三是要注意等级和标准的变化。

8. 业主提供施工条件　在国内水电项目上，业主一般都提供系统供电和生产生活用地。但是在卡塔尔，业主是不提供生活营地用地的，要承包商自己想办法解决，所以生活临建系统的花费是很大的；提供的生产和辅助生产场地，也是严禁越界，否则就要给予赔偿。当然也不提供系统供电。

9. 安全与环保　在安全方面的围栏、标示、警戒、休息处、急救处、医护设施等必须齐全，配备什么样的安全员、什么样的医生、甚至有几张床位都有明确的要求，否则就很难获得开工批准。在环保方面，对油、废水、化学物质的管理要求很高，生活废水和化粪池的污水都是要运走进行处理的。如果污染了土地，其处理代价十分昂贵。

在安全环保方面同样有措施和批复的问题。在本标段所涉及的各专项安全和环保，都必须编制具体的措施，并且要经过工程师的批复。安全环保体系文件和措施没有经过工程师的批复，同样也不允许施工。在卡塔尔这个项目上，先后共报批了 20 多个程序文件。

10. 用工和生活要求　国外项目的劳动用工，首先要有施工合同，然后才能申请用工配额，没有用工配额指标就不能组织人员进场。有些国家对使用其本国劳务人员也有指标规定，主要目的是限制外来人员，增加本国人员的就业。这对我们施工组织的习惯有一些冲击，会增加我们的施工组织管理的难度。卡塔尔是发达国家，对劳工的使用和待遇是有限定的。比如加班限制、节假日休息约定，人均居住面积约定，甚至包括厕所的设置规模和标准都有约定，当然也包括消防、通风、供冷和供暖方面的要求。

11. 进出口和清关　进出口和清关也是国际项目的一个特定情况。进出口和清关虽然不复杂，但是也是一项很重要的工作。尤其在施工资源匮乏国家，很多资源需要进口，如果处理不好，常常会“望眼欲穿”。

12. 施工作业层组织　对于自己组织施工的劳动力密集型作业，或者是群体联合的作业，作业人员的组成应该以我为主、外援为辅，这样项目施工不会失控。但是作业层人员完全依靠自己的职工还是不行的。因为受用工指标、气候、成本多方面因素的影响，还必须使用一部分外籍劳工。

（中国水利水电第三工程局有限公司　焦继轩）

正在建设的印度尼西亚 Asahan No. 1 水电站

Asahan No. 1 水电站位于印度尼西亚苏门达腊岛上的 Asahan 河，距北苏门达腊省会棉兰市东南约

130km，上游25km是著名的旅游胜地多巴湖。多巴湖，流域面积3450km^2，水面面积1100km^2，正常高水位905.00m时的总库容为28.6亿m^3，水量充足。

Asahan河上游河段规划有3个梯级电站，其中Asahan No.2水电站已经建成。为配合Asahan No.2水电站的运行，1981年在Asahan No.2水电站建设时修建了Asahan No.1水电站的拦河坝、进水口和部分引水隧洞。Asahan No.1水电站工程由已建的坝区建筑物（挡水、泄水、放水等建筑物）和拟建的6.3km的引水隧洞、调压井、压力钢管、地面厂房和开关站等组成。

Asahan No.1水电站工程是以发电为主，电站设计水头163.5m，设计流量125.8m^3/s；安装2台机组，单机容量90MW，总装机容量180MW，年发电量11.75亿kW·h；由两回275kV线路送至Simangkok变电站，与PLN电网相连。

Asahan No.1水电站由中国华电集团公司和印度尼西亚国家电网公司（PLN）投资建设，中国华电工程集团有限公司承担工程总承包施工，中国水电顾问集团北京勘测设计研究院承担该电站的勘测设计工作。该工程于2006年12月18日签订合同，2007年5月正式开工，2008年12月29日全长6.5km的引水隧洞全线贯通，2009年4月底厂房一期混凝土浇筑完成，目前正在进行隧洞衬砌和机组安装，预计于2009年底投产发电，2010年5月完工，合同总工期42个月。

Asahan No.1水电站早在1995年就开工建设，由于金融危机及印度尼西亚政局动荡等因素，该项目被迫停工。进入21世纪，随着印度尼西亚国内经济形势的好转，当地政府重新启动该项目的建设。2005年中国华电集团公司决定投资建设该电站。该电站的建设得到了国家政策的大力支持，中国进出口银行为项目实施贷款，中国出口信用保险公司为该项目签发了海外投资保险单。电站建设得到了两国政府的大力支持。2009年3月14日，中国驻印度尼西亚大使章启月和商务参赞房秋明参观视察了正在建设的Asahan No.1水电站，鼓励中方建设者与印尼的合作方一起，踏踏实实地做好各项工作，为印度尼西亚电力工业的发展，为两国人民的友好作出贡献。

（中国水电顾问集团北京勘测设计研究院
李志山　梅传胜）

三峡工程与长江水资源开发利用及保护国际研讨会

三峡工程与长江水资源开发利用及保护国际研讨会在湖北宜昌三峡坝区举行

2008年10月28日至29日，三峡工程与长江水资源开发利用及保护国际研讨会在湖北宜昌三峡坝区举行，来自美国、俄罗斯、法国、巴西、德国、荷兰、加拿大、印度、中国等18个国家的代表130余人共同探讨水资源开发与保护和水电可持续发展之路。代表们基于对水资源开发与保护和水电可持续发展的丰富研究成果和实践经验，提出对未来水资源可持续开发、维护江河健康的真知灼见，相互交流、印证、借鉴和分享。本次研讨会的成功举办，对于促进中国与世界水利水电界的理论与实践交往，加深我们对河流开发利用及生态保护的认识，将产生积极的影响。

10月28日下午，中国长江三峡工程开发总公司总经理李永安、长江水利委员会主任蔡其华在开幕式上致辞。

李永安在致辞中说，长江是中华民族的母亲河，也是中国未来发展的生命之河。长江的开发、利用与保护不仅关系到流域4亿多人民的福祉，而且关系到中国经济社会的可持续发展。三峡工程是保障长江防洪安全、合理开发利用长江水能资源、改善长江航运条件的关键工程。目前，三峡工程即将全面建成，三峡工程的防洪、发电、航运、生态等巨大综合效益已全面得到发挥。我们将积极践行“建好一座电站，带动一方经济，改善一片环境，造福一批移民”的水电开发理念，合理吸收和借鉴国际上的可持续开发理念和成功案例，以实现水资源开发和保护的双赢。

关于治理长江，蔡其华在致辞中说，近几年来，我们正在按照科学发展观的要求和人与自然和谐相处的理念，积极探索并努力实践以“维护健康长江，促进人水和谐”为基本宗旨的新时期治江思路，以“在开发中落实保护，在保护中促进开发”为原则，把长江源头生态脆弱区、水电开发集中区、重要水源区、中下游洪泛区以及两湖河口地区，作为维护健康长江的五大关键区域，统筹开发与保护，协调生态与发展，努力实现保障防洪安全、合理开发利用、维系优良生态、稳定河势河床四大战略目标。

本次研讨会由中国长江三峡工程开发总公司、长江水利委员会、国际水电协会、大自然保护协会、世界自然基金会主办。大会共收到论文50余篇。与会代表分别来自水利水电界、政府部门、流域管理机构、非政府组织、科研学术团体。五个主办单位分别代表着企业、政府机构、行业协会和环保组织，这使得本次研讨的议题更加广泛和开放，交流更加充分。这次国际研讨会围绕着水资源开发的可持续性，讨论了诸多的题目，如河流健康、上下游利益兼顾、鱼类洄游通道、珍稀鱼种保护繁殖、生物多样性保护、洪泛区湿地保护、流域梯级优化调度、大坝生态流和流域统筹规划、地质地震灾害对水电工程的影响等等问题。

中国长江三峡工程开发总公司副总经理曹广晶作了题为《三峡工程与和谐社会的建设》的发言。他着重阐述了三峡工程各个方面的效益及其对于推动构建和谐社会进程的贡献。他说，三峡工程本质上是一项生态工程，其巨大的防洪效益避免了洪水造成的人员伤亡、财产损失，疾病与瘟疫的流行和暴发，是最大程度地保护了自然生态环境。巨大的清洁电能减少了温室气体的排放，是应对全球气候变化影响最有效的措施之一。

长江水利委员会副主任钮新强作了题为《长江水资源开发与保护》的发言。他针对目前面临的新形势，提出了做好长江水资源开发与保护工作的几个关键点：正确处理开发与保护的关系，维护健康长江；合理开发利用流域水资源，支撑经济社会可持续发展；统筹生态与发展，建立长江水生态与环境保护体系；加强水资源统一管理，不断完善流域综合管理机制与体制。

美国垦务局局长 Robert Johnson 以《水资源管理面临的主要挑战》为题介绍了美国水资源开发管理的现状、所面临主要问题及发展趋势，讲述了垦务局如何成功地采用多方位的策略措施，平衡灌溉用水、城市及工业供水、发电需要以及珍稀物种保护、环境保护之间的关系。美国陆军工程兵团 Alexander Dornstauder 上校以《与可持续河流携手》为题讲演，指出了美国水资源利用所面临的种种严峻挑战，讲述美国陆军工程兵团如何与利益相关者通力合作，共同开发和推进水资源开发保护的管理创新，满足人与河流生态的综合需求。

国际水电协会主席 Refaat Abdel-Malek 作了题为《可持续水电开发》的发言。他全面介绍了全球已开发的水电发电能力和实际潜在的发电能力等相关情况，介绍了国际水电协会的性质、目标、作用等，阐述了水电开发于人类应对全球气候变化的积极作用，倡导对水电的全方位了解、推动可持续的水电开发。

大自然保护协会中国部首席代表张爽就生态可持续水电与淡水生态系统保护问题，世界自然基金会（瑞士）北京代表处项目实施总监朱春全博士就推进流域综合管理、促进水电可持续发展，巴西伊泰普两国委员会协调和环境部主任爱尔顿·弗雷德里希就致力于水力发电、履行环境与社会责任，成都勘测设计研究院总工程师王仁坤就汶川地震对水电设施的影响和决策，德国莱茵河国际保护委员会主席 Friedrich Hill Stefen 博士就德国莱茵河水电开发与生态保护的矛盾，湄公河管理委员会总裁 Jeremy Bird 就基于水资源综合利用的湄公河下游水电开发，全球水伙伴执行秘书 Martin Waishe 就全球水伙伴对国家水资源可持续管理工作的支持，分别在主会场上发言。俄罗斯、法国水电开发企业的专家也介绍了在流域开发利用和保护中平衡水电开发与生态保护、创建和谐人水关系的管理理念和实践。

在大会的问答环节，与会人员就水电开发、环境保护等问题作了较为充分的交流。

10月29日下午，研讨会分三个议题、三个会场进行专题交流。

第一个会场围绕“可持续水电开发理念与实践”这一中心议题，与会代表分别介绍了各国政府的水电政策、水电开发状况、面临的挑战及未来发展趋势等。

第二会场围绕“水电开发与淡水生态环境保护”这一中心议题，与会代表分别介绍了各自围绕水资源开发项目进行的诸如鱼类保护、洪泛区管理、生态流、流域生态规划等环保措施及取得的成果。

第三会场围绕“流域水资源管理方面的理论和实践成果”这一中心议题，与会代表分别就洪水治理、流域管理策略与实践、水资源综合利用等交流了各自的经验与看法。

主会场由曹广晶、林初学、Refaat Abdel-Malek 等共同主持。林初学作了大会总结发言。

会前，与会代表于10月28日上午参观了三峡展览馆，并乘车前往坛子岭、三峡大坝坝顶、左岸厂房进行了考察，并于当天上午观看了由中国长江三峡工程开发总公司、俄罗斯水电公司联合主办的大坝攀岩活动竞赛表演。当天还举行了《长江保护与发展报告2007》英文版首发式。

据介绍，在研讨会举行前，国际水电协会举行了“水电可持续发展论坛”第四次会议，论坛代表就水电站建设的社会影响及移民事项实地考察了水布垭水电站。

国际研讨会结束后，中国长江三峡工程开发总公司还将与TNC联合举行“金沙江下游生态流”研讨会。WWF将举行“全球大坝项目培训”活动。

部分与会代表还将乘船游览三峡沿岸的自然风光和风土人情，充分感受三峡工程给三峡库区带来的变化。

（摘自《中国三峡工程报》）

中国长江三峡工程开发总公司总经理李永安在三峡工程与长江水资源开发利用及保护国际研讨会开幕式上的致辞

尊敬的各位学者、专家、女士们、先生们：

值此三峡工程与长江水资源开发利用及保护国际研讨会开幕之际，我谨代表本次研讨会的发起者——中国长江三峡工程开发总公司，和其他几家主办方——长江水利委员会、国际水电协会（IHA）、大自然保护协会（TNC）和世界自然基金会（WWF）向与会的各位专家、各位嘉宾表示热忱的欢迎！

新世纪的人类前所未有地紧密关连、唇齿相依，共同享受社会经济发展的成果，共同经历金融危机、能源危机、粮食危机、全球气候变暖等一系列的担忧。水资源的可持续开发利用与保护，是实现经济社会可持续发展的重要保障，是世界各国共同面临的全球性紧迫任务。众所周知，作为世界第三大河，长江是中华民族的母亲河，也是中国未来发展的生命之河。长江流域蕴藏着全国53%的水能资源，生活着全国1/3的人口，干支流通航里程占全国内河通航里程的72%，同时她还孕育了独特而丰富的生物多样性。长江的开发、利用与保护不仅关系到流域4亿多人民的福祉，而且关系到中国经济社会的可持续发展。经过半个多世纪的艰苦努力，长江保护、治理与开发取得了辉煌的成就，长江流域经济、社会面貌都发生了巨大的变化。

举世瞩目的三峡工程是保障长江防洪安全、合理开发利用长江水能资源、改善长江航运条件的关键工程。经过十多年的建设，三峡工程即将全面完工，具备了175m蓄水条件，标志着长江防洪体系已经形成，荆江河段的防洪标准从“十年一遇”提高到“百年一遇”；三峡电站最后一台机组即将并网发电，累计发电超过2700多亿千瓦时，为国民经济的发展提供了源源不断的清洁能源；水库蓄水改善了川江的航运条件，较大幅度地降低了运输成本，促进了长江航运业的发展；在长江枯水季节，通过实施生态补水调度，加大水库下泄流量，对下游航运和生产、生活用水发挥了作用。三峡工程的防洪、发电、航运、生态等巨大综合效益全面得到发挥。

在三峡工程的建设过程中，中国长江三峡工程开发总公司积极践行“建好一座电站，带动一方经济，改善一片环境，造福一批移民”的水电开发理念。高度重视生态与环境保护工作，坚持环境保护与工程建设同步，并加强了与国际水电协会、大自然保护协会、世界自然基金会等国际组织的交流与合作，积极引进国际先进水电开发理念以及与水电相关的环境保护先进技术，最大程度地减免了工程对生态与环境的不利影响。几年来的监测数据表明，三峡水库的水质、泥沙、地质等情况均好于预期。

在三峡工程即将竣工和综合效益全面发挥之际，我们举办“三峡工程与长江水资源开发利用及保护研讨会”，共同探讨未来水电可持续发展的道路，这对于指导三峡工程今后的运行，促进长江水资源的可持续开发利用和保护，推动中国乃至世界水利水电事业的发展，无疑都具有非常重要的意义。目前，中国正处于经济快速发展的时期，能源需求持续增长，将开发水能资源作为保护环境、减少温室气体排放和节约资源的重要能源战略。在新的形势下，中国水电开发迎来了前所未有的发展时期，同时也将面对前所未有的挑战和机遇。在此背景下，我们既要充分总结国内水电开发的丰富实践经验，又要合理吸收和借鉴国际上的可持续开发理念和成功案例，以实现水资源开发和保护的双赢。

本次研讨会得到了政府机构、世界著名水电开发公司、流域管理机构、科研院所、行业协会、环保组织，以及水电设备制造商的积极响应。我们荣幸地邀请到美国垦务局（USBR）局长Robert W. Johnson，以及来自法国电力公司德国莱茵河国际保护委员会，巴西伊泰普两国委员会，俄罗斯水电公司，湄公河管理委员会埃及大坝委员会的高层代表等一批新老朋友。长期以来，国际水电组织和水电界的专家、学者对三峡工程建设和中国水电工程建设、水资源可持续开发利用及保护，给予了极大的关心和支持，并开展了广泛深入的技术交流与合作。今天诚恳地邀请大家献计献策，贡献各国在水电开发理念与实践、水电工程的生态环境保护，以及流域水资源管理方面的理论和实践成果。我相信，本次研讨会一定会取得丰硕的成果，大家将缔结更浓厚的友谊，进一步推进水利水电科技的交流与合作，推动中国和国际水利水电事业的进步与发展。

最后，预祝本次研讨会圆满成功！祝各位嘉宾在三峡度过愉快的时光！

谢谢大家！

（摘自《中国三峡工程报》）

长江水利委员会主任蔡其华在三峡工程与长江水资源开发利用及保护国际研讨会开幕式上的致辞

各位领导，女士们、先生们：

十月的三峡，秋高气爽。在长江三峡工程开发总公司、水利部长江水利委员会、国际水电协会、大自然保护协会和世界自然基金会的共同努力下，三峡工程与长江水资源开发利用及保护国际研讨会今天开幕了。来自国内外的嘉宾和代表相聚长江之滨、西陵峡畔，共同探讨水电开发与水资源管理及保护的先进理念、成功经验及其他热点难点问题，这不仅对维护健康长江将起到重要的促进作用，而且对推进中国乃至世界大江大河流域的合理开发、有效保护与科学管理都有十分积极的意义。借此机会，我谨代表水利部长江水利委员会对会议的召开表示热烈祝贺！

众所周知，长江是中华文明的摇篮，也是当代中国经济社会发展的重要命脉。长江流域是我国水资源配置的战略水源地、实施能源战略的主要基地、珍稀水生生物的天然宝库、连接东中西部的“黄金水道”和改善我国北方生态与环境的重要支撑点，战略地位十分突出。维护健康长江，不仅关系流域4亿人民的福祉，而且关系到全国经济社会发展的大局。我们正在按照科学发展观的要求和人与自然和谐相处的理念，积极探索并努力实践以“维护健康长江，促进人水和谐”为基本宗旨的新时期治江思路，以“在开发中落实保护，在保护中促进开发”为原则，把长江源头生态脆弱区、水电开发集中区、重要水源区、中下游洪泛区以及两湖河口地区，作为维护健康长江的五大关键区域，统筹开发与保护，协调生态与发展，努力实现保障防洪安全、合理开发利用、维系优良生态、稳定河势河床四大战略目标。在治江实践中，我们更加注重给洪水出路，更加注重水资源的保护与节约，更加注重水资源开发利用与配置中的生态问题，更加注重发挥大自然的自我修复能力，更加注重决策的科学民主和公众的积极参与，更加注重全球与区域技术合作，努力促进流域经济社会发展与水资源承载能力、水环境承载能力和水生态承受能力相协调。新时期治江思路的深入实践，为破解流域水资源问题找到了一把钥匙，也为充分发挥流域水利工程的综合效益、协调上下游、左右岸及江湖关系、维护健康长江提供了新的途径。

三峡工程是治理开发和保护长江的关键性工程，是几代中国人近一个世纪艰辛探索和艰苦实践的结果。实践已经证明，三峡工程不仅具有巨大的防洪、发电和航运效益，而且可以发挥巨大的生态效益，为我们建立人类与长江的亲和关系提供了新手段新平台。工程建成后，长江的防洪能力得到极大提高；长江清洁的水能资源得到合理开发利用，可有效缓解华中和华东地区用电紧张的局面；长江的通航条件得到极大改善，万吨级船队可由上海、武汉直达重庆；长江水资源可得到有效调节，对保证南水北调东、中线调水作用显著；长江中下游的生态环境将得到改善，因防洪抗旱产生的生态问题将大大减少。但是，我们也应看到，三峡工程建成后，长江仍然存在许多历史和现实的遗留问题，还面临着经济转轨和社会转型的挑战、流域开发利用工程生态累积影响逐步加大的压力和全球气候变化带来的考验。

妥善解决长江的一系列水问题，切实加强流域管理、着力抓好三峡等控制性水库的调度运行十分关键。为此，必须牢固树立和落实科学发展观，努力践行新时期治江思路，坚持“江湖两利”、“左右岸兼顾、上中下游协调”的方针，坚持人水和谐相处的理念，积极探索建立以三峡等上游水库和中下游天然湖泊调蓄为基础、以生态调度为主要手段、工程措施与非工程措施相结合的人水协调共处的防洪抗旱减灾管理体系。必须把水生态与水环境保护纳入流域管理和三峡等水库调度运行工作的基本目标，进一步加强长江及其重要支流、湖泊的水污染防治和水土保持工作，进一步加强流域水行政管理，确保流域供水安全和生态安全。必须针对三峡水库蓄水后的一系列变化，大力开展科技攻关，加强对健康长江指标体系、江湖关系演变、流域排污权管理制度及流域生态用水定量等关键技术研究，不断破解治江难题。必须按照“局部服从整体，兴利服从防洪和生态，电调服从水调”的原则，研究制定三峡等单一水库和以三峡水库为核心的水库群防洪、兴利与生态协调统一的水库综合和优化调度方案，充分发挥其综合效益。必须深入研究并逐步建立健全长江流域以三峡水库为核心的控制性水库群统一调度管理体制，以及跨地区、跨部门的协调机制、应急机制和补偿机制，为水库群科学有效的调度运行管理提供保障。

加强流域管理，维护健康长江，需要各级政府和各行各业的大力支持，需要社会各界的共同行动，也需要包括国际友好组织在内的交流合作。让我们携起手来，以高度的责任感和使命感，积极实践，努力探索，珍惜长江，护佑长江，同谱健康长江的崭新篇章，共创人水和谐的美好未来！

谢谢大家！

（摘自《中国三峡工程报》）

三峡工程与和谐社会的建设(摘要)

中国长江三峡工程开发
总公司副总经理　曹广晶

中国长江三峡工程开发总公司在三峡工程建设过程中，不断探索和实践，形成了“建好一座电站，带动一方经济，改善一片环境，造福一批移民”的水电开发理念。在这一理念的指导下开发建设的三峡工程成了促进和谐社会建设兼具巨大的经济效益和巨大社会效益的伟业。

一、三峡工程是人与自然和谐的基础性工程

长江是中国的第一大河，长江在孕育两岸文明的同时，也给中下游平原带来了深重的灾难。从汉初到清末的2100多年间，共发生大小洪灾210多次。1931年的洪水一次淹死14.5万人，淹毁180万间房屋。1998年的洪水造成2.23亿人受灾，直接经济损失达1666亿元。

三峡工程可以从根本上解决江汉平原地区的洪水灾害，从这个意义上我们完全有理由说，长江三峡工程是一项解决人与自然和谐的基础性工程。除此而外，三峡工程还具有发电、航运、灌溉补水等其他巨大综合效益，而且可以改善长江流域的生态环境，带动西部贫困地区经济发展，促进长江流域以至整个中国经济社会的全面可持续发展，这也是对三峡工程在促进人与自然和谐共生中的基础性地位作了最好的补充。

二、三峡工程大大促进了地方经济的发展

三峡工程建设带动了库区经济的增长。三峡工程的兴建拉动了对库区的投资，极大地改善了库区的交通条件，带来了大量的人流、物流和信息流，并将为库区产业发展提供更多的电力。三峡库区国民生产总值从1992年的361.83亿元提高到2007年的3042.13亿元，GDP年均增速达到11.6%（按可比价计算)，高于全国同期增速0.4个百分点。这一时期是三峡库区经济社会全面发展最快的时期。

三峡工程建设改善了库区基础设施。三峡工程建设期间，库区道路桥梁、港口码头、学校医院等一大批基础设施和公益设施的建设，有效地改善了库区投资环境，人民基本生活条件得到提高。

三峡工程建设改善了库区经济结构。截至2007年底，全国对口支援三峡库区累计引入资金达421亿元。经过15年的发展，三峡库区第一产业增加值比重下降了16.2个百分点，第二产业增加值比重增加了6.7个百分点，第三产业增加值比重上升了近10个百分点，产业结构得到优化，劳动力逐渐从第一产业向第二、三产业转移。

三、三峡工程推动了水电科技发展和人才建设

三峡工程建设大大推进了水电行业科技进步。三峡工程建设面临一系列世界级难题，通过科技创新取得了一系列技术上的重大突破，实现了质量、进度和投资有效控制，保证了工程建设的顺利进行。

三峡700MW水轮发电机组国产化是三峡工程推动行业科技进步的一个成功的典范。中国用7年的时间，实现了水电重大装备业30年的跨越，这也标志着我国自主设计、制造、安装特大型水轮发电机组的时代已经开始。

三峡工程众多成果获得国家或省部级奖励，形成了多项专利和质量标准：已获得国家科技奖励近20项，省部级科技进步奖200多项，获得专利数百项，三峡质量标准200余项，这些成果不仅在三峡工程中得到了全面的应用，也在国内外大型水电工程中得到推广应用。

人才建设取得突出成就。中国长江三峡工程开发总公司从三峡工程论证开始，投入不同专业领域各类专业人员达600多人。到2006年底，中国长江三峡工程开发总公司各类国家级科技人才已达20人，其中中国工程院院士2人。二期工程以来，中国长江三峡工程开发总公司投入的工程管理人才一直稳定在615人左右。一大批综合素质较高的中青年领军人才产生了，他们活跃在水电行业的各个领域，三峡工程为我国的水电行业的更大发展做好了最充分的人才储备。

四、三峡工程对生态环境的贡献

（一）三峡工程本质上是一项生态环保工程

三峡工程年发电量847亿kW·h，与燃煤发电类比，可替代消耗5000万t标准煤，减少排放二氧化碳1亿t、二氧化硫100万t、一氧化碳1万t、一氧化氮37万t。如果以中国2007年能源消费总量26.5亿t标准煤对比，则三峡工程单就发电一项，对我国温室气体减排贡献率约为2个百分点。

在长江枯水季节，三峡工程可发挥其调蓄水资源的能力，为中下游进行生态补水，这也是三峡工程对生态环境的又一重要贡献。

（二）三峡工程极大推动了区域生态与环境保护

中国政府高度重视三峡工程的生态与环境保护，先后对农村移民安置政策和工矿企业迁建政策进行调整，制定并实施水污染防治规划，强有力地推动了三

峡库区及流域周边的生态与环境保护工作。

（三）三峡工程的建设及运行管理始终将生态环保放在首位

三峡工程开工之初就确立了“工程建设与环境保护同步”的指导原则，建立了国内唯一的跨地区、跨部门、跨学科、综合性的生态环境监测网络。三峡工程还建立了先进的数字化地震监测网，制订了三峡库区破坏性地震应急预案；对泥沙进行全面的观察研究，通过“蓄清排浑”的水库调度方式，解决库区泥沙问题。

在生物多样性保护上三峡工程也作出了突出的贡献。实施了以荷叶铁线蕨和疏花水柏枝两物种为重点的陆生物种、库区珍稀植物、主要优势植物、植物多样性和水生生物等各项保护工程。

（四）三峡工程树立了水电行业生态环保的典范，培育了全民的生态环保意识

三峡工程因其巨大的规模和突出的地位，引起了全社会乃至全世界的广泛关注。通过三峡工程这个平台，越来越多的人了解了水电工程，了解了水电工程中的生态与环境保护，全民的生态环保意识得到了一次空前的提升。而这对于实现可持续发展，促进社会和谐的意义将超过任何一项具体的贡献。

五、三峡工程再认识

三峡工程完全达到了设计预期。从2003年实现初期蓄水，三峡工程已经在不同水位下运行了五年的时间，虽然水位尚未达到正常蓄水位175m，但是可以从以往的运行情况判断出：工程完全达到而且在很多方面远远好于预期。

三峡工程的运行还有巨大的潜力。泥沙数量比论证阶段减少近一半、社会对于生态、环保等方面的认识和重视程度提高、工农业发展对于取水的要求提高等情况都需要我们实事求是地在安全可靠的基础上，对原来的规则进行改进，以充分发挥工程的综合效益。

任何事物都是一分为二的，世界上从来就不存在什么十全十美。三峡工程在克服负面影响方面已经迈出了成功的第一步，这也更加坚定了我们不断努力，将三峡工程的不利影响降至最低的决心。

青山遮不住，毕竟东流去。长江三峡工程必将束揽一江春水向东流，描绘出世界上最美丽、最和谐的画卷。

（摘自《中国三峡工程报》）

坚信水电开发是可持续性的

2008年10月28日，国际水电协会（IHA）主席Refaat Abdel-Malek在“三峡工程与长江水资源开发利用及保护国际研讨会”上发表了题为“可持续水电开发”的主题演讲，就水电面临的机遇和挑战、IHA工作重点，以及水电可持续性评估议定书和评估工具的相关情况等向与会者作了介绍。

演讲一开始，他动情地说，他每次来到三峡印象都非常深刻，每次都看到了变化和改进。这些变化和改进是史无前例的、巨大的、优秀的和令人印象深刻的。

他对IHA和其近期一些研究项目及成果作了详细的介绍，他说，IHA作为一个国际机构，是在联合国教科文组织的授权下成立的，其主要的目的和任务是促进可持续性的水电开发。目前，他们主要从事三个方面工作：通过研究来证明水电的可持续性，借以证实水电开发的必要性；通过强有力的合作伙伴关系，在利益相关方之间达成合作伙伴关系，建立起大家共同的意见，来促进可持续性的水电开发；促进可再生能源的发展。

据了解，几年以前，IHA就开始关心全球变暖的问题。当前全球大部分的能源来自于化石燃料，水电大概只占16.5%左右。地热、生物发电以及其他可再生能源所占的比例也都是非常小。

Refaat Abdel-Malek认为，水电发展停止或减缓对世界的经济发展是不利的。水电是主要的可持续发展的能源之一。但是尽管如此，人类还是非常严重地依赖化石能源发电，水电仍在挣扎着维持16.5%的比例。

他举出提倡利用水力进行发电的十个理由：水电是一种可再生能源；水电为其他可再生能源提供支持；水电促进能源安全与价格稳定；水电为淡水储存作出贡献；水电提高了电网稳定性和可靠性；水电为抵御气候变化提供帮助；水电可降低污染；水电为社会发展作出重要贡献；水电意味着清洁、负担得起的电力；水电是促进可持续发展的重要工具。

他说，IHA强调水电开发的作用，积极参加各种与水电相关的大会，积极发挥水电的作用，让水电融入到更多国家的可再生资源的政策中去。20世纪90年代，很多国家对水电的可持续性提出了质疑和挑战。为了让水电的作用能够得到真正的发挥，IHA积极参加各种可再生能源政策的会议，来向世界传达水电界的声音，并且与世界各国的人民进行更好地沟通，让其了解水电本来的面目和它的真正作用。

除了水电界，IHA和其他的可再生能源方面组织也加强了合作。作为国际可再生能源协会的一个重要成员，IHA通过自己的努力，使得各国认识到了水电的重要性。

Refaat Abdel-Malek在演讲中还介绍了水电面临

的主要挑战。他认为，水电面临的主要挑战来自于水电的可持续性是否能够得到各国政府和大众的承认。IHA认为水电是可持续性的，应该给予它在可持续性方面应有的赞赏。他们意识到，有很多的国家和地区对水电的认识并不到位。他们希望，在气候变化应对方面，水电能起到极大的作用，也期望在淡水库和温室气体排放问题上找到更多有说服性的事实证据，并努力使各方在推广清洁发展机制方面给予水电更大的作用。

最后，他提到了IHA对水电可持续性的评估问题。在水电发展上面，不同国家和市场上面有很多投资的机会，已有很多的市场和投资方对水电表现出了越来越大的兴趣。几年前国际水电协会建立了一个可持续性的指导方针，达成一些可持续性的评估议定书。IHA希望未来能把这项工作做得更加细致。

目前，IHA的评估议定书和评估工具在不断地推广。他们试图吸引相关的国家和组织对这套评估系统表现强烈的兴趣，并使用这样的工具。同时，在实践中，他们得以进一步完善水电可持续性的评估议定书和评估工具。

（摘自《中国三峡工程报》）

中国长江三峡工程开发总公司副总经理林初学在三峡工程与长江水资源开发利用及保护国际研讨会上的总结发言（节选）

过去两天中，我们探讨了水资源开发、利用与保护所面临的各种各样的挑战，以及半个多世纪以来这个产业所经历的困难和变化。尽管经历了这些变化，面临更多挑战，我们仍然要一如既往地推进可持续性的水利水电开发。这次国际研讨会，荣幸地邀请到了Alex Dornstauder上校，他来自美国陆军工程师团。建设三峡工程的土木、水工、机电工程师加起来，大概也足以组建一个“工程师”团，中国在建水利水电项目上那么多技术人员，可能一个高级工程师团都能编出来。但以现在的情况看，光靠工程师团高级工程师团，要做好水资源可持续开发利用的事情，还是远远不够的，很多事情超越了我们的技能和经验。我们需要跨行业的合作，在工程师团、社会学家兵团、经济学家兵团、环境工作者兵团，甚至艺术家兵团之间进行密切合作，分享经验，来解决相关的问题。这也正是我们和长江水利委员会、国际水电协会、大自然保护协会以及世界自然基金会共同组织本次国际研讨会的原因之一。

这两天议程非常紧张，研讨的题目很多，内容很丰富，即使是归纳简述式的总结也比较困难。在这里我愿意跟大家分享的是一些我个人的观点和看法。

我认为，本次大会有这样一些特点。一是与会代表具有广泛的代表性。我们邀请到了来自五大洲18个国家的130多位代表。他们来自水利水电界、政府部门、流域管理机构、非政府组织、科研学术团体，其中不乏所在行业和领域中的专家。五个主办单位中国三峡总公司、长江水利委员会、国际水电协会、大自然保护协会、世界自然基金会分别代表着企业、政府机构、行业协会和环保组织，这使得我们研讨的议题更加广泛，交流更加充分。

二是议题具有开放性，讨论热烈，交流比较充分。水利水电项目是为人类服务的工程，有巨大的社会效益、生态效益，经济效益。在对此进行肯定的同时，大坝项目对生态、社会方面的负面影响也是毋庸回避的。这次国际研讨会围绕着水资源开发的可持续性，讨论了诸多的题目，如河流健康、上下游利益兼顾、鱼类洄游通道、珍稀鱼种保护繁殖、生物多样性保护、洪泛区湿地保护、流域梯级优化调度、大坝生态流和流域统筹规划、地质地震灾害对水电工程的影响等等问题。坦诚、开放地研讨这些问题，对进一步唤起社会各界保护长江母亲河的意识，增强水资源开发各方的社会责任感有着非常积极的意义。

三是研讨会的成果对进一步研究水资源可持续开发利用具有指导意义。昨日的回顾是为了今天的思考，今天的思考是为了明日的进步。中国长江三峡工程开发总公司总经理李永安在致开幕词中诠释了中国三峡总公司“四个一”水电开发理念：“建好一座电站，带动一方经济，改善一片环境，造福一批移民”。这是企业对承担社会、生态责任的庄严承诺。长江水利委员会蔡其华主任在致开幕词中阐述了从“物尽其用”到“节制使用”的水资源开发策略，表明了政府部门日益注重和谐人水关系的水资源开发管理观念的转换。美国垦务局，美国陆军工程师团，湄公河、莱茵河流域管理委员会，以及俄罗斯、法国、巴西等水电开发企业所讲述的在流域开发中平衡水电开发与生态保护，创建人水和谐关系的丰富实践和管理理念，都给我们提供了相互学习、借鉴的样本。中国长江三峡工程开发总公司将利用这次研讨会获取的成果，总结三峡工程建设中取得的宝贵经验，敞开胸怀，吸纳国内外水电建设成功的经验，真诚地与相关各方合作，把长江水电开发的生态环保工作做得更好。

在结束之前，我想就会议问答中提问的两个问题补充谈一点看法。第一个是关于水电是不是应该开发到百分之百的问题。我国水电理论蕴藏量是6亿多千瓦，而技术经济可开发量只有4亿多千瓦，这两个数量差别本身就回答了问题的一半。按技术经济可开发量算，中国已开发了1/3，肯定还要继续开发。究竟开发到多大的百分比合适，我认为，要看社会的技术、经济方面的发展。技术进步会增加工程能力提高可开发量，如果万幸有科学技术突破发明更清洁更经济的替代能源可能就会终止单纯为水电的开发，而社会发展使生活水平提高，对生态、人文因素价值尺度的变化，可能会增加开发成本，使经济可开发量减少。通过实践，在社会发展中会达到一个比较合适的平衡点。

第二个是水电的开发如何吸引投资的问题。如果根据中国的经验看，如果要吸引企业和私人的投资，最重要的是要利用市场的机制，合理确定电价。至于有的发展中国家需要政府的投资、国际援助、开发机构及国际金融机构的投资，那么，很重要的一点就是，我们需要一个公认的水电可持续发展的一个标准，以之衡量其欲开发项目的技术经济可行性、社会公益性、环境友好性。国际水电协会和一些国际机构现在正携手合作，致力于制定一个除了业界，其他有关各方也能够认可的水电可持续发展的标准。这项工作具有对发展中国家开发水电重要的意义。

最后，请允许我代表此次会议的主办方，再次感谢论文提交人和会议的讲演人让我们有幸分享到了你们的真知灼见。感谢参加此次会议的国内外众多的组织及相关行业的专家代表，正是你们的积极参与才使得此次会议能够达成广泛的共识。我还要代表中国长江三峡工程开发总公司感谢长江水利委员会、国际水电协会、大自然保护协会、世界自然基金会与我们共同举办此次会议。感谢长江论坛的协助，感谢媒体记者朋友们及工作人员、服务人员的辛勤工作。

（摘自《中国三峡工程报》）

其他科技交流

国际大坝委员会第76届年会简况

2008年6月3日，国际大坝委员会第76届年会在保加利亚首都索菲亚正式开幕。会议由保加利亚大坝委员会主办，来自近60个国家的640多名专家、学者出席了本届会议。由中国大坝委员会秘书长贾金生为团长的中国大坝委员会代表团一行27人参加了此次会议。

本届年会的主题是“大坝运行、维护和更新改造”。保加利亚政府对本次会议十分重视，经济与能源部部长、常务副部长，水利部部长等政府官员出席了大会开幕式并发表了致辞。

中国代表团共有3名代表在大会上作技术报告。贾金生秘书长以“中国大坝安全及老混凝土坝寿命评估”为题介绍了中国在延长大坝寿命方面的技术成就；中国长江三峡工程开发总公司代表介绍了三峡工程建设中开发并应用的新技术。中国工程院陈厚群院士应大会组委会特别邀请发表了“中国‘5·12’地震中大坝安全性状”的专题报告。

中国汶川特大地震举世震惊，震区内水利水电工程的安危更是牵动着国际业界专家的心弦，与会代表对此表现出了极大的关心和兴致。陈厚群院士以紫坪铺、沙牌、碧口、宝珠寺四个工程为典型，介绍了水利水电工程遭受特大地震后的安全性状，以及中国政府对大坝安危的关心和在防治次生灾害方面的努力。报告内容精彩，赢得了赞誉。

中国代表团还利用本次会议举办了技术展览，向国际业界展示了近年来中国大坝建设进展与成就。代表团成员积极开展了技术交流和公关活动，为争取2012年国际大坝会议的举办权和国际大坝委员会主席竞选奠定了一定的基础，为中国大坝专家在国际舞台上赢得更多的关注和更大的发言权作出了新的贡献。

会议期间，召开了国际大坝委员会各专业委员会，贾金生秘书长、陈厚群院士等分别参加了国际大坝委员会章程、抗震、堆石坝、混凝土、地下水坝、大坝安全、小坝、大坝修补加固等专委会会议。

2008年6月6日，国际大坝委员会第76届执行会议在保加利亚索菲亚国家文化宫召开。会议由国际大坝委员会主席Berga先生主持。参加会议的有来自57个国家的委员会代表以及国际大坝委员会现任副主席、秘书长、前任主席、副主席、秘书长和部分专业委员会的主席。国际大坝委员会副主席、中国大坝委员会秘书长贾金生，大坝抗震专委会副主席陈厚群院士，坝的填筑材料专委会委员郦能惠，地下水坝专委会委员陈建春，中国大坝委员会秘书处办公室副主任袁玉兰代表中国参加了执行会议。

会议通过了2007年第75届执行会议纪要；大坝委员会秘书长De Vivo先生汇报了国际大坝委员会财务状况；通过投票表决，南非大坝委员会推荐的

P. Mulvihill 先生（新西兰）当选为非洲—澳洲区副主席，委内瑞拉大坝委员会推荐的 A. Marulanda 先生（哥伦比亚）当选为第六位副主席，任期为 2008～2011 年；会上确定由越南为国际大坝委员会 2010 年第 78 届年会承办国。

执委会上，埃及大坝委员会、中国大坝委员会和日本大坝委员会申请承办 2012 年大坝会议，并播放了宣传片；瑞典大坝委员会、挪威大坝委员会和布基纳法索大坝委员会申请承办 2011 年第 79 届年会；2010 年年会和 2012 年大会承办国将于 2009 年巴西利亚国际大坝委员会第 77 届执行会上投票选定。美国申请承办 2013 年国际大坝委员会年会。

会上新成立了全球气候变化与大坝、水库及相关水资源专业委员会，另外增补和调整了部分专委会委员。

西班牙和法国的两位坝工专家获国际大坝委员会 2008 年度荣誉奖。

（摘自中国大坝协会网）

中国代表团参加第 5 届中日韩大坝委员会学术交流会议

2008 年 10 月 20 日，“大坝与环境”国际研讨会暨中、日、韩大坝委员会第五次学术交流会在日本横滨国际会展中心正式开幕。本次会议主题是“大坝与环境”、“已建大坝的有效利用”和“高坝的最新技术进展”。

受陆佑楣主席和贾金生秘书长委托，中国大坝委员会代表团由张国新副秘书长担任团长，来自中国长江三峡工程开发总公司、淮河水利委员会、长江科学院、小浪底水利枢纽建设管理局、龙滩水电开发公司、中国水电顾问集团西北勘测设计研究院、中国水利水电科学研究院等单位的 27 名代表参加了此次会议。

“大坝与环境”国际研讨会组委会主席（吉越洋）Hiroshi Yoshikoshi 博士、韩国大坝委员会主席 Kim, Kuen-Ho 先生、中国大坝委员会副秘书长张国新博士，国际大坝委员会副主席松本德久 Norihisa Matsumoto 先生分别在开幕式上致辞。东京大学工业科学研究学院的 Taikan Oki 教授和美国陆军工程师兵团的 Steven L. Stockton 先生受邀分别作了题为“World Water Resources and Dams in the 21st Century”和“Co-existence of Dams and Environment”的大会特邀报告。

来自中国、日本和韩国共 20 位专家分别就大坝建设新技术进展、大坝与环境保护等方面取得的新研究成果和新技术在会上作了发言。中国代表团共有 6 名代表在大会上作技术报告。张国新副秘书长作了题为“汶川大地震大坝震害分析”的报告，向与会代表介绍了 2008 年 5 月发生的汶川大地震中震区大坝的受损情况，对大坝震损成因进行了简要的分析，充分肯定了政府所采取的应急措施及在防止次生灾害方面所发挥的作用；中国长江三峡工程开发总公司的张海泉以“突破理念，创新技术，建设人与自然和谐、人与社会和谐的工程”为题介绍了向家坝在环境方面所做的保护经验；中国水利水电科学研究院的孙高虎就官厅水库做了“官厅水库泄洪排沙洞前冲刷漏斗稳定性分析”；中国长江三峡工程开发总公司靳鹏介绍了向家坝结构和温控研究；长江科学院科技信息研究所所长谭德宝介绍了基于空间信息技术的大型水库库容的计算方法。中国水利水电科学研究院的徐泽平教授和日本公共工程研究所（PWRI）Yoshikazu YAMAGUCHI 先生分别就大家所关心的地震问题分别做了专题报告，并交流了抗震方面的经验和做法。

20 日下午，中日韩三国大坝委员会领导进行了亲切会谈，并签署了继续合作协议，中国大坝委员会张国新副秘书长代表陆佑楣主席签了字。参加签字仪式的还有中国大坝委员会代表团副团长、淮河水利委员会副主任刘玉年博士。三方共同回忆了 2004 年以来中日韩会议所取得的成果及三国坝工学者之间的友谊，并对未来的发展与合作进行了探讨。按照新的协议，从 2009 年第七次会议以后，中日韩大坝会学术交流会将每两年召开一次。

本次会议还邀请了美国和泰国的专家参加，各国代表围绕会议议题进行了广泛交流，增强了合作，也加深了中日韩大坝委员会之间的友谊。

会后，参会代表分两组分别考察了五十里（Ikari）混凝土重力坝（最大坝高 112m）、川治（Kawaji）混凝土抛物线拱坝（最大坝高 140m）、今市（Imaichi）抽水蓄能电站（上库栗山黏土心墙堆石坝坝高 97.5m，下库今市混凝土重力坝坝高 75.5m，装机容量 1080MW），及位于冲绳的 Yambaru 海水抽水蓄能电站（上池与海面间有效落差 136m，装机容量 30MW）、太保（Taiho）混凝土坝（最大坝高 77.5m）和羽地大坝等，学习了这些工程中采用的 CSG 技术、压缩空气节能环保技术、压气鱼道技术、海水抽水蓄能技术等近年日本开发的一系列有关坝工和环保方面的新技术。

下届会议拟订于 2009 年 10 月在韩国首尔召开。

（摘自中国大坝协会网）

日本大坝技术考察

中日韩大坝委员会第五次学术交流会于 2008 年 10 月 19～24 日在日本横滨召开。中国代表团参加了会议安排的技术考察。

一、日本大坝工程

(一) 水资源状况

日本位于亚欧大陆东端，是一个四面临海的岛国，自东北向西南呈弧状延伸。东部和南部为一望无际的太平洋，西临日本海、东海，北接鄂霍次克海，隔海分别和朝鲜、中国、俄罗斯、菲律宾等国相望。日本位于环太平洋火山地震带，国内火山活动频繁。日本国土面积约 37.7737 万 km^2，人口约 1.273 亿。年均降水量 1718mm。总平均降水量 6490 亿 m^3，其中平均年径流量为 4240 亿 m^3。全国理论水能资源蕴藏量是每年 7175 亿 kW·h，技术水能资源蕴藏量是每年 1357.50 亿 kW·h（4622.8 万 kW)。

日本的河流大多发源于中部山地，向东西两侧流入太平洋和日本海。全国有水系 5000 多个，由于东西狭窄，加之山势陡峭，河流多短而急促。在梅雨和台风季节，水量增大，容易形成洪水。为此，日本修筑了大量的堤防和水库，用于防洪。河水广泛用于生活用水、农业和工业用水、水力发电。日本的平原主要分布在河流的下游近海一带，多为冲积平原，规模较小，较大的平原有关东平原、石狩平原、越后平原、浓尾平原、十胜平原等。最大的湖泊是琵琶湖，面积 672.8km^2。最高的山是著名的富士山，海拔 3776m。

(二) 水电工程发展概况

日本燃料资源贫乏，煤、油、气都要靠进口，水能资源是本土的主要能源，所以日本过去执行水主火辅的电力方针，水电比重曾达到 80%～90%。1960 年水电比重超过 50%。以后因进口廉价石油大量发展火电，20 世纪 70 年代以来又积极发展核电，因而水电比重逐年下降，变为火主水辅，目前日本水电每年提供的发电量占全国电力总量的 6%。

2007 年，日本国内运行的大坝有 2794 座，总库容超过 210 亿 m^3。在建 60m 以上的大坝有 32 座。运行中的水电装机容量约 2213.4 万 kW，在建装机容量 85.4 万 kW。2006 年，水电年发电量 924.64 亿 kW·h（占总发电量的近 5.4%)。

为满足迅速增长的用电需求，日本大量发展高参数火电机组和核电站，这些电站只适宜于担负电力系统基荷，缺乏调峰容量，因而必须兴建一大批抽水蓄能电站。1960 年日本抽水蓄能电站装机容量仅有 6 万 kW，到现在已发展到 2515.9 万 kW，在建装机容量约 625 万 kW，增长了 400 多倍。这些抽水蓄能电站装机容量大都在 20 万 kW 以上，已建成的 100 万 kW 以上的有十多座，而且水头都比较高，在200～700m 之间。抽水蓄能电站 2006 年发电 81.39 亿 kW·h。

黑部第Ⅳ坝（Kurobe No Ⅳ Dam）位于富山县，黑部川（Kurobegawa)、支流御前泽川汇口以下，距河口 55km。混凝土双曲拱坝，最大坝高 186m，水库总库容 1.99 亿 m^3。电站装机容量 38.5 万 kW。工程于 1956 年开工，1963 年 6 月完工，主要目的是发电。大坝坝顶全长 489m，坝顶高程 1454m，其中双曲拱坝坝顶长 367m，顶宽 8.1m，底宽 38m。厚高比为 0.213，最大半径 259.4m，体积 136 万 m^3。

德山（Toduyama）堆石坝，位于岐阜县、木曾川水系（Kisogawa）揖斐川上。最大坝高 161m，坝顶长 440m，坝体积 1467 万 m^3。坝址控制流域面积 254.5km^2。水库总库容 6.6 亿 m^3，有效库容 3.51 亿 m^3。工程用于防洪、维持河道正常功能、城市用供水、工业用水和发电。

川治（Kawaji）混凝土抛物线拱坝，位于盐谷郡、利根川水系（Tonegawa）支流鬼怒川（Kinu）上，最大坝高 140m，水库总库容 0.83 亿 m^3，是国内第四高拱坝，1970 年开工，1983 年建成，是一座具有防洪、保护东京地区约 500km 免受洪水袭击、兼具灌溉、城市供水和工业用水功能的工程。坝址约 100m 范围内两岸河谷陡峭。高程 590m 以下，谷坡坡角约 70°～80°以上，谷坡变缓。河床为崩塌的块石堆积。坝址基岩由凝灰角砾岩和闪长岩组成。坝址流域面积 323.6km^2，多年平均流量 12.6m^3/s。有效库容 0.76 亿 m^3。最高洪水位 619m，正常水位 616m，最低水位 544m，坝顶高程 619m。水库工作深度 72m，淤积库容 700 万 m^3。

(三) 未来发展情况

由于水能资源开发比例已经很高，并且受到经济和环境条件的约束，日本当前已经很少进行大规模的水电开发。此外，由于温室气体排放的问题日益受到关注，日本政府制定了水电发展的激励政策，其目的是促进水能资源的进一步开发，降低开发成本和改善水电产业的效益。未来水电发展的特征是趋向于小型化（平均规模在 460 万 kW）以及更多的地区（大约 2700 个)。

国内正大力提倡开发太阳能和风能，预期到 2010 年，太阳能发电装机容量由 1999 年的 20.9 万 kW增加至 482 万 kW，风力发电装机容量从 1999 年的 8.3 万 kW 增为 300 万 kW。

二、技术参观情况

(一) 独立行政法人土木研究所和土地及基础设施管理国家研究所

独立行政法人土木研究所（PWRI）和土地及基础设施管理国家研究所（NILIM）是姐妹院所，她们负责在土木工程领域及坝工领域制定技术标准和推动工程技术的发展。

独立行政法人土木研究所的大型离心力荷载实验装置是目前世界上最大的离心机之一，其有效回转半径为 6.6m，最大离心加速度为 150g，最大承载能力为 5t。该离心机安装的振动台通过将摆动平台一体化固定于刚性旋臂上，可精确地模拟历史强震的运动过程，并进行相关的试验。

大型三维振动台试验设施振动台的尺寸为 4m×6m，可沿水平面 X 向、Y 向（最大振幅为±15.0cm，最大速度为±75cm/s，最大加速度±0.5g）以及垂直 Z 向（最大振幅为±5.0cm，最大速度为±50cm/s，最大加速度±0.55g）进行振动，最大载重为 50t，振动频率为 40Hz。该设备可用于进行坝体破坏、滑坡过程的试验，并可与数值模拟分析相互验证，从而促进动态模拟方法的发展，提高土工结构抗震设计的水平。

大坝水力学实验室拥有日本多座大坝的模型，是日本交通省通过模型试验对大坝的溢洪道、泄水口等建筑物进行水工设计的试验场所。

（二）五十里大坝和川治大坝

五十里大坝和川治大坝都位于鬼怒川上游流域，属鬼怒川流域综合事务管理所管辖。工程技术指标见表 1。

表 1 五十里大坝和川治大坝主要技术指标

大坝名称	五十里（Ikari）	川治（Kawaji）
河流	Ojika	Kinu
主要功能	防洪、灌溉、供水、发电、维持水功能	防洪、灌溉、供水、发电、维持水功能
流域面积	271km^2	324km^2
年均流量		2.8m^3/s
修建年份	1941～1956	1974～1981
坝型	重力坝	拱坝
坝高	112m	140m
坝顶长度	267m	320m
坝体体积	468 000m^3	656 000m^3
溢洪道类型	可控制	可控制
溢洪道闸门型式数量	坝顶弧形闸门×3 高压卷闸门×2	坝顶固定式弧形闸门×6 引水管卷闸门×2
最大泄流量	500m^3/s	4400m^3/s
总库容	5500 万 m^3	8300 万 m^3
有效库容	4600 万 m^3	7600 万 m^3
最大防洪库容	3480 万 m^3	3600 万 m^3
最大兴利库容	3200 万 m^3	7600 万 m^3
面积	3.1km^2	2.2km^2
消落深度	—	72m
设计洪水位	593.0m	617.3m
正常蓄水位	586.0m	616.0m
业主单位	国土交通省	国土交通省
设计单位	Ditto	Ditto
施工单位	Kajima Corp.	Kajima Corp.

在遭受 9 号台风引发洪水威胁时，鬼怒川流域水库群发挥了重要防洪作用，削减洪峰流量达 548m^3/s，拦蓄洪水 1500 万 m^3，为下游群众的安全撤离赢得了充分的时间。

五十里坝和川治坝直线距离很近（仅 1.1km），但因分水岭隔开而分属于不同的流域，降雨量和雨季时间都不同。五十里坝有效库容较小（4600 万 m^3），但来水量较大（年均 36000 万 m^3）；川治坝水库有效库容较大（7600 万 m^3），但来水量较小（年均 13000 万 m^3）。为了更有效地利用水资源，改善下游水流状态和生态环境，通过修建相通的引水隧道，对两座水库采取联合调节的方式运行。从五十里坝到川治坝方向的最大引水流量为 20m^3/s，而相反方向的最大引水流量为 1m^3/s。该项工程费用达到 195 亿日元，实施后两坝下游水流状况、生态环境均得到改善，并有效地降低了下游地区每年用水短缺的天数，具有较大的社会效益和生态效益。

（三）今市（Imaichi）抽水蓄能电站

今市抽水蓄能电站位于枥木县（Tochigi），修建于 1988 年，最大输出功率为 105 万 kW，上、下水库用长 3.1km 的引水道连接，最大有效水头 524m。是世界上最大级别的纯抽水蓄能电站之一。厂房采用地下式，安装有世界上最大级别的泵/水轮机（360MW）和发电机/电动机（390MW）。装机容量 1050MW，主要是满足东京高峰用电需求。1979 年开工，1988 年第一台机组投运。

上下水库大坝的主要技术参数见表 2。

表 2 上、下水库大坝的主要技术参数

大坝名称	Kuriyama dam （上水库）（栗山坝）	Imaichi dam （下水库）
坝型	黏土心墙堆石坝	混凝土重力坝
坝高	97.5m	75.5m
坝顶长度	340m	177m
大坝体积	2 520 000m^3	192 000m^3
流域面积	0.9km^2	14.8km^2
水库面积	0.32km^2	0.38km^2
总库容	7 070 000m^3	9 100 000m^3
有效库容	6 200 000m^3	6 200 000m^3
水库消落深度	27m	21.5m
最高水位	1090m	548.5m

（四）羽地（Haneji）大坝和太保（Taiho）大坝

羽地大坝位于冲绳县北部名护市，距离那霸市 65km，于 1996 年 3 月开工，2000 年建成。水库面积 1.1532km^2，用于防洪、灌溉、城市用供水、工业用水等。工程采用压缩空气节能环保技术，有效地降低了水库的管理成本，并且修建了鱼道，采用压气鱼道技术，有利于洄游性鱼类的繁殖、生长。

正在修建的太保混凝土重力坝，位于冲绳县北部太保河上游，是一座具有防洪、维持河道正常功能和供水等综合效益的工程。主体工程于2003年3月开始施工，副坝于2002年8月开始施工，采用CSG技术，主要技术参数见表3。

表3　太保大坝主要技术参数

太保大坝	主　坝	副　坝
坝型	混凝土坝	堆石坝
坝高	77.5m	66m
坝顶长度	363.3m	445m
大坝体积	400 000m^3	1 930 000m^3
灌溉面积	13.3km^2	
水库面积	0.89km^2	
总库容	20 050 000m^3	
有效库容	19 350 000m^3	

（五）Yambaru海水抽水蓄能发电站

随着电力需求的增长、高峰负荷的加大，近年日本国内修建了一大批抽水蓄能电站，用于满足高峰用电需求。冲绳四面环海，海岸线多陡峻地形的特点，因而在冲绳北部修建了世界上首例利用海水为水源的Yambaru海水抽水蓄能电站。

上池位于距海岸约600m，海拔约150m的该台地上，上池深25m、宽252m的八角形，有效库容564 000m^3。与海面间有效落差136m，使用水量26m^3/s，最大发电装机容量30MW。工程于1991年开始建设，1999年通过竣工试验开始进行试验运行。电厂厂房位于地下约150m深处的宽17m、高32m、长41m的洞室内。为确保取排水的稳定及排水口的安全，设置了消力墩。

由于海水具有腐蚀性，因此采用了防渗性、变形性及耐大气腐蚀性优良的乙丙二烯单体橡胶板作为上池表面的防渗材料。防渗构造由厚度50cm的过渡层（压紧的碎石）、铺设于过渡层之上的垫料层（长纤维聚酯无纺布）和位于最上层2mm厚的防渗面板（EPDM）构成。为防止海水向周围岩体渗漏，在与过渡层相连的检查廊道内的排水管上每隔一定距离设置了盐分检测装置及压力计，当橡胶板损坏时可及时检测海水的渗漏，将报警信号传输至控制所，同时启动水泵将海水回灌入上池。

输水路中的压力管道采用了强化塑料（FRP）管，耐海水腐蚀性。水泵水轮机的转轮及导叶采用了添加钼金属的改良型奥氏体系不锈钢材料，具有耐气蚀性、耐磨损性和耐腐蚀性特点。

海水抽水蓄能电站的发电采用了变速抽水发电（GTO）方式。常规的抽水蓄能发电系统的水泵水轮机、发电电动机以一定速度运转，只有在发电运行时可进行调频。而变速抽水发电系统在发电及抽水工况下均可进行调频运行，可在抽水工况时通过调节抽水量降低对系统的影响，克制任何落差及出力条件下进行高效运行。

此外，为防止排水对珊瑚的影响，在排水口外设置了消力墩（50t重的消力墩350个，32t重的消力墩550个），将发电时的流速控制在10cm/s以下。

三、几点体会

（1）科研机构的主要研究方向。日本作为一个发达国家，重要基础设施的建设工作已基本完成。目前科研机构研究工作的重点放在已有工程的利用和修复，提高工程的抗震防灾能力，改善工程与环境、社会之间关系等方面了。

（2）资源能源利用方式。日本国土面积狭小，资源相对短缺，工程规模一般不大（如参观的大坝库容均不足1亿m^3），但对资源和能源进行利用的效率非常高，极少见到浪费资源能源的现象，如为保证下游用水的常年下泄流量仅仅1m^3/s，只要能满足需求，绝不浪费，计算精确程度令人惊讶；但为了充分利用水资源而不惜采用大量的工程措施，如修建连接五十里坝和川治坝的输水隧道工程，耗费近200亿日元，还有大量的运行维护费用，然而对下游水流的改善也仅仅在区区1～2m^3/s，工程管理人员仍对此津津乐道，说是产生了很大的生态效益，不禁让我们深思。

（3）工程建设质量很好。由于施工技术先进，施工过程中质量控制严格，无论是坝体混凝土浇筑质量，或是边坡处理等，工程施工质量非常好，川治坝下游面混凝土非常平整，鲜见裂缝，坝体接缝处也只有极微弱的渗湿，廊道内几乎不漏水。由于工程建设质量可靠，管理工作也较为轻松。

（4）大坝管理全部实行视频监控。各座大坝的管理机房内全部实行了实时的视频监控，摄像头遍布大坝、边坡各个部位，水情测报、安全监测、闸门控制等也完全实现了自动化，管理人员非常少。

（5）重视生态与环境保护。日本在大坝建设时，注重生态平衡，注重人类活动与环境的协调。如Haneji大坝在环境保护方面，不仅进行了贵重物种移植、河川鱼类残骸迁移、动物避难设施、裸地面树林化，而且修建了鱼道，有利于洄游性鱼类的繁殖、生长。此外，管理单位还把管理所周围修建的像公园一样，植树种草、美化环境，使水利工程与环境、生态相互映衬，协调发展。

（摘自中国大坝协会网）

中國水力發電年鉴

11

技术标准和科技图书

标准化工作管理

电力标准化管理

（一）电力标准计划立项

2008 年，经有关部门批准，确定电力国家标准、行业标准制修订项目计划共 151 项，其中，国家标准化管理委员会批准的国家标准计划 8 项，住房和城乡建设部批准的工程建设国家标准计划 13 项，国家发展改革委批准的电力行业标准计划项目 130 项。重点领域是：电力行业技术进步、自主创新、节能减排项目，电力勘测、设计、施工、运行和维护等各个环节中社会关注、企业急需项目，采用国际标准和国外先进标准的项目，这些标准的制修订，将进一步推动电力标准技术水平的提高。

为保证电力标准制修订计划按时保质完成，中电联组织召开了标准编写工作会议，对国家在标准化工作领域中的新要求向各标准项目承担单位进行了通报，并对标准编写、审查、报批等技术方面的要求进行了宣讲。

（二）电力标准发布与复审

2008 年，共发布电力标准 66 项，其中，电力国家标准 35 项（其中国家标准委批准发布 30 项、住房和城乡建设部批准发布 5 项）；国家发展和改革委员会批准发布电力行业标准 31 项；已完成制修订工作并上报国家标准委、住房和城乡建设部待批的国家标准 47 项；由于政府机构改革，国家能源局成立，电力行业标准主管部门由国家发展改革委调整为新成立的国家能源局，管理程序尚在理顺当中，另有已完成制修订工作的 130 多项电力行业标准待报。

按照《电力行业标准复审管理办法》的要求，中电联组织对 148 项电力标准进行了复审。经国家发展改革委批复，66 项电力行业标准确认继续有效，1 项标准废止，81 项建议修订。其中废止的 1 项为：DL/T 5120—2000《小型电力工程直流系统设计规程》，其内容已被 DL/T 5004—2004《火力发电厂热工自动化试验室设计标准》涵盖。

到 2008 年底，电力标准共有 1488 项，其中电力国家标准 236 项，电力行业标准 1252 项。

（三）电力标准化及有关课题的研究

2008 年初我国南方冰雪低温灾害发生后，电网建设标准受到了有关部门的高度重视。中电联及时组织起草单位对标准进行了分析，向有关部门进行了专门汇报。组织召开了有关国家标准审查和覆冰设计标准专题会，快速修订《110～750kV 架空送电线路设计规范》，结合 2008 年初冰雪低温灾害，按照技术先进、经济合理的原则，适当提高设计标准，并上升为国家标准；重新审定了国家标准《66kV 及以下架空电力线路设计规范》；紧急申请行业标准《重覆冰区架空输电线路设计技术规范》的计划立项。上述三项标准计划已于 2008 年编制完成并通过了审查。根据国家发展改革委、国家电监会《关于加强电力系统抗灾能力建设若干意见》的有关要求，中电联组织起草了《落实国务院关于加强电力系统抗灾能力建设意见标准化工作总体方案》。

2008 年，中电联组织编制了国家强制性标准《高压电力线路、变电站的工频电场、磁场曝露限值和测量方法》，标准依照国际卫生组织的标准，提出科学、合理并符合我国国情的相关指标；编制完成《2008～2010 年资源节约与综合利用标准规划》、《2008～2010 年行业资源节约与综合利用标准规划》，对电力行业节能、节水、节热、节材、环保以及综合利用等标准进行了全面总结和归纳，明确了重点标准项目的确定原则，为有关资源节约与综合利用的标准制修订工作奠定了基础。

2008 年，根据住房和城乡建设部的工作安排，中电联组织有关单位开展了“电力工程建设领域标准化工作现状与对策研究报告”的编撰工作；还作为课题组成员参与国家发展改革委组织“节能减排标准规划”的研究工作，并完成了电力行业节能减排标准规划。

（四）电力标准化组织体系的完善

组建了全国短路电流计算标准化技术委员会和电网运行与控制标准化技术委员会等 2 个电力国家标准化委员会。组建了电力行业火电建设标准化技术委员会的建筑施工、热机安装、热控及化学 3 个分技术委员会。上述 2 个全国标准化技术委员会以及 3 个电力行业标准化分技术委员会主要工作范围为：

（1）全国短路电流计算标准化技术委员会（SAC/TC424），主要负责短路电流的计算方法及其热效应和机械效应领域国家标准制修订工作，对口国际电工委员会短路电流技术委员会（IEC/TC73）。

(2) 全国电网运行与控制标准化技术委员会(SAC/TC446)，主要负责电网运行与控制领域的国家标准制修订工作。

(3) 电力行业火电建设标准化技术委员会建筑施工分技术委员会，负责电力工程建筑施工等领域标准化工作。

(4) 电力行业火电建设标准化技术委员会热机安装分技术委员会，负责锅炉、汽轮机安装以及金属加工等领域标准化工作。

(5) 电力行业火电建设标准化技术委员会热控及化学分技术委员会，负责火力发电厂建设阶段的热控、化水以及环境保护等领域标准化工作。

对电力行业信息、核电、电站锅炉、高压试验技术、高压开关设备及直流电源、电气工程施工及调试等标准化技术委员会进行了调整和换届。

到2008年底，共有电力国家标准化技术委员会12个，电力行业标准化技术委员会40个。

(五) 电力企业标准化良好行为评价确认试点及标准宣贯工作

国家标准委和国家电监会于2008年5月30日联合印发了《电力企业标准化良好行为试点及确认工作实施细则》(国标委服务联［2008］76号)。根据文件要求，为了有序推进电力企业标准化良好行为试点及确认工作，电监会和国家标准委联合组建了确认办公室并成立若干工作组，编制了试点及确认实施方案，起草了培训教材并通过审定。

结合电力标准发布、实施及电力工业生产、建设的实际情况，2008年中电联开展了《节能技术监督导则》系列标准以及《自动跟踪补偿消弧线圈成套装置技术条件》、《水电水利工程施工通用安全技术规程》等13项标准的宣贯，取得了较好的效果。

(六) 国际合作与交流

在国家标准委的领导和支持下，在电力行业的积极努力下，经与IEC有关成员国广泛协商，国际电工委员会同意并成立了高压直流输电技术委员会(IEC/TC115)，我国电力行业承担了秘书处工作，秘书处挂靠在国家电网公司，中电联作为我国电力行业参加ISO/IEC国际标准化活动的业务指导单位，将开展国际标准化活动的有关要求提交给秘书处挂靠单位，并为秘书处工作的进一步开展进行广泛沟通与落实。国际电工委员会高压直流输电技术委员会是第一个由我国提出并成功设立的IEC技术委员会，也是唯一由我国承担秘书的IEC技术委员会。

配合《节约能源法》和《循环经济促进法》的实施，促进我国相关标准的制定，交流借鉴欧洲在能效方面的法规、标识制度的经验，中电联参与并协办了由国家标准委和欧洲电气电子行业办事处共同主办的“中欧能耗产品暨能效技术论坛2008”会议。

为支持电力企业实施“走出去”战略，满足中外企业对我国电力标准英文版的需求，并加强对英文版标准的管理，中电联在征集2008年电力标准英文版翻译计划项目的基础上，经与有关单位协商，确定了2008年电力标准英文版翻译计划项目83项，并于4月初向有关单位下达了计划项目。各有关单位正按计划组织实施翻译。截至2008年底，已出版英文版水电标准29项，还有30多项水电标准已翻译完毕并通过审核。水电标准英文版体系初步形成。

(中国电力企业联合会　许松林)

水电标准的现状与展望

一、概况

标准是生产、贸易和服务的依据，是工程建设和产品质量的保证。胡锦涛总书记在主持中央政治局学习会议上指出：要建立健全节约能源资源的法律法规和标准体系，认真实施有关法律，加大执法和监督检查力度，制定和实施强制性标准，推动生产、建筑、交通等方面的节约能源资源工作。温家宝总理在今年的政府工作报告中提到：要形成一批拥有自主知识产权的技术、产品和标准。要抓紧制定和完善各行业节能、节水、节地、节材标准。现在，标准已经成为提高我国国家竞争力的重要手段和措施。

随着我国电力工业的快速发展，与之相配套的电力标准化工作也得到长足进步，其中的水电标准为水电发展提供了坚实的技术支撑作用。

截至目前，现行有效的电力标准共1488项，其中电力国标234项，电力行业标准1225项。其中涉及到的水电机电类标准91项。包括水电设计、水轮机、水轮发电机及电气设备、水电站自动化以及金属结构等专业，基本涵盖了水电机电发展所涉及的相关专业，基本满足了水电生产、建设、运行及管理的需要，并对促进水电技术进步，满足发展，确保安全稳定运行发挥了重要作用。

二、水电机电标准的现状

(一) 建立完善了水电标准化技术委员会体系

标准化技术委员会(以下简称标委会)作为某一专业领域的技术归口单位，对于标准的技术水平的把握和相关领域标准化工作的开展有着重要作用。

目前，水电标准化技术委员会包括水电规划设计、水轮机、水轮发电机及电气设备、水电站自动化、水电站金属结构及启闭机共5个专业领域的标准化技术委员会。其中水电规划设计标委会负责水电勘测、水电规划、水工建筑物设计、机电设计、水库移民和水电规划设计计算机应用等标准化工作。水轮机标委会负责水电站水轮机技术条件、运行、安装方面的标准化工作。水轮发电机及电气设备标委会负责水轮发电机及电气设备方面的技术条件、运行及安装方面的标准化工作。水电站自动化标委会负责水电站自动化设备技术条件、运行及试验方面的标准化工作，涉及励磁、调速、监控、水情、自动化元件领域。水电站金属结构及启闭机标委会负责水电站金属结构及启闭机技术条件、运行、试验方面的标准化工作。另外水电施工标委会负责水电站枢纽工程永久和大型临时工程建设所涉及的施工组织设计；工程建筑材料；施工（含安装、装配）工艺；施工质量、安全；施工企业自行开发研制生产的设备、机具、仪器、仪表产品；施工管理等的技术标准化工作。

根据《电力行业专业标准化技术委员会管理细则》规定，标委会的委员构成要体现广泛的代表性。要有来自生产、制造、设计、施工、科研、教学、监督检验等各方面的技术人员和技术管理人员担任；要有懂技术、热心标准化工作的年青委员。标委会的工作的开展要按照相关规定依法执行。

（二）抓重点及时制定水电建设和生产急需的标准

标准化工作是电力工业的重要技术支撑，是实现技术进步的重要途径。多年来，电力标准制修订始终坚持在继续坚持满足电力建设和生产运行急需的同时，大力开展资源节约、环境保护等领域标准化工作。

（1）设计、施工、运行标准。随着我国电力建设的加快，电力工业技术进步和创新也有很大进展。目前水电单机最大容量已达 70 万 kW、巨型水电基地和无人值班水电站相继出现和普及，水电技术已经迎来快速发展的时期。DL/T 5186《水力发电厂机电设计规范》、DL/T 1066《水电站设备检修管理导则》、DL/T 5208《抽水蓄能电站设计导则》等一批重要标准的出台支持了水电建设的发展需要。

（2）安全、环保、节能标准。安全生产事关人民群众生命和国家财产安全、关系到电力工业快速健康发展和社会稳定的大局。党的十七大强调要加强能源资源节约和生态环境保护，把建设资源节约型、环境友好型社会放在工业化、现代化发展战略的突出位置。环保、节能是关系到增强可持续发展能力、关系到改善生态的环境、提高资源利用效率的大事。《水利水电工程设计防火规范》、《水利水电工程劳动安全与工业卫生设计规范》等一批标准已经列入制修订计划中，这些项目按照计划要求正在制定过程中。

（3）电力抗灾技术标准。冰雪低温灾害发生后，电力设施的抗灾能力建设受到了有关部门的高度重视。我们按照国家能源局的要求编制了《加强电力系统抗灾能力建设标准化工作方案》，工作方案中明确了要适当提高电力设施的抗灾标准，加大强制性条文标准的监督检查力度。

（4）质量评定和验收标准。质量是电力建设的生命。千年大计，质量第一。为了促进工程质量的提高，加强源头控制、环节控制和过程控制，做好工程质量的检查、评定和验收工作，《水利水电基本建设工程单元工程质量等级评定标准》系列标准已经逐年列入修订计划，有的已经完成，有的正在编制过程中。

（三）开展工程建设标准英文版编译工作

近年来，我国水电企业（包括勘测、设计、施工、投资等企业）纷纷参与国际市场竞争，在国际市场上取得了相当的份额，同时，境外项目的承建，带动了我国的机电产品、建筑材料出口以及劳务输出。但是，我国的电力标准，特别是工程建设标准缺少相应的英文版本，未获得境外的普遍认同，不得不使用第三方标准，这对国际市场竞争和我国的技术输出是十分不利的。

为了适应我国加入 WTO 的国际竞争环境，鼓励和支持我国企业参与国际工程的承建，支持企业实施“走出去”的发展战略，在开拓国际市场的同时，将我国的标准也推向世界，2005 年以来，我们组织相关的单位和标委会对现有的工程建设标准进行了英文版的翻译工作，逐步建立工程建设标准英文版体系。两年来，下达英文版标准翻译立项 82 项，水电标准已经完成 33 项标准审核工作，28 项已经出版发行。

（四）开展标准复审工作，保持标准的时效性

根据标准化工作的要求，每年都组织各专业标委会和标准项目编写单位的专家对电力标准进行了复审。按照继续有效、修订以及废止的相关要求对标龄超过 5 年的标准进行复审，这对提高电力标准的整体水平起到积极的推动作用。

三、今后一段时间的水电标准展望

十七大报告中指出，今后五年，是我国经济社会发展以及全面建设小康社会的关键时期，我国将持续不断地推进工业化进程。在贯彻落实科学发展观的过程中，发挥标准的基础支撑作用，对走新型工业化道路，坚持自主创新有着重要意义。

电力标准化工作将本着“政府推动、行业管理、企业为主、适应市场、突出重点、国际接轨”的工作方针，不断努力，开拓创新。在水电方面，主要针对抽水蓄能电站的建设、大型水轮发电机组振动的研

究、大型水轮发电机组状态检修技术、大型金属结构及启闭机等重点领域开展标准化工作，围绕解决大型水轮发电机组技术、抽水蓄能电站计算机监控系统设计规范、梯级水电站优化运行规程、大型水轮发电机组在线监测系统与状态检修规程以及大型升船机设计标准、大型船闸及金属结构设计标准等重要标准。

（中国电力企业联合会 刘永东）

中国水利水电建设集团牵头制修订标准的工作情况

2008年，挂靠中国水利水电建设集团公司的水电施工标准化技术委员会与水轮发电机及电气设备标准化技术委员会在标准制、修订工作中成绩突出，组织完成标准编制和审查12项。继续加大了中国水利水电建设集团公司牵头制、修订标准的工作力度，2007年、2008年两个标委会国家批准标准计划27项，中国水利水电建设集团公司牵头编写的有18项。

2008年，中国水利水电建设集团公司牵头的水电施工标准国际化工作在中国电力企业联合会的领导和相关单位的共同努力下，取得了突破性进展。截止到2008年底，近200万字的39项主要水电施工标准翻译工作已基本完成（见表1），已审查报批26项、出版8项，可望在2009年基本完成出版工作，与英文版水电设计标准构成基本体系。

表1 2008年度水电施工标准英文版翻译、出版工作一览表

序号	标准名称	标准标号	计划时间	主要翻译单位
一、已出版的项目				
1	水工混凝土施工规范	DL/T 5144—2001	2008	中国水利水电建设集团公司
2	水工混凝土模板施工规范	DL/T 5110—2000	2008	中国水利水电建设集团公司
3	水工混凝土钢筋施工规范	DL/T 5169—2002	2008	中国水利水电建设集团公司
4	水电水利工程施工测量规范	DL/T 5173—2003	2008	中国水利水电建设集团公司
5	水工建筑物水泥灌浆施工规范	DL/T 5148—2001	2008	中国水利水电建设集团公司
6	水电水利基本建设工程单元工程质量等级评定标准（一）水工建筑工程	DL/T 5113.1—2005	2008	中国水利水电建设集团公司
7	碾压式土石坝施工技术规范	DL/T 5129—2001	2008	中国水利水电建设集团公司
8	水电水利施工安全防护设施技术规范	DL/T 5162—2002	2008	中国水利水电建设集团公司
二、已审查报批的项目				
9	水工碾压混凝土施工规范	DL/T 5112—2008	2008	中国水利水电建设集团公司
10	混凝土面板堆石坝施工规范	DL/T 5128—2008	2008	中国水利水电建设集团公司
11	水工混凝土砂石骨料试验规程	DL/T 5151—2001	2008	中国水利水电建设集团公司
12	水电水利岩臂梁施工技术规程	DL/T 5198—2004	2008	中国水利水电建设集团公司
13	水工混凝土水质试验规程	DL/T 5152—2001	2008.6	中国水利水电建设集团公司
14	水电水利土建工程安全技术工作规范	DL/T 5371—2007	2008.4	中国水利水电建设集团公司
15	水电水利施工作业人员安全技术操作规范	DL/T 5373—2007	2008.4	中国水利水电建设集团公司
16	环氧树脂砂浆技术规范	DL/T 5193—2004	2008.8	中国水利水电建设集团公司
17	水电水利工程混凝土防渗墙施工术规范	DL/T 5199—2004	2008.8	中国水利水电建设集团公司
18	水电水利高压喷射灌浆技术规范	DL/T 5200—2004	2008.8	中国水利水电建设集团公司
19	水工混凝土掺用粉煤灰技术规范	DL/T 5055—2007	2008	中国水利水电建设集团公司
20	水工混凝土配合比设计规程	DL/T 5330—2005	2008	中国水利水电建设集团公司
21	水电水利二程振冲地基处理规范	DL/T 5214—2005	2008	中国水利水电建设集团公司
22	水电水利工程开挖爆破规范	DL/T 5135—2001	2008	中国水利水电建设集团公司 中国葛洲坝集团公司

续表

序号	标准名称	标准标号	计划时间	主要翻译单位
23	水工碾压式沥青混凝土施工规范	DL/T 5363—2006	2008	中国水利水电建设集团公司 中国葛洲坝集团公司
24	水电水利工程锚喷支护技术规范	DL/T 5181—2003	2008	中国水利水电建设集团公司
25	水电水利建筑安装通用安全技术规范	DL/T 5370—2007	2008	中国水利水电建设集团公司
26	水工建筑物岩石基础开挖工程施工技术规范	DL/T 5389—2007	2008	中国水利水电建设集团公司
三、已译出、准备审查的项目				
27	水工混凝土试验规程	DL/T 5150—2001	2008	中国水利水电建设集团公司
28	水工混凝土外加剂技术规程	DL/T 5100—1999	2008	中国水利水电建设集团公司
29	混凝土面板堆石坝接缝止水技术规范	DL/T 5115—2000	2008	中国水利水电建设集团公司
30	土工离心模型试验规程	DL/T 5102—1999	2008	中国水利水电建设集团公司
31	水工沥青混凝土试验规程	DL/T 5362—2006	2008	中国水利水电建设集团公司 中国葛洲坝集团公司
32	水电水利工程预应力锚索施工技术规范	DL/T 5083—2004	2008	中国水利水电建设集团公司 中国葛洲坝集团公司
四、正在翻译中				
33	水电水利爆破安全监测规程	DL/T 5333—2005	2008	中国水利水电建设集团公司
34	水轮发电机组启动试验规程	DL/T 507—2002	2008	中国水利水电建设集团公司
35	灯泡贯流式水轮发电机组起动试验规程	DL/T 827—2002	2008	中国水利水电建设集团公司
36	蒸发冷却水轮发电机（发电/电动机）基本技术条件	DL/T 1067—2007	2008	中国水利水电建设集团公司
37	水电水利工程金属结构与机电设备安装安全技术规程	DL/T 5372—2007	2008	中国水利水电建设集团公司
38	水电水利基本建设工程单元工程质量等级评定标准（三）水轮发电机组安装工程	DL/T 5113.3—2005	2008	中国水利水电建设集团公司
39	水电水利基本建设工程单元工程质量等级评定标准（十一）灯泡贯流式水轮机组安装工程	DL/T 5113.11—2005	2008	中国水利水电建设集团公司

（中国水利水电建设集团公司）

中国水电顾问集团贵阳勘测设计研究院2008年标准化工作情况

标准化作为一种科学管理方法和有效手段，提供企业加强管理的有效平台与支撑体系，对企业是一项十分重要的基础工作。目前，中国水电顾问集团贵阳勘测设计研究院（以下简称贵阳院）技术标准和管理标准两大体系及相关规定已基本建立。

（一）技术标准的编制

2008年，贵阳院继续做好行业相关技术标准的参编工作，组织完成17项外单位主编技术标准的征求意见反馈工作。

（二）技术标准体系建设

全年实时、动态维护技术标准体系3963项，其中2765项有效版、1198项作废版；新增373项有效标准、作废65项；录入有效标准电子版本1956项，供院各业务部门技术人员查用。与此同时，加强了技术标准信息的公告力度，全年不定期地公告发布了20个重要标准使用提示；配发技术标准156种1171册、511人次，与上年相比配发量增加40%，保证了技术标准的有效利用。

（三）管理标准体系建设

贵阳院管理标准体系的建立旨在促进内部管理的制度化、标准化、规范化，为全院管理提供一个科学、有效的管理手段和基本平台，这是管理的最基本的基础性工作。

2008年，组织开展了第四次工作函件的标准化执行情况检查，集中检查院属22个单位、5个项目部2008年1～8月份829份相关函件，总体执行情况良好。全院各类管理、技术会议PPT汇报系统模板的应用与实施情况良好；年底已发布实施贵阳院PPT汇报系统模板新版本。

结合三标一体工作，继续健全院业务范围适用性法律法规清单，实时动态维护和更新572项法律法规库，其中新增法律法规57项、作废28项。

（中国水电顾问集团贵阳勘测设计研究院）

技术标准的制修订情况

2008年度国家标准化管理委员会批准制修订的电力国家标准项目

序号	项目名称	制定/修订	起草单位	替代标准
1	带电作业专用工具车	制定	国网武汉高压研究院、陕西华安电力科技有限公司	
2	电力系统时间同步检测规范	制定	南京南瑞集团公司、国家电力调度通信中心、国电华北电力设计院工程有限公司、中国电力科学研究院、中国科学院国家授时中心，南方电网有限公司、华东电力试验研究院、武汉中元华电科技有限公司、山东淄博科汇有限公司等	
3	电力系统实时动态监测系统传输规约	制定	国电华北电力设计院工程有限公司、国家电力调度通信中心、南京南瑞集团公司、中国电力科学研究院、北京四方继保自动化股份有限公司、华北电力调度（交易）中心、中国华能集团公司等	
4	电力系统实时动态监测主站系统	制定	国家电力调度通信中心、中国电力科学研究院、国电华北电力设计院工程有限公司、北京四方继保自动化股份有限公司、南京南瑞集团公司、南瑞继保电气有限公司、华东电网有限公司等	
5	电力系统同步相量测量装置检测规范	制定	国家电力调度通信中心、国电华北电力设计院工程有限公司、中国电力科学研究院、南京南瑞集团公司、北京四方继保自动化股份有限公司、华东电力试验研究院等	
6	特殊条件　环境试验方法 第2部分　人工模拟试验方法及导则——电工电子产品（含通信产品）	制定	广州电器科学研究院、机械工业北京电工技术经济研究所	
7	可逆式抽水蓄能机组起动试验规程	修订	中国水利水电建设集团公司、国网新源控股有限公司	GB/T 18482—2001
8	输电线路铁塔制造技术条件	修订	电力工业电力设备及线路器材质量检验测试中心、浙江省电力物资供应公司、福建永福工程顾问有限公司、潍坊长安铁塔股份有限公司、浙江盛达铁塔有限公司、广东省电力线路器材厂、安徽宏源电力铁塔制造股份合作公司、常熟市铁塔有限公司、云南电力线路器材厂、重庆市江津电力线路构件厂、鞍山铁塔制造总厂	GB/T 2694—2003

（中国电力企业联合会　许松林）

2008年度国家发展和改革委员会批准制修订的电力行业标准项目（水电和电气部分）

序号	项目名称	制定/修订	起草单位	替代标准
1	基于客户的城市电网供电安全标准	制定	中国电力科学研究院供用电所	
2	10kV户外环网柜运行维护规程	制定	河南省电力公司	
3	±800kV及以下高压直流架空送电线路技术导则	制定	中国电力科学研究院	
4	微机型防止电气误操作装置通用技术条件	修订	中国电力科学研究院、珠海市共创有限公司	DL/T 687—1999
5	电力系统变电站电源数字化管理系统	制定	中国电力科学研究院、深圳奥特迅电力设备股份有限公司	
6	农村电网低压电气安全工作规程	修订	中国电力科学研究院	DL477—2001
7	农村电网剩余电流动作保护器安装运行规程	修订	中国电力科学研究院	DL/T 736—2000
8	电能计量装置技术管理规程	修订	国家电网公司	DL/T 448—2000
9	电能计量装置检验规程	修订	国家电网公司	SD 109—1983
10	继电保护设备标准化设计规范	制定	国家电力调度通信中心、南方电网调度通信中心、华北网调、四川省调、电力规划设计总院、华北电力设计院、中南电力设计院、华北电科院、江苏电科院、南京南瑞继保电气有限公司、北京四方继保自动化股份有限公司、国电南京自动化股份有限公司、许继电气股份有限公司	
11	电网水调自动化系统功能规范	制定	国家电力调度通信中心	
12	发电机励磁系统调度管理规程	制定	华北电网有限公司电力调度通信中心	
13	大型发电机变压器组继电保护整定计算导则	修订	南京南瑞继保电气有限公司	DL/T 684—1999
14	数字化变电站合并单元测试规范	制定	国网南京自动化研究院	
15	能量管理系统应用程序接口(EMS-API)第404部分：高速数据访问（HSDA）	制定	国网南京自动化研究院、积成电子、东方电子、清华大学	
16	数字化变电站合并单元通用技术条件	制定	国网南京自动化研究院	
17	远动设备及系统　第5-6部分GB/T 18657.5系列配套标准一致性测试导则	修订	国网南京自动化研究院	DL/Z 634.56—2004
18	能量管理系统应用程序接口(EMS-API)第405部分：通用事件与订阅（GES）	制定	国网南京自动化研究院、东方电子、浙江大学	

续表

序号	项 目 名 称	制定/修订	起 草 单 位	替代标准
19	能量管理系统应用程序接口(EMS-API)第407部分：时间序列数据访问(T SDA)	制定	国网南京自动化研究院、中国电力科学研究院、东方电子、国调中心	
20	高压并联电容器用串联电抗器使用技术条件	修订	国家电网公司武汉高压研究院	DL/T 462—1992
21	集合高压并联电容器使用技术条件	修订	安徽电力试验研究院	DL/T 628—1997
22	合成场强测试仪器校准方法	制定	国网武汉高压研究院	
23	750kV及以上变电站二次设备抗干扰试验规程	制定	国网武汉高压研究院	
24	直流换流站阀厅电磁兼容导则	制定	南方电网技术研究中心	
25	互感器校验仪通用技术条件	制定	国网武汉高压研究院	
26	互感器负载箱通用技术条件	制定	国网武汉高压研究院	
27	互感器二次压降测试仪通用技术条件	制定	国网武汉高压研究院	
28	有载分接开关运行维修导则	修订	无锡供电公司	DL/T 574—1995
29	大型发电机定子内冷却水及其系统技术要求	修订	湖北省电力试验研究院	DL/T 801—2002
30	水电厂监视和控制系统通信规约	制定	国网南京自动化研究院	
31	水电厂机组状态在线监测与分析系统技术条件	制定	北京勘测设计研究院	
32	水电厂机组自动化元件及其系统运行维护与检修试验规程	修订	中国水利水电科学研究院天津机电所	DL/T 619—1997
33	电力生产人身事故分类代码	修订	国电信息中心	DL/T 158.1—1993
34	电力科技成果的分类与代码	修订	中国电机工程学会、湖北省电力公司、国电信息中心	DL/T 517—1993
35	输变电工程电磁环境监测技术规范	制定	国网武汉高压研究院、国电环境保护研究院、湖北电力试验研究院	
36	电网在役支柱绝缘子及瓷套超声波检验技术导则	制定	华东电力试验研究院有限公司、徐州电力试验中心、苏州热工研究院有限公司	
37	倾角计	制定	南京水利科学研究院	
38	测斜管	制定	南京水利科学研究院	
39	钢弦式锚索测力计	制定	北京基康科技有限公司、国网南京自动化研究院	
40	钢弦式位移计	制定	北京基康科技有限公司、国网南京自动化研究院	
41	真空激光准直位移测量装置	制定	北京木联能工程科技有限公司	
42	水电站大坝安全评价导则	制定	国家电力监管委员会大坝安全监察中心	
43	大坝安全监测自动化系统实用化要求及验收规程	制定	国家电力监管委员会大坝安全监察中心	

续表

序号	项目名称	制定/修订	起草单位	替代标准
44	风电场电能质量测试规程	制定	中国电力科学研究院	
45	海上风电场钢结构防腐蚀技术要求	制定	南京水利科学研究院	
46	水电水利工程施工重大危险源辨识评价导则	制定	中国长江三峡工程开发总公司、长江水利委员会长江科学院、中国水利水电建设集团公司	
47	水电厂水库运行管理规范	制定	中国长江三峡工程开发总公司	
48	交流输电线路用复合外套金属氧化物避雷器技术规范	修订	中国电力科学研究院、国网武汉高压研究院 中能电力科技开发公司	DL/T 815—2002
49	±500kV 直流棒形悬式复合绝缘子技术条件	修订	国网武汉高压研究院、清华大学	DL/T 810—2002
50	变电站建筑结构设计技术规程	制定	广东省电力设计院	
51	电力系统调度自动化工程可行性研究报告内容深度规定	制定	中国电力工程顾问集团公司规划研究中心	
52	电力系统通信系统设计内容深度规定	制定	西南电力设计院	
53	大型水、火电厂接入系统设计内容深度规定	修订	中国电力工程顾问集团东北电力设计院	SDGJ 84—1988
54	水利水电基本建设工程单元工程质量等级评定标准（四）水力机械辅助设备安装工程	修订	中国葛洲坝集团机电建设有限公司	SDJ 249.4—1988
55	水利水电基本建设工程单元工程质量等级评定标准（六）升压变电电气设备安装工程	修订	中国水利水电第八工程局	SDJ 249.6—1988
56	电力岩土工程监理规程	制定	北京国电华北电力工程有限公司	
57	电力工程气象勘测技术规程	修订	中国电力工程顾问集团西南电力设计院	DL/T 5158—2002
58	风力发电工程建设施工监理规范	制定	中国福霖风能开发公司	
59	水电水利工程爆破试验规程	制定	长江水利委员会长江科学院	
60	覆盖层灌浆施工技术规范	制定	中国水电基础局有限公司、中国葛洲坝集团公司	
61	水工建筑物水泥灌浆施工技术规范	修订	中国水电基础局有限公司、中国葛洲坝集团公司	DL/T 5148—2001
62	水电水利基本建设工程单元工程质量等级评定标准 水工碾压沥青混凝土工程	制定	中国葛洲坝集团股份有限公司	
63	水电水利工程砾石土心墙堆石坝施工技术规程	制定	中国水利水电第七工程局	
64	水工建筑物地下开挖工程施工技术规范	修订	中国水利水电第十四工程局	DL/T 5099—1999
65	贫胶凝粗粒料坝（堰）施工规程	制定	中国水利水电闽江工程局	

续表

序号	项 目 名 称	制定/修订	起 草 单 位	替代标准
66	面板堆石坝翻模固坡施工技术规程	制定	中国水利水电第一工程局	
67	水电水利工程预应力锚索施工规范	修订	中国葛洲坝集团股份有限公司、中国水电基础局有限公司	DL/T 5083—2004
68	水工建筑物抗震设计规范	修订	水电水利规划设计总院、中国水利水电科学研究院、中国水电顾问集团昆明、西北勘测设计研究院	DL 5073—2000
69	水电水利工程设计洪水计算规范	制定	水电水利规划设计总院、中国水电顾问集团西北、中南、成都、华东勘测设计研究院	
70	水力发电厂水力机械辅助设备系统设计技术规定	修订	水电水利规划设计总院、中国水电顾问集团北京勘测设计研究院	DL/T 5066—1996
71	水电水利工程围堰设计导则	修订	中国水电顾问集团北京勘测设计研究院、北京国电水利电力工程有限公司	DL/T 5087—1999
72	水力发电厂自动化设计技术规范	修订	中国水电顾问集团北京勘测设计研究院、北京国电水利电力工程有限公司	DL/T 5081—1997
73	水电水利工程测量规范	制定	中国水电顾问集团北京勘测设计研究院、北京国电水利电力工程有限公司	
74	水电水利工程地质观测规程	制定	中国水电顾问集团华东勘测设计研究院、杭州华东工程检测技术有限公司	
75	水电水利工程通讯设计技术规程	修订	中国水电顾问集团西北勘测设计研究院	DL/T 5080—1997
76	水电水利工程施工地质规程	修订	中国水电顾问集团中南勘测设计研究院	DL/T 5109—1999
77	水电水利工程砂石加工系统设计导则	修订	中国水电顾问集团中南勘测设计研究院	DL 5098—1999
78	水电水利工程碾压混凝土重力坝设计规范	制定	中国水电顾问集团中南勘测设计研究院	
79	水力发电厂过电压保护和绝缘配合设计技术导则	修订	中国水电顾问集团成都勘测设计研究院	DL/T 5090—1999
80	水力发电厂接地设计技术导则	修订	中国水电顾问集团成都勘测设计研究院	DL/T 5091—1999
81	水电水利工程坑探规程	修订	中国水电顾问集团成都勘测设计研究院	DL/T 5050—2000
82	水电工程对外交通专用公路设计规范	制定	中国水电顾问集团成都勘测设计研究院	
83	水电水利工程碾压式土石坝施工组织设计导则	修订	中国水电顾问集团昆明勘测设研究院	DL/T 5116—2000
84	水电工程建设征地移民安置验收规程	制定	水电水利规划设计总院	
85	水利水电基本建设工程单元工程质量等级评定标准（二）金属结构及启闭机机安装工程	修订	电力行业水电站金属结构及启闭机标准化技术委员会	SDJ 249.2—1988
86	压力钢管安全检测技术规程	修订	电力行业水电站金属结构及启闭机标准化技术委员会	DL/T 709—1999

续表

序号	项 目 名 称	制定/修订	起 草 单 位	替代标准
87	重覆冰架空输电线路设计技术规程	制定	中国电力工程顾问集团公司、西南电力设计院、中南电力设计院	
88	电蓄冷（热）和热泵系统现场测试规范	制定	中国电力科学研究院电力需求侧管理研究中心	
89	农村电网节电技术规程	修订	中国电力科学研究院	DL/T 738—2000
90	低压变频调速节电装置技术条件	制定	中国电力科学研究院	

（中国电力企业联合会 许松林）

2008年度住房和城乡建设部批准制修订的电力工程建设国家标准项目

序号	项目名称	制定/修订	主编/参编单位	替代标准
1	1000kV架空送电线路勘测规程	制定	主编单位：中国电力企业联合会、中国电力工程顾问集团公司 参编单位：国家电网公司特高压建设部、国网交流工程建设有限公司、中国电力工程顾问集团公司东北电力设计院、中南电力设计院、华东电力设计院、北京国电华北电力工程有限公司、西南电力设计院、西北电力设计院、北京洛斯达数字遥感技术有限公司	
2	1000kV架空送电线路设计规范	制定	主编单位：中国电力企业联合会、中国电力工程顾问集团公司 参编单位：中国电力工程顾问集团公司东北电力设计院、中南电力设计院、华东电力设计院、北京国电华北电力工程有限公司、西南电力设计院、西北电力设计院、国网交流建设有限公司	
3	1000kV架空电力线路施工与质量验收规范	制定	主编单位：中国电力企业联合会、国网交流工程建设有限公司、国网北京电力建设研究院 参编单位：甘肃省送变电工程公司、陕西省送变电工程公司、北京市送变电公司、青海省送变电工程公司	
4	1000kV变电站设计规范	制定	主编单位：中国电力企业联合会、中国电力工程顾问集团公司 参编单位：中国电力工程顾问集团公司东北电力设计院、中南电力设计院、华东电力设计院、北京国电华北电力工程有限公司、西南电力设计院、西北电力设计院	
5	±800kV直流架空输电线路设计规范	制定	主编单位：中国电力企业联合会、中国电力工程顾问集团公司、中国南方电网有限责任公司 参编单位：中国电力工程顾问集团公司东北电力设计院、中南电力设计院、华东电力设计院、北京国电华北电力工程有限公司、西南电力设计院、西北电力设计院	
6	±800kV直流换流站设计规范	制定	主编单位：中国电力企业联合会、中国电力工程顾问集团公司、中国南方电网有限责任公司 参编单位：中国电力工程顾问集团公司东北电力设计院、中南电力设计院、华东电力设计院、北京国电华北电力工程有限公司、西南电力设计院、西北电力设计院	

续表

序号	项目名称	制定/修订	主编/参编单位	替代标准
7	±800kV直流换流站土建工程施工与质量验收规程	制定	主编单位：中国电力企业联合会、国网直流工程建设有限公司、中国南方电网有限责任公司 参编单位：浙江省电力公司、江苏省送变电公司	
8	电网工程标识系统编码规程	制定	主编单位：中国电力企业联合会、北京国电华北电力工程有限公司 参编单位：广东省电力设计研究院、福建省电力勘测设计院、浙江省电力设计院	
9	电气装置安装工程盘、柜及二次回路结线施工及验收规范	修订	主编单位：中国电力企业联合会、国网北京电力建设研究院 参编单位：广东火电建设公司	GB 50171—1992
10	电气装置安装工程　蓄电池施工及验收规范	修订	主编单位：中国电力企业联合会、国网北京电力建设研究院 参编单位：湖南火电建设公司	GB 50172—1992
11	水利水电工程结构可靠度设计统一标准	修订	主编单位：中国电力企业联合会、水电水利规划设计总院 参编单位：中国水电顾问集团中南勘测设计研究院、华东勘测设计研究院、西北勘测设计研究院、成都设计研究院、北京设计研究院	GB 50199—1994
12	工程岩体试验方法标准	修订	主编单位：中国电力企业联合会、水电水利规划设计总院、中国水电顾问集团公司成都勘测设计研究院 参编单位：长江科学院、中科院武汉岩土力学研究所、中国矿业大学、铁道科学院、交通部公路科学研究院	GB/T 50266—1999
13	火力发电厂海水淡化工程设计规范	制定	主编单位：中国电力企业联合会、北京国电华北电力工程有限公司 参编单位：中国电力工程顾问集团公司华东电力设计院、中国电力工程顾问集团公司西南电力设计院、中国电力工程顾问集团公司	

（中国电力企业联合会　许松林）

2008年电力（水电和电气部分）标准英文版翻译计划项目表

序号	标准编号	标准名称	负责编译单位	参加编译译单位	备　注
1	DL/T 5363—2006	水工碾压式沥青混凝土施工规范	中国葛洲坝集团公司	中国葛洲坝集团公司、中国水利水电建设集团公司	
2	DL/T 5135—2001	水利水电工程爆破施工技术规范	中国葛洲坝集团公司	中国水利水电建设集团公司、中国葛洲坝集团公司	
3	DL/T 5362—2006	水工沥青混凝土试验规程	中国长江三峡工程开发总公司、中国葛洲坝集团公司	中国水利水电建设集团公司、中国葛洲坝集团公司	

续表

序号	标准编号	标准名称	负责编译单位	参加编译译单位	备注
4	DL/T 5083—2004	水电水利工程预应力锚索施工技术规范	中国葛洲坝集团公司	中国葛洲坝集团公司	按新修订的行标进行编译
5	DL/T 5151—2001	水工混凝土砂石骨料试验规程	中国水利水电建设集团公司	中国水利水电建设集团公司	
6	DL/T 5200—2004	水电水利高压喷射灌浆技术规范	中国水利水电建设集团公司	中国水利水电建设集团公司、中国水电基础局有限公司	
7	DL/T 5199—2004	水电水利工程混凝土防渗墙施工术规范	中国水利水电建设集团公司	中国水利水电建设集团公司	
8	DL/T 5152—2001	水工混凝土水质试验规程	中国水利水电建设集团公司	中国水利水电科学研究院	
9	DL/T 5115—2000	混凝土面板堆石坝接缝止水技术规范	中国水利水电建设集团公司	中国水利水电科学研究院	按新修订的行标进行编译
10	DL/T 5193—2004	环氧树脂砂浆技术规范	中国水利水电建设集团公司	中国水利水电科学研究院	
11	DL/T 5330—2005	水工混凝土配合比设计规程	中国水利水电建设集团公司	长江水利委员会科学研究院	
12	DL/T 5389—2007	水工建筑物岩石基础开挖工程施工技术规范	中国水利水电建设集团公司	长江水利委员会科学研究院	
13	DL/T 5333—2005	水电水利爆破安全监测规程	中国水利水电建设集团公司	长江水利委员会科学研究院	
14	DL/T 5055—2007	水工混凝土掺用粉煤灰技术规范	中国水利水电建设集团公司	长江水利委员会科学研究院	
15	DL/T 5198—2004	水电水利岩臂梁施工技术规程	中国水利水电建设集团公司	水利发展研究中心	
16	DL/T 537—2007	水电水利土建工程安全技术工作规范	中国水利水电建设集团公司	中国水利水电建设集团公司	
17	DL/T 5373—2007	水电水利施工作业人员安全技术操作规范	中国水利水电建设集团公司	中国水利水电建设集团公司	
18	DL/T 5214—2005	水电水利工程振冲地基处理规范	中国水利水电建设集团公司	北京振冲工程股份有限公司	
19	DL/T 507—2002	水轮发电机组起动试验规程	中国水利水电建设集团公司	中国水利水电第八工程局	
20	DL/T 827—2002	灯泡贯流式水轮发电机组起动试验规程	中国水利水电建设集团公司	中国水利水电第八工程局	
21	DL/T 1067—2007	蒸发冷却水轮发电机（发电/电动机）基本技术条件	中国水利水电建设集团公司	中国科学院电工研究所	
22	DL/T 5100—1999	水工混凝土外加剂技术规程	中国水利水电建设集团公司	南京水利科学研究院	

续表

序号	标准编号	标准名称	负责编译单位	参加编译译单位	备注
23	DL/T 5181—2003	水电水利工程锚喷支护技术规范	中国水利水电建设集团公司	中国水利水电建设集团公司	
24	DL/T 5370—2007	水电水利建筑安装通用安全技术规范	中国水利水电建设集团公司	中国水利水电建设集团公司	
25	DL/T 5150—2001	水工混凝土试验规程	中国水利水电建设集团公司	南京水利科学研究院	
26	DL 5020—2007	水利水电工程可行性研究报告编制规程	水电水利规划设计总院	水电水利规划设计总院	
27	DL/T 5015—1996	水利水电工程动能设计规范	中国水电顾问集团中南勘测设计研究院	中国水电顾问集团中南勘测设计研究院	
28	GB 50287—2006	水力发电工程地质勘察规范	水电水利规划设计总院	中国水电顾问集团北京勘测设计研究院	
29	DL/T 5353—2006	水电工程边坡设计规范	中国水电顾问集团西北勘测设计研究院	中国水电顾问集团西北勘测设计研究院	
30	DL/T 5346—2006	混凝土拱坝设计规范	中国水电顾问集团成都勘测设计研究院	中国水电顾问集团成都勘测设计研究院	
31	DL/T 5057—1996	水工混凝土结构设计规范	中国水电顾问集团西北勘测设计研究院	中国水电顾问集团北京勘测设计研究院	
32	DL 5077—1997	水工建筑物荷载设计规范	中国水电顾问集团中南勘测设计研究院	中国水电顾问集团中南勘测设计研究院	
33	DL/T 5397—2007	水利水电工程施工组织设计规范	水电水利规划设计总院	中国水电顾问集团中南勘测设计研究院	
34	DL/T 5186—2004	水力发电厂机电设计规范	水电水利规划设计总院	水电水利规划设计总院	
35	DL/T 5065—1996	水力发电厂计算机监控系统设计规定	中国水电顾问集团北京勘测设计研究院	中国水电顾问集团北京勘测设计研究院	
36	（尚未发布）	水电水利深层搅拌法处理地基技术规范	北京振冲工程股份有限公司	北京振冲工程股份有限公司	与中文标准同时完成
37	（尚未发布）	电力工程振冲器技术标准	北京振冲工程股份有限公司	北京振冲工程股份有限公司	与中文标准同时完成
38	（尚未发布）	水电项目组织技术规范	中国长江三峡工程开发总公司	中国长江三峡工程开发总公司	与中文标准同时完成
39	DL/T 5167—2002	水电水利工程启闭机设计规范	电力行业水电站金属结构标准化技术委员会	中国水电顾问集团华东勘测设计研究院	
40	DL/T 5044—2004	电力工程直流系统设计技术规程	中国电力工程顾问集团公司华北电力设计院	中国电力工程顾问集团公司华北电力设计院	
41	DL/T 5222—2005	导体和电器选择设计技术规定	中国电力工程顾问集团公司东北电力设计院	中国电力工程顾问集团公司东北电力设计院	

续表

序号	标准编号	标准名称	负责编译单位	参加编译译单位	备注
42	DL/T 5352—2006	高压配电装置设计技术规定	中国电力工程顾问集团公司西北电力设计院	中国电力工程顾问集团公司西北电力设计院	
43	DL/T 5218—2005	220kV～500kV 变电所设计技术规程	中国电力工程顾问集团公司华东电力设计院	中国电力工程顾问集团公司华东电力设计院	
44	DL/T 5155—2002	220kV～500kV 变电所用电设计技术规程	中国电力工程顾问集团公司华东电力设计院	中国电力工程顾问集团公司华东电力设计院	
45	DL/T 5056—2007	变电站总布置设计技术规程	中国电力工程顾问集团公司西北电力设计院	中国电力工程顾问集团公司西北电力设计院	
46	DL/T 5143—2002	变电所给水排水设计规程	中国电力工程顾问集团公司华北电力设计院	中国电力工程顾问集团公司华北电力设计院	
47	（尚未发布）	变电所建筑结构设计技术规定	广东省电力设计院	广东省电力设计院	与中文标准同时完成
48	DL/T 5225—2005	220kV～500kV 变电所通信设计技术规定	中国电力工程顾问集团公司东北电力设计院	中国电力工程顾问集团公司东北电力设计院	
49	DL/T 5092—1999	110kV～500kV 架空送电线路设计技术规程	中国电力工程顾问集团公司华东电力设计院	中国电力工程顾问集团公司华东电力设计院	
50	DL/T 5219—2005	架空送电线路基础设计技术规定	中国电力工程顾问集团公司东北电力设计院	中国电力工程顾问集团公司东北电力设计院	
51	DL/T 5130—2000	架空送电线路钢管杆设计技术规定	中国电力工程顾问集团公司东北电力设计院	中国电力工程顾问集团公司东北电力设计院	
52	DL/T 5154—2002	架空送电线路杆塔结构设计技术规定	中国电力工程顾问集团公司西南电力设计院	中国电力工程顾问集团公司西南电力设计院	
53	GB 50062—92	电力装置的继电保护和自动装置设计规范	中国电力工程顾问集团公司东北电力设计院	中国电力工程顾问集团公司东北电力设计院	按新修订的国标进行编译
54	GBJ 63—90	电力装置的电气测量仪表装置设计规范	中国电力工程顾问集团公司西南电力设计院	中国电力工程顾问集团公司西南电力设计院	按新修订的国标进行编译
55	GB 50217—94	电力工程电缆设计规范	中国电力工程顾问集团公司西南电力设计院	中国电力工程顾问集团公司西南电力设计院	按新修订的国标进行编译
56	GB/T 50109—2006	工业用水软化除盐设计规范	中国电力工程顾问集团公司西北电力设计院	中国电力工程顾问集团公司西北电力设计院	
57	GB/T 50102—2003	工业循环冷却水设计规范	中国电力工程顾问集团公司东北电力设计院	中国电力工程顾问集团公司东北电力设计院	
58	GB 50061—97	66kV 及以下架空电力线路设计规范	辽宁省电力设计院	辽宁省电力设计院	按新修订的国标进行编译

（中国电力企业联合会　许松林）

中国水电工程顾问集团公司企业标准 Q/CHECC 002—2007《重力坝宽尾墩台阶溢流面联合消能工设计导则》简介

自20世纪80年代安康工程（坝高128m）首次采用宽尾墩联合消能工，成功地解决了高坝、大单宽流量泄洪消能问题以来，这一由我国科技人员开发研制的科技成果得到推广应用。大朝山水电站工程又开发设计了RCC重力坝宽尾墩台阶溢流面联合消能工，获得成功，并在国内推广应用。为科学、合理使用这一科技成果，保证大坝安全，中国水电工程顾问集团公司制定了Q/CHECC 002—2007《重力坝宽尾墩台阶溢流面联合消能工设计导则》。

该导则是在总结大朝山水电站工程经验的基础上，吸收国内外的有益成果编制出的中国水电工程顾问集团公司企业标准；适用于宽尾墩、作为永久过流结构一次碾压成型的台阶溢流面以及下游消能设施等的设计，主要内容包括：

（1）给出了宽尾墩主要体型参数的选择范围和收缩比选择的计算公式。

（2）给出了宽尾墩联合消能工主要水力参数间的关系，为高坝、大单宽流量、深尾水条件下消能工的合理选择和设计提供了依据。

（3）提出了台阶高度的合理选择和布置、台阶变态混凝土的设计指标，为设计提供了依据。

（中国水电顾问集团北京勘测设计研究院　韩　立）

DL/T 5386—2007《水电水利工程混凝土预冷系统设计导则》简介

（一）概述

混凝土预冷是大中型水电水利工程高温时段混凝土施工中混凝土温度控制的一项关键技术措施。建国以来，随着我国水电水利工程建设和科学技术的蓬勃发展，混凝土预冷技术也有了长足的进步。技术先进可靠、经济合理适用的混凝土预冷系统设计及运行对加快工程施工进度，保证混凝土施工质量十分重要。由中国水电顾问集团中南勘测设计研究院编制的DL/T 5386—2007《水电水利工程混凝土预冷系统设计导则》，是国内首部指导大中型水电水利工程混凝土预冷系统设计的行业标准。本标准给出了水电水利工程混凝土预冷系统设计指导原则，在混凝土预冷系统的设计规划、工艺设计、主要设备选择、系统布置、管道设计及隔热保冷保温等方面提出了具体要求。本标准由中华人民共和国国家发展和改革委员会于2007年7月发布实施，对提高混凝土预冷系统的设计水平，保证设计质量起着积极的作用。

（二）主要特点

本标准系在总结吸取建国以来国内外水电水利工程建设中混凝土预冷系统设计、施工、运行经验的基础上制定的。其主要特点如下：

（1）以水电工程为主，兼顾水利工程，反映混凝土预冷设计新的成熟技术及科研成果，如碾压混凝土预冷、二次风冷骨料、带式输送机连续水冷骨料等技术。

（2）根据碾压混凝土的特性及近年来多个大中型水电水利工程（如龙滩、景洪等工程）的经验和科研成果，提出了碾压混凝土预冷方式的选择原则和方法，对碾压混凝土预冷设计提出了具体技术要求，填补了国内外在碾压混凝土预冷设计方面的空白。

（3）本标准有11项资料性附录，详细介绍了混凝土预冷设计过程中常用的计算方法、计算公式及有关资料，具有很强的实用性。

本标准内容系统全面，可操作性强，便于实施，体现了当前水电水利工程混凝土预冷设计水平。

（三）主要内容

本标准正文共10章、11个资料性附录，并附有正文的相应条文说明。各章主要内容包括：

第1章：范围。明确本标准的适用范围。

第2章：规范性引用文件。列出本标准中的引用标准。

第3章：总则。明确了预冷系统设计的主要内容及预冷系统设计方案的选择原则。提出预冷系统设计方案应根据混凝土温度控制要求以及混凝土生产工艺进行综合技术经济比较，选择技术先进可靠、工艺简洁、经济合理的方案。

第4章：设计条件。对预冷系统设计应具备的设计条件及基本资料提出了具体的要求。

第5章：预冷系统规划。明确预冷系统规划应分析预冷混凝土原材料对拌和设备生产能力的影响，在混凝土生产系统规划的基础上，结合工程建设的特点和混凝土生产工艺，进行统一规划；明确混凝土预冷系统生产规模以系统预冷混凝土生产能力和所需的预冷负荷表示，提出了预冷混凝土生产能力、系统预冷负荷的计算方法；明确了应根据工程的具体设计条件，经技术经济比较后确定混凝土预冷方式的原则；提出了常态混凝土、碾压混凝土预冷方式的选择方法及常用冷却措施组合方式。

第6章：预冷系统工艺设计。提出了预冷系统工艺设计中，骨料堆场降温、加冷水及加冰拌和、水冷骨料、风冷骨料、大体积混凝土冷却水生产、制冷厂的工艺设计原则和方法，并给出了相应的计算公式。

第7章：主要设备选择。提出了预冷系统主要设备的选择原则和方法。

第8章：预冷系统布置。提出了预冷系统各车间及设施的布置设计原则和方法。

第9章：预冷系统的管道设计及隔热保冷保温。对预冷系统的管道设计及设备、设施、管道等的隔热保冷保温设计提出了具体的技术要求。

第10章：环境保护措施。对预冷系统的环境保护设计提出了应遵循的原则和相应的规定。

附录：共11个资料性附录，给出了预冷系统设计所需"预冷混凝土生产能力计算"、相关预冷措施的"冷负荷计算"及"混凝土常用冷却措施组合方式"等计算公式和有关资料。

（四）应用情况

本标准自发布实施以来，有关设计、施工单位在大中型水电水利工程的可行性研究设计、招投标设计、施工详图设计中广泛应用或参考应用，对混凝土预冷系统设计工作起到了积极的指导作用，设计质量和工作效率有了较大提高。混凝土预冷系统投入运行后，对保证水电水利工程的混凝土施工质量，加快工程施工进度，起到了关键作用，取得了较显著的经济效益和社会效益。

（中国水电顾问集团中南勘测设计研究院
杨　蕾　李淑屏　龚德红　谭建平）

《水电工程设计工程量计算规程》（送审稿）审查会在西安召开

2008年6月19日至20日，电力行业水电规划设计标准化技术委员会在西安主持召开了《水电工程设计工程量计算规程》（以下简称《规程》）审查会。参加本次审查会议的有中国电力企业联合会标准化中心，水电水利规划设计总院，中国水电顾问集团中南、华东、昆明、贵阳、北京、西北勘测设计研究院等单位的专家和代表。

该《规程》是根据国家发展和改革委员会《关于印发2007年行业标准修订、制定计划的通知》（发改办工业［2007］1415号）的要求进行修订的，《规程》共设置15章4个附录及条文说明，由中国水电顾问集团西北勘测设计研究院负责修编。

与会专家听取了修订组关于《规程》修订情况的汇报，对《规程》送审稿逐章逐条进行了认真审议。会议认为，随着我国改革开放和水电工程建设的发展，有关部门相继出台了一系列政策性文件、规程规范，为了更好地适应水电发展的新形势，对《水电水利工程工程量计算规定》实施以来的经验和存在问题进行总结和分析，进一步统一设计工程量的计算工作，对该《规程》进行修订是必要的。会议同意《规程》设置15章、4个附录的总体框架和基本内容，《规范》符合《电力行业标准编写基本规定》（DL/T 600—2001）的要求，满足送审稿的深度要求。

会议希望修订组按照会议纪要和专家提出的建议进行修改补充，尽快提出报批稿。

（摘自中国水电工程顾问集团公司网）

2008年大坝安全技术标准编制进展

为了使大坝安全监测工作规范化、标准化，确保大坝安全监测技术管理有章可循，2008年，大坝中心完成或组织了《水电站大坝安全评价导则》、《大坝安全监测自动化系统实用化要求及验收规程》、《水电站大坝安全管理导则》、《大坝声波检测技术规程》、《地下结构安全监测技术规范》、《真空激光准直位移测量装置》、《钢弦式位移计》、《钢弦式锚索测力计》8项标准制定的申报工作，其中5项标准已于2008年6月4日由国家发展和改革委员会批准立项。

2008年5月15日至5月19日大坝中心在江苏扬州组织召开了《大坝安全监测数据自动采集装置》、《钢弦式仪器测量仪表》、《钢弦式钢筋计》、《钢弦式土压力计》、《测压管》5项电力行业标准审查会，前4项电力行业标准已通过审查，即将颁布实施。

为了确保大坝安全监测技术标准体系的质量，大坝中心加强了对正在编制的标准进度及质量的督促、检查，对通过审查的标准及时完成报批，逐步建立、完善大坝安全管理相关的技术标准和规范。

（国家电力监管委员会大坝安全监察中心　赵花城）

新 颁 标 准

2008年发布的电力国家标准

序号	标准编号	标准名称	实施日期	替代标准
1	GB/T 22386—2008	电力系统暂态数据交换通用格式	2009年8月1日	
2	GB/T 22385—2008	大坝安全监测系统验收规范	2009年8月1日	
3	GB/T 22384—2008	电力系统安全稳定控制系统检验规范	2009年8月1日	
4	GB/T 19185—2008	交流线路带电作业安全距离计算方法	2009年8月1日	GB/T 19185—2003
5	GB/T 18269—2008	交流1kV，直流1.5kV及以下电压等级带电作业用绝缘手工工具	2009年8月1日	
6	GB/T 18136—2008	交流高压静电防护服装及试验方法	2009年8月1日	GB 18136—2000
7	GB/T 18038—2008	电气化铁道牵引供电系统微机保护装置通用技术条件	2009年8月1日	
8	GB/T 18037—2008	带电作业工具基本技术要求与设计导则	2009年8月1日	GB/T 18037—2000
9	GB/T 17622—2008	带电作业用绝缘手套	2009年8月1日	GB 17622—1998
10	GB/T 15148—2008	电力负荷管理系统技术规范	2009年8月1日	GB/T 15148—1994
11	GB/T 15145—2008	输电线路保护装置通用技术条件	2009年8月1日	GB/T 15145—2001
12	GB/T 14545—2008	带电作业用小水量冲洗工具（长水柱短水枪型）	2009年8月1日	GB/T 14545—2003
13	GB/T 14286—2008	带电作业工具设备术语	2009年8月1日	GB/T 14286—2002
14	GB/T 13395—2008	电力设备带电水冲洗导则	2009年8月1日	GB 13395—1992
15	GB/T 13035—2008	带电作业用绝缘绳索	2009年8月1日	GB/T 13035—2003
16	GB/T 13034—2008	带电作业用绝缘滑车	2009年8月1日	GB/T 13034—2003
17	GB/T 12145—2008	火力发电机组及蒸汽动力设备水汽质量	2009年8月1日	GB/T 12145—1999
18	GB/T 11920—2008	电站电气部分集中控制设备及系统通用技术条件	2009年8月1日	GB/T 11920—1989
19	GB/T 7605—2008	运行中汽轮机油破乳化度测定法	2009年8月1日	GB/T 7605—1987
20	GB/T 7602—2008	变压器油，汽轮机油中T501抗氧化剂含量测定法　第1部分：分光光度法	2009年8月1日	GB/T 7602—1987
21	GB/T 7601—2008	运行中变压器油，汽轮机油水分测定法（气相色谱法）	2009年8月1日	GB/T 7061—1987
22	GB/T 7598—2008	运行中变压器油水溶性酸测定法	2009年8月1日	GB/T 7598—1987
23	GB/T 7596—2008	电厂运行中汽轮机油质量	2009年8月1日	GB/T 7596—2000
24	GB/T 7595—2008	运行中变压器油质量	2009年8月1日	GB/T 7595—2000

续表

序号	标准编号	标 准 名 称	实施日期	替代标准
25	GB/T 6568—2008	带电作业用屏蔽服装	2009年8月1日	GB 6568.1—2000 GB 6568.2—2000
26	GB/T 2317.1—2008	电力金具试验方法　第1部分：机械试验	2009年8月1日	GB/T 2317.1—2000
27	GB/T 2315—2008	电力金具　标称破坏载荷系列及连接型式尺寸	2009年8月1日	GB/T 2315—2000
28	GB/T 2314—2008	电力金具通用技术条件	2009年8月1日	GB 2314—1997
29	GB/T 7330—2008	交流电力系统阻波器	2008年10月1日	GB/T 7330—1998
30	GB/T 7329—2008	电力线载波结合设备	2008年10月1日	GB/T7329—1998
31	GB/T 50063—2008	电力装置的电测量仪表装置设计规范	2008年11月1日	GBJ 63—1990 DL/T 5137—2001
32	GB 50227—2008	并联电容器装置设计规范	2009年6月1日	GB 50227—1995
33	GB/T 50062—2008	电力装置的继电保护和自动装置设计规范	2009年6月1日	GB 50062—1992
34	GB 50478—2008	地热电站岩土工程勘察规范	2009年8月1日	
35	GB 50060—2008	3kV～110kV高压配电装置设计规范	2009年6月1日	GB 50060—1992

（中国电力企业联合会　许松林）

2008年发布的电力行业标准（水电和电气部分）

序号	标准编号	标 准 名 称	代替标准	实施日期
1	DL/T 491—2008	大中型水轮发电机自并励励磁系统及装置运行和检修规程	DL/T 491—1999	2008-11-1
2	DL/T 578—2008	水电厂计算机监控系统基本技术条件	DL/T 578—1995	2008-11-1
3	DL/T 586—2008	电力设备监造技术导则	DL/T 586—1995	2008-11-1
4	DL/T 664—2008	带电设备红外诊断应用规范	DL/T 664—1999	2008-11-1
5	DL/T 692—2008	电力行业紧急救护技术规范	DL/T 692—1999	2008-11-1
6	DL/T 860.6—2008	变电站通信网络和系统　第6部分：与智能电子设备有关的变电站内通信配置描述语言		2008-11-1
7	DL/T 1080.1—2008	电力企业应用集成　配电管理的系统接口　第1部分：接口体系与总体要求		2008-11-1
8	DL/T 1081—2008	12kV～40.5kV户外高压开关运行规程		2008-11-1
9	DL/T 1082—2008	高压实验室技术条件		2008-11-1
10	DL/T 1084—2008	风电场噪声限值及测量方法		2008-11-1
11	DL/T 1085—2008	水情自动测报系统技术条件		2008-11-1
12	DL/T 1086—2008	光电式（CCD）静力水准仪		2008-11-1
13	DL/T 1087—2008	±800kV特高压直流换流站二次设备抗扰度要求		2008-11-1
14	DL/T 1088—2008	±800kV特高压直流线路电磁环境参数限值		2008-11-1

续表

序号	标准编号	标准名称	代替标准	实施日期
15	DL/T 1089—2008	直流换流站与线路合成场强、离子流密度测试方法		2008-11-1
16	DL/T 1090—2008	串联补偿系统可靠性统计评价规程		2008-11-1
17	DL/T 1092—2008	电力系统安全稳定控制系统通用技术条件		2008-11-1
18	DL/T 1093—2008	电力变压器绕组变形的电抗法检测判断导则		2008-11-1
19	DL/T 1094—2008	电力变压器用绝缘油选用指南		2008-11-1
20	DL/T 1095—2008	变压器油带电度现场测试导则		2008-11-1
21	DL/T 1096—2008	变压器油中颗粒度限值		2008-11-1
22	DL/T 5076—2008	220kV 及以下架空送电线路勘测技术规程	DL/T 5076—1997 DL/T5146—2001	2008-11-1
23	DL/T 5096—2008	电力工程钻探技术规程	DL/T 5096—1999 DL/T 5171—2002	2008-11-1
24	DL/T 5115—2008	混凝土面板堆石坝接缝止水技术规范	DL/T 5115—2000	2008-11-1
25	DL/T 5405—2008	城市电力电缆线路初步设计内容深度规程		2008-11-1

（中国电力企业联合会　许松林）

2008 年水利技术标准发布一览表

序号	标准名称	标准编号	实施日期
（一）行业标准			
1	滩涂治理工程设计规范	SL 389—2008	2009. 02. 10
2	水利水电工程建设验收规程	SL 223—2008 替代 SL 223—1999	2008. 06. 03
3	大型灌区技术改造规程	SL 418—2008	2008. 07. 21
4	斗轮式挖泥船技术条件	SL 421—2008	2008. 06. 21
5	水利旅游项目综合影响评价标准	SL 422—2008	2008. 06. 21
6	生物显微镜校验方法	SL 144. 1—2008	2008. 09. 17
7	多参数现场水质测定仪校验方法	SL 144. 2—2008	2008. 09. 17
8	生化培养箱校验方法	SL 144. 3—2008	2008. 09. 17
9	电热恒温培养箱校验方法	SL 144. 4—2008	2008. 09. 17
10	离心机校验方法	SL 144. 5—2008	2008. 09. 17
11	电热恒温水浴锅校验方法	SL 144. 6—2008	2008. 09. 17
12	电热鼓风干燥箱校验方法	SL 144. 7—2008	2008. 09. 17
13	微波消解仪校验方法	SL 144. 8—2008	2008. 09. 17
14	快速溶剂萃取仪校验方法	SL 144. 9—2008	2008. 09. 17
15	固相萃取装置校验方法	SL 144. 10—2008	2008. 09. 17
16	控温消煮炉校验方法	SL 144. 11—2008	2008. 09. 17

续表

序号	标 准 名 称	标 准 编 号	实施日期
17	河道采砂规划编制规程	SL 423—2008	2008.10.22
18	旱情等级标准	SL 424—2008	2009.03.29
19	水利水电起重机械安全规程	SL 425—2008	2008.10.07
20	水资源监控设备基本技术条件	SL 426—2008	2008.09.20
21	水资源监控管理系统数据传输规约	SL 427—2008	2008.09.20
22	凌汛计算规范	SL 428—2008	2008.10.22
23	水资源供需预测分析技术规范	SL 429—2008	2008.10.22
24	调水工程设计导则	SL/Z 430—2008	2008.10.22
25	城市水系规划导则	SL 431—2008	2009.02.10
26	水利工程压力钢管制造安装及验收规范	SL 432—2008	2008.11.15
27	钢丝网水泥输水管及管件	SL 433—2008 替代 SL 11.12—90	2008.12.03
28	水利信息网建设指南	SL 434—2008	2009.02.10
29	水轮机模型浑水验收试验规程	SL 142—2008 替代 SL 142—97	2009.02.10
30	水工混凝土结构设计规范	SL 191—2008	2009.02.10
31	海堤工程设计规范	SL 435—2008	2009.02.10
32	堤防隐患探测规程	SL 436—2008	2009.01.06
33	水利基本建设项目竣工财务决算编制规程	SL 19—2008	2009.02.10
34	水利水电工程二次接线设计规范	SL 438—2008	2009.03.16
（二）国家标准			
1	水文仪器基本参数及通用技术条件	GB/T 15966—2007	2008.03.01
2	水文仪器系列型谱	GB/T 13336—2007	2008.03.01
3	灌溉渠道系统量水规范	GB/T 21303—2007	2008.03.01
4	水面蒸发器	GB/T 21327—2007	2008.03.01
5	水文仪器通则 第6部分：检验规则及标志、包装、运输、贮存、使用说明书	GB/T 18522.6—2007	2008.03.01
6	开发建设项目水土流失防治标准	GB 50434—2008	2008.07.01
7	开发建设项目水土保持技术规范	GB 50433—2008	2008.07.01
8	大坝观测仪器 沉降仪 第1部分：水管式沉降仪	GB/T 21440.1—2008	2008.05.01
9	大坝监测仪器 应变计 第1部分：差动电阻式应变计	GB/T 3408.1—2008	2008.05.01
10	大坝监测仪器 测缝计 第1部分：差动电阻式测缝计	GB/T 3410.1—2008	2008.05.01
11	直线明槽中的转子式流速仪检定/校准方法	GB/T 21699—2008	2008.07.01
12	水文测报仪器 第6部分：遥测水位计	GB/T 11828.6—2008	2008.07.01
13	小型水轮机基本技术条件	GB/T 21718—2008	2008.07.01
14	小型水轮机型式参数及性能 技术规定	GB/T 21717—2008	2008.07.01
15	大坝观测仪器 钢筋计 第1部分：差动电阻式钢筋计	GB/T 3409.1—2008 替代 GB/T 3409—94	2008.07.01

续表

序号	标准名称	标准编号	实施日期
16	小型水轮机现场验收试验规程	GB/T 22140—2008	2008.10.01
17	大坝监测仪器　应变计　第2部分：振弦式应变计	GB/T 3408.2—2008	2008.10.01
18	大坝监测仪器　测缝计　第2部分：振弦式测缝计	GB/T 3410.2—2008	2008.10.01
19	大坝监测仪器　沉降仪　第2部分：电磁式沉降仪	GB/T 21440.2—2008	2008.10.01
20	大坝监测仪器　沉降仪　第3部分：液压式沉降仪	GB/T 21440.3—2008	2008.10.01
21	土工试验仪器　剪切仪　第2部分：现场十字板剪切仪	GB/T 4934.2—2008	2008.10.01
22	降水量观测仪器　第3部分：虹吸式雨量计	GB/T 21978.3—2008	2008.10.01
23	降水量观测仪器　第6部分：融雪型雨雪量计	GB/T 21978.6—2008	2008.10.01
24	土工试验仪器　液限仪　第2部分：圆锥式液限仪	GB/T 21997.2—2008	2008.10.01
25	土工试验仪器　液限仪　第1部分：碟式液限仪	GB/T 21997.1—2008	2008.10.01
26	土工试验仪器　剪切仪　第1部分：应变控制式直剪仪	GB/T 4934.1—2008	2008.10.01

（水利部国际合作与科技司　刘咏峰）

科　技　图　书

2008年出版的水电新书

序号	书名	定价（元）	出版日期	作者
1	抽水蓄能电站建设与运行案例分析	25.00	2008.2	华东宜兴抽水蓄能有限公司
2	水电竞价理论与方法	45.00	2008.3	吴世勇　马光文　著
3	法汉水利水电技术词典	135.00	2008.3	宋志勇　编
4	国际工程合同英汉对照阅读	16.00	2008.6	陈天照　编著
5	水电工程设计概算费用标准（2007年版）	10.00	2008.6	水电水利规划设计总院水电建设定额站　发布
6	水电工程设计概算编制规定（2007年版）	35.00	2008.6	水电水利规划设计总院水电建设定额站　发布
7	水电工程设计概算定额（2007年版）（上下册）	290.00	2008.6	水电水利规划设计总院水电建设定额站　发布
8	天生桥一级水电站枢纽工程勘察与实践	68.00	2008.8	王自高等编著
9	冶勒水电站工程施工技术	48.00	2008.8	中国葛洲坝集团公司编著
10	混凝土配制强度和验收强度的确定方法	20.00	2008.8	戴镇潮　著
11	抽水蓄能电站工程技术	150.00	2008.10	邱彬如　刘连希主编

续表

序号	书　名	定价（元）	出版日期	作　者
12	中国南水北调工程建设年鉴 2008	160.00	2008.10	
13	中国工程院重大咨询项目　中国可再生能源发展战略研究丛书　太阳能卷	59.00	2008.11	中国可再生能源发展战略研究项目组
14	中国工程院重大咨询项目　中国可再生能源发展战略研究丛书　水能卷	36.00	2008.11	中国可再生能源发展战略研究项目组
15	中国工程院重大咨询项目　中国可再生能源发展战略研究丛书　风能卷	39.00	2008.11	中国可再生能源发展战略研究项目组
16	中国工程院重大咨询项目　中国可再生能源发展战略研究丛书　生物质能卷	45.00	2008.11	中国可再生能源发展战略研究项目组
17	中国工程院重大咨询项目　中国可再生能源发展战略研究丛书　综合卷	75.00	2008.11	中国可再生能源发展战略研究项目组
18	中国水力发电年鉴（2007）第十二卷	258.00	2008.12	
19	中国水利水电建设集团公司年鉴 2008	296.00	2008.12	
20	水利水电工程项目管理理论与实践	78.00	2008.12	张基尧　编著

（中国电力出版社　姜　萍）

新版《电力名词》简介

中国电机工程学会受全国科学技术名词审定委员会委托，组织电力行业内外各专业的专家成立了第三届电力名词审定委员会，负责新版《电力名词》的起草和审定工作。在两年多的时间内，先后邀请了多位电力学科的院士、数十位全国电力学科有经验的专家参与各自熟悉专业名词的审查和校核，确保《电力名词》的质量水准。

新版《电力名词》以 2002 年版《电力名词》（没有名词定义）为基础，对其中的词条按电力学科的相关专业体系作了适当的调整、修改和增删。本版《电力名词》增加了全部电力名词的定义，分为 24 部分，共 8062 条，2002 年版《电力名词》分为 23 部分，共 6272 条，本版《电力名词》在 2002 年版《电力名词》基础上，删去约 2000 条，补充约 3800 条。本版《电力名词》的词条从有关电力的国际标准、国家标准、行业标准、中国电力百科全书和其他有关文献、论文中选取，专业覆盖面很广，并注意选收和增补科学概念清楚、相对稳定的新电力名词，因此基本上能满足电力学科及电力行业的需要。

本版《电力名词》可供高等院校电力专业的教师、学生，电力工程技术人员、科研人员以及各级管理人员使用，也可以作为其他专业相关人员的工具书。

本版《电力名词》由全国科学技术名词审定委员会审查、批准、公布。由科学出版社出版。

（本年鉴编辑部）

中國水力發電年鑒

12

水电建设管理

工　程　管　理

龙滩水电工程2008年建设管理情况

一、安全生产管理

（一）积极响应上级指示精神和文件要求，及时贯彻落实到位

2008年，龙滩水电开发有限公司（以下简称龙滩公司）通过组织开展“春、秋季安全大检查”、“安全生产隐患排查治理”、“安全生产月”、“安全活动日”、“安全生产百日督查”、“迎奥运，保供电”、“第二次安全生产百日督查”专项监督检查、“拉网式”安全大检查等一系列的安全活动，进一步落实公司各级人员安全生产责任制，杜绝违章及无票作业。

为了保证北京奥运会期间工程建设和发供电生产的安全，龙滩公司成立了以总经理为组长的专项监督检查领导小组，统一部署和层层落实了隐患排查、防恐保卫、安全生产、信息安全和防洪度汛的各项措施：①对龙滩工程的大坝、发供电设备、工程施工安装现场、防洪设施和仓储备品进行全面的检查，发现问题立即落实责任人限期整改；②中断内部办公网络与生产信息网络之间的连接，而且均与互联网进行彻底的物理隔离；③布置多重保卫岗哨，实行“认牌不认人”和24小时监控制度，谢绝一切与工程建设、发电生产无关的人员进入地下厂房和厂坝区域；④开展应对生产事故、自然灾害和防洪度汛等应急预案的演练，提高快速反应能力和处理突发性事件的协调指挥能力。随着各项措施的深入开展和落实，龙滩工程为保奥运安全供电和社会稳定作出了应有的贡献。

2008年龙滩公司共排查出各种问题及隐患1556项，其中，重大隐患为22项，占总数的1.41%，整改完成19项，一般性隐患为1534项，占总数的98.59%，整改完成1380项，尚不具备整改条件的隐患项都制定了相应的安全防范措施，并落实相关专业人员进行严密监控。全年投入发电安全生产的专项费用达1600万元以上，有效的防止了各种安全生产责任事故的发生。

（二）建立健全安全生产监督体系，保证制度的执行力

龙滩公司在发电生产准备阶段即成立了安全生产委员会，作为发电生产的最高安全管理机构，安委会主任由公司总经理担任，下设安委会办公室。安委会制定了《安全生产工作规定》、《安全生产监督规定》、《安全生产责任制》及《安全生产工作奖惩规定》等一系列完整的安全管理规章制度，以及电厂行政管理制度8部、生产规章制度34部、安全管理制度22部，发布了50部运行规程、88部检修规程、86部点检标准、177部检修作业标准、9部安全管理标准、44部生产岗位工作标准、40部应急预案，为发电管理提供了有力的制度保证和技术保障。

树立“安全生产可控、能控、在控”、“事故是可以预防的、失误是可以避免的、异常是可以控制的”、“确保人身安全是安排各项工作的前提，确保人身安全是现场安全管理的重点”和“违章就是事故，以零违章确保零事故”等安全生产理念。实施安全责任和目标的四级控制，即：公司控制重伤和事故、车间控制轻伤和障碍、班组控制未遂和异常、个人控制违章，做到层层落实、层层控制、一级保一级、一级对一级负责。

公司监察审计部和安全生产部每年定期联合对各级生产领导干部的安全生产责任制落实情况开展效能监察，确保安全生产责任制从上到下得到有效落实。严格执行安全生产有关考核制度，对违章行为和责任事故，按照“四不放过”的原则对有关人员进行处理。

（三）完善危急事件的应急管理机制

为了避免或减少突发性危急事件对公司各项生产工作和社会造成重大影响，龙滩公司出台了《危急事件总体应急预案》和《安全生产危急事件管理工作规定》等管理制度，规范各部门各级人员应急处理的职责。

2008年完善和修订应急预案多部，开展了20多次应急预案演练，针对台风“黑格比”的反事故演习，以“电网稳定破坏”、“全厂停电事故”、“主变压器着火”、“机组运行中蜗壳进人门爆裂，大量漏水”等为主题开展的反事故实战演习，以“平安龙滩、和谐大唐”为主题的大型防洪度汛应急预案全面演习。

在“5·12”大地震发生后，龙滩公司立即组织召开启动地震抗灾应急预案的紧急会议，应急指挥部迅速作出部署：①龙滩工程是国家西部大开发的标志性工程，各参建单位必须牢固树立防大灾的思想，增

强防范、预防地质灾害意识，特别加强对不可预见灾害的防范；②龙滩工地上各种大型施工设备比较多，已投产的机组正在运行，各单位迅速组织检查有无安全隐患，采取必要的措施，确保人身、设备、电网的安全；③加强对工程各项目，特别是永久性工程的监测，一有异常，立即报告；④由于汛期已经到来，有关部门要特别加强龙滩工程防洪各项工作的落实，确保龙滩工程万无一失；⑤加强龙滩坝区的治安保卫防范工作，确保龙滩坝区的稳定；⑥龙滩公司总经理工作部、工程建设部、安全生产部安排人员 24 小时值班，公司各部及参建单位负责人保持个人移动通信设备 24h 畅通无阻，确保遇到突发灾害时联系通畅。

（四）加强监测，搞好信息化建设

1. 水情测报　龙滩公司与地方气象部门密切合作，实时监测上游地区的天气情况，同时参考了天气在线等专业气象预报网站的气象预报，结合水情自动测报系统及气象卫星云图，每日发布 24 小时、7 天滚动预报等，为工程的安全度汛工作以及发电调度工作起到了指导作用。2008 年龙滩水电工程处于初期蓄水阶段，水调人员加强了对珠江防洪抗旱总指挥部和各地防汛移民部门的汛期报汛工作，通过短信、电子邮件、电话及传真等各种不同手段，每天四段四次为各部门报告汛情，在入库流量超过 $5000m^3/s$ 时还进行加报和制作预报，保证汛期防洪度汛工作的顺利开展。

2. 大坝安全监测　龙滩水电工程大坝安全监测系统监测项目比较完善，主要有大坝变形、应力应变及温度、渗流监测系统及大坝强震监测等项目。监测仪器埋设随坝体施工同步进行，截至 2007 年 6 月，设计内观仪器基本埋设完成，共埋设 2006 套监测仪器，其完好率为 98%。自 2006 年 9 月 30 日工程下闸蓄水以来，大坝经历了 2007 年和 2008 年汛期考验，并于今年提前一年蓄至 375m 正常蓄水位。大坝变形、渗流渗压等安全监测成果表明工程运行状态良好。2008 年 10 月，龙滩公司召开了龙滩水工安全监测自动化系统专家咨询会，确定大坝安全管理和信息化建设的原则，结合龙滩大坝实际情况，有针对性地考察同类工程和电厂成功经验，逐步开展埋设仪器性能测试评估、自动化系统调研考察及咨询、自动化系统的设计及系统的招投标建设等工作，计划在 2009 年底基本建成具备实时、可靠、精确、可维护、可利用率高、系统安全性高、可扩展等特点的大坝信息化管理系统。

3. 安全管理信息系统　充分发挥中国大唐集团公司安全生产管理信息系统和星级考评系统等先进管理平台的作用，实现对安全生产方面各项指标的动态对标管理。

二、质量管理

2008 年，龙滩 375m 方案建设工程进入收尾阶段。龙滩水电开发有限公司始终牢固树立“质量第一，百年大计”的思想，按照“即投产、即稳定、即盈利”要求，通过持续加大“精品龙滩”的宣贯力度，引导各参建单位及全体参建者牢固树立质量观念和精品意识；按照质量管理职责要求，组织质量大检查和督察组日常巡检、广泛开展质量月活动，细化了质量的全方位、全过程管理，促进质量保证和监管体系的高效运行。通过加强作业人员的技能培训，加强原材料的质量控制，对施工工艺、工序质量严格把关，实现质量控制的闭合循环、持续改进，很好地完成了质量管理目标。

2008 年 7 月，国家发展和改革委员会组织对龙滩工程质量进行稽察，通过现场检查和审阅质量文件记录，认为龙滩质量管理体系和控制体系运行正常，工程施工质量处于良好的受控状态。国家发改委稽察局印发通报将龙滩工程树立为典型进行宣传，认为龙滩水电开发有限公司以科学和有效的管理方法抓质量、促进度，工程建设取得的成果和经验对我国水电建设起到了推动和示范作用。

2008 年 8 月，电力工程质量监督总站专家巡视组对龙滩工程进行了第九次现场巡视，着重对机组投产情况进行了细致的检查，并给予了高度评价；认为龙滩工程以质量为重的团队精神和氛围已形成，努力打造“精品龙滩”已成为龙滩建设者的共识，工程质量管理体系运行正常，各项管理制度得到了贯彻落实，已完工程质量处于良好的受控状态。

三、获得荣誉

（一）初曰亭等 12 位同志被授予广西壮族自治区劳动模范

2008 年 10 月，广西壮族自治区人民政府作出《关于授予初曰亭等 12 位同志广西壮族自治区劳动模范荣誉称号的决定》。

《决定》指出，龙滩水电工程是我国西部大开发和“西电东送”的重要标志性工程，是我国已投产发电的第二大水电工程。自 2001 年 7 月开工建设以来，在广西自治区党委、区政府的正确领导下，广大水电工程建设者们坚持以邓小平理论和“三个代表”重要思想为指导，坚持科学发展观，紧紧依靠科技创新、管理创新，精心组织，科学管理，取得龙滩水电工程建设的巨大成就，创造了多项世界和国内新纪录，涌现出一批先进模范人物。为此，广西壮族自治区人民政府决定授予龙滩水电开发有限公司初曰亭、王学智、龙件开、蒋锦华、杨振先，龙滩水电工程七八葛联营体文加海、叶建琼，四川二滩建设咨询有限公司龙滩监理部邓金陆，中国水电顾问集团中南勘测设计研究院龙滩工程设计代表处肖峰，中国水利水电第七工程局龙滩项目部张桥，龙滩水电工程1478联营体黄岗、李瑞红12位同志广西壮族自治区劳动模范荣誉称号。

（二）戴波、龙先进完成的研究课题荣获全国电力行业企业管理创新成果三等奖

中国电力企业联合会作出《关于表彰全国电力行业企业管理创新成果的决定》。戴波、龙先进完成的《龙滩水电工程信息化管理与创新实践》、《龙滩大坝建设精细化管理方法与创新实践》荣获2008年度全国电力行业企业管理创新成果三等奖。

（龙滩水电开发有限公司）

黄河上游水电开发有限责任公司2008年工程管理情况

2008年，黄河上游水电开发有限责任公司（以下简称黄上公司）扎实推进工程建设，加强建设项目、工程质量、工程投资方面管理，着力优化设计，取得显著成效。

（一）工程进展情况

1. 固定资产投资　共完成投资462 396.51万元，其中拉西瓦水电站工程完成投资292 803.56万元，为年计划的100.12%；积石峡水电站工程完成投资100 618.80万元，为年计划的88.90%，控制项目投资完成占年计划投资的102.19%；班多水电站工程完成投资60 320.67万元，为年计划的99.23%，控制项目投资完成占年计划投资的102.8%；公伯峡水电站工程完成投资7775.85万元；苏只水电站工程完成投资877.63万元。

2. 主要工程量　拉西瓦水电站工程完成石方明挖3.08万m^3、石方洞挖7.48万m^3，出渣4.33万m^3，混凝土浇筑121.41万m^3，钢筋制安2.06万t；积石峡水电站工程完成混凝土浇筑33.4万m^3，金属结构安装200t，制作和安装压力钢管152节，完成右坝肩及基坑开挖75万m^3，大坝填筑10万m^3；班多水电站工程完成土石方开挖88万m^3，混凝土浇筑28万m^3，钢筋制安5505t，锚杆安装1.15万根。

3. 主要工程形象

（1）2008年拉西瓦水电站大坝最高坝段达到186米高度，平均浇筑达到2379.9m高程，最高坝段高程为2396m；主坝接缝灌浆平均高程为2334m，最高坝段达到2339.5m高程。主厂房5号、6号机土建工程项目完成，副厂房土建完成；进水口拦污栅墩及进水塔完成，闸门拼装、启闭机安装调试完成；尾水系统混凝土浇筑、金属结构安装全部完成；5号、6号机无水调试完成，升压变电工程实现了年内目标。

（2）积石峡水电站大坝右岸坝肩开挖完成，大坝填筑至1776m高程；电站进水口1号机浇筑至1833.0m高程，2号机浇筑至1818.0m高程，3号机浇筑至1822.0m高程；压力钢管累计就位152节，溢洪道堰闸段混凝土浇筑至1828.0m高程；电站厂房工程安装间B、C块混凝土浇至1795.3m高程，1号机肘管及锥管安装完成，座环具备安装条件，2号、3号机肘管安装完成；中孔进水塔浇筑至1807m高程，弧形闸门拼装完成。

（3）公伯峡水电站尾工项目基本完成，年内通过了水土保持和环境保护竣工专项验收，并完成了工程竣工结算和财务决算。

（4）苏只水电站尾工项目基本完成，水电站资产和运行管理已移交。枢纽工程和消防设施竣工已通过专项验收。完成了工程竣工结算和财务决算初稿。

（5）班多水电站3月29日按期实现截流，实现工程安全度汛，主厂房土石方开挖完成，厂房混凝土开始浇筑；泄洪闸引渠段底板、边墙及消力池浇筑基本完成，对外公路完工并通车。

（二）建设项目管理

在工程建设的关键时期，战胜了资源短缺、工程地质条件复杂、施工难度大等困难，克服了安全与进度矛盾突出、人工和原材料费用上涨、物资材料及设备供货延期等不利因素，保证了工程建设的顺利进行。

为实现拉西瓦工程下闸蓄水和首批机组投产发电目标，一是以安全促进度，加强了两岸高边坡等重大危险源点和新增危险源的监控与排查，制定了危险源点预控和消除办法，加大了起重机械设备的安全管理力度，各项事故预防关口前移等措施的落实，使工地全年未发生一起安全事故，打造了工程建设稳步推进的“绿色通道”，被评为中电投集团公司“安全管理先进项目”。二是积极协调解决施工单位经济问题，提高了施工单位的积极性，保证了施工进度和工期。三是采取多种措施解决设备供货滞后、缆机故障等问题，积极赶工，保证了节点工期的按期实现。

积石峡工程紧紧围绕工程建设中心任务开展工作，一是加快进度成效显著，大坝基坑开挖完成，顺利转入大坝填筑阶段。二是大力开展技术创新活动，在右岸坝肩开挖中，减少了开挖量一万多立方米和锚固支护量，并且用工程开挖料代替沙砾石主堆料，使坝体的坝料分区和排水料的生产难度大大降低，减少了工程量和坝体填筑量；改进了超大型压力钢管自动化整体卷制设备，使其功效提高2倍以上。三是大力

开展危险源辨识与控制工作，建立了危险源（点）快速反应机制，电站中孔进水口按计划完成了危险源重大治理。

在班多工程取得“路条”和项目可研设计顺利进展的基础上，一是围绕主河流截流、泄洪闸混凝土浇筑、厂房开挖等工程重要节点进行工作部署，动员各参建单位协同作战，确保了汛前截流及泄洪闸具备过水条件等目标的实现；二是提早部署，狠抓应急预案的落实，保证了主汛期平稳度汛，并在特大暴雨造成交通瘫痪之际，积极组织力量在最短的时间内恢复了交通，确保了工程节点的按期实现。

（三）工程质量管理

由于质量目标明确，质量管理体系健全，各项质量责任制执行有力，工程质量始终处于受控状态。拉西瓦电站大坝进水口、地下厂房及主变开关室等部位和积石峡电站进水口、溢洪道和厂房混凝土外观质量良好，处于国内同类工程先进水平；拉西瓦电站金属结构及机电安装工艺良好，厂房内电缆桥架排列整齐，圆弧、转角美观大方，管路焊缝平整均匀，管路支架整齐规范，为电站建设期高质量的施工做出了范例；积石峡引水压力钢管制作采用了整体卷制一次成圆工艺技术，制作工艺先进，质量控制良好，成为水电工程的亮点。经质量验收评定，班多、拉西瓦、积石峡开挖工程已验收单元全部合格，单元工程优良率分别为91.0%、92.1%、91.2%；混凝土工程已验收单元工程优良率分别为93.4%、94.0%、95.5%；拉西瓦、积石峡机电设备安装工程已验收单元工程优良率均为100%；拉西瓦、积石峡金属结构已验收单元工程优良率分别为100%、92.2%。

（四）工程投资控制

一是加强了招标管理。制定了招标的年度、月度计划，明确招标项目范围、概况、主要工程量、估计合同金额、审查时间、开标时间、评标方法、评标权重等主要内容。详审招标文件，对招标项目的图纸、设计方案、工程建设进度、技术参数的可行性进行了审查，在招标范围确定时重点考虑相邻标段之间的干扰、交叉作业；按照招标文件要求对工程质量、安全文明施工、进度目标提出了具体的措施，制定了有针对性的临时设施承包方式。二是统一了设计变更和经济问题处理原则与程序。根据三个在建项目的实际情况，2008年分公司集中处理了水泥、火工材料和设备涨价等问题。拉西瓦水电站处理变更与索赔188项，班多水电站批复变更53项，积石峡水电站处理变更与索赔163项。三是坚持经济活动分析制度，加强预算管理，全面掌握资金动态，使工程造价可控在控。四是加强工程审计，严格工程结算审核程序。五是加强设计审查和设计监理工作。对各合同项目方案及设计图纸在实施前组织相关单位的专业技术人员进行审查、优化，避免了损失和浪费。多次召开羊曲水电站设计联络会，对枢纽建筑物结构及布置方案，导截流方案，对外公路方案进行设计优化，加快了施工进度，减少了施工干扰，节省了工程投资；在班多水电站对开关站布置进行了优化调整，确保了施工进度；在积石峡水电站对右坝肩开挖方案进行了调整，对坝料分区进行试验研究，充分利用了开挖料，节省了工程投资。六是积极争取税收优惠政策，进一步降低了企业税负。2008年完成拉西瓦水电站进口设备退税6500万元，完成公伯峡水电站设备营业税免征工作。

（五）科技进步

组织实施科技发展规划，年内完成科技项目10项，为公司发展提供了科技支撑。25个科技项目先后获中电投集团公司和黄上公司表彰，其中，积石峡筑坝分析理论与施工优化技术由中电投集团公司推荐参加中国电力科技进步奖评选。大力实施公司信息资源规划，有序推进公司统一信息平台系统建设，积极推进大坝安全信息化，全面启动现金管理系统。

2008年黄上公司系统获得中电投集团公司科技进步奖二等奖两项：积石峡面板堆石坝多岩性混合开挖料筑坝分析理论与施工优化技术，格尔木300MW级燃气电站工程国产化配套及高海拔（2815m）地区的应用；三等奖一项：拉西瓦水电站钢蜗壳用垫层材料常规试验研究。

积石峡水电站混凝土面板堆石坝为充分利用开挖料，减少天然砂砾石料的开挖、运输及填筑，节省工程投资，在施工期对堆石坝坝料填筑分区进行了设计优化。经试验，开挖料各项技术指标均满足主堆石填筑区的技术要求。将面板堆石坝工程主堆石3BI料填筑区由原设计的天然砂砾石料调整为开挖料，节省了工程投资，加快了施工进度。设计优化开挖料利用量为673 242.9m^3，综合对比开挖料填筑单价和天然砂砾石料填筑经济指标，填筑料每方节省投资7.06元，共计节省投资475.31万元。

（黄河上游水电开发有限责任公司　胡耀斌　张文俊）

南水北调工程2008年度安全生产管理

2008年3月4～5日，南水北调工程2008年度安全生产工作暨文明工地表彰会议在湖北省丹江口市召开。国务院南水北调办公室副主任张野出席会议并讲话，要求牢固树立安全发展理念，思想上重视安全生产，行动上抓好安全生产，日常工作落实安全措施，促进南水北调工程又好又快建设。

2008年是全面贯彻落实党的十七大战略部署的第一年，也是落实国务院常务会议精神加快南水北调工程建设的关键一年。南水北调既要保证在建工程的顺利进行，又要增开新的建设项目，同时要确保京石段应急输水的工程安全、环境安全、社会安全，安全生产工作意义深远、责任重大。为此，提出了坚持“安全发展”指导原则和“安全第一、预防为主、综合治理”方针，落实责任，健全体系，完善机制，强化管理，突出重点，狠抓落实，有效防范、遏制重特大事故，最大限度地减少伤亡事故，推动南水北调工程又好又快建设。明确2008年安全生产工作任务是：杜绝群死、群伤重特大事故发生，力争避免和减少较大事故的发生，工程建设百亿产值死亡率低于全国工程建设领域平均水平。加强监管和隐患治理力度，建立目标考核，坚决防止因赶工而出现违规、违章操作，在确保安全生产的前提下，实现南水北调工程年度建设目标。

围绕以上工作思路和目标任务，要求重点抓好八项工作：

一是进一步落实安全生产责任制。各项目法人、建设管理单位、施工单位是安全生产的责任主体，要结合各自的职责分工，强化责任意识，依法承担起安全生产责任，要结合工程建设实际，进一步健全组织机构，补充完善各层次的责任制度和应急预案，层层落实安全生产责任，加强日常管理。要严格安全事故责任追究制度。要充分发挥工程监理在安全生产工作中的作用，进一步落实监理责任。

二是加强应急预案体系建设，提高应急管理水平。各单位要根据《南水北调工程建设重特大安全事故应急预案》所明确的职责进一步完善本单位的预案，明确各类突发事件的防范措施和处置程序，切实提高应急管理能力和水平。中线京石段有关部门和项目法人单位要抓紧研究制订工程安全运行保障措施和突发事故应急预案，充分利用地方政府的力量，发挥地方公安、环保等部门的作用，保障工程设施安全和通水安全。

三是建立安全生产目标考核制度，构建长效机制。要建立安全生产约束、激励机制，落实标本兼治、重在治本的各项措施，解决安全生产的突出问题，建立安全生产目标考核体系。研究构建安全生产长效管理机制。

四是继续加强重大危险源管理。各有关单位要牢固树立预防为主的思想，把功夫下在平时。要进一步健全重大危险源管理制度，落实重大危险源监控管理措施，加强对重大危险源的动态管理，使重大危险源监督管理工作日常化、经常化、制度化，消除事故隐患。

五是大力开展安全生产“隐患治理年”专项行动。各项目法人要按照国家及南水北调办有关部署，大力宣传发动，调动参建各方积极性，对深基坑开挖、高空作业、吊装设备、施工用电及易燃、易爆物品等重要部位、重要环节进行全面排查，深入治理可能引发事故特别是重特大事故的各种隐患；要继续组织抓好包括高空、地下和爆破施工在内的经常性的专项整治工作，做深、做细，务求实效。

六是切实加强以农民工教育为重点的安全教育培训。要结合工程建设实际，有针对性地开展以农民工为重点的安全教育培训，增强从业人员的安全意识和遵章守纪意识。项目法人要加强管理和监督检查，依法查处“三违”行为。

七是加强和规范劳务分包及劳务用工管理。禁止工程转包、挂靠和违法分包。各项目法人要加强分包管理，规范分包行为，加强合同管理；开展好整治非法用工、规范劳务分包和用工专项治理活动。同时，南水北调工程沿线有关省（直辖市）南水北调办事机构对此要加大监督检查力度，及时发现和查处转包、挂靠和违法分包等违法违规违约行为及质量安全隐患。

八是继续深入开展好文明工地创建活动。各参建单位要继续按照《南水北调工程文明工地创建管理办法》的要求，进一步加强对文明工地创建工作的组织领导，细化文明工地创建工作方案，落实工作措施，将文明工地创建工作贯穿到工程建设的过程中，落实到抓好工程质量、安全，提高综合管理水平和环境建设水平的具体工作中，抓紧、抓好、抓实。

南水北调工程建设任重道远，安全责任重于泰山。各单位要进一步统一思想，充分认识做好南水北调安全生产工作的重要性、长期性和艰巨性，增强政治意识、大局意识、责任意识和忧患意识；要加大安全生产宣传教育，进一步提高安全意识；要加强安全生产管理队伍建设；要加大安全生产投入，落实安全生产经费；要认真贯彻落实国家及南水北调办关于不同时期安全生产工作的部署，加强组织领导，加强日常安全管理和督促检查，做好重要节庆日、关键时段安全防范工作，确保生产安全，维护社会稳定。

（国务院南水北调办）

柴家峡水电站的建设管理

中国水利水电第三工程局有限公司西北分局柴家峡项目部以“诚信、质量、品牌”为宗旨，工程形象日新月异，业主监理好评如潮。目前，4台机组已全部投产发电。回顾柴家峡水电站的建设过程，体现了如下四方面的管理理念。

(1) 体现了精细化管理的理念，在成本核算、定额预算、物料消耗等方面制定了规范的程序和严格的制度，降低了生产成本，提高了施工效率，保证了施工进度，提高了项目管理的水平。

(2) 体现了科技创新的理念，在导流明渠及泄洪闸的施工中，为保证混凝土质量，在满足工程设计的情况下，柴家峡项目部以严谨的科学态度，大力推行技术创新，采取了国家建设部推广的、具有国际先进技术的“大型多卡钢模板”和“钢筋直螺纹连续”等新技术、新工艺，在加快进度的同时，使工程质量、安全和环保得到了有效控制。

(3) 体现了管理创新的理念，项目部以狠抓质量管理和质量保证体系为重点，进一步完善了工程质量体系的运行工作，工程质量的控制能力不断得到增强。在施工过程中加强质量监督制度的执行，层层落实质量责任书，完善质量奖惩机制，完善作业层指导书，坚持执行国家工艺规范要求，实现了工程质量目标。柴家峡水电站工程共验收单元工程1373个，其中优良工程1304个，合格率为100%，优良率为94.9%。

(4) 体现了安全第一的理念，项目部从安全基础工作入手，完善安全生产考核办法，进一步落实安全生产责任制，定期培训与动态培训相结合，不断提高全员安全生产意识，强化现场标准化管理，使安全工作按照安全目标责任制的要求一直保持较好水平。柴家峡项目部连续四年被公司评为“安全生产先进单位”，并获得中国水利水电建设集团公司“安全生产先进单位”荣誉称号。

总之，柴家峡水电站的建设又好又快，企业也实现了经济效益和社会效益的双赢。

(中国水利水电第三工程局有限公司　杨登封)

中国水利水电第三工程局有限公司乌金峡工程项目部荣获“全国五一劳动奖状”荣誉称号

(一) 基本情况

中国水利水电第三工程局有限公司乌金峡水电站CⅡ标工程项目部(以下简称乌金峡工程项目部)，坚持“追求卓越，创造精品，诚信为本，立足市场”的管理理念，始终把“安全生产、工程质量、文明施工、形象进度、良好信誉、经济效益”等指标贯穿于项目管理的全过程。经全体职工的共同努力，工程形象、施工进度均比合同工期提前，在工程质量、文明施工、安全施工等方面得到了业主、设计、监理及社会各界的充分肯定和好评。2008年5月份，乌金峡工程项目部由于在经济效益、工程质量、安全施工等各项综合成绩显著，获得“全国五一劳动奖状”荣誉称号，并编入2008年全国五一劳动奖章文献画册。

CⅡ标工程2007年创造了连续4个月突破月浇筑混凝土4万m^3，提前42天完成年度混凝土浇筑18万m^3生产任务，全年实现混凝土浇筑21.8万m^3的好成绩。2008年10月31日比合同工期提前61天实现首台机组发电。

质量方面：在工程施工前期，项目部组织生产质安部、工程技术部及有关专业技术人员编制了《乌金峡水电站工程质量计划》、《乌金峡水电站工程质量管理奖惩实施细则》、《乌金峡水电站工程验收实施细则》等项工程质量控制措施及办法，建立了完善的质量管理体系，加大了项目受控力度。截至2008年底，基础开挖工程共完成单元工程52个，单元工程合格率100%，单元工程优良率94.2%；锚喷支护工程共完成单元工程101个，单元工程合格率100%；优良率93.1%；混凝土工程完成单元工程930个，工程合格率100%；优良率95.4%；金属结构安装工程完成66个，合格率达100%，优良率95.1%。

安全方面：首先建立、健全了安全管理组织机构，形成了项目部、施工工区、生产班组安全管理体系；其次完善了施工安全控制措施，把安全、文明施工纳入制度化、规范化管理的轨道；每周组织专家进行安全生产、文明施工检查考评，推行安全生产文明施工层层检查制度。项目部和工区配备了一定数量的专(兼)职安全监督员，24小时全方位在施工现场巡视检查；不断增加安全防护设施、装置、宣传教育方面的投入，两年来共投入300多万元。在施工现场危险源(点)设置警示牌，设置永久性安全宣传牌，编制、下发安全操作规程，专(兼)职安全员统一着醒目的服装在工地巡视，定期对施工设备、施工现场进行安全检查。坚持专(兼)职安全员和特殊工种操作人员通过考核后持证上岗，不定期举办安全操作技术培训班，不断增强各部门、施工工区及各级人员安全事故预防能力。

(二) 2008年任务完成情况

截至2008年第三季度，完成结算产值5806.76万元，占全年计划产值的113.85%；其中CⅡ标工程年度完成结算产值4105.66万元；累计完成结算产值11737.64万元；截至9月底，乌金峡项目部各标段累计完成工程结算产值18523.4万元。项目部在岗人员工资都能按时发放各项综合费用及社保三金都能足额上交。

2008年初，甘肃经历了一场60年来不遇的寒冬，项目部克服种种困难，保证了施工的进行。2008年1月8日完成2号机组管型座安装土建交面；2月21日完成3号机组管型座安装土建交面；为响应业主提出的年底“双投”发电目标，项目部从3月23日至6月30日组织开展“大干100天”活动。活动中，领导班子成员坚守一线指挥生产，党员干部冲锋在前，机关人员到工地劳动。4月5日安装间向主桥机安装交面；4月22日完成4号机组管型座安装土建交面；5月10日顺利实现首台机组土建向机电安装交面；8月6日及21日，上下游尾水门机、坝顶门机通过政府部门负荷试验投入运行；9月19日下游围堰爆破拆除；10月17日通过国家发改委组织的蓄水前专家检查验收；10月31日，实现首台机投产发电。

（三）党风廉政建设情况

为加强党风廉政建设，党支部在抓生产工作的同时，经常组织党员干部开展各种学习和教育活动。学习了“遵规守纪学习”、“劳动合同法”、“十七大文件汇编”、“水电建设集团公司领导干部廉洁自律若干规定”、“中国共产党党内监督条例”等，开展了“加强作风建设，促进廉洁从业”主题教育月、“廉洁从业专项教育活动”竞答等活动，使各级干部增强了公仆意识、廉政意识、法律意识和防范意识，筑牢了思想防线。经常性的思想教育，使班子更加团结，作风转变，责任感增强，想大事、议大事、抓大事，基层职工自觉履行职责，夯实了开展创新活动的思想基础。“5·12”特大地震后，项目部全体党员干部两次向灾区人民捐款。此外，在机关内设立了意见箱，为职工广开言路，参与管理，拓宽了言论渠道，调动了职工的积极性。

（四）企业民主管理情况

厂务公开是贯彻“三个代表”的重要思想和党的十七大关于加强基层民主政治建设的精神。2008年，乌金峡项目部按照工程局的要求，每半年将生产经营管理、施工进度、质量安全、施工管理制度、工程款结算情况（对上、对下）、生产物资采购及使用、业务招待费使用、外协队伍使用、职工工资发放、职工养老金上缴、材料库存及成本分析结果等方面的内容，以公开栏的形式向职工公布。并在每周部门交流会、周生产会、月计划生产会、副主任以上干部会上把有关重大事项、重大工作向职工公开。

（五）文明建设情况

物质文明建设与精神文明建设同抓共进，是以人为本管理理念的体现。为职工提供一个“文明干净、舒心安逸”的办公及生活区的基本建设，体现出“企业形象、精神建设、和谐发展”。人性化基础设施丰富了职工业余生活内容，为构建健康、和谐、向上的工地环境提供了保证，促进了机关工作作风务实、有效，广大职工的精神面貌，业务、技术素质有了新的提高。

此外，开展丰富多彩，健康有益的文体活动，是精神文明建设的重要内容，也是思想工作的有效载体。项目部举办各种文体活动，2008年先后组织开展了3000m越野长跑、拔河、卡拉OK歌咏、扑克、象棋等多项文体比赛活动，丰富了广大职工的业余生活。

环境卫生整治上，工地施工现场及项目部职工办公区、生活区，进行了合理分工。分区分段进行卫生管理与包干整治；做到有人监督，有人管理。生活营区用水、用电、环境卫生、安全、防火、防爆、防盗等，进行全过程监督检查与隐患排除。

为搞好施工现场安全和企业形象宣传，营造安全、和谐的生产、生活空间，树立良好企业形象，充分利用舆论导向作用，积极对外向内宣传项目建设过程中的“热点、难点、亮点和焦点”，为企业争荣引誉。项目部在施工现场还制作了4m×8m、3m×5m等多块巨型宣传牌，宣传十七大，宣传工程局。围绕企业中心任务，以构建和谐项目为目标，不断将精神文明建设引向深入，把项目部的整体工作提高到一个新的水平。

（中国水利水电第三工程局有限公司　沈俊国）

中国水利水电第三工程局有限公司在西龙池抽水蓄能电站建设中创多项企业新纪录

（一）概况

西龙池抽水蓄能电站位于山西省五台县境内，是国家重点工程，也是山西省境内建设的第一座抽水蓄能电站。电站安装4台容量为300MW的竖轴单级混流可逆式水轮（水泵）发电（电动）机组，总装机容量1200MW。

西龙池电站主体工程共有6个大的施工标段。中国水利水电第三工程局有限公司单独总承包了引水系统土建和金属结构制作安装工程、机电设备安装与厂房混凝土工程两个标段，并分包了放空洞、库底交通洞开挖支护工程及人工砂石骨料生产系统标段，合同总金额为27866万元。

引水系统土建和金属结构制作安装工程有两条输水隧洞，开挖高差690.3m，长度分别为1448.33m和1431.18m，最大洞径5.9m，最小洞径4.82m。其中斜洞长均为756.59m，最长斜段515.474m，最大坡度60°，长度属国内第一。本电站设计水头640m，

钢管的 *HD* 值为 3553m·m，岔管处的 *HD* 值达 4162m·m，位居全国第一，居亚洲及世界第二。该标土建洞挖工程于 2006 年 7 月全部结束，压力钢管共 9645t，2007 年 6 月底全部制造完成，2008 年 4 月底全部安装完成。2006 年 11 月创造了月生产钢管 1088t 的记录；2007 年 4 月 2 号上斜井完成钢管安装及混凝土回填 75m，创造了新的同类型钢管洞内安装及混凝土回填记录。

机电设备安装与厂房混凝土工程包括 4 台套可逆式水泵水轮机及其附属设备安装、水力机械辅助设备安装、电气一次、电气二次设备安装；计算机监控系统、通信系统、通风空调系统设备安装；主厂房水工结构工程以及电站设备调试、试验和起动试运行工程。首台 4 号机组已于 2008 年 12 月 28 日完成 30 天试运行后投入商业运行。

下水库放空洞及库底交通洞开挖支护工程属常规洞室开挖与支护，人工砂石骨料生产系统是为整个西龙池电站所有工程项目生产供应砂石骨料。

（二）工程技术难点

引水系统隧洞开挖、高强压力钢管的制作安装与运输、蜗壳保温保压浇筑混凝土、500kV 高压电缆及 GIS 设备的安装试验等项目成为整个工程施工技术难点。

大陡坡超长斜井开挖的主要技术难点在于：第一，当导井挖至 180～250m 以上时，其排烟、引爆、清撬等工作均非常困难，安全问题非常突出，是公认的死亡地带；第二，爬罐与反井钻不同施工设备、不同施工方法在长距离中的对接问题；第三，扩挖时的堵井，有时是不可避免的，堵井处理中的安全问题，又是一大开挖技术难题。

压力钢管直径与管壁厚度的比值（Φ/δ）小，管壁厚度大，材料的强度等级高，环境气候寒冷，制造中的成型和焊接均有很大的技术难度。引水隧洞斜井长、高差大、坡度陡，钢管的运输和安装难度也较大。

水轮机蜗壳由日本日立公司制造，材料为 590MPa 级高强度钢板，钢板最厚为 75mm，分 3 瓣运输（其中座环带蜗壳分 2 瓣，蜗壳进口延伸段为单独 1 瓣），需现场进行组装、焊接和水压试验，并在保压状态下浇筑混凝土。蜗壳水压试验的最大压力值为 14.93MPa，浇混凝土时要求保持水压 5.39MPa，温度在 15℃以上。这两项要求的压力指标，在目前国内水电领域是最高。蜗壳打压和保温保压浇筑混凝土为技术难题。

本电站在地下厂房安装了 4 台 500kV 电力变压器，每两台变压器高压侧联合单元连接后通过两回 500kV 交联聚乙烯绝缘电缆与地面开关站的 GIS 连接。高压电缆敷设、GIS 设备安装以及电缆与 GIS 设备联合耐压试验是首台机发电前的关键项目。由于试验电压等级高，达 550kV；电缆长度长，达 800 多米，需要的试验设备容量大，绝缘耐压试验难度不小。

（三）科技创新情况

（1）两条引水隧洞总长分别为 1448.33m、1431.18m，都由三个平段两个斜段组成，斜段长度 756.59m，最大倾角 60°，最小倾角 56°；2003 年 12 月开工，2005 年 12 月贯通，创国内大倾角斜井开挖长度和发电引水水头最高新纪录。

（2）上斜段长 515.7m，采用阿里马克爬罐和反井钻机联合开挖，轴线偏差仅 1.8cm，偏差率万分之三点五，创国内水电行业大倾角超长斜井开挖轴线精确度新纪录。

（3）在压力钢管制造安装工程施工中，单个工程 800MPa 级钢用量 5193.5t，管壁厚 60mm，*HD* 值 3550m·m，引水压力钢管单条斜井 756.59m，钢管水头 694.5m，均创国内水电站同类钢管制造安装新纪录。

（4）蜗壳水压试验压力值 14.93MPa，混凝土浇筑时蜗壳内充水保压值为 5.39MPa，均创国内水电站蜗壳打压值及混凝土浇筑保压压力值最高新纪录。

（5）在 2 号上斜井钢管安装及混凝土回填工程中，月施工 75m，创钢管安装及混凝土回填月平均进度世界新纪录。

（6）引水压力钢管制造焊接工程被评为全国优秀焊接工程。

（7）编制的《斜井开挖激光导向施工工法》、《斜井导井阿力马克爬罐施工工法》被评为国家级工法。

（8）科研项目《输水系统大坡度超长斜井开挖技术研究》，获得中国水利水电建设集团公司科技进步一等将，并获得中国电力科学技术三等奖。

（9）科研项目《640m 水头蜗壳打压保压浇筑二期混凝土施工技术研究》获中国水利水电集团公司科技进步三等奖。

（10）创造了斜井爬罐导井施工单线 382m 的目前国内最高施工纪录，开挖进度达 82m/月的先进水平。

此外，在钢管的制造过程中，采用在下辊加钢板条的办法，对卷板机进行了很小的改装，解决了 δ=44mm、ϕ2100mm 的 790MPa 级钢管的卷板直边问题；省去了大型压边机，保证了钢管制造质量和钢管制造工期，降低了工程成本。在闸门槽的滑模施工、大吨位钢管在空间弯管的溜放技术、92mm 厚进人门加强板制作等的技术革新与合理化建议方面，都减轻了劳动强度、加快了施工进度、确保了工程质量、降低了工程造价。

（中国水利水电第三工程局有限公司 张胜平）

贵州土木工程学会工程管理分会对三个工程项目管理模式进行评价

工程项目管理是目前国际上通行的工程管理模式，是资源优化配置、最大化地发挥资源效能、确保工程按照预期目标建设、取得工程效益的有力抓手，其目的是促进经济社会的发展与繁荣。

2008年11月28日，贵州省土木建筑工程学会工程管理分会（简称贵州省工程管理分会）组织的“贵州三个工程项目管理模式评价会议”在贵阳送变电工程公司召开，贵州省建设厅副厅长张鹏出席会议并讲话，来自分会常务理事单位和会员单位的有关领导、专家和代表共计30余人参加了会议。中国水电顾问集团贵阳勘测设计研究院作为理事长单位，分会秘书长、院技术信息部主任张晋秋和分会原专家顾问、原院副总工文亚豪参加了会议。会议分总结性发言和评议两个阶段进行，分别由分会学术委员会副主任委员、贵州送变电工程公司总经理谭绍鹏和分会理事长、学术委员会主任委员、贵州省计算机软件开发中心研究员任世贤主持。

为推进工程项目管理的实践，贵州省工程管理分会认真组织会员单位开展工程项目管理调研和学术研讨，经过3年多的探索，结合贵州实际情况，提出以贵州中水建设项目管理有限公司的项目总承包、贵州省建筑设计研究院项目管理公司的项目咨询和贵州省省级政府投资工程项目代建中心项目管理三个典型项目管理模式。对这三个典型项目管理模式的评价活动，首先，于2008年11月25日在贵州省工程项目管理网站向社会公示；其次，召开会议，由三个实施工程项目管理的单位分别作出总结，经过讨论，形成专家评价意见；最后，分会将于2008年12月12日召开的《贵州省工程管理分会2008年学术年会》上，对三个工程项目管理单位进行表彰。

本次会议，听取了贵州中水建设项目管理有限公司、贵州省建筑设计研究院项目管理公司和贵州省省级政府投资工程项目代建中心分别就本单位实施工程项目管理实践进行的介绍发言，专家进行了提问，主要就项目的需求和管理定位、管理公司与业主的关系及其角色协调、管理公司的专业化程度或专业技术支撑情况、管理运行中的特色等参会人员关注的问题进行了自由评议和交流、探讨。张鹏副厅长充分肯定了三个工程项目管理单位在各自工作中做出的成绩，希望管理分会及其会员单位继续加强学术交流，落实科学发展观，积极探索，为推进我国工程项目管理和工程总承包向专业化、市场化、科学化方向发展作出更多、更大的贡献。

会议分别形成了对三个不同工程的项目管理模式的评语，充分肯定了他们在工程项目管理中所做的探索与努力，取得的成果和经验将有利于推进贵州省工程项目管理与国内国际通行的管理模式接轨，促进工程项目管理专业队伍的成长和发展，提高贵州省建设项目管理的专业化和科学化水平。

（摘自中国水电工程顾问集团公司网）

水电工程造价培训教材修订情况

2008年12月17日至18日，水电水利规划设计总院（可再生能源定额站）在成都主持召开了水电工程造价培训教材讨论会，可再生能源定额站及所属东北华北分站、西北分站、华东分站、中南分站、西南川渝藏分站和西南云贵分站等单位的领导和专家参加了会议。会议还邀请了中国水力发电工程学会、中国水电顾问集团昆明勘测设计研究院的有关专家参加。

中国水电顾问集团成都勘测设计研究院副院长陈五一到会并致词，他结合当前国内水电项目建设的实际和成都院多年承担的水电工程造价专业人员培训工作情况，肯定了水电工程造价专业及其培训工作的重要性，并希望通过教材的修订，使水电工程造价培训工作更上一层楼。中国水力发电工程学会常务副秘书长周尚洁回顾了水电工程造价专业人员培训的历程，肯定了水电工程造价专业培训工作的成绩。20多年来，培养了数以万计的优秀专业人才，其中，许多人已经成为水电工程建设中的中坚力量，在各自的岗位上发挥着重要的作用。可再生能源定额站常务副站长郭建欣发言强调，搞好水电工程造价专业人员培训工作是我国水电建设事业发展的需要，抓好师资建设和编好培训教材至关重要，培训工作既要注重数量又要注重质量，为此，对教材的编写一定要严格把关，并与时俱进地反映水电工程建设和造价管理的实质内容。

会上，承担水电工程造价培训教材（专业卷）修订工作的可再生能源定额站西南川渝藏分站汇报了教材的编写情况。与会专家和代表依据国家的有关政策、法规及水电行业现行的有关标准和规范，并结合近年来水电工程建设和造价培训工作的实际情况，对水电工程造价培训教材的层次、结构和内容进行了认真讨论。会议充分肯定了水电工程造价培训教材的总体框架和主要内容，并针对教材中的某些问题提出了相应的修改意见和建议。修改完善后，水电工程造价培训教材将以更加合理的结构、更加全面和崭新的内容服务于人才培养。

（摘自中国水电工程顾问集团公司网）

企业管理

黄河上游水电开发有限责任公司2008年经营管理情况

（一）概况

2008年，黄河上游水电开发有限责任公司（以下简称黄上公司）全面贯彻省委省政府和中国电力投资集团公司（以下简称中电投集团公司或集团公司）的工作部署，认真落实董事会各项决议，按照年度和年中工作会议精神，团结一致，奋力拼搏，综合业绩考评首次名列中电投集团公司系统第一，连续九年保持青海省财政支柱企业称号，并荣获2008年青海省工业经济运行特殊贡献奖。公司发展布局明显优化，发展后劲显著增强，为实现“三步走”战略第一阶段目标奠定了坚实基础，在建设优秀区域能源企业的道路上迈出了崭新一步，为地区经济平稳较快发展作出了重要贡献。

（二）综合指标

1. 生产能力　新增电源储备在1000万kW以上，装机总量达到589.28万kW，在建规模559.2万kW。

2. 主要经营指标

(1) 完成发电量211.1亿kW·h；其中水电204.09亿kW·h（另有气电发电量7.01亿kW·h,），完成预算的98.12%，较上年同期增加2.8亿kW·h，同比增长1.39%。

(2) 完成售电量209.48亿kW·h；其中水电202.6亿kW·h，完成预算的98.37%，较上年同期增加3.08亿kW·h，同比增长1.54%。

(3) 平均销售电价0.19 509元/(kW·h)(含税，下同)，较上年同期上涨0.01172元/(kW·h)，增幅6.39%；其中水电销售电价0.18 982元/(kW·h)，为预算的99.23%。

(4) 营业收入360 513万元，较上年同期增加40 383万元，增幅12.61%。其中水电收入329 432万元，完成预算指标的97.53%。电力收入较上年同期的313 937万元增加36 094万元，增幅11.5%；主要是气电收入增加20 599万元，水电方面因电量增加使电力收入增加4620万元，电价上涨使电力收入增加10 875万元。

(5) 营业成本200 902万元，较上年同期增加18 866万元，增幅10.36%。其中水电成本175 378万元。

(6) 利润总额66 803万元，完成预算利润总额75 000万元的89.07%，较上年同期67 596万元减少793万元，降幅1.17%。

(7) 年末职工总数5557人，控制在计划之内；全员劳动生产率66.55万元/(人·年)，完成年计划的125.07%。

(8) 年底资产总额达379亿元。

3. 基本建设投资　全年完成基本建设投资73.56亿元，完成调整计划75.7亿元的97.17%。

（三）战略推进

(1) 战略布局取得阶段成果。根据“三步走”战略部署，公司确定了“电为核心，水、煤、硅为基础，产业一体化协同发展”的总体发展思路，进一步完善了2008～2020年产业发展规划，初步形成了以区域规划及专业规划为支撑的战略规划体系。全力协助中国电力投资集团公司（以下简称集团公司）与西北各省区领导在两会期间会晤，全面落实集团公司同青海等省区签订的战略合作协议，锁定了一批新的能源开发项目，支撑“三步走”战略目标实施的资源储备基本得到保障。黄河上游产业集群初步形成，成功“孵化”和培育了新疆和宁夏产业集群，为集团公司西北区域发展和产业集群布局，作出了突出贡献。

(2) 项目前期工作进展顺利。积极开发流域水电项目，推动三江源保护区调整，完成了龙羊峡至刘家峡河段水电梯级开发环境影响后评价、龙羊峡以上河段水电群输电规划。班多水电站取得国家发展改革委“路条”。积石峡完成项目核准评估。羊曲、班多水电站可研设计进展顺利。大通河加定水电站项目通过核准。纳子峡水电站前期工程开工。陕西境内嘉陵江流域电站取得开发权。努力推进煤电产业发展，陕西白水煤炭启动资源勘察工作，彬县煤电化合作项目迈出实质性步伐，旬阳火电可研设计通过审查。开展青海西宁、天水清水火电预可研，并积极争取配套的煤炭资源。新能源项目取得进展，甘肃景泰风电开展预可研，西安光伏产业一期项目获陕西省发展改革委批复备案，完成可研审查，项目建设正式启动。

（四）安全生产

扎实开展安全生产“隐患治理年”、“基础建设年”活动，深化安全生产管理体系建设，积极推进标准化、规范化管理，进一步夯实了安全生产基础，全面完成各项安全生产任务。在建规模历年最大，创造了安全“零事故”佳绩，电站安全生产实现“五个不发生”目标。

1. 安全生产完成指标

（1）未发生人身死亡和群伤事故；未发生环境污染事故；未发生责任性防汛事故；未发生负主要责任的较大及以上交通事故；未发生火灾事故。发生一般设备事故1次，发生人身重伤事故1次，发生机组一类非计划停运1次。完成了集团公司安全生产与环保责任指标。

（2）综合厂用电率为0.86%，比集团公司下达指标降低了0.05个百分点，同比降低0.03个百分点。

（3）发生设备非计划停运5次，同比增加4次。其中，发生第三类及以上非计划停运3次。

（4）机组台均利用小时为3669h，同比增加69h；机组等效可用系数完成90.87%，同比降低0.3个百分点。

（5）龙羊峡水库，年入库水量为163.89亿m^3，同比偏少11%，较多年平均偏少18%；年出库水量为180亿m^3，同比偏多2%。年末水库水位2580.05m，同比降低4.88m，相应库容176亿m^3，同比少蓄水16亿m^3。

（6）发电耗水率：龙羊峡水电站3.42m^3/(kW·h)，李家峡水电站3.36m^3/(kW·h)，公伯峡水电站3.67m^3/(kW·h)，苏只水电站22.28m^3/(kW·h)，盐锅峡水电站11.09m^3/(kW·h)，八盘峡水电站26.28m^3/(kW·h)，青铜峡水电站21.36m^3/(kW·h)，唐渠水电站25.24m^3/(kW·h)，李家峡、唐渠水电站耗水率略超出控制指标。

（7）机组检修，按计划完成40台次；其中，A级检修5台次，B级检修5台次，C级检修23台次，D级检修7台次，检修优良率达92%。

（8）生产工程，全年安排271项，计划资金17498万元。其中，修理项目109项，计划资金7701万元，全部完成，决算资金7557万元；技改项目（含零购）162项，计划资金9797万元，完成145项，完成投资7723万元，项目完成率89.5%，资金完成率78.82%。青铜峡水电站技术改造工程完成投资272万元。

2. 主要工作

（1）强化安全生产体系建设。落实安全生产责任，调整了公司安全生产委员会，制订了《黄河水电公司安全生产责任追究制度》，进一步明确了各级领导班子的安全责任。层层签订了安全生产目标责任书，修订《黄河水电公司安全生产工作奖惩办法（试行）》，加大了安全生产奖罚力度。2008年，公司层面安全事件的处罚额达到17.4万元。应急管理体系工作得到加强。公司评估了应急管理工作，完善了应急预案。“5·12”汶川地震期间，及时启动应急响应，向集团公司和政府有关部门汇报了公司所辖各大坝的运行状况。结合电网安全运行现状和防汛工作要求，组织开展了多次应急演练，应急能力明显提高。按照集团公司安全生产运营“基础建设年”工作部署，下发了《黄河水电公司安全生产运营“基础建设年”工作实施意见》，确定了基础工作示范单位。各单位对基础管理工作进行梳理，结合自身管理特点，制订了整改计划，逐项落实。

（2）基建安全成效显著。水电建设单位认真分析形势，把握工作难点，在总结工程管理经验的基础上，严格履行业主“四项责任”，优化施工组织，加大安全投入，开展隐患排查治理和重大危险源辨识控制工作。水电建设工地安全文明施工水平显著提高，2008年实现了“零”死亡，“零”事故。

（3）继续深化隐患排查治理。印发了《黄河水电公司安全生产“隐患治理年”工作实施方案》，制订了《黄河水电公司隐患排查治理工作制度》，隐患整改时间、责任、措施、预案、资金“五落实”能严格执行到位。公伯峡“5·26”事故后，公司组织开展了为期近7个月的小机组隐患排查治理工作，各水电站小机组共排查治理各类隐患66条，影响大厂安全的隐患得到消除或有效控制。水电建设单位理顺了重大隐患分级管理和重大危险源分级监控机制，实现了隐患排查治理的经常化和动态监控，受控的16项重大隐患已有7项整改完毕，完成治理资金达1.15亿元。公司去年共排查出一般隐患共计914项，到年底已整改856项，整改率达到93.65%，隐患排查治理长效机制逐步完善。

（4）加强设备管理。落实设备检修、消缺、技术监督和技改工作，强化设备管理，设备健康水平不断提高。一是在技术改造项目立项中，优先解决设备存在的突出问题。截至2008年底，盐锅峡、八盘峡和青铜峡水电站的7台主变压器全部更新，盐锅峡、八盘峡开关站开关全部更新。龙羊峡水电站一台主变压器更新、两台主变压器返厂改造完成。李家峡、八盘峡水电站监控系统升级改造正在进行。消除了各水电站一批重大设备隐患，主设备健康水平大幅提高，为安全生产奠定了物质基础。二是检修管理日趋规范。

公司组织进行A/B级检修特殊项目审查，开展机组A/B级检修检查，修订了检修文件包，试点使用系统工作票，检修优良率达到92%。三是加强消缺管理，提高了设备维护质量。

（5）建立对标管理体系。公司成立了对标工作组织机构，发布了《黄河水电公司对标工作管理办法》等公司系统对标工作的指导性文件。制定了《黄河水电公司发电生产运营对标管理规定》，试点开展了发电生产运营领域对标工作。在集团公司关于水电企业生产运营对标管理指标体系的基础上，修订和补充了生产工程管理、设备管理、生产运行管理、水能利用等方面共17项指标，进一步完善了公司生产运营对标管理指标体系。组织各单位编写了《对标工作实施方案》，从6月份开始，公司逐月发布各电站生产运营对标指标，生产运营对标工作有序开展。按照集团公司部署，成本和审计对标工作拉开序幕，公司对标管理体系运行良好。

（6）继续加强安全文化建设。一是通过安全生产运营"基础建设年"工作，进一步理顺了公司安全生产管理制度体系，完善了现场技术规程和管理制度。二是举办了安全文化建设、生产工程管理、技术监督管理、应急管理、对标管理、科技管理和可靠性管理等多个培训班，促进了安全生产管理人员综合素质的提高。三是注重经验反馈，组织学习集团公司、公司和公司以外单位发生的各类安全事件，汲取经验教训，改进内部管理，有效提高了全员安全意识。四是继续加强全员教育培训工作，促进安全工作习惯的养成。

（五）经营管理

（1）成本预算不断加强。完成2008～2010年度滚动预算，实施资金计划管理、费用包干审批、经营情况预警通报等配套措施，使成本费用支出严格控制在年度预算内。强化预算分析能力，不断提高预算管理的刚性。开展成本对标，努力降低成本。公司单位发电成本较集团公司水电平均发电成本低11%，在集团公司排序第一。

（2）营销工作实现突破。经过艰苦努力，龙羊峡上网电价落实到位，盐锅峡、八盘峡、青铜峡水电站上网电价调整提高，全年增收4337万余元。格尔木临时上网电价得到核定。反复艰难协调，减少汛期低价电量外送，李家峡省外核价电量消纳首次优先落实到位。完成黄河上游水电定价机制课题研究，为李家峡核价电量在甘肃、宁夏的并价创造了有利条件。加强电费回收，现金回收比例大幅提高。牢牢把握市场动态，做好铝型材项目投产原材料采购及电解铝销售准备。

（3）资本运作不断优化。完成公司增资扩股，格尔木资产转让进入资产评估、价格谈判阶段。巩固强化银企合作，与西北五省区的金融机构建立战略合作关系，总授信额度达到1000亿元，利用金融产品20余种，拓宽了融资渠道，降低了融资成本近1亿元。

（4）政策争取成效显著。加强税收政策研究，公司享受到西部大开发所得税15%的税率优惠政策。历史争议电费增值税抵扣部分获得批准。积极争取基建贷款财政贴息、进口设备退税、技术援助贷款等优惠政策，进一步降低企业税负。陇电"征八返九"得到正式批复。宁电取得退税收入效益明显。大通河流域三座水电站CDM项目成功通过联合国注册，并进行首批碳减排量交易，实现了青海省和集团公司系统CDM项目的"零突破"。

（5）内控机制逐步完善。启动全面风险管理及内控体系建设，按照集团公司安排，有序推进试点工作。加强内部审计，规范企业运作。前移审计关口，加大了工程项目前期投资审计力度。完善内部监督机制建设，深化了效能监察。

（六）内部体制改革

坚持三级责任主体的管理体制和运行机制，按照"四个有利于"的管理要求，落实责任主体职责，加强协同配合，提高运转效率。配合集团公司调整宁夏、新疆区域管控模式，适时成立青海黄河水电公司，进一步理顺了区域管理关系。强化公司本部"六个中心"职能，进一步完善机构设置，明晰管理界面与职责。不断完善专业化管理。整合流域水电建设资源，实现资源优化配置。重置专业公司股权配置，完成运营分公司改制和物资公司重组。结合陕西嘉陵江流域电站、太阳能光伏产业、白水煤业等项目进展，适时成立相应的实体公司，为项目顺利建设提供了组织保证。支持辅业发展，完成辅业资产整合和产权调整，提高了辅业的市场盈利能力。

（七）人力资源开发

围绕"三步走"战略，编制完成《2008～2010年人力资源发展规划》。大力支持新疆、宁夏两地发展，为宁夏、新疆能源公司输送104名优秀人才。创新人才引进机制，优化人才队伍结构。全年引进管理和技术人才430人，保障了产业链延伸对人力资源的需求。不断完善综合业绩考核管理办法，确保考核指标科学优化。不断完善和创新激励约束机制，积极开展薪酬制度改革，调整工资结构，基本工资比重从35%提高到50%。率先在鑫业、新能源推行与市场接轨的行业薪酬对标管理，实行薪点制工资。调整企业年金建账水平，发挥企业年金长期激励作用。继续规范劳动用工管理，完善员工考核退出机制，规避劳动用工风险。立足岗位培训，成功举办首届职工技能大赛。公司全年共举办各类培训班58期，2526人次参加了培训，圆满完成公司年度培训计划。

（黄河上游水电开发有限责任公司　胡耀斌　张文俊）

黄河万家寨水利枢纽有限公司的安全管理

2008年是黄河万家寨水利枢纽有限公司（以下简称黄河万家寨公司）质量、环境、职业健康安全三标管理体系完整运行的第一年，公司各管理部门、直属单位和子公司认真按此管理体系执行，开展合规性评审、分层分解安全目标和指标，落实措施和整改方案，并对照检查和适时整改；认真识别危险源，实现了对重要环境因素和重大危险的控制；对管理体系内审发现的3个安全方面的不符合及时整改，实现了持续改进，管理体系有效发挥了作用。体系运行一年表明，黄河万家寨公司的安全管理工作逐步走向标准化，安全管理制度和机制已初步建立并日益完善，正加快向现代管理转变。

（一）确保电站安全可靠运行

在安全生产工作中，黄河万家寨公司始终坚持“安全第一，预防为主，综合治理”的安全生产方针，坚决执行“谁主管，谁负责”的方针，积极开展经常性安全教育，定期在公司办公平台上发布各种安全简报、通报、安全生产知识、操作规程等，引导和教育职工认真吸取各类事故教训，严格遵守规程、规范，增强自我保护意识和能力。黄河万家寨公司建立健全安全生产长效机制，注重隐患排查工作，2008年全年共排查安全隐患105项，整改98项，隐患整改率达到93%；实施安全与责任相结合，形成了三级安全目标管理保证体系；确立安全与风险管理相结合理念，加强应急工作的管理；进行并网安全性评价，降低风险。2008年度，电站管理局未发生杜绝类事故，未发生重大设备事故、人身轻伤及以上事故；未发生交通事故和火灾事故，发生设备一类障碍2次。全局连续安全记录达1361天，本年度连续安全记录达366天，年内完成了三个百日安全记录。

（二）安全管理工作逐步走向标准化

（1）各级领导重视，安全责任落实。2008年，黄河万家寨公司与山西省安全生产委员会和新华水利水电投资公司分别签订了《安全生产工作目标责任书》，明确了控制指标和管理目标。年初，黄河万家寨公司同电站管理局、龙口建管局和四个子公司分别签订了安全目标责任书，直属单位领导与所属部门也分别签订了安全目标责任书。部门将目标分解到班组，班组将目标落实到个人，形成层层负责、责任明确到人的目标管理保证体系。

（2）建立和完善制度，提高管理水平。2008年黄河万家寨公司印发了“安全生产检查监督制度”、“安全生产事故责任追究制度”“安全监管活动费使用管理办法”等，对不履行责任和制度的相关人（事）给予惩处，对有功人员给予奖励。

（3）认真贯彻执行国家有关安全生产的法律法规。电站管理局建有完整的设备操作检修（维护）规程，包括电气一次设备、电气二次设备、机械设备、水工设备等运行检修（维护）规程；运行操作人员固定，且持证上岗，严格执行操作规程和调度指令，并定期组织开展安全技术培训，基础台账健全，记录完整规范。

（4）推进标准化管理，向现代管理看齐。黄河万家寨公司依照有关规定对万家寨枢纽内部加油站进行了重大危险源辨识、登记、建档、申报工作。经安全评估定为三级危险源。电站管理局针对评估意见对内蒙古实业公司提出管理要求和整改计划，落实了责任，规范了重大危险源的安全管理。公司按照规定组织大坝安全鉴定，确认万家寨大坝为“一类坝”。对电站进行了并网（内蒙古侧）运行安全性评价，评价结果为合格。

（黄河万家寨水利枢纽有限公司　隋　立）

中国水利水电建设集团公司的企业经营管理

2008年是很不寻常的一年，中国水利水电建设集团公司面对国际金融危机不断蔓延的严峻形势，在遭受严重的特大地震灾害的情况下，理性应对外部冲击、内在压力，一手抓抗震救灾，一手抓生产经营，总体上保持了平稳发展的态势。全年实现营业收入617.3亿元，同比增长19.3%；总资产达到733.72亿元，同比增长44.93%；新签合同总额965.8亿元，同比增长56.5%；累计合同存量1455亿元，其中国内存量883亿元，国外存量572亿元；营业收入利润率2.67%，成本费用利润率2.76%，净资产收益率13.81%；国有资产保值增值率127.91%。全员劳动生产率48.21万元/(人·年)，同比增长22.92%，在岗员工人均工资同比增长14.97%。

（1）针对国际金融危机和国内外复杂多变的经济环境的影响，及时提出并大力实施“三控三强一确保”的综合性风险防控措施，即：严控资产负债率上升，严控规模超能力无效增长，严控现金流异常现象；强化集团风险管控，强化在建项目精益化管理，强化非水利水电基础设施项目承包业务的市场营销，努力勇抓机遇、扩展市场需求及发展空间；确保集团持续稳步发展。着力加强国际经营风险的系统性防范，加大经营结构的战略性调整力度，强化财务资金的管控，加快推进在建项目的精益化管理，加强针对危机的投资风险管控，从严从紧控制非生产性费用支出，风险防控取得初步成效，集团经营风险总体处于受控状态。

（2）大力实施国际业务优先发展战略，国际经营取得显著成绩。中国水利水电建设集团公司的集团品牌影响力进一步增强，经济贡献率进一步提升。全年国际经营实现营业收入146.57亿元，约占集团总收入的24%。实现利润占集团利润总额的60.31%。新中标合同额299.3亿元，约占总中标额的31%。中国水利水电建设集团在国际上作为中国水电建设行业的一流品牌和行业代表的形象得到进一步彰显，对支持国家对外交往发挥了积极作用。

（3）经营结构优化调整取得新进展，集团产业和市场延伸能力得到强化。中国水利水电建设集团不仅进一步巩固了水电建筑传统主业市场的龙头地位，而且在非水电建筑业务的拓展上取得大的成效，呈现出国内水电建筑业营业收入327.81亿元，占总营业额的54.5%。国内水电工程新签合同额338.8亿元，占总签约额的35%。年实现水电装机容量1170.9万kW，再创历史新高，使集团承建的水电装机总容量突破1亿kW。

（4）工程承包业务结构战略调整成效显著。集团建筑业务的经营结构已初步呈现国内水电、国内非水电、国际业务“三足鼎立”的新格局，扩大了集团未来生存和可持续发展的空间。中国水利水电建设集团公司按照“大集团、大土木、大市场”的战略思路，坚定不移地推进非水电建筑主业发展战略，在战略导向、经营业绩考核、内部产业分工、管理模式转型上采取强势引领措施，领导推动子公司大力开拓铁路、公路等非水电主业市场。各子公司普遍成立了基础设施事业部，合理配置资源，充分发挥整体资源优势，聚集团合力，全力打造国内非水电建筑业务集团品牌。2008年，国内非水电建筑中标合同额达到327.7亿元，同比增长264.6%，占集团总签约额的34%。实现国内非水电收入126.93亿元，创历史新高。集团基础设施事业部强化管理职能，积极发挥引领带动作用，为集团非水电经营业务的发展作出了突出贡献。

通过一年来进一步的努力，中国水利水电建设集团公司在中央企业、中国企业、全球行业中的地位发生根本性的变化，目前在国务院国资委监管的中央企业中，按资产排名第58位，在中国企业500强中排名第84位，在全球最大225家国际工程承包商中排名第50位。2008年中国水利水电建设集团公司荣获了“电力行业首批AAA级信用企业”、“2008年度最具社会责任感企业”等荣誉称号。

（中国水利水电建设集团公司）

中国长江电力股份有限公司2008年经营情况

2008年，中国长江电力股份有限公司（以下简称长江电力）精心抓好电力生产，稳健开展资本运作，各方面工作继续保持良好的发展态势：经受了三峡电站全面投产和三峡水库高水位运行的考验，安全生产继续保持“双零”纪录；经受了电力市场需求快速下滑的考验，电能消纳机制稳固，电价得到提高，电量全额销售，电费足额及时回收；经受了资本市场剧烈震荡的考验，投资运作规范，投资风险在控，经营业绩良好。公司建设全面加强，管理水平进一步提升，在中国长江三峡工程开发总公司集团内发挥了“三个作用”，即在发挥三峡工程综合效益上起关键作用，在建立现代企业制度过程中起示范作用，在提升核心能力上起骨干作用。

（一）电力生产与经营目标完成情况

长江电力所属三峡和葛洲坝梯级电站运行状态良好，各项指标达到计划目标，全年共计发电978.6亿kW·h，同比增长26.98%，完成年度计划的106%，超发55亿kW·h，为社会创造了巨大的社会效益和经济效益。电力安全生产形势继续保持良好，实现了零设备事故、零人身伤亡的目标。在全国工业用电量出现下滑、电力市场供需关系逆转、给电力生产经营带来不利影响的情况下，长江电力依靠稳固的三峡电能消纳机制，使三峡电站的上网电价得到提高，电费得以全额回收，并减少历史陈欠电费3000万元。

全年公司经营收入88.07亿元，营业成本34.11亿元，实现利润总额51.85亿元，实现净利润39.30亿元，每股收益0.418元。公司资产总额577.39亿元，净资产377.69亿元，总股本94.12亿股。

长江电力以2006年制订的五年发展规划为蓝图，突出电力生产经营主业，将生产经营和资本运作相结合，始终围绕创建一流上市公司和创建国际一流电厂为发展目标，着力培育企业核心竞争力，公司得到了全面健康的发展，公司规模与业绩同步实现了持续稳定增长。2006～2008三年来，长江电力自有装机容量从691.5万kW增加到833.5万kW，增长了20.5%；管理的装机容量从1251.5万kW增加到2103.5万kW，增长了68%；外部参股权益装机容量从零增加到276万kW；年发电量从387.3亿kW·h增长到442.77kW·h，增长了14.3%；资产总额从393.9亿元增长到576.64亿元，增长了46.6%；净资产从222.27亿元增长到377.69亿元，增长了70%；净利润从33.62亿元增加到39.28亿元，增长了16.8%；人均管理装机容量由6.4MW提高到8.9MW，增长了39%。

（二）重要投融资活动

1. 成立北京长电创新投资公司 中国长江电力股份有限公司第三届董事会第21次会议决定，由长江电力独立投资1.5亿元设立北京长电创新投资管理有限公司，开展非主业直接股权投资业务。经营范围包括高新技术投资、实业投资、证券类投资及投资管理与咨询等。这是长江电力资本运作的重大举措。

2008年3月26日，北京长电创新投资管理有限公司在湖北宜昌正式成立。李永安任董事长，张诚任副董事长，艾友忠任监事会主席。经公司第一届董事会第一次会议暨第一届监事会第一次会议审议，聘任张定明为公司总裁。

2. 投资湖北能源集团促其成功改制 湖北能源集团股份有限公司是由湖北省国资委、长江电力、国电集团发起设立的，总股本为48亿股，三方出资比例分别为50.96%、41.69%和7.35%。长江电力投资31亿元人民币。

2008年6月12日，湖北能源集团股份有限公司创立大会在湖北武汉顺利召开，标志着湖北能源集团改制重组工作基本完成，为该公司整体上市奠定了坚实基础。

3. 投资大冶有色金属公司 2008年6月28日，中国长江三峡工程开发总公司与湖北省人民政府签署《有色金属合作开发协议》，中国三峡总公司控股的中国长江电力股份有限公司的全资子公司北京长电创新投资有限公司出资10亿元前期资金，投资参股大冶有色控股的大冶有色金属有限公司，拥有34%的股权。北京长电创新管理有限公司与湖北大冶有色金属公司正式签署《关于投资大冶有色金属有限公司的协议》和《验资账户共同监管协议》。11月26日，北京长电创新管理有限公司与湖北省国资委和大冶有色金属公司签署了《关于大冶有色金属有限公司增资扩股协议》。12月24日，大冶有色金属有限公司完成增资扩股工商变更登记。

长江电力投资大冶有色金属有限公司，进一步深化了公司与湖北省政府的长期战略合作关系，是中央企业与地方企业的一次成功合作，有助于大冶有色金属有限公司完善现代企业制度，规范法人治理结构，并以此为契机整合湖北省有色金属资源，为进一步发展壮大湖北省有色金属行业、促进湖北省经济发展作出了贡献。

4. 与中国农业银行签署《战略合作协议》 2008年9月18日，中国长江电力股份有限公司与中国农业银行在三峡坝区签署《战略合作协议》及100亿元授信协议。

中国农业银行作为多功能、综合性的商业银行，在服务大型企业集团、产品、科技、人才及服务理念等方面具有竞争优势。在长江电力收购三峡机组银团贷款、短期融资券承销、工程价款结算业务等方面，双方已有广泛合作。这次战略合作协议的签订，标志着双方合作进入了一个新的历史起点，对推动双方进步与发展将产生深刻而久远的影响。

（三）主要管理创新成果

2008年9月27日至28日，由中国电力企业联合会主办的“2008年全国电力行业企业管理经验交流会暨第四届中国电力企业管理论坛”在北京隆重举行。会议对全国电力企业管理现代化创新成果和优秀组织单位、全国电力行业优秀企业文化单位、全国电力行业优秀企业、优秀企业家进行了表彰。长江电力申报的《大型水电上市公司经营绩效分析与决策支持系统建设》和葛洲坝电厂申报的《关注设备全生命周期的专家会诊检修系统在葛洲坝电站的探索与实践》均获得全国电力行业企业管理创新成果评比一等奖；长江电力申报的《长江电力企业文化体系构建实践》和《长江电力廉洁文化评价体系研究》分别获得全国电力行业企业文化成果特等奖和优秀论文一等奖。三峡电厂荣获“全国电力行业优秀企业”称号。

2008年，长江电力还先后被评为“电力行业首批AAA级信用企业”、“2008年度全国企业文化优秀成果企业”、“2007年度中国最佳投资者关系管理百强”奖、“2007～2008中国电力信息化标杆企业”、2008年中央企业抗击雨雪冰冻灾害先进集体、“中国纳税百强”企业、“金圆桌奖”最佳董事会等荣誉称号。

（中国长江电力股份有限公司 谢兴发）

龙滩电厂全面推进创建“国际知名、国内一流”水电厂

2008年，是龙滩工程的丰收年，创造了700MW机组“一年四投”、“一月双投”的纪录，全面实现了“即投产、即稳定、即盈利”的目标。同时，2008年也是龙滩电厂全面推进创建“国际知名、国内一流水电厂”的开局之年。根据龙滩公司统一部署，结合中国大唐集团公司“环保年”的各项工作要求，龙滩电厂从强化内部管理，夯实安全生产基础，推进企业文化建设等各方面入手，励精图治，开拓创新，努力确保机组长周期安全稳定运行，开创了良好的安全生产局面。

2008年，龙滩电厂安全生产局面稳定，创造了自首台机组投产以来连续安全生产590d的纪录。年

内，不仅超额完成了年度发电计划任务，还在抗冰灾保电、防洪抗汛、奥运保电等工作中发挥了举足轻重的作用，充分体现了“龙头”电站的重要性，创造了巨大的经济效益和社会效益。

（一）龙滩电站社会和经济效益

（1）2008年度，龙滩水电厂共完成发电量146.28亿kW·h（含试验电量2.09亿kW·h），完成年计划发电量的130.79%；共完成上网电量143.31亿kW·h，各项安全生产指标完成情况良好。

（2）2008年11月上旬，龙滩库水位首次蓄至正常高水位375m，为2008～2009年度枯水期龙滩电站及其下游各水电站水库优化调度及增发电量打下了良好基础。龙滩发挥“龙头”电站作用，对下游电站来水起到了很好的调控作用，红水河流域梯级电站水能利用率大为提高，2008年度实现下游岩滩、大化、乐滩等电站累计增发电量约30亿kW·h。

（3）2008年12月底，500kV龙平甲线投运，至此，龙滩首期工程4回送出线路全部投运，大大提高了电能输送能力，龙滩电站在南网系统中调峰、调频的功能开始得以充分发挥。

（4）2008年1月下旬至2月初，南方地区遭受近50年来最严重的雨雪冰冻灾害，造成南方电网多条线路因覆冰断线或倒塔，电网系统运行遭受严峻考验，系统的不稳定也严重影响着龙滩电厂设备的安全运行。1月26日，龙滩电厂迅速成立了保电抗灾领导小组，召开紧急会议，并于1月30日发布了《冬季恶劣气候及春节保电应急预案》。在抗冰灾保电过程中，龙滩人以高度的责任感、使命感，克服重重困难，力保发电设备安全稳定运行。龙滩电站已投产的3台机组出力达到1600MW，最高时约占广西电网负荷的40%，成为广西区抗冰灾保电的中流砥柱。据统计，抗冰灾保电期间，龙滩电站超计划发电约2亿kW·h，为确保南方电网主网架的安全稳定作出了重大贡献。

（5）2008北京奥运会是全国人民的百年梦想，龙滩电厂对奥运供电安全保障工作高度重视，全体员工齐心协力，以高度的政治责任感和使命感，始终坚持“一切为了奥运，一切服从奥运，一切服务奥运，一切奉献奥运”，及早谋划，周密部署，以确保责任和措施落实到位为出发点，做了大量细致而又卓有成效的工作，并于7月27日专门召开保奥运供电动员会，贯彻落实中国大唐集团公司党组书记、总经理翟若愚在集团公司保奥供电临战动员会上的讲话精神，就使奥运保电工作做到万无一失，夺取奥运保电工作的全面胜利，提出了具体要求，制定了完整周密的预案和措施。把春季安全检查、隐患排查和百日督查等工作有机结合起来，取得了明显效果，实现了机组运行稳定、生产秩序良好、信息安全畅通、职工队伍稳定，全面完成了奥运保电任务，以实际行动和优异业绩为平安奥运作出了贡献。

（6）2008年6月，广西普降暴雨，梧州等地遭遇洪涝灾害，龙滩水库发挥防洪效益，使梧州洪峰流量由49 800m^3/s削减至46 000m^3/s，1～13日，龙滩共拦蓄洪量30.7亿m^3，与岩滩电站一同累计削减洪峰达7000m^3/s，极大减轻了下游防洪压力。洪水重现期由50年一遇降至10年一遇；供水方面，自龙滩下闸蓄水后，2007年12月～2008年2月、2008年12月～2009年2月，经珠江防洪抗旱总指挥部对龙滩下泄流量的调度，使梧州断面流量始终保持在1800m^3/s（供水安全最低流量）以上。此外，龙滩水库发挥调控作用，有效解决了下游咸潮影响，保证了珠海、澳门地区的供水安全。

（7）龙滩工程蓄水，使红水河上游形成了面积达数百万亩的水面，促进了广西、贵州两省区水产养殖等特色产业的发展。

（二）安全管理方面

1. 安全生产指标完成情况

（1）2008年全年未发生任何人身事故和人为责任的设备事故，实现自首台机组投产以来连续安全生产590天，安全生产局面稳定。

（2）2008年度累计厂用电量为2761.76万kW·h，厂用电率为0.192%；年累计综合厂用电为8994.05万kW·h，年度综合厂用电率为0.624%。

（3）2008年内机组共停机备用557台次，共计备用8389.26h；台年平均运行小时为6394.53h，利用小时为4930.37h。

（4）2008年度发电用水为452.10亿m^3，蓄水量为77.08亿m^3，弃水量为18.36亿m^3，年度平均发电耗水率为3.09$m^3/(kW\cdot h)$。受汛末洪水影响，11月水库发生弃水，弃水量18.3211亿m^3，弃水损失电量为3.28亿kW·h。

（5）2008年全厂发电设备累计发生非计划停运3次，共计5.0h；年度机组计划停运累计1488.59h；2008年度1～7号机组等效可用系数分别为99.55%，95.87%，93.94%，91.17%，99.91%，100%，100%；年度平均机组等效可用系数为95.92%。

2. 安全生产主要措施

（1）2008年1月6日，龙滩电厂召开了2008年度首次安全生产委员会会议，会议传达了集团公司2008年1号文件《关于做好2008年安全生产工作的通知》的精神，宣读了《关于调整龙滩水力发电厂安全生产委员会的通知》，并讨论通过了龙滩电厂1号文件《关于落实中国大唐集团公司2008年安全生产1号文精神及做好2008年龙滩水力发电厂安全生产工作的通知》。会议制定了2008年安全生产计划及完成所采取的相应措施。

(2) 2008年3月13日，龙滩电厂召开2008年安全生产工作会议。会议重点学习了《锁定目标，务期必成，全面完成安全生产节能减排任务》的工作报告。会议要求要进一步认清形势，理清思路，明确目标，统一思想，坚定信心，顽强拼搏，扎实工作，结合电厂实际，全面落实安全生产责任制，不断夯实安全生产基础，建立完善各项规章制度和标准体系，推动电厂安全工作再上新台阶。

(3) 3月15日，龙滩电厂正式启动安全文化建设活动，企业安全文化建设工作进入实质性阶段，安全文化建设进一步提高了全厂安全生产的向心力与凝聚力，为企业安全生产局面营造了良好氛围。

(4) 3月17日、12月28日分别开展春、冬季安全生产大检查工作。严格按照集团公司工作要求，通过“查领导、查思想、查管理、查规章制度、查隐患”的五查活动，结合电厂实际，做到有计划、有步骤、有措施、有检查、有总结，为电厂安全生产保驾护航。

(5) 根据龙滩电厂实际，结合现场设备实际、质量管理为主线，立足于对设备、人员行为实施规范性管理，至2008年6月30日全厂补充完善、修订检修作业指导书共计209部。

3. 制度建设

(1) 进一步加强了重大危险源评估与管理工作。按照集团公司评估标准开展了评估工作，量化了重大危险源的风险级别，进一步明确了监控责任，制定了降低风险等级的措施，有效控制了安全风险。建立并完善了应急预案管理机制，编制各种应急预案41项，并相应组织开展部分重要预案的桌面预演及全面演练，收到了良好效果，提高了应对突发事件的能力。

(2) 加强两票三制管理。坚持以杜绝无票作业为重点开展反违章活动，实时监督、检查现场两票执行情况，工作必须开票已逐步在厂内成为共识，无票作业现象得到有效遏止。一方面，通过两票执行专题会议、OA和运行分析会，结合工作实际，对存在的问题展开讨论，梳理出执行中存在的问题，剖析原因、查找根源，切实规范“两票”执行流程；另一方面，加快建立标准操作票库，积极推进两票标准化工作，不断充实标准票库，标准票使用率不断提高。同时完成全员安规考试，重新核定了专业人员“两票”资格权限。截至2008年12月31日，共办理各种工作票3787份，完成5115项操作任务，共174041项数操作，两票合格率均达到100%。

(3) 每月积极开展安全生产基础性工作星级考评，把工作的责任、目标和标准分解到每个部门、每个班组、每个人，对执行情况进行动态对标，实时评价，充分调动了员工积极性，激发了员工不甘落后、勇于争先的工作热情。

(4) 开展1～3号机组并网安全性评价自查评工作，共发现问题及隐患21项，通过及时进行整改，使电厂安全生产目标管理、基础管理、技术管理水平得到了大幅提高。

(5) 组织编制完成2008年“两措”计划的制定工作，为安全生产、设备安全稳定运行奠定了坚实基础

(6) 组织、督促完成电厂接管区域安全设施安装及新机设备标识和安全标识的安装，保证安全设施和主体工程“三同时”目标的顺利实现。制定移动式消防器材配置定额，明确责任区域，确保防火安全工作落到实处。

(7) 加强监督体系的建设，加大现场检修作业的监督力度，要求本厂及外单位人员严格执行检修制定的各项规章制度和操作规程，杜绝习惯性违章作业，降低了生产现场风险，确保安全生产。

(8) 认真落实各级安全生产责任制，层层签订安全生产责任状，强化安全管理，加大考核力度，保持安全生产长治久安的良好局面。

(9) 每月定期编辑出版《安全简报》，对发生的不安全事件通过《事故调查规程》定性并采取相应的防范措施，不断规范安全生产管理。

(10) 完善设备点检定修管理模式。针对2007年实施点检定修管理模式以来所存在的问题，随着新机组投产，对点检路线、点检标准、点检周期以及点检人员重新进行了优化，不断地完善点检定修管理方式，进一步落实设备管理责任，规范管理流程，深化专业化管理，实现对设备劣化趋势的控制。

(三) 生产运行方面

1. 运行管理

(1) 2008年3月7～22日，经过各部门的紧密配合，精诚合作，完成500kV龙沙乙线、Ⅰ母、龙沙甲线、龙河甲线、Ⅱ母停电进行检修。保证了设备的安全稳定运行。

(2) 6月24日，龙滩电厂首次实现连续安全生产400天，累计发电量达93.52亿kW·h。

(3) 10月2日，龙滩电厂首次实现投产发电后连续安全生产500天，累计发电量达147.98亿kW·h。

(4) 10月21日，龙滩电厂累计完成发电量110.77亿千瓦时。电厂加强与气象部门和南方电网的联系，根据实际来水情况和气象预报不断地对《调度运用计划》进行修订，调整调度方案，对发电计划实时进行调整，使主汛期（6～8月）发电量分别达

到15.93亿kW·h、17.94亿kW·h和18.79亿kW·h，在保证防洪安全的同时确保了发电效益，实现了汛期不弃水的目标，提前71天完成大唐集团公司下达的110.25亿kW·h计划电量的任务。

2. 设备维护管理

（1）电厂人员全过程深入参与4号、5号、6号、7号机组的安装、调试和试运行工作，顺利实现了四台机组的无缝逶机投产，实现了“一年四投”目标。2008年12月23日，7号机组顺利投产发电，至此，龙滩375m方案建设工程7台机组全部提前投产发电。

（2）围绕疑难问题，加强技术攻关。组织实施了监控系统事故流程开入量由SOE量改为DI量改造，3号机组水导外循环油泵更换，1～3号机组技术供水滤水器改造，1～4号机组上导和3、4号机组下导冷却器改造，1～3号主变压器低压通道翼板过热处理，励磁系统ARCnet总线T型头检查处理，500kV断路器操作箱直流电源自动切换回路改造，直流系统充电模块改造等工作，使设备的可靠性得到较大提高。

（3）精检细修，保证检修质量和工期两不误。进一步推进机组标准化检修，落实检修监理制，加强小修的修前准备和修后评估，各项检修技术指标均达到标准要求，先后圆满完成了1～5号机组临检和3号、4号机组C级小修工作。

3. 技术监控方面

（1）进一步规范技术监控管理工作。完善了技术监控制度和技术监控管理网络，加大各技术监控专责的学习培训力度，提高了发现和解决问题的及时性和有效性。组织完成了技术监控相关专业技术人员的培训、取证工作。以动态检查工作为契机，对技术监控各个专业进行了对标、对表、对照检查，并将检查发现的问题做好整改计划，落实到具体责任人，限期整改完成，促使问题做到可控在控，有效地保证了设备的安全可靠。截至12月份，整改完成率达92.11%。

（2）加大设备缺陷处理力度。把缺陷的处理作为安全生产工作的主线，多次组织各部门、各专业对全厂设备缺陷进行统计、整理，把缺陷以机组、公用系统为单元进行分类，并对每条缺陷的处理意见和处理时需要具备的条件列入整改表中，落实到每个环节、每个岗位、每个人。截止到12月31日，共发现缺陷961条，综合消缺率达99.84%。

（3）深入开展全厂设备隐患排查工作。各专业坚持对所辖设备从设计、制造、安装、材质、控制流程等方面进行一一排查，共查出问题162项，并就此明确责任人和责任范围，以及管理程序和工作内容，制定相应的专项奖惩制度，进行重点专项治理。同时“逢停必检”措施得到落实，检修质量得以保证，有效遏制了非停事故发生。

（4）依照《中国大唐集团公司技术监控管理办法》和《龙滩水力发电厂技术监控管理标准》的有关要求，2008年5月份、12月份分别开展了2008年度技术监控动态检查工作。

4. 信息化管理　开展网络与信息系统的安全防范工作，加强网络与信息系统安全性。尤其是针对做好奥运期间的信息安全应急处置工作，制定并完善了相关应急预案。

5. 安全生产运行活动

（1）认真开展运行分析工作。根据设备运行和安全生产情况，及时进行分析，总结经验和教训，查找问题和不足，制定整改措施。定期编制《运行分析》简报，并召开运行分析会议，进行交流、学习，确保整改措施得以落实。

（2）规范设备资料整理，加强备品备件管理。根据现场各系统、设备改造及完善等变更情况，及时收集设备有关运行维护资料，不断更新整理设备台账，确保生产现场图纸、资料的正确、完善。特别是就技改工作的测试记录、分析报告等资料，做到及时收集并按类别存档，为日后设备运行指标提供基准资料。

（3）体制和机制建设逐步健全。按照集团公司新厂新制管理模式和点检定修管理要求，及时制定生产岗位调整方案，在龙滩公司和电厂的统一部署下，完成对设备管理部和设备维护部机构调整和人员调配工作，并进一步明确了各部门及各岗位职责。

（龙滩水电开发有限公司龙滩水力发电厂）

水电九局施工经营策划与效益

（一）经营策划的艺术性

企业的经营策划直接影响企业的经济效益，同时也反映出企业的经营管理水平。

中国水利水电第九工程局构皮滩项目部（以下简称项目部）承担了构皮滩水电站C4标引水发电系统中的尾水渠、尾水塔、开关站、主变压器洞和5号机组尾水洞等施工项目。2004年1月，项目部进场后，即针对以上工程特点进行了目标成本分析及总体经营结构特点分析，认为：C4标施工周期长、管理成本高，尤其是引水发电系统的部分工程由于受地质条件及施工自然条件的限制，施工时间较长，施工难度大。例如尾水系统施工不连续，汛期必须停工，施工中要度过5个汛期共计停工30个月，将会造成管理费开支大、设备闲置、人员窝工等现象，使施工资源难以做到合理有效配置，且项目部承担的工程分年度投资少。

根据分析结果，项目部从整体要保证不亏损，必须作好经营的策划工作。为此，项目部认真权衡了各种利弊得失后相应采取了以下策略：一是抓住其他施工单位在尾水边坡1号公路以上施工中对地质状况估计不足施工进度屡屡受挫而最终放弃该项目的机遇，主动与业主沟通，不失时机地提出了新的施工方案，努力争取工程变更并获得了1号公路以上新增施工项目；二是主动对其他不良地质段进行实地勘察和施工组织措施的反复论证，找出最佳施工方案，并通过与设计方的不断沟通不断修改设计方案，如此既保证了项目部施工的顺利进行，又使项目部不断获得了新增项目；三是主动与有关施工单位处理好因合同分包所形成的微妙关系，在维护项目部利益的前提下，充分尊重其合同履行中的主导地位，使其为项目部打开生产局面发挥积极作用；四是在开辟施工场面的过程中，注重自身的典范作用，通过优化施工组织和树立良好的企业风貌，让某些施工单位被迫提前退出了占用的本项目部的施工场面。由于采取了这些策略，既解决了施工中的干扰问题，又形成了巨大的合力，争取了较好的外部环境。

从这一阶段项目部的施工进展和经营成果可以看出，这就是经营策划带来的成效，只要策划得当和把握住适当的切入点，经营工作就能取得事半功倍的效果。

（二）经营策划的准确性与及时性

经营策划的首要任务是建立起经营策划的运作体系，其中加强索赔管理是取得经济效益的一个重要途径。为此，项目部从进场的第一天起就组建了由经营、测量、技术、质检、调度等部门负责人组成的索赔领导小组，并通过部门落实到人，以强化和提高索赔的法律意识、市场意识、工程管理意识，促进工程的实施和合同目标的实现。索赔领导小组成员首先反复熟悉合同文件，并深入施工现场了解合同中施工技术条款与施工现场实际状况的差异，对工程施工过程中可能发生的每一次变更及有关索赔的项目都收集了大量资料；其次，索赔小组制订了一系列索赔计划（有近期的也有远期的），计划针对具体索赔内容明确到具体责任人及完成时间，并要求每周至少开1～2次碰头会对拟索赔的内容进行分析，以及时确定变更方案、检查索赔计划完成情况、对未完成的索赔计划进行总结，或移交项目领导班子处理；项目部则定期对完成的索赔内容进行评价，并对在索赔工作中成绩突出、带来明显经济效益的个人或集体给予奖励。

经营策划的好坏，直接影响到经济效益的增长，因此把握有利时机，将策划做到准确、主动、及时和有的放矢、符合事物发展规律，便显得极为重要。至今，项目部已成功实现了较大几个项目的策划，如，2004年10月，构皮滩水电站已进入大江截流的关键时刻，而此时将参与大江截流的3号导流洞由于施工工期的严重滞后还根本不具备过水条件；也正是在这个时候，项目部经过认真研究招标文件和施工图纸，及时发现了3号导流洞右导墙延伸段还未施工且对尾水塔施工将造成极大隐患的设计缺陷，这是在合同招投标中未及时发现的一处重大隐亏。此时，如果完全按合同条款施工，尾水围堰的包干费用仅为148万元，而实际在该延伸段处理中的费用将高达1434万元。经过慎重的研究，项目部认为，应抓住截流期间业主征求本项目部接手3号导流洞出口尾工及延伸段施工的时机，及时提出3号导流洞右挡墙的延伸方案，这样做，一是可以确保导流洞过水的成功，二是可以弥补合同隐亏，使项目部适时获得更多的新增项目，对业主和项目部都是一个双赢的策划。该建议提出后，立即得到了业主、监理和设计方的大力支持，经过项目部的不懈努力，这次策划既为构皮滩水电站的大江截流作出了贡献，同时也为项目部日后的工作奠定了坚实的基础。

（三）经营策划的内容及落实

经营策划是企业发展的必备条件，而任何一项策划创意，其结果都必须在付诸实践之后才能得以验证，从这一点看，经营策划的成效关键在落实。水电施工经营策划的一般内容有：

（1）原始地形测量、开挖土石比例签证、工程量现场签证、设备台时签证、临时用工签证、工程变更联系单等，必须要进行工程量签证；重大工程量签证及立项处理，必须要经过项目部索赔小组索赔例会或专题会讨论，做到理由充分，以确保签证的顺利实现；同时应尽量采用变更联系单的签证方式，减少针对合同文件提出的索赔报告（这种方式较索赔报告难度小，业主、监理易于接受）。

（2）做好变更及新增项目的新增单价工作，是项目部实现经营目标、保证工程项目实施和合同目标实现的手段之一。为此，在单项工程施工前要对照工程量报价清单对中标单价进行工序分解，以测算各工序单价，及时预测亏损风险，目标是对每一个亏损项目必须找出弥补亏损的理由；工程变更则需经过索赔小组周密策划、共同研究后交项目相关部门完成。项目部的基本做法是：对分析确定为亏损的工程项目，充分依靠技术，认真研究设计文件，主动对不良地质段进行实地勘察和施工组织措施上的反复论证，找出最佳效益方案，再通过与设计不断沟通，变更设计方案，这样既保证了施工的顺利进行，又使原项目变成了新增项目，从而实现了将隐亏项目变更为新增项目或改变工序项目；对变更联系单力求做到理由充分、资料齐全。

总之，某项策划内容即是策划者为实现某一目标而采取的策略，是策划者通过对事物发展规律必然结果的判断而提出的一种操作方案，其策划手段就是将事物的发展规律展现给被策划的对象，使被策划者在认识事物发展规律的同时接受其策划观点。因此，策划者做出策划项目后，关键还在于能否被响应，即策划能得到具体落实。前面所述项目部所做出的某些策划之所以能够成功，关键就是项目部对策划内容的落实有一种锲而不舍的精神，即在策划内容落实的整个过程中，项目部要始终努力解决业主要争取降低成本与项目部要争取最大经济效益之间的矛盾，要将项目部的策划思路与业主、监理再三进行沟通，使业主、监理认同其策划的方案的正确、合理、可行，最终实现其策划的目标。

（四）策划必须要有充分的科学依据

策划必须以理服人，特别是要有充分的理论依据作为策划论点的支持，这是每个决策者在做出策划之前所必须遵循的原则。

例如，本文前面所谈到的构皮滩水电站工程的几项经营策划，无论是尾水边坡1号公路的新增项目还是3号导流洞右挡墙的延伸，以及其他有关工程变更建议的提出，在做出项目策划之前，项目部都尽一切可能寻找到可靠的理论依据，以使业主、监理、设计方都能接受。

另外，在寻找理论依据的时候，还要特别注重依据的多渠道开发。如构皮滩水电站3号导流洞右挡墙的再延伸，理论依据既有合同的不足又有设计变更的内容，在这次策划中，项目部通过对原设计图纸的论证并结合尾水出口的地质特征，找出了尾水护坦施工面上的设计缺陷，由此增加了护坦齿槽，使其由无结构变为有结构；与此同时，项目部还提出了在原导墙已延伸60m的基础上再延伸48m及将尾水围堰外移的整体方案，使尾水出口施工方案更趋科学合理。由于此策划方案得到了业主、监理的认同，从而使部分挡墙延伸工程量顺理成章地被列入构皮滩水电站地下厂房C4标合同的新增项目，从而大大简化了尾水围堰和尾水护坦的施工难度，为项目后期的施工打下了良好的基础。

（五）结束语

水电九局构皮滩项目部自构皮滩工程开工以来完全能够满足业主的工期进度要求，至今无质量事故与安全事故发生，优良率达到91.5%，合格率达到100%，2次被中国水利水电建设集团评为先进安全文明生产单位，并获得业主贵州乌江水电开发有限责任公司构皮滩电站建设公司安全文明评比的优胜单位。水电九局构皮滩项目部能取得这些成绩，其中经营策划的作用功不可没。事实证明，经营策划对企业来讲不是可有可无，它直接影响到企业的经济效益，同时也体现出企业的经营管理水平。

（中国水利水电第九工程局有限公司
刘建忠　林国平）

中國水力發電年鑒

13

水电站生产运行

电力生产及管理

中国长江电力股份有限公司2008年电力生产情况

2008年，中国长江电力股份有限公司（以下简称长江电力）精心抓好电力生产，经受了三峡电站全面投产和三峡水库高水位运行的考验，安全生产继续保持“双零”纪录，超额完成年度电力生产目标。

（一）基本情况

三峡和葛洲坝梯级电站运行状态良好，全年共计发电978.60亿kW·h，同比增长26.98%，完成年度计划的106%，超发55亿kW·h，为社会创造了巨大的社会效益和经济效益。其中，三峡电站全年发电808.12亿kW·h，葛洲坝电站发电170.48亿kW·h，分别同比增长31.18%和10.24%。三峡电站发电机组台平均利用小时4418.55h，比2008年全国水电平均利用小时3621h（60万kW以上机组）高797.55h，机组等效可用系数94.24%，高于国内同类型机组2007年的93.37%；葛洲坝电站机组等效可用系数92.54%，高于国内同类型机组2007年的91.48%。

节水增发效益显著。通过三峡葛洲坝梯级水库优化调度，三峡电站节水增发电量为37.80亿kW·h，水能利用提高率为4.96%；葛洲坝电站节水增发电量为10.85亿kW·h，水能利用提高率为6.8%；整个梯级电站增发电量48.65亿kW·h，水能利用提高率为5.28%。全年三峡坝址来水总量为4289.75亿m^3，年平均流量为13 600m^3/s。三峡电站发电取水量3942.00亿m^3，最大发电流量24 511m^3/s；葛洲坝电站发电取水3563.57亿m^3，最大发电流量19 635m^3/s。

电力安全生产形势继续保持良好，实现了零设备事故、零人身伤亡的目标。全年没有发生设备事故、火灾事故、交通事故以及人身重伤以上事故；发生设备障碍9次，比2007年同期的7次增加2次：发生人身轻伤3次，比2007年同期的6次减少3人次。

（二）三峡电站月发电量屡创新高

2008年入汛以来，三峡电厂加强科学管理，保证设备高效稳定运行，同时优化水库和电力调度方式，基本上杜绝了电站弃水调峰，从而创造了三峡电站月发电量超过百亿千瓦时的发电新高，日发电量约占全国日用电量的5%，为北京奥运会期间的供电安全作出了贡献。

2008年7月，三峡电站在长江上游来水比常年少25%，且没有新增投产机组的情况下，当月发电量达到103亿kW·h，比6月份增加29亿kW·h，创下了2003年7月三峡电站首台机组投产以来单月发电量超过100亿kW·h的历史纪录。

进入8月份，三峡入库流量持续增长，三峡坝址流量超过3 5000m^3/s的洪峰共有3次，累计时间达6天，三峡电厂所有机组基本保持满发，三峡电厂月发电量再创新高，达到113亿kW·h，约占全国同期总发电量的3.3%。此外，随着三峡右岸电站23号机组正式移交三峡电厂运行，三峡电站的总装机容量达到1760万kW，最高日发电量达3.89亿kW·h。

（三）机组接管情况

2008年，三峡工程又有4台70万kW巨型水轮发电机组正式移交三峡电厂运行管理。为确保机组运行实现“首稳百日”乃至长期安全稳定的目标，三峡电厂继续按照“建管结合，无缝交接”的管理要求，与相关单位、部门密切协作，规范管理，在机组重点部位设置现场值守点，对水轮机、发电机、调速器、励磁、发变组保护、机组动力盘、技术供水系统等设备运行情况进行重点跟踪，并加强巡回检查及时发现设备缺陷，及时消缺，确保机组安全稳定运行。

2008年10月30日16时30分，三峡右岸电站最后一台机组投产运行，标志着三峡工程全部机组提前一年投产发电。三峡工程左右岸26台机组全部投产发电，总装机容量达到设计的1820万kW，发电能力居世界水电行业首位。

2008年12月8～10日，三峡电站水轮发电机组性能评审会的专家和代表通过考察现场、审查资料、听取汇报和分组讨论等形式，对三峡水轮发电机组性能进行充分评审后，得出结论：“三峡水轮发电机组运行安全稳定，能量、空蚀和电气等性能良好，主要性能指标达到或优于合同要求。”

（四）三峡水库高水位试验性蓄水情况

为了保证三峡工程首次高水位蓄水成功，长江电力2008年8月份编制出《长江三峡水利枢纽2008年汛末试验性蓄水175m方案》，9月初编制出《长江三峡水利枢纽2008年汛末试验性蓄水175m实施方案》。9月25日，国务院办公厅批复同意国务院三峡工程建设委员会办公室上报的《关于立即开始三峡工程试验性蓄水的请示》报告。26日，三峡办下发《关于开始三峡工程试验性蓄水的通知》。27日，根据国务院三峡办下发的关于试验性蓄水的通知，三峡总公司召开蓄水准备会，会议明确：三峡水库从28日零时开始蓄水。

三峡水库2008年度试验性蓄水分两阶段进行。第一阶段，按国务院批复意见，计划先蓄至156m水位，是否进一步抬高水位，再进行研究确定。从9月28日零时开始，起蓄水位为145.27m，三峡坝址入库流量为25 000m^3/s。由于长江上游正在降雨，三峡入库流量持续增大，至29日8时，三峡坝址流量为32 500m^3/s，一天增长7500m^3/s，对三峡水库蓄水十分有利。至29日9时，三峡大坝坝前水位已抬升1.28m，达到146.55m。10月5日，三峡库水位上升至155m，三峡电站开始加大出力，逐步向出入库流量基本平衡过渡，8日，三峡出入库达到平衡，水库按不超156m控制运行。

第二阶段为试验性蓄水，从10月17日零时开始，根据国务院三建委下达的《关于进一步抬高三峡水库水位运行试验性蓄水并确保安全的通知》（国三峡委发办字［2008］22号），开始156m以上水位蓄水。此后半月，三峡水库最小日平均下泄流量为5900m^3/s，三峡电站最小日平均出力为500万kW，高于三峡工程初步设计"175m水位运行期三峡电站保证出力499万kW、葛洲坝下游庙嘴水位39m（相应三峡大坝下泄流量5740m^3/s）"的标准。到11月4日22时30分，三峡水库蓄水位172.30m，根据国务院三建委停止抬高三峡水库蓄水位的通知要求，三峡水库立即加大泄流量，2008年度试验性蓄水任务完成。整个蓄水过程，蓄水持续时间39d，累计蓄水位27.03m，累计蓄水量193.242 2亿m^3。库水位日最大升幅2.43m，出现在9月30日；日最大蓄水量17.442 9亿m^3，出现在11月1日。

此前的2006年、2007年汛末，三峡工程均蓄水至156m的初期运行期。在这两年的汛期，三峡工程按调度规程降至145m汛期限制水位运行，以腾出145m至156m水位区间的68亿m^3库容发挥防洪作用。

三峡水库实现2008年试验性蓄水目标后，防洪库容基本形成，三峡工程具备发挥正常防洪功能的条件，荆江河段的防洪标准由十年一遇提高到百年一遇。水位抬升还改善了川江的航运条件，长江航运事业发展迅猛。2008年，三峡船闸通过货物5370万t，翻坝转运货物1477万t，三峡枢纽合计通过货物6847万t，再创历史新高。

（五）质量环境职业健康安全管理体系通过外部审核

从9月3日开始，方圆认证集团公司对长江电力质量环境职业健康安全管理体系认证外部审核，在历时3天的审核中，15位专家采用翻阅资料、查看现场和问询等多种方式，对"三标管理"体系的执行情况进行审核，结论是审核通过，标志着长江电力在全面贯彻标准化管理、持续完善公司治理能力上又上了一个新台阶。

方圆外审组充分肯定了长江电力在推动"三标管理"体系良好运行过程中所做的努力，认为公司领导的远见卓识和员工的敬业务实展现了公司的人力资源优势，企业明晰的发展规划和精益生产管理理念不断促进了公司的管理创新和持续发展，公司各级管理者坚持以人为本的思想和创建和谐企业的举措使企业凝聚力得到了持续增强。

针对审核结果，长江电力对审核中发现的不符合项结合实际分析研究，按期整改。进一步挖掘体系的内涵，探索体系的灵活运用，不断提高体系运行绩效，使其更有效地服务于公司的生产经营管理和未来发展。

（六）三峡水情测报系统在预报四川地震唐家山堰塞湖中发挥重要作用

5月12日四川汶川发生特大地震以后，成都、阿坝、绵阳等地水文站点设备损毁、通讯中断、无法正常工作，导致灾区雨量、水位、水库运行、河流堵塞等信息缺失。长江电力三梯调中心建设的三峡水情自动测报系统，在这关键时刻发挥了重要作用，仍然及时报送水情雨情，最早预报唐家山发生堰塞湖的可能，为抗震救灾工作提供了重要信息和决策依据。

地震后，设在北川水文站的三峡水情自动测报站，监测到水位骤降了30多厘米，流量明显变小，预计上游河段有塌方阻塞河道的可能。这一情报，为当地抗震防汛部门找到唐家山堰塞湖提供了科学依据。当时，唐家山堰塞湖的容量已达1亿m^3，上游集雨面积3550km^2，每日来水大量入湖，溃坝危险日益增大。如果形成洪水将完全能够吞噬一座50万～100万人口的中型城市，对下方的绵阳市等地形成严重威胁。及时准确掌握水情成为十分迫切的任务。

设在都江堰水文站的三峡水情自动测报站点，地震后仍工作正常，每小时12个水位和雨量数据通过北斗卫星及时传递到成都水情分中心和四川省水情中心。国家防汛办依然能够及时掌握该站流量，并由此推断出该站上游的紫坪铺水库的下泄流量，预测到紫坪铺电站受损，从而采取了相应的措施，为救灾赢得了时间。

三峡水情自动测报系统，采用的是无人值守、太阳能电池供电、自动遥测以及GSM、北斗卫星双信道通信保障模式和我国自主研制的“北斗一号”导航定位系统，系统在地震时未受到影响，仍能对水情雨情进行正常测报。该系统一期工程于2004年5月31日正式投入运行，共建设了126个水情自动遥测站，覆盖重庆至宜昌的6万km^{2}流域范围。二期工程建成299个水情遥测站，覆盖从宜昌到宜宾屏山县约42.7万km^{2}的流域范围，2008年6月1日进入试运行阶段。

5月18日，人民日报社主办的人民网刊发了四川省水文局致电三峡梯调通信中心的感谢信，赞扬三峡水情自动测报系统在四川大地震后运行正常，在抗震救灾中发挥重要作用，处于国际水情监测系统最先进的水平。

（中国长江电力股份有限公司　谢兴发）

龙滩水力发电厂生产运行情况

龙滩水电站1、2、3号机组于2007年5月21日、7月20日、10月31日正式投产发电，4、5、6、7号机组分别于2008年4月13日、8月24日、12月7日和12月23日正式投产发电，龙滩375m方案建设工程整体提前一年建成。至2008年12月月底，龙滩水力发电厂有7台机组在役，总容量达490万kW；连续安全生产588天，创造了特大型水轮发电机组投运后的安全运行新纪录，实现了“即投产、即稳定、即盈利”的目标。

（一）电力生产情况

龙滩水力发电厂电力生产指标统计情况见表1、表2和表3。

表1　投运机组容量与发电量统计表

年份	装机容量（万kW）	发电量（亿kW·h）	完成发电计划（%）	上网电量（亿kW·h）	完成上网电量计划（%）
2007	210	44.03	125.8	43.8	127.17
2008	490	144.19	130.79	143.31	130.71

表2　2008年主要生产经营指标表

最高负荷（万kW）	平均机组等效可用系数（%）	发电厂用电量（万kW·h）	发电厂用电率（%）	综合厂用电量（万kW·h）	综合厂用电率（%）
305.09	95.92	2761.76	0.192	8994.05	0.62

表3　2008年水库运行情况表

入库水量（亿m^3）	发电用水量（亿m^3）	平均耗水率[m^3/(kW·h)]	水能利用率（%）	弃水电量（亿kW·h）	年末水位（m）	年末库容（亿m^3）	水库最高水位	
							高程（m）	日期（月/日）
547.54	452.10	3.09	96.65	3.29	370.34	145.96	374.88	11/13

（二）安全生产管理

（1）在发电生产准备阶段即成立了安全生产委员会（以下简称安委会），作为发电生产的最高安全管理机构。安委会制定了《安全生产工作规定》、《安全生产监督规定》、《安全生产责任制》及《安全生产工作奖惩规定》等安全管理规章制度，发布了近500项运行检修规程、管理标准和工作标准，为发电管理提供了有力的制度保证和技术保障。

（2）2008年全年投入发电安全生产的专项费用达1600万元以上，对大坝、发供电设备、施工安装现场、防洪设施和仓储备品进行全面的检查，发现问题立即落实责任人限期整改；中断内部办公网络与生产信息网络之间的链接，而且均与互联网进行彻底的物理隔离；实行“认牌不认人”和24h监控制度，谢绝一切与工程建设、发电生产无关的人员进入地下厂房和厂坝区域，有效的防止了各种安全生产责任事故的发生。

（3）2008年完善和修订应急预案多部，开展了20多次应急预案演练，针对台风“黑格比”的反事故演习，以“电网稳定破坏”、“全厂停电事故”、“主变压器着火”、“机组运行中蜗壳进人门爆裂，大量漏水”等为主题开展的反事故实战演习，以“平安龙滩、和谐大唐”为主题的大型防洪度汛应急预案全面演习，提高了快速反应能力和处理突发性事件的协调指挥能力。

（三）实施科学管理

（1）在抓好投运机组安全发电运行的同时，各专业管理人员深入现场全方位参与新机组的安装调试、整体验收和启动试运行，充分掌握机组安装质量和运行状况。对试运行过程中出现的问题进行仔细的检查和严谨的分析，督促安装单位及时整改解决，确保新机组零缺陷“无缝移交”，同时“举一反三”，对已投运的机组进行相对应的检查和处理。

（2）加强了与中国南方电网有限责任公司的联系和沟通，结合2008年防汛要求，申请对发电计划进行调整，增加汛期发电量。在中国南方电网有限责任公司的大力支持下，2008年主汛期6、7、8月的发电量分别为15.93亿kW·h、17.94亿kW·h和18.79亿kW·h，发电负荷率分别高达88.59%、88.63%和85.22%，实现了汛期不弃水的目标。

（3）为了确保发电设备的长期安全稳定运行，采取了一系列科学的管理手段和技术措施。一是成功承办了中国水力发电工程学会电力系统自动化专委会2008年年会暨学术交流会，为水电在线监测及状态检修技术领域搭建交流与合作的平台。二是发挥科研单位广西电力试验研究院的技术优势，对龙滩水电站大坝及发电设备进行全方位、全过程、闭环的技术监控管理和技术服务。三是在国内水电领域里率先引进和使用点检定修系统，对发电设备进行信息化、数字化的全面监控，科学的安排设备的维护、检修和技改。2008年完成3、4号机组C级检修，完成主辅设备技术改造项目22项，检修维修项目20项，开展为提高水轮发电机组及主变设备运行可靠性的生产科研项目4项。四是充分发挥中国大唐集团公司安全生产管理信息系统和星级考评系统等先进管理平台的作用，实现对安全生产方面各项指标的动态对标管理。

（龙滩水电开发有限公司）

二滩水电厂2008年生产情况

（一）生产管理情况

1. 应急管理体系得到检验

（1）2008年年初，我国南方大部分地区发生了低温冰冻灾害。受此影响，二滩水电厂送往川渝主网的4回500kV线路至1月27日全部跳闸，被迫与川渝电网解列，首次面临与地方电网孤网运行的严峻考验。电厂出力严重受阻，安全运行受到严重威胁。同时大坝下游河床几近断流，致使盐边县城3万多居民生产生活无法正常取水。面对这次罕见的大范围冰雪灾害及严峻的电网安全生产形势，二滩水电厂立即启动《电站送出通道受阻应急处置预案》，沉着应对，采取多项组织措施和技术措施，积极配合电力调度部门的电网抢修恢复工作，保证了二滩水电厂和电网的安全稳定运行。同时积极协调攀枝花市政府，关注民生，保证下游供水安全，确保了沿江居民正常生产生活不受干扰。

（2）“5·12”汶川8级地震与“8·30”攀枝花6.1级地震发生时，二滩水电站均有明显震感，并网运行机组发生异常振动，振动值严重超标；地震发生后，在通信不畅的情况下，二滩水电厂应急领导小组第一时间启动《防震减灾应急处置预案》，及时组织生产人员对电站枢纽建筑物及设备设施进行全面细致检查，确认枢纽建筑物未发生异常，发电设备运行稳定。同时，二滩水电厂克服余震影响，加强设备巡检，及时消除设备缺陷，精心组织，全力保证了安全生产及灾区所需的电力供应。

2. 发电量屡创新高　2008年8月20日发电量达7962万kW·h，平均出力331.75万kW，创日发电量历史新高。2008年8月份，二滩水电厂月发电量达22.96亿kW·h，创月发电量历史新高。2008年，二滩水电厂年发电量达161.025 1亿kW·h，创年发电量历史最高记录。2008年10月13日，二滩水电厂线路总输出负荷高达344.2万kW，创负荷历史最高纪录。

3. 地下厂房实现“无人值班”　二滩水电厂投产十年来，经过持续改进，管理制度、应急预案、人员素质、设备健康状况及自动化水平均已具备实行“无人值班”的运作条件。2007年11月，二滩水电厂开始着手制定“无人值班”实施方案。2008年10月18日，经专家组检查和评议，通过了对二滩水电厂“无人值班”运行条件的评估，12月3日，二滩水电厂“无人值班”开始正式实施。“无人值班”运行模式的成功实施，全面提升了二滩水电厂的管理水平。

（二）技术改造情况

1. 保安电源系统投运　2008年2月至5月，二滩水电站顺利安装和调试由柴油发电机—变压器组合的保安电源系统，并成功进行了黑启动试验和用保安电源紧急提落泄洪闸门等试验。作为二滩水电厂机组黑启动和防汛泄洪提供动力的紧急备用电源，保安电源系统在电网发生崩溃系统大面积停电的特大事故中发挥着不可估量的作用，进一步提高了四川电网处理突发事件的能力。

2. 自动电压调节AVC系统安装与调试　2008年12月，二滩水电厂成功完成了站内AVC功能的完善与调试工作，并投入试运行一段时间。在未来几年，AVC系统的正式投运将使二滩输送到电网的电能质量得到极大的改善。

3. 励磁控制系统改造　二滩水电厂经几年努力，

于2008年3月完成全部6台机组的励磁系统改造。原励磁系统自1998年7月25日投运以来，暴露出不同程度的问题和隐患；加上技术资料不全，售后服务、技术支持和培训工作不到位，维护困难；而且此设备属淘汰产品，备品不易采购，价格昂贵；无法满足“无人值班”的现代化电厂运行要求。二滩水电厂选择了广州电器科学研究所和瑞士ABB联合制造的UNITROL5000型自并励晶闸管整流励磁系统，首台机组于2004年5月开始改造。根据实际运行情况和所积累的经验，不断完善改造的项目，加装了风机支撑垫、隔板、直流尖峰吸收电阻等元器件；改善了交流阻容浪涌吸收电阻、灭磁非线性电阻的能容量。改造后的励磁调节器、功率柜、灭磁、过压保护以及励磁系统调节、抗干扰等性能均达到或优于国家和行业标准，优于原励磁系统，运行稳定可靠，达到预期效果。通过励磁系统控制参数模型和PSS试验，PSS有较好的抑制电力系统低频振荡的能力，满足机组和电网安全稳定要求。由于人机界面友好，操作调试简单方便，备品备件采购容易，技术培训和技术交流深入展开，使励磁系统的运行维护水平得到了很大提高。

（二滩水电开发有限责任公司
汤津茂　陈飞翔　高　祥　王锋辉）

国网新源控股有限公司的水电生产情况

国网新源控股有限公司（以下简称新源公司）是国家电网公司按照集团化运作、集约化发展、精益化管理、标准化建设的要求，依据《公司法》投资设立的国有独资公司。作为国家电网公司系统内以调峰调频电源为主营业务的专业化公司，主要负责开发建设和经营管理国家电网公司范围内的抽水蓄能电站及开发建设风电等可再生能源项目。截至2008年底，新源公司所属全资、控股的抽水蓄能电站和常规水电站19家，已投产运行抽水蓄能电站10个，装机容量717万kW；常规水电站2个，装机容量5.7万kW。

（一）安全生产情况

2008年，新源公司未发生重大人身伤亡事故，未发生有人员责任的重大设备事故，未发生恶性误操作事故，未发生重大火灾事故和重大交通事故。一类设备障碍和非计划停运同比分别下降72.2%和61.8%，抽水蓄能机组等效可用系数同比上升1.39个百分点。截至2008年12月31日，新源公司系统连续安全生产1372天。

服务电网能力不断提高。2008年，新源公司投产抽水蓄能机组累计发电启动10 353次，发电启动可靠度99.73%；抽水启动6391次，抽水启动可靠度99.69%，为电网的安全稳定运行发挥了重要作用。在北京奥运会期间，十三陵、泰安、天荒坪、桐柏等蓄能电站精心安排运行方式，充分发挥抽水蓄能机组调频、调峰、调节迅速的优势，为电网安全稳定运行提供了有力保障，使华北、华东电网精益化运行水平达到新的高度。十三陵蓄能电厂、泰安蓄能电站和公司系统15名个人被国家电网公司评为奥运电力保障先进集体和先进个人。桐柏、天荒坪等蓄能电站在电网抗击冰雪灾害中发挥了积极作用。

（二）科技工作情况

全面贯彻落实国家电网公司“一流四大”科技发展战略，加强科技创新工作的组织领导，完善公司科技发展规划，强化科技项目管理，切实发挥科技创新对公司发展的支撑作用。10项科技成果获新源公司科技进步奖，申请专利26项。全年完成技改项目86项，投入1.1亿元。其中，大型抽水蓄能机组励磁调节装置国产化研究工作进展顺利；宝泉蓄能电站4号机组全国产化的主机安装调试成功，标志着我国初步掌握30万kW等级抽水蓄能机组的制造和调试关键技术；天荒坪蓄能电站与哈尔滨工程大学合作研发制造的我国首台高压输水管道检测机器人在该电站上水库进行了调试验收并取得良好效果，该项目填补了我国输水斜井检测工具的空白。

按照国家电网公司的要求，加快公司一体化信息平台建设。开展协同办公等业务系统的实施应用，自主开发建设生产管理系统、基建工程管理系统、抽水蓄能数据库、标准信息查询等管理信息系统。

（三）队伍建设情况

新源公司以人为本，大力加强员工队伍素质建设。以能力培养为核心，以优秀人才开发为载体，不断强化绩效考核和奖惩激励机制建设，探索人才动态管理机制及“首席专家”选拔。广泛开展多种形式的素质培训活动，全年教育培训投入823万元，培训职工1646人次，广大员工的政治素质、业务素质等明显提高。

两个文明建设取得新成果，新源公司总部再次被授予“中央国家机关文明单位”称号，十三陵蓄能电厂获得国家“五一”劳动奖状和“国家文明单位”称号，泰安蓄能电站维护分场被国家电网公司评为“工人先锋号”。

（国网新源控股有限公司　韩　冰）

龙羊峡水电厂生产情况

（一）主要指标

全年完成发电量52.69亿kW·h，完成年计划的

98.16%；年末水库水位 2580.05m，较去年同期低 4.88m，水库蓄水量 176.23 亿 m^3，较去年同期少蓄水 16.18 亿 m^3，年累计入库水量 163.89 亿 m^3，出库水量 180.07 亿 m^3，平均耗水率 3.42m^3/(kW·h)；电压合格率 100%，频率合格率 100%，继电保护装置投入率 100%，正确动作率 100%，自动装置投入率 100%，正确动作率 100%，主设备一类率 100%，辅助设备完好率 100%，综合厂用电率为 0.81%。

（二）安全生产

认真开展安全生产“基础建设年”活动和“安全生产百日督查”专项行动，理顺管理关系，夯实安全基础，实现了“八个不发生”，做到了人身轻伤以上事故为零，交通事故为零，发电设备事故为零，责任性误操作事故为零。截至 2008 年 12 月 31 日，连续安全生产 4166 天，创投产发电以来最高安全生产长周期记录，实现年内 3 个百天无事故的安全目标。

根据公司 2008 年安全生产“基础建设年”工作的实施意见，及时制定工作计划，明确组织结构和工作目标，定期自查，随时评估、总结、分析、协调解决工作中出现的问题，使安全生产管理制度与规程更加完备有效，管理更加顺畅，设备更加可靠，运营基础更加巩固，提高了精细化管理水平，逐步实现了安全生产管理标准化、制度化、规范化。

认真开展百日督查专项行动、春季和秋冬季安全大检查活动，活动中共查出 47 项隐患。

高度重视防汛工作，立足于来大水、防大汛、抗大灾，做好灾害预警预报，制定和完善抢险应急救援预案，开展防汛抗震准备工作。成立了龙羊峡水电站防汛抗震领导小组和防汛抗震办公室，组建了防汛抗震抢险突击队，落实了各级防汛责任。5 月底前，完成了防汛通信系统、防汛电源设备及厂坝内渗漏排水系统以及水情、气象自动测报系统的检查、检修，确保汛期电站通信畅通和设备正常。对三孔泄洪闸门进行提落门试验，确保汛期闸门正常工作。汛前防汛项目施工全部完成，进行了水工建筑物详查，形成检查报告，并对水库上下游情况进行了调查。6 月 25 日组织进行防汛应急预案演习，提高驻龙羊峡各单位应对突发事件的应急抢险能力。通过以上措施的落实，对防汛工作进行了全方位的监控，保证了水电站的安全度汛。

起草制定了《龙羊峡发电分公司反恐应急预案》、《龙羊峡发电分公司反恐防恐措施》等相关文件，配合武警部队加强反恐防恐工作，保证了奥运期间的正常供电和电站的安全稳定。

（三）机组检修

按计划推进生产工程项目实施，全年安排大修项目 10 项，技改项目 17 项，通过对 2 号主变压器检修改造等工作，消除了重大隐患，保证了设备健康、稳定运行。

根据年度检修计划，完成 2 号机组 A 级检修 1 台次，1 号机组 B 级检修 1 台次，3 号机组、4 号机组 C 级检修各 1 台次，2 号机组、3 号机组 D 级检修各 1 台次，完成 330kV 出线、厂内和坝上 6kV 系统清扫预试，厂内、坝内渗漏排水系统检修工作。其中 2 号主变压器 A 级检修历时 7 个月，整个过程分公司现场牵头组织，各专业公司积极配合，通过严格设备检修管理、全过程监控返厂检修、精心组织设备回装、试验和设备加运，加强跟踪监督分析，锻炼了队伍，圆满完成了检修任务，消除了设备重大隐患。

（黄河上游水电开发有限责任公司
胡耀斌　张文俊）

李家峡水电厂生产运行情况

（一）综合指标

发电量 53.355 亿 kW·h，完成年度计划任务的 96.95%，与 2007 年同期相比增加 4.47%。厂用电率 0.273 8%，比计划厂用电率增加 0.024 7%，完成预算指标 54.76%。耗水率 3.374 2m^3/(kW·h)，比年度计划指标增加 0.021 7m^3/(kW·h)，完成预算指标的 100.72%。设备等效可用系数 90.85%，同比增加 0.35 个百分点，完成预算指标的 100.8%。设备利用小时数 3334.71h，完成年度计划指标的 96.96%。电站全年共发生 4 次非计划停运事件，未完成安全生产责任目标。

实现主营业务收入 10.989 亿元，与 2007 年同期相比增加了 5.92%，完成预算指标的 95.84%。实现利润 2.99 亿元，完成年度计划指标的 86.27%，与 2007 年同期相比增加 5.05%。电站生产成本 4.56 亿元，完成预算指标的 97.82%，与 2007 年同期相比增加 0.3%。总资产收益率 5.01%，完成预算计划指标的 86.23%，与 2007 年同期相比提高 0.47 个百分点。流动资产周转次数 178.02 次，完成计划指标的 81.56%，与 2007 年同期相比降低 4.22%。

（二）安全生产

顺利完成了年度防汛任务。制定了《李家峡水电站 2008 年度防汛工作安排》，认真落实各级防汛责任制，严肃防汛值班制度，制定了应急预案并进行了防汛演练。年内顺利组织召开了大坝定检第三次专家会议。

认真开展技术监督管理工作，全年继电保护、绝缘、化学、电测、金属等各项监督完成情况良好。

加强运行管理，积极与调度部门联系沟通，顺利完成西北网调第一调频厂的重任，全年未发生电压及频率调整不到位现象，发电机组开停机成功率均达100%。

按要求开展了生产运营对标工作，成立了分公司生产运营对标工作小组，设立了对标管理办公室，制定了李家峡水电站生产运营对标整体实施方案及实施细则，开展指标分析，提出整改措施。

认真开展隐患排查治理、安全生产月、反习惯性违章、小机组隐患排查、安全生产基础建设年等多种专项活动，通过活动治理了一大批设备隐患，提升了驻站员工的安全生产意识，促进了管理水平的提高。

（三）机组检修

按计划完成了全年的机组、线路检修任务。全年共完成4台·次发电机组C级检修，1台·次发电机组B级检修，4条330kV出线设备的春检预试工作，机组一次启动成功率100%。在检修中消除一批重大设备缺陷。

加强设备维护及消缺工作，及时安排消除设备缺陷和安全隐患，全年共发现设备缺陷345项，消除339项，消缺率达98.2%。

较好地完成了全年生产工程项目。除年终追加项目外，大修任务完成率100%，技改项目当年项目完成率100%，防汛及零购项目完成率100%。

（黄河上游水电开发有限责任公司
胡耀斌　张文俊）

公伯峡水电厂生产运行情况

（一）主要指标

全年发电量50.15亿kW·h，完成计划值50.11亿kW·h的100.09%。综合厂用电率为0.58%，比计划值0.61%降低0.03个百分点，增加经济效益1620.2万元。全厂机组等效可用系数为95.36%，台均利用3373h。耗水率3.67m^3/(kW·h)，与去年同比降低0.02m^3/(kW·h)，比计划值低0.06m^3/(kW·h)。

全年利润总额20 035.06万元，完成计划值24 766万元的80.9%；总资产收益率4.43%，完成年计划5.45%的81.29%；流动资产周转次数216.77次，完成年计划251.72次的86.12%。成本费用77 928.67万元，完成年计划74 129.13万元105.13%。

（二）安全管理

坚持“安全第一，预防为主、综合治理”的方针，牢固树立“任何风险都可以控制、任何违章都可以预防、任何事故都可以避免”的安全理念，扎实开展“基础建设年”、安全生产“隐患治理年”活动。一是建立健全了安全生产保证体系、安全生产监督体系、做到了责权明确、界面清晰、措施到位，为规范化地进行安全生产管理工作奠定了基础。二是充分发挥安全生产管理的主导、组织、管理、协调和服务作用。坚持定期召开安全生产晨会、周安全生产联络会、月度安全生产分析会、设备缺陷分析专题会等会议，积极开展安全生产例行检查工作、安全生产隐患排查及生产现场的环境整治，逐步提高了安全生产管理水平。三是本着“来大水、防大汛、抗大洪”的思想，落实各级防汛责任制，修订了各项防汛制度和预案；认真组织实施完成了各项防汛计划，保证了电站的安全度汛。四是加强交通安全管理，定期检查车辆安全状况，严格遵守限时限速规定，保证了交通安全。五是积极推行安全风险预控管理。先后组织开展了春、秋季安全大检查、安全生产月以及“隐患排查治理专项活动”等事项。修订和完善分公司安全生产事故应急预案13部，理顺了处理应急事故的程序，提高了处理应急事故的能力。六是坚持“预防为主，防消结合”的方针，强化消防工作，坚持每周对生产现场的消防器材和设施进行检查、登记，定期进行防火检查，对查出的隐患及时采取措施，进行整改，保障了设备和人身安全。2008年，未发生人身死亡、群伤及以上伤亡事故、责任性防汛事故、重大及以上火灾事故、垮坝事故、负主要责任的重大及以上交通事故、环境污染事故，发生一起一般性设备事故。

（三）设备管理

坚持以设备的运行分析为基础，以设备的可靠性分析为指导，以技术监督为依据，以缺陷管理为重点，以消除设备隐患为目标的工作思路，狠抓设备管理，保证了设备安全稳定运行。

一是加强设备维护工作。全年共查出各类缺陷383项，消除了381项，消除率达到99.23%。二是圆满完成了设备检修任务，消除了设备隐患，为确保设备安全稳定运行奠定了基础。全年完成了10台次机组和3条线路的检修工作任务，检修后机组全部一次启动成功。利用机组检修处理了1号机组和4号机组转轮叶片裂纹，1～5号机组挡油桶引流板脱开、上挡风板与支撑连接螺栓脱落，2号机组定子195号槽上层线棒绝缘击穿，以及公官Ⅲ线路电容式电压互感器A、C相中间变压器保护器绝缘低等重大隐患；全年共消除设备重大缺陷和重大隐患51项。三是强化可靠性管理和技术监督工作。定期开展设备评级和安全评价，制定有效的防范措施。四是加强设备和环境整治。定期对电站文明卫生区域和设备进行检查，对设备“三漏”及时进行处理，按照安全生产“基础建设年”实施方案要求，完成了缺陷管理示范单位、设备标识标号管理示范单位实施方案的制定，完成了5台机组和部分公用设备标识标号的更换、补充。提高了设备的健康水平，保证了设备和环境的整洁、美观。

（黄河上游水电开发有限责任公司
胡耀斌　张文俊）

苏只水电厂生产运行情况

（一）主要指标

2008年完成发电量8.5626亿kW·h，同比增加3.58%，完成年计划指标的102.5%；完成上网电量8.4938亿kW·h，同比增加3.37%；综合厂用电率为0.8%，同比增加了0.21个百分点；年均发电耗水率为22.36m^3/(kW·h)，同比减少0.15m^3/(kW·h)；全年无事故，安全生产记录累计1097天。

（二）安全生产

加强生产管理工作。一是开展安全生产对标管理活动，通过寻找差距，学习取经，不断改进工作，促使各项生产技术经济指标均好于去年。二是强化生产现场的安全管理，从计划管理、合同管理、现场安全文明管理等方面入手，积极开展各项工作。三是加强设备技术改造和信息化建设。四是认真做好各项防汛度汛和春查、秋查工作。五是组织协调好各项目部工作，加强设备巡视检查，及时消除设备缺陷，机组设备的健康水平有所提高。六是组织各方生产技术人员对设备运行中出现的重大缺陷进行分析，拿出处理意见，上报公司主管领导和安生部。并且对发生的安全事件，按照“六不放过”的原则进行严肃处理。

做好安全生产例行工作，认真开展春秋两季安全大检查活动，提高了现场生产人员的安全意识和安全技能，加强了生产现场的安全文明管理，使电站安全生产管理工作水平有所提高。

做好电站的经济运行工作。针对苏只电站自发电以来，库水位一直未达到设计水位，长期处于低水头发电，电站管理部配合安生部积极与梯调中心等部门沟通、协调，使水库水位控制在了合理限度内，提高了电站经济运行水平。

对外协调安全保卫工作。电站管理部首先加强与两县、两乡和两县公安部门的联系与沟通，认真做好电站所处左右岸村民的思想教育工作，经过多方面协调和努力，终于在奥运会前夕封闭了大坝，使几年来影响大坝和厂区安全的重大隐患得到了解决。其次加强内部治安保卫工作，加强厂区巡逻、哨位值班，确保了电站的安全，一年来没有发生任何不安全事故。

（黄河上游水电开发有限责任公司
胡耀斌　张文俊）

万家寨水利枢纽生产运行情况

（一）电力生产与供水情况

2008年，万家寨水电站面临来水不丰、电力市场供大于求、设备检修任务重等困难。电厂始终坚持不等、不靠，利用一切有利条件，调动一切积极因素，精心组织电力生产，充分利用凌峰和洪峰多发电。全年售电24.5亿kW·h，其中山西电网12.41亿kW·h，山西引黄工程用电2.69亿kW·h，内蒙古电网9.39亿kW·h。凌峰期间，3月22～24日连续三日发电量超过2000万kW·h，23日发电量达到2546万kW·h，创造了万家寨电站单日发电最高纪录。6台机组年发电总台时数为22163h，较2007年少3896h；年机组平均负荷为11.12万kW，较2007年增加了0.46万kW；平均负荷率为61.33%，比去年增加了2.08个百分点。实际年平均耗水率6.51m^3/(kW·h)，较年初确定的耗水率目标7.0m^3/(kW·h)低0.49m^3/(kW·h)。全年累计开机调峰1121台次，开机成功率100%。全年发电设备检修和非计划停运用时共2317.3h，设备等效可用系数为95.60%，强迫停运系数为0.01%。

2008年，万家寨水库平均水位为969.51m，比2007年下降1.27m；全年最高水位为978.07m（11月4日），最低水位为953.84m（3月25日）。全年累计来水量为163.4亿m^3，与2007年同期来水量比较减少了10.95%。全年出库水量162.7亿m^3，其中发电用水量为160.5亿m^3，与2007年同期发电用水量比较减少了10.33%。原因主要有三个：一是为增加排沙效果，缓解库尾淤积状况，在入库水量较大时主动降低库水位运行；二是在入库流量较小时，电网需求较大或发电计划调整难度较大，致使水库水位大幅度下降；三是为配合龙口大坝缺口封堵，大幅度降低库水位，以提高水库调节能力。本年度产生非发电泄水2.21亿m^3，未发生其他弃水情况，发电用水率98.65%。全年供水1.58亿m^3，其中供山西引黄工程1.40亿m^3，供内蒙古准格尔煤田0.18亿m^3。

2008年，万家寨水电厂1～3号机组通过并网安全性评价。该评价工作是由国家电力监管委员会华北电监局组织专家进行。并网安全性评价是发电厂并网商业运行的基本条件，是确保并网发电厂和电网安全、稳定运行，降低风险的重要途径。电站管理局根据《电力监管条例》和《华北区域发电机组并网安全性评价实施细则（试行）》规定，认真组织开展内蒙古侧1～3号机组并网安全性评价工作。成立了安全性评价领导小组和必备项目、电气一次、电气二次、自动化、通信五个专业小组，下发了《关于开展内蒙古侧安全性评价的通知》，部署了1～3号机组的并网安全性评价的具体工作。3月上旬将1～3号机组并网安全性自查报告上报内蒙古电力公司和华北电监局，3月中旬内蒙古科电工程科学安全评价有限公司的专家组人员进行了现场查评，其中必备项目22项，评价项目（包括发电机、变压器、励磁、继电保护等）190项，总得分率88.74%。4月上旬，电站管理局根据并网安全性评价提出的隐患制定了整改计划，并上报内蒙古电力公司和华北电监局。6月19日，国家电力监管委员会华北电监局正式下发《关于万家寨水电站1～3号机组通过并网安全性评价的批复》（华北电监安全［2008］52号），批准万家寨水电站1～3号机组通过了并网安全性评价。

（二）安全度汛

1. 安全度过凌汛　2008年，万家寨水库开河期库尾冰情较严重，冰坝壅水、溃决反复发生，导致开河历时较长，从3月13日头道拐水文站流量出现明显上涨，日均报汛流量达到880m³/s。在此期间，公司非常重视防凌工作，为保证安全度过凌汛，相关人员密切监视凌情变化，加强凌情、水情预报，并保持与黄河防总联系，及时调整库水位，减轻库尾防凌压力，使库尾淹没损失降到最低限度，保证了凌汛洪峰顺利入库，确保了上游的安全。

2. 安全防大汛　根据《防汛管理制度》规定，黄河万家寨水利枢纽工程防汛工作执行首长负责制，由电站管理局局长担任局防汛指挥部指挥长。指挥部全面负责万家寨枢纽的防汛工作，接受黄河防汛总指挥部的指挥，并与地方各级防汛机构保持联系。防汛办公室负责防汛指挥部的日常工作。从6月份开始，防汛办汛期值班人员，每日定时接收处理内蒙古气象台的天气预报和卫星云图、雷达测雨回波图，及时将天气预报发送给相关领导和局抢险队；实时跟踪区间流域暴雨监测信息，重点关注可能造成较大洪峰的局部降雨过程；接收处理水情电话，记录有关领导的指示和流域防汛、水量调度管理部门的电话指令或明传电报指令，并及时送达有关领导和有关部门进行处理。7～10月，万家寨流域平均降雨量分别为60.5mm、75.2mm、100.3mm、21.0mm，合计257.0mm，比2007年同期多30mm；局部阵性强降雨明显增多，30mm以上的降雨总计达86站次。防汛办从6月20日～10月15日，坚持24h值班，严密监视天气状况和流域雨水情。整个汛期，河口镇至万家寨区间流域未发生大的暴雨洪水，枢纽安全度过了大汛。

（三）配合冲刷潼关高程和调水调沙试验

（1）2008年黄河水利委员会第三次进行利用桃汛水量冲刷潼关高程试验。根据安排，积极配合进行调度、值班等工作，使试验顺利完成。此次试验从3月21日开始，3月26日结束，库水位从971.80m降到953.84m的年最低水位，共向下游输水10.1亿m³，其中非发电用水2.21亿m³；出库沙量为1652万m³，最大含沙量为124kg/m³。

（2）2008年6月，为扩大黄河下游主河槽过洪能力，黄河水利委员会继续进行调水调沙工作。为完成调水调沙任务，万家寨电站延长气象信息采集的长度，提高后期来水预报准确度，调整万家寨水库的调度运行方式；实时核算下泄水量，确保下泄流量指标完成；实时沟通水情，保证龙口施工安全及天桥水库最大限度利用下泄水量。6月25日8时～6月28日8时，根据黄委防办指令，万家寨水库集中下泄，坚持6台机全日运行3天，平均出库流量分别为1150m³/s、1240m³/s、1270m³/s，泄流误差分别为4.55%、3.33%、－2.31%，共向下游输水3.16亿m³，其中释放库存水量1.83亿m³，水库水位由975.22m降至966m以下，圆满完成了调水调沙任务。

（四）设备检修和技术改造情况

2008年，完成了6台次机组C级检修和4台次机组D级检修工作；完成了1～6号机调速器参数测试工作；完成了1、2号机组励磁参数测试及PSS试验工作；完成了1、2、4、5号4台机组励磁系统改造；完成了1、2、4、5、6号5台机组自用电盘柜改造；完成了6台机组主变中性点隔离开关的改造；继续进行了小区电网的改造；完成了施工变电站外围线路整改工程及站内6kV配电装置无油化改造工程；完成了黄河人行索桥主缆索锚锭加固工程；完成了厂房两台桥式起重机大修工作；完成了2扇底孔检修闸门、3孔机组进水口拦污栅及10扇盖板大修防腐工作；完成了机组保护装置改造的设计工作；完成了机组厂高变负荷开关改造的前期技术准备工作。

（黄河万家寨水利枢纽有限公司　隋　立）

广州抽水蓄能电厂生产运行情况

广州抽水蓄能电厂（以下简称广蓄电厂）位于广州市东北方向从化市吕田镇境内，距广州直线距离90km；总装机容量240万kW，是目前世界上最大的抽水蓄能电站；1989年开工，1993年6月29日，第一台机组投入可靠性运行。

2008年，该电厂以安全生产为中心，积极支援抗冰救灾和抗震救灾，全力做好奥运会保供电工作。先后被评为中央企业先进集体、国资委优质服务明星单位、全国电力行业优秀企业、全国电力行业设备管理工作先进单位，南方电网优质服务年先进单位、信息工作先进单位、信访工作先进单位、信息化工作先进单位，广东省文明单位、广东省优秀企业文化杰出贡献单位等。

2008年以来，南方低温雨雪冰冻灾害、汶川特大地震以及陆续出现的多个台风，对电网的安全稳定运行造成了较大的影响。在电网出现故障时，广蓄电厂机组紧急启动10次，共28台次，启动成功率100%。尤其是汶川地震导致了江城直流闭锁，甩负荷180万kW，广蓄机组紧急启动5台次，瞬时向系统新增90万kW出力，保障了电网的安全。奥运保供电期间，电厂共紧急启动3次，共10台次。截至2008年12月20日，广蓄电厂共发电363 147万kW·h，抽水用电464 898万kW·h；机组共启动13 853次，每台机组平均运行3886h；全厂安全运行409d，无工时损失5417d。

2008年1月1日～12月20日电厂考核指标完成情况见表1。

表1 广蓄电厂2008年考核指标完成情况表

序号	项目	完成值	考核值
1	等效可用系数	89.18%	89%
2	强迫停运率	0.62%	1%
3	跳机次数	4	8
4	发电启动成功率	99.81%	99.2%
5	抽水启动成功率	99.55%	98.3%
6	非计划停运次数	138次	190次
7	非计划停运总小时	689h	1440h
8	500kV继电保护正确动作率	100%	99.6%
9	元件保护正确动作率	100%	92%
10	综合效率	78.3%	76%
11	厂用电率	0.88%	0.83%

作为南方电网推进安全管理体系建设的15家体系试点单位之一，从2007年底，广蓄电厂就开始以标准化为平台进行安全生产风险管理体系建设工作。先后完成了56项管理标准的编写，对828份作业指导书进行了回顾和风险评估等一系列完善工作。11月24～27日，电厂邀请安瑞祺国际风险管理顾问公司对体系进行了审核，得分为90分，通过了四钻认证。在应急管理方面，电厂编制1个总体预案和18个专项应急预案，组织了“重特大输变电设备事故”和“反恐怖袭击事故”等多项应急预案演习，提高了应急响应能力。同时，还建立了自动呼叫管理系统，在紧急的情况下能够及时自动将信息告知应急人员，提高了应急效率。

2008年是广蓄电厂隐患治理年。重点对2号球阀进行了大修和对5号机组转子磁极连接片缺陷问题、B厂尾水闸门密封漏水、6号机组发电机出口开关操作机构隐患等重大设备缺陷进行了处理。还利用B厂停水期间，发现并消除了5号机组转子1号和2号磁极线圈备用引线外甩移位、6号机组8号磁极线圈引线出现裂纹、5～8号机组大部分水导瓦开裂或者鼓包、6号机组推力瓦缺陷等多项重大隐患，避免了重大设备事故的发生。同时，对B厂充油电缆B相上终端存在乙炔、2号主变压器油总烃增长较快等问题都进行了持续的监测跟踪，使其处于受控状态。

（中国南方电网有限责任公司
调峰调频发电公司 刘 淑）

天生桥水力发电总厂生产运行情况

天生桥水力发电总厂负责管理天生桥二级水电站及电站配输变电设备，是中国南方电网应急调峰调频电厂。

天生桥二级水电站位于贵州、广西的界河南盘江上，引水式，安装6台单机22.2万kW水轮发电机组，设计年平均发电量82亿kW·h；是南方电网主网架重要枢纽，系西电东送发源地之一。与电站同步建设的天生桥二级电站至广东、贵州和广西的4回500kV超高压交流输电线路和8回220kV输电线路，是南方电网主网架的重要枢纽。

天生桥水力发电总厂自1993年首台机组投产发电至2008年8月已累计发电900亿kW·h，先后荣获了全国文明单位、全国精神文明建设先进单位、中央企业先进集体、中国一流水电厂、全国民族团结进步先进集体、贵州省红旗文明单位、贵州省文明单位、贵州省突出贡献国有企业、贵州省五一劳动奖状先进单位、贵州省首批企业文化先进单位等多项荣誉称号。

2008年，对于天生桥水力发电总厂来说，是非同寻常的一年，经受了抗冰雪灾害、地震灾害、迎奥运安全保供电等各项考验，荣获了全国模范职工之家、南方电网公司“2008年迎峰度夏及奥运保供电先进集体”和“先进基层党组织”等称号。

2008年，天生桥水力发电总厂安全生产取得了好成绩。全年未发生人身轻伤及以上事故，未发生设备一类障碍及事故，安全生产技术指标取得了历史性好成绩。截至12月22日，长周期安全记录达1149

天。发电量累计 81.881 8 亿 kW·h，超额完成年度计划。综合厂用电率 0.68%，比去年降低 0.11%；开机成功率为 100%；继电保护及自动装置正确动作率为 100%；故障录波完好率为 100%；工作票办理 1701 份，操作票 961 份，两票合格率 100%。截至 11 月 30 日，非计划停运次数 6 次/台年，较年考核指标少 8.57 次/台年；非计划停运小时为 28.13h/台年，较年考核指标少 119.87h/台年；机组等效可用系数 92.98%，较年考核指标 92.64%提高了 0.34%（提高幅度较小的主要原因是由于检修计划的变更，主变压器和两台机组大修造成机组等效可用系数较低）。全年未发生跳机事件。

2008 年，天生桥电厂机电设备实现高可靠性运行。在坚持以往设备管理的各项有效措施的同时，加强了设备动态巡视与维护。全年共发现隐患、缺陷 620 项，其中生产紧急缺陷 19 项，生产重大缺陷 12 项，紧急缺陷和重大缺陷消除率为 100%，通过隐患治理，保证了设备的安全稳定运行。确保了全年机电设备高可靠性运行。

（中国南方电网有限责任公司
调峰调频发电公司　刘　淑）

鲁布革水电厂生产运行情况

鲁布革水电厂坐落在滇黔两省交界处的深山峡谷之中，主要由首部枢纽、引水系统及地下厂房枢纽 3 部分组成。电站最大水头 372.5m，引用流量 214m^3/s，装机容量 4×150MW，设计多年平均发电量 27.5 亿 kW·h。1988 年 12 月第一台机组并网发电，1991 年 6 月最后一台机组并网发电。自 2003 年加入南方电网公司以来，鲁布革水电厂先后划归超高压输电公司和调峰调频发电公司管理，作为南方电网的调峰调频电厂。

鲁布革水电厂坚持走科技兴企之路，1996 年实现厂房“无人值班”（少人值守）；并先后摘取了“一流水力发电厂”、“全国五一劳动奖状”、“全国文明单位”、“全国电力行业质量效益型先进企业”、“全国模范职工之家”、“全国首批工业旅游示范点”等荣誉桂冠。自 1988 年投产发电以来，累计送出电量超过 460 亿 kW·h。

2008 年，鲁布革水电厂强化安全生产管理，强化人员责任的落实。积极开展风险管理体系建设，抓好相关知识培训，编制了 131 份作业指导书，认真进行风险分析和评估，制定了 19 项事故应急预案；编写 2、3、4 号机组小修作业指导书，并推广应用，完成 4 台机组小修、220kV 鲁马Ⅰ、Ⅱ线保护装置更换等工作。首次开展了主变压器高压套管预防性试验，应试完成率 100%；认真落实设备巡检制度，使用红外成像仪等先进设备，努力提高巡检质量，截至 12 月 23 日，共发现设备缺陷 223 项，消除 217 项，消缺率 97.31%，对不具备处理条件的缺陷进行跟踪，做到闭环控制；抓好机组黑启动功能完善，并进行了机组黑启动试验，获得圆满成功。截至 12 月 25 日，鲁布革水电厂实现安全生产 1870 天，创造了历史最好水平。

鲁布革水电厂通过对《水库调度计划》和《洪水调度方案》优化，水库蓄水和拦截洪尾都取得了良好的成效，至 11 月 8 日，水库已蓄水至最高水位 1130m，共拦蓄洪尾 5 次，增发电量 8540 万 kW·h。在入汛时间提前的情况下，实现了安全度汛，未对下游群众的生产生活造成影响。截至 12 月 25 日，完成年发电量 27.69 亿 kW·h，创造了历史最好记录。

（中国南方电网有限责任公司
调峰调频发电公司　刘　淑）

福建水口发电有限公司工作情况

（一）水电生产运行方面

福建水口发电有限公司（以下简称水口发电公司）通过进一步开发完善生产技术管理系统，加强系统日常运行情况的监督管理，生产技术基础管理工作的信息化、标准化、规范化、常态化水平得到进一步提高，生产技术管理系统在生产管理活动中发挥越来越重要的作用，生产周例会、通知管理等管理模块在生产闭环管理方面作用突出，确保了生产指挥系统运转的高效、有效。

通过自主开发生产运行管理系统，提高了生产运行管理的信息化、标准化、规范化管理水平。通过加强设备巡检、设备消缺、设备卫生等日常监督管理，充分运用绩效管理手段加强设备管理的考核工作，设备缺陷处理及时率、处理率进一步提高，善于从易发性缺陷、频发性缺陷中查找这些缺陷发生的原因、规律，并加以认真分析和研究，提出解决问题的办法和防范措施。针对汛期、高温、高负荷等季节性特点，组织开展设备特巡，开展专家巡检工作，开展设备趋势分析管理，及时发现缺陷，有效避免事故发生。

（二）机电及金属结构检修方面

对电站 2 号泄水底孔检修门门槽进行了修复处理。水口水电站共设计有 12 孔表孔溢洪道和 2 个泄水底孔。2 号泄水底孔设在河床混凝土主坝第 36 号坝段内，为长方形孔口，底坎高程为 20m。该底孔检修闸门门槽损坏严重，金属里衬被冲裂，内部混凝土被掏空，大量漏水，存在重大安全隐患。水下进行焊接施工十分困难，而且焊接质量无法保证。经过多方论证，提出在检修门槽前设置临时浮体闸门进行门槽处理新工艺。2008年5月该项工程正式开工。

浮体闸门门叶结构重177.2t，外形尺寸10 500mm×15 600mm×1800mm，由8个充水舱和6个空气舱组成。门叶封堵原理是：在门叶下沉封堵过程中利用充水、排气系统向充水舱相关舱位充水、排气，门叶充水后水封朝下游面直立下沉到底孔孔口位置；当水封与测量位置复合后实施封堵，开启泄水道工作弧形门排水并开始事故检修闸门门槽修复工作；修复工作完成后关闭泄水道工作弧形门并在其间充水平压，利用坝顶临时卷扬启闭机及自身浮力作用使门叶上浮到水面，利用空压机及充气排水系统往充水舱相关舱位充气排出水量，使门叶平躺在水面后利用拖船将门叶拖至指定地点固定。

利用浮体闸门隔离水源，对检修门槽进行焊接、无损探伤和混凝土灌浆处理，水口2号泄水底孔检修门门槽开裂重大缺陷得到圆满解决，也为其他水电厂类似问题的解决提供了科学而实用的借鉴和参考。

（三）水电科技发展方面

2008年，水口发电公司继续投入大量资金和人力进行科学研究，主要完成的科技成果有：机组最大出力及增容改造可行性研究，泄洪流态对下游水工建筑物影响研究，提高机组一次调频合格率试验研究，电厂KKS编码研究推广应用，该公司2008～2010信息规划研究，信息安全评估，企业信息门户推广应用研究，生产运行管理系统开发等。

2008年1月8日，在北京举行的国家科学技术表彰奖励大会上，“福建水口水电站2×500t垂直升船机建设及运行”项目获得国家科学技术进步二等奖。2008年6月18日，在“6·18”海峡两岸职工创新成果展览会上，水口发电公司《如何充分利用状态监测系统的数据》等11项成果获2金4银5铜。

（四）生态水电建设方面

近年来，水口库区水葫芦大面积繁衍。为保护水口库区水质安全，水口公司按照省政府关于清理水口库区水葫芦的要求成立清污公司，强化专业打捞队力量，每年投入数百万专项资金，购置保洁船、挖掘机、船只、运输车等机械设备，分别在闽江左岸和右岸修建两个水葫芦清理专用码头，加大水葫芦的清理力度，推进水葫芦清理工作常态化，为保护闽江的生态环境作出应有的贡献。

（五）标准化工作方面

2008年水口发电公司按照“废、立、改”的要求，不断加强制度建设和标准化建设。把制度建设和标准化建设作为一项常态工作，与其他常规月度工作同计划、同检查、同考核。发布了2008年有效规范性文件和管理标准的目录清单，全年审核认定了238个有效规范性文件和67个管理标准，制定修订了34个管理制度，制度和标准化建设的基础管理工作进入规范有序的良性循环。同时，把制度的宣传、学习、执行情况作为月度重点督查督办工作来抓，于内部信息网设立“制度学习”宣贯专栏，有效提升了相关制度宣贯的有效性和时效性。此外，还进一步推动SHEQ管理体系建设，年内完成SHEQ管理体系的内审工作，并通过方圆认证集团监督审核检查。

（福建水口发电有限公司）

大坝安全管理

发挥大坝安全技术优势，站在抗震救灾第一线

2008年5月12日四川汶川发生的8.0级特大地震，给灾区人民生命财产带来了重大损失，也给水电站大坝安全运行管理提出了严峻的挑战。在这关键时刻，大坝中心按照电监会抗震救灾工作的一系列部署，全体干部员工立足本职，服务大局，努力以自己的技术专长和经验积极参与到抗震救灾之中。

汶川地震发生后，大坝中心立即组织召开抗震救灾保大坝的专题会议，紧急部署抗震抢险应急工作，并以最快的速度联系上了位于震区附近的宝珠寺、龚嘴、铜街子、南椏河梯级等注册水电站。5月12日深夜，紧急研究震区水电站大坝的抗震救灾对策，分析、评估地震可能对大坝造成的损害，排列了工作重点，并立即向电监会应急办报告了大坝中心的初步分析意见。同时，成立了抗震救灾应急办公室，要求分管各区域的大坝安全主管立即分头落实有关水电站大坝的灾情，跟踪收集并进行安全性态分析，全力以赴，摸清情况，制定抢险方案。大坝中心有关专家进入24小时应急状态，随时准备为相关部门提供技术支持。大坝中心领导身先士卒，或在第一时间赶赴灾

区，参与国家电监会前线救灾；或赴北京参加国务院抗震救灾指挥部水利组的工作。在整个抗震救灾工作中，大坝中心充分发挥自身的技术专长，坚持科学救灾，为各项重大救灾决策提供坚强的技术保障。

5月19日，大坝中心派出现场应急检查组前往甘肃和四川现场，对受地震影响的碧口、汉坪嘴、宝珠寺、紫兰坝等水电站大坝的安全性态进行应急检查和评估。检查组成员顶着余震频发、滑坡不断、道路阻断等恶劣条件，以一线抗震救灾官兵和救援人员为榜样，深入现场勘查水电站大坝的震损情况、对大坝地震后的各类现象和监测资料进行汇总、分析，先后完成了四川省宝珠寺、紫兰坝和甘肃省碧口、汉坪嘴四座大坝的现场应急检查工作，提出了震后应急处理的意见和建议，指导抗震救灾时期的大坝运行。

5月23日，大坝中心在成都组织对太平驿、映秀湾、耿达大坝的除险方案技术审查，提出了“确保安全、先易后难、分步实施”的除险原则和意见，指导排险工作中顺利提起泄洪闸门，解除了漫坝险情。同时，大坝中心原总工程师曹克明设计大师，年届八十高龄，亲临紫坪铺大坝现场进行险情核查和安全评估，还直接向温家宝总理汇报了大坝的安全情况，指导紫坪铺大坝的加固处理工作。

6月中旬，大坝中心派出专家专程赶往四川二滩、铜街子、龚嘴、磽碛等水电站，了解地震对大坝运行性态的影响，分析大坝的安全状况，为震后有关水电站的生产运行提供指导。

7月中旬，大坝中心又派出专家组深入受损最严重的岷江上游流域，克服交通和生活不便的困难，冒着塌方的危险，基本查清了岷江流域15座大中型水电站的震损情况，为灾区恢复重建提供了第一手资料。

除了赶赴前方外，大坝中心后方员工也积极做好信息收集、分析评估和报送等工作。在地震发生后，大坝中心应急办公室实现全天候值班，并在第一时间想方设法与岷江流域的水电站和周边相关水电站大坝主管单位取得联系，24小时密切关注、监控前方各水电站大坝的情况，对大坝监测资料进行分析，及时将大坝受损情况、水库水情、大坝运行性态报告电监会应急办。先后向电监会应急办报送了39份水电站大坝运行情况报告，替上级机关拟定日报、专报等材料15份，及时、准确、全面地收集、分析、反馈各相关水电站大坝的最新信息，为电监会抗震救灾指挥机构的领导第一时间掌握前方的最新情况做出了贡献。同时，大坝中心全体员工发扬“一方有难、八方支援”的精神，积极开展捐款、捐物活动，党员同志自觉开展缴纳抗震救灾“特殊党费”，为抗震救灾工作贡献自己的爱心和力量。

8月30日，二滩大坝所处的攀枝花地区发生6.1级地震。地震发生后，大坝中心立即组织相关总监、主管和专家通过远程管理系统对二滩大坝地震前后的监测资料和运行情况进行分析，确定二滩大坝的运行情况正常，大坝是安全的，并将这一意见报告给电监会应急办。在震后的一段时间内，大坝中心密切关注二滩大坝的水情和运行情况，针对水电站运行单位及当地政府提出的改变运行方式等问题及时提出了大坝中心的意见，有效地保障了水电站的正常生产运行和为灾区供电。

10月6日，西藏当雄县发生6.6级地震，羊湖电站有明显震感，并对电站高压管道的运行造成影响。大坝中心在接到西藏电力有限公司关于羊湖电站震后检查情况的报告后，立即组织专家对地震后的监测资料进行研究诊断，及时反馈了处理意见，解了企业的燃眉之急。

在地震灾害面前，大坝中心在电监会的领导下，以自身的技术优势，为抗震救灾尽了一份力。上级领导对此给与了高度的评价。大坝中心先后被评为全国总工会“抗震救灾工人先锋号”和国家电监会系统“抗震救灾先进集体”，有三位同志被评为国家电监会系统“抗震救灾先进个人”。

（国家电力监管委员会大坝
安全监察中心　何海源）

在奥运保电工作中提高大坝安全应急管理能力

2008年8月8日举世瞩目的北京奥运会隆重召开，这是我国的一件重大政治任务，保证奥运期间运行水电站大坝的安全是奥运保电工作的重要内容，责任重大，任务光荣。为切实做好此项工作，大坝中心根据电监会《保证北京奥运会和残奥会电力安全总体方案》和五个配套方案的要求制定了相关工作计划，成立了奥运保电应急值班室，派专人24小时待命，充分利用大坝安全远程管理系统对全部183座注册大坝进行大坝水情信息及运行情况动态管理。自7月31日起至9月20日，每日安排人员将全部注册水电站报送的大坝水情和大坝运行情况录入数据库，对大坝当日水位、水情、泄洪状况等运行信息进行监控、统计、分析、汇总，对有泄洪水电站大坝的安全性，对照其原设计参数进行初步分析，确定安全性态，若有疑问，及时反馈电厂，并与次日上午以书面报告的形式将前一天有泄洪的水电站的相关参数、初步分析结果和其余电站的运行情况上报给电监会应急办。大坝中心在整个大坝安全信息报送过程中，逐步完善各项工作，积极与各注册电站进行联系，确保了每日二报信息的完整性和全面性。在奥运保电期间，大坝中心共上报水电站大坝运行安全信息51份，为国家电监会等上级领导机关的决策提供参考。

到9月20日为止，大坝中心胜利完成了奥运保电工作。回顾奥运保电工作时间要求紧、工作任务重、要求内容多，此项工作的顺利完成首先得益于中心领导对此项工作的高度重视；其次，在报送过程中我们积极利用信息化建设成果，采用先进的信息技术手段，不断提高工作效率也为奥运保电工作顺利完成提供了保障；第三，充分发挥了大坝中心全体员工的积极性，群策群力，利用集体的智慧和力量使得任务能够圆满完成。通过奥运保电工作，我们又一次感受到了非常时期水电站大坝安全工作重要性的教育，考验了我们的管理流程和应急体系，提高了大坝中心的应急管理能力和手段。

（国家电力监管委员会大坝安全监察中心　张秀丽）

为水电站大坝安全监管提供全方位技术支撑

水电站大坝安全监管是电力安全监督管理的重要组成部分，多年来一直得到电监会领导的高度重视。2008年，大坝中心加强与安监局和各派出机构的协调配合，在积极开展大坝安全常态工作的同时，为大坝安全监管提供技术支撑，保障监管工作的顺利进行。年内密切配合安监局开展各项安全监管活动，编制了《2007年电力安全监管报告》，其中有关大坝运行安全的章节，参与了《水电站大坝安全监测管理办法》专家审查会，收集整理企业提出的意见和建议，不断修改完善该办法；1月会同安监局和福州电监办对福建省运行中型水电站管理现状进行了专题调研，基本摸清了已运行、未注册的中型水电站大坝的安全管理现状，宣传了大坝安全监管要求；5月为全国防汛工作会议提供水电站大坝防洪度汛材料；汶川地震后草拟了有关水电站大坝运行安全的工作要求；11月配合安监局召开了“水电站大坝安全信息化建设工作会议”，为深入推进大坝安全信息化建设工作奠定了基础。与此同时，大坝中心还积极配合有关派出机构开展百日安全督查和奥运保电督查活动。年初配合华东电监局对富春江水电站船闸改造有关问题召开专题会议，8月中旬参加了该工程大坝安全评估工作大纲讨论会，提出了咨询意见。4月下旬，大坝中心派专家参加了杭州电监办对浙江省境内紧水滩、珊溪、滩坑、百丈祭一级水电站的防汛检查和安全督查；6月配合华东电监局和南京电监办对宜兴抽水蓄能电站开展了百日安全督查活动；6月份针对华中监管局对黄龙滩水电站防汛及百日安全督查发现的问题和黄龙滩大坝因设计防洪标准偏低而被评为病坝的情况，大坝中心向湖北省电力公司发出了《关于黄龙滩水电站2008年度汛方案的有关意见》，对汛期黄龙滩水电站的运行提出了明确要求；2月和11月分别参加了华东区域电力安全监管工作会议暨华东区域电力安全生产委员会第七次（扩大）会议、第八次会议，在会上宣传了水电站大坝安全监督管理要求，对未按规定开展大坝安全工作的部分电站进行了通报。所有这些工作，强化了大坝中心和各派出机构的工作协调和联系，形成了大坝安全监管合力，促进了大坝安全工作的深入。

（国家电力监管委员会大坝安全监察中心　张秀丽）

2008年电力系统水电站大坝安全注册情况

大坝安全注册是大坝安全监管的依据。最近几年，大坝中心依法按规定开展大坝安全注册工作，注册水电站大坝逐年增多，目前按规定应注册的运行水电站大坝大多都能及时办理注册手续。对注册证到期需要换证注册的大坝，大坝中心每年初根据注册证有效期限制订年度工作计划，按计划开展注册工作；对申请初始注册的新注册大坝，大坝中心在收到注册申请后都及时回函，并根据注册检查计划，及时安排了现场检查活动。

根据2008年注册证到期应办理换证注册和申请初始注册大坝情况，全年共开展了72座大坝的注册现场检查与抽查工作，其中换证注册现场检查55座，注册抽查1座，初始注册检查16座。除了地处四川的太平驿大坝、南桠河三级大坝因受地震影响暂缓开展换证注册工作外，全面完成了年初制订的大坝安全注册工作计划。在完成换证注册检查的54座大坝中，大坝中心评定47座大坝为甲级换证，珠窝、落坡岭、青铜峡、西洱河一级、西洱河二级、西洱河三级、西洱河四级7座大坝为乙级换证。在完成初始注册检查的16座大坝中，大坝中心同意天生桥大坝、石板水大坝、索风营大坝、山口大坝、吉林台一级大坝、直岗拉卡大坝、苏只大坝、平班大坝、桐柏上库大坝、桐柏下库大坝、泰安大坝11座大坝为甲级初始注册。牛栏口大坝、滕子沟大坝的管理现状不满足大坝安全注册要求，不同意其初始注册；京南大坝、溪口上库坝、溪口下库坝因没有开展过工程安全鉴定和大坝安全定期，故需要先开展大坝安全定期检查；叶茂大坝的定期检查报告需要经审查评定大坝安全等级后再评定注册等级。至此，全年共发放注册证 33 份，截至 2008 年年底在大坝中心注册的大坝数量已达 183 座。

（国家电力监管委员会大坝安全监察中心　杜德进）

2008 年水电站大坝安全定期检查工作进展情况

大坝安全定期检查是排查大坝安全隐患、评定大坝安全等级的技术活动，其结论是对水电站大坝实施监管的依据。2008 年新启动定检大坝 20 座，分别是辽宁云峰大坝，江西柘林、万安、洪门，浙江紧水滩、石塘、上标，广西麻石、拉浪、大化，福建棉花滩、古田溪三级、古田溪四级、万安溪、竹洲，云南以礼河一级，贵州天生桥一级，广东泉水，西藏查龙和湖北小溪口。按照第三轮大坝定检规划，列入 2008 年计划的 23 座大坝有 18 座启动定检，四川太平驿大坝、浙江成屏大坝、云南以礼河二级、以礼河三级、以礼河四级共 5 座大坝因各种原因未能按规划要求启动定检。四川太平驿大坝遭受汶川地震，受损严重，正在开展恢复重建暂不具备定期检查条件，浙江成屏大坝因正在进行加高改造而推迟定检工作，以礼河二、三、四级因业主工作安排冲突未能及时启动。在开展规划大坝定检的同时，大坝中心还组织了尚未注册的西藏查龙和小溪口两座水电站大坝的定检。

与此同时，2008 年加大了前几年启动的 42 座大坝定检工作的推进力度，年内完成了四川二滩、湖南东江等 30 座大坝的定检工作，四川映秀湾、渔子溪、耿达 3 座大坝因受汶川地震影响震损严重而终止定检工作。截至 2008 年底，第三轮大坝定检共启动了 100 座，已有 69 座大坝完成了专家组工作，大坝中心已完成 38 座大坝的定检审查意见并报电监会备案。至此，2005 年、2006 年启动的大坝定检除四川宝珠寺大坝因地震后抗震复核需要尚未完成专家组工作、甘肃碧口大坝因需抗震复核推迟定检报告审查外，其余大坝定检都已经完成。

（国家电力监管委员会大坝安全监察中心　谭秀娟　谢宵易）

持续推进大坝安全信息化建设

自 2006 年电监会发布《水电站大坝安全信息化建设规划》并正式启动水电站大坝安全信息化建设以来，在电监会领导的关心支持和各水电站主管单位、运行单位的共同努力下，大坝中心根据电监会大坝安全信息化建设规划的要求，扎实推进大坝安全信息化建设。大坝安全信息化建设得到了各电力企业的高度重视，大多数电力企业都积极落实必要的资金，安排人力开展信息化建设工作。2008 年大坝中心根据电监会的部署，继续加强大坝安全信息系统的建设和完善，进一步完善了大坝安全信息系统及有关子系统的功能，为更好地开展水电站大坝安全信息化建设提供了技术保障。

2008 年后 3 个月，大坝中心召开了定检和信息化建设工作会议，部署、制订本年度 35 座实现网络报送大坝的信息化建设工作计划。大坝中心与各电力企业一道，积极准备、认真落实，通过一年的努力，已完成 28 座大坝的信息系统接入，其中有列入年度计划的浙江紧水滩、华光潭一级，江西柘林，广西麻石、岩滩、百龙滩，贵州天生桥一级，湖南五强溪、凌津滩，湖北隔河岩、高坝洲，辽宁桓仁、回龙山、太平哨，青海李家峡、公伯峡等 16 座，其余 12 座为提前实施的 7 座大坝（新疆吉林台一级、湖南东坪、洪江、近尾洲、三板溪、碗米坡、挂治）以及从邮件报送调整为网络直接报送的 5 座大坝（浙江华光潭二级、石塘，新疆铁门关，四川青居、东西关）。经过两年的努力，到 2008 年底为止，已有 55 座大坝完成了信息化建设，实现了大坝安全信息的网络报送。

电监会信息化建设规划要求在 2008 年以前完成 66 座大坝的安全信息邮件报送。经过努力，目前已有潘家口、雍口、雨城、小关子、冷竹关等 29 座大坝安装了邮件报送程序，实现了大坝安全信息的邮件报送；映秀湾、渔子溪、耿达、贺龙、贡川、南河、螺丝湾、姚河坝、花木桥、苦蒿坪 10 座大坝已设置好了报送内容，但尚未报送过信息；西洱河一、二、三、四级、红岩、修文、窄巷口、红林、李官 9 座坝因报送软件问题未能实现报送；镜泊湖、以礼河三级、平地哨、六郎洞 4 座坝因无监测系统，不需要进行报送；铁门关、东西关、青居、石塘、纪村、黄坛口、小峡 8 座坝已由规划的邮件报送改为网络报送；百丈漈一级、小东江、太平驿、白渔潭、古田溪二、三、四级、峡阳、落坡岭、珠窝、马迹塘 8 座坝报送工作将督促其于 2009 年完成。

在电力企业的配合和支持下，2008 年大坝中心完善了黄河公司分系统，初步完成了国电电力股份有限公司和禹水电开发公司分系统建设，为大坝安全的流域化、集团化管理创造了技术条件。

为用好财政资助资金，推动汶川地震灾后水电站大坝安全信息系统恢复工作，大坝中心会同成都电监办于2008年12月30日在成都召开了受助企业的专题会议，共同拟定实施计划。

（国家电力监管委员会大坝安全监察中心　沈海尧）

不断强化大坝缺陷消除和补强加固工作

大坝中心对大坝的补强消缺，尤其是病险坝的治理十分重视，一直都作为一项重要工作内容。大坝中心落实专人进行跟踪，及时了解和掌握病险坝加固和正常坝消缺情况，给予工作指导和技术支持。

丰满大坝二轮定检被评为病坝以来，受到了电监会、地方政府和行业有关部门的高度重视。大坝中心也一直将丰满大坝的补强加固治理作为工作重点，密切跟踪、关注丰满大坝的治理进展，及时给予指导。根据丰满大坝全面治理工作进展，3月底大坝中心派专家参加了丰满大坝置换混凝土和PVC土工膜水下防渗现场试验方案预审会，5月参加了中国水利水电建设工程咨询公司组织的丰满水电站大坝全面治理工作咨询会。在这些会议上大坝中心介绍了丰满大坝定检工作情况、结论和处理意见，对东北电网公司大坝全面治理前期工作布置和要求、大坝安全性分析和加固治理方案设计进行了认真的会诊，为全面治理工作方案比选、工作路线提出了具体的意见和建议；根据东北电网公司拟组织开展坝内置换混凝土方案试验的要求，9月初大坝中心组织国内知名院士、专家对丰满水电站大坝坝内置换混凝土防渗墙方案现场试验进行安全性评价，提出了《丰满水电站大坝全面加固工程坝内置换混凝土防渗墙方案现场试验安全性评价报告》，对现场试验进一步明确了防渗墙布置、回填混凝土材料的要求、施工方法、施工设备、监测布置等关键技术问题，目前东北电网公司正按评价报告的意见准备试验工作；大坝中心还积极参与、指导东北电网公司处理丰满大坝溢流坝段坝体水泥灌浆的技术问题，并于12月3日参加了该项目的阶段验收；同期，大坝中心参加了水电水利规划总院在北京召开的丰满水电站大坝治理预可行性研究报告咨询会议，并在会上阐明了中心对于丰满大坝治理的态度和看法；为丰满大坝的全面治理出谋献策，把好技术关。这些工作都为加快推进丰满大坝全面治理工程的实施做出了贡献。

继2007年6月大坝中心组织专家组对国网西藏电力公司下属的查龙水电站存在的面板隐患、沃卡梯级的许莫和白堆两龙头水库大坝安全管理状况进行了考察、提出咨询意见后，2008年9月协同西藏电力有限公司召开了《西藏查龙水电站水工建筑物和金属结构设备维修改造方案设计报告》和《西藏查龙水电站工程安全监测系统恢复及改造方案设计报告》评审会，查龙水电站的补强加固处理工作有了实质性进展。10月初，受天生桥水力发电总厂委托，大坝中心组织专家组对天生桥二级水电站首部右岸边坡及厂房小芭蕉林边坡治理工程项目进行了审查，并于11月主持召开了天生桥二级边坡治理方案的审查会，提出审查意见。此外，根据定检中提出的江西江口水电站溢洪道基础扬压力长期较高、需要进行基础防渗处理的意见，指导业主单位开展了基础防渗补强加固处理方案设计，并于11月组织了设计方案审查会，明确了下一阶段的工作重点。

（国家电力监管委员会大坝安全监察中心　谢宵易）

继续强化大坝安全监测管理

监测工作是大坝安全的耳目，是监控大坝运行安全的重要手段。2008年大坝中心继续加强注册水电站大坝的安全监测管理工作，完成了安徽陈村、纪村，云南鲁布革，浙江天荒坪，湖北葛洲坝，广西大化等25座大坝的监测系统评价和鉴定，掌握了相关大坝监测系统的现状，并据此对监测系统更新改造提出了具体的意见；受理并批复了湖南五强溪、安徽陈村、广东新丰江、贵州引子渡、浙江百丈漈一级等大坝的监测项目封存停测或改变监测频次和辽宁云峰大坝激光准直监测项目改造的申请，同时提出了大坝在此后运行维护过程中应注意的问题。为进一步认识和掌握重要注册大坝的运行性态，指导具体大坝的运行管理和缺陷诊断，大坝中心还开展了福建安砂、街面，广东长湖、流溪河，江西罗湾，广西大化等19座大坝的监测资料分析工作。此外，2008年大坝中心还参加了藤子沟监测系统专家咨询会、瀑布沟大坝安全检查和小湾应力应变监测资料分析咨询会，为相关水电站大坝的监测工作提出了具体的意见。

（国家电力监管委员会大坝安全监察中心　王玉洁）

开展大坝安全培训，夯实工作基础

水电站运行单位和大坝主管单位运行管理人员的

业务素质是做好大坝安全工作的基础。大坝中心多年来一直将水电站运行单位大坝安全管理人员的培训作为一项公益性活动和基础性工作，积极组织、认真实施，以切实提高广大一线运行管理人员的大坝安全责任意识和业务能力，夯实大坝安全工作基础。大坝中心于2008年5月配合福州电监办举办了福建省大中型水电站大坝安全注册暨大坝安全管理人员培训活动，10月、11月又为福建省大中型水电站大坝安全管理培训班授课，宣贯新时期大坝安全管理的法规和一般要求，指导企业开展日常检查、维护等工作；10月26日～11月15日与河海大学联合举办了第12期“大坝安全监测人员上岗培训”，水电站运行管理单位100人参加了培训。

（国家电力监管委员会大坝安全监察中心　杜德进）

2008年水电工程安全鉴定情况

水电站建设工程的安全对投运水电站大坝的运行安全有着直接影响，水电站工程蓄水安全鉴定和工程竣工安全鉴定是贯彻落实“安全第一、预防为主、综合治理”的重要手段，也是大坝安全管理关口前移的具体措施。通过这些安全鉴定项目和技术质量大检查，掌握了大坝建设期的工程质量情况，在建设过程中宣贯了运行期大坝安全管理的有关要求，为大坝投运后的安全管理创造了有利条件。

2008年度，国家电力监管委员会大坝安全监察中心、中国水电工程顾问集团公司、中国水利水电科学研究院完成的水电建设工程安全鉴定见表1。

表1　2008年完成的水电建设工程安全鉴定情况汇总表

序号	水电站名称	坝型	鉴定阶段	鉴定单位
1	浙江滩坑	混凝土面板堆石坝	蓄水	大坝安全监察中心
2	重庆西酬	碾压混凝土重力坝	蓄水	大坝安全监察中心
3	云南戈兰滩	碾压混凝土重力坝	蓄水	大坝安全监察中心
4	云南居浦江	碾压混凝土重力坝	蓄水	大坝安全监察中心
5	云南迪麻洛	土石坝	蓄水	大坝安全监察中心
6	甘肃炳灵	混凝土重力坝	蓄水	大坝安全监察中心
7	甘肃麒麟寺	混凝土闸坝	蓄水	大坝安全监察中心
8	贵州清溪	碾压混凝土拱坝	蓄水	大坝安全监察中心
9	西藏雪卡	混凝土闸坝	蓄水	大坝安全监察中心
10	缅甸瑞丽江一级	混凝土重力坝	蓄水	大坝安全监察中心
11	湖南株溪口	混凝土闸坝	蓄水	大坝安全监察中心
12	贵州挂治	混凝土重力坝	竣工	大坝安全监察中心
13	江西居龙滩	混凝土闸坝	竣工	大坝安全监察中心
14	甘肃达拉河口	混凝土面板堆石坝	竣工	大坝安全监察中心
15	云南龙马	混凝土面板堆石坝	竣工	大坝安全监察中心
16	青海直岗拉卡	混凝土闸坝	竣工	大坝安全监察中心
17	湖南东坪	混凝土闸坝	竣工	大坝安全监察中心
18	湖南柘溪扩机工程	混凝土重力坝	竣工	大坝安全监察中心
19	云南小湾	混凝土双曲拱坝	蓄水（第一阶段）	中国水电工程顾问集团公司
20	青海拉西瓦	混凝土双曲拱坝	蓄水	中国水电工程顾问集团公司
21	贵州构皮滩	混凝土双曲拱坝	蓄水	中国水电工程顾问集团公司
22	贵州思林	碾压混凝土重力坝	蓄水	中国水电工程顾问集团公司
23	四川龙头石	沥青混凝土心墙堆石坝	蓄水	中国水电工程顾问集团公司
24	广西桥巩	混凝土重力坝	蓄水	中国水电工程顾问集团公司

续表

序号	水电站名称	坝型	鉴定阶段	鉴定单位
25	金沙江向家坝一期基坑工程	混凝土重力坝	截流	中国水电工程顾问集团公司
26	安徽琅琊山蓄能	混凝土面板堆石坝	竣工	中国水电工程顾问集团公司
27	惠州抽水蓄能A厂引水发电系统	引水隧洞、地下厂房	蓄水	中国水利水电科学研究院
28	乌金峡水电站	混凝土重力坝	蓄水	中国水利水电科学研究院
29	金牛坪水电站	混凝土重力闸坝	蓄水	中国水利水电科学研究院
30	大花水水电站	碾压混凝土双曲拱坝	竣工	中国水利水电科学研究院
31	朱岔峡水电站	混凝土重力坝	蓄水	中国水利水电科学研究院
32	天王沟水电站	混凝土重力坝	蓄水	中国水利水电科学研究院

（大坝安全监察中心　聂广明
中国水电工程顾问集团公司　余　奎
中国水利水电科学研究院　朱耀泉）

丰满大坝安全性评价

（一）工程等别和设计标准

丰满水库现总库容109.88亿m^3，电站总装机容量为1002.5MW，电站为大（1）型Ⅰ等工程。主要建筑物的级别为1级。

大坝的设计洪水标准为500年一遇，校核洪水标准为10 000年一遇。

（二）工程防洪

丰满电站泄流能力13 082m^3/s，远小于校核洪水洪峰流量。为保证下游防洪安全，在来水小于500年一遇洪水条件下更是限制了下泄流量，不能畅泄。因此，电站防洪主要依靠防洪库容进行调节。

设计洪水和调洪复核，采用1995年典型洪水过程线，考虑发电机组流量1300m^3/s参与调洪，10 000年一遇校核洪水位267.44m，低于坝顶高程267.7m。按规范规定，在校核洪水条件下，不应考虑机组过流，如果不计机组过流，校核洪水位仅超过坝顶30cm左右，防洪风险较小。

（三）工程地质和基础处理

1. 区域稳定性　丰满坝址不处于地震活动带内，场址地表100年超越概率为2%的地震动峰值水平加速度0.131g作为设计值，低于前期研究论证成果，对大坝抗震安全更为有利。

2. 坝基工程地质条件　坝基地层岩性为上二叠系沉积变质砾岩，厚～巨厚层状。溢流坝段坝基岩石微风化，岩体质量以Ⅱ类为主，部分$Ⅲ_1$类，工程地质条件较好；其余坝段岩石弱风化，以$Ⅲ_1$为主，37～39号坝段坝基岩体质量$Ⅲ_2$，工程地质条件一般，局部坝段发育有陡倾角断层。大坝建基条件良好，仅34～36号坝段地质条件差。

坝基相对隔水层顶板（透水率$q<1Lu$的部位）埋深分别为：6～14号坝段一般小于7m，局部断层带部位较深；15～32号坝段一般为15m，局部断层带及两侧埋深较深；33～36号坝段（F_{67}断层带）11.8～38.36m；37～47号坝段20～25m；47号坝段以右无复核钻孔。

3. 坝基处理　溢流坝段开挖至微风化带，其他坝段开挖至弱风化层中、下部，坝踵部位开挖成深6m、底宽3m的齿槽。F_{67}断层带坝段普遍挖深7～8m，断层泥和两侧绿泥石化碎粉岩再进行了槽挖置换。钻孔电视表明混凝土与基岩接触面总体胶结良好，当时清基工作较为充分。

工程建设期，坝基共布置固结灌浆孔450个，总灌浆长度2700m，灌入水泥280t，固结灌浆主要布置在坝踵及其他裂隙发育部位。F_{67}断层带部位在运行期又多次补充了水泥灌浆和丙凝、丙强、氰凝等化学材料灌浆。基础帷幕已基本满足防渗降压要求。

4. 坝基运行性态　运行期基础无异常变位。基础渗流控制效果良好。坝基总渗流量总体呈下降趋势，1960年达到2.4L/s，1991年以后基本稳定在0.5～0.7L/s之间，与国内同类型大坝相比，属中等偏低水平。

（四）坝体混凝土质量

关于丰满大坝的工程质量，有大量施工期质量数据、历次加固补强的资料和运行检查、监测、检测、分析研究资料作为分析的基础，2007～2008年进行钻孔勘探，对14个坝段混凝土和地基进行直接检查，钻探32孔（包括一个弹模测试孔），取芯共计2732.34m、并进行了钻孔电视检查、抗压强度试验、芯样回弹测试、跨孔CT和声波测试等工作，取得了反映混凝土和基岩实际状况的大量资料。

1. 混凝土强度　高程 240m 以下大坝水平浇筑层面胶结大多良好，只是胶结强度相对较低；高程 240m 以上混凝土缺陷相对较多，冻胀破坏较严重，部分区域低速区连贯；基于这些事实，在稳定计算中采用较低的力学参数，运行中又施加了预应力锚索。

2. 混凝土抗渗和抗冻性能　A 块混凝土最小抗渗等级为 W6，基本满足规范要求。但由于混凝土缺陷较多，不能满足抗渗要求，运行以来主要依靠坝体灌浆帷幕进行防渗。

建设期混凝土水灰比都在 0.65 以上，大于规范抗冻要求的 0.55。试验表明混凝土芯样抗冻等级均不足 F_{50}，不满足现行规范对于混凝土抗冻和耐久性的要求。运行期大坝坝顶、上游面水位变化区和溢流面受冻害严重，经加固维护，冻害有所减轻。

3. 溶蚀对混凝土耐久性的影响　溶蚀对混凝土完整性的影响仅限于微观方面。对照建设期机口试样和近期勘探取芯试验成果，混凝土抗压强度总体没有明显降低现象。溶蚀主要发生在Ⅲ类不良混凝土中，结构完整性最差；Ⅰ、Ⅱ类混凝土或仅局部轻微溶蚀，或轻度普遍溶蚀，根据氧化钙流失比例，可以认为Ⅰ、Ⅱ类混凝土强度和完整性没有明显削弱。坝体水平位移的量值、变幅无明显增大趋势，说明混凝土完整性没有被削弱。

（五）大坝结构安全复核

1. 按整体重力坝计算　不计纵缝存在将坝段视为整体，选取 16、22、35、49 号四个典型坝段的建基面、高程 220m 层面、高程 240m 层面以及 35 号坝段的高程 205m 层面，按电力行业重力坝设计规范规定的方法进行稳定应力计算，各层面的力学参数已考虑了胶结强度较低或胶结不良的现状，计算层面扬压力按实际观测成果，结果如下：

（1）建基面和各层面下游面抗压强度均满足规范要求，上游面一般均为压应力，仅 35 坝段高程 205m 层面在校核洪水位工况出现不大的拉应力（0.012MPa），主要是该坝段坝体扬压力较高所致。

（2）抗滑稳定：除 34～36 号坝段外，各坝段沿建基面的抗滑稳定安全系数均满足规范要求。34～36 号坝段在各种工况下的整体稳定不满足规范要求，必须处理。坝体高程 220m 层面的抗滑稳定均满足规范要求。高程 240m 层面的抗滑稳定在正常蓄水位和地震工况下均满足规范要求，校核洪水位工况仅 16 号坝段略低于规范要求，但若考虑预应力锚索作用应能过关。A 块存在少量的贯穿性水平缝，取最低高程即 35 号坝段高程 205m 层面计算，在正常蓄水位和校核洪水位时均不能满足要求，仅地震工况能满足要求。这类缺陷需重点处理。

2. 考虑纵缝影响的有限元分析

（1）除 35 号典型坝段沿基础的稳定不满足规范要求外，其余坝段沿各层面的稳定在各种工况下均满足规范要求。各坝段坝踵存在较大的垂直拉应力，但拉应力区分布范围小，能满足规范的规定。

（2）坝体内部各块上游面在设计地震工况均存在一定的拉应力区，纵缝接触面摩擦系数对拉应力值和拉应力范围影响很大，应力分布不连续。如果在纵缝顶端采取并缝措施，能有效改善因大坝整体性导致的应力分布。

3. 大坝位移实测性态

（1）坝顶水平位移年变化规律与库水位、气温的变化相适应，1985 年以来一般年变幅 8～15mm，长期趋势性变化不明显。坝体加固使年变幅有所减小：1950 年加固前，当水位从 241m 上升至 257m 时，35 号坝段坝顶向下游位移达 65mm；而 1990 年当库水位从 225.1m 上升至 260m 时，仅有 18mm。说明加固后坝体的刚度和整体性有明显提高。

（2）坝顶垂直位移年变化规律与坝体温度场有关，滞后于气温。年变幅一般 6～9mm。坝顶部位的冻胀造成每年年初的上抬现象随着 1994 年全面补强加固完成基本消失。1994 年加固，引水坝段及其以左坝段长期趋势性变化不明显，溢流坝段略有上抬趋势，右岸挡水坝段有下沉趋势，但 2000 年以来基本平稳，34～35 号坝段的下沉趋势量级与相临坝段接近，说明这种下沉现象与 F_{67} 断层带无关。

（3）34～36 号坝段横缝表面测缝计存在水平错动趋势，但坝顶相对水平位移很小，说明横缝水平错动是局部的。

（4）纵缝开度有缓慢增大趋势，但仅限于表面受气温影响大的区域，不说明纵缝内部的状态。

总体看来，大坝的变形性态基本正常，1994 年全面加固以来未见异常迹象。

（六）大坝坝体渗流控制

大坝 A 块混凝土算术平均透水率 7.6Lu，不能满足抗渗要求。经多次坝体帷幕灌浆及上游面外包混凝土和沥青混凝土防渗，坝体渗水量大幅度减少，早期坝后坡大面积的湿润现象也基本消除，目前坝体帷幕透水性率约 1Lu，与原混凝土相比基本能起到防渗幕体作用，坝体总渗流量总体呈下降趋势，建设初期高达 15 000L/min，1964 年降为 180L/min 左右，1992 年以后基本稳定在 18～30L/min 之间，下游面湿润面积大幅度减小，说明原先的防渗灌浆有明显效果。

近期下游面漏水面积有增加趋势，因此，坝体防渗体系有进一步补强或重新构筑的必要。

（七）大坝泄洪安全

丰满大坝运行至今，历经了多次大洪水，其中，以1995年为最大，洪峰流量20 400m^3/s，洪水重现期为145年。

由于混凝土冻融冻胀的影响，溢流面裂缝逐渐增多，有些已基本裂穿，其中13～15号坝段下部区域裂缝集中，虽在2006年进行了灌浆补强，但从检查资料看，灌浆材料与混凝土结合不良，因此对泄洪构成不安全因素。

大坝泄洪采用低坎挑流方式，下游河床岩石完整性好，泄洪频率不高，历次泄洪表明，坝下冲坑不会影响大坝安全。

（八）大坝安全性评价及存在主要问题

大坝基础基本能满足承载、抗滑稳定和渗控要求；坝体混凝土的实际状态能满足抗压强度和抗滑稳定安全要求，长期的溶蚀对混凝土强度影响总体不明显；纵缝的现状虽然使坝体内部存在拉应力，但受拉范围较小，不会导致大坝整体破坏；坝体防渗体系虽存在缺陷，但渗漏量、下游湿润面积和溶蚀量已明显减少；大坝经受了417天超过正常蓄水位的运行考验，大坝实测变形性态基本正常。

大坝目前存在的主要问题是：

(1) 坝体混凝土不满足抗渗、抗冻要求。坝体防渗依靠坝体帷幕灌浆，虽然效果明显，但由于帷幕孔间距较大和灌浆工艺方面的问题，该帷幕严密性欠佳，加上坝体排水不畅，致使溢流面表层混凝土冻害日益严重而影响泄洪安全性；混凝土表层冻融冻胀破坏存在，影响深度根据白山大坝观测成果，负温区厚度约5m。

(2) 坝体纵缝的现状引起坝体内部拉应力，地震工况相对严重。坝体实测水平位移的变化规律可以说明目前已采取的对A、B缝钢棒加固和下游面外包混凝土等措施是有效果的。如果在下游加一层厚混凝土，可以保证大坝在各种荷载条件下呈整体作用。

(3) 34～36号坝段整体稳定受基础断层影响不满足规范要求，少数坝段沿水平层面抗滑稳定不满足规范要求，这类问题可以通过加厚坝体断面予以解决。

(4) 大坝防洪能力不足，需要加高坝体。

上述问题在大坝安全首次定期检查阶段已有认识。大坝安全第二次定期检查时，各主要问题没有进行彻底处理，溢流面局部冻胀破坏日益严重，影响安全泄洪，大坝安全监察中心审定为病坝。近期大量的勘探和分析研究进一步验证了以往对丰满大坝问题的认识，并以大量的数据证明丰满大坝混凝土是有继续利用的价值，为下一步彻底解决存在的问题提供了详实的基础。

（大坝安全监察中心
谢霄易　张秀丽　陈　铿）

三峡水电站运行初期水工建筑物管理情况

（一）主要水工建筑物布置简介

三峡水电站大坝全长2309.5m，坝顶高程185m，最大坝高181m，由左岸非溢流坝段、左岸厂房坝段、左导墙坝段、泄洪坝段、右导墙坝段、右厂排坝段、右岸厂房坝段、右岸非溢流坝段组成。

（二）三峡水电站水工建筑物的主要特点

(1) 三峡枢纽可将荆江河段的防洪标准由目前约10年一遇提高到100年一遇，且改善了长江特别是重庆至宜昌段的航道条件。

(2) 水工建筑物范围大、涉及面广、数量多。

(3) 水工建筑物结构复杂，体积大，不同的部位具有不同的结构特征和运行要求，承担着不同的功能。

(4) 水工建筑物运用水头高，部分水工建筑物过流流速大，运用条件要求高。

(5) 由于水工建筑物的结构布置而导致一些水工建筑物的检查和检修条件相对较差，人员工作困难。

（三）运行初期概况

(1) 三峡枢纽二期工程蓄水验收后，二期工程各水工设备设施和相关区域已投入运行，但一些建筑物（包括已投入运行的区域内的建筑物）还未完建。

(2) 陆续接管已投运的设备、设施和相关区域。

(3) 每次验收和接管都是新的设备和设施，需要进一步了解和熟悉其结构和功能，并完善标识、安全防护等运行条件。

(4) 各主要水工建筑物及相关设施分布面很广且较为分散，巡检维护的工作量很大。

(5) 每次冬季检查维护和检修的工作任务多，工作点多，并且工期和计划受到泄洪孔备用、机组检修工期以及与其他专业检修工作的交叉干扰等因素的影响和制约。

(6) 由于三峡电厂按照创建国际一流水电厂的标准组建，人员比较精简。

（四）运行初期水工建筑物管理实践

积极与建设各方协作配合，有序地管理和接管已投运的水工建筑物。三峡电厂安排专人负责与工程建设管理单位的协调工作，向建设各方通报三峡电厂的生产和管理信息；组织水工人员参加将要接管的建筑物的检查和验收；安排水工人员配合工程建设单位处理已投运的建筑物的尾工和缺陷。

稳步推进和积累，扎实做好基础工作。编制了《三峡工程水工建筑物巡检维修规程》作为水工建筑物技术管理的基础。进一步编制了检修项目作业指导书。利用三峡电厂生产管理信息系统（简称 ePMS）对设备台账进行规范化管理。人员培训管理，采取多种培训方式，采取“以老带新”的方式对其进行专门的指导，尽快提升其工作能力。明确责任，有效进行日常巡检和维护工作。根据水工建筑物的布置划分为不同的区域，明确各区域的责任人，全面负责该区域的日常巡检、缺陷处理和维护工作，并负责更新其设备台账。充分利用外部资源，积极开展工程项目管理。对冬季检修工作以及现场改造、功能完善和环境整治等项目都采用项目管理的方式。对于没有技术含量或者技术含量较小的工作，则使用劳务用工辅助完成。贯彻实施质量、环境和职业健康安全标准，持续规范管理工作。

（五）水工管理探讨

从 2002 年 5 月三峡电厂参与并正式接收导流底孔设备及相关区域的管理以来，逐渐形成一套行之有效的水工管理模式，但有些方面还需要进一步深化和完善，有些问题也值得深入研究和探讨。

（1）经过几年的日常维护工作，已经积累了大量的现场资料，可以对这些资料进行统计和分析，确定检查和日常维护工作的重点部位，以及一些部位的维护周期和常用材料。同时，确定一些常规维护项目并做好计划安排，及时对这些部位进行维护。

（2）随着水工建筑物及相关设施运行时间的增长和库水位抬升，必将伴随着一些新问题的出现，因此，应做好水工建筑物运行情况的趋势分析。

（3）在几年的冬季检修工作实践中，积累了很多现场经验，应在此基础上不断完善检修规程和作业指导书，完善现场管理。

（4）应尽早开展水工检修策略的研究。

（5）应相对固定几支冬季检修的专业施工单位。

（6）对于零星工程的管理，应从专业的角度引进多家协作单位，让这些单位相互竞争，从中选择报价合理、与所需工作相符的专业单位。

（7）提高劳务用工的专业素质。

（8）与有资质的设计单位建立合作意向。

（9）作为世界上最大的水电站，水工管理是电站运行管理极其重要的组成部分，应不断加强管理和培训力度，全面提高自身素质。

（六）结束语

目前，三峡电厂已全面负责三峡大坝水工建筑物及各种水工机械设备和相关设施、三峡左岸电站、电源电站、右岸电站已投运机组和水工建筑物的运行管理和维护检修工作。运行管理人员应尽快掌握新设备设施的性能和状况，在总结前阶段水工管理经验的基础上，重点解决已出现的问题，从而形成一套完善的水工管理模式，以适应新形势下水工管理的要求。

（三峡水力发电厂　范进勇　张　潮）

二滩水电站大坝安全管理情况

（一）大坝安全定期检查情况

根据《水电站大坝运行安全管理规定》及国家电力监管委员会关于水电站大坝安全第三轮定期检查有关要求和文件精神，二滩水电站于 2005 年 5 月开始进行投产后的首次安全定期检查。本次定期检查由电监会大坝安全监察中心负责和组织，于 2008 年 7 月结束。分为三个阶段：

第一阶段，成立专家组，2005 年 7 月 6 日至 8 日在二滩水电站现场召开了第一次定检会议。会议听取了运行单位关于各建筑物运行情况和现场检查初步成果的介绍，检查了大坝现场，查阅了有关资料，讨论确定了本次定检工作大纲及专家分工、所需的检查（分析）项目及其具体技术要求，拟定了本次定检的工作计划。

第二阶段，实施检查并确认检查成果的有效性。具体内容：完成各专题报告，召开第二次定检会议。2006 年 9 月 18 日至 20 日在浙江省杭州市召开了第二次会议，与会专家对各单位提交的专题报告进行了评审，提出了补充完善要求，讨论和明确了专家组报告的编写提纲及执笔专家，并拟定了下一次会议的时间和内容。

第三阶段，大坝安全评价，提出大坝安全首次定期检查报告。2008 年 7 月 7 日至 9 日在成都召开了第三次会议。专家组结合前一阶段的工作研究成果，以及近两年来大坝运行情况特别是汶川“5·12”地震后大坝的检查情况和监测数据，进行了大坝安全评价，经讨论和修订提出了《四川二滩水电站大坝安全定期检查报告》。

《四川二滩水电站大坝安全定期检查报告》认为：二滩水电站工程等别和主要建筑物级别符合规范规定；大坝防洪能力满足规范要求，汛期采取控制水位的运行方式有利于防洪调度和减轻库尾的淤积。运行期变形、渗流、应力应变监测和分析成果表明二滩拱坝工作状态正常，两坝肩处于稳定状态；根据实际荷载变化进行仿真的拱坝应力分析结果表明坝体压应力基本控制在设计允许值以内；拱坝下游面裂缝为浅表裂缝，不影响拱坝整体安全。1 号泄洪洞衬砌破坏的主要原因已查明，经过修复改造运行正常，其他泄洪设施及水垫塘结构完好、运行正常。泄洪闸门及启闭设备状况能满足正常使用要求。霸王山现状稳定；金龙山谷坡变形速率趋缓，总体基本稳定；近坝库岸现状尚不构成对大坝安全的影响。对照《水电站大坝运行安全管理规定》第二十四条，二滩大坝应评为正常坝。

（二）“5·12”汶川大地震、“8·30”攀枝花地震对二滩大坝的影响

2008年5月12日汶川大地震，坝区有震感，强震监测设施测到的拱坝最大径向地震加速度11.539cm/s^2（相当于地震烈度Ⅳ度荷载），最大切向地震加速度4.687cm/s^2，最大竖向地震加速度3.352cm/s^2。

“5·12”汶川大地震后，二滩电厂当即组织对水工建筑物加密巡视和监测数据加密采集，除水垫塘底板排水量暂时增大外，其他方面未发现异常现象。具体叙述如下：

（1）大坝横缝、混凝土与两岸岩体接缝无张开、挤压和错动现象，坝体未发现新的裂缝，原有主要裂缝未见明显扩展现象，坝体排水管无异常渗漏的事实说明坝体上游面无开裂之虞。坝体水平、垂直位移均无突变现象。

（2）坝肩表面岩体和平洞围岩无开裂、坍塌迹象，基础及两坝肩平洞无异常渗漏，基础及坝肩实测位移、扬压力、两坝肩渗透压力、渗漏量等无明显突变。

（3）金龙山谷坡经巡视未见新的异常现象。

（4）二道坝基础渗透压力和渗水量未见异常。水垫塘底板排水量震后由7231mL/s上升至23 605mL/s，随后逐步减小，至5月27日已降至震前测值以下，各排水盲管已无明显渗水。经查，以往表、中孔泄洪时也有类似现象（最大渗水量曾达到33 755mL/s），根据渗水量的变化情况，认为水垫塘底板止水仍然完好。

2008年8月30日16时30分，四川省攀枝花市仁和区与凉山州会理县交界处发生里氏6.1级地震。震中位置：北纬26°12′、东经101°54′，距二滩大坝58km。二滩水电站区域震感强烈。二滩水电站1～6号机组上下机架振幅达到上限报警，其余部位振幅普遍增大。2008年8月31日16时31分，四川省攀枝花市仁和区与会理县交界处发生里氏5.6级地震，震中位置与“8·30”地震一致，此次地震为“8·30”地震的较大余震。强震监测设施测到的拱坝地基最大地震加速度为83.67cm/s^2（相当于地震烈度Ⅵ度荷载）。

“8·30”攀枝花地震及余震发生后，二滩电厂立即组织对水工建筑物加密巡视和监测数据加密采集，未发现影响大坝、地下厂房及机电设备安全运行的异常现象。

（二滩水电开发有限责任公司
汤津茂　陈飞翔　高　祥　王锋辉）

万家寨水利枢纽大坝通过水利部安全鉴定

（一）概况

黄河万家寨水利枢纽工程于2002年9月通过了竣工验收，枢纽大坝到目前已运行了5年。根据水利部《水库大坝安全鉴定办法》中关于大坝定期安全鉴定制度的要求，黄河万家寨水利枢纽有限公司（以下简称黄万公司）于2007年年初安排了万家寨水利枢纽工程大坝安全鉴定工作。

按照监测规程要求，电站坚持不懈对大坝变形、渗流、内部观测等项目进行定期观测及汛期高水位的加密观测，按时编制大坝监测月报，定期绘制大坝变形典型过程图，及时将每月的监测月报发布到OA办公平台上。对2007年度的外部变形观测数据、渗流观测数据及内观观测数据进行了系统全面的分析，2008年5月中旬完成了2007年度大坝安全监测分析报告及刊印工作。整理、整编2008年前的大坝监测原始数据，为编制《万家寨大坝安全鉴定书》提供了准确详实的资料。

2008年4月8日～10日，万家寨大坝安全鉴定会议在呼和浩特市召开，水利部领导，审查委员会专家，黄万公司领导及大坝安全鉴定领导小组、各安全鉴定报告编写单位代表参加了会议。

会议听取了万家寨大坝运行管理单位、安全鉴定报告编写单位的工作汇报。专家组根据汇报情况结合大坝实际运行状况，对大坝安全鉴定各专项评价报告进行了认真仔细的审查。会议形成了安全鉴定报告书，通过水利部综合事业局上报水利部最终审定。

2008年6月6日，水利部以水建管［2008］175号文《关于印发黄河万家寨水利枢纽工程大坝安全鉴定报告书的通知》审定通过，鉴定黄河万家寨水利枢纽大坝为“一类坝”。

（二）主要评价

大坝安全鉴定报告书中的大坝安全分析评价，对工程质量、运行管理、防洪标准复核、结构安全、渗流安全、抗震安全、金属结构安全方面，给予了公正科学的结论。

工程质量评价为：工程质量满足设计和规范要求，工程竣工验收质量评定为优良等级。竣工验收时存在的缺陷已按要求进行了处理。蓄水运行至今，工程运行正常。工程质量评定为“优良”。

运行管理评价为：工程管理机构和管理制度健全，调度运用符合审定的调度规程。运行管理单位按照有关规程要求对大坝进行日常维修养护，对运行管

理中出现的问题进行了排查与处理；枢纽对外交通与通讯畅通；大坝安全监测工作基本符合规范要求。水库经历过978.74m高水位（2002年4月15日）考验，工程处于完整的可运行状态。运行管理综合评价为“好”。

防洪标准复核为：本工程设计为一等大（1）型工程，防洪标准采用1000年一遇洪水设计、10 000年一遇洪水校核。本次安全鉴定延长洪水系列至2006年，经分析计算，维持原设计洪水成果。按水利部水规计［2006］247号文的批复，采用现状库容曲线调洪计算，原设计洪水位974.99m与校核洪水位979.10m维持不变；坝顶超高满足要求。枢纽工程实际防洪能力满足国家现行规范要求，防洪安全性为“A”级。

结构安全评价为：监测资料分析表明，大坝变形性态正常，应力应变及温度变化符合一般规律，坝基层间剪切带变位较小，抗剪平洞变形正常；按现状计算复核，大坝应力与整体稳定性均满足规范要求；大坝混凝土质量检测合格；泄、输（引）水建筑物运行性态正常，近坝库岸与边坡稳定。大坝结构安全性为“A”级。

渗流安全评价为：大坝设有较完整的防渗和排水系统。运行与监测资料分析表明，防渗帷幕和坝基排水孔对降低扬压力效果明显，总体上坝基及坝体渗透压力、大坝基础扬压力满足设计要求，坝基及坝体渗流量较小。大坝渗流性态基本正常。大坝渗流安全性为“A”级。

抗震安全复核为：工程设防烈度为Ⅶ度，符合现行规范要求，原抗震设防标准是合适的。经复核，大坝抗震性能满足规范要求。大坝抗震安全性为“A”级。

金属结构安全评价为：金属结构锈蚀程度为A～B级，属于轻微腐蚀至一般腐蚀。复核后的强度、刚度及稳定性满足现行规范要求；闸门的启闭能力满足设计和运行要求；在紧急情况下可保证闸门的开启，未发现影响安全的隐患。金属结构安全性为“A”级。

此外，提出了工程存在的两项主要问题及4条建议。

（三）安全鉴定结论

（1）该工程为一等大（1）型工程，防洪标准采用1000年一遇洪水设计、10 000年一遇洪水校核。本次安全鉴定经延长洪水系列后复核，维持设计洪水位974.99m与校核洪水位979.10m不变，坝顶超高满足要求。工程防洪能力满足现行规范要求。

（2）工程管理机构和管理制度健全，调度运用符合调度方案；运行管理单位按照有关规程要求对大坝进行维护工作；对运行中出现的问题进行了处理；并对运行中发现的质量缺陷进行了排查与处理；水库经历过978.74m高水位考验，工程处于安全运行状态。

（3）观测资料分析表明，大坝变形性态正常，应力应变及温度变化符合一般规律，坝基层间剪切带变位较小，抗剪平洞变形正常；按现状计算复核，大坝应力与整体稳定性均满足规范要求；防渗帷幕和坝基排水孔对降低扬压力效果明显，总体上坝基及坝体渗透压力、大坝基础扬压力满足设计要求，大坝渗流性态基本正常；大坝混凝土质量检测合格；泄、输（引）水建筑物运行性态正常，近坝库岸与边坡稳定。大坝抗震性能满足规范要求。

（4）部分金属结构处于轻微腐蚀至一般腐蚀状态。复核后的强度、刚度及稳定性满足现行规范要求；闸门的启闭能力满足设计和运行要求；在紧急情况下可保证闸门的开启，未发现影响安全的隐患。

（5）经本次安全检测与复核，大坝运行正常。从工程情况看，尚存在坝面渗水、溢流表面剥蚀、护坦扬压力局部偏高等缺陷。

（6）建议对大坝下游坝面渗水等工程缺陷尽快处理；对中孔溢流面表层混凝土剥落可适时处理；加强对水情自动测报和工程安全监测系统的维护管理，对工程安全监测系统进行定期鉴定；进一步加强对泥沙淤积、防凌问题的监测，开展专题研究，重视水库排沙调度运用，优化水库运用方式，提高枢纽工程的综合效益。

综上所述，根据水利部《水库大坝安全鉴定办法》，鉴定黄河万家寨水利枢纽工程大坝为“一类坝”。

（黄河万家寨水利枢纽有限公司　隋　立）

大广坝水电站大坝安全运行与管理

（一）大坝安全运行管理的特点

（1）水库调度难度大。大广坝水库为多年调节水库。水库保持在高水位运行，既对加大机组出力、提高机组运行效益有突出作用，也对保障海南电网稳定运行有重要意义。但是，大广坝流域来水量极不均匀，8、9、10月份来水较为集中，高水位运行将造成大量的弃水，也加大了工程防洪压力。因此，提高机组运行效益、保持电网稳定和水库多蓄少泄的调度原则之间存在较大矛盾，水库调度极为困难。

（2）防汛责任重大。大广坝下泄的流量会与下游昌江石绿水库的汇流叠加，其在昌化江流域的防洪任务日益繁重。实践证明，大广坝下泄流量达10 800m^3/s

时下游就直接受到影响，较大程度制约了大广坝的泄洪能力。基于以上情况，大广坝的防汛重点不仅是保证大坝的安全，还要兼顾下游的防洪，任务十分艰巨。

(3) 大坝安全监测工作量大。大广坝大坝全长5842m，监测项目布置全面，大坝垂直位移监测水准路线就达12km长，受当地气候条件的影响，观测时间要求严格，因此，一周期的观测时间较长。同时，由于坝轴线太长，观测设备分布范围较大，已改造的自动化观测设备维护和保养工作量大大增加。

(4) 土坝护坡面积大，大坝维护工作量大。大广坝左、右土坝总长度5123m，形成的土坝挡水坡面积大。由于库区水面宽，风浪大，挡水抛石护坡经大风浪淘刷后，每年都有相当部分的挡水坡面被损坏；土坝下游护坡总面积达28万m^2，每年汛期，大暴雨使得部分草皮护坡及大坝排水系统、坝上公路等遭受破坏。因此，左、右土坝维护维修工作量很大。

(二) 防洪度汛

大广坝水库流域内主要有三大暴雨中心：三派、尖峰岭、五指山。一般洪峰出现时间为主降雨时段结束后2～3h。洪峰流量出现的预见期短，且大广坝枢纽工程在昌化江流域的防洪任务日益繁重，使得洪水预报调度极为困难。大广坝水电站防洪度汛主要在下列几方面加强了完善和管理。

(1) 水情测报系统的完善。水情自动遥测系统是应用传感器、无线、有线或卫星通信、计算机及遥测遥控等技术，在流域内实现实时水情、水资源信息自动数据采集、传输、处理入库等。大广坝水电站于2004年对水情自动遥测系统进行了更新改造，该系统以无线超短波为通信制式，远端各遥测站信号数据分别向中继站汇集，再由中继站向中心站发报，中心站接收并进行软件处理。为保证水情自动遥测系统安全稳定，确保洪水预报调度的准确性，大广坝水电站对原有系统乐东中继站发射塔更改了安装位置，并加强各个站点的检查。

(2) 泄洪设施的维护和改造。大广坝水电站自投产以来，16扇溢洪道弧形闸门运行正常。根据闸门实际运行情况，除安排了闸门正常的维护项目外，每年安排4扇闸门大修，并在每年汛期前对全部的闸门做启闭试验，保证洪水来临时闸门能正常开启。溢洪道闸门的维修主要包括：①油缸大修；②对弧门两侧裙边变形严重的进行了校正，并加密了筋板；③对弧门进行门体校正、水封更换；④做防腐处理。2007年8月，对5、6、12号弧门液压启闭机进行改造，3扇闸门具备了远控功能。改造后，闸门的启动时间为12min，关闭时间为18min。启动的时间比原来缩短了13min。其他泄洪闸门集中控制的改造在继续规划中。

(3) 做好预案管理。多年来，为使大坝安全工作走上规范化的管理轨道，依据《水电站大坝运行安全管理规定》和相关要求，制定了多个应急预案。应急预案和规章制度的制定和实施，使大广坝大坝安全管理工作在正规化、规范化、制度化的道路上又向前迈进了一步。另外，为保证溢洪道闸门启闭机稳妥可靠地运行，布置了三趟电源供坝顶启闭机使用，并制定了台风期保三趟电源的具体措施及相应的启动应急预案。

(三) 大坝安全监测

1. 大坝安全监测项目　大广坝水电站的监测项目有：混凝土坝的基岩变形、基础扬压力、混凝土应力、应变、温度、渗透压力、渗漏量、坝体分缝、钢筋应力、垂直位移、水平位移、坝基转角，土坝的渗透压力、基础扬压力、浸润线、地下水、渗透流量、土压力、土位移、垂直位移、水平位移。大坝垂直位移采用Ni002水准仪精密水准法观测；水平位移观测包括混凝土坝和左、右土坝，混凝土坝坝基采用引张线法，坝顶采用真空管激光准直，土坝水平位移则采用在下游观测墩上安置TCA2003红外线测距仪测边距法观测。坝体挠度采用正倒垂线法观测，基岩变形采用打孔埋设基础多点变位计观测。坝体分缝开合度采用测缝计观测。

2. 存在问题及改造措施

(1) 用视准线观测大坝变形时，最易受风和折光的影响，给观测带来误差。大广坝水电站土坝水平位移原来采用连续视准线观测，仪器经多次搬动后，产生较大的累积误差，1995年底改用精度较高的测距仪测距法，取得了较好的观测成果。

(2) 混凝土坝坝顶水平位移原来采用裸露的激光准直观测方法，但测值误差偏大。1997年改用了钢管密封的引张线法。采用引张线观测后，避免了折光的影响，精度有所提高。但有时打开箱观测还是受到风吹的影响，加上太阳的暴晒，液体挥发较快。为了保证钢丝的自由状态，需要经常向浮盒注加油水。2005年，18号强台风损毁混凝土坝坝顶引张线后不再恢复，于2006年初全新设置一套真空管激光准直系统代替坝顶引张线，较好地克服了上述不利自然条件的影响。

(3) 为防止锈蚀，大广坝水电站用铜质材料的观测设备较多，经常被人为地砸毁和盗窃。土坝水平位移观测墩和水平监测网基准点正、倒垂线多次恢复后又被破坏。后来大力加强了对观测设施的防盗及保护，并取得一定的效果，但还是难以杜绝人为因素有意无意的影响，给观测工作带来了一定的困难。

(4) 除防止人为因素，还要防止如蛇、鸟、鼠以及引张线浮盒中飞蛾的尸体等动物的影响。引张线测值有时因这些动物的碰撞或尸体的搭挂而失真，使大坝出现变形的假象。为了免受其害，大广坝水电站采用封闭措施防止动物进入。封堵严密后，类似的事情极少出现。

3. 大坝监测系统自动化改造　近几年来，大广坝水电站大坝监测系统主要着力于系统设备的自动化改造，除混凝土、土坝垂直位移、土坝水平位移、混凝土坝渗透与基础扬压力以及土坝测压管外，其余项目已经实现了自动化，自动化程度已达70%左右。大坝自动化监测系统改造采用了具有国际先进水平的工程监测仪器和装置：NDA系列智能数据采集模块和NJG型真空激光准直测量系统。由于该项目实施时间长、费用大，因而电站研究决定只采购设备，由团队自己设计、自行施工、自主开发。目前，系统已基本改造完善。

（四）大坝的维护

1. 混凝土坝渗漏处理　大广坝水电站的混凝土坝是外包常态混凝土的碾压混凝土坝，坝基、坝身排水都集中到基础廊道，再由廊道排出坝外。1995年水库初次蓄水到正常水位时，发现坝基排水渗水量偏大，于1996～1997年采取了帷幕加深混凝土补强灌浆处理，灌浆后坝基渗水大大减少。而坝身排水在高水位、低温季节渗流量仍然较大，廊道最大渗漏量达908L/min（2000年11月气温16℃、库水位139.11m）。2001年，专家在安鉴检查时提出了碾压混凝土坝存在“碾压混凝土胶结松散、钻块掉块、层间欠佳、漏水量较大”等缺陷。为解决此问题，2002年8～10月，分别对1号、3号、4号、5号、6号、7号、8号、12号、13号坝段以及在13号坝段上的生活引水管等相对薄弱的层间结合面进行混凝土补强灌浆处理。处理后，坝体的渗漏量明显降低，2003年1月，廊道最大渗漏量为424.67L/min（气温18.8℃、库水位134.36m）；2006年1月，廊道最大渗漏量为446.92L/min（气温11.8℃、库水位135.77m）。

2. 土坝上游抛石护坡掏刷处理　1996年9月，11级的18号台风给土坝上游抛石护坡126.0m高程部位带来局部掏刷，1997年6月，对掏刷部位进行了浆砌石补强，到2005年前为止，大坝的运行条件较好。2005年第18号强台风“达维”给大广坝水电站带来极大的破坏，在高水位条件下（库水位139.0m），大坝受12级台风的袭击，风浪造成左右土坝138.5m高程以上的上游抛石护坡大面积滑坡，土坝护坡严重受损。比较严重的破坏发生在左右岸两个裹头部位，坝体滑坡总方量达24 602.4m³，其中左土坝17 711.4m³，右土坝6891.0m³。此后对台风破坏部位进行了抛石护坡修复。2006年5月，修复工程完成。

3. 大坝白蚁防治　大广坝水电站将大坝白蚁防治作为大坝维护的重要组成部分。大广坝土坝下游草皮坡面发现的白蚁主要有：黑翅土白蚁、黄翅大白蚁、黄胸散白蚁、黑胸散白蚁以及海南白蚁等种类。土坝产生白蚁的主要原因是每年4～6月的白蚁婚飞季节，土坝上的路灯和水库中的月光水面招引白蚁有翅成虫飞向大坝婚配，在大坝上筑新巢并繁殖。因此，大广坝水电站自1999年后，关闭了土坝坝顶上的路灯。大广坝水电站自发现有白蚁迹象以来，主要采用药物灭治、毒土防治及人工挖巢除治等几种措施。

（五）水工信息管理

大广坝水电站水工信息管理系统包括大坝监测信息管理系统和水情信息管理系统。自动化监测项目数据采集处理和入库是由信息管理系统自动完成，人工观测项目是在信息管理系统中创建了人工测点和处理程序，然后将现场观测记录的数据输入到信息系统中进行处理。水情信息管理系统是通过水情自动遥测系统在流域内实现实时的水情信息自动数据采集、传输、处理入库。水工信息管理系统可根据安全管理的需要，定制各种任务交由系统自动去执行。大坝监测信息管理系统和水情信息管理系统都可以按要求自动生成所需的月报表和年报表。

大广坝水电站还依靠自身力量开发出自己的网络技术管理系统，如作为生产管理工作平台的“大广坝生产信息网”和作为行政办公工作平台的“大广坝行政网”等网站。水工信息管理系统同其他各项生产事务或办公事务一样作为这些网站中的一个窗口，通过这个窗口完全可以进行远程控制操作。

（国电海南大广坝发电有限公司　陈传渊）

鲁布革水库控制泥沙淤积的措施及效果分析

（一）概况

鲁布革水电站位于云南省罗平县与贵州省兴义市交界的深山峡谷中，是南盘江左岸支流黄泥河的最后一个梯级，其尾水与天生桥一级电站库相衔接，重叠达22m。鲁布革水库的特点，一是入库水量大，多年平均入库水量约为51.3亿m³，其中来水量的80%集中在汛期（5～10月），但水库库容却很小，有效库容为0.74亿m³，有效库容与来水量之比仅为0.014，水库调节径流的能力很小，基本上没有调洪能力；二是来水含沙量大，实测最大含沙量54kg/m³，多年平均含沙量为 0.67kg/m³，多年平均入库沙量 354.49 万 t，其中 93%集中在汛期，绝大部分集中在几次洪峰沙峰过程之中；三是汛期开始与结束时间每年差异很大，汛期来水分布很不均匀，在主汛期（6～9 月）122 天之中，平均每年有 47d 来水不能满足电站机组满发；四是水库泄洪能力大，布置有左岸表孔溢洪道（最大泄流量 6459m³/s）、左岸泄洪洞（最大泄流量 1995m³/s）、右岸泄洪洞（最大泄流量 1635m³/s）、排沙洞（最大泄流量 338m³/s），泄洪设施最大泄洪能力达 10 427m³/s。

鲁布革水电站为南方电网的调峰调频电站，无论在枯期或汛期，在来水不能满足机组满发的情况下，都是采取全开全停的调峰方式运行，如何采取有效措施减少调节库容淤损，显得非常重要。

（二）设计排沙要求

1. 水库水位控制　鲁布革水库库容小，流域来水主要集中在汛期，汛期来水含沙量大，为了控制泥沙淤积，减少有效库容淤损，设计要求汛期降低水位运行，采取“蓄清排浑”的方式。设计的水库运行方式为：汛期溢洪道全开，水位控制在不低于死水位 1105m 附近运行，枯期水位控制在不高于正常蓄水位 1130m 附近运行。

2. 放空水库进行溯源冲刷　在运用初期，3～5 年就需放空冲刷，在以后的年份，因垫底的部分泥沙冲刷不掉，占去部分死库容，调沙能力有所降低，因而需要缩短冲刷周期。

（三）实际运用中的排沙措施

1. 蓄清排浑的运行方式　鲁布革水电厂结合实际，汛期排沙水位控制方式为：①前汛期（5 月下旬至 9 月中旬）水库水位在 1105～1112.6m 之间动态控制（为了水库排污短时间超高 1112.6m）。当入库流量大于 350m³/s 时，将库水位控制在 1105.00～1108.00m 之间运行，并且当洪峰入库时，尽量降低库水位，以便排沙保库。②后汛期（9 月下旬至 10 月下旬）水库水位在 1112.6～1128.0m 之间动态控制，以便实现汛末在降低出力的情况下完成水库蓄水，提高水能利用率。

2002 年国家有关部门对鲁布革汛期限制水位进行审查，暂定为 1113.5m。后汛期，水库水位调整到 1112.6～1126.5m 之间动态控制。

在实际运行中规定，涨水时，泄洪、排沙开启运行的顺序为：排沙洞→右岸泄洪洞→左岸泄洪洞，退水时关闭运行顺序相反。这样的泄流程序保证了底孔闸门优先开启最后关闭，有利于在泄洪时兼顾排沙。

2. 放空水库溯源冲刷　1997 年 7 月 13 日 4 时～7 月 17 日 20 时，进行了第一次放空水库冲沙。这次冲沙由于未能放空水库，对近坝段泥沙冲刷效果不够理想，但对中、上游库段淤积冲刷效果好。由于冲沙期间连续暴雨和库水位骤升、骤降的影响，7 月 13 日 14 时 20 分发耐滑坡体整体滑下，此次古滑坡体前缘陡坡段失稳，整体下滑，造成了古滑坡后缘出现了环状拉裂缝，中前部出现横向拉裂缝，局部有错落现象。由于发耐滑坡的综合治理未结束，为避免放空水库对发耐滑坡稳定性的不利影响，至今未进行第二次空库冲沙。

3. 入库泥沙和水库淤积测量　每年汛期在入库水文站（岔江水文站）开展断面平均悬移质含沙量的测验工作，推算年入库悬移质输沙量。每 5 年进行一次比例为 1∶2000 的库区地形测绘，复核库容，计算水库淤积量。

（四）水库的淤积情况分析

1. 水库泥沙淤积状况　从干流纵向淤积分析看，整个水库除峡谷段外以淤积为主，坝前最多，库尾次之，库中表现为冲刷。实测成果表明，水库悬移质泥沙三角洲洲顶高程为 1100.51m，距坝里程约为 2751m。1991 年 4 月～2008 年 4 月，水库总的淤积量为 3841.17 万 m³，冲刷量为 1644.87 万 m³，净淤积量为 2196.3 万 m³。坝前段净淤积量为 1538.6 万 m³，占总净淤积量的 70%；峡谷段净淤积量为 495.4 万 m³，占总净淤积量的 22.6%；库尾段净淤积量为 162.3 万 m³，占总净淤积量的 7.4%。

2. 水库库容变化　对库容进行分段统计，可以看出从 1992～2008 年，调节库容变化不大。经过 16 年来库岸的变化及泥沙的淤积，水库的库容减少了 1775.67 万 m³，库容损失约 17.2%，平均每年损失约 111 万 m³。高程 1130m 以下 2003 年施测的库容为 8745.71 万 m³，2003～2008 年的 5 年中，库容损失 219.8 万 m³，平均每年损失约 44 万 m³，远低于历年来的平均损失量，可见最近 5 年的库容减小速率比以前变缓。

（五）结束语

鲁布革水库自 1988 年 11 月首次蓄水以来，至今已运行 20 年。有效库容仍然保持最初的 7400 万 m³ 左右，基本上没有受到损失，说明多年来采取蓄清排浑的方式运行，严格控制泄洪、排沙的程序，对于排沙保库是非常有效的。但也应注意到由于没有继续进行放空水库冲沙，死库容淤积严重。随着上游大量中小水电站建成投运，入库沙量及分布规律都会有较大变化，因此在以后的运行中应做好以下三点：一是必须坚持设计的蓄清排浑方式运行，严格控制泄洪、排沙的程序；二是继续开展入库泥沙的监测工作，在上游水库冲沙期间进行联合调度冲沙；三是在具备条件的情况下放空水库进行溯源冲刷，恢复部分死库容。

（南方电网调峰调频发电公司
鲁布革水力发电厂　刘金洪）

水情自动测报系统多信道通信方式在乌江流域梯级电站调度中的应用

（一）乌江流域水情测报系统的发展历程

2005年对水情自动测报系统的所有站点增加了备用通道，都采用双信道通信组网，各分中心站的近坝区遥测站采用VHF/GSM及光纤/GSM主/备用双信道组网，远坝区遥测站采用GSM/Inmarsat-C主/备用双信道组网，中心站与分中心站采用以光纤/Vsat主/备用双信道四种通信组网方式。

2007年，乌江流域水情自动测报系统全部建成投运，规模为1个中心站（乌江集控中心）和8个分中心站（洪家渡、东风、索风营、乌江渡、构皮滩、思林、沙沱、大花水），共165个遥测站点，其中近坝区站15个，远坝区站144个，中继站6个。

（二）乌江流域水情自动测报系统采用的通信方式

1. 超短波（VHF）通信　VHF通信是利用波长为1～10m，频段为230MHz的无线电波进行的一种通信方式，其特点为信号传输稳定、通信质量较高、抗干扰能力强、技术成熟、设备投资少，适用于近坝区。

2. 短消息（GSM）通信　GSM短消息通信是利用公共无线移动网络提供的一种基于时分多址技术分组形式的点对点短消息数据通信方式，工作频率为900MHz和1800MHz。其特点是不需拨号连接，利用信令信道直接把所发送的信息通过公共移动网传输到最终的目的地。该方法通信费用低且组网方便灵活，当公网故障或节假日网络繁忙时，会引起遥测站水情数据的延时接收。

3. Inmarsat-C卫星通信　该方法是利用海事卫星作为中继站转发或反射无线电波，在两个或多个地面站进行的一种数据或电文的双向通信方式，其工作频率1.5/1.6GHz。Inmarsat-C卫星通信组网灵活方便，覆盖面大，传输距离受地形和气候影响较小，数据传输质量较好，功耗小，但设备投资费用大，运行维护成本较高。

4. Vsat卫星通信　由大量的地面站和小站构成卫星传输通信的一种方式，采用的频率为Ku波段（12.5～18.0GHz），其特点是数据传输容量大，传输速率高，通信质量较好，可同时传送和处理数据、话音和图像信息。但Vsat通信的雨衰严重，在暴雨或厚云层的情况下可能造成通信中断，卫星平台及定向天线体积和功耗较大，安装调试及施工较为复杂，同时设备投资和运行费用较高。

5. 光纤通信　光纤通信是利用各种电信号对光波进行调制后，以光导纤维为传输介质进行光波传输的通信方式，工作频率在10（14）～10（15）Hz之间。传输容量大，衰减小、传输距离远，抗干扰能力强、保密性好，运行稳定，成本较低；通信局限性大、覆盖面小，切断和连接技术复杂。

（三）多信道通信组网方式在流域中的应用

1. 近坝区遥测站通信

（1）采用VHF/GSM通信。为了保证水位变化的实时性，遥测站采用定时自报＋增量实时报的方式，定时自报间隔为每10～15min发信号，同时当水位增量变化达到所设阈值时主动发信，所以数据通信量较大。工作体制：定时自报和增量实时报首先通过VHF信道发起，向分中心站和中继转发站发信（其中中继转发站电台设置为具有退信回执功能），在500ms内未得到下一个数据节点的确认信号，则按原路径返回NACK信号，说明发信失败，启动备用GSM短信信道，向中心站和分中心站发信，短信服务中心接收后会发送回执信号至发信端确认发信成功。中心站或分中心站通过GSM信道对遥测站进行参数修改设置以及远程信道切换。采用VHF主信道通信信号传输稳定，通信质量较高，抗干扰能力强，维护方便，运行成本较低，同时以GSM短信作为备用信道，提高数据传输的可靠性和稳定性。

（2）采用光纤/GSM通信。光纤/GSM短信通信组网是流域内中继转发站所特有的通信方式，是近坝区VHF主信道的接力通信。由于各电站近坝区的遥测站与公司中心站的距离很远，不能直接接收各电站的VHF主信道数据，特别是水库坝上、坝下数据，对流域内梯级电站的调度产生了较大影响。为解决这一问题，在各电站分中心站设1中继转发站，由中继转发站接收后通过电力光纤/GSM主/备用双信道通信传输至公司中心站。工作体制：当中继转发站接收到VHF数据时，首先启动光纤通道进行转发，在设定的时间内，没有接收到回执确认信号，启动备用GSM短信信道向中心站发信。采用光纤/GSM短信通信解决了中心站不能直接接收VHF主信道数据的问题，且电力光纤通信传输容量大，衰减小、传输距离远，抗干扰能力强、保密性好，运行稳定，成本较低，是较好的通信方式。对于部分在建电站，由于电力光纤没有连接，光纤主通道无法开通，采用GSM备用信道传输至公司中心站。

2. 远坝区遥测站通信　采用GSM/Inmarsat-C通信方式。采用定时自报＋增量实时报进行发信，为减少遥测站的电源损耗，网络覆盖，采用GSM/Inmarsat-C主/备用双信道通信方式适用。工作体制：遥测站所有的定时报和实时报数据首先由GSM信道发起，向中心站和分中心站发信，在设定的时间内没有接收到短信服务中心发送的回执确认信号，则启动备用Inmarsat-C卫星信道发信，Inmarsat-C卫星信道不具备对所发送信息的回执判断功能。中心站和分中心站通过GSM信道对遥测站进行参数修改设置以及远程信道切换。采用GSM主信道通信大大降低了遥测站的通信费用和维护成本，为避免公网故障或节假日网引起遥测站水情数据的延时接收，通过控制器引入卫星电台控制端的高、低电平，以控制GSM通信终端的供电方式（通、断）来解决。当GSM主信道异常，启动Inmarsat-C卫星通信备用时，GSM通信终端断开，当Inmarsat-C发信结束后，重新对GSM终端上电，恢复GSM/Inmarsat-C主/备用通信方式。流域内遥测站点较多，采用GSM主信道通信方式最大限度地减少Inmarsat-C卫星通信数据的碰撞现象，保证了遥测站数据的实时性和可靠性。

3. 中心站与分中心站　采用光纤/Vsat双信道通信方式。光纤/Vsat双信道通信主要是针对流域内中心站与分中心站之间进行的一种通信方式。流域内因各电站的施工阶段不同，各分中心站的建立时间也有所不同，原来分中心站与中心站之间的大量数据传输以Vsat为主要通道，随着各梯级电厂投入运行，电力光纤相继建设连接，光纤通信已发展为流域内中心站与分中心站之间的主要通信方式。通过光纤通道将公司中心站与各分中心站局域网连接起来，组成流域水调系统广域网，从而实现流域内各分中心站水情信息的相互传输。

工作体制：中心站与分中心站的数据传输首先由光纤通道发起，在设定时间内没有接收到回执的确认信号，立即启动备用信道Vsat卫星通信进行数据传输。

一般情况下，中心站可直接通过GSM通道、Inmarsat-C卫星通道以及光纤通道接收各分中心系统遥测站点的所有数据，但当中心站的某一信道故障无法接收相应数据时，可通过分中心站的光纤/Vsat通信传输的相应数据进行补充。同时，通过光纤/Vsat通道组成的广域网，对各分中心站的相关水情信息进行相互传输，在流域梯级水库的调度和洪水预报中起到了非常重要的作用，特别是对梯级下游电站及时了解上游电站的水情信息尤为重要。目前有4个分中心站采用了光纤/Vsat双信道通信组网方式与公司中心站进行数据传输，另外4个在建电站因光纤通道不具备，与中心站的通信仍以Vsat通信为主用。

4. 应用情况分析

（1）在流域梯级水库联合优化调度中的作用：2007年，流域水情自动测报系统遥测站畅通率达到了98.55%，为公司开展梯级优化调度提供了重要雨水情信息。公司梯级水电站综合耗水率为3.92m^3/(kW·h)，比中国华电集团公司下达耗水率指标降低了6.67%，同比节水增发电约11.5亿kW·h。

（2）在流域梯级电站防洪调度中的作用：2007年7月中下旬，流域出现持续强降雨，流域梯级电站遭遇了10年一遇的洪水，在降雨及洪水调度期间，流域水情自动测报系统畅通率达到了98.8%，为科学合理调度洪水发挥了耳目和参谋作用，提供了重要的防洪调度信息。乌江渡电站以上4座梯级电站实现了安全度汛，同时通过上游水库削峰错峰调节，乌江渡最大一场6940m^3/s的洪水削峰流量达到1780m^3/s，削峰率达到了25.6%，为下游在建梯级电站工程减轻了防汛压力，在建工程实现了安全度汛。

（3）抵御了50年不遇的凝冻天气。2008年1月13日开始，贵州大面积发生了50年不遇的凝冻天气，在凝冻期间，遥测站点未因特殊天气出现故障，流域水情自动测报系统遥测站畅通率达了99%，成功抵御了50年不遇的恶劣天气。

（贵州乌江水电开发有限责任公司　张勇　田毛）

大坝安全监测与分析

刘家峡水电站大坝监测警戒值的确定与应用

（一）问题的提出

刘家峡水电站是我国第一座百万千瓦以上的大型水电工程，和当时其他工程相比，大坝安全监测项目比较齐全，大坝安全监测工作也走在全国前列。20世纪80年代初期，西北电力系统率先开展水工技术监督，要求各水电厂报送水工监督月报表。为此，刘家峡水电厂在第一次大坝定期检查时提出了大坝重点部位的安全监测警戒值，这些警戒值目前在监督月报表中仍然使用。限于当时的条件，原先确定的警戒值有的并不十分合理，加之龙羊峡水库蓄水后，刘家峡水库的年平均水位升高，蓄水过程也发生了很大变化，原先制定的警戒值与大坝的运行条件已不相适应，有必要确定新的警戒值。

此外，2001 年刘家峡大坝监测系统进行了比较全面的自动化改造，系统中所有测点都有自动报警功能，报警以警戒值为依据，由于绝大多数测点都没有确定过监测警戒值，致使这一功能不能实现。因此，自动化监测系统运行也要求确定各个测点的监测警戒值。鉴于上述两方面原因，所以进行了新的警戒值研究。

（二）警戒值的确定方法

主要按实测资料的统计分析结果来计算观测限制值。统计计算得出的限制值参考历史监测资料、运行资料、大坝定检资料、历次观测资料分析成果以及设计资料，最终确定各测点的监测警戒值。

第一类警戒值是判别自动化日常测值异常的标准，实际上是相邻两次自动化测值的可能最大增量。用两种方法来确定这一增量，一种方法是首先建立该监测物理量与相关环境量的关系式，然后根据相邻两次观测期间（定为一天）环境量的可能最大变化组合情况下的测值增量，用计算增量加若干倍标准差来作为警戒值。另一种方法是先按实测资料计算出增量系列，再对增量系列进行统计分析，采用系列均值加若干倍标准差来作为警戒值。第一种方法适用于环境量对监测物理量影响显著，关系式比较稳定的情况，第二种方法适用于环境量对监测物理量影响不明显，关系式不稳定的情况。

第二类警戒值是技术监督报表中重点部位监测物理量的异常判别标准。这类警戒值的确定以统计分析成果为基本依据，用回归拟合值加若干倍标准差算出警戒值的初步成果，将这一初步成果与历史监测资料、运行资料、大坝定检资料、历次观测资料分析成果以及设计资料进行对比综合分析，最终确定各测点的监测警戒值。

（三）警戒值的应用

第一类警戒值的数量比较多，确定了所有自动化测点的警戒值，将各测点的警戒值输入原自动化监测系统的分析管理软件中，用于自动化监测系统的测值合理性检验。当自动化监测系统发出报警后，观测人员向系统发出重测指令，如测值仍然异常，观测人员要到现场查看，了解情况，分析原因，进行处理或向上报告。

第二类警戒值，计算确定了 22 个重点监测物理量的警戒值，该类警戒值主要用于水工技术监督报表之中。

关于监测月报表中警戒值的确定，有几个具体问题需要做说明。

（1）本次计算所得的警戒值和原来采用的警戒值相差不大，且不存在原则性问题时，仍保留原来的警戒值。原先确定时参考了历史最大值，但有的历史最大值本身就是异常值，且有的现在已无法考证。另外，从现在的实测资料系列分析，有的历史最大值已不可能再出现，所以有些测点的警戒值低于历史最大值。

（2）主坝扬压力帷幕前设计渗压系数为 0.7，但 U7-1 实测值长期高于这一指标。实际上，在幕后渗压系数低于设计值的情况下，幕前渗压系数高说明帷幕阻水效能好，对大坝的抗滑稳定有利。所以 U7-1 的监控指标即警戒值应仍然维持原设计值 0.7 不变，但在应用它时，要作为下限来警示，这与其他测点的警戒值不同。

（3）地下厂房上游面地下水位的 3 个观测孔水位的警戒值原来都定为 1630.00m，而实测值和本次计算结果都高于这一限制值。从实测资料看，这 3 孔水位除个别时段有跳跃外，一般比较稳定，要满足这一监控指标比较困难。从大坝安全的角度看，现在的实际水位并无太大的影响。因此，认为原来警戒值的合理性值得商榷，提出了新的警戒值。

（4）左岸 23 号地下水位观测孔的水位限制在 Rp-4 结构面高程 1685m 以下是北京大学数学力学系对左岸岸坡稳定计算后得出的结论，以前该孔水位高于 Rp-4 结构面，现在实测水位都在 Rp-4 结构面以下。因此维持原警戒值不变。

（四）结束语

安全警戒值是为报警而确定的安全定量指标，不同安全级别的警戒值对应于不同的报警级别。本次警戒值的计算研究以统计分析为主，同时综合分析设计、施工、运行的有关资料，按照保证安全、讲究实际、灵活方便的原则来确定。本次研究警戒值时，充分考虑了原有警戒值的合理性，计算结果与原有警戒值相差不大的，尽量采用原有警戒值，以保持资料的一致性。

在警戒值使用过程中遇到问题时，要灵活对待，从发展的角度分析处理，必要时可以进行研究修改。

（甘肃电力科学研究院　李志敏
刘家峡水电厂　高承众）

天荒坪抽水蓄能电站水工监测系统的应用发展

天荒坪抽水蓄能电站位于浙江省安吉县天荒坪镇，电站枢纽主要建筑物由上水库、输水系统、地下厂房、下水库、开关站及主控室等部分组成。引水隧洞采用一洞三机布置型式，尾水隧洞采用一洞一机布置型式，两条引水斜井中心间距为59.54m。上下库库底高差590m，平均水头570m，最大发电毛水头610.20m，电站上下库均为日调节水库。地下厂房内装有六台单机容量为300MW的机组。

抽水蓄能电站运行方式与常规电站有着明显的不同，其水工建筑物不仅型式多、分布广，而且高压输水系统长期承受高水头，上下水库水位变化频繁、变幅大，故电站水工建筑物的安全监测显得尤为重要。

（一）电站投产初期的水工监测系统

天荒坪电站采用的水工自动化监测系统是美国Geomation公司提供的2380系统。

1. 自动化监测系统及其特点　该系统由33个Geomation 2380现场测控单元和位于中控楼内的主监控站组成。系统投用初期，接入数据自动采集系统的传感器有：多点变位计、锚杆应力计、渗压计、应变计、无应力计、温度计、钢筋计、测缝计、钢管缝隙计、钢板应力计、水位计、雨量计等共计712支，按工作原理分，主要有振弦式仪器、卡尔逊式仪器、脉冲式雨量计、感应式水位计，共4类仪器。

天荒坪电站的水工监测系统有以光纤通信为主及电缆通信备用两种通讯方式，并且任一测站都可作为临时网络监测站。但系统也存在以下不足：

（1）传感器成活率较低，随着时间的推移，又有一批传感器无法工作，影响了整个系统的工作；部分施工需要监测的仪器占用了大量的资源。

（2）以前数据库每年独立，而且外部变形、巡检、人工渗水观测等资料不能进入库中，给数据管理、查询带来很大不便；不能迅速地从原始监测数据库中提取有用信息。

（3）单机操作，需要数据必须到工作站电脑上获取，管理十分不便。

2. 人工观测　在电站投产初期，人工观测主要包括外部变形观测和渗水观测。外部变形观测根据规范要求设定观测周期，定期利用水准仪、全站仪进行沉降、水平位移观测。水平位移监测点主要分布在上水库库周坝顶及主坝后坝坡、下水库坝体、溢洪道、开关站、陡崖和滑坡体；垂直位移监测点分布在上水库库周及库底廊道，下水库坝顶及后坝坡、滑坡体。渗水观测主要有：上库廊道排水孔的渗水量监测、钢管外排水量的监测、各支洞堵头量水堰的监测、下库坝量水堰的监测等项目。

（二）建立水工监测信息管理系统

建立了水工监测信息管理系统，它主要涵盖了自动化采集数据转入、历史资料转入、人工数据录入、观测资料管理、图表制作和安全评判与监控等功能。

该系统的建成大大提高了数据管理和分析水平。主要表现在以下几点：

（1）建立统一的数据库。外部变形、巡检、人工渗水观测等所有历史资料全部入库，同时做到与Geomation自动化数据采集系统无缝连接。

（2）将以前单机操作变为现在利用网络。公司任何一台电脑只要装上该系统就可根据权限进行相关操作。

目前还采用了安全监测信息自动报送软件将数据报送给大坝安全监察中心，已初步取得较好效果，并在继续完善中。

（三）水工监测自动化改造

目前，电站水工建筑物各个重要部位（上下水库、施工支洞）的渗水都完成了自动化改造，安装了自动量水堰计，对单孔渗水监测采用电磁流量计。

此外，还采用无线渗压计对山体水位孔进行了自动化改造，仪器采集到的数据可以通过无线传输，直接传到办公室的采集仪中，大大减少了人工观测的工作量，并可以对山体水位进行监测。

（四）结束语

（1）对监测系统的实施要有一个明确的规划，设计、施工、运行三个环节环环相扣，其中任何一个环节没做好，都将影响系统的质量。对设计来说，要有一个明确的设计思路，传感器布置要少而精；对施工单位来说，要重视电缆的保护和观测资料的收集和整理工作；运行单位则要尽早介入，从设计、施工就有固定的技术人员参与建立监测系统的工作，有利于日后的运行管理和资料分析。

（2）要选择适合自己电站的自动化系统和管理软件。现在看来，无论是测控单元、网络结构、系统稳定性及数据管理等都是令人满意的。

（3）系统的维护工作很重要，需要定期对传感器进行鉴定，对系统进行评估。在此基础上对仪器进行筛选，让正常的仪器、重要的项目接上系统，对运行人员和自动化系统进行减负。

（4）做好新技术跟踪和应用。

（华东天荒坪抽水蓄能有限责任公司
黄小应　吴宏炜　焦修明）

葛洲坝水利枢纽基础排水孔过滤体研究

（一）概况

葛洲坝水利枢纽基岩为白垩系下统石门组砾岩和五龙组砂岩、粉砂岩、黏土岩互层。为了防止基础软弱夹层发生渗透变形继而破坏基础正常工作条件，危害建筑物安全，在葛洲坝基础排水孔中都采用了软弱夹层保护措施——组装式过滤体。

1983年、1991年和1995年曾对部分基础排水孔内的过滤体进行起拔检查。检查结果表明：部分过滤体有材料老化现象，大部分过滤体没有明显的淤堵，不影响过滤体的继续使用。1995年以后未再做起拔检查。2005年，葛洲坝闸坝第二次安全定期检查专家组再次提出抽查过滤体，以了解基础排水孔的工作状态。

（二）工作内容

组装式过滤体为外径60（内径50mm，壁厚10mm）的带孔眼的改性聚丙烯滤水花管，外衬一层18目尼龙筛网，中间为聚氨酯泡沫圆柱体套在滤水管上（孔眼为1.38mm×1.35mm～0.11mm×0.08mm)，外层为工业涤纶过滤布，包裹在泡沫柱上，即为组装式过滤体。

起拔基础排水孔过滤体并进行以下项目的试验研究：①过滤体的渗透性；②过滤体的穿透性；③过滤体的变形及强度；④过滤体固体颗粒沉淀物分析；⑤基础排水孔口半固态分泌物成分测定；⑥基础排水孔水质分析；⑦基础排水孔电视检查。

（三）试验项目

1. 过滤体的渗透性　分别对有纺土工布及泡沫塑料进行渗透性试验，再测定组装式过滤体在实际运行工况条件下的渗透性。试验按裘布依有压完整井处理，试样均用实际过滤体结构及径向尺寸，长度为34cm，上下底均用环氧树脂密封。试验成果表明，过滤体的渗透性与运用初期没有明显变化。

2. 过滤体的穿透性　分别对泡沫塑料、泡沫塑料加土工布进行穿透性试验，再测定组装式过滤体的穿透性试验。试验用水中掺有粒径小于0.1mm红褐色土壤土，浓度约为12g/L。试验开始后排水口出水迅速变红，3～5min后开始逐渐澄清，10min后上下游水流均已完全澄清，继续通水30min后停止供水。拆开过滤体，未发现泡沫塑料上有附着土粒或泡沫塑料颜色的变化。试验成果表明，粒径小于0.1mm的土颗粒均能顺利穿透过滤体。

3. 过滤体的变形及强度　分别对组装式过滤体的径向变形、泡沫塑料的垂直变形、有纺土工布的抗拉强度、改性聚丙烯滤水管的强度进行了检测。试验成果表明，过滤体的变形及强度与运用初期没有明显变化。

4. 固体颗粒沉淀物分析　起拔过滤体时看到，过滤体外包土工布上附着固体颗粒有两类，一类为红褐色颗粒，另一类为黑色、灰黑色颗粒。试验成果表明，这些附着颗粒主要为岩石碎屑，其物质成分与这些排水孔穿越的岩体中的剪切带基本相同。

5. 排水孔口半固态析出物成分测定　试验成果表明，主要成分为Fe和Ca。Fe来源于铁管的腐蚀；Ca则是可溶性钙随水流至孔口，因压力减小逸出CO_2，并以$CaCO_3$形式出现。本次所测得的主要成分含量在1995年检测结果范围内。

6. 水质分析　主要成分与以前检查分析结果相近，水质为HCO_3-SO_4-（Cl）-Na型或CO_3-SO_4-（Cl）-Na。大江和三江所取水样的矿化度与1995年检测基本一致，而二江水样的矿化度较1995年有所上升，初步判断可能是由于二江廊道下排水孔水循环较为不畅，而孔内壁上裂隙和软弱夹层上的固体颗粒不断进入水中，其可溶部分不断溶解，随着孔内水的不断蒸发，造成水中各离子浓度增大，矿化度增高。

7. 排水孔钻孔电视检查　在现场起拔过滤体时，对8个排水孔进行了全孔壁成像检查，重点在于检测排水孔中软弱夹层的状态。共完成8个孔共计160m的全孔壁成像数据采集工作，电视成像结果表明：钻孔深度除个别排水孔外，基本没有变化；各个钻孔中贯穿的软弱夹层基本没有发现明显变化，没有发现冲刷破坏痕迹及垮塌、流失等破坏现象；观察到F_5、F_9等2处断层带。

（四）结论

过滤体的检查及试验结果表明，过滤体透水性能良好，性能稳定；穿透性能仍可满足设计要求；仍有较好的弹性及强度，满足排水孔的使用要求；排水孔孔底沉渣较少，孔壁较完整，泥化夹层性状稳定，过滤体对其起到了很好的保护作用。基于上述试验成果可以认为，过滤体性能没有明显变化，可以继续使用。

（中国长江电力股份有限公司　于成龙）

桓仁单支墩大头坝劈头裂缝稳定性分析

（一）概况

桓仁水电站位于鸭绿江支流浑江上，在辽宁省桓仁县境内。电站以发电为主，兼有防洪、灌溉、养殖等综合利用效益；大坝为混凝土单支墩大头坝，水库总库容34.6亿m^3，为不完全年调节水库；共装机5台，总容量246.5MW，设计多年平均发电量为4.89亿kW·h。

大坝在蓄水前共进行5次裂缝调查，在可查部位共发现裂缝2084条，上大头有699条，上游面有261条，劈头裂缝有50条，其中20条比较严重。

大坝蓄水后，裂缝有所发展。1975年1月发现10号坝段裂缝已从高程294m往上扩展到高程300m。1981年春，在未做防渗层的部位发现新的劈头裂缝8条，原裂缝扩展的有11条。有的裂缝扩展到坝顶和下游面，比较严重的有6、7、9、10号坝段。在气温较低的2～3月份，9号和10号坝段下游侧有水渗出，并在溢流面上（坝段中心线附近）也发现一些裂缝，其中几个坝段也有水渗出。

在大头背面钻孔测压表明：缝内水压一般为29.4～58.8kPa，其中局部未做防渗层的16号坝段压力达0.43MPa，但缝内渗流量不大，为0.12～0.35mL/s。

（二）裂缝的稳定性分析

综合认为，大头坝的大头施工期间如不出现裂缝，则各种荷载作用下产生的拉应力都是一般混凝土所能承受的；而出现裂缝后，裂缝是否会发展则与缝的深度、缝内的水压和侧向限制情况等有关。

大头坝出现劈头裂缝，如缝内无水，则对整个坝体的应力影响不大。支墩被劈成两半后，其安全度会降低，但只要缝内没有水压，支墩的纵向稳定基本上仍在规定的安全度之内，如有水压并较大时，则支墩存在侧向失稳的可能性，威胁大坝安全。

（三）对劈头裂缝的加固处理

1. 蓄水前的处理　上大头原设计为钻石头型，蓄水前将上大头两个相邻坝段间的三角槽回填了混凝土，并在上游面做了无胎油毡防渗层。在无胎油毡上面设混凝土保护板，厚度为60cm。在上大头背水面做“砂浆棒”，即在相邻坝段间伸缩缝处打孔，孔径70mm，孔距0.3m，孔深2.0m，孔向接近水平，要求严格骑缝，然后用干硬性水泥砂浆压填密实（砂浆水灰比1∶0.35，砂浆标号R28为140号，实际标号达200号以上）；实际做到高程260m。

2. 蓄水后的处理　蓄水运行后发现劈头缝有所扩展，并出现一些新的劈头裂缝，为防止裂缝进一步扩展，1989年采用沥青混凝土对原防渗层进行加高，从高程288.3m加高到306.3m（50年一遇洪水位为306.0m）。为防止从坝顶渗水，在坝顶做了沥青席防渗层。对封腔盖板还进行了保温改造。加高的防渗层为沥青混凝土，其加高范围是左右重力坝段及1～12、26～32号挡水坝段，高程为288.3～306.3m，面积为6700m^2。沥青混凝土厚度为10cm，外加厚6cm混凝土面板（兼作模板用）。在有劈头裂缝或横缝处，采用双重防渗措施，在面板上做氯丁橡胶片隔离层再浇沥青混凝土。沥青席防渗层的范围：1～12、25～32号共20个挡水坝段，面积为3000m^2。在沥青席上面做30cm厚钢筋混凝土面板。

溢流坝段为整体封腔，挡水坝段下游原设计有封腔保温盖板，盖板为10cm厚轻型预制钢筋混凝土槽型板，槽型板内以玻璃丝绵为主要保温材料，5cm厚木丝板为次要保温材料兼作玻璃丝绵的承托板，保温效果相当于3.3m厚混凝土。

运行20多年后，发现槽型板木丝板和方木在潮湿环境中已经腐烂，保温效果已经降低。因此采用沥青膨胀珍珠岩对盖板进行改造。在原封腔盖板上铺砌一层厚15cm的沥青膨胀珍珠岩块体，上部用3cm厚水泥砂浆作为保护层，保护层内设有孔径为40mm的12号菱形钢丝网及直径12cm、间距为100cm的钢筋网，在沥青膨胀珍珠岩块体与砂浆保护层之间设有一层沥青卷材防水层。

（四）加固处理效果

1. 裂缝稳定情况　大坝蓄水后，1973～1975年先后在1、3、9、10、12、15、17、24、28号坝段大头背水面钻孔，钻孔与劈头缝的交点到上游面距离分别为3.5m和6.0m。用钻孔电视观察，仅在1号坝段和28号坝段（高程267～268m）距上游面3.5m处看到裂缝，并有水渗出，而在6.0m处既看不到原裂缝，也见不到有水渗出。

钻孔电视观察到的裂缝与蓄水前调查的裂缝相比较，1号坝段和10号坝段原裂缝的深度为6.0m，现仅能在3.0m和3.5m处看到裂缝，在6.0m处找不到裂缝。分析认为，由于大坝封腔保温后，坝体温度普遍提高，原有裂缝已经闭合。

在没有做防渗层的部位，288.5m高程以上，1975年1月发现10号坝段劈头裂缝已从原高程294m扩展到300m。1981年秋调查发现，新劈头缝8条，扩展的11条。在没有做防渗层的16号坝段，用激光电视发现一条裂缝（高程264～278m），已经往下扩展到高程251.0m。

1989年上游防渗层加高后，裂缝比较稳定，经几次裂缝调查，上游面306.3m高程以上未发现新的劈头裂缝。

1972～2006年监测表明，大头伸缩缝5个测点开合度（大坝轴线方向）的年变幅在1.0mm以内，比较稳定。其中F250（8-9）、F265（27-28）为张开型，F246（1-2）、F260（1-2）、F250（17-18）为闭合型。F250（8-9）在2005年9月14日开度达5.97mm，变化趋势为逐年缓慢张开。初步分析认为，这是因为8号和9号坝段正是进坝廊道交通洞口，要经常开启，温度变化相对较大所致。F250（17-18）在2006年9月13日开度达到最小为−3.87mm，变化趋势为逐年缓慢压缩。其他3个测点目前测值在−1.00～1.46mm之间变化。

1972～2006年监测表明，大头耳缝5个测点开合度测值跳动频繁，但测值变化规律正常。耳缝基本是稳定的，无大张开的异常情况。

2. 渗漏情况　做防渗层前，1960年调查，大坝渗漏水101处。1964年汛期，水位262m时出现渗漏水192处，其中射流6处。做防渗层后，渗漏水明显减少，已消除了射水。加高防渗层后，防渗效果更加显著。蓄水前水位较低时，坝体渗漏水就比较严重，不仅渗漏水处数量多，其中还有 6 处射水。上游做防渗层后，渗漏水处数量明显减少，但因防渗层仅做到高程 288.5m，因此在低水位时渗漏水处数量少，而在高水位(300m 左右)时渗漏水处数量仍然很多。渗漏水除与上游水位有关外，还与坝腔温度有关，腔温较高时，渗漏水处数相对较少，而腔温较低时，则渗漏水处数相对较多。上游防渗层加高到高程 306.3m 后，渗漏水处数又明显减少，并比较稳定。在上游面做防渗层和加高防渗层是必要的，其效果也是显著的。235m 高程廊道的渗漏水均经 16 号坝段集水井排出，渗漏量在减少。监测表明，有的裂缝内不仅有水，还有压力。其中 16 号坝段压力最大，曾达到 0.431MPa。28 号坝段刚钻孔装表监测时，也曾达到很高值，但很快压力就降下来，1985 年后已测不到压力。

3. 封腔保温效果　为减小坝体温差提高腔温，1968 年 8 月用封腔盖板对坝腔进行了封闭，冬季前封闭完成。1970 年开始对 21 个孔洞进行封堵，以后每年秋季对孔洞进行封堵，春季开启。1989 年在封腔盖板上又增加一层珍珠岩保温层。大坝封腔前，腔温冬季为负值，裂缝张开，漏水结成冰柱。坝体年平均温度，挡水坝段为 6.8～7.2℃，溢流坝段为 8.2～8.8℃。大坝封腔后，冬季消除了负温，坝体年平均温度，挡水坝段为 10.0～12.0℃，溢流坝段为 9.3～10.8℃。

4. 耳缝得到了补强　在大坝的裂缝调查中发现，上大头表面不仅在对称中心线附近出现垂直裂缝，而且整个上游面甚至下游侧面的法线方向也都出现了裂缝。上游面的旁侧裂缝（距对称中心线外大约为整个坝段的 1/4）一般称之耳缝，其长度达 20～40m。计算和试验表明，大头对称中心线处的承载能力最低，耳缝比劈头裂缝安全；但由于支墩单薄，混凝土的均质同性实际上也难于保证，因对耳缝能否危及大坝安全的问题，也是值得注意的。上游三角槽回填混凝土和在下游做“砂浆棒”都起到了侧向限制作用，它不仅改变了大头的边界条件，还使耳缝得到了补强。从定量分析得知，三角槽回填减小了大头中心部位的拉应力，并提高了大坝的横河向抗震能力。从大连理工大学在现场做的自振频率观测得知：横河向坝段间有相当强的互相限制作用。从实测的脉动图形得知，顺河向的自振第一频率不到 7 次/s，而横河向约 30 次/s。这不仅说明横河向坝段间有相当强的抗御地震能力，也说明存在较强的侧向限制作用。

（五）底孔坝段加固

底孔坝段（16、17、21、22 号坝段）因上游面较为复杂，在施工中未做防渗层。其中 16 号坝段最为典型，共发现裂缝 74 条（垂直裂缝 47 条、水平裂缝 27 条），有 3 条裂缝较为严重，即上头劈头裂缝、左 3m 的耳缝和支墩第一主应力方向的贯穿性裂缝。

监测表明，缝内有水并有压力。有的测点压力较大，已接近全水头。为此，对 16、17 号坝段进行了加固。在 16、17 号支墩两侧加混凝土支撑，支撑宽 5m，高 36m。1998 年开工，2001 年 11 月竣工。支墩侧向支撑不仅可防止劈头裂缝扩展，又对左 3m 的耳缝进行了补强。

对于支墩的贯穿性裂缝，采用高强度连续碳纤维单向排列成束，用环氧树脂浸渍形成碳纤维增强复合材料片材，将片材用专用环氧树脂胶粘贴在裂缝部位，使原结构形成一体，维持支墩的整体性。

底孔坝段加固后，其缝内水压比以前降低，是加固起作用还是测压孔堵塞，其原因正在分析。

（六）结束语

（1）桓仁大坝混凝土裂缝较多，上大头最危险的裂缝是劈头裂缝。

（2）劈头裂缝是否稳定取决于裂缝的深度、缝内水压和侧向限制等情况。大坝经过蓄水前、后的处理，上游防渗层起到了防渗作用，使渗漏水减少，控制了缝内水压。上游三角槽回填混凝土和做“砂浆棒”使大坝横向方向有很强的约束，起到了侧向限制作用，不仅限制了裂缝继续扩展，也增强了大坝的横向抗震能力。三角槽回填还使耳缝得到了补强。

（3）封腔盖板保温和孔洞严密封堵及开启，提高了坝体和坝腔温度，不仅保证了“砂浆棒”的作用，也使裂缝稳定。

（4）底孔坝段前未做防渗层是大坝的薄弱环节，尤其是 16 号坝段实测缝内水压又大，1998～2001 年对 16、17 号坝段侧向加固有利于支墩侧向稳定。

（5）26 号坝段以左各坝段大部分未做防渗层，这部分混凝土是复工后浇筑的，质量好，对横缝又进行了灌浆，坝的高度相对较低，最大水头不超过 40m，目前未发现异常，但应加强观测。

（6）缝内水压力对裂缝稳定性至关重要，上游防渗和打排水孔均可起到降压的作用。桓仁大坝进行上游防渗后，裂缝比较稳定，但应加强监测。

（东北电网有限公司　宋恩来）

龙羊峡大坝高水位运行期变位规律分析

龙羊峡重力拱坝变形监测设施包括垂线系统、几何水准、静力水准、测边交会网和弦长观测等。垂线系统分别布置在拱冠 9 号坝段、左 1/4 拱 4 号坝段、右 1/4 拱 13 号坝段、左岸和右岸重力墩，观测坝体水平位移；在2463m、2530m、2600m各层廊道，采用精密水准或静力水准观测坝体垂直位移；在2443m基础廊道，采用静力水准和几何水准观测坝基垂直位移和倾斜。

（一）坝体水平位移

龙羊峡大坝拱冠垂线观测资料表明：1991年封拱完成后，拱冠上部存在向上游的趋势性变位。2005年7月18日至11月19日水位上升期和2005年11月19日至2006年3月10日水位下降期坝体相对位移分析如下：

1. 拱冠3号垂线

（1）在水位上升期间，2600m测点向下游的相对径向位移为15.4mm，其余各层测点的径向位移量均有明显增加。经分析，拱冠梁各测点位移增量与设计的反分析计算模型预测成果十分接近。水位回落后，受气温下降和高水位时坝体温度场变化影响，拱冠径向位移继续增加。2006年1月30日，2600m测点向下游的径向位移达到最大值，之后随水位下降和气温回升，呈向上游位移趋势。在高水位运行期间，2600m测点径向最大位移相对值约20mm。

（2）库水位升高后，因2585m廊道局部混凝土缺陷产生的渗漏水改变了坝体上部温度场的分布，对坝体产生了“提前冷却”作用，导致向下游位移变大，同时也说明坝体温度场与库水位有一定的相关性，较低水位运行时根据统计模型分离出的周期性温度分量在更高水位时不一定适用。

（3）高水位运行期间，拱冠切向位移变化量在1.0～1.5mm之间，无明显趋势性。

（4）位于9号坝段2443m高程的倒垂组IP3-0、IP3-1、IP3-2测点（孔底高程分别为2406.0m、2361.4m、2414.0m）径向均呈现出向下游的变化趋势，但相对变化量均不到0.7mm。切向位移变化微小，不超过0.3mm。

2. 左1/4拱2号垂线和右1/4拱5号垂线

（1）水位上升期间，左1/4拱位移趋向下游偏左岸，2号垂线2600m测点径向位移增量约为6.1mm，其他各层测点增量也有明显的变化，与设计反分析预测增量值相比，最大偏差3mm左右。切向位移增量在－2.2～－4.5mm之间。库水位回落期间，位移趋向上游偏右岸，径向位移在2497m测点达到最大，位移值为1.7mm；切向位移在2600m测点达到最大，位移值为2.7mm。

（2）水位上升期间，右1/4拱2600m测点径向位移增量最大，位移值为11.0mm，其他各测点位移增量均有明显变化，与设计反分析预测成果基本接近。切向位移最大值在2600m测点为1.5mm，其余各测点在0.3mm以下。

（3）水位回落期，右1/4拱5号垂线位移趋向下游偏左岸。径向位移在2600m测点达到最大，位移值为4.5mm；切向位移值在2585m测点达到最大，位移值为－0.3mm。

（4）在高水位运行期间，2号倒垂和5号倒垂测点测值呈小幅度波动，无明显趋势性。

（5）对于坝体垂线观测值，用2005年11月（高水位）和1999年11月的测值（较高水位）与2002年11月测值（较低水位）的相对变化做比较，发现在库水位接近正常高水位时，大坝仍主要处于弹性变形状态。大坝在水压和温度荷载作用下，总的趋势是向左岸小量级变形，2005年高水位时，大坝拱向变形更趋于对称。

3. 拱座左重1号垂线和右重6号垂线

（1）2005年7月18日至2005年11月19日（水位上升期），左重1号垂线径向相对变位最大值为0.49mm，切向相对变位最大值为1.44mm。2005年11月19日至2006年3月10日（库水回落期），变形趋于向下游偏左岸，径向位移在2550m测点达到最大，位移值为0.60mm，其他各测点位移量均较小。

（2）右重6号垂线在水位上升时段，径向相对变位最大值为1.71mm，切向相对变位最大值为－0.74mm。水位回落期测值规律性不强，但可看出有向左岸位移的趋势。

4. 弦长　高水位运行期，“左重2－右重2”和“左85－右85”的弦长观测成果呈先期伸长后期缩短形态，两条测线长度变化基本同步，最大缩短值分别为3.6mm和2.8mm，总体趋势与拱座垂线观测相符。

（二）坝体垂直位移

坝基2443m灌浆廊道各坝段垂直位移没有明显的趋势性，测值在观测误差范围内波动，河床坝段没有不均匀沉陷现象。大坝各层廊道内垂直位移测点均对高水位作用有所反应，随着水位升高，2463m层及以上廊道坝体上游侧上抬，说明坝体在高水位的作用下向下游倾斜。坝体垂直位移随高程降低而减小，同一高程上的最大位移值一般发生在拱冠的9号坝段，呈中间大、两岸小的状态分布。

（三）基础变位

1. 基础垂线观测　在2005年7月18日至2006年3月10日水位上升和回落过程中，横河向和顺河向位移量值均较小，无异常变化。IP11-2点锚固在F_{73}断层下盘岩体中，在高水位运行时段内变化较平稳，表明F_{73}断层处于稳定状态。IP11-1点锚固在F_{215}断层下盘、F_{73}断层上盘的岩体中，测值变化波动较大，与IP11-2无明显的相关性，经全面检查，主要是由于电缆接线绝缘不好造成仪器性能不稳定。

2. 主要断层变形

(1) 2530m层F_{73}断层多点变位计在水位上升期呈拉伸趋势，测值在0.50mm内变化；在水位回落期呈压缩趋势，最大变化量为−0.44mm。2530m纵向排水廊道内跨过F_{73}和F_{71}两侧的沉陷观测点没有明显的不均匀沉降。2497m层F_{73}断层活动量距仪垂直方向拉伸0.108mm，斜交方向压缩−0.033mm。2463m层IP11-2垂线顺河向变形增量为0.19mm。由此可见，在高水位运行期间，F_{73}断层处于稳定状态。

(1) 左岸2463m层G4多点变位计中，DW4-1测点变化量最大拉伸+0.35mm，呈微弱拉开状态；2497m层、2530m层G4多点变位计，变化量均在±0.2mm以内，无明显趋势性。

(3) 右岸2530m层F120(A2)多点变位计变化量在±0.2mm以内，无趋势性。

(4) 拱冠坝段坝踵处仅有一支岩石变位计(由测缝计改装)。从观测资料看，坝踵基岩从2005年7月初到11月略呈拉伸变化趋势，变化量约6$\mu\varepsilon$。从历史过程线可以看出，坝踵基岩在最高水位时仍处于受压状态。结合拱冠坝基帷幕前后扬压力观测资料分析，可以判断坝踵混凝土与基岩交接面没有拉开。

(三) 结论

龙羊峡大坝经首次高水位考验，拱冠和左右1/4拱径向变位水压分量与反分析成果接近，切向变位趋于对称；大坝拱座变位较小，主要断裂变形小，均处于稳定状态，无明显异常；拱冠坝踵处于受压状态。经过对大坝在较低库水位、较高库水位和高库水位下的变形情况的对比分析，认为大坝处于弹性工作状态，大坝和基础在首次高水位期间工作状态正常。

(河海大学 李 季)

洪门水电站主坝坝基F_{11}断层运行性态分析和评价

(一) 主坝工程概况

洪门水库主坝为黏土心墙风化土坝壳料土坝，坝顶长278m，最大坝高37.8m，上游坝坡1∶2.4～1∶3.5，下游坝坡1∶2.3～1∶3.0。防浪墙顶高程109.75m，坝顶高程108.0m。河床部位黏土心墙底部高程约70.4m，心墙上游坡比1∶0.58，下游坡比1∶0.18。

大坝坝基及两岸坝肩均由侏罗系下统洪门砾岩组成，矿物成分以石英质为主，局部为炭质砾岩。桩号0+135m以右的岩石较新鲜完整，虽有破碎带，但规模不大，延伸不远，没有贯穿坝基，基岩面3m以下单位吸水量$\omega<3$Lu；右岸山坡为弱风化洪门砾岩，岩石较完整，1958年提供的Z1钻孔资料，最大单位吸水量$\omega=6.45$Lu。

桩号0+135m以左的坝基(桩号0+70～0+110m)下有F_{11}、F_{23}两条顺河断层和F_{29}挤压破碎带通过。断层倾向左岸，倾角60°～80°，宽1～2m，内部充填砾质砂岩、糜棱岩、角砾岩等，岩石遇水软化、松散。断层两边岩石挤压破碎严重，节理裂隙发育，透水性强，一般单位吸水率$\omega=30$～50Lu。其附近岩石的完整性也遭到破坏，呈软弱松散状态，部分岩石受构造应力作用呈糜棱岩、角砾岩并夹断层泥，抗风化抗冲刷能力差。左岸山坡为强风化洪门砾岩，左岸坝肩有一层5～6m厚的强透水层，$\omega=20.6$～60.4Lu。

河床覆盖层广布，为砾质粗砂层，厚1.5～5.0m。1964年复工技施设计阶段试验表明，其临界坡降为0.724～0.84。右岸坡脚砂壤土覆盖层厚3m左右，左岸坡脚堆积砂壤土和大孤石。总体上，洪门主坝坝基地质条件为桩号0+135m以右较好，桩号0+135m以左较差。

(二) 主坝基础处理及历次补强加固工程情况

1958年施工期，坝壳部分基础只做了表面处理，坝壳置于覆盖层上，心墙部位基础开挖至基岩；对一些不良水文地质现象未引起足够的重视，基础岩石未做特殊处理，也未做混凝土盖板，使土坝心墙直接建在岩石面上。由此成为现今坝基渗漏、渗透变形和心墙与基岩接触面冲刷破坏的隐患。

1980～1983年补强加固期间对坝基断层进行处理；1989年底对F_{23}断层进行处理；1997～1998年对主坝断层进行补强处理。

2006年1月起，电厂观测人员发现F_{11}断层基7测压管水位逐步上升，并就此进行了分析和评价。

(三) 主坝F_{11}断层测压管资料分析和评价

1. 测压管布置情况　F_{11}断层带布置有基6、基7、基1、新基1和基8共5个测压管。可以反映该部位黏土心墙底部与F_{11}断层接触区渗流状态的测压管有基6、基7和新基1。基6测压管在黏土心墙上游部位，位于补强灌浆帷幕的上游；基7测压管在黏土心墙中，位于补强灌浆帷幕的下游；新基1测压管在黏土心墙下游、坝轴线下游9.17m处；基8测压管位于下游坝基，受厂房下游尾水位的影响明显。

2. 测压管孔状态评价

(1) 基6测压管水位与库水位密切相关，1998年以来，管内水位呈逐年上升的趋势，2001年后基本上与库水位持平，说明该管水位与库水连通。此测压管真实反映了该部位基岩的渗流情况，工作状态正常。

(2) 基7测压管水位与库水位相关，管内水位自

1998年补强后，呈下降趋势，多年平均水位80.84m，比多年平均库水位低15m。从2006年1月起，管内水位呈上升趋势，目前该测压管工作正常。

(3) 基1测压管水位2005年以前受上游库水位影响，变化有规律，多年平均水位75.3m，2005年以后，逐渐降低，接近下游水位。目前该测压管工作正常。

(4) 新基1、基8受上游库水位影响较弱，管水位略高于下游水位，变化有规律，测压管工作正常，较真实地反映了该部位基岩的渗流情况。新基1测压管水位在2004年有3天超出库水位40多米，应属测读误差。

3. 测压管资料分析

(1) 基6测压管位势自1998年4月后呈上升趋势，2001年后位势基本接近于1.0，说明多年高水位运行条件下，帷幕前的F_{11}断层受到冲蚀，产生渗透变形破坏。

(2) 自1998年4月补强帷幕灌浆后，基7测压管位势逐渐下降，其后位势基本稳定在0.35～0.4，历经多年，至2005年底开始逐渐上升，到2006年底位势达到0.56。这表明1998年的补强帷幕灌浆起到了防渗作用，2006年以前基7的位势一直没有上升。在经历8年高水位运行后，特别是2006年持续高库水位，帷幕灌浆的防渗作用在逐渐减弱，基7孔前断层承担的水头增加，基7测压管工作条件恶化，F_{11}断层受到冲蚀。

(3) 基6、基7测压管位于心墙与F_{11}断层接触区，其工作性态最能反映心墙与断层接触区的工作状态。经过8年的运行后，补强帷幕灌浆的防渗作用在逐渐减退，F_{11}断层受到冲蚀。

(4) 心墙下游侧新基1测压管的位势一直维持在0.08，没有出现上升的趋势，表明虽然F_{11}断层受到冲蚀，但心墙与断层接触面的渗透坡降尚未达到F_{11}断层的临界破坏坡降，帷幕后的F_{11}断层尚未完全渗透破坏，帷幕仍在起防渗作用，虽然作用已有所减退。

(5) 1998年补强后，位势降低，补强帷幕灌浆起到了防渗作用，基7测压管上游部位防渗性能降低，F_{11}断层已受到冲蚀。

(6) 基6测压管水位与库水相通，帷幕前F_{11}断层完全渗透破坏。

(7) 当F_{11}断层形成渗漏通道，渗漏量大于砂层排水能力时，其下游砂层测压管水位将会上升。由分析得出，近几年来砂层测压管，特别是渗流出口处的砂层测压管，水位没有丝毫上升趋势，从另一方面表明F_{11}断层尚未完全被渗透变形破坏，还没有形成集中渗漏通道。

4. 目前运行性态评价

F_{11}断层在长期高水位的运行条件下，1998年补强时的帷幕灌浆作用在逐渐减退，心墙与断层接触面受到渗透水压力的冲蚀。虽然F_{11}断层承受的渗透比降尚未超出其承受能力，但渗透变形已发展到帷幕下游，受到多次冲蚀后，量变会引起质变。在大坝黏土心墙与断层节理发育的接触部位进行灌浆，技术上有一定难度，1998年以前的两次补强，灌浆后只能维持3～5年，断层工作状态又会恶化。1998年补强，至今已运行9年，观测资料分析表明，帷幕防渗作用在减退，F_{11}断层受到冲蚀，运行性态正在逐步恶化。应密切关注其工作状态，尽早进行灌浆补强，以避免在心墙与基岩F_{11}断层的接触面形成集中渗漏通道，危及大坝安全。

(四) 结束语

(1) 大坝运行管理单位应高度重视大坝安全。请华东勘测设计院编写了《江西省洪门水电站主坝坝基F_{11}断层补强加固处理设计专题报告》。报告中提出的补强加固措施主要有上游帷幕灌浆施工、测压管修复与补打下游排渗槽施工。

(2) 选择有资质、有经验的施工单位。洪门大坝帷幕灌浆为无盖板灌浆，江西水电工程局1980～1983年、1989年、1998年等多次在洪门进行灌浆施工，对洪门工程熟悉，更有利于保证施工质量。

(3) 严密组织，认真施工，尽早消除大坝安全隐患。洪门大坝灌浆处理工程于2007年4月9日正式开工，于6月14日完成大坝基础两断层带帷幕灌浆施工。工程结束后，基7孔水位下降了2～3m，施工取得了良好的效果，及时消除了大坝隐患，为洪门大坝的安全运行提供了可靠的保障。

(江西三和洪门水力发电厂
郭文泉　江桂荣)

水口升船机监测设计及监测资料分析

(一) 监测系统设计

1. 变形监测　升船机钢筋混凝土塔柱总高度79.5m，对称布置在中心线两侧。塔楼为薄壁结构，43.5m高程以下为薄壁箱形结构，43.5m以上为薄壁E形结构。

(1) 为了监测塔柱运行及地震等情况时相对于基础的水平变位情况，在下平衡重段及交通段中部各布置一对正垂线，编号为PL1～PL4；在下提升段E型结构的上、中、下三个部位各设一对正垂线，编号为PL5～PL10。正垂线共10条，每条垂线设2个观测点（悬挂点高程 74.0m，观测点高程分别为 45m 和 0.5m）。

（2）为了解塔楼各结构段之间的相对变形，在塔楼顶部（74.0m 高程）E 型结构接缝处设置了 5 组二向测缝计组，观测结构缝的开合度和错动位移。

（3）为了解升船机沉陷情况，在上提升段、上平衡重段、下平衡重段、下提升段顶部各埋设一对沉陷观测点，交通段埋设两对沉陷观测点。

（4）在上闸首工作门段和下闸首工作门段分别设一对和两对相对位移测点，采用收敛计观测左右闸墙间的相对位移。

2. 应力、应变及温度观测

（1）塔楼提升段在温度荷载作用时，0.5m、61.0m 高程应力较大；在地震荷载作用时，0.5m、47.5m 高程地震应力较大，因此，在塔柱 0.5m、47.5m 和 61.0m 高程布置钢筋计。根据塔楼平衡重段在各种荷载组合作用下的应力分布情况，在塔柱 6m、32m、43.5m、47.5m、61m 高程布置钢筋计。塔楼交通段总体应力水平较低，其中，最大拉应力为 0.9MPa，发生在 43.5～46m 高程范围，因此，只在该部位布置钢筋应力计。各段塔楼塔柱共布置钢筋应力计 27 支。

（2）升船机底板在年温降荷载作用下，顺河向和横河向两个方向均产生拉应力，最大值发生在底板顶部，横河向应力最大值发生在右岸塔柱的根部，其值为 1.74MPa。顺河向应力最大值发生在底板的右边缘，最大值为 1.24MPa。因此，在底板应力较大部位埋设三向应变计组共 4 组，另设 27 支钢筋计。

（3）在塔楼 74m 高程平台，左右塔柱之间设置了 15 根联系大梁，每段（交通段、上下平衡段、上下提升段）各设置 3 根，构成闭合框架，增加塔楼的整体刚度。为了监测大梁的工作状况，在交通段、下提升段和下平衡重段的中间大梁上各布置了 3 支钢筋计，布设位置在大梁的端部上层和中部下层。

（4）为了解外界温度对混凝土结构和塔柱应力的影响，在平衡重段、提升段距塔柱外侧不同深度布置温度计，共 8 支。

3. 右岸高边坡监测　为监测高边坡的稳定情况，在边坡范围内布置了 6 个测斜观测孔（编号为 SIN1～SIN6）和 2 个地下水位测孔。升船机投入运行后，为加强边坡和升船机绝对变形的实时监测，在升船机右侧边坡 32m 高程平台上增设一条引张线和两条倒垂线，在引张线测点与升船机塔楼间增设 4 套杆式伸缩仪（编号为 GS1～GS4）以监测塔楼的变形。

（二）主要监测成果分析

1. 塔柱变形

（1）左右塔柱各测点水平位移呈明显的年周期变化，高温季节塔柱张开，低温季节合拢。最大测值一般发生在 1～3 月，最小测值一般发生在 7～9 月，对照坝区气温可认为：塔柱水平位移变化滞后气温 1 个月左右；不同高程比较，闸墙上部（74m 高程）位移的变幅大于 34.5m 高程；各测点趋势性位移不大。

（2）由于右塔柱受山体边坡约束，其位移变化幅度小于左塔柱位移变化幅度。右塔柱各测点多年平均变幅在 5.51～8.52mm 之间，而左塔柱各测点多年平均变幅在 9.33～11.39mm 之间。

（3）2006 年 8 月 15 日，在升船机上行和下行过程中对各部位变形进行了测试。监测数据表明，承船箱上行时，交通段、下平衡重段略向两侧位移 0.8～1.2mm 之间，下提升段位移变化不明显；承船箱下行时，交通段、下平衡重段恢复到静止锁定状态，下提升段下游侧略向外侧位移（0.3～0.7mm 之间），其他测点位移变化不明显。升船机运行一次时间较短，由运行荷载产生的位移很小，且是可恢复的弹性变形。

2. 接缝

（1）上工作门段—上提升段之间接缝开合度变幅较小，年变幅一般在 1.2mm 左右；下平衡段与下提升段之间接缝开合度变幅较大，年变幅一般在 5mm 左右；各部位接缝开合度趋势性变化不明显。

（2）升船机下平衡段—下提升段之间的错动位移呈年周期变化，其他部位测缝计周期性变化现象不明显。2002～2003 年期间，交通段与下平衡段之间测缝计测值逐渐减小，错动量约为 0.7mm，2004 年后基本处于稳定状态；下提升段与下平衡段之间，位于右塔柱的测缝计 F4S 测值稳定，不存在错动现象。位于左塔柱的测缝计 F5S 测值有减小的现象，检查观测资料可发现，2000 年 8 月和 2004 年 2 月出现 2 次突变，测值分别减小 0.7mm 和 1.0mm，目前稳定在−2.6mm 左右；从升船机上行与下行（2006 年 8 月 15 日测试）的观测资料看，承船箱升降运行对闸墙之间错动位移的影响不明显。

3. 垂直位移　升船机沉陷（垂直位移）采用精密水准法，塔楼垂直位移呈明显的年周期变化，高温季节塔楼上抬，低温季节塔楼下沉。升船机各测点垂直位移最大测值（下沉）在 14.09～17.15mm 之间，发生在 2005 年 2 月或 3 月；最小测值均为 0.00mm，发生在始测日。各测点最大年变幅在 11.29～14.75mm 之间。左右塔柱垂直位移多年平均变幅较均匀，左塔柱测点在 9.77～10.68mm 之间，右塔柱测点在 9.84～10.90mm 之间。各测点没有发生明显的趋势性下沉。

4. 混凝土温度 升船机下平衡重段、下提升段的温度计在埋设初期，因混凝土浇筑水化热作用温度均较高。水化热到达最高温度后混凝土散热较快，在3～4d内温度基本降至正常状态，之后受气温的影响，呈年周期变化。各测点每年的最高温度一般出现在7～9月份，最低温度出现在1～2月份或12月份，基本上跟气温同步变化，年变幅一般在20℃左右，略小于气温的变化幅度。

5. 钢筋应力 升船机塔楼底板钢筋应力均呈明显的年周期变化，温度升高，钢筋应力减小，温度降低，钢筋应力增大，符合钢筋混凝土热胀冷缩的一般规律。

(1) 在塔楼右塔柱交通段、下平衡重段、下提升段钢筋计最大拉应力为36.42MPa，最大压应力为73.63MPa，最大年变幅在13.74～84.19MPa之间，可见塔楼钢筋计处于低应力状态，最大拉（压）应力均小于钢筋所能承受的强度。

(2) 上工作门段、下闸首钢筋计最大拉应力为41.81MPa，最大压应力为49.73MPa，最大年变幅为46.88MPa，可见各钢筋计的应力较小，最大拉（压）应力均小于钢筋所能承受的强度。

(3) 74m高程平台联系大梁钢筋计最大拉应力为36.58MPa，最大压应力为31.61MPa，最大年变幅为30.64MPa，处于低应力状态，具有较大的安全裕度。升船机钢筋应力受承船箱上下运行的影响不明显。

6. 混凝土应力 下平衡重段底板混凝土在初期应力较小，但存在向受拉方向发展的趋势，1997年之后基本上处于受拉状态，横河向最大拉应力约2.8MPa，顺河向最大拉应力约为1.4MPa。混凝土应力与温度密切相关，温度降低，拉应力增大。目前，应力增大趋势已基本稳定。

7. 右岸高边坡

(1) 升船机右岸32m高程平台引张线测值表明，边坡向左岸最大位移为4.12mm，向右岸最大位移为0.82mm。各测点水平位移主要受温度的影响，高温季节向岸边位移，低温季节向河床位移，最大年变幅约3.96mm，滞后气温约1～2个月。未见可疑滑动面，且没有趋势性变化现象。可见，右岸边坡总体上是稳定的。

(2) 右岸边坡地下水位测孔UP63水位在46.98～65.38m之间变化，测孔UP64水位在47.16～64.00m之间变化。UP63孔内水位受降雨量的影响较明显，UP64受降雨、上下游水压、温度的影响均不明显。

(三) 结束语

水口升船机的监测设计结合升船机的结构特点及施工方法等具体情况，有针对性地确定了监测项目，选择重点监测部位，并采取简捷有效和可靠的方法加以监测。从监测的成果看，监测系统运行正常，监测资料真实、可靠。塔楼变形主要受温度的影响，各结构段之间没有明显的不均匀沉陷和错动位移。塔楼钢筋除个别部位应力较大外，大部分钢筋处于低应力状态，具有较大的安全裕度。塔楼底板混凝土处于受拉状态，但拉应力不大，无增大趋势。右岸边坡未见可疑滑动面，表面及深层的位移量均较小，无趋势性变化现象，右岸边坡处于稳定状态。可认为升船机及其基础的工作状态是稳定的。

（中国水电顾问集团公司华东勘测设计研究院 王玉洁 徐建清）

吉林台一级电站水库初次蓄水期渗流观测及分析

(一) 监测内容及布置

吉林台一级水电站位于伊犁喀什河中游吉林台峡谷段，是喀什河流域规划中的第十个梯级水电站。枢纽建筑物由拦河大坝、表孔泄洪隧洞、深孔泄洪隧洞、发电引水隧洞、压力管道、地面式厂房及户内开关站（GIS）等组成。电站拦河大坝为混凝土面板堆石坝，坝高157m，水库总库容25.3亿m^3，总装机容量460MW。

大坝渗流观测包括渗流量、渗流压力和地下水位观测等内容。地下水位观测包括坝基、堆石料、左右坝肩山体、库尾火烧层和垭口山体等地下水位，分别采用测压管和埋设渗压计观测渗流压力。趾板后垫层料区埋设渗压计监测面板和趾板渗漏情况。坝后渗流汇集后流向量水堰。

(二) 库水位观测

水库自2004年10月开始蓄水，最高水位为1390m，到2007年7月中旬，水库首次蓄水至正常蓄水位1420m。

2006年最低水位1379.80m（4月7日），最高水位1415.32m（8月3日），水库水位上升35.5m，平均上升速度0.313m/d，24h最快上升速度达1.25m/d，主要上升阶段为5月中旬到7月下旬。8月中旬，随着来水量减少、水库弃水等因素水位开始下降，下降过程缓慢，到年末水位下降6.92m，平均下降速度0.05m/d。

2007年度最低水位1402.52m（4月15日），最高水位1420.49m（8月21日），其中1月、2月、3月水位下降速率5cm/d左右，4月上旬水位下降10cm/d，4月下旬水库水位开始上升。7月后水库开始弃水，水库水位一直保持正常蓄水位。9 月 17 日后，水库水位缓慢回落至正常蓄水位以下。9、10、11 月 3 个月，水库水位保持在 1419m 左右运行，12 月上旬水库水位下降 1m 左右，12 月 14 日水位 1417.44m。

综合水位观测结果，水库从 11 月到第二年的 4 月中上旬为消落期，4 月后进入来水期（水位上升期），7、8、9 月为高水位运行期。水库水位上升期来水量大，每天上升最大值达 60～70cm，发生时间在 5 月下旬和 6 月中旬。来水期和大气降水因素有关，2007 年集中降水期为 5 月和 7 月，消落期和高水位运行期和水库调度有关。

（三）渗流量观测

2004 年 11 月 7 日，坝后量水堰首次过水，到 11 月 19 日进入正常工作状态，此时库水位为 1338.60m，渗流量 95.76L/s。后因渗流量较大，对量水堰进行改造，2005 年 5 月 10 日改造完成后，库水位 1351.40m 时测得渗流量 123.15L/s。以后随着库水位的升高，渗流量随之增加，2005 年 12 月 20 日，库水位 1389.18m 时，渗流量达到 221.89L/s；2006 年 8 月 17 日，库水位 1415.22m 时，渗流量达到 286.87L/s；2007 年 7 月 15 日，库水位 1420.20m 时，渗流量达到 278L/s。

比较库水位和渗流量相关关系，绘制水位—渗流量图。对比蓄水过程几个阶段，分析库水位和量水堰之间的关系，可看出量水堰分阶段和库水位线性相关关系良好。

（四）坝基渗压计观测

鉴于坝基渗压计和环趾板渗压计的安装高程不同，以及为了能更直观地获取渗压计水位与库水位的时间过程曲线变化规律，绘制库水位及渗压计水位时间过程曲线。可以看出，环趾板且靠近下游的渗压计 p-1-1、p-1-10，由于初始安装高程高且所处位置趾板帷幕灌浆质量优良，故水位稳定。其中 p-1-1 的水位波动范围是 1397.93～1398.55m，幅度为 0.62m，p-1-10 的水位波动范围为 1348.00～1349.25m，幅度为 1.25m，这两支渗压计水位都不随库水位而变化。位于坝基 0+287.000 观测断面的渗压计的水位也稳定，其中 p-1-12 的水位变化范围为 1293.97～1294.83m，幅度为 0.85m；p-1-13 的水位变化范围为 1303.97～1304.89m，幅度为 0.92m；p-1-14 的水位变化范围为 1305.47～1305.98m，幅度为 0.51m；p-1-15 的水位变化范围为 1300.11～1300.94m，幅度为 0.82m，这 4 支渗压计的水位都不随库水位变化。位于右岸趾板拐角处的 p-1-3 的水位与其他仪器变化规律不同。位于左岸趾板拐角处的渗压计 p-1-8 的水位随时间一直在上升，值得关注。位于原河床区域的 21 支渗压计中，水位最大值为 p-1-7 在 2007 年 11 月 25 日的观测读数 1294.86m，低于坝基排水体顶高程 1295.00m，由此，可以说明坝基排水体正常有效，排水效果很好。取原河床段最大坝高 0+203.000 断面的渗压计水位绘制浸润线，从上游至下游，水位逐渐降低，符合面板堆石坝浸润线的一般变化规律。

从渗压计水位与库水位时间过程曲线可以看出，渗压计水位与库水位的极值所对应的时间一致，随库水位而变化，变化趋势与库水位也一致，渗压计水位与库水位高度相关。

取同一时刻的库水位和渗压计水位绘制的散点图，分别对比水位上涨期及水位消落期的相关系数，发现直线斜率逐年减小。这是由于在渗流过程中，颗粒逐渐堵塞渗漏通道的缘故，即符合堆石坝渗流的“自愈”规律。值得关注的是，p-1-8 的相关直线斜率逐年增大，不符合堆石坝渗流的“自愈”规律，水位变化范围是 1296.89～1298.85m，幅度为 1.96m。

渗流量与库水位波形相似，变化规律完全一致。但由于前期未进行自动化观测，人工观测的施测频率大于渗流的“滞后”时间，故今后的自动化观测过程中，每天观测三次、即间隔 8h 测读，用来确定“滞后”时间。

随着库水头的升高，坝后量水堰渗流量在增大。在特定水头下，渗流量随着时间的增长逐渐减小，从另一个侧面反映了堆石坝渗流的“自愈”现象。

为鉴别量水堰渗流量的可靠性和判别其渗流特性，绘制了渗流量与作用水头的相关线。渗流量和作用水头相关线为直线，表示渗流量和水头成线性关系，坝基为有压渗流。通过对第一段水位上涨期（2005 年 6 月 21 日～2005 年 11 月 20 日）渗流量与作用水头的相关线 X 轴倒推 185L/s，可以得出相关线在水头坐标轴上有正截距，这表示还有潜流未被量到。

化引流量是指单位水头下的渗流量：$q_r=Q/H$，其中 Q 为总渗流量；H 为相应的上下游水位差，即总水头。化引流量的总趋势是逐年减小，表明坝基的渗流条件因天然淤积等日趋好转，坝基渗透是稳定的。

（五）结论

吉林台一级水电站初蓄期渗流观测内容包括渗流量和渗流压力的观测。分析各仪器观测数据的变化规律可以论证防渗结构破坏、降水、地下水补给等因素对渗流量的影响，得出渗水来源主要是坝基及两岸绕渗这个结论。其中以右岸绕渗所占比例较大，对渗流稳定和大坝安全性评价有着十分重要的意义。

（北京华可实工程技术有限公司
郝佳圣　马宇燕　李小虎
北京木联能工程科技有限公司　梁园园　贡保臣）

芹山大坝水管式沉降仪测值突变原因分析

（一）概况

芹山水电站位于福建省周宁县，是穆阳溪梯级中的第一级水电站，总库容 2.65 亿 m^3，属多年调节水库，总装机容量 70MW。电站枢纽主要建筑物由拦河坝、溢洪道、引水系统、地面厂房等组成。拦河坝为钢筋混凝土面板堆石坝，最大坝高 120m，坝顶高程 760.00m，坝顶长 260m，坝顶宽 9m，上下游坝坡均为 1∶1.4。

工程于 1999 年 10 月 11 日下闸蓄水，1 号和 2 号机组分别于 1999 年 12 月和 2000 年 1 月并网发电。2002 年 7 月电站竣工并通过竣工安全鉴定。在 2003 年底至 2004 年初低水位运行期间，堆石坝内部约 1/2、1/3 坝高靠近面板附近的水管式沉降仪测值相继出现（下沉）突变现象，引起有关各方的高度重视。经多次检查和分析讨论，最终通过监测资料分析和现场测试，查明了测值突变是由仪器故障引起的，而不是面板堆石坝的真实位移，为大坝的安全运行提供了可靠的依据。

（二）水管式沉降仪布置及监测成果

坝体内部垂直位移测点设置在最大坝高断面（桩号 0+000.00m）附近，分 4 层布置：735m 高程布置 3 个测点，编号为 W1～W3；716m 高程布置 4 个测点，编号为 W4～W7；697m 高程布置 4 个测点，编号为 W8～W11；679m 高程布置 4 个测点，编号为 W12～W15。采用 NSC-1 型水管式沉降仪观测。

测点 W4 和 W8 分别位于 716m 高程（1/2 坝高）和 697m 高程（1/3 坝高）面板附近的垫料层内，在水库低水位运行期间，这两测点的测值于 2004 年 2 月和 6 月相继发生突变。

可以发现，测点 W4 和 W8 受坝体填筑强度和水库蓄水共同影响，但水库蓄水影响相对较小，沉降主要发生在施工期。大坝在持续填筑过程中，测点的沉降最快，自 2000 年 10 月大坝基本完工至 2004 年初，坝体虽呈缓慢下沉趋势，但沉降速率已明显减小。从监测资料可以看出，W4 点测值从 2004 年 1 月 11 日的 368mm 突变至 2004 年 2 月 27 日的 696mm，突变值达 328mm，之后测值较稳定，并呈缓慢下沉趋势，至 2005 年 10 月 19 日损坏停测，累计沉降 742mm；W8 点测值从 2004 年 5 月 24 日的 242mm 突变至 2004 年 6 月 25 日的 626mm，突变值达 384mm，之后仍呈缓慢下沉趋势，至 2007 年 6 月 13 日，累计沉降 657.3mm。与国内外已运行的相同类型和规模的大坝比，发生上述情况和变形，显然是不正常的，因此，必须查明原因。

（三）测值突变原因分析

根据经验，大坝面板附近水管式沉降仪测值发生突变的原因大致有两种：一是堆石体变形过大，造成面板与垫层料之间脱空；二是仪器自身存在问题，沉降仪失效，引起测值异常。

1. 测点附近仪器监测资料分析　从 W4 和 W8 两测点发生测值突变时的运行环境量看，都是在库水位较低运行状况下发生的。2003 年下半年至 2004 年初，由于天气干旱，库区来水很少，2004 年 1 月最低库水位为 707.93m，比正常蓄水位 755.00m 低了近 50m。在 W4、W8 两测点附近的 716m 高程面板表面布置有变形测点 L59、混凝土面板内部埋设有钢筋计 R2 和应变计 S2；697m 高程面板表面布置有变形测点 L64、混凝土面板内部埋设有钢筋计 R3、应变计 S3、无应力计 N2 以及内部水平位移测点 Y4。这些附近仪器，L64 由于淹没在水中，2000 年后就没有观测资料；L59 测值虽不多，但从 2002～2004 年的测值看，没有发生突变现象，其变化规律正常；Y4 在此期间的测值过程线平顺，没有发生突变；钢筋计、应变计、无应力计的测值在此期间变化规律正常，也没有发生突变。相同时期的渗流量监测资料表明，大坝的总渗流量没有出现明显增加的现象，渗流量主要受降雨的影响。综合上述各种成果，表明测点 W4 和 W8 附近区域的变形、受力情况以及大坝渗流量均正常，没有突变现象发生，从而基本排除面板脱空的可能性。

2. 仪器自身情况检查和分析

（1）测头接头段漏水。沉降仪测头长约 34cm、钢管基座高 20cm，其总高度约 55cm。沉降测头附近的管路系统由硬质尼龙管→钢管→塑料管或软尼龙管组成。由此可以看出：如硬质尼龙管段、转弯接头段与塑料管段或软尼龙管连接不密封，则该部位发生渗漏的可能性较大。日常观测时，只要渗漏情况不严重，对进水管进水和排水管排水影响不大，但会引起观测结果不稳定，测值较正常情况时要小。测点 W4 的监测情况显示，在测值突变前，其连通水管已存在少量的漏水现象，随着时间的推移，漏水情况越来越严重，导致加水观测时，水直接从连通水管渗漏位直接流走，因渗漏点的位置较低，造成量测管内无水的现象，日常无法观测而失效。

（2）沉降测头发生倾斜或翻倒。沉降测头外径为 20cm，当沉降测头发生倾斜或翻倒时，测头处水位降低，引起量测管内的水位也降低，但变化量不大。另外，如果沉降测头发生倾斜或翻倒，势必造成管路弯曲，而硬质尼龙管长期使用后容易老化，一旦受外力作用便发生脆性断裂，导致管路漏水。一般情况下，沉降测头的保护装置良好，再加上测点四周还有坝体填筑物，限制沉降测点发生大的变形，除非发生大的脱空现象，故这种现象很少发生，由此引起突变的可能性就更小。

由此可见，芦山大坝水管式沉降仪测值突变主要是由仪器自身原因引起的。

（四）现场测试

1. 测点 W4

（1）通气管与排水管之间充气试验：将观测房处的连通管出口封闭，往通气管充气，结果排水管先流出水，后有气排出，说明通气管与排水管间相通性较好，该线管路正常。

（2）通气管与连通水管之间充气试验：将观测房处的排水管出口封闭，往通气管充气，结果连通管内无水（气）排出，增大充气压力，仍无水（气）排出，说明通气管与连通水管间相通性差，两者之间存在漏水（气）点。

（3）连通水管充气试验：在给连通水管充气后，排水管和通气管均无水（气）排出，且连通管气压会逐步衰减至零，增大充气压力还是如此，说明连通水管与通气管、排水管间的相贯通性很差。

根据上述试验情况可以判断，该水管式沉降仪的连通水管存在渗漏水点。

2. 测点 W8　自 2004 年 6 月发生突变后，连通水管内水位一直居高不下且不变。在充气试验前，将量测台轻轻抬起一段时间，管内水位没有变化。试验时，往通气管充气，结果排水管和连通水管均无水（气）排出，且气压衰减很缓慢，说明通气管与连通管、排水管间不通畅，通气管已被堵。连通管充气，结果通气管无气（水）排出，而连通管内气压会逐步衰减至零，说明气体是从排水管排出，由此可确定引起该仪器测值异常的原因是通气管被堵。

（五）仪器修复情况

测点 W4 从 2005 年 10 月起，因量测管内无水而停止观测。从水管式沉降仪的工作原理与仪器内部结构上看，沉降测头内部、连通水管与通气管均有接长管段，故可采用连通水管与通气管对调的方式观测，根据两根管口的差值对测值进行改正。2007 年 6 月 25 日将连通水管与通气管对调，即从原通气管注水，液面缓慢下降，待稳定后进行测读，反复调试几次后的结果相同，从而恢复了观测。从将近一年的观测资料看，目前该仪器运行正常，测值与失效前的成果相符。

测点 W8，2007 年 6 月 25 日对其通气管进行了反复充气并且适当提高充气压力，直至通气管与连通管恢复通畅。随后往连通水管内注水，液面缓慢下降，待稳定后进行测读，反复调试几次后的结果也相同，该仪器恢复了观测。目前该仪器运行正常，测值与失效前的成果也相符。

（大坝安全监察中心　杜雪珍　朱锦杰）

三峡永久船闸建筑物在蓄水期的垂直变形分布模型分析

三峡工程双线五级船闸是在海拔高程 265m 的山体中，经人工开挖、锚固支护、混凝土衬砌、金属结构及机电设备制造安装等项目而形成的人工航道，由上下游引航道、闸室主体段、输水系统、山体排水系统组成。其最大运行水头 113m，最大通过船队为 4×3000t，设计年单向通过能力 5000 万 t。主体段由 6 个闸首和 5 个闸室组成，闸首、闸室结构均由边墙和底板组成，为分离式结构型式。各级闸首边墩根据其周边可利用岩体的实际情况，分为全衬砌、半衬砌或混合式钢筋混凝土结构，并通过高强锚杆将钢筋混凝土结构与支持岩体联成整体共同受力。闸室边墙主要采用钢筋混凝土薄衬砌结构型式，并用高强锚杆将薄衬砌墙与支持岩体联成整体，联合受力，闸室边墙衬砌混凝土厚度 1.5～2.4m。

为监视船闸建筑物边墙及中隔墩的垂直变形，在闸墙顶部和基础布设了大量监测点，闸墙顶部的垂直位移按国家一等水准测量的精度要求施测，闸首基础的垂直位移用静力水准仪进行自动化观测。

（一）闸顶垂直位移

（1）位于各级闸首顶部的垂直位移监测点，在 2001 年 11 月～2002 年 7 月取得首次观测值，至 2005 年 6 月实测六闸首中北边墙最大上升 5.10mm；一闸首南边墙最大下沉 7.55mm。

（2）闸首顶部垂直位移明显与气温变化有关。当气温逐渐升高时，闸墙热胀隆起，2002 年 6～7 月上抬量最大，月上抬量曾达到 3.14mm，一般在 8～10 月上抬量达到峰值后开始回落，至次年的 1～3 月到谷底，不考虑水库蓄水影响，各闸首的年变幅在 3.65～6.16mm 之间。

（3）为分析 2003 年 6 月 10 日水库蓄水至 135m 高程后各闸首的垂直位移情况，统计了 2003 年 9 月相对于 2002 年 9 月和 2004 年 9 月相对于 2003 年 9 月的下沉量。观测结果说明，在水库蓄水后的垂直荷载影响下，船闸在顺中心线方向从一闸首至四闸首沉降量由大变小；四闸首以下没有明显变化，且蓄水后第二年没有明显变化。

（二）闸顶垂直位移分布模型及分析

由于 2003 年 6 月 10 日水库蓄水至 135m 高程后，各闸首和闸室墙顶部有明显的垂直位移差异，取蓄水前垂直位移值为基准，设建筑物低温期 2004 年 2 月与蓄水前 2003 年 2 月的垂直位移差值向量为 H，于是可以将 H 表示成平面坐标（x，y）的函数，即有拟合模型

$$H=f(x,y)+\varepsilon \tag{1}$$

式中：$f(x, y)$ 是拟合的趋势面；ε 为拟合误差。

设

$$f(x,y)=a_0+a_1(x-x_m)+a_2(y-y_m)+a_3(x-x_m)^2+a_4(x-x_m)(y-y_m)+a_5(y-y_m)^2+\cdots \tag{2}$$

式中：a_0、a_1、a_2、a_3、a_4、a_5、…，为待拟合参数；x，y 为垂直位移测点的坐标；x_m，y_m 为测点的中心坐标。

假设有 n 个测点时，用矩阵表示

$$H=XB+\varepsilon \tag{3}$$

其中

$$H=\begin{bmatrix}H_1\\H_2\\\cdots\\H_H\end{bmatrix};\quad B=\begin{bmatrix}a_0\\a_1\\\cdots\\a_{n-1}\end{bmatrix};\quad \varepsilon=\begin{bmatrix}\varepsilon_1\\\varepsilon_2\\\cdots\\\varepsilon_n\end{bmatrix}$$

$$X=\begin{bmatrix}1 & x_1-x_m & y_1-y_m(x_1-x_m)^2 & (x_1-x_m)(y_1-y_m) & (y_1-y_m)^2(x_1-x_m)^3 & \cdots\\1 & x_2-x_m & y_2-y_m(x_2-x_m)^2 & (x_2-x_m)(y_2-y_m) & (y_2-y_m)^2(x_2-x_m)^3 & \cdots\\\cdots & \cdots & \cdots & \cdots & \cdots & \\1 & x_n-x_m & y_n-y_m(x_n-x_m)^2 & (x_n-x_m)(y_n-y_m) & (y_n-y_m)^2(x_n-x_m)^3 & \cdots\end{bmatrix}$$

由最小二乘解上述方程得到拟合参数

$$B=-(X^TX)^{-1}X^TH \tag{4}$$

当测点足够多时，可用剩余标准差（S）和复相关系数（R）来评价拟合模型的精度。

利用闸顶 116 个测点，分别选定常数、平面模型、二次曲面模型和三次曲面模型进行拟合，其中平面模型最优，经计算，垂直变形分布模型可表示为：

$$H=3.400\,364-0.002\,260X-0.003\,766Y \tag{5}$$

这时，模型剩余标准差为 0.46mm；复相关系数为 0.942 415 8，说明模型拟合精度较高，可以用该模型计算任一部位的垂直位移。通过模型计算的南北边墙和中隔墩顶垂直位移纵向分布情况。计算结果进一步说明，在水库蓄水后的垂直荷载影响下，船闸在顺中心线方向从一闸首至四闸首沉降量由大变小，南边墙、中隔墩、北边墙影响临界点分别在桩号 16+500、16+380、16+260 处，说明在水库蓄水后船闸建筑物的垂直位移表现出线性均匀的变化特征。

（三）结束语

通过对三峡永久船闸建筑物垂直位移监测资料分析，有以下初步认识：

（1）闸墙顶部垂直位移明显与气温变化有关。当气温逐渐升高时，闸墙热胀隆起，一般在 8～10 月达到峰值后开始回落，至次年的 1～3 月到谷底，不考虑水库蓄水影响，各闸首的年变幅在 3.65～6.16mm 之间。

（2）2003 年 6 月 10 日水库蓄水至 135m 高程后，各闸墙顶部有明显的垂直位移差异，船闸在顺中心线方向从一闸首至四闸首沉降量由大变小；四闸首以下没有明显变化，且蓄水后第二年没有明显变化。由于船闸建筑物与开挖岩体为整体结构，因此，这种垂直位移特性实质也是岩体的垂直变形的具体表现。

（3）模型计算结果说明，在水库蓄水后的垂直荷载影响下，船闸建筑物的垂直位移表现出线性均匀的变化特征。

（长江勘测规划设计研究院 刘祖强
武汉理工大学 杨奇儒
武汉市国土资源房产信息中心 罗长林）

水东大坝补强过程中防渗面板的抬动监测

（一）概况

水东水电站拦河坝为整体式碾压混凝土（RCC）重力坝，由左、右岸挡水坝段、溢流坝段及两岸接头组成，坝体为全断面三级配 RCC，上游面采用混凝土预制块丙乳砂浆深勾缝防渗结构形式。坝顶高程 145.00m，坝顶长度 196.62m，最大坝高 63m，上游坝面垂直，下游坝面坡度 1∶0.65。溢流坝段位于河床中部，溢流前沿净宽 60m，分 4 孔，每孔净宽 15m，堰顶高程 128.00m。

工程于 1991 年 4 月开工建设，1993 年底完成大坝主体工程的施工，1993 年 11 月下闸蓄水，1995 年 12 月通过竣工验收。1999 年 4 月进行首次大坝安全定期检查。由于该坝存在部分碾压混凝土质量较差，坝体渗漏和析钙严重，坝体扬压力偏高等问题，直接影响大坝的安全运行，根据有关规程、规范，该坝被定为病坝，需进行防渗补强加固处理。经过多种方案的比较和现场灌浆试验，最终确定补强灌浆为该坝补强加固的主要方案。

（二）补强加固工程的实施难点

水东碾压混凝土重力坝上游面防渗面板为混凝土

预制块丙乳砂浆深勾缝结构，其尺寸为：98cm×58cm×50cm（长×高×厚）。在补强灌浆时，既要达到补强加固坝体的目的，又要防止造成防渗面板的抬动破坏。鉴于坝体碾压混凝土质量普遍较差，灌浆时作用于每块预制块上的压力达到数十吨，如何避免防渗面板的抬动破坏是实施补强灌浆的难点。在进行灌浆压力试验时，对水上部位的防渗面板采用抬动仪表进行实时监测。试验成果显示：当灌浆压力达到2.3MPa时，上游面防渗面板出现明显渗水，面板抬动值约为0.2mm，但未构成防渗面板的损害，故以此作为防止水上部位面板抬动破坏的灌浆控制压力值。针对本工程防渗面板以及坝体结构情况，确定在防渗面板上布设一套具有自动采集、处理和报警等功能的监测系统，实现了补强灌浆过程中实时监测防渗面板抬动状态，可避免防渗面板产生抬动破坏。

（三）面板抬动监测设施的安装及使用情况

整个工程中共设置8个测点，其中：左、右岸挡水坝段各布置2个位移测点；溢流坝段不同部位布置3个倾角测点（TL1～TL3），另外，还设置3个倾角参考点（RP1～RP3）。位移监测的传感器采用北京基康公司生产的BGK4420型位移计，其量程为12mm，精度为±0.1%FS。倾角监测采用法国SENSOREX生产的测斜仪，其量程为5°，精度为±3″。

监测系统采用美国FLUKE公司生产的NET-DAQ（2666A）全自动数据采集测量系统。灌浆过程中，由专业人员操作监测和管理，保证抬动监测的最大变形值控制在规定范围内，超过标准及时报警。

以溢流坝段监测的倾角仪为例，当倾角仪部位发生位移时，只有最大位移处（C点）法线方向倾角不会发生变化，其他各点的法线方向均要发生变化。在每个断面的面板上安装1个测点B和1个参考点A。如果参考点A倾角发生变化，计算位移时的不动点为126m高程；如果参考点A倾角不发生变化，计算位移时的不动点为120m高程；如果A、B点倾角均不发生变化，则认为面板没有发生抬动变形。根据倾角仪观测到的B点法线方向与水平方向夹角α及该点与不动点的距离即可计算出该点的水平向位移。整个过程均由计算机完成计算和分析，对面板变形情况进行实时监控。实际操作时，监测系统与灌浆记录仪同步监测和管理，抬动监测与整个大坝的补强灌浆工程同步进行。

溢流坝段灌浆时，所有孔段上游面板的抬动变形值均小于0.15m；左、右挡水坝段面板抬动变形一般在0.20mm以下，少部分在0.3mm左右。面板最大抬动变形发生在第272、287、252孔，进行压水试验和压力灌浆时，抬动变形分别为0.57mm、0.53mm和0.54mm，最大压力为1.58MPa。现场实际监测结果显示，灌浆压力解除后，面板抬动变形基本恢复到初始状态，抬动变形为可以恢复的弹性变形，说明大坝实施补强灌浆加固时，没有对上游混凝土预制块面板产生不利影响。后经水下检查，混凝土预制块面板完好无损，大坝的防渗能力明显提高，补强灌浆达到了预期的目的。

（福建省尤溪流域水电开发有限责任公司　赖诗坤）

大　坝　维　修

丰满大坝维修加固可行性分析

（一）丰满大坝基础与坝体结构总体尚好

丰满大坝区域构造稳定，坝基建在厚至巨厚层状的二叠系沉积变质砾岩上，除存在走向和倾向均较有利的F_{67}断层外，没有造成深层、浅层滑动的不利地质构造。坝基开挖至弱风化～微风化层，上游设有齿槽，有固结灌浆和帷幕灌浆，设有坝基排水。坝体断面设计富裕，抗滑稳定没有问题；混凝土设计要求水泥用量不少，实际混凝土质量控制不好，出现了一定数量的不良混凝土，好在仍以相对较好的Ⅰ、Ⅱ类混凝土为主，Ⅲ类不良混凝土比例小于10%，混凝土强度基本满足坝体应力的要求；坝内设有廊道为坝体设置灌浆帷幕和排水帷幕创造了条件。坝体混凝土抗渗抗冻性较差，三条施工纵缝的存在，破坏了坝体的整体性，恶化了应力分布。因此，大坝建基条件与基础处理较好，坝体结构总体较好，运行性态符合重力坝的一般规律，大坝存在的问题具有维修加固的条件。

（二）丰满大坝的问题是先天性缺陷造成的历史遗留问题

对照规范从本质上看丰满大坝存在四大主要问题：一是坝体上游和表面混凝土不满足抗渗、抗冻要求，特别是坝体的渗控缺陷致使溢流面混凝土冻害日益严重而影响泄洪安全性；二是大坝防洪能力不足；

三是坝体纵缝的存在，造成设计地震工况坝体内部产生拉应力；四是F_{67}断层的存在使34～36号坝段整体抗滑稳定性安全裕度不高。

丰满大坝今天的问题都是当年建设期设计施工存在的先天性缺陷造成的历史遗留问题。大量的维修加固工作，不断减轻先天缺陷程度，改善大坝的安全状态，保证了大坝安全运行近70年。

（三）丰满大坝几个先天缺陷的发展变化趋势

在长期库水压力、渗透、洪水、极端天气等自然条件的作用下，坝体混凝土质量差，会产生渗漏析钙、冻融冻胀、开裂、强度降低等耐久性问题；F_{67}断层易软化、力学参数降低，影响稳定性。至于三条纵缝和防洪能力的问题，无趋势性变化。因此，重点关注混凝土耐久性问题和F_{67}断层的趋势性变化。根据近70年的运行形成的溶蚀、强度变化、断层力学参数的改变，可以判断丰满大坝的问题有无可能通过维修加固再安全运行70年。

1. 混凝土溶蚀情况　由坝体渗漏水的析钙现象对大坝混凝土结构耐久性的影响总体上仅限于微观方面。溶蚀主要发生在结构完整性最差的Ⅲ类不良混凝土中；对Ⅰ、Ⅱ类混凝土强度和完整性没有明显削弱。

2. 混凝土强度变化　坝体好混凝土强度前后总体上相差不大，不良混凝土强度下降，这与混凝土溶蚀研究结果一致，好在不良混凝土所占比例较小。坝体混凝土质量总体没有发生明显恶化，此次芯样强度与出机口试件强度的差异主要与浇筑质量和不良混凝土溶蚀、表面混凝土冻融有关，因此，必须高度重视抗渗和抗冻问题。

3. F_{67}断层带的变化　溶蚀对大坝混凝土结构耐久性的影响仅限于微观方面，坝体混凝土质量没有发生明显恶化。不良混凝土的溶蚀和强度降低主要与坝体渗漏和表面混凝土冻融有关，因此，必须高度重视坝体抗渗和表面抗冻问题。按照近70年的恶化速率，可以预见，解决好了这两个问题，加上其他问题的综合处理，丰满大坝再安全运行70年应该有保证。

（四）重中之重的问题要解决上游面A块防渗问题

渗漏造成的危害有以下四方面：①引起坝体混凝土溶蚀，影响耐久性；②坝体扬压力升高，减少抗滑稳定安全储备；③下游表面渗水出逸点抬高，下游坝面湿润范围加大，加剧冻胀损害；④溢流面混凝土冻胀开裂，破损程度加剧，可能造成泄洪时坝体冲坏，影响泄洪安全。

仅就渗漏量而言，丰满大坝问题严重程度尚处于一个中等水平。

除渗漏量外，丰满大坝更为突出的问题是坝体扬压力较高。渗漏冻胀问题是全坝段系统性和常遇的问题，既造成不良混凝土溶蚀和强度下降，又造成溢流坝段泄洪安全隐患，因此，重中之重的问题要解决上游面A块防渗问题。

（五）结论

丰满大坝基础区域构造稳定，建基于地质条件较好的弱风化至微风化岩基上，坝体坝基接触良好；坝体剖面设计留有裕度，坝体混凝土强度基本满足应力要求，坝体坝基抗滑稳定基本没有问题。大坝目前的问题是先天性缺陷造成的历史遗留问题。经过多年的维修加固，大坝的安全状况比建设之初大为改善，安全运行了近70年后，除所占比例小于10%的不良混凝土有溶蚀和强度下降外，其余混凝土的溶蚀对大坝混凝土结构耐久性的影响仅限于微观方面，坝体混凝土质量总体没有发生明显恶化；F_{67}断层带长期稳定，不存在渗透变形问题，力学参数未见改变。维修加固工程重中之重要解决的问题是上游面A块渗漏问题，遏制渗漏可消除对混凝土耐久性的不利影响，同时采取综合措施解决其他问题。按照近70年运行表明的丰满大坝先天性问题的变化速率，可以预见，经过全面综合治理后，精心运行维护，可保证丰满大坝的长期安全运行。

（大坝安全监察中心　张秀丽）

江垭大坝第5号、8号坝段坝面裂缝处理

（一）概况

江垭水利枢纽工程是以防洪为主，结合发电，兼有灌溉供水、航运的综合水利工程。水库正常蓄水位236.0m，总库容18.34亿m^3，水电站装机容量300MW。大坝为全断面碾压混凝土重力坝，坝顶高程245.0m，最大坝高131.0m，坝顶长度367.0m，坝顶宽12.0m，最大底宽100.8m。

2007年3月9日，电站水工人员在例行巡视检查时发现大坝200m高程廊道8号坝段STA0＋233.0桩号处裂缝有射水状渗漏。射水裂缝为施工期处理过的裂缝。在120、160廊道8号坝段裂缝桩号附近检查，未发现裂缝有向下发展的迹象；但在8号坝段上游面也有一条裂缝位于施工期处理过的裂缝修补材料带上，走向大体竖直，在206.5m水面线以上延伸高度约12m（超过原裂缝修补带高度约10m），缝宽1～3mm，水面以下的深度、宽度不清楚。检查施工期处理过的5号坝段上游面裂缝（桩号STA0＋137.0，走向大体竖直，无射水现象），同样沿着修补带重新开裂。

初步分析认为，原施工期裂缝在较长时期温度、

水位变化作用下重新张开，并有继续发展的趋势，但对大坝安全的影响不大。汛期即将来临，虽然裂缝的渗水量不大，但这种从上游面贯穿至廊道的裂缝，还是有必要进行处理。

（二）裂缝处理方案

根据现场裂缝发展的实际情况，考虑到这些裂缝均是竖直走向裂缝，对大坝安全稳定的影响不大，裂缝处理以“防渗为主、结构加固为辅”的原则进行处理。具体处理措施包括：8号、5号坝段上游面垂直裂缝（桩号STA0＋233.0、STA0＋137.0）采用化学灌浆和表面防渗处理；廊道内裂缝不进行处理，便于渗水排出坝外。

裂缝处理选用材料，选用SR2（一种纳米塑性止水材料）、PSI-tape混凝土裂缝修补带、PSI-108聚合物水泥基防水涂料、LW水溶性聚氨酯灌浆材料等。

PSI-tape混凝土裂缝修补带是一种新型复合材料，受到高稳定拉伸力时具有极好的延伸性，结合辅助材料能具有高抗渗的功效，同时还能保持透气性。该材料能与含水基面黏结剂和防水层快速晾干，用于封闭裂缝表面和治理大位移接缝，是一种理想的裂缝修补材料。

PSI-108聚合物水泥基防水涂料是一种复合双组分聚合物改性的环保型防水涂料，该涂料在潮湿的环境下具有优异的黏结力、柔韧性和耐久性。

LW水溶性聚氨酯具有良好的亲水性，遇水可分散、乳化进而凝固成不溶于水的聚合物。其固结体是一种弹性体，伸长率可达300%，且遇水膨胀，膨胀率最高可达300%，具有弹性止水和以水止水的双重效果。

（三）裂缝化学灌浆及表面防渗处理施工

裂缝处理施工程序为：裂缝调查→化学灌浆→埋设测缝计→充填SR2→粘贴PSI-tape裂缝修补带封闭→效果检查。

1. 裂缝化学灌浆施工

（1）钻孔：化学灌浆孔孔径为25～35mm；钻孔深度：一般灌浆孔深0.5m，根据裂缝调查情况相应加深。沿裂缝表面间隔30～50cm钻孔，左右骑缝钻垂直孔及斜孔，确保所有钻孔切割裂缝。钻孔角度为0°～45°。所有灌浆孔在钻孔结束后均进行钻孔冲洗。

（2）凿槽：骑缝凿底宽8cm，面宽15cm，深10cm的U型槽，并磨去缝口左右各10cm范围的钙质、分解物及其他杂物。进行压风吹洗后涂刷环氧砂浆基液，然后回填环氧砂浆。

（3）灌浆嘴埋设：埋入灌浆嘴的深度约为钻孔深度的2/3。灌浆嘴直径为16mm。

（4）灌浆：封缝8～24h后，待环氧砂浆有强度后进行灌浆。

2. 观测仪器安装与监测　化学灌浆结束后安装测缝计，为监测不同库水位运行时裂缝的发展情况，本次处理施工共布置7支表面裂缝计，分别在8号坝段上游面裂缝的上端、中间、下端处理埋设3支裂缝计，5号坝段上游面裂缝的中间、下端处理埋设2支裂缝计，8号、5号坝段200m廊道内裂缝处各埋设一支CF-12型裂缝计，测量范围－1～＋12mm，分辨率0.1%F.S，耐水压力0.5MPa，测量温度范围－25℃～＋60℃。

3. 充填SR2　化学灌浆处理完成并检查合格7d后，进行缝口充填SR2处理。

（1）凿槽：清除灌浆时的嵌缝材料，沿裂缝走向凿成U型槽，槽内及其两侧混凝土表面用高压水冲洗、风干，并将裂缝两侧粘贴PSI-tape修补带的范围加宽10cm，进行混凝土表面清污、烘干。

（2）在U型槽内均匀涂刷第一道塑料止水底胶，常温下自然风干，再涂刷第二道底胶，常温下自然干燥0.5h或用灯烘至表面干燥，触摸不沾手，即可进行SR2回填。

（3）SR2嵌填时将塑料止水材料SR2搓成条，按照“先里后外”的原则将SR2填入槽内，用木榔头锤击至密实，表面与U型槽上口齐平，竖向裂缝一次嵌填高度不宜大于3cm。

4. 粘贴PSI-tape裂缝快速修补带封闭

（1）对粘贴PSI-tape裂缝快速修补带范围内的混凝土表面（外扩10cm）涂抹PSI-108水泥基涂料，涂层厚度为2.0mm。

（2）晾干或烘干后，沿裂缝粘贴PSI-tape裂缝快速修补带。

（3）在PSI-tape裂缝快速修补带表面及周边10cm范围的混凝土表面涂抹PSI-108水泥基涂料，涂层厚度为2.0mm。

（四）灌浆质量检查

灌浆施工结束后14d，在两条裂缝上共布置8个检查孔进行质量检查，检查孔布置形式同测缝计布置形式。检查标准以试段压水试验透水率为主要评价依据，采用单点法分段进行。压水试验在0.2MPa的设计压力下，每5min测读一次压入流量，当连续4次读数最大值与最小值之差小于最终值的10%，或连续4次读数最大值与最小值之差小于1L/min时，可结束压水试验工作，并以最终值作为计算值。

此次施工共处理裂缝69m。按照设计要求，共进行了8个检查孔施工，共做压水试验8段，检查孔试段中透水率最大0.36Lu，最小为0.08Lu，平均0.19Lu，全部符合要求。

（湖南省江垭水电站　邓　虎
湖南宏禹水利水电岩土工程公司　吴　毅
湖南省澧水流域水利水电综合开发有限公司　周福生）

托海水电站冻融混凝土修复处理

（一）概况

托海水电站为一座混合式开发的中型水电站，混凝土双曲拱坝最大坝高 54.5m，水库正常蓄水位 865.0m，设计相应库容 1750 万 m^3；总装机容量 50MW。工程于 1985 年开工，1988 年 10 月首台机组并网发电，1990 年 6 月 4 台机组全部发电。

经过近 20 年的运行，因受区域环境因素的影响，大坝、发电洞、排砂洞上游面水位变化区域混凝土表面剥蚀严重，混凝土表面大面积脱落，骨料外露，严重的甚至露出钢筋，损坏面积达到 $300m^2$。

产生破坏的主要原因是：该区域处于干寒区域，因水库库容小，水库水位变幅较大，冬季频繁的水位变化加速了冻融循环，引起了破坏。

由于大坝、发电洞、排砂洞上游面表层混凝土的剥离破坏，以及混凝土内部水泥成分中钙元素的大量流失，造成了混凝土本体强度和抗渗性能的下降，影响了大坝整体结构的稳定性和安全性。

（二）缺陷处理方案与工艺

1. 处理方案　对混凝土表面松动处进行清除，混凝土表面涂刷渗透结晶型防水材料，提高混凝土的致密度和抗渗性能，并在混凝土表面喷抹一层聚合物水泥砂浆进行修复。

2. 施工工艺

(1) 对混凝土表面进行凿除与清理。采取了人工凿毛，先清除表面疏松、污垢、灰尘，凿至坚硬、牢固、新鲜的基底混凝土面，用高压水将碎屑灰尘冲洗干净。

(2) 在混凝土表面涂刷膨内传渗透结晶型防水材料，该材料有一种活性化合物，遇水时此活性化合物与混凝土中的碱发生化学反应，在孔隙和裂缝中生成不溶于水的长链状结晶，提高混凝土的致密度和抗渗性能。

(3) 采用聚合物水泥砂浆修复混凝土表面，聚合物砂浆厚度 2cm 左右。先喷刷一层界面剂，将一定比例的水泥加到乳液中（W/C＝0.60，P/C＝0.40）搅拌，防止混凝土沉淀；基底混凝土凿毛达到要求后，先用水湿润，但不能存在积水，然后薄而均匀地喷涂一层或两层界面剂。根据配合比拌和聚合物水泥砂浆进行抹面，砂浆表面成膜后，进行养护。

3. 验收标准　电厂方面提出，每道工序结束后施工方必须通知电厂技术人员进行分段验收，并对每个分段验收过程进行拍照、录像。对混凝土表面进行凿除与清理验收时，全面检查凿除与清理面，不得存有疏松、污垢、灰尘面；混凝土表面涂刷膨内传必须均匀，聚合物水泥砂浆配合比、抹面厚度及后期养护情况等全部列为分段验收范围内，严格控制每一个工序及施工环节。每一道工序验收合格后方可进入下一道工序，全部工程结束后，再进行总竣工验收。

（三）施工情况

1. 施工过程　本次冻融混凝土修复施工分两个阶段进行。

(1) 2007 年 6 月 26 日～7 月 5 日为第一阶段。工作内容：大坝、发电洞、排砂洞 863.0～864.5m 高程冻融混凝土基层处理（松动混凝土凿除、凹凸不平混凝土表面抹平），膨内传渗透结晶防水涂料涂刷和混凝土表面抹 903 聚合物防水砂浆等工作。由于 7 月初开始，水库来水量增加，水库水位上涨，水位无法下降，863.0m 以下部分暂停施工。

(2) 2007 年 9 月 10～26 日进行第二阶段施工。工作内容：完成大坝、发电洞、排砂洞 861.0～863.0m 高程冻融混凝土基层处理（松动混凝土凿除、凹凸不平混凝土表面抹平），膨内传渗透结晶防水涂料涂刷和混凝土表面抹 903 聚合物防水砂浆等工作。截至 9 月 26 日，顺利完成了冻融混凝土修复处理工作。

2. 验收情况　根据大坝、发电洞、排砂洞冻融混凝土修复处理工程特点，将影响施工质量的关键工序均设置为验收点，主要验收点为：①破损混凝土检查及修复工程确认；②混凝土表面凿毛、破损混凝土清除及清洗；③破损混凝土表面抹平；④涂刷膨内传渗透结晶防水涂料；⑤抹 903 聚合物水泥砂浆；⑥第一、第二阶段修补结合面。2007 年 9 月 26 日，大坝、发电洞、排砂洞冻融混凝土修复处理工程全面完成，并顺利通过了验收。

（新能托海水力发电厂　伊力亚尔·加拉力丁
凤翔县冯家山抽水管理处　马引妮）

长湖水电站大坝下游坝面、岸坡淘刷加固处理

（一）概况

长湖水电站 1974 年 5 月建成投产，至今已运行 34 年；因属径流式电站，汛期需常开闸泄洪，下游两岸护坡淘蚀严重。2005 年 10 月对大坝溢洪道下游坝面及下游两岸近坝 250m 范围的护岸进行了水下录像检查，发现溢洪道下游坝面淘空 20 处，尺寸超过 1m 的 9 处；左岸护岸淘空 81 处，尺寸超过 1m 的 51 处，最大向内淘空深度达 3m；右岸护岸淘空 29 处，

尺寸超过1m的24处，最大向内淘空深度达2m。因此，决定对其进行加固处理。

（二）淘刷成因分析

长湖水电站泄洪消能方式为戽流消能，最大单宽流量达146.9m^3/（s·m），戽坎顶高程30.00m，较下游河床高出较多，在中、小流量下为挑流流态，大流量情况下为混合戽流或淹没戽流。挑流或戽流下游流态均较为紊乱，挑流对河床的冲刷较为强烈，戽流对两岸的淘刷较强。

大坝下游面：由于戽流消能底部存在横轴漩滚，对戽坎下游面形成淘刷。根据原设计报告，围堰混凝土施工时采取水下清基和水下浇筑，混凝土强度较低，且未配置钢筋网，防淘刷能力较低。这是造成溢流坝下游面淘刷的主要原因。

左岸：电站尾水洞出口离泄洪消能区较近，加之出口与河道夹角较大，加剧了左岸水流紊乱流态及对护岸的淘刷。

右岸：右岸地形在坝下K0+90.00m左右呈鼓形凹进，凹进宽度约50m左右，后逐渐收缩。该凹进位置泄洪时将形成明显回流区。根据原设计报告，模型试验反映泄洪时该位置形成较大的回流区，其平均回流流速达4～6m/s。右岸岩性以较软的千枚岩为主，风化、破碎，抗淘刷能力较差。泄洪时回流作用流态紊乱是右岸淘刷的主要原因。

（三）处理范围

根据设计文件及规范要求，大坝下游坝面及两岸岸坡淘刷加固处理工程，分如下4个分部工程：大坝下游面加固工程；左岸淘刷加固处理工程；右岸淘刷加固处理工程；尾水出口护坦孔洞部位加固工程。

施工主要采用0.8～1.0m外包水下不分散钢筋混凝土，其余较大孔洞采用水下混凝土或树脂混凝土直接回填。

（四）施工方法、工艺

1. 清基及冲淤　清除新老混凝土接触面及新浇筑混凝土与基岩面上的石渣、石块等，清基宽度130～150cm。近岸水下地形起伏不平，沿线低凹处、缝隙中及空洞内附着青苔，有泥砂或其他冲积物淤积，采用高压风冲淤，由潜水员分段由岸边向河床冲洗，冲淤宽度约180～200cm。

2. 锚杆施工工艺

（1）孔位放样。按设计图纸结合岸边及水下地形的具体情况放样布点。

（2）钻孔。采用风钻造孔，孔径、孔深、孔斜均满足设计锚杆安装和锚杆注浆等工艺要求。

（3）安装锚固剂或注浆。采用“先安装锚固剂（注浆）后安装锚杆”的施工工序。锚固剂采用HK-983型（水下）树脂锚固剂。

（4）锚固剂（药卷）制作。纸筒制作采用黄色油光纸，纸宽840mm，长360mm，在一小棍外卷成20mm的纸筒，用双面胶粘贴固定，隔10cm卷三道胶带箍，以防水下散开，底部用丝线扎紧，即成纸筒。配浆比例，对A、B两组分分别进行充分搅拌，然后将A组分和B组分按比例A：B=1：4（重量比，厂家已按桶装分好）混合均匀。药卷制作，将配好的树脂锚固剂倒入纸筒，长280mm，顶部用丝线扎紧，即成药卷，平放在框内，10个一组。

（5）安装锚固剂。由潜水员将药卷带到水下，逐个放入已造好并冲洗干净的孔中。

（6）砂浆锚杆注浆。砂浆根据试验室提供的配合比，水灰比根据砂的实际含水量做细微调整。注浆时，注浆管插至距孔底5cm，随砂浆的注入缓慢匀速地将注浆管拔出，并使注浆管的出浆口始终在浆液面以下，直至孔口返浓浆后终止。

（7）锚杆制安。锚杆按设计要求制作，树脂锚杆安装好锚固剂后，插入钢筋，慢慢旋转到底部，并使钢筋居中；砂浆注满孔后，随即插入锚杆，锚杆插入孔内长度大于设计规定的95%。

3. 钢筋混凝土施工

（1）钢筋制安。一般地形，即水较浅，由潜水员水下直接绑扎；特殊地形，即水较深，且水下地形极不规则，采用预制网片。直接绑扎，按桩号每5m为一段，每段共25根ϕ22横筋，对每根横筋进行编号，对应其在岸边的相应位置对号入座。预制网片，尺寸为2.5m×1.5m，边脚部位根据潜水员探摸情况预制。水下钢筋网片采用人工安装，首先借助船只做水上平台，将钢筋网片悬吊在预放位置，然后水下由两名潜水员进行配合定位，并绑扎在已安装好的锚杆上，最后根据沿岸具体情况，布置横向支撑筋和拉筋定位。

（2）模板施工。按设计图纸要求，结合加固处理沿线实际情况测量放样。模板主要采用钢管架组合胶合模板，对于异形部位采用木模板补缝。水下立模设置导向柱，潜水员水下辅助安装，保证模板下部与基岩缝隙及两块模板间缝隙控制在设计允许范围。模板加固分四步进行：①底部外侧设插筋ϕ22入基岩50cm，上余50cm，与模板连成整体；②底部的缝隙使用砂包封缝压脚；③顶部在原岸坡相应高程布置短插筋，用铁丝与模板顶部横向钢管相连；④高深模板的中部，先按间距2m布设竖向的内侧辅助架管，架管固定在锚杆上，混凝土浇筑时进行逐层加固。新浇筑护岸混凝土分缝遵循老护岸混凝土分缝原则并与之对齐。

（3）混凝土浇筑。水下树脂混凝土吊至浇筑点后，由潜水员手工倒入淘蚀孔洞内，自重流平、密实。水下混凝土浇筑采用导管法，浇筑时，导管口应始终埋入混凝土中1m左右，随混凝土上升而提升。一个浇筑段内的导管同时均匀提升，确保水下混凝土均匀上升，连续浇筑至高出水面20～30cm，中间不允许停顿。浇筑过程中，导管上部进料漏斗中应始终保持有料。根据仓面面积及混凝土入仓强度采用平铺法施工，自重密实。潜水员在水下观察、守模，确保混凝土不扩散，无冲洗现象发生。对地形极不规则部位，采用了袋模工艺，即按设计要求岸坡外包混凝土底部，无平台起脚时，在相应的下部寻找可以放置麻袋的位置，采用麻袋围出一平台作为混凝土模，浇筑水下混凝土。

(4) 混凝土拆模、养护及缺陷处理。

（五）施工质量控制

1. 原材料控制　水泥、砂石骨料和钢材，抽样送英德市建筑工程质量监督检测站实验室检验，合格。UWB-Ⅱ型水下不分散混凝土絮凝剂，厂方出具产品质量检验单及送检检验单。HK-983型树脂锚固剂和PBM-3树脂均有厂家出具的试验单，满足质量要求。

2. 施工过程质量控制　按规程规范及设计要求，对钢筋制安、模板安装、混凝土浇筑进行质量控制。按规范要求留置试块，进行混凝土试块28d强度试验。

3. 处理效果　加固处理工程于2007年12月顺利完成。工程完工后进行了水下录像检查，未发现施工缺陷问题。水下混凝土浇筑整体性好，护岸墙体稳定，运行正常，达到了预期效果，能抵御泄洪及洪水冲刷，确保大坝下游面及两岸岸坡安全度汛。

（广东粤电长湖发电有限责任公司　刘秀玉）

鲁布革水电站右岸泄洪洞漏水处理

（一）概况

鲁布革水电站右岸泄洪隧洞为底孔泄洪通道，由引渠、进水塔、有压洞、工作闸门井、无压洞、出口明渠、挑流坎等组成。其中进水塔长17.7m，宽度20m，底板开挖高程为1057.00m，塔高102m。塔内设检修闸门、事故闸门各一道。事故闸门后有压段为圆形断面，洞径10m，钢筋混凝土衬砌厚度0.8m。

右岸泄洪洞在1号事故闸门下游侧隧洞左边墙4～30m范围内有较严重渗漏水。渗漏形式有点状渗漏和线状渗漏，左侧洞顶见有集中渗漏水，个别渗漏水呈喷射状。第二轮大坝定检报告要求对其进行处理。

（二）情况分析

右泄洪洞地质条件主要是T_{2g}^{1}白云岩。在0+000～0+145.00段，岩层为T_{1g}^{12}、T_{1g}^{14}薄、中、后层灰岩和T_{2g}^{1}白云岩，岩石呈弱风化状，属于碎块状结构，断层、节理较发育，地质条件较差。在隧洞施工过程中，桩号0+000～0+120段曾采用固结灌浆进行加固处理。

渗水段主要集中在1号事故闸门后4～30m范围内。该部位洞身岩体存在较多断层（有f1、f8等断层通过该段洞身），节理较发育，岩石较破碎，同时洞身埋深较浅，虽然施工期间洞身岩体进行过固结灌浆处理，但水泥灌浆对细小裂缝的防渗效果不明显，高压水会通过岩石断层、裂隙等渗漏通道流向钢筋混凝土衬砌，并在混凝土衬砌薄弱处渗出。据此认为，右岸泄洪洞渗漏水主要是水库水通过洞身岩石断层、裂隙等渗漏通道渗出。

泄洪洞渗漏水如不处理，将导致岩石裂隙与衬砌混凝土缺陷进一步发展，并随时间的增长，渗漏量有可能进一步增大；衬砌混凝土与岩石接触部位的混凝土和岩石受到水流的不断冲刷而随水流流失，将导致混凝土衬砌与岩石之间脱空现象加剧；并且，渗漏水将加快钢筋混凝土衬砌中钢筋的腐蚀速度，降低钢筋强度和使用寿命，影响钢筋混凝土衬砌的耐久性。因此，对泄洪洞漏水必须进行处理。

（三）处理方案设计

根据右岸泄洪洞处理部位的漏水特点，考虑漏水部位钢筋混凝土衬砌厚度、上部岩体厚度及岩石的风化程度等特点，并结合该段施工时曾进行过固结灌浆的情况，本次处理方案以防渗为主，补强加固为辅。因此，处理方案为：对漏水段渗水部位钻孔进行化学灌浆，截断渗漏途径，化学灌浆材料选用HW和LW混合浆液。

在线状渗漏处，间隔50cm左右布置1个钻孔；如果是点状渗漏，则在点状渗漏部位布置1个钻孔，另外在渗漏点半径1.2m左右处，间隔150～200cm加钻化学灌浆孔，起防渗与补强加固的作用。线状渗漏灌浆孔的钻孔孔径为28mm左右，孔深100cm左右，并在间隔2个灌浆孔或漏水量较大处，钻深孔，孔径36mm左右，孔深250cm左右；在每个点状渗漏部位布置1个钻孔，孔径36mm左右，孔深250cm左右；外侧防渗与补强加固孔的孔径、孔深与线状渗漏钻孔基本一致。根据钻孔漏水量的变化和钻进过程是否有异常情况等，检查和判断混凝土脱空情况。灌浆时要求先压入丙酮，待压入一定量的丙酮后，再灌注LW、HW水溶性聚氨酯混合液。灌浆压力初定为0.8～1.0MPa，在此压力下进浆速度小于0.1L/min作为灌浆结束标准，根据现场实际情况，对灌浆压力进行适当的调整。

（四）施工情况

施工分两次进行，第一次为2006年4月12日～5月23日，第二次为11月1日～12月8日，共80天。

初期，在对疏松混凝土及小流量渗漏水进行了修补和灌浆处理后，根据设计要求进行了深孔布置，并按“边钻边灌”的原则开始灌注。施工过程中出现了大量漏浆情况，根据化灌工艺要求，4月28日对漏浆范围进行封闭处理，再次尝试灌浆时，漏浆现象仍然没有得到改善。5月7日采用化灌材料HK-9105对渗水面进行封闭处理，封闭效果差，工程进展遇到困难。总结工程开工以来的施工情况，并对漏水部位的漏水情况及混凝土质量情况进行分析，发现边墙大部分混凝土质量与原设计时情况有较大出入，渗漏水从其他部位沿边墙内一个（或多个）切面流动并从混凝土薄弱部位流出。原设计方案判断渗漏水主要从混凝土薄弱部位渗出，其他部位的混凝土质量是好的，这样导致施工过程中裂缝封闭结束后，封闭灌浆管时，未渗水部位产生新的裂缝（并不是真正意义上的裂缝，而是高压水从混凝土的薄弱处“挤”出）。由于处理部位内部存在层状劈裂现象，导致边墙渗漏水不断向下游侧移动，混凝土渗水面处理部位不断扩大。在这种情况下，先浅表封闭后再对漏水部位深孔灌浆的处理思路，达不到效果。

通过对前期钻孔灌浆工作的总结分析，判断漏水是水库水通过岩体裂隙进入混凝土劈裂层面，并沿该层面流动至混凝土薄弱处喷涌出来。通过使用电锤钻孔的方法检查，各部位劈裂层面深浅不一，初步判断库水进入边墙混凝土的进入点是在边墙中部高程范围，并且下游漏水区域的水流也是由上游进入点进入边墙体，经劈裂面流动至下游漏出。处理方法调整为：在漏水源部位钻深孔（孔深均钻至2m以上或超过边墙衬砌厚度），采用“钻一个孔、灌一个孔”的方法进行LW/HW水溶性聚氨酯灌浆，其他灌浆参数照原设计方案。采用此方法，加深灌浆，在岩体内进行堵截，取得了较好的效果。边墙大漏水、较大漏水已被封堵，原漏水部位已无漏水。

（五）结束语

右岸泄洪洞承担着鲁布革大坝泄洪、排沙、放空水库的任务，是最重要的泄洪、排沙通道，投运以来事故门下游侧左侧边墙存在较大的漏水，一直未得到有效解决，是较大安全隐患。通过2006年的处理，2007年汛期的实际运行检验，发现处理效果良好，局部轻微的漏水，已不会影响隧洞的安全运行，处理已达到预期目的。

（南方电网调峰调频发电公司
鲁布革水力发电厂 刘金洪）

左江水电站厂房、大坝渗漏处理

左江水电站是左江干流水能资源综合利用规划开发的第一梯级电站，正常蓄水位108.0m，总库容7.16亿m^3，调节库容0.485亿m^3，总装机容量3×2.4万kW。工程于1992年12月开工建设，1999年7月第1台机组并网发电，同年12月全部机组投产。

左江水电站厂房、大坝由于施工质量缺陷，一直存在几个主要的渗漏水点。多年来，邀请过多家专业施工企业，均因未找到渗漏通道而迟迟未能解决。由此也影响到大坝的安全管理及注册认证，是工程安全隐患和建筑物安全运行的硬伤。

（一）渗漏原因分析

1. 渗漏情况

（1）A点位于厂房90.95m高程的水泵层上游左侧墙角，属检修间与机组安装间结构缝，长度约4m，存在较大渗漏水流，自2001年以来设有梯形量水堰观测漏水量。受热胀冷缩影响，一般夏季漏水量小，冬季漏水量大，统计表明，最大渗漏量多出现在元月，最大漏水量11.5L/s（2003年1月11日）。

（2）B点位于95.45m的水轮机层2～3号机组间结构缝。由于以前做过表面封堵处理，大部分水量渗漏到通风廊道内，只有在渗漏量较大时漫溢到水轮机层地面，有时沿层面结构缝往下窜移3～4m后滴到地面，造成地面积水。

（3）C点位于83.0m高程的9号溢流坝段廊道，系大坝基础排水孔。因该排水孔恰好打在9、10号坝段分缝处，导致结构缝止水破坏漏水。该处设有量水堰观测漏水量，最大漏水量5.4L/s（2003年1月11日），是溢流坝廊道集水井最大的渗水量来源点。

2. 渗漏水原因　针对上述3处漏水点的位置、水量、水质等情况，结合工程竣工图纸、现场钻探芯样分析，初步认为：

（1）A点位于水泵层上游左侧墙角，为安装间与1号机之间的结构缝，紧靠上游挡水墙，距上游止水片3.5m。渗漏点最高位置约为95m高程，大大高于无泄流时的下游水位，据此断定水来自上游。另外，钻孔芯样破碎、松散，表明结构缝混凝土溶蚀严重，孔隙率极高，水流可能是绕过上游止水片向下游渗漏，而后沿最低处的水泵层渗出，渗漏区域约在止水片93.0～97.0m高程区段。

（2）B点自3号机组投运后即存在漏水现象。进一步检查发现，3号机工作闸门关闭后，漏水现象消失，说明连接2～3号机结构缝的所有上游迎水面永久止水完好；打开工作闸门后又出现漏水现象，说明漏水来自上游。上游迎水面均布设有施工缝止水，内部仅有5号通气孔与2～3号机结构缝没有止水，而5号通气孔充水时出现渗漏；又由于5号通气孔与2～3号机结构缝间没有缝隙，故推断为水源通过5号通气孔施工缝或混凝土蜂窝麻面渗入2～3号机结构缝造成渗漏。另根据水库蓄水高程及水轮机地面高程分析，漏水位置应在95.95～108m高程之间。

(3) 对于C点，根据设计资料分析认为，该漏点系溢流坝廊道下游侧坝基排水孔钻穿贯穿下游的F_{15}断层灰岩破碎带导致渗漏形成，漏水深度约在表面以下14.6m处，孔深已超过下游帷幕灌浆高程，漏水源为坝基渗漏水。而长期观测资料表明，渗漏水随河水浑浊度相应变化，有时甚至发现有小虾游出，而单位渗水量相对较小，不具有从F_{15}断层灰岩破碎带涌出的特征，并且该排水孔恰好打在9、10号坝段结构缝上，因此，断定为止水片破坏可能性更大，进而确定该漏水点可以施行机械式封堵。

(二) 渗漏处理

1. A点处理方法　由于A点渗漏水压力较大，必须从上游实施封堵，以减小水流压力，才能实施防水材料灌注，因此确定在止水结构以上实施钻孔灌注。

(1) 根据钻孔压水试验情况，在1号机进水口工作闸门槽相应高度自上而下钻减压排水孔穿透该结构缝，并根据结构缝内水位降低情况，布设孔间距、孔径和孔数。另外还在蜗壳侧边墙通气孔附近(92.6m高程)增设排水孔，作为减压及浆液回流孔。

(2) 结构缝嵌缝及埋管：包括两个区域，分别位于水泵层墙角和通风廊道内周围结构缝区段，分别进行埋管及表面嵌缝。另外在通风廊道内下游侧钻孔斜穿结构梁，预先灌浆作为止浆塞；通风廊道顶部上游墙角处斜向上钻孔作为灌浆孔，不破坏结构缝止水，孔底高程与上游渗漏水面齐平。嵌缝采用机械切割及辅以人工挖掏后，再回填环氧砂浆方式处理。

(3) 化学灌浆：采用LW、HW混合液灌注。由于行浆距离较远，垂直方向又高达27m，根据自下而上的灌浆顺序选择位于最下部且串通性较好的水泵层墙角埋管作为主灌浆管，压力范围控制在0.2～0.3MPa，采用双气灌高压灌浆，一个气灌推动浆液行进，另一股气流引导并带动浆液沿渗水通道填缝，以满足进浆量和进浆连续性。对于减压排水孔埋管，一开始出浆即可封管，其余相邻灌浆管出浓浆后才可封管，确保了封堵效果。

2. B点处理方法　该通风孔充水后形成的渗漏量较大，证明该处因施工缝处理不当或混凝土蜂窝麻面导致的渗漏通道缝宽较大，最终确定采用封孔自流灌注方式。首先，采用专制盖板，盖板上设置放空阀门，用膨胀螺栓及设立斜支撑方式在93.1m高程通风孔底孔孔口进行固定封堵，而后从下往上针对不同高程进行充水试验以确定通气孔封堵质量及渗漏点高程，最终确定渗漏点位于98.5m高程。其次，对该通气孔进行水泥灌浆。水泥浆采用商品水泥浆，水灰比为0.5，浆液填充高程至103.5m，在原渗漏部位可见有少量水泥浆液流出，证明灌浆达到预期目的。为保证通气孔原有功能，必须严格控制孔内浆液滞留时间，在预定凝固时间内将浆液排泄，以防堵孔。而后再行充水检查封堵效果。对可能由于止水破坏导致的结构缝漏水，骑缝钻孔后采用LW、HW混合液的化学灌浆，灌浆采用无压自流式。该弹性化灌材料填充结构缝后，能适应结构缝变形要求，使该结构缝重新具有止水功能。

3. C点处理方法　该渗漏点的处理关键有两点：一是封堵后是否引起坝基扬压力异常升高；二是是否引起其他部位形成新渗漏点。如果渗漏水来自F_{15}断层，由于该水流压力不在设计考虑范围之内，实施封堵后，渗水压力必然对坝体产生作用，造成扬压力明显升高，对坝基稳定不利，进而可能产生新渗漏点，处理风险较大。而如果是因钻排水孔破坏原止水片造成渗漏，对坝体扬压力影响不大，但可能因为原结构缝止水的破坏产生新的渗漏点。在确定为止水片破坏后，针对该部位渗漏特点，采用“两侧结构缝封闭→排水孔埋管→排水孔封堵→一次化学灌浆→二次化学灌浆”等工序进行处理。处理完成后，对邻近的扬压力孔基础部位进行检查，没有发现异常变化，达到了预期效果。封堵过程中，几个要点值得提及：①首先需对漏水点两侧结构缝进行封闭灌浆，防止水流侧向流窜；②浇筑的水下环氧混凝土保养时间应充足，防止高压化灌时开裂、崩溃；③止水塞深度要达到结构缝止水片以下，能减小渗水量并留有足够的处理空间。

经上述处理，达到了理想效果。

(广西左江美亚水电有限公司　韦喜榴)

中國水力發電年鉴

14

环境保护与水库移民

环 境 保 护

龙滩水电工程库区珍稀野生植物迁地保护工作取得成效

龙滩水电工程是项实施西部大开发和西电东送战略的标志性工程，是我国目前已投产发电的第二大水电工程。工程规划装机容量6300MW，年均发电量187亿kWh；于2001年7月1日开工建设，2003年11月6日大江截流，2007年5月21日首台机组提前并网发电，2008年12月23日375m方案建设工程7台机组整体提前一年投产发电。

龙滩水电开发有限公司（以下简称“龙滩公司”）长期以来高度重视工程的环境保护工作，始终坚持环境建设与工程建设同步发展的理念，在狠抓工程建设进度与质量的同时，不断强化工程的环境保护管理。随着主体工程建设的顺利、快速推进，建立健全了环境保护管理机构，提出了创建“绿色龙滩”的目标，大力开展工程的绿化美化及珍稀野生植物的抢救性保护工作，不断加强环境保护管理工作，并创建独具龙滩特色的环保水保“六到位”管理新模式，即加强领导，业主主导，积极协调，强化管理，在环保水保管理工作中努力做到“思想认识、机构人员、管理措施、建设投资、规划设计、综合监理”六到位，实现建设“绿色龙滩”的目标。在国家和地方各级政府的大力支持下，经过几年的积极努力，施工区绿化总面积已近40万m^2，到处绿树成荫，绿草成坪，花团锦簇，景色怡人，充满了生机，建设“绿色龙滩”的目标已基本实现。

为了切实做好龙滩库区珍稀野生动植物的保护工作，龙滩公司委托设计单位组织开展龙滩库区自然保护区专项保护规划设计工作。2006年4月，中国水电顾问集团中南勘测设计研究院完成了《红水河龙滩水电站贵州库区自然保护区保护规划设计》报告；2006年6月，广西林业勘测设计院完成了《龙滩水电站广西库区水库淹没区珍稀野生植物及古树迁地保护方案》。为了确保规划的顺利实施，2006年4～7月，在广西、贵州两省（区）各级环保、林业主管部门的大力支持、配合与指导下，龙滩公司分别委托广西龙滩自然保护区管理处、广西国营雅长林场、罗甸县林业局、望谟县林业局等4个单位组织开展龙滩库区水库淹没区珍稀濒危野生植物及古树的迁地保护工作，要求在水库下闸前将375m水位以下的珍稀野生植物及古树按规划迁移至400m水位以上或异地加以保护。通过各实施单位积极开展工作，均按设计方案及委托要求，很好地完成了项目的实施工作。

罗甸县林业局承担的罗羊自然保护区保护规划实施项目投资163.94万元，共计迁移珍稀野生乔木9种308株，2008年11月4日顺利通过验收。

望谟县林业局承担的渡邑自然保护区保护规划实施项目总投资143.38万元，共计迁移珍稀乔木16种251株，兰科植物1300丛，国家一级保护植物贵州苏铁641株，2008年11月4日顺利通过验收。

广西国营雅长林场承担的龙滩水电站库区雅长点珍稀野生植物迁地保护项目总投资290.21万元，规划迁地保护珍稀野生植物40种2643株，实际完成迁地保护40种2975株，其中重点迁移保护珍稀兰科植物23种950株，迁移保护古树10株，2008年12月3日顺利通过验收，工程质量优良。

广西龙滩自然保护区管理处承担的龙滩水电站库区天峨点珍稀野生植物迁地保护项目总投资478.69万元，规划迁地保护珍稀野生乔木19种2118株，实际迁移保护18种2292株；规划迁移保护兰花26种2670丛，实际迁移保护74种6612株；迁移保护古树3株，移植协议外生境营造树53株，2008年12月4日顺利通过验收，工程质量优良。

根据国家环保总局关于红水河龙滩水电站塘英基地珍稀野生植物园的批复意见，龙滩公司又在天峨塘英区新建了一座珍稀野生植物保护园，将库区尚未迁出的珍稀野生植物迁移到该保护园进行保护。塘英珍稀野生植物园占地面积约33 000m^2，已迁移保护珍稀野生植物300余株，古树9株，已投入200多万元。

龙滩库区珍稀野生珍稀迁地保护工程项目总投资近1500万元，共计迁移保护各种珍稀野生植物22种14 257株（丛），其中迁移保护野生珍稀乔木4474株，迁移保护兰花74种8862丛，迁移保护贵州苏铁、叉孢苏铁等899株，迁移保护古树22株，不但保护的珍稀野生植物种类多样，而且数量可观，成效显著，达到了抢救性保护的目的。目前，各迁地保护区均由专业机构负责后期养护管理，迁地保护的各种珍稀野生植物长势良好。

广西、贵州两省（区）各级林业、环保主管部门对龙滩库区珍稀野生植物迁地保护工作给予了高度评价，一致认为龙滩水电站库区珍稀野生植物迁地保护工作是我国新建大中型水利水电工程建设中最为成功的一个范例，具有很高的推广示范价值。

（龙滩水电开发有限公司　齐彦斌　黄海雁）

金沙江中游水电开发与环境保护

金沙江中游径流丰沛而稳定，水能资源理论蕴藏量13 220MW，可开发容量20 580MW，开发条件较优越，具有建设龙头水库的良好地形地质条件，是少有的具有战略意义的水电能源基地。2003年《金沙江中游河段水电规划报告》通过国家批准，根据批复意见：金沙江中游河段按“一库八级”进行开发，即上虎跳峡、两家人、梨园、阿海、金安桥、龙开口、鲁地拉和观音岩，规划总装机容量2058万kW，年均发电量883亿kW·h。

2005年12月，为充分发挥金沙江中游水电开发整体效益，加快梯级电站开发，国家发展和改革委员会以发改能源［2005］2609号文正式批准成立云南金沙江中游水电开发有限公司，要求公司按照统一规划、统一调度和统一运行的“三统一”原则，负责金沙江中游梯级电站开发建设的协调管理。

云南金沙江中游水电开发有限公司（以下简称“金沙江中游水电公司”）高度重视水电开发的环境保护，努力塑造“绿色环保公司”、“清洁能源公司”的形象，正确处理好水电开发与环境保护和综合利用的关系，促进了金沙江中游水电开发事业健康、有序发展。

（一）积极推进梯级电站开发环境影响评价工作

金沙江中游水电规划2003年通过国家批准后，各项目的环境影响评价按计划开展。由于规划阶段认识和单个项目环境影响评价的局限性，提出的梯级开发对区域生态环境的影响结论和对策措施方案尚不能满足区域生态环境保护管理的要求。为做到在保护环境中开发水电，降低工程建设对环境的不利影响，保护滇西北的生物资源宝库，根据我国有关环境保护的法律、法规及国家环境保护部的要求，金沙江中游水电公司组织开展了“金沙江干流中游河段水电梯级开发环境影响及对策研究”，并编制了相关报告。该研究在对国内外流域水电开发环境影响进行调查研究的基础上，以实施可持续发展战略为前提，在金沙江中游水电梯级开发中，充分考虑可能产生的区域性环境问题，从区域的角度预防和减免水电梯级开发实施后可能造成的不良环境影响，充分协调水电开发、经济增长、社会进步与环境保护之间的关系，最终达到促进金沙江中游水电梯级开发和环境保护要求相协调的目的。金沙江中游河段水电梯级开发规划环境影响评价及对策研究报告，已取得环保部审查意见。这对深入认识梯级电站的累积性环境问题，统筹流域环境保护措施布局，指导各梯级水电站的环境影响评价工作具有重要意义。

（二）认真开展各梯级电站环境影响评价工作

金沙江中游河段梯级电站建设将带来巨大的经济和社会效益，同时也具有积极的环境效益。金沙江中游水电公司在项目前期设计阶段均按照国家有关法律、法规积极开展项目环境影响评价专题研究工作。梨园、龙开口、鲁地拉和观音岩水电站正在开展环境影响评价工作，金安桥、阿海水电站环境影响报告书已通过环境保护部的审批。

（三）阿海电站环境保护工作与节能减排情况

阿海水电站是金沙江中游水电公司全资开发的第一个项目。2006年电站可行性研究工作全面启动后，金沙江中游水电公司即委托相关设计单位对电站涉及的环境影响因素开展深入研究，编制完成了《金沙江中游阿海水电站环境评价影响报告书》、《水土保持报告书》、《地质灾害评估报告》及《矿产压覆报告》等系列报告，并通过了政府相关主管部门的审批。

为了更加科学、客观、公正地反映阿海水电站建设带来的环境问题，确保评价成果的真实性，按照《环境影响评价公众参与暂行办法》，对阿海水电站环境影响评价进行了两次信息公示，环评单位对公众所关注的主要问题，如水土流失及治理、植被保护和生态恢复、空气及噪声污染等，特别是公示过程中NGO组织所提出的疑问与意见，给予较详细的答复。还多次邀请国内权威专家参与相关专题报告与环评大纲咨询工作，环评单位根据各次咨询会意见对报告书进行了修改、完善。民间环保组织的代表获邀参加《金沙江中游阿海水电站环境评价影响报告书》技术评估会，这是自《中华人民共和国环境影响评价法》和《环境影响评价公众参与暂行办法》施行以来，民间环保组织代表首次获邀参加水电环评报告技术评估。

在积极做好阿海项目前期环境专题研究工作的同时，对已开展的筹建工程项目涉及的环境影响问题也高度重视。金沙江中游水电公司设立了项目环境保护机构，安排专人负责环境保护管理工作，并确立了“建精品工程，创鲁班奖”和创建绿色环保工程的总体目标。在建设项目中，坚持环境保护设施与主体工程同步设计、同时施工、同时投产使用，在各筹建项目施工过程中，严格加强对施工单位的监督管理，杜绝违规操作，各筹建工程的环保措施得以全面落实。

阿海水电站多年平均发电量为89.92亿kW·h。其建成后，每年可减少标准煤消耗约350万t，相应可以减少CO_2排放879万t，减少SO_2排放2.97万t，减排NO_x2.59万t。这既可节约煤炭资源，又可减少温室气体量和其他污染物的排放，具有积极的环境效益。

（云南金沙江中游水电开发有限公司
张向明 杨 强 王 旭 卢兴琮）

三峡工程生态环境效益日渐显现

（一）移民安置区综合环境质量好于上年

2008年6月5日，国家环境保护部发布的《2008长江三峡工程生态与环境监测公报》表明：2007年，三峡库区重庆移民安置区15个区（县）的综合环境质量好于上年。

据了解，移民安置区综合环境监测包括水环境质量监测、环境空气质量监测和声环境质量监测。水质监测内容包括地表水水质、回水敏感区水质和饮用水源地水质三部分。三峡库区50条支流上布设的122个断面，按照《地表水环境质量标准》和“湖泊（水库）富营养化评价方法及分级技术规定”标准检测表明，地表水水质保持稳定，达到或优于Ⅲ类水质的断面105个，占断面总数的86.1%；枯水期、平水期和丰水期水质达到或优于Ⅲ类水质的断面比例分别为89.1%、83.6%和90.0%，分别比上年提高2.0、0.5和4.3个百分点。回水敏感区水质达到或优于Ⅲ类水质的断面比例达到87.9%，主要污染物为总磷、氨氮和生化需氧量。水体综合营养状态指数范围为20.81～69.51。移民安置区县城和一类集镇主要集中饮用水源地水质较好，满足饮用水源地水质要求的饮用水源达到96.9%。

监测表明，2007年移民安置区城镇环境空气质量比上年有所改善，空气综合污染指数降低10.8%。二氧化硫年平均浓度、二氧化氮年平均浓度、可吸入颗粒物年平均浓度均达到二级标准。但从降水质量上看，15个区（县）设置的降水监测点采样表明，酸雨量占降水总量的63.1%，比上年提高4.8个百分点。移民安置区声环境质量监测内容包括区域环境噪声、道路交通噪声和功能区环境噪声。2007年，移民安置区区域环境噪声质量总体等级为较好，声源构成仍以社会生活噪声为主，交通噪声次之。

（二）三峡库区耕地和退耕还林面积增加

2007年，有关部门对三峡库区19个区（县）150个乡镇农业生产生活情况进行了调查。调查结果显示，2007年，三峡库区耕地面积和农作物总播种面积增加，耕地复种指数上升，农业生产仍以粮食作物为主。移土培肥一期工程已经完成，涉及库区面积$2142hm^2$，覆土培肥区面积$4616hm^2$。库区农村能源结构继续改善，沼气年产量继续增长，库区农作物病虫害面积大幅增加，损失有所加重。

2007年，三峡库区耕地面积和农作物总播种面积增加，林地、果园及经济作物种植面积均不同程度减少，粮食作物种植面积略有增加，耕地复种指数上升，农业生产仍以粮食作物为主。库区耕地面积为192 $672hm^2$，人均耕地面积为$0.048hm^2$，分别比上年增加1.9%和4.3%。库区耕地复种指数为275.86%，比上年提高40个百分点。农作物总播种面积为526 $054hm^2$，比上年增加21.3%。2007年，库区坡改梯、退耕还林（还草）面积明显增加，还林还草面积达到36 $912.36hm^2$，坡改梯面积达到12 $752.87hm^2$，均比上年翻了一番。耕地分布呈两升两降态势，但趋势与上年相反。

2007年，三峡库区农村能源结构继续改善，沼气年产量继续增长，但仍以薪柴和秸秆直接燃烧为主。与上年相比，小水电下降10.4个百分点，沼气上升7.03个百分点。2007年，库区沼气发展加快，沼气池总数为108 436口，年产沼气量为5988.53万m^3。2007年，库区农作物病虫害面积大幅增加，损失有所加重，但没有发生某种农作物病虫害暴发流行和重大危害，没有发现新的农作物病虫害。

（三）地质灾害监测预警取得成效，应急防治工程进展顺利

2007年，三峡库区气象灾害频发，其中暴雨洪涝及其引发的滑坡、泥石流等地质灾害比较突出，地震活动仍维持在低强度水平。地质灾害监测预警工作取得成效，应急防治工程进展顺利。

2007年，三峡库区库首至库中地区（东经108°20′～112°00′，北纬29°55′～31°45′）共发生$M \geq 0.0$级地震1402次，最大地震为2007年7月10日17时53分发生在巴东县溪丘湾镇的$M_L=3.2$级地震。

库首至库中地区地震主要集中在巴东火峰、秭归周坪西及新滩附近，且$2.0 \leq M_L \leq 2.9$级地震比上年明显增加。随着三峡水库蓄水位的变化，该地区微震活动有所变化，但未突破正常态势，仍将维持低强度、高频次的多成因地震活动性特征。

另外，通过汛前水位降落（2007年5月）及2007年汛期暴雨的多重考验，已建工程效果良好，自2006年9月156m蓄水以来，库区一百余处迁建城集镇没有崩塌、滑坡复活和塌岸产生。三峡库区三

期非应急治理工程项目用于防治受175m库水位蓄水影响的崩塌、滑坡和塌岸，已开始分期分批实施，到2007年底完成了51个项目的初步设计和招投标工作，其中湖北省14个，重庆市37个。

（四）三峡库区土壤养分流失得到有效控制

2007年，万州、秭归两个典型区继续开展三峡库首坡地典型径流场水土流失和氮磷养分流失监测。监测结果表明，三峡库区土壤蓄水能力明显增强，土壤物理特性与养分状况明显改善，水土流失显著减少，土壤养分流失得到有效地控制。

万州坡耕地粮经果复合垄作模式营建6年，通过与粮经果复合平作、纯粮顺坡平作对照，粮经果复合垄作模式的土壤含水量平均增幅和土壤侵蚀量，都要比粮经果复合平作高，情况要好。由于实行免耕、少耕、立体种植、秸秆覆盖还田等措施，使得在相同施肥情况下，粮经果复合垄作模式土壤养分中有机质、全氮、全磷、碱解氮、速效磷、速效钾含量分别提高32.54%、37.09%、14.19%、25.07%、13.15%和11.57%。可见，粮经果复合垄作模式土壤中各养分含量除全钾外均明显高于对照模式和粮经果复合平作模式。

万州典型区通过在陡坡地营建柚—皇竹草植物篱模式，增加了地表覆盖度，减少了土壤水分的蒸发。在全年8次典型次降雨水土流失监测中，植物篱模式径流小区有5次无地表径流产生，在产流的3次监测中对地表径流量和土壤侵蚀量的平均减幅分别达88.74%和91.08%，其效果十分的显著。

万州、秭归两个典型区里获得的试验数据充分表明，在库区试验和推行的复合垄作模式和生态治理技术，能有效控制三峡库区农田水土流失和土壤养分流失，改善当地生态环境，提高库区土地耕种效益。

（五）三峡库区人群健康状况稳定

2007年三峡库区医疗卫生设施有所改善，无甲类传染病鼠疫、霍乱等重大暴发疫情和大规模地方病发生，与水库蓄水有关的介水传染病处于较低发病水平，库区人群健康状况总体保持稳定。

数据显示，2007年，库区监测点内各级卫生机构333个，比上年增加45个；医疗机构病床数4486张，比上年增加767张；各级各类卫生人员3553人，比上年减少1133人，主要与库区卫生机构调整有关。

2007年，监测点内共出生4552人，其中男性2343人，女性2209人，男女性别比为1.06∶1，出生率为7.38‰，比上年上升15.31%。监测点共报告婴儿死亡42例。2007年，库区人群死因顺位居于前5位的疾病依次为循环系统疾病、肿瘤、呼吸系统疾病、损伤中毒和消化系统疾病。与上年相比，前5位死因顺位保持不变，死因构成比总体上变化不大，循环系统疾病、恶性肿瘤和损伤中毒的构成比略有增加，呼吸系统疾病有所下降。

各监测点共报告乙、丙类传染病4280例，总发病率为693.44/10万，比上年上升8.83%，无甲类传染病鼠疫、霍乱病例报告，无暴发疫情发生。与水库蓄水有关的介水传染病甲肝、痢疾和伤寒处于较低发病水平。与虫媒变化有关的自然疫源性疾病乙脑发病数下降50.31%。

（六）三峡工程施工区环境质量总体良好

2007年，三峡工程施工区全年平均流量为12 600m^3/s，年平均输沙率为1.62t/s，平均含沙量为0.129kg/m^3。与上年相比，水文特点表现为水量有所增加，年平均输沙率和平均含沙量大幅上升。三峡坝区气候主要特点为降水偏多，季节分布差别较大，全年各月气温多属正常。

施工区环境空气质量总体良好。施工区长江干流和近岸水域各断面水质良好，均达到或优于Ⅱ类标准。与上年相比，长江干流太平溪断面和近岸水域副坝、上引航道测点的粪大肠菌群含量有所增加，其余监测指标浓度相对稳定，没有明显变化。

2007年，施工区办公生活区昼间、夜间环境噪声平均值分别为58.0dB和52.6dB，昼间达到《城市区域环境噪声标准》2类标准，夜间达到3类标准。施工作业区环境噪声符合国家《工业企业噪声控制设计规范》中生产车间及作业场所噪声限值的要求，边界外敏感点噪声符合《建筑施工场界噪声限值》噪声限值要求。

（七）三峡库区生物多样性保持良好

2007年6～10月，对秭归、巴东、巫山、奉节、云阳、万州、忠县、丰都等三峡库区145～156m消落带内植物群落调查发现，消落带不少植物种群能够耐受长期水淹得以保存，外来种群落具有扩展的趋势。

在145～156m消落带内共调查到群落类型61种，绝大部分为田间杂草或外来种，依靠种子繁殖迅速发展并形成优势群落。多年生草本植物群落类型主要有水花生群落、狗牙根群落等，它们是能够耐受长期水淹而得以保存的。水花生群落和狗牙根群落能够耐受深度10m以上的长期水淹。在消落带内共调查到高等植物189种，分属56科，以禾本科最多，为27种，其次为菊科22种。

另外，消落带内的外来种群落具有扩展的趋势。尤其是水花生具有极强的耐淹能力，夏季出水后能迅速繁殖生长，其竞争能力有超过本地植物狗牙根的趋势。总之，三峡库区植物种群多样性有较好保障，三峡工程蓄水对其影响极其有限。

动物方面，在调查水域中，长江底栖动物冬、春、夏、秋季分别为62、86、100和124种，其种类在夏、秋季分别增加37.0%和33.3%，较为丰富。

鱼类浮游生物较之2004年略有回升。4次调查共捕获鱼卵4031个，仔稚鱼2432尾，隶属于12目28科，种类丰富。尤其夏季种类和数量最多，且有大量鱼卵出现。2007年，长江口渔业资源种类数量均高于2004年同期，生态系统多样性提高。鱼类资源优势种群按季节自然变化，四季鱼类种群各有特点。

在良好的水环境下，2007年，特有鱼类人工繁殖实验在长江水域展开，并取得一定的成果。岩原鲤和厚颌鲂人工繁殖实验取得成功，长薄鳅人工繁殖积累了宝贵经验与数据。这表明各种鱼类对长江当前水环境适应，长江生物种群多样性能够得以保障。

（八）三峡库区陆生动植物保护效益明显

2007年三峡移民安置区环境保护规划顺利实施，三峡水库周边绿化工作全面展开，库区陆生植物动物保护和恢复效益明显。

监测表明，马尾松林是三峡库区主要植被组成之一，由于强烈的人为影响，马尾松林多为人工林和次生林。库区内环境条件差异很大，在不同的生境条件下马尾松林的种类组成与层片结构均有很大差异。

三峡库区冬季水禽调查结果表明，水文条件的变动导致冬季水禽分布格局发生了明显变化。2008年1月隆冬季节，国家Ⅱ级保护动物鸳鸯种群数量与上年同期相比大幅降低，在鸳鸯数量多年持续保持较高稳定水平的大宁河仅见到7只（2007年同期统计到24只），在长江主河道未见到鸳鸯（2007年同期统计到36只）。除鸳鸯外，长江主河道的其他雁鸭类水禽数量均不同程度降低。

苍鹭是体型较大的鹭科鸟类，多年监测调查中未寻找到其在库区的繁殖地。2008年春季，确证在武隆石桥镇一棵古老乌杨树上有20个苍鹭繁殖对。同时，在当地还见到了库区罕见的食鱼猛禽——鹗（国家Ⅱ级保护动物），很可能在芙蓉江有繁殖巢。藏酋猴在库区的分布一直以本底和监测调查中的访问资料为依据。2007年7～8月，专业人员在芙蓉江武隆岸边听到藏酋猴鸣叫声，2008年3月29日，在相同地域观察到藏酋猴实体，由此确证了其在库区的分布。此外，在芙蓉江跳塘－白汉江段，黑叶猴由以往的2群增至3群。

三峡库区实行多年的天然林保护和退耕还林两大林业工程，对陆栖野生脊椎动物的栖息地保护和恢复作用效益明显。大多地区多年难以见到活动踪迹的林麝（国家Ⅰ级保护动物），在局部区域种群有所恢复。其他有蹄类动物，如小麂、斑羚、鬣羚等种群数量也有较大程度的恢复和发展。

（九）长江特有鱼类及珍稀水生动物生长环境正常

根据监测，与往年相比，2007年长江上游特有鱼类没有明显变化，长江珍稀水生动物中华鲟产卵范围与上年相同，三峡库区、坝下、洞庭湖、鄱阳湖及河口区的渔业资源增加。长江重要渔业水域水质总体良好，基本能够满足鱼类生长繁殖要求。

2007年，在金沙江下游攀枝花、宜宾江段，长江上游合江、木洞、万州以及长江中游宜昌江段进行的鱼类资源监测共采集到鱼类118种，与往年相比，各调查江段鱼类种类组成没有明显变化。除万州江段外，其他江段渔获物中特有鱼类依然占有相当的比例。与往年相比，各江段主要渔业对象中特有鱼类的体长、体重、性比及年龄结构继续呈现小型化和低龄化趋势。

根据鱼探仪数据分析，2007年中华鲟主要分布在葛洲坝至庙嘴之间长约5km的江段，庙嘴以下至烟收坝尾端的江段内也有少量分布，在艾家河河口以下的江段未发现中华鲟。根据中华鲟自然繁殖时捕获的食卵鱼分布情况判断，2007年中华鲟产卵范围与上年相同。

2007年，中华鲟仅有一次产卵，时间为11月23日下午至11月24日凌晨之间，产卵当天水温18.3℃，气温稍有下降。2007年，在渔获物调查过程中未发现中华鲟、白鲟、达氏鲟的误捕情况。

2007年，三峡库区、坝下、洞庭湖、鄱阳湖及河口区的渔业天然捕捞总产量为5.64万t，比上年增加2.5%。坝下监利断面“四大家鱼”鱼苗径流量与上年相比有所下降，苗汛过程不明显。

（十）三峡库区干流水质好于上年

2007年，三峡工程加大生态调水力度，使库区水质好于上年。2007年，相关人员在库区长江干支流共布设13个水质监测断面，其中干流断面6个，分别为重庆朱沱、铜罐驿、寸滩、涪陵清溪场、万州沱口和巴东官渡口水质为Ⅱ类；朱沱、铜罐驿、寸滩、清溪场等4个断面水质均为Ⅲ类。其中，朱沱、寸滩断面水质由上年的Ⅳ类变为Ⅲ类，其余4个断面水质类别保持不变。

但是，2007年，三峡库区支流水质较差，但也略好于上年。通过监测7个断面中，北碚断面水质为Ⅱ类，临江门、武隆断面水质为Ⅲ类，其余4个河口断面受总磷影响水质均为Ⅳ类。其中，北碚断面水质由上年的Ⅲ类转为Ⅱ类，临江门断面水质由上年的Ⅳ类转为Ⅲ类。

从各月情况来看，每月至少有2个断面超标（Ⅲ类），水质达标的断面比例变化在28.6%～71.4%之间，4个河口断面受总磷影响超标现象十分普遍。

可喜的是，长江一级支流水体处于富营养化的状态比上年明显好转，这与三峡工程加大生态调水力度密不可分。

（十一）三峡库区气候状况持续改善

2007年，三峡库区平均气温较常年明显偏高，年降水量较常年偏多，年平均风速、年平均相对湿度、年蒸发量基本接近常年，年大雾日数显著偏少；酸雨程度较上年减轻；气象灾害频发，其中暴雨洪涝及其引发的滑坡、泥石流等地质灾害比较突出。

2007年，三峡库区平均降水量为1254.4mm，比常年偏多128.3mm，属降水偏多年份。2007年，库区平均气温达18.3℃，较常年偏高0.5℃。自2002年以来，库区年雾日已连续6年比常年偏少。从雾日空间分布来看，库区西部明显多于东部。2007年，库区平均相对湿度为77%，接近常年。库区西部相对湿度大于东部。2007年，库区平均蒸发量为1236.3mm，接近常年。与常年相比，库区蒸发量季节变化较大。2007年，库区6个观测站年降水pH值平均为4.73，属一般酸雨，酸雨程度比上年略有减轻。

2007年，三峡库区及其邻近地区气象灾害频发，其中暴雨洪涝及其引发的滑坡、泥石流等地质灾害比较突出，雷击、大雾、干旱，冰雹等气象灾害也较严重。

暴雨洪涝方面，2007年4～9月，三峡库区及其邻近地区降水表现出前多后少的特征，过程频繁，强度大，总量多，造成了严重的暴雨洪涝灾害。地质灾害方面，2007年4～7月，强降雨过程致使库区及其邻近地区多次、持续发生山体滑坡、泥石流等地质灾害，直接经济损失上亿元。2007年4～8月，库区及其邻近地区特别是重庆地区多次发生雷击事件，灾害损失较往年偏重。

另外，2007年，库区及其邻近地区大风、冰雹等强对流天气频发，造成的灾害损失重于上年。2006年至2007年冬季及深秋，库区西部大部地区频繁出现大雾天气，使高速公路、铁路、民航、河运等交通运输受到不同程度影响。2007年，库区干旱总体较轻。

（十二）长江河口生态环境状态平稳

2007年，在陆海界面河口地区继续进行的水盐动态监测中，各项指数及其反应的情况基本正常。

2007年，调查水域水温大致呈近岸区低、远岸区高的分布特征，且具有明显的季节变化。调查水域盐度季节变化比较复杂，表现出明显的区域性特征。这与长江入海径流量、台湾暖流水、黄海混合水以及降水和蒸发等影响因素的季节变动有关。2007年，长江口门内（河水）各季节表、底层溶解氧平均含量、pH值、化学需氧量含量以及沉积要素呈季节性的变化。这些数据变化都在正常范围之内，且其受到三峡工程的影响比较小，长江水质稳定。

（摘自《中国三峡工程报》）

阿海水电站环境影响评价

（一）概况

金沙江水力资源十分丰富，是我国水力资源“富矿”及实现“西电东送”战略目标的重要能源基地之一。金沙江水力资源理论蕴藏量为113 000MW，占全国理论蕴藏量的16.7%，可开发容量为88 910MW，年发电量为5041亿kW·h，占全国的23.5%，是我国最大的能源基地。

阿海水电站位于云南省丽江市玉龙县（右岸）与宁蒗县（左岸）交界的金沙江中游河段上，是金沙江中游水电规划一库八级开发方案的第四级。工程开发任务为发电，建成后可发展库区航运和旅游等，促进地区经济、社会与环境的协调发展。上游与梨园水电站相衔接，下游与金安桥水电站为邻。

阿海水电站坝址位于支流翠依河汇口下游约5km处，距下游雅砻江江口约365km，河源至坝址河长约2370km，坝址控制流域面积23.5381万km^2，多年平均流量1620m^3/s。阿海水电站为堤坝式开发，拦河坝为混凝土重力坝，最大坝高138m。水库正常蓄水位1504m时，回水长度约75.3km，淹没影响涉及云南省丽江市玉龙县和宁蒗县、迪庆州香格里拉县、四川省凉山州木里县。水库总库容8.79亿m^3，调节库容2.38亿m^3，库容系数0.5%，具有日调节能力。电站装机容量2000MW，单独运行时，保证出力323MW，多年平均发电量80.98亿kW·h；金沙江中游梯级联合运行时，保证出力914MW，多年平均发电量89.92亿kW·h。

阿海水电站的建设，对于云南省变能源资源优势为经济优势，培育以水电为主的电力支柱产业，满足云南、广东、华中、华东的发展用电需求，实施“西电东送”战略，促进滇西北少数民族、边远和贫困地区经济和旅游业的发展，减少不可再生的煤炭资源消耗、减少CO_2等有害气体排放等方面都具有重要的意义，符合国家优先开发可再生能源资源的能源政策和优先开发中西部地区资源的部署。

根据《中华人民共和国环境保护法》、《中华人民共和国环境影响评价法》、《建设项目环境保护管理条例》、《建设项目环境保护分类管理名录》（第一批）的要求，中国水电顾问集团昆明勘测设计研究院（以下简称“昆明院”）承担了环境影响报告书的编制工作。为保证环评工作质量，组织了相关技术人员对工程区进行了实地查勘，收集了环境现状资料，在此基础上于2006年12月编制完成了《金沙江阿海水电站环境影响评价大纲》（以下简称《大纲》）。2007年3月，中国水利水电建设工程咨询公司在北京主持召开了《大纲》咨询会议，与会专家和代表对大纲内容进行了认真评议，形成了咨询意见。

鉴于阿海水电站工程规模较大，施工前期准备工作时间长、任务重，为了缩短建设工期和保证工程总进度的顺利实施，需先行开展筹建期“三通一平”工程建设。根据国家环境保护部与国家发展和改革委员会联合下发的《关于加强水电建设环境保护工作的通知》（环发［2005］13号文），昆明院又进行阿海水电站筹建期“三通一平”工程环境影响报告书的编制工作，并于2007年4月编制完成《金沙江阿海水电站“三通一平”工程环境影响报告书》，7月获得了云南省环境保护局和丽江市环境保护局的行政许可。

阿海水电站环境影响评价工作过程中，昆明院独立或联合相关科研单位开展了“阿海水电站陆生生态影响评价”、“阿海水电站水生生态影响评价”、“阿海水电站工程对人群健康的影响评价”、“阿海水电站文物古迹影响评价”、“阿海水电站水环境影响评价”、“阿海水电站移民环境影响”、“阿海水电站水土保持方案”等专题和专项研究，同时委托大理市环境监测站对工程区域的水、气、声环境本底状况进行了监测。昆明院环保及水保人员曾多次深入工程现场，对工程影响区和移民安置区的地貌、地表水、气候、土壤、植被、社会经济、基础设施等情况进行了细致的调查和资料收集工作，并结合水库淹没实物指标调查和《环境影响评价公众参与暂行办法》等，开展了多种形式的公众参与活动。同时，评价人员根据阿海水电站可行性研究成果，进行了大量的工程分析工作，完成了工程区各环境要素的环境现状分析评价、环境影响预测评价、环境保护对策措施设计及环境保护投资概算等相关工作，在此基础上，编制完成了《金沙江阿海水电站环境影响报告书》。报告书于2008年12月通过了由国家环保部环境工程评估中心组织的技术评审。之后，环保部作了批复，主要意见为：该项目建设符合《金沙江中游水电规划报告》和国家能源政策，但工程建设也将对金沙江部分河段水生生态和陆生生态产生不利影响，必须全面落实报告书和批复意见中提出的各项生态保护及污染防治措施，将不利影响程度降低至最低，在此基础上，综合考虑各方面的因素，原则上同意项目建设。

（二）主要特点

阿海水电站评价范围不涉及自然保护区、世界遗产地、风景名胜区、重点文物保护单位等环境敏感区，环境影响评价工作的重点为：水环境影响、生态环境影响、水土流失影响和移民安置环境影响4个方面，其中水土流失和移民安置影响均按规范要求内容编写，与其他电站环评相同，本文不再分析。这里重点介绍本工程环评与其他工程环评的不同之处。

（1）在水环境影响分析中，对电站建成前后的水深、面宽和流速进行了定量计算，并据此分析库区河段、坝下河段的流水特性，分析对鱼类生境的影响。通过分析计算，阿海水电站修建后，在坝址上游54km以上长约21km的库段，金安桥坝址上游45.7km至阿海坝址间的长约28.3km的库段存在流水性特征。对鱼类生境的影响分析为：电站修建前，原库区江段主要是峡谷急流生境，是一些土著鱼类生活的环境，也是多种在急流中产卵鱼类的产卵场。蓄水后，原急流险滩将被淹没，库区变为缓流水域，很多鱼类的产卵场将消失。阿海电站影响区生活的鱼类，大部分对流水生境存在依赖性。现场调查到的常见鱼类中，除鲫、宽鳍鱲外，其余均生活在流水中，并需要流水条件才能繁殖。其中，长鳍吻鮈、长薄鳅、中华金沙鳅、圆口铜鱼是产漂流性卵的鱼类，它们对金沙江流水生境的依赖性最高，这些产漂流性卵的鱼类，过去在金安桥库区有产卵场分布。金安桥水电站修建后，这些产卵场将不复存在，原来在此产卵的鱼类，可能在金安桥以下江段产卵，而滞留在金安桥坝上江段的鱼类，可能会到阿海电站库区或库尾以上产卵繁殖。阿海水电站水库蓄水后，它们繁殖所需的流水河段进一步缩短，根据对水库水深、面宽、流速的预测，丰、平、枯水年，5月在阿海坝址上游约43km处的流速为0.26～0.32m/s（6月为0.40～0.47m/s，7月为0.43～1.19m/s，8月为0.51～1.71m/s），此时产漂流性卵的鱼类在库区还有32.3km的漂流距离（漂流性卵在流速小于0.2m/s时将沉入水底），坝前43km的库区可能使部分卵苗沉于库底而死亡，即使少量漂流过坝也可难导致部分死亡。丰、平、枯水年，5月在阿海坝址上游约54km处的流速为0.55～0.63m/s（6月为0.76～0.83m/s，7月为0.79～1.65m/s，8月为0.9～2.4m/s）；丰、平、枯水年，5月在金安桥坝址上游约45.7km处的流速为0.55～0.64m/s（6月为0.80～0.91m/s，7月为0.85～1.78m/s，8月为0.97～2.24m/s），库尾基本和天然流速差不多，墨头鱼、云南盘鮈、鮡类对流水条件依赖性也很高，建库后它们可能生活于库尾（阿海和金安桥）或支流中，裂腹鱼类生活喜流水，其幼鱼或越冬阶段可能适应库尾环境，但其繁殖必须在流水浅滩上进行。对于这些产沉性卵和黏性卵的鱼类，阿海水电站修建后，原库区江段绝大部分被淹没，在阿海坝址上游54km

以上，金安桥坝址上游45.7km至阿海坝址间的流水河段及支流中可能形成新的产卵场，但其产卵场的范围和容量有限，但其资源量的多少将受制于繁殖量以及竞争者和捕食者的种类与数量。总体来说，产黏性卵的鱼类繁殖要求相对较低，虽然库区将淹没部分产卵场，但库区形成以后可能会形成新的产卵场，而且阿海和金安桥库区有水洛河、金棉河、翠依河等入库支流，这些支流原来就有产黏性卵的鱼类的产卵场，阿海电站的建设基本不会影响产沉黏性卵的鱼类的生存，但资源量会有所减少。适应于缓流或静水环境生活的鱼类如鲫等，由于水域面积增加，库湾增多，产卵场面积相应增大，而且由于库区能够满足其繁殖条件，即便在繁殖季节仍有可能受到水库调度的影响，但由于其繁殖量大、饵料生物比较丰富，其资源量将上升，并成为库区的优势物种。

（2）对生态环境影响重点在对鱼类的影响分析和措施上，阿海水电站库区无河海洄游性鱼类的分布，调查江段分布的鱼类耐久溯河能力较弱，没有必须过坝才能完成生活史的鱼类。在鱼类的保护措施施中已经采取了增殖放流、支流保护、营造人工生境和渔政管理等措施；对于大坝建设阻隔上下游鱼类种群之间的种质交流影响，从经济技术各方面考虑，宜采用人工捕捞过坝及人工增殖放流的方式解决坝上、坝下群体间的遗传交流问题。网捕过坝，捕捞投放时间可选择在易于天然捕捞的春、秋季进行。每年春秋两季各捕捞1～2个月，在载流早期，可暂按年捕捞500kg进行；为了保障措施的有效实施，需在坝址上下游修建2个码头，每个码头占地面积约$100m^2$，新建公路1km，配备捕鱼船只2艘、活鱼运输车2辆，配备捕捞相关的辅助设施。网捕过坝由电站业主负责管理和运行，并配备足够的技术力量，并加强业务建设和管理培训等内容。监督工作可由环保部门直接负责。

（3）吸收了公众参与。在环评报告书简本信息公示期间，收到了CI－山水自然保护中心，美国“国际河流”和一批关心长江水资源保护的专家、学者、环保组织和公民提交的意见：对阿海水电站环境影响评价的公示，认为是“历史的进步”，同时也提出了疑问与意见。本报告对来自NGO组织和公民的意见进行了总结归纳，并对主要意见一一进行了回复，公众反映的其他问题也以列表形式进行了回复。总结NGO组织的意见，主要有以下4个方面：①《长江流域水资源综合规划》正在为减小环境影响而重新修编，建议在该规划修编完成后再进行环评；②对鱼类现状的调查过程和结论交代不够清楚，并认为人工增殖放流措施受目前技术限制，难保证有适合的放流生境；③应该从游梯级电站的累积效应考虑整个金沙江流域所受到的影响；④报告书简本过于简略，很多细节信息、预测过程等没能反映，且公示期限过短。

（中国水电顾问集团昆明勘测设计研究院　强继红）

中国长江三峡工程开发总公司召开“水库温室气体排放研究的理论、方法与实践”研讨会

2008年8月30日，以探讨水电清洁能源节能减排作用，提高人们对水电科学认识的“水库温室气体排放研究的理论、方法与实践”研讨会在三峡工程所在地宜昌召开。与会专家认为，中国长江三峡工程开发总公司（简称中国三峡总公司）前瞻性地提出对这一问题进行研究，是具有社会责任感的体现。

三峡工程不仅形成了防洪、发电、航运等巨大的综合效益，也带动了中国水电建设技术的全面提升，并推动了国产机电重大装备技术进步。与此同时，三峡工程也致力于水电工程生态建设和基础科学研究等领域发挥前沿作用。

中国三峡总公司副总经理林初学在研讨会致辞中说：“中国具有相对丰富的水电资源，水电在满足社会经济发展对能源的需求方面，具有高效、可靠、清洁、可再生等天然优势，可以通过水电开发，增加清洁能源，减排温室气体，为全球应对气候变化做出贡献。我们也要看到，尽管水电产业从技术上讲比较成熟，但在工程技术方面依然还要持续改进和完善，需要攻坚克难。同时，水电开发也面临着适应社会经济发展对环境要求不断提高所带来的压力与挑战，在舆论方面，加强水电科普，加强水电清洁性的研究和宣传，提高公众对水电工程的了解和接受程度还是一个较长期的问题。对水库温室气体排放问题研究不能仅停留在概念层面，需要作定量和定性分析，要在国际上前些年已取得的研究成果基础上，针对我国国情进行补充研究，选择温带水库的研究样本，最终以事实和数据说话，用自己的研究成果和实际案例，科学地回答有关水库温室气体排放的问题。我们的研究工作要注意与国际上的相关研究计划比如IPCC委托进行的研究衔接，相互借鉴，共享成果。在我们自己的研究对相关问题较充分地验证之前，引述国际上先期的研究成果要审慎，避免以偏概全，要全面和客观地反映前人水库温室气体研究的整体情况。要关注国内舆论，及时澄清问题，避免在水库温室气体问题上出现如同前几年‘国外拆坝’以讹传讹误导公众的炒作。”

国际大坝委员会副主席、中国水利水电科学研究院副院长贾金生教授在讲话中说：“2004年以来，国际上不断有以水库温室气体排放质疑水电开发。我们要加强研究，以事实和数据为依据，把水电工程环境

保护、生态影响等问题解释清楚。中国三峡总公司站在行业之首，率先提出对这一课题组织学术研究探讨，是其履行企业社会责任的体现。”

中国科学院中国生态系统研究网络CERN综合研究中心主任于贵瑞，就“我国生态系统碳汇与温室气体管理科学研究的思考”在大会上进行了交流。中科院地理科学与资源研究所王绍强研究员以三峡工程对长江碳输运的影响为例，报告了《河流碳循环过程中的水碳耦合研究》。长江科学院副院长陈进教授在会上报告了《大型水库温室气体排放》研究思考及长江科学院相关领域研究情况介绍，提出要客观公正地分析三峡水库温室气体排放的局部影响，及时公布和宣传研究成果。中国科学院地球化学研究所所长、环境地球化学国家重点实验室主任刘丛强研究员对水库碳的生物地球化学循环与温室气体的源/汇关系进行了阐述。中国水利水电科学院王雨春研究员介绍了大型水电工程温室气体释放的环境问题及其研究方向。中国水力发电工程学会副秘书长张博庭认为，对水库温室气体排放要进行宏观研究，水库属于人工湿地，其本质与天然湿地没有什么差别。

中国三峡总公司科技环境保护部主任孙志禹在总结中说：“中国三峡总公司作为大型清洁能源集团，非常关注国内外对水电清洁能源属性、水库温室气体排放等方面研究。水库温室气体排放研究是一项长期的过程，涉及学科多，需要在理论、监测手段、标准等多学科之间协调开展。三峡总公司希望通过对实例研究，为水库温室气体排放、水电清洁能源属性等方面提供例证，并通过研讨会、学术沙龙等方式，集中国内外专家学者研究成果进行交流，以推动这一领域的研究。”

来自中国科学院地理科学与资源研究所、中国科学院地球化学研究所、中国水利水电科学研究院、长江科学院、水利部/中科院水工程生态研究所和中国水力发电工程学会的专家应邀参加会议。中国三峡总公司枢纽管理局、长江电力、国际合作部、新闻宣传中心等相关部门代表出席了研讨会。

（摘自《中国三峡工程报》）

移　民　工　程

长江三峡四期移民工作通过阶段性验收

2008年8月16～21日，三峡四期移民工程阶段性验收会在三峡库区召开。会议审议并通过了《长江三峡四期移民工程阶段性验收终验报告》，同意长江三峡四期移民工作通过阶段性验收。

此前，2008年7月24日至8月4日，国务院三峡四期移民工程验收专家组分组对重庆三峡库区丰都、忠县、云阳、奉节、巫山、巫溪、开县、万州、石柱、涪陵、武隆、长寿、渝北、巴南、江北、南岸、江津等17个区县（自治县）的四期移民工程开展现场验收，验收结果合格。

2008年8月16～20日，国务院三峡建委副主任、国务院长江三峡四期移民工程验收组（以下简称“移民验收组”）组长汪啸风，湖北省副省长、移民验收组副组长汤涛，重庆市副市长、移民验收组副组长谭栖伟，国务院三峡建委办公室副主任、移民验收组副组长卢纯、宋原生，中国三峡总公司副总经理、移民验收组副组长曹广晶等带领移民验收组全体成员深入库区，检查四期移民工程搬迁安置和库底清理情况。验收组在156m至四期蓄水位之间的库底清理、农村与集镇移民搬迁安置和工矿企业搬迁、专业设施项目复建、文物保护等方面进行重点验收。同时，审阅了长江三峡四期移民验收组专家组现场验收报告和湖北省、重庆市有关移民迁建和库底清理方面的验收报告和资料。

2008年8月21日，验收组召开国务院长江三峡四期移民工程验收组第三次会议，对此次阶段性验收进行总结，同时，审议《长江三峡四期移民工程阶段性验收终验报告》。

会议认为，三峡库区175m坝前水位线下移民搬迁安置任务已全部完成，库底清理目标已按规定全部实现，移民安置区基本具备生产、生活条件。按照《移民验收大纲》要求，库底清理验收合格，四期移民工程其余各类验收项目能够满足三峡工程175m试验性蓄水条件。会议同意长江三峡四期移民工作通过阶段性验收。会议认为，在上述工作基础上形成的《长江三峡四期移民工程阶段性验收终验报告》依据充分、程序规范、内容翔实、结论可靠，符合《移民验收大纲》规定。经出席终验大会的移民验收组成员审议通过，同意将报告报国务院长江三峡三期工程验收委员会审议批准。

汪啸风在会上讲话说，三峡工程建设十多年来，工程形象进度总体提前，重大机电设备自主化水平不断提高，工程质量、安全生产和投资均得到有效控制，工程建设取得了重大的阶段性成果。截至2008年6月底，三峡工程已累计搬迁安置移民124万多人，淹没涉及的12座城市和114座集镇已完成整体搬迁。库区基础设施明显改善，城乡面貌焕然一新，经济社会总体稳定，三峡移民后期扶持、扶助政策正在逐步兑现和完善。在四期移民工作中，广大干部和移民群众攻坚克难，圆满完成了各项任务，为按期实现三峡工程175m实验性蓄水目标奠定了坚实基础。

汪啸风对进一步做好四期移民工作，全面完成三峡工程各项建设任务提出了要求。他说，要认真落实175m蓄水条件，全力做好今年汛后175m实验性蓄水工作。要继续帮助三峡百万移民安稳致富，积极推进库区经济社会发展。继续加强生态环境建设与保护工作，进一步明确“建设一流水电工程，创造一流生态环境”的工作目标。要加快推进运行管理体制研究，为三峡工程和水库管理提供制度保证，抓紧开展三峡工程正常运行后的后续工作研究，努力实现科学发展。要继续加强三峡工程建设监督管理，全面实现各项工作目标。

会议还对进一步做好移民工作提出了建议。要采取综合措施，结合移民后期扶持政策，提高移民创业、就业能力，扩大市场就业机会，继续促进百万移民安稳致富。积极推进库周交通建设，加快移民建房工作进度，继续改善移民生产生活条件，努力提高移民安置质量。继续加强库区生态环境建设与保护工作，加快《三峡库区及其上游水污染防治规划》实施进度，加大库区面源污染防治、消落区生态环境治理、特别是支流水华防治等工作的力度，切实保障三峡水库水质优良。继续做好库区地质灾害防治工作，进一步加强蓄水过程和高水位运行中的地质灾害监测预警工作，保证人民群众生命财产和航运安全，同时，研究建立三峡库区地质灾害防治的长效机制。

（摘自《中国三峡工程报》）

龙开口水电站建设征地移民安置情况

一、建设征地影响概况

（一）建设征地影响实物指标

龙开口水电站建设征地影响涉及大理州的鹤庆县和丽江市古城区及永胜县等2个州（市）3个县（区）计8个乡17个行政村54个村民小组，同时还涉及古城区金江中学、金江小学和金江集贸市场等3处集镇设施。根据本阶段调查成果，龙开口水电站建设征地区现有农村居民438户1615人，各类房屋147 025.84m²；征收各类土地25 535.17亩（其中耕地4666.92亩，园地1668.81亩，林地5965.05亩）；临时使用各类土地4683.45亩（其中耕地634.68亩，园地1.68亩，林地3567.78亩）。同时，还将影响部分10kV输电线路、通信电缆、乡村道路以及国家级文物保护单位——金龙桥等专业项目。

由于工程建设征地失去生产资料而必须采取处理措施的其他影响区涉及线外扩迁人口242户953人，需拆迁各类房屋78 865.59m²。

（二）建设征地区社会经济概况

龙开口水电站建设征地范围内少数民族人口较多，且民族类别多样化，范围内共有9个民族，分别为：汉族、白族、苗族、彝族、纳西族、壮族、基诺族、傈僳族和藏族，各民族所占比例分别为：28.06%、53.55%、5.93%、7.95%、1.92%、2.19%、0.07%、0.21%和0.14%，少数民族人口占调查人口的71.94%。在各民族人口中又以白族为多，占53.55%，其中鹤庆县为92.21%、古城区为54.65%、永胜县为32.81%。

根据可行性研究阶段典型调查成果，建设征地区农村经济收入仍以第一产业为主（占农村经济收入的88.10%），二、三产业所占比例较小；区域范围内基础设施薄弱，社会服务设施不健全，目前尚存在不通网电、不通公路以及不通电话的村组，且所有村组均无有线电视网络。

二、移民安置规划概况

（一）农村移民安置规划概况

龙开口水电站建设征地涉及生产安置人口为3966人，至规划设计水平年搬迁安置人口为2705人。

对生产安置人口采用立足长效补偿机制基础上的集中安置点配置生产用地安置和利用剩余耕地资源安置等方式进行生产安置，其中集中安置点的生产用地配置标准为人均耕（园）地0.3～0.5亩。根据可行性研究阶段规划成果，集中安置点生产安置2413人，利用剩余耕（园）地资源分散安置1553人。

对本工程涉及搬迁安置人口，采用集中安置和本村组后靠分散安置相结合的方式予以安置。根据可行性研究阶段规划设计成果，集中安置点安置搬迁人口2672人，本村组范围内分散安置33人，共规划集中安置点4处，其中鹤庆县1处、古城区1处、永胜县2处。

（二）集镇设施迁建规划概况

龙开口水电站建设征地影响古城区金江小学、金江中学和金江集贸市场等3处集镇设施，均在古城区金江乡本乡范围内进行后靠重建。

（三）专业项目复建规划概况

龙开口水电站建设征地影响专业项目除金龙桥为国家级文物保护单位以外，其余大部分为不上等级的道路、电力线路、通信线路，且影响量较小。规划专业项目除复建项目外，主要包括移民搬迁道路和安置点对外连接专业项目。考虑建设征地区移民搬迁需要，规划修建移民搬迁道路45.05km。

三、长效补偿政策在农村移民安置中的应用情况

龙开口水电站为金沙江中游第六级电站，在编制《建设征地移民安置规划大纲》和《建设征地移民安置规划报告》过程中，严格按照《大中型水利水电工程建设征地补偿和移民安置条例》的要求，就移民安置规划方案及报告中的其他内容征求了移民和安置区居民的意见，并得到了地方人民政府的同意。其农村移民安置按照《云南省人民政府办公厅关于印发云南金沙江中游水电开发移民安置补偿补助意见的通知》（云政办发［2007］159号，以下简称《159号文》）的相关要求，在立足长效补偿机制的基础上，采用集中安置和分散安置相结合的方式进行安置。《159号文》在本工程农村移民安置中的具体应用主要表现在以下几个方面：

（一）减小了搬迁人口规模

按照国家和云南省相关法律法规和政策文件的相关要求，本工程在进行农村移民安置方案制定过程中，充分征求了移民和安置区居民意见。根据全部被调查人口均要求采用长效补偿的意愿结果，经各级人民政府、设计单位和项目业主充分研究和反复论证，提出了生产安置人口最低耕（园）地资源保有量的定义。即在生产用地被征收的情况下，如果被影响人口剩余耕园资源大于最低耕园地资源保有量，即可选择长效补偿而不另行配置生产用地。该方案大大降低了由于生产资源受影响而房屋位于居民迁移线外的扩迁人口搬迁规模。采用该方案后，本工程线外扩迁人口仅为953人，较不应用该方案减少了1523人，减少幅度为61.51%。

（二）降低了生产资源配置标准，减少了对原居民的影响程度

由于采取了立足长效补偿机制为基础的安置方式，其生产用地配置由大农业安置的人均耕地1.5亩、林地2亩的标准降低为人均耕地0.3～0.5亩、林地1亩的标准。大大减少了集中安置点流转土地数量，减少了对原居民的影响程度。

（三）规划了改善库周基础设施条件的措施

按照云南省相关政策要求，由于采用了长效补偿政策，库区剩余居民较多，规划了改善剩余居民生活用水设施和农田灌溉设施，切实改善了剩余居民生产生活用水不能保证的问题。同时，结合移民搬迁需要修建了沿江搬迁道路，改善了库区剩余居民的交通问题。

四、主要经验教训

（1）新时期的建设征地移民安置规划设计包括了实物指标调查、实物指标公示复核、线外扩迁人口确定、移民意愿调查、移民安置方案到户、移民安置规划设计、报告编制等大量工作，且其中需要履行大量程序性工作，对由项目业主、地方各级人民政府和设计单位所组成联合工作组的协作配合要求较高。只有在参与各方规范操作、协作配合、组织得力的基础，才能确保建设征地移民安置规划设计工作顺利推进。

（2）随着国家和地方相关政策的不断完善，在移民安置规划设计和实施过程中，将不断出现新的法律法规和政策文件，在将新的法律法规和政策文件应用至移民安置规划或实施中之前，应对其中关键问题重点研究，落实具体的实施细则。

（3）重视公众参与，充分发挥基层集体组织相关制度的作用，真正做到公平、公正、公开，使移民和安置区居民满意。

（4）提前做好移民安置实施的基础工作，特别是安置点的基础设施建设，有利于解决工程筹建阶段的移民搬迁，真正做到移民安置实施的有序性。

（中国水电顾问集团华东勘测设计研究院
韩晓劲 仇庆松）

富春江水电站移民安置工作

1968年兴建的富春江水电站，由于历史条件所限，移民安置遗留诸多问题。主要是：移民环境容量考虑不足，使本应迁移的30 000余人滞留在库区；富春江水库农田防护工程和梅城防护工程成了移民的替代工程；水库消落区的土地利用因受暴雨洪涝的影响，有的年份绝收，有的年份欠收，影响了粮食自给。1996年库区沿线的移民曾大量多批次上访建德市政府和富春江水电厂。面对问题，当地政府部门作了细致的调查研究工作，千方百计化解矛盾，使这些移民逐步走上致富之路。

（一）有效利用当地条件，开辟移民安置新途径

富春江水库建德区域内有30 000多人滞留库区，

现在再度外迁不可能，重新安置困难很多。库区的人口密度很大，环境容量小，土地资源少，粮食生产自给困难。水库的特定条件，制约了经济发展和生活水平的提高。

但在库区交通相对发达，又有一定工业基础的地方，按照建德市委、市政府“工业兴市”、“工业强市”的方针，把工业经济作为第一经济来发展，2001年就规划在建德市富春江库区的梅城、三都、大洋镇等地，走国家移民专项基金扶持、政府支持、自力更生的发展道路，建起了工业集聚点。由国家移民专项基金先后投入2675万元（约占工程建设总投资的34%）修建梅城、三都跨江大桥，水利专项基金修建梅城南峰、大洋、三都工业园长达6.7km防护堤坝，投资340余万元，使防洪标准从5年一遇提高到20年一遇，以及帮助建设大洋下王桥和进行大洋溪、三都溪河口综合治理，以配套基础工程带动园区的发展。

梅城镇按照“工业跨江、城市北靠、商贸西进、旅游东进”的布局，2001年在南峰葛家村建立了工业园区。现园区有企业83家（大部分由梅城城内迁入），以家纺、低压电器等劳动密集型企业为主，2500多人就业（多是梅城老城区和库区沿线的人员）；工业销售产值30亿元，占梅城工业产值的47.66%；年支付劳动用工的工资4250万元。如万家电器电缆厂，2003年入园区，一年销售产值1.2亿元；就业员工250人，80%来自梅城老城区和葛家村等附近的村民，年人均收入15 000元（不含养老、医疗、失业、工伤、公积金五险合一等福利），企业年支付劳动工资37.50万元；链接电镀、金塑、印制品、包装材料、弹簧加工、五金加工等行业，带动配套企业大量人员就业。又如杭州欧亚电器工具有限公司，2006年从梅城老城区搬入园区，就业人数增加，180名员工中有40人来自梅城老城区，30%的人来自于葛家村等附近地区的水库移民，企业员工月均收入在1200～1600元。工业园区的建立，带动库区葛家村新村建设，74户搬迁户住进了整齐划一的新楼房，还带动了餐饮业、百货等集市和运输业的发展。葛家村2000余人，有1120人在园区企业上班。

通过合理规划，工业园区可接纳劳动力约2万人，使这些移民离土不离乡在企业做工劳动。

（二）逐步扩大工业园区，提高移民经济收入

继梅城镇之后，大洋镇由企业平整土地拓展工业用地700亩，先后办起工业企业470家，已入园区企业15家，全镇吸纳劳动用工5000余人，占大洋镇库区农村劳动力的50%，人均年工资收入13 000多元（不含养老、医疗、失业、工伤、公积金五险合一等福利）。一些移民，田在江边或库边，只要兰江流域有洪峰来，粮田必淹，以前大洋镇没有什么企业，没有挣钱的地方，也就没什么经济收入，这就影响吃粮了。现在能在工厂上班，有固定的工资收入，就不用担心没粮吃了。如移民黄某在化工厂上班，现年工资净收入17 000元，比种田收入增长了14倍；方某担任热电分厂厂长，现年工资净收入50 000元，比以前增长了41倍还要多。目前像黄某和方某这样的情况，胡店、鲁塘两村就有200余人。还有人在20世纪80年代中期靠亲朋好友筹集的2000元人民币办起了家庭纺织业，发展至今已是一个有上亿元产值的大型企业，员工500余人都是来自库区，且95%以上员工为女性。伴随经济收入的增长，尤其是女性移民的就业，不仅促进了家庭的和睦、稳定，更促进了社会的稳定，转化了社会风气。

三都镇在三都溪河口左岸的工业园，2007年工业销售产值3.8亿元，占全镇工业销售产值的1/3；入园企业47家，其中上规模企业有13家，从业人员1300人（季节性用工还有1000余人），70%来自于库区移民，员工月均收入1200元。建德市星明特种铸造有限公司，用工118人中，来自三都、春江源、三江日、松口、马宅等库区村就有80人，月工资月达1700元。杭州博雅家住有限公司劳动用工150人（季节用工还要增加60人），50%的员工月工资在2000元，一般员工也有1200元左右。工业园区已经成为三都镇经济发展的主平台和新亮点。

目前，杨村桥、马目、洋溪、乾潭等地也在政府的支持和引导下，由乡镇自主拓展，提供工业创业平台，通过招商引资集聚工业园区，既为老工业企业技改发展、扩大生产能力提供了平台，又为新发展的企业提供了一个创业的平台。这些工业企业大量地招收库区的劳动力，使库区的移民能充分得到就业。用这种兴办工业集聚点的形式，转移水库消落区劳动力，使滞留在库区应迁未迁的移民不需再度搬迁，不仅可给国家省下大量的二次搬迁费用和安置土地，又达到了改善和提高移民生产、生活水平，促进水库区的稳定目的。

（三）抓好素质培训和基础设施建设，保障移民稳定充分就业

工业园区的生存发展离不开高素质的员工。劳动者素质高了，有助于企业发展；企业做强、做大了，移民就业就充分且收入增加。政府还必须加强产业政策扶持，提供职业技能培训和增强基础设施配套建设。通过对移民提供环保、消防、安全生产、劳动纪律等劳动素质培训，增强企业与员工的凝聚力；通过完善园区内的亮灯工程、道路配套、

交通、环保、饮用水供给、文化等配套设施，为园区企业留住员工营造一个好的环境。如梅城南峰现在园区内还有12家企业在建，三都园区内有10家企业在建，企业的技改投入和新入园企业的增加，不仅使园区内的生产销售产值大大增加，同时还会吸纳更多的库区移民到企业就业。

（四）扶持帮助适农移民，全面发展库区经济

通过调查研究，与农业、林业、水产、水利等部门协作，制定乡镇和村生态农业发展规划，并请有关专家，对移民进行培训指导，帮助不宜进企业务工的适农移民在家门口利用林地、消落区的有限土地发展库区农业生产，促进经济发展，提高移民生活水平。通过每年定期、循环在乡镇和村所在地举办无公害蔬菜种植、草莓种植、柑橘改良、家畜水产养殖、水果冬剪、蚕桑管理，西瓜栽培，花卉苗木、杨梅、板栗、枇杷、吊瓜、山核桃种植等科技培训班，使各村有一种作物成为当家品种，形成一定的产业规模，并在设施农业扶持政策的带动下，通过完善基础设施建设使农产品价值提升。如建德市三都镇塘下山村，2004年在农业部门的技术指导下，村集体和33户移民自筹13.8万元，并得到了1.2万元的农业专项扶持资金和16万元移民专项扶持资金的资助，建起了100亩柑橘园喷灌设施、橘园道路和水渠，配备了操作机、选果机，购置无公害复合肥等设施和物资，柑橘产业得到提升；与无设施配套的橘地相比，亩均产量增加了2000斤，且橘子质量提高，糖度从之前的7～8度提高到9～14度；当年实现亩均产值8740元，同比增加2321元；且由于实现了喷灌管理，橘子能保持年年丰产，稳定了经济收入。又如大洋镇的小洋村投资70余万元（移民经费补助35万元）修建了一条长6km、宽5m的简易公路，当年就使该村柑橘增收30多万元，人均增收200元以上。

为充分利用好有限的土地，做好山地文章，政府通过建立市场销售平台，帮助移民致富。梅城镇肖塘村，用房前屋后空地种植罗汉笋获得丰收，引来上海、江苏等地客商上门收购；大洋镇麻车村的“向阳”牌杨梅种植6000余亩，收入占移民人均总收入的60%；建南村的“三河”牌枇杷年产600t，经济收入占村总收入的40%；三都、大洋、下涯、梅城、乾潭等乡镇的上万亩高山优质茶园，是劳动密集型产业，季节性用工量大，成了库区的山区农民增收的主要门路；下涯、杨村桥、梅城镇生产草莓，尤其是下涯镇草莓种植面积达6100余亩，产值3391万元，收入占该镇农业产值的20%以上。草莓生产已成为库区实现农民增收的重要着力点。库区无公害有机植物的发展，成了库区移民的摇钱树，绿色银行。

为改善农村群众的生产条件和生活环境，国家支农政策解决了长期以来财政对农村投入不足的矛盾。三都渔业村群众世代以江中捕鱼为生，受富春江水库建设的影响，阻隔了江河湖海名贵鱼类的回游，加上捕鱼人的增加，渔业生产越发不景气，成为低收入群体。通过移民新农村建设，环境幽雅了，开展了以九姓渔民为主体的“渔家乐”，来此地休闲度假的杭州、上海、江苏等地的游客大大增加，成了建德市旅游行业中的一个新的亮点。库区家畜（禽）养殖业比较发达，收入占人均收入的一半，但也影响人居环境。通过移民、环保、林业、农业等政府部门的帮助，建设家畜（禽）养殖区，完善面源污染治理和水电配套工程，做到人与家畜（禽）养殖地分离，废水、废物通过沼气池处理，不仅达到农村面源污染的治理的目的，而且改善了人群的生存环境，保证群众的身体健康，较好地解决了经济发展与环境优美矛盾。

（五）结语

总之，老水电站建设，由于历史条件的限制，存在不少问题，特别是移民生产发展不上去，经济收入无保障，生活贫困，上访不断，矛盾激化。建德市从调查研究入手，利用当地有效的自然资源和人力资源，在当地政府的统一规划下，集合各部门有利因素，因地制宜兴办工业平台，引导移民进企务工，使他们的经济收益有保障，并帮助宜农移民发展生产，逐步走向致富路，构筑了水电事业与库区移民的和谐社会，促进了水电事业大发展。

（浙江省建德市移民局 陈 勇
浙江省建德市政协农业组 储 斌）

中國水力發電年鑒

15

水电工程综合效益

三峡工程综合效益全面显现

2008年11月，三峡工程建设实现了具有里程碑意义的两大标志性目标：三峡左右岸电站26台70万kW发电机组全部投入运行和三峡工程完成2008年试验性蓄水。三峡工程经过十几年持续施工建设，取得重大阶段性成果，三峡工程巨大的综合效益也随之逐步显现。

（一）防洪效益

一提到三峡工程，人们很容易想到其生产的巨大电能。其实，防洪效益是三峡工程综合效益中的第一位。正是因为三峡工程的兴建，使长江中下游遭受的洪水的威胁已大大减小，"年年夏天上大堤抗洪抢险"、"日夜难寐"的经历已经尘封在很多人的记忆中了。

历史上，长江多次发生洪涝灾害。自西汉初到清末的2096年间，长江共发生较大洪水灾害214次。1931年和1935年的两次洪水致使荆江大堤决堤，受灾人口均过千万，因灾死亡人数都在14万人以上。而1998年百万军民上堤抗洪的情景，也依然历历在目。

同样面对这条长江，今天中下游的老百姓却是另一番心情。"在汛期，荆江两岸人民感到安全了。以往每年汛期，武汉市都要组织很多群众去防汛，但今年汛期武汉市的市民可以放心地在江滩散步了。"在2007年国务院新闻办公室举行的三峡工程新闻发布会上，李永安面对国内外记者如是说。而老百姓的这种安全感，正是来自三峡工程防洪效益的发挥。李永安以2007年汛期情况为例："2007年汛期，三峡工程通过调度两度削减洪峰，使沙市站水位始终未过警戒水位，切实减轻了下游荆江河段的防汛压力。"证明三峡工程的防洪效益，是显而易见的，是长江中下游人民能亲身感受到的。

三峡工程全部建成后，可形成221亿m^3的防洪库容，使荆江河段的防洪标准从10年一遇提高到100年一遇，即使遇到1000年一遇洪水，配合下游分蓄洪措施，也可以避免发生毁灭性灾害，从而使长江中下游地区1500万人民和2300万亩良田免受洪水威胁，因此避免的洪灾损失不可估量。

（二）发电效益

近年来，国际、国内油价高位运行，煤炭价格也持续走高，能源形势日趋紧张。而作为拥有十几亿人口的发展中大国，中国一样面临着复杂的能源供应问题。

就在2008年，我们还看到另外两则新闻：一是在用电负荷最大的7、8月——三峡电站月发电量首破百亿千瓦时，分别达到103亿kW·h和113亿kW·h，占全国用电量的5%；二是2008年初南方遭受冰雪灾害，电煤运输出现困难，部分电力线路一度中断，部分地区电网安全受到巨大威胁。三峡—葛洲坝梯级电站1月完成发电量35.6亿kW·h，比2007年同期增长1.6%。巨大电力送往华中、华南、华东地区，为保障电力形势稳定和居民用电需求，为国家的能源安全作出了贡献，也彰显了其巨大的发电效益。

当前，三峡左右岸电站26台70万kW机组已全部投产发电，累计发电超2800亿kW·h，为国民经济发展和人民生活提供了大量的清洁能源。三峡电站(含地下电站)全部完工后，总装机容量可达2250万kW，每年可提供1000亿kW·h清洁电能。三峡电站全部投入发电后，可以把华中、华东、华南电网联成跨地区的大电力系统，可取得地区之间的错峰效益、水电站群的补偿调节效益和水火电厂容量交换效益。在可以预见的未来，三峡工程的发电效益将进一步增强，三峡工程将为国家能源安全和能源结构的合理调整作出更大的贡献。

（三）航运效益

三峡工程成功蓄水后，三峡库区航道条件得到极大改善，三峡库区形成了一股造船热，投入水运行业的资金成倍增长。据报道，湖北省宜昌市夷陵区、重庆忠县、云阳等地都有大型的造船项目在建，重庆、湖北争相建造、购置大型五星级游轮。水运行业的兴起，见证了三峡工程巨大通航效益的发挥。

根据规划，三峡水库将显著改善宜昌至重庆660km的长江航道，万吨级船队可直达重庆港。航道单向年通过能力可由现在的约1000万t提高到5000万t，运输成本可降低35%～37%。同时，经水库调节，宜昌下游枯水季最小流量，可从现在的3000m^3/s提高到5000m^3/s以上，使长江中下游枯水季航运条件也得到较大的改善。

而随着三峡工程逐步蓄水，上面规划中的一个个数字也将逐步变成现实。2007年经过三峡大坝的货运量已达6057万t，其中，通过三峡船闸的货运量4686万t，远远超过三峡船闸通航前葛洲坝船闸年货运量1800万t的历史最高水平。三峡库区航运业在以年均20%的速度增长，成为促进流域经济社会发展的助推器。

由于水位提升、水面变宽、激流变缓、暗礁险滩消失以及枯水期三峡工程对长江中下游的补水，长江尤其是三峡库区的航运安全得到保障，航运能力大幅提高，而航运成本却显著降低。这都使得长江特别是自古被称为天堑的川江，成为了名副其实的黄金水道。

（四）环保效益

三峡工程并不仅仅是建一座大型水坝，它还是一项大型的生态环保工程。除了防洪、发电、航运三大效益，它还具有显著的生态效益。

在节能减排方面，三峡工程26台机组全部投产发电后，“年发电量847亿kW·h，与燃煤发电类比，可替代消耗5000万t标准煤，减少排放$CO_2$1亿t、$SO_2$100万t、CO1万t、NO37万t。如果以中国2007年能源消费总量26.5亿t标准煤对比，则三峡工程单就发电一项，对我国温室气体减排贡献率约为2个百分点。”同时，三峡工程还大大减少了火电不可避免的大量的废水、废渣、浮尘等污染。而三峡工程蓄水提高了长江航道通航能力，每艘船的马力所拖带货物的数量比原来提高了30%以上，从而减少了燃油消耗，二氧化碳排放大幅降低。

另外，三峡工程具有水量调蓄功能，在长江枯水季节可增加下泄流量，改善中下游生产、生活用水条件，满足下游航运需求，也有利于抑制入海口的咸潮入侵。在长江四大家鱼和珍稀物种中华鲟的产卵季节，通过人造洪峰或加大下泄流量，可以增加其产卵数量。

三峡工程对于长江泥沙问题的解决也起到了积极作用，三峡地区山高坡陡，人多地少，密集耕作已使这里的生态环境形势极为严峻。森林覆盖率曾一度下降到17%，水土流失面积高达六成以上，年入江泥沙量约4000万t，成为长江流域水土流失最为严重的地区之一。经过三峡工程移民工作，大量移民外迁，退耕还林，使库区植被得到恢复，从源头上减少了入江泥沙量，对三峡库区生态环境保护和可持续发展具有重要意义。

除了显著的生态效益，三峡工程还起到其他许多作用。一是三峡库区经济落后，人均收入很低，基础设施严重不足，兴建三峡工程带来巨额资金投入库区，对库区经济发展起到积极促进作用；二是经过三峡水库调节，可以提高长江中下游枯水期流量，这将对解决华北缺水的南水北调中线引水工程产生积极的作用；三是三峡工程是特大型的综合性系统工程，它涉及多方面的重大科技问题，如大型设备制造、专业人才的培训、重大工程项目的技术经济决策方法、三峡工程中关键问题的应用基础研究等。可以说，三峡工程的建设实践，促进了我国科学技术的发展。

（摘自《中国三峡工程报》）

龙滩375m方案建设工程提前建成投产综合效益显现

龙滩工程于2001年7月正式开工以来，工程快速推进、工期整体大幅度提前。2008年迎来丰收的一年，继建成世界规模最大的地下厂房之后，2008年1月31日，200m级碾压混凝土高坝全线浇筑到382m高程，4～7号机组实现一年四投投产发电，比计划工期提前14～18个月，龙滩375m建设方案工程整体提前一年建成，提前一年蓄水至正常水位运行。龙滩工程建设创造了同类工程最先进的工期纪录，工程质量良好受控，安全生产态势平稳，文明施工和环境建设成效显著，综合管理水平居于国内领先。

龙滩375m方案建设工程提前建成投产即发挥了巨大综合效益。截至2008年底，累计发电量192亿kW·h，其中工期提前增发电量达79亿kW·h。2008年初南方遭遇雨雪冰冻灾害，在广西电网负荷只有400万kW情况下，刚投产不久的龙滩工程3台机组承担负荷达160万kW，成为抗击冰冻灾害的中流砥柱。龙滩375m方案建设工程防洪库容50亿m^3，是下游地区强大的防洪屏障，在2008年5月底珠江中下游发生流域性洪水灾害的紧急关头，龙滩水库发挥了重要的防洪作用，消减洪峰流量达8000m^3/s，极大地减轻了灾害程度。利用水库的调丰补枯能力，可以抑制珠江口海水咸潮回溯，压咸补淡，保证澳门、珠海供水安全。水库具有良好的沉淀自净作用，营造碧水青山的良好生态环境，彻底使昔日的红水河变成了清水江。龙滩水电站提供的清洁优质电力，不仅给广东、广西经济的稳步发展提供了能源保证，而且每年替代火力发电用煤560万t，减少CO_2的排放量1462.8万t，给地方带来了显著的生态效益。工程还促进地方旅游、水产的发展，拉动广西、贵州区域经济，有力促进了地方新农村建设。

（龙滩水电开发有限公司　程纲为）

新安江水库2008年防洪调度效益分析

新安江水库是以发电为主、兼顾防洪等综合效益的大型水库。水库电站对华东电网和钱塘江防汛安全都起着重要作用。为充分发挥水库效益，应协调好发电、防洪、环境三者关系。本文结合2008年的洪水调度，分析总结了几点经验。

（一）水雨情分析

2008年5月27日～6月30日，新安江水库流域降水745.7mm，来水55.65亿m^3。58年来连续34天降水超过该值的仅有1954年（806.0mm）、1996年（885.0mm）、1999年（918.0mm）。特别是2008年5月27日～6月19日期间，流域23天内连遇4场暴雨洪水，累计降雨量 648.0mm，1951 年以来，连续 23 天流域降水量超过 648.0mm 的只有 1969 年（715.0mm）、1996 年（817.0mm）和 1999 年（828.0mm）。其中，2008 年 6 月 10 日的洪水降水量为 284.0mm，洪水总量 22.28 亿 m^3，洪量为 4 年一遇。

2008 年发生的洪水特点是：无大洪水，但洪水接连发生，洪水场次集中。由于持续时间达 20 天以上，客观上为水库科学调度创造了空间。

（二）洪水调度

由于来水集中，水库水位从 2008 年 5 月 27 日的 97.81m 迅速上涨到 6 月 20 日的 105.57m（年最高水位），短期上涨近 7.8m，净蓄水 38.81 亿 m^3，来水则达到 48.03 亿 m^3。电站 6 月 16 日起持续满发，水库水位 6 月 20 日后开始逐渐消落，7 月 1 日流域梅雨期结束时，水库水位已消落到 105.09m。

第一场洪水发生时，水库水位较低，只有 97.81m。为保证水库梅汛期蓄到足够的水量，5 月 27 日～6 月 7 日，电站出力较小，6 月 7 日末水位为 98.94m。6 月 8 日新安江、富春江两流域遭遇大暴雨，来水量较大。为了充分发挥梯级水库的效益，新安江水库 6 月 8～10 日停止发电，为富春江水库拦峰错峰，减小富春江的下泄量。6 月 11 日，新安江水库水位已涨到 101.39m，并预报水库水位将涨到 103m。为了减轻防洪压力，6 月 11 日起电站加大出力，实行峰腰段机组满负荷运行。6 月 13～14 日流域又降暴雨，水库水位进一步上涨，气象预报 6 月 18 日附近流域将再遇暴雨，水库水位将超过 105m。为了尽快消落水库水位，减轻防洪压力，电站 6 月 16 日开始满负荷运行。6 月 16～18 日，受梅雨静止锋雨带南北摆动的影响，新安江流域降雨 148.6mm，洪峰流量达到 13 200m^3/s，水库水位进一步上涨。

2008 年 6 月 18 日，省防汛办公室组织专家到电厂就 2008 年新安江水库防洪进行会商。专家对后期天气演变和水库是否预泄洪问题产生了分歧。新安江水电站及电网公司紧密跟踪最新的大气预报，分别与国家气象中心、中国气象科学院、上海气象台、浙江省气象台、杭州气象台和黄山气象台等进行联系预报，综合预报 6 月下旬不会有大的洪水过程，预报水库水位最高为 105.8m，超过 106.5m 汛限水位的可能性很小。即使 6 月降水达到 1999 年的历史最大纪录（1930 年以来）844.0mm，水库最高水位也只有 107.4m，小于正常高水位 108.0m。通过多方案论证和风险分析，认为水库未达到 106.5m 之前通过满发消落水库水位是最经济、合理的。而地方的论证则侧重于突发极端事件的发生，对气象专业预报意见采纳较少，坚持要求预泄洪。

实践证明，不预泄洪的决策是正确的。一方面提高了水库发电运行效益，使来水全部转换为电能；另一方面保障了沿岸人民的生命财产安全，取得了巨大的社会效益和发电效益。

（三）增效分析

1. 增发电量　若 2008 年 6 月 19 日 12 时开 3 孔闸门泄洪，水库水位消落到 104.5m 关闸停泄的可能性比较大，调洪演算泄洪将在　月 23 日结束，历时 108h，最大出库流量为 2390m^3/s。泄洪弃水量 4.167 亿 m^3，折合电量 0.82 亿 kW·h。同时，不泄洪，水库水位可蓄高一些，将使下半年水库发电水头提高 0.4m，提高发电效率 0.53%，折合电量 0.04 亿 kW·h。6 月 8～10 日，新安江水库为富春江错峰而停止发电，若按调度图运行，多下泄水量 0.5802 亿 m^3，折算富春江电站可发电量 0.02 亿 kW·h。上述三项合计电量为 0.88 亿 kW·h。

2. 防洪减灾　2008 年 5 月 27 日～6 月 19 日，新安江流域 23 天内遭遇 4 场洪水，兰江流域也遭遇洪水，由于新安江水库的拦蓄作用，大大减小了下游钱塘江的防汛压力，实现安全度汛。洪水分析见表 1。

表 1　　2008 年洪水分析表

洪水编号	新安江水库入库洪峰流量（m^3/s）	富春江水库入库洪峰流量（m^3/s）	无新安江水库调节时富春江洪峰流量（m^3/s）
080528	5740	5400	9820
080610	13 200	5890	16 000
080614	5540	5110	8170
080618	13 200	6910	15 900

注　080618洪水观测钱塘江杭州段洪峰流量达10 000m^3/s，无新安江水库调节时演算杭州天然流量将达18 000m^3/s。

由表 1 可知，无新安江水库调节时，富春江水库 2008 年将有两次洪水超过 15 000m^3/s。而当富春江电站下泄流量为 15 000m^3/s 时，富阳站相应水位达 9.68m，富阳市区城西片受淹水深 1.0m，农村程坟堤、龙珠畈堤、浦西堤及新沙堤需弃守；赵家堤、上村堤、华墅堤、东梓堤、黄金畈堤及包家淇堤可能出险。

3. 城市供水　新安江修建水库前的 1955～1959 年期间，年均受咸潮影响 56.3 天，最多达 121 天，损失工业产值亿元以上。为保证杭州市自来水取水口水质，2008 年 10～12 月预测要求富养江电站日均出流量最小为 230m^3/s，最大为 360m^3/s。由于新安江水库没有预泄洪，水库蓄水量可充分保障这期间的顶潮拒咸用水。

4. 环境效益 4.167亿m^3水量若在2008年10～12月间均匀下泄，日均可增加钱塘江流量52.4m^3/s。由于出流量的增加，能有效扩大水环境容量，改善枯水期水质。同时，以2007年平均发电煤耗334g/（kW·h）计算，由于成功防洪调度而增效的0.88亿kW·h电量需消耗标准煤2.94万t，为社会减排$CO_2$7.69万t、$SO_2$0.025万t、NO_x0.021万t。

（四）几点经验

（1）明确水库调度权限，合理用好有限水资源。[84]国函字第173号规定：汛期新安江水库水位在106.5m以上时，洪水调度指挥由浙江省政府负责，华东电管局予以协助。对新安江水电站的电力调度，应由华东电管局根据水库设计调度图执行，全权负责。国务院国办遁［1996］9号文批复新安江水库在梅汛期4～5月库水位超过103.0m、6月上半月超过104.0m、6月下半月超过104.5m时，电厂应满发运行，以控制水位。华东电网公司及新安江水电站一直坚决以上述文件精神指导水库运行的，由于调度得当，建库48年来，电站正式泄洪只有5次，水能得到充分利用。2007年浙江省防汛抗旱指挥部办公室发布钱塘江干流洪水调度方案。方案中涉及新安江水库预泄洪内容，规定："当预报一次入库洪水在不开闸泄洪条件下，水位不超过107m时，采用满发电降低水位，尽快降到汛限水位以下；洪水初期，当水库水位达到104.5m及以上，预报一次洪水不泄洪情况下，库水位将超过107m时，应当及早开闸预泄，初期泄量控制在3000m^3/s（含发电流量，下同）以内。"条款中"预报"并未规定具体时限和什么预报，目前的科技水平预报中期、长期降水误差过大，即便短期预报也常存在较大量值误差，操作不当时，可能会引起不必要的经济损失。因此，该处预报定义应为已发生降水的短期水文预报，需要时适当考虑短期气象预报较为合适。

（2）扎实做好防汛整备工作，立足"防大洪，抗大汛"。防汛工作是水库电站安全工作的重中之重，电站必须做到防汛工作早准备，防汛措施早落实。新安江水库每年召开两次专业气象会议，并与气象台签订日常气象预报服务业务。在汛前按照行业要求对大坝、河道、水情自动测报系统、水力机械、通信等进行检查，设备缺陷及时予以消缺。水库主管部门注重与防汛有关的辅助应用研究，为科学防汛提供有力保障。电站近年针对防汛等开展了包括水库围填调查、水情自动测报系统改造、水库调度自动化系统、月潭水库对新安江水库防洪影响、大坝自动监测系统、大坝水工金属结构改造等项目，这些科技项目的开展为防洪度汛打下了坚实基础。

（3）紧密跟踪中短期水文气象预报，科学调度水库。多年调节水库的优化调度受水文气象预报影响较大，新安江电厂根据多年气象预报经验，总结出"短期重视预报量，中期把握预报过程，长期关注预报趋势，实际操作中留有余地"的方法用于预报调度，实践证明效果较好。洪水初期，在均衡多方面情况下电站出力适当，随着水库水位的进一步上升，出力加大到丰腰段（8：00～22：00）满负荷运行直至全日满负荷运行；洪水后期，若气象预报6月下旬不会有较大降水发生，且出梅日在7月初，考虑即便梅汛期末再有200mm降水，电站水库水位也不会超过107.0m，基于此，电厂力争水库不预泄弃水。

（4）提高机组性能，确保"拉得出，顶得上"。防汛关键期，机组稳定运行也是创效增发的重要因素。新安江电站装机9台，总容量为845MW，为"三机一变双母"连接方式。高水位每台机组满负荷运行时可带95MW出力，出流量达到130m^3/s。若一台变压器事故停止运行，水库将减少出流390m^3/s，合计日少发电量684万kW·h。机组事故一方面使出力减小，弃水量增加，造成经济损失；另一方面，若水位到关键点（如106.5m）将影响开闸泄洪决策，带来的损失将更为巨大。

（5）坚持环境友好型水库运行方式，改善区域生态环境。水能资源，作为可再生能源，具有其他能源无可替代的优越性。水库电站的建立，不仅在能源生产上效益显著，而且在河道防洪、区域环境改善上效益显著。新安江水电站建立48年来，在改善区域生态环境，改善钱塘江水环境方面是很好的典烈。由于水库管理单位和地方利益往往难以统一，在管理过程中会出现难以协调各方面共同利益的情况，这就要求有关各方站在全社会的立场上，水库调度过程中以综合效益最优为原则指导水库运行。

（新安江水力发电厂 李福钢 粟运华）

华中电网充分利用秋汛，发挥水能资源效益

2008年10月底11月初，华中电网出现了连续大范围的强降水天气，发生历史罕见的特大秋汛，30余座水电站发生弃水。在电网负荷快速下降并出现负增长，新机投产较多、火电计划进度压力大，检修工作集中、特高压即将投产安全工作压力大的情况下，华中电力调度通信中心在国家电力调度通信中心的统

一部署下，与各省（市）调积极协调，加强与水电厂的沟通和联系，共度难关，发挥区域电网资源优化配置的优势，保证了水电资源的充分利用，实现节能调度。

（一）华中电网水电概况及特性

截至2008年底，华中电网统调总装机容量为14 393.7万kW（含三峡），其中水电装机容量为5663.6万kW（含三峡1820万kW），占总装机容量的39.4%。全网统调新投产机组125台，容量1974.53万kW，其中水电1007.08万kW，占51.2%；三峡新投产机组5台，容量350万kW，26台机全部投产。

华中电网水电比重大，汛期跨度长，湖南、江西进入汛期早，湖北、四川、重庆及河南进入汛期晚，有一定的水文补偿能力，但有时部分水电厂水库来水有一定的同步性，如本次秋汛，川、渝地区水电厂，三峡水电厂，鄂西南地区水电厂，湘西地区水电厂同时来水，且历史罕见；水库调节性能差异大，有一定的库容补偿能力，但大部分调节性能为季调节以下；南水北火，水火互补性强，水电主要集中在西部地区，四川、湖北、湖南水电大省，河南则以火电为主，形成华中电网西电东送、南北互供、潮流季节性变化大的特征。

小水电众多，部分省小水电甚至超过了省统调水电，且绝大部分水库调节性能差。

（二）秋汛期间形势分析

1. 用电形势　2008年10月，受全球金融危机及国内经济结构调整的影响，华中电网统调用电量增速较前期大幅下降，首次出现负增长现象，六省市中除河南省外，其余省市统调用电量也首次出现负增长。进入2008年11月，全网统调用电量出现大幅下降的跳水走势，11月同比增长－9.63%，降幅较10月大幅增加9个百分点。六省市中河南、湖北、湖南、江西、四川和重庆增幅分别为－1.24%、－11.88%、－17.26%、－8.83%、－15.88%和－11.79%。

2. 来水形势　2008年10月底至11月上旬，受冷空气影响，四川东部、重庆、湖北南部和湖南西部等地，出现历史同期罕见的连续大范围降水过程，江河水库水位普涨，发生历史罕见秋汛。2008年，三峡水库11月3日洪峰流量达到33 000m^3/s，达同期600年一遇标准；清江流域出现4场中到大雨降水过程，其中10月下旬降水为历史同期第二位；11月6日沅水流域主要水电厂发生了历史同期特大秋汛，同时也是当年最大洪水过程，五强溪水库洪峰流量19 500m^3/s，相当于同期300年一遇洪水。由于刚进入枯水期，为了电网迎峰度冬的需要，主要水电厂水库水位均处于高水位运行，这次连续强降水，造成水库大量弃水，全网弃水水电站达30余座，其中包括三峡、葛洲坝、五强溪、三板溪、柘溪、凤滩、二滩、龚嘴、铜街子和彭水等大型水电站，清江梯级电站水库也面临着极大的弃水风险。秋汛期间，正值三峡蓄水接近完成，梯级出力变化大，电网运行方式调整有一定难度。三峡水库从9月28日开始进行2008年首次试验性蓄水，10月8日完成156m初始蓄水目标，10月17日开始二次蓄水，11月1日水库水位达到167.52m，11月3日遭遇同期600年一遇洪水，最大洪峰流量达到33 000m^3/s，水位迅速抬升，到11月4日22时，三峡水库上游水位达到172m，11月5日根据国务院三峡工程建设委员会《关于做好三峡工程试验性蓄水下阶段工作的紧急通知》，决定2008年不再继续抬高三峡水库蓄水位，最高水位接近172.8m。三峡电厂出力从11月1日790万kW增加到11月5日1530万kW，4天内出力增加740万kW，葛洲坝出力达277万kW，增加70万kW。按三峡电力电量分配原则，进入枯水期三峡电力电量主要分配华中，华中电网特别是湖北、湖南面临极大的消纳压力。同时，由于连续降水，华中电网众多的小水电大量返送主网，进一步增加了压力。

3. 火电完成发电计划进度压力大　受产能、价格、运力及自然灾害影响，2008年1～8月全网电煤供应十分紧张，由于缺煤，许多火电机组被迫停机，全网持续多日缺煤停机容量超过800万kW，日最大缺煤停机容量高达1100万kW。火电厂前期发电量减少导致后期完成计划进度压力大，水火矛盾突出，“三公”调度压力大。

（三）发挥区域电网优势，优化资源配置

为了减少水电厂弃水损失，华中电力调度通信中心在国家电力调度通信中心的统一部署下，针对全网电力需求大幅下降及水电集中来水大发的情况，发挥电网调度在协调网厂关系的纽带作用，积极协调，及时停运火电大机组，全力消纳富裕水电，充分发挥了大电网资源优化配置的优势，贯彻落实了国家节能减排的政策。

（1）密切关注水雨情变化，做好水电计划安排。密切与气象、水文部门的联系，积极关注天气变化形势，及时通报天气变化情况，加强与水电厂的沟通和联系，积极提出水电厂运用方式及电力电量安排建议，充分发挥电网水调自动化系统及气象信息系统的辅助作用，精细化调度，科学安排水电运用方式。

（2）及时调整火电运行方式，确保电网安全。结合水情及负荷变化合理安排电网运行方式，积极倡导节能调度政策，取得火电企业的理解，在确保电网安全的前提下，先后停开多台火电机组。其中湖北

60万kW机组全停，湖南60万kW机组除保留2台因线路检修必须开机的机组（湘潭、金竹山电厂各1台，最小方式）外全停，以火电为主的河南为了吸纳水电停开5台60万kW机组，湖南、湖北、四川及重庆火电均以最小方式开机。

（3）发挥区域电网优化配置作用，加大电力电量交易力度。积极联系国调及交易部门，组织四川、重庆、湖南和湖北水电送华东达220万kW，最大电力267万kW，组织湖北、湖南水电送河南达165万kW，有能力吸纳四省（市）弃水电的河南和江西电网，其联络线功率均接近极限运行。在国调的组织协调下，将华中每天3500万kW时的富裕水电电量调往华东，消纳总电量达8.82亿kW·h。

（4）加强厂网联系，及时调整检修计划。组织清江公司送河南电力100万kW，并积极协调相关部门，暂停部分检修工作，提前恢复检修线路清葛线，优化清江梯级运行方式，不仅缓解了清江梯级的弃水压力，水布垭、隔河岩水库水位均接近正常蓄水位，而且实现了网、厂经济效益及社会效益多赢。

2008年华中网调直调水电厂节水增发电量达39.15亿kW·h，创造了历史最好水平，弃水调峰损失电量比上年减少1.40亿kW·h；二滩、隔河岩和高坝洲电厂发电量均创投产以来最高纪录，葛洲坝电厂发电量仅次于2004年；2008年末直调水电厂水库蓄能值及可调水量均创近年来最好水平，为迎峰度冬打下了坚实基础。

（四）几点启示

（1）节能调度政策深入人心是前提。各级调度全面贯彻落实科学发展观，建立以能耗和排放水平为基准的发电调度方式，优先调度可再生和清洁发电资源，促进节能减排，实现可持续发展。

（2）做好水雨情预计是基础。可靠的水雨情预报是科学合理安排水电运用方式的基本条件，是调度的决策依据。

（3）电网调度的纽带作用是关键。各级调度紧密协作，团结一心，共度难关，是取得网、厂多赢的关键。

（4）精细调度、科学安排是保障。节约每一方水，发好每一度电，是水库调度人员贯彻“三节约”的具体行动，也是科学调度水库的根本保障。

（华中电力调度通信中心　孙新德）

三峡工程综合效益的长期发展趋势分析

三峡工程具有巨大防洪、发电、航运等效益的综合利用效益，预计到2009年可全面达到设计的综合效益，在我国经济社会可持续发展中发挥重要作用。随着时间的推移，这些效益是维持不变还是增加或减少，它的长期发展趋势为社会各界所关注。

一、三峡工程综合效益设计

1986～1988年，原水利电力部根据国务院指示组织有关专家对三峡工程重新论证，1989～1993年长江水利委员会根据重新论证成果编制了《长江三峡水利枢纽可行性研究报告》和《三峡水利枢纽初步设计报告》（枢纽工程），两份报告对三峡工程综合效益设计中防洪、发电、航运的主要效益按选定的建设方案（水库正常蓄水位175m）作了定量分析与计算，对水产、旅游、排灌、向华北引水等效益进行了定性描述。

三峡工程防洪、发电、航运效益的设计值如下：

防洪：水库防洪库容221.5亿m^3，通过水库调蓄，可使长江中下游防洪标准由现状的10年一遇提高到100年一遇，遭遇大于100年一遇特大洪水（如1870年洪水约相当于1000年一遇）时，辅以分洪措施可防止发生毁灭性灾害。

发电：电站装机容量18 200MW，保证出力4990MW，年发电量847亿kW·h，主要向华中、华东及三峡地区供电。

航运：改善三峡库区峡谷航道570～650km，使库区航道通过能力由1200万t左右提高到5000万t以上，万吨级船队可由上海、武汉直达重庆，航运成本降低35%～37%；增加三峡坝下枯水期流量，由三峡建库前的3000～4000m^3/s提高到5860m^3/s，增加荆江航道枯水期水深约0.5m。

二、三峡工程综合效益长期发展趋势分析

（一）影响三峡工程长期效益变化的因素

三峡工程达到设计综合效益后长期效益的变化受内部和外部两方面因素的影响。内部因素如水库水位优化运用（如变化某一时段的水位1～2m，可增加发电效益约1%）；外部因素包括长江上游梯级开发、水库泥沙淤积、西线南水北调、长江上游水土保持等。下面主要分析外部因素对三峡工程综合效益长期发展的影响。

1. 长江上游梯级开发对三峡工程长期效益的影响　三峡工程位于长江上游与中下游交界处，坝址以上流域面积约100万km^2，坝址处多年平均水量约4510亿m^3。长江上游水力资源技术可开发量装机容量222 460MW，年发电量10 677亿kW·h，其中经济可开发量装机容量194 750MW，年发电量9182亿kW·h，

开发潜力十分巨大。

长江上游梯级的开发，可加大上游水库蓄洪能力，控制上游洪水，与三峡水库配合运用，削减中下游洪峰流量，减少分洪损失；可以补偿三峡水库枯季径流，增加枯水期调节流量，从而增加发电效益和航运效益；可以增加和改善南水北调中线、东线工程的可调水量；还可以拦蓄泥沙，减缓三峡水库泥沙淤积进程，长期保留三峡水库的防洪库容和兴利库容，是增加三峡工程长期效益的有利因素。

20世纪末，三峡以上长江主要支流上已建有乌江渡、碧口、龚嘴、宝珠寺、东风、二滩等大型水电工程。按照《长江流域综合利用简要报告》（1990年修订）的安排及其后面干支流规划情况，估计到2015～2020年，上游干流金沙江及主要支流上可能建成库容较大、对长江中下游防洪及三峡工程发电、航运等有一定作用的水库（包括20世纪已建成水库）有溪洛渡、二滩、紫坪铺、瀑布沟、龚嘴（加高）、亭子口、构皮滩、彭水、东风、乌江渡等13座，总库容461亿m^3，有效库容244亿m^3。远景水平，长江上游干支流梯级水库开发达到比较充分的程度，估计有效库容可达到700亿m^3。长江上游梯级开发对三峡工程综合效益影响如下：

（1）防洪方面。长江上游干支流大型水库多为综合利用枢纽，有不少要承担防洪任务，是长江防洪体系的重要组成部分。尽管上游干支流拦洪水库的分布与上游洪水组成不可能完全协调一致，但在三峡工程建成后，可消减三峡洪水的基流和来洪支流的洪峰、洪量，使三峡工程总的防洪能力有所提高。上游干支流建库与三峡水库配合运用，由三峡水库进行总的调控，在长江中下游遇到大洪水时，长江上游干支流水库总可以拦蓄部分进入三峡水库的洪峰、洪量，从而增加了三峡水库防洪库容的机动灵活性和余度，这就能更有效地发挥三峡水库对长江中下游地区的防洪效能，进一步减少三峡水库的下泄流量及减少中下游的分洪量。据分析计算，2020年左右，可提供约122亿m^3的防洪库容，对上游洪水来源不同的年型，不同的支流水库发挥不同的作用。如对1954年型洪水，乌江上的水库有较大的拦蓄作用。对1981年型洪水，嘉陵江上的水库可拦蓄较多的洪量；金沙江、岷江上的水库，一般对各典型年的洪水都有一定的拦蓄基流的作用。远景水平，长江上游干支流水库有可能为长江中下游防洪提供300亿m^3以上的防洪库容。长江上游干支流水库由于分散及距中下游地区远，其调节效果只能替代中下游约1/3的调洪容积，有了三峡水库作防洪总控制，上游水库就可以发挥更大的作用。

（2）发电方面。长江上游梯级水库特别是有调节能力水库的逐渐增多，将发挥巨大的调蓄径流的作用，通过上游水库调节，补偿三峡电站的枯季径流，增大枯季入库流量，从而增加三峡电站的保证出力和发电量，提高三峡电站的发电效益。据计算，2010～2015年考虑上游二滩、龚嘴、碧口、宝珠寺、东风、乌江渡、彭水等水库建成，共有有效库容74亿m^3，经水库调蓄后，三峡电站保证出力为4990MW，年发电量847亿kW·h；到2020年时，上游增加瀑布沟、亭子口、洪家渡及构皮滩、龚嘴（加高）等水库共计有效库容190亿～280亿m^3，三峡电站保证出力可增加到5300～5910MW，年发电量可增加到860亿～890亿kW·h；在长江上游干支流水库得到较充分开发的远景水平，估计有效库容可达700亿m^3，其中库容相对较大、对三峡水库径流较有调节影响的大中型水库的有效库容约500亿m^3，三峡电站保证出力可望达到6500MW，年发电量将增大到约950亿kW·h。三峡电站发电效益的增加，特别是保证出力的大幅度增加，将使三峡电站在电力系统中发挥更大的调峰作用。

（3）航运方面。随着长江上游干支流水库的兴建，通过上游水库的调蓄，消减汛期洪水流量，增大三峡枯水期入库流量，经三峡水库进一步调节，三峡电站的保证出力大幅度提高，相应地三峡水库下泄的枯水期调节流量将增大，可进一步改善下游航道的航运条件。据计算，在2020年左右的近期水平，三峡水库下泄的枯水期调节流量将可增大到6200～7000m^3/s，远景水平三峡水库枯水期调节流量估计将达到7500m^3/s，使长江中游枯水期航运水深进一步加大，航运条件进一步改善。此外，上游水库的兴建，可延缓三峡水库泥沙淤积，对重庆港和库区其他港口及航道的运行有利；上游干支流渠化后，有利于形成干支流联运的航运体系，更好地发挥三峡工程的航运效益。

2. 水库泥沙淤积对三峡工程长期效益的影响

三峡水库建成后，库区流速减小，水流输沙能力降低，上游来水挟带的泥沙将有一部分淤积在库内，三峡水库的防洪库容和兴利库容将有所减少，对三峡工程的长期效益将产生不利影响。

三峡水库系河道型水库，具有水库长期使用的条件。据分析研究，三峡水库采用“蓄清排浑”的调度运用方式，在不考虑长江上游干支流建库和水土保持拦沙效果的情况下，运用30～50年后水库泥沙开始侵占水库防洪库容和兴利库容，运用100年后将达到冲淤平衡，届时水库防洪库容可保留86%～91%，兴利库容保留92%～96%。说明三峡水库在达到冲淤平衡后，可以长期保存绝大部分有效库容。

按三峡水库达到冲淤平衡后防洪库容保留86%、

兴利库容保留 92%计算，三峡水库因泥沙淤积而减少的防洪库容约 30 亿 m^3，约占三峡水库设计防洪库容的 13.5%；三峡水库因泥沙淤积减少的兴利库容约 15 亿 m^3，由此而减少的三峡电站保证出力约 100MW，占设计保证出力的 2%；减少三峡水库枯水期下泄流量约 $100m^3/s$，占三峡水库枯水期调节流量的 1.8%。由此可见，三峡水库泥沙淤积对三峡工程长期综合效益的不利影响不大。

3. 西线南水北调对三峡工程长期效益的影响　长江流域综合利用规划研究制定了西线、中线、东线引水的南水北调总体规划格局，其中西线南水北调工程是从长江上游调水到黄河上游，解决我国西北地区和华北部分地区干旱缺水问题。研究的基本方案是：从通天河调水 100 亿 m^3，雅砻江调水 45 亿 m^3，大渡河调水 50 亿 m^3。各条河流的调水量分别为该河流天然来水量的 85%，是北调水量的上限方案，将对长江上游的生态环境和经济社会发展带来一定的影响，亦将减少三峡水库的入库流量，从而减少三峡工程的综合效益，主要是发电效益。初步估算，2030 年设计水平年将使三峡电站保证出力减少约 450MW，年发电量减少约 42 亿 kW·h；远景水平年将使三峡电站的保证出力减少约 570MW，年发电量减少约 43 亿 kW·h。这是保持三峡工程长期综合效益的不利因素。

4. 长江上游水土保持对三峡工程长期效益的影响　长江上游地区是水土流失最为集中的地区，水土流失面积达 35.5 万 km^2，占流域水土流失面积的 63%，年土壤侵蚀量达 14.05 亿 t，是长江流域侵蚀泥沙的主要来源。水土保持可以提高地面抗冲抗蚀能力，减少侵蚀泥沙，减轻泥沙对三峡水库淤积，有利于长期保留三峡水库的防洪库容和兴利库容，还可以涵养水源，调节流量，增大河流基流和枯水流量，对保持和增加三峡工程长期效益是有利因素，但目前尚难作出定量分析。

以上分析计算表明，影响三峡工程长期效益变化的各因素对三峡工程综合效益长期影响的大小和随时间的变化不尽相同，其中长江上游梯级开发影响最大，而且时间较早，并随着上游梯级水库增多而越来越大；其次是南水北调西线工程实施，对三峡工程的发电、航运效益也有较大的影响，预计在 2020～2050 年发生；水库泥沙淤积对三峡工程综合效益的影响相对较小，即使在不考虑上游梯级开发和水土保持效果的情况下，30～50 年以后才开始产生影响，100 年以后水库达到冲淤平衡后达到最大值，考虑长江上游建库和水土保持拦沙效果后将更迟、更小；长江上游水土保持对三峡工程长期效益的影响主要是通过减少入库泥沙、延缓水库淤积时间和速度体现出来，影响的作用来得缓慢，但是是持续增加的，“后劲”越来越大。

（二）三峡工程长期综合效益呈增长趋势

综合考虑影响三峡工程长期效益变化的有利因素和不利因素，有利因素（长江上游梯级开发，长江上游水土保持）的影响远远大于不利因素（水库泥沙淤积，西线南水北调）的影响。因此，三峡工程长期综合效益呈增长趋势。以远景水平来说，三峡工程受有利因素影响增加的效益减掉受不利因素影响减少的效益后，其增加的效益概述如下：

（1）发电效益。三峡电站的保证出力可由设计值 4990MW 增至 5830MW，增加约 17%；三峡电站年发电量可由设计值 847 亿 kW·h 增至 900 亿 kW·h 以上，即增加 6%以上。

（2）航运效益。除可进一步改善重庆港及库区、航道条件外，枯水期调节流量可由设计值 $5860m^3/s$ 提高到 $6880m^3/s$，增加约 17%，可进一步改善荆江河道枯水期航运条件。

（3）防洪效益。由于泥沙淤积，三峡水库在达到冲淤平衡后的防洪库容将由设计值 221.5 亿 m^3 减至 190.5 亿 m^3，减少约 14%。长江上游建成的水库将增加防洪库容 300 亿 m^3 以上，可以增加三峡水库防洪库容运用的机动灵活性和余度，可使长江中下游防洪条件得到进一步改善。

三、结语

三峡工程的综合效益及其今后的变化趋势是社会、企业都很关心的问题，研究结果表明：由于三峡工程优越的地理位置和自然条件，建成后不仅可获得巨大的防洪、发电、航运等综合效益，而且可以长期保持并呈增长趋势。

在影响三峡工程长期综合效益变化趋势的各种因素中，以长江上游梯级开发的影响最大。长江上游属西部地区，资源丰富，开发长江上游梯级不仅可以变资源优势为经济优势，促进西部地区的经济社会发展，而且有利于保持和增加三峡工程综合效益，建议抓紧修编长江流域综合规划，在流域综合规划指导下加快长江上游梯级开发。在建好、管好三峡枢纽工程的同时，要高度重视水库移民、库区地质灾害防治、水库水质保护等问题，以支撑三峡工程设计效益的正常发挥。

（长江水利委员会　邱忠恩）

16

农村水电及电气化

农 村 水 电 建 设

小水电大战略
——从应对雨雪冰冻灾害谈农村水电发展

2008年1月中下旬，我国南方部分省区相继发生历史罕见的低温雨雪冰冻灾害，造成电力主网大面积停电，农村水电设施也严重受损，多个区域停电，人民群众生产生活和地方经济社会发展受到严重影响。

在冰雪灾害面前，农村水电行业广大干部职工奋力抢险救灾，在主网因灾解列的紧急关头，以小水电及其配套电网为主体的农村水电充分发挥分散分布式供电的优势，迅速恢复供电，对缓解灾情、减轻灾害损失发挥了巨大作用。搞好灾后重建工作，巩固发展农村水电，使之更好地服务民生和经济社会协调发展，是农村水电行业面对的现实课题。

（一）上下一盘棋，农村水电抗灾救灾取得阶段性胜利

1. 水利部高度重视，积极部署抗灾救灾　雨雪冰冻灾害受到党中央、国务院的高度关注，胡锦涛总书记、温家宝总理等深入重灾区视察灾情，领导抗灾。按照党中央、国务院要千方百计“保交通、保供电、保民生”的要求，水利部快速反应，紧急行动，全力抗灾。1月23日，水利部发出紧急通知，就水利部门应对灾害性雨雪冰冻天气的相关工作进行安排和部署。1月29日，水利部又专门发出《关于应对冰雪灾害全力做好农村水电抢险救灾工作的紧急通知》，要求进一步加强对抢险救灾工作的组织领导，全力确保农村电网安全运行，千方百计保障人民生活用电。1月30日，水利部再次发出紧急通知，要求各地水利部门千方百计保障灾区城乡居民用水安全，千方百计保障灾区人民生活用电，千方百计保障水文测报正常工作，千方百计保障工程安全。

针对冰雪灾害对农村水电地区电力供应造成的严重影响，水利部领导要求部水电局等相关司局密切关注灾情发展，及时掌握最新进展情况，加强对应急情况的处理指导。部领导还亲自逐一打电话给有关省（自治区、直辖市）水利厅局长，询问灾情，指导救灾。

2月2日晚，受灾严重的湖南省水利厅向水利部发来电报，请求紧急调派人员支援湖南郴州地方电网抢修。陈雷部长闻讯亲自给湖南省水利厅长打电话，详细了解受灾情况，并批示：“这是一项十分重要而紧迫的政治任务，水利部要认真落实温家宝总理‘通路、保电、安民’的重要指示，部水电局要组织水利系统的电力抢修技术力量，组成抢险队伍，赶赴湖南灾区，支援郴州地方电网抢修，确保在春节前完成100%的县城和80%的乡村通电任务。”胡四一副部长要求部水电局迅速落实陈雷部长的批示，全力支援郴州抗灾。按照部领导的指示，部水电局立即与长江水利委员会联系安排抢险救援事宜。长江水利委员会蔡其华主任亲自安排部署，汉江集团和陆水管理局前后两批共84名电力技术人员组成抢险救援队伍，自带车辆和各种抢修工具，突破恶劣天气和交通条件影响，2月3日18时赶赴郴州，投入到电力抢修工作中。到2月6日（农历大年三十）18时，水利部派出的应急抢险队克服重重困难，抢修地方电网与大网的连接线路等关键区域的关键部位，为确保郴州城区大年三十供电发挥了关键作用。

2. 各级水利部门反应迅速，抗灾救灾组织得力　灾情发生后，湖南省水利厅1月27日启动一级应急响应，成立抗冰救灾工作领导小组，取消机关干部春节休假，动员全省各级水利部门全力以赴投入抗冰救灾工作。水利厅9名厅领导数次深入重灾区现场指导，1月25日以来先后派出34个工作组共80多人次深入灾区，解决抗灾救灾关键难题，为快速抢修恢复水利水电工程设施发挥了重要作用。

贵州省水利厅也先后下发了《关于做好雪凝天气应对工作的紧急通知》等多个文件，明确水利系统抗灾救灾工作的任务和要求，并多次召开党组会，指导灾后工作。

广西壮族自治区水利厅紧急启动供电供水应急一级响应，并迅速组成10个工作组由8名厅领导和两名处级干部带队，包干负责，进驻10个重灾县组织抢修水电设施，成为第一批进入灾区的救援人员。广西水利电业集团还组织了总价1.84亿元的电力物资昼夜兼程运往灾区，并从集团总部、南部非灾区和轻灾区抽调2000多名送变电职工紧急支援北部重灾县。

四川省水利厅迅速启动应急预案，转发水利部关于抗灾救灾的明传电报，明确抗灾救灾工作的任务和要求。省水利厅领导亲自带队前往灾区指挥抢险救

灾，各市县水利局、各县电力公司组织一切可能投入的力量抗灾自救。

其他受灾省、市也迅速反应，积极应对，有效指挥抗灾斗争。

3. 全社会齐心协力，抗灾救灾成效显著　由于反应迅速，组织及时，措施得力，受灾的农村水电供电地区基本实现了春节前100%的县城、80%的乡镇通电的目标。

截至2月下旬，湖南省已投入农村水电抢修资金3.8亿元，水利系统负责的24个县共修复10kV以上线路倒塔（杆）21 803基、断线8427km，修复率30%；恢复368个乡镇供电，恢复率89%。贵州已投入恢复资金4579.7万元。农村水电恢复35kV线路173km，恢复倒塔（杆）216基；恢复10kV线路1514km，恢复倒塔（杆）3692基；电站送出线路560km，约600万人恢复或临时恢复了供电。广西灾区农村水电供电区全部县城、99%的乡镇、92%的行政村、84%的受灾人口已经恢复供电。10kV及以上线路恢复率为81.5%，变电站恢复率为98.95%，配电台区恢复率为86.8%。四川已投入8751万元农村水电重建资金，110kV 4条线路已经全部修复，35kV线路恢复56.86%，10kV线路恢复76.47%，低压线路恢复79.49%，10kV配电台区恢复92.08%，乡镇供电恢复78.5%，供电人口恢复83.77%，供电面积恢复78.58%。

至此，农村水电抢险救灾工作取得阶段性胜利。各地已按照中央部署，把工作重心从应急抢险抗灾转入灾后恢复重建上来。

4. 农电职工不畏艰险，抗灾救灾无私奉献　在抗灾救灾的关键时刻，农村水电广大干部职工克服重重困难，顶风雪，抗严寒，表现出水利人的力量和勇气，受到群众的赞誉和地方政府的嘉奖。

四川省水电投资经营集团筠连电力有限公司双腾供电所职工彭显松，冒着严寒在风雪中抢修线路，不幸从7m多高的电杆上摔落，英勇殉职，献出了年仅27岁年轻而宝贵的生命。湖南省桂阳县樟市镇水利水电管理站站长曹述军，连续4天紧张抢修因冰雪灾害损毁的供电线路，2月4日下午为让最后一个断电村——泊山村在除夕前通上电，在架接最后一根高压线施工过程中因体力严重透支，不幸从12m高的电杆上摔了下来，因伤势过重，经抢救无效献出生命。

贵州省黔西南州普安县青山电力公司线路工作班班长李忠贵，在紧急抢修35kV楼石线时，由于连续高空夜战，筋疲力尽，从18m高的电杆上摔落到地面而昏迷。虽挽回了生命，经确诊为腰椎骨折、右脚跟跟骨骨折，多处软组织损伤。

类似的事例还有很多，战斗在抗灾救灾第一线的农电人用他们的鲜血和生命换来了抗灾救灾的胜利。

（二）分散分布供电，农村水电抗灾救灾彰显奇效

农村水电以其分散分布式供电的优势，在受灾地区国家电力主网因灾解列、停运等情况下，能够迅速恢复供电，有效地降低灾害损失，彰显了农村水电抗灾救灾的奇特功效。

1. “小、快、灵”的特点使农村水电站能快速启动　由于农村水电自身的特点，电站送出线路工程电压等级较低，设备构造不复杂，受覆冰影响倒杆、断线后，能够及时抢修恢复，同时小水电站具备“黑启动”应急处置能力，在需要应急启动时，能很快启动机组，随时投入发电，缓解供电需求，在紧急情况下起到了积极、有效的作用。

2. “就地开发、就近供电”使农村水电电网具备相当的孤网运行能力　农村水电电网是小水电站“就地开发、就近供电”发展起来的，依靠网内星罗棋布的小水电，即使与大电网解列，也能维持孤网运行，即使网内部分线路故障，也可利用水电站周围片区电网就近供电，保障居民生活用电和重要负荷用电。

3. 危急关头，小水电彰显大作用　贵州铜仁地区此次受灾严重，全区大电网几乎瘫痪，湘黔线、渝怀线电气化列车停运，使本来就拥堵的春运交通形势更加严峻。在紧急情况下，由当地3个小水电站组成的地方小电网紧急启动“黑启动方案”，半小时内恢复了湘黔线大龙段供电，保证了铁路正常运行，缓解了交通拥堵。黔东南州大部分县国网受灾已不能供电，三穗县、岑巩县、麻江县30多个乡镇均由小水电站就近供电，保证了重要用户和当地群众生活用电，为开展受灾自救和社会稳定发挥了积极作用。据统计，灾情发生后，贵州全省有34个县城数百个乡镇，在小水电地区启动水电站片区电网或直配线路向当地供电，由小水电支撑群众照明和生活、生产。

湖南省永兴县大布江、龙形市、洋塘等13个乡镇，在无任何外来通道提供电力的情况下，小水电就近供电，恢复了全部乡镇及附近100多个村组供电。在受灾最严重的湖南郴州，春节前后恢复供电的76个乡镇中，靠小水电就近供电的为51个，靠与大网连接恢复供电的为25个。水电资源丰富的汝城县，小水电装机容量达25万kW，2月中旬乡镇恢复供电率达70%，为郴州最高。

广西全州县1月20～30日，小水电投入发电出力共达2.88万kW，全县1/3以上的居民照明用电依赖小水电，其中，水晶岗、天湖、五里坪等主要小水电站提供了8000kW的供电负荷，保证了党委政府、医院、水厂、车站等重要部门的运行用电，确保了县城秩序的正常。2月份，受损的广西主网未完成修

复，且因缺煤出力不足，受灾的农村水电供电区仍主要依靠小水电供电。

浙江省江山市廿八都镇和双溪口乡两个山区乡镇，1月30日全镇停电。由于大电网线路一时难以修复，小岗岭和老佛岩电站接到临时供电通知后，克服困难，冒着风雪，修复了被毁的渠道，接通了临时供电线路，于农历腊月二十九日开始供电，直至当地10kV支线于2月21日恢复投产。

农村水电分散分布式供电，确保了在主网解列而又未能及时恢复的情况下能快速分片供电，在抢险救灾中发挥了不可替代的支撑作用。

（三）农村水电设施受损严重，灾后重建压力大，困难多

1. 农村水电设施受损情况　在这次低温雨雪冰冻灾害中，农村水电设施大范围受损。截至2月15日，受灾的19个省（自治区、直辖市）共发生倒塔（杆）近26万基、断线18万处，影响人口7500万，直接经济损失45亿元。湖南、广西、贵州等地农村水电设施受损严重。

截至2月22日，湖南省水利水电基础设施因灾直接经济损失近40亿元，其中农村水电24.17亿元；贵州省各类水利水电基础设施因灾损坏7万余处，直接经济损失近21亿元，其中农村水电2.48亿元；广西全区水利水电设施直接经济损失8.28亿元，其中农村水电设施5.64亿元；四川省水利水电基础设施因灾直接经济损失16.75亿元，其中农村水电设施4.51亿元。农村水电设施受灾损毁所占比例都比较大。

在这些受灾地区中，以湖南郴州地区的灾情最为严重。郴州市地处京广铁路、京珠高速交通要道。1月29日电网崩溃，主网停运，地方电网内26座110kV变电站全部停运，43座35kV变电站仅一座运行，除个别水电站就近供电外，郴州市城区及所辖县城、乡村供电中断。郴州地方电网遭到毁灭性破坏，110kV线路倒杆4193基、断线2294处1196km，断线长度占总长度的95.6%；35kV线路倒杆5403基、断线3979处1623km，断线长度占总长度的82.5%；10kV线路倒杆44 700基、断线63 708处22 700km，断线长度占总长度的89.2%；低压线路倒杆14 463基、断线318 240处21 216km，断线长度占总长度的54.1%；9338个供电台区受损。在汝城、宜章、苏仙等县市，110kV、35kV铁塔多处拦腰折断，大量竹木、果树削冠倒伏，灾情令人震惊和痛心。

2. 灾后重建目标明确，措施具体　2月18～23日，水利部统一安排，组成10个工作组对冰雪灾害及灾后重建工作开展调研指导，其中4个工作组分赴湖南、贵州、广西、四川四省调研指导农村水电灾后重建工作。调研中了解到，各省按照国务院的要求，根据各地实际情况，提出了农村水电设施灾后重建目标，并制定了各项措施。

湖南省的目标为：到3月底，城区和农村全面恢复供电，确保电站防洪设施的供电安全。具体布置为：2月底前，35kV及以上线路和变电设施、受损电站100%恢复供电；3月底前，10kV及以下配电网和台区100%恢复供电。贵州省水利厅目标是：尽快恢复电网供电。四川省水利厅目标是：2月份恢复供电，并完成80%以上受损线路和设备的修复，4月底前完成全部重建工程。广西壮族自治区水利厅的目标是：在2月29日前实现农村水电供电区全部恢复供电。

为完成灾后重建任务，确保实现目标，各省研究提出了一系列保障措施：一是加强领导。湖南提出工作班子不散、值班人员不散、技术指导力量不散，全力督促、协调和指导灾后恢复重建工作。对郴州、怀化两个重灾区，再派出以厅领导带队的两个工作组驻地指导灾后重建工作。贵州省水利厅成立了水利设施恢复重建领导小组，并已制定实施方案。广西壮族自治区水利厅加强对抗灾救灾工作的指挥、督促和协调，加大人力、财力、物力调配的力度。二是落实责任，分级负责。湖南省政府明确地方电网35kV及以上线路由市、县负责抢修，市、县主要领导为第一责任人，10kV及以下配电线路由各乡镇在供电所指导下负责抢修，乡镇主要领导为第一责任人。郴州市指挥部已与郴州分公司、宜章、临武、汝城、永兴分指挥部签订了责任状。广西坚持分片包干的做法。三是建立奖惩机制。湖南郴州对在3月31日前完成任务的分指挥部奖励100万元，分公司奖励30万元；对工作不落实、组织不得力、任务未完成的，在全市通报批评，工作失职、渎职的，严厉追究相关责任人的责任。四是加强工程管理。各地认真抓好抢修恢复供电的施工质量和安全工作。湖南印发了《地方电网35kV及以上线路恢复工程管理规定》等文件，明确工程管理各环节的责任、流程和要求，对工程质量、工期、成本、安全进行严格控制管理。聘请工程监理机构对工程进行全程监理。五是广泛发动群众，积极开展生产自救。湖南郴州市、怀化市所属的乡镇积极组织当地农民和民工抢修10kV及以下配电线路，驻怀化部队、武警派出了2000多名官兵投入电力灾后重建。贵州组织群众开展生产自救，对受损程度不大、技术难度不高的水利基础设施项目，组织群众恢复维护。广西各受灾地区召开抗灾救灾动员大会，号召广大群众出工出力投入到抗灾救灾中去。

3. 灾后重建困难多　农村水电设施损毁严重，灾后重建资金缺口很大。3月3日，国家发展改革委

下发了《关于下达2008年水利设施低温雨雪冰冻灾后重建项目中央预算内投资计划的通知》(发改投资[2008] 600号)，下达了10亿元的灾后重建投资计划，用于此次低温雨雪冰冻灾害中受灾较为严重的湖南、贵州、江西、湖北等13个南方省(自治区、直辖市)进行受损水利设施的灾后恢复重建工作，其中用于农村水电设施灾后重建的资金为3亿元。农村水电大多位于边远山区和贫困地区，经济发展落后，地方财力有限，这次灾害给农村水电设施造成了很大的损失，一些工程修复都是临时性或应急性的，灾后重建面临着资金、设备、器材、人员等诸多困难。

(四) 由农村水电抗灾救灾引发的思考及建议

1. 体制不顺影响灾后重建和农村电网的巩固发展　由于历史的原因，农村水电的资产及管理归属水利部门。但随着市场经济的发育和改革的深化，农村水电逐步呈现投资主体多元化，资产关系发生转变，政府对农村水电的管理弱化，甚至在许多地方出现管理真空，省、市、县各级水利部门虽然开展了大量工作，但由于农村水电管理体制不顺、职责不清，对农村水电尤其是农村水电电网的管理手段单一、管理能力非常有限，很大程度上影响灾后重建的顺利进行。

为促进农村水电健康、有序、可持续发展，必须尽快理顺农村水电管理体制。近年来，福建、湖南等省积极探索，加强了水能资源规划管理，明确了水行政主管部门水能资源规划编制职责，取得了显著成效，解决了水能资源开发和农村水电管理中存在的很多问题，应在全国推广这些经验和做法。

2. 灾后重建中应该研究农村电网设计标准，增强电网抗灾能力　技术标准方面的缺陷是此次电网严重受灾的一个主要原因。湖南省是我国输电线路覆冰最严重的地区，2005年曾发生过500kV、220kV线路严重倒塔事故，但由于种种原因，没有引起重视，没有提出行之有效的防御措施。线路设计多采用5～10mm覆冰的技术条件，而这次灾害中覆冰最大的达110mm，远远超出了线路、杆塔的承受能力。

针对冰雪灾害暴露出的设计标准低、抗灾能力弱等问题，应认真总结灾害经验教训，修订技术标准。我们应配合有关部门，从技术层面深入、细致地调查了解灾害成因等经验教训，在此基础上提出输配电线路防御低温雨雪冰冻灾害的有效办法。同时，要建议有关部门组织专家对现行输变电线路设计规程进行修订，重新划分覆冰区，经过技术经济综合比较，适当提高覆冰厚度等设计条件。

3. 防范意识强，管理到位能有效减轻灾害损失　在这次冰雪灾害中，一些地方对低温冰雪灾害没有警惕意识，灾害发生后启动应急预案不及时或预案本身不够完善，错失防范和人工干预的最佳时机。而防灾意识强，及早采取措施，则能有效地减少灾害的损失并赢得工作的主动。怀化地方电网在这方面的经验值得总结。

灾害发生后，怀化电力公司一方面对能及时修复的断线线路及时组织抢修，一方面对尚未发生故障的线路加强巡查。公司集中力量，狠抓主网线路的安全防范，各县联网的线路，按区域包干到各县市公司配合联动抢修，责任到部门，责任到杆线，日夜巡查受损情况，发现问题和故障，迅速处理。据统计，冰冻期间，全公司先后出动12 000多人次，逐条沿线排查隐患，除冰护线，处理大小险情、故障130多处，确保主网安全。怀化湾潭200kV线路至贵州玉屏是怀化电网连接南方电网仅剩的一条外源生命线，多次出现险情，但都及时发现、及时抢修，实现了生命线的畅通，保证了市电网及时恢复供电。

4. 发展农村水电的政策建议　以小水电为主体的农村水电，不仅是保障电力安全的重要一环，也是广大山区开发利用水能资源、促进农民增收、改善农民生产生活条件的重要途径。我国水能资源十分丰富，仅5万kW及以下的农村水电可开发量就达1.3亿kW，主要分布在革命老区、民族地区、边远山区和贫困地区，开发利用率只有37%。这些地区农村用电水平低，有一部分农民还没有用上电，影响和制约了当地农民脱贫致富和经济社会发展，迫切需要明确农村水电的法律地位，加大政策支持力度，大力发展农村水电。

一是把发展农村水电，建设分布式电源，就地成网、就近供电，作为国家电力应急体系建设的重要内容，给予明确的法律地位和政策支持。国家要尽快明确小水电属清洁可再生能源，适用《可再生能源法》规定的鼓励和支持可再生能源发展的相关条文。

二是以农民利益为核心，对农村水电发展提供投资、财税、金融等政策支持。包括加大中央财政对农村水电的投资规模，持续推进水电农村电气化县建设，扩大小水电代燃料生态保护工程实施范围；对直接服务“三农”、改善生态环境、保障电网安全的农村水电企业实施税收优惠；将农村电网改造国债转贷资金转为国家资本金；加大国家政策性银行对农村水电贷款投放力度。

三是建立科学的水能资源和农村水电管理体制。我国拥有世界上最丰富的中小水电资源，农村水电几十年的发展也积累了丰富的经验。通过建立科学的水能资源和农村水电管理体制，农村水电能够得到新的发展契机。而加强农村水电的发展，将不仅能够加快山区农民脱贫致富步伐，保护山区生态环境，也可有效提高电网安全水平和抗灾减灾能力。

(水利部水电及农村电气化发展局　田中兴)

水电站抗震保安全取得胜利

(一) 水电站震损严重

“5·12”汶川大地震后，四川、重庆、甘肃、湖南、陕西、湖北、云南等七省市水电站受到损坏，灾害共造成822座水电站受损，总装机容量691万kW（其中大中型水电站14座，总装机容量342万kW）。具体情况为：四川481座（大中型11座）、重庆198座、甘肃78座（大中型3座）、陕西26座、湖北19座、云南12座、湖南8座。

四川受损水电站分布在21个市（州），重灾区包括成都、绵阳、德阳、广元、阿坝、雅安、巴中、乐山等8个地区。紫坪铺上游岷江干支流上的映秀湾等9座水电站和其他流域的龙王潭、苦竹坝等4座水电站出现高危险情，引起党中央国务院领导的高度重视。

(二) 全力抗震救灾

面对突如其来的特大地震灾难，5月14日，水电局召开全局大会，成立了水电局抗震救灾指挥领导小组，下设综合组、工程抢护1组、工程抢护2组和灾情信息及灾后重建组4个小组，把抗震救灾工作作为当前的头等大事，宣布全局进入紧急工作状态，迅速派出了前方工作组，对灾区重要水电站进行排查和紧急除险，立即投入抗震救灾工作中。

“5·12”汶川大地震的重灾区主要位于岷江、嘉陵江、沱江上中游，这些地区的水能资源丰富，已建大小水电站1000多座。按照党中央和水利部抗震救灾的精神，以对灾区水电站进行核查和紧急除险，防止次生灾害发生，作为水电站抗震保安全工作的主要任务，把对紫坪铺上游岷江干支流上的水电站排查除险作为工作重点，迅速开展工作。

(三) 水电站成功排险

“5·12”汶川大地震造成许多水电站与电网解列，现场交通、通信中断，人员伤亡、失踪，现场情况不明，在险情排查处置过程中余震不断，检查、排险人员经常遭遇滑坡、滚石、泥石流，大大增加了险情排查、应急处置工作的难度。在广大干部职工奋不顾身、齐心协力下，在较短的时间内迅速查清了各类水电站受损情况。阿坝州工作组和水电专业组出色地完成了任务，工作组先后到绵阳、广元、遂宁、德阳、成都和阿坝州等6个地市，深入地震重灾区汶川、北川、江油、彭州、理县、黑水县、茂县等县（市），累计对87座重要水电站进行了全面排查，对有重大险情的铜钟、黄公坪、凤鸣桥等水电站及时提出爆破、调运柴油发电机提闸门、低水位运行应急除险方案并跟踪督查，排除了险情。协助维修了下庄电站，在震后有效保障了汶川县城供电。

岷江紫坪铺水库以上流域是此次地震灾害的震中区域，建有百余座水电站，通过工作组冒险深入现场、千方百计联络电站职工和当地撤离的群众等所有可能的手段和方式，结合前期开展的水能资源调查评价等基础工作，全力排查、摸清了水电站受损情况，最终锁定映秀湾、太平驿、福堂、姜射坝、铜钟、金龙潭、天龙湖、桑坪、薛城、理县、红叶二级、草坡、沙牌、渔子溪一级和耿达等15座有较大库容的水电站可能构成威胁。截至5月19日，15座水电站逐站采取措施，有6座已基本放空或在较低水位运行，未发生高危险情；有9座水电站受到严重震损，其中6座出现漫坝、漫闸等高危险情，采取措施后部分电站解除险情。但是太平驿、映秀湾、耿达水电站出现漫坝、漫闸等高危险情，因现场条件限制，险情无法排除。5月20日凌晨，配合国家防总办公室起草发出了向这几家电站业主单位国家电网公司和华能集团公司的紧急通知，要求立即采取措施排险。水电局负责跟踪了解督促落实，至6月4日，太平驿、映秀湾、耿达水电站险情已经解除。

截至6月10日，822座受损水电站均采取了降低水位、放空库容等措施，排除了险情，圆满完成了水电站险情排查及应急处置工作，确保了水电站大坝不溃决、次生灾害不发生的艰巨任务。

（水利部农村水电及电气化发展局 于 翔）

小水电代燃料扩大试点建设

根据《2006～2008年小水电代燃料生态保护工程规划》，自2006年起，在全国21个省（自治区、直辖市）和新疆生产建设兵团开展81个小水电代燃料扩大试点项目建设。3年新增代燃料装机容量15万kW，代燃料年用电量2.1亿kW·h，使16.9万户、63.6万人实施水电代燃料，保保护森林面积203万亩，项目总投资10.3亿元，其中中央投资3亿元。截至2008年底，81个扩大试点项目中有60个项目基本完成，其余项目将在2009年底前完成。小水电代燃料规范了农村水能资源开发，促进了可再生能源发展，改善了农民生活，促进了地方经济发展和农民增收，有效保护了生态环境，是一个多赢的生态富民工程，是今后农村水电发展的理想模式。

2008年中央1号文件要求“扩大小水电代燃料建设规模”。根据中央要求，水利部编制了《2009～2015年全国小水电代燃料工程规划》，在农村水能资源丰富、退耕还林面积相对集中、生态环境脆弱以及农民用能以薪柴为主的地区实施小水电代燃料工程，用7年的时间解决680万农民的生活燃料和农村能源问题，规划总投资141.3亿元，其中中央投资57亿元。规划项目涉及24个省（自治区、直辖市）和新疆生产建设兵团的543个县（市），工程实施后可保护森林2390万亩。

为切实做好小水电代燃料建设工作，2008年水利部组织编制了《小水电代燃料项目管理办法》（初稿），同时组织开展了《小水电代燃料生态保护工程标准》和《小水电代燃料规划编制规程》编制工作，提出了编制工作大纲和初稿。

为解决小水电代燃料项目贷款问题，水利部加强与国家开发银行和中国农业发展银行的联系与沟通，2007年水利部下发了《关于转发国家开发银行加强水电农村电气化县建设和小水电代燃料生态保护工程贷款项目开发评审工作意见的通知》，2008年与中国农业发展银行联合印发了《关于进一步加强合作促进农村水电建设的函》，积极争取加大政策性贷款力度。

为促进各地小水电代燃料扩大试点建设工作，加快建设进度，保证建设质量，按时完成建设任务，水利部采取现场检查、严格季报制度等，加强对小水电代燃料扩大试点建设的督促和检查，及时跟踪、掌握建设进展情况，督促各地加快建设进度，积极探索符合本地实际、行之有效的管理体制和运行机制，因地制宜地选择合适的代燃料供电方式，切实降低代燃料电价，同时对落实项目建设资金，严格资金管理，确保工程质量，保护生态与环境等方面提出要求，加强管理，确保小水电代燃料扩大试点建设顺利进行。

（水利部农村水电及电气化发展局　赵　虹）

2008年农村水电建设情况

2008年，农村水电建设全年完成投资进一步增加，新增装机容量保持在400万kW以上，年发电量持续增长，上缴利税不断提高，水电农村电气化县建设和小水电代燃料扩大试点稳步推进。农村水电供电区通电率进一步提高，用电量进一步增加，解决了100万无电人口的用电问题，为促进区域经济发展和社会主义新农村建设发挥了重要作用。

（一）电源建设

2008年农村水电全年新增电站1320座，投产发电设备容量419.4万kW。新增装机主要集中在西南、华中和华东地区。

截至2008年底，全国共建成农村水电站44 433座，装机容量5127万kW，形成水库总库容2117亿m^3。

2008年，全国农村水电发电量1628亿kW·h，同比增长13.3%。其中，上国家电网电量967亿kW·h，上农村水电网电量239亿kW·h。

（二）电网建设

2008年，全国农村水电电网建设新增110kV及以上变电站68座，变电容量464万kVA；新增35（66）kV变电站149座，变电容量142万kVA；新增配电变压器13 122台，容量220万kVA；新投产10kV及以上高压线路2.2万km，低压线路12万km。

截至2008年底，全国农村水电网共建成110kV及以上变电站555座，变电容量2504万kVA；35（63）kV变电站2963座，变电容量1708万kVA；配电变压器39.6万台，容量3727万kVA；10kV及以上高压线路56万km，低压线路126万km。

2008年，农村水电网全年网内发电量590亿kW·h，购网外电量374亿kW·h，其中购入国家电网电量199亿kW·h。受国民经济平稳快速增长的强劲拉动，农村水电网内全年用电量达665亿kW·h。县城居民到户电价0.485元/（kW·h）；农村居民到户电价0.503元/（kW·h），较去年降低了0.038元。

（三）完成投资

2008年，全国农村水电建设共完成投资310亿元。其中，政府资金占4.5%；银行贷款占46.4%；自筹资金占49.1%。电网建设43.4亿元。

（四）经营

截至2008年底，全国农村水电站资产2745亿元，电网资产411亿元。

截至2008年底，全国农村水电共形成独立核算单位共23 640个，其中有75%的企业为非国有企业。从业人数65.5万人，其中技术人员18.2万人。

全国农村水电全年发售电总收入812.5亿元，上缴税金77.3亿元。

2008年，全国有农村水电的县共1544个，其中以农村水电供电为主的县有557个。有农村水电网的县392个，其中县城电网为农村水电网的县241个，农村水电网供电乡镇5793个。农村水电建设2008年全年解决了100万无电人口的用电问题。

（水利部农村水电及电气化发展局　曲　鹏）

“十一五”水电农村电气化建设情况

水电农村电气化建设已取得了较好的成效。据统计，2006～2008 年底，全国共完成水电农村电气化县建设投资 125 亿元。其中：中央投资 9 亿元，涉及 460 个县的 892 个项目，占完成投资的 7.2%；业主自筹 58.25 亿元，占完成投资的 46.6%；省级配套资金 2.9 亿元，占完成投资的 2.3%；农民入股投资 4.8 亿元，占完成投资的 3.8%；银行贷款 43.4 亿元，占完成投资的 34.7%；其他投资 6.8 亿元，占完成投资的 5.4%。

2006～2008 年底，全国已完工程 397 个项目，累计完成投资 65 亿元。其中：中央补助投资 3.25 亿元，占累计完成投资的 5%；业主自筹 31.2 亿万元，占累计完成投资的 48%；省级配套资金 0.9 亿元，占累计完成投资的 1.4%；农民入股投资 3.6 亿元，占累计完成投资的 5.5%；银行贷款 21.8 亿元，占累计完成投资的 33.8%；其他投资 4.1 亿元，占累计完成投资的 6.3%。

2006～2008 年底，全国在建工程 495 个项目，累计完成投资 60.35 亿元。其中：中央补助投资 5.75 亿元，占累计完成投资的 9.5%；业主自筹 27 亿元，占累计完成投资的 44.8%；省级配套资金 2 亿元，占累计完成投资的 3.4%；农民入股投资 1.2 亿元，占累计完成投资的 2%；银行贷款 21.6 亿元，占累计完成投资的 35.8%；其他投资 2.7 亿元，占累计完成投资的 4.5%。

（水利部农村水电及电气化发展局　程　骏）

浙江省农村水电发展问题思考

浙江省农村水电从无到有，从小到大，已走过了 50 多年的发展历程，为地方特别是山区农村经济社会发展作出了巨大贡献，成效显著。在新的历史条件下，有必要对浙江农村水电发展进行回顾思考，进一步理清发展思路，谋求发展良策，促进农村水电可持续发展。

（一）浙江水能资源概况与开发历程

浙江省水能资源蕴藏量相对丰富，可开发水电装机容量 800 万 kW，其中小水电（农村水电）400 万 kW，在全省除嘉兴、舟山外的 9 市 66 县（市、区）均有分布。其中，丽水、温州和杭州是水能资源蕴藏量较丰富的地区，3 市可开发水电装机容量占全省水能资源的 75%。截至 2007 年底，全省已开发农村水电装机容量 323 万 kW，建成投产农村水电站 3233 多座。

纵观浙江省农村水电发展历程，可基本概括为 3 个阶段：

第一阶段是 20 世纪 50 年代至 70 年代末。为解决浙江省用电问题并向上海供电，国家兴建了新安江、富春江等大型水电站，除了几座大中型水电站外，浙江省水能资源开发基本以防洪、灌溉为主要目标，水电基本是依附在防洪、灌溉工程上发展起来的，投产了一批大库容、小装机的电站。

第二阶段是 20 世纪 80 年代，浙江省开展了第一批、第二批农村水电初级电气化县建设。这一阶段主要是解决山区农村生活生产用电为主，结合小流域治理，建成了一批以发电为主的水利工程。

第三阶段是 1993 年以后至“十五”末，浙江省为推动能源建设，对投资体制和水电上网电价实行了改革，鼓励社会资金、民间资本采用股份制、股份合作制等多种形式开发小水电，上网电价实施新电新价政策，以解决政府资金短缺、电力建设滞后所产生的各种矛盾。1993 年浙江省政府出台这个政策后，极大地调动了社会投资开发水电的积极性，小水电得到了前所未有的发展。据统计，1993 年以后至“十五”末，全省投资开发的小水电占新中国成立以来总装机容量的 72%。

（二）当前浙江农村水电行业发展面临的问题

进入“十一五”后，浙江省农村水电行业进入一个新的阶段，呈现出新的特点，面临新的问题：一是水能资源开发已处于较高水平，资源可开发增量和潜力有限；二是已建成投产的水电站面广量大，行业安全监管任务繁重而艰巨；三是大量早期建成的水电站设备已经达到或超过折旧年限，管理和运行现代化技术水平总体不高，安全生产隐患突出；四是部分欠发达山区水能资源虽具开发潜力，但原开发模式和机制不适应经济社会发展的要求；五是行业治理结构尚需完善，在市场经济条件下，行业协会的作用有待进一步发挥。

上述问题是在行业外部环境和内部情况变化的共同作用下产生的。从行业内部来看，随着资源开发率的不断提高，从根本上制约了行业走“量的扩张”的道路。另外，当前农村水电行业无论是技术水平，还是经营管理，仍显粗放，这些现象在早年投产的水电站上表现得尤为突出。从行业外部来看，一方面，农村水电的发展因其清洁可再生性、扶贫作用等综合效益得到了国家的积极扶持；另一方面，安全生产等问题引起了社会和政府的高度重视，对农村水电安全监管工作提出了更高要求。可见，沿袭以前增加能源供应、促进地方发展的水电发展方式，已不能完全适应当前浙江省农村水电发展要求。

（三）浙江农村水电发展思路

按照科学发展观的要求，正确认识当前浙江省农村水电发展形势，努力达到行业管理规范有序开展和行业综合效益有效实现两大目的，切实体现政府行政监管和公共服务两大功能，是摆在面前的一个重大课题。为此，需要从“管理”和“效益”两大重点出发，实现“两个”重要转变。

第一个转变，要从重建轻管向建管并重转变，着重做好行业管理工作。在20世纪90年代，浙江省对电力投融资体制和上网电价机制进行了改革，根据浙江省市场经济发育较早的特点，大力引导社会资本参与水电资源开发。这一制度创新，促进了水电项目建设主体从由“政府”向“社会”的转移，解决了水电项目建设投入“瓶颈”制约，大大加快了水电资源开发速度。同时，政府从繁重的建设任务中解脱出来，并开始了“角色”转变，规范资源开发行为、加强建设项目监管成为了水行政主管部门的主要职责，并出台了一系列有关建设管理、资源管理等规范性文件。这是从建设向管理转变迈出的一大步。

管理手段应随管理对象的变化而适时调整。目前，浙江省水电项目建设高峰期已过去，管理对象已不仅仅是在建项目，而广量大的已建水电项目正成为行业管理的重点。水电站是水工程之一，其附属的水库、压力管道、引水渠道等都涉及公共安全，对工程周遍的企业、居民的生命财产安全有直接影响，同时电站内部的安全运行管理对电网安全、电站企业的安全生产关系重大。因此，安全管理已成为当前农村水电行业管理的重中之重。2007年，浙江省出台了《浙江省农村水电安全生产若干规定》，并组织开展了农村水电站安全管理年检工作，行业管理的职责和任务正在转变之中。

在抓行业管理制度建设的同时，实施配套的项目建设同样是推进行业管理工作的必要途径。当前，正在实施的全省老电站更新改造项目，就是从行业安全的角度出发，力求通过项目改造，消除安全隐患，为提高整个行业的技术水平、安全管理水平夯实基础。

第二个转变，要从重视经济效益向追求经济效益和社会、环境等综合效益转变，着重提高服务“三农”能力。在市场经济条件下，资源开发投资者本身具有“逐利性”，他们以追求经济效益为主要目的，对提供社会、环境等公共效益并无根本“动力”。前些年，群众信访、人大政协提案中反映水电开发影响周遍群众利益和环境的问题不在少数，其中一个重要原因是政府存在“错位”现象，不自觉地和投资业主一样，管理上过分强调项目经济效益，忽视了规划和监管等制度手段，未能有效调节业主的开发行为，使水电项目的综合效益难以充分发挥。

尽管浙江省资源可开发量逐年下降，新建项目已经不多，但从调研中发现，全省有近千座农村水电站仍为集体所有，并且其发电收入是基层农村集体的重要经济来源。持续稳定地发挥这些电站的作用，对壮大集体经济、发展农村公益事业意义重大。因此，从“强农惠农”的要求出发，已计划实施“惠农保安千站改造工程”，使农村水电更有效地服务“三农”。据初步测算，该工程项目实施后，全省可增加水电装机容量约9万kW，年发电量增加约1.8亿kW·h，增加发电销售收入1.35亿元，乡镇、村集体可增加年收入1.13亿元，将进一步为农村基础设施建设、教育、医疗、养老等社会公共事业提供较稳定的资金支持。同时，通过技改和重建，使电站安全隐患得到基本消除，安全生产水平得到有效提高。下一步，要继续做好调研工作，加强组织领导，充实技术力量，及时完成项目实施方案编报等基础性工作，制定项目实施细则，积极争取财政扶持政策，力争项目早启动、早实施、早出效益。

（四）工作重点

从浙江省农村水电发展实际出发，各项工作总体上要以推进农村水电持续发展为目标，以构建水电行业管理体系为主要内容，以推进水电人才队伍建设为基础，以实施改造项目为抓手，以人民群众满意为标准，努力促进全省农村水电又好又快发展。

(1) 构建水电行业管理体系。管理工作的有效性是以管理体系的科学性和系统性为前提的。下一步，主要围绕公共安全管理，加强水电站及配套设施的安全监管，从责任主体、管理措施、人员配备等全方位加以规范和落实。另外，还将建立全省农村水电管理信息系统，提高信息传递和反馈的时效性和可靠性，全面提升行业管理效能。

(2) 扎实做好农村水电站安全管理年检工作。创新管理是做好全省农村水电行业管理各项工作的重要前提。安全管理年检工作，是水行政主管部门履行农村水电安全监管职责的重要内容，也是对安全生产管理工作的一大创新。2008年9月，浙江省水利厅已在各市中选择了有代表性的9个县开展试点，2009年将在总结和完善试点工作的基础上，在全省全面推开。今后，农村水电站安全管理年检将成为省水行政主管部门一项常规性工作。

(3) 加强水电人才队伍建设。水电行业能否持续发展，取决于整个水电行业队伍素质。一些早年投产规模相对较小的水电站，采用因陋就简的承包经营方式，工种的完备性、职工技能仍停留在一个很低水平上，对全省水电站安全生产构成了很大威胁。因此，下一步要在制定必要的人才队伍建设规划、规定等制度的基础上，分层次、分类别举办各种类型的培训班，通过学习、考察交流等多种形式，提升全省农村水电干部职工整体素质和工作能力，为农村水电可持续发展提供人才保障和智力支持。

(4) 积极实施“惠农保安千站改造工程”。“惠农保安千站改造工程”对加强行业管理和提升农村水电服务“三农”功能等都有重要推动作用，将在进一步调研的基础上，加强组织领导，充实技术力量，及时完成项目实施方案编报等基础性工作，制定项目实施细则，积极争取和落实财政扶持政策，及早启动该项目。

（浙江省水利厅　陈　川）

农 村 水 电 管 理

农村水能资源管理

（一）加强了水能资源管理的机构职能建设

2008年7月，《国务院办公厅关于印发水利部主要职责内设机构和人员编制规定的通知》（国办发[2008]75号）明确了水利部水能资源和农村水电管理的相关职责。2008年9月水利部印发了《水利部机关各司局主要职责内设处室和人员编制规定》，明确了水电局承担指导农村水能资源开发工作，组织开展水能资源调查，指导农村水能资源开发规划编制及监督实施，指导农村水能资源权属管理工作等职责。截至2008年底，全国已有12个省以省政府文件和编办文件的形式，明确由水行政主管部门负责水能资源统一管理。

（二）农村水能资源调查评价工作进入收尾阶段

截至2008年底，全国农村水能资源调查评价工作进入收尾阶段。2008年1月，各省（自治区、直辖市）完成了河流数据的整理、录入、汇总和报送工作；3月，水利部农村水电及电气化发展局组织对河流进行统一编码，并将编码结果反馈各省（自治区、直辖市）；6月，各省（自治区、直辖市）完成了电站数据的整理、录入、汇总和报送工作；8月，各省（自治区、直辖市）完成了省级农村水力资源调查评价报告；9～11月，水利部委托水利水电规划总院并会同相关流域管理机构对25个省的省级农村水力资源调查评价报告进行了审查验收，各省按照审查意见的要求，于12月完成了报告的修改和完善工作。全国农村水能资源调查评价成果拟于2009年5月发布。

（三）加强了中小河流水能开发规划管理

2008年10月《中小河流水能开发规划编制规范（送审稿）》编制完成，拟通过专家审查修改后发布；2008年11月《小水电水能设计规程（征求意见稿）》编制完成，拟组织专家研究提出修改意见后形成送审稿，待专家审查后发布。这两个技术标准的制定，将为各地开展中小河流水能开发规划的编制和修订，以及小水电设计提供了统一规范。截至2008年底，湖南、浙江、陕西、广西等省、自治区水行政主管部门对中小河流水电开发专业规划进行了修编，并严格监督实施，凡是不符合规划的水电项目一律不准建设，树立了规划的权威性。福建等省在新一轮流域综合规划修编中，强化水能资源规划内容，明确流域水能资源开发功能区划，从流域综合规划层面加强水能资源管理，效果明显。

（四）推行了水能资源开发使用权有偿出让和市场化配置

截至2008年底，水能资源开发使用权有偿出让和市场化配置工作已在全国10多个省（自治区、直辖市）推开。贵州省自实施水能资源开发使用权有偿出让后，没有再出现“跑马圈河”、抢占资源等问题，也没有再产生新的“四无”水电站，收取的出让金用于水资源开发、利用、管理和水利基础设施建设，对保护水资源和加强水利建设起到了积极作用。

（五）加强了水能资源管理政策法规建设

2008年，水利部在《能源法》立法过程中积极争取水能资源开发应当以水行政主管部门为主进行管理，得到《能源法》起草组专家的重视，并表示水能资源管理应该发挥水利部门的作用。2008年，吉林省水能资源管理立法取得突破，吉林省人大常委会于9月颁布了《吉林省水能资源开发利用管理条例》，明确了各级水行政主管部门及其设立的水电管理机构的政府职能，明确了各级水电管理机构的执法主体地位，明确了水能资源开发利用权实行有偿出让制度，明确了水能资源开发的建设管理程序等。

（水利部农村水电及电气化发展局　张学进）

农村水电行业安全监管

2008年，水电局认真贯彻国务院安全生产会议精神，落实水利部《2008年水利安全生产工作要点》（水安[2008]1号），组织开展安全生产大检查，落实水电站安全度汛措施，清理整改违规水电站，推进水电站安全管理分类，以及抗击冰冻、地震重大自然灾害等方面完成了大量工作，农村水电安全监管体制及机制在实践中基本形成并逐步完善。

（一）以建设安全监管为重点，全面规范农村水电建设秩序

1. 组织开展全国违规水电站清查整改工作　集中组织对全国违规水电站再次进行清查整改，并对5年来的清查整改工作进行全面总结。累计清查出违规水电站3415座，已完成整改2257座，整改率达到66%，福建等9省（自治区、直辖市）整改率达到100%。违规水电站多发势头得到全面遏制，安全隐患得到有效治理。

2008年4月18日，水利部在北京召开了全国违规水电站清查整改工作座谈会。胡四一副部长作了《提高认识落实责任全面推进违规水电站清查整改工作》的重要讲话，田中兴局长进行会议总结并就违规水电站清查整改、农村水电防汛工作提出明确要求。来自重点省份的6位分管厅长作了交流发言，国家安监总局、电监会派员参加会议并讲话，水利部人教司、建管司、监察局等单位派员参加会议，全国各省区农村水电行业负责人近70人参加会议，有关新闻媒体参加会议并进行了全方位报道。会议要求各地明确全面完成整改任务的时间表，提出整改期限，逐一落实，对不符合规划、存在重大安全隐患的，2008年务必完成整改，力争到2010年全面完成整改任务。

2. 落实会议精神，加强监督检查和行政执法　为落实会议精神，部水电局结合水利安全生产百日督察专项行动，分3组分别到湖南、广西、重庆、安徽、福建、河南等省区及水利部综合事业局的水电站工地，对农村水电安全生产工作进行实地检查，对违规水电站清查整改工作进行全面督查。

各地认真贯彻落实全国违规水电站清查整改会议精神。陕西省很快召开违规水电站清查整改工作会议，厅长亲自部署违规水电站清查整改工作。福建、广东、广西、湖北、江西、贵州、吉林等省市也立即动手，全面加大违规水电站清查整改力度。湖南省水利部门按分级负责的原则，逐一对“四无”电站下达了整改通知，明确了整改的具体要求和时限。针对部分“四无”电站整改行动迟缓，力度不够，在规定期限内难以整改到位，甚至个别“四无”电站拒不执行整改令的实际，为实现省政府确定的年底完成清理整顿的目标，规范水电站的管理，确保水电站工程安全和公共安全，省发改委、省经委、省水利厅、省工商局、省安监局、长沙电监办联合行文开展“四无”水电站整改督办，并于10月组成若干联合督查小组，赴全省各地开展了整改督办工作，取得明显效果。

3. 安全事故报告程序基本规范　2007年，部水电局曾专题发文对全国农村水电事故报告的规定和程序提出了明确要求。2008年，通过抓落实，安全事故报告程序基本规范，按规定要求上报的所有行业安全事故，各省都能在第一时间报告。同时，由于加强了应急预案管理，农村水电行业应对质量与安全事故的整体能力有了明显提高。

4. 农村水电站安全管理分类取得进展　截至2008年6月底，已有吉林、黑龙江、辽宁、山西、重庆、安徽、河北、河南等15个省、市和新疆生产建设兵团开展了农村水电站首次安全管理分类工作，并取得了阶段性成果。参加首次分类的电站有3271座，评出A类电站165座，B类电站2279座，C类电站703座，D类电站76座。在首次分类中被评为C类的703座电站目前正在限期整改，被评为D类的76座电站已全部按要求停产整改。

（二）组织开展全国农村水电安全生产大检查

为确保农村水电安全度汛和安全运行，以水利部办公厅行文发布了《关于开展全国农村水电安全生产大检查的通知》（办水电函［2008］167号），从2008年4月中旬起，开展了为期两个半月的全国农村水电安全生产大检查工作。各级水利部门立即落实，并发文通知辖区内农村水电企业。通过企业自查、水利部门抽查，查出了不足和隐患，总结了经验，采取了有针对性的整改防范措施，取得了较好成效。2008年7月中旬结合水利安全生产百日督察专项行动对湖南、广西、重庆、安徽、福建等地进行安全检查。各地针对水库电站的防汛安全，预先采取了一系列防范措施。在建和已建农村水电工程普遍落实了防汛属地行政首长负责制和项目业主负责制，层层签订了防汛和安全生产责任书，各项防汛和安全生产责任落实到农村水电工程负责人。在建工程均成立了安全生产领导小组，建立了安全生产网络，与施工单位签订了安全生产目标责任书，明确了各方防汛和安全生产责任。在建和已建农村水电工程均编制了防汛预案，并报有管理权限的部门进行审批。各地对防汛物资、器材和资金都作了充分准备，对施工道路、泄洪启闭设施、备用电源、水雨情测报系统、防汛通信设施等进行了维护养护，落实了防汛抢险队伍。

（三）加强农村水电安全监管体制和制度建设

由于管理体制问题，水利部门安全监管职能长期被局限在系统内，新“三定方案”下达后，我局根据国务院赋予的指导农村水能资源开发等职能，在履行有关职责、开展有关工作基础上，启动了农村水电安全监管体制及机制研究工作，核心内容是建立健全我国农村水电安全监管体制，与国家有关安全生产管理职能部门分工协作，相互配合，建立高效的联合执法机制。目前，各地农村水电主管部门基本都成立了安

全监察管理机构。各农电企业也设立了安全管理部门，并配备了专兼职安全监察员、安全管理员岗位，基本形成三级安全生产管理网络。同时建立起以一把手为安全生产第一责任人、分管领导为直接责任人的农村水电安全管理责任制度，层层落实岗位责任制，签订了安全生产管理目标责任书，制定了安全生产管理目标考核办法并实施考核，实现了安全生产目标管理。

（四）及时组织、指导南方地区抗击低温雨雪冰冻灾害工作

2008年初，我国南方大部分地区发生严重低温雨雪冰冻灾害，持续时间长、影响范围广、危害程度深，给人民群众生命财产和工农业生产造成重大损失。农村水电设施遭受严重损坏。在冰雪灾害面前，水电局上下联动，及时组织和指导灾区的抗冰救灾应急工作，指导农村水电设施恢复重建工作。水利部门特别是农村水电行业广大干部职工奋力抢险救灾，及时启动抗灾应急响应，紧急调拨救灾物资，组织抢险队伍，抓紧抢修受损农电设施，严密防范次生灾害，出色地完成了抗冰救灾工作。在主网因灾解列的紧急关头，以小水电及其配套电网为主体的农村水电充分发挥分散分布式供电的优势，迅速恢复供电，对缓解灾情、减轻灾害损失发挥了巨大作用。

（五）及时组织以水电站安全核查为重点的抗震救灾工作

四川汶川大地震后，全国水电站受损803座，其中四川481座，岷江紫坪铺上游库容较大的水电站中有9座出险。按照部统一部署，2008年5月13日，水电局连夜起草的国家防总办公室《关于水电站抗震保安全的紧急通知》下发；5月14日，水电局第一批工作组到达灾区一线；16日晚，国家防总指挥部向国家电力监管委员会发出《关于协调做好地震后水电站防洪保安工作的紧急通知》明传电报，请电监会协调四川省有关单位，做好水电站防洪保安工作；17日开始，水电局带队的水利部抗震救灾前方领导小组第三工作组、水电专业组等深入灾区，不畏艰险，排查水电站险情，布置抢护工作，出现了许多感人的事迹。在工作组和当地政府、水利部门通力合作下，大多水电站泄洪闸门及时开启，一般性损毁的得以及时修复，一些小水电发挥分布式能源优势，及时恢复供电成为抗震救灾的生命电。震损水库、水电站无一垮坝，有效地防范了次生灾害，为保卫国家和人民生命财产安全，为水利全行业取得抗震救灾斗争的重大阶段性胜利发挥了重要作用。

（水利部农村水电及电气化发展局 刘京和）

农村水电技术标准

标准化是科技、经济和社会发展的重要基础和保障。农村水电行业管理中始终把完善技术标准体系，大力推进标准化工作作为推动农村水电技术进步的重要内容。2008年，农村水电标准化工作沿着可持续发展道路，逐步走向规范。

一是配合水利部国科司进行《水利技术标准体系表》修订工作，做好项目立项和落实工作。在2008年11月发布的《水利技术标准体系表》942项标准中，农村水电行业标准达到55项，位于水利部机关13个司局中的第四位，这些技术标准将为农村水电行业可持续发展提供有力支撑。农村水电技术标准体系见表1。

二是在加强技术标准修订工作的同时，加强了技术标准管理工作。2008年下发了《水电局标准化工作管理办法的通知》提出了分工与职责，明晰了技术标准工作管理，促进了农村水电标准制定标准化。

三是农村水电行业标准制定取得较大进展。截至2008年底，按照项目安排已有8项标准提交了大纲并进行了大纲审查，还有5项标准已起草了大纲，各项标准制定编写工作有序进行。

表1 农村水电技术标准体系表

体系表序号	专业门类	功能序列	层次	标准名称	标准编号	编制状态
823	H农村水电	g运行维护	专用	农村水电站技术管理规程	SL	拟编
824	H农村水电	g运行维护	专用	农村水电变电站技术管理规程	SL	拟编
825	H农村水电	g运行维护	专用	农村水电配电线路、配电台区技术管理规程	SL	拟编
826	H农村水电	g运行维护	专用	农村水电送电线路技术管理规程	SL	拟编
79	B水资源	h安全评价	专用	水能资源调查评价导则	SL	制定

续表

体系表序号	专业门类	功能序列	层次	标准名称	标准编号	编制状态
827	H农村水电	h安全评价	专用	小型水电站施工安全规程	SL	拟编
835	H农村水电	h安全评价	专用	小水电网安全运行规程	SL	拟编
599	D大中型水利水电工程	m设备	专用	水力自控翻板闸门基本技术条件	SL	拟编
791	H农村水电	a综合	基础	农村水电技术术语标准	SL	拟编
792	H农村水电	a综合	专用	水电农村电气化标准	SL 30—2003	修订，升国标
793	H农村水电	a综合	专用	小型水电站技术改造规程	SL 193—1997	修订，升国标
794	H农村水电	b规划	基础	水电农村电气化规划编制规程	SL 145—1995	修订
795	H农村水电	b规划	基础	小水电代燃料生态保护工程规划编制规程	SL	制定
796	H农村水电	b规划	专用	中小河流水能开发规划导则	SL 221—1998	修订
797	H农村水电	b规划	专用	农村水电站开发规划选点导则	SL 294—2003	已颁
798	H农村水电	b规划	专用	小水电代燃料生态保护工程标准	SL	制定
799	H农村水电	b规划	专用	农村水电供电区电力发展规划导则	SL 22—1992	修订
801	H农村水电	d设计	基础	小型水电站建设项目建议书编制规程	SL 356—2006	已颁
802	H农村水电	d设计	基础	农村水电站可行性研究报告编制规程	SL 357—2006	已颁
803	H农村水电	d设计	基础	小型水电站初步设计报告编制规程	SL/T 179—1996	修订
804	H农村水电	d设计	专用	小水电水能设计规程	SL 76—1994	修订
808	H农村水电	d设计	专用	农村水电供电区电力系统设计导则	SL 222—1999，2006年复审继续有效	已颁
809	H农村水电	d设计	专用	小水电接入电力系统技术标准	SL	制定
810	H农村水电	d设计	专用	小水电电网节能改造设计导则	SL	制定
811	H农村水电	e施工安装	专用	小型水电站施工技术规范	SL 172—1996	修订
812	H农村水电	e施工安装	专用	农村水电站施工环境保护导则	SL 358—2006	已颁
813	H农村水电	f质量验收	专用	水电农村电气化验收规程	SL 296—2004	已颁
815	H农村水电	f质量验收	专用	小型水电站建设工程验收规程	SL 168—1996	已颁
816	H农村水电	f质量验收	专用	小型水电站机组运行综合性能质量评定规程	SL	制定
817	H农村水电	g运行维护	专用	农村水电站优化运行导则	SL 293—2003	修订，升国标
818	H农村水电	g运行维护	专用	农村水电电力系统调度自动化规范	SL/T 53—1993	已颁
819	H农村水电	g运行维护	专用	小型水轮机调速器技术规程	SL	拟编
821	H农村水电	g运行维护	专用	小水电供电区农村电网调度规程	SL	拟编
822	H农村水电	g运行维护	专用	漏电保护器农村安装运行规程	SD 219—1987	修订
814	H农村水电	f质量验收	专用	小水电代燃料项目验收规程	SL/Z 304—2004	已颁

续表

体系表序号	专业门类	功能序列	层次	标准名称	标准编号	编制状态
828	H农村水电	h安全评价	专用	小型水电站消防安全技术规定	SL	拟编
829	H农村水电	h安全评价	专用	小型水电站安全测试规程	SL	拟编
830	H农村水电	h安全评价	专用	小型水电站机电设备报废条件	GB	拟编
831	H农村水电	h安全评价	专用	小水电规划环境影响评价规程	SL	拟编
832	H农村水电	h安全评价	专用	农村水电站工程环境影响评价规程	SL 315—2005	已颁
833	H农村水电	h安全评价	专用	小水电建设项目经济评价规程	SL 16—1995	修订
834	H农村水电	h安全评价	专用	小水电代燃料生态效益计算导则	SL	拟编
836	H农村水电	i监测预测	专用	小型水力发电站水文计算规范	SL 77—1994	已颁
837	H农村水电	i监测预测	专用	小水电网电能损耗计算导则	SL 173—1996	已颁
838	H农村水电	j材料试验	专用	小型水电站现场效率试验规程	SL	制定
839	H农村水电	j材料试验	专用	小型水轮机现场验收试验规程	GB/T 22140—2008	已颁
840	H农村水电	j材料试验	专用	小型水轮发电机组起动试验规程	SL	拟编
841	H农村水电	m设备	通用	小水电站机电设备导则	GB/T 18110—2000	已颁
842	H农村水电	m设备	通用	农村水电110kV及以下变电站计算机监控系统基本技术条件	SL	拟编
843	H农村水电	m设备	通用	小型水轮机基本技术条件	GB/T 21718—2008	已颁
844	H农村水电	m设备	通用	小型水轮发电机基本技术条件	GB	制定
845	H农村水电	m设备	专用	箱式水电站技术规范	GB	拟编
846	H农村水电	m设备	专用	整装微型水轮发电机组	SL 397—2007	已颁
847	H农村水电	m设备	专用	小水电监控保护设备应用导则	SL	拟编
848	H农村水电	m设备	专用	小型水轮机进水阀门基本技术条件	SL	拟编

在以后的农村水电标准化工作中，将进一步总结取得的成功经验与效果，深入分析存在的问题，研究解决的办法，在加强标准工作的同时处理好政策法规与技术标准的相互关系，并以科技创新的精神修订标准，推动农村水电技术进步。

（水利部农村水电及电气化发展局　吕　燕）

农村水电国际交流与合作

（一）陈雷部长成功访问联合国工发组织

2008年11月6日，水利部陈雷部长率代表团访问联合国工发组织。工发组织极为重视与中国在小水电领域开展合作，该组织副总干事在会见时高度评价中国在此方面的经验和实践，称为其他发展中国家在开发清洁可再生能源方面作出了重要贡献。陈雷部长表示中国愿意与工发组织进一步合作，在小水电发展、水资源管理、相关技术研究与咨询、人员交流和技术培训等方面开展更多活动。

（二）第四届“今日水电论坛”在尼日利亚首都阿布贾成功召开

2008年9月16～19日，由中国水利部、尼日利亚政府、非洲联盟、西非经济共同体、联合国工发组织和国际小水电组织共同主办的第四届“今日水电论坛”在尼日利亚首都阿布贾成功召开。这是“今日水电论坛”首次在中国以外举办，来自水利部水电局、国际小水电中心以及国际小水电中心郴州、金华基地等单位的共13名中国代表与来自尼日利亚、科特迪瓦、刚果（布）、加纳、肯尼亚、利比里亚、马达加斯加、马里、尼日尔、坦桑尼亚、尼泊尔、印度和突尼斯等20多个国家和地区120多名国外会议代表参加了本次会议。重点研讨了非洲各国小水电发展的机遇与挑战，充分肯定了小水电发展对经济促进、社会进步及环境保护的巨大作用。会议代表在小水电发展战略、政策支持、技术推广以及开展合作等方面广泛交流了经验。会议促进了各国的合作与交流，取得了丰硕的成果。

（三）成功承办了3期小水电国际培训（研修）班，为第三世界国家培训了136名小水电人才

2008年4月21日～5月5日，由国际小水电中心举办的“小水电与农村社区可持续发展官员研修班”，25个亚、非、欧国家能源、水利等政府部门推荐的46名官员参加了此次研修班。

2008年5月15日～6月23日由农村电气化研究所举办的“小水电技术培训班”，来自34个国家的小水电领域的58位工程技术人员参加了本次培训。

2008年8月14日～9月22日，由农村电气化研究所举办的以法语为培训语言的“非洲小水电技术培训班”，来自非洲17个国家的小水电领域的32位工程技术人员参加了本次培训。

（四）“点亮非洲”项目顺利推进

“点亮非洲”项目由中国商务部和联合国工发组织共同支持，国际小水电中心提供技术支撑，计划在喀麦隆、埃塞俄比亚、肯尼亚、利比里亚、马里、尼日利亚、乌干达、津巴布韦等10国建设100座村级微型电站，并在赞比亚和塞拉利昂各建设一座1MW小水电示范电站，标志着国际小水电中心与联合国工发组织合作开展的“点亮非洲”项目的新进展。

（水利部农村水电及电气化发展局　付自龙）

农村水电政策研究

加强农村水电立法，实现可持续发展

我国农村水能资源十分丰富，技术可开发量达1.28亿kW，居世界第一位，广泛分布在全国1700多个县（市、区）。新中国成立60年来，特别是改革开放以来，在邓小平同志亲自倡导和各级党委、政府的领导和支持下，小水电从无到有、从小到大，从单站发电到联网运行，从建设县电网、建设农村水电初级电气化到建设水电农村电气化县，取得了巨大成绩。进入新时期，小水电在生态建设和节能减排工作中的独特作用得到了社会各界广泛好评。特别是在2008年南方低温雨雪冰冻灾害和四川汶川大地震中，小水电充分发挥分布式能源优势，在保障电网安全和抗灾减灾中发挥了巨大作用。

农村水电发展迅速，潜力巨大，前景广阔，但由于现行《水法》、《电力法》和《可再生能源法》对农村水电只有原则性规定，缺乏具体的、可操作性的法律内容，使得开发过程中出现了一些制约农村水电健康发展的问题，如规划滞后、水能资源无序开发，监管乏力，农村水电上网电价低、上网难等等，严重制约了农村水电在国民经济和社会发展中基础性作用的发挥。农村水电点多面广，管理工作复杂。随着社会主义市场经济体制改革不断深入和政府职能的不断转变，对依法行政的要求不断提高，迫切需要通过立法，从战略和全局高度准确破解农村水电发展的重大问题，从法律上确立农村水能资源开发利用的方针政策和基本原则，强化政府监管职能，对农村水能资源管理进行规范，对农村水电规划、开发、审批、建设、运行等过程加以规范、引导，实行统一监督管理，非常重要，十分必要。

（一）农村水电的发展迫切需要法律法规的支持和保障

1. 经过实践检验支撑农村水电发展的行之有效的国家政策应上升为行政法规　目前，中国已经建成了包括三峡等特大型电站在内的数万座水电站，装机容量达1.71亿kW，年发电量5600亿kW·h，其中小水电站45 000多座，装机容量5100万kW，年发电量1600多亿千瓦时，约占中国水电装机容量和发电量的30%。依靠开发小水电，建设配套电网，不仅使全国1/2的地域、1/3的县市、3亿多农村人口用上了电。而且为加快广大贫困山区和民族地区经济增长、结构调整、产业升级、生态建设、人民脱贫致富做出了重要贡献，发挥了不可替代的作用，极大地促进了当地经济社会的全面发展。全国建成了800多个以农村水电供电为主的县电网和40多个跨县地区性电网。“七五”、“八五”、“九五”期间共建成了653个农村水电初级电气化县，“十五”期间全面完成了400个水电农村电气化县建设任务，“十一五”400个水电农村电气化县建设正在全面实施中。

以小水电为主体的农村水电，发展于农村，服务于农业、农村和农民，得到了党中央、国务院的高度

肯定，得到了地方各级党委和政府的充分认可，得到了农村广大群众的大力拥护。改革开放催生和发展了农村水电，农村水电的发展历程是我国经济社会迅速发展的缩影。农村水电已经成为我国广大农村重要的基础设施和公共设施，目前，我国已经成为当之无愧的小水电大国。中国开发小水电的技术和经验在许多发展中国家推广，取得巨大成功，中国通过开发小水电实现农村电气化的做法受到了世界的瞩目，得到了联合国和世界各国的广泛赞誉。

农村水电之所以得到迅猛发展，其根本原因在于党和政府对农村水电的重视和支持，从新中国成立开始，不断总结经验，为农村水电发展实行了“自建、自管、自用”、“谁建、谁管、谁所有、谁受益”、“以电养电”、“农村水电及其电网执行6%增值税”、“小水电要有自己供电区”等一系列的方针政策，大大解放了农村生产力，激发了全社会投资农村水电的积极性。几十年的实践证明，这些政策符合国情，行之有效，具有重要的指导作用。新时期，这些政策面临新形势，新挑战，需要总结各地实践经验，对这些政策进行进一步研究，赋予新的内涵，上升为国家的行政法规，使得农村水电事业持续、快速、健康发展。

2.《电力法》关于发展农村水电的原则条款需要转化为可操作性的行政法规　《电力法》第五条“电力建设、生产、供应和使用应当依法保护环境，采用新技术，减少有害物质排放，防治污染和其他公害。国家鼓励和支持利用可再生能源和清洁能源发电。”，第四十八条“国家提倡农村开发水能资源，建设中、小型水电站，促进农村电气化……”《电力法》已经实施了10多年，但与之相配套的可操作性的行政法规一直未能出台，导致了一种法律上的尴尬：一方面法律上已有原则规定，另一方面在实际运用中又无法可依，致使农村水电实际上得不到法律的保护。因此，制定相关的行政法规支持和规范农村水电的发展迫在眉睫。

3.《可再生能源法》配套法规制度须尽快出台　全球变暖、环境污染、生态破坏、资源短缺对经济社会可持续发展构成巨大威胁。国际社会一致认为，不可再生的化石能源的大量消费是造成这些现象产生的主要原因。为此，不少发达和发展中国家明显加快了清洁可再生能源的开发力度，调整能源消费结构。2005年6月22日，国家发展改革委组织有关部门和单位召开了《可再生能源法》配套法规规章制定工作协调会，会议指出，要“提高对制定《可再生能源法》配套法规规章重要性的认识，把《可再生能源法》的配套法规规章制定好，确保主要配套法规规章与《可再生能源法》同步实施”。2005年6月30日，国务院办公厅印发了今明两年能源工作要点（国办发［2005］35号），进一步明确要求“制定和实施《可再生能源法》配套措施，组织开展可再生能源资源调查，研究制订和公布可再生能源产业发展指导目录。”进一步要求加强能源法律法规建设。

4.新时期农村水电肩负的新使命需要行政法规的支持和保障　一是国家政策支持，鼓励大力开发农村水能资源。2007年6月国务院通过的《可再生能源中长期发展规划》提出：当前和今后一个时期，要加快水电、太阳能、风能、生物质发电、沼气的开发利用。提高可再生能源在能源结构中的比重，解决偏远地区无电人口供电问题，改善农村生产、生活条件。根据《规划》，到2020年农村水电装机要达到7500万kW，开发潜力巨大。农村水电作为可再生能源的重要组成部分，成为国家政策支持，鼓励大力发展的对象。

二是已建农村水电站的安全管理需要法律支持。新中国成立60年来，全国已建成农村水电站45 000多座，遍布全国。但20世纪90年代以前建设的2万多座农村水电站，受当时的技术和经济条件制约，建设标准低，设施老化失修，资源利用效率不高，安全隐患较多。近年来，一些地方多次发生农村水电站安全事故，造成人员伤亡和经济损失，产生严重社会影响。为确保人民群众生命财产安全，立法加强已建农村水电站的安全监管势在必行。

三是水电农村电气化县建设和小水电代燃料工程规模和范围进一步扩大需要法律保障。水利部在“十五”电气化建设的基础上，组织编制了“十一五”水电农村电气化规划，目前正在实施。水利部编制完成并经国家发展改革委正式批复的《2006～2008年小水电代燃料生态保护工程规划》，在全国更大范围和更大规模开展了小水电代燃料试点建设。最近又获批复的《2009～2015年全国小水电代燃料工程规划》，对“十一五”末和“十二五”的小水电代燃料工作又进行了具体安排。小水电代燃料试点探索了所有权、经营权、使用权“三权分设”的管理体制，探索了“国家补助、企业运作、农民受益、协会监督”的运行机制，这些都需要上升到法律法规层面来进一步规范和完善。

5.小水电广泛的国际合作与交流需要法律支持　中国小水电发展的成功经验得到了国际上的充分肯定和高度赞誉，总部设在中国的国际小水电组织，现在已发展到包括70多个国家的330多个成员。近年来，以国际小水电中心为依托，与联合国工发组织、国际能源总署等国际组织和有关国家联合，成功举办了5届“今日水电论坛”，促进了全球小水电的发展。国际小水电中心和亚太小水电中心积极开展“点亮非洲”、CDM以及小水电站设计和设备输出合作项目，通过多边合作引进实用新技术，向50多个国家出口小水电设备。全国有20多个省（自治区、直辖市）开展了小水电对外合作与交流，为近60个国家培训了数千名工程技术人员，向50多个国家的几百个项目提供了技术咨询、对外劳务和工程承包。进一步加强国际合作，开拓国际市场，提高我国农村水电技术和产品的国际竞争能力，也需要相关法律的保障和支持。

6. 农村水电目前存在的问题迫切需要通过法律进行规范　近年来，我国农村水电高速发展，由于缺乏相应法律法规的规范，使得开发过程中长期存在并不断产生着一些制约农村水电健康发展的问题，有的问题表现得还非常突出。主要有：多头管理职责不清，监管乏力；规划滞后于开发的需要；水能资源开发利用管理无序；项目建设管理秩序混乱、安全隐患增加；农村水电上网电价低、上网难；农村水电开发与农民利益、环境保护、生态建设脱节等。

农村水电点多面广，管理工作复杂。随着社会主义市场经济体制改革不断深入和政府职能的不断转变，对依法行政的要求不断提高，迫切需要通过立法，进一步明确农村水电发展的方针政策，强化政府监管职能，对农村水电的规划、审批、建设、运行等过程实行统一监督管理。

（二）农村水电立法的目标、任务和原则

当前和今后一个时期，农村水电立法工作要全面贯彻党的十七大、十七届三中全会精神，深入贯彻落实科学发展观，积极践行可持续发展治水思路，按照全面建设小康社会和推进城乡经济社会发展一体化的要求，统筹流域水资源综合利用，严格资源管理，强化安全监管，创新体制机制，完善政策法规，推动技术进步，加快小水电代燃料和水电农村电气化建设，提高贫困山区农民用电水平，增加农民收入，改善农村生产生活条件，保护生态环境，促进经济社会可持续发展。

农村水电立法的主要任务：要尽快建立农村水电管理法规体系，研究制定农村水电条例和水能资源调查评价管理办法，尽快出台农村水能资源管理办法。逐步明确农村水电发展的基本原则和方针政策，理顺农村水电管理体制，逐步解决农村水能资源规划与管理、农村水电建设管理、农村水电运行管理、农村水电电量上网和上网电价、农村水电的发电、供电、用电管理与安全生产、农村水电产权管理等问题，出台促进农村水电技术进步的政策。各地也可根据实际情况，在实践中不断总结经验，逐步建立健全相关政策法规，依法加强农村水电管理。

农村水电立法要坚持的基本原则：

（1）要实现农村水能资源开发科学有序。必须尽快完善法规制度体系，健全发展规划体系，建立权责统一的农村水能资源管理体制，使得农民权益得到充分保障，生态环境得到有效保护，农村水能资源基本实现有序开发、可持续利用。

（2）要坚持把保障和改善民生放在农村水电发展的首要位置。必须把发展小水电代燃料和水电农村电气化，作为贫困山区新农村建设的重要内容，作为改善农民生产生活条件的重要手段，作为增加山区农民收入的重要途径，切实解决好人民群众最关心、最直接、最现实的利益问题。严格执行国家规定的征地补偿、移民安置和有关扶持政策，有效保障农民合法权益，妥善解决受影响地区农民生产生活问题。

（3）要坚持把促进人与自然和谐作为农村水电发展的核心理念。必须正确处理农村水能资源开发与生态建设和环境保护的关系，坚持在保护生态基础上科学有序开发利用农村水能资源，既满足农村经济社会发展的合理需求，又维护河流健康的基本需要。要实行有利于生态保护的调度方式，建立生态补偿机制和环境恢复治理责任制，实现经济效益、生态效益、社会效益的三赢。

（4）要坚持把政府调控和市场配置相结合作为农村水能资源开发的重要手段。必须采取政府调控和市场配置相结合的方式进行开发管理，建立健全农村水能资源开发的法规和制度，制定有利于市场主体公平竞争的市场规则，加强对市场的监管和调控。积极扶持可综合利用和直接改善民生的农村水能资源开发项目，采取市场配置的方式有偿出让水能资源开发使用权。

（5）要坚持把加强工程质量和安全监管作为农村水电工作的重要任务。必须高度重视农村水电工程质量和安全监管工作，建立权责统一的监管体制，完善监管制度，明确监管职责，强化监管措施，不断提高工程质量和安全水平，确保工程质量经得起检验，防止发生重特大安全事故。这些都是农村水电行业法规制度建设的重要任务和着力点。

（三）近年来省级政府和部门制定的法规和政策

按照党中央提出的转变政府职能的要求，为加强农村水能资源开发利用的建设管理，促进农村水能资源的科学有序开发，依据《水法》、《电力法》、《可再生能源法》、《防洪法》、水利部《关于加强农村水电建设管理的意见》等有关规定，截至2008年底，全国有10多个省（自治区、直辖市）结合当地实际，制定了水能资源管理法规、规章和规范性文件。

吉林省人大常委会1994年颁布了《吉林省地方水电管理条例》；2008年9月吉林省人大常委会第六次会议通过了《吉林省水能资源开发利用条例》。

广东省人大常委会2003年颁布了《关于进一步

扶持农村小水电发展的决议》。

贵州省水利厅 2002 年出台了《贵州省中小水电资源开发利用管理暂行规定》的通知；贵州省人民政府 2007 年出台了《贵州省水能资源使用权有偿出让办法》。

云南省人民政府 2003 年出台了《关于加快中小水电发展的决定》。

2002 年 10 月，浙江省人大常委会通过并公布了《浙江省水资源管理条例》；2003 年 9 月，浙江省水利厅、浙江省发展计划委员会以浙水电［2003］17 号文件印发了《关于加强水电资源开发管理的若干规定》。

2003 年 11 月，重庆市第二届人民代表大会常务委员会第六次会议修订并发布了《重庆市水资源管理条例》；2006 年 5 月，重庆市政府第 72 次常务会议通过并印发了《重庆市水电开发权出让管理办法》。

2006 年 3 月，江西省人大常委会通过《江西省水资源条例》，以第 71 号公告发布施行。

2006 年 8 月，陕西省第十届人民代表大会常务委员会第二十六次会议通过并公布了《陕西省实施〈中华人民共和国水法〉办法》。

2007 年 7 月，湖南省第十届人民代表大会常务委员会第二十八次会议通过了《湖南省水能资源开发利用管理条例》，以第 83 号公告发布施行。

安徽省水利厅经省法制办前置审查并备案，2004 年出台了《关于加强水电资源开发利用和建设管理的若干规定》。

河北省人民政府办公厅 2004 年出台了《关于加快农村水电发展的意见》。

广西自治区水利厅 2005 年出台了《关于加强广西水能资源统一管理的暂行规定》。

福建省人民政府 2005 年出台了《加强水能资源开发利用管理规定（试行）》。

湖北省人民政府 2006 年出台了《关于加强水能资源开发利用管理的意见》。

湖北省五峰土家族自治县于 1996 年颁布了《五峰土家族自治县水电条例》，2005 年进行了修改并于同年 7 月 1 日重新颁布实行。

目前，各级水行政主管部门都把水能资源管理和农村水电立法作为工作的重点，采取行政、法律、经济等手段，遏制无序开发势头，取得明显效果。水能资源开发使用权有偿出让和市场化配置工作已在全国 10 多个省（自治区、直辖市）推开。国务院批准的水利部新“三定”规定中，明确水利部负责开展水能资源调查和指导农村水能资源开发，明确了水利部水能资源管理职能。同时，全国已有 12 个省明确由水行政主管部门负责水能资源统一管理。目前，已列入水利部立法计划的《农村水能资源管理办法》起草工作正在全面推进，《农村水电条例》起草工作也在深入进行。下一步要认真分析和研究新情况，进一步开展政策研究立法层面的政策研究工作。随着国家投资体制改革和电力体制改革的不断深入，农村水电政策需要跟进，管理需要加强，开发资源的同时需要考虑对生态的保护，要坚持科学、有序、可持续发展，要进一步研究和明晰农村水电行业有关资源管理、建设管理、体制改革、生态保护和农民利益相关的一些深层次问题。要重点开展几个重点板块的政策研究工作，针对农村水电项目核准中存在的问题进行制度设计，建立农村水电安全监管理体制及机制，开展农村水电管理体制改革和产权制度改革研究工作，开展小水电电价调查及税收政策研究。最后要在研究的基础上提出政策建议，为及早形成和出台农村水电行业法律法规提供基础支撑。

（水利部农村水电及电气化发展局　樊新中）

吉林省水能资源开发利用条例

吉林省人民代表大会常务委员会

公　告

第 5 号

《吉林省水能资源开发利用条例》经吉林省第十一届人民代表大会常务委员会第六次会议于 2008 年 9 月 26 日通过，现予公布，自 2008 年 11 月 1 日起施行。

2008 年 9 月 26 日

吉林省水能资源开发利用条例

第一章　总　　则

第一条　为合理开发、利用水能资源，实现水能资源可持续利用，根据《中华人民共和国水法》、《中华人民共和国可再生能源法》和其他有关法律、法规，结合本省实际，制定本条例。

第二条　本省行政区域内水能资源开发、利用、管理活动，适用本条例。

第三条　本条例所称水能资源，是指蕴藏在水中，可以用于水力发电的能量资源。

第四条　水能资源的开发利用，应当坚持统筹规划、合理开发、保护生态、统一管理的原则。

第五条　县级以上人民政府水行政主管部门负责本行政区域内水能资源开发、利用、监督、管理工作；县级以上人民政府水行政主管部门设立水电管理机构的，由水电管理机构负责。

县级以上人民政府发展和改革、建设、国土资源、环境保护、农业、林业、地震等有关部门在各自的职责范围内负责水能资源开发、利用、管理的相关工作。

第二章 规 划

第六条 县级以上人民政府水行政主管部门应当组织开展水能资源普查和调查评价，会同同级人民政府发展和改革等有关部门编制水能资源开发利用规划，报同级人民政府批准后组织实施。

经批准的水能资源开发利用规划需要调整和修改时，应当按照规划编制程序经原批准机关批准。

水能资源开发利用规划应当向社会公布。

第七条 水能资源开发利用规划的编制，按照下列管理权限负责：

（一）国际界河的水能资源开发利用规划，依照国家有关法律、行政法规规定编制；

（二）省管河流水能资源开发利用规划，由省人民政府水行政主管部门会同同级有关部门编制；

（三）省内跨行政区域河流或者边界河流的水能资源开发利用规划，由共同的上一级人民政府水行政主管部门会同同级有关部门编制；

（四）其他河流的水能资源开发利用规划，由所在地的县级人民政府水行政主管部门会同同级有关部门编制。

第八条 编制水能资源开发利用规划应当综合考虑经济效益、社会效益、生态效益，与防洪、供水、灌溉、生态用水、航运和渔业需要相适应。

水能资源开发利用规划应当服从流域综合规划、区域综合规划，符合城乡规划要求，并与能源发展规划、土地利用总体规划、环境保护规划相协调。

第九条 编制水能资源开发利用规划，应当进行科学论证，并征求有关单位和公众的意见。

第三章 开发利用

第十条 开发利用水能资源应当按照水能资源开发利用规划进行。不符合水能资源开发利用规划的水能资源开发利用项目，有关部门不得审批或者核准。

第十一条 水能资源开发利用权实行有偿出让制度。有偿出让水能资源开发利用权的年限不得超过50年。

第十二条 开发利用水能资源，应当依法取得水能资源开发利用权。申请取得水能资源开发利用权的单位和个人，应当具备与该开发利用项目相适应的经济实力。

第十三条 新建水能资源开发利用项目的开发利用权，应当通过招标、拍卖等方式出让，以投标、竞买等方式取得。

第十四条 已经开发利用水能资源的单位和个人，应当自本条例实施之日起缴纳水能资源开发利用权有偿出让金。缴纳的具体办法由省人民政府另外规定。

第十五条 水能资源开发利用中，扩大装机容量的，应当提出申请，经批准后方可实施，并依照本条例规定，缴纳扩大装机容量部分的水能资源开发利用权有偿出让金。扩大装机容量水能资源开发利用权的取得，原开发利用水能资源的单位或者个人优先。

第十六条 转让水能资源开发利用权，应当到原批准机关申报并办理变更手续。

第十七条 水能资源开发利用权有偿出让金的收取工作，由县级以上人民政府水行政主管部门负责。

水能资源开发利用权有偿出让金拍卖底价根据单位电能投资确定。

水能资源开发利用权有偿出让金主要用于水能资源的调查评价、规划、项目前期准备等方面工作。

水能资源开发利用权有偿取得和水能资源开发利用权有偿出让金征收、使用、管理的具体办法，由省人民政府另行规定。

第十八条 确定水能资源开发利用权，由水行政主管部门按照下列管理权限负责：

（一）装机容量在2000kW以上（含2000kW）的，由省人民政府水行政主管部门负责；

（二）装机容量2000kW以下在市辖城区内的，由市人民政府水行政主管部门负责，报省人民政府水行政主管部门备案；

（三）装机容量2000kW以下在市辖城区外的，由县级人民政府水行政主管部门负责，报省、市人民政府水行政主管部门备案。

延边朝鲜族自治州水行政主管部门可以根据本州实际情况，对装机容量在2000kW以下的自行确定，报省人民政府水行政主管部门备案。

确定省内跨行政区域河流或者边界河流的水能资源开发利用权，由共同的上一级人民政府水行政主管部门负责，报省人民政府水行政主管部门备案。

第十九条 单位和个人取得水能资源开发利用权后，应当按照有关基本建设程序办理水能资源开发利用建设项目审批手续。

水能资源开发利用建设项目开工报告，应当由县级以上人民政府水行政主管部门依照管理权限进行审批。

第二十条 水能资源开发利用建设项目应当依法实行项目法人制、招投标制、工程监理制和合同制，其勘探、测绘、设计、施工、监理，应当由具有相应资质的单位承担。

第二十一条 水能资源开发利用建设项目应当符合法律、法规的规定和行业技术标准，保证工程质量与安全。

第二十二条 水能资源开发利用项目建设竣工后，由县级以上人民政府水行政主管部门组织验收，验收合格后方可投入运行。

第二十三条 从事水能资源开发利用的单位和个人应当服从县级以上人民政府对水资源的统一配置，服从防汛抗旱管理部门的统一指挥，建立健全各项管理制度，定期进行安全检查并按照规定上报相关统计数据。

第二十四条 开发利用水能资源应当采用先进的技术、工艺和设备，提高水能资源的利用率，按照国家有关规定逐步淘汰落后的、效率低下的技术、工艺和设备。

第四章 保护与监督

第二十五条 县级以上人民政府应当加强水能资源的保护，强化监督管理，统筹兼顾，促进水能资源的开发利用，保护环境，保障水能资源合理开发、有序利用。

第二十六条 开发利用水能资源的单位和个人应当采取有效措施，保护植被，植树种草，防治水土流失和水体污染，保护生态环境和饮用水水源，保障城乡居民饮用水安全。

第二十七条 开发利用水能资源应当保证河流的生态流量，坚持兴利与除害相结合，兼顾上下游、左右岸和有关地区之间的利益，维护农民依法用水的权益。

第二十八条 县级以上人民政府水行政主管部门应当加强对水能资源开发利用工程建设情况和安全生产情况的监督检查，执行安全管理分类年检制度，受理社会公众对水能资源开发利用过程中违法行为的举报，及时查处违法行为，维护水能资源开发利用和防洪、灌溉、供水、航运、渔业、生态环境的安全。

第二十九条 取得水能资源开发利用权的单位和个人具有下列情形之一的，由原批准机关依法收回水能资源开发利用权：

（一）自取得水能资源开发利用权之日起，二年以上未开工建设的；

（二）工程开工建设后，非因不可抗力停工二年以上或者超过批准竣工期限三年以上未竣工的；

（三）停产三年未恢复生产的。

第五章 法律责任

第三十条 因违反水能资源开发利用规划造成江河和湖泊水域使用功能降低、水体污染的，应当依据相关法律、法规规定，承担治理责任。

第三十一条 未依法取得水能资源开发利用权擅自开发水能资源的，责令停止违法行为，限期拆除违法建筑。逾期未拆除的，依法强制拆除，所需费用由违法者承担，并按以下标准罚款：

（一）装机容量 1000kW 以下的，处 2 万～5 万元罚款；

（二）装机容量 1000kW（含 1000kW）以上的，处 5 万～10 万元罚款。

第三十二条 开工报告未经批准，擅自进行水能资源开发利用施工建设的，责令停止施工，限期补办手续，处工程合同价款百分之一以上百分之二以下的罚款。

第三十三条 水能资源开发利用项目未经验收或者验收不合格即投入运行的，责令改正，没收违法所得，处工程合同价款百分之二以上百分之四以下的罚款；造成损失的，依法承担赔偿责任。

第三十四条 县级以上人民政府水行政主管部门或者其他有关部门以及水电管理机构及其工作人员，在水能资源开发利用监督管理工作中玩忽职守、徇私舞弊、滥用职权的，依法给予相应的处分；构成犯罪的，依法追究刑事责任。

第三十五条 本条例规定的行政处罚，除法律、法规另有规定的外，由县级以上人民政府水行政主管部门决定和执行；县级以上人民政府水行政主管部门设立水电管理机构的，由水电管理机构决定和执行。

第六章 附 则

第三十六条 本条例自 2008 年 11 月 1 日起施行。

17

机构与学术团体

机　　构

水电建设单位情况一览表

单位名称	地址	电话	邮政编码
国家电网公司	北京市西长安街 86 号	010-66597721	100031
国网新源控股有限公司	北京市东城区北京站西街 19 号汇置通大厦 1010		100005
中国南方电网有限责任公司	广东省广州市珠江新城华穗路 6 号	020-38122222	510623
南方电网调峰调频发电公司	广东省广州市龙口东路 32 号		510630
中国华能集团公司	北京市海淀区学院南路 40 号	010-62291666	100088
中国大唐集团公司	北京市西城区广宁伯街 1 号	010-66586666	100032
中国华电集团公司	北京市西城区西直门内大街 273 号	010-62270006	100035
中国国电集团公司	北京市西城区阜成门北大街 6-8 号	010-58682000	100034
中国电力投资集团公司	北京市西城区金融大街 28 号院 3 号楼	010-66216666	100032
中国长江三峡工程开发总公司	湖北宜昌市西坝建设路 1 号	0717-6738068	443002
国家开发投资公司	北京市阜成门外大街 7 号	010-68095101	100037
二滩水电开发有限责任公司	四川省成都市双林路 288 号	028-82907333	610051
大唐国际发电股份有限公司	北京宣武区广安门内大街 482 号		100053
国投云南大朝山水电开发公司	云南省昆明市护国路 2 号广业大厦	0871-5168729	650011
云南华能澜沧江水电有限公司	云南省昆明市官渡区世纪城中路 1 号	0871-7216597	650214
金沙江中游水电开发有限公司	云南省昆明市人民东路 115 号水电科技大厦		650051
云南华电怒江水电开发公司	云南省昆明市东风东路 48 号金泰大厦		650051
华能四川水电有限公司	四川省成都市人民南路四段 47 号华能大厦		610041
龙滩水电开发有限公司	南宁市民族大道 126 号	0771-5644008	530022
广西桂冠电力股份有限公司	广西南宁市民主路北四里 6 号	0771-5640938	530023
贵州乌江水电开发有限责任公司	贵州省贵阳市新华路 9 号	0851-5784588	550002
贵州黔源电力股份有限公司	贵州省贵阳市市南路 48 号	0851-5592190	550002
国电大渡河流域水电开发有限公司	四川省成都市高新区天韵路 7 号	028-86896600	610041
四川华电杂谷脑水电开发有限公司	四川省成都市羊西线蜀汉路 530 号	028-87575412	610036
四川南桠河流域水电开发公司	四川省成都市一环东四段 8 号江源大厦 6 楼 B 座	028-84457992	610066
五凌电力有限公司	湖南省长沙市天心区五凌路 188 号	0731-5893188	410004
湖北清江水电开发有限责任公司	湖北宜昌市东山大道 95 号清江大厦	0717-6318830	443000
黄河上游水电开发有限责任公司	青海省西宁市五四西路 43 号	0971-6322201	810003
国电新疆吉林台梯级水电开发有限公司	新疆尼勒克县	0999-4859956	835716
国电新疆开都河流域水电开发有限公司	新疆库尔勒市人民东路华誉商务大厦 14 楼	0996-5396288	841000

续表

单位名称	地址	电话	邮政编码
国投甘肃小三峡发电有限责任公司	甘肃省兰州市敦煌路157号	0931-2954701	730050
陕西汉江投资开发有限公司	陕西省西安市尚德路48号	029-7453733	710004
吉林松江河水力发电有限责任公司	吉林省抚松县抚松镇南新区	0439-6228011	134500
汉能控股有限公司	北京市西长安街88号首都时代广场11层		100031
湖北省能源集团有限公司	湖北省武汉市武昌武珞路586号江厦大厦20层		430070
汉江水利水电集团有限责任公司	湖北省丹江口市		442700
福建省尤溪流域水电开发有限公司	福建省尤溪县城关镇解放路63号	0598-6208088	365100
中国水电建设集团四川电力开发有限公司	四川省成都市玉沙路161号	028-86918102	610017
华东天荒坪抽水蓄能有限责任公司	浙江省安吉县88号信箱	0572-5041845	313302
山西西龙池抽水蓄能发电有限责任公司	山西省五台县东冶镇	0350-6650008	035503
湖北白莲河抽水蓄能有限责任公司	湖北黄冈市罗田县白莲河乡	0713-4826300	438600
河南国网宝泉抽水蓄能有限公司	河南新乡市800信箱	0373-3362202	453636
辽宁蒲石河抽水蓄能有限公司	辽宁丹东市沿江开发区A区7号楼		118000

（本年鉴编辑部）

水电设计单位情况一览表

序号	单位名称	主要领导及总工程师	在职职工人数	地址	邮编	电话	传真	网址
1	中国水电工程顾问集团公司	总经理：晏志勇 总工程师：彭程 周建平	262	北京市西城区六铺炕北小街2号	100011	010-51973399	010-82084665	http://www.checc.cn/
2	中国水利水电建设工程咨询公司	总经理：晏志勇 总工程师：彭程 周建平		北京市西城区六铺炕北小街2号	100011	010-51973399	010-82084665	http://www.checc.cn/ZX/
3	中国水电顾问集团北京勘测设计研究院	院长：李志谦 总工程师：吕明治	798	北京市定福庄	100024	010-51977001	010-65766934	
4	中国水电顾问集团华东勘测设计研究院	院长：张为民 总工程师：张春生	1119	浙江省杭州市上塘路	310014	0571-88076606	0571-56738301	http://www.ecidi.com/
5	中国水电顾问集团西北勘测设计研究院	院长：马海晨 总工程师：白俊光	2047	陕西省西安市丈八东路18号	710065	029-88290000	029-88290006	http://www.chidi.com.cn/
6	中国水电顾问集团中南勘测设计研究院	院长：李玲龙 总工程师：冯树荣	1829	湖南省长沙市圭塘	410014	0731-5584080	0731-5075441	http://www.msdi.cn/

续表

序号	单位名称	主要领导及总工程师	在职职工人数	地址	邮编	电　话	传　真	网　址
7	中国水电顾问集团成都勘测设计研究院	院　　长：郑声安 总工程师：王仁坤	1682	四川省成都市浣花北路1号	610072	028-87329997	028-87399557	http：//www. chidi. com. cn/
8	中国水电顾问集团贵阳勘测设计研究院	院　　长：潘继录 总工程师：范福平	1007	贵州省贵阳市金阳新区兴黔路16号	550081	0851-5565974	0851-5560914	http：//www. ghidri. com. cn/
9	中国水电顾问集团昆明勘测设计研究院	院　　长：蔡绍宽 总工程师：张宗亮	1465	云南省昆明市人民东路115号	650051	0871-3138701	0871-3135723	http：//www. khidi. com/

（中国水电工程顾问集团公司　张　建）

水利设计单位情况一览表

序号	单位名称	主要领导及总工程师	在职职工人数	地址	邮编	电　话	传　真	网　址
1	水利部水利水电规划设计总院	院　　长：汪　洪 总工程师：刘志明	186	北京市西城区六铺炕北小街2-1号	100011	010-62033377-转6171	010-62070508	http：//www. giwp. org. cn
2	水利部长江水利委员会长江勘测规划设计研究院	院　　长：钮新强 总工程师：杨启贵	3130	湖北省武汉市解放大道1863号	430010	027-82829200 027-82827793	027-82829202	http：//www. cjwsjy. com. cn
3	黄河勘测规划设计有限公司（原黄委设计院）	副总经理：李文学 总工程师：景来红	1853	河南省郑州市金水河路109号	450003	0371-66026449 0371-66023520	0371-65959236	http：//www. yrec. cn
4	中水淮河规划设计研究院	董 事 长：万　隆 总工程师：何华松	209	安徽省蚌埠市凤阳西路41号	233001	0552-3092542 0552-3092539	0552-3092509	http：//www. cwhh. com. cn
5	中水珠江规划勘测设计有限公司（原珠委设计院）	总 经 理：游赞培 总工程师：林少明	550	广东省广州市天河区天寿路沾益直街19号	510611	020-87117779	020-38810724 020-87117038	http：//www. prpsdc. com
6	中水东北勘测设计研究有限责任公司（原东北院）	总 经 理：金正浩 总工程师：苏加林	1600	吉林省长春市朝阳区工农大路800号	130021	0431-85092001 0431-85607262	0431-85092000	http：//www. neidri. com
7	中水北方勘测设计研究有限责任公司（原天津院）	总 经 理：张和平 总工程师：杜雷功	1129	天津市河西区洞庭路60号	300222	022-28702887 022-28702222	022-28343991	http：//www. tidi. ac. cn

（中国水利水电勘测设计协会）

水利水电施工单位情况一览表

序号	单位名称	主要领导及总工程师	地址	邮编	电话	传真	网址
(一)	中国水利水电建设集团公司	总经理：范集湘 总工程师：宗敦峰	北京市海淀区车公庄西路22号	100044	010—58382678	010-58382888	http：//www.sinohydro.com
1	中国水利水电第一工程局有限公司	执行董事、总经理：茹彩江 总工程师：李伟	吉林省长春市绿园区锦西路933号	130062	0431-87987316	0431-87991536	http：//www.zsyj.com
2	中国水利水电第二工程局有限公司	执行董事、总经理：刘国栋 总工程师：常满祥	北京市西城区六铺炕南小街1号	100120	010-58689270	010-62018014	http：//www.sdej.com
3	中国水利水电第三工程局有限公司	执行董事、总经理：章运礼 总工程师：王鹏禹	陕西省西安市二环北路东段609号	710016	029-86178686	029-86178686-8511	http：//www.cteb.com
4	中国水利水电第四工程局有限公司	执行董事、总经理：王维斌 总工程师：席浩	青海省西宁市互助西路7号	810006	0971-8140656	0971-8149160	http：//www.csdsj.com.cn
5	中国水利水电第五工程局有限公司	执行董事、总经理：郑久存 总工程师：吴高见	四川省成都市一环路东四段8号	610066	028-84461307	028-84422633	http：//www.zswj.com
6	中国水利水电第六工程局有限公司	执行董事、总经理：厉建平 总工程师：杨成文	辽宁省丹东市锦山大街324号	118002	0415-6191612	0415-6191600	http：//www.zgsdlj.com
7	中国水利水电第七工程局有限公司	执行董事、总经理：张建文 总工程师：向建	四川省成都市郫县成灌东路349号	611730	028-87912035	028-87912515	http：//7j.sinohydro.com
8	中国水利水电第八工程局有限公司	执行董事、总经理：林修建 总工程师：涂怀健	湖南省长沙市城南中路2号	410007	0731-2822169	0731-85563353	http：//www.baju.com.cn
9	中国水利水电第九工程局有限公司	执行董事、总经理：陈学云 总工程师：王琳瑞	贵州省贵阳市金阳新区观山路3号	550081	0851-7980581	0851-7980582	http：//www.zgsdjj.com
10	中国水利水电第十工程局有限公司	执行董事、总经理：杜学泽 总工程师：陈茂	四川省成都市十二桥路七号	610072	028-87772278	028-87716129	http：//www.cwet.com.cn
11	中国水利水电第十一工程局有限公司	执行董事、总经理：孙玉民 总工程师：钟彦祥	河南省郑州市高新技术开发区莲花街9号	450001	0371-86019001	0371-86019003	http：//www.cwbll.com
12	中国水利水电第十二工程局有限公司	执行董事、总经理：孙阳 总工程师：李秋生	浙江省杭州市环城北路141号	310004	0571-28906018	0571-28906018	http：//www.water12.com

续表

序号	单位名称	主要领导及总工程师	地　址	邮编	电　话	传　真	网　址
13	中国水利水电第十三工程局有限公司	执行董事、总经理：何占颂 总工程师：杨　涛	山东省德州市东风中路826号	253009	0534-2688618	0534-2623461	http：//www.sdssj.com
14	中国水利水电第十四工程局有限公司	执行董事、总经理：周　宇 总工程师：和孙文	云南省昆明市环城东路192号	650041	0871－3335216	0871-3333460	http：//www.fcbmis.com
15	中国水电建设集团十五工程局有限公司	董事长：王增发 总工程师：何小雄	陕西省西安市高新科技路16号	710065	029-88758206	029-88758100	http：//www.sinohydro15.com
16	中国水利水电第十六工程局有限公司	执行董事、总经理：李良顺	福建省福州市湖东路82号	350003	0591-87821294	0591-87853663	http：//www.mjgcj.com
17	中国水利水电基础局有限公司	董事长：张源智 总工程师：肖恩尚	天津市武清区雍阳西路86号	301700	022-29341551	022-29345523	http：//www.chinafec.com
18	中国水电建设集团夹江水工机械有限公司	执行董事、总经理：雷建容 总工程师：曾　文	四川省夹江县西河路40号	614100	0833-5672462	0833-5672451	http：//www.jhmw.com
（二）	中国葛洲坝集团公司	总经理：杨继学 总工程师：周厚贵、江小兵	湖北省宜昌市清波路1号	443002	0717-6713010	0717-6718330	http：//www.cggc.cn
（三）	中国人民武装警察部队水电指挥部（中国安能建设总公司）	主任（总经理）：李光强 政委（党委书记）：贾方亮	北京市丰台区莲花池南里11号	100055	010-83999999	010-83999951	http：//www.anneng.cn
1	中国人民武装警察部队水电第一总队（江南水利水电工程公司）	总队长（总经理）：马青春 政委（党委书记）：王　军	广西区南宁市	530028	0771-5751000	0771-5751000	
2	中国人民武装警察部队水电第二总队（江夏水电工程公司）	总队长（总经理）：邹永明 政委（党委书记）：巫振云	江西省南昌市	330001	0791-8552000	0791-8552000	
3	中国人民武装警察部队水电第三总队（安蓉建设总公司）	总队长（总经理）：林友汉 政委（党委书记）：程跃进	四川省成都市	610036	028-82863000	028-82863000	
4	中国人民武装警察部队水电三峡工程指挥部（宜昌安联水利水电有限责任公司）	主任（总经理）：赵方兴 政委（党委书记）：王富才	湖北省武汉市	430050	027-84555000	027-84555000	

（中国水利水电建设集团公司　中国葛洲坝集团公司　中国人民武装警察部队水电指挥部）

学术团体

中国水力发电工程学会2008年度工作情况

2008年是我国改革开放和现代化建设进程中极不平凡、充满挑战的一年。突如其来的南方雨雪冰冻灾害、汶川特大地震灾害，以及席卷全球的金融风暴，都给我国经济社会带来了巨大冲击。中国水力发电工程学会（以下简称“水电学会”）在六届理事会的坚强领导下，在中国科协和挂靠单位中国水电工程顾问集团公司以及全体理事和会员单位的关心支持下，坚定不移地以科学发展观统领全局，深入贯彻落实党的十七大、十七届三中全会和全国科学技术大会精神，坚持“继承、建设、服务、创新”的工作思想，积极主动履行社会责任，求真务实，同心同德，扎扎实实开展各项工作，努力为政府、行业、企业和广大会员做好服务保障，有力地推动了我国水电事业的和谐发展。

（一）组织建设进一步完善

学会秘书处全体人员坚持全心全意服务政府、服务行业、服务会员单位和广大会员的宗旨，团结一致，扎实工作，保证了日常工作的有序进行，维护了学会的健康和谐发展。

学会组织召开了六届二次理事会，审议并通过了《全面落实科学发展观，加快推进水电事业和谐发展》工作报告；通过投票表决的方式增补和变更了副理事长、常务理事和理事；编撰出版了《2008中国水力发电论文集》，对优秀论文进行了表彰。与中国电力投资集团公司联合举办2008年水电新春联谊会，为全国水电界的领导和专家搭建起欢聚和交流的平台。

认真落实中国科协关于专业委员会有关工作要求，全面推进专委会的换届工作，完成了新专委会的设立报批工作。根据当前国内水力发电建设的需要，在六届二次理事会和六届三次常务理事会上审议通过了设立风险管理专业委员会的提案，旨在通过归纳、总结和借鉴国内外水电工程建设的风险管理经验，打造有中国水力发电行业特色的风险管控体系。

进一步加强对地方学会的业务指导，努力为地方学会的发展搭建平台。秘书处派员参加了南方十三省水电学会联络会、北方七省水电学会联络会和部分省水电学会的换届大会，积极筹划和协调北京市水电学会的挂靠单位交接和重组工作，加强与各地方学会的沟通联络，完善学会系统组织建设，进一步提高了学会整体服务水平。

（二）学术交流成就突出

紧紧围绕水电建设与科技创新的重点和难点问题，广泛开展多层次的学术交流和研讨活动，激发广大水电科技工作者的参与热情，提高了行业学术交流和推广的活跃度。学会秘书处直接组织开展了各种重要交流研讨会议，大力支持和联合各专业委员会、各地方学会开展各种学术交流活动。一年来共举办学术会议40余场次，各地方学会和专业委员会都分别召开了学术年会，内容涉及水电行业发展研讨、水电勘测、设计、施工、设备制造、机电安装、运行管理、抗震防灾、风险防范等水电领域的方方面面，参加交流的有工程院院士、国内相关水电专业的资深专家、有关会员单位代表、一线科研和技术人员、大专院校师生等，总人数近5000人。2008年5月举办的“中国水电发展论坛”，国家发展改革委副主任、国家能源局局长张国宝出席大会并发表了重要讲话，对学会的工作给予了肯定，对我国水电事业寄予了厚望。通过学术交流，一方面宣传了水电科技的最新成果，激发了广大科技工作者的创新热情，发挥了学会为广大会员服务的功能；另一方面，通过组织学术交流活动，收集整理了大量优秀专业论文，积累了丰富的水电科技研究成果。

加强海峡两岸水电科技交流。应台湾中兴工程科技研究发展基金会的邀请，学会秘书长于2008年4月率专家团赴台成功地进行了水电科技学术交流，增进了海峡两岸水电科技人员的相互了解和水电建设方面的学术交流。2008年10月台湾中兴基金会组织对学会进行了回访，为双方在水电科技领域开展广泛的交流与合作奠定了良好基础。

积极筹备第二届水力发电技术国际会议。2007年学会秘书处成立了会议筹备小组，精心筹划会议安排。经过一年多的紧张准备，大会于2008年4月在北京胜利召开，来自国内外水力发电技术领域的专家、学者、工程技术人员和国内外各大制造企业的高层管理人员近400人参加了会议。这次会议就世界最新的水力发电技术和管理经验进行了广泛的交流探讨，为世界各国相互学习和吸收水力发电技术搭建了国际平台。

（三）水电宣传效果显著

学会高度重视水电宣传工作。一方面，认真搭建和维护好自身网站，加强与电视台、报社以及各大门户网站等媒体的长期合作，扩大水电科普和舆论宣传；另一方面，充分利用与各地方学会和专委会组织开展各种交流活动的平台，以多种形式开展水电正面宣传，努力为水电事业营造健康有序的发展环境。

为澄清国内外对中国水电开发的歪曲报道，在社会公众中树立生态水电、和谐水电的良好形象，学会联合中央电视台《绿色空间》栏目，历时 3 个月制作了电视片《水坝之争》，2008 年 4 月初播出后社会各界反响热烈，普遍反映宣传效果良好；2008 年 12 月学会又与央视《绿色空间》栏目组联合制作了 5 集大型专题片《怒江故事》，深刻揭示了保护“三江并流”世界遗产与合理开发水电、促进当地经济建设的关系，播出后引起强烈反响，怒江水电开发问题再一次引起了全国人民的关注。2007 年上半年与湖南省水电学会共同举办了“远程杯”中国能源可持续发展辩论赛，共有 7 个参赛单位的 10 个代表队参加，历时两个多月，湖南卫视和湖南科技报对辩论赛作了专题报道，达到了水电科学知识普及的目的。2008 年 6～8 月举办了有关人类社会与能源的科普讲座，以及有关地震后水电站方面的科普知识宣传，收到了良好效果。组织编撰了《改革开放三十年的中国水电》，科学总结了改革开放 30 年来我国水电事业所取得的成就、经验和教训。

（四）科研咨询服务得到深化

学会充分利用行业影响力和专家群体优势，积极履行服务社会、行业、会员企事业单位和广大会员的办会宗旨，进一步加强与各大电力集团、流域开发公司和水电企业的交流与合作，围绕水电开发中的热点和难点问题，大力开展科研课题、技术咨询服务。2008 年初，分别与中国三峡总公司和中国国电集团公司签署了战略合作框架协议，打开了与大企业集团开展互助共赢合作的良好局面。圆满完成了大渡河流域梯级水电站优化调度研究课题，在成果通报会上得到了与会领导和专家的一致认可和好评。合作开展了新疆伊犁喀什河水电站工程建设管理与技术咨询项目、雅砻江下游梯级若干重大问题研究技术服务项目、大渡河瀑布沟下游泥沙研究和治理课题等。通过大力开展科研咨询和技术合作服务，进一步增强了学会服务行业的职能，拓宽了学会与各流域公司和水电企业开展技术服务合作的深度和广度，将学会的技术专家优势转化成为企业的产业优势，有力地推动了水电事业健康有序发展。

（五）潘家铮水电科技基金成立并投入运作

经过一年多的紧张筹备，由学会发起设立的浙江大学基金会潘家铮水电科技基金于 2008 年 5 月正式成立。首批 42 家发起单位共 2190 万元认捐款项在 2008 年 9 月底全部到位后，由浙江大学教育基金会本着安全、稳健的原则通过银行理财的方式进行运作。基金主要用途有 3 个方面：一是奖励水利水电系统有突出贡献的个人；二是支持设立水电科技进步奖（项目奖）；三是奖励立志水电科技发展并学业有成的水电在校本科生和研究生。2008 年 12 月召开了基金第一届一次理事会，通报了基金理事会组成名单，审议通过了基金章程和实施办法、奖励办法、水电科学技术奖实施细则等文件。遵循“公开、公正、透明”的原则，严格管理，防范风险，努力使基金不断增值，使其发挥重要作用。今后将继续接受企业和个人捐资，以不断扩大基金规模，更好地为我国水利水电科技创新服务，更好地为培育水利水电科技创新人才服务，大力发展我国的水利水电事业。

（六）书刊编撰质量大幅提高

在年鉴编委会全体专家的努力下，《中国水力发电年鉴》顺利出版，第十二卷共 17 个篇目，49 个栏目，405 个条目，计 120 万字。年鉴字数上得到精简，内容质量有了大幅提高。

2008 年共出版《水力发电学报》7 期，发表论文近 200 篇，学报论文水平不断提高，得到了国内外相关部门的认同，被中国学术期刊文摘、中国科学引文等数据库收录。美国《工程索引》自 2008 年起，已将本刊定为核心收录期刊；中国科协学会学术部对 2007 年全国 387 种期刊进行审读，最终《水力发电学报》被评定为第一档次（内容质量较好）期刊。学报“影响因子”逐年提高，2008 年有 2 篇论文被中国科学技术学会评为优秀论文。

各专业委员会和各地方学会充分发挥自身特色，共开办各种专业报刊 20 余种，为水电行业各专业领域提供了大量优秀的技术资源。

（中国水力发电工程学会秘书处）

中国水力发电工程学会分支机构情况表

专委会名称	主任委员	秘书长	专 业 内 容	挂 靠 单 位
水能规划及动能经济专业委员会	晏志勇	钱刚粮	水能规划及动能经济	水电水利规划设计总院

续表

专委会名称	主任委员	秘书长	专　业　内　容	挂　靠　单　位
水库经济专业委员会	董述春	李明传	水库移民安置、水电工程征地、区域经济发展规划等	水电水利规划设计总院
环境保护专业委员会	彭　程	顾洪宾	环境影响评价、咨询，环境保护设计，水土保持方案设计	水电水利规划设计总院
水文泥沙专业委员会	何根寿	朱鉴远	水文、泥沙专业的学术交流和技术总结	水电水利规划设计总院
地质及勘探专业委员会	郭义华	袁建新	水电水利工程地质、测绘、物探、钻探、岩土试验专业的学术交流	水电水利规划设计总院
水工及水电站建筑物专业委员会	王柏乐	党林才	水工	水电水利规划设计总院
水工水力学专业委员会	刘之平	吴一红	水工水力学	中国水利水电科学研究院
高坝通航工程专业委员会	张瑞凯	李　云	通航技术交流、通航科技发展战略及政策咨询、委托项目论证	南京水利科学研究院
碾压混凝土筑坝专业委员会	梅锦煜	郑桂斌	碾压混凝土筑坝技术（坝工、材料、运行、建设管理等）	武警水电指挥部
混凝土面板堆石坝专业委员会	周建平	孙永娟	混凝土面板堆石坝设计、施工、材料、变形观测、运行管理等技术交流、咨询	水电水利规划设计总院
工程造价专业委员会	王民浩	郭建欣	工程造价、工程经济技术管理	水电水利规划设计总院
电气专业委员会	李定中	于庆贵	电气一次专业	水电水利规划设计总院
自动化专业委员会	闫华锋	施　冲	水电电气二次技术及相关内容	国网南京自动化研究院
水力机械专业委员会	赵　琨	戴康俊	水力机械设计、试验、安装、运行、改造	水电水利规划设计总院
水工金属结构专业委员会	龚建欣	林朝晖	闸门及启闭设备、通航设备的设计、安装、调试	水电水利规划设计总院
水电站运行管理专业委员会	赵玉柱	裴哲义	水电站运行管理、水库经济运行	国家电力调度通信中心
水电建设管理专业委员会	石成梁	毛亚杰	水电建设管理经验与技术交流	中国水力发电工程学会
信息化专业委员会	汪小刚	王桂平	计算机及自动化技术在水电工程规划、设计、施工及电站运行中的应用	中国水利水电科学研究院
大坝安全监测专业委员会	何海源	许传桂	水库、大坝的安全监测技术与安全管理	国家电力监管委员会大坝安全监察中心
机械疏浚专业委员会	王杨群	王　兖	机械疏浚与吹填学术交流，推广先进经验，介绍新的技术、材料、设备、产品	水利部综合事业局
电网调峰与抽水蓄能专业委员会	崔继纯	郝荣国	开展抽水蓄能电站建设必要性、经济合理性及优化布局的研讨，介绍先进技术，组织学术交流，承接站点规划和技术咨询服务	中国水电顾问集团北京勘测设计研究院
水电监理专业委员会	陈东平	王平稳	水电监理经验与技术交流，监理技术与理论研究	华北电力大学
建设合同专业委员会	李跃平		编制水电工程涉及的各类合同范本，起草管理文件，组织有关软件课题研究，开展学术交流	中国水利水电建设集团公司
水电控制设备专业委员会	杨晓东	田忠禄	水轮机调速、励磁装置，自动化元件，智能仪表	中国水利水电科学研究院

续表

专委会名称	主任委员	秘书长	专 业 内 容	挂 靠 单 位
施工专业委员会	孙洪水	阮光华	大坝浇筑填筑、混凝土生产、砂石料开采加工三大系统及设备	中国水利水电建设集团公司
抗震防灾专业委员会	李同春	张燎军	大型水利水电工程、大电网的抗震、防灾技术、预案、对策研究	河海大学
电力系统自动化专业委员会	毕亚雄	陈国庆	水电厂自动化系统，自动调压、调频装置，水电长距离输电稳定装置	中国长江电力股份有限公司
梯级调度控制专业委员会	袁杰	侯保民	流域梯级调度控制、流域水资源运用	三峡水利枢纽梯级调度通信中心
小水电专业委员会	刘晓田	程夏蕾	小水电方面学术交流、技术咨询、继续教育	水利部农村电气化研究所
继电保护专业委员会	许可达	文伯瑜	发电机、变压器和高压线路的继电保护	国务院三峡工程建设委员会
风险管理专业委员会	孙家康	时 斌	风险管理理论研究，水电施工单位实施风险管理规划，组织专业培训，开展行评行检	江泰保险经纪有限公司
国际河流水电开发生态环境研究工作委员会	王 斌	顾洪宾	澜沧江开发的研究、监测、收集信息，建立监测站，对其水情进行分析评价	中国水电工程顾问集团公司

（中国水力发电工程学会秘书处 王 玉）

各省、直辖市、自治区水力发电工程学会组织情况表

地方学会名称	会员总数	会员分类					办事机构设置地点	学术专业设置	会刊学报
		教授级高级工程师	高级工程师	工程师	助理工程师	其他			
天津市水力发电工程学会	1297	102	655	357	23	160	天津市河西区洞庭路60号，中水北方勘测设计研究有限责任公司	施工及基础处理专委会 水电成套设备专委会 水工专委会 机电专委会 大坝安全监测与管理专委会 动能经济及抽水蓄能专委会 勘测专委会	《水利水电工程设计》
河北省水力发电工程学会	175	18	87	38	22	10	石家庄市富强大街3号		
山西省水力发电工程学会	629	56	192	264	95	22	太原市南肖墙12号	水电电气自动化专委会 水工建筑及水力机械专委会 水电站运行管理专委会 农村水电电气化专委会 抽水蓄能电站专委会	《电力学报》（双月刊）、《山西省水力发电工程学会简报》

续表

地方学会名称	会员总数	会员分类					办事机构设置地点	学术专业设置	会刊学报
		教授级高级工程师	高级工程师	工程师	助理工程师	其他			
江苏省水力发电工程学会	782	113	259	317	51	42	南京市西康路1号，河海大学水电馆306室	水工结构专委会 水工水力学专委会 水电站电气及自动化专委会 仪器仪表专委会 小水电专委会 泵站及流体机械专委会 水资源及环境专委会	
上海市水力发电工程学会	244	40	138	46	20		上海市逸仙路388号，上海勘测设计研究院		《上海水利水电技术》、《上海市水力发电工程学会会讯》
浙江省水力发电工程学会	1317	155	516	547	99		杭州市梅花碑7号	水能规划及动能经济专委会 水工及水电站建筑专委会 水电站运行管理专委会 中小水电开发与管理专委会 施工专委会 机电设备专委会 地质勘测及技术处理专委会 计算机运行及信息专委会 大坝安全监测专委会	《浙江水利水电》（内刊、学会通讯）
安徽省水力发电工程学会	764	31	213	321	142	57	合肥市芜湖路411号，安徽省电力公司	水工专委会 小水电专委会 水电站运行专委会	
福建省水力发电工程学会	2326	204	765	974	211	172	福州市省府路1号12座4层	水能规划及动能经济专委会 工程勘查专委会 水工及水电站建筑物专委会 水力机械及金属结构专委会 水电站电气及自动化专委会 施工机械及施工管理专委会 水电建设管理专委会 水电站运行管理专委会 农村电气化专委会 水库经济专委会 水电站经济及水库调度专委会	《福建水力发电》

续表

地方学会名称	会员总数	会员分类					办事机构设置地点	学术专业设置	会刊学报
		教授级高级工程师	高级工程师	工程师	助理工程师	其他			
河南省水力发电工程学会	733	84	375	260	9	5	郑州市金水路11号（黄河水利委员会国科局）	水能规划及动能经济专委会 水工及水电站建筑物专委会 水电站电气及自动化专委会 施工机械及施工管理专委会 水电站运行管理专委会 水工金属结构专委会 中小型水电专委会 地质专委会	《河南省水力发电工程学会简报》
湖北省水力发电工程学会	4354	391	857	1820	1072	214	武汉市武汉大学工学部行政楼	水能规划及动能经济专委会 水工及水电站建筑物专委会 水工水力学专委会 水利水电工程施工专委会 水电站运行管理专委会 水力机械专委会 中小水电专委会 电气与自动化专委会	《湖北水力发电》
湖南省水力发电工程学会	3010	292	1453	1059	147	59	长沙市圭塘，中南勘测设计研究院	勘测专委会 环境保护专委会 施工专委会 库区经济专委会 水电站设备专委会 水电站运行管理专委会 小水电与农村电气化专委会 计算机应用专委会 水工结构与水电站建筑物专委会 水能规划与动能经济专委会	《中南水力发电》
广东省水力发电工程学会	1566	58	669	606	206	27	广州市五羊新城寺右南二街四巷3号	水能利用专委会 水工及水电站建筑专委会 水电建设管理及施工专委会 水电站运行与自动化专委会 风电及新能源专委会	
广西水力发电工程学会	3428	126	1121	1458	553	170	南宁市民主路6号，广西电网公司	水能规划及动能经济专委会 地质勘测专委会 水工及水电站建筑物专委会 水力机械专委会 金属结构专委会 水电站电气及自动化专委会 施工机械及施工管理专委会 水电建设管理专委会 水电站运行管理专委会 小水电及农村电气化专委会 水库经济专委会 水电厂防汛及水库调度专委会 计算机应用专委会 工程造价专委会 电气及自动化专委会	《红水河》

续表

地方学会名称	会员总数	会员分类					办事机构设置地点	学术专业设置	会刊学报
		教授级高级工程师	高级工程师	工程师	助理工程师	其他			
四川省水力发电工程学会	3168	213	1342	1500	81	32	成都市东风路21号	地质勘探专委会 运行专委会 工程造价专委会 施工专委会 水工专委会 规划专委会 水机专委会	《四川水力发电》
贵州省水力发电工程学会	1926	56	553	852	392	73	贵阳市新华路9号	水资源及水能规划专委会 地质与勘探专委会 水工及水电站建筑物专委会 水电站建设及工程经济专委会 金属结构及水力机械专委会 施工管理专委会 水库经济专委会 水电站运行管理专委会 小水电技术专委会 环境与资源专委会	《贵州水力发电》
云南省水力发电工程学会	1988	127	650	873	264	74	昆明市拓东路49号，云南电网公司3号楼203室	水工及水电站建筑物专委会 水能规划及动能经济专委会 水电站电气及自动化专委会 水力机械及金属结构专委会 施工机械及施工管理专委会 水电站运行管理专委会 工程经济定额预算专委会 地质及勘测专委会	《云南水力发电》
陕西省水力发电工程学会	4018	1088	1309	833		学生会员788	西安市丈八东路18号，西北勘测设计研究院	水工专委会 规划动能经济专委会 工程地质勘测专委会 小水电专委会 机电运行专委会 水电站施工专委会 工程造价专委会 通航专委会 水电站自动化专委会 水库及环保专委会 风电与新能源专委会	《西北水力发电》［西北五省（区）联合办刊］
甘肃省水力发电工程学会	1207	23	396	430	111	247	兰州市七里河西津东路38号	水能规划与动能经济专委会 地质与勘探专委会 水力机械专委会 水电站运行管理专委会 小水电专委会 水工与施工专委会	《甘肃电力技术》、《西北水力发电》

续表

地方学会名称	会员总数	会员分类					办事机构设置地点	学术专业设置	会刊学报
		教授级高级工程师	高级工程师	工程师	助理工程师	其他			
宁夏水力发电工程学会	481	39	197	161	56	28	银川市贺兰山西路589号，宁夏大学土木与水利工程学院	水电站运行专委会 水力机械气蚀磨损专委会 电气自动化专委会 水工专委会 水电施工专委会	《西北水力发电》［西北五省（区）联合办刊］
青海省水力发电工程学会	1018	24	292	524	120	58	西宁市五四西路43号，黄河上游水电开发公司	水电工程经济定额预算专委会 小水电专委会 水工专委会 水能经济专委会	《青海水力发电》
新疆水力发电工程学会	217	39	86	92			乌鲁木齐市，水利部新疆水利水电勘测设计研究院	水利水电工程大坝专委会 水电站机电及自动化技术专委会 岩石力学与工程专委会 水利水电工程招标投标专委会 水能规划与动能经济专委会 水电工程经济专委会 水工与施工专委会 水库与环保专委会 金属结构水工机械专委会 水库经济专委会	《新疆水利水电》

（中国水力发电工程学会秘书处 王 玉）

中国水利学会2008年工作情况

（一）组织建设

1. 民主办会 2008年1月召开八届九次常务理事会扩大会议，8月以通信方式就推荐增补顾浩为常务副理事长候选人征求了常务理事的意见，9月召开八届十次常务理事会，审议推荐敬正书为理事长候选人等事宜。2008年10月28日，经八届五次理事会全体会议选举通过，敬正书担任中国水利学会第八届理事长，顾浩担任第八届常务副理事长，高安泽被聘为八届名誉理事长。

2. 专业委员会工作 雨水利用专委会、勘测专委会、水利量测专委会、水力学专委会等在召开专委会学术交流会期间进行了换届选举，水文专委会根据工作需要调整了领导成员，使专委会工作更具活力。

3. 地方水利学会工作 2008年4月，在福建召开省级水利学会秘书长工作座谈会，会上传达了中国科协七届三次全委会和全国水利厅局长会议、全国水利科技大会精神，邀请了福建、北京、湖南、河南、江西5个省级学会进行大会交流，协调了需要省级学会共同参与的几项工作。

关注省级学会换届改选。2008年换届的省级学会有江苏省水利学会、甘肃省水利学会、内蒙古水利学会等十几个省级水利学会。

（二）国内学术活动

2008年，学会秘书处、各分支机构组织开展了一系列学术交流活动。据不完全统计，学会举办各类学术活动40余次，出版论文集10余种。主要活动如下：

（1）2008年10月28～30日，在海南省海口市召开“中国水利学会2008学术年会”，年会的主题为“关注民生水利中的科技问题”，共设农村饮水安全、病险水库除险加固、水利工程建设与生态保护的协调发展、农村水电开发、突发性水事件的应急处理、气候变化对水文水资源的影响（国际分会场）等6个分会场。水利部陈雷部长向大会发表书面讲话以示祝贺，胡四一副部长为大会作题为“可持续发展水利及其科技支撑”的主旨报告，8位专家学者作大会特邀报告。八届理事、论文作者代表及有关水利科技工作者600余人参会，会议出版了论文集。

(2) 2008年9月18日，学会与黄河水利委员会等单位在郑州共同组织召开了“黄河中下游水资源综合利用论坛”，150余名领导、院士、专家与会，就黄河中下游水资源综合利用、黄河水沙调控体系建设、黄河滩区治理、生态文明等议题进行了研讨。18日下午，“论坛”邀请的3名院士和专家参加了河南省党政领导与院士专家座谈会，就黄河下游滩区治理和水利水电的蓄能运行作了发言。

(3) 2008年10月15～16日，结合中国水利水电科学研究院组建50周年庆祝活动，中国水利学会第四届青年科技论坛在北京举行。论坛的主题是“民生水利与科技创新”，120篇论文被收入文集正式出版，并评选出优秀论文10篇。

(4) 减灾专委会今年以来举办了多次学术研讨活动，包括2008年1月在海口召开的“中小水库防洪保安研讨会”、3月在重庆召开的“城市暴雨洪涝灾害应对策略研讨会”、10月在南昌召开的“首届中国水旱灾害管理学术研讨会”等。

(5) 淮河研究会结合淮河水利特点，开展了一系列的学术研讨活动，主要有“第三届安徽水利论坛暨安徽省水利学会八届三次理事会”、“河流健康与环境变化影响的对策”、“数字淮河建设与应用”等。

(6) 地下水工程专业委员会等主办的“全国水文地质工程地质前沿学术论坛”于2008年10月在南京召开，约250人参加会议。

（三）国际民间科技交流

2008年5月21～24日，学会派出2位专家，参加在韩国庆州召开的韩国水资源协会年会，国际分会场的主题为“与运河有关的水力、水文和环境问题”；8月26～28日，河海大学的3位教师作为学会的代表，参加了在日本东京大学召开的日本水文水资源学会2008年会，国际分会场的主题为“亚洲地区水文水资源的特有问题”。

2008年是中国水利学会与甘肃省水科院和加拿大土木工程师学会共同申请的科技部国际科技合作项目“石羊河流域生态环境修复与示范”实施的第一年。2008年5月，项目组成员赴石羊河流域进行考察调研，各项工作正按项目任务书进度要求展开。

中国水利学会申请“中国科协国际民间科技组织事务专项”，资助在国际灌排委员会（ICID）和国际水利工程与研究协会（IAHR）担任领导职务的中国专家出国参加该组织重要工作会议，支持IAHR中国分会等单位成功申办2013年IAHR大会。

（四）学术期刊管理与专著出版

1. 期刊管理　学会主办的期刊有《水利学报》、《水科学进展》、《岩土工程学报》、《泥沙研究》、《灌溉排水学报》以及《中国防汛抗旱》。2008年，《岩土工程学报》和《水利学报》继续获得连续3年的中国科协“期刊精品工程项目”B类和C类资助。

继续组织参与第六届中国科协期刊优秀学术论文奖评选活动，学会申报的4篇论文中，2篇获得二等奖，2篇获得三等奖。

2. 专著出版　中国水利学会承担的“中国科协2007学科发展研究”项目的“水利工程学科发展研究”于2008年1月完成，编撰了《2007～2008水利学科发展报告》。该《报告》由水利学科综合报告和16个二级学科专题报告组成，2008年2月由中国科学技术出版社正式出版发行。

由国家防汛抗旱总指挥部办公室与中国水利学会减灾专委会共同编著的《中国城市防洪》（共4卷）2008年9月由中国水利水电出版社出版。本书是我国城市防洪领域第一部集资料性、科学性和可读性为一体的科技专著。

（五）科学普及

中国水利学会水资源专委会组织编辑的科普丛书——《水知识读本（小学低年级适用）》于2008年7月正式出版。《水知识读本》分小学低年级、小学高年级、初中、高中4册，是由一线中小学教师和水利专家共同编写的一本图文并茂、可读性强的科普系列读物。参加编写的教师已在小学为孩子们开设了相关内容的课外讲座，并向学校赠书。

城市水利专委会与北京水利学会继续组织青少年水利科技夏令营。

中国水利学会推荐的中国水利水电第八工程局谭靖夷院士，荣获第七届光华工程科技奖工程奖。

（六）科技奖励

经大禹水利科学技术奖奖励委员会研究决定，2008年适当扩大获奖比例，并继续坚持向地方倾斜、向西部地区倾斜的原则。在初评、专业评审和评审委员会评审的基础上，2008年10月9日，奖励委员会召开全体会议，授予47项成果为2008年度大禹奖获奖成果，其中一等奖8项，二等奖16项，三等奖23项，详见表1。

表1　2008年大禹水利科学技术奖获奖项目表

序号	等级	项目名称	主要完成单位	主要完成人员
1	一等奖	碾压混凝土拱坝的新设计理论与实践	清华大学、玛纳斯县塔西河石门子水库管理处、龙岩溪柄电站有限公司、中国葛洲坝集团股份有限公司、中国水电顾问集团贵阳勘测设计研究院、宜昌天宇科技有限公司	刘光廷　谢树南　王恩志　李鹏辉　胡　昱　陈凤岐　王炳炬　傅为群　李继跃　金　峰　保其长　刘天云　张国新　李仲奎　金　鑫
2	一等奖	海河流域洪水资源安全利用关键技术研究	南京水利科学研究院、中国水利水电科学研究院、清华大学、水利部海河水利委员会	胡四一　王忠静　程晓陶　户作亮　王银堂　郭书英　向立云　吴永祥　邹　鹰　施　勇　王建刚　郑　航　王艳艳　谢自银　沈福新
3	一等奖	黄河水沙调控与下游河道中水河槽塑造	中国水利水电科学研究院	胡春宏　陈建国　郭庆超　杨含侠　严　军　王　敏　董占地　刘大滨　陈绪坚　张治昊　孙高虎　齐　璞　邓安军　祁　伟　陆　琴
4	一等奖	维持黄河健康生命的研究与实践	水利部黄河水利委员会	李国英　薛松贵　刘晓燕　李景宗　侯全亮　张原锋　张锁成　黄锦辉　杨希刚　张建中　李肖强　刘　斌　张学成　刘立斌　李　勇
5	一等奖	中国分区域生态用水标准研究	南京水利科学研究院、中国水利水电科学研究院	陈敏建　王　浩　丰华丽　欧阳志云　王　芳　邵景力　连　煜　李和跃　王立群　徐志侠　李褆来　程绪水　蔡庆华　戴向前　王　研
6	一等奖	水资源可持续利用技术标准体系研究	中国水利水电科学研究院、水利部国际合作与科技司	刘之平　陈明忠　刘咏峰　李锦秀　马　静　王雨春　李　娜　高本虎　何定恩　秦福兴　张长印　荣生邦　于爱华
7	一等奖	淮河防洪体系联合调度关键技术研究及应用	水利部淮河水利委员会、河海大学、中国科学技术大学	钱　敏　钱名开　陈国良　包为民　钟平安　张国义　汪　斌　罗泽旺　周志强　徐时进　徐英三　夏成宁　陈红雨　邱沛炯　程绪干
8	一等奖	河流生态修复理论研究与工程示范	中国水利水电科学研究院、浙江省水利厅、深圳市水务局	董哲仁　孙东亚　彭　静　李文奇　许明华　李永祥　丁留谦　何旭升　赵进勇　杜　强　鲁一晖　刘来胜　王春来　栾建国　廖伦国
9	二等奖	北京市构筑水源保护三道防线建设生态清洁小流域技术体系研究	北京市水土保持工作总站、北京市水利科学研究所	张寿全　毕小刚　杨进怀　段淑怀　范存会　周　健　吴敬东　杨　坤　陆大明　廖平安

续表

序号	等级	项目名称	主要完成单位	主要完成人员
10	二等奖	引江济太调水试验关键技术研究	水利部太湖流域管理局、河海大学、中科院南京地理与湖泊研究所、中国水利水电科学研究院、南京水利科学研究院、上海勘测设计研究院	叶建春 刘春生 孙继昌 吴浩云 董增川 胡维平 戴甦 林荷娟 翟淑华 王船海
11	二等奖	温州浅滩工程波浪潮流泥沙及监测试验研究	南京水利科学研究院	李浩麟 王顺中 陆永军 徐群 王红川 戴济群 袁文明 周益人 陈国平 王俊
12	二等奖	混凝土高坝施工温度控制决策支持系统	中国水利水电科学研究院、宁波市周公宅水库建设开发有限公司	朱伯芳 张国新 许平 杨波 贾金生 魏群 吕振江 周剑峰 郑璀莹 刘毅
13	二等奖	全国农业灌溉用水及节水指标与标准研究	中国水利水电科学研究院、清华大学水利水电工程系、水利部农田灌溉研究所	高占义 刘钰 倪广恒 段爱旺 丛振涛 孙景生 雷波 王景雷 田富强 肖俊夫
14	二等奖	松散介质地下水库设计理论研究与应用	山东省水利勘测设计院、山东省调水工程技术研究中心、河海大学、莱州市水务局	耿福明 李旺林 刘长余 杜青 贾乃波 李桂国 束龙仓 邓继昌 李倩文 迟海燕
15	二等奖	南水北调工程低扬程水泵选型关键技术及应用研究	中水北方勘测设计研究有限责任公司、河海大学、水利部南水北调规划设计管理局、扬州大学	汪易森 于永海 何成连 祝瑞祥 严登丰 张士杰 谢熙曦 牛万军 杨天生 闵京声
16	二等奖	滨江复杂河网地区水资源保护理论及应用研究	河海大学	崔广柏 徐向阳 刘俊 逄勇 余钟波 卫臻 徐慧 王卫平 刘凌 姜翠玲
17	二等奖	剧烈环境变化下半湿润半干旱区水资源与水生态特征研究	水利部海河水利委员会、清华大学、中国水利水电科学研究院	任宪韶 户作亮 曹寅白 何杉 张建中 陈民 刘德文 阎战友 韩瑞光 王忠静
18	二等奖	城市饮用水水源地安全保障理论技术及应用	水利部水利水电规划设计总院	朱党生 段红东 郝芳华 郝伏勤 张建永 史晓新 刘卓颖 程红光 黄锦辉 耿雷华
19	二等奖	农业水价综合改革暨灌区末级渠系节水改造奖补机制研究	水利部发展研究中心、北京中水润泽咨询有限公司	张红兵 郑通汉 王冠军 张彬 张程 乔建华 贺骥 柳长顺 陈献 刘卓
20	二等奖	黄河干流水轮机磨蚀与防护技术	黄河水利委员会黄河水利科学研究院、华北水利水电学院	冯国斌 何筱奎 陈德新 殷豪 任岩 王玲花 武现治 张雷 刘晶 陈海潮

续表

序号	等 级	项 目 名 称	主要完成单位	主要完成人员
21	二等奖	水文资料整编系统——南方片《水文资料整汇编软件》	长江水利委员会水文局长江中游水文水资源勘测局	徐剑秋 梅军亚 张 潮 杨献群 赖厚桂 姜贤瑞 舒兆良 李厚永 陈建湘 曾 征
22	二等奖	水布垭高水头放空洞关键技术研究与实践	长江水利委员会长江勘测规划设计研究院、湖北清江水电开发有限责任公司、长江水利委员会长江科学院、河海大学、南京水利科学研究院	廖仁强 胡 颖 向光红 汪鲁明 黄国兵 朱秀雁 王河生 郭艳阳 叶士林 曲建华
23	二等奖	黄河防洪预报调度与管理（耦合）系统	黄河水利委员会防汛办公室、河海大学	廖义伟 郝振纯 张金良 罗 健 翟家瑞 董增川 祝 杰 杨 涛 张 永 程 光
24	二等奖	水土保持植物优化组合及生态农业技术区域试验与示范	江西省水土保持科学研究所	左长清 方少文 杨 洁 谢颂华 喻荣岗 张华明 李小强 胡建民 彭冬水 张靖宇
25	三等奖	ϕ615mm 大口径金刚石复合体钻头设计研究及其在水利水电工程钻探硬岩层中的应用	黄河勘测规划设计有限公司	缪绪樟 易学文 杨裕恩 魏佩忠 贾正海 仇道健 刘晓波
26	三等奖	重大水利工程下矿产开采对其安全影响的评价方法及防治措施研究	中国水利水电科学研究院、中国地质大学（北京）、国投新集能源股份有限公司杨村煤矿	汪小刚 武 雄 包正明 段庆伟 贾志欣 赵金明 徐能雄
27	三等奖	大型肘形进水流道泵站泵送混凝土防裂方法和应用研究	南水北调东线江苏水源有限责任公司、河海大学	邓东升 朱岳明 荣迎春 叶 华 田晋生 孙洪滨 沈朝晖
28	三等奖	南水北调中线工程渠道设计关键技术研究	江河水利水电咨询中心	李现社 邵剑南 司富安 朱 峰 严福章 吴剑疆 杨 晴
29	三等奖	黄河小浪底水利枢纽安全监测系统鉴定技术研究	小浪底工程咨询有限公司、南京水利科学研究院	张鸿喜 陈怡勇 祁志峰 马福恒 薛喜文 王 琳 向 衍
30	三等奖	引张线双向位移自动监测系统	水利部南京水利水文自动化研究所	徐国龙 何录合 周克明 李家群 方卫华 王文安 吴健琨
31	三等奖	基于水管理对象的数字流域技术方法体系与实例研究	水利部海河水利委员会、中国科学院遥感应用研究所	户作亮 吴炳方 郭书英 孙长庚 周为峰 周月敏 孟宪智
32	三等奖	加筋土挡墙技术研究	深圳市治理深圳河办公室、南京水利科学研究院、河海大学、中国路桥工程有限责任公司	乐茂华 赵维炳 李同春 顾 培 王富永 朱寿峰 高长胜

续表

序号	等级	项目名称	主要完成单位	主要完成人员
33	三等奖	广东省水库移民动态监管地理信息应用系统	广东省水库移民工作办公室、珠江水利委员会珠江水利科学研究院、北京新禹万融高科技有限责任公司、广东华南水电高新技术开发有限公司、广东省财政厅农业处	朱兆华 曾建生 黄志旺 吴克强 陈军强 何广延 赵旭升
34	三等奖	北京市降雨产流测报系统	北京市水文总站、中国水利水电科学研究院	赵志新 甘 泓 贾仰文 赵学丽 薛 燕 蒋云钟 赵红莉
35	三等奖	东北地区中小河流治理新模式研究	中水东北勘测设计研究有限责任公司	苑润保 陈晓霞 金正浩 范宝山 王 影 苏加林 徐小武
36	三等奖	黄河下游游荡性河段切滩导流技术研究	黄河水利委员会河南黄河河务局	王德智 李国繁 周念斌 耿明全 成 刚 刘红卫 吕锐捷
37	三等奖	基于遥感ET技术的水权分配及有效调控研究	河北省水利技术试验推广中心、邯郸市水利局	李拴群 谢敬芬 郭 贤 张彦宏 王志华 连少伟
38	三等奖	天津市洪沥水资源化与生态恢复及对策研究	天津市水利科学研究所	郭清平 董立新 周潮洪 杨应健 谢润起 白昊阳 周志华
39	三等奖	《中部四省大型排涝泵站更新改造规划》相关重大问题研究	中国灌溉排水发展中心、湖北省水利水电勘测设计院、湖南省水利水电勘测设计研究院、江西省水利规划设计院、安徽省水利水电勘测设计院	李 琪 闫冠宇 许建中 党 平 李端明 储 训 陈 坚
40	三等奖	甘肃省节水增效灌溉示范项目后评价及节水灌溉	甘肃省水利科学研究院	刘佳莉 李元红 张新民 李 莉 唐小娟 卢书超 季 霞
41	三等奖	广东省典型供水水库蓝藻毒素分布现状及其对饮用水安全影响研究	广东省水文局、暨南大学	韩博平 林桂花 钟秀英 杨浩文 林秋奇 胡 韧 王朝晖
42	三等奖	移动式潜水电泵装置的研制与应用	广东省水利厅农村机电局、博罗县园洲镇机电排灌管理站、合肥三益江海泵业有限公司、中山市水利水电勘测设计咨询有限公司	古智生 朱兆华 梁金球 邓悌康 吕建新 陈裕伟 杨树雄
43	三等奖	生态经济型树种——欧李在半干旱地区的引种、繁育与栽培技术研究	山西省水土保持科学研究所	张根锁 刘正魁 李金峰 薛丽萍 王小梅 牛四平 许国平
44	三等奖	水利工程供水价格核算研究	水利部海河水利委员会	郑通汉 王文生 许学强 张 彬 李 华 年自力 徐存寿

续表

序号	等　级	项　目　名　称	主要完成单位	主要完成人员
45	三等奖	中国小水电可持续发展研究	水利部农村电气化研究所、水利部农村水电及电气化发展局	田中兴　程夏蕾　邢援越　陈　星　曹丽军　周　胜　刘晓田
46	三等奖	安徽省淮北市节水型社会建设规划研究	水利部发展研究中心、安徽省淮北市水务局	陈大勇　李庆海　乔建华　钟玉秀　陈　献　杨　柠　丁惠英
47	三等奖	湖南省洞庭湖区“平垸行洪、退田还湖、移民建镇”工程环境及社会影响研究	湖南省洞庭湖可持续发展研究会、上海勘测设计研究院	周波艺　刘卡波　钟艳红　李学山　袁洪州　朱诗好　易放辉

（七）政府部门委托的有关工作

（1）学会标准化工作在水利部国科司的指导和支持下，按照“两头在内，中间放开”的工作原则，取得了新的进展。一是积极配合有关部门完成了抗震应急标准的汇编和专项管理工作；二是继续加强标准项目管理力度，提高项目管理效能；三是完成了《水利技术标准体系表》的修订工作；四是承担了建设部“水库工程项目建设标准”和“喷灌工程项目建设标准”编制试点工作。

由学会标准化部牵头承担的中国科协“中国水利学会承接标准化工作改革创新试点”项目，顺利通过科协组织的中期考核，获得了该项目的第二期资助。

（2）继续做好水利部专业技术人员晋升职称考试工作。组织了2007年度职称考试的命题、考务、阅卷、分数统计等工作，共有3500余人次参加了计算机知识和专业理论知识考试。

完成了水利部职改办委托的《水利部职称考试辅导教材——水利知识》的编写，由中国水利水电出版社出版。

（3）在执业资格与认证工作方面，协助水利部人教司参与水利部系统职业资格清理整顿工作；进一步开展工程教育专业认证工作；积极参与中国科协为申请加入《华盛顿协议》所做的工作。

（八）技术培训

2008年间，针对水利中心工作，在行业内相继开展了防汛抢险、病险水库除险加固、农村饮水安全等内容的技术培训；针对突发性自然灾害等水事件，开展了以“台风防御”和“城市防洪”为主要内容的应急技术培训；在一些交叉领域，如滩涂开发与湿地保护，也开展了技术培训。

（中国水利学会秘书处）

中國水力發電年鉴

18

统 计 资 料

2008年全国水电增长情况表

全国及各省、自治区、直辖市	装机容量（万kW）			发电量（亿kW·h）		
	总 量	水 电	水电增长率（%）	总 量	水 电	水电增长率（%）
全 国	79 273	17 260	16.4	34 510	5655	20.0
北 京	581	105		247	5	5.5
天 津	549			397		
河 北	3211	154	96.7	1601	7	19.6
山 西	3604	79	−0.1	1786	23	−10.0
内蒙古	4886	83		2057	11	−21.9
辽 宁	2219	143	1.1	1139	42	−3.2
吉 林	1300	389	0.2	526	48	−14.5
黑龙江	1813	94	8.3	739	14	16.2
上 海	1682			795		
江 苏	5442	114		2887	3	3.4
浙 江	5317	896	5.2	2134	147	12.7
安 徽	2638	156	3.4	1103	28	41.0
福 建	2627	1058	7.9	1085	332	6.4
江 西	1308	371	4.0	494	89	21.5
山 东	5736	105		2697	2	13.7
河 南	4572	302	10.1	1972	81	−10.4
湖 北	4328	2905	20.9	1752	1199	28.6
湖 南	2508	1065	15.4	850	312	6.1
广 东	6008	1028	1.7	2682	256	10.0
广 西	2424	1397	33.9	855	513	58.4
海 南	279	41	−30.3	118	11	−11.2
重 庆	1073	406	81.6	403	116	52.0
四 川	3501	2224	12.0	1236	836	−11.1
贵 州	2664	947	15.3	1179	366	24.3
云 南	2585	1574	35.8	1040	622	44.2
西 藏	54	43	12.6	16	14	4.5
陕 西	1966	181	1.1	769	54	5.4
甘 肃	1502	544	23.6	691	217	14.7
青 海	791	591	1.3	322	216	5.1
宁 夏	814	43		459	16	−7.2
新 疆	1090	219	2.1	479	74	6.6

（中国电力企业联合会）

2008年全国电源工程建设项目投资完成情况表

全国及各省、自治区、直辖市	总投资额（万元）	水电投资额（万元）	全国及各省、自治区、直辖市	总投资额（万元）	水电投资额（万元）
全　国	34 073 884	8 488 639	河　南	1 428 626	88 824
北　京	71 594		湖　北	1 615 731	1 304 919
天　津	571 621		湖　南	351 611	117 742
河　北	2 026 681	153 173	广　东	2 111 784	119 194
山　西	759 319	67 843	广　西	602 355	596 193
内蒙古	3 317 178	19 059	海　南	303 484	30 829
辽　宁	2 088 076	55 162	重　庆	313 729	274 759
吉　林	1 090 025		四　川	2 591 625	2 471 998
黑龙江	971 345		贵　州	1 354 796	879 293
上　海	235 901		云　南	1 474 176	1 275 925
江　苏	1 222 541	26 700	西　藏	561	
浙　江	1 536 359	76 146	陕　西	1 159 816	55 890
安　徽	1 628 177	44 236	甘　肃	827 148	281 352
福　建	1 595 440	134 156	青　海	292 804	292 804
江　西	581 664	1278	宁　夏	248 397	
山　东	1 201 783	16 440	新　疆	499 537	104 724

（中国电力企业联合会）

2008年水电施工企业完成产值及工程量表

单位名称	企业总产值（亿元）	企业建筑业总产值（亿元）	实物工程量					
			土方（万 m^3）	石方（万 m^3）	混凝土（万 m^3）	金属结构安装（t）	水电机组投产	
							（台）	（万 kW）
中国水利水电建设集团公司	617.3	425.5	19 662.0	14 420.5	3630.4	328 504	146	1170.9
中国葛洲坝集团公司	183.0	152.0	6371.0	4247.0	1356.0	126 738	19	804.0
中国人民武装警察部队水电指挥部（中国安能建设总公司）	57.44	57.44	5233.0	191.0	220.0	10 692	6	64.0

（中国水利水电建设集团公司
中国葛洲坝集团公司
中国人民武装警察部队水电指挥部）

2008年全国农村水电装机容量及发电量情况表

行政区划	装机容量		发电量	
	(kW)	(%)	(万kW·h)	(%)
全 国	51 274 371	100.00	16 275 901	100.00
北 京	42 920	0.08	3641	0.02
天 津	5000	0.01	1400	0.01
河 北	365 458	0.71	38 428	0.24
山 西	162 160	0.32	29 370	0.18
内蒙古	53 460	0.10	8248	0.05
辽 宁	294 984	0.58	79 376	0.49
吉 林	374 519	0.73	104 473	0.64
黑龙江	235 105	0.46	30 614	0.19
江 苏	68 739	0.13	9986	0.06
浙 江	3 423 712	6.68	773 671	4.75
安 徽	716 514	1.40	154 441	0.95
福 建	6 695 774	13.06	2 071 339	12.73
江 西	2 392 454	4.67	630 967	3.88
山 东	72 543	0.14	10 685	0.07
河 南	342 137	0.67	65 710	0.40
湖 北	2 524 722	4.92	735 062	4.52
湖 南	4 687 920	9.14	1 406 835	8.64
广 东	6 145 803	11.99	1 843 769	11.33
广 西	3 311 718	6.46	1 053 833	6.47
海 南	284 679	0.56	94 015	0.58
重 庆	1 253 678	2.45	454 400	2.79
四 川	6 196 926	12.09	2 271 948	13.96
贵 州	1 814 493	3.54	682 685	4.19
云 南	6 232 274	12.15	2 444 966	15.02
西 藏	102 560	0.20	24 997	0.15
陕 西	727 701	1.42	220 161	1.35
甘 肃	1 276 607	2.49	467 325	2.87
青 海	495 190	0.97	216 302	1.33
宁 夏	3200	0.01	800	0.00
新 疆	620 436	1.21	214 959	1.32
新疆兵团	245 685	0.48	89 158	0.55
部直属	105 300	0.21	42 338	0.26

（水利部农村水电及电气化发展局 曲 鹏）

2008年大中型水电厂生产运行情况表

一、抽水蓄能电厂

	电厂名称	总装机容量	机组台数	年发电量	年抽水电量	等效可用系数	各类工况运行总时间	各工况启动次数	启动成功率
		万kW	台	亿kW·h	亿kW·h	%	h	次	%
1	十三陵蓄能电厂	80.00	4	4.04	5.57	91.23	1123.32	1940	100.00
2	潘家口蓄能电厂	27.00	3	0.86	1.26	93.73	1318.43	1027	100.00
3	白山抽水蓄能电站	30.00	2	0.16	2.08	82.08	1425.24	424	98.33
4	宜兴抽水蓄能电厂	100.00	4	3.79	5.21	93.35	616.95	916	99.82
5	天荒坪抽水蓄能电厂	180.00	6	18.37	22.99	88.48	2375.13	3584	100.00
6	桐柏抽水蓄能电厂	120.00	4	12.56	15.08	94.68	2416.50	2243	99.95
7	溪口抽水蓄能电站	8.00	2	1.75	2.30	91.78	9948.75	2645	99.54
8	琅琊山抽水蓄能厂	60.00	4	6.32	7.73	92.32	2246.41	2141	99.76
9	响洪甸抽水蓄能电厂	8.00	2	1.36	1.97	97.86	3616.06	1670	99.88
10	泰安抽水蓄能电厂	100.00	4	1.95	2.39	94.31	477.95	983	99.61
11	回龙抽水蓄能电站	12.00	2	1.66	2.25	94.91	2955.72	1742	100.00
12	广州蓄能水电厂	240.00	8	37.25	47.27	90.02	5826.00	14326	99.69
13	北京华电水电有限公司	5.20	4	0.03	0	99.39	522.00	81	100.00
14	河北华电混合蓄能水电公司	5.70	4	0.55	0.08	97.85	1535.00	1321	100.00

二、常规水电厂

	水电厂名称	发电运行情况				水库运行情况			
		总装机容量	年发电量	平均耗水率	等效可用系数	年入库总水量	发电用水量	年末水位	年末库容
		万kW	亿kW·h	m^3/(kW·h)	%	亿m^3	亿m^3	m	亿m^3
15	万家寨水电厂	108.00	24.5	6.51	95.60	163.40	160.50		4.73
16	太平湾发电厂								
	其中：太平湾	19.00	6.70		90.68	210.58	210.63	29.12	1.63
	长甸	13.50	10.43		96.03		56.03	97.68	45.31
17	太平哨发电厂	16.10	3.66	13.50	98.32	48.40	46.30	191.45	1.60
18	桓仁水电厂	29.45	6.73	5.60	96.02	29.80	35.40	297.88	20.00
19	白山发电厂								
	其中：白山	150.00	14.53	3.67	86.04	44.27	53.44	409.82	45.85
	红石	20.00	3.28	16.72	72.02	55.66	55.66	290.16	1.65
20	丰满发电厂	100.25	9.18	7.91	91.63	79.50	87.30	252.81	50.30
21	云峰发电厂	40.00	10.41	5.25	95.04	50.65	54.52	298.63	19.95
22	新安江水力发电厂	82.25	15.22	5.27	92.82	107.20	80.24	102.35	146.00

续表

水电厂名称		发电运行情况				水库运行情况			
		总装机容量	年发电量	平均耗水率	等效可用系数	年入库总水量	发电用水量	年末水位	年末库容
		万 kW	亿 kW·h	m³/(kW·h)	%	亿 m³	亿 m³	m	亿 m³
23	富春江水力发电厂	35.72	7.29	27.7		222.25	203.40	23.00	4.40
24	乌溪江水力发电厂	34.45	4.78	3.60	94.08	18.21	17.21	203.65	7.27
25	华光潭一级	6.00	1.27	18.00	97.00	2.93	2.90	431.10	0.34
26	陈村水电厂	19.40	2.19	9.38	95.72	25.79	10.12	108.95	10.69
27	沙溪口水力发电厂	30.00	8.89	19.50	94.18	187.18	175.90	87.18	1.41
28	古田溪水力发电厂	14.60	4.78	2.39	96.02	10.98	11.39	363.61	1.11
29	华安水力发电厂	6.00	3.83	9.07	96.62	53.21	34.72	93.74	0.05
30	安砂水力发电厂	11.50	4.86	6.93	95.74	37.90	33.70	248.69	2.62
31	池潭水力发电厂	10.00	4.80	8.20	93.46	43.56	39.40	257.39	1.59
32	闽东水电开发公司	32.00	7.11	0.67	96.30	4.15	4.74	732.14	1.04
33	棉花滩水电厂	60.00	16.01	4.44	89.68	67.75	71.12	161.61	10.93
34	白沙水电厂	7.00	1.55	7.09	90.57	11.15	11.02	258.84	0.92
35	高砂水电公司	5.00	1.84	39.70	95.26	76.67	73.03	103.07	0.25
36	照口水电厂	6.00	2.30	43.89	89.51	110.29	101.15	97.30	0.26
37	上犹江水电厂	7.20	2.39	8.53	94.60	25.71	20.41	190.61	4.39
38	万安水力发电厂	40.00	11.79	21.60	90.63	256.40	241.60	94.97	10.00
39	三峡水力发电厂	1830.00	808.12	4.60	94.24	4289.77	3882.88	169.19	336.48
40	葛洲坝水力发电厂	273.50	170.48	20.00	92.58	4179.04	3611.91	64.63	6.70
41	丹江口水力发电厂	90.00	24.34	8.04	72.00	278.51	195.81	151.98	129.67
42	王甫洲水力发电厂	10.90	5.20	43.45		227.41	226.77	86.43	1.59
43	黄龙滩水力发电厂	49.00	7.70	5.70	92.53	48.15	46.75	246.01	8.10
44	陡岭子水力发电厂	7.05	0.87	7.00	95.32	4.90	6.10	253.99	2.34
45	竹山堵河水电公司	5.00	1.17	12.10	98.28	14.30	13.10	378.00	0.16
46	朝阳寺水力发电厂	7.50	2.26	7.83		19.80	17.68	504.44	1.25
47	五强溪水电厂	120.00	52.27	8.60	96.49	546.79	449.58	106.99	28.87
48	凌津滩水电厂	27.00	11.12	40.25	95.61	560.89	447.74	50.53	1.36
49	碗米坡水电厂	24.00	6.29	11.10	95.11	88.72	69.82	245.61	2.21
50	近尾洲水电站	6.32	3.18	56.14	99.33	225.92	178.48	65.97	1.53
51	洪江水力发电厂	27.00	9.17	17.83	93.47	190.93	163.46	188.68	1.70
52	三板溪水电厂	100.00	17.32	3.39	96.84	72.53	58.75	451.53	22.23
53	挂治水电厂	15.00	3.12	19.17	94.82	66.36	59.89	320.30	0.35
54	马迹塘水电厂	5.55	2.21	65.47	96.34	175.18	144.82	55.77	0.13
55	东坪水电站	7.20	2.09	55.84	94.59	128.58	116.46	94.22	0.10
56	株溪口水力发电厂	7.40	0.55		95.86				
57	白石窑水电厂	9.20	2.93	40.60		158.00	119.00	36.50	1.08

续表

	水电厂名称	发电运行情况				水库运行情况			
		总装机容量	年发电量	平均耗水率	等效可用系数	年入库总水量	发电用水量	年末水位	年末库容
		万 kW	亿 kW·h	$m^3/(kW·h)$	%	亿 m^3	亿 m^3	m	亿 m^3
58	飞来峡水电厂	14.00	5.80	35.00	84.55	356.20	203.20	24.00	4.23
59	南水水电厂	7.50	2.25	2.98	98.02	9.57	7.82	204.68	5.30
60	长湖水电厂	7.80	2.64	10.95	84.83	53.39	33.59	57.79	1.01
61	新丰江水电厂	37.40	8.28	7.37	95.53	66.46	58.90	104.30	70.00
62	枫树坝水电厂	17.60	6.10	7.73	90.16	48.42	43.32	153.45	9.70
63	长潭水电厂	6.00	1.53	9.92	97.65	20.07	17.36	147.93	1.15
64	青溪水电厂	14.40	3.99	17.78	92.63	80.44	79.22	71.27	0.53
65	平班水电厂	40.50	16.50	11.86	92.55	197.17	193.35	438.37	1.98
66	岩滩水电厂	121.00	72.50	6.61	89.95	534.82	479.34	221.05	24.05
67	大化水电厂	45.60	26.69	17.47	91.32	548.65	466.20	154.78	3.51
68	百龙滩水电厂	19.20	8.35	48.85	92.43	588.10	408.88	126.96	0.73
69	乐滩水电厂	60.00	32.63	17.24	87.05	647.31	562.67	111.39	3.88
70	西津水力发电厂	24.22	11.70	46.12	93.71	538.82	539.56	61.05	10.59
71	广西长洲水电公司	46.20	12.12	41.42	88.14	1965.00	444.00	20.50	18.44
72	麻石水力发电厂	10.00	4.68	23.40	94.74	181.00	109.00	132.50	1.32
73	宜州水力发电厂								
	其中：拉浪	5.10	2.55	16.36	86.00	89.26	41.72	175.91	0.94
	洛东	7.00	2.10	23.69	96.00	152.21	73.09	117.18	0.63
74	大广坝水电厂	24.00	5.43	5.80	97.25	39.60	31.90	138.99	13.90
75	狮子滩水电总厂	13.20	4.51	40.02	97.34	22.45	18.03	341.50	0.56
76	二滩水电厂	330.00	161.03	2.33	95.07	519.93	374.44	1199.53	57.45
77	龚嘴水力发电总厂	132.00	64.79	6.50	93.40	424.60	325.10	526.32	0.74
78	南桠河水电开发公司	50.40	14.58	1.40	91.69	18.00	18.80	2647.52	2.70
79	南桠河电厂	12.00	6.39	1.90	93.85	13.20	9.60	1366.20	0
80	宝珠寺水力发电厂	70.00	13.75	4.93	92.15	69.48	67.76	586.90	19.98
81	紫兰坝水电开发公司	10.20	2.73	25.55	92.13	70.35	69.87	485.35	0.23
82	红叶二级水电站	9.00	1.09	2.01	89.65	8.43	2.18	2085.51	0
83	薛城水电站	13.80	1.43	2.37	100.00	4.86	3.39	1705.92	0.01
84	乌江渡发电厂	125.00	41.32	3.51	94.17	161.93	145.03	756.17	19.64
85	东风发电厂	69.50	28.70	3.60	97.30	109.54	103.33	960.26	6.94
86	洪家渡电站	60.00	14.14	3.11	93.70	62.31	43.95	1137.83	43.28
87	索风营电站	60.00	22.46	4.13	91.99	116.05	92.74	833.69	1.51
88	大花水水电站	20.00	7.81	3.25	95.31	28.73	25.41	864.40	2.25
89	光照发电厂	104.00	13.75	2.33	97.23	41.28	32.05	715.53	18.56
90	普定发电公司	8.40	4.20	7.90	97.71	45.74	33.18	1138.55	2.39

续表

水电厂名称		发电运行情况				水库运行情况			
		总装机容量	年发电量	平均耗水率	等效可用系数	年入库总水量	发电用水量	年末水位	年末库容
		万kW	亿kW·h	$m^3/(kW\cdot h)$	%	亿m^3	亿m^3	m	亿m^3
91	引子渡水电站	36.00	11.37	4.08	91.69	50.19	46.45	1084.82	4.39
92	贵州鱼塘电站	7.50	2.34	8.30	99.01	24.39	19.45	456.81	0.65
93	天生桥水力发电总厂(二级)	132.00	83.99	2.18	92.46	186.68	183.28	643.00	0.14
94	红枫水力发电总厂	26.70	9.27	0.90	93.27	9.70	8.00	1239.34	5.50
95	大寨水电厂	6.00	2.54	3.30	96.32	8.40	6.10	1482.12	0
96	迪庆香格里拉水电公司	25.03	6.84	3.00	95.82	21.00	17.40	3125.00	0
97	螺丝湾水电站	6.00	3.13	2.67	90.09	12.27	8.36	2259.60	0.01
98	西洱河水电厂	25.50	7.48	0.80		9.27	5.97	1974.34	29.65
99	鲁布革水力发电厂	60.00	27.95	1.32	94.32	50.00	36.91	1128.38	0.81
100	以礼河发电厂	32.15	11.71	0.35	92.45	5.10	4.06	2223.27	3.87
101	绿水河发电厂	6.55	3.96	1.34	92.59	7.61	5.32	476.69	9.79
102	石泉水力发电厂	22.5	6.03	10.30	97.60	65.88	62.14	408.37	2.46
103	青铜峡水电厂	27.20	9.37	21.84	90.75	239.64	233.03	1155.90	0.34
104	刘家峡水电厂	135.00	53.58	4.04	92.90	229.20	216.50	1726.81	30.20
105	龙羊峡水电厂	128.00	52.69	3.42	83.98	163.89	180.07	2580.05	176.23
106	公伯峡水电厂	150.00	50.15	3.67	90.85	183.48	184.37	1999.67	4.46
107	李家峡水电厂	160.00	53.36	3.36	90.85	178.01	179.48	2174.47	14.82
108	苏只水电厂	22.50	8.56	22.28	96.88	192.15	190.79	1897.39	0.31
109	盐锅峡水电厂	44.60	15.78	11.09	93.00	234.26	234.28	1619.08	0.32
110	八盘峡水电厂	21.60	7.56	26.28	91.36	255.41	255.41	1577.41	0.19
111	大通河金沙峡电站	7.00	2.42	5.99			14.48		
112	吉林台水电厂	46.00	10.12	3.72	93.38	34.70	37.10	1408.55	18.79
113	察汗乌苏水电站	30.90	8.26	3.80	97.34	32.60	28.30	1633.97	0.70

(各发电公司、各省水力发电工程学会、各水电厂提供资料)

2008年全国电力统计基本数据一览表

	单 位	2008年	2007年	比上年增长(±、%)
一、发电装机容量	万kW	79 273.13	71 821.65	10.37
水 电	万kW	17 260.39	14 823.21	16.44
火 电	万kW	60 285.84	55 607.42	8.41
核 电	万kW	884.60	884.60	0.00
风 电	万kW	838.77	419.89	99.76

续表

	单 位	2008 年	2007 年	比上年增长（±、%）
二、关停机组	万 kW	1892.64	2336.45	—443.81
水 电	万 kW	42.05	292.17	—250.12
火 电	万 kW	1850.50	2043.91	—193.41
三、基建新增发电设备能力	万 kW	9201.88	10 190.00	—9.70
水 电	万 kW	2148.27	1307.00	64.37
火 电	万 kW	6554.54	8360.00	—21.60
核 电	万 kW		200.00	
风 电	万 kW	499.07	304.00	64.17
四、年底电源在建规模	万 kW	17 387.19	19 585.38	—11.22
水 电	万 kW	7343.61	9147.55	—19.72
火 电	万 kW	6911.70	8374.98	—17.47
核 电	万 kW	2544.91	794.91	220.15
风 电	万 kW	586.97	247.48	137.18
五、基建新增 110kV 及以上输电线路长度	km	67 592	62 030	8.97
其中：750kV	km	651		
500kV	km	15 436	15 329	0.70
330kV	km	1796	2033	—11.68
220kV	km	23 994	24 012	—0.08
110kV	km	25 716	20 656	24.49
六、基建新增 110kV 及以上变电设备容量	万 kVA	31 878	24 994	27.54
其中：750kV	万 kVA	360		
500kV	万 kVA	10 095	8005	26.11
330kV	万 kVA	654	846	—22.70
220kV	万 kVA	12 359	9879	25.11
110kV	万 kVA	8410	6264	34.26
七、单机 6000kW 及以上机组	台	8890	8215	8.22
	万 kW	72 047.19	63 091.89	14.19
水 电	台	2653	2144	23.74
	万 kW	13 357.96	10 993.07	21.51
火 电	台	6237	6011	3.76
	万 kW	58 689.23	51 354.16	14.28
平均单机容量	万 kW/台	8.10	7.68	5.47
其中：水 电	万 kW/台	5.04	5.13	—1.75
火 电	万 kW/台	9.41	8.54	10.19
八、35kV 及以上输电线路长度	km	1 168 857	1 106 345	5.65
其中：750kV	km	630	141	346.81
500kV	km	107 993	96 574	11.82

续表

	单 位	2008年	2007年	比上年增长（±、%）
330kV	km	16 717	15 493	7.90
220kV	km	233 558	216 159	8.05
110kV	km	401 310	376 752	6.52
35kV	km	408 649	401 226	1.85
九、35kV及以上变电设备容量	万kVA	279 861	242 443	15.43
其中：750kV	万kVA	660	300	120.00
500kV	万kVA	52 588	41 781	25.87
330kV	万kVA	4665	3951	18.07
220kV	万kVA	89 685	76 951	16.55
110kV	万kVA	99 130	88 658	11.81
35kV	万kVA	33 133	30 802	7.57
十、电力投资	亿元	6302.40	5677.27	11.01
1. 电源工程投资	亿元	3407.39	3226.37	5.61
其中：水　电	亿元	848.86	859.02	−1.18
火　电	亿元	1678.50	2004.50	−16.26
核　电	亿元	329.49	163.61	101.39
风　电	亿元	527.27	171.04	208.27
2. 电网工程投资	亿元	2895.01	2450.91	18.12
十一、发电量	亿kW·h	34 510.13	32 643.97	5.72
水　电	亿kW·h	5655.48	4713.54	19.98
火　电	亿kW·h	28 029.97	27 206.59	3.03
核　电	亿kW·h	692.19	628.63	10.11
风　电	亿kW·h	130.79	57.10	129.06
十二、6000kW及以上电厂供热量	万GJ	249 701.62	259 651.36	−3.83
十三、6000kW及以上电厂供电煤耗	g/kW·h	345	356	−11
十四、6000kW及以上电厂发电煤耗	g/kW·h	322	332	−10
十五、6000kW及以上电厂厂用电率	%	5.90	5.83	0.07
水　电	%	0.36	0.42	−0.06
火　电	%	6.79	6.62	0.17
十六、6000kW及以上电厂利用小时	h	4648	5020	−7.41
水　电	h	3589	3520	1.96
火　电	h	4885	5344	−8.59
风　电	h	2046		
十七、供电量	亿kW·h	30 617.02	28 431.90	7.69
售电量	亿kW·h	28 537.22	26 449.93	7.89
线损电量	亿kW·h	2079.80	1981.98	4.94
线路损失率	%	6.79	6.97	−0.18

续表

	单 位	2008 年	2007 年	比上年增长（±、%）
十八、全社会用电量	亿 kW·h	34 379.69	32 590.08	5.49
A. 全行业用电合计	亿 kW·h	30 297.56	28 977.65	4.55
第一产业	亿 kW·h	879.25	863.96	1.77
第二产业	亿 kW·h	25 920.16	24 927.17	3.98
其中：工业	亿 kW·h	25 577.80	24 614.25	3.91
1. 轻工业	亿 kW·h	4572.24	4468.03	2.33
2. 重工业	亿 kW·h	21 005.56	20 146.22	4.27
第三产业	亿 kW·h	3498.15	3186.52	9.78
B. 城乡居民生活用电合计	亿 kW·h	4082.13	3612.43	13.00
其中：城镇居民	亿 kW·h	2407.04	2140.37	12.46
乡村居民	亿 kW·h	1675.09	1467.92	14.11
十九、6000kW 及以上电厂燃料消耗				
发电消耗标准煤量	万 t	86 857.72	87 494.43	−0.73
发电消耗原煤量	万 t	131 902.75	128 811.60	2.40
发电消耗燃油量	万 t	613	813.32	−24.62
供热消耗标准煤量	万 t	10 022.73	10 516.34	−4.69
供热消耗原煤量	万 t	14 732.18	14 909.42	−1.19
供热消耗燃油量	万 t	68.26	72.64	−6.03
二十、6000kW 及以上电厂热效率				
电厂热效率	%	39.57	38.11	1.46
电厂供热效率	%	85.01	84.25	0.76
能源转换总效率	%	43.19	42.05	1.14
二十一、发电设备比				
发电设备容量：用电设备容量		1∶3.12	1∶3.11	
二十二、电力弹性系数				
电力生产弹性系数		0.64	1.22	
电力消费弹性系数		0.61	1.24	
二十三、电力消费能源占一次能源消费的比重	%	42.89	44.20	

注 表中发电量数据为中电联全口径统计。

（中国电力企业联合会）

中國水力發電年鉴

19

大　事　记

一 月

1月6日 中国水利水电建设集团公司以142.7亿元标价中标京沪高速铁路土建工程JHTJ-3标段，成为承建我国第一条具有世界先进水平的高速铁路的4家中央企业之一。新建京沪高速铁路正线全长约1318km，设计时速350km/h，土建施工招标共划分6个合同段。该集团公司中标的JHTJ-3标段，北起山东济南，南至江苏徐州，正线全长266.617km。工程于2008年1月15日开工，施工总工期60个月。

1月8日 在北京举行的国家科学技术表彰奖励大会上，由福建电力公司及水口发电公司组织建设，省内外多家单位协作，经过10年完成的“福建水口水电站2×500t垂直升船机建设及运行”项目获得国家科学技术进步二等奖。

1月13日 《科技导报》2008年第一期发布了该刊评选出的“2007年中国重大科学、技术与工程进展”。这是《科技导报》连续第五年进行此项评选，共有10项科学进展、10项技术进展和9项工程进展入选。三峡船闸全部建成完工和龙滩水电工程发电运行入选中国重大工程进展，南水北调中线工程大流量渡槽技术难题攻克、400kN超高强度悬式瓷绝缘子试制成功和700MW级全空冷水轮发电机研制成功入选中国重大技术进展。

1月16日 中国大唐集团公司2008年工作会议在北京召开。2007年，大唐集团取得可喜成绩，发电装机容量达到6482.34万kW；发电量达到3047.57亿kW·h，同比增长21.12%;，实现销售收入853.76亿元，同比增长21.45%；供电煤耗342.94g/（kW·h），同比下降6.94g/（kW·h）。会议明确提出了大唐集团公司2008年加快进军世界500强的目标，确定2008年为公司“环保年”。

1月17日 国家电网公司召开一届三次职工代表大会暨2008年工作会议。2007年，国家电网公司主要经济技术指标再创历史最好水平，全年完成固定资产投资2254亿元，同比增长19%；投产110kV及以上输电线路5.4万km，变电容量2.1亿kVA；完成售电量19 742亿kW·h，增长15.5%。会议提出，2008年工作要以“两个转变”为主线，努力开创“一强三优”现代公司建设新局面。

同日，中国华能集团公司在北京召开2008年工作会议。会议总结了2007年工作，部署2008年任务，加快建设具有国际竞争力大企业集团的步伐。截至2007年底，华能集团装机容量达到7157.6万kW，同比增长25.2%；完成发电量3270.4亿kW·h，同比增长16%；销售收入1155.3亿元，同比增长37.3%，超过2007年度世界企业500强门槛；供电煤耗337.37g/（kW·h），同比下降7.74g/（kW·h）。

同日，中国华电集团公司召开2008年工作会议。会议总结了2007年工作，部署2008年任务，将2008年锁定为“对标管理年”。2007年，华电集团业绩大幅提升，装机容量突破6000万kW；完成发电量2581.58亿kW·h，同比增长29.4%；供电煤耗347.11g/（kW·h），同比下降8.71g/（kW·h）。

1月19日 广西长洲水利枢纽外江电站2号机组圆满完成72h试运行，首批1、2、3号3台机组正式发电。该工程兼有航运、防洪、调节珠江入海流量等功能，安装15台单机容量4.2万kW灯泡贯流式机组，有41孔宽16m的排洪闸和2条千吨级的船闸，大坝长3.3km，是目前我国贯流式机组台数最多、大坝最长的水电工程。

1月20～21日 中国水利水电建设集团公司2008年工作会议在北京隆重召开。会议总结集团公司2007年工作，部署2008年的主要任务。2007年，中国水利水电建设集团公司实现营业总收入505.19亿元，同比增长23.4%；实现市场营销合同额617.7亿元，同比增长28.7%；实现利润总额16.54亿元，同比增长83.17%。

1月21日 中国国电集团公司在北京召开2008年工作会议，总结2007年和成立5年来的工作，分析面临的形势，部署2008年工作，号召全体员工为建设现代能源集团而努力奋斗。截至2007年底，中国国电集团公司可控装机容量达到6006万kW，比上年增加1560.8万kW；全口径发电量完成2652.8亿kW·h，同比增长17.4%；供电煤耗348g/（kW·h），同比下降7.5g/（kW·h）。

同日，中国电力投资集团公司召开2008年工作会议，正式确定“三步走”发展战略，提出建设世界一流能源企业集团目标。2007年，该集团电力装机容量达到4300万kW，完成发电量1911亿kW·h；煤炭产能3400万t，有色金属产能43万t；供电煤耗357.7g/（kW·h），同比下降5.56g/（kW·h）；超额完成国资委年度业绩考核指标。

1月21～22日 中国南方电网有限责任公司2008年工作会议暨一届一次职工代表大会在深圳召开。2007年，南方电网公司主要生产指标全部优于上年，整体效益处于历史最好水平，完成售电量4597亿kW·h，增长15.7%；完成固定资产投资537亿元，投产220kV及以上输电线路8859km，变电容量3116万kVA。

1月28日 由哈尔滨电机厂有限责任公司承担的“巨型空冷水轮发电机组关键技术及设备研制”项目通过鉴定。由黑龙江省科技厅组织的鉴定委员会，经过认真讨论后，一致认为：哈尔滨电机厂有限责任公司在引进、消化吸收再创新的基础上，自主研制的具有自主知识产权的840MVA全空冷水轮发电机组总体技术达到国际领先水平。

1月29日　鉴于年初南方部分省区发生了历史罕见的低温雨雪冰冻灾害，造成电力主网大面积停电，农村水电设施严重受损，水利部发出《关于应对冰雪灾害全力做好农村水电抢险救灾工作的紧急通知》，对做好农村水电抢险救灾工作提出要求，并派出了5个工作组奔赴灾区，组织各地支援重灾区恢复供电。

1月30日　中发［2008］1号文件《中共中央　国务院关于切实加强农业基础建设进一步促进农业发展农民增收的若干意见》中提出加强农村水能资源规划和管理，推进水电农村电气化建设，扩大小水电代燃料建设规模，继续实施农村电网改造。

1月30日　长江电力完成2008年第一期短期融资券共10亿元人民币的发行，期限为365天，单位面值为100元人民币，发行利率为4.99%，共募集资金10亿元。

1月31日　龙滩大坝375m方案建设工程混凝土浇筑全线到达382m设计高程，比合同工期提前8个月。

二　月

2月6日　乌江彭水电站4号机组正式并网发电。这是彭水电站投产的首台机组，也是目前重庆地区最大的水电机组。彭水电站设计安装5台35万kW机组，2003年开工，2008年1月12日下闸蓄水，历时4年。水电建设者攻克了乌江两岸复杂断层和岩溶施工的技术难题，科学施工，确保了发电目标的实现。

2月13日　四川黑水河毛尔盖水电站项目获国家发展改革委核准。毛尔盖水电站由中国水利水电建设集团四川电力开发有限公司控股开发，位于四川省阿坝藏族羌族自治州黑水县境内，是黑水河干流水电规划“二库五级”开发方案的第三个梯级电站，采用引水式开发，以发电为主，兼顾有与紫坪铺水利枢纽一道向成都、都江堰灌区供水的作用；总装机容量42万kW。工程静态总投资57.49亿元，动态总投资68.69亿元。

三　月

3月7日　广西长洲水利枢纽工程内江首台4.2万kW的10号机组经过72h的试运行，顺利实现并网发电。该枢纽安装15台单机容量4.2万kW的灯泡贯流式机组，其中内江10～15号机电安装调试工程，由中国水电四局机电安装分局承担。

3月8日　随着国家电网受灾最严重的湖南、浙江电网抗灾救灾恢复重建任务胜利完成，国家电网全面恢复正常运行。2008年1月10日以来，我国华中、华东、南方大部分地区出现了历史罕见的低温雨雪冰冻灾害天气，致使输变电设施大面积覆冰，厚度远远超过设计标准，电力设施大范围损毁，电网结构破坏严重。华中、华东区域电网及所属10个省级电网遭受严重损失，共37个地市的545个县（区）2706万客户受到影响。国家电网高压杆塔倒塌17.2万基、受损1.2万基，高压线路断线12.9万处；低压线路倒、断杆51.9万基，受损15.3万km；各电压等级线路停运15.3万条，变电站停运884座；通信光缆受损约2860km；直接经济损失达104.5亿元。

3月13日　《水利水电工程报》报道：日前，中国水利水电第四工程局在溪洛渡水电站左岸谷肩堆积体新增排水平洞洞室施工中，首次使用了磁电安全雷管爆破施工。磁电雷管爆破是安全性能较高的爆破方式。该项技术的掌握，使爆破开挖方面有了更加有力的技术支持和安全保障。

3月17日　国家发展改革委印发发改能源［2008］759号文件，核准福建仙游抽水蓄能电站项目，由国家电网公司、莆田市综合国有资产投资运营有限公司和仙游县国有资产投资运营中心共同投资建设。仙游抽水蓄能电站位于福建省仙游县西苑乡，总装机容量120万kW，由中国水电顾问集团华东勘测设计研究院承担勘察设计。仙游抽水蓄能电站安装4台30万kW的自主化立轴单级可逆混流式机组，设计年抽水用电量25.28亿kW·h，年发电量18.96亿kW·h。电站枢纽由上水库、下水库、输水系统、地下厂房和开关站等建筑物组成，工程总工期为66个月。

3月18日　国家发展改革委公布《可再生能源发展“十一五”规划》，明确将怒江的六库、赛格水电站列入“十一五”期间国家将开发的水电重点项目；同时，金沙江的向家坝、白鹤滩、观音岩、鲁地拉、龙盘、梨园、阿海，澜沧江的景洪、糯扎渡、功果桥等大型和特大型水电站亦被列入“十一五”重点项目。按照该《规划》，到2010年，我国可再生能源在能源消费中的比重达到10%，全国可再生能源年利用量达到3亿t标准煤。其中，水电总装机容量达到1.9亿kW，风电总装机容量达到1000万kW，生物质发电总装机容量达到550万kW，太阳能发电总容量达到30万kW。

3月20日　河南五岳抽水蓄能电站工程奠基仪式在工程现场举行。该电站位于河南省信阳市光山县境内，装机容量4×25万kW，计划2015年全部投运。

3月21日 西藏林芝地区老虎嘴水电站成功截流，标志着该电站工程进入主体施工阶段。老虎嘴水电站是目前巴河流域最大的水电站，装机总容量10万kW，总投资12.8亿元，是西藏“十一五”重点能源项目之一，由武警水电第十一支队承建；计划2010年6月投产发电。

同日，三峡梯调圆满完成与三峡电厂、葛洲坝电厂自动发电控制（AGC）联调试验。试验各项指标均达到设计要求，并形成试验报告，作为三峡梯调计算机监控系统软件中期验收的一部分，得到专家组的一致认同。AGC是根据梯级发电优化调度要求，在各电厂合理、经济地分配总有功，实现梯级电厂经济运行，体现出“调好每一方水发好每一度电”的梯级电站调度管理的核心竞争力。

3月24日 三峡地下电站主厂房开挖全部结束。三峡地下电站主厂房长311.3m、宽32.6m、高87m，其跨度和高度在目前国内地下厂房中均位居前列。厂房规模宏大，结构形式复杂多变，质量标准高，施工难度大，具有极高的挑战性。工程开工以来，项目部以建精品工程为目标，坚持“四个精细化”管控理念，精心组织，精细施工，连续3年实现了三峡总公司质量安全“双零目标”，施工质量屡创国内最好纪录，先后创造了厂房大断面顶拱平均超挖小于8.5cm、吊车梁岩台平均超挖小于5.5cm、高边墙平均超挖小于9cm的全国最好纪录，赢得了广泛的社会赞誉。

3月25日 向家坝地下厂房岩锚梁混凝土施工提前6天浇完最后1仓，抢在高温季节来临之前，在优质中提前圆满竣工。该岩锚梁全长255m、顶面宽度为2m、高3m，在其上面将安装两台1200t/200t单小车桥式起重机，具有技术含量高、质量控制严格、温控要求高、工序繁多、工艺复杂、施工难度大、工期紧迫等特点。

3月27日 经过近一年的试运行，由葛洲坝电厂自主研发的无源零开断自动灭磁装置投入正式运行，此技术为大中型水轮发电机组灭磁提供了新的解决方案，属国内首创，处于国际先进水平。

3月28日 《中国三峡工程报》报导，为贯彻落实国家节能减排有关政策，保护电力企业合法权益，促进和规范发电权交易，国家电监会近日制定了《发电权交易监管暂行办法》。

四 月

4月8日 由中国水电顾问集团华东勘测设计研究院编制的《金沙江下游梯级开发环境监测规划方案》在北京通过水电水利规划设计总院组织的专家审查。评审认为：该方案满足金沙江下游水电梯级开发环境管理的要求，可作为下阶段环境监测实施规划的指导依据。

4月13日 龙滩工程4号机组正式并网发电，比国家批准的计划工期提前了14个月。该70万kW全空冷式水轮发电机组由中国水利水电第十四工程局安装。

4月18日 水利部在北京召开全国违规水电站清查整改工作座谈会，国家安监总局、电监会派人参会。2007年以来全国共计清查出违规水电站3415座，已完成整改2257座，整改率达66%。水利部副部长胡四一作了《提高认识落实责任全面推进违规水电站清查整改工作》的重要讲话，提出力争在2010年全面完成违规水电站整改任务。

4月23日 国家发展改革委以发改能源［2008］1023号文，正式批复核准托口水电站项目。托口水电站为湖南沅水流域梯级开发项目，总装机容量83万kW，安装4台20万kW混流式水轮发电机组和2台1.5万kW生态基流小机组，年发电量21.31亿kW·h；水库正常蓄水位250m，汛期限制水位246m，死水位235m，总库容13.84亿m^3；以500kV一级电压接入湖南电网。该电站由中电投五凌电力有限公司建设。

4月25日 中国长江三峡工程开发总公司与中国水利水电建设集团公司、中国南方电网公司就缅甸萨尔温江（THALWAN）流域水电项目开发在北京举行战略合作框架协议签约仪式。该战略合作框架协议的签订，符合国家睦邻友好的外交经济政策、“走出去”战略和大湄公河次区域合作框架，是萨尔温江水电项目开发以及三方合作的一个重要里程碑。

4月28日 宜兴抽水蓄能电站首台1号机组正式投入商业运行。该电站位于宜兴市铜官山，安装4台单机容量为25万kW的混流可逆式机组；2008年3月16日，1号机组进入30天试运行；试运行期间，机组发电工况启停59次，抽水工况启停30次，启动成功率均为100%，各项技术指标达到国内大型抽水蓄能电站机电安装的领先水平。

同日，中国水利水电建设集团公司在老挝投资开发的第一个水电站项目——南俄5水电站BOT项目，在老挝首都万象隆重举行了开工典礼。电站总装机容量12万kW，年发电量5.07亿kW·h。工程总投资近2亿美元，其中集团国际公司持有85%的股份，其余15%为老挝国家电力公司持有，项目特许经营期25年，建设期4年，预计于2011年正式发电。

4月29日 由国家环保总局组织的黄河上游龙羊峡至刘家峡河段水电梯级开发环境影响后评价报告审查会在北京召开，报告通过审查。

五 月

5月7日 西北—华中（四川）直流联网工程开工仪式在陕西宝鸡、四川德阳同时举行。该工程的开工建设，标志着国家电网公司在推进电网跨区联网工程中又迈出了重要一步，对促进电力资源更大范围优化配置、助力西部经济发展具有重要意义。西北—华中（四川）直流联网工程起点为陕西宝鸡换流站，落点为四川德阳换流站，将新建±500kV换流站两座，新建直流线路一条，全长约574km，途经四川、甘肃、陕西3省，计划2010年建成。

5月8日 由中国水力发电工程学会和中国电力报社联合主办的“中国水电发展论坛”在北京举行。国家发展改革委副主任、国家能源局局长张国宝到会并作重要讲话。来自国家发展改革委、国家电监会、国家能源局、水利部、环境保护部、各相关电力企业、国家开发银行、各水电开发重要省区发展改革委等单位的负责人以及中国水力发电工程学会、中国水电工程设计研究院等单位的权威专家、学者等业内人士参加了会议。他们就水电发展面临的问题进行了深入的交流和讨论，分析了当前水电领域内的热点、难点问题。水电投资开发、设计、建设、管理等单位介绍了相关经验。

5月12日 下午2时28分，四川省汶川县发生8.0级强烈地震。这场地震强度之大，波及范围之广，为几十年来所罕见，人民生命财产受到严重损失。灾区有大、中、小型水利水电工程2380余座，约860座水电站受到不同程度的损坏，其中，95%以上的是小型水电站，大中型水电工程不足5%。岷江上游水电工程受震损最大，但所有大、中型水电工程无一溃坝，没有造成次生灾害，也没有构成对下游地区的威胁。

5月16日 武警水电三总队130名官兵携22台挖掘机、装卸车等大型机械，冒着遭滚石、泥石流袭击的危险，昼夜不停朝茂县挺进，经过90多个小时的艰苦奋战，终于与对面的地方施工人员成功会师，打通了汶川通往茂县的公路，为大部队进入茂县救援创造了条件，同时也为经茂县转运九黄机场救灾物资到汶川提供了方便。

5月17日 经过电网员工连续几日的艰苦作战，500kV紫（紫坪铺）—景（丹景）线恢复送电成功，紫坪铺电厂顺利并网。受汶川强烈地震影响，位于都江堰与汶川交界处、岷江上的紫坪铺水利枢纽工程因设备受损，整个电站机组全部停机。经过抢修，17日22时44分，紫坪铺电厂机组已带负荷40万kW。

5月18日 由中国水力发电工程学会、浙江大学、国家电网公司、中国长江三峡工程开发总公司等38家单位共同发起的“潘家铮水电科技基金”成立大会在北京隆重举行。潘家铮院士长期致力于我国水利水电建设的研究与实践，致力于发展和创新我国的水利水电技术，在三峡工程和南水北调等国家重大水利水电工程中作出了重要贡献。设立“潘家铮水电科技基金”是为了学习和弘扬潘家铮院士为中国水利水电事业锐意创新、鞠躬尽瘁、奋斗不息的精神，促进我国水利水电事业尽快地向前发展。根据“潘家铮水电科技基金”章程规定，将设立潘家铮水力发电科学技术奖，奖励在水利水电工程勘察、设计、咨询、建设施工、技术标准、生产管理等领域中的科技创新中作出突出贡献的个人，同时资助水利水电类高等院校学科专业建设和创新型人才的培养。

5月20日 零时50分，因地震被埋近179个小时奇迹生还的马元江被上海消防总队从废墟中抢救出来。31岁的马元江是国家电网映秀湾发电总厂发电部副主任。

5月24日 中共中央政治局常委、国务院总理、国家抗震救灾总指挥温家宝来到紫坪铺水利枢纽大坝视察，慰问参与紫坪铺电站抢险的人员。

六 月

6月5日 国家环境保护部发布《2008长江三峡工程生态与环境监测公报》。公报表明：2007年，三峡库区综合环境质量好于上年，耕地和退耕还林面积增加，土壤养分流失得到有效控制，生物多样性保持良好，陆生动植物保护效益明显，干流水质好于上年，气候状况持续改善，人群健康状况稳定；地质灾害监测预警取得成效，应急防治工程进展顺利；工程施工区环境质量总体良好；长江特有鱼类及珍稀水生动物生长环境正常；长江河口生态环境状态平稳。

6月10日 位于吉林省松原市第二松花江干流上的哈达山水利枢纽工程正式宣布开工。该工程的任务是以工农业和生活供水为主，兼顾生态环境保护、发电等综合利用，并为以后向辽河流域缺水地区供水创造条件，是实现流域内水资源优化配置的重点骨干工程，为国家“十一五”期间重点水利枢纽工程之一、吉林省多年来最大的水利工程项目，工程总投资32.5亿元。

同日，唐家山堰塞湖泄水抢险取得决定性胜利，国务院抗震救灾总指挥部电贺唐家山堰塞湖排险成功。贺电指出，抢险人员经过连续十多天的艰苦奋战，按照安全、科学、快速的要求，成功地处理了唐家山堰塞湖险情，消除了汶川地震次生灾害的一个特大威胁，确保了人民群众的生命安全，避免了大的损失，创造了世界上处理大型堰塞湖的奇迹。

同日，水利部宣布，全国822座汶川地震受损水电站险情全部排除，圆满完成了确保水电站大坝不溃决、次生灾害不发生的艰巨任务。

6月12日　全国政协原副主席、中国工程院院士钱正英率专家组到新疆下坂地水利枢纽工程建设工地考察，旨在获取现场一手资料，为贯彻落实国务院《关于进一步促进新疆经济社会发展的若干意见》（国务院32号令）奠定基础。

同日，湖北能源集团股份有限公司创立大会在湖北武汉召开。该公司由湖北省国资委、长江电力、中国国电集团发起设立，总股本为48亿股，三方出资比例分别为50.96%、41.69%和7.35%。

6月16日　中共中央组织部副部长王尔乘分别到中国华能集团公司、中国华电集团公司和中国国电集团公司宣布了党中央、国务院国资委的决定：任命曹培玺为中国华能集团公司总经理、党组副书记，黄永达为中国华能集团公司党组书记、副总经理；任命云公民为中国华电集团公司总经理、党组副书记，李庆奎为中国华电集团公司党组书记、副总经理，免去曹培玺的中国华电集团公司党组书记、副总经理职务；任命乔保平为中国国电集团公司党组书记、副总经理，免去李庆奎的中国国电集团公司党组书记、副总经理职务。

6月17日　云南景洪水电站首台机组（5号机组）顺利完成72h试运行。电站共有单机35万kW机组5台，总装机容量175万kW。该机组由中国水利水电第八工程局机电制造安装分局承担安装。

6月18日　三峡右岸电站19号机组顺利完成72h试运行。该机组由阿尔斯通公司设计、制造，由中国水利水电第四工程局负责安装。安装工作于2007年7月27日开始，到2008年5月下旬完成安装、无水调试及相关检查工作，2008年6月10～15日完成有水调试。调试试运行中机组各项运行指标优良，各辅助系统功能完备、运行正常。

6月19日　国家发展改革委宣布，自2008年7月1日起，将全国销售电价平均每千瓦时提高2.5分钱。国家发展改革委同时明确，此次电价调整，对城乡居民用电和农业、化肥生产用电价格不作调整，四川、陕西、甘肃3省受地震灾害影响严重的县（市）用电价格也不作调整。国家发展改革委还指出，目前煤炭价格水平较高，为防止煤、电价格轮番上涨，即日起至2008年12月31日，对全国发电用煤实施临时价格干预措施。在临时价格干预期间，全国煤炭生产企业供发电用煤的出矿价，不得超过2008年6月19日实际结算价格。

6月20日　溪洛渡水电站围堰工程上游围堰整体填筑至436m高程，下游围堰整体填筑至407m高程，上、下游围堰如期竣工。上游围堰堰体防渗采用碎石土斜心墙，下游围堰堰体防渗采用土工膜心墙。上、下游围堰设计土石方填筑总工程量为262.38万m^3。围堰施工达到设计要求后，溪洛渡工程2008年安全度汛目标得以实现，为大坝工程年底混凝土开浇创造了有利条件。

同日，水利部水利水电规划设计总院在北京召开会议，对《2009～2015年全国小水电代燃料工程规划》（简称《规划》）进行了审查。该《规划》于2008年3月初编制完成，提出了到2015年，基本解决生态环境特别脆弱、以烧柴为主的200万户农民的生活燃料问题，户均年生活用电量不低于1200kW·h的规划目标。会议认为，该《规划》是在认真总结试点经验的基础上编制完成的，报告思路清晰，内容全面，基本同意该《规划》。

6月28～29日　水电水利规划设计总院在成都市主持召开了四川省雅砻江锦屏一级、二级和官地水电站鱼类增殖站方案设计报告审查会议。报告的编制符合3个水电工程环境影响报告书批复意见的要求，鱼类增殖放流站的建设对保护河段乃至雅砻江干流的鱼类资源具有重要意义。

七　月

7月2日　三峡右岸电站16号机组移交三峡电厂运行，这是三峡右岸电站投产运行的第十台机组。16号机组由东方电机股份有限公司生产制造，中国葛洲坝集团机电安装公司负责安装调试。该机组于2008年6月20日充水启动，开始有水调试，6月27日开始72小时试运行，6月30日上午试运行结束。

7月4日、6日　福建建瓯杨墩水电站1、2号机组分别并网发电。该电站计划安装4台竖井贯流式机组，单机容量2500kW，转轮直径3.55m，为目前我国最大的竖井贯流式机组。

7月7日　中共中央政治局常委、全国政协主席贾庆林到位于甘肃文县的大唐碧口水力发电厂考察。贾庆林亲切慰问了电厂干部和职工，察看了地震后大坝沉降和位移情况，对震后及时恢复生产、确保了大坝安全表示非常高兴。

7月8日　第二届国家环境友好工程颁奖大会暨第十三届绿色中国论坛在北京人民大会堂举行。三峡—上海±500kV直流输电工程、黄河公伯峡水电站工程获得“国家环境友好工程”称号。

7月11日　国电新疆开都河流域水电开发有限公司察汗乌苏水电站1号机组通过72h试运行，提前51天投产发电，至此，电站3台机组全部建成运行。

7月12日　全国人大常委会副委员长、中科院院长、党组书记路甬祥乘“长江电力”号轮对三峡库区进行了考察。湖北省及宜昌市政府领导、三峡总公司李永安、曹广晶等陪同考察。

7月16日 由我国自主设计、自主制造的1000kV、1000MVA特高压交流变压器在保定成功通过全部试验，标志着我国特高压交流设备的国产化研制取得关键突破、电工装备制造业的自主创新取得重大进展。该产品由保定天威保变电气股份有限公司为特高压交流试验示范工程研制。试验结果表明，产品的电气、机械和热性能优异，绝缘耐受能力和局部放电、温升及噪声等关键指标达到了国际变压器类产品的最高水平。

7月24日 金沙江溪洛渡向家坝水电站珍稀特有鱼类增殖放流站顺利通过完工验收。该增殖放流站工程的完工标志着中国三峡总公司金沙江水电站开发鱼类保护基地已经形成，同时转入运行管理阶段。该站将集人工增殖放流、较大规模蓄养、技术开发、科普宣传于一身，为展示水电开发工程生态环境保护成果、宣传和普及珍稀水生野生动物保护知识提供基地和平台。

7月27日 广西桥巩水电站首台机组通过72h试运行顺利投产发电。这标志着我国在超大型灯泡贯流式水轮发电机机组的设计、制造、安装领域达到了世界一流水平。桥巩水电站是红水河流域10级梯级开发规划建设的第九级，总装机容量45.6万kW，安装8台单机容量5.7万kW的灯泡贯流式水轮发电机组，多年平均发电量为24亿kW·h，单机容量为同类型机组国内第一、亚洲第二。

八 月

8月1日 国家电网公司重大科技专项“柔性直流输电关键技术研究及示范”项目在上海正式启动。上海市电力公司与中国电力科学研究院、国网电力科学研究院、国网直流工程建设有限公司签署了技术开发协议。柔性直流输电技术是目前进入工程应用的最先进电力电子技术，能有效提高系统稳定性，改善电能质量，在可再生能源并网、分布式发电并网、孤岛供电等方面具有较强技术优势。本项目通过自主创新，重点解决大规模风力发电并网、城市中心供电，以及改善电能质量、电网“黑启动”等重大关键技术问题，满足建立经济节能、环境友好的先进输电系统，提升电力系统装备技术水平的需要。

同日，《中华人民共和国反垄断法》正式实施。该法的实施，将使企业对市场竞争规则的认知能力、消费者对竞争文化的认同、政府对市场经济规律的理解和尊重产生重大影响，并将有力推动中国市场环境中竞争文化的培育和形成，从而推进竞争秩序的不断完善。

8月4日 甘肃引洮工程——九甸峡水利枢纽建成暨首台机组投产发电庆典仪式在九甸峡水电站举行。九甸峡水利枢纽位于甘肃省卓尼、临潭两县交界处的黄河支流洮河中游，是以供水为主，兼有发电、防洪、环保、旅游等综合效益的枢纽工程，是引洮工程的龙头项目；工程总投资26.65亿元；电站最大坝高133m，总库容9.43亿m^3，总装机容量30万kW，年发电量9.94亿kW·h。

8月5日 光照水电站首台机组（4号机组）经过72h试运行正式投产发电。光照水电站是国家重点工程，安装4台单机容量为26万kW的机组，是贵州“西电东送”第二批重点水电建设项目。大坝高达200.5m，是目前世界上已建的最高碾压混凝土坝。

8月8日 锦屏二级工程辅助洞实现双洞贯通。锦屏辅助洞为国内第一、世界第二深埋隧道，由两条长约17.5km的平行的单车道隧洞组成，横穿锦屏山，最大埋深2375m。其建成使得锦屏二级厂房到电站进水口的130km绕大河湾沿江公路缩短到最短，对加快锦屏一、二电站建设具有极其重要的意义。

8月15日 中共中央政治局委员、国务院副总理回良玉率中央农村工作领导小组、国家民委、发展改革委员会、财政部、水利部、国务院研究室、扶贫办等有关部门领导，在青海省委书记、省人大主任强卫，省委副书记、省长宋秀岩等领导的陪同下，视察了龙羊峡水电站。回良玉对龙羊峡水电站产生的综合效益以及黄河上游水电开发有限责任公司流域滚动开发为地区经济发展所作出的突出贡献给予了充分肯定，并强调要科学规划好黄河上游水电资源的滚动开发。

8月16日 滩坑水电站1号机组顺利完成了72h试运行并网发电。该电站是浙江省委省政府确定的5大百亿工程中的百亿帮扶致富建设项目；拦河大坝为钢筋混凝土面板堆石坝，最大坝高162m，为华东第一高坝；库容41.5亿m^3，具有多调节能力；安装3台单机容量为20万kW的机组，年发电量约10.23亿kW·h。

同日，宝泉抽水蓄能电站1号机组于14时32分手动准同期成功并入华中电网，进入水泵调相运行状态，为下阶段首机水泵工况启动创造了良好条件。

8月16～21日 三峡四期移民工程阶段性验收会在三峡库区召开。会议审议并通过了《长江三峡四期移民工程阶段性验收终验报告》，同意长江三峡四期移民工作通过阶段性验收。会议认为，三峡库区175m坝前水位线下移民搬迁安置任务已全部完成，库底清理目标已按规定全部实现，移民安置区基本具备生产、生活条件。按照《移民验收大纲》要求，库底清理验收合格，四期移民工程其余各类验收项目能够满足三峡工程175m试验性蓄水条件。会议形成了

《长江三峡四期移民工程阶段性验收终验报告》，将报国务院长江三峡三期工程验收委员会审议批准。三峡四期移民工作圆满完成，为按期实现三峡工程 175m 实验性蓄水目标奠定了坚实基础。

8月21日 溪洛渡右岸地下电站首仓结构混凝土尾水洞标准段混凝土开浇，标志着溪洛渡右岸地下电站混凝土浇筑正式开始。

8月22日 三峡右岸电站 23 号机组顺利完成 72h 试运行后，正式移交给三峡电厂移交运行，这是三峡右岸电站投产发电的第十一台机组，也是三峡右岸电站投产的第七台国产机组。该机组由哈尔滨电机厂有限责任公司自主生产制造，葛洲坝集团机电安装公司安装。机组 2007 年 9 月 10 日开始安装，2008 年 8 月 14 日开始启动试验，2008 年 8 月 19 日 17 时进入 72h 试运行。

8月24日 龙滩工程 5 号机组正式并网发电，比国家批准的计划工期提前了 16 个月。

同日，水布垭电站 4 号机组正式并网发电。至此，总容量 184 万 kW 的水布垭水电站全面投产。这标志着经业主单位湖北清江水电开发有限责任公司、施工单位葛洲坝集团 21 年的不懈努力，我国首个流域滚动综合开发项目——清江流域梯级水电开发建设目标初步实现。

8月25～29日 三峡右岸电站第二批投产机组 17、20、24、25 号机组经国家电力监管委员会华中监管局组织的专家组评价，以得分率 93.43%的评分，4 台机组满足并网的安全技术条件，通过了并网安全性评价。通过电力监管机构组织的并网安全性评价是新建发电机组进入商业运营的必备条件之一。

8月27日 全国政协原副主席、中国工程院院士钱正英到新疆喀腊塑克水利枢纽工程考察。在施工现场，钱正英听取了工程建设情况的汇报，详细询问了即将下闸蓄水的有关准备情况，希望在高纬度、高寒地区建设一座优质、高效、精美的碾压混凝土大坝，为新疆的经济发展作出贡献。

8月28日 四川江油 220kV 大康变电站竣工投产，标志着四川省电力公司全面完成受损设施原地重建工作，转入规划重建阶段。

8月30日 四川攀枝花市与凉山彝族自治州之间发生 6.1 级地震，二滩水电站区域震感强烈，电站 1～6 号机组上下机架振幅达到上限报警，随后逐渐恢复。经检查，大坝、地下厂房、泄水建筑物、厂区建筑物及方家沟片区建筑物无明显异常。二滩水电站经受住考验，电站生产正常运转。

同日，以探讨水电清洁能源节能减排作用、提高人们对水电科学认识的“水库温室气体排放研究的理论、方法与实践”研讨会在三峡工程所在地宜昌召开。与会专家认为，中国长江三峡工程开发总公司前瞻性地提出对这一问题进行研究，是具有社会责任感的体现。近年来，国际上不断有以水库温室气体排放质疑水电开发。对此，不能仅停留在概念层面，需要作定量和定性分析，要在国际上前些年已取得的研究成果基础上，针对我国国情进行补充研究，选择温带水库的研究样本，最终以事实和数据说话，用自己的研究成果和实际案例，科学地回答有关水库温室气体排放的问题。来自中国科学院地理科学与资源研究所、中国科学院地球化学研究所、中国水利水电科学研究院、长江科学院、水利部、中科院水工程生态研究所和中国水力发电工程学会的专家应邀参加会议。

8月31日 中国长江三峡工程开发总公司向社会发布消息，三峡水库铜锣峡至娄溪沟河段航道炸礁工程通过验收，三峡水库九龙坡以下河段达到了《长江三峡水利枢纽初步设计报告》要求的万吨级船队通航标准，从此以后，万吨级船队可直达重庆。此项工程由中国三峡总公司投资，重庆航道工程局负责实施。该工程总投资约为 9000 万元，上起重庆九龙坡水域，下至铜锣峡口，全长 32km，炸礁工程总量为 32 万 m^3。此前，中国三峡总公司曾先后投资 7250 万元和 5446 万元对三峡库区铜锣峡以下河段进行了两次航道整治。

九 月

9月1日 由国务院颁布的《对外承包工程管理条例》正式施行。该条例明确，国家鼓励和支持开展对外承包工程，国家将建立健全对外承包工程服务体系和风险保障机制。同时，条例确立了对外承包工程工程资格制度，特别是明确规定工程建设类单位应当依法取得特级或一级（甲级）资质证书。

9月3～4日 国家电网公司在四川成都召开评审会，审查锦屏—苏南±800kV 特高压直流输电工程成套设计及设备规范书，确定工程技术方案和设备技术规范，为工程全面建设奠定基础。锦屏—苏南特高压直流输电工程是四川雅砻江流域梯级水电站的送出工程，输送容量 720 万 kW，线路长度约 2090km，是国家电网“十一五”规划建设特高压输电通道的重要组成部分，也是今后±800kV 特高压直流输电工程的样板工程。

9月8日 江苏东凌风电场一期工程隆重奠基。工程位于东凌垦区外滩滩涂及部分浅海区域，工程沿海岸线南北长约 18km，总面积达 150km^2，总装机容量达 70 万 kW；由江苏省国信资产管理集团有限公司和中国水电顾问集团中南勘测设计研究院共同投资，分三期建设，其中，一期工程计划安装 47 台 1500kW 机组，预计 2009 年建成投产。

9月14日 重庆大唐国际彭水水电开发有限公司1号机组一次成功通过试运行移交生产。以此为标志，中国大唐集团公司在投水电装机规模突破1000万kW大关，达到1023.39万kW。

9月19日 《中国三峡工程报》讯：近日，国家发展改革委对三峡地下电站和电源电站项目核准作出了批复：为了合理利用长江水能资源，减少三峡电站汛期弃水，增加电力供应，充分发挥三峡工程的综合效益，保障三峡水利枢纽安全稳定运行，同意建设三峡地下电站和电源电站。三峡地下电站设计安装6台70万kW混流式水轮发电机组，年发电量35.11亿kW·h；三峡电源电站是确保三峡电站厂用电和枢纽永久建筑物安全稳定运行的主供电源和备用、保安电源，安装2台5万kW混流式水轮发电机组，年发电量7.3亿kW·h。根据批复，三峡地下电站和三峡电源电站纳入三峡工程统一建设和管理，其工程投资纳入三峡工程概算。三峡电站经核准的最终装机为32台70万kW和2台5万kW混流式水轮发电机组，总装机容量为2250万kW。

9月22日 中国水力发电工程学会国际河流水电开发生态环境研究工作委员会成立大会暨首次工作会议在云南省昆明市召开。

9月25日 喀腊塑克水利枢纽提前1年实现下闸蓄水。该枢纽是目前新疆在建的最大水利枢纽工程，工程规模为大（1）型，其中碾压混凝土大坝土石方开挖量162万m^3，碾压混凝土198万m^3，常态混凝土23万m^3。工程由中国水利水电第十六工程局有限公司承建，2006年9月13日开工。

9月26日 西藏林芝巴河雪卡水电站首台机组投产发电。雪卡水电站是西藏"十一五"重点能源建设项目之一，设计水头39.5m，总装机容量4万kW，保证出力1.01万kW，多年平均发电量1.82亿kW·h。它的建成发电，将从根本上解决林芝地区长期缺电问题，为林芝地区经济社会发展提供强有力的能源支撑，对促进区域经济又好又快发展、改善农牧民生产生活条件具有十分重要的意义。

9月26～27日 中国水利水电工程第二届砂石生产技术交流会在四川宜宾举行，中国工程院院士谭靖夷、张超然和全国水利水电工程砂石专家、技术人员130余人共同与会，交流我国水利水电行业砂石生产经验，探讨砂石生产新技术、新工艺，共商砂石品牌形象提升之策。

9月27～28日 全国电力企业管理经验交流会暨2008年中国电力企业管理论坛在北京召开。会议表彰了全国电力行业企业管理现代化创新成果。全国电力行业企业管理现代化创新成果奖评审活动由中国电力企业联合会领导、全国电力企业管理现代化创新成果委员会主办，得到国务院国资委的指导和认可，目前已成为我国电力行业相关企业参加的一项具有很强代表性、权威性、科学性、公正性的活动。

9月28日 经过建设者4年多的艰苦奋斗，南水北调中线京石段应急供水工程（以下简称"京石段工程"）建成通水。通水仪式在河北省和北京市交界的北拒马河暗渠工程现场隆重举行。京石段工程起点为河北省石家庄古运河枢纽，终点为北京团城湖，全长307.4km，本次调水从2008年9月18日开始放水，28日进入北京，至2009年3月中下旬放水结束，历时6个月，将调水3亿m^3，抵达北京水质要求达到国家地表水三类以上标准。

十 月

10月4日 龙头石水电站首台机组顺利完成72h试运行，正式并网发电。这是四川地震灾区首座发电的水电站。龙头石水电站是大渡河干流规划22级方案的第十五级电站，位于四川省石棉县安顺场上游10km；采用堤坝式开发，水库正常蓄水位955m，总库容1.39亿m^3；安装4台17.5万kW的混流式机组，总装机容量70万kW，多年平均发电量31.21亿kW·h，以500kV一级电压并入四川电网，担负电网调峰、调频和事故负荷备用任务。

10月11日 中国长江三峡工程开发总公司和中国葛洲坝集团在宜昌签订三峡工程升船机主体工程土建及部分设备安装施工合同，这标志着三峡工程最后一个永久性建筑、世界上规模最大的升船机主体工程正式进入施工阶段。全部工程将于2015年3月完工。

10月16日 由世界石油理事会中国国家委员会、世界能源理事会中国国家委员会和国务院参事室联合主办的2008中国国际能源论坛在北京闭幕。在为期两天的论坛中，来自国内外的十几位权威专家围绕提高能效与节能，能源与环境的和谐，新能源、替代能源与可再生能源等3个专题进行了演讲，200多位来自国内、外能源领域的高层官员和专家学者就"提高能源效率，发展清洁能源"这一议题进行了广泛深入的研讨。中国长江三峡工程开发总公司应论坛组委会邀请，安排代表参加了本次论坛。

10月17日 《中国三峡工程报》讯：经报国务院批准，中国水利投资集团公司并入中国长江三峡工程开发总公司，成为其全资子企业。中国水利投资集团公司是国务院国资委管理的国有大型水利投资企业，在中小水电和风力发电等清洁可再生能源、风电设备制造、城市供水等领域的投资开发已初具规模，并积累有国际水利水电工程承包经验。中国水利投资集团公司并入中国长江三峡工程开发总公司后，国资委履行出资人职责的企业由147户调整为146户。

10 月 18 日 中国水利水电科学研究院组建 50 周年庆典大会在北京隆重举行，全国政协原副主席、中国工程院院士钱正英出席庆典并致辞，水利部部长陈雷作重要讲话。

10 月 20 日 中共中央政治局常委、全国政协主席贾庆林在中共吉林省委书记王珉、省长韩长赋等省市领导陪同下，来到哈达山水利枢纽工程工地视察。

10 月 23～25 日 2008 年度全国碾压混凝土筑坝技术交流会在云南普洱召开。来自全国各地设计、施工、科研、院校、建设管理、协会、学会 66 家单位共计 150 余名代表参加了这次国内最高规格的碾压混凝土筑坝学术会议。此次会议以中国水利水电第十六工程局有限公司承建的云南李仙江戈兰滩水电站碾压混凝土大坝施工建设为主题，共收到论文 70 篇，其中有 18 篇进行大会交流。与会的专家学者认为，戈兰滩电站大坝施工中全部采用铁矿渣粉、石灰岩粉 TS 双掺料作为碾压混凝土掺和料，拓展了思路，为碾压混凝土筑坝技术在粉煤灰缺少地区的应用，以及变废为宝、资源合理利用、促进环保作出了积极的贡献，进一步丰富和发展了中国的碾压混凝土筑坝技术理论。

10 月 25～27 日 水电可持续论坛第四次会议在三峡召开。此次会议对有关部门正在探索的水电可持续发展标准进行了讨论，并以清江水布垭水电站为案例对该标准进行了评估和验证。会议代表来自多个国际机构或组织，其中包括透明国际、世界银行、乐施会和国际水电协会的代表。可持续水电论坛计划召开八次会议。本次水电可持续发展论坛着重探讨了水电移民的安置问题，其中水电移民的利益共享、安全评估、就业安置、公共健康、原居民接纳、文化因素、社区服务、冲突分析、经济发展等多个方面都进入了与会代表的视野。

10 月 29 日 三峡右岸电站最后一台机组——15 号机组结束 72h 试运行。经停机检查，10 月 30 日正式移交三峡电厂运行管理，投入商业运行。该机组由东方电机股份有限公司设计、制造，由中国葛洲坝集团三峡机电安装项目部负责安装。安装工作于 2007 年 11 月 7 日开始，至 2008 年 10 月中旬安装工作全部完成。15 号机组投产运行，标志着三峡工程左、右岸 26 台机组全部投产发电，总装机容量达到设计的 1820 万 kW，发电能力居世界水电行业首位，这比 2009 年三峡工程全部机组投产发电的原计划提前一年。

10 月 28～29 日 “三峡工程与长江水资源开发利用及保护国际研讨会”在三峡坝区举行，来自美国、俄罗斯、法国、巴西、德国、荷兰、加拿大、印度、中国等 18 个国家的代表 130 余人共同探讨水资源开发与保护和水电可持续发展之路。代表们基于他们对水资源开发与保护和水电可持续发展的丰富研究成果和实践经验，提出对未来水资源可持续开发、维护江河健康的真知灼见，相互交流、印证、借鉴和分享。本次研讨会的成功举办，对于促进中国与世界水利水电界的理论与实践交往，加深人们对河流开发利用及生态保护的认识，产生积极的影响。

十 一 月

11 月 4 日 三峡工程坝前水位蓄至 172.3m 高程，根据国务院三峡建委的通知和要求，停止抬高三峡水库水位，2008 年试验性蓄水任务完成。本次试验性蓄水历时 27 天，共蓄水 193.1 亿 m^3，其中 156m 以上试验性蓄水 19 天。各项监测数据表明：蓄水期间，三峡工程各枢纽建筑物变形、基础渗流及应力应变测值均在正常范围内，枢纽建筑物工作性态正常；机组、船闸均处于正常运行状态；近坝库区地震活动正常，库岸基本稳定，没有发生大面积库岸崩塌、滑坡现象；泥沙观测正常；蓄水前后库区水质与水体环境无类别变化。

11 月 6 日 国家发展改革委以发改能源［2008］2938 号对红水河大化水电站扩建工程项目进行了批复，同意建设红水河大化水电站扩建工程。大化扩建工程利用大化已建大坝和水库，在左岸预留位置新建一河床式厂房，安装 1 台 11 万 kW 轴流转桨式水轮发电机组。扩建后，大化水电站总装机容量 56.6 万 kW，年均发电量 28.85 亿 kW·h。

11 月 10 日 全国人大常委会副委员长华建敏考察了国网新源公司安徽琅琊山抽水蓄能电站。华建敏指出，要确保电力是国民经济的先行官，确保全国电力安全稳定供应，要注意电力结构的调整和总体平衡。

11 月 12 日 中国水利水电第十工程局有限公司医院灾后重建恢复营运仪式在都江堰十局医院广场隆重举行，这是四川省地震援建项目中第一个竣工并恢复营运的医疗卫生服务项目，也是灾区完整重建的第一所二甲医院。

11 月 15 日 中国电力投资集团广西长洲水利枢纽工程 8 号机组完成 72h 试运行，投入商业运营。至此，中国电力投资集团公司水电装机容量突破 1000 万 kW。

11 月 15～16 日 第二届中国水利水电岩土力学与工程学术讨论会在武汉洪山礼堂召开。会议由水资源与水电工程科学国家重点实验室、南京水利科学研究院、中国水利水电科学研究院、长江水利委员会长江科学院、中国科学院武汉岩土力学研究所、三峡大学联合承办，与会专家围绕重大水利水电工程中的岩土力学科技前沿这一主题展开交流讨论。来自水利水电岩土力学与工程领域的知名学者及水利水电行业设计、科研、施工及教学单位专家、代表等200多人与会，会期两天，共安排25场特邀报告，16场大会报告，围绕岩土的工程性质和测试技术等12个专题进行探讨。

11月16～18日 水电水利规划设计总院会同贵州省发展改革委在贵阳主持召开了贵州乌江沙沱水电站可行性研究报告审查会议。乌江沙沱水电站位于贵州省沿河县境内，总库容9.21亿m^3，装机容量112万kW，具有发电、航运、防洪等综合利用效益，是贵州省第二批“西电东送”项目之一。

11月24日 世界上海拔最高的电力试验研究基地——国家电网公司西藏高海拔试验基地在拉萨当雄县羊八井镇竣工投运，标志着国家电网公司“四基地二中心”建设取得重大进展。国际上对海拔2000m以上的输电技术研究尚缺乏系统全面的试验数据。国家电网公司西藏高海拔试验基地能够满足海拔4000m及以上输变电线路、设备外绝缘和电磁环境特性研究的需要，增强我国高海拔地区超高压、特高压试验研究能力。

11月26日 由中国水力发电工程学会举办的“全国大型水电机组技术经验交流会”在北京召开。来自全国的工程建设业主、勘测设计、施工、设备制造、流域开发、发电厂、科研院校等30多个单位共90余位专家和代表参加了会议。

同日，旬阳水电站正式开工建设。该电站位于汉江上游干流的旬阳县城上游约2km处，是汉江上游梯级电站规划的第五个梯级，总库容3.9亿m^3，装机容量为32万kW。

11月28日 四川毛尔盖水电站截流成功。该电站位于四川省阿坝藏族羌族自治州黑水县境内，是黑水河干流水电规划“二库五级”开发方案的第三个梯级电站，坝高147m，总装机容量42万kW，年发电量17.17亿kW·h，由中国水电集团四川电力开发有限公司控股开发。

同日，贵州构皮滩水电站大坝（坝高232.5m）胜利下闸蓄水，为水电站首台机组发电奠定了坚实的基础。

11月30日 锦屏二级水电站成功实现大江截流。该电站总装机容量480万kW，工程于11月21日开始截流预进占，截流戗堤布置在上游围堰轴线上游，采用左岸单戗立堵单向进占方式。截流施工中，流量达746m^3/s，落差4.6m，最大流速7.4m/s，截流高水力学指标及施工难度国内罕见。

同日，由中国水力发电工程学会、中国大坝委员会和中国互联网协会共同举办的汶川地震与水坝建设专题论坛在北京举行，中国地震局、国家能源局等有关部门专家和领导出席。会上，专家们从不同的专业角度，比较系统和科学地阐述了汶川大地震与大坝建设安全以及西南水电开发问题。

同日，由国家电网公司组织研制的特高压直流输电工程关键设备，世界首台±800kV、4kA特高压直流干式空心平波电抗器科研成果通过验收。该平波电抗器，成功解决了线圈降噪结构与发热、导线制作、温升与损耗计算等技术和工艺难题，顺利通过了所有试验，结果满足设计要求。产品取得多项突破性技术创新，拥有完全自主知识产权，具有国际领先水平。

同日，官亭—西宁750kV输变电工程正式投运。该工程是青海省和国家电网公司重点建设项目，于2006年10月开工。其中，西宁750kV变电站是青藏联网工程的起点，海拔高度2630m，线路最高海拔2920m，是目前世界上同电压等级海拔最高的输变电工程。

十 二 月

12月1日 宜兴电站4台机组全部建成投产，创造了蓄能电站建设的新纪录。宜兴抽水蓄能电站位于铜官山区，距市区约7km。电站枢纽由上水库、下水库、输水系统、地下厂房和地面开关站等组成，总装机容量4×25万kW，年发电量14.9亿kW·h，年抽水耗电量19.6亿kW·h，综合效率76%。

12月6～7日 中国长江三峡工程开发总公司在向家坝工地组织召开《金沙江溪洛渡水电站环境保护总体设计报告》和《金沙江向家坝水电站环境保护总体设计报告》审查会，会议同意溪洛渡和向家坝水电站工程设计优化环境影响分析的内容及结论。

12月7日 龙滩水电工程6号机组正式并网发电，比国家批准的计划工期提前16个月。

同日，国家电网公司与吉林省人民政府合作开发建设吉林敦化抽水蓄能电站协议签订仪式在北京举行。敦化抽水蓄能电站位于吉林省敦化市境内，初选建设规模140万kW，初拟额定水头676m，电站拟以500kV一级电压、两回出线接入东北电网。敦化站址地形地质条件好，利用水头高，不淹没耕地，无搬迁人口，技术、经济指标相对较优，是吉林省内较好的抽水蓄能站址。按2007年4季度价格水平计算，工程总投资为54.52亿元，静态投资为45.78亿元。根据协议，敦化抽水蓄能电站将按照国家电网公司所属企业出资70%、吉林省地方企业出资30%的比例，进行合作开发。

12月8～10日 中国长江三峡工程开发总公司组织召开三峡电站水轮发电机组性能评审会。会议认为，国产三峡机组在水力设计、电磁设计、冷却方式、绝缘技术等方面达到了国际同等水平，三峡右岸电站机组总体性能优于左岸电站机组。哈尔滨电机厂有限责任公司自主研制的目前世界上单机容量最大的840MVA水轮发电机全空冷技术达到了国际先进水平。

12月11日 长江三峡输变电工程档案顺利通过国家档案局专项验收。三峡输变电工程作为举世瞩目的长江三峡工程的重要组成部分，于1997年3月开工，至2007年11月底，已批复的三峡输变电主体工程较原计划提前一年全面建成。国家电网公司作为三峡输变电工程的项目法人，按照国家有关要求，精心组织，强化管理，共形成工程档案33 679卷。工程档案在三峡稽查、工程验收、财务审计、工程决算、达标投产、工程评优、项目后评估、抗灾抢险等方面发挥了重要作用。

12月12日 220kV映山线顺利投运。至此，被地震阻断的映秀电力输出主动脉被打通，映秀湾水力发电总厂的电力可被源源不断地输送出去。

12月13日 江苏溧阳抽水蓄能电站工程举行开工庆典，正式开工建设。该电站位于江苏省苏南地区溧阳市境内，装机容量为150万kW。2008年11月26日，国家发展改革委以《印发国家发展改革委关于江苏溧阳抽水蓄能电站项目核准的请示的通知》（发改能源［2008］3181号）核准江苏溧阳抽水蓄能电站开工建设，建设单位为江苏国信溧阳抽水蓄能发电有限公司。

12月16日 小湾电站导流洞下闸成功。这标志着小湾工程建设取得了重要阶段性成果，是电站建设的重要里程碑，为实现电站提前一年发电目标奠定了坚实基础。

12月18日 国家电网公司召开向家坝—上海±800kV特高压直流输电示范工程线路施工合同签字暨全线开工动员大会，动员全体参建单位统一思想，明确目标，全力以赴，攻坚克难，全面完成工程建设各项任务。

12月19日 在震惊世界的“5·12”汶川大地震中处于震中的映秀湾电站举行恢复发电仪式，正式向电网供电。2008年12月6日，3号水轮发电机组一次开机成功，这是国家电网四川映秀湾水力发电总厂首台恢复生产机组。

同日，酉酬水电站历经3年建设，首台机组（2号机组）终于顺利完成了72h试运行。该电站位于沅水支流酉水河中游，装机容量12万kW，工程概算总投资约9.4亿元。工程以发电为主，兼顾旅游、航运，由中国水电顾问集团中南勘测设计研究院投资入股并承担总承包。工程于2005年12月16日开工建设，2006年10月12日河床截流，2008年8月7日下闸蓄水。

12月21日 戈兰滩水电站首台机组在顺利通过72h试运行后，正式投产发电开始产生效益。该电站位于云南省普洱市江城县与红河洲绿春县交界的李仙江上，3台机组总装机容量45万kW，工程总投资30亿元。

同日，四川田湾河流域金窝水电站2号机组顺利通过72h试运行投入商业运行。金窝水电站位于四川省雅安市石棉县境内，大渡河中游右岸的一级支流—田湾河中段界碑石—喇嘛沟河段上，是田湾河流域梯级开发三级规划中的第二级（第一级为仁宗海水库电站，第三级为大发水电站），为引水式电站。该电站装设2台单机容量为14万kW水斗式水轮发电机组，最大运行水头619m，总装机容量为28万kW，多年平均发电量12.87亿kW·h。该电站采用的水斗式水轮发电机组，为目前亚洲该水头段已投入运行的单机容量最大的水轮发电机组。

12月23日 龙滩水电工程7号机组正式并网发电，比国家批准的计划工期提前18个月。

同日，九甸峡水电站最后一台机组顺利投产发电，实现一年内3台10万kW机组全部投产目标。继2008年7月28日首台机组发电投产后，九甸峡工程建设者再接再厉，一鼓作气，在短短的5个月里，克服了“5·12”汶川特大地震影响设备出厂、到货滞后等重重困难，积极协调，有效组织，科学、精细、快捷控制各节点工期，不分昼夜，连续拼搏，分别于2008年9月和12月投产2台机组。

12月26日 建在湖北武汉的国家电网公司特高压交流试验基地正式投入运行。该特高压交流试验基地建设取得了多项世界第一，在理论创新、试验研究及工程设计优化等方面实现了重要突破，标志着国家发改委批准建设的特高压工程技术国家工程实验室取得重要进展，也标志着国家电网公司在世界特高压输电技术研究领域已处于领先地位。

12月28日 向家坝水电站成功实现大江截流。这是向家坝水电站继2006年11月正式开工后的又一重要里程碑，也是我国水电工程截流史上的一次壮举，标志着向家坝水电站工程建设由一期工程转入二期工程，全面进入主体工程施工阶段。

12月29日 张河湾抽水蓄能电站4号水轮发电机组顺利并网发电。至此，张河湾水电站4台发电机组实现了2008年“三投一并”的发电目标。张河湾抽水蓄能电站位于太行山深处井陉县境内，装机总容量为100万kW。电站1号机组2007年12月30日并网发电，2、3号机组分别于2008年8月22日、11月9日并网发电。

12月30日 1000kV特高压交流试验示范工程

投入试运行。该示范工程系统于2008年12月8日正式启动调试，结果表明，特高压交流试验示范工程实现了预期设计功能和建设目标，可投入168h试运行。

同日，国家电网公司葛（洲坝）上（海）直流综合改造工程开工仪式分别在上海枫泾、湖北荆门同时举行。该工程是国家电网公司落实国家西电东送能源发展战略的又一重点工程，对于进一步扩大三峡和四川水电送出规模，增强华中与华东地区的电网联络，提高华东地区和上海电网的抗风险能力具有积极意义。

同日，中华鲟研究所移交中国长江三峡工程开发总公司签字仪式在中国葛洲坝集团公司宜昌总部举行。1982年，为救护中华鲟和发展水产事业，经水利部批准成立了三三零工程局水产处，研究中华鲟人工繁殖放流技术，开展中华鲟生态习性研究，后更名为中华鲟研究所。中华鲟研究所成立27年来，在中华鲟的人工繁育研究和保护中发挥了重要作用，共繁殖放流中华鲟500余万尾，取得省部级以上科研成果30余项，接待中外游客200余万人次。为进一步发挥中华鲟研究所在生态环境保护中的作用，经中国长江三峡工程开发总公司与中国葛洲坝集团公司磋商，从2008年9月1日起，中华鲟研究所移交给中国长江三峡工程开发总公司管理。

同日，国家电网技术学院成立大会在山东济南举行。该学院是国家电网公司加强集团化运作，整合公司优质培训资源，充分利用山东电力高等专科学校、山东电力研究院的资源和办学优势，培养公司系统高层次应用型技术、技能人才的基地。

12月31日 溪洛渡电站右岸地下电站厂房主体开挖按计划顺利结束。溪洛渡电站右岸地下厂房设计开挖尺寸443.34m×31.9m×75.6m（长×宽×高），厂房内设计安装9台70万kW水轮发电机组，是目前世界最大的地下厂房之一。

同日，由国内自主设计、自主制造、自主研发的世界首套容量最大的固定式直流融冰装置顺利通过试验并成功应用，标志着我国利用科技手段防灾减灾方面取得了又一重大突破。试验在湖南电网500kV复沙Ⅰ线上成功完成。该线路导线规格为LGJ－4×300，长度为86km。试验时输出融冰电流4000A，测点最大温升47℃，试验线路、金具、接头和直流融冰装置各设备运行正常，各项试验数据均达到设计要求，装置性能满足500kV线路融冰需求。